纪念中国著名语言学家赵元任先生诞辰 100 周年

纪念《现代吴语的研究》出版 60 周年

第二版

当代吴语研究

钱乃荣 著

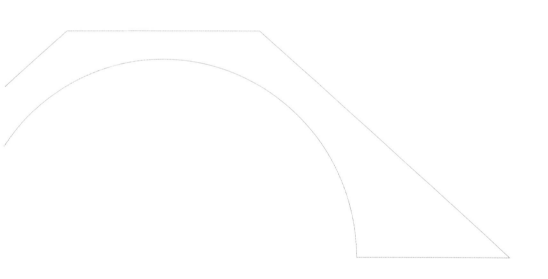

上册

上海教育出版社

作者在赵元任先生儿时读
书的常州市局前街小学校
门前的留影。

作者在吴江黎里向方言发
音人调查方言。左是季勇，
右是杨臻。

王士元教授到上海大学文学院
与作者一起使用新仪器分析调
查所得的语音资料。

赵如兰女士在上海大学文学院访问时与钱乃荣等合影。左是阮恒辉，右是钱乃荣、彭飞。

黄宗正先生对赵元任先生调查方言的回忆录。

我叫黄宗正，绍发，浙江余姚人。记得1927年我在本县的前路小学教书的时候，赵先生来到这个学校调查方言，晚上，我回一度在杭州读延书，推荐同事黄雲眉老师替我化为接头，赵先生在校约三天即去，记得教我讲廿一句故子以后，需我赵先生色余姚方言这讲，听起来诺象个余姚人。今赵先生已归道山，雲眉先生也于1999年出在山东大学，往了历：，令人弥怀念之。

黄宗正 1985.1.16

赵元任博士莅澄调查"吴音"的回忆

薛鸿远　王慰祖

在五十七年前，我们正当十八九岁，（我们今年七十五、六岁了）在江阴南菁学院高中三年级读书，有一个春光明媚的早晨。班主任薛晓升老师，预先通知我们到一个僻静的办公室，鹄候一位语言学博士赵元任教授，当面调查江阴的语言和音调，我们内心非常高兴。我们从小就听得威传江阴宝塔顶瑞被黄山炮台打成一个钢笔尖，说光象征江阴出了一个洋状元刘半农博士，因此当时我们听到赵博士光临我校，崇敬之心，油然而生。今天能和博士面受教益，真是三生有幸！我们生小学时代，就经常听到留声机唱片里赵博士所播放的标准国音字母勺女冂匚……，现古竟然能亲眼目睹赵博士的音容笑

薛鸿远、王慰祖两先生对赵元任先生调查方言的回忆录第一页。

作者与江阴方言发音人王慰祖的合影。王慰祖也是赵元任先生当年调查方言时的发音人。

内 容 提 要

本书在作者对吴语三十多个代表地点做了详细的调查,获得了大量语料的基础上悉心写成。书中发表了各地的音系、连读调、2 727 个字音,1 306 条含实际读音的词语,以及语法例句和故事标音举例。本书还绘制了反映各地方言特征分布的 50 幅方言地图。特别有意义的是,本书反映了六十年来老年、中年、青年三代语音的变迁,是赵元任教授 1928 年《现代吴语的研究》一书出版六十年后跟踪研究吴语的又一次重大的语言实践。

本书附两张 DVD 光盘,内含作者在做方言田野调查时采录的语音、词汇、语法等全部录音,十分珍贵。

本书对各地语言的描写准确精细,各章都用现代语言学的方法对吴语的语音、词汇和语法现象进行理论概括和深入的分析研究,不但可以给语言文字工作者提供丰富的书面研究资料、实地录音和许多独创的研究成果,而且对于了解吴语地区的文化、民俗、历史、地方文学,增进对它们的认识,也很有参考价值。

本书所附光盘内容说明

本书附两张 DVD 光盘,包含以下内容:

一、33 地声母、韵母、声调调查表的老年、中年、青年的读音;

二、33 地青年的二字组、三字组连读变调表的读音;

三、33 地青年的全部词汇表内词语的读音;

四、33 地青年的语助词例句的语音等。

字、词、句表等均按当年调查时的原样次序排列于本书下册第 1584 页附录上。

第 二 版 前 言

　　《当代吴语研究》1992年出版至今已有30年了,出版后受到语言学界和关心方言传承的社会大众的充分关注和热情支持,把这本书引为参考文献的论文也很多。上海教育出版社与我商议出版《当代吴语研究》(第二版),这是我感到非常高兴的事情。

　　这次再版保留了初版的全部内容,纠正了此书在初版时的一些差错。当年因我仓促去日本教学而没有充足的时间对校样进行校正,加上审稿专家的一些误改,又由于当年印刷条件的限制,在排版时产生了一些错误,这次第二版中都改正了。

　　本版增加了以下内容:

　　1.在各地字音对照表里,上一版由于全书篇幅的限制,每个音韵地位上往往只选一个字标明字音,这次把当年调查记录了的所有字的语音都收入了,一共收录了2756字的字音。

　　2.在"吴语的连读调"一章里,补入了初版时没有放入的13个地点的"三音节词连读调表",使33个地点双音节、三音节词连读调表都收录完整,还附录了当年和稍后附带调查的一些地点的双音节词连读调表。这一版还专设一节,详细描写了两个地点老派方言的连读调和两个地点新派方言的连读调的全貌。

　　3.在"吴语的词汇系统"一章里,增加了初版没有放入的"形容词""量词""语助词"三部分词语,并对"语助词"在各地使用情形用例句进行了表述。这样就使吴语33个地点的各类词汇有了全面的记录,这一章里一共收录了1306条词语,都标上语音,在单字声调和连读变调上进一步作了推敲。

　　4.在"吴语的语法特征"一章里,补全了33个地点对照的《北风和太阳的故事》。

　　5.最主要的改动,是在全书各章开头一节加入了大量内容,即对语料在条分缕析的基础上,进行总体分析和理论探讨,比上一版更深入了一步。尤其是语法部分,在20世纪80年代撰写本书时,方言学界对方言语法的研究才启动不久,经过了近30年,吴语的语法研究已有长足的进步,所以我在这一章里增加了较多我对吴语语法论述的篇幅。

　　这样,这次的重订本比初版本增加了110万字。

　　许多同行希望能把当年调查时用每盘60分钟TDK录音磁带录下来的100多盘各地语音资料公布出来。这次我对录音进行了全面的整理、调整、剪辑、拼接,转成MP3格式,用两张DVD碟片附录在书后。虽然磁带录音的整理特别是将杂音剔除,着实花了我很多工夫,但是我觉得这是有重大意义的事,它使这本书带上了那么多30年前各地方言的实录信息。这些录音都是在1984年、1985年录下的,大家可以依据这些录音,在真实的语料基础上,做出更多研究来。这些语料还可供更多用途使用。

　　我从小生活在充满浓郁海派文化氛围的上海弄堂,小时候学唱吴语戏曲练就了我悉心听音辨音的习惯,这使我对辨别吴方言的音高升降,尤其是辨认连读变调有了比较敏锐的感知能力,同时也就对吴方言特别爱好,喜欢钻研。考进复旦的第一周,第一次去复旦大学图书馆,很幸运借到了别处不能见到的赵元任先生宏著《现代吴语的研究》。我通过书中的上海、苏州、无锡、宁波、嵊县的记音,对照戏曲语音,自学国际音标。大学一年级教我们现代汉语课的老师就是后来我的研究生导师许宝华、汤珍珠教授。他们曾最早对我说,最好我们能再去赵元任先生考察的 33 个吴语地点调查一遍,我完全听了进去。在我读研究生时,他们又告诉我说:从余姚来的学生说赵元任先生去余姚调查的发音人现在还健在。那时我就把再走那 33 个吴语地点调查的梦想一直记在心底。直到我复旦研究生毕业后去了复旦大学分校(后改为上海大学文学院)任教师两年后,美国加州大学伯克利分校语言学系教授王士元来到我校访问,做了一个"语音变化的词汇扩散"报告。报告后有讨论,我发言说,我在硕士论文中做过这个题目,在我详细调查的上海市奉贤县(今奉贤区),从年老者到年轻人,他们历时的音变呈词汇扩散的方式进行;再从地域上看,从西乡到东乡,语音地域空间的过渡也是通过词汇扩散演变的。王先生听后当场要我把它写成论文,寄到他主编的在美国出版的《中国语言学报》,不久就发表了。他还提出我们可以合作,以赵元任先生的《现代吴语的研究》为基础,继续深入把学问做下去。王先生的话正中我的下怀,学校领导也向上级申请到了一笔经费,可以到吴语各地进行田野调查了。在田野调查结束后,1985 年秋,我应王士元先生邀请到加州大学伯克利分校语言学系任副研究员。我带着大量第一手调查资料在王先生主持的"Project on Linguistic Analysis"研究所进行典型的初步分析,并在奥克兰王先生主持的有世界各地研究中国语言的专家参加的"中国语言和方言讨论会"(1986 年 1 月)上发表了论文《上海方言的变迁》。这是我首次以上海地区城郊宽阔地域为背景探讨音变交织在时间和空间词汇扩散的论文,收入美国《中国语言学报》会议专刊(1991)。

我追随赵元任先生深入调查吴语的梦想,在赵先生调查吴语的一个甲子 60 年后终于实现,1992 年 9 月上海教育出版社出版了《当代吴语研究》一书。时光转瞬又过了 30 年,本书又得以重新增订出第二版,我更是分外高兴。我再次向上海教育出版社致以最深切的感谢!

钱乃荣

2022 年 3 月 20 日记于申城土山湾畔听雨阁

第 一 版 前 言

我国著名的语言学家赵元任先生发表的《现代吴语的研究》（清华学校研究院丛书第 4 种，1928 年北京初版），是中国第一部以现代语言学方法系统调查研究方言的经典著作，此书的出版标志着我国现代汉语方言学的正式诞生。记得 30 年前我在复旦读大学一年级的时候，第一次见到这部宏著，就被它审音的精细、记词的准确、论述的科学美以及赵先生严谨的治学作风深深吸引，以后始终抱着一个愿望，梦想有一天能开始循着赵先生足迹迈出第一步，亲自到他调查过的吴语 33 个地点去，继承赵先生开创的事业，深入了解这些地方的语言及其变化的情况。

这个愿望终于在《现代吴语的研究》发表后第一个甲子即将来临的时候实现了。在上海大学文学院科研处和中文系的大力支持下，当代吴语的调查列入上海大学的科研计划。我于 1984 年 10 月中旬开始，与阮恒辉先生一起亲临实地，悉心调查和记录了这 33 个地点的方言，全部调查工作在 1985 年 5 月初完成。

这次调查主要的目的是追踪吴语 60 年来的变化，考察记录了 33 个地点里老年、中年、青年语音的声韵调，这些地点的二、三音节连读调，2 700 多个字音，2 000 多条词语，50 多条语法例句，《北风和太阳的故事》等项内容。在不少地方，还选择了一些音变现象作了较多人数的录音。我去调查的 33 个地点完全与《现代吴语的研究》一书相同。为了确保调查材料的准确性，在大城市和大县城里，尽量在当代和近代最能代表该地点方言的中心地段寻找发音人。对于像宝山霜草墩、丹阳后巷乡童家桥（原永丰乡童家桥）、嵊县太平乡（原书称太平市）这样的乡村，都找到了与赵元任书上所记的发音人同姓以至同宗或同村的人进行调查。凡是原书的调查点是在乡下的，顺便也记录了该县县城的方言。我们还在常州和余姚找到了赵元任先生当年调查江阴、余姚方言的发音人王慰祖、黄宗正两位先生，请他们写了回忆录，并再次请他们发音，做了珍贵的录音；又在常州赵元任先生的故居见到了他的族叔赵争先生等亲属，记录了现今常州极少数老年人尚在使用的、赵元任先生称之为"绅谈"的常州话。对发音人我都作了严格的挑选，一般都是世居该地的人，也选择了一些只从父母一代起住在该地的人。

大量的语言资料采集来了之后，整理和比较的工作，分析研究和理论探讨的工作花去了我大量的时间精力。单说整理 33 个地点的词汇吧，就足足花去了我 10 个月时间。对每条词语都得小心地注音，还一一标上连读调，这是以前从未有人做过的马拉松式的辨析和归纳工作。在那 10 个月的寒暑中，除了每周教 5 节课外，我把几乎所有的白天晚上时间包括节假日都用上去了。是赵元任先生严谨的治学精神一直鼓舞着我精益求精地整理和钻研语料。我认为，一方面我们要积极发展我们的语言理论的研究，因为离开理论的框架就很难谈得上事实的意义和价值；另一方面我们也应在语言事实的搜集整理上条分缕析，下大功夫，因为没有事实，也就没有理论。

当然，科学不仅仅是事实和知识的积累，而且更是一种思考和逻辑推理的方式。在我所调查的语料的基础上，在本书和别的场合，我也做了一些力所能及的理论分析。我觉得，我在这次半年多时间内调查所得的丰富材料,大大启动了我的思索,为我一辈子研究吴语打下坚实的基础,今后的分析研究工作都可在此基础上深入展开下去。只要有可能,30 年后我一定会请我的学生,带着我所未能解决的许多理论问题,再走一遍 33 个地点这条路,跟踪这些地方吴语的发展变化,作出新的研究成果,把赵先生所开创的吴语研究道路继续走下去。

我的分析研究报告和材料不可能在此书中全部发表,因为篇幅太多。比如,这里公布的字表每个音韵地位只选了一个字,词条中的形容词、量词和语助词也只得删去了,《北风和太阳的故事》等只选了 20 个地点发表,这是要向读者表示歉意的。

我的研究工作得到许多人的支持和帮助。我系的阮恒辉先生,与我一起到各地调查,记录词条,并在对词条的初步整理时做了许多工作。在此我首先要特别向他致谢。美国加州大学伯克利分校语言分析中心(Project on Linguistic Analysis)主任王士元(William S-Y Wang)先生来上海大学访问时,欣然与我商讨共同合作研究分析吴语的计划,他曾两次请我去伯克利他的研究室担任语言学副研究员,一起讨论分析了许多语料,用他实验室中精良的语音分析仪器,我做了不少实验。《中国语言学报》(Journal of Chinese Linguistics)的编审沈钟伟先生还亲自来沪,我们一起调查过上海的音变现象,他还把多地的连读调和单音节调语料在音高显示仪中进行了分析。关于我和王先生、沈先生、阮先生合作的那些研究理论报告将会在美国伯克利加州大学发表。

我的研究工作又得到了美国哈佛大学东亚语文系教授赵如兰女士的有力支持。在她的提议下,赵氏夫妇(赵元任、杨步伟)的亲友们用"雅礼中国协会(Yale-China Association)""赵氏夫妇基金(Chaos Fund)"赞助我这本书的出版,提供了出版此书的部分费用。日本的汉学家香坂顺一教授和宫田一郎教授也热情支持此书的出版,由他们两人提议,香坂顺一理事长"日中交流奖学财团"也对我出版此书提供了经费资助。日本吴语研究会会长古屋昭弘教授还欣然提出并与我约定把此书中因篇幅过长而割舍的那部分稿子,另编《当代吴语研究补编》一书由好文出版社在东京出版。对于美、日两国学者和团体的诚意帮助,我谨致以深切的感谢。

最后要衷心感谢上海教育出版社,他们积极支持语言学科学术著作的出版,尽管本书的图表音标十分复杂,排版耗资较大,编辑和校对工作十分辛苦,但是他们还是努力促使此书顺利地出版了。

我谨以此书纪念赵元任先生诞辰 100 周年(1992 年),纪念《现代吴语的研究》出版 60 周年(1988 年)。

钱乃荣

1992 年 1 月 30 日于日本福井大学

目　　录

第一章　当代吴语总论

吴语方言区是我国汉语的第二大方言区,据 1989 年公布的统计数字,说吴语的人口有6 975 万人。赵元任先生在《现代吴语的研究》中提出"以有帮滂並、端透定、见溪群三级分法为吴语的特征",自此后,研究吴语的学者都公认把塞音声母能否分为不送气清音(如"端"的声母读[t])、送气清音(如"透"的声母读[t'])和浊音(如"定"的声母读[d])三类这条原则看作是区分吴语和非吴语的决定性的标准。除此以外,否定副词"不"在吴语区用齿唇音声母发音(如上海读[vɐʔ₂₃]),通常写作"勿",笔者认为也应该是吴语的一个显著的特征。按照上述标准,吴语地区大致包括江苏南部、浙江省和上海市这些地域。具体一点说,长江以南的江苏省,西自丹阳、金坛、高淳起,东至上海全市,长江以北的海门、启东和靖江等的部分地区;除去建德、淳安的浙江省绝大部分地区;加上江西省与浙江毗邻的上饶市、上饶县、玉山县、广丰县,福建省与浙江毗邻的浦城县城关及其以北地区,安徽省长江以南、黄山九华山以北青弋江秋浦河流域(旧宣州地区),广德东南角,郎溪北部的狭小区域:这些地方都属吴语区。

除皖南的宣州地区(江苏的高淳、溧水,浙江的旧昌化县也在内的宣州话,古全浊声母全部或部分读通音、送气音)比较特殊外,按照 1987 年出版的《中国语言地图集》对中国语言的分区,吴语的主要地区可划分为太湖片、台州片、瓯江片、处衢片和婺州片五个片。

太湖片的主要特征是:①三等韵逢知章组今多数读洪音(除甬江小片和靖江地区外),如常州[长dzɑŋ₂₁₃],嘉兴[抽ts'ɤ₅₂],双林[川ts'ᴇ₄₄],余姚[春ts'əŋ₃₃₄],绍兴[烧sɑɒ₅₂]。②麻韵三等精章两组不同韵,如上海[斜ziᴀ₁₁₃],蛇[zo₁₁₃],宁波[借tɕiᴀ₅₂],[车ts'o₅₂]。③见系二等开口字有文白两读,文读多数读[tɕ]组声母,白读多数读[k]组声母,如:宜兴[家tɕio₅₅,ko₅₅],松江[戒tɕiᴀ₃₃₅,kᴀ₃₃₅]。这三条特点实际上是太湖片吴语(可称为北部吴语)与另外四个片的吴语(可称为南部吴语)的主要差别之点(南四片中婺州片和处衢片的部分地区在第③条上是过渡地带)。台州片的主要特点是k k' g h声母拼撮口呼声母,如黄岩[规ky₅₃₃],[区k'y₅₃₃],[拒gy₁₁₃]。瓯江片的主要特点是遇蟹止三摄合口三等喻母字今读v声母,如温州[雨vu₂₄],[为vu₃₁]。处衢片的主要特点(除衢州市区等外),是知组白读读t组声母,如丽水[猪ti₂₄],[竹tiuʔ₅],同端组声母;章组字多不读洪音,如衢州[章tʃуɑ̃₄₃₄],[钟tʃуoŋ₄₃₄],[专tʃуə₄₃₄]。婺州片的主要特点是,除少数地点(如金华城区)外,咸深山臻宕江曾梗通九摄舒声帮端母字今分别读m、n声母,如永康[班muᴀ₄₄],[帮mɑŋ₄₄],[丁nin₄₄],[东noŋ₄₄]。

太湖片吴语地域广大,又可分为几个小片:①毗陵小片,其主要特点是唐阳江三韵非庄两组字带鼻尾,如溧阳[汤t'ᴀŋ₄₄₅],丹阳[访fɑŋ₃₂₄],靖江[胖p'ɑŋ₅₁];歌戈韵与模韵大多不混,如溧阳[歌kʌɯ₄₄₅],[锅kʌɯ₄₄₅],[姑ku₄₄₅],常州[罗lʌɯ₂₁₃],[骡lʌɯ₂₁₃],[卢lu₂₁₃]。②苏沪嘉小片,主要特点是唐阳江三韵多读鼻化韵,如常熟[访fᴀ~₃₂₄],苏州[汤t'ɒ̃₄₄],松江[胖p'ɒ~₃₃₅];歌戈韵与模韵多混,如昆山[罗ləu₂₄],[骡ləu₂₄],[卢ləu₂₄],嘉兴[歌kəu₅₁],[锅kəu₅₁],[姑kəu₅₁]。③苕溪小片,主要特点是无撮口韵母(除余杭外),如双林[旅li₂₃₁],[远ɦiɪ₂₃₁],[决tɕieʔ₅₄]。

④杭州小片,主要特点是由于受官话影响大,见组开口二等绝大多数字今只有tɕ组声母一读,如杭州[加tɕia₃₂₃],[牙ɦia₂₁₂],[学ɦiɪʔ₁₂]。⑤临绍小片,主要特点是咸山两摄多读鼻化韵,如嵊县崇仁[敢kæ̃₄₄],余姚[短tõ₄₃₅],绍兴[干kĩ₅₂]。⑥甬江小片,主要特点是效流咸深山臻宕(知组)曾等摄舒声开口三等知章组一般读细音韵母,与同韵的精见两组字同音,如宁波[针tɕiŋ₅₂],[精tɕiŋ₅₂];[招tɕiɤ₅₂],[蕉tɕiɤ₅₂];[折tɕɪʔ₅],[接tɕɪʔ₅]。

本书所记音的大部分地点都在北部吴语区,但南部吴语区的四大片上都有调查点。本书对方言地点的排列与赵元任先生60年前调查的地点和排列的次序完全相同,分布如下表:

太湖片　毗陵小片：　①宜兴　②溧阳　③金坛　④丹阳　⑤丹阳后巷乡童家桥　⑥靖江
　　　　　　　　　　⑦江阴　⑧常州

　　　　苏沪嘉小片：⑨无锡　⑩苏州　⑪常熟　⑫昆山　⑬宝山霜草墩　⑭宝山罗店
　　　　　　　　　　⑮南汇周浦　⑯上海　⑰松江　⑱吴江黎里　⑲吴江盛泽　⑳嘉兴

　　　　苕溪小片：　㉑湖州双林

　　　　杭州小片：　㉒杭州

　　　　临绍小片：　㉓绍兴　㉔诸暨王家井　㉕嵊县崇仁　㉖嵊县太平　㉗余姚

　　　　甬江小片：　㉘宁波

台州片　　　　　　　㉙黄岩
瓯江片　　　　　　　㉚温州
处衢片　　　　　　　㉛衢州
婺州片　　　　　　　㉜金华　㉝永康

金坛西岗镇的语言原属吴语,但现在该地已通用江淮官话。笔者只记录到极少数老年人尚偶说的吴语。本书虽按赵元任先生的原来排列次序把金坛西岗排在第③号,但字表和词表上所记的内容都已非吴语,不过在词汇方面,受吴语的影响还颇大。

金坛话的变化,与1866年战争后的移民直接有关。大量江北的移民进入江南,使一些地方江淮官话逐渐取代了吴语,最终形成了今天吴语的地域范围。在研究吴语时,考虑下面三个因素甚为重要:①移民;②官话推移;③州府地理。

今吴语区域,春秋时是吴越之地,主要居住着百越民族。三千年前周太王长子太伯、次子仲雍南迁,这支移民可能使吴语形成萌芽。秦汉以降,不断有越人北徙、汉人南迁的移民举动,形成吴越之地汉越杂居的局面。最初的吴语可能是汉语和百越语的混合语,如现存于原松江府地域(如上海、松江)和浙南(如永康、仙居)的帮、端两母的缩气音[ɓ]、[ɗ](又称内爆音、带轻微喉塞的浊塞音,赵元任标作['b]、['d])可以看作是古越语在吴语中残存的底层,元音分长短(如永康[鞋iːA₃₂₅],[也iA₃₂₃])、量词的指代用法(如苏州"条毛巾挂起来哉")、正偏式的构词法(如江阴话"菜干"、上海话"人客"、宁波话"鸡娘")等都是百越后裔说的今壮侗语的重要特征。中国历史上永嘉之乱后、安史之乱后、靖康之难后有三次大规模的移民,中原人口大量南迁,南朝和南宋建都吴越,形成了吴语音类主要跟东晋以后至宋元以前的中古音系相对应的格局;现今吴语中的文白异读,大量北方话文化词的借用,都能说明宋元以后官话不断地向南推移影响着吴语。太湖片的吴语比南片吴语带有更多的北方话成分,官话化最为显著,而江淮官话和徽语则更可以看作为带有吴语底层的更早为官话同化的语言。由于自唐以后常有福建人反向迁移到浙南,致使浙南的吴语带有闽语的某些成分。至于吴语中次方言片的划分,则与州府行政区划关系甚为密切。因为吴地州府建置长期比较稳定,府治中心和州治中心的语言往往被当地人视为权威,方言就向中心靠近。例如上海话最接近松江话,松江话最接近嘉兴话,就与秀州(嘉兴府)分出松江府,松江府建置上海县有关;又如唐代的婺州,即明清的金华府的地域大致就是今吴语婺州片的地域;隋朝的会稽郡到唐朝二分为越州(明清为绍兴府)和明州(明清为宁波府),现在太湖片内临绍小片和甬江小片分别以绍兴和宁波为中心,话有差异。

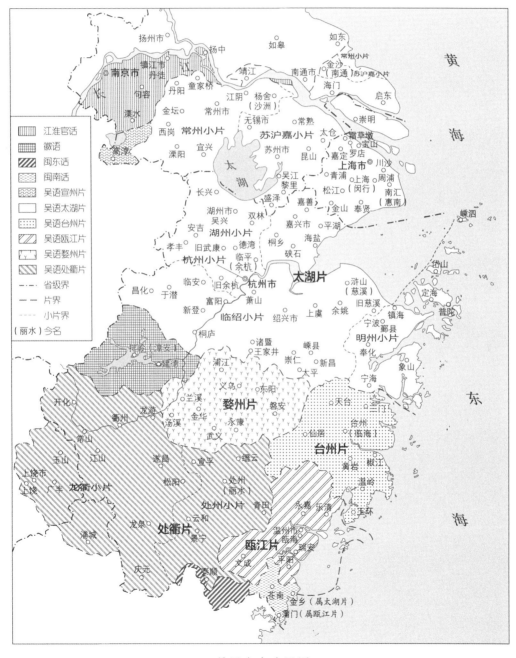

吴语方言分区图

上一页为吴语方言分区图。

在 21 世纪初,吴语又进行了一次重新分区。这次分区共分为太湖片、台州片、金衢片、瓯江片、上丽片和宣州片。其中太湖片中分出毗陵小片、苏嘉湖小片、上海小片、杭州小片、临绍小片和甬江小片,上丽片中分出上山小片和丽水小片,宣州片中分出铜泾小片、太高小片和石陵小片。(据 2010 年出版的《中国语言地图集》第二版)

考虑到本书初版在 1992 年,笔者去吴语各地田野调查记录方言的时间在 1984 年和 1985 年,记录的语料是在该时段里,所以这里的方言地区划分仍按当年正式划分的状况呈现,各地的地名也以当时的称呼标写。

第二章 吴语的声母、韵母、声调

第一节 吴语的声母特点

吴语的声母系统与中古音全清、次清、次浊、全浊的分类相对应。古全清的帮、非、敷、端、精、心、知、庄、生、章、书、见、晓、影母在吴语中读不送气塞、塞擦音和带ʔ清音声母,古次清的滂透清彻初昌溪母读送气塞、塞擦音声母,古次浊的明、微、泥(娘)、来、日、疑、喻、母读鼻音、边音和带ɦ浊音声母,古全浊的並、奉、定、从、邪、澄、崇、船、禅、群、匣、母读浊音声母。匣喻母的声母在多数地方已合流。

吴语中的不送气清塞音发音方法要比其他方言区爆破有力,发音紧且脆,可能与吴语长期以来不送气清塞音与浊音声母保持对立有关。而吴语中大部分地区的浊音声母并不是真浊音,vот>o,是一种所谓"清音浊流"声母,所谓"清音",即同于相对应的清声母,所谓带浊流,一般是由于起始音高低于清音而形成的浊音听感,古並定母的今音或可标作[pɦ]和[tɦ],但通常标为[b]和[d]。英国传教士艾约瑟(Joseph Edkins 1868:5,40)认为,上海方言中的所谓"浊辅音"与"清不送气清辅音"的对立是清辅音中的"宽(broad)音"和"窄(thin)音"的区别,他还正确地指出在连读词的后音节高层调中,那些宽音才读成真浊音。1988年12月在香港举行的"吴语研究国际学术会议"上,沈钟伟、王士元(1995:219—238)发表论文,通过实验语音的方法证明,所谓"浊塞音"和"不送气塞音"的一个很主要的对立,"浊塞音"是闭塞时间短,而"不送气塞音"发音时闭塞时间长,所以吴语的浊塞音是不带浊音的松塞音。

吴语的所谓"浊辅音",不论是"浊塞音""浊塞擦音"还是"浊擦音",在作为一个单音节发音时,vот>o。下面是上海方言"布[pu]"和"部[bu]"的语图,o前都没有出现横杠。

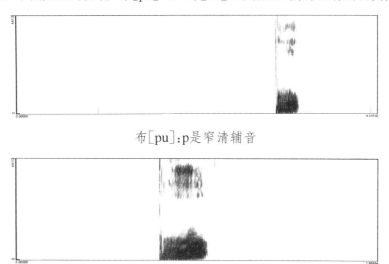

布[pu]:p是窄清辅音

部[bu]:b是宽清辅音

下面是塞音三分"布"、"部"、"破"三音节的语图。

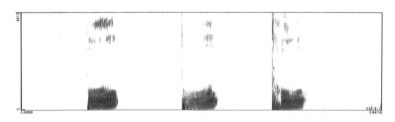

布[pu]、部[bu]、破[p'u]:"布"的p是窄清辅音,"部"
的b是宽清辅音,"破"的p'是送气清辅音。

我们在语图里也可以看到,那些"宽清辅音"声母在双音节的后音节上出现时,读成真浊音,声母前有明显的横杠。下面是上海方言"全部[ʑibu]"和"局部[dʑioʔbu]"两词的语图:

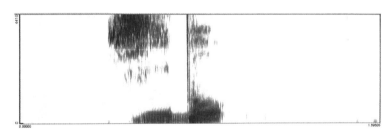

全部:前ʑ声母无浊音,后b声母是浊音。

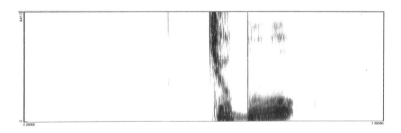

局部:前dʑ声母无浊音,后b声母是浊音。

擦音声母,在连续后音节也是浊辅音,而在前音节开头时无浊音。下面是上海方言中"部份[buvən]"和"份子[vəntsɿ]"两个词,看声母v在前音节和后音节中的情况:

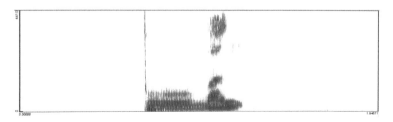

部份:前b后v,前b无浊音,后v是浊音。

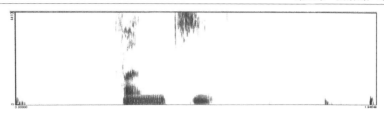

份子：前v后ts，前v无浊音，后ts是清音。

再看"大树[duzɿ]"和"住房[zɿvãⁿ]"中"z"、"v"和"d"的情况。

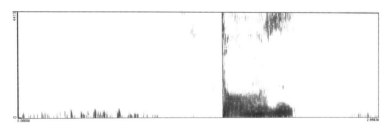

大树：大的d无浊音，树的z是浊音。

住房："住"的z无浊音，"房"的"v"是浊音。

　　吴语的大部分地区古帮滂並母字声母分别为[p][pʻ][b]，端透定母为[t][tʻ][d]，但在有些地区，如旧松江府地域的上海、松江、南汇和浙南的永康、青田、庆元、仙居等地，帮端母读缩气音，又称内爆音（implosive）[ɓ][ɗ]，其发音特点是：①发音时有喉塞成分，②有轻微的缩气动作，③伴有鼻音，④声带振动，喉头下沉。如周浦的"扁担"读为[ɓi₃₃ɗɛ₃₅]，本地人最敏感的体会是鼻音重。帮端母字在浙江中部的婺州片和处衢片上有鼻化现象，如永康凡有鼻韵尾的帮端母字都读[m][n]声母，像[冰miiŋ₄₄]，打[nai₄₃₄]，可以认为是缩气音在逐渐消失时留下的遗踪。

　　下面是上海老派方言中"布[ɓu]"和"饱[ɓɔ]"音节中的缩气音[ɓ]发音情况。

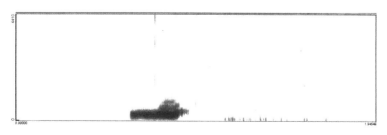

布[ɓu]：ɓ的vot＜o，是浊音。

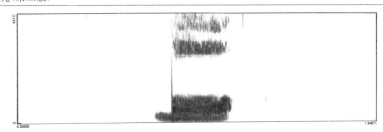

饱[ɓɔ]：ɓ的 vot＜o，是浊音。

明母字今吴语都读[m]。微母虞韵字今吴语多读v或β，微元文阳韵的微母字在今吴语中都有白、文两读，白读为[m]，文读为[v]或[β]。下面是上海老派几个微母字的读音。

	味	万	晚	闻	物	亡	望
白读	mi	ɛ̃	ɛ̃	məŋ	mɐʔ	mɔ̃	mɔ̃
文读	βui	βuɛ	βuɛ	βuəŋ	βuɐʔ	βuɔ̃	βuɔ̃

显然吴语中微母读[m]声母较古。

泥（娘）母字在今开合口音的字里读[n]，在今齐撮口音的字中一般都读[n̠]，如绍兴[奶na₁₁₃]，[纽n̠iɤ₁₁₃]。来母字读[l]。但在吴语少数地方也有n、l相混的现象，如溧阳、黄岩都有泥母的字读[l]，像溧阳[闹lɑɤ₃₁]，黄岩[暖ʔluʌŋ₅₃₃]，王家井则有的字n、l混读，如[劳lɔ₃₃/nɔ₃₃]，[劣nəʔ₁₂]。有的地方[n̠]也有时与[n]相混，如王家井[捏niɛʔ₁₂]，丹阳[年nɪ₂₁₃]。

非敷奉三母有的地方读ɸ ɸ v，有的地方读ɸ ɸ β。上海、周浦、宁波、王家井老派都是ɸ ɸ β，丹阳、童家桥、罗店、霜草墩、双林、太平、温州等地老派都是ɸ ɸ β，但这些地区都有一些老年人已过渡到ɸ ɸ v，中青年（除童家桥外）一般都已变为ɸ ɸ v，下表是上海奉贤县城南桥两个年龄组的人5个字声母的读音。

音变声母	夫 ɸ f h ɸ/f	父 β v ɦ f v/β f/β	方 ɸ f h ɸ/f	分 ɸ f h	文 β v ɦ v/ɦ β/ɦ
60—80 岁共 50 人	46 3 　1	44 5 　　1	26 23 1	22 27 1	25 21 4
15—20 岁共 50 人	5 44 　1	6 20 1 19 　2 2	3 43 2 　2	1 48 1	4 29 18 1 1

发ɸ、β音时，声母后都带有轻微的u音，但变为f、v音时，声母后的u音消失，如房βuɔ̃＞vɔ̃，阳、文韵字声母先变，读u韵的虞韵字后变，因此吴语区许多地方的轻唇音都是从双唇擦音逐步过渡到齿唇擦音的，往往清声母字先变，浊声母字后变。

这些地区当双唇音从重的塞音变为轻的擦音之时，p pʻ b很自然地变为ɸ ɸ β（ɸ不分送气和不送气，因此非敷合为一母）。在吴语许多地方，一些可文读为轻唇音的常用字中还保存更古的重唇读音，如上海、苏州、无锡等许多地方，奉母的"缚"白读为[boʔ]，"防"白读为[bɔ̃]，"肥"白读为[bi]。

吴语有些地方出现的喻匣母字与非敷奉母字合流的现象，与ɸ、β和ʔ(u)、ɦ(u)相近有关。如霜草墩[王ɦuɒ̃~₃₁]＝[房ɦuɒ̃~₃₁]，上海[胡ɦiu₁₁₃/βu₁₁₃/vu₁₁₃]；王家井、嵊县、松江等地，唐阳等韵的合口字变为开口，如松江[荒fɒ̃~₅₂]＝[方fɒ̃~₅₂]，嵊县太平[还væ₃₁₂]＝[烦væ₃₁₂]。松江等地连通摄非组字也读h/f或ɦ/v，如周浦老派[福hoʔ₂₃]，[冯fioŋ₁₁₃]。

旧松江府地域、诸暨、嵊县和温州等地，由于匣喻云母字和非敷奉母的合流，使影母字产生了一个ʔw声母（带轻微喉塞的无擦通音），后来又随着齿唇化，变读为ʔʋ。如以松江为例：

	遇合一模	蟹合二皆佳	止合三微	宕合一唐	臻合一魂	山合二黠
影	乌ʔʋu	蛙ʔʋɑ	威ʔʋe	汪ʔʋɑ̃	温ʔʋəŋ	挖ʔʋæʔ
晓	呼fu	歪fɑ	挥fe	荒fɑ̃	婚fəŋ	滑væʔ
匣	胡vu	坏vɑ	违ve	黄vɑ̃	魂vəŋ	滑væʔ

上海的崇明方言和长江北边的启东海门方言存在［h　ɦ　ɦ］三个声母的对立，晓母字读清声母h，匣母字分读hɦ和ɦ，如：

hu	火夥货	（果合一晓）
	呼虎乎	（遇合一晓）
hɦu	河何贺	（果开一匣）
	和禾祸	（果合一匣）
ɦu	吴胡糊沪狐壶	（遇合一匣）

又如：晓母字"许海"读hɛ，"喊"读hæ；匣母字"亥孩害"读hɦɛ，"衡咸限"读hɦæ，"谐械懈"读ɦɛ（张惠英2009，王洪钟2011）。

中古精清从心邪母在吴语地区今开、合口音字里都读舌尖前塞擦音和擦音，在今齐、撮口音前一部分地区（主要分布在苏南）读舌尖音（即分尖团，读尖音），一部分地区（主要分布在浙江，也有江苏的宜兴、溧阳等地），读舌面前塞擦音和擦音（不分尖团）。如：

	酒	千	相	墙	详
江阴	ts	tsʻ	s	dz	z
无锡	ts	tsʻ	s	z	z
常熟	ts	tsʻ	s	dz	dz
宜兴	tɕ	tɕʻ	ɕ	ʑ	ʑ
绍兴	tɕ	tɕʻ	ɕ	dʑ	dʑ
宁波	tɕ	tɕʻ	ɕ	ʑ	ʑ

有许多地区，如上海、松江、苏州、周浦、常州、嵊县，尖音字正在或已经完成从ts组向tɕ组音变的过渡。如上海已完成，苏州刚开始。

宋元以降，汉语语词的双音化促使了语音声韵调的不断归并简化。在吴语地区，声母见组字的舌面化和后来精组字的舌面化，推动了知系的知、庄、章组字的舌尖化进程。各位名家（如王力、董同龢）的中古音拟音，多把章组声母定为舌面前tɕ组音，吴语中的知组三等声母和章组声母字结伴而行。各地方言的语音首先是在继承中古音语音后开始音变简化的，音变从起点到终点及其中间状态在各地方言共时现状上都留下了踪迹，语音多呈词汇扩散（Lexical Diffusion）的方式（王，1967）逐渐变化，我们可以据此大致观察到语音的演变面貌和轨迹。

知组三等韵字和章组字在不同地点有以下三种情况：

（1）常州、昆山、宝山、上海、吴江、嘉兴、杭州、余姚等地读舌尖前音ts组声母。

有的地区一般读ts组，但在个别韵前如遇摄的y韵前读tɕ组声母，如周浦、松江、绍兴、诸暨等地。

从松江遇摄字y韵前老派也读ts组音看,y韵前读tɕ组声母是后起的。

(2) 部分字读ts组,部分字读tɕ组,如溧阳、丹阳等地。

有的在古开口韵前读ts组,古合口韵前读ts或tɕ组,如宜兴、江阴等地。见下表:

	宕开三知 张	通合三知 中	曾开三章 蒸	宕开三昌 昌	流开三章 周	遇合三章 珠	山合三章 专	效开三彻 超	宕开三昌 昌	通合三昌 宠	止合三昌 吹	效开三书 少	遇合三书 书
上海	tsÃⁿ	tsoŋ	tsəŋ	tsʻÃⁿ	tsɣɯ	tsɿ	tsø	tsʻɔ	tsʻÃⁿ	tsʻoŋ	tsʻɿ	sɔ	sɿ
松江	tsɛ̃	tsoŋ	tsəŋ	tsʻɛ̃	tsɯ	tɕy/tsy	tsE	tsʻɔ	tsʻã	tsʻoŋ	tsʻɿ	sɔ	ɕy
溧阳	tsA	tsoŋ	tsən	tsʻA	tsei	tɕyz	tɕyu	tsʻaɣ	tsʻA	tsʻoŋ	tɕʻyz/tsʻɣæɛ	saɣ	ɕyz
宜兴	tsʌŋ	tsoŋ	tsəŋ	tsʻʌŋ	tsɯ	tɕyɥ	tɕyẽ	tsʻaɣ	tsʻʌŋ	tsʻoŋ	tɕʻyɥ/tsʻɛx	yaɣ	ɕyɥ
江阴	tsAŋ	tsoŋ	tsEŋ	tsʻAⁿ	tsEI	tɕy	tsø	tsʻɒ	tsʻAⁿ	tsʻoŋ	tsʻy/tsʻEI	sɒ	ɕy

(3) 几乎全部读tɕ组的有靖江,有一部分字读ts组的有黄岩、永康、宁波等地,大都读tʃ组只有很少数字读ts组的有衢州。

	宕开三知 张	通合三知 中	流开三章 周	遇合三章 珠	山合三章 专	止合三昌 吹	假开三书 奢	效开三章 招	臻开三章 真	臻合三昌 春	通合三知 竹	曾开三章 职	遇合三昌 出	深开三章 汁
靖江	tɕiã	tɕioŋ	tɕʻɣ	tɕyɥ	tɕyũ	tɕʻye	ɕia	tɕiɒ	tɕiEŋ	tɕʻyEŋ	tɕyoʔ	tɕiʔ	tɕʻyoʔ	tɕiəʔ
衢州	tʃyã	tʃʻyoŋ	tʃɯɯ	tʃy	tʃyə	tʃʻɿ/tsʻ	ʃɿɒ	tsiɔ	tʃyeŋ	tʃyøŋ	tʃyəʔ	tʃyeʔ	tʃyəʔ	tʃyəʔ
宁波	tɕiã	tsoŋ	tɕɣ	tsɿ	tsø	tsʻE	so	tɕiə	tɕiŋ	tsʻoŋ	tsoʔ	tsɿʔ	tsʻoʔ	tɕiiʔ
黄岩	tɕiã	tsoŋ	tɕiu	tsɿ	tsø	tsʻɿ	so	tɕiɒ	tɕiŋ	tsʻyəŋ	tsoʔ	tɕiəʔ	tsʻɔʔ	tɕieʔ
温州	tɕi	tɕyoŋ	tɕiu	tsɿ	tɕy	tsʻɿ	se	tɕiɜ	tɕiŋ	tɕʻyoŋ	tɕiu	tsʻi	tɕʻy	tsɿ
永康	tɕiʌŋ	tsoŋ	tɕiəu	tsɣ	tɕye	tɕʻɣ/tsʻɿɪ	ɕiA	tɕiAu	tsəŋ	tɕʻyen	tsuʔ	tsəɪ	tɕʻyə	tsə

除了衢州外,笔者调查到读舌叶音组的方言还有丹阳童家桥、黄岩的新桥乡等僻乡地区,可见舌叶音在吴语的北部、东部、西部边缘落乡地区都有。

常熟,苏州老派,知组三等和章组声母部分字读ts组,多数字读tʂ组,无锡老派多数字读tʂ或ts组,部分字读tɕ组,无锡中青年部分字读ts组,部分字读tɕ组。除了衢州有舌叶音读法外,童家桥也读舌叶音。但舌叶音和舌尖后音都是少数地方的现象。无锡的舌尖前音与舌叶音的发音很接近。

	张	周	猪	专	超	昌	宠	吹	宠	吹	少	书	陈	食	传	树	止	谁
常熟	tʂ	tʂ	tʂ	tʂ	tʂʻ	tʂʻ	tʂʻ	tʂʻ	tʂʻ	tʂʻ	ʂ	ʂ	dz	z	dz	z	ts	dz
无锡老	ts	tʂ/tɕ	tʂ	tʂ/ts	tsʻ	tʂʻ/tsʻ	tʂʻ/tsʻ	tʂʻ/tsʻ	tʂʻ/tsʻ	tʂʻ/tsʻ	ʂ	ʂ/ɕ	z	z	z	z	ts	z

舌叶音和后尖后音都是少数地方的现象,可以认为,吴语地区知三和章组字的声母经历了或经历着的音变规律有以下两条路线:第一条是从(3)到(2)再到(1),我们可以看到tɕ>ts是渐进的,即使像靖江那样的地方,知三和章组字几乎全读tɕ组音,但还有在止摄字[ɿ]韵

前的那些字读作ts组；黄岩、永康、宁波等地其次，溧阳、丹阳、宜兴、江阴等地更其次，直到嘉兴、杭州、上海、常州等地全部变为ts组。第二条路线是tɕ＞tʂ＞ts或tɕ＞tʃ＞ts，现在苏州中青年tʂ组音已全部并入ts组，无锡青少年除个别字（如[臭tɕʻʌʏ]）外也都已并入ts组。

在同一个音韵地位里的音，如果发生了音变现象，即有了两种不同的读音，有的字先变，有的字后变，有的字两读，没有规则，在各地同时发生的音变，变与不变的字也有所不同，赵元任先生在语音表格中用";"记号表明发生音变的两种读音，这是典型的语音变化词汇扩散现象（王士元，1967）这种现象发生在中古声母简化不断发生的知三、章组字中见到较多。

这种音变有的是自然发生的，有的是受到其他音韵音变的影响中发生的，如松江、周浦方言中遇合三的知三、章组的字原来是读ts组音的，后来由于受到了精组字的团音化的影响，声母也跟着发tɕ组音了。如精组字"须、需"：sy＞ɕy，知三、章组字"输、书"：sy＞ɕy。

知组二等声母和庄组声母字，吴语各地几乎都读舌尖前音ts系，分布大致整齐。但值得注意的情况是江开二江觉韵的知、庄组字和宕开三阳韵字的知庄组字在不少方言中声母读音并入章组，一些地方效开二肴韵、山合二删鎋韵的庄组字也并入章组声母，在童家桥不读舌尖前音而读舌叶音，在常熟不读舌尖前音而读舌尖后音，在金华、温州、寿昌等地不读舌尖前音而读舌面前音。如下表：

	宕开三阳庄	江开二江知	江开二江庄		效开二肴	山合二鎋
	装	桩	窗	双	抓	刷
金　华	tɕɥʌŋ	tɕɥʌŋ	tɕʻɥʌŋ	ɕɥʌŋ	tɕɥa	ɕɥa
永　康	tɕɥʏŋ	tɕɥʏŋ	tɕʻʏʏŋ	ɕʏʏŋ	tɕia	ɕya
温　州	tsᵘɔ	tɕyᵘɔ	tɕʻyᵘɔ	ɕyᵘɔ	tsᵘo	sɵ
常　熟	tʂaŋ	tʂaŋ	tʂaŋ	ʂaŋ	tʂa	ʂɛʔ
童家桥	tʃyaŋ	tʃyaŋ	tʃʻyaŋ	ʃyaŋ	tʃya	ʃyaʔ
丹　阳	tsaŋ	tsaŋ	tsʻaŋ	saŋ	tɕya	ɕyaʔ
靖　江	tɕyaŋ	tɕyaŋ	tɕʻyaŋ	syaŋ	tɕya	ɕyaʔ
衢　州	tʃɥɒ̃	tʃɥɒ̃	tʃʻɥɒ̃	ʃɥɒ̃	tʃɥa	ʃyaʔ

如果说知三和章组清声母的字在现今吴语中已形成相当普遍的词汇扩散情形的话，那么在知三和章组、知二和庄组的浊声母中，这种情形更为严重。这是由于从舌面塞擦音dʑ起，很早时候一部分字就开始扩散成了擦音声母。

赵元任先生在《现代吴语的研究》（赵，1928：14）中说，古音的"床禅"、"从邪"母字的现今声母分布"是一笔糊涂账"。再加上"澄"母字，就是我们的声母表的最后一页，"澄、崇、船、禅、从、邪"六母几乎每一个音韵地位的现今声母，都有表示或读的";"，除非是全部最后合并到底了，一起成为一个z母的地区。

从、邪母今音都读[z]的只有旧太仓州的嘉定、宝山和旧松江府的松江、奉贤、浦东各地，苏州、吴县也只读[z]，而旧苏州府的其他地区如无锡、常熟、吴江都有[dz]和[z]的区别，浙江的那些不分尖团的地区从邪母开口、合口呼字也有[dz]和[z]的区别，但并不是从母都读[dz]而邪母都读[z]，各地哪些字读[dz]，哪些字读[z]是不尽相同的，而且音变是双向发生的,从母字发生dz>z的变化,邪母字也可能发生z>dz的变化,有的字也可两读,总的可以认为这是[dz]向[z]合并过程中的词汇扩散。如下表:

	从　　母						邪　　母			
	残	字	造	藏	族	杂	遂	词	随	俗
常州	dz	z	z	dz	z	z	z	z	z	z
黎里	dz	z	dz	dz/z	dz	dz	z	dz	z	z
双林	dz/z	dz/z	z	z	z	z	z	z	z	z
黄岩	z	z	dz	z	z	z	z	z	z	z
余姚	dz	z	dz	dz	dz/z	z̃	z	dz	z	z
绍兴	dz	z	z	dz	dz	dz	dz	dz	z	dz

　　取一个语音发展较缓的小镇黎里为例,统计它的从母字 60 个和邪母字 44 个,得到的情况是:从母字读dz的有 41 个,读z的 15 个,读dz/z的 4 个,从母字读dz占 68.3%;邪母字读z的 25 个,读dz的 19 个,邪母字读z的占 56.8%。再取一个语音较整齐、发展较缓的中型城市常熟,统计它的从母字 65 个和邪母字 41 个,得到的情况是:从母字读dz的有 51 个,读z的 12 个,读dz/z的 2 个,从母字读dz占 78.5%,邪母字读z的 34 个,读dz的 7 个,邪母字读z占 82.9%。据此,我们可以认为从母在吴语中早些时候应为[dz],邪母应为[z]。

　　最为"一笔糊涂账"的是澄船禅三母的古三等字,不少音韵地位上现今共存四个声母互为扩散状态混读的情况。例如江苏的溧阳,浙江的宁波在古三等开口和合口的澄船禅母字里有dz;z;dʑ;ʑ的读音,江苏的常熟有dʑ;ʑ;dʐ;ʐ四种读音。音变是从舌面音开始的,变到只剩一个擦音z为止。

　　总的来说,扩散是有历时的方向的,有的地方发展慢保留较老的语音多,有的地点处于演变合并变化的最后阶段,往往在较大的城市。澄船禅母的声母是从接近中古音的舌面音开始的,下面是一些字的各地音变面貌。

		臻开三澄	宕开三澄	曾开三澄	山合三澄	曾开三船	曾开三船	曾开三船	山合三船	臻合三船	梗开三禅	效开三禅	遇合三禅	止合三禅
		陈	长	直	传₍动₎	乘	绳	食	船	顺	成	绍	树	垂
靖	江	dʑiəŋ	dʑiɐ̃	dʑieʔ	dʑyũ	dʑiəŋ	ɕʑiəŋ	ɕʑiəʔ	ʑyũ	ɕʑyəŋ	dʑiəŋ	ɕʑiɔ	ɕʑyʮ	sʑye
黄	岩	dʑiŋ	dʑia̰	dʑieʔ	dzø	ziŋ	ziŋ	zieʔ	zø	zyɛʰ	dʑiŋ	ziɔ	zɿ	dzɿ
宁	波	dʑiŋ	dʑiã	dʑiiʔ	dzø/dzyʮ	dʑiŋ	ziŋ	ziiʔ	zø	zoŋ	dʑiŋ	ziɛ	zɿ	dzEI
永	康	dzəŋ	dʑiʌŋ	dzai	dʑye	ɕʑiiŋ	ɕʑiiŋ	szɔI	ɕye	ɕʑʏIŋ	ɕʑiiŋ	ɕʑiʌU	ɕʑʏ	szɔI
宜	兴	dzəŋ	dzʌŋ	dzəʔ	dʑyɛ̃	dzəŋ	zəŋ	zɔŋ	ɕyɛ̃	zyiŋ	dzəŋ	zɑɣ	zʏʮ	Iazɿ
溧	阳	dzən	dzʌ	dzəʔ	dʑyu	dzən	szən	szəʔ	ʑyu	ʑyn	dzən	szaˠ	zʏz	dʑyæe
江	阴	dzEŋ	dzʌ̃ŋ	dzɿʔ	dzø	dzEŋ	zEŋ	zɿʔ	zø/dzø	zEŋ	dzEŋ	zɒ	zʏ	dzEI
余	姚	dzəŋ	dzã	dzəʔ/dzɿʔ	dzẽ/dzɿ̃	dzəŋ/zəŋ	zəŋ	zaʔ/zɿʔ	zĩ/dzẽ	zəŋ	dzəŋ	dzɒ/zɒ	zʮ	dze

温州	dzʌŋ	dzĩ	dzɛɪ	dzy	dzɵŋ	szɵŋ	zˑi	ɦy	ɦyoŋ	dzɵŋ	ɦiɪ	sz̩	dzʐ
双林	zən/dzən	zã	zɔʔ	dzɛ/zɛ	zən	zən/dzən	zɵʔ	dzɛ/zɛ	zən	dzən/zən	zɔ	zl	dzᵊʏ
绍兴	dzĩ	dzãŋ	dzɔʔ	zʊĩ	zɵŋ	zɵŋ	zɵʔ	zæ/zĩ	zĩ/zuõ	dzɵŋ	zɑʊ	zyɥ	dze
盛泽	dzən	dzæ	dzɔʔ	dzɵ/ɵ	zən	zən	zɵʔ	zɵ	zən	dzən	dzʌʊ/ɔ	zy	dzɛ
黎里	dzən	dzã	zɔʔ	dzɵ/zɵ	zən	zən	zɵʔ	zɵ	zən	dzən	dzʌʊ/cʌʊ	zy	dzɛ
常州	dzən	dzʌŋ	zɔʔ	dzɔ	dzən	zən	zɔʔ	zɔ	zɣəŋ	dzən	zʌʊ	zy	zyæ
杭州	dzən	dzʌŋ	ʑɑʔ	dzᵛo	dzən	szən	szɑʔ	zᵛoz/dzᵛo	szyəŋ	dzən	zɔ	szy/szu	szyeɪ
松江	zən	zᴇ̃	zɔʔ	ze/zø	zən	zən	zɔʔ	ze/zø	zən	zən	zɔ	zy	zø
上海	zən	zãⁿ	zɔʔ	zø	zən	zən	zɔʔ	zø	zən	zən	zɔ	zl	zø
常熟	dzz̩ⁿ	dzã	dzᴇʔ	dzɣ	dzz̩ⁿ	dzz̩ⁿ/zz̩ⁿ	zᴇʔ	zɣ	zz̩ⁿ	dzz̩ⁿ	zɔ	zyↄ	dzᴇ
童家桥	dzɵŋ	dzɑŋ	dzɔʔ	dʒyu	dzɵŋ	szɵŋ	szᴇʔ	dʒyu	zyɥɵŋ	dzɵŋ	szɑz	zyɥ	dʒyɥᴇɪ
衢州	dʒyɵŋ	dʒyã	dʒyɔʔ	dʒyɵ	ʒyɵŋ	ʒyɵŋ	ʒyɔʔ	ʒyɵ	ʒyɵŋ	dʒyɵŋ	czz̩/ʒyɔ	zʮ	dʒyeɪ

　　上表举例中，各地的字音记载的都是每个字较正式的读音，即见字后首先自然读出的音，其实在当地的自然口语语流中，有些字的两读现象常见。如盛泽、黎里是吴江县的两地，这些字声母中哪些字读dz，哪些字读z，或两读，各人不同，有时这么说，有时那么说，但dz＞z的变化从老年到青年，变化是有方向性的，年轻人读z母的字逐渐多起来了。又如宁波的年轻人中，"肚肠"不说dudʑiã说duzã，"灰尘"不说xuɛIdʑiŋ说xuɛIzɿŋ越来越多，说明舌面音正在向舌尖音变化。

　　知组三等、章组的澄船禅母第一种音变的路线是dʑ、ʑ＞dz/dʑ、ʑ/z/ʑ＞dz/z＞z。dʑ、ʑ是最古老的音，靖江、黄岩、永康等方言里保持最多的舌面音，也有少量的dz、z，属第一类；第二类是以舌尖音为主，也有少数舌面音未变，宁波、宜兴、溧阳、温州等方言属于此类；第三类方言如双林、盛泽、黎里、绍兴，都读舌尖音，但有dz、z对立并有双向扩散现象，湖州双林老年还有少量舌面音，中青年都已并入舌尖音；第四类如松江、上海、宝山、浦东、昆山，原为邪母的z一统澄船禅母，音变最终完成。赵元任所记的29个吴语点中，只有罗店、霜草墩、周浦、上海、松江长江三角洲上一小块地方，从邪澄崇船禅六母都读z，其他地方的记音中都带有词汇扩散的符号"；"。综上所述，吴语的知三、章组浊声母澄船禅音变简化的第一条线路是舌面（塞擦、擦）音→舌尖（塞擦、擦）音→舌尖擦音。

　　第二种音变路线是dz、z/dʒ、ʒ＞dz/z＞z。常熟、无锡和旧苏州方言澄船禅母声母多数为dz、z，丹阳童家桥、衢州多数为dʒ、ʒ。无锡县乡镇上现存的dz、z与舌叶音dʒ、ʒ相当接近，简直难分。无锡的音和童家桥的音，也许都是从dz、z变来的，也可能是照三（章）组先向照二（庄）组合并，然后再并向精组，庄组字王力、董同龢、郑张尚芳都拟tʃ音，潘悟云拟tʂ音（潘，2000，40）。而今音变的状况，常熟是多数dz、z，与少数dʑ、ʑ并存，童家桥舌叶音明显减少，变为dz、z；无锡中青年则已变为dz、z，而苏州方言现已完全归z同于上海了。

　　下面是靖江和常熟两地14个船母字声母的读音。

	蛇	射	船	神	实	唇	顺	术	述	乘	绳	剩	食	赎
靖江	ʑ	ʑ	ʑ	ʑ	ʑ	ʑ	ʑ	dʑ	dʑ	dʑ	ʑ	dʑ	dʑ	dʑ
常熟	dz	z	ʐ	ʐ	z	dʐ	ʐ	dʐ	dʐ	dʐ	dʐ	dʐ	ʐ	ʐ

靖江只有 5 个字读dʑ,常熟 7 个字读dʐ,按词汇扩散音变原则,船母字走的音变路线是dʑ>ʑ,早一些的时候应为[dʑ]。

在常熟 70 个禅母字中,只有"时、晨、成"等 19 个字读dʐ(或dz),绝大多数读ʐ(或z),靖江 70 个禅母字中,只有"垂、酬、涉"等 15 个字读dʐ,绝大多数字读ʐ,可见禅母应为[ʐ]。至此,可以认为知组三等韵和章组声母在吴语中合流后早些时候的发音应为tɕ、tɕʻ、dʑ、ɕ、ʑ。至于浙江丽水、青田等地知组字读t组音,很可能是在闽语对吴语的影响下形成的。

从邪两母的今齐齿呼、撮口呼字,语音变化是从尖音字的团化开始,从分尖团音到不分尖团,在各地的读音甚为混乱,有的地方都读[ʑ],如常州、溧阳;有的地方都读[dʑ],如嘉兴、绍兴,有的地方读[dʑ]和[ʑ],有不少字两读。有的地方的音系里,分尖团时因本无[ʑ]声母,所以随s变ɕ而新产生的[ʑ]母不稳定,许多字并入[dʑ]母,如上海受普通话影响,[墙ʑiã$_{113}$≠强dʑiã$_{113}$]>[墙dʑiã$_{113}$=强dʑiã$_{113}$],[集ʑiɪʔ$_{\underline{23}}$≠极dʑiɪʔ$_{\underline{23}}$]>[集dʑiɪʔ$_{23}$=极dʑiɪʔ](普通话"墙、集"的声母为tɕʻ、tɕ),但上海话的[席ʑiɪʔ$_{\underline{23}}$]仍读为ʑ声母(因为普通话"席"的声母为ɕ),有的人失去声母[ʑ],如:"谢"读作[ɦiɑ$_{113}$]音。而有的地方未经[ʑ]母,直接变成带浊的零声母,如余姚[匠ɦiA$_{113}$],温州[墙ɦi$_{31}$]。从邪母简化的路线,一种是dz;z>z>ʑ,另一种是dz;z>dʑ;ʑ或都变为dʑ,或读为dʑ;ɦ(i)。上海方言dʑ母的重新产生,是与有些方言早先尖音团化的dz>dʑ在不同的新一个层次上。

各地从邪母变化情况见下表。(地点右下的 1, 2, 3,表示变化发生的次序)

dz;z常熟、盛泽、黎里——→dʑ;ʑ宁波、黄岩、永康、双林、——→dʑ;ɦ(i)温州
↓　　　　　　　　　　　　　　　　宜兴、诸暨、嵊县太平乡
z;dʑ少 无锡$_1$ ——→z无锡$_2$、苏州、宝山霜草墩、上海$_1$ ——→z;ʑ宝山罗店、松江→ʑ;z少
↓ 黄岩→ʑ上海$_2$、溧阳、常州→ʑ;dʑ;ɦ(i)上海$_3$ 宁波$_2$
dʑ嘉兴、绍兴→dʑ,ɦ(i)余姚、周浦

在吴语各地,知组声母的二等韵和庄组声母一起,一般都读舌尖前音,并入精组。澄母多数字读dz,如黎里"茶、搽、撞、浊、澄、碌、宅、橙"读[dz],"蛇、锃、泽、择"读[z],"赚、站"读dz/z;常熟"茶、搽、赚、站、澄、锃、碌、泽、择"都读dz,只有"宅"读z(常熟江、觉韵澄母字"撞、浊"读[dʐ]),可以认为澄母在吴语中过去读[dz],读[z]只是向[z]声母字合并的扩散现象。

崇母字的情况见下表:

	助	豺	柴	士	愁	床	状	崇	闸	镯
常州	dz	z	z	z	dz	z	dz	dz	z	dz
黎里	z	dz	z	z	dz	z	dz	dz	z	dz
双林	z	z	dz/z	z	z	z	z	z	z	dʑ
黄岩	z	z	z	z	ʑ	z	z	z	z	dz
余姚	dz	dz	dz	z	dz	dz	dz	dz	z	dz
绍兴	dz	dz	z	z	z	dz	dz	dz	dz	dz

以黎里的崇母字共 22 个作统计,读dz的 8 个,读z的 12 个,读dz/z的 2 个,读z占 54.5%。而余姚的崇母字以 20 个作统计,读dz的 14 个,读z的 6 个,读dz占 70%。南部崇母读dz的多,北部吴语读z较多。从南北语音推移规律来看,崇母在较早时候应为[dz],庄初崇生四母在吴语多数地方的发音是[ts][ts‘][dz][s]。

崇母字除读z母的昆山、宝山、周浦、上海、松江、嘉兴和苏州之外,其他地方如宜兴、溧阳、童家桥、靖江、江阴、常州、常熟、杭州、绍兴、王家井、嵊县、余姚、衢州、永康都读dz;z,音变是dz>z。

日母字在各地都有白读和文读两种读法,白读苏州、上海等地为ȵ,文读苏州、上海等地为z,黄岩、金华等地为ʑ。如"耳"在多数地方读[ȵi](在温州、双林读[ŋ],在永康、金华读[ʐ]),而"仍、如、乳"等字文读声母为[z]或[ʑ],实际上它们是古日母字[nʑ]分化出来的读音。

见溪群晓四母字在太湖片吴语中读音是:凡一二等字和三四等合口字都读[k k‘ g h],其中二等韵中许多字白读为舌根音而文读为舌面前音;三四等开合口字读[tɕ tɕ‘ dʑ ɕ],只有蟹合四的"桂"、宕合三的"筐、狂、况"仍读k组音,通合三有些字读tɕ组有些字读k组,多数字读k组,只有像"穷"和入声韵的字(如"菊玉局狱")才读tɕ组。南部吴语区二等韵字就没有细音的文读音,可见读洪音是江南地域性特征,而读细音则是北方话的影响所造成的,前期的中舌音可能并未前腭化。不过婺州片、处衢片的某些方言,见系二等也读细音,可能是自身音变形成的。

总的情况如上所述,但是在对吴语见组声母字的调查中发现,现今还有一些三等字不带i介音而读开口呼。如从江阴、无锡至宁波、舟山,对方言自称"某某言话"("言话"此词自六朝至明清一直为汉语常用基本词),其"言(见系疑山开三平)"读ɦɛ;"钳(见系群咸开三平)",在上海方言除了说"dzi"外,常说"gɛ";"炎(见系疑山开三平)",在松江、奉贤方言中说"发炎"、"盲肠炎"时普遍说成"ɦɛ"。1935 年柳亚子主编的《上海市通志》第 21 编方言编原稿第 77 页中写到上海方言中"雁"字的口语音中有两个发音,一个是"ŋɛ",另一个变为"ɦɛ"。"雁"字在上海口语中有ŋɛ→ɦɛ→ɦii→ʔi的音变过程。"月(见系疑山合三入)",在苏州、嘉定方言中说"月亮"时,"月"读"ŋəʔ",温州说"ŋʌu",永康一说"ŋʌʊ";"疟(见系疑宕开三入)",在上海"疟疾"时称"疟ŋoʔ子"。"寄(见系见止开三去)",在吴江黎里、同里说"一封信寄出去"时,"寄"说作"kɛ";"佢(见系溪遇合三平)",在浙江多地方言称第三人称"他"为"佢gɛ";"锯(见系见遇合三去)",在上海城郊将"锯子"说作"kɛtsɿ";"鱼(见系疑遇合三平)",在常熟方言中说"ŋɛ";"许(见系晓遇合三上)",在苏州、松江、奉贤方言中,讲"许愿""许配"时的"许"说作"hɛ";"虚(见系晓遇合三平)",上海、苏州等地方言,将人皮肤虚肿,称作"皮肤hɛ起来";"去(见系溪遇合三去)",在常熟、昆山方言中说"k‘ɛ",诸暨王家井说"k‘e",溧阳说"k‘æɛ",宜兴说"k‘ɐɪ",江阴说"k‘ɛɪ";"茄(见系群果开三平)",上海、苏州方言将"茄子""番茄"的"茄"说作"gɑ";"牛(见系疑流开三平)",在宁波方言中说"ŋœy",靖江方言中说"ŋʲɤ"。分析这些残留在吴语各地方言中的见系三等字读开口呼音,可以认为,吴语在语音演变中滞后的常用字中还保留着上古音以至在中古音时代的前期的语音,见系声母三等字还是读"k、k‘、g、ŋ、h、ɦ"音值,甚至也许吴语见系字在上古至中古前期,都没有介音,全部读开口呼,甚至山摄四等字"现",在上海城区边缘的程家桥地域至今还在读"ɦɛ"音,"现在"读"ɦɛzɛ"。

郑张尚芳先生提出了著名的"三等腭介音后起"说(郑张 2003:172—174),他提到温州话中的"牛ŋau""新saŋ""十zai""两lɛ"都无i介音。

值得注意的是,精组的三等字,也有读"ɛ"韵而无i介音的,如"涎(端系精组邪山开三平,夕连切)"上海方言称"口水"为"涎唾",读作"zɛt'u";"全(端系精组从山合三平,疾缘切)"上海、苏州、无锡方言在作副词"都"时都说"zɛ"。

旧松江府地区见组三四等字在低元音韵前读舌面中塞音,在高元音韵前读舌面前塞擦音,体现着k组>tɕ组的一种过渡形式,如:

	气	结	虚	浇	吃	休	勤
松江	tɕʻi	tɕiiʔ	ɕy	ɟiɔ	cʻiʌk	ɕiu	ɟiẽᵑ

黄岩与y或ø相拼的见组声母是k组/c组两读。

松江府地区,缩气音有三个[ɓ][ɗ][ʄ]也值得重视,同时该地区有的乡村里群母字可读[ʑ]或[ɦ(i)](变为带浊零声母),如奉贤奉城、头桥[旗ɦii₃₁]这种声母失落现象和三个缩气音现象与壮侗语族布依语有相似之处。

疑母字在今开口和u韵前读[ŋ],在今齐撮口前读[n̠],许多地方有些字失落声母成为ɦ[u]或ɦ(i,y),如午悟ŋu>ɦu,遇娱ny>ɦy,谊义n̠i>ɦi,在上海等大城市中这种疑母失落现象近年来有加剧趋势。今合口非u韵的那些字在吴语大部分地区都读ɦ母,如上海[伪、魏ɦuɛ₁₁₃],但在一些僻乡,老年人仍保留ŋ母,如上海郊县奉贤胡桥镇疑母保留最多,"桅、巍、雁"字都读声母[ŋ]。

	蟹合一	止合三支	止合三微	止合三支	效开四萧	流开三尤
	桅	危	魏	伪	尧	牛
胡桥	ŋue	ŋue	ŋue	ŋue	n̠iɔ	n̠iɯ
	山开二删	山开三仙	山开三元	山合二	通合三钟	
	雁	谚	言	顽	狱	
胡桥	ŋɛ	ŋɛ	n̠ij	ŋuɛ	n̠iɔŋʔ	

吴语多数地区匣母字在开合口中读ɦ(u),如上海[和ɦu₁₁₃],[回ɦuɛ₁₁₃],[孩ɦɛ₁₁₃],[鞋ɦᴀ₁₁₃],在齐齿呼中读i的浊音j(i),在撮口呼中读y的浊音ɥ(y),因为它们都和u的浊音ɦ(u)一样,是读浊音的零声母,故统一用/ɦ/音位表示这个浊音,用[ɦu、ɦi、ɦy]代写[ɦu、ji、ɥy],如上海[和ɦu₁₁₃]、[移ɦii₁₁₃]、[雨ɦy₁₁₃]。多数地区的喻母字和匣母合流在开、合口中读[ɦ(u)],在齐撮口中读[ɦ(i,y)],如上海[卫ɦuɛ₁₁₃],[沿ɦii₁₁₃],[云ɦyn₁₁₃],在有的地方有些喻母的阳上字读阴上,并入影母。影母字在吴语多数地区都读带喉塞的零声母,配阴声调,与喻匣母对立。

吴语中部的大部分地区鼻音、边音和零声母字都有配阴调类带喉塞音的[ʔm ʔn ʔn̠ ʔŋ ʔ]和配阳调类带浊流的[ɦm ɦn ɦn̠ ɦŋ ɦ]的对立。如苏州[阿ʔmən₄₄],[门]mɦiən₂₂₃];[粘ʔn̠ii₄₄][年ɦn̠ii₂₂₃];[衣ʔi₄₄];[移ɦi₂₂₃]。但多数地方鼻、边音母配阴调类的字很少。有的地方却是一个调类的半浊声母字都带喉塞读阴声调,如杭州次浊阳上字都并入阴上,如[两ʔliaŋ₅₁][暖ʔno₅₁];有的次浊匣母入声字都并入阴入,如双林[力ʔlie₅₄],[额ʔŋᴀ₅₄],[获ʔuə₃₄];嘉兴[鹿ʔlo₅₄],[匿ʔn̠iə₅₄],[学ʔyo₅₄]。

在吴语接近边缘的地区,最主要的变异是浊声母的清化,大致表现为以下几种情况:

(1)在连读后字读高调的情况下全浊声母变清。如衢州[糖dɒ̃₃₂₃],[红糖ʔʌŋ₂₂tɒ̃₅₃],[琴dziŋ₃₂₃],[风琴fʌŋ₄₃tɕiŋ₅₃];又如永康[糖油dʌŋ₂₁iɯu₅₁],[红糖ʔoŋ₂₁d̥ʌŋ₅₁]。甚至在吴语中心地区周浦也有人发生此类现象,如[后头 ɦɤ$_{22}$dɤ$_{52}$/ɦɤ$_{22}$dɤ$_{52}$]。但不是在高降调里浊声母都变清的。在有的地方连读调使前字成为降调,浊声母也会清化,如永康[肚肠 du̥$_{32}$dziʌŋ$_{22}$],后字声母因平调而仍浊。

（2）某些调类的字,浊声母读成清化浊音或清音,在某些调类中不变。如金华部分浊上字读清音的同时,声调并入阴上,像[道 dɑu$_{24}$]（调归阳去）,但[稻 tɑu$_{544}$]（调归阴上）;[待 tɛ$_{544}$];有的字有两读,像[静 tɕin$_{544}$/dzin$_{24}$]。在青年中清化的字增多。金华老派全浊阳平字一般都读浊音,但在中青年中却大部分字都开始读清化浊音和清音,同时声调也从阳平调向阴平调过渡。如[唐 dɑŋ$_{213}$/tɑŋ$_{324}$],又如[排 pɑ$_{324}$],但阳去字未有清化现象。在擦音声母和鼻边音声母中,清化更为明显,如[时 sʅ$_{324}$/zʅ$_{324}$],[离 ʔli$_{324}$]。又如黎里的阳上字读 32 近于平调,浊声母字往往读得清浊难分,如[部 bu$_{32}$/pu$_{32}$],上海奉贤的上声次浊声母字也有此种现象,如[有 ɦiɯ$_{22}$/ʔiɯ$_{33}$]。

（3）有些字有时或有的人读成浊音,有时读成清音或清化浊音,与清声母渐渐失去音位对立。如丹阳城内清浊音对立尚未消失,像古清声母字在舒声声调中只能存于阴平、阴上、阴去中,只能读清音,阳平声调字至今部分仍读浊音和阳声调,但也有很多字已清化,如[皮 biɪ$_{213}$],[蚕豆 dzɛn$_{32}$ dᴇ$_{52}$],[旁边 bɑŋ$_{32}$ pɪ$_{24}$],[边头 pɪ$_{44}$ dᴇ$_{44}$],阳去声调字已多读清音和高降调,如[地 tiᴢ$_{41}$][上头 sæ$_{52}$dᴇ$_{23}$]。古阳上声调的部分字至今读阳平低升调,如[稻 dɒ$_{213}$],声母仍浊,但部分字读阳去高降调,声母变清,如[荡 tɑŋ$_{41}$],至于古入声阳调类字在不同人口中清浊任读,如[别 bɪʔ$_{24}$/bɪʔ$_{24}$/pɪʔ$_3$],这说明丹阳的清浊对立正趋于消失。丹阳方言的浊音性质和听感与其他吴语地点相同,但如看重清浊对立的相混和消失,将丹阳的清浊声母归为清声母一统,也是一种音位归类。不过丹阳方言的两字组、三字组连读变调（较滞后）中仍见清浊调型上的差异。

下面是一个丹阳城内的青年人单字的发音记录:

	古阳平 迟池持驰	古阳去 治滞誓稚		古阳平 时	古阳去 视	古阳平 词磁辞慈瓷	古阳去 字自	古阳平 匙	古阳上 是氏
声母	ts ts ts ts	s ts	s s	z	s	dz dz dz dz dz	ts ts	dz	s s
声调	22	41	44	113	41	113	41	113	41

	古阳去 事示寺	古阳上 似士市柿	古阳平 除厨橱	古阳上 柱	古阳去 住	古阳平 爬琵杷	古阳上 罢	古阳平 陪赔
声母	s s s	s s s s	dz dz dz	ts	ts	p p p	p	b b
声调	41	41	113	41	41	22	41	113

	古阳上 倍	古阳去 背佩	古阳平 台抬	古阳上 待	古阳去 袋代兑队			古阳平 逃淘萄	古阳上 道稻	古阳去 导
声母	p	p p‘	d d	d	t t	d	t	d d d	t t	d
声调	41	41	113	113	41	113	41	113	41	113

（4）较多的地点是擦音声母"v z ʐ"读成[fv、sz、ɕz]，发音开始时清化明显。在连读时，有的在后字上仍读成浊音，有的则变为全清。如杭州[树szʮ₁₁₃]，温州[席sze₃₂₃]，童家桥[席ɕziɪ̃ʔ₂₃]，溧阳[上头szʌ₃₂ dei₂₃]，永康[上头ɕziʌŋ₂₁ dəʊ₂₄]，衢州[房fvɒ̃₂₃]，[上头ʃũʮ̃₄₅ deɪ₅₂]，ʐ声母有的地方会变读作浊音零声母，如周浦[席子ɦiɪʔ₂ tsʮ₂₃]，溧阳[铜钱doŋ₃₁ ɦi₂₃]。在连读后字上浊擦音读成浊音而失去开头清音成分的，如温州[食sz'i₃₂₃][零食lʌŋ₂₅ z'i₂₄]，衢州[坟fvən₃₂₃]，[上坟ʃʮŋ̃~₂₄ vən₃₁]；读成清的，如永康[家具kuʌ₄₃ tɕʏ₃₂]，金华[零食ʔlim₃₂ ɕiəʔ₃]，衢州[家具kɑ₄₃ tɕy₃₅]。

（5）[ɦ]声母最易清化，变成前带轻微[ʔ]的[ʔɦ]或变成带[ʔ]音明显、后浊音较少的[ʔɦ]，最后变为完全清音的[ʔ]，同时声调也由低变高。如衢州[雾ʔɦiu₃₁]，杭州[黄鱼ʔuʌŋ₃₃ ɦiy₅₁]，永康[芋ʔɦiy₂₁₄]，衢州[芋头ʔy₅₅ təɪ₃₁]，溧阳[芋头ʔɦiyz₃₂ dei₂₃]，靖江[芋头ʔyɥ₃₅ døʏ₃₁]。至于鼻边音和零声母字在连读后字上ʔ、ɦ对立的消失更是各地吴语普遍的现象。如苏州[蛙ʔo₄₄]，[华ɦo₂₂₃]，[青蛙＝清华ts'im₅₅ o₃₁]，上海[拎ʔliŋ₅₂]，[领lɦiŋ₁₁₃]，[白拎＝白领bəʔ₂ liŋ₂₃]。

第二节　吴语的韵母特点

吴语大部分地区介音与中古音一样有开齐合撮即零介音、i介音、u介音和y介音4个。吴语大部分地区保持上古音u介音只与舌根音唇音相配的情况，但婺州片、处衢片中有些方言u可与舌根和唇音外声母相配的，如金华[渣tsuɑ₄₃₅]，[沙suɑ₄₃₅]，[辣ʔluɑ₄₃]，可能是语音后来演变的结果。浙江太湖片临绍小片和宁波等地有开口鼻韵母字与齐齿韵读音合流的现象，如诸暨王家井[根kĩ]，[命mĩ]；余姚[寸ts'eŋ][丁teŋ]；崇仁[灯＝丁tiŋ₅₃₃]，[门＝明miŋ₃₁₂]；宁波[声＝心ɕiŋ]，[晨＝情dʑiŋ]；这里的元音不是i而是ɿ。太湖片湖州小片无y介音，有些地方y介音韵很少，即使有，发音也不够圆唇，如常熟、宝山、上海老派，除y韵外，没有y介音韵，上海老派谆术、文物韵读[ioŋ][ioʔ]韵，仙薛、元月、先屑韵合口字读[iø]和[ioʔ]韵。

除i、u、y介音外，有的地方还可有别的介音，如衢州与舌叶音相配的介音音色与i、u、y都远而与[ɿ]比较接近。又如常州与合口呼字逢舌尖音，介音实为[ʮ]，如[窗ts'ʮʌŋ₄₄][出ts'ʮʔ₂₃]；再如杭州[说sʮəʔ₅]，宁波[说sʮəʔ₅]，只不过不构成与[u]的音位对立。

吴语大部分地区的韵部与中古音阴声韵、阳声韵、入声韵三分相对应。大部分地区入声韵都带读促声，带喉塞音[ʔ]，旧松江府地区（如上海、松江、周浦）老派与中古音韵相对应的k韵字大部分仍读[k]尾，其余入声字读[ʔ]尾。如松江老派曾宕江梗（开）摄入声字读[k]尾，只有通摄和曾（合）梗（合）字已与[ʔ]尾字合并，但上海在150年前这些字也有许多读[k]尾（见Edkins 1868）。由于[k]尾正在消亡之中，加上音位上的对立在韵腹元音上已表现出来，所以可以也标[ʔ]。

在阴声韵中止摄字在吴语中几乎都是开口度最小的i和ɿ音，i发音在吴语中有几种小的差异，常熟、常州、宝山、嵊县的i是标准[i]，松江、绍兴的i是带有摩擦音的[iʲ]，宜兴、丹阳、余姚（见系精庄组）的i是带有z音的[iz]。

文、脂、之、微开口韵除了精、知、庄、章组声母外，都读i韵（帮组中有的字读əi类韵，与蟹合一帮组合流），精、知、庄、章组多数地点读ɿ韵。无锡老派、庄组读ɿ而配ts组声母，知、章组读ʮ，配tʂ组声母；常熟则庄组章组读ts组，知组、祭韵字读tʂʮ组音；宁波与常熟相似是知组祭韵字读tʂʮ组，和庄、章组字一样配ts母；苏州、上海老派部分人庄组为ɿ韵而知、章组为ʮ韵，和无锡分布相似,然声母都为ts组,苏州原来也有ๅ韵配tʂ组声母;黄岩都读ๅ韵都配ts组声母,但祭韵字却读i韵配tɕ组声母;温州祭韵字也读ʮi韵而不读ๅ韵,永康祭韵字为tɕ组ie韵,止摄知、章、庄组都为tɕ组i韵。从上面的情况,我们可以看到止摄字从tɕi组(如永康)到tsๅ组是逐渐过渡的,庄组字先变,知章组后变,蟹开三祭,废韵和蟹开四齐韵字原在一起(见对蟹摄字的分析)。

止摄的合口见系字(如亏龟柜归围)在大部分地区白读为y文读为ue,精、知、庄、章组字除少数字有的地方白读为ๅ(或ʮ、ʯ)韵并入止摄开口外,大部分字有一个从合口韵uei变为代表有合口成分的ɤ、ø、ʌɿ类韵再向开口韵ᴇ等发展过程。如"追"字常州为[tsɤæe₄₄],上海为[tsø₅₂],宝山为[tsʌɿ₅₂],常熟为[tsᴇ₅₂]。

遇摄只有合口韵,遇合一模韵字各地都读u韵,少数地区如常州、余姚精组字读ๅ韵,温州帮组塞音声母和端组读θ韵。遇合三鱼、虞韵除知、照组外各地都读y韵(只有湖州等没有摄口呼的地方读i韵),至于鱼、虞韵庄组字(如:初、蔬、所、阻)在宝山、上海、松江、绍兴、宁波等地读u,在常州有的读ๅ有的读ʌɯ,在余姚读ๅ,其他广大地区都读ʌɯ、ʌɤ、əu类音,已并入果摄歌戈开合一等字。再看鱼韵庄组字"锄、梳",有许多地方读ๅ韵,如上海、松江、温州、丽水、衢州等地"梳"都读ๅ韵,"锄"读ๅ的地点更多,如上海、松江、嘉兴、平湖、湖州、余杭、临安、镇海、天台、瑞安、金华、衢州(苏州、昆山读ๅ韵,常熟为ๅ韵)。松江、上海老派"数"还能读ɕy,可见庄组字可能也较早由y>ʮ>ๅ>u。至于知、章组字,在吴语地区有读y的,如宜兴、溧阳、松江、周浦、靖江、江阴、童家桥、绍兴、王家井、黄岩、衢州、永康等地;有读ʮ的,如上海、宝山、湖州、嵊县、温州、桐乡、余杭、萧山等地,有读ʯ的,如常州、苏州、吴江、杭州、余姚、嘉兴、平湖、宁波、奉化、永嘉、青田等地;有读ๅ的,如无锡老派、常熟等地;有读u的,如金坛、丹阳等地。我们从这些地方的不同读音,可以看到y>ʮ>ʯ>ๅ>u的过渡,而声母则是由tɕ组向ts组演变。见下表:

韵母	y				ʮ			ʯ		ๅ		u
主	tɕy₄₅	tɕyʮ₅₁	tʃyʮ₃₂₄	tsy₄₄	tʂʮ₄₄	tʃʮ₄₅	tsʮ₅₁	tsʯ₃₃₄	tsʯ₅₁	tsๅ₃₃₄	tsๅ₄₄₂	tsˀu₄₄
除	dʑy₂₂₃	dʑy₂₂₃	dʒyʮ₃₁	zy₃₁	dzʮ₂₃₃	ʒʮ₃₂₃	dzʮ₂₁₂	dzʯ₂₁₃	zʯ₂₄	zๅ₁₁₃	dzๅ₃₁₂	dzˀu₂₁₃
地点	江阴	宜兴	童家桥	松江(老)	常熟	衢州	杭州	常州	黎里	上海	崇仁	丹阳

从吴语的果假摄字的读音可以看到,元音后高化的进程吴语比其他方言快。歌韵字在吴语区有三种类型的音:(1)ɤɯ类,分布在溧阳、丹阳、靖江、江阴等毗陵小片;(2)u类,与模韵合并,分布在上海、松江、嘉兴等地;(3)o类,分布嵊县、绍兴、黄岩、永康、金华等地。中古歌韵字的历史音变应从ɑ开始开口度逐渐减小,变化路线大致为(1)ɑ>o;(2)ɑ>ʌ>ɤɯ>əu>ˀu>u。果开三戈韵"茄"字多数地方还保留ɡiɑ或dʑiɑ音,上海、松江、苏州等地有的字至今仍保持古音的读法,如:"多tɑ只","拖tʰɑ鼻涕","破pʰɑ脱"。南北吴语多地都有此现象,如"破"读pʰɑ的有盛泽、金华、崇仁、太平、温州,读pʰʌ的有余姚、诸暨,读pʰa的有绍兴、宁波。可见吴语更早些时候果摄可能是以ɑ为主的音。果合一戈大部分地区与歌韵合并,但有的地方(如上海)有些字都有u或o两读(如"朵、磨"等字),也许是由uo发展而成的。果合三中"靴"字各地读音特别,在宜兴、溧阳、江阴、常州、吴江读io韵,在上海、松江、双林读iu,周浦读yu,嘉

兴读yɔ,童家桥读yɑ,绍兴、嵊县、宁波、黄岩、温州读y,此字以撮口为主,也可能是由yɑ向yo等变化而来。

假开二麻韵字(如巴茶家鸦)在许多地方读o韵,无锡、常熟读u韵,但在上海、松江、浦东等地还残留一些字(如"下丫桠")读ɔ韵,衢州读ɑ,永康读ʌ,童家桥读ɒ,我们同样看到如同果摄ɑ>ɔ>o开口度减小的过程。假合二麻韵字(如瓜瓦花)今宜兴、周浦老派、绍兴、嵊县、余姚老派都读uo,衢州、金华读uɑ、永康读uʌ。假开三各地除章组字读iɑ为主外,章组字在太湖片读o,在衢州、金华读ɑ,永康读ᵘʌ,云和、景宁读io,龙泉读ɔi,丽水读yo。合口呼、齐齿呼都有ɑ>o转变的表现。

蟹开一咍泰韵和蟹开二皆佳夬韵读音相同的有童家桥(ɑɪ)、江阴(æ)、靖江(æ)、衢州(ɛ)、永康(iʌ)等少数地区,位于吴语区北部、西部临边地带。浙江还有乐清(e)、浦江(a)等少数地点相同。大多数吴语地点两者不同,二等韵读ɑ/ʌ/a,一等韵读ɛ/e/ai/ɛi/æ/ɐɪ等。

蟹开三祭、废韵和蟹开四齐韵的知系字(如:滞、制、世)在吴语广大地区以读ʅ为主,其他各系字读i。但浙南读音不同,多数为ie。如下表(引自《浙江吴语分区》,1985:38—40):

		永嘉	温州	文成	兰溪	永康	武义	松阳	庆元	遂昌
齐	蹄	dˡi	dˡi	dei	die	diə	die	die	diɛ	tie	die
	鸡	tɕiai	tsʅ	tɕi	tɕi	ciə	tɕie	tɕiɛ	ie	ie
	西	sʅ	sˡi	sei	sei	ɕiə	ɕie	ɕiɛ	ɕie	ɕie
祭	制		tsˡi			tɕiə				

蟹合二皆佳夬韵在多数地区读uɑ类,蟹合一灰泰见系字在宜兴、溧阳、江阴、常州、双林、宁波、衢州读uei类,在苏沪嘉片读uɛ类,帮系和端系字在多数地区读开口的ɛ或ei类,蟹合三祭、蟹合三废、蟹合四齐见系字大多读uei类,端系知系的字,在苏州、常熟、松江、吴江等中心地带读如蟹合一或转读ø、ɵ韵,非组读i韵,但在溧阳、常州、嘉兴、丹阳等地读为合口呼uæe或ue,在黄岩"桂"字读[ky₄₄],温州"桂"字读[tɕy₅₂],太湖片也有不少地方称"鳜鱼"的"鳜"为[tɕy],如苏州、昆山、松江等。

效摄字和流摄字的韵就多数地方来看,应是动态的前响(有的是后响)复元音韵,而不是静音素单元音韵,见下表:

	宜兴	丹阳	童家桥	常州	无锡	苏州	上海	吴江
懊	ʌɤ	ɔ	ɐˠ	ɑˠ	ʌ	æ	ɔ	ɑˠ
欧	ɯɤ	ɛi	ei	ei	ɛi	ie/ˠ̯	ɤ	ɯɐi
	罗店	嘉兴	绍兴	崇仁	宁海	温州	金华	永康
懊	o	ɔ	ɑɒ	ɑᵖ	au	ᵒɔ	ɑʊ	uʌ
欧	ʌɪ	ə	ɤ	ø	ɯɑ	ʌu	uə	əʊ

从上表可知较偏僻的地方、西部、南部、小地方多是复元音韵，只有松江、上海、苏州、无锡等城市的效摄字是单元音韵。流摄字读单元音韵更少，值得注意的是沿运河流域的地方流摄字的发音都读ei类音而不是常见的ʌɯ类。苏州的"头口、流袖"原读ˀɣ韵，现年轻人也随郊区读为ɪ。有些地区青年人效摄字的发音动程明显减弱，如绍兴ɑɒ已向ɔ过渡。效开三宵、效开四萧以及流开三尤幽，都有i介音，其中知、章组字读ts组声母的地点则读开口呼，显然比读tɕ组声母带i介音的地方语音古老一些。

温州音效摄字能分开口一等(ɜ)和二等(ɔ)，又能分三等(ɤ)和四等(ei)，可能反映更早的历史语音面貌。

下面我们从山摄字开始分析吴语的阳声韵和入声韵。

山开一寒韵字(除见系)、山开三山、删韵字(如：丹、懒、散、扮、山、班、删)在吴语广大地区韵母有e ɛ ɜ æ ʌ ɛ̃ æ̃ ã几种读音，以ɜ、æ和ɛ̃、æ̃为常见，如常州、无锡、绍兴、衢州为æ̃，杭州、余姚为ɛ̃，宁波、诸暨、昆山为ɛ，上海、松江、苏州为ɛ，但上海在20世纪初传教士的记音中还是带轻微鼻音的æ̃。今在浦东还能记到周浦等地老年人带轻微鼻音。比较起来，æ̃最古一些，鼻化失落才成为æ，如当今常州老派为æ̃，但大部分人已读æ；杭州老派为ɛ̃，中青年已为ɛ，绍兴的鼻化音也大为减弱。

山开一寒韵的见系字(如肝、岸、寒、安)在吴语区多数地方读ø为主的韵，浦东周浦(ø̃)、嵊县崇仁、太平(œ̃)、金华白读uɯ，文读æ̃，还带有鼻化音。

吴语地区入声韵最发达即最古老的地区是旧松江府地域，今入声韵与阳声韵都相配。如松江、奉贤、惠南等地曷、黠、镃韵与æ(当地读ɜ或ɛ̃)相配的字读æʔ韵；山开一见系字与ø(当地读ø或ø̃)相配的字(如：割、葛、渴)读øʔ韵或œʔ韵，靖江老派、崇明老派山开一见系字的入声字也读øʔ韵。

山开二山、删的一些字在太湖片都有文白读，如间kæ̃/tɕiɛ̃，雁ŋæ̃/ɦiɛ̃，以白读为古老。

山开三仙韵(除知系，包括知组、庄组、章组和日母)字、元韵字、山开四先韵字在吴语区读音较为一致，一般读ɪ、iɪ或ĩ、iĩ韵，读ĩ的有余姚、杭州、靖江、常州、周浦，读iĩ有嵊县的崇仁，读iɛ̃有嵊县、衢州，太湖片吴语多失落鼻化音而为iɪ或ɪ，松江府地区进而并向i。从杭州、衢州我们还可看到老年向青少年过渡iɛ̃>ie。许多地区山开三(包括咸开三)的个别字(如间文读、验、念)都保留iɛ̃或iɛ̃的读音，可以认为山开三、咸开三古老形式主要元音的开口度应略大。

与iɛ̃相配的入声薛、月、屑韵字音在今吴语区也较一致，为iɪʔ、ɪʔ或ieʔ、ˀei、iəʔ。绍兴老派为ieˌʔ，新派为iɪʔ，上海老派为ieʔ，新派为iɪʔ。

山开三仙韵的知系字(如展战扇然)在松江读e，绍兴读ĩ，永康为ie，相配的入声字(如哲、舌、设)分别读eʔ、eˌʔ/ɪʔ、ie。这部分字的读音应与前两段相似。

山合一桓韵端系(包括端组、精组)字(如：团、卵、乱、酸)在多数地区读带有u作用的ø或ø̃，也有的地方读合口呼，如永康uə、武义uo、义乌ɯʏ、青田uæ、龙泉ɛɯ；相配的入声韵在奉贤、松江、南汇、嘉善、仙居等地读øʔ，有的字如"撮说"在松江老派又能读uøʔ。帮系字大部分地区读如端系，只有旧松江府的松江、奉贤、浦东等地读e或ẽ，相配的入声字(如：钵、泼、末)为e-ʔ。山合一桓韵见系字(如：官、欢、碗)大部分地区都读如uø，端系为e的地区读ue，只有少数地区u介音失落，如吴江地区，有的地区u介音正在失落过渡中，如无锡、苏州、上海。因此山合一桓韵字都属uø类，与之相配的入声韵(如括、阔、活)也为合口呼。

山合二山、删见系字(如：幻、关、湾、挖、刮)在吴语区读为与开口二等字同韵的合口呼。

删韵的庄组字和山合三仙韵的知、章组字,各地读音较不一致,有些地方读ø,如江阴、苏州、吴江、上海;有些地方有的字读e,有的字读ø,如松江、周浦;也有的地方读yẽ,如宜兴、溧阳、金坛。山合三仙精组字各地读音也有分歧,如下页表。

		宜兴	溧阳	靖江	江阴	苏州	上海
山合二庄组	闩	çyẽ	çyu	sũ	sɵ	sɵ	sø
	刷	çyeʔ/sɑʔ	çyeʔ	çyɑʔ	sɑʔ	səʔ	səʔ
山合三知、章组	川	tɕʻyẽ	tɕʻyu	tɕʻyũ	tsʻɵ	tsʻɵ	tsʻø
	说	çyeʔ	çyeʔ/çioʔ	çyoʔ	soʔ	səʔ	səʔ
山合三精组	全	ʑyẽ	ʑyu	zĩ	dzɿ	zɿ	ʑi
	绝	ʑyeʔ	dzyeʔ	zɿʔ	zɿʔ	ziiʔ	ziiʔ

		松江	吴江	嘉兴	绍兴	宁波	温州
山合二庄组	闩	sø	sɵ	suɤə	sĩ	sø/sɿ	sɵ
	刷	səʔ	sɑʔ/səʔ	səʔ	sɿʔ	soʔ	sø
山合三知、章组	川	tsʻe	tsʻɵ	tsʻɤə	sĩ	tsø	tɕʻy
	说	suœʔ	səʔ	soʔ/səʔ	sɿʔ/soʔ	soʔ	çy
山合三精组	全	zi	dziɪ	dzyɤə	dʑĩ	dʑy/dzø	ɦy
	绝	ziiʔ	dziɪʔ	dzyɵʔ	zyoʔ	dzoʔ/dʑyoʔ	ɦy

在看庄组和精组字的韵母时,我们主要看声母读为ts组的那些地区,庄组字大都读带有u作用的ø,我们可把山合二庄组字的韵母归入山合一桓末端系一类,把山合三精组字的韵母归入山开三一类。我们在看知、章组字时,看声母为tɕ组的那些地区,觉得山合三知、章组字的韵母读yẽ和yeʔ较为古老一些。

山合三仙薛来母字(恋、劣)的韵母多数地方都读如山开三字。山合三精组字在宜兴、溧阳、丹阳、靖江、金华、永康、温州等地都读撮口呼,以苏嘉沪为主的地区读齐齿呼。

山合三元月非组字(如:反、烦、发、袜)多数地方是读æ、æʔ类音,如声母是ɸ、β的,则为uæ、uæʔ。山合三仙、元韵和山合四先韵的见系字(如圆、劝、玄)在吴语多数地方读撮口韵yẽ、ye或yø韵(有的地方介音为i,如吴江、常熟、宝山、湖州,这些地方是很少撮口呼的地方),相配的薛、月、屑韵见系字(如:悦、月、决、血)各地多读yeʔ、yəʔ或yøʔ韵,无y介音的地方,如上海老派读ioʔ韵。

咸、深摄字在吴语地区没有一个地方阳声韵读m韵尾促声韵读p尾的,很早就已与山、臻摄字合并,阳声韵并入n韵尾,入声韵与t尾一起并入ʔ尾。所以咸摄字的行为与山摄字大致相同。

咸开二咸、衔韵字(如:斩、咸、衫、舰)宜兴、溧阳读ɑ韵,靖江、常州、绍兴、崇仁、太平、衢州等地都读æ̃,江阴、丹阳等地失去鼻化音读æ,许多地点元音的开口度减小为ɛ、ᴇ,行为与山摄字同。咸开一覃、谈韵的端系字(如:贪、蚕、惨)有的地点读e韵如松江、原上海,但它的相配入声字(如:踏、杂)松江读æʔ韵,有些地点读aʔ韵,可能古老的时候松江这些e韵字也读æ;见系字(如:感、暗、合喝)有的地方读ø和øʔ,如上海老派、松江、奉贤,有的舒声读e韵,但促声仍读øʔ或eʔ韵。

咸开三盐、严韵字同如山开三,咸开四添韵也如此,以iẽ和ieʔ为主。咸合三只有非组字(如:凡、范、法)同山合三元韵,元音开口度更大一些。

有三类字开口韵母的读音,在吴语广阔的地带发生了合并。这三类字分别是:1.《广韵》咍泰韵的k系、h系字,如"该、海",咍韵的t系、ts系字,如"胎菜",普通话韵母均为"ai";2.《广韵》脂支韵的p系字,如"悲",灰泰系的p系字,如"梅",脂支灰泰韵的n、l母字,如"类",普通话韵母均为"ei",加上灰泰韵的t、tʻ、d母字,如"堆",普通话韵母为"uei";3.《广韵》凡、山、删元韵(部分)的p系字,如"反","谈寒"韵的t系、ts系字,如"难三",山删韵(部分)和咸、衔韵的ts系、h系(白读)、k系(白读)字,如"斩、晏白、间白"。

在本书所记的除杭州、金坛西岗外的31个地点中,读音1、2组合并的有十一个地点,1、3组合并的有九个地点,1、2、3组都合并的有四个地点,1、2、3组各不相同的有七个地点。例如:

音类 地点	1 该海胎菜	2 悲梅类推	3 反难斩间白
丹阳童家桥	aɪ	ei	ɑ
宁　波	e	ᴇI	ᴇ
温　州	e	æi	ɑ
溧　阳	æᴇ		A
绍　兴	e		æ̃
黄　岩	e		ᴇ
江　阴	æ	ᴇI	æ
嘉　兴	ᴇᵋ	e	ᴇᵋ
双　林	ᴇ	ᵒʸ	ᴇ
苏　州	ᴇ		
吴江盛泽	ᴇ		
上　海	ᴇ		

赵元任(1928)记录的上海"旧派"1、2为e,"新派"1变为ᴇ,2仍为e,3与"旧派"相同为ᴇ,即演变为1、3合并。而在本书所记的调查结果是,上海老派已是1、2合并为e,中年、青年1、

2、3 都已合并为ɛ了,与赵氏记录比较起来,可以看出按年龄程序(即时序),"ai"系先变为ɛ,"ei"系后变为ɛ。

再看艾约瑟1868年《上海方言口语语法》一书中所记的上海话语音:1、2 均为e,与赵元任(1928)书、本书记录相同,但 3 记为æ,而赵书、本书都记为ɛ。这说明当年咸山摄字的鼻音还未失落,元音开口度也较大。这些记录,反映了近代以来三类字韵母合并时合三为一的一条途径。

臻摄开口一等字(如:吞、根、恩)各地都读开口呼,韵腹大多数地方为央ə,如:宜兴、江阴、靖江、常州、无锡、苏州、昆山、吴江、嘉兴、湖州、衢州、金华、永康,而嵊县、余姚、绍兴等地开口度较小(如崇仁ɪ˞、余姚e˩),宁波、松江等地开口度稍大(如宁波ʊ˞、松江、奉贤ɐ、常熟ɛ˞)。吴方言区韵尾n、ŋ的对立绝大部分地点消失,痕韵的韵尾实际读音有的地方是后鼻音,如宁波、松江、江阴、嵊县、常熟、靖江,有的地方是偏前近于前鼻音,如苏州、嘉兴、湖州、衢州、昆山、金华,有许多大城市的青年已由ŋ向n发展,如江阴、常州、余姚、上海等地,嘉定、宝山地区是近于全鼻化的ə̃-ⁿ韵。值得注意的是在濒临海边的浦东川沙县,见系臻(深)摄三等字跟见系曾、梗摄三、四等之间尚保留着对立。如:

京tɕiʌŋ≠今=斤tɕin   轻tɕʻiʌŋ≠钦tɕʻin

鲸dziʌŋ≠琴=芹dzin   迎n̩iʌŋ≠吟=银n̩in

应ʔiʌŋ≠音=殷ʔin

这说明臻、深摄字在少数地方尚未并入曾摄。

臻合一魂韵端系字(如:敦、尊、论)多数地方读ən韵,但在绍兴不同于臻开一而读õ,温州读θ(不同于臻开一的ʌŋ)。永康读və(不同于臻开一的əŋ),这些地方的音可能古老一些,近于合口呼的uən,相配的没韵字(如:突、猝、卒)各地的读音有əʔ和uəʔ。魂韵帮系字(如:本、门)多数地方读ən韵,相配的入声字(如:勃、没)为əʔ,但作为p组声母本来就带有轻微的u介音的。至于魂韵见系字(如:昆、昏、温)大多数地方都为uən,没韵见系字(如:忽、骨、榾),精组的"卒"(松江)为uəʔ。

臻合三谆、文韵知、章组(如:椿、春、润)根据声母读tɕ组的地方的读音,都为撮口呼,如靖江为yəŋ,金华为ʨym,永康为veŋ,术韵知、章组字(如:出术)为yeʔ类音;声母为ts组的地方多数已读为开口呼并入痕韵。谆、文韵的见系字(如:均、群、云)各地都读撮口呼yən类,术韵见系字(如:橘、屈)读yəʔ类。谆、文韵的来母,精、知、章非组舒声韵字(如:伦、遵、文)多数地点同于臻合一魂韵(杭州与舌尖前各相拼的字带ʅ介音)。

深摄字读音并入臻摄开口三等字。

宕摄韵在宜兴、溧阳、金坛、丹阳、靖江、江阴、常州、金华、永康、杭州、绍兴、黄岩等地都是ɑŋ、ʌŋ或ɒŋ,用后鼻韵尾;在太湖片上,如无锡、苏州、上海、吴江、湖州都为鼻化音ɑ̃或ɒ̃,余姚、宁波为ɔ̃。

宕开一唐韵字(如:帮、当、仓、刚)各地都为开口呼ɒŋ类,相配的铎韵字(如:薄、托、作、各)多数地方为ɒʔ或oʔ,在今松江、奉贤、南汇、上海县和上海市(老派)这些字仍读ɒˑk韵,上海新派并入oʔ韵。宕开三阳韵庄组字(如:庄、闯、状、霜)各地也为开口韵,其他各组(除知、章组)都是齐齿呼,韵腹也前元音化,溧阳、丹阳、金坛为ie,靖江为ĩ,太湖片多为iɑ̃。知、章组读tɕ组声母的地方如宁波、黄岩都读iɑ̃,温州为ie。只有少数地方老派aŋ、ɒŋ不分,如金华、宜兴、常州。新派前后a鼻化或鼻韵正在合并的地方很多，如上海、苏州、江阴等地，可见较古的音是从分的。而与宕开三阳韵各系（除庄组）iaŋ类韵相配的药韵字（如：略、削、脚）在旧松江府地区读为iɑk，其他许多地区有并入ia?，青年又并入ie?和iɪ?韵的。

宕合一唐韵只有见系字（如：光、黄、汪）各地都读合口呼，个别地点（如吴江盛泽）读开口呼，相配的铎韵字（如：郭、霍、镬）在旧松江府地域今音仍为uɒk。宕合三阳韵只有帮系和见系字，帮系非组字（如：方、房、望）以及与之相配的药韵字（缚）与宕合一唐韵同，可认为带有轻微的u介音。阳韵影、喻母有的字（如：旺、王）在今松江、上海、苏州、童家桥、靖江等地旧音读yɒ̃或iɒ̃，大部分地区已为合口呼，见系的其他字（如：匡、狂）都为合口呼。

江摄全部字与宕摄一等字同读ɒŋ类，觉韵读ɒk类。有的地方知、庄组字（撞、窗）行为特殊读撮口呼，如靖江、童家桥、金华、温州、永康；有的带ɿ介音，如常州、杭州。

曾开一德韵字（如：墨、得、则、刻、黑）在旧松江府地区今音为ʌk，是吴语各地相比最古老的音，在大部分吴语区已并入臻摄的ə?韵，今在松江、奉贤的大镇上ʌk也在向ə?归并之中，如奉贤县各镇上"刻"字的读音，取60—80岁的20个人，"刻"的韵20人全部读ʌk；取30—50岁的20个人，其中18个人读ʌk，2个人读ə?；取10—25岁的20个人，其中1人读ʌk，19个人读ə?。吴语各地曾、臻两摄的舒声韵也都合并，韵尾不分前、后鼻音，韵腹开口度变小为ə或e。多数是曾摄向臻摄并，有的形成中鼻音ɳ。然松江、奉贤等地的臻摄舒声韵反而向曾摄合并，读əŋ、iəŋ、uəŋ等，不过近年来也跟着上海方言转向əŋ、iɳ、uəŋ变化。据川沙县保留的古音来看，则开口度颇大，为ɒŋ、iɒŋ和uʌŋ。曾开三蒸韵庄组字（如色、测）同ʌk，其他字都为齐齿呼。值得注意的是奉贤等地"忆、亿"二字仍读[?iʌk]。

曾合一字少，德韵字多数地方读合口呼，曾合三职韵的"域"多数地方为撮口呼。

梗开二舒声韵在太湖片都读ã类，陌、麦韵读ɑk，其中"泽"字在许多地方随文读读为ə?韵，但在吴江的盛泽镇地名里，当地仍读[zɑ?]。

梗开三、梗开四在大多数地方都并入曾开三。今松江府地区知、章组入声字读ɑk韵，精组入声字读ʌk。

梗合二庚韵字"横"在太湖片都读uã，梗合二耕、麦韵字（如：轰、宏、获、划）同于曾合口的今音并入通摄。梗合三庚、清昔韵是齐齿呼，梗合四同梗合三，并入通摄。

通摄字的韵腹多数地区为o，余姚、上海、嵊县等地为ʊ，屋韵在松江府地区较早为ok，在其他地区一般为o?（或ɔ?），通合一的冬沃韵与通合三的东屋韵同。

通合三东锺韵在许多地方都是oŋ类，只有见组少数字读yoŋ，但在知、章组读tɕ组声母的地方，"中、虫、终、重、锺"等字读yoŋ/ioŋ，黄岩、永康等地"共、供、弓"也读yoŋ韵，屋、烛韵的见系字多数地区为io?或yo?，有的地方新派并入yɪ?韵，其他系都为o?。

吴语绝大部分地区保留古汉语的全部入声字，这是保留古汉语全部浊声母（塞音、擦音、塞擦音中不送气清音、送气清音、浊音三分）外第二个最重要特征。至今入声韵母音位最多的地方是在旧松江府地域中，客k'ɐ?、拍k'æ?、磕k'e-?、刻k'ʌ?、渴k'œ?、哭k'o?、壳k'ɔ?、铁t'ɪ?八分。其中ɐ?、ʌ?、ɔ?、o?四韵的韵尾实为k。

综合吴语各地阳声韵和入声韵的分布情况，我们可以列出表格说明较早一些年代，吴语中阴声韵、阳声韵、入声韵字读音与中古音对应的大致面貌。

æ 咸开一谈盍端系 æʔ咸开二咸洽 　咸开二御狎 　咸合三凡乏 　山开一寒曷端系 　山开二山黠 　山开二删镰 　山合三元月非系		uæ 山合二山黠 uæʔ山合二删镰见系	
ẽ 咸开一覃合 eʔ咸开一谈盍见系 　咸开三盐叶知系 　山开三仙薛知系 　山合一桓末帮系 　山合三仙薛知系(除日母)	iẽ 咸开三严业 ieʔ咸开三盐叶端系、见系 　咸开四添帖 　山开三仙薛帮系、端系、 　　见系 　山开三元月 　山开四先屑 　山合三仙薛端系、日母	uẽ 山合一桓末见系 ueʔ	
ø 山开一寒曷见系 øʔ山合一桓末端系 　山合二删镰知系		uø uøʔ	yø 山合三仙薛见系、日母 yøʔ山合三元月见系 　山合四先屑见系
ən 深开三侵缉知系 əʔ臻开一痕 　臻开三真质知系(除日母) 　臻合一魂没帮系、端系 　臻合三谆术端系、知系 　臻合三文物非系	iən 深开三侵缉帮系、端系、 iəʔ　见系 　臻开三真质帮系、见系、 　　日母 　臻开三殷迄见系 　臻合三谆术端系、日母	uən 臻合一魂没见系 uəʔ	yən 臻合三谆术见系 yəʔ臻合三文物见系
aŋ 宕开三阳药知系(除日母) ɑk梗开二庚陌 　梗开二耕麦 　曾开一登德帮系	iaŋ 宕开三阳药端系、见系、 iɑk　日母	uaŋ 梗合二庚陌 uɑk	
ɒŋ 宕开一唐铎 ɒk宕合三阳药非系 　江开二江觉		uɒŋ 宕合一唐铎见系 uɒk宕合三阳药见系	
ʌŋ 曾开一登德端系、见系 ʌk曾开三蒸职知系(除日母) 　梗开三清昔知系	iʌŋ 曾开三蒸职帮系、端系、 iʌk　见系、日母 　梗开三庚陌 　梗开三清昔帮系、端系、 　　见系 　梗开四青锡		
oŋ 曾合一登德见系 ok梗开二耕麦 　通合一东屋 　通合一冬沃 　通合三东屋非系、端系、 　　知系(除日母) 　通合三锺烛非系、端系、 　　知系(除泥母、日母)	ioŋ 曾合三职 iok梗合三庚 　梗合三清昔 　梗合四青 　通合三东屋日母 　通合三锺烛泥母、日母 　通合三东见系 　通合三锺见系		yoŋ 通合三屋见系 yok通合三烛见系

　　跟这张音系表最接近的音系是在 20 世纪 80 年代初笔者调查记录的松江、奉贤方言。在西方传教士 19 世纪中叶至 20 世纪初期出版的上海方言著作中也能见到他们用字母记录的老上海方言音系，在旧松江府地域有丰富的元音和韵母。

　　在阳声韵中，吴语鼻韵尾失落或使元音鼻化的现象，比起其他方言来更突出。从下面的表格中可以看到与切韵各摄主元音舌位成对应的鼻韵尾失落情况，前、低元音韵容易鼻化以至失落鼻音，后、高元音韵则反之。各地吴语表现出高度一致的规则性。

	通	曾	梗三、四	臻	深	江	宕	梗二	咸	山
吴韵	ʊŋ	ʌŋ	ʌŋ	ən	ən	ɒŋ	ɒŋ	aŋ	æ̃	æ̃
温　州	＋	＋	＋	＋	＋	－	－			
王家井	＋	～	～	～	～	－	－			
霜草墩	＋	～	～	～	～	－	－			
宁　波	＋	＋	＋	＋	＋	－	－			
上　海	＋	＋	＋	＋	＋	－	－			
周浦老	＋	＋	＋	＋	＋	－	～	～	～/－	～/－
杭　州	＋	＋	＋	＋	＋	＋	＋	＋	～/－	～/－
常　州	＋	＋	＋	＋	＋	＋	＋	＋	～	～
宜　兴	＋	＋	＋	＋	＋	＋	＋	＋	～	～
金　华	＋	＋	＋	＋	＋	＋	＋	＋	～	～
遂　昌	＋	＋	＋	＋	＋	＋	＋	＋	＋	＋

　　表中"＋"代表有鼻韵尾，"－"代表鼻尾失落，"～"代表元音鼻化。曾摄包含部分梗二字。

　　从阳声韵鼻化和鼻韵尾失落的分布情况来看，吴语中心地区比周围地区更为严重。

　　吴语边缘地区在韵母方面的主要变异是有的地方促声韵舒声化，如溧阳、金华都有不少入声字读长调，溧阳的阴入字原为 5 调，阳入字原为 2 调，但阳入和次清阴入有些字如"脱、哭、直、石、别"多读舒长调 223。金华的阴入字原为 4 调，阳入原为 2 调，现有些阳入字读舒声 43 调（如：石、直、绿、麦），有的阴入字并入阴去读 45 调（如：铁、雪、额），有的阳入字并入阳去，读 24 调（如：八、划、月）。至于温州则阴入、阳入声调字都读舒声韵，韵母与阴声韵字韵母相合，永康的阴入、阳入声调字并入阴上、阳上声调，韵母也与阴声韵字韵母相合，但是我们注意到在双音节连读时，温州和永康的那些原入声的字在前面一个音节里还保存促声短调，韵母与阴声韵稍有不同。至于刚发生舒声化不久的溧阳，那些读长调的字的韵母还保留着原来促声韵中的韵母，未与阴声韵合并。

第三节　吴语的声调特点

　　吴语的声调包括单音节声调和双音节、多音节的声调。这里说的是单音节声调，又称单字调或单音调。

　　当代吴语绝大部分地区都保留中古音声调系统的平、上、去、入四大声调类型。由于吴语的声母分清浊，在大部分地区，清音声母总比相对应的浊音声母发音偏高，所以吴语各地区声调普遍地区分阴调类和阳调类，艾约瑟（1868）称之为上层调和下层调。

大多数地区都有七至八个声调。如宜兴、常熟、绍兴、嵊县、温州、无锡(老派)、昆山(老派)、松江(老派)、湖州双林(老派)、金华(老派)都是八个声调,平上去入各分阴阳;靖江、常州、苏州、杭州、衢州、余姚(老派)、宁波(老派)都是七个声调。这些地区多数是古全浊上声归阳去,古次浊上声有的归阴去(如靖江),有的大部归阴去,其余归阳去(如衢州),有的全部浊上字都归阳去(如宁波)。

下面是四个地点上八个单音节声调的调型

	阴平	阳平	阴上	阳上	阴去	阳去	阴入	阳入
松江	52	31	44	22	335	113	5	23
绍兴	52	31	334	113	33	22	5	23
常熟	52	233	44	31	324	213	5	23
无锡	544	14	323	33	34	213	5	23

松江和绍兴的八个调型比较整齐和古老,如果不考虑浊声母的音节比清声母开头低一点这个特征,可以说松江和绍兴声调只有四个。常熟的平声和上声的阴阳调已异化为不平行,至于无锡阴阳调的调型相差就更为严重,我们认为那种阴阳调型的异化现象是语音发展变化的结果。

在湖州、吴江、嘉兴一带,古次清(送气音)声母字的声调从清声母中分化出来与全清声母对立,非上声的次浊声母字也会从浊声母字中分化出来与全浊声母对立。吴江地区是吴语中声调最多的地区,如黎里共 11 个声调。嘉兴全清阴上为 44,次清阴上为 324,次浊阳入归阴入 54。湖州次浊阳去归入阴去 335,湖州的双林次浊阳入归入阴入 54。长江北部的启东吕四有九个单音节调,其中全浊阳平是 113,次浊阳平并入阴去是 334,全浊阳入是 23,次浊阳入是 55,全清阴入是 34。上海市青浦县内的练塘镇和金泽镇的方言阴上声调也分全清和次清不同调。练塘有 9 个声调:阴平 53、阳平 31、全清阴上 51、次清阴上 44、阳上 22、阴去 324、阳去 213、阴入 5、阳入 3。金泽有 8 个声调:阴平 53、阳平 31、全清阴上 51、次清阴上并入阴去 334、阳去 113、阴入 5、阳入 2。金泽的两字组连读变调中,阴入声调 71、72 为 33＋52,73 至 78 分全清和次清,全清为 53＋31,次清为 44＋44;阳入声调不分全浊和次浊。在有的方言中,单音节调和双音节调的调类归属也可以有分歧。如常州方言中次清阴入开头的双音节调从 71—74 的调类组合归入阳入,而在单音节调中没阴入字调归入阳入。又如双林单音节调次浊阳上并入阴上,但双音节调中仍留在阳上内。

以上这类分化现象在近代没有继续发生,可见都是比较早就存在着的。也许分化在最初的时候也只是平行的调型,到后来才慢慢异化为不同调型。如离黎里不远的吴江县城松陵镇全清阴上是 51,次清阴上是 332,浊上是 21,还是三个大致平行的调子,到了黎里,次清阴上变成升调 334,到了芦墟,次清阴上并入次清阴去 312 去了。

单音节调的合并是后来直至今天发生的主要变异。合并有两种,一种是阳调类或阴调类内部的合并,称为 A 类合并。最早发生的是阳上并入阳去,全浊阳上归入阳去在大部分地区都已完成,现在正在中青年中归并的有宜兴、溧阳两地(有些字 24＞31),次浊全浊上声一起归入阳去的有松江(22＞113)、盛泽(223＞213 有的字)、无锡(33＞213 许多字)等。奉贤老派次浊阳上有许多字(如:有、武、母)仍读上声 22,全浊阳上已并入阳去 113,新派则全部并入阳去,表现了阳上声调归阳去的过渡面貌。阳平归入阳去的、阳上阳去归入阳平的、阳去归入阳平的都有。各地旧声调的归并,以低平升调(如113)取胜,这与现代浊声母起始时都有一个由低上升的调头有关。阴声调的合并也有许多地区,归并的时间较迟,许多地区都是在当代老中青三代中进行的。A类合并是吴语声调合并的主流,而且当今越演越烈。

B类合并是阳声调跨向阴声调的合并。主要发生在次浊阳调类字中,趋向是阳调并入阴调。如吕四的次浊阳平并入阴上。一般情况只发生在上声字中,如丹阳后巷、靖江、江阴、常州、黄岩、杭州都是次浊上声字归阴上。这些读法在较古的时候已形成,因为那时候上声调很高,阴阳平行差别还不明显,次浊声母不带浊流就可以与阴上同调。B类合并如果发生在全浊阳调类字,那意味着浊声母的清化。吴语中浊声母的清化一般是发生不久的现象,吴语边缘地区清化现象当然还有其他原因。金华阳平字老年人都读213,阴平324,现在青年中许多阳平字随着声母清化,声调也上升为324阴平声调,金华的许多浊上字读为阴上声调,历史较长了,阴上为^{5}44,阳上同阳去24,调型差异就很大。

吴语各地的入声声调一般很稳定,主要特征为喉塞音"ʔ"和短促,清高浊低,各地调值大致相同。前面说过永康、温州的入声字变成舒声,但在双音节调7X、8X中,前面的音节还保留着促声,这是连读调中残留古形式。有的地方在某些连读调的后字音节上促声声调变为舒声,那是受同型的舒声后字连读调的同化,如奉贤奉城双音节调调类组合27、28、87、88中部分促声后字变读舒声(21+23),无锡的17、18后字都变为舒声,这是由于入声的变舒有时与连读调类型派生类化有关。典型的例子是溧阳的许多双音节词后字促声变读舒声,如[恨煞xfiẽ₃₂ sɑ₂₃][院则ɦyʊ₃₂ tsə₂₃][凌铎liŋ₃₂ dɔ₂₃],促使单音节调变为舒声。

吴语声调合并得最甚的地方是两个大商埠上海和宁波,都变为五个声调,如上海阴平52,阴去334,阳去113,阴入5,阳入23,由六个声调并为五个声调大致在1940年代完成。如果把声母清浊和韵尾舒促都考虑在内,实质上已经并为两个调子,一个是降调,一个是平升调。宁波也同此。不过宁波阴去调和阴平调合并较迟,在现今青年一代中完成。

尽管吴语各地声调发生很大的变异,但是还是可以综合各地的声调调型探求吴语区早些时候声调的面貌。关于这方面的讨论,须得联系第五章连读调的情况一起考察,因为许多地点的双音节词连读调(主要是看B型连读调)往往反映比单音调较古老的声调型式。

绍兴、松江的单音调可以认为是比较古老的,八个声调,平上去入各分阴阳,而且阴阳调型一致,阴高阳低只反映了清、浊声母引起的音差。

绍兴、松江的双音节词连读调是B型(复杂型)连调型,两地连调型又都是前重后轻式(连调表见第五章第二节),即前字定式,后字带有附着性,所以我们虽然兼顾后字,但主要观察前字的调型。我们要阴平的声调就看"阴平+阴平(即11)"或"阴平+阳平(即12,因为后字声母保持古老形式仍读真浊音而调高未降低,故后字声调阳调并入阴调音高相同)"的前字调;要看阳平的声调就看"阳平+阴平(即21)"和"阳平+阳平(即22)"的前字调。依此类推。下面是绍兴方言双音节连读调前字声调和单音节调的对照表。

	阴平	阳平	阴上	阳上	阴去	阳去	阴入	阳入
连调前字调	33	22	34	23	55	21	4	2
单　音　调	52	31	335	113	33	22	5	23

从上表可见,阴上、阳上、阴入、阳入调两者大致相同,然阴平、阳平、阴去、阳去连读调中就保留了较古的声调型式,绍兴的55、56是个"延伸式"的连读调调子55+31,故阴去原应

为 51。

　　再看松江的双音节连读调,用上述的方法分析得到:阴平为 44,阳平为 22,阴上为 35,阳上为 24,阴入为 4,阳入为 3,唯去声的连读调发生了变化,55、56 的调型已并入了 35,而 51 至 54 的调型倒以"延伸式"的调型,保留了阴去的 51 降调,而阳去调型发生了更大的异化。我们参看上海、周浦的 55、56 调型也会识别到阴去为降调的情况。

　　有的地点,单音调发展较快,调型已不像绍兴、松江那样阴阳平行了,但连调行为保持得仍古老,如湖州的双林镇阴平 44,阳平 113,阴上 52,阳上古次浊阳上多数字并入阴上读 52,少数字读 31,全浊阳上 31,阴去 334,阳去多数字并入阳平读 113,少数字读 24,阴入 54,阳入次浊字 54,全浊字 23。但从双林的连读调前字可得出的调型是:阴平 44,阳平 22,阴上 34,阳上 24,阴去 32,阳去 21,阴入 5,阳入 2。

　　关于阴去的调值,我们可以再看一些方言,如上海老派、周浦、罗店、黎里、无锡、常州、余姚、嵊县太平乡、常熟等,这些方言的阴去单音调都是中升调,但是我们都发现在连读调中仍保留去声的古老型式原是高降调(55+31)。下面是前字阴去(5)的表格,后字为阴平到阳入(5—8)。我们可看后字阴去、阳去(5、6)中,各地几乎都是 55+31 的连读调(参见第五章第二节)。

地点 ＼ 后字调类 ＼ 单字调		1	2	3	4	5	6	7	8
上海老派	35	33+53		33+53 44+44		55+31 44+44		33+5	
周浦	35	34+53		35+21	35+21 44+44 55+31	55+31 44+44		34+5	
黎里	全清 413	52+41 55+31						5+5	
无锡	34	55+31			55+31 33+55		55+31	55+3	
罗店	44	35+31			55+31 33+52			35+3	
常州	512	55+31			55+31 33+52			35+3	
余姚	44	55+31 44+44		55+31				53+3	
嵊县太平乡	35	55+33						55+3	

　　下页是前字阴平(1)的表格。后字为阴平到阳入(1—8)。我们可看后字阴平、阳平(1、2)下,各地几乎都是平调 55、44 或 33 开头的连读调(参见第五章第二节)。

地点 \ 后字调类 \ 单字调		1	2	3	4	5	6	7	8
上海老派	52	44＋53		55＋31				44＋5	
上海新派	52	55＋31						55＋3	
罗店	52	55＋31						55＋3	
嘉兴	52	44＋51		52＋22				44＋5	
常熟	52	55＋51		55＋51 55＋22	55＋22			55＋5	
宁波	55	33＋51						33＋5	
黄岩	423	33＋51		35＋31 33＋51	33＋44			33＋4	33＋33
常州	44	55＋31						55＋5	
苏州	44	55＋31						55＋2	

　　阴平的调值,各地吴语主要有两个模式:高降调和高平调,太湖周围都是高平调 44/55,如宜兴、溧阳、常州、无锡、苏州、昆山、吴江、吴县、湖州、余杭等地,还有浙江的诸暨、温州、乐清、奉化、义乌、松阳等地也是高平调。长江流域和长江三角洲多为高降调,如江阴、童家桥、常熟、宝山、嘉定、上海、崇明、松江、南汇、嘉兴,还有绍兴、宁波、黄岩等地。

　　凡是高降调的地点,连读调前字一般也是一个高平调,如上海 55、罗店 55、嘉兴 44、常熟 55、宁波 33、黄岩 33(参见第五章第二节)。其实,单音调为 44 平调的常州、苏州的双音调调型与罗店、上海无甚不同。常州阴平开头的三音调调型 1×× 为 55＋33＋31,苏州为 55＋55＋31(参见第 5 章第 3 节),上海为 55＋33＋31。大凡高平调的延伸调型,到后面非重读音节上会自然变为降调,这从音理上是很容易得到解释的。先有三音调的延伸形成的下降,后有两音调的后字成为降调(如 55＋31,双林的后字是不降的,1× 为 44＋44),上海、罗店的 55＋31 型式再逆延伸到单音调,就使单音调也变成了 52 降调,而苏州、常州均未影响到单音调,单音调还保持 44 古调不变。

　　阴上声调在今天不少方言中单音调仍保留升调调型,如江阴 45,靖江 34,常州 334,绍兴 335,余姚 435,宁波 325,有的浙南方言中读升调甚至是急升高扬的调子,如温州 35,乐清 45,平阳 45,龙游 45,衢州 45。发展较快的一些方言如苏州、宜兴、溧阳,阴上会出现降调调型,但即使在这些方言中,双音调也会有升调的调型,如宜兴的 33、34 连调是 35＋31。

　　三个阳调变异较大,尤其是阳去声调,是调型变化最异化的一个声调,许多地方单音调都发展为一个平升调,如 113,但是我们仍可以看到许多地方连读调中的降调调值。

　　下面我们列举 15 个地点方言的声调现象,观察的声调是阴上、阳上、阳去和阳平,按上述的原则,观察阴上调型摘取 33、34 调类组合里的调型,观察阳上的调型摘取 43、44,阳去和阳平也同此原则。

地点	调 类 组 合			
	阴上—33、34	阳平—21、22	阳上—43、44	阳去—65、66
靖江	35+34 33+44	22+34 24+23	24+23 22+52 31+23	31+31 24+31
常州	34+44	21+34	24+41 21+23 34+44	21+13 24+41
常熟	35+31 33+33	24+31	22+44	22+44 23+33
无锡	45+55	24+31	22+55 21+23	22+55 21+23
溧阳	52+52	32+23	32+23 24+52	24+31 32+52
宜兴	35+31	21+23	21+23	32+21 24+31 22+53
江阴	52+33	24+31	24+31 52+33	24+31
罗店	33+52	22+52	22+23 24+31 22+52	24+31 22+23
周浦	35+31	22+33	24+31	22+24
盛泽	全清 55+31 次清 23+33	22+44	全浊 23+33 次浊 55+31	全浊 32+52 次浊 43+52
嘉兴	全清 44+33 次浊 22+34	22+34 22+44	22+34 24+31	24+31
太平	33+44	31+33	23+52	24+31 23+22
余姚	33+52	22+44	24+31	22+52 24+31 21+23
绍兴	34+52	22+52	23+52	21+23 23+33
衢州	35+35 35+53	24+31 22+53	45+53 55+31	45+53

阴上的调类组合中,计有 8 个地方前字是升调,太平、盛泽(次清)、嘉兴(次清)是延伸调型,两音节连读也是升调,共有 11 个地方读升调,占 73%。阳平的调类组合中,计有 8 个地方是平调 22,占 53%;阳上的调类组合中,计有 12 个地方有升调,常熟、无锡是延伸型升调,共有 14 个地方有升调,占 93%;阳去的调类组合中,计有 8 个地方前字有降调,江阴、罗店、嘉兴、太平、余姚 5 地延伸调型也是降调(凡阳调为降调的话,实际上前面都有一小段上升调值,如单音调 31,严式为²31,在连读调中,这段上升调就有可能延长占一个音节),共有 13 个地方有降调,占 87%。

我们从绍兴、松江等地比较古老的单音调中可以看到,阳调应是与阴调同调型的低调,这是由于"清音浊流"的发音原理决定的。我们可以认为,现今方言单音调中阳调类与同类阴调之间如有较大的差异,都是后来的异化结果。

我们再看一些连读调是"初连型(A 型)"的地方(参见第五章第一节的分析),这些地点的连读调型表现出它们的古老形式,同时这些地方的单音调也比较古老。见下表

	阴平	阳平	阴上	阳上	阴去	阳去	阴入	阳入
靖江	44	23	34	31	51	31	5	<u>34</u>
衢州	434	323	45	45/31	53	31	5	<u>12</u>

综上所述,比较古老的吴语单音节声调应为:

阴平 44　阳平 22　阴上 35　阳上 13　阴去 52　阳去 31　阴入 5　阳入 2

从音位学的角度,看作四个声调也未尝不可:平声 44,上声 35,去声 52,入声 5。

第四节　各地音系及其说明

本节记录了吴语 45 个的语音音位系统。这些地方包括原赵元任博士《现代吴语的研究》一书调查过的 33 个地点。这 33 个地点里包括几个不是县城或市镇的小地点,我对这些小地点所在的县城或城市的音系也作了记录,附在 33 个地点音系之后。附录的音系中还包括几个我调查的、后面章节中要讨论到的方言音系。

赵先生 1927 年时调查吴语时的发音人一般都是当时的青年人,多数在 17 岁左右,所记的语音状况一般当是那时的新派音系。本节所记的音系是 1984—1985 年的新派音系。这样以本书与赵先生的书相对照,就能比较准确地反映 60 年来语音的变化。在每一地点音系说明的最后部分,对 1984—1985 年间老派的语音面貌也作了描写。这些老派声韵调,在本书所附的录音中均已收入。

在用严式国际音标记写各地音系的声母、韵母中,凡"上角音标""下角音标""音标后的↓、↑""音标右边上角的鼻化音"等符号所表示的含义,可见于本书第八章后"附录"部分"四、本书所用的符号"最后一段里的说明。

宜 兴 音 系

一、声母 29个

p 巴布兵壁	pʻ 怕票胖泼	b 旁伴步拔	m 妈鸣买末
f 夫方费发	v 附坟尾佛		
t 多丁懂德	tʻ 梯透听铁	d 同动定夺	n 那拿能捺
l 拉捞虑落			
ts 张再周责	tsʻ 超昌初尺	dz 茶垂重直	s 少山松色
z 字绳上食			
tɕ 居酒专决	tɕʻ 吹取劝出	dʑ 求件传局	ȵ 粘研娘肉
ɕ 希书相说	ʑ 墙闰树绝		
k 公干果夹	kʻ 铅看康扩	g 共狂葵轧	ŋ 偶昂碍鹤
x 好灰海吓	ɦ 孩允移王	ʔ 爱烟永益	

二、韵母 43个

m̩ 呒姆亩	ŋ̍ 五	ɿ 试兹治词	˚l 儿耳尔二
	iɿ 末低西记	u 布虎多数	yʮ 鱼徐水树
o 瓦家沙哑	io 靴家下	uo 画花瓜挂	
ʌ 鞋泰难晏	iʌ 也谢戒爷	uʌ 怪怀惯还	
e 半乱安敢		ue 官欢款完	
ɐ 该去梅追		uɐ 块会鬼贵	
ɑɣ 操包抄婆	iɑɣ 表桥绕巧		
ɣɯ 否头走周	iɣɯ 九就刘休		
ɻ 变点千念			yɿ̃ 捐软川全
ʌŋ 刚方硬杏	iʌŋ 旺样香两	uʌŋ 横王光荒	
əŋ 本肯寸伦	iŋ 命金	uəŋ 困昏棍昆	yiŋ 君润春巡
oŋ 公宋中重	ioŋ 迥兄穷熊		
ɔʔ 绿各竹霍	iɔʔ 肉蓄剧脚		
ʌʔ 尺白法答	iʌʔ 甲压协节	uʌʔ 划刮豁滑	yʌʔ 日越
əʔ 脱磕色劣		uəʔ 活国或骨	
ɿʔ 别立笛觅	iɿʔ 一极热吸		yeʔ 决出入雪

三、声调 8个

阴平	55	江天飞高	阳平	223	来同前忙
阴上	51	懂纸好土	阳上	24	买有静厚
阴去	324	对去到叫	阳去	²31	右卖洞树
阴入	45	各黑脱竹	阳入	23	白六读石

1. 古疑匣母今u韵字(如：吴、胡)可ɦu/βu两读，古影母今u韵字(如：乌)可ʔu/ʔβu两读。

2. 舒声韵中的o是[oɹ]，ɑɣ是[ɑ˞ɣ]，ɣɯ是[ɣɯɹ]，yɿ̃是[yɪ̃]，鼻化轻或无。ŋ、iŋ、uəŋ、yiŋ、

ɑŋ、iɑŋ、uɑŋ中的ŋ是[ŋ˖]，[ɳ̍]是[ɳ̍˖]，/oŋ/是[oɤŋ]，uo韵字大都可以读[o]韵。促声韵中的/ə?/是[ə˖?]。/ɿ?/是[ɪ˗?]。

3. 有些古次浊阳上字归入阴平，有些全浊阳上字归入阳去或游移阳上、阳去两调。

4. 老派古疑匣今u韵字读βu，古影母今u韵字读?βu（或作?wu）、ɑɤ韵读[ʌˉɤ]，e韵中p系和?母字读[e˖]，ɿ韵的p系t系字读[e˖]，əŋ、iŋ、uəŋ、yiŋ、ɳ̍ɑ、iɑŋ、uɑŋ韵中的ŋ都是[ŋ]。古戈歌鱼虞韵中的u韵字读[ᵛu]，uo韵字不读[o]，ue韵读[ueˉ]，yĩ韵是yẽ，/ʌʌ?/是[ʌ-?]，"卒"字和ye?韵都读[yə˖?]。

溧　阳　音　系

一、声母　30 个

p 巴布兵壁	p' 怕票胖泼	b 旁伴步拔	m 马美貌木
f 夫方费发	v 附胡尾佛		
t 多丁懂德	t' 梯透听铁	d 同动定夺	n 哪脑耐纳
l 南懒能落			
ts 张再周责	ts' 超昌初尺	dz 茶成重宅	s 山苏松色
sz 字绳上食			
tɕ 居酒猪决	tɕ' 吹取劝出	dʑ 求件传局	ȵ 纽染农热
ɕ 希书相说	ʑ 墙闰树入		
k 干公果夹	k' 铅看康扩	g 共狂葵轧	ŋ 咬偶额饿
x 好灰轰吓	xɦ 孩允移王	? 爱烟永益	?ʋ 乌梧蜈午

二、韵母　42 个

m̩ 呒姆	ŋ̍ 五	ɿ 试兹治词	ɚ 儿耳尔
	iz 未低西记	u 布苏虎数	yz 鱼书徐水
o 瓦家瓜画	io 靴谢下家		
ʌ 拉泰难长		uʌ 怪怀惯还	
ʋ 半看官欢			yʋ 酸蚕捐全
æɛ 该去梅推		uæɛ 最块鬼吹	
ɑɤ 操包抄交	iɑɤ 表桥孝绕		
ʌɯ 大婆初数	iʌɯ 九就谬休		
ei 头走口周			
i 点千验扇	ie 墙香间戒		
ʌŋ 刚方双邦	iʌŋ 旺	uʌŋ 光王荒狂	
ən 本吞硬陈	in 命丁兴营	uən 横昏棍昆	yn 君春润顺
oŋ 公宋中重	ioŋ 兄穷熊迥		
ɔ? 绿木墨北	iɔ? 肉局浴入		

ɑʔ 揭搭杂袜 　　　iɑʔ 脚削 　　　　　uɑʔ 划刮挖滑 　　yɑʔ 日越

əʔ 尺格直礚 　　　　　　　　　　　uəʔ 扩活获或

ɿʔ 必跌滴铁 　　　　iɿʔ 节吸捷贴 　　　　　　　　　　 yeʔ 说血雪卒

三、声调　9个

阴平	445	江天书老	阳平	323	来同人皮
阴上	52	九写土草	阳上	242	是笨稻厚
阴去	412	对去到快	阳去	²31	样地卖静
阴入	<u>55</u>	黑竹雪得	阳入	<u>22</u>	白极独笛
			舒入	223	铁出物直

1. 古疑匣母今u韵字(如:吴、胡)读vu,古影母今u韵字(如乌)读ʔʊu。n声母有的字n、l两读。xɦ分[xɦ]和[ɦ]两变体,[ɦ]在i、y前用,在阳平声调字中成[ø],在阳去声调字中一般是[ɦ],浊音很轻,ʑ、z在平声中读如ɕz,sz,在仄声中是ʑ、z。

2. 舒声韵中的/o、ʌ、ʊ/是[oꓕ、ʌ-、ʊꓕ],/ɑɤ、ʌɯ、ei/是[ɑꓕɤ、ʌɯꓕ、eꓕi],/ʌŋ/是[ʌ-ŋ],in、yn韵是[in/iŋ、yn/yŋ],与ts组音相拼的uæ韵是[ɥæɛ];促声韵中的/oʔ、ɑʔ/是[oꓕʔ、ɑ-ʔ]。古入声字在读舒声时/oʔ、ʔoʔ、ɑʔ、əʔ/是[oꓕ、ɑ-、ʊꓕ],ɿʔ、iɿʔ韵是[iɛ]。

3. 部分次浊阳上字归入阴平,有些全浊阳上字归入阳去或游移于阳上、阳去两调。阴入声调包括全清(不送气声母)古阴入字,次清(送气)古阴入字和部分阳入字读-l₂₂₃舒声长调。

4. 老派次清古阴入字归入阳去,能读舒声的古入声字很少,往往又舒促两读。古疑匣母今u韵字读βu,古影母今u韵字读ʔwu。yn是[yɪ[ⁿ/ŋ]]。

金坛西岗音系

一、声母　17个

p 巴便兵壁	pʻ 怕伴旁泼	m 门妹买麦	f 方夫坟胡
t 多动定德	tʻ 梯土同特	n 人染林略	l 拿嫩让辣
ts 助低张宅	tsʻ 超体成尺	s 山上食松	
tɕ 居件专接	tɕʻ 千求寸出	ɕ 希相顺学	
k 公干刚谷	kʻ 铅去狂扩	x 好灰魂滑	ø 乌云文益

二、韵母　46个

ᴣꓕ 试兹慈是	iꓲ 例鄙去希	ᵊu 夫苏朱树	yꓲ 虑徐雨居
ɑ 沙舍巴拉	iɑ 下家谢夏	uɑ 瓦花瓜活	yɑ 抓茄爪靴
o 婆火多左			
ɑꓸ 操包抄绕	iɑꓸ 表桥孝苗		
ʌɤ 头欧邹口	iʌɤ 九就刘秋		

ɛ̃ 街鞋败菜　　　　　　　　　　　　uɛ̃ 怪怀快歪

ei 悲梅飞眉　　　　　　　　　　　　uei 类水尾岁

æ 反间敢南　　　　　　　　　　　　uæ 惯还弯贯　　　yæ 赚去捐

ũ 暖宽官川　　　　　　　　　　　　　　　　　　　　yõ 捐玄院缘

ĩ 变千扇验　　　　　　　　　　　　yĩ 卷原喧劝

　　　　　　　　　　iɛ̃ 也谐

aŋ 刚长让尝　　　iaŋ 旺香相样　　　uaŋ 光王荒狂　　yaŋ 窗双装床

əŋ 本硬伦认　　　iŋ 命金杏行　　　uəŋ 困昏棍稳　　yiŋ 巡君寸寻

oŋ 公龙共中　　　ioŋ 迥兄绒穷

ɔʔ 绿木麦白　　　iɔʔ 肉局欲觉

aʔ 剥落瞎法　　　iaʔ 甲脚削学　　uaʔ 郭袜刷扩划

əʔ 尺石额入　　　　　　　　　　　uəʔ 说国忽活脱

　　　　　　　　　ieʔ 协别接吃　　　　　　　　　yeʔ 卒决雪出

ar 二儿尔耳　　　ŋ̍ 我

三、声调　5 个

阴平　31　江天飞高　　　　阳平　24　来同前忙

上声　323　懂土老远　　　　去声　44　对事路道

入声　<u>44</u>　各黑白六

1. 声母无浊塞音、浊塞擦音、浊擦音。n声母有些字读ȵ，如：虑义农。ts组声母与ŋ拼读 [ts-、tsʻ-、s-]，知＝低[ts-ʅ]。ʻu在f后读[u]。

2. 舒声韵中o韵是[o˕]，/ei/是[e˕i]，唇音后的/ʻu/是[u]，ua、uəŋ韵与ts组声母拼是[ɣɑ] [ɣəŋ]。有些æ韵字有的人可读ũ，有些æ韵字有的人可读uæ，有些yõ韵字有的人可读yĩ或yæ，有些ĩ韵字有的人读ɿ。/oŋ/是[o˕ŋ]，/ɔʔ/是[ɔ˕ʔ]。

3. 古阴上和次浊阳上字归上声，古阴去、阳去和全浊阳上字归去声。入声包括古阴入、阳入字，有时入声的喉塞音可很松。去声有的字读阴平。

4. 老派音系声母 29 个

p 巴布兵壁　　　　pʻ 怕票胖泼　　　b 伴旁步拔　　　m 鸣美卖木

f 夫方费发　　　　v 附坟冯佛

t 多丁懂德　　　　tʻ 梯透听铁　　　d 同动定夺　　　n 奶兰略日

l 绕努能落

ts 张猪最责　　　tsʻ 吹寸昌出　　　s 少书三色　　　sz 字助上入

dz 查陈成直

tɕ 酒居专菊　　　tɕʻ 劝千取屈　　　dʑ 求件墙绝　　　ȵ 儿绒让叶

ɕ 扇希兄血　　　ʑ 船传匠详

k 公干果夹　　　kʻ 铅看康扩　　　g 共狂葵轧　　　ŋ 偶我熬鹤

x 好灰海吓　　　xɦ 孩危嫌穴　　　ʔ 乌汪爱怨

韵母　44 个

m̩ 呒无　　　　　ŋ̍ 五　　　　　　ɿ 试兹治词ʅ　　　ər <u>儿耳尔二</u>

	i̯ 鄙低记西	u 夫虎初数	y̯ 徐虎须捐
ɔ 瓦巴家靴		uɔ 瓜花画话	
ɑ 拉鞋败泰	iɑ 家谢	uɑ 怪怀快坏	
æ 反难长尝		uæ 惯还	
ɛᵉ 该来梅推		uɛᵉ 块会	
ei 悲头口周		uei 鬼为类最	
ɤɯ 婆火祸过	iɯ 九就秋牛		
ɑɤ 操包抄超	iɑɤ 孝表苗桥		
i̯ 变点验扇	ie 两让相也	ɤy 半暖看安	ᵁɤy 欢
ɑŋ 刚方邦讲	iɑŋ 旺	uɑŋ 光荒狂王	
əŋ 本寸硬程	iŋ 命品金营	uəŋ 困昏横春	yiŋ 君永寻巡
oŋ 公宋龙重	ioŋ 迥穷兄绒		
ɔʔ 绿落北桌	iɔʔ 菊局肉浴		
ɑʔ 八袜瞎着	iɑʔ 略捏脚叶	uɑʔ 刮滑豁括	
əʔ 尺白色磕		uəʔ 出刷国活	
	ieʔ 撇节一吃	yeʔ 决菊越雪	

声调　8 个

阴平	435	飞天来人	阳平	31	前头红皮
阴上	33	打海小写	阳上	22	五马远懒
阴去	35	对去路好	阳去	24	洞树是道
阴入	45	黑说菊得	阳入	32	欲白极出

老派舒声韵中的/ei/是[e̠-i],ɤɯ、iɯ韵中的/ɯ/是[ɯ̠],古鱼虞韵ts组字的u是[ᶜu]。/ɔ/是[ɔ̠]。促声韵中ieʔ、yeʔ的/e/是[e̠-]。古次浊声母阳平声调字除喻母字外都归入阳去声调,部分阴上字读阴去声调,阳上声调只包括部分古次浊声母阳上字,部分古次浊声母阳去字读阴去声调,古次清声母的阴入字归入阳入,入声声调喉塞尾都可读得较松。

丹 阳 音 系

一、声母　30 个

p 巴兵旁壁	pʻ 怕票胖泼	b 皮菩平薄	m 冒命亡木
f 夫方粉福	v 武王坟伏		
t 多丁动搭	tʻ 梯透同铁	d 提条唐达	n 奶难暖业
l 赖闰如落			
ts 张再专助	tsʻ 昌初成尺	dz 查陈传直	s 事山上色
s̩ 时蛇神实			
tɕ 酒居净极	tɕʻ 气求取出	dʑ 徐斜详绝	ȵ 鱼让验弱

ɕ 希遂顺雪	ɕʑ 巡玄熊学		
k 公光共割	kʻ 铅狂空扩	g 狂轧掼	ŋ 雁饿熬额
h 好混狠吓	hɦ 孩恒红获	ɦ 回营魂浴	∅ 雨汪烟沿

二、韵母 45 个

m̩ 姆	ɛ ⁱ 儿音尔二	ɿ 试兹词次	
n̩ 你哝	iz 未低西记	ᵒu 夫姑苏数	yz 虚徐居雨
	ɪ 变念染扇		ʏ 九刘捐全
o 瓦沙哑家~里			
ɑ 拉败泰家人~	ia 谢写谐戒	ua 怪怀瓜画	ya 靴抓下
æ 饭菜长尝		uæ 怀会惯还	
ɛᵊ 悲梅头口	ie 也两相者	ue 鬼亏辉葵	ye 税崔吹最
ɒ 操包超少	iɒ 孝表绕桥		
ʌɣ 亩婆火大			
ɑŋ 刚方邦昂		uɑŋ 光狂荒筐	yɑŋ 旺壮
ɛn 本肯杏陈	iɛn 忍仍人任	uɛn 困昏滚阃	yɛn 寸春尊润
ŋ̍ 五汉安庵	iŋ 命金认营	ɵŋ 半暖酸官	yŋ 君允寻运
oŋ 轰公中重	ioŋ 兄穷绒熊		
oʔ 绿各北霍	ioʔ 肉欲蓄郁		
ɑʔ 法达着芍	iɑʔ 甲压削略	uɑʔ 划刮滑豁	
ɛʔ 尺格额失		uɛʔ 阔骨忽国	
ɪʔ 壁节业益			yɪʔ 决述绝雪

三、声调 7 个

阴平 22 巴夫方门来件紫		阳平 213 头桥洋楼云皮也	
阴上 44 好九远有是兵梯		阴去 324 对去看要旁伴鞋	
阳去 41 样外画用洞树幻		阴入 33 各黑出雪出极越	
阳入 24 日笛直滑决绝结			

1. 古全浊声母字的声母（如b）在降调（阳去˥˩₄₁）和平调（阴平˧˧₂₂、阴上˦˦₄₄、阴入ʔ˧₃₃）里读清声母（p），只有极少数阳去字（如"地"）偶读浊音带清化，声调开头也略低（˨˩₃₁）；在低升调（阳入ʔ˨˦₂₄）和低曲升调（阳平˨˩˧₂₁₃）里读浊音声母（b）或浊音清化声母（ḅ），在高曲升调（阴去˧˨˦₃₂₄）里读清音声母（p）。不同的人或同一个人在读某些字时有时清浊任读、如：别[biʔ˨˦/bḽʔ˨˦/pɪʔ˧]，桥[dʑiɔ˨˩˧/tɕiɔ˨˩˧]。

古清声母字的声母（如p）在舒声声调中只能存在于阴平、阴上、阴去中,总是读清音（p）；在促声声调中,如在阴入声调中,仍为清音（p）；如在阳入声调中,则转化为浊音或浊音带清化声母（b或ḅ）,如：作[tsoʔ˧/dzoʔ˨˦/dzoʔ˨˦]益[iʔ˧/ɦiiʔ˨˦]（极少数字）。

总上所述,古清声母字,除阴入的极少数字可偶读浊音外,都只读清音和阴调；古浊声母字,凡阳平声调至今大部分仍读浊音和阳调,凡阳去声调至今除个别偶读浊音外,都读清音高降调,古阳上声调部分字至今读阳平低曲升调,声母仍浊；部分字读阳去高降调,声母变清。

2. 古声调与现今声调的关系是：古阴平声调字，今部分读˧˨₂₂(阴平调)，部分读˥₄₄(阴上调)；古阳平声调字，今部分读˨˩˧₂₁₃(阳平调)，部分读˧˨₂₂(阴平调)；古阴上声调字大部分今读˥₄₄(阴上调)，少数读˧˨₂₂(阴平调)；古次浊阳上声调字部分今读˥₄₄(阴上调)，部分读˨˩˧₂₁₃(阳平调)；古全浊阳上声调字大部分今读˩˦₄₁(阳去调)，小部分今读˨˩˧₂₁₃(阳平调)，也有的字读˥₄₄(阴上调)或˩˦₄₁(阳去调)；古阳去声调字绝大部分今读˩˦₄₁(阳去调，个别字偶读˧˩₃₁)，有的字读˨˩˧₂₁₃(阳平调)。古阴入声调字大部分今读ʔ˥˧₃₃，也有的字可读ʔ˨˦₂₄(阳入调)；古阳入声调字大部分今读ʔ˨˦₂₄(阳入调)，少数字读ʔ˥˧₃₃(阴入调)，阳入调ʔ˨˦₂₄喉塞较松，阴平调略降。声调的又读现象较多。

3. 原文读字，中、青年在单读时大都不文读，有时在一些构词中保留文读音，或白读。在文读时，古平声全浊声母字读送气清声母，如"发狂[kʰ]，要求[tɕʰ]"。

4. 声母v包括[ʋ]，带[ʋ]的字出现在阴声调时，有的人读[u]，如"危[ʋe/ue]，汪[ʋɑŋ/uɑŋ]"；在阳平声调中读[fɦ/v]。

5. 舒声韵中的/ɒ/是[ɒ˗]，/ɑ/是[ɑ˗]，/æ/是[æ˗]，/ɛn/是[ɛ˗n/ɛ˗ŋ]，iŋ、ǝŋ、yŋ韵是[iŋ/iŋ˗]、ǝŋ/ǝŋ˗、yŋ/yŋ˗]，/ᵒu/唇音声母后是[v/u]，/oŋ/是[o˗ŋ]；促声韵中/oʔ/是[o˗ʔ]，yɪʔ韵是[yɪ˗ʔ]。阳平调读213或读113。

6. 老派古全浊声母仄声和平声白读一般是带ɦ的浊声母，如b̥、d̥，韵母分"n̩(呒则)"和ŋ̍(五)"，/ɒ/是[ɔ˗]，/ǝŋ/是[ʊŋ]，yɪʔ韵有的是[yʔ]，如"菊雪血越"，有的是[yɛʔ]如"说出刷"，老年有些人文读音比较整齐，古平声全浊声母字读送气清声母，如"旁pʰɑŋ"、"同tʰoŋ"。阳去同阴去，都读˧˨˦₃₂₄，入声ʔ˥˧₃₃，喉塞不松，有的字读ʔ˨˦₂₄，古阴平字多数读˨˨˩₂₂₁。

丹阳后巷童家桥音系

一、声母 31个

p 巴布兵壁	pʻ 怕票胖泼	b 旁伴步拔	m 美每貌木
f 夫费方福	v 武坟胡佛		
t 多丁懂德	tʻ 梯透听铁	d 同杜定夺	n 努恼奶日
l 拉让龙落			
ts 再张中责	tsʻ 超昌痴尺	dz 查茶重直	s 少三松室
sᶻ 字寿绍食			
tʃ 猪专居级	tʃʻ 吹取川出	dʒ 求传穷局	ȵ 年牛虑弱
ʃ 书宣兄刷	ʒ 船树匠入		
k 公干广各	kʻ 看铅康扩	g 共狂跪轧	ŋ 我熬昂额
x 好灰轰吓	xɦ 孩毫红汗		
ʔø 汪怨爱益	ʔʋ 乌	ɦ 回允仍越	

二、韵母 47个

m̩ 姆	ɛʳ 儿耳而二	ɿ 试兹治词

ʌɣ 婆亩火数　　　iȷ 鄙低记去　　　u 夫布虎苏　　　yᵤ 虑徐居朱

ɒ 瓦巴哑家　　　iɒ 谢<u>家</u>下夜　　　uɒ 桂花画瓜　　　yɒ 靴

ei 悲类头刘　　　　　　　　　　uei 鬼为会葵　　　yᵤei 岁最水吹

aɪ 街败该菜　　　ie 戒谐且也　　　uaɪ 怪怀歪快

ɤɣ 操包抄超　　　iɐɣ 表桥绕孝

a 反晏三染　　　ia 哆姐邪笪　　　ua 惯还环弯　　　ya 闪

ʋ 半看官欢　　　iʋ 帅九捐扇　　　　　　　　　　　yʋ 卷蚕全川

ɿ 变千验现　　　iŋ 命丁寻金

əŋ 本寸硬争　　　iəŋ 认仍程忍　　　uəŋ 困昏棍横　　　ɣᵤəŋ 君闰春永

ɑŋ 尝刚方邦　　　iaŋ 讲两香让　　　uɑŋ 光狂荒筐　　　yᵤɑŋ 旺双爽窗

oŋ 公朋共重　　　ioŋ 兄穷绒熊

oʔ 绿各菊轴　　　　　　　　　　　　　　　　　　　　yoʔ 决肉出绝

ʌʔ 法瞎杂苟　　　iʌʔ 甲脚削剧　　　uʌʔ 划滑刮豁　　　yʌʔ 刷

əʔ 尺石刻纳　　　iiʔ 别益立吃　　　uəʔ 忽获惑国

三、声调　7个

阴平	42	江天飞刀	阳平	31	来同前头
阴上	324	懂纸买远	阴去	45	对去到叫
阳去	113	样梦洞道	阴入	<u>55</u>	黑各铁出
阳入	<u>24</u>	欲绿白石			

1. tʃ组声母在与齐齿呼韵相拼时一般读成tɕ组舌面前音。x声母在开口呼字中读[h]。

2. 舒声韵中的/ʋ/是[uɹ˗],/ɑ/是[ɑɹ],iʋ韵是[iu/iou/iɯɯ],ɿ韵的～很轻,促声韵中的/əʔ/是[ə˕ʔ],[oʔ]是[oɹʔ]。

3. 古次浊阳上归阴上声调,全浊阳上归阳去声调。sz、ɕʑ、xɦ声母字声调有读阴调的倾向。有的青年人次浊阳入和sz、ɕʑ、xɦ声母阳入字读阴入声调。

4. 老派"去"读[kʻi]有i韵,"谐、戒"等读iaɪ韵。"磕活阔"等读uoʔ韵,声调阴上是325,阳去是214,其他都与中新派同。

靖 江 音 系

一、声母　31个

p 巴布兵壁	pʻ 怕票胖泼	b 旁伴步拔	m 敏美鸣墓
f 夫方费福	v 附坟无佛		
t 多丁懂德	tʻ 梯透听铁	d 同杜定夺	n 努粘难捺
l 拎鲁咨捞			
ts 再酒争责	tsʻ 撑初千促	dz 茶宅助查	s 山相生宿

sz 字遂墙集

tɕ 居张猪决	tɕʻ 超昌宠出	dʑ 求传垂局	ȵ 女年让肉
ɕ 少虚书血	ɕz 树戎弱入		
k 干广公各	kʻ 看铅康扩	g 共狂跪轧	ŋ 牛扭硬岳
h 好虎灰瞎	hʰ 孩寒杭红		
ʔw 乌武腐舞	ʔ 烟汪怨压	ɦ 回嫌云越	

二、韵母　50 个

m̩ 姆	ɚ 耳儿二尔	ɿ 试兹治祠	
ʌɤ 亩暮多初	ij 未低例去	u 夫虎婆五	yʮ 滤雨朱鱼
o 巴哑挂家			
ɑ 拉哈叭他	iɑ 谢假家舍		yɑ 抓踩
æ 街泰海也	iæ 戒谐阶界	uæ 怪怀歪坏	
e 悲岁类醉		ue 会鬼为喂	ye 水吹追睡
ɒ 操包抄到	iɒ 交桥绕超		
ᵊɤ 头口就周			
æ̃ 反斩难间	iæ̃ 尝长杖	uæ̃ 惯还弯幻	
ũ 半南敢安		uũ 官欢焕宽	yũ 川软捐扇
ĩ 变验两全	iŋ 命丁金巡		yıŋ 君云永群
əŋ 本根嫩撑	iəŋ 陈仍忍程	uəŋ 困昏稳婚	yəŋ 闰润春唇
ɑŋ 刚方江邦		uɑŋ 光荒王狂	yɑŋ 旺庄双撞
oŋ 公宋冯共	ioŋ 兄穷绒中		
ɔʔ 绿墨国扩			yoʔ 菊肉桌说
ɑʔ 法杂纳压	iɑʔ 甲略芍剧	uɑʔ 划括刮豁	yɑʔ 曰刷
əʔ 格黑色则	iəʔ 舌吸吃尺	uəʔ 阔活骨忽	yøʔ 决橘越赤
ıʔ 雪节别卒	iıʔ 及热杰叶		

三、声调　7 个

阴平	433	江天飞高	阳平　223　来前忙同
阴上	334	懂纸小远	阴去　51　对去叫画
阳去	31	事洞卖夜	阴入　55　黑各说出
阳入	34	欲六白石	

1. 古微疑匣母今 u 韵字声母读[β/ʔ]，也有字读[v]，影母 u 韵字声母读[ʔw/ʔ]、有的人有些字不分尖团，古微母今合口韵字/h/是[x]，阴平字的ʔ声母易与ɦ声母相混。dʑ,ɕz声母摩擦重但不浊。

2. 舒声韵中的/æ、e、ɒ/是[æˑ、eˑ、ɒɒˑ]，/æ̃/是[æ̃ˑ]，/əŋ/是[ə˖ŋ]，/oŋ/是[o˖ŋ]；u 韵在非唇音声母后常读[ᵊu]，带[ᵊ]不重。ʌɤ韵是[ɤˑʌɤ]，/ũ/是[ũˑ˖]，有的字读[õ]，uũ韵字常可读成ũ韵。促声韵入声喉塞音重，yøʔ韵是[yøˑ˗ʔ]，iıʔ韵和iəʔ韵正趋于合并。

3. 古次浊阳上字归阴上声调，全浊阳上字归阳去声调。许多hʰ、ɕz、sz声母和m、n、l、ȵ、ŋ声母的去声字都归入阴去声调，声母有清化倾向。

4. 老派微母上声字不读ʔw而读ɦ声母。o韵是[o˩],[ɒɒ˩]的滑动比青年重。/əŋ/是[ɛŋ],
/ʌŋ/是[ʌŋ],多一个øʔ韵,如"脱、夺、渴、猝"的韵母,iəʔ韵比青年整齐,今tɕ组声母字一般
读iəʔ韵。

江 阴 音 系

一、声母　29 个

p 巴布兵壁	pʻ 怕票胖泼	b 旁伴步拔	m 美敏棉木
f 夫方武福	v 浮坟饭佛		
t 多丁懂德	tʻ 梯透听铁	d 同杜定夺	n 暖努南诺
l 礼柳乱兰			
ts 再张酒责	tsʻ 超昌宠促	s 少山宣雪	z 绳船字食
dz 查成传直			
tɕ 居猪朱决	tɕʻ 劝吹气吃	dʑ 求聚瞿杰	ȵ 扭拟牛肉
ɕ 水虚兄血	ʑ 如树序狭		
k 干公广各	kʻ 看铅康扩	g 共狂跪轧	ŋ 偶眼熬额
h 好灰虎瞎	ɦ 回王云孩	ʔ 五友爱怨	

二、韵母　39 个

m̩ 吤姆	ər 儿耳尔二	ɿ 试兹治耻	n̩ 五
	iⱼ 鄙未记西	u 布虎乌婆	y 滤须水朱
o 瓦巴挂话	io 靴		
ɑ 家拉价洒	iɑ 也界谢谐		
æ 街败反斩		uæ 怪怀惯还	
EI 悲周岁去		uEI 会鬼喂块	
ɒ 操包少交	iɒ 表桥绕小		
ө 半南扇川			yө 捐玄软拳
ɜɤ 亩都火数	iɜɤ 九就谬刘		
ɿ 变千念全			
Eŋ 本吞森陈	iŋ 命丁金巡	uEŋ 困昏滚棍	
ʌŋ 刚邦浜硬	iʌŋ 讲两让香	uʌŋ 横光荒王	
oŋ 轰从中重	ioŋ 君允闰兄		
oʔ 绿各郭国	ioʔ 肉菊缺入		
ɑʔ 尺法弱杂	iʌʔ 甲略脚剧	uɑʔ 划括滑豁	
ɜʔ 脱刻色黑		uɜʔ 阔骨忽获	
ɿʔ 别力益卒	iəʔ 吸劫失直		

三、声调 6个

阴平	51	江天飞高	阴上	45	懂纸好有
阴去	435	对去到叫	阳去	223	样事同是
阴入	<u>55</u>	各黑脱出	阳入	<u>12</u>	欲六白石

1. 声母/v/与u相拼时读[β],古微母今与u相拼的上声字读[f],有的读[ʔ]声母。tɕ组声母与后元音韵相拼时舌面部位略后,/z、ʑ/有时读[sz、ɕʑ]。/ɦ/在开口呼中是[ɦ],/h/在合口韵中读[x]。

2. 舒声韵中的/ɒ、ɛɪ、ɪ/是[ɒˌ、ɛˌɪ、ɪˌ]、/ɛɲ、oɲ/是[ɛˌɲ、oɲ],/ʌŋ/有的人或有的字分/aŋ、ɒŋ/;促声韵中/ɑ、ɜ/是[ɑˌ、ɜˌ]。

3. 古次浊上声字归入阴上声调,古阳平、全浊阳上字归入阳去声调。阴上有的字可读阴去,但次浊阳上不读阴去。

4. 老派古微母今与u相拼的上声字都读[f],/ɛɪ/是[ɛˌi],/o/是[ɔ],iɑ是[iʌ],/ʌŋ/分为/aŋ/和/ɒŋ/两类,"画话"等古麻佳夬韵今ɦ声母字读[uo],"官欢"等古桓韵今k系字读[uθ/θ],"戒谐"等是iæ韵,未并入iɑ韵。有的人"沃"字读uoˌʔ韵。声调多一类阳平读[↘₃₁],包括古阳平声调字。

常 州 音 系

一、声母 30个

p 巴布兵壁	p' 怕票胖泼	b 旁伴步拔	m 满猛漫觅
f 夫方费福	v 附胡坟佛		
t 多丁懂德	t' 梯透听铁	d 同杜定夺	n 乃脑南捺
l 老朗龙落			
ts 再周专责	ts' 超宠寸尺	s 少山松色	z 绳船树食
dz 茶残传直			
tɕ 居酒军菊	tɕ' 劝取腔缺	dʑ 求件强局	ȵ 纽仰浓肉
ɕ 希相兄雪	ʑ 前情墙绝		
k 干公广各	k' 看铅康扩	g 厚狂跪轧	ŋ 瓦咬硬鹤
x 好灰轰瞎	ɦ 孩危沿越	ʔ 汪烟怨挖	ʔʋ 乌

二、韵母 44个

m̩ 呒姆	ɲ̍ 五	ɚ <u>耳二</u>尔<u>儿</u>	ɿ 试兹词次
ʮ 朱苏吹树	iᴊ 鄙末记<u>去</u>	u 布姑夫乌	yᴊ 鱼徐雨居
o 瓦巴家<u>画</u>	io 靴		
ɑ 舍拉败泰	iɑ <u>下</u>也谢谐	uɑ 怪坏快歪	
æe 该菜梅推		uæe 岁鬼为块	

aɤ 操包抄超　　　iaɤ 孝表桥苗
ei 否头刘周
ʌɯ 亩婆多左　　　iɯ 九就秋求
ɿ 变千兼念
æ 反三难间　　　　　　　　　　　　uæ 惯还环幻
ɔ 半南川扇　　　iɔ 捐玄软全　　　uɔ 官欢宽完
əŋ 本嫩森程　　　iŋ 命品金认　　　uəŋ 困昏闰春　　　yŋ 君巡云俊
ʌɲ 刚方硬长　　　iɲ 进旺香让　　　uɲ 光荒王横
oŋ 公龙共中　　　ioŋ 兄穷永熊
əʔ 绿各麦属　　　iɔʔ 局肉决浴
aʔ 格法杂达　　　iaʔ 略剧脚甲　　　uaʔ 划刮滑挖
əʔ 策磕色渴　　　iiʔ 协节益必　　　uəʔ 阔骨惑获　　　yeʔ 缺屈越曰

三、声调

阴平　44　江天飞高　　　阳平　213　来忙同前
阴上　334　懂纸好马　　　阴去　51　对去到叫
阳去　24　右卖洞稻　　　阴入　55　各黑出哭
阳入　23　欲绿白石

1. 声母从中年起已不分尖团。

2. 舒声韵中的/æ、ɔ、ŋ、ʌɯ、ei/是[æ₊e₊、ɔ₊、ə₊ɲ、ʌɯ₊、e-i]，/æ、ɔ、ɿ/有的人、有的字读轻微的鼻化[æ̃、ɔ̃、ĩ]，促声韵中的əʔ韵是[ə₊ʔ]，yeʔ韵是[ye-ʔ]，介音u在ts组声母后读[ɥ]，如"最[tsɥæ]。"

3. 古次浊阳上字归入阴上声调，古全浊阳上声调字归入阳去，阳去调有的字读31调。

4. 老派声母ʔʋ并入/ʔ/，古疑、匣母今u韵字不读[vu]而读[ɦu]，微母今合口上声有的字（如"武"）读[f]声母。除少数介音y字（如"绝[zyeʔ]"）外，分尖团音。/o/读[o₊]，/əŋ/为[ə₊ŋ]，/æ、ɔ、ɿ/都有轻微鼻化，əʔ韵读[ə₊e]，aʔ韵读[a-ʔ]，"猝、卒"读[yə₊ʔ]，"菊绝刷"读[ye-ʔ]。声调阴去读꜔₅₁₂，阳去读꜖₂₂₄。

5. 城中极少数老年，原祖籍常州乡下，迁城定居，形成"绅谈"音，与原城里大多数人不同：声调阴上꜒₅₅，古次浊阳上字大部读阳平꜖₂₂₃，少数读阴上꜒₅₅；浊去也是224。现他们的子女已都是"街谈"音即"常州话"了。

无 锡 音 系

一、声母　27个

p 巴布兵壁　　　pʻ 怕票胖泼　　　b 旁伴步拔　　　m 每闷敏觅
f 夫方费福　　　v 附坟尾佛

t 多丁懂德	t' 梯透听铁	d 地同定夺	n 努那南捺
l 捞溜龙绿			
ts 张专酒责	ts' 超吹取尺	s 少山相色	z 陈茶传直
tɕ 居捐军菊	tɕ' 臭气腔缺	dʑ 件求强局	ȵ 扭粘让肉
ɕ 希香兄吸			
k 干公广各	k' 看铅康扩	g 狂共厚轧	ŋ 我偶眼鹤
x 好虎灰瞎	ɦ 孩胡沿越	ʔ 烟汪怨鸭	

二、**韵母** 48 个

m̩ 呒姆	ŋ̍ 五鱼	ɚ 尔<u>儿</u>耳<u>二</u>	ɿ 兹痴司视
ʮ 处朱如猪	i 未低记去	u 虎巴<u>家</u>花	y 雨女居<u>鬼</u>
ɑ 街舍泰败	iɑ 谢<u>家</u>谐<u>假</u>	uɑ 怪坏快歪	
ᴇ 菜梅最<u>水</u>		uᴇ 块会<u>跪</u>为	
ʌ 操包抄超	iʌ <u>孝</u>表桥苗		
ᴇi 否头口刘			
ɛ 反难三斩		uɛ 惯还环弯	
o 半南安欢	io 捐玄软权		
ʌɤ 沙婆多数	iʌɤ 九就牛友		
ɪ 变验现全	iu 靴		
ən 本吞森程	in 命丁金认	uən 困昏温棍	yn 君允
ã 尝硬杏张	iã 两香娘象	uã 横	
õ 刚方双忙	iõ 旺<u>进</u>	uõ 光荒狂王	
oŋ 轰公共龙	ioŋ 兄穷熊农		
ɔʔ 绿缩木桌	iɔʔ 菊蓄<u>学</u>肉	uɔʔ 沃	
ʌʔ 尺白法搭	iʌʔ 略削捏剧	uʌʔ 划滑挖	yʌʔ 曰越
əʔ 泼黑刻色	iəʔ 结叶热吃	uəʔ 国骨忽获	yeʔ 血决缺掘
iʔ 别贴节劣			

三、**声调** 7 个

阴平	⁵44	江天风刀	阴上	323	懂纸好九
阳上	33	买远是静	阴去	34	对去到快
阳去	213	庙事皮厚	阴入	<u>55</u>	黑竹出
阳入	<u>23</u>	六日石白			

1. 与u相拼的声母v,可读作[ɦ]。

2. 舒声韵中的/ᴇ、ʌ、ᴇi、o/是[ᴇ˔、ʌ˔、ᴇi˔、o˗]。/ã、õ/是/ã˔、õ˔/,in韵常作[iĩ],"也"字也能读[iᴇ˔]。/ɛ/是[ɛ/ɛ̃],ɛ的鼻化甚微,io韵是[iɔ̃]。多数人古止摄知照三组字的ɿ韵都并入ɿ。促声韵iʔ有的字又读[ɿiʔ]。

3. 阳去声调包括古阳平字,有的人有少数字残留˩14阳平调,古阳上声调字部分读阳上˥33,部分并入阳去˩213,因人不同。

4. 老派声母有tʂ(如"张"的声母),tʂ'(如"春"的声母),ʂ(如"书"的声母),ʐ(如"顺"的声母），舌位较前，圆唇，近舌叶音。有些老年人，有的字已并入ts、ts‘、s、z。tɕ组声母舌位靠后，尤拼后元音韵时。/ɑ/是[ɑ-]，/ɛ/是[æ/æ̃]，～甚微。/ã、õ/舌位不略高。tɕ组声母配in韵时读[iəŋ]韵，与其他声母配in韵时读[iŋ]不同。有uo韵，如"官欢"的韵母，u韵有的字读[ᵘu]，iu韵读[iᵘu]。ʌʔ韵分[ɤʔ]（如"百"的韵母）和[aʔ]（如"八"的韵母），iʌʔ、uʌʔ韵都是[iaʔ、uaʔ]。介音u与tʂ组声母拼时读[ʮ]（如"说"[ʂʮɤʔ]）。声调共有八个，阳平调是˩˦₁₄，阳上调是˧₃₃，有人读˧˨₃₂。

苏　州　音　系

一、声母　27个

p 巴布兵壁	p‘ 怕票胖泼	b 旁伴步拔	m 美闷明墨
f 夫方费福	v 附无坟佛		
t 多丁懂德	t‘ 梯透听铁	d 地同定夺	n 努囡暖诺
l 溜拎龙绿			
ts 张专再责	ts‘ 超吹取尺	s 少山相色	z 前茶传直
tɕ 居捐军菊	tɕ‘ 气劝腔缺	dʑ 件求强局	ȵ 粘扭娘肉
ɕ 希香兄吸			
k 干公广各	k‘ 看铅康扩	g 狂共葵轧	ŋ 偶我眼鹤
h 好虎灰瞎	ɦ 孩胡沿越	ʔ 烟汪怨鸭	

二、韵母　44个

m̩ 呒亩姆	n̩ 唔	ŋ̩ 五鱼吴	ʐɿ 而尔儿耳
ɿ 次兹师是	ʮ 处试诗树		
ʒu 虎苏祸数	iɪ 未低记去	u 夫布无婆	yʮ 女居雨虚
o 巴哑摩花	io 靴		
ɒ 家败街泰	iɒ 谢家写雅	uɒ 怪怀歪快	
ᴇ 该菜类反		uᴇ 块为惯还	ʮᴇ 水吹嘴
æ 操包好超	iæ 表桥小巧		
əɪ 否头就刘			
ø 半南扇欢	iø 捐玄权九		
ɑ 也	iɪ 变现念全		
ã 刚方硬争	iã 旺两相让	uã 光荒王横	
ən 本吞陈春	iin 命丁金兴	uən 棍困昏温	yɪn 君云训群
oŋ 轰宋龙共	ioŋ 兄穷熊浓		
ɔʔ 绿伏木竹	iɔʔ 局肉曲浴		
ʌʔ 尺法白袜	iʌʔ 甲略削捏	uʌʔ 划挖括滑	
əʔ 色出舌刻	iəʔ 结业益极	uəʔ 国获活忽	yəʔ 决缺日越

ɪʔ 别贴节雪

三、声调 7个

阴平	44	江天风刀	阳平	223	来同前忙
阴上	51	懂纸好九	阴去	412	对去到快
阳去	²31	买道事外	阴入	<u>55</u>	各黑竹出
阳入	<u>23</u>	肉绿石白			

1. 舒声韵中的/ɛ、æ、ɵ、u、ɜu/是[ɛ˩、æ˗、ɵ˗、ʉ、ɜu˖]。/ã/是[ã˖],有些人有些字分/ã、ɒ̃/,古止摄知照三组声母字多数并入ɿ韵,也有读ʮ韵的。/iæ/韵常读成[iɛ],促声韵中/ɔʔ、əʔ/是[ɔ˗ʔ、ə˗ʔ],yəʔ是[yə˖ʔ]。

2. 有的人、有的字开始不分尖团,如"消[ɕiæ],取[tɕʻy]"。

3. 古阳上字归入阳去声调。阴去声调有的字读ꜜ51,并入阴上。

4. 老派分/ã、ɒ̃/,"打[tã]≠党[tɒ̃]";分ɵ、uɵ,"干[kɵ]≠官[kuɵ]";分in、iən,与tɕ组、ʔ、ɦ母相拼,韵母读[iən],与其他声母拼,读[in]。老派"否头欧口"等字读[ᵒɣ]韵,"九、就、刘、袖"也读[ᵒɣ]韵。"捐玄"等字读[iɵ]韵,不混,中年人ᵒɣ、iɵ不分,读[iɵ],九[tɕiɵ]=卷,老派分/aʔ、ɑʔ/,"掐[kʻaʔ]≠客[kʻɒʔ],甲[tɕiaʔ]≠脚[tɕiɑʔ]","曰"字读[yaʔ]韵,"旺"字读[yɒ̃]韵。

5. 评弹艺人说话时还有tʂ组音,如张[tʂ˖ã]、昌[tʂʻ˖ã]、少[ʂ˖æ]、陈[z̦˖ən]。其他老年人中未发现有tʂ组音。

常 熟 音 系

一、声母 33个

p 巴布兵壁	pʻ 怕票胖泼	b 旁胖步拔	m 每秒买木
f 夫方风福	v 武坟舞佛		
t 多丁懂德	tʻ 梯透听铁	d 地同定夺	n 乃努能捺
l 履屡兰绿			
ts 再酒最责	tsʻ 撑初取尺	dz 茶墙罪择	s 山宣松色
z 字寻上宅			
tʂ 张朱专烛	tʂʻ 超昌吹出	dʐ 陈传绸直	ʂ 少书扇说
z̦ 船乳绳石			
tɕ 居军捐决	tɕʻ 劝气腔曲	dʑ 件求穷局	ȵ 囡碾遇艺
ɕ 希香兄吸			
k 干公广各	kʻ 看铅康扩	g 狂共环轧	ŋ 偶岳牙卧
x 好虎灰瞎	ɦ 孩雨沿活	ʔ 烟汪怨鸭	

二、韵母　40个

m̩ 呒亩姆	ŋ̍ 五	ɚ 尔而耳二	ɿ 兹此施是
ʮ 知处试树	i 未低记虑	u 巴花虎布	y 居雨女取
ɑ 拉鞋泰败	iɑ 谢写家戒	uɑ 怪怀拐歪	
æ 该菜反斩	iæ 念	uæ 惯还关弯	
ᴇ 悲最头去	iᵉ 变千验全	uᴇ 块会鬼为	
ɔ 操包绕超	iɔ 表桥小鸟		
ɣ 半安川扇	iɣ 捐玄拳卷	uɣ 官欢完宽	
ɯ 苏火初周	iɯ 九就流刘		
ʌ̃ 刚双长朋	iʌ̃ 旺香两娘	uʌ̃ 横王光荒	
ɛŋ 本寸程软	ĩŋ 命丁金寻	uɛŋ 困昏温滚	
ʊŋ 公轰龙中	iʊŋ 兄穷君允		
oʔ 绿伏木作	ioʔ 局肉越缺	uoʔ 沃或获活	
ʌʔ 尺麦搭着	iʌʔ 甲略削剧	uʌʔ 划滑豁挖	
ᴇʔ 合墨色直	ıʔ 必节力益		

三、声调　8个

阴平	52	江天风刀	阳平	233	来同前忙
阴上	44	懂纸好土	阳上	31	买有是道
阴去	324	对去到快	阳去	213	庙用地树
阴入	55	各黑竹出	阳入	23	欲绿白石

1. tʂ组声母带圆唇,dz声母字有的字有的人可读z声母。

2. 舒声韵中的/ɔ、ɣ、ɑ/是[ɔ₊、ɣ₊、ɑ₊],/ʌ̃、ɛŋ/是[ʌ̃、ɛ̃-ŋ/ɛ̃~],/ʌ̃/有的人分/ɒ̃、ɑ̃/,如"党[tɒ̃]≠打[tɑ̃]",促声韵中/oʔ/、ʌʔ/是[o₊ʔ、ʌ-ʔ],tɕ组、ʔ、ɦ声母的ıʔ韵字略带i介音。tʂ组声母与oʔ、ᴇʔ韵拼,略带i或ʮ介音。/ᴇʔ/是[ᴇ-ʔ]。æ韵有时读成[ᴇæ]。

3. 老派tʂ组声母字发音没有青年摩擦重。tɕ组声母发音舌位略后,韵母分ɑ̃、ɒ̃;分ɑ-ʔ、ɑ-ʔ,如"麦[mᴇʔ]≠袜[mɑʔ]"。但有i、u介音的ʌʔ韵都是[ɑʔ];分oʔ、ʊʔ和ɔʊ、uᴇʔ韵,如"绿[loʊʔ]≠落[lɔʔ]","扩[kʼɔʊʔ]≠阔[kʼuɯʔ]",但已不稳定。

昆　山　音　系

一、声母　27个

p 巴布兵壁	pʼ 怕票胖泼	b 旁胖步拔	m 美母梦木
f 夫方飞福	v 无坟冯佛		
t 多丁懂德	tʼ 梯透听铁	d 地同定夺	n 努拿能捻
l 鲁拎兰绿			

ts 张猪酒责	tsʻ 超吹取出	s 少书相雪	z 详茶绳直
tɕ 居捐军菊	tɕʻ 劝气腔曲	dʑ 件求穷局	n̠ʑ 研碾肉牛
ɕ 希虚兄吸			
k 公干广各	kʻ 看铅康扩	g 共狂环轧	ŋ 偶我瓦额
h 好虎灰瞎	ɦ 孩雨沿活	ʔ 烟汪怨鸭	

二、韵母　43 个

m̩ 呒姆	n̩ 亩五鱼	əlʻ 尔而儿二	ɿ 兹此施是
ʮ 注试树处	i 未低记西	u 夫布婆摩	y 雨靴鬼就
o 巴沙瓜话		əu 虎多过数	
ɑ 拉鞋败泰	iɑ 家谢写下	uɑ 怪怀快歪	
ɛ 该菜反难		ɜu 惯还关弯	
ᴇ 悲最走去	ie 也谐	uᴇ 块会为怀	
ɔ 操包少绍	iɔ 桥小表巧		
ɵ 半安官软			yɵ 捐玄权卷
ɪ 变千念全			
ən 本恨程春	in 命金营巡	uən 困昏滚温	yn 君云群晕
ã 刚双硬长	iã 旺两香娘	uã 横王狂光	
oŋ 轰公从中	ioŋ 兄迥穷熊		
oʔ 绿缩木北	ioʔ 菊肉屈浴	uoʔ 或获镬惑	
ʌʔ 尺麦袜弱	iʌʔ 甲略削协	uʌʔ 划滑括挖	
əʔ 色得刻失		uəʔ 骨国阔活	yəʔ 决越曰血
ɿʔ 必力贴接	iɿʔ 益叶吃热		

三、声调　6 个

阴平	44	江天飞高	阳平	132	来同前忙
阴上	52	懂土对快	阳去	223/21	买是梦地
阴入	55	各黑说出	阳入	12	绿欲白石

1. 有的人"乌"读ʔʋ声母。有的人少数字不分尖团；有的人有的字z母读作[dz]。

2. 舒声韵中/ʮ、o、ᴇ、ɔ、ɵ/是[ʮ˖、o˖、ᴇ˧˖、ɔ˖、ɵ˖]。/ən/是/ə˖n/，古尤幽韵的"九、就、谬、刘"等字读[i/ɪ/y]；"虑、徐"，"鬼、喂"等字读[y/i]。促声韵中的[uəʔ、uoʔ]和[ioʔ、yəʔ]两组字较混。

3. 古阴去声调字并入阴上。阳去声调包括古阳上、阳去的字，有的人以读˧223为主，有的人读˨˩21为主，多数人混读。有的人阳平声调也读˨˩21。有的人区分阴上和阴去，阴去读˦˩˨412。

4. 老派/ᴇ/是[ᴇ]，"九、就、刘"等读ɪ韵，刘[lɪ]＝连，"九"也能读y。有人个别字分ã、ɒ̃。"念"读iᴇ韵，"官、欢"读uɵ韵，"靴"读[y/io]。tɕ组、h组、日母的in韵老派读iən韵。yn韵读[yən]。ʌʔ韵读[ɑʔ]，iʌʔ、uʌʔ韵都读[iɑʔ]、[uɑʔ]。/əʔ/是[ə˖ʔ]。声调七个，阳平读˧233。阳去（包括古阳上字）读˨221。阴去读˦˩˨412，但有的字又读˥˩51。

宝山霜草墩音系

一、声母 28 个

p 巴布兵壁	pʻ 怕票胖泼	b 步旁病拔	m 美猛冒木
f 夫飞荒发	v 附文魂佛		
t 多丁懂德	tʻ 梯透听铁	d 地同定夺	n 拿那农诺
l 拉溜兰绿			
ts 张朱酒责	tsʻ 超吹取出	s 少书相雪	z 详茶绳直
tɕ 居捐军菊	tɕʻ 气劝腔曲	dʑ 件求穷局	nʑ 纽鸟银肉
ɕ 希虚兄吸			
k 公干广各	kʻ 看铅康扩	g 狂环共轧	ŋ 偶我软额
x 好虎灰瞎	ɦ 孩雨于活	ʔ 烟汪爱鸭	ʔʋ 勿

二、韵母 42 个

m̩ 呒	ŋ̍ 㕷五鱼我		ɛʴ 尔而二儿
ɿ 兹试吹是	i 低去雨鬼	u 夫布婆祸	y 居虑九靴
ʌɤ 巴沙瓦端	iʌɤ 捐拳愿冤	uʌɤ 瓜花挂话	
ɑ 拉家鞋泰	iɑ 谢写雅家	uɑ 怪怀快歪	
ɛ 该菜难反	iɛ 念也谐	uɛ 惯环幻关	
ʌɪ 悲岁头口		uʌɪ 块会鬼为	
ɔ 操包少超	iɔ 表小桥巧		
ᵊu 多左初大			
ɿ 半贪点软		uɿ 官宽完冠	
ɛ̃ 本伦程春	ĩ 品金君允	uɛ̃ 困棍温滚	
ã 硬杏朋横	iã 两香娘蒋		
ɒ̃ 刚方双尝	iɒ̃ 旺	uɒ̃ 光狂王筐	
oⁿ 公冯共中	ioⁿ 兄穷迥熊		
oʔ 绿缩郭属	ioʔ 菊镯血肉		
ʌʔ 尺弱麦滑	iʌʔ 甲剧削协	uʌʔ 刮括挖豁	
əʔ 突八刻活	iəʔ 吃泣	uəʔ 阔骨国屋	
ɿʔ 必力贴益			

三、声调 6 个

阴平	52	江天飞空	阳平	²31	来同前忙
阴上	⁴34	纸土对快	阳去	213	买是外地
阴入	55	黑各脱出	阳入	23	白石绿肉

    1. 古奉微匣母今合口字v、ɦu常混用,如"武、胡[vu/ɦu]、还[vɛ/ɦuɛ]、划[vʌʔ/ɦuʌʔ]",奉微今开齐撮用v,如"文[vɛ̃]"。古晓母今合口字f、xu混用,如:"火、呼[fu/xu]、欢[fɿ/xuɿ]、荒[fɒ̃/huɒ̃]"。tɕ组声母舌位较后,"乌"有的人可读[ʔʋu]。

2. 舒声韵中/ɑ、ɛ、ɔ/是[ɑ˗、ɛ˗、ɔ˩/o],/ɛ̃/是[ɛ̃-],促声韵中的/oʔ、ʌʔ、əʔ/是[oₜʔ、ʌ˗ʔ、əₜʔ]。ɿʔ韵在tɕ组、ʔ、ɦ母后略带[ⁱ],是[ⁱɿ-ʔ]。ɿ韵有的人有的字读[ø],如"端[tɿ/tø]"。

3. 古阴去声调字归入阴上,古阳上声调字归入阳去。

4. 老派声母v可读β,如"无[vu/βu]",ɦu可读β,如"胡[ɦu/βu]、魂[ɦuɛ̃ⁿ/βɛ̃ⁿ]"。/ɛ̃/是[ɛ̃-ⁿ],ĩ韵是[ĩⁿ],分/oʔ/和/ɔʔ/,如"绿[loʔ]≠落[lɔʔ],菊[tɕioʔ]≠觉[tɕiɔʔ]",/oʔ/是[oʔ],/ʌʔ/是[ʌ˗ʔ],/əʔ/是[əʔ],老派与ɦ相拼的合口呼一般不读v。阴上声调调值为ꜗ₄₃₅。

宝 山 罗 店 音 系

一、声母　28个

p 巴布兵壁	pʻ 怕票胖泼	b 步旁病拔	m 美猛冒木
f 夫飞方发	v 无尾文佛		
t 多丁懂德	tʻ 梯透听铁	d 地同定夺	n 拿那农诺
l 拉溜兰绿			
ts 张朱酒赍	tsʻ 超吹取出	s 少书相雪	z 详茶绳直
tɕ 居捐军菊	tɕʻ 气劝腔曲	dʑ 件求穷局	ȵ 纽鸟银肉
ɕ 希虚兄吸			
k 公干广各	kʻ 看铅康扩	g 环共狂轧	ŋ 我偶软额
h 好灰昏瞎	ɦ 孩沿雨活	ʔ 烟汪喂鸭	ʔʋ 勿

二、韵母　41个

m̩ 呒姆亩	ŋ̍ 五鱼我	n̩ 唔～娘	əl 尔而二儿
ɿ 兹试吹是	i 低去记变	u 夫布婆祸	y 居九刘雨
ʌɣ 巴沙瓦看	iʌɣ 捐拳元冤	uʌɣ 瓜花挂话	
ɑ 家拉鞋泰	iɑ 谢写雅家	uɑ 怪怀快歪	
e 该菜难反	iɛ 念	ue 惯环幻关	
ʌɪ 悲岁头半		uʌɪ 块会鬼官	
ɔ 操包少超	iɔ 表桥小巧		
ᵊu 多左初大			
ɛ̃ⁿ 本伦程春	ĩⁿ 品金君允	uɛ̃ⁿ 困棍温滚	
ã 硬杏朋争	iã 两香娘蒋	uã 横	
ɒ̃ 刚方双尝	iɒ̃ 旺	uɒ̃ 光狂王筐	
oⁿ 公冯共中	ioⁿ 兄穷迥熊		
oʔ 绿缩郭属	ioʔ 菊镯血肉		
ʌʔ 尺弱麦袜	iʌʔ 甲剧削协	uʌʔ 刮括滑划	
əʔ 突八刻黑	iəʔ 吃泣	uəʔ 阔骨活国	
ɿʔ 必力贴益			

三、声调　6个

阴平	52	江天飞空	阳平	^{2}31　来同前忙
阴上	^{4}34	纸土对快	阳去	213　买是外地
阴入	55	黑各脱出	阳入	23　白石绿肉

1. v与ɦu常混用，如"坟[vẽⁿ/ɦuẽⁿ]"、"魂[ɦuẽⁿ/vẽⁿ]"。f与xu常混用，如"火[fu/xu]""忽[huʔ/fʔ]"，但多数读前面的音，"乌"有的人读[ʔʊu]。tɕ组声母舌位较后，许多人有些字可不分尖团，"墙"声母是[z]。

2. 舒声韵中/e、ɔ/是[eᴛ、ɔ-/o]，[ʌ]有时读为[ʌ]，/ẽ/是[ɛ-ⁿ]，促声韵中的/oʔ、ɐʔ/是[oᴛʔ、ɐᴛʔ]，ɿ韵在tɕ组、ɦ声母后是[ᴵɿ-ʔ]。

3. 古阴去声调字归入阴上，古阳上声调字归入阳去。

4. 老派与u韵相拼的v/ɦ读[β]，如"无、吴[βu]"，"乌"可读[ʔwu]，有ɪ韵，如"变、点、验"的韵母，"官欢"不读[uɪ]而读[ueᴛ]韵，分/oʔ/和/ɔʔ/，如"绿[loᴛʔ]≠落[lɔᴛʔ]"，"菊[tɕioᴛʔ]≠觉[tɕiɔᴛʔ]"。老、中年/ɐʔ/是[ɐᴛʔ]。老派阴去声调是⌐44，但有的字不稳定归入阴上⌐435，共七个声调。

南汇周浦音系

一、声母　29个

ɓ 巴布兵壁	p' 怕票胖泼	b 步旁病拔	m 妈每敏木
f 夫灰方发	v 胡王坟滑		
ɗ 多丁懂德	t' 梯透听铁	d 地同定夺	n 那努农捺
l 捞拎兰绿			
ts 张专再责	ts' 超吹昌出	s 少山松色	z 茶船绳食
tɕ 居救酒接	tɕ' 取劝腔曲	dʑ 件求匠局	ȵ 研扭银肉
ɕ 希书兄雪	ʑ 墙树寻席		
k 公干广各	k' 看铅康扩	g 环共狂轧	ŋ 昂偶颜额
h 好风海瞎	ɦ 孩我雨活	ʔ 烟怨永鸭	ʔʊ 乌汪挖

二、韵母　44个

m̩ 呒亩姆	ŋ̍ 五鱼	əl 尔而二儿	ɿ 兹试水是
	i 低去点全	u 夫婆过数	y 虑雨归朱
o 巴沙瓜画			
ɑ 家鞋败泰	iɑ 谢写雅家	uɑ 怪怀快拐	
e 该类半南		ue 块鬼规宽	
ø 岁最暖安			yø 捐玄软靴
ɔ 哑瓦包超	iɔ 表小桥巧		

ɤ 否头口周　　　iɤ 九就秋刘

ɛ 反难三晏　　　iɛ 也谐念廿　　　　uɛ 惯关款玩

ʌ̃ 硬打杏横　　　iʌ̃ 两相娘养

ɒ̃ 刚方双荒　　　iɒ̃ 旺　　　　　　uɒ̃ 光狂筐

ən 本伦程春　　　iin 命丁认巡　　　uən 困棍滚

oŋ 轰从共中　　　ioŋ 兄穷君允

oʔ 沃绿俗谷　　　ioʔ 局蓄肉浴

ɒʔ 木落角缩　　　iɒʔ 搦

ɑʔ 尺麦袜搭　　　iɑʔ 脚削捏剧　　　uɑʔ 刮括

əʔ 得刻渴磕　　　iʌʔ 吃　　　　　　uəʔ 骨阔

ɿʔ 别一业泣　　　　　　　　　　　yɿʔ 决曰血郁

三、声调　6 个

阴平 52 江天飞高　　　阳平 113 同来道买地外

阴上 44 懂纸好土　　　阴去 335 对去到快

阴入 55 各黑脱出　　　阳入 23 欲六白石

1. tɕ组声母有时有人舌位较后。v、ɦu和f、hu常混用,如"我[vu/ɦu]、魂[vən/ɦuən]"、"虎[fu/hu]、欢[fe/hue]",以读v、f为主。与oŋ韵相拼,f、h和v、ɦ也两读,如"封[hoŋ/foŋ]、冯[ɦoŋ/voŋ]",现以f、v为主。

2. 舒声韵中的/o、ɤ/是[o˔、ɤ˔]。i是[i/iⱼ],ən、iin、uən韵是[ən˔、iin˔、uən˔],/oŋ/是[oŋ˔],促声韵中的/ɒʔ/是[ɒ˔ʔ],yɿʔ韵是[yⱼ˔ʔ],iʌʔ韵是[iʌ˔ʔ]。

3. 古阳上、阳去声调字并入阳平。

4. 老派分尖团,无ʐ声母。tɕ组声母分[tɕ、tɕʻ、dʑ、ȵ、ɕ]和[tʃ、tʃʻ、dʒ、ɲ、ç]两组变体,前组拼前元音韵[i、y、iɛ、ɿʔ],后组拼后元音韵[io˔、iɤ˔、iɒʔ、iʌ˔ʔ、iɒ̃]等。古鱼、虞韵的知、照三两组和日母字声母是ts组(新派是tɕ组)。古桓、覃韵和寒、谈韵的k组、ʔ、ɦ母字有的带轻微的鼻化音。如"半[põẽ]"、"看[kʻõ],ɜu、ue韵有时也带轻微鼻化音,iin韵分[iiŋ]和[iə˔ŋ],[iiŋ]拼p、t、ts系,[iə˔ŋ]拼c系。/ʌ̃/是[ɑ̃]。"靴"读[iu]韵,老派入声韵多,分配情况如下:

oʔ 绿谷北国　　　ioʔ 局肉轴浴

ɒ˔ʔ 缩剥作霍　　　iɒ˔ʔ 搦　　　　　uɒ˔ʔ 沃郭扩廓

ɑʔ 尺麦客弱　　　iɑʔ 觉略削学　　　uɑʔ 刮～～叫□～炭

æʔ 插袜掐萨　　　iæʔ 甲捏协夹　　　uæʔ 刮括

œʔ 脱夺渴卒　　　uœʔ 说撮　　　　　yœʔ 越血决屈

ɛ˔ʔ 出没磕活　　　　　　　　　　　uɛ˔ʔ 阔骨

ʌ˔ʔ 测墨刻色　　　iʌ˔ʔ 吃昔逼粒

ɿʔ 结切必立

iʌʔ韵有许多字并入ɿʔ韵,或两读。/ʔ、ɑʔ、ʌʔ/是[ɒk、ak、ʌk]。

老派声调8个:阴平ꜗ52,阳平ꜚ113,阴上˥44,阳上ꜙ323,阴去ꜘ335,阳去ꜙ25,阴入ʔꜛ55,阳入ʔꜙ23。有的人古全浊阳上字有的归入阳去。

上 海 音 系

一、声母 28 个

p 巴布兵壁	pʻ 怕票胖泼	b 步旁病拔	m 美闷门木
f 虎方飞福	v 附武坟佛		
t 多丁懂德	tʻ 梯透听铁	d 地同定夺	n 拿你农捺
l 拎溜兰辣			
ts 张专再责	tsʻ 超吹昌出	s 少山松色	z 茶船绳食
tɕ 居酒军接	tɕʻ 取劝腔曲	dʑ 件求群局	ȵ 研扭银肉
ɕ 希虚兄雪	ʑ 前谢序席		
k 公干广各	kʻ 看铅康扩	g 环狂共轧	ŋ 我矸颜额
h 好灰轰瞎	ɦ 孩云嫌鞋	ʔ 烟汪怨鸭	

二、韵母 34 个

m̩ 呒姆	n̩ 五鱼□~奶	ər 儿耳尔而	ɿ 试兹吹词
o 瓦巴花瓜	i 未去变念	u 布乌多初	y 雨虑喂鬼
ᴀ 拉街败泰	iᴀ 雅写家谢	uᴀ 怪快怀歪	
ɛ 该菜梅斩		uɛ 块会惯还	
ø 岁最半欢			yø 捐软玄靴
ɔ 操包少绍	iɔ 表小桥绕		
ɤɯ 头走口柔	iɤɯ 九就秋刘		
ᾶ 刚党硬打	iᾶ 旺养两香	uᾶ 横王光荒	
əŋ 本伦程春	iŋ 命丁金营	uəŋ 温昏困棍	yŋ 君群云军
oŋ 公送龙中	ioŋ 兄穷熊绒		
oʔ 绿木郭忽	ioʔ 局浴肉掭		
ɐʔ 尺麦袜墨		uɐʔ 划刮阔获	
	iɪʔ 益节撇脚		yɪʔ 决越曰屈

三、声调 5 个

阴平	52	江天风刀	阴去	334	懂土对快
阳去	113	来同买稻外洞	阴入	55	各黑脱出
阳入	23	欲白绿石			

1. 声母ʑ不稳定,有些人有些字读dʑ母,如"前[ʑi/dʑi]、绝[ʑiɪʔ/dʑyɪʔ]"。与u韵相拼的v有些人读ɦ,如"无、胡[vu/ɦu]"。除古非敷母的u韵字外,其他与u韵相拼的f有些人读h,如"呼、火[fu/hu]"。有的人"乌[ʔu]"读[ʔvu]。

2. 舒声读中/ø、ɔ/是[ø˞、ɔ˞]。/ᾶ/有的人是[ᴀ̃],有的人、有些字分/ã、ʊ̃/,如"打[tã]"≠"党[tʊ̃]"。有的人/i、y/读[ij、yɥ],/ɤɯ/读[ɤɯᵣ/ɤ]。有的人有iɛ韵,"也[ɦiɛ/ɦiᴀ]"、"谐[ɦiɛ/ɦiᴀ]"、"廿[ȵiɛ/ȵɛ]"、"念[ȵiɛ/ȵi],有的人有ɪ韵,"衣[i]≠烟[ɪ]"。有的人无yø韵,此韵字读[y]。有的人无yŋ韵,该韵字读[ioŋ]韵。促声韵中/oʔ/是[ɔ˞ʔ],在塞音声母后的iɪʔ韵多

数人读[ɿʔ]。有的人有iɐʔ韵,如"脚[tɕiɐʔ/tɕiɪʔ]"、"略[liɐʔ/lyɪʔ]",有的人/ɐʔ/分/ʌʔ、əʔ/或部分字分。如"出[tsʻəʔ]≠尺[tsʻʌʔ]"。有的人有uoʔ韵,如"或[ɦuoʔ/ɦoʔ]""阔[kʻuoʔ/kʻəʔ]""镬[ɦuoʔ/ɦoʔ]",有的人无yɪʔ韵,该韵字都读ioʔ韵。有的人有一些ɐʔ韵字读oʔ韵,如"泼[pʻəʔ/pʻoʔ]"、"佛[vəʔ/voʔ]"。iɪʔ韵和yɪʔ韵是[iɪ-ʔ]和[yɪ-ʔ]。

3. 古阴上声调字并入阴去,古阳平、阳上声调字并入阳去,阴去调值是334或434。

4. 老派声母p、t读[ɓ/p、ɗ/t]。tɕ组声母字在后元音韵相拼时读[tɕ-/ʃ、tɕʻ-/cʻ、dʑ-/ɟ、n̠-/ɲ、ɕ-/ç]。分尖团音,"香[çiã]≠相[siã]",无ʐ声母。与u相拼的/f、h/和/v、ɦ/读[ɸ/f/h]和[β]。

韵母ŋ̍是[ŋ̍],/ʌ/是[ɑ],古鱼、虞两韵的知、照三两组和日母字韵母是[ʮ/ʯ]。/ɣɯ/是[ɣ],"该、菜、悲、推"等字读[e],"雷[le]=来[le]≠兰[lɛ]"。"半"读[e/ø],"南、敢、庵"等字读[ɐ]。/ən/读[ən],iŋ韵分[iŋ]和[iəŋ],iŋ韵拼p、t、ts系,iəŋ拼tɕ系。分/ã/组韵和/ɒ̃/组韵,"样[ɦiã]≠旺[ɦiɒ̃]","横[ɦuã]≠王[ɦuɒ̃]","桂[kue]≠惯[kuɛ]","官、欢"等字读[ue/uø]韵。有iɛ韵,如"念""也""廿"的韵母。"靴"读iu韵。没有yn韵,该韵字读iʊŋ韵。入声韵分/ʌ-ʔ/和/ə-ʔ/,"石[zʌʔ]≠舌[zəʔ]","刮[kuʌʔ]≠骨[kuəʔ]",有ɐʔ韵,如"脱、撮、渴、夺"的韵母。yɪʔ韵读[yøʔ]。分[oʔ]和[ɔ-ʔ],"谷[koʔ]≠角[kʻɔ-ʔ]",分[ɿʔ]、[ie-ʔ]、[iə-ʔ],[ɿ]拼p、t、ts系,[ie-ʔ]拼tɕ系,如"笔[pɿʔ]"、"结[tɕie-ʔ]",个别字读[iə-ʔ],如"吃[cʻiəʔ]、级[ʃiəʔ/ciəʔ]"。/ɔʔ、ʌʔ/是[ɔk、ʌk]。有些hu、ɦu开头后带韵的字往往读[f、v],如"忽[fəʔ/huəʔ]""魂[vəŋ/ɦuəŋ]"、ər是[əl]。有的人"哑、下、瓦"等字读[ɔ]韵。

老派声调有六个,多一个阴上꜒44,包括古阴上声调字,但许多字已读阴去声调或阴上、阴去两读。

松 江 音 系

一、声母　29个

p 巴布兵壁	pʻ 怕胖票泼	b 旁伴步拔	m 闷美磨觅
f 夫方费发	v 无问尾佛		
t 多丁懂德	tʻ 梯透听铁	d 同动定夺	n 拿努奶捺
l 拉拎虑落			
ts 张专再责	tsʻ 超吹寸拆	s 少山松色	z 绳船字宅
tɕ 居酒君脚	tɕʻ 劝千处吃	dʑ 件求穷剧	n̠ 粘扭娘肉
ç 希书香血	ʑ 树墙徐席		
k 公干果夹	kʻ 铅看康扩	g 共狂葵轧	ŋ 研齧熬硬
h 好海烘吓	ɦ 孩云移合	ʔ 爱烟永郁	ʔʋ 乌威汪挖

二、韵母　48个

| m̩ 呒亩姆 | n̠̍ 五鱼午 | ɿ 试兹次知 | ər 儿耳尔二 |
| | i 未低变现 | u 布夫婆初 | y 虑雨朱鬼 |

o 舍巴沙哑

ɑ 家鞋败泰　　　iɑ 谢戒阶届　　　uɑ 怪怀快

ɛ 该菜反难　　　iɛ 念陷廿　　　　uɛ 惯环

e 悲类半南　　　　　　　　　　　ue 官宽款观

ø 岁最罪干　　　　　　　　　　　　　　　　　yø 捐软圈权

ɔ 操包抄交　　　iɔ 孝表桥绕

ɯ 否邹头周　　　iɯ 九就谬刘

ən 本恨伦程　　　in 命丁金认　　　uən 困滚捆　　　yn 君运群巡

ɑ̃ 刚邦双尝　　　iɑ̃ 旺　　　　　　uɑ̃ 光狂

ɛ̃ 硬杏孟朋　　　iɛ̃ 两相香让　　　uɛ̃ 光~火

oŋ 轰龙从共　　　ioŋ 迥兄穷允

oʔ 绿木竹郭　　　ioʔ 肉狱玉浴　　　uoʔ 获惑

ʌʔ 尺白划着　　　iʌʔ 略脚削学　　　uʌʔ 刮呱

æʔ 法袜挖压　　　iæʔ 甲夹洽捏　　　uæʔ 括刮

əʔ 磕刻墨夺　　　　　　　　　　　uəʔ 阔骨

ıʔ 别贴力觅　　　iıʔ 一极节热　　　　　　　　　　yıʔ 菊欲缺血

三、声调　7个

阴平　52　　江天飞高　　　阳平　²31　　来同前忙

阴上　44　　懂纸好九　　　阴去　335　　对去到叫

阳去　113　　右事买道　　　阴入　55　　各黑脱竹

阳入　23　　白六读石

1. 舒声韵中的/ɔ、e、ɯ、ø、o/是[ɔ˔、e˔、ɯ˔、ø˔、o˔],/ɛ̃/有的人是[ɛ̃˔],促声韵中的iıʔ、yıʔ是[iı˔ʔ、yı˔ʔ]。

2. 阴上声调有些人有的字或多数字并入阴去。

3. 老派声母f、v是[f/ɸ、β/v],ʔʋ是[ʔw/ʔ(u)]。p、t是[ɓ、ɗ]。tɕ组声母分[tɕ、tɕʻ、dʑ、ɲ、ɕ]和[ʧ、ʧʻ、ʤ、ɲ、ʃ]两组,前组拼前元音韵[i、y、iɛ、iıʔ],后组拼后元音韵[iɔ、iʌ、iɑ、iɑʔ]等(包括前元音韵的[iɛ̃]);有的人两组音开始混读。分尖团音,古鱼、虞两韵的知、照三两组和日母字声母是[ts]组,没有[z]母。

老派韵母是[ŋ],ŋ、ɓ、ɗ、ts系,[iɛ]拼c系。yn是[yɛ̃],哈泰韵大部分字读[ɛ˔],"靴"一个字读[iu]韵。/ɛ/是[ɛ˥],oʔ分[oʔ]和[ɒ˔ʔ],哭[kʻoʔ]、谷[koʔ]≠壳[kʻɒʔ]、角[kɒʔ]。əʔ分[əʔ、ʌʔ、œʔ],客kʻaʔ≠掐kʻæʔ≠渴kʻœʔ≠磕kʻəʔ≠刻kʻʌʔ。ıʔ、iıʔ分[ıʔ、yıʔ]和[iʌʔ],yıʔ是[yœʔ],有的人有[uœ˔ʔ]("说"),有[iɒ˔ʔ]韵("掭")。

老派声调多一个阳上[˧22],包括次浊和全浊古阳上声调字。

吴江黎里音系

一、声母　28个

p 巴布兵壁	p' 怕票胖泼	b 步旁病拔	m 闷美民木
f 夫飞方福	v 武坟冯佛		
t 多丁懂德	t' 梯透听铁	d 地同定夺	n 努拿难诺
l 鲁捞浪力			
ts 张猪酒责	ts' 超取宠尺	dz 茶成传直	s 少书相雪
z 事助上熟			
tɕ 居军娟结	tɕ' 气劝腔吃	dʑ 件求群局	ɲ 研粘年热
ɕ 希虚兄血			
k 公寄广各	k' 看铅空扩	g 环狂共轧	ŋ 我偶颜额
h 好灰轰瞎	ɦ 孩危沿越	ʔ 友用郁耳	

二、韵母　44个

m̩ 呒亩姆	ŋ̍ 五鱼吾(我)	ɚ 而尔儿耳	
ɿ 试兹次词	ʮ 朱如书处	ʒu 虎暮过数	
ɑ 也	iɿ 低记去西	u 无布婆夫	yʯ 滤居鬼雨
o 巴哑瓜话			
ɒ 家鞋泰拉	iɒ 谢写雅贾	uɒ 怪怀拐歪	
ɛ 该岁悲难	iɪ 变念全也	uɛ 块会惯还	
ʌᵊ 操包绍毛	iʌᵊ 表桥小票		
	ieɯ 头口就周		
ɵ 半南看官	iɵ 捐软玄靴		
ã 硬长孟张	iã 两养相娘	uã 横光~火	
ɑ̃ 刚方床忙	iɑ̃ 旺	uɑ̃ 荒狂王广	
ən 本伦程春	iən 命金营允	uən 困昏温滚	yən 君云韵群
oŋ 轰公从中	ioŋ 兄穷熊迥		
oʔ 绿作霍属	ioʔ 菊局肉浴		
ʌʔ 尺法麦若	iʌʔ 甲削略捏	uʌʔ 划刮滑挖	
əʔ 杂色卒墨	iəʔ 剧叶热吃	uəʔ 国获阔骨	yəʔ 曰血越决
ɿʔ 别节力笛			

三、声调　11个

阴平	44	江飞天青	阳平	24	人云同前
全清阴上	51	古走短比	次清阴上	33⁴	口楚体草
阳上	32	老有是近	全清阴去	413	对到爱用
次清阴去	324	臭菜退痛	阳去	213	卖路共洞
全清阴入	55	脚各黑百	次清阴入	34	铁出曲拍
阳入	23	局读六肉			

1. 古影母u韵字(如"乌")读[ʔu/ʔwu],疑、匣母u韵字(如"胡")可读[vu/ɦu/βu]。晓母今合口除u韵外声母读[x]。一些阳上字的浊声母常读如清声母,如b＞p,z＞s。

2. 舒声韵中的/ɒ、ʌˀ/是[ɒ⸜、ʌˀ/ʌˀ],/ieɯ/是[ie-ɯ-]。/ã/是[ã⸜/ɛ̃]。与p、pʻ、b相拼的u韵读[ʉ]。/ɜu/是[ɜu-],iən韵是[iə-ei],在p、d、ts组声母后为[ɪŋ],iɵ韵是[iθɵ]。促声韵中的/oʔ、ʌˀ、ʔɕ/是[oˀɤʔ、ʌ-ˀ、ə-ˀ]。iʔoʔ韵是[ʃoʔ],iaˀɕ韵是[iə-ʔ]。

3. 有的人阳上声调有的字或全部并入次清阴上或阳去。喻匣母去声字归入全清阴去声调。部分次清阳上字读全清阴上。

4. 老派/ŋ/是[əŋ],tɕ系iən韵部分字读[iə-ei],其余字读[ɪŋ]。"靴"读io韵,"验、念"读iɛ韵。老派宕摄开口三等阳韵照三组字读ã韵,新派读ɑ̃韵,有的字两读。/ã/是[ã],"曰"读[yʌˀ]韵。

吴江盛泽音系

一、声母 28个

p 巴布兵壁	pʻ 怕票胖泼	b 步旁病拔	m 闷鸣民木
f 夫飞方福	v 武坟冯佛		
t 多丁懂德	tʻ 梯透听铁	d 地同定夺	n 努拿难诺
l 溜拎浪力			
ts 张猪酒责	tsʻ 超取宠尺	dz 茶成传直	s 少书相雪
z 事助上熟			
tɕ 居军娟结	tɕʻ 气劝腔吃	dʑ 件求群局	ȵ 扭粘年热
ɕ 希虚兄血			
k 公干广各	kʻ 看铅空扩	g 环狂共轧	ŋ 我偶颜额
h 好灰轰瞎	ɦ 孩危沿越	ʔ 永右耳屋	

二、韵母 45个

m̩ 吰亩姆	n̩ 你~呐	ŋ̍ 五鱼	əl 耳尔儿耳
ɿ 试兹次词	ʮ 朱如书处	ɜu 虎过左数	
	iɿ 低记去记	u 无布婆夫	yʮ 滤居鬼雨
o 巴哑瓜话	io 靴		
ɑ 家鞋泰也	iɑ 谢写雅戒	uɑ 怪坏拐快	
ɛ 该岁悲难	iɪ 变念全也	uɛ 块会惯还	
ʌɑ 操包绍毛	iʌɑ 表桥小票		
	iəɯ 头口就周		
θ 半南看官	iɵ 捐软玄圈		
æ 硬长张孟	iæ 两养相娘	uæ 横光~火	
ɑ̃ 方刚床忙	iɑ̃ 旺	uɑ̃ 荒狂王广	

əŋ 本伦程春	ɪŋ 命金营君	uəŋ 困昏温滚	yɪŋ 均群巡
oŋ 轰公从中	ioŋ 兄穷熊迥		
ɔʔ 绿作霍属	ioʔ 菊局肉浴		
ɑʔ 尺法麦弱	iɑʔ 脚略贴蝶	uɑʔ 划刮豁挖	
əʔ 合得色墨	iɐʔ 剧业叶吃	uəʔ 国获阔骨	yəʔ 育日
ɿʔ 别节立跌			

三、声调　10 个

阴平	44	江飞天青	阳平	24	人云同前
全清阴上	51	古走短泳	次清阴上	334	口楚体草
阳上	22³	老有是近	全清阴去	413	对到爱用
次清阴去	313	臭菜退痛	阳去	212	卖路共洞
阴入	<u>55</u>	脚各出铁	阳入	<u>22</u>	局读六肉

1. 古疑、匣母u韵字(如"胡")可读[vʷ/ɦu]。晓母今合口除u韵外声母读[x]。有的人尖团音开始不分。

2. 舒声韵中的u韵逢m声母和零声母时为[u̩]/o、ɵ/是[oᴛ、ɵ⊥],/ʌɑ/滑动很小,/ɑ̃/是[ɑ̃-],/oŋ/是[oŋ],yɪŋ韵字很少,不稳定,多归入ɪŋ。促声韵中的/ɔʔ/是[ɔᴛʔ]。yəʔ韵字很少,不稳定,多归入iɑʔ。uɑ̃韵字可读ɑ̃韵。ɛ韵有时读[ɜ°],是ᴇ的[iᴀu]。

3. 喻匣母去声字归入全清阴去声调,部分次清阳上字读全清阴上声调。有的人阳上声调有的字或全部并入阳去。

4. 老派"胡"可读[βʊu]。"乌"可读[ʔwʊu],不开口。/o/读[ɔ],无uɑ̃读,都读ɑ̃。"验"、"念"读iᴇ读。ɪŋ韵在tɕ系声母后读[i⊥ei]。yɪŋ读是[yəŋ]。iɐʔ韵是[ʔ-ɐi]。"曰"读[yʌʔ]韵。yəʔ韵是[yəʔ]。/æ/是[ã]。

嘉 兴 音 系

一、声母　28 个

p 巴布兵壁	p' 怕票胖泼	b 旁伴步拔	m 闷觅买磨
f 夫方费发	v 无问尾佛		
t 多丁懂德	t' 梯透听铁	d 同动定夺	n 拿纳奶能
l 拉落领虑			
ts 张专再责	ts' 超吹寸拆	s 少山松色	z 绳船字宅
tɕ 居酒君脚	tɕ' 劝千处吃	dʑ 件求详习	ȵ 粘肉牛娘
ɕ 希书香血			
k 干公果夹	k' 铅看康扩	g 共狂葵轧	ŋ 研鹤熬硬
h 好海烘吓	ɦ 孩云移王	ʔ 爱永郁合	ʔʋ 乌

二、韵母　43 个

m̩ 呒亩姆	ŋ̍ 五鱼午	ər 儿耳尔二	ɿ 试兹知水
ʮ 朱如书树	i 未低徐去	u 布虎破部	y 雨须虑鬼
o 舍巴瓜花			
ɑ 拉鞋败泰	iɑ 谢戒阶爷	uɑ 怪怀快歪	
Eᵉ 该海反难		uEᵉ 惯环还弯	
e 悲走口周	ie 变千念全	ue 会鬼岁吹	
ɔ 操包抄交	iɔ 孝表桥绕		
ᵊu 姑都左数	iᵊu 九就刘谬		
ɤə 半暖川扇		ɐyə 官欢酸幻	yɤə 捐软元券
ən 本恨伦程	in 命巡金认	uən 困滚捆昏	yn 君允群云
ʌ̃ 刚双硬朋	iʌ̃ 旺养相让	uʌ̃ 光荒王横	
oŋ 轰龙从红	ioŋ 迥兄穷熊		
oʔ 绿木竹郭	ioʔ 肉郁菊浴	uoʔ 或阔豁忽	
ʌʔ 尺法白压	iʌʔ 略脚削甲	uʌʔ 刮滑划括	
əʔ 刻墨出额	iəʔ 撇贴一捷	uəʔ 活国骨	yəʔ 决越血屈

三、声调　8 个

阴平	51	江天飞高	阳平	²31	来同前忙
全清阴上	44	懂纸好九	次清阴上	324	土草讨腿
阴去	334	对去到叫	阳去	223	卖地有道
阴入	<u>54</u>	各脱绿月	阳入	<u>12</u>	白读石局

1. 声母 h 拼前元音韵时是 [x]。

2. 舒声韵中的 /ɔ/ 是 [ɔ ɹ]，ɤə 是 [xə-]，i 韵是 [iⱼ/i]，yɤə 中的 y 是 [ʏ]，iᵊu 中的 u 是 [u₊]，与舌尖前音拼的 ue 韵读 [ɥe]，鼻韵尾 n 是 [n/ɲ]，ŋ 是 [ŋ₊]。促声韵中 iəʔ 是 [iə₊ʔ]，有的字可读 [iɪ-ʔ]。

3. 古次浊声母和匣母的入声字都归入阴入声调；阴上声调有些人有的字并入阴去；古阳上声调有的人个别字仍能读原阳上声调 ˡ22。

4. 老派古微奉疑匣母今 u 韵字（如：武、胡）声母 v 唇齿相擦轻或读 [β]；鼻化韵分 ã、ɑ̃ 两组，打 tã ≠ 党 tɑ̃，样 ɦiã ≠ 旺 ɦiɑ̃；没有 uɑ 韵，"光、荒、王"等字都不带介音 u。yn 韵读 [yθ[ⁿŋ]]，"割、夺、鸽"字读 [œ-ʔ] 韵，帖韵有些字读 [iʌʔ]；没有 uoʔ 韵，uoʔ 韵字都读 [uəʔ]。"靴"一个字读 [yə-]韵。"验、念、染"等字读 [iEᵉ] 韵。

湖州双林音系

一、声母　29 个

p 巴布兵壁	pʻ 怕票胖泼	b 步旁病拔	m 闷马卖模

f 夫飞方福　　　　v 武坟冯佛

t 多丁懂德　　　　tʻ 梯透听铁　　　d 地同定夺　　　n 脑乃南农

l 蜡老来龙

ts 专张再责　　　　tsʻ 超昌寸尺　　　dz 茶成绳传　　　s 少书三色

z 事助上熟

tɕ 居酒军结　　　　tɕʻ 气取腔吃　　　dʑ 钱群镯席　　　ȵ 热鸟迎脸

ɕ 希虚兄血　　　　z 邪寻匠谢

k 干公广各　　　　kʻ 看铅空扩　　　g 环狂共轧　　　ŋ 额岳眼硬

x 好灰轰瞎　　　　ɦ 孩沿回云　　　ʔ 乌汪烟越

二、韵母　39 个

m̩ 呒亩姆　　　　ŋ̍ 我五鱼吴　　　ʅ 试兹朱吹　　　əl 尔而二耳

əu 虎苏过初　　　i̩ 低虑雨鬼　　　ʉ 布乌婆祸

ʋ 瓦沙挂话

ɑ 街败泰拉　　　iɑ 家谢写雅　　　uɑ 怪怀快歪

ɛ 该菜难酸　　　　　　　　　　uɛ 惯还官欢

ie 悲梅倍妹　　　　　　　　　　uəɪ 块会鬼为

ᵊʏ 头靴吹推　　　iᵊʏ 九邹就周

ɿ 变验捐软

ɔ 操包绍考　　　iɔ 表桥跳绕

ã 硬杏打争　　　iã 两香将娘　　　uã 横

ɔ̃ 刚方双尝　　　iɔ̃ 旺进　　　　uɔ̃ 光荒狂王

ən 本根陈程　　　in 命金君国　　　uən 困昏棍温

oŋ 轰冯从中　　　ioŋ 兄穷绒军

oʔ 绿八郭竹　　　ioʔ 菊肉浴镯

ʌʔ 麦法弱搭　　　iʌʔ 甲削协略　　　uʌʔ 刮划滑挖

əʔ 黑墨失入　　　ieʔ 别节益血　　　uəʔ 骨国获阔

三、声调　7 个

阴平　44　江天飞开　　　阳平　113　来同卖洞

阴上　53　懂纸土有　　　阳上　²31　是道静厚

阴去　334　对去快看　　　阴入　54　各黑绿月

阳入　23　白极石独

1. "吴、胡"等字可读[vu/ɦu]，有的人读[βu]，"乌"读[ʔu/ʋ]，有的人读[ʔwu]。古知系三等个别字可读tɕ组声母，如"周[tsᵊʏ/tɕiᵊʏ]"。dz母不稳定，字少，大都可与z两读，ʑ母不稳定，大都并入dʑ母，如"谢[dʑiɑ/ʑiɑ]"。

2. 舒声韵中/ʉ/实际读[ʉ₊]，在f、v声母后是[ɣ]，在p、pʻ、b、ʔ声母后为[ʉ₊]。/ɔ̃/是[ɔ̠]，/in/在tɕ组和零声母后为[ieŋ]，促声韵中ieʔ韵是[ie-ʔ]或[ɪʔ]。

3. 次浊阳上大部分字归入阴上声调，少数归入阳上。古次浊阳入字归入阴入声调。古阳去声调字有的字有时还读₂₄⊦调值，未并入阳平。

4. 老派/ɦ/是[ʔɦ]，dz母较新派稳定。"好、虎"声母读[h]，韵母有ŋ̍母，如："儿、耳"读[ŋ̍]（新派读[ŋ]）。ɛ韵与k声母都读[ɪ]，如"该、敢、间"读[kɪ]，"靴"读iʊ韵。无ɪɪ韵，新派ɪɪ韵字（如"悲、梅"）都读ɤ韵。uɔ韵只限于ʔ、ɦ声母，其余都读ɔ韵，如"光[kɔ]"。ɪ韵[ie˦]，ɪŋ韵是[ɪəŋ]，/ã/是[ã˞]，"画、瓦"等/ʊ/可读[ʊ̃]。/oʔ/有/ʊʔ/和/oʔ/之分，"八[poʔ]≠剥[pʻɦʔ]"(ʊʔ韵拼p、pʻ、b时读[ʉ(ʔ)])，ieʔ韵有的字读[ɪʔ]，如"逼[pɪʔ]"、"别[bɪʔ]"。

声调古次浊阳上字与全浊阳上字一样读˨˧˩。古阳去大多数字读˨˦，所以有八个声调。

杭 州 音 系

一、声母　30 个

p 巴兵布壁	pʻ 怕票胖泼	b 步旁病拔	m 买满梦木
f 夫飞方福	v 附坟蚊肥	ʔʋ 尾网乌	
t 多丁懂德	tʻ 梯透听铁	d 地同定夺	n 脑暖奴诺
l 礼两令力			
ts 张专再责	tsʻ 超宠吹尺	dz 茶成传直	s 少书山色
sz 事树上熟	ɹ 揉乳仍忍		
tɕ 居酒军结	tɕʻ 铅取腔吃	dʑ 钱匠寻习	ȵ 女你浓热
ɕ 希虚弟血			
k 公干广各	kʻ 看块空扩	g 环狂共轧	ŋ 我硬熬额
h 好灰轰瞎	ɦ 孩鞋河学	ʔ 武友鸭耳	

二、韵母　39 个

ər 耳二尔而	ɿ 试兹	ʮ 朱如初数	ŋ̍ □~娘你	m̩ 姆
ou 婆祸多个	i 未低希西	u 无布姑火	y 滤须居靴	
ɑ 巴沙马打	iɑ 哑家谢亚	uɑ 瓦瓜画花		
	ie 变念街也			
ɛ 败海难蚕		uɛ 怪怀惯还		
eɪ 悲梅周柔		uei 类岁水蕊		
o 半酸暖染		uo 弯官欢宽	ɣo 捐玄软全	
ɤ 九就刘秋				
ɔ 超包抄毛	iɔ 交孝桥绕			
ən 本恨森争	ɪn 命丁金营	uən 寸困闰春	yɪn 君允巡熨	
ʌŋ 刚方硬长	iʌŋ 讲两相香	uʌŋ 双旺光王		
oŋ 轰宋从中	ioŋ 绒兄穷熊			
oʔ 绿各墨肉	iɔʔ 肉浴吃	uoʔ 或获郭豁		
ɐʔ 尺达策着		uɐʔ 划阔滑说		
	iiʔ 别益甲削		yɪʔ 菊屈觉血	

三、声调　7个

阴平	323	江天空青	阳平 212	来忙同前
阴上	51	懂土马有	阴去 334	对去到快
阳去	113	事梦厚稻	阴入 <u>55</u>	不脱出百
阳入	<u>12</u>	欲绿石白		

1. tɕ组声母舌位较后，"无、问"等字可读[ɦu/v]声母，ʔ与u拼时往往是ʔʋ，如尾ʔʋi，晚ʔʋE/ʔuE，ɦ(i；y)近于[j]，sz近于[z̩]。

2. 舒声韵中与t系声母相拼的uɐi韵是[ɰ+ɐɪ]，ou韵是[o+u]，与ts组声母相拼的介音u都读[ʮ]，古咸摄山摄E韵的少数字有时带轻微鼻化音，/E/是[E̠ɪ]；o韵是[ᶹoᶾ·ɪ]，多与uo韵相混，大部分人已合并为o，有的字有轻微鼻化音；ie韵是[ie̠ɪ]，有的字有时带轻微鼻化音。以上可带鼻化音的韵所带情况因人、时而异。一些人全不带。/ɔ/是[ɔ̠ɪ]，y是[y/yʮ]，ʏ韵是[ʏ̠-]，ɪn韵可读作[ĩ]，/oŋ/是[o̠ŋ]。促声韵中的/ʔə/有些字分[ʔə]和[a-ʔ]，有的人不分，有的人分，有的人部分分。分[a-ʔ、əʔ]的人同时有[ia-ʔ]韵。

3. 古次浊阳上字归入阴上声调，全浊阳上字归入阳去声调。

4. 老派"胡、无"有时可读[βu]，大部分人ɹ母读[dʐ/ʐ]母，古皆、佳韵tɕ系（如"鞋、街"）和"也"、"戒"、"谐"等字读[iE]韵，古咸山摄/E/韵字读[Ẽ]，如"反、看"等。/o/读[õ]，/ən/读[ə̠n]，/oŋ/是[o̠ŋ]，"惯、还"读uõ韵，/ɔ/是[ɒ]，ie韵是[iẼɪ]，"滤、虑"读i韵，"徐"读[dʐʮ]，/ɔʔ/是[ɔ̠ʔ]，分/əʔ/和/aʔ/，读[ə̠ʔ]和[a-ʔ]，"瞎[haʔ]≠黑[hə̠ʔ]"，"卒"读[tsuəʔ/tɕyə̠ʔ]，yɪʔ韵读[yə̠ʔ]，"甲、削、略"等读[ia-ʔ]韵。

绍 兴 音 系

一、声母　29个

p 巴兵布壁	pʻ 怕票胖泼	b 步旁病拔	m 美敏忙木
f 夫飞方发	v 附坟胡佛		
t 多丁懂德	tʻ 梯透听铁	d 地同定夺	n 拿努难捺
l 拉拎练力			
ts 张专再责	tsʻ 超宠吹尺	dz 茶成传直	s 少山松色
z 字上忍拾			
tɕ 居酒军结	tɕʻ 气取腔吃	dʑ 旗穷墙凿	ȵ 扭粘年热
ɕ 书宣相雪	ʑ 树谢寻旋		
k 公干广各	kʻ 铅块空扩	g 环共狂轧	ŋ 我偶眼额
h 好灰轰瞎	ɦ 孩沿云或	ʔ 爱烟怨鸭	

二、韵母　47个

m̩ 姆	n̩ 吷~有	ŋ̍ 午鱼五	l̩ 尔<u>耳二</u>而

ɿ 试兹词此　　　　i 未希西去　　　　u 夫虎过初　　　yч 须雨朱靴
o 巴哑家沙祸　　　io 家雅亚　　　　uo 瓜花挂话
a 拉泰豺街　　　　ia 谢写戒谐　　　ua 怪怀坏歪
e 海菜梅岁　　　　ie 也　　　　　　ue 块会为鬼
ɑɒ 包抄绍少　　　　iɑɒ 表桥小苗
ɣ 否头欧口　　　　iɣ 九就刘秋
æ 反难三间　　　　iæ 验念　　　　　uæ 惯还环顽
ə 半暖吞森　　　　　　　　　　　　uə 官欢困昏　　　yə 捐玄软君
ĩ 变本恨陈赶
əŋ 能根程恒　　　　ŋ 命金巡营
aŋ 硬杏孟朋　　　　iaŋ 进香两娘　　　uaŋ 横
ɒŋ 尝刚方让　　　　　　　　　　　　uɒŋ 光狂王筐
ʊŋ 轰公龙共　　　　iʊŋ 弟穷熊绒　　　uʊŋ 冯红翁瓮
oʔ 绿各墨桌　　　　　　　　　　　　uoʔ 沃阔国扩　　　yoʔ 菊肉缺血
ʌʔ 白法札着　　　　iʌʔ 脚削略协　　　uʌʔ 划刮滑挖
əʔ 得渴合色
ɿʔ 入雪则磕　　　　eʔ 佛刻盒物

三、声调　8个

阴平	52	江天飞空	阳平	²31	来同前忙
阴上	334	懂纸土口	阳上	113	买有是厚
阴去	33	对去到看	阳去	22	梦外树洞
阴入	55	不各黑出	阳入	23	欲绿白石

1. tɕ组声母舌位较后，在拼后元音韵时更后，如："酒[tɕ-iɣ]"。"吴、胡"等字多数人读[vu]，"乌"有些人读[ʔvu]。有的人有的字hu、ɦu可读f、v，如"获[ɦuoʔ/voʔ]"。

2. 舒声韵中的/o、a、ɑɒ、ɣ/是[o˞、a-、ɑɒ˞/ɔ˞、ɣ˞]，/ə韵读[ə̃/õ-]，/æ、aŋ/是[æ˞、a-ŋ]，/æ、ə/的鼻化很轻，有时有的字无。i韵是[i-/ij]，与k相拼的æ、ə韵有时读[ˈæ、ˈə]，促声韵中的ɿʔ韵在与tɕ系声母相拼时有较轻的过渡音[i]，是[ɿʔ]。促声韵中许多字有两读（如"则[tsəʔ/tsɿʔ]活[ɦuoʔ/ɦuɐʔ]法[fʌʔ/fæʔ]"），以至三读（如"磕[kˈəʔ/kˈʌʔ/kˈɿʔ]"，有两个音位/æʔ、øʔ/在消失中，əʔ韵除少数字外，也与ʌʔ或ɿʔ可两读。/eʔ/是[e˞ʔ]。

3. 声调8个，与中古音同，有的人有些全浊阳上字不稳定，有时有的读阳去声调。

4. 老派"吴、胡"等字读[βu/ɦu]。/æ/是[æ-]，/o/是[ɔ˞]，/e/是[ɛ]。古山、臻深、摄中的ĩ韵字都读[ẽ]，如"本[pẽ]、扇[sẽ]"，不同于咸摄的[ĩ]，如"点[tĩ]"，"困、昏"等字读[uə]或[uĩ]。/aŋ、ɒŋ/是[ã/aŋ、õ/ɒŋ]。入声韵的分配如下：

oʔ 绿各墨弱　　　　　　　　　　uoʔ 郭国获沃　　　yoʔ 肉浴欲蓄
aʔ 麦额策着　　　iaʔ 甲削略捏　　　uaʔ 划
æʔ 法达搭瞎　　　　　　　　　　　uæʔ 刮滑豁挖
əʔ 色尺黑涩
eʔ 磕合说出

ø? 瑟脱纳夺　　　　　　　　　uø? 活骨阔卒　　　　yø? 菊日

ɿ? 则刻益雪

/ø?/是[ø-?]，/a?/是[a-?]，/ə?/是[əт-?]，/e?/是[e⊥?]，不过uø?、yø?、e?韵都不稳定，常有两读，如"忽[huo?/huø?]"。

声调阴上是˧˧˥₃₃₅。

诸暨王家井音系

一、声母　28个

p 巴兵布壁	p' 怕票胖泼	b 步旁病拔	m 妈闷买木
f 夫方灰发	v 吴王坟滑		
t 多丁懂德	t' 梯透听铁	d 地同定夺	n 乃啰呆热
ts 张专再责	ts' 超吹寸尺	dz 茶成传直	s 少山松色
z 字绳顺食			
tɕ 居酒军结	tɕ' 千劝腔吃	dʑ 墙旗穷剧	ɕ 书虚相雪
ʑ 树匠儒拾			
k 公干广各	k' 铅块空扩	g 环厚共轧	ŋ 熬偶牙额
h 好吼汉瞎	ɦ 穴孩沿云	ʔ 爱烟怨鸭	ʔʊ 乌汪瘟挖

二、韵母　41个

m̩ 姆呒	n̩ 你□纳	ɲ̍ 吴鱼五耳	l̩ 耳尔而二
ɿ 试兹持词	iᵻ 未低记虑	u 夫姑苏初	yʮ 居雨书如
o 瓦家花话			
ᴀ 拉鞋坏破	iᴀ 谢家戒写	uᴀ 怪快拐	
e 喂海岁去	ii 也变验全	ue 块鬼桂葵	
ɔ 超照包烧	iɔ 表桥小苗		
ei 否头亩欧	iʏ 口九刘牛		
ɤ 半安完欢	iɤ 捐软玄	uʏ 官宽冠款	
ɛ 难反还弯		uɛ 惯关	
ɯ 婆火过左			
ɛ̃ 本恨嫩昏	ĩ 命金认巡	uɛ̃ 困昆棍坤	
ã 硬长让横	iã 两香娘将		
ɒ̃ 刚双荒旺		uɒ̃ 狂光筐矿	
oŋ 轰公龙重	ioŋ 兄穷君允		
o? 绿伏各墨	io? 菊肉缺越	uo? 阔或活获	
əʔ 杀色尺划	iəʔ 略脚协捏	uəʔ 刮括	
	iəʔ 别力益刻		

三、声调　6个

阴平	544	江天对快	阳平 ²33	来同外树
阴上	52	懂纸土口	阳上 ²31	买老是道
阴入	<u>55</u>	各黑脱出	阳入 <u>12</u>	绿月石白

1. 舒声韵中的/e、ɔ、ɛ、ɤ、ɯ/是[e↲、ɔ↲、ɛ↲、ɤ↲、ɯ↲]。ei韵是[e↲i],iɤ韵是[iɤ-/ɤ-],/ɛĩ/是[ɛ̃-ĩ],u韵是[u],有时有的字可读[ʋ],ioŋ韵是[ioŋ];促声韵中的/oʔ/是[ʔoʔ],/ʔɤʔ/是原来[ʌʔ]和[ʔɤʔ]的合并,有的人有的字还读[ʌʔ]或[ʔɤʔ],如"杀＝色[sɐʔ]",但"辣[nɐʔ]≠劣[ʔɤʔ]"。uoʔ韵有时是[ᵘoʔ],由于f、ɦu、v、ɦ以及ʔʋ、ʔu、v、ɦu常可互换,因此有的韵母常带上或失去u介音,不过以无u介音为主,如"还[ʋɛ/ɦuɛ]忽[foʔ/huoʔ]"。与k相拼的e韵读['e↲]。iɔ、ioʔ韵是[iɔ-、ioʔ]。

2. 古阴去字并入阴平声调;古阳去字并入阳平声调。

3. 老派与u韵相拼的f、v读[ɸ/f、β/v]。ʔʋ读[ʔw/ʔʋ],与u作为介音的韵相拼的v、ʔʋ也读[β/v、ʔw/ʔʋ],如"坟[βɛĩ/vɛĩ],汪[ʔwõ/ʔʋõ]"。/ʌ/是[ɑ],/ɛ/和/ɔ/是[ɛ]和[ɔɒ],入声韵分/ʌʔ/和/ɤʔ/,"察[tsʻʌʔ]≠尺[tsʻɤʔ]",古阳去字读233/22少。

嵊县崇仁音系

一、声母　30个

p 巴兵布壁	pʻ 怕票胖泼	b 步旁病拔	m 妈美猛木
f 夫虎欢发	v 胡坟王活		
t 多丁懂德	tʻ 梯透听铁	d 地同定夺	n 那拿暖日
l 拎拉溜蜡			
ts 张专再责	tsʻ 超吹寸尺	dz 茶成传直	s 书山松色
z 事绳顺若			
tɕ 居酒周结	tɕʻ 千劝腔吃	dʑ 求愁详极	ȵ 研原让捏
ɕ 虚相宣雪	ʑ 墙斜柔十		
k 干公广各	kʻ 铅块空扩	g 葵厚共轧	ŋ 碍熬硬额
h 好吼汉瞎	ɦ 孩沿云浴	ʔ 又永怨鸭	ʔʋ 乌汪弯挖

二、韵母　45个

m̩ 呒亩	ŋ̍ 五鱼	ʅ 尔而<u>耳儿</u>	ɿ 试兹朱水
	iʐ 未低虑去	u 夫乌姑数	yʮ 居雨女靴
ɤ 瓦巴花火	iɤ 霞	uɤ 瓜挂跨寡	
ɑ 拉街坏个	ia <u>家</u>谢写谐	uɑ 怪快筷拐	
e 该悲岁为		ue 喂块<u>鬼</u>桂	
ɑɒ 包抄少照	iɑɒ 表桥小苗		

ɣ 否走九刘	iɣ 口		
æ̃ 反难间还		uæ̃ 惯关掼	
	iẽ 变现念也		
õ 半南欢染		uõ 官冠宽观	yõ 捐玄软权
ʌ̃ 硬争横孟	iʌ̃ 两相将香		
ɒ̃ 刚方王旺		uɒ̃ 狂光矿筐	
ŋ 本昏营命	iŋ 金兴倾劲	uŋ 困滚昆棍	
ʊŋ 轰龙中重	iʊŋ 兄穷君国		
ɔʔ 绿目获镯	iɔʔ 菊血肉越	uɔʔ 郭扩酷国	
ɑʔ 石麦白划	iɑʔ 协略脚削	uɑʔ 括呱	
æʔ 八袜甲滑		uæʔ 刮	
ɛʔ 脱黑卒北	iɛʔ 别力益食	uɛʔ 骨阔	

三、声调 8个

阴平	533	江天飞空	阳平	312	来同前忙
阴上	442	懂纸土口	阳上	22	买有是道
阴去	324	对去到快	阳去	14	梦外树洞
阴入	<u>45</u>	各黑脱出	阳入	<u>12</u>	绿肉石白

1. tɕ组声母在拼后元音韵时舌位较后。除ŋ韵前都不分尖团。

2. 舒声韵中的u韵有的字有的人读[ʋ]，/ɑɒ/是[ɑɒ˔]，/ɣ/不很圆，/ɣ/是[ɣ˔]，/ɒ̃/是[ɒ̃˔]，/æ̃/是[æ̃˔]，/ŋ/是[ɿŋ]，iẽ韵是[iẽ˔]。促声韵中的/ɔʔ、ɛʔ/是[ɔ˔ʔ、ɛ-ʔ]，古屑、薛、月、术、物韵的今tɕ系字（如"越、屈"）读[iɔʔ/yɪʔ]。

3. 老派分尖团音，f、ʃ、v、ʔʋ三母可读[ɸ、β、ʔw]，无ʐ母。/æ̃/是[æ̃˔]，/õ/是[õɛ̃]，"巴、沙、哑"等是[o]韵，"婆、火、多"等是[ɯ˔]韵，/iɔʔ/是[o˔ʔ]，ɛʔ韵是[eʔ]，iɛʔ韵是[iʔ]，uɛʔ韵是[ueʔ]，uoʔ韵是[ʋʔ]，"越、屈"等是[yøʔ]韵。声调阴平是˥523，阳平是˧313，阴上是˥42，阳上是˧223，阴去是˥325，其他同新派。

嵊县太平音系

一、声母 30个

p 巴兵布壁	pʻ 怕票胖泼	b 步旁病拔	m 妈每闷木
f 夫虎欢发	v 胡坟王划		
t 多丁懂德	tʻ 梯透听铁	d 地同定夺	n 那你暖日
l 拎拉龙蜡			
ts 真再装职	tsʻ 窗次差斥	dz 除茶状直	s 书岁孙瑟
z 是造神凿			

c 居教中结	cʻ 千劝昌尺	ɟ 求泉穷俗	ɲ 研粘浓五
ç 虚相商雪	ʑ 谢寻像拾		
k 干公广各	kʻ 铅块空扩	g 葵厚共轧	ŋ 碍熬硬额
h 好吼汉瞎	ɦ 孩沿云浴	ʔ 怨永养鸭	ʔʋ 乌汪弯挖

二、韵母　46 个

m̩ 呒亩	n̩ 你	ŋ̩ 五鱼	⃀ 尔而儿耳
ɿ 试兹朱水	i 未低虑去	ʋ 夫乌姑数	y 居雨女靴
o 巴沙哑家	io 霞	uo 瓜挂花话	
ɑ 拉街坏豺	iɑ 家谢写谐	uɑ 怪快筷拐	
e 该悲最为		ue 规块鬼桂	
ᵃɒ 包高老刀	iᵃɒ 表草桥苗		
ɤ 否头九口	ɯ 婆火多左		
æ 反难晏还		uæ 惯关掼	
	iẽ 变现念也		
œ 半南欢染	iœ 捐软川扇	uœ 官宽冠院	
ʌŋ 硬孟横杏	iʌŋ 两相将长		
ɒŋ 刚方荒旺	ieŋ 陈仍	uɒŋ 狂光矿筐	
eŋ 本昏程暖	iŋ 金命营闰	ueŋ 困滚昆棍	
ʋŋ 轰龙人公	iʋŋ 兄穷君重		
ɔʔ 绿目获郭	ioʔ 局肉轴学		
ɑʔ 麦白额划	iɑʔ 协略脚弱	uɑʔ 刮括呱	
ɛʔ 八袜磕北	iɛʔ 舌摺刷尺	uɛʔ 阔骨	
	ieʔ 别力益雪		yeʔ 越血决缺

三、声调　8 个

阴平	523	江天飞空	阳平	312	来同前忙
阴上	42	懂纸土口	阳上	22	买有是道
阴去	35	对去到快	阳去	13	梦外树洞
阴入	45	各黑脱出	阳入	12	绿肉石白

1. c组声母有两组变体：[c、cʻ、ɟ、ɲ、ç、ʑ]和[tɕ-、tɕʻ-、dʑ-、ɲ-、ɕ-、ʑ-]，[c]组常拼后元音韵，如"巧[cʻiɑɒ]、穷[ɟiʋŋ]"。[tɕ]组常拼前元音韵，如"居[tɕy]、件[dʑi]"。有的时候是自由变体，以上用法限于古见系声母字。c组声母还包括许多古知系声母字，这些字中有一些ts(i)组、c组两读。

2. 舒声韵中的u韵有的字、有的人读[ʋ]/o、ɯ/是[o⁺、ɯ⁺]，/ɤ/不很圆，有时读[iɯ]。/œ/是[œ⁺/oœ⁺]，/ᵃɒ/是[ᵃɒ⁺]，"君允"等iʋŋ/yŋ两读。促声韵中的/ɔʔ/是[ɔ⁺ʔ]，ieʔ韵是[ie-ʔ]。

3. 老派分尖团音，v、ʔʋ两母可读[β、ʔw]，/e/是[ᵉɛ]，/ɑɒ/是[ᵃɒ]，"君允"等读yŋ，有iɒŋ韵，如"双[çiɒŋ]"。分/æʔ/和/ɛʔ/，是[æʔ，ɛ-ʔ]，掐kʻæʔ≠刻kʻɛʔ，括kuæʔ≠骨kuɛʔ，"舌、出、述"等都是ieʔ韵，老派有更多的古知系字读c组声母。

余 姚 音 系

一、声母　29个

p 巴布兵壁	pʻ 怕票胖泼	b 步旁病拔	m 妈皿埋麦
f 夫虎方福	v 武胡坟佛		
t 多丁懂德	tʻ 梯透听铁	d 地同定夺	n 拿那农捺
l 捞拉来力			
ts 真再张责	tsʻ 超昌吹出	dz 传茶成直	s 书三松色
z 事顺上食			
tɕ 居教酒结	tɕʻ 千枪劝吃	dʑ 件求穷极	ȵ 粘研牛热
ɕ 虚宣相雪			
k 干广公各	kʻ 铅块空扩	g 狂葵共轧	ŋ 偶鹅硬岳
h 好吼汉瞎	ɦ 孩穴沿云	ʔ 怨永怨鸭	ʔʋ 乌

二、韵母　45个

m̩ 呒姆	ŋ̍ 五鱼儿	ɚ 尔而耳儿	ɿ 试兹吹水
ʮ 书树助初	i 低记滤西	u 乌布虎都	y 须雨鬼靴
o 瓦巴沙家		uo 瓜挂花话	
ʌ 拉鞋泰败	iʌ 谢家谐写	uʌ 怪怀拐坏	
e 该悲岁去		ue 块会鬼挥	
ɒ 操包少毛	iɒ 苗表桥小		
ɤ 亩头欧周	iɤ 口九刘就		
ou 过个左大			
ɛ̃ 反难三间	iɛ̃ 念也颜站	uɛ̃ 惯还弯关	
ø̃ 半暖酸干		uø̃ 官欢款完	yø̃ 捐玄软劝
ɐ̃ 看安敢川			
ĩ 变点陷全			
ɔ̃ 刚方双尝		uɔ̃ 光荒狂旺	
ã 硬杏孟长	iã 两香相娘	uã 横	
eŋ 本吞程命	iŋ 金兴倾巡	ueŋ 困昏滚昆	
oŋ 轰龙戎重			yoŋ 兄穷君允
ɔʔ 绿落八镯		uɔʔ 扩沃阔骨	yɔʔ 菊局屈日
ɛʔ 麦格法答	iɛʔ 略削协捏	uɛʔ 划刮滑括	
ɿʔ 则舌一别			

三、声调　6个

阴平	3²4	江飞天空	阴上	435	懂纸土口
阴去	52	对去到快	阳去	113	来同买道梦洞
阴入	55	各黑脱出	阳入	23	绿肉石白

1. 舒声韵中的/o、ɒ、ɤ、ɛ̃、ẽ、u/是[oᵀ、ɒᴸ、ɤᵀ⁺、ɛ̃ᴸ、ẽᴸ、uᴸ]，/ø、õ、eŋ/是[ø̃、õᴸ、e-ŋ]，ou韵是[o•u]，/ã/有的人鼻化很轻；促声韵的/ɔʔ、ɐʔ/是[ɔᵀʔ、ɐᵀʔ]。i、y韵是[i/iⱼ、y/yᶣ]。有人分/əʔ/和/ʌʔ/，没合并为/ɐ•ʔ/。

2. 阴去声调有的字读˦˦，有的人阴平声调读˦˦。

3. 老派有io韵，如"亚、家"的韵母。/ɔʔ/中有些字读[ʉᵀⁱʔ]，如："八[pʉʔ]、国[kʉʔ]、活[ɦuʉʔ]、血[ɕyʉʔ]"，"各[kɔʔ]≠国[kʉʔ]"，老派有更多的ɔʔ韵字读[ɪʔ]或两读，如"得[tɪʔ]、说[sɪʔ]、出[tsʻɪʔ]、舌[zɪʔ]"。

老派的/õ、eŋ/是[õ、ɪ͡ŋ]；"吞、嫩、寸、伦"读[ɤŋ]，/ɐʔ/是[a-ʔ]。

老派阳平声调是˩˩˧或˨˧˩，阴去声调˦˦为主，有的字是˥˨。

宁 波 音 系

一、声母　29 个

p 巴布兵壁	pʻ 怕票胖泼	b 步旁病拔	m 妈闷敏木
f 夫虎方福	v 武胡坟佛		
t 多丁懂德	tʻ 梯透听铁	d 地同定夺	n 那扭农捺
l 捞溜领力			
ts 朱专再责	tsʻ 昌取吹尺	dz 茶助残宅	s 书三松色
z 树上顺贼			
tɕ 壁酒张折	tɕʻ 千劝厂吃	dʑ 件求肠直	ȵ 女年让肉
ɕ 虚胸相吸	ʑ 谢绳墙食		
k 干公广各	kʻ 铅块空扩	g 狂葵共轧	ŋ 鹅偶牛岳
h 好灰汉瞎	ɦ 孩沿王穴	ʔ 乌爱烟怨	

二、韵母　43 个

m̩ 呒姆	n̩ 你	ŋ̍ 五鱼儿	əl 尔而耳儿
ɿ 试兹痴纸	ʮ 书朱如水	iᶻ 记西千兼	əu 婆摩左大
	i 看低虑点	u 夫半姑官	yᶣ 居雨捐软
o 瓦巴家瓜			
a 拉街泰豺	ia 谢亚写家	ua 怪坏拐怀	
e 该海胎菜		ue 怀豌	
ɛɪ 悲最安蚕		uɛɪ 块会为鬼	
ɔ 操包毛交			
œɤ 邹头欧口			
E 反难三斩	iE 也谐	uE 惯还弯环	
ø 暖酸短团			
ɤ 九就刘周			

ei 表桥超绕

ã 硬杏朋孟　　　　　　iã 两香长肠　　　　uã 横

ɔ̃ 刚方双尝　　　　　　　　　　　　　　uɔ̃ 荒光旺王

ɐŋ 本根寸伦　　　　　iŋ 命金陈程　　　uɐŋ 困昏滚棍

oŋ 公龙春神　　　　　　　　　　　　　　　　　　yoŋ 兄穷君

ɔʔ 绿墨获雪　　　　　　　　　　　　　　　　　　yɔʔ 局肉吃浴

ɐʔ 客揢刻渴　　　　　　　　　　　uɐʔ 划刮阔活

　　　　　　　　　　　iɪʔ 别益舌脚　　　　　　　　yɪʔ 菊决屈

三、声调　5个

阴平　52　江天对快　　　　阴上　325　懂纸土口

阳去　113　来同买道外地

阴入　<u>55</u>　各黑脱出　　　　阳入　<u>23</u>　欲六直石

1. 有的字声母tɕts、tɕʻtsʻ、ɕs、ʑz、dʑz可两读,有的字声母ɳn可两读。

2. 舒声韵的/o、ɛ、ø、EI/是[oɭ、Eᴛ、øɭ、I-ɪ],ʊ是[ə-u],iə是[-ei],/ã/的鼻化可很轻,有的近无。/ɐŋ/是[ᴀ-ŋ];促声韵的/ɔʔ/是[ɔᴛʔ],yɪʔ韵字常读yɕʔ。

3. 古阳平声调中个别字有的人读ᴛ233,古阴去声调字绝大部分并入阴平,偶有不并的读ᴛ44。古阳平、阳上声调(除少数次浊阳上字并入阴上)字并入阳去。

4. 老派声母f、v是[ɸ/f、β/v]。韵母/ɛ/是[ɛ],iʊ韵是[ioɭ],"半、官、欢"等是[ũ/u],"瓜、挂、画、话"等是[ʷoɭ],"<u>下</u>、<u>家</u>、亚"是[yoɭ]。"忍、君、巡、春"等是[ʏŋ],"略、脚、协、捏、蝶"等是[ʏɕʔ],iɪʔ韵是[ie-ʔ],yɪʔ韵是[ye-ʔ/yɕʔ],新派多读ɕʔ韵的一些字如"说、出、入、刷、绝、雪"老派读yɕʔ或yʏʔ韵。有的字如"镯、轴、吃"有的老、中年人读yᴧʔ、ɕʔ、ɐʔ/是[oᴛʔ、ᴧᴛʔ]。声调阳平是ɳ255,阴去是ᴛ44,但有的字并入阴平,因此,老派声调比新派多两个。中年人阳平声调并入阳去,声调共六个。

黄 岩 音 系

一、声母　29个

p 巴布兵壁	pʻ 怕票胖泼	b 步旁病拔	m 米秒梦麦
f 夫方风福	v 武望坟佛		
t 多丁懂德	tʻ 梯透听铁	d 地同定夺	n 努乃怒捺
l 览暖料力			
ts 猪专再责	tsʻ 取超寸促	dz 茶虫传浊	s 山宣松刷
z 助字上绝			
tɕ 周酒张汁	tɕʻ 千厂衬吃	dʑ 钱长陈直	ɳ 女眼让肉
ɕ 希相胜削	ʑ 谢成神石		

k 公居君各　　　　k‘ 铅劝去扩　　　　g 狂葵拳轧　　　　ŋ 咬昂熬额

h 好虚灰瞎　　　　ɦ 孩吴嫌穴　　　　ʔ 乌雨养屋

二、韵母　47个

m̩ 呒亩姆　　　　n̩ 你耳儿二　　　　ŋ̍ 鱼吴午五　　　　əl 尔而耳儿

ɿ 试兹时志　　　　ʮ 岁徐朱吹　　　　iɟ 记希西际　　　　ᵊu 都苏左大

　　　　　　　　i 低未例世　　　　u 夫乌婆火　　　　yɥ 居虑为靴

o 瓦巴家个

ᴀ 拉街泰也　　　　iᴀ 谢写也霞　　　　uᴀ 瓜画怪怀

e 该海梅最　　　　ie 变千念扇　　　　ue 场会官欢

ɒ 操包交孝　　　　iɒ 表桥绕超

　　　　　　　　iɤ 否头欧口

ɛ 反晏安蚕　　　　iɛ 眼雁颜　　　　uɛ 惯还弯环

ø 半酸捐全　　　　　　　　　　　　　　　　　　　　yø 玄软原宽

　　　　　　　　iu 九就刘周

a~ 硬杏争孟　　　　ia~ 两相长厂　　　　ua~ 横

ɒ~ 刚方双尝　　　　　　　　　　　uɒ~ 光荒狂王

əŋ 本根肯恒　　　　iŋ 命金忍程　　　　uəŋ 吞寸困春　　　　yŋ 君云闰薰

oŋ 公龙绒中　　　　　　　　　　　　　　　　　　　　yoŋ 弓共兄熊

ɤʔ 绿谷作墨　　　　　　　　　　　uɤʔ 沃活骨忽　　　　yɤʔ 局欲肉浴

ɐʔ 客法略黑　　　　iɐʔ 赤着酌　　　　uɐʔ 划刮滑豁

　　　　　　　　ieʔ 脚别十尺

ɛʔ 掐甲夹鸭　　　　　　　　　　　　　　　　　　　yɛʔ 曰越决屈

三、声调　6个

阳平　31¹　来同是道　　　　阴上　53³　刀懂土马

阴去　44　对到去快　　　　阳去　113　外卖地树

阴入　55　不各脱出　　　　阳入　12　绿肉石白

1. ɦu是[ɦu/βu]，与y或ø相拼的古见、溪、群、晓母字声母是[k/c-、k‘/c‘-、g/ɟ-、h/ç-]，如：居[ky/cy]，劝[k‘ø/c‘ø]；k、k‘、ŋ、h声母有的字可读tɕ、tɕ‘、n、ç，如：弓[tɕyoŋ/koŋ]、共[dʑyoŋ/goŋ]、眼[n̩iɛ]；上声匣、喻母字读ʔ声母，如："下[ʔo]、野[ʔiᴀ]"；与介音i相拼的tɕ组原尖音字声母舌位偏前，与ʮ相拼的ts组声母舌位偏后；有的字不分n、l。

2. 舒声韵中的/ɛ、ɒ/是[ɛ˙、ɒ˙]，iɤ韵是[iɤ˙]，iu韵是[i˙u]，此两韵音近，/ɒ~/是[ɒ˜˙]，/əŋ/是[ə˙ŋ]，与ts组相拼的uəŋ韵是[ʮ˙ŋ]；促声韵中的/ɐʔ/是[ɐ˙ʔ]，ieʔ韵是[ie˙ʔ]，有的yɛ韵是[yø˙ʔ]。

3. 古阴平字并入阴上声调，古次浊上声字并入阴上声调，古全浊上声字并入阳去声调。阳平、阴上声调开始时都有一个很短的上升调头。

4. 老派iɤ韵读[io˙]，"巡、春"等字读yŋ韵，"官、欢"等读uø韵，"狂"等字读yɒ~韵。ɤʔ韵分ᴀʔ、ɛʔ，客k‘ɐʔ≠掐k‘ɛʔ，/ɛʔ/是[ɛ˙ʔ]，刮kuᴀʔ≠骨kuɛʔ。有iᴀʔ韵，如"脚、若、着、烁"的韵母是[iɤ˙ʔ]，"刻、割"等都读[iɤʔ]韵，有øʔ、uøʔ、yøʔ韵，分别是[ø˙ʔ、ʮø˙ʔ、yø˙ʔ]，如："秃[t‘ø˙ʔ]、卒

[tsʮɵ˞]，决[cyɵ˞ʔ]、绝[zʮɵ˞ʔ]、说[sʮɵ˞ʔ]，有 yʌʔ 韵，如"曰[ɦyʌʔ]、越[ɦyʌʔ]"。

　　老派声调有 7 个，阴平ㄐ433/423，阳平ㄩ311/ㄋ312，阴上ㄐ533/ㄋ523，阴去ㄱ44，阳去ㄥ213，阴入ㄇ55，
阳入ʔㄥ12。

温　州　音　系

一、声母　29 个

p 巴布兵壁	p' 怕票胖泼	b 步旁病拔	m 姆猫民密
f 副虎灰福	v 武胡坟佛		
t 多丁懂德	t' 梯透听铁	d 地同定夺	n 南奶闹捺
l 捞啰林力			
ts 朱专再责	ts' 寸取吹吃	dz 茶查陈直	s 书三希须
sz 事助成食			
tɕ 居酒张节	tɕ' 劝超千宠	dʑ 求共狂浊	ȵ 遇女让热
ɕ 少宣忽雪			
k 公孤关谷	k' 铅苦去壳	g 掼怀轧怀	ŋ 额岳悟卧
x 好方荒发	ɦ 孩船绝滑	ʔ 爱烟怨育	ʔʋ 乌歪幻污

二、韵母　30 个

ŋ̩ 吪	ŋ 耳五吴二蛾		
ʮ 试朱须记	ᶦi 低徐谢尺	ʋ 无姑雨目	y 靴欢捐忽
o 家话呵绿		uo 扩呱	yo 朔局属桌
ɑ 拉反麦或	iɑ 脚若着捏		
e 该海则劣			
æi 推悲块失	iæi 一极级日		
ɜ 操否插昂			
ᵘɔ 包方孝重			yᵘɔ 从共王双
ʌu 邹走欧刘	iʌu 九就修袖		
ᵊu 多初数陆	iu 柔周蓄肉		
θ 半根软骨布			
i 变扇尝节泥			
ʌŋ 本恨伦森	iʌŋ 金兴认轻		
əŋ 命丁寻程			
ᶾɜ 更争横行	iɜ 也表超略		
oŋ 朋宋冯绒			yoŋ 倾营兄春

三、声调　8个

阴平	44	江高天青	阳平	²31	来同忙桥
阴上	35	懂纸土口	阳上	24	买有是道
阴去	52	对到快看	阳去	22	样卖树洞
阴入	423	各黑脱出	阳入	323	绿月石白

1. 声母ȵ是[n̠-],舌尖与下齿背或下齿龈相抵,或标[ɲ]。

2. 韵母中的/o、e、ᵘɔ、ᵀi/是[oˌ、eˌ、ᵘɔˌ、ᵀiˌ],/ʌu、æi/是[ʌ-u、æ-i],/ʌŋ/是[ʌ-ŋ],yoŋ是[yʊŋ]。

3. 阴上、阳上声调短促,喉部紧张。阴入、阳入声调是一般的舒声调。

4. 老派与ʋ或ʉ相拼的f、v、ʔɦ是[ɸ/f、β/v、ʔw/ʔʋ],尤以v多读[β];tɕ、tɕʻ、dʑ、ɕ有的人读tʃ、tʃʻ、dʒ、ʃ,sz读[z],其中"树、如、乳"等字有的人读ʒ。古鱼、虞韵知、照三、日母字和"记、希、须、岁、吹、水"等字读ʮ韵,声母换tɕ(或tʃ)组;ᵋɛ是[ɛ],ʋ韵是[u/ʋ],"为、喂、居、雨"等字读[ʉᵀ];i是[iᵀ];əŋ是[e-ŋ];θ韵分[θ、θy、yθ]三个,"半、酸、蚕、吞、答、泼、合、刷"等字读[θ],"都、布、婆、虑"等读[θy],"安、捐、川、渴、蛤、骨"等字读[yθ],有的中、老年"官、欢、昏"等字也读[yθ];另外入声韵的"越、血、决、说、出、雪"等字y韵也读[yθ]。入声韵中部分o韵字,如"博、落、学、八、袜"读[uoˌ]。

衢 州 音 系

一、声母　29个

p 巴布兵壁	pʻ 怕票胖泼	b 步旁病拔	m 马秒梦木
f 夫方尾福	fv 未房坟佛		
t 多丁懂德	tʻ 梯听透铁	d 地同定夺	n 脑努农捺
l 礼拎亮陆			
ts 再最总责	tsʻ 初寸仓测	dz 茶残从杂	s 山酸松杀
sz 事遂蚕闸			
tʃ 猪周张卒	tʃʻ 劝昌取确	dʒ 求传陈直	ȵ 女纽宁热
ʃ 希宣双雪	ʒ 树船墙入		
k 公干广谷	kʻ 铅块空扩	g 葵狂共犟	ŋ 我熬碍鹤
x 好灰虎忽	ʔɦ 孩胡嫌云	ʔ 乌异爱誉	

二、韵母　44个

m̩ 呒姆	ŋ̍ 鱼	ɭ 尔而二耳	ʅ 试兹痴旗
ʮ 徐居朱水	i 未去低滤	u 布婆虎数	y 雨吁羽喂
ɑ 瓦巴家拉	iɑ 下家谢写	uɑ 瓜花瓦画	

ɛ 鞋泰该菜　　　　iɛ <u>也</u>谐<u>戒</u>　　　　au 怪坏怀快

ie 悲梅岁走　　　　　　　　　　　uəi 块会鬼为

ɔ 操包抄宝　　　　iɔ 表桥绕少

ɤɯ 欧口狗后　　　iɯ 九就柔周

ə 半暖蚕敢　　　　　　　　　　　uə 官欢宽完　　　yə 捐玄软川

　　　　　　　　　iẽ 变千验<u>染</u>

æ̃ 反三晏<u>间</u>　　　　　　　　　　uæ̃ 惯还环弯

ən ne 本寸争碰　　　iⁿ 命品金认　　　uən 困昏滚春　　　yⁿ 运熨闰君

ã 打硬　　　　　　　iã 讲两香娘　　　uã 横章昌裳

ɒ̃ 方帮江桑　　　　　　　　　　　　uɒ̃ 旺光荒双

ʌŋ 公冯龙共　　　　　　　　　　　　　yʌŋ 迥兄中重

əʔ 绿目格北　　　　iəʔ 别业吃益　　　uəʔ 尺石扩忽　　　yəʔ 欲局肉竹

ʌʔ 麦法白达　　　iʌʔ 略弱甲协　　　uʌʔ 划刮滑着

三、声调　7个

阴平	434	江天飞空	阳平	323	来同鱼头
阴上	45	懂纸古口	阴去	53	对去马利
阳去	31	外地路道	阴入	<u>55</u>	各黑出脱
阳入	<u>12</u>	六肉石白			

1. 与u相拼的v有时可读[ˀɦ(u)]。/ʔɦ/是[ˀɦ/ʔɦ]。tʃ、tʃ'dʒ、ʃ、ʒ是圆唇舌叶音,有两组变体:(1)一般情况下,tʃ、tʃ'dʒ、ʃ、ʒ拼其他吴语地区古知、照三组读开口呼、撮口呼和合口呼的字,使这些字带[ɥ]介音。如:"遮[tʃɥa]、收[ʃɥɯ]、张[tʃɥã]、春[tʃ'ɥən]、君[tʃɥn]、石[ʒɥəʔ]、说[ʃɥəʔ]";(2)tɕ、tɕ'、dʑ、ɕ、z拼介音字,如"件[dʑi]、九[tɕiɯ]、削[ɕiʌʔ]、七[tɕ'i]";也有时候有不规则的读法,如:"捐[tʃɥə/tɕyə]、周[miʃɯ/tʃɥɯ]"。ɲ没有变体,如"牛[ɲiɯ]、软[ɲyə]"。

2. 舒声韵/ʮ/专拼舌叶音,舌叶音原无相对应的舌叶元音音标,以舌尖后圆唇元音音标代之,发音应如[ɥ],ʮ可作韵用,如"朱[tʃʮ]、树[ʒʮ]、西[ʃʮ/ɕi]徐[ʒʮ/zʮ]",又可作介音用,凡舌叶音与韵母相拼,都有或轻或重的介音[ɥ]。如"双[ʃɥɒ̃]、熊[ʒʮʌŋ](对比:绒[ɦiʌŋ])、血[ʃʮəʔ](对比:越[ɦyəʔ])、专[tʃʮəʔ](对比:钻[tsə])刷[ʃɥəʔ/sʌ]"。/ɔ、ə/是[ɔ˔、ə˔],u有两个变体:[u]拼p p' b f v ɦ声母,[ᵘu]拼其他声母。/æ̃/鼻化音很轻微,ɤɯ韵是[ɤ˔ɯ˔],iɯ韵是[iɯ˔],/ʌŋ/是[ʌ˔ŋ],促声韵/əʔ/是[ə˔ʔ]。

3. 阴平调常读作43,阳平调常读作32,阴上为45或35。

古阳上次浊声母字大部分并入阴去声调;古阳去次浊声母小部分字并入阴去声调。在连读调的后字上遇到高调,全浊声母常清化为清声母,如:"砂糖tɔ。烟筒toŋ"。

4. 老派/ʔɦ/是[xɦ/ʔɦ],韵母/æ̃/是[ã˔],/ə/是[ɛ˔],uə、yə韵是[uɛ˔yɛ˔],/ən/是[ə˔n],iⁿ是[iⁿ],老派"记、欺、希"不读[tsʮ/tɕi]组而读[tʃʮ]组。

金　华　音　系

一、声母　29个

p 巴兵抱壁	p' 怕票胖泼	b 步刨病拔	m 美猫漫木
f 夫坟方佛	fv 饭缝份罚		
t 稻待懂跌	t' 梯听透脱	d 道地洞夺	n 乃暖农诺
l 雷老乱力			
ts 再资总责	ts' 初寸仓策	dz 助茶从浊	s 是山桑色
sz 字遂善实			
tɕ 酒朱将级	tɕ' 千吹宠出	dʑ 住件尽绝	ɲ 泥软让业
ɕ 书宣相食	ɕʑ 袖谢匠射		
k 干厚公轧	k' 铅块肯扩	g 葵柜共逛	ŋ 鱼额
x 好虎灰瞎	xɦ 孩校务预	ʔ 眼阳乌怨	

二、韵母　50个

m̩ 姆呒	ŋ̍ 五午儿耳	əl 而尔耳二	
ɿ 试兹词耻	iⱼ 例记希比	u 夫乌姑初	ʮy 水雨居鬼
ɑ 拉散街败	ia 舍点蛇铁	ua 茶瓜牙插	ʮɑ 车抓串
	ua 巴麻爬罚	uo 多火大鹅	oə 河拖巴拿
ɛ 菜该泰海	iɛ 戒街阶解	uɛ 怪坏块拐	ʮɛ 帅衰率
ei 悲类美最		ui 会归桂罪	
əu 欧吼贸瘦	iɯu 走臭流秋		
au 操抄包糕	iau 少超桥表		
	ie 低西遍热		ʮe 靴扇穿舌
ə 去敢蚕折	uə 短半搬暖		
æ 反产看寒	iæ 变现验兼	uæ 欢罐惯完	ʮæ 捐圈悬软
ən 文盆本嫩	in 近命针身	uən 困昏滚昆	ʮyn 君允春顺
ʌŋ 硬冷刚帮	iʌŋ 香强娘尝	uʌŋ 荒旺光逛	ʮʌŋ 爽双桩撞
oŋ 公冯从望	ioŋ 永浓荣重		
oʔ(oᴛ) 落作木族		uoʔ 获阔骨郭	ʮyoʔ(ʮyoᴛ) 肉浴竹觉
əʔ 得答合杀	iəʔ(iəᴛ) 节业逼习	uəʔ 说刮颏刷	ʮyəʔ 决郁嚼削

三、声调　7个

阴平	324	江天高刀	阳平	213	来同前忙
阴上	⁵44	好九买有	阴去	45	对到做要
阳去	24	路梦地洞	阴入	44	不说哭百
阳入	22	石极物滑			

1. /p、t、k、ts、s、tɕ、ɕ/包括[p、t、k、ts、s、tɕ、ɕ]和[b̥、d̥、g̊、dz、sz、dʑ、ɕʑ]两组变体,前组变体用于古清不送气声母和古全浊声母的部分阳上声调字今声母,后组变体用于古全浊声母的

阳平声母字绝大部分今声母。/xɦ/是[xɦ/ʔɦ]。部分ts组声母和tɕ组两读。有的字ŋ声母和n̩声母两读，如鱼"[ŋy/n̩y]"。

2. /æ̃/是[æ̃˩/æ̃ɛ̃/æ̃ⁿ]，有的失去鼻化，读ɑ，如"反、散、间"的韵母。iɯɯ是[iɯᴛu]，有的原入声字读舒声字，/oʔ/变成[oᴛ]，/əʔ/变成[əᴛ]，iəʔ和yəʔ韵有些字读为[ie、ɥe]。uo韵有的人读如老派[oə]。

3. 阴平声调有的字读334或434音，阳平声调字声调读音在˩324和˨213之间，大部分字辅音声母由浊变清，声调也由低变高，多数字读˩324，声调趋向或并入阴平，如"匙[zɹ˩213]"，"时[sɹ/zɹ˩324]"，"离[ʔliɿ˩324]"，"胡[ʔu˩324]"，"词[tsʻɹ˩435]"。也有声母变清而声调不升高的，如"摇[ʔiɑu˨213/˩324]"。古次浊阳上声母大部分并入阴上，如"买[ʔmɑ˥544]"，古全浊阳上部分字也并入阴上，如"道[dɑu˩24]≠稻[tɑu˥544]"。"是[sɹ˥544]"，也有两读的字，如"厚[kiɯɯ˥544/ʔɦiɯɯ˩24]"。古阳上另部分字并入阳去，如"道"。古阴入字多数变读ʔ˥33，少数字读ʔ˥44，也有的字两读，一部分古阴入字可失去喉塞音[ʔ]读舒声并入阴去声调，有的只能读阴去声调，如："法[fuɑ˥45]"，"剥[poʔ˥33/po˥45]"，一小部分阳入字读ʔ˩22，部分阳入字读˩43舒声调，多是次浊声母字，如"绿[ʔlo˩43]"，"石[szɛ˩22/ɕiɛ˩43]"；部分古阳入字并入阴入声调，如"白[pɛʔ˥44/bɛ˩22]"、"独[toʔ˥44]"，部分古阳入字并入阳去声调，如"陆[loᴛ˩24]"、"滑[ʔuɛ˩24]"，以上声调的归并情况，各人读法不同，一个人也可以有不同读法，以阳入调的归并情况最纷杂。除/oʔ/组韵母外，入声韵都有文、白两读，白读音总是读舒声，配去声调或近去声调；文读音一般读促声。包括/oʔ/组在内的各组促声调都有一些字有舒声化的现象，阳入字尤甚。ɛʔ韵有些字读[əʔ]，舒声为[əᴛ]或[ə]。由于这个音位的[əʔ]/[ə]读音音值相差较大，在各章直接记音中采取分别记[əʔ]/[əᴛ]/或[ə]的特殊方式。在连读变调的后字低升调上，声母为清音的读35，声母为浊音的读24。

4. 老派n̩声母读[ɲ/ŋ]，许多tɕ组字不读ts组音。韵母"沙、哑、家"等读[uɣᴛ]韵，/ɛ/是[æɛ]，/æ̃/是[æ̃ɛ̃]。"命、品、丁"是[iŋ]韵，"金、兴、营"等是[iin]韵。去是[ɯ]韵，"捐玄软"文读是[ʮɣə]韵，ʮᵧm韵是[ʮᵧən]韵，[əʔ]韵字很少有[əʔ]的读音，yəʔ韵是[yɣ]。有iɛ韵，如"谐、戒、也"的韵母；有的人有yɛ韵，如"帅、率、衰"的韵母。老派的文白异读比新派整齐，咸山摄的文白异读较齐。老派有八个声调：阴平˩324，阳平˨213(包括几乎全部古阳平字)，阴上˥544(包括古阴上和大多数古次浊阳上和少数全浊阳上字)，阳上˩312(包括部分古阳上全浊声母字，部分古全浊阳上字并入阳去)，古阳上声调并入阴上的字，声母清读。阴去˥45，阳去˩24，阴入ʔ˥44，阳入ʔ˩22。入声字读舒声的比年轻人少。

永 康 音 系

一、声母　29个

p 巴布碰壁	pʻ 怕票胖泼	b 步旁病拔	m 班兵门木
f 夫飞方福	fv 附武问佛		
t 多点跌德	tʻ 梯听透铁	d 地同定夺	n 打丁脑捺

l 拉捞良力
ts 再资追责　　　　ts' 初此寸插　　　dz 茶虫陈直　　s 山酸孙色
sz 事垂从食
tɕ 主酒专结　　　　tɕ' 取超劝出　　　dʑ 求传是着　　ȵ 泥饶娘肉
ɕ 少书相说　　　　ɕz 齐谢墙述
k 公干广各　　　　k' 铅块扩空　　　　g 葵狂愧轧　　ŋ 女危昂鹤
x 好虎灰瞎　　　　ʔɦ 孩王云穴　　　　ø 乌爱烟怨

二、**韵母**　38 个

ŋ̩ 你呒儿耳　　　　n̩ 午五嗯　　　　　ʒ̩ 而尔耳
ɿ 兹词私次　　　　i 记希枝时　　　　u 姑苏绿竹　　Y 朱雨滤耳
A 反拉陷萨　　　　iA 泰谐点捏　　　　uA 家画欢法　　yA 越日刷怪
ɑɪ 该梅吹尺　　　　　　　　　　　　　uɑɪ 块鬼为国
AU 操交孝各　　　　iAU 表超略着
əU 否头走口　　　　iəU 九就谬周
ə 佛不瑟立　　　　iə 低吃吸日　　　uə 骨滑忽或　　yə 靴染捐说
oə 半婆泼郭
　　　　　　　　　io 菊局蓄肉
　　　　　　　　　ie 验扇劣绝　　　　　　　　　　　ye 专决缺掘
ɤə 酸南吞杂去
ai 更争白格　　　　　　　　　　　uai 横怀快划
ən 本森陈寻　　　　iȵ 命品丁程　　　uən 困昏滚稳　　Yȵ 君允闰春
Aŋ 方邦江当　　　　iAŋ 两香让尝　　uAŋ 荒王光旺　　YAŋ 双装窗养
oŋ 人公龙中　　　　ioŋ 兄绒弓熊

三、**声调**　6 个

阴平　544　江天飞空　　　阳平　322　来同忙前
阴上　434　懂纸土口各出　阳上　323　买有是道绿物
阴去　54　对去到看　　　　阳去　214　样外树洞

1. 声母/p、t/是[p/ɦ、t/ɗ]，[ɦ]、[ɗ]少。/tɕ、tɕ'、dʑ、ɕ、ȵ/少数字、少数人是[c、c'、ɟ、ç、ɲ]。有的字/k、k'、g/可读[tɕ、tɕ'、dʑ]，如"弓[koŋ/tɕioŋ]，共[goŋ/dʑioŋ]"。/ʔɦ/是[ʔɦ/ʔɦ]，多数字是[ʔɦ]，/ø/在开口呼前往往是[ʔ]。tɕ组声母是[tɕ-]组。

2. 韵母oə、ɤə是[oə-、ɤə-]，/əU/是[ə+U+]，/ə/是[ə+]，"怪怀"等字yA/uai两读；/ŋ̩/有的人、有时能读[n̩]，有个别古入声字可读带ʔ尾音，如"勿[fəʔ]、鸭[uAʔ]"。

3. 古阴入字并入阴上声调；古阳入字并入阳上声调。

4. 老派/p、t/都是[ɦ、ɗ]。/tɕ、tɕ'、dʑ、ȵ、ɕ/都是[c-、c'-、ɟ-、ɲ-、ç-]，/ʔɦ/是[⁽ʔ⁾ɦ]，/fv、sz、ɕz/是[v、z、z]，韵母/n̩/是[ŋ̩]，/ən/是[əŋ]，iȵ、Yȵ是[ie-ŋ、ye-ŋ]，"绿竹木谷"等是/o/韵，/ye/、/yə/都是[øə/yə]。"怪怀"等是yA韵，如："怪[cyA/tɕyA]，怀[ɦyA]"。声调阳上是˧˨˦₃₂₄，阳去是˨˩˦₁₄。阴去和新派一样是短音。

附：吴江音系

一、声母　27 个

p 巴布兵壁	p' 怕票胖泼	b 步旁病拔	m 闷美民木
f 夫飞方福	v 武坟冯佛		
t 多丁懂德	t' 梯透听铁	d 地同定夺	n 努拿难诺
l 鲁捞浪力			
ts 张周酒责	ts' 超千宠尺	s 少书相雪	z 助成上直
tɕ 居军娟结	tɕ' 气劝腔吃	dʑ 件求群局	ȵ 研粘年热
ɕ 希虚兄血			
k 公寄广各	k' 看铅空扩	g 环狂共轧	ŋ 我偶颜额
h 好灰轰瞎	ɦ 孩危沿越	ʔ 友用郁汪	

二、韵母　41 个

m̩ 吰亩姆	ŋ̩ 五鱼吴	ɚ 耳尔儿二	ɿ 兹次祠试
ʮ 朱如书吹	iⱼ 低记去西	u 无布婆夫	yⱼ 滤居鬼雨
o 巴暮瓜话			
ɒ 家鞋泰拉	iɒ 谢写下雅	uɒ 怪怀拐歪	
E 该岁悲难	iI 变念全也	uE 块会惯还	
ɑ° 操包绍毛	iɑ° 表桥小票		
	iəɯ 头口就周		
ɵ 半南看官		ɣɵ 玄靴劝捐	
ɑ 也		ɜu 姑数多虎	
ã 刚双硬争	iã 两养相旺	uã 光荒横王	
əŋ 本伦程春	iəŋ 命金营允	uəŋ 困昏温滚	yⱼŋ 君巡韵群
oŋ 轰公从中	ioŋ 兄穷熊绒		
oʔ 绿作霍属	ioʔ 局蓄浴肉		
ʌʔ 尺法麦弱	iʌʔ 甲削略捏	uʌʔ 划刮滑挖	
əʔ 泼色卒墨	iəʔ 热叶吃吸	uəʔ 国或阔获	
ɿʔ 别节力铁		yⱼʔ 决血菊觉	

三、声调　11 个

全清阴平	44	江知安丁	次清阴平　33	开超天初
阳　平	²13	人云同前	全清阴上　51	古走短比
次清阴上	332	口楚体草	阳　上　21	近老帽洞
全清阴去	412	盖对爱冻	次清阴去　312	菜痛退怕
全清阴入	55	各竹说百	次清阴入　44	尺切曲拍
阳　入	22	局读六白		

1. 古疑、匣母u韵字(如"胡")可读[βu/ɦu],影母u韵字(如"乌")读[ʔu/ʔwu],晓母今合

口字声母读[x]。有的字(如"取")可不分尖团。

2. 舒声韵中的/ɒ/是[ɒ˞],/ã/是[ã˞],ɜr是[ɜ˞r],ən韵是[ŋe/ŋ],iəŋ韵是[iẽ˞ŋ],有的人有的字/ã/分[ã]和[ɒ̃];促声韵中的/oʔ/,ʌʔ/是[o˞ʔ],ʌ˞ʔ],iəʔ韵是[iə˞ʔ]。

3. 古阳去字归入阳上声调。次清阴平声调不够稳定,有的字归入全清阴平,次清阴去声调不够稳定,有的字归入次清阴上。

4. 老派全部字分尖团。"靴"读[iu]韵。"验念"读[iɛ]韵。/ã/分/ã/和/ɒ̃/,"打[tã]≠党[tɒ̃],横[ɦuã]≠王[ɦuɒ̃]"。声调共 12 个,阳去声调是˩₂₁₂。

附:诸暨音系

一、声母　30 个

p 巴布兵壁	p‘ 怕票胖泼	b 步旁病拔	m 妈闷买木
f 夫方灰发	v 吴王坟滑		
t 多丁懂德	t‘ 梯透听铁	d 地同定夺	n 乃闹能纳
l 蓝虑轮落			
ts 张专再责	ts‘ 超吹寸尺	dz 茶陈传直	s 少山松色
z 字绳顺食			
tɕ 居酒军结	tɕ‘ 取劝腔吃	dʑ 墙旗详剧	ȵ 呆二牛捏
ɕ 书虚凶血	ʑ 树匠儒拾		
k 公干广各	k‘ 铅块空扩	g 环厚共轧	ŋ 熬偶牙额
h 好吼汉瞎	ɦ 穴孩沿云	ʔ 爱烟怨鸭	ʔʋ 乌挖

二、韵母　39 个

m̩ 姆呒	n̩ 你	ŋ̍ 五鱼耳五	ļ 尔而耳
ɿ 试兹次词	iʐ 未低记西	u 夫姑苏初	y 居须朱如
o 瓦家花画			
ɑ 拉泰怀破	iɑ 下家谢写	uɑ 怪快拐歪	
e 海菜悲去	ii 也变验全	ue 块鬼桂葵	
ɔ 操照超烧	iɔ 表桥小苗		
ɤ 半安欢头	iɤ 口九牛虑	ɤɣ 官宽冠款	
ɛ 难反还弯		uɛ 惯关	
ɯ 婆火过左			
ə̃ɤ̃ 本恨嫩昏	ĩ 命金巡认	uə̃ɤ̃ 困昆棍坤	
ã 硬杏长横	iã 两香娘将		
ɒ̃ 刚方双旺		uɒ̃ 狂光筐矿	
oŋ 轰公龙重	ioŋ 兄君允戎		
oʔ 绿伏各墨	ioʔ 菊肉缺越	uoʔ 阔骨或获	

iɛʔ 别力益刻

三、声调 6个

阴平	44	高天对快	阳平	22	来同外树
阴上	52	懂纸土口	阳上	²31	买老是道
阴入	<u>44</u>	各黑脱出	阳入	<u>12</u>	绿月石白

1. 有些字分尖团,有些字不分尖团,与y韵相拼的知、照三组、日母声母是tɕ组,有的ʑ母可读ɦ(i,y),如:"如[zy/ɦy/lu]"。n、l、ȵ三母字的分配与大部分吴语地区有些不同。晓喻匣母今合口呼非u韵的许多字常常v/ɦu两读,如"魂[vẽ/ɦuẽ],滑[vɐʔ/ɦuɐʔ],荒[fõ/huõ]"。

2. 舒声韵中的/ɣ/是[ɣ₊],"否、头、走"等常[e₊i/ɣ₊]两读,[e₊i]韵趋于并入ɣ韵,/ɑ/是[ɑ₊],/ɔ/是[ɔₜ]。/õ/是[õₜ]。iɣ韵是[iɣ-ɣ-],有的并入[y],如"刘=虑[ly/lˡɣ],oŋ韵是[oŋ],ioŋ韵是[ioŋ]。ẽ韵是[ẽ-ɛ̃-],有的字可读[ẽ-ⁿ],u韵是[u/ʊ]。ɐʔ韵有的人有的字[ɐʔ]和[əʔ],uoʔ韵有时是[ᵘoʔ],iɛʔ韵是[iɛ-ʔ],与k相拼的e韵读[ˈe₊]。

3. 古阴去字并入阴平声调,古阳平字并入阳去,有的字并入阳上。

4. 老派"邹、欧、走、否"是[e₊i]韵。入声韵分/ɐʔ/和/əʔ/,"察[tsʰɐʔ]≠尺[tsʰəʔ]"。

附:嵊县音系

一、声母 30个

p 巴布兵壁	pʻ 怕票胖泼	b 步旁病拔	m 妈每闷木
f 夫虎欢发	v 胡坟黄划		
t 多丁懂德	tʻ 梯透听铁	d 地同定夺	n 那拿暖<u>日</u>
l 拎拉龙蜡			
ts 真再装职	tsʻ 窗取差斥	dz 茶残传宅	s 书岁孙瑟
z 事树绳食			
tɕ 周酒军结	tɕʻ 千劝腔吃	dʑ 件求墙绝	ȵ 牛女让肉
ɕ 虚希相雪	ʑ 谢谐寻席		
k 干公广各	kʻ 铅块空扩	g 葵厚共轧	ŋ 碍硬鹅额
h 好吼汉瞎	ɦ 孩沿云浴	ʔ 怨永养鸭	ʔʋ 乌汪挖

二、韵母 42个

m̩ 亩呒	ŋ̍ 五鱼红	ɭ 尔而<u>耳儿</u>	ɿ 试兹朱水
	iʐ 未低虑去	u 夫姑都数	yʮ 居雨女靴
o 巴家暮左	io 霞	uo 瓜挂画娃	
ɑ 拉街豺泰	iɑ 家谢谐写	uɑ 怪怀跨快	
e 该菜悲最		ue 块为<u>鬼</u>会	
ɒ 操包少照	iɒ 表桥小苗		

ɤ 否欧九刘	ɪɤ 口周		
ɛ̃ 反难<u>晏</u>三		uɛ̃ 惯还掼关	
	iɛ̃ 变全念<u>也</u>		
œ 半南欢染		uœ 官冠宽欢	yœ 捐玄软权
ʌŋ 硬<u>争</u>孟杏	iʌŋ 两相<u>让</u>将	uʌŋ 横	
ɒŋ 方刚黄双		uɒŋ 狂光矿旺	
eŋ 本吞陈丁	iŋ 寻金兴认	ueŋ 困滚昆棍	
oŋ 轰公龙中	ioŋ 兄穷君允		
oʔ 绿目镯获	ioʔ 菊肉缺越	uoʔ 郭扩谷国	
ɤʔ 石八北得	iɐʔ 脚<u>狭压</u>甲	uɐʔ 刮阔滑骨	
	iɛʔ 别力接益		

三、声调　8 个

阴平	41	江天飞高	阳平	21	来同前忙
阴上	53	懂纸土永	阳上	22	买有是道
阴去	33⁴	对去到快	阳去	113	样卖洞树
阴入	<u>55</u>	各黑脱出	阳入	<u>23</u>	欲白绿读

1. 古晓、喻、匣母今合口呼(除u韵外)字(如王、黄、魂、灰、荒)常有f、hu，v、ɦu两读，f、v偏老，hu、ɦu偏新。

2. 舒声韵中/o、ɤ、ɒ、œ/是[o˖、ɤ˖、ɒ˖、œ˖⁻]，/ɛ̃/有时是/ɛ̃˖/，/eŋ/是[e˖ŋ˖]，有些人是[əŋ]，有些人"本[peŋ]＝兵[peŋ]，灯[teŋ]＝丁[teŋ]"，有些人或有时"本[pəŋ]≠兵[piŋ]，灯[təŋ]≠丁[tiŋ]"，有的人有些字/ɐʔ/分为[ʌʔ]和[ɐʔ]，如：杀[sʌʔ]/sɐʔ/≠色[sɐʔ]，达[dʌʔ]/dɐʔ/≠特[dɐʔ]，/ɐʔ/是[ɐ˖ʔ]

3. 次浊阳上有些字归入阴上声调，阳上⌐l₂₂有的字不够稳定，归阳去，阳去也有少数字归入阳上。

4. 老派/ɐʔ/分/ʌʔ/和/ɛ-ʔ/，阴平和阳平声调调尾或有些上升。

附：湖州音系

一、声母　30 个

p 巴布兵壁	pʻ 怕票胖泼	b 步旁病拔	m 闷马卖摸
f 夫飞方福	v 武坟胡佛		
t 多丁懂德	tʻ 梯透听铁	d 地同定夺	n 脑乃南纳
l 老来龙蜡			
ts 专张再责	tsʻ 超昌寸尺	dz 茶成绳传	s 少书三色
z 事助上熟			

tɕ 居周军结	tɕ‘ 气取腔吃	dʑ 件求详轴	ɲ 鸟迎女热
ɕ 希虚兄血	ʑ 邪寻匠谢		
k 干公广各	k‘ 看铅空扩	g 环狂共轧	ŋ 眼硬岳额
h 好灰轰瞎	ɦ 孩沿回云	ʔ 汪爱烟郁	ʔʋ 乌

二、韵母　37 个

m̩ 呒亩姆	ŋ̍ 五鱼吴儿	əl 尔而耳儿	ʅ 试兹朱吹
əɯ 虎苏过初	iẓ 低虑雨鬼	ʉ 布乌婆祸	
ʋ 瓦沙挂话			
ɑ 街败泰拉	iʌ 下家谢谐	uɑ 怪怀快歪	
ɛ 三反难间		uɛ 惯还官怪	
əi 悲梅菜海		uəi 块会鬼为	
ᵒɤ 走邹口刘	iᵒɤ 九就周		
i 变验捐全			
ɔ 操包绍考	iɔ 表桥跳绕		
ã 硬杏打争	iã 两香将娘	uã 横	
õ 刚方双尝	iõ 旺	uõ 光荒狂王	
ən 本根陈程	in 命能闰君	uən 困昏棍温	
oŋ 轰冯从中	ioŋ 兄穷绒军		
oʔ 绿八郭竹	ioʔ 菊肉浴轴		
əʔ 尺出墨舌	ieʔ 脚甲狭捏	ueʔ 刮划阔忽	
	iəʔ 别雪益血		

三、声调　7 个

阴平	33⁴ 江天飞开	阳平	113 来同骂洞
阴上	533 懂纸有买	阳上	²31 是道静策
阴去	335 对去庙画		
阴入	55 各黑脱出	阳入	23 绿石肉读

1. ʑ母不稳定,有的字ʑ、dʑ两读。ɲ母有些字是ȵ,如"年、牛。"古匣母开口呼的ɦ是[ʔɦ]。

2. 舒声韵中的/ɛ、ɔ、õ/是[ɛ†、ɔ†、õ†],/ən/],是[ən̩],促声韵中/eʔ/正处于[ʌʔ][əʔ]归并之中,iəʔ韵是[iə‡ʔ]。[oʔ/ʂoʔ]是[o†ʔ],ieʔ韵有的字可读iəʔ韵,如"略[lieʔ/liəʔ]"。

3. 古次浊阳上字归入阴上声调,古次浊阳去字大部分归入阴去声调。

4. 老派韵母/eʔ/分/ʌʔ/和/əʔ/,"匣[ɦʌʔ]≠合[ɦəʔ]","石[zʌʔ]≠舌[zəʔ]"。

附：金坛音系

一、声母　28 个

p 巴布兵壁	p‘ 怕票胖泼	b 伴旁步拔	m 鸣美卖木

f 夫方费发	v 附坟冯佛		
t 多丁懂德	tʻ 梯透听铁	d 同动定夺	l 能兰如日
ts 张周最责	tsʻ 吹寸昌出	dz 查陈成直	s 少书三色
sz 字助上入			
tɕ 居酒专菊	tɕʻ 劝千取屈	dʑ 求传匠绝	n̠ 儿鱼绒叶
ɕ 扇虚兄血	z 船寻墙详		
k 叫公果夹	kʻ 看铅康扩	g 共狂葵轧	ŋ 偶硬熬鹤
x 好灰轰吓	xʱ 孩豪滑合	ø 乌汪云回	

二、韵母　45个

m̩ 呒	ŋ̍ 五	ɚ 儿耳尔而	
ɿ 试兹治祠	iᴢ 低记西儿	u 夫布姑数	yʮ 徐滤须雨
ɔ 瓦巴家哑		uɔ 瓜花画话	
a 拉鞋败泰	iɑ 家下谢也	ua 怪怀快坏	
æ 反难长尝		uæ 惯还关宽	
ɛᵉ 该去梅	iɛᵉ 戒谐谢也	uɛᵉ 块会怪怀	
ei 头口悲周		uei 鬼喂类最	
ɣɯ 婆火多暮	iɯ 九就谬牛		
aᵊ 操包抄交	iaᵊ 表桥苗小		
ʉy 半暖安官			yʉy 捐软川全
	ij 变点念扇	ie 两相香将	
aŋ 刚邦方讲	iaŋ 旺	uaŋ 光荒狂王	
əŋ 本寸硬程	iŋ 命丁金认	uəŋ 困昏横春	yiŋ 君巡永寻
oŋ 公宋龙重	ioŋ 迥穷兄绒		
ɔʔ 绿木郭弱	iɔʔ 局肉蓄欲		
aʔ 八袜达杂	iaʔ 甲削狭压	uaʔ 划括刮豁	
əʔ 尺麦得色		uəʔ 骨获出入	
	iɛʔ 别业劣吃		yɛʔ 菊决血雪

三、声调　7个

阴平	435	飞天开身	阴上 33	懂纸好九
阳上	31	买稻云同	阴去 35	对去卖用
阳去	24	洞树来是	阴入 55	各黑雪作
阳入	32	绿滑读铁		

1. 声母l有两个变体[n][l]。古全浊声母字浊音都有清化现象，近ḅ、ḍ、dz等。阳上↓₃₁声调字尤明显。零声母字不分[ʔ、ɦ]。

2. 舒声韵中的/ɔ、ei/是[ɔ˔、e˔-i]，/ʉy/是[ʉ˔y]，/əŋ/是[ə˔ŋ]，"梅推悲"等字许多人游移于ɛᵉ、ei、uei三韵，"双爽"等字游移于aŋ和uaŋ，uaŋ少，iᴢ的摩擦重。

3. 古次浊阳平(除喻母字外)并入阳去，其余阳平字并入阳上。古全浊阳上有些字并入阳去，阴去声调有的字可读阴平声调，古次浊阳去字并入阴去，古次清阴入字并入阳入。

4. 金坛城内还通用下江官话。

附：宝山音系

一、声母　28个

p 巴布兵壁	p' 怕票胖泼	b 步旁病拔	m 美猛冒木
f 夫飞方发	v 无尾文佛		
t 多丁懂德	t' 梯透听铁	d 地同定夺	n 乃囡农诺
l 拉溜兰绿			
ts 朱酒张责	ts' 吹超取出	s 少书相雪	z 详茶绳直
tɕ 居捐军菊	tɕ' 气劝腔曲	dʑ 件求穷局	ȵ 扭鸟银肉
ɕ 希虚兄吸			
k 干公广各	k' 看铅康扩	g 狂环共轧	ŋ 我偶软额
h 好灰风瞎	ɦ 孩沿雨活	ʔ 烟汪喂鸭	ʔʋ 勿

二、韵母　4个

m̩ 呒姆亩	ŋ̍ 五鱼我	ɚ 二而尔儿	
ɿ 兹试吹是	iᶨ 低去记地	u 布婆祸夫	y 居九刘雨
ʌɣ 巴蛇沙哑		uʌɣ 瓜花挂话	
ɑ 家拉鞋泰	iɑ 谢写雅家	uɑ 怪怀快歪	
ɛ 该菜难反	iɛ 也念	uɛ 惯环幻关	
ʌɪ 悲岁头后		uʌɪ 块会鬼碗	
ɔ 宝操少超	iɔ 表桥小巧		
ᵊu 多左初大			
ɪ 半言严点		uɪ 官欢灌宽	
ø 然短算	in 品丁寻精	iø 远权捐愿	
a˜ 硬杏朋争	ja˜ 两香娘蒋	ua˜ 横	
ɒ̃ 刚方双尝	iɒ̃ 旺	uɒ̃ 光狂王筐	
ə̃ⁿ 本伦程春	iə̃ⁿ 认金君允	uə̃ⁿ 困棍温滚	
oŋ 公冯共中	ioŋ 兄穷迥熊		
oʔ 绿叔伏属	ioʔ 菊月血肉	uoʔ 镬获	
ɔʔ 各落缩壳	iɔʔ 确	uɔʔ 郭扩	
ɑʔ 石隻夹杀	iɑʔ 药约甲略	uɑʔ 刮括划滑	
əʔ 色八刻黑	iəʔ 吃剧急	uəʔ 忽活国阔	
ɪʔ 必力贴雪			

三、声调　6个

阴平	52 江天飞空	阳平	²31 来同前忙
阴上	⁴35 纸土对快	阳去	213 买是外地
阴入	55 黑各脱出	阳入	23 白石绿肉

1. 本音系是宝山县城内老派音系，新派一般通用上海市区话或两者混杂的宝山话。

2. f、v有两组变体：[ɸ、β]和[f、v]，有时还能读作h、ɦ。与u韵相拼时多用[ɸ、β]。如：符＝胡[βu/ɦu]，文[vɐ̃ⁿ/ɦuɛ̃ⁿ]。tɕ组音在与低、后元音韵拼时舌面部位略后。

3. 舒声韵中的/ɔ/是[ᵘɔ˕]，/ʌɪ/是[ʌ˖ɪ]，ʌɪ韵有些字又读作[ɣ˖y]，如"楼雷收"的韵母。ɪʔ韵在tɕ组，ʔ、ɦ母后是[ii-ʔ]，/əʔ/是[ə˞ʔ]。

4. 古阴去声调并入阴上，古阳上声调并入阳去声调。

附：南汇音系

一、声母　28个

6 巴布兵壁	pʻ 怕票胖泼	b 步旁病拔	m 妈每敏木
f 夫灰方发	v 胡王坟滑		
ɖ 多丁懂德	tʻ 梯透听铁	d 地同定夺	n 那努农捻
l 捞拎兰绿			
ts 专张再责	tsʻ 超吹昌出	s 少山松色	z 茶船绳食
tɕ 居救洒接	tɕʻ 取处腔曲	dʑ 件求匠局	ȵ 研扭银肉
ɕ 希书兄雪	ʑ 墙除寻席		
k 干公广各	kʻ 看铅康扩	g 环共狂轧	ŋ 昂偶颜额
h 好风海瞎	ɦ 孩云雨活	ʔ 烟怨永鸭	ʔv 乌汪挖

二、韵母　45个

m̩ 呒亩姆	ŋ̍ 五鱼	əl 尔而二儿	ɹ 兹试水是
	i 低去点全	u 夫婆过数	y 虑雨归朱
o 巴沙瓜画			
a 家鞋败泰	ia 谢写雅家	ua 怪怀快拐	
ᴇ 该类半南		uᴇ 块关鬼规	
ø 岁最暖干			yø 捐玄软靴
ɔ 哑瓦包超	iɔ 表小桥巧		
ɯ 否头口周	iɯ 九就秋刘		
ɛ 反难三晏	iɛ 也谐念廿	uɛ 惯关款玩	
ã 碰昌打杏	iã 两相娘养	uã 横光~火	
ɒ̃ 刚方双荒	iɒ̃ 旺	uɒ̃ 光狂筐	
əŋ 本伦程春	iŋ 命丁认巡	uəŋ 困棍滚	
uŋ 轰从共中	iuŋ 兄穷君允		
oʔ 沃绿俗谷	ioʔ 局蓄肉浴		
ɒʔ 木作落缩	iɒʔ 抐		
aʔ 尺麦袜搭	iaʔ 脚削捏剧	uaʔ 刮括	
əʔ 得刻渴磕	iʌʔ 吃级	uəʔ 骨阔	yøʔ 月血决日

ɿʔ 别一业泣

三、声调　6 个

阴平　52　江天飞高　　　阴上　44　懂纸好土

阴去　335　对去到快　　　阳去　113　同来道买地外

阴入　<u>55</u>　各黑脱出　　　阳入　<u>23</u>　欲六白石

1. tɕ组声母有时有人舌位较后，v、ɦu和f、hu常混用如"虎[fu/xu]，魂[vəŋ/ɦuəŋ]，文[vəŋ/ɦuəŋ]"。以读v、f为主。与oŋ韵相拼也如此，如冯[ɦoŋ/voŋ]，封[hoŋ/voᴗŋ]。

2. 舒声韵中的/oᴗ、ɯᴛ/是[oᴗ、ɯᴛ]，促声韵中的/ɒʔ/是[ɒᴗʔ]，yɪʔ韵是[yɪ˔ʔ]，ɿʔ韵在tɕ组、ʔ、ɦ声母后是[ⁱɿ˔ʔ]，iʌʔ韵是[iʌ˔ʔ]。

3. 古阳平、阳上声调字并入阳去。

4. 老派分尖团，无ʑ声母。古鱼虞两韵的知、照三两组和日母字声母是ts组，与u韵相拼的f、v许多人读作[ɸ、β]，有iu韵，只"靴"一字。iiŋ分[iə˔ŋ]和[iiŋ]，[iə˔ŋ]拼tɕ系声母，[iiŋ]拼p、t、ts系。入声韵有uɒ˔ʔ韵，如"沃郭扩握"的韵母，有œʔ韵，如"割夺渴脱"的韵母，有uœʔ韵，如"说撮"的韵母，有ʌʔ韵，如"测墨刻色"的韵母。和əʔ韵（如"出没磕活"的韵母）不同，有æʔ韵，如"袜搭达塌"，与ɑʔ韵（如"尺麦百着"的韵母）不同；有iæʔ韵，如"甲捏"，与iɑʔ韵（如"略脚"）不同；有uæʔ韵，如"阔括"，与uɒʔ韵（如"□～炭，～开"）不同。/oʔ、ɒʔ、ɑʔ、ʌʔ/是[ok、ɒk、ɑk、ʌk]，老派声调多阳上˩₂₂，包括古次浊阳上字，如"女、武。"古全浊阳上字并入阳去。

附：奉贤南桥音系

一、声母　29 个

ɓ 布半兵壁　　　pʻ 怕篇胖扑　　　b 步盘盆别　　　m 妈买梦木

ɸ 夫况婚发　　　β 扶房文划　　　ʔw 威汪温挖

ɗ 斗到担搭　　　tʻ 土贪统秃　　　d 地定同夺　　　n 乃拿农捺

l 捞溜龙力

ts 早精总绩　　　tsʻ 采清冲出　　　s 思双扇雪　　　z 齐从蛇宅

ʑ 树如除序

ʃ 主浇军脚　　　cʻ 丘翘轻吃　　　ɟ 旧桥穷剧　　　ç 书兄血吸

ȵ 粘泥让肉

k 高沟公夹　　　kʻ 开考空哭　　　g 葵戆共轧　　　ŋ 捱咬饿额

h 汉风吓福　　　ɦ 县项奉药　　　ʔ 啊衣乌淤

二、韵母　55 个

ɿ 斯知子雌　　　iᴊ 低记线尾　　　u 破古河火　　　y 许具主归

ɑ 太惹外假　　　ia 爷斜写谢　　　uɑ 怪坏快垂

ɔ 宝高军少　　　iɔ 消表叫晓

o 怕社毋花

e 雷男半退　　　　　　　　　　　　ue 桂灌官宽

ɛ 兰斩玩蛮　　　　iɛ 槭念也陷　　　uɛ 关环玩惯

ø 寒干员安　　　　　　　　　　　　　　　　　　yø 软卷劝

ɯ 斗手候沟　　　　iɯ 由酒丘修

　　　　　　　　　iu 靴

ɛ̃ 碰昌场横　　　　iɛ̃ 良腔想让　　　uɛ̃ 光～火、～足

õ 窗帮梦伤　　　　iõ 王旺　　　　　uõ 光月～狂矿筐

ə̃ʔ 恩身门深　　　　iə̃ʔ 紧零辛品　　uə̃ʔ 棍困昆滚　　yə̃ 云军群菌

ʊŋ 龙中风送　　　　iʊŋ 允荣穷兄

ɑʔ 麦石湿宅　　　　iɑʔ 削石角剧　　uɑʔ □～炭、～开

æʔ 鸭杀塔袜　　　　iæʔ 甲捏洽峡　　uæʔ 括刮刷聒

œʔ 夺渴掇割　　　　　　　　　　　uœʔ 说撮卒猝　　yœʔ 月血越橘

eʔ 磕出汁实　　　　　　　　　　　ueʔ 骨阔窟

ʌʔ 刻色特食　　　　iʌʔ 级亦吃粒

ɿʔ 毕觅雪跌　　　　iɿʔ 结叶歇日

ɔʔ 作木谷角　　　　iɔʔ 捅戳　　　uɔʔ 郭扩廓

oʔ 北哭足录　　　　ioʔ 浴肉曲玉

əl 尔而耳儿　　　　m̩ 亩姆吽　　　ŋ̍ 鱼五吴儿

三、声调　8个

阴平	53	东丁居天	阳平	31	同来田亭
阴上	44	懂顶举舔	阳上	22	女武老有
阴去	35	冻订据搂	阳去	113	洞动定锭

1. /ʃ、cʻ、ɟ、ç、ɲ、ʃ/包含两组变体：A.[ʃ、cʻ、ɟ、ç、ɲ]，系舌面中塞音，拼央、后元音韵（包括偏央、低的ɛ̃），如：浇[cei]、吃[cʻʌʔ]、勤[ɟiɛ̃]、休[çiɯ]、尿[ɲiɔ]、挠[ɲiɔ]；B.[tç、tçʻ、dʑ、ç、ɲ]，系舌面塞擦音，拼前元音韵，如：结[tçiɿ]、气[tçʻiɿ]、旗[dʑiɿ]、虚[çy]、捻[ɲi]。/φ、β、ʔw/包括两组变体：A.[φ、β、ʔw]，B.[f、v、ʔʋ]，拼法无规则，一种常见的拼法是与央、后元音韵读A类，与前元音韵拼读B类。如：火[φu]、划[βɑ]、汪[ʔwõ]、飞[fi]、滑[væʔ]、碗[ʔʋe]。f、v、ʔʋ声母上齿与下唇相擦可不明显。有的人"荒、婚"也可读[fõ]、[fə̃ʔ]的，舌尖中音tʻ、d等发音靠后，在央、后元音韵前尤后。

2. u除与φ、β相拼外，都读[ʉ]。/o/为[ʉo̞]；e、ue的e是[e̞]；ɛ、iɛ、uɛ中的ɛ是[ɛ̞]；ɑ、iɑ、uɑ、ɑʔ、iɑʔ中的ɑ偏央；ɔ、iɔ中的ɔ是[ɔ̞]；ɯ、iɯ中的ɯ是[ɯ̞]；ɛ̃、iɛ̃、uɛ̃中的ɛ̃是[ɛ̞̃]；eʔ、ueʔ中的e是[e̞]；œʔ、uœʔ、yœʔ中的œ是[œ̞]；ɔʔ、iɔʔ、uɔʔ中的ɔ是[ɔ̞]。前元音都偏央。元音的唇形都近自然状态，圆唇元音不很圆、不圆唇元音不很展。iə̃ʔ包含两个变体：iə̃ʔ、iɡə̃ʔ。iə̃ʔ拼组声母，iɡə̃ʔ拼6、dʻ、ts组声母和ʔɦ声母，入声韵韵尾ʔ包含两个变体：ʔ、k。ʔ附着在前元音æ、œ、e、ɿ和o后，如：搭[βæʔ]、月[ŋʸœʔ]、活[βeʔ]、吉[tçiɿʔ]、哭[kʻoʔ]，k附着在后元音韵ɑ、ʌ、ɔ后，如：脚[ʃiɑk]、墨[m̩ʌk]、落[lɔk]。入声韵客[kʻak]≠掐[kʻæʔ]≠磕[kʻeʔ]≠刻[kʻʌk]≠渴[kʻœʔ]≠哭[kʻoʔ]≠壳[kʻɔk]≠踢[tʻɿʔ]，区别很细致，橘[tçyœʔ]≠菊[tçioʔ]，屈[tçʻyœʔ]≠曲[tçʻioʔ]。

与ɸ、β、ʔw相拼的开口韵都带有轻微的滑音[u],如汪[ʔwᵘɒ̃]、活[βᵘeʔ]、发[ɸᵘæʔ]。

3. 声调阳上只包含中古次浊阳上字、中古全浊阳上声调字归入阳去。

附:嘉定音系

一、声母 27个

p 布半绷北	p' 怕篇胖扑	b 步盘笨别	m 吗眯满摸
f 夫方粉法	v 附房奉罚		
t 到胆等搭	t' 态贪痛踢	d 地谈同夺	n 乃拿难纳
l 拉蓝浪辣			
ts 资主精扎	ts' 差秋冲尺	s 修扇伤煞	z 字蛇虫席
tɕ 九举经脚	tɕ' 丘劝腔确	dʑ 桥拳穷剧	ȵ 研扭泥捏
ɕ 戏勋兄血			
k 歌干江格	k' 开看空客	g 茄葵戆轧	ŋ 捱偶碍额
h 花喊狠豁	ɦ 鞋姨河雨	ʔ 啊衣乌淤	

二、韵母 46个

m̩ 呒姆亩	ŋ̩ 鱼五吴午	l̩ 而尔饵	ɿ 子雌诗树
	i 第记里耳	u 补破河火	y 虑居靴流
ᴀ 加茄太外	iᴀ 谢写介借	uᴀ 娃快怪歪	
o 马花怕哑			
ɔ 抱少逃照	iɔ 叫条料小		
ɣ 推沙雷收	iɣ 权圆原卷		
ᴇ 来迈篮咸	iᴇ 甘械念谐	uᴇ 关顽筷环	
ɪ 半盘梅备	iɪ 欠献粘盐	uɪ 灰言换宽	
ã 硬省争打	iã 亮抢香养	uã 横光~火	
ɑ̃ 桑昌仓爽	iɑ̃ 旺	uɑ̃ 黄广框荒	
ɤ̃ 根深灯增	iŋ 今停群云	uɤ̃ 睏昏魂滚	
õ 翁红松同	iõ 荣穷琼胸		
ᴀʔ 搭百辣杀	iᴀʔ 药脚略恰	uᴀʔ 刮豁挖滑	
ɔʔ 角作托学	iɔʔ 觉确剧乐	uɔʔ 握沃扩	
oʔ 北木福掇	ioʔ 菊曲浴育	uoʔ 获镬或	
əʔ 刷说出月	iəʔ 吃日	uəʔ 国骨活阔	
ɪʔ 笔滴节雪	iɪʔ 吉热歇益		

三、声调 6个

阴平	53	江天飞高	阳平	31	来田人头
阴去	334	瘦手靠考	阳去	223	犯饭懒烂

阴入　<u>55</u>　束雪逼育　　　　阳入　12　浊绝别月

1. 浊声母 v 在读表示否定的"勿"和"𠲎"时，也读成带喉塞音的阴声调："勿ʔvəʔ⁵⁵，𠲎ʔvẽ⁵³"，这里的 v 读成 ʋ。有的人开始不分尖团音，则声母增一个 ʑ，如"齐ʑi"，或读作"dʑi"。

2. 韵母 o，开口较小，是 ǫ；韵母 ɔ，发音开口较小，是 ǫ；韵母 ɿ，有的人开口稍大，是 ɪ或ᴇ。韵母 ɤ，包括古流摄今开口呼字、和古麻韵，寒桓韵部分字，如"沟kɤ⁵³、沙sɤ⁵³、寒ɦɤ³¹"。也有少数人寒桓韵有些字读成 ø，如"看kʻø³⁴、团dø³¹"。有的人ɛ̃韵读成 ən。中古末韵端、精系字，曷韵见系字，都读"oʔ"韵，如"掇loʔ⁵⁵、脱tʻoʔ⁵⁵、夺doʔ¹²、撮tsʻoʔ⁵⁵、割koʔ⁵⁵、葛koʔ⁵⁵"与原松江府地域读"œʔ"韵不同，不向"ə"韵归并。

3. 古声调的阴上字都合并入阴去声调，阳上字都合并入阳去声调，阳平声调 31，与松江方言区一致，而与旧上海方言区方言（包括嘉定的封浜、江桥地区）的阳平声调 22 不同。

附：仙居音系

一、声母　29 个

ɓ 巴兵帮北	pʻ 怕泡胖劈	b 步伴排拔	m 门买晚尾
f 夫费方发	v 附无坟尾		
ɗ 多丁东鸟	tʻ 梯贪摊铁	d 同甜敌夺	n 奶南能捺
l 来虑龙落			
ts 猪专装摘	tsʻ 初寸川尺	dz 陈传茶宅	s 思山宣新
z 忍残船入			
tɕ 居竹张酒	tɕʻ 超宠千吹	dʑ 共件肠直	ȵ 遇危肉月
ɕ 希少书松	ʑ 树墙上食		
k 姑举鬼挟	kʻ 开看劝扩	g 狂跪	ŋ 熬我牛瓦
x 虎灰虚吓	ɦ 孩沿回去	ʔ 爱烟汪怨	

二、韵母　48 个

m̩ 呒亩	ŋ̍ 五儿耳吴	<u>l̩ 儿二耳</u>	
ʅ 知私迟字	i̥ 未记希低	u 布过左苏	y 雨主水跪
o^ 巴沙火花			
ɑ 街泰担反	iɑ 也谢香尝	uɑ 挂怪还官	
ɛ^ 海菜梅类	ie 点千念染	uɛ^ 块会为鬼	
ɑ^ 宝少交孝	iɑ^ 表桥绕招		
əɯ 头刘走狗	iəu 九柔周柔		
ø 捐川劝船			yø 软玄怨
ã 打争硬杏		uã 横	
õ 刚章方帮		uõ 光狂王旺	

əŋ 暖君新寻	iŋ 丁金仍命	uɛŋ 昏昆睏滚	yəŋ 春闰巡
oŋ 龙公宋冯			yoŋ 共绒重中
oʔ 绿木夹压	ioʔ 俗局脚吃	uoʔ 谷酷骨忽	yoʔ 刷说绝雪
ɔʔ 落觉学豁		uɔʔ 扩活获滑	yɔʔ 朔月
aʔ 麦白掐渴	iaʔ 捏别贴热		
ɒʔ 八袜脱合		uoeʔ 菊	yoeʔ 拙
œʔ 磕突屈			
	iʌʔ 力昔极直		
əʔ 佛习北失	ieʔ 必石尺剧		yəʔ 出烁

三、声调 7个

阴平	334	江天飞高	阳平	213	来同静稻	
阴上	325	懂纸买有	阴去	55	对去到叫	
阳去	33	洞树地事	阴入	<u>55</u>	各里脱竹	
阳入	<u>12</u>	欲六白石				

1. 声母v有时读[fv]，"胡"等u韵字有时声母读[β]。

2. 舒声韵中ie的e是[e̝]，ɛŋ韵中的ɛ是[ɛ̝]，ɛŋ韵中的ŋ和自成音节的ŋ都是[ŋ̩]。促声韵中的oʔ是[o̝ʔ]，ɔʔ是[ɔ̝ʔ]。

3. 声调中古次浊上声字归阴去，全浊阳上字归阳平。

第三章 字音对照表

本章排列吴语 33 个地点新派语音的单字读音,共 2 727 个字。记音以实际读音为准,不作人为音系类推。有些字因处于音变的词汇扩散状态,均按调查时的发音记音。

单字的排列次序,按大多数地区吴语音韵的分合作为依据,以便读音对照查阅。字表的框架以赵元任先生《现代吴语的研究》(科学出版社 1956 年 11 月版)所附的"吴音单字表"作为基础。

为行文方便,本书中的 33 个地点均用简称,对照表如下:

宜:宜兴城内　　　　溧:溧阳城内　　　　金:金坛西岗镇
丹:丹阳城内　　　　童:丹阳童家桥　　　靖:靖江城内
江:江阴城内　　　　常:常州城内　　　　锡:无锡城内
苏:苏州城内　　　　熟:常熟城内　　　　昆:昆山城内
霜:宝山霜草墩　　　罗:宝山罗店镇　　　周:南汇周浦镇
上:上海城内　　　　松:松江城内　　　　黎:吴江黎里镇
盛:吴江盛泽镇　　　嘉:嘉兴城内　　　　双:湖州双林镇
杭:杭州城内　　　　绍:绍兴城内　　　　诸:诸暨王家井
崇:嵊县崇仁镇　　　太:嵊县太平乡　　　余:余姚城内
宁:宁波城内　　　　黄:黄岩城内　　　　温:温州城内
衢:衢州城内　　　　华:金华城内　　　　永:永康城内

摄口 等调 韵声	流开 一上 厚明 吮	流开 一上 厚明 姆	流开 一上 厚明 亩	遇合 三平 鱼疑 鱼
宜	ɦm̩^{223}	ʔm̩^{55}	ɦm̩^{24}/mu^{24}	ȵyʮ^{223}
溧	ʔm̩^{52}	ʔm̩^{445}	ʔmʌɯ^{445}	ȵyz^{323}
金		mʌɣ^{323}	mʌɣ^{323}	yz^{35}
丹	ŋ̍^{22}	m̩^{213}	mʌɣ^{213}	ȵyz^{22}
童		ʔm̩^{42}	ʔmʌɣ^{324}	ɦiyʮ^{31}
靖		ʔm̩^{51}	ʔmʌɣ^{334}	ɦiyʮ^{223}
江	ɦm̩^{223}	ʔm̩^{51}	ʔmɜɣ^{45}/ʔm̩^{45}少	ɦiy^{223}
常	ɦm̩^{213}	ʔm̩^{44}	ʔmʌɯ^{334}	ɦiyʮ^{213}
锡	ɦm̩^{213}	ɦm̩^{33}	mʌɣ^{213}/ɦm̩^{213}	ɦŋ̍^{213}/ɦiy^{213}
苏	ɦm̩^{223}	ʔm̩^{44}	mɜu^{223}/ɦm̩^{223}	ɦŋ̍^{223}/ɦiyʮ^{223}
熟	ɦm̩^{233}	ʔm̩^{52}	ɦm̩^{31}/mɛ^{31}/mu^{31}	ŋɛ^{233}
昆	ɦm̩^{132}	ʔm̩^{44}	n̩^{223}/mɛ^{223}/m̩^{223}	ɦn̩^{132}/ɦiy^{132}
霜	ʔm̩^{52}	ɦn̩^{231}	ɦn̩^{213}/mʌɪ^{213}	ɦn̩^{231}
罗	ɦm̩^{231}	ɦm̩^{231}	ɦn̩^{231}/ɦm̩^{231}/mʌɪ^{231}	ɦn̩^{231}
周	ɦm̩^{113}	ɦm̩^{113}	mɣ^{113}/ɦm̩^{113}	ɦŋ̍^{113}
上	ɦm̩^{113}	ʔm̩^{52}	mɣɯ^{113}/mo^{113}	ɦŋ̍^{113}
松	ʔm̩^{52}	ʔm̩^{52}	ɦm̩^{113}/mɯ^{113}	ɦŋ̍^{231}
黎	ʔm̩^{44}	ʔm̩^{44}	ɦm̩^{32}/mieɯ^{32}	ɦŋ̍^{24}
盛	ʔm̩^{44}	ʔm̩^{44}	ɦm̩^{223}/mieɐ^{223}	ɦŋ̍^{24}
嘉	ʔm̩^{51}	ʔm̩^{51}	mˀu^{223}/me^{223}/ɦm̩^{223}	ɦŋ̍^{231}
双	ɦm̩^{231}	ɦm̩^{231}	ɦm̩^{231}	ɦŋ̍^{113}
杭		ʔmu^{51}	ʔmu^{51}	ɦiy^{212}
绍	ʔn̩^{33}	ʔm̩^{52}	mɣ^{113}	ɦiəŋ^{231}/ɦŋ̍^{231}
诸	ɦm̩^{233}	ʔm̩^{544}	mei^{233}	ɦŋ̍^{233}
崇	ɦm̩^{14}	ɦm̩^{14}	ɦm̩^{14}/mɣ^{14}	ɦŋ̍^{31}/ɦiy^{31}
太	ɦm̩^{312}	ɦm̩^{22}	ɦm̩^{13}/mɣ^{13}	ɦŋ̍^{312}/ɦiy^{312}
余	ʔm̩^{52}	ʔm̩^{435}	mɣ^{113}	ɦŋ̍^{113}/ɦiy^{113}
宁	ʔm̩^{52}	ʔm̩^{52}	mœɣ^{113}	ɦŋ̍^{113}/ɦiyʮ^{113}
黄	ɦm̩^{311}	ʔm̩^{533}	ʔm̩^{533}/ʔmiɣ^{533}	ɦŋ̍^{113}
温	ɦn̩^{231}	ʔmo^{44}	mɜ^{24}	ŋθ^{231}
衢	ɦm̩^{434}	ʔm̩^{45}	ʔməɪ^{53}/ʔmu^{53}	ɦŋ̍^{323}
华	ʔm̩^{324}	ʔm̩^{544}	ʔməu^{544}/ʔmiɯɯ^{544}	ʔŋ̍^{544}
永	(nə^{44})		mʊ^{323}	ɦŋ̍^{323}/ŋɣ^{323}

遇合 一平 模疑	遇合 一上 姥疑	遇合 一上 姥疑	止开 三平 支知
吴	五	午	知
βu^{223}	$\hbar\mathring{\eta}^{231}/\mathrm{Pu}^{55}$	$\beta u^{24}/\eta u^{24}/\mathrm{Pu}^{55}$	$ts\eta^{55}$
vu^{323}	$\mathrm{P}\mathring{\eta}^{445}$	$\mathrm{P}\upsilon u^{445}/vu^{224}$	$ts\eta^{445}$
$^\gamma u^{35}$	$^\gamma u^{35}$	$^\gamma u^{35}$	$ts\eta_z^{31}$
vu^{213}	$\mathring{\eta}^{44}$	vu^{44}/u^{44}	$ts\eta^{22}$
vu^{31}	vu^{31}	vu^{31}	$ts\eta^{42}$
βu^{223}	$\mathrm{Pu}^{334}/\mathrm{Pwu}^{334}$	$\mathrm{Pu}^{334}/\mathrm{Pwu}^{334}$	$ts\eta^{433}$
βu^{223}	$\mathrm{P}\mathring{\eta}^{45}$	Pu^{45}	$ts\eta^{51}$
vu^{213}	$\mathrm{P}\mathring{\eta}^{334}$	$\mathrm{P}\upsilon u^{334}$	$ts\eta^{44}$
$\hbar\mathring{\eta}^{213}/\hbar u^{213}$	$\hbar\mathring{\eta}^{213}$	$\hbar\mathring{\eta}^{213}/\hbar u^{213}$	$ts\eta^{55}$
$\hbar\mathring{\eta}^{223}/\hbar\mathrm{3u}^{223}$	$\hbar\mathring{\eta}^{231}$	$\hbar\mathring{\eta}^{231}/\mathrm{P3u}^{44}$	$ts\eta^{44}$
$\hbar u^{233}$	$\hbar\mathring{\eta}^{31}$	$\hbar u^{31}$	$ts\mathring{\eta}^{52}$
$\hbar\mathrm{əu}^{132}$	$\hbar\eta^{223}$	vu^{223}	$ts\eta^{44}$
$vu^{231}/^\gamma\hbar u^{231}$	$\hbar\mathring{\eta}^{213}$	$\hbar\mathring{\eta}^{213}/vu^{213}$	$ts\eta^{52}$
$\hbar u^{231}/vu^{213}$	$\hbar\mathring{\eta}^{213}$	$vu^{213}/\hbar u^{213}$	$ts\eta^{52}$
vu^{113}	$\hbar\mathring{\eta}^{113}$	$vu^{113}/\hbar\mathring{\eta}^{113}$	$ts\eta^{52}$
$v\gamma^{113}/\hbar u^{113}/\hbar\mathring{\eta}^{113}$	$\hbar\mathring{\eta}^{113}$	$v\gamma^{113}/\hbar u^{113}/\hbar\mathring{\eta}^{113}$	$ts\eta^{52}$
$v\gamma^{231}/\beta u^{231}$	$\hbar\mathring{\eta}^{113}$	$v\gamma^{113}/\hbar\mathring{\eta}^{113}$	$ts\eta^{52}$
$\hbar\mathring{\eta}^{24}$	$\hbar\mathring{\eta}^{32}$	βu^{32}	$ts\eta^{44}$
$\hbar\mathring{\eta}^{24}$	$\hbar\mathring{\eta}^{223}$	$\hbar u^{223}$	$ts\eta^{44}$
$v\gamma^{231}$	$\hbar\mathring{\eta}^{223}$	$\hbar\mathring{\eta}^{223}/v\gamma^{223}$	$ts\eta^{51}$
$\hbar\mathring{\eta}^{113}/v\gamma^{113}$	$\hbar\mathring{\eta}^{231}$	$v\gamma^{231}$	$ts\eta^{44}$
$\hbar u^{21}/v\gamma^{212}$	Pu^{51}	Pu^{51}	$ts\eta^{323}$
$v\gamma^{231}$	$\hbar\mathrm{əŋ}^{113}/\hbar\mathring{\eta}^{113}/v\gamma^{113}$	$\hbar\mathring{\eta}^{113}/v\gamma^{113}$	$ts\eta^{52}$
$\hbar\eta^{233}/vu^{233}$	$\hbar\mathring{\eta}^{231}$	vu^{231}	$ts\eta^{544}$
$v\upsilon^{31}$	$\hbar\mathring{\eta}^{22}$	$v\upsilon^{22}$	$ts\eta^{53}$
$v\upsilon^{312}$	$\hbar\mathring{\eta}^{22}$	$\hbar\mathring{\eta}^{22}/v\upsilon^{22}$	$ts\eta^{523}$
$v\gamma^{113}$	$\hbar\mathring{\eta}^{113}/\mathrm{P}\upsilon v^{435}$	$\hbar\upsilon\eta^{113}/\hbar\mathring{\eta}^{113}/v\gamma^{113}$	$ts\eta^{324}$
$v\gamma^{113}$	$\hbar\mathring{\eta}^{113}/v\gamma^{113}$	$\hbar\mathring{\eta}^{113}/v\gamma^{113}$	$ts\mathrm{ɥ}^{52}$
$\hbar u^{311}/\hbar\mathring{\eta}^{311}$	$\mathrm{P}\mathring{\eta}^{533}$	$\mathrm{Pu}^{533}/\mathrm{P}\mathring{\eta}^{533}$	$ts\eta^{533}$
$\hbar\mathring{\eta}^{231}$	$\hbar\mathring{\eta}^{\underline{24}}$	$\hbar\mathring{\eta}^{\underline{24}}$	$ts\eta^{44}$
$v\gamma^{323}/\mathrm{P}\hbar u^{323}$	$\hbar\mathring{\eta}^{31}$	Pu^{53}	$t\int\mathrm{ɥ}^{434}$
Pu^{324}	$\mathrm{P}\mathring{\eta}^{544}$	$\mathrm{P}\mathring{\eta}^{544}$	$ts\eta^{324}$
$\eta\upsilon^{322}$	$\hbar\mathring{\eta}^{322}$	$\hbar\mathring{\eta}^{322}$	$t\varphi i^{44}$

摄口 等调 韵声	止开 三平 支知	止开 三平 支章	止开 三平 支章	止开 三平 脂章
	蜘	支	枝	脂
宜	$tsɿ^{55}$	$tsɿ^{55}$	$tsɿ^{55}$	$tsɿ^{55}$
溧	$tsɿ^{445}$	$tsɿ^{445}$	$tsɿ^{445}$	$tsɿ^{445}$
金	$tsɿz^{31}$	$tsɿz^{31}$	$tsɿz^{31}$	$tsɿz^{31}$
丹	$tsɿ^{22}$	$tsɿ^{22}$	$tsɿ^{22}$	$tsɿ^{22}$
童	$tsɿ^{42}$	$tsɿ^{42}$	$tsɿ^{42}$	$tsɿ^{42}$
靖	$tsɿ^{433}$	$tsɿ^{433}$	$tsɿ^{433}$	$tsɿ^{433}$
江	$tsɿ^{51}$	$tsɿ^{51}$	$tsɿ^{51}$	$tsɿ^{51}$
常	$tsɿ^{44}$	$tsɿ^{44}$	$tsɿ^{44}$	$tsɿ^{44}$
锡	$tsɿ^{55}$	$tsɿ^{55}$	$tsɿ^{55}$	$tsɿ^{55}$
苏	$tsɿ^{44}$	$tsɿ^{44}$	$tsɿ^{44}$	$tsɿ^{44}$
熟	$tsʮɿ^{52}$	$tsɿ^{52}$	$tsɿ^{52}$	$tsɿ^{52}$
昆	$tsɿ^{44}$	$tsɿ^{44}$	$tsɿ^{44}$	$tsɿ^{44}$
霜	$tsɿ^{52}$	$tsɿ^{52}$	$tsɿ^{52}$	$tsɿ^{52}$
罗	$tsɿ^{52}$	$tsɿ^{52}$	$tsɿ^{52}$	$tsɿ^{52}$
周	$tsɿ^{52}$	$tsɿ^{52}$	$tsɿ^{52}$	$tsɿ^{52}$
上	$tsɿ^{52}$	$tsɿ^{52}$	$tsɿ^{52}$	$tsɿ^{52}$
松	$tsɿ^{52}$	$tsɿ^{52}$	$tsɿ^{52}$	$tsɿ^{52}$
黎	$tsɿ^{44}$	$tsɿ^{44}$	$tsɿ^{44}$	$tsɿ^{44}$
盛	$tsɿ^{44}$	$tsɿ^{44}$	$tsɿ^{44}$	$tsɿ^{44}$
嘉	$tsɿ^{51}$	$tsɿ^{51}$	$tsɿ^{51}$	$tsɿ^{51}$
双	$tsɿ^{44}$	$tsɿ^{44}$	$tsɿ^{44}$	$tsɿ^{44}$
杭	$tsɿ^{323}$	$tsɿ^{323}$	$tsɿ^{323}$	$tsɿ^{323}$
绍	$tsɿ^{52}$	$tsɿ^{52}$	$tsɿ^{52}$	$tsɿ^{52}$
诸	$tsɿ^{544}$	$tsɿ^{544}$	$tsɿ^{544}$	$tsɿ^{544}$
崇	$tsɿ^{53}$	$tsɿ^{53}$	$tsɿ^{53}$	$tsɿ^{53}$
太	$tsɿ^{523}$	$tsɿ^{523}$	$tsɿ^{523}$	$tsɿ^{523}$
余	$tsɿ^{324}$	$tsɿ^{324}$	$tsɿ^{324}$	$tsɿ^{324}$
宁	$tsʮ^{52}$	$tsɿ^{52}$	$tsɿ^{52}$	$tsɿ^{52}$
黄	$tsɿ^{533}$	$tsɿ^{533}$	$tsɿ^{533}$	$tsɿ^{533}$
温	$tsɿ^{44}$	$tsɿi^{44}$	$tsɿi^{44}$	$tsɿ^{44}$
衢	$tsɿ^{434}$	$tsɿ^{434}$	$tsɿ^{434}$	$tsɿ^{434}/tʃʮ$
华	$tsɿ^{324}$	$tsɿ^{324}$	$tsɿ^{324}$	$tsɿ^{324}$
永	$tɕi^{44}$	$tɕi^{44}$	$tɕi^{44}$	$tɕi^{44}$

止开 三平 之章	止开 三上 纸章	止开 三上 旨章	止开 三上 止章	止开 三去 寘知
之	纸	指	止	智
tsʐ^{55}	tsʐ^{51}	tsʐ^{51}	tsʐ^{51}	tsʐ^{55}
tsʐ^{445}	tsʐ^{52}	tsʐ^{52}	tsʐ^{52}	tsʐ^{445}
tsʐz^{31}	tsʐz^{323}	tsʐz^{323}	tsʐz^{323}	tsʐz^{44}
tsʐ^{22}	tsʐ^{44}	tsʐ^{44}	tsʐ^{44}	tsʐ^{22}
tsʐ^{42}	tsʐ^{324}	tsʐ^{324}	tsʐ^{324}	tsʐ^{45}
tsʐ^{433}	tsʐ^{334}	tsʐ^{334}	tsʐ^{334}	tsʐ^{51}
tsʐ^{51}	tsʐ^{45}	tsʐ^{45}	tsʐ^{45}	tsʐ^{435}
tsʐ^{44}	tsʐ^{334}	tsʐ^{334}/tsəʔ^{55} ~头	tsʐ^{334}	tsʐ^{44}
tsʐ^{55}	tsʐ^{324}	tsʐ^{324}	tsʐ^{324}	tsʐ^{35}
tsʐ^{44}	tsʐ^{51}	tsʐ^{51}	tsʐ^{51}	tsʐ^{44}
tsʐ^{52}	tsʐ^{44}	tʂʮ^{44}	tsʐ^{44}	tʂʮ^{324}
tsʐ^{44}	tsʐ^{52}	tsʐ^{52}	tsʐ^{52}	tsʐ^{44}
tsʐ^{52}	tsʐ^{434}	tsʐ^{434}	tsʐ^{434}	tsʐ^{52}
tsʐ^{52}	tsʐ^{434}	tsʐ^{434}	tsʐ^{434}	tsʐ^{52}
tsʐ^{52}	tsʐ^{44}	tsʐ^{44}	tsʐ^{44}	tsʐ^{52}
tsʐ^{52}/tsʐ^{334}	tsʐ^{334}	tsʐ^{334}	tsʐ^{334}	tsʐ^{52}
tsʐ^{52}/tsʐ^{44}	tsʐ^{44}	tsʐ^{44}	tsʐ^{44}	tsʐ^{52}
tsʐ^{44}	tsʐ^{51}	tsʐ^{51}	tsʐ^{51}	tsʐ^{44}
tsʐ^{44}	tsʐ^{51}	tsʐ^{51}	tsʐ^{51}	tsʐ^{44}
tsʐ^{51}	tsʐ^{44}	tsʐ^{44}	tsʐ^{44}	tsʐ^{51}
tsʐ^{44}	tsʐ^{53}	tsʐ^{53}	tsʐ^{53}	tsʐ^{334}
tsʐ^{323}	tsʐ^{51}	tsʐ^{51}	tsʐ^{51}	tsʐ^{334}
tsʐ^{52}	tsʐ^{334}	tsʐ^{334}	tsʐ^{334}	tsʐ^{52}
tsʐ^{544}	tsʐ^{52}	tsʐ^{52}	tsʐ^{52}	tsʐ^{544}
tsʐ^{53}	tsʐ^{44}	tsʐ^{44}	tsʐ^{44}	tsʐ^{53}
tsʐ^{523}	tsʐ^{42}	tsʐ^{42}	tsʐ^{42}	tsʐ^{35}
tsʐ^{324}	tsʐ^{435}	tsʐ^{435}	tsʐ^{435}	tsʐ^{324}/tsʐ^{52}
tsʐ^{52}	tsʐ^{325}	tsʐ^{325}	tsʐ^{325}	tsʮ^{52}
tsʐ^{533}	tsʐ^{533}	tsʐ^{533}	tsʐ^{533}	tsʐ^{44}
tsʐ^{44}	tsˈi^{35}	tsʐ^{35}	tsʐ^{35}	tsʐ^{44}
tsʐ^{434}	tʃʮ^{45}	tsʐ^{45}	tsʐ^{45}	tsʐ^{434}
tsʐ^{324}	tsʐ^{544}	tsʐ^{544}	tsʐ^{544}	tsʐ^{324}
tsʐ^{44}	tɕi^{434}	tɕi^{434}	tɕi^{434}	tɕi^{44}

摄 等 韵	口 调 声	止开 三去 至章 至	止开 三去 志知 置	止开 三去 志章 志	蟹开 三去 祭章 制
宜		tsɿ^{324}	tsɿ^{324}	tsɿ^{324}	tsɿ^{324}
溧		tsɿ^{412}	tsɿ^{412}	tsɿ^{412}	tsɿ^{412}
金		tsɿz^{44}	tsɿz^{44}	tsɿz^{44}	tsɿz^{44}
丹		tsɿ^{22}	tsɿ^{22}	tsɿ^{324}	tsɿ^{324}
童		tsɿ^{45}	tsɿ^{45}	tsɿ^{45}	tsɿ^{45}
靖		tsɿ^{51}	tsɿ^{51}	tsɿ^{51}	tsɿ^{51}
江		tsɿ^{435}	tsɿ^{435}	tsɿ^{435}	tsɿ^{435}
常		tsɿ^{51}	tsɿ^{51}	tsɿ^{51}	tsɿ^{51}
锡		tsɿ^{35}	tsɿ^{35}	tsɿ^{35}	tsɿ^{35}
苏		tsɿ^{412}	tsɿ^{412}	tsɿ^{412}	tsɿ^{412}
熟		tsɿ^{324}	tʂʯ^{324}	tsɿ^{324}	tʂʯ^{324}
昆		tsɿ^{52}	tsɿ^{52}	tsɿ^{52}	tsɿ^{52}
霜		tsɿ^{434}	tsɿ^{434}	tsɿ^{434}	tsɿ^{434}
罗		tsɿ^{434}	tsɿ^{434}	tsɿ^{434}	tsɿ^{434}
周		tsɿ^{335}	tsɿ^{335}	tsɿ^{335}	tsɿ^{335}
上		tsɿ^{334}	tsɿ^{334}	tsɿ^{334}	tsɿ^{334}
松		tsɿ^{335}	tsɿ^{335}	tsɿ^{335}	tsɿ^{335}
黎		tsɿ^{413}	tsɿ^{413}	tsɿ^{413}	tsɿ^{413}
盛		tsɿ^{413}	tsɿ^{413}	tsɿ^{413}	tsɿ^{413}
嘉		tsɿ^{334}	tsɿ^{334}	tsɿ^{334}	tsɿ^{334}
双		tsɿ^{334}	tsɿ^{334}	tsɿ^{334}	tsɿ^{334}
杭		tsɿ^{334}	tsɿ^{334}	tsɿ^{334}	tsɿ^{334}
绍		tsɿ^{33}	tsɿ^{33}	tsɿ^{33}	tsɿ^{33}
诸		tsɿ^{544}	tsɿ^{544}	tsɿ^{544}	tsɿ^{544}
崇		tsɿ^{324}	tsɿ^{324}	tsɿ^{324}	tsɿ^{324}
太		tsɿ^{35}	tsɿ^{35}	tsɿ^{35}	tsɿ^{35}
余		tsɿ^{52}	tsɿ^{52}	tsɿ^{52}	tsɿ^{52}
宁		tsɿ^{52}	tsɿ^{52}	tsɿ^{52}	tsʯ^{52}
黄		tsɿ^{44}	tsɿ^{44}	tsɿ^{44}	tɕi^{44}
温		tsɿ^{52}	tsɿ^{52}	tsɿ^{52}	tsʼi^{52}
衢		tsɿ^{53}	tʃʯ^{53}	tsɿ^{53}	tʃʯ^{53}
华		tsɿ^{45}	tsɿ^{45}	tsɿ^{45}	tsɿ^{45}
永		tɕi^{54}	tɕi^{54}	tɕi^{54}	tɕie^{54}

蟹开 三去 祭章	止开 三平 之彻	止开 三上 止彻	止开 三去 真书	止开 三平 支澄
製	痴	耻	翅	池
tsʅ^{324}	tsʻʅ^{55}	tsʻʅ^{51}	tsʻʅ^{324}	dzʅ^{223}
tsʅ^{412}	tsʻʅ^{445}	tsʻʅ^{52}	tsʻʅ^{412}	dzʅ^{323}
tsʅʐ^{44}	tsʻʅʐ^{31}	tsʻʅʐ^{323}	tsʻʅʐ^{44}	tsʻʅʐ^{35}
tsʅ^{324}	tsʻʅ^{22}	tsʻʅ^{44}	tsʻʅ^{324}	dzʅ^{213}
tsʅ^{45}	tsʻʅ^{42}	tsʻʅ^{324}	tsʻʅ^{45}	dzʅ^{31}
tsʅ^{51}	tsʻʅ^{433}	tsʻʅ^{334}	tsʻʅ^{51}	dzʅ^{223}
tsʅ^{435}	tsʻʅ^{51}	tsʻʅ^{51}	tsʻʅ^{51}	zʅ^{223}
tsʅ^{51}	tsʻʅ^{44}	tsʻʅ^{334}	tsʻʅ^{51}	dzʅ^{213}
tsʅ^{35}	tsʻʅ^{55}	tsʻʅ^{324}	tsʻʅ^{35}	zʅ^{213}
tsʅ^{412}	tsʻʅ^{44}	tsʻʅ^{51}	tsʻʯ^{412}	zʅ^{223}
tsʅ̢ʯ̢^{324}	tsʂʻʯ̢^{52}	tsʻʯ̢^{44}	tsʅ^{335}	dzʯ̢ʯ̢^{233}
tsʅ^{52}	tsʻʅ^{44}	tsʻʅ^{52}	tsʻʅ^{52}	zʅ^{132}
tsʅ^{434}	tsʻʅ^{52}	tsʻʅ^{434}	tsʻʅ^{434}	zʅ^{231}
tsʅ^{434}	tsʻʅ^{52}	tsʻʅ^{434}	tsʻʅ^{434}	zʅ^{231}
tsʅ^{335}	tsʻʅ^{52}	tsʻʅ^{44}	tsʻʅ^{335}	zʅ^{113}
tsʅ^{334}	tsʻʅ^{334}	tsʻʅ^{334}	tsʻʅ^{334}	zʅ^{113}
tsʅ^{335}	tsʻʅ^{52}	tsʻʅ^{44}	tsʻʅ^{335}	zʅ^{231}
tsʅ^{413}	tsʻʅ^{44}	tsʻʅ^{334}	tsʻʅ^{324}	dzʅ^{24}
tsʅ^{413}	tsʻʅ^{44}	tsʻʅ^{334}	tsʅ^{413}	dzʅ^{24}
tsʅ^{334}	tsʻʅ^{324}	tsʻʅ^{324}	tsʻʅ^{334}	zʅ^{231}
tsʅ^{334}	tsʻʅ^{44}	tsʻʅ^{53}	tsʻʅ^{334}	zʅ^{113}
tsʅ^{334}	tsʻʅ^{323}	tsʻʅ^{51}	tsʻʅ^{334}	dzʅ^{212}
tsʅ^{33}	tsʻʅ^{52}	tsʻʅ^{334}	tsʻʅ^{33}	dzʅ^{231}
tsʅ^{544}	tsʻʅ^{544}	tsʻʅ^{52}	tsʻʅ^{544}	dzʅ^{233}
tsʅ^{324}	tsʻʅ^{53}	tsʻʅ^{44}	tsʅ^{324}	dzʅ^{31}
tsʅ^{35}	tsʻʅ^{523}	tsʻʅ^{42}	tsʻʅ^{35}	dzʅ^{312}
tsʅ^{52}	tsʻʅ^{324}	tsʻʅ^{435}	tsʻʅ^{52}	dzʅ^{113}
tsʯ^{52}	tsʻʯ^{52}	tsʻʯ^{325}	tsʻʅ^{52}	dʑi^{113}/dzʅ^{113}
tɕi^{44}	tsʻʅ^{533}	tsʻʅ^{533}	tsʻʅ^{44}	dzʅ^{311}
tsˈi^{52}	tsʻʅ^{44}	tsʻʅ$\underline{^{35}}$	tsʻʅ^{52}	dzˈi^{231}
tʃʯ^{53}	tsʅ^{434}	tsʅ^{45}	tsʻʅ^{53}	dzʅ^{323}
tsʅ^{45}	tsʻʅ^{324}	tsʻʅ^{544}	tsʻʅ^{45}	tsʅ^{324}/dʑiⱼ^{213}少
tɕie^{54}	tɕʻi^{44}	tɕʻi^{44}	tsʻʅ^{54}	dʑi^{322}

摄口 等调 韵声	止开 三平 支澄 驰	止开 三平 脂澄 迟	止开 三平 之澄 持	止开 三去 至澄 稚
宜	dzʅ223	dzʅ223	dzʅ223	dzʅ231
溧	dzʅ323	dzʅ323	dzʅ323	dzʅ323
金	ts'ʅz35	ts'ʅz35	ts'ʅz35	ts'ʅz35
丹	dzʅ213	dzʅ213	dzʅ213	dzʅ213
童	dzʅ31	dzʅ31	dzʅ31	dzʅ113
靖	dzʅ223	dzʅ223	dzʅ223	dzʅ31
江	zʅ223	zʅ223	zʅ223	zʅ223
常	dzʅ213	dzʅ213	zʅ213	dzʅ24
锡	zʅ213	zʅ213	zʅ213	zʅ213
苏	zʅ223	zʅ223	zʅ223	zʅ231
熟	dzʐʮ233	dzʐʮ233	tsʻʅ52 / dzʐʮ233	dzʐʮ213
昆	zʅ132	zʅ132	zʅ132	zʅ223
霜	zʅ231	zʅ231	zʅ231	zʅ213
罗	zʅ231	zʅ231	zʅ231	zʅ213
周	zʅ113	zʅ113	zʅ113	zʅ113
上	zʅ113	zʅ113	zʅ113	zʅ113 / dzʅ113
松	zʅ231	zʅ231	zʅ231	zʅ113
黎	dzʅ24	dzʅ24	dzʅ24	dzʅ213 / zʅ213
盛	dzʅ24	dzʅ24	dzʅ24	dzʅ213
嘉	zʅ231	zʅ231	zʅ231	zʅ223
双	zʅ113	zʅ113	zʅ113	zʅ113
杭	dzʅ212	dzʅ212	dzʅ212	dzʅ113
绍	dzʅ231	dzʅ231	dzʅ231	dzʅ22 / zʅ22
诸	dzʅ233	dzʅ233	dzʅ233	dzʅ233
崇	dzʅ31	dzʅ31	dzʅ31	dzʅ14
太	dzʅ312	dzʅ312	dzʅ312	dzʅ13
余	dzʅ113	dzʅ113	dzʅ113	dzʅ113
宁	dzʅ113	dzʅ113	dzʅ113 / dʑi113	zʅ113 / dʑi113
黄	dzʅ311	dzʅ311	dzʅ311	dzʅ113
温	dzʅ231	dzʅ231	dzʅ231	dzʅ22
衢	dʒʯ323	dʒʯ323	dʒʯ323	tsʅ53
华	tsʅ324	tsʅ324	tsʅ324	dzʅ24
永	dzʑi322	dzʑi322	dzʑi322	dzʑi322

止开 三去 至船	止开 三去 志澄	蟹开 三去 祭澄	止开 三平 支书	止开 三平 之书
示	治	滞	施	诗
$z\textrm{ʅ}^{231}$	$dz\textrm{ʅ}^{231}$	$dz\textrm{ʅ}^{231}$	$s\textrm{ʅ}^{55}$	$s\textrm{ʅ}^{55}$
$sz\textrm{ʅ}^{231}$	$dz\textrm{ʅ}^{231}$	$dz\textrm{ʅ}^{231}$	$s\textrm{ʅ}^{445}$	$s\textrm{ʅ}^{445}$
$s\textrm{ʅ}_z^{44}$	$ts\textrm{ʅ}_z^{44}$	$ts\textrm{ʅ}_z^{44}$	$s\textrm{ʅ}_z^{31}$	$s\textrm{ʅ}_z^{31}$
$s\textrm{ʅ}^{41}$	$ts\textrm{ʅ}^{41}$	$ts\textrm{ʅ}^{41}$	$s\textrm{ʅ}^{22}$	$s\textrm{ʅ}^{22}$
$sz\textrm{ʅ}^{113}$	$dz\textrm{ʅ}^{113}$	$dz\textrm{ʅ}^{113}$	$s\textrm{ʅ}^{42}$	$s\textrm{ʅ}^{42}$
$sz\textrm{ʅ}^{51}$	$dz\textrm{ʅ}^{31}$	$dz\textrm{ʅ}^{31}$	$s\textrm{ʅ}^{433}$	$s\textrm{ʅ}^{433}$
$z\textrm{ʅ}^{223}$	$z\textrm{ʅ}^{223}$	$z\textrm{ʅ}^{223}$	$s\textrm{ʅ}^{51}$	$s\textrm{ʅ}^{51}$
$z\textrm{ʅ}^{24}$	$dz\textrm{ʅ}^{24}$	$dz\textrm{ʅ}^{24}$	$s\textrm{ʅ}^{44}$	$s\textrm{ʅ}^{44}$
$z\textrm{ʅ}^{213}$	$z\textrm{ʅ}^{213}$	$z\textrm{ʅ}^{213}$	$s\textrm{ʅ}^{55}$	$s\textrm{ʅ}^{55}$
$z\textrm{ʅ}^{231}$	$z\textrm{ʅ}^{231}$	$z\textrm{ʅ}^{231}$	$s\textrm{ʅ}^{44}$	$s\textrm{ʮ}_{ɹ}^{44}$
$z\textrm{ʅ}^{213}$	$dz\textrm{ʮ}_{ɹ}^{213}$	$dz\textrm{ʮ}_{ɹ}^{213}$	$s\textrm{ʅ}^{52}$	$s\textrm{ʅ}^{52}$
$z\textrm{ʅ}^{223}$	$z\textrm{ʅ}^{223}$	$z\textrm{ʅ}^{223}$	$s\textrm{ʅ}^{44}$	$s\textrm{ʅ}^{44}$
$z\textrm{ʅ}^{213}$	$z\textrm{ʅ}^{213}$	$z\textrm{ʅ}^{213}$	$s\textrm{ʅ}^{52}$	$s\textrm{ʅ}^{52}$
$z\textrm{ʅ}^{213}$	$z\textrm{ʅ}^{213}$	$z\textrm{ʅ}^{213}$	$s\textrm{ʅ}^{52}$	$s\textrm{ʅ}^{52}$
$z\textrm{ʅ}^{113}$	$z\textrm{ʅ}^{113}$	$z\textrm{ʅ}^{113}/ts\textrm{ʅ}^{335}$	$s\textrm{ʅ}^{52}$	$s\textrm{ʅ}^{52}$
$z\textrm{ʅ}^{113}$	$z\textrm{ʅ}^{113}/dz\textrm{ʅ}^{113}$	$z\textrm{ʅ}^{113}/dz\textrm{ʅ}^{113}/ts\textrm{ʅ}^{334}$	$s\textrm{ʅ}^{52}$	$s\textrm{ʅ}^{52}$
$z\textrm{ʅ}^{113}$	$z\textrm{ʅ}^{113}$	$z\textrm{ʅ}^{113}$	$s\textrm{ʅ}^{52}$	$s\textrm{ʅ}^{52}$
$z\textrm{ʅ}^{213}$	$dz\textrm{ʅ}^{213}$	$ts\textrm{ʅ}^{413}$	$s\textrm{ʅ}^{44}$	$s\textrm{ʅ}^{44}$
$z\textrm{ʅ}^{212}$	$dz\textrm{ʅ}^{212}$	$ts\textrm{ʅ}^{413}$	$s\textrm{ʅ}^{44}$	$s\textrm{ʅ}^{44}$
$z\textrm{ʅ}^{223}$	$ts\textrm{ʅ}^{334}/z\textrm{ʅ}^{223}$	$ts\textrm{ʅ}^{334}$	$s\textrm{ʅ}^{51}$	$s\textrm{ʅ}^{51}$
$z\textrm{ʅ}^{113}$	$z\textrm{ʅ}^{113}$	$z\textrm{ʅ}^{113}$	$s\textrm{ʅ}^{44}$	$s\textrm{ʅ}^{44}$
$sz\textrm{ʅ}^{113}$	$sz\textrm{ʅ}^{113}$	$sz\textrm{ʅ}^{113}$	$s\textrm{ʅ}^{323}$	$s\textrm{ʅ}^{323}$
$z\textrm{ʅ}^{22}$	$dz\textrm{ʅ}^{22}$	$dz\textrm{ʅ}^{22}$	$s\textrm{ʅ}^{52}$	$s\textrm{ʅ}^{52}$
$z\textrm{ʅ}^{233}$	$dz\textrm{ʅ}^{233}$	$dz\textrm{ʅ}^{233}$	$s\textrm{ʅ}^{544}$	$s\textrm{ʅ}^{544}$
$z\textrm{ʅ}^{14}$	$dz\textrm{ʅ}^{14}$	$dz\textrm{ʅ}^{14}$	$s\textrm{ʅ}^{53}$	$s\textrm{ʅ}^{53}$
$z\textrm{ʅ}^{13}$	$dz\textrm{ʅ}^{13}$	$dz\textrm{ʅ}^{13}$	$s\textrm{ʅ}^{523}$	$s\textrm{ʅ}^{523}$
$z\textrm{ʅ}^{113}$	$dz\textrm{ʅ}^{113}$	$dz\textrm{ʅ}^{113}$	$s\textrm{ʅ}^{324}$	$s\textrm{ʅ}^{324}$
$z\textrm{ʅ}^{113}$	$dz\textrm{ʮ}_{ɹ}^{113}$	$dz\textrm{ʅ}^{113}$	$s\textrm{ʅ}^{52}$	$s\textrm{ʅ}^{52}$
$z\textrm{ʅ}^{113}$	$dz\textrm{ʅ}^{113}$	$dz\textrm{ʅ}^{113}$	$s\textrm{ʅ}^{533}$	$s\textrm{ʅ}^{533}$
$sz\textrm{ʅ}^{22}$	$dz\textrm{ʅ}^{22}$	$ts\textrm{ʅ}^{52}/dz\textrm{ʅ}^{22}$	$s\textrm{ʅ}^{44}$	$s\textrm{ʅ}^{44}$
$sz\textrm{ʅ}^{31}$	$dʒ\textrm{ʮ}_{ɹ}^{31}$	$ts\textrm{ʅ}^{53}$	$s\textrm{ʅ}^{434}$	$s\textrm{ʅ}^{434}$
$sz\textrm{ʅ}^{24}$	$dz\textrm{ʅ}^{24}/dʑi^{24}$少	$dz\textrm{ʅ}^{24}$	$s\textrm{ʅ}^{324}$	$s\textrm{ʅ}^{324}$
$\textrm{ɕ}ʑi^{214}$	$dʑi^{214}$	$dʑi^{214}$	$\textrm{ɕ}i^{44}$	$\textrm{ɕ}i^{44}$

摄口 等调 韵声	止开 三上 旨书 屎	止开 三上 止书 始	蟹开 三去 祭书 世	蟹开 三去 祭书 势
宜	sɿ⁵¹	sɿ⁵¹	sɿ³²⁴	sɿ³²⁴
溧	sɿ⁵²	sɿ⁴⁴⁵	sɿ⁴¹²	sɿ⁴¹²
金	sɿz³²³	sɿz³²³	sɿz⁴⁴	sɿz⁴⁴
丹	sɿ⁴⁴	sɿ⁴⁴	sɿ⁴¹	sɿ⁴¹
童	sɿ³²⁴	sɿ³²⁴	sɿ⁴⁵	sɿ⁴⁵
靖	sɿ³³⁴	sɿ³³⁴	sɿ⁵¹	sɿ⁵¹
江	sɿ⁴⁵	sɿ⁴⁵	sɿ⁴³⁵	sɿ⁴³⁵
常	sɿ³³⁴	sɿ³³⁴	sɿ⁵¹	sɿ⁵¹
锡	sɿ³²⁴	sɿ³²⁴	sɿ⁵⁵	sɿ⁵⁵
苏	sɿ⁵¹	sɿ⁵¹	sɿ⁴¹²ᐟ⁴⁴	sɿ⁴¹²ᐟ⁴⁴
熟	sɿ⁴⁴	sɿ⁴⁴	ʂɥɿ³³⁵	ʂɥɿ³³⁵
昆	sɿ⁵²	sɿ⁵²	sɿ⁵²	sɿ⁵²
霜	sɿ⁴³⁴	sɿ⁴³⁴	sɿ⁴³⁴	sɿ⁴³⁴
罗	sɿ⁴³⁴	sɿ⁴³⁴	sɿ⁵²	sɿ⁴³⁴
周	sɿ⁴⁴	sɿ⁴⁴	sɿ⁵²	sɿ³³⁴
上	sɿ³³⁴	sɿ³³⁴	sɿ⁵²	sɿ³³⁴ / sɿ⁵²
松	sɿ³³⁴	sɿ⁴⁴	sɿ³³⁵	sɿ³³⁵
黎	sɿ⁵¹	sɿ⁵¹	sɿ⁴¹³	sɿ⁴¹³
盛	sɿ⁵¹	sɿ⁴⁴	sɿ⁴¹³	sɿ⁴¹³
嘉	sɿ⁴⁴	sɿ⁴⁴	sɿ³³⁴	sɿ³³⁴
双	sɿ⁵³	sɿ⁵³	sɿ³³⁴	sɿ³³⁴
杭	sɿ⁵¹	sɿ⁵¹	sɿ³³⁴	sɿ³³⁴
绍	sɿ³³⁴	sɿ³³⁴	sɿ³³	sɿ³³
诸	sɿ⁵²	sɿ⁵²	sɿ⁵⁴⁴	sɿ⁵⁴⁴
崇	sɿ⁴⁴	sɿ⁴⁴	sɿ³²⁴	sɿ³²⁴
太	sɿ⁴²	sɿ⁴²	sɿ³⁵	sɿ³⁵
余	sɿ⁴³⁵	sɿ⁴³⁵	sɿ⁵²	sɿ⁵²
宁		sɿ³²⁵	sɥ⁵²	sɥ⁵² / sɿ⁵²
黄	sɿ⁵³³	sɿ⁵³³	çi⁴⁴	çi⁴⁴
温	sɿ⁴⁴	sɿ̠³⁵	sˈi⁵²	sˈi⁵²
衢	sɿ⁴⁵	sɿ⁴⁵	ʃɥ⁵³	ʃɥ⁵³
华	sɿ⁵⁴⁴	sɿ⁵⁴⁴	sɿ⁴⁵	sɿ⁴⁵
永	sɿ⁴³⁴	sɿ⁴³⁴	çie⁵⁴	çie⁵⁴

止开 三平 支禅	止开 三平 之禅	止开 三上 纸禅	止开 三上 纸禅	止开 三上 止禅
匙	时	是	氏	市
$z\textrm{ʅ}^{223}$	$z\textrm{ʅ}^{223}$	$z\textrm{ʅ}^{24}$	$z\textrm{ʅ}^{231}$	$z\textrm{ʅ}^{231}$
$sz\textrm{ʅ}^{323}$	$sz\textrm{ʅ}^{323}$	$sz\textrm{ʅ}^{224}$	$sz\textrm{ʅ}^{224}$	$sz\textrm{ʅ}^{231}$
$s\textrm{ʅ}_z^{35}$	$s\textrm{ʅ}_z^{35}$	$s\textrm{ʅ}_z^{31}$	$s\textrm{ʅ}_z^{31}$	$s\textrm{ʅ}_z^{31}$
$dz\textrm{ʅ}^{213}/ts\textrm{ʅ}^{22}$	$s^z\textrm{ʅ}^{213}$	$s\textrm{ʅ}^{44}$	$s\textrm{ʅ}^{22}$	$s\textrm{ʅ}^{41}$
$sz\textrm{ʅ}^{31}$	$sz\textrm{ʅ}^{31}$	$sz\textrm{ʅ}^{113}$	$sz\textrm{ʅ}^{113}$	$sz\textrm{ʅ}^{113}$
$sz\textrm{ʅ}^{223}$	$sz\textrm{ʅ}^{223}$	$sz\textrm{ʅ}^{51}$	$sz\textrm{ʅ}^{51}$	$sz\textrm{ʅ}^{51}$
$z\textrm{ʅ}^{223}$	$z\textrm{ʅ}^{223}$	$z\textrm{ʅ}^{223}$	$z\textrm{ʅ}^{223}$	$z\textrm{ʅ}^{223}$
$z\textrm{ʅ}^{213}$	$z\textrm{ʅ}^{213}$	$z\textrm{ʅ}^{24}$	$z\textrm{ʅ}^{24}$	$z\textrm{ʅ}^{24}$
$z\textrm{ʅ}^{213}$	$z\textrm{ʅ}^{213}$	$z\textrm{ʅ}^{33}$	$z\textrm{ʅ}^{213/33}$	$z\textrm{ʅ}^{213/33}$
$z\textrm{ʅ}^{223}$	$z\textrm{ʅ}^{223}$	$z\textrm{ʅ}^{231}$	$z\textrm{ʅ}^{231}$	$z\textrm{ʅ}^{231}$
$z\textrm{ʅ}^{233}$	$dz\textrm{ʅ}^{233}$	$z\textrm{ʅ}^{31}$	$z\textrm{ʅ}^{31}$	$z\textrm{ʅ}^{31}$
$z\textrm{ʅ}^{132}$	$z\textrm{ʅ}^{132}$	$z\textrm{ʅ}^{223}$	$z\textrm{ʅ}^{223}$	$z\textrm{ʅ}^{223}$
$z\textrm{ʅ}^{231}$	$z\textrm{ʅ}^{213}$	$z\textrm{ʅ}^{213}$	$z\textrm{ʅ}^{213}$	$z\textrm{ʅ}^{213}$
$z\textrm{ʅ}^{231}$	$z\textrm{ʅ}^{213}$	$z\textrm{ʅ}^{213}$	$z\textrm{ʅ}^{213}$	$z\textrm{ʅ}^{213}$
$z\textrm{ʅ}^{113}$	$z\textrm{ʅ}^{113}$	$z\textrm{ʅ}^{113}$	$z\textrm{ʅ}^{113}$	$z\textrm{ʅ}^{113}$
$z\textrm{ʅ}^{231}$	$z\textrm{ʅ}^{231}$	$z\textrm{ʅ}^{113}$	$z\textrm{ʅ}^{113}$	$z\textrm{ʅ}^{113}$
$z\textrm{ʅ}^{24}$	$z\textrm{ʅ}^{24}$	$z\textrm{ʅ}^{32}$	$z\textrm{ʅ}^{32}$	$z\textrm{ʅ}^{32}$
$z\textrm{ʅ}^{24}$	$z\textrm{ʅ}^{24}$	$z\textrm{ʅ}^{223}$	$z\textrm{ʅ}^{223}$	$z\textrm{ʅ}^{223}$
$z\textrm{ʅ}^{231}$	$z\textrm{ʅ}^{231}$	$z\textrm{ʅ}^{223}$	$z\textrm{ʅ}^{223}$	$z\textrm{ʅ}^{223}$
$z\textrm{ʅ}^{113}$	$z\textrm{ʅ}^{113}$	$z\textrm{ʅ}^{231}$	$z\textrm{ʅ}^{231}$	$z\textrm{ʅ}^{231}$
$sz\textrm{ʅ}^{212}$	$sz\textrm{ʅ}^{212}$	$sz\textrm{ʅ}^{113}$	$sz\textrm{ʅ}^{113}$	$sz\textrm{ʅ}^{113}$
$z\textrm{ʅ}^{231}$	$z\textrm{ʅ}^{231}$	$z\textrm{ʅ}^{113}$	$z\textrm{ʅ}^{113}$	$z\textrm{ʅ}^{22}$
$z\textrm{ʅ}^{233}$	$z\textrm{ʅ}^{233}$	$z\textrm{ʅ}^{231}$	$z\textrm{ʅ}^{231}$	$z\textrm{ʅ}^{231}$
$z\textrm{ʅ}^{31}$	$z\textrm{ʅ}^{31}$	$z\textrm{ʅ}^{22}$	$z\textrm{ʅ}^{22}$	$z\textrm{ʅ}^{22}$
$z\textrm{ʅ}^{312}$	$z\textrm{ʅ}^{312}$	$z\textrm{ʅ}^{22}$	$z\textrm{ʅ}^{22}$	$z\textrm{ʅ}^{22}$
$z\textrm{ʅ}^{113}$	$z\textrm{ʅ}^{113}$	$z\textrm{ʅ}^{113}$	$z\textrm{ʅ}^{113}$	$z\textrm{ʅ}^{113}$
$z\textrm{ʅ}^{113}$	$z\textrm{ʅ}^{113}$	$z\textrm{ʅ}^{113}$	$z\textrm{ʅ}^{113}$	$z\textrm{ʅ}^{113}$
$z\textrm{ʅ}^{311}$	$z\textrm{ʅ}^{311}$	$z\textrm{ʅ}^{113}$	$z\textrm{ʅ}^{113}$	$z\textrm{ʅ}^{113}$
$z\textrm{ɿi}^{231}$	$z\textrm{ʅ}^{22}$	$sz\textrm{ʅ}^{\underline{24}}$	$sz\textrm{ʅ}^{\underline{24}}$	$sz\textrm{ʅ}^{\underline{24}}$
$ʒ\textrm{ɥ}^{323}$	$z\textrm{ʅ}^{323}$	$sz\textrm{ʅ}^{31}$	$sz\textrm{ʅ}^{31}$	$sz\textrm{ʅ}^{31}$
$sz\textrm{ʅ}^{213}$	$sz\textrm{ʅ}^{213}/s\textrm{ʅ}^{324}$	$s\textrm{ʅ}^{544}$	$sz\textrm{ʅ}^{24}$	$sz\textrm{ʅ}^{24}$
$^c\textrm{ʑi}^{322}$	$ɕ\textrm{ʑi}^{322}$	$d\textrm{ʑi}^{323}$	$ɕ\textrm{ʑi}^{323}$	$z\textrm{ʅ}^{214}$

摄口 等调 韵声	止开 三去 至禅 视	蟹开 三去 祭禅 誓	止开 三平 脂精 资	止开 三平 脂精 姿
宜	$z\textrm{ɿ}^{231}$	$z\textrm{ɿ}^{231}$	$ts\textrm{ɿ}^{55}$	$ts\textrm{ɿ}^{55}$
溧	$sz\textrm{ɿ}^{231}$	$sz\textrm{ɿ}^{231}$	$ts\textrm{ɿ}^{445}$	$ts\textrm{ɿ}^{445}$
金	$s\textrm{ɿ}z^{44}/s\textrm{ɿ}z^{31}$	$s\textrm{ɿ}z^{44}$	$ts\textrm{ɿ}z^{31}$	$ts\textrm{ɿ}z^{31}$
丹	$s\textrm{ɿ}^{41}$	$ts\textrm{ɿ}^{41}$	$ts\textrm{ɿ}^{22}$	$ts\textrm{ɿ}^{22}$
童	$sz\textrm{ɿ}^{113}$	$sz\textrm{ɿ}^{113}$	$ts\textrm{ɿ}^{42}$	$ts\textrm{ɿ}^{42}$
靖	$sz\textrm{ɿ}^{51}$	$sz\textrm{ɿ}^{51}$	$ts\textrm{ɿ}^{433}$	$ts\textrm{ɿ}^{433}$
江	$z\textrm{ɿ}^{223}$	$z\textrm{ɿ}^{223}$	$ts\textrm{ɿ}^{51}$	$ts\textrm{ɿ}^{51}$
常	$z\textrm{ɿ}^{24}$	$z\textrm{ɿ}^{24}$	$ts\textrm{ɿ}^{44}$	$ts\textrm{ɿ}^{44}$
锡	$z\textrm{ɿ}^{213}$	$z\textrm{ɿ}^{213}$	$ts\textrm{ɿ}^{55}$	$ts\textrm{ɿ}^{55}$
苏	$z\textrm{ɿ}^{231}$	$z\textrm{ɿ}^{231}$	$ts\textrm{ɿ}^{44}$	$ts\textrm{ɿ}^{44}$
熟	$z\textrm{ɿ}^{213}$	$zʮʅ^{213}$	$ts\textrm{ɿ}^{52}$	$ts\textrm{ɿ}^{52}$
昆	$z\textrm{ɿ}^{223}$	$z\textrm{ɿ}^{223}$	$ts\textrm{ɿ}^{44}$	$ts\textrm{ɿ}^{44}$
霜	$z\textrm{ɿ}^{213}$	$z\textrm{ɿ}^{213}$	$ts\textrm{ɿ}^{52}$	$ts\textrm{ɿ}^{52}$
罗	$z\textrm{ɿ}^{213}$	$z\textrm{ɿ}^{213}$	$ts\textrm{ɿ}^{52}$	$ts\textrm{ɿ}^{52}$
周	$z\textrm{ɿ}^{113}$	$z\textrm{ɿ}^{113}$	$ts\textrm{ɿ}^{52}$	$ts\textrm{ɿ}^{52}$
上	$z\textrm{ɿ}^{113}$	$z\textrm{ɿ}^{113}$	$ts\textrm{ɿ}^{52}$	$ts\textrm{ɿ}^{52}$
松	$z\textrm{ɿ}^{113}$	$z\textrm{ɿ}^{113}$	$ts\textrm{ɿ}^{52}$	$ts\textrm{ɿ}^{52}$
黎	$z\textrm{ɿ}^{213}$	$dz\textrm{ɿ}^{213}$	$ts\textrm{ɿ}^{44}$	$ts\textrm{ɿ}^{44}$
盛	$z\textrm{ɿ}^{212}$	$dz\textrm{ɿ}^{212}$	$ts\textrm{ɿ}^{44}$	$ts\textrm{ɿ}^{44}$
嘉	$z\textrm{ɿ}^{223}$	$z\textrm{ɿ}^{223}$	$ts\textrm{ɿ}^{51}$	$ts\textrm{ɿ}^{51}$
双	$z\textrm{ɿ}^{113}$	$z\textrm{ɿ}^{113}$	$ts\textrm{ɿ}^{44}$	$ts\textrm{ɿ}^{44}$
杭	$sz\textrm{ɿ}^{113}$	$sz\textrm{ɿ}^{113}$	$ts\textrm{ɿ}^{323}$	$ts\textrm{ɿ}^{323}$
绍	$z\textrm{ɿ}^{22}$	$z\textrm{ɿ}^{22}$	$ts\textrm{ɿ}^{52}$	$ts\textrm{ɿ}^{52}$
诸	$z\textrm{ɿ}^{233}$	$z\textrm{ɿ}^{233}$	$ts\textrm{ɿ}^{544}$	$ts\textrm{ɿ}^{544}$
崇	$z\textrm{ɿ}^{14}$	$z\textrm{ɿ}^{14}$	$ts\textrm{ɿ}^{53}$	$ts\textrm{ɿ}^{53}$
太	$z\textrm{ɿ}^{13}$	$z\textrm{ɿ}^{13}$	$ts\textrm{ɿ}^{523}$	$ts\textrm{ɿ}^{523}$
余	$z\textrm{ɿ}^{113}$	$z\textrm{ɿ}^{113}$	$ts\textrm{ɿ}^{324}$	$ts\textrm{ɿ}^{324}$
宁	$z\textrm{ɿ}^{113}$	$z\textrm{ɿ}^{113}$	$ts\textrm{ɿ}^{52}$	$ts\textrm{ɿ}^{52}$
黄	$z\textrm{ɿ}^{113}$	$z\textrm{ɿ}^{113}$	$ts\textrm{ɿ}^{533}$	$ts\textrm{ɿ}^{533}$
温	$sz\textrm{ɿ}^{22}$	$szɿi^{22}$	$ts\textrm{ɿ}^{44}$	$ts\textrm{ɿ}^{44}$
衢	$sz\textrm{ɿ}^{31}$	$sz\textrm{ɿ}^{31}$	$ts\textrm{ɿ}^{434}$	$ts\textrm{ɿ}^{434}$
华	$sz\textrm{ɿ}^{24}$	$sz\textrm{ɿ}^{24}$	$ts\textrm{ɿ}^{324}$	$ts\textrm{ɿ}^{324}$
永	$ɕzi^{214}$	$ɕie^{54}/ɕzie^{214}$	$ts\textrm{ɿ}^{44}$	$ts\textrm{ɿ}^{44}$

止开三平之精	止开三平之精	止开三上纸精	止开三上旨精	止开三上止精
兹	滋	紫	姊	子
$tsɿ^{55}$	$tsɿ^{55}$	$tsɿ^{51}$	$tsɿ^{51}$	$tsɿ^{51}$
$tsɿ^{445}$	$tsɿ^{445}$	$tsɿ^{52}$	$tsɿ^{52}$	$tsɿ^{52}$
$tsɿ_z^{31}$	$tsɿ_z^{31}$	$tsɿ_z^{323}$	$tsɿ_z^{323}$	$tsɿ_z^{323}$
$tsɿ^{22}$	$tsɿ^{22}$	$tsɿ^{44}$	$tsɿ^{44}$	$tsɿ^{44}$
$tsɿ^{42}$	$tsɿ^{42}$	$tsɿ^{324}$	$tsɿ^{324}$	$tsɿ^{324}$
$tsɿ^{433}$	$tsɿ^{433}$	$tsɿ^{334}$	$tsɿ^{334}$	$tsɿ^{334}$
$tsɿ^{51}$	$tsɿ^{51}$	$tsɿ^{45}$	$tsɿ^{45}$	$tsɿ^{45}$
$tsɿ^{44}$	$tsɿ^{44}$	$tsɿ^{334}$	$tsɿ^{334}$	$tsɿ^{334}$
$tsɿ^{55}$	$tsɿ^{55}$	$tsɿ^{324}$	$tsɿ^{324}$	$tsɿ^{324}$
$tsɿ^{44}$	$tsɿ^{44}$	$tsɿ^{51}$	$tsɿ^{51}$	$tsɿ^{51}$
$tsɿ^{52}$	$tsɿ^{52}$	$tsɿ^{44}$	tsi^{44}	$tsɿ^{44}$
$tsɿ^{44}$	$tsɿ^{44}$	$tsɿ^{52}$	$tsɿ^{52}$	$tsɿ^{52}$
$tsɿ^{52}$	$tsɿ^{52}$	$tsɿ^{434}$	$tsɿ^{434}$	$tsɿ^{434}$
$tsɿ^{52}$	$tsɿ^{52}$	$tsɿ^{434}$	$tsɿ^{434}$	$tsɿ^{434}$
$tsɿ^{52}$	$tsɿ^{52}$	$tsɿ^{44}$	$tsɿ^{44}$	$tsɿ^{44}$
$tsɿ^{52}$	$tsɿ^{52}$	$tsɿ^{334}$	$tsɿ^{334}/tɕi^{334}$	$tsɿ^{334}$
$tsɿ^{52}$	$tsɿ^{52}$	$tsɿ^{44}$	$tsɿ^{44}$	$tsɿ^{44}$
$tsɿ^{44}$	$tsɿ^{44}$	$tsɿ^{51}$	$tsɿ^{51}/tsi^{51}$	$tsɿ^{51}$
$tsɿ^{44}$	$tsɿ^{44}$	$tsɿ^{51}$	$tsɿ^{51}/tsi^{51}$	$tsɿ^{51}$
$tsɿ^{51}$	$tsɿ^{51}$	$tsɿ^{44}$	$tsɿ^{44}$	$tsɿ^{51}$
$tsɿ^{44}$	$tsɿ^{44}$	$tsɿ^{53}$	$tsɿ^{53}$	$tsɿ^{53}$
$tsɿ^{323}$	$tsɿ^{323}$	$tsɿ^{51}$	$tsɿ^{51}$	$tsɿ^{51}$
$tsɿ^{52}$	$tsɿ^{52}$	$tsɿ^{334}$	$tsɿ^{334}$	$tsɿ^{334}$
$tsɿ^{544}$	$tsɿ^{544}$	$tsɿ^{52}$	$tsɿ^{52}$	$tsɿ^{52}$
$tsɿ^{53}$	$tsɿ^{53}$	$tsɿ^{44}$	$tsɿ^{44}$	$tsɿ^{44}$
$tsɿ^{523}$	$tsɿ^{523}$	$tsɿ^{42}$	$tsɿ^{42}$	$tsɿ^{42}$
$tsɿ^{324}$	$tsɿ^{324}$	$tsɿ^{435}$	$tsɿ^{435}$	$tsɿ^{435}$
$dzɿ^{113}$	$tsɿ^{52}$	$tsɿ^{325}$	$tsɿ^{325}$	$tsɿ^{325}$
$tsɿ^{533}$	$tsɿ^{533}$	$tsɿ^{533}$	$tsɿ^{533}$	$tsɿ^{533}$
$tsɿ^{44}$	$tsɿ^{44}$	$tsɿ^{\underline{35}}$	$tsɿ^{\underline{35}}$	$tsɿ^{\underline{35}}$
$tsɿ^{434}$	$tsɿ^{434}$	$tsɿ^{45}$	$tsɿ^{45}$	$tsɿ^{45}$
$tsɿ^{324}$	$tsɿ^{324}$	$tsɿ^{544}$	$tsɿ^{544}$	$tsɿ^{544}$
$tsɿ^{44}$	$tsɿ^{44}$	$tsɿ^{434}$	$tsɿ^{434}$	$tsɿ^{434}$

摄口 等调 韵声	止开 三平 支清 雌	止开 三上 纸清 此	止开 三去 寘清 刺	止开 三去 至清 次
宜	ts'ɿ⁵⁵	ts'ɿ⁵¹	ts'ɿ³²⁴	ts'ɿ³²⁴
溧	ts'ɿ⁴⁴⁵	ts'ɿ⁵²	ts'ɿ⁴¹²	ts'ɿ⁴¹²
金	ts'ɿz³¹	ts'ɿz³²³	ts'ɿz⁴⁴	ts'ɿz⁴⁴
丹	ts'ɿ²²	ts'ɿ⁴⁴	ts'ɿ³²⁴	ts'ɿ³²⁴
童	ts'ɿ⁴²	ts'ɿ³²⁴	ts'ɿ⁴⁵	ts'ɿ⁴⁵
靖	ts'ɿ⁴³³	ts'ɿ³³⁴	ts'ɿ⁵¹	ts'ɿ⁵¹
江	ts'ɿ⁵¹	ts'ɿ⁴⁵	ts'ɿ⁴³⁵	ts'ɿ⁴³⁵
常	ts'ɿ⁴⁴	ts'ɿ³³⁴	ts'ɿ⁵¹	ts'ɿ⁵¹
锡	ts'ɿ⁵⁵	ts'ɿ³²⁴	ts'ɿ³⁵	ts'ɿ³⁵
苏	ts'ɿ⁴⁴	ts'ɿ⁵¹	ts'ɿ⁴¹²	ts'ɿ⁴¹²
熟	ts'ɿ⁵²	ts'ɿ⁴⁴	ts'ɿ³²⁴	ts'ɿ
昆	ts'ɿ⁴⁴	ts'ɿ⁵²	ts'ɿ⁵²	ts'ɿ⁵²
霜	ts'ɿ⁵²	ts'ɿ⁴³⁴	ts'ɿ⁴³⁴	ts'ɿ⁴³⁴
罗	ts'ɿ⁵²	ts'ɿ⁴³⁴	ts'ɿ⁴³⁴	ts'ɿ⁴³⁴
周	ts'ɿ⁵²	ts'ɿ⁴⁴	ts'ɿ³³⁵	ts'ɿ³³⁵
上	ts'ɿ⁵²	ts'ɿ³³⁴/ts'ɿ⁵²	ts'ɿ³³⁴	ts'ɿ³³⁴
松	ts'ɿ⁵²	ts'ɿ⁴⁴	ts'ɿ³³⁵	ts'ɿ³³⁵
黎	ts'ɿ⁴⁴	ts'ɿ³³⁴	ts'ɿ³²⁴	ts'ɿ³²⁴
盛	ts'ɿ⁴⁴	ts'ɿ³³⁴	ts'ɿ³¹³	ts'ɿ³¹³
嘉	ts'ɿ⁵¹	ts'ɿ³²⁴	ts'ɿ³³⁴	ts'ɿ³³⁴
双	ts'ɿ⁴⁴	ts'ɿ⁵³	ts'ɿ³³⁴	ts'ɿ³³⁴
杭	ts'ɿ³²³	ts'ɿ⁵¹	ts'ɿ³³⁴	ts'ɿ³³⁴
绍	ts'ɿ⁵²	ts'ɿ³³⁴	ts'ɿ³³	ts'ɿ³³
诸	ts'ɿ⁵⁴⁴	ts'ɿ⁵²	ts'ɿ⁵⁴⁴	ts'ɿ⁵⁴⁴
崇	ts'ɿ⁵³	ts'ɿ⁴⁴	ts'ɿ³²⁴	ts'ɿ³²⁴
太	ts'ɿ⁵²³	ts'ɿ⁴²	ts'ɿ³⁵	ts'ɿ³⁵
余	ts'ɿ³²⁴	ts'ɿ⁴³⁵	ts'ɿ⁵²	ts'ɿ⁵²
宁	ts'ɿ⁵²	ts'ɿ³²⁵	ts'ɿ⁵²	ts'ɿ⁵²
黄	ts'ɿ⁵³³	ts'ɿ⁵³³	ts'ɿ⁴⁴	ts'ɿ⁴⁴
温	ts'ɜ$\underline{35}$	ts'ɿ$\underline{35}$	ts'ɿ⁵²	ts'ɿ⁵²
衢	ts'ɿ⁴³⁴	ts'ɿ⁴⁵	ts'ɿ⁵³	ts'ɿ⁵³
华	ts'ɿ³²⁴	ts'ɿ⁵⁴⁴	ts'ɿ⁴⁵	ts'ɿ⁴⁵
永	ts'ɿ⁴⁴	ts'ɿ⁴³⁴	ts'ɿ⁵⁴	ts'ɿ⁵⁴

止开 三平 脂从	止开 三平 之从	止开 三平 之从	止开 三上 止崇	止开 三上 止崇
瓷	慈	磁	士	柿
$zɿ^{223}$	$zɿ^{223}$	$zɿ^{223}$	$zɿ^{231}$	$zɿ^{231}$
$szɿ^{323}$	$szɿ^{323}$	$szɿ^{323}$	$szɿ^{231}$	$szɿ^{231}$
$ts'ɿ_z^{35}$	$ts'ɿ_z^{35}$	$ts'ɿ_z^{35}$	$sɿ_z^{44}$	$sɿ_z^{44}$
$dzɿ^{213}$	$dzɿ^{213}$	$dzɿ^{213}$	$sɿ^{41}$	$sɿ^{41}$
$dzɿ^{31}$	$dzɿ^{31}$	$dzɿ^{31}$	$szɿ^{113}$	$szɿ^{113}$
$szɿ^{223}$	$szɿ^{223}$	$szɿ^{223}$	$szɿ^{51}$	$szɿ^{51}$
$zɿ^{223}$	$zɿ^{223}$	$zɿ^{223}$	$zɿ^{223}$	$zɿ^{223}$
$zɿ^{213}$	$zɿ^{213}$	$zɿ^{213}$	$zɿ^{24}$	$zɿ^{24}$
$zɿ^{213}$	$zɿ^{213}$	$zɿ^{213}$	$zɿ^{213/33}$	$zɿ^{213/33}$
$zɿ^{223}$	$zɿ^{223}$	$zɿ^{223}$	$zɿ^{231}$	$zɿ^{231}$
$dzɿ^{233}$	$dzɿ^{233}$	$dzɿ^{233}$	$zɿ^{31}$	$zɿ^{31}$
$zɿ^{132}$	$zɿ^{132}$	$zɿ^{132}$	$zɿ^{223}$	$zɿ^{223}$
$zɿ^{231}$	$zɿ^{231}$	$zɿ^{231}$	$zɿ^{213}$	$zɿ^{213}$
$zɿ^{231}$	$zɿ^{231}$	$zɿ^{231}$	$zɿ^{213}$	$zɿ^{213}$
$zɿ^{113}$	$zɿ^{113}$	$zɿ^{113}$	$zɿ^{113}$	$zɿ^{113}$
$zɿ^{113}$	$zɿ^{113}$	$zɿ^{113}$	$zɿ^{113}$	$zɿ^{113}$
$zɿ^{231}$	$zɿ^{231}$	$zɿ^{231}$	$zɿ^{113}$	$zɿ^{113}$
$dzɿ^{24}$	$dzɿ^{24}$	$dzɿ^{24}$	$zɿ^{32}$	$zɿ^{32}$
$dzɿ^{24}$	$dzɿ^{24}$	$dzɿ^{24}$	$zɿ^{223}$	$zɿ^{223}$
$zɿ^{231}$	$zɿ^{231}$	$zɿ^{231}$	$zɿ^{223}$	$zɿ^{223}$
$z'ɿ^{113}$	$z'ɿ^{113}$	$zɿ^{113}$	$zɿ^{231}$	$zɿ^{231}$
$dzɿ^{212}$	$dzɿ^{212}$	$dzɿ^{212}$	$szɿ^{113}$	$szɿ^{113}$
$dzɿ^{231}$	$dzɿ^{231}$	$dzɿ^{231}$	$zɿ^{22}$	$zɿ^{22}$
$zɿ^{233}$	$zɿ^{233}$	$zɿ^{233}$	$zɿ^{231}$	$zɿ^{231}$
$zɿ^{31}$	$zɿ^{31}$	$zɿ^{31}$	$zɿ^{22}$	$zɿ^{22}$
$zɿ^{312}$	$zɿ^{312}$	$zɿ^{312}$	$zɿ^{22}$	$zɿ^{22}$
$zɿ^{113}/dzɿ^{113}$	$zɿ^{113}/dzɿ^{113}$	$dzɿ^{113}$	$zɿ^{113}$	$zɿ^{113}$
$dzɿ^{113}$	$dzɿ^{113}$	$dzɿ^{113}$	$zɿ^{113}$	$zɿ^{113}$
$zɿ^{311}$	$zɿ^{311}$	$zɿ^{311}$	$zɿ^{113}$	$zɿ^{113}$
$szɿ^{231}$	$szɿ^{231}$	$szɿ^{231}$	$szɿ^{24}$	$szɿ^{24}$
$dzɿ^{323}$	$dzɿ^{323}$	$dzɿ^{323}$	$szɿ^{31}$	$szɿ^{31}$
$tsɿ^{324}$	$tsɿ^{324}$	$tsɿ^{324}$	$szɿ^{24}$	$szɿ^{24}$
$szɿ^{322}$	$szɿ^{322}$	$szɿ^{322}$	$szɿ^{214}$	$szɿ^{214}$

摄口 等调 韵声	止开 三去 至从	止开 三去 志从	止开 三去 志崇	止开 三平 脂心
	自	字	事	私
宜	$zɿ^{231}$	$żɿ^{231}$	$zɿ^{231}$	$sɿ^{55}$
溧	$szɿ^{231}$	$szɿ^{231}$	$szɿ^{231}$	$sɿ^{445}$
金	$tsɿ_z^{31}$	$tsɿ_z^{31}$	$sɿ_z^{31}$	$sɿ_z^{31}$
丹	$tsɿ^{41}$	$tsɿ^{41}$	$sɿ^{41}$	$sɿ^{22}$
童	$dzɿ^{113}$	$dzɿ^{113}$	$szɿ^{113}$	$sɿ^{42}$
靖	$szɿ^{51}$	$szɿ^{51}$	$szɿ^{51}$	$sɿ^{433}$
江	$zɿ^{223}$	$zɿ^{223}$	$zɿ^{223}$	$sɿ^{51}$
常	$zɿ^{24}$	$zɿ^{24}$	$zɿ^{24}$	$sɿ^{44}$
锡	$zɿ^{213}$	$zɿ^{213}$	$zɿ^{213}$	$sɿ^{55}$
苏	$zɿ^{231}$	$zɿ^{231}$	$zɿ^{231}$	$sɿ^{44}$
熟	$dzɿ^{213}$	$zɿ^{213}$	$zɿ^{213}$	$sɿ^{52}$
昆	$zɿ^{223}$	$zɿ^{223}$	$zɿ^{223}$	$sɿ^{44}$
霜	$zɿ^{213}$	$zɿ^{213}$	$zɿ^{213}$	$sɿ^{52}$
罗	$zɿ^{213}$	$zɿ^{213}$	$zɿ^{213}$	$sɿ^{52}$
周	$zɿ^{113}$	$zɿ^{113}$	$zɿ^{113}$	$sɿ^{52}$
上	$zɿ^{113}$	$zɿ^{113}$	$zɿ^{113}$	$sɿ^{52}$
松	$zɿ^{113}$	$zɿ^{113}$	$zɿ^{113}$	$sɿ^{52}$
黎	$dzɿ^{213}$	$zɿ^{213}$	$zɿ^{213}$	$sɿ^{44}$
盛	$dzɿ^{212}$	$zɿ^{212}$	$zɿ^{212}$	$sɿ^{44}$
嘉	$zɿ^{223}$	$zɿ^{223}$	$zɿ^{223}$	$sɿ^{51}$
双	$zɿ^{113}$	$zɿ^{113}$	$zɿ^{113}$	$sɿ^{44}$
杭	$dzɿ^{113}$	$dzɿ^{113}$	$szɿ^{113}$	$sɿ^{323}$
绍	$zɿ^{22}$	$zɿ^{22}$	$zɿ^{22}$	$zɿ^{52}$
诸	$zɿ^{233}$	$zɿ^{233}$	$zɿ^{233}$	$sɿ^{544}$
崇	$zɿ^{14}$	$zɿ^{14}$	$zɿ^{14}$	$sɿ^{53}$
太	$zɿ^{13}$	$zɿ^{13}$	$zɿ^{13}$	$sɿ^{523}$
余	$dzɿ^{113}/zɿ^{113}$	$dzɿ^{113}/zɿ^{113}$	$zɿ^{113}$	$sɿ^{324}$
宁	$zɿ^{113}/ʑi^{113}$	$zɿ^{113}$	$zɿ^{113}$	$sɿ^{52}$
黄	$zɿ^{113}$	$zɿ^{113}$	$zɿ^{113}$	$sɿ^{533}$
温	$zɿ^{22}$	$zɿ^{22}$	$zɿ^{22}$	$sɿ^{44}$
衢	$szɿ^{31}$	$szɿ^{31}$	$szɿ^{31}$	$sɿ^{434}$
华	$szɿ^{24}/szi_j^{24}$少	$szɿ^{24}$	$szɿ^{24}$	$sɿ^{324}$
永	$szɿ^{214}$	$szɿ^{214}$	$szɿ^{214}$	$sɿ^{44}$

止开三平脂生	止开三平脂生	止开三平之心	止开三平之心	止开三平之心
师	狮	思	丝	司
$ʂɿ^{55}$	$ʂɿ^{55}$	$ʂɿ^{55}$	$ʂɿ^{55}$	$ʂɿ^{55}$
$ʂɿ^{445}$	$ʂɿ^{445}$	$ʂɿ^{445}$	$ʂɿ^{445}$	$ʂɿ^{445}$
$ʂɿ_z^{31}$	$ʂɿ_z^{31}$	$ʂɿ_z^{31}$	$ʂɿ_z^{31}$	$ʂɿ_z^{31}$
$ʂɿ^{22}$	$ʂɿ^{22}$	$ʂɿ^{22}$	$ʂɿ^{22}$	$ʂɿ^{22}$
$ʂɿ^{42}$	$ʂɿ^{42}$	$ʂɿ^{42}$	$ʂɿ^{42}$	$ʂɿ^{42}$
$ʂɿ^{433}$	$ʂɿ^{433}$	$ʂɿ^{433}$	$ʂɿ^{433}$	$ʂɿ^{433}$
$ʂɿ^{51}$	$ʂɿ^{51}$	$ʂɿ^{51}$	$ʂɿ^{51}$	$ʂɿ^{51}$
$ʂɿ^{44}$	$ʂɿ^{44}$	$ʂɿ^{44}$	$ʂɿ^{44}$	$ʂɿ^{44}$
$ʂɿ^{55}$	$ʂɿ^{55}$	$ʂɿ^{55}$	$ʂɿ^{55}$	$ʂɿ^{55}$
$ʂɿ^{44}$	$ʂɿ^{44}$	$ʂɿ^{44}$	$ʂɿ^{44}$	$ʂɿ^{44}$
$ʂɿ^{52}$	$ʂɿ^{52}$	$ʂɿ^{52}$	$ʂɿ^{52}$	$ʂɿ^{52}$
$ʂɿ^{44}$	$ʂɿ^{44}$	$ʂɿ^{44}$	$ʂɿ^{44}$	$ʂɿ^{44}$
$ʂɿ^{52}$	$ʂɿ^{52}$	$ʂɿ^{52}$	$ʂɿ^{52}$	$ʂɿ^{52}$
$ʂɿ^{52}$	$ʂɿ^{52}$	$ʂɿ^{52}$	$ʂɿ^{52}$	$ʂɿ^{52}$
$ʂɿ^{52}$	$ʂɿ^{52}$	$ʂɿ^{52}$	$ʂɿ^{52}$	$ʂɿ^{52}$
$ʂɿ^{52}$	$ʂɿ^{52}$	$ʂɿ^{52}$	$ʂɿ^{52}$	$ʂɿ^{52}$
$ʂɿ^{44}$	$ʂɿ^{44}$	$ʂɿ^{44}$	$ʂɿ^{44}$	$ʂɿ^{44}$
$ʂɿ^{44}$	$ʂɿ^{44}$	$ʂɿ^{44}$	$ʂɿ^{44}$	$ʂɿ^{44}$
$ʂɿ^{51}$	$ʂɿ^{51}$	$ʂɿ^{51}$	$ʂɿ^{51}$	$ʂɿ^{51}$
$ʂɿ^{44}$	$ʂɿ^{44}$	$ʂɿ^{44}$	$ʂɿ^{44}$	$ʂɿ^{44}$
$ʂɿ^{323}$	$ʂɿ^{323}$	$ʂɿ^{323}$	$ʂɿ^{323}$	$ʂɿ^{323}$
$ʂɿ^{52}$	$ʂɿ^{52}$	$ʂɿ^{52}$	$ʂɿ^{52}$	$ʂɿ^{52}$
$ʂɿ^{544}$	$ʂɿ^{544}$	$ʂɿ^{544}$	$ʂɿ^{544}$	$ʂɿ^{544}$
$ʂɿ^{53}$	$ʂɿ^{53}$	$ʂɿ^{53}$	$ʂɿ^{53}$	$ʂɿ^{53}$
$ʂɿ^{523}$	$ʂɿ^{523}$	$ʂɿ^{523}$	$ʂɿ^{523}$	$ʂɿ^{523}$
$ʂɿ^{324}$	$ʂɿ^{324}$	$思^{324}$	$ʂɿ^{324}$	$司^{324}$
$ʂɿ^{52}$	$ʂɿ^{52}$	$ʂɿ^{52}$	$ʂɿ^{52}$	$ʂɿ^{52}$
$ʂɿ^{533}$	$ʂɿ^{533}$	$ʂɿ^{533}$	$ʂɿ^{533}$	$ʂɿ^{533}$
$ʂɿ^{44}$	$ʂɿ^{44}$	$ʂɿ^{44}$	$ʂɿ^{44}$	$ʂɿ^{44}$
$ʂɿ^{434}$	$ʂɿ^{434}$	$ʂɿ^{434}$	$ʂɿ^{434}$	$ʂɿ^{434}$
$ʂɿ^{324}$	$ʂɿ^{324}$	$ʂɿ^{324}$	$ʂɿ^{324}$	$ʂɿ^{324}$
$ʂɿ^{44}$	$ʂɿ^{44}$	$ʂɿ^{44}$	$ʂɿ^{44}$	$ʂɿ^{44}$

摄口 等调 韵声	止开 三上 脂心 死	止开 三上 止生 史	止开 三上 止生 使	止开 三去 至心 四
宜	sɿ^{51}	sɿ^{51}	sɿ^{51}	sɿ^{324}
溧	sɿ^{52}	sɿ^{52}	sɿ^{52}	sɿ^{445}/sɿ^{412}
金	sɿz^{323}	sɿz^{323}	sɿz^{323}	sɿz^{44}
丹	sɿ^{44}	sɿ^{44}	sɿ^{44}	sɿ^{324}
童	sɿ^{324}	sɿ^{324}	sɿ^{324}	sɿ^{45}
靖	sɿ^{334}	sɿ^{334}	sɿ^{334}	sɿ^{51}
江	sɿ^{45}	sɿ^{45}	sɿ^{45}	sɿ^{435}
常	sɿ^{334}	sɿ^{334}	sɿ^{334}	sɿ^{51}
锡	sɿ^{324}/si^{324}	sɿ^{324}	sɿ^{324}	sɿ^{35}
苏	si^{51}/sɿ^{51}	sɿ^{51}	sɿ^{51}	sɿ^{412}
熟	si^{44}/sɿ^{44}	sɿ^{44}	sɿ^{44}	sɿ^{324}
昆	si^{52}/ɕi^{52}/sɿ^{52}	sɿ^{52}	sɿ^{52}	sɿ^{52}
霜	si^{434}/sɿ^{434}	sɿ^{434}	sɿ^{434}	sɿ^{434}
罗	si^{434}/sɿ^{434}	sɿ^{434}	sɿ^{434}	sɿ^{434}
周	ɕi^{44}/sɿ^{44}	sɿ^{44}	sɿ^{44}	sɿ^{335}
上	ɕi^{334}/sɿ^{334}	sɿ^{334}	sɿ^{334}	sɿ^{334}
松	ɕi^{44}	sɿ^{44}	sɿ^{44}	sɿ^{335}
黎	si$_j$^{51}	sɿ^{51}	sɿ^{51}	sɿ^{413}
盛	si$_j$^{51}	sɿ^{51}	sɿ^{51}	sɿ^{413}
嘉	ɕi^{44}/sɿ^{44}	sɿ^{44}	sɿ^{44}	sɿ^{334}
双	ɕi^{53}/sɿ^{53}	sɿ^{53}	sɿ^{53}	sɿ^{334}
杭	sɿ^{51}	sɿ^{51}	sɿ^{51}	sɿ^{334}
绍	sɿ^{334}	sɿ^{334}	sɿ^{334}	sɿ^{33}
诸	sɿ$^{\underline{52}}$	sɿ^{52}	sɿ^{52}	sɿ^{544}
崇	sɿ^{44}	sɿ^{44}	sɿ^{44}	sɿ^{324}
太	sɿ^{42}	sɿ^{42}	sɿ^{42}	sɿ^{35}
余	ɕi^{435}	sɿ^{435}	sɿ^{435}	sɿ^{52}
宁	ɕi^{325}	sɿ^{325}	sɿ^{325}	sɿ^{52}
黄	sɿ^{533}	sɿ^{533}	sɿ^{533}	sɿ^{44}
温	sɿ$^{\underline{35}}$	sɿ$^{\underline{35}}$	sɿ$^{\underline{35}}$	sɿ^{52}
衢	sɿ^{45}	sɿ^{45}	sɿ^{45}	sɿ^{53}
华	sɿ^{544}	sɿ^{544}	sɿ^{544}	si$_j$^{45}/sɿ^{45}
永	sɿ^{434}	sɿ^{434}	sɿ^{434}	ɕi^{54}

止开 三去 至心	止开 三平 之邪	止开 三平 之邪	止开 三上 止邪	止开 三去 志邪
肆	辞	词	似	寺
$sɿ^{324}$	$zɿ^{223}$	$zɿ^{223}$	$zɿ^{231}$	$zɿ^{231}$
$sɿ^{445}/sɿ^{412}$	$szɿ^{323}$	$szɿ^{323}$	$szɿ^{231}$	$szɿ^{231}$
$sɿ_z^{44}$	$ts'ɿ_z^{35}$	$ts'ɿ_z^{35}$	$sɿ_z^{31}$	$sɿ_z^{44}$
$sɿ^{324}$	$dzɿ^{213}$	$dzɿ^{213}$	$sɿ^{41}$	$sɿ^{41}$
$sɿ^{45}$	$dzɿ^{31}$	$dzɿ^{31}$	$szɿ^{113}$	$szɿ^{113}$
$sɿ^{51}$	$szɿ^{223}$	$szɿ^{223}$	$szɿ^{51}$	$szɿ^{51}$
$sɿ^{435}$	$zɿ^{223}$	$zɿ^{223}$	$zɿ^{223}$	$zɿ^{223}$
$sɿ^{51}$	$zɿ^{213}$	$zɿ^{213}$	$zɿ^{24}$	$zɿ^{24}$
$sɿ^{35}$	$zɿ^{213}$	$zɿ^{213}$	$zɿ^{213}$	$zɿ^{213}$
$sɿ^{412}$	$zɿ^{223}$	$zɿ^{223}$	$zɿ^{231}$	$zɿ^{231}$
$sɿ^{324}$	$dzɿ^{233}$	$dzɿ^{233}$	$zɿ^{31}$	$zɿ^{213}$
$sɿ^{52}$	$zɿ^{132}$	$zɿ^{132}$	$zɿ^{223}$	$zɿ^{223}$
$sɿ^{434}$	$zɿ^{231}$	$zɿ^{231}$	$zɿ^{213}$	$zɿ^{213}$
$sɿ^{434}$	$zɿ^{231}$	$zɿ^{231}$	$zɿ^{213}$	$zɿ^{213}$
$sɿ^{335}$	$zɿ^{113}$	$zɿ^{113}$	$zɿ^{113}$	$zɿ^{113}$
$sɿ^{334}$	$zɿ^{113}$	$zɿ^{113}$	$zɿ^{113}$	$zɿ^{113}$
$sɿ^{335}$	$zɿ^{231}$	$zɿ^{231}$	$zɿ^{113}$	$zɿ^{113}$
$sɿ^{413}$	$dzɿ^{24}$	$dzɿ^{24}$	$zɿ^{32}$	$dzɿ^{213}$
$sɿ^{413}$	$dzɿ^{24}$	$dzɿ^{24}$	$zɿ^{223}$	$dzɿ^{212}$
$sɿ^{334}$	$zɿ^{231}$	$zɿ^{231}$	$zɿ^{223}$	$zɿ^{223}$
$sɿ^{334}$	$zɿ^{113}$	$zɿ^{113}$	$zɿ^{231}$	$zɿ^{113}$
$sɿ^{334}$	$dzɿ^{212}$	$dzɿ^{212}$	$zɿ^{113}$	$zɿ^{113}$
$sɿ^{33}$	$dzɿ^{231}$	$dzɿ^{231}$	$zɿ^{22}$	$zɿ^{22}$
$sɿ^{544}$	$zɿ^{233}$	$zɿ^{233}$	$zɿ^{233}$	$zɿ^{233}$
$sɿ^{324}$	$zɿ^{31}$	$zɿ^{31}$	$zɿ^{14}$	$zɿ^{14}$
$sɿ^{35}$	$zɿ^{312}$	$zɿ^{312}$	$zɿ^{13}$	$zɿ^{13}$
$sɿ^{52}$	$dzɿ^{113}$	$dzɿ^{113}$	$zɿ^{113}$	$zɿ^{113}$
$sɿ^{52}$	$dzɿ^{113}$	$dzɿ^{113}$	$zɿ^{113}$	$zɿ^{113}$
$sɿ^{44}$	$zɿ^{311}$	$zɿ^{311}$	$zɿ^{113}$	$zɿ^{113}$
$sɿ^{52}$	$szɿ^{231}$	$szɿ^{231}$	$szɿ^{22}$	$szɿ^{22}$
$sɿ^{53}$	$dzɿ^{323}$	$dzɿ^{323}$	$szɿ^{31}$	$szɿ^{31}$
$sɿ^{45}$	$tsɿ^{324}$	$tsɿ^{324}$	$szɿ^{24}$	$szɿ^{24}$
$ɕi^{54}$	$szɿ^{322}$	$szɿ^{322}$	$szɿ^{214}$	$szɿ^{214}$

摄口 等调 韵声	遇合 三平 鱼知	遇合 三平 鱼章	遇合 三平 虞章	遇合 三平 虞章
	猪	诸	朱	珠
宜	tɕyɿ^{55}	tɕyɿ^{55}	tɕyɿ^{55}	tɕyɿ^{55}
溧	tɕyz^{445}	tɕyz^{445}	tɕyz^{445}	tɕyz^{445}
金	tsᵊu^{31}	tsᵊu^{31}	tsᵊu^{31}	tsᵊu^{31}
丹	tsᵊu^{22}	tsᵊu^{22}	tsᵊu^{22}	tsᵊu^{22}
童	tʃyɥ^{42}	tʃyɥ^{42}	tʃyɥ^{42}	tʃyɥ^{42}
靖	tɕyɥ^{433}	tɕyɥ^{433}	tɕyɥ^{433}	tɕyɥ^{433}
江	tɕy^{51}	tɕy^{51}	tɕy^{51}	tɕy^{51}
常	tsʅ^{44}	tsʅ^{44}	tsʅ^{44}	tsʅ^{44}
锡	tsʅʱ^{55}	tsʅʱ^{55}	tsʅʱ^{55}	tsʅʱ^{55}
苏	tsʅɹ^{44}	tsʅɹ^{44}	tsʅɹ^{44}	tsʅɹ^{44}
熟	tʂʅʱ^{52}	tʂʅʱ^{52}	tʂʅʱ^{52}	tʂʅʱ^{52}
昆	tsʅ^{44}	tsʅ^{44}	tsʅ^{44}	tsʅ^{44}
霜	tsɿ^{52}	tsɿ^{52}	tsɿ^{52}	tsɿ^{52}
罗	tsɿ^{52}	tsɿ^{52}	tsɿ^{52}	tsɿ^{52}
周	tsɿ^{52}	tsɿ^{52}	tɕy^{52}	tɕy^{52}/tsɿ^{52}
上	tsɿ^{52}	tsɿ^{52}	tsɿ^{52}	tsɿ^{52}
松	tsɿ^{52}	tɕy^{52}	tɕy^{52}/tsɿ^{52}	tɕy^{52}
黎	tsʅ^{44}	tsʅ^{44}	tsʅ^{44}	tsʅ^{44}
盛	tsʅ^{44}	tsʅ^{44}	tsʅ^{44}	tsʅ^{44}
嘉	tsʅ^{51}	tsʅ^{51}	tsʅ^{51}	tsʅ^{51}
双	tsɿ^{44}	tsɿ^{44}	tsɿ^{44}	tsɿ^{44}
杭	tsʅ^{323}	tsʅ^{323}	tsʅ^{323}	tsʅ^{323}
绍	tsʅ^{52}	tɕyɥ^{52}	tɕyɥ^{52}	tɕyɥ^{52}
诸	tsʅ^{544}	tɕyɥ^{544}	tɕyɥ^{544}	tɕyɥ^{544}
崇	tsʅ^{53}	tsɿ^{53}	tsɿ^{53}	tsɿ^{53}
太	tsɿ^{523}	tsɿ^{523}	tsɿ^{523}	tsɿ^{523}
余	tsʅ^{324}/tsʅ^{324}	tsʅ^{324}	tsʅ^{324}	tsʅ^{324}
宁	tsʅ^{52}	tsʅ^{52}	tsʅ^{52}	tsʅ^{52}
黄	tsʅ^{533}	tsʅ^{533}	tsʅ^{533}	tsʅ^{533}
温	tsii^{44}	tsɿ^{44}	tsɿ^{44}	tsɿ^{44}
衢	tʃʮ^{434}	tʃʮ^{434}	tʃʮ^{434}	tʃʮ^{434}
华	tɕʮy^{324}	tɕʮy^{324}	tɕʮy^{324}	tɕʮy^{324}
永	tɕi^{44}	tɕʏ^{44}	tɕʏ^{44}	tɕʏ^{44}

遇合三上语章	遇合三上虞章	遇合三去御知	遇合三去遇知	遇合三去遇知
煮	主	著	驻	注
tɕyʮ^{51}	tɕyʮ^{51}	tɕyʮ^{324}	tɕyʮ^{324}	tɕyʮ^{324}
tɕyz^{52}	tɕyz^{52}	tɕyz^{412}	tɕyz^{412}	tɕyz^{412}
tsᵊu^{323}	tsᵊu^{323}	tsᵊu^{44}	tsᵊu^{44}	tsᵊu^{44}
tsᵊu^{44}	tsᵊu^{44}	tsʮ^{324}	tsʮ^{324}	tsʮ^{324}
tʃyʮ^{324}	tʃyʮ^{324}	tʃyʮ^{45}	tʃyʮ^{45}	tʃyʮ^{45}
tɕyʮ^{334}	tɕyʮ^{334}	tɕyʮ^{51}	tɕyʮ^{51}	tɕyʮ^{51}
tɕy^{45}	tɕy^{45}	tɕy^{435}	tɕy^{435}	tɕy^{435}
tsʮ^{334}	tsʮ^{334}	tsʮ^{51}	tsʮ^{51}	tsʮ^{51}
tsʮ^{324}	tsʮ^{324}	tsʮ^{35}	tsʮ^{35}	tsʮ^{35}
tsʮ^{51}	tsʮ^{51}	tsʮ^{412}	tsʮ^{412}	tsʮ^{412}
tʂʮ^{44}	tʂʮ^{44}	tʂʮ^{324}	tʂʮ^{324}	tʂʮ^{324}
tsəʮ^{52}	tsʮ^{52}	tsʮ^{52}	tsʮ^{52}	tsʮ^{52}
tsʅ^{434}	tsʅ^{434}	tsʅ^{434}	tsʅ^{434}	tsʅ^{434}
tsʅ^{434}	tsʅ^{434}	tsʅ^{434}	tsʅ^{434}	tsʅ^{434}
tsʅ^{44}	tɕy^{44}/tsʅ^{44}	tsʅ^{335}	tɕy^{335}/tsʅ^{335}	tɕy^{335}/tsʅ^{335}
tsʅ^{334}	tsʅ^{334}	tsʅ^{334}	tsʅ^{334}	tsʅ^{334}
tɕu^{44}	tɕy^{44}	tɕy^{335}/ʐy^{113}	tɕu^{335}	tɕy^{335}/tɕu^{335}
tsʮ^{51}	tsʮ^{51}	tsʮ^{413}	tsʮ^{413}	tsʮ^{413}
tsʮ^{51}	tsʮ^{51}	tsʮ^{413}	tsʮ^{413}	tsʮ^{413}
	tsʮ^{44}	tsʮ^{334}	tsʮ^{334}	tsʮ^{334}
tsʅ^{53}	tsʅ^{53}	tsʅ^{334}	tsʅ^{334}	tsʅ^{334}
tsʮ^{51}	tsʮ^{51}	tsʮ^{334}	tsʮ^{334}	tsʮ^{334}
tsʅ^{334}	tɕyʮ^{334}	tɕyʮ^{33}	tɕyʮ^{33}	tɕyʮ^{33}
tsu^{52}	tɕyʮ^{52}	tɕyʮ^{544}	tɕyʮ^{544}	tɕyʮ^{544}
tsʅ^{44}	tsʅ^{44}	tsʅ^{324}	tsʅ^{324}	tsʅ^{324}
tsʅ^{42}	tsʅ^{42}	tsʅ^{35}	tsʅ^{35}	tsʅ^{35}
tsʅ^{435}/tsʮ^{435}	tsʮ^{435}	tsʮ^{52}	tsʮ^{52}	tsʮ^{52}
tsʮ^{325}/tsʅ^{325}	tsʮ^{325}	tsʮ^{52}	tsʮ^{52}	tsʮ^{52}
tsʅ^{533}	tsʮ^{533}	tsʮ^{44}	tsʮ^{44}	tsʮ^{44}
tsɲi$\underline{^{35}}$	tsʅ$\underline{^{35}}$	tsʅ^{52}	tsʅ^{52}	tsʅ^{52}
tʃʮ^{45}	tʃʮ^{45}	tʃʮ^{53}	tʃʮ^{53}	tʃʮ^{53}
tɕʮy^{544}	tɕʮy^{544}	tɕʮy^{45}	tɕʮy^{45}	tɕʮy^{45}
tɕɤ^{434}	tɕɤ^{434}	tɕɤ^{54}	tɕɤ^{54}	tɕɤ^{54}

摄口 等调 韵声	遇合 三去 遇章	遇合 三去 遇章	遇合 三上 语昌	遇合 三上 语书
	注	蛀	处相~	鼠
宜	tɕyч324	tɕyч324	tɕʻyч51	tɕʻyч324
溧	tɕyᵤ412	tɕyᵤ412	tɕʻyᵤ52	tɕʻyᵤ52
金	tsˤu44	tsˤu44	tsˤʻu323	tsˤʻu323
丹	tsˤu22	tsˤu22	tsˤʻu44	tsˤʻu44
童	tʃyч45	tʃyч45	tʃʻyч324	tʃʻyч324
靖	tɕyч51	tɕyч51	tɕʻyч334	tɕʻyч334
江	tɕy435	tɕy435	tɕʻy45	tɕʻy45
常	tsч51	tsч51	tsʻч334	tsʻч334
锡	tsʮ35	tsʮ35	tsʻʮ324	tsʻʮ324
苏	tsʮ412	tsʮ412	tsʻʮ51	tsʻʮ51
熟	tʂʮ324	tʂʮ324	tʂʮ44	tʂʮ44
昆	tsч52	tsч52	tsʻч52	tsʻч52
霜	tsɿ434	tsɿ434	tsʻɿ434	tsʻɿ434
罗	tsɿ434	tsɿ434	tsʻɿ434	tsʻɿ434
周	tɕy335/tsɿ335	tɕy335/tsɿ335	tɕʻy44/tsɿ44	sɿ44
上	tsɿ334	tsɿ334	tsʻɿ334	tsʻɿ334
松	tɕy335	tɕy335	tsʻu335	sɿ44
黎	tsч413	tsч413	tsʻч334	sч51
盛	tsч413	tsч413	tsʻч334	sч51
嘉	tsч334	tsч334	tsʻч324	sч44
双	tsɿ334	tsɿ334	tsʻɿ53	tsʻɿ53
杭	tsч334	tsч334	tsʻч51/tsʻu51	tsʻч51/tsʻu51
绍	tɕyч33	tɕyч33	tɕʻyч334	tsʻɿ52
诸	tɕyᵤ544	tɕyᵤ544	tɕʻyᵤ52	tɕʻyᵤ52
崇	tsɿ324	tsɿ324	tsʻɿ44	tsʻɿ44
太	tsɿ35	tsɿ35	tsʻɿ42	tsʻɿ42
余	tsч52	tsч52	tsʻч435	tsʻɿ435
宁	tsч52	tsч52	tsʻч325	tsʻч325
黄	tsч533	tsч533	tsʻч533	tsʻч533
温	tsɿ52	tsɿ52	tsʻɿ52	tsʻi35̲
衢	tʃʮ53	tʃʮ53	tʃʻʮ45	tʃʻʮ45
华	tɕʮy45	tɕʮy45	tɕʻʮy544	tɕʻʮy544/tsʻɿ544
永	tɕʻY54	tɕʻY54	tɕʻY434	tɕi434

遇合 三去 御昌	遇合 三平 鱼澄	遇合 三平 虞澄	遇合 三平 虞澄	遇合 三上 虞澄
处~所	除	厨	橱	柱
tɕʻy_ᵤ³²⁴	dʑy_ᵤ²²³	dʑy_ᵤ²²³	dʑy_ᵤ²²³	dʑy_ᵤ²⁴
tɕʻy_z⁴¹²	dʑy_z³²³	dʑy_z³²³	dʑy_z³²³	dʑy_z²³¹
tsʻᵓu³¹	tsʻᵓu³⁵	tsʻᵓu³⁵	tsʻᵓu³⁵	tsʻᵓu⁴⁴
tsʻᵓu³²⁴	dzᵓu²¹³	dzᵓu²¹³	dzᵓu²¹³	tsᵓu⁴¹
tʃʻy_ᵤ⁴⁵	dʒy_ᵤ³¹	dʒy_ᵤ³¹	dʒy_ᵤ³¹	dʒy_ᵤ¹¹³
tɕʻy_ᵤ⁵¹	dʑy_ᵤ²²³	dʑy_ᵤ²²³	dʑy_ᵤ²²³	dʑy_ᵤ³¹
tɕʻy⁴³⁵	dʑy²²³	dʑy²²³	dʑy²²³	dʑy²²³
tsʻʅ⁵¹	dzʅ²¹³	dzʮ²¹³	dzʮ²¹³	dzʮ²⁴
tsʻɻ³⁵	zɻ²¹³	zʮ²¹³	zʮ²¹³	zʮ²¹³/³³
tsʻɻ⁴¹²	zɻ²²³	zʮ²²³	zʮ²²³	zʮ²³¹
tʂʻɻ³²⁴	dʐɻ²³³	dʐʮ²³³	dʐʮ²³³	dʐʮ³¹
tsʻʅ⁵²	zʅ¹³²	zʮ¹³²	zʮ¹³²	zʮ²¹
tsʻɻ⁴³⁴	zɻ²³¹	zɻ²³¹	zʮ²³¹	zɻ²¹³
tsʻɻ⁴³⁴	zɻ²³¹	zɻ²³¹	zʮ²³¹	zɻ²¹³
tɕʻy⁴⁴/tsɻ⁴⁴	zᶻy¹¹³	zᶻy¹¹³	zᶻy¹¹³/zɻ¹¹³	zᶻy¹¹³/zɻ¹¹³
tsʻɻ³³⁴	zɻ¹¹³	zɻ¹¹³	zɻ¹¹³	zɻ¹¹³
tsʻu³³⁵/tɕʻy³³⁵	zᶻy²³¹	zᶻy²³¹	zᶻy²³¹	tsu³³⁵/zᶻy¹¹³
tsʻʮ³²⁴	dzʮ²⁴	dzʮ²⁴	dzʮ²⁴	dzʮ³²
tsʻʮ³¹³	dzʮ²⁴	dzʮ²⁴	dzʮ²⁴	dzʮ²²³
tsʻʮ³³⁴	zʮ²³¹	zʮ²³¹	zʮ²³¹	tsʮ⁵¹
tsʻɻ³³⁴	dzɻ¹¹³	zɻ¹¹³	zʮ¹¹³	zɻ²³¹
tsʻʮ³³⁴	dzʮ²¹²	dzʮ²¹²	dzʮ²¹²	dzʮ¹¹³
tɕʻy_ᵤ³³	dʑy_ᵤ²³¹	dʑy_ᵤ²³¹	dʑy_ᵤ²³¹	tɕy_ᵤ³³
tɕʻy_ᵤ⁵⁴⁴	dʑy_ᵤ²³³	dʑy_ᵤ²³³	dʑy_ᵤ²³³	dʑy_ᵤ²³¹
tsʻɻ³²⁴	dzɻ³¹	dzɻ³¹	dzɻ³¹	dzɻ²²
tsʻɻ³⁵	dzɻ³¹²	dzɻ³¹²	dzɻ³¹²	dzɻ²²
tsʻʮ⁵²	dzʮ¹¹³	dzʮ¹¹³	dzʮ¹¹³	dzʮ¹¹³
tsʻʮ⁵²	dzʮ¹¹³	dzʮ¹¹³	dzʮ¹¹³	dzʮ¹¹³
tsʻʮ⁴⁴	dzʮ³¹¹	dzʮ³¹¹	dzʮ³¹¹	dzʮ¹¹³
tsi⁵²	dzɻ²³¹	dzɻ²³¹	dzɻ²³¹	dzɻ²⁴
tʃʻʮ⁵³	ʒʮ³²³	ʒʮ³²³	ʒʮ³²³	dʒʮ³¹
tɕʻʮ_y⁴⁵	ɕʑʮ_y²¹³/dʑʮ_y²¹³	dʑʮ_y²¹³	dʑʮ_y²¹³	tɕʮ_y³²⁴
tɕʻʏ⁵⁴	dʑʏ³²²	dʑʏ³²²	dʑʏ³²²	dʑʏ³²³

摄口 等调 韵声	遇合 三去 遇澄	遇合 三平 鱼书	遇合 三平 鱼书	遇合 三平 虞书
	住	书	舒	输
宜	$dʑyɿ^{231}$	$ɕyɿ^{55}$	$ɕyɿ^{55}$	$ɕyɿ^{55}$
溧	$dʑy_z^{231}$	$ɕy_z^{445}$	$ɕy_z^{445}$	$ɕy_z^{445}$
金	$ts^əu^{44}$	$s^əu^{44}$	$s^əu^{31}$	$s^əu^{31}$
丹	$ts^əu^{41}$	$s^əu^{22}$	$s^əu^{22}$	$s^əu^{22}$
童	$dʒyɿ^{113}$	$ʃyɿ^{42}$	$ʃyɿ^{42}$	$ʃyɿ^{42}$
靖	$dʑyɿ^{31}/ɦyɿ^{31}$	$ɕyɿ^{433}$	$ɕyɿ^{433}$	$ɕyɿ^{433}$
江	$dʑy^{223}$	$ɕy^{51}$	$ɕy^{51}$	$ɕy^{51}$
常	$dzʮ^{24}$	$sʮ^{44}$	$sʮ^{44}$	$sʮ^{44}$
锡	$zʮɭ^{213}$	$sʮɭ^{55}$	$sʮɭ^{55}$	$sʮɭ^{55}$
苏	$zʮɭ^{231}$	$sʮɭ^{44}$	$sʮɭ^{44}$	$sʮɭ^{44}$
熟	$dzʮɭ^{213}$	$sʮɭ^{52}$	$sʮɭ^{52}$	$sʮɭ^{52}$
昆	$zʮ^{21}$	$sʮ^{44}$	$sʮ^{44}$	$sʮ^{44}$
霜	$zɹ^{213}$	$sɹ^{52}$	$sɹ^{52}$	$sɹ^{52}$
罗	$zɹ^{213}$	$sɹ^{52}$	$sɹ^{52}$	$sɹ^{52}$
周	$zɻy^{113}/zɹ^{113}$	$sɹ^{52}/ɕy^{52}$	$ɕy^{52}/sɹ^{52}$	$ɕy^{52}/sɹ^{52}$
上	$zɹ^{113}$	$sɹ^{52}$	$sɹ^{52}$	$sɹ^{52}$
松	$zɻy^{113}$	$ɕy^{52}$	$ɕy^{52}$	$ɕy^{335}$
黎	$dzʮ^{213}$	$sʮ^{44}$	$sʮ^{44}$	$sʮ^{44}$
盛	$dzʮ^{212}$	$sʮ^{44}$	$sʮ^{44}$	$sʮ^{44}$
嘉	$zʮ^{223}$	$sʮ^{51}$	$sʮ^{51}$	$sʮ^{51}$
双	$zɹ^{113}/dzɹ^{113}$	$sɹ^{44}$	$sɹ^{44}$	$sɹ^{44}$
杭	$dzʮ^{113}$	$sʮ^{323}$	$sʮ^{323}$	$sʮ^{323}$
绍	$dʑyɿ^{22}$	$ɕyɿ^{52}$	$ɕyɿ^{52}$	$ɕyɿ^{52}$
诸	$dʑyɿ^{233}$	$ɕyɿ^{544}$	$ɕyɿ^{544}$	$ɕyɿ^{544}$
崇	$dzɹ^{14}$	$sɹ^{53}$	$sɹ^{53}$	$sɹ^{53}$
太	$dzɹ^{13}$	$sɹ^{523}$	$sɹ^{523}$	$sɹ^{523}$
余	$dzʮ^{113}$	$sʮ^{324}$	$sʮ^{324}$	$sʮ^{324}$
宁	$dzʮ^{113}$	$sʮ^{52}$	$sʮ^{52}$	$sʮ^{52}$
黄	$dzʮ^{113}$	$sʮ^{533}/ɕʮ^{533}$	$sʮ^{533}$	$sʮ^{533}$
温	$dzɹ^{22}$	$sɹ^{44}$	$sɹ^{44}$	$sɹ^{44}$
衢	$dʒʮ^{31}$	$ʃʮ^{434}$	$ʃʮ^{434}$	$ʃʮ^{434}$
华	$dʑʮ_y^{24}$	$ɕʮ_y^{324}$	$ɕʮ_y^{324}$	$ɕʮ_y^{324}$
永	$dʑyɣ^{214}$	$ɕɣ^{44}$	$ɕɣ^{44}$	$ɕɣ^{44}$

遇合 三上 语书	遇合 三去 御书	遇合 三平 鱼日	遇合 三平 虞禅	遇合 三平 虞日
暑	庶	如	殊	儒
$çy_ʮ^{51}$	$çy_ʮ^{324}$	$ʑy_ʮ^{55}$	$ʑy_ʮ^{231}$	$ʑy_ʮ^{223}$
$çy_z^{52}$	su^{412}	$ʑy_z^{323}$	$ʑy_z^{231}$	$ʑy_z^{323}$
$s^ᵊu^{323}$	$s^ᵊu^{323}$	$l^ᵊu^{35}$	$ts^ᵊu^{31}$	$l^ᵊu^{35}$
$s^ᵊu^{44}$	$s^ᵊu^{324}$	$l^ᵊu^{22}$	$s^ᵊu^{22}$	$l^ᵊu^{213}/l^ᵊu^{22}$
$ʃy_ʮ^{324}$	$ʃy_ʮ^{45}$	$lu^{31}/ly_ʮ^{113}/ʒy_ʮ^{31}$	$ʃy_ʮ^{31}$	$lu^{31}/ʒy_ʮ^{31}$
$çy_ʮ^{334}$	$çy_ʮ^{51}$	$çʑy_ʮ^{223}$	$çy_ʮ^{433}$	$çʑy_ʮ^{223}$
$çy^{45}$	$çy^{435}$	$ʑy^{223}$	$ʑy^{223}$	$ʑy^{223}$
$sʮ^{334}$	$sʮ^{51}$	$zʮ^{213}$	$zʮ^{213}$	$zʮ^{213}$
$sʮ_ʅ^{324}$	$sʮ_ʅ^{35}$	$zʮ_ʅ^{213/14}$	$zʮ_ʅ^{213}$	$zʮ_ʅ^{213}$
$sʮ_ʅ^{51}$	$sʮ_ʅ^{412}$	$zʮ_ʅ^{223}$	$zʮ_ʅ^{223}$	$zʮ_ʅ^{223}$
$tʂʰʮ_ʅ^{44}$	$sʮ_ʅ^{324}$	$zʮ_ʅ^{233}$	$dzʮ_ʅ^{233}$	$dzʮ_ʅ^{233}$
$sʮ^{52}$	$sʮ^{52}$	$zʮ^{132}$	$zʮ^{132}$	$lɤu^{132}$
$sɹ^{434}$	$sɹ^{434}$	$zɹ^{231}$	$zɹ^{231}$	$zɹ^{231}$
$sɹ^{434}$	$sɹ^{434}$	$zɹ^{213}$	$zɹ^{213}$	$zɹ^{213}$
$çy^{44}$	$sɹ^{335}$	$ʑy^{113}/zɹ^{113}$	$ʑy^{113}$	$ʑy^{113}/zɹ^{113}$
$sɹ^{334}$	$sɹ^{334}$	$zɹ^{113}/lu^{113}$	$zɹ^{113}$	$zɹ^{113}/lu^{113}$
$çy^{44}/su^{44}$	su^{335}	$ʑy^{231}$	$ʑy^{231}$	$ʑy^{231}/lu^{231}$
$sʮ^{51}$	$sʮ^{413}$	$zʮ^{24}$	$zʮ^{24}$	$zʮ^{24}$
$sʮ^{51}$	$sʮ^{413}$	$zʮ^{24}$	$zʮ^{24}$	$zʮ^{24}$
$sʮ^{44}$	$sʮ^{334}$	$zʮ^{223}$	$zʮ^{231}$	$zʮ^{231}$
$sɹ^{53}$	$sɹ^{334}$	$zɹ^{113}$	$zɹ^{113}$	$zɹ^{113}$
$sʮ^{51}$	$sʮ^{334}$	$szʮ^{212}/szʮ^{212}$	$sʮ^{323}/su^{323}$	$szʮ^{212}/ɹu^{323}$
$çy_ʮ^{334}$	su^{33}	$ʑy_ʮ^{231}$	$dzʑy_ʮ^{231}$	$ʑy_ʮ^{231}$
$çy_ʮ^{52}$	$çy_ʮ^{544}$	$ɦiy_ʮ^{233}$	$tçy_ʮ^{544}$	$ʑy_ʮ^{233}$
$sɹ^{44}$	$sɹ^{324}$	$zɹ^{31}$	$zɹ^{31}$	$zɹ^{31}$
$sɹ^{42}$	$sɹ^{35}$	$zɹ^{312}$	$zɹ^{312}$	$zɹ^{312}$
$sʮ^{435}$	$sʮ^{52}$	$zʮ^{113}$	$dzʮ^{113}$	$zʮ^{113}$
$sʮ^{325}$	$sʮ^{52}$	$zʮ^{113}$	$zʮ^{123}$	$zʮ^{113}$
$sʮ^{533}$	$sʮ^{44}$	$zʮ^{311}$	$zʮ^{311}$	$zʮ^{311}$
$sɹ^{52}$	$sɹ^{52}$	$szɹ^{22}$	$szɹ^{22}$	$szɹ^{231}$
$ʃʮ^{45}$		$lu^{323}/ʒʮ^{323}$	$ʒʮ^{323}$	$ʒʮ^{323}$
$çʮ_y^{544}$	$çʮ_y^{45}$	$çʑʮ_y^{213}/lu^{213}/çʮ_y^{324}$	$çʑʮ_y^{213}$	$çʑʮ_y^{213}$
$çɤ^{434}$	$çɤ^{434}$	$çʑɤ^{322}$	$çʑɤ^{322}$	$çʑɤ^{322}$

摄口 等调 韵声	遇合 三上 虞禅	遇合 三上 虞日	遇合 三去 御禅	遇合 三去 遇禅
	竖	乳	署	树
宜	ʑyɥ²³¹	ʑyɥ²³¹	ʑyɥ²³¹	ʑyɥ²³¹
溧	ʑyz²⁴	ʑyz³²³	ʑyz²³¹	ʑyz²³¹
金	lᵊu³⁵	lᵊu³⁵	sᵊu³¹	sᵊu³¹
丹	sᵊu⁴¹	lᵊu²¹³	sᵊu³²⁴	sᵊu⁴¹
童	ʑyɥ¹¹³	ʔlu³²⁴/ʒyɥ¹¹³	ʑyɥ¹¹³	ʒyɥ¹¹³
靖	ɕʑyɥ⁵¹	ɕy³³⁴	ɕy⁵¹	ɕʑyɥ⁵¹
江	ʑy²²³	ɕy⁴⁵/ʑy²²³	ɕy⁴³⁵	ʑy⁴³⁵
常	zʮ²⁴	zʮ²⁴	zʮ²⁴	zʮ²⁴
锡	zʮɭ³³	zʮɭ²¹³	zʮɭ²¹³	zʮɭ²¹³
苏	zʮɭ²³¹	zʮɭ²³¹	zʮɭ²³¹	zʮɭ²³¹
熟	zʮɭ³¹	zʮɭ³¹	zʮɭ²¹³	zʮɭ²¹³
昆	zʮ²²³	zʮ²²³	zʮ²¹	zʮ²¹
霜	zɭ²¹³	zɭ²¹³	zɭ²¹³	zɭ²¹³
罗	zɭ²¹³	zɭ²¹³	zɭ²¹³	zɭ²¹³
周	ʑy¹¹³/zɭ¹¹³	ʑy¹¹³/zɭ¹¹³	ʑy¹¹³	ʑy¹¹³/zɭ¹¹³
上	zɭ¹¹³	zɭ¹¹³/lu¹¹³	zɭ¹¹³	zɭ¹¹³
松	ʑy¹¹³	ʑy¹¹³/zɭ¹¹³	ʑy¹¹³	ʑy¹¹³
黎	zʮ³²	zʮ³²	zy²¹³	zʮ²¹³
盛	zʮ²²³/zʮ²¹²	zʮ²²³	sʮ⁵¹	zʮ²¹²
嘉	zʮ²²³	zʮ²²³	zʮ²²³	zʮ²²³
双	zɭ²³¹	zɭ²³¹	zɭ¹¹³	zɭ¹¹³
杭	szʮ¹¹³	ʮʮ⁵¹/szʮ¹¹³	sʮ³³⁴	szʮ¹¹³/szu¹¹³
绍	ʑyɥ¹¹³	ʑyɥ¹¹³	ʑyɥ²²	ʑyɥ²²
诸	ʑyɥ²³¹	ɦiy²³¹	dʑʑyɥ²³³	ʑyɥ²³³
崇	zɭ²²	zɭ²²	zɭ¹⁴	zɭ¹⁴
太	zɭ²²	zɭ²²	zɭ¹³	zɭ¹³
余	zʮ¹¹³	zʮ¹¹³	zʮ¹¹³	zʮ¹¹³
宁	zʮ¹¹³	zʮ¹¹³	zʮ¹¹³	zʮ¹¹³
黄	zʮ¹¹³	zʮ¹¹³	zʮ¹¹³	zʮ¹¹³
温	szɭ²⁴	szɭ²⁴	szɭ²²	szɭ²²
衢	ʒʮ³¹	ʒʮ³¹	ʒʮ³¹	ʒʮ³¹
华	ɕʮy⁵⁴⁴	ɕʮy⁵⁴⁴	ɕʑʮy²⁴	ɕʑʮy²⁴
永	ɕʑʮɣ³²³	ɕʑʮɣ³²³	ɕʑɣ²¹⁴	ɕʑɣ²¹⁴

止合 三上 纸精	止合 三平 支昌	效开 四去 啸泥	止合 三上 旨书	假开 二平 麻帮
嘴	吹	尿	水	巴
tɕyᵩ⁵¹	tɕ'yᵩ⁵⁵ / ts'ɐɪ⁵⁵	ɕyᵩ⁵⁵	ɕyᵩ⁵¹ / sɐɪ⁵¹	po⁵⁵
tɕy_z⁵² / tsɥæɛ⁵²	tɕ'y_z⁵² / ts'ɥæɛ⁴⁴⁵	ɕy_z⁴⁴⁵	ɕy_z⁵² / sɥæɛ⁵²	po⁴⁴⁵
tsuei³²³	ts'uei³¹	sy_z³¹	suei³²³	pa⁴⁴
tɕy_z⁴⁴	ts'ᵒu²² / tɕ'ye²²	ɕy_z²² / ȵiɒ²²	sᵒu⁴⁴ / ɕye⁴⁴ 少	po²² / pa²²
tɕyᵩɛi³²⁴ / tɕiⱼ³²⁴	tʃ'yᵩɛi⁴² / ts'uɛi⁴²	ɕiⱼ⁴²	ʃyᵩɛi³²⁴	pɒ⁴²
tse³³⁴	tɕ'ye⁴³³	se⁴³³	ɕyᵩ³³⁴ / ɕye³³⁴	po⁴³³
tsɛɪ⁴⁵	tɕ'y⁵¹ / ts'ɛɪ⁵¹	sɛɪ⁵¹	ɕy⁴⁵	po⁵¹ / pa⁵¹
tsɥæ³³⁴	ts'ɥ⁴⁴ / ts'ɥæɛ⁴⁴	ɕyᵩ⁴⁴	sɥ³³⁴ / sɥæe³³⁴	po⁴⁴
tsɥᵢ³²⁴ / tsɛ³²⁴	ts'ɥᵢ⁵⁵ / tsɛ⁵⁵	sɥᵢ⁵⁵	sɥᵢ³²⁴ / sɛ³²⁴	pu⁵⁵ / pa⁵⁵
tsɥᵢ⁵¹ / tsɥɛ	ts'ɥᵢ⁴⁴ / ts'ɥɛ⁴⁴	sɥᵢ⁴⁴ / ȵiæ⁴¹²	sɥᵢ⁵¹ / sɥɛ⁵¹	po⁴⁴ / pɒ⁴⁴
tʂɥᵢ⁴⁴	tʂ'ɥᵢ⁵²	ʂɥᵢ³²⁴	ʂɥᵢ⁴⁴	pu⁵² / pa⁵²
tsɥ⁵²	ts'ɥ⁵²	sɥ⁴⁴ / ȵiɔ⁵²	sɥ⁵²	po⁴⁴ / pa⁴⁴
tsɿ⁴³⁴	ts'ɿ⁵² / ts'ʌɪ⁵²	sɿ⁴³⁴	sɿ⁴³⁴	pʌɣ⁵² / pa⁵²
tsɿ⁴³⁴	ts'ɿ⁵² / ts'ʌɪ⁵²	sɿ⁴³⁴	sɿ⁴³⁴	pʌɣ⁵² / pa⁵²
tsɿ⁴⁴	ts'ɿ⁵²	sɿ⁵²	sɿ⁴⁴	ɓo⁵² / ɓa⁵²
tsɿ³³⁴	ts'ɿ⁵²	sɿ⁵² / ʔȵiɔ³³⁴	sɿ³³⁴ / suɛ³³⁴	po⁵² / pʌ⁵²
tsɿ⁴⁴	ts'ɿ⁵²	sɿ⁵² / ʔȵiɔ³³⁵	sɿ⁴⁴	po⁵² / pa⁵²
tsɿ⁵¹	ts'ɿ³³⁴ / ts'uɛ³³⁴	sɿ⁵¹	sɿ⁵¹	po⁴⁴ / pɒ⁴⁴
tsɿ⁵¹	ts'ɿ³³⁴ / ts'ɛ³³⁴ / ts'uɛ³³⁴	sɿ⁵¹	sɿ⁵¹ / sɛ⁵¹ / suɛ⁵¹	po⁴⁴ / pa⁴⁴
tsɿ⁴⁴	ts'ɿ³²⁴	sɿ⁴⁴	sɿ⁴⁴ / suɛ⁴⁴	po⁵¹ / pa⁵¹
tsɿ⁵³	ts'ɿ⁴⁴ / ts'ᵒɣ⁴⁴ / ts'uəɪ⁴⁴	sɿ⁴⁴	sɿ⁵³ / sᵒɣ⁵³	pu⁴⁴ / pa⁴⁴
tsɥɛɪ⁵¹	ts'ɥɛɪ³²³	ɕi³²³ / ʔȵiɔ⁵¹	sɥɛɪ⁵¹	pa³²³
tse³³⁴	ts'ɿ⁵²	ɕi⁵²	sɿ³³⁴	po⁵² / pa⁵²
tsɿ⁵²	ts'ɿ⁵⁴⁴	ɕi_z⁵⁴⁴	sɿ⁵²	pʌ⁵⁴⁴
tsɿ⁴⁴	ts'ɿ⁵³	sɿ⁵³ / ȵiɑɪ⁴⁴	sɿ⁴⁴	pɣ⁵³
tsɿ⁴²	ts'ɿ⁵²³ / ts'e⁵²³	sɿ⁵²³	sɿ⁴² / se⁴²	po⁵²³
tsɿ⁴³⁵	ts'ɿ³²⁴ / ts'ue³²⁴ / ts'e³²⁴	ɕi³²⁴ / ȵiɒ⁴⁴	sɥ⁴³⁵ / sue⁴³⁵ / se⁴³⁵	po³²⁴ / pʌ³²⁴
tsɥ³²⁵	ts'ɥ⁵² / ts'ɛɪ⁵²	sɥ⁵² / ȵiə¹¹³	sɥ³²⁵ / sɛɪ³²⁵	po⁵² / pa⁵²
tsɥ⁵³³	ts'ɥ⁵³³	sɥ⁵³³	sɥ⁵³³	po⁵³³ / pʌ⁵³³
tsɿ³⁵	ts'ɿ⁴⁴	sɿ⁴⁴	sɿ³⁵	po⁴⁴
tsəɪ⁴⁵	tʃ'ɥ⁴³⁴ / ts'əɪ⁴³⁴	ʃɥ⁴³⁴	ʃɥ⁴⁵ / səɪ⁴⁵	pa⁴³⁴
tɕɥy⁵⁴⁴ / tsuɪ⁵⁴⁴	tɕ'ɥy⁴³⁵ / ts'uɪ³²⁴	sɛ³²⁴	ɕɥy⁵⁴⁴ / suɪ⁵⁴⁴	pa³²⁴ / piɑ³²⁴
tsəɪ⁴³⁴	tɕ'ɣ⁴⁴ / ts'əɪ⁴⁴	ɕi⁴⁴	ɕɣ⁴³⁴	puʌ⁴⁴

摄口 等调 韵声	假开 二平 麻帮 芭	假开 二上 马帮 把	假开 二去 祃帮 霸	假开 二去 祃帮 欛
宜	po⁵⁵	po⁵¹	po³²⁴	po³²⁴
溧	po⁴⁴⁵	po⁵²	po⁴¹²	po⁴¹²
金	pɑ⁴⁴	pɑ³²³	pɑ⁴⁴	pɑ⁴⁴
丹	po²²/pɑ²²	po²²/pɑ²²	pɑ³²⁴	pɑ³²⁴
童	pɒ⁴²	pɒ³²⁴	pɒ⁴⁵	pɒ⁴⁵
靖	po⁴³³	po³³⁴	po⁵¹	po⁵¹
江	po⁵¹/pɑ⁵¹	po⁴⁵/pɑ⁴⁵	po⁴³⁵	po⁴³⁵
常	po⁴⁴	po³³⁴	po⁵¹	po⁵¹
锡	pu⁵⁵/pɑ⁵⁵	pu³²⁴	pu³⁵/pɑ³⁵	pu³⁵/pɑ³⁵
苏	po⁴⁴/pɒ⁴⁴	po⁵¹/pɒ⁵¹	po⁴¹²/pɒ⁴¹²	po⁴¹²/pɒ⁴¹²
熟	pu⁵²/pɑ⁵²	pu⁴⁴	pu³²⁴/pɑ³²⁴	pu³²⁴/pɑ³²⁴
昆	po⁴⁴/pɑ⁴⁴	po⁵²/pɑ⁵²	po⁵²/pɑ⁵²	po⁵²/pɑ⁵²
霜	pʌɣ⁵²/pɑ⁵²	pʌɣ⁴³⁴/pɑ⁴³⁴	pʌɣ⁴³⁴/pɑ⁴³⁴	pʌɣ⁴³⁴/pɑ⁴³⁴
罗	pʌɣ⁵²/pɑ⁵²	pʌɣ⁴³⁴/pɑ⁴³⁴	pʌɣ⁴³⁴/pɑ⁴³⁴	pʌɣ⁴³⁴/pɑ⁴³⁴
周	ɓo⁵²/ɓɑ⁵²	ɓo⁴⁴/ɓɑ⁴⁴	ɓo³³⁵	ɓo³³⁵
上	pʌ⁵²/po⁵²	po³³⁴/pʌ³³⁴	po³³⁴/pʌ³³⁴	po³³⁴/pʌ³³⁴
松	po⁵²/pɑ⁵²	po⁴⁴/pɑ⁴⁴	po³³⁵/pɑ³³⁵	po³³⁵/pɑ³³⁵
黎	po⁴⁴/pɒ⁴⁴	po⁵¹/pɒ⁵¹	po⁴¹³	po⁴¹³
盛	po⁴⁴/pɑ⁴⁴	po⁵¹/pɑ⁵¹	po⁴¹³	po⁴¹³
嘉	po⁵¹/pɑ⁵¹	po⁴⁴/pɑ⁴⁴	po³³⁴/pɑ³³⁴	po³³⁴/pɑ³³⁴
双	pʊ⁴⁴/pɑ⁴⁴	pʊ⁵³/pɑ⁵³	pʊ³³⁴/pɑ³³⁴	pʊ³³⁴/pɑ³³⁴
杭	pɑ³²³	pɑ⁵¹-~/pɐʔ⁵⁵~东西拿上来	pɑ³³⁴	pɑ³³⁴
绍	po⁵²/pɑ⁵²	po³³⁴/pɑ³³⁴	po³³/pɑ³³	po³³/pɑ³³
诸	pʌ⁵⁴⁴	po⁵²	po⁵⁴⁴	po⁵⁴⁴
崇	pɣ⁵³	pɣ⁴⁴	pɣ³²⁴	pɣ³²⁴
太	po⁵²³	po⁴²	po³⁵	po³⁵
余	po³²⁴/pʌ³²⁴	pɒ⁴³⁵/po⁴³⁵	po⁵²/pʌ⁵²	po⁵²/pʌ⁵²
宁	po⁵²/pɑ⁵²	po³²⁵	po⁵²	po⁵²
黄	po⁵³³/pʌ⁵³³	pʌ⁵³³/po⁵³³	po⁴⁴/pʌ⁴⁴	po⁴⁴/pʌ⁴⁴
温	po⁴⁴	po³⁵	po⁵²	po⁵²
衢	pɑ⁴³⁴	pɑ⁴⁵	pɑ⁵³	pɑ⁵³
华	pɑ³²⁴/piɑ³²⁴	piɑ⁵⁴⁴	pɑ⁴⁵	pɑ⁴⁵
永	pʊʌ⁴⁴	pʊʌ⁴³⁴	pʊʌ⁵⁴	pʊʌ⁵⁴

假开 二去 祃帮 坝	假开 二去 祃滂 怕	假开 二平 麻並 爬	假开 二平 麻並 琶	假开 二平 麻並 杷
po^{324}	$p'o^{324}$	bo^{223}	bo^{223}	bo^{223}
po^{412}	$p'o^{412}$	bo^{323}	bo^{323}	bo^{323}
pa^{44}	$p'a^{44}$	$p'a^{35}$	$p'a^{35}$	$p'a^{35}$
pa^{324}	$p'o^{324}/p'a^{324}$	bo^{213}	bo^{213}	$poʔ^{\underline{33}}$
$pɒ^{45}$	$p'ɒ^{45}$	$bɒ^{31}$	$bɒ^{31}$	$bɒ^{31}$
po^{51}	$p'o^{51}$	bo^{223}	bo^{223}	$bɔʔ^{\underline{34}}$
po^{435}	$p'o^{435}$	bo^{223}	bo^{223}	bo^{223}
po^{51}	po^{51}	bo^{213}	bo^{213}	bo^{213}
pu^{35}/pa^{35}	$p'u^{35}/p'a^{35}$	bu^{213}	bu^{213}	bu^{213}
$po^{412}/pɒ^{412}$	$p'o^{412}/p'ɒ^{412}$	bo^{223}	bo^{223}	bo^{223}
pu^{324}/pa^{324}	$p'u^{324}$	bu^{233}	bu^{233}	bu^{233}
po^{52}/pa^{52}	$p'o^{52}/p'a^{52}$	bo^{132}	bo^{132}	$boʔ^{\underline{12}}$
$p^{ʌ}ɣ^{434}/pa^{434}$	$p'^{ʌ}ɣ^{434}$	$b^{ʌ}ɣ^{231}$	$b^{ʌ}ɣ^{231}$	$b^{ʌ}ɣ^{231}$
$p^{ʌ}ɣ^{434}/pa^{434}$	$p'^{ʌ}ɣ^{434}$	$b^{ʌ}ɣ^{231}$	$b^{ʌ}ɣ^{231}$	$b^{ʌ}ɣ^{231}$
$ɓo^{335}/ɓa^{335}$	$p'o^{335}$	bo^{113}	bo^{113}	bo^{113}
$po^{334}/pʌ^{334}$	$p'o^{334}/p'ʌ^{334}$	bo^{113}	bo^{113}	$boʔ^{\underline{23}}$
po^{335}/pa^{335}	$p'o^{335}$	bo^{231}	bo^{231}	bo^{231}
po^{413}	$p'o^{324}$	bo^{24}	bo^{24}	bo^{24}
po^{413}	$p'o^{313}$	bo^{24}	bo^{24}	bo^{24}
po^{334}/pa^{334}	$p'o^{334}/p'a^{334}$	bo^{231}	bo^{231}	bo^{231}
$pʊ^{334}/pa^{334}$	$p'ʊ^{334}$	$bʊ^{113}$	$bʊ^{113}$	$bʊ^{113}$
pa^{334}	$p'a^{334}$	ba^{212}	ba^{212}	ba^{212}
po^{33}/pa^{33}	$p'o^{33}/p'a^{33}$	bo^{231}	bo^{231}	bo^{231}
po^{544}	$p'ʌ^{544}/po^{544}$	bo^{233}	bo^{233}	bo^{233}
$pɣ^{324}$	$p'ɣ^{324}$	$bɣ^{31}$	$bɣ^{31}$	$bɣ^{31}$
po^{35}	$p'o^{35}$	bo^{312}	bo^{312}	bo^{312}
$po^{52}/pʌ^{52}$	$p'o^{52}/p'ʌ^{52}$	bo^{113}	$bo^{113}/bʌ^{113}$	$bo^{113}/bʌ^{113}$
po^{52}	$p'o^{52}$	bo^{113}	bo^{113}	bo^{113}
$po^{44}/pʌ^{44}$	$p'o^{44}/p'ʌ^{44}$	bo^{311}	bo^{311}	bo^{311}
po^{52}	$p'o^{52}$	bo^{231}	bo^{231}	bo^{231}
pa^{53}	$p'a^{53}$	ba^{323}	pa^{53}	pa^{53}
pa^{45}	$p'a^{435}$	$pɯɑ^{324}$	$pɯɑ^{324}/piɑ^{324}$	$biɑ^{213}$
$pʊʌ^{54}$	$p'ʊʌ^{54}$	$bʊʌ^{322}$	$bʊʌ^{322}$	$bʊʌ^{322}$

摄口 等调 韵声	蟹开 二上 蟹並	假开 二平 麻明	假开 二上 马明	假开 二上 马明
	罢	麻	马	码
宜	bo²³¹	mo²²³	mo²⁴	mo²⁴
溧	bo²²⁴	mo³²³	ʔmo⁴⁴⁵	ʔmo⁴⁴⁵
金	pɑ⁴⁴	mɑ³⁵	mɑ³²³	mɑ³²³
丹	pɑ⁴¹	mo²²/²¹³	mo⁴⁴	mo⁴⁴
童	bɒ³²⁴	mɒ³¹	ʔmɒ³²⁴	ʔmɒ³²⁴
靖	bo³³⁴	mo²²³	ʔmo³³⁴	ʔmo³³⁴
江	bo²²⁴	mo²²³	ʔmo⁴⁵	ʔmo⁴⁵
常	bɑ²⁴	mo²¹³	ʔmo³³⁴	ʔmo³³⁴
锡	bɑ²¹³	mu²¹³	mu³³	mu³³/²¹³
苏	bɒ²³¹	mo²⁴	mo²³¹/mɒ²³¹	mo²³¹
熟	bɑ³¹	mu²³³	mu³¹	mu³¹
昆	bɑ²²³	mo²³¹	mo²²³/mɑ²²³	mo²²³
霜	bɑ²¹³	mˆɣ²³¹	mˆɣ²²³	mˆɣ²²³
罗	bɑ²¹³	mˆɣ²³¹	mˆɣ²²³	mˆɣ²²³
周	bɑ¹¹³	mo¹¹³	mo¹¹³	mo¹¹³
上	bʌ¹¹³/bo¹¹³	mo¹¹³	mo¹¹³/mʌ¹¹³	mo¹¹³
松	bo¹¹³/bɑ¹¹³	mo²³¹	mo¹¹³	mo¹¹³
黎	bo³²	mo²⁴	mo³²	mo³²
盛	bo²²³	mo²⁴	ʔmo⁴⁴	ʔmo⁴⁴
嘉	bo²²³	mo²³¹	mo²²³	mo²²³
双	bɑ²³¹	mɑ¹¹³	ʔmʊ⁵³	ʔmʊ⁵³
杭	pɑ³³⁴	mɑ²¹²	ʔmɑ⁵¹	ʔmɑ⁵¹
绍	bɑ¹¹³	mo²³¹	mo¹¹³	mo¹¹³
诸	bʌ²³¹	mo²³³	mo²³¹	mo²³¹
崇	bɑ²²	mɣ³¹	mɣ²²	mɣ²²
太	bɑ²²	mo³¹²	mo²²	mo²²
余	bo¹¹³/bʌ¹¹³	mo¹¹³/mʌ¹¹³	mo¹¹³/mʌ¹¹³	mo¹¹³/mʌ¹¹³
宁	bo¹¹³/bɑ¹¹³	mo¹¹³	mo¹¹³	mo¹¹³
黄	bʌ¹¹³	mo³¹¹	ʔmo⁵³³	ʔmo⁵³³
温	bo²⁴	mo²³¹	mo²⁴	mo²⁴
衢	pɑ⁴⁵	mɑ³²³	ʔmɑ⁵³	ʔmɑ⁵³
华	pɑ⁵⁴⁴	mɯɑ²¹³	ʔmɯɑ⁵⁴⁴/ʔmiɑ⁵⁴⁴	ʔmɯɑ⁵⁴⁴/ʔmiɑ⁵⁴⁴
永	bʊʌ³²²	mʊʌ³²²	mʊʌ³²³	mʊʌ³²³

假开 二去 祃明	假开 二平 麻泥	假合 二上 马疑	假开 二平 麻影	假开 二平 麻影
骂	拿	瓦	鸦	丫
mo²³¹	no²²³	ŋo²⁴	ʔio⁵⁵	ʔo⁵⁵
mo²³¹	lo³²³/ʔlo⁴⁴⁵	ŋo⁴⁴⁵	ʔio⁴⁴⁵	ʔo⁴⁴⁵
ma⁴⁴	la³⁵	uɑ³²³	ɑ³¹/ia³¹	ia³¹/ɑ³¹
mo⁴¹	ni²²/na²¹³	ŋo²¹³	u²²	o³²⁴
mɒ¹¹³	nɒ³¹	ŋɒ³²⁴	ʔɒ⁴²/ʔiɒ⁴²	ʔɒ⁴²/ʔiɒ⁴²
ʔmo⁵¹	no²²³/ʔna⁴³³	ŋo³³⁴	ʔia⁴³³	ʔo⁴³³
mo²²³	no²²³	ŋo⁴⁵	ʔia⁵¹	ʔo⁵¹
mo²⁴	no²¹³	ŋo³³⁴	ʔo⁴⁴	ʔo⁴⁴
mu²¹³	ʔnʌɣ⁵⁵/nʌɣ²¹³	ŋu³³	ʔia⁵⁵	ʔu⁵⁵/ʔia⁵⁵
mo²³¹/mɒ²³¹	no²²³/ʔno⁴⁴	ŋo²³¹	ʔiɒ⁴⁴	ʔo⁴⁴/ʔiɒ⁴⁴
mu²¹³	nu²³³	ŋu³¹	ʔu⁵²	ʔu⁵²
mo²¹	no¹³²/ʔno⁴⁴	ŋo²²³/ɦuɑ²²³	ʔia⁴⁴	ʔo⁴⁴
mʌɣ²²³	ʔnʌɣ⁵²/ʔnɛ⁵²	ŋʌɣ²¹³/ɦuɑ²¹³	ʔia⁵²	ʔʌɣ⁵²
mʌɣ²²³	ʔnʌɣ⁵²/ʔne⁵²	ŋʌɣ²¹³	ʔia⁵²	ʔʌɣ⁵²/ʔia⁵²
mo¹¹³	ʔnɛ⁵²	ŋɔ¹¹³	ʔia⁵²	ʔɔ⁵²
mo¹¹³	ʔno⁵²/ʔlo⁵²/ʔnɔ⁵²/ʔnɛ⁵²	ŋo¹¹³	ʔiʌ⁵²	ʔo⁵²
mo¹¹³	ʔnɛ⁵²	ŋo¹¹³	ʔia⁵²	ʔo⁵²
mo²¹³	ʔno⁴⁴/no²¹³	ŋo³²	ʔiɒ⁴⁴	ʔo⁴⁴/ʔiɒ⁴⁴
mo²¹²	ʔno⁴⁴	ɦio²²³/ŋa²²³	ʔia⁴⁴	ʔo⁴⁴
mo²²³	ʔno⁵¹/ʔnɛᵋ	ɦio²²³/ɦuɑ²²³	ʔia⁵¹/ʔo⁵¹	ʔo⁵¹/ʔia⁵¹
muʊ¹¹³	ʔnɛ⁴⁴/ɦnʊ¹¹³	ŋʊ²³¹	ʔia⁴⁴/ʔʊ⁴⁴	ʔia⁴⁴/ʔʊ⁴⁴
ma¹¹³	nɑ²¹²	ʔuɑ⁵¹	ʔia³²³	ʔia³²³
mo²²	ʔna⁵²/do¹¹³	ŋo¹¹³	ʔo⁵²/ʔia⁵²	ʔo⁵²
mo²³³	nʌ²³³/no²³³	ŋo²³¹	ʔo⁵⁴⁴	ʔo⁵⁴⁴
mɣ¹⁴	ʔnɑ⁵³/dɣ³¹	ŋɣ²²	ʔɣ⁵³	ʔɣ⁵³
mo¹³	nɑ³¹²	ŋo²²	ʔo⁵²³/ʔia⁵²³	ʔɣ⁵²³
mo¹¹³/mʌ¹¹³	ʔno³²⁴/nʌ¹¹³	ŋo¹¹³	ʔiʌ³²⁴	ʔo³²⁴
mo¹¹³	ʔno⁵²/na¹¹³	ŋo¹¹³	ʔia⁵²/ʔa⁵²/ʔo⁵²	ʔo⁵²/ʔia⁵²
mʌ¹¹³	nʌ³¹¹	ʔŋo⁵³³/ʔuʌ⁵³³	ʔiʌ⁵³³	ʔo⁵³³/ʔiʌ⁵³³
mɑ²²	ɳia²²	ŋo²⁴	ʔʊʋ⁴⁴	ʔia⁴⁴
mɑ³¹	nɑ³¹	ŋa³¹	ʔa⁴³⁴/ʔia⁴³⁴	ʔa⁴³⁴
mɯɑ²⁴/miɑ²⁴	ta³²⁴/tuo³²⁴	ʔuɑ⁵⁴⁴	ʔia³²⁴	ʔia³²⁴
mʊʌ²¹⁴	nʊʌ³²²	ŋʊʌ³²³	ʔʊʌ⁴⁴	ʔiʌ⁴⁴

摄口	假开	假开	假开	假开
等调	二上	二平	二平	二上
韵声	马影	麻晓	麻匣	马匣
	哑	虾	霞	下底~
宜	ʔo⁵¹	xo⁵⁵	ɦio²²³	ɦio²⁴/ɦio²⁴少
溧	ʔo⁵²	xo⁴⁴⁵	ʑio⁴¹²	xɦio²²⁴/ʑio²²⁴少
金	ɑ³²³	xɑ³¹	ɕia³⁵	xɑ³²³/ɕia³²³
丹	ŋo²²/o²²	ho²²	ɕia²²	hɦo²¹³
童	ʔŋɒ³²⁴	hɒ⁴²	ɕiɒ⁴⁵	xɦiɒ¹¹³/ɕiɒ¹¹³
靖	ʔo³³⁴	ho⁴³³	ɦia²²³	hɦio⁵¹
江	ʔo⁴⁵	ho⁵¹	ɦia²²³	hɦio²²³/ɕia⁴⁵
常	ʔo³³⁴	xo⁴⁴/ho⁴⁴	ɦia²¹³	ɦio²⁴/ɦia²⁴
锡	ʔu³²⁴	xu⁵⁵	ɦia²¹³	ɦiu³³/²¹³/ɦia³³/²¹³
苏	ʔo⁵¹/ʔiɒ⁵¹	ho⁴⁴	ɦiɒ²²³	ɦio²³¹/ɦiɒ²³¹
熟	ʔu⁴⁴/ʔia⁴⁴	xu	ʔia⁵²	ɦiu³¹/ɕia⁴⁴
昆	ʔo⁵²	ho⁴⁴	ɦia²⁴	ɦio²²³/ɦia²²³
霜	ʔˆɤ⁴³⁴	xo⁵²	ɦia²³¹	ɦˆɤ²¹³
罗	ʔˆɤ⁴³⁴	ho⁵²	ʑia²³¹/ʔia⁴³⁴	ɦˆɤ²¹³
周	ʔɔ⁴⁴	hø⁵²	ʑia¹¹³	ɦio¹¹³/ɦio¹¹³
上	ʔo³³⁴/ʔiʌ³³⁴	ho⁵²/hø⁵²	ɦiʌ¹¹³/ɕiʌ³³⁴/ʔiʌ³³⁴	ɦio¹¹³
松	ʔo⁴⁴	hø⁴⁴	ɦia²³¹	ɦio¹¹³
黎	ʔo⁵¹	ho⁴⁴/hɒ⁴⁴	ɦiɒ²⁴	ɦio³²
盛	ʔo⁵¹	ha⁴⁴	ɦia²⁴	ɦio²²³
嘉	ʔo⁴⁴/ʔia⁴⁴	hɤə⁴⁴	ʔia⁵¹	ɦio²²³/ɕia⁴⁴
双	ʔu⁵³/ʔia⁵³	hu⁴⁴	ɦia¹¹³	ɦiu²³¹
杭	ʔia⁵¹	ɕia³²³	ɦia²¹²	ɦia¹¹³
绍	ʔo³³⁴	ho⁵²	ɦio²³¹/ɦia²³¹	ɦio¹¹³
诸	ʔo⁵²	ho⁵⁴⁴	ɦiʌ²³³/ɦio²³³	ɦio²³¹
崇	ʔɤ⁴⁴	hɤ⁵³	ɦiɤ³¹	ɦiɤ²²
太	ʔo⁴²	ho⁵²³	ɦio³¹²	ɦio²²
余	ʔo⁴³⁵	ho³²⁴	ɦiʌ¹¹³	ɦio¹¹³
宁	ʔo³²⁵	ho⁵²	ʔia⁵²/ʑia¹¹³	ɦio¹¹³
黄	ʔo⁵³³/ʔiʌ⁵³³	ho⁵³³	ɦiʌ³¹¹	
温	ʔo³⁵	xoŋ̩⁴⁴~儿	ɦio²³¹	ɦio²⁴
衢	ʔɑ⁴⁵	xɑ⁴³⁴	ʑia³²³	ʔɑ⁵³
华	ʔia⁵⁴⁴/ʔuɑ⁵⁴⁴	ɕia³²⁴/xuæ̃~儿	ɕia³²⁴	ɕia⁵⁴⁴
永	ʔuʌ⁴³⁴	xuʌ⁴⁴	ʔɦ̩uʌ³²²	ʔɦ̩uʌ³²³

假开 二上 马匣	假开 二去 祃匣	假开 二去 祃匣	假开 二平 麻庄	假开 二去 祃庄
厦	下~降	夏春~	渣	诈
ɦo²³¹	ɦo²³¹/ɦio²³¹少	ɦo²³¹	tso⁵⁵	tso³²⁴
xɦo²²⁴	xɦo²³¹/ʑio²³¹少	xɦo²³¹	tso⁴⁴⁵	tso⁴¹²
çia³¹	xa³¹/çia⁴⁴	xa³¹/çia⁴⁴	tsɑ³¹	tsɑ⁴⁴
çia²²	ho⁴¹	ho⁴¹	tsɑ²²	tsɑ³²⁴
xɦɒ¹¹³	xɦɒ¹¹³/çiɒ¹¹³	xɦɒ¹¹³	tsɒ⁴²	tsɒ⁴⁵
hɦo⁵¹	hɦo⁵¹	hɦo⁵¹	tso⁴³³	tso⁵¹
hɦo²²³	hɦo²²³/çia⁴⁵	hɦo²²³	tso⁵¹	tso⁴³⁵
ɦia²⁴	ɦo²⁴/ɦia²⁴	ɦo²⁴/ɦia²⁴	tso⁴⁴	tso⁵¹
ɦia³³ᐟ²¹³	ɦu²¹³/ɦia²¹³	ɦu²¹³/çia³⁵	tsa⁵⁵/tsʌɤ⁵⁵	tsɑ³⁵
ɦo²³¹	ɦo²³¹/ɦiɒ²³¹	ɦo²³¹	tso⁴⁴	tso⁴¹²
ɦu³¹/çia⁴⁴	çia³²⁴/ɦu²¹³	ɦu²¹³	tsu⁵²	tsu³²⁴
ɦo²²³	ɦo²²³/ɦia²²³	ɦo²¹	tso⁴⁴	tso⁵²
ɦˆʌɤ²¹³	ɦˆʌɤ²¹³	ɦˆʌɤ²¹³	tsˆʌɤ⁵²	tsˆʌɤ⁴³⁴
ɦˆʌɤ²¹³	ɦˆʌɤ²¹³	ɦˆʌɤ²¹³/çia⁴³⁴	tsˆʌɤ⁵²	tsˆʌɤ⁴³⁴
ɦɔ¹¹³	ɦɔ¹¹³/ɦo¹¹³	ɦɔ¹¹³	tso⁵²	tso³³⁵
ɦo¹¹³	ɦo¹¹³/çiʌ³³⁴	ɦo¹¹³	tso⁵²/tsʌ⁵²	tso³³⁴
ɦɔ¹¹³	ɦɔ¹¹³	ɦɔ¹¹³	tso⁵²/tsɑ⁵²	tso³³⁵
ɦo³²	ɦo²¹³	ʔo⁴¹³	tso⁴⁴	tso⁴¹³
ɦo²²³	ɦo²¹²	ɦo²¹²/çia⁴¹³	tso⁴⁴	tso⁴¹³
ɦo²²³/çia⁴⁴	ɦo²²³/ɦia²²³	ɦo²²³/ɦia²²³	tso⁵¹	tso³³⁴
ɦʊ²³¹	ɦʊ¹¹³	ɦʊ¹¹³	tsʊ⁴⁴/tsɑ⁴⁴	tsʊ³³⁴
ɦia¹¹³	ɦia¹¹³	ɦia¹¹³	tsa³²³	tsɑ³³⁴
ɦo¹¹³	ɦo²²	ɦo²²	tso⁵²	tso³³
ɦo²³¹	ɦo²³³	ɦo²³³	tso⁵⁴⁴	tso⁵⁴⁴
ɦɤ²²	ɦɤ¹⁴	ɦɤ¹⁴	tsɤ⁵³	tsɤ³²⁴
ɦo²²	ɦo¹³	ɦo¹³	tso⁵²³	tso³⁵
ɦo¹¹³	ɦo¹¹³	ɦo¹¹³	tso³²⁴	tso⁵²
ɦo¹¹³	ɦo¹¹³	ɦo¹¹³	tso⁵⁰	tso⁵²
ʔo⁵³³		ɦo¹¹³	tso³³	tso⁵³³
ɦo²³¹	ɦo²²	ɦo²²	tso⁴⁴	tso⁵²
ˀɦia³¹	ʑia³¹	ʑia³¹	tsɑ⁴³⁴	tsɑ⁵³
çʑia²⁴	çʑia²⁴	çʑia²⁴	tsuɑ³²⁴/tsɑ³²⁴	tsɑ⁴⁵
ʔɦʊʌ³²³	ɦʊʌ²¹⁴	ɦʊʌ²¹⁴	tsʊʌ⁴⁴	tsʊʌ⁵⁴

摄口 等调 韵声	假开 二平 麻初	假开 二平 麻初	假开 二平 麻初
	炸	差~别	叉	杈

	炸	差~别	叉	杈
宜	tso^{324}	$tsʻo^{55}$	$tsʻo^{55}$	$tsʻo^{55}$
溧	tso^{412}	$tsʻo^{445}$	$tsʻo^{445}$	$tsʻo^{445}$
金	$tsɑ^{44}$	$tsʻɑ^{31}$	$tsʻɑ^{31}$	$tsʻɑ^{31}$
丹	tso^{324}	$tsʻɑ^{22}$	$tsʻɑ^{22}$	$tsʻɑ^{22}$
童	$tsɒ^{45}$	$tsʻɒ^{42}$	$tsʻɒ^{42}$	$tsʻɒ^{42}$
靖	tso^{51}	$tsʻo^{433}$	$tsʻo^{433}$	$tsʻo^{433}$
江	tso^{435}	$tsʻo^{51}/tsʻɑ^{51}$	$tsʻo^{51}/tsʻɑ^{51}$	$tsʻo^{51}$
常	tso^{51}	$tsʻo^{44}$	$tsʻo^{44}$	$tsʻo^{44}$
锡	$tsɑ^{35}$	$tsʻɑ^{55}/tsʻʌɣ^{55}$	$tsʻɑ^{55}/tsʻʌɣ^{55}$	$tsʻɑ^{55}/tsʻʌɣ^{55}$
苏	tso^{412}	$tsʻo^{44}/tsʻɒ^{44}$	$tsʻo^{44}$	$tsʻo^{44}$
熟	tsu^{324}	$tsʻu^{52}/tsʻɑ^{52}$	$tsʻu^{52}$	$tsʻu^{52}$
昆	tso^{52}	$tsʻo^{44}/tsʻɑ^{44}$	$tsʻo^{44}$	$tsʻo^{44}$
霜	$tsʻʌɣ^{434}$	$tsʻʌɣ^{52}/tsʻɑ^{52}$	$tsʻʌɣ^{52}$	$tsʻʌɣ^{52}$
罗	$tsʻʌɣ^{434}$	$tsʻɑ^{52}$	$tsʻʌɣ^{52}$	$tsʻʌɣ^{52}$
周	tso^{335}	$tsʻɑ^{52}/tsʻo^{52}$	$tsʻɑ^{52}/tsʻo^{52}$	$tsʻɑ^{52}/tsʻo^{52}$
上	tso^{334}	$tsʻʌ^{52}/tsʻo^{52}$	$tsʻo^{52}$	$tsʻo^{52}$
松	tso^{335}	$tsʻo^{52}/tsʻo^{52}$	$tsʻo^{52}$	$tsʻo^{52}$
黎	tso^{413}	$tsʻo^{44}$	$tsʻo^{44}$	$tsʻo^{44}$
盛	tso^{413}	$tsʻo^{44}$	$tsʻo^{44}$	$tsʻo^{44}$
嘉	tso^{334}	$tsʻo^{51}/tsʻɑ^{51}$	$tsʻo^{51}$	$tsʻo^{51}$
双	$tsʊ^{334}$	$tsʻʊ^{44}/tsʻɑ^{44}$	$tsʻʊ^{44}/tsʻɑ^{44}$	$tsʻʊ^{44}/tsʻɑ^{44}$
杭	$tsɑ^{334}$	$tsʻɑ^{323}$	$tsʻɑ^{323}$	$tsʻɑ^{323}$
绍	tso^{33}	$tsʻo^{52}$	$tsʻo^{52}$	$tsʻo^{52}$
诸	tso^{544}	$tsʻo^{544}$	$tsʻo^{544}$	$tsʻo^{544}$
崇	$tsɣ^{324}$	$tsʻɣ^{53}$	$tsʻɣ^{53}$	$tsʻɣ^{53}$
太	tso^{35}	$tsʻo^{523}$	$tsʻo^{523}$	$tsʻo^{523}$
余	tso^{52}	$tsʻo^{324}$	$tsʻo^{324}$	$tsʻo^{324}$
宁	tso^{52}	$tsʻo^{52}/tsʻa^{52}$	$tsʻo^{52}/tsʻa^{52}$	$tsʻo^{52}/tsʻa^{52}$
黄	$tso^{44}/tsʌ^{44}$	$tsʻʌ^{533}$	$tsʻo^{533}/tsʻʌ^{533}$	$tsʻo^{533}/tsʻʌ^{533}$
温	tso^{52}	$tsʻɑ^{44}$	$tsʻo^{44}$	$tsʻo^{44}$
衢	$tsɑ^{53}$	$tsʻɑ^{434}$	$tsʻɑ^{53}$	$tsʻɑ^{53}$
华	$tsɑ^{45}$	$tsʻɑ^{324}$	$tsʻɑ^{324}$	$tsʻuɑ^{324}$
永	$tsʊʌ^{54}$	$tsʻʊʌ^{44}$	$tsʻʊʌ^{44}$	$tsʻʊʌ^{44}$

假开 二去 祃初	假开 二去 祃彻	假开 二平 麻澄	假开 二平 麻澄	假开 二平 麻生
岔	诧	查调~	茶	沙
ts'o³²⁴	ts'o³²⁴	dzo²²³	dzo²²³	so⁵⁵
ts'o⁴¹²	ts'o⁴¹²	dzo³²³	dzo³²³	so⁴⁴⁵
ts'ɑ⁴⁴	ts'ɑ⁴⁴	ts'ɑ³⁵	ts'ɑ³⁵	sɑ³¹
ts'ɑ³²⁴	ts'ɑ³²⁴	dzo²¹³	dzo²¹³	so²²
ts'ɒ⁴⁵	ts'ɒ⁴⁵	dzɒ³¹	dzɒ³¹	sɒ⁴²
ts'o⁵¹	ts'o⁵¹	dzo²²³	dzo²²³	so⁴³³
ts'o⁴³⁵/ts'ɑ⁴³⁵	ts'o⁴³⁵/ts'ɑ⁴³⁵	dzo²²³	dzo²²³	so⁵¹
ts'o⁵¹	ts'o⁵¹	dzo²¹³	dzo²¹³	so⁴⁴
ts'ɑ³⁵	ts'ɑ³⁵	zɑ²¹³/zʌɣ²¹³	zɑ²¹³/zʌɣ²¹³	sɑ⁵⁵/sʌɣ⁵⁵
ts'o⁴¹²	ts'ɒ⁴¹²	zo²²³	zo²²³	so⁴⁴/sɒ⁴⁴
ts'u³²⁴	ts'ɑ³²⁴	dzu²³³	dzu²³³	su⁵²
ts'o⁵²	ts'ɑ⁵²	zo¹³²	zo¹³²	so⁴⁴/sɑ⁴⁴
ts'ʌɣ⁴³⁴	ts'ɑ⁴³⁴	zʌɣ²³¹	zʌɣ²³¹	sʌɣ⁵²
ts'ʌɣ⁴³⁴	ts'ɑ⁴³⁴	zʌɣ²³¹	zʌɣ²³¹	sʌɣ⁵²
ts'o³³⁵/ts'ɑ³³⁵	ts'o³³⁵/ts'ɑ³³⁵	zo¹¹³	zo¹¹³	so⁵²
ts'o³³⁴	ts'ʌ³³⁴/ts'o³³⁴	zo¹¹³	zo¹¹³	so⁵²
ts'o³³⁵	ts'ɑ³³⁵	zo²³¹	zo²³¹	so⁵²
ts'o³²⁴	ts'o³²⁴	dzo²⁴	dzo²⁴	so⁴⁴
ts'o³¹³	ts'o³¹³	dzo²⁴	dzo²⁴	so⁴⁴
ts'o³³⁴	ts'o³³⁴	zo²³¹	zo²³¹	so⁵¹
ts'ʊ³³⁴	ts'ʊ³³⁴	zʊ¹¹³/dzʊ¹¹³	zʊ¹¹³/dzʊ¹¹³	su⁴⁴
ts'ɑ³³⁴	ts'ɑ³³⁴	dza²¹²	dza²¹²	sɑ³²³
ts'a³³	ts'a³³	dzo²³¹	dzo²³¹	so⁵²
ts'o⁵⁴⁴	ts'o⁵⁴⁴	dzo²³³	dzo²³³	so⁵⁴⁴
ts'ɣ³²⁴	ts'ɑ³²⁴	dzɣ³¹	dzɣ³¹	sɣ⁵³
ts'o³⁵	ts'o³⁵	dzo³¹²	dzo³¹²	so⁵²³
ts'o⁵²	ts'o⁵²	dzo¹¹³	dzo¹¹³	so³²⁴
ts'o⁵²	ts'o⁵²	dzo¹¹³	dzo¹¹³	so⁵²
ts'o⁴⁴/ts'ʌ⁴⁴	ts'o⁴⁴/ts'ʌ⁴⁴	dzo³¹¹	dzo³¹¹	so⁵³³
ts'o⁵²	ts'ɑ⁵²	dzo²³¹	dzo²³¹	so⁴⁴
ts'ɑ⁵³	ts'ɑ⁵³	dzɑ³²³	dzɑ³²³	sɑ⁴³⁴
ts'ɑ⁴⁵	ts'ɑ⁴⁵	ts'uɑ²¹³	ts'uɑ²¹³	suɑ³²⁴
ts'ʊʌ⁵⁴	ts'ʊʌ⁵⁴	dzʊʌ³²²	dzʊʌ³²²	sʊʌ⁴⁴

摄口	假开	蟹开	假开	效开
等调	二平	二去	三平	二平
韵声	麻生	卦生	麻章	肴庄
	纱	晒	遮	抓
宜	so^{55}	sʌ^{324}	tso^{55}	tso^{55}
溧	so^{445}	sʌ^{412}	tso^{445}	tso^{445}
金	sɑ^{31}	sɛ^{e44}	tsɑ^{31}	tsɥɑ^{31}
丹	so^{22}	so^{324}	tsɑ^{22}	tɕɥɑ^{22}
童	sɒ^{42}	saɪ^{45}	tsɒ^{42}	tɕiɒ^{42}
靖	so^{433}	sæ^{51}	tso^{433}	tɕɥɑ^{433}
江	so^{51}	sæ^{435}	tso^{51}	tso^{51}
常	so^{44}	sɑ^{51}	tsɑ^{44}	tso^{44}
锡	sɑ^{55}/sʌɣ^{55}	sɑ^{35}	tsɑ^{55}	tsɑ^{55}
苏	so^{44}/sɒ^{44}	so^{412}	tso^{44}	tsɒ^{44}
熟	su^{52}	su^{324}	tsu^{52}	tʂɑ^{52}
昆	so^{44}/sɑ^{44}	so^{52}	tso^{44}	tsɑ^{44}
霜	sʌɣ^{52}	sʌɣ^{434}	tsʌɣ^{52}	tsɑ^{52}
罗	sʌɣ^{52}	sʌɣ^{434}	tsʌɣ^{52}	tsɑ^{52}
周	so^{52}	so^{335}	tso^{52}	tsɔ^{52}
上	so^{52}	so^{334}/sʌ^{334}	tso^{52}	tsʌ^{52}/tso^{52}
松	so^{52}	so^{335}	tso^{52}	tsʌ^{52}
黎	sɒ^{44}	so^{413}	tso^{44}	tsɒ^{44}/tso^{44}
盛	so^{44}	so^{413}	tso^{44}	tsʌɑ^{44}
嘉	so^{51}	sɑ^{334}	tso^{51}	tsɑ^{51}
双	sʊ^{44}	sʊ^{334}	tsu^{44}	tsʊ^{44}
杭	sɑ^{323}	seɪ^{334}	tsɥɐɪ^{323}	tsɥɑ^{323}
绍	so^{52}	sɑ^{33}	tso^{52}	tsɑ^{52}
诸	so^{544}	so^{544}	tso^{544}	tso^{544}
崇	sɣ^{53}	sɑ^{324}/sɣ^{324}	tsɣ^{53}	tsɑ^{53}
太	so^{523}	so^{35}	tso^{523}	tsɑ^{523}
余	so^{324}	sʌ^{52}	tso^{324}	(kʻo)^{324}
宁	so^{52}	sɑ^{52}	tso^{52}	tso^{52}
黄	so^{533}	so^{44}/sʌ^{44}	tso^{533}	tso^{533}
温	so^{44}	so^{52}	tsʻi^{44}	tsuo^{44}
衢	ʃɥɑ^{434}	sɛ^{53}	tʃɥɑ^{434}	tsɑ^{434}
华	suɑ^{324}	sɑ^{45}	tɕiɑ^{435}	tɕɥɑ^{324}
永	suʌ^{44}	sʊʌ^{54}	tɕiʌ^{44}	tsuʌ^{44}

假开 三去 祃章	假开 三平 麻昌	假开 三平 麻船	假开 三去 祃船	假开 三去 祃船
蔗	车	蛇	射	麝
tso^{324}	tsʻo^{55}	zo^{223}/zA^{223}少	zA^{231}	zA^{231}
tso^{412}	tsʻo^{445}	szo^{323}	szo^{231}	szo^{231}
tsɑ^{44}	tsʻɑ^{31}	sa^{35}	se^{e44}	se^{e44}
tsɑ^{22}	tsʻɑ^{22}	sᶻɑ^{213}	sɑ^{41}	sɑ^{41}
tsɒ^{45}	tsʻɒ^{42}	szɒ^{31}	szɒ^{113}	szɒ^{113}
tɕiaʔ^{55}	tsʻo^{433}	ȿzia^{223}	ȿzia^{51}	ȿzia^{51}
tsɑ^{435}	tsʻo^{51}	za^{223}	za^{223}	za^{223}
tsɑ^{51}	tsʻo^{44}	za^{213}	za^{24}	za^{24}
tsɑ^{35}	tsʻʌɣ^{55}	za^{213}	za^{213}	za^{213}
tso^{412}	tsʻo^{44}	zo^{223}	zo^{231}	zo^{231}
tsu^{324}	tsʻu^{52}	dzu^{233}	zu^{213}	zu^{213}
tso^{52}	tsʻo^{44}	zo^{24}	zo^{21}	zo^{21}
tsʌɣ^{434}	tsʻʌɣ^{52}	zʌɣ^{231}	zɿ^{213}	
tsʌɣ^{434}	tsʻʌɣ^{52}	zʌɣ^{231}	zʌɿ^{213}	
tso^{52}	tsʻo^{52}	zo^{113}	zo^{113}	zo^{113}
tso^{334}	tso^{52}	zo^{113}	zo^{113}	zo^{113}
tso^{44}	tso^{52}	zo^{231}	zo^{113}/zɔʔ^{23}	zo^{113}
tso^{413}	tsʻo^{44}	zo^{24}	zo^{213}	zo^{213}
tso^{413}	tsʻo^{44}	zo^{24}	zo^{212}	zo^{212}
tso^{334}	tsʻo^{51}	zo^{231}	zɣə^{223}	zɣə^{223}
tsʊ^{334}	tsʊ^{44}	zʊ^{113}	zᵒɣ^{113}/zʊ^{113}	zʊ^{113}
tsɑ^{334}	tsʻɥeɪ^{323}	dzɥeɪ^{212}	szɥeɪ^{113}	szɥeɪ^{113}
tso^{33}	tsʻo^{52}	zo^{231}	ze^{22}	ze^{22}
tso^{544}	tsʻo^{544}	zo^{233}	zo^{233}	zo^{233}
tsɣ^{324}	tsʻɣ^{53}	dzɣ^{31}	ze^{14}	ze^{14}
tso^{35}	tsʻo^{523}	dzo^{312}	ze^{13}	ze^{13}
tso^{52}	tsʻo^{324}	dzo^{113}	zɔʔ^{23}/zo^{113}	zo^{113}
tso^{52}	tsʻo^{52}	dzo^{113}/zo^{113}	zo^{113}/ʑiɪʔ^{23}	zo^{113}
tso^{44}	tsʻo	zo^{311}	zo^{113}/ʑiA^{113}	zo^{113}
tsʼi^{52}	tsʻo^{44}	szʼi^{231}	szʼi^{22}	szʼi^{22}
tʃɥɑ^{53}	tʃɥɑ^{434}	ʒɥɑ^{323}	ʒɥɑ^{31}	ʒɥɑ^{31}
tɕia^{45}	tɕʻia^{324}/tɕʻɥɑ^{324}	ɕia^{324}	ȿzia^{24}	ȿzia^{24}
tɕiA^{54}	tɕʻiA^{44}	ȿziA^{322}	ȿziA^{214}	ȿziA^{214}

摄口 等调 韵声	假开 三平 麻书	假开 三上 马书	假开 三去 祃书	假开 三去 祃书
	赊	捨	舍	赦
宜	so⁵⁵	sʌ⁵¹	so³²⁴/sʌ³²⁴	so³²⁴
溧	so⁴⁴⁵	so⁵²/sʌ⁵²	so⁴¹²/sʌ⁴¹²	so⁴¹²
金	sɑ³¹	sɑ³²³	sɑ⁴⁴	sɑ⁴⁴
丹	so²²	sɑ⁴⁴	sɑ³²⁴	sɑ³²⁴
童	sɒ⁴²	sɒ³²⁴	sɒ⁴⁵/sɑ⁴⁵	sɒ⁴⁵
靖	ɕia⁴³³	ɕia³³⁴/ɕiæ³³⁴	ɕia³³⁴/ɕiæ³³⁴	ɕia⁵¹
江	so⁵¹	sɑ⁴⁵/so⁴⁵	sɑ⁴³⁵/so⁴³⁵	sɑ⁴³⁵
常	so⁴⁴	sɑ³³⁴	sɑ⁵¹	sɑ⁵¹
锡	sɑ⁵⁵/sʌɣ⁵⁵	sɑ³²⁴	sɑ³⁵	sɑ³⁵
苏	so⁴⁴	so⁵¹/səɪ⁵¹	so⁴¹²/səɪ⁴¹²	so⁴¹²
熟	su⁵²	sɣ⁴⁴/su⁴⁴	su³²⁴	su³²⁴
昆	so⁴⁴	so⁵²/sɛ⁵²	so⁵²/səɪ⁵²	so⁵²
霜	sᴧɣ⁵²	sᴧɣ⁴³⁴	sᴧɣ⁴³⁴	sᴧɣ⁴³⁴
罗	sᴧɣ⁵²	sᴧɣ⁴³⁴	sᴧɣ⁴³⁴	sᴧɣ⁴³⁴
周	so⁵²	so⁴⁴	so³³⁵/se³³⁵	so³³⁵
上	so⁵²	so³³⁴	so³³⁴/sɛ³³⁴/sɣɯ³³⁴	so³³⁴
松	so⁵²	so³³⁵	so³³⁵/sɛ³³⁵	so³³⁵
黎	so⁴⁴	so⁵¹	so⁴¹³/sɵ⁴¹³	səʔ⁵⁵
盛	so⁴⁴	so⁵¹	so⁴¹³/sɵ⁴¹³/sɜu⁴¹³	sɜu⁴¹³
嘉	so⁵¹	sɣə⁴⁴/so⁴⁴	sɣə³³⁴/so³³⁴	sɣə³³⁴
双	su⁴⁴	sᵒɣ⁵³/su⁵³	su³³⁴/sᵒɣ³³⁴	su³³⁴
杭	sɥeɪ³²³	sɥeɪ⁵¹	sɥeɪ³³⁴	sɛʔ⁵⁵/səʔ⁵⁵
绍	so⁵²	se³³⁴/so³³⁴	se³³/so³³	so³³
诸	so⁵⁴⁴	se⁵²/so⁵²	se⁵⁴⁴/sʌ⁵⁴⁴	se⁵⁴⁴/sʌ⁵⁴⁴
崇	sɣ⁵³	se⁴⁴/sɣ⁴⁴少	se³²⁴	sɑ³²⁴
太	so⁵²³	se⁴²	se³⁵	sɛʔ⁴⁵
余	so³²⁴	so⁴³⁵	so⁵²/se⁵²	so⁵²
宁	so⁵²	so³²⁵	so⁵²	so⁵²
黄	so⁵³³	so⁵³³	so⁴⁴	so⁴⁴
温	sˡi⁴⁴	sˡi³⁵	sˡi⁵²	sˡi⁵²
衢	ʃɥɑ⁴³⁴	ʃɥɑ⁴⁵/ʃɥɛ⁴⁵	ʃɥɑ⁵³	
华	səu³²⁴	ɕie⁵⁴⁴/ɕia⁵⁴⁴/səu⁵⁴⁴	ɕie⁴⁵/ɕia⁴⁵/səu⁴⁵	
永	ɕiʌ⁴⁴	ɕiʌ⁴³⁴	ɕiʌ⁵⁴	ɕiʌ⁵⁴

假开 三平 麻禅	假开 三上 马禅		蟹开 二上 蟹帮	蟹开 二去 怪帮
佘	社	叭	摆	拜
zo^{223}	zʌ^{231}	pʌ^{55}	pʌ^{51}	pʌ^{324}
szo^{323}	zo^{231}	pʌ^{445}	pʌ^{52}	pʌ^{412}
sa^{35}	sɑ^{323}	pa^{31}	pɛe^{323}	pɛe^{323}
sᶻa^{213}	sɑ^{41}	pa^{22}	pa^{44}	pa^{324}
szɒ^{42}	szɒ^{113}	pɒ^{42}	paɪ^{324}	paɪ^{45}
ɕʑia^{223}	ɕʑiæ^{31}	pa^{433}	pæ^{334}	pæ^{51}
za^{223}	zɑ^{223}	pa^{51}	pæ^{45}	pæ^{435}
za^{213}	za^{24}	pa^{44}	pa^{334}	pa^{51}
za^{213}	zɑ$^{213/33}$	pa^{55}	pa^{324}	pa^{35}
zo^{231}	zo^{231}	pɒ^{44}	pɒ^{51}	pɒ^{412}
zu^{233}	zu^{31}	pa^{52}	pa^{44}	pa^{324}
zo^{132}	zo^{223}	pa^{44}	pa^{52}	pa^{52}
zʌɣ^{231}	zʌɣ^{213}	pa^{52}	pa^{434}	pa^{434}
zʌɣ^{231}	zʌɣ^{213}	pa^{52}	pa^{434}	pa^{434}
zo^{113}	zo^{113}/ze^{113}	ɓa^{52}	ɓa^{44}	ɓa^{335}
zo^{113}	zo^{113}	pʌ^{52}	pʌ^{334}	pʌ^{334}
zo^{231}	zo^{113}	pʌ^{52}	pa^{44}	pa^{335}
	zɵ^{32}	pa^{44}	pa^{51}	pa^{413}
	zɵ^{223}	pa^{44}	pa^{51}	pa^{413}
	zɤɘ^{223}	pa^{51}	pa^{44}	pa^{334}
zʊ^{113}	zʊ^{231}	pa^{44}	pa^{53}	pa^{334}
szʮɥeɪ^{212}	szʮɥeɪ^{113}	pa^{323}	pε^{51}	pε^{334}
zo^{231}	zo^{113}/ze^{113}	pa^{52}	pa^{334}	pa^{33}
	se^{231}	pʌ^{544}	pʌ^{52}	pʌ^{544}
	ze^{22}	pa^{53}	pa^{44}	pa^{324}
	ze^{22}/ʑie^{22}老	pa^{523}	pa^{42}	pa^{35}
dzo^{113}	dzo^{113}	pʌ^{324}	pʌ^{435}	pʌ^{52}
dzo^{113}	dzo^{113}	pa^{52}	pa^{325}	pa^{52}
zo^{311}	zo^{113}	pʌ^{533}	pʌ^{533}	pʌ^{44}
szʮˈi^{231}	szʮˈi^{24}	pa^{44}	pa^{35}	pa^{52}
	ʑiɛ^{31}	pa^{434}	pɛ^{45}	pɛ^{53}
	szɤu^{24}/ɕʑia^{24}	pa^{544}	pa^{544}	pa^{45}/pɛ^{45}
ɕʑiʌ^{322}	ɕʑiʌ^{323}	pʌ^{44}	piʌ^{434}	piʌ^{54}

摄口 等调 韵声	蟹开 二去 卦滂 派	蟹开 二平 皆並 排	蟹开 二平 佳並 牌	蟹开 二去 卦並 稗
宜	pA^{324}	bA^{223}	bA^{223}	bA^{231}
溧	$p'A^{412}$	bA^{323}	bA^{323}	bA^{231}
金	$p'\varepsilon e^{44}/p'\varepsilon e^{31}$	$p'\varepsilon e^{35}$	$p'\varepsilon e^{35}$	$p'\varepsilon e^{44}$
丹	$p'ɑ^{324}$	$bɑ^{213}$	$bɑ^{213}$	$pɑ^{41}$
童	$p'aɪ^{45}$	$baɪ^{31}$	$baɪ^{31}$	$baɪ^{113}$
靖	$p'æ^{51}$	$bæ^{223}$	$bæ^{223}$	$bæ^{31}$
江	$p'æ^{435}$	$bæ^{223}$	$bæ^{223}$	$bæ^{223}$
常	$pɑ^{51}$	$bɑ^{213}$	$bɑ^{213}$	$bɑ^{24}$
锡	$p'ɑ^{35}$	$bɑ^{213}$	$bɑ^{213}$	$bɑ^{213}$
苏	$p'ɒ^{412}$	$bɒ^{223}$	$bɒ^{223}$	$bɒ^{231}$
熟	$p'ɑ^{324}$	$bɑ^{233}$	$bɑ^{233}$	$bɑ^{213}$
昆	$p'ɑ^{52}$	ba^{132}	ba^{132}	$bɑ^{223}$
霜	$p'ɑ^{434}$	$bɑ^{231}$	$bɑ^{231}$	$bɑ^{213}$
罗	$p'ɑ^{434}$	$bɑ^{231}$	$bɑ^{231}$	$bɑ^{213}$
周	$p'ɑ^{335}$	$bɑ^{113}$	$bɑ^{113}$	$bɑ^{113}$
上	$p'A^{334}$	bA^{113}	bA^{113}	bA^{113}
松	$p'ɑ^{335}$	$bɑ^{231}$	$bɑ^{231}$	$bɑ^{113}$
黎	$p'ɑ^{413}$	$bɑ^{24}$	$bɑ^{24}$	$bɑ^{213}$
盛	$p'ɑ^{413}$	$bɑ^{24}$	$bɑ^{24}$	$bɑ^{212}$
嘉	$p'ɑ^{334}$	$bɑ^{231}$	$bɑ^{231}$	$bɑ^{223}$
双	$pɑ^{334}$	$bɑ^{113}$	$bɑ^{113}$	$bɑ^{113}$
杭	$p'E^{334}$	bE^{212}	bE^{212}	bE^{113}
绍	$p'a^{33}$	ba^{231}	ba^{231}	ba^{231}
诸	$p'A^{544}$	bA^{233}	bA^{233}	bA^{233}
崇	$p'ɑ^{44}$	$bɑ^{31}$	$bɑ^{31}$	$bɑ^{14}$
太	$p'ɑ^{42}$	$bɑ^{312}$	$bɑ^{312}$	$bɑ^{13}$
余	$p'A^{435}$	bA^{113}	bA^{113}	bA^{113}
宁	$p'ɑ^{325}$	$bɑ^{113}$	$bɑ^{113}$	$bɑ^{113}$
黄	$p'A^{44}$	bA^{311}	bA^{311}	bA^{113}
温	$p'ɑ^{52}$	$bɑ^{231}$	$bɑ^{231}$	$bɑ^{22}$
衢	$p'\varepsilon^{53}$	$b\varepsilon^{323}$	$d\varepsilon^{323}$	$dɑ^{31}$
华	$p'ɑ^{45}$	$pɑ^{324}$	$pɑ^{324}$	$bɑ^{24}/bɯɑ^{24}/b\varepsilon^{24}$
永	$p'iA^{54}$	biA^{322}	biA^{322}	biA^{214}

蟹开 二去 夬並 败	妈	蟹开 二平 皆明 埋	蟹开 二上 蟹明 买	蟹开 二去 卦明 卖
bʌ²³¹	ʔmʌ⁵⁵	mʌ²²³	mʌ²⁴	mʌ²³¹
bʌ²³¹	ʔmʌ⁴⁴⁵/ʔmo⁴⁴⁵	mʌ³²³	ʔmʌ⁴⁴⁵	mʌ²³¹
pʻɛ^e⁴⁴	ma³¹	mɛ^e³⁵	mɛ^e³²³	mɛ^e⁴⁴
pɑ⁴¹/bæ²¹³	ma²²	ma²¹³	ma²¹³	ma²¹³
baɪ¹¹³	ʔmɒ⁴²	maɪ¹¹³	ʔmaɪ³²⁴	maɪ¹¹³
bæ³¹	ʔma³²²	mæ²²³	ʔmæ³²⁵	mæ³¹
bæ²²³	ʔma⁵¹	mæ²²³	ʔmæ⁴⁵	mæ²²³
ba²⁴	ʔma⁴⁴	ma²¹³	ʔma³³⁴	ma²⁴
ba²¹³	ʔma⁵⁵	ma²¹³	ma³³	ma²¹³
bɒ²³¹	ʔmɒ⁴⁴	ʔmɒ⁴⁴/mɒ²²³/mɛ²²³	mɒ²³¹	mɒ²³¹
ba²¹³	ʔma⁵²	ma²³³/mæ²³³	ma³¹	ma²¹³
ba²²³	ʔma⁴⁴	mɛ¹³²	ma²²³	ma²¹
ba²¹³	ʔma⁵²	ma²³¹	ma²¹³	ma²¹³
ba²¹³	ʔma⁵²	ma²³¹	ma²¹³	ma²¹³
ba¹¹³	ʔma⁵²	ma¹¹³	ma¹¹³	ma¹¹³
bʌ¹¹³	ʔmʌ⁵²	mʌ¹¹³	mʌ¹¹³	mʌ¹¹³
ba¹¹³	ʔma⁵²	ʔma⁵²/ma²³¹	ma¹¹³	ma¹¹³
ba²¹³	ʔma⁴⁴	ma²⁴	ma³²	ma²¹³
ba²¹²	ʔma⁴⁴	ma²⁴	ma²²³	ma²¹²
ba²²³	ʔma⁵¹	ma²³¹/ʔma⁵¹	ʔma³³⁴/ma²²³	ʔma³³⁴/ma²²³
ba¹¹³	ʔma⁴⁴	ma¹¹³	ʔma⁵³	ma¹¹³
bɛ¹¹³	ma²¹²	mɛ²¹²	ʔmɛ⁵¹	mɛ¹¹³
ba²²	ʔma⁵²	ma²³¹	ma¹¹³	ma²²
bʌ²³³	ʔmʌ⁵⁴⁴	mɛ²³³	mʌ²³¹	mʌ²³³
ba¹⁴	ʔma⁵³	ma³¹	ma²²	ma¹⁴
ba¹³	ʔma⁵²³	ma³¹²	ma²²	ma¹³
bʌ¹¹³	ʔmʌ⁴⁴	mʌ¹¹³/me¹¹³	mʌ¹¹³	mʌ¹¹³
ba¹¹³	ʔma⁵²/ʔmo⁵²	mɛ¹¹³	ma¹¹³	ma¹¹³
bʌ¹¹³	mʌ³¹¹	mʌ³¹¹	ʔmʌ⁵³³	mʌ¹¹³
ba²²	mɐ²⁴	ma²²	mɐ²⁴	mɐ²²
bɛ³¹	ʔma⁵³/ɦma³²³	mɛ³²³	mɛ³¹	mɛ³¹
ba²⁴	ʔma⁵⁴⁴	mɛ³²⁴	ʔma⁵⁴⁴	ma²⁴
biʌ²¹⁴	ʔmʌ⁴⁴	miʌ³²²	miʌ³²³	miʌ²¹⁴

摄口	蟹开		蟹开	蟹开
等调	二去		一去	一去
韵声	夬明		代端	泰端
	迈	歹	戴	带
宜	mA^{231}	tɐɪ^{324}	tA^{324}	tA^{324}
溧	mA^{231}	tæE^{52}	tA^{412}/tæE^{412}	tA^{412}
金	mɛe^{44}	tɛe^{323}	tɛe^{44}	tɛe^{44}
丹	mɑ^{41}	tæ^{44}	tɑ^{324}	tɑ^{324}
童	maɪ^{113}	taɪ^{324}	taɪ^{45}	taɪ^{45}
靖	mæ^{31}	tæ^{334}	tæ^{51}	tæ^{51}
江	mæ^{223}	tæ^{45}	tæ^{435}	tæ^{435}
常	mæ^{24}/mæ̃^{24}	tæe^{334}	tɑ^{51}	tɑ^{51}
锡	mɑ^{213}	tE^{324}/tɑ^{324}	tɑ^{35}/tE^{35}	tɑ^{35}/tE^{35}
苏	mɒ^{231}/mE^{231}	tE^{51}	tɒ^{412}/tE^{412}	tɒ^{412}
熟	mæ^{213}	tæ^{44}	tɑ^{324}	tɑ^{324}
昆	mE^{21}/mɑ^{21}	tE^{52}	tɑ^{52}	tɑ^{52}
霜	mE^{213}	tE^{434}	tɑ^{434}/te^{434}	tɑ^{434}
罗	me^{213}	te^{434}	tɑ^{434}	tɑ^{434}
周	mɑ^{113}	te^{44}	tɑ^{335}/te^{335}	tɑ^{335}
上	mE^{113}/mA^{113}	tE^{334}	tA^{334}	tA^{334}
松	mɑ^{113}/mE^{113}	tE^{44}	tɑ^{335}/tE^{335}	tɑ^{335}
黎	mE^{213}	tE^{51}	tɒ^{413}	tɒ^{413}
盛	mE^{212}	tE^{51}	tɑ^{413}	tɑ^{413}/tE^{413}
嘉	mE$^{\varepsilon 223}$	tE$^{\varepsilon 44}$	tɑ^{334}	tɑ^{334}
双	mɑ^{113}	tE^{53}	tɑ^{334}	tɑ^{334}
杭	mE^{113}	tE^{51}	tE^{334}	tE^{334}
绍	ma^{22}	te^{334}	ta^{33}	ta^{33}
诸	mE^{233}	te^{52}	tA^{544}	tA^{544}
崇	me^{14}	te^{324}	tɑ^{324}	tɑ^{324}
太	mæ̃^{13}	tæ̃^{42}	tɑ^{35}	tɑ^{35}
余	mA^{113}	te^{435}	tA^{52}	tA^{52}
宁	ma^{113}/mE^{113}	tE^{325}	ta^{52}/tE^{52}	ta^{52}
黄	mɛ^{113}	tA^{533}	te^{44}	tA^{44}
温	mɑ^{231}	tæi$^{\underline{35}}$	tɑ^{52}	tɑ^{52}
衢	mɛ^{31}	te^{45}	tɛ^{53}	tɛ^{53}
华	mɛ^{24}	te^{544}	tɑ^{45}	tɑ^{45}
永	miA^{214}	təɪ^{434}	tiA^{54}~表/təɪ^{爱}~	tiA^{54}

果开 一平 歌透 他	蟹开 一去 代透 态	蟹开 一去 泰透 太	蟹开 一去 泰透 泰	果开 一上 哿泥 那
t'o^{55}	t'ʌ^{324}	t'ʌ^{324}	t'ʌ^{324}	ʔnʌ^{55}
t'o^{445}	t'ʌ^{412}	t'ʌ^{412}	t'ʌ^{412}	ʔnɔ^{445}/ʔnɔ^{52}
t'ɑ^{31}	t'ɛ^{e44}	t'ɛ^{e44}	t'ɛ^{e44}	lɑ^{44}
t'ɑ^{22}	t'ɑ^{324}	t'ɑ^{324}/t'æ^{324}	t'ɑ^{324}/t'æ^{324}	
t'ɒ^{42}	t'aɪ^{45}	t'aɪ^{45}	t'aɪ^{45}	nɒ^{324}
t'ɑ^{433}	t'ɑ^{51}	t'ɑ^{51}	t'ɑ^{51}	ʔnɑ^{51}
t'ɑ^{51}	t'æ^{435}	t'æ^{435}	t'æ^{435}	ʔnɑ^{51}
dɑ^{213}	t'ɑ^{51}	t'ɑ^{51}	t'ɑ^{51}	
dʌɣ^{213}	t'ɑ^{35}	t'ɑ^{35}	t'ɑ^{35}	ʔnɑ^{55}
t'ɒ^{44}	t'ɛ^{412}	t'ɒ^{412}	t'ɒ^{412}	no^{231}
t'ɑ^{52}	t'æ^{324}	t'ɑ^{324}	t'ɑ^{324}	ʔnɑ^{52}
t'ɑ^{44}	t'ɛ^{52}	t'ɑ^{52}	t'ɑ^{52}	nɑ^{231}
t'ɑ^{52}	t'ɛ^{434}	t'ɑ^{434}	t'ɑ^{434}	ʔnɑ^{52}
t'ɑ^{52}	t'e^{434}	t'ɑ^{434}	t'ɑ^{434}	ʔnɑ^{52}
t'ɑ^{52}	te^{335}	t'ɑ^{335}	t'ɑ^{335}	ʔnɑ^{52}
t'ʌ^{52}	t'ɛ^{334}	t'ʌ^{334}	t'ʌ^{334}	ʔnʌ^{52}
t'ɑ^{52}	t'ɛ^{335}	t'ɑ^{335}	t'ɑ^{335}	ʔnɑ^{52}
t'ɒ^{44}	t'ɛ^{324}	t'ɒ^{324}	t'ɒ^{324}	ʔnɒ^{44}
t'ɑ^{44}	t'ɛ^{313}	t'ɑ^{313}/t'ɛ^{313}	t'ɑ^{313}/t'ɛ^{313}	ʔno^{44}
t'ɑ^{51}	t'ɛ^{ɛ334}	t'ɑ^{334}	t'ɑ^{334}	ʔnɑ^{334}
t'ɑ^{44}	t'ɛ^{334}	t'ɑ^{334}	t'ɑ^{334}	ʔnɑ^{44}
t'ɑ^{323}	t'ɛ^{334}	t'ɛ^{334}	t'ɛ^{334}	
t'a^{52}	t'a^{33}	t'a^{33}	t'a^{33}	ʔnɑ^{52}
t'ʌ^{544}	t'e^{544}	t'ʌ^{544}	t'ʌ^{544}	ʔnʌ^{52}
t'ɑ^{44}	t'e^{324}	t'ɑ^{324}	t'ɑ^{324}	ʔnɑ^{44}
t'ɑ^{523}	t'æ̃^{35}	t'ɑ^{35}	t'ɑ^{35}	ʔnɑ^{44}
t'ʌ^{324}	t'ʌ^{52}	t'ʌ^{52}	t'ʌ^{52}	ʔnʌ^{435}
t'ɑ^{52}	t'ɑ^{52}	t'ɑ^{52}	t'ɑ^{52}	ʔnɑ^{52}
t'ʌ^{533}	t'e^{44}	t'ʌ^{44}	t'ʌ^{44}	ʔnʌ^{533}
t'uo^{44}	t'e^{52}	t'ɑ^{52}	t'ɑ^{52}	nɑ^{35}
gi^{323}	t'ɛ^{53}	t'ɛ^{53}	t'ɛ^{53}	ʔnɑ^{53}
gə^{213}/kə^{324}	t'ɑ^{45}/t'ɛ^{45}	t'ɑ^{45}/t'ɛ^{45}	t'ɛ^{45}	ʔnɑ^{544}
t'ʊʌ^{44}/gə^{322}	t'əɪ^{54}	t'iʌ^{54}	t'iʌ^{54}	nʌ^{323}

摄口 等调 韵声	蟹开 二上 蟹泥	咸开 一入 合来		蟹开 一去 泰来
	奶	拉	喇~叭	赖
宜	nA^{24}	$ʔlA^{55}$	lA^{24}	lA^{324}
溧	$ʔnA^{445}$	$ʔlA^{445}$	$laʔ^{\underline{22}}$	lA^{231}
金	$lɛe^{323}$	la^{31}	la^{323}	$lɛe^{44}$
丹	$næ^{22}$~~/$nɑ^{213}$牛~	la^{22}	la^{22}	$læ^{41}$
童	$naɪ^{324}$	$lɒ^{42}$	$lɒ^{324}$	$laɪ^{113}$
靖	$ʔnæ^{334}$	$ʔla^{433}$	$ʔla^{433}$	$læ^{31}$
江	$ʔnæ^{45}$	$ʔla^{51}$	la^{223}	$læ^{223}$
常	$ʔnæe^{334}$	$ʔla^{44}$	$ʔla^{334}$	la^{24}
锡	na^{33}	$ʔla^{55}$	la^{213}	la^{213}
苏	$nɒ^{231}$	$ʔlɒ^{44}$	$lɒ^{231}$	$lɒ^{231}$
熟	na^{31}	$ʔla^{52}$	la^{31}	la^{213}
昆	na^{223}	$ʔla^{44}$	la^{223}	lE^{21}/la^{21}
霜	na^{213}	$ʔla^{52}$	la^{213}	lE^{213}/la^{213}
罗	na^{213}	$ʔla^{52}$	la^{213}	la^{213}
周	na^{113}	$ʔla^{52}$	la^{113}	la^{113}
上	nA^{113}/nE^{113}	$ʔlA^{52}/lAʔ^{\underline{23}}$	lA^{113}	lA^{113}
松	$ʔna^{44}/na^{113}$	$ʔla^{52}$	la^{113}	lE^{113}/la^{113}
黎	$nɒ^{32}$	$ʔlɒ^{44}$	$lɒ^{24}$	$lɒ^{213}$
盛	na^{223}	$ʔla^{44}$	la^{24}	la^{212}
嘉	$ʔna^{51}$	$ʔla^{51}$	la^{231}	$lE^{ɛ\,223}$
双	$ʔna^{53}$	$ʔla^{44}$	la^{113}	lE^{113}/la^{113}
杭	$ʔnE^{51}$	la^{212}	la^{212}	la^{113}
绍	$ʔna$	$ʔla^{52}$	la^{113}	la^{22}
诸	nA^{231}	$ʔlA^{544}$	lA^{231}	lA^{233}
崇	na^{22}	$ʔla^{53}$	la^{22}	la^{14}
太	ne^{22}	$ʔla^{523}$	la^{22}	la^{13}
余	nA^{113}	$ʔlA^{324}$	lA^{113}	lA^{113}
宁	na^{113}/nE^{113}	$ʔla^{52}$	la^{113}	la^{113}
黄	$ʔnA^{533}$	$ʔlA^{533}$	$lɐʔ^{\underline{12}}$	lA^{113}
温	$næi^{\underline{35}}$	$ʔla^{44}$	$ʔla^{44}$	la^{22}
衢	$nɛ^{45}$	$ʔla^{434}$	la^{31}/lo^{31}	$lɛ^{31}$
华	$ʔna^{544}/nɛ^{24}$	$ʔla^{544}$	la^{24}	la^{24}
永	niA^{323}牛~/nai^{323}~~	$ʔlA^{44}$	lA^{323}	lA^{214}

假开 二平 麻见	假开 二平 麻见	蟹开 二平 佳见	蟹开 二平 皆见	假开 二上 马见
家	加	街	阶	假真~
ko^{55}/$tɕio^{55}$	ko^{55}/$tɕio^{55}$	$kʌ^{55}$	$kʌ^{55}$/$tɕiʌ^{55}$	ko^{51}/$tɕiʌ^{51}$
ko^{445}/$tɕio^{445}$	ko^{445}/$tɕio^{445}$	$kʌ^{445}$	$tɕie^{445}$	ko^{52}/$tɕie^{52}$
ka^{31}/$tɕia^{31}$	ka^{31}/$tɕia^{31}$	$kɛ^{e\,31}$	$kɛ^{e}$/$tɕie^{31}$	ka^{323}/$tɕia^{323}$
ko^{22}~里/ka^{22}人~/$tɕia^{22}$	ko^{22}	$kɑ^{22}$	$tɕiɛ^{e\,22}$/$tɕio^{22}$	ko^{44}/$tɕia^{44}$
$kɒ^{42}$/$tɕiɒ^{42}$	$kɒ^{42}$/$tɕiɒ^{42}$	$kaɪ^{42}$	$kaɪ^{42}$/$tɕie^{42}$	$kɒ^{324}$/$tɕiɒ^{324}$
ko^{433}/$tɕia^{433}$	$tɕia^{433}$	$kæ^{433}$	$tɕiæ^{433}$	$tɕia^{334}$
ka^{51}/$tɕia^{51}$	ka^{51}/$tɕia^{51}$	ka^{51}/$tɕia^{51}$	ka^{51}/$tɕia^{51}$	ka^{45}/$tɕia^{45}$
ko^{44}/$tɕia^{44}$	ko^{44}/$tɕia^{44}$	ka^{44}	$tɕia^{44}$	ko^{334}/$tɕia^{334}$
ku^{55}/ka^{55}/$tɕia^{55}$	ka^{55}	ka^{55}	ka^{55}/$tɕia^{55}$	ka^{324}/$tɕia^{324}$
$kɒ^{44}$/$tɕiɒ^{44}$	$kɒ^{44}$/$tɕiɒ^{44}$	$kɒ^{44}$	$tɕiɒ^{44}$/$kɒ^{44}$	$kɒ^{51}$/$tɕiɒ^{51}$
ka^{52}/$tɕia^{52}$	ka^{52}/$tɕia^{52}$	ka^{52}	$tɕia^{52}$	ka^{44}/$tɕia^{44}$
ka^{44}/$tɕia^{44}$	ka^{44}/$tɕia^{44}$	ka^{44}	$tɕia^{44}$/ka^{44}	ka^{52}/$tɕia^{52}$
ka^{52}/$tɕia^{52}$	ka^{52}	ka^{52}	$tɕia^{52}$	ka^{434}
ka^{52}/$tɕia^{52}$	ka^{52}/$tɕia^{52}$	ka^{52}/$tɕia^{52}$	ka^{52}/$tɕia^{52}$	ka^{434}/$tɕia^{434}$
ka^{52}/$tɕia^{52}$	ka^{52}/$tɕia^{52}$	ka^{52}	ka^{52}/$tɕia^{52}$	ka^{44}/$tɕia^{44}$
$kʌ^{52}$/$tɕiʌ^{52}$	$kʌ^{52}$	$kʌ^{52}$	$tɕiʌ^{52}$/$kʌ^{52}$	$kʌ^{334}$/$tɕiʌ^{334}$
ka^{52}/$tɕia^{52}$	ka^{52}/$tɕia^{52}$	ka^{52}	$tɕia^{52}$/ka^{52}	ka^{44}/$tɕia^{44}$
$kɒ^{44}$/$tɕiɒ^{44}$	$kɒ^{44}$	$kɒ^{44}$	$tɕiɒ^{44}$	$kɒ^{51}$/$tɕiɒ^{51}$
ka^{44}/$tɕia^{44}$	ka^{44}	ka^{44}	$tɕia^{44}$	ka^{51}
ka^{51}/$tɕia^{51}$	ka^{51}/$tɕia^{51}$	ka^{51}/$tɕia^{51}$	$tɕie^{51}$/$tɕia^{51}$	ka^{44}/$tɕia^{44}$
ka^{44}/$tɕia^{44}$	ka^{44}/$tɕia^{44}$	ka^{44}	ka^{44}/$tɕia^{44}$	ka^{53}/$tɕia^{53}$
$tɕia^{323}$	$tɕia^{323}$	$tɕie^{323}$	$tɕie^{323}$	$tɕia^{51}$
ko^{52}/$tɕio^{52}$/$tɕia^{52}$	ko^{52}/$tɕia^{52}$	ka^{52}	$tɕia^{52}$	ko^{334}/$tɕia^{334}$
ko^{544}/$tɕiʌ^{544}$	ko^{544}/$tɕiʌ^{544}$	$kʌ^{544}$	$tɕiʌ^{544}$	$kʌ^{52}$/$tɕiʌ^{52}$
$kɣ^{53}$/$tɕia^{53}$	$kɣ^{53}$/$tɕia^{53}$	ka^{53}	ka^{53}/$tɕia^{53}$	$kɣ^{44}$/$tɕia^{44}$
ko^{523}/$tɕia^{523}$	ko^{523}/$tɕia^{523}$	ka^{523}	ka^{523}/$tɕia^{523}$	ko^{42}/$tɕia^{42}$
ko^{324}/$tɕiʌ^{324}$	ko^{324}/$tɕiʌ^{324}$	$kʌ^{324}$/$tɕiʌ^{324}$	$tɕiʌ^{324}$	ko^{435}/$tɕiʌ^{435}$
ko^{52}/$tɕia^{52}$	ko^{52}/$tɕia^{52}$	ka^{52}/$tɕia^{52}$	ka^{52}/$tɕia^{52}$	ko^{325}/$tɕia^{325}$
ko^{533}/$tɕiʌ^{533}$	ko^{533}/$tɕiʌ^{533}$	$kʌ^{533}$	$kʌ^{533}$	ko^{533}/$tɕiʌ^{533}$
ko^{44}	ko^{44}	ka^{44}	ka^{44}	$ko^{\underline{35}}$
ka^{434}/$tɕia^{434}$	ka^{434}/$tɕia^{434}$	$kɛ^{434}$	$tɕiɛ^{434}$/$tɕia^{434}$	ka^{45}
kua^{324}/$tɕia^{324}$	kua^{324}/$tɕia^{324}$	ka^{324}/$tɕie^{324}$	$tɕie^{324}$	kua^{544}
$kʊʌ^{44}$	$kʊʌ^{44}$	$tɕiʌ^{44}$	$tɕiʌ^{44}$	$kʊʌ^{434}$

摄口	蟹开	假开	假开	假开
等调	二上	二去	二去	二去
韵声	佳见	祃见	祃见	祃见
	解~开	架	嫁	价
宜	kA^{51}	ko^{324}/tɕiA^{324}	ko^{324}/tɕiA^{324}	ko^{324}/tɕiA^{324}
溧	kA^{52}/tɕie^{52}	ko^{412}/tɕio^{412}	ko^{412}/tɕio^{412}	ko^{412}/tɕio^{412}
金	ka^{323}/tɕia^{323}	ka^{44}/tɕia^{44}	ka^{44}/tɕia^{44}	ka^{44}/tɕia^{44}
丹	ka^{44}/tɕie^{44}	tɕia^{324}	ko^{324}	ko^{324}
童	kɒ^{324}	kɒ^{45}/tɕiɒ^{45}	kɒ^{45}	kɒ^{45}
靖	kæ^{334}带/tɕiæ^{334}	ko^{51}	ko^{51}	ko^{51}
江	ka^{45}/ga^{323} tɕia^{45}	ka^{435}/tɕia^{45}	ka^{435}/tɕia^{45}	ka^{435}/tɕia^{45}
常	ka^{334}/tɕia^{334}	ko^{51}/tɕia^{51}	ko^{51}/tɕia^{51}	ko^{51}/tɕia^{51}
锡	ka^{324}/ga^{213} tɕia^{324}/dʑia^{213}	ka^{35}/tɕia^{35}	ka^{35}/tɕia^{35}	ka^{35}/ko^{35}/tɕia^{35}
苏	kɒ^{51}/gɒ^{223}/tɕiɒ^{51}	kɒ^{412}	kɒ^{412}/tɕiɒ^{412}	kɒ^{413}/tɕiɒ^{412}
熟	ka^{44}/tɕia^{44}	ka^{324}/tɕia^{324}	ka^{324}	tɕia^{324}
昆	ka^{52}/ga^{132} tɕia^{52}	ka^{52}	ka^{52}/tɕia^{52}	ka^{52}/tɕia^{52}
霜	ka^{434}/tɕia^{434}	ka^{434}/tɕia^{434}	ka^{434}/tɕia^{434}	ka^{434}/tɕia^{434}
罗	ka^{434}/tɕia^{434}	ka^{434}/tɕia^{434}	ka^{434}/tɕia^{434}	ka^{434}/tɕia^{434}
周	ka^{44}/tɕia^{44}	ka^{335}	ka^{335}	ka^{335}
上	kA^{334}/tɕiA^{334}/gA^{334}	kA^{334}/tɕiA^{334}	kA^{334}/tɕiA^{334}	kA^{334}/tɕiA^{334}
松	ka^{44}/tɕia^{44}	ka^{335}/tɕia^{335}	ka^{335}	ka^{335}
黎	kɒ^{51}/tɕiɒ^{51}	kɒ^{413}	kɒ^{413}/tɕiɒ^{413}	kɒ^{413}/tɕiɒ
盛	ka^{51}/ga^{51}	tɕia^{413}	ka^{413}/tɕia^{413}	ka^{413}/tɕia^{413}
嘉	tɕia^{44}	ka^{334}/tɕia^{334}	ka^{334}/tɕia^{334}	ka^{334}/tɕia^{334}
双	ka^{53}/tɕia^{53}	ka^{334}/tɕia^{334}	ka^{334}/tɕia^{334}	ka^{334}/tɕia^{334}
杭	tɕie^{51}	tɕia^{334}	tɕia^{334}	tɕia^{334}
绍	ka^{334}/tɕia^{334}	ko^{33}/tɕia^{33}	ko^{33}/tɕia^{33}	ko^{33}/tɕia^{33}
诸	kA^{52}/tɕiA^{52}	ko^{544}/tɕiA^{544}	ko^{544}/tɕiA^{544}	ko^{544}/tɕiA^{544}
崇	ka^{44}/tɕia^{44}	kɣ^{324}/tɕia^{324}	kɣ^{324}/tɕia^{324}	kɣ^{324}/tɕia^{324}
太	ka^{42}/tɕia^{42}	ko^{35}/tɕia^{35}	ko^{35}/tɕia^{35}	ko^{35}/tɕia^{35}
余	kA^{435}/tɕiA^{435}	ko^{52}/tɕiA^{52}	ko^{52}/tɕiA^{52}	ko^{52}/tɕiA^{52}
宁	ka^{325}/tɕia^{325}	ko^{52}/tɕia^{52}	ko^{52}/tɕia^{52}	ko^{52}/tɕia^{52}
黄	kA^{533}	ko^{44}/tɕiA^{44}	ko^{44}/tɕiA^{44}	ko^{44}/tɕiA^{44}
温	ka^{35}	ko^{52}	ko^{52}	ko^{52}
衢	kɛ^{45}/tɕia^{45}	ka^{53}/tɕia^{53}	ka^{53}/tɕia^{53}	ka^{53}/tɕia^{53}
华	ka^{544}/tɕia^{544}	tɕia^{45}/kua^{45}	kua^{45}/tɕia^{45}	kua^{45}/tɕia^{45}
永	tɕiA^{434}	kʊA^{54}	kʊA^{54}	kʊA^{54}

假开 二去 祃见	蟹开 二去 怪见	蟹开 二去 怪见	蟹开 二平 皆溪	
假放~	戒	界	揩	卡
ko³²⁴/tɕiA³²⁴	kA³²⁴/tɕiA³²⁴	kA³²⁴/tɕiA³²⁴	k'A⁵⁵	k'A⁵¹
ko⁴¹²/tɕio⁴¹²	kA⁴¹²/tɕie⁴¹²	kA⁴¹²/tɕie⁴¹²	k'A⁴⁴⁵	k'o⁵²/k'A⁵²
ka⁴⁴/tɕia⁴⁴	kεᵉ⁴⁴/tɕie⁴⁴	kεᵉ⁴⁴/tɕie⁴⁴	k'ε³¹	k'a³²³
ko³²⁴	ka³²⁴/tɕia³²⁴	ka³²⁴	k'ɑ²²	k'ɑ²²/k'ɑ³²⁴
kɒ⁴⁵/tɕiɒ⁴⁵ tɕia⁴⁵	kɒ⁴⁵/tɕie⁴⁵	kaɪ⁴⁵	k'aɪ⁴²	k'ɑ³²⁴
tɕia⁵¹/ko⁵¹老年	kæ⁵¹/tɕiæ⁵¹	tɕiæ⁵¹	k'æ⁴³³	k'ɑ³³⁴
ka⁴³⁵/tɕia⁴⁵	kæ⁴³⁵/ka⁴³⁵/tɕia⁴³⁵	tɕia⁴³⁵	k'æ⁵¹	k'ɑ⁴⁵
ko⁵¹/tɕia⁵¹	ka⁵¹/tɕia⁵¹	tɕiɑ⁵¹	k'ɑ⁴⁴	k'ɑ³³⁴
ka³⁵/tɕia³⁵	ka³⁵/tɕia³⁵	ka³⁵/tɕia³⁵	k'ɑ⁴⁴	k'ɑ³²⁴
kɒ⁴¹²/tɕiɒ⁴¹²	kɒ⁴¹²/tɕiɒ⁴¹²	kɒ⁴¹²/tɕiɒ⁴¹²	k'ɒ⁴⁴	k'ɒ⁴⁴
ka³²⁴/tɕia³²⁴	ka³²⁴/tɕia³²⁴	ka³²⁴	k'ɑ⁵²	k'ɑ⁴⁴
ka⁵²/tɕia⁵²	ka⁵²/tɕia⁵²	ka⁵²/tɕia⁵²	k'ɑ⁴⁴	k'ɑ⁵²
ka⁴³⁴/tɕia⁴³⁴	ka⁴³⁴/tɕia⁴³⁴	ka⁴³⁴/tɕia⁴³⁴	k'ɑ⁵²	k'ɑ⁴³⁴
ka⁴³⁴/tɕia⁴³⁴	ka⁴³⁴/tɕia⁴³⁴	ka⁴³⁴	k'ɑ⁵²	k'ɑ⁴³⁴
ka³³⁵/tɕia³³⁵	ka³³⁵/tɕia³³⁵	ka³³⁵/tɕiɑ³³⁵	k'ɑ⁵²	k'ɑ⁴⁴
kA³³⁴/tɕiA³³⁴	kA³³⁴/tɕiA³³⁴	kA³³⁴	k'A⁵²	k'A³³⁴
ka³³⁵	ka³³⁵/tɕia³³⁵	ka³³⁵/tɕia³³⁵	k'ɑ⁵²	k'ɑ⁴⁴
kɒ⁴¹³/tɕiɒ	kɒ⁴¹³	kɒ⁴¹³/tɕiɒ	k'ɒ⁴⁴	k'ɒ³³⁴
ka⁴¹³/tɕia⁴¹³	tɕia⁴¹³	ka⁴¹³	k'ɑ⁴⁴	k'ɑ³³⁴
ka³³⁴/tɕia³³⁴	ka³³⁴	ka³³⁴/tɕia³³⁴	k'ɑ⁵¹	k'ɑ³²⁴
ka³³⁴/tɕia³³⁴	ka³³⁴/tɕia³³⁴	ka³³⁴/tɕia³³⁴	k'ɑ⁴⁴	k'ɑ⁵³
tɕia³³⁴	tɕie³³⁴	tɕie³³⁴	k'ɑ³²³	k'ɑ⁵¹
ko³³/tɕia³³	ka³³/tɕia³³	tɕia³³	k'ɑ⁵²	k'ɑ³³⁴
ko⁵⁴⁴/tɕiA⁵⁴⁴	kA⁵⁴⁴/tɕiA⁵⁴⁴	kA⁵⁴⁴/tɕiA⁵⁴⁴	k'A⁵⁴⁴	k'A⁵²
kɣ³²⁴/tɕia³²⁴	ka³²⁴/tɕia³²⁴	ka³²⁴/tɕia³²⁴	k'ɑ⁵³	k'ɑ⁴⁴
ko³⁵/tɕia³⁵	ka³⁵/tɕia³⁵	ka³⁵/tɕia³⁵	k'ɑ⁵²³	k'ɑ⁴²
ko⁵²/tɕiA⁵²	kA⁵²/tɕia⁵²	kA⁵²/tɕiA⁵²	k'A³²⁴	k'A⁴³⁵
ko⁵²/tɕia⁵²	ka⁵²/tɕia⁵²	ka⁵²/tɕia⁵²	k'ɑ⁵²	k'ɑ³²⁵
ko⁴⁴/tɕiA⁴⁴	kA⁴⁴	kA⁴⁴	k'A⁵³³	k'A⁵³³
ko⁵²	ka⁵²	ka⁵²	k'ɑ⁴⁴	k'ɑ³⁵
ka⁵³	kε⁵³/tɕiε⁵³	kε⁵³/tɕiε⁵³	k'ε⁴³⁴	k'ɑ⁴⁵
kuɑ⁴⁵/tɕia⁴⁵	ka⁴⁵/tɕia⁴⁵	tɕie⁴⁵	k'ɑ³²⁴	k'ɑ⁵⁴⁴
kʊA⁵⁴	tɕiA⁵⁴	tɕiA⁵⁴	k'A⁴⁴/tɕiA⁴⁴	k'A⁴³⁴

摄口	果开	假开	假开	假开
等调	三平	二平	二平	二平
韵声	戈群	麻疑	麻疑	麻疑
	茄	牙	芽	衙
宜	dʑio²²³/dʑiA²²³	ŋo²²³	ŋo²²³	ŋo²²³
溧	dʑio³²³	ŋo³²³/ɦio³²³	ŋo³²³	ŋo³²³
金	tɕ'ya³⁵	a³⁵/ia³⁵	a³⁵/ia³⁵	a³⁵/ia³⁵
丹	dʑia²¹³	ŋo²¹³	ŋo²¹³	ŋo²¹³
童	ga³¹/dʑia¹¹³/dʑiɒ¹¹³	ŋɒ³¹/ɦiɒ³¹	ŋɒ³¹/ɦiɒ³¹	ŋɒ³¹
靖	dʑiæ²²³	ŋo²²³	ŋo²²³	ɦia²²³
江	dʑia²²³	ŋo²²³/ɦia²²³	ŋa²²³	ɦia²²³
常	dʑia²¹³	ŋo²¹³/ɦia²¹³	ŋo²¹³	ɦia²¹³
锡	ga²¹³/dʑia²¹³	ŋa²¹³	ŋa²¹³	ɦia²¹³
苏	gɒ²²³	ŋɒ²²³	ŋɒ²²³	ŋɒ²²³/ɦiɒ²²³
熟	ga²³³	ŋa²³³	ŋa²³³	ŋa²³³
昆	ga¹³²	ŋa¹³²	ŋa¹³²	ŋa¹³²/ɦia¹³²
霜	ga²³¹	ŋa²³¹	ŋa²³¹	ŋa²³¹
罗	ga²³¹	ŋa²³¹	ŋa²³¹	ŋa²³¹
周	ga¹¹³	ŋa¹¹³	ŋa¹¹³	ŋa¹¹³/ɦia¹¹³
上	gA¹¹³	ŋA¹¹³	ŋA¹¹³	ŋA¹¹³/ɦiA¹¹³
松	ga²³¹	ŋa²³¹	ŋa²³¹	ŋa²³¹/ɦia²³¹
黎	gɒ²⁴	ŋɒ²⁴	ŋɒ²⁴	ŋɒ²⁴
盛	ga²⁴	ɦia²⁴	ɦia²⁴	ɦia²⁴/ɦia²⁴
嘉	ga²³¹	ŋa²³¹/ɦia²³¹	ŋa²³¹/ɦia²³¹	ŋa²³¹/ɦia²³¹
双	ga¹¹³	ŋa¹¹³	ŋa¹¹³	ŋa¹¹³
杭	dʑia²¹²/dʑi²¹²	ɦia²¹²	ɦia²¹²	ɦia²¹²
绍	dʑia²³¹	ŋo²³¹	ŋo²³¹	ŋo²³¹
诸	dʑiA²³³	ŋo²³³	ŋo²³³	ɦiA²³³
崇	dʑia³¹	ŋɤ³¹	ŋɤ³¹	ɦia³¹
太	dʑia³¹²	ŋo³¹²	ŋo³¹²	ɦia³¹²
余	gA¹¹³	ŋo¹¹³	ŋo¹¹³	ŋo¹¹³/ɦiA¹¹³
宁	dʑia¹¹³	ŋo¹¹³	ŋo¹¹³	ŋo¹¹³
黄	dʑiA³¹¹	ŋo³¹¹	ŋo³¹¹/ɦiA³¹¹	ŋo³¹¹/ɦiA³¹¹
温	ga²³¹	ŋo²³¹	ŋo²³¹	ŋo²³¹
衢	dʑiɛ³²³/tɕ'ia⁴³⁴	ŋa³²³	ŋa³²³	ŋa³²³
华	tɕia³²⁴	ʔua³²⁴	ʔua³²⁴	ia³²⁴
永	dʑiA³²²	ŋʊA³²²	ŋʊA³²²	ŋʊA³²²

蟹开 二平 佳疑	蟹合 一去 泰疑	蟹开 二平 皆影	蟹开 二上 蟹影	假开 二平 麻晓
捱~延	外	挨~近	矮	哈
$ŋA^{231}$	$ŋA^{231}/ɦuA^{231}$	$ʔA^{55}$	$ʔA^{51}$	xA^{55}
$ŋA^{224}$	$ŋA^{231}/ɦuA^{231}$	$ʔA^{445}$	$ʔA^{51}$	$xA^{445}/xɑʔ^{55}$
	$uɛe^{44}$	$ɛe^{323}$	$ɛe^{323}$	$xɑ^{31}$
	$uɑ^{41}$	$ŋæ^{41}$	$ɑ^{44}$	$hɑ^{22}$
$ʔŋaɪ^{324}$	$ŋaɪ^{113}/ɦuɑ^{31}$	$ŋaɪ^{31}$	$ŋaɪ^{324}$	$hɑ^{42}$
$ŋæ^{223}$	$ʔuæ^{51}/ɦuæ^{31}$	$ʔæ^{433}/ŋæ^{223}$	$ʔæ^{334}$	$hɑ^{433}$
$ŋɑ^{223}$	$ŋæ^{223}$	$ʔæ^{51}$	$ʔæ^{45}$	$hɑ^{51}$
$ŋɑ^{24}$	$ɦuɑ^{24}$	$ʔæe^{44}$	$ʔɑ^{334}$	$xɑ^{44}$
$ŋɑ^{213}$	$ŋɑ^{213}$	$ʔɑ^{55}$	$ʔɑ^{324}$	$xɑ^{55}$
$ŋɒ^{223}$	$ŋɒ^{231}$	$ʔE^{44}/ʔɒ^{44}$	$ʔɒ^{51}$	$hɒ^{44}$
	$ŋɑ^{213}$	$ʔæ^{52}$	$ʔɑ^{44}$	$hɑ^{52}$
$ŋɑ^{132}$	$ŋɑ^{21}$	$ʔE^{44}$	$ʔɑ^{52}$	$hɑ^{44}$
$ŋɑ^{231}$	$ŋɑ^{213}$	$ʔE^{52}$	$ʔɑ^{434}$	$xɑ^{52}$
$ŋɑ^{231}$	$ŋɑ^{213}$	$ʔɑ^{52}$	$ʔɑ^{434}$	$hɑ^{52}$
$ŋɑ^{113}$	$ŋɑ^{113}$	$ʔɛ^{52}/ʔɑ^{52}$	$ʔɑ^{44}$	$hɑ^{52}$
$ŋA^{113}$	$ŋA^{113}$	$ʔE^{52}/ʔA^{52}$	$ʔA^{334}$	hA^{52}
$ʔɑ^{52}/ŋɑ^{231}$	$ŋɑ^{113}$	$ʔɑ^{52}$	$ʔɑ^{44}$	$hɑ^{52}$
$ŋɒ^{24}$	$ŋɒ^{213}$	$ʔE^{44}$	$ʔɒ^{51}$	$hɒ^{44}$
$ŋɑ^{24}$	$ŋɑ^{212}$	$ʔE^{44}$	$ʔɑ^{51}$	$hɑ^{44}$
$ŋɑ^{231}$	$ŋɑ^{223}$	$ʔE^{ɛ51}$	$ʔɑ^{44}$	$hɑ^{51}$
$ŋɑ^{113}$	$ŋɑ^{113}/ɦuɑ^{113}$	$ʔE^{44}/ʔɑ^{44}$	$ʔɑ^{53}$	$hɑ^{44}$
$ŋɑ^{113}$	$ɦuE^{113}$	$ʔE^{323}$	$ʔE^{51}$	$hɑ^{323}$
$ŋɑ^{113}$	$ŋɑ^{22}$	$ʔɑ^{52}/ʔe^{52}$	$ʔɑ^{334}$	$hɑ^{52}$
$ŋA^{231}$	$ŋA^{233}$	$ʔA^{544}$	$ʔA^{52}$	hA^{544}
$ŋɑ^{22}$	$ŋɑ^{14}$	$ʔɑ^{53}$	$ʔɑ^{44}$	$hɑ^{53}$
$ŋɑ^{22}$	$ŋɑ^{23}$	$ʔɑ^{523}$	$ʔɑ^{42}$	$hɑ^{523}$
$ŋA^{113}$	$ŋA^{113}$	$ʔA^{324}$	$ʔA^{435}$	hA^{324}
$ŋɑ^{113}$	$ŋɑ^{113}$	$ʔɑ^{52}$	$ʔɑ^{325}$	$hɐʔ^{55}$
$ŋA^{113}$	$ŋA^{113}$	$ʔA^{533}$	$ʔA^{533}$	hA^{533}
$ŋɑ^{22}$	$vɑ^{22}$	$ʔɑ^{44}$	$ʔɑ^{35}$	$xɑ^{44}$
$ŋɛ^{31}$	$ŋɛ^{31}$	$ŋɛ^{323}$	$ʔɛ^{45}$	$xɑ^{434}$
$ʔɛ^{324}$	$ʔ^{ɦ}ɑ^{24}$	$ʔɛ^{324}$	$ʔɑ^{544}/ʔɛ^{544}$	$xɑ^{324}$
	$ŋuəɪ^{214}/n̠iA^{214}$	$ʔəɪ^{44}$	$ʔai^{434}$	xA^{44}

摄口	蟹开	蟹开	假开	蟹开
等调	二上	二平	三上	二平
韵声	蟹匣	佳匣	马以	皆庄
	蟹	鞋	也	斋
宜	$xʌ^{51}$	$ɦʌ^{223}$	$ɦʌ^{24}/ɦiʌ^{24}$	$tsʌ^{55}$
溧	$xʌ^{52}$	$xɦʌ^{323}$	$ɦʌ^{323}/ʔie^{445}$	$tsʌ^{445}/tsæ_E$
金	$xɛ^{e323}$	$xɛ^{e35}$	$ɑ^{323}/ɛ^{e323}少/ie^{e323}$	$tsɛ^{e31}$
丹	ha^{44}	$h^ɦɑ^{213}$	$h^ɦɑ^{213}/h^ɦiɑ^{213}$	$tsɑ^{22}$
童	$haɪ^{324}$	$xɦaɪ^{113}$	$ʔŋɑ^{324}/ɦie^{223}/ʔaɪ^{324}少$	$tsɒ^{42}$
靖	$hæ^{334}$	$hɦæ^{223}$	$ʔiæ^{334}/ʔæ^{334}$	$tsæ^{433}$
江	$hæ^{45}$	$hɦæ^{223}$	$ʔia^{45}/ʔɿ^{45}$	$tsæ^{51}$
常	$xɑ^{334}$	$ɦiɑ^{213}$	$ʔiɑ^{334}/ɦiɑ^{24}$	$tsɑ^{44}$
锡	$xɑ^{324}$	$ɦiɑ^{213}$	$ɦiɑ^{213}/ɦiia^{213}/ɦiiE^{213}$	$tsɑ^{55}$
苏	$hɒ^{51}$	$ɦiɒ^{223}$	$ɦiɑ^{223}/ɦiɿ^{223}$	$tsɒ^{44}$
熟	ha^{44}	$ɦiɑ^{233}$	$ɦiia^{31}/ʔie^{51}/ɦiɑ^{31}$	tsa^{52}
昆	ha^{52}	$ɦiɑ^{132}$	$ɦiɑ^{223}/ɦiie^{223} ɦiiɑ^{223}/ɦiɿ^{223}少$	tsE^{44}
霜	$xɑ^{434}$	$ɦiɑ^{231}$	$ɦiɑ^{213}/ɦiiE^{213}$	tsa^{52}
罗	ha^{434}	$ɦiɑ^{231}$	$ɦiɑ^{213}/ɦiiE^{213}$	tsa^{52}
周	ha^{44}	$ɦiɑ^{113}$	$ɦiɑ^{113}/ɦiiE^{113}$	tsa^{52}
上	$hʌ^{334}$	$ɦiʌ^{113}$	$ɦiʌ^{113}$	$tsʌ^{52}$
松	ha^{44}	$ɦiɑ^{231}$	$ɦiɑ^{113}/ɦiiɑ^{113}/ɦiiE^{113}$	tsE^{52}/tsa^{52}
黎	$hɒ^{51}$	$ɦiɒ^{24}$	$ɦiɒ^{32}/ɦʌʔ^{\underline{23}}ʔiɪ$	$tsɒ^{44}$
盛	ha^{51}	$ɦiɑ^{24}$	$ɦiɑ^{223}/ɦiiɿ^{223}$	tsa^{44}
嘉	ha^{44}	$ɦiɑ^{231}$	$ɦiɑ^{223}/ɦiie^{223}$	tsE^{e51}/tsa^{51}
双	ha^{53}	$ɦiɑ^{113}$	$ɦiiɑ^{231}$	tsa^{53}
杭	ha^{51}	$ɦiie^{212}$	$ʔie^{51}$	tsE^{51}
绍	ha^{334}	$ɦiɑ^{231}$	$ɦiɑ^{231}/ɦiie^{231}$	tsa^{52}
诸	$hʌ^{52}$	$ɦiʌ^{233}$	$ɦiʌ^{231}/ɦiiɿ^{231}$	$tsʌ^{544}$
崇	ha^{44}	$ɦiɑ^{31}$	$ɦiɑ^{22}/ɦiiɑ^{22}/ɦiiẽ^{22}$	tsa^{53}
太	ha^{42}	$ɦiɑ^{312}$	$ɦiɑ^{22}/ɦiiẽ^{22}$	tsa^{523}
余	$hʌ^{435}$	$ɦiʌ^{113}$	$ɦiʌ^{113}/ɦiiẽ^{113}$	$tsʌ^{324}$
宁	ha^{325}	$ɦiɑ^{113}$	$ɦiɑ^{113}/ɦiiɑ^{113}/ɦiiE^{113}$	tsa^{52}
黄	$hʌ^{533}$	$ɦiʌ^{311}$	$ʔiʌ^{533}/ʔʌ^{533}/ʔɐʔ^{55}$	$tsʌ^{533}$
温	$xɑ^{\underline{35}}$	$ɦiɑ^{231}$	$ʔɑ^{\underline{35}}/ɦiɛ^{\underline{24}}$	tsa^{44}
衢	$xɛ^{45}$	$ʔɦiɛ^{323}$	$ʔɦiɑ^{45}/ʔie^{45}$	$tsɛ^{434}$
华	xa^{544}	$ʔɑ^{324}$	$ʔ^ɦia^{24}/ʔ^ɦie^{24}$	$tsɛ^{435}$
永	$ɕiʌ^{434}$	$ɦi:ʌ^{323}$	$ɦiʌ^{323}$	$tɕiʌ^{44}$

蟹开 二去 卦庄	蟹开 二平 佳初	假开 三上 马昌	蟹开 一去 泰清	蟹开 二平 皆崇
债	差出~	扯	蔡	豺
$tsʌ^{324}$	$tsʻo^{55}/tsʻʌ^{55}$	$tsʻʌ^{51}$	$tsʻʌ^{324}$	$zʌ^{223}/zɐɪ^{223}$
$tsʌ^{52}$	$tsʻo^{445}$		$tsʻʌ^{52}$	$szæɐ^{224}$
$tsɛ^{e44}$	$tsʻɑ^{31}$		$tsʻɛ^{e44}$	$tsʻɛ^{e35}$
$tsɑ^{324}$	$tsʻɑ^{22}$		$tsʻɑ^{324}$	$dzɑ^{213}/dzæ^{213}$
$tsaɪ^{45}$	$tsʻɒ^{42}$	$tsʻɒ^{324}$	$tsʻaɪ^{45}$	$szaɪ^{113}$
$tsæ^{51}$	$tsʻæ^{433}$	$tɕʻia^{334}$	$tsʻæ^{51}$	$szæ^{223}$
$tsæ^{435}$	$tsʻɑ^{51}$		$tsʻæ^{435}$	$dzæ^{223}$
$tsɑ^{51}$	$tsʻo^{44}$	$tsʻɑ^{334}$	$tsʻɑ^{51}$	$zɑ^{213}/zæe^{213}$
$tsɑ^{35}$	$tsʻɑ^{55}$	$tsʻɑ^{324}$	$tsʻɑ^{35}$	$zɛ^{213}$
$tsɒ^{412}$	$tsʻɒ^{44}$	$tsʻɒ^{51}$	$tsʻɒ^{412}$	$zɛ^{223}$
$tsɑ^{324}$	$tsʻɑ^{52}$		$tsʻɑ^{324}$	$dzæ^{233}/dzɛ^{233}$
$tsɑ^{52}$	$tsʻɑ^{44}$	$tsʻɑ^{52}$	$tsʻɑ^{52}$	$zɛ^{132}$
$tsɑ^{434}$	$tsʻʌɣ^{52}/tsʻɑ^{52}$	$tsʻʌɣ^{434}/tsʻɑ^{434}$	$tsʻɑ^{434}$	$zɛ^{231}/zɑ^{231}$
$tsɑ^{434}$	$tsʻɑ^{52}$	$tsʻɑ^{434}$	$tsʻɑ^{434}$	$zɑ^{231}/zɛ^{231}$
$tsɑ^{335}$	$tsʻɑ^{52}/tsʻo^{52}$	$tsʻɑ^{44}$	$tsʻɑ^{335}$	$zɑ^{113}/zɛ^{113}$
$tsʌ^{334}$	$tsʻʌ^{52}$	$tsʻʌ^{334}$	$tsʻʌ^{334}$	$zɛ^{113}/zʌ^{113}$
$tsɑ^{335}$	$tsʻɑ^{52}$	$tsʻɑ^{44}$	$tsʻɑ^{335}$	$zɛ^{231}/zɑ^{231}$
$tsɒ^{413}$	$tsʻɒ^{44}$	$tsʻɒ^{334}$	$tsʻɒ^{324}$	$dzɛ^{24}$
$tsɑ^{413}$	$tsʻɑ^{44}$	$tsʻɑ^{334}$	$tsʻɑ^{313}$	$dzɛ^{24}$
$tsɑ^{334}$	$tsʻɑ^{51}$	$tsʻɣə^{324}$	$tsʻɑ^{334}$	$zɛ^{231}$
$tsɑ^{334}$	$tsʻɑ^{44}$	$tsʻɑ^{53}$	$tsʻɑ^{334}$	$zɛ^{113}$
$tsɛ^{334}$	$tsʻɑ^{323}$	$tsʻɑ^{51}$	$tsʻɛ^{334}$	$dzɛ^{212}$
$tsɑ^{33}$	$tsʻɑ^{52}/tsʻo^{52}$	$tsʻɑ^{334}$	$tsʻɑ^{33}$	$dzɑ^{231}/dzɛ^{231}$
$tsʌ^{544}$	$tsʻo^{544}/tsʻʌ^{544}$	$tsʻʌ^{52}$	$tsʻʌ^{544}$	$dzɛ^{233}/zʌ^{233}$
$tsɑ^{324}$	$tsʻɑ^{53}$	$tsʻɑ^{44}$	$tsʻɑ^{324}$	$zɑ^{31}$
$tsɑ^{35}$	$tsʻɑ^{523}$	$tsʻɑ^{42}$	$tsʻɑ^{35}$	$zɑ^{312}$
$tsʌ^{52}$	$tsʻʌ^{324}$	$tsʻʌ^{435}$	$sʌ^{52}$	$dzʌ^{113}$
$tsɑ^{52}$	$tsʻɑ^{52}$	$tsʻo^{325}$	$tsʻɑ^{52}$	$zɑ^{113}/dzɑ^{113}$
$tsʌ^{44}$	$tsʻʌ^{533}$	$tsʻe^{533}$	$tsʻʌ^{44}$	$zʌ^{311}$
$tsɑ^{52}$	$tsʻɑ^{44}$	$tsʻɑ^{\underline{35}}$	$tsʻɑ^{52}$	$szɑ^{231}$
$tsɛ^{53}$	$tsʻɑ^{434}/tsʻɛ^{434}$	$tsʻɑ^{45}$	$tsʻɛ^{53}$	$szɛ^{323}$
$tsa^{45}/tsɛ^{45}$	$tsʻɑ^{435}$	$tsʻɻ̩^{544}/tsʻəʔ^{\underline{33}}$	$tsʻɑ^{45}$	$sɑ^{324}/sɛ^{324}$
$tɕiʌ^{54}/tsai^{54}$	$tsʻʊʌ^{44}$	$tɕʻi^{434}$	$tɕʻiʌ^{54}$	$zɐɪ^{322}$

摄口 等调 韵声	蟹开 二平 佳崇		蟹开 二平 佳生	蟹开 二上 蟹生
	柴	撒~污	筛	洒
宜	zA^{223}		sA^{55}	sA^{51}
溧	szA^{224}		sA^{445}	sA^{51}
金	$ts'ɛ^{e35}$		$sɛ^{e31}$	sa^{323}
丹	$s^{z}ɑ^{213}$		sa^{22}	sa^{44}
童	$szaɪ^{113}$		$saɪ^{42}$	$sɑ^{324}$
靖	$szæ^{223}$	$sũ^{51}$	$sæ^{433}$	sa^{334} / $sæ^{334}$
江	$zæ^{223}$		sa^{51}	$sɑ^{45}$
常	$zɑ^{213}$		sa^{44}	$sɑ^{334}$
锡	$zɑ^{213}$		sa^{55}	$sɑ^{324}$
苏	$zɒ^{223}$	$zɒ^{231}$	$sɒ^{44}$	$sɒ^{51}$
熟	$zɑ^{233}$	$zɑ^{31}_{(撒尿)}$	sa^{52}	$sɑ^{44}$
昆	$zɑ^{132}$	$zɑ^{223}$	sa^{44}	$sɑ^{52}$
霜	$zɑ^{231}$	$zɑ^{213}$	$sɿ^{52}$舍~,名/$sɑ^{52}$动	$s^{ʌ}ɣ^{434}$
罗	$zɑ^{231}$	$zɑ^{213}$	$zɿ^{52}$	$sɑ^{434}$
周	$zɑ^{113}$	$zɑ^{113}$	$sɑ^{52}$	$sɑ^{44}$
上	zA^{113}	zA^{113} / $ts'Aʔ^{\underline{55}}$	sA^{52}	sA^{334}
松	$zɑ^{231}$	$ts'Aʔ^{\underline{55}}$	$sɿ^{52}$ / $sɑ^{52}$	$sɑ^{44}$
黎	$zɒ^{24}$	$dzɒ^{213}$	$sɒ^{44}$	$sɒ^{51}$
盛	$zɑ^{24}$	$zɑ^{212}$	$sɑ^{44}$	$sɑ^{51}$
嘉	$zɑ^{231}$	$zɑ^{223}$	$sɑ^{51}$	$sɑ^{44}$
双	$dzɑ^{113}$ / $zɑ^{113}$	$zɑ^{113}$	$sɑ^{44}$	$sɑ^{53}$
杭	dzE^{212}	$sɑ^{51}$	sE^{323}	$sɑ^{51}$
绍	$zɑ^{231}$	dza^{22}	$sɿ^{52}$	sa^{334}
诸	zA^{233}	dzA^{233}	sA^{544}	sA^{544}
崇	$zɑ^{31}$	dza^{14}	$sɿ^{53}$	$sɑ^{53}$
太	$zɑ^{312}$	dza^{13}	$sɿ^{523}$	$sɑ^{523}$
余	zA^{113}	dzA^{113}	$sɿ^{324}$	sA^{324}
宁	$zɑ^{113}$	dza^{113}	sa^{52}	sa^{52}
黄	zA^{311}		$sɿ^{533}$	sA^{533}
温	$szɑ^{231}$	la^{22}	$sɿ^{44}$	$sɑ^{\underline{35}}$
衢	$szɛ^{323}$	$sɛ^{52}$	$sɿ^{434}$	$sɛ^{45}$
华	$sɑ^{324}$		$sɿ^{435}$	$sɑ^{544}$
永	$çziA^{322}$	sA^{54}	$sɿ^{44}$	sA^{434}

假开 三上 马日	止开 三平 支帮	止开 三平 支帮	止开 三平 脂帮	蟹合 一平 灰帮
惹	碑	卑	悲	杯
zʌ²⁴/zʌ²³¹	pɐɪ⁵⁵	pɐɪ⁵⁵	pɐɪ⁵⁵	pɐɪ⁵⁵
n̠iɔ⁴⁴⁵	pæɛ⁴⁴⁵	pæɛ⁴⁴⁵	pæɛ⁴⁴⁵	pæɛ⁴⁴⁵
lɑ³²³	pei³¹	pei³¹	pei³¹	pei³¹
n̠iɑ²¹³	pᴇᵉ²²	pᴇᵉ²²	pᴇᵉ²²	pᴇᵉ²²
ʔn̠iɒ³²⁴	pei⁴²	pei⁴²	pei⁴²	pei⁴²
ʔn̠iɑ³³⁴	pe⁴³³	pe⁴³³	pe⁴³³	pe⁴³³
sɑ⁴⁵	pɐɪ⁵¹	pɐɪ⁵¹	pɐɪ⁵¹	pɐɪ⁵¹
zɑ²⁴	pæe⁴⁴	pæe⁴⁴	pæe⁴⁴	pæe⁴⁴
zɑ³³/²¹³	pᴇ⁵⁵	pᴇ⁵⁵	pᴇ⁵⁵	pᴇ⁵⁵
zɒ²³¹	pᴇ⁴⁴	pᴇ⁴⁴	pᴇ⁴⁴	pᴇ⁴⁴
dzɑ³¹	pᴇ⁵²	pᴇ⁵²	pᴇ⁵²	pᴇ⁵²
zɑ²¹	pᴇ⁴⁴	pᴇ⁴⁴	pᴇ⁴⁴	pᴇ⁴⁴
zɑ²¹³	pʌɪ⁵²	pʌɪ⁵²	pʌɪ⁵²	pʌɪ⁵²
zɑ²¹³	pʌɪ⁵²	pʌɪ⁵²	pʌɪ⁵²	pʌɪ⁵²
zɑ¹¹³	ɓe⁵²	ɓe⁵²	ɓe⁵²	ɓe⁵²
zʌ¹¹³	pᴇ⁵²	pᴇ⁵²	pᴇ⁵²	pᴇ⁵²
zɑ¹¹³	pe⁵²	pe⁵²	pe⁵²	pe⁵²
zɒ³²	pᴇ⁴⁴	pᴇ⁴⁴	pᴇ⁴⁴	pᴇ⁴⁴
zɑ²²³	pᴇ⁴⁴	pᴇ⁴⁴	pᴇ⁴⁴	pᴇ⁴⁴
zɑ²²³	pe⁵¹	pe⁵¹	pe⁵¹	pe⁵¹
zɑ²³¹	pəɪ⁴⁴	pəɪ⁴⁴	pəɪ⁴⁴	pəɪ⁴⁴
ʔn̠iɑ⁵²	peɪ³²³	peɪ³²³	peɪ³²³	peɪ³²³
zo¹¹³	pe⁵²	pe⁵²	pe⁵²	pe⁵²
n̠iʌ²³¹	pe⁵⁴⁴	pe⁵⁴⁴	pe⁵⁴⁴	pe⁵⁴⁴
n̠iɑ²²	pe⁵³	pe⁵³	pe⁵³	pe⁵³
n̠iɑ²²	pe⁵²³	pe⁵²³	pe⁵²³	pe⁵²³
zʌ¹¹³	pe³²⁴	pe³²⁴	pe³²⁴	pe³²⁴
	pɐɪ⁵²	pɐɪ⁵²	pɐɪ⁵²	pɐɪ⁵²
ziʌ¹¹³	pe⁵³³	pe⁵³³	pe⁵³³	pe⁵³³
	pæi⁴⁴	pæi⁴⁴	pæi⁴⁴	pæi⁴⁴
	pəɪ⁴³⁴	pəɪ⁴³⁴	pəɪ⁴³⁴	pəɪ⁴³⁴
ʔluo⁵⁴⁴	pɑ⁴³⁵	peɪ³²⁴/pɛ³²⁴	peɪ³²⁴/pɛ³²⁴	peɪ³²⁴/pɛ³²⁴
	pəɪ⁴⁴	pəɪ⁴⁴	pəɪ⁴⁴	pəɪ⁴⁴

摄口 等调 韵声	止开 三上 纸帮	蟹合 一去 队帮	蟹合 一去 队帮	蟹开 一去 泰帮
	彼	背~心	辈	贝
宜	pɐɪ^{55}	pɐɪ^{324}	pɐɪ^{324}	pɐɪ^{324}
溧	pæɛ^{445}/pi$_z$^{445}	pæɛ^{412}	pæɛ^{412}	pæɛ^{412}
金	pi$_z$^{323}	pei^{44}	pei^{44}	pei^{44}
丹	pi$_z$^{44}	pæ^{324}	pɛe^{324}	pɛe^{324}
童	pi$_j$^{324}	paɪ^{45}	pei^{45}	pei^{45}
靖	pi$_j$^{334}	pe^{51}/be^{31}	pe^{51}/be^{31}	pe^{51}/be^{31}
江	pɛɪ^{45}	pɛɪ^{435}	pɛɪ^{435}	pɛɪ^{435}
常	pæe^{334}/pi$_j$^{334}	pæe^{51}	pæe^{51}	pæe^{51}
锡	pɛ^{324}	pɛ^{35}	pɛ^{35}	pɛ^{35}
苏	pɛ^{51}	pɛ^{412}	pɛ^{412}	pɛ^{412}
熟	pɛ^{44}	pɛ^{324}	pɛ^{324}	pɛ^{324}
昆	pi^{52}	pɛ^{52}	pɛ^{52}	pɛ^{52}
霜	pʌɪ^{434}/pɪ^{434}	pʌɪ^{434}	pʌɪ^{434}	pʌɪ^{434}
罗	pi^{434}	pʌɪ^{434}	pʌɪ^{434}	pʌɪ^{434}
周	ɓi^{44}	ɓe^{335}	ɓe^{335}	ɓe^{335}
上	pi^{52}/pɛ^{52}	pɛ^{52}	pɛ^{334}	pɛ^{334}
松	pi^{44}	pe^{335}	pe^{335}	pe^{335}
黎	pi$_j$^{51}	pɛ^{413}	pɛ^{413}	pɛ^{413}
盛	pi$_j$^{51}	pɛ^{413}	pɛ^{413}	pɛ^{413}
嘉	pi^{44}	pe^{334}	pe^{334}	pe^{334}
双	pi$_z$^{53}	pəɪ^{334}	pəɪ^{334}	pəɪ^{334}
杭	pi^{51}	pɛɪ^{334}	pɛɪ^{334}	pɛɪ^{334}
绍	pi^{334}	pe^{33}	pe^{33}	pe^{33}
诸	pe^{52}	pe^{544}	pe^{544}	pe^{544}
崇	pe^{44}	pe^{324}	pe^{53}	pe^{53}
太	pe^{42}	pe^{35}	pe^{523}	pe^{523}
余	pe^{435}	pe^{52}	pæ^{324}	pe^{324}
宁	pɛɪ^{52}	pɛɪ^{52}	pɛɪ^{52}	pɛɪ^{52}
黄	pi^{533}	pe^{44}	pe^{44}	pe^{44}
温	pi^{35}	pæi^{52}	pæi^{52}	pæi^{52}
衢	pi^{45}	pəɪ^{53}	pəɪ^{53}	pəɪ^{53}
华	pi$_j$^{544}	pe^{45}	pɛ^{45}	pɛ^{45}
永	pi^{434}	pəɪ^{54}	pəɪ^{54}	pəɪ^{54}

止开 三平 脂滂	蟹合 一平 灰滂	蟹合 一去 队滂	蟹合 一平 灰並	蟹合 一平 灰並
丕	胚	配	陪	赔
$p'ɐɪ^{55}$	$p'ɐɪ^{55}$	$p'ɐɪ^{324}$	$bɐɪ^{233}$	$bɐɪ^{223}$
$p'æɛ^{445}$	$p'æɛ^{445}$	$p'æɛ^{412}$	$bæɛ^{323}$	$bæɛ^{323}$
$p'ei^{31}$	$p'ei^{31}$	$p'ei^{44}$	$p'ei^{35}$	$p'ei^{35}$
$pɛe^{22}$	$pɛe^{22}$	$pæ^{41}$	$bɛe^{213}$	$bɛe^{213}$
pei^{42}	pei^{42}	pei^{45}	bei^{113}	bei^{113}
$p'e^{433}$	$p'e^{433}$	$p'e^{51}$	be^{223}	be^{223}
$p'ɛɪ^{51}$	$p'ɛɪ^{51}$	$p'ɛɪ^{435}$	$bɛɪ^{223}$	$bɛɪ^{223}$
$p'æe^{44}$	$p'æe^{44}$	$p'æe^{51}$	$bæe^{213}$	$bæe^{213}$
$p'ɛ^{55}$	$p'ɛ^{55}$	$p'ɛ^{55}$	$bɛ^{213}$	$bɛ^{213}$
$p'ɛ^{44}$	$p'ɛ^{44}$	$p'ɛ^{412}$	$bɛ^{223}$	$bɛ^{223}$
$p'ɛ^{52}$	$p'ɛ^{52}$	$p'ɛ^{324}$	$bɛ^{233}$	$bɛ^{233}$
$p'ɛ^{44}$	$p'ɛ^{44}$	$p'ɛ^{52}$	$bɛ^{132}$	$bɛ^{132}$
$p'ʌɪ^{52}$	$p'ʌɪ^{52}$	$p'ʌɪ^{434}$	$bʌɪ^{231}$	$bʌɪ^{231}$
$p'ʌɪ^{52}$	$p'ʌɪ^{52}$	$p'ʌɪ^{434}$	$bʌɪ^{231}$	$bʌɪ^{231}$
$p'e^{52}$	$p'e^{52}$	$p'e^{335}$	be^{113}	be^{113}
$p'ɛ^{52}/p'i^{52}$	$p'ɛ^{52}$	$p'ɛ^{334}$	$bɛ^{113}$	$bɛ^{113}$
$p'e^{52}$	$p'e^{52}$	$p'e^{335}$	be^{231}	be^{231}
$p'ɛ^{44}$	$p'ɛ^{44}$	$p'ɛ^{324}$	$bɛ^{24}$	$bɛ^{24}$
$p'ɛ^{44}$	$p'ɛ^{44}$	$p'ɛ^{313}$	$bɛ^{24}$	$bɛ^{24}$
$p'e^{51}$	$p'e^{51}$	$p'e^{334}$	be^{231}	be^{231}
$p'əɪ^{44}$	$p'əɪ^{44}$	$p'əɪ^{334}$	$bəɪ^{113}$	$bəɪ^{113}$
$p'eɪ^{323}/p'i^{323}$	$p'eɪ^{323}$	$p'eɪ^{334}$	$beɪ^{212}$	$beɪ^{212}$
$p'i^{52}$	$p'e^{52}$	$p'e^{33}$	be^{231}	be^{231}
$p'e^{544}$	$p'e^{544}$	$p'e^{544}$	be^{233}	be^{233}
$p'e^{53}$	$p'e^{53}$	$p'e^{324}$	be^{31}	be^{31}
$p'e^{523}$	$p'e^{523}$	$p'e^{35}$	be^{312}	be^{312}
$p'e^{324}$	$p'e^{324}$	$p'e^{52}$	be^{113}	be^{113}
$p'ɛɪ^{52}$	$p'ɛɪ^{52}$	$p'ɛɪ^{52}$	$bɛɪ^{113}$	$bɛɪ^{113}$
$p'e^{533}$	$p'e^{533}$	$p'e^{44}$	be^{113}	be^{113}
$p'æi^{44}$	$p'æi^{44}$	$p'æi^{52}$	$bæi^{231}$	$bæi^{231}$
$p'əɪ^{434}$	$p'əɪ^{434}$	$p'əɪ^{53}$	$bəɪ^{323}$	$bəɪ^{323}$
$p'ɛ^{435}$	$p'ɛ^{435}$	$p'ɛ^{45}$	$bɛ^{213}$	$bɛ^{213}$
$p'əɪ^{44}$	$p'əɪ^{44}$	$p'əɪ^{54}$	$bəɪ^{322}$	$bəɪ^{322}$

摄口 等调 韵声	蟹合 一上 贿並	蟹合 一去 队並	蟹合 一去 队並	蟹合 一平 灰明
	倍	背~诵	佩	梅
宜	bɐɪ²⁴	bɐɪ²³¹	bɐɪ²³¹	mɐɪ²²³
溧	bæE²³¹	bæE²³¹	bæE²³¹	mæE³²³
金	pei⁴⁴	pei⁴⁴	p'ei⁴⁴	mei³⁵
丹	pEᵉ⁴¹	pæ⁴¹	pEᵉ⁴¹	mEᵉ²¹³
童	bei¹¹³	bei¹¹³	bei¹¹³	mei³¹
靖	be³¹	be³¹/pe⁵¹	be³¹/pe⁵¹	me²²³
江	bEɪ²²³	bEɪ²²³	bEɪ²²³	mEɪ²²³
常	bæe²⁴	bæe²⁴	bæe²⁴	mæe²¹³
锡	bE²¹³/³³	bE²¹³	bE²¹³	mE²¹³
苏	bE²³¹	bE²³¹	bE²³¹	mE²²³
熟	bE³¹	bE²¹³	bE²¹³	mE²³³
昆	bE²²³	bE²²³	bE²¹	mE¹³²
霜	bʌɪ²¹³	bʌɪ²¹³	bʌɪ²¹³	mʌɪ²³¹
罗	bʌɪ²¹³	bʌɪ²¹³	bʌɪ²¹³	mʌɪ²³¹
周	be¹¹³	be¹¹³	be¹¹³	me¹¹³
上	bE¹¹³	bE¹¹³/pE³³⁴	bE¹¹³	mE¹¹³
松	be¹¹³	be¹¹³	be¹¹³	me²³¹
黎	bE²¹³	bE²¹³	bE²¹³	mE²⁴
盛	bE²²³	bE²¹²	bE²¹²	mE²⁴
嘉	be²²³	be²²³	be²²³	me²³¹
双	bəɪ²³¹	bəɪ¹¹³	bəɪ¹¹³	məɪ¹¹³
杭	bɐɪ¹¹³	bɐɪ¹¹³	p'ɐɪ³³⁴	mɐɪ²¹²
绍	be¹¹³	be²²	be²²	me²³¹
诸	be²³¹	be²³³	be²³³	me²³³
崇	be²²	be¹⁴	be¹⁴	me³¹
太	be²²	be¹³	be¹³	me³¹²
余	be¹¹³	be¹¹³	be¹¹³	me¹¹³
宁	bEɪ¹¹³	bEɪ¹¹³	bEɪ¹¹³	mEɪ¹¹³
黄	be¹¹³	be¹¹³	be¹¹³	me³¹¹
温	bæi²⁴	bæi²²	bæi²²	mæi²³¹
衢	bəɪ³¹	bəɪ³¹	bəɪ³¹	məɪ³²³
华	bɛ²⁴	bɛ²⁴	bɛ²⁴	mɛ²¹³
永	bəɪ³²³	bəɪ²¹⁴	bəɪ²¹⁴	məɪ³²²

蟹合 一平 灰明	蟹合 一平 灰明	蟹合 一上 贿明	止开 三上 旨明	蟹合 一去 队明
煤	媒	每	美	妹
mɐɪ²²³	mɐɪ²²³	ʔmɐɪ⁵⁵	ʔmɐɪ⁵⁵	mɐɪ²³¹
mæɛ³²³	mæɛ³²³	ʔmæɛ⁵⁵	ʔmæɛ⁵⁵	mæɛ²³¹
mei³⁵	mei³⁵	mei³²³	mei³²³	mei⁴⁴
mɛeᵉ²¹³	mɛ²²	mɛᵉ⁴¹	mɛᵉ⁴⁴	mæ⁴¹
mei³¹	mei³¹	ʔmei³²⁴	ʔmei³²⁴	mei¹¹³
me²²³	me²²³	ʔme³³⁴	ʔme³³⁴	me³¹
mɛɪ²²³	mɛɪ²²³	ʔmɛɪ⁴⁵	ʔmɛɪ⁴⁵	mɛɪ²²³
mæe²¹³	mæe²¹³	ʔmæe³³⁴	ʔmæe³³⁴	mæe²⁴
mɛ²¹³	mɛ²¹³	ʔmɛ⁵⁵	ʔmɛ⁵⁵	mɛ²¹³
mɛ²²³	mɛ²²³	ʔmɛ⁴⁴	ʔmɛ⁵¹	mɛ²³¹
mɛ²³³	mɛ²³³	ʔmɛ⁴⁴	me³¹	mɛ²¹³
mɛ¹³²	mɛ¹³²	ʔmɛ⁴⁴/mɛ²²³	ʔmɛ⁵²	mɛ²¹
mʌɪ²³¹	mʌɪ²³¹	ʔmʌɪ⁴³⁴	ʔmʌɪ⁴³⁴	ʔmʌɪ⁵²
mʌɪ²³¹	mʌɪ²³¹	ʔmʌɪ⁴³⁴	ʔmʌɪ⁴³⁴	mʌɪ²¹³
me¹¹³	me¹¹³	ʔme⁴⁴/me¹¹³	ʔme⁴⁴/me¹¹³	me¹¹³
mɛ¹¹³	mɛ¹¹³	ʔmɛ³³⁴	ʔmɛ³³⁴	mɛ¹¹³
me²³¹	me²³¹	ʔme⁵²/ʔme⁴⁴	ʔme⁴⁴	me³³⁵
mɛ²⁴	mɛ²⁴	ʔmɛ⁵¹	ʔmɛ⁵¹	mɛ²¹³
mɛ²⁴	mɛ²⁴	ʔmɛ⁵¹	ʔmɛ⁵¹	mɛ²¹²
me²³¹	me²³¹	ʔme³³⁴	me²²³	ʔme³³⁴
məɪ¹¹³	məɪ¹¹³	ʔməɪ⁵³	ʔməɪ⁵³	məɪ¹¹³
meɪ²¹²	meɪ²¹²	ʔmeɪ⁵¹	ʔmeɪ⁵¹	meɪ¹¹³
me²³¹	me²³¹	me¹¹³	me¹¹³	me²²
me²³³	me²³³	me²³¹	me²³¹	me²³³
me³¹	me³¹	me²²	me²²	me¹⁴
me³¹²	me³¹²	me²²	me²²	me¹³
me¹¹³	me¹¹³	me¹¹³	me¹¹³	me¹¹³
mɛɪ¹¹³	mɛɪ¹¹³	mɛɪ¹¹³	mɛɪ¹¹³	ʔmɛɪ⁵²
me³¹¹	me³¹¹	ʔme⁵³³	ʔme⁵³³	me³¹¹
mæi²³¹	mæi²³¹	mæi²⁴	mˈi²⁴	mæi²²
məɪ³²³	məɪ³²³	ʔməɪ⁵³	ʔməɪ⁵³	ʔməɪ³¹
mɛ²¹³	mɛ²¹³	ʔmeɪ⁵⁴⁴	meɪ²⁴	mɛ²⁴
məɪ³²²	məɪ³²²	məɪ³²³	məɪ³²³	məɪ²¹⁴

摄口 等调 韵声	蟹合 一平 灰端 堆	蟹合 一去 队端 对	蟹合 一平 灰透 推	蟹开 一平 哈透 胎
宜	tɐɪ⁵⁵	tɐɪ³²⁴	tʻɐɪ⁵⁵	tʻɐɪ⁵⁵
溧	tæɛ⁴⁴⁵	tæɛ⁴¹²	tʻæɛ⁴⁴⁵	tʻæɛ⁴⁴⁵
金	tuei³¹	tuei⁴⁴	tʻuei³¹	tʻɛ⁴⁴
丹	tue²²	tue³²⁴	tʻue²²	tʻæ²²
童	tei⁴²	tei⁴⁵	tʻei⁴²	tʻaɪ⁴²
靖	te⁴³³	te⁵¹	te⁴³³	tʻæ⁴³³
江	tɛɪ⁵¹	tɛɪ⁴³⁵	tʻɛɪ⁵¹	tʻæ⁵¹
常	tæe⁴⁴	tæe⁵¹	tʻæe⁴⁴	tʻæe⁴⁴
锡	tɛ⁵⁵	tɛ³⁵	tʻɛ³⁵	tʻɛ⁵⁵
苏	tɛ⁴⁴	tɛ⁴¹²	tʻɛ⁴⁴	tʻɛ⁴⁴
熟	tɛ⁵²	tɛ³²⁴	tʻɛ⁵²	tʻɛ⁵²
昆	tɛ⁴⁴	tɛ⁵²	tʻɛ⁴⁴	tʻɛ⁴⁴
霜	tʌɪ⁵²	tʌɪ⁴³⁴	tʻʌɪ⁵²	tʻɛ⁵²
罗	tʌɪ⁵²	tʌɪ⁴³⁴	tʻʌɪ⁵²	tʻe⁵²
周	ɖe³³⁵	ɖe³³⁵	tʻe⁵²	tʻe⁵²
上	tɛ⁵²	tɛ³³⁴	tʻɛ⁵²	tʻɛ³³⁴
松	te⁵²/ɖe⁵²	te³³⁵/ɖe³³⁵	tʻe⁵²	tʻɛ⁵²
黎	tɛ⁴⁴	tɛ⁴¹³	tʻɛ⁴⁴	tʻɛ⁴⁴
盛	tɛ⁴⁴	tɛ⁴¹³	tʻɛ⁴⁴	tʻɛ⁴⁴
嘉	te⁵¹	te³³⁴	tʻe⁵¹	tʻɛᵋ⁵¹
双	tʻøʏ⁴⁴	tʻøʏ³³⁴	tʻᵂøʏ⁴⁴	tʻɛ⁴⁴
杭	tueɪ³²³	tueɪ³³⁴	tʻueɪ³²³	tʻɛ³²³
绍	te⁵²	te³³	tʻe⁵²	tʻe⁵²
诸	te⁵⁴⁴	te⁵⁴⁴	tʻe⁵⁴⁴	tʻe⁵⁴⁴
崇	te⁵³	te³²⁴	tʻe³²⁴	tʻe⁵³
太	te⁵²³	te³⁵	tʻe³⁵	tʻe⁵²³
余	te³²⁴	te⁵²	tʻe⁵²	tʻe³²⁴
宁	tɛɪ⁵²	tɛɪ⁵²	tʻɛɪ⁵²	tʻe⁵²
黄	te⁵³³	te⁴⁴	tʻe⁵³³	tʻe⁵³³
温	tæi⁴⁴	tæi⁵²	tʻæi⁴⁴	tʻe⁴⁴
衢	təɪ⁴³⁴	təɪ⁵³	tʻəɪ⁴³⁴	tʻəɪ⁴³⁴
华	teɪ³²⁴/tueɪ³²⁴/tɛ³²⁴	tɛ⁴⁵	tʻɛ³²⁴/tʻueɪ³²⁴	tʻɛ³²⁴
永	təɪ⁴⁴	təɪ⁵⁴	tʻəɪ⁴⁴	təɪ⁴⁴

蟹合 一上 贿透	蟹合 一去 队透	蟹开 一平 哈定	蟹开 一平 哈定	蟹开 一平 哈定
腿	退	台	抬	苔舌～、青～
$t'ɐɪ^{51}$	$t'ɐɪ^{324}$	$dɐɪ^{223}$	$dɐɪ^{223}$	$dɐɪ^{223}$
$t'æE^{52}$	$t'æE^{412}$	$dæE^{323}$	$dæE^{323}$	$dæE^{323}$
$t'uei^{323}$	$t'uei^{44}$	$t'ɛ^{35}$	$t'ɛ^{35}$	$t'ɛ^{44}$
$t'ue^{44}$	$t'ue^{324}$	$dæ^{213}$	$dæ^{213}$	$t'æ^{22}/dæ^{213}$
$t'ei^{324}$	$t'ei^{45}$	$daɪ^{31}$	$daɪ^{31}$	$daɪ^{31}$
$t'e^{334}$	$t'e^{51}$	$dæ^{223}$	$dæ^{223}$	$dæ^{223}/t'æ^{433}$
$t'EI^{45}$	$t'EI^{435}$	$dæ^{223}$	$dæ^{223}$	$dæ^{223}$
$t'æe^{334}$	$t'æe^{51}$	$dæe^{213}$	$dæe^{213}$	$dæe^{213}$
$t'E^{324}$	$t'E^{35}$	dE^{213}	dE^{213}	$dE^{213}/t'E^{55}$
$t'E^{51}$	$t'E^{412}$	dE^{223}	dE^{223}	$dE^{223}/t'E^{44}$
$t'E^{44}$	$t'E^{324}$	$dE^{233}/dæ^{233}$	dE^{233}	dE^{233}
$t'E^{52}$	$t'E^{52}$	de^{132}	de^{132}	$de^{132}/t'ɛ^{44}$
$t'ʌɪ^{434}$	$t'ʌɪ^{434}$	dE^{231}	dE^{231}	dE^{231}
$t'ʌɪ^{434}$	$t'ʌɪ^{434}$	de^{231}	de^{231}	de^{231}
$t'e^{335}$	$t'e^{335}$	de^{113}	de^{113}	de^{113}
$t'E^{334}$	$t'E^{334}$	dE^{113}	dE^{113}	$t'E^{334}/dE^{113}$
$t'e^{44}$	$t'e^{335}$	dE^{231}	dE^{113}	dE^{231}
$t'E^{334}$	$t'E^{324}$	dE^{24}	dE^{24}	$dE^{24}/t'E^{44}$
$t'E^{334}$	$t'E^{313}$	dE^{24}	dE^{24}	$dE^{24}/t'E^{44}$
$t'e^{324}$	$t'e^{334}$	$dE^{ɛ231}$	$dE^{ɛ231}$	$dE^{ɛ231}$
$t'øʏ^{53}$	$t'øʏ^{334}$	dE^{113}	dE^{113}	$t'E^{44}/dE^{113}$
$t'uei^{51}$	$t'uei^{334}$	dE^{212}	dE^{212}	$t'E^{323}$
$t'e^{334}$	$t'e^{33}$	de^{231}	de^{231}	de^{231}
$t'e^{52}$	$t'e^{544}$	de^{233}	de^{233}	de^{233}
$t'e^{44}$	$t'e^{324}$	de^{31}	de^{31}	$de^{31}/t'e^{53}$
$t'e^{42}$	$t'e^{42}$	de^{312}	de^{312}	de^{312}
$t'e^{435}$	$t'e^{52}$	de^{113}	de^{113}	de^{113}
$t'EI^{325}$	$t'EI^{52}$	de^{113}	de^{113}	de^{113}
$t'e^{533}$	$t'e^{44}$	de^{311}	de^{311}	de^{311}
$t'æi^{\underline{35}}$	$t'æi^{52}$	de^{231}	de^{231}	de^{231}
$t'əɪ^{45}$	$t'əɪ^{53}$	$dɛ^{323}$	$dɛ^{323}$	$dɛ^{323}$
$t'ɛ^{544}$	$t'ɛ^{45}$	$tɛ^{324}$	$tɛ^{324}$	$tɛ^{324}$
$təɪ^{434}$	$təɪ^{434}$	$dəɪ^{322}$	$dəɪ^{322}$	$dəɪ^{322}$

摄口 等调 韵声	蟹开 一上 海定 待	蟹合 一去 队定 队	蟹合 一去 泰定 兑	蟹开 一去 代定 代
宜	dɐɪ²³¹	dzɐɪ²³¹	dɐɪ²³¹	dɐɪ²³¹
溧	dæɛ²²⁴	dæɛ²³¹	dæɛ²³¹	dæɛ²³¹
金	tɛe⁴⁴	tuei⁴⁴	tuei⁴⁴	tɛe⁴⁴
丹	tæ⁴¹	tue⁴¹	tue⁴¹	tæ⁴¹
童	daɪ¹¹³	dei¹¹³	dei¹¹³	daɪ¹¹³
靖	dæ³¹	de³¹	de³¹	dæ³¹
江	dæ²²³	dɛɪ²²³	dɛɪ²²³	dæ²²³
常	dæe²⁴	dæe²⁴	dæe²⁴	dæe²⁴
锡	dE³³/²¹³	dE³³/²¹³	dE²¹³	dE²¹³
苏	dE²³¹	dE²³¹	tE⁴¹²/dE²³¹	dE²³¹
熟	dE³¹/dæ³¹	dE²¹³	dE²¹³	dæ²¹³
昆	de²²³	dE²¹	dE²¹	de²¹
霜	dE²¹³	dʌɪ²¹³	dʌɪ²¹³	dE²¹³
罗	de²¹³	dʌɪ²¹³	dʌɪ²¹³	de²¹³
周	de¹¹³	de¹¹³	de¹¹³	de¹¹³
上	dE¹¹³	dE¹¹³	dE¹¹³	dE¹¹³
松	dE¹¹³	de¹¹³	dE¹¹³	dE¹¹³
黎	dE³²	dE²¹³	dE²¹³	dE²¹³
盛	dE²²³	dE²¹²	dE²¹²	dE²¹²
嘉	dEᵉ²²³	de²²³	de²²³	dEᵉ²²³
双	dE²³¹	dᵒY¹¹³	dᵒY¹¹³	dE¹¹³
杭	dE¹¹³	dueɪ¹¹³	tueɪ³³⁴/dueɪ¹¹³	dE¹¹³
绍	de¹¹³	de²²	de²²	de²²
诸	de²³¹	de²³³	de²³³	de²³³
崇	de²²	de¹⁴	de¹⁴	de¹⁴
太	de²²	de¹³	de¹³	de¹³
余	de¹¹³	de¹¹³	de¹¹³	de¹¹³
宁	de¹¹³	dɐɪ¹¹³	dɐɪ¹¹³	de¹¹³
黄	de¹¹³	de¹¹³	de¹¹³	de¹¹³
温	dɛ²⁴	dæi²²	de²²	de²²
衢	dæ³¹	dəɪ³¹	dəɪ³¹	dɛ³¹
华	tɛ⁵⁴⁴	dɛ²⁴	dɛ²⁴	dɛ²⁴
永	dəɪ³²³	dəɪ²¹⁴	dəɪ²¹⁴	dəɪ²¹⁴

蟹开 一去 代定	蟹合 一上 贿泥	蟹开 一上 海泥	蟹合 一去 队泥	蟹开 一去 代泥
袋	馁	乃	内	耐
dɐɪ^{231}	nɐɪ^{231}	ʔnA^{55}	nɐɪ^{231}	nɐɪ^{231}
dæE^{231}	ʔnæE^{445}	ʔnæE^{445}	næE^{231}	næE^{231}
t'ɛe^{41}	luei^{323}	lɛ^{323}	luei^{44}	lɛ^{44}
tæ^{41}	nEe^{44}	næ^{41}	nue^{41}	næ^{41}
daɪ^{113}	ʔnei^{324}	ʔnaɪ^{324}	nei^{324}	naɪ^{324}
dæ^{31}	ʔne^{334}	ʔnæ^{334}	ne^{31}	næ^{31}
dæ^{223}	ʔnEɪ^{45}	ʔnæ^{45}	nEɪ^{223}	nEɪ^{223}
dæe^{24}	ʔnæe^{334}	ʔnæe^{334}	næe^{24}	næe^{24}
dE^{213}	nE$^{213/33}$	nE^{33}	nE^{213}	nE^{213}
dE^{231}	nE^{231}	ʔnE^{44}/nE^{231}	nE^{231}	nE^{231}
dæ^{213}	nE^{31}	ʔnE^{44}	nE^{213}	næ^{213}
dɛ^{21}	nE^{223}	nE^{223}	nE^{21}	nE^{21}
dE^{213}	nE^{213}	nE^{213}	nʌɪ^{213}	nE^{213}
de^{213}	ne^{213}	ne^{213}	nʌɪ^{213}	ne^{213}
de^{113}	ne^{113}	ne^{113}	ne^{113}	ne^{113}
dE^{113}	ʔnE^{52}	ʔnE^{52}/ne^{113}	nE^{113}	nE^{113}
dE^{113}	ʔnE^{44}	ʔnE^{335}	ne^{113}	nE^{113}
dE^{213}	nE^{32}	ʔnE^{51}	nE^{213}	nE^{213}
dE^{212}	nE^{223}	ʔnE^{51}	nE^{212}	nE^{212}
dEɛ^{223}	ne^{223}	ʔnE^{334}	ne^{223}	ʔnE^{334}/nE^{223}
dE^{113}	nøʏ^{231}	ʔnE^{53}	nøʏ^{113}	nE^{113}
dE^{113}	ʔnE^{51}	ʔnE^{51}	nei^{113}	nE^{113}
de^{22}	ne^{113}	na^{113}/ne^{113}	ne^{22}	ne^{22}
de^{233}	ne^{231}	ʔnA^{52}	ne^{233}	ne^{233}
de^{14}	贿^{14}	nɑ^{22}	ne^{14}	ne^{14}
de^{13}	ne^{22}	ne^{22}	ne^{13}	ne^{13}
de^{113}	ne^{113}	nA^{113}	ne^{113}	ne^{113}
de^{113}	nEɪ^{113}	nE^{113}/na^{113}	nEɪ^{113}	nEɪ^{113}
de^{113}	ne^{113}/le^{113}	ʔnA^{533}	ne^{113}	ne^{113}
de^{22}	ne^{24}	næi$^{\underline{24}}$	næi^{22}	næi^{22}
dæ^{31}	nəɪ^{31}	ʔnE^{53}	nəɪ^{31}	nɛ^{31}
dɛ^{24}	ne^{24}	ʔne^{544}	nɛ^{24}	nɛ^{24}
dəɪ^{214}	nəɪ^{323}	niA^{323}	nəɪ^{214}	nəɪ^{214}

摄口 等调 韵声	蟹开 一去 泰泥	蟹合 一平 灰来	蟹开 一平 咍来	蟹合 一上 贿来
	奈	雷	来	儡
宜	nʌ^{231}	lɐɪ^{223}	lɐɪ^{223}	lɐɪ^{324}
溧	næᴇ^{231}	læᴇ^{223}	læᴇ^{323}	ʔlæᴇ^{445}
金	lɛe^{44}	luei^{35}	le^{35}	luei^{35}
丹	næ^{41}	lue^{22}	læ^{22}	lue^{22}
童	naɪ^{324}	lei^{31}	laɪ^{31}	ʔlei^{324}
靖	næ^{31}	le^{223}	læ^{223}	ʔle^{334}
江	næ^{223}	lɛɪ^{223}	læ^{223}	ʔlɛɪ^{45}
常	næe^{24}	læe^{213}	læe^{213}	ʔlæe^{334}
锡	nᴇ^{213}	lᴇ^{213}	lᴇ^{213}	lᴇ$^{213/33}$
苏	nᴇ^{231}	lᴇ^{223}	lᴇ^{223}	lᴇ^{231}
熟	næ^{213}	lᴇ^{233}	læ^{233}	lᴇ^{31}
昆	nɛ^{21}	lᴇ^{132}	lᴇ^{132}	lᴇ^{231}
霜	nᴇ^{213}	nʌɪ^{231}	lᴇ^{231}	lʌɪ^{213}
罗	ne^{213}	nʌɪ^{231}	lᴇ^{231}	lʌɪ^{213}
周	ne^{113}	ne^{113}	le^{113}	le^{113}
上	nᴇ^{113}	lᴇ^{113}	lᴇ^{113}	lᴇ^{113}
松	nᴇ^{113}	le^{231}	lᴇ^{231}	le^{113}
黎	nᴇ^{213}	le^{24}	lᴇ^{24}	ʔlᴇ^{51}
盛	nᴇ^{212}	lᴇ^{24}	lᴇ^{24}	lᴇ^{223}
嘉	ʔnᴇ^{334}	le^{231}	lᴇᵋ^{223}	le^{223}
双	nᴇ^{113}	lᵒʏ^{113}	lᴇ^{113}	ʔlᵒʏ^{53}
杭	nᴇ^{113}	lɐɪ^{212}	lᴇ^{212}	ʔlɐɪ^{51}
绍	ne^{22}	le^{231}	le^{231}	le^{113}
诸	ʔnʌ^{544}	le^{233}	le^{233}	le^{231}
崇	nɑ^{14}	le^{31}	le^{31}	le^{22}
太	nɑ^{13}	le^{312}	le^{312}	le^{22}
余	nʌ^{113}	le^{113}	le^{113}	le^{113}
宁	na^{113}	lɐɪ^{113}	le^{113}	lɐɪ^{113}
黄	ne^{113}	le^{311}	le^{311}	le^{113}
温	næi^{22}	læi^{231}	le^{231}	læi^{24}
衢	nɛ^{31}	ləɪ^{323}	lɛ^{323}	ləɪ^{31}
华	nɛ^{24}	ʔlɛ^{324}	ʔlɛ^{324}	ʔluei^{544}
永	nəɪ^{214}	ləɪ^{322}	ləɪ^{322}	ləɪ^{323}

止合 三上 旨来	蟹合 一去 队来	止合 三去 至来	蟹开 一平 哈见	蟹开 一平 哈见
垒	累	类	该	赅~钞票
ʔlɐɪ^{55}	lɐɪ^{231}	lɐɪ^{231}	kɐɪ^{55}	kɐɪ^{55}
ʔlæᴇ^{445}	læᴇ^{231}	læᴇ^{231}	kæᴇ^{445}	kæᴇ^{445}
luei^{35}	luei^{44}	luei^{44}	kɛ^{e31}	kɛ^{e31}
lue^{22}	lue^{41}	lue^{41}	kæ^{22}	kæ^{22}
ʔlei^{324}	lei^{113}	lei^{113}	kaɪ^{42}	kaɪ^{42}
ʔle^{334}	le^{31}	le^{31}	kæ^{433}	kæ^{433}
ʔlᴇɪ^{45}	lᴇɪ^{223}	lᴇɪ^{223}	kæ^{51}	kæ^{51}
ʔlæe^{334}	læe^{24}	læe^{24}	kæe^{44}	kæe^{44}
lᴇ$^{213/33}$	lᴇ^{213}	lᴇ^{213}	kᴇ^{55}	kᴇ^{55}
lᴇ^{231}	lᴇ^{231}	lᴇ^{231}	kᴇ^{44}	kᴇ^{44}
ʔlᴇ^{44}	lᴇ^{213}	lᴇ^{213}	kᴇ^{52}/kæ^{52}	kᴇ^{52}/kæ^{52}
lᴇ^{231}	lᴇ^{231}	lᴇ^{231}	kɛ^{44}	kɛ^{44}
lʌɪ^{213}	lʌɪ^{213}	lʌɪ^{213}	kᴇ^{52}	kʌɪ^{52}
lʌɪ^{213}	lʌɪ^{213}	lʌɪ^{213}	ke^{52}	kʌɪ^{52}
le^{113}	le^{113}	le^{113}	ke^{52}	ke^{52}
lᴇ^{113}	lᴇ^{113}	lᴇ^{113}	kᴇ^{52}	kᴇ^{52}
le^{113}	le^{113}	le^{113}	kᴇ^{52}	kᴇ^{52}
lᴇ^{32}	lᴇ^{213}	ʔlᴇ^{413}	kᴇ^{44}	kᴇ^{44}
lᴇ^{223}	lᴇ^{212}	ʔlᴇ^{413}	kᴇ^{44}	kᴇ^{44}
le^{223}	le^{223}	le^{223}	kᴇ^{ɛ51}	kᴇ^{ɛ51}
ʔlᵒʏ^{53}	lᵒʏ^{113}	lᵒʏ^{113}	kᴇ^{44}	kᴇ^{44}
ʔlei^{51}	lei^{113}	lei^{113}	kᴇ^{323}	kᴇ^{323}
le^{113}	le^{22}	le^{22}	ke^{52}	ke^{52}
le^{231}	le^{233}	le^{233}	le^{544}	ke^{544}
le^{22}	le^{14}	le^{14}	ke^{53}	
le^{22}	le^{13}	le^{13}	ke^{523}	ke^{523}
le^{113}	le^{113}	le^{113}	ke^{324}	赅~^{324}
lᴇɪ^{113}	lᴇɪ^{113}	lᴇɪ^{113}	ke^{52}	ke^{52}
le^{113}	le^{113}	le^{113}	ke^{533}	
læi$^{\underline{24}}$	læi^{22}	le^{22}	ke^{44}	
ləɪ^{31}	ləɪ^{31}	ləɪ^{31}	kɛ^{434}	
ʔlɛ^{544}	luei^{24}	le^{24}	kɛ^{324}	kɛ^{324}
ləɪ^{323}	ləɪ^{214}	ləɪ^{214}	kəɪ^{44}	kəɪ^{44}

摄口 等调 韵声	蟹开 一上 海见	蟹开 一去 代见	蟹开 一去 代见	蟹开 一去 泰见
	改	概	溉	盖
宜	kɐɪ^{51}	lɐɪ^{324}	kɐɪ^{324}	kɐɪ^{324}
溧	kæE^{52}	kæE^{412}	kæE^{412}	kæE^{412}
金	kɛe^{323}	kɛe^{44}	kɛe^{44}	kɛe^{44}
丹	kæ^{44}	kæ^{41}	kæ^{41}	kæ^{41}
童	kaɪ^{324}	kaɪ^{45}	kaɪ^{45}	kaɪ^{45}
靖	kæ^{334}	kæ^{51}	kæ^{51}	kæ^{51}
江	kæ^{45}	kæ^{435}	kæ^{435}	kæ^{435}
常	kæe^{334}	kæe^{51}	kæe^{51}	kæe^{51}
锡	kE^{324}	kE^{324}	kE^{324}	kE^{324}
苏	kE^{51}	kE^{412}	kE^{412}	kE^{412}
熟	kE^{44}/kæ^{44}	kæ^{324}	kæ^{324}	kæ^{324}
昆	kɛ^{52}	kɛ^{52}	kɛ^{52}	kɛ^{52}
霜	kE^{434}	kE^{434}	kE^{434}	kɪ^{434}
罗	kE^{434}	kʌɪ^{434}	kʌɪ^{434}	kE^{434}
周	ke^{335}	ke^{335}	ke^{335}	ke^{335}
上	kE^{334}	kE^{334}	kE^{334}	kE^{334}
松	kE^{44}	kE^{335}	kE^{335}	kE^{335}
黎	kE^{51}	kE^{413}	kE^{413}	kE^{413}
盛	kE^{51}	kE^{413}	kE^{413}	kE^{413}
嘉	kE^{ᵉ44}	kE^{ᵉ334}	kE^{ᵉ334}	kE^{ᵉ334}
双	kE^{53}	kE^{334}	kE^{334}	kE^{334}
杭	kE^{51}	kE^{334}	kE^{334}	kE^{334}
绍	ke^{334}	ke^{33}	ke^{33}	ke^{33}
诸	ke^{52}	ke^{544}	ke^{544}	ke^{544}
崇	ke^{44}	ke^{324}	ke^{324}	ke^{324}
太	ke^{42}	ke^{35}	ke^{35}	ke^{35}
余	ke^{435}	ke^{52}	ke^{52}	ke^{52}
宁	ke^{325}	ke^{52}	ke^{52}	ke^{52}
黄	ke^{533}	ke^{44}	ke^{44}	ke^{44}
温	kæi$^{\underline{35}}$	ke^{52}	ke^{52}	ke^{52}
衢	kɛ^{45}	kɛ^{53}	kɛ^{53}	kɛ^{53}
华	kɛ^{544}	kɛ^{45}	kɛ^{45}	kɛ^{45}
永	kəɪ^{434}	kəɪ^{54}	kəɪ^{54}	kəɪ^{54}

蟹开 一平 哈溪	蟹开 一上 海溪	蟹开 一去 代溪	蟹开 一去 代群	蟹开 一平 哈疑
开	凯	慨	隑	呆
$k'ɐɪ^{55}$	$k'ɐɪ^{51}$	$k'ɐɪ^{324}$	$gɐɪ^{24}$站	$ŋɐɪ^{323}/tɐɪ^{55}$
$k'æE^{445}$	$k'æE^{52}$	$k'æE^{412}$		$ŋæE^{323}/tæE^{323}$
$k'ɛ^{ᵉ31}$	$k'ɛ^{ᵉ323}$	$k'ɛ^{ᵉ44}$	$k'ɛ^{ᵉ44}$	$ɛ^{35}$
$k'æ^{22}$	$k'æ^{22}$	$k'æ^{22}$	$k'æ^{324}$	$ŋæ^{22}/tæ^{22}$
$k'aɪ^{42}$	$k'aɪ^{324}$	$k'aɪ^{45}$	$g'aɪ^{113}$靠	$ŋaɪ^{31}/taɪ^{42}$
$k'æ^{433}$	$k'æ^{334}$	$k'æ^{51}$	$gæ^{31}$靠	$ŋæ^{223}/tæ^{433}$
$k'æ^{51}$	$k'æ^{45}$	$k'æ^{435}$	$gæ^{223}$靠	$ŋæ^{223}$
$k'æe^{44}$	$k'æe^{334}$	$k'æe^{51}$	$gæ^{24}$靠	$ŋæe^{213}/gæe^{213}/tæe^{44}$
$k'E^{55}$	$k'E^{334}$	$k'E^{35}$	$gæ^{213}$靠	$ŋE^{213}$
$k'E^{44}$	$k'E^{51}$	$k'E^{412}$	gE^{231}靠	$ŋE^{223}$
$k'E^{52}/k'æ^{52}$	$k'E^{44}/k'æ^{44}$	$k'æ^{324}$	$gæ^{213}$靠	$ŋE^{233}$
$k'ɛ^{44}$	$k'ɛ^{52}$	$k'ɛ^{52}$	$gɛ^{231}$靠	$ŋɛ^{132}$
$k'E^{52}$	$k'E^{434}$	$k'E^{434}$	gE^{213}靠	$ŋE^{231}/tE^{52}$
$k'e^{52}$	$k'e^{434}$	$k'e^{434}$	ge^{213}靠	$ŋe^{231}/te^{52}$
$k'e^{52}$	$k'e^{44}$	$k'e^{335}$	ge^{113}靠	$te^{52}/ŋe^{113}$
$k'E^{52}$	$k'E^{334}$	$k'E^{334}$	gE^{113}靠、立	$ŋE^{113}/tE^{52}$
$k'e^{52}$	$k'e^{44}$	$k'e^{335}$	gE^{113}	$ŋE^{113}$
$k'E^{44}$	$k'E^{334}$	$k'E^{324}$	gE^{213}	$ŋE^{24}$
$k'E^{44}$	$k'E^{44}$	$k'E^{313}$	gE^{212}	$ŋE^{24}$
$k'E^{ɛ51}$	$k'E^{ɛ324}$	$k'E^{ɛ334}$	$gE^{ɛ223}$	$tE^{ɛ51}$
$k'E^{44}$	$k'E^{53}$	$k'E^{334}$	gE^{113}	$ŋE^{113}$
$k'E^{323}$	$k'E^{51}$	$k'E^{334}$	gE^{113}	$tE^{323}/ŋE^{212}$
$k'e^{52}$	$k'e^{334}$	$k'e^{33}$	ge^{22}	$ŋe^{231}/te^{52}$
$k'e^{544}$	$k'e^{52}$	$k'e^{544}$	ge^{231}	$ȵie^{233}$
$k'e^{53}$	$k'e^{44}$	$k'e^{324}$	ge^{14}立	$ŋe^{31}$
$k'e^{523}$	$k'e^{42}$	$k'e^{35}$	ge^{13}立	$ŋe^{312}$
$k'e^{324}$	$k'e^{435}$	$k'e^{52}$	ge^{113}靠	$ŋe^{113}$
$k'e^{52}$	$k'E^{325}$	$k'E^{52}$	ge^{113}靠	$ŋe^{113}$
$k'e^{533}$	$k'e^{533}$	$k'e^{44}$	$dʑi^{311}$立ge^{113}靠	$ŋe^{311}$
$k'e^{44}$	$k'e^{\underline{35}}$	$k'e^{52}$	$gɜ^{22}$靠	$tæi^{44}/ŋe^{231}$
$k'ɛ^{434}$	$k'ɛ^{45}$	$k'ɛ^{434}$	gE^{31}靠	$ŋɛ^{323}$
$k'ɛ^{435}$	$k'ɛ^{544}$	$k'ɛ^{45}$	ge^{24}靠$kɛ^{544}$立	$ʔɛ^{324}$
$k'əɪ^{44}$	$k'əɪ^{434}$	$k'əɪ^{54}$	$gəɪ^{323}$立$gəɪ^{214}$靠	$ŋəɪ^{322}$

摄口 等调 韵声	蟹开 一去 代疑 碍	蟹开 一平 哈影 哀	蟹开 一去 代影 爱	蟹开 一上 海晓 海
宜	ŋɐɪ²³¹	ʔɐɪ⁵⁵	ʔɐɪ³²⁴	xɐɪ⁵¹
溧	ŋæE²³¹	ʔæE⁴⁴⁵	ʔæE⁴¹²	xæE⁵²
金	εᵉ⁴⁴	εᵉ³¹	εᵉ⁴⁴	xεᵉ³²³
丹	ŋæ⁴¹	æ²²	æ⁴¹	hæ⁴⁴
童	ŋaɪ¹¹³	ʔaɪ⁴²	ʔaɪ⁴⁵	haɪ³²⁴
靖	ŋæ³¹	ʔæ⁴³³	ʔæ⁵¹	hæ³³⁴
江	ŋæ²²³	ʔæ⁵¹	ʔæ⁴³⁵	hæ⁴⁵
常	ŋæe²⁴/ɦæe²⁴	ʔæe⁴⁴	ʔæe⁵¹	xæe³³⁴
锡	ŋE²¹³	ʔE⁵⁵	ʔE³⁵	xE³²⁴
苏	ŋE²³¹	ʔE⁴⁴	ʔE⁴¹²	hE⁵¹
熟	ŋæ²¹³	ʔE⁵²	ʔæ³²⁴	hE⁴⁴/hæ⁴⁴
昆	ŋε²²³	ʔε⁴⁴	ʔε⁵²	hε⁵²
霜	ʔE⁴³⁴	ʔE⁵²	ʔE⁴³⁴	xE⁴³⁴
罗	ʔe⁴³⁴	ʔe⁵²	ʔe⁴³⁴	he⁴³⁴
周	ŋe¹¹³/ɦie¹¹³	ʔe⁵²	ʔe³³⁵	he⁴⁴
上	ɦiE¹¹³/ŋE¹¹³	ʔE⁵²	ʔE³³⁴	hE³³⁴
松	ŋE¹¹³	ʔE⁵²	ʔE³³⁵	hE⁴⁴
黎	ʔE⁴¹³	ʔE⁴⁴	ʔE⁴¹³	hE⁵¹
盛	ɦE²¹²	ʔE⁴⁴	ʔE⁴¹³	hE⁵¹
嘉	ʔE³³⁴	ʔEᵉ⁵¹	ʔEᵉ³³⁴	hEᵉ⁴⁴
双	ɦiE¹¹³/ŋE¹¹³	ʔE⁴⁴	ʔE³³⁴	hE⁵³
杭	ʔE³³⁴	ʔE³²³	ʔE³³⁴	hE⁵¹
绍	ʔe³³	ʔe⁵²	ʔe³³	he³³⁴
诸	ɲie²³³	ʔe⁵⁴⁴	ʔe⁵⁴⁴	he⁵²
崇	ŋe¹⁴	ʔe⁵³	ʔe³²⁴	he⁴⁴
太	ɦie¹³	ʔe⁵²³	ʔe³⁵	he⁴²
余	ŋe¹¹³/ɦie¹¹³	ʔe³²⁴	ʔe⁵²	he⁴³⁵
宁	ŋe¹¹³	ʔEɪ⁵²	ʔe⁵²	he³²⁵
黄	ŋe¹¹³	ʔe⁵³³	ʔe⁴⁴	he⁵³³
温	ŋe²²	ʔe⁴⁴	ʔe⁵²	xe³⁵
衢	ŋæ³¹	ʔε⁴³⁴	ʔε⁵³	xε⁴⁵
华	ʔʰε²⁴	ʔε³²⁴	ʔε⁴⁵	xε⁵⁴⁴
永	ŋəɪ²¹⁴	ʔəɪ⁴⁴	ʔəɪ⁵⁴	xəɪ⁴³⁴

蟹开 一平 哈匣	蟹开 一上 海匣	蟹开 一去 泰匣	假开 三上 马章	假开 三平 麻书
孩	亥	害	者	奢
ɦɐɪ^{24}	ɦɐɪ^{231}	ɦɐɪ^{231}	tsA^{55}	so^{55}
xɦæɛ^{323}	xɦæɛ^{231}	xɦæɛ^{231}	tsA^{445}	so^{445}
xɛ^{e}	xɛ^{e44}	xɛ^{e44}	tsɛ^{e323}	sɛ^{e31}
hᶣæ^{213}/hæ^{22}	hæ^{41}	hæ^{41}	tɕiE^{41}/tsE^{41}	sE^{e324}
xɦaɪ^{113}	xɦaɪ^{113}	xɦaɪ^{113}	tsei^{324}	
hɦæ^{223}	hɦæ^{51}	hɦæ^{51}	tɕiæ^{334}	çia^{433}
hɦæ^{223}	hɦæ^{223}	hɦæ^{223}	tsɑ^{45}	sɑ^{51}
ɦæe^{213}	ɦæe^{24}	ɦæe^{24}	tsɑ^{334}	sɑ^{44}
ɦE^{213}	ɦE^{213}	ɦE^{213}	tsɑ^{324}	sɑ^{55}
ɦE^{223}	hE^{51}	ɦE^{231}	tsE^{51}	so^{44}/sE^{44}
ɦE^{233}	ɦæ^{31}	ɦæ^{213}	tʂɤ^{44}	ʂu^{52}
ɦɛ^{132}	ɦɛ^{223}	ɦɛ^{21}	tsE^{52}	so^{44}
ɦE^{231}	ɦE^{213}	ɦE^{213}	tsE^{434}/tsəɪ^{55}	sᴧɤ^{52}
ɦie^{231}	ɦie^{213}	ɦie^{213}	tse^{434}	sᴧɤ^{52}
ɦie^{113}	ɦie^{113}	ɦie^{113}	tse^{44}	se^{52}/sɤ^{52}
ɦE^{113}	ɦE^{113}	ɦE^{113}	tsE^{113}/tsɐʔ^{55}	sE^{52}/so^{52}
ɦE^{231}	ɦE^{113}	ɦE^{113}	tsE^{44}/tsəʔ^{55}	so^{52}
ɦE^{24}	ɦE^{32}	ɦE^{213}	tse^{51}	sə^{44}
ɦE^{24}	ɦE^{223}	ɦE^{212}	tsE^{51}	so^{44}
ɦE^{e231}	ɦE^{e223}	ɦE^{e223}	tsəʔ^{55}	so^{51}
ɦE^{113}	ɦE^{113}	ɦE^{113}	tsE^{53}	sʊ^{44}
ɦE^{113}	ɦE^{113}	ɦE^{113}	tsE^{51}/tsəʔ^{55}	sɥɐɪ^{323}
ɦie^{231}	ɦie^{113}	ɦie^{22}	tsɤ^{334}/tse^{334}	sɤ^{52}
ɦie^{233}	ɦie^{231}	ɦie^{233}	tse^{52}	sA^{544}
ɦie^{31}	ɦie^{22}	ɦie^{14}	tse^{44}	sɑ^{53}
ɦie^{312}	ɦie^{22}	ɦie^{13}	tse^{42}	sɑ^{523}
ɦie^{113}	ɦie^{113}	ɦie^{113}	tse^{435}/tsɐʔ^{45}	sɤ^{324}/se^{324}
ɦie^{113}	ɦie^{113}	ɦie^{113}	tse^{325}	so^{52}
ɦie^{311}	ʔe^{533}	ɦie^{113}	tɕiA^{533}	so^{533}
ɦie^{24}	ɦie^{24}	ɦie^{22}	tsʲɛ^{35}/tse^{35}	se^{44}
ʔɦɛ^{323}	ʔɦɛ^{31}	ʔɦɛ^{31}	tsɛ^{45}	ʃɥɑ^{434}
ʔᶣɛ^{213}	xɛ^{45}	ʔɦɛ^{24}	tsə^{544}	sə^{544}
ʔɦəɪ^{322}	ʔɦəɪ^{323}	əɦəɪ^{214}	tɕiA^{434}	çiA^{44}

摄口 等调 韵声	止合 三去 至生 帅	蟹开 一平 咍精 哉	蟹开 一平 咍精 灾	蟹开 一平 咍精 栽
宜	ʂA³²⁴	tsɐɪ⁵⁵	tsɐɪ⁵⁵	tsɐɪ⁵⁵
溧	ʂA⁴¹²	tsæE⁴⁴⁵	tsæE⁴⁴⁵	tsæE⁴⁴⁵
金	suei⁴⁴	tsɛᵉ³¹	tsɛᵉ³¹	tsɛᵉ³¹
丹	çyɑ³²⁴	tsæ²²	tsæ²²	tsæ²²
童	çiou⁴⁵	tsaɪ⁴²	tsaɪ⁴²	tsaɪ⁴²
靖	çyæ⁵¹/çyæ³³⁴	tsæ⁴³³	tsæ⁴³³	tsæ⁴³³
江	sæ⁴³⁵	tsæ⁵¹	tsæ⁵¹	tsæ⁵¹
常	sɑ⁵¹	tsæe⁴⁴	tsæe⁴⁴	tsæe⁴⁴
锡	sɑ³⁵	tsE⁵⁵	tsE⁵⁵	tsE⁵⁵
苏	ʂE⁴¹²	tsE⁴⁴	tsE⁴⁴	tsE⁴⁴
熟	sæ³²⁴	tsæ⁵²	tsæ⁵²	tsæ⁵²
昆	ʂE⁵²	tse⁴⁴	tse⁴⁴	tse⁴⁴
霜	ʂE⁴³⁴	tsE⁵²	tsE⁵²	tsE⁵²
罗	se⁴³⁴	tse⁵²	tse⁵²	tse⁵²
周	se³³⁵	tse⁵²	tse⁵²	tse⁵²
上	ʂE³³⁴	tsE⁵²	tsE⁵²	tsE⁵²
松	ʂE³³⁵	tsE⁵²	tsE⁵²	tsE⁵²
黎	ʂE⁴¹³	tsE⁴⁴	tsE⁴⁴	tsE⁴⁴
盛	ʂE⁴¹³	tsE⁴⁴	tsE⁴⁴	tsE⁴⁴
嘉	ʂEᵉ³³⁴	tsEᵉ⁵¹	tsEᵉ⁵¹	tsEᵉ⁵¹
双	ʂE³³⁴	tsE⁴⁴	tsE⁴⁴	tsE⁴⁴
杭	suE³³⁴	tsE³²³	tsE³²³	tsE³²³
绍	sa³³	tse⁵²	tsa⁵²	tse⁵²
诸	ʂA⁵⁴⁴	tse⁵⁴⁴	tse⁵⁴⁴	tse⁵⁴⁴
崇	sɑ³²⁴	tse⁵³	tse⁵³	tse⁵³
太	sɑ³⁵	tse⁵²³	tse⁵²³	tse⁵²³
余	ʂA⁵²	tse³²⁴	tse³²⁴	tse³²⁴
宁	ʂE⁵²/sa⁵²	tse⁵²	tse⁵²	tse⁵²
黄	se⁴⁴	tse⁵³³	tse⁵³³	tse⁵³³
温	sɑ⁵²	tse⁴⁴	tse⁴⁴	tse⁴⁴
衢	se⁵³	tsɛ⁴³⁴	tsɛ⁴³⁴	tsɛ⁴³⁴
华	suɛ³²⁴/çʮɛ³²⁴少	tsɛ³²⁴	tsɛ³²⁴	tsɛ³²⁴
永	səɪ⁵⁴	tsəɪ⁴⁴	tsəɪ⁴⁴	tsəɪ⁴⁴

蟹开 一上 海精 宰	蟹开 一去 代精 再	蟹开 一去 代精 载~重	蟹开 一平 哈清 猜	蟹开 一上 海清 彩
tsɐɪ^{51}	tsɐɪ^{324}	tsɐɪ^{324}	tsʻɐɪ^{55}	tsʻɐɪ^{51}
tsæE^{52}	tsæE^{412}	tsæE^{412}	tsʻæE^{445}	tsʻæE^{52}
tse^{e323}	tse^{e44}	tse^{e44}	tsʻuei^{31}	tsʻɛ^{e323}
tsæ^{22}	tsæ^{41}	tsæ^{41}	tsʻæ^{22}	tsʻæ^{22}
tsaɪ^{324}	tsaɪ^{45}	tsaɪ^{45}	tsʻaɪ^{42}	tsʻaɪ^{324}
tsæ^{334}	tsæ^{51}	tsæ^{51}	tsʻæ^{433}	tsʻæ^{334}
tsæ^{45}	tsæ^{435}	tsæ^{435}	tsʻæ^{51}	tsʻæ^{45}
tsæe^{334}	tsæe^{51}	tsæe^{51}	tsʻɥæe^{44}	tsʻæe^{334}
tsE^{324}	tsE^{35}	tsE^{35}	tsʻE^{55}	tsʻE^{324}
tsE^{51}	tsE^{44}	tsE^{412}	tsʻE^{44}	tsʻE^{51}
tsæ^{44}	tsæ^{324}	tsæ^{324}	tsʻæ^{52}	tsʻæ^{44}
tsɛ^{52}	tsɛ^{44}	tsɛ^{52}	tsʻɛ^{44}	tsʻɛ^{52}
tsE^{434}	tsE^{434}	tsE^{434}	tsʻɤ^{52}	tsʻE^{434}
tse^{434}	tse^{52}	tse^{434}	tsʻʌɪ^{52}	tsʻe^{434}
tse^{44}	tse^{335}	tse^{335}	tsʻe^{52}	tsʻe^{44}
tsE^{334}	tsE^{52}	tsE^{334}	tsʻE^{52}/tsʻø^{52}	tsʻE^{334}
tsE^{44}	tsE^{52}	tsE^{52}	tsʻE^{52}/tsʻø^{52}	tsʻE^{44}
tsE^{51}	tsE^{413}	tsE^{413}	tsʻE^{44}	tsʻE^{334}
tsE^{51}	tsE^{413}	tsE^{413}	tsʻE^{44}	tsʻE^{334}
tsE^{ɛ44}	tsE^{ɛ334}	tsE^{ɛ334}	tsʻE^{ɛ51}	tsʻE^{ɛ324}
tsE^{53}	tsE^{334}	tsE^{334}	tsʻE^{44}	tsʻE^{53}
tsE^{51}	tsE^{334}	tsE^{334}	tsʻE^{323}	tsʻE^{51}
tse^{334}	tse^{33}	tse^{33}	tsʻe^{52}	tsʻe^{334}
tse^{52}	tse^{544}	tse^{544}	tsʻe^{544}	tsʻe^{52}
tse^{44}	tse^{324}	tse^{324}	tsʻe^{53}	tsʻe^{44}
tse^{42}	tse^{35}	tse^{35}	tsʻe^{523}	tsʻe^{42}
tse^{435}	tse^{52}	tse^{52}	tsʻe^{324}	tsʻe^{435}
tse^{325}	tse^{52}	tse^{52}/tsE^{52}	tsʻe^{52}	tsʻe^{325}
tse^{533}	tse^{44}	tse^{44}	tsʻe^{533}	tsʻe^{533}
tse$^{\underline{35}}$	tse^{52}	tse^{44}	tsʻe^{44}	tsʻe$^{\underline{35}}$
tse^{45}	tse^{53}	tsɛ^{53}	tsʻɛ^{434}	tsʻɛ^{45}
tsɛ^{544}	tsæ^{45}	tsɛ^{45}	tsʻɛ^{324}	tsʻɛ^{324}
tsai^{434}	tsəɪ^{54}	tsəɪ^{54}	tsʻəɪ^{44}	tsʻəɪ^{434}

摄口 等调 韵声	蟹开 一上 海清	蟹开 一去 代清	蟹开 一平 哈从	蟹开 一平 哈从
	採	菜	才	材
宜	tsʻɐɪ^{51}	tsʻɐɪ^{324}	zɐɪ^{223}	zɐɪ^{223}
溧	tsʻæE^{52}	tsʻæE^{412}	zæE^{323}	zæE^{323}
金	tsʻɛᵉ^{323}	tsʻɛᵉ^{44}	tsʻɛᵉ^{35}	tsʻɛᵉ^{35}
丹	tsʻæ^{22}	tsʻæ^{324}	dzæ^{213}	dzæ^{213}
童	tsʻaɪ^{324}	tsʻaɪ^{45}	szaɪ^{31}	szaɪ^{31}
靖	tsʻæ^{324}	tsʻæ^{51}	szæ^{223}	szæ^{223}
江	tsʻæ^{45}	tsʻæ^{435}	zæ^{223}	zæ^{223}
常	tsʻæe^{334}	tsʻæe^{51}	zæe^{213}	zæe^{213}
锡	tsʻE^{324}	tsʻE^{324}	zE^{213}	zE^{213}
苏	tsʻE^{51}	tsʻE^{412}	zE^{223}	zE^{223}
熟	tsʻæ^{44}	tsʻæ^{324}	dzæ^{233}	dzæ^{233}
昆	tsʻɛ^{52}	tsʻɛ^{52}	zɛ^{132}	zɛ^{132}
霜	tsʻE^{434}	tsʻE^{434}	zE^{231}	zE^{231}
罗	tsʻe^{434}	tsʻe^{434}	ze^{231}	ze^{231}
周	tsʻe^{44}	tsʻe^{335}	ze^{113}	ze^{113}
上	tsʻE^{334}	tsʻE^{334}	zE^{113}	zE^{113}
松	tsʻE^{44}	tsʻE^{335}	zE^{231}	zE^{231}
黎	tsʻE^{334}	tsʻE^{324}	dzE^{24}	dzE^{24}
盛	tsʻE^{334}	tsʻE^{313}	dzE^{24}	dzE^{24}
嘉	tsʻEᵉ^{324}	tsʻEᵉ^{334}	zEᵉ^{231}	zEᵉ^{231}
双	tsʻE^{53}	tsʻE^{334}	zE^{113}	zE^{113}
杭	tsʻE^{51}	tsʻE^{334}	dzE^{212}	dzE^{212}
绍	tsʻe^{334}	tsʻe^{33}	dze^{231}	dze^{231}
诸	tsʻe^{52}	tsʻe^{544}	dze^{233}	dze^{233}
崇	tsʻe^{44}	tsʻe^{324}	dze^{31}	dze^{31}
太	tsʻe^{42}	tsʻe^{35}	dze^{312}	dze^{312}
余	tsʻe^{435}	tsʻe^{52}	dze^{113}	dze^{113}
宁	tsʻe^{325}	tsʻe^{52}	dze^{113}	dze^{113}
黄	tsʻe^{533}	tsʻe^{44}	ze^{311}	ze^{311}
温	tsʻe$^{\underline{35}}$	tsʻe^{52}	sze^{231}	sze^{231}
衢	tsʻɛ^{45}	tsʻɛ^{53}	dzɛ^{323}	dzɛ^{323} / szɛ^{323}
华	tsʻɛ^{544}	tsʻɛ^{45}	dzɛ^{213}	dzɛ^{213}
永	tsʻəɪ^{434}	tsʻəɪ^{54}	szəɪ^{322}	szəɪ^{322}

蟹开 一平 哈从	蟹开 一平 哈从	蟹开 一上 海从	蟹开 一平 哈心	蟹开 一平 哈心
财	裁	在	腮	鳃
$zɐɪ^{223}$	$zɐɪ^{223}$	$zɐɪ^{24}$	$sɐɪ^{55}$	$sɐɪ^{55}$
$zæE^{323}$	$zæE^{323}$	$szæE^{52}$	$sæE^{445}$	$sæE^{445}$
$ts'ɛ^{e35}$	$ts'ɛ^{e35}$	$tsɛ^{e44}$	$sɛ^{e31}$	$sɛ^{e31}$
$dzæ^{213}$	$dzæ^{213}$	$tsæ^{41}$	$sɑ^{22}$	$sɑ^{22}$
$szaɪ^{31}$	$szaɪ^{31}$	$szaɪ^{113}$	$saɪ^{42}$	$saɪ^{42}$
$szæ^{223}$	$szæ^{223}$	$szæ^{31}$	$sæ^{433}$	$sæ^{433}$
$zæ^{223}$	$zæ^{223}$	$dzæ^{223}$	$sæ^{51}$	$sæ^{51}$
$zæe^{213}$	$zæe^{213}$	$zæe^{213}$	$sæe^{44}$	$sæe^{44}$
ZE^{213}	ZE^{213}	$ZE^{213/33}$	SE^{55}	SE^{55}
ZE^{223}	ZE^{223}	ZE^{231}	SE^{44}	SE^{44}
$dzæ^{233}$	$dzæ^{233}$	$dzæ^{31}/dzE^{31}$	$sæ^{52}$	$sæ^{52}$
$zɛ^{132}$	$zɛ^{132}$	$zɛ^{223}$	$sɛ^{44}$	$sɛ^{44}$
ZE^{231}	ZE^{231}	ZE^{213}	SE^{52}	SE^{52}
ze^{231}	ze^{231}	ze^{213}	se^{52}	se^{52}
ze^{113}	ze^{113}	ze^{113}	se^{52}	se^{52}
ZE^{113}	ZE^{113}	ZE^{113}	SE^{52}	SE^{52}
ZE^{231}	ZE^{231}	ZE^{113}	SE^{52}	SE^{52}
dzE^{24}	dzE^{24}	dzE^{32}/zE	SE^{44}	SE^{44}
dzE^{24}	dzE^{24}	dzE^{223}	SE^{44}	SE^{44}
$ZE^{ɛ231}$	$ZE^{ɛ231}$	$ZE^{ɛ223}$	SE^{e51}	SE^{e51}
ZE^{113}	ZE^{113}	ZE^{113}	SE^{44}	SE^{44}
dzE^{212}	dzE^{212}	dzE^{113}	SE^{323}	SE^{323}
ze^{231}	ze^{231}	dze^{22}	se^{52}	se^{52}
dze^{233}	ze^{233}	dze^{233}	se^{544}	se^{544}
dze^{31}	ze^{31}	dze^{14}	se^{53}	se^{53}
dze^{312}	ze^{312}	dze^{13}	se^{523}	se^{523}
dze^{113}/ze^{113}	dze^{113}/ze^{113}	dze^{113}	se^{324}	se^{324}
dze^{113}	ze^{113}	dze^{113}	SE^{52}/se^{52}	SE^{52}/se^{52}
ze^{311}	ze^{311}	ze^{113}	se^{533}	se^{533}
sze^{231}	sze^{231}	sze^{22}	se^{44}	se^{44}
$dzɛ^{323}/szɛ^{323}$	$szɛ^{323}$	$szɛ^{31}$	$sɛ^{434}$	$sɛ^{434}$
$zɛ^{213}$	$zɛ^{213}$	$tsɛ^{45}$	$sɛ^{324}$	$sɛ^{324}$
$szəɪ^{322}$	$szəɪ^{322}$	$szəɪ^{214}$	$səɪ^{44}$	$səɪ^{44}$

摄口 等调 韵声	蟹开 一去 代心	效开 一平 豪帮	效开 二平 肴帮	效开 二平 肴帮
	赛	褒	包	胞
宜	sɐɪ³²⁴	pɑɤ⁵⁵	pɑɤ⁵⁵	pɑɤ⁵⁵
溧	sæɐ⁴¹²	pɑˠ⁴⁴⁵	pɑˠ⁴⁴⁵	pɑˠ⁴⁴⁵
金	seᵉ⁴⁴	paɔ³⁵	paɔ³¹	paɔ³¹
丹	sæ³²⁴	pɒ²²	pɒ²²	pɒ²²
童	saɪ⁴⁵	pʌɤ⁴²	peˠ⁴²	peˠ⁴²
靖	sæ⁵¹	pɒ⁴³³	pɒ⁴³³	pɒ⁴³³
江	sæ⁴³⁵	pɒ⁴⁵	pɒ⁵¹	pɒ⁵¹
常	sɥæe⁵¹	pɑɤ⁴⁴	pɑɤ⁴⁴	pɑɤ⁴⁴
锡	sE³⁵	pʌ⁵⁵	pʌ⁵⁵	pʌ⁵⁵
苏	sE⁴¹²	pæ⁴⁴	pæ⁴⁴	pæ⁴⁴
熟	sæ³²⁴	pɔ⁵²	pɔ⁵²	pɔ⁵²
昆	sɛ⁵²	pɔ⁴⁴	pɔ⁴⁴	pɔ⁴⁴
霜	sE⁴³⁴	pɔ⁵²	pɔ⁵²	pɔ⁵²
罗	se⁴³⁴	pɔ⁵²	pɔ⁵²	pɔ⁵²
周	se³³⁵	ɓɔ⁵²	ɓɔ⁵²	ɓɔ⁵²
上	sE³³⁴	pɔ⁵²	pɔ⁵²	pɔ⁵²
松	sE³³⁵	pɔ⁵²/ɓɔ⁵²	pɔ⁵²/ɓɔ⁵²	pɔ⁵²/ɓɔ⁵²
黎	sE⁴¹³	pʌʔ⁴⁴	pʌʔ⁴⁴	pʌʔ⁴⁴
盛	sE⁴¹³	pʌɑ⁴⁴	pʌɑ⁴⁴	pʌɑ⁴⁴
嘉	sEᵋ³³⁴	pɔ⁵¹	pɔ⁵¹	pɔ⁵¹
双	sE³³⁴	pɔ⁴⁴	pɔ⁴⁴	pɔ⁴⁴
杭	sE³³⁴	pɔ⁵¹	pɔ³²³	pɔ³²³
绍	sa³³	pɑɒ⁵²	pɑɒ⁵²	pɑɒ⁵²
诸	se	pɔ⁵⁴⁴	pɔ⁵⁴⁴	pɔ⁵⁴⁴
崇	sɑ³²⁴	pɑɒ⁵³	pɑɒ⁵³	pɑɒ⁵³
太	sɑ³⁵	pᵃɒ⁵²³	pᵃɒ⁵²³	pᵃɒ⁵²³
余	se⁵²	pɒ³²⁴	pɒ³²⁴	pɒ³²⁴
宁	sɔ⁵²	pɔ⁵²	pɔ⁵²	pɔ⁵²
黄	se⁴⁴	pɒ⁵³³	pɒ⁵³³	pɒ⁵³³
温	se⁵²	pʊɔ⁴⁴	pʊɔ⁴⁴	pʊɔ⁴⁴
衢	sɛ⁵³	pɔ⁴³⁴	pɔ⁴³⁴	pɔ⁴³⁴
华	sɛ⁴⁵	pɑʊ³²⁴	pɑʊ³²⁴	pɑʊ³²⁴
永	səɪ⁵⁴	pʌʊ⁴⁴	pʌʊ⁴⁴	pʌʊ⁴⁴

效开 一上 晧帮	效开 一上 晧帮	效开 一上 晧帮	效开 二上 巧帮	效开 一去 号帮
保	堡	宝	饱	报
pɑɣ^{51}	pɑɣ^{51}	pɑɣ^{51}	pɑɣ^{51}	pɑɣ^{324}
pa$^{ɣ\,52}$	pa$^{ɣ\,52}$	pa$^{ɣ\,52}$	pa$^{ɣ\,52}$	pa$^{ɣ\,412}$
pɑɔ^{323}	pɑɔ^{323}	pɑɔ^{323}	pɑɔ^{323}	pɑɔ^{44}
pɒ^{44}	pɒ^{44}	pɒ^{44}	pɒ^{44}	pɒ^{324}
pɐɣ^{324}	pɐɣ^{324}	pɐɣ^{324}	pɐɣ^{324}	pɐɣ^{45}
pɒ^{334}	pɒ^{334}	pɒ^{334}	pɒ^{334}	pɒ^{51}
pɒ^{45}	pɒ^{45}	pɒ^{45}	pɒ^{45}	pɒ^{435}
pɑɣ^{334}	pɑɣ^{334}	pɑɣ^{334}	pɑɣ^{334}	pɑɣ^{51}
pʌ^{324}	pʌ^{324}	pʌ^{324}	pʌ^{324}	pʌ^{35}
pæ^{51}	pæ^{51}	pæ^{51}	pæ^{51}	pæ^{412}
pɔ^{44}	pɔ^{44}	pɔ^{44}	pɔ^{44}	pɔ^{324}
pɔ^{52}	pɔ^{52}	pɔ^{52}	pɔ^{52}	pɔ^{52}
pɔ^{434}	pɔ^{434}	pɔ^{434}	pɔ^{434}	pɔ^{434}
pɔ^{434}	pɔ^{434}	pɔ^{434}	pɔ^{434}	pɔ^{434}
ɓɔ^{44}	ɓɔ^{44}	ɓɔ^{44}	ɓɔ^{44}	ɓɔ^{335}
pɔ^{334}	pɔ^{334}	pɔ^{334}	pɔ^{334}	pɔ^{334}
pɔ^{44}/ɓɔ^{44}	pɔ^{44}/ɓɔ^{44}	pɔ^{44}/ɓɔ^{44}	pɔ^{44}/ɓɔ^{44}	pɔ^{335}/ɓɔ^{335}
pʌ^{ˀ51}	pʌ^{ˀ51}	pʌ^{ˀ51}	pʌ^{ˀ51}	pʌ^{ˀ413}
pʌɑ^{51}	pʌɑ^{51}	pʌɑ^{51}	pʌɑ^{51}	pʌɑ^{413}
pɔ^{44}	pɔ^{44}	pɔ^{44}	pɔ^{44}	pɔ^{334}
pɔ^{53}	pɔ^{53}	pɔ^{53}	pɔ^{53}	pɔ^{334}
pɔ^{51}	pɔ^{51}	pɔ^{51}	pɔ^{51}	pɔ^{334}
pɑɒ^{334}	pɑɒ^{334}	pɑɒ^{334}	pɑɒ^{334}	pɑɒ^{33}
pɔ^{52}	pɔ^{52}	pɔ^{52}	pɔ^{52}	pɔ^{544}
pɑɒ^{44}	pɑɒ^{44}	pɑɒ^{44}	pɑɒ^{44}	pɑɒ^{324}
p^{ɑ}ɒ^{42}	p^{ɑ}ɒ^{42}	p^{ɑ}ɒ^{42}	p^{ɑ}ɒ^{42}	p^{ɑ}ɒ^{35}
pɒ^{435}	pɒ^{435}	pɒ^{435}	pɒ^{435}	pɒ^{52}
pɔ^{325}	pɔ^{325}	pɔ^{325}	pɔ^{325}	pɔ^{52}
pɒ^{533}	pɒ^{533}	pɒ^{533}	pɒ^{533}	pɒ^{44}
pɜ$^{\underline{35}}$	pɜ$^{\underline{35}}$	pɜ$^{\underline{35}}$	p^{ʊ}ɔ$^{\underline{35}}$	pɜ^{52}
pɔ^{45}	pɔ^{45}	pɔ^{45}	pɔ^{45}	pɔ^{53}
pɑʊ^{544}	pɑʊ^{544}	pɑʊ^{544}	pɑʊ^{544}	pɑʊ^{45}
pʌʊ^{434}	pʌʊ^{434}	pʌʊ^{434}	pʌʊ^{434}	pʌʊ^{54}

摄口 等调 韵声	效开 二去 效帮	效开 二平 看滂	效开 二去 效滂	效开 二去 效滂
	豹	抛	泡	炮
宜	paɣ⁵¹	pʰaɣ⁵⁵	pʰaɣ³²⁴	pʰaɣ³²⁴
溧	paɣ⁴¹²	pʰaɣ⁴⁴⁵	pʰaɣ⁴¹²	pʰaɣ⁴¹²
金	paɔ⁴⁴	pʰaɔ³¹	pʰaɔ⁴⁴	pʰaɔ⁴⁴
丹	pɒ⁴¹	pʰɒ²²	pʰɒ⁴¹	pʰɒ³²⁴
童	pɐɣ⁴⁵	pʰɐɣ⁴²	pʰɐɣ⁴⁵	pʰɐɣ⁴⁵
靖	pɒ⁵¹	pʰɒ⁴³³	pʰɒ⁵¹	pʰɒ⁵¹
江	pɒ⁴³⁵	pʰɒ⁵¹	pʰɒ⁴³⁵	pʰɒ⁴³⁵
常	paɣ⁵¹	pʰaɣ⁴⁴	pʰaɣ⁵¹	pʰaɣ⁵¹
锡	pʌ³⁵	pʰʌ⁵⁵	pʰʌ³⁵	pʰʌ³⁵
苏	pæ⁴¹²	pʰæ⁴⁴	pʰæ⁴¹²	pʰæ⁴¹²
熟	pɔ³²⁴	pʰɔ⁵²	pʰɔ³²⁴	pʰɔ³²⁴
昆	pɔ⁵²	pʰɔ⁴⁴	pʰɔ⁵²	pʰɔ⁵²
霜	pɔ⁴³⁴	pʰɔ⁵²	pʰɔ⁴³⁴	pʰɔ⁴³⁴
罗	pɔ⁴³⁴	pʰɔ⁵²	pʰɔ⁴³⁴	pʰɔ⁴³⁴
周	ɓɔ³³⁵	pʰɔ⁵²	pʰɔ³³⁵	pʰɔ³³⁵
上	pɔ³³⁴	pʰɔ⁵²	pʰɔ³³⁴	pʰɔ³³⁴
松	pɔ³³⁵/ɓɔ³³⁵	pʰɔ⁵²	pʰɔ³³⁵	pʰɔ³³⁵
黎	pʌˀ⁴¹³	pʰʌˀ⁴⁴	pʰʌˀ⁴⁴	pʰʌˀ³²⁴
盛	pʌɑ⁴¹³	pʰʌɑ⁴⁴	pʰʌɑ⁴⁴	pʰʌɑ³¹³
嘉	pɔ³³⁴	pʰɔ⁵¹	pʰɔ⁵¹	pʰɔ³³⁴
双	pɔ³³⁴	pʰɔ⁴⁴	pʰɔ³³⁴	pʰɔ³³⁴
杭	pɔ³³⁴	pʰɔ³²³	pʰɔ³³⁴	pʰɔ³³⁴
绍	paɒ³³	pʰaɒ⁵²	pʰaɒ³³	pʰaɒ³³
诸	pɔ⁵⁴⁴	pʰɔ⁵⁴⁴	pʰɔ⁵⁴⁴	pʰɔ⁵⁴⁴
崇	paɒ³²⁴	pʰaɒ⁵³	pʰaɒ³²⁴	pʰaɒ³²⁴
太	pᵃɒ³⁵	pʰᵃɒ⁵²³	pʰᵃɒ³⁵	pʰᵃɒ³⁵
余	pɒ⁵²	pʰɒ³²⁴	pʰɒ⁵²	pʰɒ⁵²
宁	pɔ⁵²	pʰɔ⁵²	pʰɔ⁵²	pʰɔ⁵²
黄	pɒ⁴⁴	pʰɒ⁵³³	pʰɒ⁴⁴	pʰɒ⁴⁴
温	pᵛɔ⁵²	pʰᵛɔ⁴⁴	pʰᵛɔ⁵²	pʰᵛɔ⁵²
衢	pɔ⁵³	pʰɔ⁴³⁴	pʰɔ⁵³	pʰɔ⁵³
华	paʊ⁴⁵	pʰaʊ³²⁴	pʰaʊ⁴⁵	pʰaʊ⁴⁵
永	pʌʊ⁵⁴	pʰʌʊ⁴⁴	pʰʌʊ⁵⁴	pʰʌʊ⁵⁴

效开 一平 豪並	效开 二平 肴並	效开 一上 晧並	效开 二上 巧並	效开 一去 号並
袍	跑	抱	鲍	暴
baɣ^{223}	baɣ^{223}	baɣ^{24}	pɑʊ^{324}	baɣ^{231}
baˠ^{323}	baˠ^{323}	baˠ^{224}	baˠ^{224}	baˠ^{231}
pʻɑɔ^{35}	pʻɑɔ^{35}	pʻɑɔ^{44}	pʻɑɔ^{44}	pɑɔ^{44}
bɒ^{213}	pʌɣ^{22}	pɒ^{41}	pɒ^{41}	pɒ^{41}
bɐɣ^{31}	bɐɣ^{31}	bɐɣ^{113}	bɐɣ^{113}	bɐɣ^{113}
bɒ^{223}	bɒ^{223}	bɒ^{31}	bɒ^{31}	bɒ^{31}
bɒ^{223}	bɒ^{223}	bɒ^{223}	bɒ^{223}	bɒ^{223}
baɣ^{213}	baɣ^{213}	baɣ^{24}	baɣ^{24}	baɣ^{24}
bʌ$^{33/213}$	bʌ$^{33/213}$	bʌ$^{33/213}$	bʌ$^{213/33}$	bʌ^{213}
bæ^{223}	bæ^{223}	bæ^{231}	bæ^{231}	bæ^{231}
bɔ^{233}	bɔ^{233}	bɔ^{31}	bɔ^{31}	bɔ^{213}
bɔ^{132}	bɔ^{132}	bɔ^{223}	bɔ^{223}	bɔ^{21}
bɔ^{231}	bɔ^{231}	bɔ^{213}	bɔ^{213}	bɔ^{213}
bɔ^{231}	bɔ^{231}	bɔ^{213}	bɔ^{213}	bɔ^{213}
bɔ^{113}	bɔ^{113}	bɔ^{113}	bɔ^{113}	bɔ^{113}
bɔ^{113}	bɔ^{113}	bɔ^{113}	bɔ^{113}	bɔ^{113}
bɔ^{231}	bɔ^{231}	bɔ^{113}	bɔ^{113}	bɔ^{113}
bʌᵓ^{24}	bʌᵓ^{24}	bʌᵓ^{32}	bʌᵓ^{32}	bʌᵓ^{213}
bʌɑ^{24}	bʌɑ^{24}	bʌɑ^{223}	bʌɑ^{223}	bʌɑ^{212}
bɔ^{231}	bɔ^{231}	bɔ^{223}	bɔ^{223}	bɔ^{223}
bɔ^{113}	bɔ^{113}	bɔ^{231}	bɔ^{231}	bɔ^{113}
bɔ^{212}	bɔ^{212}	bɔ^{113}	bɔ^{113}	bɔ^{113}
bɑɒ^{231}	bɑɒ^{231}	bɑɒ^{113}	bɑɒ^{113}	bɑɒ^{22}
bɔ^{233}	bɔ^{233}	bɔ^{231}	bɔ^{231}	bɔ^{233}
bɑɒ^{31}	bɑɒ^{31}	bɑɒ^{22}	bɑɒ^{22}	bɑɒ^{14}
bᵃɒ^{312}	bᵃɒ^{312}	bᵃɒ^{22}	bᵃɒ^{22}	bᵃɒ^{13}
bɒ^{113}	bɒ^{113}	bɒ^{113}	bɒ^{113}	bɒ^{113}
bɔ^{113}	bɔ^{113}	bɔ^{113}	bɔ^{113}	bɔ^{113}
bɒ^{311}	pʻɒ^{533}	bɒ^{113}	bɒ^{113}	bɒ^{113}
bɜ^{231}	pʻᵘɔ^{44}	pʻᵘɔ^{44}	pʻᵘɔ^{35}	bɜ^{231}
bɔ^{323}	bɔ^{323}	bɔ^{31}	bɔ^{31}	bɔ^{31}
baʊ^{213}	baʊ^{213}/pɑʊ^{213}	pɑʊ^{544}	pɑʊ^{324}	baʊ^{24}
bʌʊ^{322}	pʻʌʊ^{44}/bʌʊ^{322}	bʌʊ^{434}	bʌʊ^{434}	bʌʊ^{214}

摄口	效开	效开	效开	效开
等调	二去	一平	二平	二平
韵声	效並	豪明	肴明	肴明
	铇	毛	猫	茅
宜	baɣ²³¹	maɣ²²³	ʔmaɣ⁵⁵	maɣ²²³
溧	baˠ²³¹	maˠ³²³	ʔmaˠ⁴⁴⁵	maˠ³²³
金	pɑɔ⁴⁴	mɑɔ³⁵	mɑɔ³⁵	mɑɔ³⁵
丹	pɒ⁴¹	mɒ²²	miɒ²²	mɒ²²
童	pɐɣ¹¹³	mɐɣ³¹	mɐɣ³¹	mɐɣ³¹
靖	bɒ³¹	mɒ²²³	ʔmɒ⁴³³/mɒ²²³	mɒ²²³
江	bɒ²²³	mɒ²²³	ma²²³～ȵ̩ȵi/ʔmɒ⁵¹	mɒ²²³
常	baɣ²⁴	maɣ²¹³	ʔmaɣ⁴⁴	maɣ²¹³
锡	bʌ²¹³	mʌ²¹³	mʌ²¹³	mʌ²¹³
苏	bæ²³¹	mæ²²³	mæ²²³	mæ²²³
熟	bɔ²¹³	mɔ²³³	mɔ²³³	mɔ²³³
昆	bɔ²²³	mɔ¹³²	mɔ¹³²	mɔ¹³²
霜	bɔ²¹³	mɔ²³¹	ʔmɔ⁵²/mã²³¹	mɔ²³¹
罗	bɔ²¹³	mɔ²³¹	ʔmɔ⁵²/ʔmã⁵²	mɔ²³¹
周	bɔ¹¹³	mɔ¹¹³	ʔmɔ⁵²	mɔ¹¹³
上	bɔ¹¹³	mɔ¹¹³	ʔmɔ⁵²/mɔ¹¹³	mɔ¹¹³
松	bɔ¹¹³	mɔ²³¹	ʔmɔ⁵²	mɔ²³¹
黎	bʌᵓ²¹³	mʌᵓ²⁴	mʌᵓ²⁴	mʌᵓ²⁴
盛	bʌɑ²¹²	mʌɑ²⁴	mʌɑ²⁴	mʌɑ²⁴
嘉	bɔ²²³	mɔ²³¹	mɔ²³¹	mɔ²³¹
双	bɔ¹¹³	mɔ¹¹³	ʔmɔ⁴⁴	mɔ¹¹³
杭	bɔ¹¹³	mɔ²¹²	ʔmɔ³²³	mɔ²¹²
绍	baɒ²²	maɒ²³¹	maɒ²³¹	maɒ²³¹
诸	bɔ²³³	mɔ²³³	mɔ²³³	mɔ²³³
崇	baɒ¹⁴	maɒ³¹	maɒ³¹	maɒ³¹
太	bᵃɒ¹³	mᵃɒ³¹²	mᵃɒ³¹²	mᵃɒ³¹²
余	bɒ¹¹³	mɒ¹¹³	mɒ¹¹³	mɒ¹¹³
宁	bɔ¹¹³	mɒ¹¹³	mɔ¹¹³/mɛᵀ¹¹³	mɔ¹¹³
黄	bɒ¹¹³	mɒ³¹¹	ʔmɒ⁵³³	mɒ³¹¹
温	bᵛɔ²²	mɜ²³¹	ʔmᵛɔ⁴⁴	mᵛɔ²³¹
衢	bɔ³¹	mɔ³²³	mɔ³²³	mɔ³²³
华	baʊ²⁴	maʊ³²⁴	ʔmaʊ⁵⁴⁴	maʊ³²⁴
永	baʌʊ²¹⁴	mʌʊ³²²	mʌʊ³²²	mʌʊ³²²

效开 二上 巧明	效开 一去 号明	效开 一去 号明	效开 二去 效明	效开 一平 豪端
卯	冒	帽	貌	刀
$maɣ^{24}$	$maɣ^{231}$	$maɣ^{231}$	$maɣ^{231}$	$taɣ^{55}$
$mʌɯ^{224}$	$maʸ^{231}$	$maʸ^{231}$	$maʸ^{231}$	$taʸ^{445}$
$maɔ^{323}$	$maɔ^{44}$	$maɔ^{44}$	$maɔ^{44}$	$taɔ^{31}$
$mɒ^{22}$	$mɒ^{41}$	$mɒ^{41}$	$mɒ^{41}$	$tɒ^{22}$
$mɐɣ^{31}$	$mɐɣ^{113}$	$mɐɣ^{113}$	$mɐɣ^{113}$	$tɐɣ^{42}$
$ʔmɒ^{334}$	$mɒ^{31}$	$mɒ^{31}$	$mɒ^{31}$	$tɒ^{433}$
$mɒ^{223}$	$mɒ^{223}$	$mɒ^{223}$	$mɒ^{223}$	$tɒ^{51}$
$ʔmaɣ^{334}$	$maɣ^{24}$	$maɣ^{24}$	$maɣ^{24}$	$taɣ^{44}$
$mʌ^{213}$	$mʌ^{213}$	$mʌ^{213}$	$mʌ^{213}$	$tʌ^{55}$
$mæ^{231}$	$mæ^{231}$	$mæ^{231}$	$mæ^{231}$	$tæ^{44}$
$mɔ^{233}$	$mɔ^{213}$	$mɔ^{213}$	$mɔ^{213}$	$tɔ^{52}$
$mɔ^{223}$	$mɔ^{21}$	$mɔ^{21}$	$mɔ^{21}$	$tɔ^{44}$
$mɔ^{213}$	$mɔ^{213}$	$mɔ^{213}$	$mɔ^{213}$	$tɔ^{52}$
$mɔ^{213}$	$mɔ^{213}$	$mɔ^{213}$	$mɔ^{213}$	$tɔ^{52}$
$mɔ^{113}$	$mɔ^{113}$	$mɔ^{113}$	$mɔ^{113}$	$ɗɔ^{52}$
$mɔ^{113}$	$mɔ^{113}$	$mɔ^{113}$	$mɔ^{113}$	$tɔ^{52}$
$mɔ^{113}$	$mɔ^{113}$	$mɔ^{113}$	$mɔ^{113}$	$tɔ^{52}/ɗɔ^{52}$
$mʌɔ^{32}$	$mʌɔ^{213}$	$mʌɔ^{213}$	$mʌɔ^{213}$	$tʌɔ^{44}$
$mʌɑ^{223}$	$mʌɑ^{212}$	$mʌɑ^{212}$	$mʌɑ^{212}$	$tʌɑ^{44}$
$mɔ^{223}$	$mɔ^{223}$	$mɔ^{223}$	$mɔ^{223}$	$tɔ^{51}$
$mɔ^{231}$	$mɔ^{113}$	$mɔ^{113}$	$mɔ^{113}$	$tɔ^{44}$
$ʔmɔ^{51}$	$mɔ^{113}$	$mɔ^{113}$	$mɔ^{113}$	$tɔ^{323}$
$maɒ^{113}$	$maɒ^{22}$	$maɒ^{22}$	$maɒ^{22}$	$taɒ^{52}$
$mɔ^{231}$	$mɔ^{233}$	$mɔ^{233}$	$mɔ^{233}$	$tɔ^{544}$
$maɒ^{22}$	$maɒ^{14}$	$maɒ^{14}$	$maɒ^{14}$	$taɒ^{53}$
$m^{a}ɒ^{22}$	$m^{a}ɒ^{13}$	$m^{a}ɒ^{13}$	$m^{a}ɒ^{13}$	$t^{a}ɒ^{523}$
$mɒ^{113}$	$mɒ^{113}$	$mɒ^{113}$	$mɒ^{113}$	$tɒ^{324}$
$mɔ^{113}$	$mɔ^{113}$	$mɔ^{113}$	$mɔ^{113}$	$tɔ^{52}$
$mɒ^{113}$	$mɒ^{113}$	$mɒ^{113}$	$mɒ^{113}$	$tɒ^{533}$
$mɜ^{24}/m^{u}ɔ^{24}$	$mɜ^{22}$	$mɜ^{22}$	$m^{u}ɔ^{22}$	$tɜ^{44}$
$mɔ^{31}$	$mɔ^{31}$	$mɔ^{31}$	$mɔ^{31}$	$tɔ^{434}$
	$maʊ^{24}$	$maʊ^{24}$	$maʊ^{24}$	$taʊ^{324}$
$mʌʊ^{323}$	$mʌʊ^{214}$	$mʌʊ^{214}$	$mʌʊ^{214}$	$tʌʊ^{44}$

摄口 等调 韵声	效开 一上 晧端 岛	效开 一上 晧端 倒打~	效开 一去 号端 到	效开 一去 号端 倒~水
宜	tɑɣ⁵¹	tɑɣ⁵¹	tɑɣ³²⁴	tɑɣ³²⁴
溧	tɑˠ⁵²	tɑˠ⁵²	tɑˠ⁴¹²	tɑˠ⁴¹²
金	tɑɔ³²³	tɑɔ³²³	tɑɔ⁴⁴	tɑɔ⁴⁴
丹	tɒ⁴⁴	tɒ⁴⁴	tɒ³²⁴	tɒ³²⁴
童	tɐɣ³²⁴	tɐɣ³²⁴	tɐɣ⁴⁵	tɐɣ⁴⁵
靖	tɒ³³⁴	tɒ³³⁴	tɒ⁵¹	tɒ⁵¹
江	tɒ⁴⁵	tɒ⁴⁵	tɒ⁴³⁵	tɒ⁴³⁵
常	tɑɣ³³⁴	tɑɣ³³⁴	tɑɣ⁵¹	tɑɣ⁵¹
锡	tʌ³²⁴	tʌ³²⁴	tʌ³⁵	tʌ³⁵
苏	tæ⁵¹	tæ⁵¹	tæ⁴¹²	tæ⁴¹²
熟	tɔ⁴⁴	tɔ⁴⁴	tɔ³²⁴	tɔ³²⁴
昆	tɔ⁵²	tɔ⁵²	tɔ⁵²	tɔ⁵²
霜	tɔ⁴³⁴	tɔ⁴³⁴	tɔ⁴³⁴	tɔ⁴³⁴
罗	tɔ⁴³⁴	tɔ⁴³⁴	tɔ⁴³⁴	tɔ⁴³⁴
周	dʑɔ⁴⁴	dʑɔ⁴⁴	dʑɔ³³⁵	dʑɔ³³⁵
上	tɔ³³⁴	tɔ³³⁴	tɔ³³⁴	tɔ³³⁴
松	tɔ⁴⁴/dʑɔ⁴⁴	tɔ⁴⁴/dʑɔ⁴⁴	tɔ³³⁵/dʑɔ³³⁵	tɔ³³⁵/dʑɔ³³⁵
黎	tʌᵒ⁵¹	tʌᵒ⁵¹	tʌᵒ⁴¹³	tʌᵒ⁴¹³
盛	tʌɑ⁵¹	tʌɑ⁵¹	tʌɑ⁴¹³	tʌɑ⁴¹³
嘉	tɔ⁴⁴	tɔ⁴⁴	tɔ³³⁴	tɔ³³⁴
双	tɔ⁵³	tɔ⁵³	tɔ³³⁴	tɔ³³⁴
杭	tɔ⁵¹	tɔ⁵¹	tɔ³³⁴	tɔ³³⁴
绍	tɑɒ³³⁴	tɑɒ³³⁴	tɑɒ³³	tɑɒ³³
诸	tɔ⁵²	tɔ⁵²	tɔ⁵⁴⁴	tɔ⁵⁴⁴
崇	tɑɒ⁴⁴	tɑɒ⁴⁴	tɑɒ³²⁴	tɑɒ³²⁴
太	tᵃɒ⁴²	tᵃɒ⁴²	tᵃɒ³⁵	tᵃɒ³⁵
余	tɒ⁴³⁵	tɒ⁴³⁵	tɒ⁵²	tɒ⁵²
宁	tɔ³²⁵	tɔ³²⁵	tɔ⁵²	tɔ⁵²
黄	tɒ⁵³³	tɒ⁵³³	tɒ⁴⁴	tɒ⁴⁴
温	tʒ<u>³⁵</u>	tʒ<u>²³</u>	tʒ⁵²	tʒ⁵²
衢	tɔ⁴⁵	tɔ⁴⁵	tɔ⁵³	tɔ⁵³
华	tɑʊ⁵⁴⁴	tɑʊ⁵⁴⁴	tɑʊ⁴⁵	tɑʊ⁴⁵
永	tʌʊ⁴³⁴	tʌʊ⁴³⁴	tʌʊ⁵⁴	tʌʊ⁵⁴

效开 一平 豪透	效开 一上 皓透	效开 一去 号透	效开 一平 豪定	效开 一平 豪定
滔	讨	套	桃	逃
$t'ɑɤ^{55}$	$t'ɑɤ^{51}$	$t'ɑɤ^{324}$	$dɑɤ^{223}$	$dɑɤ^{223}$
$t'ɑ^{ɤ445}$	$t'ɑ^{52}$	$t'ɑ^{ɤ412}$	$dɑ^{ɤ323}$	$dɑ^{ɤ323}$
$t'ɑɔ^{31}$	$t'ɑɔ^{323}$	$t'ɑɔ^{44}$	$t'ɑɔ^{35}$	$t'ɑɔ^{35}$
$t'ɒ^{22}$	$t'ɒ^{44}$	$t'ɒ^{324}$	$dɒ^{213}$	$dɒ^{213}$
$t'ɐɤ^{42}$	$t'ɐɤ^{324}$	$t'ɐɤ^{45}$	$dɐɤ^{31}$	$dɐɤ^{31}$
$t'ɒ^{433}$	$t'ɒ^{334}$	$t'ɒ^{51}$	$dɒ^{223}$	$dɒ^{223}$
$t'ɒ^{51}$	$t'ɒ^{45}$	$t'ɒ^{435}$	$dɒ^{223}$	$dɒ^{223}$
$t'ɑɤ^{44}$	$t'ɑɤ^{334}$	$t'ɑɤ^{51}$	$dɑɤ^{213}$	$dɑɤ^{213}$
$t'ʌ^{55}$	$t'ʌ^{324}$	$t'ʌ^{35}$	$dʌ^{213}$	$dʌ^{213}$
$t'æ^{44}$	$t'æ^{51}$	$t'æ^{412}$	$dæ^{223}$	$dæ^{223}$
$t'ɔ^{52}$	$t'ɔ^{44}$	$t'ɔ^{324}$	$dɔ^{233}$	$dɔ^{233}$
$t'ɔ^{44}$	$t'ɔ^{52}$	$t'ɔ^{52}$	$dɔ^{24}$	$dɔ^{24}$
$t'ɔ^{52}$	$t'ɔ^{434}$	$t'ɔ^{434}$	$dɔ^{231}$	$dɔ^{231}$
$t'ɔ^{52}$	$t'ɔ^{434}$	$t'ɔ^{434}$	$dɔ^{231}$	$dɔ^{231}$
$t'ɔ^{52}$	$t'ɔ^{44}$	$t'ɔ^{335}$	$dɔ^{113}$	$dɔ^{113}$
$t'ɔ^{52}$	$t'ɔ^{334}$	$t'ɔ^{334}$	$dɔ^{113}$	$dɔ^{113}$
$t'ɔ^{52}$	$t'ɔ^{44}$	$t'ɔ^{335}$	$dɔ^{231}$	$dɔ^{231}$
$t'ʌ^{ᵓ44}$	$t'ʌ^{ᵓ334}$	$t'ʌ^{ᵓ324}$	$dʌ^{ᵓ24}$	$dʌ^{ᵓ24}$
$t'ʌɑ^{44}$	$t'ʌɑ^{334}$	$t'ʌɑ^{313}$	$dʌɑ^{24}$	$dʌɑ^{24}$
$t'ɔ^{51}$	$t'ɔ^{324}$	$t'ɔ^{334}$	$dɔ^{231}$	$dɔ^{231}$
$t'ɔ^{44}$	$t'ɔ^{53}$	$t'ɔ^{334}$	$dɔ^{113}$	$dɔ^{113}$
$t'ɔ^{323}$	$t'ɔ^{51}$	$t'ɔ^{334}$	$dɔ^{212}$	$dɔ^{212}$
$t'ɑɒ^{52}$	$t'ɑɒ^{334}$	$t'ɑɒ^{33}$	$dɑɒ^{231}$	$dɑɒ^{231}$
$t'ɔ^{544}$	$t'ɔ^{52}$	$t'ɔ^{544}$	$dɔ^{233}$	$dɔ^{233}$
$t'ɑɒ^{53}$	$t'ɑɒ^{44}$	$t'ɑɒ^{324}$	$dɑɒ^{31}$	$dɑɒ^{31}$
$t'^{ɑ}ɒ^{523}$	$t'^{ɑ}ɒ^{42}$	$t'^{ɑ}ɒ^{35}$	$d^{ɑ}ɒ^{312}$	$d^{ɑ}ɒ^{312}$
$t'ɒ^{324}$	$t'ɒ^{435}$	$t'ɒ^{52}$	$dɒ^{113}$	$dɒ^{113}$
$t'ɔ^{52}$	$t'ɔ^{325}$	$t'ɔ^{52}$	$dɔ^{113}$	$dɔ^{113}$
$t'ɒ^{533}$	$t'ɒ^{533}$	$t'ɒ^{44}$	$dɒ^{311}$	$dɒ^{311}$
$t'ɜ^{44}$	$t'ɜ^{\underline{35}}$	$t'ɜ^{52}$	$dʒ^{231}$	$dʒ^{231}$
$t'ɔ^{434}$	$t'ɔ^{45}$	$t'ɔ^{53}$	$dɔ^{323}$	$dɔ^{323}$
$t'ɑʊ^{435}$	$t'ɑʊ^{544}$	$t'ɑʊ^{45}$	$tɑʊ^{324}$	$tɑʊ^{324}$
$t'ʌʊ^{44}$	$t'ʌʊ^{434}$	$t'ʌʊ^{54}$	$dʌʊ^{322}$	$dʌʊ^{322}$

摄口 等调 韵声	效开 一平 豪定	效开 一平 豪定	效开 一平 豪定	效开 一上 皓定
	淘~米	萄	陶	道
宜	dɑɤ²²³	dɑɤ²²³	dɑɤ²²³	dɑɤ²³¹
溧	dɑˠ³²³	dɑˠ³²³	dɑˠ³²³	dɑˠ²³¹
金	t'ɑɔ³⁵	t'ɑɔ³⁵	t'ɑɔ³⁵	tɑɔ⁴⁴
丹	dɒ²¹³	dɒ²¹³	dɒ²¹³	tɒ⁴¹
童	dɑɤ³¹	dɑɤ³¹	dɑɤ³¹	dɑɤ¹¹³
靖	dɒ²²³	dɒ²²³	dɒ²²³	dɒ³¹
江	dɒ²²³	dɒ²²³	dɒ²²³	dɒ²²³
常	dɑɤ²¹³	dɑɤ²¹³	dɑɤ²¹³	dɑɤ²⁴
锡	dʌ²¹³	dʌ²¹³	dʌ²¹³	dʌ³³
苏	dæ²²³	dæ²²³	dæ²²³	dæ²³¹
熟	dɔ²³³	dɔ²³³	dɔ²³³	dɔ³¹
昆	dɔ¹³²	dɔ¹³²	dɔ¹³²	dɔ¹³²
霜	dɔ²³¹	dɔ²³¹	dɔ²³¹	dɔ²¹³
罗	dɔ²³¹	dɔ²³¹	dɔ²³¹	dɔ²¹³
周	dɔ¹¹³	dɔ¹¹³	dɔ¹¹³	dɔ¹¹³
上	dɔ¹¹³	dɔ¹¹³	dɔ¹¹³	dɔ¹¹³
松	dɔ²³¹	dɔ²³¹	dɔ²³¹	dɔ¹¹³
黎	dʌˀ²⁴	dʌˀ²⁴	dʌˀ²⁴	dʌˀ³²
盛	dʌɑ²⁴	dʌɑ²⁴	dʌɑ²⁴	dʌɑ²²³
嘉	dɔ²³¹	dɔ²³¹	dɔ²³¹	dɔ²²³
双	dɔ¹¹³	dɔ¹¹³	dɔ¹¹³	dɔ²³¹
杭	dɔ²¹²	dɔ²¹²	dɔ²¹²	dɔ¹¹³
绍	dɑɒ²³¹	dɑɒ²³¹	dɑɒ²³¹	dɑɒ¹¹³
诸	dɔ²³³	dɔ²³³	dɔ²³³	dɔ²³¹
崇	dɑɒ³¹	dɑɒ³¹	dɑɒ³¹	dɑɒ²²
太	dᵃɒ³¹²	dᵃɒ³¹²	dᵃɒ³¹²	dᵃɒ²²
余	dɒ¹¹³	dɒ¹¹³	dɒ¹¹³	dɒ¹¹³
宁	dɔ¹¹³	dɔ¹¹³	dɔ¹¹³	dɔ¹¹³
黄	dɒ³¹¹	dɒ³¹¹	dɒ³¹¹	dɒ¹¹³
温	dʒ²³¹	dʒ²³¹	dʒ²³¹	dʒ²⁴
衢	dɔ³²³	dɔ³²³	dɔ³²³	dɔ³¹
华	tɑʊ³²⁴	tɑʊ³²⁴	tɑʊ³²⁴	dɑʊ²⁴
永	dʌʊ³²²	dʌʊ³²²	dʌʊ³²²	dʌʊ³²³

效开 一上 晧定	效开 一去 号定	效开 一去 号定	效开 一上 晧泥	效开 一上 晧泥
稻	导	盗	恼	脑
$daɣ^{231}/daɣ^{24}$	$daɣ^{231}$	$daɣ^{231}$	$nɑɣ^{231}$	$nɑɣ^{24}$
$da^ˠ{}^{224}$	$da^ˠ{}^{231}$	$da^ˠ{}^{231}$	$ʔla^ˠ{}^{445}$	$ʔla^ˠ{}^{445}$
$t'ɑɔ^{31}$	$tɑɔ^{323}$	$tɑɔ^{44}$	$lɑɔ^{323}$	$lɑɔ^{323}$
$dɒ^{213}$	$dɒ^{213}$	$dɒ^{213}$	$nɒ^{213}$	$nɒ^{213}$
$dɐɣ^{113}$	$dɐɣ^{113}$	$dɐɣ^{113}$	$ʔnɐɣ^{324}$	$ʔnɐɣ^{324}$
$dɒ^{31}$	$dɒ^{31}$	$dɒ^{31}$	$ʔnɒ^{334}$	$ʔnɒ^{334}$
$dɒ^{223}$	$dɒ^{223}$	$dɒ^{223}$	$ʔnɒ^{45}$	$ʔnɒ^{45}$
$dɑɣ^{24}$	$dɑɣ^{24}$	$dɑɣ^{24}$	$ʔnɑɣ^{334}$	$ʔnɑɣ^{334}$
$dʌ^{213}$	$dʌ^{213/33}$	$dʌ^{33/213}$	$nʌ^{213/33}$	$nʌ^{213/33}$
$dæ^{231}$	$dæ^{231}$	$dæ^{231}$	$næ^{231}$	$næ^{231}$
$dɔ^{31}$	$dɔ^{213}$	$dɔ^{213}$	$nɔ^{31}$	$nɔ^{31}$
$dɔ^{223}$	$dɔ^{21}$	$dɔ^{21}$	$nɔ^{223}$	$nɔ^{223}$
$dɔ^{213}$	$dɔ^{213}$	$dɔ^{213}$	$nɔ^{213}$	$nɔ^{213}$
$dɔ^{213}$	$dɔ^{213}$	$dɔ^{213}$	$nɔ^{213}$	$nɔ^{213}$
$dɔ^{113}$	$dɔ^{113}$	$dɔ^{113}$	$nɔ^{113}$	$nɔ^{113}$
$dɔ^{113}$	$dɔ^{113}$	$dɔ^{113}$	$nɔ^{113}$	$nɔ^{113}$
$dɔ^{113}$	$dɔ^{113}$	$dɔ^{113}$	$nɔ^{113}$	$nɔ^{113}$
$dʌ^{ᵓ32}$	$dʌ^{ᵓ213}$	$dʌ^{ᵓ213}$	$nʌ^{ᵓ32}$	$nʌ^{ᵓ32}$
$dʌɑ^{223}$	$dʌɑ^{212}$	$dʌɑ^{212}$	$nʌɑ^{223}$	$nʌɑ^{223}$
$dɔ^{223}$	$dɔ^{223}$	$dɔ^{23}$	$nɔ^{223}$	$nɔ^{223}$
$dɔ^{231}$	$dɔ^{113}$	$dɔ^{113}$	$ʔnɔ^{53}$	$ʔnɔ^{53}$
$dɔ^{113}$	$dɔ^{113}/tɔ^{51}$	$dɔ^{113}$	$ʔnɔ^{51}$	$ʔnɔ^{51}$
$daɒ^{113}$	$daɒ^{22}$	$daɒ^{22}$	$naɒ^{113}$	$naɒ^{113}$
$dɔ^{231}$	$dɔ^{233}$	$dɔ^{233}$	$nɔ^{233}$	$nɔ^{233}$
$daɒ^{22}$	$daɒ^{14}$	$daɒ^{14}$	$naɒ^{22}$	$naɒ^{22}$
$d^aɒ^{22}$	$d^aɒ^{13}$	$d^aɒ^{13}$	$n^aɒ^{22}$	$n^aɒ^{22}$
$dɒ^{113}$	$dɒ^{113}$	$dɒ^{113}$	$nɒ^{113}$	$nɒ^{113}$
$dɔ^{113}$	$dɔ^{113}$	$dɔ^{113}$	$nɔ^{113}$	$nɔ^{113}$
$dɒ^{113}$	$dɒ^{113}$	$dɒ^{113}$	$ʔnɒ^{533}$	$ʔnɒ^{533}$
$dʒ^{\underline{24}}$	$dʒ^{22}$	$dʒ^{22}$	$nʒ^{\underline{24}}$	$nʒ^{\underline{24}}$
$dɔ^{31}$	$dɔ^{31}$	$dɔ^{31}$	$nɔ^{31}$	$nɔ^{31}$
tau^{544}	dau^{24}/tau^{544}	dau^{24}	$ʔnɑu^{544}$	$ʔnɑu^{544}$
$dʌu^{323}$	$dʌu^{214}$	$dʌu^{214}$	$nʌu^{323}$	$nʌu^{323}$

摄口 等调 韵声	效开 二去 效泥 闹	效开 一平 豪来 捞	效开 一平 豪来 劳	效开 一平 豪来 牢
宜	naɣ²³¹	ʔlaɣ⁵⁵	laɣ²²³	laɣ²²³
溧	laˠ²³¹	ʔlaˠ⁴⁴⁵	laˠ³²³	laˠ³²³
金	laɔ⁴⁴	laɔ³¹	laɔ³¹	laɔ³¹
丹	lɒ⁴¹	lɒ²²	lɒ²²/lɒ²¹³	lɒ²²/lɒ²¹³
童	nɐɣ¹¹³	lɐɣ³¹	lɐɣ³¹	lɐɣ³¹
靖	nɒ³¹	ʔlɒ⁴³³	lɒ²²³	lɒ²²³
江	nɒ²²³	ʔlɒ⁵¹	lɒ²²³	lɒ²²³
常	naɣ³³⁴	ʔlaɣ⁴⁴	laɣ²¹³	laɣ²¹³
锡	nʌ²¹³	ʔlʌ⁵⁵	lʌ²¹³	lʌ²¹³
苏	næ²³¹	ʔlæ⁴⁴	læ²²³	læ²²³
熟	nɔ²¹³	ʔlɔ⁵²	lɔ²³³	lɔ²³³
昆	nɔ²¹	ʔlɔ⁴⁴	lɔ¹³²	lɔ¹³²
霜	nɔ²¹³	ʔlɔ⁵²	lɔ²³¹	lɔ²³¹
罗	nɔ²¹³	ʔlɔ⁵²	lɔ²³¹	lɔ²³¹
周	nɔ¹¹³	ʔlɔ⁵²	lɔ¹¹³	lɔ¹¹³
上	nɔ¹¹³	ʔlɔ⁵²	lɔ¹¹³	lɔ¹¹³
松	nɔ¹¹³	ʔlɔ⁵²	lɔ¹¹³	lɔ¹¹³
黎	nʌᵒ²¹³	ʔlʌᵒ⁴⁴	lʌᵒ²⁴	lʌᵒ²⁴
盛	naɑ²¹²	ʔlʌɑ⁴⁴	lʌɑ²⁴	lʌɑ²⁴
嘉	nɔ²²³	ʔlɔ⁵¹	lɔ²³¹	lɔ²³¹
双	nɔ¹¹³	ʔlɔ⁴⁴	lɔ¹¹³	lɔ¹¹³
杭	nɔ¹¹³	ʔlɔ³²³	lɔ²¹²	lɔ²¹²
绍	naɒ²²	laɒ²³¹	laɒ²³¹	laɒ²³¹
诸	nɔ²³³	ʔlɔ⁵⁴⁴/ʔnɔ⁵⁴⁴	lɔ²³³/nɔ²³³	lɔ²³³/nɔ²³³
崇	naɒ¹⁴	laɒ³¹	laɒ³¹	laɒ³¹
太	nᵃɒ¹³	lᵃɒ³¹²	lᵃɒ³¹²	lᵃɒ³¹²
余	nɒ¹¹³	ʔlɒ³²⁴	lɒ¹¹³	lɒ¹¹³
宁	nɔ¹¹³	ʔlɔ⁵²	lɔ¹¹³	lɔ¹¹³
黄	nɒ¹¹³	ʔlɒ⁵³³	lɒ³¹¹	lɒ³¹¹
温	nᵘɔ²²	ʔlɜ⁴⁴	lɜ²³¹	lɜ²³¹
衢	nɔ³¹	ʔlɔ⁵³	lɔ³²³	lɔ³²³
华	naʊ²⁴	laʊ³²⁴	laʊ³²⁴	laʊ³²⁴
永	nʌʊ²¹⁴	ʔlʌʊ⁴⁴/laʊ³²²	lʌʊ³²²	lʌʊ³²²

效开 一上 皓来	效开 一平 豪见	效开 一平 豪见	效开 二平 肴见	效开 二平 肴见
老	高	糕	交	胶
laɣ^{24}	kaɣ^{55}	kaɣ^{55}	kaɣ^{55}/tɕiaɣ^{55}	kaɣ^{55}/tɕiaɣ^{55}
ʔlaˠ^{445}	kaˠ^{445}	kaˠ^{445}	kaɣ^{445}/tɕiaˠ^{445}	kaˠ^{445}/tɕiaˠ^{445}
laɔ^{31}	kaɔ^{31}	kaɔ^{31}	kaɔ^{31}/tɕiɔ^{31}	kaɔ^{31}/tɕiaɔ^{31}
lɒ^{44}	kɒ^{22}	kɒ^{22}	kɒ^{22}/tɕiɒ^{22}	kɒ^{22}/tɕiɒ^{22}
ʔlɐɣ^{324}	kɐɣ^{42}	kɐɣ^{42}	kɐɣ^{42}	kɐɣ^{42}
lɒ^{223}	kɒ^{433}	kɒ^{433}	tɕiɒ^{433}	tɕiɒ^{433}
ʔlɒ^{45}	kɒ^{51}	kɒ^{51}	kɒ^{51}/tɕiɒ^{51}	kɒ^{51}/tɕiɒ^{51}
ʔlaɣ^{334}	kaɣ^{44}	kaɣ^{44}	kaɣ^{44}/tɕiaɣ^{44}	kaɣ^{44}/tɕiaɣ^{44}
lʌ^{33}	kʌ^{55}	kʌ^{55}	kʌ^{55}/tɕiʌ^{55}	kʌ^{55}
læ^{231}	kæ^{44}	kæ^{44}	kæ^{44}/tɕiæ^{44}	kæ^{44}/tɕiæ^{44}
lɔ^{31}	kɔ^{52}	kɔ^{52}	kɔ^{52}/tɕiɔ^{52}	kɔ^{52}/tɕiɔ^{52}
lɔ^{223}	kɔ^{44}	kɔ^{44}	kɔ^{44}/tɕiɔ^{44}	kɔ^{44}/tɕiɔ^{44}
lɔ^{213}	kɔ^{52}	kɔ^{52}	kɔ^{52}/tɕiɔ^{52}	kɔ^{52}/tɕiɔ^{52}
lɔ^{213}	kɔ^{52}	kɔ^{52}	kɔ^{52}/tɕiɔ^{52}	kɔ^{52}/tɕiɔ^{52}
lɔ^{113}	kɔ^{52}	kɔ^{52}	kɔ^{52}/tɕiɔ^{52}	kɔ^{52}
lɔ^{113}	kɔ^{52}	kɔ^{52}	kɔ^{52}/tɕiɔ^{52}	kɔ^{52}
lʌˀ^{32}	kʌˀ^{44}	kʌˀ^{44}	kʌˀ^{44}	kʌˀ^{44}
lʌɑ^{223}	kʌɑ^{44}	kʌɑ^{44}	kʌɑ^{44}	kʌɑ^{44}
lɔ^{223}	kɔ^{51}	kɔ^{51}	kɔ^{51}/tɕiɔ^{51}	kɔ^{51}
ʔlɔ^{53}	kɔ^{44}	kɔ^{44}	kɔ^{44}/tɕiɔ^{44}	kɔ^{44}
ʔlɔ^{51}	kɔ^{323}	kɔ^{323}	tɕiɔ^{323}	tɕiɔ^{323}
laɒ^{113}	kaɒ^{52}	kaɒ^{52}	kaɒ^{52}/tɕiaɒ^{52}	kaɒ^{52}
lɔ^{231}	kɔ^{544}	kɔ^{544}	kɔ^{544}/tɕiɔ^{544}	kɔ^{544}
laɒ^{22}	kaɒ^{53}	kaɒ^{53}	kaɒ^{53}/tɕiaɒ^{53}	kaɒ^{53}
l^{a}ɒ^{22}	k^{a}ɒ^{523}	k^{a}ɒ^{523}	k^{a}ɒ^{523}/tɕi^{a}ɒ^{523}	k^{a}ɒ^{523}
lɒ^{113}	kɒ^{324}	kɒ^{324}	kɒ^{324}/tɕiɒ^{324}	kɒ^{324}/tɕiɒ^{324}
lɔ^{113}	lɔ^{52}	kɔ^{52}	kɔ^{52}/tɕiɜ^{52}	kɔ^{52}/tɕiɜ^{52}
ʔlɒ^{533}	kɒ^{533}	kɒ^{533}	kɒ^{533}	kɒ^{533}
lɜ^{24}	kɜ^{44}	kɜ^{44}	k^{ʊ}ɔ^{44}	k^{ʊ}ɔ^{44}
lɔ^{31}	kɔ^{434}	kɔ^{434}	kɔ^{434}/tɕiɔ^{434}	kɔ^{45}
ʔnaɒ^{544}	kaʊ^{324}	kaʊ^{324}	tɕiaʊ^{324}/kaʊ^{324}	kaʊ^{324}
lʌʊ^{323}	kʌʊ^{44}	kʌʊ^{44}	kʌʊ^{44}	kʌʊ^{44}

摄口	效开	效开	效开	效开
等调	一上	二上	二上	一去
韵声	晧见	巧见	巧见	号见
	稿	搅	绞	告
宜	kaɤ⁵¹	kaɤ⁵¹	kaɤ⁵⁵/tɕiaɤ⁵¹	kaɤ³²⁴
溧	kaˠ⁵²	kaˠ⁵²	kaˠ⁵²/tɕiaˠ⁵²	kaˠ⁴¹²
金	kaɔ³²³	kaɔ³²³	kaɔ³²³/tɕiaɔ³²³	kaɔ⁴⁴
丹	kɒ⁴⁴	kɒ⁴⁴	kɒ³²⁴/tɕiɒ³²⁴	kɒ²²
童	kɐɤ³²⁴	kɐɤ³²⁴	kɐɤ³²⁴/tɕiɐɤ³²⁴	kɐɤ⁴⁵
靖	kɒ³³⁴	kɒ³³⁴	kɒ³³⁴	kɒ⁵¹
江	kɒ⁴⁵	kɒ⁴⁵	kɒ⁴⁵	kɒ⁴³⁵
常	kaɤ³³⁴	kaɤ³³⁴	kaɤ³³⁴	kaɤ⁵¹
锡	kʌ³²⁴	kʌ³²⁴	kʌ³⁵/tɕiʌ³⁵	kʌ³⁵
苏	kæ⁵¹	kæ⁵¹	kæ⁵¹/tɕiæ⁵¹	kæ⁴¹²
熟	kɔ⁴⁴	kɔ⁴⁴	tɕiɔ⁴⁴	kɔ³²⁴
昆	kɔ⁵²	kɔ⁵²	kɔ⁵²/tɕiɔ⁵²	kɔ⁵²
霜	kɔ⁴³⁴	kɔ⁴³⁴	kɔ⁴³⁴/tɕiɔ⁴³⁴	kɔ⁴³⁴
罗	kɔ⁴³⁴	kɔ⁴³⁴	kɔ⁴³⁴/tɕiɔ⁴³⁴	kɔ⁴³⁴
周	kɔ⁴⁴	kɔ⁴⁴	kɔ⁴⁴/tɕiɔ⁴⁴	kɔ³³⁵
上	kɔ³³⁴	kɔ³³⁴	kɔ³³⁴	kɔ⁵²/kɔ³³⁴
松	kɔ³³⁵	kɔ⁴⁴	kɔ⁴⁴/tɕiɔ⁴⁴	kɔ⁵²
黎	kʌᵒ⁵¹	kʌᵒ⁵¹	kʌᵒ⁵¹	kʌᵒ⁴¹³
盛	kʌɑ⁵¹	kʌɑ⁵¹	kʌɑ⁵¹	kʌɑ⁴¹³
嘉	kɔ⁴⁴	kɔ⁴⁴/tɕiɔ⁴⁴	kɔ⁴⁴/tɕiɔ⁴⁴	kɔ³³⁴
双	kɔ⁵³	kɔ⁵³	kɔ⁵³/tɕiɔ⁵³	kɔ³³⁴
杭	kɔ⁵¹	tɕiɔ⁵¹	tɕiɔ⁵¹	kɔ³³⁴
绍	kaɒ³³⁴	kaɒ³³⁴	kaɒ³³⁴	kaɒ³³
诸	kɔ⁵²	kɔ⁵²	kɔ⁵²/tɕiɔ⁵²	kɔ⁵⁴⁴
崇	kaɒ⁴⁴	kaɒ⁴⁴	kaɒ⁴⁴	kaɒ³²⁴
太	kᵃɒ⁴²	kᵃɒ⁴²	kᵃɒ⁴²	kᵃɒ³⁵
余	kɒ⁴³⁵	kɒ⁴³⁵	kɒ⁴³⁵	kɒ⁵²
宁	kɔ³²⁵	kɔ³²⁵	kɔ³²⁵	kɔ⁵²
黄	kɒ⁵³³	kɒ⁵³³	kɒ⁵³³	kɒ⁴⁴
温	kɜ³⁵	kᵛɔ³⁵	kᵛɔ³⁵	kɜ⁵²
衢	kɔ⁴⁵	kɔ⁴⁵	kɔ⁴⁵/tɕiɔ⁴⁵	kɔ⁵³
华	kaʊ⁵⁴⁴	tɕiaʊ⁵⁴⁴/kaʊ⁵⁴⁴	kaʊ⁵⁴⁴/tɕiaʊ⁵⁴⁴	kaʊ⁴⁵
永	kʌʊ⁴³⁴	kʌʊ⁴³⁴	kʌʊ⁴³⁴	kʌʊ⁵⁴

效开 二去 效见	效开 二去 效见	效开 二去 效见	效开 二平 肴溪	效开 一上 晧溪
觉睏~	教~育	酵	敲	考
kaɣ^{324}	kaɣ^{324}/tɕiaɣ^{324}	kaɣ^{324}/ɕiaɣ^{324}	kʼaɣ^{55}	kʼaɣ^{51}
kaɣ^{412}	kaɣ^{412}/tɕiaɣ^{412}	kaɣ^{412}/ɕiaɣ^{412}	kʼaɣ^{445}	kʼaɣ^{52}
kaɔ^{44}/tɕiaɔ^{44}	kaɔ^{44}/tɕiaɔ^{44}	kaɔ^{44}	kʼaɔ^{31}/tɕʼiaɔ^{31}	kʼaɔ^{323}
kɒ^{22}	kɒ^{324}/tɕiɒ^{324}	kɒ^{324}/ɕiɒ^{324}	kʼɒ^{22}	kʼɒ^{44}
kɐɣ^{45}	kɐɣ^{45}/tɕiɐɣ^{45}	kɐɣ^{45}	kʼɐɣ^{42}	kʼɐɣ^{324}
kɒ^{51}	kɒ^{51}/tɕiɒ^{51}	kɒ^{51}/ɕiɒ^{51}	kʼɒ^{433}	kʼɒ^{334}
kɒ^{435}	kɒ^{435}/tɕiɒ^{435}	kɒ^{435}/ɕiɒ^{435}	kʼɒ^{51}	kʼɒ^{45}
kaɣ^{51}	kaɣ^{51}/tɕiaɣ^{51}	kaɣ^{51}/ɕiaɣ^{51}	kʼaɣ^{44}	kʼaɣ^{334}
kʌ^{35}/tɕiʌ^{35}	kʌ^{35}/tɕiʌ^{35}	kʌ^{35}/ɕiʌ^{35}	kʼʌ^{55}	kʼʌ^{324}
kæ^{412}/tɕiæ^{412}	kæ^{412}/tɕiæ^{412}	kæ^{412}/ɕiæ^{412}	kʼæ^{44}	kʼæ^{51}
kɔ^{324}	kɔ^{324}/tɕiɔ^{324}	kɔ^{324}	kʼɔ^{52}	kʼɔ^{44}
kɔ^{52}/tɕiɔ^{52}	kɔ^{52}/tɕiɔ^{52}	kɔ^{52}/ɕiɔ^{52}	kʼɔ^{44}	kʼɔ^{52}
kɔ^{434}/tɕiɔ^{434}	kɔ^{434}/tɕiɔ^{434}	ɕiɔ^{434}/kɔ^{434}	kʼɔ^{52}	kʼɔ^{434}
kɔ^{434}/tɕiɔ^{434}	kɔ^{434}/tɕiɔ^{434}	ɕiɔ^{434}/kɔ^{434}	kʼɔ^{52}	kʼɔ^{434}
kɔ^{335}/tɕiɔ^{335}	kɔ^{335}/tɕiɔ^{335}	ɕiɔ^{335}/kɔ^{335}	kʼɔ^{52}	kʼɔ^{44}
kɔ^{334}/tɕiɔ^{334}	kɔ^{334}/tɕiɔ^{334}	ɕiɔ^{334}/kɔ^{334}	kʼɔ^{52}	kʼɔ^{334}
kɔ^{335}	tɕiɔ^{335}/kɔ^{335}	kɔ^{335}/ɕiɔ^{335}	kʼɔ^{52}	kʼɔ^{335}
kʌˀ^{413}	kʌˀ^{413}/tɕiʌˀ^{413}	kʌˀ^{413}	kʼʌˀ^{44}	kʼʌˀ^{334}
kʌɑ^{413}	kʌɑ^{413}/tɕiʌɑ^{413}	kʌɑ^{413}/ɕiʌɑ^{413}	kʼʌɑ^{44}	kʼʌɑ^{334}
kɔ^{334}	tɕiɔ^{334}	ɕiɔ^{334}/kɔ^{334}	kʼɔ^{51}/tɕʼiɔ^{51}	kʼɔ^{324}
kɔ^{334}	kɔ^{334}/tɕiɔ^{334}	kɔ^{334}	kʼɔ^{44}	kʼɔ^{53}
kɔ^{334}/tɕiɔ^{334}	tɕiɔ^{334}	tɕiɔ^{334}/ɕiɔ^{334}	kʼɔ^{323}/tɕʼiɔ^{323}	kʼɔ^{51}
kaɒ^{33}	kaɒ^{33}	ɕiaɒ^{33}	kʼaɒ^{52}	kʼaɒ^{334}
kɔ^{544}	kɔ^{544}/tɕiɔ^{544}	ɕiɔ^{544}	kʼɔ^{544}	kʼɔ^{52}
kaɒ^{324}	kaɒ^{324}/tɕiaɒ^{324}	ɕiaɒ^{324}	kʼaɒ^{53}	kʼaɒ^{44}
kaɒ^{35}	kaɒ^{35}/tɕiaɒ^{35}	ɕiaɒ^{35}	kʼaɒ^{523}	kʼaɒ^{42}
kɒ^{52}	kɒ^{52}/tɕiɒ^{52}	kɒ^{52}/ɕiɒ^{52}	kʼɒ^{324}	kʼɒ^{435}
kɔ^{52}	kɔ^{52}/tɕiɔ^{52}	ɕiə^{52}	kʼɔ^{52}	kʼɔ^{325}
kɒ^{44}	kɒ^{44}/tɕiɒ^{44}	hɒ^{44}	tɕʼiɒ^{533}/kʼɒ^{533}	kʼɒ^{533}
ko^{44}	kʊɔ^{52}	ɕiɛ^{52}	kʼʊɔ^{44}	kʼɜ$^{\underline{35}}$
kɔ^{53}	kɔ^{53}/tɕiɔ^{53}	kɔ^{53}/ɕiɔ^{53}	kʼɔ^{434}/tɕʼiɔ^{434}	kʼɔ^{45}
	kaʊ^{45}/tɕiaʊ^{45}	ɕiaʊ^{45}	kʼaʊ^{324}	kʼaʊ^{544}
kʌʊ^{54}	kʌʊ^{54}	xʌʊ^{54}	kʼʌʊ^{44}	kʼʌʊ^{434}

摄口 等调 韵声	效开 一去 号溪	效开 一平 豪疑	效开 二上 巧疑	效开 一去 号疑
	靠	熬	咬	傲
宜	k'aɣ³²⁴	ŋaɣ²²³	ŋaɣ²⁴	ŋaɣ²³¹
溧	k'ɑɣ⁴¹²	ŋɑɣ³²³	ʔŋɑɣ⁴⁴⁵	ŋɑɣ²³¹
金	k'ɑɔ⁴⁴	ɑɔ³¹	ɑɔ³²³	ɑɔ⁴⁴
丹	k'ɒ³²⁴	ŋɒ²¹³/ŋɒ²²	ŋɒ²¹³	ŋɒ⁴¹
童	k'ɐɣ⁴⁵	ŋɐɣ³¹	ʔŋɐɣ³²⁴	ŋɐɣ¹¹³
靖	k'ɒ⁵¹	ŋɒ²²³	ʔŋɑ³³⁴	ʔŋɒ⁵¹
江	k'ɒ⁴³⁵	ŋɒ²²³	ʔŋɒ⁴⁵	ŋɒ²²³
常	k'ɑɣ⁵¹	ŋɑɣ²¹³	ʔŋɑɣ³³⁴	ŋɑɣ²⁴
锡	k'ʌ³⁵	ŋʌ²¹³	ŋʌ²¹³/³³	ŋʌ²¹³
苏	k'æ⁴¹²	ŋæ²²³	ŋæ²³¹	ŋæ²³¹
熟	k'ɔ³²⁴	ŋɔ²³³	ŋɔ³¹	ŋɔ²¹³
昆	k'ɔ⁵²	ŋɔ²⁴	ŋɔ²²³	ʔɔ⁵²
霜	k'ɔ⁴³⁴	ŋɔ²³¹	ŋɔ²¹³	ŋɔ²¹³
罗	k'ɔ⁴³⁴	ŋɔ²³¹	ŋɔ²¹³	ŋɔ²¹³
周	k'ɔ³³⁵	ŋɔ¹¹³	ŋɔ¹¹³	ŋɔ¹¹³
上	k'ɔ³³⁴	ŋɔ¹¹³/ɦɔ¹¹³	ŋɔ¹¹³	ŋɔ¹¹³/ɦɔ¹¹³
松	k'ɔ³³⁵	ŋɔ²³¹	ŋɔ¹¹³	ŋɔ²³¹
黎	k'ʌɔ³²⁴	ŋʌɔ²⁴	ŋʌɔ³²	ɦʌɔ²¹³
盛	k'ʌɑ³¹³	ɦʌɑ²⁴	ŋʌɑ²²³	ɦʌɑ²¹²
嘉	k'ɔ³³⁴	ʔɔ⁵¹	ɦɔ²²³	ʔɔ³³⁴
双	k'ɔ³³⁴	ŋɔ¹¹³	ŋɔ²³¹	ŋɔ¹¹³
杭	k'ɔ³³⁴	ŋɔ²¹²	ʔiɔ⁵¹	ŋɔ¹¹³
绍	k'ɑɒ³³	ŋɑɒ²³¹	ŋɑɒ¹¹³	ŋɑɒ²²
诸	k'ɔ⁵⁴⁴	ŋɔ²³³	ŋɔ²³¹	ŋɔ²³³
崇	k'ɑɒ³²⁴	ŋɑɒ³¹	ŋɑɒ²²	ŋɑɒ¹⁴
太	k'ᵃɒ³⁵	ŋᵃɒ³¹²	ŋᵃɒ²²	ŋᵃɒ¹³
余	k'ɒ⁵²	ŋɒ¹¹³	ŋɒ¹¹³	ŋɒ¹¹³
宁	k'ɔ⁵²	ŋɔ¹¹³	ŋɔ¹¹³	ŋɔ¹¹³
黄	k'ɒ⁴⁴	ŋɒ³¹¹	ʔŋɒ⁵³³	ŋɔ¹¹³
温	k'ɜ⁵²	ŋɜ²³¹	ŋᵘɔ²⁴	ŋɜ²²
衢	k'ɔ⁵³	ŋɔ³²³	ŋɔ³¹	ŋɔ³¹
华	k'ɑʊ⁴⁵	ʔɑʊ³²⁴	ʔɛɯ⁵⁴⁴	ʔɑʊ⁴⁵
永	k'ʌʊ⁵⁴	ʔŋʌʊ⁴⁴	ŋɣʊ⁴³⁴	ŋʌʊ²¹⁴

效开 一上 皓影	效开 一上 皓影		效开 一去 号影	效开 一去 号影
袄	懊~恼	拗	奥	懊~悔
ʔɑɣ^{324}	ʔɑɣ^{51}	ʔɑɣ^{324}	ʔɑɣ^{324}	ʔɑɣ^{324}
ʔɑ^{ɣ52}	ʔɑ^{ɣ445}	ʔɑ^{ɣ412}	ʔɑ^{ɣ412}	ʔɑ^{ɣ412}
ɑɔ^{323}	ɑɔ^{323}	ɑɔ^{44}	ɑɔ^{44}	ɑɔ^{44}
ɒ^{22}	ɒ^{22}	ɒ^{22}	ɒ^{22}	ɒ^{22}
ʔ^{ɐ}ɣ^{324}	ʔ^{ɐ}ɣ^{324}	ʔ^{ɐ}ɣ^{45}	ʔ^{ɐ}ɣ^{45}	ʔ^{ɐ}ɣ^{45}
ʔɒ^{334}	ʔɒ^{334}	ʔɒ^{51}	ʔɒ^{51}	ʔɒ^{51}
ʔɒ^{45}	ʔɒ^{45}	ʔɒ^{435}	ʔɒ^{435}	ʔɒ^{435}
ʔɑɣ^{334}	ʔɑɣ^{334}	ʔɑɣ^{51}	ʔɑɣ^{51}	ʔɑɣ^{51}
ʔʌ^{324}	ʔʌ^{324}	ʔʌ^{35}	ʔʌ^{35}	ʔʌ^{35}
ʔæ^{51}	ʔæ^{51}	ʔæ^{412}	ʔæ^{412}	ʔæ^{412}
ʔɔ^{44}	ʔɔ^{44}	ʔɔ^{324}	ʔɔ^{324}	ʔɔ^{324}
ʔɔ^{52}	ʔɔ^{52}	ʔɔ^{52}	ʔɔ^{52}	ʔɔ^{52}
ʔɔ^{434}	ʔɔ^{434}	ʔɔ^{434}	ʔɔ^{434}	ʔɔ^{434}
ʔɔ^{434}	ʔɔ^{434}	ʔɔ^{434}	ʔɔ^{434}	ʔɔ^{434}
ʔɔ^{44}	ʔɔ^{44}	ʔɔ^{335}	ʔɔ^{335}	ʔɔ^{335}
ʔɔ^{334}	ʔɔ^{52}	ʔɔ^{334}	ʔɔ^{334}	ʔɔ^{334}
ʔɔ^{335}	ʔɔ^{44}	ʔɔ^{335}	ʔɔ^{335}	ʔɔ^{335}
ʔʌ^{ɔ51}	ʔʌ^{ɔ51}	ʔʌ^{ɔ413}	ʔʌ^{ɔ413}	ʔʌ^{ɔ413}
ʔʌɑ^{51}	ʔʌɑ^{51}	ʔʌɑ^{413}	ʔʌɑ^{413}	ʔʌɑ^{413}
ʔɔ^{44}	ʔɔ^{44}	ʔɔ^{334}	ʔɔ^{334}	ʔɔ^{334}
ʔɔ^{53}	ʔɔ^{53}	ʔɔ^{334}	ʔɔ^{334}	ʔɔ^{334}
ʔɔ$^{323/51}$	ʔɔ$^{323/51}$	ʔɔ^{334}	ʔɔ^{334}	ʔɔ^{334}
ʔɑɒ^{334}	ʔɑɒ^{334}	ʔɑɒ^{33}	ʔɑɒ^{33}	ʔɑɒ^{33}
ʔɔ^{52}	ʔɔ^{52}	ʔɔ^{544}	ʔɔ^{544}	ʔɔ^{544}
ʔɑɒ^{44}	ʔɑɒ^{44}	ʔɑɒ^{324}	ʔɑɒ^{324}	ʔɑɒ^{324}
ʔ^{a}ɒ^{42}	ʔ^{a}ɒ^{42}	ʔ^{a}ɒ^{35}	ʔ^{a}ɒ^{35}	ʔ^{a}ɒ^{35}
ʔɒ^{435}	ʔɒ^{435}	ʔɒ^{52}	ʔɒ^{52}	ʔɒ^{52}
ʔɔ^{325}	ʔɔ^{325}	ʔɔ^{52}	ʔɔ^{52}	ʔɔ^{52}
ʔɔ^{533}	ʔɔ^{533}	ʔɔ^{44}	ʔɔ^{44}	ʔɔ^{44}
ʔɜ^{35}	ʔɜ^{52}	ʔʊɔ^{52}	ʔɜ^{52}	ʔɜ^{52}
ʔɔ^{45}	ʔɔ^{45}	ʔɔ^{53}	ʔɔ^{53}	ʔɔ^{53}
ʔɑʊ^{544}	ʔɑʊ^{544}	ʔɑʊ^{45}/ʔɛ^{544}	ʔɑʊ^{45}	ʔɑʊ^{45}
ʔʌʊ^{434}	ʔʌʊ^{434}	ʔʌʊ^{54}	ʔʌʊ^{54}	ʔʌʊ^{54}

摄口 等调 韵声	效开 一平 豪晓	效开 一上 晧晓	效开 一去 号晓	效开 一平 豪匣
	蒿	好～坏	好喜～	毫
宜	xɑɣ⁵⁵	xɑɣ⁵¹	xɑɣ³²⁴	ɦɑɣ²²³
溧	xɑˠ⁴⁴⁵	xɑˠ⁵²	xɑˠ⁵²	xɦɑˠ³²³
金	xɑɔ³¹	xɑɔ³²³	xɑɔ⁴⁴	xɑɔ³⁵
丹	hɒ²²	hɒ⁴⁴	hɒ³²⁴	hᵇɒ²¹³
童	hɐɣ⁴²	hɐɣ³²⁴	hɐɣ⁴⁵	xɦɐɣ³¹
靖	hɒ⁴³³	hɒ³³⁴	hɒ⁵¹	hɦɒ²²³
江	hɒ⁵¹	hɒ⁴⁵	hɒ⁴³⁵	hɦɒ²²³
常	xɑɣ⁴⁴	xɑɣ³³⁴	xɑɣ⁵¹	ɦɑɣ²⁴
锡	xʌ⁵⁵	xʌ³²⁴	xʌ³⁵	ɦʌ²¹³
苏	hæ⁴⁴	hæ⁵¹	hæ⁴¹²	ɦæ²²³
熟	hɔ⁵²	hɔ⁴⁴	hɔ³²⁴	ɦɔ²³³
昆	hɔ⁴⁴	hɔ⁵²	hɔ⁵²	ɦɔ¹³²
霜	xɔ⁵²	xɔ⁴³⁴	xɔ⁴³⁴	ɦɔ²³¹
罗	hɔ⁵²	hɔ⁴³⁴	hɔ⁴³⁴	ɦɔ²³¹
周	hɔ⁵²	hɔ⁴⁴	hɔ⁴⁴	ɦɔ¹¹³
上	hɔ⁵²	hɔ³³⁴	hɔ³³⁴	ɦɔ¹¹³
松	hɔ⁵²	hɔ⁴⁴	hɔ³³⁵	ɦɔ²³¹
黎	hʌᵓ⁴⁴	hʌᵓ⁵¹	hʌᵓ⁴¹³	ɦʌᵓ²⁴
盛	hʌɑ⁴⁴	hʌɑ⁵¹	hʌɑ⁴¹³	ɦʌɑ²⁴
嘉	hɔ⁵¹	hɔ⁴⁴	hɔ³³⁴	ɦɔ²³¹
双	hɔ⁴⁴	hɔ⁵³	hɔ³³⁴	ɦɔ¹¹³
杭	hɔ³²³	hɔ⁵¹	hɔ³³⁴	ɦɔ²¹²
绍	hɑɒ⁵²	hɑɒ³³⁴	hɑɒ³³	ɦɑɒ²³¹
诸	hɔ⁵⁴⁴	hɔ⁵²	hɔ⁵⁴⁴	ɦɔ²³³
崇	hɑɒ⁵³	hɑɒ⁴⁴	hɑɒ³²⁴	ɦɑɒ³¹
太	hᵃɒ⁵²³	hᵃɒ⁴²	hᵃɒ³⁵	ɦᵃɒ³¹²
余	hɒ³²⁴	hɒ⁴³⁵	hɒ⁵²	ɦɒ¹¹³
宁	hɔ⁵²	hɔ³²⁵	hɔ⁵²	ɦɔ¹¹³
黄	hɒ⁵³³	hɒ⁵³³	hɒ⁴⁴	ɦɒ³¹¹
温	xɜ⁴⁴	xɜ³⁵	xɜ⁵²	ɦɜ²³¹
衢	xɔ⁴³⁴	xɔ⁴⁵	xɔ⁵³	ʔᵇɔ³²³
华	xɑʊ³²⁴	xɑʊ⁵⁴⁴	xɑʊ⁴⁵	ʔɑʊ³²⁴
永	xʌʊ⁴⁴	xʌʊ⁴³⁴	xʌʊ⁵⁴	ʔɦʌʊ³²²

效开 一平 豪匣	效开 一去 号匣	效开 三平 宵知	效开 三平 宵章	效开 二上 巧庄
豪	号~数	朝今~	招	爪
ɦɑɣ²²³	ɦɑɣ²³¹	tsɑɣ⁵⁵	tsɑɣ⁵⁵	tsɑɣ⁵¹ / tsɔ⁵¹
xɦɑɣ³²³	ɦɑɣ²³¹	tsɑɣ⁴⁴⁵	tsɑɣ⁴⁴⁵	tsɑɣ⁵²
xɑɔ³⁵	xɑɔ⁴⁴	tsɑɔ³¹	tsɑɔ³¹	tɕɣa³²³
hʱɒ²¹³	hɒ⁴¹ / hɒ³²⁴	tsɒ²²	tsɒ²²	tɕɣa³²⁴ / tsɒ³²⁴
xɦɐɣ³¹	xɦɐɣ¹¹³	tsɐɣ⁴²	tsɐɣ⁴²	tɕiɐɣ⁴²
hɦɒ²²³	hɦɒ⁵¹	tɕiɒ⁴³³	tɕiɒ⁴³³	tɕiɒ³³⁴
hɦɒ²²³	hɦɒ²²³	tsɒ⁵¹	tsɒ⁵¹	tsɒ⁴⁵
ɦɑɣ²⁴	ɦɑɣ²⁴	tsɑɣ⁴⁴	tsɑɣ⁴⁴	tsɑɣ³³⁴
ɦʌ²¹³	ɦʌ²¹³	tsʌ⁵⁵	tsʌ⁵⁵	tsɑ³²⁴
ɦæ²²³	ɦæ²³¹	tsæ⁴⁴	tsæ⁴⁴	tsæ⁵¹
ɦɔ²³³	ɦɔ²¹³	tʂɔ⁵²	tʂɔ⁵²	tʂɑ⁴⁴
ɦɔ¹³²	ɦɔ²¹	tsɔ⁴⁴	tsɔ⁴⁴	tsɔ⁵²
ɦɔ²³¹	ɦɔ²¹³	tsɔ⁵²	tsɔ⁵²	tsɔ⁴³⁴脚~ / tsa⁴³⁴~子
ɦɔ²³¹	ɦɔ²¹³	tsɔ⁵²	tsɔ⁵²	tsɔ⁴³⁴脚~ / tsa⁴³⁴~牙
ɦɔ¹¹³	ɦɔ¹¹³	tsɔ⁵²	tsɔ⁵²	tsɔ⁴⁴
ɦɔ¹¹³	ɦɔ¹¹³	tsɔ⁵²	tsɔ⁵²	tsuʌ³³⁴ / tsʌ³³⁴
ɦɔ²³¹	ɦɔ²³¹	tsɔ⁵²	tsɔ⁵²	tsɑ³³⁵
ɦʌᵓ²⁴	ɦʌᵓ²¹³	tsʌᵓ⁴⁴	tsʌᵓ⁴⁴	tsʌᵓ⁵¹
ɦʌɑ²⁴	ɦʌɑ²¹²	tsʌɑ⁴⁴	tsʌɑ⁴⁴	tsʌɑ⁵¹
ɦɔ²³¹	ɦɔ²²³	tsɔ⁵¹	tsɔ⁵¹	tsɑ⁵¹
ɦɔ¹¹³	ɦɔ¹¹³	tsɔ⁴⁴	tsɔ⁴⁴	tsɔ⁵³
ɦɔ²¹²	ɦɔ¹¹³	tsɔ³²³	tsɔ³²³	tsɔ⁵¹ / tsuɑ⁵¹
ɦɑɒ²³¹	ɦɑɒ²²	tsɑɒ⁵²	tsɑɒ⁵²	tsɑɒ³³⁴ / tsa³³⁴
ɦɔ²³³	ɦɔ²³³	tsɔ⁵⁴⁴	tsɔ⁵⁴⁴	tsɔ⁵²
ɦɑɒ³¹	ɦɑɒ¹⁴	tsɑɒ⁵³	tsɑɒ⁵³	tsɑɒ⁴⁴
ɦᵃɒ³¹²	ɦᵃɒ¹³	tsᵃɒ⁵²³	tsᵃɒ⁵²³ / ɕiᵃɒ⁵²³	tsᵃɒ⁴²
ɦɒ¹¹³	ɦɒ¹¹³	tsɒ³²⁴	tsɒ³²⁴	tsʌ⁴³⁵
ɦɔ¹¹³	ɦɔ¹¹³	tɕiə⁵²	tɕiə⁵²	tsɔ³²⁵
ɦɒ³¹¹	ɦɒ¹¹³	tɕiɒ⁵³³	tɕiɒ⁵³³	tsɒ⁵³³
ɦɜ²³¹	ɦɜ²²	tɕiɛ⁴⁴	tɕiɛ⁴⁴	tsᵛɔ³⁵
ʔɦɔ³²³	ʔɦɔ³¹	tsɔ⁴³⁴	tsɔ⁴³⁴	tsɔ⁴⁵
ʔɑʊ³²⁴	ʔɦɑʊ²⁴	tsɑʊ³²⁴ / tɕiɑʊ⁴³⁵	tsɑʊ³²⁴	tsɑʊ⁵⁴⁴
ʔɦʌʊ³²²	ʔɦʌʊ²¹⁴	tɕiʌʊ⁴⁴	tɕiʌʊ⁴⁴	tsʌʊ⁴³⁴

摄口等调韵声		效开二去效知	效开三去笑章	效开二平肴初
	找	罩	照	抄
宜	tsaɣ⁵¹	tsaɣ³²⁴	tsaɣ³²⁴	tsʻaɣ⁵⁵
溧	tsaˠ⁵²	tsaˠ⁴¹²	tsaˠ⁴¹²	tsʻaˠ⁴⁴⁵
金	tsaɔ³²³	tsaɔ⁴⁴	tsaɔ⁴⁴	tsʻaɔ³¹
丹	tsɒ³²⁴	tsɒ³²⁴/tsɒ⁴¹	tsɒ³²⁴	tsʻɒ²²
童	tsɐɣ³²⁴	tsɐɣ⁴⁵	tsɐɣ⁴⁵	tsʻɐɣ⁴²
靖	tɕiɒ³³⁴	tɕiɒ⁵¹	tɕiɒ⁵¹	tɕʻiɒ⁴³³
江	tsɒ⁴⁵	tsɒ⁴³⁵	tsɒ⁴³⁵	tsʻɒ⁵¹
常	tsaɣ³³⁴	tsaɣ⁵¹	tsaɣ⁵¹	tsʻaɣ⁴⁴
锡	tsʌ³²⁴	tsʌ³⁵	tsʌ³⁵	tsʻʌ⁵⁵
苏	tsæ⁵¹	tsæ⁴¹²	tsæ⁴¹²	tsʻæ⁴⁴
熟	tsɔ⁴⁴	tsɔ³²⁴	tʂɔ³²⁴	tsʻɔ⁵²
昆	tsɔ⁵²	tsɔ⁵²	tsɔ⁵²	tsʻɔ⁴⁴
霜	tsɔ⁴³⁴	tsɔ⁴³⁴	tsɔ⁴³⁴	tsʻɔ⁵²
罗	tsɔ⁴³⁴	tsɔ⁴³⁴	tsɔ⁴³⁴	tsʻɔ⁵²
周	tsɔ⁴⁴	tsɔ³³⁵	tsɔ³³⁵	tsʻɔ⁵²
上	tsɔ³³⁴	tsɔ³³⁴	tsɔ³³⁴	tsʻɔ⁵²
松	tsɔ³³⁵	tsɔ³³⁵	tsɔ³³⁵	tsʻɔ⁵²
黎	tsʌᵒ⁵¹	tsʌᵒ⁴¹³	tsʌᵒ⁴¹³	tsʻʌᵒ⁴⁴
盛	tsʌɑ⁵¹	tsʌɑ⁴¹³	tsʌɑ⁴¹³	tsʻʌɑ⁴⁴
嘉	tsɔ⁴⁴	tsɔ³³⁴	tsɔ³³⁴	tsʻɔ⁵¹
双	tsɔ⁵³	tsɔ³³⁴	tsɔ³³⁴	tsʻɔ⁴⁴
杭	tsɔ⁵¹	tsɔ³³⁴	tsɔ³³⁴	tsʻɔ³²³
绍	tsaɒ³³⁴	tsaɒ³³	tsaɒ³³	tsʻaɒ⁵²
诸	tsɔ⁵²	tsɔ⁵⁴⁴	tsɔ⁵⁴⁴	tsʻɔ⁵⁴⁴
崇	tsaɒ⁴⁴	tsaɒ³²⁴	tsaɒ³²⁴	tsʻaɒ⁵³
太	tsᵃɒ⁴²	tsᵃɒ³⁵	ciᵃɒ³⁵	tsʻᵃɒ⁵²³
余	tsɒ⁴³⁵	tsɒ⁵²	tsɒ⁵²	tsɒ³²⁴
宁	tsɔ³²⁵	tsɔ⁵²	tɕiə⁵²	tsʻɔ⁵²
黄	tsɒ⁵³³	tsɒ⁴⁴	tɕiɒ⁴⁴	tsʻɒ⁵³³
温	tsᵛɔ³⁵	tsᵛɔ⁵²	tɕiɛ⁵²	tsʻᵛɔ⁴⁴
衢	tsɔ⁴⁵	tsɔ⁵³	tsɔ⁵³	tsʻɔ⁴³⁴
华	tsɑʊ⁵⁴⁴	tsɑʊ⁴⁵	tsɑʊ⁴⁵	tsʻaʊ³²⁴
永	tsʌʊ⁴³⁴	tsʌʊ⁵⁴	tɕiʌʊ⁵⁴	tsʌʊ⁴⁴

効开 二平 看初	効开 三平 宵彻	効开 二上 巧初	効开 二上 巧初	効开 二平 看崇
钞	超	吵	炒	巢
tsʻɑɣ⁵⁵	tsʻɑɣ⁵⁵	tsʻɑɣ⁵¹	tsʻɑɣ⁵¹	dzɑɣ²²³
tsʻɑˠ⁴⁴⁵	tsʻɑˠ⁴⁴⁵	tsʻɑɣ⁵²	tsʻɑˠ⁵²	zɑɣ³²³
tsʻɑɔ³¹	tsʻɑɔ³¹	tsʻɑɔ³²³	tsʻɑɔ³²³	tsʻɑɔ³⁵
tsʻɒ²²	tsʻɒ²²	tsʻɒ⁴⁴	tsʻɒ⁴⁴	dzɒ²¹³
tsʻɐɣ⁴²	tsʻɐɣ⁴²	tsʻɐɣ³²⁴	tsʻɐɣ³²⁴	dzɐɣ³¹
tɕʻiɒ⁴³³	tɕʻiɒ⁴³³	tɕʻiɒ³³⁴	tɕʻiɒ³³⁴	dʑiɒ²²³
tsʻɒ⁵¹	tsʻɒ⁵¹	tsʻɒ⁴⁵	tsʻɒ⁴⁵	zɒ²²³
tsʻɑɣ⁴⁴	tsʻɑɣ⁴⁴	tsʻɑɣ³³⁴	tsʻɑɣ³³⁴	zɑɣ²¹³
tsʻʌ⁵⁵	tsʻʌ⁵⁵	tsʻʌ³²⁴	tsʻʌ³²⁴	zʌ²¹³
tsʻæ⁴⁴	tsʻæ⁴⁴	tsʻæ⁵¹	tsʻæ⁵¹	zæ²²³
tsʻɔ⁵²	tʂʻɔ⁵²	tsʻɔ⁴⁴	tsʻɔ⁴⁴	dzɒ²³³
tsʻɔ⁴⁴	tsʻɔ⁴⁴	tsʻɔ⁵²	tsʻɔ⁵²	zɔ¹³²
tsʻɔ⁵²	tsʻɔ⁵²	tsʻɔ⁴³⁴	tsʻɔ⁴³⁴	zɔ²³¹
tsʻɔ⁵²	tsʻɔ⁵²	tsʻɔ⁴³⁴	tsʻɔ⁴³⁴	zɔ²³¹
tsʻɔ⁵²	tsʻɔ⁵²	tsʻɔ⁴⁴	tsʻɔ⁴⁴	zɔ¹¹³
tsʻɔ⁵²	tsʻɔ⁵²	tsʻɔ³³⁴	tsʻɔ³³⁴	zɔ¹¹³ / ʑiɔ¹¹³
tsʻɔ⁵²	tsʻɔ⁵²	tsʻɔ⁴⁴	tsʻɔ⁴⁴	zɔ²³¹
tsʻʌᵓ⁴⁴	tsʻʌᵓ⁴⁴	tsʻʌᵓ³³⁴	tsʻʌᵓ³³⁴	zʌᵓ²⁴
tsʻʌɑ⁴⁴	tsʻʌɑ⁴⁴	tsʻʌɑ³³⁴	tsʻʌɑ³³⁴	zʌɑ²⁴
tsʻɔ⁵¹	tsʻɔ⁵¹	tsʻɔ³²⁴	tsʻɔ³²⁴	dʑiɔ²³¹
tsʻɔ⁴⁴	tsʻɔ⁴⁴	tsʻɔ⁵³	tsʻɔ⁵³	dʑiɔ¹¹³
tsʻɔ³²³	tsʻɔ³²³	tsʻɔ⁵¹	tsʻɔ⁵¹	dʑiɔ²¹²
tsʻɑʋ⁵²	tsʻɑʋ⁵²	tsʻɑʋ³³⁴	tsʻɑʋ³³⁴	dzɑʋ²³¹
tsʻɔ⁵⁴⁴	tsʻɔ⁵⁴⁴	tsʻɔ⁵²	tsʻɔ⁵²	dʑiɔ²³³
tsʻɑʋ⁵³	tsʻɑʋ⁵³	tsʻɑʋ⁴⁴	tsʻɑʋ⁴⁴	dʑiᵃɒ³¹
tsʻᵃɒ⁵²³	tsʻᵃɒ⁵²³	tsʻᵃɒ⁴²	tsʻᵃɒ⁴²	ɟiɑʋ³¹²
tsɒ³²⁴	tsɒ³²⁴	tsʻɒ⁴³⁵	tsʻɒ⁴³⁵	dzɒ¹¹³
tsʻɔ⁵²	tɕʻiɔ⁵²	tsʻɔ³²⁵	tsʻɔ³²⁵	dzɔ¹¹³ / zɔ¹¹³
tsʻɒ⁵³³	tɕʻiɔ⁵³³	tsʻɒ⁵³³	tsʻɒ⁵³³	dʑiɒ³¹¹
tsʻʋɔ⁴⁴	tɕiε⁴⁴	tsʻʋɔ³⁵	tsʻʋɔ³⁵	dʑiε²³¹
tsʻɔ⁴³⁴	tsʻɔ⁴³⁴	tsʻɔ⁴⁵	tsʻɔ⁴⁵	dzɔ³²³
tsʻɑʋ³²⁴	tɕʻiɑʋ³²⁴ / tsʻɑʋ³²⁴	tsʻɑʋ⁵⁴⁴	tsʻɑʋ⁵⁴⁴	dʑiɑʋ²¹³
tsʌʋ⁴⁴	tɕʻiʌʋ⁴⁴	tsʻʌʋ⁴³⁴	tsʻʌʋ⁴³⁴	dʑiʌʋ³²²

摄口 等调 韵声	效开 三平 宵澄	效开 三平 宵澄	效开 三上 小澄	效开 三上 小澄
	朝~代	潮	赵	兆
宜	dzaɤ²²³	dzaɤ²²³	dzaɤ²⁴	dzaɤ²⁴
溧	zaʸ³²³	dzaʸ³²³	zaʸ²²⁴	zaʸ²²⁴
金	tsʻɑɔ³⁵	tsʻɑɔ³⁵	tsɑɔ⁴⁴	tsɑɔ⁴⁴
丹	dzɒ²¹³	dzɒ²¹³	tsɒ⁴¹	tsɒ⁴¹
童	dzɐɤ³¹	dzɐɤ³¹	dzɐɤ¹¹³	dzɐɤ¹¹³
靖	dʑiɒ²²³	dʑiɒ²²³	dʑiɒ³¹	dʑiɒ³¹
江	zɒ²²³	zɒ²²³	dzɒ²²³	zɒ²²³
常	zɑɤ²¹³	zɑɤ²¹³	dzɑɤ²⁴	dzɑɤ²⁴
锡	zʌ²¹³	zʌ²¹³	zʌ²¹³/³³	zʌ²¹³/³³
苏	zæ²²³	zæ²²³	zæ²³¹	zæ²³¹
熟	dzɔ²³³	dzɔ²³³	dzɔ³¹	dzɔ³¹
昆	zɔ¹³²	zɔ¹³²	zɔ²²³	zɔ²²³
霜	zɔ²³¹	zɔ²³¹	zɔ²¹³	zɔ²¹³
罗	zɔ²³¹	zɔ²³¹	zɔ²¹³	zɔ²¹³
周	zɔ¹¹³	zɔ¹¹³	zɔ¹¹³	zɔ¹¹³
上	zɔ¹¹³	zɔ¹¹³	zɔ¹¹³	zɔ¹¹³
松	zɔ²³¹	zɔ²³¹	zɔ¹¹³	zɔ¹¹³
黎	dzʌᵓ²⁴	dzʌᵓ²⁴	dzʌᵓ³²	dzʌᵓ³²
盛	dzʌɑ²⁴	dzʌɑ²⁴	dzʌɑ²²³	dzʌɑ²²³
嘉	zɔ²³¹	zɔ²³¹	zɔ²²³	zɔ²²³
双	zɔ¹¹³	zɔ¹¹³	zɔ²³¹	zɔ²³¹
杭	dzɔ²¹²	dzɔ²¹²	dzɔ¹¹³	dzɔ¹¹³
绍	dzɑɒ²³¹	dzɑɒ²³¹	dzɑɒ¹¹³	dzɑɒ¹¹³
诸	dzɔ²³³	dzɔ²³³	dzɔ²³¹	dzɔ²³¹
崇	dzɑɒ³¹	dzɑɒ³¹	dzɑɒ²²	dzɑɒ²²
太	dzᵃɒ³¹²/ɟiᵃɒ³¹²	dzᵃɒ³¹²/ɟiᵃɒ³¹²	dzᵃɒ²²	dzᵃɒ²²
余	dzɒ¹¹³	dzɒ¹¹³	dzɒ¹¹³	dzɒ¹¹³
宁	dʑiə¹¹³	dʑiə¹¹³	dʑiə¹¹³	ʑiə¹¹³
黄	dʑiɒ³¹¹	dʑiɒ³¹¹	dʑiɒ¹¹³	dʑiɒ¹¹³
温	dʑiɛ²³¹	dʑiɛ²³¹	dʑiɛ²⁴	dʑiɛ²⁴
衢	dzɔ³²³	dzɔ³²³	dzɔ³¹	dzɔ³¹
华	dʑiɑʊ²¹³	tsʻɑʊ³²⁴	dʑiɑʊ²⁴/dzɑʊ²⁴/tsɑʊ⁵⁴⁴	dzɑʊ²⁴/tsɑʊ⁵⁴⁴
永	dʑiʌʊ³²²	dʑiʌʊ³²²	dʑiʌʊ³²³	dʑiʌʊ³²²

效开 二平 看生	效开 三平 宵书	效开 三上 小书	效开 二去 效生	效开 三去 笑书
梢	烧	少多~	稍	少~年
sɑɣ^{55}	sɑɣ^{55}	sɑɣ^{51}	sɑɣ^{55}	sɑɣ^{324}
saᵞ^{445}	saᵞ^{445}	saᵞ^{52}	saᵞ^{445}	saᵞ^{412}
sɑɔ^{31}	sɑɔ^{31}	sɑɔ^{323}	sɑɔ^{44}	sɑɔ^{44}
sɒ^{22}	sɒ^{22}	sɒ^{44}	sɒ^{22}	sɒ^{324}
sɐɣ^{42}	sɐɣ^{42}	sɐɣ^{324}	sɐɣ^{45}	sɐɣ^{45}
çiɒ^{433}	çiɒ^{433}	çiɒ^{433}	sɒ^{433}	çiɒ^{51}
sɒ^{51}	sɒ^{51}	sɒ^{45}	sɒ^{435}	sɒ^{435}
sɑɣ^{44}	sɑɣ^{44}	sɑɣ^{335}	sɑɣ^{44}	sɑɣ^{51}
sʌ^{55}	sʌ^{55}	sʌ^{324}	sʌ^{35}	sʌ^{35}
sæ^{44}	sæ^{44}	sæ^{51}	sæ^{412}	sæ^{412}
ʂɔ^{52}	ʂɔ^{52}	ʂɔ^{44}	ʂɔ^{324}	ʂɔ^{324}
sɔ^{44}	sɔ^{44}	sɔ^{52}	sɔ^{52}	sɔ^{52}
sɔ^{52}	sɔ^{52}	sɔ^{434}	sɔ^{434}	sɔ^{434}
sɔ^{52}	sɔ^{52}	sɔ^{434}	sɔ^{434}	sɔ^{434}
sɔ^{52}	sɔ^{52}	sɔ^{44}	sɔ^{335}	sɔ^{335}
sɔ^{52}	sɔ^{52}	sɔ^{334}	sɔ^{52}	sɔ^{334}
sɔ^{52}	sɔ^{52}	sɔ^{44}	sɔ^{52}	sɔ^{335}
sʌᵓ^{44}	sʌᵓ^{44}	sʌᵓ^{51}	sʌᵓ^{413}	sʌᵓ^{413}
sʌɑ^{44}	sʌɑ^{44}	sʌɑ^{51}	sʌɑ^{413}	sʌɑ^{413}
sɔ^{51}	sɔ^{51}	sɔ^{44}	sɔ^{334}	sɔ^{334}
sɔ^{44}	sɔ^{44}	sɔ^{53}	sɔ^{334}	sɔ^{334}
sɔ^{323}	sɔ^{323}	sɔ^{323}	sɔ^{334}	sɔ^{334}
sɑɒ^{52}	sɑɒ^{52}	sɑɒ^{334}	sɑɒ^{52}	sɑɒ^{33}
sɔ^{544}	sɔ^{544}	sɔ^{52}	sɔ^{544}	sɔ^{544}
sɑɒ^{53}	sɑɒ^{53}	sɑɒ^{44}	sɑɒ^{53}	sɑɒ^{324}
sᵃɒ^{523}	çiᵃɒ^{523}/sᵃɒ^{523}	çiᵃɒ^{42}/sᵃɒ^{42}	sᵃɒ^{523}	çiᵃɒ^{35}/sᵃɒ^{35}
sɒ^{324}	sɒ^{324}	sɒ^{435}	sɒ^{324}	sɒ^{52}
sɔ^{52}	çiɔ^{52}	sɔ^{325}/çiə^{325}	sɔ^{52}	sɔ^{52}/çiə^{52}
çiɒ^{533}	çiɒ^{533}	çiɒ^{533}	sɒ^{44}	sɒ^{44}
çiɛ^{44}	çiɛ^{44}	çiɛ^{35}	sᵛɔ^{44}	çiɛ^{52}
çiɔ^{434}	çiɔ^{434}	çiɔ^{45}/ʃʮɔ^{45}	sɔ^{434}/ʃʮɔ^{434}	çiɔ^{53}/ʃʮɔ^{53}
çiɑʊ^{324}	çiɑʊ^{324}	çiɑʊ^{544}	sɑʊ^{435}	sɑʊ^{45}/çiɑʊ^{45}
çiʌʊ^{44}	çiʌʊ^{44}	çiʌʊ^{434}	sʌʊ^{44}	çiʌʊ^{54}

摄口 等调 韵声	效开 三平 宵禅 韶	效开 三上 小禅 绍	效开 三上 小日 扰	效开 一平 豪精 糟
宜	zɑɣ^{223}	zɑɣ^{231}	zɑɣ^{231}	tsɑɣ^{55}
溧	szɑˑ^{323}	szɑˑ^{323}	szɑˑ^{323}	tsɑˑ^{445}
金	sɑɔ^{35}	sɑɔ^{44}	lɑɔ^{323}	tsɑɔ^{31}
丹	sɒ^{41}	sɒ^{41}	sɒ^{41}	tsɒ^{22}
童	szɐɣ^{31}	szɐɣ^{113}	lɐɣ^{324}	tsɐɣ^{42}
靖	szɒ^{223}	ɕziɒ^{51}	ɦiɒ^{31}	tsɒ^{433}
江	zɒ^{223}	zɒ^{223}	zɒ^{223}	tsɒ^{51}
常	zɑɣ^{213}	zɑɣ^{24}	zɑɣ^{24}	tsɑɣ^{44}
锡	zʌ^{213}	zʌ$^{213/33}$	zʌ$^{213/33}$	tsʌ^{55}
苏	zæ^{223}	zæ^{231}	ȵiæ^{231}/zæ^{231}	tsæ^{44}
熟	zɔ^{233}	zɔ^{233}	zɔ̣	tsɔ^{52}
昆	zɔ^{132}	zɔ^{223}	ȵiɔ^{223}/zɔ^{223}	tsɔ^{44}
霜	zɔ^{231}	zɔ^{231}	zɔ^{231}	tsɔ^{52}
罗	zɔ^{231}	zɔ^{231}	zɔ^{231}	tsɔ^{52}
周	zɔ^{113}	zɔ^{113}	zɔ^{113}/lɔ^{113}/ȵiɔ^{113}	tsɔ^{52}
上	zɔ^{113}	zɔ^{113}	zɔ^{113}/lɔ^{113}	tsɔ^{52}
松	zɔ^{231}	zɔ^{113}	zɔ^{113}	tsɔ^{52}
黎	tsAˑ^{24}/zAˑ^{24}	dzʌˑ^{32}/zʌˑ^{32}	zʌˑ^{32}	tsAˑ^{44}
盛	zʌɑ^{24}	zʌɑ^{223}	zʌɑ^{223}	tsʌɑ^{44}
嘉	zɔ^{231}	zɔ^{223}	ȵiɔ^{223}	tsɔ^{51}
双	zɔ^{113}	zɔ^{231}	zɔ^{231}	tsɔ^{44}
杭	dzɔ^{212}	zɔ^{113}	ʔɔɹ^{51}	tsɔ^{323}
绍	zɑɒ^{231}	zɑɒ^{113}	zɑɒ^{113}	tsɑɒ^{52}
诸	zɔ^{233}	zɔ^{231}	zɔ^{231}	tsɔ^{544}
崇	dzɑɒ^{31}	zɑɒ^{22}	zɑɒ^{22}	tsɑɒ^{53}
太	jiᵃɒ^{312}/dzᵃɒ^{312}	zᵃɒ^{22}/ziᵃɒ^{22}	zᵃɒ^{22}	tsᵃɒ^{523}
余	dzɒ^{113}	dzɒ^{113}/zɒ^{113}	dzɒ^{113}/zɒ^{113}	tsɒ^{324}
宁	ʑiə^{113}	ʑiə^{113}	ȵiə^{113}	tsɔ^{52}
黄	ʑiɒ^{311}	ʑiɒ^{113}	ʑiɒ^{113}	tsɒ^{533}
温	ɦiɛ^{231}	ɦiɛ^{231}	ȵiɛ^{24}	tsɐ^{44}
衢	szɔ^{323}	szɔ^{31}/ʑɕɔ^{31}	lɔ^{31}	tsɔ^{434}
华	szɑʊ^{213}	szɑʊ^{24}/ɕziɑʊ^{24}	nɑʊ^{24}	tsɑʊ^{324}
永	ɕziɑʊ^{322}	ɕziɑʊ^{323}	ɕziɑʊ^{323}	tsʌʊ^{44}

效开 一平 豪精 遭	效开 一上 晧精 早	效开 一上 晧精 枣	效开 一上 晧精 蚤	效开 一去 号精 灶
tsaɣ^{55}	tsaɣ^{51}	tsaɣ^{51}	tsaɣ^{51}	tsaɣ^{324}
tsaɣ^{445}	tsaɣ^{52}	tsaɣ^{52}	tsaɣ^{52}	tsaɣ^{412}
tsaɔ^{31}	tsaɔ^{323}	tsaɔ^{323}	tsaɔ^{323}	tsaɔ^{44}
tsɒ^{22}	tsɒ^{44}	tsɒ^{44}	tsɒ^{44}	tsɒ^{324}
tseɣ^{42}	tseɣ^{324}	tseɣ^{324}	tseɣ^{324}	tseɣ^{45}
tsɒ^{433}	tsɒ^{334}	tsɒ^{334}	tsɒ^{334}	tsɒ^{51}
tsɒ^{51}	tsɒ^{45}	tsɒ^{45}	tsɒ^{45}	tsɒ^{435}
tsaɣ^{44}	tsaɣ^{334}	tsaɣ^{334}	tsaɣ^{334}	tsaɣ^{51}
tsʌ^{55}	tsʌ^{324}	tsʌ^{324}	tsʌ^{324}	tsʌ^{35}
tsæ^{44}	tsæ^{51}	tsæ^{51}	tsæ^{51}	tsæ^{412}
tsɔ^{52}	tsɔ^{44}	tsɔ^{44}	tsɔ^{44}	tsɔ^{324}
tsɔ^{44}	tsɔ^{52}	tsɔ^{52}	tsɔ^{52}	tsɔ^{52}
tsɔ^{52}	tsɔ^{434}	tsɔ^{434}	tsɔ^{434}	tsɔ^{434}
tsɔ^{52}	tsɔ^{434}	tsɔ^{434}	tsɔ^{434}	tsɔ^{434}
tsɔ^{52}	tsɔ^{44}	tsɔ^{44}	tsɔ^{44}	tsɔ^{335}
tsɔ^{52}	tsɔ^{334}	tsɔ^{334}	tsɔ^{334}	tsɔ^{334}
tsʌˀ^{44}	tsʌˀ^{51}	tsʌˀ^{51}	tsʌˀ^{51}	tsʌˀ^{413}
tsʌɑ^{44}	tsʌɑ^{51}	tsʌɑ^{51}	tsʌɑ^{51}	tsʌɑ^{413}
tsɔ^{51}	tsɔ^{44}	tsɔ^{44}	tsɔ^{44}	tsɔ^{334}
tsɔ^{44}	tsɔ^{53}	tsɔ^{53}	tsɔ^{53}	tsɔ^{334}
tsɔ^{323}	tsɔ^{51}	tsɔ^{51}	tsɔ^{51}	tsɔ^{334}
tsɑɒ^{52}	tsɑɒ^{334}	tsɑɒ^{334}	tsɑɒ^{334}	tsɑɒ^{33}
tsɔ^{544}	tsɔ^{52}	tsɔ^{52}	tsɔ^{52}	tsɔ^{544}
tsɑɒ^{53}	tsɑɒ^{44}	tsɑɒ^{44}	tsɑɒ^{44}	tsɑɒ^{324}
tsᵃɒ^{523}	tsᵃɒ^{42}	tsᵃɒ^{42}	tsᵃɒ^{42}	tsᵃɒ^{35}
tsɒ^{324}	tsɒ^{435}	tsɒ^{435}	tsɒ^{435}	tsɒ^{52}
tsɔ^{52}	tsɔ^{325}	tsɔ^{325}	tsɔ^{325}	tsɔ^{52}
tsɒ^{533}	tsɒ^{533}	tsɒ^{533}	tsɒ^{533}	tsɒ^{44}
tsɜ^{44}	tsɜ^{35}	tsɜ^{35}	tsɜ^{35}	tsɜ^{52}
tsɔ^{434}	tsɔ^{45}	tsɔ^{45}	tsɔ^{45}	tsɔ^{53}
tsɑʊ^{324}	tsɑʊ^{544}	tsɑʊ^{544}	tsɑʊ^{544}	tsɑʊ^{45}
tsʌʊ^{44}	tsʌʊ^{434}	tsʌʊ^{54}	tsʌʊ^{54}	tsʌʊ^{54}

摄口 等调 韵声	效开 一去 号精 躁	效开 一平 豪清 操	效开 一上 晧清 草	效开 一平 豪从 曹
宜	tsʻɑɤ^{324}	tsʻɑɤ^{55}	tsʻɑɤ^{51}	zɑɤ^{223}
溧	tsʻɑ^{ɤ}^{412}	tsʻɑ^{ɤ}^{445}	tsʻɑ^{ɤ}^{52}	szɑɤ^{323}
金	tsɑɔ^{44}	tsʻɔ^{31}	tsʻɑɔ^{323}	tsʻɑɔ^{35}
丹	tsɒ^{41}	tsʻɒ^{22}	tsʻɒ$^{22/44}$	dzɒ^{213}/tsɒ^{44}
童	tsɐɤ^{45}	tsʻɐɤ^{42}	tsʻɐɤ^{324}	szɐɤ^{31}
靖	tsɒ^{51}	tsʻɒ^{433}	tsʻɒ^{334}	szɒ^{223}
江	tsʻɒ^{435}	tsʻɒ^{51}	tsʻɒ^{45}	zɒ^{223}
常	tsʻɑɤ^{51}	tsʻɑɤ^{44}	tsʻɑɤ^{334}	zɑɤ^{213}
锡	tsʻʌ^{35}	tsʻʌ^{55}	tsʻʌ^{324}	zʌ^{213}
苏	tsʻæ^{412}	tsʻæ^{44}	tsʻæ^{51}	zæ^{223}
熟	tsʻɔ^{324}	tsʻɔ^{52}	tsʻɔ^{44}	zɔ^{233}
昆	tsʻɔ^{52}	tsʻɔ^{44}	tsʻɔ^{52}	zɔ^{132}
霜	tsʻɔ^{434}	tsʻɔ^{52}	tsʻɔ^{434}	zɔ^{231}
罗	tsʻɔ^{434}	tsʻɔ^{52}	tsʻɔ^{434}	zɔ^{231}
周	tsʻɔ^{335}/tsɔ^{335}	tsʻɔ^{52}	tsʻɔ^{44}	zɔ^{113}
上	tsʻɔ^{334}	tsʻɔ^{52}	tsʻɔ^{334}	zɔ^{113}
松	tsʻɔ^{335}	tsʻɔ^{52}	tsʻɔ^{44}	zɔ^{113}
黎	tsʌɔ^{413}	tsʻʌɔ^{44}	tsʻʌɔ^{334}	dzʌɔ^{24}
盛	tsʌɑ^{413}	tsʻʌɑ^{44}	tsʻʌɑ^{334}	dzʌɑ^{24}
嘉	tsʻɔ^{334}	tsʻɔ^{51}	tsʻɔ^{324}	zɔ^{231}
双	tsʻɔ^{334}	tsʻɔ^{44}	tsʻɔ^{53}	zɔ^{113}
杭	tsʻɔ^{334}	tsʻɔ^{323}	tsʻɔ^{51}	dzɔ^{212}
绍	tsʻɑɒ^{33}	tsʻɑɒ^{52}	tsʻɑɒ^{334}	dzɑɒ^{231}
诸	tsʻɔ^{544}	tsʻɔ^{544}	tsʻɔ^{52}	dzɔ^{233}
崇	tsʻɑɒ^{324}	tsʻɑɒ^{53}	tsʻɑɒ^{44}	dzɑɒ^{31}
太	tsʻ^{ɑ}ɒ^{35}	tsʻ^{ɑ}ɒ^{523}	tsʻ^{ɑ}ɒ^{42}	dz^{ɑ}ɒ^{312}
余	tsʻɒ^{52}	tsʻɒ^{324}	tsʻɒ^{435}	dzɒ^{435}
宁	tsʻɔ^{52}	tsʻɔ^{52}	tsʻɔ^{325}	zɔ^{113}
黄	tsʻɒ^{44}	tsʻɒ^{44}	tsʻɒ^{533}	dzɒ^{311}
温	tsɜ^{52}	tsʻɜ^{44}	tsʻɜ$^{\underline{35}}$	szɜ^{231}
衢	tsɔ^{53}/tsʻɔ^{53}	tsʻɔ^{434}	tsʻɔ^{45}	dzɔ^{323}
华	tsʻɑʊ^{45}	tsʻɑʊ^{324}	tsʻɑʊ^{544}	tsɑʊ^{324}/szɑʊ^{213}
永	tsʌʊ^{54}	tsʻʌʊ^{44}	tsʻʌʊ^{434}	szʌʊ^{322}

效开 一平 豪从	效开 一上 晧从	效开 一上 晧从	效开 一平 豪心	效开 一平 豪心
槽	皂	造	骚	臊
$z\alpha\gamma^{223}$	$z\alpha\gamma^{231}$	$z\alpha\gamma^{24}$	$s\alpha\gamma^{55}$	$s\alpha\gamma^{55}$
$zs\alpha\gamma^{323}$	$z\alpha\gamma^{231}$	$z\alpha\gamma^{224}$	$s\alpha\gamma^{445}$	$s\alpha\gamma^{445}$
$ts'\alpha\mathfrak{o}^{35}$	$ts\alpha\mathfrak{o}^{44}$	$ts\alpha\mathfrak{o}^{44}$	$s\alpha\mathfrak{o}^{44}$	$s\alpha\mathfrak{o}^{44}$
$ts'\mathfrak{p}^{44}$	$ts\mathfrak{p}^{41}$	$ts\mathfrak{p}^{41}$	$s\mathfrak{p}^{22}$	$s\mathfrak{p}^{22}$
$sz\mathfrak{e}\gamma^{31}$	$sz\mathfrak{e}\gamma^{113}$	$sz\mathfrak{e}\gamma^{113}$	$s\mathfrak{e}\gamma^{42}$	$s\mathfrak{e}\gamma^{42}$
$sz\mathfrak{p}^{223}$	$sz\mathfrak{p}^{51}$	$sz\mathfrak{p}^{51}$	$s\mathfrak{p}^{433}$	$s\mathfrak{p}^{433}$
$z\mathfrak{p}^{223}$	$z\mathfrak{p}^{223}$	$z\mathfrak{p}^{223}$	$s\mathfrak{p}^{51}$	$s\mathfrak{p}^{51}$
$z\alpha\gamma^{213}$	$z\alpha\gamma^{24}$	$z\alpha\gamma^{24}$	$s\alpha\gamma^{44}$	$s\alpha\gamma^{44}$
$z\Lambda^{213}$	$z\Lambda^{33/213}$	$z\Lambda^{33/213}$	$s\Lambda^{55}$	$s\Lambda^{55}$
$z\ae^{223}$	$z\ae^{231}$	$z\ae^{231}$	$s\ae^{44}$	$s\ae^{44}$
$z\mathfrak{o}^{233}$	$z\mathfrak{o}^{31}$	$z\mathfrak{o}^{31}$	$s\mathfrak{o}^{52}$	$s\mathfrak{o}^{52}$
$z\mathfrak{o}^{132}$	$z\mathfrak{o}^{223}$	$z\mathfrak{o}^{223}$	$s\mathfrak{o}^{44}$	$s\mathfrak{o}^{44}$
$z\mathfrak{o}^{231}$	$z\mathfrak{o}^{213}$	$z\mathfrak{o}^{213}$	$s\mathfrak{o}^{52}$	$s\mathfrak{o}^{52}$
$z\mathfrak{o}^{231}$	$z\mathfrak{o}^{213}$	$z\mathfrak{o}^{213}$	$s\mathfrak{o}^{52}$	$s\mathfrak{o}^{52}$
$z\mathfrak{o}^{113}$	$z\mathfrak{o}^{113}$	$z\mathfrak{o}^{113}$	$s\mathfrak{o}^{52}$	$s\mathfrak{o}^{52}$
$z\mathfrak{o}^{113}$	$z\mathfrak{o}^{113}$	$z\mathfrak{o}^{113}$	$s\mathfrak{o}^{52}$	$s\mathfrak{o}^{52}$
$z\mathfrak{o}^{113}$	$z\mathfrak{o}^{113}$	$z\mathfrak{o}^{113}$	$s\mathfrak{o}^{52}$	$s\mathfrak{o}^{52}$
$dz\Lambda^{\text{ʔ}24}$	$z\Lambda^{\text{ʔ}32}$	$dz\Lambda^{\text{ʔ}32}$	$s\Lambda^{44}$	$s\Lambda^{44}$
$dz\Lambda\alpha^{24}$	$z\Lambda\alpha^{223}$	$dz\Lambda\alpha^{223}$	$s\Lambda\alpha^{44}$	$s\Lambda\alpha^{44}$
$z\mathfrak{o}^{231}$	$z\mathfrak{o}^{223}$	$z\mathfrak{o}^{223}$	$s\mathfrak{o}^{51}$	$s\mathfrak{o}^{51}$
$z\mathfrak{o}^{113}$	$z\mathfrak{o}^{231}$	$z\mathfrak{o}^{231}$	$s\mathfrak{o}^{44}$	$s\mathfrak{o}^{44}$
$dz\mathfrak{o}^{212}$	$dz\mathfrak{o}^{212}$	$dz\mathfrak{o}^{212}$	$s\mathfrak{o}^{323}$	$s\mathfrak{o}^{323}$
$dz\alpha\mathfrak{p}^{231}$	$z\alpha\mathfrak{p}^{113}$	$z\alpha\mathfrak{p}^{113}$	$s\alpha\mathfrak{p}^{52}$	$s\alpha\mathfrak{p}^{52}$
$dz\mathfrak{o}^{233}$	$z\mathfrak{o}^{231}$	$z\mathfrak{o}^{231}$	$s\mathfrak{o}^{544}$	$s\mathfrak{o}^{544}$
$z\alpha\mathfrak{p}^{31}$	$z\alpha\mathfrak{p}^{22}$	$z\alpha\mathfrak{p}^{22}$	$s\alpha\mathfrak{p}^{53}$	$s\alpha\mathfrak{p}^{53}$
$z^{\alpha}\mathfrak{p}^{312}$	$z^{\alpha}\mathfrak{p}^{22}$	$z^{\alpha}\mathfrak{p}^{22}$	$s^{\alpha}\mathfrak{p}^{523}$	$s^{\alpha}\mathfrak{p}^{523}$
$dz\mathfrak{p}^{113}$	$dz\mathfrak{p}^{113}$	$dz\mathfrak{p}^{113}$	$s\mathfrak{p}^{324}$	$s\mathfrak{p}^{324}$
$z\mathfrak{o}^{113}$	$z\mathfrak{o}^{113}$	$z\mathfrak{o}^{113}$	$s\mathfrak{o}^{52}$	$s\mathfrak{o}^{52}$
$dz\mathfrak{p}^{311}$	$dz\mathfrak{p}^{113}$	$dz\mathfrak{p}^{113}$	$s\mathfrak{p}^{533}$	$s\mathfrak{p}^{533}$
$sz\mathfrak{z}^{231}$	$sz\mathfrak{z}^{\underline{24}}$	$sz\mathfrak{z}^{\underline{24}}$	$s\mathfrak{z}^{44}$	$s\mathfrak{z}^{44}$
$dz\mathfrak{o}^{323}$	$sz\mathfrak{o}^{31}$	$sz\mathfrak{o}^{31}$	$s\mathfrak{o}^{434}$	$s\mathfrak{o}^{434}$
$dz\alpha\upsilon^{213}$	$s\alpha\upsilon^{544}$	$dz\alpha\upsilon^{24}/ts\alpha\upsilon^{544}$	$s\alpha\upsilon^{435}$	$s\alpha\upsilon^{324}$
$sz\Lambda\upsilon^{322}$	$sz\Lambda\upsilon^{323}$	$sz\Lambda\upsilon^{323}$	$s\Lambda\upsilon^{44}$	$s\Lambda\upsilon^{44}$

摄口	效开	效开	效开	流开
等调	一上	一上	一去	一上
韵声	晧心	晧心	号心	厚滂
	扫~地	嫂	燥	剖
宜	saɤ⁵¹	saɤ⁵¹	tsʻɑɤ³²⁴	pʻɤɯ⁵¹
溧	saʏ⁵²	saʏ⁵²	saʏ⁴¹²/tsʻaʏ⁴¹²	pʻʌɯ⁵²
金	saɔ³²³	saɔ³²³	saɔ⁴⁴	pʻʌɤ⁴⁴
丹	sɒ²²	sɒ²²	sɒ³²⁴	pʻʌɤ⁴⁴
童	sɐɤ³²⁴	sɐyɑs³²⁴	sɐɤ⁴⁵	pʻʌɤ³²⁴
靖	sɒ³³⁴	sɒ³³⁴	tsɒ⁵¹	pʻe³³⁴
江	sɒ⁴⁵	sɒ⁴⁵	sɒ⁴³⁵	pʻɛɪ⁴⁵
常	saɤ³³⁴	saɤ³³⁴	saɤ⁵¹	pʻʌɯ³³⁴
锡	sʌ³²⁴	sʌ³²⁴	sʌ³⁵	pʻɛi³²⁴
苏	sæ⁵¹	sæ⁵¹	sæ⁴¹²	pʻəɪ⁵¹
熟	sɔ⁴⁴	sɔ⁴⁴	sɔ³²⁴	pʻɛ⁴⁴
昆	sɔ⁵²	sɔ⁵²	sɔ⁵²	pʻu⁵²/pʻɛ⁵²
霜	sɔ⁴³⁴	sɔ⁴³⁴	sɔ⁴³⁴	pʻʌɪ⁴³⁴
罗	sɔ⁴³⁴	sɔ⁴³⁴	sɔ⁴³⁴	pʻu⁴³⁴/pʻʌɪ⁴³⁴
周	sɔ⁴⁴	sɔ⁴⁴	sɔ³³⁵	pʻu⁴⁴/pʻɤ⁴⁴
上	sɔ³³⁴	sɔ³³⁴	sɔ³³⁴	pʻɤɯ³³⁴/pʻu³³⁴
松	sɔ⁴⁴	sɔ⁴⁴	sɔ³³⁵	pʻɯ⁴⁴
黎	sʌᵓ⁵¹	sʌᵓ⁵¹	sʌᵓ⁴¹³	pʻu³³⁴
盛	sʌɑ⁵¹	sʌɑ⁵¹	sʌɑ⁴¹³	pʻu³³⁴
嘉	sɔ⁴⁴	sɔ⁴⁴	sɔ³³⁴	pʻu³²⁴
双	sɔ⁵³	sɔ⁵³	sɔ³³⁴	pʻʉ⁵³
杭	sɔ⁵¹	sɔ⁵¹	sɔ³³⁴	pʻou⁵¹
绍	saɒ³³⁴	saɒ³³⁴	saɒ³³	pʻo³³⁴
诸	sɔ⁵²	sɔ⁵²	sɔ⁵⁴⁴	pʻɯ⁵²
崇	saɒ⁴⁴	saɒ⁴⁴	saɒ³²⁴	pʻɤ⁴⁴
太	sᵃɒ⁴²	sᵃɒ⁴²	sᵃɒ³⁵	pʻɯ⁴²
余	sɒ⁴³⁵	sɒ⁴³⁵	sɒ⁵²	pʻou⁴³⁵
宁	sɔ³²⁵	sɔ³²⁵	sɔ⁵²	pʻəʊ³²⁵
黄	sɒ⁵³³	sɒ⁵³³	sɒ⁴⁴	pʻiɤ⁵³³
温	sɜ⁵²	sɜ³⁵	sɜ⁵²	pʻɜ³⁵
衢	sɔ⁴⁵	sɔ⁴⁵	sɔ⁵³	pʻɛ⁴⁵
华	saʊ⁵⁴⁴	saʊ⁵⁴⁴	saʊ⁴⁵	pʻuo⁵⁴⁴/pʻɑ⁵⁴⁴
永	sʌʊ⁴³⁴	sʌʊ⁴³⁴	sʌʊ⁵⁴	pʻoə⁴³⁴

流开 三平 尤明	流开 一上 厚明	流开 一去 候明	流开 一去 候明	流开 三上 有非
谋	某	茂	贸	否
mɣɯ^{223}	ʔmɣɯ^{55}	mɑɤ^{231} / mɣɯ^{231}	mɣɯ^{231}	fɣɯ^{51}
mʌɯ^{323}	ʔmʌɯ^{445}	mei^{231}	mei^{231}	fʌɯ^{52} / fei^{52}
mʌɤ^{35}	mʌɤ^{323}	mɑɔ^{44}	mɑɔ^{44}	fʌɤ^{323}
mʌɤ^{213}	mʌɤ^{213}	mɒ^{41}	mʌɤ^{41}	fɛ$^{e\,44}$
mʌɤ^{113}	mʌɤ^{113}	mei^{113}	mɛɤ^{113}	fʌɤ^{324} / fei^{324}
mʌɤ^{223}	ʔmʌɤ^{334}	ʔmɒ^{51}	ʔmɒ^{51}	fʌɤ^{334}
mɛɪ^{223}	ʔmɛɪ^{45}	mɜɤ^{435} / mɒ^{435}	mɜɤ^{435} / mɒ^{435}	fɜ^{45}
mʌɯ^{213}	ʔmʌɯ^{334}	mei^{51} / mɑɤ^{51}	mɑɤ^{51}	fei^{334}
mɛɪ^{213}	mɛɪ^{213}	mɛɪ^{213}	mɛɪ^{213}	fɛɪ^{324}
məɪ^{223}	məɪ^{231}	mæ^{231}	mæ^{231}	fəɪ^{51}
mɛ^{233}	mɛ^{31}	mɔ^{213}	mɛ^{213}	fɛ^{44}
mɛ^{132}	mɛ^{223}	mɛ^{21}	mɛ^{21}	fɛ^{52}
mʌɪ^{231}	mʌɪ^{213}	mʌɪ^{213}	mʌɪ^{213}	huʌɪ^{434}
mʌɪ^{231}	mʌɪ^{213}	mʌɪ^{213}	mʌɪ^{213} / mɔ^{213}	fʌɪ^{434}
mɤ^{113}	mɤ^{113}	mɤ^{113}	mɤ^{113}	fɤ^{44}
mɣɯ^{113}	mɣɯ^{113}	mɣɯ^{113} / mɔ^{113}	mɣɯ^{113} / mɔ^{113}	fɣɯ^{334}
mɯ^{231}	mɯ^{113} / mo^{113}	mɔ^{113}	mɔ^{113}	fu^{44}
ʔmiɛɯ^{44}	miɛɯ^{32}	mɑɔ^{213}	mɑɔ^{213}	fiɛɯ^{51}
ʔmiəɰ^{44}	miəɰ^{223}	mɑɑ^{212}	mɑɑ^{212}	fiəɰ^{51}
me^{231}	me^{223} / məu^{223}	mɔ^{223}	mɔ^{223}	fe^{44}
mᵒɤ^{113}	mᵒɤ^{231}	mɔ^{113} / mᵒɤ^{113}	mɔ^{113} / mᵒɤ^{113}	fᵒɤ^{53}
mei^{212} / mou^{212}	ʔmu^{51} / ʔmɛɪ^{51}	mɔ^{113}	mɔ^{113}	fei^{51}
mɤ^{231}	mɤ^{113}	mɤ^{22} / mɑɒ^{22}	mɤ^{22} / mɑɒ^{22}	fɤ^{334}
mei^{231}	mei^{231} / mɯ^{231}	mei^{233}	mei^{233}	fei^{52}
mɤ^{31}	mɤ^{22}	mɤ^{14}	mɤ^{14}	fɤ^{44}
mɤ^{312}	mɯ^{22}	mɤ^{13}	mɤ^{13}	fɤ^{42}
mɤ^{113}	mɤ^{113}	mɤ^{113} / mɒ^{113}	mɤ^{113} / mɒ^{113}	fɤ^{435}
mœɤ^{113}	mœɤ^{113}	mœɤ^{113}	mœɤ^{113}	fœɤ^{52}
miɤ^{311}	ʔm̩^{533}	miu^{113} / mɒ^{113}	miu^{113} / mɒ^{113}	fiɤ^{533}
mɜ^{231}	mᵛɔ^{24}	mɜ^{22}	mɜ^{22}	fɜ^{35}
məɪ^{323} / mᵛu^{323}	ʔmᵛu^{45} / ʔməɪ^{45}	mɔ^{31}	mɔ^{31}	fəɪ^{45} / fᵛu^{45}
mo^{213} / məu^{213}	məu^{544}	məu^{24}	məu^{24}	fəu^{544}
mʊ^{322}	mʊ^{323}	mʊ^{214}	mʊ^{214}	fəʊ^{434}

摄口 等调 韵声	流开 三平 尤奉 浮	流开 一平 侯端 兜	流开 一上 厚端 斗	流开 一上 厚端 抖
宜	vɤɯ²²³	tɤɯ⁵⁵	tɤɯ⁵¹	tɤɯ⁵¹
溧	vei³²³	tei⁴⁴⁵	tei⁵²	tei⁵²
金	fˀu³⁵	tʌɣ³¹	tʌɣ³²³	tʌɣ³²³
丹	vu²¹³	tɛe²²	tɛe⁴⁴	tɛe⁴⁴
童	vu³¹	tʌɣ⁴²	tʌɣ³²⁴	tʌɣ³²⁴
靖	vu²²³ / βu²²³	tʌɣ⁴³³	tʌɣ³³⁴	tʌɣ³³⁴
江	vɛɪ²²³ / vu²²³	tɛɪ⁵¹	tɛɪ⁴⁵	tɛɪ⁴⁵
常	vei²¹³	tei⁴⁴	tei³³⁴	tei³³⁴
锡	vɛɪ²¹³	tɛɪ⁵⁵	tɛɪ³²⁴	tɛɪ³²⁴
苏	vəɪ²²³	təɪ⁴⁴	təɪ⁵¹	təɪ⁵¹
熟	vɛ²³³	tɛ⁵²	tɛ⁴⁴	tɛ⁴⁴
昆	vu¹³²	tɛ⁴⁴	tɛ⁵²	tɛ⁵²
霜	vu²³¹ / vʌɪ²³¹	tʌɪ⁵²	tʌɪ⁴³⁴	tʌɪ⁴³⁴
罗	vu²³¹	tʌɪ⁵²	tʌɪ⁴³⁴	tʌɪ⁴³⁴
周	vu¹¹³	ʥɣ⁵²	ʥɣ⁴⁴	ʥɣ⁴⁴
上	vɤɯ¹¹³ / vʏɣ¹¹³	tɤɯ⁵²	tɤɯ³³⁴	tɤɯ³³⁴
松	vɯ²³¹	tɯ⁵²	tɯ⁴⁴	tɯ⁴⁴
黎	vʏɣ²⁴	tieɯ⁴⁴	tieɯ⁵¹	tieɯ⁵¹
盛	vʏɣ²⁴	tiɵʉ⁴⁴	tiɵʉ⁵¹	tiɵʉ⁵¹
嘉	vʏɣ²³¹	te⁵¹	te⁴⁴	te⁴⁴
双	vʏɣ¹¹³	tˀøɤ⁴⁴	tˀøɤ⁵³	tˀøɤ⁵³
杭	veɪ²¹² / vʏɣ²¹²	teɪ³²³	teɪ⁵¹	teɪ⁵¹
绍	vʏɣ²³¹	tɣ⁵²	tɣ³³⁴	tɣ³³⁴
诸	vʏɣ²³³ / vei²³³	tei⁵⁴⁴	tei⁵²	tei⁵²
崇	vʏɣ³¹ / vʊ³¹	tɣ⁵³	tɣ⁴⁴	tɣ⁴⁴
太	vʊ³¹²	tɣ⁵²³	tɣ⁴²	tɣ⁴²
余	vʏɣ¹¹³	tɣ³²⁴	tɣ⁴³⁵	tɣ⁴³⁵
宁	vœɤ¹¹³	tœɤ⁵²	tœɤ⁵²	tœɤ⁵²
黄	vʏɣ³¹¹	tiɣ⁵³³	tiɣ⁵³³	tiɣ⁵³³
温	vɜ²³¹	tʌu⁴⁴	tʌu³⁵	tʌu³⁵
衢	fvu³²³	tˠɯ⁴³⁴	təɪ⁴⁵	təɪ⁴⁵
华	fu³²⁴	tiɯɯ³²⁴	tiɯɯ⁵⁴⁴	tiɯɯ⁵⁴⁴
永	fvʊ³²²	təʊ⁴⁴	təʊ⁴³⁴	təʊ⁴³⁴

流开 一去 候端	流开 一平 侯透	流开 一上 厚透	流开 一去 候透	流开 一平 侯定
鬥	偷	敼~开	透	头
tɣɯ³²⁴	tʻɣɯ⁵⁵	tɣɯ⁵¹	tʻɣɯ³²⁴	dɣɯ²²³
tei	tʻei⁴⁴⁵	tʻei⁵²	tʻei⁴¹²	dei³²³
tʌɣ⁴⁴	tʌɣ³¹	tʻʌɣ³²³	tʻʌɣ⁴⁴	tʻʌɣ³⁵
tɛe³²⁴	tʻɛe²²	tʻɛe⁴⁴	tʻɛe³²⁴	dɛe²¹³
tʌɣ⁴⁵	tʻei⁴²	tʻʌɣ⁴²	tʻei⁴⁵	dei³¹
tᵒʏ⁵¹	tᵒʏ⁴³³	tᵒʏ³³⁴	tᵒʏ⁵¹	dᵒʏ²²³
tɛɪ⁴³⁵	tʻɛɪ⁵¹	tʻɛɪ⁴⁵	tʻɛɪ⁴³⁵	dɛɪ²²³
tei⁵¹	tʻei⁴⁴	tʻei³³⁴	tʻei⁵¹	dei²¹³
tɛɪ³⁵	tʻɛɪ⁵⁵	tʻɛɪ³²⁴	tʻɛɪ³⁵	dɛɪ²¹³
təɪ⁴¹²	tʻəɪ⁴⁴	tʻəɪ⁵¹	tʻəɪ⁴¹²	dəɪ²²³
tɛ³²⁴	tʻɛ⁵²	tʻɛ⁴⁴	tʻɛ³²⁴	dɛ²³³
tɛ⁵²	tʻɛ⁴⁴	tʻɛ⁵²	tʻɛ⁵²	dɛ¹³²
tʌɪ⁴³⁴	tʻʌɪ⁵²	tʻʌɪ⁴³⁴	tʻʌɪ⁴³⁴	dʌɪ²³¹
tʌɪ⁴³⁴	tʻʌɪ⁵²	tʻʌɣ⁵²	tʻʌɪ⁴³⁴	dʌɪ²³¹
dɣ³³⁵	tʻɣ⁵²	tʻɣ⁵²	tʻɣ³³⁵	dɣ¹¹³
tɣɯ³³⁴	tʻɣɯ⁵²	tʻɣɯ³³⁴	tʻɣɯ³³⁴	dɣɯ¹¹³
tɯ³³⁵	tɯ⁵²	tʻɯ³³⁵	tʻɯ³³⁵	dɯ²³¹
tieɯ⁴¹³	tʻieɯ⁴⁴	tʻieɯ³³⁴	tʻieɯ³²⁴	dieɯ²⁴
tiəʉ⁴¹³	tʻiəʉ⁴⁴	tʻiəʉ³³⁴	tʻiəʉ³¹³	diəʉ²⁴
te³³⁴	tʻe⁵¹	tʻe³²⁴	tʻe³³⁴	de²³¹
tᵒʏ³³⁴	tᵒʏ⁴⁴	tᵒʏ⁵³	tᵒʏ³³⁴	dᵒʏ¹¹³
teɪ³³⁴	tʻeɪ³²³	tʻeɪ⁵¹	tʻeɪ³³⁴	deɪ²¹²
tɣ³³	tʻɣ⁵²	tʻɣ³³⁴	tʻɣ³³	dɣ²³¹
tei⁵⁴⁴	tʻei⁵⁴⁴	tʻei⁵²	tʻei⁵⁴⁴	dei²³³
tɣ³²⁴	tʻɣ⁵³	tʻɣ⁴⁴	tʻɣ³²⁴	dɣ³¹
tɣ³⁵	tʻɣ⁵²³	tʻɣ⁴²	tʻɣ³⁵	dɣ³¹²
tɣ⁵²	tʻɣ³²⁴	tʻɣ⁴³⁵	tʻɣ⁵²	dɣ¹¹³
tœɣ⁵²	tʻœɣ⁵²	tʻœɣ³²⁵	tʻœɣ⁵²	dœɣ¹¹³
tiɣ⁴⁴	tʻiɣ⁵³³	tʻiɣ⁵³³	tʻiɣ⁴⁴	diɣ³¹¹
tʌu⁵²	tʻʌu⁴⁴		tʻʌu⁵²	dʌu²³¹
təɪ⁵³	tʻəɪ⁴³⁴		tʻəɪ⁵³	dəɪ³²³
tiɯu⁴⁵	tʻiɯu⁴³⁵		tʻiɯu⁴⁵	diɯu²¹³/tiɯu³²⁴
təʊ⁵⁴	tʻəʊ⁴⁴	tʻəʊ⁴³⁴	tʻəʊ⁵⁴	dəʊ³²²

摄口 等调 韵声	流开 一平 侯定	流开 一去 候定	流开 一平 侯来	流开 一上 厚来
	投	豆	楼	篓
宜	dɣɯ²²³	dɣɯ²³¹	lɣɯ²²³	lɣɯ²⁴
溧	dei³²³	dei²³¹	lei³²³	lei²²⁴
金	t'ʌɣ³⁵	t'ʌɣ⁴⁴	lʌɣ³⁵	lʌɣ³²³
丹	dʌɣ²¹³	tʌɣ⁴¹	lᴇᵉ²²	lᴇᵉ²²
童	dei³¹	dʌɣ¹¹³/dei¹¹³	lei¹¹³	ʔlei³²⁴
靖	dʰɣ²²³	dʰɣ³¹	lʰɣ²²³	ʔlʰɣ³³⁴
江	dᴇɪ²²³	dᴇɪ²²³	lᴇɪ²²³	ʔlᴇɪ⁴⁵
常	dei²¹³	dei²⁴	lei²¹³	ʔlʌɯ³³⁴
锡	dᴇɪ²¹³	dᴇɪ²¹³	dᴇɪ²¹³	lʌɣ²¹³/lᴇi²¹³
苏	dəɪ²²³	dəɪ²³¹	ləɪ²²³	ləɪ²³¹
熟	dᴇ²³³	dᴇ²¹³	lᴇ²³³	lᴇ³¹
昆	dᴇ¹³²	dᴇ³²¹	lᴇ¹³²	lᴇ²²³
霜	dʌɪ²³¹	dʌɪ²¹³	lʌɪ²³¹	lʌɪ²¹³
罗	dʌɪ²³¹	dʌɪ²¹³	lʌɪ²³¹	lʌɪ²¹³
周	dɣ¹¹³	dɣ¹¹³	lɣ¹¹³	lɣ¹¹³
上	dɣɯ¹¹³	dɣɯ¹¹³	lɣɯ¹¹³	lɣɯ¹¹³
松	dɯ²³¹	dɯ¹¹³	lɯ²³¹	lɯ¹¹³
黎	dieɯ²⁴	dieɯ²¹³	lieɯ²⁴	lieɯ³²
盛	diəʉ²⁴	diəʉ²¹²	liəʉ²⁴	liəʉ²²³
嘉	de²³¹	de²²³	le²³¹	le²²³
双	dʰɣ¹¹³	dʰɣ¹¹³	lʰɣ¹¹³	lʰɣ²³¹
杭	deɪ²¹²	deɪ¹¹³	leɪ²¹²	ʔleɪ⁵¹
绍	dɣ²³¹	dɣ²²	lɣ²³¹	lɣ¹¹³
诸	dei²³³	dei²³³	lei²³³	lei²³¹
崇	dɣ³¹	dɣ¹⁴	lɣ³¹	lɣ²²
太	dɣ³¹²	dɣ¹³	lɣ³¹²	lɣ²²
余	dɣ¹¹³	dɣ¹¹³	lɣ¹¹³	lɣ¹¹³
宁	dœɣ¹¹³	dœɣ¹¹³	lœɣ¹¹³	lœɣ¹¹³
黄	diɣ³¹¹	diɣ¹¹³	liɣ³¹¹	ʔliɣ⁵³³
温	dəu²³¹	dʌu²²	ləu²³¹	lʌu²⁴
衢	dəɪ³²³	dəɪ³¹	ləɪ³²³	ləɪ³¹
华	diɯɯ³²⁴/tiɯɯ³²⁴	diɯɯ⁴⁵/tiɯɯ⁴⁵	liɯɯ³²⁴	ʔliɯɯ⁵⁴⁴
永	dəʊ³²²	dəʊ²¹⁴	ləʊ³²²	ləʊ³²³

	流开 一去 候来	流开 一去 候来	流开 一平 侯见	流开 一平 侯见
搂~抱	漏	陌	勾	钩
lɣɯ^{24}	lɣɯ^{231}	lɣɯ^{231}	kɣɯ^{55}	kɣɯ^{55}
lei^{224}	lei^{231}	lei^{231}	ki^{445}	ki^{445}
lʌɣ^{323}	lʌɣ^{44}	lʌɣ^{44}	kʌɣ^{31}	kʌɣ^{31}
lɛ^{e22}	lɛ^{e41}	lɛ^{e41}	kɛ^{e22}	kɛ^{e22}
ʔlei^{324}	lei^{113}	lei^{113}	kei^{42}	kei^{42}
ʔlᵒɣ^{334}	lᵒɣ^{31}	lᵒɣ^{31}	kᵒɣ^{433}	kᵒɣ^{433}
ʔlɛɪ^{45}	lɛɪ^{223}	lɛɪ^{223}	kɛɪ^{51}	kɛɪ^{51}
ʔlʌɯ^{334}	lei^{24}	lei^{24}	kei^{44}	kei^{44}
lɛi^{213}	lɛi^{213}	lɛi^{213}	kɛi^{55}	kɛi^{55}
ləɪ^{231}	ləɪ^{231}	ləɪ^{231}	kəɪ^{44}	kəɪ^{44}
lɛ^{31}	lɛ^{213}	lɛ^{213}	kɛ^{52}	kɛ^{52}
lɛ^{223}	lɛ^{21}	lɛ^{21}	kɛ^{44}	kɛ^{44}
lʌɪ^{213}	lʌɪ^{213}	lʌɪ^{213}	kʌɪ^{52}	kʌɪ^{52}
lʌɪ^{213}	lʌɪ^{213}	lʌɪ^{213}	kʌɪ^{52}	kʌɪ^{52}
lɣ^{113}	lɣ^{113}	lɣ^{113}	kɣ^{52}	kɣ^{52}
lɣɯ^{113}	lɣɯ^{113}	lɣɯ^{113}	kɣɯ^{52}	kɣɯ^{52}
lɯ^{113}	lɯ^{113}	lɯ^{113}	kɯ^{52}	kɯ^{52}
lieɯ^{32}	lieɯ^{213}	lieɯ^{213}	kieɯ^{44}	kieɯ^{44}
lioʉ^{223}	lioʉ^{212}	lioʉ^{212}	kioʉ^{44}	kioʉ^{44}
le^{223}	le^{223}	le^{223}	ke^{51}	ke^{51}
lᵒɣ^{231}	lᵒɣ^{113}	lᵒɣ^{113}	kᵒɣ^{44}	kᵒɣ^{44}
ʔlei^{51}	lei^{113}	lei^{113}	keɪ^{323}	keɪ^{323}
lɣ^{113}	lɣ^{22}	lɣ^{22}	kɣ^{52}	kɣ^{52}
lei^{231}	lei^{233}	lei^{233}	kɣ^{544}	kɣ^{544}
lɣ^{22}	lɣ^{14}	lɣ^{14}	kɣ^{53}	kɣ^{53}
lɣ^{22}	lɣ^{13}	lɣ^{13}	kɣ^{523}	kɣ^{523}
lɣ^{113}	lɣ^{113}	lɣ^{113}	kɣ^{324}	kɣ^{324}
lœɣ^{113}	lœɣ^{113}	lœɣ^{113}	kœɣ^{52}	kœɣ^{52}
ʔliɣ^{533}	liɣ^{113}	liɣ^{113}	tɕiɣ^{533}	tɕiɣ^{533}
lʌu$\underline{^{24}}$	lʌu^{22}	lʌu^{22}	kʌu^{44}	kʌu^{44}
ləɪ^{31}	ləɪ^{31}	ləɪ^{31}	kɣɯ^{434}	kɣɯ^{434}
ʔliɯɯ^{544}	liɯɯ^{24}	liɯɯ^{24}	kiɯɯ^{324}	kiɯɯ^{324}
ləʊ^{323}	ləʊ^{214}	ləʊ^{214}	kəʊ^{44}	kəʊ^{44}

摄口 等调 韵声	流开 一平 侯见	流开 一上 厚见	流开 一去 候见	流开 一去 候见
	沟	狗	够	构
宜	kɤɯ⁵⁵	kɤɯ⁵¹	kɤɯ³²⁴	kɤɯ³²⁴
溧	ki⁴⁴⁵	ki⁵²	ki⁴¹²	ki⁴¹²
金	kʌɤ³¹	kʌɤ³²³	kʌɤ⁴⁴	kʌɤ⁴⁴
丹	kᴇᵉ²²	kᴇᵉ⁴⁴	kᴇᵉ³²⁴	kᴇᵉ³²⁴
童	kei⁴²	kei³²⁴	kei⁴⁵	kei⁴⁵
靖	kᵒʏ⁴³³	kᵒʏ³³⁴	kᵒʏ⁵¹	kᵒʏ⁵¹
江	kᴇɪ⁵¹	kᴇɪ⁴⁵	kᴇɪ⁴³⁵	kᴇɪ⁴³⁵
常	kei⁴⁴	kei³³⁴	kei⁵¹	kei⁵¹
锡	kᴇɪ⁵⁵	kᴇɪ³²⁴	kᴇɪ³⁵	kᴇɪ³⁵
苏	kəɪ⁴⁴	kəɪ⁵¹	kəɪ⁴¹²	kəɪ⁴¹²
熟	kᴇ⁵²	kᴇ⁴⁴	kᴇ³²⁴	kᴇ³²⁴
昆	kᴇ⁴⁴	kᴇ⁵²	kᴇ⁵²	kᴇ⁵²
霜	kʌɪ⁵²	kʌɪ⁴³⁴	kʌɪ⁴³⁴	kʌɪ⁴³⁴
罗	kʌɪ⁵²	kʌɪ⁴³⁴	kʌɪ⁴³⁴	kʌɪ⁴³⁴
周	kɤ⁵²	kɤ⁴⁴	kɤ³³⁵	kɤ³³⁵
上	kɤɯ⁵²	kɤɯ³³⁴	kɤɯ³³⁴	kɤɯ³³⁴
松	kɯ⁵²	kɯ⁴⁴	kɯ³³⁵	kɯ³³⁵
黎	kieɯ⁴⁴	kieɯ⁵¹	kieɯ⁴¹³	kieɯ⁴¹³
盛	kiəʉ⁴⁴	kiəʉ⁵¹	kiəʉ⁴¹³	kiəʉ⁴¹³
嘉	ke⁵¹	ke⁴⁴	ke³³⁴	ke³³⁴
双	kᵒʏ⁴⁴	kᵒʏ⁵³	kᵒʏ³³⁴	kᵒʏ³³⁴
杭	keɪ³²³	keɪ⁵¹	keɪ³³⁴	keɪ³³⁴
绍	kɤ⁵²	kɤ³³⁴	kɤ³³	kɤ³³
诸	kɤ⁵⁴⁴	kɤ⁵²	kɤ⁵⁴⁴	kɤ⁵⁴⁴
崇	kɤ⁵³	kɤ⁴⁴	kɤ³²⁴	kɤ³²⁴
太	kɤ⁵²³	kɤ⁴²	kɤ³⁵	kɤ³⁵
余	kɤ³²⁴	kɤ⁴³⁵	kɤ⁵²	kɤ⁵²
宁	kœɤ⁵²	kœɤ³²⁵	kœɤ⁵²	kœɤ⁵²
黄	tɕiɤ⁵³³	tɕiɤ⁵³³	tɕiɤ⁴⁴	tɕiɤ⁴⁴
温	kʌu⁴⁴	kʌu³⁵	kʌu⁵²	kʌu⁵²
衢	kɤɯ⁴³⁴	kɤɯ⁴⁵	kɤɯ⁵³	kɤɯ⁵³
华	kiɯɯ³²⁴	kiɯɯ⁵⁴⁴	kiɯɯ⁴⁵	kiɯɯ⁴⁵
永	kəʊ⁴⁴	kəʊ⁴³⁴	kəʊ⁵⁴	kəʊ⁵⁴

流开 一平 侯溪	流开 一平 侯溪	流开 一上 厚溪	流开 一上 厚溪	流开 一去 候溪
抠	眍	口	叩	扣
k'ɤɯ^{55}	k'ɤɯ^{55}	k'ɤɯ^{51}	k'ɤɯ^{324}	k'ɤɯ^{324}
k'i^{445}	k'i^{445}	k'i^{52}	k'i^{412}	k'i^{412}
k'ʌɣ^{31}	k'ʌɣ^{35}	k'ʌɣ^{323}	k'ʌɣ^{44}	k'ʌɣ^{44}
k'ᴇ$^{e\,22}$	k'ᴇ$^{e\,22}$	k'ᴇ$^{e\,22/44}$	k'ᴇ$^{e\,324}$	k'ᴇ$^{e\,324}$
k'ei^{42}	k'ei^{42}	k'ei^{324}/k'ʌɣ^{324}	k'ei^{324}	k'ei^{45}
k'ᵊʏ^{433}	k'ᵊʏ^{433}	k'ᵊʏ^{334}	k'ᵊʏ^{334}	k'ᵊʏ^{51}
k'ᴇɪ^{51}	k'ᴇɪ^{51}	k'ᴇɪ^{45}	k'ᴇɪ^{45}	k'ᴇɪ^{435}
k'ei^{44}	k'ei^{44}	k'ei^{334}	k'ei^{334}	k'ei^{51}
k'ᴇi^{55}	k'ᴇi^{55}	k'ᴇi^{324}	k'ᴇi^{324}	k'ᴇi^{35}
k'əɪ^{44}	k'əɪ^{44}	k'əɪ^{51}	k'əɪ^{51}	k'əɪ^{412}
k'ᴇ^{52}	k'ᴇ^{44}	k'ᴇ^{44}	k'ᴇ^{44}	k'ᴇ^{324}
k'ᴇ^{44}	k'ᴇ^{44}	k'ᴇ^{52}	k'ᴇ^{52}	k'ᴇ^{52}
k'ʌɪ^{52}	k'ʌɪ^{52}	k'ʌɪ^{434}	k'ʌɪ^{434}	k'ʌɪ^{434}
k'ʌɪ^{52}	k'ʌɪ^{52}	k'ʌɪ^{434}	k'ʌɪ^{434}	k'ʌɪ^{434}
k'ɣ^{52}	k'ɣ^{52}	k'ɣ^{44}	k'ɣ^{44}	k'ɣ^{335}
k'ɣɯ^{52}	k'ɣɯ^{52}	k'ɣɯ^{334}	k'ɣɯ^{334}	k'ɣɯ^{334}
k'ɯ^{52}	k'ɯ^{52}	k'ɯ^{44}	k'ɯ^{44}	k'ɯ^{335}
k'ieɯ^{44}	k'ieɯ^{44}	k'ieɯ^{51}	k'ieɯ^{51}	k'ieɯ^{413}
k'iəʉ^{44}	k'iəʉ^{44}	k'iəʉ^{51}	k'iəʉ^{51}	k'iəʉ^{413}
k'e^{51}	k'e^{51}	k'e^{334}	k'e^{334}	k'e^{334}
k'ᵊʏ^{44}	k'ᵊʏ^{44}	k'ᵊʏ^{53}	k'ᵊʏ^{53}	k'ᵊʏ^{334}
k'eɪ^{323}	k'eɪ^{323}	k'eɪ^{51}	k'eɪ^{51}	k'eɪ^{334}
k'ɣ^{52}	k'ɣ^{52}	k'ɣ^{334}/k'iɣ老年	k'ɣ^{334}	k'ɣ^{33}
k'ʏ^{544}	k'ʏ^{544}	k'iɣ^{52}	k'ʏ^{52}	k'ʏ^{544}
k'ʏ^{53}	k'ʏ^{53}	k'ʏ^{44}/k'iɣ^{44}	k'ʏ^{44}	k'ʏ^{324}
k'ʏ^{523}	k'ʏ^{523}	k'ʏ^{42}/k'ɪɣ^{42}	k'ʏ^{42}	k'ʏ^{35}
k'ʏ^{324}	k'ʏ^{324}	k'ʏ^{435}/k'iɣ^{435}少	k'ʏ^{435}	k'ʏ^{52}
k'œʏ^{52}	k'œʏ^{52}	k'œʏ^{325}	k'œʏ^{325}	k'œʏ^{52}
		tɕ'iɣ^{533}	tɕ'iɣ^{533}	tɕ'iɣ^{44}
	kæi^{44}	k'ʌu^{35}	k'ʌu^{35}	k'ʌu^{52}
k'ɣɯ^{434}	k'ɣɯ^{434}	k'ɣɯ^{45}	k'ɣɯ^{45}	k'ɣɯ^{53}
k'iɯ^{324}	k'iɯ^{324}	k'əu^{544}/k'iɯ^{544}	k'əu^{544}	k'iɯ^{45}
k'əʊ^{44}	k'əʊ^{44}	k'əʊ^{434}	k'əʊ^{434}	k'əʊ^{54}

摄口	流开	流开	流开	流开
等调	一上	一上	一平	一上
韵声	厚疑	厚疑	侯影	厚影
	偶配~	藕	欧	呕
宜	ʔŋɣɯ^{55}	ŋɣɯ^{24}	ʔɣɯ^{55}	ʔɣɯ^{51}
溧	ʔŋei^{445}	ʔŋei^{445}	ʔei^{445}/ʔʌɯ^{445}	ʔei^{445}
金	ʌɣ^{323}	ʌɣ^{323}	ʌɣ^{31}	ʌɣ^{323}
丹	ŋE^{e213}	ŋE^{e213}	E^{e22}	E^{e44}
童	ʔ'ei^{324}	ʔ'ei^{324}	ʔʌɣ^{42}/ʔei^{42}	ʔ'ei^{324}
靖	ʔŋ°ɣ^{334}	ʔŋ°ɣ^{334}	ʔ°ɣ^{433}/ʔʌɣ^{433}	ʔʌɣ^{334}
江	ʔŋEI^{45}	ʔŋEI^{45}	ʔEI^{51}	ʔEI^{45}
常	ʔŋei^{334}	ʔŋei^{334}	ʔei^{44}	ʔei^{334}
锡	ŋEI$^{33/213}$	ŋEI$^{33/213}$	ʔEI^{55}	ʔEI^{324}
苏	ŋəI^{231}	ʔŋəI^{51}	ʔəI^{44}	ʔ'əɪ^{51}
熟	ŋE^{31}	ŋE^{31}	ʔE^{52}	ʔE^{44}
昆	ŋE^{223}	ŋE^{223}/ʔŋE^{52}	ʔE^{44}	ʔE^{52}
霜	ŋʌɪ^{213}	ŋʌɪ^{213}	ʔʌɪ^{52}	ʔʌɪ^{434}
罗	ŋʌɪ^{213}	ŋʌɪ^{213}	ʌɪ^{52}	ʔʌɪ^{434}
周	ŋɣ^{113}	ŋɣ^{113}	ʔɣ^{52}	ʔɣ^{44}
上	ŋɣɯ^{113}	ŋɣɯ^{113}/ɦɣɯ^{113}	ʔɣɯ^{52}	ʔɣɯ^{334}
松	ŋɯ^{113}	ŋɯ^{113}	ʔɯ^{52}	ʔɯ^{44}
黎	ŋieɯ^{32}	ŋieɯ^{32}	ʔieɯ^{44}	ʔieɯ^{51}
盛	ŋiəɥ^{223}	ŋiəɥ^{223}	ʔiəɥ^{44}	ʔiəɥ^{51}
嘉	ŋe^{223}	ŋe^{223}	ʔe^{51}	ʔe^{44}
双	ŋ°ɣ^{231}	ŋ°ɣ^{231}	ʔøɣ^{44}	ʔøɣ^{53}
杭	ʔeɪ^{51}	ʔeɪ^{51}	ʔeɪ^{323}	ʔeɪ^{51}
绍	ŋɣ^{113}	ŋɣ^{113}	ʔɣ^{52}	ʔɣ^{334}
诸	ŋɣ^{231}	ŋɣ^{231}	ʔiɣ^{544}	ʔiɣ^{52}
崇	n̠ɣ^{22}	n̠ɣ^{22}	ʔɣ^{53}	ʔɣ^{44}
太	n̠ɣ^{22}	n̠ɣ^{22}	ʔɣ^{523}	ʔɣ^{42}
余	ŋɣ^{113}/n̠iɣ^{113}	ŋɣ^{113}/n̠iɣ^{113}	ʔɣ^{324}	ʔɣ^{435}
宁	ŋœɣ^{113}	ŋœɣ^{113}	ʔœɣ^{52}	ʔœɣ^{325}
黄	ʔŋiɣ^{533}	ʔŋiɣ^{533}	ʔiɣ^{533}	ʔiɣ^{533}
温	ŋʌu$^{\underline{24}}$	ŋʌu$^{\underline{24}}$	ʔʌu^{44}	ʔʌu$^{\underline{35}}$
衢	ŋɣɯ^{31}	ŋɣɯ^{31}	ʔɣɯ^{434}	ʔɣɯ^{45}
华	ʔiɯɯ^{544}	ʔiɯɯ^{544}	ʔəu^{324}/ʔiɯɯ^{324}	ʔəu^{544}
永	ŋəʊ^{323}	ŋəʊ^{323}	ʔəʊ^{44}	ʔəʊ^{434}

流开 一上 厚晓	流开 一平 侯匣	流开 一平 侯匣	流开 一平 侯匣	流开 一上 厚匣
吼	侯	猴	喉	后
xɣɯ^{51}	ɦɣɯ^{223}	ɦɣɯ^{223}	ɦɣɯ^{223}	ɦɣɯ^{24}
xei^{52}	xɦei^{323}	xɦei^{323}	xɦei^{323}	xɦei^{224}
xʌɣ^{323}	xʌɣ^{35}	xʌɣ^{35}	xʌɣ^{35}	xʌɣ^{44}
hᴇ^{e44}	h^{ɦ}ᴇ^{e213}	h^{ɦ}ᴇ^{e213}	h^{ɦ}ᴇ^{e213}	hᴇ^{e44}
hei^{324}	xɦei^{31}	xɦei^{31}	xɦei^{31}	xɦei^{113}
hᵒɣ^{334}	hɦʌɣ^{223}	hɦʌɣ^{223}	hɦʌɣ^{223}	hɦʌɣ^{51}
hᴇɪ^{45}	hɦᴇɪ^{223}	hɦᴇɪ^{223}	hɦᴇɪ^{223}	hɦᴇɪ^{223}
xei^{334}	ɦei^{213}	ɦei^{213}	ɦei^{213}	ɦei^{24}
xᴇɪ^{324}	ɦᴇɪ^{213}	ɦᴇɪ^{213}	ɦᴇɪ^{213}	ɦᴇɪ^{213}
həɪ^{51}	ɦəɪ^{223}	ɦəɪ^{223}	ɦəɪ^{223}	ɦəɪ^{231}
hᴇ^{44}	ɦᴇ^{233}	ɦᴇ^{233}	ɦᴇ^{233}	ɦᴇ^{31}
hᴇ^{52}	ɦᴇ^{132}	ɦᴇ^{132}	ɦᴇ^{132}	ɦᴇ^{223}
xʌɪ^{434}	ɦʌɪ^{231}	ɦʌɪ^{231}	ɦʌɪ^{231}	ɦʌɪ^{213}
hʌɪ^{434}	ɦʌɪ^{231}	ɦʌɪ^{231}	ɦʌɪ^{231}	ɦʌɪ^{213}
hɣ^{44}	ɦɣ^{113}	ɦɣ^{113}	ɦɣ^{113}	ɦɣ^{113}
hɣɯ^{334}	ɦɣɯ^{113}	ɦɣɯ^{113}	ɦɣɯ^{113}	ɦɣɯ^{113}
hɯ^{44}	ɦɯ^{113}	ɦɯ^{231}	ɦɯ^{231}	ɦɯ^{113}
hieɯ^{51}	ɦieɯ^{24}	ɦieɯ^{24}	ɦieɯ^{24}	ɦieɯ^{32}
hiəʉ^{51}	ɦiəʉ^{24}	ɦiəʉ^{24}	ɦiəʉ^{24}	ɦiəʉ^{223}
he^{44}	ɦe^{231}	ɦe^{231}	ɦe^{231}	ɦe^{223}
ʔøɣ^{53}	ɦᵒɣ^{113}	ɦᵒɣ^{113}	ɦᵒɣ^{113}	ɦᵒɣ^{231}
heɪ^{51}	ɦeɪ^{212}	ɦeɪ^{212}	ɦeɪ^{212}	ɦeɪ^{113}
hɣ^{334}	ɦɣ^{231}	ɦɣ^{231}	ɦɣ^{231}	ɦɣ^{113}
hɣ^{52}	ɦɣ^{233}	ɦɣ^{233}	ɦɣ^{233}	ɦɣ^{231}
hɣ^{44}	ɦɣ^{31}	ɦɣ^{31}	ɦɣ^{31}	ɦɣ^{22}
hɣ^{42}	ɦɣ^{312}	ɦɣ^{312}	ɦɣ^{312}	ɦɣ^{22}
hɣ^{435}	ɦɣ^{113}	ɦɣ^{113}	ɦɣ^{113}	ɦɣ^{113}
hœɣ^{325}	ɦœɣ^{113}	ɦœɣ^{113}	ɦœɣ^{113}	ɦœɣ^{113}
ho^{533}	ɦiɣ^{311}	ɦiɣ^{311}	ɦiɣ^{311}	ʔiɣ^{533}
xʌu$^{\underline{35}}$	ɦʌu^{231}	ɦʌu^{231}	ɦʌu^{231}	ɦʌu$^{\underline{24}}$
xɣɯ^{45}	ʔɦɣɯ^{323}	ʔɦɣɯ^{323}	ʔɦɣɯ^{323}	ʔɦɣɯ^{31}
xəu^{45}	ʔəu^{324}	ʔiɯ^{324}/ʔəu^{324}	ʔiɯ^{324}/ʔəu^{324}	ʔɦəu^{24}/ʔiɯ^{544}
xəʊ^{434}	ʔɦəʊ^{322}	ʔɦəʊ^{322}	ʔɦəʊ^{322}	ʔɦəʊ^{323}

摄口 等调 韵声	流开 一上 厚匣 後	流开 一上 厚匣 厚	流开 一去 候匣 候	流开 三平 尤章 周
宜	ɦɤɯ²⁴	ɡˠɤɯ²⁴	ɦɤɯ²³¹	tsʏɯ⁵⁵
溧	xɦei²²⁴	ɡˠi²²⁴	xɦei⁴¹²	tsei⁴⁴⁵
金	xʌɣ⁴⁴	xʌɣ⁴⁴	xʌɣ⁴⁴	tsʌɣ³¹
丹	hEe⁴⁴	hˠEe²¹³	hˠEe²¹³	tsEe²²
童	xɦei¹¹³	xɦei¹¹³	xɦei¹¹³	tsei⁴²
靖	hɦʌɣ⁵¹	hɦ̩ʌɣ⁵¹	hɦᵒɣ⁵¹	tɕᵒɣ⁴³³
江	hɦɛɪ²²³	ɡɛɪ²²³	hɦɛɪ²²³	tsɛɪ⁵¹
常	ɦei²⁴	ɡei²⁴	ɦei²⁴	tsei⁴⁴
锡	ɦɛɪ²¹³	ɦɛɪ²¹³	ɦɛɪ²¹³	tsɛɪ⁵⁵
苏	ɦəɪ²³¹	ɦəɪ²³¹	ɦəɪ²³¹	tsəɪ⁴⁴
熟	ɦE³¹	ɦE³¹	ɦE²¹³	tʂɯ⁵²
昆	ɦE²²³	ɦE²²³	ɦE²¹	tsE⁴⁴/tsʏ⁴⁴
霜	ɦʌɪ²¹³	ɦʌɪ²¹³	ɦʌɪ²¹³	tsʌɪ⁵²
罗	ɦʌɪ²¹³	ɦʌɪ²¹³	ɦʌɪ²¹³	tṡʌɪ⁵²
周	ɦɣ¹¹³	ɦɣ¹¹³	ɦɣ¹¹³	tsɣ⁵²
上	ɦɤɯ¹¹³	ɦɤɯ¹¹³	ɦɤɯ¹¹³	tsɤɯ⁵²
松	ɦɯ¹¹³	ɦɯ¹¹³	ɦɯ¹¹³	tsɯ⁵²
黎	ɦieɯ³²	ɦieɯ³²	ɦieɯ²¹³	tsieɯ⁴⁴
盛	ɦiəʉ²²³	ɦiəʉ²²³	ɦiəʉ²¹²	tsieʉ⁴⁴
嘉	ɦe²²³	ɦe²²³	ɦe²²³	tse⁵¹
双	ɦøɣ²³¹	ɦøɣ²³¹	ɦøɣ¹¹³	tsᵒɣ⁴⁴/tɕᵒɣ⁴⁴
杭	ɦeɪ¹¹³	ɦeɪ¹¹³	ɦeɪ¹¹³	tseɪ³²³
绍	ɦɣ¹¹³	ɦɣ¹¹³	ɦɣ²²	tsɣ⁵²
诸	ɦɣ²³¹	ɡɣ²³³	ɦɣ²³³	tsei⁵⁴⁴
崇	ɦɣ²²	ɡɣ¹⁴	ɦɣ¹⁴	tɕɣ⁵³
太	ɦɣ²²	ɡɣ¹³	ɦɣ¹³	tɕɣ⁵²³
余	ɦɣ¹¹³	ɦɣ¹¹³	ɦɣ¹¹³	tsɣ³²⁴
宁	ɦœɣ¹¹³	ɦœɣ¹¹³	ɦœɣ¹¹³	tɕɣ⁵²
黄	ʔiɣ⁵³	dʑiɣ¹¹³/ɦiɣ¹¹³	ɦiɣ¹¹³	tɕiu⁵³³
温	ɦʌu²⁴	ɡʌu²⁴/ɦʌu²⁴	ɦʌu²²	tɕiu⁴⁴
衢	ʔɦiɤɯ³¹	ʔɦiɤɯ³¹	ʔɦiɤɯ³¹	tʃʮɯ⁴³⁴
华	ʔɦiəɯ²⁴/ʔiɯɯ⁵⁴⁴	kiɯɯ⁵⁴⁴/ʔɦiɯɯ²⁴	ʔiɯɯ⁴⁵	tɕiɯɯ³²⁴
永	ʔɦiəʊ³²³	ɡəʊ²¹⁴	ʔɦiəʊ²¹⁴	tɕiəʊ⁴⁴

流开 三平 尤章	流开 三平 尤章	流开 三平 尤章	流开 三上 有知	流开 三上 有章
州	洲	舟	肘	帚
tsɤɯ⁵⁵	tsɤɯ⁵⁵	tsɤɯ⁵⁵	tsɤɯ⁵¹	tsɤɯ⁵¹
tsei⁴⁴⁵	tsei⁴⁴⁵	tsei⁴⁴⁵	tsei⁵²	tsei⁵²
tsʌɤ³¹	tsʌɤ³¹	tsʌɤ³¹	tsʌɤ³²³	tsʌɤ³²³
tsᴇᵉ²²	tsᴇᵉ²²	tsᴇᵉ²²	tsᴇᵉ²²	tsᴇᵉ²²
tsei⁴²	tsei⁴²	tsei⁴²	tsei³²⁴	tsei³²⁴
tɕøɤ⁴³³	tɕøɤ⁴³³	tɕøɤ⁴³³	tɕøɤ³³⁴	tɕøɤ³³⁴
tsᴇɪ⁵¹	tsᴇɪ⁵¹	tsᴇɪ⁵¹	tsᴇɪ⁴⁵	tsᴇɪ⁴⁵
tsei⁴⁴	tsei⁴⁴	tsei⁴⁴	tsei³³⁴	tsei³³⁴
tsᴇɪ⁵⁵	tsᴇɪ⁵⁵	tsᴇɪ⁵⁵	tsᴇɪ³²⁴	tɕiʌɤ³²⁴ / tsᴇɪ³²⁴
tsəɪ⁴⁴	tsəɪ⁴⁴	tsəɪ⁴⁴	tsəɪ⁵¹	tsəɪ⁵¹
tʂɯ⁵²	tʂɯ⁵²	tʂɯ⁵²	tʂɯ⁴⁴	tʂɯ⁴⁴
tsᴇ⁴⁴	tsᴇ⁴⁴	tsᴇ⁴⁴	tsᴇ⁵²	tsᴇ⁵²
tsʌɪ⁵²	tsʌɪ⁵²	tsʌɪ⁵²	tsʌɪ⁴³⁴	tsʌɪ⁴³⁴
tsʌɪ⁵²	tsʌɪ⁵²	tsʌɪ⁵²	tsʌɪ⁴³⁴	tsʌɪ⁴³⁴
tsɤ⁵²	tsɤ⁵²	tsɤ⁵²	tsɤ⁴⁴	tsɤ⁴⁴
tsɤɯ⁵²	tsɤɯ⁵²	tsɤɯ⁵²	tsɤɯ³³⁴	tsɤɯ³³⁴
tsɯ⁵²	tsɯ⁵²	tsɯ⁵²	tsɯ⁴⁴	tsɯ⁵²
tsieɯ⁴⁴	tsieɯ⁴⁴	tsieɯ⁴⁴	tsieɯ⁵¹	tsieɯ⁵¹
tsiəʉ⁴⁴	tsiəʉ⁴⁴	tsiəʉ⁴⁴	tsiəʉ⁵¹	tsiəʉ⁵¹
tse⁵¹	tse⁵¹	tse⁵¹	tse³³⁴	tse⁴⁴
tsøɤ⁴⁴	tsøɤ⁴⁴	tsøɤ⁴⁴	tsøɤ⁵³	tsøɤ⁵³
tseɪ³²³	tseɪ³²³	tseɪ³²³	tseɪ⁵¹	tseɪ⁵¹
tsɤ⁵²	tsɤ⁵²	tsɤ⁵²	tsɤ³³⁴	tsɤ³³⁴
tsei⁵⁴⁴	tsei⁵⁴⁴	tsei⁵⁴⁴	tsei⁵²	tsei⁵²
tɕɤ⁵³	tɕɤ⁵³	tɕɤ⁵³	tɕɤ⁴⁴	tɕɤ⁴⁴
tɕɤ⁵²³	tɕɤ⁵²³	tɕɤ⁵²³	tɕɤ⁴²	tɕɤ⁴²
tsɤ³²⁴	tsɤ³²⁴	tsɤ³²⁴	tsɤ⁴³⁵	tsɤ⁴³⁵
tɕɤ⁵²	tɕɤ⁵²	tɕɤ⁵²	tɕɤ³²⁵	tɕɤ³²⁵
tɕiu⁵³³	tɕiu⁵³³	tɕiu⁵³³	tɕiu⁵³³	tɕiu⁵³³
tɕiu⁴⁴	tɕiu⁴⁴	tɕiu⁴⁴	tɕiu͟³⁵	tɕiu͟³⁵
tʃʮɯ⁴³⁴	tʃʮɯ⁴³⁴	tʃʮɯ⁴³⁴	tʃʮɯ⁴⁵	tʃʮɯ⁴⁵
tɕiɯ³²⁴	tɕiɯ³²⁴	tɕiɯ³²⁴	tsəʉ⁵⁴⁴	tɕiɯ⁵⁴⁴
tɕiəʉ⁴⁴	tɕiəʉ⁴⁴	tɕiəʉ⁴⁴	tɕiəʉ⁴³⁴	tɕiəʉ⁴³⁴

摄口 等调 韵声	流开 三去 宥知 昼	流开 三去 宥章 咒	流开 三平 尤彻 抽	流开 三上 有彻 丑
宜	tsɣɯ^{324}	tsɣɯ^{324}	tsʻɣɯ^{55}	tsʻɣɯ^{51}
溧	tsei^{412}	tsei^{412}	tsʻei^{445}	tsʻei^{52}
金	tsʌɣ^{44}	tsʌɣ^{44}	tsʻʌɣ^{31}	tsʻʌɣ^{323}
丹	tsEe^{324}	tsEe^{324}	tsʻEe^{22}	tsʻEe^{44}
童	tsei^{45}	tsei^{45}	tsʻei^{42}	tsʻei^{324}
靖	tɕʷøɣ^{51}	tɕʷøɣ^{51}	tɕʻʷøɣ^{433}	tɕʻʷøɣ^{334}
江	tsEɪ^{435}	tsEɪ^{435}	tsʻEɪ^{51}	tsʻEɪ^{45}
常	tsei^{51}	tsei^{51}	tsʻei^{44}	tsʻei^{334}
锡	tsEɪ^{35}	tsEɪ^{35}	tɕʻiʌɣ^{55}	tɕʻiʌɣ^{324}
苏	tsəɪ^{412}	tsəɪ^{412}	tsʻəɪ^{44}	tsʻəɪ^{51}
熟	tʂɯ^{324}	tʂɯ^{324}	tsʻɯ^{52}	tʂʻɯ^{44}
昆	tsE^{52}	tsE^{52}	tsʻE^{44}	tsʻE^{52}
霜	tsʌɪ^{434}	tsʌɪ^{434}	tsʻʌɪ^{52}	tsʻʌɪ^{434}
罗	tsʌɪ^{434}	tsʌɪ^{434}	tsʻʌɪ^{52}	tsʻʌɪ^{434}
周	tsɣ^{335}	tsɣ^{335}	tsʻɣ^{52}	tsʻɣ^{44}
上	tsɣɯ^{52}	tsɣɯ^{334}	tsʻɣɯ^{52}	tsʻɣɯ^{334}
松	tsɯ^{52}	tsɯ^{335}	tsʻɯ^{52}	tsʻɯ^{44}
黎	tsieɯ^{413}	tsieɯ^{413}	tsʻieɯ^{44}	tsʻieɯ^{334}
盛	tsiɵʉ^{413}	tsiɵʉ^{413}	tsʻiɵʉ^{44}	tsʻiɵʉ^{334}
嘉	tse^{334}	tse^{334}	tsʻe^{51}	tsʻe^{324}
双	tsøɣ^{334}	tsøɣ^{334}	tsʻøɣ^{44}	tsʻøɣ^{53}
杭	tsei^{334}	tsei^{334}	tsʻei^{323}	tsʻei^{51}
绍	tsɣ^{33}	tsɣ^{33}	tsʻɣ^{52}	tsʻɣ^{334}
诸	tsei^{544}	tsei^{544}	tsʻei^{544}	tsʻei^{52}
崇	tɕɣ^{53}	tɕɣ^{324}	tɕʻɣ^{53}	tɕʻɣ^{44}
太	tɕɣ^{523}	tɕɣ^{35}	tɕʻɣ^{523}	tɕʻɣ^{42}
余	tsɣ^{52}	tsɣ^{52}	tsʻɣ^{324}	tsʻɣ^{435}
宁	tɕɣ^{52}	tɕɣ^{52}	tɕʻɣ^{52}	tɕʻɣ^{325}
黄	tɕiu^{44}	tɕiu^{44}	tɕʻiu^{533}	tɕʻiu^{533}
温	tsʌu^{52}	tsʌu^{52}	tsʻiu^{44}	tsʻiu^{35}
衢	tʃɥɯ^{53}	tʃɥɯ^{53}	tʃʻɥɯ^{434}	tʃʻɥɯ^{45}
华	tɕiɯɯ^{45}/tsəu^{45}	tsəu^{45}	tɕʻiɯɯ^{324}/tsʻəu^{324}	tɕʻiɯɯ^{544}
永	tɕiəʊ^{54}	tɕiəʊ^{54}	tɕʻiəʊ^{44}	tɕʻiəʊ^{434}

流开 三上 有昌	流开 三去 宥昌	流开 三平 尤澄	流开 三上 有澄	流开 三去 宥澄
醜	臭	綢	紂	宙
$ts'\gamma\mu^{51}$	$ts'\gamma\mu^{324}$	$dz\gamma\mu^{223}$	$dz\gamma\mu^{231}$	$dz\gamma\mu^{231}$
$ts'ei^{52}$	$ts'ei^{412}$	$dzei^{323}$	$dzei^{231}$	$dzei^{231}$
$ts'\Lambda\gamma^{323}$	$ts'\Lambda\gamma^{44}$	$ts'\Lambda\gamma^{35}$	$ts\Lambda\gamma^{44}$	$ts\Lambda\gamma^{44}$
$ts'_{E}e^{44}$	$ts'_{E}e^{324}$	$dz_{E}e^{213}$	$dz_{E}e^{213}$	$dz_{E}e^{213}$
$ts'ei^{324}$	$ts'ei^{45}$	$dzei^{113}$	$dzei^{113}$	$dzei^{113}$
$t\varphi^{w}\gamma^{334}$	$t\varphi^{w}\gamma^{51}$	$d\textsubring{z}^{w}\gamma^{223}$	$d\textsubring{z}^{w}\gamma^{223}$	$d\textsubring{z}^{w}\gamma^{31}$
$ts'_{E}I^{45}$	$ts'_{E}I^{435}$	$dz_{E}I^{223}$	$z_{E}I^{223}$	$z_{E}I^{223}$
$ts'ei^{334}$	$ts'ei^{51}$	$dzei^{213}$	zei^{24}	zei^{24}
$t\varphi'i\Lambda\gamma^{324}$	$t\varphi'i\Lambda\gamma^{35}$	$z_{E}i^{213}$	$z_{E}I^{213}$	$z_{E}I^{213}$
$ts'\theta I^{51}$	$ts'\theta I^{412}$	$z\theta I^{223}$	$z\theta I^{231}$	$z\theta I^{231}$
$t\textsubring{s}'\mu^{44}$	$t\textsubring{s}'\mu^{324}$	$dz\mu^{233}$	dz_{E}^{31}/ts_{E}^{44}	$dz\mu^{213}$
ts'_{E}^{52}	ts'_{E}^{52}	z_{E}^{24}	z_{E}^{223}	z_{E}^{21}
$ts'\Lambda I^{434}$	$ts'\Lambda I^{434}$	$z\Lambda I^{231}$	$z\Lambda I^{213}$	$z\Lambda I^{213}$
$ts'\Lambda I^{434}$	$ts'\Lambda I^{434}$	$z\Lambda I^{231}$	$z\Lambda I^{213}$	$z\Lambda I^{213}$
$ts'\gamma^{44}$	$ts'\gamma^{335}$	$z\gamma^{113}$	$z\gamma^{113}$	$z\gamma^{113}$
$ts'\gamma\mu^{334}$	$ts'\gamma\mu^{334}$	$z\gamma\mu^{113}$	$z\gamma\mu^{113}$	$z\gamma\mu^{113}$
$ts'\mu^{44}$	$ts'\mu^{335}$	$z\mu^{231}$	$z\mu^{113}$	$z\mu^{113}$
$ts'ie\mu^{334}$	$ts'ie\mu^{324}$	$dzie\mu^{24}$	$dzie\mu^{32}$	$zie\mu^{213}$
$ts'i\theta\textsubring{u}^{334}$	$ts'i\theta\textsubring{u}^{313}$	$dzi\theta\textsubring{u}^{24}$	$dzi\theta\textsubring{u}^{223}$	$zi\theta\textsubring{u}^{212}$
$ts'e^{324}$	$ts'e^{334}$	ze^{231}	ze^{223}	ze^{223}
$ts^{w}\gamma^{53}$	$ts^{w}\gamma^{334}$	$z^{w}\gamma^{113}$	$z^{w}\gamma^{231}$	$z^{w}\gamma^{113}$
$ts'e_{I}^{51}$	$ts'e_{I}^{334}$	dze_{I}^{212}	tse_{I}^{334}	$tse_{I}^{334}/sze_{I}^{113}$
$ts'\gamma^{334}$	$ts'\gamma^{33}$	$dz\gamma^{231}$	$dz\gamma^{113}/z\gamma^{113}$	$dz\gamma^{22}$
$ts'ei^{52}$	$ts'ei^{544}$	$dzei^{233}$	$dzei^{231}$	$dzei^{233}$
$t\varphi'\gamma^{44}$	$t\varphi'\gamma^{324}$	$d\textsubring{z}\gamma^{31}$	$d\textsubring{z}\gamma^{14}$	$d\textsubring{z}\gamma^{14}$
$t\varphi'\gamma^{42}$	$t\varphi'\gamma^{35}$	$d\textsubring{z}\gamma^{312}$	$d\textsubring{z}\gamma^{13}$	$d\textsubring{z}\gamma^{13}$
$ts'\gamma^{435}$	$ts'\gamma^{52}$	$dz\gamma^{113}$	$dz\gamma^{113}$	$dz\gamma^{113}$
$t\varphi'\gamma^{325}$	$t\varphi'\gamma^{52}$	$d\textsubring{z}\gamma^{113}$	$d\textsubring{z}\gamma^{113}$	$d\textsubring{z}\gamma^{113}$
$t\varphi'iu^{533}$	$t\varphi'iu^{44}$	$d\textsubring{z}iu^{311}$	$d\textsubring{z}iu^{113}$	$d\textsubring{z}iu^{113}$
$t\varphi'iu^{35}$	$t\varphi'iu^{35}$	$d\textsubring{z}iu^{231}$	$d\textsubring{z}iu^{231}$	$d\textsubring{z}iu^{22}$
$t\int\eta\mu^{45}$	$t\int\eta\mu^{53}$	$d\textipa{Z}\eta\mu^{323}$	$d\textipa{Z}\eta\mu^{31}$	$d\textipa{Z}\eta\mu^{31}$
$t\varphi'i\mu u^{544}$	$t\varphi'i\mu u^{45}$	$t\varphi i\mu u^{324}/d\textsubring{z}i\mu u^{213}$	$ts\theta u^{45}$	$ts\theta u^{45}$
$t\varphi'i\theta\textsubring{u}^{434}$	$t\varphi'i\theta\textsubring{u}^{54}$	$d\textsubring{z}i\theta\textsubring{u}^{322}$	$d\textsubring{z}i\theta\textsubring{u}^{322}$	$d\textsubring{z}i\theta\textsubring{u}^{214}$

摄口 等调 韵声	流开 三平 尤书	流开 三上 有书	流开 三上 有书	流开 三上 有书
	收	手	守	首
宜	sɤɯ⁵⁵	sɤɯ⁵¹	sɤɯ⁵¹	sɤɯ⁵¹
溧	sei⁴⁴⁵	sei⁵²	sei⁵²	sei⁵²
金	sʌɤ³¹	sʌɤ³²³	sʌɤ³²³	sʌɤ³²³
丹	sEᵉ²²	sEᵉ⁴⁴	sEᵉ⁴⁴	sEᵉ⁴⁴
童	sei⁴²	sei³²⁴	sei³²⁴	sei³²⁴
靖	ɕøɤ⁴³³	ɕøɤ³³⁴	ɕøɤ³³⁴	ɕøɤ³³⁴
江	sEɪ⁵¹	sEɪ⁴⁵	sEɪ⁴⁵	sEɪ⁴⁵
常	sei⁴⁴	sei³³⁴	sei³³⁴	sei³³⁴
锡	sEi⁵⁵	sEi³²⁴	sEi³²⁴	sEi³²⁴
苏	səɪ⁴⁴	səɪ⁵¹	səɪ⁵¹	səɪ⁵¹
熟	ʂɯ⁵²	ʂɯ⁴⁴	ʂɯ⁴⁴	ʂɯ⁴⁴
昆	sE⁴⁴	sE⁵²	sE⁵²	sE⁵²
霜	sʌɪ⁵²	sʌɪ⁴³⁴	sʌɪ⁴³⁴	sʌɪ⁴³⁴
罗	sʌɪ⁵²	sʌɪ⁴³⁴	sʌɪ⁴³⁴	sʌɪ⁴³⁴
周	sɤ⁵²	sɤ⁴⁴	sɤ⁴⁴	sɤ⁴⁴
上	sɤɯ⁵²	sɤɯ³³⁴	sɤɯ³³⁴	sɤɯ³³⁴
松	sɯ⁵²	sɯ⁴⁴	sɯ⁴⁴	sɯ⁴⁴
黎	sieɯ⁴⁴	sieɯ⁵¹	sieɯ⁵¹	sieɯ⁵¹
盛	siəʮ⁴⁴	siəʮ⁵¹	siəʮ⁵¹	siəʮ⁵¹
嘉	se⁵¹	se⁴⁴	se⁴⁴	se⁴⁴
双	sᵒɤ⁴⁴	sᵒɤ⁵³	sᵒɤ⁵³	sᵒɤ⁵³
杭	seɪ³²³	seɪ⁵¹	seɪ⁵¹	seɪ⁵¹
绍	sɤ⁵²	sɤ³³⁴	sɤ³³⁴	sɤ³³⁴
诸	sei⁵⁴⁴	sei⁵²	sei⁵²	sei⁵²
崇	ɕɤ⁵³	ɕɤ⁴⁴	ɕɤ⁴⁴	ɕɤ⁴⁴
太	ɕɤ⁵²³	ɕɤ⁴²	ɕɤ⁴²	ɕɤ⁴²
余	sɤ³²⁴	sɤ⁴³⁵	sɤ⁴³⁵	sɤ⁴³⁵
宁	ɕɤ⁵²	ɕɤ³²⁵	ɕɤ³²⁵	ɕɤ³²⁵
黄	ɕiu⁵³³	ɕiu⁵³³	ɕiu⁵³³	ɕiu⁵³³
温	ɕiu⁴⁴	ɕiu³⁵	ɕiu³⁵	ɕiu³⁵
衢	ʃɥɯ⁴³⁴	ʃɥɯ⁴⁵	ʃɥɯ⁴⁵	ʃɥɯ⁴⁵
华	ɕiɯɯ³²⁴	ɕiɯɯ⁵⁴⁴	ɕiɯɯ⁵⁴⁴	ɕiɯɯ⁵⁴⁴
永	ɕiəʊ⁴⁴	ɕiəʊ⁴³⁴	ɕiəʊ⁴³⁴	ɕiəʊ⁴³⁴

流开 三去 宥书	流开 三平 尤禅	流开 三平 尤禅	流开 三平 尤日	流开 三平 尤日
兽	酬	仇	柔	揉
sʏɯ^{324}	dzʏɯ^{223}	dzʏɯ^{223}	zʏɯ^{223}	zʏɯ^{223}
sei^{412}	dzei^{323}	dzei^{323}	zei^{323}	zei^{323}
sʌʏ^{55}	tsʻʌʏ^{35}	tsʻʌʏ^{35}	lʌʏ^{35}	liʌʏ^{35}
sE^{e324}	dzE^{e213}	dzE^{e213}	ɳy$_{z}$^{22}	ɳy$_{z}$^{22}
sei^{45}	dzei^{113}	dzei^{113}	lʌʏ^{31}/szei^{31}	lʌʏ^{31}/szei^{31}
ɕᵒʏ^{51}	dʑᵒʏ^{223}	dʑᵒʏ^{223}	dʑᵒʏ^{223}	dʑᵒʏ^{223}
sEI^{435}	zEI^{223}	dzEI^{223}/dʑiɜʏ^{223}	zEI^{223}	zEI^{223}
sei^{51}	dzei^{213}/zei^{213}	dzei^{213}	zei^{213}/lʌɯ^{213}	zei^{213}/lʌɯ^{213}
sEi^{35}	zEi^{213}	zEi^{213}	zEI^{213}	zEI^{213}
sǝI^{412}	zǝI^{223}	zǝI^{223}	zǝI^{223}	zǝI^{223}
ʂɯ^{324}	dzɯ^{233}	dzɯ^{233}	zɯ^{233}	zɯ^{233}
sE^{52}	zE^{132}	zE^{132}	zE^{132}/zɪ^{132}	zE^{132}/zɪ^{132}
sʌI^{434}	zʌI^{231}	zʌI^{231}	zʌI^{231}	zʌI^{231}
sʌI^{434}	zʌI^{231}	zʌI^{231}	zʌI^{231}/lʌI^{231}	zʌI^{231}/lʌI^{231}
sʏ^{335}	zʏ^{113}	zʏ^{113}	lʏ^{113}	lʏ^{113}/zʏ^{113}
sʏɯ^{334}	zʏɯ^{113}	zʏɯ^{113}	zʏɯ^{113}/lʏɯ^{113}	zʏɯ^{113}/lʏɯ^{113}
sɯ^{335}	zɯ^{231}	zɯ^{231}	lɯ^{231}/zɯ^{231}	lɯ^{231}
sieɯ^{413}	dzieɯ^{24}	dzieɯ^{24}	zieɯ^{24}	zieɯ^{24}
sioɐ^{413}	dzioɐ^{24}	dzioɐ^{24}	zioɐ^{24}	zioɐ^{24}
se^{334}	ze^{231}	ze^{231}	ze^{231}	ze^{231}
sᵒʏ^{334}	zᵒʏ^{113}	zᵒʏ^{113}	zᵒʏ^{113}	zᵒʏ^{113}
sei^{334}	dzei^{212}	dzei^{212}	ʔɹeɪ^{323}	ʔɹeɪ^{323}
sʏ^{33}	dzʏ^{231}	dzʏ^{231}	zʏ^{231}	zʏ^{231}
sei^{544}	dzei^{233}	dzei^{233}	dzei^{233}	dzei^{233}
ɕʏ^{324}	dʑʏ^{31}	dʑʏ^{31}	dʑʏ^{31}	dʑʏ^{31}
ɕʏ^{35}	dʑʏ^{312}	dʑʏ^{312}	zʏ^{312}	zʏ^{312}
sʏ^{52}	dʑʏ^{113}	dʑʏ^{113}	no^{113}/lo^{113}/zʏ^{113}	no^{113}/lo^{113}/zʏ^{113}
ɕʏ^{52}	dʑʏ^{113}	dʑʏ^{113}	zʏ^{113}	zʏ^{113}
ɕiu^{44}	ʑiu^{311}	ʑiu^{311}	ʑiu^{311}	ʑiu^{311}
ɕiu^{52}	dʑiu^{231}	dʑiu^{231}	ɦiu^{231}	ɦiu^{231}
ʃɥɯ^{53}	dʒɥɯ^{323}	dʒɥɯ^{323}	dʑɥɯ^{323}/ɲiɯ^{323}	ɳʏɯ^{323}
ɕiɯɯ^{45}	tɕiɯɯ^{324}/dʑiɯɯ^{213}	tɕiɯɯ^{324}/dʑiɯɯ^{213}	lǝɯ^{324}/ɕiɯɯ^{324}	luo^{324}
ɕiǝʊ^{54}	dʑiǝʊ^{322}	dʑiǝʊ^{322}	ɕʑiǝʊ^{322}/szǝʊ^{322}	ɕʑiǝʊ^{322}

摄口 等调 韵声	流开 三上 有禅 受	流开 三去 宥禅 授	流开 三去 宥禅 寿	流开 三去 宥禅 售
宜	zɤɯ²⁴	zɤɯ²⁴	zɤɯ²³¹	zɤɯ²³¹
溧	zei²²⁴	zei²³¹	zei²³¹	zei²³¹
金	sʌɤ³¹	sʌɤ⁴⁴	sʌɤ⁴⁴	sʌɤ⁴⁴
丹	sᴇᵉ⁴¹	sᴇᵉ⁴¹	sᴇᵉ⁴¹	sᴇᵉ⁴¹
童	szei¹¹³	szei¹¹³	szei¹¹³	szei¹¹³
靖	çʐᵒɤ⁵¹	çʐᵒɤ⁵¹	çʐᵒɤ⁵¹	çʐᵒɤ⁵¹
江	ᴢᴇɪ²²³	ᴢᴇɪ²²³	ᴢᴇɪ²²³	ᴢᴇɪ²²³
常	zei²⁴	zei²⁴	zei²⁴	zei²⁴
锡	ᴢᴇɪ²¹³/³³	ᴢᴇɪ²¹³	ᴢᴇɪ²¹³	ᴢᴇɪ²¹³
苏	zɤɪ²³¹	zəɪ²³¹	zəɪ²³¹	zəɪ²³¹
熟	zɯ³¹	zɯ²¹³	zɯ²¹³	zɯ²¹³
昆	ᴢᴇ²²³	ᴢᴇ²¹	ᴢᴇ²¹	ᴢᴇ²¹
霜	zʌɪ²¹³	zʌɪ²¹³	zʌɪ²³¹	zʌɪ²³¹
罗	zʌɪ²¹³	zʌɪ²¹³	zʌɪ²³¹	zʌɪ²³¹
周	zɤ¹¹³	zɤ¹¹³	zɤ¹¹³	zɤ¹¹³
上	zɤɯ¹¹³	zɤɯ¹¹³	zɤɯ¹¹³	zɤɯ¹¹³
松	zɯ¹¹³	zɯ¹¹³	zɯ¹¹³	zɯ¹¹³
黎	zieɯ³²	zieɯ²¹³	zieɯ²¹³	zieɯ²¹³
盛	zieʉ²²³	zieʉ²¹²	zieʉ²¹²	zieʉ²¹²
嘉	ze²²³	ze²²³	ze²²³	ze²²³
双	zᵒɤ²³¹	zᵒɤ¹¹³	zᵒɤ¹¹³	zᵒɤ¹¹³
杭	szɪei¹¹³	ʔɪeɪ³³⁴	ʔɪeɪ³³⁴	szɪeɪ¹¹³/dʑɤ¹¹³
绍	zɤ¹¹³	zɤ²²	zɤ²²	dzɤ²²
诸	zei²³¹	zei²³³	zei²³³	zei²³³
崇	ʐɤ²²	ʐɤ¹⁴	ʐɤ¹⁴	dʐɤ¹⁴
太	ʐɤ²²	ʐɤ¹³	ʐɤ¹³	dʐɤ¹³
余	zɤ¹¹³	zɤ¹¹³	zɤ¹¹³	zɤ¹¹³
宁	ʐɤ¹¹³	ʐɤ¹¹³	ʐɤ¹¹³	ʐɤ¹¹³
黄	ʑiɤ¹¹³	ʑiɤ¹¹³	ʑiɤ¹¹³	ʑiɤ¹¹³
温	ɦiu²⁴	ɦiu²²	ɦiu²²	ɦiu²²
衢	ʒɥɯ³¹	ʒɥɯ³¹	ʒɥɯ³¹	ʒɥɯ³¹
华	çziɯɯ²⁴	çziɯɯ²⁴	çziɯɯ²⁴	çziɯɯ²⁴
永	çziʑʉ³²³	çziʑʉ²¹⁴	çziʑʉ²¹⁴	çziʑʉ²¹⁴

流开 三平 尤庄	流开 一上 厚精	流开 一去 候精	流开 三去 宥庄	流开 三去 宥庄
邹	走	奏	皱	绉
tsɤɯ⁵⁵	tsɣɯ⁵¹	tsɤɯ³²⁴	tsɤɯ³²⁴	tsɤɯ³²⁴
tsei⁴⁴⁵	tsei⁵²	tsei⁴¹²	tsei⁴¹²	tsei⁴¹²
tsʌɤ³¹	tsʌɤ³²³	tsʌɤ⁴⁴	tsʌɤ⁴⁴	tsʌɤ⁴⁴
tsɛeᵉ²²	tsɛeᵉ⁴⁴	tsɛeᵉ³²⁴	tsɛeᵉ³²⁴	tsɛeᵉ³²⁴
tsei⁴²/tsʌɤ⁴²	tsei⁴²	tsei⁴⁵	tsei⁴⁵	tsei⁴⁵
tɕᵒʁ⁴³³	tsʌɤ³³⁴	tsʌɤ⁵¹	tɕᵒʁ⁵¹	tɕᵒʁ⁵¹
tsɛɪ⁵¹	tsɛɪ⁴⁵	tsɛɪ⁴³⁵	tsɛɪ⁴³⁵	tsɛɪ⁴³⁵
tsei⁴⁴	tsei³³⁴	tsei⁵¹	tsei⁵¹	tsei⁵¹
tsɛi⁵⁵	tsɛi³²⁴	tsɛi³⁵	tsɛi³⁵	tsɛi³⁵
tsəɪ⁴⁴	tsəɪ⁵¹	tsəɪ⁴¹²	tsəɪ⁴¹²	tsəɪ⁴¹²
tsɛ⁵²	tsɛ⁴⁴	tsɛ³²⁴	tsɛ³²⁴	tsɛ³²⁴
tsɛ⁴⁴	tsɛ⁵²	tsɛ⁵²	tsɛ⁵²	tsɛ⁵²
tsʌɪ⁵²	tsʌɪ⁴³⁴	tsʌɪ⁴³⁴	tsʌɪ⁴³⁴	tsʌɪ⁴³⁴
tsʌɪ⁵²	tsʌɪ⁴³⁴	tsʌɪ⁴³⁴	tsʌɪ⁴³⁴	tsʌɪ⁴³⁴
tsɣ⁵²	tsɣ⁴⁴	tsɣ³³⁵	tsɣ³³⁵	tsɣ³³⁵
tsɤɯ⁵²	tsɤɯ³³⁴	tsɤɯ³³⁴	tsɤɯ³³⁴	tsɤɯ³³⁴
tsɯ⁵²	tsɯ⁴⁴	tsɯ³³⁵	tsɯ³³⁵	tsɯ³³⁵
tsieɯ⁴⁴	tsieɯ⁵¹	tsieɯ⁴¹³	tsieɯ⁴¹³	tsieɯ⁴¹³
tsiəʉ⁴⁴	tsiəʉ⁵¹	tsiəʉ⁴¹³	tsiəʉ⁴¹³	tsiəʉ⁴¹³
tse⁵¹	tse⁴⁴	tse³³⁴	tse³³⁴	tse³³⁴
tsᵒʁ⁴⁴	tsᵒʁ⁵³	tsᵒʁ³³⁴	tsᵒʁ³³⁴	tsᵒʁ³³⁴
tseɪ³²³	tseɪ⁵¹	tseɪ³³⁴	tseɪ³³⁴	tseɪ³³⁴
tsɣ⁵²	tsɣ³³⁴	tsɣ³³	tsɣ³³	tsɣ³³
tsei⁵⁴⁴	tsei⁵²	tsei⁵⁴⁴	tsei⁵⁴⁴	tsei⁵⁴⁴
tɕʁ⁵³	tɕʁ⁴⁴	tɕʁ³²⁴	tɕʁ³²⁴	tɕʁ³²⁴
tɕʁ⁵²³	tɕʁ⁴²	tɕʁ³⁵	tɕʁ³⁵	tɕʁ³⁵
tsʁ³²⁴	tsʁ⁴³⁵	tsʁ⁵²	tsʁ⁵²	tsʁ⁵²
tsʏ⁵²	tsʏ³²⁵	tsʏ⁵²	tsʏ⁵²	tsʏ⁵²
tɕiʁ⁵³³	tɕiʁ⁵³³	tɕiʁ⁴⁴	tɕiʁ⁴⁴	tɕiʁ⁴⁴
tsʌu⁴⁴	tsʌu³⁵	tsʌu⁵²	tsʌu⁵²	tsʌu⁵²
tsəɪ⁴³⁴	tsəɪ⁴⁵	tsəɪ⁵³	tsəɪ⁵³	tsəɪ⁵³
tɕiɯu⁴³⁵	tɕiɯu⁵⁴⁴	tɕiɯu⁴⁵	tɕiɯu⁴⁵	tɕiɯu⁴⁵
tɕiəʊ⁴⁴	tsəʊ⁴³⁴	tsəʊ⁵⁴	tsəʊ⁵⁴	tsəʊ⁵⁴

摄口 等调 韵声	流开 一去 候清 凑	流开 三平 尤崇 愁	流开 三平 尤生 搜	流开 三平 尤生 馊
宜	ts'ɤɯ³²⁴	dzɤɯ²²³	sɤɯ⁵⁵	sɤɯ⁵⁵
溧	ts'ei⁴¹²	zei²³¹/dzei²³¹	sei⁴⁴⁵	sei⁴⁴⁵
金	ts'ʌɤ⁴⁴	ts'ʌɤ³⁵	sʌɤ³¹	sʌɤ³¹
丹	ts'ɛᵉ³²⁴	dzɛᵉ²¹³/tsɛᵉ³²⁴	sɛᵉ²²	sɛᵉ²²
童	ts'ei⁴⁵	szei¹¹³	sei⁴²	sei⁴²
靖	ts'ʌɤ⁵¹	tɕøɤ⁵¹	çøɤ⁴³³	çøɤ⁴³³
江	ts'ɛɪ⁴³⁵	dzɛɪ²²³	sɛɪ⁵¹	sɛɪ⁵¹
常	ts'ei⁵¹	dzei²¹³	sei⁴⁴	sei⁴⁴
锡	ts'ɛɪ³⁵	zɛɪ²¹³	sɛɪ⁵⁵	sɛɪ⁵⁵
苏	ts'əɪ⁴¹²	zəɪ²²³	səɪ⁴⁴	səɪ⁴⁴
熟	ts'ɛ³²⁴	zɛ²³³	sɛ⁵²	sɛ⁵²
昆	ts'ɛ⁵²	zɛ¹³²	sɛ⁴⁴	sɛ⁴⁴
霜	ts'ʌɪ⁴³⁴	zʌɪ²³¹	sʌɪ⁵²	sʌɪ⁵²
罗	ts'ʌɪ⁴³⁴	zʌɪ²³¹	sʌɪ⁵²	sʌɪ⁵²
周	ts'ɤ³³⁵	zɤ¹¹³	sɤ⁵²	sɤ⁵²
上	ts'ɤɯ³³⁴	zɤɯ¹¹³	sɤɯ⁵²	sɤɯ⁵²
松	ts'ɯ³³⁵	zɯ²³¹	sɯ⁵²	sɯ⁵²
黎	ts'ieɯ³²⁴	dzieɯ²⁴	sieɯ⁴⁴	sieɯ⁴⁴
盛	ts'iɵɥ³¹³	dziɵɥ²⁴	siɵɥ⁴⁴	siɵɥ⁴⁴
嘉	ts'e³³⁴	ze²³¹	se⁵¹	se⁵¹
双	tsøɤ³³⁴	zøɤ¹¹³	søɤ⁴⁴	søɤ⁴⁴
杭	ts'eɪ³³⁴	dzeɪ³²³	seɪ³²³	seɪ³²³
绍	ts'ɤ³³	zɤ²³¹	sɤ⁵²	sɤ⁵²
诸	ts'ei⁵⁴⁴	dzei²³³	sei⁵⁴⁴	sei⁵⁴⁴
崇	tɕ'ɤ³²⁴	dʑɤ³¹	çɤ⁵³	çɤ⁵³
太	tɕ'ɤ³⁵	dʑɤ³¹²	çɤ⁵²³	çɤ⁵²³
余	ts'ɤ⁵²	dzɤ¹¹³	sɤ³²⁴	sɤ³²⁴
宁	ts'ɤ⁵²	dzɤ¹¹³	sɤ⁵²	sɤ⁵²
黄	tɕiu⁴⁴	ʑiu³¹¹	çiu⁵³³	çiu⁵³³
温	ts'ʌu⁵²	szʌu²³¹	sʌu⁴⁴	sʌu⁴⁴
衢	ts'əɪ⁵³	dʑʮɯ³²³	səɪ⁴³⁴	səɪ⁴³⁴
华	tɕ'iɯɯ⁴⁵	tɕiɯɯ³²⁴	çiɯɯ⁴³	çiɯɯ³²⁴
永	ts'əʊ⁵⁴	szəʊ³²²	səʊ⁴⁴	səʊ⁴⁴

流开 一上 厚心	流开 三去 宥生	流开 三去 宥生	山开 二平 删帮	山开 二平 删帮
叟	瘦	漱	班	斑
sɣɯ^{55}	sɣɯ^{324}	sɣɯ^{324}	pʌ^{55}	pʌ^{55}
sei^{52}	sei^{412}	su^{412}	pʌ^{445}	pʌ^{445}
sʌɣ^{323}	sʌɣ^{44}	sᵃu^{44}	pæ̃^{31}	pæ̃^{31}
sᴇᵉ^{22}	sᴇᵉ^{324}	sᴇᵉ^{324}	pæ^{22}	pæ^{22}
sei^{42}	sei^{45}	sei^{45}	pɑ^{42}	pɑ^{42}
çᵃɣ^{334}	sʌɣ^{51}	sʌɣ^{51}	pæ̃^{433}	pæ̃^{433}
sᴇɪ^{45}	sᴇɪ^{435}	sᴇɪ^{435}	pæ^{51}	pæ^{51}
sei^{334}	sei^{51}	sei^{51}	pæ^{44}/pæ̃^{44}	pæ^{44}/pæ̃^{44}
sᴇɪ^{55}	sᴇɪ^{35}	sᴇɪ^{35}	pɛ^{55}	pɛ^{55}
sɚɪ^{51}	sɚɪ^{412}	sɚɪ^{412}	pᴇ^{44}	pᴇ^{44}
sᴇ^{44}	sᴇ^{324}	sᴇ^{324}	pæ^{52}	pæ^{52}
sᴇ^{52}	sᴇ^{52}	sᴇ^{52}	pɛ^{44}	pɛ^{44}
sʌɪ^{434}	sʌɪ^{434}	sʌɪ^{434}	pᴇ^{52}	pᴇ^{52}
sʌɪ^{434}	sʌɪ^{434}	sʌɪ^{434}	pe^{52}	pe^{52}
sɣ^{44}	sɣ^{335}	sɣ^{335}	ɓɛ^{52}	ɓɛ^{52}
sɣɯ^{334}	sɣɯ^{334}	su^{334}	pᴇ^{52}	pᴇ^{52}
sɯ^{44}	sɯ^{335}	su^{52}	pᴇ^{52}	pᴇ^{52}
sieɯ^{51}	sieɯ^{413}	sieɯ^{413}	pᴇ^{44}	pᴇ^{44}
sioʉ^{51}	sioʉ^{413}	sioʉ^{413}	pᴇ^{44}	pᴇ^{44}
se^{44}	se^{334}	se^{334}	pᴇᵉ^{51}	pᴇᵉ^{51}
sᵒɣ^{53}	sᵒɣ^{334}	sɵu^{334}	pᴇ^{44}	pᴇ^{44}
sei^{51}	sei^{334}	suɐʔ^{55}	pᴇ^{323}	pᴇ^{323}
sɣ^{334}	sɣ^{33}	sɣ^{33}	pæ̃^{52}	pæ̃^{52}
sei^{52}	sei^{544}	sei^{544}	pɛ^{544}	pɛ^{544}
çɣ^{44}	çɣ^{324}	su^{324}	pæ̃^{53}	pæ̃^{53}
çɣ^{42}	çɣ^{35}		pæ̃^{523}	pæ̃^{523}
sɣ^{435}	sɣ^{52}	sou^{52}	pɛ̃^{324}	pɛ̃^{324}
sɣ^{325}	sɣ^{52}	so^{52}	pᴇ^{52}	pᴇ^{52}
çiu^{533}	çiu^{44}	çiu^{44}	pɛ^{533}	pɛ^{533}
sʌu^{35}	za^{22}	sʌu^{52}	pɑ^{44}	pɑ^{44}
sɚɪ^{45}	sɚɪ^{53}	sᵒu^{53}	pæ̃^{434}	pæ̃^{434}
çiɯu^{544}	çiɯu^{45}	çiɯu^{45}	pɑ^{324}	pɑ^{324}
sɵʊ^{434}	çiəʊ^{54}	sɵʊ^{54}	ʔmuʌ^{44}	ʔmuʌ^{44}

摄口 等调 韵声	山开 二平 删帮	山开 二上 潸帮	山开 二上 潸帮	山开 二去 裥帮
	扳	板	版	扮
宜	pA^{55}	pA^{51}	pA^{51}	pA^{324}
溧	pA^{445}	pA^{52}	pA^{52}	pA^{412}
金	$p\tilde{æ}^{31}$	$p\tilde{æ}^{323}$	$p\tilde{æ}^{323}$	$p\tilde{æ}^{44}/p\tilde{u}$
丹	$pæ^{22}$	$pæ^{44}$	$pæ^{44}$	$pæ^{324}$
童	$pɑ^{42}$	$pɑ^{324}$	$pɑ^{324}$	$pɑ^{45}$
靖	$p\tilde{æ}^{433}$	$p\tilde{æ}^{334}$	$p\tilde{æ}^{334}$	$p\tilde{u}^{51}$
江	$pæ^{51}$	$pæ^{45}$	$pæ^{45}$	$pæ^{435}$
常	$pæ^{44}/p\tilde{æ}^{44}$	$pæ^{334}/p\tilde{æ}^{334}$	$pæ^{334}/p\tilde{æ}^{334}$	$pæ^{51}/p\tilde{æ}^{51}$
锡	$pɛ^{55}$	$pɛ^{324}$	$pɛ^{324}$	$pɛ^{35}$
苏	pE^{44}	pE^{51}	pE^{51}	pE^{412}
熟	$pæ^{52}$	$pæ^{44}$	$pæ^{44}$	$pæ^{324}$
昆	$pɛ^{44}$	$pɛ^{52}$	$pɛ^{52}$	$pɛ^{52}$
霜	pE^{52}	pE^{434}	pE^{434}	pE^{434}
罗	pe^{52}	pe^{434}	pe^{434}	pe^{434}
周	$6ɛ^{52}$	$6ɛ^{44}$	$6ɛ^{44}$	$6ɛ^{335}$
上	pE^{52}	pE^{334}	pE^{334}	pE^{334}
松	pE^{52}	pE^{44}	pE^{44}	pE^{335}
黎	pE^{44}	pE^{51}	pE^{51}	pE^{413}
盛	pE^{44}	pE^{51}	pE^{51}	pE^{413}
嘉	$pE^{ε^{51}}$	$pE^{ε^{44}}$	$pE^{ε^{44}}$	$pE^{ε^{334}}$
双	pE^{44}	pE^{53}	pE^{53}	pE^{334}
杭	pE^{323}	pE^{51}	pE^{51}	pE^{334}
绍	$p\tilde{æ}^{52}$	$p\tilde{æ}^{334}$	$p\tilde{æ}^{334}$	$p\tilde{æ}^{33}$
诸	$pɛ^{544}$	$pɛ^{52}$	$pɛ^{52}$	$pɛ^{544}$
崇	$p\tilde{æ}^{53}$	$p\tilde{æ}^{44}$	$p\tilde{æ}^{44}$	$p\tilde{æ}^{324}$
太	$p\tilde{æ}^{523}$	$p\tilde{æ}^{42}$	$p\tilde{æ}^{42}$	$p\tilde{æ}^{35}$
余	$p\tilde{ɛ}^{324}$	$p\tilde{ɛ}^{435}$	$p\tilde{ɛ}^{435}$	$p\tilde{ɛ}^{52}$
宁	pE^{52}	pE^{325}	pE^{325}	pE^{52}
黄	$pɛ^{533}$	$pɛ^{533}$	$pɛ^{533}$	$pɛ^{44}$
温	$p\tilde{ɑ}^{44}$	$p\tilde{ɑ}^{35}$	$p\tilde{ɑ}^{35}$	$p\tilde{ɑ}^{52}$
衢	$p\tilde{æ}^{434}$	$p\tilde{æ}^{45}$	$p\tilde{æ}^{45}$	$p\tilde{æ}^{53}$
华	$pɑ^{324}$	$pɑ^{544}$	$pɑ^{544}$	$pɑ^{45}$
永	$ʔmʊA^{44}$	$ʔmA^{434}$	$ʔmA^{434}$	$ʔmA^{54}$

山开 二平 删滂	山开 二去 襻滂	山开 二去 谏滂	咸开 二平 衔並	山开 二平 删並
攀	盼	襻	嵒	爿
$p'ʌ^{55}$	$p'ʌ^{324}$	$p'ʌ^{324}$		$bʌ^{223}$
$p'ʌ^{445}$	$p'ʌ^{412}$	$p'ʌ^{412}$		$bʌ^{323}$
$p'æ̃^{31}/p'ʊ̃^{31}$	$p'æ̃^{44}/p'ʊ̃^{44}$	$p'æ̃^{44}/p'ʊ̃^{44}$		$p'æ̃^{35}$
$pæ^{22}/p'ən^{22}$	$p'ən^{22}$	$p'ən^{22}$		
$p'ɑ^{42}$	$p'ɑ^{45}$	$p'ɑ^{45}$		$bɑ^{113}$
$p'æ̃^{433}$	$p'æ̃^{51}$	$p'æ̃^{51}$	$bæ̃^{223}$	$bʊ̃^{223}$
$p'æ^{45}$	$p'æ^{435}$	$p'æ^{435}$	$bæ^{223}$	$bæ^{223}$
$p'æ^{44}/p'æ̃^{44}$	$p'æ^{51}/p'æ̃^{51}$	$p'æ^{51}/p'æ̃^{51}$		$bæ^{213}/bæ̃^{213}$
$p'ɛ^{55}$	$p'ɛ^{35}$	$p'ɛ^{35}$	$bɛ^{213}$	$bɛ^{213}$
$p'ᴇ^{44}$	$p'ɵ^{412}$	$p'ᴇ^{412}$	$bᴇ^{223}$	$bᴇ^{223}$
$p'æ^{52}$	$pæ^{324}$	$p'æ^{324}$	$bæ^{233}$	$bæ^{233}$
$p'ɛ^{44}$	$p'ɛ^{52}/p'ɵ^{52}$	$p'ɛ^{52}$	$bɛ^{132}$	$bɛ^{132}$
$p'ᴇ^{52}$	$p'ᴇ^{434}$	$p'ᴇ^{434}$	$bᴇ^{231}$	$bᴇ^{231}$
$p'e^{52}$	$p'e^{434}$	$p'e^{434}$	be^{231}	be^{231}
$p'ɛ^{52}$	$p'ɛ^{335}$	$p'ɛ^{335}$	$bɛ^{113}$	$bɛ^{113}$
$p'ᴇ^{52}/p'ø^{52}$	$p'ᴇ^{334}$	$p'ᴇ^{334}$	$bᴇ^{113}$	$bᴇ^{113}$
$p'ᴇ^{52}$	$p'ᴇ^{335}$	$p'ᴇ^{335}$	$bᴇ^{231}$	$bᴇ^{231}$
$p'ᴇ^{44}$	$p'ᴇ^{324}$	$p'ᴇ^{324}$	$bᴇ^{24}$	$bᴇ^{24}$
$p'ᴇ^{44}$	$p'ᴇ^{313}$	$p'ᴇ^{313}$	$bᴇ^{24}$	$bᴇ^{24}$
$p'ᴇᵉ^{51}$	$p'ᴇᵉ^{334}$	$p'ᴇᵉ^{334}$	$bᴇᵉ^{231}$	$bᴇᵉ^{231}$
$p'ᴇ^{44}$	$p'ᴇ^{334}$	$p'ᴇ^{334}$		$bᴇ^{113}$
$p'ᴇ^{323}$	$p'ᴇ^{334}$	$p'ᴇ^{334}$		$bᴇ^{212}$
$p'æ̃^{52}$	$p'æ̃^{33}$	$p'æ̃^{33}$	$bæ̃^{231}$	$bæ̃^{231}$
$p'ɛ^{544}$	$p'ɛ^{544}$	$p'ɛ^{544}$		$bɛ^{233}$
$p'æ̃^{53}$	$p'æ̃^{324}$	$p'æ̃^{324}$	$bæ̃^{31}$	$bæ̃^{31}$
$p'æ̃^{523}$	$p'æ̃^{35}$	$p'æ̃^{35}$		$bæ̃^{312}$
$p'ɛ̃^{324}$	$p'ɛ̃^{52}$	$p'ɛ̃^{52}$		$bɛ̃^{113}$
$p'ᴇ^{52}$	$p'ᴇ^{52}$	$p'ᴇ^{52}$		$bᴇ^{113}$
$p'ɛ^{533}$	$p'ɛ^{44}$	$p'ɛ^{44}$		$bɛ^{311}$
$p'ɑ^{44}$	$p'ɑ^{52}$	$p'ɑ^{52}$		
$p'æ̃^{434}$	$p'æ̃^{53}$	$p'æ̃^{53}$		$dæ̃^{323}$
$p'æ̃^{435}$	$p'æ̃^{45}$	$p'æ̃^{45}$		$pɑ^{324}/bɑ^{213}$
$p'ʌ^{44}$	$p'ʌ^{54}$	$p'ʌ^{54}$		$bʌ^{322}$

摄口 等调 韵声	山开 二去 裥並	山开 二去 裥並	山开 二平 删明	山开 二平 删明
	瓣	办	蛮~好	蛮野~
宜	bA^{223}	bA^{231}	ʔmA^{55}	mA^{223}
溧	pA^{412}	bA^{231}	ʔmA^{445}	mA^{323}
金	pæ̃^{44}	pæ̃^{44}	mæ̃^{35}	mæ̃^{35}
丹	pæ^{41}	pæ^{41}	mæ^{44}	mən^{213}
童	dɑ^{113}	bɑ^{113}	mɑ^{113}	mɑ^{113}
靖	bæ̃^{31}	bæ̃^{31}	mæ̃^{223}	mæ̃^{223}
江	bæ^{223}	bæ^{223}	ʔmæ^{51}	mæ^{223}
常	bæ^{24}/bæ̃^{24}	bæ^{24}/bæ̃^{24}	ʔmæ^{44}/ʔmæ̃^{44}	mæ^{213}/mæ̃^{213}
锡	bɛ^{213}	bɛ^{213}	ʔmɛ^{55}	mɛ$^{213/33}$
苏	bE^{231}	bE^{231}	ʔmE^{44}	mE^{223}
熟	bæ^{213}	bæ^{213}	ʔmæ^{52}	mæ^{233}
昆	pe^{52}	bɛ^{21}	ʔme^{44}	me^{231}
霜	pE^{434}	bE^{213}	ʔmE^{52}	mE^{231}
罗	pe^{434}	be^{213}	ʔme^{52}	me^{213}
周	bE^{113}	bE^{113}	ʔmE^{52}	mE^{113}
上	bE^{113}/pE^{334}	bE^{113}	ʔmE^{52}	mE^{113}
松	pE^{335}/bE^{335}	bE^{335}	ʔmE^{52}	mE^{231}
黎	bE^{213}	bE^{213}	ʔmE^{44}	mE^{24}
盛	bE^{212}	bE^{212}	ʔmE^{44}	mE^{24}
嘉	bEᵉ^{223}	bEᵉ^{223}	ʔmEᵉ^{51}	mEᵉ^{231}
双	bE^{113}	bE^{113}	ʔmE^{44}	mE^{113}
杭	bE^{113}	bE^{113}	ʔmE^{323}	mE^{212}
绍	bæ̃^{22}/pæ̃^{33}	bæ̃^{22}	ʔmæ̃^{52}	mæ̃^{231}
诸	be^{233}	be^{233}	me^{233}	me^{233}
崇	bæ̃^{14}	bæ̃^{14}	ʔme^{53}	mæ̃^{31}
太	bæ̃^{13}	bæ̃^{13}	ʔme^{523}	mæ̃^{312}
余	bẽ^{113}	bẽ^{113}	ʔmẽ^{324}	mẽ^{113}
宁	bE^{113}	bE^{113}	ʔmE^{52}	mE^{113}
黄	bɛ^{113}	bɛ^{113}	ʔmɛ^{533}	me^{311}
温	bɑ^{22}	bɑ^{22}	ʔmɑ^{44}	mɑ^{231}
衢	pæ̃^{53}	bæ̃^{31}	mæ̃^{323}	mæ̃^{323}
华	bɑ^{24}	bɑ^{24}		mæ̃^{213}
永	bA^{214}	bA^{214}		mA^{322}

山开 二去 谏明	山合 三平 元敷	山合 三平 元敷	山合 三上 阮非	咸合 三去 梵敷
慢	翻	番	反	泛
m_A^{24}	f_A^{55}	f_A^{55}	f_A^{51}	f_A^{324}
m_A^{231}	f_A^{445}	f_A^{445}	f_A^{51}	f_A^{412}
mæ̃^{31}	fæ̃^{31}	fæ̃^{31}	fæ̃^{323}	fæ̃^{44}
mæ^{41}	fæ^{22}	fæ^{22}	$\text{fæ}^{22/44}$	fæ^{324}
mɑ^{31}	fɑ^{42}	fɑ^{42}	fɑ^{324}	fɑ^{45}
mæ̃^{31}	fæ̃^{433}	fæ̃^{433}	fæ̃^{334}	fæ̃^{51}
mæ^{223}	fæ^{51}	fæ^{51}	fæ^{45}	fæ^{435}
$\text{mæ}^{24}/\text{mæ̃}^{24}$	$\text{fæ}^{44}/\text{fæ̃}^{44}$	$\text{fæ}^{44}/\text{fæ̃}^{44}$	$\text{fæ}^{334}/\text{fæ̃}^{334}$	$\text{fæ}^{51}/\text{fæ̃}^{51}$
mɛ^{213}	fɛ^{55}	fɛ^{55}	fɛ^{324}	fɛ^{35}
m_E^{231}	f_E^{44}	f_E^{44}	f_E^{51}	f_E^{412}
mæ^{213}	fæ^{52}	fæ^{52}	fæ^{44}	fæ^{44}
mɛ^{21}	fɛ^{44}	fɛ^{44}	fɛ^{52}	fɛ^{52}
m_E^{213}	f_E^{52}	f_E^{52}	f_E^{434}	f_E^{434}
mɛ^{213}	fɛ^{52}	fɛ^{52}	fɛ^{434}	fɛ^{434}
mɛ^{113}	fɛ^{52}	fɛ^{52}	fɛ^{44}	fɛ^{335}
m_E^{113}	f_E^{52}	f_E^{52}	f_E^{334}	f_E^{334}
m_E^{113}	f_E^{52}	f_E^{52}	f_E^{44}	f_E^{335}
m_E^{213}	f_E^{44}	f_E^{44}	f_E^{51}	f_E^{413}
m_E^{212}	f_E^{44}	f_E^{44}	f_E^{51}	f_E^{413}
$\text{m}_\text{E}\text{ɛ}^{223}$	$\text{f}_\text{E}\text{ɛ}^{51}$	$\text{f}_\text{E}\text{ɛ}^{51}$	$\text{f}_\text{E}\text{ɛ}^{44}$	$\text{f}_\text{E}\text{ɛ}^{334}/\text{v}_\text{E}\text{ɛ}^{223}$
m_E^{113}	f_E^{44}	f_E^{44}	f_E^{53}	f_E^{334}
m_E^{113}	f_E^{323}	f_E^{323}	f_E^{51}	f_E^{334}
mæ̃^{22}	fæ̃^{52}	fæ̃^{52}	fæ̃^{334}	fæ̃^{33}
mɛ^{233}	fɛ^{544}	fɛ^{544}	fɛ^{52}	fɛ^{544}
mæ̃^{14}	fæ̃^{53}	fæ̃^{53}	fæ̃^{44}	fæ̃^{324}
mæ̃^{13}	fæ̃^{523}	fæ̃^{523}	fæ̃^{42}	fæ̃^{35}
mɛ̃^{113}	fɛ̃^{324}	fɛ̃^{324}	fɛ̃^{435}	fɛ̃^{52}
m_E^{113}	f_E^{52}	f_E^{52}	f_E^{325}	f_E^{52}
mɛ^{113}	fɛ^{533}	fɛ^{533}	fɛ^{533}	fɛ^{44}
mɑ^{22}	fɑ^{44}	fɑ^{44}	fɑ^{35}	fɑ^{52}
mæ̃^{31}	fæ̃^{434}	fæ̃^{434}	fæ̃^{45}	fæ̃^{53}
mɑ^{24}	fɑ^{324}	fɑ^{324}	fɑ^{544}	fɑ^{45}
m_A^{214}	f_A^{44}	f_A^{44}	f_A^{434}	f_A^{54}

摄口 等调 韵声	山合 三去 愿非 贩	咸合 三平 凡奉 凡	咸合 三平 凡奉 帆	山合 三平 元奉 烦
宜	fA^{324}	vA^{223}	vA^{223}	vA^{223}
溧	fA^{412}	vA^{323}	fA^{445}	vA^{323}
金	$f\tilde{æ}^{44}$	$f\tilde{æ}^{35}$	$f\tilde{æ}^{35}$	$f\tilde{æ}^{35}$
丹	$fæ^{324}$	$fvæ^{213}$	$fvæ^{213}$	$fvæ^{213}$
童	fa^{45}	$ɦuɑ^{113}$	$ɦuɑ^{113}$	$ɦuɑ^{113}$
靖	$f\tilde{æ}^{51}$	$ɦuæ^{223}$	$ɦuæ^{223}$	$ɦu\tilde{æ}^{223}$
江	$fæ^{435}$	$væ^{223}$	$væ^{223}$	$væ^{223}$
常	$fæ^{51}/f\tilde{æ}^{51}$	$væ^{213}/v\tilde{æ}^{213}$	$fæ^{44}/f\tilde{æ}^{44}$	$væ^{213}/v\tilde{æ}^{213}$
锡	fe^{35}	ve^{213}	ve^{213}	ve^{213}
苏	fE^{412}	vE^{223}	vE^{223}/fE^{44}	vE^{223}
熟	$fæ^{324}$	$væ^{233}$	$væ^{233}$	$væ^{233}$
昆	fe^{52}	ve^{132}	ve^{132}/fe^{44}	ve^{132}
霜	fE^{434}	vE^{231}	vE^{231}	vE^{231}
罗	fe^{434}	ve^{231}	ve^{231}	ve^{231}
周	fe^{335}	ve^{113}	ve^{113}	ve^{113}
上	fE^{334}	vE^{113}	fE^{52}/vE^{113}	vE^{113}
松	fE^{335}	vE^{231}	vE^{231}	vE^{231}
黎	fE^{413}	vE^{24}	vE^{24}	vE^{24}
盛	fE^{413}	vE^{24}	vE^{24}	vE^{24}
嘉	$fE^{ɛ334}$	$vE^{ᵉ231}$	$vE^{ᵉ231}$	$vE^{ᵉ231}$
双	fE^{334}	vE^{113}	vE^{113}	vE^{113}
杭	fE^{334}	vE^{212}	vE^{212}/fE^{323}	vE^{212}
绍	$f\tilde{æ}^{33}$	$v\tilde{æ}^{231}$	$v\tilde{æ}^{231}$	$v\tilde{æ}^{231}$
诸	fe^{544}	ve^{233}	ve^{233}	ve^{233}
崇	$f\tilde{æ}^{324}$	$v\tilde{æ}^{31}$	$v\tilde{æ}^{31}$	$v\tilde{æ}^{31}$
太	$f\tilde{æ}^{35}$	$v\tilde{æ}^{312}$	$v\tilde{æ}^{312}$	$v\tilde{æ}^{312}$
余	$f\tilde{ɛ}^{52}$	$v\tilde{ɛ}^{113}$	$v\tilde{ɛ}^{113}$	$v\tilde{ɛ}^{113}$
宁	fE^{52}	vE^{113}	vE^{113}	vE^{113}
黄	fe^{44}	$vɛ^{311}$	$fɛ^{533}$	$vɛ^{311}$
温	$fɑ^{52}$	$vɑ^{231}$	$vɑ^{231}$	$vɑ^{231}$
衢	$f\tilde{æ}^{53}$	$fv\tilde{æ}^{323}$	$fv\tilde{æ}^{323}$	$fv\tilde{æ}^{323}$
华	$fɑ^{45}$	$fɑ^{213}$	$fɑ^{213}$	$fɑ^{213}$
永	fA^{54}	fvA^{322}	fvA^{322}/fA^{44}	fvA^{322}

山合 三平 元奉	山合 三平 元奉	咸合 三上 范奉	咸合 三上 范奉	咸合 三上 范奉
繁	矾	范	笵	犯
vA^{223}	vA^{223}	vA^{231}	vA^{231}	vA^{231}
vA^{323}	vA^{323}	vA^{231}	vA^{231}	vA^{231}
$f\tilde{æ}^{35}$	$f\tilde{æ}^{35}$	$f\tilde{æ}^{44}$	$f\tilde{æ}^{44}$	$f\tilde{æ}^{44}$
$fvæ^{213}$	$fvæ^{213}$	$fæ^{41}$	$fæ^{41}$	$fæ^{41}$
$ɦuɑ^{113}$	$ɦuɑ^{113}$	$ɦuɑ^{113}$	$ɦuɑ^{113}$	$ɦuɑ^{113}$
$ɦu\tilde{æ}^{223}$	$ɦu\tilde{æ}^{223}$	$ɦu\tilde{æ}^{31}$	$ɦu\tilde{æ}^{31}$	$ɦu\tilde{æ}^{31}$
$væ^{223}$	$væ^{223}$	$væ^{223}$	$væ^{223}$	$væ^{223}$
$væ^{213}/v\tilde{æ}^{213}$	$væ^{213}/v\tilde{æ}^{213}$	$væ^{24}/v\tilde{æ}^{24}$	$væ^{24}/v\tilde{æ}^{24}$	$væ^{24}/v\tilde{æ}^{24}$
$vɛ^{213}$	$vɛ^{213}$	$vɛ^{213/33}$	$vɛ^{213/33}$	$vɛ^{213/33}$
vE^{223}	vE^{223}	vE^{231}	vE^{231}	vE^{231}
$væ^{233}$	$væ^{233}$	$væ^{31}$	$væ^{31}$	$væ^{31}$
$vɛ^{132}$	$vɛ^{132}$	$vɛ^{223}$	$vɛ^{223}$	$vɛ^{223}$
vE^{231}	vE^{231}	vE^{213}	vE^{213}	vE^{213}
ve^{231}	ve^{231}	ve^{213}	ve^{213}	ve^{213}
$vɛ^{113}$	$vɛ^{113}$	$vɛ^{113}$	$vɛ^{113}$	$vɛ^{113}$
vE^{113}	vE^{113}	vE^{113}	vE^{113}	vE^{113}
vE^{231}	vE^{231}	vE^{113}	vE^{113}	vE^{113}
vE^{24}	vE^{24}	vE^{32}	vE^{32}	vE^{32}
vE^{24}	vE^{24}	vE^{223}	vE^{223}	vE^{223}
$vE^{ɛ231}$	$vE^{ɛ231}$	$vE^{ɛ223}$	$vE^{ɛ223}$	$vE^{ɛ223}$
vE^{113}	vE^{113}	vE^{231}	vE^{231}	vE^{231}
vE^{212}	vE^{212}	vE^{113}	vE^{113}	vE^{113}
$v\tilde{æ}^{231}$	$v\tilde{æ}^{231}$	$v\tilde{æ}^{113}$	$v\tilde{æ}^{113}$	$v\tilde{æ}^{113}$
$vɛ^{233}$	$vɛ^{233}$	$vɛ^{231}$	$vɛ^{231}$	$vɛ^{231}$
$v\tilde{æ}^{31}$	$v\tilde{æ}^{31}$	$v\tilde{æ}^{22}$	$v\tilde{æ}^{22}$	$v\tilde{æ}^{22}$
$v\tilde{æ}^{312}$	$v\tilde{æ}^{312}$	$v\tilde{æ}^{22}$	$v\tilde{æ}^{22}$	$v\tilde{æ}^{22}$
$v\tilde{ɛ}^{113}$	$v\tilde{ɛ}^{113}$	$v\tilde{ɛ}^{113}$	$v\tilde{ɛ}^{113}$	$v\tilde{ɛ}^{113}$
vE^{113}	vE^{113}	vE^{113}	vE^{113}	vE^{113}
$vɛ^{311}$	$vɛ^{311}$	$vɛ^{113}$	$vɛ^{113}$	$vɛ^{113}$
$vɑ^{231}$	$vɑ^{231}$	$vɑ^{\underline{24}}$	$vɑ^{\underline{24}}$	$vɑ^{\underline{24}}$
$fv\tilde{æ}^{323}$	$fv\tilde{æ}^{323}$	$fv\tilde{æ}^{31}$	$fv\tilde{æ}^{31}$	$fv\tilde{æ}^{31}$
fa^{213}	fa^{213}	$vɑ^{24}$	$vɑ^{24}$	$vɑ^{24}$
fvA^{322}	fvA^{322}	fvA^{214}	fvA^{214}	fvA^{214}

摄口 等调 韵声	山合 三去 愿奉	山合 三去 愿微	咸开 一平 谈端	山开 一平 寒端
	饭	万	担~心	单
宜	vɑ^{231}	vɑ^{231}	tɑ^{55}	tɑ^{55}
溧	vɑ^{231}	vɑ^{231}	tɑ^{445}	tɑ^{445}
金	fæ̃^{44}	uæ̃^{44}	tæ̃^{31}	tæ̃^{31}
丹	fæ^{41}	ʊæ^{41}	tæ^{22}	tæ^{22}
童	ɦuɑ^{113}	ɦuɑ^{113}	tɑ^{42}	tɑ^{42}
靖	ɦuæ̃^{31}	ɦuæ̃^{31}	tæ̃^{433}	tæ̃^{433}
江	væ^{223}	væ^{223}/mæ^{223}	tæ^{51}	tæ^{51}
常	væ^{24}/væ̃^{24}	væ^{24}/væ̃^{24}	tæ^{44}/tæ̃^{44}	tæ^{44}/tæ̃^{44}
锡	vɛ^{213}	vɛ^{213}/mɛ^{213}	tɛ^{55}	tɛ^{55}
苏	vE^{231}	vE^{231}/mE^{231}少	tE^{44}	tE^{44}
熟	væ^{213}	væ^{213}/mæ^{213}	tæ^{52}	tæ^{52}
昆	vɛ^{21}	vɛ^{21}/mɛ^{223}少	tɛ^{44}	tɛ^{44}
霜	vE^{213}	vE^{213}	tE^{52}	tE^{52}
罗	vɛ^{213}	vɛ^{213}	tɛ^{52}	tɛ^{52}
周	vɛ^{113}	vɛ^{113}	ɖɛ^{52}	ɖɛ^{52}
上	vE^{113}	vE^{113}/mE^{113}	tE^{52}	tE^{52}
松	vE^{113}	vE^{113}/mE^{113}	tE^{52}	tE^{52}
黎	vE^{213}	vE^{213}	tE^{44}	tE^{44}
盛	vE^{212}	vE^{212}	tE^{44}	tE^{44}
嘉	vE^{223}	vE^{223}	tE^{ɛ51}	tE^{ɛ51}
双	vE^{113}	vE^{113}	tE^{44}	tE^{44}
杭	vE^{113}	vE^{113}	tE^{323}	tE^{323}
绍	væ̃^{22}	væ̃^{22}	tæ̃^{52}	tæ̃^{52}
诸	vɛ^{233}	vɛ^{233}	tɛ^{544}	tɛ^{544}
崇	væ̃^{14}	væ̃^{14}	tæ̃^{53}	tæ̃^{53}
太	væ̃^{13}	væ̃^{13}	tæ̃^{523}	tæ̃^{523}
余	vɛ̃^{113}	vɛ̃^{113}	tɛ̃^{324}	tɛ̃^{324}
宁	vE^{113}	vE^{113}	tE^{52}	tE^{52}
黄	vɛ^{113}	vɛ^{113}	tɛ^{533}	tɛ^{533}
温	vɑ^{22}	vɑ^{22}/mɑ^{22}	tɑ^{44}	tɑ^{44}
衢	fvæ̃^{31}	mæ̃^{31}/fvæ̃^{31}	tæ̃^{434}	tæ̃^{434}
华	vɑ^{24}	væ̃^{24}/vɑ^{24}	tɑ^{324}	tɑ^{324}
永	fvɑ^{214}	fvɑ^{214}	ʔnɑ^{44}	ʔnɑ^{44}

山开	咸开	山开	咸开	山开
一平	一上	一上	一去	一去
寒端	敢端	旱端	阚端	翰端
丹	胆	撣	担挑~	旦
tᴀ^{55}	tᴀ^{51}	tᴀ^{51}	tᴀ^{324}	tᴀ^{324}
tᴀ^{445}	tᴀ^{52}	tᴀ^{52}	tᴀ^{412}	tᴀ^{412}
tæ̃^{31}	tæ̃^{323}	tæ̃^{323}	tæ̃^{44}	tæ̃^{44}
tæ^{22}	tæ^{44}	tæ^{44}	tæ$^{324/41}$	tæ^{324}
tɑ^{42}	tɑ^{324}	tɑ^{324}	tɑ^{45}	tɑ^{45}
tæ̃^{433}	tæ̃^{334}	tæ̃^{334}	tæ̃^{51}	tæ̃^{51}
tæ^{51}	tæ^{45}	tæ^{45}	tæ^{435}	tæ^{435}
tæ^{44}/tæ̃^{44}	tæ^{334}/tæ̃^{334}	tæ^{334}/tæ̃^{334}	tæ^{51}/tæ̃^{51}	tæ^{51}/tæ̃^{51}
tᴇ^{55}	tᴇ^{324}	tᴇ^{324}	tᴇ^{35}	tᴇ^{35}
tᴇ^{44}	tᴇ^{51}	tᴇ^{51}	tᴇ^{412}	tᴇ^{412}
tæ^{52}	tæ^{44}	tæ^{44}	tæ^{324}	tæ^{324}
tɛ^{44}	tɛ^{52}	tɛ^{52}	tɛ^{52}	tɛ^{52}
tᴇ^{52}	tᴇ^{434}	tᴇ^{434}	tᴇ^{434}	tᴇ^{434}
te^{52}	te^{434}	te^{434}	te^{434}	te^{434}
ɖɛ^{52}	ɖɛ^{44}	ɖɛ^{44}	ɖɛ^{335}	ɖɛ^{335}
tᴇ^{52}	tᴇ^{334}	tᴇ^{334}	tᴇ^{334}	tᴇ^{334}
tᴇ^{52}	tᴇ^{44}	tᴇ^{44}/tø^{44}	tᴇ^{335}	tᴇ^{335}
tᴇ^{44}	tᴇ^{51}	tᴇ^{51}	tᴇ^{413}	tᴇ^{413}
tᴇ^{44}	tᴇ^{51}	tᴇ^{51}	tᴇ^{413}	tᴇ^{413}
tᴇ^{ɛ51}	tᴇ^{ɛ44}	tᴇ^{ɛ44}	tᴇ^{ɛ334}	tᴇ^{ɛ334}
tᴇ^{44}	tᴇ^{53}	tᴇ^{53}	tᴇ^{334}	tᴇ^{334}
tᴇ^{323}	tᴇ^{51}	tᴇ^{51}	tᴇ^{334}	tᴇ^{334}
tæ̃^{52}	tæ̃^{334}	tæ̃^{334}	tæ̃^{33}	tæ̃^{33}
tɛ^{544}	tɛ^{52}	tɛ^{52}	tɛ^{544}	tɛ^{544}
tæ̃^{53}	tæ̃^{44}	tæ̃^{44}	tæ̃^{324}	tæ̃^{324}
tæ̃^{523}	tæ̃^{42}	tæ̃^{42}	tæ̃^{35}	tæ̃^{35}
tẽ^{324}	tẽ^{435}	tẽ^{435}	tẽ^{52}	tẽ^{52}
tᴇ^{52}	tᴇ^{325}	tᴇ^{325}	tᴇ^{52}	tᴇ^{52}
tɛ^{533}	tɛ^{533}	tɛ^{533}	tɛ^{44}	tɛ^{44}
tɑ^{44}	tɑ$^{\underline{35}}$	tɑ$^{\underline{35}}$	tɑ^{52}	tɑ^{52}
tæ̃^{434}	tæ̃^{45}	tæ̃^{45}	tæ̃^{53}	tæ̃^{53}
tɑ^{435}	tɑ^{544}	tɑ^{544}	tɑ^{45}	tɑ^{45}
ʔnᴀ^{44}	ʔnᴀ^{434}	ʔnᴀ^{434}	ʔnᴀ^{54}	ʔnᴀ^{54}

摄口 等调 韵声	山开 一平 寒透 摊	山开 一平 寒透 滩	咸开 一上 敢透 毯	山开 一上 旱透 坦
宜	$t'ɑ^{55}$	$t'ɑ^{55}$	$t'ɑ^{51}$	$t'ɑ^{51}$
溧	$t'ɑ^{445}$	$t'ɑ^{445}$	$t'ɑ^{445}$	$t'ɑ^{445}$
金	$t' æ̃^{31}$	$t' æ̃^{31}$	$t' æ̃^{323}$	$t' æ̃^{323}$
丹	$t'æ^{22}$	$t'æ^{22}$	$t'æ^{44}$	$t'æ^{44}$
童	$t'ɑ^{42}$	$t'ɑ^{42}$	$t'ɑ^{324}$	$t'ɑ^{324}$
靖	$t' æ̃^{433}$	$t' æ̃^{433}$	$t' æ̃^{334}$	$t' æ̃^{334}$
江	$t'æ^{51}$	$t'æ^{51}$	$t'æ^{45}$	$t'æ^{45}$
常	$t'æ^{44}/t' æ̃^{44}$	$t'æ^{44}/t' æ̃^{44}$	$t'æ^{334}/t' æ̃^{334}$	$t'æ^{334}/t' æ̃^{334}$
锡	$t'ɛ^{55}$	$t'ɛ^{55}$	$t'ɛ^{324}$	$t'ɛ^{324}$
苏	$t'E^{44}$	$t'E^{44}$	$t'E^{51}$	$t'E^{51}$
熟	$t'æ^{52}$	$t'æ^{52}$	$t'æ^{44}$	$t'æ^{44}$
昆	$t'ɛ^{44}$	$t'ɛ^{44}$	$t'ɛ^{52}$	$t'ɛ^{52}$
霜	$t'E^{52}$	$t'E^{52}$	$t'E^{434}$	$t'E^{434}$
罗	$t'e^{52}$	$t'e^{52}$	$t'e^{52}$	$t'e^{434}$
周	$t'ɛ^{52}$	$t'ɛ^{52}$	$t'ɛ^{44}$	$t'ɛ^{44}$
上	$t'E^{52}$	$t'E^{52}$	$t'E^{334}$	$t'E^{334}$
松	$t'E^{52}$	$t'E^{52}$	$t'E^{52}$	$t'E^{44}$
黎	$t'E^{44}$	$t'E^{44}$	$t'E^{51}$	$t'E^{334}$
盛	$t'E^{44}$	$t'E^{44}$	$t'E^{51}$	$t'E^{334}$
嘉	$t'E^{ɛ51}$	$t'E^{ɛ51}$	$t'E^{ɛ44}$	$t'E^{ɛ324}$
双	$t'E^{44}$	$t'E^{44}$	$t'E^{53}$	$t'E^{53}$
杭	$t'E^{323}$	$t'E^{323}$	$t'E^{51}$	$t'E^{51}$
绍	$t' æ̃^{52}$	$t' æ̃^{52}$	$t' æ̃^{334}$	$t' æ̃^{334}$
诸	$t'ɛ^{544}$	$t'ɛ^{544}$	$t'ɛ^{52}$	$t'ɛ^{52}$
崇	$t' æ̃^{53}$	$t' æ̃^{53}$	$t' æ̃^{44}$	$t' æ̃^{44}$
太	$t' æ̃^{523}$	$t' æ̃^{523}$	$t' æ̃^{42}$	$t' æ̃^{42}$
余	$t' ɛ̃^{324}$	$t' ɛ̃^{324}$	$t' ɛ̃^{435}$	$t' ɛ̃^{435}$
宁	$t'E^{52}$	$t'E^{52}$	$t'E^{325}$	$t'E^{325}$
黄	$t'ɛ^{533}$	$t'ɛ^{533}$	$t'e^{533}$	$t'e^{533}$
温	$t'ɑ^{44}$	$t'ɑ^{44}$	$t'ɑ^{\underline{35}}$	$t'ɑ^{\underline{35}}$
衢	$t' æ̃^{434}$	$t' æ̃^{434}$	$t' æ̃^{45}$	$t' æ̃^{45}$
华	$t'ɑ^{435}$	$t'ɑ^{435}$	$t'ɑ^{544}$	$t'ɑ^{544}$
永	$t'ɑ^{44}$	$t'ɑ^{44}$	$t'ɑ^{434}$	$t'ɑ^{434}$

山开 一去 翰透	山开 一去 翰透	咸开 一平 谈定	咸开 一平 谈定	山开 一平 寒定
炭	叹	谈	痰	檀
tʻA^{324}	tʻA^{324}	dA^{223}	dA^{223}	dA^{223}
tʻA^{412}	tʻA^{412}	dA^{323}	dA^{323}	dA^{323}
tʻæ̃^{44}	tʻæ̃^{44}	tʻæ̃^{35}	tʻæ̃^{35}	tʻæ̃^{35}
tʻæ^{324}	tʻæ^{324}	dæ^{213}	dæ^{213}	dæ^{213}
tʻɑ^{45}	tʻɑ^{45}	dɑ^{31}	dɑ^{31}	dɑ^{31}
tʻæ̃^{51}	tʻæ̃^{51}	dæ̃^{223}	dæ̃^{223}	dæ̃^{223}
tʻæ^{435}	tʻæ^{435}	dæ^{223}	dæ^{223}	dæ^{223}
tʻæ^{51}/tʻæ̃^{51}	tʻæ^{51}/tʻæ̃^{51}	dæ^{213}/dæ̃^{213}	dæ^{213}/dæ̃^{213}	dæ^{213}/dæ̃^{213}
tʻɛ^{35}	tʻɛ^{35}	de^{213}	de^{213}	de^{213}
tʻE^{412}	tʻE^{412}	dE^{223}	dE^{223}	dE^{223}
tʻæ^{324}	tʻæ^{324}	dæ^{233}	dæ^{233}	dæ^{233}
tʻɛ^{52}	tʻɛ^{52}	de^{132}	de^{132}	de^{132}
tʻE^{434}	tʻE^{434}	dE^{231}	dE^{231}	dE^{231}
tʻe^{434}	tʻe^{434}	de^{231}	de^{231}	de^{231}
tʻɛ^{335}	tʻɛ^{335}	de^{113}	de^{113}	de^{113}
tʻE^{334}	tʻE^{334}	dE^{113}	dE^{113}	dE^{113}
tʻE^{335}	tʻE^{335}	dE^{231}	dE^{231}	dE^{231}
tʻE^{324}	tʻE^{324}	dE^{24}	dE^{24}	dE^{24}
tʻE^{313}	tʻE^{313}	dE^{24}	dE^{24}	dE^{24}
tʻE$^{\varepsilon334}$	tʻE$^{\varepsilon334}$	dE$^{\varepsilon231}$	dE$^{\varepsilon231}$	dE$^{\varepsilon231}$
tʻE^{334}	tʻE^{334}	dE^{113}	dE^{113}	dE^{113}
tʻE^{334}	tʻE^{334}	dE^{212}	dE^{212}	dE^{212}
tʻæ̃^{33}	tʻæ̃^{33}	dæ̃^{231}	dæ̃^{231}	dæ̃^{231}
tʻɛ^{544}	tʻɛ^{544}	de^{233}	de^{233}	de^{233}
tʻæ̃^{324}	tʻæ̃^{324}	dæ̃^{31}	dæ̃^{31}	dæ̃^{31}
tʻæ̃^{35}	tʻæ̃^{35}	dæ̃^{312}	dæ̃^{312}	dæ̃^{312}
tʻɛ̃^{52}	tʻɛ̃^{52}	dɛ̃^{113}	dɛ̃^{113}	dɛ̃^{113}
tʻE^{52}	tʻE^{52}	dE^{113}	dE^{113}	dE^{113}
tʻɛ^{44}	tʻɛ^{44}	de^{311}	de^{311}	de^{311}
tʻɑ^{52}	tʻɑ^{52}	dɑ^{231}	dɑ^{231}	dɑ^{231}
tʻæ̃^{53}	tʻæ̃^{53}	dæ̃^{323}	dæ̃^{323}	dæ̃^{323}
tʻɑ^{45}	tʻɑ^{45}	tɑ^{324}/dɑ^{213}	tɑ^{324}/dɑ^{213}	tɑ^{324}/dɑ^{213}
tʻA^{54}	tʻA^{54}	dA^{322}	dA^{322}	dA^{322}

摄口 等调 韵声	山开 一平 寒定	山开 一平 寒定	山开 一去 翰定	山开 一去 翰定
	坛	弹~琴	但	蛋
宜	dʌ²²³	dʌ²²³	dʌ²³¹	dʌ²³¹
溧	dʌ³²³	dʌ³²³	dʌ²³¹	dʌ²³¹
金	t'æ̃³⁵	t'æ̃³⁵	tæ̃⁴⁴	tæ̃⁴⁴
丹	dæ²¹³	dæ²¹³	tæ⁴¹	tæ⁴¹
童	dɑ³¹	dɑ³¹	dɑ¹¹³	dɑ¹¹³
靖	dæ̃²²³	dæ̃²²³	dæ̃³¹	dæ̃³¹
江	dæ²²³	dæ²²³	dæ²²³	dæ²²³
常	dæ²¹³/dæ̃²¹³	dæ²¹³/dæ̃²¹³	dæ²⁴/dæ̃²⁴	dæ²⁴/dæ̃²⁴
锡	de²¹³	dɛ²¹³	de²¹³	de²¹³
苏	dᴇ²²³	dᴇ²²³	dᴇ²³¹	dᴇ²³¹
熟	dæ²³³	dæ²³³	dæ²¹³	dæ²¹³
昆	dɛ¹³²	dɛ¹³²	dɛ²¹	dɛ²¹
霜	dᴇ²³¹	dᴇ²³¹	dᴇ²¹³	dᴇ²¹³
罗	de²³¹	de²³¹	de²¹³	de²¹³
周	de¹¹³	de¹¹³	de¹¹³	de¹¹³
上	dᴇ¹¹³	dᴇ¹¹³	dᴇ¹¹³	dᴇ¹¹³
松	dᴇ²³¹	dᴇ²³¹	dᴇ¹¹³	dᴇ¹¹³
黎	dᴇ²⁴	dᴇ²⁴	dᴇ²¹³	dᴇ²¹³
盛	dᴇ²⁴	dᴇ²⁴	dᴇ²¹²	dᴇ²¹²
嘉	dᴇᵋ²³¹	dᴇᵋ²³¹	dᴇᵋ²²³	dᴇᵋ²²³
双	dᴇ¹¹³	dᴇ¹¹³	dᴇ¹¹³	dᴇ¹¹³
杭	dᴇ²¹²	dᴇ²¹²	dᴇ¹¹³	dᴇ¹¹³
绍	dæ̃²³¹	dæ̃²³¹	dæ̃²²	dæ̃²²
诸	de²³³	de²³³	de²³³	de²³³
崇	dæ̃³¹	dæ̃³¹	dæ̃¹⁴	dæ̃¹⁴
太	dæ̃³¹²	dæ̃³¹²	dæ̃¹³	dæ̃¹³
余	dɛ̃¹¹³	dɛ̃¹¹³	dɛ̃¹¹³	dɛ̃¹¹³
宁	dᴇ¹¹³	dᴇ¹¹³	dᴇ¹¹³	dᴇ¹¹³
黄	de³¹¹	de³¹¹	de¹¹³	de¹¹³
温	dɑ²³¹	dɑ²³¹	dɑ²²	dɑ²²
衢	dæ̃³²³	dæ̃³²³	dæ̃³¹	dæ̃³¹
华	tɑ³²⁴/dɑ²¹³	tɑ³²⁴/dɑ²¹³	dæ̃²⁴	dæ̃²⁴
永	dʌ³²²	dʌ³²²	dʌ²¹⁴	dʌ²¹⁴

山开 一去 翰定	山开 一平 寒泥	山开 一去 翰泥	咸开 一平 谈来	咸开 一平 谈来
弹子~	难~易	难患~	蓝	篮
dA^{231}	nA^{223}	nA^{231}	lA^{223}	lA^{223}
dA^{231}	nA^{323}/lA^{323}	nA^{231}/lA^{231}	lA^{323}	lA^{323}
$t\tilde{æ}^{44}$	$l\tilde{æ}^{35}$	$l\tilde{æ}^{44}$	$l\tilde{æ}^{35}$	$l\tilde{æ}^{35}$
$tæ^{41}$	$næ^{213/22}$	$næ^{41}$	$læ^{213}$	$læ^{213}$
$dɑ^{113}$	$nɑ^{31}$	$nɑ^{31}$	$lɑ^{31}$	$lɑ^{31}$
$d\tilde{æ}^{31}$	$n\tilde{æ}^{223}$	$n\tilde{æ}^{31}$	$l\tilde{æ}^{223}$	$l\tilde{æ}^{223}$
$dæ^{223}$	$næ^{223}$	$næ^{223}$	$læ^{223}$	$læ^{223}$
$dæ^{24}/d\tilde{æ}^{24}$	$næ^{213}/n\tilde{æ}^{213}$	$næ^{24}/n\tilde{æ}^{24}$	$læ^{213}/l\tilde{æ}^{213}$	$læ^{213}/l\tilde{æ}^{213}$
de^{213}	$nɛ^{213}$	$nɛ^{213}$	$lɛ^{213}$	$lɛ^{213}$
dE^{231}	nE^{223}	nE^{231}	lE^{223}	lE^{223}
$dæ^{213}$	$næ^{233}$	$næ^{213}$	$læ^{213}$	$læ^{213}$
de^{21}	$nɛ^{132}$	$nɛ^{21}$	$lɛ^{132}$	$lɛ^{132}$
dE^{213}	nE^{231}	nE^{213}	lE^{231}	lE^{231}
de^{213}	ne^{231}	ne^{213}	le^{231}	le^{231}
$dɛ^{113}$	$nɛ^{113}$	$nɛ^{113}$	$lɛ^{113}$	$lɛ^{113}$
dE^{113}	mE^{113}	mE^{113}	lE^{113}	lE^{113}
dE^{113}	nE^{231}	nE^{231}	lE^{231}	lE^{231}
dE^{213}	nE^{24}	nE^{213}	lE^{24}	lE^{24}
dE^{212}	nE^{24}	nE^{212}	lE^{24}	lE^{24}
$dE^{\varepsilon 223}$	$nE^{\varepsilon 231}$	$nE^{\varepsilon 223}$	lE^{231}	lE^{231}
dE^{113}	nE^{113}	nE^{113}	lE^{113}	lE^{113}
dE^{212}	nE^{212}	nE^{113}	lE^{212}	lE^{212}
$d\tilde{æ}^{22}$	$n\tilde{æ}^{231}$	$n\tilde{æ}^{22}$	$l\tilde{æ}^{231}$	$l\tilde{æ}^{231}$
de^{233}	ne^{233}	ne^{233}	le^{233}	le^{233}
$d\tilde{æ}^{14}$	$n\tilde{æ}^{31}$	$n\tilde{æ}^{14}$	$l\tilde{æ}^{31}$	$l\tilde{æ}^{31}$
$d\tilde{æ}^{13}$	$n\tilde{æ}^{312}$	$n\tilde{æ}^{13}$	$l\tilde{æ}^{312}$	$l\tilde{æ}^{312}$
$d\tilde{ɛ}^{113}$	$n\tilde{ɛ}^{113}$	$n\tilde{ɛ}^{113}$	$l\tilde{ɛ}^{113}$	$l\tilde{ɛ}^{113}$
dE^{113}	nE^{113}	nE^{113}	lE^{113}	lE^{113}
$dɛ^{113}$	$nɛ^{311}$	$nɛ^{113}$	$lɛ^{311}$	$lɛ^{311}$
$dɑ^{22}$	$nɑ^{231}$	$nɑ^{22}$	$lɑ^{231}$	$lɑ^{231}$
$d\tilde{æ}^{31}$	$n\tilde{æ}^{323}$	$n\tilde{æ}^{31}$	$l\tilde{æ}^{323}$	$l\tilde{æ}^{323}$
$dɑ^{24}/d\tilde{æ}^{24}$	$nɑ^{213}$	$nɑ^{24}$	$ʔlɑ^{324}/lɑ^{213}$	$ʔlɑ^{324}/lɑ^{213}$
dA^{214}	nA^{322}	nA^{214}	lA^{322}	lA^{322}

摄口	山开	山开	咸开	山开
等调	一平	一平	一上	一上
韵声	寒来	寒来	敢来	旱来
	兰	拦	览	懒
宜	$lʌ^{223}$	$lʌ^{223}$	$lʌ^{231}$	$lʌ^{24}$
溧	$lʌ^{323}$	$lʌ^{323}$	$ʔlʌ^{445}$	$ʔlʌ^{445}$
金	$læ̃^{35}$	$læ̃^{35}$	$læ̃^{323}$	$læ̃^{323}$
丹	$læ^{213}$	$læ^{213}$	$læ^{213}$	$læ^{213}$
童	$lɑ^{31}$	$lɑ^{31}$	$ʔlɑ^{324}$	$ʔlɑ^{324}$
靖	$læ̃^{223}$	$læ̃^{223}$	$ʔlæ̃^{334}$	$ʔlæ̃^{334}$
江	$læ^{223}$	$læ^{223}$	$ʔlæ^{45}$	$ʔlæ^{45}$
常	$læ^{213}/læ̃^{213}$	$læ^{213}/læ̃^{213}$	$ʔlæ^{334}/ʔlæ̃^{334}$	$ʔlæ^{334}/ʔlæ̃^{334}$
锡	$lɛ^{213}$	$lɛ^{213}$	$lɛ^{213}$	$lɛ^{33}$
苏	lE^{223}	lE^{223}	lE^{231}	lE^{231}
熟	$læ^{233}$	$læ^{233}$	$læ^{31}$	$læ^{31}$
昆	$lɛ^{132}$	$lɛ^{132}$	$lɛ^{223}$	$lɛ^{223}$
霜	$lɛ^{231}$	$lʌʔ^{23}$	$lɛ^{213}$	$lɛ^{213}$
罗	$lɛ^{231}$	$lɛ^{231}$	$lɛ^{213}$	$lɛ^{213}$
周	$lɛ^{113}$	$lɛ^{113}$	$lɛ^{113}$	$lɛ^{113}$
上	lE^{113}	lE^{113}	lE^{113}	lE^{113}
松	lE^{231}	lE^{231}	lE^{113}	lE^{113}
黎	lE^{24}	lE^{24}	lE^{32}	lE^{32}
盛	lE^{24}	lE^{24}	lE^{223}	lE^{223}
嘉	$lE^{ε231}$	$lE^{ε231}$	$lE^{ε223}$	$lE^{ε223}$
双	lE^{113}	lE^{113}	lE^{231}	lE^{231}
杭	lE^{212}	lE^{212}	$ʔlE^{51}$	$ʔlE^{51}$
绍	$læ̃^{231}$	$læ̃^{231}$	$læ̃^{113}$	$læ̃^{113}$
诸	$lɛ^{233}$	$ʔlɛ^{544}$	$lɛ^{231}$	$lɛ^{231}$
崇	$læ̃^{31}$	$læ̃^{31}$	$læ̃^{22}$	$læ̃^{22}$
太	$læ̃^{312}$	$læ̃^{312}$	$læ̃^{22}$	$læ̃^{22}$
余	$lɛ̃^{113}$	$lɛ̃^{113}$	$lɛ̃^{113}$	$lʌ^{113}$
宁	lE^{113}	lE^{113}	lE^{113}	lE^{113}
黄	$lɛ^{311}$	$lɛ^{311}$	$ʔlɛ^{311}$	$ʔlɛ^{533}$
温	$lɑ^{231}$	$lɑ^{231}$	$lɑ^{24}$	$lɑ^{24}$
衢	$læ̃^{323}$	$læ̃^{323}$	$læ̃^{31}$	$læ̃^{31}$
华	$ʔlɑ^{324}/lɑ^{213}$	$ʔlɑ^{324}/lɑ^{213}$	$ʔlɑ^{544}$	$ʔlɑ^{544}$
永	$lʌ^{322}$	$lʌ^{322}$	$lʌ^{323}$	$lʌ^{323}$

山开 一去 翰来	咸开 二平 咸见	咸开 二平 衔见	山开 二平 山见	山开 二平 删见
烂	尴~尬	监~牢	间空~	奸
lA^{231}	kA^{55}	$kA^{55}/t\varphi ɪ^{55}$	$kA^{55}/t\varphi ɪ^{55}$	$t\varphi ɪ^{55}$
lA^{231}	$kæE^{445}/kA^{445}$	$kA^{445}/t\varphi ie^{445}$	$kA^{445}/t\varphi ie^{445}$	$t\varphi ie^{445}/kA^{445}$
$læ̃^{44}$	$kæ̃^{31}$	$kæ̃^{31}/t\varphi ĩ^{31}$	$kæ̃^{31}/t\varphi ĩ^{31}$	$kæ̃^{31}/t\varphi ĩ^{31}$
$læ^{41}$	$kæ^{22}$	$kæ^{22}$	$kæ^{22}/t\varphi ɪ^{22}$	$kæ^{22}/t\varphi ɪ^{22}$
$lɑ^{113}$	$kɑ^{42}$	$kɑ^{42}$	$kɑ^{42}/t\varphi ɪ^{42}$	$t\varphi ĩ^{42}$
$læ̃^{51}$	$kæ̃^{433}$	$kæ^{433}$	$kæ^{433}/t\varphi ĩ^{433}$	$t\varphi ĩ^{433}$
$læ^{223}$	$kæ^{51}$	$kæ^{51}/t\varphi ɪ^{51}$	$kæ^{51}/t\varphi ɪ^{51}$	$kæ^{51}/t\varphi ɪ^{51}$
$læ^{24}/læ̃^{24}$	$kæ^{44}/kæ̃^{44}$	$kæ^{44}/kæ̃^{44}/t\varphi ĩ^{44}$	$kæ^{44}/kæ̃^{44}/t\varphi ĩ^{44}/t\varphi ɪ^{44}$	$t\varphi ĩ^{44}$
$lɛ^{213}$	$kɛ^{55}$	$kɛ^{55}/t\varphi ɪ^{55}$	$kɛ^{55}/t\varphi ɪ^{55}$	$kɛ^{55}/t\varphi ɪ^{55}$
lE^{231}	kE^{44}	kE^{44}	$kE^{44}/t\varphi iɪ^{44}$	$kE^{44}/t\varphi iɪ^{44}$
$læ^{213}$	$kæ^{52}$	$kæ^{52}$	$t\varphi ie^{52}/kæ^{52}$	$t\varphi ie^{52}$
$lɛ^{21}$	$kɛ^{44}$	$kɛ^{44}$	$kɛ^{44}/t\varphi ɪ^{44}$	$kɛ^{44}/t\varphi ɪ^{44}$
lE^{213}	kE^{52}	kE^{52}	$kE^{52}/t\varphi ɪ^{52}$	$kE^{52}/t\varphi ɪ^{52}$
le^{213}	ke^{52}	ke^{52}	$ke^{52}/t\varphi i^{52}$	$ke^{52}/t\varphi i^{52}$
$lɛ^{113}$	$kɛ^{52}$	$kɛ^{52}$	$kɛ^{52}/t\varphi i^{52}$	$t\varphi i^{52}/kɛ^{52}$
lE^{113}	kE^{52}	kE^{52}	$kE^{52}/t\varphi i^{52}$	$kE^{52}/t\varphi iE^{52}$
lE^{213}	kE^{44}	kE^{44}	$t\varphi iɪ^{44}$	$kE^{44}/t\varphi iɪ^{44}$
lE^{212}	kE^{44}	kE^{44}	$t\varphi iɪ^{44}$	kE^{44}
$lE^{\varepsilon 223}$	$kE^{\varepsilon 51}$	$kE^{\varepsilon 51}$	$t\varphi ie^{44}$	$kE^{\varepsilon 44}/t\varphi ie^{44}$
lE^{113}	kE^{44}	kE^{44}	$kE^{44}/t\varphi ɪ^{44}$	$kE^{44}/t\varphi ɪ^{44}$
lE^{113}	kE^{323}	$t\varphi ie^{323}$	$t\varphi ie^{323}$	$t\varphi ie^{323}$
$læ̃^{22}$	$kæ̃^{52}$	$kæ̃^{52}/t\varphi ĩ^{52}$	$kæ̃^{52}/t\varphi ĩ^{52}$	$kæ̃^{52}/t\varphi ĩ^{52}$
$lɛ^{233}$	$kɛ^{544}$	$kɛ^{544}/t\varphi iɪ^{544}$	$kɛ^{544}/t\varphi iɪ^{544}$	$kɛ^{544}/t\varphi iɪ^{544}$
$læ̃^{14}$	$kæ̃^{53}$	$kæ̃^{53}/t\varphi iæ̃^{53}$	$kæ̃^{53}/t\varphi iæ̃^{53}$	$kæ̃^{53}/t\varphi iæ̃^{53}$
$læ̃^{13}$	$kæ̃^{523}$	$kæ̃^{523}/t\varphi iæ̃^{523}$	$kæ̃^{523}/t\varphi ie^{523}$	$kæ̃^{523}/t\varphi ie^{523}$
$lɛ̃^{113}$	$kɛ̃^{324}$	$kɛ̃^{324}/t\varphi ĩ^{324}$	$kɛ̃^{324}/t\varphi ĩ^{324}$	$kɛ̃^{324}/t\varphi ĩ^{324}$
lE^{113}	kE^{52}	kE^{52}	$kE^{52}/t\varphi i^{52}$	kE^{52}
$lɛ^{533}$	$kɛ^{533}$	$kɛ^{533}$	$kɛ^{533}$	$kɛ^{533}$
$lɑ^{22}$	$kɑ^{44}$	$kɑ^{44}$	$kɑ^{44}$	$kɑ^{44}$
$læ̃^{31}$	$kæ̃^{434}$	$kæ̃^{434}/t\varphi iæ̃^{434}$	$kæ̃^{434}/t\varphi iæ̃^{434}$	$kæ̃^{434}/t\varphi iæ̃^{434}$
$lɑ^{24}$	$kɑ^{324}$	$kɑ^{324}/t\varphi iæ^{324}$	$kɑ^{324}/t\varphi iæ^{324}$	$kɑ^{324}/t\varphi iæ^{324}$
lA^{214}	kA^{54}	kA^{44}	kA^{44}	kA^{44}

摄口	咸开	咸开	山开	咸开
等调	二上	二上	二上	二去
韵声	豏见	豏见	产见	鑑见
	减	碱	揀	鑑
宜	kA⁵¹/tɕɪ⁵¹	kA⁵¹	kA⁵¹/tɕɪ⁵¹	kA³²⁴/tɕɪ³²⁴
溧	kA⁵²/tɕie⁵²	kA⁵²	kA⁵²/tɕie⁵²	kA⁴⁴⁵/tɕie⁴¹²
金	kæ̃³²³/tɕĩ³²³	kæ̃³²³/tɕĩ³²³	kæ̃³²³/tɕĩ³²³	kæ̃⁴⁴/tɕĩ⁴⁴
丹	kæ³²⁴	kæ⁴⁴	kæ⁴⁴	kæ³²⁴/tɕɪ³²⁴
童	kɑ³²⁴	kɑ³²⁴	kɑ³²⁴/tɕɪ̃³²⁴	tɕɪ³¹
靖	kæ̃³³⁴/tɕɪ̃³³⁴	kæ̃³³⁴	kæ̃³³⁴	tɕɪ̃⁵¹/kæ̃⁵¹
江	kæ⁴⁵/tɕɪ⁴⁵	kæ⁴⁵	kæ⁴⁵/tɕɪ⁴⁵	kæ⁴³⁵/tɕɪ⁴³⁵
常	kæ³³⁴/kæ̃³³⁴	kæ³³⁴/kæ̃³³⁴	kæ⁵¹/kæ̃⁵¹/tɕɪ̃⁵¹/tɕɪ̃⁵¹	kæ⁵¹/kæ̃⁵¹/tɕɪ̃⁵¹/tɕɪ̃⁵¹
锡	ke³²⁴	ke³²⁴	ke³²⁴/tɕɪ³²⁴	kɛ³⁵
苏	kE⁵¹	kE⁵¹	kE⁵¹/tɕiɪ⁵¹	kE⁴¹²
熟	kæ⁴⁴/kE⁴⁴	kæ⁴⁴	tɕie⁴⁴	kæ³²⁴
昆	kɛ⁵²	kɛ⁵²	kɛ⁵²/tɕɪ⁵²	kɛ⁵²
霜	kE⁴³⁴	kE⁴³⁴	kE⁴³⁴/tɕɪ⁴³⁴	tɕɪ⁴³⁴
罗	ke⁴³⁴	ke⁴³⁴	ke⁴³⁴/tɕi⁴³⁴	ke⁴³⁴/tɕi⁴³⁴
周	kɛ⁴⁴	kɛ⁴⁴	kɛ⁴⁴	kɛ³³⁵/tɕi³³⁵
上	kE³³⁴	kE³³⁴	kE³³⁴	kE⁵²
松	kE⁴⁴/kE³³⁵	kE⁴⁴	kE⁴⁴/tɕi⁴⁴	tɕi³³⁵
黎	kE⁵¹	kE⁵¹	kE⁵¹/tɕiɪ⁵¹	kE⁴¹³
盛	kE⁵¹	kE⁵¹	kE⁵¹/tɕiɪ⁵¹	kE⁴¹³
嘉	kEᵉ⁴⁴	kEᵉ⁴⁴	tɕie⁴⁴	kEᵉ³³⁴
双	kE⁵³	kE⁵³	kE⁵³	kE³³⁴
杭	tɕie⁵¹	tɕie⁵¹	tɕie⁵¹	tɕie³³⁴
绍	kæ̃³³⁴/tɕɪ̃³³⁴	kæ̃³³⁴/tɕɪ̃³³⁴	kæ̃³³⁴/tɕɪ̃³³⁴	tɕɪ̃³³
诸	kɛ⁵²/tɕiɪ⁵²	kɛ⁵²/tɕiɪ⁵²	kɛ⁵²/tɕiɪ⁵²	kɛ⁵⁴⁴/tɕiɪ⁵⁴⁴
崇	kæ̃⁴⁴/tɕiẽ⁴⁴	kæ̃⁴⁴/tɕiẽ⁴⁴	kæ̃⁴⁴/tɕiẽ⁴⁴	tɕiẽ³²⁴
太	kæ̃⁴²/tɕiẽ⁴²	kæ̃⁴²/tɕiẽ⁴²	kæ̃⁴²/tɕiẽ⁴²	tɕiẽ³⁵
余	kɛ̃⁴³⁵/tɕɪ̃⁴³⁵	kɛ̃⁴³⁵/tɕɪ̃⁴³⁵	kɛ̃⁴³⁵/tɕɪ̃⁴³⁵	kɛ̃⁴³⁵/tɕɪ̃⁴³⁵
宁	kE³²⁵	kE³²⁵	kE³²⁵/tɕi³²⁵	kE³²⁵/tɕi³²⁵
黄	kɛ⁵³³	kɛ⁵³³	kɛ⁵³³	kɛ⁴⁴
温	kɑ³⁵	kɑ³⁵	kɑ³⁵	kɑ⁵²
衢	kæ̃⁴⁵/tɕiẽ⁴⁵	kæ̃⁴⁵	kæ̃⁴⁵/tɕiẽ⁴⁵	tɕiẽ⁵³
华	tɕiæ̃⁵⁴⁴/kɑ⁵⁴⁴	tɕiæ̃⁵⁴⁴/kɑ⁵⁴⁴		kɑ⁴⁵/tɕiæ̃⁴⁵
永	tɕie⁴³⁴	tɕie⁴³⁴		kA⁵⁴

山合 三平 仙以	咸开 二上 槛匣	咸开 二平 衔溪	咸开 三平 盐群	山开 二平 删疑
铅	槛	嵌	钳	颜
k'A⁵⁵	k'A⁵¹	k'A³²⁴	dʑɿ²²³	ŋA²²³
k'A⁴⁴⁵	k'A⁵²	k'A⁴¹²	dʑi³²³	ŋA³²³
k'æ̃³¹	k'æ̃³²³/k'ʊ̃³²³	k'æ⁴⁴	tɕ'ʯ³⁵	æ̃³⁵
k'æ²²	k'æ⁴⁴	k'æ³²⁴	dʑɿ²¹³/gæ²¹³	ŋæ²¹³
k'ɑ⁴²	k'ɑ³²⁴	k'ɑ⁴⁵	dʑɿ¹¹³/gɪ¹¹³	ŋɑ³¹
k'æ̃⁴³³	k'æ̃³³⁴	k'æ̃⁵¹	dʑɿ̃²²³/gæ²²³	ŋæ²²³
k'æ⁵¹	kæ⁴⁵	k'æ⁴³⁵	gE³²³/dʑɿ²²³	ŋæ²²³
k'æ⁴⁴/k'æ̃⁴⁴	k'æ̃³³⁴/k'æ̃³³⁴	k'æ⁵¹/k'æ̃⁵¹	dʑɿ²¹³/dʑɿ²¹³	ŋæ²¹³/ŋæ̃²¹³
k'ɛ⁵⁵	k'ɛ³²⁴	k'ɛ⁵⁵	dʑɿ²¹³	ŋɛ²¹³
k'E⁴⁴	k'E⁵¹	k'E⁴⁴	dʑir²²³	ŋE²²³
k'æ⁵²	k'æ⁴⁴	k'æ⁵²	dʑie²³³	ŋæ²³³
k'ɛ⁴⁴	k'ɛ⁵²	k'ɛ⁴⁴	dʑɿ¹³²	ŋɛ¹³²
k'E⁵²	k'E⁴³⁴	k'E⁵²	dʑɿ²³¹/gE²³¹	ŋE²³¹
k'e⁵²	k'e⁴³⁴	k'e⁵²	dʑi²³¹/ge²³¹	ŋe²³¹
k'ɛ⁵²	k'ɛ⁴⁴	k'ɛ⁵²	gɛ¹¹³/dʑi¹¹³	ŋɛ¹¹³
k'E⁵²	k'E³³⁴	k'E³³⁴	dʑɿ¹¹³/gE¹¹³	ŋE¹¹³
k'E⁵²	k'E³³⁵	k'E³³⁵	dʑɿ²³¹	ŋE²³¹
k'E⁴⁴	k'E⁵¹	k'E⁴⁴	dʑir²⁴	ŋE²⁴
k'E⁴⁴	k'E⁵¹	k'E⁴⁴	dʑir²⁴	ŋE²⁴
k'Eᵋ⁵¹	k'Eᵋ⁴⁴	k'Eᵋ⁵¹	dʑie²³¹	ŋEᵋ²²³
k'E⁴⁴	k'E³³⁴	k'E³³⁴	dʑɿ¹¹³	ŋE¹¹³
tɕ'ie³²³	k'E³³⁴	k'E³³⁴/tɕ'ie³³⁴	dʑie²¹²	ɦie²¹²
k'æ̃⁵²	k'æ̃³³⁴	k'æ̃³³	dʑɿ̃²³¹	ŋæ̃²³¹
k'ɛ⁵⁴⁴	k'ɛ⁵²	k'ɛ⁵⁴⁴	dʑir²³³	ŋɛ²³³
k'æ̃⁵³	k'æ̃⁴⁴	k'æ̃³²⁴	gæ̃³¹/dʑiẽ³¹	ŋæ̃³¹
k'æ̃⁵²³	k'æ̃⁴²	k'æ̃³⁵	dʑiẽ³¹²	ŋæ̃³¹²
k'ɛ̃³²⁴	k'ɛ̃⁴³⁵	k'ɛ̃⁵²	dʑɿ̃¹¹³	ŋɛ̃¹¹³/ȵiɛ̃¹¹³
k'E⁵²	k'E³²⁵	k'E⁵²	dʑi¹¹³	ŋE¹¹³
k'ɛ⁵³³	k'ɛ⁵³³	k'ɛ⁴⁴	dʑie³¹¹	ȵiɛ³¹¹
k'ɑ⁴⁴	k'ɑ³⁵	k'ɑ⁵²	gɑ²³¹	ŋɑ²³¹
k'æ̃⁴³⁴	k'æ̃⁴⁵	k'æ̃⁵³	dʑiẽ³²³	ŋæ̃³²³
k'ɑ³²⁴/tɕ'iæ³²⁴	k'ɑ⁵⁴⁴	k'ɑ⁴⁵	dʑiɑ²¹³/dʑiæ²¹³	ʔɑ⁴³⁵
k'A⁴⁴	k'A⁴³⁴	k'A⁵⁴	dʑie³²²	ŋA³²²

摄口 等调 韵声	山开 二上 产疑	山开 二去 谏疑	山开 二去 谏影	咸开 一上 敢晓
	眼	雁	晏	喊
宜	ŋA²⁴	ŋA²³¹/ʔɿ³²⁴	ʔA³²⁴/ʔɿ³²⁴	xA⁵¹
溧	ʔŋA⁴⁴⁵	ŋA²³¹/ʔi⁴¹²	ʔA⁴¹²/ʔi⁴¹²	xA⁴¹²
金	æ̃³²³	æ̃³¹/ĩ⁴⁴	æ̃³¹	xæ̃³²³
丹	ŋæ²¹³/²²	ŋæ⁴¹/ɿ³²⁴	æ³²⁴/ɿ³²⁴	hæ⁴⁴
童	ʔŋɑ³²⁴	ŋɑ¹¹³/ʔĩ⁴⁵	ŋɑ¹¹³/ʔĩ⁴⁵	hɑ³²⁴
靖	ʔŋæ̃³³⁴	ŋæ̃⁵¹/ʔĩ⁵¹	ʔæ̃⁵¹/ʔĩ⁵¹	hæ̃³³⁴
江	ʔŋæ⁴⁵	ʔɿ⁴³⁵	ʔæ⁴³⁵/ʔɿ⁴³⁵	hæ⁴⁵
常	ʔŋæ³³⁴/ʔŋæ̃³³⁴	ʔĩ⁵¹/ʔɿ⁵¹	ʔæ⁵¹/ʔæ̃⁵¹/ʔɿ⁵¹/ʔĩ⁵¹	xæ³³⁴/xæ̃³³⁴
锡	ŋe²¹³/³³	ʔɿ³²⁴	ʔɛ³⁵/ʔɿ³⁵	xɛ³²⁴
苏	ŋE²³¹	ʔiɿ⁴¹²	ʔE⁴¹²/ʔiɿ⁴¹²	hE⁵¹
熟	ŋæ³¹	ʔie³²⁴	ʔæ³²⁴/ʔie³²⁴	hæ⁴⁴
昆	ŋe²²³	ʔɿ⁵²	ʔɛ⁵²/ʔɿ⁵²	he⁵²
霜	ŋe²¹³	ʔɿ⁴³⁴	ʔɿ⁴³⁴/ʔʌɣ⁴³⁴	xE⁴³⁴
罗	ŋe²¹³	ʔi⁴³⁴	ʔi⁴³⁴/ie⁴³⁴	he⁴³⁴
周	ŋe¹¹³	ʔi³³⁵	ʔE³³⁵/ʔi³³⁵	he⁴⁴
上	ŋE¹¹³	ʔi³³⁴/ŋE¹¹³	ʔE³³⁴	hE³³⁴
松	ŋE¹¹³	ʔi³³⁵/ŋE¹¹³	ʔE³³⁵	hE⁴⁴
黎	ŋE³²	ʔiɿ⁴¹³	ʔE⁴¹³/ʔiɿ⁴¹³	hE⁵¹
盛	ŋE²²³/ʔE⁵¹	ʔiɿ⁴¹³/ʔi⁴¹³	ʔE⁴¹³	hE⁵¹
嘉	ɦiEᵉ²²³/ŋEᵉ²²³	ʔie³³⁴	ʔEᵉ³³⁴	hEᵉ⁴⁴
双	ŋE²³¹	ŋE¹¹³	ʔE³³⁴/ʔɿ³³⁴	hE⁵³
杭	ʔie⁵¹	ʔie³³⁴	ʔie³³⁴/ʔE³³⁴	hE⁵¹
绍	ŋæ̃¹¹³	ʔĩ³³/n̩iæ̃²²~鹅	ʔĩ³³/ʔæ̃³³	hæ̃³³⁴
诸	ŋɛ²³¹	ʔiɿ⁵⁴⁴	ʔiɿ⁵⁴⁴	hɛ⁵⁴⁴
崇	ŋæ̃²²	ɦiẽ¹⁴	ʔæ̃³²⁴	hæ̃³¹
太	ŋæ̃²²	ɦiẽ¹³	ʔæ̃³⁵	hæ̃⁴²
余	ŋẽ¹¹³/n̩iẽ¹¹³	ʔĩ⁵²	ʔĩ⁵²/ʔɛ̃⁵²	hẽ⁴³⁵
宁	ŋE¹¹³	ʔi⁵²/ɦi¹¹³	ʔE⁵²/ʔi⁵²	hE³²⁵
黄	ʔn̩iɛ⁵³³	n̩ie¹¹³	ʔɛ⁴⁴/ʔie⁴⁴	he⁵³³
温	ŋɑ²⁴	ŋɑ²²	ʔɑ⁵²	xɑ³⁵
衢	ŋæ̃³¹	ʔiẽ⁵³	ʔɛ̃⁵³/iẽ⁵³	hæ̃⁴⁵
华	ʔɑ⁵⁴⁴	ʔiæ̃⁴⁵	ʔiæ̃⁴⁵	xæ̃⁵⁴⁴
永	ŋA³²³	ŋA²¹⁴	ʔA⁵⁴	xA⁴³⁴

咸开	咸开	咸开	山开	山开
二平	二平	二平	二平	二上
咸匣	咸匣	衔匣	山匣	产匣
咸	鹹	衔	闲	限
$ɦA^{223}$	$ɦA^{223}$	$ɦA^{223}$	$ɦA^{223}$	$ɦA^{231}/ɦɪ^{24}$
$xɦA^{323}$	$xɦA^{323}$	$xɦA^{323}$	$xɦA^{323}$	$xɦA^{52}$
$xæ̃^{35}/çĩ^{35}$	$xæ̃^{35}/çĩ^{35}$	$xæ̃^{35}/çĩ^{35}$	$xæ̃^{35}/çĩ^{35}$	$çĩ^{323}$
$h^{ɦ}æ^{213}$	$h^{ɦ}æ^{213}$	$h^{ɦ}æ^{213}$	$h^{ɦ}æ^{213}$	$hæ^{41}$
$xɦɑ^{31}$	$xɦɑ^{31}$	$xɦɑ^{31}$	$xɦɑ^{113}$	$xɦɑ^{113}$
$hɦæ̃^{223}$	$hɦæ̃^{223}$	$hɦæ̃^{223}$	$hɦæ̃^{223}$	$çʐĩ^{51}$
$hɦæ^{223}$	$hɦæ^{223}$	$hɦæ^{223}$	$hɦæ^{223}$	$hɦæ^{223}$
$ɦæ^{213}/ɦæ̃^{213}$	$ɦæ^{213}/ɦæ̃^{213}$	$ɦæ^{213}/ɦæ̃^{213}$	$ɦæ^{213}/ɦæ̃^{213}/ɦɪ^{213}/ɦɪ̃^{213}$	$ɦæ^{24}/ɦæ̃^{24}$
$ɦɛ^{213}$	$ɦɛ^{213}$	$ɦɛ^{213}$	$ɦɛ^{213}$	$ɦɛ^{213}$
$ɦE^{223}$	$ɦE^{223}$	$ɦE^{223}$	$ɦE^{223}$	$ɦE^{231}$
$ɦæ^{233}$	$ɦæ^{233}$	$ɦæ^{233}$	$ɦæ^{233}$	$ɦæ^{31}$
$ɦɛ^{24}$	$ɦɛ^{24}$	$ɦɛ^{24}$	$ɦɛ^{24}$	$ɦɛ^{223}$
$ɦE^{231}$	$ɦE^{231}$	$ɦE^{231}$	$ɦE^{231}$	$ɦE^{213}$
$ɦie^{231}$	$ɦie^{231}$	$ɦie^{231}$	$ɦie^{231}$	$ɦie^{231}$
$ɦɛ^{113}$	$ɦɛ^{113}$	$ɦɛ^{113}$	$ɦɛ^{113}$	$ɦɛ^{113}$
$ɦE^{113}$	$ɦE^{113}$	$ɦE^{113}$	$ɦE^{113}$	$ɦE^{113}$
$ɦE^{231}$	$ɦE^{231}$	$ɦE^{231}$	$ɦE^{231}$	$ɦE^{231}$
$ɦE^{24}$	$ɦE^{24}$	$ɦE^{24}$	$ɦE^{24}$	$ɦE^{32}$
$ɦE^{24}$	$ɦE^{24}$	$ɦE^{24}$	$ɦE^{24}$	$ɦE^{223}$
$ɦE^{ɛ231}$	$ɦE^{ɛ231}$	$ɦE^{ɛ231}/ɦɣɔ^{231}$	$ɦE^{ɛ231}$	$ɦE^{ɛ223}/ŋE^{ɛ223}$
$ɦE^{113}$	$ɦE^{113}$	$ɦE^{113}$	$ɦɪ^{113}/ɦE^{113}$	$ɦE^{231}$
$ʔie^{323}$	$ʔie^{323}$	$ʔie^{323}$	$ɦie^{212}/ʔie^{323}/ɦE^{212}$	$ɦie^{113}$
$ɦæ̃^{231}$	$ɦæ̃^{231}$	$ɦĩ^{231}$	$ɦæ̃^{231}/ɦĩ^{231}$	$ɦĩ^{113}/ɦæ̃^{113}$
$ɦɛ^{233}$	$ɦɛ^{233}$	$gɛ^{233}$	$ɦɛ^{233}/ɦiɪ^{233}$	$ɦɛ^{231}$
$ɦæ̃^{31}$	$ɦæ̃^{31}$	$gæ̃^{31}$	$ɦæ̃^{31}$	$ɦæ̃^{22}$
$ɦæ̃^{312}$	$ɦæ̃^{312}$	$gæ̃^{312}$	$ɦæ̃^{312}$	$ɦæ̃^{22}$
$ɦɛ̃^{113}$	$ɦɛ̃^{113}$	$ɦɛ̃^{113}$	$ɦɛ̃^{113}/ɦĩ^{113}$	$ɦɛ̃^{113}/ɦĩ^{113}$
$ɦE^{113}$	$ɦE^{113}$	$ɦE^{113}$	$ɦE^{113}$	$ɦE^{113}$
$ɦie^{311}$	$ɦie^{311}$	$ɦie^{311}$	$ɦie^{311}$	$ʔɛ^{533}$
$ɦɑ^{231}$	$ɦɑ^{231}$	$ɦɑ^{231}/gɑ^{231}$	$ɦɑ^{231}$	$ɦɑ^{231}$
$ɦæ̃^{323}$	$ɦæ̃^{323}$	$gæ̃^{323}$	$ɦæ̃^{323}$	zie^{31}
$ɦɑ^{213}/ʔiæ̃^{324}$	$ɦɑ^{213}/ʔiæ̃^{324}$	$ʔiæ̃^{324}$	$çiæ̃^{324}$	$çziæ̃^{24}$
$ʔɦA^{322}$	$ʔɦA^{322}$	$ʔɦA^{322}/gA^{322}$	$ʔɦA^{322}$	$ʔɦA^{323}$

摄口 等调 韵声	咸开 二去 陷匣	咸开 二去 陷匣	咸开 二去 陷知	咸开 二上 赚庄
	陷	馅	站	斩
宜	ɦA²³¹/ɦɪ²³¹	ɦA²³¹/ɦɪ²³¹	dzɐɪ²⁴	tsA⁵¹
溧	xɦA⁴¹²/ʔie⁴¹²	xɦA⁴¹²/ʔie⁴¹²	dzA²³¹	tsA⁵²
金	çĩ⁴⁴/ĩ⁴⁴	çĩ⁴⁴	tsæ⁴⁴	tsæ̃³²³
丹	hæ⁴¹	hæ⁴¹	tsæ³²⁴	tsæ⁴⁴
童	xɦɑ¹¹³	xɦɑ¹¹³	tsɑ⁴⁵	tsɑ³²⁴
靖	hɦĩæ̃⁵¹/çzĩ⁵¹	hɦĩæ̃⁵¹/çzĩ⁵¹	tsæ̃⁵¹/dzæ̃³¹	tsæ̃³³⁴
江	hɦæ²²³/ɦɪ²²³	hɦæ²²³/ɦɪ²²³	dzæ²²³	tsæ⁴⁵
常	ɦæ²⁴/ɦæ̃²⁴/ɦɪ²⁴/ɦɪ̃²⁴	ɦæ²⁴/ɦæ̃²⁴	dzæ²⁴/dzæ̃²⁴	tsæ³³⁴/tsæ̃³³⁴
锡	ɦiɛ²¹³/ɦɪ²¹³	ɦiɛ²¹³	zɛ²¹³	tsɛ³²⁴
苏	ɦiɪ²³¹	ɦiɪ²³¹	zE²³¹	tsE⁵¹
熟	ɦie²¹³	ɦie²¹³	dzE²¹³	tsE⁴⁴
昆	ɦiɛ²¹	ɦiɛ²¹	zɛ²¹	tsɛ⁵²
霜	ɦE²¹³	ɦE²¹³	zE²¹³	tsE⁴³⁴
罗	ɦiɪ²¹³	ɦie²³¹	zɛ²¹³	tse⁴³⁴
周	ɦiɛ¹¹³/ɦiɛ¹¹³	ɦiɛ¹¹³	zɛ¹¹³	tsɛ⁴⁴
上	ɦiE¹¹³/ɦɪ¹¹³	ɦiE¹¹³	zE¹¹³	tsE³³⁴
松	ɦiE¹¹³/ɦiiE¹¹³	ɦiE¹¹³	zE¹¹³	sE⁴⁴
黎	ʔE⁴¹³	ʔE⁴¹³	dzɛ²¹³	tsE⁵¹
盛	ɦiɪ²¹²	ʔE⁴¹³	dzE²¹²	tsE⁵¹
嘉	ʔie³³⁴		zEᵉ²²³	tsEᵉ⁴⁴
双	ɦɪ¹¹³	ɦɪ¹¹³/ŋE¹¹³肉~	zE¹¹³	tsE⁵³
杭	ɦie¹¹³	ɦie¹¹³/ɦE¹¹³	dzE¹¹³	tsE⁵¹
绍	ɦæ̃²²/ɦĩ²²	ɦæ̃²²	dzæ̃²²	tsæ̃³³⁴
诸	ɦiɪ²³³	n̠ie²³³	dzɛ²³³	tsɛ⁵²
崇	ɦæ̃¹⁴/ɦiæ̃¹⁴	ɦæ̃¹⁴	dzæ̃¹⁴	tsæ̃⁴⁴
太	ɦæ̃¹³/ɦiæ̃¹³	ɦæ̃¹³	dzæ̃¹³	tsæ̃⁴²
余	ɦẽ¹¹³/ɦĩ¹¹³	ɦẽ¹¹³	dzẽ¹¹³/n̠iẽ¹¹³立	tsẽ⁴³⁵
宁	ɦE¹¹³/ɦiᶻ¹¹³	ɦE¹¹³	dzE¹¹³	tsE³²⁵
黄	ɦiɛ¹¹³	ɦiɛ¹¹³	dzɛ¹¹³	tsE⁵³³
温	ɦã²²	gɑ²²/ɦɑ²²	dzɑ²²	tsɑ³⁵
衢	ʑiẽ³¹	ʑiẽ³¹	dzæ̃³¹	tsæ̃⁴⁵
华	çziæ̃²⁴	çziæ̃²⁴	dzɑ²⁴	tsæ̃⁵⁴⁴
永	ʔɦA²¹⁴	ŋA²¹⁴	dzA²¹⁴	tsA⁴³⁴

山开二上产庄	咸开二去陷庄	山开一去翰精	咸开二平衔初	山开二上产初
盏	蘸	赞	搀	铲
tsʌ^{51}	tsʌ^{223}	tsʌ^{223}	tsʻʌ^{55}	tsʻʌ^{51}
tsʌ^{52}	tsʌ^{412}	tsʌ^{412}	tsʻʌ^{445}	tsʻʌ^{52}
tsæ̃^{44}	tsæ̃^{44}	tsæ̃^{44}	tsʻæ̃^{31}	tsʻæ̃^{323}
tsæ^{44}	tsæ^{324}	tsæ^{324}	tsʻæ^{22}	tsʻæ^{22}
tsɑ^{324}	tsɑ^{45}	tsɑ^{45}	tsʻɑ^{42}	tsʻɑ^{324}
tsæ̃^{334}	tsæ̃^{51}	tsæ̃^{51}	tsʻæ̃^{433}	tsʻæ̃^{334}
tsæ^{45}	tsæ^{435}	tsæ^{435}	tsʻæ^{51}	tsʻæ^{45}
tsæ^{334}/tsæ̃^{334}	tsæ^{51}/tsæ̃^{51}	tsæ^{51}/tsæ̃^{51}	tsʻæ^{44}/tsʻæ̃^{44}	tsʻæ^{334}/tsʻæ̃^{334}
tse^{324}	tse^{35}	tse^{35}	tsʻɛ^{55}	tsʻɛ^{324}
tsE^{51}	tsE^{412}	tsE^{412}	tsʻE^{44}	tsʻE^{51}
tsæ^{44}	tsE^{324}	tsæ^{324}	tsʻæ^{52}	tsʻæ^{44}
tsɛ^{52}	tse^{52}	tse^{52}	tsʻɛ^{44}	tsʻɛ^{52}
tsE^{434}	tsE^{434}	tsE^{434}	tsʻE^{52}	tsʻE^{434}
tse^{434}	tse^{434}	tse^{434}	tsʻe^{52}	tsʻe^{434}
tse^{44}	tsɛ^{335}	tsɛ^{335}	tsʻɛ^{52}	tsʻɛ^{44}
tsE^{334}	tsE^{334}	tsE^{334}	tsʻE^{52}	tsʻE^{334}
tsE^{44}	tsE^{335}	tsE^{335}	tsʻE^{52}	tsʻE^{44}
tsE^{51}	tsE^{413}	tsE^{413}	tsʻE^{44}	tsʻE^{44}
tsE^{51}	tsE^{413}	tsE^{413}	tsʻE^{44}	tsʻE^{334}
tsEɛ^{44}	tsEɛ^{334}	tsEɛ^{334}	tsʻEɛ^{51}	tsʻEɛ^{324}
tsE^{53}	tsE^{334}	tsE^{334}	tsʻE^{44}	tsʻE^{53}
tsE^{51}	tsE^{334}	tsE^{334}	tsʻE^{323}	tsʻE^{51}
tsæ̃^{334}	tsæ̃^{33}	tsæ̃^{33}	tsʻæ̃^{52}	tsʻæ̃^{334}
tse^{52}	tsɛ^{544}	tsɛ^{544}	tsʻɛ^{544}	tsʻɛ^{52}
tsæ̃^{44}	tsæ̃^{324}	tsæ̃^{324}	tsʻæ̃^{53}	tsʻæ̃^{44}
tsæ̃^{42}	tsæ̃^{35}	tsæ̃^{35}	tsʻæ̃^{523}	tsʻæ̃^{42}
tsɛ̃^{435}	tsɛ̃^{52}	tsɛ̃^{52}	tsʻɛ̃^{324}	tsʻɛ̃^{435}
tsE^{325}	tsE^{52}	tsE^{52}	tsʻE^{52}	tsʻE^{325}
tsɛ^{533}	tsɛ^{44}	tse^{44}	tsʻɛ^{533}	tsʻɛ^{533}
tsɑ$\underline{^{35}}$	tsɑ^{52}	tsɑ^{52}	tsʻɑ^{44}	tsʻɑ$\underline{^{35}}$
tsæ^{45}	tsæ̃^{53}	tsæ̃^{53}	tsʻæ̃^{434}	tsʻæ̃^{45}
tsæ̃^{544}	tsæ̃^{45}	tsæ̃^{45}	tsʻæ̃^{324}	tsʻæ̃^{544}
tsʌ^{54}	tsʌ^{54}	tsʌ^{54}		tsʻʌ^{434}

摄口 等调 韵声	山开 二上 产生 产	咸开 二去 鉴初 忏	咸开 二去 陷澄 赚	咸开 一平 谈从 惭
宜	$ts'ʌ^{51}$	$ts'ʌ^{324}$	$dzʌ^{231}$	$dzʌ^{223}$
溧	$ts'ʌ^{52}$	$ts'ʌ^{412}$	$dzʌ^{224}$	$dzʌ^{323}$
金	$ts'æ̃^{323}$	$tɕỹ^{323}$	$tɕyæ̃^{44}$	$ts'æ̃^{35}$
丹	$ts'æ^{22}$	$ts'æ^{324}$	$tsæ^{41/324}$	$dzæ^{213}$
童	$ts'ɑ^{324}$	$ts'ɑ^{45}$	$dzɑ^{113}$	$dzɑ^{31}$
靖	$ts'æ̃^{334}$	$ts'æ̃^{51}$	$dzæ̃^{31}$	$dzæ̃^{223}$
江	$ts'æ^{45}$	$ts'æ^{435}$	$dzæ^{223}$	$zæ^{223}$
常	$ts'æ̃^{334}$ / $ts'æ^{334}$	$ts'æ^{51}$ / $ts'æ̃^{51}$	$dzæ^{24}$ / $dzæ̃^{24}$	$dzæ^{213}$ / $dzæ̃^{213}$
锡	$ts'ɛ^{324}$	$ts'ɛ^{35}$	$zɛ^{213}$	$zɛ^{213}$
苏	$ts'E^{51}$	$ts'E^{412}$	zE^{231}	zE^{223}
熟	$ts'æ^{44}$	$ts'æ^{324}$	dzE^{324}	$dzæ^{233}$
昆	$ts'ɛ^{52}$	$ts'ɛ^{52}$	$zɛ^{21}$	$zɛ^{132}$
霜	$ts'E^{434}$	$ts'I^{434}$	zE^{213}	zE^{231}
罗	$ts'e^{434}$		zE^{213}	zE^{231}
周	$ts'ɛ^{44}$	$ts'ɛ^{335}$	$zɛ^{113}$	$zɛ^{113}$
上	$ts'E^{334}$	$ts'E^{334}$	zE^{113}	zE^{113}
松	$ts'E^{44}$	$ts'E^{335}$	zE^{113}	zE^{113}
黎	$ts'E^{44}$	$ts'E^{324}$	dzE^{213} / zE^{213}	dzE^{24}
盛	$ts'E^{334}$	$ts'E^{324}$	dzE^{212} / zE^{212}	dzE^{24}
嘉	$ts'E^{ɛ324}$	$ts'E^{ɛ334}$	$zE^{ɛ223}$	$zE^{ɛ231}$
双	$ts'E^{53}$	$ts'E^{334}$	zE^{113}	zE^{113}
杭	$ts'E^{51}$	$ts'E^{334}$	dzE^{113}	dzE^{212}
绍	$ts'æ̃^{334}$	$ts'æ̃^{33}$	$dzæ̃^{22}$	$dzæ̃^{231}$
诸	$ts'ɛ^{52}$	$ts'ɛ^{544}$	$dzɛ^{233}$	$dzɛ^{233}$
崇	$ts'æ̃^{44}$	$ts'æ̃^{324}$	$dzæ̃^{14}$	$dzæ̃^{31}$
太	$ts'æ̃^{42}$	$ts'æ̃^{35}$	$dzæ̃^{13}$	$dzæ̃^{312}$
余	$ts'ɛ̃^{435}$	$ts'ɛ̃^{52}$	$dzɛ̃^{113}$	$dzɛ̃^{113}$
宁	$ts'E^{325}$	$ts'E^{52}$	dzE^{113}	dzE^{113}
黄	$ts'E^{533}$	$ts'ɛ^{44}$	dzE^{311}	zE^{311}
温	$ts'ɑ^{\underline{35}}$	$ts'ɑ^{52}$	$dzɑ^{\underline{24}}$	$dzɑ^{231}$
衢	$ts'æ̃^{45}$	$ts'æ̃^{53}$	$dzæ̃^{31}$	$dzæ̃^{323}$
华	$ts'æ̃^{544}$	$ts'æ̃^{45}$	$tsɑ^{45}$	$tsæ̃^{324}$ / $dzæ̃^{213}$
永	$ts'ʌ^{434}$	$ts'ʌ^{54}$	$dzʌ^{323}$	$dzʌ^{322}$

山开 一平 寒从	咸开 一去 阚从	咸开 一平 谈心	咸开 二平 咸生	咸开 二平 衔生
残	暂	三	杉	衫
$dzᴀ^{223}$	$dzᴀ^{231}$	$sᴀ^{55}$	$sᴀ^{55}$	$sᴀ^{55}$
$dzᴀ^{323}$	$dzᴀ^{231}$	$sᴀ^{445}$	$sᴀ^{445}$	$sᴀ^{445}$
$ts'æ^{35}$	$tsæ^{44}$	$sæ̃^{31}$	$sæ̃^{31}$	$sæ̃^{31}$
$dzæ^{213}$	$tsæ^{41}$	$sæ^{22}$	$sæ^{22}$	$sæ^{22}$
$dzɑ^{31}$	$dzɑ^{113}$	$sɑ^{42}$	$sɑ^{42}$	$sɑ^{42}$
$dzæ̃^{223}$	$dzæ̃^{31}$	$sæ̃^{433}$	$sæ̃^{433}$	$sæ̃^{433}$
$zæ^{223}$	$dzæ̃^{223}$	$sæ^{51}$	$sæ^{51}$	$sæ^{51}$
$dzæ^{213}/dzæ̃^{213}$	$dzæ^{24}/dzæ̃^{24}$	$sæ^{44}/sæ̃^{44}$	$sæ^{44}/sæ̃^{44}$	$sæ^{44}/sæ̃^{44}$
$zɛ^{213}$	$zɛ^{213}$	$sɛ^{55}$	$sɛ^{55}$	$sɛ^{55}$
$zᴇ^{223}$	$zᴇ^{231}$	$sᴇ^{44}$	$sᴇ^{44}$	$sᴇ^{44}$
$dzæ^{233}$	$dzæ^{213}$	$sæ^{52}$	$sæ^{52}$	$sæ^{52}$
$zɛ^{132}$	$zɛ^{21}$	$sɛ^{44}$	$sɛ^{44}$	$sɛ^{44}$
$zᴇ^{231}$	$zᴇ^{213}$	$sᴇ^{52}$	$sᴇ^{52}$	$sᴇ^{52}$
$zɛ^{231}$	$zɛ^{213}$	$sɛ^{52}$	$sɛ^{52}$	$sɛ^{52}$
$zɛ^{113}$	$zɛ^{113}$	$sɛ^{52}$	$sɛ^{52}$	$zɛ^{113}$
$zᴇ^{113}$	$zᴇ^{113}$	$sᴇ^{52}$	$sᴇ^{52}$	$sᴇ^{52}$
$zᴇ^{231}$	$zᴇ^{113}$	$sᴇ^{52}$	$sᴇ^{52}$	$sᴇ^{52}$
$dzᴇ^{24}$	$dzᴇ^{213}$	$sᴇ^{44}$	$sᴇ^{44}$	$sᴇ^{44}$
$dzᴇ^{24}$	$dzᴇ^{212}$	$sᴇ^{44}$	$sᴇ^{44}$	$sᴇ^{44}$
$zᴇ^{ɛ231}$	$zᴇ^{ɛ223}$	$sᴇ^{ɛ51}$	$sᴇ^{ɛ51}$	$sᴇ^{ɛ51}$
$zᴇ^{113}$	$zᴇ^{113}$	$sᴇ^{44}$	$sᴇ^{44}$	$sᴇ^{44}$
$dzᴇ^{212}$	$dzᴇ^{113}$	$sᴇ^{323}$	$sᴇ^{323}$	$sᴇ^{323}$
$dzæ̃^{231}$	$dzæ̃^{22}$	$sæ̃^{52}$	$sæ̃^{52}$	$sæ̃^{52}$
$dzɛ^{233}$	$dzɛ^{233}$	$sɛ^{544}$	$sɛ^{544}$	$sɛ^{544}$
$dzæ̃^{31}$	$dzæ̃^{14}$	$sæ̃^{53}$	$sæ̃^{53}$	$sæ̃^{53}$
$dzæ̃^{312}$	$dzæ̃^{13}$	$sæ̃^{523}$	$sæ̃^{523}$	$sæ̃^{523}$
$dzɛ̃^{113}$	$dzɛ̃^{113}$	$sɛ̃^{324}$	$sɛ̃^{324}$	$sɛ̃^{324}$
$dzᴇ^{113}$	$dzᴇ^{113}$	$sᴇ^{52}$	$sᴇ^{52}$	$sᴇ^{52}$
$zɛ^{311}$	$dzɛ^{113}$	$sɛ^{533}$	$sɛ^{533}$	$sɛ^{533}$
$dzɑ^{231}$	$dzɑ^{22}$	$sɑ^{44}$	$sɑ^{44}$	$sɑ^{44}$
$dzæ̃^{323}$	$dzæ̃^{31}$	$sæ̃^{434}$	$sæ̃^{434}$	$sæ̃^{434}$
$tsæ̃^{324}/dzæ̃^{213}$	$tsæ̃^{45}$	$sɑ^{324}$	$sɑ^{324}$	$sɑ^{324}$
$dzᴀ^{322}$	$dzᴀ^{214}$	$sᴀ^{44}$	$sᴀ^{44}$	$sᴀ^{44}$

摄口 等调 韵声	山开 二平 山生	山开 一上 旱心	山开 一上 旱心	山开 一去 翰心
	山	散带~	伞	散分~
宜	sA⁵⁵	sA⁵¹	sA³²⁴	sA³²⁴
溧	sA⁴⁴⁵	sA⁵²	sA⁴¹²	sA⁴¹²
金	sæ̃³¹	sæ̃³²³	sæ̃³²³	sæ̃⁴⁴
丹	sæ²²	sæ⁴⁴	sæ⁴⁴	sæ³²⁴
童	sɑ⁴²	sɑ³²⁴	sɑ³²⁴	sɑ⁴⁵
靖	sæ̃⁴³³	sæ̃³³⁴	sæ̃³³⁴	sæ̃⁵¹
江	sæ⁵¹	sæ⁴⁵	sæ⁴⁵	sæ⁴³⁵
常	sæ⁴⁴/sæ̃⁴⁴	sæ³³⁴/sæ̃³³⁴	sæ³³⁴/sæ̃³³⁴	sæ⁵¹/sæ̃⁵¹
锡	sɛ⁵⁵	sɛ³²⁴	sɛ³²⁴	sɛ³⁵
苏	sE⁴⁴	sE⁵¹	sE⁵¹	sE⁴¹²
熟	sæ⁵²	sæ⁴⁴	sæ⁴⁴	sæ³²⁴
昆	sɛ⁴⁴	sɛ⁵²	sɛ⁵²	sɛ⁵²
霜	sE⁵²	sE⁴³⁴	sE⁴³⁴	sE⁴³⁴
罗	sᴇ⁵²	sᴇ⁴³⁴	sᴇ⁴³⁴	sᴇ⁴³⁴
周	sɛ⁵²	sɛ⁴⁴	sɛ⁴⁴	sɛ³³⁵
上	sE⁵²	sE³³⁴	sE³³⁴	sE³³⁴
松	sE⁵²	sE⁴⁴	sE³³⁵	sE⁴⁴
黎	sE⁴⁴	sE⁵¹	sE⁵¹	sE⁴¹³
盛	sE⁴⁴	sE⁵¹	sE⁵¹	sE⁴¹³
嘉	sEᵋ⁵¹	sEᵋ³³⁴	sEᵋ³³⁴	sEᵋ³³⁴
双	sE⁴⁴	sE⁵³	sE³³⁴	sE³³⁴
杭	sE³²³	sE⁵¹	sE⁵¹	sE⁵¹
绍	sæ̃⁵²	sæ̃³³⁴	sæ̃³³⁴	sæ̃³³
诸	sɛ⁵⁴⁴	sɛ⁵²	sɛ⁵²	sɛ⁵⁴⁴
崇	sæ̃⁵³	sæ̃⁴⁴	sæ̃⁴⁴	sæ̃³²⁴
太	sæ̃⁵²³	sæ̃⁴²	sæ̃⁴²	sæ̃³⁵
余	sæ̃³²⁴	sæ̃⁴³⁵	sæ̃⁴³⁵	sæ̃⁵²
宁	sE⁵²	sE³²⁵	sE⁵²	sE⁵²
黄	sɛ⁵³³	sɛ⁵³³	sɛ⁵³³	sɛ⁴⁴
温	sɑ⁴⁴	sɑ³⁵	sɑ³⁵	sɑ⁵²
衢	sæ̃⁴³⁴	sæ̃⁴⁵	sæ̃⁴⁵	sæ̃⁵³
华	sɑ³²⁴	sɑ⁵⁴⁴	sɑ⁵⁴⁴	sɑ⁴⁵
永	sA⁴⁴	sA⁴³⁴	sA⁵⁴	sA⁵⁴

山合 一平 桓端	山合 一上 缓端	山合 一去 换端	山合 一平 桓定	山合 一平 桓定
端	短	断决~	团	粔
te⁵⁵	te⁵¹	te³²⁴	de²²³	de²²³
tʊ⁴⁴⁵	tʊ⁵²	tʊ⁴¹²	dʊ³²³	dʊ³²³
tũ³¹	tũ³²³	tũ⁴⁴	t'ũ³⁵	t'ũ³⁵
təŋ²²	təŋ⁴⁴	təŋ³²⁴	təŋ³²⁴/dəŋ²¹³	təŋ³²⁴/dəŋ²¹³
tʊ⁴²/tiɯᵘ⁴²	tʊ³²⁴/tiɯᵘ³²⁴	tʊ⁴⁵	dʊ³¹	dʊ³¹
tũ⁴³³	tũ³³⁴	tũ⁵¹	dũ²²³	dũ²²³
tɵ⁵¹	tɵ⁴⁵	tɵ⁴³⁵	dɵ²²³	dɵ²²³
tɔ⁴⁴	tɔ³³⁴	tɔ⁵¹	dɔ²¹³	dɔ²¹³
to⁵⁵	to³²⁴	to³⁵	do²¹³	do²¹³
tɵ⁴⁴	tɵ⁵¹	tɵ⁴¹²	dɵ²²³	dɵ²²³
tɣ⁵²	tɣ⁴⁴	tɣ³²⁴	dɣ²³³	dɣ²³³
tɵ⁴⁴	tɵ⁵²	tɵ⁵²	dɵ¹³²	dɵ¹³²
tˆɣ⁵²	tˆɣ⁴³⁴	tˆɣ⁴³⁴	dˆɣ²³¹	dˆɣ²³¹
tˆɣ⁵²	tˆɣ⁴³⁴	tˆɣ⁴³⁴	dˆɣ²³¹	dˆɣ²³¹
ɖø⁵²	ɖø⁵²	ɖø³³⁵	ɖø¹¹³	ɖø¹¹³
tø⁵²	tø³³⁴	tø³³⁴	dø¹¹³	dø¹¹³
tø⁵²/dø⁵²	tø⁴⁴/dø⁴⁴	tø³³⁵	dø²³¹	dø²³¹
tɵ⁴⁴	tɵ⁵¹	tɵ⁴¹³	dɵ²⁴	dɵ²⁴
tɵ⁴⁴	tɵ⁵¹	tɵ⁴¹³	dɵ²⁴	dɵ²⁴
tɣə⁵¹	tɣə⁴⁴	tɣə³³⁴	dɣə²³¹	dɣə²³¹
tᴇ⁴⁴	tᴇ⁵³	tᴇ³³⁴	dᴇ¹¹³	dᴇ¹¹³
to³²³	to⁵¹	to³³⁴/do¹¹³	do²¹²	do²¹²
tɵ̃⁵²	tɵ̃³³⁴	tɵ̃³³	dɵ̃²³¹	dɵ̃²³¹
tɣ⁵⁴⁴	tɣ⁵²	tɣ⁵⁴⁴	dɣ²³³	dɣ²³³
tœ̃⁵³	tœ̃⁴⁴	tœ³²⁴	dœ³¹	dœ³¹
tœ̃⁵²³	tœ̃⁴²	tœ̃³⁵	dœ̃³²²	dœ̃³¹²
tø̃³²⁴	tø̃⁴³⁵	tø̃⁵²	dø̃¹¹³	dø̃¹¹³
tø⁵²	tø³²⁵	tø⁵²	dø¹¹³	dø¹¹³
tø⁵³³	tø⁵³³	tø⁴⁴	dø³¹¹	dø³¹¹
tɵ̃⁴⁴	tɵ̃³⁵	tɵ̃⁵²	dɵ̃²³¹	dɵ̃²³¹
to⁴³⁴	tə⁴⁵	tə⁵³	də̣³²³	də̣³²³
tɯə³²⁴	tɯə⁵⁴⁴	tɯə⁴⁵	tᵘæ̃³²⁴	tᵘæ̃³²⁴
tɣə⁴⁴	tɣə⁴³⁴	tɣə⁵⁴	dɣə³²²	dɣə³²²

摄口 等调 韵声	山合 一上 缓定	山合 一去 换定	山合 一上 缓泥	山合 一平 桓来
	断~绝	段	暖	銮
宜	de²⁴	de²³¹	ne²⁴	
溧	dʊ²³¹	dʊ²³¹	ʔlʊ⁴⁴⁵	lʊ³²³
金	tũ³¹	tũ³¹	lũ³²³	lũ³⁵
丹	təŋ⁴¹	təŋ⁴¹	nəŋ²¹³	ləŋ²¹³
童	dʊ¹¹³	dʊ¹¹³	nʊ³¹	lʊ³¹
靖	dũ³¹	dũ³¹	ʔnũ³³⁴	lũ²²³
江	dɵ²²³	dɵ²²³	ʔnɵ⁴⁵	lɵ²²³
常	dɔ²⁴	dɔ²⁴	ʔnɔ³³⁴	ʔlɔ⁴⁴
锡	do²¹³/³³	do²¹³	no³³/²¹³	lo²¹³
苏	dɵ²³¹	dɵ²³¹	nɵ²³¹	lɵ²²³
熟	dɤ³¹	dɤ²¹³	nɤ³¹	lɤ²¹³
昆	dɵ²²³	dɵ²¹	nɵ²²³	lɵ¹³²
霜	dˢɤ²¹³	dˢɤ²¹³	nˢɤ²¹³	lˢɤ²³¹
罗	dˢɤ²¹³	dˢɤ²¹³	nˢɤ²¹³	lˢɤ²³¹
周	dø¹¹³	dø¹¹³	nø¹¹³	lø¹¹³
上	dø¹¹³	dø¹¹³	nø¹¹³	lø¹¹³
松	dø¹¹³	dø¹¹³	nø¹¹³	lø¹¹³
黎	dɵ³²	dɵ²¹³	nɵ³²	lɵ²⁴
盛	dɵ²²³	dɵ²¹²	nɵ²²³	lɵ²⁴
嘉	dɤə²²³	dɤə²²³	nɤə²²³	lɤə²³¹
双	dᴇ¹¹³	dᴇ¹¹³	nᴇ²³¹	lᴇ¹¹³
杭	do¹¹³	do¹¹³	ʔno⁵¹	ʔlo³²³
绍	dẽ²²	dẽ²²	nẽ¹¹³	lẽ²³¹
诸	dɤ²³³	dɤ²³³	nɤ²³¹	lɤ²³³
崇	dœ̃¹⁴	dœ̃¹⁴	nœ̃²²/nɯŋ²²	lœ̃³¹
太	dœ̃¹³	dœ̃¹³	neŋ²²	lœ̃³¹²
余	dø̃¹¹³	dø̃¹¹³	dø̃¹¹³	lø̃¹¹³
宁	dø¹¹³	dø¹¹³	nø¹¹³	lœɤ¹¹³
黄	dø¹¹³	dø¹¹³	ʔluəŋ⁵³³	lø³¹¹
温	dɵ²²	dɵ²²	nɵ²⁴	lɵ²³¹
衢	də³¹	də³¹	nə³¹	lə³²³
华	dɯə²⁴	dɯə²⁴	ʔnɔ⁵⁴⁴	luœ̃²¹³
永	dɤə²¹⁴	dɤə²¹⁴	nəŋ⁴⁴	lɤə³²²

山合 一上 缓来	山合 一去 换来	山开 一平 寒见	山开 一平 寒见	山开 一平 寒见
卵	乱	干	乾~湿	竿
le²⁴/ʔlu⁵⁵	le²³¹	ke⁵⁵	ke⁵⁵	ke⁵⁵
ʔlʌɯ⁴⁴⁵	lʊ²³¹	kʊ⁴⁴⁵	kʊ⁴⁴⁵	kʊ⁴⁴⁵
lũ³²³	lũ⁴⁴	kæ³¹	kæ³¹	kæ³¹
ləŋ²¹³	ləŋ⁴¹	kəŋ²²	kəŋ²²	kəŋ²²
ʔlʊ³²⁴	lʊ¹¹³	kʊ⁴²	lʊ⁴²	lʊ⁴²
ʔlũ³³⁴	lũ³¹	kũ⁴³³	kũ⁴³³	kũ⁴³³
ʔlɵ⁴⁵	lɵ²²³	kɵ⁵¹	kɵ⁵¹	kɵ⁵¹
ʔlɔ³³⁴	lɔ²⁴	kɔ⁴⁴	kɔ⁴⁴	kɔ⁴⁴
lo³³/²¹³	lo³⁵	ko⁵⁵	ko⁵⁵	ko⁵⁵
lɵ²³¹	lɵ²³¹	kɵ⁴⁴	kɵ⁴⁴	kɵ⁴⁴
ʔlɤ⁴⁴	lɤ²¹³	kɤ⁵²	kɤ⁵²	kɤ⁵²
lɵ²²³	ʔlɵ⁴⁴	kɵ⁴⁴	kɵ⁴⁴	kɵ⁴⁴
ʔlu⁴³⁴/lˆɤ²¹³	lˆɤ²¹³	kˆɤ⁵²	kˆɤ⁵²	kˆɤ⁵²
ʔlu⁴³⁴/lˆɤ²¹³	lˆɤ²¹³	kˆɤ⁵²	kˆɤ⁵²	kˆɤ⁵²
lø¹¹³/lu¹¹³	lø¹¹³	kø⁵²	kø⁵²	kø⁵²
lø¹¹³/lu¹¹³	lø¹¹³	kø⁵²	kø⁵²	kø⁵²
lø¹¹³/lu¹¹³	lø¹¹³	kø⁵²	kø⁵²	kø⁵²
lɵ³²/ʔlu⁵¹	lɵ²¹³	kɵ⁴⁴	kɵ⁴⁴	kɵ⁴⁴
lɵ²²³	lɵ²¹²	kɵ⁴⁴	kɵ⁴⁴	kɵ⁴⁴
lɤə²²³	lɤə²²³	kɤə⁵¹	kɤə⁵¹	kɤə⁵¹
lᴇ²³¹	lᴇ¹¹³	kᴇ⁴⁴	kᴇ⁴⁴	kᴇ⁴⁴
ʔlo⁵¹	lo¹¹³	kᴇ³²³	kᴇ³²³	kᴇ³²³
lẽ¹¹³	lẽ²²	kĩ⁵²	kĩ⁵²	kĩ⁵²
lɤ²³¹	lɤ²³³	kɤ⁵⁴⁴	kɤ⁵⁴⁴	kɤ⁵⁴⁴
lɤ²²	lœ¹⁴	kœ⁵³	kœ⁵³	kœ⁵³
lɯ²²(阴)/lẽ²² 石头~	lẽ¹³	kœ⁵²³	kœ⁵²³	kœ⁵²³
lõ¹¹³	lõ¹¹³	kẽ³²⁴	kẽ³²⁴	kẽ³²⁴
lœɤ¹¹³多/lø¹¹³少/ləʊ¹¹³	lœɤ¹¹³/lø¹¹³少	ki⁵²	ki⁵²	ki⁵²
ʔluəŋ⁵³³	lø¹¹³	kɛ⁵³³	kɛ⁵³³	kɛ⁵³³
lʌŋ²⁴/lɵ²⁴	lɵ²²	kɵ⁴⁴	kɵ⁴⁴	kɵ⁴⁴
ʔlɵ⁴⁵	lə³¹	kə⁴³⁴	kə⁴³⁴	kə⁴³⁴
ʔluæ⁵⁴⁴	lɯə²⁴	kɯə³²⁴	kɯə³²⁴	kɯə³²⁴
ləŋ³²³	lɤə²¹⁴	kɤə⁴⁴	kɤə⁴⁴	kɤə⁴⁴

摄口 等调 韵声	咸开 一上 敢见		山开 一去 翰见	山开 一平 寒溪
	敢	赶	幹	看~守
宜	ke⁵¹	ke⁵¹	ke³²⁴	kʻe⁵⁵
溧	kʊ⁵²	kʊ⁵²	kʊ⁴¹²	kʻʊ⁴⁴⁵
金	kũ³²³	kũ³²³	kũ⁴⁴	kʻæ³¹
丹	kəŋ⁴⁴	kəŋ⁴⁴	kəŋ³²⁴	kʻəŋ⁴⁴
童	kʊ³²⁴	kʊ³²⁴	kʊ⁴⁵	kʻʊ⁴²
靖	kũ³³⁴	kũ³³⁴	kũ⁵¹	kʻũ⁴³³
江	kɵ⁴⁵	kɵ⁴⁵	kɵ⁴³⁵	kʻɵ⁵¹
常	kɔ³³⁴	kɔ³³⁴	kɔ⁵¹	kʻɔ⁴⁴
锡	ko³²⁴	ko³²⁴	ko³⁵	kʻo⁵⁵
苏	kɵ⁵¹	kɵ⁵¹	kɵ⁴¹²	kʻɵ⁴⁴
熟	kẽⁿ⁴⁴	kɣ⁴⁴	kɣ³²⁴	kʻɣ⁵²
昆	kɵ⁵²	kɵ⁵²	kɵ⁵²	kʻɵ⁴⁴
霜	kɪ⁴³⁴	kˆɣ⁴³⁴	kˆɣ⁴³⁴	kʻˆɣ⁵²
罗	kʌɪ⁴³⁴	kˆɣ⁴³⁴	kˆɣ⁴³⁴	kʻˆɣ⁵²
周	kø⁴⁴	kø⁴⁴	kø³³⁵	kʻø⁵²
上	kø³³⁴	kø³³⁴	kø³³⁴	kʻø⁵²
松	kø⁴⁴	kø³³⁵	kø³³⁵	kʻø⁵²
黎	kɵ⁵¹	kɵ⁵¹	kɵ⁴¹³	kʻɵ⁴⁴
盛	kɵ⁵¹	kɵ⁵¹	kɵ⁴¹³	kʻɵ⁴⁴
嘉	kɣə⁴⁴	kɣə⁴⁴	kɣə³³⁴	kʻɣə⁵¹
双	kɛ⁵³	kɛ⁵³	kɛ³³⁴	kʻɛ⁴⁴
杭	kɛ⁵¹	kɛ⁵¹	kɛ³³⁴	kʻɛ³²³
绍	kĩ³³⁴	kĩ³³⁴	kĩ³³	kʻĩ⁵²
诸	kɣ⁵²	kɣ⁵²	kɣ⁵⁴⁴	kʻɣ⁵⁴⁴
崇	kœ̃⁴⁴	kœ̃⁴⁴	kœ̃³²⁴	kʻœ̃⁵³
太	kœ̃⁴²	kœ̃⁴²	kœ̃³⁵	kʻœ̃⁵²³
余	kẽ⁴³⁵	kẽ⁴³⁵	kẽ⁵²	kʻẽ³²⁴
宁	ki³²⁵	ki³²⁵	ki⁵²	kʻi⁵²
黄	kɛ⁵³³	kɛ⁵³³	kɛ⁴⁴	kʻɛ⁵³³
温	kɵ³⁵	kɵ³⁵	kɵ⁵²	kʻɵ⁴⁴
衢	kə⁴⁵	kə⁴⁵	kə⁵³	kʻə⁴³⁴
华	kɯə⁵⁴⁴	kɯə⁵⁴⁴	kæ̃⁴⁵	kʻæ̃³²⁴
永	kɣə⁴³⁴	kɣə⁴³⁴	kɣə⁵⁴	kʻɣə⁴⁴

山开 一平 寒溪 刊	山开 一去 翰溪 看~见	山开 一去 翰疑 岸	山开 一平 寒影 安	山开 一去 翰影 按
$k'e^{55}$	$k'e^{324}$	$ŋe^{231}$	$ʔe^{55}$	$ʔe^{324}$
$k'ʊ^{445}$	$k'ʊ^{412}$	$ɦʊ^{231}$	$ʔʊ^{445}$	$ʔʊ^{412}$
$kæ̃^{31}$	$k'ʊ̃^{44}/k'æ̃^{44}$	$æ̃^{31}$	$æ̃^{31}/æ̃^{44}$	$ʊ̃^{44}$
$k'əŋ^{44}/k'æ^{44}$	$k'əŋ^{324}$	$ŋəŋ^{41}$	$ŋ̍^{22}/əŋ^{22}$少	$ŋ̍^{22}/əŋ$少
$k'ʊ^{42}$	$k'ʊ^{45}$	$ʔʊ^{45}$	$ʔʊ^{42}$	$ʔʊ^{45}$
$k'ũ^{433}$	$k'ũ^{51}$	$ʔũ^{51}$	$ʔũ^{433}$	$ʔũ^{51}/ʔæ̃^{51}$
$k'ɵ^{51}$	$k'ɵ^{435}$	$ŋɵ^{223}$	$ʔɵ^{51}$	$ʔɵ^{435}$
$k'ɔ^{44}$	$k'ɔ^{51}$	$ŋɔ^{24}$	$ʔɔ^{44}$	$ʔɔ^{51}$
$k'o^{55}$	$k'o^{35}$	$ŋo^{213}$	$ʔo^{55}$	$ʔo^{35}$
$k'ɵ^{44}$	$k'ɵ^{412}$	$ŋɵ^{231}$	$ʔɵ^{44}$	$ʔɵ^{412}$
$k'ɣ^{52}$	$k'ɣ^{324}$	$ŋɛ̃ⁿ^{213}$	$ʔɣ^{52}$	$ʔɣ^{324}$
$k'ɵ^{44}$	$k'ɵ^{52}$	$ŋɵ^{21}$	$ʔɵ^{44}$	$ʔɵ^{44}$
$k'ɪ^{52}/k'ᴇ^{52}$	$k'ʌɣ^{434}$	$ŋɪ^{213}$	$ʔʌɣ^{52}$	$ʔʌɣ^{52}$
$k'ʌɣ^{52/434}$	$k'ʌɣ^{434}$	$ŋʌɪ^{213}$	$ʔʌɣ^{52}$	$ʔʌɣ^{52}$
$k'ɛ^{52}$	$k'ø^{335}$	$ɦø^{113}$	$ʔø^{52}$	$ʔø^{335}$
$k'ᴇ^{52}/k'ᴇ^{334}$	$k'ø^{334}$	$ŋø^{113}/ɦø^{113}$	$ʔø^{52}$	$ʔø^{334}/ʔø^{52}$
$k'ᴇ^{52}/k'ø^{52}$	$k'ø^{335}$	$ŋø^{113}/ʔø^{335}$	$ʔø^{52}$	$ʔø^{335}$
$k'ɵ^{44}$	$k'ɵ^{413}$	$ɦɵ^{213}$	$ʔɵ^{44}$	$ʔɵ^{44}$
$k'ɵ^{44}$	$k'ɵ^{413}$	$ɦɵ^{212}$	$ʔɵ^{44}$	$ʔɵ^{44}$
$k'ɣə^{51}$	$k'ɣə^{334}$	$ʔɣə^{334}$	$ʔɵ^{52}$	$ʔɣə^{334}$
$k'ᴇ^{44}$	$k'ᴇ^{334}$	$ʔᴇ^{334}$	$ʔᴇ^{44}$	$ʔᴇ^{334}$
$k'ᴇ^{323}$	$k'ᴇ^{334}$	$ʔᴇ^{334}$	$ʔᴇ^{323}$	$ʔᴇ^{334}$
$k'æ̃^{52}$	$k'ĩ^{33}$	$ŋĩ^{22}$	$ʔĩ^{52}$	$ʔĩ^{33}$
$k'ɛ^{544}$	$k'ɣ^{544}$	$ŋɣ^{233}$	$ʔɣ^{544}$	$ʔɣ^{544}$
$k'æ̃^{53}$	$k'æ̃^{324}$	$ŋæ̃^{14}$	$ʔæ̃^{53}$	$ʔæ̃^{324}$
$k'æ̃^{523}$	$k'æ̃^{35}$	$ŋæ̃^{13}$	$ʔæ̃^{523}$	$ʔæ̃^{35}$
$k'ɛ̃^{324}$	$k'ẽ^{52}$	$ŋẽ^{113}/ʔẽ^{52}$	$ʔẽ^{324}$	$ʔẽ^{52}$
$k'ᴇ^{52}$	$k'i^{52}$	$ŋe^{113}/ŋᴇ^{113}$	$ʔᴇɪ^{52}$	$ʔᴇɪ^{52}$
$k'ɛ^{533}$	$k'ɛ^{44}$	$ɦie^{113}$	$ʔɛ^{533}$	$ʔɛ^{533}$
$k'ɵ^{44}$	$k'ɵ^{52}/(ts'ɿ眙）$	$ɦy^{22}$	$ʔy^{44}$	$ʔy^{52}$
$k'ə^{434}$	$k'ə^{53}$	$ŋæ̃^{31}/ɦæ̃^{31}$	$ʔə^{434}$	$ʔə^{53}$
$k'æ̃^{324}$	$k'æ̃^{45}$	$ʔæ̃^{45}/ʔɯə^{45}$	$ʔæ̃^{324}$	$ʔæ̃^{45}$
$k'ɣə^{44}$	$k'ɣə^{54}$	$ŋɣə^{214}$	$ʔɣə^{44}$	$ʔɣə^{54}$

摄口	山开	山开	山开	山开
等调	一去	一上	一去	一平
韵声	翰影	旱晓	翰晓	寒匣
	案	罕	汉	寒
宜	ʔe³²⁴	xe⁵¹	xe³²⁴	ɦe²²³
溧	ʔʊ⁴¹²	xʊ⁵²	xʊ⁴¹²	ʊ³²³
金	ũ⁴⁴	xũ⁴⁴	xũ⁴⁴	xũ³⁵
丹	ŋ̍²²/əŋ²² 少	hŋ̍⁴¹	hŋ̍⁴¹	hˤəŋ²¹³
童	ʔʊ⁴⁵	hɑ⁴²	hʊ⁴⁵	xɦʊ³¹
靖	ʔũ⁵¹	hæ³³⁴	hũ⁵¹	hɦũ²²³
江	ʔθ⁴³⁵	hθ⁴⁵	hθ⁴³⁵	hɦe²²³
常	ʔɔ⁵¹	xɔ³³⁴	hɔ⁵¹	ɦɔ²¹³
锡	ʔo³⁵	xo³²⁴	xo³⁵	ɦo²¹³
苏	ʔθ⁴¹²	hθ⁵¹	hθ⁴¹²	ɦe²²³
熟	ʔɤ³²⁴	hɤ⁴⁴	hɤ³²⁴	ɦɤ²³³
昆	ʔθ⁴⁴	hθ⁵²	hθ⁵²	ɦe¹³²
霜	ʔˆɤ⁵²	xˆɤ⁴³⁴	xˆɤ⁴³⁴	ɦˆɤ²³¹
罗	ʔˆɤ⁴³⁴	hˆɤ⁴³⁴	hˆɤ⁴³⁴	ɦˆɤ²³¹
周	ʔø³³⁵	hø⁴⁴	hø³³⁵	ɦø¹¹³/ɦɛ¹¹³
上	ʔø³³⁴/ʔø⁵²	hø⁵²/hø³³⁴	ɦø³³⁴	ɦø¹¹³
松	ʔø³³⁵	hø⁴⁴	hø³³⁵	ɦø²³¹
黎	ʔθ⁴¹³	hθ⁴⁴	hθ⁴¹³	ɦθ²⁴
盛	ʔθ⁴¹³	hθ⁴⁴	hθ⁴¹³	ɦθ²⁴
嘉	ʔɤə³³⁴	hɤə⁴⁴	hɤə³³⁴	ɦɤə²³¹
双	ʔE³³⁴	hE⁵³	hE³³⁴	ɦE¹¹³
杭	ʔE³³⁴	hE³³⁴	hE³³⁴	ɦE²¹²
绍	ʔĩ³³	hĩ³³⁴	hĩ³³	ɦĩ²³¹
诸	ʔɤ⁵⁴⁴	hɤ⁵²	hɤ⁵⁴⁴	ɦɤ²³³
崇	ʔæ̃³²⁴	ɦæ̃²²	hæ̃³²⁴	ɦæ̃³¹
太	ʔæ̃³⁵	ɦæ̃²²	hæ̃³⁵	ɦæ̃³¹²
余	ʔɛ̃⁵²	ɦɛ̃¹¹³	ɦɛ̃⁵²	ɦɛ̃¹¹³
宁	ʔEI⁵²	ɦEI¹¹³	he⁵²	ɦEI¹¹³
黄	ʔɛ⁵³³	hɛ⁵³³	hɛ⁴⁴	ɦie³¹¹
温	ʔy⁵²	θ³⁵	çy⁵²	ɦy²³¹
衢	ʔə⁵³	xə⁴⁵	xə⁵³	ʔɦə̂³²³
华	ʔæ⁴⁵	xæ⁵⁴⁴/ʔɦæ²⁴	ʔæ⁴⁵	ʔæ̃²¹³
永	ʔɤə⁵⁴	xɤə⁴³⁴	xɤə⁵⁴	ʔɦɤə³²²

山开 一平 寒匣	山开 一上 旱匣	山开 一去 翰匣	山合 三上 獮昌	山合 三去 线昌
韩	旱	汗	喘	钏
ɦe²²³	ɦe²³¹	ɦe²³¹	tɕʻyĩ⁵¹	
ʊ³²³	ʊ²³¹	ʊ²³¹	tɕʻyʊ⁵²	tɕʻyʊ⁴¹²
xũ³⁵	xũ⁴⁴	xũ⁴⁴	tsʻũ⁴⁴	tsʻũ⁴⁴
hᶠəŋ²¹³	həŋ⁴¹	həŋ⁴¹	tsʻəŋ⁴⁴	tsʻəŋ³²⁴
xɦʊ³¹	xɦʊ¹¹³	xɦʊ¹¹³	tʃʻyʊ³²⁴	tʃʻyʊ⁴⁵
hɦũ²²³	hɦũ⁵¹	hɦũ⁵¹	tɕʻyũ³³⁴	tɕʻyũ⁵¹
hɦɵ²²³	hɦɵ²²³	hɦɵ	tsʻɵ⁴⁵	tsʻo⁴³⁵
ɦɔ²¹³	ɦɔ²⁴	ɦɔ²⁴	tsʻɔ³³⁴	tsʻɔ⁵¹
ɦo²¹³	xo³²⁴ / ɦo²¹³	ɦo³⁵	tsʻo³²⁴	tsʻo³⁵
ɦɵ²²³	ɦɵ²³¹	ɦɵ²³¹	tsʻɵ⁵¹	tsʻɵ⁴¹²
ɦɣ²³³	ɦɣ³¹	ɦɣ²¹³	tʂʻɣ⁴⁴	
ɦɵ¹³²	ɦɵ²²³	ɦɵ²¹	tsʻɵ⁵²	tsʻɵ⁵²
ɦˆʌɣ²³¹	ɦˆʌɣ²¹³	ɦˆʌɣ²¹³	tsʻɿ⁴³⁴	tsʻɿ⁴³⁴ / tsʻˆʌɣ⁴³⁴
ɦˆʌɣ²³¹	ɦˆʌɣ²¹³	ɦˆʌɣ²¹³	tsʻʌɪ⁴³⁴	tsʻʌɣ⁴³⁴
ɦø¹¹³	ɦø¹¹³	ɦø¹¹³	tsʻø⁴⁴	tsʻø³³⁵
ɦø¹¹³	ɦø¹¹³	ɦø¹¹³	tsʻø³³⁴	tsʻø³³⁴
ɦø²³¹	ɦø¹¹³	ɦø¹¹³	tsʻø⁴⁴	tsʻø³³⁵
ɦɵ²⁴	ɦɵ³²	ɦɵ²¹³	tsʻɵ³³⁴	tsʻɵ³²⁴
ɦɵ²⁴	ɦɵ²²³	ɦɵ²¹²	tsʻɵ³³⁴	tsʻɵ³¹³
ɦɣə²³¹	ɦɣə²²³	ɦɣə²²³	tsʻɣə³²⁴	tsʻɣə³³⁴
ɦɛ¹¹³	ɦɛ²³¹	ɦɛ¹¹³	tsʻɛ⁵³	tsʻɛ³³⁴
ɦɛ²¹²	ɦɛ¹¹³	ɦɛ¹¹³	tsʻᵘo⁵¹	tsʻᵘo³³⁴
ɦĩ²³¹	ɦĩ¹¹³	ɦĩ²²	tsʻə̃³³⁴	tsʻə̃³³
ɦɣ²³³	ɦɣ²³¹	ɦɣ²³³	tsʻɣ⁵²	tsʻɣ⁵⁴⁴
ɦæ̃³¹	ɦæ̃²²	ɦæ̃¹⁴	tsʻæ̃⁴⁴	tsʻæ̃³²⁴
ɦæ̃³¹²	ɦæ̃²²	ɦæ̃¹³	tsʻæ̃⁴²	tsʻæ̃³⁵
ɦɛ̃¹¹³	ɦɛ̃¹¹³	ɦɛ̃¹¹³	tsʻø̃⁴³⁵	tsʻø̃⁵²
ɦɛɪ¹¹³	ɦɛɪ¹¹³	ɦɛɪ¹¹³	tsʻø³²⁵	tsʻø⁵²
ɦie³¹¹ / ɦe³¹¹	ɦie¹¹³	ɦie¹¹³	tsʻø⁵³³	
ɦy²³¹	ɦy²⁴	ɦy²²	tɕʻy³⁵	tɕʻy⁵²
ʔɦə³²³	ʔɦə³¹	ʔɦə³¹	tʃʻɥə⁴⁵	tʃʻɥə⁵³
ʔæ̃²¹³	ɦæ̃²⁴	ʔɦæ̃²⁴ / ʔɦɯə²⁴	tɕʻɥe⁵⁴⁴	
ʔɦɣə³²²	ʔɦɣə²¹⁴	ʔɦɣə²¹⁴	tɕʻyʌ⁴³⁴	tɕʻiʌʊ⁴⁴

摄口 等调 韵声	山合 一平 桓精 钻~洞	山合 一去 换精 钻电~	山合 一平 桓清 氽	山合 一去 换清 窜
宜	tse⁵⁵	tse³²⁴	tsʻe⁵⁵	tsʻe³²⁴
溧	tɕʏʊ⁴⁴⁵	tɕʏʊ⁴¹²	tɕʻʏʊ⁴⁴⁵	tɕʻʏʊ⁴¹²
金	tsũ³¹	tsũ³¹	tsʻũ³¹	tsʻũ⁴⁴
丹	tsəŋ²²	tsəŋ³²⁴	tsʻəŋ²²	tsʻəŋ³²⁴
童	tɕʏʊ⁴²	tɕʏʊ⁴⁵	tɕʻiʊ⁴²	tɕʻʏʊ⁴⁵
靖	tsũɯ⁴³³	tsũɯ⁵¹	tsʻũɯ⁴³³	tsʻũɯ⁵¹
江	tsɵ⁵¹	tsɵ⁴³⁵	tsʻɵ⁵¹	tsʻɵ⁴³⁵
常	tsɔ⁴⁴	tsɔ⁵¹	tsʻɔ⁴⁴	tsʻɔ⁵¹
锡	tso⁵⁵	tso³⁵	tsʻo⁵⁵	tsʻo³⁵
苏	tsɵ⁴⁴	tsɵ⁴¹²	tsʻɵ⁴⁴	tsʻɵ⁴¹²
熟	tsʏ⁵²	tsʏ⁵²		tsʻʏ³²⁴
昆	tsɵ⁴⁴	tsɵ⁵²	tsʻɵ⁴⁴	tsʻɵ⁵²
霜	tsʌʏ⁵²	tsʌʏ⁴³⁴	tsʻʌʏ⁵²	tsʻʌʏ⁴³⁴
罗	tsʻʌʏ⁵²	tsʻʌʏ⁵²	tsʻʌʏ⁵²	tsʻʌʏ⁵²
周	tsɵ⁵²	tsɵ³³⁵	tsʻɵ⁵²	tsʻɵ³³⁵
上	tsɵ⁵²	tsɵ⁵²	tsʻɵ⁵²	tsʻɵ⁵²/tsʻɵ³³⁴
松	tsɵ⁵²	tsɵ³³⁵	tsʻɵ⁵²	tsʻɵ⁵²
黎	tsɵ⁴⁴	tsɵ⁴¹³	tsʻɵ⁴⁴	tsʻɵ⁴¹³
盛	tsɵ⁴⁴	tsɵ⁴¹³	tsʻɵ⁴⁴	tsʻɵ⁴⁴
嘉	tsɥʏə⁵¹	tsʏə³³⁴	tsʻɥʏə⁵¹	tsʻʏə³³⁴
双	tsE⁴⁴	tsE³³⁴	tsʻE⁴⁴	tsʻE³³⁴
杭	tso³²³	tso³³⁴	tsʻo³²³	tsʻo³³⁴
绍	tsə̃⁵²	tsə̃³³	tsʻə̃⁵²	tsʻə̃³³
诸	tsʏ⁵⁴⁴	tsʏ⁵⁴⁴	tsʻʏ⁵⁴⁴	tsʻʏ⁵⁴⁴
崇	tsœ̃⁵³	tsœ̃³²⁴	tsʻœ̃⁴⁴	tsʻœ̃⁵³
太	tsœ̃⁵²³	tsœ̃³⁵	tsʻœ̃⁴²	tsʻœ̃⁵²³
余	tsø̃³²⁴	tsø̃⁵²	tsʻø̃⁴³⁵	tsʻø̃⁵²
宁	tsø⁵²	tsø⁵²	tɕʻyʮ³²⁵	tɕʻyʮ⁵²/tsʻø⁵²
黄	tsø⁵³³	tsø⁴⁴	tsʻø⁵³³	tsʻø⁴⁴
温	tsɵ⁴⁴	tsɵ⁵²		tsʻɵ⁵²
衢	tsə⁴³⁴	tsə⁵³		tʃʻɥə⁵³
华	tsɯə³²⁴	tsuæ⁴⁵		tɕʻɥe⁴⁵/tɕʻɥæ̃⁴⁵
永	tsʏə⁴⁴	tsʏə⁵⁴		tɕʻyə⁵⁴

山合 一平 桓心	山合 一去 换心	山合 一去 换心	山合 一平 桓帮	山合 一平 桓帮
酸	算	蒜	搬	般
se^{55}	se^{324}	se^{324}	pe^{55}	pA^{55}/pe^{55}少
$ɕyʊ^{445}$	$ɕyʊ^{412}$	$ɕyʊ^{412}$	$pʊ^{445}$	pA^{445}
$sũ^{31}$	$sũ^{44}$	$sũ^{44}$	$pũ^{31}$	$pũ^{31}$
$səŋ^{22}$	$səŋ^{324}$	$səŋ^{324}$	$pəŋ^{22}$	$pəŋ^{22}$
$ʃyʊ^{42}$	$syʊ^{42}$	$syʊ^{42}$	$pʊ^{42}$	$pʊ^{42}$
$sũ̃^{433}$	$sũ̃^{51}$	$sũ̃^{51}$	$pũ̃^{433}$	$pũ̃^{433}$
$sɵ^{51}$	$sɵ^{435}$	$sɵ^{435}$	$pɵ^{51}$	$pɵ^{51}$
$sɔ^{44}$	$sɔ^{51}$	$sɔ^{51}$	$pɔ^{44}$	$pæ^{44}$
so^{55}	so^{35}	so^{35}	po^{55}	po^{55}
$sɵ^{44}$	$sɵ^{412}$	$sɵ^{412}$	$pɵ^{44}$	pE^{44}
$sɤ^{52}$	$sɤ^{324}$	$sɤ^{324}$	$pɤ^{52}$	$pæ^{52}$
$sɵ^{44}$	$sɵ^{52}$	$sɵ^{52}$	$pɵ^{44}$	$pɛ^{44}$
$s^ɤ^{52}$	$s^ɤ^{434}$	$s^ɤ^{434}$	$pɪ^{52}$	pE^{52}
$s^ɤ^{52}$	$s^ɤ^{434}$	$s^ɤ^{434}$	$pʌɪ^{52}$	pe^{52}
$sø^{52}$	$sø^{335}$	$sø^{335}$	$ɓe^{52}$	$ɓɛ^{52}$
$sø^{52}$	$sø^{334}$	$sø^{334}$	$pø^{52}$	$pE^{52}/pø^{52}$少
$sø^{52}$	$sø^{335}$	$sø^{335}$	pe^{52}	pe^{52}
$sɵ^{44}$	$sɵ^{413}$	$sɵ^{413}$	$pɵ^{44}$	$pɵ^{44}$
$sɵ^{44}$	$sɵ^{413}$	$sɵ^{413}$	$pɵ^{44}$	pE^{44}
$sɥɤə^{51}$	$sɤə^{334}$	$sɤə^{334}$	$pɤə^{51}$	$pɤə^{51}$
sE^{44}	sE^{334}	sE^{334}	pE^{44}	pE^{44}
so^{323}	so^{334}	so^{334}	puo^{323}	pE^{323}
$sɵ̃^{52}$	$sɵ̃^{33}$	$sɵ̃^{33}$	$pɪ̃^{52}/pəŋ^{52}$	$pæ̃^{52}$
$sɤ^{544}$	$sɤ^{544}$	$sɤ^{544}$	$pɤ^{544}$	$pɛ^{544}$
$sœ̃^{53}$	$sœ̃^{324}$	$sœ̃^{334}$	$pœ̃^{53}$	$pæ̃^{53}$
$sœ̃^{523}$	$sœ̃^{35}$	$sœ̃^{35}$	$pæ̃^{523}/pæ̃^{523}$	$pæ̃^{523}$
$sø̃^{324}$	$sø̃^{52}$	$sø̃^{52}$	$põ^{324}$	$pɛ̃^{324}$
$sø^{52}$	$sø^{52}$	$sø^{52}$	$pu^{52}/pø^{52}$	pE^{52}
$sø^{533}$	$sø^{44}$	$sø^{44}$	$pø^{533}$	$pɛ^{533}$
$sɵ^{44}$	$sɵ^{52}$	$sɵ^{52}$	$pɵ^{44}$	$pɵ^{44}$
$sə^{434}$	$sə^{53}$	$sə^{53}$	$pə^{434}$	$pə^{434}$
$sɯə^{324}$	$sɯə^{45}$	$sɯə^{45}$	$pɯə^{324}$	$pæ̃^{324}/pɯə^{324}$
$sɤə^{44}$	$sɤə^{54}$	$sɤə^{54}$	$poə^{44}$	$poə^{44}$

摄口 等调 韵声	山合 一去 换帮	山合 一平 桓滂	山合 一去 换滂	山合 一平 桓並
	半	潘	判	盘
宜	pe³²⁴	p'e⁵⁵	p'e³²⁴	be²²³
溧	pʊ⁴¹²	p'ʊ⁴⁴⁵	p'ʊ⁴¹²	bʊ³²³
金	p'ʊ̃³¹	p'ʊ̃³¹	p'ʊ̃⁴⁴	p'ʊ̃³⁵
丹	pəŋ³²⁴	p'əŋ²²	p'əŋ³²⁴	bəŋ²¹³
童	pʊ⁴⁵	p'ʊ⁴²	p'ʊ⁴⁵	bʊ³¹
靖	pũ⁵¹	p'ũ⁴³³	p'ũ⁵¹	bũ²²³
江	pɵ⁴³⁵	p'ɵ⁵¹	p'ɵ⁴³⁵	bɵ²²³
常	pɔ⁵¹	p'ɔ⁴⁴	p'ɔ⁵¹	bɔ²¹³
锡	po³⁵	p'o⁵⁵	p'o³⁵	bo²¹³
苏	pɵ⁴¹²	p'ɵ⁴⁴	p'ɵ⁴¹²	bɵ²²³
熟	pɤ³²⁴	p'ɤ⁵²	p'ɤ³²⁴	bɤ²³³
昆	pɵ⁵²	p'ɵ⁴⁴	p'ɵ⁵²	bɵ¹³²
霜	pɪ⁴³⁴	p'ɪ⁵²	p'ʌɪ⁴³⁴	bɪ²³¹
罗	pʌɪ⁴³⁴	p'ʌɪ⁵²	p'ʌɪ⁴³⁴	bʌɪ²³¹
周	ɓẽ³³⁵	p'e⁵²	p'e³³⁵	be¹¹³
上	pø³³⁴	p'ø⁵²	p'ø³³⁴	bø¹¹³
松	pe³³⁵	p'e⁵²	p'e³³⁵	be²³¹
黎	pɵ⁴¹³	p'ɵ⁴⁴	p'ɵ⁴¹³	bɵ²⁴
盛	pɵ⁴¹³	p'ɵ⁴⁴	p'ɵ⁴¹³	bɵ²⁴
嘉	pɤə³³⁴	p'ɤə⁵¹	p'ɤə³³⁴	bɤə²³¹
双	pE³³⁴	p'E⁴⁴	p'E³³⁴	bE¹¹³
杭	pᵘõ³³⁴	pᵘo³²³	pᵘo³³⁴	bᵘo³²³
绍	pɵ̃³³	p'ɵ̃⁵²	p'ɵ̃³³	bɵ̃²³¹
诸	pɤ⁵⁴⁴	p'ɤ⁵⁴⁴	p'ɤ⁵⁴⁴	bɤ²³³
崇	pæ̃³²⁴	p'æ̃⁵³	p'æ̃³²⁴	bæ̃³¹
太	pẽ³⁵	p'æ̃⁵²³	p'æ̃³⁵	bæ̃³¹²
余	pø̃⁵²	p'ø̃³²⁴	p'ø̃⁵²	bø̃¹¹³
宁	pu⁵²	p'u⁵²/p'ø⁵²	p'u⁵²	bu¹¹³
黄	pø⁴⁴	p'ø⁵³³	p'ø⁴⁴	bø³¹¹
温	pɵ⁵²	p'ɵ⁴⁴	p'ɵ⁵²	bɵ²³¹
衢	pə⁵³	p'ə⁴³⁴	p'ə⁵³	bə³²³
华	pɯə⁴⁵	p'ə⁴³⁵/p'æ³²⁴	p'ɯə⁴⁵	pɯə³²⁴/pæ³²⁴
永	poə⁵⁴	p'oə⁴⁴	p'oə⁵⁴	boə³²²

山合 一上 缓並	山合 一上 缓並	山合 一去 换並	山合 一平 桓明	山合 一平 桓明
伴	拌	叛	瞞	饅
be^{231}	be^{231}	be^{231}	me^{223}	me^{223}
$b\upsilon^{231}$	$b\upsilon^{231}$	$b\upsilon^{231}$	$m\upsilon^{323}$	$m\upsilon^{323}$
$p\tilde{\upsilon}^{44}$	$p\tilde{\upsilon}^{44}$	$p\text{'}\tilde{\upsilon}^{44}$	$m\tilde{\upsilon}^{35}$	$m\tilde{\upsilon}^{35}$
$p\eth\eta^{324}$	$p\eth\eta^{324}$	$p\eth\eta^{324}$	$m\eth\eta^{213/324}$	$m\eth\eta^{213/324}$
$b\upsilon^{113}$	$b\upsilon^{113}$	$p\text{'}\upsilon^{45}$	$m\upsilon^{31}$	$m\upsilon^{31}$
$b\tilde{u}^{31}$	$b\tilde{u}^{31}$	$b\tilde{u}^{31}/p\text{'}\tilde{u}^{51}$	$m\tilde{u}^{223}$	$m\tilde{u}^{223}$
$b\theta^{223}$	$b\theta^{223}$	$b\theta^{223}$	me^{223}	me^{223}
$b\mathfrak{o}^{24}$	$b\mathfrak{o}^{24}$	$b\mathfrak{o}^{24}$	$m\mathfrak{o}^{213}$	$m\mathfrak{o}^{213}$
$bo^{213/33}$	$bo^{213/33}$	bo^{213}	mo^{213}	mo^{213}
$b\theta^{231}$	$b\theta^{231}$	$b\theta^{231}$	me^{223}	me^{223}
$b\gamma^{31}$	$b\gamma^{31}$	$b\gamma^{213}$	$m\gamma^{233}$	$m\gamma^{233}$
$b\theta^{223}$	$b\theta^{223}$	$b\theta^{21}$	me^{132}	me^{132}
$b\iota^{213}$	$b\iota^{213}$	$b\iota^{213}$	$m\iota^{231}$	$m\iota^{231}$
$b\Lambda\iota^{213}$	$b\Lambda\iota^{213}$	$b\Lambda\iota^{213}$	$m\Lambda\iota^{231}$	$m\Lambda\iota^{231}$
be^{113}	be^{113}	be^{113}	$m\o^{113}/me^{113}$	$m\o^{113}/me^{113}$
$b\o^{113}$	$b\o^{113}$	$b\o^{113}$	$m\o^{113}$	$m\o^{113}$
be^{113}	be^{113}	be^{113}	me^{231}	me^{231}
$b\theta^{32}$	$b\theta^{32}$	$b\theta^{213}$	me^{24}	me^{24}
$b\theta^{223}$	$b\theta^{223}$	$b\theta^{212}$	me^{24}	me^{24}
$b\gamma\eth^{223}$	$b\gamma\eth^{223}$	$b\gamma\eth^{223}$	$m\gamma\eth^{231}$	$m\gamma\eth^{231}$
b_E^{231}	b_E^{231}	b_E^{113}	m_E^{113}	m_E^{113}
$b^{u}o^{113}$	$b^{u}o^{113}$	$b^{u}o^{113}$	mo^{212}	mo^{212}
$b\tilde{\theta}^{113}$	$b\tilde{\theta}^{113}$	$b\tilde{\theta}^{22}$	$m\tilde{\theta}^{231}$	$m\tilde{\theta}^{231}$
$b\gamma^{231}$	$b\gamma^{231}$	$b\gamma^{233}$	$m\gamma^{233}$	$m\gamma^{233}$
$b\tilde{\ae}^{22}$	$b\tilde{\ae}^{22}$	$b\tilde{\ae}^{14}$	$m\tilde{\ae}^{31}$	$m\tilde{\ae}^{31}$
$b\tilde{\ae}^{22}$	$b\tilde{\ae}^{22}$	$b\tilde{\ae}^{13}$	$m\tilde{\ae}^{312}$	$m\tilde{\ae}^{312}$
$b\tilde{\o}^{113}$	$b\tilde{\o}^{113}$	$b\tilde{\o}^{113}$	$m\tilde{\o}^{113}$	$m\tilde{\o}^{113}$
bu^{113}	bu^{113}	bu^{113}	$m\o^{113}/\hbar m̩^{231}$	$m\o^{113}/\hbar m̩^{231}$
$b\o^{113}$	$b\o^{113}$	$b\o^{113}$	$m\o^{311}$	$m\varepsilon^{311}$
$b\theta^{\underline{24}}$	$b\theta^{\underline{24}}$	$b\theta^{22}$	me^{231}	me^{231}
$b\eth^{31}$	$b\eth^{31}$	$b\eth^{31}$	$m\eth^{323}$	$m\eth^{323}$
$p\mu\eth^{544}$	$p\mu\eth^{544}$	$b\ae^{24}$	$m\mu\eth^{324}$	$m\mu\eth^{324}$
$bo\eth^{323}$	$bo\eth^{323}$	$bo\eth^{214}$	$mo\eth^{322}$	$mo\eth^{322}$

摄口 等调 韵声	山合 一上 缓明 满	山合 一去 换明 幔	山合 一去 换明 漫	咸开 一平 覃端 耽
宜	me²⁴	mɑ³²⁴	mɑ³²⁴	tɑ⁵⁵
溧	ʔmʊ⁴⁴⁵	mʊ⁴¹²	mʊ⁴¹²	tɑ⁴⁴⁵
金	mũ³²³	mũ⁴⁴	mũ⁴⁴	tæ̃³¹
丹	məŋ²²	məŋ⁴¹/mæ⁴¹	məŋ⁴¹/mæ⁴¹	təŋ²²
童	ʔmʊ³²⁴	mɑ¹¹³	mɑ¹¹³	tɑ⁴²
靖	ʔmũ³³⁴	mæ̃³¹	mæ̃³¹	tæ̃⁴³³
江	ʔmɵ⁴⁵	mæ²²³	mæ²²³	tæ⁵¹
常	ʔmɔ³³⁴	mɔ²⁴	mɔ²⁴	tæ⁴⁴/tæ̃⁴⁴
锡	mo³³/²¹³	mɛ²¹³	mɛ²¹³	tɛ³⁵
苏	mɵ²³¹	mɵ²³¹	mɵ²³¹	tɛ⁴⁴
熟	mɣ³¹	mɣ²¹³	mɣ²¹³	tæ⁵²
昆	mɵ²²³	mɵ²¹	mɵ²¹	tɛ⁴⁴
霜	mɿ²¹³	mɛ²¹³	mɛ²¹³	tɛ⁵²
罗	mʌɿ²¹³	me²¹³	me²¹³	tɛ⁵²
周	me¹¹³	me¹¹³	me¹¹³	ɖe⁵²
上	mɵ¹¹³	mɛ¹¹³	mɛ¹¹³	tɛ⁵²
松	me¹¹³	mɛ¹¹³	mɛ¹¹³	tɛ⁵²
黎	mɵ³²	mɛ²¹³	mɛ²¹³	tɛ⁴⁴
盛	mɵ²²³	mɛ²¹²	mɛ²¹²	tɛ⁴⁴
嘉	mɣɵ²²³	mɛᵋ²²³	mɛᵋ²²³	tɛᵋ⁵¹
双	mɛ²³¹	mɛ¹¹³	mɛ¹¹³	tɛ⁴⁴
杭	ʔmo⁵¹	mo¹¹³	mɛ¹¹³	tɛ³²³
绍	mõ¹¹³	mæ̃²²	mæ̃²²	tæ̃⁵²
诸	mɣ²³¹	mɣ²³³	mɣ²³³	tɛ⁵⁴⁴
崇	mæ̃²²	mæ̃¹⁴	mæ̃¹⁴	tæ̃⁵³
太	mæ̃²²	mæ̃¹³	mæ̃¹³	tæ̃⁵²³
余	mø̃¹¹³	mɛ̃¹¹³	mæ̃¹¹³	tɛ̃³²⁴
宁	mø¹¹³	mɛ¹¹³	mɛ¹¹³	tɛ⁵²
黄	ʔmø⁵³³	mɛ¹¹³	me¹¹³	tɛ⁵³³
温	mə̃²⁴	mɑ²²	mɑ²²	tɑ⁴⁴
衢	mə³¹	mæ̃³¹	mæ̃³¹	tæ̃⁴³⁴
华	ʔmɯə⁵⁴⁴	ʔmɯə⁵⁴⁴	mæ̃⁴⁵	tæ̃³²⁴
永	moɵ³²³	mɑ²¹⁴	mɑ²¹⁴	ʔnɑ⁴⁴

咸开 一平 覃透	咸开 一去 勘透	咸开 一平 覃定	咸开 一平 覃定	咸开 一平 覃泥
贪	探	潭	谭	男
$t'e^{55}$	$t'e^{324}$	de^{223}	de^{223}	ne^{24}
$t'ʊ^{445}$	$t'ʊ^{412}$	$dʌ^{323}$	$dʌ^{323}$	$lʊ^{323}$
$t'æ̃^{31}$	$t'æ̃^{44}$	$t'æ̃^{35}$	$tæ̃^{35}$	$læ̃^{35}$
$t'əŋ^{22}$	$t'əŋ^{324}$	$tæ^{324}/dæ^{213}$	$dæ^{213}$	$nəŋ^{22}$
$t'ʊ^{42}/t'iʊ^{42}$	$t'ʊ^{45}$	$dɑ^{31}$	$dɑ^{31}$	$n̠iʊ^{31}$
$t'ɯ̃^{433}$	$t'ɯ̃^{51}$	$dæ̃^{223}$	$dæ̃^{223}$	$nɯ̃^{223}$
$t'θ^{51}$	$t'θ^{435}$	$dæ^{223}/dθ^{223}$	$dæ^{223}$	$nθ^{223}$
$t'ɔ^{44}$	$t'ɔ^{51}$	$dɔ^{213}$	$dɔ^{213}$	$nɔ^{213}$
$t'o^{35}$	$t'o^{35}$	do^{213}	do^{213}	no^{213}
$t'θ^{44}$	$t'θ^{412}$	$dθ^{223}$	$dθ^{223}$	$nθ^{223}$
$t'ɛ̃^{n52}$	$t'ɛ̃^{n324}$	$dæ^{233}$	$dɛ̃^{n233}$	$nɛ̃^{233}$
$t'θ^{44}$	$t'θ^{52}$	$dɛ^{132}$	$dɛ^{132}$	$nθ^{132}$
$t'ɪ^{52}$	$t'ɪ^{434}$	$dᴇ^{231}$	$dᴇ^{231}$	$nɪ^{231}$
$t'ʌɪ^{52}$	$t'ʌɪ^{434}$	$dᴇ^{231}$	$dᴇ^{231}$	$nʌɪ^{231}$
$t'e^{52}$	$t'e^{335}$	$dᴇ^{113}$	$dɛ^{113}$	$nɛ̃^{113}$
$t'ø^{52}$	$t'ø^{334}$	$dᴇ^{113}$	$dᴇ^{113}$	$nø^{113}/nᴇ^{113}$
$t'e^{52}$	$t'ᴇ^{335}$	$dᴇ^{231}$	$dᴇ^{231}$	ne^{231}
$t'θ^{44}$	$t'θ^{413}$	$dᴇ^{24}$	$dᴇ^{24}$	$nθ^{24}$
$t'θ^{44}$	$t'θ^{413}$	$dᴇ^{24}$	$dᴇ^{24}$	$nθ^{24}$
$t'ɤə^{51}$	$t'ɤə^{334}$	$dᴇ^{ɛ231}$	$dᴇ^{ɛ231}$	$nɤə^{231}$
$t'ᴇ^{44}$	$t'ᴇ^{334}$	$dᴇ^{113}$	$dᴇ^{113}$	$nᴇ^{113}$
$t'ᴇ^{323}$	$t'ᴇ^{334}$	$dᴇ^{212}$	$dᴇ^{212}$	$nᴇ^{212}$
$t'^{u}θ̃^{52}$	$t'uθ̃^{33}$	$dθ^{231}/dæ̃^{231}$	$dθ^{231}/dæ̃^{231}$	$nθ^{231}/næ̃^{231}$
$t'ɣ^{544}$	$t'ɣ^{544}$	$dɣ^{233}$	$dɣ^{233}$	$nɣ^{233}$
$t'œ̃^{53}$	$t'œ̃^{324}$	$dœ̃^{31}$	$dœ̃^{31}$	$nœ̃^{31}$
$t'œ̃^{523}$	$t'œ̃^{35}$	$dœ̃^{312}$	$dœ̃^{312}$	$nœ̃^{312}$
$t'ɛ̃^{324}/t'ɛ̃^{324}$	$t'ɛ̃^{52}/t'ɛ̃^{52}$	$dɛ̃^{113}$	$dɛ̃^{113}$	$nɛ̃^{113}$
$t'ᴇɪ^{52}$	$t'ᴇɪ^{52}$	$dᴇ^{113}$	$dᴇ^{113}$	$nᴇɪ^{113}$
$t'ɛ^{533}$	$t'ɛ^{44}$	$dɛ^{311}$	$dɛ^{311}$	$nɛ^{311}$
$t'θ^{44}$	$t'θ^{52}$	$dθ^{231}$	$dθ^{231}$	$nθ^{231}$
$t'ə^{434}$	$t'ə^{53}$	$də^{323}$	$də^{323}$	$nə^{323}$
$t'ɯə^{435}$	$t'æ̃^{45}$	$tæ̃^{324}$	$tæ̃^{324}$	$ʔnɯə^{324}/nɯə^{213}$
$t'ɣə^{44}$	$t'ɣə^{54}$	$dɣə^{322}$	$dɣə^{322}$	$nɣə^{322}$

摄口 等调 韵声	咸开 一平 覃泥	咸开 一平 覃来	咸开 一平 覃溪	
	南	婪	堪	砍
宜	neʻ^{223}	le^{24}	kʻe^{55}	kʻʌ^{51}
溧	lʊ^{323}	lʊ^{323}	kʊ^{445}	kʻʌ^{52}
金	læ̃^{35}	læ̃^{35}	kʻæ̃^{31}	kʻæ̃^{323}
丹	nəŋ^{22}	ləŋ^{22}	kʻəŋ^{22}	
童	ɲiʊ^{31}		kʻɑ^{42}	kʻʊ^{324}
靖	nũ^{223}	lũ^{223}	kʻæ̃^{433}	kʻũ^{334}
江	nɵ^{223}	læ^{223}	kʻæ^{51}	kʻɵ^{45}
常	nɔ^{213}	lɔ^{213}	kʻæ^{44}/kʻæ̃^{44}/kʻɔ^{44}	kʻæ^{344}/kʻæ̃^{344}
锡	no^{213}	lo^{213}	kʻo^{55}	kʻo^{324}
苏	nɵ^{223}	lɛ^{223}	kʻɵ^{44}	kʻɛ^{51}
熟	nɛ̃ⁿ^{233}	lɛ̃ⁿ^{233}	kʻɛ̃ⁿ^{52}	kʻɛ̃ⁿ^{44}
昆	nɵ^{132}	lɛ^{132}	kʻɵ^{44}	kʻɵ^{52}
霜	nɪ^{231}	lɛ^{231}	kʻɛ^{52}	kʻɪ^{434}
罗	nʌɪ^{231}	lʌɪ^{231}	kʻʌɪ^{52}	kʻʌɪ^{434}
周	nɛ̃^{113}	le^{113}	kʻɛ^{52}	kʻe^{44}/kʻɛ^{44}
上	nø^{113}	lɛ^{113}	kʻø^{52}	kʻɛ^{334}
松	ne^{231}	le^{113}	kʻø^{52}	kʻɛ^{44}
黎	nɵ^{24}	lɵ^{24}	kʻɵ^{44}	kʻɵ^{51}
盛	nɵ^{24}	lɵ^{24}	kʻɵ^{44}	kɵ^{51}
嘉	nɣɘ^{231}	lɣɘ^{231}	kʻEᵋ^{51}	kʻEᵋ^{44}
双	nE^{113}	lE^{113}	kʻE^{44}	kʻE^{53}
杭	nE^{212}	lE^{212}	kʻE^{323}	kʻE^{51}
绍	nɵ^{231}	lɵ̃^{231}	kʻæ̃^{52}	kʻæ̃^{334}
诸	nɣ^{233}	lɛ^{231}	kʻɣ^{544}	kʻɣ^{52}
崇	nœ̃^{31}	lœ̃^{31}	kʻœ̃^{53}	kʻœ̃^{44}
太	nœ̃^{312}	lœ̃^{312}	kʻœ̃^{523}	kʻœ̃^{42}
余	nɛ̃^{113}	lɛ̃^{113}	kʻɛ̃^{324}	kʻɛ̃^{435}
宁	nɛɪ^{113}	lɛɪ^{113}	kʻE^{52}	kʻE^{325}
黄	nɛ^{311}	lɛ^{311}	kʻɛ^{533}	kʻɛ^{533}
温	nɵ^{231}	lɵ^{231}	kʻɵ^{44}	kʻɵ$^{\underline{35}}$
衢	nə^{323}	ʔlə^{434}	kʻæ̃^{434}/kʻə^{434}	kʻæ̃^{45}
华	ʔnɯə^{324}/nɯə^{213}	læ̃^{213}	kʻæ̃^{324}	kʻæ̃^{544}
永	nɣə^{322}	lɣə^{322}	kʻɣə^{44}	kʻɣə^{434}

咸开 一平 覃影 庵	咸开 一上 感影 揞	咸开 一去 勘影 暗	咸开 一平 谈匣 酣	咸开 一平 覃匣 含
$ʔe^{55}$	$ʔe^{51}$	$ʔe^{324}$	xe^{55}	$ɦe^{223}$
$ʔʊ^{445}$		$ʔʊ^{412}$	$xʊ^{445}$	$ʊ^{323}$
$æ̃^{31}$		$æ̃^{44}$	$xæ̃^{31}$	$xæ̃^{35}$
$ŋ̍^{22}$		$ŋ̍^{41}$	$həŋ^{22}$	$hɦəŋ^{213}$
$ʔʊ^{42}$	$ʔʊ^{324}$	$ʔʊ^{45}$	$haɪ^{324}$	$xɦʊ^{31}$
$ʔɯ̃^{433}$	$ʔɯ̃^{334}$	$ʔɯ̃^{51}$	$hæ̃^{433}$	$hɦɯ̃^{223}$
$ʔɵ^{51}$	$ʔɵ^{45}$	$ʔɵ^{435}$	$hɵ^{51}$	$hɦɵ^{223}$
$ʔɔ^{44}$	$ʔɔ^{334}$	$ʔɔ^{51}$	$xɔ^{44}$	$ɦɔ^{213}$
$ʔo^{55}$	$ʔo^{324}$	$ʔo^{35}$	xo^{55}	$ɦo^{213}$
$ʔɵ^{44}$	$ʔɵ^{51}$	$ʔɵ^{412}$	$ɦɵ^{223}$	$ɦɵ^{223}$
$ʔɣ^{52}$	$ʔɛ̃^{n44}$	$ʔɛ̃^{n324}$		$ɦɛ̃^{n233}$
$ʔɵ^{44}$	$ʔɵ^{52}$	$ʔɵ^{52}$	$ɦɵ^{132}$	$ɦɵ^{132}$
$ʔɪ^{52}$		$ʔɪ^{434}$	$hɪ^{52}$	$ɦɪ^{231}$
$ʔʌɪ^{52}$		$ʔʌɪ^{434}$	$hʌɪ^{52}$	$ɦʌɪ^{231}$
$ʔø^{52}$		$ʔe^{335}/ʔø^{335}$	$hø^{52}$	$ɦø^{113}/ɦie^{113}$
$ʔø^{52}$		$ʔø^{334}$	$hø^{52}$	$ɦø^{113}/ɦE^{113}$
$ʔi^{52}/ʔø^{52}$	$ʔø^{52}$	$ʔø^{335}/ʔe^{335}$	hE^{52}	$ɦø^{231}$
$ʔɵ^{44}$	$ʔɵ^{44}$	$ʔɵ^{413}$	$hɵ^{44}$	$ɦɵ^{24}$
$ʔɵ^{44}/ʔi^{44}$	$ʔɵ^{51}$	$ʔɵ^{413}$	$hɵ^{44}$	$ɦɵ^{24}$
$ʔɣə^{51}$	$ʔɣə^{44}$	$ʔɣə^{334}$	$ʔɣə^{51}$	$ɦɣə^{231}$
$ʔE^{44}$		$ʔE^{334}$	hE^{44}	$ɦE^{113}$
$ʔE^{323}$		$ʔE^{334}$	hE^{323}	$ɦE^{212}$
$ʔĩ^{52}$	$ʔĩ^{52}$	$ʔĩ^{33}$	$hĩ^{52}$	$ɦĩ^{231}$
$ʔɣ^{544}$	$ʔɣ^{52}$	$ʔɣ^{544}/ʔEĩ^{544}$	$hɣ^{544}$	$ɦɣ^{233}$
$ʔœ̃^{53}$	$ʔœ̃^{44}$	$ʔœ̃^{324}$	$hœ̃^{53}$	$ɦœ̃^{31}$
$ʔœ̃^{523}$	$ʔœ̃^{42}$	$ʔœ̃^{35}$	$hœ̃^{523}$	$ɦœ̃^{312}$
$ʔẽ^{324}/ʔĩ^{324}$	$ʔẽ^{435}/ʔĩ^{435}$	$ʔẽ^{52}/ʔĩ^{52}$	$hẽ^{324}/hĩ^{324}$	$ɦẽ^{113}/ɦĩ^{113}$
$ʔEɪ^{52}$	$ʔEɪ^{52}$	$ʔEɪ^{52}$	$hEɪ^{52}$	$ɦEɪ^{113}$
$ʔɛ^{533}/ʔie^{533}$		$ʔie^{44}$	$hɛ^{533}$	$ɦɛ^{311}$
$ʔɵ^{44}$	$ʔʌŋ^{\underline{35}}$	$ʔɵ^{52}$	$xɵ^{44}$	$ɦɵ^{231}/gʌŋ^{231}/ɦʌŋ^{231}$
$ʔə^{434}$		$ʔə^{53}$	$xə^{434}$	$ʔɦə^{323}$
$ʔæ̃^{324}$		$ʔæ̃^{45}$	$xɯə^{324}/xæ̃^{324}$	$ʔɯə^{213}$
$ʔɣə^{44}$		$ʔɣə^{54}$	$xɣə^{44}$	$ʔɦɣə^{322}$

摄口 等调 韵声	咸开 一去 勘匣 憾	山合 三平 仙章 专	山合 三平 仙章 砖	山开 三上 獮知 展
宜	ɦA²³¹	tɕyĩ⁵⁵	tɕyĩ⁵⁵	tse⁵¹
溧	ɦʊ²³¹	tɕyʊ⁴⁴⁵	tɕyʊ⁴⁴⁵	tɕi⁵²
金	xæ̃⁴⁴	tsũ³¹	tsũ³¹	tsæ̃³²³
丹	həŋ⁴¹	tsəŋ²²	tsəŋ²²	tsəŋ⁴⁴
童	xɦaɪ¹¹³	tʃyʊ⁴²	tʃyʊ⁴²	tʃyʊ³²⁴
靖	hũ⁵¹	tɕyũ⁴³³	tɕyũ⁴³³	tɕyũ³³⁴
江	hɵ⁴³⁵	tsɵ⁵¹	tsɵ⁵¹	tsɵ⁴⁵
常	hɔ⁵¹	tsɔ⁴⁴	tsɔ⁴⁴	tsɔ³³⁴
锡	ho³⁵	tso⁵⁵	tso⁵⁵	tso³²⁴
苏	hɵ⁴¹²	tsɵ⁴⁴	tsɵ⁴⁴	tsɵ⁵¹
熟	hɣ³²⁴	tʂɣ⁵²	tʂɣ⁵²	tʂɣ⁴⁴
昆	hɵ⁴¹²	tsɵ⁴⁴	tsɵ⁴⁴	tsɵ⁵²
霜	hʌɣ⁴³⁴	tsɿ⁵²	tsɿ⁵²	tsɿ⁴³⁴
罗	hʌɪ⁴³⁴	tsʌɪ⁵²	tsʌɪ⁵²	tsʌɪ⁴³⁴
周	hø³³⁵	tsø⁵²	tsø⁵²	tse⁴⁴
上	hø³³⁴	tsø⁵²	tsø⁵²	tsø³³⁴
松	ɦø¹¹³	tse⁵²/tsø⁵²	tse⁵²/tsø⁵²	tsE⁴⁴
黎	hø⁴¹³	tsø⁴⁴	tsø⁴⁴	tse⁵¹
盛	hø⁴¹³	tsø⁴⁴	tsø⁴⁴	tse⁵¹
嘉	ɦɣə²²³	tsɣə⁵¹	tsɣə⁵¹	tsɣə⁴⁴
双	ɦE¹¹³	tsE⁴⁴	tsE⁴⁴	tsE⁵³
杭	hE³³⁴	tsuo³²³	tsuo³²³	tsuo⁵¹
绍	hĩ³³	tsuĩ⁵²	tsuĩ⁵²	tsĩ³³⁴
诸	ɦɣ²³³	tsɣ⁵⁴⁴	tsɣ⁵⁴⁴	tsɣ⁵²
崇	ɦæ̃¹⁴	tsæ̃⁵³	tsæ̃⁵³	tsæ̃⁴⁴
太	ɦæ̃¹³	tsæ̃⁵²³/ciæ̃⁵²³	tsæ̃⁵²³/ciæ̃⁵²³	tsæ̃⁴²/ciæ̃⁴²
余	ɦæ̃¹¹³/ɦĩ¹¹³	tsẽ³²⁴/tsɿ³²⁴	tsẽ³²⁴/tsɿ³²⁴	tsẽ⁴³⁵/tsɿ⁴³⁵
宁	ɦEI¹¹³/hɵ⁵²	tsø⁵²	tsø⁵²	tɕi³²⁵/tsø³²⁵
黄	ɦiẽ¹¹³	tsø⁵³³	tsø⁵³³	tse⁵³³/tɕie⁵³³
温	hɵ⁵²/ɦɵ²²	tɕy⁴⁴	tɕy⁴⁴	tɕi³⁵
衢	ʔɦiə³¹	tʃɥə⁴³⁴	tʃɥə⁴³⁴	tʃɥə⁴⁵
华	ɦæ̃²⁴	tɕɥɛ³²⁴	tɕɥɛ³²⁴	tɕɥɛ⁵⁴⁴
永	xɣə⁵⁴	tɕye⁴⁴	tɕye⁴⁴	tɕiʌ⁴³⁴

山合 三上 獮知	咸开 三去 艳章	山开 三去 线章	山合 三去 线知	山合 三平 仙昌
转~送	占~领	战	转~圈	川
tɕyẽ^{51}	tse^{324}	tse^{324}	tɕyĩ^{324}	tɕ'yĩ^{55}
tɕyʊ^{52}	tɕi^{412}	tɕi^{412}	tɕi^{412}	tɕ'yʊ^{445}
tsũ^{323}	tsæ^{323}	tsæ^{44}	tsũ^{44}	ts'ũ^{31}
tsəŋ^{44}	tsəŋ^{41}	tsæ^{324}/tsəŋ^{324}	tsæ^{324}/tsəŋ^{324}	ts'ən^{22}
tʃyʊ^{324}	tʃyʊ^{45}	tsa^{45}	tʃyʊ^{45}	tʃyʊ^{42}/tɕiʊ^{42}
tɕyũ^{334}	tɕyũ^{51}	tɕyũ^{51}	tɕyũ^{51}	tɕ'yũ^{433}
tsɵ^{45}	tsɵ^{435}	tsɵ^{435}	tsɵ^{435}	ts'ɵ^{51}
tsɔ^{334}	tsɔ^{51}	tsɔ^{51}	tsɔ^{51}	ts'ɔ^{44}
tso^{324}	tso^{35}	tso^{35}	tso^{35}	ts'o^{55}
tsɵ^{51}	tsɵ^{412}	tsɵ^{412}	tsɵ^{412}	ts'ɵ^{44}
tʂɤ^{44}	tʂɤ^{324}	tʂɤ^{324}	tʂɤ^{324}	tʂ'ɤ^{52}
tsɵ^{52}	tsɵ^{52}	tsɵ^{52}	tsɵ^{52}	ts'ɵ^{44}
tsɿ^{434}	tsɿ^{434}	tsɿ^{434}	tsɿ^{434}	ts'ɿ^{52}
tsʌɿ^{434}	tsʌɿ^{434}	tsʌɿ^{434}	tsʌɿ^{434}	ts'ʌɿ^{52}
tsø^{44}	tsø^{335}	tsø^{335}	tsø^{335}	ts'ø^{52}
tsø^{334}	tsø^{334}	tsø^{334}	tsø^{334}	ts'ø^{52}
tsø^{44}	tsø^{335}	tsø^{335}	tsø^{44}	ts'e^{52}/ts'ø^{52}
tsɵ^{51}	tsɵ^{413}	tsɵ^{413}	tsɵ^{413}	ts'ɵ^{44}
tsɵ^{51}	tsɵ^{413}	tsɵ^{413}	tsɵ^{413}	ts'ɵ^{44}
tsɤə^{44}	tsɤə^{334}	tsɤə^{334}	tsɤə^{334}	ts'ɤə^{51}
tsE^{53}	tsE^{334}	tsE^{334}	tsE^{334}	ts'E^{44}
tsᵘo^{51}	tsᵘo^{334}	tsᵘo^{334}	tsᵘo^{334}	ts'uo^{323}
tsuɿ̃^{334}	tsɿ̃^{33}	tsɿ̃^{33}	tsuɿ̃^{33}	ts'ɿ^{52}
tsɤ^{52}	tsɤ^{544}	tsɤ^{544}	tsɤ^{544}	ts'ɤ^{544}
tsæ̃^{44}	tsæ̃^{324}	tsæ̃^{324}	tsæ̃^{324}	ts'æ̃^{53}
tsæ̃^{42}/ciæ̃^{42}	ciæ̃^{35}/tsæ̃^{35}	ciæ̃^{35}/tsæ̃^{35}	ciæ̃^{35}/tsæ̃^{35}	ts'æ̃^{523}
tsẽ^{435}/tsɿ̃^{435}	tsẽ^{52}/tsɿ̃^{52}/tsɛ̃^{52}	tsẽ^{52}/tsɿ̃^{52}	tsẽ^{52}/tsɿ̃^{52}	ts'ẽ^{324}/ts'ɿ̃^{324}
tsø^{325}	tɕi^{52}/tsø^{52}	tsø^{52}/tɕi^{52}	tsø^{52}	ts'ø^{52}
tsø^{533}	tɕie^{44}	tɕie^{44}	tsø^{44}	ts'ø^{533}
tɕy^{35}	tɕi^{52}	tɕi^{52}		tɕ'y^{44}
tʃɥə^{45}	tʃɥə^{53}	tʃɥə^{53}	tʃɥə^{53}	tʃ'ɥə^{434}
tɕɥe^{544}	tsæ̃^{45}/tɕɥe^{45}	tɕɥe^{45}	tɕɥe^{45}	tɕ'ɥe^{324}
tɕye^{434}	tɕie^{54}	tɕie^{54}	tɕye^{54}	tɕ'ye^{44}

摄口	山合	山合	山开	山合	山合
等调	三平	三去	三平	三平	三平
韵声	仙昌	线昌	仙澄	仙澄	仙船
	穿	串	缠	传~达	船
宜	tɕʻyĩ⁵⁵	tɕʻyĩ³²⁴	dze²²³	dʑyĩ²²³	zyĩ²²³
溧	tɕʻyʊ⁴⁴⁵	tɕʻyʊ⁴¹²	dzɿ³²³	dʑyʊ³²³	ɕʑyʊ³²³
金	tsʻũ³¹	tsʻũ⁴⁴	tɕʻɿ³⁵	tsʻũ³⁵	tsʻũ
丹	tsʻəŋ²²	tsʻəŋ³²⁴	dzəŋ²¹³ / dzæ²¹³	dzəŋ²¹³	zəŋ²¹³
童	tʃʻyʊ⁴² / tɕiʊ⁴²	tʃʻyʊ⁴⁵	dʒyʊ³¹	dʒyʊ³¹	ʒyʊ³¹
靖	tɕʻyũ²²³	tsʻũ⁵¹	dʑyũ²²³	dʑyũ²²³	ʑyũ²²³
江	tsʻɵ⁵¹	tsʻɵ⁴³⁵	dzɵ²²³	dzɵ²²³	zɵ²²³
常	tsʻɔ⁴⁴	tsʻɔ⁵¹	dzɔ²¹³	dzɔ²¹³	zɔ²¹³
锡	tsʻo⁵⁵	tsʻo³⁵	zo²¹³	zo²¹³	zo³³
苏	tsʻɵ⁴⁴	tsʻɵ⁴¹²	zɵ²²³	zɵ²²³	zɵ²²³
熟	tʂʻʏ⁵²	tʂʻʏ³²⁴	zʏ²³³	dzʏ²³³	dzʏ²³³
昆	tsʻɵ⁴⁴	tsʻɵ⁵²	zɵ¹³²	zɵ¹³²	zɵ¹³²
霜	tsʻɪ⁵²	tsʻɪ⁴³⁴	zɪ²³¹	zɪ²³¹	zɪ²³¹
罗	tsʻʌɪ⁵²	tsʻʌɪ⁴³⁴	zʌɪ²³¹	zʌɪ²³¹	zʌɪ²³¹
周	tsʻø⁵²	tsʻø³³⁵	zø¹¹³	zø¹¹³	zø¹¹³
上	tsʻø⁵²	tsʻø³³⁴	zø¹¹³	zø¹¹³	zø¹¹³
松	tsʻe⁵² / tsʻø⁵²	tsʻø³³⁵	ᴢE²³¹	zø²³¹	zø²³¹
黎	tsʻɵ⁴⁴	tsʻɵ³²⁴	dzE²⁴ / dzɵ²⁴	zɵ²⁴	zɵ²⁴
盛	tsʻɵ⁴⁴	tsʻɵ³¹³	dzɵ²⁴	zɵ²⁴	zɵ²⁴
嘉	tsʻʏə⁵¹	tsʻʏə³³⁴	zʏə²³¹	zʏə²³¹	zʏə²³¹
双	tsʻE⁴⁴	tsʻE³³⁴	ᴢE¹¹³	ᴢE¹¹³ / dzE¹¹³	dzE₁₁₃
杭	tsʻuo³²³	tsʻuo³³⁴	dzuo²¹²	dzuo²¹²	dzo²¹²
绍	tsʻĩ⁵²	tsʻĩ³³	dzuĩ²³¹	dzuĩ²³¹	zĩ²³¹
诸	tsʻʏ⁵⁴⁴	tsʻʏ⁵⁴⁴	dzʏ²³³	dzʏ²³³	zʏ²³³
崇	tsʻæ̃⁵³	tsʻæ̃³²⁴	dzæ̃³¹²	dzæ̃³¹²	zæ̃³¹²
太	tsʻæ̃⁵²³	cʻiæ̃³⁵ / tsʻæ̃³⁵	jiæ̃³¹² / dzæ̃³¹²	dzæ̃³¹² / jiæ̃³¹²	zæ̃³¹²
余	tsʻẽ³²⁴ / tsʻĩ³²⁴	tsʻẽ⁵² / tsʻĩ⁵²	dzẽ¹¹³ / dzĩ¹¹³	dzẽ¹¹³ / dzĩ¹¹³	zẽ¹¹³
宁	tsʻø⁵² / tɕʻyʮ⁵²	tsʻø⁵² / tɕʻyʮ⁵²	dzi¹¹³ / dzE¹¹³	dzø¹¹³ / dʑyʮ¹¹³	zø¹¹³
黄	tsʻø⁵³³	tsʻø⁵³³	dzø³¹¹	dzø³¹¹	zø³¹¹
温	tɕʻy⁴⁴	tɕʻyoŋ⁵²	dʑy²³¹	dʑy²³¹	ɦy²³¹
衢	tʃʻɥə⁴³⁴	tʃʻɥə⁵³	dʒɥə³²³	dʒɥə³²³	ʒɥə³²³
华	tɕʻɥe³²⁴	tɕʻɥe⁴⁵ / tsʻuæ⁴⁵	tsæ̃³²⁴	tɕʻɥe³²⁴	ɕɥe²¹³
康	tɕʻye⁴⁴	tɕʻye⁵⁴	dʑye³²²	dʑye³²²	ɕʑye³²²

山合 三上 獮澄	山合 三去 线澄	山合 二平 删生	咸开 三上 琰书	咸开 三上 琰书
篆	传~记	閂	闪	陕
dze²³¹	dʑyĩ²³¹	ɕyĩ⁵⁵	se⁵¹	se⁵¹
dʑyʊ²³¹	dʑyʊ²³¹	ɕyʊ⁴⁴⁵	ɕi⁵²	ɕi⁵²
tsʊ̃⁴⁴	tsʊ̃⁴⁴	sʊ̃³¹	ɕĩ³²³/sæ̃³²³	ɕĩ³²³/sæ̃³²³
tsəŋ⁴¹	tsəŋ⁴¹/zəŋ²²	ɕɪ²²	ɕɪ⁴⁴/sæ⁴⁴	ɕɪ²²
dʒyʊ¹¹³	dʒyʊ¹¹³	ʃya⁴²	sɑ⁴²	sɑ⁴²
dʑyũ³¹	dʑyũ³¹	ɕyũ²²³	sɵ⁴⁵	sɵ⁴⁵
dzɵ²²³	dzɵ²²³		sɵ⁴⁵	sɵ⁴⁵
dzɔ²⁴	dzɔ²⁴	sɔ⁴⁴	sɔ³³⁴	sɔ³³⁴
zo²¹³/³³	zo²¹³	so⁵⁵	so³²⁴	so³²⁴
zɵ²³¹	zɵ²³¹	sɵ⁴⁴	sɵ⁵¹	sɵ⁵¹
dzʐʏ³¹	dzʐʏ²¹³	ʂʏ⁵²	ʂʏ⁴⁴	ʂʏ⁴⁴
zɵ²²³	zɵ²¹	sɵ⁴⁴	sɵ⁵²	sɵ⁵²
zɪ²¹³	zɪ²¹³	sɪ⁵²	sɪ⁴³⁴	sɪ⁴³⁴
zʌɪ²¹³	zʌɪ²¹³	sʌɪ⁵²	sʌɪ⁴³⁴	sʌɪ⁴³⁴
zø¹¹³	zø¹¹³	sø⁵²	se⁴⁴	se⁴⁴
zø¹¹³	zø¹¹³	sø⁵²	sø³³⁴	sø³³⁴
zø¹¹³	zø¹¹³	sE⁵²	sE³³⁵	sE³³⁵
dzɵ³²	dzɵ²¹³	sɵ⁴⁴	sɵ⁵¹	sɵ⁵¹
dzɵ²²³	dzɵ²¹²	sɵ⁴⁴	sɵ⁵¹	sɵ⁵¹
zɤə²²³	zɤə²²³	sɥɤə⁵¹	sɤə⁴⁴	sɤə⁴⁴
zE²³¹	zE¹¹³/dzE¹¹³	sE⁴⁴	sE⁵³	sE⁵³
dzuo¹¹³	dzuo¹¹³	suo³²³	suo⁵¹	suo⁵¹
dzuĩ²²	dzuĩ²²	sĩ⁵²	sĩ³³⁴	sĩ³³⁴
dzʏ²³³	dzʏ²³³	sʏ⁵⁴⁴	sʏ⁵²	sʏ⁵²
dzœ̃²²	dzœ̃¹⁴	sœ̃⁵³	sœ̃⁴⁴	sœ̃⁴⁴
ɟiœ̃²²	dzœ̃¹³/ɟiœ̃¹³	ɕiœ̃⁵²³/sœ̃⁵²³	ɕiœ̃⁴²/sœ̃⁴²	ɕiœ̃⁴²/sœ̃⁴²
dzẽ¹¹³/dzĩ¹¹³	dzẽ¹¹³/dzĩ¹¹³	sẽ³²⁴/sĩ³²⁴	sẽ⁴³⁵	sẽ⁴³⁵/sĩ⁴³⁵
zʑyʮ¹¹³	dzø¹¹³	sø⁵²/syʮ⁵²	sø³²⁵/ɕi³²⁵	ɕi³²⁵
tsø⁴⁴	dzø¹¹³	sø⁵³³	ɕie⁵³³	ɕie⁵³³
dzʑy²⁴	dzʑy²²	sø⁴⁴	ɕi³⁵腰~/ɕiɑ³⁵~电	ɕi³⁵
dʒɥə³¹	dʒɥə³¹	ʃɥə⁴³⁴	ʃɥə⁴⁵/ʃɥə⁴⁵	ʃɥə⁴⁵
dʑɥe²⁴	dʑɥe²⁴	ɕɥe³²⁴	sæ̃⁵⁴⁴	sæ̃⁵⁴⁴
dzʑyʌ²¹⁴	dzʑye²¹⁴	ɕyʌ⁴⁴	sʌ⁴³⁴	sʌ⁴³⁴

摄口 等调 韵声	山开 三去 线书 扇	山开 三平 仙禅 蝉	山开 三上 獮禅 善	山开 三去 线禅 禅
宜	se³²⁴/se⁵⁵	ze²²³	ze²³¹	ze²³¹
溧	çi⁴¹²/çi⁴⁴⁵	dzʌ³²³	ʑi²³¹	dzʌ²²⁴
金	çĩ⁴⁴/çĩ³¹	tɕʻĩ³⁵	sæ̃⁴⁴	sæ̃⁴⁴
丹	çɪ³²⁴		sæ⁴¹/sᶻæ³¹	sæ⁴¹/sᶻæ³¹
童	ʃyʊ⁴⁵/çiʊ⁴⁵	ʒyʊ	sza¹¹³	sza¹¹³
靖	çyũ⁵¹	ɕʑyũ²²³	ɕʑyũ⁵¹	ɕʑyũ⁵¹
江	sɵ⁴³⁵	zɵ²²³	zɵ²²³	zɵ²²³
常	sɔ⁵¹	zɔ²¹³	zɔ²⁴	zɔ²⁴
锡	so³⁵	zo²¹³	zo²¹³/³³	zo²¹³
苏	sɵ⁴¹²	zɵ²²³	zɵ²³¹	zɵ²³¹
熟	ʂɤ³²⁴	ʐɤ²³³	ʐɤ³¹	ʐɤ²¹³
昆	sɵ⁵²	zɵ¹³²	zɵ²²³	zɵ²¹
霜	sɪ⁴³⁴	zɪ²³¹	zɪ²¹³	zɪ²¹³
罗	sʌɪ⁴³⁴	zʌɪ²³¹	zʌɪ²¹³	zʌɪ²¹³
周	se³³⁵	ze¹¹³	ze¹¹³	ze¹¹³
上	sø¹¹³	zø¹¹³	zø¹¹³	zø¹¹³
松	se³³⁵/sø³³⁵	ZE²³¹	zø¹¹³	ZE²³¹
黎	se⁴¹³	zɵ²⁴	zɵ³²	zɵ²¹³
盛	se⁴¹³	zɵ²⁴	zɵ²²³	zɵ²¹²
嘉	sɤ̯ɤ³³⁴	zɤ̯ɤ²³¹	zɤ̯ɤ²²³	zɤ̯ɤ²²³
双	SE³³⁴	ZE¹¹³	ZE²³¹	ZE¹¹³
杭	suo³³⁴/so³³⁴	dzuo²¹²	szo¹¹³	dzE¹¹³
绍	sɪ̃³³	zɪ̃²³¹	zɪ̃²²	zɪ̃²²
诸	sɤ⁵⁴⁴	zɤ²³³	zɤ²³³	zɤ²³³
崇	sæ̃³²⁴	zæ̃³¹	zæ̃²²	zæ̃¹⁴
太	sæ̃³⁵/çiæ̃³⁵	zæ̃³¹²	zæ̃²²	zæ̃¹³
余	sẽ⁵²	zẽ¹¹³/zɪ̃¹¹³	zẽ¹¹³/zɪ̃¹¹³	zẽ¹¹³/zɪ̃¹¹³
宁	çi⁵²/sø⁵²	zø¹¹³/dzE¹¹³	zø¹¹³/ʑyʮ¹¹³	zø¹¹³
黄	çie⁴⁴	ze³¹¹	ʑie¹¹³	ʑie¹¹³
温	çĩ⁵²	ɦi²³¹	ɦi²⁴	ɦi²²
衢	ʃɥə⁵³	dʒɥæ³²³	ʃɥə⁵³/ʒɥə³¹	ʒɥə³¹
华	çɥe⁴⁵/sæ̃⁴⁵	tsæ̃³²⁴	szæ̃²⁴	dzæ̃²⁴
永	çie⁵⁴	ɕʑie³²²	ɕʑie²¹⁴	ɕʑie²¹⁴

咸开 一平 覃精	咸开 一平 覃清	咸开 一上 感清	咸开 一平 覃从	臻合 一平 魂帮
簪	参~加	惨	蚕	奔
	tsʻe^{55}	tsʻe^{51}	ze^{223}	pəŋ^{55}
tsʌ^{445}/tsən^{445}	tɕʻyʊ^{445}	tɕʻyʊ^{52}	zyʊ^{323}	pən^{445}
	tsʻæ̃^{31}	tsʻæ̃^{323}	tsʻæ̃^{35}	pəŋ^{31}
tsɛn^{22}	tsʻəŋ^{22}	tsʻəŋ^{22}	sᶻəŋ^{213}	pɛn$^{22/44}$
tɕiʊ^{42}	tʃʻyʊ^{42}	tsʻɑ^{324}	ʃyʊ^{42}	pəŋ^{42}
	tsʻũ^{433}	tsʻũ^{334}	szũ^{223}	pəŋ^{433}
	tsʻθ^{51}	tsʻθ^{45}	zθ^{223}	pɐɲ^{51}
tsəŋ^{44}	tsʻɔ^{44}	tsʻɔ^{334}	zɔ^{213}	pəɲ^{44}
tso^{55}	tsʻo^{55}	tsʻo^{324}	zo^{213}	pən^{55}
tsθ^{44}	tsʻθ^{44}	tsʻθ^{51}	zθ^{223}	pən^{44}
tsɣ^{52}	tsʻɛ̃ⁿ^{52}	tsʻɛ̃ⁿ^{44}	zɛ̃ⁿ^{233}	pɛ̃ⁿ^{52}
tsE^{44}	tsʻθ^{44}	tsʻθ^{52}	zθ^{24}	pən^{44}
tsɪ^{52}	tsʻɪ^{52}	tsʻɪ^{434}	zɪ^{231}	pɛ̃^{52}
tsʌɪ^{52}	tsʻʌɪ^{52}	tsʻʌɪ^{434}	zʌɪ^{231}	pɛ̃ⁿ^{52}
tsø^{52}	tsʻe^{52}/tsʻø^{52}	tsʻe^{44}	ze^{113}	ɓəŋ^{52}
tsø^{52}	tsʻø^{52}	tsʻø^{334}	zø^{113}	pəŋ^{52}
tse^{52}	tsʻe^{52}	tsʻE^{44}	zø^{231}/zE^{231}	pəŋ^{52}
tsθ^{44}	tsʻθ^{44}	tsʻθ^{51}	zθ^{24}	pəŋ^{44}
tsθ^{44}	tsʻθ^{44}	tsʻθ^{51}	zθ^{24}	pəŋ^{44}
tsɣə^{51}	tsʻɣə^{51}	tsʻɣə^{44}	zɣə^{231}	pən^{51}
tsE^{44}	tsʻE^{44}	tsʻE^{53}	zE^{113}	pən^{44}
tsən^{323}	tsʻE^{323}	tsʻE^{51}	dzE^{212}	pən^{323}
tsæ̃^{52}/tsĩ^{52}	tsĩ^{52}	tsĩ^{334}	zĩ^{231}	pĩ^{52}/pəŋ^{52}
tsEĩ^{544}	tsʻɣ^{544}	tsʻɣ^{52}	zɣ^{233}	pEĩ^{544}
tsɪŋ^{53}	tsʻœ̃^{53}	tsʻœ̃^{44}	zœ̃^{31}	
tsœ̃^{523}	tsʻœ̃^{523}	tsʻœ̃^{42}	zœ̃^{312}	peŋ^{523}
tseŋ^{324}	tsʻɛ̃^{324}/tsʻĩ^{324}	tsʻɛ̃^{435}/tsʻĩ^{435}	dzĩ^{113}/zĩ^{113}	peŋ^{324}
tsEɪ^{52}	tsʻE^{52}	tsʻE^{325}	zEɪ^{113}	pɐŋ^{52}
tsɛ^{533}	tsʻɛ^{533}	tsʻɛ^{533}	ze^{311}	pəŋ^{533}
tsθ^{44}	tsʻθ^{44}	tsʻθ^{44}	szθ^{231}	pʌŋ^{44}
tsə̃^{434}	tsʻə^{434}	tsʻæ̃^{45}	szə^{323}	pən^{434}
tsɯə^{324}	tsʻæ̃^{324}	tsʻæ̃^{544}	sɯə^{324}/szɯə^{213}	pən^{435}
tsɣə^{44}	tsʻɣə^{44}	tsʻɣə^{434}	szɣə^{322}	ʔmə̃ŋ^{44}

摄口 等调 韵声	臻合 一上 混帮	臻合 一平 魂滂	臻合 一去 恩滂	臻合 一平 魂並
	本	喷~水	喷~香	盆
宜	pəŋ⁵¹	pʻəŋ⁵⁵	pʻəŋ³²⁴~香/pʻəŋ⁵⁵~嚏	bəŋ²²³
溧	pən⁵²	pʻən⁴⁴⁵	pʻən⁴⁴⁵	bən³²³
金	pəŋ³²³	pʻəŋ³¹	pʻəŋ³¹	pʻəŋ³⁵
丹	pɛn⁴⁴	pʻɛn²²	pʻɛn³²⁴	pɛn³²⁴/bɛn²¹³
童	pəŋ³²⁴	pʻəŋ⁴²	pʻəŋ⁴⁵	bəŋ³¹
靖江	pəŋ³³⁴	pʻəŋ⁴³³	pʻəŋ⁵¹	bəŋ²²³
江	pEɲ⁴⁵	pʻEɲ⁵¹	pʻEɲ⁴³⁵	bEɲ²²³
常	pəɲ³³⁴	pʻəɲ⁴⁴	pʻəɲ⁵¹	bəɲ²¹³
锡	pən³²⁴	pʻən⁵⁵	pʻən³⁵	bən²¹³
苏	pən⁵¹	pʻən⁴⁴	pʻən⁴⁴	bən²³¹
熟	pẽⁿ⁴⁴	pʻẽⁿ⁵²	pʻẽⁿ³²⁴	bẽⁿ²³³
昆	pən⁵²	pʻən⁴⁴	pʻən⁴⁴	bən¹³²
霜	pẽ⁴³⁴	pʻẽ⁵²	pʻẽ⁴³⁴	bẽ²³¹
罗	pẽⁿ⁴³⁴	pʻẽⁿ⁵²	pʻẽⁿ⁴³⁴	bẽⁿ²³¹
周	ɓəŋ⁴⁴	pʻəŋ⁵²	pʻəŋ⁵²	bəŋ¹¹³
上	pəɲ³³⁴	pʻəɲ⁵²	pʻəɲ⁵²	bəɲ¹¹³
松	pəɲ⁴⁴	pʻəɲ⁵²	pʻəɲ³³⁵	bəɲ²³¹
黎	pəɲ⁵¹	pʻəɲ⁴⁴	pʻəɲ³²⁴	bəɲ²⁴
盛	pəɲ⁵¹/pəɲ⁴⁴	pʻəɲ⁴⁴	pʻəɲ³¹³/pʻəɲ⁴⁴	bəɲ²⁴
嘉	pən⁴⁴	pʻən⁵¹	pʻən³³⁴	bən²³¹
双	pən⁵³	pʻən³³⁴	pʻən⁴⁴	bən¹¹³
杭	pən⁵¹	pʻən³³⁴	pʻən³²³	bən²¹²
绍	pĩ³³⁴/pəŋ³³⁴	pĩ⁵²/pəŋ⁵²	pʻəŋ³³	bĩ²³¹/bəŋ²³¹
诸	pEĨ⁵²	pʻEĨ⁵⁴⁴	pʻEĨ⁵⁴⁴	bEĨ²³³
崇	pɪŋ⁴⁴	pʻɪŋ⁵³	pʻɪŋ³²⁴	bɪŋ³¹
太	peŋ⁴²	pʻeŋ⁵²³	pʻeŋ³⁵	beŋ³¹²
余	peɲ⁴³⁵	pʻeɲ³²⁴	pʻeɲ⁵²	beɲ¹¹³
宁	pɐŋ³²⁵	pʻɐŋ⁵²	pʻɐŋ⁵²	bɐŋ¹¹³
黄	pəŋ⁵³³	pʻəŋ⁵³³	pʻəŋ⁴⁴	bəŋ³¹¹
温	pʌŋ³⁵	pʻʌŋ⁴⁴	pʻʌŋ⁵²	bø²³¹
衢	pən⁴⁵	pʻən⁴³⁴	pʻən⁵³	bən³²³
华	pən⁵⁴⁴	pʻən³²⁴	pʻən⁴⁵	pən³²⁴
永	ʔməŋ³²³	pʻəŋ⁴⁴	pʻəŋ⁵⁴	boə³²²

臻合 一上 混並	臻合 一平 魂明	臻合 三平 文微	臻合 三平 文微	臻合 一去 恩明
笨	门	闻	蚊	闷
$bən^{231}$	$məŋ^{223}$	$məŋ^{223}/vəŋ^{223}$	$məŋ^{223}$	$məŋ^{231}$
$bən^{224}$	$mən^{323}$	$mən^{323}/vən^{323}$	$mən^{323}$	$mən^{231}$
$pəŋ^{44}$	$məŋ^{35}$	$uəŋ^{35}$	$uəŋ^{35}$	$məŋ^{44}$
$pɛn^{41}$	$mɛn^{22}$	$mɛn^{22/213}$	$mɛn^{22/213}$	$mɛn^{41}$
$bən^{113}$	$məŋ^{113}$	$məŋ^{113}$	$məŋ^{113}$	$ʔməŋ^{42}$
$bən^{31}$	$məŋ^{223}$	$məŋ^{223}$	$məŋ^{223}$	$ʔməŋ^{433}$
$bɛɲ^{223}$	$mɛɲ^{223}$	$mɛɲ^{223}/vɛɲ^{223}$	$mɛɲ^{223}$	$ʔmɛɲ^{51}$
$bəŋ^{24}$	$məŋ^{213}$	$məŋ^{213}/vəŋ^{213}$	$məŋ^{213}$	$məŋ^{24}$
$bən^{33}$	$mən^{213}$	$mən^{213}/vən^{213}$	$mən^{213}$	$ʔmən^{55}$
$bən^{231}$	$mən^{223}$	$mən^{223}/vən^{223}$	$mən^{223}/vən^{223}$	$ʔmən^{44}$
$bẽ^{n31}$	$mẽ^{n233}$	$mẽ^{n233}/vẽ^{n233}$	$mẽ^{n233}/vẽ^{n233}$	$ʔmẽ^{n52}$
$bən^{223}$	$mən^{132}$	$mən^{132}/vən^{132}$	$mən^{132}/vən^{132}$	$ʔmən^{44}$
$bẽ^{213}$	$mẽ^{231}$	$mẽ^{231}/vẽ^{231}$	$mẽ^{231}$	$ʔmẽ^{52}$
$bẽ^{n213}$	$mẽ^{n231}$	$mẽ^{n231}/vẽ^{n231}$	$mẽ^{n231}$	$ʔmẽ^{n52}$
$bəɲ^{113}$	$məɲ^{113}$	$məɲ^{113}/vəɲ^{113}$	$məɲ^{113}$	$ʔməɲ^{52}$
$bəɲ^{113}$	$məɲ^{113}$	$məɲ^{113}/vəɲ^{113}$	$məɲ^{113}$	$ʔməɲ^{52}$
$bəɲ^{113}$	$məɲ^{231}$	$məɲ^{231}/vəɲ^{231}$	$məɲ^{231}/vəɲ^{231}$	$ʔməɲ^{52}$
$bəɲ^{32}$	$məɲ^{24}$	$məɲ^{24}/vəɲ^{24}$	$məɲ^{24}/vəɲ^{24}$	$ʔməɲ^{44}/məɲ^{213}$
$bəɲ^{223}$	$məɲ^{24}$	$məɲ^{24}/vəɲ^{24}$	$məɲ^{24}/vəɲ^{24}$	$ʔməɲ^{44}/məɲ^{212}$
$bən^{223}$	$mən^{231}$	$mən^{231}/vən^{231}$	$mən^{231}/vən^{231}$	$ʔmən^{334}$
$bən^{231}$	$mən^{113}$	$mən^{113}/vən^{113}$	$mən^{113}$	$ʔmən^{44}$
$bən^{113}$	$mən^{212}$	$vən^{212}$	$vən^{212}$	$mən^{113}$
$bĩ^{113}/bəŋ^{231}$	$mĩ^{231}/məŋ^{231}$	$mĩ^{231}/məŋ^{231}$	$mĩ^{231}/məŋ^{231}/vĩ^{231}/vəŋ^{231}$	$mĩ^{22}/məŋ^{22}$
$bɛ̃ɪ̃^{231}$	$mɛ̃ɪ̃^{233}$	$mɛ̃ɪ̃^{233}/vɛ̃ɪ̃^{233}$	$mɛ̃ɪ̃^{233}$	$mɛ̃ɪ̃^{233}$
$bɪŋ^{22}$	$mɪŋ^{31}$	$mɪŋ^{31}/vɪŋ^{31}$	$mɪŋ^{31}/vɪŋ^{31}$	$mɪŋ^{14}$
$beŋ^{22}$	$meŋ^{312}$	$meŋ^{312}/veŋ^{312}$	$meŋ^{312}/veŋ^{312}$	$meŋ^{13}$
$beɲ^{113}$	$meɲ^{113}$	$meɲ^{113}/veɲ^{113}$	$meɲ^{113}/veɲ^{113}$	$meɲ^{113}$
$bɐɲ^{113}$	$mɐɲ^{113}$	$mɐɲ^{113}/vɐɲ^{113}$	$mɐɲ^{113}/vɐɲ^{113}$	$ʔmɐɲ^{44}/ʔmɐɲ^{52}$
$bəɲ^{113}$	$məɲ^{311}$		$məɲ^{311}/vəɲ^{311}$	$ʔməɲ^{44}$
$bʌŋ^{24}$	$mʌŋ^{231}$		$mʌŋ^{231}$	$mʌŋ^{22}$
$bən^{31}$	$mən^{323}$	$mən^{323}$	$mən^{323}$	$ʔmən^{53}$
$pən^{45}/bən^{24}$	$mən^{213}$	$mən^{213}$	$mən^{213}$	$mən^{24}$
$bəŋ^{323}$	$məŋ^{322}$	$fvəŋ^{322}$	$fvəŋ^{322}$	$məŋ^{214}$

摄口 等调 韵声	臻合 三去 问微 问	臻合 三平 文非 分	臻合 三平 文敷 纷	臻合 三上 吻非 粉
宜	məŋ²³¹/vəŋ²³¹	fəŋ⁵⁵	fəŋ⁵⁵	fəŋ⁵¹
溧	vən²³¹	fən⁴⁴⁵	fən⁴⁴⁵	fən⁵²
金	uəŋ⁴⁴	fəŋ³¹	fəŋ³¹	fəŋ³²³
丹	mɛn⁴¹/vɛn⁴¹	fɛn²²	fɛn²²	fɛn⁴⁴
童	ɦuəŋ¹¹³/məŋ¹¹³	fəŋ⁴²	fəŋ⁴²	fəŋ³²⁴
靖	məŋ³¹/ɦuəŋ³¹	fəŋ⁴³³	fəŋ⁴³³	fəŋ³³⁴
江	mEɲ²²³/vEɲ	fEɲ⁵¹	fEɲ⁵¹	fEɲ⁴⁵
常	məɲ²⁴/vəɲ²⁴	fəɲ⁴⁴	fəɲ⁴⁴	fəɲ³³⁴
锡	mən²¹³/vən²¹³	fən⁵⁵	fən⁵⁵	fən³²⁴
苏	mən²³¹/vən²³¹	fən⁴⁴	fən⁴⁴	fən⁵¹
熟	mɛ̃ⁿ²¹³/vɛ̃ⁿ²¹³	fɛ̃ⁿ⁵²	fɛ̃ⁿ⁵²	fɛ̃ⁿ⁴⁴
昆	mən²¹/vən²¹	fən⁴⁴	fən⁴⁴	fən⁵²
霜	mɛ̃²¹³/vɛ̃²¹³	fɛ̃⁵²	fɛ̃⁵²	fɛ̃⁴³⁴
罗	mɛ̃ⁿ²¹³/vɛ̃ⁿ²¹³	fɛ̃ⁿ⁵²	fɛ̃ⁿ⁵²	fɛ̃ⁿ⁴³⁴
周	məŋ¹¹³	fəŋ⁵²	fəŋ⁵²	fəŋ⁴⁴
上	məŋ¹¹³/vəŋ¹¹³	fəŋ⁵²	fəŋ⁵²	fəŋ³³⁴
松	məŋ¹¹³/vəɲ	fəŋ⁵²	fəŋ	fəŋ⁴⁴
黎	məɲ²¹³/vəɲ²¹³	fəŋ⁴⁴	fəŋ⁴⁴	fəŋ⁵¹
盛	məŋ²¹²/vəŋ²¹²	fəŋ⁴⁴	fəŋ⁴⁴	fəŋ⁵¹
嘉	məŋ²²³/vən²²³	fən⁵¹	fən⁵¹	fən⁴⁴
双	mən¹¹³/vən¹¹³	fən⁴⁴	fən⁴⁴	fən⁵³
杭	vən¹¹³/mən¹¹³少	fən³²³	fən³²³	fən⁵¹
绍	mĩ²²/məŋ²²/vĩ²²/vəŋ²²	fi⁵²/fəŋ⁵²	fi⁵²/fəŋ⁵²	fi³³⁴/fəŋ³³⁴
诸	mɛ̃ɪ²³³/vɛ̃ɪ²³³	fɛ̃ɪ⁵⁴⁴	fɛ̃ɪ⁵⁴⁴	fɛ̃ɪ⁵²
崇	mɪŋ¹⁴/vɪŋ¹⁴	fɪŋ⁵³	fɪŋ⁵³	fɪŋ⁴⁴
太	meŋ¹³/veŋ¹³	feŋ⁵²³	feŋ⁵²³	feŋ⁴²
余	meŋ¹¹³/veŋ¹¹³	feŋ³²⁴	feŋ³²⁴	feŋ⁴³⁵
宁	mɐŋ¹¹³/vɐŋ¹¹³	fɐŋ⁵²	fɐŋ⁵²	fɐŋ³²⁵
黄	məŋ¹¹³/vəŋ¹¹³	fəŋ⁵³³	fəŋ⁵³³	fəŋ⁵³³
温	mʌŋ²²/vəŋ²²	fʌŋ⁴⁴	fʌŋ⁴⁴	fʌŋ³⁵
衢	mən³¹/ɦuən³¹/fvən³¹	fən⁴³⁴	fən⁴³⁴	fən⁴⁵
华	mən²⁴/fvən²⁴	fən³²⁴	fən³²⁴	fən⁵⁴⁴
永	fvəŋ²¹⁴/məŋ²¹⁴	fəŋ⁴⁴	fəŋ⁴⁴	fəŋ⁴³⁴

臻合 三去 问非	臻合 三去 问非	臻合 三平 文奉	臻合 三平 文微	臻合 三上 吻奉
粪	奋	坟	文	忿
fəŋ³²⁴	fəŋ³²⁴	vəŋ²²³	vəŋ²²³	vəŋ²⁴/fəŋ³²⁴
fən⁴¹²	fən⁴¹²	vən³²³	vən³²³	vən²³¹
fəŋ⁴⁴	fəŋ⁴⁴	fəŋ³⁵	uəŋ³⁵	fəŋ³²³
fɛn³²⁴	fɛn³²⁴	vɛn²¹³	vɛn²¹³/ɦuɛn²¹³	fɛn⁴⁴
fəŋ⁴⁵	fəŋ⁴⁵	ɦuəŋ³¹	ɦuəŋ³¹	ɦuəŋ¹¹³
fəŋ⁵¹	fəŋ⁵¹	vəŋ²²³/ɦuəŋ²²³	vəŋ²²³/ɦuəŋ²²³	fəŋ²²³
fɛɲ⁴³⁵	fɛɲ⁴³⁵	vɛɲ⁵¹	vɛɲ⁵¹	fɛɲ⁴⁵
fəŋ⁵¹	fəŋ⁵¹	vəɲ²¹³	vəɲ²¹³	fəŋ³³⁴
fən³⁵	fən³⁵	vən²¹³	vən²¹³	fən³²⁴
fən⁴¹²	fən⁴¹²	vən²²³	vən²²³	vən²³¹
fɛ̃ⁿ³²⁴	fɛ̃ⁿ³²⁴	vɛ̃ⁿ²³³	vɛ̃ⁿ²³³	vɛ̃ⁿ³¹
fən⁵²	fən⁵²	vən¹³²	vən¹³²	vən²²³
fɛ̃⁴³⁴	fɛ̃⁴³⁴	vɛ̃²³¹	vɛ̃²³¹	vɛ̃²¹³
fɛ̃ⁿ⁴³⁴	fɛ̃ⁿ⁴³⁴	vɛ̃ⁿ²³¹	vɛ̃ⁿ²³¹	vɛ̃ⁿ²¹³
fəŋ³³⁵	fəŋ³³⁵	vəŋ¹¹³	vəŋ¹¹³	vəŋ¹¹³
fəŋ³³⁴	fəŋ³³⁴	vəɲ¹¹³	vəɲ¹¹³	fəŋ³³⁴/vəŋ¹¹³少
fəŋ³³⁵	fəŋ³³⁵	vəɲ²³¹	vəɲ²³¹	vəŋ¹¹³
fəŋ⁴¹³	fəŋ⁴¹³	vəŋ²⁴	vəŋ²⁴	vəŋ³²
fən³³⁴	fən³³⁴	vəŋ²⁴	vəŋ²⁴	vəŋ²²³
fən³³⁴	fən³³⁴	vən²³¹	vən²³¹	fən³³⁴
fən³³⁴	fən³³⁴	vən¹¹³	vən¹¹³	fən⁵³
fən³³⁴	fən³³⁴	vən²¹²	vən²¹²	vən¹¹³
fĩ³³/fəŋ³³	fĩ³³/fəŋ³³	vĩ²³¹/vəŋ²³¹	vĩ²³¹/vəŋ²³¹	vĩ¹¹³/vəŋ¹¹³
fɛĩ⁵⁴⁴	fɛĩ⁵⁴⁴	vɛĩ²³³	vɛĩ²³³	vɛĩ²³¹
fɪŋ³²⁴	fɪŋ³²⁴	vɪŋ³¹	vɪŋ³¹	vɪŋ²²
feŋ³⁵	feŋ³⁵	veŋ³¹²	veŋ³¹²	veŋ²²
feŋ⁵²	feŋ⁵²	veɲ¹¹³	veɲ¹¹³	veɲ¹¹³
feŋ⁵²	fɐŋ⁵²	vɐŋ¹¹³	vɐŋ¹¹³	vɐŋ¹¹³
fəŋ⁴⁴	fəŋ⁴⁴	vəŋ³¹¹	vəŋ³¹¹	vəŋ¹¹³
fʌŋ⁵²	fʌŋ⁵²	vʌŋ²³¹	vʌŋ²³¹	fʌŋ³⁵
fən⁵³	fən⁵³	fvən³²³	fvən³²³	fən⁴⁵
fən⁴⁵	fən⁴⁵	fən³²⁴	uən³²⁴/fən³²⁴	fvən²⁴
fəŋ⁵⁴	fəŋ⁵⁴	fvəŋ³²²	fvəŋ³²²	fvəŋ³²³

摄口 等调 韵声	臻合 三上 吻微 吻	臻合 三去 问奉 份	臻合 一平 魂端 敦	臻合 一平 魂从 蹲
宜	$vəŋ^{231}$	$vəŋ^{231}$	$təŋ^{55}$	$təŋ^{55}$
溧	$vəŋ^{224}$	$vəŋ^{231}$	$təŋ^{445}$	$təŋ^{445}$
金	$uəŋ^{323}$	$fəŋ^{44}$	$təŋ^{31}$	$təŋ^{31}$
丹	$vɛn^{44}$	$vɛn^{213}$	$tɛn^{22}$	$tɛn^{22}$
童	$ɦuəŋ^{113}$	$ɦuəŋ^{113}$	$təŋ^{42}$	$təŋ^{42}$
靖	$ɦuəŋ^{31}/vəŋ^{31}$	$ɦuəŋ^{31}/vəŋ^{31}$	$təŋ^{433}$	$təŋ^{433}$
江		$vɛŋ^{223}$	$tɛŋ^{51}$	$tɛŋ^{51}$
常	$vəɲ^{24}$	$vəɲ^{24}$	$təɲ^{44}$	$təɲ^{44}$
锡	$vən^{213}$	$vən^{213}$	$tən^{55}$	$tən^{55}$
苏	$vən^{231}$	$vən^{231}$	$tən^{44}$	$tən^{44}$
熟	$vɛ̃^{n31}$	$vɛ̃^{n213}$	$tɛ̃^{n52}$	$tɛ̃^{n52}$
昆	$vən^{223}$	$vən^{21}$	$tən^{44}$	$tən^{44}$
霜	$vɤ̃^{231}$	$vɤ̃^{213}$	$tɤ̃^{52}$	$tɤ̃^{52}$
罗	$vɛ̃^{n213}$	$vɛ̃^{n213}$	$tɛ̃^{n52}$	$tɛ̃^{n52}$
周	$vəŋ^{113}$	$vəŋ^{113}$	$ɗəŋ^{52}$	$ɗəŋ^{52}$
上	$vəɲ^{113}$	$vəɲ^{113}$	$təɲ^{52}$	$təɲ^{52}$
松	$vəɲ^{113}$	$vəɲ^{113}$	$təɲ^{52}$	$təɲ^{52}$
黎	$vəɲ^{32}$	$vəɲ^{213}$	$təɲ^{44}$	$təɲ^{44}$
盛	$vəɲ^{223}$	$vəɲ^{212}$	$təɲ^{44}$	$təɲ^{44}$
嘉	$vən^{223}$	$vən^{223}$	$tən^{51}$	$tən^{51}$
双	$vən^{231}$	$vən^{113}$	$tən^{44}$	$tən^{44}$
杭	$vən^{113}$	$vən^{113}$	$tuən^{323}$	$tuən^{323}$
绍	$vĩ^{113}/vəŋ^{113}$	$vĩ^{22}/vəŋ^{22}$	$tuə̃^{52}$	$tuə̃^{52}$
诸	$vɛĩ^{231}$	$vɛĩ^{233}$	$tɛĩ^{544}$	$tɛĩ^{544}$
崇	$vɪŋ^{22}$	$vɪŋ^{14}$	$tɪŋ^{53}$	$tɪŋ^{53}$
太	$veŋ^{22}$	$veŋ^{13}$	$teŋ^{523}$	$teŋ^{523}$
余	$veɲ^{113}$	$veɲ^{113}$	$teɲ^{324}$	$teɲ^{324}$
宁	$vɐŋ^{113}$	$vɐŋ^{113}$	$tɐŋ^{52}$	$tɐŋ^{52}$
黄	$vəɲ^{113}$	$vəɲ^{113}$	$tuəŋ^{533}$	$tuəŋ^{533}$
温	$vʌŋ^{24}$	$vʌŋ^{22}$	$tø^{44}$	$tʌŋ^{44}$
衢	$mən^{31}$	$fən^{53}$	$tən^{434}$	$tən^{434}$
华	$fvən^{24}$	$fvən^{24}$	$tuən^{324}$	$tən^{324}$
永	$fvəŋ^{323}$	$fvəŋ^{214}$	$ʔnəŋ^{44}$	$ʔnəŋ^{44}$

曾开 一平 登端	曾开 一平 登端		曾开 一上 等端	臻合 一去 恩端
登	灯	蹬	等	顿
təŋ^{55}	təŋ^{55}		təŋ^{51}	təŋ^{324}
tən^{445}	tən^{445}	tən^{52}	tən^{52}	tən^{412}
təŋ^{31}	təŋ^{31}	təŋ^{323}	təŋ^{323}	təŋ^{44}
tɛn^{22}	tɛn^{22}	tɛn^{44}	tɛn^{44}	tɛn^{324}
təŋ^{42}	təŋ^{42}	təŋ^{324}	təŋ^{324}	təŋ^{45}
təŋ^{433}	təŋ^{433}	təŋ^{334}	təŋ^{334}	təŋ^{51}
tEɲ^{51}	tEɲ^{51}	tEɲ^{45}	tEɲ^{45}	tEɲ^{435}
təɲ^{44}	təɲ^{44}	təɲ^{334}	təɲ^{334}	təɲ^{51}
tən^{55}	tən^{55}	tən^{324}	tən^{324}	tən^{35}
tən^{44}	tən^{44}	tən^{51}	tən^{51}	tən^{412}
tẽn^{52}	tẽn^{52}	tẽn^{44}	tẽn^{44}	tẽn^{324}
tən^{44}	tən^{44}	tən^{52}	tən^{52}	tən^{52}
tẽ^{52}	tẽ^{52}	tẽ^{434}	tẽ^{434}	tẽ^{434}
tẽn^{52}	tẽn^{52}		tẽn^{434}	tẽn^{434}
ɗəŋ^{52}	ɗəŋ^{52}	ɗəŋ^{44}	ɗəŋ^{44}	ɗəŋ^{335}
təɲ^{52}	təɲ^{52}	təɲ^{334}	təɲ^{334}	təɲ^{334}
təɲ^{52}	təɲ^{52}	təɲ^{44}	təɲ^{44}	təɲ^{335}
təɲ^{44}	təɲ^{44}	təɲ^{51}	təɲ^{51}	təɲ^{413}
təɲ^{44}	təɲ^{44}	təɲ^{51}	təɲ^{51}	təɲ^{413}
tən^{51}	tən^{51}	tən^{44}	tən^{44}	tən^{334}
tən^{44}	tən^{44}	tən^{53}	tən^{53}	tən^{334}
tən^{323}	tən^{323}	tuən^{51}	tən^{51}	tuən^{334}
təŋ^{52}	təŋ^{52}	tuə̃^{334}	təŋ^{334}	tuə̃^{33}
tEĨ^{544}	tEĨ^{544}	tEĨ^{52}	tEĨ^{52}	tEĨ^{544}
tɪŋ^{53}	tɪŋ^{53}		tɪŋ^{44}	tɪŋ^{324}
teŋ^{523}	teŋ^{523}	teŋ^{42}	teŋ^{42}	teŋ^{35}
teɲ^{324}	teɲ^{324}		teɲ^{435}	teɲ^{52}
teŋ^{52}	teŋ^{52}	teŋ^{325}	teŋ^{325}	teŋ^{52}
təŋ^{533}	təŋ^{533}		təŋ^{533}	tuən^{44}
tʌŋ^{44}	tʌŋ^{44}		tʌŋ^{44}	tʌŋ^{52}
tən^{434}	tən^{434}		tən^{45}	tən^{53}
tən^{324}	tən^{324}	tuən^{544}	tən^{544}	tən^{45}
ʔniiŋ^{44}	ʔniiŋ^{44}		ʔniiŋ^{434}	ʔnəŋ^{54}

摄口 等调 韵声	曾开 一去 嶝端 凳	臻开 一平 痕透 吞	 佘	臻合 一平 魂定 饨馄~
宜	təŋ^{324}	t'əŋ^{55}	t'əŋ^{51}	dəŋ^{223}
溧	tən^{412}	t'ən^{445}	t'ən^{52}	dən^{323}
金	təŋ^{44}	t'əŋ^{31}	t'əŋ^{323}	təŋ^{44}
丹	tɛn^{324}	t'ɛn^{22}	t'ɛn^{22}	dɛn^{213}
童	təŋ^{45}	t'əŋ^{42}	t'əŋ^{324}	dəŋ^{31}
靖	təŋ^{51}	t'əŋ^{433}	t'əŋ^{433}	dəŋ^{223}
江	tEɲ^{435}	t'Eɲ^{51}	t'Eɲ^{45}	dEɲ^{223}
常	təɲ^{51}	t'əɲ^{44}	t'əɲ^{334}	dəɲ^{213}
锡	tən^{35}	t'ən^{55}	t'ən^{324}	dən^{213}
苏	tən^{412}	t'ən^{44}	t'ən^{51}	dən^{223}
熟	tẽ^{n324}	t'ẽ^{n52}	t'ẽ^{n44}	dẽ^{n233}
昆	tən^{52}	t'ən^{44}	t'ən^{52}	dən^{132}
霜	tẽ^{434}	t'ẽ^{52}	t'ẽ^{434}	dẽ^{231}
罗	tẽ^{n434}	t'ẽ^{n52}	t'ẽ^{n434}	dẽ^{n231}
周	ɗəŋ^{335}	t'əŋ^{52}	t'əŋ^{44}	dəŋ^{113}
上	təɲ^{334}	t'əɲ^{52}	t'əɲ^{334}	dəɲ^{113}
松	təɲ^{335}	t'əɲ^{52}	t'əɲ^{44}	dəɲ^{231}
黎	təɲ^{413}	t'əɲ^{44}	t'əɲ^{51}	dəɲ^{24}
盛	təɲ^{413}	t'əɲ^{44}	t'əɲ^{51}	dəɲ^{24}
嘉	tən^{334}	t'ən^{51}	t'ən^{44}	dən^{231}
双	tən^{334}	t'ən^{44}	t'ən^{53}	dən^{113}
杭	tən^{334}	t'uən^{323}	t'uən^{51}	duən^{212}
绍	təŋ^{33}	t'uə^{52}	t'ə^{334}	də^{231}
诸	tEɪ^{544}	t'Eɪ^{544}	t'Eɪ^{52}	dEɪ^{233}
崇	tıŋ^{324}	t'ıŋ^{53}	t'ıŋ^{44}	dıŋ^{31}
太	teŋ^{35}	t'eŋ^{523}	t'eŋ^{42}	deŋ^{312}
余	teɲ^{52}	t'eɲ^{324}	t'eɲ^{435}	deɲ^{113}
宁	təŋ^{52}	t'ɐŋ^{52}	t'ɐŋ^{325}	dɐŋ^{113}
黄	təŋ^{44}	t'uəŋ^{533}		duəŋ^{311}
温	tʌŋ^{52}	t'ə^{44}	t'ʌŋ^{35}	dʌŋ^{231}
衢	tən^{53}	t'ən^{434}	t'ən^{45}	dən^{323}
华	tən^{45}	t'ən^{324}		tən^{324}
永	ʔniɲ^{54}	t'ɤ^{44}		dəŋ^{322}

臻合 一平 魂定	曾开 一平 登定	曾开 一平 登定	臻合 一上 混定	臻合 一上 混定
豚	藤	腾	囤	盾矛~
$dəŋ^{223}$	$dəŋ^{223}$	$dəŋ^{223}$	$dəŋ^{24}$	$dəŋ^{231}$
$tən^{445}$	$dəŋ^{323}$	$dəŋ^{323}$	$dən^{231}$	$dən^{231}$
$təŋ^{44}$	$t'əŋ^{35}$	$t'əŋ^{35}$	$təŋ^{44}$	$təŋ^{44}$
$dɛn^{213}$	$dɛn^{213}$	$dɛn^{213}$	$dɛn^{213}/tɛn^{41}$	$dɛn^{213}/tɛn^{41}$
$dəŋ^{31}$	$dəŋ^{31}$	$dəŋ^{31}$	$dəŋ^{113}$	$dəŋ^{113}$
$dəŋ^{223}$	$dəŋ^{223}$	$dəŋ^{223}$	$dəŋ^{31}$	$dəŋ^{31}$
$dɛŋ^{223}$	$dɛŋ^{223}$	$dɛŋ^{223}$	$dɛŋ^{223}$	$dɛŋ^{223}$
$dəŋ^{213}$	$dəŋ^{213}$	$dəŋ^{213}$	$dəŋ^{24}$	$dəŋ^{24}$
$dən^{213}$	$dən^{213}$	$dən^{213}$	$dən^{213/33}$	$dən^{213/33}$
$dən^{223}$	$dən^{223}$	$dən^{223}$	$dən^{231}$	$dən^{231}$
$dɛ̃^{n233}$	$dɛ̃^{n233}$	$dɛ̃^{n233}$	$dɛ̃^{n31}$	$dɛ̃^{n31}$
$dən^{132}$	$dən^{132}$	$dən^{132}$	$dən^{223}$	$dən^{223}$
$dɛ̃^{231}$	$dɛ̃^{231}$	$dɛ̃^{231}$	$dɛ̃^{213}$	$dɛ̃^{213}$
$dɛ̃^{n231}$	$dɛ̃^{n231}$	$dɛ̃^{n231}$	$dɛ̃^{n213}$	$dɛ̃^{n213}$
$dəŋ^{113}$	$dəŋ^{113}$	$dəŋ^{113}$	$dəŋ^{113}$	$dəŋ^{113}$
$dəŋ^{231}$	$dəŋ^{231}$	$dəŋ^{231}$	$dəŋ^{231}$	$dəŋ^{231}$
$dəŋ^{24}$	$dəŋ^{24}$	$dəŋ^{24}$	$dəŋ^{32}$	$dəŋ^{32}$
$dəŋ^{24}$	$dəŋ^{24}$	$dəŋ^{24}$	$dəŋ^{223}$	$dəŋ^{223}$
$dən^{231}$	$dən^{231}$	$dən^{231}$	$dən^{223}$	$dən^{223}$
$dən^{113}$	$dən^{113}$	$dən^{113}$	$dən^{231}$	$dən^{231}$
$duən^{212}$	$dən^{212}$	$dən^{212}$	$duən^{113}$	$duən^{113}$
$duə̃^{231}$	$dəŋ^{231}$	$dəŋ^{231}$	$də̃^{113}$	$də̃^{113}/dəŋ^{113}$
$dɛ̃ɪ^{233}$	$dɛ̃ɪ^{233}$	$dɛ̃ɪ^{233}$	$dɛ̃ɪ^{231}$	$dɛ̃ɪ^{231}$
$dɪŋ^{31}$	$dɪŋ^{31}$	$dɪŋ^{31}$	$dɪŋ^{22}$	$dɪŋ^{22}$
$deŋ^{312}$	$deŋ^{312}$	$deŋ^{312}$	$deŋ^{22}$	$deŋ^{22}$
$deŋ^{113}$	$deŋ^{113}$	$deŋ^{113}$	$deŋ^{113}$	$deŋ^{113}$
$dəŋ^{113}$	$dəŋ^{113}$	$dəŋ^{113}$	$dəŋ^{113}$	$dəŋ^{113}$
$duəŋ^{311}$	$dəŋ^{311}$	$dəŋ^{311}$	$duəŋ^{113}$	$duəŋ^{113}$
$dʌŋ^{231}$	$dʌŋ^{231}$	$dʌŋ^{231}$	$dʌŋ^{\underline{24}}$	$dʌŋ^{\underline{24}}$
$dən^{323}$	$dən^{323}$	$dən^{323}$	$dən^{31}$	$dən^{31}$
$tən^{324}$	$tən^{324}$	$tən^{324}$	$tən^{45}$	$tən^{45}$
$dəŋ^{322}$	$diiŋ^{322}$	$diiŋ^{322}/dəŋ^{322}$	$dəŋ^{323}$	$dəŋ^{323}$

摄 等 韵 / 口 调 声	臻合 一去 恩定	曾开 一去 嶝定	曾开 一平 登泥	臻合 一去 恩泥
	钝	邓	能	嫩
宜	dəŋ^{231}	dəŋ^{231}	nəŋ^{223}	nəŋ^{231}
溧	dən^{231}	dən^{231}	lən^{323}	lən^{323}
金	təŋ^{44}	təŋ^{44}	ləŋ^{35}	ləŋ^{44}
丹	tɛn^{41}	tɛn^{41}	nɛn^{213}	nɛn^{41}
童	dəŋ^{113}	dəŋ^{113}	nəŋ^{31}	nəŋ^{113}
靖	dəŋ^{31}	dəŋ^{31}	nəŋ^{223}	nəŋ^{31}
江	dEɲ^{223}	dEɲ^{223}	nEɲ^{223}	nEɲ^{223}
常	dəŋ^{24}	dəŋ^{24}	nəŋ^{213}	nəŋ^{24}
锡	dən^{213}	dən^{213}	nən^{213}/n.iən^{213}	nən^{213}
苏	dən^{231}	dən^{231}	nən^{223}	nən^{231}
熟	dẽ^{n213}	dẽ^{n213}	nẽ^{n233}	nẽ^{n213}
昆	dən^{21}	dən^{21}	nən^{132}	nən^{21}
霜	dɛ̃^{213}	dɛ̃^{213}	nɛ̃^{231}	nɛ̃^{213}
罗	dɛ̃^{n213}	dɛ̃^{n213}	nɛ̃^{n231}	nɛ̃^{n213}
周	dəŋ^{113}	dəŋ^{113}	nəŋ^{113}	nəŋ^{113}
上	dəŋ^{113}	dəŋ^{113}	nəŋ^{113}	nəŋ^{113}
松	dəŋ^{113}	dəŋ^{113}	nəŋ^{231}	nəŋ^{113}
黎	dəŋ^{213}	dəŋ^{213}	nəŋ^{24}	nəŋ^{213}
盛	dəŋ^{212}	dəŋ^{212}	nəŋ^{24}	nəŋ^{212}
嘉	dən^{223}	dən^{223}	nən^{231}	nən^{223}
双	dən^{113}	dən^{113}	nən^{113}	nən^{113}
杭	duən^{113}	dən^{113}	nən^{212}	nən^{113}
绍	dõ^{22}	dəŋ^{22}	nəŋ^{231}	nõ^{22}
诸	dEɪ̃^{233}	dEɪ̃^{233}	nEɪ̃^{233}	nEɪ̃^{233}
崇	dɪŋ^{31}	dɪŋ^{14}	nɪŋ^{31}	nɪŋ^{14}
太	deŋ^{312}	deŋ^{13}	neŋ^{312}	neŋ^{13}
余	deɲ^{113}	deɲ^{113}	neɲ^{113}	neɲ^{113}
宁	dɐŋ^{113}	dɐŋ^{113}	nɐŋ^{113}	nɐŋ^{113}
黄	duəŋ^{113}	dəŋ^{113}	nəŋ^{311}	nuəŋ^{113}
温	dʌŋ^{22}	dʌŋ^{22}	nʌŋ^{231}	nə^{22}
衢	dən^{31}	dən^{31}	nən^{323}	nən^{31}
华	dən^{24}	dən^{24}	nən^{324}	nən^{24}
永	dəŋ^{214}/dɣə^{214}	dəŋ^{214}	niiŋ^{322}	nɣə^{214}

臻合 三平 谆来	臻合 三平 谆来	臻合 三平 谆来	臻合 一去 恩来	臻开 一平 痕见
轮	伦	沦	论议~	根
ləŋ^{223}	ləŋ^{223}	ləŋ^{223}	ləŋ^{231}	kəŋ^{55}
lən^{323}	lən^{323}	lən^{323}	lən^{231}	kən^{445}
ləŋ^{35}/liŋ^{35}~到	ləŋ^{35}	ləŋ^{35}	ləŋ^{44}	kəŋ^{31}
lɛn^{213}	lɛn^{213}	lɛn^{213}	luɛn^{41}	kɛn^{22}
ləŋ^{31}	ləŋ^{31}	ləŋ^{31}	ləŋ^{113}	kəŋ^{42}
ləŋ^{223}	ləŋ^{223}	ləŋ^{223}	ləŋ^{31}	kəŋ^{433}
lɛɲ^{223}	lɛɲ^{223}	lɛɲ^{223}	lɛɲ^{223}	kɛɲ^{51}
ləŋ^{213}	ləŋ^{213}	ləŋ^{213}	ləŋ^{213}	kəŋ^{44}
lən^{213}	lən^{213}	lən^{213}	lən^{213}	kən^{55}
lən^{223}	lən^{223}	lən^{223}	lən^{231}	kən^{44}
lɛ̃^{n233}	lɛ̃^{n233}	lɛ̃^{n213}	lɛ̃^{n213}	kɛ̃^{n52}
lən^{132}	lən^{132}	lən^{132}	lən^{21}	kən^{44}
lɛ̃^{231}	lɛ̃^{231}	lɛ̃^{231}	lɛ̃^{231}	kɛ̃^{52}
lɛ̃^{n231}	lɛ̃^{n231}	lɛ̃^{n231}	lɛ̃^{n231}	kɛ̃^{n52}
ləŋ^{113}	ləŋ^{113}	ləŋ^{113}	ləŋ^{113}	kəŋ^{52}
ləɲ^{113}	ləɲ^{113}	ləɲ^{113}	ləɲ^{113}	kəɲ^{52}
ləɲ^{231}	ləɲ^{231}	ləɲ^{231}	ləɲ^{113}	kəɲ^{52}
ləɲ^{24}	ləɲ^{24}	ləɲ^{24}	ləɲ^{213}	kəɲ^{44}
ləɲ^{24}	ləɲ^{24}	ləɲ^{24}	ləɲ^{212}	kəɲ^{44}
lən^{231}	lən^{231}	lən^{231}	lən^{223}	kən^{51}
lən^{113}	lən^{113}	lən^{113}	lən^{113}	kən^{44}
luən^{212}	luən^{212}	luən^{212}	luən^{113}	kən^{323}
luə̃^{231}	luə̃^{231}	luə̃^{231}	lə̃^{22}	kən^{52}
lɛ̃ɪ̃^{233}	lɛ̃ɪ̃^{233}	lɛ̃ɪ̃^{233}	lɛ̃ɪ̃^{233}	kɪ̃^{544}
lɪŋ^{31}	lɪŋ^{31}	lɪŋ^{31}	lɪŋ^{14}	kɪŋ^{53}
leŋ^{312}	leŋ^{312}	leŋ^{312}	leŋ^{13}	keŋ^{523}
leɲ^{113}	leɲ^{113}	leɲ^{113}	leɲ^{113}	keɲ^{324}
lɐŋ^{113}	lɐŋ^{113}	lɐŋ^{113}	lɐŋ^{113}	kɐŋ^{52}
luəŋ^{311}	luəŋ^{311}	luəŋ^{311}	luəŋ^{113}	kəŋ^{533}
lʌŋ^{231}	lʌŋ^{231}	lʌŋ^{231}	lθ^{22}	kθ^{44}
lən^{323}	lən^{323}	lən^{323}	lən^{31}	kən^{434}
lən^{324}	lən^{324}	lən^{324}	lən^{24}	kən^{324}
liiŋ^{322}	ləŋ^{322}	ləŋ^{322}	ləŋ^{214}	kəŋ^{44}

摄口	臻开	梗开	梗开	臻开
等调	一平	二上	二去	一上
韵声	痕见	耿见	映见	很溪
	跟	耿	更~加	恳
宜	kəŋ⁵⁵	kəŋ⁵¹	kəŋ³²⁴	kʻəŋ⁵¹
溧	kən⁴⁴⁵	kən⁵²	kən⁴¹²	kʻən⁵²
金	kəŋ³¹	kəŋ³²³	kəŋ⁴⁴	kʻəŋ³²³
丹	kɛn²²	kɛn²²	kɛn²²	kʻɛn⁴⁴
童	kəŋ⁴²	kəŋ³²⁴	kəŋ⁴⁵	kʻəŋ³²⁴
靖	kəŋ⁴³³	kəŋ³³⁴	kəŋ⁵¹	kʻəŋ³³⁴
江	kɛɲ⁵¹	kɛɲ⁴⁵	kɛɲ⁴³⁵	kʻɛɲ⁴⁵
常	kʻəɲ⁴⁴	kəɲ³³⁴	kəɲ⁵¹	kʻəɲ³³⁴
锡	kən⁵⁵	kən³²⁴	kən³⁵	kʻən³²⁴
苏	kən⁴⁴	kən⁵¹	kən⁴¹²	kʻən⁵¹
熟	kɛ̃ⁿ⁵²	kɛ̃ⁿ⁴⁴	kɛ̃ⁿ³²⁴	kʻɛ̃ⁿ⁴⁴
昆	kən⁴⁴	kən⁵²	kən⁵²	kʻən⁵²
霜	kɛ̃⁵²	kɛ̃⁴³⁴	kɛ̃⁴³⁴	kʻɛ̃⁴³⁴
罗	kɛ̃ⁿ⁵²	kɛ̃ⁿ⁴³⁴	kɛ̃ⁿ⁴³⁴	kʻɛ̃ⁿ⁴³⁴
周	kəŋ⁵²	kəŋ⁴⁴	kəŋ³³⁵	kʻəŋ⁴⁴
上	kəɲ⁵²	kəɲ³³⁴	kəɲ³³⁴	kʻəɲ³³⁴
松	kəɲ⁵²	kəɲ⁴⁴	kəɲ³³⁵	kʻəɲ⁴⁴
黎	kəɲ⁴⁴	kəɲ⁵¹	kəɲ⁴¹³	kʻəɲ⁵¹
盛	kəɲ⁴⁴	kəɲ⁵¹	kəɲ⁴¹³	kʻəɲ⁵¹
嘉	kən⁵¹	kən⁵¹	kən³³⁴	kʻən⁴⁴
双	kən⁴⁴	kən⁵³	kən³³⁴	kʻən⁵³
杭	kən³²³	kən⁵¹	kən⁵¹	kʻən⁵¹
绍	kəŋ⁵²	kəŋ³³⁴	kəŋ³³	kəŋ³³⁴
诸	kĩ⁵⁴⁴	kĩ⁵²	kĩ⁵⁴⁴	kʻĩ⁵²
崇	kɪŋ⁵³	kɪŋ⁴⁴	kɪŋ³²⁴	kʻɪŋ⁴⁴
太	keŋ⁵²³	keŋ⁴²	keŋ³⁵	kʻeŋ⁴²
余	keŋ³²⁴	keŋ⁴²⁵	keŋ⁵²	kʻeŋ⁴³⁵
宁	kɐŋ⁵²	kɐŋ³²⁵	kɐŋ⁵²	kʻɐŋ³²⁵
黄	kəŋ⁵³³	kəŋ⁵³³/kã⁵³³	kəŋ⁴⁴	kʻəŋ⁵³³
温	kʌŋ⁴⁴	kʌŋ³⁵	kⁱɛ⁵²	kʻʌŋ³⁵
衢	kən⁴³⁴	kən⁴⁵	kən⁵³	kʻən⁴⁵
华	kən³²⁴	kən⁵⁴⁴	kən⁴⁵	kʻən⁵⁴⁴
永	kəŋ⁴⁴	kəŋ⁴³⁴	kai⁵⁴	kʻəŋ⁴³⁴

臻开 一上 很溪	曾开 一上 等溪		曾开 一平 痕影	
垦	肯	裉汗~	恩	哼
kʻəŋ^{51}	kʻəŋ^{51}	kʻəŋ^{324}	ʔəŋ^{55}	xəŋ^{55}
kʻən^{52}	kʻən^{52}	kʻən^{412}	ʔən^{445}	xən^{445}
kʻəŋ^{323}	kʻəŋ^{323}	kʻəŋ^{44}	əŋ^{31}	xəŋ^{31}
kʻɛn^{44}	kʻɛn^{44}	kʻɛn^{324}	ɛn^{22}	hɛn^{22}
kʻəŋ^{324}	kʻəŋ^{324}	kʻəŋ^{45}	ʔəŋ^{42}	həŋ^{42}
kʻəŋ^{334}	kʻəŋ^{334}	kʻəŋ^{51}	ʔəŋ^{433}	həŋ^{433}
kʻɛɲ^{45}	kʻɛɲ^{45}	kʻɛɲ^{435}	ʔɛɲ^{51}	hɛɲ^{51}
kʻəɲ^{334}	kʻəɲ^{334}	kʻəɲ^{51}	ʔəɲ^{44}	xəɲ^{44}
kʻən^{324}	kʻən^{324}	kʻən^{35}	ʔən^{55}	xən^{55}
kʻən^{51}	kʻən^{51}	kʻən^{412}	ʔən^{44}	hən^{44}
kʻɛ̃n^{44}	kʻɛ̃n^{44}	kʻɛ̃n^{324}	ʔɛ̃^{52}	hɛ̃n^{52}
kʻən^{52}	kʻən^{52}	kʻən^{52}	ʔən^{44}	hən^{44}
kʻɛ̃^{434}	kʻɛ̃^{434}	kʻɛ̃^{434}	ʔɛ̃^{52}	xɛ̃^{52}
kʻɛ̃n^{434}	kʻɛ̃n^{434}	kʻɛ̃n^{434}	ʔɛ̃^{52}	hɛ̃n^{52}
kʻəŋ^{44}	kʻəŋ^{44}	kʻəŋ^{335}	ʔəŋ^{52}	həŋ^{52}
kʻəɲ^{334}	kʻəɲ^{334}	kʻəɲ^{334}	ʔəɲ^{52}	həɲ^{52}
kʻəɲ^{44}	kʻəɲ^{44}	kʻəɲ^{335}	ʔəɲ^{52}	həɲ^{52}
kʻəɲ^{51}	kʻəɲ^{44}	kʻəɲ^{413}	ʔəɲ^{44}	həɲ^{44}
kʻəɲ^{51}	kʻəɲ^{44}	kʻəɲ^{413}	ʔəɲ^{44}	həɲ^{44}
kʻən^{44}	kʻən^{51}	kʻən^{334}	ʔən^{51}	hən^{51}
kʻən^{53}	kʻən^{53}	kʻən^{334}	ʔən^{44}	hən^{44}
kʻən^{51}	kʻən^{51}		ʔən^{323}	hən^{323}
kəŋ^{334}	kəŋ^{334}		ʔəŋ^{52}	həŋ^{52}
kʻĩ^{52}	kʻĩ^{52}		ʔɛɪ^{544}	hɛɪ^{544}
kʻɪŋ^{44}	kʻɪŋ^{44}		ʔɪŋ^{53}	hɪŋ^{53}
kʻeŋ^{42}	kʻeŋ^{42}		ʔeŋ^{523}	heŋ^{523}
kʻeɲ^{435}	kʻeɲ^{435}		ʔeɲ^{324}	heɲ^{324}
kʻɐŋ^{325}	kʻɐŋ^{325}		ʔɐŋ^{52}	hɐŋ^{52}
kʻəŋ^{533}	kʻəŋ^{533}		ʔəŋ^{533}	həŋ^{533}
kʻʌŋ^{35}	kʻʌŋ^{35}		ʔθ^{44}	xʌŋ^{44}
kʻən^{45}	kʻən^{45}		ʔən^{434}	xən^{434}
kʻən^{544}	kʻən^{544}		ʔən^{324}	xən^{324}
kʻəɲ^{434}	kʻəɲ^{434}		ʔəŋ^{44}	xəŋ^{44}

摄口 等调 韵声	臻开 一上 很匣		臻开 一平 痕匣	曾开 一平 登匣
	很	狠	痕	恒
宜	xəŋ^{51}	xəŋ^{51}	ɦəŋ^{223}	ɦəŋ^{223}
溧	xən^{52}	xən^{52}	xɦən^{323}	xɦən^{323}
金	xəŋ^{323}	xəŋ^{323}	xəŋ^{35}	xəŋ^{35}
丹	hɛn^{44}	hɛn^{44}	ɦɛn^{213}	ɦɛn^{213}
童	həŋ^{324}	həŋ^{324}	xɦəŋ^{31}	xɦəŋ^{31}
靖	həŋ^{334}	həŋ^{334}	hɦəŋ^{223}	hɦəŋ^{223}
江	hɛɲ^{45}	hɛɲ^{45}	hɦɛɲ^{223}	hɦɛɲ^{223}
常	xəɲ^{334}	xəɲ^{334}	ɦəɲ^{213}	ɦəɲ^{213}
锡	xən^{324}	xən^{324}	ɦən^{213}	ɦən^{213}
苏	hən^{51}	hən^{51}	ɦən^{223}	ɦən^{223}
熟	hɛ̃n^{44}	hɛ̃n^{44}	ɦɛ̃n^{233}	ɦɛ̃n^{233}
昆	hən^{52}	hən^{52}	ɦən^{132}	ɦən^{132}
霜	xɛ̃^{434}	xɛ̃^{434}	ɦɛ̃^{231}	ɦɛ̃^{231}
罗	hɛ̃n^{434}	hɛ̃n^{434}	ɦɛ̃n^{231}	ɦɛ̃n^{231}
周	həŋ^{44}	həŋ^{44}	ɦəŋ^{113}	ɦəŋ^{113}
上	həɲ^{334}	həɲ^{334}	ɦəɲ^{113}	ɦəɲ^{113}
松	həɲ^{44}	həɲ^{44}	ɦəɲ^{231}	ɦəɲ^{231}
黎	həɲ^{51}	həɲ^{413}	ɦəɲ^{24}	ɦəɲ^{24}
盛	həɲ^{51}	həɲ^{413}	ɦəɲ^{24}	ɦəɲ^{24}
嘉	hən^{44}	hən^{334}	ɦən^{231}	ɦən^{231}
双	hən^{53}	hən^{53}	ɦən^{113}	ɦən^{113}
杭	hən^{51}	hən^{51}	ɦən^{212}	ɦən^{212}
绍	həŋ^{334}	həŋ^{334}	ɦəŋ^{231}	ɦəŋ^{231}
诸	hɛ̃ɪ^{52}	hɛ̃ɪ^{52}	ɦɛ̃ɪ^{233}	ɦɛ̃ɪ^{233}
崇	hɪŋ^{44}	hɪŋ^{44}	ɦɪŋ^{31}	ɦɪŋ^{31}
太	heŋ^{42}	heŋ^{42}	ɦeŋ^{312}	ɦeŋ^{312}
余	heɲ^{435}	heɲ^{435}	ɦeɲ^{113}	ɦeɲ^{113}
宁	hɐŋ^{325}	hɐŋ^{325}	ɦɐŋ^{113}	ɦɐŋ^{113}
黄	həŋ^{533}	həŋ^{533}	ɦəŋ^{311}	ɦəŋ^{311}
温	xʌŋ^{35}	xʌŋ^{35}	ɲiʌŋ^{231}	ɦʌŋ^{231}
衢	xən^{45}	xən^{45}	ʔɦ̩ən^{323}	ʔɦ̩ən^{323}
华	xən^{544}	xən^{544}	ʔən^{324}	ʔən^{324}
永	xəɲ^{434}	xəɲ^{434}	ʔɦəɲ^{322}	ʔɦəɲ^{322}

梗开 二平 庚匣 衡	臻开 一去 恨匣 恨	深开 三平 侵章 针	深开 三平 侵章 斟	臻开 三平 真章 真
ɦəŋ^{223}	ɦəŋ^{231}	tsəŋ^{55}	tsəŋ^{55}	tsəŋ^{55}
xɦiən^{323}	ɦiən^{231}	tsən^{445}	tsən^{445}	tsən^{445}
xəŋ^{35}	xəŋ^{44}	tsəŋ^{31}	tsəŋ^{31}	tsəŋ^{31}
ɦiɛn^{213}	ɦiɛn^{41}	tsɛn^{22}	tsɛn^{22}	tsɛn^{22}
xɦiəŋ^{31}	xɦiəŋ^{113}	tsəŋ^{42}	tsəŋ^{42}	tsəŋ^{42}
hɦiəŋ^{223}	hɦiəŋ^{51}	tɕiən^{433}	tɕiən^{433}	tɕiən^{433}
hɦiɛɲ^{223}	hɦiɛɲ^{223}	tsɛɲ^{51}	tsɛɲ^{51}	tsɛɲ^{51}
ɦiəŋ^{213}	ɦiəŋ^{24}	tsəŋ^{44}	tsəŋ^{44}	tsəŋ^{44}
ɦiən^{213}	ɦiən^{213}	tsən^{55}	tsən^{55}	tsən^{55}
ɦiən^{223}	ɦiən^{231}	tsən^{44}	tsən^{44}	tsən^{44}
ɦiɛ̃^{n233}	ɦiɛ̃^{n213}	tʂɛ̃^{n52}	tʂɛ̃^{n52}	tʂɛ̃^{n52}
ɦiən^{132}	ɦiən^{21}	tsən^{44}	tsən^{44}	tsən^{44}
ɦiɛ̃^{231}	ɦiɛ̃^{213}	tsɛ̃^{52}	tsɛ̃^{52}	tsɛ̃^{52}
ɦiɛ̃^{n231}	ɦiɛ̃^{n213}	tsɛ̃^{n52}	tsɛ̃^{n52}	tsɛ̃^{n52}
ɦiəŋ^{113}	ɦiəŋ^{113}	tsəŋ^{52}	tsəŋ^{52}	tsəŋ^{52}
ɦiəŋ^{113}	ɦiəŋ^{113}	tsəŋ^{52}	tsəŋ^{52}	tsəŋ^{52}
ɦiəŋ^{231}	ɦiəŋ^{113}	tsəŋ^{52}	tsəŋ^{52}	tsəŋ^{52}
ɦiəŋ^{24}	ɦiəŋ^{213}	tsəŋ^{44}	tsəŋ^{44}	tsəŋ^{44}
ɦiəŋ^{24}	ɦiəŋ^{212}	tsəŋ^{44}	tsəŋ^{44}	tsəŋ^{44}
ɦiəŋ^{231}	ɦiən^{223}	tsən^{51}	tsən^{51}	tsən^{51}
ɦiəŋ^{113}	ɦiən^{113}	tsən^{44}	tsən^{44}	tsən^{44}
ɦiəŋ^{212}	ɦiən^{113}	tsən^{323}	tsən^{323}	tsən^{323}
ɦiəŋ^{231}	ɦiəŋ^{22}/ɦĩ^{22}	tsəŋ^{52}/tsĩ^{52}	tsəŋ^{52}/tsĩ^{52}	tsəŋ^{52}/tsĩ^{52}
ɦiɛĩ^{233}	ɦiɛĩ^{233}	tsɛĩ^{544}	tsɛĩ^{544}	tsɛĩ^{544}
ɦiɪŋ^{31}	ɦiɪŋ^{14}	tsiŋ^{53}	tsiŋ^{53}	tsiŋ^{53}
ɦieŋ^{312}	ɦieŋ^{13}	tseŋ^{523}	tseŋ^{523}	tseŋ^{523}
ɦieɲ^{113}	ɦieɲ^{113}	tseɲ^{324}	tseɲ^{324}	tseɲ^{324}
ɦiɐŋ^{113}	ɦiɐŋ^{113}	tɕiŋ^{52}	tɕiŋ^{52}	tɕiŋ^{52}
ɦiã^{311}/ɦiəŋ^{311}	ɦiəŋ^{113}	tɕiin^{533}	tɕiin^{533}	tɕiin^{533}
ɦiɑ^{231}	ɦiʌŋ^{22}	tsʌŋ^{44}	tsʌŋ^{44}	tsʌŋ^{44}
ʔ^{ɦ}ən^{323}	ʔɦiəŋ^{31}	tʃʮən^{434}	tʃʮən^{434}	tʃʮən^{434}
ʔən^{324}	ʔɦiən^{24}	tɕiin^{324}	tsən^{324}	tɕiin^{324}
ʔɦiəŋ^{322}	ʔɦiəŋ^{214}	tsən^{44}	tsən^{44}	tsən^{44}

摄口 等调 韵声	曾开 三平 蒸章	梗开 三平 清章	深开 三上 寝章	梗开 三上 静章
	蒸	正~月	枕	整
宜	tsəŋ^{55}	tsəŋ^{55}	tsən^{324}	tsən^{324}
溧	tsən^{445}	tsən^{445}	tsən^{52}	tsən^{52}
金	tsəŋ^{31}	tsəŋ^{31}	tsəŋ^{323}	tsəŋ^{323}
丹	tsɛn^{22}	tsɛn^{22}	tsɛn^{44}	tsɛn^{44}
童	tsəŋ^{42}	tsəŋ^{42}	tsəŋ^{324}	tsəŋ^{324}
靖江	tɕiəŋ^{433}	tɕiəŋ^{433}	tɕiəŋ^{334}	tɕiəŋ^{334}
江	tsEɲ^{51}	tsEɲ^{51}	tsEɲ^{45}	tsEɲ^{45}
常	tsəŋ^{44}	tsəŋ^{44}	tsəŋ^{334}	tsəŋ^{334}
锡	tsən^{55}	tsən^{55}	tsən^{324}	tsən^{324}
苏	tsən^{44}	tsən^{44}	tsən^{52}	tsən^{52}
熟	tʂɛ̃n^{52}	tʂɛ̃n^{52}	tʂɛ̃n^{44}	tʂɛ̃n^{44}
昆	tsən^{44}	tsən^{44}	tsən^{52}	tsən^{52}
霜	tsɛ̃^{52}	tsɛ̃^{52}	tsɛ̃^{434}	tsɛ̃^{434}
罗	tsɛ̃n^{52}	tsɛ̃n^{52}	tsɛ̃n^{434}	tsɛ̃n^{434}
周	tsəŋ^{52}	tsəŋ^{52}	tsəŋ^{44}	tsəŋ^{44}
上	tsəŋ^{52}	tsəŋ^{52}	tsəŋ^{334}	tsəŋ^{334}
松	tsəŋ^{52}	tsəŋ^{52}	tsəŋ^{44}	tsəŋ^{44}
黎	tsəŋ^{44}	tsəŋ^{44}	tsəŋ^{51}	tsəŋ^{51}
盛	tsəŋ^{44}	tsəŋ^{44}	tsəŋ^{51}	tsəŋ^{51}
嘉	tsən^{51}	tsən^{51}	tsən^{44}	tsən^{44}
双	tsən^{44}	tsən^{44}	tsən^{53}	tsən^{53}
杭	tsən^{323}	tsən^{323}	tsən^{51}	tsən^{51}
绍	tsəŋ^{52}	tsəŋ^{52}	tsəŋ^{334}	tsəŋ^{334}
诸	tsɛĩ^{544}	tsɛĩ^{544}	tsɛĩ^{52}	tsɛĩ^{52}
崇	tsɿŋ^{53}	tsɿŋ^{53}	tsɿŋ^{44}	tsɿŋ^{44}
太	tseŋ^{523}	tseŋ^{523}	tseŋ^{42}	tseŋ^{42}
余	tseŋ^{324}	tseŋ^{324}	tseŋ^{435}	tseŋ^{435}
宁	tɕɿŋ^{52}	tɕɿŋ^{52}	tɕɿŋ^{325}	tɕɿŋ^{325}
黄	tɕiiŋ^{533}	tɕiiŋ^{533}	tɕiiŋ^{533}	tɕiiŋ^{533}
温	tsəŋ^{44}	tsəŋ^{44}	tsʌŋ^{52}	lsəŋ^{35}
衢	tʃɥən^{434}	tʃɥən^{53}	tʃɥən^{45}	tʃɥən^{45}
华	tɕiiŋ^{324}/tsən^{324}	tsən^{324}	tɕiiŋ^{544}/tsən^{544}	tɕiiŋ^{544}/tsən^{544}
永	tɕiiŋ^{44}	tɕiiŋ^{44}	tsən^{434}	tɕiiŋ^{434}

臻开 三去 震知	臻开 三去 震章	臻开 三去 震章	曾开 三去 证章	梗开 三去 劲章
镇	振	震	证	政
$tsəŋ^{324}$	$tsəŋ^{324}$	$tsəŋ^{324}$	$tsəŋ^{324}$	$tsəŋ^{324}$
$tsən^{412}$	$tsən^{412}$	$tsən^{412}$	$tsən^{412}$	$tsən^{412}$
$tsəŋ^{44}$	$tsəŋ^{44}$	$tsəŋ^{44}$	$tsəŋ^{44}$	$tsəŋ^{44}$
$tsɛn^{41}$	$tsɛn^{41}$	$tsɛn^{41}$	$tsɛn^{41}$	$tsɛn^{41}$
$tsəŋ^{45}$	$tsəŋ^{45}$	$tsəŋ^{45}$	$tsəŋ^{45}$	$tsəŋ^{45}$
$tɕiəŋ^{51}$	$tɕiəŋ^{51}$	$tɕiəŋ^{51}$	$tɕiəŋ^{51}$	$tɕiəŋ^{51}$
$tsEȵ^{435}$	$tsEȵ^{435}$	$tsEȵ^{435}$	$tsEȵ^{435}$	$tsEȵ^{435}$
$tsəŋ^{51}$	$tsəŋ^{51}$	$tsəŋ^{51}$	$tsəŋ^{51}$	$tsəŋ^{51}$
$tsən^{35}$	$tsən^{35}$	$tsən^{35}$	$tsən^{35}$	$tsən^{35}$
$tsən^{412}$	$tsən^{412}$	$tsən^{412}$	$tsən^{412}$	$tsən^{412}$
$tʂẽ^{n324}$	$tʂẽ^{n324}$	$tʂẽ^{n324}$	$tʂẽ^{n324}$	$tʂẽ^{n324}$
$tsən^{52}$	$tsən^{52}$	$tsən^{52}$	$tsən^{52}$	$tsən^{52}$
$tsẽ^{434}$	$tsẽ^{434}$	$tsẽ^{434}$	$tsẽ^{434}$	$tsẽ^{434}$
$tsẽ^{n434}$	$tsẽ^{n434}$	$tsẽ^{n434}$	$tsẽ^{n434}$	$tsẽ^{n434}$
$tsəŋ^{335}$	$tsəŋ^{335}$	$tsəŋ^{335}$	$tsəŋ^{335}$	$tsəŋ^{335}$
$tsəŋ^{334}$	$tsəŋ^{334}$	$tsəŋ^{334}$	$tsəŋ^{334}$	$tsəŋ^{334}$
$tsəŋ^{335}$	$tsəŋ^{335}$	$tsəŋ^{335}$	$tsəŋ^{335}$	$tsəŋ^{335}$
$tsəŋ^{413}$	$tsəŋ^{413}$	$tsəŋ^{413}$	$tsəŋ^{413}$	$tsəŋ^{413}$
$tsəŋ^{413}$	$tsəŋ^{413}$	$tsəŋ^{413}$	$tsəŋ^{413}$	$tsəŋ^{413}$
$tsən^{334}$	$tsən^{334}$	$tsən^{334}$	$tsən^{334}$	$tsən^{334}$
$tsən^{334}$	$tsən^{334}$	$tsən^{334}$	$tsən^{334}$	$tsən^{334}$
$tsən^{334}$	$tsən^{334}$	$tsən^{334}$	$tsən^{334}$	$tsən^{334}$
$tsĩ^{33}/tsəŋ^{33}$	$tsĩ^{33}$	$tsĩ^{33}$	$tsəŋ^{33}$	$tsəŋ^{33}$
$tsEĩ^{544}$	$tsEĩ^{544}$	$tsEĩ^{544}$	$tsEĩ^{544}$	$tsEĩ^{544}$
$tsɿŋ^{324}$	$tsɿŋ^{324}$	$tsɿŋ^{324}$	$tsɿŋ^{324}$	$tsɿŋ^{324}$
$tseŋ^{35}$	$tseŋ^{35}$	$tseŋ^{35}$	$tseŋ^{35}$	$tseŋ^{35}$
$tseŋ^{52}$	$tseŋ^{52}$	$tseŋ^{52}$	$tseŋ^{52}$	$tseŋ^{52}$
$tɕʊŋ^{52}$	$tɕɿŋ^{52}$	$tɕɿŋ^{52}/tsoŋ^{52}$	$tɕɿŋ^{52}$	$tɕɿŋ^{52}$
$tɕiiŋ^{44}$	$tɕiiŋ^{44}$	$tɕiiŋ^{44}$	$tɕiiŋ^{44}$	$tɕiiŋ^{44}$
$tsʌŋ^{52}$	$tsʌŋ^{52}$	$tsʌŋ^{52}$	$tsəŋ^{52}$	$tsəŋ^{52}$
$tʃɥən^{53}$	$tʃɥən^{53}$	$tʃɥən^{53}$	$tʃɥən^{53}$	$tʃɥən^{53}$
$tsən^{45}$	$tɕiin^{45}/tsən^{45}$	$tɕiin^{45}/tsən^{45}$	$tɕiin^{45}/tsən^{45}$	$tɕiin^{45}/tsən^{45}$
$tsən^{54}$	$tsən^{54}$	$tsən^{54}$	$tɕiiŋ^{54}$	$tɕiiŋ^{54}$

摄口 等调 韵声	梗开 三去 劲章	曾开 三平 蒸昌	梗开 三上 静彻	臻开 三去 震彻
	正	称~呼	逞	趁
宜	tsəŋ³²⁴	tsʻəŋ⁵⁵	dzəŋ²²³	tsʻəŋ³²⁴
溧	tsən⁴¹²	tsʻən⁴⁴⁵	dzən³²³	tsʻən⁴¹²
金	tsəŋ⁴⁴	tsʻəŋ³¹	tsʻəŋ³²³	tsʻəŋ⁴⁴
丹	tsɛn⁴¹	tsʻɛn²²	tsʻɛn²²	tsʻɛn³²⁴
童	tsəŋ⁴⁵	tsʻəŋ⁴²	tsʻəŋ³²⁴	tsʻəŋ⁴⁵
靖	tɕiəŋ⁵¹	tɕʻiəŋ⁴³³	tɕʻiəŋ³³⁴	tɕʻiəŋ⁵¹
江	tsɛŋ⁴³⁵	tsʻɛŋ⁵¹	tsʻɛŋ⁴⁵	tsʻɛŋ⁴³⁵
常	tsəŋ⁵¹	tsʻəŋ⁴⁴	tsʻəŋ³³⁴	tsʻəŋ⁵¹
锡	tsən³⁵	tsʻən⁵⁵	zən²¹³	tsʻən³⁵
苏	tsən⁴¹²	tsʻən⁴⁴	zən²³¹	tsʻən⁴¹²
熟	tʂẽⁿ³²⁴	tʂʻẽⁿ⁵²	tʂʻẽⁿ⁴⁴	tʂʻẽⁿ³²⁴
昆	tsən⁵²	tsʻən⁴⁴	tsʻən²²³	tsʻən⁵²
霜	tsẽ⁴³⁴	tsʻẽ⁵²	tsʻẽ⁴³⁴	tsʻẽ⁴³⁴
罗	tsẽⁿ⁴³⁴	tsʻẽⁿ⁵²	tsʻẽⁿ⁴³⁴	tsʻẽⁿ⁴³⁴
周	tsəŋ³³⁵	tsʻəŋ⁵²	tsʻəŋ⁴⁴	tsʻəŋ³³⁵
上	tsəŋ³³⁴	tsʻəŋ⁵²	tsʻəŋ³³⁴	tsʻəŋ³³⁴
松	tsəŋ³³⁵	tsʻəŋ⁵²	tsʻəŋ³³⁵	tsʻəŋ³³⁵
黎	tsəŋ⁴¹³	tsʻəŋ⁴⁴	tsʻəŋ³³⁴	tsʻəŋ³²⁴
盛	tsəŋ⁴¹³	tsʻəŋ⁴⁴	tsʻəŋ³³⁴	tsʻəŋ³¹³
嘉	tsən³³⁴	tsʻən⁵¹	tsʻən³²⁴/zən²²³	tsʻən³³⁴
双	tsən³³⁴	tsʻən⁴⁴	tsʻən⁵³	tsʻən³³⁴
杭	tsən³³⁴	tsʻən³²³	tsʻən⁵¹/dzən¹¹³	tsʻən³³⁴
绍	tsəŋ³³	tsʻəŋ⁵²	dzəŋ¹¹³/tsʻəŋ³³⁴	tsʻuə³³
诸	tsɛĩ⁵⁴⁴	tsʻɛĩ⁵⁴⁴	tsʻɛĩ⁵²	tsʻɛĩ⁵⁴⁴
崇	tsɪŋ³²⁴	tsʻɪŋ⁵³	dzɪŋ¹⁴	tsʻɪŋ³²⁴
太	tseŋ³⁵	tsʻeŋ⁵²³	tsʻeŋ⁴²	tsʻeŋ³⁵
余	tseŋ⁵²	tsʻeŋ³²⁴	tsʻeŋ⁴³⁵	tsʻeŋ⁵²
宁	tɕɪŋ⁵²	tɕʻɪŋ⁵²	dʑɪŋ¹¹³	tɕʻɪŋ⁵²
黄	tɕiɪŋ⁴⁴	tɕʻiɪŋ⁵³³	dʑiɪŋ¹¹³	tɕʻiɪŋ⁴⁴
温	tsəŋ⁵²	tsʻəŋ⁴⁴	szəŋ²⁴	tsʻʌŋ⁵²
衢	tʃɥəŋ⁵³	tʃʻɥəŋ⁴³⁴	dʒɥəŋ³¹	tʃʻɥəŋ⁵³
华	tɕiin⁴⁵/tsən⁴⁵	tɕʻiin³²⁴/tsən³²⁴	tsʻən⁵⁴⁴	tsʻən⁴⁵
永	tɕiɪŋ⁵⁴	tɕʻiɪŋ⁴⁴	dʑiɪŋ³²³	tsʻəŋ⁵⁴

臻开 三去 震初	曾开 三去 证昌	深开 三平 侵澄	臻开 三平 真澄	臻开 三平 真澄
衬	秤	沉	尘	陈
$ts\text{ʻ}ə\eta^{324}$	$ts\text{ʻ}ə\eta^{324}$	$dzə\eta^{223}$	$dzə\eta^{223}$	$dzə\eta^{223}$
$ts\text{ʻ}ən^{412}$	$ts\text{ʻ}ən^{412}$	$dzən^{323}$	$dzən^{323}$	$dzən^{323}$
$t\text{ɕʻ}yə\eta^{44}$	$ts\text{ʻ}ə\eta^{44}$	$ts\text{ʻ}ə\eta^{35}$	$ts\text{ʻ}ə\eta^{35}$	$ts\text{ʻ}ə\eta^{35}$
$ts\text{ʻ}ɛn^{324}$	$ts\text{ʻ}ɛn^{324}$	$dzɛn^{213}$	$dzɛn^{213}$	$dzɛn^{213}$
$ts\text{ʻ}ə\eta^{45}$	$ts\text{ʻ}ə\eta^{45}$	$dzə\eta^{31}$	$dzə\eta^{31}$	$dzə\eta^{31}$
$t\text{ɕʻ}iə\eta^{51}$	$t\text{ɕʻ}iə\eta^{51}$	$d\text{ʑ}iə\eta^{223}$	$d\text{ʑ}iə\eta^{223}$	$d\text{ʑ}iə\eta^{223}$
$ts\text{ʻ}ɛɲ^{435}$	$ts\text{ʻ}ɛɲ^{435}$	$dzɛɲ^{223}$	$dzɛɲ^{223}$	$dzɛɲ^{223}$
$ts\text{ʻ}əɲ^{51}$	$ts\text{ʻ}əɲ^{51}$	$dzəɲ^{213}$	$dzəɲ^{213}$	$dzəɲ^{213}$
$ts\text{ʻ}ən^{35}$	$ts\text{ʻ}ən^{35}$	$zən^{213}$	$zən^{213}$	$zən^{213}$
$ts\text{ʻ}ən^{412}$	$ts\text{ʻ}ən^{412}$	$zən^{223}$	$zən^{223}$	$zən^{223}$
$ts\text{ʻ}ɛ̃^{n\,324}$	$t\text{ʂʻ}ɛ̃^{n\,324}$	$dzʐ̃^{n\,233}$	$dzʐ̃^{n\,233}$	$dzʐ̃^{n\,233}$
$ts\text{ʻ}ən^{52}$	$ts\text{ʻ}ən^{52}$	$zən^{132}$	$zən^{132}$	$zən^{132}$
$ts\text{ʻ}ɛ̃^{434}$	$ts\text{ʻ}ɛ̃^{434}$	$zɛ̃^{231}$	$zɛ̃^{231}$	$zɛ̃^{231}$
$ts\text{ʻ}ɛ̃^{n\,434}$	$ts\text{ʻ}ɛ̃^{n\,434}$	$zɛ̃^{n\,231}$	$zɛ̃^{n\,231}$	$zɛ̃^{n\,231}$
$ts\text{ʻ}ə\eta^{335}$	$ts\text{ʻ}ə\eta^{335}$	$zə\eta^{113}$	$zə\eta^{113}$	$zə\eta^{113}$
$ts\text{ʻ}əɲ^{334}$	$ts\text{ʻ}əɲ^{334}$	$zəɲ^{113}$	$zəɲ^{113}$	$zəɲ^{113}$
$ts\text{ʻ}ə\eta^{335}$	$ts\text{ʻ}ə\eta^{335}$	$zəɲ^{231}$	$zəɲ^{231}$	$zəɲ^{231}$
$ts\text{ʻ}ə\eta^{324}$	$ts\text{ʻ}ə\eta^{324}$	$dzə\eta^{24}$	$dzə\eta^{24}$	$dzə\eta^{24}$
$ts\text{ʻ}ə\eta^{313}$	$ts\text{ʻ}ə\eta^{313}$	$dzə\eta^{24}$	$dzə\eta^{24}$	$dzə\eta^{24}$
$ts\text{ʻ}ən^{334}$	$ts\text{ʻ}ən^{334}$	$zən^{231}$	$zən^{231}$	$zən^{231}$
$ts\text{ʻ}ən^{334}$	$ts\text{ʻ}ən^{334}$	$zən^{113}$	$dzən^{113}$	$zən^{113}/dzən^{113}$
$ts\text{ʻ}ən^{334}$	$ts\text{ʻ}ən^{334}$	$dzən^{212}$	$dzən^{212}$	$dzən^{212}$
$ts\text{ʻ}uə̃^{33}$	$ts\text{ʻ}ə\eta^{33}$	$dzɪ̃^{231}$	$dzɪ̃^{231}$	$dzɪ̃^{231}$
$ts\text{ʻ}E̅ɪ^{544}$	$ts\text{ʻ}E̅ɪ^{544}$	$dzE̅ɪ̃^{233}$	$dzE̅ɪ̃^{233}$	$dzE̅ɪ̃^{233}$
$ts\text{ʻ}ɪ\eta^{324}$	$ts\text{ʻ}ɪ\eta^{324}$	$dzɪ\eta^{31}$	$dzɪ\eta^{31}$	$dzɪ\eta^{31}$
$ts\text{ʻ}e\eta^{35}$	$ts\text{ʻ}e\eta^{35}$	$dze\eta^{312}$	$dze\eta^{312}$	$dze\eta^{312}$
$ts\text{ʻ}eɲ^{52}$	$ts\text{ʻ}eɲ^{52}$	$dzeɲ^{113}$	$dzeɲ^{113}$	$dzeɲ^{113}$
$ts\text{ʻ}ɐ\eta^{52}$	$t\text{ɕʻ}ɪ\eta^{52}$	$d\text{ʑ}ɪ\eta^{113}$	$d\text{ʑ}ɪ\eta^{113}$	$d\text{ʑ}ɪ\eta^{113}$
$ts\text{ʻ}uə\eta^{44}$	$ts\text{ʻ}i\eta^{44}$	$d\text{ʑ}ii\eta^{311}$	$d\text{ʑ}ii\eta^{311}$	$d\text{ʑ}ii\eta^{311}$
$ts\text{ʻ}ʌ\eta^{52}$	$ts\text{ʻ}ə\eta^{52}$	$dzʌ\eta^{231}$	$dzʌ\eta^{231}$	$dzʌ\eta^{231}$
$ts\text{ʻ}ən^{53}$	$t\text{ʃʻ}ɥə\eta^{53}$	$d\text{ʒ}ɥə\eta^{323}$	$d\text{ʒ}ɥə\eta^{323}$	$d\text{ʒ}ɥə\eta^{323}$
$ts\text{ʻ}ən^{45}$	$t\text{ɕʻ}iin^{45}/ts\text{ʻ}ən^{45}$	$tsən^{324}/t\text{ɕ}iin^{324}$	$tsən^{324}/t\text{ɕ}iin^{324}$	$tsən^{324}/t\text{ɕ}iin^{324}$
$ts\text{ʻ}əɲ^{54}$	$t\text{ɕʻ}iɲ^{54}$	$dzəɲ^{322}$	$dzəɲ^{322}$	$dzəɲ^{322}$

摄口 等调 韵声	臻开 三平 真船	曾开 三平 蒸船	曾开 三平 蒸船	梗开 三平 清澄
	神	乘	绳	程
宜	zəŋ^{223}	dzəŋ^{223}	zəŋ^{223}	dzəŋ^{223}
溧	szən^{323}	dzən^{323}	szən^{323}	dzən^{323}
金	tsʻəŋ^{35}	tsʻəŋ^{35}	səŋ^{35}	tsʻəŋ^{35}
丹	sᶻɛn^{213}	dzɛn^{213}	sᶻɛn^{213}	dzɛn^{213}/tsɛn^{22}
童	szəŋ^{31}	dzəŋ^{31}	szəŋ^{31}	dzəŋ^{31}
靖	ɕʑiəŋ^{223}	dʑiəŋ^{223}	ɕʑiəŋ^{223}/tɕʻiəŋ^{433}	dʑiəŋ^{223}
江	zɛɲ^{223}	dzɛɲ^{223}	zɛɲ^{223}	dzɛɲ^{223}
常	zəɲ^{213}	dzəɲ^{213}	zəɲ^{213}	dzəɲ^{213}
锡	zən^{213}	zən^{213}	zən^{213}	zən^{213}
苏	zən^{223}	zən^{223}	zən^{223}	zən^{223}
熟	zɛ̃^{n233}	dzɛ̃^{n233}	dzɛ̃^{n233}/zɛ̃^{n233}	dzɛ̃^{n233}
昆	zən^{132}	zən^{132}	zən^{132}	zən^{132}
霜	zɛ̃^{231}	zɛ̃^{231}	zɛ̃^{231}	zɛ̃^{231}
罗	zɛ̃^{n231}	zɛ̃^{n231}	zɛ̃^{n231}	zɛ̃^{n231}
周	zəŋ^{113}	zəŋ^{113}	zəŋ^{113}	zəŋ^{113}
上	zəɲ^{113}	zəɲ^{113}	zəɲ^{113}	zəɲ^{113}
松	zəɲ^{231}	zəɲ^{231}	zəɲ^{231}	zəɲ^{231}
黎	zəɲ^{24}	dzəɲ^{24}	zəɲ^{24}	zəɲ^{24}/dzəɲ^{24}
盛	zəɲ^{24}	dzəɲ^{24}	zəɲ^{24}	dzəɲ^{24}
嘉	zən^{231}	zən^{231}	zən^{231}	zən^{231}
双	zən^{113}	zən^{113}	zən^{113}/dzən^{113}	dzən^{113}
杭	szən^{212}	dzən^{212}	szən^{212}	dzən^{212}
绍	zĩ^{231}	dzəŋ^{231}	zəŋ^{231}	dzəŋ^{231}
诸	zɛĩ^{233}	dzɛĩ^{233}	zɛĩ^{233}	dzɛĩ^{233}
崇	zɪŋ^{31}	dzɪŋ^{31}	zɪŋ^{31}	dzɪŋ^{31}
太	zeŋ^{312}	dzeŋ^{312}	zeŋ^{312}	dzeŋ^{312}
余	zeɲ^{113}	dzeɲ^{113}	zeɲ^{113}	dzeɲ^{113}
宁	ʑɪŋ^{113}	dʑɪŋ^{113}	ʑɪŋ^{113}	dʑɪŋ^{113}
黄	ʑiɪŋ^{311}	ʑiɪŋ^{311}	ʑiɪŋ^{311}	dʑiɪŋ^{311}
温	szʌŋ^{231}	dzʌŋ^{231}	szʌŋ^{231}	dzʌŋ^{231}
衢	ʒɥən^{323}	ʒɥən^{323}	ʒɥən^{323}	dʒɥən^{323}
华	sən^{324}/ɕiin^{324}	tɕiin^{324}/tsən^{324}	sən^{324}/ɕiin^{324}	tɕiin^{324}/tsən^{324}
永	szəɲ^{322}	ɕʑiɲʑ^{322}	ɕʑiɲʑ^{322}	dʑiɲʑ^{322}

臻开 三去 震澄	曾开 三去 证船	梗开 三去 劲澄	深开 三平 侵书	臻开 三平 真书
阵	剩	郑	深	身
dzəŋ²²³	dzəŋ²³¹	dzəŋ²³¹	səŋ⁵⁵	səŋ⁵⁵
dzən²³¹	dzən²³¹	dzən²³¹	sən⁴⁴⁵	sən⁴⁴⁵
tsʻəŋ³⁵	tsʻəŋ⁴⁴	tsəŋ⁴⁴	sən³¹	sən³¹
dzuəŋ²¹³	tɕɥɛn³²⁴	tsɛn⁴¹	sɛn²²	sɛn²²
dzəŋ¹¹³	dzəŋ¹¹³	dzəŋ¹¹³	səŋ⁴²	səŋ⁴²
dzɨəŋ³¹	tɕʻiəŋ⁵¹/tsʻəŋ⁵¹	dzɨəŋ³¹	ɕiəŋ⁴³³	ɕiəŋ⁴³³
dzɛɲ²²³	zɛɲ²²³	dzɛɲ²²³	sɛɲ⁵¹	sɛɲ⁵¹
dzəŋ²⁴	dzəŋ²⁴	dzəŋ²⁴	səŋ⁴⁴	səŋ⁴⁴
zən²¹³	zən²¹³	zən	sən⁵⁵	sən⁵⁵
zən²³¹	zɑ̃²³¹/zən²³¹	zən²³¹	sən⁴⁴	sən⁴⁴
dzʐɛ̃ⁿ²¹³	dzʐɛ̃ⁿ²¹³	dzʐɛ̃ⁿ³²⁴	ʂɛ̃ⁿ⁵²	sɛ̃ⁿ⁵²
zən²¹	zɑ̃²¹/zən²¹	zən²¹	sən⁴⁴	sən⁴⁴
zɛ̃²¹³	zɛ̃²¹³/za~²¹³	zɛ̃²¹³	sɛ̃⁵²	sɛ̃⁵²
zɛ̃ⁿ²¹³	zɛ̃ⁿ²¹³/za~²¹³	zɛ̃ⁿ²¹³	sɛ̃ⁿ⁵²	sɛ̃ⁿ⁵²
zəŋ¹¹³	zəŋ¹¹³	zəŋ	səŋ⁵²	səŋ⁵²
zəŋ¹¹³	zəŋ¹¹³/zɑ̃ⁿ¹¹³	zəŋ¹¹³	səŋ⁵²	səŋ⁵²
zəŋ¹¹³	zəŋ¹¹³/zɛ̃¹¹³	zəŋ¹¹³/tsəŋ⁵²	səŋ⁵²	səŋ⁵²
dzəŋ²¹³	zəŋ²¹³/zɑ̃²¹³	zəŋ²¹³	səŋ⁴⁴	səŋ⁴⁴
dzəŋ²¹²	zæ²¹²	zəŋ²¹²/tsəŋ²¹²	səŋ⁴⁴	səŋ⁴⁴
zən²²³	zən²²³/zɑ̃²²³	zən²²³	sən⁵¹	sən⁵¹
zən¹¹³	zən¹¹³/zɑ̃¹¹³	zən¹¹³	sən⁴⁴	sən⁴⁴
dzən¹¹³	szən¹¹³	dzən¹¹³	sən³²³	sən³²³
dzəŋ²²	dzəŋ²²	dzəŋ²²	sɿ~⁵²	sɿ~⁵²
dzɛĩ²³³	dzɛĩ²³³	dzɛĩ²³³	sɛĩ⁵⁴⁴	sɛĩ⁵⁴⁴
dzɪŋ¹⁴	dzɪŋ¹⁴	dzɪŋ¹⁴	sɪŋ⁵³	sɪŋ⁵³
dzeŋ¹³	dzeŋ¹³	dzeŋ¹³	seŋ⁵²³	seŋ⁵²³
dzeŋ¹¹³/zeŋ¹¹³	dzeŋ¹¹³/zeŋ¹¹³	dzeŋ¹¹³	seŋ³²⁴	seŋ³²⁴
dzɨŋ¹¹³	dzɨŋ¹¹³	dzɨŋ¹¹³	ɕɪŋ⁵²	ɕɪŋ⁵²
dzɨiŋ¹¹³	dzɨiŋ¹¹³	dzɨiŋ¹¹³	ɕiŋ⁵³³	ɕiŋ⁵³³
dzʌŋ²²	dzəŋ²²	dzəŋ²²	sʌŋ⁴⁴	sʌŋ⁴⁴
dʒɥəŋ³¹	ʒɥəŋ³¹	tʃʻɥəŋ⁵³/dʒɥəŋ³¹	ʃɥəŋ⁴³⁴	ʃɥəŋ⁴³⁴
tsən⁴⁵	zən²⁴/ɕzən²⁴	dzən²⁴	sən³²⁴/ɕiŋ³²⁴	sən³²⁴/ɕiŋ³²⁴
dzəŋ²¹⁴	ɕzɨŋ²¹⁴	dzɨŋ²¹⁴	səŋ⁴⁴	səŋ⁴⁴

摄口 等调 韵声	臻开 三平 真书 申	臻开 三平 真书 伸	曾开 三平 蒸书 升	梗开 三平 清书 声
宜	səŋ^{55}	səŋ^{55}	səŋ^{55}	səŋ^{55}
溧	sən^{445}	sən^{445}	sən^{445}	sən^{445}
金	səŋ^{31}	səŋ^{31}	səŋ^{31}	səŋ^{31}
丹	sɛn^{22}	sɛn^{22}	sɛn^{22}	sɛn^{22}
童	səŋ^{42}	səŋ^{42}	səŋ^{42}	səŋ^{42}
靖	ɕiəŋ^{433}	ɕiəŋ^{433}	ɕiəŋ^{433}	ɕiəŋ^{433}
江	sɛɲ^{51}	sɛɲ^{51}	sɛɲ^{51}	sɛɲ^{51}
常	səɲ^{44}	səɲ^{44}	səɲ^{44}	səɲ^{44}
锡	sən^{55}	sən^{55}	sən^{55}	sən^{55}
苏	sən^{44}	sən^{44}	sən^{44}	sÃ^{44} / sən^{44}
熟	sẽ^{n52}	sẽ^{n52}	sẽ^{n52}	ʂẽ^{n52}
昆	sən^{44}	sən^{44}	sən^{44}	sã^{44} / sən^{44}
霜	sẽ^{52}	sẽ^{52}	sẽ^{52}	sa~^{52} / sẽ^{52}
罗	sẽ^{n52}	sẽ^{n52}	sẽ^{n52}	sa~^{52} / sẽ^{n52}
周	səŋ^{52}	səŋ^{52}	səŋ^{52}	səŋ^{52}
上	səɲ^{52}	səɲ^{52}	səɲ^{52}	səɲ^{52} / sÃ^{ɲ}
松	səɲ^{52}	səɲ^{52}	səɲ^{52}	səɲ^{52}
黎	səɲ^{44}	səɲ^{44}	səɲ^{44}	səɲ^{44}
盛	səɲ^{44}	səɲ^{44}	səɲ^{44}	səɲ^{44}
嘉	sən^{51}	sən^{51}	sən^{51}	sən^{51}
双	sən^{44}	sən^{44}	sən^{44}	sən^{44}
杭	sən^{323}	sən^{323}	sən^{323}	sən^{323}
绍	sĩ^{52}	sĩ^{52}	səŋ^{52}	səŋ^{52}
诸	sɛĩ^{544}	sɛĩ^{544}	sɛĩ^{544}	sɛĩ^{544}
崇	sɪŋ^{53}	sɪŋ^{53}	sɪŋ^{53}	sɪŋ^{53}
太	seŋ^{523}	seŋ^{523}	seŋ^{523}	seŋ^{523}
余	seɲ^{324}	seɲ^{324}	seɲ^{324}	seɲ^{324}
宁	ɕiŋ^{52}	ɕiŋ^{52}	ɕiŋ^{52}	ɕiŋ^{52}
黄	ɕiŋ^{533}	ɕiŋ^{533}	ɕiŋ^{533}	ɕiŋ^{533}
温	sʌŋ^{44}	sʌŋ^{44}	səŋ^{44}	səŋ^{44}
衢	ʃɥeŋ^{434}	ʃɥeŋ^{434}	ʃɥeŋ^{434}	ʃɥeŋ^{434}
华	sən^{324} / ɕiŋ^{324}	sən^{324} / ɕiŋ^{324}	sən^{324} / ɕiŋ^{324}	sən^{324} / ɕiŋ^{324}
永	səɲ^{44}	səɲ^{44}	ɕiŋ^{44}	ɕiŋ^{44}

深开 三上 寝书	深开 三上 寝书	深开 三上 寝书	曾开 三去 证书	梗开 三去 劲书
审	婶	沈	胜~仗	圣
səŋ^{51}	səŋ^{51}	səŋ^{51}	səŋ^{324}	səŋ^{324}
sən^{52}	sən^{52}	sən^{52}	sən^{412}	sən^{412}
səŋ^{323}	səŋ^{323}	səŋ^{323}	səŋ^{44}	səŋ^{44}
sɛn^{22}	sɛn^{22}	sɛn^{22}	sɛn^{41}	sɛn^{41}
səŋ^{324}	səŋ^{324}	səŋ^{324}	səŋ^{45}	səŋ^{45}
ɕiəŋ^{334}	ɕiəŋ^{334}	ɕiəŋ^{334}	ɕiəŋ^{51}	ɕiəŋ^{51}
sɛɲ^{45}	sɛɲ^{45}	sɛɲ^{45}	sɛɲ^{435}	sɛɲ^{435}
səɲ^{334}	səɲ^{334}	səɲ^{334}	səɲ^{51}	səɲ^{51}
sən^{324}	sən^{324}	sən^{324}	sən^{35}	sən^{35}
sən^{51}	sən^{51}	sən^{51}	sən^{412}	sən^{412}
ʂɛ̃n^{44}	ʂɛ̃n^{44}	ʂɛ̃n^{44}	ʂɛ̃n^{324}	ʂɛ̃n^{324}
sən^{52}	sən^{52}	sən^{52}	sən^{52}	sən^{52}
sɛ̃^{434}	sɛ̃^{434}	sɛ̃^{434}	sɛ̃^{434}	sɛ̃^{434}
sɛ̃n^{434}	sɛ̃n^{434}	sɛ̃n^{434}	sɛ̃n^{434}	sɛ̃n^{434}
səŋ^{44}	səŋ^{44}	səŋ^{44}	səŋ^{335}	səŋ^{335}
səɲ^{334}	səɲ^{334}	səɲ^{334}	səɲ^{334}	səɲ^{334}
səɲ^{44}	səɲ^{44}	səɲ^{44}	səɲ^{335}	səɲ^{335}
səɲ^{51}	səɲ^{51}	səɲ^{51}	səɲ^{413}	səɲ^{413}
səɲ^{51}	səɲ^{51}	səɲ^{51}	səɲ^{413}	səɲ^{413}
sən^{44}	sən^{44}	sən^{44}	sən^{334}	sən^{334}
sən^{53}	sən^{53}	sən^{53}	sən^{334}	sən^{334}
sən^{51}	sən^{51}	sən^{51}	sən^{334}	sən^{334}
səŋ^{334}/sɪ̃^{334}	sɪ̃^{334}	sɪ̃^{334}	səŋ^{33}	səŋ^{33}
sɛ̃ɪ^{52}	sɛ̃ɪ^{52}	sɛ̃ɪ^{52}	sɛ̃ɪ^{544}	sɛ̃ɪ^{544}
sɪŋ^{44}	sɪŋ^{44}	sɪŋ^{44}	sɪŋ^{324}	sɪŋ^{324}
seŋ^{42}	seŋ^{42}	seŋ^{42}	seŋ^{35}	seŋ^{35}
seɲ^{435}	seɲ^{435}	seɲ^{435}	seɲ^{52}	seɲ^{52}
ɕɪŋ^{325}	ɕɪŋ^{325}	ɕɪŋ^{325}	ɕɪŋ^{52}	ɕɪŋ^{52}
ɕiiŋ^{533}	ɕiiŋ^{533}	ɕiiŋ^{533}	ɕiiŋ^{44}	ɕiiŋ^{44}
sʌɳ^{35}	sʌɳ^{35}	sʌɳ^{35}	səŋ^{52}	səŋ^{52}
ʃɥəɲ^{45}	ʃɥəɲ^{45}	ʃɥəɲ^{45}	ʃɥəɲ^{53}	ʃɥəɲ^{53}
sən^{544}/ɕiin^{544}	sən^{544}/ɕiin^{544}	sən^{544}/ɕiin^{544}	sən^{45}/ɕiin^{45}	sən^{45}/ɕiin^{45}
səɲ^{434}	səɲ^{434}	səɲ^{434}	ɕiiŋ^{54}	ɕiiŋ^{54}

摄口	臻开	臻开	臻开	臻开
等调	三平	三平	三平	三平
韵声	真禅	真禅	真禅	真日
	辰	晨	臣	仁
宜	dzəŋ^{223}	zəŋ^{223}/dzəŋ^{223}	dzəŋ^{223}	zəŋ^{223}
溧	szən^{323}	dzən^{323}	dzən^{323}	szən^{323}
金	tsʻəŋ^{35}	tsʻəŋ^{35}	tsʻəŋ^{35}	ləŋ^{35}
丹	dzɛn^{213}	dzɛn^{213}	dzɛn^{213}	iɛn^{22}
童	dzəŋ^{31}	dzəŋ^{31}	dzəŋ^{31}	ləŋ^{31}/szəŋ^{31}
靖	dʑiəŋ^{223}	dʑiəŋ^{223}	dʑiəŋ^{223}	ɕziəŋ^{223}
江	dzɛɲ^{223}	dzɛɲ^{223}	dzɛɲ^{223}/zɛɲ^{223}	zɛɲ^{223}
常	dzəɲ^{213}	dzəɲ^{213}	dzəɲ^{213}	zəɲ^{213}
锡	zən^{213}	zən^{213}	zən^{213}	zən^{213}
苏	zən^{223}	zən^{223}	zən^{223}	zən^{223}
熟	dzẽ^{n233}	dzẽ^{n233}	dzẽ^{n233}	zẽ^{n233}
昆	zən^{132}	zən^{132}	zən^{132}	zən^{132}
霜	zẽ^{231}	zẽ^{231}	zẽ^{231}	zẽ^{231}/ɲɪ̃^{231}
罗	zẽ^{n231}	zẽ^{n231}	zẽ^{n231}	zẽ^{n231}/ɲɪ^{n231}
周	zəŋ^{113}	zəŋ^{113}	zəŋ^{113}	zəŋ^{113}
上	zəɲ^{113}	zəɲ^{113}	zəɲ^{113}	zəɲ^{113}
松	zəɲ^{231}	zəɲ^{231}	zəɲ^{231}	zəɲ^{231}/ɲiɲ^{231}
黎	dzəɲ^{24}	dzəɲ^{24}	dzəɲ^{24}	zəɲ^{24}/ɲiəɲ^{24}
盛	dzəɲ^{24}	dzəɲ^{24}	dzəɲ^{24}	zəɲ^{24}/ɲiɲ^{24}
嘉	zən^{231}	zən^{231}	zən^{231}	zən^{231}/ɲin^{231}
双	dzən^{113}/zən^{113}	dzən^{113}	dzən^{113}	zən^{113}
杭	dzən^{212}	dzən^{212}	dzən^{212}	szən^{212}
绍	dzĩ^{231}	dzĩ^{231}	dzəŋ^{231}	zĩ^{231}
诸	zɛĩ^{233}	zɛĩ^{233}	dzɛĩ^{233}	zɛĩ^{233}
崇	zɪŋ^{31}	zɪŋ^{31}	dzɪŋ^{31}	zɪŋ^{31}
太	zeŋ^{312}	zeŋ^{312}	dzeŋ^{312}	zeŋ^{312}
余	dzəɲ^{113}/zəɲ^{113}	dzəɲ^{113}/zəɲ^{113}	dzəɲ^{113}/zəɲ^{113}	zəɲ^{113}
宁	dʑiɲ^{113}	dʑiɲ^{113}	dʑiɲ^{113}	zoɲ^{113}/ɲiɲ^{113}
黄	ʑiɪɲ^{311}	ʑiɪɲ^{311}	ʑiɪɲ^{311}	ɲiiɲ^{311}
温	szʌŋ^{231}	szʌŋ^{231}	dzʌŋ^{231}	ɲiʌŋ^{231}
衢	dʒɥən^{323}	ʒɥən^{323}/dʒɥən^{323}	dʒɥən^{323}	ʒɥən^{323}
华	tsən^{324}/tɕiin^{324}	tsən^{324}/tɕiin^{324}	tsən^{324}/tɕiin^{324}	ɲiin^{324}/ləɲ^{324}/ɕin^{324}
永	szəɲ^{322}	szəɲ^{322}	dzəɲ^{322}	szəɲ^{322}

曾开 三平 蒸日	梗开 三平 清禅	梗开 三平 清禅	梗开 三平 清禅	深开 三上 寝禅
仍	成	城	诚	甚
zən²²³	dzən²²³	dzən²²³	dzən²²³	zən²³¹
szən³²³	dzən³²³	dzən³²³	dzən³²³	szən²³¹
lən³⁵	ts‘ən³⁵	ts‘ən³⁵	ts‘ən³⁵	sən⁴⁴
iɛn²²	dzən²¹³	dzɜn²¹³	dzɜn²¹³	sɛn⁴¹
lən³¹/n̠iən³¹	dzən³¹	dzən³¹	dzən³¹	szən¹¹³
dʑiən²²³	dʑiən²²³	dʑiən²²³	dʑiən²²³	ɕziən⁵¹
zɛɲ²²³	dzɛɲ²²³	dzɛɲ²²³	dzɛɲ²²³	sɛɲ⁴³⁵
zəɲ²¹³	dzəɲ²¹³	dzəɲ²¹³	dzəɲ²¹³	zəɲ²⁴
zən²¹³	zən²¹³	zən²¹³	zən²¹³	zən³³/²¹³
zən²²³	zən²²³	zən²²³	zən²²³	zən²³¹
dzɛ̃ⁿ²³³	dzɛ̃ⁿ²³³	dzɛ̃ⁿ²³³	dzɛ̃ⁿ²³³	zɛ̃ⁿ³¹
zən¹³²	zən¹³²	zən¹³²	zən¹³²	zən²²³
zɛ̃²³¹/n̠ɪ̃²³¹	zɛ̃²³¹	zɛ̃²³¹	zɛ̃²³¹	zɛ̃²¹³
zɛ̃ⁿ²³¹/n̠ɪ̃ⁿ²³¹	zɛ̃ⁿ²³¹	zɛ̃ⁿ²³¹	zɛ̃ⁿ²³¹	zɛ̃ⁿ²¹³
zəŋ¹¹³	zəŋ¹¹³	zəŋ¹¹³	zəŋ¹¹³	zəŋ¹¹³
zəɲ¹¹³/n̠iəŋ¹¹³	zəɲ¹¹³	zəɲ¹¹³	zəɲ¹¹³	zəɲ¹¹³
zəɲ²³¹/n̠iɲ²³¹	zəɲ²³¹	zəɲ²³¹	zəɲ²³¹	zəɲ¹¹³
n̠iən²⁴	dzəɲ²⁴	dzəɲ²⁴	dzəɲ²⁴	zəɲ³²
zəɲ²⁴	dzəɲ²⁴	dzəɲ²⁴	dzəɲ²⁴	zəɲ²²³
zən²³¹/lən²³¹	zən²³¹	zən²³¹	zən²³¹	zən²²³
zən¹¹³	dzən¹¹³/zən¹¹³	zən¹¹³	zən¹¹³	zən²³¹
szən²¹²/ʔɻen³²³	dzən²¹²	dzən²¹²	dzən²¹²	szən¹¹³
dzəŋ²³¹	dzəŋ²³¹	dzəŋ²³¹	dzəŋ²³¹	zɿ¹¹³
dzɛɪ̃²³³	dzɛɪ̃²³³	dzɛɪ̃²³³	dzɛɪ̃²³³	zɛɪ̃²³¹
dziŋ³¹	dziŋ³¹	dziŋ³¹	dziŋ³¹	ziŋ¹⁴
dzeŋ³¹²/ɟieŋ³¹²	dzeŋ³¹²	dzeŋ³¹²	dzeŋ³¹²	zeŋ¹³
dzeɲ¹¹³	dzeɲ¹¹³	dzeɲ¹¹³	dzeɲ¹¹³	zeɲ¹¹³
n̠ɪŋ¹¹³/zoʑ¹¹³	dʑɪŋ¹¹³	dʑɪŋ¹¹³	dʑɪŋ¹¹³	ʑɪŋ¹¹³
n̠iiŋ³¹¹/ziiʑ³¹¹	ʑiiŋ³¹¹	ʑiiŋ³¹¹	ʑiiŋ³¹¹	ʑiiŋ¹¹³
szʌŋ²³¹	dzəŋ²³¹	szəŋ²³¹	szəŋ²³¹	szʌŋ²⁴
lən³²³/ʒɥən³²³/n̠iən³²³/dʒɥən³²³	dʒɥən³²³	dʒɥən³²³	dʒɥən³²³	ʒɥən³¹
sən³²⁴/ɕien³²⁴	tɕiin³²⁴/tsən³²⁴	tɕiin³²⁴/tsən³²⁴	tsiin³²⁴/tsən³²⁴	szən²⁴
ɕziɲ³²²	ɕziɲ³²²	ɕziɲ³²²	ɕziɲ³²²	ɕziɲ²¹⁴

摄口 等调 韵声	臻开 三上 轸禅	深开 三去 沁日	臻开 三去 震禅	梗开 三去 劲禅
	肾	任	慎	盛兴~
宜	zəŋ^{231}	zəŋ^{231}	zəŋ^{231}	zəŋ^{231}
溧	szən^{324}	szən^{231}	szən^{231}	szəŋ^{231}
金	səŋ^{323}	ləŋ^{44}	səŋ^{44}	ləŋ^{44}
丹	sɛn^{41}	iɛn^{41}	sɛn^{41}	sɛn^{41}
童	səŋ^{113}	zəŋ^{113}	szəŋ^{113}	szəŋ^{113}
靖	ɕziəŋ^{51}	ɕzieŋ^{51}	ɕziəŋ^{51}	ɕziəŋ^{51}
江	zɛŋ^{223}	zəŋ^{223}	sɛŋ^{435}	zɛŋ^{223}
常	zəŋ^{24}	zəŋ^{24}	zəŋ^{24}	zəŋ^{24}
锡	zən$^{213/33}$	zən^{213} / n̠in^{213}	zən^{213}	zən^{213}
苏	zən^{231}	zən^{231}	zən^{231}	zən^{231}
熟	zʐ̃ⁿ^{31}	zʐ̃ⁿ^{213}	zʐ̃ⁿ^{213}	zʐ̃ⁿ^{213}
昆	zən^{223}	zən^{21}	zən^{21}	zən^{21}
霜	zɛ̃^{213}	zɛ̃^{213}	zɛ̃^{213}	zɛ̃^{213}
罗	zɛ̃ⁿ^{213}	zɛ̃ⁿ^{213}	zɛ̃ⁿ^{213}	zɛ̃ⁿ^{213}
周	zəŋ^{113}	zəŋ^{113}	zəŋ^{113}	zəŋ^{113}
上	zəŋ^{113}	zəŋ^{113}	zəŋ^{113}	zəŋ^{113}
松	zəŋ^{113}	zəŋ^{231}/ləŋ^{231}	zəŋ^{113}	zəŋ^{113}
黎	zəŋ^{32}	zəŋ^{24}	zəŋ^{213}	zəŋ^{213}
盛	zəŋ^{223}	zəŋ^{24}	zəŋ^{212}	zəŋ^{212}
嘉	zəŋ^{223}	zən^{231}	zən^{223}	zən^{223}
双	zən^{231}	zən^{113}	zən^{113}	zən^{113}
杭	szən^{113}	szən^{113}	szən^{113}	szən^{113}
绍	zĩ^{113}	zĩ^{22}	zĩ^{22}	zĩ^{22}
诸	zɛĩ^{231}	zɛĩ^{233}	zɛĩ^{233}	zɛĩ^{233}
崇	zɪŋ^{22}	zɪŋ^{14}	zɪŋ^{14}	zɪŋ^{14}
太	zeŋ^{22}	zeŋ^{13}	zeŋ^{13}	zeŋ^{13}
余	zeŋ^{113}	zeŋ^{113}	zeŋ^{113}	zeŋ^{113}
宁	zoŋ^{113}	zoŋ^{113}/n̠ɪŋ^{113}	zoŋ^{113}/ʑɪŋ^{113}	
黄	ʑiiŋ^{113}	n̠iiŋ^{113}/ʑiiŋ^{113}	ʑiiŋ^{113}	ʑiiŋ^{113}
温	szʌŋ^{24}	szʌŋ^{22}	szʌŋ^{22}	
衢	ʒyeŋ^{31}/ləŋ^{31}	ʒyeŋ^{31}	ʒyeŋ^{31}	ʒyeŋ^{31}
华	ɕin^{24}/sən^{24}	ləŋ^{24}/szən^{24}	szən^{24}	
永	szən^{323}	szən^{214}	szən^{214}	

曾开 一平 登精		深开 三平 侵初	曾开 一平 登从	曾开 一平 登从
增	怎	参~差	层	曾~经
$tsəŋ^{55}$	$tsəŋ^{51}$	$tsʻəŋ^{55}$	$dzəŋ^{223}$	$zəŋ^{223}$
$tsəŋ^{445}$		$tsʻəŋ^{445}$	$zəŋ^{323}$	$zəŋ^{323}$
$ləŋ^{44}$	$tsəŋ^{323}$	$tsʻəŋ^{31}$	$tsʻəŋ^{35}$	$tsʻəŋ^{35}$
$tsɛn^{22}$	$tsɛn^{324}$	$tsʻɛn^{22}$	$dzɛn^{213}$	$dzɛn^{213}$
$tsəŋ^{42}$	$tsəŋ^{324}$	$tsʻəŋ^{42}$	$dzəŋ^{31}$	$dzəŋ^{31}$
$tsəŋ^{433}$	$tsəŋ^{334}$	$tsəŋ^{433}$	$dzəŋ^{223}$	$dzəŋ^{223}$
$tsɛɲ^{51}$	$tsɛɲ^{45}$	$tsʻɛɲ^{51}$	$dzɛɲ^{223}$	$dzɛɲ^{223}$
$tsəɲ^{44}$	$tsəɲ^{334}$	$tsʻəɲ^{44}$	$dzəɲ^{213}$	$dzəɲ^{213}$
$tsən^{55}$	$tsən^{324}$	$tsʻən^{55}$	$zən^{213}$	$zən^{213}$
$tsən^{44}$	$tsən^{51}$	$tsʻən^{44}$	$zən^{223}$	$zən^{223}$
$tsɛ̃^{n52}$	$tsɛ̃^{n44}$	$tsʻɛ̃^{n52}$	$dzɛ̃^{n233}$	$dzɛ̃^{n233}$
$tsən^{44}$	$tsən^{52}$	$tsʻən^{44}$	$zən^{24}$	$zən^{231}$
$tsɛ̃^{52}$	$tsɛ̃^{434}$	$tsʻɛ̃^{52}$	$zɛ̃^{231}$	$zɛ̃^{231}$
$tsɛ̃^{n52}$	$tsɛ̃^{n434}$	$tsɛ̃^{n52}$	$zɛ̃^{n231}$	$zɛ̃^{n231}$
$tsəŋ^{52}$	$tsəŋ^{44}$	$tsəŋ^{52}$	$zəŋ^{113}$	$zəŋ^{113}$
$tsəŋ^{52}$	$tsəŋ^{334}$	$tsʻəŋ^{52}$	$zəɲ^{113}$	$zəɲ^{113}$
$tsəŋ^{52}$	$tsəŋ^{44}$	$tsʻəŋ^{52}$	$zəŋ^{231}$	$zəŋ^{231}$
$tsəŋ^{44}$	$tsəŋ^{51}$	$tsʻəŋ^{44}$	$dzəŋ^{24}$	$dzəŋ^{24}$
$tsəŋ^{44}$	$tsəŋ^{51}$	$tsʻəɲ^{44}$	$dzəɲ^{24}$	$dzəɲ^{24}$
$tsən^{51}$	$tsən^{44}$	$tsʻən^{51}$	$zən^{231}$	$zən^{231}$
$tsən^{44}$	$tsən^{53}$	$tsʻən^{44}$	$zən^{113}$	$zən^{113}$
$tsən^{323}$	$tsəʔ^{55}/tsən^{51}$	$tsʻən^{323}$	$dzən^{212}$	$dzən^{212}$
$tsəŋ^{52}$	$tsəŋ^{334}$	$tsʻəŋ^{52}$	$dzəŋ^{231}$	$dzəŋ^{231}$
$tsɛɪ̃^{544}$	$tsəʔ^{55}$	$tsʻɛɪ̃^{544}$	$dzɛɪ̃^{233}$	$dzɛɪ̃^{233}$
$tsiŋ^{53}$	$tsɛʔ^{45}$	$tsʻiŋ^{53}$	$dziŋ^{31}$	$dziŋ^{31}$
$tsen^{523}$	$tsen^{42}$	$tsʻen^{523}$	$dzen^{312}$	$dzen^{312}$
$tsen^{324}$	$tsen^{435}$	$tsʻen^{324}$	$dzen^{113}$	$dzen^{113}$
$tsɐŋ^{52}$	$tsɐŋ^{325}$	$tsʻɐŋ^{52}$	$dzɐŋ^{113}$	$dzɐŋ^{113}$
$tsəŋ^{533}$	$tsəŋ^{533}$	$tsʻəŋ^{533}$	$zəŋ^{311}$	$səŋ^{533}$
$tsʌɲ^{44}$	$tsʅ^{35}$		$szʌŋ^{231}$	$dzʌŋ^{231}$
$tsən^{434}$	$tsən^{45}$	$tsʻən^{434}$	$dzən^{323}$	$dzən^{323}$
$tsən^{45}$	$tsən^{544}$	$tsʻən^{435}$	$tsən^{324}$	$tsən^{324}$
$tsən^{44}$	$tsɤʌ^{434}$		$ɕziɲ^{322}$	$ɕziɲ^{322}$

摄口 等调 韵声	曾开 一去 嶒从	深开 三平 侵生	曾开 一平 登心	宕开 一平 唐帮
	赠	森	僧	帮
宜	zəŋ²³¹/tsəŋ⁵⁵	səŋ⁵⁵	səŋ⁵⁵	pʌŋ⁵⁵
溧	tsɔn⁴⁴⁵	sən⁴⁴⁵	sən⁴⁴⁵	pʌŋ⁴⁴⁵
金	tsəŋ³¹	səŋ³¹	səŋ³¹	pɑŋ³¹
丹	tsɛn³²⁴	sɛs²²	sɛn²²	pɑŋ²²
童	dzəŋ¹¹³	səŋ⁴²	səŋ⁴²	pɑŋ⁴²
靖	dzəŋ³¹	ɕiəŋ⁴³³	səŋ⁴³³	pɑŋ⁴³³
江	tsɛɲ⁴³⁵	sɛɲ⁵¹	sɛɲ⁵¹	pʌɲ⁵¹/pɒɲ⁵¹
常	tsəɲ⁴⁴	səɲ⁴⁴	səɲ⁴⁴	pʌŋ⁴⁴
锡	tsən⁵⁵	sən⁵⁵	sən⁵⁵	pɒ̃⁵⁵
苏	tsən⁴⁴	sən⁴⁴	sən⁴⁴	pã⁴⁴/pɒ̃⁴⁴
熟	tsɛ̃ⁿ³²⁴	sɛ̃ⁿ⁵²	sɛ̃ⁿ⁵²	pʌ⁵²
昆	tsən⁴⁴	sən⁴⁴	sən⁴⁴	pã⁴⁴
霜	zɛ̃²¹³	sɛ̃⁵²	sɛ̃⁵²	pɒ⁵²
罗	tsɛ̃ⁿ⁴³⁴	sɛ̃ⁿ⁵²	sɛ̃ⁿ⁵²	pɒ~⁵²
周	zəŋ¹¹³	səŋ⁵²	səŋ⁵²	ɓɒ~⁵²
上	tsəɲ³³⁴	səɲ⁵²	səɲ⁵²	pʌ̃ɲ⁵²
松	tsəɲ³³⁵/zəɲ¹¹³	səɲ⁵²	səɲ⁵²	pɑ⁵²
黎	tsəɲ⁴¹³	səɲ⁴⁴	səɲ⁴⁴	pɑ~⁴⁴
盛	tsəɲ⁴¹³	səɲ⁴⁴	səɲ⁴⁴	pɑ~⁴⁴
嘉	tsən³³⁴	sən⁵¹	sən⁵¹	pʌ~⁵¹
双	tsən³³⁴	sən⁴⁴	sən⁴⁴	pɔ̃⁴⁴
杭	szən¹¹³/tsən³³⁴	sən³²³	sən³²³	pʌŋ³²³
绍	tsəŋ³³/dzəŋ²²	sᵘə̃⁵²	səŋ⁵²	pɒɒ⁵²
诸	tsɛĩ⁵⁴⁴	sɛĩ⁵⁴⁴	sɛĩ⁵⁴⁴	pɒ̃⁵⁴⁴
崇	dzɪŋ¹⁴	sɪŋ⁵³	sɪŋ⁵³	pɒ~⁵³
太	dzeŋ¹³	seŋ⁵²³	seŋ⁵²³	pɒɒŋ⁵²³
余	tseŋ⁵²	seŋ³²⁴	seŋ³²⁴	pɒ̃³²⁴
宁	dzɐŋ¹¹³	sɐŋ⁵²	sɐŋ⁵²	pɔ̃⁵²
黄	zəŋ¹¹³	suəŋ⁵³³/səŋ⁵³³	səŋ⁵³³	pɒ~⁵³³
温	tsʌn⁵²	sʌn⁴⁴	sʌn⁴⁴	pᵘɔ⁴⁴
衢	tsən⁵³	sən⁴³⁴	sən⁴³⁴	pɒ~⁴³⁴
华	tsən⁴⁵	sən³²⁴	sən³²⁴	pʌŋ³²⁴
永	dzəŋ²¹⁴	səŋ⁴⁴	səŋ⁴⁴	ʔmʌŋ⁴⁴

江开 二平 江帮	宕开 一上 荡帮		宕开 一去 宕帮	
邦	榜	绑	谤	磅
pʌŋ^{55}	pʌŋ^{51}	pʌŋ^{51}	pʌŋ^{324}	pʌŋ^{324}
pʌŋ^{445}	pʌŋ^{52}	pʌŋ^{52}	pʌŋ^{412}	pʌŋ^{412}
pɑŋ^{31}	pɑŋ^{323}	pɑŋ^{323}	pɑŋ^{44}	pɑŋ^{44}
pɑŋ^{22}	pɑŋ^{44}	pɑŋ^{44}	pɑŋ^{324}	pɑŋ^{41}
pɑŋ^{42}	pɑŋ^{324}	pɑŋ^{324}	pɑŋ^{45}	pɑŋ^{45}
pɑŋ^{433}	pɑŋ^{334}	pɑŋ^{334}	pɑŋ^{51}	pɑŋ^{51}
pʌ^{ŋ51}/pɒ^{ŋ51}	pʌ^{ŋ45}/pɒ^{ŋ45}	pʌ^{ŋ45}/pɒ^{ŋ45}	pʌ^{ŋ135}/pɒ^{ŋ135}	pʌ^{ŋ135}/pɒ^{ŋ135}
pʌɲ^{44}	pʌɲ^{334}	pʌɲ^{334}	pʌɲ^{51}	pʌɲ^{51}
põ^{55}	põ^{324}	põ^{324}	põ^{35}	põ^{35}
pã^{44}/põ^{44}	pã^{51}/põ^{44}	pã^{51}/põ^{44}	pã^{412}/põ^{412}	pã^{412}/põ^{412}
pʌ̃^{52}	pʌ̃^{44}	pʌ̃^{44}	pʌ̃^{324}	pʌ̃^{324}
pã^{44}	pã^{52}	pã^{52}	pã^{52}	pã^{52}
pɒ̃^{52}	pɒ̃^{434}	pɒ̃^{434}	pɒ̃^{434}	pɒ̃^{434}
pɒ̃^{52}	pɒ̃^{434}	pɒ̃^{434}	pɒ̃^{434}	pɒ̃^{434}
ɓɒ̃^{52}	ɓɒ̃^{44}	ɓɒ̃^{44}	ɓɒ̃^{335}	ɓɒ̃^{335}
pʌ̃ɲ^{52}	pʌ̃ɲ^{334}	pʌ̃ɲ^{334}	pʌ̃ɲ^{334}	pʌ̃ɲ^{334}
pã^{52}	pã^{44}	pã^{44}	pã^{335}	pã^{335}
pɑ̃^{44}	pɑ̃^{51}	pɑ̃^{51}	pɑ̃^{413}	pɑ̃^{413}
pɑ̃^{44}	pɑ̃^{51}	pɑ̃^{51}	pɑ̃^{413}	pɑ̃^{413}
pʌ̃^{51}	pʌ̃^{44}	pʌ̃^{44}	pʌ̃^{334}	pʌ̃^{334}
pɔ̃^{44}	pɔ̃^{53}	pɔ̃^{53}	pɔ̃^{334}	pɔ̃^{334}
pʌŋ^{323}	pʌŋ^{51}	pʌŋ^{51}	pʌŋ^{334}	pʌŋ^{334}
pɒɳ^{52}	pɒɳ^{334}	pɒɳ^{334}	pɒɳ^{33}	pɒɳ^{33}
põ^{544}	põ^{52}	põ^{52}	põ^{544}	põ^{544}
pɒ̃^{53}	pɒ̃^{44}	pɒ̃^{44}	pɒ̃^{324}	pɒ̃^{324}
pɒɳ^{523}	pɒɳ^{42}	pɒɳ^{42}	pɒɳ^{35}	pɒɳ^{35}
põ^{324}	põ^{435}	põ^{435}	põ^{52}	põ^{52}
pɔ̃^{52}	pɔ̃^{325}	pɔ̃^{325}	pɔ̃^{52}	pɔ̃^{52}
pɒ̃^{533}	pɒ̃^{533}	pɒ̃^{533}	pɒ̃^{44}	pɒ̃^{44}
pᵛɔ^{44}	pᵛɔ$^{\underline{35}}$	pᵛɔ$^{\underline{35}}$	pᵛɔ^{52}	pᵛɔ^{52}
pɒ̃^{434}	pɒ̃^{45}	pɒ̃^{45}	pɒ̃^{53}	pɒ̃^{53}
pʌŋ^{324}	pʌŋ^{544}	pʌŋ^{544}	pʌŋ^{45}	pʌŋ^{45}
ʔmʌŋ^{44}	ʔmʌŋ^{434}	ʔmʌŋ^{434}	ʔmʌŋ^{54}	ʔmʌŋ^{54}

摄口 等调 韵声	宕开 一平 唐滂 滂	宕开 一上 荡滂 髈	江开 二去 绛滂 胖	宕开 一平 唐並 旁
宜	bʌŋ^{223}	pʰʌŋ^{324}	pʰʌŋ^{324}	bʌŋ^{223}
溧	bʌŋ^{323}	pʰʌŋ^{412}	pʰʌŋ^{412}	bʌŋ^{323}
金	pʰɑŋ^{35}		pʰɑŋ^{44}	pʰɑŋ^{35}
丹	bɑŋ^{213}	pʰɑŋ^{44}	pʰɑŋ^{44}	pɑŋ^{324}
童	bɑŋ^{31}	pʰɑŋ^{324}	pʰɑŋ^{45}	bɑŋ^{31}
靖	bɑŋ^{223}	pʰɑŋ^{334}	pʰɑŋ^{51}	bɑŋ^{223}
江	bʌŋ^{ŋ223}/bɒŋ^{ŋ223}	pʰʌŋ^{ŋ45}/pʰɒŋ^{ŋ45}	pʰʌŋ^{ŋ435}/pʰɒŋ^{ŋ435}	bʌŋ^{ŋ223}/bɒŋ^{ŋ223}
常	bʌɲ^{213}	pʰʌɲ^{44}	pʰʌɲ^{51}	bʌɲ^{213}
锡	bɒ̃^{213}	pʰɒ̃^{324}	pʰɒ̃^{35}	bɒ̃^{213}
苏	bã^{223}/bɒ̃^{223}	pʰã^{51}/bɒ̃^{51}	pʰã^{412}/bɒ̃^{412}	bã^{223}/bɒ̃^{223}
熟		pʰʌ$^{\sim 44}$	pʰʌ$^{\sim 324}$	bʌ$^{\sim 233}$
昆	bã^{231}	pʰã^{52}	pʰã^{52}	bã^{231}
霜	bɒ$^{\sim 231}$	pʰɒ$^{\sim 434}$	pʰɒ$^{\sim 434}$	bɒ$^{\sim 231}$
罗	bɒ$^{\sim 231}$	pʰɒ$^{\sim 434}$	pʰɒ$^{\sim 434}$	bɒ$^{\sim 231}$
周	bɒ$^{\sim 113}$	pʰɒ$^{\sim 44}$	pʰɒ$^{\sim 335}$	bɒ$^{\sim 113}$
上	bã^{ŋ113}	pʰã^{ŋ334}	pʰã^{ŋ334}	bã^{ŋ113}
松	bã^{231}	pʰɑ^{44}	pʰɑ^{335}	bã^{113}
黎	bɑ$^{\sim 24}$	pʰɑ$^{\sim 51}$	pʰɑ$^{\sim 324}$	bɑ$^{\sim 24}$
盛	bɑ$^{\sim 24}$	pʰɑ$^{\sim 51}$	pʰɑ$^{\sim 313}$	bɑ$^{\sim 24}$
嘉	bʌ$^{\sim 231}$	pʰʌ$^{\sim 44}$	pʰʌ$^{\sim 334}$	bʌ$^{\sim 231}$
双	bɔ̃^{113}	pʰɔ̃^{53}	pʰɔ̃^{334}	bɔ̃^{113}
杭		pʰʌŋ^{51}	pʰʌŋ^{334}	bʌŋ^{212}
绍	bɒŋ^{231}	pʰɒŋ^{334}	pʰɒŋ^{33}	bɒŋ^{231}
诸	bɒ̃^{233}	pʰɒ̃^{52}	pʰɒ̃^{544}	bɒ̃^{233}
崇	bɒ$^{\sim 31}$	pʰɒ$^{\sim 53}$	pʰɒ$^{\sim 324}$	bɒ$^{\sim 31}$
太	bɒŋ^{312}	pʰɒŋ^{523}	pʰɒŋ^{35}	bɒŋ^{312}
余	bɒ̃^{113}	pʰɒ̃^{324}	pʰɒ̃^{52}	bɒ̃^{113}
宁	bɔ̃^{113}	pʰɔ̃^{52}	pʰɔ̃^{52}	bɔ̃^{113}
黄	bɒ$^{\sim 311}$		pʰɒ$^{\sim 44}$	bɒ$^{\sim 311}$
温	bʷɔ^{231}		pʰʷɔ^{52}	bʷɔ^{231}
衢	bɒ$^{\sim 323}$		pʰɒ$^{\sim 53}$	bɒ$^{\sim 323}$
华	pʌŋ^{324}		pʰʌŋ^{45}	pʌŋ^{324}/bʌŋ^{213}
永	bʌŋ^{322}		pʰʌŋ^{54}	bʌŋ^{322}

宕合 三平 阳奉	江开 二平 江並	江开 二上 讲並	宕开 一去 宕並	宕开 一平 唐明
防	庞	棒	傍	忙
$b_Aŋ^{223}$	$b_Aŋ^{223}$	$b_Aŋ^{231}$	$b_Aŋ^{231}$	$m_Aŋ^{223}$
$b_Aŋ^{323}$	$b_Aŋ^{323}$	$b_Aŋ^{224}$	$b_Aŋ^{323}$	$m_Aŋ^{323}$
$p'aŋ^{35}$	$p'aŋ^{35}$	$paŋ^{44}$	$paŋ^{44}$	$maŋ^{35}$
$paŋ^{324}$	$paŋ^{324}$	$paŋ^{324}$	$paŋ^{324}$	$maŋ^{22}$
$baŋ^{31}$	$baŋ^{31}$	$baŋ^{113}$	$baŋ^{113}$	$maŋ^{31}$
$baŋ^{223}$	$baŋ^{223}$	$baŋ^{31}$	$baŋ^{31}$	$maŋ^{223}$
$b_A{}^{ŋ223}/b_ɒ{}^{ŋ223}$	$b_A{}^{ŋ223}/b_ɒ{}^{ŋ223}$	$b_A{}^{ŋ223}/b_ɒ{}^{ŋ223}$	$b_A{}^{ŋ223}/b_ɒ{}^{ŋ223}$	$m_A{}^{ŋ223}/m_ɒ{}^{ŋ223}$
$b_Aɲ^{213}$	$b_Aɲ^{213}$	$b_Aɲ^{24}$	$b_Aɲ^{24}$	$m_Aɲ^{213}$
$bɒ̃^{213}$	$bɒ̃^{213}$	$bɒ̃^{213/33}$	$bɒ̃^{213}$	$mɒ̃^{213}$
$bã^{223}/bɒ̃^{223}$	$bã^{223}/bɒ̃^{223}$	$bã^{231}/bɒ̃^{231}$	$bã^{231}/bɒ̃^{231}$	$mã^{223}/mɒ̃^{223}$
$v_A{}^{\sim233}/b_A{}^{\sim233}$	$b_A{}^{\sim233}$	$b_A{}^{\sim31}$	$b_A{}^{\sim213}$	$m_A{}^{\sim233}$
$bã^{231}$	$bã^{231}$	$bã^{223}$	$bã^{21}$	$mã^{231}$
$bɒ{}^{\sim231}$	$bɒ{}^{\sim231}$	$bɒ{}^{\sim213}$	$bɒ{}^{\sim213}$	$mɒ{}^{\sim231}$
$bɒ{}^{\sim231}$	$bɒ{}^{\sim231}$	$bɒ{}^{\sim213}$	$bɒ{}^{\sim213}$	$mɒ{}^{\sim231}$
$bɒ{}^{\sim113}$	$bɒ{}^{\sim113}$	$bɒ{}^{\sim113}$	$bɒ{}^{\sim113}$	$mɒ{}^{\sim113}$
$bã^ɲ{}^{113}/vã^ɲ{}^{113}$	$bã^ɲ{}^{113}$	$bã^ɲ{}^{113}$	$bã^ɲ{}^{113}$	$mã^ɲ{}^{113}$
$ba{}^{\sim231}/va{}^{\sim231}$	$ba{}^{\sim231}$	$ba{}^{\sim113}$	$ba{}^{\sim113}$	$mã^{231}$
$va{}^{\sim24}$	$ba{}^{\sim24}$	$ba{}^{\sim32}$	$ba{}^{\sim213}$	$ma{}^{\sim24}$
$va{}^{\sim24}$	$ba{}^{\sim24}$	$ba{}^{\sim223}$	$ba{}^{\sim212}$	$ma{}^{\sim24}$
$bÃ^{231}$	$b_A{}^{\sim231}$	$b_A{}^{\sim223}$	$b_A{}^{\sim223}$	$m_A{}^{\sim231}$
$bɔ̃^{113}/vɔ̃^{113}$	$bɔ̃^{113}$	$bɔ̃^{231}$	$bɔ̃^{113}$	$mɔ̃^{113}$
$v_Aŋ^{212}/b_Aŋ^{212}$	$b_Aŋ^{212}$	$b_Aŋ^{113}$	$b_Aŋ^{113}$	$m_Aŋ^{212}$
$bɒŋ^{231}$	$baŋ^{231}$	$bɒŋ^{22}$	$bɒŋ^{22}$	$mɒŋ^{231}$
$bɒ̃^{233}/vɒ̃^{233}/ɦiuɒ̃^{233}$	$bɒ̃^{233}$	$bɒ̃^{233}$	$bɒ̃^{233}$	$mɒ̃^{233}$
$bɒ{}^{\sim31}$	$bɒ{}^{\sim31}$	$bɒ{}^{\sim22}$	$bɒ{}^{\sim14}$	$mɒ{}^{\sim31}$
$bɒŋ^{312}/vɒŋ^{312}$	$bɒŋ^{312}$	$bɒŋ^{22}$	$bɒŋ^{13}$	$mɒŋ^{312}$
$bɒ̃^{113}/vɒ̃^{113}$	$bɒ̃^{113}$	$bɒ̃^{113}$	$bɒ̃^{113}$	$mɒ̃^{113}$
$bɔ̃^{113}/vɔ̃^{113}$	$bɔ{}^{\sim113}$	$bɔ{}^{\sim113}$	$bɔ{}^{\sim113}$	$mɔ{}^{\sim113}$
$vɒ{}^{\sim311}$	$bɒ{}^{\sim311}$	$bɒ{}^{\sim113}$	$bɒ{}^{\sim113}$	$mɒ{}^{\sim311}$
$ɦ^υɔ^{231}$	$b^υɔ^{231}$	$b^υɔ^{22}$	$b^υɔ^{22}$	$m^υɔ^{231}$
$fvɒ^{\sim}$	$bɒ{}^{\sim323}$	$bɒ{}^{\sim31}$	$bɒ{}^{\sim31}$	$mɒ{}^{\sim323}$
$p_Aŋ^{324}/f_Aŋ^{324}/b_Aŋ^{213}$	$p_Aŋ^{324}/b_Aŋ^{213}$	$b_Aŋ^{24}$	$b_Aŋ^{24}$	$m_Aŋ^{324}$
$fv_Aŋ^{322}$	$b_Aŋ^{322}$	$b_Aŋ^{214}$	$b_Aŋ^{214}$	$m_Aŋ^{322}$

摄口 等调 韵声	宕开 一平 唐明 茫	宕开 一平 唐明 芒	宕开 一上 荡明 莽	宕合 三上 养微 网
宜	mʌŋ^{223}	mʌŋ^{223}	mʌŋ^{24}	mʌŋ^{24}
溧	mʌŋ^{323}	mʌŋ^{323}	mʌŋ^{323}	ʔmʌŋ^{445}
金	maŋ^{35}	maŋ^{35}	maŋ^{323}	uaŋ^{323}
丹	maŋ^{22}	maŋ^{22}	maŋ^{44}	maŋ^{44}
童	maŋ^{31}	maŋ^{31}	ʔmaŋ^{324}	ʔmaŋ^{324}
靖江	mʌ^{ŋ223}/mɒ^{ŋ223}	mʌ^{ŋ223}/mɒ^{ŋ223}	ʔmʌ^{ŋ45}/ʔmɒ^{ŋ45}	ʔmʌ^{ŋ45}/ʔmɒ^{ŋ45}
常	mʌɲ^{213}	mʌɲ^{213}	ʔmʌɲ^{334}	ʔmʌɲ^{334}
锡	mõ^{213}	mõ^{213}	mõ$^{213/33}$	mõ$^{213/33}$
苏	mã^{223}/mɒ̃^{223}	mã^{223}/mõ^{223}	mã^{231}/mõ^{223}	mã^{231}/mõ^{223}
熟	mʌ̃^{233}	mʌ̃^{233}	mã^{31}	mã^{31}
昆	mã^{132}	mã^{132}	mã^{223}	mã^{223}
霜	mɒ̃^{231}	mɒ̃^{231}	mɒ̃^{213}	mo^{ŋ213}
罗	mɒ̃^{231}	mɒ̃^{231}	mɒ̃^{213}	mɒ̃^{213}
周	mɒ̃^{113}	mɒ̃^{113}	mɒ̃^{113}	mɒ̃^{113}
上	mʌ̃ɲ^{113}	mʌ̃ɲ^{113}	mʌ̃ɲ^{113}	mʌ̃ɲ^{113}
松	mɑ̃^{231}	mɑ̃^{231}	mɑ̃^{113}	mɑ̃^{113}
黎	mɑ̃^{24}	mɑ̃^{24}	mɑ̃^{32}	mɑ̃^{32}
盛	mɑ̃^{24}	mã^{24}	ʔmã^{51}	mɑ̃^{223}
嘉	mʌ̃^{231}	mʌ̃^{231}	mʌ̃^{223}	mʌ̃^{223}
双	mɔ̃^{113}	mɔ̃^{113}	mɔ̃^{231}	mɔ̃^{231}
杭	mʌŋ^{212}	mʌŋ^{212}	ʔmʌŋ^{51}	ʔuʌŋ^{51}
绍	mɒŋ^{231}	mɒŋ^{231}	mɒŋ^{113}/maŋ^{113}	mɒŋ^{113}
诸	mõ^{233}	mõ^{233}	mõ^{231}	mõ^{237}/ɦuõ^{231}
崇	mõ^{31}	mõ^{31}	mõ^{22}	mõ^{22}
太	mɒŋ^{312}	mɒŋ^{312}	mɒŋ^{22}	mɒŋ^{22}
余	mõ^{113}	mõ^{113}	mõ^{113}	mõ^{113}
宁	mɔ̃^{113}	mɔ̃^{113}	mɔ̃^{113}	mɔ̃^{113}
黄	mɒ̃^{311}	mɒ̃^{311}	ʔmɒ̃^{533}	ʔmɒ̃^{533}
温	mᵛɔ^{231}	mᵛɔ^{231}	mᵛɔ^{24}	mᵛɔ^{24}
衢	mɒ̃^{323}	mɒ̃^{323}	mɒ̃^{31}	mɒ̃^{31}
华	mʌŋ^{324}	mʌŋ^{324}	mʌŋ^{24}	mʌŋ^{24}
永	mʌŋ^{322}	mʌŋ^{322}	mʌŋ^{323}	mʌŋ^{323}

宕合 三去 漾微	宕合 三去 漾微	宕合 三去 漾微	宕合 三平 阳非	宕合 三上 养敷
忘	望	妄	方	仿
mɑŋ^{231}/vɑŋ^{231}	mɑŋ^{231}/vɑŋ^{231}	vɑŋ^{231}	fɑŋ^{55}	fɑŋ^{51}
mɑŋ^{231}/vɑŋ^{231}	mɑŋ^{231}/vɑŋ^{231}	mɑŋ^{231}/vɑŋ^{231}	fɑŋ^{445}	fɑŋ^{52}
uɑŋ^{44}	uɑŋ^{44}	uɑŋ^{44}	fɑŋ^{31}	fɑŋ^{31}
mɑŋ$^{41/22}$	mɑŋ^{41}	mɑŋ^{41}	fɑŋ^{44}	fɑŋ^{44}
mɑŋ^{113}/ɦuɑŋ^{113}	mɑŋ^{113}	ɦuɑŋ^{113}/mɑŋ^{113}	fɑŋ^{42}	fɑŋ^{324}
mɑŋ^{31}/ɦuɑŋ^{31}	mɑŋ^{31}/ɦuɑŋ^{31}	mɑŋ^{31}/ɦuɑŋ^{31}	fɑŋ^{433}	fɑŋ^{334}
mʌ^{ŋ223}/vʌ^{ŋ223}/mɒ^{ŋ223}/vɒ^{ŋ223}	mʌ^{ŋ223}/vʌ^{ŋ223}/mɒ^{ŋ223}/vɒ^{ŋ223}	mʌ^{ŋ223}/vʌ^{ŋ223}/mɒ^{ŋ223}/vɒ^{ŋ223}	fʌ^{ŋ51}/fɒ^{ŋ51}	fʌ^{ŋ45}/fɒ^{ŋ45}
mʌŋ^{24}/vʌŋ^{24}	mʌŋ^{24}/vʌŋ^{24}	mʌŋ^{24}/vʌŋ^{24}	fʌŋ^{44}	fʌŋ^{334}
mɐ̃^{213}/vɐ̃^{213}	mɐ̃^{213}/vɐ̃^{213}	mɐ̃^{213}	fɒ̃^{55}	fɒ̃^{324}
mã^{231}/mɐ̃^{231}/vã^{231}/vɐ̃^{231}	mã^{231}/mɐ̃^{231}/vã^{231}/vɐ̃^{231}	mã^{231}/vã^{231}	fã^{44}/fɒ̃^{44}	fʌ̃^{51}/fɒ̃^{51}
mʌ̃^{213}	mʌ̃^{213}	mʌ̃^{213}	fʌ̃^{52}	fʌ̃^{44}
mã^{21}/ɦuã^{21}	mã^{21}/ɦuã^{21}	mã^{21}/ɦuã^{21}	fã^{44}	fã^{52}
mo^{ŋ213}/ɦuɒ̃^{213}	mo^{ŋ213}/ɦuɒ̃^{213}	mo^{ŋ213}/mɒ̃^{213}/ɦuɒ̃^{213}	fɒ̃^{52}	fɒ̃^{434}
mɒ̃^{213}/ɦuɒ̃^{213}	mɒ̃^{213}/ɦuɒ̃^{213}	mɒ̃^{213}/ɦuɒ̃^{213}	fɒ̃^{52}	fɒ̃^{434}
mɒ̃^{113}/vɒ̃^{113}	mɒ̃^{113}/vɒ̃^{113}	mɒ̃^{113}/vɒ̃^{113}	fɒ̃^{52}	fɒ̃^{44}
mʌ̃^{ŋ113}/ɦuʌ̃^{ŋ113}	mʌ̃^{ŋ113}/ɦuʌ̃^{ŋ113}	mʌ̃^{ŋ113}/ɦuʌ̃^{ŋ113}	fʌ̃^{ŋ52}	fʌ̃^{ŋ334}
mɑ̃^{113}/vɑ̃^{113}	mɑ̃^{113}/vɑ̃^{113}	mɑ̃^{113}/vɑ̃^{113}	fɑ̃^{52}	fɑ̃^{44}
mɑ̃^{213}	mɑ̃^{213}	mɑ̃^{213}	fɑ̃^{44}	fɑ̃^{51}
mɑ̃^{212}	mɑ̃^{212}	mɑ̃^{212}	fɑ̃^{44}	fɑ̃^{51}
mʌ̃^{223}	mʌ̃^{223}/ɦuʌ̃^{223}	mʌ̃^{223}/ɦuʌ̃^{223}	fʌ̃^{51}	fʌ̃^{334}
mɔ̃^{113}/vɔ̃^{113}	vɔ̃^{113}/mɔ̃^{113}	mɔ̃^{113}/vɔ̃^{113}	fɔ̃^{44}	fɔ̃^{53}
ɦuʌŋ^{113}/vʌŋ^{113}	ɦuʌŋ^{113}/vʌŋ^{113}	ɦuʌŋ^{113}	fʌŋ^{323}	fʌŋ^{51}
mɒŋ^{22}	mɒŋ^{22}/ɦuɒŋ^{22}	mɒŋ^{22}/ɦuɒŋ^{22}	fɒŋ^{52}	fɒŋ^{334}
ɦuɒ̃^{233}/vɒ̃^{233}	vɒ̃^{233}/ɦuɒ̃^{233}	mɒ̃^{233}/ʔuɒ̃^{544}	fɒ̃^{544}	fɒ̃^{52}
mɒ̃^{14}	mɒ̃^{14}/vɒ̃^{14}	mɒ̃^{14}/vɒ̃^{14}	fɒ̃^{53}	fɒ̃^{44}
mɒŋ^{13}/vɒŋ^{13}	mɒŋ^{13}/vɒŋ^{13}	mɒŋ^{13}/vɒŋ^{13}	fɒŋ^{523}	fɒŋ^{42}
mɒ̃^{113}/vɒ̃^{113}	mɒ̃^{113}/vɒ̃^{113}	mɒ̃^{113}/vɒ̃^{113}/ɦuɒ̃^{113}	fɒ̃^{324}	fɒ̃^{435}
mɔ̃^{113}/ɦuɔ̃^{113}	mɔ̃^{113}/ɦuɔ̃^{113}	mɔ̃^{113}/ɦuɔ̃^{113}	fɔ̃^{52}	fɔ̃^{325}
vɒ̃^{113}	vɒ̃^{113}	vɒ̃^{113}	fɒ̃^{533}	fɒ̃^{533}
ɦʷɔ^{22}	ɦʷɔ^{22}	ɦʷɔ^{22}	xʷɔ^{44}	xʷɔ^{35}
mɒ̃^{31}/ɦuɒ̃^{31}/fvɒ̃^{31}	mɒ̃^{31}/ɦuɒ̃^{31}	mɒ̃^{31}/ɦuɒ̃^{31}	fɒ̃^{434}	fɒ̃^{45}
ʔmɑŋ^{544}	moŋ^{24}/ɦuɑŋ^{24}	ɦuʌŋ^{24}	fʌŋ^{324}	fʌŋ^{544}
vʌŋ^{214}	vʌŋ^{214}/mʌŋ^{214}	vʌŋ^{214}	fʌŋ^{44}	fʌŋ^{434}

摄口 等调 韵声	宕合 三上 养敷	宕合 三去 漾非	宕合 三去 漾敷	宕合 三平 阳奉
	纺	放	访	房
宜	fʌŋ⁵¹	fʌŋ³²⁴	fʌŋ³²⁴	vʌŋ²²³
溧	fʌŋ⁵²	fʌŋ⁴¹²	fʌŋ⁴¹²	vʌŋ³²³
金	faŋ³²³	faŋ⁴⁴	faŋ⁴⁴	faŋ³⁵
丹	faŋ⁴⁴	faŋ³²⁴	faŋ³²⁴	faŋ²²
童	faŋ³²⁴	faŋ⁴⁵	faŋ⁴⁵	ɦuaŋ³¹
靖	faŋ³³⁴	faŋ⁵¹	faŋ⁵¹	ɦuaŋ²²³
江	fʌŋ⁴⁵/fɒŋ⁴⁵	fʌŋ⁴³⁵/fɒŋ⁴³⁵	fʌŋ⁴³⁵/fɒŋ⁴³⁵	vʌŋ²²³/vɒŋ²²³
常	faɲ³³⁴	faɲ⁵¹	faɲ⁵¹	vaɲ²¹³
锡	fɒ̃³²⁴	fɒ̃³⁵	fɒ̃³⁵	vɒ̃²¹³
苏	fã⁵¹/fɒ̃⁵¹	fã⁴¹²/fɒ̃⁴¹²	fã⁴¹²/fɒ̃⁴¹²	vã²²³/vɒ̃²²³
熟	fʌ~⁴⁴	fʌ~³²⁴	fʌ~³²⁴	vʌ~²³³
昆	fã⁵²	fã⁵²	fã⁵²	vã¹³²
霜	fɒ~⁴³⁴	fɒ~⁴³⁴	fɒ~⁴³⁴	vɒ~²³¹
罗	fɒ~⁴³⁴	fɒ~⁴³⁴	fɒ~⁴³⁴	vɒ~²³¹/ɦuɒ~²³¹
周	fɒ~⁴⁴	fɒ~³³⁵	fɒ~³³⁵	vɒ~¹¹³
上	fʌ̃ɲ³³⁴	fʌ̃ɲ³³⁴	fʌ̃ɲ³³⁴	vʌ̃ɲ¹¹³
松	fɑ~⁴⁴	fɑ~³³⁵	fɑ~³³⁵	vɑ~²³¹
黎	fɑ~⁵¹	fɑ~⁴¹³	fɑ~⁴¹³	vɑ~²⁴
盛	fɑ~⁵¹	fɑ~⁴¹³	fɑ~⁴¹³	vɑ~²⁴
嘉	fʌ~⁴⁴/fʌ~³³⁴	fʌ~³³⁴	fʌ~³³⁴	vʌ~²³¹
双	fɔ̃⁵³	fɔ̃³³⁴	fɔ̃³³⁴	vɔ̃¹¹³
杭	fʌŋ⁵¹	fʌŋ³³⁴	fʌŋ⁵¹	vʌŋ²¹²
绍	fɒŋ³³⁴	fɒŋ³³	fɒŋ³³	ɦuɒŋ²³¹/vɒŋ²³¹
诸	fɒ̃⁵²	fɒ̃⁵⁴⁴	fɒ̃⁵⁴⁴	vɒ̃²³³/ɦuɒ̃²³³
崇	fɒ̃⁴⁴	fɒ̃³²⁴	fɒ̃³²⁴	vɒ̃³¹
太	fɒŋ⁴²	fɒŋ³⁵	fɒŋ³⁵	vɒŋ³¹²
余	fɒ̃⁴³⁵	fɒ̃⁵²	fɒ̃⁵²	vɒ̃¹¹³
宁	fɔ̃³²⁵	fɔ̃⁵²	fɔ̃⁵²	ɦuɔ̃¹¹³/vɔ̃¹¹³
黄	fɒ~⁵³³	fɒ~⁴⁴	fɒ~⁴⁴	vɒ~³¹¹
温	xᵛɔ³⁵	xᵛɔ⁵²	xᵛɔ⁵²	ɦᵛɔ²³¹
衢	fɒ~⁴⁵	fɒ~⁵³	fɒ~⁴⁵	fvɒ~³²³
华	faŋ⁵⁴⁴	faŋ⁴⁵	faŋ⁴⁵	faŋ³²⁴
永	faŋ⁴³⁴	faŋ⁵⁴	faŋ⁵⁴	fvʌŋ³²²

宕合 三平 阳微	宕开 一平 唐端	宕开 一上 荡端		宕开 一去 宕端
亡	当~时	党	挡	当~作
vAŋ^{223}	tAŋ^{55}	tAŋ^{51}	tAŋ^{51}	tAŋ^{324}
vAŋ^{323}	tAŋ^{445}	tAŋ^{52}	tAŋ^{52}	tAŋ^{445}
uaŋ^{35}	taŋ^{31}	taŋ^{323}	taŋ^{323}	taŋ^{44}
maŋ^{213}	taŋ^{22}	taŋ^{44}	taŋ^{44}	taŋ^{324}
ɦuaŋ^{31}	taŋ^{42}	taŋ^{324}	taŋ^{324}	taŋ^{45}
ɦuaŋ^{223}	taŋ^{433}	taŋ^{334}	taŋ^{334}	taŋ^{51}
vAᵑ^{223}/vɒᵑ^{223}	taᵑ^{51}/tɒᵑ^{51}	tAᵑ^{45}/tɒᵑ^{45}	tAᵑ^{435}/tɒᵑ^{435}	tAᵑ^{435}/tɒᵑ^{435}
vAɲ^{213}	tAɲ^{44}	tAɲ^{334}	tAɲ^{334}	tAɲ^{51}
võ^{213}	tõ^{55}	tõ^{324}	tõ^{324}	tõ^{35}
vÃ^{223}/võ^{223}	tÃ^{44}/tõ^{44}	tÃ^{51}/tõ^{51}	tÃ^{51}/tõ^{51}	tÃ^{412}/tõ^{412}
ɦuA~^{233}	ta~^{52}	tA~^{44}	tA~^{44}	tA~^{324}
vã~^{132}	tã^{44}	tã^{52}	tã^{52}	tã^{52}
ɦuɒ~^{231}	tɒ~^{52}	tɒ~^{434}	tɒ~^{434}	tɒ~^{434}
ɦuɒ~^{231}	tɒ~^{52}	tɒ~^{434}	tɒ~^{434}	tɒ~^{434}
vɒ~^{113}/ɦuɒ~^{113}	dɒ~^{52}	dɒ~^{44}	dɒ~^{44}	dɒ~^{335}
ɦuÃᵑ^{113}	tÃᵑ^{52}	tÃᵑ^{334}	tÃᵑ^{334}	tÃᵑ^{334}
mɑ~^{231}/vɑ~^{231}	tɑ~^{52}	tɑ~^{44}	tɑ~^{335}	tɑ~^{335}
mɑ~^{24}/vɑ~^{24}	tɑ~^{44}	tɑ~^{51}	tɑ~^{51}	tɑ~^{413}
vɑ~^{24}	tɑ~^{44}	tɑ~^{51}	tɑ~^{51}	tɑ~^{413}
mA~^{231}/vA~^{231}	tA~^{51}	tA~^{44}	tA~^{44}	tA~^{334}
võ^{113}	tõ^{44}	tõ^{53}	tõ^{53}	tõ^{334}
ɦuAŋ^{212}/vAŋ^{212}	tAŋ^{323}	tAŋ^{51}	tAŋ^{51}	tAŋ^{334}
ɦuɒŋ^{231}	tɒŋ^{52}	tɒŋ^{334}	tɒŋ^{334}	tɒŋ^{33}
võ^{233}/ɦuõ^{233}	tõ^{544}	tõ^{52}	tõ^{52}	tõ^{544}
võ^{31}	tõ^{53}	tõ^{44}	tõ^{44}	tõ^{324}
vɒŋ^{312}	tɒŋ^{523}	tɒŋ^{42}	tɒŋ^{42}	tɒŋ^{35}
võ^{113}	tõ^{324}	tõ^{435}	tõ^{435}	tõ^{52}
ɦuõ^{113}/võ^{113}	tõ^{52}	tõ^{325}	tõ^{325}	tõ^{52}
vɒ~^{311}	tɒ~^{533}	tɒ~^{533}	tɒ~^{533}	tɒ~^{44}
ɦᵛɔ^{231}	tᵛɔ^{44}	tᵛɔ^{35}	tᵛɔ^{35}	tᵛɔ^{52}
fvɒ~^{323}	tɒ~^{434}	tɒ~^{45}	tɒ~^{45}	tɒ~^{53}
uAŋ^{324}	tAŋ^{435}	tAŋ^{544}	tAŋ^{544}	tAŋ^{45}
fvAŋ^{322}	ʔnAŋ^{44}	ʔnAŋ^{434}	ʔnAŋ^{434}	ʔnAŋ^{54}

摄口 等调 韵声	宕开 一平 唐透 汤	宕开 一上 荡透 倘	宕开 一上 荡透 躺	宕开 一去 宕透 烫
宜	t'ʌŋ⁵⁵	t'ʌŋ⁵¹	t'ʌŋ⁵¹	t'ʌŋ³²⁴
溧	t'ʌŋ⁴⁴⁵	t'ʌŋ⁵²	t'ʌŋ⁵²	t'ʌŋ⁴¹²
金	t'ɑŋ³¹	t'ɑŋ³²³	t'ɑŋ³²³	t'ɑŋ⁴⁴
丹	t'ɑŋ²²	t'ɑŋ⁴⁴	t'ɑŋ⁴⁴	t'ɑŋ³²⁴
童	t'ɑŋ⁴²	t'ɑŋ³²⁴	t'ɑŋ³²⁴	t'ɑŋ⁴⁵
靖	t'ɑŋ⁴³³	t'ɑŋ³³⁴	t'ɑŋ³³⁴	t'ɑŋ⁵¹
江	t'ʌŋ⁵¹/t'ɒŋ⁵¹	t'ʌŋ⁴⁵/t'ɒŋ⁴⁵	t'ʌŋ⁴⁵/t'ɒŋ⁴⁵	t'ʌŋ⁴³⁵/t'ɒŋ⁴³⁵
常	t'ʌɲ⁴⁴	t'ʌɲ³³⁴	t'ʌɲ³³⁴	t'ʌɲ⁵¹
锡	t'ɒ̃⁵⁵	t'ɒ̃³²⁴	t'ɒ̃³²⁴	t'ɒ̃³⁵
苏	t'ã⁴⁴/t'ɒ̃⁴⁴	t'ã⁵¹/t'ɒ̃⁵¹	t'ã⁵¹/t'ɒ̃⁵¹	t'ã⁴¹²/t'ɒ̃⁴¹²
熟	t'ʌ~⁵²	t'ʌ~⁴⁴	t'ʌ~⁴⁴	t'ʌ~³²⁴
昆	t'ã⁴⁴	t'ã⁵²	t'ã⁵²	t'ã⁵²
霜	t'ɒ~⁵²	t'ɒ~⁴³⁴	t'ɒ~⁴³⁴	t'ɒ~⁴³⁴
罗	t'ɒ~⁵²	t'ɒ~⁴³⁴	t'ɒ~⁴³⁴	t'ɒ~⁴³⁴
周	t'ɒ~⁵²	t'ɒ~⁴⁴	t'ɒ~⁴⁴	t'ɒ~³³⁵
上	t'ʌ~ɲ⁵²	t'ʌ~ɲ³³⁴	t'ʌ~ɲ³³⁴	t'ʌ~ɲ³³⁴
松	t'ɑ~⁵²	t'ɑ~⁴⁴	t'ɑ~⁴⁴	t'ɑ~³³⁵
黎	t'ɑ~⁴⁴	t'ɑ~³³⁴	t'ɑ~³³⁴	t'ɑ~³²⁴
盛	t'ɑ~⁴⁴	t'ɑ~³³⁴	t'ɑ~³³⁴	t'ɑ~³¹³
嘉	t'ʌ~⁵¹	t'ʌ~³²⁴	t'ʌ~³²⁴	t'ʌ~³³⁴
双	t'ɔ̃⁴⁴	t'ɔ̃⁵³	t'ɔ̃⁵³	t'ɔ̃³³⁴
杭	t'ʌŋ³²³	t'ʌŋ⁵¹	t'ʌŋ⁵¹	t'ʌŋ³³⁴
绍	t'ɒŋ⁵²	t'ɒŋ³³⁴	t'ɒŋ³³⁴	t'ɒŋ³³
诸	t'ɒ̃⁵⁴⁴	t'ɒ̃⁵²	t'ɒ̃⁵²	t'ɒ̃⁵⁴⁴
崇	t'ɒ̃⁵³	t'ɒ̃⁴⁴	t'ɒ̃⁴⁴	t'ɒ̃³²⁴
太	t'ɒŋ⁵²³	t'ɒŋ⁴²	t'ɒŋ⁴²	t'ɒŋ³⁵
余	t'ɒ̃³²⁴	t'ɒ̃⁴³⁵	t'ɒ̃⁴³⁵	t'ɒ̃⁵²
宁	t'ɔ̃⁵²	t'ɔ̃³²⁵	t'ɔ̃³²⁵	t'ɔ̃⁵²
黄	t'ɒ~⁵³³	t'ɒ~⁵³³	t'ɒ~⁵³³	t'ɒ~⁴⁴
温	t'ʷɔ⁴⁴	t'ʷɔ³⁵		t'ʷɔ⁵²
衢	t'ɒ~⁴³⁴	t'ɒ~⁴⁵	t'ɒ~⁴⁵	t'ɒ~⁵³
华	t'ʌŋ³²⁴	t'ʌŋ⁵⁴⁴	t'ʌŋ⁵⁴⁴	t'ʌŋ⁴⁵
永	t'ʌŋ⁴⁴	t'ʌŋ⁴³⁴	t'ʌŋ⁴³⁴	t'ʌŋ⁵⁴

	宕开 一平 唐定	宕开 一平 唐定	宕开 一平 唐定	宕开 一平 唐定
趟	唐	糖	塘	堂
t'ʌŋ^{324}	dʌŋ^{223}	dʌŋ^{223}	dʌŋ^{223}	dʌŋ^{223}
t'ʌŋ^{412}	dʌŋ^{323}	dʌŋ^{323}	dʌŋ^{323}	dʌŋ^{323}
t'ɑŋ^{44}	t'ɑŋ^{35}	t'ɑŋ^{35}	t'ɑŋ^{35}	t'ɑŋ^{35}
t'ɑŋ^{324}	dʌŋ^{213}	dʌŋ^{213}	dʌŋ^{213}	dʌŋ^{213}
t'ɑŋ^{45}	dʌŋ^{31}	dʌŋ^{31}	dʌŋ^{31}	dʌŋ^{31}
t'ɑŋ^{51}	dʌŋ^{223}	dʌŋ^{223}	dʌŋ^{223}	dʌŋ^{223}
t'ʌ^{ŋ435}/t'ɒ^{ŋ435}	dʌ^{ŋ223}/dɒ^{ŋ223}	dʌ^{ŋ223}/dɒ^{ŋ223}	dʌ^{ŋ223}/dɒ^{ŋ223}	dʌ^{ŋ223}/dɒ^{ŋ223}
t'ʌɲ^{51}	dʌɲ^{213}	dʌɲ^{213}	dʌɲ^{213}	dʌɲ^{213}
t'ɐ̃^{35}	dɐ̃^{213}	dɐ̃^{213}	dɐ̃^{213}	dɐ̃^{213}
t'ã^{412}/t'ɒ̃^{412}	dã^{223}/dɒ̃^{223}	dã^{223}/dɒ̃^{223}	dã^{223}/dɒ̃^{223}	dã^{223}/dɒ̃^{223}
t'ʌ^{324}	d'ʌ$^{~233}$	d'ʌ$^{~233}$	d'ʌ$^{~233}$	d'ʌ$^{~233}$
t'ã^{52}	dã^{132}	dã^{132}	dã^{132}	dã^{132}
t'ɒ$^{~434}$	dɒ$^{~231}$	dɒ$^{~231}$	dɒ$^{~231}$	dɒ$^{~231}$
t'ɒ$^{~434}$	dɒ$^{~231}$	dɒ$^{~231}$	dɒ$^{~231}$	dɒ$^{~231}$
t'ɒ$^{~}$	dɒ$^{~113}$	dɒ$^{~113}$	dɒ$^{~113}$	dɒ$^{~113}$
t'ʌ̃^{ɲ334}	dʌ̃^{ɲ113}	dʌ̃^{ɲ113}	dʌ̃^{ɲ113}	dʌ̃^{ɲ113}
t'ɑ^{335}	dɑ$^{~231}$	dɑ$^{~231}$	dɑ$^{~231}$	dɑ$^{~231}$
t'ɑ$^{~324}$	dɑ$^{~24}$	dɑ$^{~24}$	dɑ$^{~24}$	dɑ$^{~24}$
t'ɑ$^{~313}$	dɑ$^{~24}$	dɑ$^{~24}$	dɑ$^{~24}$	dɑ$^{~24}$
t'ʌ$^{~334}$	dʌ$^{~231}$	dʌ$^{~231}$	dʌ$^{~231}$	dʌ$^{~231}$
t'ɔ̃^{334}	dɔ̃^{113}	dɔ̃^{113}	dɔ̃^{113}	dɔ̃^{113}
t'ʌŋ^{334}	dʌŋ^{212}	dʌŋ^{212}	dʌŋ^{212}	dʌŋ^{212}
t'ɒɲ^{33}	dɒɲ^{231}	dɒɲ^{231}	dɒɲ^{231}	dɒɲ^{231}
t'ɐ̃^{544}	dɐ̃^{233}	dɐ̃^{233}	dɐ̃^{233}	dɐ̃^{233}
t'ɐ̃^{324}	dɐ̃^{31}	dɐ̃^{31}	dɐ̃^{31}	dɐ̃^{31}
t'ɒŋ^{35}	dɒŋ^{312}	dɒŋ^{312}	dɒŋ^{312}	dɒŋ^{312}
t'ɐ̃^{52}	dɐ̃^{113}	dɐ̃^{113}	dɐ̃^{113}	dɐ̃^{113}
t'ɔ̃^{52}	dɔ̃^{113}	dɔ̃^{113}	dɔ̃^{113}	dɔ̃^{113}
t'ɒ$^{~44}$	dɒ$^{~311}$	dɒ$^{~311}$	dɒ$^{~311}$	dɒ$^{~311}$
	dᵘɔ^{231}	dᵘɔ^{231}	dᵘɔ^{231}	dᵘɔ^{231}
t'ɒ$^{~53}$	dɒ$^{~323}$	dɒ$^{~323}$	dɒ$^{~323}$	dɒ$^{~323}$
t'ʌŋ^{45}	tʌŋ^{324}	tʌŋ^{324}	tʌŋ^{324}	tʌŋ^{324}
t'ʌŋ^{54}	dʌŋ^{322}	dʌŋ^{322}	dʌŋ^{322}	dʌŋ^{322}

摄口 等调 韵声	宕开 一上 荡定 荡放~	宕开 一去 宕定 宕	宕开 一平 唐泥 囊	宕开 一平 唐来 郎
宜	dʌŋ^{231}	dʌŋ^{231}	nʌŋ^{223}	lʌŋ^{223}
溧	dʌŋ^{224}	dʌŋ^{231}	lʌŋ^{323}	lʌŋ^{323}
金	taŋ^{44}	taŋ^{44}	laŋ^{35}	laŋ^{35}
丹	taŋ^{41}	taŋ^{41}	naŋ^{213}	laŋ^{213}
童	daŋ^{31}	daŋ^{113}	naŋ^{113}	laŋ^{31}
靖	daŋ^{31}	daŋ^{31}	naŋ^{223}	laŋ^{223}
江	dʌ^{ŋ}^{223}/dɒ^{ŋ}^{223}	dʌ^{ŋ}^{223}/dɒ^{ŋ}^{223}	nʌ^{ŋ}^{223}/nɒ^{ŋ}^{223}	lʌ^{ŋ}^{223}/lɒ^{ŋ}^{223}
常	dʌɲ^{24}	dʌɲ^{24}	nʌɲ^{213}	nʌɲ^{213}
锡	dɒ̃$^{33/213}$	dɒ̃^{213}	nɒ̃^{213}	lɒ̃^{213}
苏	dã^{231}/dɒ̃^{231}	dã^{231}/dɒ̃^{231}	nã^{223}/nɒ̃^{223}	lã^{223}/lɒ̃^{223}
熟	dʌ~^{31}	dʌ~^{213}	nʌ~^{233}	lʌ~^{233}
昆	dã^{223}	dã^{21}	nã^{132}	lã^{132}
霜	dɒ~^{213}	dɒ~^{213}	nɒ~^{231}	lɒ~^{231}
罗	dɒ~^{213}	dɒ~^{213}	nɒ~^{231}	lɒ~^{231}
周	dɒ~^{113}	dɒ~^{113}	nɒ~^{113}	lɒ~^{113}
上	dʌ̃^{ɲ}^{334}	dʌ̃^{ɲ}^{113}	nʌ̃^{ɲ}^{113}	lʌ̃^{ɲ}^{113}
松	dɑ~^{113}	dɑ~^{113}	nɑ~^{231}/lɑ~^{231}	lɑ~^{231}
黎	dɑ~^{32}	dã~^{213}	nɑ~^{24}	lɑ~^{24}
盛	dɑ~^{223}	dɑ~^{212}	nɑ~^{24}	lɑ~^{24}
嘉	dʌ~^{223}	dʌ~^{223}	nɑ~^{231}	lʌ~^{231}
双	dɔ̃^{231}	dɔ̃^{113}	nɔ̃^{113}	lɔ̃^{113}
杭	dʌŋ^{113}	dʌŋ^{113}	nʌŋ^{212}名/ʔnʌŋ^{51}动	lʌŋ^{212}
绍	dɒŋ^{113}	dɒŋ^{22}	nɒŋ^{231}	lɒŋ^{231}
诸	dɒ̃^{231}	dɒ̃^{233}	nɒ̃^{233}	lɒ̃^{233}
崇	dɒ̃^{22}	dɒ̃^{14}/tɒ̃^{324}	nɒ̃^{31}	lɒ̃^{31}
太	dɒŋ^{22}	dɒŋ^{13}	nɒŋ^{312}	lɒŋ^{312}
余	dɒ̃^{113}	dɒ̃^{113}	nɒ̃^{113}	lɒ̃^{113}
宁	dɔ̃^{113}	dɔ̃^{113}	nɔ̃^{113}	lɔ̃^{113}
黄	dɒ~^{113}	dɒ~^{113}	lɒ~^{311}	lɒ~^{311}
温	d^{ʊ}ɔ^{24}	d^{ʊ}ɔ^{22}	l^{ʊ}ɔ^{231}	l^{ʊ}ɔ^{231}
衢	dɒ~^{31}	bɒ~^{31}	nɒ~^{323}	lɒ~^{323}
华	dʌŋ^{24}	dʌŋ^{24}	nʌŋ^{324}	lʌŋ^{324}
永	dʌŋ^{323}	dʌŋ^{214}	nʌŋ^{322}	lʌŋ^{322}

宕开 一平 唐来	宕开 一平 唐来	宕开 一上 荡来	宕开 一去 宕来	宕开 一去 宕来
廊	狼	朗	浪	眼
lʌŋ^{223}	lʌŋ^{223}	lʌŋ^{223}	lʌŋ^{231}	lʌŋ^{231}
lʌŋ^{323}	lʌŋ^{323}	lʌŋ^{323}	lʌŋ^{231}	lʌŋ^{231}
laŋ^{35}	laŋ^{35}	laŋ^{323}	laŋ^{44}	laŋ^{44}
laŋ^{213}	laŋ^{213}	laŋ^{44}	laŋ^{41}	laŋ^{41}
laŋ^{31}	laŋ^{31}	ʔlaŋ^{324}	laŋ^{113}	laŋ^{113}
laŋ^{223}	laŋ^{223}	ʔlaŋ^{334}	laŋ^{31}	laŋ^{31}
lʌ^{ŋ223}/lɒ^{ŋ223}	lʌ^{ŋ223}/lɒ^{ŋ223}	ʔlʌ^{ŋ45}/ʔlɒ^{ŋ45}	lʌ^{ŋ223}/lɒ^{ŋ223}	lʌ^{ŋ223}/lɒ^{ŋ223}
lʌɲ^{213}	lʌɲ^{213}	ʔlʌɲ^{334}	lʌɲ^{24}	lʌɲ^{24}
lõ^{213}	lõ^{213}	lõ^{324}	lõ^{35}	lõ^{35}
lã^{223}/lõ^{223}	lã^{223}/lõ^{223}	lã^{231}/lõ^{231}	lã^{231}/lõ^{231}	lã^{231}/lõ^{231}
lʌ̃^{233}	lʌ̃^{233}	lʌ̃^{31}	lʌ̃^{213}	lʌ̃^{213}
lã^{132}	lã^{132}	lã^{223}	lã^{21}	lã^{21}
lɒ̃^{231}	lɒ̃^{231}	lɒ̃^{213}	lɒ̃^{213}	lɒ̃^{213}
lɒ̃^{231}	lɒ̃^{231}	lɒ̃^{213}	lɒ̃^{213}	lɒ̃^{213}
lɒ̃^{113}	lɒ̃^{113}	lɒ̃^{113}	lɒ̃^{113}	lɒ̃^{113}/lʌ̃^{113}
lã^{ɲ113}	lã^{ɲ113}	lã^{ɲ113}	lã^{ɲ113}	lã^{ɲ113}
lɑ̃^{231}	lɑ̃^{231}	lɑ̃^{231}	lɑ̃^{113}	lɑ̃^{113}
lɑ̃^{24}	lɑ̃^{24}	lɑ̃^{32}	lɑ̃^{213}	lɑ̃^{213}
lɑ̃^{24}	lɑ̃^{24}	lɑ̃^{223}/ʔlɑ̃^{51}	lɑ̃^{212}	lɑ̃^{212}
lʌ̃^{231}	lʌ̃^{231}	lʌ̃^{223}	lʌ̃^{223}	lʌ̃^{223}
lɔ̃^{113}	lɔ̃^{113}	lɔ̃^{231}	lɔ̃^{113}	lɔ̃^{113}
lʌŋ^{212}	lʌŋ^{212}	ʔlʌŋ^{51}	lʌŋ^{113}	lʌŋ^{113}
lɒŋ^{231}	lɒŋ^{231}	lɒŋ^{113}	lɒŋ^{22}	lɒŋ^{22}
lõ^{233}	lõ^{233}	lõ^{231}	lõ^{233}	lõ^{233}
lõ^{31}	lõ^{31}	lõ^{22}	lõ^{14}	lõ^{14}
lɒŋ^{312}	lɒŋ^{312}	lɒŋ^{22}	lɒŋ^{13}	lɒŋ^{13}
lõ^{113}	lõ^{113}	lõ^{113}	lõ^{113}	lõ^{113}
lɔ̃^{113}	lɔ̃^{113}	lɔ̃^{113}	lɔ̃^{113}	lɔ̃^{113}
lɒ̃^{311}	lɒ̃^{311}	ʔlɒ̃^{533}	lɒ̃^{113}	lɒ̃^{113}
l^{ʊ}ɔ̠^{231}	l^{ʊ}ɔ̠^{231}	l^{ʊ}ɔ̠^{24}	l^{ʊ}ɔ̠^{22}	l^{ʊ}ɔ̠^{22}
lɒ̃^{323}	lɒ̃^{323}	lɒ̃^{31}	lɒ̃^{31}	lɒ̃^{31}
lʌŋ^{324}	lʌŋ^{324}	lʌŋ^{24}	lʌŋ^{24}	lʌŋ^{24}少
lʌŋ^{322}	lʌŋ^{322}	lʌŋ^{323}	lʌŋ^{214}	lʌŋ^{214}

摄口 等调 韵声	宕开 一平 唐见 刚	宕开 一平 唐见 岗	宕开 一平 唐见 缸	江开 二平 江见 江
宜	$kʌŋ^{55}$	$kʌŋ^{55}$	$kʌŋ^{55}$	$kʌŋ^{55}$/$tɕiaŋ^{55}$
溧	$kʌŋ^{445}$	$kʌŋ^{445}$	$kʌŋ^{445}$	$kʌŋ^{445}$
金	$kaŋ^{31}$	$kaŋ^{31}$	$kaŋ^{31}$	$kaŋ^{31}$/$tɕiaŋ^{31}$
丹	$kaŋ^{22}$	$kaŋ^{22}$	$kaŋ^{22}$	$kaŋ^{22}$
童	$kaŋ^{42}$	$kaŋ^{42}$	$kaŋ^{42}$	$kaŋ^{42}$/$tɕiaŋ^{42}$
靖	$kaŋ^{433}$	$kaŋ^{433}$	$kaŋ^{433}$	$kaŋ^{433}$
江	$kʌ\text{ŋ}^{51}$/$kɒ\text{ŋ}^{51}$	$kʌ\text{ŋ}^{51}$/$kɒ\text{ŋ}^{51}$	$kʌ\text{ŋ}^{51}$/$kɒ\text{ŋ}^{51}$	$kʌ\text{ŋ}^{51}$/$tɕiʌ\text{ŋ}^{51}$/$kɒ\text{ŋ}^{51}$/$tɕia\text{ŋ}^{51}$
常	$kʌɲ^{44}$	$kʌɲ^{44}$	$kʌɲ^{44}$	$kʌɲ^{44}$/$tɕiʌɲ^{44}$
锡	$kɒ̃^{55}$	$kɒ̃^{55}$	$kɒ̃^{55}$	$kɒ̃^{55}$
苏	$kã^{44}$/$kɒ̃^{44}$	$kã^{44}$/$kɒ̃^{44}$	$kã^{44}$/$kɒ̃^{44}$	$kã^{44}$/$kɒ̃^{44}$/$tɕiã^{44}$/$tɕiã^{44}$
熟	$kʌ^{\sim52}$	$kʌ^{\sim52}$	$kʌ^{\sim52}$	$kʌ^{\sim52}$
昆	$kã^{44}$	$kã^{44}$	$kã^{44}$	$kã^{44}$/$tɕiã^{44}$
霜	$kɒ^{\sim52}$	$kɒ^{\sim52}$	$kɒ^{\sim52}$	$kɒ^{\sim52}$
罗	$kɒ^{\sim52}$	$kɒ^{\sim52}$	$kɒ^{\sim52}$	$kɒ^{\sim52}$/$tɕiã^{52}$
周	$kɒ^{\sim52}$	$kɒ^{\sim52}$	$kɒ^{\sim52}$	$kɒ^{\sim52}$/$tɕiʌ^{\sim52}$
上	$kã\text{ɲ}^{52}$	$kã\text{ɲ}^{52}$	$kã\text{ɲ}^{52}$	$kã\text{ɲ}^{52}$
松	$kɑ^{\sim52}$	$kɑ^{\sim52}$	$kɑ^{\sim52}$	$kɑ^{\sim52}$
黎	$kã^{44}$	$kã^{44}$	$kã^{44}$	$kã^{44}$
盛	$kɑ^{\sim44}$	$kɑ^{\sim44}$	$kɑ^{\sim44}$	$kɑ^{\sim44}$
嘉	$kʌ^{\sim51}$	$kʌ^{\sim51}$	$kʌ^{\sim51}$	$kʌ^{\sim51}$
双	$kɔ̃^{44}$	$kɔ̃^{44}$	$kɔ̃^{44}$	$kɔ̃^{44}$/$tɕiɔ̃^{44}$
杭	$kʌŋ^{323}$	$kʌŋ^{323}$	$kʌŋ^{323}$	$tɕiʌŋ^{323}$
绍	$kɒŋ^{52}$	$kɒŋ^{52}$	$kɒŋ^{52}$	$kɒŋ^{52}$/$tɕiaŋ^{52}$
诸	$kɒ̃^{544}$	$kɒ̃^{544}$	$kɒ̃^{544}$	$kɒ̃^{544}$/$tɕiã^{544}$
崇	$kɒ̃^{53}$	$kɒ̃^{53}$	$kɒ̃^{53}$	$kɒ̃^{53}$/$tɕiã^{53}$
太	$kɒŋ^{523}$	$kɒŋ^{523}$	$kɒŋ^{523}$	$kɒŋ^{523}$/$tɕiʌŋ^{523}$
余	$kɒ̃^{324}$	$kɒ̃^{324}$	$kɒ̃^{324}$	$kɒ̃^{324}$/$tɕiã^{324}$
宁	$kɔ̃^{52}$	$kɔ̃^{52}$	$kɔ̃^{52}$	$kɔ̃^{52}$
黄	$kɒ^{\sim533}$	$kɒ^{\sim533}$	$kɒ^{\sim533}$	$kɒ^{\sim533}$/$tɕia^{\sim533}$
温	$kʰɔ^{44}$	$kʰɔ^{44}$	$kʰɔ^{44}$	$kʰɔ^{44}$
衢	$kɒ^{\sim434}$	$kɒ^{\sim434}$	$kɒ^{\sim434}$	$kɒ^{\sim434}$/$tɕia^{\sim434}$
华	$kʌŋ^{324}$	$kʌŋ^{324}$	$kʌŋ^{324}$	$kʌŋ^{324}$/$tɕiʌŋ^{324}$
永	$kʌŋ^{44}$	$kʌŋ^{44}$	$kʌŋ^{44}$	$kʌŋ^{44}$

江开 二平 江见	江开 二上 讲见	江开 二上 讲见		江开 二去 绛见
扛	港	讲	杠	降下~
kʌŋ^{55}	kʌŋ^{51}	kʌŋ^{51}/tɕiʌŋ^{51}	kʌŋ^{324}	kʌŋ^{324}/tɕiʌŋ^{324}
kʌŋ^{412}	kʌŋ^{52}	kʌŋ^{52}/tɕie^{52}	kʌŋ^{52}	kʌŋ^{52}/tɕie^{412}
kɑŋ^{31}	kɑŋ^{323}	kɑŋ^{323}/tɕiɑŋ^{323}	kɑŋ^{44}	tɕiɑŋ^{44}
kɑŋ^{22}	kɑŋ^{44}	kɑŋ^{44}	kɑŋ^{324}	kɑŋ^{324}
kɑŋ^{42}	kɑŋ^{324}	kɑŋ^{324}/tɕiɑŋ^{324}	kɑŋ^{45}	kɑŋ^{45}/tɕiɑŋ^{45}
gɑŋ^{223}	kɑŋ^{334}	kɑŋ^{334}	kɑŋ^{51}	kɑŋ^{51}/tɕĩ^{51}
kʌᵑ^{51}/kɒᵑ^{51}	kʌᵑ^{45}/kɒᵑ^{45}	kʌᵑ^{45}/tɕiʌᵑ^{45}/kɒᵑ^{45}/tɕiɒᵑ^{45}	kʌᵑ^{435}/kɒᵑ^{435}	kʌᵑ^{435}/tɕiʌᵑ^{435}/kɒᵑ^{435}/tɕiɒᵑ^{435}
kʌɲ^{44}	kʌɲ^{334}	kʌɲ^{334}/tɕiʌɲ^{334}	kʌɲ^{51}	kʌɲ^{51}/tɕiʌɲ^{51}
kø̃^{55}	kø̃^{324}	kø̃^{324}	kø̃^{324}	kø̃^{35}
kã^{44}/kø̃^{44}	kã^{51}/kø̃^{51}	kã^{51}/kø̃^{51}/tɕiã^{51}/tɕiã^{51}	kã^{51}/kø̃^{51}	kã^{412}/kø̃^{412}
kʌ~^{52}	kʌ~^{44}	kʌ~^{44}	kʌ~^{44}	kʌ~^{324}
kã^{44}	kã^{52}	kã^{52}/tɕiã^{52}	kã^{52}	kã^{52}
kɒ~^{52}	kɒ~^{434}	kɒ~^{434}/tɕiɒ~^{434}	kɒ~^{434}	kɒ~^{434}/tɕiɒ~^{434}
kɒ~^{52}	kɒ~^{434}	kɒ~^{434}/tɕiɑ~^{434}	kɒ~^{434}	kɒ~^{434}/tɕiã^{434}
kɒ~^{52}	kɒ~^{44}	kɒ~^{44}/tɕiɑ~^{44}	kɒ~^{335}	kɒ~^{335}/tɕiɑ~^{335}
kʌ̃ɲ^{52}	kʌ̃ɲ^{334}	kʌ̃ɲ^{334}/tɕiʌ̃ɲ^{334}	kʌ̃ɲ^{334}	kʌ̃ɲ^{334}/tɕiʌ̃ɲ^{334}
kɑ~^{52}	kɑ~^{44}	kɑ~^{44}	gɑ~^{231}	kɑ~^{335}
kɑ~^{44}	kɑ~^{51}	kɑ~^{51}	kɑ~^{413}	kɑ~^{413}
kɑ~^{44}	kɑ~^{51}	kɑ~^{51}	kɑ~^{413}	kɑ~^{413}
kʌ~^{51}	kʌ~^{44}	kʌ~^{44}	kʌ~^{334}	kʌ~^{334}/tɕiʌ~^{334}
kɔ̃^{44}/tɕiɔ̃^{44}	kɔ̃^{53}	kɔ̃^{53}	kɔ̃^{334}	kɔ̃^{334}/tɕiɔ̃^{334}
gʌŋ^{212}	kʌŋ^{51}	tɕiʌŋ^{51}	kʌŋ^{334}	tɕiʌŋ^{334}
kɒŋ^{52}	kɒŋ^{334}	kɒŋ^{334}/tɕiɑŋ^{334}	kɒŋ^{33}	kɒŋ^{33}/tɕiɑŋ^{33}
kø̃^{544}	kø̃^{52}	kø̃^{52}/tɕiã^{52}	kø̃^{544}	tɕiã^{544}
kø̃^{53}	kø̃^{44}	kø̃^{44}/tɕiã^{44}	kø̃^{324}	kø̃^{324}/tɕiã^{324}
kɒŋ^{523}	kɒŋ^{42}	kɒŋ^{42}/tɕiʌŋ^{42}	kɒŋ^{35}	kɒŋ^{35}/tɕiʌŋ^{35}
kɒ~^{324}	kø̃~^{435}	kø̃^{435}/tɕiã^{435}	kø̃^{52}	kø̃^{52}/tɕiã^{52}
kɔ̃^{52}	kɔ̃^{325}	kɔ̃^{325}	kɔ̃^{52}	tsɔ̃^{52}/ʔɔ̃^{52}
kɒ~^{533}	kɒ~^{533}	kɒ~^{533}/tɕiɑ~^{533}	kɒ~^{44}	kɒ~^{44}
koŋ^{44}	koŋ^{35}	kᵘɔ^{35}	koŋ^{52}	kᵘɔ^{52}
kɒ~^{434}	kɒ~^{45}	kɒ~^{45}/tɕiɑ~^{45}	kɒ~^{53}	kɒ~^{53}/tɕiɑ~^{53}
kʌŋ^{324}	kʌŋ^{544}	kʌŋ^{544}/tɕiʌŋ^{544}	kʌŋ^{45}	kʌŋ^{45}
kʌŋ^{44}	kʌŋ^{434}	kʌŋ^{434}	kʌŋ^{54}	kʌŋ^{54}

摄口 等调 韵声	宕开 一平 唐溪 康	宕开 一平 唐溪 糠	宕开 一上 荡溪 慷	宕开 一去 宕溪 炕
宜	kʻʌŋ^{55}	kʻʌŋ^{55}	kʻʌŋ^{51}	kʻʌŋ^{324}
溧	kʻʌŋ^{445}	kʻʌŋ^{445}	kʻʌŋ^{445}	kʻʌŋ^{412}
金	kʻɑŋ^{31}	kʻɑŋ^{31}	kʻɑŋ^{44}	kʻɑŋ^{44}
丹	kʻɑŋ^{22}	kʻɑŋ^{22}	kʻɑŋ^{44}	kʻɑŋ^{324}
童	kʻɑŋ^{42}	kʻɑŋ^{42}	kʻɑŋ^{324}	kʻɑŋ^{45}
靖	kʻɑŋ^{433}	kʻɑŋ^{433}	kʻɑŋ^{334}	kʻɑŋ^{51}
江	kʻʌᵑ^{51}/kʻɒⁿ^{51}	kʻʌᵑ^{51}/kʻɒⁿ^{51}	kʻʌᵑ^{51}/kʻɒⁿ^{51}	kʻʌᵑ^{435}/kʻɒⁿ^{435}
常	kʻʌɲ^{44}	kʻʌɲ^{44}	kʻʌɲ^{334}	kʻʌɲ^{51}
锡	kʻɒ̃^{55}	kʻɒ̃^{55}	kʻɒ̃^{324}	kʻɒ̃^{35}
苏	kʻã^{44}/kʻɒ̃^{44}	kʻã^{44}/kʻɒ̃^{44}	kʻã^{51}/kʻɒ̃^{51}	kʻã^{412}/kʻɒ̃^{412}
熟	kʻã^{52}	kʻã^{52}	kʻã^{44}	kʻã^{324}
昆	kʻã^{44}	kʻã^{44}	kʻã^{52}	kʻã^{52}
霜	kʻɒ̃^{52}	kʻɒ̃^{52}	kʻɒ̃^{434}	kʻɒ̃^{434}
罗	kʻɒ̃^{52}	kʻɒ̃^{52}	kʻɒ̃^{434}	kʻɒ̃^{434}
周	kʻɒ̃^{52}	kʻɒ̃^{52}	kʻɒ̃^{44}	kʻɒ̃^{335}
上	kʻʌ̃ⁿ^{52}	kʻʌ̃ⁿ^{52}	kʻʌ̃ⁿ^{334}	kʻʌ̃ⁿ^{334}
松	kʻɑ̃^{52}	kʻɑ̃^{52}	kʻɑ̃^{44}	kʻɑ̃^{335}
黎	kʻɑ̃^{44}	kʻɑ̃^{44}	kʻɑ̃^{334}	kʻɑ̃^{324}
盛	kʻɑ̃^{44}	kʻɑ̃^{44}	kʻɑ̃^{334}	kʻɑ̃^{313}
嘉	kʻʌ̃^{51}	kʻʌ̃^{51}	kʻʌ̃^{324}	kʻʌ̃^{334}
双	kʻɔ^{44}	kʻɔ^{44}	kʻɔ^{53}	kʻɔ^{334}
杭	kʻʌŋ^{323}	kʻʌŋ^{323}	kʻʌŋ^{51}	kʻʌŋ^{334}
绍	kʻɒŋ^{52}	kʻɒŋ^{52}	kʻɒŋ^{334}	kʻɒŋ^{33}
诸	kʻɒ̃^{544}	kʻɒ̃^{544}	kʻɒ̃^{52}	kʻɒ̃^{544}
崇	kʻɒ̃^{53}	kʻɒ̃^{53}	kʻɒ̃^{44}	kʻɒ̃^{324}
太	kʻɒŋ^{523}	kʻɒŋ^{523}	kʻɒŋ^{42}	kʻɒŋ^{35}
余	kʻɒ̃^{324}	kʻɒ̃^{324}	kʻɒ̃^{435}	kʻɒ̃^{52}
宁	kʻɔ^{52}	kʻɔ^{52}	kʻɔ^{325}	kʻɔ^{52}
黄	kʻɒ̃^{533}	kʻɒ̃^{533}	kʻɒ̃^{533}	kʻɒ̃^{44}
温	kʻᵚɔ^{44}	kʻᵚɔ^{44}	kʻᵚɔ^{35}	kʻᵚɔ^{52}
衢	kʻɒ^{434}	kʻɒ^{434}	kʻɒ^{45}	kʻɒ^{53}
华	kʻʌŋ^{324}	kʻʌŋ^{324}	kʻʌŋ^{544}	kʻʌŋ^{45}
永	kʻʌŋ^{44}	kʻʌŋ^{44}	kʻʌŋ^{434}	kʻʌŋ^{54}

宕开 一去 宕溪	宕开 一去 宕溪	江开 二去 绛知	宕开 一平 唐疑
闶	抗	戅	昂
k'ʌŋ^{324}	k'ʌŋ^{324}	gʌŋ^{223}	ŋʌŋ^{223}
k'ʌŋ^{412}	k'ʌŋ^{412}	gʌŋ^{224}	ŋʌŋ^{224}
k'ɑŋ^{44}	k'ɑŋ^{44}	kɑŋ^{44}	ɑŋ^{35}
k'ɑŋ^{324}	k'ɑŋ^{324}		ŋɑŋ^{213}
k'ɑŋ^{45}	k'ɑŋ^{45}	gɑŋ^{113}	ŋɑŋ^{113}
k'ɑŋ^{51}	k'ɑŋ^{51}	hæ^{51}	ʔɑŋ^{433}
k'ʌ^{ŋ435}/k'ɒ^{ŋ435}	k'ʌ^{ŋ435}/k'ɒ^{ŋ435}	gʌ^{ŋ223}/gɒ^{ŋ223}	ŋʌ^{ŋ223}/ŋɒ^{ŋ223}
k'ʌɲ^{51}	k'ʌɲ^{51}		ŋʌɲ^{213}
k'ɒ̃^{35}	k'ɒ̃^{35}	gɛ^{213}	ɦɒ̃^{213}
k'ʌ̃^{412}/k'ɒ̃^{412}	k'ʌ̃^{412}/k'ɒ̃^{412}	gʌ̃^{231}/gɒ̃^{231}	ŋʌ̃^{223}/ŋɒ̃^{223}
k'ʌ~^{324}	k'ʌ~^{324}	gʌ~	ŋʌ^{233}
k'ã^{52}	k'ã^{52}	gã^{21}	ŋã^{132}
k'ɒ~^{434}	k'ɒ~^{434}	gɒ~^{434}	ʔɒ~^{434}
k'ɒ~^{434}	k'ɒ~^{434}	gɒ~^{434}	ŋɒ~^{231}
k'ɒ~^{335}	k'ɒ~^{335}	gɒ~^{113}	ŋɒ~^{113}/ɦɒ~^{113}
k'ʌ̃^{ɲ334}	k'ʌ̃^{ɲ334}	gʌ̃^{ɲ113}	ʔʌ̃^{ɲ334}/ɦʌ̃^{ɲ113}/ŋʌ̃^{ɲ113}
k'ɑ~^{335}	k'ɑ~^{335}	gɑ~^{113}	ŋã^{231}/ɦã^{231}
k'ɑ~^{324}	k'ɑ~^{324}	gɑ~^{213}	ŋɑ~^{24}/ɦɑ~^{24}
k'ɑ~^{313}	k'ɑ~^{313}	gɑ~^{212}	ɦɑ~^{24}
k'ʌ~^{334}	k'ʌ~^{334}	gʌ~^{223}	ɦʌ~^{231}
k'ɔ̃^{334}	k'ɔ̃^{334}	gɔ̃^{113}	ɦɔ̃^{113}/ŋɔ̃^{113}
k'ʌŋ^{334}	k'ʌŋ^{334}	gʌŋ^{212}	ʔʌŋ^{334}
k'ɒŋ^{33}	k'ɒŋ^{33}	gɒŋ^{231}	ŋɒŋ^{231}
k'ɒ̃^{544}	k'ɒ̃^{544}	gɒ̃^{233}	ɦɒ̃^{233}
k'ɒ̃^{324}	k'ɒ̃^{324}		ŋɒ̃^{31}
k'ɒŋ^{35}	k'ɒŋ^{35}	gɒŋ^{312}	ŋɒŋ^{312}
k'ɒ̃^{52}	k'ɒ̃^{52}	gɒ̃^{113}	ŋɒ̃^{113}
k'ɔ̃^{52}	k'ɔ̃^{52}	gɔ̃^{113}	ʔɔ̃^{325}/ʔɔ̃^{52}/ŋɔ̃^{113}
k'ɒ~^{44}	k'ɒ~^{44}	gɒ~^{311}	ʔŋɒ~^{311}
k'ᵚɔ^{52}	k'ᵚɔ^{52}		ŋɜ^{231}
k'ɒ~^{53}/tɕ'iã^{53}	k'ɒ~^{53}/tɕ'iã^{53}		ŋɒ~^{323}
k'ʌŋ^{45}	k'ʌŋ^{45}		ʔʌŋ^{324}
k'ʌŋ^{54}	k'ʌŋ^{54}		ŋʌŋ^{322}

摄口 等调 韵声	宕开 一平 唐匣 肮~脏	宕开 一平 唐匣 杭	宕开 一平 唐匣 航	宕开 一平 唐匣 行银~
宜	ʔʌŋ^{55}	ɦʌŋ^{223}	ɦʌŋ^{223}	ɦʌŋ^{223}
溧	ʔʌŋ^{445}	xɦʌŋ^{323}	xɦʌŋ^{323}	xɦʌŋ^{323}
金	ɑŋ^{31}	xɑŋ^{35}	xɑŋ^{35}	xɑŋ^{35}
丹	ɑŋ^{22}	h^{ɦ}ɑŋ^{213}	h^{ɦ}ɑŋ^{213}	h^{ɦ}ɑŋ^{213}
童	ʔɑŋ^{324}	xɦɑŋ^{31}	xɦɑŋ^{31}	xɦɑŋ^{31}
靖	ʔɑŋ^{433}	ɦɦɑŋ^{223}	ɦɦɑŋ^{223}	ɦɦɑŋ^{223}
江	ʔʌ^ŋ^{51} / ʔɒ^ŋ^{51}	hɦɑ^ŋ^{223} / hɦɒ^ŋ^{223}	hɦɑ^ŋ^{223} / hɦɒ^ŋ^{223}	hɦɑ^ŋ^{223} / hɦɒ^ŋ^{223}
常	ʔʌɲ^{44}	ɦʌɲ^{213}	ɦʌɲ^{213}	ɦʌɲ^{213}
锡	ʔɒ̃^{55}	ɦɒ̃^{213}	ɦɒ̃^{213}	ɦɒ̃^{213}
苏	ʔÃ^{44} / ʔɒ̃^{44}	ɦÃ^{223} / ɦɒ̃^{223}	ɦÃ^{223} / ɦɒ̃^{223}	ɦÃ^{223} / ɦɒ̃^{223}
熟	ʔʌ~^{52}	ɦʌ~^{233}	ɦʌ~^{233}	ɦʌ~^{233}
昆	ʔã^{44}	ɦã^{132}	ɦã^{132}	ɦã^{132}
霜	ʔɒ~^{52}	ɦɒ~^{231}	ɦɒ~^{231}	ɦɒ~^{231}
罗	ʔɒ~^{52}	ɦɒ~^{231}	ɦɒ~^{231}	ɦɒ~^{231}
周	ʔɒ~^{52}	ɦɒ~^{113}	ɦɒ~^{113}	ɦɒ~^{113}
上	ʔÃ^ᶮ^{52}	ɦÃ^ᶮ^{113}	ɦÃ^ᶮ^{113}	ɦÃ^ᶮ^{113}
松	ʔã^{52}	ɦã^{231}	ɦã^{231}	ɦã^{231}
黎	ʔã^{44}	ɦã^{24}	ɦã^{24}	ɦã^{24}
盛	ʔɑ~^{44}	ɦɑ~^{24}	ɦɑ~^{24}	ɦɑ~^{24}
嘉	ʔʌ~^{51}	ɦʌ~^{231}	ɦʌ~^{231}	ɦʌ~^{231}
双	ʔɔ̃^{44}	ɦɔ̃^{113}	ɦɔ̃^{113}	ɦɔ̃^{113}
杭	ʔʌŋ^{323}	ɦʌŋ^{212}	ɦʌŋ^{212}	ɦʌŋ^{212}
绍	ʔɒŋ^{52}	ɦɒŋ^{231}	ɦɒŋ^{231}	ɦɒŋ^{231}
诸	ʔɒ̃^{544}	ɦɒ̃^{233}	ɦɒ̃^{233}	ɦɒ̃^{233}
崇	ʔɒ̃^{53}	ɦɒ̃^{31}	ɦɒ̃^{31}	ɦɒ̃^{31}
太	ʔɒŋ^{523}	ɦɒŋ^{312}	ɦɒŋ^{312}	ɦɒŋ^{312}
余	ʔɒ̃^{324}	ɦɒ̃^{113}	ɦɒ̃^{113}	ɦɒ̃^{113}
宁	ʔɔ̃^{52}	ɦɔ̃^{113}	ɦɔ̃^{113}	ɦɔ̃^{113}
黄	ʔɒ~^{533}	ɦɒ~^{311}	ɦɒ~^{311}	ɦɒ~^{311}
温	ʔʒ^{44}	ɦ^{ʊ}ɔ^{231}	ɦ^{ʊ}ɔ^{231}	ɦ^{ʊ}ɔ^{231}
衢	ʔɒ~^{434}	ʔ^{ɦ}ɒ^{323}	ʔ^{ɦ}ɒ^{323}	ʔ^{ɦ}ɒ^{323}
华	ʔʌŋ^{324}	ʔʌŋ^{213}	ʔʌŋ^{213}	ʔʌŋ^{213}
永	ʔʌŋ^{44}	ʔɦʌŋ^{322}	ʔɦʌŋ^{322}	ʔɦʌŋ^{322}

江开 二平 江匣	江开 二上 讲匣	江开 二去 绛匣	宕开 一去 宕精	
降投~	项	巷	脏肮~	葬
ɦiAŋ^{223}	ɦiAŋ^{231}	ɦiAŋ^{231}	tsAŋ^{55}	tsAŋ^{324}
xɦiAŋ^{323}/xɦiAŋ^{231}	xɦiAŋ^{231}	xɦiAŋ^{231}/ɦiAŋ^{231}	tsAŋ^{445}	tsAŋ^{412}
xaŋ^{35}/ɕiaŋ^{35}	xaŋ^{44}	xaŋ^{44}/ɕiaŋ^{44}	tsaŋ^{31}	tɕyaŋ^{44}
h^{ɦ}aŋ^{213}/haŋ^{22}	haŋ^{41}	haŋ^{41}	tsaŋ^{22}	tsaŋ$^{41/324}$
xɦiaŋ^{31}	xɦiaŋ^{113}	xɦiaŋ^{113}/ɦiaŋ^{113}	tsaŋ^{42}	tsaŋ^{45}
hɦiaŋ^{223}/çĩ^{433}	hɦiaŋ^{51}	hɦiaŋ^{51}	tsaŋ^{433}	tsaŋ^{51}
hɦiA$^{ŋ 223}$/ɦiA$^{ŋ 223}$/hɦiɒ$^{ŋ 223}$/ɦia$^{ŋ 223}$	hɦiA$^{ŋ 223}$/hɦiɒ$^{ŋ 223}$	h^{ɦ}A$^{ŋ 223}$/h^{ɦ}ɒ$^{ŋ 223}$	tsA$^{ŋ 51}$/tsɒ$^{ŋ 51}$	tsA$^{ŋ 435}$/tsɒ$^{ŋ 435}$
ɦiAɲ^{213}/ʑiaŋ^{213}	ɦiAɲ^{24}	ɦiAɲ^{24}	tsAɲ^{44}	tsAɲ^{51}
ɦiɒ̃^{213}	hɦiɒ̃^{213}	ɦiɒ̃^{213}	tsɒ̃^{55}	tsɒ̃^{35}
ɦiã^{132}	hɦiã^{231}/hɦiɒ̃^{231}	ɦiã^{231}/ɦiɒ̃^{231}	tsã^{44}/tsɒ̃^{44}	tsã^{412}/tsɒ̃^{412}
ɦiA$\tilde{}^{233}$	ɦiA$\tilde{}^{31}$	ɦiA$\tilde{}^{213}$	tsA$\tilde{}^{52}$	tsA$\tilde{}^{324}$
ɦiã^{132}	ɦiã^{223}	ɦiã^{21}	tsã^{44}	tsã^{52}
ɦiɒ$\tilde{}^{231}$	ɦiɒ$\tilde{}^{213}$	ɦiɒ$\tilde{}^{213}$	tsɒ$\tilde{}^{52}$	tsɒ$\tilde{}^{434}$
ɦiɒ$\tilde{}^{231}$	ɦiɒ$\tilde{}^{213}$	ɦiɒ$\tilde{}^{213}$	tsɒ$\tilde{}^{52}$	tsɒ$\tilde{}^{434}$
ɦiɒ$\tilde{}^{113}$	ɦiɒ$\tilde{}^{113}$	ɦiɒ$\tilde{}^{113}$	tsɒ$\tilde{}^{52}$	tsɒ$\tilde{}^{335}$
ɦiÃ$^{ɲ 113}$	ɦiÃ$^{ɲ 113}$	ɦiÃ$^{ɲ 113}$	tsÃ$^{ɲ 52}$	tsÃ$^{ɲ 334}$
ɦia$\tilde{}^{231}$	ɦia$\tilde{}^{113}$	ɦia$\tilde{}^{113}$	tsa$\tilde{}^{52}$	tsa$\tilde{}^{335}$
ɦia$\tilde{}^{24}$	ɦia$\tilde{}^{32}$	ɦia$\tilde{}^{213}$	tsa$\tilde{}^{44}$	tsa$\tilde{}^{413}$
ɦia$\tilde{}^{24}$/ka$\tilde{}^{24}$	ɦia$\tilde{}^{223}$	ɦia$\tilde{}^{212}$	tsa$\tilde{}^{44}$	tsa$\tilde{}^{413}$
ɦA$\tilde{}^{231}$	ɦA$\tilde{}^{223}$	kA$\tilde{}^{223}$/çiA$\tilde{}^{223}$	tsA$\tilde{}^{51}$	tsA$\tilde{}^{334}$
ɦiɔ̃^{113}/ɦiã^{113}/ɦiɔ̃^{113}	ɦiɔ̃^{231}	ɦiɔ̃^{113}	tsɔ̃^{44}	tsɔ̃^{334}
ɦiiAŋ^{212}	ɕiAŋ^{113}/ʑiaŋ^{113}	ɦiiAŋ^{113}	tsAŋ^{323}	tsAŋ^{334}
ɦiɒŋ^{231}/ɦiɒŋ^{231}	ɦiɒŋ^{113}	ɦiɒŋ^{22}	tsɒŋ^{52}	tsɒŋ^{33}
ɦiɔ̃^{233}/ɦiÃ^{233}	ɦiɔ̃^{231}	ɦiɔ̃^{233}	tsɔ̃^{544}	tsɔ̃^{544}
ɦiɔ̃^{31}	ɦiɔ̃^{22}	ɦiɔ̃^{14}	tsɔ̃^{53}	tsɔ̃^{324}
ɦiɒŋ^{312}投~/tɕiAŋ^{312}~服	ɦiɒŋ^{22}	ɦiɒŋ^{13}	tsʊŋ^{523}	tsʊŋ^{35}
ɦiɔ̃^{113}	ɦiɔ̃^{113}	ɦiɔ̃^{113}/ɦiã^{113}少	tsɔ̃^{324}	tsɔ̃^{52}
ɦiɔ̃^{113}/ʔɔ̃^{52}	ɦiɔ̃^{113}	ɦiɔ̃^{113}	tsɔ̃^{52}	tsɔ̃^{52}
ɦiɒ$\tilde{}^{311}$	ʔɒ$\tilde{}^{533}$	ɦiɒ$\tilde{}^{113}$	tsɒ$\tilde{}^{533}$	tsɒ$\tilde{}^{533}$
ɦ^{v}ɔ^{231}	ɦ^{v}ɔ^{24}	ɦ^{v}ɔ^{22}	ts3^{44}	ts^{v}ɔ^{52}
ʔ^{ɦ}ɒ$\tilde{}^{323}$	ʔ^{ɦ}ɒ$\tilde{}^{31}$	ʔ^{ɦ}ɒ$\tilde{}^{31}$	tsɒ$\tilde{}^{434}$	tsɒ$\tilde{}^{53}$
ʔɦAŋ^{213}	ʔɦAŋ^{24}	ʔɦAŋ^{24}	tsAŋ^{324}	tsAŋ^{45}
ʔɦAŋ^{322}	ʔɦAŋ^{214}	ʔɦAŋ^{214}	tsAŋ^{44}	tsAŋ^{54}

摄口 等调 韵声	宕开 一平 唐清 仓	宕开 一平 唐清 舱	宕开 一平 唐从 藏隐~	宕开 一去 宕从 藏西~
宜	ts'ʌŋ^{55}	ts'ʌŋ^{55}	dzʌŋ^{223}	dzʌŋ^{231}
溧	ts'ʌŋ^{445}	ts'ʌŋ^{445}	zʌŋ^{323}	zʌŋ^{231}
金	ts'ɑŋ^{31}	ts'ɑŋ^{31}	ts'ɑŋ^{35}	tsaŋ^{44}
丹	ts'ɑŋ^{22}	ts'ɑŋ^{22}	tsɑŋ^{22}	tsaŋ^{41}
童	ts'ɑŋ^{42}	ts'ɑŋ^{42}	dzɑŋ^{31}	dzɑŋ^{113}
靖	ts'ɑŋ^{433}	ts'ɑŋ^{433}	szɑŋ^{223}	szɑŋ^{31}
江	ts'ʌŋ^{51}/ts'ɒŋ^{51}	ts'ʌ^{ŋ51}/ts'ɒ^{ŋ51}	zʌ^{ŋ223}/zɒ^{ŋ223}	zʌ^{ŋ223}/zɒ^{ŋ223}
常	ts'ʌŋ^{44}	ts'ʌŋ^{44}	dzʌŋ^{213}	dzʌŋ^{213}
锡	ts'ɒ̃^{55}	ts'ɒ̃^{55}	zɒ̃^{213}	zɒ̃^{213}
苏	ts'ã^{44}/ts'ɒ̃^{44}	ts'ã^{44}/ts'ɒ̃^{44}	zã^{223}/zɒ̃^{223}	zã^{231}/zɒ̃^{231}
熟	ts'ʌ$^{~52}$	ts'ʌ$^{~52}$	dzʌ$^{~233}$	dzʌ$^{~213}$
昆	ts'ã^{44}	ts'ã^{44}	zã^{132}	zã^{21}
霜	ts'ɒ$^{~52}$	ts'ɒ$^{~52}$	zɒ$^{~231}$	zɒ$^{~213}$
罗	ts'ɒ$^{~52}$	ts'ɒ$^{~52}$	zɒ$^{~231}$	zɒ$^{~213}$
周	ts'ɒ$^{~52}$	ts'ɒ$^{~52}$	zɒ$^{~113}$	zɒ$^{~113}$
上	ts'ã^{ⁿ52}	ts'ã^{ⁿ52}	zã^{ⁿ113}	zã^{ⁿ113}
松	ts'ã^{52}	ts'ã^{52}	zã^{231}	zã^{113}
黎	ts'ɑ$^{~44}$	ts'ɑ$^{~44}$	dza$^{~24}$/za$^{~24}$	za$^{~213}$
盛	ts'ɑ$^{~44}$	ts'ɑ$^{~44}$	dza$^{~24}$	dza$^{~212}$
嘉	ts'ʌ$^{~51}$	ts'ʌ$^{~51}$	zʌ$^{~231}$	zʌ$^{~223}$
双	ts'ɔ̃^{44}	ts'ɔ̃^{44}	zɔ̃^{113}	zɔ̃^{113}
杭	ts'ʌŋ^{323}	ts'ʌŋ^{323}	dzʌŋ^{212}	dzʌŋ^{113}
绍	ts'ɒŋ^{52}	ts'ɒŋ^{52}	dzɒŋ^{231}	dzɒŋ^{22}
诸	ts'ɒ̃^{544}	ts'ɒ̃^{544}	dzɒ̃^{233}	dzɒ̃^{233}
崇	ts'ɒ̃^{53}	ts'ɒ̃^{53}	dzɒ̃^{31}	dzɒ̃^{14}
太	ts'ʊŋ^{523}	ts'ʊŋ^{523}	dzʊŋ^{13}	dzʊŋ^{13}
余	ts'ɒ̃^{324}	ts'ɒ̃^{324}	dzɒ̃^{113}	dzɒ̃^{113}
宁	ts'ɔ̃^{52}	ts'ɔ̃^{52}	dzɔ̃^{113}	dzɔ̃^{113}
黄	ts'ɒ$^{~533}$	ts'ɒ$^{~533}$	zɒ$^{~311}$	zɒ$^{~113}$
温	ts'ᵚɔ^{44}	ts'ᵚɔ^{44}	zᵚɔ^{231}	zᵚɔ^{22}
衢	ts'ɒ^{434}	ts'ɒ^{434}	zɒ^{323}	dzɒ$^{~31}$
华	ts'ʌŋ^{324}	ts'ʌŋ^{324}	dzʌŋ^{213}/tsʌŋ^{324}	dzʌŋ^{24}
永	ts'ʌŋ^{44}	ts'ʌŋ^{44}	szʌŋ^{322}	szʌŋ^{322}

宕开 一平 唐心	宕开 一平 唐心	宕开 一上 荡心	宕开 一去 宕心	梗开 二平 耕帮
桑	丧~事	嗓	丧~失	浜
$sʌŋ^{55}$	$sʌŋ^{55}$	$sʌŋ^{51}$	$sʌŋ^{324}$	$pʌŋ^{55}$
$sʌŋ^{445}$	$sʌŋ^{445}$	$sʌŋ^{52}$	$sʌŋ^{412}$	$pʌŋ^{445}$
$sɑŋ^{31}$	$sɑŋ^{31}$	$sɑŋ^{323}$	$sɑŋ^{44}$	$pɑŋ^{31}$
$sɑŋ^{22}$	$sɑŋ^{22}$	$sɑŋ^{44}$	$sɑŋ^{41}$	$pɛn^{22}$
$sɑŋ^{42}$	$sɑŋ^{42}$	$sɑŋ^{324}$	$sɑŋ^{45}$	
$sɑŋ^{433}$	$sɑŋ^{433}$	$sɑŋ^{334}$	$sɑŋ^{51}$	$poŋ^{433}$
$sʌ^{ŋ51}/sɒ^{ŋ51}$	$sʌ^{ŋ51}/sɒ^{ŋ51}$	$sʌ^{ŋ45}/sɒ^{ŋ45}$	$sʌ^{ŋ435}/sɒ^{ŋ435}$	$pʌ^{ŋ51}/pa^{ŋ51}$
$sʌɲ^{44}$	$sʌɲ^{44}$	$sʌɲ^{334}$	$sʌɲ^{51}$	$pʌɲ^{44}$
$sɒ̃^{55}$	$sɒ̃^{55}$	$sɒ̃^{324}$	$sɒ̃^{35}$	$pã^{55}$
$sÃ^{44}/sɒ̃^{44}$	$sÃ^{44}/sɒ̃^{44}$	$sÃ^{51}/sɒ̃^{51}$	$sÃ^{412}/sɒ̃^{412}$	$pÃ^{44}/pã^{44}$
$sʌ^{~52}$	$sʌ^{~52}$	$sʌ^{~44}$	$sʌ^{~324}$	$pʌ^{~52}$
$sã^{44}$	$sã^{44}$	$sã^{52}$	$sã^{52}$	$pã^{44}$
$sɒ̃^{52}$	$sɒ̃^{52}$	$sɒ̃^{434}$	$sɒ̃^{434}$	$pã^{52}$
$sɒ^{~52}$	$sɒ^{~52}$	$sɒ^{~434}$	$sɒ^{~434}$	$pɒ^{~52}$
$sɒ^{~52}$	$sɒ^{~52}$	$sɒ^{~44}$	$sɒ^{~335}$	$ɓʌ^{~52}$
$sÃ^{ɲ52}$	$sÃ^{ɲ52}/sÃ^{~334}$	$sÃ^{ɲ334}$	$sÃ^{ɲ334}$	$pÃ^{ɲ52}$
$sã^{52}$	$sã^{52}$	$sã^{335}$	$sã^{335}$	$pɛ̃^{52}$
$sɑ^{~44}$	$sɑ^{~44}$	$sɑ^{~51}$	$sɑ^{~413}$	$pa^{~44}$
$sɑ^{~44}$	$sɑ^{~44}$	$sɑ^{~51}$	$sɑ^{~413}$	$pæ̃^{44}$
$sʌ^{~51}$	$sʌ^{~51}$	$sʌ^{~44}$	$sʌ^{~334}$	$pʌ^{~51}$
$sɔ^{~44}$	$sɔ^{~44}$	$sɔ^{~53}$	$sɔ^{~334}$	$pa^{~44}$
$sʌŋ^{323}$	$sʌŋ^{323}$	$sʌŋ^{51}$	$sʌŋ^{334}$	$pʌŋ^{323}$
$sɒŋ^{52}$	$sɒŋ^{52}$	$sɒŋ^{334}$	$sɒŋ^{334}$	$paŋ^{52}$
$sɒ̃^{544}$	$sɒ̃^{544}$	$sɒ̃^{52}$	$sɒ̃^{544}$	$pÃ^{544}$
$sɒ̃^{53}$	$sɒ̃^{53}$	$sɒ̃^{44}$	$sɒ̃^{324}$	$pÃ^{53}$
$sʊŋ^{523}$	$sʊŋ^{523}$	$sʊŋ^{42}$	$sʊŋ^{35}$	$pʌŋ^{523}$
$sɒ̃^{324}$	$sɒ̃^{324}$	$sɒ̃^{435}$	$sɒ̃^{52}$	$pÃ^{324}$
$sɔ̃^{52}$	$sɔ̃^{52}$	$sɔ̃^{325}$	$sɔ̃^{52}$	$pã^{52}$
$sɒ^{~533}$	$sɒ^{~533}$	$sɒ^{~533}$	$sɒ^{~44}$	$pʌ^{~533}$
$s^{ʋ}ɔ^{44}$	$sæi^{44}$	$s^{ʋ}ɔ^{35}$	$s^{ʋ}ɔ^{52}$	$pəŋ^{44}$
$sɒ^{~434}$	$sɒ^{434}$	$sɒ^{~45}$	$sɒ^{53}$	$piɲ^{434}$
$sʌŋ^{324}$	$sʌŋ^{324}$	$sʌŋ^{544}$	$sʌŋ^{45}$	
$sʌŋ^{44}$	$sʌŋ^{44}$	$sʌŋ^{434}$	$sʌŋ^{54}$	$ʔməŋ^{44}$

摄口 等调 韵声	梗开 二平 耕帮 绷	梗开 二去 诤帮 迸	曾开 一平 登並 朋	梗开 二平 庚並 彭
宜	pʌŋ^{55}	pən^{324}	boŋ^{223}/bʌŋ^{223}	bʌŋ^{223}
溧	pən^{445}	pən^{412}	boŋ^{323}/bən^{323}	boŋ^{323}
金	poŋ^{31}	poŋ^{44}	pʻoŋ^{35}	pʻoŋ^{35}
丹	pɛn^{22}	pɛn$^{41/324}$	bɛn^{213}	bɛn^{213}
童	pəŋ^{42}	poŋ^{45}	boŋ^{31}	boŋ^{31}
靖江	pʌ^{ŋ51}/pa^{ŋ51}	pʌ^{ŋ435}/pa^{ŋ435}	bʌ^{ŋ223}/ba^{ŋ223}	bʌ^{ŋ223}/ba^{ŋ223}
常	pʌɲ^{44}	pʌɲ^{51}	boŋ^{213}/bʌɲ^{213}	boŋ^{213}
锡	pã^{55}	piɲ^{35}	bã^{213}	bã^{213}
苏	pã^{44}/pã^{44}	pã^{412}/pã^{412}	bã^{223}/bã^{223}	bã^{223}/bã^{223}
熟	pʌ~^{52}	pʌ~^{324}	bʌ~^{233}	bʌ~^{233}
昆	pã^{44}	pã^{52}	bã^{132}	bã^{132}
霜	pɛ̃^{52}/pã^{52}	pɛ̃^{434}	ba~^{231}	ba~^{231}
罗	pa~^{52}	pa~^{434}	ba~^{231}	ba~^{231}
周	ɓʌ~^{52}	ɓʌ~^{335}/biɲ^{335}	bʌ~^{113}	bʌ~^{113}
上	pʌ̃ɲ^{52}/pəŋ^{52}	pəŋ^{334}/pʌ̃ɲ^{334}	bʌ̃ɲ^{113}	bʌ̃ɲ^{113}
松	pɛ̃^{52}	pɛ̃^{335}/pəŋ^{335}	bɛ̃^{231}	bɛ̃^{231}
黎	pã^{44}	pã^{413}	bã^{24}	bã^{24}/bəŋ^{24}
盛	pæ̃^{44}	pæ̃^{413}	bæ̃^{24}	bæ̃^{24}
嘉	pʌ~^{51}	pəŋ^{334}	bʌ~^{231}	bʌ~^{231}
双	pã^{44}	pã^{334}	bã^{113}/bən^{113}	bã^{113}
杭	pʌŋ^{323}	pən^{334}	bʌŋ^{212}/boŋ^{212}	bən^{212}
绍	paŋ^{52}/pəŋ^{52}	pəŋ^{33}	baŋ^{231}	baŋ^{231}
诸	pã^{544}	pã^{544}	bã^{233}	bã^{233}
崇	pã^{53}	piŋ^{324}	bã^{31}	bã^{31}
太	pʌŋ^{523}	pɛŋ^{35}	bʌŋ^{312}/bɛŋ^{312}	bʌŋ^{312}
余	pã^{324}	pɛŋ^{52}	bã^{113}/bɛŋ^{113}	bã^{113}
宁	pã^{52}	pɛŋ^{52}	bã^{113}	bã^{113}
黄	pəŋ^{533}	pəŋ^{44}	bəŋ^{311}/boŋ^{311}/ba~^{311}	ba~^{311}
温	pəŋ^{44}	pəŋ^{52}	boŋ^{231}	bɪɛ^{231}
衢	pən^{434}	piŋ^{53}	bən^{323}/boŋ^{323}	bən^{323}
华	pən^{324}	pən^{324}	pəŋ^{324}/pʌŋ^{324}	pən^{324}
永	ʔmən^{44}	ʔmiŋ^{54}	boŋ^{322}	bai^{322}

梗开 二平 耕並	江开 二上 讲並		梗开 二上 梗明	梗开 二去 映明
棚	蚌	碰	猛	孟
bʌŋ^{223}	bʌŋ^{231}	bʌŋ^{231}	ʔmʌŋ^{55}	ʔmʌŋ^{55}
boŋ^{323}	bʌŋ^{231}	pʻoŋ^{412}/boŋ^{231}	ʔmən^{445}	ʔmən^{412}
pʻoŋ^{35}	poŋ^{44}	pʻoŋ^{44}	mən^{323}	moŋ^{35}
bɛn^{213}	bʌŋ^{31}	bʌŋ^{31}	mɛn^{44}	mɛn^{41}/moŋ^{41}
boŋ^{31}	bʌŋ^{113}	pʻoŋ^{113}/boŋ^{113}	ʔmoŋ^{324}	moŋ^{113}
boŋ^{223}	bʌŋ^{31}	pʻoŋ^{51}	ʔmoŋ^{334}	moŋ^{31}
bʌ^{ŋ223}/ba^{ŋ223}	bʌ^{ŋ223}/ba^{ŋ223}	bʌ^{ŋ223}/ba^{ŋ223}	ʔmɛŋ^{45}	moŋ^{223}
boŋ^{213}	boŋ^{24}	boŋ^{24}/pʻoŋ^{51}	ʔmən^{334}/ʔmoŋ^{334}	moŋ^{24}
bã^{213}	bã$^{213/33}$	bã^{213}	mã$^{33/213}$	mã^{213}
bã^{223}/bã^{223}	bã^{231}/bã^{231}	bã^{231}/bã^{231}	ʔmən^{51}	ʔmən^{412}/mã^{231}/mã^{231}
bʌ$^{\sim 233}$	bʌ$^{\sim 31}$	bʌ$^{\sim 213}$	ʔmʌ$^{\sim 44}$	ʔmʌ$^{\sim 44}$
bã^{132}	bã^{223}	bã^{223}	ʔmən^{52}	ʔmən^{52}/mã^{21}
ba$^{\sim 231}$	ba$^{\sim 213}$	ba$^{\sim 213}$/pʻa$^{\sim 434}$	ʔmɛ̃^{434}	ʔmɛ̃^{434}/ma$^{\sim 213}$
ba$^{\sim 231}$	ba$^{\sim 213}$	ba$^{\sim 213}$/pʻa$^{\sim 434}$	ʔma$^{\sim 434}$	mɛ$^{\sim n213}$/ma$^{\sim 213}$
bʌ$^{\sim 113}$	bʌ$^{\sim 113}$	bʌ$^{\sim 113}$/pʻʌ$^{\sim 335}$	mʌ$^{\sim 113}$	mʌ$^{\sim 113}$/mən^{113}
bã^{ɲ113}	bã^{ɲ113}	bã^{ɲ113}/pʻã^{ɲ334}	mã^{ɲ113}/mən^{113}	mã^{ɲ113}
bɛ̃^{231}	bɛ̃^{231}	bɛ̃^{113}/pʻɛ̃^{335}	mɛ̃^{113}/mən^{113}	mɛ̃^{113}
bã^{24}	ba$^{\sim 32}$	bã^{213}	ʔmən^{51}	ʔmən^{413}/mã^{213}
bæ^{24}	bæ^{223}	bæ^{212}	ʔmən^{51}/mæ^{223}	mæ^{212}
bʌ$^{\sim 231}$	bʌ$^{\sim 223}$	bʌ$^{\sim 223}$	mʌ$^{\sim 223}$	mʌ$^{\sim 223}$
bã^{113}	bã^{231}	bã^{113}/pʻã^{334}	mən^{113}	mã^{113}/mən^{113}
bʌŋ^{212}/boŋ^{212}	bʌŋ^{113}	bʌŋ^{113}/pʻoŋ^{334}	ʔmoŋ^{51}	moŋ^{113}
baŋ^{231}	baŋ^{113}	baŋ^{22}	maŋ^{113}	maŋ^{22}
bã^{233}	bã^{231}	bã^{233}	mã^{231}	mã^{233}
bã^{31}	bã^{22}	bã^{14}	mã^{22}	mã^{14}
bʌŋ^{312}	bʌŋ^{22}	peŋ^{35}/bʌŋ^{13}	mʌŋ^{22}	mʌŋ^{13}
bã^{113}	bã^{113}	pʻã^{52}~头/bã^{113}	mã^{113}	mã^{113}/meɲ^{113}
bã^{113}	bã^{113}	bã^{113}	mã^{113}	mã^{113}
boŋ^{311}	ba$^{\sim 113}$	ba$^{\sim 113}$/pʻoŋ^{44}	ʔma$^{\sim 533}$	ʔma$^{\sim 533}$/ma$^{\sim 113}$
boŋ^{231}	bən$^{\underline{24}}$/boŋ$^{\underline{24}}$	pʻoŋ^{52}	mɪɛ$^{\underline{24}}$	mɪɛ^{22}
bən^{323}	bən^{31}	pʻən^{53}/bən^{31}	ʔmən^{53}	ʔmən^{53}
pən^{324}	bʌŋ^{24}	pʻən^{45}/bən^{24}	ʔmən^{544}	ʔmən^{544}/mʌŋ^{24}
boŋ^{322}	ʔmʌŋ^{44}	pʻoŋ^{54}/boŋ^{214}	ʔmai^{434}	mai^{214}

摄口	梗开	梗开	梗开	梗开
等调	二上	二上	二平	二平
韵声	梗端	梗来	庚见	庚见
	打	冷	庚	羹
宜	tʌŋ^{51}	lʌŋ^{24}	kʌŋ^{55}	kʌŋ^{55}
溧	tɔ^{52}	ʔlʌŋ^{445}	kən^{445}	kən^{445}
金	tɑ^{323}	ləŋ^{323}	kəŋ^{31}	kəŋ^{31}
丹	tɑ^{44}	lɛn^{44}	kɛn^{22}	kɛn^{22}
童	tɒ^{324}	ʔləŋ^{324}	kəŋ^{42}	kəŋ^{42}
靖	tɑ^{334}	ʔləŋ^{334}	kəŋ^{433}	kəŋ^{433}
江	tɑ^{45}	ʔlʌᵑ^{45}/ʔlaᵑ^{45}	kʌᵑ^{51}/kaᵑ^{51}	kʌᵑ^{51}/kaᵑ^{51}
常	tʌɲ^{334}	ʔlʌɲ^{334}/ʔləɲ^{334}	kʌɲ^{44}	kʌɲ^{44}
锡	tã^{324}	lã$^{33/213}$	kən^{55}	kən^{55}
苏	tᴀ̃^{51}/tã^{51}	lᴀ̃^{231}/lã^{231}	kᴀ̃^{44}/kã^{44}	kᴀ̃^{44}/kã^{44}
熟	tᴀ̃^{44}	lᴀ̃^{31}	kᴀ̃^{52}/kɛ̃ɲ^{52}	kᴀ̃^{52}
昆	tã^{52}	lã^{223}	kã^{44}	kã^{44}
霜	tã^{434}	lã^{213}	kã^{52}	kã^{52}
罗	tã^{434}	lã^{213}	kã^{52}	kã^{52}
周	ɖᴀ̃^{44}	lᴀ̃^{113}	kᴀ̃^{52}	kᴀ̃^{52}
上	tᴀ̃ᶮ^{334}	lᴀ̃ᶮ^{113}	kᴀ̃ᶮ^{52}	kᴀ̃ᶮ^{52}
松	tɛ̃^{44}	lɛ̃^{113}	kɛ̃^{52}	kɛ̃^{52}
黎	tã^{51}	lã^{32}	kã^{44}	kã^{44}
盛	tæ̃^{51}	læ̃^{223}	kæ̃^{44}	kæ̃^{44}
嘉	tᴀ̃^{44}	tᴀ̃^{223}	kᴀ̃^{51}	kᴀ̃^{51}
双	tã^{53}	lã^{231}	kã^{44}	kã^{44}
杭	tã^{51}	ʔlən^{51}	kən^{323}	kən^{323}/kᴀŋ^{323}甜~
绍	taŋ^{334}	laŋ^{113}	kaŋ^{52}	kaŋ^{52}
诸	tã^{52}	lã^{233}	kã^{544}	kã^{544}
崇	tã^{44}	lã^{22}	kã^{53}	kã^{53}
太	tʌŋ^{42}	lʌŋ^{22}	kʌŋ^{523}	kʌŋ^{523}
余	tã^{435}	lã^{113}/leɲ^{113}	kã^{324}/keɲ^{324}	kã^{324}
宁	tã^{325}/ta^{325}	lã^{113}/la^{113}	kã^{52}	kã^{52}
黄	tã^{533}	ʔlã^{533}	kã^{533}	kã^{533}
温	t'ɛ^{35}	l'ɛ^{35}	k'ɛ^{44}	k'ɛ^{44}
衢	tã^{45}	ʔliɲ^{53}	kən^{434}	kən^{434}
华	tʌŋ^{544}	ʔlʌŋ^{544}	kən^{324}	kʌŋ^{324}
永	ʔnai^{434}	lai^{323}	kai^{44}	kai^{44}

梗开 二平 庚见	梗开 二平 庚见	梗开 二上 梗见	梗开 二上 梗见	梗开 二平 庚溪
更五~	梗	哽	梗	坑
kʌŋ^{55}	kʌŋ^{55}	kəŋ^{51}	kʌŋ^{51}	kʻʌŋ^{55}
kən^{445}	kən^{445}	kən^{52}	kən^{52}	kʻən^{445}/kʻʌŋ^{445}
kəŋ^{31}	kəŋ^{31}	kəŋ^{323}	kəŋ^{323}	kʻəŋ^{31}
kɛn^{22}	kɛn^{22}	kɛn^{44}	kɛn^{44}	kʻɛn^{22}
kəŋ^{42}	kəŋ^{42}	kəŋ^{324}	kəŋ^{324}	kəŋ^{42}
kəŋ^{433}	kəŋ^{433}	kəŋ^{334}	kəŋ^{334}	kʻəŋ^{433}
kʌ^{ŋ51}/ka^{ŋ51}	kʌ^{ŋ51}/ka^{ŋ51}	kʌ^{ŋ45}/ka^{ŋ45}	kʌ^{ŋ45}/ka^{ŋ45}	kʻʌ^{ŋ51}/kʻa^{ŋ51}
kʌɲ^{44}	kʌɲ^{44}	kʌɲ^{334}	kʌɲ^{334}	kʻʌɲ^{44}
kən^{55}	kã^{55}	kã^{324}	kã^{324}	kʻã^{324}
kã^{44}/kã^{44}	kã^{44}/kã^{44}	kã^{51}/kã^{51}	kã^{51}/kã^{51}	kʻã^{44}/kʻã^{44}
kʌ~^{52}	kʌ~^{52}	kʌ~^{44}	kʌ~^{44}	kɛ̃n^{52}
kã^{44}	kã^{44}	kã^{52}	kã^{52}	kʻã^{44}
ka~^{52}	ka~^{52}	ka~^{434}	ka~^{434}	kʻɛ̃^{52}/kʻa~^{52}
ka~^{52}	ka~^{52}	ka~^{434}	ka~^{434}	kʻɒ~^{52}/kʻa~^{52}
kʌ~^{52}/kəŋ^{52}	kʌ~^{52}	kʌ~^{44}	kʌ~^{44}	kʻʌ~^{52}
kã̃ɲ^{52}	kã̃ɲ^{52}	kã̃ɲ^{334}	kã̃ɲ^{334}	kʻã̃ɲ^{52}
kəŋ^{52}/kɛ̃^{52}	kɛ̃^{52}	kɛ̃^{44}/kɛ̃^{335}	kɛ̃^{335}	kʻəŋ^{52}
kã^{44}	kã^{44}	kã^{51}	kã^{51}	kʻəŋ^{44}
kæ^{44}	kæ^{44}	kæ^{51}	kæ^{51}	kʻəŋ^{44}
kʌ~^{51}	kʌ~^{51}	kʌ~^{44}	kʌ~^{44}	kʻəŋ^{51}/kʻʌ~^{51}
kã^{44}	kã^{44}	kã^{53}	kã^{53}	kʻã^{44}
kən^{323}	tɕie^{323}	kən^{51}	kən^{51}	kʻən^{323}
kaŋ^{52}	kaŋ^{52}	kaŋ^{334}	kaŋ^{334}	kʻɒŋ^{52}/kʻəŋ^{52}
kã^{544}	kã^{544}	kã^{52}	kã^{52}	kʻã^{544}
kã^{53}	kã^{53}	kã^{44}	kã^{44}	kʻã^{53}
kʌŋ^{523}	kʌŋ^{523}	kʌŋ^{42}	kʌŋ^{42}	kʻʌŋ^{523}
kã^{324}/keɲ^{324}	kã^{324}	kã^{435}/gã^{113}	kã^{435}	kʻã^{324}
kã^{52}	kã^{52}	kã^{325}	kã^{325}	kʻã^{52}
ka~^{533}	ka~^{533}	ka~^{533}	ka~^{533}	kʻa~^{533}
kɪɛ^{44}		kɪɛ$^{\underline{35}}$	kɪɛ$^{\underline{35}}$	kʻoŋ^{44}
kən^{434}	kən^{434}		kən^{45}	kʻən^{434}
kən^{324}	kən^{324}	kən^{544}	kuʌŋ^{45}	kʻən^{324}
kai^{44}	kai^{44}	kai^{434}	kai^{434}	kʻai^{44}

摄口 等调 韵声	梗开 二去 映疑	梗开 二平 耕影	梗开 二平 耕影	梗开 二平 庚晓
	硬	樱	鹦	亨
宜	ŋAŋ²³¹	ʔAŋ⁵⁵/ʔiŋ⁵⁵	ʔiŋ⁵⁵	xAŋ⁵⁵
溧	ŋən²³¹	ʔin⁴⁴⁵	ʔin⁴⁴⁵	xən⁴⁴⁵
金	əŋ⁴⁴	iŋ³¹	iŋ³¹	xəŋ³¹
丹	ŋɛn⁴¹	iɛn²²	iɛn²²	haŋ⁴¹
童	ŋəŋ¹¹³	ʔiŋ⁴²	ʔiŋ⁴²	həŋ⁴²
靖	ŋəŋ³¹	ʔiŋ⁴³³	ʔiŋ⁴³³	həŋ⁴³³
江	ŋAⁿ²²³/ŋaⁿ²²³	ʔAⁿ⁵¹/ʔaⁿ⁵¹/ʔiⁿ⁵¹	ʔAⁿ⁵¹/ʔaⁿ⁵¹/ʔiⁿ⁵¹	hAⁿ⁵¹/haⁿ⁵¹
常	ŋAɲ²⁴	ʔAɲ⁴⁴/ʔiɲ⁴⁴	ʔAɲ⁴⁴/ʔiɲ⁴⁴	xAɲ⁴⁴
锡	ŋã²¹³	ʔin⁵⁵	ʔin⁵⁵	xã⁵⁵
苏	ŋÃ²³¹/ŋã²³¹	ʔÃ⁴⁴/ʔã⁴⁴/ʔin⁴⁴	ʔÃ⁴⁴/ʔã⁴⁴/ʔin⁴⁴	hÃ⁴⁴/hã⁴⁴/hən⁴⁴
熟	ŋA~²¹³	ʔĩⁿ⁵²	ʔĩⁿ⁵²	hɛ̃⁵²
昆	ŋã²¹	ʔã⁴⁴/ʔiŋ⁴⁴	ʔã⁴⁴/ʔin⁴⁴	hã⁴⁴/hən⁴⁴
霜	ŋa~²¹³	ʔĩ⁵²	ʔĩ⁵²/ʔã⁵²	xa~⁵²
罗	ŋa~²¹³	ʔɿⁿ⁵²	ʔɿⁿ⁵²	ha~⁵²
周	ŋA~¹¹³	ʔiiŋ⁵²	ʔiiŋ⁵²/ʔA~⁵²	hA⁵²
上	ŋÃɲ¹¹³	ʔÃɲ⁵²/ʔiɲ⁵²	ʔÃɲ⁵²/ʔiɲ⁵²	hÃɲ⁵²
松	ŋɛ̃¹¹³	ʔiɲ⁵²/ʔɛ̃⁵²	ʔiɲ⁵²/ʔɛ̃⁵²	hɛ̃⁵²
黎	ŋã²¹³	ʔiəŋ⁴⁴	ʔiəŋ⁴⁴	həŋ⁴⁴
盛	ŋæ²¹²	ʔiɲ⁴⁴	ʔiɲ⁴⁴	həŋ⁴⁴
嘉	ŋA~²²³	ʔin⁵¹	ʔin⁵¹	hən⁵¹/hA~⁵¹
双	ŋã¹¹³	ʔã⁴⁴/in⁴⁴	ʔã⁴⁴/in⁴⁴	hã⁴⁴
杭	ŋAŋ¹¹³/ŋən¹¹³少	ʔiŋ³²³	ʔiŋ³²³	hən³²³
绍	ŋaŋ²²	ʔaŋ⁵²	ʔaŋ⁵²	haŋ⁵²
诸	ŋã²³³	ʔÃ⁵⁴⁴	ʔÃ⁵⁴⁴	hɛ̃ĩ⁵⁴⁴/hã⁵⁴⁴
崇	ŋã¹⁴	ʔÃ⁵³	ʔÃ⁵³	hɪŋ⁵³
太	ŋAŋ¹³	ʔAŋ⁵²³	ʔAŋ⁵²³	hAŋ⁵²³
余	ŋÃ¹¹³	ʔÃ³²⁴	ʔÃ³²⁴	hÃ³²⁴
宁	ŋã¹¹³	ʔã⁵²	ʔɪŋ⁵²	hã⁵²
黄	ŋa~¹¹³	ʔiiŋ⁵³³	ʔiiŋ⁵³³	ha~⁵³³
温	ŋiɛ²²	ʔiʌŋ⁴⁴	ʔiʌŋ⁴⁴	xʌŋ⁴⁴
衢	ɲiã³¹	ʔn̩⁴³⁴	ʔn̩⁴³⁴	xən⁴³⁴
华	ʔAŋ⁴⁵/ȵiin²⁴	ʔAŋ³²⁴/ʔiin³²⁴	ʔiin³²⁴	xən³²⁴
永	ŋai²¹⁴	ʔiiŋ⁴⁴	ʔiiŋ⁴⁴	xən⁴⁴/xai⁴⁴

梗开 二平 庚匣	梗开 二上 梗匣	宕开 三平 阳知	宕开 三平 阳章	宕开 三上 养知
行~船	杏	张	章文~	长生~
ɦAŋ²²³	ɦAŋ²²³	tsAŋ⁵⁵	tsAŋ⁵⁵	tsAŋ⁵¹
ɦAŋ²³¹	ɦən²³¹	tsA⁴⁴⁵	tsA⁴⁴⁵	tsA⁵²
ɑŋ³⁵	ɕiŋ⁴⁴	tsɑŋ³¹	tsɑŋ³¹	tsɑŋ³²³
ɑŋ³²⁴/ɕin²²	ɛn⁴¹	tsæ²²	tsæ²²	tsæ⁴⁴
xɦiɑŋ³¹	xɦiɑŋ¹¹³	tsɑŋ⁴²	tsɑŋ⁴²	tsɑŋ³²⁴
hɦiəŋ²²³	hɦiəŋ⁵¹	tɕiæ⁴³³	tɕiæ⁴³³	tɕiæ³³⁴
hɦiAᵑ²²³/hɦiaᵑ²²³	hɦiAᵑ²²³/ɦiŋ²²³	tsAᵑ⁵¹/tsaᵑ⁵¹	tsAᵑ⁵¹/tsaᵑ⁵¹	tsAᵑ⁴⁵/tsaᵑ⁴⁵
ɦiAŋ²¹³	ɦiAŋ²⁴/ɦiiŋ²⁴	tsAŋ⁴⁴	tsAŋ⁴⁴	tsAŋ³³⁴
ɦiã²¹³	ɦiã³³/²¹³	tsã⁵⁵	tsã⁵⁵	tsã⁵⁵
ɦiã²²³/ɦiã²²³	ɦiã²³¹/ɦiã²³¹	tsã⁴⁴/tsã⁴⁴	tsã⁴⁴/tsɒ⁴⁴	tsã⁵¹/tsã⁵¹
ɦiĩⁿ²³³	ʔA~⁴⁴	tʂA~⁵²	tsA~⁵²/tʂA~⁵²	tʂA~⁴⁴
ɦiin¹³²	ɦiã²²³	tsã⁴⁴	tsã⁴⁴	tsã⁵²
ɦia~²³¹	ɦia²¹³	tsa~⁵²	tsɒ~⁵²	tsa~⁴³⁴
ɦia~²³¹	ɦia~²³¹	tsa~⁵²	tsɒ~⁵²	tsa~⁴³⁴
ɦiA~¹¹³	ɦiA~¹¹³	tsA~⁵²	tsA~⁵²	tsA~¹¹³
ɦiãⁿ¹¹³/ɦiiŋ¹¹³	ɦiãⁿ¹¹³	tsÃⁿ⁵²	tsÃⁿ⁵²	tsÃⁿ³³⁴
ɦiiŋ²³¹/ɦiɛ̃²³¹	ʔɛ⁴⁴	tsɛ̃⁵²	tsɛ̃⁵²/tsa~⁵²	tsɛ̃⁴⁴
ɦiiəŋ²⁴	ɦiã³²	tsã⁴⁴	tsɑ⁴⁴/tsã⁴⁴	tsã⁵¹
ɦiiŋ²⁴	ʔiæ⁵¹	tsæ⁴⁴	tsã⁴⁴/tsæ⁴⁴	tsæ⁵¹
ɦiA~²³¹/ɦiin²³¹	ɦiA~²²³	tsA~⁵¹	tsA~⁵¹	tsA~⁴⁴
ɦiã¹¹³	ɦiã²³¹	tsã⁴⁴	tsɔ̃⁴⁴	tsã⁵³
ɦiin²¹²	ɦiAŋ¹¹³/ɦiin¹¹³	tsAŋ³²³	tsAŋ³²³	tsAŋ⁵¹
ɦiɒŋ²³¹	ɦiaŋ¹¹³	tsaŋ⁵²	tsɒŋ⁵²	tsaŋ³³⁴
ɦiɒ̃²³³	ɦiã²³¹/ɦiĩ²³¹	tsÃ⁵⁴⁴	tsÃ⁵⁴⁴	tsÃ⁵²
ɦiɒ̃³¹	ɦiã²²	tsã⁵³	tsã⁵³	tsã⁴⁴
ɦiɒŋ³¹²	ɦiAŋ²²	ciAŋ⁵²³/tsAŋ⁵²³	tsAŋ⁵²³/ciAŋ⁵²³	tsAŋ⁴²/ciAŋ⁴²
ɦiã¹¹³	ɦiã¹¹³	tsÃ³²⁴	tsɒ̃³²⁴/tsã³²⁴少	tsÃ⁴³⁵
ɦiã¹¹³	ɦiã¹¹³	tɕiã⁵²	tsɔ̃⁵²	tɕiã³²⁵
ɦia~³¹¹	ʔa~⁵³³	tɕia~⁵³³	tsɒ~⁵³³	tɕia~⁵³³
ɦiɪɛ²³¹	ʔɪɛ³⁵	tɕi⁴⁴	tɕi⁴⁴	tɕi³⁵
ɦiɒ~³²³	zⁱⁿ³¹	tʃʮã⁴³⁴	tʃʮã⁴³⁴	tɕʮã⁴⁵
ʔAŋ³²⁴	ʔAŋ⁴⁵	tɕiAŋ³²⁴/tsAŋ³²⁴	tsAŋ³²⁴/tɕiAŋ³²⁴	tɕiAŋ⁵⁴⁴/tsAŋ⁵⁴⁴
ʔɦai³²²	ʔɦai³²³	tɕiAŋ⁴⁴	tɕiAŋ⁴⁴	tɕiAŋ⁴³⁴

摄口 等调 韵声	宕开 三上 养知	宕开 三上 养章	宕开 三去 漾知	宕开 三去 漾澄
	涨	掌	账	仗打~
宜	tsʌŋ^{51}	tsʌŋ^{51}	tsʌŋ^{324}	tsʌŋ^{324}
溧	tsʌ^{52}	tsʌ^{52}	tsʌ^{412}	tsʌ^{412}
金	tsɑŋ^{323}	tsɑŋ^{323}	tsɑŋ^{44}	tsɑŋ^{44}
丹	tsæ^{44}	tsæ^{44}	tsæ^{324}	tsæ^{324}
童	tsɑŋ^{324}	tsɑŋ^{324}	tsɑŋ^{45}	tsɑŋ^{45}
靖江	tɕiæ̃^{334}	tɕiæ̃^{334}	tɕiæ̃^{51}	tɕiæ̃^{51}
常	tsʌ^{ŋ45}/tsa^{ŋ45}	tsʌ^{ŋ45}/tsa^{ŋ45}	tsʌ^{ŋ435}/tsa^{ŋ435}	tsʌ^{ŋ435}/tsa^{ŋ435}
锡	tsʌɲ^{334}	tsʌɲ^{334}	tsʌɲ^{51}	tsʌɲ^{51}
苏	tsã^{324}	tsã^{324}	tsã^{35}	tsã^{35}
熟	tsʌ̃^{51}/tsã^{51}	tsʌ̃^{51}/tsã^{51}	tsʌ̃^{412}/tsã^{412}	tsʌ̃^{412}/tsã^{412}
昆	tʂʌ̃^{44}	tʂʌ̃^{44}	tʂʌ̃^{324}	tʂʌ̃^{324}
霜	tsa$^{~434}$	tsa$^{~434}$	tsa$^{~434}$	tsa$^{~434}$
罗	tsã$^{~434}$	tsã$^{~434}$	tsã$^{~434}$	tsã$^{~434}$
周	tsʌ$^{~44}$	tsʌ$^{~44}$	tsʌ$^{~335}$	tsʌ$^{~335}$
上	tsʌ̃^{ɲ334}	tsʌ̃^{ɲ334}	tsʌ̃^{ɲ334}	tsʌ̃^{ɲ334}
松	tsɛ̃^{44}	tsɛ̃^{44}/tsã^{44}	tsɛ̃^{335}	tsɛ̃^{335}
黎	tsã^{51}	tsã^{51}	tsã^{413}	tsã^{413}
盛	tsæ̃^{51}	tsæ̃^{51}	tsæ̃^{413}	tsæ̃^{413}
嘉	tsʌ$^{~44}$	tsʌ$^{~44}$	tsʌ$^{~334}$	tsʌ$^{~334}$
双	tsã^{53}	tsɔ^{53}	tsã^{334}	tsã^{334}
杭	tsʌŋ^{51}	tsʌŋ^{51}	tsʌŋ^{334}	tsʌŋ^{334}
绍	tsaŋ^{334}	tsaŋ^{334}	tsaŋ^{33}	tsaŋ^{33}
诸	tsʌ̃^{52}	tsʌ̃^{52}	tsʌ̃^{544}	tsʌ̃^{544}
崇	tsʌ̃^{44}	tsʌ̃^{44}	tsʌ̃^{324}	tsʌ̃^{324}
太	tsʌŋ^{42}/ciʌŋ^{42}	tsʌŋ^{42}/ciʌŋ^{42}	tsʌŋ^{35}/ciʌŋ^{35}	tsʌŋ^{35}/ciʌŋ^{35}
余	tsã^{435}	tsɒ^{435}	tsã^{52}	tsã^{52}
宁	tɕiã^{325}	tsɔ^{325}	tɕiã^{52}	tɕiã^{52}
黄	tɕia$^{~533}$	tsɒ$^{~533}$	tɕia$^{~44}$	tɕia$^{~44}$
温	tɕi^{35}	tɕi^{35}	tɕi^{52}	tɕi^{52}
衢	tʃʮã^{45}	tʃʮã^{45}	tʃʮã^{53}	tʃʮã^{53}
华	tɕiʌŋ^{544}/tsʌŋ^{544}	tɕiʌŋ^{544}/tsʌŋ^{544}	tɕiʌŋ^{45}/tsʌŋ^{45}	tɕiʌŋ^{45}/tsʌŋ^{45}
永	tɕiʌŋ^{434}	tɕiʌŋ^{434}	tɕiʌŋ^{54}	tɕiʌŋ^{54}

宕开 三平 阳昌	宕开 三上 养昌	宕开 三去 漾彻	宕开 三去 漾昌	宕开 三平 阳澄
昌	厂	畅	唱	长~短
tsʻʌŋ^{55}	tsʻʌŋ^{51}	tsʻʌŋ^{324}	tsʻʌŋ^{324}	dzʌŋ^{223}
tsʻʌ^{445}	tsʻʌ^{52}	tsʻʌ^{412}	tsʻʌ^{412}	dzʌ^{323}
tsʻɑŋ^{31}	tsʻɑŋ^{323}	tsʻɑŋ^{44}	tsʻɑŋ^{44}	tsʻɑŋ^{35}
tsʻæ^{22}	tsʻæ^{44}	tsʻæ^{324}	tsʻæ^{324}	dzæ^{213}
tsʻɑŋ^{42}	tsʻɑŋ^{324}	tsʻɑŋ^{45}	tsʻɑŋ^{45}	dzɑŋ^{31}
tɕʻiæ^{433}	tɕʻiæ^{334}	tɕʻiæ^{51}	tɕʻiæ^{51}	dʑiæ^{223}
tsʻʌ^{ŋ51}/tsʻa^{ŋ51}	tsʻʌ^{ŋ45}/tsʻa^{ŋ45}	tsʻʌ^{ŋ435}/tsʻa^{ŋ435}	tsʻʌ^{ŋ435}/tsʻa^{ŋ435}	dzʌ^{ŋ223}/dza^{ŋ223}
tsʻʌ^{ɲ44}	tsʻʌ^{ɲ334}	tsʻʌ^{ɲ51}	tsʻʌ^{ɲ51}	
tsʻã^{55}	tsʻã^{324}	tsʻã^{35}	tsʻã^{35}	zã^{213}
tsʻʌ̃^{44}/tsʻɒ̃^{44}	tsʻʌ̃^{51}/tsʻã^{51}	tsʻʌ̃^{412}/tsʻã^{412}	tsʻʌ̃^{412}/tsʻɒ̃^{412}	zã^{223}/zã^{223}
tʂʻʌ̃^{52}	tʂʻʌ̃^{44}	tʂʻʌ̃^{324}	tsʻʌ̃^{324}	dzʌ̃^{233}
tsʻã^{44}	tsʻã^{52}	tsʻã^{52}	tsʻã^{52}	zã^{132}
tsʻɒ̃^{52}	tsʻa^{434}	tsʻa^{434}	tsʻɒ̃^{434}	zã^{231}
tsʻɒ̃^{52}	tsʻa^{434}	tsʻa^{434}	tsʻɒ̃^{434}	zã^{231}
tsʻʌ̃^{52}	tsʻʌ̃^{44}	tsʻʌ̃^{335}	tsʻɒ̃^{335}	zʌ̃^{113}
tsʻʌ̃^{ɲ52}	tsʻʌ̃^{ɲ335}	tsʻʌ̃^{ɲ334}	tsʻʌ̃^{ɲ334}	zʌ̃^{ɲ113}
tsʻɑ̃^{52}	tsʻɛ̃^{44}	tsʻɛ̃^{335}	tsʻɛ̃^{335}/tsʻã^{335}	zɛ̃^{231}
tsʻã^{44}/tsʻã^{44}	tsʻã^{334}	tsʻã^{324}	tsʻɑ̃^{324}/tsʻa^{324}	dzã^{24}
tsɑ̃^{44}	tsʻæ̃^{334}	tsʻæ̃^{313}	tsʻɑ̃^{313}	dzæ̃^{24}
tsʻʌ̃^{51}	tsʻʌ̃^{324}	tsʻʌ̃^{334}	tsʻʌ̃^{334}	zʌ̃^{231}
tsʻɔ^{44}	tsʻɔ^{53}	tsʻã^{334}	tsʻɔ^{334}	zã^{113}
tsʻʌŋ^{323}	tsʻʌŋ^{51}	tsʻʌŋ^{334}	tsʻʌŋ^{334}	dzʌŋ^{212}
tsʻɒŋ^{52}	tsʻɑŋ^{334}	tsʻɑŋ^{33}	tsʻɒŋ^{33}	dzɑŋ^{231}
tsʻʌ̃^{544}	tsʻʌ̃^{52}	tsʻʌ̃^{544}	tsʻʌ̃^{544}	dzã^{233}
tsʻʌ̃^{53}	tsʻʌ̃^{44}	tsʻʌ̃^{324}	tsʻʌ̃^{324}	dzʌ̃^{31}
tsʻʌŋ^{523}/cʻiʌŋ^{523}	tsʻʌŋ^{42}/cʻiʌŋ^{42}	tsʻʌŋ^{35}/cʻiʌŋ^{35}	tsʻʌŋ^{35}/cʻiʌŋ^{35}	dzʌŋ^{312}/ɟiʌŋ^{312}
tsʻɒ^{324}	tsʻʌ̃^{435}	tsʻʌ̃^{52}	tsʻɒ̃^{52}	dzʌ̃^{113}
tsʻɔ^{52}	tɕʻiã^{325}	tsʻɔ^{52}/tɕʻiã^{52}	tsʻɔ^{52}	dʑiã^{113}
tsʻɒ̃^{533}	tɕʻia^{533}	tɕʻia^{44}	tsʻɒ̃^{44}	dʑia^{311}
tsʻɪɛ^{44}	tsʻɪɛ^{35}	tɕʻi^{52}	tɕʻi^{52}	dʑi^{231}
tʃʻɥã^{434}	tʃʻɥã^{45}	tʃʻɥã^{53}	tʃʻɥã^{53}	dʒɥã^{323}
tɕʻiʌŋ^{324}/tsʻʌŋ^{324}	tɕʻiʌŋ^{544}/tsʻʌŋ^{544}	tɕʻiʌŋ^{45}/tsʻʌŋ^{45}	tɕʻiʌŋ^{45}/tsʻʌŋ^{45}	tɕiʌŋ^{324}/tsʌŋ^{324}
tɕʻiʌŋ^{44}	tɕʻiʌŋ^{434}	tɕʻiʌŋ^{54}	tɕʻiʌŋ^{54}	dʑiʌŋ^{322}

| 摄 等 韵 | 宕开 三平 阳澄 | 宕开 三上 养澄 | 宕开 三上 养澄 | 宕开 三平 阳书 |
口 调 声				
	肠	丈	杖	商
宜	dzʌŋ^{223}	dzʌŋ^{231}	dzʌŋ^{231}	sʌŋ^{55}
溧	dzʌ^{323}	dzʌ^{231}	dzʌ^{231}	sʌ^{445}
金	tsʻaŋ^{35}	tsaŋ^{44}	tsaŋ^{44}	saŋ^{31}
丹	dzæ^{213}	dzæ^{213}/tsæ^{41}~人	dzæ^{213}	sæ^{22}
童	dzaŋ^{31}	dzaŋ^{113}	dzaŋ^{113}	saŋ^{324}
靖	dʑiæ̃^{223}	dʑiæ̃^{31}	dʑiæ̃^{31}	ɕiæ̃^{433}
江	dzʌ^{ŋ223}/dzaŋ^{223}	dzʌ^{ŋ223}/dzaŋ^{223}	dzʌ^{ŋ223}/dzaŋ^{223}	sʌ^{ŋ51}/saŋ^{51}
常	dzʌŋ^{213}	dzʌŋ^{24}	dzʌŋ^{24}	sʌŋ^{44}
锡	zã^{213}	zã$^{213/33}$	zã$^{213/33}$	sã^{55}
苏	zʌ̃^{223}/zã^{223}	zʌ̃^{231}/zã^{231}	zʌ̃^{231}/zã^{231}	sʌ̃^{44}/sɒ̃^{44}
熟	dzɻʌ~^{233}	dzɻʌ^{31}	dzɻʌ^{31}	ʂʌ^{52}
昆	zã^{132}	zã^{223}	zã^{223}	sã^{44}
霜	za~^{231}	za~^{213}	za~^{213}	sɒ~^{52}
罗	za~^{231}	za~^{213}	za~^{213}	sɒ~^{52}
周	zʌ~^{113}	zʌ~^{113}	zʌ~^{113}	sɒ~^{52}
上	zʌ̃^{ŋ113}	zʌ̃^{ŋ113}	zʌ̃^{ŋ113}	sʌ̃^{ŋ52}
松	zɛ̃^{231}	zɛ̃^{113}	zɛ̃^{113}	sɛ̃^{52}/sɒ~^{52}
黎	dzã^{24}	dzã^{32}	dzã^{32}	sã^{44}/sɑ~^{44}
盛	dzæ̃^{24}	dzæ̃^{223}	dzæ̃^{223}	sɑ~^{44}
嘉	zʌ~^{231}	zʌ~^{223}	zʌ~^{223}	sʌ~^{51}
双	zã^{113}	zã^{231}	zã^{231}	sɔ̃^{44}
杭	dzʌŋ^{212}	dzʌŋ^{113}	dzʌŋ^{113}	sʌŋ^{323}
绍	dzaŋ^{231}	dzaŋ^{22}	dzaŋ^{22}	sɒŋ^{52}
诸	dzɒ̃^{233}	dzʌ̃^{231}	dzʌ̃^{231}	sɒ̃^{544}/sʌ̃^{544}
崇	dzʌ̃^{31}	dzʌ̃^{22}	dzʌ̃^{22}	sʌ̃^{53}
太	dzʌŋ^{312}/ɟiaŋ^{312}	dzʌŋ^{22}/ɟiaŋ^{22}	dzʌŋ^{22}/ɟiaŋ^{22}	sʌŋ^{523}/ɕiaŋ^{523}
余	dzʌ̃^{113}	dzʌ̃^{113}	zʌ̃^{113}	sɒ̃^{324}
宁	dʑiã̃^{113}	dʑiã̃^{113}	dʑiã̃^{113}	sɔ̃^{325}
黄	dʑia~^{311}	dʑia~^{113}	dʑia~^{113}	ɕia~^{533}/sɒ~^{533}
温	dʑi^{231}	dʑi$^{\underline{24}}$	dʑi$^{\underline{24}}$	ɕi^{44}
衢	dʒʮã^{323}	dʒʮã^{31}	tsã^{53}	ʃʮã^{434}
华	tɕiaŋ^{324}/tsaŋ^{324}	dʑiaŋ^{24}/dzaŋ^{24}	dʑiaŋ^{24}/dzaŋ^{24}	sʌŋ^{324}/ɕiaŋ^{324}
永	dʑiaŋ^{322}	dʑiaŋ^{323}	dʑiaŋ^{323}	ɕiaŋ^{44}

宕开 三平 阳书 伤	宕开 三上 养书 赏	宕开 三平 阳禅 常	宕开 三平 阳禅 尝	宕开 三平 阳禅 裳
sAŋ^{55}	sAŋ^{51}	zAŋ^{223}	zAŋ^{223}	zAŋ^{223}
sA^{445}	sAŋ^{52}	dzA^{323}	dzA^{323}	szA^{323}
saŋ^{31}	saŋ^{323}	ts'ɑŋ^{35}	ts'ɑŋ^{35}	ts'ɑŋ^{31}
sæ^{22}	sæ^{44}	dzæ^{213}/sæ^{324}～州	dzæ^{213}	sæ^{41}
saŋ^{324}	saŋ^{324}	dzaŋ^{31}	dzaŋ^{31}	szaŋ^{31}
çiæ^{433}	çiæ^{334}	dziaŋ^{223}	ɦɦiæ^{223}/çʑiæ^{223}	ɦɦiæ^{223}/çʑiæ^{223}
sA$^{\eta51}$/sa$^{\eta51}$	sA$^{\eta45}$/sa$^{\eta45}$	dzA$^{\eta223}$/dza$^{\eta223}$	dzA$^{\eta223}$/dza$^{\eta223}$	zA$^{\eta223}$/za$^{\eta223}$
sAɲ^{44}	sAɲ^{334}	zAɲ^{213}	zAɲ^{213}	zAɲ^{213}
sã^{55}	sã^{324}	zã^{213}	zã^{213}	zã^{213}
sÃ^{44}/sɒ̃^{44}	sÃ^{51}/sɒ̃^{51}	zÃ^{223}/zã^{223}	zÃ^{223}/zɒ̃^{223}	zÃ^{223}/zɒ̃^{223}
ʂA~^{52}	ʂA~^{44}	dzA~^{233}	zA~^{233}	zA~^{233}
sã^{44}	sã^{52}	zã^{132}	zã^{132}	zã^{132}
sɒ~^{52}	sɒ~^{434}	za~^{231}	zɒ~^{231}	zɒ~^{231}
sɒ~^{52}	sɒ~^{434}	za~^{231}	zɒ~^{231}	zɒ~^{231}
sɒ~^{52}	sɒ~^{44}	zA~^{113}	zɒ~^{113}	zɒ~^{113}
sÃɲ^{52}	sÃɲ^{334}	zÃɲ^{113}	zÃɲ^{113}	zÃɲ^{113}
sɑ̃^{52}	sã^{44}	zɛ̃^{231}	zã^{231}	zã^{231}
sã^{44}/sɑ~^{44}	sɑ~^{51}	dza~^{24}	dza~^{24}	dza~^{24}/dzæ^{24}
sɑ~^{44}	sɑ~^{51}	dza~^{24}	dza~^{24}	zA~^{231}
sA~^{51}	sA~^{44}	zA~^{231}	zA~^{231}	zɔ̃^{113}
sɔ̃^{44}	sɔ̃^{53}	zɔ̃^{113}	zɔ̃^{113}	szAŋ^{212}
sAŋ^{323}	sAŋ^{51}	dzAŋ^{212}	dzAŋ^{212}	zɒŋ^{231}
sɒŋ^{52}	sɒŋ^{335}	dzɒŋ^{231}	dzɒŋ^{231}	zɒ̃^{233}/zÃ^{233}
sɒ̃^{544}/sÃ^{544}	sɒ̃^{52}	dzã^{233}	dzɒ̃^{233}	zɒ̃^{31}
sÃ^{53}	sÃ^{44}	dzã^{31}	zɒ̃^{31}	zuŋ^{312}
sAŋ^{523}/çiAŋ^{523}	suŋ^{42}	dzAŋ^{312}/ɟiAŋ^{312}	zuŋ^{312}	zɒ̃^{113}
sɒ̃^{324}	sɒ̃^{435}	dzɒ̃^{113}	dzɒ̃^{113}	zɔ̃^{113}/dzɔ̃^{113}
sɔ̃^{325}	sɔ̃^{325}	dzɔ̃^{113}	dzɔ̃^{113}/zɔ̃^{113}	zɒ~^{311}
çia~^{533}/sɒ~^{533}	sɒ~^{533}	zɒ~^{311}	zɒ~^{311}	
çi^{44}	çi^{35}	ɦi^{231}	ɦi^{231}	ʃɥã^{434}
ʃɥã^{434}	sa^{45}	dʒɥã^{323}	dʒɥã^{323}	çiAŋ^{324}/sAŋ^{324}
sAŋ^{324}/çiAŋ^{324}	sAŋ^{544}	tçiAŋ^{324}/tsAŋ^{324}	tçiAŋ^{324}/tsAŋ^{324}	çʑiAŋ^{322}
çiAŋ^{44}	çiAŋ^{434}	dziaŋ^{322}	dzʑiAŋ^{322}	

摄口 等调 韵声	宕开 三去 漾禅	宕开 三去 漾禅	梗开 二平 耕庄	
	上~面	尚	争	睁
宜	zʌŋ^{231}	zʌŋ^{231}	tsʌŋ^{55}/tsəŋ^{55}	tsʌŋ^{55}/tsəŋ^{55}
溧	szʌ^{231}	szʌ^{231}	tsən^{445}	tsən^{445}
金	sɑŋ^{44}	sɑŋ^{44}	tsəŋ^{31}	tsəŋ^{31}
丹	sæ^{41}	sæ^{41}	tsɛn^{22}	tsɛn^{22}
童	szɑŋ^{113}	szɑŋ^{113}	tsəŋ^{42}	tsəŋ^{42}
靖	ɦfiæ̃^{51}/ʔæ̃^{51}/ɕʑiæ̃^{51}	ɕʑiæ̃^{51}	tsəŋ^{433}	tsəŋ^{433}
江	zʌ^{ŋ223}/zaŋ^{223}	zʌ^{ŋ223}/zaŋ^{223}	tsʌ^{ŋ51}/tsɛŋ^{51}/tsaŋ^{51}	tsʌŋ^{51}/tsɛŋ^{51}/tsaŋ^{51}
常	zʌŋ^{24}	zʌŋ^{24}	tsʌŋ^{44}/tsəŋ^{44}	tsʌŋ^{44}
锡	zã^{213}	zã^{213}	tsã^{55}	tsã^{55}
苏	zʌ̃^{231}/zɒ̃^{231}	zʌ̃^{231}/zɒ̃^{231}	tsʌ̃^{44}/tsã^{44}/tsən^{44}	tsʌ̃^{44}/tsã^{44}
熟	zʌ~^{213}	zʌ~^{213}	tsʌ~^{52}/tsɛ̃^{n52}	tsʌ~^{52}
昆	zã^{21}	zã^{21}	tsã^{44}/tsən^{44}	tsã^{44}
霜	zɒ~^{213}	zɒ~^{213}	tsa~^{52}	tsa~^{52}/tsɛ̃^{52}
罗	zɒ~^{213}	zɒ~^{213}	tsa~^{52}/tsɛ̃^{n52}	tsa~^{52}/tsɛ̃^{n52}
周	zɒ~^{113}	zɒ~^{113}	tsʌ~^{52}/tsəŋ^{52}	tsʌ̃^{52}
上	zʌ̃^{ɲ113}	zʌ̃^{ɲ113}	tsʌ̃^{ɲ52}/tsəŋ^{52}	tsʌ̃^{ɲ52}/tsəŋ^{52}
松	zɑ^{231}	zɑ~^{113}	tsɛ̃^{52}/tsəŋ^{52}	tsɛ̃^{52}/tsəŋ^{52}
黎	zɑ~^{213}	zɑ~^{213}	tsa~^{44}/tsəŋ^{44}	tsã^{44}/tsəŋ^{44}
盛	zɑ~^{212}	zɑ~^{212}	tsəŋ^{44}	tsəŋ^{44}
嘉	zʌ~^{223}	zʌ~^{223}	tsʌ~^{51}/tsən^{51}	tsʌ~^{51}/tsən^{51}
双	zɔ̃^{113}	zɔ̃^{113}	tsã^{44}	tsã^{44}
杭	szʌŋ^{113}/zʌŋ^{113}	szʌŋ^{113}/zʌŋ^{113}	tsən^{323}	tsən^{323}
绍	zɒŋ^{22}	zɒŋ^{22}	tsaŋ^{52}	tsaŋ^{52}
诸	zʌ̃^{233}	zɒ̃^{233}	tsʌ̃^{544}/tsɛɪ^{544}	tsɛɪ^{544}
崇	zʌ~^{14}	zɒ̃^{14}	tsʌ~^{53}	tsʌ̃^{53}
太	zʌŋ^{13}/ʑiʌŋ^{13}	zɒŋ^{13}	tsʌŋ^{523}/tsəŋ^{523}	tsʌŋ^{523}/tseŋ^{523}
余	zɒ̃^{113}	zɒ̃^{113}	tsã^{324}	tsã^{324}
宁	zɔ̃^{113}	zɔ̃^{113}	tsã^{52}	tsã^{52}/tsɐŋ^{52}
黄	zɒ~^{113}	zɒ~^{113}	tsa~^{533}	tsa~^{533}
温	ɦi^{22}	ɦi^{22}	tsɪɛ^{44}/zɪɛ^{231}	tsɪɛ^{44}
衢	ʒɥã^{31}	ʒɥã^{31}	tsən^{434}	tsən^{434}
华	szʌŋ^{24}/ɕʑiʌŋ^{24}	szʌŋ^{24}/ɕʑiʌŋ^{24}	tsʌŋ^{324}	tsʌŋ^{324}
永	ɕʑiʌŋ^{214}	ɕʑiʌŋ^{214}	tsai^{44}	ts'ai^{44}

梗开 二平 庚彻 撑	梗开 二去 映澄 锃	梗开 二去 映澄 碛	梗开 二平 庚生 生	梗开 二平 庚生 牲
$ts'Aŋ^{55}$	$dzAŋ^{231}$		$sAŋ^{55}/səŋ^{55}$	$sAŋ^{55}$
$ts'ən^{445}$	dzA^{231}	dzA^{231}	$sən^{445}$	$sən^{445}$
$ts'əŋ^{31}$			$səŋ^{31}$	$səŋ^{31}$
$ts'æ^{22}$	$dzæ^{213}$	$dzæ^{213}$	$sɛn^{22}$	$sɛn^{22}$
$ts'ɑŋ^{42}$	$dzɑŋ^{113}$		$səŋ^{42}$	$səŋ^{42}$
$tɕ'iæ^{433}$			$səŋ^{433}$	$ɕiəŋ^{433}$
$ts'A^{ŋ51}/ts'a^{ŋ51}$	$dzA^{ŋ223}/dza^{ŋ223}$	$dzA^{ŋ223}/dza^{ŋ223}$	$sA^{ŋ51}/sEŋ^{51}/sa^{ŋ51}$	$sA^{ŋ51}/sEŋ^{51}/sa^{ŋ51}$
$ts'Aŋ^{44}$	$zAɳ^{24}$		$səŋ^{44}$	$səŋ^{44}$
$ts'ã^{55}$	$zã^{213}$	$zã^{213}$	$sã^{55}/sən^{55}$	$sã^{55}/sən^{55}$
$ts'Ã^{44}/ts'ã^{44}$	$zÃ^{231}/zã^{231}$	$zÃ^{231}/zã^{231}$	$sÃ^{44}/sã^{44}/sən^{44}$	$sən^{44}/sÃ^{44}/sã^{44}$
$ts'A^{~52}$	$dzA^{~213}$	$dzA^{~213}$	$sA^{~52}/sɛ̃^{n52}$	$sɛ̃^{n52}$
$ts'ã^{44}$	$zã^{21}$	$zã^{21}$	$sã^{44}/sən^{44}$	$sən^{44}$
$ts'a^{52}$	$za^{~213}$	$za^{~213}$	$sa^{~52}/sɛ̃^{52}$	$sɛ̃^{52}/sa^{~52}$
$ts'a^{~52}$	$za^{~213}$	$za^{~213}$	$sa^{~52}/sɛ̃^{n52}$	$sɛ̃^{n52}/sa^{~52}$
$ts'A^{52}$	$zA^{~113}$	$zA^{~113}$	$sA^{~52}/səŋ^{52}$	$səŋ^{52}/sA^{~52}$
$ts'Ã^{ɳ52}$	$zÃ^{ɳ113}$	$zÃ^{ɳ113}$	$sÃ^{ɳ52}/səŋ^{52}$	$səŋ^{52}/sÃ^{ɳ52}$
$ts'ɛ̃^{335}/ts'ɛ̃^{52}$	$zɛ̃^{113}$	$zɛ̃^{113}$	$sɛ̃^{52}/səŋ^{52}$	$sɛ̃^{52}/səŋ^{52}$
$ts'ã^{44}$	$zã^{213}$	$dzã^{213}$	$sã^{44}/səŋ^{44}$	$sã^{44}/səŋ^{44}$
$tsæ^{44}$	$zæ^{212}$		$sã^{44}/səŋ^{44}$	$sæ^{44}/səŋ^{44}$
$ts'A^{~51}$	$zA^{~223}$	$ts'A^{~334}$	$sA^{~51}/səŋ^{51}$	$sA^{~51}/səŋ^{51}$
$ts'ã^{44}$	$zã^{113}$	$zɔ̃^{113}$	$sã^{44}/sən^{44}$	$sã^{44}$
$ts'ən^{323}/ts'Aŋ^{323}$	$dzAŋ^{113}$	$dzAŋ^{113}$	$sən^{323}$	$sən^{323}$
$tsaŋ^{52}$	$dzaŋ^{22}$	$tsaŋ^{33}$	$saŋ^{52}/səŋ^{52}$	$saŋ^{52}/sĩ^{52}$
$ts'Ã^{544}$	$dzÃ^{233}$	$dzÃ^{233}$	$sÃ^{544}/sEĩ^{544}$	$sÃ^{544}$
$tsÃ^{53}$	$dzÃ^{14}$		$sÃ^{53}/sɪŋ^{53}$	$sɪŋ^{53}$
$ts'Aŋ^{523}/c'iAŋ^{523}$	$dzAŋ^{13}/ɟiAŋ^{13}$	$dzAŋ^{13}/ɟiAŋ^{13}$	$sAŋ^{523}/seŋ^{523}$	$sAŋ^{523}$
$ts'Ã^{324}$	$dzÃ^{113}$	$dzÃ^{113}$	$sÃ^{324}$	$sÃ^{324}$
$ts'ã^{52}$	$dzã^{113}$	$dzã^{113}$	$sã^{52}/seŋ^{52}$	$sã^{52}/seŋ^{52}$
$ts'a^{~533}$	zA^{113}	$dza^{~113}$	$sa^{~533}$	$ɕiŋ^{533}$
$ts'ɪɛ^{44}$			$s^ɛ^{44}$	$s^ɛ^{44}$
$tʃ'uã^{434}$		$tʃ'ɥã^{53}$	$ʃɥã^{434}/sən^{434}$	$ʃɥã^{434}/sən^{434}$
$tɕ'iAŋ^{435}/ts'Aŋ^{435}$	$szAŋ^{24}$		$sAŋ^{324}/sən^{435}/ɕiAŋ^{324}$	$sAŋ^{324}/ɕiAŋ^{324}$
$tɕ'iAŋ^{44}$			sai^{44}	sai^{44}

摄口	梗开	梗开	通合	通合
等调	三平	二上	三上	一平
韵声	清书	梗生	腫敷	东並
	声叫一～	省	捧	篷
宜	sʌŋ^{55}/səŋ^{55}	sʌŋ^{51}	p'oŋ^{51}	boŋ^{223}
溧	sən^{445}	sən^{52}	p'oŋ^{52}	boŋ^{323}
金	sən^{35}	sən^{323}	p'oŋ^{323}	p'oŋ^{35}
丹	sɛn^{22}	ɕyɛn^{44}	p'oŋ^{44}	poŋ^{324}
童	sən^{42}	sən^{324}	p'oŋ^{324}	boŋ^{31}
靖	ɕiəŋ^{433}	sən^{334}	p'oŋ^{334}	boŋ^{223}
江	sʌ^{ŋ51}/sa^{ŋ51}	sʌ^{ŋ45}/sa^{ŋ45}	p'oŋ^{45}	boŋ^{223}
常	sən^{44}	sən^{334}	p'oŋ^{334}	boŋ^{213}
锡	sã^{55}/sən^{55}	sã^{324}/sən^{324}	p'oŋ^{324}	boŋ^{213}
苏	sʌ̃^{44}/sã^{44}/sən^{44}	sʌ̃^{51}/sã^{51}	p'oŋ^{51}/foŋ^{51}	boŋ^{223}
熟	s̺ɛ̃^{n52}	sʌ$^{~44}$	p'ʊŋ^{44}	bʊŋ^{233}
昆	sã^{44}/sən^{44}	sã^{52}	p'oŋ^{52}/foŋ^{52}	boŋ^{132}
霜	sa$^{~52}$/sɛ̃^{n52}	sa$^{~434}$	p'o^{ŋ434}	bo^{ŋ231}
罗	sa$^{~52}$/sɛ̃^{n52}	sa$^{~434}$	p'o^{ŋ434}	bo^{ŋ231}
周	sʌ$^{~52}$/səŋ^{52}	sʌ$^{~44}$	p'oŋ^{44}/hoŋ^{44}	boŋ^{113}
上	sʌ̃^{ɲ52}	sʌ̃^{ɲ334}	p'ʊŋ^{334}	bʊŋ^{113}
松	sɛ̃^{52}	sɛ̃^{44}/sɛ̃^{335}	p'ʊŋ^{44}	bʊŋ^{231}
黎	sã^{44}	sã^{51}	p'oŋ^{334}	boŋ^{24}
盛	sæ̃^{44}	sæ̃^{51}	p'oŋ^{334}	boŋ^{24}
嘉	sʌ$^{~51}$	sʌ$^{~44}$	p'oŋ^{324}	boŋ^{231}
双	sã^{44}	sã^{53}	p'oŋ^{53}	boŋ^{113}
杭	sən^{323}	sən^{51}	p'oŋ^{51}	boŋ^{212}
绍	səŋ^{52}	saŋ^{334}	p'ʊŋ^{334}	bʊŋ^{231}
诸	sʌ̃^{544}/sɛĩ^{544}	sʌ̃^{52}	p'oŋ^{52}	boŋ^{233}
崇	sã^{53}/sɪŋ^{53}	sʌ̃^{44}	p'ʊ^{ŋ44}	bʊ^{ŋ31}
太	sʌŋ^{523}	sʌŋ^{42}	p'ʊŋ^{42}	bʊŋ^{312}
余	sã^{324}/seŋ^{324}	sʌ̃^{435}	p'ʊŋ^{435}	bʊŋ^{113}
宁	ɕɪŋ^{52}	sã^{325}	p'oŋ^{325}	boŋ^{113}
黄	ɕiŋ^{533}	ɕiŋ^{533}/sa$^{~533}$	p'oŋ^{113}	boŋ^{311}
温		sɛ^{35}	p'oŋ^{35}	boŋ^{231}
衢	ʃy̯ã^{434}/sən^{434}	sən^{45}	p'ʌŋ^{45}	bʌŋ^{323}
华	sən^{324}/ɕiəŋ^{324}	sən^{544}/ɕizŋ^{544}	p'oŋ^{544}	poŋ^{324}
永	ɕiŋ^{44}	sai^{434}	p'oŋ^{434}	boŋ^{322}

通合 一平 东並	通合 一平 东明	通合 三去 送明	通合 三平 东非	通合 三平 东非
蓬	蒙	梦	风	疯
boŋ^{223}	moŋ^{223}	moŋ^{231}	foŋ^{55}	foŋ^{55}
boŋ^{323}	moŋ^{323}	moŋ^{323}	foŋ^{445}	foŋ^{445}
p'oŋ^{35}	moŋ^{35}	moŋ^{44}	foŋ^{31}	foŋ^{31}
poŋ^{324}	moŋ^{213}	moŋ^{41}	foŋ^{22}	foŋ^{22}
boŋ^{31}	moŋ^{113}	moŋ^{113}	foŋ^{42}	foŋ^{42}
boŋ^{223}	moŋ^{223}	moŋ^{31}	foŋ^{433}	foŋ^{433}
boŋ^{223}	moŋ^{223}	moŋ^{223}	foŋ^{51}	foŋ^{51}
boŋ^{213}	moŋ^{213}	moŋ^{24}	foŋ^{44}	foŋ^{44}
boŋ^{213}	moŋ^{213}	moŋ^{213}	foŋ^{55}	foŋ^{55}
boŋ^{223}	moŋ^{23}	moŋ^{223}	foŋ^{44}	foŋ^{44}
buŋ^{233}	muŋ^{233}	muŋ^{213}	fuŋ^{52}	fuŋ^{52}
boŋ^{132}	moŋ^{132}	moŋ^{21}	foŋ^{44}	foŋ^{44}
bo^{ŋ231}	mo^{ŋ231}	mo^{ŋ213}	fo^{ŋ52}	fo^{ŋ52}
bo^{ŋ231}	mo^{ŋ231}	mo^{ŋ213}	fo^{ŋ52}	fo^{ŋ52}
boŋ^{113}	moŋ^{113}	mɒ~^{113}	hoŋ^{52}/foŋ^{52}	hoŋ^{52}/foŋ^{52}
buŋ^{113}	muŋ^{113}	mÃ^{ŋ113}/muŋ^{113}	fuŋ^{52}	fuŋ^{52}
buŋ^{231}	ʔmuŋ^{52}/muŋ^{231}	ma~^{113}	fuŋ^{52}	fuŋ^{52}
boŋ^{24}	moŋ^{24}	moŋ^{213}/mɑ~^{213}	foŋ^{44}	foŋ^{44}
boŋ^{24}	moŋ^{24}	moŋ^{212}	foŋ^{44}	foŋ^{44}
boŋ^{231}	moŋ^{231}	moŋ^{223}	foŋ^{51}	foŋ^{51}
boŋ^{113}	boŋ^{113}	mã^{113}/moŋ^{113}	foŋ^{44}	foŋ^{44}
boŋ^{212}	boŋ^{212}	moŋ^{113}	foŋ^{323}	foŋ^{323}
buŋ^{231}	muŋ^{231}	muŋ^{22}	fuŋ^{52}	fuŋ^{52}
boŋ^{233}	moŋ^{233}	moŋ^{233}	foŋ^{544}	foŋ^{544}
bu^{ŋ31}	mu^{ŋ31}	mu^{ŋ14}	fʊ^{ŋ53}	fʊ^{ŋ53}
buŋ^{312}	muŋ^{312}	muŋ^{13}	fuŋ^{523}	fuŋ^{523}
buŋ^{113}	muŋ^{113}	muŋ^{113}	fuŋ^{324}	fuŋ^{324}
boŋ^{113}	moŋ^{113}	moŋ^{113}	foŋ^{52}	foŋ^{52}
boŋ^{311}	moŋ^{311}	moŋ^{113}/məŋ^{113}	foŋ^{533}/fəŋ^{533}少	foŋ^{533}
boŋ^{231}	moŋ^{231}	moŋ^{22}	xoŋ^{44}	xoŋ^{44}
bʌŋ^{323}	mʌŋ^{323}	mʌŋ^{31}	fʌŋ^{434}	fʌŋ^{434}
poŋ^{324}	moŋ^{324}	moŋ^{24}	foŋ^{324}	foŋ^{324}
boŋ^{322}	moŋ^{322}	moŋ^{214}	foŋ^{44}	foŋ^{44}

摄口 等调 韵声	通合 三平 东敷 丰	通合 三平 锺非 封	通合 三平 锺敷 蜂	通合 三平 锺敷 锋
宜	foŋ^{55}	foŋ^{55}	foŋ^{55}	foŋ^{55}
溧	foŋ^{445}	foŋ^{445}	foŋ^{445}	foŋ^{445}
金	foŋ^{31}	foŋ^{31}	foŋ^{31}	foŋ^{31}
丹	foŋ^{22}	foŋ^{22}	foŋ^{22}	foŋ^{22}
童	foŋ^{42}	foŋ^{42}	foŋ^{42}	foŋ^{42}
靖	foŋ^{433}	foŋ^{433}	foŋ^{433}	foŋ^{433}
江	foŋ^{51}	foŋ^{51}	foŋ^{51}	foŋ^{51}
常	foŋ^{44}	foŋ^{44}	foŋ^{44}	foŋ^{44}
锡	foŋ^{55}	foŋ^{55}	foŋ^{55}	foŋ^{55}
苏	foŋ^{44}	foŋ^{44}	foŋ^{44}	foŋ^{44}
熟	fʊŋ^{52}	fʊŋ^{52}	vʊŋ^{52}	fʊŋ^{52}
昆	foŋ^{44}	foŋ^{44}	foŋ^{44}	foŋ^{44}
霜	fo^{ŋ52}	fo^{ŋ52}	fo^{ŋ52}	fo^{ŋ52}
罗	fo^{ŋ52}	fo^{ŋ52}	fo^{ŋ52}	fo^{ŋ52}
周	hoŋ^{52}/foŋ^{52}	hoŋ^{52}/foŋ^{52}	hoŋ^{52}/foŋ^{52}	hoŋ^{52}/foŋ^{52}
上	fʊŋ^{52}	fʊŋ^{52}	fʊŋ^{52}	fʊŋ^{52}
松	fʊŋ^{52}	fʊŋ^{52}	fʊŋ^{52}	fʊŋ^{52}
黎	foŋ^{44}	foŋ^{44}	foŋ^{44}	foŋ^{44}
盛	foŋ^{44}	foŋ^{44}	foŋ^{44}	foŋ^{44}
嘉	foŋ^{51}	foŋ^{51}	foŋ^{51}	foŋ^{51}
双	foŋ^{44}	foŋ^{44}	foŋ^{44}	foŋ^{44}
杭	foŋ^{323}	foŋ^{323}	foŋ^{323}	foŋ^{323}
绍	fʊŋ^{52}	fʊŋ^{52}	fʊŋ^{52}	fʊŋ^{52}
诸	foŋ^{544}	foŋ^{544}	foŋ^{544}	foŋ^{544}
崇	fu^{ŋ53}	fu^{ŋ53}	fu^{ŋ53}	fu^{ŋ53}
太	fʊŋ^{523}	fʊŋ^{523}	fʊŋ^{523}	fʊŋ^{523}
余	fʊŋ^{324}	fʊŋ^{324}	fʊŋ^{324}	fʊŋ^{324}
宁	foŋ^{52}	foŋ^{52}	foŋ^{52}	foŋ^{52}
黄	foŋ^{533}/fəŋ^{533}少	foŋ^{533}/fəŋ^{533}少	foŋ^{533}/fəŋ^{533}少	foŋ^{533}/fəŋ^{533}少
温	xoŋ^{44}	xoŋ^{44}	xoŋ^{44}	xoŋ^{44}
衢	fʌŋ^{434}	fʌŋ^{434}	fʌŋ^{434}	fʌŋ^{434}
华	foŋ^{324}	foŋ^{324}	foŋ^{324}	foŋ^{324}
永	foŋ^{44}	foŋ^{44}	foŋ^{44}	

通合 三去 送非	通合 三平 东奉	通合 三平 锺奉	通合 三平 锺奉	通合 三上 锺奉
讽	冯	逢	缝~衣	奉
$fo\eta^{55}$	$vo\eta^{223}$	$vo\eta^{223}$	$vo\eta^{223}$	$vo\eta^{231}$
$fo\eta^{445}$	$vo\eta^{323}$	$vo\eta^{323}$	$vo\eta^{323}$	$vo\eta^{224}$
$fo\eta^{31}$	$fo\eta^{35}$	$fo\eta^{35}$	$fo\eta^{35}$	$fo\eta^{323}$
$fo\eta^{22}$	$fvo\eta^{213}$	$fvo\eta^{213}$	$fvo\eta^{213}$	$fo\eta^{41}$
$fo\eta^{42}$	$vo\eta^{113}$	$vo\eta^{113}$	$vo\eta^{113}$	$vo\eta^{113}$
$fo\eta^{334}$	$vo\eta^{223}/\hbar\hbar o\eta^{223}$	$vo\eta^{223}$	$vo\eta^{223}$	$vo\eta^{31}$
$fo\eta^{51}$	$vo\eta^{223}$	$vo\eta^{223}$	$vo\eta^{223}$	$vo\eta^{223}$
$fo\eta^{44}$	$vo\eta^{213}$	$vo\eta^{213}$	$vo\eta^{213}$	$vo\eta^{24}$
$fo\eta^{55}$	$vo\eta^{213}$	$vo\eta^{213}$	$vo\eta^{213}$	$vo\eta^{33/213}$
$fo\eta^{44}$	$vo\eta^{223}$	$vo\eta^{223}$	$vo\eta^{223}$	$vo\eta^{231}$
$fu\eta^{324}$	$v\upsilon\eta^{233}$	$v\upsilon\eta^{233}$	$v\upsilon\eta^{233}$	$v\upsilon\eta^{31}$
$fo\eta^{52}$	$vo\eta^{132}$	$vo\eta^{132}$	$vo\eta^{132}$	$vo\eta^{223}$
$fo^{\eta 52}$	$vo^{\eta 231}$	$vo^{\eta 231}$	$vo^{\eta 231}$	$vo^{\eta 231}$
$fo^{\eta 52/434}$	$vo^{\eta 231}$	$vo^{\eta 231}$	$vo^{\eta 231}$	$vo^{\eta 231}$
$\hbar o\eta^{52}/ho\eta^{52}$	$\hbar o\eta^{113}/vo\eta^{113}$	$vo\eta^{113}$	$vo\eta^{113}/\hbar o\eta^{113}$	$vo\eta^{113}/\hbar o\eta^{113}$
$fu\eta^{52}$	$v\upsilon\eta^{113}$	$v\upsilon\eta^{113}$	$v\upsilon\eta^{113}$	$v\upsilon\eta^{113}$
$fu\eta^{52}/f\partial\eta^{52}$	$vo\eta^{231}/\hbar\upsilon\eta^{231}$	$v\upsilon\eta^{231}$	$v\upsilon\eta^{231}$	$v\upsilon\eta^{113}$
$fo\eta^{44}$	$vo\eta^{24}$	$vo\eta^{24}$	$vo\eta^{24}$	$vo\eta^{32}$
$fo\eta^{44}$	$vo\eta^{24}$	$vo\eta^{24}$	$vo\eta^{24}$	$vo\eta^{223}$
$fo\eta^{51}$	$vo\eta^{231}$	$vo\eta^{231}$	$vo\eta^{231}$	$vo\eta^{223}$
$fo\eta^{44}$	$vo\eta^{113}$	$vo\eta^{113}$	$vo\eta^{113}$	$vo\eta^{231}$
$fo\eta^{51}$	$vo\eta^{212}$	$vo\eta^{212}$	$vo\eta^{212}$	$vo\eta^{113}$
$fu\eta^{52}$	$v\upsilon\eta^{231}/\hbar\upsilon\eta^{231}$	$v\upsilon\eta^{231}$	$v\upsilon\eta^{231}$	$v\upsilon\eta^{113}$
$fo\eta^{544}$	$vo\eta^{233}/\hbar\textltailn^{233}$	$vo\eta^{233}$	$vo\eta^{233}/\hbar\textltailn^{233}$	$\hbar\textltailn^{231}$
$fu^{\eta 53}$	$v\upsilon^{\eta 31}$	$v\upsilon^{\eta 31}$	$v\upsilon^{\eta 31}$	$v\upsilon^{\eta 22}$
$fu\eta^{523}$	$v\upsilon\eta^{312}$	$v\upsilon\eta^{312}$	$v\upsilon\eta^{312}$	$v\upsilon\eta^{22}$
$fu\eta^{324}$	$v\upsilon\eta^{113}$	$v\upsilon\eta^{113}$	$v\upsilon\eta^{113}$	$v\upsilon\eta^{113}$
$fo\eta^{52}$	$vo\eta^{113}$	$vo\eta^{113}$	$vo\eta^{113}$	$vo\eta^{113}$
$fo\eta^{533}/f\partial\eta^{533}$少	$vo\eta^{311}/v\partial\eta^{311}$	$vo\eta^{311}/v\partial\eta^{311}$	$vo\eta^{311}/v\partial\eta^{311}$	$v\partial\eta^{113}/vo\eta^{113}$
$xo\eta^{52}$	$\hbar o\eta^{231}$	$\hbar o\eta^{231}$	$\hbar o\eta^{231}$	$\hbar o\eta^{\underline{24}}$
$f\Lambda\eta^{434}$	$fv\Lambda\eta^{323}$	$fv\Lambda\eta^{323}$	$fv\Lambda\eta^{323}$	$fv\Lambda\eta^{31}$
$fo\eta^{324}$	$fvo\eta^{213}$	$fvo\eta^{213}$	$fvo\eta^{213}$	$fo\eta^{544}$
$fo\eta^{44}$	$fvo\eta^{322}/bo\eta^{322}$	$fvo\eta^{322}$	$fvo\eta^{322}$	$fvo\eta^{323}$

摄 等 韵	口 调 声	通合 三去 送奉	通合 三去 用奉	通合 三去 用奉	通合 一平 东端
		凤	俸	缝~隙	东
宜		voŋ²³¹	voŋ²³¹	voŋ²³¹	toŋ⁵⁵
溧		voŋ²³¹	voŋ²³¹	voŋ²³¹	toŋ⁴⁴⁵
金		foŋ⁴⁴	foŋ⁴⁴	foŋ⁴⁴	toŋ³¹
丹		foŋ⁴¹	foŋ⁴¹	foŋ⁴¹	toŋ²²
童		voŋ¹¹³	voŋ¹¹³	voŋ¹¹³	toŋ⁴²
靖		voŋ³¹	voŋ³¹	voŋ³¹	toŋ⁴³³
江		voŋ²²³	voŋ²²³	voŋ²²³	toŋ⁵¹
常		voŋ²⁴	voŋ²⁴	voŋ²⁴	toŋ⁴⁴
锡		voŋ²¹³	voŋ²¹³	voŋ²¹³	toŋ⁵⁵
苏		voŋ²³¹	voŋ²³¹	voŋ²³¹	toŋ⁴⁴
熟		vʊŋ²¹³	vʊŋ²¹³	vʊŋ²¹³	tʊŋ⁵²
昆		voŋ²¹	voŋ²¹	voŋ²¹	toŋ⁴⁴
霜		voᵑ²¹³	voᵑ²¹³	voᵑ²¹³	toᵑ⁵²
罗		voᵑ²¹³	voᵑ²¹³	voᵑ²¹³	toᵑ⁵²
周		voŋ¹¹³/ɦoŋ¹¹³	voŋ¹¹³	voŋ¹¹³/ɦoŋ¹¹³	doŋ⁵²
上		vʊŋ¹¹³	vʊŋ¹¹³	vʊŋ¹¹³	tʊŋ⁵²
松		vʊŋ¹¹³	vʊŋ¹¹³	vʊŋ¹¹³	tʊŋ⁵²
黎		voŋ²¹³	voŋ²¹³	voŋ²¹³	toŋ⁴⁴
盛		voŋ²¹²	voŋ²¹²	voŋ²¹²	toŋ⁴⁴
嘉		voŋ²²³	voŋ²²³	voŋ²²³	toŋ⁵¹
双		voŋ¹¹³	voŋ¹¹³	voŋ¹¹³	toŋ⁴⁴
杭		voŋ¹¹³	voŋ¹¹³	voŋ¹¹³	toŋ³²³
绍		vʊŋ²²	vʊŋ²²	vʊŋ²²	tʊŋ⁵²
诸		voŋ²³³	voŋ²³³	voŋ²³³	toŋ⁵⁴⁴
崇		vʊᵑ¹⁴	vʊᵑ¹⁴	vʊᵑ¹⁴	tʊᵑ⁵³
太		vʊŋ¹³	vʊŋ¹³	vʊŋ¹³	tʊŋ⁵²³
余		vʊŋ¹¹³	vʊŋ¹¹³	vʊŋ¹¹³	tʊŋ³²⁴
宁		voŋ¹¹³	voŋ¹¹³	voŋ¹¹³	toŋ⁵²
黄		voŋ¹¹³	voŋ¹¹³/vəŋ¹¹³	voŋ¹¹³/vəŋ¹¹³	toŋ⁵³³
温		ɦoŋ²²	ɦoŋ²²	ɦoŋ²²	toŋ⁴⁴
衢		fvʌŋ³¹	fvʌŋ³¹	fvʌŋ³¹	tʌŋ⁴³⁴
华		fvoŋ²⁴	fvoŋ²⁴	fvoŋ²⁴	toŋ³²⁴
永		fvoŋ²¹⁴	fvoŋ²¹⁴	fvoŋ²¹⁴	ʔnoŋ⁴⁴

通合 一平 冬端 冬	通合 一上 董端 董	通合 一上 董端 懂	通合 一去 送端 冻	通合 一平 东通 通
toŋ^{55}	toŋ^{51}	toŋ^{51}	toŋ^{324}	toŋ^{55}
toŋ^{445}	toŋ^{52}	toŋ^{52}	toŋ^{412}	toŋ^{445}
toŋ^{31}	toŋ^{323}	toŋ^{323}	toŋ^{44}	tʰoŋ^{31}
toŋ^{22}	toŋ^{44}	toŋ^{44}	toŋ^{324}	tʰoŋ^{22}
toŋ^{42}	toŋ^{324}	toŋ^{324}	toŋ^{45}	tʰoŋ^{42}
toŋ^{433}	toŋ^{334}	toŋ^{334}	toŋ^{51}	tʰoŋ^{433}
toŋ^{51}	toŋ^{45}	toŋ^{45}	toŋ^{435}	tʰoŋ^{51}
toŋ^{44}	toŋ^{334}	toŋ^{334}	toŋ^{51}	tʰoŋ^{44}
toŋ^{55}	toŋ^{324}	toŋ^{324}	toŋ^{35}	tʰoŋ^{55}
toŋ^{44}	toŋ^{51}	toŋ^{51}	toŋ^{412}	tʰoŋ^{44}
tuŋ^{52}	tuŋ^{44}	tuŋ^{44}	tuŋ^{324}	tʰuŋ^{52}
toŋ^{44}	toŋ^{52}	toŋ^{52}	toŋ^{52}	tʰoŋ^{44}
to^{ŋ}^{52}	to^{ŋ}^{434}	to^{ŋ}^{434}	to^{ŋ}^{434}	tʰo^{ŋ}^{52}
to^{ŋ}^{52}	to^{ŋ}^{434}	to^{ŋ}^{434}	to^{ŋ}^{434}	tʰo^{ŋ}^{52}
ɗoŋ^{52}	ɗoŋ^{44}	ɗoŋ^{44}	ɗoŋ^{335}	tʰoŋ^{52}
tʊŋ^{52}	tʊŋ^{334}	tʊŋ^{334}	tʊŋ^{334}	tʰʊŋ^{52}
tʊŋ^{52}	tʊŋ^{44}	tʊŋ^{335}	tʊŋ^{335}	tʰʊŋ^{52}
toŋ^{44}	toŋ^{51}	toŋ^{51}	toŋ^{413}	tʰoŋ^{44}
toŋ^{44}	toŋ^{51}	toŋ^{51}	toŋ^{413}	tʰoŋ^{44}
toŋ^{51}	toŋ^{44}	toŋ^{44}	toŋ^{334}	tʰoŋ^{51}
toŋ^{44}	toŋ^{53}	toŋ^{53}	toŋ^{334}	tʰoŋ^{44}
toŋ^{323}	toŋ^{51}	toŋ^{51}	toŋ^{334}	tʰoŋ^{323}
tʊŋ^{52}	tʊŋ^{334}	tʊŋ^{334}	tʊŋ^{33}	tʰʊŋ^{52}
toŋ^{544}	toŋ^{52}	toŋ^{52}	toŋ^{544}	tʰoŋ^{544}
tʊ^{ŋ}^{53}	tʊ^{ŋ}^{44}	tʊ^{ŋ}^{44}	tʊ^{ŋ}^{324}	tʰʊ^{ŋ}^{53}
tʊŋ^{523}	tʊŋ^{42}	tʊŋ^{42}	tʊŋ^{35}	tʰʊŋ^{523}
tʊŋ^{324}	tʊŋ^{435}	tʊŋ^{435}	tʊŋ^{52}	tʰʊŋ^{324}
toŋ^{52}	toŋ^{325}	toŋ^{325}	toŋ^{52}	tʰoŋ^{52}
toŋ^{533}	toŋ^{533}	toŋ^{533}	toŋ^{44}	tʰoŋ^{533}
toŋ^{44}	toŋ$^{\underline{35}}$	toŋ$^{\underline{35}}$	toŋ^{52}	tʰoŋ^{44}
tʌŋ^{434}	tʌŋ^{45}	tʌŋ^{45}	tʌŋ^{53}	tʰʌŋ^{434}
toŋ^{324}	toŋ^{544}	toŋ^{544}	toŋ^{324}	toŋ^{324}
ʔnoŋ^{44}	ʔnoŋ^{434}	ʔnoŋ^{434}	ʔnoŋ^{54}	tʰoŋ^{44}

摄口 等调 韵声	通合 一上 董透	通合 一上 宋透	通合 一去 送透	通合 一平 东定
	桶	统	痛	同
宜	tʻoŋ⁵¹	tʻoŋ⁵¹	tʻoŋ³²⁴	doŋ²²³
溧	tʻoŋ⁵²	tʻoŋ⁵²	tʻoŋ⁴¹²	doŋ³²³
金	tʻoŋ³²³	tʻoŋ³²³	tʻoŋ⁴⁴	tʻoŋ³⁵
丹	tʻoŋ⁴⁴	tʻoŋ⁴⁴	tʻoŋ³²⁴	toŋ³²⁴
童	tʻoŋ³²⁴	tʻoŋ³²⁴	tʻoŋ⁴⁵	doŋ³¹
靖	tʻoŋ³³⁴	tʻoŋ³³⁴	tʻoŋ⁵¹	doŋ²²³
江	tʻoŋ⁴⁵	tʻoŋ⁴⁵	tʻoŋ⁴³⁵	doŋ²²³
常	tʻoŋ³³⁴	tʻoŋ³³⁴	tʻoŋ⁵¹	doŋ²¹³
锡	doŋ²¹³/³³	tʻoŋ³²⁴	tʻoŋ³⁵	doŋ²¹³
苏	doŋ²³¹	tʻoŋ⁵¹	tʻoŋ⁴¹²	doŋ²²³
熟	doŋ³¹	tʻʊŋ⁴⁴	tʻʊŋ³²⁴	dʊŋ²³³
昆	doŋ²²³	tʻoŋ⁵²	tʻoŋ⁵²	doŋ¹³²
霜	doⁿ²¹³	tʻoⁿ⁴³⁴	tʻoⁿ⁴³⁴	doⁿ²³¹
罗	doⁿ²¹³	tʻoⁿ⁴³⁴	tʻoⁿ⁴³⁴	doⁿ²³¹
周	doŋ¹¹³	tʻoŋ⁴⁴	tʻoŋ³³⁵	doŋ¹¹³
上	dʊŋ¹¹³	tʻʊŋ³³⁴	tʻʊŋ³³⁴	dʊŋ¹¹³
松	dʊŋ¹¹³	tʻʊŋ⁴⁴	tʻʊŋ³³⁵	dʊŋ²³¹
黎	doŋ²⁴	tʻoŋ³²⁴	tʻoŋ³²⁴	doŋ²⁴
盛	doŋ²⁴	tʻoŋ³¹³	tʻoŋ³¹³	doŋ²⁴
嘉	doŋ²³¹	tʻoŋ³³⁴	tʻoŋ³³⁴	doŋ²³¹
双	doŋ²³¹	tʻoŋ⁵³	tʻoŋ³³⁴	doŋ¹¹³
杭	tʻoŋ⁵¹	tʻoŋ⁵¹	tʻoŋ³³⁴	doŋ²¹²
绍	dʊŋ¹¹³	tʻʊŋ³³⁴	tʻʊŋ²²	doŋ²³¹
诸	doŋ²³¹	tʻoŋ⁵²	tʻoŋ⁵⁴⁴	doŋ²³³
崇	dʊⁿ²²	tʻʊⁿ⁴⁴	tʻʊⁿ³²⁴	dʊⁿ³¹
太	dʊŋ²²	tʻʊŋ⁴²	tʻʊŋ³⁵	dʊŋ³¹²
余	dʊŋ¹¹³饭~/脚~ / tʻʊŋ⁴³⁵水~/吊~,饭~	tʻʊŋ⁴³⁵	tʻʊŋ⁵²	dʊŋ¹¹³
宁	doŋ¹¹³	tʻoŋ³²⁵	tʻoŋ⁵²	doŋ¹¹³
黄	doŋ¹¹³	tʻoŋ⁵³³	tʻoŋ⁴⁴	doŋ³¹¹
温	doŋ²⁴	tʻoŋ³⁵	tʻoŋ²²	doŋ²³¹
衢	dʌŋ³¹	tʻʌŋ⁴⁵	tʻʌŋ⁵³	dʌŋ³²³
华	toŋ⁵⁴⁴	tʻoŋ⁵⁴⁴	tʻoŋ⁴⁵	toŋ³²⁴
永	doŋ³²³	tʻoŋ⁴³⁴	tʻoŋ⁵⁴	doŋ³²²

通合 一平 东定	通合 一平 东定	通合 一平 东定	通合 一上 董定	通合 一去 送定
铜	筒	童	动	洞
$doŋ^{223}$	$doŋ^{223}$	$doŋ^{223}$	$doŋ^{231}$	$doŋ^{231}$
$doŋ^{323}$	$doŋ^{323}$	$doŋ^{323}$	$doŋ^{224}$	$doŋ^{231}$
$tʻoŋ^{35}$	$tʻoŋ^{35}$	$tʻoŋ^{35}$	$toŋ^{31}/toŋ^{44}$	$toŋ^{31}/toŋ^{44}$
$toŋ^{324}$	$toŋ^{324}$	$toŋ^{324}$	$toŋ^{44/41}$	$toŋ^{41}$
$doŋ^{31}$	$doŋ^{31}$	$doŋ^{31}$	$doŋ^{113}$	$doŋ^{113}$
$doŋ^{223}$	$doŋ^{223}$	$doŋ^{223}$	$doŋ^{31}$	$doŋ^{31}$
$doŋ^{223}$	$doŋ^{223}$	$doŋ^{223}$	$doŋ^{223}$	$doŋ^{223}$
$doŋ^{213}$	$doŋ^{213}$	$doŋ^{213}$	$doŋ^{24}$	$doŋ^{24}$
$doŋ^{213}$	$doŋ^{213}$	$doŋ^{213}$	$doŋ^{213/33}$	$doŋ^{213}$
$doŋ^{223}$	$doŋ^{223}$	$doŋ^{223}$	$doŋ^{231}$	$doŋ^{231}$
$dʊŋ^{233}$	$dʊŋ^{233}$	$dʊŋ^{233}$	$dʊŋ^{31}$	$dʊŋ^{213}$
$doŋ^{132}$	$doŋ^{132}$	$doŋ^{132}$	$doŋ^{223}$	$doŋ^{21}$
$do^{ᵑ231}$	$do^{ᵑ231}$	$do^{ᵑ231}$	$do^{ᵑ213}$	$do^{ᵑ213}$
$do^{ᵑ231}$	$do^{ᵑ231}$	$do^{ᵑ231}$	$do^{ᵑ213}$	$do^{ᵑ213}$
$doŋ^{113}$	$doŋ^{113}$	$doŋ^{113}$	$doŋ^{113}$	$doŋ^{113}$
$dʊŋ^{113}$	$dʊŋ^{113}$	$dʊŋ^{113}$	$dʊŋ^{113}$	$dʊŋ^{113}$
$dʊŋ^{231}$	$dʊŋ^{231}$	$dʊŋ^{231}$	$dʊŋ^{113}$	$dʊŋ^{113}$
$doŋ^{24}$	$doŋ^{24}$	$doŋ^{24}$	$doŋ^{32}$	$doŋ^{213}$
$doŋ^{24}$	$doŋ^{24}$	$doŋ^{24}$	$doŋ^{223}$	$doŋ^{212}$
$doŋ^{231}$	$doŋ^{231}$	$doŋ^{231}$	$doŋ^{223}$	$doŋ^{223}$
$doŋ^{113}$	$doŋ^{113}$	$doŋ^{113}$	$doŋ^{231}$	$doŋ^{113}$
$doŋ^{212}$	$doŋ^{212}$	$doŋ^{212}$	$doŋ^{113}$	$doŋ^{113}$
$doŋ^{231}$	$doŋ^{231}$	$doŋ^{231}$	$doŋ^{113}$	$doŋ^{22}$
$doŋ^{233}$	$doŋ^{233}$	$doŋ^{233}$	$doŋ^{231}$	$doŋ^{233}$
$do^{ᵑ31}$	$dʊ^{ᵑ31}$	$dʊ^{ᵑ31}$	$dʊ^{ᵑ22}$	$dʊ^{ᵑ14}$
$dʊŋ^{312}$	$dʊŋ^{312}$	$dʊŋ^{312}$	$dʊŋ^{22}$	$dʊŋ^{13}$
$dʊŋ^{113}$	$dʊŋ^{113}$	$dʊŋ^{113}$	$dʊŋ^{113}$	$dʊŋ^{113}$
$doŋ^{113}$	$doŋ^{113}$	$doŋ^{113}$	$doŋ^{113}$	$doŋ^{113}$
$doŋ^{311}$	$doŋ^{311}$	$doŋ^{311}$	$doŋ^{113}$	$doŋ^{113}$
$doŋ^{231}$	$doŋ^{231}$	$doŋ^{231}$	$doŋ^{24}$	$doŋ^{22}$
$dʌŋ^{323}$	$dʌŋ^{323}$	$dʌŋ^{323}$	$dʌŋ^{31}$	$dʌŋ^{31}$
$toŋ^{324}$	$toŋ^{324}$	$toŋ^{324}$	$toŋ^{544}/doŋ^{24}$	$doŋ^{24}$
$doŋ^{322}$	$doŋ^{322}$	$doŋ^{322}$	$doŋ^{323}$	$doŋ^{214}$

摄口 等调 韵声	通合 一平 冬泥 农	通合 一平 冬泥 脓	通合 一平 冬泥 侬	通合 一平 东来 笼
宜	ȵioŋ²²³	ȵioŋ²²³		loŋ²²³
溧	ȵioŋ³²³	ȵioŋ³²³		loŋ³²³
金	ȵioŋ³⁵	ȵioŋ³⁵		loŋ³⁵
丹	ȵioŋ⁴¹	ȵioŋ⁴¹		loŋ²²
童	ȵioŋ³¹	ȵioŋ³¹	nəŋ¹¹³	loŋ³¹
靖	noŋ²²³	noŋ²²³		loŋ²²³
江	noŋ²²³	noŋ²²³		loŋ²²³
常	ȵioŋ²¹³	ȵioŋ²¹³		loŋ²¹³
锡	ȵioŋ²¹³	ȵioŋ²¹³		loŋ²¹³
苏	noŋ²²³	noŋ²²³		loŋ²²³
熟	nʊŋ²³³	nʊŋ²³³	nʊŋ²³³	lʊŋ²³³
昆	noŋ¹³²	noŋ¹³²	nən¹³²	loŋ¹³²
霜	noᵑ²³¹	noᵑ²³¹		loᵑ²³¹
罗	noᵑ²³¹	noᵑ²³¹	noᵑ²³¹	loᵑ²³¹
周	noŋ¹¹³	noŋ¹¹³	noŋ¹¹³	loŋ¹¹³
上	nʊŋ¹¹³	nʊŋ¹¹³	nʊŋ¹¹³	lʊŋ¹¹³
松	nʊŋ²³¹	nʊŋ²³¹	nʊŋ²³¹	lʊŋ²³¹
黎	noŋ²⁴	noŋ²⁴		loŋ²⁴
盛	noŋ²⁴	noŋ²⁴		loŋ²⁴
嘉	noŋ²³¹	noŋ²³¹		loŋ²³¹
双	noŋ¹¹³	noŋ¹¹³		loŋ¹¹³
杭	noŋ²¹²／ȵioŋ²¹²老人	noŋ²¹²		loŋ²¹²
绍	noŋ²³¹	ȵiʊŋ²³¹		lʊŋ²³¹
诸	noŋ²³³	noŋ²³³／lioŋ²³³		loŋ²³³
崇	nʊᵑ³¹	nʊᵑ³¹	nʊᵑ³¹	lʊᵑ³¹
太	nʊŋ³¹²	nʊŋ³¹²		lʊŋ³¹²
余	nʊŋ¹¹³	nʊŋ¹¹³	nʊŋ¹¹³	lʊŋ¹¹³
宁	noŋ¹¹³	noŋ¹¹³		loŋ¹¹³
黄	noŋ³¹¹	noŋ³¹¹		loŋ³¹¹
温	noŋ²³¹	noŋ²³¹		loŋ²³¹
衢	nʌŋ³²³	nʌŋ³²³		lʌŋ³²³
华	noŋ³²⁴	noŋ³²⁴	ʔnoŋ⁵⁴⁴	loŋ³²⁴
永	noŋ³²²	noŋ³²²		loŋ³²²

通合 一平 东来	通合 三平 东来	通合 三平 锺来	通合 一上 董来	通合 三上 腫来
聋	隆	龙	拢	垅
loŋ^{223}	loŋ^{223}	loŋ^{223}	loŋ^{223}	loŋ^{223}
loŋ^{323}	loŋ^{323}	loŋ^{323}	ʔloŋ^{445}	loŋ^{323}
loŋ^{35}	loŋ^{35}	loŋ^{35}	loŋ^{35}	loŋ^{35}
loŋ^{22}	loŋ^{22}	loŋ^{22}	loŋ^{44}	loŋ^{44}
loŋ^{31}	loŋ^{31}	loŋ^{31}	ʔloŋ^{324}	ʔloŋ^{324}
loŋ^{223}	loŋ^{223}	loŋ^{223}	ʔloŋ^{334}	ʔloŋ^{334}
loŋ^{223}	loŋ^{223}	loŋ^{223}	ʔloŋ^{45}	ʔloŋ^{45}
loŋ^{213}	loŋ^{213}	loŋ^{213}	ʔloŋ^{334}	ʔloŋ^{334}
loŋ^{213}	loŋ^{213}	loŋ^{213}	loŋ$^{213/33}$	loŋ$^{213/33}$
loŋ^{223}	loŋ^{223}	loŋ^{223}	loŋ^{231}	loŋ^{231}
lʊŋ^{233}	lʊŋ^{233}	lʊŋ^{233}	ʔlʊŋ^{44}	lʊŋ^{31}
loŋ^{132}	loŋ^{132}	loŋ^{132}	loŋ^{223}	loŋ^{223}
lo^{ŋ231}	lo^{ŋ231}	lo^{ŋ231}	lo^{ŋ213}	lo^{ŋ213}
lo^{ŋ231}	lo^{ŋ231}	lo^{ŋ231}	lo^{ŋ213}	lo^{ŋ213}
loŋ^{113}	loŋ^{113}	loŋ^{113}	loŋ^{113}	loŋ^{113}
lʊŋ^{113}	lʊŋ^{113}	lʊŋ^{113}	lʊŋ^{113}	lʊŋ^{113}
lʊŋ^{231}	lʊŋ^{231}	lʊŋ^{231}	lʊŋ^{113}	lʊŋ^{113}
loŋ^{24}	loŋ^{24}	loŋ^{24}	loŋ^{32}	loŋ^{32}
loŋ^{24}	loŋ^{24}	loŋ^{24}	loŋ^{223}	loŋ^{223}
loŋ^{231}	loŋ^{231}	loŋ^{231}	loŋ^{223}	loŋ^{223}
loŋ^{113}	loŋ^{113}	loŋ^{113}	loŋ^{231}	loŋ^{231}
loŋ^{212}	loŋ^{212}	loŋ^{212}	ʔloŋ^{51}	ʔloŋ^{51}
lʊŋ^{231}	lʊŋ^{231}	lʊŋ^{231}	lʊŋ^{113}	lʊŋ^{113}
loŋ^{233}	loŋ^{233}	loŋ^{233}	loŋ^{231}	loŋ^{231}
lʊ^{ŋ31}	lʊ^{ŋ31}	lʊ^{ŋ31}	lʊ^{ŋ22}	lʊ^{ŋ22}
lʊŋ^{312}	lʊŋ^{312}	lʊŋ^{312}	lʊŋ^{22}	lʊŋ^{22}
lʊŋ^{113}	lʊŋ^{113}	lʊŋ^{113}	lʊŋ^{113}	lʊŋ^{113}
loŋ^{113}	loŋ^{113}	loŋ^{113}	loŋ^{113}	loŋ^{113}
loŋ^{311}	loŋ^{311}	loŋ^{311}	ʔloŋ^{533}	ʔloŋ^{533}
loŋ^{231}	loŋ^{231}	liɛ^{231}	loŋ$^{\underline{24}}$	loŋ$^{\underline{24}}$
lʌŋ^{323}	lʌŋ^{323}	lʌŋ^{323}	lʌŋ^{31}	lʌŋ^{31}
loŋ^{324}	loŋ^{324}	loŋ^{324}	ʔloŋ^{544}	ʔloŋ^{544}
loŋ^{322}	loŋ^{322}	loŋ^{322}	loŋ^{323}	loŋ^{323}

摄 口 等 调 韵 声	通合 一去 送来	通合 一平 东见	通合 一平 东见	通合 一平 东见
	弄	公	工	功
宜	$loŋ^{231}$~堂/$noŋ^{231}$~坏	$koŋ^{55}$	$koŋ^{55}$	$koŋ^{55}$
溧	$loŋ^{231}$	$koŋ^{445}$	$koŋ^{445}$	$koŋ^{445}$
金	$loŋ^{44}$	$koŋ^{31}$	$koŋ^{31}$	$koŋ^{31}$
丹	$loŋ^{41}$~堂/$noŋ^{41}$~坏	$koŋ^{22}$	$koŋ^{22}$	$koŋ^{22}$
童	$loŋ^{113}$	$koŋ^{42}$	$koŋ^{42}$	$koŋ^{42}$
靖	$noŋ^{31}$~坏/$loŋ^{31}$~堂	$koŋ^{433}$	$koŋ^{433}$	$koŋ^{433}$
江	$loŋ^{223}$/$noŋ^{223}$	$koŋ^{51}$	$koŋ^{51}$	$koŋ^{51}$
常	$noŋ^{24}$~坏/$loŋ^{24}$~堂	$koŋ^{44}$	$koŋ^{44}$	$koŋ^{44}$
锡	$noŋ^{213}$/$loŋ^{213}$	$koŋ^{55}$	$koŋ^{55}$	$koŋ^{55}$
苏	$noŋ^{231}$/$loŋ^{231}$	$koŋ^{44}$	$koŋ^{44}$	$koŋ^{44}$
熟	$lʊŋ^{213}$	$kʊŋ^{52}$	$kʊŋ^{52}$	$kʊŋ^{52}$
昆	$ʔnoŋ^{44}$/$loŋ^{223}$	$koŋ^{44}$	$koŋ^{44}$	$koŋ^{44}$
霜	$lo^{ŋ213}$~堂,~坏/$no^{ŋ213}$少	$ko^{ŋ52}$	$ko^{ŋ52}$	$ko^{ŋ52}$
罗	$lo^{ŋ213}$	$ko^{ŋ52}$	$ko^{ŋ52}$	$ko^{ŋ52}$
周	$loŋ^{113}$	$koŋ^{52}$	$koŋ^{52}$	$koŋ^{52}$
上	$ʔnʊŋ^{52}$/$nʊŋ^{113}$~坏/$ʔlʊŋ^{52}$/$lʊŋ^{113}$~堂	$kʊŋ^{52}$	$kʊŋ^{52}$	$kʊŋ^{52}$
松	$ʔnʊŋ^{52}$/$nʊŋ^{113}$/$ʔlʊŋ^{52}$/$lʊŋ^{113}$	$kʊŋ^{52}$	$kʊŋ^{52}$	$kʊŋ^{52}$
黎	$loŋ^{213}$	$koŋ^{44}$	$koŋ^{44}$	$koŋ^{44}$
盛	$loŋ^{212}$	$koŋ^{44}$	$koŋ^{44}$	$koŋ^{44}$
嘉	$noŋ^{223}$	$koŋ^{51}$	$koŋ^{51}$	$koŋ^{51}$
双	$noŋ^{113}$/$loŋ^{113}$~堂	$koŋ^{44}$	$koŋ^{44}$	$koŋ^{44}$
杭	$loŋ^{113}$	$koŋ^{323}$	$koŋ^{323}$	$koŋ^{323}$
绍	$lʊŋ^{22}$	$kʊŋ^{52}$	$kʊŋ^{52}$	$kʊŋ^{52}$
诸	$loŋ^{233}$	$koŋ^{544}$	$koŋ^{544}$	$koŋ^{544}$
崇	$lʊŋ^{14}$	$kʊ^{ŋ53}$	$kʊ^{ŋ53}$	$kʊ^{ŋ53}$
太	$lʊŋ^{13}$	$kʊŋ^{523}$	$kʊŋ^{523}$	$kʊŋ^{523}$
余	$nʊŋ^{113}$~破/$lʊŋ^{113}$~堂	$kʊŋ^{324}$	$kʊŋ^{324}$	$kʊŋ^{324}$
宁	$loŋ^{113}$~堂/$noŋ^{113}$~坏	$koŋ^{52}$	$koŋ^{52}$	$koŋ^{52}$
黄	$loŋ^{113}$	$koŋ^{533}$	$koŋ^{533}$	$koŋ^{533}$
温	$loŋ^{22}$	$koŋ^{44}$	$koŋ^{44}$	$koŋ^{44}$
衢	$ʔnʌŋ^{53}$/$lʌŋ^{31}$	$kʌŋ^{434}$	$kʌŋ^{434}$	$kʌŋ^{434}$
华	$ʔloŋ^{544}$~堂/$noŋ^{24}$~懂	$koŋ^{324}$	$koŋ^{324}$	$koŋ^{324}$
永	$loŋ^{214}$	$koŋ^{44}$	$koŋ^{44}$	$koŋ^{44}$

通合一平东见	通合三平东见	通合三平锺见	通合三上腫见	通合一去送见
攻	弓	恭	拱	贡
koŋ⁵⁵	koŋ⁵⁵	koŋ⁵⁵	koŋ⁵¹	koŋ³²⁴
koŋ⁴⁴⁵	koŋ⁴⁴⁵	koŋ⁴⁴⁵	koŋ⁵²	koŋ⁵²
koŋ³¹	koŋ³¹	koŋ³¹	koŋ³²³	koŋ⁴⁴
koŋ²²	koŋ²²	koŋ²²	koŋ⁴⁴	koŋ³²⁴
koŋ⁴²	koŋ⁴²	koŋ⁴²	koŋ³²⁴	koŋ⁴⁵
koŋ⁴³³	koŋ⁴³³	koŋ⁴³³	koŋ³³⁴	koŋ⁵¹
koŋ⁵¹	koŋ⁵¹	koŋ⁵¹	koŋ⁴⁵	koŋ⁴³⁵
koŋ⁴⁴	koŋ⁴⁴	koŋ⁴⁴	koŋ³³⁴	koŋ⁵¹
koŋ⁵⁵	koŋ⁵⁵	koŋ⁵⁵	koŋ³²⁴	koŋ³⁵
koŋ⁴⁴	koŋ⁴⁴	koŋ⁴⁴	koŋ⁵¹	koŋ⁴¹²
kʊŋ⁵²	kʊŋ⁵²	kʊŋ⁵²	kʊŋ⁴⁴	kʊŋ³²⁴
koŋ⁴⁴	koŋ⁴⁴	koŋ⁴⁴	koŋ⁵²	koŋ⁵²
koᵑ⁵²	koᵑ⁵²	koᵑ⁵²	koᵑ⁴³⁴	koᵑ⁴³⁴
koᵑ⁵²	koᵑ⁵²	koᵑ⁵²	koᵑ⁴³⁴	koᵑ⁴³⁴
koŋ⁵²	koŋ⁵²	koŋ⁵²	koŋ⁴⁴	koŋ³³⁵
kʊŋ⁵²	kʊŋ⁵²	kʊŋ⁵²	kʊŋ³³⁴	kʊŋ³³⁴
kʊŋ⁵²	kʊŋ⁵²	kʊŋ⁵²	kʊŋ⁴⁴	kʊŋ³³⁵
koŋ⁴⁴	koŋ⁴⁴	koŋ⁴⁴	koŋ⁵¹	koŋ⁴¹³
koŋ⁴⁴	koŋ⁴⁴	koŋ⁴⁴	koŋ⁵¹	koŋ⁴¹³
koŋ⁵¹	koŋ⁵¹	koŋ⁵¹	koŋ⁴⁴	koŋ³³⁴
koŋ⁴⁴	koŋ⁴⁴	koŋ⁴⁴	koŋ⁵³	koŋ³³⁴
koŋ³²³	koŋ³²³	koŋ³²³	koŋ⁵¹	koŋ³³⁴
kʊŋ⁵²	kʊŋ⁵²	kʊŋ⁵²	kʊŋ³³	kʊŋ³³
koŋ⁵⁴⁴	koŋ⁵⁴⁴	koŋ⁵⁴⁴	koŋ²³¹	koŋ⁵⁴⁴
kʊᵑ⁵³	kʊᵑ⁵³	kʊᵑ⁵³	kʊᵑ⁴⁴	kʊᵑ³²⁴
kʊŋ⁵²³	kʊŋ⁵²³	kʊŋ⁵²³	kʊŋ⁴²	kʊŋ³⁵
kʊŋ³²⁴	kʊŋ³²⁴	kʊŋ³²⁴	kʊŋ⁴³⁵	kʊŋ⁵²
koŋ⁵²	koŋ⁵²	koŋ⁵²	koŋ³²⁵	koŋ⁵²
koŋ⁵³³	koŋ⁵³³	koŋ⁵³³	koŋ⁵³³	koŋ⁴⁴
koŋ⁴⁴	koŋ⁴⁴	koŋ⁴⁴	koŋ³⁵	koŋ⁵²
kʌŋ⁴³⁴	kʌŋ⁴³⁴	kʌŋ⁴³⁴	kʌŋ⁴⁵	kʌŋ⁵³
koŋ³²⁴	koŋ³²⁴	koŋ³²⁴	koŋ⁵⁴⁴	koŋ⁴⁵
koŋ⁴⁴	tɕioŋ⁴⁴/koŋ⁴⁴	koŋ⁴⁴	koŋ⁴³⁴	koŋ⁵⁴

摄口 等调 韵声	通合 三去 用见 供上~	通合 一平 东溪 空~虚	通合 一上 董溪 孔	通合 三上 腫溪 恐
宜	koŋ⁵⁵	kʻoŋ⁵⁵	kʻoŋ⁵¹	kʻoŋ⁵¹
溧	koŋ⁵²	kʻoŋ⁴⁴⁵	kʻoŋ⁵²	kʻoŋ⁵²
金	koŋ⁴⁴	kʻoŋ³¹	kʻoŋ³²³	kʻoŋ³²³
丹	koŋ³²⁴	kʻoŋ²²	kʻoŋ²²	kʻoŋ²²
童	koŋ⁴⁵	kʻoŋ⁴²	kʻoŋ³²⁴	kʻoŋ³²⁴
靖	koŋ⁵¹	kʻoŋ⁴³³	kʻoŋ³³⁴	kʻoŋ³³⁴
江	koŋ⁴³⁵/tɕioŋ⁴³⁵少	kʻoŋ⁵¹	kʻoŋ⁴⁵	kʻoŋ⁴⁵
常	koŋ⁵¹	kʻoŋ⁴⁴	kʻoŋ³³⁴	kʻoŋ³³⁴
锡	koŋ³⁵	kʻoŋ⁵⁵	kʻoŋ³²⁴	kʻoŋ³²⁴
苏	koŋ⁴¹²	kʻoŋ⁴⁴	kʻoŋ⁵¹	kʻoŋ⁵¹
熟	kʊŋ³²⁴	kʻʊŋ⁵²	kʻʊŋ⁴⁴	kʻʊŋ⁴⁴
昆	koŋ⁵²	kʻoŋ⁴⁴	kʻoŋ⁵²	kʻoŋ⁵²
霜	koᵑ⁵²	kʻoᵑ⁵²	kʻoᵑ⁴³⁴	kʻoᵑ⁴³⁴
罗	koᵑ⁵²	kʻoᵑ⁵²	kʻoᵑ⁴³⁴	kʻoᵑ⁴³⁴
周	koŋ⁵²	kʻoŋ⁵²	kʻoŋ⁴⁴	kʻoŋ⁴⁴
上	kʊŋ³³⁴	kʻʊŋ⁵²	kʻʊŋ³³⁴	kʻʊŋ³³⁴
松	kʊŋ³³⁵	kʻʊŋ⁵²	kʻʊŋ⁴⁴	kʻʊŋ⁴⁴
黎	koŋ⁴¹³	kʻoŋ⁴⁴	kʻoŋ⁴⁴	kʻoŋ³³⁴
盛	koŋ⁴¹³	kʻoŋ⁴⁴	kʻoŋ⁴⁴	kʻoŋ³³⁴
嘉	koŋ³³⁴	kʻoŋ⁵¹	kʻoŋ³³⁴	kʻoŋ³²⁴
双	koŋ³³⁴	kʻoŋ⁴⁴	kʻoŋ⁵³	kʻoŋ⁵³
杭	koŋ³³⁴	kʻoŋ³²³	kʻoŋ⁵¹	kʻoŋ⁵¹
绍	kʊŋ³³	kʻʊŋ⁵²	kʻʊŋ³³⁴	kʻʊŋ³³⁴
诸	koŋ⁵⁴⁴	kʻoŋ⁵⁴⁴	kʻoŋ⁵²	kʻoŋ⁵²
崇	kʊᵑ³²⁴	kʻʊᵑ⁵³	kʻʊᵑ⁴⁴	kʻʊᵑ⁴⁴
太	kʊŋ³⁵	kʻʊŋ⁵²³	kʻʊŋ⁴²	kʻʊŋ⁴²
余	kʊŋ⁵²	kʻʊŋ³²⁴	kʻʊŋ⁴³⁵	kʻʊŋ⁴³⁵
宁	koŋ⁵²	kʻoŋ⁵²	kʻoŋ³²⁵	kʻoŋ³²⁵
黄	koŋ⁴⁴	kʻoŋ⁵³³	kʻoŋ⁵³³	kʻoŋ⁵³³
温	koŋ⁵²	kʻoŋ⁴⁴	kʻoŋ³⁵	kʻoŋ³⁵
衢	kʌŋ⁵³	kʻʌŋ⁴³⁴	kʻʌŋ⁴⁵	kʻʌŋ⁴⁵
华	koŋ⁴⁵	kʻoŋ³²⁴	kʻoŋ⁵⁴⁴	kʻoŋ⁵⁴⁴
永	tɕioŋ⁵⁴/koŋ⁵⁴	kʻoŋ⁴⁴	kʻoŋ⁴³⁴	kʻoŋ⁴³⁴

通合 一去 送溪	通合 三去 用群	通合 一平 东影	通合 一去 送影	通合 一平 东晓
空~缺	共	翁	瓮	烘
k'oŋ^{324}	goŋ^{231}	ʔoŋ^{55}	ʔoŋ^{324}	xoŋ^{55}
k'oŋ^{412}	goŋ^{231}	ʔoŋ^{445}	ʔoŋ^{412}	xoŋ^{445}
k'oŋ^{44}	k'oŋ^{44}	oŋ^{31}	oŋ^{44}	xoŋ^{31}
k'oŋ^{324}	goŋ^{213}/koŋ^{324}	oŋ^{22}	oŋ^{324}	hoŋ^{22}
k'oŋ^{45}	goŋ^{113}	ʔoŋ^{42}	ʔoŋ^{45}	hoŋ^{42}
k'oŋ^{51}	goŋ^{31}	ʔoŋ^{433}	ʔoŋ^{51}	hoŋ^{433}
k'oŋ^{435}	goŋ^{223}	ʔoŋ^{51}	ʔoŋ^{435}	hoŋ^{51}
k'oŋ^{51}	goŋ^{24}	ʔoŋ^{44}	ʔoŋ^{51}	xoŋ^{44}
k'oŋ^{35}	goŋ^{213}	ʔoŋ^{55}	ʔoŋ^{35}	xoŋ^{55}
k'oŋ^{412}	goŋ^{231}	ʔoŋ^{44}	ʔoŋ^{412}	hoŋ^{44}
k'ʊŋ^{324}	gʊŋ^{213}	ʔʊŋ^{52}	ʔʊŋ^{324}	hʊŋ^{52}
k'oŋ^{52}	goŋ^{223}	ʔoŋ^{44}	ʔoŋ^{52}	hoŋ^{44}
k'o^{ŋ434}	go^{ŋ213}	ʔo^{ŋ52}	ʔo^{ŋ434}	xo^{ŋ52}
k'o^{ŋ434}	go^{ŋ213}	ʔo^{ŋ52}	ʔo^{ŋ434}	ho^{ŋ52}
k'oŋ^{335}	goŋ^{113}	ʔoŋ^{52}	ʔoŋ^{335}	hoŋ^{52}
k'ʊŋ^{334}	gʊŋ^{113}	ʔʊŋ^{52}	ʔʊŋ^{52}	hʊŋ^{52}
k'ʊŋ^{335}	gʊŋ^{113}	ʔʊŋ^{52}/uəŋ^{52}	ʔʊŋ^{52}	hʊŋ^{52}
k'oŋ^{324}	goŋ^{213}	ʔoŋ^{44}	ʔoŋ^{413}	hoŋ^{44}
k'oŋ^{313}	goŋ^{212}	ʔoŋ^{44}	ʔoŋ^{413}	hoŋ^{44}
k'oŋ^{334}	goŋ^{223}	ʔoŋ^{51}	ʔoŋ^{334}	hoŋ^{51}
k'oŋ^{334}	goŋ^{113}	ʔoŋ^{44}	ʔoŋ^{334}	hoŋ^{44}
k'oŋ^{334}	goŋ^{113}	ʔoŋ^{323}	ʔoŋ^{334}	hoŋ^{323}
k'ʊŋ^{33}	gʊŋ^{22}	ʔʊŋ^{52}/ʔuʊŋ^{52}	uʊŋ^{33}	hʊŋ^{52}/huʊŋ^{52}
k'oŋ^{544}	goŋ^{233}	ʔoŋ^{544}	ʔoŋ^{544}	hoŋ^{544}
k'ʊ^{ŋ324}	gʊ^{ŋ14}	ʔʊ^{ŋ53}	ʔʊ^{ŋ324}	hʊ^{ŋ53}
k'ʊŋ^{35}	gʊŋ^{13}	ʔʊŋ^{523}	ʔʊŋ^{35}	hʊŋ^{523}
k'ʊŋ^{52}	gʊŋ^{113}	ʔʊŋ^{324}	ʔʊŋ^{52}	hʊŋ^{324}
k'oŋ^{52}	goŋ^{113}	ʔoŋ^{52}	ʔoŋ^{52}	hoŋ^{52}
k'oŋ^{44}	goŋ^{113}/dʑioŋ^{113}	ʔoŋ^{533}	ʔoŋ^{533}	hoŋ^{533}
k'oŋ^{52}	dʑyʊɔ^{22}	ʔoŋ^{44}	ʔoŋ^{52}	xoŋ^{44}
k'ʌŋ^{53}	kgʌŋ^{31}	ʔʌŋ^{434}	ʔʌŋ^{53}	xʌŋ^{434}
k'oŋ^{45}	goŋ^{24}	ʔoŋ^{324}	ʔoŋ^{45}	xoŋ^{324}
k'oŋ^{54}	dʑioŋ^{214}/goŋ^{214}	ʔoŋ^{44}	ʔoŋ^{54}	xoŋ^{44}

摄口	梗合	通合	通合	通合
等调	二平	一平	一平	一平
韵声	耕晓	东匣	东匣	东匣
	轰	红	洪	虹
宜	xoŋ^{55}	ɦoŋ^{223}	ɦoŋ^{223}	ɦoŋ^{223}
溧	xoŋ^{445}	xɦoŋ^{323}	xɦoŋ^{323}	xɦoŋ^{323}
金	xoŋ^{31}	xoŋ^{35}	xoŋ^{35}	xoŋ^{35}
丹	hoŋ^{22}	oŋ^{324}	oŋ^{324}	oŋ^{324}
童	hoŋ^{42}/foŋ^{42}	xɦoŋ^{31}	xɦoŋ^{31}	xɦoŋ^{31}
靖	hoŋ^{433}	ɦɦoŋ^{223}	ɦɦoŋ^{223}	ɦɦoŋ^{223}
江	hoŋ^{51}	ɦɦoŋ^{223}	ɦɦoŋ^{223}	ɦɦoŋ^{223}
常	xoŋ^{44}	ɦoŋ^{213}	ɦoŋ^{213}	ɦoŋ^{213}
锡	xoŋ^{55}	ɦoŋ^{213}	ɦoŋ^{213}	ɦoŋ^{213}
苏	hoŋ^{44}	ɦoŋ^{223}	ɦoŋ^{223}	ɦoŋ^{223}
熟	huŋ^{52}	ɦuŋ^{233}	ɦuŋ^{233}	ɦuŋ^{233}
昆	hoŋ^{44}	ɦoŋ^{132}	ɦoŋ^{132}	ɦoŋ^{132}
霜	xoᵑ^{52}	ɦoᵑ^{231}	ɦoᵑ^{231}	ɦoᵑ^{231}
罗	hoᵑ^{52}	ɦoᵑ^{231}	ɦoᵑ^{231}	ɦoᵑ^{231}
周	hoŋ^{52}	ɦoŋ^{113}	ɦoŋ^{113}	ɦoŋ^{113}
上	huŋ^{52}	ɦuŋ^{113}	ɦuŋ^{113}	ɦuŋ^{113}
松	huŋ^{52}	ɦuŋ^{231}	ɦuŋ^{231}	ɦuŋ^{231}
黎	hoŋ^{44}	ɦoŋ^{24}	ɦoŋ^{24}	ɦoŋ^{24}
盛	hoŋ^{44}	ɦoŋ^{24}	ɦoŋ^{24}	ɦoŋ^{24}
嘉	hoŋ^{51}	ɦoŋ^{231}	ɦoŋ^{231}	ɦoŋ^{231}
双	hoŋ^{44}	ɦoŋ^{113}	ɦoŋ^{113}	ɦoŋ^{113}
杭	hoŋ^{323}	ɦoŋ^{212}	ɦoŋ^{212}	ɦoŋ^{212}
绍	hʊŋ^{52}/huʊŋ^{52}	ɦiʊŋ^{231}/ɦiuʊŋ^{231}	ɦiʊŋ^{231}/ɦiuʊŋ^{231}	ɦiʊŋ^{231}/ɦiuʊŋ^{231}
诸	hoŋ^{544}	ɦjɳ^{233}	ɦjɳ^{233}	ɦjɳ^{233}/ɦoŋ^{233}
崇	huᵑ^{53}	ɦiuᵑ^{31}/ɦiɳ^{31}	ɦiuᵑ^{31}	ɦiuᵑ^{14}
太	huŋ^{523}	ɦuŋ^{312}	ɦuŋ^{312}	ɦuŋ^{13}
余	huŋ^{324}	ɦuŋ^{113}	ɦuŋ^{113}	ɦuŋ^{113}
宁	hoŋ^{52}	ɦoŋ^{113}	ɦoŋ^{113}	ɦoŋ^{113}
黄	hoŋ^{533}	ɦoŋ^{311}	ɦoŋ^{311}	ɦoŋ^{311}
温	xoŋ^{44}	ɦoŋ^{231}	ɦoŋ^{231}	ɦoŋ^{231}
衢	xʌŋ^{434}	ʔɦʌŋ^{323}	ʔɦʌŋ^{323}	ʔɦʌŋ^{323}
华	xoŋ^{324}	ʔoŋ^{324}	ʔoŋ^{324}	ʔoŋ^{324}
永	xoŋ^{44}	ʔɦoŋ^{322}	ʔɦoŋ^{322}	ʔɦoŋ^{322}

通合 一去 送匣	通合 三平 东知	通合 三平 东知	通合 三平 东章	通合 三平 锺章
阄	中 当~	忠	终	锺
ɦoŋ^{231}	tsoŋ^{55}	tsoŋ^{55}	tsoŋ^{55}	tsoŋ^{55}
xɦoŋ^{231}	tsoŋ^{445}	tsoŋ^{445}	tsoŋ^{445}	tsoŋ^{445}
xoŋ^{44}	tsoŋ^{31}	tsoŋ^{31}	tsoŋ^{31}	tsoŋ^{31}
	tsoŋ^{22}	tsoŋ^{22}	tsoŋ^{22}	tsoŋ^{22}
	tsoŋ^{42}	tsoŋ^{42}	tsoŋ^{42}	tsoŋ^{42}
hɦoŋ^{51}	tɕioŋ^{433}	tɕioŋ^{433}	tɕioŋ^{433}	tɕioŋ^{433}
hɦoŋ^{223}	tsoŋ^{51}	tsoŋ^{51}	tsoŋ^{51}	tsoŋ^{51}
ɦoŋ^{24}	tsoŋ^{44}	tsoŋ^{44}	tsoŋ^{44}	tsoŋ^{44}
ɦoŋ^{213}	tsoŋ^{55}	tsoŋ^{55}	tsoŋ^{55}	tsoŋ^{55}
ɦoŋ^{231}	tsoŋ^{44}	tsoŋ^{44}	tsoŋ^{44}	tsoŋ^{44}
hʊŋ^{324}	tʂʊŋ^{52}	tʂʊŋ^{52}	tʂʊŋ^{52}	tʂʊŋ^{52}
ɦoŋ^{21}	tsoŋ^{44}	tsoŋ^{44}	tsoŋ^{44}	tsoŋ^{44}
ɦo^{ŋ213}	tso^{ŋ52}	tso^{ŋ52}	tso^{ŋ52}	tso^{ŋ52}
ɦo^{ŋ213}	tso^{ŋ52}	tso^{ŋ52}	tso^{ŋ52}	tso^{ŋ52}
	tsoŋ^{52}	tsoŋ^{52}	tsoŋ^{52}	tsoŋ^{52}
ɦʊŋ^{113}	tsʊŋ^{52}	tsʊŋ^{52}	tsʊŋ^{334}/tsʊŋ^{52}	tsʊŋ^{52}
ɦʊŋ^{113}	tsʊŋ^{52}	tsʊŋ^{52}	tsʊŋ^{52}	tsʊŋ^{52}
	tsoŋ^{44}	tsoŋ^{44}	tsoŋ^{44}	tsoŋ^{44}
	tsoŋ^{44}	tsoŋ^{44}	tsoŋ^{44}	tsoŋ^{44}
	tsoŋ^{51}	tsoŋ^{51}	tsoŋ^{51}	tsoŋ^{51}
	tsoŋ^{44}	tsoŋ^{44}	tsoŋ^{44}	tsoŋ^{44}
ɦoŋ^{113}	tsoŋ^{323}	tsoŋ^{323}	tsoŋ^{323}	tsoŋ^{323}
	tsʊŋ^{52}	tsʊŋ^{52}	tsʊŋ^{52}	tsʊŋ^{52}
	tsoŋ^{544}	tsoŋ^{544}	tsoŋ^{544}	tsoŋ^{544}
	tsʊ^{ŋ53}	tsʊ^{ŋ53}	tsʊ^{ŋ53}	tsʊ^{ŋ53}
	tsʊŋ^{523}/ciʊŋ^{523}	tsʊŋ^{523}/ciʊŋ^{523}	tsʊŋ^{523}/ciʊŋ^{523}	tsʊŋ^{523}/ciʊŋ^{523}
ɦʊŋ^{113}	tsʊŋ^{324}	tsʊŋ^{324}	tsʊŋ^{324}	tsʊŋ^{324}
ɦoŋ^{113}	tsoŋ^{52}	tsoŋ^{52}	tsoŋ^{52}	tsoŋ^{52}
	tsoŋ^{533}	tsoŋ^{533}	tsoŋ^{533}	tsoŋ^{533}
	tɕyoŋ^{44}	tɕyoŋ^{44}	tsoŋ^{44}	tɕyoŋ^{44}
	tʃɥʌŋ^{434}	tʃɥʌŋ^{434}	tʃɥʌŋ^{434}	tʃɥʌŋ^{434}
	tɕɥoŋ^{324}/tsoŋ^{324}	tɕɥoŋ^{324}/tsoŋ^{324}	tɕɥoŋ^{324}/tsoŋ^{324}	tɕɥoŋ^{324}/tsoŋ^{324}
	tsoŋ^{44}	tsoŋ^{44}	tsoŋ^{44}	tsoŋ^{44}

摄口 等调 韵声	通合 三平 锺章	通合 三上 腫章	通合 三上 腫章	通合 三去 送知
	锺	种~类	腫	中射~
宜	tsoŋ^55	tsoŋ^51	tsoŋ^51	tsoŋ^324
溧	tsoŋ^445	tsoŋ^412	tsoŋ^52	tsoŋ^412
金	tsoŋ^31	tsoŋ^323	tsoŋ^323	tsoŋ^44
丹	tsoŋ^22	tsoŋ^22	tsoŋ^22	tsoŋ^324
童	tsoŋ^42	tsoŋ^324	tsoŋ^324	tsoŋ^45
靖	tɕioŋ^433	tɕioŋ^334	tɕioŋ^334	tɕioŋ^51
江	tsoŋ^51	tsoŋ^45	tsoŋ^45	tsoŋ^435
常	tsoŋ^44	tsoŋ^334	tsoŋ^334	tsoŋ^51
锡	tsoŋ^55	tsoŋ^324	tsoŋ^324	tsoŋ^35
苏	tsoŋ^44	tsoŋ^51	tsoŋ^51	tsoŋ^412
熟	tʂuŋ^52	tʂuŋ^44	tʂuŋ^44	tʂuŋ^324
昆	tsoŋ^44	tsoŋ^52	tsoŋ^52	tsoŋ^52
霜	tso^ŋ52	tso^ŋ434	tso^ŋ434	tso^ŋ131
罗	tso^ŋ52	tso^ŋ434	tso^ŋ434	tso^ŋ434
周	tsoŋ^52	tsoŋ^44	tsoŋ^44	tsoŋ^335
上	tsuŋ^52	tsuŋ^334	tsuŋ^334	tsuŋ^334
松	tsuŋ^52	tsuŋ^44	tsuŋ^44	tsuŋ^335
黎	tsoŋ^44	tsoŋ^413	tsoŋ^413	tsoŋ^413
盛	tsoŋ^44	tsoŋ^413	tsoŋ^413	tsoŋ^413
嘉	tsoŋ^51	tsoŋ^44	tsoŋ^44	tsoŋ^334
双	tsoŋ^44	tsoŋ^53	tsoŋ^53	tsoŋ^334
杭	tsoŋ^323	tsoŋ^51	tsoŋ^51	tsoŋ^334
绍	tsuŋ^52	tsuŋ^334	tsuŋ^334	tsuŋ^33
诸	tsoŋ^544	tsoŋ^52	tsoŋ^52	tsoŋ^544
崇	tsu^ŋ53	tsu^ŋ44	tsu^ŋ44	tsu^ŋ324
太	tsuŋ^523/ciuŋ^523	tsuŋ^42/ciuŋ^42	tsuŋ^42/ciuŋ^42	tsuŋ^35/ciuŋ^35
余	tsuŋ^324	tsuŋ^435	tsuŋ^435	tsuŋ^52
宁	tsoŋ^325	tsoŋ^325	tsoŋ^325	tsoŋ^52
黄	tsoŋ^533	tsoŋ^533	tsoŋ^533	tsoŋ^44
温	tsoŋ^44	tɕyᵛɔ^35	tɕyᵛɔ^35	tɕyoŋ^52
衢	tʃɥʌŋ^434	tʃɥʌŋ^45	tʃɥʌŋ^45	tʃɥʌŋ^53
华	tɕɥoŋ^324/tsoŋ^324	tɕɥoŋ^544/tsoŋ^544	tɕɥoŋ^544/tsoŋ^544	tɕɥoŋ^45/tsoŋ^45
永	tsoŋ^44	tsoŋ^434	tsoŋ^434	tsoŋ^54

通合三去送章	通合三去用章	通合三平东昌	通合三平锺昌	通合三上腫彻
众	种~树	充	冲~锋	宠
$tso\eta^{324}$	$tso\eta^{324}$	$ts'o\eta^{55}$	$ts'o\eta^{55}$	$ts'o\eta^{51}$
$tso\eta^{412}$	$tso\eta^{412}$	$ts'o\eta^{445}$	$ts'o\eta^{445}$	$ts'o\eta^{52}$
$tso\eta^{44}$	$tso\eta^{44}$	$ts'o\eta^{31}$	$ts'o\eta^{31}$	$ts'o\eta^{323}$
$tso\eta^{324}$	$tso\eta^{324}$	$ts'o\eta^{22}$	$ts'o\eta^{22}$	$ts'o\eta^{22}$
$tso\eta^{45}$	$tso\eta^{45}$	$ts'o\eta^{42}$	$ts'o\eta^{42}$	$ts'o\eta^{324}$
$t\varepsilon io\eta^{51}$	$t\varepsilon io\eta^{51}$	$t\varepsilon'io\eta^{433}$	$t\varepsilon'io\eta^{433}$	$t\varepsilon'io\eta^{334}$
$tso\eta^{435}$	$tso\eta^{435}$	$ts'o\eta^{51}$	$ts'o\eta^{51}$	$ts'o\eta^{45}$
$tso\eta^{51}$	$tso\eta^{51}$	$ts'o\eta^{44}$	$ts'o\eta^{44}$	$ts'o\eta^{334}$
$tso\eta^{35}$	$tso\eta^{35}$	$ts'o\eta^{55}$	$ts'o\eta^{55}$	$ts'o\eta^{324}$
$tso\eta^{412}$	$tso\eta^{412}$	$ts'o\eta^{44}$	$ts'o\eta^{44}$	$ts'o\eta^{51}$
$t\underline{\underline{s}}\upsilon\eta^{324}$	$t\underline{\underline{s}}\upsilon\eta^{324}$	$t\underline{\underline{s}}'\upsilon\eta^{52}$	$t\underline{\underline{s}}'\upsilon\eta^{52}$	$t\underline{\underline{s}}'\upsilon\eta^{44}$
$tso\eta^{52}$	$tso\eta^{52}$	$ts'o\eta^{44}$	$ts'o\eta^{44}$	$ts'o\eta^{52}$
$tso^{\eta 434}$	$tso^{\eta 434}$	$ts'o^{\eta 52}$	$ts'o^{\eta 52}$	$ts'o^{\eta 434}$
$tso^{\eta 434}$	$tso^{\eta 434}$	$ts'o^{\eta 52}$	$ts'o^{\eta 52}$	$ts'o^{\eta 434}$
$tso\eta^{335}$	$tso\eta^{335}$	$ts'o\eta^{52}$	$ts'o\eta^{52}$	$ts'o\eta^{44}$
$tsu\eta^{334}$	$tsu\eta^{334}$	$ts'\upsilon\eta^{52}$	$ts'\upsilon\eta^{52}$	$ts'\upsilon\eta^{334}$
$tsu\eta^{335}$	$tsu\eta^{335}$	$ts'\upsilon\eta^{52}$	$ts'\upsilon\eta^{52}$	$ts'\upsilon\eta^{44}$
$tso\eta^{413}$	$tso\eta^{413}$	$ts'o\eta^{44}$	$ts'o\eta^{44}$	$ts'o\eta^{334}$
$tso\eta^{413}$	$tso\eta^{413}$	$ts'o\eta^{44}$	$ts'o\eta^{44}$	$ts'o\eta^{334}$
$tso\eta^{334}$	$tso\eta^{334}$	$ts'o\eta^{51}$	$ts'o\eta^{51}$	$ts'o\eta^{324}$
$tso\eta^{334}$	$tso\eta^{334}$	$ts'o\eta^{44}$	$ts'o\eta^{44}$	$ts'o\eta^{53}$
$tso\eta^{334}$	$tso\eta^{334}$	$ts'o\eta^{323}$	$ts'o\eta^{323}$	$ts'o\eta^{51}$
$ts\upsilon\eta^{33}$	$ts\upsilon\eta^{33}$	$ts'\upsilon\eta^{52}$	$ts'\upsilon\eta^{52}$	$ts'\upsilon\eta^{334}$
$tso\eta^{544}$	$tso\eta^{544}$	$ts'o\eta^{544}$	$ts'o\eta^{544}$	$ts'o\eta^{52}$
$ts\upsilon^{\eta 324}$	$ts\upsilon^{\eta 324}$	$ts'\upsilon^{\eta 53}$	$ts'\upsilon^{\eta 53}$	$ts'\upsilon^{\eta 44}$
$tsu\eta^{35}/ciu\eta^{35}$	$tsu\eta^{35}/ciu\eta^{35}$	$ts'\upsilon\eta^{523}/c'iu\eta^{523}$	$ts'\upsilon\eta^{523}/c'iu\eta^{523}$	$ts'\upsilon\eta^{42}/ciu\eta^{42}$
$tsu\eta^{52}$	$tsu\eta^{52}$	$ts'\upsilon\eta^{324}$	$ts'\upsilon\eta^{324}$	$ts'\upsilon\eta^{435}$
$tso\eta^{52}$	$tso\eta^{52}$	$ts'o\eta^{52}$	$ts'o\eta^{52}$	$ts'o\eta^{325}$
$tso\eta^{44}$	$tso\eta^{44}$	$ts'o\eta^{533}$	$ts'o\eta^{533}$	$ts'o\eta^{533}$
$t\varepsilon yo\eta^{52}$	$t\varepsilon y^{\upsilon}\mathrm{\jmath}^{52}$	$t\varepsilon'yo\eta^{44}$	$t\varepsilon'yo\eta^{44}$	$t\varepsilon'yo\eta^{\underline{35}}$
$t\int\eta\Lambda\eta^{53}$	$t\int\eta\Lambda\eta^{53}$	$t\int'\eta\Lambda\eta^{434}$	$t\int'\eta\Lambda\eta^{434}$	$t\int'\eta\Lambda\eta^{45}$
$t\varepsilon\eta o\eta^{45}/tso\eta^{45}$	$t\varepsilon\eta o\eta^{45}/tso\eta^{45}$	$t\varepsilon'\eta o\eta^{435}/ts'o\eta^{324}$	$t\varepsilon'\eta o\eta^{324}/ts'o\eta^{324}$	$t\varepsilon'\eta o\eta^{544}/ts'o\eta^{544}$
$tso\eta^{54}$	$tso\eta^{54}$	$ts'o\eta^{44}$	$ts'o\eta^{44}$	$ts'o\eta^{434}$

摄口 等调 韵声	通合 三平 东澄	通合 三平 东崇	通合 三平 锺澄	通合 三上 腫澄
	虫	崇	重~复	重~轻
宜	dzoŋ²²³	zoŋ²²³	dzoŋ²²³	dzoŋ²⁴
溧	dzoŋ³²³	dzoŋ³²³	dzoŋ³²³	dzoŋ²²⁴
金	tsʻoŋ³⁵	tsʻoŋ³⁵	tsʻoŋ³⁵	tsoŋ⁴⁴
丹	dzoŋ²¹³/tsoŋ³²⁴	dzoŋ²¹³/tsoŋ³²⁴	dzoŋ²¹³/tsoŋ³²⁴	tsoŋ³²⁴
童	dzoŋ³¹	dzoŋ³¹	dzoŋ³¹	dzoŋ¹¹³
靖	dʑioŋ²²³	dʑioŋ²²³	dʑioŋ²²³	dʑioŋ³¹
江	dzoŋ²²³	dzoŋ²²³	dzoŋ²²³	dzoŋ²²³
常	dzoŋ²¹³	dzoŋ²¹³	dzoŋ²¹³	dzoŋ²⁴
锡	zoŋ²¹³	zoŋ²¹³	zoŋ²¹³	zoŋ²¹³
苏	zoŋ²²³	zoŋ²²³	zoŋ²²³	zoŋ²³¹
熟	dzʊŋ²³³	zʊŋ²³³	dzʊŋ²³³	dzʊŋ³¹
昆	zoŋ¹³²	zoŋ¹³²	zoŋ¹³²	zoŋ²²³
霜	zoᵑ²³¹	zoᵑ²³¹	zoᵑ²³¹	zoᵑ²¹³
罗	zoᵑ²³¹	zoᵑ²³¹	zoᵑ²³¹	zoᵑ²¹³
周	zoŋ¹¹³	zoŋ¹¹³	zoŋ¹¹³	zoŋ¹¹³
上	zʊŋ¹¹³	zʊŋ¹¹³	zʊŋ¹¹³	zʊŋ¹¹³
松	zʊŋ²³¹	zʊŋ²³¹	zʊŋ²³¹	zʊŋ¹¹³
黎	dzoŋ²⁴	dzoŋ²⁴	dzoŋ²⁴	dzoŋ³²
盛	dzoŋ²⁴	dzoŋ²⁴	dzoŋ²⁴	dzoŋ²²³
嘉	zoŋ²³¹	zoŋ²³¹	zoŋ²³¹	zoŋ²²³
双	zoŋ¹¹³	zoŋ¹¹³	zoŋ¹¹³	zoŋ²³¹
杭	dzoŋ²¹²	dzoŋ²¹²	dzoŋ²¹²	dzoŋ¹¹³
绍	dzʊŋ²³¹	dzʊŋ²³¹	dzʊŋ²³¹	dzʊŋ¹¹³
诸	dzoŋ²³³	dzoŋ²³³	dzoŋ²³³	dzoŋ²³¹
崇	dzʊᵑ³¹	dzʊᵑ³¹	dzʊᵑ³¹	dzʊᵑ²²
太	dzʊŋ³¹²/ɉiʊŋ³¹²	dzʊŋ³¹²/ɉiʊŋ³¹²	dzʊŋ³¹²/ɉiʊŋ³¹²	dzʊŋ²²/ɉiʊŋ²²
余	dzʊŋ¹¹³	dzʊŋ¹¹³	dzʊŋ¹¹³	dzʊŋ¹¹³
宁	dzoŋ¹¹³	dzoŋ¹¹³	dzoŋ¹¹³	dzoŋ¹¹³
黄	dzoŋ³¹¹	zoŋ³¹¹	dzoŋ³¹¹	dzoŋ¹¹³
温	dʑyoŋ²³¹	zoŋ²³¹	dʑy̆ɔ²³¹	dʑy̆ɔ²⁴
衢	dʒɥʌŋ³²³	dzʌŋ³²³	dʒɥʌŋ³²³	dʒɥʌŋ³¹
华	tɕɥoŋ³²⁴/tsoŋ³²⁴	tɕɥoŋ³²⁴/tsoŋ³²⁴	tɕɥoŋ³²⁴/tsoŋ³²⁴	tɕɥoŋ⁵⁴⁴/tsoŋ⁵⁴⁴
永	dzoŋ³²²	szoŋ³²²	dzoŋ³²²	dzoŋ³²³

通合 三去 送澄	通合 三平 东日	通合 一平 冬精	通合 三平 锺精	通合 三平 锺精
仲	戎	宗	踪	纵～横
dzoŋ^{231}	zoŋ^{223}	tsoŋ^{55}	tsoŋ^{55}	tsoŋ^{55}
tsoŋ^{52}	n̠ioŋ^{412}/szoŋ^{323}	tsoŋ^{445}	tsoŋ^{445}	tsoŋ^{445}
tsoŋ^{44}	loŋ^{35}	tsoŋ^{31}	tsoŋ^{31}	tsoŋ^{31}
tsoŋ^{324}	n̠ioŋ$^{22/213}$	tsoŋ^{22}	tsoŋ^{22}	tsoŋ^{22}
dzoŋ^{113}	n̠ioŋ^{31}	tsoŋ^{42}	tsoŋ^{42}	tsoŋ^{42}
dʑioŋ^{31}	ɕzioŋ^{223}	tsoŋ^{433}	tsoŋ^{433}	tsoŋ^{433}
dzoŋ^{223}	zoŋ^{223}	tsoŋ^{51}	tsoŋ^{51}	tsoŋ^{51}
tsoŋ^{51}	zoŋ^{24}/loŋ^{24}	tsoŋ^{44}	tsoŋ^{44}	tsoŋ^{44}
zoŋ^{213}	n̠ioŋ^{213}/zoŋ^{213}	tsoŋ^{55}	tsoŋ^{55}	tsoŋ^{55}
zoŋ^{231}/tsoŋ^{412}	zoŋ^{223}	tsoŋ^{44}	tsoŋ^{44}	tsoŋ^{44}
tʂʊŋ^{324}	n̠iʊŋ^{233}	tsʊŋ^{52}	tsʊŋ^{52}	tsʊŋ^{52}
zoŋ^{213}/tsoŋ^{52}	zoŋ^{132}	tsoŋ^{44}	tsoŋ^{44}	tsoŋ^{44}
zoᵑ^{213}	zoᵑ^{231}	tsoᵑ^{52}	tsoᵑ^{52}	tsoᵑ^{52}
tsoᵑ^{134}	loᵑ^{231}	tsoᵑ^{52}	tsoᵑ^{52}	tsoᵑ^{52}
zoŋ^{113}	n̠ioŋ^{113}/ɦioŋ^{113}/zoŋ^{113}	tsoŋ^{52}	tsoŋ^{52}	tsoŋ^{52}
zʊŋ^{113}	zʊŋ^{113}/lʊŋ^{113}	tsʊŋ^{52}	tsʊŋ^{52}	tsʊŋ^{52}
zʊŋ^{113}/tsʊŋ^{335}	n̠iʊŋ^{231}/zʊŋ^{231}	tsʊŋ^{52}	tsʊŋ^{52}	tsʊŋ^{52}
zoŋ^{213}	loŋ^{24}/n̠ioŋ^{24}	tsoŋ^{44}	tsoŋ^{44}	tsoŋ^{44}
dzoŋ^{212}	n̠ioŋ^{24}	tsoŋ^{44}	tsoŋ^{44}	tsoŋ^{44}
tsoŋ^{51}/zoŋ^{223}	n̠ioŋ^{231}	tsoŋ^{51}	tsoŋ^{51}	tsoŋ^{51}
zoŋ^{113}	zoŋ^{113}	tsoŋ^{44}	tsoŋ^{44}	tsoŋ^{44}
tsoŋ^{51}	szoŋ^{212}	tsoŋ^{323}	tsoŋ^{323}	tsoŋ^{323}
dzʊŋ^{22}	lʊŋ^{231}	tsʊŋ^{52}	tsʊŋ^{52}	tsʊŋ^{52}
dzoŋ^{233}	ɦioŋ^{233}	tsoŋ^{544}	tsoŋ^{544}	tsoŋ^{544}
dzʊᵑ^{14}	n̠iʊ^{31}	tsʊᵑ^{53}	tsʊᵑ^{53}	tsʊᵑ^{53}
dzʊŋ^{13}/ɟiʊŋ^{13}	zʊŋ^{312}/ʑiʊŋ^{312}	tsʊŋ^{523}	tsʊŋ^{523}	tsʊŋ^{523}
tsʊŋ^{52}	lʊŋ^{113}/dzʊŋ^{113}	tsʊŋ^{324}	tsʊŋ^{324}	tsʊŋ^{324}
dzoŋ^{113}/tsoŋ^{52}	n̠yoŋ^{113}/loŋ^{113}	tsoŋ^{52}	tsoŋ^{52}	tsoŋ^{52}
dzoŋ^{113}	zoŋ^{113}	tsoŋ^{533}	tsoŋ^{533}	tsoŋ^{533}
tɕyᵛɔ^{52}	ɦyoŋ^{231}	tsoŋ^{44}	tsoŋ^{44}	tɕyᵛɔ^{44}
dʒɥʌŋ^{31}	ɦiʌŋ^{323}/ʒɥʌŋ^{323}	tsʌŋ^{434}	tsʌŋ^{434}	tsʌŋ^{434}
tsoŋ^{45}	loŋ^{324}/ɦɥoŋ^{324}	tsoŋ^{324}	tsoŋ^{324}	tsoŋ^{324}
dzoŋ^{214}	ɦioŋ^{322}	tsoŋ^{44}	tsoŋ^{44}	tsoŋ^{44}

摄口等调韵声	通合一上董精	通合一去送精	通合三去用精	通合一平东清
	总	粽	纵放~	匆
宜	tsoŋ^{51}	tsoŋ^{324}	tsoŋ^{324}	tsʻoŋ^{55}
溧	tsoŋ^{52}	tsoŋ^{412}	tsoŋ^{412}	tsʻoŋ^{445}
金	tsoŋ^{323}	tsoŋ^{44}	tsoŋ^{44}	tsʻoŋ^{31}
丹	tsoŋ$^{44/324}$	tsoŋ^{324}	tsoŋ$^{324/41}$	tsʻoŋ^{22}
童	tsoŋ^{324}	tsoŋ^{45}	tsoŋ^{45}	tsʻoŋ^{42}
靖	tsoŋ^{334}	tsoŋ^{51}	tsoŋ^{51}	tsʻoŋ^{433}
江	tsoŋ^{45}	tsoŋ^{435}	tsoŋ^{435}	tsʻoŋ^{51}
常	tsoŋ^{334}	tsoŋ^{51}	tsoŋ^{51}	tsʻoŋ^{44}
锡	tsoŋ^{324}	tsoŋ^{35}	tsoŋ^{35}	tsʻoŋ^{55}
苏	tsoŋ^{51}	tsoŋ^{412}	tsoŋ^{412}	tsʻoŋ^{44}
熟	tsʊŋ^{44}	tsʊŋ^{324}	tsʊŋ^{324}	tsʻʊŋ^{52}
昆	tsoŋ^{52}	tsoŋ^{52}	tsoŋ^{52}	tsʻoŋ^{44}
霜	tso^{ŋ}^{434}	tso^{ŋ}^{434}	tso^{ŋ}^{434}	tsʻo^{ŋ}^{52}
罗	tso^{ŋ}^{434}	tso^{ŋ}^{434}	tso^{ŋ}^{434}	tsʻo^{ŋ}^{52}
周	tsoŋ^{44}	tsoŋ^{335}	tsoŋ^{335}	tsʻoŋ^{52}
上	tsʊŋ^{334}	tsʊŋ^{334}	tsʊŋ^{334}	tsʻʊŋ^{52}
松	tsʊŋ^{44}	tsʊŋ^{335}	tsʊŋ^{52}	tsʻʊŋ^{52}
黎	tsoŋ^{51}	tsoŋ^{413}	tsoŋ^{413}	tsʻoŋ^{44}
盛	tsoŋ^{51}	tsoŋ^{413}	tsoŋ^{413}	tsʻoŋ^{44}
嘉	tsoŋ^{44}	tsoŋ^{334}	tsoŋ^{334}	tsʻoŋ^{51}
双	tsoŋ^{53}	tsoŋ^{334}	tsoŋ^{334}	tsʻoŋ^{44}
杭	tsoŋ^{51}	tsoŋ^{334}	tsoŋ^{334}	tsʻoŋ^{323}
绍	tsʊŋ^{334}	tsʊŋ^{33}	tsʊŋ^{33}	tsʻʊŋ^{52}
诸	tsoŋ^{52}	tsoŋ^{544}	tsoŋ^{544}	tsʻoŋ^{544}
崇	tsʊ^{ŋ}^{44}	tsʊ^{ŋ}^{324}	tsʊ^{ŋ}^{324}	tsʻʊ^{53}
太	tsʊŋ^{42}	tsʊŋ^{35}	tsʊŋ^{35}	tsʻʊŋ^{523}
余	tsʊŋ^{435}	tsʊŋ^{52}	tsʊŋ^{52}	tsʻʊŋ^{324}
宁	tsoŋ^{325}	tsoŋ^{52}	tsoŋ^{52}	tsʻoŋ^{52}
黄	tsoŋ^{533}	tsoŋ^{44}	tsoŋ^{44}	tsʻoŋ^{533}
温	tsoŋ^{35}	tsoŋ^{52}	tsoŋ^{52}	tsʻoŋ^{44}
衢	tsʌŋ^{45}	tsʌŋ^{53}	tsʌŋ^{53}	tsʻʌŋ^{434}
华	tsoŋ^{544}	tsoŋ^{45}	tsoŋ^{45}	tsʻoŋ^{324}
永	tsoŋ^{434}	tsoŋ^{54}	tsoŋ^{54}	tsʻoŋ^{44}

通合 一平 东清	通合 一平 东清	通合 一平 东从	通合 三平 锺从	通合 一平 冬心
葱	聪	丛	从跟~	鬆
tsʻoŋ^{55}	tsʻoŋ^{55}	dzoŋ^{223}	dzoŋ^{223}	soŋ^{55}
tsʻoŋ^{445}	tsʻoŋ^{445}	szoŋ^{323}	szoŋ^{323}	soŋ^{445}
tsʻoŋ^{31}	tsʻoŋ^{31}	tsʻoŋ^{35}	tsʻoŋ^{35}	soŋ^{31}
tsʻoŋ^{22}	tsʻoŋ^{22}	tsʻoŋ^{324}	tsʻoŋ^{324}	soŋ^{22}
tsʻoŋ^{42}	tsʻoŋ^{42}	dzoŋ^{31}	dzoŋ^{31}	soŋ^{42}
tsʻoŋ^{433}	tsʻoŋ^{433}	szoŋ^{223}	szoŋ^{223}	soŋ^{433}
tsʻoŋ^{51}	tsʻoŋ^{51}	dzoŋ^{223}	dzoŋ^{223}	soŋ^{51}
tsʻoŋ^{44}	tsʻoŋ^{44}	dzoŋ^{213}	dzoŋ^{213}	soŋ^{44}
tsʻoŋ^{55}	tsʻoŋ^{55}	zoŋ^{213}	zoŋ^{213}	soŋ^{55}
tsʻoŋ^{44}	tsʻoŋ^{44}	zoŋ^{223}	zoŋ^{223}	soŋ^{44}
tsʻʊŋ^{52}	tsʻʊŋ^{52}	dzʊŋ^{233}	dzʊŋ^{233}	sʊŋ^{52}
tsʻoŋ^{44}	tsʻoŋ^{44}	zoŋ^{132}	zoŋ^{132}	soŋ^{44}
tsʻo$^{\eta 52}$	tsʻo$^{\eta 52}$	zo$^{\eta 231}$	zo$^{\eta 231}$	so$^{\eta 52}$
tsʻo$^{\eta 52}$	tsʻo$^{\eta 52}$	zo$^{\eta 231}$	zo$^{\eta 231}$	so$^{\eta 52}$
tsʻoŋ^{52}	tsʻoŋ^{52}	zoŋ^{113}	zoŋ^{113}	soŋ^{52}
tsʻʊŋ^{52}	tsʻʊŋ^{52}	zʊŋ^{113}	zʊŋ^{113}	sʊŋ^{52}
tsʻʊŋ^{52}	tsʻʊŋ^{52}	zʊŋ^{231}	zʊŋ^{231}	sʊŋ^{52}
tsʻoŋ^{44}	tsʻoŋ^{44}	dzoŋ^{24}	dzoŋ^{24}	soŋ^{44}
tsʻoŋ^{44}	tsʻoŋ^{44}	dzoŋ^{24}	dzoŋ^{24}	soŋ^{44}
tsʻoŋ^{51}	tsʻoŋ^{51}	zoŋ^{231}	zoŋ^{231}	soŋ^{51}
tsʻoŋ^{44}	tsʻoŋ^{44}	zoŋ^{113}	zoŋ^{113}	soŋ^{44}
tsʻoŋ^{323}	tsʻoŋ^{323}	dzoŋ^{212}	dzoŋ^{212}	soŋ^{323}
tsʻʊŋ^{52}	tsʻʊŋ^{52}	dzʊŋ^{231}	dzʊŋ^{22}	sʊŋ^{52}
tsʻoŋ^{544}	tsʻoŋ^{544}	dzoŋ^{233}	dzoŋ^{233}	soŋ^{544}
tsʻʊ$^{\eta 53}$	tsʻʊ$^{\eta 53}$	dzʊ$^{\eta 31}$	dzʊ$^{\eta 31}$	sʊ$^{\eta 53}$
tsʻʊŋ^{523}	tsʻʊŋ^{523}	dzʊŋ^{312}	dzʊŋ^{312}	sʊŋ^{523}
tsʻʊŋ^{324}	tsʻʊŋ^{324}	dzʊŋ^{113}	dzʊŋ^{113}	sʊŋ^{324}
tsʻoŋ^{52}	tsʻoŋ^{52}	dzoŋ^{113}	dzoŋ^{113}	soŋ^{52}
tsʻoŋ^{533}	tsʻoŋ^{533}	zoŋ^{311}	zoŋ^{311}	soŋ^{533}
tsʻoŋ^{44}	tsʻoŋ^{44}		ɦ$^{\upsilon}$ɔ^{231}	soŋ^{44}
tsʻʌŋ^{434}	tsʻʌŋ^{434}	dzʌŋ^{323}	dzʌŋ^{323}	sʌŋ^{434}
tsʻoŋ^{324}	tsʻoŋ^{324}	tsoŋ^{324}	tsoŋ^{324}	soŋ^{324}
tsʻoŋ^{44}	tsʻoŋ^{44}	szoŋ^{322}	szoŋ^{322}	soŋ^{44}

摄口 等调 韵声	通合 一平 东心	通合 三平 东邪	通合 三上 腫心	通合 一去 送心
	嵩	松	悚	送
宜	soŋ^{55}	soŋ^{55}	soŋ^{51}	soŋ^{324}
溧	soŋ^{445}	soŋ^{445}	soŋ^{52}	soŋ^{412}
金	soŋ^{31}	soŋ^{31}	soŋ^{323}	soŋ^{44}
丹	soŋ^{22}	soŋ^{22}	soŋ^{44}	soŋ^{324}
童	soŋ^{42}	soŋ^{42}	soŋ^{324}	soŋ^{45}
靖	soŋ^{433}	soŋ^{433}	soŋ^{334}	soŋ^{51}
江	soŋ^{51}	soŋ^{51}	soŋ^{45}	soŋ^{435}
常	soŋ^{44}	soŋ^{44}	soŋ^{334}	soŋ^{51}
锡	soŋ^{55}	soŋ^{55}	soŋ^{324}	soŋ^{35}
苏	soŋ^{44}	soŋ^{44}	soŋ^{51}	soŋ^{412}
熟	suŋ^{52}	suŋ^{52}	suŋ^{44}	suŋ^{324}
昆	soŋ^{44}	soŋ^{44}	soŋ^{52}	soŋ^{52}
霜	$\text{so}^{ŋ52}$	$\text{so}^{ŋ52}$	$\text{so}^{ŋ434}$	$\text{so}^{ŋ434}$
罗	$\text{so}^{ŋ52}$	$\text{so}^{ŋ52}$	$\text{so}^{ŋ434}$	$\text{so}^{ŋ434}$
周	soŋ	soŋ	soŋ	soŋ
上	suŋ^{52}	suŋ^{52}	suŋ^{334}	suŋ^{334}
松	suŋ^{52}	suŋ^{52}	suŋ^{44}	suŋ^{33}
黎	soŋ^{44}	soŋ^{44}	soŋ^{51}	soŋ^{413}
盛	soŋ^{44}	soŋ^{44}	soŋ^{51}	soŋ^{413}
嘉	soŋ^{51}	soŋ^{51}	soŋ^{44}	soŋ^{334}
双	soŋ^{44}	soŋ^{44}	soŋ^{53}	soŋ^{334}
杭	soŋ^{323}	soŋ^{323}	soŋ^{51}	soŋ^{334}
绍	suŋ^{52}	suŋ^{52}	suŋ^{334}	suŋ^{33}
诸	soŋ^{544}	soŋ^{544}	soŋ^{52}	soŋ^{544}
崇	$\text{su}^{ŋ53}$	$\text{su}^{ŋ53}$	$\text{su}^{ŋ44}$	$\text{su}^{ŋ324}$
太	suŋ^{523}	suŋ^{523}	suŋ^{42}	suŋ^{35}
余	suŋ^{324}	suŋ^{324}	suŋ^{435}	suŋ^{52}
宁	soŋ^{52}	soŋ^{52}	soŋ^{325}	soŋ^{52}
黄	soŋ^{533}	soŋ^{533}	soŋ^{533}	soŋ^{44}
温	soŋ^{44}	soŋ^{44}	soŋ^{35}	soŋ^{52}
衢	sʌŋ^{434}	sʌŋ^{434}	sʌŋ^{45}	sʌŋ^{53}
华	soŋ^{324}	soŋ^{324}	soŋ^{544}	soŋ^{45}
永	soŋ^{44}	soŋ^{44}	soŋ^{434}	soŋ^{54}

通合 一去 宋心	止开 三平 支日	止开 三平 之日	止开 三上 纸日	止开 三上 止日
宋	儿	而	尔	耳
soŋ³²⁴	n̠ʑij (ŋo₂₂ 伢 n̠ʑi₄₄) / ʔəl⁵⁵	ɦəl²⁴	ʔəl⁵⁵	n̠ʑij²⁴ / ʔəl⁵⁵
soŋ⁴¹²	n̠ʑiz³²³ / ʔər⁴⁴⁵	ʔər⁴⁴⁵	ʔər⁴⁴⁵	n̠ʑiz²²⁴ / ʔər⁴⁴⁵
soŋ⁴⁴	ɑr³⁵	ɑr³⁵	ɑr³²³	ɑr³²³
soŋ³²⁴	Eⁱ³²⁴	Eⁱ³²⁴	Eⁱ⁴¹	Eⁱ⁴¹ / n̠ʑi²¹³ 少
soŋ⁴⁵	ʔEr³²⁴	ʔEr³²⁴	ʔEr³²⁴	ʔEr³²⁴
soŋ⁵¹	ɦər²²³	ɦər²²³	ʔər³³⁴	ʔər³³⁴
soŋ⁴³⁵	ɦər²²³	ɦər²²³	ʔər⁴⁵	ʔər⁴⁵
soŋ⁵¹	n̠ʑi²¹³ / ɦər²¹³	ɦər²¹³	ʔər³³⁴	ʔn̠ʑi³³⁴ / ʔər³³⁴
soŋ³⁵	n̠ʑi²¹³ / ɦər²¹³	ɦər²¹³	ɦər²¹³	n̠ʑi²¹³ / ɦər²¹³
soŋ⁴¹²	n̠ʑij²²³ / ʔɹʒɹ⁴⁴	ɹɜr²²³	ɦɜr²³¹	n̠ʑij²³¹ / ʔɹʒɹ⁴⁴
suŋ³²⁴	n̠ʑi²³³ / ɦɜr²³³	ɦɜr²³³	ɦɜr³¹	n̠ʑi³¹ / ɦɜr³¹
soŋ⁵²	n̠ʑi¹³² / ɦəl¹³²	ɦəl¹³²	ɦəl²²³	n̠ʑi²²³ / ɦəl²²³
soᵑ⁴³⁴	n̠ʑi²¹³ / ɦɛl²¹³	ɦɛl²¹³	ɦɛl²¹³	n̠ʑi²¹³ / ɦɛl²¹³
soᵑ⁴³⁴	n̠ʑi²¹³ / ɦəl²¹³	ɦəl²¹³	ɦəl²¹³	n̠ʑi²¹³ / ɦəl²¹³
soŋ	n̠ʑi¹¹³ / ɦəl¹¹³	ɦəl¹¹³	ɦəl¹¹³	n̠ʑi¹¹³ / ɦəl¹¹³
suŋ³³⁴	n̠ʑi¹¹³ / ɦər¹¹³	ɦər¹¹³	ɦər¹¹³	n̠ʑi¹¹³ / ɦər¹¹³
suŋ³³⁵	ɦn̩²³¹ / ɦər²³¹	ɦər²³¹	ɦər¹¹³	n̠ʑi¹¹³ / ɦər¹¹³
soŋ⁴¹³	n̠ʑij²⁴ / ɦɜr²⁴	ɦɜr²⁴	ɦɜr³²	ʔn̠ʑij⁵¹
soŋ⁴¹³	n̠ʑij²⁴ / ɦəl²⁴ / ʔəl⁴⁴	ɦəl²⁴	ɦəl²²³	ʔn̠ʑij⁵¹
soŋ³³⁴	ɦn̩²³¹ / ɦər²³¹	ɦər²³¹	ɦər²²³	n̠ʑi²²³ / ɦər²²³
soŋ³³⁴	ʔɦəl¹¹³ / ɦn̩¹¹³	ʔɦəl¹¹³	ɦəl¹¹³	ʔəl⁵³ / ʔn̩⁵³
soŋ³³⁴	ɦər²¹²	ɦər²¹²	ʔər⁵¹ / ɦər¹¹³	ʔər⁵¹
suŋ³³	n̠ʑi²³¹ / ɦl̩²³¹	ɦl̩²³¹	ɦl̩¹¹³	n̠ʑi¹¹³ / ɦl̩¹¹³
soŋ⁵⁴⁴	ɦn̩²³³ / n̠ʑi²³³ / ɦl̩²³³	ɦl̩²³³	ɦl̩²³¹	ɦn̩²³¹ / ɦl̩²³¹
suᵑ³²⁴	n̠ʑiz²² / ɦl̩²²	ɦl̩³¹	ɦl̩²²	n̠ʑiz²² / ɦl̩²²
suŋ³⁵	n̠ʑi²² / ɦl̩²²	ɦl̩²²	ɦl̩²²	n̠ʑi²² / ɦl̩²²
suŋ⁵²	ɦn̩¹¹³ / n̠ʑi¹¹³ 少 / ɦər¹¹³	ɦər¹¹³	ɦər¹¹³	n̠ʑi¹¹³ / ɦər¹¹³
soŋ⁵²	ɦn̩¹¹³ / ɦəl¹¹³	ɦəl¹¹³	ɦəl¹¹³	ɦn̩¹¹³ / n̠ʑiz¹¹³ ɦəl¹¹³
soŋ⁴⁴	ɦn̩³¹¹ / ɦəl³¹¹	ɦəl³¹¹	ɦəl³¹¹	ʔn̩⁵³³ / ɦəl³¹¹ / zʅ¹¹³ 白木~
soŋ⁵²	ɦn̩²³¹	szʅ²³¹	ɦn̩²⁴ / szʅ²⁴	ɦn̩²⁴
sʌŋ⁵³	n̠ʑi³²³ / ɦl̩³¹	ɦl̩³¹	ʔl̩⁴⁵	ʔn̠ʑi⁴⁵ / ʔl̩⁴⁵
soŋ⁴⁵	ɦn̩³²⁴ / ɦəl³²⁴	ɦəl³²⁴	ʔəl⁵⁴⁴	ʔn̩⁵⁴⁴ / ʔəl⁵⁴⁴
soŋ⁵⁴	ɦn̩³²² / ɦn̠ʑ³²² / lɣ³²²	lɣ³²²	lɣ³²²	ɦn̩³²³ / ɦn̠ʑ³²³ lɣ³²³

摄口	止开	止开	蟹开	止开
等调	三去	三去	四平	三上
韵声	至日	至日	齐帮	旨帮
	二	贰	芘~麻	比
宜	ȵiⱼ^{231}/ɦəl^{231}	ȵiⱼ^{231}/ɦəl^{231}	piŋ^{55}	piⱼ^{51}
溧	ȵi_z^{231}/ɦər^{224}	ȵi_z^{231}/ɦər^{224}	pʻi_z^{445}	pi_z^{52}
金	ɑr^{44}/ȵi_z少	ɑr^{44}	pʻi_z^{31}	pi_z^{323}
丹	Ei^{41}/ŋ^{41}少	Ei^{41}	pi_z^{44}	pi_z^{44}
童	ʔE^{r324}	ʔE^{r324}	piⱼ^{42}	piⱼ^{324}
靖	ʔə^{r51}	ʔə^{r51}	piⱼ^{433}	piⱼ^{334}
江	liʌŋ^{223}/ɦə^{r223}	liʌŋ^{223}/ɦə^{r223}	piⱼ^{51}	piⱼ^{45}
常	ȵi^{24}/liʌŋ^{24}/ɦə^{r24}	liʌŋ^{24}/ɦə^{r24}	piⱼ^{44}	piⱼ^{334}
锡	ȵi^{213}/liã^{213}/ɦə^{r213}	ȵi^{213}/liã^{213}/ɦə^{r213}	pi^{55}	pi^{324}
苏	ȵi^{231}/liÃ^{231}/ɦʒɹ^{231}	ȵi^{231}/liÃ^{231}/ɦʒɹ^{231}	piⱼ^{44}	piⱼ^{51}
熟	ȵi^{213}/liʌ~^{213}	ȵi^{213}/liʌ~^{213}	pE^{52}	pi^{44}
昆	ȵi^{21}/liã^{21}/ɦəl^{21}	ȵi^{223}/liã^{21}/ɦəl^{21}	pi^{44}	pi^{52}
霜	liã^{213}/ȵi^{213}/ɦɛ^{l213}	liã^{213}/ȵi^{213}/ɦɛ^{l213}	pi^{52}	pi^{434}
罗	lia~^{213}/ȵi^{213}少/ɦəl^{213}	lia~^{213}/ȵi^{213}少/ɦəl^{213}	pi^{52}	pi^{434}
周	liʌ~^{113}/ȵi^{113}少/ɦəl^{113}	liʌ~^{113}/ɦəl^{113}	ɓi^{52}	ɓi^{44}
上	liÃ^{n113}/ȵi^{113}/ɦə^{r113}	liÃ^{n113}/ȵi^{113}/ɦə^{r113}	pi^{52}	pi^{334}
松	liɛ̃^{113}/ȵi^{113}	liɛ̃^{113}	pi^{52}	pi^{44}
黎	ȵiⱼ^{213}/liã^{213}	ȵiⱼ^{213}/liã^{213}	piⱼ^{44}	piⱼ^{51}
盛	ȵiⱼ^{212}/liæ̃^{212}	ȵiⱼ^{212}/liæ̃^{212}	pE^{44}	piⱼ^{51}
嘉	ȵi^{223}	ȵi^{223}/liʌ~^{223}	pi^{51}	pi^{44}
双	ʔɦəl^{113}/ȵi^{113}/liã^{113}	ʔɦəl^{113}/liã^{113}	pi_z^{44}	pi_z^{53}
杭	ʔər^{334}	ʔər^{334}	pi^{323}	pi^{51}
绍	ȵi^{22}/ɦil̩^{22}	ȵi^{22}/liaŋ^{22}/ɦil̩^{22}	pe^{52}/pi^{52}	pi^{334}
诸	ɦil̩^{233}/ȵi^{233}/ni^{233}/ȵiÃ^{233}	ȵiÃ^{233}/ɦil̩^{233}	pi_z^{544}	pi_z^{52}
崇	ȵi_z^{22}/ɦil̩^{22}	ɦil̩^{22}/ȵi_z^{22}	piɛ̃^{53}	pi_z^{44}
太	ȵi^{22}/ɦil̩^{22}	ȵi^{22}/ɦil̩^{22}	pe^{523}	pi^{42}
余	ȵi^{113}/ɦə^{r113}	ȵi^{113}/ɦə^{r113}	pĩ^{324}	pi^{435}
宁	ȵi_z^{113}/ɦəl^{113}	ȵi_z^{113}/ɦəl^{113}	pi^{52}	pi^{325}
黄	ɦiŋ̍^{113}/ȵiⱼ^{113}/ɦəl^{113}	ɦiŋ̍^{113}/ɦəl^{113}	pi^{533}	pi^{533}
温	ɦiŋ̍^{22}/liɛ^{22}	ɦiŋ̍^{22}/liɛ^{22}	pi^{44}	pʻi^{35}
衢	ȵi^{31}/ɦil̩^{31}	ȵi^{31}/ɦil̩^{31}	pi^{434}	pi^{45}
华	ʔliʌŋ^{544}/ʔəl^{544}	ʔliʌŋ^{544}/ʔəl^{544}	piⱼ^{324}	piⱼ^{544}
永	liʌŋ^{214}/lʏ^{214}	liʌŋ^{214}/lʏ^{214}	pi^{44}	pi^{434}

止开 三上 旨帮	蟹开 四去 霁帮	止开 三去 寘帮	止开 三去 至帮	蟹开 四平 齐滂
鄙	闭	臂	祕	批
pi_j^{51}	pi_j^{324}	pi_j^{324}	pi_j^{324}	$p‘i_j^{55}$
pi_z^{52}	pi_z^{412}	pi_z^{412}	pi_z^{412}	$p‘i_z^{445}$
pi_z^{323}	pi_z^{44}	pi_z^{44}	pi_z^{44}	$p‘i_z^{31}$
pi_z^{41}	$pi_z^{41/324}$	$p‘i_z^{324}$	pi_z^{41}	$p‘i_z^{22/44}$
pi_j^{324}	pi_j^{45}	pi_j^{45}	pi_j^{45}	$p‘i_j^{42}$
pi_j^{334}	pi_j^{51}	pi_j^{51}	pi_j^{51}	$p‘i_j^{433}$
pi_j^{45}	pi_j^{435}	pi_j^{435}	pi_j^{435}	$p‘i_j^{51}$
pi_j^{334}	pi_j^{51}	pi_j^{51}	pi_j^{51}	$p‘i_j^{44}$
pi^{324}	pi^{35}	pi^{35}	pi^{35}	$p‘i^{55}$
pi_j^{51}	pi_j^{412}	pi_j^{412}	pi_j^{412}	$p‘i_j^{44}$
pi^{44}	pi^{324}	pi^{324}	pi^{324}	$p‘i^{52}$
pi^{52}	pi^{52}	pi^{52}	pi^{52}	$p‘i^{44}$
pi^{434}	pi^{434}	pi^{434}	pi^{434}	$p‘i^{52}$
pi^{434}	pi^{434}	pi^{434}	pi^{434}	$p‘i^{52}$
$ɓi^{44}$	$ɓi^{335}$	$ɓi^{335}$	$ɓi^{335}$	$p‘i^{52}$
pi^{334}	pi^{334}	pi^{334}	$pi^{334}/ʔmi^{334}$	$p‘i^{334}$
pi^{44}	pi^{335}	pi^{335}	pi^{335}	$p‘i^{52}$
pi_j^{51}	pi_j^{413}	pi_j^{413}	pi_j^{413}	$p‘i_j^{44}$
pi_j^{51}	pi_j^{413}	pi_j^{413}	pi_j^{413}	$p‘i_j^{44}$
pi^{51}	pi^{334}	pi^{334}	pi^{334}	$p‘i^{51}$
pi_z^{53}	pi_z^{334}	pi_z^{334}	pi_z^{334}	$p‘i_z^{44}$
pi^{51}	pi^{334}	pi^{334}	pi^{334}	$p‘i^{323}$
pi^{334}	pi^{33}	$piʔ^{55}$	pi^{33}	$p‘i^{52}$
pi_z^{52}	pi_z^{544}	pi_z^{544}	pi_z^{544}	$p‘i_z^{544}$
pi_z^{44}	pi_z^{324}	$piɛʔ^{45}$	pi_z^{324}	$p‘i_z^{324}$
pi^{42}	pi^{35}	pi^{35}	pi^{35}	$p‘i^{35}$
pi^{435}	pi^{52}	$piʔ^{55}/pi^{52}$少	pi^{52}	$p‘i^{52}$
pi^{325}	pi^{52}	pi^{52}	pi^{52}	$p‘i^{52}$
pi^{533}	pi^{44}	pi^{44}	pi^{44}	$p‘i^{533}$
$pˈi^{52}$	$pˈi^{52}$	$pˈi^{52}$	$pˈi^{52}$	$pˈi^{44}$
pi^{53}	pi^{53}	pi^{53}	pi^{53}	$p‘i^{434}$
pi_j^{45}	pi_j^{45}	pi_j^{45}	mi_j^{45}/pi_j^{45}	$p‘i_j^{324}$
pi^{434}	pi^{54}	pi^{54}	pi^{54}	$p‘i^{54}$

摄口 等调 韵声	止开 三平 支滂 披	止开 三去 真滂 譬	止开 三去 至滂 屁	止开 三平 支並 皮
宜	$p'i_j{}^{55}$	$p'i_j{}^{324}$	$p'i_j{}^{324}$	$bi_j{}^{223}$
溧	$p'i_z{}^{445}$	$p'i_z{}^{412}$	$p'i_z{}^{412}$	$bi_z{}^{323}$
金	$p'i_z{}^{31}$	$pi_z{}^{44}$	$p'i_z{}^{44}$	$p'i_z{}^{35}$
丹	$p'i_z{}^{22/44}$	$p'i_z{}^{22}$	$p'i_z{}^{324}$	$bi_z{}^{213}$
童	$p'i_j{}^{42}$	$p'i_j{}^{324}$	$p'i_j{}^{45}$	$bi_j{}^{31}$
靖	$p'i_j{}^{433}$	$p'i_j{}^{51}$	$p'i_j{}^{51}$	$bi_j{}^{223}$
江	$p'i_j{}^{51}$	$p'i_j{}^{435}$	$p'i_j{}^{435}$	$bi_j{}^{223}$
常	$p'i_j{}^{44}$	$p'i_j{}^{51}$	$p'i_j{}^{51}$	$bi_j{}^{213}$
锡	$p'i{}^{55}$	$p'i{}^{55}$	$p'i{}^{35}$	$bi{}^{213/24}$
苏	$p'i_j{}^{44}$	$p'i_j{}^{412}$	$p'i_j{}^{412}$	$bi_j{}^{223}$
熟	$p'i{}^{52}$	$p'i{}^{324}$	$p'i{}^{324}$	$bi{}^{233}$
昆	$p'i{}^{44}$	$p'i{}^{52}$	$p'i{}^{52}$	$bi{}^{132}$
霜	$p'i{}^{52}$	$p'i{}^{434}$	$p'i{}^{434}$	$bi{}^{231}$
罗	$p'i{}^{52}$	$p'i{}^{434}$	$p'i{}^{434}$	$bi{}^{231}$
周	$p'i{}^{52}$	$p'i{}^{335}$	$p'i{}^{335}$	$bi{}^{113}$
上	$p'i{}^{52}$	$p'i{}^{334}$	$p'i{}^{334}$	$bi{}^{113}$
松	$p'i{}^{52}$	$p'i{}^{335}$	$p'i{}^{335}$	$bi{}^{231}$
黎	$p'i_j{}^{44}$	$p'i_j{}^{324}$	$p'i_j{}^{324}$	$bi_j{}^{24}$
盛	$p'i_j{}^{44}$	$p'i_j{}^{313}$	$p'i_j{}^{313}$	$bi_j{}^{24}$
嘉	$p'i{}^{51}$	$p'i{}^{334}$	$p'i{}^{334}$	$bi{}^{231}$
双	$p'i_z{}^{44}$	$p'i_z{}^{334}$	$p'i_z{}^{334}$	$bi_z{}^{113}$
杭	$p'i{}^{323}$	$p'i{}^{334}$	$p'i{}^{334}$	$bi{}^{212}$
绍	$p'i{}^{52}$	$p'i{}^{334}$	$p'i{}^{33}$	$bi{}^{231}$
诸	$p'i_z{}^{544}$	$p'i_z{}^{52}$	$p'i_z{}^{544}$	$bi_z{}^{233}$
崇	$p'i_z{}^{53}$		$p'i_z{}^{324}$	$bi_z{}^{31}$
太	$p'i{}^{523}$	$p'i{}^{35}$	$p'i{}^{35}$	$bi{}^{312}$
余	$p'i{}^{324}$	$p'i{}^{52}/pi{}^{52}$	$p'i{}^{52}$	$bi{}^{113}$
宁	$p'i{}^{52}$	$p'i{}^{52}$	$p'i{}^{52}$	$bi{}^{113}$
黄	$p'i{}^{533}$	$p'i{}^{44}$	$p'i{}^{44}$	$bi{}^{311}$
温	$p'i{}^{44}$	$p'i{}^{52}$	$p'ɿi{}^{52}$	$b'i{}^{231}$
衢	$p'i{}^{434}$	$p'i{}^{53}$	$p'i{}^{53}$	$bi{}^{323}$
华	$p'i_j{}^{324}$	$p'i_j{}^{45}$	$p'i_j{}^{45}$	$pi_j{}^{324}$
永	$p'i{}^{44}$	$p'i{}^{54}$	$p'i{}^{54}$	$bi{}^{322}$

止开 三平 支並	止开 三平 脂並	止开 三平 脂並	止开 三上 纸並	止开 三上 纸並
疲	琵	枇~杷	婢	被~子
bi_j^{223}	bi_j^{223}	$\text{bɪʔ}^{\underline{23}}$	bi_j^{223}	bi_j^{24}
bi_z^{323}	bi_z^{323}	$\text{bɪʔ}^{\underline{22}}$	bi_z^{231}	bi_z^{224}
p'i_z^{35}	p'i_z^{35}	$\text{p'ieʔ}^{\underline{55}}$	p'i_z^{323}	$\text{pei}^{44}/\text{p'i}^{31}$
bi_z^{213}	pi_z^{44}	$\text{bɪʔ}^{\underline{24}}$	pi_z^{41}	pi_z^{41}
bi_j^{31}	bi_j^{31}	$\text{biɪʔ}^{\underline{24}}$	bi_j^{113}	bi_j^{113}
bi_j^{223}	bi_j^{223}	$\text{bɪʔ}^{\underline{34}}$	bi_j^{31}	bi_j^{31}
bi_j^{223}	bi_j^{223}	$\text{bɪʔ}^{\underline{12}}$	bi_j^{223}	bi_j^{223}
bi_j^{213}	bi_j^{213}	$\text{bɪʔ}^{\underline{23}}$	bi_j^{24}	bi_j^{24}
bi^{213}	bi^{213}	$\text{bɪʔ}^{\underline{23}}$	$\text{bi}^{213/33}$	$\text{bi}^{213/33}$
bi_j^{223}	bi_j^{223}	$\text{bɪʔ}^{\underline{23}}$	bi_j^{231}	bi_j^{231}
bi^{233}	bi^{233}	$\text{bɪʔ}^{\underline{23}}$	bi^{31}	bi^{31}
bi^{132}	bi^{132}	$\text{bɪʔ}^{\underline{12}}$	bi^{223}	bi^{223}
bi^{231}	bi^{231}	$\text{bɪʔ}^{\underline{23}}$	bi^{213}	bi^{213}
bi^{231}	bi^{231}	$\text{bɪʔ}^{\underline{23}}$	bi^{213}	bi^{213}
bi^{113}	bi^{113}	$\text{bɪʔ}^{\underline{23}}$	bi^{113}	bi^{113}
bi^{113}	bi^{113}	$\text{biɪʔ}^{\underline{23}}$	bi^{113}	bi^{113}
bi^{231}	bi^{231}	$\text{bɪ}^{\underline{23}}$	bi^{113}	bi^{113}
bi_j^{24}	bi_j^{24}	$\text{bɪʔ}^{\underline{23}}$	bi_j^{32}	bi_j^{32}
bi_j^{24}	bi_j^{24}	$\text{bɪʔ}^{\underline{22}}$	bi_j^{223}	bi_j^{223}
bi^{231}	bi^{231}	$\text{biəʔ}^{\underline{12}}/\text{bi}^{223}$	bi^{223}	bi^{223}
bi_z^{113}	bi_z^{113}	$\text{biɪʔ}^{\underline{23}}$	bi_z^{231}	bi_z^{231}
bi^{212}	bi^{212}	$\text{biɪʔ}^{\underline{23}}$	beɪ^{113}	bi^{113}
bi^{231}	bi^{231}	$\text{bɪʔ}^{\underline{23}}$	bi^{113}	bi^{113}
bi_z^{233}	bi_z^{233}	$\text{biəʔ}^{\underline{12}}$	bi_z^{231}	bi_z^{231}
bi_z^{31}	bi_z^{31}	bi_z^{31}	bi_z^{22}	bi_z^{22}
bi^{312}	bi^{312}	bi^{312}	bi^{22}	bi^{22}
bi^{113}	bi^{113}	bi^{113}	bi^{113}	bi^{113}
bi^{113}	bi^{113}	bi^{113}	bi^{113}	bi^{113}
bi^{311}	bi^{311}	bi^{311}	bi^{113}	bi^{113}
b'i^{231}	b'i^{231}	b'i^{231}	$\text{b'i}^{\underline{24}}$	$\text{b'i}^{\underline{24}}$
bi^{323}	bi^{323}	$\text{bi}^{323}/\text{biəʔ}^{\underline{12}}$	bi^{31}	bi^{31}
pi_j^{324}	pi_j^{324}	pi_j^{324}	pi_j^{544}	pi_j^{544}
bi^{322}	bi^{322}	bi^{322}	bi^{323}	bi^{323}

摄口 等调 韵声	蟹开 三去 祭並	蟹开 三去 祭並	蟹开 四去 霽並	止开 三去 寘並
	敝	币	鎞~刀	避
宜	bi_j^{231}	bi_j^{231}	bi_j^{231}	bi_j^{231}
溧	bi_z^{231}	bi_z^{231}	bi_z^{231}	bi_z^{231}
金	pi_z^{44}	pi^{44}	pi_z^{44}	pi_z^{44}
丹	pi_z^{41}	pi_z^{41}	pi_z^{41}	pi_z^{41}
童	bi_j^{113}	bi_j^{113}	bi_j^{113}	bi_j^{113}
靖	bi_j^{31}	bi_j^{31}	bi_j^{31}	bi_j^{31}
江	bi_j^{223}	bi_j^{223}	bi_j^{223}	bi_j^{223}
常	bi_j^{24}	bi_j^{24}	bi_j^{24}	bi_j^{24}
锡	bi^{213}	bi^{213}	bi^{213}	bi^{213}
苏	bi_j^{231}	bi_j^{231}	bi_j^{231}	bi_j^{231}
熟	bi^{213}	bi^{213}	bi^{213}	bi^{213}
昆	bi^{21}	bi^{21}	bi^{21}	bi^{21}
霜	bi^{213}	bi^{213}	bi^{213}	bi^{213}
罗	bi^{213}	bi^{213}	bi^{213}	bi^{213}
周	bi^{113}	bi^{113}	bi^{113}	bi^{113}
上	bi^{113}	bi^{113}	bi^{113}	bi^{113}
松	bi^{113}	bi^{113}	bi^{113}	bi^{113}
黎	bi_j^{213}	bi_j^{213}	bi_j^{213}	bi_j^{213}
盛	bi_j^{212}	bi_j^{212}	bi_j^{212}	bi_j^{212}
嘉	bi^{223}	bi^{223}	bi^{223}	bi^{223}
双	bi_z^{113}	bi_z^{113}	bi_z^{113}	bi_z^{113}
杭	bi^{113}	bi^{113}	bi^{113}	bi^{113}
绍	bi^{22}	bi^{22}	bi^{22}	bi^{22}
诸	bi_z^{233}	bi_z^{233}	bi_z^{233}	bi_z^{233}
崇	bi_z^{14}	bi_z^{14}	bi_z^{14}	bi_z^{14}
太	bi^{13}	bi^{13}	bi^{13}	bi^{13}
余	bi^{113}	bi^{113}	bi^{113}	bi^{113}
宁	bi^{113}	bi^{113}	bi^{113}	bi^{113}
黄	bi^{113}	bi^{113}	bi^{113}	bi^{113}
温		$bɪi^{22}$	$bɪi^{22}$	$bɪi^{22}$
衢	bi^{31}	bi^{31}	bi^{31}	bi^{31}
华	bi_j^{24}	bi_j^{24}	bi_j^{24}	bi_j^{24}
永	bi^{214}	$biə^{214}$	bi^{214}	bi^{214}

止开 三去 至並	蟹开 三平 齐明	支开 三平 脂明	蟹开 四上 荠明	止合 三上 尾微
备	迷	眉	米	尾
bɐɪ^{231}	mi$_j^{223}$	mi$_j^{223}$	mi^{24}	mi$_j^{231}$/vi^{231}
bæE^{231}	mi$_z^{323}$	mi$_z^{323}$	ʔmi$_z^{445}$	mi$_z^{412}$/vi$_z^{323}$
pei^{44}	mi$_z^{3}$	mei^{35}	mi$_z^{323}$	uei^{323}
pEe^{41}	mi$_z^{44}$	mi$_z^{44}$	mi$_z^{324/44}$	mi$_z^{213}$
bei^{113}	mi$_j^{31}$	mi$_j^{31}$	mi$_j^{31}$	ʔuei^{324}
bi$_j^{31}$	mi$_j^{223}$	mi$_j^{223}$	ʔmi$_j^{334}$	ʔue^{334}
bɐɪ^{223}	mi$_j^{223}$	mi$_j^{223}$	ʔmi$_j^{45}$	ʔuEɪ^{45}/ʔʊi$_j^{45}$/ʔər^{45}
bi$_j^{24}$	mi$_j^{213}$	mi$_j^{213}$	ʔmi$_j^{334}$	mi$_j^{24}$/vi$_j^{24}$
bE^{213}	mi^{213}	mi^{213}	mi$^{213/33}$	ȵi^{213}/ȵi^{33}/vi^{213}/vi^{33}
bE^{231}	mi$_j^{223}$	mi$_j^{223}$	mi$_j^{231}$	ȵi$_j^{231}$/vi$_j^{231}$
bE^{213}	mi^{233}	mi^{233}	mi^{31}	ȵi^{31}/vi^{31}
bE^{21}	mi^{132}	mi^{132}	mi^{223}	ȵi^{223}/vi^{223}
bʌɪ^{213}	mi^{231}	mi^{231}	mi^{213}	ȵi^{213}/vi^{213}
bʌɪ^{213}	mi^{231}	mi^{231}	mi^{213}	ȵi^{213}/vi^{213}
be^{113}	mi^{113}	mi^{113}	mi^{113}	ȵi^{113}/vi^{113}
bE^{113}	mi^{113}	mi^{113}	mi^{113}	mi^{113}/ȵi^{113}/vi^{113}
be^{113}	mi^{231}	me^{231}/mi^{231}	mi^{113}	ȵi^{113}/ɦue^{113}
bE^{213}	mi$_j^{24}$	mi$_j^{24}$	mi$_j^{32}$	ʔȵi$_j^{51}$/mi$_j^{32}$/vi$_j^{32}$
bE^{212}	mi$_j^{24}$	mi$_j^{24}$	mi$_j^{223}$	ʔȵi$_j^{51}$/vi$_j^{223}$
be^{223}	mi^{231}	me^{231}	mi$_j^{223}$	mi^{223}/vi^{223}
bøʏ^{113}	mi$_z^{113}$	mi$_z^{113}$/məɪ^{113}	mi$_z^{231}$	mi$_z^{231}$/vi$_z^{231}$
beɪ^{113}	mi^{212}	mi^{212}	ʔmi^{51}	ʔmi^{51}ʔvi^{51}
be^{22}	mi^{231}	mi^{231}	mi^{113}	mi^{113}/ȵi^{113}/vi^{113}
be^{233}	mi$_z^{233}$	mi$_z^{233}$	mi$_z^{231}$	mi$_z^{231}$/vi$_z^{231}$
be^{14}	mi$_z^{31}$	mi$_z^{31}$	mi$_z^{22}$	mi$_z^{22}$/vi$_z^{22}$
be^{13}	mi^{312}	mi^{312}	mi^{22}	mi^{22}/vi^{22}
be^{113}	mi^{113}	mi^{113}/me^{113}	mi^{113}	mi^{113}/vi^{113}
bɐɪ^{113}	mi^{113}	mi^{113}/mɐɪ^{113}	mi^{113}	mi^{113}/vi^{113}
bi^{113}	mi^{311}	mi^{311}	ʔmi^{533}	ʔmi^{533}/vi^{113}
bˈi^{22}	mˈi^{231}	mˈi^{231}	mˈi$^{\underline{24}}$	mˈi$^{\underline{24}}$
bi^{31}	mi^{323}	mi^{323}	ʔmi^{53}	ʔmi^{53}/ɦui^{53}/ɦi^{53}
bi$_j^{24}$	mi^{324}	mi^{324}	ʔmi^{544}	ʔm̩^{544}/ʔuɪ^{544}
bi^{214}	mi^{322}	mi^{322}	miə^{323}	fviə^{323}

摄口 等调 韵声	蟹开 四去 霁明 谜	止合 三去 未微 味	止合 三平 微非 非	止合 三平 微非 飞
宜	mi_j^{223}	vi_j^{231}	fi_j^{55}	fi_j^{55}
溧	mi_z^{412}	vi_z^{231}	fi_z^{445}	fi_z^{445}
金	mi_z^{44}	uei^{44}	fei^{31}	fei^{31}
丹	mi_z^{41}	mi_z^{44}	fi_z^{22}	fi_z^{22}
童	mij^{31}	$mij^{31}/\text{ɦ}uei^{324}$	fei^{42}	fei^{42}
靖	mi_j^{31}	mi_j^{31}	fi_j^{433}	fi_j^{433}
江	mi_j^{223}	mi_j^{223}/vi_j^{223}	fi_j^{51}	fi_j^{51}
常	mi_j^{24}	mi_j^{24}/vi_j^{24}	fi_j^{44}	fi_j^{44}
锡	mi^{213}	vi^{213}/mi^{213}	fi^{55}	fi^{55}
苏	mi_j^{231}	mi_j^{213}/vi_j^{231}	fi_j^{44}	fi_j^{44}
熟	mi^{213}	mi^{213}/vi^{213}	fi^{52}	fi^{52}
昆	mi^{21}	mi^{21}/vi^{21}	fi^{44}	fi^{44}
霜	mi^{213}	mi^{213}/vi^{213}	fi^{52}	fi^{52}
罗	mi^{213}	mi^{213}/vi^{213}	fi^{52}	fi^{52}
周	mi^{113}	mi^{113}/vi^{113}	fi^{52}	fi^{52}
上	$mi^{113}/m\text{ɛ}^{113}$	mi^{113}/vi^{113}	fi^{52}	fi^{52}
松	$mi^{113}/m\text{ɛ}^{113}$	ve^{113}/mi^{113}	fi^{52}	fi^{52}
黎	mi_j^{213}	mi_j^{213}/vi_j^{213}	fi_j^{44}	fi_j^{44}
盛	mi_j^{212}	mi_j^{212}/vi_j^{212}	fi_j^{44}	fi_j^{44}
嘉	mi^{223}	mi^{223}/ve^{223}	fi^{51}	fi^{51}
双	mi_z^{113}	mi_z^{113}/vi_z^{113}	fi_z^{44}	fi_z^{44}
杭	mi^{113}	mi^{113}/vi^{113}	fi^{323}	fi^{323}
绍	mi^{22}	mi^{22}/vi^{22}	fi^{52}	fi^{52}
诸	mi_z^{233}	mi_z^{233}/vi_z^{233}	fi_z^{544}	fi_z^{544}
崇	mi_z^{14}	bi_z^{14}/vi_z^{14}	fi_z^{53}	fi_z^{53}
太	mi^{13}	$bi^{13}\sim道/vi^{13}$	fi^{523}	fi^{523}
余	mi^{113}	mi^{113}/vi^{113}	fi^{324}	fi^{324}
宁	mi^{113}	mi^{113}/vi^{113}	fi^{52}	fi^{52}
黄	mi^{113}	mi^{113}/vi^{113}	fi^{533}	fi^{533}
温	$m'i^{22}$	$m'i^{22}$	$f'i^{44}$	$f'i^{44}$
衢	mi^{31}	mi^{31}/fvi^{31}	fi^{434}	fi^{434}
华	mi_j^{24}	fi_j^{45}	fi_j^{324}	fi_j^{324}
永	mi^{214}	fvi^{214}	fi^{44}	fi^{44}

止合三上尾非	蟹合三去废非	止合三去未敷	止合三平脂以	止合三平脂以
匪	废	费~用	维	惟
$fi_j{}^{51}$	$fi_j{}^{324}$	$fi_j{}^{324}$	$vi_j{}^{223}$	$vi_j{}^{223}$
$fi_z{}^{445}$	$fi_z{}^{412}$	$fi_z{}^{412}$	$vi_z{}^{323}$	$vi_z{}^{323}$
fei^{35}	fei^{44}	fei^{44}	uei^{35}	uei^{35}
$fi_z{}^{324/44}$	$fi_z{}^{324}$	$fi_z{}^{324}$	$vi_z{}^{213}$	$vi_z{}^{213}$
fei^{324}	fei^{45}	fei^{45}	$ɦuei^{31}$	$ɦuei^{31}$
$fi_j{}^{334}$	$fi_j{}^{334}$	$fi_j{}^{334}$	$vi_j{}^{223}$	$vi_j{}^{223}$
$fi_j{}^{45}$	$fi_j{}^{435}$	$fi_j{}^{435}$	$vi_j{}^{223}$	$vi_j{}^{223}$
$fi_j{}^{334}$	$fi_j{}^{51}$	$fi_j{}^{51}$	$vi_j{}^{213}$	$vi_j{}^{213}$
fi^{324}	fi^{35}	fi^{35}	vi^{213}	vi^{213}
$fi_j{}^{51}$	$fi_j{}^{412}$	$fi_j{}^{412}$	$vi_j{}^{223}$	$vi_j{}^{223}$
fi^{44}	fi^{324}	fi^{324}	vi^{233}	vi^{233}
fi^{52}	fi^{52}	fi^{52}	$ɦuɛ^{132}$	$ɦuɛ^{132}$
fi^{434}	fi^{434}	fi^{434}	vi^{231}	vi^{231}
fi^{434}	fi^{434}	fi^{434}	vi^{231}	vi^{231}
fi^{44}	fi^{335}	fi^{335}	vi^{113}	vi^{113}
fi^{334}	fi^{334}	fi^{334}	$vi^{113}/ɦuɛ^{113}$	$vi^{113}/ɦuɛ^{113}$
fi^{335}	fi^{335}	fi^{335}	$vɛ^{231}$	$vɛ^{231}$
$fi_j{}^{51}$	$fi_j{}^{413}$	$fi_j{}^{413}$	$vi_j{}^{24}$	$vi_j{}^{24}$
$fi_j{}^{51}$	$fi_j{}^{413}$	$fi_j{}^{413}$	$vi_j{}^{24}$	$vi_j{}^{24}$
fi^{44}	fi^{334}	fi^{334}	$ʔue^{51}$	$ʔue^{51}$
$fi_z{}^{53}$	$fi_z{}^{334}$	$fi_z{}^{334}$	$vi_z{}^{113}$	$vi_z{}^{113}$
fi^{51}	fi^{334}	fi^{334}	$vi^{212}/ɦuei^{212}$	$vi^{212}/ɦuei^{212}$
fi^{334}	fi^{33}	fi^{33}	vi^{231}	vi^{231}
$fi_z{}^{52}$	$fi_z{}^{544}$	$fi_z{}^{544}$	$vi_z{}^{233}$	$vi_z{}^{233}$
$fi_z{}^{44}$	$fi_z{}^{324}$	$fi_z{}^{324}$	$vi_z{}^{31}$	$vi_z{}^{31}$
fi^{42}	fi^{35}	fi^{35}	vi^{312}	vi^{312}
fi^{435}	fi^{52}	fi^{52}	vi^{113}	vi^{113}
fi^{325}	fi^{52}	fi^{52}	vi^{113}	vi^{113}
fi^{533}	fi^{44}	fi^{44}	vi^{311}	vi^{311}
$fˡi^{35}$	$fˡi^{52}$	$fˡi^{52}$	$vʊ^{231}$	$vʊ^{231}$
fi^{45}	fi^{53}	fi^{53}	fvi^{323}	fvi^{323}
$fi_j{}^{544}$	$fi_j{}^{45}$	$fi_j{}^{45}$	fi^{324}	fi^{324}
fi^{434}	$fiə^{54}$	$fiə^{54}$	fvi^{322}	fvi^{322}

摄口 等调 韵声	止合 三平 微奉	止合 三平 微微	止合 三去 未微	
	肥	微	未	费姓
宜	$vi_j{}^{223}$	$vi_j{}^{223}$	$vi_j{}^{231}$	$vi_j{}^{231}$
溧	$vi_z{}^{323}$	$vi_z{}^{323}$	$vi_z{}^{231}$	$vi_z{}^{224}$
金	fei^{35}	uei^{35}	uei^{44}	fei^{44}
丹	$vi_z{}^{213}$	$vi_z{}^{213}/vi_z{}^{41}$	$ʋi_z{}^{324}$	$ʋi_z{}^{324}$
童	fei^{42}	$ɦuei^{31}$	$ɦuei^{324}$	
靖	$vi_j{}^{223}$	$vi_j{}^{223}$	$vi_j{}^{31}$	$fi_j{}^{51}$
江	$vi_j{}^{223}$	$vi_j{}^{223}$	$vi_j{}^{223}$	$vi_j{}^{223}$
常	$vi_j{}^{213}$	$vi_j{}^{213}$	$vi_j{}^{24}$	$vi_j{}^{24}$
锡	vi^{213}	vi^{213}	vi^{213}	vi^{213}
苏	$vi_j{}^{223}$	$vi_j{}^{223}$	$vi_j{}^{231}$	$vi_j{}^{231}$
熟	vi^{233}	vi^{233}	vi^{213}	vi^{213}
昆	vi^{132}	vi^{132}	vi^{21}	vi^{21}
霜	vi^{231}	vi^{231}	vi^{213}	vi^{213}
罗	vi^{231}	vi^{231}	vi^{213}	vi^{213}
周	vi^{113}	vi^{113}	vi^{113}	vi^{113}
上	bi^{113}/vi^{113}	$vi^{113}/ɦuɛ^{113}$	$vi^{113}/ɦuɛ^{113}$	vi^{113}
松	bi^{231}/vi^{231}	$ʔʋe^{52}/vi^{231}$	$ʋe^{113}$	vi^{113}
黎	$bi_j{}^{24}/vi_j{}^{24}$	$vi_j{}^{24}$	$vi_j{}^{213}$	$vi_j{}^{213}$
盛	$bi_j{}^{24}/vi_j{}^{24}$	$vi_j{}^{24}$	$vi_j{}^{212}$	$vi_j{}^{212}$
嘉	vi^{231}	$ʔʋe^{51}$	$ʋe^{223}$	vi^{223}
双	$vi_z{}^{113}$	$vi_z{}^{113}$	$vi_z{}^{113}$	$vi_z{}^{113}$
杭	$vi^{212}/ɦueɪ^{212}$	$vi^{212}/ɦueɪ^{212}$	$vi^{113}/ɦueɪ^{113}$	vi^{113}
绍	vi^{231}	vi^{231}	vi^{22}	vi^{22}
诸	$vi_z{}^{233}$	$vi_z{}^{233}$	$vi_z{}^{233}$	$vi_z{}^{233}$
崇	$bi_z{}^{31}/vi_z{}^{31}$	$vi_z{}^{31}$	$vi_z{}^{14}$	$vi_z{}^{14}$
太	bi^{312}/vi^{312}	vi^{312}	vi^{13}	vi^{13}
余	vi^{113}	vi^{113}	vi^{113}	vi^{113}
宁	vi^{113}	vi^{113}	vi^{113}	vi^{113}
黄	vi^{311}	vi^{311}	vi^{113}	vi^{113}
温	$v^ɿi^{231}$	$v^ɿi^{231}$	$v^ɿi^{22}$	$v^ɿi^{22}$
衢	fvi^{323}	fvi^{323}	fvi^{31}	fvi^{31}
华	$fi_j{}^{324}$	$fi_j{}^{324}$	$mi_j{}^{24}/ʔɦuɪ^{24}$	
永	fvi^{322}	fvi^{322}	mi^{214}/fvi^{214}	

蟹开 四平 齐端	蟹开 四上 荠端	蟹开 四上 荠端	蟹开 四去 霁端	蟹开 四平 齐透
低	底	抵	帝	梯
ti$_j^{55}$	ti$_j^{51}$	ti$_j^{51}$	ti$_j^{324}$	tʻi$_j^{55}$
ti$_z^{445}$	ti$_z^{52}$	ti$_z^{52}$	ti$_z^{412}$	tʻi$_z^{445}$
tɕi$_z^{31}$/ts$_ʐ^{31}$	tɕi$_z^{323}$/ts$_ʐ^{323}$	tɕi$_z^{323}$/ts$_ʐ^{323}$	tɕi$_z^{44}$/ts$_ʐ^{44}$	tɕʻi$_z^{31}$/tsʻ$_ʐ^{31}$
ti$_z^{22}$	ti$_z^{44}$	ti$_z^{44}$	ti$_z^{22}$	tʻi$_z^{44}$
tɕi$_j^{42}$	tɕi$_j^{324}$	tɕi$_j^{324}$	tɕi$_j^{45}$	tʃi$_j^{42}$
ti$_j^{433}$	ti$_j^{334}$	ti$_j^{334}$	ti$_j^{51}$	tʻi$_j^{433}$
ti$_j^{51}$	ti$_j^{45}$	ti$_j^{45}$	ti$_j^{435}$	tʻi$_j^{51}$
ti$_j^{44}$	ti$_j^{334}$	ti$_j^{334}$	ti$_j^{51}$	tʻi$_j^{44}$
ti^{55}	ti^{324}	ti^{324}	ti^{35}	tʻi^{55}
ti$_j^{44}$	ti$_j^{51}$	ti$_j^{51}$	ti$_j^{412}$	tʻi$_j^{44}$
ti^{52}	ti^{44}	ti^{44}	ti^{324}	tʻi^{52}
ti^{44}	ti^{52}	ti^{52}	ti^{52}	tʻi^{44}
ti^{52}	ti^{434}	ti^{434}	ti^{434}	tʻi^{52}
ti^{52}	ti^{434}	ti^{434}	ti^{434}	tʻi^{52}
dî^{52}	dî^{44}	dî^{44}	dî^{335}	tʻi^{52}
ti^{52}	ti^{334}	ti^{334}	ti^{334}	tʻi^{52}
ti^{52}/dî^{52}	ti^{44}/dî^{44}	ti^{44}/dî^{44}	ti^{335}/dî^{335}	tʻi^{52}
ti$_j^{44}$	ti$_j^{51}$	ti$_j^{51}$	ti$_j^{413}$	tʻi$_j^{44}$
ti$_j^{44}$	ti$_j^{51}$	ti$_j^{51}$	ti$_j^{413}$	tʻi$_j^{44}$
ti^{51}	ti^{44}	ti^{44}	ti^{334}	tʻi^{51}
ti$_z^{44}$	ti$_z^{53}$	ti$_z^{53}$	ti$_z^{334}$	tʻi$_z^{44}$
ti^{323}	ti^{51}	ti^{51}	ti^{334}	tʻi^{323}
ti^{52}	ti^{334}	ti^{334}	ti^{33}	tʻi^{52}
ti$_z^{544}$	ti$_z^{52}$	ti$_z^{52}$	ti$_z^{544}$	tʻi$_z^{544}$
ti$_z^{53}$	ti$_z^{44}$	ti$_z^{44}$	ti$_z^{324}$	tʻi$_z^{53}$
ti^{523}	ti^{42}	ti^{42}	ti^{35}	tʻi^{523}
ti^{324}	ti^{435}	ti^{435}	ti^{52}	tʻi^{324}
ti^{52}	ti^{52}	ti^{325}	ti^{52}	tʻi^{52}/tʻiɪʔ$^{\underline{55}}$
ti^{533}	ti^{533}	ti^{533}	ti^{44}	tʻi^{533}
tˡi^{44}	tˡi$^{\underline{35}}$	tˡi$^{\underline{35}}$	tˡi^{52}	tˡʻi^{44}
ti^{434}	ti^{45}	ti^{45}	ti^{53}	tʻi^{434}
ti$_j^{324}$/tie^{324}	tie^{544}	ti$_j^{544}$	ti$_j^{45}$	tʻi$_j^{324}$/tʻie^{324}
tiə^{44}	tiə^{434}	tiə^{434}	ti^{54}	tʻiə^{44}/tʻəɪ^{44}

摄口 等调 韵声	蟹开 四上 荠透 体	蟹开 四去 霁透 替	蟹开 四去 霁透 屉	蟹开 四去 霁透 涕
宜	t'i$_j^{51}$	t'i$_j^{324}$	t'i$_j^{324}$	t'i$_j^{324}$
溧	t'i$_z^{52}$	t'i$_z^{412}$	t'i$_z^{412}$	t'i$_z^{412}$
金	tɕ'i$_z^{323}$ /ts'ɿ$_z^{323}$	tɕ'i$_z^{44}$ /ts'ɿ$_z^{44}$	tɕ'i$_z^{44}$ /ts'ɿ$_z^{44}$	tɕ'i$_z^{44}$ /ts'ɿ$_z^{44}$
丹	t'i$_z^{44}$	t'i$_z^{324}$	t'i$_z^{324}$	t'i$_z^{324}$
童	tɕ'i$_j^{324}$	tɕ'i$_j^{45}$	tɕ'i$_j^{45}$	tɕ'i$_j^{45}$
靖	t'i$_j^{334}$	t'i$_j^{51}$	t'i$_j^{51}$	t'i$_j^{51}$
江	t'i$_j^{45}$	t'i$_j^{435}$	t'i$_j^{435}$	t'i$_j^{435}$
常	t'i$_j^{334}$	t'i$_j^{51}$	t'i$_j^{51}$	t'i$_j^{51}$
锡	t'i^{324}	t'i^{35}	t'i^{35}	t'i^{35}
苏	t'i$_j^{51}$	t'i$_j^{412}$	t'i$_j^{412}$	t'i$_j^{412}$
熟	t'i^{44}	t'i^{324}	t'i^{324}	t'i^{324}
昆	t'i^{52}	t'i^{52}	t'i^{52}	t'i^{52}
霜	t'i^{434}	t'i^{434}	t'i^{434}	t'i^{434}
罗	t'i^{434}	t'i^{434}	t'i^{434}	t'i^{434}
周	t'i^{44}	t'i^{335}	t'i^{335}	t'i^{335}
上	t'i^{334}	t'i^{334}	t'i^{52}	t'i^{334}
松	t'i^{44}	t'i^{335}	t'i^{335}	t'i^{335}
黎	t'i$_j^{334}$	t'i$_j^{324}$	t'i$_j^{44}$	t'i$_j^{324}$
盛	t'i$_j^{334}$	t'i$_j^{313}$	t'i$_j^{44}$	t'i$_j^{313}$
嘉	t'i^{324}	t'i^{334}	t'i^{334}	t'i^{334}
双	t'i$_z^{53}$	t'i$_z^{334}$	t'i$_z^{334}$	t'i$_z^{334}$
杭	t'i^{51}	t'i^{334}	t'i^{334}	t'i^{334}
绍	t'i^{334}	t'i^{33}	t'i^{33}	t'i^{33}
诸	t'i$_z^{52}$	t'i$_z^{544}$	t'i$_z^{544}$	t'i$_z^{544}$
崇	t'i$_z^{44}$	t'i$_z^{324}$	t'i$_z^{324}$	t'i$_z^{324}$
太	t'i^{42}	t'i^{35}	t'i^{35}	t'i^{35}
余	t'i^{435}	t'i^{52}	t'i^{52}	t'i^{52}
宁	t'i^{325}	t'i^{52}	t'i^{52}	t'i^{52}
黄	t'i^{533}	t'i^{44}	t'i^{44}	t'i^{44}
温	t'ᶜi$^{\underline{35}}$	t'ᶜi^{52}	t'ᶜi^{52}	t'ᶜi^{52}
衢	t'i^{45}	t'i^{53}	t'i^{53}	t'i^{53}
华	t'i$_j^{544}$	t'i$_j^{45}$	t'i$_j^{45}$ /t'ie^{45}	t'i$_j^{45}$ /t'ie^{45}
永	t'iə^{434}	t'iə^{54}	t'iə^{54}	t'iə^{54}

蟹开	蟹开	蟹开	蟹开	蟹开
四去	四平	四平	四平	四上
霁透	齐定	齐定	齐定	荠定
剃	提	题	啼	弟
$t'i_j^{324}$	di_j^{223}	di_j^{223}	di_j^{223}	di_j^{231}
$t'i_z^{412}$	di_z^{323}	di_z^{323}	di_z^{323}	di_z^{224}
$t\textctc'i_z^{44}/ts'\textrtailr_z^{44}$	$t\textctc'i_z^{35}/ts'\textrtailr_z^{35}$	$t\textctc'i_z^{35}/ts'\textrtailr_z^{35}$	$t\textctc'i_z^{35}/ts'\textrtailr_z^{35}$	$t\textctc i_z^{44}/ts\textrtailr_z^{44}$
$t'i_z^{324}$	di_z^{213}	di_z^{213}	di_z^{213}	di_z^{31}
$t\textctc'i_j^{45}$	$d\textctz i_j^{31}$	$d\textyogh i_j^{31}$	$d\textyogh i_j^{31}$	$d\textyogh i_j^{31}$
$t'i_j^{51}$	di_j^{223}	di_j^{223}	di_j^{223}	di_j^{31}
$t'i_j^{435}$	di_j^{223}	di_j^{223}	di_j^{223}	di_j^{223}
$t'i_j^{51}$	di_j^{213}	di_j^{213}	di_j^{213}	di_j^{24}
$t'i^{35}$	di^{213}	di^{213}	di^{213}	$di^{33/213}$
$t'i_j^{412}$	di_j^{223}	di_j^{223}	di_j^{223}	di_j^{231}
$t'i^{324}$	di^{233}	di^{233}	di^{233}	di^{31}
$t'i^{52}$	di^{132}	di^{132}	di^{132}	di^{223}
$t'i^{434}$	di^{231}	di^{231}	di^{231}	di^{213}
$t'i^{434}$	di^{231}	di^{231}	di^{231}	di^{213}
$t'i^{335}$	di^{113}	di^{113}	di^{113}	di^{113}
$t'i^{334}$	di^{113}	di^{113}	di^{113}	di^{113}
$t'i^{335}$	di_j^{231}	di_j^{231}	di_j^{231}	di_j^{113}
$t'i_j^{324}$	di_j^{24}	di_j^{24}	di_j^{24}	di_j^{32}
$t'i_j^{313}$	di_j^{24}	di_j^{24}	di_j^{24}	di_j^{223}
$t'i^{334}$	di^{231}	di^{231}	di^{231}	di^{223}
$t'i_z^{334}$	di_z^{113}	di_z^{113}	di_z^{113}	di_z^{231}
$t'i^{334}$	di^{212}	di^{212}	di^{212}	di^{113}
$t'i^{33}$	di^{231}	di^{231}	di^{231}	di^{113}
$t'i_z^{544}$	di_z^{233}	di_z^{233}	di_z^{233}	di_z^{231}
$t'i_z^{324}$	di_z^{31}	di_z^{31}	di_z^{31}	di_z^{22}
$t'i^{35}$	di^{312}	di^{312}	di^{312}	di^{22}
$t'i^{52}$	di^{113}	di^{113}	di^{113}	di^{113}
$t'i^{52}$	di^{113}	di^{113}	di^{113}	di^{113}
$t'i^{44}$	di^{311}	di^{311}	di^{311}	di^{113}
$t'i^{52}$	$d\textipa{'}i^{231}$	$d\textipa{'}i^{231}$	$d\textipa{'}i^{231}$	$d\textipa{'}\underline{i^{24}}$
$t'i^{53}$	di^{323}	di^{323}	di^{323}	di^{31}
$t'i_j^{45}/t'ie^{45}$	ti_j^{324}	ti_j^{324}	ti_j^{324}	$tie^{544}/ti_j^{544}/di^{24}$
$t'iə^{54}$	$diə^{322}$	$diə^{322}$	$diə^{322}$	$diə^{323}$

摄口 等调 韵声	蟹开 四去 霁定 第	蟹开 四去 霁定 递	止开 三去 至定 地	蟹开 四平 齐来 黎
宜	di$_j^{231}$	di$_j^{231}$	di$_j^{231}$	li$_j^{223}$
溧	di$_z^{231}$	di$_z^{231}$	di$_z^{231}$	li$_z^{323}$
金	ti$_z^{44}$/tsɿ$_z^{44}$	ti$_z^{44}$/tsɿ$_z^{44}$	ti$_z^{44}$/tsɿ$_z^{44}$	li$_z^{35}$
丹	di$_z^{31}$	di$_z^{31}$	di$_z^{31}$	li$_z^{22}$
童	dʒi$_j^{113}$	dʒi$_j^{113}$	dʒi$_j^{113}$	ɦi$_j^{31}$
靖	di$_j^{31}$	di$_j^{31}$	di$_j^{31}$	li$_j^{223}$
江	di$_j^{223}$	di$_j^{223}$	di$_j^{223}$	li$_j^{223}$
常	di$_j^{24}$	di$_j^{24}$	di$_j^{24}$	li$_j^{213}$
锡	di^{213}	di^{213}	di^{213}	li^{213}
苏	di$_j^{231}$	di$_j^{231}$	di$_j^{231}$	li$_j^{223}$
熟	di^{213}	di^{213}	di^{213}	li^{233}
昆	di^{21}	di^{21}	di^{21}	li^{132}
霜	di^{213}	di^{213}	di^{213}	li^{231}
罗	di^{213}	di^{213}	di^{213}	li^{231}
周	di^{113}	di^{113}	di^{113}	li^{113}
上	di^{113}	di^{113}	di^{113}	li^{113}
松	di^{113}	di^{113}	di^{113}	li^{231}
黎	di$_j^{213}$	di$_j^{213}$	di$_j^{213}$	li$_j^{24}$
盛	di$_j^{212}$	di$_j^{212}$	di$_j^{212}$	li$_j^{24}$
嘉	di^{223}	di^{223}	di^{223}	li^{231}
双	di$_z^{113}$	di$_z^{113}$	di$_z^{113}$	li$_z^{113}$
杭	di^{113}	di^{113}	di^{113}	li^{212}
绍	di^{22}	di^{22}	di^{22}	li^{231}
诸	di$_z^{233}$	di$_z^{233}$	di$_z^{233}$	li$_z^{233}$
崇	di$_z^{14}$	di$_z^{14}$	di$_z^{14}$	li$_z^{31}$
太	di^{13}	di^{13}	di^{13}	li^{312}
余	di^{113}	di^{113}	di^{113}	li^{113}
宁	di^{113}	di^{113}	di^{113}	li^{113}
黄	di^{113}	di^{113}	di^{113}	li^{311}
温	dˡi^{22}	dˡi^{22}	dˡi^{22}	lˡi^{231}
衢	di^{31}	di^{31}	di^{31}	li^{323}
华	di$_j^{24}$	di$_j^{24}$	di$_j^{24}$	li$_j^{213}$
永	di^{214}	diə^{214}	di^{214}	li^{322}

蟹开 四平 齐来	止开 三平 支来	止开 三平 脂来	止开 三平 之来	蟹开 四上 荠来
犁	离~别	梨	厘	礼
li_j^{223}	li_j^{223}	li_j^{223}	li_j^{223}	li_j^{24}
li_z^{323}	li_z^{323}	li_z^{323}	li_z^{323}	$\text{ʔ}li_z^{445}$
li_z^{35}	li_z^{35}	li_z^{35}	li_z^{35}	li_z^{35}
li_z^{22}	li_z^{22}	li_z^{22}	li_z^{22}	li_z^{213}
$\text{ɦ}i_j^{31}$	$\text{ɦ}i_j^{31}$	$\text{ɦ}i_j^{31}$	$\text{ɦ}i_j^{31}$	$\text{ʔ}i_j^{324}$
li_j^{223}	li_j^{223}	li_j^{223}	li_j^{223}	$\text{ʔ}li_j^{334}$
li_j^{223}	li_j^{223}	li_j^{223}	li_j^{223}	$\text{ʔ}li_j^{45}$
li_j^{213}	li_j^{213}	li_j^{213}	li_j^{213}	$\text{ʔ}li_j^{334}$
li^{213}	li^{213}	li^{213}	li^{213}	$li^{213/33}$
li_j^{223}	li_j^{223}	li_j^{223}	li_j^{223}	li_j^{231}
li^{233}	li^{233}	li^{233}	li^{233}	li^{31}
li^{132}	li^{132}	li^{132}	li^{132}	li^{223}
li^{231}	li^{231}	li^{231}	li^{231}	li^{213}
li^{231}	li^{231}	li^{231}	li^{231}	li^{213}
li^{113}	li^{113}	li^{113}	li^{113}	li^{113}
li^{113}	li^{113}	li^{113}	li^{113}	li^{113}
li^{231}	li^{231}	li^{231}	li^{231}	li^{113}
li_j^{24}	li_j^{24}	li_j^{24}	li_j^{24}	li_j^{32}
li_j^{24}	li_j^{24}	li_j^{24}	li_j^{24}	li_j^{223}
li^{231}	li^{231}	li^{231}	li^{231}	li^{223}
li_z^{113}	li_z^{113}	li_z^{113}	li_z^{113}	li_z^{231}
li^{212}	li^{212}	li^{212}	li^{212}	$\text{ʔ}li^{51}$
li^{231}	li^{231}	li^{231}	li^{231}	li^{113}
li_z^{233}	li_z^{233}	li_z^{233}	li_z^{233}	li_z^{231}
li_z^{31}	li_z^{31}	li_z^{31}	li_z^{31}	li_z^{22}
li^{312}	li^{312}	li^{312}	li^{312}	li^{22}
li^{113}	li^{113}	li^{113}	li^{113}	li^{113}
li^{113}	li^{113}	li^{113}	li^{113}	li^{113}
li^{311}	li^{311}	li^{311}	li^{311}	$\text{ʔ}li^{533}$
$l\text{'}i^{231}$	$l\text{'}i^{231}$	$l\text{'}i^{231}$	$l\text{'}i^{231}$	$l\text{'}i^{\underline{24}}$
li^{323}	li^{323}	li^{323}	li^{323}	$\text{ʔ}li^{53}$
$\text{ɦ}li_j^{213}$	$\text{ʔ}li_j^{324}$	$\text{ɦ}li_j^{213}$	$\text{ɦ}li_j^{213}$	$\text{ʔ}li_j^{544}$
li^{322}	li^{322}	li^{322}	li^{322}	$li\text{ə}^{323}$

摄口 等调 韵声	止开 三上 止来	止开 三上 止来	止开 三上 止来	止开 三上 止来
	里	理	襄	李
宜	li$_j$^{24}	li$_j$^{24}	li$_j$^{24}	li$_j$^{24}
溧	ʔli$_z$^{445}	ʔli$_z$^{445}	ʔli$_z$^{445}	ʔli$_z$^{445}
金	li$_z$^{35}	li$_z$^{35}	li$_z$^{35}	li$_z$^{35}
丹	li$_z$^{213}	li$_z$^{213}	li$_z$^{213}	li$_z$^{213}
童	ʔ$_j$i^{324}	ʔ$_j$i^{324}	ʔ$_j$i^{324}	ʔ$_j$i^{324}
靖	ʔli$_j$^{334}	ʔli$_j$^{334}	ʔli$_j$^{334}	ʔli$_j$^{334}
江	ʔli$_j$^{45}	ʔli$_j$^{45}	ʔli$_j$^{45}	ʔli$_j$^{45}
常	ʔli$_j$^{334}	ʔli$_j$^{334}	ʔli$_j$^{334}	ʔli$_j$^{334}
锡	li$^{213/33}$	li$^{213/33}$	li$^{213/33}$	li$^{213/33}$
苏	li$_j$^{231}	li$_j$^{231}	li$_j$^{231}	li$_j$^{231}
熟	li^{31}	li^{31}	li^{31}	li^{31}
昆	li^{223}	li^{223}	li^{223}	li^{223}
霜	li^{213}	li^{213}	li^{213}	li^{213}
罗	li^{213}	li^{213}	li^{213}	li^{213}
周	li^{113}	li^{113}	li^{113}	li^{113}
上	li^{113}	li^{113}	li^{113}	li^{113}
松	li^{113}	li^{113}	li^{113}	li^{113}
黎	li$_j$^{32}	li$_j$^{32}	li$_j$^{32}	li$_j$^{32}
盛	li$_j$^{223}	li$_j$^{223}	li$_j$^{223}	li$_j$^{223}
嘉	li^{223}	li^{223}	li^{223}	li^{223}
双	li$_z$^{231}	li$_z$^{231}	li$_z$^{231}	li$_z$^{231}
杭	ʔli^{51}	ʔli^{51}	ʔli^{51}	ʔli^{51}
绍	li^{113}	li^{113}	li^{113}	li^{113}
诸	li$_z$^{231}	li$_z$^{231}	li$_z$^{231}	li$_z$^{231}
崇	li$_z$^{22}	li$_z$^{22}	li$_z$^{22}	li$_z$^{22}
太	li^{22}	li^{22}	li^{22}	li^{22}
余	li^{113}	li^{113}	li^{113}	li^{113}
宁	li^{113}	li^{113}	li^{113}	li^{113}
黄	ʔli^{533}	ʔli^{533}	ʔli^{533}	ʔli^{533}
温	lʔi$\underline{^{24}}$	lʔi$\underline{^{24}}$	lʔi$\underline{^{24}}$	lʔi$\underline{^{24}}$
衢	ʔli^{53}	ʔli^{53}	ʔli^{53}	ʔli^{53}
华	ʔli$_j$^{544}	ʔli$_j$^{544}	ʔli$_j$^{544}	ʔli$_j$^{544}
永	li^{323}	li^{323}	li^{323}	li^{323}

蟹开 三去 祭来	蟹开 三去 祭来	蟹开 三去 祭来	蟹开 四去 霁来	止开 三去 至来
例	厉	励	丽	利
li_j^{24}	li_j^{231}	li_j^{231}	li_j^{231}	li_j^{231}
li_z^{231}	li_z^{231}	li_z^{231}	li_z^{231}	li_z^{231}
li_z^{44}	li_z^{44}	li_z^{44}	li_z^{44}	li_z^{44}
li_z^{41}	li_z^{41}	li_z^{41}	li_z^{41}	li_z^{41}
$ɦi_j^{113}$	$ɦi_j^{113}$	$ɦi_j^{113}$	$ɦi_j^{113}$	$ɦi_j^{113}$
$ʔli_j^{51}$	$ʔli_j^{51}$	$ʔli_j^{51}$	$ʔli_j^{51}$	$ʔli_j^{51}$
li_j^{223}	li_j^{223}	li_j^{223}	li_j^{223}	li_j^{223}
li_j^{24}	li_j^{24}	li_j^{24}	li_j^{24}	li_j^{24}
li^{213}	li^{213}	li^{213}	li^{213}	li^{213}
li_j^{231}	li_j^{231}	li_j^{231}	li_j^{231}	li_j^{231}
li^{213}	li^{213}	li^{213}	li^{213}	li^{213}
li^{21}	li^{21}	li^{21}	li^{21}	li^{21}
li^{213}	li^{213}	li^{213}	li^{213}	li^{213}
li^{213}	li^{213}	li^{213}	li^{213}	li^{213}
$li^{113}/lɿʔ^{\underline{23}}$	li^{113}	li^{113}	li^{113}	li^{113}
$li^{113}/lɿɹ^{\underline{213}}$	li^{113}	li^{113}	li^{113}	li^{113}
li^{113}	li^{113}	li^{113}	li^{113}	li^{113}
li_j^{213}	li_j^{213}	li_j^{213}	li_j^{213}	li_j^{213}
li_j^{212}	li_j^{212}	li_j^{212}	li_j^{212}	li_j^{212}
li^{223}	li^{223}	li^{223}	li^{223}	$ʔli^{334}$
li_z^{113}/lie^{113}	li_z^{113}	li_z^{113}	li_z^{113}	li_z^{113}
li^{113}	li^{113}	li^{113}	li^{113}	li^{113}
li^{22}	li^{22}	li^{22}	li^{22}	li^{22}
li_z^{233}	li_z^{233}	li_z^{233}	li_z^{233}	li_z^{233}
$li_z^{14}/lieɛʔ^{\underline{12}}$	li_z^{14}	li_z^{14}	li_z^{14}	li_z^{14}
$lieʔ^{\underline{12}}$	li^{13}	li^{13}	li^{13}	li^{13}
li^{113}	li^{113}	li^{113}	li^{113}	$ɬi^{113}$
li^{113}	li^{113}	li^{113}	li^{113}	li^{113}
$lˈi^{22}$	$lˈi^{22}$	$lˈi^{22}$	$lˈi^{22}$	$lˈi^{22}$
$ʔli^{53}$	$ʔli^{53}$	$ʔli^{53}$	$ʔli^{53}$	$ʔli^{53}$
li_j^{24}	li_j^{24}	li_j^{24}	li_j^{24}	li_j^{24}
$liə^{214}$	$liə^{214}$	$liə^{214}$	li^{214}	li^{214}

摄口 等调 韵声	止合 三去 至来 泪	蟹开 四平 齐见 鸡	止开 三平 之见 基	止开 三平 微见 几～乎
宜	$li_j{}^{231}/le\textturnr{}^{231}$	$t\textctc i_j{}^{55}$	$t\textctc i_j{}^{55}$	$t\textctc i_j{}^{55}$
溧	$li_z{}^{231}/læE^{231}$	$t\textctc i_z{}^{445}$	$t\textctc i_z{}^{445}$	$t\textctc i_z{}^{445}$
金	$lie\textglotstop{}^{44}/luei^{44}$	$t\textctc i_z{}^{31}/ts\textrhookrevepsilon_z{}^{31}$	$t\textctc i_z{}^{31}/ts\textrhookrevepsilon_z{}^{31}$	$t\textctc i_z{}^{31}/ts\textrhookrevepsilon_z{}^{31}$
丹	$\textltailn ye^{213}$	$t\textctc i_z{}^{22}$	$t\textctc i_z{}^{22}$	$t\textctc i_z{}^{22}$
童	$\texthth i_j{}^{113}$	$t\textctc i_j{}^{42}$	$t\textctc i_j{}^{42}$	$t\textctc i_j{}^{42}$
靖	$li_j{}^{51}$	$t\textctc i_j{}^{433}$	$t\textctc i_j{}^{433}$	$t\textctc i_j{}^{433}$
江	$li_j{}^{223}$	$t\textctc i_j{}^{51}$	$t\textctc i_j{}^{51}$	$t\textctc i_j{}^{51}$
常	$li_j{}^{24}$	$t\textctc i_j{}^{44}$	$t\textctc i_j{}^{44}$	$t\textctc i_j{}^{44}$
锡	li^{213}	$t\textctc i^{55}$	$t\textctc i^{55}$	$t\textctc i^{55}$
苏	$li_j{}^{231}$	$t\textctc i_j{}^{44}$	$t\textctc i_j{}^{44}$	$t\textctc i_j{}^{44}$
熟	li^{213}	$t\textctc i^{52}$	$t\textctc i^{52}$	$t\textctc i^{52}$
昆	li^{223}	$t\textctc i^{44}$	$t\textctc i^{44}$	$t\textctc i^{44}$
霜	li^{213}	$t\textctc i^{52}$	$t\textctc i^{52}$	$t\textctc i^{52}$
罗	li^{213}	$t\textctc i^{52}$	$t\textctc i^{52}$	$t\textctc i^{52}$
周	li^{113}	$t\textctc i^{52}$	$t\textctc i^{52}$	$t\textctc i^{52}$
上	li^{113}	$t\textctc i^{52}$	$t\textctc i^{52}$	$t\textctc i^{52}$
松	li^{113}	$t\textctc i^{52}$	$t\textctc i^{52}$	$t\textctc i^{52}$
黎	$li_j{}^{213}$	$t\textctc i_j{}^{44}$	$t\textctc i_j{}^{44}$	$t\textctc i_j{}^{44}$
盛	$li_j{}^{212}$	$t\textctc i_j{}^{44}$	$t\textctc i_j{}^{44}$	$t\textctc i_j{}^{44}$
嘉	li^{223}	$t\textctc i^{51}$	$t\textctc i^{51}$	$t\textctc i^{51}$
双	$li_z{}^{113}$	$t\textctc i_z{}^{44}$	$t\textctc i_z{}^{44}$	$t\textctc i_z{}^{44}$
杭	$le\textturnr{}^{113}$	$t\textctc i^{323}$	$t\textctc i^{323}$	$t\textctc i^{323}$
绍	le^{22}	$t\textctc i^{52}$	$t\textctc i^{52}$	$t\textctc i^{52}$
诸	$li_z{}^{233}$	$t\textctc i_z{}^{544}$	$t\textctc i_z{}^{544}$	$t\textctc i_z{}^{544}$
崇	$li_z{}^{14}$	$t\textctc i_z{}^{53}$	$t\textctc i_z{}^{53}$	$t\textctc i_z{}^{53}$
太	li^{13}	$t\textctc i^{523}$	$t\textctc i^{523}$	$t\textctc i^{523}$
余	li^{113}/le^{113}	$t\textctc i^{324}$	$t\textctc i^{324}$	$t\textctc i^{324}$
宁	li^{113}	$t\textctc i_z{}^{52}$	$t\textctc i_z{}^{52}$	$t\textctc i_z{}^{52}$
黄	li^{113}/le^{113}	$t\textctc i_j{}^{533}$	$t\textctc i_j{}^{533}$	$t\textctc i_j{}^{533}$
温	$l'i^{22}$	$ts\textrhookrevepsilon{}^{44}$	$ts\textrhookrevepsilon{}^{44}$	$ts\textrhookrevepsilon{}^{44}$
衢	$\textglotstop le\textturnr{}^{53}/\textglotstop li^{53}$	$ts\textrhookrevepsilon{}^{434}$	$ts\textrhookrevepsilon{}^{434}$	$ts\textrhookrevepsilon{}^{434}$
华	$li_j{}^{24}$	$t\textctc ie^{324}/t\textctc i_j{}^{324}$	$t\textctc i_j{}^{324}$	$t\textctc i_j{}^{324}$
永	li^{214}	$t\textctc i\textschwa{}^{44}$	$t\textctc i^{44}$	$t\textctc i^{44}$

止开 三平 微见	止开 三上 止见	止开 三上 止见	止开 三上 尾见	蟹开 四去 霁见
机	己	纪	几~个	计
$tɕi_j^{55}$	$tɕi_j^{51}$	$tɕi_j^{51}$	$tɕi_j^{51}$	$tɕi^{324}$
$tɕi_z^{445}$	$tɕi_z^{52}$	$tɕi_z^{52}$	$tɕi_z^{52}$	$tɕi_z^{412}$
$tɕi^{31}/tsʮ^{31}$	$tɕi_z^{323}/tsʮ^{31}$	$tɕi_z^{323}/tsʮ^{31}$	$tɕi_z^{323}/tsʮ^{323}$	$tɕi^{44}/tsʮ^{44}$
$tɕi_z^{22}$	$tɕi_z^{22}$	$tɕi_z^{22}$	$tɕi_z^{22}$	$tɕi^{324/41}$
$tɕi_j^{42}$	$tɕi_j^{324}$	$tɕi_j^{324}$	$tɕi_j^{45}$	$tɕi_j^{45}$
$tɕi_j^{433}$	$tɕi_j^{334}$	$tɕi_j^{334}$	$tɕi_j^{334}$	$tɕi_j^{51}$
$tɕi_j^{51}$	$tɕi_j^{45}$	$tɕi_j^{45}$	$tɕi_j^{45}$	$tɕi_j^{435}$
$tɕi_j^{44}$	$tɕi_j^{334}$	$tɕi_j^{334}$	$tɕi_j^{334}$	$tɕi_j^{51}$
$tɕi^{55}$	$tɕi^{324}$	$tɕi^{324}$	$tɕi^{324}$	$tɕi^{35}$
$tɕi_j^{44}$	$tɕi_j^{51}$	$tɕi_j^{51}$	$tɕi_j^{51}$	$tɕi_j^{412}$
$tɕi^{52}$	$tɕi^{44}$	$tɕi^{44}$	$tɕi^{44}$	$tɕi^{324}$
$tɕi^{44}$	$tɕi^{52}$	$tɕi^{52}$	$tɕi^{52}$	$tɕi^{52}$
$tɕi^{52}$	$tɕi^{434}$	$tɕi^{434}$	$tɕi^{434}$	$tɕi^{434}$
$tɕi^{52}$	$tɕi^{434}$	$tɕi^{434}$	$tɕi^{434}$	$tɕi^{434}$
$tɕi^{52}$	$tɕi^{44}$	$tɕi^{44}$	$tɕi^{44}$	$tɕi^{335}$
$tɕi^{52}$	$tɕi^{334}$	$tɕi^{334}$	$tɕi^{334}$	$tɕi^{334}$
$tɕi^{52}$	$tɕi^{44}$	$tɕi^{44}$	$tɕi^{44}$	$tɕi^{335}$
$tɕi_j^{44}$	$tɕi_j^{51}$	$tɕi_j^{51}$	$tɕi_j^{51}$	$tɕi_j^{413}$
$tɕi_j^{44}$	$tɕi_j^{51}$	$tɕi_j^{51}$	$tɕi_j^{51}$	$tɕi_j^{413}$
$tɕi^{51}$	$tɕi^{44}$	$tɕi^{44}$	$tɕi^{44}$	$tɕi^{334}$
$tɕi_z^{44}$	$tɕi_z^{53}$	$tɕi_z^{53}$	$tɕi_z^{53}$	$tɕi^{334}$
$tɕi^{323}$	$tɕi^{51}$	$tɕi^{51}$	$tɕi^{51}$	$tɕi^{334}$
$tɕi^{52}$	$tɕi^{334}$	$tɕi^{334}$	$tɕi^{334}$	$tɕi^{33}$
$tɕi_z^{544}$	$tɕi_z^{52}$	$tɕi_z^{52}$	$tɕi_z^{52}$	$tɕi_z^{544}$
$tɕi_z^{53}$	$tɕi_z^{44}$	$tɕi_z^{44}$	$tɕi_z^{44}$	$tɕi_z^{324}$
$tɕi^{523}$	$tɕi^{42}$	$tɕi^{42}$	$tɕi^{42}$	$tɕi^{35}$
$tɕi^{324}$	$tɕi^{435}$	$tɕi^{435}$	$tɕi^{435}$	$tɕi^{52}$
$tɕi_z^{52}$	$tɕi_z^{325}$	$tɕi_z^{325}$	$tɕi_z^{325}$	$tɕi_z^{52}$
$tɕi_j^{533}$	$tɕi_j^{533}$	$tɕi_j^{533}$	$tɕi_j^{533}$	$tɕi_j^{44}$
$tsʮ^{44}$	$tsʮ^{\underline{35}}$	$tsʮ^{\underline{35}}$	$tsʮ^{\underline{35}}$	$tsʮ^{52}$
$tsʮ^{434}$	$tsʮ^{45}$	$tsʮ^{45}$	$tsʮ^{45}$	$tsʮ^{53}$
$tɕi^{324}$	$tɕi_j^{544}$	$tɕi_j^{544}$	$tɕi_j^{544}$	$tɕi_j^{45}$
$tɕi^{44}$	$tɕi^{434}$	$tɕi^{434}$	$tɕi^{434}$	$tɕiə^{54}$

摄口 等调 韵声	蟹开 四去 霁见 继	止开 三去 寘见 寄	止开 三去 志见 记	止开 三去 未见 既
宜	$tɕi_j^{324}$	$tɕi_j^{324}$	$tɕi_j^{324}$	$tɕi_j^{324}$
溧	$tɕi_z^{412}$	$tɕi_z^{412}$	$tɕi_z^{412}$	$tɕi_z^{412}$
金	$tɕi_z^{44}/tsʅ_z^{44}$	$tɕi_z^{44}/tsʅ_z^{44}$	$tɕi_z^{44}/tsʅ_z^{44}$	$tɕi_z^{44}/tsʅ_z^{44}$
丹	$tɕi_z^{324/41}$	$tɕi_z^{324/41}$	$tɕi_z^{324/41}$	$tɕi_z^{41}$
童	$tɕi_j^{45}$	$tɕi_j^{45}$	$tɕi_j^{45}$	$tɕi_j^{45}$
靖	$tɕi_j^{51}$	$tɕi_j^{51}$	$tɕi_j^{51}$	$tɕi_j^{51}$
江	$tɕi_j^{435}$	$tɕi_j^{435}$	$tɕi_j^{435}$	$tɕi_j^{435}$
常	$tɕi_j^{51}$	$tɕi_j^{51}$	$tɕi_j^{51}$	$tɕi_j^{51}$
锡	$tɕi^{35}$	$tɕi^{35}$	$tɕi^{35}$	$tɕi^{35}$
苏	$tɕi_j^{412}$	$tɕi_j^{412}$	$tɕi_j^{412}$	$tɕi_j^{412}$
熟	$tɕi^{324}$	$tɕi^{324}$	$tɕi^{324}$	$tɕi^{324}$
昆	$tɕi^{52}$	$tɕi^{52}$	$tɕi^{52}$	$tɕi^{52}$
霜	$tɕi^{434}$	$tɕi^{434}$	$tɕi^{434}$	$tɕi^{434}$
罗	$tɕi^{434}$	$tɕi^{434}$	$tɕi^{434}$	$tɕi^{434}$
周	$tɕi^{335}$	$tɕi^{335}$	$tɕi^{335}$	$tɕi^{335}$
上	$tɕi^{334}$	$tɕi^{334}$	$tɕi^{334}$	$tɕi^{52}$
松	$tɕi^{335}$	$tɕi^{335}$	$tɕi^{335}$	$tɕi^{52}/tɕi^{335}$
黎	$tɕi_j^{413}$	$kE^{413}/tɕi_j^{413}$	$tɕi_j^{413}$	$tɕi_j^{413}$
盛	$tɕi_j^{413}$	$tɕi_j^{413}$	$tɕi_j^{413}$	$tɕi_j^{413}$
嘉	$tɕi^{334}$	$tɕi^{334}$	$tɕi^{334}$	$tɕi^{334}$
双	$tɕi_z^{334}$	$tɕi_z^{334}$	$tɕi_z^{334}$	$tɕi_z^{334}$
杭	$tɕi^{334}$	$tɕi^{334}$	$tɕi^{334}$	$tɕi^{334}$
绍	$tɕi^{33}$	$tɕi^{33}$	$tɕi^{33}$	$tɕi^{33}$
诸	$tɕi_z^{544}$	$tɕi_z^{544}$	$tɕi_z^{544}$	$tɕi_z^{544}$
崇	$tɕi_z^{324}$	$tɕi_z^{324}$	$tɕi_z^{324}$	$tɕi_z^{324}$
太	$tɕi^{35}$	$tɕi^{35}$	$tɕi^{35}$	$tɕi^{35}$
余	$tɕi^{52}$	$tɕi^{52}$	$tɕi^{52}$	$tɕi^{52}$
宁	$tɕi_z^{52}$	$tɕi_z^{52}$	$tɕi_z^{52}$	$tɕi_z^{52}$
黄	$tɕi_j^{44}$	$tɕi_j^{44}$	$tɕi_j^{44}$	$tɕi_j^{44}$
温	$tsʅ^{52}$	$tsʅ^{52}$	$tsʅ^{52}$	$tsʅ^{52}$
衢	$tsʅ^{53}$	$tsʅ^{53}$	$tsʅ^{53}$	$tsʅ^{53}$
华	$tɕi_j^{45}$	$tɕi_j^{45}$	$tɕi_j^{45}$	$tɕi_j^{45}$
永	$tɕiə^{54}$	$tɕi^{54}$	$tɕi^{54}$	$tɕi^{54}$

蟹开 四平 齐溪	止开 三平 之溪	蟹开 四上 荠溪	止开 三上 纸溪	止开 三上 止溪
溪	欺	启	企	起
tɕ'i$_j^{55}$	tɕ'i$_j^{55}$	tɕ'i$_j^{51}$	tɕ'i$_j^{51}$	tɕ'i$_j^{51}$
tɕ'i$_z^{445}$	tɕ'i$_z^{445}$	tɕ'i$_z^{52}$	tɕ'i$_z^{52}$	tɕ'i$_z^{52}$
tɕ'i$_z^{31}$ / tsɿ^{31}	tɕ'i$_z^{31}$ / tsɿ^{31}	tɕ'i$_z^{323}$ / tsɿ^{323}	tɕ'i$_z^{323}$ / tsɿ^{323}	tɕ'i$_z^{323}$ / tsɿ^{323}
tɕ'i$_z^{22}$	tɕ'i$_z^{22}$	tɕ'i$_z^{44}$	tɕ'i$_z^{44}$	tɕ'i$_z^{44}$
tɕ'i$_j^{42}$	tɕ'i$_j^{42}$	tɕ'i$_j^{324}$	tɕ'i$_j^{324}$	tɕ'i$_j^{324}$
tɕ'i$_j^{433}$	tɕ'i$_j^{433}$	tɕ'i$_j^{334}$	tɕ'i$_j^{334}$	tɕ'i$_j^{334}$
tɕ'i$_j^{51}$	tɕ'i$_j^{51}$	tɕ'i$_j^{45}$	tɕ'i$_j^{45}$	tɕ'i$_j^{45}$
tɕ'i$_j^{44}$	tɕ'i$_j^{44}$	tɕ'i$_j^{334}$	tɕ'i$_j^{334}$	tɕ'i$_j^{334}$
tɕ'i^{55}	tɕ'i^{55}	tɕ'i^{324}	tɕ'i^{324}	tɕ'i^{324}
tɕ'i$_j^{44}$	tɕ'i$_j^{44}$	tɕi$_j^{51}$	tɕ'i$_j^{51}$	tɕ'i$_j^{51}$
tɕ'i^{52}	tɕ'i^{52}	tɕ'i^{44}	tɕ'i^{44}	tɕ'i^{44}
tɕ'i^{44}	tɕ'i^{44}	tɕ'i^{52}	tɕ'i^{52}	tɕ'i^{52}
tɕ'i^{52}	tɕ'i^{52}	tɕ'i^{434}	tɕ'i^{434}	tɕ'i^{434}
tɕ'i^{52}	tɕ'i^{52}	tɕ'i^{434}	tɕ'i^{434}	tɕ'i^{434}
tɕ'i^{52}	tɕ'i^{52}	tɕ'i^{44}	tɕ'i^{44}	tɕ'i^{44}
tɕ'i^{52} / ɕi^{52}	tɕ'i^{52}	tɕ'i^{334}	tɕ'i^{334}	tɕ'i^{334}
tɕ'i^{52} / ɕi^{52}	tɕ'i^{52}	tɕ'i^{44}	tɕ'i^{44}	tɕ'i^{44}
tɕ'i$_j^{44}$	tɕ'i$_j^{44}$	tɕ'i$_j^{334}$	tɕ'i$_j^{334}$	tɕ'i$_j^{334}$
ɕ'i$_j^{44}$	tɕ'i$_j^{44}$	tɕ'i$_j^{334}$	tɕ'i$_j^{334}$	tɕ'i$_j^{334}$
ɕ'i^{51}	tɕ'i^{51}	tɕ'i^{324}	tɕ'i^{324}	tɕ'i^{324}
tɕ'i$_z^{44}$	tɕ'i$_z^{44}$	tɕ'i$_z^{53}$	tɕ'i$_z^{53}$	tɕ'i$_z^{53}$
tɕ'i^{323}	tɕ'i^{323}	tɕ'i^{51}	tɕ'i^{51}	tɕ'i^{51}
tɕ'i^{52}	tɕ'i^{52}	tɕ'i^{334}	tɕ'i^{334}	tɕ'i^{334}
tɕ'i$_z^{544}$	tɕ'i$_z^{544}$	tɕ'i$_z^{52}$	tɕ'i$_z^{52}$	tɕ'i$_z^{52}$
tɕ'i$_z^{53}$	tɕ'i$_z^{53}$	tɕ'i$_z^{44}$	tɕ'i$_z^{44}$	tɕ'i$_z^{44}$
tɕ'i^{523}	tɕ'i^{523}	tɕ'i^{42}	tɕ'i^{42}	tɕ'i^{42}
tɕ'i^{324}	tɕ'i^{324}	tɕ'i^{435}	tɕ'i^{435}	ɕi^{435}
tɕ'i$_z^{52}$	tɕ'i$_z^{52}$	tɕ'i$_z^{325}$	tɕ'i$_z^{325}$	tɕ'i$_z^{325}$
tɕ'i$_j^{533}$	tɕ'i$_j^{533}$	tɕ'i$_j^{533}$	tɕ'i$_j^{533}$	tɕi$_j^{533}$
ts'ɿ^{44}	ts'ɿ^{44}	ts'ɿ$^{\underline{35}}$	ts'ɿ$^{\underline{35}}$	ts'ɿ$^{\underline{35}}$
ts'ɿ^{434}	ts'ɿ^{434}	ts'ɿ^{45}	ts'ɿ^{45}	ts'ɿ^{45}
tɕ'ie^{324} / tɕ'i$_j^{324}$	tɕ'i$_j^{435}$	tɕ'i$_j^{544}$	tɕ'i$_j^{544}$	tɕ'i$_j^{544}$
tɕ'iə^{44}	tɕ'i^{44}	tɕ'iə^{434}	tɕ'i^{434}	tɕ'i^{434}

摄口 等调 韵声	止开 三上 尾溪 岂	蟹开 四去 霁溪 契	止开 三去 至溪 器	止开 三去 至溪 弃
宜	tɕʻi_j^{51}	$\text{tɕʻi}_j^{324} / \text{tɕʻiɪʔ}^{\underline{45}}$	tɕʻi_j^{324}	tɕʻi_j^{324}
溧	tɕʻi_z^{52}	tɕʻi_z^{412}	tɕʻi_z^{412}	tɕʻi_z^{412}
金	$\text{tɕʻi}_z^{323} / \text{tsʻ}_z^{323}$	$\text{tɕʻi}_z^{44} / \text{tsʻ}_z^{44}$	$\text{tɕʻi}_z^{44} / \text{tsʻ}_z^{44}$	$\text{tɕʻi}_z^{44} / \text{tsʻ}_z^{44}$
丹	tɕʻi_z^{44}	$\text{tɕʻìʔ}^{\underline{33}}$	tɕʻi_z^{324}	tɕʻi_z^{324}
童	tɕʻi_j^{324}	tɕʻi_j^{45}	tɕʻi_j^{45}	tɕʻi_j^{45}
靖	tɕʻi_j^{334}	tɕʻi_j^{51}	tɕʻi_j^{51}	tɕʻi_j^{51}
江	tɕʻi_j^{45}	tɕʻi_j^{435}	tɕʻi_j^{435}	tɕʻi_j^{435}
常	tɕʻi_j^{334}	tɕʻi_j^{51}	tɕʻi_j^{51}	tɕʻi_j^{51}
锡	tɕʻi^{324}	tɕʻi^{35}	tɕʻi^{35}	tɕʻi^{35}
苏	tɕʻi_j^{51}	tɕʻi_j^{412}	tɕʻi_j^{412}	tɕʻi_j^{412}
熟	tɕʻi^{44}	tɕʻi^{324}	tɕʻi^{324}	tɕʻi^{324}
昆	tɕʻi^{44}	tɕʻi^{52}	tɕʻi^{52}	tɕʻi^{52}
霜	tɕʻi^{52}	tɕʻi^{434}	tɕʻi^{434}	tɕʻi^{434}
罗	tɕʻi^{52}	tɕʻi^{434}	tɕʻi^{434}	tɕʻi^{434}
周	tɕʻi^{44}	tɕʻi^{335}	tɕʻi^{335}	tɕʻi^{335}
上	tɕʻi^{52}	tɕʻi^{334}	tɕʻi^{334}	tɕʻi^{334}
松	tɕʻi^{44}	$\text{tɕʻi}^{335} / \text{tɕʻiɪʔ}^{\underline{55}}$	tɕʻi^{335}	tɕʻi^{335}
黎	tɕʻi_j^{44}	$\text{tɕʻi}_j^{324} / \text{tɕʻiɪʔ}^{\underline{34}}$	tɕʻi_j^{324}	tɕʻi_j^{324}
盛	tɕʻi_j^{334}	tɕʻi_j^{313}	tɕʻi_j^{313}	tɕʻi_j^{313}
嘉	tɕʻi^{334}	$\text{tɕʻi}^{334} / \text{tɕʻiəʔ}^{\underline{54}}$	tɕʻi^{334}	tɕʻi^{334}
双	tɕʻi_z^{53}	tɕʻi_z^{334}	tɕʻi_z^{334}	tɕʻi_z^{334}
杭	tɕʻi^{51}	tɕʻi^{334}	tɕʻi^{334}	tɕʻi^{334}
绍	tɕʻi^{334}	tɕʻi^{33}	tɕʻi^{33}	tɕʻi^{33}
诸	tɕʻi_z^{52}	tɕʻi_z^{544}	tɕʻi_z^{544}	tɕʻi_z^{544}
崇	tɕʻi_z^{44}	tɕʻi_z^{324}	tɕʻi_z^{324}	tɕʻi_z^{324}
太	tɕʻi^{42}	tɕʻi^{35}	tɕʻi^{35}	tɕʻi^{35}
余	tɕʻi^{435}	tɕʻi^{52}	tɕʻi^{52}	tɕʻi^{52}
宁	tɕʻi_z^{325}	tɕʻi_z^{52}	tɕʻi_z^{52}	tɕʻi_z^{52}
黄	tɕʻi_j^{533}	tɕʻi_j^{44}	tɕʻi_j^{44}	tɕʻi_j^{44}
温	$\text{tsʻɻ}^{\underline{35}}$	tɕʻi^{52}	tsʻɻ^{52}	tsʻɻ^{52}
衢	tsʻɻ^{45}	tsʻɻ^{53}	tsʻɻ^{53}	tsʻɻ^{53}
华	tɕʻi_j^{45}	tɕʻi_j^{45}	tɕʻi_j^{45}	tɕʻi_j^{45}
永	tɕʻi^{434}	tɕʻiə^{54}	tɕʻi^{54}	tɕʻi^{54}

止开 三去 未溪	止开 三平 支群	止开 三平 支群	止开 三平 之群	止开 三平 之群
气	奇	骑	其	期
$tɕʰi_j^{324}$	$dʑi_j^{223}$	$dʑi_j^{223}$	$dʑi_j^{223}$	$dʑi_j^{223}$
$tɕʰi_z^{412}$	$dʑi_z^{323}$	$dʑi_z^{323}$	$dʑi_z^{323}$	$dʑi_z^{323}$
$tɕʰi_z^{44}/tsʰʅ_z^{44}$	$tɕʰi_z^{35}/tsʰʅ_z^{35}$	$tɕʰi_z^{35}/tsʰʅ_z^{35}$	$tɕʰi_z^{35}/tsʰʅ_z^{35}$	$tɕʰi_z^{35}/tsʰʅ_z^{35}$
$tɕʰi_z^{324}$	$dʑi_z^{213}$	$dʑi_z^{213}$	$dʑi_z^{213}$	$dʑi_z^{213}$
$tɕʰi_j^{45}$	$dʑi_j^{31}$	$dʑi_j^{31}$	$dʑi_j^{31}$	$dʑi_j^{31}$
$tɕʰi_j^{51}$	$dʑi_j^{223}$	$dʑi_j^{223}$	$dʑi_j^{223}$	$dʑi_j^{223}$
$tɕʰi_j^{435}$	$dʑi_j^{223}$	$dʑi_j^{223}$	$dʑi_j^{223}$	$dʑi_j^{223}$
$tɕʰi_j^{51}$	$dʑi_j^{213}$	$dʑi_j^{213}$	$dʑi_j^{213}$	$dʑi_j^{213}$
$tɕʰi^{35}$	$dʑi^{213}$	$dʑi^{213}$	$dʑi^{213}$	$dʑi^{213}$
$tɕʰi_j^{412}$	$dʑi_j^{223}$	$dʑi_j^{223}$	$dʑi_j^{223}$	$dʑi_j^{223}$
$tɕʰi^{324}$	$dʑi^{233}$	$dʑi^{233}$	$dʑi^{233}$	$dʑi^{233}$
$tɕʰi^{52}$	$dʑi^{132}$	$dʑi^{132}$	$dʑi^{132}$	$dʑi^{132}$
$tɕʰi^{434}$	$dʑi^{231}$	$dʑi^{231}$	$dʑi^{231}$	$dʑi^{231}$
$tɕʰi^{434}$	$dʑi^{231}$	$dʑi^{231}$	$dʑi^{231}$	$dʑi^{231}$
$tɕʰi^{335}$	$dʑi^{113}$	$dʑi^{113}$	$dʑi^{113}$	$dʑi^{113}$
$tɕʰi^{334}$	$dʑi^{113}$	$dʑi^{113}$	$dʑi^{113}$	$dʑi^{113}$
$tɕʰi^{335}$	$dʑi^{231}$	$dʑi^{231}$	$dʑi^{231}$	$dʑi^{231}$
$tɕʰi_j^{324}$	$dʑi_j^{24}$	$dʑi_j^{24}$	$dʑi_j^{24}$	$dʑi_j^{24}$
$tɕʰi_j^{313}$	$dʑi_j^{24}$	$dʑi_j^{24}$	$dʑi_j^{24}$	$dʑi_j^{24}$
$tɕʰi^{334}$	$dʑi^{231}$	$dʑi^{231}$	$dʑi^{231}$	$dʑi^{231}$
$tɕʰi_z^{334}$	$dʑi_z^{113}$	$dʑi_z^{113}$	$dʑi_z^{113}$	$dʑi_z^{113}$
$tɕʰi^{334}$	$dʑi^{212}$	$dʑi^{212}$	$dʑi^{212}$	$dʑi^{212}$
$tɕʰi^{33}$	$dʑi^{231}$	$dʑi^{231}$	$dʑi^{231}$	$dʑi^{231}$
$tɕʰi_z^{544}$	$dʑi_z^{233}$	$dʑi_z^{233}$	$dʑi_z^{233}$	$dʑi_z^{233}$
$tɕʰi_z^{324}$	$dʑi_z^{31}$	$dʑi_z^{31}$	$dʑi_z^{31}$	$dʑi_z^{31}$
$tɕʰi^{35}$	$dʑi^{312}$	$dʑi^{312}$	$dʑi^{312}$	$dʑi^{312}$
$tɕʰi^{52}$	$dʑi^{113}$	$dʑi^{113}$	$dʑi^{113}$	$dʑi^{113}$
$tɕʰi_z^{52}$	$dʑi_z^{113}$	$dʑi_z^{113}$	$dʑi_z^{113}$	$dʑi_z^{113}$
$tɕʰi_j^{44}$	$dʑi_j^{311}$	$dʑi_j^{311}$	$dʑi_j^{311}$	$dʑi_j^{311}$
$tsʰʅ^{52}$	$dʐʅ^{231}$	$dʐʅ^{231}$	$dʐʅ^{231}$	$dʐʅ^{231}$
$tsʰʅ^{53}$	$dʐʅ^{323}$	$dʐʅ^{323}$	$dʐʅ^{323}$	$dʐʅ^{323}$
$tɕʰi_j^{45}$	$tɕi_j^{324}$	$tɕi_j^{324}$	$tɕi_j^{324}$	$tɕi_j^{324}$
$tɕʰi^{54}$	$dʑi^{322}$	$dʑi^{322}$	$dʑi^{322}$	$dʑi^{322}$

摄口 等调 韵声	止开 三平 之群	止开 三上 纸群	止开 三上 纸群	止开 三去 志群
	旗	技	妓	忌
宜	dʑi_j^{223}	dʑi_j^{231}	dʑi_j^{231}	dʑi_j^{231}
溧	dʑi_z^{323}	dʑi_z^{224}	dʑi_z^{224}	dʑi_z^{231}
金	$\text{tɕʻi}_z^{35}/\text{tsʻɿ}_z^{35}$	$\text{tɕi}_z^{323}/\text{tsʻɿ}_z^{323}$	$\text{tɕi}_z^{31}/\text{tsɿ}_z^{31}$	$\text{tɕi}_z^{44}/\text{tsɿ}_z^{44}$
丹	dʑi_z^{213}	dʑi_z^{213}	dʑi_z^{213}	dʑi_z^{213}
童	dʑi_z^{31}	dʒi_j^{113}	dʒi_j^{113}	dʑi_j^{113}
靖	dʑi_j^{223}	dʑi_j^{31}	dʑi_j^{31}	dʑi_j^{31}
江	dʑi_j^{223}	dʑi_j^{223}	dʑi_j^{223}	dʑi_j^{223}
常	dʑi_j^{213}	dʑi_j^{24}	dʑi_j^{24}	dʑi_j^{24}
锡	dʑi^{213}	$\text{dʑi}^{213/33}$	$\text{dʑi}^{213/33}$	tɕi^{35}
苏	dʑi_j^{223}	dʑi_j^{231}	dʑi_j^{231}	dʑi_j^{231}
熟	dʑi^{233}	dʑi^{31}	dʑi^{31}	dʑi^{213}
昆	dʑi^{132}	dʑi^{223}	dʑi^{223}	dʑi^{213}
霜	dʑi^{231}	dʑi^{213}	dʑi^{213}	dʑi^{213}
罗	dʑi^{231}	dʑi^{213}	dʑi^{213}	dʑi^{213}
周	dʑi^{113}	dʑi^{113}	dʑi^{113}	dʑi^{113}
上	dʑi^{113}	dʑi^{113}	dʑi^{113}	dʑi^{113}
松	dʑi^{231}	dʑi^{113}	dʑi^{113}	dʑi^{113}
黎	dʑi_j^{24}	dʑi_j^{32}	dʑi_j^{32}	dʑi_j^{213}
盛	dʑi_j^{24}	dʑi_j^{223}	dʑi_j^{223}	dʑi_j^{212}
嘉	dʑi^{231}	dʑi^{223}	dʑi^{223}	dʑi^{223}
双	dʑi_z^{113}	dʑi_z^{231}	dʑi_z^{231}	dʑi_z^{113}
杭	dʑi^{212}	dʑi^{113}	dʑi^{113}	dʑi^{113}
绍	dʑi^{231}	dʑi^{113}	dʑi^{113}	dʑi^{22}
诸	dʑi_z^{233}	dʑi_z^{231}	dʑi_z^{231}	dʑi_z^{233}
崇	dʑi_z^{31}	dʑi_z^{22}	dʑi_z^{22}	dʑi_z^{14}
太	dʑi^{312}	dʑi^{22}	dʑi^{22}	dʑi^{13}
余	dʑi^{113}	dʑi^{113}	dʑi^{113}	dʑi^{113}
宁	dʑi_z^{113}	dʑi_z^{113}	dʑi_z^{113}	dʑi_z^{113}
黄	dʑi_j^{311}	dʑi_j^{113}	dʑi_j^{113}	dʑi_j^{113}
温	dzɿ^{231}	$\text{dzɿ}^{\underline{24}}$	$\text{dzɿ}^{\underline{24}}$	dzɿ^{22}
衢	dzɿ^{323}	dzɿ^{31}	dzɿ^{31}	dzɿ^{31}
华	tɕi_j^{324}	dʒi_j^{24}	dʑi_j^{24}	dʑi_j^{24}
永	dʑi^{322}	dʑi^{323}	dʑi^{323}	dʑi^{214}

蟹开 四平 齐泥	止开 三平 支疑	止开 三平 之疑	止开 三上 纸疑	止开 三上 止泥
泥	宜	疑	蚁	你
$ȵi_j^{223}$	$ȵi_j^{223}$	$ȵi_j^{223}$	$ȵi_j^{231}$	$ȵi_j^{223}$
$ȵi_z^{323}$	$ȵi_z^{323}$	$ȵi_z^{323}$	$ȵi_z^{231}/mi_z^{231}$	$ȵi_z^{224}$
$ȵi_z^{35}$	$ȵi_z^{35}$	$ȵi_z^{35}$	$ȵi_z^{31}$	$ȵi_z^{35}$
$ȵi_z^{22}$	$ȵi_z^{44}$	$ȵi_z^{22}$	mi_z^{213}	$ŋ̍^{213}$
$ȵi_j^{31}$	$ȵi_j^{113}$	$ȵi_j^{31}$	mi_j^{324}	$ʔȵi_j^{324}$
$ȵi_j^{223}$	$ȵi_j^{223}$	$ȵi_j^{223}$	$ʔi_j^{334}$	$ʔȵi_j^{334}$
$ȵi_j^{223}$	$ȵi_j^{223}$	$ȵi_j^{223}$	$ʔi_j^{45}$	$ʔȵi_j^{45}$
$ȵi_j^{213}$	$ȵi_j^{213}$	$ȵi_j^{213}$	$ɦi_j^{213}$	$ʔȵi_j^{334}$
$ȵi^{213}$	$ȵi^{213}$	$ȵi^{213}$	$ɦi_j^{213/33}$	$ȵi^{33}$
$ȵi_j^{223}$	$ȵi_j^{223}$	$ȵi_j^{223}$	mi_j^{231}	$ʔni_j^{44}$
$ȵi^{213}$	$ȵi^{233}$	$ȵi^{233}$	$ȵi^{31}$	$ʔni^{52}$
$ȵi^{132}$	$ȵi^{132}$	$ȵi^{132}$	$ȵi^{223}$	$ʔni^{44}$
$ȵi^{231}$	$ȵi^{231}$	$ȵi^{231}$	$ȵi^{213}$	$ȵi^{213}$
$ȵi^{231}$	$ȵi^{231}$	$ȵi^{231}$	$ȵi^{434}$	$ʔȵi^{434}$
$ȵi^{113}$	$ȵi^{113}$	$ȵi^{113}$	$ȵi^{113}$	$ȵi^{113}$
$ȵi^{113}$	$ȵi^{113}/ɦi^{113}$	$ȵi^{113}/ɦi^{113}$	$ȵi^{113}$	$ʔni^{52}$
$ȵi^{231}$	$ɦi^{231}$	$ɦi^{231}/ȵi^{231}$	$ȵi^{113}$	$ȵi^{113}$
$ȵi_j^{24}$	$ȵi_j^{24}$	$ȵi_j^{24}$	$mi_j^{32}/ȵi_j^{32}$	ni^{51}
$ȵi_j^{24}$	$ȵi_j^{24}$	$ȵi_j^{24}$	$ʔmi_ŋ^{44}$	$ɦi_ŋ^{223}$
$ȵi_j^{231}$	$ʔi^{334}$	$ȵi^{231}$	$ȵi^{223}$	ne^{223}
$ȵi_z^{113}$	$ȵi_z^{113}$	$ȵi_z^{113}$	$ȵi_z^{231}$	
$ȵi^{212}$	$ȵi^{212}/ɦi^{212}$	$ɦi^{212}$	$ɦi^{113}/ȵi^{113}/mi^{113}$少	$ʔȵi^{51}$
$ȵi^{231}$	$ȵi^{231}$	$ȵi^{231}$	$ȵi^{113}$	$ȵi^{113}/nɪʔ^{23}/noʔ^{23}$
$ȵi_z^{233}$	$ȵi_z^{233}$	$ȵi_z^{233}$	$ȵi_z^{231}$	$ŋ̍^{231}/nəʔ^{12}$
$ȵi_z^{31}$	$ȵi_z^{31}$	$ȵi_z^{31}$	$ȵi_z^{22}$	ni_z^{22}
$ȵi^{312}$	$ȵi^{312}$	$ȵi^{312}$	$ȵi^{22}$	$ɦi_ŋ^{22}$
$ȵi^{113}$	$ȵi^{113}$	$ȵi^{113}$	$ȵi^{113}$	$ȵi^{113}$
$ȵi_z^{113}$	$ȵi_z^{113}$	$ȵi_z^{113}$	$ȵi_z^{113}$	$ȵi_z^{113}$
$ȵi_j^{311}$	$ȵi_j^{311}$	$ȵi_j^{311}$	$ʔni^{533}$	$ʔȵi_j^{533}/ʔŋ̍^{533}$
$ȵi^{231}$	$ȵi^{231}$	$ȵi^{231}$	$ȵi^{24}$	$ȵi^{24}$
$ȵie^{323}$	$ȵie^{323}$	$ȵie^{323}$	$ʔi^{51}/ȵi^{31}$	$ʔni^{53}$
$ʔȵie^{324}$污~$/ʔȵi_j^{324}$	$ʔȵi_j^{324}$	$ʔȵi_j^{324}$	$ʔȵi_j^{544}/ʔi_j^{544}$	$ȵi^{24}/ʔni^{544}$
$ȵiə^{322}$	$ȵi^{322}$	$ȵi^{322}$	$ȵi^{323}$	$ɦi_ŋ^{323}$

摄口 等调 韵声	止开 三上 止疑	蟹开 三去 祭疑	止开 三去 寘疑	止开 三去 寘疑
	拟	艺	义	议
宜	$ɲij^{223}$	$ɲij^{231}$	$ɲij^{231}$	$ɲij^{231}$
溧	$ɲiz^{224}$	$ɲiz^{231}$	$ɲiz^{231}$	$ɲiz^{231}$
金	$ɲiz^{31}$	$ɲiz^{44}$	$ɲiz^{44}$	$ɲiz^{44}$
丹	$ɲiz^{22}$	$ɲiz^{41}$	$ɲiz^{41}$	$ɲiz^{41}$
童	$ˀɲij^{324}$	$ɲij^{113}$	$ɲij^{113}$	$ɲij^{113}$
靖	$ˀij^{334}$	$ɲij^{31}/ɦij^{31}$	$ɲij^{31}$	$ɦij^{31}$
江	$ˀij^{45}$	$ɦij^{223}$	$ɦij^{223}$	$ɦij^{223}$
常	$ˀɲij^{334}$	$ɦij^{24}$	$ɲij^{24}$	$ɦij^{24}$
锡	$ɲi^{213}$	$ɲi^{213}/ɦi^{213}$	$ɦi^{213}$	$ɦi^{213}$
苏	$ɲij^{231}$	$ɲij^{231}$	$ɲij^{231}$	$ɲij^{231}$
熟	$ɲi^{31}$	$ɲi^{213}$	$ɲi^{213}$	$ɲi^{213}$
昆	$ɲi^{223}$	$ˀi^{44}/ɲi^{21}$	$ɲi^{21}/ɦi^{21}$	$ɲi^{21}/ɦi^{21}$
霜	$ɲi^{213}$	$ɲi^{213}$	$ɲi^{213}$	$ɲi^{213}$
罗	$ɲi^{213}$	$ɲi^{213}$	$ɲi^{213}$	$ɲi^{213}$
周	$ɲi^{113}$	$ɲi^{113}$	$ɲi^{113}$	$ɲi^{113}$
上	$ɲi^{113}$	$ɲi^{113}/ɦi^{113}$	$ɦi^{113}/ɲi^{113}$	$ɦi^{113}/ɲi^{113}$
松	$ɲi^{113}$	$ɦi^{113}$	$ɦi^{113}/ɲi^{113}$	$ɦi^{113}/ɲi^{113}$
黎	$ˀɲij^{51}/ɲij^{32}$	$ɲij^{213}$	$ɲij^{213}$	$ɲij^{213}$
盛	$ɲij^{223}$	$ɲij^{212}$	$ɲij^{212}$	$ɲij^{212}$
嘉	$ɲi^{223}$	$ɲi^{223}$	$ˀi^{334}$	$ˀi^{334}$
双	$ɲiz^{231}$	$ɲiz^{113}$	$ɲiz^{113}$	$ɲiz^{113}$
杭	$ɲi^{113}$	$ɲi^{113}$	$ɲi^{113}$	$ɲi^{113}$
绍	$ɲi^{113}$	$ɲi^{22}$	$ɲi^{22}$	$ɲi^{22}$
诸	$ɲiz^{231}$	$ɲiz^{233}$	$ɲiz^{233}$	$ɲiz^{233}$
崇	$ɲiz^{22}$	$ɲiz^{14}$	$ɲiz^{14}$	$ɲiz^{14}$
太	$ɲi^{22}$	$ɲi^{13}$	$ɲi^{13}$	$ɲi^{13}$
余	$ɲi^{113}$	$ɲi^{113}$	$ɲi^{113}$	$ɲi^{113}$
宁	$ɲiz^{113}$	$ɲiz^{113}$	$ɲiz^{113}$	$ɲiz^{113}$
黄	$ˀɲij^{533}$	$ɲij^{113}$	$ɲij^{113}$	$ɲij^{113}$
温	$ɲi^{\underline{24}}$	$ɲi^{22}$	$ɲi^{22}$	$ɲi^{22}$
衢	$ˀɲi^{53}$	$ɲi^{31}$	$ɲi^{31}$	$ɲi^{31}$
华	$ɲij^{24}$	$ˀij^{45}$	$ˀij^{45}$	$ˀij^{45}$
永	$ɲiə^{323}$	$ɲi^{214}$	$ɲi^{214}$	$ɲi^{214}$

止开 三去 至泥 — 腻	止开 三去 未疑 — 毅	止开 三平 脂影 — 伊	止开 三平 之影 — 医	止开 三平 微影 — 衣
ȵi_j^{231}	ȵi_j^{231}	ʔi_j^{55}	ʔi_j^{55}	ʔi_j^{55}
ȵi_z^{231}	ȵi_z^{231}	ʔi_z^{445}	ʔi_z^{445}	ʔi_z^{445}
ȵi_z^{44}	ȵi_z^{44}	$\text{i}_z^{31}/\text{ʅ}_z^{31}$	$\text{i}_z^{31}/\text{ʅ}_z^{31}$	$\text{i}_z^{31}/\text{ʅ}_z^{31}$
ȵi_z^{41}	ȵi_z^{41}	i_z^{22}	i_z^{22}	i_z^{22}
ȵi_j^{113}	ȵi_j^{113}	ʔi_j^{42}	ʔi_j^{42}	ʔi_j^{42}
ȵi_j^{31}	ȵi_j^{31}	ʔi_j^{433}	ʔi_j^{433}	ʔi_j^{433}
ȵi_j^{223}	ɦi_j^{223}	ʔi_j^{51}	ʔi_j^{51}	ʔi_j^{51}
ȵi_j^{24}	ȵi_j^{24}	ʔi_j^{44}	ʔi_j^{44}	ʔi_j^{44}
ȵi^{213}	ɦi^{213}	ʔi^{55}	ʔi^{55}	ʔi^{55}
ȵi_j^{231}	$\text{ɦi}_j^{231}/\text{ȵi}_j^{231}$	ʔi_j^{44}	ʔi_j^{44}	ʔi_j^{44}
ȵi^{213}	ȵi^{213}		ʔi^{52}	ʔi^{52}
ȵi^{21}	ʔi^{52}	ɦi^{132}	ʔi^{44}	ʔi^{44}
ȵi^{213}	ȵi^{434}	ɦi^{231}	ʔi^{52}	ʔi^{52}
ȵi^{213}	ȵi^{434}	ɦi^{231}	ʔi^{52}	ʔi^{52}
ȵi^{113}	ȵi^{113}	ɦi^{113}	ʔi^{52}	ʔi^{52}
ȵi^{113}	$\text{ɦi}^{113}/\text{ȵi}^{113}$	ɦi^{113}	ʔi^{52}	ʔi^{52}
ȵi^{113}	ɦi^{113}	ɦi^{231}	ʔi^{52}	ʔi^{52}
ʔȵi_j^{413}	ȵi_j^{213}	ʔi_j^{44}	ʔi_j^{44}	ʔi_j^{44}
ʔȵi_j^{313}	ȵi_j^{212}	ʔi_j^{44}	ʔi_j^{44}	ʔi_j^{44}
ʔȵi^{334}	ʔi^{334}	ʔi^{51}	ʔi^{51}	ʔi^{51}
ȵi_z^{113}	ȵi_z^{113}	ʔi_z^{44}	ʔi_z^{44}	ʔi_z^{44}
ȵi^{113}	ȵi^{113}	ʔi^{323}	ʔi^{323}	ʔi^{323}
ȵi^{22}	ȵi^{22}	ɦi^{231}	ʔi^{52}	ʔi^{52}
ȵi_z^{233}	ȵi_z^{233}	ʔi_z^{544}	ʔi_z^{544}	ʔi_z^{544}
ȵi_z^{14}	ȵi_z^{14}	ɦi_z^{31}	ʔi_z^{53}	ʔi_z^{53}
ȵi^{13}	ȵi^{13}	ɦi_z^{312}	ʔi^{523}	ʔi^{523}
ȵi^{113}	ȵi^{113}	ʔi^{324}	ʔi^{324}	ʔi^{324}
ȵi_z^{113}	ȵi_z^{113}	ʔi_z^{52}	ʔi_z^{52}	ʔi_z^{52}
ȵi_j^{113}	ȵi_j^{113}	ʔi_j^{533}	ʔi_j^{533}	ʔi_j^{533}
ɦiŋ^{22}	ȵi^{22}	ʔi^{44}	ʔi^{44}	ʔi^{44}
ȵi^{31}	ȵi^{31}	ʔi^{434}	ʔi^{434}	ʔi^{434}
$\text{ȵi}_j^{24}/\text{ȵimu}^{24}$	ȵi_j^{24}	ʔi_j^{324}	ʔi_j^{324}	ʔi_j^{324}
ȵiə^{214}	ȵi^{214}	ʔi^{44}	ʔi^{44}	ʔi^{44}

摄口 等调 韵声	止开 三平 微影 依	止开 三上 纸影 椅	止开 三上 纸影 倚	止开 三去 志影 意
宜	$ʔi_j{}^{55}$	$ʔi_j{}^{324}$	$ʔi_j{}^{55}$	$ʔi_j{}^{324}$
溧	$ʔi_z{}^{445}$	$ʔi_z{}^{412}$	$ʔi_z{}^{445}$	$ʔi_z{}^{412}$
金	$i_z{}^{31}/ɿ_z{}^{31}$	$i_z{}^{323}/ɿ_z{}^{323}$	$i_z{}^{323}/ɿ_z{}^{323}$	$i_z{}^{323}/ɿ_z{}^{323}$
丹	$i_z{}^{22}$	$i_z{}^{41}$	$i_z{}^{44}$	$i_z{}^{324/41}$
童	$ʔi_j{}^{42}$	$ʔi_j{}^{324}$	$ʔi_j{}^{324}$	$ʔi_j{}^{45}$
靖	$ʔi_j{}^{433}$	$ʔi_j{}^{334}$	$ʔi_j{}^{334}$	$ʔi_j{}^{51}$
江	$ʔi_j{}^{51}$	$ʔi_j{}^{45}$	$ʔi_j{}^{45}$	$ʔi_j{}^{435}$
常	$ʔi_j{}^{44}$	$ʔi_j{}^{334}$	$ʔi_j{}^{334}$	$ʔi_j{}^{51}$
锡	$ʔi{}^{55}$	$ʔi{}^{324}$	$ʔi{}^{324}$	$ʔi{}^{35}$
苏	$ʔi_j{}^{44}$	$ʔi_j{}^{51}$	$ʔi_j{}^{44}$	$ʔi_j{}^{412}$
熟	$ʔi{}^{52}$	$ʔi{}^{44}$	$ʔi{}^{44}$	$ʔi{}^{324}$
昆	$ʔi{}^{44}$	$ʔi{}^{52}$	$ʔi{}^{44}$	$ʔi{}^{52}$
霜	$ʔi{}^{52}$	$ʔi{}^{434}$	$ʔi{}^{434}$	$ʔi{}^{434}$
罗	$ʔi{}^{52}$	$ʔi{}^{434}$	$ʔi{}^{434}$	$ʔi{}^{434}$
周	$ʔi{}^{52}$	$ʔi{}^{44}$	$ʔi{}^{44}$	$ʔi{}^{335}$
上	$ʔi{}^{52}$	$ʔi{}^{334}/ʔy{}^{334}$	$ʔi{}^{334}$	$ʔi{}^{334}$
松	$ʔi{}^{52}$	$ʔi{}^{44}/ʔy{}^{44}$	$ʔi{}^{44}$	$ʔi{}^{335}$
黎	$ʔi_j{}^{44}$	$ʔi_j{}^{51}$	$ʔi_j{}^{51}$	$ʔi_j{}^{413}$
盛	$ʔi_j{}^{44}$	$ʔi_j{}^{51}$	$ʔi_j{}^{51}$	$ʔi_j{}^{413}$
嘉	$ʔi{}^{51}$	$ʔi{}^{334}$	$ʔi{}^{334}$	$ʔi{}^{334}$
双	$ʔi_z{}^{44}$	$ʔi_z{}^{53}$	$ʔi_z{}^{53}$	$ʔi_z{}^{334}$
杭	$ʔi{}^{323}$	$ʔi{}^{51}$	$ʔi{}^{51}$	$ʔi{}^{334}$
绍	$ʔi{}^{52}$	$ʔy{}^{334}$	$ʔi{}^{334}$	$ʔi{}^{33}$
诸	$ʔi_z{}^{544}$	$ʔi_z{}^{52}$	$ʔi_z{}^{52}$	$ʔi_z{}^{544}$
崇	$ʔi_z{}^{53}$	$ʔi_z{}^{44}$	$ʔi_z{}^{44}$	$ʔi_z{}^{324}$
太	$ʔi{}^{523}$	$ʔi{}^{42}$	$ʔi{}^{42}$	$ʔi{}^{35}$
余	$ʔi{}^{324}$	$ʔi{}^{435}$	$ʔi{}^{435}$	$ʔi{}^{52}$
宁	$ʔi_z{}^{52}$	$ʔi_z{}^{325}$	$ʔi_z{}^{325}$	$ʔi_z{}^{52}$
黄	$ʔi_j{}^{533}$	$ʔi_j{}^{533}$	$ʔi_j{}^{533}$	$ʔi_j{}^{44}$
温	$ʔi{}^{44}$	$ʔi{}^{\underline{35}}$	$ʔi{}^{\underline{35}}$	$ʔi{}^{52}$
衢	$ʔi{}^{434}$	$ʔi{}^{45}$	$ʔi{}^{45}$	$ʔi{}^{53}$
华	$ʔi_j{}^{324}$	$ʔi_j{}^{544}$	$ʔi_j{}^{544}$	$ʔi_j{}^{45}$
永	$ʔi{}^{44}$	$ʔʏ{}^{434}$	$ʔi{}^{434}$	$ʔi{}^{54}$

止开 三平 支晓	止开 三平 微晓	止开 三平 微晓	止开 三上 止晓	止开 三去 寘晓
牺	希	稀	喜	戏
$çi_j^{55}$	$çi_j^{55}$	$çi_j^{55}$	$çi_j^{51}$	$çi_j^{324}$
$çi_z^{445}$	$çi_z^{445}$	$çi_z^{445}$	$çi_z^{52}$	$çi_z^{412}$
$çi_z^{31}/ʂɭ_z^{31}$	$çi_z^{31}/ʂɭ_z^{31}$	$çi_z^{31}/ʂɭ_z^{31}$	$çi_z^{323}/ʂɭ_z^{323}$	$çi_z^{44}/ʂɭ_z^{44}$
$çi_z^{22}$	$çi_z^{44}$	$çi_z^{22}$	$çi_z^{44}$	$çi_z^{324}$
$çi_j^{42}$	$çi_j^{42}$	$çi_j^{42}$	$çi_j^{324}$	$çi_j^{324}$
$çi_j^{433}$	$çi_j^{433}$	$çi_j^{433}$	$çi_j^{334}$	$çi_j^{51}$
$çi_j^{51}$	$çi_j^{51}$	$çi_j^{51}$	$çi_j^{45}$	$çi_j^{435}$
$çi_j^{44}$	$çi_j^{44}$	$çi_j^{44}$	$çi_j^{334}$	$çi_j^{51}$
$çi^{55}$	$çi^{55}$	$çi^{55}$	$çi^{324}$	$çi^{35}$
$çi_j^{44}$	$çi_j^{44}$	$çi_j^{44}$	$çi_j^{51}$	$çi_j^{412}$
$çi^{52}$	$çi^{52}$	$çi^{52}$	$çi^{44}$	$çi^{324}$
$çi^{44}$	$çi^{44}$	$çi^{44}$	$çi^{52}$	$çi^{52}$
$çi^{52}$	$çi^{52}$	$çi^{52}$	$çi^{434}$	$çi^{434}$
$çi^{52}$	$çi^{52}$	$çi^{52}$	$çi^{434}$	$çi^{434}$
$çi^{52}$	$çi^{52}$	$çi^{52}$	$çi^{44}$	$çi^{35}$
$çi^{52}$	$çi^{52}$	$çi^{52}$	$çi^{334}$	$çi^{334}$
$çi_j^{44}$	$çi_j^{44}$	$çi_j^{44}$	$çi^{44}$	$çi^{335}$
$çi_j^{44}$	$çi_j^{44}$	$çi_j^{44}$	$çi_j^{51}$	$çi_j^{413}$
$çi^{51}$	$çi^{51}$	$çi^{51}$	$çi_j^{51}$	$çi_j^{413}$
$çi_z^{44}$	$çi_z^{44}$	$çi_z^{44}$	$çi^{44}$	$çi^{334}$
$çi^{323}$	$çi^{323}$	$çi^{323}$	$çi_z^{53}$	$çi_z^{334}$
$çi^{52}$	$çi^{52}$	$çi^{52}$	$çi^{51}$	$çi^{334}$
$çi_z^{544}$	$çi_z^{544}$	$çi_z^{544}$	$çi^{334}$	$çi^{33}$
$çi_z^{53}$	$çi_z^{53}$	$çi_z^{53}$	$çi_z^{52}$	$çi_z^{544}$
$çi^{523}$	$çi^{523}$	$çi^{523}$	$çi_z^{44}$	$çi_z^{324}$
$çi^{324}$	$çi^{324}$	$çi^{324}$	$çi^{42}$	$çi^{325}$
$çi_z^{52}$	$çi_z^{52}$	$çi_z^{52}$	$çi^{435}$	$çi^{52}$
$çi_j^{533}$	$çi_j^{533}$	$çi_j^{533}$	$çi^{325}$	$çi_z^{52}$
$ʂɭ^{44}$	$ʂɭ^{44}$	$ʂɭ^{44}$	$çi_j^{533}$	$çi_j^{44}$
$çi^{434}/ʂɭ^{434}$	$çi^{434}/ʂɭ^{434}$	$çi^{434}/ʂɭ^{434}$	$ʂɭ^{35}$	$ʂɭ^{52}$
$çi_j^{324}$	$çi_j^{324}$	$çi_j^{324}$	$çi^{45}/ʂɭ^{45}$	$ʂɭ^{53}$
$çi^{44}$	$çi^{44}$	$çi^{44}$	$çi_j^{544}$	$çi_j^{45}$
			$çi^{434}$	$çi^{54}$

摄口 等调 韵声	蟹开 四平 齐匣	止开 三平 支以	止开 三平 脂以	止开 三平 脂以
	奚	移	夷	姨
宜	$ɕi_j{}^{55}$	$ɦi_j{}^{24}$	$ɦi_j{}^{223}$	$ɦi_j{}^{223}$
溧	$i_z{}^{323}$	$i_z{}^{323}$	$i_z{}^{323}$	$i_z{}^{323}$
金	$i_z{}^{35}/ʑ_z{}^{35}$	$i_z{}^{35}/ʑ_z{}^{35}$	$i_z{}^{35}/ʑ_z{}^{35}$	$i_z{}^{35}/ʑ_z{}^{35}$
丹	$ɦi_z{}^{213}$	$ɦi_z{}^{213}$	$ɦi_z{}^{213}$	$ɦi_z{}^{213}$
童	$ɦi_j{}^{31}$	$ɦi_j{}^{31}$	$ɦi_j{}^{31}$	$ɦi_j{}^{31}$
靖	$ɕi_j{}^{433}$	$ɦi_j{}^{223}$	$ɦi_j{}^{223}$	$ɦi_j{}^{223}$
江	$ɕi_j{}^{51}$	$ɦi_j{}^{223}$	$ɦi_j{}^{223}$	$ɦi_j{}^{223}$
常	$ɦi_j{}^{213}$	$ɦi_j{}^{213}$	$ɦi_j{}^{213}$	$ɦi_j{}^{213}$
锡	$ɦi^{213}$	$ɦi^{213}$	$ɦi^{213}$	$ɦi^{213}$
苏	$ɦi_j{}^{223}$	$ɦi_j{}^{223}$	$ɦi_j{}^{223}$	$ɦi_j{}^{223}$
熟	$ɕi^{52}$	$ɦi^{233}$	$ɦi^{233}$	$ɦi^{233}$
昆	$ɕi^{44}$	$ɦi^{132}$	$ɦi^{132}$	$ɦi^{132}$
霜	$ɕi^{52}$	$ɦi^{231}$	$ɦi^{231}$	$ɦi^{231}$
罗	$ɕi^{52}$	$ɦi^{231}$	$ɦi^{231}$	$ɦi^{231}$
周	$ɦi^{113}/ɕi^{52}$	$ɦi^{113}$	$ɦi^{113}$	$ɦi^{113}$
上	$ɕi^{334}/ɦi^{113}$	$ɦi^{113}$	$ɦi^{113}$	$ɦi^{113}$
松	$ɦi^{231}$	$ɦi^{231}$	$ɦi^{231}$	$ɦi^{231}$
黎	$ɕi_j{}^{44}$	$ɦi_j{}^{24}$	$ɦi_j{}^{24}$	$ɦi_j{}^{24}$
盛	$ɕi_j{}^{44}$	$ɦi_j{}^{24}$	$ʔi_j{}^{44}$	$ʔi_j{}^{44}$
嘉	$ɕi^{51}$	$ɦi^{231}$	$ʔi^{51}$	$ʔi^{51}$
双	$ɕi_z{}^{44}$	$ɦi_z{}^{113}$	$ɦi_z{}^{113}$	$ɦi_z{}^{113}$
杭	$ɕi^{323}$	$ɦi^{212}$	$ɦi^{212}$	$ɦi^{212}$
绍	$ɦi^{231}$	$ɦi^{231}$	$ɦi^{231}$	$ɦi^{231}$
诸	$ɕi_z{}^{522}$	$ɦi_z{}^{233}$	$ɦi_z{}^{233}$	$ɦi_z{}^{233}$
崇		$ɦi_z{}^{31}$	$ɦi_z{}^{31}$	$ɦi_z{}^{31}$
太	$ɦi^{312}$	$ɦi^{312}$	$ɦi^{312}$	$ɦi^{312}$
余	$ɕi^{324}$	$ɦi^{113}$	$ɦi^{113}$	$ɦi^{113}$
宁	$ɕi_z{}^{52}$	$ɦi_z{}^{113}$	$ɦi_z{}^{113}$	$ɦi_z{}^{113}$
黄	$ɕi_j{}^{533}$	$ɦi_j{}^{311}$	$ɦi_j{}^{311}$	$ɦi_j{}^{311}$
温	$ɦi^{231}$	$ɦi^{231}$	$ɦi^{231}$	$ɦi^{231}$
衢	$ɕi^{323}$	$ʔɦi^{323}$	$ʔɦi^{323}$	$ʔɦi^{323}$
华	$ɕi_j{}^{324}$	$ʔi_j{}^{324}$	$ʔi_j{}^{324}$	$ʔi_j{}^{324}$
永	$ɕi^{44}$	$ʔɦi^{322}$	$ʔɦi^{322}$	$ʔɦi^{322}$

止合 三平 脂以 遗	止开 三上 止云 矣	止开 三上 止以 已	止开 三上 止以 以	蟹开 四去 霁匣 系
$ɦi_j{}^{223}$	$ʔi_j{}^{55}$	$ʔi_j{}^{324}$	$ʔi_j{}^{55}$	$ɦi_j{}^{231}$
$i_z{}^{323}$	$ʔi_z{}^{412}$	$ʔi_z{}^{445}$	$ʔi_z{}^{445}$	$ɦi_z{}^{231}$
$i_z{}^{35}/ɣ_z{}^{35}$	$i_z{}^{323}/ɣ_z{}^{323}$	$i_z{}^{323}/ɣ_z{}^{323}$	$i_z{}^{323}/ɣ_z{}^{323}$	$ɕi_z{}^{44}/ʂ_z{}^{44}$
$ɦi_z{}^{213}$	$i_z{}^{324}$	$i_z{}^{324}$	$i_z{}^{44}$	$ɕi_z{}^{22}$
$ɦi_j{}^{31}$	$ʔi_j{}^{324}$	$ʔi_j{}^{324}$	$ʔi_j{}^{324}$	$ɕi_j{}^{45}$
$ɦi_j{}^{223}$	$ʔi_j{}^{433}$	$ʔi_j{}^{334}$	$ʔi_j{}^{334}$	$ɕi_j{}^{51}$
$ɦi_j{}^{223}$	$ʔi_j{}^{45}/ɦi_j{}^{223}$	$ʔi_j{}^{45}$	$ʔi_j{}^{45}$	$ɕi_j{}^{435}$
$ɦi_j{}^{213}$	$ʔi_j{}^{334}$	$ʔi_j{}^{334}$	$ʔi_j{}^{334}$	$ɦi_j{}^{24}$
$ɦi^{213}$	$ʔi^{55}$	$ʔi^{55}$	$ʔi^{55}$	$ɦi^{213}$
$ɦi_j{}^{223}$	$ɦi_j{}^{231}/ʔi_j{}^{51}$	$ʔi_j{}^{51}/ɦi_j{}^{223}$	$ʔi_j{}^{44/51}$	$ɕi_j{}^{412}$
$ɦi^{233}$	$ʔi^{52}$	$ʔi^{52}$	$ʔi^{52}$	$ɦi^{213}$
$ɦi^{132}$	$ʔi^{52}$	$ʔi^{52}$	$ɦi^{223}$	$ɕi^{52}$
$ɦi^{231}$	$ʔi^{434}$	$ʔi^{434}$	$ʔi^{434}$	$ɦi^{213}$
$ɦi^{231}$	$ʔi^{434}$	$ʔi^{434}$	$ʔi^{434}$	$ɕi^{52}/ɦi^{213}$
$ɦi^{113}$	$ʔi^{44}$	$ʔi^{44}$	$ʔi^{44}$	$ɦi^{113}$
$ɦi^{113}$	$ɦi^{113}$	$ʔi^{334}$	$ʔi^{334}$	$ɕi^{334}/ɦi^{113}$
$ɦi^{113}$	$ɦi^{113}$	$ɦi^{113}$	$ɦi^{113}$	$ɕi^{335}$
$ɦi_j{}^{24}$	$ʔi_j{}^{44}$	$ʔi_j{}^{44}$	$ʔi_j{}^{44}$	$ɦi_j{}^{213}/ɕi_j{}^{413}$
$ɦi_j{}^{24}$	$ʔi_j{}^{44}$	$ʔi_j{}^{44}$	$ʔi_j{}^{44}$	$ɕi_j{}^{413}$
$ɦi^{231}$	$ʔi^{44}$	$ʔi^{44}$	$ʔi^{44}$	$ɕi^{51}$
$ɦi_z{}^{113}$	$ʔi_z{}^{53}$	$ʔi_z{}^{53}$	$ʔi_z{}^{53}$	$ɕi_z{}^{334}$
$ɦi^{212}$	$ʔi^{51}$	$ʔi^{51}$	$ʔi^{51}$	$ɕi^{334}$
$ɦi^{231}$	$ɦi^{113}$	$ʔi^{334}$	$ʔi^{334}$	$ɕi^{33}$
$ɦi_z{}^{233}$	$ɦi_z{}^{231}$	$ʔi_z{}^{52}$	$ʔi_z{}^{52}$	$ɕi_z{}^{544}$
$ɦi_z{}^{31}$	$ʔi_z{}^{44}$	$ʔi_z{}^{44}$	$ʔi_z{}^{44}$	$ɕi_z{}^{324}$
$ɦi^{312}$	$ʔi^{42}$	$ʔi^{42}$	$ʔi^{42}$	$ɕi^{35}$
$ɦi^{113}$	$ɕi^{435}$	$ɦi^{113}$	$ʔi^{435}$	$ɦi^{113}/ɕi^{52}$
$ɦi_z{}^{113}$	$ɦi_z{}^{113}$	$ʔi_z{}^{325}$	$ʔi_z{}^{325}$	$ɕi_z{}^{52}$
$ɦi_j{}^{311}$	$ʔi_j{}^{533}$	$ʔi_j{}^{533}$	$ʔi_j{}^{533}$	$ɕi_j{}^{44}$
$ɦi^{231}$	$ʔi^{\underline{35}}$	$ʔi^{\underline{35}}$	$ʔi^{\underline{35}}$	$ʔi^{52}$
$ʔɦi^{323}$	$ʔi^{45}$	$ʔi^{45}$	$ʔi^{45}$	$ɕi^{53}$
$ʔi_j{}^{324}$	$ʔi_j{}^{544}$	$ʔi_j{}^{544}$	$ʔi_j{}^{544}$	$ɕi_j{}^{45}$
$ʔɦi^{322}$	$ʔi^{434}$	$ʔi^{434}$	$ʔi^{434}$	$ɕi^{54}$

摄口 等调 韵声	蟹开 四去 霁匣	止开 三去 真以	止开 三去 志以	蟹开 四上 荠精
	係	易难~	异	挤
宜	$ɦi_j^{231}$	$ɦi_j^{231}$	$ɦi_j^{231}$	$tɕi^{51}$
溧	$zɿ_z^{231}$	i_z^{231}	i_z^{231}	$tɕi^{52}$
金	$ɕi_z^{44}/sɿ_z^{44}$	$i_z^{35}/ɿ_z^{35}$	$i_z^{35}/ɿ_z^{35}$	$tɕi_z^{323}/tsɿ_z^{323}$
丹	$ɕi_z^{22}$	$ɦi_z^{31}$	$ɦi_z^{31}$	$kɑ^{44}$
童	$ɕi_j^{45}$	$ɦi_j^{113}$	$ɦi_j^{113}$	$tɕi_j^{324}$
靖	$ɕi_j^{51}$	$ʔi_j^{51}$	$ʔi_j^{51}$	tsi_j^{334}
江	$ɦi_j^{223}$	$ɦi_j^{223}$	$ɦi_j^{223}$	tsi_j^{45}
常	$ɦi_j^{24}$	$ɦi_j^{24}$	$ɦi_j^{24}$	$tɕi_j^{334}$
锡	$ɦi^{213}$	$ɦi^{213}$	$ɦi^{213}$	$tɕi^{324}/tsi^{324}$
苏	$ɕi_j^{412}$	$ɦi_j^{231}/ʔi_j^{412}$	$ɦi_j^{231}$	tsi_j^{51}
熟	$ɦi^{213}$	$ɦi^{213}$	$ʔi^{324}$	tsi^{44}
昆	$ɕi^{52}$	$ɦi^{21}/ʔi^{52}$	$ʔi^{52}$	$tɕi^{52}$
霜	$ɦi^{213}$	$ɦi^{213}$	$ɦi^{213}$	tsi^{434}
罗	$ɕi^{434}/ɦi^{213}$	$ɦi^{213}$	$ɦi^{213}$	$tɕi^{434}/tsi^{434}$
周	$ɦi^{113}$	$ɦi^{113}$	$ɦi^{113}$	$tɕi^{44}$
上	$ɕi^{334}/ɦi^{113}$	$ɦi^{113}$	$ɦi^{113}$	$tɕi^{334}$
松	$ɕi^{335}$	$ɦi^{113}$	$ɦi^{113}/ʔi^{44}$	$tɕi^{44}$
黎	$ɦi_j^{213}/ɕi_j^{413}$	$ɦi_j^{213}$	$ɦi_j^{213}$	tsi_j^{51}
盛	$ɕi_j^{413}$	$ɦi_j^{212}$	$ɦi_j^{212}/ʔi_j^{413}$	$tɕi_j^{51}$
嘉	$ɕi_j^{51}$	$ʔi_j^{334}$	$ʔi_j^{334}$	$tɕi_j^{44}$
双	$ɕi_z^{334}$	$ɦi_z^{113}$	$ɦi_z^{113}$	$tɕi_z^{53}$
杭	$ɕi^{334}$	$ɦi^{113}$	$ɦi^{113}$	$tɕi^{51}$
绍	$ɕi^{33}$	$ɦi^{22}$	$ɦi^{22}$	$tɕi^{334}$
诸	$ɕi_z^{544}$	$ɦi_z^{233}$	$ɦi_z^{233}$	$tɕi_z^{52}$
崇	$ɕi_z^{324}$	$ɦi_z^{14}$	$ɦi_z^{14}$	$tɕi_z^{44}$
太	$ɕi^{35}$	$ɦi^{13}$	$ɦi^{13}$	$tɕi^{42}$
余	$ɦi^{113}/ɕi^{52}$	$ɦi^{113}$	$ɦi^{113}$	$tɕi^{435}$
宁	$ɕi_z^{52}$	$ɦi_z^{113}$	$ɦi_z^{113}$	$tɕi_z^{325}$
黄	$ɕi_j^{44}$	$ɦi_j^{113}$	$ɦi_j^{113}$	$tɕi_j^{533}$
温	$ɦi^{22}$	$ɦi^{22}$	$ʔi^{52}$	
衢	$ɕi^{53}$	$ʔi^{53}$	$ʔi^{53}$	$tɛi^{434}$
华	$ɕi_j^{45}$	$ʔi_j^{45}$	$ʔi_j^{45}$	$tɕi_j^{544}/tɕie^{544}$
永	$ɕi^{54}$	$ʔɦiə^{214}$	$ʔɦi^{214}$	$tɕiə^{434}$

蟹开三去祭精	蟹开三去祭精	蟹开四去霁精	蟹开四平齐清	蟹开四去霁清
祭	际	济	妻	砌
tɕi_j^{324}	tɕi_j^{324}	tɕi_j^{324}	tɕʻi_j^{55}	tɕʻi_j^{51}
tɕi_z^{412}	tɕi_z^{412}	tɕi_z^{412}	tɕʻi_z^{445}	tɕʻi_z^{412}
$\text{tɕi}_z^{44}/\text{tsɿ}_z^{44}$	$\text{tɕi}_z^{44}/\text{tsɿ}_z^{44}$	$\text{tɕi}_z^{44}/\text{tsɿ}_z^{44}$	$\text{tɕʻi}_z^{31}/\text{tsʻɿ}_z^{31}$	$\text{tɕʻi}_z^{323}/\text{tsʻɿ}_z^{323}$
tɕi_z^{41}	tɕi_z^{41}	tɕi_z^{41}	tɕʻi_z^{22}	tɕʻi_z^{324}
tɕi_j^{45}	tɕi_j^{45}	tɕi_j^{45}	tɕʻi_j^{42}	tɕʻi_j^{45}
tɕi_j^{51}	tɕi_j^{51}	tsi_j^{51}	tsʻi_j^{433}	tsʻi_j^{51}
tsi_j^{435}	tsi_j^{435}	tsi_j^{435}	tsʻi_j^{51}	tsʻi_j^{435}
tɕi_j^{51}	tɕi_j^{51}	tɕi_j^{51}	tɕʻi_j^{44}	tɕʻi_j^{51}
tsi^{324}	tsi^{324}	tsi^{35}	tsʻi^{35}	tsʻi^{35}
tsi_j^{412}	tsi_j^{412}	tsi_j^{412}	tsʻi_j^{44}	tsʻi_j^{412}
tsi^{324}	tsi^{324}	tsi^{324}	tsʻi^{52}	tsʻi^{324}
$\text{tsi}^{52}/\text{tɕi}^{52}$	$\text{tsi}^{52}/\text{tɕi}^{52}$	tɕi^{52}	tsʻi^{44}	$\text{tɕʻi}^{52}/\text{tsʻi}^{52}$
tsi^{434}	tsi^{434}	tsi^{434}	tsʻi^{52}	tsʻi^{434}
$\text{tɕi}^{434}/\text{tsi}^{434}$	$\text{tɕi}^{434}/\text{tsi}^{434}$	$\text{tɕi}^{434}/\text{tsi}^{434}$	$\text{tɕʻi}^{52}/\text{tsʻi}^{52}$	$\text{tɕʻi}^{434}/\text{tsʻi}^{434}$
tɕi^{335}	tɕi^{335}	tɕi^{335}	tɕʻi^{52}	tɕʻi^{335}
tɕi^{334}	tɕi^{334}	tɕi^{334}	tɕʻi^{52}	tɕʻi^{334}
tɕi^{335}	tɕi^{335}	tɕi^{335}	tɕʻi^{52}	tɕʻi^{335}
tsi_j^{413}	tsi_j^{413}	tsi_j^{413}	$\text{tsʻi}_j^{44}/\text{tɕʻi}_j^{44}$	tsʻi_j^{324}
tɕi_j^{413}	tɕi_j^{413}	$\text{tsi}_j^{413}/\text{tɕi}_j^{413}$	$\text{tɕʻi}_j^{44}/\text{tsʻi}_j^{44}$	tsʻi_j^{313}
tɕi^{334}	tɕi^{334}	tɕi^{413}	tɕʻi^{51}	tɕʻi^{334}
tɕi_z^{334}	tɕi_z^{334}	tɕi_z^{334}	tɕʻi_z^{44}	tɕʻi_z^{334}
tɕi^{334}	tɕi^{334}	tɕi^{334}	tɕʻi^{323}	tɕʻi^{334}
tɕi^{33}	tɕi^{33}	tɕi^{33}	tɕʻi^{52}	$\text{tɕʻi}^{33}/\text{tɕʻɿʔ}^{\underline{55}}$
tɕi_z^{544}	tɕi_z^{544}	tɕi_z^{544}	tɕʻi_z^{544}	tɕʻi_z^{544}
tɕi_z^{324}	tɕi_z^{324}	tɕi_z^{324}	tɕʻi_z^{53}	$\text{tɕʻiiʔ}^{\underline{45}}$
tɕi^{35}	tɕi^{35}	tɕi^{35}	tɕʻi^{523}	$\text{tɕʻieʔ}^{\underline{45}}$
tɕi^{52}	tɕi^{52}	tɕi^{52}	tɕʻi^{324}	$\text{tɕʻɿʔ}^{\underline{55}}/\text{tɕʻi}^{435}$
tɕi_z^{52}	tɕi_z^{52}	tɕi_z^{52}	tɕʻi_z^{52}	tɕʻi_z^{52}
tɕi_j^{44}	tɕi_j^{44}	tɕi_j^{44}	tɕʻi_j^{533}	tɕʻi_j^{44}
tsʻi^{52}	tsʻi^{52}	tsʻi^{52}	tsʻi^{44}	tsʻi^{52}
tsʅ^{53}	tsʅ^{53}	tsʅ^{53}	$\text{tsʻʅ}^{434}/\text{tɕʻi}^{434}$	$\text{tɕiə}^{\underline{55}}$
tɕi_j^{45}	tɕi_j^{45}	tɕi_j^{45}	tɕi_j^{324}	$\text{tɕʻie}^{45}/\text{tɕʻiɐ}^{24}$
tɕiə^{54}	tɕiə^{54}	tɕiə^{54}	tɕʻiə^{44}	tɕʻiə^{54}

摄口 等调 韵声	蟹开 四平 齐从	蟹开 四平 齐从	蟹开 四平 齐心	假开 三平 麻心
	齐	脐	西	些
宜	ʑi$_j^{223}$	ʑi$_j^{223}$	ɕi^{55}	ɕi$_j^{55}$
溧	ʑi$_z^{323}$	ʑi$_z^{323}$	ɕi$_z^{445}$	ɕi$_z^{445}$
金	tɕʻi$_z^{35}$/tsʻɻ$_z^{35}$	tɕʻi$_z^{35}$/tsʻɻ$_z^{35}$	ɕi$_z^{31}$/sɻ$_z^{31}$	ɕi$_z^{31}$/sɻ$_z^{31}$
丹	tɕi$_z^{22}$/dʑi$_z^{22}$	tɕi$_z^{22}$/dʑi$_z^{22}$	ɕi$_z^{22}$	ɕi$_z^{324}$
童	ʑi$_j^{113}$	ʑi$_j^{113}$	ɕi^{42}	ɕi^{324}
靖	szi$_j^{223}$	szi$_j^{223}$	si$_j^{433}$	si$_j^{433}$
江	dzi$_j^{223}$	dzi$_j^{223}$	si$_j^{51}$	si$_j^{51}$
常	ʑi$_j^{213}$	ʑi$_j^{213}$	ɕi$_j^{44}$	ɕi$_j^{44}$
锡	zi^{213}	zi^{213}	si^{55}	si^{55}
苏	zi$_j^{223}$	zi$_j^{223}$	si$_j^{44}$	si$_j^{44}$
熟	dzi^{233}	dzi^{233}	si^{52}	si^{52}
昆	zi^{132}	zi^{132}	si^{44}	si^{44}
霜	zi^{231}	zi^{231}	si^{52}	si^{52}
罗	zi^{231}/ʑi^{231}	zi^{231}/ʑi^{231}	ɕi^{52}/si^{52}	ɕi^{52}/si^{52}
周	ʑi^{113}	ʑi^{113}	ɕi^{52}	ɕiʔ^{55}/ɕiɛ^{52}
上	ʑi^{113}	ʑi^{113}/dʑi^{113}	ɕi^{52}	ɕi^{334}
松	ʑi^{231}	ʑi^{231}/dʑi^{231}	ɕi^{52}	ɕirʔ^{55}
黎	zi$_j^{24}$	zi$_j^{24}$	si$_j^{44}$	ɕy$_ɥ^{44}$
盛	zi$_j^{24}$	zi$_j^{24}$	si$_j^{44}$	ɕy$_ɥ^{51}$
嘉	dʑi^{231}	dʑi^{231}	si^{51}	ɕiəʔ^{54}
双	dʑi$_z^{113}$	dʑi$_z^{113}$	ɕi$_z^{44}$	ɕi$_z^{44}$/ɕiɛʔ^{54}
杭	dʑi^{212}	tɕi^{323}	ɕi^{323}	ɕi^{323}
绍	dʑi^{231}	dʑi^{231}	ɕi^{52}	ɕɪʔ^{55}
诸	dʑi$_z^{233}$	dʑi$_z^{233}$	ɕi$_z^{544}$	soʔ^{55}/ɕiəʔ^{55}
崇	dʑi$_z^{31}$	dʑi$_z^{31}$	ɕi$_z^{53}$	SEʔ^{45}
太	dʑi^{312}	dʑi^{312}	ɕi^{523}	SEʔ^{45}
余	dʑi^{113}	dʑi^{113}	ɕi^{324}	ɕɪʔ^{55}
宁	dʑi$_z^{113}$	dʑi$_z^{113}$	ɕi$_z^{52}$	ɕi$_z^{52}$
黄	ʑi$_j^{113}$	dʑi$_z^{113}$	ɕi$_j^{533}$	ɕiɛʔ^{55}
温	zʻi^{231}	zʻi^{231}	sʻi^{44}	sʻi^{44}
衢	zɻ^{323}	zɻ^{323}	sɻ^{434}	sɻ^{434}
华	tɕi$_j^{324}$	tɕi$_j^{324}$	ɕiɛ^{324}/ɕi$_j^{324}$	səʔ^{33}
永	ɕziə^{322}	ɕziə^{322}	ɕiə^{44}	ɕiə^{44}

蟹开 四上 莽心	蟹开 四去 霁心	蟹开 四去 霁心	果合 三平 戈晓	假开 三平 麻知
洗	细	婿	靴	爹
$çi_j^{51}$	$çi_j^{324}$	$çy_ɥ^{324}$	$çio^{55}$	$tɿ^{55}/tA^{55}$
$çi_z^{52}$	$çi_z^{412}$	$çy_z^{412}/çi_z^{445}$	$çio^{445}$	tA^{445}/tie^{445}
$çi_z^{323}/sɿ_z^{323}$	$çi_z^{44}/sɿ_z^{44}$	$çy_z^{44}$	$çya^{31}/sua^{31}$	tia^{31}
$çi_z^{44}$	$çi_z^{324}$	$çy_z^{324}$	$çya^{22}$	ta^{22}/tia^{22}
$çi_j^{324}$	$çi_j^{45}$	$çi_j^{45}$	$çyɒ^{42}$	tia^{42}
si_j^{334}	si_j^{51}	si_j^{51}	$çyæ^{433}$	tia^{433}
si_j^{45}	si_j^{435}	si_j^{435}	$çio^{51}$	tia^{51}
$çi_j^{334}$	$çi_j^{51}$	$çy_ɥ^{51}$	$çio^{44}$	tia^{44}
si^{324}	si^{35}	si^{35}	$çiu^{55}$	tia^{55}
si_j^{51}	si_j^{412}	si_j^{412}	$çio^{44}$	$tiɒ^{44}$
si^{44}	si^{324}	si^{324}	$çy^{52}$	tia^{52}
$si^{52}/çi^{52}$	$si^{52}/çi^{52}$	$si^{52}/çi^{52}$	$çy^{44}$	tia^{44}
si^{434}	si^{434}	si^{434}/sy^{434}	$çy^{52}$	tia^{52}
$çi^{434}/si^{434}$	$çi^{434}/si^{434}$	$çi^{434}/çy^{434}/si^{434}/sy^{434}$	$çy^{52}$	tia^{52}
$çi^{44}$	$çi^{335}$	$çi^{335}$	$çyø^{52}$	dia^{52}
$çi^{334}$	$çi^{334}$	$çi^{334}/çy^{334}$	$çy^{52}/çyø^{52}$	tiA^{52}
$çi^{44}$	$çi^{335}$	$çi^{335}$	$çy^{52}$	tia^{52}
si_j^{51}	si_j^{413}	$sy_ɥ^{413}$	$çiə^{44}/çio^{44}$	$tiɒ^{44}$
si_j^{51}	si_j^{413}	si_j^{413}	$çio^{44}$	tia^{44}
	$çi^{334}$	$çi^{334}$	$çye^{51}/çyɤə^{51}$	tia^{51}
$çi_z^{53}$	$çi_z^{334}$	$çi_z^{334}$	$çˠY^{44}$	tia^{44}
$çi^{51}$	$çi^{334}$	$çi^{334}/çy^{334}$	$çy_ɥ^{323}$	tia^{323}
	$çi^{33}$	$çi^{33}$	$çy_ɥ^{52}$	tia^{52}
$çi_z^{52}$	$çi_z^{544}$	$çi_z^{544}$	$çy_ɥ^{544}$	tiA^{544}
$çi_z^{44}$	$çi_z^{324}$	$çiɛʔ^{\underline{45}}$	$çy_ɥ^{53}$	tia^{53}
$çi^{42}$	$çi^{35}$	$çi^{35}$	$çy^{523}$	tia^{523}
$çi^{435}$	$çi^{52}$	$çy^{52}$	$çy^{324}$	tiA^{324}
$çi_z^{325}$	$çi_z^{52}$	$çi_z^{52}$	$çy_ɥ^{52}$	tia^{52}
$çi_j^{533}$	$çi_j^{44}$	$çi_j^{44}$	$çy_ɥ^{533}/hy_ɥ^{533}$	tiA^{533}
$s'i^{\underline{35}}$	$s'i^{52}$	$s'i^{52}$	$çy^{44}$	$t'i^{44}$
$sɿ^{45}$	$sɿ^{53}$	$sɿ^{53}$	$ʃɥə^{434}$	tia^{434}
$çie^{544}/çi_j^{544}$	$çi^{45}/çie^{45}$	$çie^{45}/çirɥy^{45}$	$çɥə^{435}$	tia^{435}
$çiə^{434}$	$çiə^{54}$	$çiə^{54}$	$çyə^{44}$	tiA^{44}

摄	口	蟹开	假开	
等调		二平	二上	
韵声		皆见	马见	
	嗲	皆	贾姓	叝
宜	tɿ⁵⁵	tɕiᴀ⁵⁵	tɕio⁵¹	
溧	ti⁴⁴⁵	tɕie⁴⁴⁵	tɕio⁵²	
金	tia³²³	kɛᵉ³¹	tɕia³²³	
丹	tia⁴⁴	tɕia²²	tɕia⁴⁴	
童	tia³²⁴	kaɪ⁴²	tɕiɒ³²⁴	
靖	tia³³⁴	tɕia⁴³³	tɕiə³³⁴	
江	tia⁴⁵	tɕia⁵¹	tɕia⁴⁵	dʑia²²³
常	tia³³⁴	tɕia⁴⁴	tɕia³³⁴	dʑia²¹³
锡	tia³²⁴	tɕia⁵⁵	tɕia³²⁴	dʑia²¹³
苏	tiɒ⁵¹	tɕiɒ⁴⁴	tɕiɒ⁵¹	dʑiɒ²²³
熟	tia⁴⁴	tɕia⁵²/ka⁵²	tɕia⁴⁴	dʑia²³³
昆	tia⁵²	tɕie⁴⁴	tɕia⁵²	dʑia¹³²
霜	tia⁴³⁴	tɕia⁵²	tɕia⁴³⁴	dʑia²³¹
罗	tia⁴³⁴	tɕia⁵²	tɕia⁴³⁴	dʑia²³¹
周	dʱia⁴⁴	tɕia⁵²	tɕia⁴⁴/ka⁴⁴	dʑia¹¹³
上	tiᴀ³³⁴	tɕiᴀ³³⁴	tɕiᴀ³³⁴	dʑiᴀ¹¹³
松	tia⁴⁴	tɕia³³⁵	tɕia³³⁵	
黎	tiɒ⁵¹	tɕiɒ⁵¹	tɕiɒ⁵¹	
盛	tia⁵¹	tɕia⁵¹	tɕia⁵¹	
嘉	tia⁴⁴	tɕia⁴⁴	tɕia⁴⁴	
双	tia⁵³	tɕia⁴⁴	tɕia⁵³	dʑia¹¹³
杭	tia⁵¹	tɕie³²³	tɕia⁵¹	dʑia²¹²
绍	tia³³⁴	tɕia⁵²	tɕia³³⁴	dʑia²³¹
诸	tiᴀ⁵²	tɕiᴀ⁵⁴⁴	tɕiᴀ⁵²	
崇	tia⁴⁴	tɕia⁵³	tɕia⁴⁴	dʑiẽ³¹
太	tia⁴²	tɕia⁵²³	tɕia⁴²	
余	tiᴀ⁴³⁵	tɕiᴀ³²⁴	tɕiᴀ⁴³⁵	
宁	tia³²⁵	tɕia⁵²	tɕia³²⁵	
黄	tiᴀ⁵³³	kᴀ⁵³³/tɕiᴀ⁵³³	ko⁵³³/tɕiᴀ⁵³³	
温		ka⁴⁴	ko³⁵	
衢		tɕia⁴³⁴	tɕia⁴⁵	
华	tia⁵⁴⁴	tɕia⁴³⁵	tɕia⁵⁴⁴/kɯa⁵⁴⁴	
永	tiᴀ⁴³⁴	tɕiə⁴⁴	tɕiᴀ⁴³⁴	

假开 二上 马疑	假开 二去 祃影	假开 三平 麻以	蟹开 二平 佳疑	假开 三上 马以
雅	亚	爷	崖	野
ʔiA⁵¹	ʔio⁵⁵/ʔiA⁵⁵	ɦiA²²³	ŋo²²³	ɦiA²⁴
ʔio⁴⁴⁵	ʔio⁴¹²	io²²⁴/ɦio²³¹	io³²³	ʔio⁴⁴⁵
ia³⁵	ia⁴⁴	ia³⁵	ia³⁵	ia³⁵
ia⁴⁴	ia²²	ia⁴¹	ŋa²¹³	ia⁴¹
ʔiɒ³²⁴	ʔiɒ⁴²	ɦiɒ³¹	ɦiɒ³¹	ʔiɒ³²⁴
ʔia³³⁴	ʔia⁵¹	ɦia²²³	ɦia²²³	ʔia³³⁴
ʔia⁵¹	ʔia⁴³⁵	ɦia²²³	ɦia²²³	ʔia⁴⁵
ʔia³³⁴	ʔia⁵¹	ɦia²¹³	ɦia²¹³	ʔia³³⁴
ʔia³²⁴	ʔia³⁵	ɦia²¹³	ɦia²¹³	ɦia³³/²¹³
ʔiɒ⁵¹	ʔiɒ⁴¹²	ɦiɒ²²³	ɦiɒ²²³	ɦiɒ²³¹
ʔia⁴⁴	ʔia⁵²	ɦia²³³	ɦia²³³	ɦia³¹
ʔia⁵²	ʔia⁵²	ɦia¹³²	ɦia¹³²	ɦia²²³
ʔia⁴³⁴	ʔia⁴³⁴	ɦia²³¹	ɦia²³¹	ɦia²¹³
ʔia⁴³⁴	ʔia⁴³⁴	ɦia²³¹	ɦia²³¹	ɦia²¹³
ʔia⁴⁴	ʔia⁵²	ɦia¹¹³	ɦia¹¹³	ɦia¹¹³
ʔiA³³⁴	ʔiA⁵²	ɦiA¹¹³	ɦiA¹¹³	ɦiA¹¹³
ʔia⁴⁴	ʔia⁴⁴	ɦia¹¹³	ɦia¹¹³	ɦia¹¹³
ʔiɒ³²	ʔiɒ⁴¹³	ɦiɪ²⁴	ɦiɒ²⁴	ɦiɒ³²
ʔia⁵¹	ʔia⁴¹³/ʔo⁴¹³	ɦia²⁴	ɦa²⁴	ɦia²²³
ʔia⁴⁴	ʔia³³⁴	ʔia⁵¹	ɦia²³¹	ɦia²²³
ʔia⁵³	ʔia³³⁴	ɦia¹¹³	ɦia¹¹³	ʔia⁵³
ʔia⁵¹	ʔia³³⁴	ɦia²¹²	ɦia²¹²	ʔie⁵¹/ʔi⁵¹
ʔio³³⁴/ʔia³³⁴	ʔia³³	ɦia²³¹	ɦia²³¹	ɦia¹¹³
ʔiA⁵²	ʔiA⁵⁴⁴/ʔio⁵⁴⁴	ɦiA²³³	ɦiA²³³	ɦiA²³¹
ʔia⁴⁴	ʔia³²⁴	ɦia³¹	ɦia³¹	ɦia²²
ʔia⁴²	ʔia³⁵	ɦia³¹²	ɦia³¹²	ɦia²²
ʔiA⁴³⁵	ʔiA⁵²/ʔio⁵²老	ɦiA¹¹³	ɦiA¹¹³	ɦiA¹¹³
ʔia³²⁵	ʔia⁵²	ɦia¹¹³	ɦia¹¹³	ɦia¹¹³
ʔiA⁵³³	ʔiA⁴⁴	ɦiA¹¹³	ɦiA¹¹³	ʔiA⁵³³
ŋo³⁵	ʔo⁵²	ɦi²³¹	ŋo²³¹	ɦi²⁴
ʔia⁴⁵	ʔia⁵³	ɦia³²³	ɦia³²³	ɦie³¹
ʔia⁵⁴⁴	ʔia⁴⁵	ɦia²¹³	ɦia²¹³	ʔia⁵⁴⁴
ʔiA⁴³⁴	ʔʊA⁵⁴/ʔiA⁵⁴	ʔɦiA³²²	ŋʊA³²²	ɦiA³²³

摄	假开	假开	假开	假开
等调	三去	三上	三去	三上
韵声	祃以	马精	祃精	马清
	夜	姐	借	且
宜	ɦio^{231}	tɕiA^{51}	tɕio^{324}	tɕʻiA^{51}
溧	ɦio^{231} / ʔio^{445}	tɕio^{52}	tɕio^{412}	tɕʻie^{52}
金	ia^{44}	tɕio^{323}	tɕia^{44}	tɕʻie^{323}
丹	ia^{41}	tɕia^{324}	tɕia^{324}	tɕʻie^{324}
童	ɦiɒ^{113}	tɕia^{324}	tɕiɒ^{324}	tɕʻie^{324}
靖	ɦia^{31}	tsia^{334}	tsia^{51}	tɕʻiæ^{334}
江	ɦia^{223}	tsia^{45}	tsia^{435}	tsʻiaʔ^{55}
常	ɦia^{24}	tɕia^{334}	tɕia^{51}	tɕʻiaʔ^{55}
锡	ɦia^{213}	tsia^{324}	tsia^{35}	tsʻiaʔ^{55}
苏	ʔiɒ$^{44/412}$	tsiɒ^{51}	tsiɒ^{412}	tsʻiɪ^{51}
熟	ɦia^{213}	tsia^{44}	tsia^{324}	tsʻie^{44}
昆	ʔia^{52}	tsia^{52}	tsia^{52}	tsʻɿ^{52}
霜	ɦia^{434}	tsia^{434}	tsia^{434}	tsʻi^{434}
罗	ɦia^{434}	tsia^{434}	tsia^{434}	tsʻi^{434}
周	ɦia^{113}	tɕia^{44}	tɕia^{335}	tɕʻɿʔ^{55}
上	ɦiA^{113}	tɕiA^{334}	tɕiA^{334}	tɕʻi^{334}
松	ʔia^{44} / ɦia^{113}	tɕi^{44} / tɕia^{44}	tɕia^{335}	tɕʻɿɪʔ^{55} / tɕʻi^{44}
黎	ʔiɒ^{413}	tsiɒ^{51}	tsiɒ^{413}	tsʻiɪ^{334}
盛	ʔia^{413}	tsia^{51}	tsia^{413}	tsʻɿʔ^{55}
嘉	ʔia^{334}	tɕia^{44} / tɕi^{44}	tɕia^{334}	tɕʻie^{324}
双	ɦia^{113}	tɕia^{53}	tɕia^{334}	tɕʻi^{53} / tɕʻieʔ^{54}
杭	ɦia^{113}	tɕi^{51}	tɕia^{334} / tɕi^{334}	tɕʻie^{51}
绍	ɦia^{22}	tɕi^{334} / tɕia^{334}	tɕia^{33}	tɕʻiAʔ^{55}
诸	ɦiA^{233}	tɕiz̩^{52}	tɕiA^{544}	tɕʻiəʔ^{55}
崇	ɦia^{14}	tɕiz̩^{44}	tɕia^{324}	tɕʻiẽ^{44}
太	ɦia^{13}	tɕi^{42}	tɕia^{35}	tɕʻia^{42}
余	ɦiA^{113}	tɕiA^{435}	tɕiA^{52}	tɕʻi^{435}
宁	ɦia^{113}	tɕia^{325}	tɕia^{52}	tɕʻiɪʔ^{55} / tsʻe^{325}
黄	ɦiA^{113}	tɕiA^{533}	tɕiA^{44}	tɕʻiA^{533}
温	ɦi^{22}	tsʻi^{35}	tsʻi^{52}	tsʻʻi^{35}
衢	ɦia^{31}	tsie^{45}	tɕia^{53}	tɕʻiaʔ^{55}
华	ɦia^{24}	tɕij^{544}	tɕia^{45}	tɕiəʔ^{44}
永	ɦiA^{214}	tɕi^{434}	tɕiA^{54}	tɕʻiA^{434}

假开 三去 祃清 笡	假开 三去 祃从 藉~故	假开 三上 马心 写	假开 三去 祃心 泻	假开 三去 祃心 卸
tɕʻiA^{324}	ʑiɿʔ$^{\underline{23}}$	ɕɿ^{51}	ɕiA^{324}	ɕiA^{324}
tɕʻio^{445}	ʑiɿʔ$^{\underline{22}}$	ɕio^{52}	ɕio^{412}	ɕio^{412}
tɕia^{323}	tɕiɿʔ$^{\underline{44}}$	ɕia^{35}	ɕie^{44}/ɕia^{44}	ɕie^{44}/ɕia^{44}
tɕʻia^{324}	tɕiɿʔ$^{\underline{33}}$	ɕia^{44}	ɕia^{41}	ɕia^{41}
tɕʻia^{45}	dʑiɿʔ$^{\underline{22}}$	ɕiɒ^{324}	ɕiɒ^{45}	ɕiɒ^{45}
tsʻia^{51}		siɑ^{334}	siɑ^{51}	siɑ^{51}
tɕʻia^{435}	dʑɿʔ$^{\underline{12}}$	siɑ^{45}	siɑ^{435}	siɑ^{435}
tɕʻia^{51}	ʑiɿʔ$^{\underline{23}}$	ɕia^{334}	ɕia^{51}	ɕia^{51}
tsʻia^{35}	ʑiɿʔ$^{\underline{23}}$	siɑ^{324}	siɑ^{35}	siɑ^{35}
tsʻiɒ^{412}	zɿʔ$^{\underline{23}}$	siɒ^{51}	siɒ^{412}	siɒ^{412}
tsʻia^{324}	dzɿʔ$^{\underline{23}}$	siɑ^{44}	siɑ^{324}	siɑ^{324}
tsʻia^{52}	zɿʔ$^{\underline{12}}$	siɑ^{52}	siɑ^{52}	siɑ^{52}
tsʻia^{434}	zɿʔ$^{\underline{23}}$	siɑ^{434}	siɑ^{434}	siɑ^{434}
tsʻia^{434}/tɕʻia^{434}	zɿʔ$^{\underline{23}}$	siɑ^{434}	siɑ^{434}	siɑ^{434}
tɕʻia^{335}	zɿʔ$^{\underline{23}}$	ɕia^{44}	ɕia^{335}	ɕia^{335}
tɕʻiA^{334}	ʑiɿʔ$^{\underline{23}}$	ɕiA^{334}	ɕiA^{334}	ɕiA^{334}
tɕʻia^{335}	ʑiɿʔ$^{\underline{23}}$/tɕia^{335}	ɕia^{44}/ɕia^{335}	ɕia^{335}	ɕia^{335}
tsʻiɒ^{413}	dzɿʔ$^{\underline{23}}$	siɒ^{51}	siɒ^{413}	siɒ^{413}
tsʻia^{413}	dzɿʔ$^{\underline{22}}$	siɑ^{51}	siɑ^{413}	siɑ^{413}
tɕʻia^{334}	dʑiəʔ$^{\underline{12}}$	siɑ^{44}	siɑ^{334}	siɑ^{334}
tɕʻia^{334}	dʑie$^{\underline{23}}$	ɕia^{53}	ɕia^{334}	ɕia^{334}
tɕʻia^{334}	dʑiɿʔ$^{\underline{23}}$	ɕi^{51}	ɕia^{334}	ɕia^{334}/ɕie^{334}
tɕʻia^{33}	dʑiɿʔ$^{\underline{23}}$	ɕia^{334}	ɕia^{33}	ɕia^{33}
tɕʻiA^{544}	dʑiəʔ$^{\underline{12}}$	ɕiA^{52}	ɕiA^{544}	ɕiA^{544}
tɕʻia^{324}	dʑiɛʔ$^{\underline{12}}$	ɕia^{44}	ɕia^{324}	ɕia^{324}
tɕʻia^{35}	dʑie?$^{\underline{12}}$	ɕia^{42}	ɕia^{35}	ɕia^{35}
tɕʻiA^{52}	dʑɿʔ$^{\underline{23}}$	ɕiA^{435}	ɕiA^{52}	ɕiA^{52}
tɕʻia^{52}	dʑiɿʔ$^{\underline{23}}$	ɕia^{325}	ɕia^{52}	ɕia^{52}
tɕʻiA^{533}	ʑie?$^{\underline{12}}$	ɕiA^{533}	ɕiA^{44}	ɕiA^{44}
tsʻʅi^{52}	zʻi^{22}	sʻi$^{\underline{35}}$	sʻi^{52}	sʻi^{52}
tɕʻia^{53}	ʑiəʔ$^{\underline{12}}$	ɕia^{45}	ɕia^{53}	ɕia^{53}
tɕʻia^{45}	ʑzia^{24}	ɕia^{544}	ɕia^{45}	ɕia^{45}
tɕʻiA^{54}	ʑzəɿ^{214}	ɕiA^{434}	ɕiA^{54}	ɕiA^{54}

摄口 等调 韵声	假开 三平 麻邪	假开 三平 麻邪	假开 三去 祃耶	蟹开 二平 皆匣
	邪	斜	谢	谐
宜	$ɦiA^{223}$	$ɦiA^{223}$	ziA^{231}	$ɦiA^{223}$
溧	$ʑio^{323}$	$ʑio^{323}$	$ʑio^{231}$	ie^{323}
金	ia^{35}	$ɕia^{35}$	$ɕia^{55}$	$ɕia^{35}/ɕie^{35}/ie^{31}$
丹	$dʑia^{213}$	$dʑia^{213}$	$tɕia^{41}$	$ɕia^{22}/ɕie^{22}$
童	$ɦia^{113}$	$zia^{113}/ziɒ^{113}$	$ziɒ^{113}$	$ɦie^{113}$
靖	$szia^{223}$	$szia^{223}$	$ɕʑia^{51}$	$ɕʑiæ^{223}$
江	zia^{223}	zia^{223}	zia^{223}	$ɦia^{223}$
常	$ʑia^{213}$	$ʑia^{213}$	$ʑia^{24}$	$ɦia^{213}$
锡	zia^{213}	zia^{213}	zia^{213}	$ɦia^{213}$
苏	$ziɒ^{223}$	$ziɒ^{223}$	$ziɒ^{231}$	$ɦiəʔ^{\underline{23}}$
熟	zia^{233}	zia^{233}	zia^{213}	$ɦie^{233}$
昆	zia^{132}	zia^{132}	zia^{21}	$ɦɪ^{132}$
霜	zia^{231}	zia^{231}	zia^{213}	$ɕiE^{434}/ɕia^{434}$
罗	zia^{231}	zia^{231}	zia^{213}	$ɦia^{231}$
周	$ɦia^{113}/zia^{113}$	zia^{113}	zia^{113}	$ɦie^{113}$
上	$ʑiA^{113}$	$ʑiA^{113}$	$ʑiA^{113}/ɦiA^{113}$	$ɦiA^{113}$
松	zia^{231}	zia^{231}	zia^{113}	$ɦiE^{113}/ɦia^{113}$
黎	$ziɒ^{24}$	$ziɒ^{24}$	$ziɒ^{213}$	$ɦiɒ^{24}$
盛	$ɦia^{24}/zia^{24}$	zia^{24}	zia^{212}	$ɦia^{24}$
嘉	$dʑia^{231}$	$dʑia^{231}$	$dʑia^{223}$	$ɕie^{51}$
双	$ʑia^{113}$	$ʑia^{113}$	$dʑia^{113}/ʑia^{113}$	$ɦia^{113}$
杭	$dʑia^{212}$	$dʑia^{212}$	$dʑia^{113}/dʑi^{113}$老	$ɕie^{212}$
绍	$ɦia^{231}/zia^{231}$	zia^{231}	zia^{22}	$zia^{231}/ɦie^{231}$
诸	$ɦiA^{233}$	$ɦiA^{233}$	$ɦiA^{233}/ziA^{233}$	$ɦiA^{233}/ɦiɪ^{233}$
崇	$ɦia^{31}$	zia^{31}	zia^{14}	$ɕia^{324}$
太	$ɦia^{312}$	zia^{312}	zia^{13}	zia^{312}
余	$ɦiA^{113}$	$ɦiA^{113}$	$ɦiA^{113}$	$ɦiA^{113}$
宁	$ʑia^{113}$	$ʑia^{113}$	$ʑia^{113}$	$ɦia^{113}/ɦi^{113}$
黄	$ʑiA^{311}$	$ʑiA^{311}$	$ʑiA^{113}$	$ɦie^{311}$
温	$ŋo^{231}$	$zˡi^{231}$	$zˡi^{22}$	$ɦia^{231}/ɦiɛ^{231}$
衢	$ʑia^{323}$	$ʑia^{323}$	$ʑia^{31}$	$ɦie^{323}$
华	$ɕia^{324}/ia^{324}$	$ɕia^{213}$	$ɕʑia^{24}/ɕʑie^{24}$	$ɕia^{213}/ɕie^{213}$
永	$ɕʑiA^{322}$	$ɕʑiA^{322}$	$ɕʑiA^{214}$	$ʔɦiaɪ^{322}/ʔɦiA^{322}$

效开 三平 宵帮	效开 三上 小帮	效开 三平 宵滂	效开 三上 小滂	效开 三上 小滂
标	表	飘	漂~白	漂~亮
piaɣ⁵⁵	piaɣ⁵¹	pʻiaɣ⁵⁵	pʻiaɣ⁵¹	pʻiaɣ³²⁴
piaᵛ⁴⁴⁵	piaᵛ⁴⁴⁵	pʻiaᵛ⁴⁴⁵	pʻiaᵛ⁵²	pʻiaᵛ⁴¹²
piaɔ³¹	piaɔ³²³	pʻiaɔ³¹	pʻiaɔ³²³	pʻiaɔ⁴⁴
piɒ²²	piɒ⁴⁴	pʻiɒ²²	pʻiɒ²²	pʻiɒ³²⁴
piɛɣ⁴²	piɛɣ³²⁴	pʻiɛɣ⁴²	pʻiɛɣ³²⁴	pʻiɛɣ⁴⁵
piɒ⁴³³	piɒ³³⁴	pʻiɒ⁴³³	pʻiɒ³³⁴	pʻiɒ³³⁴
piɒ⁵¹	piɒ⁴⁵	pʻiɒ⁵¹	pʻiɒ⁴⁵	pʻiɒ⁴⁵
piaɣ⁴⁴	piaɣ³³⁴	pʻiaɣ⁴⁴	pʻiaɣ³³⁴	pʻiaɣ³³⁴
piʌ⁵⁵	piʌ³²⁴	pʻiʌ⁵⁵	pʻiʌ³²⁴	pʻiʌ³²⁴
piæ⁴⁴	piæ⁵¹	pʻiæ⁴⁴	pʻiæ⁵¹	pʻiæ⁴¹²
piɔ⁵²	piɔ⁴⁴	pʻiɔ⁵²	pʻiɔ⁴⁴	pʻiɔ³²⁴
piɔ⁴⁴	piɔ⁵²	pʻiɔ⁴⁴	pʻiɔ⁵²	pʻiɔ⁵²
piɔ⁵²	piɔ⁴³⁴	pʻiɔ⁵²	pʻiɔ⁴³⁴	pʻiɔ⁴³⁴
piɔ⁵²	piɔ⁴³⁴	pʻiɔ⁵²	pʻiɔ⁴³⁴	pʻiɔ⁴³⁴
ɓiɔ⁵²	ɓiɔ⁴⁴	pʻiɔ⁵²	pʻiɔ⁴⁴	pʻiɔ⁴⁴
piɔ⁵²	piɔ³³⁴	pʻiɔ⁵²	pʻiɔ³³⁴	pʻiɔ³³⁴
piɔ⁵²	piɔ⁴⁴	pʻiɔ⁵²	pʻiɔ⁴⁴	pʻiɔ³³⁵
piʌɔ⁴⁴	piʌɔ⁵¹	pʻiʌɔ⁴⁴	pʻiʌɔ³³⁴	pʻiʌɔ³²⁴
piʌɑ⁴⁴	piʌɑ⁵¹	pʻiʌɑ⁴⁴	pʻiʌɑ³³⁴	pʻiʌɑ³¹³
piɔ⁴⁴	piɔ⁴⁴	pʻiɔ⁵¹	pʻiɔ³²⁴	pʻiɔ³³⁴
piɔ⁴⁴	piɔ⁵³	pʻiɔ⁴⁴	pʻiɔ⁵³	pʻiɔ³³⁴
piɔ³²³	piɔ⁵¹	pʻiɔ³²³	pʻiɔ⁵¹	pʻiɔ³³⁴
piɑɒ⁵²	piɑɒ³³⁴	pʻiɑɒ⁵²	pʻiɑɒ³³⁴	pʻiɑɒ³³
piɔ⁵⁴⁴	piɔ⁵²	pʻiɔ⁵⁴⁴	pʻiɔ⁵²	pʻiɔ⁵⁴⁴
piɑɒ⁵³	piɑɒ⁴⁴	pʻiɑɒ⁵³	pʻiɑɒ⁴⁴	pʻiɑɒ³²⁴
piɑɒ⁵²³	piɑɒ⁴²	pʻiɑɒ⁵²³	pʻiɑɒ⁴²	pʻiɑɒ³⁵
piɒ³²⁴	piɒ⁴³⁵	pʻiɒ³²⁴	pʻiɒ⁴³⁵	pʻiɒ⁵²
piə⁵²	piə³²⁵	pʻiə⁵²	pʻiə³²⁵	pʻiə⁵²
piɒ⁵³³	piɒ⁵³³	pʻiɒ⁵³³	pʻiɒ⁵³³	pʻiɒ⁴⁴
piɛ⁴⁴	piɛ³⁵	pʻiɛ⁴⁴	pʻiɛ³⁵	pʻiɛ⁵²
piɔ⁴³⁴	piɔ⁴⁵	pʻiɔ⁴³⁴	pʻiɔ⁴⁵	pʻiɔ⁵³
piɑʊ³²⁴	piɑʊ⁵⁴⁴	pʻiɑʊ³⁴⁵	pʻiɑʊ⁵⁴⁴	pʻiɑʊ⁴⁵
piʌʊ⁴⁴	piʌʊ⁴³⁴	pʻiʌʊ⁴⁴	pʻiʌʊ⁴³⁴	pʻiʌʊ⁵⁴

摄口 等调 韵声	效开 三平 宵並	效开 三平 宵明	效开 三平 宵明
	票	瓢	苗	描
宜	p'iɑɣ³²⁴	biɑɣ²²³	miɑɣ²²³	miɑɣ²²³
溧	p'iaᵞ⁴¹²	biaᵞ³²³	miaᵞ³²³	miaᵞ³²³
金	p'iɑ⁴⁴	p'iɑᵒ³⁵	miɑᵒ³⁵	miɑᵒ³⁵
丹	p'iɒ³²⁴	biɒ²¹³	miɒ²²	miɒ²¹³
童	p'iɛɣ⁴⁵	biɛɣ¹¹³	miɛɣ¹¹³	miɛɣ¹¹³
靖	p'iɒ⁵¹	biɒ²²³	miɒ²²³	miɒ²²³
江	p'iɒ⁴³⁵	biɒ²²³	miɒ²²³	miɒ²²³
常	p'iɑɣ⁵¹	biɑɣ²¹³	miɑɣ²¹³	miɑɣ²¹³
锡	p'iʌ³⁵	biʌ²¹³	miʌ²¹³	miʌ²¹³
苏	p'iæ⁴¹²	biæ²²³	miæ²²³	miæ²²³
熟	p'iɔ³²⁴	biɔ²³³	miɔ²³³	miɔ²³³
昆	p'iɔ⁵²	biɔ¹³²	miɔ¹³²	miɔ¹³²
霜	p'iɔ⁴³⁴	biɔ²³¹	miɔ²³¹	miɔ²³¹
罗	p'iɔ⁴³⁴	biɔ²³¹	miɔ²³¹	miɔ²³¹
周	p'iɔ³³⁵	biɔ¹¹³	miɔ¹¹³	miɔ¹¹³
上	p'iɔ³³⁴	biɔ¹¹³	miɔ¹¹³	miɔ¹¹³
松	p'iɔ³³⁵	biɔ²³¹	miɔ²³¹	miɔ²³¹
黎	p'iʌ³²⁴	biaᵒ²⁴	miaᵒ²⁴	miaᵒ²⁴
盛	p'iʌɑ³¹³	biʌɑ²⁴	miʌɑ²⁴	miɒɑ²⁴
嘉	p'iɔ³³⁴	biɔ²³¹	miɔ²³¹	miɔ²³¹
双	p'iɔ³³⁴	biɔ¹¹³	miɔ¹¹³	miɔ¹¹³
杭	p'iɔ³³⁴	biɔ²¹²	miɔ²¹²	miɔ²¹²
绍	p'iɑɒ³³	biɑɒ²³¹	miɑɒ²³¹	miɑɒ²³¹
诸	p'iɔ⁵⁴⁴	biɔ²³³	miɔ²³³	miɔ²³³
崇	p'iɑɒ³²⁴	biɑɒ³¹	miɑɒ³¹	miɑɒ³¹
太	p'iɑɒ³⁵	biɑɒ³¹²	miɑɒ³¹²	miɑɒ³¹²
余	p'iɒ⁵²	biɒ¹¹³	miɒ¹¹³	miɒ¹¹³
宁	p'iə⁵²	biə¹¹³	miə¹¹³	miə¹¹³
黄	p'iɒ⁴⁴	biɒ³¹¹	miɒ³¹¹	miɒ³¹¹
温	p'iɛ⁵²	biɛ²³¹	miɛ²³¹	miɛ²³¹
衢	p'iɔ⁵³	biɔ³²³	miɔ³²³	miɔ³²³
华	p'iaʊ⁴⁵	piaʊ³²⁴	miaʊ²¹³	miaʊ²¹³
永	p'iʌʊ⁵⁴	biʌʊ³²²	miʌʊ³²²	miʌʊ³²²

效开 三上 小明	效开 三上 小明	效开 三去 笑明	效开 三去 笑明	效开 四平 萧端
秒	渺	妙	庙	刁
$ʔmiɑɣ^{55}$	$ʔmiɑɣ^{55}$	$miɑɣ^{231}$	$miɑɣ^{231}$	$tiɑɣ^{55}$
$ʔmiɑ^{ˠ445}$	$ʔmiɑ^{ˠ445}$	$miɑ^{ˠ231}$	$miɑ^{ˠ231}$	$tiɑ^{ˠ445}$
$miɑ^{ᵒ323}$	$miɑ^{ᵒ323}$	$miɑ^{ᵒ44}$	$miɑ^{ᵒ44}$	$tiɑ^{ᵒ31}$
$miɒ^{213}$	$miɒ^{213}$	$miɒ^{41}$	$miɒ^{41}$	$tiɒ^{22}$
$ʔmiɛɣ^{324}$	$ʔmiɛɣ^{324}$	$miɛɣ^{113}$	$miɛɣ^{113}$	$tiɛɣ^{42}$
$ʔmiɒ^{334}$	$ʔmiɒ^{334}$	$miɒ^{31}$	$miɒ^{31}$	$tiɒ^{433}$
$ʔmiɒ^{45}$	$ʔmiɒ^{45}$	$miɒ^{223}$	$miɒ^{223}$	$tiɒ^{51}$
$ʔmiɑɣ^{334}$	$ʔmiɑɣ^{334}$	$miɑɣ^{24}$	$miɑɣ^{24}$	$tiɑɣ^{44}$
$miʌ^{33/213}$	$miʌ^{33/213}$	$miʌ^{213}$	$miʌ^{213}$	$tiʌ^{55}$
$miæ^{231}$	$miæ^{231}$	$miæ^{231}$	$miæ^{231}$	$tiæ^{44}$
$ʔmiɔ^{44}$	$ʔmiɔ^{44}$	$ʔmiɔ^{44}$	$miɔ^{213}$	$tiɔ^{52}$
$miɔ^{223}$	$miɔ^{223}$	$miɔ^{21}$	$miɔ^{21}$	$tiɔ^{44}$
$miɔ^{213}$	$miɔ^{213}$	$miɔ^{213}$	$miɔ^{213}$	$tiɔ^{52}$
$miɔ^{213}$	$miɔ^{213}$	$miɔ^{213}$	$miɔ^{213}$	$tiɔ^{52}$
$miɔ^{113}$	$miɔ^{113}$	$miɔ^{113}$	$miɔ^{113}$	$ɗiɔ^{52}$
$miɔ^{113}$	$miɔ^{113}$	$miɔ^{113}$	$miɔ^{113}$	$tiɔ^{52}$
$miɔ^{113}$	$miɔ^{113}$	$miɔ^{113}$	$miɔ^{113}$	$tiɔ^{52}/ɗiɔ^{52}$
$ʔmiʌ^{ᵒ51}$	$ʔmiʌ^{ᵒ51}$	$ʔmiʌ^{ᵒ413}$	$miʌ^{ᵒ213}$	$tiʌ^{ᵒ44}$
$miʌɑ^{223}$	$miʌɑ^{223}$	$miʌɑ^{413}$	$miʌɑ^{212}$	$tiʌɑ^{44}$
$miɔ^{223}$	$miɔ^{223}$	$miɔ^{223}$	$miɔ^{223}$	$tiɔ^{51}$
$miɔ^{231}$	$miɔ^{231}$	$miɔ^{113}$	$miɔ^{113}$	$tiɔ^{44}$
$ʔmiɔ^{51}$	$ʔmiɔ^{51}$	$miɔ^{113}$	$miɔ^{113}$	$tiɔ^{323}$
$miaɒ^{113}$	$miaɒ^{113}$	$miaɒ^{22}$	$miaɒ^{22}$	$tiaɒ^{52}$
$miɔ^{231}$	$miɔ^{231}$	$miɔ^{233}$	$miɔ^{233}$	$tiɔ^{544}$
$miaɒ^{22}$	$miaɒ^{22}$	$miaɒ^{14}$	$miaɒ^{14}$	$tiaɒ^{53}$
$miaɒ^{22}$	$miaɒ^{22}$	$miaɒ^{13}$	$miaɒ^{13}$	$tiaɒ^{523}$
$miɒ^{113}$	$miɒ^{113}$	$miɒ^{113}$	$miɒ^{113}$	$tiɒ^{324}$
$miə^{113}$	$miə^{113}$	$miə^{113}$	$miə^{113}$	$tiə^{52}$
$ʔmiɒ^{533}$	$ʔmiɒ^{533}$	$miɒ^{113}$	$miɒ^{113}$	$tiɒ^{533}$
$miɛ^{\underline{24}}$	$miɛ^{\underline{24}}$	$miɛ^{22}$	$miɛ^{22}$	$tiɛ^{44}$
$ʔmiɔ^{52}$	$ʔmiɔ^{52}$	$ʔmiɔ^{52}$	$ʔmiɔ^{52}$	$tiɔ^{434}$
$ʔmiɑʊ^{544}$	$ʔmiɑʊ^{544}$	$miɑʊ^{24}$	$miɑʊ^{24}$	$tiɑʊ^{324}$
$miɑʊ^{323}$	$miɑʊ^{323}$	$miʌʊ^{214}$	$miʌʊ^{214}$	$tiʌʊ^{322}$

摄口 等调 韵声	效开 四平 萧端	效开 四上 篠端	效开 四去 啸端	效开 四平 啸端
	雕	鸟	吊	钓
宜	$tia\gamma^{55}$	$tia\gamma^{51}/\text{ʔȵ}ia\gamma^{55}$	$tia\gamma^{324}$	$tia\gamma^{324}$
溧	$tia^{\gamma 445}$	$tia^{\gamma 52}/\text{ʔȵ}ia^{\gamma 445}$	$tia^{\gamma 412}$	$tia^{\gamma 412}$
金	$ti\alpha^{31}$	$\text{ȵ}i\alpha^{323}$	$ti\alpha^{44}$	$ti\alpha^{44}$
丹	$ti\mathfrak{v}^{22}$	$ti\alpha^{44}/\text{ȵ}i\alpha^{44}$	$ti\mathfrak{v}^{324}$	$ti\mathfrak{v}^{324}$
童	$ti\mathfrak{e}\gamma^{42}$	$\text{ʔȵ}i\mathfrak{e}\gamma^{324}$	$ti\mathfrak{e}\gamma^{45}$	$ti\mathfrak{e}\gamma^{45}$
靖	$ti\mathfrak{v}^{433}$	$\text{ʔȵ}i\mathfrak{v}^{334}$	$ti\mathfrak{v}^{51}$	$ti\mathfrak{v}^{51}$
江	$ti\mathfrak{v}^{51}$	$ti\mathfrak{v}^{45}/\text{ȵ}i\mathfrak{v}^{45}$	$ti\mathfrak{v}^{435}$	$ti\mathfrak{v}^{435}$
常	$tia\gamma^{44}$	$\text{ʔȵ}ia\gamma^{334}$	$tia\gamma^{51}$	$tia\gamma^{51}$
锡	$ti\Lambda^{55}$	$ti\Lambda^{324}/\text{ȵ}i\Lambda^{324}$	$ti\Lambda^{35}$	$ti\Lambda^{35}$
苏	$ti\text{æ}^{44}$	$ti\text{æ}^{51}/\text{ʔȵ}i\text{æ}^{51}$	$ti\text{æ}^{412}$	$ti\text{æ}^{412}$
熟	$ti\mathfrak{o}^{52}$	$ti\mathfrak{o}^{44}/\text{ȵ}i\mathfrak{o}^{44}$	$ti\mathfrak{o}^{324}$	$ti\mathfrak{o}^{324}$
昆	$ti\mathfrak{o}^{44}$	$ti\mathfrak{o}^{52}/\text{ʔȵ}i\mathfrak{o}^{52}$	$ti\mathfrak{o}^{52}$	$ti\mathfrak{o}^{52}$
霜	$ti\mathfrak{o}^{434}$	$ti\mathfrak{o}^{434}/\text{ȵ}i\mathfrak{o}^{434}$	$ti\mathfrak{o}^{434}$	$ti\mathfrak{o}^{434}$
罗	$ti\mathfrak{o}^{434}$	$ti\mathfrak{o}^{434}/\text{ȵ}i\mathfrak{o}^{434}$	$ti\mathfrak{o}^{434}$	$ti\mathfrak{o}^{434}$
周	$\text{ɖ}i\mathfrak{o}^{52}$	$\text{ɖ}i\mathfrak{o}^{44}/\text{ȵ}i\mathfrak{o}^{44}$	$\text{ɖ}i\mathfrak{o}^{335}$	$\text{ɖ}i\mathfrak{o}^{335}$
上	$ti\mathfrak{o}^{52}$	$ti\mathfrak{o}^{334}/\text{ȵ}i\mathfrak{o}^{334}$	$ti\mathfrak{o}^{334}$	$ti\mathfrak{o}^{334}$
松	$ti\mathfrak{o}^{52}/\text{ɖ}i\mathfrak{o}^{52}$	$ti\mathfrak{o}^{44}/\text{ɖ}i\mathfrak{o}^{44}/\text{ȵ}i\mathfrak{o}^{44}$	$ti\mathfrak{o}^{335}/\text{ɖ}i\mathfrak{o}^{335}$	$ti\mathfrak{o}^{335}/\text{ɖ}i\mathfrak{o}^{335}$
黎	$ti\Lambda^{\mathfrak{o}44}$	$ti\Lambda^{\mathfrak{o}51}/\text{ʔȵ}i\Lambda^{\mathfrak{o}51}$	$ti\Lambda^{\mathfrak{o}413}$	$ti\Lambda^{\mathfrak{o}413}$
盛	$ti\Lambda\alpha^{44}$	$ti\Lambda\alpha^{51}/\text{ʔȵ}i\Lambda\alpha^{51}$	$ti\Lambda\alpha^{413}$	$ti\Lambda\alpha^{413}$
嘉	$ti\mathfrak{o}^{51}$	$\text{ʔȵ}i\mathfrak{o}^{44}/ti\mathfrak{o}^{44}$	$ti\mathfrak{o}^{334}$	$ti\mathfrak{o}^{334}$
双	$ti\mathfrak{o}^{44}$	$ti\mathfrak{o}^{53}/\text{ʔȵ}i\mathfrak{o}^{53}$	$ti\mathfrak{o}^{334}$	$ti\mathfrak{o}^{334}$
杭	$ti\mathfrak{o}^{323}$	$ti\mathfrak{o}^{51}$少$/\text{ʔȵ}i\mathfrak{o}^{51}$	$ti\mathfrak{o}^{334}$	$ti\mathfrak{o}^{334}$
绍	$ti\alpha\mathfrak{v}^{52}$	$ti\alpha\mathfrak{v}^{334}/\text{ȵ}i\alpha\mathfrak{v}^{113}$	$ti\alpha\mathfrak{v}^{33}$	$ti\alpha\mathfrak{v}^{33}$
诸	$ti\mathfrak{o}^{544}$	$ti\mathfrak{o}^{52}/\text{ȵ}i\mathfrak{o}^{231}$	$ti\mathfrak{o}^{544}$	$ti\mathfrak{o}^{544}$
崇	$ti\alpha\mathfrak{v}^{53}$	$ti\alpha\mathfrak{v}^{44}/\text{ȵ}i\alpha\mathfrak{v}^{22}$	$ti\alpha\mathfrak{v}^{324}$	$ti\alpha\mathfrak{v}^{324}$
太	$ti\alpha\mathfrak{v}^{523}$	$ti\alpha\mathfrak{v}^{44}/\text{ȵ}i\alpha\mathfrak{v}^{22}$	$ti\alpha\mathfrak{v}^{35}$	$ti\alpha\mathfrak{v}^{35}$
余	$ti\mathfrak{v}^{324}$	$ti\mathfrak{v}^{435}/\text{ȵ}i\mathfrak{v}^{113}$	$ti\mathfrak{v}^{52}$	$ti\mathfrak{v}^{52}$
宁	$ti\text{ə}^{52}$	$ti\text{ə}^{325}/\text{ȵ}i\text{ə}^{113}$	$ti\text{ə}^{52}$	$ti\text{ə}^{52}$
黄	$ti\mathfrak{v}^{533}$	$ti\mathfrak{v}^{533}/\text{ʔȵ}i\mathfrak{v}^{533}$	$ti\mathfrak{v}^{44}$	$ti\mathfrak{v}^{44}$
温	$ti\text{ɛ}^{44}$	$ti\text{ɛŋ}^{52}\sim$儿$/\text{ȵ}ia^{\underline{35}}$	$ti\text{ɛ}^{52}$	$ti\text{ɛ}^{52}$
衢	$ti\mathfrak{o}^{434}$	$ti\mathfrak{o}^{45}/\text{ʔȵ}i\mathfrak{o}^{53}$	$ti\mathfrak{o}^{53}$	$ti\mathfrak{o}^{53}$
华	$ti\alpha\text{ʊ}^{324}$	$ti\alpha\text{ʊ}^{544}/\text{ʔȵ}i\alpha\text{ʊ}^{544}$	$ti\alpha\text{ʊ}^{45}$	$ti\alpha\text{ʊ}^{45}$
永	$ti\Lambda\text{ʊ}^{44}$	$ti\Lambda\text{ʊ}^{54}/\text{ʔȵ}i\Lambda\text{ʊ}^{434}$	$ti\Lambda\text{ʊ}^{54}$	$ti\Lambda\text{ʊ}^{54}$

效开 四平 萧透	效开 四去 啸透	效开 四去 啸透	效开 四平 萧定	效开 四平 萧定
挑	眺	跳	条	调~和
tʰiaɣ⁵⁵	tʰiaɣ⁵¹	tʰiaɣ³²⁴	diaɣ²²³	diaɣ²²³
tʰiaˠ⁴⁴⁵	tʰiaˠ⁵²	tʰiaˠ⁴¹²	diaˠ³²³	diaˠ³²³
tʰiaˀ³¹	tʰiaˀ³²³	tʰiaˀ⁴⁴	tʰiaˀ³⁵	tʰiaˀ³⁵
tʰiɒ²²/⁴⁴	tʰiɒ⁴⁴	tʰiɒ³²⁴	diɒ²¹³	diɒ²¹³
tʰiɐɣ⁴²	tʰiɐɣ⁴⁵	tʰiɐɣ⁴⁵	diɐɣ¹¹³	diɐɣ¹¹³
tʰiɒ⁴³³	tʰiɒ⁵¹	tʰiɒ⁵¹	diɒ²²³	diɒ²²³
tʰiɒ⁵¹	tʰiɒ⁴³⁵	tʰiɒ⁴³⁵	diɒ²²³	diɒ²²³
tʰiaɣ⁴⁴	tʰiaɣ⁵¹	tʰiaɣ⁵¹	diaɣ²¹³	diaɣ²¹³
tʰiʌ⁵⁵	tʰiʌ³⁵	tʰiʌ³⁵	diʌ²¹³	diʌ²¹³
tʰiæ⁴⁴	tʰiæ⁴¹²	tʰiæ⁴¹²	diæ²²³	diæ²²³
tʰiɔ⁵²	tʰiɔ³²⁴	tʰiɔ³²⁴	diɔ²³³	diɔ²³³
tʰiɔ⁴⁴	tʰiɔ⁵²	tʰiɔ⁵²	diɔ¹³²	diɔ¹³²
tʰiɔ⁵²	tʰiɔ⁴³⁴	tʰiɔ⁴³⁴	diɔ²³¹	diɔ²³¹
tʰiɔ⁵²	tʰiɔ⁴³⁴	tʰiɔ⁴³⁴	diɔ²³¹	diɔ²³¹
tʰiɔ⁵²	tʰiɔ³³⁵	tʰiɔ³³⁵	diɔ¹¹³	diɔ¹¹³
tʰiɔ⁵²	tʰiɔ⁵²	tʰiɔ³³⁴	diɔ¹¹³	diɔ¹¹³
tʰiɔ⁵²	tʰiɔ⁵²	tʰiɔ³³⁵	diɔ²³¹	diɔ²³¹
tʰiʌˀ⁴⁴	tʰiʌˀ⁴¹³	tʰiʌˀ⁴¹³	diʌˀ²⁴	diʌˀ²⁴
tʰiʌɑ⁴⁴	tʰiʌɑ⁴¹³	tʰiʌɑ⁴¹³	diʌɑ²⁴	diʌɑ²⁴
tʰiɔ⁵¹	tʰiɔ³³⁴	tʰiɔ³³⁴	diɔ²³¹	diɔ²³¹
tʰiɔ⁴⁴	tʰiɔ⁵³	tʰiɔ³³⁴	diɔ¹¹³	diɔ¹¹³
tʰiɔ³²³	tʰiɔ⁵¹	tʰiɔ³³⁴	diɔ²¹²	diɔ²¹²
tʰiɑʋ⁵²	tʰiɑʋ³³⁴	tʰiɑʋ³³	diɑʋ²³¹	diɑʋ²³¹
tʰiɔ⁵⁴⁴	tʰiɔ⁵²	tʰiɔ⁵⁴⁴	diɔ²³³	diɔ²³³
tʰiɑʋ⁵³	tʰiɑʋ⁴⁴	tʰiɑʋ³²⁴	diɑʋ³¹	diɑʋ³¹
tʰiɑʋ⁵²³	tʰiɑʋ⁴²	tʰiɑʋ³⁵	diɑʋ³¹²	diɑʋ³¹²
tʰiɒ³²⁴	tʰiɒ⁴³⁵	tʰiɒ⁵²	diɒ¹¹³	diɒ¹¹³
tʰiə⁵²	tʰiə³²⁵	tʰiə³²⁴	diə¹¹³	diə¹¹³
tʰiɒ⁵³³	tʰiɒ⁵³³	tʰiɒ⁴⁴	diɒ³¹¹	diɒ³¹¹
tʰiɛ⁴⁴	tʰiɛ³⁵	tʰiɛ⁵²	diɛ²³¹	diɛ²³¹
tʰiɔ⁴³⁴	tʰiɔ⁴⁵	tʰiɔ⁵³	diɔ³²³	diɔ³²³
tʰiaʊ⁴³⁵	tʰiaʊ⁵⁴⁴	tʰiaʊ⁴⁵	tiaʊ³²⁴	tiaʊ³²⁴
tʰiʌʊ⁴⁴	tʰiʌʊ⁴³⁴	tʰiʌʊ⁵⁴	diʌʊ³²²	diʌʊ³²²

摄口 等调 韵声	效开 四去 啸定	效开 四去 啸定	效开 三平 宵来	效开 四平 萧来
	掉	调音~	燎	寥
宜	diɑɣ²³¹	diɑɣ²³¹	liɑɣ²²³	liɑɣ²⁴
溧	diɑˠ²³¹	diɑˠ²³¹	liɑˠ³²³	liɑˠ³²³
金	tiɑˀ⁴⁴	tiɑˀ⁴⁴	liɑˀ³⁵	liɑˀ³⁵
丹	tiɒ⁴¹	tiɒ⁴¹	liɒ⁴⁴	liɒ⁴⁴
童	diɐɣ¹¹³	diɐɣ¹¹³	liɐɣ¹¹³	liɐɣ¹¹³
靖	diɒ³¹	diɒ³¹	liɒ²²³	liɒ²²³
江	diɒ²²³	diɒ²²³	liɒ²²³	liɒ²²³
常	diɑɣ²⁴	diɑɣ²⁴	liɑɣ²¹³	liɑɣ²¹³
锡	diʌ²¹³	diʌ²¹³	liʌ²¹³	liʌ²¹³
苏	diæ²³¹/dəʔ²³	diæ²³¹	liæ²²³	liæ²²³
熟	diɔ²¹³	diɔ²¹³	liɔ²³³	liɔ²³³
昆	diɔ²¹	diɔ²¹	liɔ¹³²	liɔ¹³²
霜	diɔ²¹³	diɔ²¹³	liɔ²³¹	liɔ²³¹
罗	diɔ²¹³	diɔ²¹³	liɔ²³¹	liɔ²³¹
周	diɔ¹¹³	diɔ¹¹³	liɔ¹¹³	liɔ¹¹³
上	diɔ¹¹³	diɔ¹¹³	liɔ¹¹³	liɔ¹¹³
松	diɔ¹¹³	diɔ¹¹³	liɔ²³¹	liɔ²³¹
黎	diʌˀ²¹³	diʌˀ²¹³	liʌˀ²⁴	liʌˀ²⁴
盛	diʌɑ²¹²	diʌɑ²¹²	liʌɑ²⁴	liʌɑ²⁴
嘉	diɔ²²³	diɔ²²³	liɔ²³¹	liɔ²³¹
双	diɔ¹¹³	diɔ¹¹³	liɔ¹¹³	liɔ¹¹³
杭	diɔ¹¹³	diɔ¹¹³	liɔ²¹²	liɔ²¹²
绍	diɑɒ²²	diɑɒ²²	liɑɒ²³¹	liɑɒ²³¹
诸	diɔ²³³	diɔ²³³	liɔ²³³	liɔ²³³
崇	diɑɒ¹⁴	diɑɒ¹⁴	liɑɒ³¹	liɑɒ³¹
太	diɑɒ¹³	diɑɒ¹³	liɑɒ³¹²	liɑɒ³¹²
余	diɒ¹¹³	diɒ¹¹³	liɒ¹¹³	liɒ¹¹³
宁	diə¹¹³	diə¹¹³	liə¹¹³	liə¹¹³
黄	diɒ¹¹³	diɒ¹¹³	liɒ³¹¹	liɒ³¹¹
温	diɛ²²	diɛ²²	liɛ²³¹	liɛ²³¹
衢	diɔ³¹	diɔ³¹	liɔ³²³	liɔ³²³
华	tiɑʊ⁴⁵	diɑʊ²⁴	liɑʊ²¹³	liɑʊ²¹³
永	diʌʊ²¹⁴	diʌʊ²¹⁴	liʌʊ³²²	liʌʊ³²²

效开 四平 萧来	效开 四平 萧来	效开 四上 篠来	效开 三去 笑来	效开 四去 啸来
聊	撩~开	了~结	疗	料
liaɣ²²³	liaɣ⁵⁵	liaɣ²³¹	liaɣ²²³	liaɣ²³¹
liaˠ³²³	liaˠ⁴¹²	ʔliaˠ⁴⁴⁵	liaˠ²³¹	liaˠ²³¹
liaᵓ³⁵	liaᵓ³⁵	liaᵓ³²³	liaᵓ⁴⁴	liaᵓ⁴⁴
liɒ⁴⁴	liɒ⁴⁴	liɒ²¹³	liɒ⁴¹	liɒ⁴¹
lieɣ¹¹³	lieɣ¹¹³	lieɣ¹¹³	lieɣ¹¹³	lieɣ¹¹³
liɒ²²³	liɒ²²³	ʔliɒ³³⁴	ʔliɒ⁵¹	ʔliɒ⁵¹
liɒ²²³	liɒ²²³	ʔliɒ⁴⁵	liɒ²²³	liɒ²²³
liaɣ²¹³	liaɣ²¹³	ʔliaɣ³³⁴	liaɣ²⁴	liaɣ²⁴
liʌ²¹³	liʌ²¹³	liʌ²¹³/³³	liʌ²¹³	liʌ²¹³
liæ²²³	ʔliæ⁴⁴	liæ²³¹	liæ²³¹	liæ²³¹
liɔ²³³	liɔ²³³	liɔ³¹	liɔ²¹³	liɔ²¹³
liɔ¹³²	ʔliɔ⁴⁴	liɔ²²³	liɔ²¹	liɔ²¹
liɔ²³¹	ʔliɔ⁵²	liɔ²¹³	liɔ²¹³	liɔ²¹³
liɔ²³¹	ʔliɔ⁵²	liɔ²¹³	liɔ²¹³	liɔ²¹³
liɔ¹¹³	ʔliɔ⁵²	liɔ¹¹³	liɔ¹¹³	liɔ¹¹³
liɔ¹¹³	ʔliɔ⁵²	liɔ¹¹³	liɔ¹¹³	liɔ¹¹³
liɔ²³¹	ʔliɔ⁵²/liɔ²³¹	liɔ¹¹³	liɔ¹¹³	liɔ¹¹³
liaᵓ²⁴	ʔliaᵓ⁴⁴	liaᵓ³²	liaᵓ²¹³	liaᵓ²¹³
liaɑ²⁴	ʔliaɑ⁴⁴	liaɑ²²³	liaɑ²¹²	liaɑ²¹²
liɔ²³¹	liɔ²³¹	liɔ²²³	liɔ²²³	liɔ²²³
liɔ¹¹³	liɔ¹¹³	liɔ²³¹	liɔ¹¹³	liɔ¹¹³
liɔ²¹²	liɔ²¹²	ʔliɔ⁵¹	liɔ¹¹³	liɔ¹¹³
liaɒ²³¹	liaɒ²³¹	liaɒ¹¹³	liaɒ²²	liaɒ²²
liɔ²³³	liɔ²³³	liɔ²³¹	liɔ²³³	liɔ²³³
liaɒ³¹	liaɒ³¹	liaɒ²²	liaɒ¹⁴	liaɒ¹⁴
liaɒ³¹²	liaɒ³¹²	liaɒ²²	liaɒ¹³	liaɒ¹³
liɒ¹¹³	liɒ¹¹³	liɒ¹¹³	liɒ¹¹³	liɒ¹¹³
liə¹¹³	liə¹¹³	liə¹¹³	liə¹¹³	liə¹¹³
liɒ³¹¹	liɒ³¹¹	ʔliɒ⁵³³	liɒ¹¹³	liɒ¹¹³
liɛ²³¹	liɛ²³¹	liɛ²⁴	liɛ²²	liɛ²²
liɔ³²³	liɔ³²³	liɔ³¹	liɔ³¹	liɔ³¹
liaʊ²¹³	liaʊ²¹³	ʔliaʊ⁵⁴⁴	liaʊ²⁴	liaʊ²⁴
liaʊ³²²	liaʊ³²²	liaʊ³²³	liaʊ²¹⁴	liaʊ²¹⁴

摄口 等调 韵声	效开 四去 啸来 廖	效开 三平 宵见 骄	效开 三平 宵见 娇	效开 四平 萧见 浇
宜	liɑɣ²³¹	tɕiɑɣ⁵⁵	tɕiɑɣ⁵⁵	tɕiɑɣ⁵⁵
溧	liɑˠ²³¹	tɕiɑˠ⁴⁴⁵	tɕiɑˠ⁴⁴⁵	tɕiɑˠ⁴⁴⁵
金	liɑʔ⁴⁴	tɕiɑʔ³¹	tɕiɑ³¹	tɕiɑ³¹
丹	liɒ⁴¹	tɕiɒ⁴⁴	tɕiɒ⁴⁴	tɕiɒ²²
童	liɐɣ¹¹³	tɕiɐɣ⁴²	tɕiɐɣ⁴²	tɕiɐɣ⁴²
靖	liɒ⁵¹	tɕiɒ⁴³³	tɕiɒ⁴³³	tɕiɒ⁴³³
江	liɒ²²³	tɕiɒ⁵¹	tɕiɒ⁵¹	tɕiɒ⁵¹
常	liɑɣ²⁴	tɕiɑɣ⁴⁴	tɕiɑɣ⁴⁴	tɕiɑɣ⁴⁴
锡	liʌ²¹³	tɕiʌ⁵⁵	tɕiʌ⁵⁵	tɕiʌ⁵⁵
苏	liæ²³¹	tɕiæ⁴⁴	tɕiæ⁴⁴	tɕiæ⁴⁴
熟	liɔ²¹³	tɕiɔ⁵²	tɕiɔ⁵²	tɕiɔ⁵²
昆	liɔ¹³²	tɕiɔ⁴⁴	tɕiɔ⁴⁴	tɕiɔ⁴⁴
霜	liɔ²¹³	tɕiɔ⁵²	tɕiɔ⁵²	tɕiɔ⁵²
罗	liɔ²¹³	tɕiɔ⁵²	tɕiɔ⁵²	tɕiɔ⁵²
周	liɔ¹¹³	tɕiɔ⁵²	tɕiɔ⁵²	tɕiɔ⁵²
上	liɔ¹¹³	tɕiɔ⁵²	tɕiɔ⁵²	tɕiɔ⁵²
松	liɔ¹¹³	tɕiɔ⁵²/ʃiɔ⁵²	tɕiɔ⁵²/ʃiɔ⁵²	tɕiɔ⁵²/ʃiɔ⁵²
黎	liʌʔ²¹³	tɕiʌʔ⁴⁴	tɕiʌʔ⁴⁴	tɕiʌʔ⁴⁴
盛	liʌɑ²¹²	tɕiʌɑ⁴⁴	tɕiʌɑ⁴⁴	tɕiʌɑ⁴⁴
嘉	liɔ²²³	tɕiɔ⁵¹	tɕiɔ⁵¹	tɕiɔ⁵¹
双	liɔ¹¹³	tɕiɔ⁴⁴	tɕiɔ⁴⁴	tɕiɔ⁴⁴
杭	liɔ¹¹³	tɕiɔ³²³	tɕiɔ³²³	tɕiɔ³²³
绍	liɑɒ²²	tɕiɑɒ⁵²	tɕiɑɒ⁵²	tɕiɑɒ⁵²
诸	liɔ²³³	tɕiɔ⁵⁴⁴	tɕiɔ⁵⁴⁴	tɕiɔ⁵⁴⁴
崇	liɑɒ¹⁴	tɕiɑɒ⁵³	tɕiɑɒ⁵³	tɕiɑɒ⁵³
太	liɑɒ¹³	ciɑɒ⁵²³	ciɑɒ⁵²³	ciɑɒ⁵²³
余	liɒ¹¹³	tɕiɒ³²⁴	tɕiɒ³²⁴	tɕiɒ³²⁴
宁	liə¹¹³	tɕiə⁵²	tɕiə⁵²	tɕiə⁵²
黄	liɒ¹¹³	tɕiɒ⁵³³	tɕiɒ⁵³³	tɕiɒ⁵³³
温	liɛ²²	tɕiɛ⁴⁴	tɕiɛ⁴⁴	tɕiɛ⁴⁴
衢	liɔ³¹	tɕiɔ⁴³⁴	tɕiɔ⁴³⁴	tɕiɔ⁴³⁴
华	liɑʊ²⁴	tɕiɑʊ³²⁴	tɕiɑʊ³²⁴	tɕiɑʊ³²⁴
永	liɑʊ²¹⁴	tɕiʌʊ⁴⁴	tɕiʌʊ⁴⁴	tɕiʌʊ⁴⁴

效开 二去 效见	效开 四去 啸见	效开 二上 巧溪	效开 四去 啸溪	效开 三平 宵群
校~对	叫	巧	窍	桥
tɕiaɣ^{324}	tɕiaɣ^{324}	tɕʻiaɣ^{51}	tɕʻiaɣ^{324}	dʑiaɣ^{223}
tɕiaˠ^{412}	tɕiaˠ^{412}	tɕʻiaˠ^{52}	tɕʻiaˠ^{412}	dʑiaˠ^{323}
tɕiɑ^{44}	tɕiɑ^{44}	tɕʻiɑ^{323}	tɕʻiɑ^{44}	tɕʻiɑ^{35}
tɕɔiɒ^{324}	tɕɔiɒ^{324}	tɕʻiɒ^{44}	kʻɒ^{41}	tɕiɒ^{324}/dʑiɒ^{213}
tɕiɒˠ^{45}	tɕiɐˠ^{45}	tɕʻiɐˠ^{324}	tɕʻiɐˠ^{45}	dʑiɐˠ^{113}
tɕɔiɒ^{51}	tɕiɒ^{51}	tɕʻiɒ^{334}	tɕʻiɒ^{51}	dʑiɒ^{223}
tɕɔiɒ^{435}	tɕiɒ^{435}	tɕʻiɒ^{45}	tɕʻiɒ^{435}	dʑiɒ^{223}
tɕiaɣ^{51}	tɕiaɣ^{51}	tɕʻiaɣ^{334}	tɕʻiaɣ^{51}	dʑiaɣ^{213}
tɕiʌ^{35}	tɕiʌ^{35}	tɕʻiʌ^{324}	tɕʻiʌ^{35}	dʑiʌ^{213}
tɕiæ^{412}	tɕiæ^{412}	tɕʻiæ^{51}	tɕʻiæ^{412}	dʑiæ^{223}
tɕiɔ^{324}	tɕiɔ^{324}	tɕʻiɔ^{44}	tɕʻiɔ^{324}	dʑiɔ^{233}
tɕiɔ^{52}	tɕiɔ^{52}	tɕʻiɔ^{52}	tɕʻiɔ^{52}	dʑiɔ^{132}
tɕiɔ^{434}	tɕiɔ^{434}	tɕʻiɔ^{434}	tɕʻiɔ^{434}	dʑiɔ^{231}
tɕiɔ^{434}	tɕiɔ^{434}	tɕʻiɔ^{434}	tɕʻiɔ^{434}	dʑiɔ^{231}
tɕiɔ^{335}/ʃiɔ^{335}	tɕiɔ^{335}/ʃiɔ^{335}	tɕʻiɔ^{44}/cʻiɔ^{44}	tɕʻiɔ^{335}	dʑiɔ^{113}
tɕiɔ^{334}	tɕiɔ^{334}	tɕʻiɔ^{334}	tɕʻiɔ^{334}	dʑiɔ^{113}
tɕiɔ^{335}	tɕiɔ^{335}/ʃiɔ^{335}	tɕʻiɔ^{44}/cʻiɔ^{44}	tɕʻiɔ^{335}/cʻiɔ^{44}	dʑiɔ^{231}/ɟiɔ^{231}
tɕiʌˀ^{413}/kʌˀ^{413}	tɕiʌˀ^{413}	tɕʻiʌˀ^{334}	tɕʻiʌˀ^{324}	dʑiʌˀ^{24}
tɕiʌɑ^{413}	tɕiʌɑ^{413}	tɕʻiʌɑ^{334}	tɕʻiʌɑ^{313}	dʑiʌɑ^{24}
tɕiɔ^{334}	tɕiɔ^{334}	tɕʻiɔ^{324}	tɕʻiɔ^{334}	dʑiɔ^{231}
tɕiɔ^{334}	tɕiɔ^{334}	tɕʻiɔ^{53}	tɕʻiɔ^{334}	dʑiɔ^{113}
tɕiɑɒ^{33}	tɕiɑɒ^{33}	tɕʻiɑɒ^{334}	tɕʻiɑɒ^{33}	dʑiɑɒ^{231}
tɕiɔ^{544}	tɕiɔ^{544}	tɕʻiɔ^{52}	tɕʻiɔ^{544}	dʑiɔ^{233}
tɕiɑɒ^{324}	tɕiɑɒ^{324}	tɕʻiɑɒ^{44}	tɕʻiɑɒ^{324}	dʑiɑɒ^{31}
ciɑɒ^{35}	ciɑɒ^{35}	cʻiɑɒ^{42}	cʻiɑɒ^{35}	ɟiɑɒ^{312}
tɕiɒ^{52}	tɕiɒ^{52}	tɕʻiɒ^{435}	tɕʻiɒ^{52}	dʑiɒ^{113}
tɕiə^{52}	tɕiə^{52}	tɕʻiə^{325}	tɕʻiə^{52}	dʑiə^{113}
kɔ^{44}/tɕiɔ^{44}	tɕiɒ^{44}	tɕʻiɒ^{533}	tɕʻiɒ^{44}	dʑiɒ^{311}
tɕiɛ^{52}	tɕiɛ^{52}	kʷɔ^{35}	kʷɔ^{52}	dʑiɛ^{231}
tɕiɔ^{53}	tɕiɔ^{53}	tɕʻiɔ^{45}	tɕʻiɔ^{53}	dʑiɔ^{323}
tɕiaʊ^{45}	tɕiaʊ^{45}	tɕʻiaʊ^{544}	tɕʻiaʊ^{45}	tɕiaʊ^{324}
kʌʊ^{54}	ʔʌʊ^{44}	tɕʻiʌʊ^{434}	tɕʻiʌʊ^{54}	dʑiʌʊ^{322}

摄口 等调 韵声	效开 三平 宵群 乔	效开 三平 宵群 侨	效开 三平 宵群 翘	效开 三去 笑群 轿
宜	dʑiɑɤ²²³	dʑiɑɤ²²³	tɕʻiɑɤ³²⁴	dʑiɑɤ²²³
溧	dʑiɑˠ³²³	dʑiɑˠ³²³	tɕʻiɑˠ⁵²	dʑiɑˠ³²³
金	tɕʻiɑ³⁵	tɕʻiɑ³⁵	tɕʻiɑ³⁵	tɕʻiɑ³¹
丹	tɕiɒ³²⁴	tɕiɒ³²⁴	tɕʻiɒ³²⁴	tɕiɒ⁴¹
童	dʑiɐɤ¹¹³	dʑiɐɤ¹¹³	tɕʻiɐɤ³²⁴	dʑiɐɤ¹¹³
靖	dʑiɒ²²³	dʑiɒ²²³	tɕʻiɒ⁴³³	dʑiɒ³¹
江	dʑiɒ²²³	dʑiɒ²²³	tɕʻiɒ⁴³⁵/dʑiɒ²²³	dʑiɒ²²³
常	dʑiɑɤ²¹³	dʑiɑɤ²¹³	tɕʻiɑɤ⁵¹	dʑiɑɤ²⁴
锡	dʑiʌ²¹³	dʑiʌ²¹³	tɕʻiʌ³⁵	dʑiʌ²¹³
苏	dʑiæ²²³	dʑiæ²²³	tɕʻiæ⁴⁴/⁴¹²	dʑiæ²³¹
熟	dʑiɔ²³³	dʑiɔ²³³	tɕʻiɔ³²⁴	dʑiɔ²¹³
昆	dʑiɔ¹³²	dʑiɔ¹³²	tɕʻiɔ⁴⁴	dʑiɔ²¹
霜	dʑiɔ²³¹	dʑiɔ²³¹	tɕʻiɔ⁴³⁴	dʑiɔ²¹³
罗	dʑiɔ²³¹	dʑiɔ²³¹	tɕʻiɔ⁴³⁴	dʑiɔ²¹³
周	dʑiɔ¹¹³	dʑiɔ¹¹³	tɕʻiɔ³³⁵/cʻiɔ³³⁵	dʑiɔ¹¹³
上	dʑiɔ¹¹³	dʑiɔ¹¹³	tɕʻiɔ³³⁴/tɕʻiɔ⁵²	dʑiɔ¹¹³
松	dʑiɔ²³¹	dʑiɔ²³¹	tɕʻiɔ³³⁵/cʻiɔ³³⁵	dʑiɔ²³¹/ʝiɔ²³¹
黎	dʑiʌᵓ²⁴	dʑiʌᵓ²⁴	tɕʻiʌᵓ³²⁴	dʑiʌᵓ²¹³
盛	dʑiʌɑ²⁴	dʑiʌɑ²⁴	tɕʻiʌɑ³¹³	dʑiʌɑ²¹²
嘉	dʑiɔ²³¹	dʑiɔ²³¹	tɕʻiɔ³³⁴	dʑiɔ²²³
双	dʑiɔ¹¹³	dʑiɔ¹¹³	tɕʻiɔ³³⁴	dʑiɔ¹¹³
杭	dʑiɔ²¹²	dʑiɔ²¹²	tɕʻiɔ³³⁴	dʑiɔ¹¹³
绍	dʑiɑʊ²³¹	dʑiɑʊ²³¹	tɕʻiɑʊ⁵²	dʑiɑʊ²²
诸	dʑiɔ²³³	dʑiɔ²³³	tɕʻiɔ⁵⁴⁴	dʑiɔ²³³
崇	dʑiɑʊ³¹	dʑiɑʊ³¹	tɕʻiɑʊ⁵³	dʑiɑʊ¹⁴
太	ʝiɑʊ³¹²	ʝiɑʊ³¹²	cʻiɑʊ⁵²³	ʝiɑʊ¹³
余	dʑiʊ¹¹³	dʑiʊ¹¹³	tɕʻiʊ³²⁴	dʑiʊ¹¹³
宁	dʑiɵ¹¹³	dʑiɵ¹¹³	tɕʻiɵ⁵²	dʑiɵ¹¹³
黄	dʑiʊ³¹¹	dʑiʊ³¹¹	tɕʻiʊ⁵³³	dʑiʊ¹¹³
温	dʑiɛ²³¹	dʑiɛ²³¹	tɕʻiɛ⁴⁴	dʑiɛ²²
衢	dʑiɔ³²³	dʑiɔ³²³	tɕʻiɔ⁴³⁴	dʑiɔ³¹
华	tɕiɑʊ³²⁴	tɕiɑʊ³²⁴	tɕʻiɑʊ³²⁴	dʑiɑʊ²⁴
永	dʑiʌʊ³²²	dʑiʌʊ³²²	tɕʻiʌʊ⁵⁴	dʑiʌʊ²¹⁴

效开 三去 笑群	效开 三平 宵日	效开 三上 小日	效开 三去 笑日	效开 三平 宵影
挢~开	饶	绕围~	绕~线	腰
$dʑiɑɣ^{231}$	$ȵiɑɣ^{223}$	$ȵiɑɣ^{231}$	$ȵiɑɣ^{231}$	$ʔiɑɣ^{55}$
$dʑiɑˠ^{323}$	$ȵiɑˠ^{323}$	$zɑɣ^{224}$	$ȵiɑɣ^{231}$	$ʔiɑˠ^{445}$
$tɕʻiɑ^{44}$	$lɑˀ^{35}$	$lɑˀ^{323}$	$lɑˀ^{44}$	$iɑ^{31}$
$dʑiɒ^{213}$	$ȵiɒ^{213}$	$ȵiɒ^{44}$	$ȵiɒ^{41}$	$iɒ^{22}$
$dʑiɐɣ^{113}$	$ȵiɐɣ^{31}$	$ʔȵiɐɣ^{324}$	$ȵiɐɣ^{113}$	$ʔiɐɣ^{42}$
$dʑiɒ^{31}$	$ȵiɒ^{223}$	$ʔȵiɒ^{325}$	$ȵiɒ^{51}$	$ʔiɒ^{433}$
$dʑiɒ^{223}$	$ȵiɒ^{223}$	$ʔlɒ^{45}/ʔȵiɒ^{45}$	$lɒ^{223}/ȵiɒ^{223}$	$ʔiɒ^{51}$
$dʑiɑɣ^{24}$	$ȵiɑɣ^{213}$	$ʔȵiɑɣ^{334}$	$ȵiɑɣ^{51}$	$ʔiɑɣ^{44}$
$dʑiʌ^{213}$	$ȵiʌ^{213}$	$ȵiʌ^{213}$	$ȵiʌ^{213}$	$ʔiʌ^{55}$
$dʑiæ^{231}$	$ȵiæ^{223}$	$ȵiæ^{231}$	$ȵiæ^{231}$	$ʔiæ^{44}$
$dʑiɔ^{213}$	$ȵiɔ^{233}$	$ȵiɔ^{31}$	$ȵiɔ^{213}$	$ʔiɔ^{52}$
$dʑiɔ^{21}$	$ȵiɔ^{132}$	$ȵiɔ^{223}$	$ȵiɔ^{21}$	$ʔiɔ^{44}$
$dʑiɔ^{213}$	$ȵiɔ^{231}$	$ȵiɔ^{213}/zɔ^{213}$	$ȵiɔ^{213}$	$ʔiɔ^{52}$
$dʑiɔ^{213}$	$ȵiɔ^{231}$	$ȵiɔ^{213}/zɔ^{213}$	$ȵiɔ^{213}$	$ʔiɔ^{52}$
$dʑiɔ^{113}$	$ȵiɔ^{113}$	$ȵiɔ^{113}$	$ȵiɔ^{113}$	$ʔiɔ^{52}$
$dʑiɔ^{113}$	$ȵiɔ^{113}$	$ȵiɔ^{113}/lɔ^{113}/zɔ^{113}$	$ȵiɔ^{113}$	$ʔiɔ^{52}$
$dʑiɔ^{113}/ɟiɔ^{113}$	$ȵiɔ^{113}$	$ȵiɔ^{113}/lɔ^{113}$	$ȵiɔ^{113}$	$ʔiɔ^{52}$
$dʑiʌˀ^{213}$	$ȵiʌˀ^{24}/zʌˀ^{24}$	$ȵiʌˀ^{32}$	$ȵiʌˀ^{213}$	$ʔiʌˀ^{44}$
$dʑiʌɑ^{212}$	$ȵiʌɑ^{24}$	$ȵiʌɑ^{223}$	$ȵiʌɑ^{212}$	$ʔiʌɑ^{44}$
$dʑiɔ^{223}$	$ȵiɔ^{231}$	$ȵiɔ^{223}$	$ȵiɔ^{223}$	$ʔiɔ^{51}$
$dʑiɔ^{113}$	$ȵiɔ^{113}$	$ȵiɔ^{231}$	$ȵiɔ^{113}$	$ʔiɔ^{44}$
$dʑiɔ^{113}$	$ȵiɔ^{212}$	$ʔɹiɔ^{51}$	$ȵiɔ^{113}$	$ʔiɔ^{323}$
$dʑiɑɒ^{22}$	$ȵiɑɒ^{231}$	$ȵiɑɒ^{113}$	$ȵiɑɒ^{22}$	$ʔiɑɒ^{52}$
$dʑiɔ^{233}$	$ȵiɔ^{233}$	$ȵiɔ^{231}$	$ȵiɔ^{233}$	$ʔiɔ^{544}$
$dʑiɑɒ^{14}$	$ȵiɑɒ^{31}$	$ȵiɑɒ^{22}$	$ȵiɑɒ^{14}$	$ʔiɑɒ^{53}$
$ɟiɑɒ^{13}$	$ɲiɑɒ^{312}$	$ɲiɑɒ^{22}$	$ɲiɑɒ^{13}$	$ʔiɑɒ^{523}$
$dʑiɒ^{113}$	$ȵiɒ^{113}$	$ȵiɒ^{113}$	$ȵiɒ^{113}$	$ʔiɒ^{324}$
$dʑiə^{113}$	$ȵiə^{113}$	$ȵiə^{113}$	$ȵiə^{113}$	$ʔiə^{52}$
$dʑiɒ^{113}$	$ȵiɒ^{311}$	$zɒ^{311}$	$ȵiɒ^{113}$	$ʔiɒ^{533}$
$dʑiɛ^{\underline{24}}$		$ȵiɛ^{\underline{24}}$	$ȵiɛ^{22}$	$ʔiɛ^{44}$
$tɕiɔ^{45}$	$ȵiɔ^{323}$	$ʔˀɕiɔ^{53}$	$ȵiɔ^{31}$	$ʔiɔ^{434}$
$dʑiɑʊ^{24}$	$ȵiɑʊ^{324}$	$ʔȵiɑʊ^{544}$	$ȵiɑʊ^{24}$	$ʔiɑʊ^{324}$
$dʑiʌʊ^{214}$	$ȵiʌʊ^{322}$	$ȵiʌʊ^{323}$	$ȵiʌʊ^{214}$	$ʔiʌʊ^{44}$

摄口 等调 韵声	效开 三平 宵影	效开 三平 宵影	效开 四平 萧影	效开 四上 篠影
	妖	邀	幺~二三	窈
宜	ʔiɑɣ^{55}	ʔiɑɣ^{55}	ʔiɑɣ^{55}	ʔiɑɣ^{55}
溧	ʔiaʸ^{445}	ʔiaʸ^{445}	ʔiaʸ^{445}	ʔiaʸ^{445}
金	iɑ°^{31}	iɑ°^{31}	iɑ°^{31}	iɑ°^{323}
丹	iɒ^{22}	iɒ^{22}	iɒ^{22}	iɒ^{44}
童	ʔⁱiɐɣ^{42}	ʔⁱiɐɣ^{42}	ʔⁱiɐɣ^{42}	ʔⁱiɐɣ^{324}
靖	ʔiɒ^{433}	ʔiɒ^{433}	ʔiɒ^{433}	ʔiɒ^{334}
江	ʔiɒ^{51}	ʔiɒ^{51}	ʔiɒ^{51}	ʔiɒ^{45}
常	ʔiɑɣ^{44}	ʔiɑɣ^{44}	ʔiɑɣ^{44}	ʔiɑɣ^{334}
锡	ʔiʌ^{55}	ʔiʌ^{55}	ʔiʌ^{55}	ʔiʌ^{324}
苏	ʔiæ^{44}	ʔiæ^{44}	ʔiæ^{44}	ʔiæ^{51}
熟	ʔiɔ^{52}	ʔiɔ^{52}	ʔiɔ^{52}	ʔiɔ^{44}
昆	ʔiɔ^{44}	ʔiɔ^{44}	ʔiɔ^{44}	ʔiɔ^{52}
霜	ʔiɔ^{52}	ʔiɔ^{52}	ʔiɔ^{52}	ʔiɔ^{434}
罗	ʔiɔ^{52}	ʔiɔ^{52}	ʔiɔ^{52}	ʔiɔ^{434}
周	ʔiɔ^{52}	ʔiɔ^{52}	ʔiɔ^{52}	ʔiɔ^{335}
上	ʔiɔ^{52}	ʔiɔ^{52}	ʔiɔ^{52}	ʔiɔ^{334}
松	ʔiɔ^{52}	ʔiɔ^{52}	ʔiɔ^{52}	ʔiɔ^{52}
黎	ʔiʌ°^{44}	ʔiʌ°^{44}	ʔiʌ°^{44}	ʔiʌ°^{51}
盛	ʔiɑɑ^{44}	ʔiɑɑ^{44}	ʔiɑɑ^{44}	ʔiɑɑ^{51}
嘉	ʔiɔ^{51}	ʔiɔ^{51}	ʔiɔ^{51}	ʔiɔ^{44}
双	ʔiɔ^{44}	ʔiɔ^{44}	ʔiɔ^{44}	ʔiɔ^{53}
杭	ʔiɔ^{323}	ʔiɔ^{323}	ʔiɔ^{323}	ʔiɔ^{51}
绍	ʔiɑɒ^{52}	ʔiɑɒ^{52}	ʔiɑɒ^{52}	ʔiɑɒ^{334}
诸	ʔiɔ^{544}	ʔiɔ^{544}	ʔiɔ^{544}	ʔiɔ^{52}
崇	ʔiɑɒ^{53}	ʔiɑɒ^{53}	ʔiɑɒ^{53}	ʔiɑɒ^{44}
太	ʔiɑɒ^{523}	ʔiɑɒ^{523}	ʔiɑɒ^{523}	ʔiɑɒ^{42}
余	ʔiɒ^{324}	ʔiɒ^{324}	ʔiɒ^{324}	ʔiɒ^{435}
宁	ʔiə^{52}	ʔiə^{52}	ʔiə^{52}	ʔiə^{325}
黄	ʔiɒ^{533}	ʔiɒ^{533}	ʔiɒ^{533}	ʔiɒ^{533}
温	ʔiɛ^{44}	ʔiɛ^{44}	ʔiɛ^{44}	ʔiɛ$^{\underline{35}}$
衢	ʔiɔ^{434}	ʔiɔ^{434}	ʔiɔ^{434}	ʔiɔ^{45}
华	ʔiɑʊ^{324}	ʔiɑʊ^{324}	ʔiɑʊ^{324}	ʔiɑʊ^{544}
永	ʔiʌʊ^{44}	ʔiʌʊ^{44}	ʔiʌʊ^{44}	ʔiʌʊ^{434}

效开三去 笑影	效开三平 宵晓	效开四上 篠晓	效开二去 效晓	效开二平 肴匣
要想~	嚣	晓	孝	肴
ʔiaɣ^{324}	çiaɣ^{55}	çiaɣ^{51}	çiaɣ^{324}	ɦiaɣ^{223}
ʔiaˠ^{412}	çiaˠ^{445}	çiaˠ^{52}	çiaˠ^{412}	iaˠ^{323}
iaᵓ^{44}	çiaᵓ^{44}	çiaᵓ^{323}	çiaᵓ^{44}	iaᵓ^{35}
iɒ^{324}	çiɒ^{22}	çiɒ^{44}	çiɒ^{324}	ɦiɒ^{213}
ʔiɐɣ^{45}	çiɐɣ^{324}	çiɐɣ^{324}	çiɐɣ^{324}	ɦiɒ^{31}
ʔiɒ^{51}	çiɒ^{433}	çiɒ^{334}	çiɒ^{51}	ɦiɒ^{223}
ʔiɒ^{435}	çiɒ^{51}	çiɒ^{45}	çiɒ^{435}	ɦiɒ^{223}
ʔiɒɣ^{51}	çiaɣ^{44}	çiaɣ^{334}	çiɒɣ^{51}	ɦiɒɣ^{213}
ʔiʌ^{35}	çiʌ^{55}	çiʌ^{324}	çiʌ^{35}	ɦiʌ^{213}
ʔiæ^{412}	çiæ^{44}	çiæ^{51}	çiæ^{412}	ɦiæ^{223}
ʔiɔ^{324}	çiɔ^{52}	çiɔ^{44}	çiɔ^{324}/hɔ^{324}	ɦiɔ^{233}
ʔiɔ^{52}	çiɔ^{44}	çiɔ^{52}	çiɔ^{52}	ɦiɔ^{132}
ʔiɔ^{434}	çiɔ^{52}	çiɔ^{434}	çiɔ^{434}	ɦiɔ^{231}
ʔiɔ^{434}	çiɔ^{52}	çiɔ^{434}	çiɔ^{434}	ɦiɔ^{231}
ʔiɔ^{335}	çiɔ^{52}	çiɔ^{44}	çiɔ^{335}	ɦiɔ^{113}
ʔiɔ^{334}	çiɔ^{52}	çiɔ^{334}	çiɔ^{334}	çiɔ^{334}
ʔiɔ^{335}	çiɔ^{52}	çiɔ^{335}/çiɔ^{335}	çiɔ^{335}/hɔ^{335}	çiɔ^{335}
ʔiʌᵓ^{413}	çiʌˠ^{44}	çiʌᵓ^{51}	çiʌᵓ^{413}/hʌᵓ^{413}	ɦiʌ^{24}
ʔiʌɑ^{413}	çiʌɑ^{44}	çiʌɑ^{51}	çiʌɑ^{413}	ɦiʌɑ^{24}
ʔiɔ^{44}	çiɔ^{51}	çiɔ^{44}	çiɔ^{334}	çiɔ^{51}
ʔiɔ^{334}	çiɔ^{44}	çiɔ^{53}	çiɔ^{334}	ɦiɔ^{113}
ʔiɔ^{334}	çiɔ^{323}	çiɔ^{51}	çiɔ^{334}	ɦiɔ^{212}
ʔiɑɒ^{33}	çiɑɒ^{52}	çiɑɒ^{334}	çiɑɒ^{33}	ɦiɑɒ^{231}
ʔiɔ^{544}	çiɔ^{544}	çiɔ^{52}	çiɔ^{544}	ɦiɔ^{233}
ʔiɑɒ^{324}	çiɑɒ^{53}	çiɑɒ^{44}	çiɑɒ^{324}	ɦiɑɒ^{31}
ʔiɑɒ^{35}	çiɑɒ^{523}	çiɑɒ^{42}	çiɑɒ^{35}	ɦiɑɒ^{312}
ʔiɒ^{52}	çiɒ^{324}	çiɒ^{435}	çiɒ^{52}	ɦiɒ^{113}
ʔiə^{52}	çiə^{52}	çiə^{325}	çiə^{52}	ɦiə^{113}
ʔiɒ^{44}	çiɒ^{533}	çiɒ^{533}	hɒ^{44}	ɦiɒ^{311}
ʔiɛ^{52}	çiɛ^{44}	çia^{35}	xᵘɔ^{52}	ɦiɛ^{231}
ʔiɔ^{53}	çiɔ^{434}	çiɔ^{45}	çiɔ^{53}	ʔɦiɔ^{323}
ʔiɑʊ^{45}	çiɑʊ^{324}	çiɑʊ^{544}	çiɑʊ^{45}	ʔiɑʊ^{324}
ʔiʌʊ^{54}	çiʌʊ^{44}	çiʌʊ^{434}	xʌʊ^{54}	ʔɦiʌʊ^{322}

摄口 等调 韵声	效开 三平 宵以 谣	效开 三平 宵以 摇	效开 四平 萧疑 尧	效开 三上 小以 舀~水
宜	ɦiɑɣ²²³	ɦiɑɣ²²³	ɦiɑɣ²²³	ɦiɑɣ²⁴
溧	iɑˠ³²³	iɑˠ³²³	iɑˠ³²³	ʔiɑˠ⁴⁴⁵
金	iɑᵒ³⁵	iɑᵒ³⁵	iɑᵒ³⁵	iɑᵒ³²³
丹	ɦiɒ²¹³	ɦiɒ²¹³	ɦiɒ²¹³	iɒ⁴⁴
童	ɦiɐˠ³¹	ɦiɐˠ³¹	ɦiɐˠ³¹	ʔiɐˠ³²⁴
靖	ɦiɒ²²³	ɦiɒ²²³	ɦiɒ²²³	ʔiɒ³³⁴
江	ɦiɒ²²³	ɦiɒ²²³	ɦiɒ²²³	ʔiɒ⁴⁵
常	ɦiɑɣ²¹³	ɦiɑɣ²¹³	ɦiɑɣ²¹³	ʔiɑɣ³³⁴
锡	ɦiʌ²¹³	ɦiʌ²¹³	ɦiʌ²¹³	ɦiʌ²¹³/³³
苏	ɦiæ²²³	ɦiæ²²³	ɦiæ²²³	æiæ²³¹
熟	ɦiɔ²³³	ɦiɔ²³³	ɦiɔ²³³	ɦiɔ³¹
昆	ɦiɔ¹³²	ɦiɔ¹³²	ɦiɔ¹³²	ɦiɔ²²³
霜	ɦiɔ²³¹	ɦiɔ²³¹	ɦiɔ²³¹	ɦiɔ²¹³
罗	ɦiɔ²³¹	ɦiɔ²³¹	ɦiɔ²³¹	ɦiɔ²¹³
周	ɦiɔ¹¹³	ɦiɔ¹¹³	ɦiɔ¹¹³	ɦiɔ¹¹³
上	ɦiɔ¹¹³	ɦiɔ¹¹³	ɦiɔ¹¹³/ȵiɔ¹¹³少	ɦiɔ¹¹³
松	ɦiɔ²³¹	ɦiɔ²³¹	ȵiɔ²³¹	ɦiɔ¹¹³
黎	ɦiʌᵒ²⁴	ɦiʌᵒ²⁴	ɦiʌᵒ²⁴	ɦiʌᵒ³²
盛	ɦiʌɑ²⁴	ɦiʌɑ²⁴	ɦiʌɑ²⁴	ɦiʌɑ²²³
嘉	ɦiɔ²³¹	ɦiɔ²³¹	lɔ²³¹	ʔiɔ³³⁴
双	ɦiɔ¹¹³	ɦiɔ¹¹³	ɦiɔ¹¹³	ʔiɔ⁵³
杭	ɦiɔ²¹²	ɦiɔ²¹²	ɦiɔ²¹²	ʔiɔ⁵¹
绍	ɦiɑɒ²³¹	ɦiɑɒ²³¹	ɦiɑɒ²³¹	ɦiɑɒ¹¹³
诸	ɦiɔ²³³	ɦiɔ²³³	ɦiɔ²³³	ɦiɔ²³¹
崇	ɦiɑɒ³¹	ɦiɑɒ³¹	ɦiɑɒ³¹	ʔiɑɒ⁵³
太	ɦiɑɒ³¹²	ɦiɑɒ³¹²	ɦiɑɒ³¹²	ɦiɑɒ²²
余	ɦiɒ¹¹³	ɦiɒ¹¹³	ɦiɒ¹¹³	ɦiɒ¹¹³
宁	ɦiə¹¹³	ɦiə¹¹³	ɦiə¹¹³	ɦiə¹¹³
黄	ɦiɒ³¹¹	ɦiɒ³¹¹	ɦiɒ³¹¹	ʔiɒ⁵³³
温	ɦiɛ²³¹	ɦiɛ²³¹	ɦiɑ²³¹	ɦiɛ²⁴
衢	ˀɦiɔ³²³	ˀɦiɔ³²³	ˀɦiɔ³²³	ˀɦiɔ³¹
华	ʔiɑʊ³²⁴	ʔiɑʊ³²⁴	ʔiɑʊ³²⁴	ʔiɑʊ⁵⁴⁴
永	ʔɦiɑʊˀ³²²	ʔɦiɑʊˀ³²²	ʔɦiɑʊˀ³²²	ʔɦiɑʊˀ³²³

效开 二去 效匣	效开 二去 效匣	效开 三去 笑以	效开 三平 宵精	效开 三平 宵精
校学~	效	耀	焦	蕉
ɦiaɤ^{231}	ɦiaɤ^{231}	ɦiaɤ^{231}	tɕiaɤ^{55}	tɕiaɤ^{55}
ɦiaˠ^{231}	ɦiaˠ^{231}	ɦiaˠ^{231}	tɕiaˠ^{445}	tɕiaˠ^{445}
çiaᵒ^{44}	çiaᵒ^{44}	iaᵒ^{44}	tɕiaᵒ^{44}	tɕiaᵒ^{44}
iɒ^{41}	iɒ^{41}	iɒ^{41}	tɕiɒ^{22}	tɕiɒ^{22}
ɦiɐɤ^{113}	ɦiɐɤ^{113}	ɦiɐɤ^{113}	tɕiɐɤ^{42}	tɕiɐɤ^{42}
ɦiɒ^{31}	ɦiɒ^{31}	ɦiɒ^{31}	tsiɒ^{433}	tsiɒ^{433}
ɦiɒ^{223}	ɦiɒ^{223}	ɦiɒ^{223}	tsiɒ^{51}	tsiɒ^{51}
ɦiaɤ^{24}	ɦiaɤ^{24}	ɦiaɤ^{24}	tɕiaɤ^{44}	tɕiaɤ^{44}
ɦiiʌ^{213}	ɦiiʌ^{213}	ɦiiʌ^{213}	tsiʌ^{55}	tsiʌ^{55}
ɦiæ^{231}	ɦiæ^{231}	ɦiæ^{231}	tsiæ^{44}	tsiæ^{44}
ɦiɔ^{213}	ɦiɔ^{213}	ɦiɔ^{213}	tsiɔ^{52}	tsiɔ^{52}
ɦiɔ^{21}	ɦiɔ^{21}	ɦiɔ^{21}	tɕiɔ^{44}/tsiɔ^{44}	tɕiɔ^{44}/tsiɔ^{44}
ɦiɔ^{213}	ɦiɔ^{213}	ɦiɔ^{213}	tsiɔ^{52}	tsiɔ^{52}
ɦiɔ^{213}	ɦiɔ^{213}	ɦiɔ^{213}	tsiɔ^{52}	tsiɔ^{52}
ɦiɔ^{113}	ɦiɔ^{113}	ɦiɔ^{113}	tɕiɔ^{52}	tɕiɔ^{52}
ɦiɔ^{113}	ɦiɔ^{113}	ɦiɔ^{113}	tɕiɔ^{52}	tɕiɔ^{52}
ɦiɔ^{113}	çiɔ^{335}/ɦiɔ^{113}	ɦiɔ^{113}	tɕiɔ^{52}/ɟiɔ^{52}	tɕiɔ^{52}/ɟiɔ^{52}
ɦiiʌᵒ^{213}	ɦiiʌᵒ^{213}	ɦiiʌᵒ^{213}	tsiʌᵒ^{44}	tsiʌᵒ^{44}
ɦiiʌɑ^{212}	ɦiiʌɑ^{212}	ɦiiʌɑ^{212}	tsiʌɑ^{44}	tsiʌɑ^{44}
ʔiɔ^{334}	ʔiɔ^{334}	ʔiɔ^{334}	tɕiɔ^{51}	tɕiɔ^{51}
ɦiɔ^{113}	ɦiɔ^{113}	ɦiɔ^{113}	tɕiɔ^{44}	tɕiɔ^{44}
ɦiɔ^{113}	ɦiɔ^{113}	ɦiɔ^{113}	tɕiɔ^{323}	tɕiɔ^{323}
ɦiiɒ^{22}	ɦiiɒ^{22}	ɦiiɒ^{22}	tɕiɒ^{52}	tɕiɒ^{52}
ɦiɔ^{233}	ɦiɔ^{233}	ɦiɔ^{233}	tɕiɔ^{544}	tɕiɔ^{544}
ɦiiɒ^{14}	ɦiiɒ^{14}	ɦiiɒ^{14}	tɕiɒ^{53}	tɕiɒ^{53}
ɦiiɒ^{13}	ɦiiɒ^{13}	ɦiiɒ^{13}	ciɒ^{523}	ciɒ^{523}
ɦiɒ^{113}	ɦiɒ^{113}	ɦiɒ^{113}	tɕiɒ^{324}	tɕiɒ^{324}
ɦiə^{113}	ɦiə^{113}	ɦiə^{113}	tɕiə^{52}	tɕiə^{52}
ɦiɒ^{113}	ɦiɒ^{113}	ɦiɒ^{113}	tɕiɒ^{533}	tɕiɒ^{533}
ɦiɛ^{22}	ɦᵘɔ^{22}	ɦia^{22}	tɕiɛ^{44}	tɕiɛ^{44}
ziɔ^{31}	ziɔ^{31}	ʔiɔ^{53}	tɕiɔ^{434}	tɕiɔ^{434}
ɦiaʊ^{24}	ɦiaʊ^{24}	ɦiaʊ^{24}	tɕiaʊ^{324}	tɕiaʊ^{324}
ʔɦiaʊ^{214}	ʔɦiaʊ^{214}	ʔɦiaʊ^{214}	tɕiaʊ^{44}	tɕiaʊ^{44}

摄口 等调 韵声	效开 三平 宵精 椒	效开 三上 小精 劁	效开 三平 宵清 缲~边	效开 三上 小清 悄
宜	tɕiaɤ^{55}	tɕiaɤ^{51}	tɕʰiaɤ^{55}	tɕʰiaɤ^{55}
溧	tɕiaɤ^{445}	tɕiaɤ^{52}	tɕʰiaɤ^{445}	tɕʰiaɤ^{445}
金	tɕiɑ^{44}	tɕiɑ^{323}	tɕʰiɑ^{31}	tɕʰiɑ^{44}
丹	tɕiɒ$^{22/44}$	tɕiɒ^{44}	tɕʰiɒ^{44}	tɕʰiɒ^{44}
童	tɕiɐɤ^{42}	tɕiɐɤ^{324}	tɕʰiɐɤ^{42}	tɕʰiɐɤ^{324}
靖	tsiɒ^{433}	tsiɒ^{334}	tsʰiɒ^{433}	tsʰiɒ^{334}
江	tsiɒ^{51}	tsiɒ^{45}	tsʰiɒ^{51}	tsʰiɒ^{45}
常	tɕiɑɤ^{44}	tɕiɑɤ^{334}	tɕʰiɑɤ^{44}	tɕʰiɑɤ^{334}
锡	tsiʌ^{55}	tsiʌ^{324}	tsʰiʌ^{55}	tsʰiʌ^{324}
苏	tsiæ^{44}	tsiæ^{51}	tsʰiæ^{44}	tsʰiæ^{51}
熟	tsiɔ^{52}	tsiɔ^{44}	tsʰiɔ^{52}	tsʰiɔ^{44}
昆	tɕiɔ^{44}/tsiɔ^{44}	tɕiɔ^{52}	tsʰiɔ^{44}/tɕʰiɔ^{44}	tɕʰiɔ^{52}
霜	tsiɔ^{52}	ziɔ^{213}	tsʰiɔ^{52}	tɕʰiɔ^{434}
罗	tsiɔ^{52}	ziɔ^{213}	tsʰiɔ^{52}	tsʰiɔ^{434}
周	tɕiɔ^{52}/ʃiɔ^{52}	tɕiɔ^{44}	tɕʰiɔ^{52}/cʰiɔ^{52}	tɕʰiɔ^{44}/cʰiɔ^{44}
上	tɕiɔ^{52}	tɕiɔ^{334}/dʑiɔ^{113}	tɕʰiɔ^{52}	tɕʰiɔ^{334}
松	tɕiɔ^{52}/ʃiɔ^{52}	tɕiɔ^{44}/ʃiɔ^{44}	tɕʰiɔ^{52}/cʰiɔ^{52}	tɕʰiɔ^{44}/cʰiɔ^{44}
黎	tsiaʌ^{44}	dziʌ^{32}	tsʰiʌ^{44}	tsʰiʌ^{334}
盛	tsiɑɑ^{44}	ziɑɑ^{223}	tsʰiɑɑ^{44}	tɕʰiɑɑ^{334}
嘉	tsiɔ^{51}	dʑiɔ^{223}	tɕʰiɔ^{51}	tɕʰiɔ^{324}
双	tɕiɔ^{44}	dʑiɔ^{231}	tɕʰiɔ^{44}	tɕʰiɔ^{53}
杭	tɕiɔ^{323}	tɕiɔ^{51}	tɕʰiɔ^{323}	tɕʰiɔ^{51}
绍	tɕiɑɒ^{52}	dʑiɑɒ^{113}	tɕʰiɑɒ^{52}	tɕʰiɑɒ^{334}
诸	tɕiɔ^{544}	dʑiɔ^{231}	tɕʰiɔ^{544}	tɕʰiɔ^{52}
崇	tɕiɑɒ^{53}	tɕiɑɒ^{44}	tɕʰiɑɒ^{53}	tɕʰiɑɒ^{44}
太	ciɑɒ^{523}	ciɑɒ^{42}	cʰiɑɒ^{523}	cʰiɑɒ^{42}
余	tɕiɒ^{324}	tɕiɒ^{435}	tɕʰiɒ^{324}	tɕʰiɒ^{435}
宁	tɕiə^{52}	tɕiə^{325}	tɕʰiə^{52}	tɕʰiə^{325}
黄	tɕiɒ^{533}	tɕiɒ^{533}	tɕʰiɒ^{533}	tɕʰiɒ^{533}
温	tɕiɛ^{44}	tsʰɔ^{35}	tɕʰiɛ^{44}	kʰʊɔ^{35}
衢	tɕiɔ^{434}	tɕiɔ^{45}	tɕʰiɔ^{53}	tɕʰiɔ^{45}
华	tɕiɑʊ^{324}	tɕiɑʊ^{544}	tɕʰiɑʊ^{324}	tɕʰiɑʊ^{544}
永	tɕiʌʊ^{44}	tɕiʌʊ^{434}	tɕʰiʌʊ^{44}	tɕʰiʌʊ^{434}

效开三去笑清	效开三平宵从	效开三平宵心	效开三平宵心	效开三平宵心
俏	樵	消	销	宵
tɕʻiaɣ³²⁴	dʑiaɣ²²³	ɕiaɣ⁵⁵	ɕiaɣ⁵⁵	ɕiaɣ⁵⁵
tɕʻiaˠ⁴¹²	dʑiaˠ³²³	ɕiaˠ⁴⁴⁵	ɕiaˠ⁴⁴⁵	ɕiaˠ⁴⁴⁵
ɕiaɔ⁴⁴	tɕiaɔ⁴⁴	ɕiaɔ⁴⁴/ɕiaɔ³¹	ɕiaɔ⁴⁴/ɕiaɔ³¹	ɕiaɔ⁴⁴/ɕiaɔ³¹
tɕʻiɒ³²⁴	tɕiɒ²²	ɕiɒ²²	ɕiɒ²²	ɕiɒ²²
tɕʻiɐɣ³²⁴	dʑiɐɣ¹¹³	ɕiɐɣ⁴²	ɕiɐɣ⁴²	ɕiɐɣ⁴²
tsʻiɒ⁵¹	dʑiɒ²²³	siɒ⁴³³	siɒ⁴³³	siɒ⁴³³
tsʻiɒ⁴³⁵	dʑiɒ²²³	siɒ⁵¹	siɒ⁵¹	siɒ⁵¹
tɕʻiaɣ⁵¹	dʑiaɣ²¹³	ɕiaɣ⁴⁴	ɕiaɣ⁴⁴	ɕiaɣ⁴⁴
tsʻiʌ³⁵	ziʌ²¹³	siʌ⁵⁵	siʌ⁵⁵	siʌ⁵⁵
tsʻiæ⁴¹²	ziæ²³¹	siæ⁴⁴	siæ⁴⁴	siæ⁴⁴
	dʑiɔ²³³	siɔ⁵²	siɔ⁵²	siɔ⁵²
tɕʻiɔ⁵²	ziɔ¹³²	siɔ⁴⁴	siɔ⁴⁴	siɔ⁴⁴
tsʻiɔ⁴³⁴	tsiɔ⁵²	siɔ⁵²	siɔ⁵²	siɔ⁵²
tsʻiɔ⁴³⁴	ziɔ²³¹	siɔ⁵²	siɔ⁵²	siɔ⁵²
tɕʻiɔ⁴⁴	tɕiɔ⁵²/ziɔ¹¹³	ɕiɔ⁵²	ɕiɔ⁵²	ɕiɔ⁵²
tɕʻiɔ³³⁴	dʑiɔ¹¹³/ziɔ¹¹³	ɕiɔ⁵²	ɕiɔ⁵²	ɕiɔ⁵²
tɕʻiɔ³³⁵	dʑiɔ²³¹/ɟiɔ²³¹	ɕiɔ⁵²	ɕiɔ⁵²	ɕiɔ⁵²
tsʻiʌɔ³²⁴	dʑiʌɔ²⁴	siʌɔ⁴⁴	siʌɔ⁴⁴	siʌɔ⁴⁴
tsʻiʌɑ³¹³	dʑiʌɑ²⁴	siʌɑ⁴⁴	siʌɑ⁴⁴	siʌɑ⁴⁴
tɕʻiɔ³³⁴	dʑiɔ²³¹	siɔ⁵¹	siɔ⁵¹	siɔ⁵¹
tɕʻiɔ³³⁴	dʑiɔ¹¹³	ɕiɔ⁴⁴	ɕiɔ⁴⁴	ɕiɔ⁴⁴
tɕʻiɔ³³⁴	dʑiɔ²¹²	ɕiɔ³²³	ɕiɔ³²³	ɕiɔ³²³
tɕʻiɑɒ³³	dʑiɑɒ²³¹	ɕiɑɒ⁵²	ɕiɑɒ⁵²	ɕiɑɒ⁵²
tɕʻiɔ⁵⁴⁴	dʑiɔ²³³	ɕiɔ⁵⁴⁴	ɕiɔ⁵⁴⁴	ɕiɔ⁵⁴⁴
tɕʻiɑɒ³²⁴	dʑiɑɒ³¹	ɕiɑɒ⁵³	ɕiɑɒ⁵³	ɕiɑɒ⁵³
cʻiɑɒ³⁵	ɟiɑɒ³¹²	ɕiɑɒ⁵²³	ɕiɑɒ⁵²³	ɕiɑɒ⁵²³
tɕʻiɒ⁵²	dʑiɒ¹¹³	ɕiɒ³²⁴	ɕiɒ³²⁴	ɕiɒ³²⁴
tɕʻiə⁵²	dʑiə¹¹³/tsiə⁵²	ɕiə⁵²	ɕiə⁵²	ɕiə⁵²
tɕʻiɒ⁴⁴	dʑiɒ³¹¹	ɕiɒ⁵³³	ɕiɒ⁵³³	ɕiɒ⁵³³
	tsiɛ⁴⁴	ɕiɛ⁴⁴	ɕiɛ⁴⁴	ɕiɛ⁴⁴
tɕʻiɔ⁵³	dʑiɔ³²³	ɕiɔ⁴³⁴	ɕiɔ⁴³⁴	ɕiɔ⁴³⁴
tɕʻiaʊ⁴⁵	tɕiaʊ³²⁴	ɕiaʊ³²⁴	ɕiaʊ³²⁴	ɕiaʊ⁴³⁵
tɕʻiʌʊ⁵⁴	dʑiʌʊ³²²	ɕiʌʊ⁴⁴	ɕiʌʊ⁴⁴	ɕiʌʊ⁴⁴

摄口 等调 韵声	效开 四平 萧心 萧	效开 三上 小心 小	效开 三去 笑心 笑	效开 三去 笑心 鞘刀~
宜	ɕiɑɣ⁵⁵	ɕiɑɣ⁵¹	ɕiɑɣ³²⁴	tɕʻiɑɣ³²⁴
溧	ɕiɑᵞ⁴⁴⁵	ɕiɑᵞ⁵²	ɕiɑᵞ⁴¹²	tɕʻiɑᵞ⁴¹²
金	ɕiɑ°⁴⁴/ɕiɑ°³¹	ɕiɑ°³²³	ɕiɑ°⁴⁴	ɕiɑ°⁴⁴
丹	ɕiɒ²²	ɕiɒ⁴⁴	ɕiɒ³²⁴/⁴¹	tɕʻiɒ³²⁴
童	ɕiɐɣ⁴²	ɕiɐɣ³²⁴	ɕiɐɣ⁴⁵	ɕiɐɣ⁴⁵
靖	siɒ⁴³³	siɒ³³⁴	siɒ⁵¹	tɕʻiɒ⁵¹/siɒ⁵¹
江	siɒ⁵¹	siɒ⁴⁵	siɒ⁴³⁵	siɒ⁴³⁵
常	ɕiɑɣ⁴⁴	ɕiɑɣ³³⁴	ɕiɑɣ⁵¹	tɕʻiɑɣ⁵¹
锡	siʌ⁵⁵	siʌ³²⁴	siʌ³⁵	ɕiʌ³⁵/siʌ³⁵/tɕʻiʌ³⁵
苏	siæ⁴⁴	siæ⁵¹	siæ⁴¹²	tɕʻiæ⁴¹²
熟	siɔ⁵²	siɔ⁴⁴	siɔ³²⁴	tɕʻiɔ³²⁴
昆	siɔ⁴⁴	siɔ⁵²	siɔ⁵²	tɕʻiɔ⁵²
霜	siɔ⁵²	siɔ⁴³⁴	siɔ⁴³⁴	siɔ⁴³⁴
罗	siɔ⁵²	siɔ⁴³⁴	siɔ⁴³⁴	tɕʻiɔ⁴³⁴
周	ɕiɔ⁵²	ɕiɔ⁴⁴	ɕiɔ³³⁵	tɕʻiɔ³³⁵
上	ɕiɔ⁵²	ɕiɔ³³⁴	ɕiɔ³³⁴	tɕʻiɔ³³⁴
松	ɕiɔ⁵²	ɕiɔ⁴⁴/ɕiɔ³³⁵	ɕiɔ³³⁵	tɕʻiɔ³³⁵
黎	siʌ°⁴⁴	siʌ°⁵¹	siʌ°⁴¹³	tsʻiʌ°³²⁴
盛	siʌɑ⁴⁴	siʌɑ⁵¹	siʌɑ⁴¹³	tsʻiʌɑ³¹³
嘉	ɕiɔ⁵¹	ɕiɔ⁴⁴	ɕiɔ³³⁴	siɔ³³⁴
双	ɕiɔ⁴⁴	ɕiɔ⁵³	ɕiɔ³³⁴	ɕiɔ³³⁴/tɕʻiɔ³³⁴
杭	ɕiɔ³²³	ɕiɔ⁵¹	ɕiɔ³³⁴	tɕʻiɔ³³⁴
绍	ɕiɑɒ⁵²	ɕiɑɒ³³⁴	ɕiɑɒ³³	ɕiɑɒ³³
诸	ɕiɔ⁵⁴⁴	ɕiɔ⁵²	ɕiɔ⁵⁴⁴	ɕiɔ⁵⁴⁴
崇	ɕiɑɒ⁵³	ɕiɑɒ⁴⁴	ɕiɑɒ³²⁴	ɕiɑɒ³²⁴
太	ɕiɑɒ⁵²³	ɕiɑɒ⁴²	ɕiɑɒ³⁵	ɕiɑɒ³⁵
余	ɕiɒ³²⁴	ɕiɒ⁴³⁵	ɕiɒ⁵²	tɕʻiɒ⁵²
宁	ɕiə⁵²	ɕiə³²⁵	ɕiə⁵²	tɕʻiə⁵²
黄	ɕiɒ⁵³³	ɕiɒ⁵³³	ɕiɒ⁴⁴	ɕiɒ⁴⁴
温	ɕiɛ⁴⁴	ɕiɛ³⁵	ɕiɛ⁵²	ɕiɛ⁵²
衢	ɕiɔ⁴³⁴	ɕiɔ⁴⁵	ɕiɔ⁵³	tɕʻiɔ⁵³
华	ɕiɑʊ³²⁴	ɕiɑʊ⁵⁴⁴	ɕiɑʊ⁴⁵	tɕʻiɑʊ⁴⁵
永	ɕiʌʊ⁴⁴	ɕiʌʊ⁴³⁴	ɕiʌʊ⁵⁴	tɕʻiʌʊ⁵⁴

流开 三去 幼明	流开 三平 尤来	流开 三平 尤来	流开 三平 尤来
谬	丢	刘	流	留
miɣɯ²³¹	tiɣɯ³²⁴/tɣɯ³²⁴	liɣɯ²²³	liɣɯ²²³	liɣɯ²²³
miʌɯ²³¹	tiʌɯ⁴¹²/tei⁴¹²	lei³²³	lei³²³	lei³²³
miʌɣ⁴⁴	tiʌɣ³¹	liʌɣ³⁵	liʌɣ³⁵	liʌɣ³⁵
miɒ⁴¹		lɣ²²	lɣ²²	lɣ²²
miʌɣ¹¹³	tei⁴⁵	lei³¹	lei³¹	lei³¹
mᵉ'ɣ³¹/miɒ³¹	t°ɣ⁵¹	l°ɣ²²³	l°ɣ²²³	l°ɣ²²³
miɜɣ²²³	tiɜɣ⁴³⁵	liɜɣ²²³	liɜɣ²²³	liɜɣ²²³
miɯ²⁴	tei⁵¹	lei²¹³	lei²¹³	lei²¹³
mɛi²¹³	tɛi³⁵	lɛi²¹³	lɛi²¹³	lɛi²¹³
ʔmiæ⁴¹²	təɪ⁴⁴	ləɪ²²³	ləɪ²²³	ləɪ²²³
miɯ²¹³	tiɯ⁵²	liɯ²³³	liɯ²³³	liɯ²³³
ȵɪ²¹/miɔ²¹	tɛ⁴⁴	lɪ¹³²/li¹³²/lɣ¹³²	lɪ¹³²/li¹³²/lɣ¹³²	lɪ¹³²/li¹³²/lɣ¹³²
miɔ⁴³⁴	ty⁵²	ly²³¹	ly²³¹	ly²³¹
miɔ⁴³⁴	ty⁵²	ly²³¹	ly²³¹	ly²³¹
miɔ¹¹³/miɣ¹¹³	ʔdiɣ⁵²	liɣ¹¹³	liɣ¹¹³	liɣ¹¹³
miɔ¹¹³/miɣɯ¹¹³	tiɣɯ⁵²	liɣɯ¹¹³	liɣɯ¹¹³	liɣɯ¹¹³
miɯ¹¹³	tiɯ⁵²/ʔdiɯ⁵²	liɯ²³¹	liɯ²³¹	liɯ²³¹
mieɯ²¹³	tieɯ⁴⁴	lieɯ²⁴	lieɯ²⁴	lieɯ²⁴
miɔʁ²¹²	tiɔʁ⁴⁴	liɔʁ²⁴	liɔʁ²⁴	liɔʁ²⁴
ȵiɔʊ²²³	tiɔʊ⁵¹	liɔʊ²³¹	liɔʊ²³¹	liɔʊ²³¹
miɔ³³⁴/mᵉ'ɣ³³⁴	t°ɣ³³⁴	l°ɣ¹¹³	l°ɣ¹¹³	l°ɣ¹¹³
miu³³⁴	tɣ³³⁴	lɣ²¹²	lɣ²¹²	lɣ²¹²
miɣ²²/ȵiɣ²²	tiɣ³³	liɣ²³¹	liɣ²³¹	liɣ²³¹
miɔ²³³/miɣ²³³	tⁱɣ⁵⁴⁴	lⁱɣ²³³	lⁱɣ²³³	lⁱɣ²³³
mɣ¹⁴	tɣ³²⁴	lɣ³¹	lɣ³¹	lɣ³¹
mɣ¹³	tɣ³⁵	lɣ³¹²	lɣ³¹²	lɣ³¹²
miɒ¹¹³/miɣ¹¹³	tiɣ⁵²	liɣ¹¹³	liɣ¹¹³	liɣ¹¹³
miɔ¹¹³	tɣ⁵²	lɣ¹¹³	lɣ¹¹³	lɣ¹¹³
miu¹¹³	tiu⁵³³	liu³¹¹	liu³¹¹	liu³¹¹
mie⁵²	təu⁵²	lʌu²³¹	lʌu²³¹	lʌu²³¹
miɯ⁵³	təɪ⁵³	ləɪ³²³	ləɪ³²³	ləɪ³²³
miɑʊ²⁴/miɯɯ²⁴	tiɯɯ⁴⁵	ʔliɯɯ³²⁴	ʔliɯɯ³²⁴	ʔliɯɯ³²⁴
miʌʊ⁵⁴/miɔʊ⁵⁴	tiɔʊ⁵⁴	liɔʊ⁴⁴	liɔʊ⁴⁴	liɔʊ⁴⁴

摄口 等调 韵声	流开 三平 尤来	流开 三去 宥来	流开 三上 有来	流开 三平 尤见
	榴	溜	柳	鸠
宜	liɣɯ²²³	ʔliɣɯ⁵⁵	ʔliɣɯ⁵⁵	tɕiɣɯ⁵⁵
溧	lei³²³	ʔlei⁴⁴⁵	ʔliʌɯ⁴⁴⁵	tɕiʌɯ⁴⁴⁵
金	liʌɣ³⁵	liʌɣ³⁵	liʌɣ³²³	tɕiʌɣ³¹
丹	lɣ²²	lɣ²²	lɣ²²	tɕɣ²²
童	lei³¹	lei³¹	ʔlei³²⁴	tɕiuᵘ⁴²
靖	lᵒɣ²²³	lᵒɣ⁴³³	ʔløɣ³³⁴	tɕᵒɣ⁴³³
江	liʒɣ²²³	ʔliʒɣ⁵¹	ʔliʒɣ⁴⁵	tɕiʒɣ⁵¹
常	lei²¹³	ʔlei⁴⁴	ʔlei³³⁴	tɕiɯ⁴⁴
锡	lɛi²¹³	ʔlɛi⁵⁵	lɛi³³/²¹³	tɕiʌɣ⁵⁵
苏	ləɪ²²³	ʔləɪ⁴⁴	ləɪ²³¹	tɕiθ⁴⁴
熟	liɯ²³³	liɯ²¹³	ʔliɯ⁴⁴	tɕiɯ⁵²
昆	lɿ¹³²/li¹³²/lɣ¹³²	ʔlɿ⁴⁴/ʔli⁴⁴/ʔlɣ⁴⁴	lɿ²²³/li²²³/lɣ²²³	tɕɿ⁴⁴/tɕi⁴⁴/tɕɣ⁴⁴
霜	ly²³¹	ʔly⁵²	ly²¹³	tɕy⁵²
罗	ly²³¹	ʔly⁵²	ly²¹³	tɕy⁵²
周	liɣ¹¹³	ʔliɣ⁵²	liɣ¹¹³	tɕiɣ
上	liɣɯ¹¹³	ʔliɣɯ⁵²	liɣɯ¹¹³	tɕiɣɯ⁵²
松	liɯ²³¹	ʔliɯ⁵²	liɯ¹¹³	tɕiɯ⁵²
黎	lieɯ²⁴	ʔlieɯ⁴⁴	lieɯ³²	tɕieɯ⁴⁴
盛	liəʉ²⁴	ʔliəʉ⁴⁴	liəʉ²²³	tɕiəʉ⁴⁴
嘉	liəu²³¹	ʔliəu⁵¹	liəu²²³	tɕiəu⁵¹
双	løɣ¹¹³	ʔløɣ⁴⁴	ʔløɣ⁵³	tɕiøɣ⁴⁴
杭	lɣ²¹²	lɣ²¹²	ʔlɣ⁵¹	tɕɣ³²³
绍	liɣ²³¹	liɣ²³¹	liɣ¹¹³	tɕiɣ⁵²
诸	lⁱɣ²³³	lⁱɣ²³³	lⁱɣ²³³	tɕiɣ⁵⁴⁴
崇	lɣ³¹	lɣ¹⁴	lɣ²²	kɣ⁵³
太	lɣ³¹²	lɣ¹³	lɣ²²	tɕɣ⁵²³
余	liɣ¹¹³	ʔliɣ³²⁴/liɣ¹¹³	liɣ¹¹³	tɕiɣ³²⁴
宁	lɣ¹¹³	ʔlɣ⁵²/lɣ¹¹³	lɣ¹¹³	tɕɣ⁵²
黄	liu³¹¹	liu³¹¹	ʔliu⁵³³	tɕiu⁵³³
温	lʌu²³¹	lʌu²³¹	lʌu²³¹	tɕiʌu⁴⁴
衢	ləɪ³²³	ləɪ³²³	ʔləɪ⁵³	tɕiɯ⁴³⁴
华	ʔliɯɯ³²⁴	ʔliɯɯ³²⁴	ʔliɯɯ⁵⁴⁴/liɯɯ²⁴	tɕiɯɯ³²⁴
永	liəʊ³²²	ʔliəʊ⁴⁴	liəʊ³²³	tɕiəʊ⁴⁴

流开 三平 尤见	流开 三上 有见	流开 三上 有见	流开 三去 宥见	流开 三去 宥见
纠~缠	九	久	救	究
tɕiɣɯ^{55}	tɕiɣɯ^{51}	tɕiɣɯ^{51}	tɕiɣɯ^{324}	tɕiɣɯ^{324}
tɕiʌɯ^{445}	tɕiʌɯ^{52}	tɕiʌɯ^{52}	tɕiʌɯ^{412}	tɕiʌɯ^{412}
tɕiʌɣ^{31}	tɕiʌɣ^{323}	tɕiʌɣ^{323}	tɕiʌɣ^{44}	tɕiʌɣ^{44}
tɕʏ^{22}	tɕʏ^{44}	tɕʏ^{44}	tɕʏ^{324}	tɕʏ^{324}
tɕiɯ^{u42}	tɕiɯ^{u324}/tʃyʊ^{324}	tɕiɯ^{u324}/tʃyʊ^{324}	tɕiɯ^{u45}/tʃyʊ^{45}	tɕiɯ^{u45}/tʃyʊ^{45}
tɕ^{ø}ʏ^{433}	tɕ^{ø}ʏ^{334}	tɕ^{ø}ʏ^{334}	tɕ^{ø}ʏ^{51}	tɕ^{ø}ʏ^{51}
tɕiɜɣ^{51}	tɕiɜɣ^{45}	tɕiɜɣ^{45}	tɕiɜɣ^{435}	tɕiɜɣ^{435}
tɕiɯ^{44}	tɕiɯ^{334}	tɕiɯ^{334}	tɕiɯ^{51}	tɕiɯ^{51}
tɕiʌɣ^{55}	tɕiʌɣ^{324}	tɕiʌɣ^{324}	tɕiʌɣ^{35}	tɕiʌɣ^{35}
tɕiɵ^{44}	tɕiɵ^{51}/tɕʏ^{51}	tɕiɵ^{51}/tɕʏ^{51}	tɕiɵ^{412}/tɕʏ^{412}	tɕiɵ^{44}/tɕʏ^{44}
tɕiɯ^{52}	tɕiɯ^{44}	tɕiɯ^{44}	tɕiɯ^{324}	tiɯ^{324}
tɕɿ^{44}	tɕʏ^{52}	tɕʏ^{52}	tɕɿ^{52}/tɕʏ^{52}	tɕɿ^{44}/tɕʏ^{44}
tɕy^{52}	tɕy^{434}	tɕy^{434}	tɕy^{434}	tɕy^{434}
tɕʏ^{52}	tɕʏ^{434}	tɕʏ^{434}	tɕʏ^{434}	tɕʏ^{434}
tɕiɣ^{52}	tɕiɣ^{44}	tɕiɣ^{44}	tɕiɣ^{335}	tɕiɣ^{335}
tɕiɣɯ^{52}	tɕiɣ^{ɯ334}	tɕiɣ^{ɯ334}	tɕiɣ^{ɯ334}	tɕiɣ^{ɯ334}
tɕiɯ^{52}	tɕiɯ^{44}/ʃiɯ^{44}	tɕiɯ^{44}	tɕiɯ^{335}	tɕiɯ^{335}
tɕieɯ^{44}	tɕieɯ^{51}	tɕieɯ^{51}	tɕieɯ^{413}	tɕieɯ^{413}
tɕiəʉ^{44}	tɕiəʉ^{51}	tɕiəʉ^{51}	tɕiəʉ^{413}	tɕiəʉ^{413}
tɕiəu^{51}	tɕiəu^{44}	tɕiəu^{44}	tɕiəu^{334}	tɕiəu^{334}
tɕiøɣ^{44}	tɕiøɣ^{53}	tɕiøɣ^{53}	tɕiøɣ^{334}	tɕiøɣ^{334}
tɕʏ^{323}	tɕʏ^{51}	tɕʏ^{51}	tɕʏ^{334}	tɕʏ^{334}
tɕiɣ^{52}	tɕiɣ^{334}	tɕiɣ^{334}	tɕiɣ^{33}	tɕiɣ^{33}
tɕiɣ^{544}	tɕiɣ^{52}	tɕ^{i}ɣ^{52}	tɕ^{i}ɣ^{544}	tɕ^{i}ɣ^{544}
tɕʏ^{53}	tɕʏ^{44}	tɕʏ^{44}	tɕʏ^{324}	tɕʏ^{324}
tɕʏ^{523}	tɕʏ^{42}	tɕʏ^{42}	tɕʏ^{35}	tɕʏ^{35}
tɕiɣ^{324}	tɕiɣ^{435}	tɕiɣ^{435}	tɕiɣ^{52}	tɕiɣ^{52}
tɕʏ^{52}	tɕʏ^{325}	tɕʏ^{325}	tɕʏ^{52}	tɕʏ^{52}
tɕiu^{533}	tɕiu^{533}	tɕiu^{533}	tɕiu^{44}	tɕiu^{44}
tɕiʌu^{44}	tɕiʌu$^{\underline{35}}$	tɕiʌu$^{\underline{35}}$	tɕiʌu^{52}	tɕiʌu^{52}
tɕiɯ^{434}	tɕiɯ^{45}	tɕiɯ^{45}	tɕiɯ^{53}	tɕiɯ^{53}
tɕiɯu^{324}	tɕiɯu^{544}	tɕiɯu^{544}	tɕiɯu^{45}	tɕiɯu^{45}
tɕiəʊ^{44}	tɕiəʊ^{434}	tɕiəʊ^{434}	tɕiəʊ^{54}	tɕiəʊ^{54}

摄口	流开	流开	流开	流开
等调	三平	三平	三平	三平
韵声	尤溪	尤溪	尤群	尤群
	丘	邱	求	球
宜	tɕʻiɤɰ^{55}	tɕʻiɤɰ^{55}	dʑiɤɰ^{223}	dʑiɤɰ^{223}
溧	tɕʻiʌɰ^{445}	tɕʻiʌɰ^{445}	dʑiʌɰ^{323}	dʑiʌɰ^{323}
金	tɕʻiʌʏ^{31}	tɕʻiʌʏ^{31}	tɕʻiʌʏ^{35}	tɕʻiʌʏ^{35}
丹	tɕʻʏ^{22}	tɕʻʏ^{22}	dʑʏ^{213}	dʑʏ^{213}
童	tɕʻiɯ^{u}^{42}/tʃɣʊ^{42}	tɕʻiɯ^{u}^{42}/tʃɣʊ^{42}	dʑiɯ^{u}^{113}/dʒɣʊ^{113}	dʑiɯ^{u}^{113}/dʒɣʊ^{113}
靖	tɕʻ^{ᵊ}ʏ^{433}	tɕʻ^{ᵊ}ʏ^{433}	dʑ^{ᵊ}ʏ^{223}	dʑ^{ᵊ}ʏ^{223}
江	tɕʻiʒʏ^{51}	tɕʻiʒʏ^{51}	dʑiʒʏ^{223}	dʑiʒʏ^{223}
常	tɕʻiɯ^{44}	tɕʻiɯ^{44}	dʑiɯ^{213}	dʑiɯ^{213}
锡	tsʻiʌʏ^{55}	tsʻiʌʏ^{55}	dʑiʌʏ^{213}	dʑiʌʏ^{213}
苏	tɕʻiɵ^{44}	tɕʻiɵ^{44}	dʑiɵ^{223}	dʑiɵ^{223}
熟	tɕʻiɯ^{52}	tɕʻiɯ^{52}	dʑiɯ^{233}	dʑiɯ^{233}
昆	tɕʻɪ^{44}	tɕʻɪ^{44}	dʑɪ^{132}	dʑɪ^{132}
霜	tɕʻy^{52}	tɕʻy^{52}	dʑy^{231}	dʑy^{231}
罗	tɕʻy^{52}	tɕʻy^{52}	dʑy^{231}	dʑy^{231}
周	tɕʻiʏ^{52}	tɕʻiʏ^{52}	dʑiʏ^{113}	dʑiʏ^{113}
上	tɕʻiɤɰ^{52}	tɕʻiɤɰ^{52}	dʑiɤɰ^{113}	dʑiɤɰ^{113}
松	tɕʻiɯ^{52}	tɕiɯ^{52}	dʑiɯ^{231}	dʑiɯ^{231}
黎	tɕʻieɯ^{44}	tɕʻieɯ^{44}	dʑieɯ^{24}	dʑieɯ^{24}
盛	tɕʻiəʉ^{44}	tɕʻiəʉ^{44}	dʑiəʉ^{24}	dʑiəʉ^{24}
嘉	tɕʻiəu^{51}	tɕʻiəu^{51}	dʑiəu^{231}	dʑiəu^{231}
双	tɕʻiøʏ^{44}	tɕʻiøʏ^{44}	dʑiøʏ^{113}	dʑiøʏ^{113}
杭	tɕʻʏ^{323}	tɕʻʏ^{323}	dʑʏ^{212}	dʑʏ^{212}
绍	tɕʻiʏ^{52}	tɕʻiʏ^{52}	dʑiʏ^{231}	dʑiʏ^{231}
诸	tɕʻ^{i}ʏ^{544}	tɕʻ^{i}ʏ^{544}	dʑ^{i}ʏ^{233}	dʑ^{i}ʏ^{233}
崇	tɕʻʏ^{53}	tɕʻʏ^{53}	dʑʏ^{31}	dʑʏ^{31}
太	tɕʻʏ^{523}	tɕʻʏ^{523}	dʑʏ^{312}	dʑʏ^{312}
余	tɕʻiʏ^{324}	tɕʻiʏ^{324}	dʑiʏ^{113}	dʑiʏ^{113}
宁	tɕʻʏ^{52}	tɕʻʏ^{52}	dʑʏ^{113}	dʑʏ^{113}
黄	tɕʻiu^{533}	tɕʻiu^{533}	dʑiu^{311}	dʑiu^{311}
温	tɕʻiʌu^{44}	tɕʻiʌu^{44}	dʑiʌu^{231}	dʑiʌu^{231}
衢	tɕʻiɯ^{434}	tɕʻiɯ^{434}	dʑiɯ^{323}	dʑiɯ^{323}
华	tɕʻiɯɯ^{324}	tɕʻiɯɯ^{324}	tɕiɯɯ^{324}	tɕiɯɯ^{324}
永	tɕʻiəʊ^{44}	tɕʻiəʊ^{44}	dʑiəʊ^{322}	dʑiəʊ^{322}

流开 三上 有群	流开 三上 有群	流开 三去 宥群	流开 三去 宥群	流开 三平 尤疑
舅	臼	旧	柩	牛
dʑiɤɯ²⁴	dʑiɤɯ²⁴	dʑiɤɯ²³¹	dʑiɤɯ²³¹	ɲiɤɯ²²³
dʑiʌɯ²²⁴	dʑiʌɯ²³¹	dʑiʌɯ²³¹	dʑiʌɯ²³¹	ɲiʌɯ³²³
tɕiʌʏ⁴⁴	tɕiʌʏ⁴⁴	tɕiʌʏ⁴⁴	tɕiʌʏ⁴⁴	niʌʏ³⁵
tɕʏ⁴¹	tɕʏ⁴¹	tɕʏ⁴¹	dʑʏ²¹³	ŋʏ²²/n̠ʏ²²
dʑiɯᵘ¹¹³/dʒyʊ¹¹³	dʑiɯᵘ¹¹³/dʒyʊ¹¹³	dʑiɯᵘ¹¹³/dʒyʊ¹¹³	dʑiɯᵘ¹¹³/dʒyʊ¹¹³	ɲiɯᵘ³¹
dʑɵ°ʏ³¹	dʑɵ°ʏ³¹	dʑɵ°ʏ³¹	dʑɵ°ʏ³¹	ŋɵ°ʏ²²³
dʑiɜʏ²²³	dʑiɜʏ²²³	dʑiɜʏ²²³	dʑiɜʏ²²³	ɲiɜʏ²²³
dʑiɯ²⁴	dʑiɯ²⁴	dʑiɯ²⁴	dʑiɯ²⁴	ɲiɯ²¹³
dʑiʌʏ²¹³/³³	dʑiʌʏ²¹³/³³	dʑiʌʏ²¹³	dʑiʌʏ²¹³	ɲiʌʏ²¹³
dʑiɵ²³¹	dʑiɵ²³¹	dʑiɵ²³¹	dʑiɵ²³¹	ɲiɵ²²³
dʑiɯ³¹	dʑiɯ³¹	dʑiɯ²¹³	dʑiɯ²¹³	ɲiɯ²³³
dʑɪ²²³	dʑɪ²²³	dʑɪ²²³/dʑʏ²²³	dʑɪ²¹/dʑʏ³²¹	n̠ɪ¹³²
dʑy²¹³	dʑy²¹³	dʑy²¹³	dʑy²¹³	ŋy²³¹
dʑy²¹³	dʑy²¹³	dʑy²¹³	dʑy²¹³	ŋy²³¹
dʑiʏ¹¹³	dʑiʏ¹¹³	dʑiʏ¹¹³	dʑiʏ¹¹³	ɲiʏ¹¹³
dʑiɤɯ¹¹³	dʑiɤɯ¹¹³	dʑiɤɯ¹¹³	dʑiɤɯ¹¹³	ɲiɤɯ¹¹³
dʑiɯ¹¹³	dʑiɯ¹¹³	dʑiɯ¹¹³	dʑiɯ¹¹³	ɲiɯ²³¹/n̠iɯ²³¹
dʑieɯ³²	dʑieɯ³²	dʑieɯ²¹³	dʑieɯ²¹³	ɲieɯ²⁴
dʑiɘɐ²²³	dʑiɘɐ²²³	dʑiɘɐ²¹²	dʑiɘɐ²¹²	ɲiɘɐ²⁴
dʑiɘʊ²²³	dʑiɘʊ²²³	dʑiɘʊ²²³	dʑiɘʊ²²³	ɲiɘʊ²³¹
dʑiɵʏ²³¹	dʑiɵʏ²³¹	dʑiɵʏ¹¹³	dʑiɵʏ¹¹³	ɲɵʏ¹¹³
dʑʏ¹¹³	dʑʏ¹¹³	dʑʏ¹¹³	dʑʏ¹¹³	n̠ʏ²¹²
dʑiʏ¹¹³	dʑiʏ¹¹³	dʑiʏ²²	dʑiʏ²²	ɲiʏ²³¹
dʑⁱʏ²³¹	dʑⁱʏ²³¹	dʑⁱʏ²³³	dʑⁱʏ²³³	n̠ⁱʏ²³³
dʑʏ²²	dʑʏ²²	dʑʏ¹⁴	dʑʏ¹⁴	n̠ʏ³¹
dʑʏ²²	dʑʏ²²	dʑʏ¹³	dʑʏ¹³	n̠ʏ³¹²
dʑiʏ¹¹³	dʑiʏ¹¹³	dʑiʏ¹¹³	dʑiʏ¹¹³	ɲiʏ¹¹³
dʑʏ¹¹³	dʑʏ¹¹³	dʑʏ¹¹³	dʑʏ¹¹³	ŋœʏ¹¹³
dʑiu¹¹³	dʑiu¹¹³	dʑiu¹¹³	dʑiu¹¹³	ɲiu³¹¹
tɕiʌu²⁴	tɕiʌu²⁴	tɕiʌu²²	tɕiʌu²²	ŋʌu²³¹
dʑiɯ³¹	dʑiɯ³¹	dʑiɯ³¹	dʑiɯ³¹	ɲiɯ³²³
dʑiɯɯ²⁴	dʑiɯɯ²⁴	dʑiɯɯ²⁴	dʑiɯɯ²⁴	ɲiɯɯ²¹³
dʑiɘʊ³²³	dʑiɘʊ³²³	dʑiɘʊ²¹⁴	dʑiɘʊ²¹⁴	ɲiɘʊ³²²/ŋəʊ³²² 少

摄口	流开	流开	流开	流开
等调	三上	三平	三平	三平
韵声	有泥	尤影	尤影	幽影
	纽	忧	优	幽
宜	ʔȵiɤɯ⁵⁵/ȵiɤɯ²⁴	ʔiɤɯ⁵⁵	ʔiɤɯ⁵⁵	ʔiɤɯ⁵⁵
溧	ʔȵiʌɯ⁴⁴⁵	ʔiʌɯ⁴⁴⁵	ʔiʌɯ⁴⁴⁵	ʔiʌɯ⁴⁴⁵
金	niʌɣ³⁵	iʌɣ⁴⁴	iʌɣ⁴⁴	iʌɣ⁴⁴
丹	ŋɤ²²/ȵɤ²²	ɤ²²	ɤ²²	ɤ²²
童	ʔȵiɯᵘ³²⁴	ʔiɯᵘ⁴²	ʔiɯ⁴²	ʔiɯᵘ⁴²
靖	ʔŋøɤ³³⁴	ʔøɤ⁴³³	ʔøɤ⁴³³	ʔøɤ⁴³³
江	ʔȵiɜɣ⁴⁵	ʔiɜɣ⁵¹	ʔiɜɣ⁵¹	ʔiɜɣ⁵¹
常	ʔȵiɯ³³⁴	ʔiɯ⁴⁴	ʔiɯ⁴⁴	ʔiɯ⁴⁴
锡	ȵiʌɣ²¹³/³³	ʔiʌɣ⁵⁵	ʔiʌɣ⁵⁵	ʔiʌɣ⁵⁵
苏	ȵiθ²³¹	ʔiθ⁴⁴	ʔiθ⁴⁴	ʔiθ⁴⁴
熟	ȵiɯ³¹	ʔiɯ⁵²	ʔiɯ⁵²	ʔiɯ⁵²
昆	ȵɿ²²³/ŋɤ²²³	ʔɿ⁴⁴	ʔɿ⁴⁴	ʔɿ⁴⁴
霜	ȵy²¹³	ʔy⁵²	ʔy⁵²	ʔy⁵²
罗	ȵy²¹³	ʔy⁵²	ʔy⁵²	ʔy⁵²
周	ȵiɣ¹¹³	ʔiɣ⁵²	ʔiɣ⁵²	ʔiɣ⁵²
上	ȵiɤɯ¹¹³	ʔiɤɯ⁵²	ʔiɤɯ⁵²	ʔiɤɯ⁵²
松	ȵiɯ¹¹³	ʔiɯ⁵²	ʔiɯ⁵²	ʔiɯ⁵²
黎	ʔȵieɯ⁵¹	ʔieɯ⁴⁴	ʔieɯ⁴⁴	ʔieɯ⁴⁴
盛	ʔȵiɘʉ⁵¹	ʔiɘʉ⁴⁴	ʔiɘʉ⁴⁴	ʔiɘʉ⁴⁴
嘉	ȵiɘʊ²²³	ʔiɘʊ⁵¹	ʔiɘʊ⁵¹	ʔiɘʊ⁵¹
双	ɲøɤ²³¹	ʔiøɤ⁴⁴	ʔiøɤ⁴⁴	ʔiøɤ⁴⁴
杭	ʔȵɤ⁵¹	ʔɤ³²³	ʔɤ³²³	ʔɤ³²³
绍	ȵiɣ¹¹³	ʔiɣ⁵²	ʔiɣ⁵²	ʔiɣ⁵²
诸	ȵiɣ²³¹	ʔiɣ⁵⁴⁴	ʔiɣ⁵⁴⁴	ʔiɣ⁵⁴⁴
崇	ȵɤ²²	ʔɤ⁵³	ʔɤ⁵³	ʔɤ⁵³
太	ȵɤ²²	ʔɤ⁵²³	ʔɤ⁵²³	ʔɤ⁵²³
余	ȵiɣ¹¹³	ʔiɣ³²⁴	ʔiɣ³²⁴	ʔiɣ³²⁴
宁	ȵɤ¹¹³	ʔɤ⁵²	ʔɤ⁵²	ʔɤ⁵²
黄	ʔȵiu⁵³³	ʔiu⁵³³	ʔiu⁵³³	ʔiu⁵³³
温	ȵiʌu²⁴	ʔiʌu⁴⁴	ʔiʌu⁴⁴	ʔiʌu⁴⁴
衢	ʔȵiɯ⁵³	ʔiɯ⁴³⁴	ʔiɯ⁴³⁴	ʔiɯ⁴³⁴
华	ʔȵiɯɯ⁵⁴⁴	ʔiɯɯ⁴³⁵	ʔiɯɯ⁴³⁵	ʔiɯɯ⁴³⁵
永	ȵiəʊ³²³/ŋəʊ³²³少	ʔiəʊ⁴⁴	ʔiəʊ⁴⁴	ʔiəʊ⁴⁴

流开 三去 幼影	流开 三平 尤晓	流开 三上 有晓	流开 三去 宥晓	流开 三平 尤云
幼	休	朽	嗅用鼻~	邮
ʔiɣɯ³²⁴	ɕiɣɯ⁵⁵	ɕiɣɯ⁵¹	ɕiɣɯ³²⁴	ɦiɣɯ²²³
ʔiʌɯ⁵²	ɕiʌɯ⁴⁴⁵	ɕiʌɯ⁵²	ɕiʌɯ⁴¹²	iʌɯ³²³
iʌɣ⁴⁴	ɕiʌɣ³¹	ɕiʌɣ³²³	ɕiʌɣ⁴⁴	iʌɣ³⁵
ɣ⁴⁴	ɕɣ²²	ɕɣ⁴⁴	ɕɣ³²⁴	ɦɣ²¹³
ʔiɯ^u⁴⁵	ɕiɯ^u⁴²	ɕiɯ^u³²⁴	ɕiɯ^u⁴⁵	ɦiɯ³¹
ʔ^øɣ⁵¹	ɕ^øɣ⁴³³	ɕ^øɣ³³⁴	ɕ^øɣ⁵¹	ɦ^øɣ²²³
ʔiɜɣ⁴³⁵	ɕiɜɣ⁵¹	ɕiɜɣ⁴⁵	ɕiɜɣ⁴³⁵	ɦiɜɣ²²³
ʔiɯ⁵¹	ɕiɯ⁴⁴	ɕiɯ³³⁴	ɕiɯ⁵¹	ɦiɯ²¹³
ʔiʌɣ⁵⁵	sEi⁵⁵	sEi³²⁴		ɦiiʌɣ²¹³
ʔiθ⁴¹²	ɕiθ⁴⁴	ɕiθ⁵¹	ɕiθ⁴¹²	ɦiθ²²³
ʔiɯ³²⁴	ɕiɯ³²⁴	ɕiɯ⁴⁴	ɕiɯ³²⁴	ɦiɯ²³³
ʔɿ⁵²	ɕɿ⁴⁴	ɕɿ⁵²	ɕɿ⁵²	ɦɿ¹³²
ʔy⁴³⁴	ɕy⁵²	ɕy⁴³⁴	ɕy⁴³⁴	ɦy²³¹
ʔy⁴³⁴	ɕy⁵²	ɕy⁴³⁴	ɕy⁴³⁴	ɦy²³¹
ʔiɣ³³⁵	ɕiɣ⁵²	ɕiɣ⁴⁴	ɕiɣ³³⁵	ɦiɣ¹¹³
ʔiɣɯ³³⁴	ɕiɣɯ⁵²	ɕiɣɯ³³⁴	ɕiɣɯ³³⁴	ɦiɣɯ¹¹³
ʔiɯ³³⁵	ɕiɯ⁵²	ɕiɯ³³⁵	ɕiɯ³³⁵ / hʊŋ³³⁵	ɦiɯ²³¹
ʔieɯ⁴¹³	ɕieɯ⁴⁴	ɕieɯ⁵¹	ɕieɯ⁴¹³	ɦieɯ²⁴
ʔiəʉ⁴¹³	ɕiəʉ⁴⁴	ɕiəʉ⁵¹	ɕiəʉ⁴¹³	ɦiəʉ²⁴
ʔiəu³³⁴	ɕiəu⁵¹	ɕiəu⁴⁴	ɕiəu³³⁴	ɦiəu²³¹
ʔiøɣ³³⁴	ɕiøɣ⁴⁴	ɕiøɣ⁵³	ɕiøɣ³³⁴	ɦiøɣ¹¹³
ʔɣ³³⁴	ɕɣ³²³	ɕɣ⁵¹	ɕɣ³³⁴	ɦɣ¹¹³
ʔiɣ³³	ɕiɣ⁵²	ɕiɣ³³⁴	ɕiʊŋ³³	ɦiɣ²³¹
ʔiɣ⁵⁴⁴	ɕiɣ⁵⁴⁴	ɕiɣ²³¹	ɕioŋ⁵⁴⁴	ɦiɣ²³³
ʔɣ³²⁴	ɕɣ⁵³	ɕɣ⁴⁴	ɕiʊŋ³²⁴	ɦɣ³¹
ʔɣ³⁵	ɕɣ⁵²³	ɕɣ⁴²	ɕiʊŋ³⁵	ɦɣ³¹²
ʔiɣ⁵²	ɕiɣ³²⁴	ɕiɣ⁴³⁵	ɕiɣ⁵²	ɦiɣ¹¹³
ʔɣ⁵²	ɕɣ⁵²	ɕɣ³²⁵	ɕɣ⁵²	ɦɣ¹¹³
ʔiu⁴⁴	ɕiu⁵³³	ɕiu⁵³³	ɕiu⁴⁴ / ʔiu⁴⁴	ɦiu³¹¹
ʔiʌu⁵²	ɕiʌu⁴⁴	ɕiʌu<u>³⁵</u>	xoŋ⁵²	ɦiʌu²³¹
ʔiɯ⁵³	ɕiɯ⁴³⁴	ɕiɯ⁴⁵		ʔɦiɯ³²³
ʔiɯɯ⁴⁵	ɕiɯɯ³²⁴	ɕiɯɯ⁵⁴⁴	ɕiɯɯ⁴⁵	ʔiɯɯ³²⁴
ʔiəʊ⁴⁴	ɕiəʊ⁴⁴	ɕiəʊ⁴³⁴	ɕiəʊ⁵⁴	ʔɦiəʊ³²²

摄口 等调 韵声	流开 三平 尤以	流开 三平 尤以	流开 三平 尤以	流开 三平 尤以
	由	油	游	遊
宜	ɦiɣɯ²²³	ɦiɣɯ²²³	ɦiɣɯ²²³	ɦiɣɯ²²³
溧	iʌɯ⁴⁴⁵/ɦ̥iʌɯ³²³	ɦiʌɯ³²³	ɦ̥iʌɯ³²³	ɦ̥iʌɯ³²³
金	iʌɤ³⁵	iʌɤ³⁵	iʌɤ³⁵	iʌɤ³⁵
丹	ɦɤ²¹³	ɦɤ²¹³	ɦɤ²¹³	ɦɤ²¹³
童	ɦiɯᵘ³¹	ɦiɯᵘ³¹	ɦiɯ³¹	ɦiɯᵘ³¹
靖	ɦᵒɤ²²³	ɦᵒɤ²²³	ɦᵒɤ²²³	ɦᵒɤ²²³
江	ɦiɜɤ²²³	ɦiɜɤ²²³	ɦiɜɤ²²³	ɦiɜɤ²²³
常	ɦiɯ²¹³	ɦiɯ²¹³	ɦiɯ²¹³	ɦiɯ²¹³
锡	ɦiʌɤ²¹³	ɦiʌɤ²¹³	ɦiʌɤ²¹³	ɦiʌɤ²¹³
苏	ɦiθ²²³	ɦiθ²²³	ɦiθ²²³	ɦiθ²²³
熟	ɦiɯ²³³	ɦiɯ²³³	ɦiɯ²³³	ɦiɯ²³³
昆	ɦɪ¹³²	ɦɪ¹³²	ɦɪ¹³²	ɦɪ¹³²
霜	ɦy²³¹	ɦy²³¹	ɦy²³¹	ɦy²³¹
罗	ɦy²³¹	ɦy²³¹	ɦy²³¹	ɦy²³¹
周	ɦiɤ¹¹³	ɦiɤ¹¹³	ɦiɤ¹¹³	ɦiɤ¹¹³
上	ɦiɣɯ¹¹³	ɦiɣɯ¹¹³	ɦiɣɯ¹¹³	ɦiɣɯ¹¹³
松	ɦiɯ²³¹	ɦiɯ²³¹	ɦiɯ²³¹	ɦiɯ²³¹
黎	ɦieɯ²⁴	ɦieɯ²⁴	ɦieɯ²⁴	ɦieɯ²⁴
盛	ɦiəʉ²⁴	ɦiəʉ²⁴	ɦiəʉ²⁴	ɦiəʉ²⁴
嘉	ɦiəu²³¹	ɦiəu²³¹	ɦiəu²³¹	ɦiəu²³¹
双	ɦiøɤ¹¹³	ɦiøɤ¹¹³	ɦiøɤ¹¹³	ɦiøɤ¹¹³
杭	ɦy²¹²	ɦy²¹²	ɦy²¹²	ɦy²¹²
绍	ɦiɤ²³¹	ɦiɤ²³¹	ɦiɤ²³¹	ɦiɤ²³¹
诸	ɦⁱɤ²³³	ɦⁱɤ²³³	ɦⁱɤ²³³	ɦⁱɤ²³³
崇	ɦɤ³¹	ɦɤ³¹	ɦɤ³¹	ɦɤ³¹
太	ɦɤ³¹²	ɦɤ³¹²	ɦɤ³¹²	ɦɤ³¹²
余	ɦiɤ¹¹³	ɦiɤ¹¹³	ɦiɤ¹¹³	ɦiɤ¹¹³
宁	ɦɤ¹¹³	ɦɤ¹¹³	ɦɤ¹¹³	ɦɤ¹¹³
黄	ɦiu³¹¹	ɦiu³¹¹	ɦiu³¹¹	ɦiu³¹¹
温	ɦiʌu²³¹	ɦiʌu²³¹	ɦiʌu²³¹	ɦiʌu²³¹
衢	ʔɦiɯ³²³	ʔɦiɯ³²³	ʔɦiɯ³²³	ʔɦiɯ³²³
华	ʔiɯɯ³²⁴	ʔiɯɯ³²⁴	ʔiɯɯ³²⁴	ʔiɯɯ³²⁴
永	ʔɦiəʊ³²²	ʔɦiəʊ³²²	ʔɦiəʊ³²²	ʔɦiəʊ³²²

流开 三平 尤以	流开 三上 有云	流开 三上 有云	流开 三上 有以	流开 三上 有以
犹	有	友	酉	诱
ɦiɣɯ^{223}	ɦiɣɯ^{24}	ɦiɣɯ^{231}	ɦiɣɯ^{24}	ɦiɣɯ^{231}
ɦiʌɯ^{323}	ʔiʌɯ^{445}/ɦiʌɯ^{224}	ʔiʌɯ^{52}	dʑiʌɯ^{412}	ʔiʌɯ^{52}
iʌɣ^{35}	iʌɣ^{35}	iʌɣ^{35}	iʌɣ^{35}	iʌɣ^{44}
ɦɣ^{213}	ɣ^{44}	ɣ^{44}	ɣ^{41}	ɣ^{324}
ɦiɯ^{u31}	ʔiɯ^{u324}	ʔiɯ^{u324}	ʔiɯ^{u324}	ʔiɯ^{u324}
ɦ^{ø}ɣ^{223}	ʔ^{ø}ɣ^{334}	ʔ^{ø}ɣ^{334}	ʔ^{ø}ɣ^{334}	ʔ^{ø}ɣ^{334}
ɦiɜɣ^{223}	ʔiɜɣ^{45}	ʔiɜɣ^{45}	ʔiɜɣ^{45}	ʔiɜɣ^{45}
ɦiɯ^{213}	ʔiɯ^{334}	ʔiɯ^{334}	ʔiɯ^{334}	ʔiɯ^{334}
ɦiʌɣ^{213}	ɦiʌɣ^{213}	ɦiʌɣ$^{213/33}$	ɦiʌɣ$^{213/33}$	ʔiʌɣ^{324}
ɦiθ^{223}	ɦiθ^{231}	ʔiθ^{51}	ɦiθ^{231}	ɦiθ^{231}
ɦiɯ^{233}	ɦiɯ^{31}	ɦiɯ^{31}	ɦiɯ^{31}	ɦiɯ^{31}
ɦɪ^{132}	ɦɪ^{223}	ɦɪ^{223}	ɦɪ^{223}	ɦɪ^{223}
ɦy^{231}	ɦy^{213}	ɦy^{213}	ɦy^{213}	ɦy^{213}
ɦy^{231}	ɦy^{213}	ɦy^{213}	ɦy^{213}	ɦy^{213}
ɦiɣ^{113}	ɦiɣ^{113}	ɦiɣ^{113}	ɦiɣ^{113}	ɦiɣ^{113}
ɦiɣɯ^{113}	ɦiɣɯ^{113}	ɦiɣɯ^{113}	ɦiɣɯ^{113}	ɦiɣɯ^{113}
ɦiɯ^{231}	ɦiɯ^{113}	ɦiɯ^{113}	ɦiɯ^{113}	ɦiɯ^{113}
ɦieɯ^{24}	ɦieɯ^{22}	ʔieɯ^{51}/ʔieɯ^{413}	ɦieɯ^{32}	ɦieɯ^{32}
ɦiəʉ^{24}	ɦiəʉ^{223}	ʔiəʉ^{51}/ɦiəʉ^{223}	ɦiəʉ^{223}	ɦiəʉ^{223}
ɦiəu^{231}	ʔiəu^{334}	ʔiəu^{334}	ʔiəu^{334}	ʔiəu^{334}
ɦiøɣ^{113}	ɦiøɣ^{231}	ɦiøɣ^{231}	ɦiøɣ^{231}	ɦiøɣ^{231}
ɦɣ^{212}	ʔɣ^{51}	ʔɣ^{51}	ɦɣ^{113}	ʔɣ^{334}
ɦiɣ^{231}	ɦiɣ^{113}	ɦiɣ^{113}	ɦiɣ^{113}	ɦiɣ^{113}
ɦ^{i}ɣ^{233}	ɦ^{i}ɣ^{231}	ɦ^{i}ɣ^{231}	ɦ^{i}ɣ^{231}	ɦ^{i}ɣ^{231}
ɦɣ^{31}	ɦɣ^{22}	ɦɣ^{22}	ɦɣ^{22}	ɦɣ^{22}
ɦɣ^{312}	ɦɣ^{22}	ɦɣ^{22}	ɦɣ^{22}	ɦɣ^{22}
ɦiɣ^{113}	ɦiɣ^{113}	ɦiɣ^{113}	ɦiɣ^{113}	ɦiɣ^{113}
ɦɣ^{113}	ɦɣ^{113}	ɦɣ^{113}	ɦɣ^{113}	ɦɣ^{113}
ɦiu^{311}	ʔiu^{533}	ʔiu^{533}	ʔiu^{533}	ʔiu^{533}
ɦiʌu^{231}	ɦiʌu$^{\underline{24}}$	ɦiʌu$^{\underline{24}}$	ɦiʌu$^{\underline{24}}$	ɦiʌu$^{\underline{24}}$
ʔɦiɯ^{323}	ʔɦiɯ^{31}	ʔɦiɯ^{31}	ʔɦiɯ^{31}	ʔiɯ^{53}
ʔiɯɯ^{324}	ʔiɯɯ^{544}	ʔiɯɯ^{544}	ʔiɯɯ^{544}	ʔiɯɯ^{544}/ʔiɯɯ^{45}
ʔɦiəʊ^{322}	ʔɦiəʊ^{323}	ʔɦiəʊ^{323}	ʔɦiəʊ^{323}	ʔiəʊ^{54}

摄口 等调 韵声	流开 三去 宥云	流开 三去 宥云	流开 三平 尤精	流开 三上 有精
	又	右	揪	酒
宜	ɦiɣɯ²³¹	ɦiɣɯ²³¹	tɕiɣɯ⁵⁵/tɕʻiɣɯ⁵⁵	tɕiɣɯ⁵¹
溧	ʔiʌɯ⁴¹²	ɦiʌɯ²³¹	tɕʻiʌɯ⁴⁴⁵	tɕiʌɯ⁵²
金	iʌɣ⁴⁴	iʌɣ⁴⁴	tɕʻiʌɣ³¹	tɕiʌɣ³²³
丹	ɣ⁴¹	ɣ⁴¹	tɕɣ²²/tɕʻɣ²²	tɕɣ⁴⁴
童	ʔiɯ^u³²⁴	ʔiɯ^u³²⁴	tɕiɯ⁴²/tɕʻiɯ⁴²	tɕiɯ^u⁴²/tʃyʊ⁴²
靖	ʔøɣ⁵¹	ʔøɣ⁵¹	tsøɣ⁴³³	tsøɣ³³⁴
江	ɦiɜɣ²²³	ɦiɜɣ²²³	tɕʻiɜɣ⁵¹	tsiɜɣ⁴⁵
常	ɦiɯ²⁴	ɦiɯ²⁴	tɕʻiɯ⁴⁴	tɕiɯ³³⁴
锡	ɦiʌɣ²¹³	ɦiʌɣ²¹³	tɕiʌɣ⁵⁵	tsɛi³²⁴
苏	ɦiθ²³¹	ɦiθ²³¹	tɕiθ⁴⁴	tsɘi⁵¹
熟	ɦiɯ²¹³	ɦiɯ²¹³	tsʻiɯ⁵²	tsiɯ⁴⁴
昆	ɦɪ²¹	ɦɪ²¹	tɕʻɪ⁴⁴	tsɪ⁵²
霜	ɦy²¹³	ɦy²¹³	tsʻy⁵²	tsy⁴³⁴
罗	ɦy²¹³	ɦy²¹³	tsʻy⁵²/tɕy⁵²	tɕy⁴³⁴/tsy⁴³⁴
周	ɦiɣ¹¹³	ɦiɣ¹¹³	tɕʻiɣ⁵²	tɕiɣ⁴⁴
上	ɦiɣɯ¹¹³/ʔiɣɯ⁵²	ɦiɣɯ¹¹³	tɕiɣɯ⁵²/tɕʻiɯ⁵²	tɕiɣɯ³³⁴
松	ɦiɯ¹¹³	ɦiɯ¹¹³	tɕiɯ⁵²/tɕʻiɯ⁵²	tɕiɯ⁴⁴
黎	ʔieɯ⁴¹³	ʔieɯ⁴¹³	tɕʻieɯ⁴⁴	tsieɯ⁵¹
盛	ʔiəɰ⁴¹³	ʔɵɰ⁴¹³	tɕiəɰ⁴⁴/tsʻiəɰ⁴⁴	tsiɵɰ⁵¹
嘉	ʔiəu³³⁴	ʔiəu³³⁴	tɕʻiəu⁵¹	tɕiəu⁴⁴
双	ɦiøɣ¹¹³	ɦiøɣ¹¹³	tɕʻiøɣ⁴⁴	tɕiøɣ⁵³
杭	ʔɣ⁵¹	ɦiɣ¹¹³	tɕɣ³²³	tɕɣ⁵¹
绍	ɦiɣ²²	ɦiɣ²²	tɕʻiɣ⁵²/tɕiɣ⁵²	tɕiɣ³³⁴
诸	ɦⁱɣ²³³	ɦⁱɣ²³³	tsʻiɣ⁵⁴⁴	tɕⁱɣ⁵²
崇	ʔɣ³²⁴	ɦɣ¹⁴	tɕɣ⁵³/tɕʻɣ⁵³	tɕɣ⁴⁴
太	ʔɣ³⁵	ɦɣ¹³	tɕʻɣ⁵²³	tɕɣ⁴²
余	ʔiɣ⁵²	ɦiɣ¹¹³	tsʻiɣ³²⁴/tɕiɣ³²⁴	tɕiɣ⁴³⁵
宁	ɦɣ⁵²	ɦɣ¹¹³	tsɣ⁵²	tɕɣ³²⁵
黄	ɦiu¹¹³	ʔiu⁵³³	tɕʻiu⁵³³	tɕiu⁵³³
温	ɦiʌu²²	ɦiʌu²²	tɕiʌu⁴⁴	tɕiʌu³⁵
衢	ʔiɯ⁵³/ʔɦiɯ³¹	ʔiɯ⁵³/ʔɦiɯ³¹	tɕiɯ⁴³⁴	tɕiɯ⁴⁵
华	ɦiɯɯ²⁴	ɦiɯɯ²⁴	tɕiɯɯ⁴³⁵	tɕiɯɯ⁵⁴⁴
永	ʔɦiəʊ²¹⁴	ʔɦiəʊ²¹⁴	tɕiəʊ⁴⁴	tɕiəʊ⁴³⁴

流开 三平 尤清	流开 三去 宥从	流开 三平 尤心	流开 三平 尤心	流开 三去 宥心
秋	就	修	羞	秀
tɕʻiɣɯ⁵⁵	ʑiɣɯ²³¹	ɕiɣɯ⁵⁵	ɕiɣɯ⁵⁵	ɕiɣɯ³²⁴
tɕʻiʌɯ⁴⁴⁵	ʑiʌɯ²³¹	ɕiʌɯ⁴⁴⁵	ɕiʌɯ⁴⁴⁵	ɕiʌɯ⁴¹²
tɕʻiʌɤ³¹	tɕiʌɤ⁴⁴	ɕiʌɤ³¹	ɕiʌɤ³¹ / sʌɤ³²³	ɕiʌɤ⁴⁴
tɕʻɤ²²	tɕɤ⁴¹	ɕɤ²²	ɕɤ²²	ɕɤ⁴¹
tɕʻiɯu⁴²	dʑiɯu¹¹³	ɕiɯu⁴²	ɕiɯu⁴²	ɕiɯu⁴⁵
tsʼᵚɤ⁴³³	szɤ⁵¹	sᵒɤ⁴³³	sᵒɤ⁴³³	sᵒɤ⁵¹
tsʼiɜɤ⁵¹	ziɜɤ²²³	siɜɤ⁵¹	siɜɤ⁵¹	siɜɤ⁴³⁵
tɕʻiɯ⁴⁴	ʑiɯ²⁴	ɕiɯ⁴⁴	ɕiɯ⁴⁴	ɕiɯ⁵¹
tsʼɛi⁵⁵	zɛi²¹³	sɛi⁵⁵	sɛi⁵⁵	sɛi³⁵
tsəɿ⁴⁴	zəɿ²³¹	səɿ⁴⁴	səɿ⁴⁴	səɿ⁴¹²
tsʼiɯ⁵²	dziɯ²¹³	siɯ⁵²	siɯ⁵²	siɯ³²⁴
tsʼɿ⁴⁴	zɿ²¹	sɿ⁴⁴	sɿ⁴⁴	sɿ⁵²
tsʼy⁵²	zy²¹³	sy⁵²	sy⁵²	sy⁴³⁴
tɕʻy⁵² / tsʼy⁵²	zy²¹³	sy⁵²	sy⁵²	ɕy⁴³⁴ / sy⁴³⁴
tɕʻiɤ⁵²	ʑiɤ¹¹³	ɕiɤ⁵²	ɕiɤ⁵²	ɕiɤ³³⁵
tɕʻiɣɯ⁵²	dʑiɣɯ¹¹³ / ʑiɣɯ¹¹³	ɕiɣɯ⁵²	ɕiɣɯ⁵²	ɕiɣɯ³³⁴
tɕʻiɯ⁵²	ʑiɯ¹¹³	ɕiɯ⁵²	ɕiɯ⁵²	ɕiɯ³¹⁵
tsʼieɯ⁴⁴	zieɯ²¹³	sieɯ⁴⁴	sieɯ⁴⁴	sieɯ⁴¹³
tsʼiɘɤ⁴⁴	ziɘɤ²¹²	siɘɤ⁴⁴	siɘɤ⁴⁴	siɘɤ⁴¹³
tɕʻiəu⁵¹	dʑiəu²²³	ɕiəu⁵¹	ɕiəu⁵¹	ɕiəu³³⁴
tɕʻiøɤ⁴⁴	dʑiøɤ¹¹³	ɕiøɤ⁴⁴	ɕiøɤ⁴⁴	ɕiøɤ³³⁴
tɕʻɤ³²³	dʑɤ¹¹³	ɕɤ³²³	ɕɤ³²³	ɕɤ³³⁴
tɕʻiɤ⁵²	dʑiɤ²²	ɕiɤ⁵²	ɕiɤ⁵²	ɕiɤ³³
tɕʻⁱɤ⁵⁴⁴	dʑⁱɤ²³³	ɕⁱɤ⁵⁴⁴	ɕⁱɤ⁵⁴⁴	ɕⁱɤ⁵⁴⁴
tɕʻɤ⁵³	dʑɤ¹⁴	ɕɤ⁵³	ɕɤ⁵³	ɕɤ³²⁴
tɕʻɤ⁵²³	dʑɤ¹³	ɕɤ⁵²³	ɕɤ⁵²³	ɕɤ³⁵
tɕʻiɤ³²⁴	dʑiɤ¹¹³	ɕiɤ³²⁴	ɕiɤ³²⁴	ɕiɤ⁵²
tɕʻɤ⁵²	dʑɤ¹¹³	ɕɤ⁵²	ɕɤ⁵²	ɕɤ⁵²
tɕʻiu⁵³³	ʑiu¹¹³	ɕiu⁵³³	ɕiu⁵³³	ɕiu⁴⁴
tɕʻiʌu⁴⁴	ɦiu²²	ɕiʌu⁴⁴	ɕiʌu⁴⁴	ɕiʌu⁵²
tɕʻiɯ⁴³⁴	ʑiɯ³¹	ɕiɯ⁴³⁴	ɕiɯ⁴³⁴	ɕiɯ⁵³
tɕʻiɯɯ³²⁴	dʑiɯɯ²⁴	ɕiɯɯ³²⁴	ɕiɯɯ³²⁴	ɕiɯɯ⁴⁵
tɕʻiʊɤ⁴⁴	ɕʑiʊɤ²¹⁴	ɕiʊɤ⁴⁴	ɕiʊɤ⁴⁴	ɕiʊɤ⁵⁴

摄口 等调 韵声	流开 三去 宥心	流开 三去 宥心	流开 三平 尤邪	流开 三平 尤邪
	宿星~	绣	囚	泅
宜	ɕiɣɯ³²⁴	ɕiɣɯ³²⁴	dʑiɣɯ²²³	dʑiɣɯ²²³
溧	ɕiʌɯ⁴¹²	ɕiʌɯ⁴¹²	dʑiʌɯ³²³	dʑiʌɯ³²³
金	ɕiʌɣ⁴⁴	ɕiʌɣ⁴⁴	tɕʰiʌɣ³⁵	tɕʰiʌɣ³⁵
丹	ɕɣ⁴¹	ɕɣ⁴¹	dʑɣ²¹³	dʑɣ²¹³
童	ɕiɯᵘ⁴⁵	ɕiɯᵘ⁴⁵	dʑiɯᵘ¹¹³	dʑiɯᵘ¹¹³
靖	sᵖɣ⁵¹	sᵖɣ⁵¹	dʑᵖɣ²²³	dʑᵖɣ²²³
江	siɜɣ⁴³⁵	siɜɣ⁴³⁵	dʑiɜɣ²²³	dʑiɜɣ²²³
常	ɕiɯ⁵¹	ɕiɯ⁵¹	dʑiɯ²¹³	dʑiɯ²¹³
锡	sᴇi³⁵	sᴇi³⁵	dʑiʌɣ²¹³	dʑiʌɣ²¹³
苏	ɕiɵ⁴¹²	sɵi⁴¹²	dʑiɵ²²³	dʑiɵ²²³
熟	siɯ³²⁴	siɯ³²⁴	dʑiɯ²³³	dʑiɯ²³³
昆	sɿ⁵²	sɿ⁵²	dʑɪ¹³²	dʑɪ¹³²
霜	sy⁴³⁴	sy⁴³⁴	dʑy²³¹	dʑy²³¹
罗	sy⁴³⁴/ɕy⁴³⁴	sy⁴³⁴/ɕy⁴³⁴	dʑy²³¹	dʑy²³¹
周	ɕiɣ³³⁵	ɕiɣ³³⁵	dʑiɣ¹¹³	dʑiɣ¹¹³
上	ɕiɣɯ³³⁴	ɕiɣɯ³³⁴	dʑiɣɯ¹¹³	dʑiɣɯ¹¹³
松	ɕiɯ³³⁵	ɕiɯ³³⁵	dʑiɯ²³¹	dʑiɯ²³¹
黎	siɛɯ⁴¹³	siɛɯ⁴¹³	dʑiɛɯ²⁴	dʑiɛɯ²⁴
盛	siɵɐ⁴¹³	siɵɐ⁴¹³	dʑiɵɐ²⁴	dʑiɵɐ²⁴
嘉	ɕiɵu³³⁴	ɕiɵu³³⁴	dʑiɵu²³¹	dʑiɵu²³¹
双	ɕiɵɣ³³⁴	ɕiɵɣ³³⁴	dʑiɵɣ¹¹³	dʑiɵɣ¹¹³
杭	ɕɣ³³⁴	ɕɣ³³⁴	dʑɣ²¹²	dʑɣ²¹²
绍	ɕiɣ³³	ɕiɣ³³	dʑiɣ²³¹	dʑiɣ²³¹
诸	ɕiɣ⁵⁴⁴	ɕiɣ⁵⁴⁴	dʑiɣ²³³	dʑiɣ²³³
崇	ɕɣ³²⁴	ɕɣ³²⁴	dʑɣ³¹	dʑɣ³¹
太	ɕɣ³⁵	ɕɣ³⁵	dʑɣ³¹²	dʑɣ³¹²
余	ɕiɣ⁵²	ɕiɣ⁵²	dʑiɣ¹¹³	dʑiɣ¹¹³
宁	ɕɣ⁵²	ɕɣ⁵²	dʑɣ¹¹³	dʑɣ¹¹³
黄	ɕiu⁴⁴	ɕiu⁴⁴	dʑiu³¹¹	dʑiu³¹¹
温	ɕiɯ⁵²	ɕiʌɯ⁵²	dʑiʌɣ²³¹	dʑiʌɣ²³¹
衢	ɕiɯ⁵³	ɕɯ⁵³	dʑiɯ³²³	dʑiɯ³²³
华	ɕiɯɯ⁴⁵	ɕiɯɯ⁴⁵	tɕiɯɯ³²⁴/dʑiɯɯ²¹³	tɕiɯɯ³²⁴/dʑiɯɯ²¹³
永	ɕiɵʊ⁵⁴	ɕiɵʊ⁵⁴	dʑiɵʊ³²²	dʑiɵʊ³²²

流开 三去 宥邪	山开 三平 仙帮	山开 三平 仙帮	山开 四平 先帮	山开 四平 先帮
袖	鞭	编	边	蝙
$ʑiɣɯ^{231}$	$pɿ^{55}$	$pɿ^{55}$	$pɿ^{55}$	$pɿ^{55}$
$ʑiʌɯ^{231}$	$pɿ^{445}$	$pɿ^{445}$	$pɿ^{445}$	$pɿ^{445}$
$ɕiʌɣ^{44}$	$pɿ^{31}$	$p\tilde{ɿ}^{31}$	$p\tilde{ɿ}^{31}$	$p\tilde{ɿ}^{31}$
$ɕɣ^{41}$	$pɿ^{44}$	$pɿ^{44}$	$pɿ^{22/44}$	$pɿ^{44}$
$ʑiɯ^{u113}$	$pɿ^{42}$	$p\tilde{ɿ}^{42}$	$p\tilde{ɿ}^{42}$	$p\tilde{ɿ}^{42}$
$sʑ^{ø}ɣ^{51}$	$p\tilde{ɿ}^{433}$	$p\tilde{ɿ}^{433}$	$p\tilde{ɿ}^{433}$	$p\tilde{ɿ}^{433}$
$ziɜɣ^{223}$	$pɿ^{51}$	$pɿ^{51}$	$pɿ^{51}$	$pɿ^{51}$
$ʑiu^{24}$	$p\tilde{ɿ}^{44}/pɿ^{44}$	$p\tilde{ɿ}^{44}/pɿ^{44}$	$p\tilde{ɿ}^{44}/pɿ^{44}$	$p\tilde{ɿ}^{44}/pɿ^{44}$
$zɛi^{213}$	$pɿ^{55}$	$pɿ^{55}$	$pɿ^{55}$	$pɿ^{55}$
$zɿəɿ^{231}$	$pɪɪ^{44}$	$pɪɪ^{44}$	$pɪɪ^{44}$	$pɪɪ^{44}$
$ziɯ^{213}$	pie^{52}	pie^{52}	pie^{52}	pie^{52}
$zɿ^{21}$	$pɿ^{44}$	$pɿ^{44}$	$pɿ^{44}$	$pɿ^{44}$
zy^{213}	$pɿ^{52}$	$pɿ^{52}$	$pɿ^{52}$	$pɿ^{52}$
$ʑy^{213}/zy^{213}$	$pɿ^{52}$	$pɿ^{52}$	$pɿ^{52}$	$pɿ^{52}$
$ʑiɣ^{113}$	$ɓi^{52}$	$ɓi^{52}$	$ɓi^{52}$	$ɓi^{52}$
$ʑiɣɯ^{113}$	$pɿ^{52}$	$pɿ^{52}$	$pɿ^{52}$	$pɿ^{52}$
$ʑiɯ^{113}$	$pɿ^{52}$	$pɿ^{52}$	$pɿ^{52}$	$pɿ^{52}$
$zieɯ^{213}$	$pɪɪ^{44}$	$pɪɪ^{44}$	$pɪɪ^{44}$	$pɪɪ^{44}$
$zieɐ^{212}$	$pɪɪ^{44}$	$pɪɪ^{44}$	$pɪɪ^{44}$	$pɪɪ^{44}$
$dʑieu^{223}$	pie^{51}	pie^{51}	pie^{51}	pie^{51}
$dʑiøɣ^{113}$	$pɿ^{44}$	$pɿ^{44}$	$pɿ^{44}$	$pɿ^{44}$
$dʑɣ^{113}$	pie^{323}	pie^{323}	pie^{323}	pie^{323}
$ʑiɣ^{22}$	$p\tilde{ɿ}^{52}$	$p\tilde{ɿ}^{52}$	$p\tilde{ɿ}^{52}$	$p\tilde{ɿ}^{52}$
$dʑiɣ^{233}$	$pɪɪ^{544}$	$pɪɪ^{544}$	$pɪɪ^{544}$	$pɪɪ^{544}$
$ʑɣ^{14}$	$pi\tilde{e}^{53}$	$pi\tilde{e}^{53}$	$pi\tilde{e}^{53}$	$pi\tilde{e}^{53}$
$ʑɣ^{13}$	$pi\tilde{e}^{523}$	$pi\tilde{e}^{523}$	$pi\tilde{e}^{523}$	$pi\tilde{e}^{523}$
$ɦiiɣ^{113}$	$p\tilde{ɿ}^{324}$	$p\tilde{ɿ}^{324}$	$p\tilde{ɿ}^{324}$	$p\tilde{ɿ}^{324}$
$ʑɣ^{113}$	$pɿ^{52}$	$pɿ^{52}$	$pɿ^{52}$	$pɿ^{52}$
$ʑiu^{113}$	pie^{533}	pie^{533}	pie^{533}	pie^{533}
$ɦiɯ^{22}$	$pɿ^{44}$	$p\tilde{ɿ}^{44}$	$pɿ^{44}$	$pɿ^{44}$
$ʑiɯ^{31}$	$pi\tilde{e}^{434}$	$pi\tilde{e}^{434}$	$pi\tilde{e}^{434}$	$pi\tilde{e}^{434}$
$ɕʑɯ^{24}$	$pi\tilde{æ}^{324}$	$pi\tilde{æ}^{324}$	pie^{324}	$pi\tilde{æ}^{324}$
$ɕʑiəʊ^{214}/ɕiəʊ^{54}$	pie^{44}	pie^{44}	pie^{44}	pie^{44}

摄口 等调 韵声	山开 四上 铣帮	山开 四上 铣帮	山开 三去 线帮	山开 四去 霰帮
	扁	匾	变	遍
宜	pɪ^{51}	pɪ^{51}	pɪ^{324}	pɪ^{324}
溧	pi^{52}	pi^{52}	pi^{412}	pi^{412}
金	pĩ^{323}	pĩ^{323}	pĩ^{44}	pĩ^{44}
丹	pɪ^{22}	pɪ^{22}	pɪ^{324}	pɪ^{324}
童	pĩ^{324}	pĩ^{324}	pĩ^{45}	pĩ^{45}
靖	pĩ^{334}	pĩ^{334}	pĩ^{51}	pĩ^{51}
江	pɪ^{45}	pɪ^{45}	pɪ^{435}	pɪ^{435}
常	pĩ^{334}/pɪ^{334}	pĩ^{334}/pɪ^{334}	pĩ^{51}/pɪ^{51}	pĩ^{51}/pɪ^{51}
锡	pɪ^{324}	pɪ^{324}	pɪ^{35}	pɪ^{35}
苏	piɪ^{51}	piɪ^{51}	piɪ^{412}	piɪ^{412}
熟	pie^{44}	pie^{44}	pie^{324}	pie^{324}
昆	pɪ^{52}	pɪ^{52}	pɪ^{52}	pɪ^{52}
霜	pɪ^{434}	pɪ^{434}	pɪ^{434}	pɪ^{434}
罗	pi^{434}	pi^{434}	pi^{434}	pi^{434}
周	ɓi^{44}	ɓi^{44}	ɓi^{335}	ɓi^{335}
上	pi^{334}	pi^{334}	pi^{334}	pi^{334}
松	pi^{44}/ɓi^{44}	pi^{44}/ɓi^{44}	pi^{335}	pi^{335}
黎	piɪ^{51}	piɪ^{51}	piɪ^{413}	piɪ^{413}
盛	piɪ^{51}	piɪ^{51}	piɪ^{413}	piɪ^{413}
嘉	pie^{44}	pie^{44}	pie^{334}	pie^{334}
双	pɪ^{53}	pɪ^{53}	pɪ^{334}	pɪ^{334}
杭	pie^{51}	pie^{51}	pie^{334}	pie^{334}
绍	pĩ^{334}	pĩ^{334}	pĩ^{33}	pĩ^{33}
诸	piɪ^{52}	piɪ^{52}	piɪ^{544}	piɪ^{544}
崇	piẽ^{44}	piẽ^{44}	piẽ^{324}	piẽ^{324}
太	piẽ^{42}	piẽ^{42}	piẽ^{35}	piẽ^{35}
余	pĩ^{435}	pĩ^{435}	pĩ^{52}	pĩ^{52}
宁	pi^{325}	pi^{325}	pi^{52}	pi^{52}
黄	pie^{533}	pie^{533}	pie^{44}	pie^{44}
温	pi$\underline{^{35}}$	pi$\underline{^{35}}$	pi^{52}	pi^{52}
衢	piẽ^{45}	piẽ^{45}	piẽ^{53}	piẽ^{53}
华	pie^{544}	piæ̃^{544}	piæ̃^{45}/pie^{45}	pie^{45}
永	pie^{434}	pie^{434}	pie^{54}	pie^{54}

山开 三平 仙滂	山开 三平 仙滂	山开 四去 霰滂	山开 四去 霰滂	山开 三平 仙並
篇	偏	骗欺~	片	便~宜
p'ɪ^{55}	p'ɪ^{55}	p'ɪ^{324}	p'ɪ^{324}	bi^{223}
p'i^{445}	p'i^{445}	p'i^{412}	p'i^{412}	bi^{323}
pĩ^{31}/pĩ^{44}	pĩ^{31}/pĩ^{44}	pĩ^{44}	pĩ^{44}	p'ĩ^{35}/pi$_z^{35}$
pɪ^{324}	pɪ^{22}	pɪ^{324}	pɪ^{324}	pɪ^{44}
p'ĩ^{42}	p'ĩ^{42}	p'ĩ^{45}	p'ĩ^{45}	bĩ^{31}
p'ĩ^{433}	p'ĩ^{433}	p'ĩ^{51}	p'ĩ^{51}	bĩ^{223}
p'ɪ^{51}	pɪ^{51}	p'ɪ^{435}	p'ɪ^{435}	bɪ^{223}
p'ĩ^{44}/p'ɪ^{44}	p'ĩ^{44}/p'ɪ^{44}	p'ĩ^{51}/p'ɪ^{51}	p'ĩ^{51}/p'ɪ^{51}	bĩ^{213}/bɪ^{213}
p'ɪ^{55}	p'ɪ^{55}	p'ɪ^{35}	p'ɪ^{35}	bɪ^{213}
p'ɪɪ^{44}	p'ɪ^{44}	p'ɪɪ^{412}	p'ɪɪ^{412}	bii^{223}
p'ie^{52}	p'ie^{52}	p'ie^{324}	p'ie^{324}	bie^{233}
p'ɪ^{44}	p'ɪ^{44}	p'ɪ^{52}	p'ɪ^{52}	bɪ^{132}
p'ɪ^{52}	p'ɪ^{52}	p'ɪ^{434}	p'ɪ^{434}	bɪ^{231}
p'i^{52}	p'i^{52}	p'i^{434}	p'i^{434}	bi^{231}
p'i^{52}	p'i^{52}	p'i^{335}	p'i^{335}	bi^{113}
p'i^{334}	p'i^{52}	p'i^{334}	p'i^{334}	bi^{113}
p'i^{52}	p'i^{52}	p'i^{335}	p'i^{335}	bi^{231}
pɪɪ^{413}	p'ɪɪ^{44}	p'ɪɪ^{324}	p'ɪɪ^{324}	bɪɪ^{24}
p'ɪɪ^{44}	p'ɪɪ^{44}	p'ɪɪ^{313}	p'ɪɪ^{313}	bɪɪ^{24}
p'ie^{51}	p'ie^{51}	p'ie^{334}	p'ie^{334}	bie^{231}
p'ɪ^{44}	p'ɪ^{44}	p'ɪ^{334}	p'ɪ^{334}	bɪ^{113}
p'ie^{323}	p'ie^{323}	p'ie^{334}	p'ie^{334}	bie^{212}
p'ĩ^{52}	p'ĩ^{52}	p'ĩ^{33}	p'ĩ^{33}	bĩ^{231}
p'ɪɪ^{544}	p'ɪɪ^{544}	p'ɪɪ^{544}	p'ɪɪ^{544}	bɪɪ^{233}
p'iẽ^{53}	p'iẽ^{53}	p'iẽ^{324}	p'iẽ^{324}	biẽ^{31}
p'iẽ^{523}	p'iẽ^{523}	p'iẽ^{35}	p'iẽ^{35}	biẽ^{312}
p'ĩ^{324}	p'ĩ^{324}	p'ĩ^{52}	p'ĩ^{52}	bĩ^{113}
p'i^{52}	p'i^{52}	p'i^{52}	p'i^{52}	bi^{113}
p'ie^{533}	p'ie^{533}	p'ie^{44}	p'ie^{44}	bie^{311}
p'i^{44}	p'i^{44}	p'i^{52}	p'i^{52}	bi^{231}
p'iẽ^{434}	p'iẽ^{434}	p'iẽ^{53}	p'iẽ^{53}	biẽ^{323}
p'iæ̃^{324}	p'iæ̃^{324}	p'iæ̃^{45}	p'iæ̃^{45}	piæ̃^{324}
p'ie^{44}	p'ie^{44}	p'ie^{54}	p'ie^{54}	bie^{322}

摄口	山开	山开	山开	山开
等调	三上	三上	四上	三去
韵声	獮並	獮並	铣並	线並
	辨	辩	辡	便方~
宜	bɪ²⁴	bɪ²⁴	bɪ²³¹	bɪ²³¹
溧	bi²³¹	bi²³¹	bi²³¹	bi²³¹
金	pɪ̃⁴⁴	pɪ̃⁴⁴	pɪ̃⁴⁴	pɪ̃⁴⁴
丹	pɪ⁴¹	pɪ⁴¹	pɪ⁴¹	pɪ⁴¹
童	bɪ̃¹¹³	bɪ̃¹¹³	bɪ̃¹¹³	bɪ̃¹¹³
靖	bɪ̃³¹	bɪ̃³¹	bɪ̃³¹	bɪ̃³¹
江	bɪ²²³	bɪ²²³	bɪ²²³	bɪ²²³
常	bɪ̃²⁴/bɪ²⁴	bɪ̃²⁴/bɪ²⁴	bɪ̃²⁴/bɪ²⁴	bɪ̃²⁴/bɪ²⁴
锡	bɪ²¹³/³³	bɪ²¹³/³³	bɪ²¹³/³³	bɪ²¹³
苏	biɪ²³¹	biɪ²³¹	biɪ²³¹	biɪ²³¹
熟	bie³¹	bie³¹	bie²¹³	bie²¹³
昆	bɪ²²³	bɪ²²³	bɪ²²³	bɪ²¹
霜	bɪ²¹³	bɪ²¹³	bɪ²¹³	bɪ²¹³
罗	bi²¹³	bi²¹³	bi²¹³	bi²¹³
周	bi¹¹³	bi¹¹³	bi¹¹³	bi¹¹³
上	bi¹¹³	bi¹¹³	bi¹¹³	bi¹¹³
松	bi¹¹³	bi¹¹³	bi¹¹³	bi¹¹³
黎	biɪ²¹³	biɪ²¹³	biɪ³²	biɪ²¹³
盛	biɪ²²³	biɪ²²³	biɪ²²³	biɪ²¹²
嘉	bie²²³	bie²²³	bie²²³	bie²²³
双	bɪ²³¹	bɪ²³¹	bɪ²³¹	bɪ¹¹³
杭	bie¹¹³	bie¹¹³	bie¹¹³	bie¹¹³
绍	bɪ̃¹¹³	bɪ̃¹¹³	bɪ̃¹¹³	bɪ̃²²
诸	biɪ²³¹	biɪ²³¹	biɪ²³¹	biɪ²³³
崇	biẽ²²	biẽ²²	biẽ²²	biẽ¹⁴
太	biẽ²²	biẽ²²	biẽ²²	biẽ¹³
余	bɪ̃¹¹³	bɪ̃¹¹³	bɪ̃¹¹³	bɪ̃¹¹³
宁	bi¹¹³	bi¹¹³	bi¹¹³	bi¹¹³
黄	bie¹¹³	bie¹¹³	bie¹¹³	bie¹¹³
温	bi²⁴̲	bi²⁴̲	bi²⁴̲	bi²²
衢	biẽ³¹	biẽ³¹	biẽ³¹	biẽ³¹
华	bie²⁴	bie²⁴	bie²⁴/biin²⁴~儿	bie²⁴
永	bie³²³	bie³²³	bie³²³	bie²¹⁴

山开 三平 仙明	山开 三平 仙明	山开 四平 先明	山开 三上 獮明	山开 三上 獮明
绵	棉	眠	免	勉
$mɪ^{223}$	$mɪ^{223}$	$mɪ^{223}$	$ʔmɪ^{55}$	$ʔmɪ^{55}$
mi^{323}	mi^{323}	mi^{323}	$ʔmi^{445}$	$ʔmi^{445}$
$mĩ^{35}$	$mĩ^{35}$	$mĩ^{35}$	$mĩ^{323}$	$mĩ^{323}$
$mɪ^{22}$	$mɪ^{22}$	$mɪ^{22}$	$mɪ^{44}$	$mɪ^{44}$
$mĩ^{113}$	$mĩ^{113}$	$mĩ^{113}$	$ʔmĩ^{324}$	$ʔmĩ^{324}$
$mĩ^{223}$	$mĩ^{223}$	$mĩ^{223}$	$ʔmĩ^{334}$	$ʔmĩ^{334}$
$mɪ^{223}$	$mɪ^{223}$	$mɪ^{223}$	$ʔmɪ^{45}$	$ʔmɪ^{45}$
$mĩ^{213}/mɪ^{213}$	$mĩ^{213}/mɪ^{213}$	$mĩ^{213}/mɪ^{213}$	$ʔmĩ^{334}/ʔmɪ^{334}$	$ʔmĩ^{334}/ʔmɪ^{334}$
$mɪ^{213}$	$mɪ^{213}$	$mɪ^{213}$	$ʔmɪ^{324}$	$mɪ^{213/33}$
$miɪ^{223}$	$miɪ^{223}$	$miɪ^{223}$	$miɪ^{231}$	$miɪ^{231}$
mie^{233}	mie^{233}	mie^{233}	$ʔmie^{44}$	$ʔmie^{44}$
$mɪ^{132}$	$mɪ^{132}$	$mɪ^{132}$	$mɪ^{233}$	$mɪ^{233}$
$mɪ^{231}$	$mɪ^{231}$	$mɪ^{231}$	$mɪ^{213}$	$mɪ^{213}$
mi^{231}	mi^{231}	mi^{231}	mi^{213}	mi^{213}
mi^{113}	mi^{113}	mi^{113}	mi^{113}	mi^{113}
mi^{113}	mi^{113}	mi^{113}	mi^{113}	mi^{113}
mi^{231}	mi^{231}	mi^{113}	mi^{113}	mi^{113}
$miɪ^{24}$	$miɪ^{24}$	$miɪ^{24}/miəŋ^{24}$	$miɪ^{32}$	$miɪ^{32}$
$miɪ^{24}$	$miɪ^{24}$	$miɪ^{24}/mɪŋ^{24}$	$miɪ^{223}$	$miɪ^{223}$
mie^{231}	mie^{231}	mie^{231}	$ʔmie^{44}/mie^{223}$	$ʔmie^{44}$
$mɪ^{113}$	$mɪ^{113}$	$mɪ^{113}$	$mɪ^{231}$	$mɪ^{231}$
mie^{212}	mie^{212}	mie^{212}	$ʔmie^{51}$	$ʔmie^{51}$
$mĩ^{231}$	$mĩ^{231}$	$mĩ^{231}$	$mĩ^{113}$	$mĩ^{113}$
$miɪ^{233}$	$miɪ^{233}$	$miɪ^{233}$	$miɪ^{231}$	$miɪ^{231}$
$miẽ^{31}$	$miẽ^{31}$	$miẽ^{31}$	$miẽ^{22}$	$miẽ^{22}$
$miẽ^{312}$	$miẽ^{312}$	$miẽ^{312}$	$miẽ^{22}$	$miẽ^{22}$
$mĩ^{113}$	$mĩ^{113}$	$mĩ^{113}$	$mĩ^{113}$	$mĩ^{113}$
mi^{113}	mi^{113}	mi^{113}	mi^{113}	mi^{113}
mie^{311}	mie^{311}	mie^{311}	$ʔmie^{533}$	$ʔmie^{533}$
mi^{231}	mi^{231}	mi^{231}	$mi^{\underline{24}}$	$mi^{\underline{24}}$
$miẽ^{323}$	$miẽ^{323}$	$miẽ^{323}$	$ʔmiẽ^{45}$	$ʔmiẽ^{45}$
mie^{213}	mie^{213}	mie^{213}	$ʔmie^{544}$	$ʔmie^{544}$
mie^{322}	mie^{322}	mie^{322}	mie^{323}	mie^{323}

摄 等 韵 / 口 调 声	山开 三上 獮明 缅	山开 三去 线明 面	山开 三去 线明 麺	山开 四平 先端 颠
宜	ʔmɪ⁵⁵	mɪ²³¹	mɪ²³¹	tɪ⁵⁵
溧	ʔmi⁴⁴⁵	mi²³¹	mi²³¹	ti⁴⁴⁵
金	mɪ̃³²³	mɪ̃⁴⁴	mɪ̃⁴⁴	tɪ³¹
丹	mɪ⁴⁴	mɪ⁴¹	mɪ⁴¹	tɪ²²
童	ʔmɪ̃³²⁴	mɪ̃¹¹³	mɪ̃¹¹³	tɪ⁴²
靖	ʔmɪ̃³³⁴	mɪ̃³¹	mɪ̃³¹	tɪ⁴³³
江	ʔmɪ⁴⁵	mɪ²²³	mɪ²²³	tɪ⁵¹
常	ʔmɪ̃³³⁴/ʔmɪ³³⁴	mɪ̃²⁴/mɪ²⁴	mɪ̃²⁴/mɪ²⁴	tɪ⁴⁴/tɪ⁴⁴
锡	mɪ²¹³/³³	mɪ²¹³	mɪ²¹³	tɪ⁵⁵
苏	miɪ²³¹	miɪ²³¹	miɪ²³¹	tiɪ⁴⁴
熟	ʔmie⁴⁴	mie²¹³	mie²¹³	tie⁵²
昆	mɪ²²³	mɪ²¹	mɪ²¹	tɪ⁴⁴
霜	mɪ²¹³	mɪ²¹³	mɪ²¹³	tɪ⁵²
罗	mi²¹³	mi²¹³	mi²¹³	ti⁵²
周	mi¹¹³	mi¹¹³	mi¹¹³	di⁵²
上	mi¹¹³	mi¹¹³	mi¹¹³	ti⁵²
松	mi¹¹³	mi¹¹³	mi¹¹³	ti⁵²
黎	miɪ³²	miɪ³²	miɪ³²	tiɪ⁴⁴
盛	miɪ²²³	miɪ²²³	miɪ²²³	tiɪ⁴⁴
嘉	ʔmie²²³	ʔmie³³⁴	ʔmie³³⁴	tie⁵¹
双	mɪ²³¹	mɪ¹¹³	mɪ¹¹³	tɪ⁴⁴
杭	ʔmie⁵¹	mie¹¹³	mie¹¹³	tie³²³
绍	mɪ̃¹¹³	mɪ̃²²	mɪ̃²²	tɪ̃⁵²
诸	miɪ²³¹	miɪ²³³	miɪ²³³	tiɪ⁵⁴⁴
崇	miẽ²²	miẽ¹⁴	miẽ¹⁴	tiẽ⁵³
太	miẽ²²	miẽ¹³	miẽ¹³	tiẽ⁵²³
余	mɪ̃¹¹³	mɪ̃¹¹³	mɪ̃¹¹³	tɪ̃³²⁴
宁	mi¹¹³	mi¹¹³	mi¹¹³	ti⁵²
黄	ʔmie⁵³³	mie¹¹³	mie¹¹³	tie⁵³³
温	mɪ̃²⁴	mɪ²²	mɪ²²	ti⁴⁴
衢	ʔmiẽ⁴⁵	ʔmiẽ⁴⁵	miẽ³¹	tiẽ⁴³⁴
华	ʔmie⁵⁴⁴	mie²⁴	mie²⁴	tiɑ²⁴
永	mie³²³	mie²¹⁴	mie²¹⁴	tiʌ⁴⁴

咸开四上忝端	山开四上銑端	咸开四去桥端	咸开四平添透	山开四平先透
点	典	店	添	天
$tɿ^{51}$	ti^{51}	$tɿ^{324}$	$tʻɿ^{55}$	$tʻi^{55}$
ti^{445}	ti^{52}	ti^{412}	$tʻi^{445}$	$tʻi^{445}$
$tĩ^{323}$	$tĩ^{323}$	$tĩ^{44}$	$tʻĩ^{31}$	$tʻĩ^{31}$
$tɿ^{44}$	$tɿ^{44}$	$tɿ^{324}$	$tʻɿ^{22}$	$tʻɿ^{22}$
$tĩ^{324}$	$tĩ^{324}$	$tĩ^{45}$	$tʻĩ^{42}$	$tʻĩ^{42}$
$tĩ^{334}$	$tĩ^{334}$	$tĩ^{51}$	$tʻĩ^{433}$	$tʻĩ^{433}$
$tɿ^{45}$	$tɿ^{45}$	$tɿ^{435}$	$tʻɿ^{51}$	$tʻɿ^{51}$
$tĩ^{334}/tɿ^{334}$	$tĩ^{334}/tɿ^{334}$	$tĩ^{51}/tɿ^{51}$	$tʻĩ^{44}/tʻɿ^{44}$	$tʻĩ^{44}/tʻɿ^{44}$
$tɿ^{324}$	$tɿ^{324}$	$tɿ^{35}$	$tʻɿ^{55}$	$tʻɿ^{55}$
$tiɿ^{51}$	$tiɿ^{51}$	$tiɿ^{412}$	$tʻiɿ^{44}$	$tʻiɿ^{44}$
tie^{44}	tie^{44}	tie^{324}	$tʻie^{52}$	$tʻie^{52}$
$tɿ^{52}$	$tɿ^{52}$	$tɿ^{52}$	$tʻɿ^{44}$	$tʻɿ^{44}$
$tɿ^{434}$	$tɿ^{434}$	$tɿ^{434}$	$tʻɿ^{52}$	$tʻɿ^{52}$
ti^{434}	ti^{434}	ti^{434}	$tʻi^{52}$	$tʻi^{52}$
$dĩ^{44}$	$dĩ^{44}$	di^{335}	$tʻi^{52}$	$tʻi^{52}$
ti^{334}	ti^{334}	ti^{334}	$tʻi^{52}$	$tʻi^{52}$
ti^{44}	ti^{44}	ti^{335}	$tʻi^{52}$	$tʻi^{52}$
$tiɿ^{51}$	$tiɿ^{51}$	$tiɿ^{413}$	$tʻiɿ^{44}$	$tʻiɿ^{44}$
$tiɿ^{51}$	$tiɿ^{51}$	$tiɿ^{413}$	$tʻiɿ^{44}$	$tʻiɿ^{44}$
tie^{44}	tie^{44}	tie^{334}	tie^{51}	tie^{51}
$tɿ^{53}$	$tɿ^{53}$	$tɿ^{334}$	$tʻɿ^{44}$	$tʻɿ^{44}$
tie^{51}	tie^{51}	tie^{334}	$tʻie^{323}$	$tʻie^{323}$
$tĩ^{334}$	$tĩ^{334}$	$tĩ^{33}$	$tʻĩ^{52}$	$tʻĩ^{52}$
$tiɿ^{52}$	$tiɿ^{52}$	$tiɿ^{544}$	$tʻiɿ^{544}$	$tʻiɿ^{544}$
$tiẽ^{44}$	$tiẽ^{44}$	$tiẽ^{53}$	$tʻiẽ^{53}$	$tʻiẽ^{53}$
$tiẽ^{42}$	$tiẽ^{42}$	$tiẽ^{35}$	$tʻiẽ^{523}$	$tʻiẽ^{523}$
$tĩ^{435}$	$tĩ^{435}$	$tĩ^{52}$	$tʻĩ^{324}$	$tʻĩ^{324}$
ti^{325}	ti^{325}	ti^{52}	$tʻi^{52}$	$tʻi^{52}$
tie^{533}	tie^{533}	tie^{44}	$tʻie^{44}$	$tʻie^{533}$
$ti^{\underline{35}}$	$ti^{\underline{35}}$	ti^{52}	$tʻi^{44}$	$tʻi^{44}$
$tiẽ^{45}$	$tiẽ^{45}$	$tiẽ^{53}$	$tʻiẽ^{434}$	$tʻiẽ^{434}$
$tiɑ^{324}$	$tiɑ^{544}/tiæ^{544}$	$tiɑ^{45}/tiæ^{45}$	$tʻiɑ^{324}$	$tʻiɑ^{324}$
tiA^{434}	tiA^{434}	tiA^{54}	$tʻiA^{44}$	$tʻiA^{44}$

摄口 等调 韵声	咸开 四上 忝透	咸开 四平 添定	山开 四平 先定	山开 四平 先定
	舔	甜	田	填
宜	$t'ɿ^{51}$	$dɿ^{223}$	$dɿ^{223}$	$dɿ^{223}$
溧	$t'i^{52}$	di^{323}	di^{323}	di^{323}
金	$t'ĩ^{323}$	$t'ĩ^{35}$	$t'ĩ^{35}$	$t'ĩ^{35}$
丹	$t'ɿ^{44}$	$tɿ^{324}$	$tɿ^{324}$	$tɿ^{324}$
童	$t'ĩ^{324}$	$dĩ^{31}$	$dĩ^{31}$	$dĩ^{31}$
靖	$t'ĩ^{334}$	$dĩ^{223}$	$dĩ^{223}$	$dĩ^{223}$
江	$t'ɿ^{45}$	$dɿ^{223}$	$dɿ^{223}$	$dɿ^{223}$
常	$t'ĩ^{334}/t'ɿ^{334}$	$dĩ^{213}/dɿ^{213}$	$dĩ^{213}/dɿ^{213}$	$dĩ^{213}/dɿ^{213}$
锡	$t'ɿ^{324}$	$dɿ^{213}$	$dɿ^{213}$	$dɿ^{213}$
苏	$t'iɪ^{51}$	$diɪ^{223}$	$diɪ^{223}$	$diɪ^{223}$
熟	$t'ie^{44}$	die^{233}	die^{233}	die^{233}
昆	$t'ɿ^{52}$	$dɿ^{132}$	$dɿ^{132}$	$dɿ^{132}$
霜	$t'ɿ^{434}$	$dɿ^{231}$	$dɿ^{231}$	$dɿ^{231}$
罗	$t'i^{434}$	di^{231}	di^{231}	di^{231}
周	$t'i^{44}$	di^{113}	di^{113}	di^{113}
上	$t'i^{52}$	di^{113}	di^{113}	di^{113}
松	$t'i^{52}$	di^{231}	di^{231}	di^{231}
黎	$t'iɪ^{334}$	$diɪ^{24}$	$diɪ^{24}$	$diɪ^{24}$
盛	$t'iɪ^{334}$	$diɪ^{24}$	$diɪ^{24}$	$diɪ^{24}$
嘉	$t'ie^{324}$	die^{231}	die^{231}	die^{231}
双	$t'ɿ^{53}$	$dɿ^{113}$	$dɿ^{113}$	$dɿ^{113}$
杭	$t'ie^{51}$	die^{212}	die^{212}	die^{212}
绍	$t'ĩ^{334}$	$dĩ^{231}$	$dĩ^{231}$	$dĩ^{231}$
诸	$t'iɪ^{52}$	$diɪ^{233}$	$diɪ^{233}$	$diɪ^{233}$
崇	$t'iẽ^{44}$	$diẽ^{31}$	$diẽ^{31}$	$diẽ^{31}$
太	$t'iẽ^{42}$	$diẽ^{312}$	$diẽ^{312}$	$diẽ^{312}$
余	$t'ĩ^{435}$	$dĩ^{113}$	$dĩ^{113}$	$dĩ^{113}$
宁	$t'i^{325}$	di^{113}	di^{113}	di^{113}
黄	$t'ie^{533}$	die^{311}	die^{311}	die^{311}
温	$t'i^{35}$	di^{231}	di^{231}	di^{231}
衢	$t'iẽ^{45}$	$diẽ^{323}$	$diẽ^{323}$	$diẽ^{323}$
华	$t'iɑ^{544}$	$tiɑ^{324}$	$tiɑ^{324}$	$tiɑ^{324}$
永	$t'iA^{434}$	diA^{322}	diA^{322}	diA^{322}

山开 四去 霰定	山开 四去 霰定	山开 四去 霰定	咸开 三平 盐来	山开 三平 仙来
垫	殿	电	帘	连
$dɿ^{231}$	$dɿ^{231}$	$dɿ^{231}$	$lɿ^{223}$	$lɿ^{223}$
di^{231}	di^{231}	di^{231}	li^{323}	li^{323}
$tĩ^{44}$	$tĩ^{44}$	$tĩ^{44}$	$lĩ^{35}$	$lĩ^{35}$
$tɿ^{41}$	$tɿ^{41}$	$tɿ^{41}$	$lɿ^{22}$	$lɿ^{22}$
$dĩ^{113}$	$dĩ^{113}$	$dĩ^{113}$	$lĩ^{31}$	$lĩ^{31}$
$dĩ^{31}$	$dĩ^{31}$	$dĩ^{31}$	$lĩ^{223}$	$lĩ^{223}$
$dɿ^{223}$	$dɿ^{223}$	$dɿ^{223}$	$lɿ^{223}$	$lɿ^{223}$
$dĩ^{24}/dɿ^{24}$	$dĩ^{24}/dɿ^{24}$	$dĩ^{24}/dɿ^{24}$	$lĩ^{213}/lɿ^{213}$	$lĩ^{213}/lɿ^{213}$
$dɿ^{213}$	$dɿ^{213}$	$dɿ^{213}$	$lɿ^{213}$	$lɿ^{213}$
$diɿ^{231}$	$diɿ^{231}$	$diɿ^{231}$	$liɿ^{223}$	$liɿ^{223}$
die^{213}	die^{213}	die^{213}	lie^{233}	lie^{233}
$dɿ^{21}$	$dɿ^{21}$	$dɿ^{21}$	$lɿ^{132}$	$lɿ^{132}$
$dɿ^{213}$	$dɿ^{213}$	$dɿ^{213}$	$lɿ^{231}$	$lɿ^{231}$
di^{213}	di^{213}	di^{213}	li^{231}	li^{231}
di^{113}	di^{113}	di^{113}	li^{113}	li^{113}
di^{113}	di^{113}	di^{113}	li^{113}	li^{113}
di^{113}	di^{113}	di^{113}	li^{231}	li^{231}
$diɿ^{213}$	$diɿ^{213}$	$diɿ^{213}$	$liɿ^{24}$	$liɿ^{24}$
$diɿ^{212}$	$diɿ^{212}$	$diɿ^{212}$	$liɿ^{24}$	$liɿ^{24}$
die^{223}	die^{223}	die^{223}	lie^{231}	lie^{231}
$dɿ^{113}$	$dɿ^{113}$	$dɿ^{113}$	$lɿ^{113}$	$lɿ^{113}$
die^{113}	die^{113}	die^{113}	lie^{212}	lie^{212}
$dĩ^{22}$	$dĩ^{22}$	$dĩ^{22}$	$lĩ^{231}$	$lĩ^{231}$
$diɿ^{233}$	$diɿ^{233}$	$diɿ^{233}$	$liɿ^{233}$	$liɿ^{233}$
$diẽ^{14}$	$diẽ^{14}$	$diẽ^{14}$	$liẽ^{31}$	$liẽ^{31}$
$diẽ^{13}$	$diẽ^{13}$	$diẽ^{13}$	$liẽ^{312}$	$liẽ^{312}$
$dĩ^{113}$	$dĩ^{113}$	$dĩ^{113}$	$lĩ^{113}$	$lĩ^{113}$
di^{113}	di^{113}	di^{113}	li^{113}	li^{113}
die^{113}	die^{113}	die^{113}	lie^{311}	lie^{311}
di^{22}	di^{22}	di^{22}	li^{231}	li^{231}
$diẽ^{31}$	$diẽ^{31}$	$diẽ^{31}$	$liẽ^{323}$	$liẽ^{323}$
$diæ^{24}$	$diɑ^{24}/diæ^{24}$	$diæ^{24}$	$liæ^{213}$	$liæ^{213}$
diA^{214}	diA^{214}	diA^{214}	lie^{322}	lie^{322}

摄口	山开	山开	咸开	山开
等调	三平	四平	三上	四去
韵声	仙来	先来	琰见	霰来
	联	怜	脸	练
宜	lɿ²²³	lɿ²²³		lɿ²³¹
溧	li³²³	li³²³	ʔli⁴⁴⁵	li²³¹
金	lĩ³⁵	lĩ³⁵	lĩ³²³	lĩ⁴⁴
丹	lɿ²²	lɿ²²	lɿ⁴⁴	lɿ⁴¹
童	lĩ³¹	lĩ³¹	ʔĩ³²⁴	lĩ¹¹³
靖	lĩ²²³	lĩ²²³	ʔlĩ³³⁴	ʔlĩ⁵¹
江	lɿ²²³	lɿ²²³	ʔlɿ⁴⁵	lɿ²²³
常	lĩ²¹³/lɿ²¹³	lĩ²¹³/lɿ²¹³	ʔlĩ³³⁴/ʔlɿ³³⁴	lĩ²⁴/lɿ²⁴
锡	lɿ²¹³	lɿ²¹³	lɿ³³ᐟ²¹³	lɿ³⁵
苏	liɿ²²³	liɿ²²³	liɿ²³¹	liɿ²³¹
熟	lie²³³	lie²³³	lie³¹	lie²¹³
昆	lɿ¹³²	lɿ¹³²	lɿ²²³	lɿ²¹
霜	lɿ²³¹	lɿ²³¹	lɿ²¹³	lɿ²¹³
罗	li²³¹	li²³¹	li²¹³	li²¹³
周	li¹¹³	li¹¹³	li¹¹³	li¹¹³
上	li¹¹³	li¹¹³	li¹¹³	li¹¹³
松	li²³¹	li²³¹	li¹¹³	li¹¹³
黎	liɿ²⁴	liɿ²⁴	liɿ³²	liɿ²¹³
盛	liɿ²⁴	liɿ²⁴	liɿ²²³	liɿ²¹²
嘉	ʔlie⁴⁴	lie²³¹	lie²²³	lie²²³
双	lɿ¹¹³	lɿ¹¹³	lɿ²³¹	lɿ¹¹³
杭	lie²¹²	lie²¹²	ʔlie⁵¹	lie¹¹³
绍	lĩ²³¹	lĩ²³¹	lĩ¹¹³	lĩ²²
诸	liɿ²³³	liɿ²³³	liɿ²³¹	liɿ²³³
崇	liẽ³¹	liẽ³¹	liẽ²²	liẽ¹⁴
太	liẽ³¹²	liẽ³¹²	liẽ²²	liẽ¹³
余	lĩ¹¹³	lĩ¹¹³	lĩ¹¹³	lĩ¹¹³
宁	li¹¹³	li¹¹³	li¹¹³	li¹¹³
黄	lie³¹¹	lie³¹¹	ʔlie⁵³³	lie¹¹³
温	lĩ²³¹	lĩ²³¹	li²⁴	li²²
衢	liẽ³²³	liẽ³²³	ʔliẽ⁴⁵	liẽ³¹
华	liæ̃²¹³	liæ̃²¹³	ʔliæ̃⁵⁴⁴	liæ̃²⁴
永	lie³²²	liA³²³	lie³²³	liA²¹⁴

山开 四去 霰来	山合 三去 线来	咸开 四平 添见	山开 二平 山见	山开 四平 先见
铼	恋	兼	艰	坚
$lɪ^{231}$	$lɪ^{231}$	$tɕɪ^{55}$	$tɕɪ^{55}$	$tɕɪ^{55}$
li^{231}	li^{231}	$tɕi^{445}$	$tɕi^{445}$	$tɕi^{445}$
$lĩ^{44}$	$lĩ^{44}$	$tɕĩ^{31}$	$tɕĩ^{31}$	$tɕĩ^{31}$
$lɪ^{41}$	$lɪ^{41}$	$tɕɪ^{22}$	$tɕɪ^{22}$	$tɕɪ^{22}$
$lĩ^{113}$	$lĩ^{113}$	$tɕĩ^{42}$	$tɕĩ^{42}$	$tɕĩ^{42}$
$lĩ^{51}$	$lĩ^{51}$	$tɕĩ^{433}$	$tɕĩ^{433}$	$tɕĩ^{433}$
$lɪ^{223}$	$lɪ^{223}$	$tɕɪ^{51}$	$tɕɪ^{51}$	$tɕɪ^{51}$
$lĩ^{24}/lɪ^{24}$	$lĩ^{24}/lɪ^{24}$	$tɕĩ^{44}/tɕɪ^{44}$	$tɕĩ^{44}/tɕɪ^{44}$	$tɕĩ^{44}/tɕɪ^{44}$
$lɪ^{35}$	$lɪ^{35}$	$tɕɪ^{55}$	$tɕɪ^{55}$	$tɕɪ^{55}$
$liɪ^{231}$	$liɪ^{231}$	$tɕiɪ^{44}$	$tɕiɪ^{44}$	$tɕiɪ^{44}$
lie^{213}	lie^{213}	$tɕie^{52}$	$tɕie^{52}$	$tɕie^{52}$
$lɪ^{21}$	$lɪ^{21}$	$tɕɪ^{44}$	$tɕɪ^{44}$	$tɕɪ^{44}$
$lɪ^{213}$	$lɪ^{213}$	$tɕɪ^{52}$	$tɕɪ^{52}$	$tɕɪ^{52}$
li^{213}	li^{213}	$tɕi^{52}$	$tɕi^{52}$	$tɕi^{52}$
li^{113}	li^{113}	$tɕi^{52}$	$tɕi^{52}$	$tɕi^{52}$
li^{113}	li^{113}	$tɕi^{52}$	$tɕi^{52}$	$tɕi^{52}$
$liɪ^{213}$	$liɪ^{213}$	$tɕiɪ^{44}$	$tɕiɪ^{44}$	$tɕiɪ^{44}$
$liɪ^{212}$	$liɪ^{212}$	$tɕiɪ^{44}$	$tɕiɪ^{44}$	$tɕiɪ^{44}$
lie^{223}	lie^{223}	$tɕie^{51}$	$tɕie^{51}$	$tɕie^{51}$
$lɪ^{113}$	$lɪ^{113}$	$tɕɪ^{44}$	$tɕɪ^{44}$	$tɕɪ^{44}$
lie^{113}	lie^{113}	$tɕie^{323}$	$tɕie^{323}$	$tɕie^{323}$
$lĩ^{22}$	$lĩ^{22}$	$tɕĩ^{52}$	$tɕĩ^{52}$	$tɕĩ^{52}$
$liɪ^{233}$	$liɪ^{233}$	$tɕiɪ^{544}$	$tɕiɪ^{544}$	$tɕiɪ^{544}$
$liẽ^{14}$	$liẽ^{14}$	$tɕiẽ^{53}$	$tɕiẽ^{53}$	$nɕiẽ^{53}$
$liẽ^{13}$	$liẽ^{13}$	$tɕiẽ^{523}$	$tɕiẽ^{523}$	$tɕiẽ^{523}$
$lĩ^{113}$	$lĩ^{113}$	$tɕĩ^{324}$	$tɕĩ^{324}$	$tɕĩ^{324}$
li^{113}	li^{113}	$tɕi_{ᶎ}^{52}$	$tɕi_{ᶎ}^{52}$	$tɕi_{ᶎ}^{52}$
lie^{113}	lie^{113}	$tɕie^{533}$	$tɕie^{533}$	$tɕie^{533}$
li^{22}	li^{22}	$tɕi^{44}$	$tɕi^{44}$	$tɕi^{44}$
$liẽ^{31}$	$liẽ^{31}$	$tɕiẽ^{434}$	$tɕiẽ^{434}$	$tɕiẽ^{434}$
$liæ̃^{24}$	$liæ̃^{24}$	$tɕiæ̃^{324}$	$tɕiæ̃^{324}$	$tɕiæ̃^{324}$
liA^{214}	$lɣə^{214}$	$tɕie^{44}$	kA^{44}	$tɕie^{44}$

摄口 等调 韵声	山开 四平 先见	山开 二上 产见	山开 二去 裥见	山开 三去 顾见
	肩	简	间~断	建
宜	tɕɪ⁵⁵	tɕɪ⁵¹	tɕɪ³²⁴	tɕɪ³²⁴
溧	tɕi⁴⁴⁵	tɕie⁵²	tɕie⁴¹²	tɕi⁴¹²
金	tɕɪ̃³¹	tɕɪ̃³²³	tɕɪ̃⁴⁴	tɕɪ̃⁴⁴
丹	tɕɪ²²	tɕɪ⁴⁴	tɕɪ³²⁴	tɕɪ³²⁴
童	tɕɪ̃⁴²	tɕɪ̃³²⁴	tɕɪ̃⁴⁵	tɕɪ̃⁴⁵
靖	tɕɪ̃⁴³³	tɕɪ̃³³⁴	tɕɪ̃⁵¹	tɕɪ̃⁵¹
江	tɕɪ⁵¹	tɕɪ⁴⁵	tɕɪ⁴³⁵	tɕɪ⁴³⁵
常	tɕɪ̃⁴⁴/tɕɪ⁴⁴	tɕɪ̃³³⁴/tɕɪ³³⁴	tɕɪ̃⁵¹/tɕɪ⁵¹	tɕɪ̃⁵¹/tɕɪ⁵¹
锡	tɕɪ⁵⁵	tɕɪ³²⁴	tɕɪ³⁵	tɕɪ³⁵
苏	tɕiɪ⁴⁴	tɕiɪ⁵¹	tɕiɪ⁴¹²	tɕiɪ⁴¹²
熟	tɕie⁵²	tɕie⁴⁴	tɕie³²⁴	tɕie³²⁴
昆	tɕɪ⁴⁴	tɕɪ⁵²	tɕɪ⁵²	tɕɪ⁵²
霜	tɕɪ⁵²	tɕɪ⁴³⁴	tɕɪ⁴³⁴	tɕɪ⁴³⁴
罗	tɕi⁵²	tɕi⁴³⁴	tɕi⁴³⁴	tɕi⁴³⁴
周	tɕi⁵²	tɕi⁴⁴	tɕi³³⁵	tɕi³³⁵
上	tɕi⁵²	tɕi³³⁴	tɕi³³⁴	tɕi³³⁴
松	tɕi⁵²	tɕi⁴⁴	tɕi³³⁵	tɕi³³⁵
黎	tɕiɪ⁴⁴	tɕiɪ⁴⁴	tɕiɪ⁴⁴	tɕiɪ⁴¹³
盛	tɕiɪ⁴⁴	tɕiɪ⁴⁴	tɕiɪ⁴⁴	tɕiɪ⁴¹³
嘉	tɕie⁵¹	tɕie⁵¹	tɕie⁵¹	tɕie³³⁴
双	tɕɪ⁴⁴	tɕɪ⁵³	tɕɪ³³⁴	tɕɪ³³⁴
杭	tɕie³²³	tɕie⁵¹	tɕie³³⁴	tɕie³³⁴
绍	tɕɪ̃⁵²	tɕɪ̃³³⁴	tɕɪ̃³³	tɕɪ̃³³
诸	tɕiɪ⁵⁴⁴	tɕiɪ⁵²	tɕiɪ⁵⁴⁴	tɕiɪ⁵⁴⁴
崇	tɕiẽ⁵³	tɕiẽ⁴⁴	tɕiẽ³²⁴	tɕiẽ³²⁴
太	tɕiẽ⁵²³	tɕiẽ⁴²	tɕiẽ³⁵	tɕiẽ³⁵
余	tɕɪ̃³²⁴	tɕɪ̃⁴³⁵	tɕɪ̃⁵²	tɕɪ̃⁵²
宁	tɕiz̩⁵²	tɕiz̩³²⁵	tɕiz̩⁵²	tɕiz̩⁵²
黄	tɕie⁵³³	kɛ⁵³³	ke⁴⁴	tɕie⁴⁴
温	tɕi⁴⁴	kɑ³⁵		tɕi⁵²
衢	tɕiæ⁴³⁴	tɕiæ⁴⁵	kæ⁵³/tɕiẽ⁵³	tɕiẽ⁵³
华	tɕiæ̃³²⁴	tɕiæ̃⁵⁴⁴	tɕiæ⁴⁵	tɕiæ⁴⁵
永	ʔie⁴⁴	kʌ⁴³⁴	kʌ⁵⁴	tɕie⁵⁴

山开 四去 霰见	咸开 四平 添溪	山开 四平 先溪	咸开 四上 忝溪	山开 三上 獮溪
见	谦	牵	歉	遣
tɕɪ^{324}	tɕʻɪ^{55}	tɕʻɪ^{55}	tɕʻɪ^{51}	tɕʻɪ^{51}
tɕi^{412}	tɕʻi^{445}	tɕʻi^{445}	tɕʻi^{52}	tɕʻi^{52}
tɕĩ^{44}	tɕʻĩ^{31}	tɕʻĩ^{31}	tɕʻĩ^{323}	tɕʻĩ^{323}
tɕĩ^{324}	tɕʻɪ^{22}	tɕʻɪ^{22}	tɕʻɪ^{324}	tɕʻɪ^{324}
tɕĩ^{45}	tɕʻĩ^{42}	tɕʻĩ^{42}	tɕʻĩ^{324}	tɕʻĩ^{324}
tɕĩ^{51}	tɕʻĩ^{433}	tɕʻĩ^{433}	tɕĩ^{334}	tɕʻĩ^{334}
tɕɪ^{435}	tɕʻɪ^{51}	tɕʻɪ^{51}	tɕʻɪ^{45}	tɕʻɪ^{45}
tɕĩ^{51}/tɕɪ^{51}	tɕʻĩ^{44}/tɕʻɪ^{44}	tɕʻĩ^{44}/tɕʻɪ^{44}	tɕʻĩ^{334}/tɕʻɪ^{334}	tɕʻĩ^{334}/tɕʻɪ^{334}
tɕɪ^{35}	tɕʻɪ^{55}	tɕʻɪ^{55}	tɕʻɪ^{324}	tɕʻɪ^{324}
tɕiɪ^{412}	tɕʻiɪ^{44}	tɕʻiɪ^{44}	tɕʻiɪ^{51}	tɕʻiɪ^{51}
tɕie^{324}	tɕʻie^{52}	tɕʻie^{52}	tɕʻie^{44}	tɕʻie^{44}
tɕɪ^{52}	tɕʻɪ^{44}	tɕʻɪ^{44}	tɕʻɪ^{52}	tɕʻɪ^{52}
tɕɪ^{434}	tɕʻɪ^{52}	tɕʻɪ^{52}	tɕʻɪ^{434}	tɕʻɪ^{434}
tɕi^{434}	tɕʻi^{52}	tɕʻi^{52}	tɕʻi^{434}	tɕʻi^{434}
tɕi^{335}	tɕʻi^{52}	tɕʻi^{52}	tɕʻi^{44}	tɕʻi^{44}
tɕi^{334}	tɕʻi^{52}	tɕʻi^{52}	tɕʻi^{334}	tɕʻi^{334}
tɕi^{335}	tɕʻi^{52}	tɕʻi^{52}	tɕʻi^{335}	tɕʻi^{335}
tɕiɪ^{413}	tɕʻiɪ^{44}	tɕʻiɪ^{44}	tɕʻiɪ^{324}	tɕʻiɪ^{324}
tɕiɪ^{413}	tɕʻiɪ^{44}	tɕʻiɪ^{44}	tɕʻiɪ^{313}	tɕʻiɪ^{313}
tɕie^{334}	tɕʻie^{51}	tɕʻie^{51}	tɕʻie^{334}	tɕʻiɪ^{334}
tɕɪ^{334}	tɕʻɪ^{44}	tɕʻɪ^{44}	tɕʻɪ^{53}	tɕʻɪ^{53}
tɕie^{334}	tɕʻie^{323}	tɕʻie^{323}	tɕʻie^{51}	tɕʻie^{51}
tɕĩ^{33}	tɕʻĩ^{52}	tɕʻĩ^{52}	tɕʻĩ^{334}	tɕʻĩ^{334}
tɕiɪ^{544}	tɕʻiɪ^{544}	tɕʻiɪ^{544}	tɕʻiɪ^{52}	tɕʻiɪ^{52}
tɕiẽ^{324}	tɕʻiẽ^{53}	tɕʻiẽ^{53}	tɕʻiẽ^{44}	tɕʻiẽ^{44}
tɕiẽ^{35}	tɕʻiẽ^{523}	tɕʻiẽ^{523}	tɕʻie^{42}	tɕʻie^{42}
tɕĩ^{52}	tɕʻĩ^{324}	tɕʻĩ^{324}	tɕʻĩ^{435}	tɕʻĩ^{435}
tɕi$_z^{52}$	tɕʻi$_z^{52}$	tɕʻi$_z^{52}$	tɕʻi$_z^{325}$	tɕʻi$_z^{325}$
tɕie^{44}	tɕʻie^{533}	tɕʻie^{533}	tɕʻie^{533}	tɕʻie^{533}
tɕɪ^{52}	tɕʻɪ^{44}	tɕʻɪ^{44}	tɕʻi$^{\underline{35}}$	tɕʻi$^{\underline{35}}$
tɕiẽ^{53}	tɕʻiẽ^{434}	tɕʻiẽ^{434}	tɕʻiẽ^{45}	tɕʻiẽ^{45}
tɕiæ^{45}	tɕʻiæ^{324}	tɕʻiæ^{324}	tɕʻiæ^{544}	tɕʻiæ^{544}
tɕie^{54}	tɕʻie^{44}	tɕʻie^{44}	tɕʻie^{434}	tɕʻie^{434}

摄口 等调 韵声	咸开 三去 釅溪	山开 三平 仙群	咸开 三上 琰群	山开 三上 獮群
	欠	乾~坤	俭	件
宜	$tɕʻɪ^{324}$	$dʑɪ^{223}$	$dʑɪ^{231}$	$dʑɪ^{231}$
溧	$tɕʻi^{412}$	$dʑi^{323}$	$dʑi^{231}$	$dʑi^{231}$
金	$tɕʻĩ^{44}$	$tɕʻĩ^{35}$	$tɕʻɪ^{323}$	$tɕĩ^{44}$
丹	$tɕʻɪ^{324}$	$dʑɪ^{213}$	$tɕɪ^{41}$	$tɕɪ^{41}$
童	$tɕʻĩ^{45}$	$gĩ^{113}$	$gɪ^{113}$	$dʑĩ^{324}$
靖	$tɕʻĩ^{51}$	$dʑĩ^{223}$	$dʑĩ^{31}$	$dʑĩ^{31}$
江	$tɕʻɪ^{435}$	$dʑɪ^{223}$	$dʑɪ^{223}$	$dʑɪ^{223}$
常	$tɕʻĩ^{51}/tɕʻĩ^{51}$	$dʑĩ^{213}/dʑɪ^{213}$	$dʑĩ^{24}/dʑɪ^{24}$	$dʑĩ^{24}/dʑɪ^{24}$
锡	$tɕʻi^{35}$	$dʑɪ^{213}$	$dʑɪ^{213/33}$	$dʑɪ^{213/33}$
苏	$tɕʻiɪ^{412}$	$dʑiɪ^{223}$	$dʑiɪ^{231}$	$dʑiɪ^{231}$
熟	$tɕʻie^{324}$	$dʑie^{233}$	$dʑie^{31}$	$dʑie^{31}$
昆	$tɕʻɪ^{52}$	$dʑɪ^{132}$	$dʑɪ^{223}$	$dʑɪ^{223}$
霜	$tɕʻɪ^{434}$	$dʑɪ^{231}$	$dʑɪ^{213}$	$dʑɪ^{213}$
罗	$tɕʻɪ^{434}$	$dʑɪ^{231}$	$dʑɪ^{213}$	$dʑɪ^{213}$
周	$tɕʻi^{335}$	$dʑi^{113}$	$dʑi^{113}$	$dʑi^{113}$
上	$tɕʻi^{334}$	$dʑi^{113}$	$dʑi^{113}$	$dʑi^{113}$
松	$tɕʻi^{335}$	$dʑi^{231}$	$dʑi^{113}$	$dʑi^{113}$
黎	$tɕʻiɪ^{324}$	$dʑiɪ^{24}$	$dʑiɪ^{32}$	$dʑiɪ^{32}$
盛	$tɕʻiɪ^{313}$	$dʑiɪ^{24}$	$dʑiɪ^{223}$	$dʑiɪ^{223}$
嘉	$tɕʻie^{334}$	$dʑie^{231}$	$dʑie^{223}$	$dʑie^{223}$
双	$tɕʻɪ^{334}$	$dʑɪ^{113}$	$dʑɪ^{231}$	$dʑɪ^{113}$
杭	$tɕʻie^{334}$	$dʑie^{212}$	$dʑie^{113}$	$dʑie^{113}$
绍	$tɕʻĩ^{33}$	$dʑĩ^{231}$	$dʑĩ^{231}$	$dʑĩ^{22}$
诸	$tɕʻiɪ^{544}$	$dʑiɪ^{233}$	$dʑiɪ^{233}$	$dʑiɪ^{233}$
崇	$tɕʻiẽ^{324}$	$dʑiẽ^{31}$	$dʑiẽ^{22}$	$dʑiẽ^{14}$
太	$tɕʻiẽ^{35}$	$dʑiẽ^{312}$	$dʑiẽ^{22}$	$dʑiẽ^{13}$
余	$tɕʻĩ^{52}$	$dʑĩ^{113}$	$dʑĩ^{113}$	$dʑĩ^{113}$
宁	$tɕʻi_z^{52}$	$dʑi_z^{113}$	$dʑi_z^{113}$	$dʑi_z^{113}$
黄	$tɕʻie^{44}$	$dʑie^{311}$	$dʑie^{113}$	$dʑie^{113}$
温	$tɕʻi^{52}$	$dʑi^{231}$	$dʑi^{24}$	$dʑi^{22}$
衢	$tɕʻiẽ^{53}$	$dʑiẽ^{323}$	$dʑiẽ^{31}$	$dʑiẽ^{31}$
华	$tɕʻiæ̃^{213}$	$dʑiæ̃^{324}$	$dʑiæ̃^{24}$	$dʑiæ̃^{24}$
永	$tɕʻie^{54}$	$dʑie^{322}$	$dʑie^{323}$	$dʑie^{214}$

山开 三去 顾群	咸开 三平 严疑	山开 四平 先泥	山开 四平 先疑	咸开 三上 琰日
健	严	年	研	染
dʑɿ^{231}	ɲɪ^{223}	ɲɪ^{223}	ʔɲɪ^{55}	ɲɪ^{24}
dʑi^{231}	ɲi^{323}	ɲi^{323}	ʔɲi^{445}	ʔɲi^{445}
tɕĩ^{44}	nĩ^{35}	nĩ^{35}	nĩ^{35}	nĩ^{323}
tɕɿ^{41}	nɪ^{22}	nɪ^{22}	nɪ^{22}	nɪ$^{44/213}$
dʑĩ^{45}	ɲĩ^{31}	ɲĩ^{31}	ʔɲĩ^{324}	ʔɲĩ^{324}/ʔlɑ^{324}
dʑĩ^{31}	ɲĩ^{223}	ɲĩ^{223}	ʔɲĩ^{334}	ʔɲĩ^{334}/ɕyũ^{334}
dʑɿ^{223}	ɲɪ^{223}	ɲɪ^{223}	ɲɪ^{223}	ʔɲɪ^{45}/sə^{45}
dʑɿ^{24}/dʑɿ^{24}	ɲĩ^{213}/ɲɪ^{213}	ɲĩ^{213}/ɲɪ^{213}	ʔɲĩ^{44}/ʔɲɪ^{44}	ʔɲĩ^{334}/ʔɲɪ^{334}/zɔ^{24}
dʑɿ^{213}	ɲɪ^{213}	ɲɪ^{213}	ɲɪ^{213}	ɲɪ$^{213/33}$/zo$^{213/33}$
dʑiɪ^{231}	ɲiɪ^{223}	ɲiɪ^{223}	ʔɲiɪ^{44}	ɲiɪ^{231}/zə^{231}
dʑie^{213}	ɲie^{233}	ɲie^{233}	ɲie^{233}	ɲie^{31}/zɤ^{31}
dʑɿ^{21}	ɲɪ^{132}	ɲɪ^{132}	ʔɲɪ^{44}/ɲɪ^{24}	ɲɪ^{223}/zə^{223}
dʑɿ^{213}	ɲɪ^{231}	ɲɪ^{231}	ʔɲɪ^{52}	zɪ^{213}
dʑi^{213}	ɲi^{231}	ɲi^{231}	ʔɲi^{52}	ɲiE^{213}/zi^{213}
dʑi^{113}	ɲi^{113}	ɲi^{113}	ʔɲi^{52}	ɲi^{113}/zø^{113}
dʑi^{113}	ɲi^{113}	ɲi^{113}	ʔɲi^{52}	ɲi^{113}
dʑi^{113}	ɲi^{231}	ɲi^{231}	ʔɲi^{52}/ɲi^{231}	ɲi^{113}/ze^{113}/zø^{113}
dʑiɪ^{213}	ɲiɪ^{24}	ɲiɪ^{24}	ʔɲiɪ^{44}	ɲiɪ^{32}/zə^{32}
dʑiɪ^{212}	ɲiɪ^{24}	ɲiɪ^{24}	ʔɲiɪ^{44}	ɲiɪ^{223}/zə^{223}
dʑie^{223}	ɲie^{231}	nie^{24}	ʔɲie^{334}	ɲie^{223}/zɤɚ^{223}
dʑɿ^{113}	ɲɪ^{113}	ɲɪ^{113}	ɲɪ^{113}	ɲɪ^{231}
dʑie^{113}	ɲie^{212}	ɲie^{212}	ɲie^{212}	ʔɲiɑ^{51}/ʔʐuo^{51}
dʑĩ^{22}	ɲĩ^{231}	ɲĩ^{231}	ɲĩ^{231}	ɲĩ^{113}
dʑiɪ^{233}	ɲiɪ^{233}	ɲiɪ^{233}	ɲiɪ^{233}	ɲiɪ^{231}/zɤ^{231}
dʑiẽ^{14}	ɲiẽ^{31}	ɲiẽ^{31}	ɲiẽ^{31}	zæ̃^{22}
dʑiẽ^{13}	ɲiẽ^{312}	ɲiẽ^{312}	ɲiẽ^{312}	zæ̃^{22}/ʑiæ̃^{22}
dʑĩ^{113}	ɲĩ^{113}	ɲĩ^{113}	ɲĩ^{113}	ɲĩ^{113}/zẽ^{113}
dʑi$_z^{113}$	ɲi$_z^{113}$	ɲi$_z^{113}$	ɲi$_z^{113}$	ɲi$_z^{113}$
dʑie^{113}	ɲie^{311}	ɲie^{311}	ɲie^{311}	ʔɲie^{533}
dʑɿ^{22}	ɲɪ^{231}	ɲɪ^{231}	ɲɪ^{231}	ɲɪ^{24}
dʑiẽ^{31}	ɲiẽ^{323}	ɲiẽ^{323}	ɲiẽ^{323}	ɲiẽ^{31}/ʐɥə^{31}
dʑiæ^{24}	ɲiæ^{324}	ʔɲiɑ^{324}	ɲiæ^{324}	ʔɲiæ^{544}
dʑie^{214}	ɲie^{322}	ɲiʌ^{322}		ɲie^{323}/ɕʑyə^{323}

摄口 等调 韵声	山开 三上 獮来	咸开 三去 艳疑	咸开 四去 桥泥	咸开 三平 盐影
	辇	验	念	淹
宜	ʔȵɪ⁵⁵	ȵɪ²³¹	ȵɪ²³¹	ʔɪ⁵⁵/ʔʌ⁵⁵
溧	ʔȵi⁴⁴⁵	ȵi²³¹	ȵi²³¹	ʔi⁴⁴⁵
金	nãɛ³²³	nĩ⁴⁴	nĩ⁴⁴	ĩ³¹
丹	nɪ⁴⁴	nɪ⁴¹	nɪ⁴¹	æ²²
童	ʔȵĩ³²⁴	ȵĩ¹¹³	ȵĩ¹¹³	ʔĩ⁴²
靖	ʔȵĩ³³⁴	ʔȵĩ⁵¹	ʔȵĩ⁵¹	ʔæ̃⁴³³
江	ʔȵɪ⁴⁵	ȵɪ²²³	ȵɪ²²³	ʔɪ⁵¹
常	ʔȵĩ³³⁴/ʔȵɪ³³⁴	ȵĩ²⁴/ȵɪ²⁴	ȵĩ²⁴/ȵɪ²⁴	ʔĩ⁴⁴/ʔɪ⁴⁴
锡	ȵɪ²¹³	ȵɪ²¹³	ȵɪ²¹³	ʔɪ⁵⁵
苏	ʔȵiɪ⁴⁴	ȵiɪ²³¹	ȵiɪ²³¹	ʔiɪ⁴⁴
熟		ȵie²¹³	ȵiæ²¹³	ʔie⁵²
昆	ȵɪ²²³	ȵɪ²¹	ȵɪ²¹/ȵie²¹	ʔɪ⁴⁴
霜	ȵɪ²¹³	ȵɪ²¹³	ȵiɛ²¹³/ȵɪ²¹³	ʔɪ⁵²
罗	ȵi²¹³	ȵiɛ²¹³/ȵi²¹³	ȵiɛ²¹³	ʔi⁵²
周	ȵi¹¹³	ȵi¹¹³	ȵie¹¹³/ȵi¹¹³	ʔi⁵²
上	ȵi¹¹³	ȵi¹¹³	ȵi¹¹³/ȵie¹¹³	ʔi⁵²
松	ȵi¹¹³	ȵi¹¹³	ȵie¹¹³	ʔi⁵²
黎	ȵiɪ³²	ȵiɪ²¹³	ȵiɪ²¹³	ʔiɪ⁴⁴
盛	ȵiɪ²²³	ȵiɪ²¹²	ȵiɛ²¹²/ȵiɪ²¹²	ʔiɪ⁴⁴
嘉	ȵie²²³	ʔȵie³³⁴	ʔȵie³³⁴	ʔiɪ⁵¹
双	ȵɪ²³¹	ȵɪ¹¹³	ȵɪ¹¹³	ʔɪ⁴⁴
杭	ʔȵie⁵¹	ȵie¹¹³	ȵie¹¹³	ʔie³²³
绍	ȵĩ¹¹³	ȵiæ̃²²	ȵiæ̃²²	ʔĩ⁵²
诸	ȵiɪ²³¹	ȵiɪ²³³	ȵiɪ²³³	ʔiɪ⁵⁴⁴
崇	ȵiẽ²²	ȵiẽ¹⁴	ȵiẽ¹⁴	ʔiẽ⁵³
太	ȵiẽ²²	ȵiẽ¹³	ȵiẽ¹³	ʔiẽ⁵²³
余	ȵĩ¹¹³	ȵĩ¹¹³/ȵiɛ̃¹¹³	ȵiɛ̃¹¹³	ʔĩ³²⁴
宁	ȵiz̩¹¹³	ȵiE¹¹³	ȵiE¹¹³	ʔiz̩⁵²
黄	ʔȵie⁵³³	ȵie¹¹³	ȵie¹¹³	ʔie⁵³³
温	ȵi²⁴	ȵi²²	ȵi²²	
衢	ʔȵie⁴⁵	ȵie³¹	ȵie³¹	ʔie⁴³⁴
华	ȵiæ̃²⁴	ȵiæ̃²⁴	ȵiæ̃²⁴	ʔiæ̃³²⁴
永	ȵie³²³	ȵie²¹⁴	ȵie²¹⁴	ɦie⁴⁴

咸开 三平 严影 醃	山开 四平 先影 烟	咸开 三上 琰影 掩	咸开 三去 酽影 厌	山开 四去 霰影 燕
$ʔɿ^{55}$	$ʔɿ^{55}$	$ʔɿ^{324}$	$ʔɿ^{324}$	$ʔɿ^{324}$
$ʔi^{445}$	$ʔi^{445}$	$ʔi^{445}$	$ʔi^{412}$	$ʔi^{412}$
$ĩ^{31}$	$ĩ^{31}$	$ĩ^{323}$	$ĩ^{44}$	$ĩ^{44}$
$ɿ^{22}$	$ɿ^{22}$	$ɿ^{44}$	$ɿ^{41}$	$ɿ^{41/324}$
$ʔĩ^{42}$	$ʔĩ^{42}$	$ʔĩ^{324}$	$ʔĩ^{45}$	$ʔĩ^{45}$
$ʔĩ^{433}$	$ʔĩ^{433}$	$ʔĩ^{334}$	$ʔĩ^{51}$	$ʔĩ^{51}$
$ʔɿ^{51}$	$ʔɿ^{51}$	$ʔɿ^{45}$	$ʔɿ^{435}$	$ʔɿ^{435}$
$ʔĩ^{44}/ʔɿ^{44}$	$ʔĩ^{44}/ʔɿ^{44}$	$ʔĩ^{334}/ʔɿ^{334}$	$ʔĩ^{51}/ʔɿ^{51}$	$ʔĩ^{51}/ʔɿ^{51}$
$ʔɿ^{55}$	$ʔɿ^{55}$	$ʔɿ^{324}$	$ʔɿ^{35}$	$ʔɿ^{35}$
$ʔiɿ^{44}$	$ʔiɿ^{44}$	$ʔiɿ^{51}$	$ʔiɿ^{412}$	$ʔiɿ^{412}$
$ʔie^{52}$	$ʔie^{52}$	$ʔie^{44}$	$ʔie^{324}$	$ʔie^{324}$
$ʔɿ^{44}$	$ʔɿ^{44}$	$ʔɿ^{52}$	$ʔɿ^{52}$	$ʔɿ^{52}$
$ʔɿ^{52}$	$ʔɿ^{52}$	$ʔɿ^{434}$	$ʔɿ^{434}$	$ʔɿ^{434}$
$ʔi^{52}$	$ʔi^{52}$	$ʔi^{434}$	$ʔi^{434}$	$ʔi^{434}$
$ʔi^{52}$	$ʔi^{52}$	$ʔi^{44}$	$ʔi^{335}$	$ʔi^{335}$
$ʔi^{52}$	$ʔi^{52}$	$ʔi^{334}$	$ʔi^{334}$	$ʔi^{334}$
$ʔi^{52}$	$ʔi^{52}$	$ʔi^{44}$	$ʔi^{335}$	$ʔi^{335}$
$ʔiɿ^{44}$	$ʔiɿ^{44}$	$ʔiɿ^{51}$	$ʔiɿ^{413}$	$ʔiɿ^{413}$
$ʔiɿ^{44}$	$ʔiɿ^{44}$	$ʔiɿ^{51}$	$ʔiɿ^{413}$	$ʔiɿ^{413}$
$ʔiɿ^{51}$	$ʔiɿ^{51}$	$ʔiɿ^{44}$	$ʔiɿ^{334}$	$ʔiɿ^{334}$
$ʔɿ^{44}$	$ʔɿ^{44}$	$ʔɿ^{53}$	$ʔɿ^{334}$	$ʔɿ^{334}$
$ʔie^{323}$	$ʔie^{323}$	$ʔie^{51}$	$ʔie^{334}$	$ʔie^{334}$
$ʔĩ^{52}$	$ʔĩ^{52}$	$ʔĩ^{334}$	$ʔĩ^{33}$	$ʔĩ^{33}$
$ʔiɿ^{544}$	$ʔiɿ^{544}$	$ʔiɿ^{52}$	$ʔiɿ^{544}$	$ʔiɿ^{544}$
$ʔiẽ^{53}$	$ʔiẽ^{53}$	$ʔiẽ^{44}$	$ʔiẽ^{324}$	$ʔiẽ^{324}$
$ʔiẽ^{523}$	$ʔiẽ^{523}$	$ʔiẽ^{42}$	$ʔiẽ^{35}$	$ʔiẽ^{35}$
$ʔĩ^{324}$	$ʔĩ^{324}$	$ʔĩ^{435}$	$ʔĩ^{52}$	$ʔĩ^{52}$
$ʔi_z^{52}$	$ʔi_z^{52}$	$ʔi_z^{325}$	$ʔi_z^{52}$	$ʔi_z^{52}$
$ʔie^{533}$	$ʔie^{533}$	$ʔie^{533}$	$ʔie^{44}$	$ʔie^{44}$
$ʔi^{44}$	$ʔi^{44}$	$ʔi^{35}$	$ʔi^{52}$	$ʔi^{52}$
$ʔiẽ^{434}$	$ʔiẽ^{434}$	$ʔiẽ^{45}$	$ʔiẽ^{53}$	$ʔiẽ^{53}$
$ʔiæ^{324}$	$ʔiɑ^{324}$	$ʔiæ^{544}$	$ʔiæ^{45}$	$ʔiæ^{45}$
$ʔie^{44}$	$ʔie^{44}$	$ʔɦie^{323}$	$ʔie^{54}$	$ʔie^{54}$

摄口 等调 韵声	山开 三平 元晓 掀	山开 三平 元晓 轩	咸开 三上 琰晓 险	山开 四上 铣晓 显
宜	$çɪ^{55}$	$çɪ^{55}$	$çɪ^{51}$	$çɪ^{51}$
溧	$çi^{445}$	$çyʊ^{445}$	$çi^{52}$	$çi^{52}$
金	$çɪ^{31}$	$çyʊ̃^{31}$	$çɪ̃^{323}$	$çɪ̃^{323}$
丹	$çɪ^{22}$	$çɪ^{22}$	$çɪ^{44}$	$çɪ^{44}$
童	$çɪ̃^{42}$	$çɪ̃^{42}$	$çɪ̃^{324}$	$çɪ̃^{324}$
靖	$çɪ̃^{433}$	$çɪ̃^{433}$	$çɪ̃^{334}$	$çɪ̃^{334}$
江	$çɪ^{51}$	$sɪ^{51}$	$çɪ^{45}$	$çɪ^{45}$
常	$çɪ̃^{44}/çɪ^{44}$	$çɪ̃^{44}/çɪ^{44}$	$çɪ̃^{334}/çɪ^{334}$	$çɪ̃^{334}/çɪ^{334}$
锡	$çɪ^{55}/çin^{55}$	$çio^{55}$	$çɪ^{324}$	$çɪ^{324}$
苏	$çiɪ^{44}$	$çiə^{44}$	$çi^{51}$	$çiɪ^{51}$
熟	$çie^{52}$	$çie^{52}$	$çie^{44}$	$çie^{44}$
昆	$çɪ^{44}/çin^{44}$	$çɪ^{44}$	$çɪ^{52}$	$çɪ^{52}$
霜	$çɪ̃^{52}$	$çi^{52}$	$çɪ^{434}$	$çɪ^{434}$
罗	$çɪn^{52}$	$çi^{52}$	$çi^{434}$	$çi^{434}$
周	$çi^{52}$	$çi^{52}$	$çi^{44}$	$çi^{44}$
上	$çi^{52}/çiŋ^{52}$	$çi^{52}$	$çi^{334}$	$çi^{334}$
松	$çi^{52}/çiŋ^{52}$	$çi^{52}$	$çi^{44}$	$çi^{44}$
黎	$çiən^{44}$	$çiɪ^{44}$	$çiɪ^{51}$	$çiɪ^{51}$
盛	$çɪŋ^{44}$	$çiz^{44}$	$çiɪ^{51}$	$çiɪ^{51}$
嘉	$çie^{51}$	$çie^{51}$	$çie^{44}$	$çie^{44}$
双	$çɪ^{44}$	$çɪ^{44}$	$çɪ^{53}$	$çɪ^{53}$
杭	$çie^{323}$	$çyo^{323}$	$çie^{51}$	$çie^{51}$
绍	$çɪ̃^{52}$	$çɪ̃^{52}$	$çɪ̃^{334}$	$çɪ̃^{334}$
诸	$çiɪ^{544}$	$çiɪ^{544}$	$çiɪ^{52}$	$çiɪ^{52}$
崇	$çiɪŋ^{53}$	$çiẽ^{53}$	$çiẽ^{44}$	$çiẽ^{44}$
太	$çiɪŋ^{523}$	$çiẽ^{523}$	$çiẽ^{42}$	$çiẽ^{42}$
余	$çɪ̃^{324}/çiŋ^{324}$	$çɪ̃^{324}$	$çɪ̃^{435}$	$çɪ̃^{435}$
宁	$çi_z^{52}$	$çi_z^{52}$	$çi_z^{325}$	$çi_z^{325}$
黄	$çie^{533}$	$çie^{533}$	$çie^{533}$	$çie^{533}$
温	$çiʌŋ^{44}$	$çɪ^{52}$	$çi^{\underline{35}}$	$çi^{\underline{35}}$
衢	$çiẽ^{434}$	$çiẽ^{434}$	$çiẽ^{45}$	$çiẽ^{45}$
华	$çiæ^{324}$	$çiæ^{324}$	$çiæ^{544}$	$çiæ^{544}$
永	$çiʌʊ^{44}$	$çye^{44}$	$çie^{434}$	$çie^{434}$

山开 三去 願晓	咸开 三平 盐云	咸开 三平 盐以	咸开 四平 添匣	山开 二平 山匣
献	炎	盐	嫌	娴
$çɪ^{324}$	$ɦɪ^{223}$	$ɦɪ^{223}$	$ɦɪ^{223}$	$ɦɪ^{223}$
$çi^{412}$	i^{323}	i^{323}	i^{323}	i^{323}
$çĩ^{44}$	$ĩ^{35}$	$ĩ^{35}$	$çĩ^{35}$	$çĩ^{35}$
$çɪ^{324}$	$ɦɪ^{213}$	$ɦɪ^{213}$	$ɦɪ^{213}$	$ɦɪ^{213}$
$çɪ̃^{45}$	$ɦɪ̃^{113}$	$ɦɪ̃^{113}$	$ɦɪ̃^{113}$	$ɦɪ̃^{113}$
$çɪ̃^{51}$	$ɦɪ̃^{223}$	$ɦɪ̃^{223}$	$ɦɪ̃^{223}$	$ɦɪ̃^{223}$
$çɪ^{435}$	$ɦɪ^{223}$	$ɦɪ^{223}$	$ɦɪ^{223}$	$ɦɪ^{223}$
$çɪ̃^{51}/çɪ^{51}$	$ɦɪ̃^{213}/ɦɪ^{213}$	$ɦɪ̃^{213}/ɦɪ^{213}$	$ɦɪ̃^{213}/ɦɪ^{213}$	$ɦɪ̃^{213}/ɦɪ^{213}$
$çɪ^{35}$	$ɦɪ^{213}$	$ɦɪ^{213}$	$ɦɪ^{213}$	$ɦɪ^{213}$
$çiɪ^{412}$	$ɦiɪ^{223}$	$ɦiɪ^{223}$	$ɦiɪ^{223}$	$ɦiɪ^{223}$
$çie^{324}$	$ɦie^{233}$	$ɦie^{233}$	$ɦie^{233}$	$ɦie^{233}$
$çɪ^{52}$	$ɦɪ^{132}$	$ɦɪ^{132}$	$ɦɪ^{132}$	$ɦɪ^{132}$
$çɪ^{434}$	$ɦɪ^{231}$	$ɦɪ^{231}$	$ɦɪ^{231}$	$ɦɪ^{231}$
$çɪ^{434}$	$ɦɪ^{231}$	$ɦɪ^{231}$	$ɦɪ^{231}$	$ɦɪ^{231}$
$çi^{335}$	$ɦi^{113}$	$ɦi^{113}$	$ɦi^{113}$	$ɦi^{113}$
$çi^{334}$	$ɦi^{113}$	$ɦi^{113}$	$ɦi^{113}$	$ɦi^{113}/ɦE^{113}$
$çi^{335}$	$ɦE^{231}/ɦi^{231}$	$ɦi^{231}$	$ɦi^{231}$	$ɦE^{231}$
$çiɪ^{413}$	$ɦiɪ^{24}$	$ɦiɪ^{24}$	$ɦiɪ^{24}$	$ɦiɪ^{24}$
$çiɪ^{413}$	$ɦiɪ^{24}$	$ɦiɪ^{24}$	$ɦiɪ^{24}$	$ɦiɪ^{24}$
$çie^{334}$	$ɦie^{231}$	$ɦie^{231}$	$ɦie^{231}$	$ɦie^{231}$
$çɪ^{334}$	$ɦɪ^{113}$	$ɦɪ^{113}$	$ɦɪ^{113}$	$ɦɪ^{113}$
$çie^{334}$	$ɦie^{212}$	$ɦie^{212}$	$ʔie^{323}$	$ʔie^{323}/ɦE^{212}$
$çĩ^{33}$	$ɦɪ̃^{231}$	$ɦɪ̃^{231}$	$ɦɪ̃^{231}$	$ɦɪ̃^{231}$
$çiɪ^{544}$	$ɦiɪ^{233}$	$ɦiɪ^{233}$	$ɦiɪ^{233}$	$ɦiɪ^{233}$
$çiẽ^{324}$	$ɦiẽ^{31}$	$ɦiẽ^{31}$	$ɦiẽ^{31}$	$ɦiẽ^{31}$
$çiẽ^{35}$	$ɦiẽ^{312}$	$ɦiẽ^{312}$	$ɦiẽ^{312}$	$ɦiẽ^{312}$
$çɪ̃^{52}$	$ɦɪ̃^{113}$	$ɦɪ̃^{113}$	$ɦɪ̃^{113}$	$ɦɪ̃^{113}$
$çiz^{52}$	$ɦiz^{113}$	$ɦiz^{113}$	$ɦiz^{113}$	$ɦiz^{113}$
$çie^{44}$	$ɦie^{311}$	$ɦie^{311}$	$ɦie^{311}$	$ɦie^{311}$
$çi^{52}$	$ɦɪ^{231}$	$ɦɪ^{231}$	$ɦɪ^{231}$	$ɦɪ^{231}$
$çiẽ^{53}$	$ʔɦiẽ^{323}$	$ʔɦiẽ^{323}$	$ʔɦiẽ^{323}$	$ʔɦiẽ^{323}$
$çiæ̃^{45}$	$ʔiæ̃^{324}$	$ʔiæ̃^{324}$	$ʔiæ̃^{324}$	$ʔiæ̃^{324}$
$çie^{434}$	$ʔɦie^{322}$	$ʔɦie^{322}$	$ʔɦie^{322}$	$ʔɦie^{322}$

摄口 等调 韵声	山开 三平 元疑 言	山开 四平 先匣 弦	山合 三平 仙以 沿	山开 三上 獮以 演
宜	ɦɪ²²³	ɦɪ²²³	ɦɪ²²³	ʔi³²⁴
溧	i³²³	i³²³	i³²³	ʔi⁴⁴⁵
金	ĩ³⁵	çĩ³⁵	ĩ³⁵	ʔĩ³²³
丹	ɦɪ²²	ɦɪ²²	ɦɪ²²	ɪ⁴⁴
童	ɦĩ¹¹³	ɦĩ¹¹³	ɦĩ¹¹³	ʔĩ³²⁴
靖	ɦĩ²²³	ɦĩ²²³	ɦĩ²²³	ʔĩ³³⁴
江	ɦɪ²²³	ɦɪ²²³	ɦɪ²²³	ʔi⁴⁵
常	ɦĩ²¹³/ɦɪ²¹³	ɦĩ²¹³/ɦɪ²¹³	ɦĩ²¹³/ɦɪ²¹³	ʔĩ³³⁴/ʔɪ³³⁴
锡	ɦɪ²¹³	ɦɪ²¹³	ɦɪ²¹³	ʔĩ³²⁴
苏	ɦiɪ²²³	ɦiɪ²²³	ɦiɪ²²³	ʔiɪ⁵¹/ɦiɪ²³¹
熟	ɦie²³³	ɦie²³³	ɦie²³³	ʔie⁴⁴
昆	ɦɪ¹³²	ɦɪ¹³²	ɦɪ¹³²	ʔɪ⁵²
霜	ɦɪ²³¹	ɦɪ²³¹	ɦɪ²³¹	ɦɪ²¹³
罗	ɦi²³¹	ɦi²³¹	ɦi²³¹	ɦi²¹³
周	ɦi¹¹³	ɦi¹¹³	ɦi¹¹³	ʔi⁴⁴
上	ɦi¹¹³	ɦi¹¹³	ɦi¹¹³	ʔi³³⁴
松	ɦi²³¹	ɦi²³¹	ɦi²³¹	ɦi¹¹³
黎	ɦiɪ²⁴	ɦiɪ²⁴	ɦiɪ²⁴	ɦiɪ³²
盛	ɦiɪ²⁴	ɦiɪ²⁴	ɦiɪ²⁴	ɦiɪ²²³
嘉	ɦie²³¹	ɦie²³¹	ɦie²³¹	ɦie²²³
双	ɦɪ¹¹³	ɦɪ¹¹³	ɦɪ¹¹³	ɦɪ²³¹
杭	ɦie²¹²	ʔie³²³	ɦie²¹²	ʔie⁵¹
绍	ȵĩ²³¹	ɦĩ²³¹	ɦĩ²³¹	ʔĩ³³⁴
诸	ɦiɪ²³³	ɦiɪ²³³	ɦiɪ²³³	ɦiɪ⁵²
崇	ɦiẽ³¹	ɦiẽ³¹	ɦiẽ³¹	ɦiẽ²²
太	ɦiẽ³¹²	ɦiẽ³¹²	ɦiẽ³¹²	ɦiẽ²²
余	ɦĩ¹¹³	ɦĩ¹¹³	ɦĩ¹¹³	ɦiẽ¹¹³/ʔĩ⁴³⁵
宁	ɦiz¹¹³	ɦiz¹¹³	ɦiz¹¹³	ʔiz³²⁵
黄	ɦie³¹¹	ɦie³¹¹	ɦie³¹¹	ʔie⁵³³
温	ɦi²³¹	ɦi²³¹	ɦi²³¹	ɦi²⁴
衢	ɦiẽ³²³	ɦiẽ³²³	ɦiẽ³²³	ʔiẽ⁴⁵
华	ʔiæ̃³²⁴	ʔiæ̃³²⁴	ʔiæ̃³²⁴	ʔia⁵⁴⁴/ʔiæ̃⁵⁴⁴
永	ʔɦie³²²	ʔɦie³²²	ʔɦie³²²	ʔɦie³²³

咸开 三去 艳以	咸开 三去 艳以	山开 四去 霰匣	咸开 三平 盐精	山开 三平 仙精
焰	艳	现	尖	煎
$ɦɪ^{231}$	$ɦɪ^{231}$	$ɦɪ^{231}$	$tɕɪ^{55}$	$tɕɪ^{55}$
i^{412}	i^{412}	i^{231}	$tɕi^{445}$	$tɕi^{445}$
$ĩ^{44}$	$ĩ^{44}$	$çĩ^{44}$	$tɕĩ^{31}$	$tɕĩ^{31}$
$ɪ^{41}$	$ɪ^{41}$	$çɪ^{41}$	$tɕɪ^{22}$	$tɕɪ^{22}$
$ɦĩ^{113}$	$ɦĩ^{113}$	$ɦĩ^{113}$	$tɕĩ^{42}$	$tɕĩ^{42}$
$ʔĩ^{51}$	$ʔĩ^{51}$	$ʔĩ^{334}/çĩ^{334}$	$tsĩ^{433}$	$tsĩ^{433}$
$ɦɪ^{223}$	$ɦɪ^{223}$	$ɦɪ^{223}$	$tsɪ^{51}$	$tsɪ^{51}$
$ɦĩ^{24}/ɦɪ^{24}$	$ɦĩ^{24}/ɦɪ^{24}$	$ɦĩ^{24}/ɦɪ^{24}$	$tɕĩ^{44}/tɕɪ^{44}$	$tɕĩ^{44}/tɕɪ^{44}$
$ɦɪ^{213}$	$ɦɪ^{213}$	$ɦɪ^{213}$	$tɕɪ^{55}$	$tɕɪ^{55}$
$ɦiɪ^{231}$	$ɦiɪ^{231}$	$ɦiɪ^{231}$	$tsiɪ^{44}$	$tsiɪ^{44}$
$ʔie^{324}$	$ʔie^{324}$	$ɦie^{213}$	$tɕie^{52}$	$tsie^{52}$
$ʔɪ^{52}$	$ʔɪ^{52}$	$ɦɪ^{21}$	$tɕɪ^{44}/tsɪ^{44}$	$tsɪ^{44}$
$ɦɪ^{213}$	$ɦɪ^{213}$	$ɦɪ^{213}$	$tsɪ^{52}$	$tsɪ^{52}$
$ɦi^{213}$	$ɦi^{213}$	$ɦi^{213}$	tsi^{52}	tsi^{52}
$ɦi^{113}$	$ɦi^{113}$	$ɦi^{113}$	$tɕi^{52}$	$tɕi^{52}$
$ɦi^{113}$	$ɦi^{113}$	$ɦi^{113}$	$tɕi^{52}$	$tɕi^{52}$
$ɦi^{113}$	$ɦi^{113}$	$ɦi^{113}$	$tɕi^{52}$	$tɕi^{52}$
$ɦiɪ^{213}$	$ʔiɪ^{413}$	$ɦiɪ^{213}$	$tsiɪ^{44}$	$tsiɪ^{44}$
$ɦiɪ^{212}$	$ɦiɪ^{212}$	$ɦiɪ^{212}$	$tsiɪ^{44}$	$tsiɪ^{44}$
$ɦie^{223}$	$ɦie^{223}$	$ɦie^{223}$	$tɕie^{51}$	$tɕie^{51}$
$ɦɪ^{113}$	$ɦɪ^{113}$	$ɦɪ^{113}$	$tɕɪ^{44}$	$tɕɪ^{44}$
$ɦie^{113}$	$ɦie^{113}$	$ɦie^{113}$	$tɕie^{323}$	$tɕie^{323}$
$ɦĩ^{22}$	$ɦĩ^{22}$	$ɦĩ^{22}$	$tɕĩ^{52}$	$tɕĩ^{52}$
$ɦiɪ^{233}$	$ɦiɪ^{233}$	$ɦiɪ^{233}$	$tɕiɪ^{544}$	$tɕiɪ^{544}$
$ɦiẽ^{14}$	$ɦiẽ^{14}$	$ɦiẽ^{14}$	$tɕiẽ^{53}$	$tɕiẽ^{53}$
$ɦiẽ^{13}$	$ɦiẽ^{13}$	$ɦiẽ^{13}$	$tɕiẽ^{523}$	$tɕiẽ^{523}$
$ɦĩ^{113}$	$ɦĩ^{113}$	$ɦĩ^{113}$	$tɕĩ^{324}$	$tɕĩ^{324}$
$ʔi_z^{52}$	$ɦi_z^{113}$	$ɦi_z^{113}$	$tɕi_z^{52}$	$tɕi_z^{52}$
$ɦie^{113}$	$ɦie^{113}$	$ɦie^{113}$	$tɕie^{533}$	$tɕie^{533}$
$ɦi^{22}$	$ɦi^{22}$	$ɦi^{22}$	$tɕi^{44}$	$tɕi^{44}$
$ʔɦiẽ^{31}$	$ʔɦiẽ^{31}$	$ʔɦiẽ^{31}$	$tɕiẽ^{434}$	$tɕiẽ^{434}$
$ɦiæ^{24}$	$ɦiæ^{24}$	$çziæ^{24}$	$tɕiæ^{324}$	$tɕiæ^{435}$
$ʔɦie^{214}$	$ʔɦie^{214}$	$ʔɦie^{214}$	$tɕie^{44}$	$tɕie^{44}$

摄口 等调 韵声	山开 三上 獮精 剪	山开 三去 线精 箭	山开 四去 霰精 荐	咸开 三平 盐清 签
宜	tɕɪ^{51}	tɕɪ^{324}	tɕɪ^{324}	tɕʻɪ^{55}
溧	tɕi^{52}	tɕi^{412}	tɕi^{412}	tɕʻi^{445}
金	tɕɪ̃^{323}	tɕɪ̃^{44}	tɕɪ̃^{44}	tɕʻɪ̃^{31}
丹	tɕɪ^{44}	tɕɪ^{324}	tɕɪ^{324}	tɕʻɪ^{22}
童	tɕɪ̃^{324}	tɕɪ̃^{45}	tɕɪ̃^{45}	tɕʻɪ̃^{42}
靖	tsɪ̃^{334}	tsɪ̃^{51}	tsɪ̃^{51}	tsʻɪ̃^{433}
江	tsɪ^{45}	tsɪ^{435}	tsɪ^{435}	tsʻɪ^{51}
常	tɕɪ̃^{334}/tɕɪ^{334}	tɕɪ̃^{51}/tɕɪ^{51}	tɕɪ̃^{51}/tɕɪ^{51}	tɕʻɪ̃^{44}/tɕʻɪ^{44}
锡	tsɪ^{324}	tsɪ^{35}	tsɪ^{35}	tsʻɪ^{35}/tɕɪ^{55}
苏	tsiɪ^{51}	tsiɪ^{412}	tsiɪ^{412}	tsʻiɪ^{44}
熟	tsie^{44}	tsie^{324}	tsie^{324}	tɕʻie^{52}
昆	tsɪ^{52}	tsɪ^{52}	tɕɪ^{52}/tsɪ^{52}	tɕʻɪ^{44}/tsʻɪ^{44}
霜	tsɪ^{434}	tsɪ^{434}	tsɪ^{434}	tsʻɪ^{52}
罗	tsi^{434}	tsi^{434}	tsi^{434}	tsʻi^{52}
周	tɕi^{44}	tɕi^{335}	tɕi^{335}	tɕʻi^{52}
上	tɕi^{334}	tɕi^{334}	tɕi^{334}	tɕʻi^{52}
松	tɕi^{44}	tɕi^{335}	tɕi^{335}	tɕʻi^{52}
黎	tsiɪ^{51}	tsiɪ^{413}	tsiɪ^{413}	tsʻiɪ^{44}
盛	tsiɪ^{51}	tsiɪ^{413}	tsiɪ^{413}	tsʻiɪ^{44}
嘉	tɕie^{44}	tɕie^{334}	tɕie^{334}	tɕʻie^{51}
双	tɕʻɪ^{53}	tɕɪ^{334}	tɕɪ^{334}	tɕʻɪ^{44}
杭	tɕie^{51}	tɕie^{334}	tɕie^{334}	tɕʻie^{323}
绍	tɕɪ̃^{334}	tɕɪ̃^{33}	tɕɪ̃^{33}	tɕʻɪ̃^{52}
诸	tɕiɪ^{52}	tɕiɪ^{544}	tɕiɪ^{544}	tɕʻiɪ^{544}
崇	tɕiẽ^{44}	tɕiẽ^{324}	tɕiẽ^{324}	tɕʻiẽ^{53}
太	tɕiẽ^{42}	tɕiẽ^{35}	tɕiẽ^{35}	tɕʻiẽ^{523}
余	tɕɪ̃^{435}	tɕɪ̃^{52}	tɕɪ̃^{52}	tɕʻɪ̃^{324}
宁	tɕi$_z$^{325}	tɕi$_z$^{52}	tɕi$_z$^{52}	tɕʻi$_z$^{52}
黄	tɕie^{533}	tɕie^{44}	tɕie^{44}	tɕʻie^{533}
温	tɕɪ^{35}	tɕɪ^{52}	tɕɪ^{52}	tɕʻɪ^{44}
衢	tɕiẽ^{45}	tɕiẽ^{53}	tɕiẽ^{53}	tɕʻiẽ^{434}
华	tɕiæ̃^{544}	tɕiæ̃^{45}	tɕiæ̃^{45}	tɕʻiæ̃^{324}
永	tɕiʌ^{434}	tɕie^{54}	tɕie^{54}	tɕʻie^{44}

山开三平仙清	山开四平先清	山开三上獮清	山开四去霰清	山开三平仙从
迁	千	浅	倩	钱
tɕʻɿ⁵⁵	tɕʻi⁵⁵	tɕʻɿ⁵¹	tɕʻɿ³²⁴	zɿ²²³
tɕʻi⁴⁴⁵	tɕʻi⁴⁴⁵	tɕʻi⁵²	tɕʻi⁴¹²	zi³²³
tɕʻĩ³¹	tɕʻĩ³¹	tɕʻĩ³²³	tɕʻĩ⁴⁴	tɕʻɿ³⁵
tɕʻɿ²²	tɕʻɿ²²	tɕʻɿ⁴⁴	tɕʻɿ³²⁴	dzɿ²¹³
tɕʻĩ⁴²	tɕʻĩ⁴²	tɕʻĩ³²⁴	tɕʻĩ⁴⁵	zɿ³¹
tsʻĩ⁴³³	tsʻĩ⁴³³	tsʻĩ³³⁴	tsʻĩ⁵¹	szɿ²²³
tsʻɿ⁵¹	tsʻɿ⁵¹	tsʻɿ⁴⁵	tɕʻɿ⁴³⁵	dzɿ²²³
tɕʻĩ⁴⁴/tɕʻɿ⁴⁴	tɕʻĩ⁴⁴/tɕʻɿ⁴⁴	tɕʻĩ³³⁴/tɕʻɿ³³⁴	tɕʻĩ⁵¹/tɕʻɿ⁵¹	zĩ²¹³/zɿ²¹³
tsʻɿ⁵⁵	tsʻɿ⁵⁵	tsʻɿ³²⁴	tsʻɿ³⁵	zɿ²¹³
tsʻiɻ⁴⁴	tsʻiɻ⁴⁴	tsʻiɻ⁵¹	tsʻiɻ⁴¹²	ziɻ²¹³
tsʻie⁵²	tsʻie⁵²	tsʻie⁴⁴		dzie²³³钞票/zie²³³姓
tsʻɿ⁴⁴	tsʻɿ⁴⁴	tsʻɿ⁵²	tsʻɿ⁵²	zɿ¹³²
tsʻɿ⁵²	tsʻɿ⁵²	tsʻɿ⁴³⁴	tsʻɿ⁴³⁴	zi²³¹
tsʻi⁵²	tsʻi⁵²	tsʻi⁴³⁴	tsʻi⁴³⁴	zi²³¹
tɕʻi⁵²	tɕʻi⁵²	tɕʻi⁴⁴	tɕʻi³³⁵	ʐi¹¹³
tɕʻi⁵²	tɕʻi⁵²	tɕʻi³³⁴	tɕʻi³³⁴	ʐi¹¹³/dzʐi¹¹³
tɕʻi⁵²	tɕʻi⁵²	tɕʻi⁴⁴	tɕʻi³³⁵	ʐi²³¹
tsʻiɻ⁴⁴	tsʻiɻ⁴⁴	tsʻiɻ³³⁴	tsʻiɻ³²⁴	dziɻ²⁴/ziɻ²⁴
tsʻiɻ⁴⁴	tsʻiɻ⁴⁴	tsʻiɻ³³⁴	tsʻiɻ³¹³	dziɻ²⁴
tɕʻie⁵¹	tɕʻie⁵¹	tɕʻie³²⁴	tɕʻie³³⁴	dzie²³¹
tɕʻɿ⁴⁴	tɕʻɿ⁴⁴	tɕʻɿ⁵³	tɕʻɿ³³⁴	dzʐi¹¹³
tɕʻie³²³	tɕʻie³²³	tɕʻie⁵¹	tɕʻie³³⁴	dzie²¹²
tɕʻĩ⁵²	tɕʻĩ⁵²	tɕʻĩ³³⁴	tɕʻĩ³³	dzʐĩ²³¹
tɕʻiɻ⁵⁴⁴	tɕʻiɻ⁵⁴⁴	tɕʻiɻ⁵²	tɕʻiɻ⁵⁴⁴	dzʐiɻ²³³
tɕʻiẽ⁵³	tɕʻiẽ⁵³	tɕʻiẽ⁴⁴	tɕʻiẽ³²⁴	dzʐiẽ³¹
tɕʻiẽ⁵²³	tɕʻiẽ⁵²³	tɕʻiẽ⁴²	tɕʻiẽ³⁵	dzʐiẽ³¹²
tɕʻĩ³²⁴	tɕʻĩ³²⁴	tɕʻĩ⁴³⁵	tɕʻĩ⁵²	dzʐĩ¹¹³
tɕʻiᶎ⁵²	tɕʻiᶎ⁵²	tɕʻiᶎ³²⁵	tɕʻiᶎ⁵²	dzʐiᶎ¹¹³
tɕʻie⁵³³	tɕʻie⁵³³	tɕʻie⁵³³	tɕʻie⁴⁴	dzʐie³¹¹
tɕʻi⁴⁴	tɕʻi⁴⁴	tɕʻi<u>³⁵</u>	tɕʻi⁵²	di²³¹
tɕʻiẽ⁴³⁴	tɕʻiẽ⁴³⁴	tɕʻiẽ⁴⁵	tɕʻiẽ⁴⁵	dzʐiẽ³²³
tɕʻiæ̃⁴³⁵	tɕʻiæ̃⁴³⁵	tɕʻiẽ⁵⁴⁴	tɕʻiæ̃⁴⁵	dzʐiæ̃²¹³
tɕʻie⁴⁴	tɕʻiʌ⁴⁴	tɕʻie⁴³⁴	tɕʻie⁵⁴	die³²²姓

摄口 等调 韵声	山开 四平 先从 前	咸开 三上 琰从 渐	山开 三上 獮从 践	山开 三去 线从 贱
宜	$ʑɪ^{223}$	$ʑɪ^{231}$	$ʑɪ^{24}$	$ʑɪ^{231}$
溧	zi^{323}	zi^{231}	zi^{231}	zi^{231}
金	$tɕʻ ĩ^{35}$	$tɕĩ^{44}$	$tɕĩ^{44}$	$tɕĩ^{44}$
丹	$dzɪ^{213}$	$tɕɪ^{324}$	$tɕɪ^{324}$	$tɕɪ^{324}$
童	$ʑĩ^{31}$	$ʑĩ^{113}$	$ʑĩ^{113}$	$ʑĩ^{113}$
靖	$szĩ^{223}$	$szĩ^{51}$	$szĩ^{51}$	$szĩ^{51}$
江	$dzɪ^{223}$	$dzɪ^{223}$	$dzɪ^{223}$	$dzɪ^{223}$
常	$ʑĩ^{213}/ʑɪ^{213}$	$ʑĩ^{24}/ʑɪ^{24}$	$ʑĩ^{24}/ʑɪ^{24}$	$ʑĩ^{24}/ʑɪ^{24}$
锡	$zɪ^{24/213}$	$zɪ^{33/213}$	$zɪ^{33/213}$	$zɪ^{213}$
苏	$ziɪ^{223}$	$ziɪ^{231}$	$ziɪ^{231}$	$ziɪ^{231}$
熟	$dzie^{233}$	$dzie^{31}$	$dzie^{31}$	$dzie^{213}$
昆	$zɪ^{132}$	$zɪ^{223}$	$dzɪ^{223}/zɪ^{223}$	$zɪ^{21}$
霜	$zɪ^{231}$	$zɪ^{213}$	$zɪ^{213}$	$zɪ^{213}$
罗	zi^{213}	zi^{213}	zi^{213}	zi^{213}
周	$ʑi^{113}$	$ʑi^{113}$	$ʑi^{113}$	$ʑi^{113}$
上	$dzʑi^{113}/ʑi^{113}$	$dzʑi^{113}/ʑi^{113}$	$dzʑi^{113}/ʑi^{113}$	$dzʑi^{113}/ʑi^{113}$
松	$ʑi^{231}$	$ʑi^{113}$	$ʑi^{113}$	$ʑi^{113}$
黎	$dziɪ^{24}$	$ziɪ^{32}$	$ziɪ^{32}$	$ziɪ^{213}$
盛	$dziɪ^{24}$	$dziɪ^{223}$	$ziɪ^{223}$	zE^{212}
嘉	$dʑie^{231}$	$dʑie^{223}$	$dʑie^{223}$	$tsie^{334}$
双	$dʑɪ^{113}$	$dʑɪ^{231}$	$dʑɪ^{231}$	$dʑɪ^{113}$
杭	$dʑie^{212}$	$dʑie^{113}$	$dʑie^{113}$	$dʑie^{113}$
绍	$dʑĩ^{231}$	$dʑĩ^{113}$	$dʑĩ^{113}$	$dʑĩ^{22}$
诸	$dʑiɪ^{233}$	$dʑiɪ^{231}$	$dʑiɪ^{231}$	$dʑiɪ^{233}$
崇	$dʑiẽ^{31}$	$dʑiẽ^{22}/dzẽ^{22}$	$dʑiẽ^{22}/dzẽ^{22}$	$ʑie^{44}$
太	$dʑiẽ^{312}$	$dʑiẽ^{22}$	$dʑiẽ^{22}/dzẽ^{22}$	$ʑiẽ^{13}$
余	$dʑĩ^{113}$	$dʑĩ^{113}$	$dʑĩ^{113}/zẽ^{113}$	$dʑĩ^{113}$
宁	$dʑi_z^{113}$	$dʑi_z^{113}$	$dʑɪ_z^{113}$	$dʑi_z^{113}$
黄	$ʑie^{311}$	$ʑie^{113}$	$ʑie^{113}$	$ʑie^{113}$
温	$ɦii^{231}$	$ɦii^{24}$	$ɦii^{24}$	$ɦii^{22}$
衢	$ʑiẽ^{323}$	$ʑiẽ^{31}$	$ʑiẽ^{31}$	$ʑiẽ^{31}$
华	$ɕiɑ^{324}$	$tɕiæ^{45}/dʑiæ^{24}$	$tɕiæ^{24}/dʑiæ^{24}$	$tɕiæ^{45}/dʑiæ^{24}$
永	$ɕʑiA^{322}$	$ɕʑiA^{323}$	$ɕʑie^{323}$	$ɕʑie^{214}$

山开 三平 仙心	山开 三平 仙心	山开 四平 先心	山开 三上 獮心	山开 三去 线心
仙	鲜新~	先	癣	线
$ɕɪ^{55}$	$ɕɪ^{55}$	$ɕɪ^{55}$	$ɕɪ^{51}/ɕyẽ^{51}$	$ɕɪ^{324}$
$ɕi^{445}$	$ɕi^{445}$	$ɕi^{445}$	$ɕi^{445}$	$ɕi^{412}$
$ɕĩ^{31}$	$ɕĩ^{31}$	$ɕĩ^{31}$	$ɕĩ^{323}$	$ɕĩ^{44}$
$ɕɪ^{44}$	$ɕɪ^{22}$	$ɕɪ^{44}$	$ɕɪ^{44}$	$ɕɪ^{324}$
$ɕĩ^{42}$	$ɕĩ^{42}$	$ɕĩ^{42}$	$ɕĩ^{324}$	$ɕĩ^{45}$
$sĩ^{433}$	$sĩ^{433}$	$sĩ^{433}$	$sĩ^{334}$	$sĩ^{51}$
$sɪ^{51}$	$sɪ^{51}$	$sɪ^{51}$	$sɪ^{45}$	$sɪ^{435}$
$ɕĩ^{44}/ɕɪ^{44}$	$ɕĩ^{44}/ɕɪ^{44}$	$ɕĩ^{44}/ɕɪ^{44}$	$ɕĩ^{334}/ɕɪ^{334}$	$ɕĩ^{51}/ɕɪ^{51}$
$sɪ^{55}$	$sɪ^{55}$	$sɪ^{55}$	$sɪ^{324}$	$sɪ^{35}$
$siɪ^{44}$	$siɪ^{44}$	$siɪ^{44}$	$siɪ^{51}$	$siɪ^{412}$
sie^{52}	sie^{52}	sie^{52}	sie^{44}	sie^{324}
$sɪ^{44}$	$sɪ^{44}$	$sɪ^{44}$	$sɪ^{52}$	$sɪ^{52}$
$sɪ^{52}$	$sɪ^{52}$	$sɪ^{52}$	$sɪ^{434}$	$sɪ^{434}$
si^{52}	si^{52}	si^{52}	si^{434}	si^{434}
$ɕi^{52}$	$ɕi^{52}$	$ɕi^{52}$	$ɕi^{44}$	$ɕi^{335}$
$ɕi^{52}$	$ɕi^{52}$	$ɕi^{52}$	$ɕi^{334}$	$ɕi^{334}$
$ɕi^{52}$	$ɕi^{52}$	$ɕi^{52}$	$ɕi^{44}$	$ɕi^{335}$
$siɪ^{44}$	$siɪ^{44}$	$siɪ^{44}$	$siɪ^{44}$	$siɪ^{413}$
$siɪ^{44}$	$siɪ^{44}$	$siɪ^{44}$	$siɪ^{44}$	$siɪ^{413}$
sie^{51}	sie^{51}	$ɕie^{51}$	$ɕie^{44}$	$ɕie^{334}$
$ɕɪ^{44}$	$ɕɪ^{44}$	$ɕɪ^{44}$	$ɕɪ^{53}$	$ɕɪ^{334}$
$ɕie^{323}$	$ɕie^{323}$	$ɕie^{323}$	$ɕie^{51}$	$ɕie^{334}$
$ɕĩ^{52}$	$ɕĩ^{52}$	$ɕĩ^{52}$	$ɕĩ^{334}$	$ɕĩ^{33}$
$ɕiɪ^{544}$	$ɕiɪ^{544}$	$ɕiɪ^{544}$	$ɕiɪ^{52}$	$ɕiɪ^{544}$
$ɕiẽ^{53}$	$ɕiẽ^{53}$	$ɕiẽ^{53}$	$ɕiẽ^{44}$	$ɕiẽ^{324}$
$ɕiẽ^{523}$	$ɕiẽ^{523}$	$ɕiẽ^{523}$	$ɕiẽ^{42}$	$ɕiẽ^{35}$
$ɕĩ^{324}$	$ɕĩ^{324}$	$ɕĩ^{324}$	$ɕĩ^{435}$	$ɕĩ^{52}$
$ɕi_z^{52}$	$ɕi_z^{52}$	$ɕi_z^{52}$	$ɕi_z^{325}$	$ɕi_z^{52}$
$ɕie^{533}$	$ɕie^{533}$	$ɕie^{533}$	$ɕie^{533}$	$ɕie^{44}$
$ɕɪ^{44}$	$ɕɪ^{44}$	$ɕɪ^{44}$	$ɕɪ^{35}$	$ɕɪ^{52}$
$ɕiẽ^{434}$	$ɕiẽ^{434}$	$ɕiẽ^{434}$	$ɕiẽ^{45}$	$ɕiẽ^{53}$
$ɕiæ̃^{324}$	$ɕiæ̃^{324}$	$ɕiæ̃^{324}$	$ɕiæ̃^{544}$	$ɕie^{45}$
$ɕie^{44}$	$ɕie^{44}$	$ɕie^{44}$	$ɕie^{434}$	$ɕie^{54}$

摄口 等调 韵声	山开 三去 线邪 羡	臻开 三平 真帮 宾	曾开 三平 蒸帮 冰	梗开 三平 庚帮 兵
宜	çi^{51}	piŋ^{55}	piŋ^{55}	piŋ^{55}
溧	zi^{412}	piŋ^{445}	piŋ^{445}	piŋ^{445}
金	çɿ^{44}	piŋ^{31}	piŋ^{31}	piŋ^{31}
丹	çɿ^{324}	piŋ^{22}	piŋ^{22}	piŋ^{22}
童	çɿ^{42}	piŋ^{42}	piŋ^{42}	piŋ^{42}
靖	szɿ̃^{51}	piŋ^{433}	piŋ^{433}	piŋ^{433}
江	ɦi^{223}	piŋ^{51}	piŋ^{51}	piŋ^{51}
常	$\text{zɿ̃}^{24}/\text{ʑi}^{24}$	piŋ^{44}	piŋ^{44}	piŋ^{44}
锡	zi^{213}	pin^{55}	pin^{55}	pin^{55}
苏	ziɿ^{231}	piin^{44}	piin^{44}	piin^{44}
熟	sie^{324}	pɿ̃ɲ^{52}	pɿ̃ɲ^{52}	pɿ̃ɲ^{52}
昆	zɿ^{21}	pin^{44}	pin^{44}	pin^{44}
霜	zi^{213}	pɿ̃^{52}	pɿ̃^{52}	pɿ̃^{52}
罗	ɦi^{213}	pɿ^{n52}	pɿ^{n52}	pɿ^{n52}
周	ɦi^{113}	ɓiiŋ^{52}	ɓiiŋ^{52}	ɓiiŋ^{52}
上	$\text{dʑi}^{113}/\text{ʑi}^{113}/\text{çi}^{334}$	piŋ^{52}	piŋ^{52}	piŋ^{52}
松	$\text{çi}^{335}/\text{ʑi}^{113}$	piŋ^{52}	piŋ^{52}	piŋ^{52}
黎	ɦiɿ^{313}	piəŋ^{44}	piəŋ^{44}	piəŋ^{44}
盛	ɦiɿ^{212}	pɿŋ^{44}	pɿŋ^{44}	pɿŋ^{44}
嘉	çie^{334}	pin^{51}	pin^{51}	pin^{51}
双	ɦɿ^{113}	pɿn^{44}	pɿn^{44}	pɿn^{44}
杭	ɦie^{113}	pin^{323}	pin^{323}	pin^{323}
绍	$\text{çɿ̃}^{33}/\text{dzɿ̃}^{22}$	pɿŋ^{52}	pɿŋ^{52}	pɿŋ^{52}
诸	dʑiɿ^{233}	pɿ̃^{544}	pɿ̃^{544}	pɿ̃^{544}
崇	dʑiẽ^{14}	pɿŋ^{53}	pɿŋ^{53}	pɿŋ^{53}
太	dʑiẽ^{13}	piŋ^{523}	piŋ^{523}	piŋ^{523}
余	zɿ^{113}	peŋ^{324}	peŋ^{324}	peŋ^{324}
宁	$\text{çi}_z^{52}/\text{zø}^{113}$	piŋ^{52}	piŋ^{52}	piŋ^{52}
黄	zie^{113}	piiŋ^{533}	piiŋ^{533}	piiŋ^{533}
温	ɦi^{22}	pəŋ^{44}	pəŋ^{44}	pəŋ^{44}
衢	çiẽ^{53}	pi^{n434}	pi^{n434}	pi^{n434}
华	$\text{çiẽ}^{45}/\text{ɦiẽ}^{24}$	pin^{324}	pin^{324}	pin^{324}
永	ʔɦie^{214}	ʔmiiŋ^{44}	ʔmiiŋ^{44}	ʔmiiŋ^{44}

深开 三上 寝帮	梗开 三上 梗帮	梗开 三上 梗帮	梗开 三上 静帮	臻开 三去 震帮
禀	丙	秉	饼	鬓
pin^{51}	pin^{51}	pin^{51}	pin^{51}	pin^{55}
pin^{52}	pin^{52}	pin^{52}	pin^{52}	pin^{445}
pin^{323}	pin^{323}	pin^{323}	pin^{323}	pin^{44}
pin^{44}	pin^{44}	pin^{44}	pin^{44}	pin^{41}
pin^{324}	pin^{324}	pin^{324}	pin^{324}	pin^{45}
pin^{334}	pin^{334}	pin^{334}	pin^{334}	pin^{51}
pin^{45}	pin^{45}	pin^{45}	pin^{45}	pin^{435}
pin^{334}	pin^{334}	pin^{334}	pin^{334}	pin^{51}
pin^{324}	pin^{324}	pin^{324}	pin^{324}	pin^{35}
$piin^{51}$	$piin^{51}$	$piin^{51}$	$piin^{51}$	$piin^{412}$
$p\tilde{\imath}^{ɲ44}$	$p\tilde{\imath}^{ɲ44}$	$p\tilde{\imath}^{ɲ44}$	$p\tilde{\imath}^{ɲ44}$	$p\tilde{\imath}^{ɲ324}$
pin^{52}	pin^{52}	pin^{52}	pin^{52}	pin^{52}
$p\tilde{\imath}^{434}$	$p\tilde{\imath}^{434}$	$p\tilde{\imath}^{434}$	$p\tilde{\imath}^{434}$	$p\tilde{\imath}^{434}$
$pɪ^{n434}$	$pɪ^{n434}$	$pɪ^{n434}$	$pɪ^{n434}$	$pɪ^{n434}$
$6iin^{44}$	$6iin^{44}$	$6iin^{44}$	$6iin^{44}$	$6iin^{335}$
pin^{334}	pin^{334}	pin^{334}	pin^{334}	pin^{334}
pin^{44}	pin^{44}	pin^{44}	pin^{44}	pin^{335}
$piəɲ^{51}$	$piəɲ^{51}$	$piəɲ^{51}$	$piəɲ^{51}$	$piəɲ^{413}$
$pʊɲ^{51}$	$pʊɲ^{51}$	$pʊɲ^{51}$	$pʊɲ^{51}$	$pʊɲ^{413}$
pin^{44}	pin^{44}	pin^{44}	pin^{44}	pin^{334}
$pɪn^{53}$	$pɪn^{53}$	$pɪn^{53}$	$pɪn^{53}$	$pɪn^{334}$
$pʊn^{51}$	$pʊn^{51}$	$pʊn^{51}$	$pʊn^{51}$	$pʊn^{334}$
$pʊŋ^{334}$	$pʊŋ^{334}$	$pʊŋ^{334}$	$pʊŋ^{334}$	$pʊŋ^{33}$
$p\tilde{\imath}^{52}$	$p\tilde{\imath}^{52}$	$p\tilde{\imath}^{52}$	$p\tilde{\imath}^{52}$	$p\tilde{\imath}^{544}$
$pʊŋ^{44}$	$pʊŋ^{44}$	$pʊŋ^{44}$	$pʊŋ^{44}$	$pʊŋ^{324}$
pin^{42}	pin^{42}	pin^{42}	pin^{42}	pin^{35}
$peɲ^{435}$	$peɲ^{435}$	$peɲ^{435}$	$peɲ^{435}$	$peɲ^{52}$
$pɪŋ^{325}$	$pɪŋ^{325}$	$pɪŋ^{325}$	$pɪŋ^{325}$	$pɪŋ^{52}$
$piiŋ^{533}$	$piiŋ^{533}$	$piiŋ^{533}$	$piiŋ^{533}$	$piiŋ^{44}$
$pəŋ^{\underline{35}}$	$pəŋ^{\underline{35}}$	$pəŋ^{\underline{35}}$	$pəŋ^{\underline{35}}$	$pəŋ^{52}$
$pɪ^{n45}$	$pɪ^{n45}$	$pɪ^{n45}$	$pɪ^{n45}$	$pɪ^{n53}$
$piin^{544}$	$piin^{544}$	$piin^{544}$	$piin^{544}$	$piin^{45}$
$ʔmiiŋ^{434}$	$ʔmiiŋ^{434}$	$ʔmiiŋ^{434}$	$ʔmiiŋ^{434}$	$ʔmiiŋ^{54}$

摄口 等调 韵声	梗开 三去 映帮 柄	山合 一平 桓滂 拚	 拼	深开 三上 寝滂 品
宜	$pi\eta^{324}$	$p'i\eta^{55}$	$p'i\eta^{55}$	$p'i\eta^{51}$
溧	$pi\eta^{412}$	$p'i\eta^{445}$	$p'i\eta^{445}$	$p'i\eta^{52}$
金	$pi\eta^{44}$	$p'i\eta^{31}$	$p'i\eta^{31}$	$p'i\eta^{323}$
丹	$pi\eta^{41}$	$p'i\eta^{22}$	$p'i\eta^{22}$	$p'i\eta^{22}$
童	$pi\eta^{45}$	$p'i\eta^{42}$	$p'i\eta^{42}$	$p'i\eta^{324}$
靖	$pi\eta^{433}$	$p'i\eta^{433}$	$p'i\eta^{433}$	$p'i\eta^{334}$
江	$pi\eta^{435}$	$p'i\eta^{51}$	$p'i\eta^{51}$	$p'i\eta^{45}$
常	$pi\eta^{51}$	$p'i\eta^{44}$	$p'i\eta^{44}$	$p'i\eta^{334}$
锡	pin^{35}	$p'in^{55}$	$p'in^{55}$	$p'in^{324}$
苏	pim^{412}	$p'im^{44}$	$p'im^{44}$	$p'im^{51}$
熟	$p\tilde{i}^{n324}$	$p'\tilde{i}^{n52}$	$p'\tilde{i}^{n52}$	$p'\tilde{i}^{n44}$
昆	pin^{52}	$p'in^{44}$	$p'in^{44}$	$p'in^{52}$
霜	$p\tilde{i}^{434}$	$p'\tilde{i}^{52}$	$p'\tilde{i}^{52}$	$p'\tilde{i}^{434}$
罗	$p\textipa{I}^{n434}$	$p'\textipa{I}^{n52}$	$p'\textipa{I}^{n52}$	$p'\textipa{I}^{n434}$
周	$\textipa{P}bi\eta^{335}$	$p'ii\eta^{52}$	$p'ii\eta^{52}$	$p'ii\eta^{44}$
上	$pi\eta^{334}$	$p'i\eta^{52}$	$p'i\eta^{52}$	$p'i\eta^{334}$
松	$pi\eta^{335}$	$p'i\eta^{52}$	$p'i\eta^{52}$	$p'i\eta^{44}$
黎	$pi\eta^{413}$	$p'i\eta^{44}$	$p'i\eta^{44}$	$p'i\eta^{334}$
盛	$pi\eta^{413}$	$p'i\eta^{44}$	$p'i\eta^{44}$	$p'i\eta^{334}$
嘉	pin^{334}	$p'in^{51}$	$p'in^{51}$	$p'in^{324}$
双	pin^{334}	$p'in^{44}$	$p'in^{44}$	$p'in^{53}$
杭	$p\textipa{I}n^{334}$	$p'\textipa{I}n^{323}$	$p'\textipa{I}n^{323}$	$p'\textipa{I}n^{51}$
绍	$p\textipa{I}\eta^{33}$	$p'\textipa{I}\eta^{52}$	$p'\textipa{I}\eta^{52}$	$p'\textipa{I}\eta^{334}$
诸	$p\tilde{i}^{544}$	$p'\tilde{i}^{544}$	$p'\tilde{i}^{544}$	$p'\tilde{i}^{52}$
崇	$p\textipa{I}\eta^{324}$	$p'\textipa{I}\eta^{53}$	$p'\textipa{I}\eta^{53}$	$p'\textipa{I}\eta^{44}$
太	$pi\eta^{35}$	$p'i\eta^{523}$	$p'i\eta^{523}$	$p'i\eta^{35}$
余	$pe\textipa{J}^{52}$	$p'e\textipa{J}^{324}$	$p'e\textipa{J}^{324}$	$p'e\textipa{J}^{52}$
宁	$p\textipa{I}\eta^{52}$	$p'\textipa{I}\eta^{52}$	$p'\textipa{I}\eta^{52}$	$p'\textipa{I}\eta^{52}$
黄	$pi\eta^{44}$	$p'ii\eta^{533}$	$p'ii\eta^{533}$	$p'ii\eta^{533}$
温	$p\textschwa\eta^{52}$	$p'\textschwa\eta^{44}$	$p'\textschwa\eta^{44}$	$p'\textschwa\eta^{35}$
衢	pi^{n53}	$p'i^{n434}$	$p'i^{n434}$	$p'i^{n45}$
华	pin^{45}	$p'iin^{324}$	$p'iin^{324}$	$p'iin^{324}$
永	$\textipa{P}mi\eta^{54}$	$p'ii\eta^{44}$	$p'ii\eta^{44}$	$p'ii\eta^{434}$

梗开 三去 劲滂	臻开 三平 真並	臻开 三平 真並	曾开 三平 蒸並	梗开 三平 庚並
聘	贫	频	凭	平
p'iŋ^{324}	bin^{223}	bin^{223}	bin^{223}	bin^{223}
p'in^{52}	bin^{323}	bin^{323}	bin^{323}	bin^{323}
p'iŋ^{44}	p'iŋ^{35}	p'iŋ^{35}	p'iŋ^{35}	p'iŋ^{35}
p'iŋ^{22}	biŋ^{213}	biŋ^{213}	biŋ^{213}	biŋ^{213}
p'iŋ^{45}	biŋ^{113}	biŋ^{113}	biŋ^{113}	biŋ^{113}
p'iŋ^{51}	biŋ^{223}	biŋ^{223}	biŋ^{223}	biŋ^{223}
p'iŋ^{435}	biŋ^{223}	biŋ^{223}	biŋ^{223}	biŋ^{223}
p'iŋ^{51}	biŋ^{213}	biŋ^{213}	biŋ^{213}	biŋ^{213}
p'in^{35}	bin^{213}	bin^{213}	bin^{213}	bin^{213}
p'iiŋ^{412}	biin^{223}	biin^{223}	biin^{223}	biin^{223}
p'ɿ̃^{n324}	bɿ̃^{n233}	bɿ̃^{n233}	bɿ̃^{n233}	bɿ̃^{n233}
p'in^{52}	bin^{132}	bin^{132}	bin^{132}	bin^{132}
p'ɿ̃^{434}	bɿ̃^{231}	bɿ̃^{231}	bɿ̃^{231}	bɿ̃^{231}
p'ɿ^{n434}	bɿ^{n231}	bɿ^{n231}	bɿ^{n231}	bɿ^{n231}
p'iiŋ^{335}	biiŋ^{113}	biiŋ^{113}	biiŋ^{113}	biiŋ^{113}
p'iŋ^{334}	biŋ^{113}	biŋ^{113}	biŋ^{113}	biŋ^{113}
p'iŋ^{335}	biŋ^{231}	biŋ^{231}	biŋ^{231}	biŋ^{231}
p'iəŋ^{324}	biəŋ^{24}	biəŋ^{24}	biəŋ^{24}	biəŋ^{24}
p'iŋ^{313}	biŋ^{24}	biŋ^{24}	biŋ^{24}	biŋ^{24}
p'iŋ^{334}	bin^{231}	bin^{231}	bin^{231}	bin^{231}
p'iŋ^{334}	bin^{113}	bin^{113}	bin^{113}	bin^{113}
p'iŋ^{334}	bin^{212}	bin^{212}	bin^{212}	bin^{212}
p'iŋ^{33}	biŋ^{231}	biŋ^{231}	bɯŋ^{231}	bɯŋ^{231}
p'ɿ̃^{544}	bɿ̃^{233}	bɿ̃^{233}	bɿ̃^{233}	bɿ̃^{233}
p'iŋ^{324}	biŋ^{31}	biŋ^{31}	biŋ^{31}	biŋ^{31}
p'iŋ^{35}	biŋ^{312}	biŋ^{312}	biŋ^{312}	biŋ^{312}
p'eŋ^{52}	beŋ^{113}	beŋ^{113}	beŋ^{113}	beŋ^{113}
p'iŋ^{52}	biŋ^{113}	biŋ^{113}	biŋ^{113}	biŋ^{113}
p'iiŋ^{44}	biiŋ^{311}	biiŋ^{311}	biiŋ^{311}	biiŋ^{311}
p'əŋ^{52}	bəŋ^{231}	bəŋ^{231}	bəŋ^{231}	bəŋ^{231}
p'iⁿ^{53}	biⁿ^{323}	biⁿ^{323}	biⁿ^{323}	biⁿ^{323}
p'iiŋ^{45}	piin^{324}	piin^{324}	piin^{324}	piin^{324}
p'iiŋ^{54}	biiŋ^{322}	biiŋ^{322}	biiŋ^{322}	biiŋ^{322}

摄口 等调 韵声	梗开 四平 青并 瓶	梗开 四平 青并 屏	梗开 四上 迥并 並	梗开 三去 映并 病
宜	$biŋ^{223}$	$biŋ^{223}$	$biŋ^{231}$	$biŋ^{231}$
溧	bin^{323}	bin^{323}	bin^{231}	bin^{231}
金	$pʻiŋ^{35}$	$pʻiŋ^{35}$	$piŋ^{44}$	$piŋ^{44}$
丹	$biŋ^{213}$	$piŋ^{324}$	$piŋ^{41}$	$piŋ^{41}$
童	$biŋ^{113}$	$biŋ^{113}$	$biŋ^{113}$	$biŋ^{113}$
靖	$biŋ^{223}$	$biŋ^{223}$	$biŋ^{31}$	$biŋ^{31}$
江	$biŋ^{223}$	$biŋ^{223}$	$biŋ^{223}$	$biŋ^{223}$
常	$biŋ^{213}$	$biŋ^{213}$	$biŋ^{24}$	$biŋ^{24}$
锡	bin^{213}	bin^{213}	$bin^{213/33}$	bin^{213}
苏	$biin^{223}$	$biin^{223}$	$biin^{231}$	$biin^{231}$
熟	$bĩ^{ⁿ233}$	$bĩ^{ⁿ233}$	$bĩ^{ⁿ31}$	$bĩ^{ⁿ213}$
昆	bin^{132}	bin^{132}	bin^{223}	bin^{21}
霜	$bĩ^{231}$	$bĩ^{231}$	$bĩ^{213}$	$bĩ^{213}$
罗	$bɿ^{ⁿ231}$	$bɿ^{ⁿ231}$	$bɿ^{ⁿ213}$	$bɿ^{ⁿ213}$
周	$biiŋ^{113}$	$biiŋ^{113}$	$biiŋ^{113}$	$biiŋ^{113}$
上	$biɲ^{113}$	$biɲ^{113}$	$biɲ^{113}$	$biɲ^{113}$
松	$biɲ^{231}$	$biɲ^{231}$	$biɲ^{113}$	$biɲ^{113}$
黎	$biəŋ^{24}$	$biəŋ^{24}$	$biəŋ^{32}$	$biəŋ^{213}$
盛	$bɿŋ^{24}$	$bɿŋ^{24}$	$bɿŋ^{223}$	$bɿŋ^{212}$
嘉	bin^{231}	bin^{231}	bin^{223}	bin^{223}
双	$bɿn^{113}$	$bɿn^{113}$	$bɿn^{231}$	$bɿn^{113}$
杭	$bɿn^{212}$	$bɿn^{212}$	$bɿn^{113}$	$bɿn^{113}$
绍	$bɿŋ^{231}$	$bɿŋ^{231}$	$bɿŋ^{22}$	$bɿŋ^{22}$
诸	$bĩ^{233}$	$bĩ^{233}$	$bĩ^{231}$	$bĩ^{233}$
崇	$bɿŋ^{31}$	$bɿŋ^{31}$	$bɿŋ^{22}$	$bɿŋ^{14}$
太	$biŋ^{312}$	$biŋ^{312}$	$biŋ^{22}$	$biŋ^{13}$
余	$beŋ^{113}$	$beŋ^{113}$	$beŋ^{113}$	$beŋ^{113}$
宁	$bɿŋ^{113}$	$bɿŋ^{113}$	$bɿŋ^{113}$	$bɿŋ^{113}$
黄	$biiŋ^{311}$	$biiŋ^{311}$	$biiŋ^{133}$	$biiŋ^{113}$
温	$bəŋ^{231}$	$bəŋ^{231}$	$bəŋ^{22}$	$bəŋ^{22}$
衢	$bi^{ⁿ323}$	$bi^{ⁿ323}$	$bi^{ⁿ31}$	$bi^{ⁿ31}$
华	$piiŋ^{324}$	$piiŋ^{324}$	$biiŋ^{24}$	$biiŋ^{24}$
永	$biiŋ^{322}$	$biiŋ^{322}$	$biiŋ^{214}$	$biiŋ^{214}$

臻开 三平 真明	梗开 三平 庚明	梗开 三平 清明	梗开 三去 映明	梗开 四去 径明
民	明	名	命	暝
miŋ²²³	miŋ²²³	miŋ²²³	miŋ²³¹	miŋ²⁴
min³²³	min³²³	min³²³	min²³¹	ʔmin⁴⁴⁵
miŋ³⁵	miŋ³⁵	miŋ³⁵	miŋ⁴⁴	miŋ³²³
miŋ²²	miŋ²²	miŋ²²	miŋ⁴¹	miŋ⁴⁴
miŋ³¹	miŋ³¹	miŋ³¹	miŋ¹¹³	miŋ¹¹³
miŋ²²³	miŋ²²³	miŋ²²³	miŋ³¹	ʔmin³³⁴
miɲ²²³	miɲ²²³	miɲ²²³	miɲ²²³	ʔmiɲ⁴⁵
miŋ²¹³	miŋ²¹³	miŋ²¹³	miŋ²⁴	ʔmiŋ³³⁴
min²¹³	min²¹³	min²¹³	min²¹³	min²¹³
miɪn²²³	miɪn²²³	miɪn²²³	miɪn²³¹	miɪn²³¹
mĩⁱɲ²³³	mĩⁱɲ²³³	mĩⁱɲ²³³	mĩⁱɲ²¹³	mĩⁱɲ²¹³
min¹³²	min¹³²	min¹³²	min²¹	min²¹
mĩ²³¹	mĩ²³¹	mĩ²³¹	mĩ²¹³	ʔmĩ⁴³⁴/mĩ²¹³
miⁿ²³¹	miⁿ²³¹	miⁿ²³¹	miⁿ²¹³	ʔmiⁿ⁴³⁴
miiŋ¹¹³	miiŋ¹¹³	miiŋ¹¹³	miiŋ¹¹³	miiŋ¹¹³
miɲ¹¹³	miɲ¹¹³	miɲ¹¹³	miɲ¹¹³	miɲ¹¹³/ʔmiɲ³³⁴
miɲ²³¹	miɲ²³¹	miɲ²³¹	miɲ¹¹³	miɲ¹¹³
miəŋ²⁴	miəŋ²⁴	miəŋ²⁴	miəŋ²¹³	miəŋ²¹³
miɲ²⁴	miɲ²⁴	miɲ²⁴	miɲ²¹²	miɲ²¹²
min²³¹	min²³¹	min²³¹	min²²³	min²²³
mɪn¹¹³	mɪn¹¹³	mɪn¹¹³	mɪn¹¹³	mɪn¹¹³
mɪn²¹²	mɪn²¹²	mɪn²¹²	mɪn¹¹³	mɪn¹¹³
mɪŋ²³¹	mɪŋ²³¹	mɪŋ²³¹	mɪŋ²²	mɪŋ²²
mĩ²³³	mĩ²³³	mĩ²³³	mĩ²³³	mĩ²³³
mɪŋ³¹	mɪŋ³¹	mɪŋ³¹	mɪŋ¹⁴	mɪŋ¹⁴
miŋ³¹²	miŋ³¹²	miŋ³¹²	miŋ¹³	miŋ¹³
meɲ¹¹³	meɲ¹¹³	meɲ¹¹³	meɲ¹¹³	meɲ¹¹³
mɪn¹¹³	mɪn¹¹³	mɪn¹¹³	mɪn¹¹³	mɪn¹¹³
miiŋ³¹¹	miiŋ³¹¹	miiŋ³¹¹	miiŋ¹¹³	ʔmiiŋ⁵³³
məŋ²³¹	məŋ²³¹	məŋ²³¹	məŋ²²	məŋ²²
miⁿ³²³	miⁿ³²³	miⁿ³²³	miⁿ³¹	ʔmiⁿ⁴⁵
miin³²⁴	miin³²⁴	miin³²⁴	miin²⁴	ʔmiin⁵⁴⁴
miiŋ³²²	miiŋ³²²	miiŋ³²²	miiŋ²¹⁴	miiŋ³²³

摄 等 韵	口 调 声	梗开 四平 青端	梗开 四平 青端	梗开 四平 青端	梗开 四上 迥端
		丁	钉铁~	疔	顶
宜		tiŋ⁵⁵	tiŋ⁵⁵	tiŋ⁵⁵	tiŋ⁵¹
溧		tin⁴⁴⁵	tin⁴⁴⁵	tin⁴⁴⁵	tin⁵²
金		tiŋ³¹	tiŋ³¹	tiŋ³¹	tiŋ³²³
丹		tiŋ²²	tiŋ²²	tiŋ²²	tiŋ⁴⁴
童		tiŋ⁴²	tiŋ⁴²	tiŋ⁴²	tiŋ³²⁴
靖		tiŋ⁴³³	tiŋ⁴³³	tiŋ⁴³³	tiŋ³³⁴
江		tiŋ⁵¹	tiŋ⁵¹	tiŋ⁵¹	tiŋ⁴⁵
常		tiŋ⁴⁴	tiŋ⁴⁴	tiŋ⁴⁴	tiŋ³³⁴
锡		tin⁵⁵	tin⁵⁵	tin⁵⁵	tin³²⁴
苏		tiɪn⁴⁴	tiɪn⁴⁴	tiɪn⁴⁴	tiɪn⁵¹
熟		tĩⁿ⁵²	tĩⁿ⁵²	tĩⁿ⁵²	tĩⁿ⁴⁴
昆		tin⁴⁴	tin⁴⁴	tin⁴⁴	tin⁵²
霜		tĩ⁵²	tĩ⁵²	tĩ⁵²	tĩ⁴³⁴
罗		tɪⁿ⁵²	tɪⁿ⁵²	tɪⁿ⁵²	tɪⁿ⁴³⁴
周		ɗiɪŋ⁵²	ɗiɪŋ⁵²	ɗiɪŋ⁵²	ɗiɪŋ⁴⁴
上		tiŋ⁵²	tiŋ⁵²	tiŋ⁵²	tiŋ³³⁴
松		tiŋ⁵²/ɗiŋ⁵²	tiŋ⁵²/ɗiŋ⁵²	tiŋ⁵²/ɗiŋ⁵²	tiŋ⁴⁴/ɗiŋ⁴⁴
黎		tiəŋ⁴⁴	tiəŋ⁴⁴	tiəŋ⁴⁴	tiəŋ⁵¹
盛		tiŋ⁴⁴	tiŋ⁴⁴	tiŋ⁴⁴	tiŋ⁵¹
嘉		tin⁵¹	tin⁵¹	tin⁵¹	tin⁴⁴
双		tin⁴⁴	tin⁴⁴	tin⁴⁴	tin⁵³
杭		tin³²³	tin³²³	tin³²³	tin⁵¹
绍		tiŋ⁵²	tiŋ⁵²	tiŋ⁵²	tiŋ³³⁴
诸		tĩ⁵⁴⁴	tĩ⁵⁴⁴	tĩ⁵⁴⁴	tĩ⁵²
崇		tiŋ⁵³	tiŋ⁵³	tiŋ⁵³	tiŋ⁴⁴
太		tiŋ⁵²³	tiŋ⁵²³	tiŋ⁵²³	tiŋ⁴²
余		teŋ³²⁴/tiŋ³²⁴少	teŋ³²⁴	teŋ³²⁴	teŋ⁴³⁵
宁		tiŋ⁵²	tiŋ⁵²	tiŋ⁵²	tiŋ³²⁵
黄		tiɪŋ⁵³³	tiɪŋ⁵³³	tiɪŋ⁵³³	tiɪŋ⁵³³
温		təŋ⁴⁴	təŋ⁴⁴	təŋ⁴⁴	təŋ³⁵
衢		tiⁿ⁴³⁴	tiⁿ⁴³⁴	tiⁿ⁴³⁴	tiⁿ⁴⁵
华		tiɪn³²⁴	tiɪn³²⁴	tiɪn³²⁴	tiɪn⁵⁴⁴
永		ʔniɪŋ⁴⁴	ʔniɪŋ⁴⁴	ʔniɪŋ⁴⁴	ʔniɪŋ⁴³⁴

梗开	梗开	梗开	梗开	梗开
四上	四去	四去	四平	四平
迥端	径端	径端	青透	青透
鼎	订	钉~住	听~见	厅
$tiŋ^{51}$	$tiŋ^{324}$	$tiŋ^{324}$	$tʰiŋ^{55}$	$tʰiŋ^{55}$
$tiŋ^{52}$	$tiŋ^{412}$	$tiŋ^{412}$	$tʰin^{445}$	$tʰin^{445}$
$tiŋ^{323}$	$tiŋ^{44}$	$tiŋ^{44}$	$tʰiŋ^{31}$	$tʰiŋ^{31}$
$tiŋ^{44}$	$tiŋ^{41}$	$tiŋ^{41}$	$tʰiŋ^{324}$	$tʰiŋ^{22}$
$tiŋ^{324}$	$tiŋ^{45}$	$tiŋ^{45}$	$tʰiŋ^{42}$	$tʰiŋ^{42}$
$tiŋ^{334}$	$tiŋ^{51}$	$tiŋ^{51}$	$tʰiŋ^{433}$	$tʰiŋ^{433}$
$tiŋ^{45}$	$tiŋ^{435}$	$tiŋ^{435}$	$tʰiŋ^{51}$	$tʰiŋ^{51}$
$tiŋ^{334}$	$tiŋ^{51}$	$tiŋ^{51}$	$tʰiŋ^{44}$	$tʰiŋ^{44}$
tin^{324}	tin^{35}	tin^{35}	$tʰin^{55}$	$tʰin^{55}$
tim^{51}	tim^{412}	tim^{412}	$tʰim^{44}$	$tʰim^{44}$
$tĩⁿ^{44}$	$tĩⁿ^{213}$	$tĩⁿ^{213}$	$tʰĩⁿ^{52}$	$tʰĩⁿ^{52}$
tin^{52}	tin^{52}	tin^{52}	$tʰin^{44}$	$tʰin^{44}$
$tĩ^{434}$	$tĩ^{434}$	$tĩ^{434}$	$tʰĩ^{52}$	$tʰĩ^{52}$
$tɿⁿ^{434}$	$tɿⁿ^{434}$	$tɿⁿ^{434}$	$tʰɿⁿ^{52}$	$tʰɿⁿ^{52}$
$ɗiiŋ^{44}$	$ɗiiŋ^{335}$	$ɗiiŋ^{335}$	$tʰiiŋ^{52}$	$tʰiiŋ^{52}$
$tiɲ^{334}$	$tiɲ^{334}$	$tiɲ^{334}$	$tʰiɲ^{52}$	$tʰiɲ^{52}$
$tiɲ^{44}/ɗiɲ^{44}$	$tiɲ^{335}/ɗiɲ^{335}$	$tiɲ^{335}/ɗiɲ^{335}$	$tʰiɲ^{52}$	$tʰiɲ^{52}$
$tiəŋ^{51}$	$tiəŋ^{413}$	$tiəŋ^{413}$	$tʰiəŋ^{44}$	$tʰiəŋ^{44}$
$tiɲ^{51}$	$tiɲ^{413}$	$tiɲ^{413}$	$tʰiɲ^{44}$	$tʰiɲ^{44}$
tin^{44}	tin^{334}	tin^{334}	$tʰin^{51}$	$tʰin^{51}$
$tɯn^{53}$	$tɯn^{334}$	$tɯn^{334}$	$tʰɯn^{44}$	$tʰɯn^{44}$
$tɯn^{51}$	$tɯn^{334}$	$tɯn^{334}$	$tʰɯn^{323}$	$tʰɯn^{323}$
$tiɲ^{334}$	$tiɲ^{33}$	$tiɲ^{33}$	$tʰɯɲ^{52}$	$tʰɯɲ^{52}$
$tĩ^{52}$	$tĩ^{544}$	$tĩ^{544}$	$tʰĩ^{544}$	$tʰĩ^{544}$
$tiŋ^{44}$	$tiŋ^{324}$	$tiŋ^{324}$	$tʰɯŋ^{53}$	$tʰɯŋ^{53}$
$tiŋ^{42}$	$tiŋ^{35}$	$tiŋ^{35}$	$tʰiŋ^{523}$	$tʰiŋ^{523}$
$teɲ^{435}$	$teɲ^{52}$	$teɲ^{52}$	$tʰeɲ^{324}$	$tʰeɲ^{324}$
$tiŋ^{325}$	$tiŋ^{52}$	$tiŋ^{52}$	$tʰiŋ^{52}$	$tʰiŋ^{52}$
$tiiŋ^{533}$	$tiiŋ^{44}$	$tiiŋ^{44}$	$tʰiiŋ^{533}$	$tʰiiŋ^{533}$
$təŋ^{\underline{35}}$	$təŋ^{52}$	$təŋ^{52}$	$tʰəŋ^{44}$	$tʰəŋ^{44}$
$tiⁿ^{45}$	$tiⁿ^{53}$	$tiⁿ^{53}$	$tʰiⁿ^{434}$	$tʰiⁿ^{434}$
tim^{544}	tim^{45}	tim^{45}	$tʰim^{324}$	$tʰim^{324}$
$ʔniiŋ^{434}$	$ʔniiŋ^{54}$	$ʔniiŋ^{54}$	$tʰiiŋ^{44}$	$tʰiiŋ^{44}$

摄口 等调 韵声	梗开 四上 迥定 挺	梗开 四上 迥定 艇	梗开 四去 径透 听~任	梗开 四平 青定 亭
宜	t'iŋ⁵¹	t'iŋ⁵¹	t'iŋ³²⁴	diŋ²²³
溧	t'iŋ⁵²	t'iŋ⁵²	t'iŋ⁴⁴⁵	diŋ³²³
金	t'iŋ³²³	t'iŋ³²³	t'iŋ⁴⁴	t'iŋ³⁵
丹	t'iŋ²²	t'iŋ²²	t'iŋ³²⁴	diŋ²¹³
童	t'iŋ³²⁴	t'iŋ³²⁴	t'iŋ⁴⁵	diŋ³¹
靖	t'iŋ³³⁴	t'iŋ³³⁴	t'iŋ⁵¹	diŋ²²³
江	t'iŋ⁴⁵	t'iŋ⁴⁵	t'iŋ⁴³⁵	diŋ²²³
常	t'iŋ³³⁴	t'iŋ³³⁴	t'iŋ⁵¹	diŋ²¹³
锡	t'iŋ³²⁴	t'iŋ³²⁴	t'iŋ³⁵	diŋ²¹³
苏	t'iin⁵¹	t'iin⁵¹	t'iin⁴¹²	diin²²³
熟	t'ĩⁿ⁴⁴	t'ĩⁿ⁴⁴	t'ĩⁿ³²⁴	dĩⁿ²³³
昆	t'in⁵²	t'in⁵²	t'in⁵²	din¹³²
霜	t'ĩ⁴³⁴	t'ĩ⁴³⁴	t'ĩ⁴³⁴	dĩ²³¹
罗	t'ɿⁿ⁴³⁴	t'ɿⁿ⁴³⁴	t'ɿⁿ⁴³⁴	dɿⁿ²³¹
周	t'iiŋ⁴⁴	t'iiŋ⁴⁴	t'iiŋ³³⁵	diiŋ¹¹³
上	t'iŋ³³⁴	t'iŋ³³⁴	t'iŋ³³⁴	diŋ¹¹³
松	t'iŋ⁴⁴	t'iŋ⁴⁴	t'iŋ³³⁵	diŋ²³¹
黎	t'iəŋ³³⁴	t'iəŋ³³⁴	t'iəŋ³²⁴	diəŋ²⁴
盛	t'ɪŋ³³⁴	t'ɪŋ³³⁴	t'ɪŋ³¹³	dɪŋ²⁴
嘉	t'in³²⁴	t'in³²⁴	t'in³³⁴	din²³¹
双	t'ɪn⁵³	t'ɪn⁵³	t'ɪn³³⁴	dɪn¹¹³
杭	t'ɪn⁵¹	t'ɪn⁵¹	t'ɪn³³⁴	dɪn²¹²
绍	t'ɪŋ³³⁴	t'ɪŋ³³⁴	t'ɪŋ³³	dɪŋ²³¹
诸	t'ĩ⁵²	t'ĩ⁵²	t'ĩ⁵⁴⁴	dĩ²³³
崇	t'ɪŋ⁴⁴	t'ɪŋ⁴⁴	t'ɪŋ³²⁴	dɪŋ³¹
太	t'iŋ⁴²	t'iŋ⁴²	t'iŋ³⁵	diŋ³¹²
余	t'eŋ⁴³⁵	t'eŋ⁴³⁵	t'eŋ⁵²	deŋ¹¹³
宁	t'ɪŋ³²⁵	t'ɪŋ³²⁵	t'ɪŋ⁵²	dɪŋ¹¹³
黄	t'iiŋ⁵³³	t'iiŋ⁵³³	t'iiŋ⁴⁴	diiŋ³¹¹
温	t'əŋ³⁵	t'əŋ³⁵	t'əŋ⁵²	dəŋ²³¹
衢	t'iⁿ⁴⁵	t'iⁿ⁴⁵	t'iⁿ⁵³	diⁿ³²³
华	t'iin⁵⁴⁴	t'iin⁵⁴⁴	t'iin⁴⁵	tiin³²⁴
永	t'iiŋ⁴³⁴	t'iiŋ⁴³⁴	t'iiŋ⁵⁴	diiŋ³²²

梗开 四平 青定	梗开 四平 青定	梗开 四平 青定	梗开 四平 青定	梗开 四去 径定
停	廷	庭	蜓	定
diŋ^{223}	diŋ^{223}	diŋ^{223}	diŋ^{223}	diŋ^{231}
din^{323}	din^{323}	din^{323}	din^{323}	din^{231}
t'iŋ^{35}	t'iŋ^{35}	t'iŋ^{35}	tiŋ^{31}	tiŋ^{44}
diŋ^{213}	diŋ^{213}	diŋ^{213}	diŋ^{213}	tiŋ^{41}
diŋ^{31}	diŋ^{31}	diŋ^{31}	diŋ^{31}	diŋ^{113}
diŋ^{223}	diŋ^{223}	diŋ^{223}	diŋ^{223}	diŋ^{31}
diŋ^{223}	diŋ^{223}	diŋ^{223}	diŋ^{223}	diŋ^{223}
diŋ^{213}	diŋ^{213}	diŋ^{213}	diŋ^{213}	diŋ^{24}
din^{213}	din^{213}	din^{213}	din^{213}	din^{213}
diin^{223}	diin^{223}	diin^{223}	diin^{223}	diin^{231}
dĩ^{n233}	dĩ^{n233}	dĩ^{n233}	dĩ^{n233}	dĩ^{n213}
din^{132}	din^{132}	din^{132}	din^{132}	din^{21}
dĩ^{231}	dĩ^{231}	dĩ^{231}	dĩ^{231}	dĩ^{213}
dɿ^{n231}	dɿ^{n231}	dɿ^{n231}	dɿ^{n231}	dɿ^{n213}
diiŋ^{113}	diiŋ^{113}	diiŋ^{113}	diiŋ^{113}	diiŋ^{113}
diŋ^{113}	diŋ^{113}	diŋ^{113}	diŋ^{113}	diŋ^{113}
diŋ^{231}	diŋ^{231}	diŋ^{231}	diŋ^{231}	diŋ^{113}
diəŋ^{24}	diəŋ^{24}	diəŋ^{24}	diəŋ^{24}	diəŋ^{213}
dɿŋ^{24}	dɿŋ^{24}	dɿŋ^{24}	dɿŋ^{24}	dɿŋ^{212}
din^{231}	din^{231}	din^{231}	din^{231}	din^{223}
dɪn^{113}	dɪn^{113}	dɪn^{113}	dɪn^{113}	dɪn^{113}
dɪn^{212}	dɪn^{212}	dɪn^{212}	dɪn^{212}	dɪn^{113}
dɿŋ^{231}	dɿŋ^{231}	dɿŋ^{231}	dɿŋ^{231}	dɿŋ^{22}
dĩ^{233}	dĩ^{233}	dĩ^{233}	dĩ^{233}	dĩ^{233}
dɪŋ^{31}	dɪŋ^{31}	dɪŋ^{31}	dɪŋ^{31}	dɪŋ^{14}
diŋ^{312}	diŋ^{312}	diŋ^{312}	diŋ^{312}	diŋ^{13}
deŋ^{113}	deŋ^{113}	deŋ^{113}	deŋ^{113}	deŋ^{113}/diŋ^{113}
diŋ^{113}	diŋ^{113}	diŋ^{113}	diŋ^{113}	diŋ^{113}
diiŋ^{311}	diiŋ^{311}	diiŋ^{311}	diiŋ^{311}	diiŋ^{113}
dəŋ^{231}	dəŋ^{231}	dəŋ^{231}	dəŋ^{231}	dəŋ^{22}
dɿ^{n323}	dɿ^{n323}	dɿ^{n323}	dɿ^{n323}	dɿ^{n31}
tiɪn^{324}	tiɪn^{324}	tiɪn^{324}	tiɪn^{324}	dɪn^{24}
diɪŋ^{322}	diɪŋ^{322}	diɪŋ^{322}	diɪŋ^{322}	diɪŋ^{214}

摄口 等调 韵声	深开 三平 侵来	深开 三平 侵来	深开 三平 侵来	臻开 三平 真来
	林	淋	临	邻
宜	liŋ²²³	liŋ²²³	liŋ²²³	ləŋ²²³/liŋ²²³
溧	liŋ³²³	liŋ³²³	liŋ³²³	liŋ³²³
金	niŋ³⁵	niŋ³⁵	niŋ³⁵	niŋ³⁵
丹	liŋ²²	liŋ²²	liŋ²²	liŋ²²
童	liŋ³¹	liŋ³¹	liŋ³¹	liŋ³¹/ləŋ³¹
靖	liŋ²²³	liŋ²²³	liŋ²²³	liŋ²²³
江	liŋ²²³	liŋ²²³	liŋ²²³	lɛŋ²²³/liŋ²²³
常	liŋ²¹³	liŋ²¹³	liŋ²¹³	ləŋ²¹³/liŋ²¹³
锡	lin²¹³	lin²¹³	lin²¹³	lin²¹³
苏	lim²²³	lim²²³	lim²²³	lim²²³
熟	lĩⁿ²³³	lĩⁿ²³³	lĩⁿ²³³	lĩⁿ²³³
昆	lin¹³²	lin¹³²	lin¹³²	lin¹³²
霜	lĩ²³¹	lĩ²³¹	lĩ²³¹	lĩ²³¹
罗	lrⁿ²³¹	lrⁿ²³¹	lrⁿ²³¹	lrⁿ²³¹
周	liiŋ¹¹³	liiŋ¹¹³	liiŋ¹¹³	liiŋ¹¹³
上	liŋ¹¹³	liŋ¹¹³	liŋ¹¹³	liŋ¹¹³
松	liŋ²³¹	liŋ²³¹	liŋ²³¹	liŋ²³¹
黎	liəŋ²⁴	liəŋ²⁴	liəŋ²⁴	liəŋ²⁴
盛	lŋ²⁴	lŋ²⁴	lŋ²⁴	lŋ²⁴
嘉	lin²	lin²³¹	lin²³¹	lin²³¹
双	lɯ¹¹³	lɯ¹¹³	lɯ¹¹³	lɯ¹¹³
杭	lɯ²¹²	lɯ²¹²	lɯ²¹²	lɯ²¹²
绍	liŋ²³¹	liŋ²³¹	liŋ²³¹	liŋ²³¹
诸	lĩ²³³	lĩ²³³	lĩ²³³	lĩ²³³
崇	lıŋ³¹	lıŋ³¹	lıŋ³¹	lıŋ³¹
太	liŋ³¹²	liŋ³¹²	liŋ³¹²	liŋ³¹²
余	leŋ¹¹³	leŋ¹¹³	leŋ¹¹³	leŋ¹¹³
宁	lıŋ¹¹³	lıŋ¹¹³	lıŋ¹¹³	lıŋ¹¹³
黄	liiŋ³¹¹	liiŋ³¹¹	liiŋ³¹¹	liiŋ³¹¹
温	ləŋ²³¹	ləŋ²³¹	ləŋ²³¹	ləŋ²³¹
衢	liⁿ³²³	liⁿ³²³	liⁿ³²³	liⁿ³²³
华	lim³²⁴	lim³²⁴	lim³²⁴	lim³²⁴
永	liiŋ³²²	liiŋ³²²	liiŋ³²²	liiŋ³²²

曾开 三平 蒸来	曾开 三平 蒸来	梗开 四平 青来	梗开 四平 青来	梗开 四平 青来
陵	菱	拎	零	铃
liŋ^{223}	liŋ^{223}	ʔliŋ^{55}	liŋ^{223}	liŋ^{223}
liŋ^{323}	liŋ^{323}	ʔlin^{445}	liŋ^{323}	liŋ^{323}
niŋ^{35}	niŋ^{35}	niŋ^{31}	niŋ^{35}	niŋ^{35}
liŋ^{22}	liŋ^{22}	liŋ^{22}	liŋ^{22}	liŋ^{22}
liŋ^{31}	liŋ^{31}	lɿ^{31}	liŋ^{31}	liŋ^{31}
liŋ^{223}	liŋ^{223}	ʔliŋ^{433}	liŋ^{223}	liŋ^{223}
liɳ^{223}	liɳ^{223}	ʔliɳ^{51}	liɳ^{223}	liɳ^{223}
liŋ^{213}	liŋ^{213}	ʔliŋ^{44}	liŋ^{213}	liŋ^{213}
lin^{213}	lin^{213}	ʔlin^{55}	lin^{213}	lin^{213}
lim^{223}	lim^{223}	ʔlim^{44}	lim^{223}	lim^{223}
lĩ^{n233}	lĩ^{n233}	ʔlĩ^{n52}	lĩ^{n233}	lĩ^{n233}
lin^{132}	lin^{132}	ʔlin^{44}	lin^{132}	lin^{132}
lĩ^{231}	lĩ^{231}	ʔlĩ^{52}	lĩ^{231}	lĩ^{231}
lɿ^{n231}	lɿ^{n231}	ʔlɿ^{n52}	lɿ^{n231}	lɿ^{n231}
liɿŋ^{113}	liɿŋ^{113}	ʔliɿŋ^{52}	liɿŋ^{113}	liɿŋ^{113}
liɲ^{113}	liɲ^{113}	ʔliɲ^{52}	liɲ^{113}	liɲ^{113}
liɲ^{231}	liɲ^{231}	ʔliɲ^{52}	liɲ^{231}	liɲ^{231}
liəŋ^{24}	liəŋ^{24}	ʔliəŋ^{44}	liəŋ^{24}	liəŋ^{24}
lɿŋ^{24}	lɿŋ^{24}	ʔlɿŋ^{44}	lɿŋ^{24}	lɿŋ^{24}
lin^{231}	lin^{231}	ʔlin^{51}	lin^{24}	lin^{24}
lɯn^{113}	lɯn^{113}	ʔlɯn^{44}	lɯn^{113}	lɯn^{113}
lɯn^{212}	lɯn^{212}	ʔlɯn^{323}	lɯn^{212}	lɯn^{212}
lɯŋ^{231}	lɯŋ^{231}	ʔlɯŋ^{52}	lɯŋ^{231}	lɯŋ^{231}
lĩ^{233}	lĩ^{233}	ʔlĩ^{544}	lĩ^{233}	lĩ^{233}
lɯŋ^{31}	lɯŋ^{31}	ʔlɯŋ^{53}	lɯŋ^{31}	lɯŋ^{31}
liŋ^{312}	liŋ^{312}	ʔliŋ^{523}	liŋ^{312}	liŋ^{312}
leɲ^{113}	leɲ^{113}	ʔleɲ^{113}	leɲ^{113}	leɲ^{113}
lɯŋ^{113}	lɯŋ^{113}	ʔlɯŋ^{52}	lɯŋ^{113}	lɯŋ^{113}
liɿŋ^{311}	liɿŋ^{311}	ʔliɿŋ^{533}	liɿŋ^{311}	liɿŋ^{311}
ləŋ^{231}	ləŋ^{231}	ʔləŋ^{44}	ləŋ^{231}	ləŋ^{231}
lɿ^{n323}	lɿ^{n323}	ʔlɿ^{n434}	lɿ^{n323}	lɿ^{n323}
lim^{324}	lim^{324}	ʔlim^{544}	lim^{324}	lim^{324}
liɿŋ^{322}	liɿŋ^{322}	ʔliɿŋ^{44}	liɿŋ^{322}	liɿŋ^{322}

摄口 等调 韵声	梗开 四平 青来 灵	梗开 三上 静来 领	臻开 三去 震来 吝	梗开 三去 劲来 令
宜	liŋ^{223}	liŋ^{24}	ʔliŋ^{55}	liŋ^{231}
溧	liŋ^{323}	ʔliŋ^{445}衣~/liŋ^{231}	ʔliŋ^{445}	liŋ^{231}
金	niŋ^{35}	niŋ^{323}	niŋ^{323}	niŋ^{44}
丹	liŋ^{22}	liŋ^{324}	liŋ^{41}	liŋ^{41}
童	liŋ^{31}	ʔliŋ^{324}	ʔliŋ^{324}	liŋ^{113}
靖	liŋ^{223}	ʔliŋ^{334}	liŋ^{31}	liŋ^{31}
江	liŋ^{223}	ʔliŋ^{45}	ʔliŋ^{45}	liŋ^{223}
常	liŋ^{213}	ʔliŋ^{334}	ʔliŋ^{334}	liŋ^{24}
锡	liŋ^{213}	liŋ$^{213/33}$	ʔliŋ^{55}	liŋ^{213}
苏	liiŋ^{223}	liiŋ^{231}	ʔliiŋ^{44}/liiŋ^{231}	liiŋ^{231}
熟	lĩ^{n233}	lĩ^{n31}	lĩ^{n213}	lĩ^{n213}
昆	liŋ^{132}	liŋ^{223}	ʔliŋ^{44}/liŋ^{21}	liŋ^{21}
霜	lĩ^{231}	lĩ^{213}	ʔlĩ^{434}	lĩ^{213}
罗	lɪ^{n231}	lɪ^{n213}	lɪ^{n43}	lɪ^{n213}
周	liiŋ^{113}	liiŋ^{113}	liiŋ^{113}	liiŋ^{113}
上	liŋ^{113}	liŋ^{113}	liŋ^{113}	liŋ^{113}
松	liŋ^{231}	liŋ^{113}	liŋ^{113}	liŋ^{113}
黎	liəŋ^{24}	liəŋ^{32}	ʔliəŋ^{413}	liəŋ^{213}
盛	liŋ^{24}	liŋ^{223}	ʔliŋ^{413}	liŋ^{212}
嘉	liŋ^{231}	liŋ^{223}	liŋ^{231}	liŋ^{223}
双	lɪŋ^{113}	ʔlɪŋ^{53}	lɪŋ^{113}	lɪŋ^{113}
杭	lɪŋ^{212}	ʔlɪŋ^{51}	lɪŋ^{113}	lɪŋ^{113}
绍	lŋ^{231}	lŋ^{113}	lŋ^{22}	lŋ^{22}
诸	lĩ^{233}	lĩ^{231}	lĩ^{233}	lĩ^{233}
崇	lŋ^{31}	lŋ^{22}	lŋ^{14}	lŋ^{14}
太	liŋ^{312}	liŋ^{22}	liŋ^{13}	liŋ^{13}
余	leŋ^{113}	leŋ^{113}	leŋ^{113}	leŋ^{113}
宁	liŋ^{113}	liŋ^{113}	liŋ^{113}	liŋ^{113}
黄	liiŋ^{311}	ʔliiŋ^{533}	ʔliiŋ^{533}	liiŋ^{113}
温	ləŋ^{231}	ləŋ^{24}	ləŋ^{22}	ləŋ^{22}
衢	li^{n323}	ʔli^{n53}	li^{n31}	li^{n31}
华	liiŋ^{324}	ʔliiŋ^{544}	ʔliiŋ^{544}	liiŋ^{24}
永	liiŋ^{322}	liiŋ^{323}	liiŋ^{323}	liiŋ^{214}

	金	今	襟	巾
	深开 三平 侵见	深开 三平 侵见	深开 三平 侵见	臻开 三平 真见
另				
lin^{231}	tɕiŋ^{55}	tɕiŋ^{55}	tɕiŋ^{55}	tɕiŋ^{55}
lin^{231}	tɕin^{445}	tɕin^{445}	tɕin^{445}	tɕin^{445}
niŋ^{44}	tɕiŋ^{31}	tɕiŋ^{31}	tɕiŋ^{31}	tɕiŋ^{31}
liŋ^{41}	tɕiŋ^{22}	tɕiŋ^{22}	tɕiŋ^{22}	tɕiŋ^{22}
liŋ^{113}	tɕiŋ^{42}	tɕiŋ^{42}	tɕiŋ^{42}	tɕiŋ^{42}
liŋ^{31}	tɕiŋ^{433}	tɕiŋ^{433}	tɕiŋ^{433}	tɕiŋ^{433}
liŋ^{223}	tɕiŋ^{51}	tɕiŋ^{51}	tɕiŋ^{51}	tɕiŋ^{51}
liŋ^{24}	tɕiŋ^{44}	tɕiŋ^{44}	tɕiŋ^{44}	tɕiŋ^{44}
liŋ^{213}	tɕin^{55}/tɕiən^{55}	tɕin^{55}/tɕiən^{55}	tɕin^{55}/tɕiən^{55}	tɕin^{55}/tɕiən^{55}
liiŋ^{231}	tɕiin^{44}	tɕiin^{44}	tɕiin^{44}	tɕiin^{44}
l$\tilde{i}^{n213}$	tɕ$\tilde{i}^{n52}$	tɕ$\tilde{i}^{n52}$	tɕ$\tilde{i}^{n52}$	tɕ$\tilde{i}^{n52}$
lin^{21}	tɕin^{44}	tɕin^{44}	tɕin^{44}	tɕin^{44}
l$\tilde{i}^{213}$	tɕ$\tilde{i}^{52}$	tɕ$\tilde{i}^{52}$	tɕ$\tilde{i}^{52}$	tɕ$\tilde{i}^{52}$
lɿ^{n213}	tɕɿ^{n52}	tɕɿ^{n52}	tɕɿ^{n52}	tɕɿ^{n52}
liiŋ^{113}	tɕiiŋ^{52}	tɕiiŋ^{52}	tɕiiŋ^{52}	tɕiiŋ^{52}
liŋ^{113}	tɕiŋ^{52}	tɕiŋ^{52}	tɕiŋ^{334}	tɕiŋ^{52}
liŋ^{113}	tɕiŋ^{52}	tɕiŋ^{52}	tɕiŋ^{52}	tɕiŋ^{52}
liən^{213}	tɕiən^{44}	tɕiən^{44}	tɕiən^{44}	tɕiən^{44}
liŋ^{212}	tɕiŋ^{44}	tɕiŋ^{44}	tɕiŋ^{44}	tɕiŋ^{44}
lin^{223}	tɕin^{51}	tɕin^{51}	tɕin^{51}	tɕin^{51}
lɿn^{113}	tɕɿn^{44}	tɕɿn^{44}	tɕɿn^{44}	tɕɿn^{44}
lɿn^{113}	tɕɿn^{323}	tɕɿn^{323}	tɕɿn^{323}	tɕɿn^{323}
lɿŋ^{22}	tɕɿŋ^{52}	tɕɿŋ^{52}	tɕɿŋ^{52}	tɕɿŋ^{52}
l$\tilde{i}^{233}$	tɕ$\tilde{i}^{544}$	tɕ$\tilde{i}^{544}$	tɕ$\tilde{i}^{544}$	tɕ$\tilde{i}^{544}$
lɿŋ^{14}	tɕiŋ^{53}	tɕiŋ^{53}	tɕiŋ^{53}	tɕiŋ^{53}
liŋ^{13}	tɕiŋ^{523}	tɕiŋ^{523}	tɕiŋ^{523}	tɕiŋ^{523}
leŋ^{113}	tɕiŋ^{324}	tɕiŋ^{324}	tɕiŋ^{324}	tɕiŋ^{324}
lɿŋ^{113}	tɕɿŋ^{52}	tɕɿŋ^{52}	tɕɿŋ^{52}	tɕɿŋ^{52}
liiŋ^{113}	tɕiiŋ^{533}	tɕiiŋ^{533}	tɕiiŋ^{533}	tɕiiŋ^{533}
lən^{22}	tɕiʌŋ^{44}	tɕiʌŋ^{44}	tɕiʌŋ^{44}	tɕiʌŋ^{44}
li^{n31}	tɕi^{n434}	tɕi^{n434}	tɕi^{n434}	tɕi^{n434}
lim^{24}	tɕim^{324}	tɕim^{324}	tɕim^{324}	tɕim^{324}
liiŋ^{214}	tɕiiŋ^{44}	tɕiiŋ^{44}	tɕiiŋ^{44}	tɕiiŋ^{44}

摄口 等调 韵声	臻开 三平 殷见	臻开 三平 殷见	梗开 三平 庚见	梗开 四平 青见
	斤	筋	京	经
宜	tɕin^{55}	tɕin^{55}	tɕin^{55}	tɕin^{55}
溧	tɕin^{445}	tɕin^{445}	tɕin^{445}	tɕin^{445}
金	tɕin^{31}	tɕin^{31}	tɕin^{31}	tɕin^{31}
丹	tɕin^{22}	tɕin^{22}	tɕin^{22}	tɕin^{22}
童	tɕin^{42}	tɕin^{42}	tɕin^{42}	tɕin^{42}
靖	tɕin^{433}	tɕin^{433}	tɕin^{433}	tɕin^{433}
江	tɕin^{51}	tɕin^{51}	tɕin^{51}	tɕin^{51}
常	tɕin^{44}	tɕin^{44}	tɕin^{44}	tɕin^{44}
锡	tɕin^{55}/tɕiən^{55}	tɕin^{55}/tɕiən^{55}	tɕin^{55}/tɕiən^{55}	tɕin^{55}/tɕiən^{55}
苏	tɕiin^{44}	tɕiin^{44}	tɕiin^{44}	tɕiin^{44}
熟	tɕĩ^{n52}	tɕĩ^{n52}	tɕĩ^{n52}	tɕĩ^{n52}
昆	tɕin^{44}	tɕin^{44}	tɕin^{44}	tɕin^{44}
霜	tɕĩ^{52}	tɕĩ^{52}	tɕĩ^{52}	tɕĩ^{52}
罗	tɕɿ^{n52}	tɕɿ^{n52}	tɕɿ^{n52}	tɕɿ^{n52}
周	tɕiiŋ^{52}	tɕiiŋ^{52}	tɕiiŋ^{52}	tɕiiŋ^{52}
上	tɕiŋ^{52}	tɕiŋ^{52}	tɕiŋ^{52}	tɕiŋ^{52}
松	tɕiŋ^{52}	tɕiŋ^{52}	tɕiŋ^{52}	tɕiŋ^{52}
黎	tɕiən^{44}	tɕiən^{44}	tɕiən^{44}	tɕiən^{44}
盛	tɕɿŋ^{44}	tɕɿŋ^{44}	tɕɿŋ^{44}	tɕɿŋ^{44}
嘉	tɕin^{51}	tɕin^{51}	tɕin^{51}	tɕin^{51}
双	tɕɿn^{44}	tɕɿn^{44}	tɕɿn^{44}	tɕɿn^{44}
杭	tɕɿn^{323}	tɕɿn^{323}	tɕɿn^{323}	tɕɿn^{323}
绍	tɕɿŋ^{52}	tɕɿŋ^{52}	tɕɿŋ^{52}	tɕɿŋ^{52}
诸	tɕĩ^{544}	tɕĩ^{544}	tɕĩ^{544}	tɕĩ^{544}
崇	tɕiŋ^{53}	tɕiŋ^{53}	tɕiŋ^{53}	tɕiŋ^{53}
太	tɕiŋ^{523}	tɕiŋ^{523}	tɕiŋ^{523}	tɕiŋ^{523}
余	tɕiŋ^{324}	tɕiŋ^{324}	tɕiŋ^{324}	tɕiŋ^{324}
宁	tɕɿŋ^{52}	tɕɿŋ^{52}	tɕɿŋ^{52}	tɕɿŋ^{52}
黄	tɕiiŋ^{533}	tɕiiŋ^{533}	tɕiiŋ^{533}	tɕiiŋ^{533}
温	tɕiʌŋ^{44}	tɕiʌŋ^{44}	tɕiʌŋ^{44}	tɕiʌŋ^{44}
衢	tɕi^{n434}	tɕi^{n434}	tɕi^{n434}	tɕi^{n434}
华	tɕiin^{324}	tɕiin^{324}	tɕiin^{324}	tɕiin^{324}
永	tɕiiŋ^{44}	tɕiiŋ^{44}	tɕiiŋ^{44}	tɕiiŋ^{44}

深开 三上 寝见	臻开 三上 轸见	梗开 三上 梗见	梗开 三上 梗见	梗开 三上 静见
锦	紧	景	境	颈
tɕiŋ^{51}	tɕiŋ^{51}	tɕiŋ^{51}	tɕiŋ^{51}	tɕiŋ^{51}
tɕin^{52}	tɕin^{52}	tɕin^{52}	tɕin^{52}	tɕin^{52}
tɕiŋ^{323}	tɕiŋ^{323}	tɕiŋ^{323}	tɕiŋ^{323}	tɕiŋ^{323}
tɕiŋ^{44}	tɕiŋ^{44}	tɕiŋ^{44}	tɕiŋ^{44}	tɕiŋ^{44}
tɕiŋ^{324}	tɕiŋ^{324}	tɕiŋ^{324}	tɕiŋ^{324}	tɕiŋ^{324}
tɕiŋ^{334}	tɕiŋ^{334}	tɕiŋ^{334}	tɕiŋ^{334}	tɕiŋ^{334}
tɕiŋ^{45}	tɕiŋ^{45}	tɕiŋ^{45}	tɕiŋ^{45}	tɕiŋ^{45}
tɕiŋ^{334}	tɕiŋ^{334}	tɕiŋ^{334}	tɕiŋ^{334}	tɕiŋ^{334}
tɕin^{324}/tɕiən^{324}	tɕin^{324}/tɕiən^{324}	tɕin^{324}/tɕiən^{324}	tɕin^{324}/tɕiən^{324}	tɕin^{324}/tɕiən^{324}
tɕiin^{51}	tɕiin^{51}	tɕiin^{51}	tɕiin^{51}	tɕiin^{51}
tɕĩ^{ⁿ44}	tɕĩ^{ⁿ44}	tɕĩ^{ⁿ44}	tɕĩ^{ⁿ44}	tɕĩ^{ⁿ44}
tɕin^{52}	tɕin^{52}	tɕin^{52}	tɕin^{52}	tɕin^{52}
tɕĩ^{434}	tɕĩ^{434}	tɕĩ^{434}	tɕĩ^{434}	tɕĩ^{434}
tɕɪ^{ⁿ434}	tɕɪ^{ⁿ434}	tɕɪ^{ⁿ434}	tɕɪ^{ⁿ434}	tɕɪ^{ⁿ434}
tɕiiŋ^{44}	tɕiiŋ^{44}	tɕiiŋ^{44}	tɕiiŋ^{44}	tɕiiŋ^{44}
tɕiŋ^{334}	tɕiŋ^{334}	tɕiŋ^{334}	tɕiŋ^{334}	tɕiŋ^{334}
tɕiŋ^{335}	tɕiŋ^{44}	tɕiŋ^{44}	tɕiŋ^{44}	tɕiŋ^{44}
tɕiəɲ^{51}	tɕiəɲ^{51}	tɕiəɲ^{51}	tɕiəɲ^{51}	tɕiəɲ^{51}
tɕɿŋ^{51}	tɕɿŋ^{51}	tɕɿŋ^{51}	tɕɿŋ^{51}	tɕɿŋ^{51}
tɕin^{44}	tɕin^{44}	tɕin^{44}	tɕin^{44}/tɕin^{334}	tɕin^{44}
tɕɪn^{53}	tɕɪn^{53}	tɕɪn^{53}	tɕɪn^{53}	tɕɪn^{53}
tɕɪn^{51}	tɕɪn^{51}	tɕɪn^{51}	tɕɪn^{51}	tɕɪn^{51}
tɕɪŋ^{334}	tɕɪŋ^{334}	tɕɪŋ^{334}	tɕɪŋ^{334}	tɕɪŋ^{334}
tɕĩ^{52}	tɕĩ^{52}	tɕĩ^{52}	tɕĩ^{52}	tɕĩ^{52}
tɕiŋ^{44}	tɕiŋ^{44}	tɕiŋ^{44}	tɕiŋ^{44}	tɕiŋ^{44}
tɕiŋ^{42}	tɕiŋ^{42}	tɕiŋ^{42}	tɕiŋ^{42}	tɕiŋ^{42}
tɕiŋ^{435}	tɕiŋ^{435}	tɕiŋ^{435}	tɕiŋ^{435}	tɕiŋ^{435}
tɕɪŋ^{325}	tɕɪŋ^{325}	tɕɪŋ^{325}	tɕɪŋ^{325}	tɕɪŋ^{325}
tɕiiŋ^{533}	tɕiiŋ^{533}	tɕiiŋ^{533}	tɕiiŋ^{533}	tɕiiŋ^{533}
tɕiʌŋ$^{\underline{35}}$	tɕiʌŋ$^{\underline{35}}$	tɕiʌŋ$^{\underline{35}}$	tɕiʌŋ$^{\underline{35}}$	tɕiʌŋ$^{\underline{35}}$
tɕi^{ⁿ45}	tɕi^{ⁿ45}	tɕi^{ⁿ45}	tɕi^{ⁿ45}	tɕi^{ⁿ45}
tɕiin^{544}	tɕiin^{544}	tɕiin^{544}	tɕiin^{544}	tɕiin^{544}
tɕiiŋ^{434}	tɕiiŋ^{434}	tɕiiŋ^{434}	tɕiiŋ^{434}	tɕiiŋ^{434}

摄口等调韵声	深开三去沁见	臻开三去焮见	梗开三去映见	梗开三去映见
	禁~止	劲有~	敬	竟
宜	tɕiŋ⁵¹	tɕiŋ³²⁴	tɕiŋ³²⁴	tɕiŋ³²⁴
溧	tɕin⁴¹²	tɕin⁴¹²	tɕin⁴¹²	tɕin⁴¹²
金	tɕiŋ⁴⁴	tɕiŋ⁴⁴	tɕiŋ⁴⁴	tɕiŋ⁴⁴
丹	tɕiŋ⁴¹	tɕiŋ⁴¹	tɕiŋ⁴¹	tɕiŋ⁴¹
童	tɕiŋ⁴⁵	tɕiŋ⁴⁵	tɕiŋ⁴⁵	tɕiŋ⁴⁵
靖	tɕiŋ⁵¹	tɕiŋ⁵¹	tɕiŋ⁵¹	tɕiŋ⁵¹
江	tɕiŋ⁴³⁵	tɕiŋ⁴³⁵	tɕiŋ⁴³⁵	tɕiŋ⁴³⁵
常	tɕiŋ⁵¹	tɕiŋ⁵¹	tɕiŋ⁵¹	tɕiŋ⁵¹
锡	tɕin³⁵/tɕiən³⁵	tɕin³⁵/tɕiən³⁵	tɕin³⁵/tɕiən³⁵	tɕin³⁵/tɕiən³⁵
苏	tɕin⁴¹²	tɕin⁴¹²	tɕin⁴¹²	tɕin⁴¹²
熟	tɕĩⁿ³²⁴	tɕĩⁿ³²⁴	tɕĩⁿ³²⁴	tɕĩⁿ³²⁴
昆	tɕin⁵²	tɕin⁵²	tɕin⁵²	tɕin⁵²
霜	tɕĩ⁴³⁴	tɕĩ⁴³⁴	tɕĩ⁴³⁴	tɕĩ⁴³⁴
罗	tɕɪⁿ⁴³⁴	tɕɪⁿ⁴³⁴	tɕɪⁿ⁴³⁴	tɕɪⁿ⁴³⁴
周	tɕiŋ³³⁵	tɕiŋ³³⁵	tɕiŋ³³⁵	tɕiŋ³³⁵
上	tɕiŋ³³⁴	tɕiŋ³³⁴	tɕiŋ³³⁴	tɕiŋ³³⁴
松	tɕiŋ³³⁵	tɕiŋ³³⁵	tɕiŋ³³⁵	tɕiŋ³³⁵
黎	tɕiən⁴¹³	tɕiən⁴¹³	tɕiən⁴¹³	tɕiən⁴¹³
盛	tɕiŋ⁴¹³	tɕiŋ⁴¹³	tɕiŋ⁴¹³	tɕiŋ⁴¹³
嘉	tɕin³³⁴	tɕin³³⁴	tɕin³³⁴	tɕin³³⁴
双	tɕin³³⁴	tɕin³³⁴	tɕin³³⁴	tɕin³³⁴
杭	tɕɪn³³⁴	tɕɪn³³⁴	tɕɪn³³⁴	tɕɪn³³⁴
绍	tɕiŋ³³	tɕiŋ³³	tɕiŋ³³	tɕiŋ³³
诸	tɕĩ⁵⁴⁴	tɕĩ⁵⁴⁴	tɕĩ⁵⁴⁴	tɕĩ⁵⁴⁴
崇	tɕiŋ³²⁴	tɕiŋ³²⁴	tɕiŋ³²⁴	tɕiŋ³²⁴
太	tɕiŋ³⁵	tɕiŋ³⁵	tɕiŋ³⁵	tɕiŋ³⁵
余	tɕiŋ⁵²	tɕiŋ⁵²	tɕiŋ⁵²	tɕiŋ⁵²
宁	tɕiŋ⁵²	tɕiŋ⁵²	tɕiŋ⁵²	tɕiŋ⁵²
黄	tɕiiŋ⁴⁴	tɕiiŋ⁴⁴	tɕiiŋ⁴⁴	tɕiiŋ⁴⁴
温	tɕiʌŋ⁵²	tɕiʌŋ⁵²	tɕiʌŋ⁵²	tɕiʌŋ⁵²
衢	tɕiⁿ⁵³	tɕiⁿ⁵³	tɕiⁿ⁵³	tɕiⁿ⁵³
华	tɕiin⁴⁵	tɕiin⁴⁵	tɕiin⁴⁵	tɕiin⁴⁵
永	tɕiiŋ⁵⁴	tɕiiŋ⁵⁴	tɕiiŋ⁵⁴	tɕiiŋ⁵⁴

梗开 三去 映见	梗开 三平 清溪	梗合 三平 清溪	梗合 三上 静溪	梗开 三去 映溪
镜	轻	倾	顷	庆
tɕiŋ^{324}	tɕʻiŋ^{55}	tɕʻiŋ^{55}	tɕʻiŋ^{55}/tɕʻiŋ^{51}	tɕiŋ^{324}
tɕin^{412}	tɕʻin^{445}	tɕʻin^{445}	tɕʻin^{52}	tɕin^{412}
tɕiŋ^{44}	tɕʻiŋ^{31}	tɕʻiŋ^{31}	tɕiŋ^{323}	tɕʻiŋ^{44}
tɕiŋ^{41}	tɕʻiŋ^{22}	tɕʻiŋ^{22}	tɕʻiŋ^{22}	tɕʻiŋ^{324}
tɕiŋ^{45}	tɕʻiŋ^{42}	tɕʻiŋ^{42}	tɕʻiŋ^{324}	tɕʻiŋ^{45}
tɕiŋ^{51}	tɕʻiŋ^{433}	tɕʻiŋ^{433}	tɕʻiŋ^{334}	tɕʻiŋ^{51}
tɕiŋ^{435}	tɕʻiŋ^{51}	tɕʻiŋ^{51}	tɕʻiŋ^{45}	tɕʻiŋ^{435}
tɕiŋ^{51}	tɕʻiŋ^{44}	tɕʻiŋ^{44}	tɕʻiŋ^{334}	tɕʻiŋ^{51}
tɕin^{35}/tɕiən^{35}	tɕʻin^{55}/tɕʻin^{55}	tɕʻin^{55}/tɕʻiən^{55}	tɕʻiŋ^{324}/tɕʻiən^{324}	tɕʻin^{35}/tɕʻiən^{35}
tɕiin^{412}	tɕʻiin^{44}	tɕʻiin^{44}	tɕʻiin^{51}	tɕʻiin^{412}
tɕĩ^{324n}	tɕʻĩ^{52n}	tɕʻĩ^{52n}	tɕʻĩ^{44n}	tɕʻĩ^{324n}
tɕin^{52}	tɕʻin^{44}	tɕʻin^{44}	tɕʻin^{52}	tɕʻin^{52}
tɕĩ^{434}	tɕʻĩ^{52}	tɕʻĩ^{52}	tɕʻĩ^{434}	tɕʻĩ^{434}
tɕɿ^{434n}	tɕʻɿ^{52n}	tɕʻɿ^{52n}	tɕʻɿ^{434n}	tɕʻɿ^{434n}
tɕiiŋ^{335}	tɕʻiiŋ^{52}	tɕʻiiŋ^{52}	tɕʻiiŋ^{44}	tɕʻiiŋ^{335}
tɕiŋ^{334}	tɕʻiŋ^{52}	tɕʻiŋ^{334}	tɕʻiŋ^{334}	tɕʻiŋ^{334}
tɕiŋ^{335}	tɕʻiŋ^{52}	tɕʻiŋ^{52}	tɕʻiŋ^{44}	tɕʻiŋ^{335}
tɕiəŋ^{413}	tɕʻiəŋ^{44}	tɕʻiəŋ^{44}	tɕʻiəŋ^{334}	tɕʻiəŋ^{324}
tɕiŋ^{413}	tɕʻiŋ^{44}	tɕʻiŋ^{44}	tɕʻiŋ^{234}	tɕʻiŋ^{313}
tɕin^{334}	tɕʻin^{51}	tɕʻin^{51}	tɕʻin^{324}	tɕʻin^{334}
tɕɿn^{334}	tɕʻɿn^{44}	tɕʻɿn^{44}	tɕʻɿn^{53}	tɕʻɿn^{334}
tɕɿn^{334}	tɕʻɿn^{323}	tɕʻɿn^{323}	tɕʻɿn^{51}	tɕʻɿn^{334}
tɕɿŋ^{33}	tɕʻɿŋ^{52}	tɕʻɿŋ^{52}	tɕʻɿŋ^{334}	tɕʻɿŋ^{33}
tɕĩ^{544}	tɕʻĩ^{544}	tɕʻĩ^{544}	tɕʻɿ^{52}	tɕʻĩ^{544}
tɕiŋ^{324}	tɕʻiŋ^{53}	tɕʻiŋ^{53}	tɕʻiŋ^{44}	tɕʻiŋ^{324}
tɕiŋ^{35}	tɕʻiŋ^{523}	tɕʻiŋ^{523}	tɕʻiŋ^{42}	tɕʻiŋ^{35}
tɕiŋ^{52}	tɕʻiŋ^{324}	tɕʻiŋ^{324}	tɕʻiŋ^{435}	tɕʻiŋ^{52}
tɕɿŋ^{52}	tɕʻɿŋ^{52}	tɕʻɿŋ^{52}	tɕʻɿŋ^{325}	tɕʻɿŋ^{52}
tɕiiŋ^{44}	tɕʻiiŋ^{533}	tɕʻiiŋ^{533}	tɕʻiiŋ^{533}	tɕʻiiŋ^{44}
tɕiʌŋ^{52}	tɕʻiʌŋ^{44}	tɕʻiʌŋ^{44}	tɕʻiʌŋ$^{\underline{35}}$	tɕʻiʌŋ^{52}
tɕiⁿ^{53}	tɕʻiⁿ^{434}	tɕʻiⁿ^{434}	tɕʻiⁿ^{45}	tɕʻiⁿ^{53}
tɕiin^{45}	tɕʻiin^{324}	tɕʻiin^{324}	tɕʻiin^{544}	tɕʻiin^{45}
tɕiiŋ^{54}	tɕʻiiŋ^{44}	tɕʻiiŋ^{44}	tɕʻiiŋ^{434}	tɕʻiiŋ^{54}

摄口 等调 韵声	深开 三平 侵群	臻开 三平 殷群	梗开 三平 庚群	梗开 三平 庚群	臻开 三上 隐群
	琴	勤	鲸	擎	近
宜	dʑiŋ²²³	dʑiŋ²²³	dʑiŋ²²³	dʑiŋ²²³	dʑiŋ²⁴
溧	dʑin³²³	dʑin³²³	dʑin³²³	dʑin³²³	dʑin²³¹
金	tɕʻiŋ³⁵	tɕʻiŋ³⁵	tɕʻiŋ³⁵	tɕʻiŋ³⁵	tɕiŋ⁴⁴
丹	dʑiŋ²¹³	dʑiŋ²¹³	dʑiŋ²¹³	dʑiŋ²¹³	dʑiŋ²¹³
童	dʑiŋ³¹	dʑiŋ³¹	dʑiŋ³¹	dʑiŋ³¹	dʑiŋ¹¹³
靖	dʑiŋ²²³	dʑiŋ²²³	dʑiŋ²²³	dʑiŋ²²³	dʑiŋ³¹
江	dʑiŋ²²³	dʑiŋ²²³	dʑiŋ²²³	dʑiŋ²²³	dʑiŋ²²³
常	dʑiŋ²¹³	dʑiŋ²¹³	dʑiŋ²¹³	dʑiŋ²¹³	dʑiŋ²⁴
锡	dʑin²¹³/dʑiən²¹³	dʑin²¹³/dʑiən²¹³	dʑin²¹³/dʑiən²¹³	dʑin²¹³/dʑiən²¹³	dʑin³³/²¹³/dʑiən³³/²¹³
苏	dʑin²²³	dʑin²²³	dʑin²²³	dʑin²²³	dʑin²³¹
熟	dʑĩⁿ²³³	dʑĩⁿ²³³	dʑĩⁿ²³³	dʑĩⁿ²³³	dʑĩⁿ³¹
昆	dʑin¹³²	dʑin¹³²	dʑin¹³²	dʑin¹³²	dʑin²²³
霜	dʑĩ²³¹	dʑĩ²³¹	dʑĩ²³¹	dʑĩ²³¹	dʑĩ²¹³
罗	dʑɿⁿ²³¹	dʑɿⁿ²³¹	dʑɿⁿ²³¹	dʑɿⁿ²³¹	dʑɿⁿ²¹³
周	dʑiiŋ¹¹³	dʑiiŋ¹¹³	dʑiiŋ¹¹³	dʑiiŋ¹¹³	dʑiiŋ¹¹³
上	dʑiŋ¹¹³	dʑiŋ¹¹³	dʑiŋ¹¹³	dʑiŋ¹¹³	dʑiŋ¹¹³
松	dʑiŋ²³¹	dʑiŋ²³¹	dʑiŋ²³¹	dʑiŋ²³¹	dʑiŋ¹¹³
黎	dʑiəŋ²⁴	dʑiəŋ²⁴	dʑiəŋ²⁴	dʑiəŋ²⁴	dʑiəŋ³²
盛	dʑɿŋ²⁴	dʑɿŋ²⁴	dʑɿŋ²⁴	dʑɿŋ²⁴	dʑɿŋ²²³
嘉	dʑin²³¹	dʑin²³¹	dʑin²³¹	dʑin²³¹	dʑin²²³
双	dʑɪn¹¹³	dʑɪn¹¹³	dʑɪn¹¹³	dʑɪn¹¹³	dʑɪn²³¹
杭	dʑɪn²¹²	dʑɪn²¹²	dʑɪn²¹²	dʑɪn²¹²	dʑɪn¹¹³
绍	dʑɪŋ²³¹	dʑɪŋ²³¹	dʑɪŋ²³¹	dʑɪŋ²³¹	dʑɪŋ¹¹³
诸	dʑĩ²³³	dʑĩ²³³	dʑĩ²³³	dʑĩ²³³	dʑĩ²³¹
崇	dʑiŋ³¹	dʑiŋ³¹	dʑiŋ³¹	dʑiŋ³¹	dʑiŋ²²
太	dʑiŋ³¹²	dʑiŋ³¹²	dʑiŋ³¹²	dʑiŋ³¹²	dʑiŋ³¹²
余	dʑiŋ¹¹³	dʑiŋ¹¹³	dʑiŋ¹¹³	dʑiŋ¹¹³	dʑiŋ¹¹³
宁	dʑɪŋ¹¹³	dʑɪŋ¹¹³	dʑɪŋ¹¹³	dʑɪŋ¹¹³	dʑɪŋ¹¹³
黄	dʑiiŋ³¹¹	dʑiiŋ³¹¹	dʑiiŋ³¹¹	dʑiiŋ³¹¹	dʑiiŋ¹¹³
温	dʑiʌŋ²³¹	dʑiʌŋ²³¹	dʑiʌŋ²³¹	dʑiʌŋ²³¹	dʑiʌŋ²⁴
衢	dʑiⁿ³²³	dʑiⁿ³²³	dʑiⁿ³²³	dʑiⁿ³²³	dʑiⁿ³¹
华	tɕim³²⁴	tɕim³²⁴	tɕiim³²⁴	tɕiim³²⁴	dʑim²⁴
永	dʑiiŋ³²²	dʑiiŋ³²²	dʑiiŋ³²²	dʑiiŋ³²²	dʑiiŋ³²³

臻开 三去 震群	梗开 三去 映群	臻开 三平 真日	臻开 三平 真疑
仅	竟	人	银
dʑiŋ^{231}	dʑiŋ^{231}	ȵiŋ^{223} / zəŋ^{223}	ȵiŋ^{223}
dʑin^{323}	dʑiŋ^{323}	ȵin^{323} / szən^{323}	ȵin^{323}
tɕiŋ^{44}	tɕiŋ^{44}	nəŋ^{35}	iŋ^{35}
dʑiŋ^{213}	dʑiŋ^{213}	iɛn^{22}	iŋ^{22}
dʑiŋ^{113}	dʑiŋ^{113}	ɦiəŋ^{31}	ɦiŋ^{31}
dʑiŋ^{31}	dʑiŋ^{31}	ɕziəŋ^{223} / ȵiəŋ^{223}	ȵiŋ^{223}
dʑiŋ^{223}	dʑiŋ^{223}	ȵiŋ^{223} / zɛŋ^{223}	ȵiŋ^{223}
dʑiŋ^{24}	dʑiŋ^{24}	ȵiŋ^{213} / zəŋ^{213}	ɦiŋ^{213}
dʑin^{213} / dʑiən^{213}	dʑin^{213} / dʑiən^{213}	ȵin^{213} / zən^{213} / ȵiən^{213}	ȵin^{213} / ȵiən^{213}
dʑiin^{231}	dʑiin^{231}	ȵiin^{223} / zən^{223}	ȵiin^{223}
dʑĩ^{n213}	dʑĩ^{n213}	zɛ̃^{233} ȵĩ^{n233}	ȵĩ^{n233}
dʑin^{21} / tɕin^{21}	dʑiŋ^{21}	ȵin^{132} / zən^{132}	ȵin^{132}
dʑĩ^{213}	dʑĩ^{213}	ȵĩ^{231} / zɛ̃^{231}	ȵĩ^{231}
dʑɿ^{n213}	dʑɿ^{n213}	ȵĩ^{n231} / zɛ̃^{231}	ȵɪ^{n231}
dʑiiŋ^{113}	dʑiiŋ^{113}	ȵiiŋ^{113} / zəŋ^{113}	ȵiiŋ^{113}
dʑiŋ^{113}	dʑiŋ^{113}	ȵiŋ^{113} / zəŋ^{113}	ȵiŋ^{113}
dʑiŋ^{113}	dʑiŋ^{113}	ȵiŋ^{231} / zəŋ^{231}	ȵiŋ^{231}
dʑiəŋ^{213}	dʑiəŋ^{213}	ȵiəŋ^{24} / zəŋ^{24}	ȵiəŋ^{24}
dʑɿŋ^{212}	dʑɿŋ^{212}	ȵɿŋ^{24} / zən^{24}	ȵiəŋ^{24}
dʑin^{223}	dʑin^{223}	ȵin^{231} / zən^{231}	ȵin^{231}
dʑɿŋ^{113}	dʑɿŋ^{113}	ȵɿŋ^{113} / zən^{113}	ȵɿŋ^{113} / zən^{113}
dʑɿŋ^{113}	dʑɿŋ^{113}	szən^{212}	ȵɿŋ^{212}
dʑɿŋ^{22}	dʑɿŋ^{22}	ȵiŋ^{231} / zɿ^{231}	ȵiŋ^{231}
dʑɿ̃^{233}	dʑɿ̃^{233}	ȵĩ^{233} / nĩ^{233} / zɛĩ^{233}	ȵĩ^{233}
dʑiŋ^{14}	dʑiŋ^{14}	nɛ̃^{31} / ȵiŋ^{31} / zɪŋ^{31}	ȵiŋ^{31}
dʑiŋ^{13}	dʑiŋ^{13}	nʊŋ^{312} / ȵiɛŋ^{312} / ziŋ^{312}	ȵiŋ^{312}
dʑiŋ^{113}	dʑiŋ^{113}	ȵiŋ^{113} / zeŋ^{113}	ȵiŋ^{113}
dʑɿŋ^{113}	dʑɿŋ^{113}	ȵɿŋ^{113} / zaŋ^{113}	ȵɿŋ^{113}
dʑiiŋ^{113}	dʑiiŋ^{113}	ȵiiŋ^{311}	ȵiiŋ^{311}
dʑiʌŋ^{22}	dʑiʌŋ^{22}	nəŋ^{231} / ȵiʌŋ^{231}主~ / ȵiɛŋ小人儿	ȵiʌŋ^{231}
dʑɿ^{n31}	dʑɿ^{n31} / tɕi^{n53}	ȵɪ^{n323} / ʐɥɛ^{n323}	ȵɿ^{n323}
dʑiin^{24}	dʑiin^{24}	ȵiin^{324} / ɕin^{324}	ȵiin^{324}
dʑiŋ^{214}	dʑiŋ^{214}	nʊŋ^{322} / szən^{322}	ȵiŋ^{322}

摄口	曾开	梗开	梗开	臻开
等调	三平	三平	四平	三上
韵声	蒸疑	庚疑	青泥	轸日
	凝	迎	宁安~	忍
宜	ȵiŋ²²³	ȵiŋ²²³	ȵiŋ²²³	zən²⁴
溧	ȵin³²³	ȵin³²³	ȵin³²³	szən²²⁴
金	niŋ³⁵	iŋ³⁵	niŋ³⁵	lən³²³
丹	niŋ²¹³	niŋ²¹³	niŋ²²	iɛn⁴⁴
童	ȵiŋ³¹	ȵiŋ³¹	ȵiŋ³¹	ʔȵiəŋ³²⁴/ʔiəŋ³²⁴
靖	ȵiŋ²²³	ȵiŋ²²³	ȵiŋ²²³	ʔiən³³⁴
江	ȵiɲ²²³	ȵiɲ²²³	ȵiɲ²²³	sɛɲ⁴⁵
常	ȵin²¹³	ȵin²¹³	ȵin²¹³	zəŋ²⁴
锡	ȵin²¹³/ȵiən²¹³	ȵin²¹³/ȵiən²¹³	ȵin²¹³/ȵiən²¹³	ȵin²¹³/³³/zən²¹³/³³/ȵiən²¹³/³³
苏	ȵiin²²³	ȵiin²²³	ȵiin²²³	ȵiin²³¹/zən²³¹
熟	ȵĩɲⁿ²³³	ɦĩɲⁿ²³³	ȵĩɲⁿ²³³	zɤ̃³¹/ȵĩɲⁿ³¹
昆	ȵin¹³²	ȵin¹³²	ȵin¹³²	ȵin²²³/zən²²³
霜	ȵĩ²³¹	ȵĩ²³¹	ȵĩ²³¹	zɤ̃²¹³/ȵĩ²¹³
罗	ȵɻⁿ²³¹	ȵɻⁿ²³¹	ȵɻⁿ²³¹	zɤ̃ⁿ²¹³/ȵɻⁿ²¹³
周	ȵiiŋ¹¹³	ȵiiŋ¹¹³	ȵiiŋ¹¹³	ȵiiŋ¹¹³
上	ȵiɲ¹¹³	ɦiɲ¹¹³/ȵiɲ¹¹³	ȵiɲ¹¹³	ȵiɲ¹¹³/lən¹¹³
松	ȵiɲ	ɦiɲ²³¹/ȵiɲ²³¹	ȵiɲ²³¹	ȵiɲ¹¹³/zən¹¹³
黎	ȵiən²⁴	ȵiən²⁴	ȵiən²⁴	ȵiəŋ³²/zəŋ³²
盛	ȵiɲ²⁴	ȵiɲ²⁴/ɦiɲ²⁴	ȵiɲ²⁴	ȵiɲ²²³/zəŋ²²³
嘉	ȵin²³¹	ɦin²³¹	ɦin²³¹/ʔin²³¹	ȵin²²³/zən²²³
双	ȵɻn¹¹³	ȵɻn¹¹³	ȵɻn¹¹³	ȵɻn⁵³/zneɲ⁵³
杭	ȵɻn²¹²	ɦɻn²¹²/ȵɻn²¹²	ȵɻn²¹²	ʔȵerʔ⁵¹
绍	ȵɻŋ²³¹	ȵɻŋ²³¹	ȵɻŋ²³¹	ȵɻŋ¹¹³/zĩ¹¹³
诸	ȵĩ²³³	ȵĩ²³³	ȵĩ²³³	ȵĩ²³¹/zɛĩ²³¹
崇	ȵiŋ³¹	ȵiŋ³¹	ȵiŋ³¹	ȵiŋ²²/zɻŋ²²
太	ȵiŋ³¹²	ȵiŋ³¹²	ȵiŋ³¹²	niɛn²²
余	ȵiɲ¹¹³	ȵiɲ¹¹³	ȵiɲ¹¹³	ȵiɲ¹¹³/zəɲ¹¹³
宁	ȵiŋ¹¹³	ȵiŋ¹¹³	ȵiŋ¹¹³	ȵiŋ¹¹³/zoŋ¹¹³
黄	ȵiiŋ³¹¹	ȵiiŋ³¹¹/ɦiiŋ³¹¹	ȵiiŋ³¹¹	ʔȵiiŋ⁵³³/ʑiiŋ¹¹³
温	ȵiʌŋ²³¹	ȵiʌŋ²³¹	ȵiʌŋ²³¹	ȵiʌŋ²⁴
衢	ȵiɻⁿ³²³	ȵiɻⁿ³²³/ɦiɻⁿ³²³	ȵiɻⁿ³²³	ȵiɻⁿ³¹/ʒɥən³¹
华	ȵiin³²⁴	ȵiin³²⁴	ȵiin³²⁴	ʔȵiin⁵⁴⁴/ʔləŋ⁵⁴⁴/zʑɥən²⁴老
永	ȵiiɲ³²²	ȵiiɲ³²²	ȵiiɲ³²²	ȵiiɲ³²³

臻开 三去 震日	梗开 四去 径泥	深开 三平 侵影	深开 三平 侵影	臻开 三平 真影
认	伝	音	阴	因
n̠iŋ²³¹/zəŋ²³¹	n̠iŋ²³¹	ʔin⁵⁵	ʔin⁵⁵	ʔin⁵⁵
szən²³¹		ʔin⁴⁴⁵	ʔin⁴⁴⁵	ʔin⁴⁴⁵
ləŋ⁴⁴		iŋ³¹	iŋ³¹	iŋ³¹
niŋ⁴¹	niŋ⁴¹	iŋ²²	iŋ²²	iŋ²²
ɦiəŋ¹¹³/n̠iəŋ¹¹³	ɦiŋ¹¹³	ʔiŋ⁴²	ʔiŋ⁴²	ʔiŋ⁴²
n̠iŋ⁵¹	n̠iŋ³¹	ʔiŋ⁴³³	ʔiŋ⁴³³	ʔiŋ⁴³³
n̠iŋ²²³	n̠iŋ²²³	ʔiŋ⁵¹	ʔiŋ⁵¹	ʔiŋ⁵¹
n̠iŋ²⁴	n̠iŋ²⁴	ʔiŋ⁴⁴	ʔiŋ⁴⁴	ʔiŋ⁴⁴
n̠in²¹³/n̠iən²¹³	n̠in²¹³/n̠iən²¹³	ʔin⁵⁵	ʔin⁵⁵	ʔin⁵⁵
n̠iin²³¹	n̠iin²³¹	ʔiin⁴⁴	ʔiin⁴⁴	ʔiin⁴⁴
zɛ̃ⁿ²¹³/n̠ĩⁿ²¹³	n̠ĩⁿ²¹³	ʔĩⁿ⁵²	ʔĩⁿ⁵²	ʔĩⁿ⁵²
n̠in²¹	n̠in²¹	ʔin⁴⁴	ʔin⁴⁴	ʔin⁴⁴
n̠ĩ²¹³	n̠ĩ²¹³	ʔĩ⁵²	ʔĩ⁵²	ʔĩ⁵²
n̠ɪⁿ²¹³	n̠ɪⁿ²¹³	ʔɪⁿ⁵²	ʔɪⁿ⁵²	ʔɪⁿ⁵²
n̠iiŋ¹¹³	n̠iiŋ¹¹³	ʔiiŋ⁵²	ʔiiŋ⁵²	ʔiiŋ⁵²
n̠iŋ¹¹³	n̠iŋ¹¹³	ʔiŋ⁵²	ʔiŋ⁵²	ʔiŋ⁵²
ləŋ¹¹³/n̠iŋ¹¹³/zəŋ¹¹³	n̠iŋ¹¹³	ʔiŋ⁵²	ʔiŋ⁵²	ʔiŋ⁵²
n̠iəŋ²¹³	n̠iəŋ²¹³	ʔiəŋ⁴⁴	ʔiəŋ⁴⁴	ʔiəŋ⁴⁴
n̠ɪŋ²¹²	n̠ɪŋ²¹²	ʔɪŋ⁴⁴	ʔɪŋ⁴⁴	ʔɪŋ⁴⁴
n̠in²²³	n̠in²²³	ʔin⁵¹	ʔin⁵¹	ʔin⁵¹
n̠ɪn¹¹³	n̠ɪn¹¹³	ʔɪn⁴⁴	ʔɪn⁴⁴	ʔɪn⁴⁴
szən¹¹³	n̠ɪn¹¹³	ʔɪn³²³	ʔɪn³²³	ʔɪn³²³
n̠iŋ²²/zĩ²²	n̠iŋ²²	ʔɪŋ⁵²	ʔɪŋ⁵²	ʔɪŋ⁵²
n̠ĩ²³³/zɛ̃ĩ²³³	n̠ĩ²³³	ʔĩ⁵⁴⁴	ʔĩ⁵⁴⁴	ʔĩ⁵⁴⁴
n̠iŋ¹⁴	n̠iŋ¹⁴	ʔɪŋ⁵³	ʔɪŋ⁵³	ʔɪŋ⁵³
n̠iŋ¹³	n̠iŋ¹³	ʔiŋ⁵²³	ʔiŋ⁵²³	ʔiŋ⁵²³
n̠iŋ¹¹³	n̠iŋ¹¹³	ʔiŋ³²⁴	ʔiŋ³²⁴	ʔiŋ³²⁴
n̠iŋ¹¹³	n̠iŋ¹¹³	ʔɪŋ⁵²	ʔɪŋ⁵²	ʔɪŋ⁵²
n̠iiŋ¹¹³	n̠iiŋ¹¹³	ʔiiŋ⁵³³	ʔiiŋ⁵³³	ʔiiŋ⁵³³
n̠iʌŋ²²	n̠iʌŋ²²	ʔiʌŋ⁴⁴	ʔiʌŋ⁴⁴	ʔiʌŋ⁴⁴
n̠ĩⁿ³¹	n̠ĩⁿ³¹	ʔĩⁿ⁴³⁴	ʔĩⁿ⁴³⁴	ʔĩⁿ⁴³⁴
n̠iin²⁴	n̠iin²⁴	ʔiin³²⁴	ʔiin³²⁴	ʔiin³²⁴
n̠iiŋ²¹⁴	n̠iiŋ²¹⁴	ʔiiŋ⁴⁴	ʔiiŋ⁴⁴	ʔiiŋ⁴⁴

摄口 等调 韵声	曾开 三平 蒸影	梗开 三平 庚影	深开 三上 寝影	臻开 三上 隐影
	应~当	英	饮	隐
宜	ʔiŋ^{55}	ʔiŋ^{55}	ʔiŋ^{51}	ʔiŋ^{51}
溧	ʔin^{445}	ʔin^{445}	ʔin^{445}	ʔin^{445} / ʔin^{412}
金	iŋ^{31}	iŋ^{31}	iŋ^{323}	iŋ^{323}
丹	iŋ^{22}	iŋ^{22}	iŋ^{44}	iŋ^{44}
童	ʔiŋ^{42}	ʔiŋ^{42}	ʔiŋ^{324}	ʔiŋ^{324}
靖	ʔiŋ^{433}	ʔiŋ^{433}	ʔiŋ^{334}	ʔiŋ^{334}
江	ʔiŋ^{51}	ʔiŋ^{51}	ʔiŋ^{45}	ʔiŋ^{45}
常	ʔiŋ^{44}	ʔiŋ^{44}	ʔiŋ^{334}	ʔiŋ^{334}
锡	ʔin^{55}	ʔin^{55}	ʔin^{324}	ʔin^{324}
苏	ʔiɪn^{44}	ʔiɪn^{44}	ʔiɪn^{51}	ʔiɪn^{51}
熟	ʔĩ^{n52}	ʔĩ^{n52}	ʔĩ^{n44}	ʔĩ^{n44}
昆	ʔin^{44}	ʔin^{44}	ʔin^{52}	ʔin^{52}
霜	ʔĩ^{52}	ʔĩ^{52}	ʔĩ^{434}	ʔĩ^{434}
罗	ʔɪ^{n52}	ʔɪ^{n52}	ʔɪ^{n434}	ʔɪ^{n434}
周	ʔiɪŋ^{52}	ʔiɪŋ^{52}	ʔiɪŋ^{44}	ʔiɪŋ^{44}
上	ʔiŋ^{52}	ʔiŋ^{52}	ʔiŋ^{334}	ʔiŋ^{334}
松	ʔiŋ^{52}	ʔiŋ^{52}	ʔiŋ^{44}	ʔiŋ^{44}
黎	ʔiəŋ^{44}	ʔiəŋ^{44}	ʔiəŋ^{51}	ʔiəŋ^{51}
盛	ʔiŋ^{44}	ʔiŋ^{44}	ʔiŋ^{51}	ʔiŋ^{51}
嘉	ʔin^{51}	ʔin^{51}	ʔin^{44}	ʔin^{44}
双	ʔiɪn^{44}	ʔiɪn^{44}	ʔiɪn^{53}	ʔiɪn^{53}
杭	ʔiɪn^{323}	ʔiɪn^{323}	ʔiɪn^{51}	ʔiɪn^{51}
绍	ʔiŋ^{52}	ʔiŋ^{52}	ʔiŋ^{334}	ʔiŋ^{334}
诸	ʔĩ^{544}	ʔĩ^{544}	ʔĩ^{52}	ʔĩ^{52}
崇	ʔiŋ^{53}	ʔiŋ^{53}	ʔiŋ^{44}	ʔiŋ^{44}
太	ʔiŋ^{523}	ʔiŋ^{523}	ʔiŋ^{42}	ʔiŋ^{42}
余	ʔiŋ^{324}	ʔiŋ^{324}	ʔiŋ^{435}	ʔiŋ^{435}
宁	ʔiŋ^{52}	ʔiŋ^{52}	ʔiŋ^{325}	ʔiŋ^{325}
黄	ʔiɪŋ^{533}	ʔiɪŋ^{533}	ʔiɪŋ^{533}	ʔiɪŋ^{533}
温	ʔiʌŋ^{44}	ʔiʌŋ^{44}	ʔiʌŋ^{35}	ʔiʌŋ^{35}
衢	ʔi^{n324}	ʔi^{n324}	ʔi^{n45}	ʔi^{n45}
华	ʔiɪn^{435}	ʔiɪn^{435}	ʔiɪn^{544}	ʔiɪn^{544}
永	ʔiɪŋ^{44}	ʔiɪŋ^{44}	ʔiɪŋ^{434}	ʔiɪŋ^{434}

臻开 三上 隐影	梗开 三上 梗影	深开 三去 沁影	臻开 三去 震影	曾开 三去 证影
瘾	影	荫	印	应响～
ʔiŋ^{51}	ʔiŋ^{51}	ʔiŋ^{55}	ʔiŋ^{324}	ʔiŋ^{324}
ʔin^{412}	ʔin^{412}	ʔin^{445}	ʔin^{412}	ʔin^{412}
iŋ^{323}	iŋ^{323}	iŋ^{44}	iŋ^{44}	iŋ^{44}
iŋ^{44}	iŋ^{44}	iŋ^{324}	iŋ^{324}	iŋ^{324}
ˀiŋ^{324}	ˀiŋ^{324}	ˀiŋ^{45}	ˀiŋ^{45}	ˀiŋ^{45}
ʔiŋ^{334}	ʔiŋ^{334}	ʔiŋ^{51}	ʔiŋ^{51}	ʔiŋ^{51}
ʔiŋ^{45}	ʔiŋ^{45}	ʔiŋ^{435}	ʔiŋ^{435}	ʔiŋ^{435}
ʔiŋ^{334}	ʔiŋ^{334}	ʔiŋ^{51}	ʔiŋ^{51}	ʔiŋ^{51}
ʔin^{324}	ʔin^{324}	ʔin^{35}	ʔin^{35}	ʔin^{35}
ʔiin^{51}	ʔiin^{51}	ʔiin^{412}	ʔiin^{412}	ʔiin^{412}
ʔĩ^{n}^{44}	ʔĩ^{n}^{44}	ʔĩ^{n}^{324}	ʔĩ^{n}^{324}	ʔĩ^{n}^{324}
ʔin^{52}	ʔin^{52}	ʔin^{52}	ʔin^{52}	ʔin^{52}
ʔĩ^{434}	ʔĩ^{434}	ʔĩ^{434}	ʔĩ^{434}	ʔĩ^{434}
ˀɪ^{n}^{434}	ˀɪ^{n}^{434}	ˀɪ^{n}^{434}	ˀɪ^{n}^{434}	ˀɪ^{n}^{434}
ʔiiŋ^{44}	ʔiiŋ^{44}	ʔiiŋ^{335}	ʔiiŋ^{335}	ʔiiŋ^{335}
ʔiŋ^{334}	ʔiŋ^{334}	ʔiŋ^{52}	ʔiŋ^{334}	ʔiŋ^{334}
ʔiŋ^{44}	ʔiŋ^{44}	ʔiŋ^{335}	ʔiŋ^{335}	ʔiŋ^{335}
ʔiəŋ^{51}	ʔiəŋ^{51}	ʔiəŋ^{413}	ʔiəŋ^{413}	ʔiəŋ^{413}
ʔɪŋ^{51}	ʔɪŋ^{51}	ʔɪŋ^{413}	ʔɪŋ^{413}	ʔɪŋ^{413}
ʔin^{44}	ʔin^{44}	ʔin^{334}	ʔin^{334}	ʔin^{334}
ʔɪn^{53}	ʔɪn^{53}	ʔɪn^{334}	ʔɪn^{334}	ʔɪn^{334}
ʔɪn^{51}	ʔɪn^{51}	ʔɪn^{334}	ʔɪn^{334}	ʔɪn^{334}
ʔɪŋ^{334}	ʔɪŋ^{334}	ʔɪŋ^{33}	ʔɪŋ^{33}	ʔɪŋ^{33}
ʔĩ^{52}	ʔĩ^{52}	ʔĩ^{544}	ʔĩ^{544}	ʔĩ^{544}
ʔɪŋ^{44}	ʔɪŋ^{44}	ʔɪŋ^{324}	ʔɪŋ^{324}	ʔɪŋ^{324}
ʔiŋ^{42}	ʔiŋ^{42}	ʔiŋ^{35}	ʔiŋ^{35}	ʔiŋ^{35}
ʔiɲ^{435}	ʔiɲ^{435}	ʔiɲ^{52}	ʔiɲ^{52}	ʔiɲ^{52}
ʔɪŋ^{325}	ʔɪŋ^{325}	ʔɪŋ^{52}	ʔɪŋ^{52}	ʔɪŋ^{52}
ʔiiŋ^{533}	ʔiiŋ^{533}	ʔiiŋ^{44}	ʔiiŋ^{44}	ʔiiŋ^{44}
ʔiʌŋ$^{\underline{35}}$	ʔiʌŋ$^{\underline{35}}$	ʔiʌŋ^{52}	ʔiʌŋ^{52}	ʔiʌŋ^{52}
ʔiʔ^{n}^{45}	ʔiʔ^{n}^{45}	ʔiʔ^{n}^{53}	ʔiʔ^{n}^{53}	ʔiʔ^{n}^{53}
ʔiin^{544}	ʔiin^{544}	ʔiin^{45}	ʔiin^{45}	ʔiin^{45}
ʔiiŋ^{434}	ʔiiŋ^{434}	ʔiiŋ^{54}	ʔiiŋ^{54}	ʔiiŋ^{54}

摄口 等调 韵声	臻开 三平 殷晓	曾开 三平 蒸晓	曾开 三去 证晓	深开 三平 侵以
	欣	兴~旺	兴高~	淫
宜	ɕiŋ^{55}	ɕiŋ^{55}	ɕiŋ^{324}	ɦiŋ^{223}
溧	ɕiŋ^{445}	ɕiŋ^{445}	ɕiŋ^{412}	iŋ^{323}
金	ɕiŋ^{31}/ɕiŋ^{44}	ɕiŋ^{31}	ɕiŋ^{44}	iŋ^{35}
丹	ɕiŋ^{324}	ɕiŋ^{22}	ɕiŋ^{324}	iŋ^{44}
童	ɕiŋ^{42}	ɕiŋ^{42}	ɕiŋ^{45}	ɦiŋ^{31}
靖	ɕiŋ^{433}	ɕiŋ^{433}	ɕiŋ^{51}	ɦiŋ^{223}
江	ɕiŋ^{51}	ɕiŋ^{51}	ɕiŋ^{435}	ɦiŋ^{223}
常	ɕiŋ^{44}	ɕiŋ^{44}	ɕiŋ^{51}	ɦiŋ^{213}
锡	ɕin^{55}/ɕiən^{55}	ɕin^{55}/ɕiən^{55}	ɕin^{35}/ɕiən^{35}	ɦin^{213}
苏	ɕiin^{44}	ɕiin^{44}	ɕiin^{412}	ɦiin^{223}
熟	ɕĩn^{52}	ɕĩn^{52}	ɕĩn^{324}	ɦĩn^{233}
昆	ɕin^{44}	ɕin^{44}	ɕin^{412}	ɦin^{132}
霜	ɕĩ^{52}	ɕĩ^{52}	ɕĩ^{434}	ɦĩ^{231}
罗	ɕɿn^{52}	ɕɿn^{52}	ɕɿn^{434}	ɦɿn^{231}
周	ɕiiŋ^{52}	ɕiiŋ^{52}	ɕiiŋ^{335}	ɦiiŋ^{113}
上	ɕiŋ^{334}	ɕiŋ^{334}	ɕiŋ^{334}	ɦiŋ^{113}
松	ɕiŋ^{52}	ɕiŋ^{335}	ɕiŋ^{335}	ɦiŋ^{231}
黎	ɕiən^{44}	ɕiən^{44}	ɕiən^{413}	ɦiən^{24}
盛	ɕiŋ^{44}	ɕiŋ^{44}	ɕiŋ^{413}	ɦiŋ^{24}
嘉	ɕin^{51}	ɕin^{51}	ɕin^{334}	ɦin^{231}
双	ɕɿn^{44}	ɕɿn^{44}	ɕɿn^{334}	ɦɿn^{113}
杭	ɕɿn^{323}	ɕɿn^{323}	ɕɿn^{334}	ɦɿn^{212}
绍	ɕiŋ^{52}	ɕiŋ^{52}	ɕiŋ^{33}	ɦiŋ^{231}
诸	ɕĩ^{544}	ɕĩ^{544}	ɕĩ^{544}	ɦĩ^{233}
崇	ɕiŋ^{53}	ɕiŋ^{53}	ɕiŋ^{324}	ɦiŋ^{31}
太	ɕiŋ^{523}	ɕiŋ^{523}	ɕiŋ^{35}	ɦiŋ^{312}
余	ɕiŋ^{324}	ɕiŋ^{324}	ɕiŋ^{52}	ɦiŋ^{113}
宁	ɕiŋ^{52}	ɕiŋ^{52}	ɕiŋ^{52}	ɦiŋ^{113}
黄	ɕiiŋ^{533}	ɕiiŋ^{533}	ɕiiŋ^{533}	ɦiiŋ^{311}
温	ɕiʌŋ^{44}	ɕiʌŋ^{44}	ɕiʌŋ^{52}	ɦiʌŋ^{231}
衢	ɕi^{n434}	ɕi^{n434}	ɕi^{n53}	ʔɦi^{n323}
华	ɕiin^{324}	ɕiin^{324}	ɕiin^{45}	ʔiin^{324}
永	ɕiiŋ^{44}	ɕiiŋ^{44}	ɕiiŋ^{54}	ʔɦiiŋ^{322}

曾开 三平 蒸以	梗开 二平 庚匣	梗开 三平 清以	梗开 四平 青匣	梗开 四平 青匣
蝇	行~为	赢	形	型
ʔiŋ⁵⁵	ɦiŋ²²³	ɦiŋ²²³	ɦiŋ²²³	ɦiŋ²²³
in³²³	in³²³/ɕʑin³²³	in³²³	in³²³	in³²³
iŋ³⁵	ɕiŋ³⁵	iŋ³⁵	ɕiŋ³⁵	ɕiŋ³⁵
ɦiŋ²¹³		ɦiŋ²¹³	ɦiŋ²¹³	ɦiŋ²¹³
ɦiŋ³¹	ɕiŋ⁴²/ɦiŋ³¹	ɦiŋ³¹	ɕiŋ⁴²/ɦiŋ³¹	ɦiŋ³¹
ɦiŋ²²³	ɦiŋ²²³	ɦiŋ²²³	ɦiŋ²²³	ɦiŋ²²³
ʔiɲ⁵¹	ɦiŋ²²³	ɦiŋ²²³	ɦiŋ²²³	ɦiŋ²²³
ʔiɲ⁴⁴	ɦiŋ²¹³	ɦiŋ²¹³	ɦiŋ²¹³	ɦiŋ²¹³
ʔiɲ⁵⁵	ɦiŋ²¹³	ɦiŋ²¹³	ɦiŋ²¹³	ɦiŋ²¹³
ʔim⁴⁴	ɦɐ̃²²³	ɦim²²³	ɦim²²³	ɦim²²³
ʔĩⁿ⁵²	ɦĩⁿ²³³	ɦĩⁿ²³³	ɦĩⁿ²³³	ɦĩⁿ²³³
ʔin¹³²	ɦin¹³²	ɦin¹³²	ɦin¹³²	ɦin¹³²
ʔĩ⁵²	ɦĩ²³¹	ɦĩ²³¹	ɦĩ²³¹	ɦĩ²³¹
ʔɿⁿ⁵²	ɦɿⁿ²³¹	ɦɿⁿ²³¹	ɦɿⁿ²³¹	ɦɿⁿ²³¹
ɦiiŋ¹¹³	ɦiiŋ¹¹³	ɦiiŋ¹¹³	ɦiiŋ¹¹³	ɦiiŋ¹¹³
ʔiɲ⁵²	ɦiɲ¹¹³/ɦɐ̃ɲ¹¹³	ɦiɲ¹¹³	ɦiɲ¹¹³/ʑiɲ¹¹³	ɦiɲ¹¹³/ʑiɲ¹¹³
ʔiɲ⁵²	ɦiɲ¹¹³	ɦiɲ²³¹	ɦiɲ²³¹	ɦiɲ²³¹
ʔiəɲ⁴⁴	ɦiəɲ²⁴	ɦiəɲ²⁴	ɦiəɲ²⁴	ɦiəɲ²⁴
ʔiɲ⁴⁴	ɦiɲ²⁴	ɦiɲ²⁴	ɦiɲ²⁴	ɦiɲ²⁴
ʔin⁵¹	ɦɐ̃²³¹/ɦin²³¹	ɦin²³¹	ɦin²³¹	ɦin²³¹
ɦin¹¹³	ɦin¹¹³	ɦin¹¹³	ɦin¹¹³	ɦin¹¹³
ɦɪn²¹²	ɦɪn²¹²	ɦɪn²¹²	ɦɪn²¹²	ɦɪn²¹²
ɦiŋ²³¹	ɦiŋ²³¹	ɦiŋ²³¹	ɦiŋ²³¹	ɦiŋ²³¹
ʔĩ⁵⁴⁴	ɦĩ²³³	ɦĩ²³³	ɦĩ²³³	ɦĩ²³³
ɦiŋ³¹	ɦiŋ³¹	ɦiŋ³¹	ɦiŋ³¹	ɦiŋ³¹
ɦiŋ³¹²	ɦiŋ³¹²	ɦiŋ³¹²	ɦiŋ³¹²	ɦiŋ³¹²
ʔiɲ³²⁴	ɦiŋ¹¹³	ɦiɲ¹¹³	ɦiɲ¹¹³	ɦiɲ¹¹³
ʔiŋ⁵²	ɦiŋ¹¹³	ɦiŋ¹¹³	ɦiŋ¹¹³	ɦiŋ¹¹³
ʔiiŋ⁵³³	ɦɐ̃³¹¹/ɦɒ̃³¹¹	ɦiiŋ³¹¹	ɦiiŋ³¹¹	ɦiiŋ³¹¹
ʔiʌŋ⁴⁴	ɦiʌŋ²³¹	ɦiʌŋ²³¹	ɦiʌŋ²³¹	ɦiʌŋ²³¹
ʔiɲⁿ⁴³⁴	ʔɦĩⁿ³²³	ʔɦĩⁿ³²³	ʔɦĩⁿ³²³	ʔɦĩⁿ³²³
ʔim³²⁴	ʔim³²⁴	ʔim³²⁴	ɕim³²⁴/ʔim³²⁴	ɕim³²⁴/ʔim³²⁴
ɲiiŋ³²²	ʔɦai³²²/ʔɦʌŋ³²²	ʔɦiiŋ³²²	ʔɦiiŋ³²²	ʔɦiiŋ³²²

摄口 等调 韵声	臻开 三上 轸以 引	梗开 二上 耿匣 幸	梗开 三平 清精 晶	梗开 三平 清精 精
宜	ɦiŋ²⁴	ɦiŋ²³¹	tɕin⁵⁵	tɕin⁵⁵
溧	ʔin⁴⁴⁵	ɦiŋ²³¹	tɕin⁴⁴⁵	tɕin⁴⁴⁵
金	in³²³	ɕin⁴⁴	tɕiŋ³¹	tɕiŋ³¹
丹	ɦiɪn²¹³	ɕin³²⁴	tɕiŋ²²	tɕiŋ²²
童	ʔin³²⁴	ɕin⁴⁵	tɕiŋ⁴²	tɕiŋ⁴²
靖	ʔiŋ³³⁴	ɦiŋ³¹	tsiŋ⁴³³	tsiŋ⁴³³
江	ʔin⁴⁵	ɦiŋ²²³	tsiŋ⁵¹	tsiŋ⁵¹
常	ʔiŋ³³⁴	ɦiŋ⁵¹	tɕiŋ⁴⁴	tɕiŋ⁴⁴
锡	ɦin²¹³ᐟ³³	ɦin²¹³ᐟ³³	tsin⁵⁵	tsin⁵⁵
苏	ʔiɪn⁵¹/ɦiɪn²³¹	ɦiɪn²³¹	tsiin⁴⁴	tsiin⁴⁴
熟	ʔĩⁿ⁴⁴	ɦĩⁿ³¹	tsĩ⁵²	tsɿⁿ⁵²
昆	ɦin²²³	ɦin²²³/ɕin⁵²	tsin⁴⁴	tsin⁴⁴
霜	ɦĩ²¹³	ɦĩ²¹³	tsɿ⁵²	tsɿ⁵²
罗	ɦiɪⁿ²¹³	ɦiɪⁿ²¹³	tsɿⁿ⁵²/tɕɹⁿ⁵²	tsɿⁿ⁵²/tɕɹⁿ⁵²
周	ɦiiŋ¹¹³	ɦiiŋ¹¹³	tɕiiŋ⁵²	tɕiiŋ⁵²
上	ɦiŋ¹¹³	ɦiŋ¹¹³/ʑiŋ¹¹³	tɕiŋ⁵²	tɕiŋ⁵²
松	ɦiŋ¹¹³	ɦiŋ¹¹³	tɕiŋ⁵²	tɕiŋ⁵²
黎	ɦiəŋ³²	ɦiəŋ³²	tsiəŋ⁴⁴	tsiəŋ⁴⁴
盛	ɦiŋ²²³	ɦiŋ²²³	tsiŋ⁴⁴	tsiŋ⁴⁴
嘉	ɦin²²³	ɦin²²³	tsin⁵¹	tsin⁵¹
双	ɦin²³¹	ɦin¹¹³	tɕɪn⁴⁴	tɕɪn⁴⁴
杭	ʔɪn⁵¹	ɦin¹¹³	tɕɪŋ³²³	tɕɪŋ³²³
绍	ɦiŋ¹¹³	ɦiŋ²³¹	tɕɪŋ⁵²	tɕɪŋ⁵²
诸	ɦĩ²³¹	ɦĩ²³³	tɕɿ⁵⁴⁴	tɕɿ⁵⁴⁴
崇	ɦiŋ²²	ɦiŋ¹⁴	tsɿŋ⁵³	tsɿŋ⁵³
太	ɦiŋ²²	ɦiŋ¹³	tɕiŋ⁵²³	tɕiŋ⁵²³
余	ɦiŋ¹¹³	ɕin⁵²/ɦin¹¹³	tɕiŋ³²⁴	tɕiŋ³²⁴
宁	ɦiŋ¹¹³	ɦiŋ¹¹³	tɕiŋ⁵²	tɕiŋ⁵²
黄	ʔiiŋ⁵³³	ɦiiŋ¹¹³	tɕiiŋ⁵³³	tɕiiŋ⁵³³
温	ɦiʌŋ²⁴	ɦiʌyiŋ²²	tsəŋ⁴⁴	tsəŋ⁴⁴
衢	ʔiⁿ⁴³⁴	ɕiⁿ⁵³	tɕiⁿ⁴³⁴	tɕiⁿ⁴³⁴
华	ʔiin⁵⁴⁴	꜀ʑiin²⁴	꜀ʑiin²⁴	tɕiin³²⁴
永	ʔɦiiŋ³²³	ʔɦai²¹⁴	tɕiiŋ⁴⁴	tɕiiŋ⁴⁴

梗开 三平 清精	臻开 三上 轸精	梗开 三上 静精	深开 三去 沁精	臻开 三去 震精
睛	儘	井	浸	进
tɕiŋ^{55}	tɕiŋ^{51}/ʑiŋ^{231}	tɕiŋ^{51}	tɕiŋ^{324}	tɕiŋ^{324}
tɕin^{445}	ʑin^{224}	tɕiŋ^{52}	tɕin^{412}	tɕin^{412}
tɕiŋ^{31}	tɕiŋ^{323}	tɕiŋ^{323}	tɕiŋ^{44}	tɕiŋ^{44}
tɕiŋ^{22}	tɕiŋ^{44}	tɕiŋ^{44}	tɕiŋ^{41}	tɕiŋ^{41}
tɕiŋ^{42}	tɕiŋ^{324}	tɕiŋ^{324}	tɕiŋ^{45}	tɕiŋ^{45}
tsiŋ^{433}	tsiŋ^{334}	tsiŋ^{334}	tsiŋ^{51}	tsiŋ^{51}
tsiŋ^{51}	dziŋ^{223}	tsiŋ^{45}	tsiŋ^{435}	tsiŋ^{435}
tsiŋ^{44}	tɕiŋ^{334}	tɕiŋ^{334}	tɕiŋ^{51}	tɕiŋ^{51}
tsin^{55}	tsin^{324}	tsin^{324}	tsin^{35}	tsin^{35}
tsiin^{44}	tsiin^{51}	tsiin^{51}	tsiin^{412}	tsiin^{412}
tsĩ^{nⁿ52}	dzĩ^{nⁿ31}	tsĩ^{nⁿ44}	tsĩ^{nⁿ324}	tsĩ^{nⁿ324}
tsin^{44}	tsin^{52}	tsin^{52}	tsin^{52}	tsin^{52}
tsĩ^{52}	tsĩ^{434}	tsĩ^{434}	tsĩ^{434}	tsĩ^{434}
tsɿ^{52}/tɕɿ^{52}	tsɿ^{nⁿ434}/tɕɿ^{nⁿ434}	tsɿ^{nⁿ434}/tɕɿ^{nⁿ434}	tsɿ^{nⁿ434}/tɕɿ^{nⁿ434}	tsɿ^{nⁿ434}/tɕɿ^{nⁿ434}
tɕiiŋ^{52}	tɕiiŋ^{44}	tɕiiŋ^{44}	tɕiiŋ^{335}	tɕiiŋ^{335}
tɕiŋ^{52}	tɕiŋ^{334}/ʑiŋ^{113}	tɕiŋ^{334}	tɕiŋ^{334}	tɕiŋ^{334}
tɕiŋ^{52}	tɕiŋ	tɕiŋ^{44}	tɕiŋ^{335}	tɕiŋ^{335}
tsiəŋ^{44}	tsiəŋ^{51}	tsiəŋ^{51}	tsiəŋ^{413}	tsiəŋ^{413}
tsɿŋ^{44}	tsɿŋ^{51}	tsɿŋ^{51}	tsɿŋ^{413}	tsɿŋ^{413}/tɕɿŋ^{413}
tsin^{51}	dziin^{223}	tsin^{44}	tsin^{334}	tɕin^{334}
tɕɿŋ^{44}	tɕɿŋ^{53}	tɕɿŋ^{53}	tɕɿŋ^{334}	tɕɿŋ^{334}
tɕɿŋ^{323}	dzɿŋ^{113}	tɕɿŋ^{334}	tɕɿŋ^{334}	tɕɿŋ^{334}
tɕɿŋ^{52}	tɕɿŋ^{334}	tɕɿŋ^{334}	tɕɿŋ^{33}	tɕɿŋ^{33}
tɕĩ^{544}	tɕĩ^{52}	tɕĩ^{52}	tɕĩ^{544}	tɕĩ^{544}
tsiŋ^{53}	dzɿŋ^{22}	tsiŋ^{44}	tsiŋ^{324}	tsiŋ^{324}
tɕiŋ^{523}	tɕiŋ^{22}	tɕiŋ^{42}	tɕiŋ^{35}	tɕiŋ^{35}
tɕiŋ^{324}	tɕiŋ^{435}	tɕiŋ^{435}	tɕiŋ^{52}	tɕiŋ^{52}
tɕɿŋ^{52}	tɕɿŋ^{325}	tɕɿŋ^{325}	tɕɿŋ^{52}	tɕɿŋ^{52}
tɕiiŋ^{533}		tɕiiŋ^{533}	tɕiiŋ^{44}	tɕiiŋ^{44}
tɕəŋ^{44}	zəŋ$^{\underline{24}}$	tsəŋ$^{\underline{35}}$	tsəŋ^{52}/tsʌŋ^{52}	tsəŋ^{52}/tsʌŋ^{52}
tɕi^{nⁿ434}	tɕi^{nⁿ45}	tɕi^{nⁿ45}	tɕi^{nⁿ53}	tɕi^{nⁿ53}
tɕin^{324}	tɕiin^{544}	tɕiin^{544}	tɕiin^{45}	tɕiin^{45}
tɕiiŋ^{44}	szəŋ^{323}	tɕiiŋ^{434}	tsəŋ^{54}	tsəŋ^{54}

摄口 等调 韵声	臻开 三去 震精 晋	深开 三平 侵清 侵	臻开 三平 真清 亲~人	梗开 三平 清清 清
宜	tɕiŋ^{324}	tɕˈiŋ^{55}	tɕˈiŋ^{55}	tɕˈiŋ^{55}
溧	tɕin^{412}	tɕˈin^{445}	tɕˈin^{445}	tɕˈin^{445}
金	tɕiŋ^{44}	tɕˈiŋ^{31}	tɕˈiŋ^{31}	tɕˈiŋ^{31}
丹	tɕiŋ^{41}	tɕˈiŋ^{22}	tɕˈiŋ^{22}	tɕˈiŋ^{22}
童	tɕiŋ^{45}	tɕˈiŋ^{42}	tɕˈiŋ^{42}	tɕˈiŋ^{42}
靖	tsiŋ^{51}	tsˈiŋ^{433}	tsˈiŋ^{433}	tsˈiŋ^{433}
江	tsiŋ^{435}	tsˈiŋ^{51}	tsˈiŋ^{51}	tsˈiŋ^{51}
常	tɕiŋ^{51}	tɕˈiŋ^{44}	tɕˈiŋ^{44}	tɕˈiŋ^{44}
锡	tsin^{35}	tsˈin^{55}	tsˈin^{55}	tsˈin^{55}
苏	tsin^{412}	tsˈiin^{44}	tsˈiin^{44}	tsˈiin^{44}
熟	tsĩ^{n324}	tsˈĩ^{n52}	tsˈĩ^{n52}	tsˈĩ^{n52}
昆	tsin^{52}	tsˈin^{44}	tsˈin^{44}	tsˈin^{44}
霜	tsĩ^{434}	tsˈĩ^{52}	tsˈĩ^{52}	tsˈĩ^{52}
罗	tsɿ^{n434}/tɕɿ^{n434}	tsˈɿ^{n52}/tɕˈɿ^{n52}	tsˈɿ^{n52}/tɕˈɿ^{n52}	tsˈɿ^{n52}/tɕˈɿ^{n52}
周	tɕiŋ^{335}	tɕˈiŋ^{52}	tɕˈiŋ^{52}	tɕˈiŋ^{52}
上	tɕiŋ^{334}	tɕˈiŋ^{52}	tɕˈiŋ^{52}	tɕˈiŋ^{52}
松	tɕiŋ^{335}	tɕˈiŋ^{52}	tɕˈiŋ^{52}	tɕˈiŋ^{52}
黎	tsiəŋ^{413}	tsˈiəŋ^{44}	tsˈiəŋ^{44}	tsˈiəŋ^{44}
盛	tɕiŋ^{413}/tsɿŋ^{413}	tsˈɿŋ^{44}	tsˈɿŋ^{44}	tsˈɿŋ^{44}
嘉	tɕin^{334}	tsˈin^{51}	tɕˈin^{51}	tsˈin^{51}
双	tɕɪn^{334}	tɕˈɪn^{334}	tɕˈɪn^{44}	tɕˈɪn^{44}
杭	tɕɪn^{334}	tɕˈɪn^{334}	tɕˈɪn^{323}	tɕˈɪn^{323}
绍	tɕɪŋ^{33}	tɕˈɪŋ^{33}	tɕˈɪŋ^{52}	tɕˈɪŋ^{52}
诸	tɕˈɿ^{544}	tɕˈɿ^{544}	tɕˈɿ^{544}	tɕˈɿ^{544}
崇	tsiŋ^{324}	tsˈiŋ^{53}	tsˈiŋ^{53}/tɕˈiŋ^{53}	tsˈiŋ^{53}
太	tɕiŋ^{35}	tɕˈiŋ^{523}	tɕˈiŋ^{523}	tɕˈiŋ^{523}
余	tɕiŋ^{52}	tɕˈiŋ^{324}	tɕˈiŋ^{324}	tɕˈiŋ^{324}
宁	tɕiŋ^{52}	tɕˈiŋ^{52}	tɕˈiŋ^{52}	tɕˈiŋ^{52}
黄	tɕiiŋ^{44}	tɕˈiiŋ^{44}	tɕˈiiŋ^{533}	tɕˈiiŋ^{533}
温	tsʌŋ^{52}	tsˈʌŋ^{44}	tsˈʌŋ^{44}	tsˈəŋ^{44}
衢	tɕi^{n53}	tɕˈi^{n434}	tɕˈi^{n434}	tɕˈi^{n434}
华	tɕiin^{45}	tɕˈiin^{324}	tɕˈiin^{324}	tɕˈiin^{324}
永	tsəŋ^{54}	tsˈəŋ^{44}	tsˈəŋ^{44}	tɕˈiŋ^{44}

梗开 四平 青清	梗开 四平 青清	梗开 三上 静清	臻开 三去 震清	臻开 三平 真从
青	蜻	请	亲~家	秦
tɕ'iŋ⁵⁵	tɕ'iŋ⁵⁵/ɕiŋ⁵⁵	tɕ'iŋ⁵¹	tɕ'iŋ⁵⁵	ʑyin²²³/ʑin²²³
tɕ'in⁴⁴⁵	ɕin⁴⁴⁵	tɕ'in⁵²	tɕ'iŋ⁴¹²	zin³²³
tɕ'iŋ³¹	ɕiŋ⁴⁴	tɕ'iŋ³²³	tɕ'iŋ⁴⁴	tɕiŋ³⁵
tɕ'iŋ²²	ɕiŋ⁴⁴	tɕ'iŋ⁴⁴	tɕ'iŋ²²	tɕiŋ³²⁴
tɕ'iŋ⁴²	tɕ'iŋ⁴²	tɕ'iŋ³²⁴	tɕ'iŋ⁴⁵	dʑiŋ³¹
ts'iŋ⁴³³	ts'iŋ⁴³³	ts'iŋ³³⁴	ts'iŋ⁵¹	sziŋ²²³
ts'iɲ⁵¹	ts'iɲ⁵¹	ts'iɲ⁴⁵	ts'iɲ⁴³⁵	dziɲ²²³
tɕ'iŋ⁴⁴	tɕ'iŋ⁴⁴	tɕ'iŋ³³⁴	tɕ'iŋ⁵¹	ʑyɲ²¹³
ts'iŋ⁵⁵	ts'iŋ⁵⁵	ts'iŋ³²⁴	ts'iŋ³⁵	ziɲ²¹³
ts'iin⁴⁴	ts'iin⁴⁴	ts'iin⁵¹	ts'iin⁴¹²	ziɪn²²³
ts'ɿ̃ⁿ⁵²	ts'ɿ̃ⁿ⁵²	ts'ɿ̃ⁿ⁴⁴	ts'ɿ̃ⁿ³²⁴	dzɿ̃ⁿ²³³
ts'in⁴⁴	ts'in⁴⁴	ts'in⁵²	ts'in⁵²	zin¹³²
ts'ɿ⁵²	ts'ɿ⁵²	ts'ɿ⁴³⁴	ts'ɿ⁴³⁴	zɿ²³¹
ts'ɿⁿ⁵²/tɕ'ɿⁿ⁵²	ts'ɿⁿ⁵²/tɕ'ɿⁿ⁵²	ts'ɿⁿ⁴³⁴/tɕ'ɿⁿ⁴³⁴	ts'ɿⁿ⁴³⁴/tɕ'ɿⁿ⁴³⁴	zɿⁿ²³¹/zɿⁿ²³¹
tɕ'iɲ⁵²	tɕ'iɲ⁵²	tɕ'iiŋ⁴⁴	tɕ'iŋ³³⁵	ʑiŋ¹¹³
tɕ'iŋ⁵²	tɕ'iŋ⁵²/ɕiŋ⁵²	tɕ'iŋ³³⁴	tɕ'iŋ⁵²	ʑʑiŋ¹¹³/dʑiŋ¹¹³
tɕ'iɲ⁵²	tɕ'iɲ⁵²	tɕ'iŋ⁴⁴	tɕ'iŋ⁵²	ʑiɲ²³¹
ts'iəŋ⁴⁴	siəŋ⁴⁴/ts'iəŋ⁴⁴	ts'iəŋ³³⁴	ts'iəŋ³²⁴	dziəŋ²⁴
ts'iŋ⁴⁴	sɿŋ⁴⁴	ts'iŋ³³⁴	ts'iŋ³¹³	dziəŋ²⁴
tɕ'in⁵¹	tɕ'in⁵¹	ts'in³²⁴	tɕ'in³³⁴	dzin²³¹
tɕ'iŋ⁴⁴	tɕ'iŋ⁴⁴	tɕ'iŋ⁵³	tɕ'iŋ³³⁴	dʑiŋ¹¹³
tɕ'iŋ³²³	tɕ'iŋ³²³	tɕ'iŋ⁵¹	tɕ'iŋ³³⁴	dʑiŋ²¹²
tɕ'iŋ⁵²	tɕ'iŋ⁵²	tɕ'iŋ³³⁴	tɕ'iŋ³³	dʑiŋ²³¹
tɕ'ɿ̃⁵⁴⁴	tɕ'ɿ̃⁵⁴⁴	tɕ'ɿ⁵²	tɕɿ̃⁵⁴⁴	dʑɿ̃²³³
ts'iŋ⁵³	ts'iŋ⁵³	ts'iŋ⁴⁴	ts'iŋ³²⁴	dziŋ³¹
tɕ'iŋ⁵²³	tɕ'iŋ⁵²³	tɕ'iŋ⁴²	tɕ'iŋ³⁵	dʑiŋ³¹²
tɕ'iŋ³²⁴	tɕ'iŋ³²⁴	tɕ'iŋ⁴³⁵	tɕ'iŋ⁵²	dʑiŋ¹¹³
tɕ'iŋ⁵²	tɕ'iŋ⁵²	tɕ'iŋ³²⁵	tɕ'iŋ⁵²	dʑiŋ¹¹³
tɕ'iiŋ⁵³³	tɕ'iiŋ⁵³³	tɕ'iiŋ⁵³³	tɕ'iiŋ⁴⁴	ʑiŋ³¹¹
ts'əŋ⁴⁴	ts'əŋ⁴⁴	ts'əŋ³⁵	ts'ʌŋ⁵²	zʌŋ²³¹
tɕ'iⁿ⁴³⁴	tɕ'iⁿ⁴³⁴	tɕ'iⁿ⁴⁵	tɕ'iⁿ⁵³	dʑɿⁿ³²³
tɕ'iin⁴³⁵	tɕ'iin³²⁴	tɕ'iin⁵⁴⁴	tɕ'iin⁴⁵	tɕiin³²⁴
tɕ'iiŋ⁴⁴	tɕ'iiŋ⁴⁴	tɕ'iiŋ⁴³⁴	ts'əŋ⁵⁴	szəŋ³²²

摄口 等调 韵声	梗开 三平 清从 情	梗开 三平 清从 晴	臻开 三上 轸从 尽	梗开 三上 静从 靖
宜	$ʑiŋ^{223}$	$ʑiŋ^{223}$	$ʑiŋ^{231}$	$ʑiŋ^{24}$
溧	$ʑiŋ^{323}$	$ʑiŋ^{323}$	$ʑiŋ^{231}$	$ʑiŋ^{231}$
金	$tɕʻiŋ^{35}$	$tɕʻiŋ^{35}$	$tɕiŋ^{44}$	$tɕiŋ^{44}$
丹	$tɕiŋ^{324}$	$tɕiŋ^{324}$	$tɕiŋ^{41}$	$tɕiŋ^{41}$
童	$dʑiŋ^{31}$	$dʑiŋ^{31}$	$dʑiŋ^{113}$	$dʑiŋ^{113}$
靖	$sziŋ^{223}$	$sziŋ^{223}$	$sziŋ^{31}$	$sziŋ^{31}$
江	$dziŋ^{223}$	$dziŋ^{223}$	$dziŋ^{223}$	$dziŋ^{223}$
常	$ʑiŋ^{213}$	$ʑiŋ^{213}$	$ʑiŋ^{24}$	$ʑiŋ^{24}$
锡	$ziŋ^{213}$	$ziŋ^{213}$	$ziŋ^{33/213}$	$ziŋ^{33/213}$
苏	$ziɲ^{223}$	$ziɲ^{223}$	$ziɲ^{231}$	$ziɲ^{231}$
熟	$dzĩ^{n233}$	$dzĩ^{n233}$	$dzĩ^{n31}$	$dzĩ^{n31}$
昆	$ziɲ^{132}$	$ziɲ^{132}$	$ziɲ^{223}$	$ziɲ^{223}$
霜	$zĩ^{231}$	$zĩ^{231}$	$zĩ^{213}$	$zĩ^{213}$
罗	$zɿ^{n231}/ʑɿ^{n231}$	$zɿ^{n231}/ʑɿ^{n231}$	$zɿ^{n231}/ʑɿ^{n231}$	$zɿ^{n213}/ʑɿ^{n213}$
周	$ʑiɲ^{113}$	$ʑiɲ^{113}$	$ʑiɲ^{113}$	$ʑiɲ^{113}$
上	$ʑiɲ^{113}/dʑiɲ^{113}$	$ʑiɲ^{113}$	$ʑiɲ^{113}/dʑiɲ^{113}$	$dʑiɲ^{113}/ʑiɲ^{113}$
松	$ʑiɲ^{231}$	$ʑiɲ^{231}$	$ʑiɲ^{113}$	$ʑiɲ^{113}$
黎	$dziəŋ^{24}$	$dziəŋ^{24}$	$dziəŋ^{32}$	$dziəŋ^{32}$
盛	$dziŋ^{24}$	$dziŋ^{24}$	$dziŋ^{223}$	$dziŋ^{223}$
嘉	$dʑiŋ^{231}$	$dʑiŋ^{231}$	$dʑiŋ^{223}$	$dʑiŋ^{223}$
双	$dʑiŋ^{113}$	$dʑiŋ^{113}$	$dʑiŋ^{231}$	$dʑiŋ^{231}$
杭	$dzɿŋ^{212}$	$dzɿŋ^{212}$	$dzɿŋ^{113}$	$dzɿŋ^{113}$
绍	$dzɿŋ^{231}$	$dzɿŋ^{231}$	$dzɿŋ^{113}$	$dzɿŋ^{113}$
诸	$dzɿ̃^{233}$	$dzɿ̃^{233}$	$dzɿ̃^{231}$	$dzɿ̃^{231}$
崇	$dzɿŋ^{31}$	$zɿŋ^{31}$	$dzɿŋ^{22}$	$dzɿŋ^{22}$
太	$dʑiŋ^{312}$	$ʑiŋ^{312}$	$dʑiŋ^{22}$	$dʑiŋ^{22}$
余	$dzɿŋ^{113}$	$dzɿŋ^{113}$	$dzɿŋ^{113}$	$dzɿŋ^{113}$
宁	$dzɿŋ^{113}$	$dzɿŋ^{113}$	$ʑɿŋ^{113}$	$tɕiŋ^{325}/dzɿŋ^{113}$
黄	$ʑiŋ^{311}$	$ʑiŋ^{311}$	$ʑiŋ^{113}$	$ʑiŋ^{113}$
温	$zəŋ^{231}$	$zəŋ^{231}$	$zʌŋ^{24}$	$zəŋ^{24}$
衢	$dʑɿ^{n323}$	$dʑɿ^{n323}$	$ʑɿ^{n31}$	$dʑɿ^{n31}$
华	$tɕiiŋ^{324}$	$tɕiiŋ^{324}$	$dʑiiŋ^{24}$	$dʑiiŋ^{24}$
永	$ɕziiŋ^{322}$	$ɕziiŋ^{322}$	$szəŋ^{214}$	$tɕiŋ^{434}$

梗开 三上 静从	梗开 三去 劲从	深开 三平 侵心	臻开 三平 真心	臻开 三平 真心
静	净	心	新	辛
$ʑiŋ^{24}$	$ʑiŋ^{231}$	$ɕiŋ^{55}$	$ɕiŋ^{55}$	$ɕiŋ^{55}$
$ʑin^{231}$	$ʑin^{231}$	$ɕin^{445}$	$ɕin^{445}$	$ɕin^{445}$
$tɕiŋ^{44}$	$tɕiŋ^{44}$	$ɕiŋ^{31}$	$ɕiŋ^{31}$	$ɕiŋ^{31}$
$tɕiŋ^{41}$	$tɕiŋ^{41}$	$ɕiŋ^{22}$	$ɕiŋ^{22}$	$ɕiŋ^{22}$
$dʑiŋ^{113}$	$dʑiŋ^{113}$	$ɕiŋ^{42}$	$ɕiŋ^{42}$	$ɕiŋ^{42}$
$sʑiŋ^{31}$	$sʑiŋ^{31}$	$siŋ^{433}$	$siŋ^{433}$	$siŋ^{433}$
$dʑiŋ^{223}$	$dʑiŋ^{223}$	$siŋ^{51}$	$siŋ^{51}$	$siŋ^{51}$
$ʑiŋ^{24}$	$ʑiŋ^{24}$	$ɕiŋ^{44}$	$ɕiŋ^{44}$	$ɕiŋ^{44}$
$ʑin^{213/33}$	$ʑin^{213}$	sin^{55}	sin^{55}	sin^{55}
$ʑiɪn^{231}$	$ʑiɪn^{231}$	$siin^{44}$	$siin^{44}$	$siin^{44}$
$dʑĩ^{ȵ31}$	$dʑĩ^{ȵ213}$	$sĩ^{ȵ52}$	$sĩ^{ȵ52}$	$sĩ^{ȵ52}$
$ʑin^{223}$	$ʑin^{21}$	sin^{44}	sin^{44}	sin^{44}
$ʑĩ^{213}$	$ʑĩ^{213}$	$sĩ^{52}$	$sĩ^{52}$	$sĩ^{52}$
$zɿn^{213}$ / $ʑɿn^{213}$	$zɿn^{213}$ / $ʑɿn^{213}$	$sɿn^{52}$ / $ɕɿn^{52}$	$sɿn^{52}$ / $ɕɿn^{52}$	$sɿn^{52}$ / $ɕɿn^{52}$
$ʑiɪŋ^{113}$	$ʑiɪŋ^{113}$	$ɕiɪŋ^{52}$	$ɕiɪŋ^{52}$	$ɕiɪŋ^{52}$
$ʑɿŋ^{113}$	$ʑɿŋ^{113}$	$ɕiŋ^{52}$	$ɕiŋ^{52}$	$ɕiŋ^{52}$
$ʑiŋ^{113}$	$ʑiŋ^{335}$	$ɕiŋ^{52}$	$ɕiŋ^{52}$	$ɕiŋ^{52}$
$dziəŋ^{32}$	$dziəŋ^{213}$	$siəŋ^{44}$	$siəŋ^{44}$	$siəŋ^{44}$
$dʑiŋ^{223}$	$dʑiŋ^{212}$	$sɿŋ^{44}$	$sɿŋ^{44}$	$sɿŋ^{44}$
$dʑin^{223}$	$dʑin^{223}$	sin^{51}	$ɕin^{51}$	$ɕin^{51}$
$dʑɿn^{231}$	$dʑɿn^{113}$	$ɕɿn^{44}$	$ɕɿn^{44}$	$ɕɿn^{44}$
$dʑɿŋ^{113}$	$dʑɿŋ^{113}$	$ɕiŋ^{323}$	$ɕiŋ^{323}$	$ɕiŋ^{323}$
$dʑɿŋ^{113}$	$dʑɿŋ^{113}$	$ɕiŋ^{52}$	$ɕiŋ^{52}$	$ɕiŋ^{52}$
$dʑĩ^{231}$	$dʑĩ^{233}$	$ɕĩ^{544}$	$ɕĩ^{544}$	$ɕĩ^{544}$
$dʑiŋ^{22}$	$dʑiŋ^{14}$	$sɿŋ^{53}$	$sɿŋ^{53}$	$sɿŋ^{53}$
$dʑiŋ^{22}$	$dʑiŋ^{13}$	$ɕiŋ^{523}$	$ɕiŋ^{523}$	$ɕiŋ^{523}$
$dʑiŋ^{113}$	$dʑiŋ^{113}$	$ɕiŋ^{324}$	$ɕiŋ^{324}$	$ɕiŋ^{324}$
$ʑiŋ^{113}$	$ʑiŋ^{113}$	$ɕiŋ^{52}$	$ɕiŋ^{52}$	$ɕiŋ^{52}$
$ʑiɪŋ^{113}$	$ʑiɪŋ^{113}$	$ɕiɪŋ^{533}$	$ɕiɪŋ^{533}$	$ɕiɪŋ^{533}$
$zəŋ^{24}$	$zəŋ^{22}$	$səŋ^{44}$ / $sʌŋ^{44}$	$səŋ^{44}$ / $sʌŋ^{44}$	$səŋ^{44}$ / $sʌŋ^{44}$
$dʑĩ^{31}$	$dʑĩ^{31}$	$ɕĩ^{434}$	$ɕĩ^{434}$	$ɕĩ^{434}$
$dʑiin^{24}$ / $tɕiin^{544}$	$dʑiin^{24}$	$ɕiin^{435}$	$ɕiin^{324}$	$ɕiin^{324}$
$ɕʑiŋ^{323}$	$ɕʑiŋ^{214}$	$səŋ^{44}$	$səŋ^{44}$	$səŋ^{44}$

摄 等调 韵声	梗开 四平 青心 星	梗开 四平 青心 腥	梗开 三上 静心 省反~	梗开 四上 迥心 醒
宜	ɕiŋ^{55}	ɕiŋ^{55}	ɕiŋ^{51}	ɕiŋ^{51}
溧	ɕin^{445}	ɕin^{445}	ɕin^{52}	ɕin^{52}
金	ɕiŋ^{31}	ɕiŋ^{31}	ɕiŋ^{323}	ɕiŋ^{323}
丹	ɕiŋ^{22}	ɕiŋ^{22}	ɕiŋ^{44}	ɕiŋ^{44}
童	ɕiŋ^{42}	ɕiŋ^{42}	ɕiŋ^{324}	ɕiŋ^{324}
靖	siŋ^{433}	siŋ^{433}	siŋ^{334}	siŋ^{334}
江	siŋ^{51}	siŋ^{51}	siŋ^{45}	siŋ^{45}
常	ɕiŋ^{44}	ɕiŋ^{44}	ɕiŋ^{334}	ɕiŋ^{334}
锡	sin^{55}	sin^{55}	sin^{324}	sin^{324}
苏	siɲ^{44}	siɲ^{44}	siɲ^{51}	siɲ^{51}
熟	sĩ^{ŋ52}	sĩ^{ŋ52}	sĩ^{ŋ44}	sĩ^{ŋ44}
昆	sin^{44}	sin^{44}	sin^{52}	sin^{52}
霜	sĩ^{52}	sĩ^{52}	sĩ^{434}	sĩ^{434}
罗	sɿ^{n52}/ɿ^{n52}	sɿ^{n52}/ɿ^{n52}	sɿ^{n434}/ɿ^{n434}	sɿ^{n434}/ɿ^{n434}
周	ɕiiŋ^{52}	ɕiiŋ^{52}	ɕiiŋ^{44}	ɕiiŋ^{44}
上	ɕiŋ^{52}	ɕiŋ^{52}	ɕiŋ^{334}	ɕiŋ^{334}
松	ɕiŋ^{52}	ɕiŋ^{52}	ɕiŋ^{44}	ɕiŋ^{44}
黎	siəŋ^{44}	siəŋ^{44}	siəŋ^{51}	siəŋ^{51}
盛	sɯŋ^{44}	sɯŋ^{44}	sɯŋ^{51}	sɯŋ^{51}
嘉	ɕin^{51}	ɕin^{51}	ɕin^{334}	ɕin^{44}
双	ɕɯn^{44}	ɕɯn^{44}	ɕɯn^{53}	ɕɯn^{53}
杭	ɕɯn^{323}	ɕɯn^{323}	ɕɯn^{51}	ɕɯn^{51}
绍	ɕiŋ^{52}	ɕiŋ^{52}	ɕiŋ^{334}	ɕiŋ^{334}
诸	ɕĩ^{544}	ɕĩ^{544}	ɕĩ^{52}	ɕĩ^{52}
崇	sɯŋ^{53}	sɯŋ^{53}	sɯŋ^{44}	sɯŋ^{44}
太	sin^{523}	sin^{523}	sin^{42}	sin^{42}
余	ɕiŋ^{324}	ɕiŋ^{324}	ɕiŋ^{435}	ɕiŋ^{435}
宁	ɕɯŋ^{52}	ɕɯŋ^{52}	ɕɯŋ^{325}	ɕɯŋ^{325}
黄	ɕiiŋ^{533}	ɕiiŋ^{533}	ɕiiŋ^{533}	ɕiiŋ^{533}
温	səŋ^{44}	səŋ^{44}	səŋ$^{\underline{35}}$	səŋ$^{\underline{35}}$
衢	ɕi^{n434}	ɕi^{n434}	ɕi^{n45}	ɕi^{n45}
华	ɕiiŋ^{324}	ɕiiŋ^{324}	ɕiiŋ^{544}	ɕiiŋ^{544}
永	ɕiiŋ^{44}	ɕiiŋ^{44}	ɕiiŋ^{434}	ɕiiŋ^{434}

臻开 三去 震心	梗开 三去 劲心	梗开 三去 劲心	深开 三平 侵邪	江开 二平 江溪
信	姓	性	寻	腔
çiŋ³²⁴	çiŋ³²⁴	çiŋ³²⁴	ʑiŋ²²³	tɕ'iʌŋ⁵⁵
çin⁴¹²	çin⁴¹²	çin⁴¹²	ʑin³²³ / ʑyn³²³	tɕ'ie⁴⁴⁵
çiŋ⁴⁴	çiŋ⁴⁴	çiŋ⁴⁴	tɕ'iŋ³⁵ / tɕ'yəŋ³⁵	tɕ'iaŋ³¹
çiŋ³²⁴	çiŋ³²⁴	çiŋ³²⁴	çyn³²⁴	tɕ'ie⁴⁴
çiŋ⁴⁵	çiŋ⁴⁵	çiŋ⁴⁵	ʑiŋ³¹	tɕ'iaŋ⁴²
siŋ⁵¹	siŋ⁵¹	siŋ⁵¹	sʑiŋ²²³	tɕ'ĩ⁴³³ / tɕ'iaŋ⁴³³
siŋ⁴³⁵	siŋ⁴³⁵	siŋ⁴³⁵	ʑiŋ²²³	tɕ'iʌⁿ⁵¹ / tɕ'iaⁿ⁵¹
çiŋ⁵¹	çiŋ⁵¹	çiŋ⁵¹	ʑɿŋ²¹³ / ʑyŋ²¹³	tɕ'iʌŋ⁴⁴
sin³⁵	sin³⁵	sin³⁵	ʑin²¹³	tɕ'iã⁵⁵
sin⁴¹²	sin⁴¹²	sin⁴¹²	ʑin²²³	tɕ'iʌ~⁴⁴ / tɕ'iã⁴⁴
sĩⁿ³²⁴	sĩⁿ³²⁴	sĩⁿ³²⁴	ʑĩⁿ²³³	tɕ'iʌ~⁵²
sin⁵²	sin⁵²	sin⁵²	ʑin¹³²	tɕ'iã⁴⁴
sĩ⁴³⁴	sĩ⁴³⁴	sĩ⁴³⁴	ʑɿ²³¹	tɕ'iɒ~⁵²
sɪⁿ⁴³⁴ / çɪⁿ⁴³⁴	sɪⁿ⁴³⁴ / çɪⁿ⁴³⁴	sɪⁿ⁴³⁴ / çɪⁿ⁴³⁴	ʑɿⁿ²³¹ / ʑɪⁿ²³¹	tɕ'iã~⁵²
çiiŋ³³⁵	çiiŋ³³⁵	çiiŋ³³⁵	ʑiiŋ¹¹³	tɕ'iʌ~⁵²
çiŋ³³⁴	çiŋ³³⁴	çiŋ³³⁴	ʑiŋ¹¹³ / dʑiŋ¹¹³	tɕ'iã~ⁿ⁵²
çiŋ³³⁵	çiŋ³³⁵	çiŋ³³⁵	ʑiŋ	tɕ'iɛ̃⁵²
siəŋ⁴¹³	siəŋ⁴¹³	siəŋ⁴¹³	ʑiəŋ²⁴	tɕ'iɑ~⁴⁴
sɪŋ⁴¹³	sɪŋ⁴¹³	sɪŋ⁴¹³	ʑɪŋ²⁴	tɕ'iɑ~⁴⁴
çin³³⁴	çin³³⁴	çin³³⁴	dʑin²³¹	tɕ'iʌ~⁵¹
çɪn³³⁴	çɪn³³⁴	çɪn³³⁴	dʑɪn¹¹³ / ʑɪn¹¹³	tɕ'iã⁴⁴
çɪn³³⁴	çɪn³³⁴	çɪn³³⁴	dʑɪn²¹²	tɕ'iʌŋ³²³
çɪŋ³³	çɪŋ³³	çɪŋ³³	ʑɪŋ²³¹	tɕ'iaŋ⁵²
çĩ⁵⁴⁴	çĩ⁵⁴⁴	çĩ⁵⁴⁴	ʑɿ²³³	tɕ'iã⁵⁴⁴
sɪŋ³²⁴	sɪŋ³²⁴	sɪŋ³²⁴	ʑɪŋ³¹	tɕ'iã⁵³
siŋ³⁵	siŋ³⁵	siŋ³⁵	ʑiŋ³¹²	tɕ'iʌŋ⁵²³
çiŋ⁵²	çiŋ⁵²	çiŋ⁵²	dʑin¹¹³ / ɦieŋ¹¹³ / ɦiiŋ¹¹³	tɕ'iã³²⁴
çɪŋ⁵²	çɪŋ⁵²	çɪŋ⁵²	ʑɿŋ¹¹³	tɕ'iã⁵²
çiiŋ⁴⁴	çiiŋ⁴⁴	çiiŋ⁴⁴	ʑiiŋ³¹¹	tɕ'ia~⁵³³
sʌŋ⁵² / səŋ⁵²	səŋ⁵²	səŋ⁵²	zəŋ²³¹ / sʌŋ²³¹	tɕ'i⁴⁴
çiⁿ⁵³	çiⁿ⁵³	çiⁿ⁵³	ʑiⁿ³²³	tɕ'iã⁴³⁴
çiiŋ⁴⁵	çiiŋ⁴⁵	çiiŋ⁴⁵	ɕɥəŋ³²⁴ / çiiŋ³²⁴	tɕ'iʌŋ³²⁴
səŋ⁵⁴	çiiŋ⁵⁴	çiiŋ⁵⁴	szəŋ³²²	tɕ'iʌŋ⁴⁴

摄口 等调 韵声	宕合 三去 漾云 — 旺	宕开 三平 阳来 — 凉	宕开 三平 阳来 — 良	宕开 三平 阳来 — 梁
宜	ɦiAŋ^{231}	liAŋ^{223}	liAŋ^{223}	liAŋ^{223}
溧	ɦ̃iAŋ^{231} / ɦ̥uAŋ^{231}	lie^{323}	lie^{323}	lie^{323}
金	iɑŋ^{44} / uɑŋ^{44}	niaŋ^{35}	niaŋ^{35}	niaŋ^{35}
丹	yaŋ^{41}	lie^{22}	lie^{22}	lie^{22}
童	ɦyᵩɑŋ^{113}	liɑŋ^{113}	liɑŋ^{113}	liɑŋ^{113}
靖	ɦyaŋ^{223} / ʔuaŋ^{51}	lĩ^{223}	lĩ^{223}	lĩ^{223}
江	ɦiA^{ŋ223} / ɦiɒ^{ŋ223} / ɦuA^{ŋ223} / ɦuɒ^{ŋ223}	liA^{ŋ223} / liaŋ^{223}	liA^{ŋ223} / liaŋ^{223}	liA^{ŋ223} / liaŋ^{223}
常	ɦiAŋ^{24}	liAŋ^{213}	liAŋ^{213}	liAŋ^{213}
锡	ɦiɒ̃^{213}	liã^{213}	liã^{213}	liã^{213}
苏	ɦiã^{231} / ɦiɒ̃^{231} / ɦuã^{231} / ɦuɒ̃^{231}	liã^{223} / liã^{223}	liã^{223} / liã^{223}	liã^{223} / liã^{223}
熟	ɦiA~^{213} / ɦuA~^{213}	liA~^{233}	liA~^{233}	liA~^{233}
昆	ɦiã^{21} / ɦuã^{21}	liã^{132}	liã^{132}	liã^{132}
霜	ɦiɒ~^{213}	lia~^{231}	lia~^{231}	lia~^{231}
罗	ɦiɒ~^{213}	lia~^{231}	lia~^{231}	lia~^{231}
周	ɦiɒ~^{113} / vɒ~^{113}	liA~^{113}	liA~^{113}	liA~^{113}
上	ɦiã^{ɲ113} / ɦuã^{ɲ113}	liã^{ɲ113}	liã^{ɲ113}	liã^{ɲ113}
松	ɦiɛ̃^{113} / ɦua~^{113}	liɛ̃^{231}	liɛ̃^{231}	liɛ̃^{231}
黎	ɦiã / ɦuã	liã^{24}	liã^{24}	liã^{24}
盛	ɦiã / ɦuã	liæ̃^{24}	liæ̃^{24}	liæ̃^{24}
嘉	ʔiã^{334} / ʔuA~^{334}	liA~^{231}	liA~^{231}	liA~^{231}
双	ɦiɔ̃^{113} / ɦuɔ̃^{113}	liã^{113}	liã^{113}	liã^{113}
杭	ɦuAŋ^{113}	liAŋ^{212}	liAŋ^{212}	liAŋ^{212}
绍	ɦuɒŋ^{22}	liaŋ^{231}	liaŋ^{231}	liaŋ^{231}
诸	ɦuã^{233} / vã^{233} / βã^{233}	liã^{233}	liã^{233}	liã^{233}
崇	vɒ̃^{14} / (mã^{14})	liA~^{31}	liA~^{31}	liA~^{31}
太	vɒŋ^{13} / (mAŋ^{13})	liAŋ^{312}	liAŋ^{312}	liAŋ^{312}
余	ɦuɒ̃^{113} / ɦuɔ̃^{113} / (mã^{113})	liã^{113}	liã^{113}	liã^{113}
宁	ʔuɔ̃^{325}	liã^{113}	liã^{113}	liã^{113}
黄	ɦuɒ~^{113}	lia~^{311}	lia~^{311}	lia~^{311}
温	ʔʊɔ^{44} / ɦʊɔ^{22}	li^{231}	li^{231}	li^{231}
衢	ɦuɒ̃^{31}	liã^{323}	liã^{323}	liã^{323}
华	ɦuAŋ^{24} / (ʔmAŋ^{544})	liAŋ^{324}	liAŋ^{324}	liAŋ^{324}
永	ʔɦuAŋ^{214}	liAŋ^{322}	liAŋ^{322}	liAŋ^{322}

宕开三平阳来	宕开三平阳来	宕开三上养来	宕开三去漾来	宕开三去漾来
量~长短	粮	两	亮	谅
liʌŋ²²³	liʌŋ²²³	liʌŋ²⁴	liʌŋ²³¹	liʌŋ²³¹
lie³²³	lie³²³	ʔlie⁴⁴⁵	lie²³¹	lie²³¹
niɑŋ³⁵	niɑŋ³⁵	niɑŋ³²³/læ̃³²³	niɑŋ⁴⁴	niɑŋ⁴⁴
lie²²	lie²²	lie²¹³	lie⁴¹	lie⁴¹
liɑŋ¹¹³	liɑŋ¹¹³	ʔliɑŋ³²⁴	liɑŋ¹¹³	liɑŋ¹¹³
lĩ²²³	lĩ²²³	ʔlĩ³³⁴	ʔlĩ⁵¹	lĩ⁵¹
liʌᵑ²²³/liaᵑ²²³	liʌᵑ²²³/liaᵑ²²³	ʔliaᵑ⁴⁵/ʔliaᵑ⁴⁵	liʌᵑ²²³/liaᵑ²²³	liʌᵑ²²³/liaᵑ²²³
liʌɲ²¹³	liʌɲ²¹³	ʔliʌɲ³³⁴	liʌɲ²⁴	liʌɲ²⁴
liã²¹³	liã²¹³	liã³³/²¹³	liã²¹³	liã²¹³
liã̃²²³/liã²²³	liã̃²²³/liã²²³	liã̃²³¹/liã²³¹	liã̃²³¹/liã²³¹	liã̃²³¹/liã²³¹
liʌ̃²³³	liʌ̃²³³	liʌ̃³¹	liʌ̃²¹³	liʌ̃²¹³
liã¹³²	liã¹³²	liã²²³	liã²¹	liã²¹
lia̰²³¹	lia̰²³¹	lia̰²¹³	lia̰²¹³	lia̰²¹³
lia̰²³¹	lia̰²³¹	lia̰²¹³	lia̰²¹³	lia̰²¹³
liʌ̰¹¹³	liʌ̰¹¹³	liʌ̰¹¹³	liʌ̰¹¹³	liʌ̰¹¹³
liã̃ɲ¹¹³	liã̃ɲ¹¹³	liã̃ɲ¹¹³	liã̃ɲ¹¹³	liã̃ɲ¹¹³
liɛ̃²³¹	liɛ̃²³¹	liɛ̃²³¹/liɛ̃¹¹³	liɛ̃¹¹³	liɛ̃¹¹³
liã²⁴	liã²⁴	liã³²	liã²¹³	liã²¹³
liæ²⁴	liæ²⁴	liæ²²³	liæ²¹²	liæ²¹²
liʌ̰²³¹	liʌ̰²³¹	liʌ̰²²³	liʌ̰²²³	liʌ̰²²³
liã¹¹³	liã¹¹³	liã²³¹	liã¹¹³	liã¹¹³
liʌŋ²¹²	liʌŋ²¹²	ʔliʌŋ⁵¹	liʌŋ¹¹³	liʌŋ¹¹³
liaŋ²³¹	liaŋ²³¹	liaŋ¹¹³	liaŋ²²	liaŋ²²
liã̃²³³	liã̃²³³	liã̃²³¹	liã̃²³³	liã̃²³³
liʌ̰³¹	liʌ̰³¹	liʌ̰²²	liʌ̰¹⁴	liʌ̰¹⁴
liʌŋ³¹²	liʌŋ³¹²	liʌŋ²²	liʌŋ¹³	liʌŋ¹³
liã̃¹¹³	liã̃¹¹³	liã̃¹¹³	liã̃¹¹³	liã̃¹¹³
liã¹¹³	liã¹¹³	liã¹¹³	liã¹¹³	liã¹¹³
lia̰³¹¹	lia̰³¹¹	ʔlia̰⁵³³	lia̰¹¹³	lia̰¹¹³
li²³¹	li²³¹	li²⁴~人,~斤/liɛ²⁴~人	li²²	li²²
liã²³²³	liã²³²³	ʔliã⁵³	liã³¹	liã³¹
liʌŋ³²⁴	liʌŋ³²⁴	ʔliʌŋ⁵⁴⁴	liʌŋ²⁴	liʌŋ²⁴
liʌŋ³²²	liʌŋ³²²	liʌŋ³²³	liʌŋ²¹⁴	liʌŋ²¹⁴

摄口 等调 韵声	宕开 三去 漾来	宕开 三平 阳见	宕开 三平 阳见	宕开 三平 阳见
	量数~	姜	薑	僵
宜	liɑŋ²³¹	tɕiɑŋ⁵⁵	tɕiɑŋ⁵⁵	tɕiɑŋ⁵⁵
溧	lie²³¹	tɕie⁴⁴⁵	tɕie⁴⁴⁵	tɕie⁴⁴⁵
金	niɑŋ⁴⁴	tɕiɑŋ³¹	tɕiɑŋ³¹	tɕiɑŋ³¹
丹	lie⁴¹	tɕie²²	tɕie²²	tɕie²²
童	liɑŋ¹¹³	tɕiɑŋ⁴²	tɕiɑŋ⁴²	tɕiɑŋ⁴²
靖	lĩ⁵¹	tɕĩ⁴³³	tɕĩ⁴³³	tɕĩ⁴³³
江	liɑ^{ŋ}²²³/liaŋ²²³	tɕiɑ^{ŋ}⁵¹/tɕiaŋ⁵¹	tɕiɑ^{ŋ}⁵¹/tɕiaŋ⁵¹	tɕiɑ^{ŋ}⁵¹/tɕiaŋ⁵¹
常	liɑŋ²⁴	tɕiɑŋ⁴⁴	tɕiɑŋ⁴⁴	tɕiɑŋ⁴⁴
锡	liã²¹³	tɕiã⁵⁵	tɕiã⁵⁵	tɕiã⁵⁵
苏	liã²³¹/liã²³¹	tɕiã⁴⁴/tɕiã⁴⁴	tɕiã⁴⁴/tɕiã⁴⁴	tɕiã⁴⁴/tɕiã⁴⁴
熟	liɑ~²¹³	tɕiɑ~⁵²	tɕiɑ~⁵²	tɕiɑ~⁵²
昆	liã²¹	tɕiã⁴⁴	tɕiã⁴⁴	tɕiã⁴⁴
霜	lia~²¹³	tɕia~⁵²	tɕia~⁵²	tɕia~⁵²
罗	lia~²¹³	tɕia~⁵²	tɕia~⁵²	tɕia~⁵²
周	liɑ~¹¹³	tɕiɑ~⁵²	tɕiɑ~⁵²	tɕiɑ~⁵²
上	liã^{ŋ}¹¹³	tɕiã^{ŋ}⁵²	tɕiã^{ŋ}⁵²	tɕiã^{ŋ}⁵²
松	liɛ̃¹¹³	tɕiɛ̃⁵²	tɕiɛ̃⁵²/ʃiɛ̃⁵²	tɕiɛ̃⁵²/ʃiɛ̃⁵²
黎	liã²¹³	tɕiã⁴⁴	tɕiã⁴⁴	tɕiã⁴⁴
盛	liæ²¹²	liæ⁴⁴	tɕiæ⁴⁴	tɕiæ⁴⁴
嘉	liɑ~²²³	liɑ~⁵¹	tɕiɑ~⁵¹	tɕiɑ~⁵¹
双	liã¹¹³	tɕiã⁴⁴	tɕiã⁴⁴	tɕiã⁴⁴
杭	liɑŋ¹¹³	tɕiɑŋ³²³	tɕiɑŋ³²³	tɕiɑŋ³²³
绍	liaŋ²²	tɕiaŋ⁵²	tɕiaŋ⁵²	tɕiaŋ⁵²
诸	liã²³³	tɕiã⁵⁴⁴	tɕiã⁵⁴⁴	tɕiã⁵⁴⁴
崇	liɑ~¹⁴	tɕiɑ~⁵³	tɕiɑ~⁵³	tɕiɑ~⁵³
太	liɑŋ¹³	tɕiɑŋ⁵²³	tɕiɑŋ⁵²³	tɕiɑŋ⁵²³
余	liã¹¹³	tɕiã³²⁴	tɕiã³²⁴	tɕiã³²⁴
宁	liã¹¹³	tɕiã⁵²	tɕiã⁵²	tɕiã⁵²
黄	lia~¹¹³	tɕia~⁵³³	tɕia~⁵³³	tɕia~⁵³³
温	li²²	tɕi⁴⁴	tɕi⁴⁴	tɕi⁴⁴
衢	liã³²³	tɕiã⁴³⁴	tɕiã⁴³⁴	tɕiã⁴³⁴
华	liɑŋ²⁴	tɕiɑŋ⁴³⁵	tɕiɑŋ³²⁴	tɕiɑŋ³²⁴
永	liɑŋ²¹⁴	tɕiɑŋ⁴⁴	tɕiɑŋ⁴⁴	tɕiɑŋ⁴⁴

宕开 三平 阳见　疆	宕开 三上 养群　强勉~	宕开 三平 阳群　强~大	宕开 三平 阳泥　娘	宕开 三平 阳日　瓤
tɕiʌŋ^{55}	tɕʻiʌŋ^{55}	dʑiʌŋ^{223}	ɲiaŋ^{223}	
tɕie^{445}	tɕʻie^{52}	dʑie^{323}	ɲie^{323}	ɲie^{323}
tɕiaŋ^{31}	tɕʻiaŋ^{323}	tɕʻiaŋ^{35}	niaŋ^{35}	laŋ^{35}
tɕie^{22}	tɕʻie^{324}	tɕie^{22}	ɲie^{22}	ɲie^{22}
tɕiaŋ^{42}	tɕʻiaŋ^{324}	dʑiʌŋ^{31}	ɲiaŋ^{31}	ɲiaŋ^{31}
tɕĩ^{133}	tɕʻĩ^{334}	dʑĩ^{223}	ɲĩ^{223}	ɲĩ^{223}
tɕiʌŋ^{n51} /tɕiaŋ^{51}	tɕʻiʌŋ^{n45} /tɕʻiaŋ^{45}	dʑiʌŋ^{n223} /dʑiaŋ^{223}	ɲiʌŋ^{n223} /ɲiaŋ^{223}	ɲiʌŋ^{n223} /ɲiaŋ^{223}
tɕiʌŋ^{44}	tɕʻiʌŋ^{334}	dʑiʌŋ^{213}	ɲiʌŋ^{213}	ɲiʌŋ^{213}
tɕiã^{55}	tɕʻiã^{324}	dʑiã^{213}	ɲiã^{213}	ɲiã^{213}
tɕiã^{44} /tɕiã^{44}	tɕʻiã^{51} /tɕʻiã^{51}	dʑiã^{223} /dʑiã^{223}	ɲiã^{223} /ɲiã^{223}	ɲiã^{223} /ɲiã^{223}
tɕiʌ~^{52}	tɕiʌ^{44}	tɕiʌ~^{233}	ɲiʌ~^{233}	lʌ~^{233}
tɕiã^{44}	tɕʻiã^{52}	dʑiã^{132}	ɲiã^{132}	ɲiã^{132}
tɕia~^{52}	tɕʻia~^{434}	dʑia~^{231}	ɲia~^{231}	ɲia~^{231}
tɕia~^{52}	tɕʻia~^{434}	dʑia~^{231}	ɲia~^{231}	ɲia~^{231}
tɕiʌ~^{52}	tɕʻiʌ~^{44}	dʑiʌ~^{113}	ɲiʌ~^{113}	ɲiʌ~^{113}
tɕiʌ̃^{n52}	tɕʻiʌ̃^{n334}	dʑiʌ̃^{n113}	ɲiʌ̃^{n113}	ɲiʌ̃^{n113}
tɕiɛ̃^{52}	tɕʻiɛ̃^{44}	dʑiɛ̃^{231}	ɲiɛ̃^{231}	ɲiɛ̃^{113}
tɕiã^{44}	tɕʻiã^{334}	dʑiã^{24}	ɲiã^{24}	lɑ~^{24}
tɕiæ̃^{44}	tɕʻiæ̃^{334}	dʑiæ̃^{24}	ɲiæ̃^{24}	lɑ~^{24}
tɕiʌ~^{51}	tɕʻiʌ~^{324}	dʑiʌ~^{231}	ɲiʌ~^{231}	ɲiʌ~^{231} /zʌ~^{231}
tɕiã^{44}	tɕʻiã^{53}	dʑiã^{113}	ɲiã^{113}	ɲiã^{113}
tɕiʌŋ^{323}	tɕʻiʌŋ^{51}	dʑiʌŋ^{113}	niaŋ^{212}	nʌŋ^{212}
tɕiaŋ^{52}	tɕʻiaŋ^{334}	dʑiaŋ^{22}	nian^{231}	nian^{231}
tɕiã^{544}	tɕʻiã^{52}	dʑiã^{233}	ɲiã^{233}	ɲiã^{233}
tɕiʌ~^{53}	tɕʻiʌ~^{44}	dʑiʌ~^{31}	ɲiʌ~^{31}	ɲiʌ~^{31}
tɕiʌŋ^{523}	tɕʻiʌŋ^{42}	dʑiʌŋ^{312}	ɲiʌŋ^{312}	ɲiʌŋ^{312}
tɕiã^{324}	tɕʻiã^{435}	dʑiã^{113}	ɲiã^{113}	ɲiã^{113}
tɕiã^{52}	tɕʻiã^{325}	dʑiã^{113}	ɲiã^{113}	ɲiã^{113}
tɕiã^{533}	tɕʻiã^{533}	dʑiã^{113}	ɲiã^{311}	ɲiã^{311}
tɕi^{44}	dʑi^{24}	dʑi^{24}	ɲi^{231}	
tɕiã^{434}	tɕʻiã^{45}	dʑiã^{31}	ɲiã^{323}	ɲiã^{323}
tɕiʌŋ^{324}	tɕʻiʌŋ^{544}	dʑiʌŋ^{24}	niaŋ^{324}	niaŋ^{324}
tɕiʌŋ^{44}	tɕʻiʌŋ^{434}	dʑiʌŋ^{322}	niaŋ^{322}	

摄口	宕开	宕开	宕开	宕开
等调	三上	三上	三去	三去
韵声	养日	养疑	漾泥	漾日
	壤	仰	釀	让
宜	ʔȵiAŋ⁵⁵	ʔȵiAŋ⁵⁵	ȵiAŋ²³¹	ȵiAŋ²³¹
溧	zA²³¹	ʔȵie⁴⁴⁵	ȵie⁴⁴⁵	zA²³¹
金	niaŋ³²³	niaŋ³²³	niaŋ⁴⁴	niaŋ⁴⁴
丹	ȵie²¹³	ȵie²¹³	ȵie⁴¹	ȵie⁴¹
童	ʔȵiaŋ³²⁴	ʔȵiaŋ³²⁴	ȵiaŋ¹¹³	ȵiaŋ¹¹³/laŋ¹¹³
靖	ʔȵĩ³³⁴/ʔlaŋ³³⁴	ʔȵĩ³³⁴	ȵĩ⁵¹	ʔȵĩ⁵¹/ʔlaŋ⁵¹
江	ʔlAŋ⁴⁵/ʔlaŋ⁴⁵	ʔAŋ⁴⁵/ʔaŋ⁴⁵	ȵiAŋ²²³/ȵiaŋ²²³	ȵiAŋ²²³/ȵiaŋ²²³
常	ʔȵiAȵ³³⁴	ʔȵiAȵ³³⁴	ȵiAȵ²⁴	ȵiAȵ²⁴
锡	ȵiã³³/²¹³	ȵiã³³/²¹³	ȵiã²¹³	ȵiã²¹³
苏	ȵiÃ²³¹/ȵiã²³¹	ʔȵiÃ⁵¹/ʔȵiã⁵¹/ȵiÃ²³¹/ȵiã²³¹	ȵiÃ²³¹/ȵiã²³¹	ȵiÃ²³¹/ȵiã²³¹
熟	zʌ̃³¹	ʔiÃ⁴⁴	ȵiÃ²¹³	ȵiÃ²¹³
昆	zã²²³	ʔiã⁵²	ȵiã²¹	ȵiã²¹
霜	ȵiã²¹³/zɒ̃²¹³	ʔȵiã⁴³⁴	ȵiã²¹³	ȵiã²¹³
罗	ȵiã²¹³	ʔȵiã⁴³⁴	ȵiã²¹³	ȵiã²¹³
周	ȵiÃ¹¹³	ȵiÃ¹¹³	ȵiÃ¹¹³	ȵiÃ¹¹³
上	ȵiÃⁿ¹¹³/lÃⁿ¹¹³	ʔȵiÃⁿ³³⁴/ȵiÃⁿ¹¹³/ʔiÃⁿ³³⁴	ȵiÃⁿ¹¹³	ȵiÃⁿ¹¹³
松	lɑ̃¹¹³/ȵiɛ¹¹³	ȵiɛ¹¹³	ȵiɛ¹¹³	ȵiɛ¹¹³
黎	ȵiã³²/zɑ̃³²	ʔiã⁵¹	ʔȵiã⁴¹³	ȵiã²¹³
盛	ȵiæ²²³	ʔiæ⁵¹	ȵiæ²¹²	ȵiæ²¹²
嘉	ȵiÃ²²³/zÃ²²³	ɦiÃ²²³	ȵiÃ²²³	ȵiÃ²²³
双	ȵiã²³¹	ȵiã²³¹	ȵiã¹¹³	ȵiã¹¹³/zã¹¹³
杭	szʌŋ¹¹³	ʔiAŋ⁵¹	ȵiAŋ¹¹³	ȵiAŋ¹¹³/szʌŋ¹¹³
绍	ȵiaŋ¹¹³	ȵiaŋ¹¹³	ȵiaŋ²²	ȵiaŋ²²/zɒŋ²²
诸	ȵiÃ²³¹	ȵiÃ²³¹	ȵiÃ²³³	ȵiÃ²³³/zÃ²³³
崇	ȵiÃ²²	ȵiÃ²²	ȵiÃ¹⁴	ȵiÃ¹⁴/zÃ¹⁴
太	ȵiAŋ²²	ȵiAŋ²²	ȵiAŋ¹³	ȵiAŋ¹³/zʌŋ¹³
余	ȵiÃ¹¹³	ȵiÃ¹¹³	ȵiÃ¹¹³	ȵiÃ¹¹³/zɔ̃¹¹³/zɒ̃¹¹³
宁	ȵiã¹¹³	ȵiã¹¹³	ȵiã¹¹³	ȵiã¹¹³
黄	ziã̃¹¹³	ʔȵiã⁵³³	ȵiã¹¹³	ȵiã¹¹³/ziã̃¹¹³
温	ȵi²⁴	ȵi²⁴	ȵi²²	ȵi²²
衢	ȵiã³¹	ȵiã³¹	ȵiõ³¹	ȵiõ³¹/ʑɥõ
华	ʔnAŋ⁵⁴⁴/ʔlAŋ⁵⁴⁴	ʔiAŋ⁵⁴⁴/ʔȵiAŋ⁵⁴⁴	ȵiAŋ²⁴	ȵiAŋ²⁴
永	ȵiAŋ³²³	ȵiAŋ³²³	ȵiAŋ²¹⁴/ɕʑiAŋ²¹⁴	ȵiAŋ²¹⁴/ʔɦiAŋ²¹⁴

宕开 三平 阳影	宕开 三平 阳影	宕开 三平 阳影	梗开 三去 映影	宕开 三平 阳晓
央	秧	殃	映	香
ʔiʌŋ⁵⁵	ʔiʌŋ⁵⁵	ʔiʌŋ⁵⁵	ʔiŋ³²⁴	ɕiʌŋ⁵⁵
ʔie⁴⁴⁵	ʔie⁴⁴⁵	ʔie⁴⁴⁵	ʔin⁴¹²	ɕie⁴⁴⁵
iɑŋ³¹	iɑŋ³¹	iɑŋ³¹	iŋ⁴⁴	ɕiɑŋ³¹
ie²²	ie²²	ie²²	iŋ³²⁴	ɕie²²/⁴⁴
ˀiɑŋ⁴²	ˀiɑŋ⁴²	ˀiɑŋ⁴²	ˀiŋ⁴⁵	ɕiɑŋ⁴²
ʔĩ⁴³³	ʔĩ⁴³³	ʔĩ⁴³³	ʔiŋ⁵¹	ɕĩ⁴³³
ʔiʌᵑ⁵¹/ʔiaᵑ⁵¹	ʔiʌᵑ⁵¹/ʔiaᵑ⁵¹	ʔiʌᵑ⁵¹/ʔiaᵑ⁵¹	ʔiŋ⁴³⁵	ɕiʌᵑ⁵¹/ɕiaᵑ⁵¹
ʔiʌɲ⁴⁴	ʔiʌɲ⁴⁴	ʔiʌɲ⁴⁴	ʔiʌŋ⁵¹	ɕiʌɲ⁴⁴
ʔiã⁵⁵	ʔiã⁵⁵	ʔiã⁵⁵	ʔiã³⁵	ɕiã⁵⁵
ʔiÃ⁴⁴/ʔiã⁴⁴	ʔiÃ⁴⁴/ʔiã⁴⁴	ʔiÃ⁴⁴/ʔiã⁴⁴	ʔiÃ⁴¹²/ʔiã	ɕiÃ⁴⁴/ɕiã⁴⁴
ʔiʌ~⁵²	ʔiʌ~⁵²	ʔiʌ~⁵²	ʔĩŋ³²⁴	ɕiã~⁵²
ʔiã⁴⁴	ʔiã⁴⁴	ʔiã⁴⁴	ʔiã⁵²	ɕiã⁴⁴
ʔia~⁵²	ʔia~⁵²	ʔia~⁵²	ʔia~⁴³⁴	ɕia~⁵²
ʔia~⁵²	ʔia~⁵²	ʔia~⁵²	ʔrⁿ⁴³⁴	ɕia~⁵²
ʔiʌ~⁵²	ʔiʌ~⁵²	ʔiʌ~⁵²	ʔiʌ~³³⁵	ɕiʌ~⁵²
ʔiÃᵑ⁵²	ʔiÃᵑ⁵²	ʔiÃᵑ⁵²	ʔiÃᵑ³³⁴/ʔiɤⁿ³³⁴	ɕiÃᵑ⁵²
ʔiɛ̃⁵²	ʔiɛ̃⁵²	ʔiɛ̃⁵²	ʔiɛ̃³³⁵/ʔiŋ³³⁵	ɕiɛ̃⁵²
ʔiã⁴⁴	ʔiã⁴⁴	ʔiã⁴⁴	ʔiã⁴¹³/ʔiəŋ⁴¹³	ɕiã⁴⁴
ʔiæ̃⁴⁴	ʔiæ̃⁴⁴	ʔiæ̃⁴⁴	ʔiæ̃⁴¹³	ɕiæ̃⁴⁴
ʔiʌ~⁵¹	ʔiʌ~⁵¹	ʔiʌ~⁵¹	ʔin³³⁴	ɕiʌ~⁵¹
ʔiã⁴⁴	ʔiã⁴⁴	ʔiã⁴⁴	ɦiã¹¹³	ɕiã⁴⁴
ʔiʌŋ³²³	ʔiʌŋ³²³	ʔiʌŋ³²³	ʔiʌŋ³³⁴/ʔɤⁿ³³⁴	ɕiʌŋ³²³
ʔiɑŋ⁵²	ʔiɑŋ⁵²	ʔiɑŋ⁵²	ʔiɑŋ³³	ɕiɑŋ⁵²
ʔiÃ⁵⁴⁴	ʔiÃ⁵⁴⁴	ʔiÃ⁵⁴⁴	ʔiÃ⁵⁴⁴	ɕiÃ⁵⁴⁴
ʔiʌ~⁵³	ʔiʌ~⁵³	ʔiʌ~⁵³	ʔiʌ~³²⁴	ɕiʌ~⁵³
ʔiʌŋ⁵²³	ʔiʌŋ⁵²³	ʔiʌŋ⁵²³	ʔiʌŋ³⁵	ɕiʌŋ⁵²³
ʔiÃ³²⁴	ʔiÃ³²⁴	ʔiÃ³²⁴	ʔiŋ⁵²/ʔiÃ⁵²	ɕiÃ³²⁴
ʔiã⁵²	ʔiã⁵²	ʔiã⁵²	ʔiã⁵²/ʔiŋ⁵²	ɕiã⁵²
ʔia~⁵³³	ʔia~⁵³³	ʔia~⁵³³	ʔiiŋ⁴⁴/ʔa~⁴⁴	ɕia~⁵³³
ʔi⁴⁴	ʔi⁴⁴	ʔi⁴⁴	ʔiʌŋ⁵²	ɕi⁴⁴
ʔiã⁴³⁴	ʔiã⁴³⁴	ʔiã⁴³⁴	ʔiŋ⁵³	ɕiã⁴³⁴
ʔiʌŋ³²⁴	ʔiʌŋ³²⁴	ʔiʌŋ³²⁴	ʔiin⁴⁵	ɕiʌŋ³²⁴
ʔiʌŋ⁴⁴	ʔiʌŋ⁴⁴	ʔiʌŋ⁴⁴	ʔiŋ⁵⁴	ɕiʌŋ⁴⁴

摄口 等调 韵声	宕开 三平 阳晓	宕开 三上 养晓	宕开 三上 养晓	宕开 三去 漾晓
	乡	响	享	向
宜	ɕiʌŋ⁵⁵	ɕiʌŋ³²⁴	ɕiʌŋ³²⁴	ɕiʌŋ³²⁴
溧	ɕie⁴⁴⁵	ɕie⁵²	ɕie⁵²	ɕie⁴¹²
金	ɕiɑŋ³¹	ɕiɑŋ³²³	ɕiɑŋ³²³	ɕiɑŋ⁴⁴
丹	ɕie²²	ɕie⁴⁴	ɕie⁴⁴	ɕie³²⁴
童	ɕiɑŋ⁴²	ɕiɑŋ³²⁴	ɕiɑŋ³²⁴	ɕiɑŋ⁴⁵
靖	ɕĩ⁴³³	ɕĩ³³⁴	ɕĩ³³⁴	ɕĩ⁵¹
江	ɕiʌŋ⁵¹/ɕiaŋ⁵¹	ɕiʌŋ⁴⁵/ɕiaŋ⁴⁵	ɕiʌŋ⁴⁵/ɕiaŋ⁴⁵	ɕiʌŋ⁴³⁵/ɕiaŋ⁴³⁵
常	ɕiʌŋ⁴⁴	ɕiʌŋ³³⁴	ɕiʌŋ³³⁴	ɕiʌŋ⁵¹
锡	ɕiã⁵⁵	ɕiã³²⁴	ɕiã³²⁴	ɕiã³⁵
苏	ɕiã⁴⁴/ɕiã⁴⁴	ɕiã⁵¹/ɕiã⁵¹	ɕiã⁵¹/ɕiã⁵¹	ɕiã⁴¹²/ɕiã⁴¹²
熟	ɕiʌ~⁵²	ɕiʌ~⁴⁴	ɕiʌ~⁴⁴	ɕiʌ~³²⁴
昆	ɕiã⁴⁴	ɕiã⁵²	ɕiã⁵²	ɕiã⁵²
霜	ɕia~⁵²	ɕia~⁴³⁴	ɕia~⁴³⁴	ɕia~⁴³⁴
罗	ɕia~⁵²	ɕia~⁴³⁴	ɕia~⁴³⁴	ɕia~⁴³⁴
周	ɕiʌ~⁵²	ɕiʌ~⁴⁴	ɕiʌ~⁴⁴	ɕiʌ~³³⁵
上	ɕiãⁿ⁵²	ɕiãⁿ³³⁴	ɕiãⁿ³³⁴	ɕiãⁿ³³⁴
松	ɕiɛ̃⁵²	ɕiɛ̃⁴⁴	ɕiɛ̃⁴⁴	ɕiɛ̃³³⁵
黎	ɕiã⁴⁴	ɕiã⁵¹	ɕiã⁵¹	ɕiã⁴¹³
盛	ɕiæ̃⁴⁴	ɕiæ̃⁵¹	ɕiæ̃⁵¹	ɕiæ̃⁴¹³
嘉	ɕiʌ~⁵¹	ɕiʌ~⁴⁴	ɕiʌ~⁴⁴	ɕiʌ~³³⁴
双	ɕiã⁴⁴	ɕiã⁵³	ɕiã⁵³	ɕiã³³⁴
杭	ɕiʌŋ³²³	ɕiʌŋ⁵¹	ɕiʌŋ⁵¹	ɕiʌŋ³³⁴
绍	ɕiɑŋ⁵²	ɕiɑŋ³³⁴	ɕiɑŋ³³⁴	ɕiɑŋ³³
诸	ɕiã⁵⁴⁴	ɕiã⁵²	ɕiã⁵²	ɕiã⁵⁴⁴
崇	ɕiʌ~⁵³	ɕiʌ~⁴⁴	ɕiʌ~⁴⁴	ɕiʌ~³²⁴
太	ɕiʌŋ⁵²³	ɕiʌŋ⁴²	ɕiʌŋ⁴²	ɕiʌŋ³⁵
余	ɕiã³²⁴	ɕiã⁴³⁵	ɕiã⁴³⁵	ɕiã⁵²
宁	ɕiã⁵²	ɕiã³²⁵	ɕiã³²⁵	ɕiã⁵²
黄	ɕia~⁵³³	ɕia~⁵³³	ɕia~⁵³³	ɕia~⁴⁴
温	ɕi⁴⁴	ɕi³⁵	ɕi³⁵	ɕi⁵²
衢	ɕiã⁴³⁴	ɕiã⁴⁵	ɕiã⁴⁵	ɕiã⁵³
华	ɕiʌŋ³²⁴	ɕiʌŋ⁵⁴⁴	ɕiʌŋ⁵⁴⁴	ɕiʌŋ⁴⁵
永	ɕiʌŋ⁴⁴	ɕiʌŋ⁴³⁴	ɕiʌŋ⁴³⁴	ɕiʌŋ⁵⁴

宕开 三平 阳以	宕开 三平 阳以	宕开 三平 阳以	宕开 三平 阳以	宕开 三上 养以
阳	杨	羊	洋	养
ɦiʌŋ²²³	ɦiʌŋ²²³	ɦiʌŋ²²³	ɦiʌŋ²²³	ɦiʌŋ²⁴
ie³²³	ie³²³	ie³²³	ie³²³	ʔie⁴⁴⁵
iaŋ³⁵	iaŋ³⁵	iaŋ³⁵	iaŋ³⁵	iaŋ³²³
ɦie²¹³	ɦie²¹³	ɦie²¹³	ɦie²¹³	ie⁴⁴
ɦiaŋ³¹	ɦiaŋ³¹	ɦiaŋ³¹	ɦiaŋ³¹	ʔiaŋ³²⁴
ɦĩ²²³	ɦĩ²²³	ɦĩ²²³	ɦĩ²²³	ʔĩ²²³
ɦiʌᵑ²²³/ɦiaᵑ²²³	ɦiʌᵑ²²³/ɦiaᵑ²²³	ɦiʌᵑ²²³/ɦiaᵑ²²³	ɦiʌᵑ²²³/ɦiaᵑ²²³	ʔiʌᵑ⁴⁵/ʔiaᵑ⁴⁵
ɦiʌɲ²¹³	ɦiʌɲ²¹³	ɦiʌɲ²¹³	ɦiʌɲ²¹³	ʔiʌɲ³³⁴
ɦiã³⁵	ɦiã²¹³	ɦiã²¹³	ɦiã²¹³	ɦiã³³/²¹³
ɦiʌ̃²²³/ɦiã²²³	ɦiʌ̃²²³/ɦiã²²³	ɦiʌ̃²²³/ɦiã²²³	ɦiʌ̃²²³/ɦiã²²³	ɦiʌ̃²³¹/ɦiã²³¹
ɦiʌ~²³³	ɦiʌ~²³³	ɦiʌ~²³³	ɦiʌ~²³³	ɦiʌ~³¹
ɦiã¹³²	ɦiã¹³²	ɦiã¹³²	ɦiã¹³²	ɦiã²²³
ɦia~²³¹	ɦia~²³¹	ɦia~²³¹	ɦia~²³¹	ɦia~²¹³
ɦia~²³¹	ɦia~²³¹	ɦia~²³¹	ɦia~²³¹	ɦia~²¹³
ɦiʌ~¹¹³	ɦiʌ~¹¹³	ɦiʌ~¹¹³	ɦiʌ~¹¹³	ɦiʌ~¹¹³
ɦiʌ̃ɲ¹¹³	ɦiʌ̃ɲ¹¹³	ɦiʌ̃ɲ¹¹³	ɦiʌ̃ɲ¹¹³	ɦiʌ̃ɲ¹¹³
ɦiɛ̃²³¹	ɦiɛ̃²³¹	ɦiɛ̃²³¹	ɦiɛ̃²³¹	ɦiɛ̃¹¹³
ɦiã²⁴	ɦiã²⁴	ɦiã²⁴	ɦiã²⁴	ɦiã³²
ɦiæ²⁴	ɦiæ²⁴	ɦiæ²⁴	ɦiæ²⁴	ɦiæ²²³
ɦiʌ~²³¹	ɦiʌ~²³¹	ɦiʌ~²³¹	ɦiʌ~²³¹	ɦiʌ~²²³
ɦiã¹¹³	ɦiã¹¹³	ɦiã¹¹³	ɦiã¹¹³	ɦiã²³¹
ɦiʌŋ²¹²	ɦiʌŋ²¹²	ɦiʌŋ²¹²	ɦiʌŋ²¹²	ʔiʌŋ⁵¹
ɦiaŋ²³¹	ɦiaŋ²³¹	ɦiaŋ²³¹	ɦiaŋ²³¹	ɦiaŋ¹¹³
ɦiʌ̃²³³	ɦiʌ̃²³³	ɦiʌ̃²³³	ɦiʌ̃²³³	ɦiʌ̃²³¹
ɦiʌ~³¹	ɦiʌ~³¹	ɦiʌ~³¹	ɦiʌ~³¹	ʔiʌ~⁴⁴
ɦiʌŋ³¹²	ɦiʌŋ³¹²	ɦiʌŋ³¹²	ɦiʌŋ³¹²	ʔiʌŋ⁴⁴
ɦiʌ̃¹¹³	ɦiʌ̃¹¹³	ɦiʌ̃¹¹³	ɦiʌ̃¹¹³	ɦiʌ̃¹¹³
ɦiã¹¹³	ɦiã¹¹³	ɦiã¹¹³	ɦiã¹¹³	ʔiã³²⁵
ɦia~³¹¹	ɦia~³¹¹	ɦia~³¹¹	ɦia~³¹¹	ʔia~⁵³³
ɦĩ²³¹	ɦĩ²³¹	ɦĩ²³¹	ɦĩ²³¹	ʔĩ³⁵
ʔɦiã³²³	ʔɦiã³²³	ʔɦiã³²³	ʔɦiã³²³	ʔɦiã³¹
ʔiʌŋ³²⁴	ʔiʌŋ³²⁴	ʔiʌŋ³²⁴	ʔiʌŋ³²⁴	ʔiʌŋ⁵⁴⁴
ʔɦiʌŋ³²²	ʔɦiʌŋ³²²	ʔɦiʌŋ³²²	ʔɦiʌŋ³²²	ʔɣʌŋ⁴³⁴/ʔiʌŋ⁴³⁴

摄口 等调 韵声	宕开 三上 养以	宕开 三去 漾以	宕开 三平 阳精	宕开 三平 阳精
	痒	样	将~来	浆
宜	ɦiʌŋ²⁴	ɦiʌŋ²³¹	tɕiʌŋ⁵⁵	tɕiʌŋ⁵⁵
溧	ʔie⁴⁴⁵	ɦie²³¹	tɕie⁴⁴⁵	tɕie⁴⁴⁵
金	iaŋ³²³	iaŋ⁴⁴	tɕiaŋ³¹/tɕiaŋ⁴⁴	tɕiaŋ³¹/tɕiaŋ⁴⁴
丹	ie⁴⁴	ie⁴¹	tɕie²²	tɕie²²
童	ʔiaŋ³²⁴	ɦiaŋ¹¹³	tɕiaŋ⁴²	tɕiaŋ⁴²
靖	ʔĩ³³⁴	ʔĩ⁵¹	tsĩ⁴³³	tsĩ⁴³³
江	ʔiʌᵑ⁴⁵/ʔiaᵑ⁴⁵	ɦiaᵑ²²³/ɦiaᵑ²²³	tsiaᵑ⁵¹/tsiaᵑ⁵¹	tsiʌᵑ⁵¹/tsiaᵑ⁵¹
常	ʔiʌŋ³³⁴	ɦiʌŋ²⁴	tɕiʌŋ⁴⁴	tɕiʌŋ⁴⁴
锡	ɦiã³³	ɦiã²¹³	tsiã⁵⁵	tsiã⁵⁵
苏	ɦiã²³¹/ɦiã²³¹	ɦiã²³¹/ɦiã²³¹	tsiã⁴⁴/tsiã⁴⁴	tsiã⁴⁴/tsiã⁴⁴
熟	ɦiʌ~³¹	ʔiʌ~⁴⁴	tsiʌ~⁵²	tsiʌ~⁵²
昆	ɦia~²²³	ɦiã²¹	tsiã⁴⁴	tsiã⁴⁴
霜	ɦia~²¹³	ɦia~²¹³	tsia~⁵²	tsia~⁵²
罗	ɦia~²¹³	ɦia~²¹³	tsia~⁵²	tsia~⁵²
周	ɦiʌ~¹¹³	ɦiʌ~¹¹³	tɕiʌ~⁵²	tɕiʌ~⁵²
上	ɦiʌ̃ᵑ¹¹³	ɦiʌ̃ᵑ¹¹³	tɕiʌ̃ᵑ⁵²	tɕiʌ̃ᵑ⁵²
松	ɦiɛ̃¹¹³	ɦiɛ̃¹¹³	tɕiɛ̃⁵²	tɕiɛ̃⁵²
黎	ʔɦiã³²	ʔiã⁴¹³	tsiã⁴⁴	tsiã⁴⁴
盛	ɦiæ̃²²³	ʔiæ̃⁴¹³	tsiæ̃⁴⁴	tsiæ̃⁴⁴
嘉	ɦiʌ~²²³	ʔiʌ~³³⁴	tɕiʌ~⁵¹	tɕiʌ~⁵¹
双	ɦiã²³¹	ɦiã¹¹³	tɕiã⁴⁴	tɕiã⁴⁴
杭	ʔiʌŋ⁵¹	ɦiʌŋ¹¹³	tɕiʌŋ³²³	tɕiʌŋ³²³
绍	ɦiaŋ¹¹³	ɦiaŋ²²	tɕiaŋ⁵²	tɕiaŋ⁵²
诸	ɦiã²³¹	ɦiã²³³	tɕiã⁵⁴⁴	tɕiã⁵⁴⁴
崇	ɦiʌ~²²	ɦiʌ~¹⁴	tɕiʌ~⁵³	tɕiʌ~⁵³
太	ɦiʌŋ²²	ɦiʌŋ¹³	tɕiʌŋ⁵²³	tɕiʌŋ⁵²³
余	ɦiã¹¹³	ɦiã¹¹³	tɕiã³²⁴	tɕiã³²⁴
宁	ɦiã¹¹³	ɦiã¹¹³	tɕiã⁵²	tɕiã⁵²
黄	ʔia~⁵³³	ɦia~¹¹³	tɕia~⁵³³	tɕia~⁵³³
温	ɦi²⁴	ɦi²²	tɕi⁴⁴	tɕi⁴⁴豆~/tɕi⁵²动词
衢	ʔɦiã³¹	ʔɦiã³¹	tɕiã⁴³⁴	tɕiã⁴³⁴
华	ʔiʌŋ⁵⁴⁴	ɦiʌŋ²⁴	tɕiʌŋ³²⁴	tɕiʌŋ³²⁴
永	ʔɦiʌŋ³²³	ʔɦiʌŋ²¹⁴	tɕiʌŋ⁴⁴	tɕiʌŋ⁴⁴

宕开 三上 养精	宕开 三上 养精	宕开 三上 养精	宕开 三去 漾精	宕开 三去 漾精
蒋	奖	桨	酱	将大~
tɕiʌŋ^{51}	tɕiʌŋ^{51}	tɕiʌŋ^{51}	tɕiʌŋ^{324}	tɕiʌŋ^{324}
tɕie^{52}	tɕie^{52}	tɕie^{52}	tɕie^{412}	tɕie^{412}
tɕiaŋ^{323}	tɕiaŋ^{323}	tɕiaŋ^{323}	tɕiaŋ^{44}	tɕiaŋ^{44}
tɕie^{44}	tɕie^{44}	tɕie^{44}	tɕie^{41}	tɕie^{41}
tɕiaŋ^{324}	tɕiaŋ^{42}	tɕiaŋ^{42}	tɕiaŋ^{45}	tɕiaŋ^{45}
tsɿ̃^{334}	tsɿ̃^{334}	tsɿ̃^{334}	tsɿ̃^{51}	tsɿ̃^{51}
tsiʌᵑ^{45} /tsiaᵑ^{45}	tsiʌᵑ^{45} /tsiaᵑ^{45}	tsiʌᵑ^{45} /tsiaᵑ^{45}	tsiʌᵑ^{435} /tsiaᵑ^{435}	tsiʌᵑ^{435} /tsiaᵑ^{435}
tɕiʌɲ^{334}	tɕiʌɲ^{334}	tɕiʌɲ^{334}	tɕiʌɲ^{51}	tɕiʌɲ^{51}
tsiã^{324}	tsiã^{324}	tsiã^{324}	tsiã^{35}	tsiã^{35}
tsiã^{51} /tsiã^{51}	tsiã^{51} /tsiã^{51}	tsiã^{51} /tsiã^{51}	tsiã^{412} /tsiã^{412}	tsiã^{412} /tsiã^{412}
tsiʌ~^{44}	tsiʌ~^{44}	tsiʌ~^{44}	tsiʌ~^{324}	tsiʌ~^{324}
tsiã^{52}	tsiã^{52}	tsiã^{52}	tsiã^{52}	tsiã^{52}
tsia~^{434}	tsia~^{434}	tsia~^{434}	tsia~^{434}	tsia~^{434}
tsia~^{434}	tsia~^{434}	tsia~^{434}	tsia~^{434}	tsia~^{434}
tɕiʌ~^{44}	tɕiʌ~^{44}	tɕiʌ~^{44}	tɕiʌ~^{335}	tɕiʌ~^{335}
tɕiã̃ɲ^{334}	tɕiã̃ɲ^{334}	tɕiã̃ɲ^{334}	tɕiã̃ɲ^{334}	tɕiã̃ɲ^{334}
tɕiɛ̃^{44}	tɕiɛ̃^{44}	tɕiɛ̃^{44}	tɕiɛ̃^{335}	tɕiɛ̃^{335}
tsiã^{51}	tsiã^{51}	tsiã^{51}	tsiã^{413}	tsiã^{413}
tsiæ̃^{51}	tsiæ̃^{51}	tsiæ̃^{51}	tsiæ̃^{413}	tsiæ̃^{413}
tɕiʌ~^{44}	tɕiʌ~^{44}	tɕiʌ~^{44}	tɕiʌ~^{334}	tɕiʌ~^{334}
tɕiã^{53}	tɕiã^{53}	tɕiã^{53}	tɕiã^{334}	tɕiã^{334}
tɕiʌŋ^{51}	tɕiʌŋ^{51}	tɕiʌŋ^{51}	tɕiʌŋ^{334}	tɕiʌŋ^{334}
tɕiaŋ^{334}	tɕiaŋ^{334}	tɕiaŋ^{334}	tɕiaŋ^{33}	tɕiaŋ^{33}
tɕiã^{52}	tɕiã^{52}	tɕiã^{52}	tɕiã^{544}	tɕiã^{544}
tɕiʌ~^{44}	tɕiʌ~^{44}	tɕiʌ~^{44}	tɕiʌ~^{324}	tɕiʌ~^{324}
tɕiʌŋ^{42}	tɕiʌŋ^{42}	tɕiʌŋ^{42}	tɕiʌŋ^{35}	tɕiʌŋ^{35}
tɕiã^{435}	tɕiã^{435}	tɕiã^{435}	tɕiã^{52}	tɕiã^{52}
tɕiã^{325}	tɕiã^{325}	tɕiã^{325}	tɕiã^{52}	tɕiã^{52}
tɕia~^{533}	tɕia~^{533}	tɕia~^{533}	tɕia~^{44}	tɕia~^{44}
tɕi$^{\underline{35}}$	tɕi$^{\underline{35}}$	tɕi$^{\underline{35}}$	tɕi^{52}	tɕi^{52}
tɕiã^{45}	tɕiã^{45}	tɕiã^{45}	tɕiã^{53}	tɕiã^{53}
tɕiʌŋ^{544}	tɕiʌŋ^{544}	tɕiʌŋ^{544}	tɕiʌŋ^{45}	tɕiʌŋ^{45}
tɕiʌŋ^{434}	tɕiʌŋ^{434}	tɕiʌŋ^{434}	tɕiʌŋ^{54}	tɕiʌŋ^{54}

摄口 等调 韵声	宕开 三平 阳清	宕开 三上 养清	宕开 	宕开 三平 阳从
	枪	抢	呛	墙
宜	tɕ'iAŋ^{55}	tɕ'iAŋ^{51}	tɕ'iAŋ^{324}	ʑiAŋ^{223}
溧	tɕ'ie^{445}	tɕ'ie^{52}	tɕ'ie^{412}	ʑie^{323}
金	tɕ'iaŋ^{31}	tɕ'iaŋ^{323}	tɕ'iaŋ^{31}	tɕ'iaŋ^{35}
丹	tɕ'ie^{22}	tɕ'ie^{22}	tɕ'ie^{41}	dʑie^{213}
童	tɕ'iaŋ^{42}	tɕ'iaŋ^{324}	tɕ'iaŋ^{45}	ʑiaŋ^{42}
靖	ts'ɿ^{433}	ts'ɿ^{334}	ts'ɿ^{51}	sʐɿ^{433}
江	ts'iAŋ^{51}/ts'iaŋ^{51}	ts'iAŋ^{45}/ts'iaŋ^{45}	ts'iAŋ^{435}/ts'iaŋ^{435}	dziAŋ^{223}/dzia ŋ^{223}
常	tɕ'iAŋ^{44}	tɕ'iAŋ^{334}	tɕ'iAŋ^{51}	ʑiAŋ^{213}
锡	ts'iã^{55}	ts'iã^{324}	ts'iã^{35}	ziã^{213}
苏	ts'iã^{44}/ts'ia^{44}	ts'iã^{51}/ts'ia^{51}	ts'iã^{412}/ts'ia^{412}	ziã^{223}/zia^{223}
熟	ts'iA~^{52}	ts'iA~^{44}	ts'iA~^{324}	dziA~^{233}
昆	ts'iã^{44}	ts'iã^{52}	ts'iã^{52}	ziã^{132}
霜	ts'ia~^{52}	ts'ia~^{434}	ts'ia~^{434}	zia~^{231}
罗	ts'ia~^{52}	ts'ia~^{434}	ts'ia~^{434}	zia~^{231}
周	tɕ'iA~^{52}	tɕ'iA~^{44}	tɕ'iA~^{335}	ʑiA~^{113}/dʑiA~^{113}
上	tɕ'iã^{n52}	tɕ'iã^{n334}	tɕ'iã^{n334}	dʑiã^{n113}/ʑiã^{n113}
松	tɕ'iɛ^{52}	tɕ'iɛ^{44}	tɕ'iɛ^{335}	ʑiɛ^{231}/dʑiɛ^{231}
黎	ts'iã^{44}	ts'iã^{334}	ts'iã^{334}	ziã^{24}
盛	ts'iæ^{44}	ts'iæ^{334}	ts'iæ^{334}	ziæ^{24}
嘉	tɕ'iA~^{51}	tɕ'iA~^{324}	tɕ'iA~^{324}	dʑiA~^{231}
双	tɕ'iã^{44}	tɕ'iã^{53}	tɕ'iã^{334}	dʑiã^{113}
杭	tɕ'iAŋ^{323}	tɕ'iAŋ^{51}	tɕ'iAŋ^{334}	dʑiAŋ^{212}
绍	tɕ'iaŋ^{52}	tɕ'iaŋ^{334}	tɕ'iaŋ^{33}	dʑiaŋ^{231}
诸	tɕ'iã^{544}	tɕ'iã^{52}	tɕ'iã^{544}	dʑiã^{233}
崇	tɕ'iA~^{53}	tɕ'iA~^{44}	tɕ'iA~^{324}	dʑiA~^{31}
太	tɕ'iAŋ^{523}	tɕ'iAŋ^{42}	tɕ'iAŋ^{35}	ʑiAŋ^{312}
余	tɕ'iã^{324}	tɕ'iã^{435}	tɕ'iã^{52}	dʑiã^{113}
宁	tɕ'iã^{52}	tɕ'iã^{325}	tɕ'iã^{52}	ʑiã^{113}/dʑiã^{113}
黄	tɕ'ia^{533}	tɕ'ia^{533}	tɕ'ia~^{44}	zia~^{311}
温	tɕ'i^{44}	tɕ'i^{35}	tɕ'i^{52}	ɦi^{231}
衢	tɕ'iã^{434}	tɕ'iã^{45}	tɕ'iã^{53}	ʑiã^{323}
华	tɕ'iAŋ^{435}	tɕ'iAŋ^{544}	tɕ'iAŋ^{45}	tɕiAŋ^{324}/ɕiAŋ^{324}
永	tɕ'iAŋ^{44}	tɕ'iAŋ^{434}	tɕ'iAŋ^{54}	ɕziAŋ^{322}

宕开 三去 漾从	宕开 三平 阳心	宕开 三平 阳心	宕开 三平 阳心	宕开 三平 阳心
匠	相互~	箱	厢	襄
$ʑiɑŋ^{231}$	$ɕiɑŋ^{55}$	$ɕiɑŋ^{55}$	$ɕiɑŋ^{55}$	$ɕiɑŋ^{55}$
$ʑie^{231}$	$ɕie^{445}$	$ɕie^{445}$	$ɕie^{445}$	$ɕie^{445}$
$tɕ'iaŋ^{44}$	$ɕiaŋ^{31}$	$ɕiaŋ^{31}$	$ɕiaŋ^{31}$	$ɕiaŋ^{31}$
$tɕie^{41}$ / $dʑie^{213}$	$ɕie^{22}$	$ɕie^{22}$	$ɕie^{22}$	$ɕie^{22}$
$dʑiaŋ^{113}$	$ɕiaŋ^{42}$	$ɕiaŋ^{42}$	$ɕiaŋ^{42}$	$ɕiaŋ^{42}$
$sʐ̩̃^{51}$	$sɿ̃^{433}$	$sɿ̃^{433}$	$sɿ̃^{433}$	$sɿ̃^{433}$
$dziɑ^{ŋ223}$ / $dziɑ^{ŋ223}$ / $ziɑ^{ŋ223}$ / $ziɑ^{ŋ223}$	$siɑ^{ŋ51}$ / $siɑ^{ŋ51}$	$siɑ^{ŋ51}$ / $siɑ^{ŋ51}$	$siɑ^{ŋ51}$ / $siɑ^{ŋ51}$	$siɑ^{ŋ51}$ / $siɑ^{ŋ51}$
$ʑiɑŋ^{213}$	$ɕiɑŋ^{44}$	$ɕiɑŋ^{44}$	$ɕiɑŋ^{44}$	$ɕiɑŋ^{44}$
$ziã^{213}$	$siã^{55}$	$siã^{55}$	$siã^{55}$	$siã^{55}$
$ziã^{231}$ / $ziã^{231}$	$siã^{44}$ / $siã^{44}$	$siã^{44}$ / $siã^{44}$	$siã^{44}$ / $siã^{44}$	$siã^{44}$ / $siã^{44}$
$dziɑ^{~213}$	$siɑ^{~52}$	$siɑ^{~52}$	$siɑ^{~52}$	$siɑ^{~52}$
$ziã^{21}$	$siã^{44}$	$siã^{44}$	$siã^{44}$	$siã^{44}$
$zia^{~213}$	$sia^{~52}$	$sia^{~52}$	$sia^{~52}$	$sia^{~52}$
$zia^{~213}$	$sia^{~52}$	$sia^{~52}$	$sia^{~52}$	$sia^{~52}$
$ʑiɑ^{~113}$	$ɕiɑ^{~52}$	$ɕiɑ^{~52}$	$ɕiɑ^{~52}$	$ɕiɑ^{~52}$
$dʑiã^{ŋ113}$ / $ʑiã^{ŋ113}$ / $ɦiã^{ŋ113}$	$ɕiã^{ŋ52}$	$ɕiã^{ŋ52}$	$ɕiã^{ŋ52}$	$ɕiã^{ŋ52}$
$ʑiɛ̃^{113}$ / $dʑiɛ̃^{113}$	$ɕiɛ̃^{52}$	$ɕiɛ̃^{52}$	$ɕiɛ̃^{52}$	$ɕiɛ̃^{52}$
$ziã^{213}$	$siã^{44}$	$siã^{44}$	$siã^{44}$	$siã^{44}$
$dziæ^{212}$	$siæ^{44}$	$siæ^{44}$	$siæ^{44}$	$siæ^{44}$
$dʑiɑ^{~223}$	$ɕiɑ^{~51}$	$ɕiɑ^{~51}$	$ɕiɑ^{~51}$	$ɕiɑ^{~51}$
$dʑiã^{113}$	$ɕiã^{44}$	$ɕiã^{44}$	$ɕiã^{44}$	$ɕiã^{44}$
$dʑiɑŋ^{113}$	$ɕiɑŋ^{323}$	$ɕiɑŋ^{323}$	$ɕiɑŋ^{323}$	$ɕiɑŋ^{323}$
$dʑiaŋ^{22}$	$ɕiaŋ^{52}$	$ɕiaŋ^{52}$	$ɕiaŋ^{52}$	$ɕiaŋ^{52}$
$ʑiÃ^{233}$	$ɕiÃ^{544}$	$ɕiÃ^{544}$	$ɕiÃ^{544}$	$ɕiÃ^{544}$
$ʑiɑ^{~14}$	$ɕiɑ^{~53}$	$ɕiɑ^{~53}$	$ɕiɑ^{~53}$	$ɕiɑ^{~53}$
$ʑiɑŋ^{13}$	$ɕiɑŋ^{523}$	$ɕiɑŋ^{523}$	$ɕiɑŋ^{523}$	$ɕiɑŋ^{523}$
$ɦiã^{113}$ / $dʑiã^{113}$	$ɕiã^{324}$	$ɕiã^{324}$	$ɕiã^{324}$	$ɕiã^{324}$
$ziã^{113}$ / $ɦiã^{113}$	$ɕiã^{52}$	$ɕiã^{52}$	$ɕiã^{52}$	$ɕiã^{52}$
$ziɑ^{~113}$	$ɕiɑ^{~533}$	$ɕiɑ^{~533}$	$ɕiɑ^{~533}$	$ɕiɑ^{~533}$
$ɦi^{22}$	$ɕi^{44}$	$ɕi^{44}$	$ɕi^{44}$	$ɕi^{44}$
$ziã^{31}$	$ɕiã^{434}$	$ɕiã^{434}$	$ɕiã^{434}$	$ɕiã^{434}$
$ɕʑiɑŋ^{24}$	$ɕiɑŋ^{324}$	$ɕiɑŋ^{324}$	$ɕiɑŋ^{324}$	$ɕiɑŋ^{324}$
$ɕʑiɑŋ^{214}$	$ɕiɑŋ^{44}$	$ɕiɑŋ^{44}$	$ɕiɑŋ^{44}$	$ɕiɑŋ^{44}$

摄口	宕开	宕开	宕开	宕开
等调	三上	三去	三平	三平
韵声	养心	漾心	阳邪	阳邪
	想	相~貌	详	祥
宜	çiAŋ^{51}	çiAŋ^{324}	ʑiAŋ^{223}	ʑiAŋ^{223}
溧	çie^{52}	çie^{412}	ʑie^{323}	ʑie^{323}
金	çiaŋ^{323}	çiaŋ^{44}	tɕʻiaŋ^{35}	tɕʻiaŋ^{35}
丹	çie^{22}	çie^{41}	dʑie^{213}	tɕie^{41}
童	çiaŋ^{324}	çiaŋ^{45}	ʑiaŋ^{113}	ʑiaŋ^{113}
靖	sĩ^{334}	sĩ^{51}	szĩ^{223}	szĩ^{223}
江	siAᵍ^{45}/siaᵍ^{45}	siAᵍ^{435}/siaᵍ^{435}	ziAᵍ^{223}/ziaᵍ^{223}	ziAᵍ^{223}/ziaᵍ^{223}
常	çiAɲ^{334}	çiAɲ^{51}	ʑiAɲ^{213}	ʑiAɲ^{213}
锡	siã^{324}	siã^{35}	ziã^{213}	ziã^{213}
苏	siÃ^{51}/siã^{51}	siÃ^{412}/siã^{412}	ziÃ^{223}/ziã^{223}	ziÃ^{223}/ziã^{223}
熟	siA~^{44}	siA~^{324}	ziA~^{213}	ziA~^{213}
昆	siã^{52}	siã^{52}	ziã^{132}	ziã^{132}
霜	sia~^{434}	sia~^{434}	zia~^{231}	zia~^{231}
罗	sia~^{434}	sia~^{434}	zia~^{231}	zia~^{231}
周	çiA~^{44}	çiA~^{335}	ʑiA~^{113}/ɦiA~^{113}	ʑiA~^{113}/ɦiA~^{113}
上	çiÃ^{ⁿ334}	çiÃ^{ⁿ52}	ʑiÃ^{ⁿ113}/dʑiÃ^{ⁿ113}/ɦiÃ^{ⁿ113}	ʑiÃ^{ⁿ113}/dʑiÃ^{ⁿ113}
松	çiẽ^{44}	çiẽ^{335}	ʑiẽ^{231}	ʑiẽ^{231}
黎	siã^{51}	siã^{413}	dziã^{24}	dziã^{24}
盛	siæ^{51}	siæ^{413}	dziæ^{24}	dziæ^{24}
嘉	çiA~^{44}	çiA~^{334}	dʑiA~^{231}	dʑiA~^{231}
双	çiã^{53}	çiã^{334}	dʑiã^{113}	dʑiã^{113}
杭	çiAŋ^{51}	çiAŋ^{334}	dʑiAŋ^{212}	dʑiAŋ^{212}
绍	çiaŋ^{334}	çiaŋ^{33}	dʑiaŋ^{231}	dʑiaŋ^{231}
诸	çiÃ^{52}	çiÃ^{544}	dʑiÃ^{233}	dʑiÃ^{233}
崇	çiA~^{44}	çiA~^{324}	dʑiA~^{31}	dʑiA~^{31}
太	çiAŋ^{42}	çiAŋ^{35}	dʑiAŋ^{312}	dʑiAŋ^{312}
余	çiÃ^{435}	çiÃ^{52}	dʑiÃ^{113}/ɦiÃ^{113}	ɦiÃ^{113}/dʑiÃ^{113}
宁	çiã^{325}	çiã^{52}	dʑiã^{113}/ziã^{113}	dʑiã^{113}/ziã^{113}
黄	çia~^{533}	çia~^{44}	zia~^{311}	zia~^{311}
温	çi$^{\underline{35}}$	çi^{52}	ɦi^{231}	ɦi^{231}
衢	çiã^{45}	çiã^{53}	çʑiã^{323}	çʑiã^{323}
华	çiAŋ^{544}	çiAŋ^{45}	çiAŋ^{324}	çiAŋ^{324}
永	çiAŋ^{434}	çiAŋ^{54}	çʑiAŋ^{322}	çʑiAŋ^{322}

宕开 三上 养邪	宕开 三上 养邪	梗合 四上 迥匣	通合 三平 东溪	梗合 三平 清群
象	像	迥	穹	琼
$\textʑia\eta^{24}$	$\textʑia\eta^{24}$	$t\textɕio\eta^{51}$	$d\textʑio\eta^{223}$	$d\textʑio\eta^{223}$
$\textʑie^{24}$	$\textʑie^{231}$	$t\textɕio\eta^{52}$	$d\textʑio\eta^{323}$	$d\textʑio\eta^{323}$
$\textɕia\eta^{44}$	$\textɕia\eta^{44}$	$t\textɕio\eta^{323}$	$t\textɕʻio\eta^{35}$	$t\textɕʻio\eta^{35}$
$d\textʑie^{213}$	$\textɕʑie^{213}$	$t\textɕio\eta^{44}$		$d\textʑio\eta^{213}$
$\textʑia\eta^{113}$	$\textʑia\eta^{113}$	$t\textɕio\eta^{324}$	$t\textɕʻio\eta^{324}$	$d\textʑio\eta^{31}$
$\text{sz}\tildeɿ^{51}$	$\text{sz}\tildeɿ^{51}$	$t\textɕio\eta^{334}$	$t\textɕʻio\eta^{433}$	$d\textʑio\eta^{223}$
$\textʑia^{\eta\,223}/\text{zia}^{\eta\,223}$	$\textʑia^{\eta\,223}/\text{zia}^{\eta\,223}$	$t\textɕio\eta^{45}$	$t\textɕio\eta^{223}$	$d\textʑio\eta^{223}$
$\textʑia\eta^{24}$	$\textʑia\eta^{24}$	$t\textɕio\eta^{334}$		$d\textʑio\eta^{213}$
$\text{zi}\tildeã^{33/213}$	$\text{zi}\tildeã^{33/213}$	$t\textɕio\eta^{324}$	$t\textɕʻio\eta^{55}$	$d\textʑio\eta^{213}$
$\text{zi}\tildeã^{231}/\text{zi}\tildeã^{231}$	$\text{zi}\tildeã^{231}/\text{zi}\tildeã^{231}$	$t\textɕio\eta^{44}$	$t\textɕʻio\eta^{44}$	$d\textʑio\eta^{223}$
$\text{zi}\tildeʌ^{\sim31}$	$\text{zi}\tildeʌ^{\sim31}$	$t\textɕiʊ\eta^{44}$	$t\textɕʻiʊ\eta^{52}$	$d\textʑiʊ\eta^{233}$
$\text{zi}\tildeã^{223}$	$\text{zi}\tildeã^{223}$	$t\textɕio\eta^{44}$	$t\textɕʻio\eta^{44}$	$d\textʑio\eta^{132}$
$\text{zia}^{\sim213}$	$\text{zia}^{\sim213}$	$t\textɕio^{\eta\,52}$	$d\textʑio^{\eta\,231}$	$d\textʑio^{\eta\,231}$
$\text{zia}^{\sim213}$	$\text{zia}^{\sim213}$	$t\textɕio^{\eta\,52}$	$d\textʑio^{\eta\,231}$	$d\textʑio^{\eta\,231}$
$\textʑia^{\sim113}$	$\textɦia^{\sim113}/\textʑia^{\sim113}$	$t\textɕio\eta^{44}$	$d\textʑio\eta^{113}$	$d\textʑio\eta^{113}$
$\textʑi\tildeã^{\eta\,113}/d\textʑi\tildeã^{\eta\,113}$	$\text{zi}\tildeã^{\eta\,113}/d\textʑi\tildeã^{\eta\,113}$	$t\textɕiʊ\eta^{52}$	$t\textɕʻiʊ\eta^{52}/d\textʑiʊ\eta^{113}$	$d\textʑiʊ\eta^{113}/d\textʑi\textɲ^{113}$
$\textʑi\tildeɛ^{113}$	$\text{zi}\tildeɛ^{113}$	$t\textɕiʊ\eta^{44}$	$d\textʑiʊ\eta^{231}$	$d\textʑiʊ\eta^{231}$
$\text{zi}\tildeã^{32}$	$\text{zi}\tildeã^{32}$	$t\textɕio\eta^{44}$	$d\textʑio\eta^{24}$	$d\textʑio\eta^{24}$
$\text{zi}\tildeæ^{223}$	$\text{zi}\tildeæ^{223}$	$t\textɕio\eta^{44}$	$d\textʑio\eta^{24}$	$d\textʑio\eta^{24}$
$d\textʑi\tildeʌ^{\sim223}$	$d\textʑi\tildeʌ^{\sim223}$	$t\textɕio\eta^{51}$	$d\textʑio\eta^{231}$	$d\textʑio\eta^{231}$
$d\textʑi\tildeã^{231}$	$d\textʑi\tildeã^{231}$	$t\textɕio\eta^{53}$	$d\textʑio\eta^{113}$	$d\textʑio\eta^{113}$
$d\textʑia\eta^{113}$	$d\textʑia\eta^{113}$	$t\textɕio\eta^{51}$	$d\textʑio\eta^{212}$	$d\textʑio\eta^{212}$
$d\textʑia\eta^{113}/\textʑia\eta^{113}$	$d\textʑia\eta^{113}/\textʑia\eta^{113}$	$t\textɕiʊ\eta^{334}$	$d\textʑiʊ\eta^{231}$	$d\textʑiʊ\eta^{231}$
$d\textʑi\tildeã^{231}$	$d\textʑi\tildeã^{233}$	$t\textɕio\eta^{52}$	$d\textʑio\eta^{233}$	$d\textʑio\eta^{233}$
$d\textʑi\tildeʌ^{\sim22}$	$d\textʑi\tildeʌ^{\sim22}$	$t\textɕiʊ^{\eta\,44}$	$d\textʑiʊ^{\eta\,31}$	$d\textʑiʊ^{\eta\,31}$
$\textʑia\eta^{22}$	$\textʑia\eta^{22}$	$t\textɕiʊ\eta^{42}$	$t\textɕʻiʊ\eta^{523}$	$d\textʑiʊ\eta^{312}/d\textʑi\textɲ^{312}$
$\textɦi\tildeã^{113}/d\textʑi\tildeã^{113}$	$d\textʑi\tildeã^{113}/\textɦi\tildeã^{113}$	$t\textɕiʊ\eta^{435}$	$d\textʑiʊ\eta^{113}$	$d\textʑiʊ\eta^{113}$
$\text{zi}\tildeã^{113}/\textɦi\tildeã^{113}$	$\text{zi}\tildeã^{113}$	$t\textɕyo\eta^{325}$	$d\textʐyo\eta^{113}$	$d\textʐyo\eta^{113}$
$\text{zia}^{\sim113}$	$\text{zia}^{\sim113}$	$t\textɕyo\eta^{533}$	$d\textʐyo\eta^{311}$	$d\textʐyo\eta^{311}$
$\textɦi^{\underline{24}}$	$\textɦi^{\underline{24}}$	$t\textɕyo\eta$	$d\textʐyo\eta^{231}$	$d\textʐyo\eta^{231}$
$\textɕʑi\tildeã^{31}$	$\textɕi\tildeã^{53}$	$t\textʃɥʌ\eta^{45}$	$d\textʐyʌ\eta^{323}$	$d\textʐyʌ\eta^{323}$
$\textɕʑia\eta^{24}$	$\textɕʑia\eta^{24}$	$t\textɕɥo\eta^{544}$	$t\textɕʻɥo\eta^{324}$	$d\textʐɥo\eta^{213}$
$\textɕʑia\eta^{323}$	$\textɕʑia\eta^{323}$	$t\textɕɣɯ\eta^{434}$	$d\textʑio\eta^{322}/d\textʐyɯ\eta^{322}$	$d\textʐyɯ\eta^{322}$

摄口 等调 韵声	通合 三平 东群	通合 三平 东日	通合 三平 锺泥	通合 三平 锺影
	穷	绒	浓	雍
宜	dzioŋ^{223}	ȵioŋ^{223}	ȵioŋ^{223}	ʔioŋ^{55}
溧	dzioŋ^{323}	ȵioŋ^{323}	ȵioŋ^{323}	ʔioŋ^{445}
金	tɕʻioŋ^{35}	ȵioŋ^{35}	ȵioŋ^{35}	ioŋ^{35}
丹	dzioŋ^{213}	ȵioŋ^{213}	ȵioŋ^{41}	ioŋ^{324}
童	dzioŋ^{31}	ȵioŋ^{31}	ȵioŋ^{31}	ʔioŋ^{324}
靖	dzioŋ^{223}	ɦioŋ^{223}	noŋ^{223}	noŋ^{223}
江	dzioŋ^{223}	ȵioŋ^{223}	ȵioŋ^{223}/noŋ^{223}	ʔioŋ^{51}
常	dzioŋ^{213}	ȵioŋ^{213}	ȵioŋ^{213}	ʔioŋ^{44}
锡	dzioŋ^{213}	ȵioŋ^{213}	ȵioŋ^{213}	ʔioŋ^{55}
苏	dzioŋ^{223}	ȵioŋ^{223}	ȵioŋ^{223}	ʔioŋ^{44}
熟	dzioŋ^{233}	ȵiʊŋ^{233}	nʊŋ^{233}/ȵiʊŋ^{233}	ʔiʊŋ^{52}
昆	dzioŋ^{132}	ȵioŋ^{132}	ȵioŋ^{132}	ʔioŋ^{44}
霜	dzio^{ŋ231}	ȵio^{ŋ231}	ȵio^{ŋ231}	ʔio^{ŋ52}
罗	dzio^{ŋ231}	ȵio^{ŋ231}	ȵio^{ŋ231}	ʔio^{ŋ52}
周	dzioŋ^{113}	ȵioŋ^{113}	noŋ^{113}/ȵioŋ^{113}	ʔioŋ^{52}
上	dziʊŋ^{113}	ȵiʊŋ^{113}	ȵiʊŋ^{113}/lʊŋ^{113}	ʔiʊŋ^{334}
松	dziʊŋ^{231}	ȵiʊŋ^{231}	ȵiʊŋ^{231}	ʔiʊŋ^{52}
黎	dzioŋ^{24}	loŋ^{24}/ȵioŋ^{24}	noŋ^{24}	ʔioŋ^{44}
盛	dzioŋ^{24}	ȵioŋ^{24}	noŋ^{24}	ʔioŋ^{44}
嘉	dzioŋ^{231}	ȵioŋ^{231}/ȵioŋ^{223}	noŋ^{223}/ȵioŋ^{223}	ʔioŋ^{51}
双	dzioŋ^{113}	ȵioŋ^{113}	ȵioŋ^{113}	ʔioŋ^{44}
杭	dzioŋ^{212}	szoŋ^{212}	noŋ^{212}	ʔioŋ^{323}
绍	dziʊŋ^{231}	ȵiʊŋ^{231}	ȵiʊŋ^{231}	ʔiʊŋ^{52}
诸	dzioŋ^{233}	ɦioŋ^{233}	ɦioŋ^{233}	ʔioŋ^{544}
崇	dziʊ^{ŋ31}	ȵiʊ^{ŋ31}	ȵiʊ^{ŋ31}	ʔiʊ^{ŋ53}
太	dziʊŋ^{312}	ȵiʊŋ^{312}	ȵiʊŋ^{312}	ʔiʊŋ^{523}
余	dziʊŋ^{113}	ȵiʊŋ^{113}	ȵiʊŋ^{113}	ʔiʊŋ^{324}
宁	dzyoŋ^{113}	ȵyoŋ^{113}	ȵyoŋ^{113}	ʔyoŋ^{52}
黄	dzyoŋ^{311}	zoŋ^{311}	ȵyoŋ^{311}	ʔyoŋ^{533}
温	dzyoŋ^{231}	zoŋ^{231}	noŋ^{231}	ʔyoŋ^{44}
衢	dzyʌŋ^{323}	ɦyʌŋ^{323}	nʌŋ^{323}/ȵyʌŋ^{323}	ʔyʌŋ^{434}
华	dzʮoŋ^{213}	loŋ^{324}	noŋ^{324}	ʔʮoŋ^{324}
永	dzioŋ^{322}	ɦioŋ^{322}	ɦioŋ^{322}	ʔioŋ^{44}

梗合 三上 梗云	梗合 三去 映云	梗合 三去 映云	梗合 三平 庚晓	通合 三平 锺晓
永	泳	咏	兄	胸
ʔioŋ^{51}	ʔioŋ^{51}	ʔioŋ^{51}	çioŋ^{55}	çioŋ^{55}
ʔioŋ^{52}	ʔioŋ^{52}	ʔioŋ^{52}	çioŋ^{445}	çioŋ^{445}
ioŋ^{323}/yəŋ^{323}	yəŋ^{323}	yəŋ^{323}	çioŋ^{31}	çioŋ^{31}
ioŋ^{324}/yiŋ^{324}	ioŋ^{324}/yiŋ^{324}	ioŋ^{324}/yiŋ^{324}	çioŋ^{22}	çioŋ^{22}
ˀioŋ^{324}	ˀioŋ^{324}	ˀioŋ^{324}	çioŋ^{42}	çioŋ^{42}
ʔioŋ^{334}/ʔyuŋ^{334}	ʔioŋ^{334}	ʔioŋ^{334}	çioŋ^{433}	çioŋ^{433}
ʔioŋ^{45}	ʔioŋ^{45}	ʔioŋ^{45}	çioŋ^{51}	çioŋ^{51}
ʔioŋ^{334}	ʔioŋ^{334}	ʔioŋ^{334}	çioŋ^{44}	çioŋ^{44}
ʔioŋ^{324}	ʔioŋ^{324}	ʔioŋ^{324}	çioŋ^{55}	çioŋ^{55}
ʔioŋ^{51}	ʔioŋ^{51}/ɦioŋ^{231}	ʔioŋ^{51}/ɦioŋ^{231}	çioŋ^{44}	çioŋ^{44}
ʔiʋŋ^{44}	ʔiʋŋ^{44}	ʔiʋŋ^{44}	çiʋŋ^{52}	çiʋŋ^{52}
ʔioŋ^{52}	ʔioŋ^{52}	ʔioŋ^{52}	çioŋ^{44}	çioŋ^{44}
ʔioᵑ^{434}	ɦioᵑ^{213}	ɦioᵑ^{213}	çioᵑ^{52}	çioᵑ^{52}
ʔioᵑ^{434}	ʔioᵑ^{434}	ʔioᵑ^{434}	çioᵑ^{52}	çioᵑ^{52}
ʔioŋ^{44}	ʔioŋ^{44}	ʔioŋ^{44}	çioŋ^{52}	çioŋ^{52}
ʔiʋŋ^{334}	ʔiʋŋ^{334}	ʔiʋŋ^{334}	çiʋŋ^{52}	çiʋŋ^{52}
ʔiʋŋ^{52}	ɦiʋŋ^{113}	ɦiʋŋ^{113}	çiʋŋ^{52}	çiʋŋ^{52}
ʔioŋ^{51}	ɦioŋ^{213}	ʔioŋ^{413}	çioŋ^{44}	çioŋ^{44}
ʔioŋ^{51}	ʔioŋ^{413}	ʔioŋ^{413}	çioŋ^{44}	çioŋ^{44}
ʔioŋ^{44}	ʔioŋ^{44}	ʔioŋ^{44}	çioŋ^{51}	çioŋ^{51}
ʔioŋ^{53}	ʔioŋ^{53}	ʔioŋ^{53}	çioŋ^{44}	çioŋ^{44}
ʔioŋ^{51}	ʔioŋ^{51}	ʔioŋ^{51}	çioŋ^{323}	çioŋ^{323}
ʔiʋŋ^{334}	ʔiʋŋ^{334}	ʔiʋŋ^{334}	çiʋŋ^{52}	çiʋŋ^{52}
ʔioŋ^{52}	ʔioŋ^{52}	ʔioŋ^{52}	çioŋ^{544}	çioŋ^{544}
ʔiʋᵑ^{44}	ʔiʋᵑ^{44}	ʔiʋᵑ^{44}	çiʋᵑ^{53}	çiʋᵑ^{53}
ʔiʋŋ^{523}	ʔiʋŋ^{523}	ʔiʋŋ^{523}	çiʋŋ^{523}	çiʋŋ^{523}
ʔiʋŋ^{435}	ʔiʋŋ^{435}	ʔiʋŋ^{435}	çiʋŋ^{324}	çiʋŋ^{324}
ʔyoŋ^{52}	ʔyoŋ^{325}	ʔyoŋ^{325}	çyoŋ^{52}	çyoŋ^{52}
ʔyoŋ^{533}	ʔyoŋ^{533}	ʔyoŋ^{533}	çyoŋ^{533}	çyoŋ^{533}
ʔyoŋ^{35}	ʔyoŋ^{35}	ʔyoŋ^{35}	çyoŋ^{44}	çyʋɔ^{44}
ʔyʌŋ^{45}	ʔyŋ^{45}/ʔyʌŋ	ʔyʌŋ^{45}	ʃɥʌŋ^{434}	ʃɥʌŋ^{434}
ʔɥoŋ^{544}	ʔɥoŋ^{544}	ʔɥoŋ^{544}	çɥoŋ^{324}	çɥoŋ^{324}
ʔɦʏŋ^{323}	ʔɦʏŋ^{323}	ʔɦʏŋ^{323}	çioŋ^{44}	çioŋ^{44}

摄 等 韵 口 调 声	通合 三平 锺晓	通合 三平 锺晓	梗合 三平 庚云	通合 三平 东云
	凶吉~	兇~恶	荣	熊
宜	ɕioŋ⁵⁵	ɕioŋ⁵⁵	ɦioŋ²²³	ɦioŋ²²³
溧	ɕioŋ⁴⁴⁵	ɕioŋ⁴⁴⁵	ioŋ³²³	ioŋ³²³
金	ɕioŋ³¹	ɕioŋ³¹	ioŋ³⁵	ɦioŋ³⁵
丹	ɕioŋ²²	ɕioŋ²²	ɦioŋ²¹³	ɕᶻioŋ²¹³
童	ɕioŋ⁴²	ɕioŋ⁴²	ɦioŋ¹¹³	ɕioŋ⁴²
靖	ɕioŋ⁴³³	ɕioŋ⁴³³	ɦioŋ²²³	ɦioŋ²²³
江	ɕioŋ⁵¹	ɕioŋ⁵¹	ɦioŋ²²³	ɦioŋ²²³
常	ɕioŋ⁴⁴	ɕioŋ⁴⁴	ɦioŋ²¹³	ɦioŋ²¹³
锡	ɕioŋ⁵⁵	ɕioŋ⁵⁵	ɦioŋ²¹³	ɦioŋ²¹³
苏	ɕioŋ⁴⁴	ɕioŋ⁴⁴	ɦioŋ²²³	ɦioŋ²²³
熟	ɕiʊŋ⁵²	ɕiʊŋ⁵²	ɦiʊŋ²³³	ɦiʊŋ²³³
昆	ɕioŋ⁴⁴	ɕioŋ⁴⁴	ɦioŋ¹³²	ɦioŋ¹³²
霜	ɕioᵑ⁵²	ɕioᵑ⁵²	ɦioᵑ²³¹	ɦioᵑ²³¹
罗	ɕioᵑ⁵²	ɕioᵑ⁵²	ɦioᵑ²³¹	ɦioᵑ²³¹
周	ɕioŋ⁵²	ɕioŋ⁵²	ɦioŋ¹¹³	ɦioŋ¹¹³
上	ɕiʊŋ⁵²	ɕiʊŋ⁵²	ɦiʊŋ¹¹³/lʊŋ¹¹³	ɦiʊŋ¹¹³/ʑiʊŋ¹¹³
松	ɕiʊŋ⁵²	ɕiʊŋ⁵²	ɦiʊŋ²³¹	ɦiʊŋ²³¹
黎	ɕioŋ⁴⁴	ɕioŋ⁴⁴	ɦioŋ²⁴	ɦioŋ²⁴
盛	ɕioŋ⁴⁴	ɕioŋ⁴⁴	ɦioŋ²⁴	ɦioŋ²⁴
嘉	ɕioŋ⁵¹	ɕioŋ⁵¹	ɦioŋ²³¹	ɦioŋ²³¹
双	ɕioŋ⁴⁴	ɕioŋ⁴⁴	ɦioŋ¹¹³	ɦioŋ¹¹³
杭	ɕioŋ³²³	ɕioŋ³²³	ɦioŋ²¹²	ɦioŋ²¹²
绍	ɕiʊŋ⁵²	ɕiʊŋ⁵²	ɦiʊŋ²³¹	ɦiʊŋ²³¹
诸	ɕioŋ⁵⁴⁴	ɕioŋ⁵⁴⁴	ɦioŋ²³³	ɦioŋ²³³
崇	ɕiʊᵑ⁵³	ɕiʊᵑ⁵³	ɦiʊᵑ³¹	ɦiʊᵑ³¹
太	ɕiʊŋ⁵²³	ɕiʊŋ⁵²³	ɦiʊŋ³¹²	ɦiʊŋ³¹²
余	ɕiʊŋ³²⁴	ɕiʊŋ³²⁴	ɦiʊŋ¹¹³	ɦiʊŋ¹¹³
宁	ɕyoŋ⁵²	ɕyoŋ⁵²	ɦyoŋ¹¹³	ɦyoŋ¹¹³
黄	ɕyoŋ⁵³³	ɕyoŋ⁵³³	ɦyoŋ³¹¹	ɦyoŋ³¹¹
温	ɕyᵛɔ⁴⁴	ɕyᵛɔ⁴⁴	ɦyoŋ²³¹	ɦyoŋ²³¹
衢	ʃɥʌŋ⁴³⁴	ʃɥʌŋ⁴³⁴	ʔɦyʌŋ³²³	ɕyʌŋ⁴³⁴/ʔɦyʌŋ³²³
华	ɕɥoŋ³²⁴	ɕɥoŋ³²⁴	loŋ³²⁴/ʔɥoŋ³²⁴	ɕioŋ³²⁴ ʔɥoŋ³²⁴
永	ɕioŋ⁴⁴	ɕioŋ⁴⁴	ʔɦioŋ³²²	ʔɦioŋ³²²

通合 三平 东云	通合 三平 锺以	通合 三去 用以	遇合 一上 姥帮	遇合 一上 姥帮
雄	容	用	补	谱
ɦioŋ²²³	ɦioŋ²²³	ɦioŋ²³¹	pu⁵¹	pʻu⁵¹
ioŋ³²³	ioŋ³²³	ɦioŋ²³¹	pu⁵²	pʻu⁵²
çioŋ³⁵	ioŋ³⁵	ioŋ⁴⁴	pu³²³	pʻu³²³
çᶻioŋ²¹³	ɦioŋ²¹³	ioŋ⁴¹	pˀu⁴⁴	pʻˀu⁴⁴
çioŋ⁴²	ɦioŋ¹¹³	ɦioŋ¹¹³	pu³²⁴	pʻu³²⁴
ɦioŋ²²³	ɦioŋ²²³	ɦioŋ³¹	pu³³⁴	pʻu³³⁴
ɦioŋ²²³	ɦioŋ²²³	ɦioŋ²²³	pu⁴⁵	pʻu⁴⁵
ɦioŋ²¹³	ɦioŋ²¹³	ɦioŋ²⁴	pu³³⁴	pʻu³³⁴
ɦioŋ²¹³	ɦioŋ²¹³	ɦioŋ²¹³	pʌɤ³²⁴	pʻʌɤ³²⁴
ɦioŋ²²³	ɦioŋ²²³	ɦioŋ²³¹	pʉ⁵¹	pʻʉ⁵¹
ɦioʊŋ²³³	ɦioʊŋ²³³	ɦioʊŋ²¹³	pu⁴⁴	pʻu⁴⁴
ɦioŋ¹³²	ɦioŋ¹³²	ɦioŋ²¹	pu⁵²	pʻu⁵²
ɦioⁿ²³¹	ɦioⁿ²³¹	ɦioⁿ²¹³	pu⁴³⁴	pʻu⁴³⁴
ɦioⁿ²³¹	ɦioⁿ²³¹	ɦioⁿ²¹³	pu⁴³⁴	pʻu⁴³⁴
ɦioŋ¹¹³	ɦioŋ¹¹³	ɦioŋ¹¹³	ʔbɤ⁴⁴	pʻu⁴⁴
ɦioʊŋ¹¹³	ɦioʊŋ¹¹³/lʊŋ¹¹³	ɦioʊŋ¹¹³	pu³³⁴	pu³³⁴/pʻu³³⁴
ɦioʊŋ²³¹	ɦioʊŋ²³¹/lʊŋ²³¹	ɦioʊŋ¹¹³	pu⁴⁴	pʻu⁴⁴
ɦioŋ²⁴	ɦioŋ²⁴	ʔioŋ⁴¹³	pʉ⁵¹	pʻʉ³³⁴
ɦioŋ²⁴	ɦioŋ²⁴	ʔioŋ⁴¹³	pu⁵¹	pʻʉ³³⁴
ɦioŋ²³¹	ʔioŋ⁴⁴	ʔioŋ³³⁴	pu⁴⁴	pʻu³²⁴
ɦioŋ¹¹³	ɦioŋ¹¹³	ɦioŋ¹¹³	pʉ⁵³	pʻʉ⁵³
ɦioŋ²¹²	ɦioŋ²¹²	ɦioŋ¹¹³	pu̠⁵¹	pʻu⁵¹/pu̠⁵¹
ɦioʊŋ²³¹	ɦioʊŋ²³¹	ɦioʊŋ²²	pu³³⁴	pu³³⁴
ɦioŋ²³³	ɦioŋ²³³	ɦioŋ²³³	pu⁵⁴⁴	pu⁵²
ɦioʊⁿ³¹	ɦioʊⁿ³¹	ɦioʊⁿ¹⁴	pu⁵³	pʻu⁴⁴
ɦioʊŋ³¹²	ɦioʊŋ³¹²	ɦioʊŋ¹³	pu⁵²³	pʻu⁴²
ɦioʊŋ¹¹³	ɦioʊŋ¹¹³	ɦioʊŋ¹¹³	pu̠³²⁴	pʻu⁴³⁵
ɦyoŋ¹¹³	ɦyoŋ¹¹³	ɦyoŋ¹¹³	pu⁵²	pʻu³²⁵
ɦyoŋ³¹¹	ɦyoŋ³¹¹	ɦyoŋ¹¹³	pu⁵³³	pʻu⁵³³
ɦyoŋ²³¹	ɦyoŋ²³¹	ɦyoŋ²³¹	pө͟³⁵	pʻө͟³⁵
ʔɦyoŋ³²³	ʔɦyoŋ³²³	ʔɦyoŋ³¹	pu⁴⁵	pʻu⁴⁵
çioŋ³²⁴ ʔɥoŋ³²⁴	loŋ³²⁴/ʔɥoŋ³²⁴	ɦɥoŋ²⁴	pu⁵⁴⁴	pʻu⁵⁴⁴
ʔɦioŋ³²²	ʔɦioŋ³²²	ʔɦioŋ²¹⁴	pʊ⁴³⁴	pʻʊ⁴³⁴

摄口 等调 韵声	遇合 一去 暮帮	遇合 一去 暮帮	遇合 一平 模滂	遇合 一上 姥滂
	布	佈	铺~设	普
宜	pu^{324}	pu^{324}	p'u^{55}	p'u^{51}
溧	pu^{412}	pu^{412}	p'u^{445}	p'u^{52}
金	pu^{44}	pu^{44}	p'u^{31}	p'u^{323}
丹	p'u^{324}	p'u^{324}	p'ʻu^{22}	p'ʻu^{44}
童	pu^{45}	pu^{45}	p'u^{324}	p'u^{324}
靖	pu^{51}	pu^{51}	p'u^{433}	p'u^{334}
江	pu^{435}	pu^{435}	p'u^{51}	p'u^{45}
常	pu^{51}	pu^{51}	p'u^{44}	p'u^{334}
锡	pʌɤ^{35}	pʌɤ^{35}	p'ʌɤ^{44}	p'ʌɤ^{324}
苏	pʉ^{412}	pʉ^{412}	p'ʉ^{44}	p'ʉ^{51}
熟	pu^{324}	pu^{324}	p'u^{52}	p'u^{44}
昆	pu^{52}	pu^{52}	p'u^{44}	p'u^{52}
霜	pu^{434}	pu^{434}	p'u^{52}	p'u^{434}
罗	pu^{434}	pu^{434}	p'u^{52}	p'u^{434}
周	ɓɤ^{335}	ɓɤ^{335}	p'u^{52}	p'u^{44}
上	pu^{334}	pu^{334}	p'u^{52}	p'u^{334}
松	pu^{335}	pu^{335}	p'u^{52}	p'u^{44}
黎	pʉ^{413}	pʉ^{413}	p'ʉ^{44}	p'ʉ^{334}
盛	pu^{413}	pu^{413}	p'u^{44}	p'u^{334}
嘉	pu^{334}	pu^{334}	p'u^{51}	p'u^{324}
双	pʉ^{334}	pʉ^{334}	p'ʉ^{44}	p'ʉ^{53}
杭	pu^{334}	pu^{334}	p'u^{323}	p'u^{51}
绍	pu^{33}	pu^{33}	p'u^{52}	p'u^{334}
诸	pu^{544}	pu^{544}	p'u^{544}	p'u^{52}
崇	pu^{324}	pu^{324}	p'u^{53}	p'u^{44}
太	pu^{35}	pu^{35}	p'u^{523}	p'u^{42}
余	pṳ^{52}	pṳ^{52}	p'ṳ^{324}	p'ṳ^{435}
宁	pu^{52}	pu^{52}	p'u^{52}	p'u^{325}
黄	pu^{44}	pu^{44}	p'u^{533}	p'u^{533}
温	pɵ^{52}	pɵ^{52}	p'ɵ^{44}	p'ɵ$^{\underline{35}}$
衢	pu^{53}	pu^{53}	p'u^{434}	p'u^{45}
华	pu^{45}	pu^{45}	p'u^{324}	p'u^{544}
永	pʊ^{54}	pʊ^{54}	p'ʊ^{44}	p'ʊ^{434}

遇合 一去 暮滂	遇合 一平 模並	遇合 一平 模並	遇合 一上 姥並	遇合 一上 姥並
铺店~	菩	蒲	簿	部
p'u³²⁴	bu²²³	bu²²³	bu²³¹	bu²³¹
p'u⁴¹²	bu³²³	bu³²³	bu²²⁴	bu²³¹
p'u⁴⁴	p'u³⁵	p'u³⁵	pu⁴⁴	pu⁴⁴
p'ᵒu⁴¹	pᵊu³²⁴	pᵊu³²⁴	bᵊu³¹	bᵊu³¹
p'u³²⁴	bu¹¹³	bu¹¹³	bu¹¹³	bu¹¹³
p'u⁵¹	bu²²³	bu²²³	bu³¹	bu³¹
p'u⁴³⁵	bu²²³	bu²²³	bu²²³	bu²²³
p'u⁵¹	bu²¹³	bu²¹³	bu²⁴	bu²⁴
p'ʌɣ³⁵	bʌɣ²¹³	bʌɣ²¹³	bʌɣ²¹³/³³	bʌɣ³³/²¹³
p'ʉ⁴¹²	bʉ²²³	bʉ²²³	bʉ²³¹	bʉ²³¹
p'u³²⁴	bu²³³	bu²³³	bu³¹	bu³¹
p'u⁵²	bu¹³²	bu¹³²	bu²²³	bu²²³
p'u⁴³⁴	bu²¹³	bu²¹³	bu²¹³	bu²¹³
p'u⁴³⁴	bu²³¹	bu²³¹	bu²¹³	bu²¹³
p'u³³⁵	bu¹¹³	bu¹¹³	bu¹¹³	bu¹¹³
p'u³³⁴	bu¹¹³	bu¹¹³	bu¹¹³	bu¹¹³
p'i³³⁵	bu²³¹	bu²³¹	bu²³¹/bu¹¹³	bu¹¹³
p'ʉ³²⁴	bʉ̥²⁴	bʉ̥²⁴	bʉ̥³²	bʉ̥³²
p'u³¹³	bu²⁴	bu²⁴	bu²²³	bu²²³
p'u̥³³⁴	bu²³¹	bu²³¹	bu²²³	bu²²³
p'ʉ³³⁴	bʉ̥¹¹³	bʉ̥¹¹³	bʉ²³¹	bʉ²³¹
p'u³³⁴	bu²¹²	bu²¹²	bu¹¹³	bu¹¹³
p'u³³	bu²³¹	bu²³¹	bu¹¹³	bu¹¹³
p'u⁵⁴⁴	bu²³³	bu²³³	bu²³¹	bu²³¹
p'u³²⁴	bu³¹	bu³¹	bu²²	bu²²
p'u³⁵	bu³¹²	bu³¹²	bu²²	bu²²
p'u̥⁵²	bu̥¹¹³	bu̥¹¹³	bu̥¹¹³	bu̥¹¹³
p'u⁵²	bu¹¹³	bu¹¹³	bu¹¹³	bu¹¹³
p'u⁴⁴	bu³¹¹	bu³¹¹	bu¹¹³	bu¹¹³
p'ɵ⁵²	bʊ²³¹	bʊ²³¹	bʊ²⁴	bʊ²⁴
p'u⁵³	bu³²³	bu³²³	bu³¹	bu³¹
p'u⁴⁵	pʊ³²⁴	pʊ³²⁴	bu²⁴	bu²⁴
p'ʊ⁵⁴	bʊ³²²	bʊ³²²	bʊ³²³	bʊ³²³

摄口 等调 韵声	遇合 一去 暮並 步	遇合 一去 暮並 捕	遇合 一平 模明 模	流开 一上 厚明 母
宜	bu^{231}	bu^{231}	mɑɣ^{223}	ʔmu^{55}
溧	bu^{231}	bu^{231}	mʌɯ^{323}	ʔmʌɯ^{445}
金	pu^{44}	p'u^{323}	mo^{35}	mo^{323}
丹	bˀu^{31}	bˀu^{31}	mʌɣ^{213}	mʌɣ^{22}
童	bu^{113}	bu^{113}	mʌɣ^{113}	ʔmʌɣ^{324}
靖	bu^{31}	bu^{31}	mʌɣ^{223}	ʔmʌɣ^{334}
江	bu^{223}	bu^{223}	mзɣ^{223}	ʔmзɣ^{45}
常	bu^{24}	bu^{24}	mʌɯ^{213}	ʔmʌɯ^{334}
锡	bʌɣ^{213}	bʌɣ^{213}	mʌɣ^{213}	ʔmʌɣ^{55}
苏	bʉ^{231}	bʉ^{231}	mo^{223}	ʔmзu^{44}
熟	bu^{213}	bu^{213}	mu^{233}	ʔmu^{44}/ʔm̩^{44}
昆	bu^{21}	bu^{21}	mo^{132}	ʔməu^{44}
霜	bu^{213}	pu^{434}	mu^{231}	ʔmu^{434}/mu^{213}
罗	bu^{213}	bu^{213}	mu^{231}	ʔmu^{434}
周	bu^{113}	bu^{113}	mu^{113}	mu^{113}
上	bu^{113}	bu^{113}	mo^{113}	ʔmu^{52}
松	bu^{113}	bu^{113}	mo^{231}/mu^{231}	mo^{113}
黎	bʉ̩^{213}	bʉ̩^{213}	mзu^{24}/mo	ʔm̩^{51}/ɦm̩^{32}
盛	bu̩^{212}	bu̩^{212}	mo^{24}/mu̩^{24}	mзu^{223}
嘉	bu^{223}	bu^{223}	məu^{231}/mu^{231}	məu^{223}
双	bʉ̩^{113}	bʉ̩^{113}	mˀu^{113}	ʔmˀu^{53}
杭	bu^{113}	bu^{113}	mou^{212}/mu^{212}	ʔmu^{51}
绍	bu^{22}	bu^{22}	mu^{231}	mu^{113}
诸	bu^{233}	bu^{233}	mɯ^{233}	mɯ^{231}
崇	bu^{14}	bu^{14}	mɣ^{31}	mɣ^{22}
太	bu^{13}	bu^{13}	mɯ^{312}	mɯ^{22}
余	bu̩^{113}/bou	bu̩^{113}	mou^{113}	mɣ^{113}
宁	bu^{113}	bu^{113}	məʊ^{113}	mœɣ^{113}
黄	bu^{113}	bu^{113}	mu^{311}	ʔmiu^{533}
温	bθ^{22}	bʊ^{22}	mu^{231}/mɵ^{231}~子	mu$\underline{^{24}}$
衢	bu^{31}	bu^{31}	ʔmu^{434}	ʔmu^{53}
华	bu^{24}	bu^{24}	muo^{324}	ʔmuo^{544}
永	bʊ^{214}	bʊ^{214}	mʊ^{322}	mʊ^{323}

遇合	遇合	遇合	遇合	宕开
一去	一去	一去	一去	一入
暮明	暮明	暮明	暮明	铎明
慕	募	墓	暮	幕
mu²³¹	mu²³¹	mu²³¹	mu²³¹	mu²³¹
mʌɯ²³¹	mʌɯ²³¹	mʌɯ²³¹	mʌɯ²³¹	mʌɯ²³¹
mo⁴⁴	mo⁴⁴	mo⁴⁴	mo⁴⁴	mo⁴⁴
mʌɣ⁴¹	mʌɣ⁴¹	mʌɣ⁴¹	mʌɣ⁴¹	mʌɣ⁴¹
mʌɣ¹¹³	mʌɣ¹¹³	mʌɣ¹¹³	mʌɣ¹¹³	mʌɣ¹¹³
mʌɣ⁵¹	mʌɣ⁵¹	mʌɣ⁵¹	mʌɣ⁵¹	mʌɣ⁵¹
mɜɣ²²³	mɜɣ²²³	mɜɣ²²³	mɜɣ²²³	mɜɣ²²³
mʌɯ²⁴	mʌɯ²⁴	mʌɯ²⁴	mʌɯ²⁴	mʌɯ²⁴
mʌɣ²¹³	mʌɣ²¹³	mʌɣ²¹³	mʌɣ²¹³	mʌɣ²¹³
mo²³¹	mo²³¹	mo²³¹	mo²³¹	mo²³¹
mu²¹³	mu²¹³	mu²¹³	mu²¹³	mu²¹³
məu²¹	məu²¹	məu²¹	məu²¹	məu²²³
mu²¹³	mu²¹³	mu²¹³	mu²¹³	mu²¹³
mu²¹³	mu²¹³	mu²¹³	mu²¹³	mu²¹³
mu¹¹³	mu¹¹³	mu¹¹³	mu¹¹³	mu¹¹³
mo¹¹³/mu¹¹³	mo¹¹³/mu¹¹³	mo¹¹³/mu¹¹³	mo¹¹³/mu¹¹³	mo¹¹³/mu¹¹³
mo¹¹³/mu¹¹³	mo¹¹³/mu¹¹³	mo¹¹³/mu¹¹³	mo¹¹³/mu¹¹³	mo¹¹³/mu¹¹³
mɜu²¹³	mɜu²¹³	mɜu²¹³	mɜu²¹³	mɜu²¹³
mo²¹²	mo²¹²	mo²¹²	mo²¹²	mo²¹²
məu²²³	məu²²³	məu²²³	məu²²³	məu²²³
məu¹¹³	məu¹¹³	məu¹¹³	məu¹¹³	məu¹¹³
mu¹¹³	mu¹¹³	mu¹¹³	mu¹¹³	mu¹¹³
mu²²	mu²²	mu²²	mu²²	mu²²
mɯ²³³	mɯ²³³	mɯ²³³	mɯ²³³	mɯ²³³
mɣ¹⁴	mɣ¹⁴	mɣ¹⁴	mɣ¹⁴	mɣ¹⁴
mɯ¹³	mɯ¹³	mɯ¹³	mɯ¹³	mɯ¹³
mou¹¹³	mou¹¹³	mou¹¹³	mou¹¹³	mou¹¹³
məʊ¹¹³	məʊ¹¹³	məʊ¹¹³	məʊ¹¹³	məʊ¹¹³
mu¹¹³	mu¹¹³	mu¹¹³	mɔʔ¹²	mɔʔ¹²
mu²²	mu²²	mu²²	mu²²	mu²²
mu³¹	mu³¹	mu³¹	mu³¹	mu³¹
muo²⁴	muo²⁴	muo²⁴	muo²⁴	muo²⁴
mʊ²¹⁴	mʊ²¹⁴	mʊ²¹⁴	mʊ²¹⁴	mʊ²¹⁴

摄口 等调 韵声	遇合 三平 虞非	遇合 三平 虞非	遇合 三上 麌非	遇合 三上 麌非
	夫	肤	府	斧
宜	fu⁵⁵	fu⁵⁵	fu³²⁴	fu³²⁴
溧	fu⁴⁴⁵	fu⁴⁴⁵	fu⁵²	fu⁵²
金	fu⁴⁴	fu⁴⁴	fu³²³	fu³²³
丹	fɣ²²	fɣ²²	fɣ²²	fɣ²²
童	fu⁴²	fu⁴²	fu³²⁴	fu³²⁴
靖	fu⁴³³	fu⁴³³	fu³³⁴	fu³³⁴
江	fɣ⁵¹	fɣ⁵¹	fɣ⁴⁵	fɣ⁴⁵
常	fɣ⁴⁴	fɣ⁴⁴	fɣ³³⁴	fɣ³³⁴
锡	fu⁵⁵	fu⁵⁵	fu³²⁴	fu³²⁴
苏	fʉ⁴⁴	fʉ⁴⁴	fʉ⁵¹	fʉ⁵¹
熟	fɣ⁵²	fɣ⁵²	fɣ⁴⁴	fɣ⁴⁴
昆	fu⁴⁴	fu⁴⁴	fu⁵²	fu⁵²
霜	fɣ⁵²	fɣ⁵²	fɣ⁴³⁴	fɣ⁴³⁴
罗	fɣ⁵²	fɣ⁵²	fɣ⁴³⁴	fɣ⁴³⁴
周	fɣ⁵²	fɣ⁵²	fɣ⁴⁴	fɣ⁴⁴
上	fɣ⁵²	fɣ⁵²	fɣ³³⁴	fɣ³³⁴
松	fɣ⁵²	fɣ⁵²	fɣ⁴⁴	fɣ⁴⁴
黎	fɣ⁴⁴	fɣ⁴⁴	fɣ⁵¹	fɣ⁵¹
盛	fɣ⁴⁴	fɣ⁴⁴	fɣ⁵¹	fɣ⁵¹
嘉	fɣ⁵¹	fɣ⁵¹	fɣ⁴⁴	fɣ⁴⁴
双	fɣ⁴⁴	fɣ⁴⁴	fɣ⁵³	fɣ⁵³
杭	fɣ³²³	fɣ³²³	fɣ⁵¹	fɣ⁵¹
绍	fɣ⁵²	fɣ⁵²	fɣ³³⁴	fɣ³³⁴
诸	fʋ⁵⁴⁴	fʋ⁵⁴⁴	fʋ⁵²	fʋ⁵²
崇	fʋ⁵³	fʋ⁵³	fʋ⁴⁴	fʋ⁴⁴
太	fʋ⁵²³	fʋ⁵²³	fʋ⁴²	fʋ⁴²
余	fɣ³²⁴	fɣ³²⁴	fɣ⁴³⁵	fɣ⁴³⁵
宁	fɣ⁵²	fɣ⁵²	fɣ³²⁵	fɣ³²⁵
黄	fɣ⁵³³	fɣ⁵³³	fɣ⁵³³	fɣ⁵³³
温	fθ⁴⁴	fu⁴⁴	fθ³⁵	fu³⁵
衢	fu⁴³⁴	fu⁴³⁴	fu⁴⁵	fu⁴⁵
华	fɣ³²⁴	fɣ³²⁴	fɣ⁵⁴⁴	fɣ⁵⁴⁴
永	fʋ⁴⁴	fʋ⁴⁴	fʋ⁴³⁴	fʋ⁴³⁴

遇合 三上 麌非	遇合 三上 麌敷	遇合 三去 遇非	流开 三去 宥非	流开 三去 宥敷
甫	抚	付	富	副
fu^{51}	fu^{55}	fu^{324}	fu^{324}	fu^{324}
fu^{52}	fu^{52}	fu^{412}	fu^{412}	fu^{412}
fu^{323}	fu^{323}	fu^{44}	fu^{44}	fu^{44}
$f\gamma^{22}$	$f\gamma^{22}$	$f\gamma^{41}$	$f\gamma^{41}$	$f\gamma^{41}$
fu^{324}	fu^{324}	fu^{45}	fu^{45}	fu^{45}
fu^{334}	fu^{334}	fu^{51}	fu^{51}	fu^{51}
$f\gamma^{45}$	$f\gamma^{45}$	$f\gamma^{435}$	$f\gamma^{435}$	$f\gamma^{435}$
$f\gamma^{334}$	$f\gamma^{334}$	$f\gamma^{51}$	$f\gamma^{51}$	$f\gamma^{51}$
fu^{324}	fu^{324}	fu^{35}	fu^{35}	fu^{35}
$p'ʉ^{51}/fʉ^{51}$	$vʉ^{231}$	$fʉ^{412}$	$fʉ^{412}$	$fʉ^{412}$
$f\gamma^{44}$	$v\gamma^{44}$	$f\gamma^{324}$	$f\gamma^{324}$	$f\gamma^{324}$
fu^{52}	fu^{52}	fu^{52}	fu^{52}	fu^{52}
$f\gamma^{434}$	$v\gamma^{213}$	$f\gamma^{434}$	$f\gamma^{434}$	$f\gamma^{434}$
$f\gamma^{434}$	$v\gamma^{213}$	$f\gamma^{434}$	$f\gamma^{434}$	$f\gamma^{434}$
$f\gamma^{44}$	$v\gamma^{113}$	$f\gamma^{335}$	$f\gamma^{335}$	$f\gamma^{335}$
$f\gamma^{334}$	$v\gamma^{113}$	$f\gamma^{334}$	$f\gamma^{334}$	$f\gamma^{334}$
$f\gamma^{44}$	$v\gamma^{113}$	$f\gamma^{335}$	$f\gamma^{335}$	$f\gamma^{335}$
$f\gamma^{51}$	$v\gamma^{32}/\beta u^{32}$	$f\gamma^{413}$	$f\gamma^{413}$	$f\gamma^{413}$
$f\gamma^{51}$	$v\gamma^{223}$	$f\gamma^{413}$	$f\gamma^{413}$	$f\gamma^{413}$
$f\gamma^{44}$	$v\gamma^{223}$	$f\gamma^{334}$	$f\gamma^{334}$	$f\gamma^{334}$
$f\gamma^{53}$	$v\gamma^{113}$	$f\gamma^{334}$	$f\gamma^{334}$	$f\gamma^{334}$
$f\gamma^{51}$	$v\gamma^{113}$	$f\gamma^{334}$	$f\gamma^{334}$	$f\gamma^{334}$
$f\gamma^{334}$	$f\gamma^{334}$	$f\gamma^{33}$	$f\gamma^{33}$	$f\gamma^{33}$
$fʊ^{52}$	$fʊ^{52}$	$fʊ^{544}$	$fʊ^{544}$	$fʊ^{544}$
$fʊ^{44}$	$fʊ^{44}$	$fʊ^{324}$	$fʊ^{324}$	$fʊ^{324}$
$fʊ^{42}$	$fʊ^{42}$	$fʊ^{35}$	$fʊ^{35}$	$fʊ^{35}$
$f\gamma^{435}$	$f\gamma^{435}$	$f\gamma^{52}$	$f\gamma^{52}$	$f\gamma^{52}$
$f\gamma^{325}$	$v\gamma^{325}$	$f\gamma^{52}$	$f\gamma^{52}$	$f\gamma^{52}$
$f\gamma^{533}$	$v\gamma^{113}$	$f\gamma^{44}$	$f\gamma^{44}$	$f\gamma^{44}$
$fʊ^{\underline{35}}$	$fʊ^{\underline{35}}$	$fɵ^{52}$	$fɵ^{52}$	$fɵ^{52}$
fu^{45}	fu^{45}	fu^{53}	fu^{53}	fu^{53}
$f\gamma^{544}$	$f\gamma^{544}$	$f\gamma^{45}$	$f\gamma^{45}$	$f\gamma^{45}$
$fʊ^{434}$	$fʊ^{434}$	$fʊ^{54}$	$fʊ^{54}$	$fʊ^{54}$

摄口 等调 韵声	遇合 三平 虞奉	遇合 三平 虞奉	遇合 三平 虞微	遇合 三平 虞微
	符	扶	无	巫
宜	vu²²³	vu²²³	vu²²³	ʔu⁵⁵
溧	vu³²³	vu³²³	vu³²³	ʔʋu⁴⁴⁵
金	fu³⁵	fu³⁵	u³⁵	u⁴⁴
丹	ʋɣ²²	ʋɣ²²	ʋɣ²²	ʋɣ²²
童	vu³¹/βu³¹	vu³¹/βu³¹	vu³¹/βu³¹	vu³¹/βu³¹
靖	vu²²³	vu²²³	βu²²³/vu²²³	ʔu⁴³³
江	vɣ²²³	vɣ²²³	fvɣ²²³/ɦiu²²³	vɣ²²³/ɦiu²²³
常	vɣ²¹³	vɣ²¹³	vɣ²¹³	vɣ²¹³
锡	vu²¹³	vu²¹³	vu²¹³/ɦiu²¹³	vu²¹³/ɦiu²¹³
苏	vʉ²²³	vʉ²²³	vʉ²²³	vʉ²²³/ʔʉ⁴⁴
熟	vɣ²³³	vɣ²³³	vɣ²³³	vɣ²³³
昆	vu¹³²	vu¹³²	vu¹³²	vu¹³²
霜	vɣ²³¹	vɣ²³¹	ɦiu²³¹/vɣ²³¹	ɦiu²³¹/vɣ²³¹
罗	fɣ²³¹/vɣ²³¹	vɣ²³¹	vɣ²³¹/ɦiu²³¹	ʔu²³¹
周	vɣ¹¹³	vɣ¹¹³	vɣ¹¹³	ʔu⁵²/ʔʋu⁵²
上	vɣ¹¹³	vɣ¹¹³	vɣ¹¹³/ɦiu¹¹³	ʔu³³⁴/vɣ¹¹³
松	vɣ²³¹	vɣ²³¹	vɣ²³¹	vɣ²³¹/ʔʋu⁵²
黎	vɣ²⁴	vɣ²⁴	βu²⁴/vɣ²⁴	βu²⁴/vɣ²⁴
盛	vɣ²⁴	vɣ²⁴	vɣ²⁴	vɣ²⁴
嘉	vɣ²³¹	vɣ²³¹	vɣ²³¹	vɣ²³¹
双	vɣ¹¹³	vɣ¹¹³	vɣ¹¹³	vɣ¹¹³
杭	vɣ²¹²	vɣ²¹²	ɦiu²¹²/vɣ²¹²	ʔu³²³/vɣ²¹²
绍	vɣ²³¹	vɣ²³¹	vɣ²³¹	vɣ²³¹
诸	vʋ²³³	vʋ²³³	vʋ²³³	vʋ²³³
崇	vʋ³¹	vʋ³¹	vʋ³¹	vʋ³¹
太	vʋ³¹²	vʋ³¹²	vʋ³¹²	vʋ³¹²
余	vɣ¹¹³	vɣ¹¹³	vɣ¹¹³	vɣ¹¹³
宁	vɣ¹¹³	vɣ¹¹³	vɣ¹¹³	vɣ¹¹³
黄	vɣ³¹¹	vɣ³¹¹	vɣ³¹¹	vɣ³¹¹
温	vθ²³¹	vʋ²³¹	vʋ²³¹	vʋ²³¹
衢	fvu³²³	fvu³²³	ɦiu³²³/fvu³²³	ʔu⁴³⁴/fvu³²³
华	fɣ³²⁴	fɣ³²⁴	ʔu³²⁴/fvu²¹³	ʔu³²⁴/fvu²¹³
永	fvʋ³²²	fvʋ³²²	fvʋ³²²	fvʋ³²²/ʔʋ⁴⁴

遇合 三上 麌奉	遇合 三上 麌奉	遇合 三上 麌微	遇合 三上 麌微	流开 三上 有奉
父	腐	武	舞	妇
vu²³¹	vu²³¹	vu²⁴	vu²⁴	vu²³¹
vu²²⁴	vu³²³	vu²²⁴	vu²²⁴	vu²³¹
fu⁴⁴	u³²³/fu³²³	u³⁵	u³⁵	fu⁴⁴
fɣ⁴¹	fɣ²²	ʋɣ⁴⁴	ʋɣ⁴⁴	fɣ⁴¹
vu³¹/βu³¹	vu¹¹³/βu¹¹³	vu¹¹³/βu¹¹³	vu¹¹³/βu¹¹³	vu¹¹³/βu¹¹³
fvu³³⁴	vu³¹/ʔwu³³⁴	βu³¹/ʔwu³³⁴	βu³¹/fu³³⁴	fu³³⁴
vɣ²²³	vɣ²²³	ʔʋɣ²²³/fɣ²²³	ʔvɣ²²³/fɣ²²³	vɣ²²³
vɣ²⁴	vɣ²⁴	ʔʋɣ³³⁴/fɣ³³⁴	ʔʋɣ³³⁴	vɣ²⁴
vu²¹³/³³	vu²¹³/³³	vu²¹³/³³/ɦiu²¹³/³³	vu²¹³/³³/ɦiu²¹³/³³	vu²¹³/³³
vʉ²³¹	vʉ²³¹	vʉ²³¹	vʉ²³¹	vʉ²³¹
vɣ³¹	vɣ³¹	vɣ³¹	vɣ³¹	vɣ³¹
fu²²³	vu²²³	vu²²³	vu²²³	vu²²³
ɦiu²¹³/vɣ²¹³	ɦiu²¹³/vɣ²¹³	ɦiu²¹³/vɣ²¹³	ɦiu²¹³/vɣ²¹³	ɦiu²¹³/vɣ²¹³
ɦiu²¹³/vɣ²¹³	ɦiu²¹³/vɣ²¹³	vɣ²¹³/ɦiu²¹³	vɣ²¹³/ɦiu²¹³	ɦiu²¹³/vɣ²¹³
ɦiu¹¹³/vɣ¹¹³	vɣ¹¹³	vɣ¹¹³	ɦiu¹¹³/vɣ¹¹³	ɦiu¹¹³/vɣ¹¹³
vɣ¹¹³	vɣ¹¹³/ɦiu¹¹³	vɣ¹¹³/ɦiu¹¹³	vɣ¹¹³/ɦiu¹¹³	vɣ¹¹³
vɣ¹¹³/fu⁵²	vɣ¹¹³	vɣ¹¹³	vɣ¹¹³	vɣ¹¹³
vɣ³²	vɣ³²	βu³²/vɣ³²	βu³²/vɣ³²	vɣ³²
vɣ²²³	vɣ²²³	vɣ²²³	vɣ²²³	vɣ²²³
vɣ²²³	vɣ²²³	vɣ²²³	vɣ²²³	vɣ²²³
vɣ²³¹	vɣ²³¹	vɣ²³¹	vɣ²³¹	vɣ²³¹
vɣ¹¹³/fɣ¹¹³	vɣ¹¹³	ʔu⁵¹	ʔu⁵¹	vɣ¹¹³
vɣ¹¹³	vɣ¹¹³	vɣ¹¹³	vɣ¹¹³	vɣ¹¹³
vʋ²³¹	vʋ²³¹	vʋ²³¹	vʋ²³¹	vʋ²³¹
vʋ²²	vʋ²²	vʋ²²	vʋ²²	vʋ²²
vʋ²²	vʋ²²	vʋ²²	vʋ²²	vʋ²²
vɣ¹¹³	vɣ¹¹³	vɣ¹¹³	ɤɣ¹¹³	vɣ¹¹³
vɣ¹¹³	vɣ¹¹³	vɣ¹¹³	vɣ¹¹³	vɣ¹¹³
vθ²⁴	vʋ²⁴	vʋ²⁴	vʋ²⁴	vʋ²⁴
fu⁵³	fvu³¹	fvu³¹/ʔu⁵³/ɦiu³¹	fu⁵³	fvu³¹
fvu²⁴	fvu²⁴	ʔu⁵⁴⁴/fɣ⁵⁴⁴	ʔu⁵⁴⁴	fvu²⁴
fvʋ³²³	fvʋ³²³	fvʋ³²³	fvʋ³²³	fvʋ³²³

摄口 等调 韵声	遇合 三去 遇奉	遇合 三去 遇微	遇合 三去 遇微	遇合 一平 模端
	附	务	雾	都
宜	vu²³¹	vu²³¹	vu²³¹	tu⁵⁵
溧	vu²³¹	vu²³¹	vu²³¹	tu⁴⁴⁵
金	fu⁴⁴	u⁴⁴	u⁴⁴	tˀu³¹
丹	fɣ²²	ʋɣ⁴¹	ʋɣ⁴¹	tʌɣ²²/⁴⁴/tˀu²²/⁴⁴
童	vu¹¹³/βu¹¹³	vu¹¹³/βu¹¹³	vu¹¹³/βu¹¹³	tʌɣ⁴²/tu⁴²
靖	vu³¹/fu⁵¹	vu³¹/ʔu⁵¹	βu³¹/ʔu⁵¹	tu⁴³³/tʌɣ⁴³³
江	vɣ²²³/fɣ²²³	vɣ²²³	vɣ²²³	tʒɣ⁵¹
常	vɣ²⁴	vɣ²⁴	vɣ²⁴	tʌɯ⁴⁴/tu⁴⁴
锡	vu²¹³	vu²¹³/ɦu²¹³	vu²¹³/ɦu²¹³	tʌɣ⁵⁵
苏	vʉ²³¹/fʉ⁴¹²	vʉ²³¹	vʉ²³¹	tʒu⁴⁴
熟	vɣ²¹³	vɣ²¹³	vɣ²¹³	tɯ⁵²
昆	vu²¹/fu⁵²	vu²¹	ʔu⁵²	təu⁴⁴
霜	vɣ²¹³/ɦu²¹³	vɣ²¹³	ɦu²¹³/vɣ²¹³	tˀu⁵²
罗	fɣ²¹³	ɦu²¹³	ɦu²¹³	tˀu⁵²
周	vɣ¹¹³/ɦu¹¹³	vɣ¹¹³/ɦu¹¹³	ɦu¹¹³	ɖu⁵²
上	vɣ¹¹³/fɣ³³⁴	vɣ¹¹³/ɦu¹¹³	vɣ¹¹³/ɦu¹¹³	tu⁵²
松	vɣ¹¹³/fɣ³³⁵	vɣ¹¹³	vɣ¹¹³	tu⁵²/ɖu⁵²
黎	vɣ²¹³	vɣ²¹³	βu²¹³/vɣ²¹³	tʒu⁴⁴
盛	fɣ²¹²	vɣ²¹²	vɣ²¹²	tʒu⁴⁴
嘉	fɣ²²³	vɣ²²³	ʔʋu³³⁴	təu⁵¹
双	vɣ¹¹³	vɣ¹¹³	vɣ¹¹³	təu⁴⁴
杭	vɣ¹¹³	ɦu¹¹³	ɦu¹¹³	tu³²³
绍	vɣ²²	vɣ²²	vɣ²²/ɦu²²	tu⁵²
诸	vʋ²³³	vʋ²³³	vʋ²³³	tu⁵⁴⁴
崇	vʋ¹⁴	vʋ¹⁴	vʋ¹⁴	tu⁵³
太	vʋ¹³	vʋ¹³	vʋ¹³	tu⁵²³
余	vɣ¹¹³	vɣ¹¹³	vɣ¹¹³	tˀu³²⁴
宁	vɣ¹¹³	vɣ¹¹³	vɣ¹¹³	tu⁵²
黄	vɣ¹¹³	vɣ¹¹³	vɣ¹¹³	tˀu⁵³³
温	vʋ²²~近/vθ²²~上	vθ²²	mθ²²	tθ⁴⁴
衢	fu⁵³	ɦu³¹/fʋu³¹	ɦu³¹	tˀu⁴³⁴
华	fu̠⁵⁴⁴	ɦu²⁴	ɦu²⁴	tu³²⁴
永	fvʋ²¹⁴	fvʋ²¹⁴	fvʋ²¹⁴	tʋ⁴⁴

遇合 一上 姥端	遇合 一上 姥端	遇合 一上 姥端	遇合 一上 姥端	遇合 一去 暮端
堵	睹	肚猪~	赌	妒
tu⁵¹	tu⁵¹	tu⁵¹	tu⁵¹	tu³²⁴
tu⁵²	tu⁵²	tu⁵²	tu⁴⁴⁵	tu⁴¹²
tˀu³²³	tˀu³²³	tˀu³²³	tˀu³²³	tˀu⁴⁴
tˀu⁴⁴	tˀu⁴⁴	tˀu⁴⁴	tˀu⁴⁴	tˀu⁴¹
tu³²⁴	tu³²⁴	tu³²⁴	tu³²⁴	tu⁴⁵
tu³³⁴	tu³³⁴	tu³³⁴	tu³³⁴	tu⁵¹
tʒɤ⁴⁵	tʒɤ⁴⁵	tʒɤ⁴⁵	tʒɤ⁴⁵	tʒɤ⁴³⁵
tu³³⁴	tu³³⁴	tu³³⁴	tu³³⁴	tu⁵¹
tʌɤ³²⁴	tʌɤ³²⁴	tʌɤ³²⁴	tʌɤ³²⁴	tʌɤ³⁵
tʒu⁵¹	tʒu⁵¹	tʒu⁵¹	tʒu⁵¹	tʒu⁴¹²
tɯ⁴⁴	tɯ⁴⁴	tɯ⁴⁴	tɯ⁴⁴	tɯ³²⁴
təu⁵²	təu⁵²	təu⁵²	təu⁵²	təu⁵²
tˀu⁴³⁴	tˀu⁴³⁴	tˀu⁴³⁴	tˀu⁴³⁴	tˀu⁴³⁴
tˀu⁴³⁴	tˀu⁴³⁴	tˀu⁴³⁴	tˀu⁴³⁴	tˀu⁴³⁴
ɗu⁴⁴	ɗu⁴⁴	ɗu⁴⁴	ɗu⁴⁴	ɗu³³⁵
tu³³⁴	tu³³⁴	tu³³⁴	tu³³⁴	tu³³⁴
tu⁴⁴/ɗu⁴⁴	tu⁴⁴/ɗu⁴⁴	tu⁴⁴/ɗu⁴⁴	tu⁴⁴/ɗu⁴⁴	tu³³⁵
tʒu⁵¹	tʒu⁵¹	tʒu⁵¹	tʒu⁵¹	tʒu⁴¹³
tʒu⁵¹	tʒu⁵¹	tʒu⁵¹	tʒu⁵¹	tʒu⁴¹³
təu⁴⁴	təu⁴⁴	təu⁴⁴	təu⁴⁴	təu³³⁴
təu̥⁵³	təu̥⁵³	təu̥⁵³	təu̥⁵³	təu̥³³⁴
tu⁵¹	tu⁵¹	tu⁵¹	tu⁵¹	tu³³⁴
tu³³⁴	tu³³⁴	tu³³⁴	tu³³⁴	tu³³
tu⁵²	tu⁵²	tu⁵²	tu⁵²	tu⁵⁴⁴
tu⁴⁴	tu⁴⁴	tu⁴⁴	tu⁴⁴	tu³²⁴
tu⁴²	tu⁴²	tu⁴²	tu⁴²	tu³⁵
tᵛu⁴³⁵	tᵛu⁴³⁵		tᵛu⁴³⁵	tᵛu⁵²
tu³²⁵	tu³²⁵	tu³²⁵	tu³²⁵	tu⁵²
tˀu⁵³³	tˀu⁵³³	tˀu⁵³³	tˀu⁵³³	tˀu⁴⁴
tθ³⁵	tθ³⁵	tθ³⁵	tθ³⁵	tθ⁵²
tᵛu⁴⁵	tᵛu⁴⁵	tᵛu⁴⁵	tᵛu⁴⁵	tᵛu⁵³
tu⁵⁴⁴	tu⁵⁴⁴	tu⁵⁴⁴	tu⁴⁵	tu⁴⁵
tʋ⁴³⁴	tʋ⁴³⁴	tʋ⁴³⁴	tʋ⁴³⁴	tʋ⁵⁴

摄口 等调 韵声	遇合 一去 暮端 蠹	遇合 一上 姥透 土	遇合 一去 暮透 吐呕~	遇合 一去 暮透 兔
宜	tu^{324}	tʻu^{51}	tʻu^{51}	tʻu^{324}
溧	tu^{412}	tʻu^{52}	tʻu^{412}	tʻu^{412}
金	tᵊu^{44}	tᵊʻu^{323}	tᵊʻəu^{44}	tᵊʻu^{44}
丹	tᵊu^{41}	tᵊʻu^{44}	tᵊʻu^{324}	tᵊʻəu^{41}
童	tu^{45}	tʻu^{324}	tʻu^{45}	tʻu^{45}
靖	tu^{51}	tʻu^{325}	tʻu^{51}	tʻu^{51}
江	tɜɣ^{435}	tʻɜɣ^{45}	tʻɜɣ^{435}	tʻɜɣ^{435}
常	tu^{51}	tʻu^{334}	tʻu^{51}	tʻu^{51}
锡	tʌɣ^{35}	tʻʌɣ^{324}	tʻʌɣ^{35}	tʻʌɣ^{35}
苏	tʒu^{412}	tʻʒu^{51}	tʻʒu^{412}	tʻʒu^{412}
熟	tɯ^{324}	tʻɯ^{44}	tʻɯ^{324}	tʻɯ^{324}
昆	təu^{52}	tʻəu^{52}	tʻəu^{52}	tʻəu^{52}
霜	tᵊu^{434}	tʻəu^{434}	tʻəu^{434}	tᵊʻu^{434}
罗	tᵊu^{434}	tʻəu^{434}	tᵊʻu^{434}	tʻəu^{434}
周	ɗu^{335}	tʻu^{44}	tʻu^{335}	tʻu^{335}
上	tu^{334}	tʻu^{334}	tʻu^{334}	tʻu^{334}
松	tu^{335}	tʻu^{44}	tʻu^{44}	tʻu^{335}
黎	tʒu^{413}	tʻʒu^{334}	tʻʒu^{334}	tʻʒu^{324}
盛	tʒu^{413}	tʻʒu^{334}	tʻʒu^{334}	tʻʒu^{313}
嘉	təu^{334}	tʻəu^{324}	tʻəu^{324}	tʻəu^{334}
双	təu^{334}	tʻəu^{53}	tʻəu^{334}	tʻəu^{334}
杭	tu^{334}	tʻu^{51}	tʻu^{334}	tʻu^{334}
绍	tu^{33}	tʻu^{334}	tʻu^{33}	tʻu^{33}
诸	tu^{544}	tʻu^{52}	tʻu^{544}	tʻu^{544}
崇	tu^{324}	tʻu^{44}	tʻu^{324}	tʻu^{324}
太	tu^{35}	tʻu^{42}	tʻu^{35}	tʻu^{35}
余	tᵛu̺^{52}	tᵛʻu̺^{435}	tᵛʻu̺^{52}	tᵛʻu̺^{52}
宁	tu^{52}	tʻu^{325}	tʻu^{52}	tʻu^{52}
黄	tᵊu^{44}	tᵊʻu^{533}	tᵊʻu^{44}	tᵊʻu^{44}
温	tθ^{52}	tʻθ^{35}	tʻθ^{52}	tʻθ^{52}
衢	tᵛu^{53}	tᵛʻu^{45}	tᵛʻu^{53}	tᵛʻu^{53}
华	tu^{45}	tʻu^{544}	tʻu^{45}	tʻu^{45}
永	tʊ^{54}	tʻʊ^{434}	tʻʊ^{54}	tʻʊ^{54}

遇合 一平 模定	遇合 一平 模定	遇合 一平 模定	遇合 一平 模定	遇合 一上 姥定
图	涂	途	徒	杜
du^{223}	du^{223}	du^{223}	du^{223}	du^{231}
du^{323}	du^{323}	du^{323}	du^{323}	du^{231}
$tʻᵊu^{35}$	$tʻᵊu^{35}$	$tʻᵊu^{35}$	$tʻo^{35}$	$tʻᵊu^{44}$
$dᵊu^{213}$	$dᵊu^{213}$	$dᵊu^{213}$	$dᵊu^{213}$	$tᵊu^{41}$
du^{31}	du^{113}	du^{113}	du^{113}	du^{113}
du^{223}	du^{223}	du^{223}	du^{223}	du^{31}
$dʒɤ^{223}$	$dʒɤ^{223}$	$dʒɤ^{223}$	$dʒɤ^{223}$	$dʒɤ^{223}$
du^{213}	du^{213}	du^{213}	du^{213}	du^{24}
$dʌɣ^{213}$	$dʌɣ^{213}$	$dʌɣ^{213}$	$dʌɣ^{213}$	$dʌɣ^{33/213}$
$dʒu^{223}$	$dʒu^{223}$	$dʒu^{223}$	$dʒu^{223}$	$dʒu^{231}$
$dɯ^{233}$	$dɯ^{233}$	$dɯ^{233}$	$dɯ^{233}$	$dɯ^{31}$
$dəu^{132}$	$dəu^{132}$	$dəu^{132}$	$dəu^{132}$	$dəu^{223}$
$dᵊu^{231}$	$dᵊu^{231}$	$dᵊu^{231}$	$dᵊu^{231}$	$dᵊu^{213}$
$dᵊu^{231}$	$dᵊu^{231}$	$dᵊu^{231}$	$dᵊu^{231}$	$dᵊu^{213}$
du^{113}	du^{113}	du^{113}	du^{113}	du^{113}
du^{113}	du^{113}	du^{113}	du^{113}	du^{113}
du^{231}	du^{231}	du^{231}	du^{231}	du^{113}
$dʒu^{24}$	$dʒu^{24}$	$dʒu^{24}$	$dʒu^{24}$	$dʒu^{32}$
$dʒu^{24}$	$dʒu^{24}$	$dʒu^{24}$	$dʒu^{24}$	$dʒu^{223}$
$dəu^{231}$	$dəu^{231}$	$dəu^{231}$	$dəu^{231}$	$dəu^{223}$
$dəu^{113}$	$dəu^{113}$	$dəu^{113}$	$dəu^{113}$	$dəu^{231}$
du^{212}	du^{212}	du^{212}	du^{212}	du^{113}
du^{231}	du^{231}	du^{231}	du^{231}	du^{113}
du^{233}	du^{233}	du^{233}	du^{233}	du^{231}
du^{31}	du^{31}	du^{31}	du^{31}	du^{22}
du^{312}	du^{312}	du^{312}	du^{312}	du^{22}
$dᵛu̥^{113}$	$dᵛu̥^{113}$	$dᵛu̥^{113}$	$dᵛu̥^{113}$	$dᵛu̥^{113}$
du^{113}	du^{113}	du^{113}	du^{113}	du^{113}
$dᵊu^{311}$	$dᵊu^{311}$	$dᵊu^{311}$	$dᵊu^{311}$	$dᵊu^{113}$
$dɵ^{231}$	$dɵ^{231}$	$dɵ^{231}$	$dɵ^{231}$~弟/$dᵊu^{231}$之~	$dɵ^{24}$
$dᵛu^{323}$	$dᵛu^{323}$	$dᵛu^{323}$	$dᵛu^{323}$	$dᵛu^{31}$
tu^{324}	tu^{324}	tu^{324}	tu^{324}	du^{24}
$dʊ^{322}$	$dʊ^{322}$	$dʊ^{322}$	$dʊ^{322}$	$dʊ^{323}$

摄口 等调 韵声	遇合 一上 姥定	遇合 一去 暮定	遇合 一去 暮定	遇合 一去 暮定
	肚~皮	度	渡	镀
宜	du²³¹	du²³¹	du²³¹	du²³¹
溧	du²²⁴	du²³¹	du²³¹	du²³¹
金	tˀu⁴⁴	tˀu⁴⁴	tˀu⁴⁴	tˀu⁴⁴
丹	tˀu⁴¹	tˀu⁴¹	tˀu⁴¹	tˀu⁴¹
童	dʌɣ¹¹³	du¹¹³	du¹¹³	du¹¹³
靖	tu³³⁴	du³¹	du³¹	du³¹
江	dʒɣ²²³	dʒɣ²²³	dʒɣ²²³	dʒɣ²²³
常	du²⁴	du²⁴	du²⁴	du²⁴
锡	dʌɣ²¹³/³³	dʌɣ²¹³	dʌɣ²¹³	dʌɣ²¹³
苏	dʒu²³¹	dʒu²³¹	dʒu²³¹	dʒu²³¹
熟	duɯ³¹	duɯ²¹³	duɯ²¹³	duɯ²¹³
昆	dəu²²³	dəu²¹	dəu²¹	dəu²¹
霜	dˀu²¹³	dˀu²¹³	dˀu²¹³	dˀu²¹³
罗	dˀu²¹³	dˀu²¹³	dˀu²¹³	dˀu²¹³
周	du¹¹³	du¹¹³	du¹¹³	du¹¹³
上	du¹¹³	du¹¹³	du¹¹³	du¹¹³
松	du¹¹³	du¹¹³	du¹¹³	du¹¹³
黎	dʒu³²	dʒu²¹³	dʒu²¹³	dʒu²¹³
盛	dʒu²²³	dʒu²¹²	dʒu²¹²	dʒu²¹²
嘉	dəu²²³	dəu²²³	dəu²²³	dəu²²³
双	dəu²³¹	dəu¹¹³	dəu¹¹³	dəu¹¹³
杭	du¹¹³	du¹¹³	du¹¹³	du¹¹³
绍	du¹¹³	du²²	du²²	du²²
诸	du²³¹	du²³³	du²³³	du²³³
崇	du²²	du¹⁴	du¹⁴	du¹⁴
太	du²²	du¹³	du¹³	du¹³
余	dᵛu̦¹¹³	dᵛu̦¹¹³	dᵛu̦¹¹³	dᵛu̦¹¹³
宁	du¹¹³	du¹¹³	du¹¹³	du¹¹³
黄	dˀu¹¹³	dˀu¹¹³	dˀu¹¹³	dˀu¹¹³
温	dɵ²⁴	dɵ²²	dɵ²²	dɵ²²
衢	dᵛu³¹	dᵛu³¹	dᵛu³¹	dᵛu³¹
华	du²⁴	du²⁴	du²⁴	du²⁴
永	dʊ³²³	dʊ²¹⁴	dʊ²¹⁴	dʊ²¹⁴

遇合 一平 模泥	遇合 一上 姥泥	遇合 一去 暮泥	遇合 一平 模来	遇合 一平 模来
奴	努	怒	卢	炉
nu^{223}	nu^{24}	nu^{231}	lu^{223}	lu^{223}
lu^{323}	$ʔlu^{445}$	$ʔlu^{445}$	lu^{323}	lu^{323}
$l^{ᵒ}u^{35}$	$l^{ᵒ}u^{323}$	$l^{ᵒ}u^{44}$	$l^{ᵒ}u^{35}$	$l^{ᵒ}u^{35}$
$n^{ᵒ}u^{213}$	$n^{ᵒ}u^{213}$	$n^{ᵒ}u^{41}$	$l^{ᵒ}u^{213}$	$l^{ᵒ}u^{213}$
$nʌɤ^{113}$	$ʔnʌɤ^{324}$	$nʌɤ^{113}$	$lʌɤ^{31}$	$lʌɤ^{31}$
$nʌɤ^{223}$	$ʔnʌɤ^{334}$	$ʔnʌɤ^{51}$	lu^{223}	lu^{223}
$nʒɤ^{223}$	$ʔnʒɤ^{45}$	$nʒɤ^{223}$	$lʒɤ^{223}$	$lʒɤ^{223}$
nu^{213}	$ʔnu^{334}$	nu^{24}	lu^{213}	lu^{213}
$nʌɤ^{213}$	$ʔnʌɤ^{55}$	$nʌɤ^{213}$	$lʌɤ^{213}$	$lʌɤ^{213}$
$nʒu^{223}$	$ʔnʒu^{51}$	$nʒu^{231}$	$lʒu^{223}$	$lʒu^{223}$
$nɯ^{233}$	$ʔnɯ^{44}$	$nɯ^{213}$	$lɯ^{233}$	$lɯ^{233}$
$nəu^{132}$	$ʔnəu^{51}$	$nəu^{21}$	$ləu^{132}$	$ləu^{132}$
$n^{ᵒ}u^{231}$	$n^{ᵒ}u^{213}$	$n^{ᵒ}u^{213}$	$l^{ᵒ}u^{231}$	$l^{ᵒ}u^{231}$
$n^{ᵒ}u^{231}$	$n^{ᵒ}u^{213}$	$n^{ᵒ}u^{213}$	$l^{ᵒ}u^{231}$	$l^{ᵒ}u^{231}$
nu^{113}	$ʔnu^{44}$	nu^{113}	lu^{113}	lu^{113}
nu^{113}	$ʔnu^{334}$	nu^{113}	lu^{113}	lu^{113}
nu^{113}/nu^{231}	$ʔnu^{44}$	nu^{113}	lu^{231}	lu^{231}
$nʒu^{24}$	$ʔnʒu^{51}$	$nʒu^{213}$	$lʒu^{24}$	$lʒu^{24}$
$nʒu^{24}$	$ʔnʒu^{51}$	$nʒu^{212}$	$lʒu^{24}$	$lʒu^{24}$
$nəu^{231}$	$nəu^{223}$	$nəu^{223}$	$ləu^{231}$	$ləu^{231}$
$nəu^{113}$	$ʔnəu^{53}$	$nəu^{113}$	$ləu^{113}$	$ləu^{113}$
nu^{212}	$ʔnu^{51}$	nu^{113}	lu^{113}	lu^{113}
nu^{231}	nu^{113}	nu^{22}	lu^{231}	lu^{231}
nu^{233}	nu^{231}	nu^{233}	lu^{233}	lu^{233}
nu^{31}	nu^{22}	nu^{14}	lu^{31}	lu^{31}
nu^{13}	nu^{22}	nu^{13}	lu^{312}	lu^{312}
$n\underset{}{u}^{113}$	$n\underset{}{u}^{113}$	$n\underset{}{u}^{113}$	$l\underset{}{u}^{113}$	$l\underset{}{u}^{113}$
nu^{113}	nu^{113}	nu^{113}	lu^{113}	lu^{113}
$ʔn^{ᵒ}u^{533}$	$ʔn^{ᵒ}u^{533}$	$n^{ᵒ}u^{113}$	$l^{ᵒ}u^{311}$	$l^{ᵒ}u^{311}$
$n^{ᵒ}u^{231}$	$n^{ᵒ}u^{24}$	$n^{ᵒ}u^{22}$	$lə^{231}$	$lə^{231}$
$n^{ᵛ}u^{323}$	$ʔn^{ᵛ}u^{53}$	$n^{ᵛ}u^{31}$	$l^{ᵛ}u^{323}$	$l^{ᵛ}u^{323}$
nu^{324}	$ʔnu^{544}$	nu^{24}	lu^{324}	lu^{324}
$nʊ^{322}$	$nʊ^{322}$	$nʊ^{214}$	$lʊ^{322}$	$lʊ^{322}$

摄口 等调 韵声	遇合 一平 模来	遇合 一上 姥来	遇合 一上 姥来	遇合 一上 姥来
	芦	鲁	橹	滷
宜	lu²²³	ʔlu⁵⁵	lu²⁴	lu²⁴
溧	lu³²³	ʔlu⁴⁴⁵	ʔlu⁴⁴⁵	ʔlu⁴⁴⁵
金	lˀu³⁵	lˀu³²³	lˀu³²³	lˀu³²³
丹	lˀu²¹³	lˀu²²	lˀu²²	lˀu²²
童	lʌɣ³¹	ʔlʌɣ³²⁴	ʔlʌɣ³²⁴	ʔlʌɣ³²⁴
靖	lu²²³	ʔlu³³⁴	ʔlu³³⁴	ʔlu³³⁴
江	lɜɣ²²³	ʔlɜɣ⁴⁵	ʔlɜɣ⁴⁵	ʔlɜɣ⁴⁵
常	lu²¹³	ʔlu³³⁴	ʔlu³³⁴	ʔlu³³⁴
锡	lʌɣ²¹³	ʔlʌɣ⁵⁵	lʌɣ²¹³/³³	lʌɣ²¹³/³³
苏	lɜu²²³	ʔlɜu⁴⁴	lɜu²³¹	lɜu²³¹
熟	lɯ²³³	ʔlɯ⁴⁴	ʔlɯ⁴⁴	ʔlɯ⁴⁴
昆	ləu¹³²	ʔləu¹³²	ləu²²³	ləu²²³
霜	ləu²³¹	ləu²¹³	ləu²¹³	ləu²¹³
罗	ləu²³¹	ʔləu⁴³⁴	ləu²¹³	ləu²¹³
周	lu¹¹³	lu¹¹³	lu¹¹³	lu¹¹³
上	lu¹¹³	lu¹¹³/ʔlu⁵²	lu¹¹³	lu¹¹³
松	lu²³¹	lu¹¹³	lu¹¹³	lu¹¹³
黎	lɜu²⁴	ʔlɜu⁵¹	lɜu³²	ʔlɜu⁵¹
盛	lɜu²⁴	ʔlɜu⁵¹	lɜu²²³	ʔlɜu⁵¹
嘉	ləu²³¹	ləu²²³	ləu²²³	ləu²²³
双	ləu¹¹³	ləu²³¹	ləu²³¹	ləu²³¹
杭	lu²¹²	ʔlu⁵¹	ʔlu⁵¹	ʔlu⁵¹
绍	lu²³¹	lu¹¹³	lu¹¹³	lu¹¹³
诸	lu²³³	lu²³¹	lu²³¹	lu²³¹
崇	lu³¹	lu²²	lu²²	lu²²
太	lu³¹²	lu²²	lu²²	lu²²
余	lu̩¹¹³	lu̩¹¹³	lu̩¹¹³	lu̩¹¹³
宁	lu¹¹³	lu¹¹³	lu¹¹³	lu¹¹³
黄	lˀu³¹¹	ʔlˀu³¹¹	ʔlˀu⁵³³	ʔlˀu⁵³³
温	lɵ²³¹	lˀu²⁴	lˀu²⁴	lˀu²⁴/lɵ盐~
衢	lˀu³²³	ʔlᵁu⁵³	ʔlᵁu⁵³	lᵁu³¹
华	lu³²⁴	ʔlu⁵⁴⁴	ʔlu⁵⁴⁴	ʔlu⁵⁴⁴
永	lʊ³²²	lʊ³²³	lʊ³²³	lʊ³²³

遇合 一上 姥来	遇合 一去 暮来	遇合 一去 暮来	遇合 一平 模见	遇合 一平 模见
房	路	露	孤	姑
lu^{24}	lu^{231}	lu^{231}	ku^{55}	ku^{55}
$ʔlu^{445}$	lu^{231}	lu^{231}	ku^{445}	ku^{445}
$l^ᵊu^{323}$	$l^ᵊu^{44}$	$l^ᵊu^{44}$	$k^ᵊu^{31}/k^ᵊu^{44}$	$k^ᵊu^{31}/k^ᵊu^{44}$
$l^ᵊu^{22}$	$l^ᵊu^{41}$	$l^ᵊu^{41}$	$k^ᵊu^{22}$	$k^ᵊu^{22}$
$ʔlʌɣ^{324}$	$lʌɣ^{113}$	$lʌɣ^{113}$	ku^{42}	ku^{42}
$ʔlu^{334}$	lu^{51}	lu^{51}	ku^{433}	ku^{433}
$ʔlɜɣ^{45}$	$lɜɣ^{223}$	$lɜɣ^{223}$	ku^{51}	ku^{51}
$ʔlu^{334}$	lu^{24}	lu^{24}	ku^{44}	ku^{44}
$lʌɣ^{213/33}$	$lʌɣ^{213}$	$lʌɣ^{213}$	ku^{55}	ku^{55}
$lɜu^{231}$	$lɜu^{231}$	$lɜu^{231}$	$kɜu^{44}$	$kɜu^{44}$
$ʔlɯ^{44}$	$lɯ^{213}$	$lɯ^{213}$	$lɯ^{233}$	ku^{52}
$ləu^{223}$	$ləu^{21}$	$ləu^{21}$	$kəu^{44}$	$kəu^{44}$
$l^ᵊu^{213}$	$l^ᵊu^{213}$	$l^ᵊu^{213}$	$k^ᵊu^{52}$	$k^ᵊu^{52}$
$l^ᵊu^{213}$	$l^ᵊu^{213}$	$l^ᵊu^{213}$	$k^ᵊu^{52}$	$k^ᵊu^{52}$
lu^{113}	lu^{113}	lu^{113}	ku^{52}	ku^{52}
lu^{113}	lu^{113}	lu^{113}	ku^{52}	ku^{52}
lu^{113}	lu^{113}	lu^{113}	ku^{52}	ku^{52}
$ʔlɜu^{51}$	$lɜu^{213}$	$lɜu^{213}$	$kɜu^{44}$	$kɜu^{44}$
$ʔlɜu^{51}$	$lɜu^{212}$	$lɜu^{212}$	$kɜu^{44}$	$kɜu^{44}$
$ləu^{223}$	$ləu^{223}$	$ləu^{223}$	$kəu^{51}$	$kəu^{51}$
$ləu^{231}$	$ləu^{113}$	$ləu^{113}$	$kəu^{44}$	$kəu^{44}$
$ʔlu^{51}$	lu^{113}	lu^{113}	ku^{323}	ku^{323}
lu^{113}	lu^{22}	lu^{22}	ku^{52}	ku^{52}
lu^{231}	lu^{233}	lu^{233}	ku^{544}	ku^{544}
lu^{22}	lu^{14}	lu^{14}	ku^{53}	ku^{53}
lu^{22}	lu^{13}	lu^{13}	ku^{523}	ku^{523}
$lu̥^{113}$	$lu̥^{113}$	$lu̥^{113}$	$ku̥^{324}$	$ku̥^{324}$
lu^{113}	lu^{113}	lu^{113}	ku^{52}	ku^{52}
$ʔl^ᵊu^{533}$	$l^ᵊu^{113}$	$l^ᵊu^{113}$	ku^{533}	ku^{533}
$l^ᵊu^{24}$	$lə^{22}$	$lə^{22}$	$kʋ^{44}$	$kʋ^{44}$
$l^ᵛu^{31}$	$l^ᵛu^{31}$	$l^ᵛu^{31}$	$k^ᵛu^{434}$	$k^ᵛu^{434}$
$ʔlu^{544}$	lu^{24}	lu^{24}	ku^{324}	ku^{324}
$lʋ^{323}$	$lʋ^{214}$	$lʋ^{214}$	$kʋ^{44}$	$kʋ^{44}$

摄口 等调 韵声	遇合 一上 姥见	遇合 一上 姥见	遇合 一上 姥见	遇合 一上 姥见
	古	估	鼓	股
宜	ku⁵¹	ku⁵¹	ku⁵¹	ku⁵¹
溧	ku⁵²	ku⁵²	ku⁵²	ku⁵²
金	kᵊu³²³	kᵊu³²³	kᵊu³²³	kᵊu³²³
丹	kᵊu⁴⁴	kᵊu⁴⁴	kᵊu⁴⁴	kᵊu⁴⁴
童	ku⁴²	ku⁴²	ku⁴²	ku⁴²
靖	ku³³⁴	ku³³⁴	ku³³⁴	ku³³⁴
江	ku⁴⁵	ku⁴⁵	ku⁴⁵	ku⁴⁵
常	ku³³⁴	ku³³⁴	ku³³⁴	ku³³⁴
锡	ku³²⁴	ku³²⁴	ku³²⁴	ku³²⁴
苏	kɜu⁵¹	kɜu⁵¹	kɜu⁵¹	kɜu⁵¹
熟	ku⁴⁴	ku⁴⁴	ku⁴⁴	ku⁴⁴
昆	kəu⁵²	kəu⁵²	kəu⁵²	kəu⁵²
霜	kᵊu⁴³⁴	kᵊu⁴³⁴	kᵊu⁴³⁴	kᵊu⁴³⁴
罗	kᵊu⁴³⁴	kᵊu⁴³⁴	kᵊu⁴³⁴	kᵊu⁴³⁴
周	ku⁴⁴	ku⁴⁴	ku⁴⁴	ku⁴⁴
上	ku³³⁴	ku³³⁴	ku³³⁴	ku³³⁴
松	ku⁴⁴	ku⁴⁴	ku⁴⁴	ku⁴⁴
黎	kɜu⁵¹	kɜu⁵¹	kɜu⁵¹	kɜu⁵¹
盛	kɜu⁵¹	kɜu⁵¹	kɜu⁵¹	kɜu⁵¹
嘉	kᵊu⁴⁴	kᵊu⁴⁴	kᵊu⁴⁴	kᵊu⁴⁴
双	kəu⁵³	kəu⁵³	kəu⁵³	kəu⁵³
杭	ku⁵¹	ku⁵¹/ku³³⁴	ku⁵¹	ku⁵¹
绍	ku³³⁴	ku³³⁴	ku³³⁴	ku³³⁴
诸	ku⁵²	ku⁵²	ku⁵²	ku⁵²
崇	ku⁴⁴	ku⁴⁴	ku⁴⁴	ku⁴⁴
太	ku⁴²	ku⁴²	ku⁴²	ku⁴²
余	ku̠⁴³⁵	ku̠⁴³⁵	ku̠⁴³⁵	ku̠⁴³⁵
宁	ku³²⁵	ku³²⁵	ku³²⁵	ku³²⁵
黄	ku⁵³³	ku⁵³³	ku⁵³³	ku⁵³
温	kʊ³⁵	kʊ³⁵	kʊ³⁵	kʊ³⁵
衢	kᵛu⁴⁵	kᵛu⁴⁵	kᵛu⁴⁵	kᵛu⁴⁵
华	ku⁵⁴⁴	ku⁵⁴⁴	ku⁵⁴⁴	ku⁵⁴⁴
永	kʊ⁴³⁴	kʊ⁴³⁴	kʊ⁴³⁴	kʊ⁴³⁴

遇合 一去 暮见 顾	遇合 一去 暮见 雇	遇合 一去 暮见 故	遇合 一去 暮见 固	遇合 一平 模溪 枯
ku^{324}	ku^{324}	ku^{324}	ku^{324}	kʻu^{55}
ku^{412}	ku^{412}	ku^{412}	ku^{412}	kʻu^{445}
kᵊu^{44}	kᵊu^{44}	kᵊu^{44}	kᵊu^{44}	kᵊu^{31}
kᵊu^{324}	kᵊu^{324}	kᵊu^{324}	kᵊu^{324}	kᵒu^{22}
ku^{45}	ku^{45}	ku^{45}	ku^{45}	kʻu^{42}
ku^{51}	ku^{51}	ku^{51}	ku^{51}	kʻu^{433}
ku^{435}	ku^{435}	ku^{435}	ku^{435}	kʻu^{51}
ku^{51}	ku^{51}	ku^{51}	ku^{51}	kʻu^{44}
ku^{35}	ku^{35}	ku^{35}	ku^{35}	kʻu^{55}
kʐu^{412}	kʐu^{412}	kʐu^{412}	kʐu^{412}	kʻʐu^{44}
ku^{324}	ku^{324}	ku^{324}	ku^{324}	kʻu^{52}
kəu^{52}	kəu^{52}	kəu^{52}	kəu^{52}	kʻəu^{44}
kᵊu^{434}	kᵊu^{434}	kᵊu^{434}	kᵊu^{434}	kᵊu^{52}
kᵊu^{434}	kᵊu^{434}	kᵊu^{434}	kᵊu^{434}	kᵒu^{52}
ku^{335}	ku^{335}	ku^{335}	ku^{335}	ku^{52}
ku^{334}	ku^{334}	ku^{334}	ku^{334}	kʻu^{52}
ku^{335}	ku^{335}	ku^{335}	ku^{335}	kʻu^{52}
kʐu^{413}	kʐu^{413}	kʐu^{413}	kʐu^{51}	kʻʐu^{44}
kʐu^{413}	kʐu^{413}	kʐu^{413}	kʐu^{51}	kʻʐu^{44}
kᵊu^{334}	kᵊu^{334}	kᵊu^{334}	kᵊu^{334}	kᵒu^{51}
kəu^{334}	kəu^{334}	kəu^{334}	kəu^{334}	kʻəu^{44}
ku^{334}	ku^{334}	ku^{334}	ku^{334}	kʻu^{323}
ku^{33}	ku^{33}	ku^{33}	ku^{33}	kʻu^{52}
ku^{544}	ku^{544}	ku^{544}	ku^{544}	kʻu^{544}
ku^{324}	ku^{324}	ku^{324}	ku^{324}	kʻu^{53}
ku^{35}	ku^{35}	ku^{35}	ku^{35}	kʻu^{523}
ku̥^{52}	ku̥^{52}	ku̥^{52}	ku̥^{52}	kʻu̥^{324}
ku^{52}	ku^{52}	ku^{52}	ku^{52}	kʻu^{52}
ku^{44}	ku^{44}	ku^{44}	ku^{44}	kʻu^{533}
kʊ^{52}	kʊ^{52}	kʊ^{52}	kʊ^{52}	kʻʊ^{44}
kᵒu^{53}	kᵒu^{53}	kᵒu^{53}	kᵒu^{53}	kʻᵒu^{434}
ku^{45}	ku^{45}	ku^{45}	ku^{45}	kʻu^{324}
kʊ^{54}	kʊ^{54}	kʊ^{54}	kʊ^{54}	kʻʊ^{44}

摄口 等调 韵声	遇合 一上 姥溪	遇合 一去 暮溪	遇合 一去 暮溪	遇合 一平 模疑
	苦	库	裤	吾
宜	k'u⁵¹	k'u³²⁴	k'u³²⁴	ŋu²²⁴
溧	k'u⁵²	k'u⁵²	k'u⁵²	ʔʊu⁴⁴⁵
金	k'əu³²³	k'əu⁴⁴	k'əu⁴⁴	u³⁵
丹	k'ᵒu⁴⁴	k'ᵒu³²⁴	k'ᵒu³²⁴	vɣ²¹³
童	k'u³²⁴	k'u⁴⁵	k'u⁴⁵	ʔʊu⁴²
靖	k'u³³⁴	k'u⁵¹	k'u⁵¹	ʔwu³³⁴
江	k'u⁴⁵	k'u⁴³⁵	k'u⁴³⁵	ɦiu²²³
常	k'u³³⁴	k'u⁵¹	k'u⁵¹	vɣ²¹³
锡	k'u³²⁴	k'u³⁵	k'u³⁵	ɦiu²¹³
苏	k'ʒu⁵¹	k'ʒu⁴¹²	k'ʒu⁴¹²	ɦʒu²²³
熟	k'u⁴⁴	k'u³²⁴	k'u³²⁴	ɦiu²³³
昆	k'əu⁵²	k'əu⁵²	k'əu⁵²	ŋəu²³¹
霜	k'ᵒu⁴³⁴	k'ᵒu⁴³⁴	k'ᵒu⁴³⁴	ɦiu²³¹/vɣ²³¹
罗	k'ᵒu⁴³⁴	k'ᵒu⁴³⁴	k'ᵒu⁴³⁴	vɣ²³¹/ɦiu²³¹
周	k'u⁴⁴	k'u³³⁵	k'u³³⁵	ɦiu¹¹³/vɣ¹¹³
上	k'u³³⁴	k'u³³⁴/k'u⁵²	k'u³³⁴	ŋu¹¹³/vɣ¹¹³
松	k'u⁴⁴	k'u⁵²	k'u⁵²	vɣ²³¹
黎	k'ʒu³³⁴	k'ʒu³²⁴	k'ʒu³²⁴	ɦŋ̍²⁴/ŋu²⁴
盛	k'ʒu³³⁴	k'ʒu³¹³	k'ʒu³¹³	ɦiu²⁴
嘉	k'ᵒu³²⁴	k'ᵒu³³⁴	k'ᵒu³³⁴	vɣ²³¹
双	k'əu⁵³	k'əu³³⁴	k'əu³³⁴	ŋəu¹¹³
杭	k'u⁵¹	k'u³³⁴	k'u³³⁴	ʔu⁵¹
绍	k'u³³⁴	k'u³³	k'u³³	vɣ²³¹
诸	k'u⁵²	k'u⁵⁴⁴	k'u⁵⁴⁴	vu²³³
崇	k'u⁴⁴	k'u³²⁴	k'u³²⁴	vu³¹
太	k'u⁴²	k'u³⁵	k'u³⁵	vu³¹²
余	k'u̠⁴²³	k'u̠⁵²	k'u̠⁵²	ŋu̠¹¹³
宁	k'u³²⁵	k'u⁵²	k'u⁵²	vɣ¹¹³
黄	k'u⁵³³	k'u⁴⁴	k'u⁴⁴	ʔu⁵³³
温	k'ʊ³⁵	k'ʊ⁵²	k'ʊ⁵²	ɦŋ̍²³¹/ŋəu²³¹
衢	k'ʊu⁴⁵	k'ʊu⁵³	k'ʊu⁵³	ʔɦiu³²³
华	k'u⁵⁴⁴	k'u⁴⁵	k'u⁴⁵	u³²⁴
永	k'ʊ⁴³⁴	k'ʊ⁵⁴	k'ʊ⁵⁴	

遇合 一平 模疑	遇合 一平 模疑	遇合 一去 暮疑	遇合 一去 暮疑	遇合 一去 暮匣
梧	蜈	误	悟	互
$ŋu^{224}$	$βu^{24}$	$ŋu^{231}$	$ŋu^{231}$	$ŋu^{231}$
$ʔʊu^{445}$	$ʔʊu^{445}$	vu^{231}	vu^{231}	vu^{231}
u^{35}	u^{35}	u^{44}	u^{44}	u^{44}
$vɣ^{213}$	$ʊɣ^{213}$	$ʊɣ^{41}$	$ʊɣ^{41}$	$ʊɣ^{41}$
$ʔʊu^{42}$	$ʔʊu^{42}$	$ʔʊu^{45}$	$ʔʊu^{45}$	$ʔʊu^{45}$
$ʔwu^{334}$	$ʔwu^{334}$	$ɦu^{51}$	$ɦu^{51}$	$ɦu^{51}$
$ɦu^{223}$	$ɦu^{223}$	$ɦu^{223}$	$ʔu^{435}$	$ɦu^{223}$
$vɣ^{213}$	$vɣ^{213}$	$vɣ^{24}$	$vɣ^{24}$	$vɣ^{24}$
$ɦu^{213}$	$ɦu^{213}$	$ɦu^{213}$	$ɦu^{213}$	$ɦu^{213}$
$ɦʒu^{223}$	$ɦʒu^{223}$	$ŋʒu^{231}$	$ŋʒu^{231}$	$ŋʒu^{231}$
$ɦu^{233}$	$ɦu^{233}$	$ŋɯ^{213}$	$ŋɯ^{213}$	$ŋɯ^{213}$
$ŋəu^{231}$	$ɦəu^{231}$	$ŋəu^{21}$	$ŋəu^{21}$	$ŋəu^{21}$
$ɦu^{231}/vɣ^{231}$	$ɦu^{231}/vɣ^{231}$	$ŋᵊu^{213}$	$ŋᵊu^{213}$	$ɦu^{213}/vɣ^{213}/ŋᵊu^{213}$
$ɦu^{231}/vɣ^{231}$	$vɣ^{231}/ɦu^{231}$	$ɦu^{213}/ŋu^{213}$	$ŋᵊu^{213}$	$ŋᵊu^{213}$
$vɣ^{113}$	$vɣ^{113}$	$vɣ^{113}$	$vɣ^{113}$	$vɣ^{113}$
$vɣ^{113}/ŋu^{113}$	$vɣ^{113}/ɦu^{113}$	$vɣ^{113}/ŋu^{113}/ɦu^{113}$	$vɣ^{113}/ŋu^{113}$	$ŋu^{113}/vɣ^{113}$
$vɣ^{231}$	$vɣ^{231}$	$vɣ^{113}$	$vɣ^{113}$	$vɣ^{113}$
$ŋu^{24}$	$βu^{24}/vɣ^{24}$	$ŋʒu^{213}$	$ŋʒu^{213}$	$βu^{213}/vɣ^{213}$
$ɦu̥^{24}$	$ɦu̥^{24}$	$ɦu̥^{212}$	$ɦu̥^{212}$	$ŋʒu^{212}$
$vɣ^{231}$	$vɣ^{231}$	$ʔu^{334}$	$ʔu^{334}$	$vɣ^{223}$
$vɣ^{113}/ŋɐu^{113}$	$vɣ^{113}$	$vɣ^{113}/ŋɐu^{113}$	$ŋəu^{113}$	$ŋəu^{113}$
$ɦu^{212}$	$ɦu^{212}$	$ɦu^{113}$	$ɦu^{113}$	$ɦu^{113}$
$vɣ^{231}$	$vɣ^{231}$	$vɣ^{22}$	$vɣ^{22}$	$vɣ^{22}$
$vʊ^{233}/ɦu^{233}$	$vʊ^{233}/ɦu^{233}$	$vʊ^{233}$	$vʊ^{233}$	$vʊ^{233}$
$vʊ^{31}$	$vʊ^{31}$	$vʊ^{14}$	$vʊ^{14}$	$vʊ^{14}$
$vʊ^{312}$	$vʊ^{312}$	$vʊ^{13}$	$vʊ^{13}$	$vʊ^{13}$
$vɣ^{113}/ŋu̥^{113}$	$vɣ^{113}$	$ŋu̥^{113}/vɣ^{113}$	$ŋu̥^{113}/vɣ^{113}$	$vɣ^{113}$
$vɣ^{113}$	$βɣ^{113}$	$vɣ^{113}/ŋu^{113}$	$vɣ^{113}/ŋu^{113}$	$vɣ^{113}/ŋu^{113}$
$ɦu^{311}$	$ɦu^{311}$	$ŋu^{113}/ɦu^{113}$	$ɦu^{113}$	$ɦu^{113}$
$ɦŋ̍^{231}$	$ŋθ^{231}$	$ɦŋ̍^{22}$	$ɦŋ̍^{22}$	$vʊ^{22}$
$ʔɦu^{323}$	$ʔʰu^{323}$	$ŋᵛu^{31}$	$ŋᵛu^{31}$	$ʔɦu^{31}/ŋᵛu^{31}$
u^{324}	u^{324}	u^{345}	u^{345}	u^{34}
$ŋʊ^{322}/ʔɦʊ^{322}$	$ŋʊ^{322}/ʔɦʊ^{322}$	$ŋʊ^{214}$	$ŋʊ^{214}$	$ʔɦʊ^{214}$

摄口 等调 韵声	遇合 一平 模影	遇合 一平 模影	遇合 一平 模晓	遇合 一上 姥晓
	乌	污	呼	虎
宜	ʔwu^{55}	ʔwu^{55}	xu^{55}	xu^{51}
溧	ʔʋu^{445}	ʔʋu^{445}	fu^{445}/xu	fu^{52}
金	u^{44}/u^{31}	əu^{44}	fu^{44}	fu^{323}
丹	ʋˀu^{44}/əu^{44}	u^{41}	hˀu^{22}	hˀu^{44}
童	ʔʋu^{42}	ʔʋu^{42}	fu^{42}/hu^{42}/øu^{42}	fu^{42}/hu^{42}/øu^{42}
靖	ʔu^{433}	ʔwu^{433}	xu^{433}	xu^{334}
江	ʔu^{51}	ʔu^{51}	hu^{51}	hu^{45}
常	ʔʋɣ^{44}	ʔʋɣ^{334}	hu^{44}/fɣ^{44}	fɣ^{334}/xu^{334}
锡	ʔu^{55}	ʔu^{35}	xu^{55}	xu^{324}
苏	ʔʒu^{44}	ʔʒu$^{44/412}$	hʒu^{44}	hʒu^{51}
熟	ʔu^{52}	ʔu^{52}	xu^{52}	xu^{44}
昆	ʔəu^{44}/ʔʋu^{44}	ʔəu^{52}/ʔʋu^{52}	həu^{44}	həu^{52}
霜	ʔu^{52}/ʔʋɣ^{52}	ʔu$^{52/434}$/ʔʋɣ$^{52/434}$	xu^{52}/fɣ^{52}	xu^{434}/fɣ^{434}
罗	ʔu^{52}/ʔʋɣ^{52}	ʔu$^{434/52}$/ʔʋɣ$^{434/52}$	hu^{52}/fɣ^{52}	hu^{434}/fɣ^{434}
周	ʔʋɣ^{52}/ʔu^{52}	ʔu^{52}	hu^{52}/fɣ^{52}	hu^{44}/fɣ^{44}
上	ʔu^{52}/ʔʋɣ^{52}	ʔu^{334}/ʔʋɣ^{334}	fɣ^{52}/hu^{52}	fɣ^{334}/hu^{334}
松	ʔʋɣ^{52}	ʔʋɣ^{52}	fɣ^{52}	fɣ^{44}
黎	ʔu^{44}	ʔu^{44}	hʒu^{44}	hʒu^{51}
盛	ʔu̥^{44}	ʔu̥^{44}	hʒu^{44}	hʒu^{51}
嘉	ʔʋɣ^{51}	ʔʋɣ^{51}	fɣ^{51}	fɣ^{44}
双	ʔʉ^{44}	ʔʉ^{44}	həu^{44}	həu^{53}
杭	ʔu^{323}	ʔu^{334}	hu^{323}	hu^{51}
绍	ʔʋɣ^{52}	ʔu^{33}	fɣ^{52}	fɣ^{334}
诸	ʔʋ^{544}	ʔʋ^{544}	fʋ^{544}	fʋ^{52}
崇	ʔʋ^{53}	ʔʋ^{324}	fʋ^{53}	fʋ^{44}
太	ʔʋ^{523}	ʔʋ^{35}	fʋ^{523}	fʋ^{42}
余	ʔʋɣ^{324}	ʔʋɣ^{52}	fɣ^{324}	fɣ^{435}
宁	ʔʋɣ^{52}/ʔu^{52}	ʔʋɣ^{52}/ʔu^{52}	fɣ^{325}	fɣ^{325}
黄	ʔu^{533}	ʔu^{44}	xu^{533}	xu^{533}
温	ʔʋʋ^{44}	ʔʋʋ^{44}	fʋ^{44}	fʋ^{35}
衢	ʔu^{434}	ʔu^{434}	xᵛu^{434}	xᵛu^{45}
华	ʔu^{324}	ʔu^{45}	xu^{324}	xu^{544}
永	ʔʋ^{44}	ʔʋ^{44}	xʋ^{44}	xʋ^{434}

遇合 一上 姥晓	遇合 一平 模匣	遇合 一平 模匣	遇合 一平 模匣	遇合 一平 模匣
浒水~	胡	湖	壶	狐
xu^{51}	βu^{223}	βu^{223}	βu^{223}	βu^{223}
fu^{52}	υu^{323}	υu^{323}	υu^{323}	υu^{323}
fu^{323}	fu^{35}	fu^{35}	fu^{35}	fu^{35}
$f\gamma^{324}$	$v\gamma^{213}/f\gamma^{22}$	$v\gamma^{213}$	$v\gamma^{213}$	$v\gamma^{213}$
fu^{42}/hu^{42}	$vu^{113}/\beta u^{113}$	$vu^{113}/\beta u^{113}$	$vu^{113}/\beta u^{113}$	$vu^{113}/\beta u^{113}$
xu^{334}	βu^{223}	βu^{223}	βu^{223}	$\beta u^{223}/\hbar\hbar u^{223}$
hu^{45}	$\beta u^{223}/\hbar u^{223}$	$\beta u^{223}/\hbar u^{223}$	$\beta u^{223}/\hbar u^{223}$	$\beta u^{223}/\hbar u^{223}$
$f\gamma^{334}/xu^{334}$	$v\gamma^{213}$	$v\gamma^{213}$	$v\gamma^{213}$	$v\gamma^{213}$
xu^{324}	$\hbar u^{213}$	$\hbar u^{213}$	$\hbar u^{213}$	$\hbar u^{213}$
$h\textrm{з}u^{51}$	$\hbar\textrm{з}u^{223}$	$\hbar\textrm{з}u^{223}$	$\hbar\textrm{з}u^{223}$	$\hbar\textrm{з}u^{223}$
xu^{44}	$\hbar u^{233}$	$\hbar u^{233}$	$\hbar u^{233}$	$\hbar u^{233}$
$h\textrm{ə}u^{52}$	$\hbar\textrm{ə}u^{24}$	$\hbar\textrm{ə}u^{24}$	$\hbar\textrm{ə}u^{24}$	$\hbar\textrm{ə}u^{24}$
$xu^{434}/f\gamma^{434}$	$v\gamma^{231}/\hbar u^{231}$	$v\gamma^{231}/\hbar u^{231}$	$v\gamma^{231}/\hbar u^{231}$	$v\gamma^{231}/\hbar u^{231}$
$hu^{434}/f\gamma^{434}$	$v\gamma^{231}/\hbar u^{231}$	$v\gamma^{231}/\hbar u^{231}$	$v\gamma^{231}/\hbar u^{231}$	$v\gamma^{231}/\hbar u^{231}$
$hu^{44}/f\gamma^{44}$	$\hbar u^{113}/v\gamma^{113}$	$\hbar u^{113}/v\gamma^{113}$	$\hbar u^{113}/v\gamma^{113}$	$\hbar u^{113}/v\gamma^{113}$
$hu^{334}/f\gamma^{334}$	$v\gamma^{113}/\hbar u^{113}$	$\hbar u^{113}/v\gamma^{113}$	$\hbar u^{113}/v\gamma^{113}$	$v\gamma^{113}/\hbar u^{113}$
$f\gamma^{44}$	$v\gamma^{231}$	$v\gamma^{231}$	$v\gamma^{231}$	$v\gamma^{231}$
$h\textrm{з}u^{51}$	$\beta u^{24}/v\gamma^{24}$	$\beta u^{24}/v\gamma^{24}$	$\beta u^{24}/v\gamma^{24}$	$\beta u^{24}/v\gamma^{24}$
$h\textrm{з}u^{51}$	$\hbar\mathring{u}^{24}/\beta u^{24}$	$\hbar\mathring{u}^{24}/\beta u^{24}$	$\hbar\mathring{u}^{24}/\beta u^{24}$	$\hbar\mathring{u}^{24}/\beta u^{24}$
$f\gamma^{44}$	$v\gamma^{231}$	$v\gamma^{231}$	$v\gamma^{231}$	$v\gamma^{231}$
$h\textrm{ə}u^{53}$	$v\gamma^{113}$	$v\gamma^{113}$	$v\gamma^{113}$	$v\gamma^{113}$
hu^{51}	$\hbar u^{212}/v\gamma^{212}$	$\hbar u^{212}/v\gamma^{212}$	$\hbar u^{212}/v\gamma^{212}$	$\hbar u^{212}/v\gamma^{212}$
$f\gamma^{334}$	$v\gamma^{231}$	$v\gamma^{231}$	$v\gamma^{231}$	$v\gamma^{231}$
$f\upsilon^{52}$	$v\upsilon^{233}$	$v\upsilon^{233}$	$v\upsilon^{233}$	$v\upsilon^{233}$
$f\upsilon^{44}$	$v\upsilon^{31}$	$v\upsilon^{31}$	$v\upsilon^{31}$	$v\upsilon^{31}$
$f\upsilon^{42}$	$v\upsilon^{312}$	$v\upsilon^{312}$	$v\upsilon^{312}$	$v\upsilon^{312}$
$f\gamma^{435}$	$v\gamma^{113}$	$v\gamma^{113}$	$v\gamma^{113}$	$v\gamma^{113}$
$f\gamma^{325}$	$v\gamma^{113}$	$v\gamma^{113}$	$v\gamma^{113}$	$v\gamma^{113}$
xu^{533}	$\hbar u^{311}$	$\hbar u^{311}$	$\hbar u^{311}$	$\hbar u^{311}$
$f\upsilon^{\underline{35}}$	$v\upsilon^{231}$	$v\upsilon^{231}$	$v\upsilon^{231}$	$v\upsilon^{231}$
$x^{\upsilon}u^{45}$	$\textrm{ʔ}\hbar u^{323}$	$\textrm{ʔ}\hbar u^{323}$	$\textrm{ʔ}\hbar u^{323}$	$\textrm{ʔ}\hbar u^{323}$
xu^{544}	$\textrm{ʔ}u^{324}$	$\textrm{ʔ}u^{324}$	$\textrm{ʔ}u^{324}$	$\textrm{ʔ}u^{324}$
$x\upsilon^{434}$	$\textrm{ʔ}\hbar\upsilon^{322}$	$\textrm{ʔ}\hbar\upsilon^{322}$	$\textrm{ʔ}\hbar\upsilon^{322}$	$\textrm{ʔ}\hbar\upsilon^{322}$

摄口 等调 韵声	遇合 一平 模匣 乎	遇合 一上 姥匣 户	遇合 一上 姥匣 沪	遇合 一去 暮匣 护
宜	βu²²³	βu²³¹	βu²³¹	βu²³¹
溧	ʋu³²³	vu²³¹	vu²³¹	vu²³¹
金	fu⁴⁴	fu⁴⁴	fu⁴⁴	fu⁴⁴
丹	vɣ²¹³	ʋɣ⁴¹	ʋɣ⁴¹	ʋɣ⁴¹
童	vu¹¹³/βu¹¹³	vu¹¹³/βu¹¹³	vu¹¹³/βu¹¹³	vu¹¹³/βu¹¹³
靖	βu²²³/ɦɦu²¹⁴	ʔu⁵¹	ʔu⁵¹	ʔu⁵¹
江	βu²²³/ɦu²²³	βu²²³/ɦu²²³	βu²²³/ɦu²²³	ɦu²²³/βu²²³
常	vɣ²¹³	vɣ²⁴	vɣ²⁴	vɣ²⁴
锡	ɦu²¹³	ɦu²¹³	ɦu²¹³	ɦu²¹³
苏	ɦʒu²²³	ɦʒu²³¹	ɦʒu²³¹	ɦʒu²³¹
熟	ɦu²³³	ɦu²¹³	ɦu²¹³	ɦu²¹³
昆	ɦəu¹³²	ɦəu²²³	ɦəu²²³	ɦəu²¹
霜	ɦu²¹³/vɣ²¹³	vɣ²¹³/ɦu²¹³	vɣ²¹³/ɦu²¹³	vɣ²¹³/ɦu²¹³
罗	vɣ²³¹/ɦu²³¹	vɣ²¹³/ɦu²¹³	vɣ²¹³/ɦu²¹³	vɣ²¹³/ɦu²¹³
周	ɦu¹¹³/vɣ¹¹³	ɦu¹¹³/vɣ¹¹³	ɦu¹¹³/vɣ¹¹³	ɦu¹¹³/vɣ¹¹³
上	hu⁵²/fɣ⁵²	vɣ¹¹³/ɦu¹¹³	vɣ¹¹³/ɦu¹¹³	vɣ¹¹³/ɦu¹¹³
松	fɣ⁵²	vɣ¹¹³	vɣ¹¹³	vɣ¹¹³
黎	βu²⁴/vɣ²⁴	βu³²/vɣ³²	βu²¹³/vɣ²¹³	βu²¹³/vɣ²¹³
盛	ɦu̥²⁴/βu̥²⁴	ɦu̥²²³/βu̥²²³	ɦu̥²²³/βu̥²²³	ɦu̥²¹²/βu̥²¹²
嘉	vɣ²³¹	vɣ²²³	vɣ²²³	vɣ²²³
双	vɣ¹¹³	vɣ²³¹	vɣ²³¹	vɣ¹¹³
杭	ɦu²¹²	vɣ¹¹³/ɦu¹¹³	ɦu¹¹³/vɣ¹¹³	ɦu¹¹³/vɣ¹¹³
绍	vɣ²³¹	vɣ²²	vɣ²²	vɣ²²
诸	vʋ²³³	vʋ²³³	vʋ²³³	vʋ²³³
崇	vʋ³¹	vʋ²²	vʋ²²	vʋ¹⁴
太	vʋ³¹²	vʋ²²	vʋ²²	vʋ¹³
余	vɣ¹¹³	vɣ¹¹³	vɣ¹¹³	vɣ¹¹³
宁	vɣ¹¹³	vɣ¹¹³	vɣ¹¹³	vɣ¹¹³
黄	xu⁵³³	ɦu¹¹³	ɦu¹¹³	ɦu¹¹³
温	vʋ²³¹	vʋ²⁴	vʋ²⁴	vʋ²²
衢	xʋu⁴³⁴/ʔɦu³²³	ʔɦu³¹	ʔɦu³¹	ʔɦu³¹
华	ʔu³²⁴	ɦu²⁴	ɦu²⁴	ɦu²⁴
永	ʔɦʋ³²²	ʔɦʋ²¹⁴	ʔɦʋ²¹⁴	ʔɦʋ²¹⁴

遇合 一平 模精	遇合 一上 姥精	遇合 一上 姥精	遇合 一去 暮精	遇合 一平 模清
租	祖	组	做	粗
tsu^{55}	tsu^{51}	tsu^{51}	tsu^{324}	tsʻu^{55}
tsu^{445}	tsu^{52}	tsu^{52}	tsu^{412}	tsʻu^{445}
ts^{ə}u^{44}	ts^{ə}u^{323}	ts^{ə}u^{323}	ts^{ə}u^{44}	ts^{ə}u^{31}
ts^{ə}u^{22}	ts^{ə}u^{44}	ts^{ə}u^{44}	tsʌɣ^{324}	tsʻ^{ə}u^{22}
tsʌɣ^{42}	tsʌɣ^{42}	tsʌɣ^{42}	tsʌɣ^{45}	tsʻʌɣ^{42}
ts^{ə}u^{433}	ts^{ə}u^{334}	ts^{ə}u^{334}	ts^{ə}u^{51}	tsʻ^{ə}u^{433}
tsɜɣ^{51}	tsɜɣ^{45}	tsɜɣ^{45}	tsɜɣ^{435}	tsʻɜɣ^{51}
tsʮ^{44}	tsʮ^{334}	tsʮ^{334}	tsʌɯ^{51}	tsʻʮ^{44}
tsʌɣ^{55}	tsʌɣ^{324}	tsʌɣ^{324}	tsʌɣ^{35}	tsʻʌɣ^{55}
tsɜu^{44}	tsɜu^{51}	tsɜu^{51}	tsɜu^{412}	tsʻɜu^{44}
tsɯ^{52}	tsɯ^{44}	tsɯ^{44}	tsɯ^{324}	tsʻɯ^{52}
tsəu^{44}	tsəu^{52}	tsəu^{52}	tsəu^{52}	tsəu^{44}
ts^{ə}u^{52}	ts^{ə}u^{434}	ts^{ə}u^{434}	ts^{ə}u^{434}	ts^{ə}u^{52}
ts^{ə}u^{52}	ts^{ə}u^{434}	ts^{ə}u^{434}	ts^{ə}u^{434}	ts^{ə}u^{52}
tsu^{52}	tsu^{44}	tsu^{44}	tsu^{335}	tsu^{52}
tsu^{52}	tsu^{334}	tsu^{334}	tsu^{334}	tsʻu^{52}
tsu^{52}	tsu^{44}	tsu^{44}	tsu^{335}	tsʻu^{52}
tsɜu^{44}	tsɜu^{51}	tsɜu^{51}	tsɜu^{413}	tsʻɜu^{44}
tsɜu^{44}	tsɜu^{51}	tsɜu^{51}	tsɜu^{413}	tsʻɜu^{44}
ts^{ə}u^{51}	ts^{ə}u^{334}	ts^{ə}u^{334}	ts^{ə}u^{334}	tsʻ^{ə}u^{51}
tsəu̯^{44}	tsəu̯^{53}	tsəu̯^{53}	tsəu̯^{334}	tsʻəu̯^{44}
tsʮ^{323}	tsʮ^{51}	tsʮ^{51}	ts^{o}u^{334}	tsʻʮ^{323}/tsʻu^{334}
tsu^{52}	tsu^{334}	tsu^{334}	tso^{33}	tsʻu^{52}
tsu^{544}	tsu^{52}	tsu^{52}	tsu^{544}	tsʻu^{544}
tsu^{53}	tsu^{44}	tsu^{44}	tsu^{324}	tsʻu^{53}
tsu^{523}	tsu^{42}	tsu^{42}	tsu^{35}	tsʻu^{523}
tsʮ^{324}	tsʮ^{435}	tsʮ^{435}	tsou^{52}	tsʻʮ^{324}
tsu^{52}	tsu^{325}	tsu^{325}	tsəu^{52}	tsʻu^{52}
tsəu^{533}	tsəu^{533}	tsəu^{533}	tsəu^{44}	tsʻəu^{533}
tsɵ^{44}	ts^{ə}u$^{\underline{35}}$	ts^{ə}u$^{\underline{35}}$	ts^{ə}u^{52}	tsʻɵ^{44}
ts^{ʊ}u^{434}	ts^{ʊ}u^{45}	ts^{ʊ}u^{45}	ts^{ʊ}u^{53}	tsʻ^{ʊ}u^{434}
tsu^{324}	tsu^{544}	tsu^{544}	tsuo^{45}	tsu^{324}
tsʊ^{44}	tsʊ^{434}	tsʊ^{434}	tsoə^{54}	tsʻʊ^{44}

摄口 等调 韵声	遇合 三平 鱼初 初	遇合 三上 语初 楚	遇合 一去 暮清 醋	遇合 一去 暮清 措
宜	tsʻu^{55}	tsʻu^{51}	tsʻu^{324}	tsʻu^{324}
溧	tsʻʌɯ^{445}	tsʻʌɯ^{52}	tsʻu^{412}	tsʻu^{412}
金	tsʻo^{31}	tsʻᵓu^{323}	tsʻᵓu^{44}	tsʻᵓu^{44}
丹	tsʻʌɣ^{22}	tsʻᵓu^{44}	tsʻᵓu^{324}	tsʻᵓu^{324}
童	tsʻʌɣ^{42}	tsʻʌɣ^{324}	tsʻʌɣ^{45}	tsʻʌɣ^{45}
靖	tsʻʌɣ^{433}	tsʻʌɣ^{334}	tsʻʌɣ^{51}	tsʻʌɣ^{51}
江	tsʻɜɣ^{51}	tsʻɜɣ^{45}	tsʻɜɣ^{435}	tsʻɜɣ^{435}
常	tsʻʌɯ^{44}	tsʻʮ^{334}	tsʻʮ^{51}	tsʻʮ^{51}
锡	tsʻʌɣ^{55}	tsʻʌɣ^{324}	tsʻʌɣ^{35}	tsʻʌɣ^{35}
苏	tsʻɜu^{44}	tsʻɜu^{51}	tsʻɜu^{412}	tsʻɜu^{412}
熟	tsʻɯ^{52}	tsʻɯ^{44}	tsʻɯ^{324}	tsʻɯ^{324}
昆	tsʻəu^{44}	tsʻəu^{52}	tsʻəu^{52}	tsʻəu^{52}
霜	tsʻᵓu^{52}	tsʻᵓu^{434}	tsʻᵓu^{434}	tsʻᵓu^{434}
罗	tsʻᵓu^{52}	tsʻᵓu^{434}	tsʻᵓu^{434}	tsʻᵓu^{434}
周	tsʻu^{52}	tsʻu^{44}	tsʻu^{335}	tsʻu^{335}
上	tsʻu^{52}	tsʻu^{334}	tsʻu^{334}	tsʻu^{334}
松	tsʻu^{52}	tsʻu^{335}	tsʻu^{335}	tsʻu^{335}
黎	tsʻɜu^{44}	tsʻɜu^{334}	tsʻɜu^{324}	tsʻɜu^{324}
盛	tsʻɜu^{44}	tsʻu^{334}	tsʻɜu^{313}	tsʻɜu^{313}
嘉	tsʻᵒu^{51}	tsʻᵒu^{324}	tsʻᵒu^{334}	tsʻᵒu^{334}
双	tsʻəu^{44}	tsʻəu^{53}	tsʻəu^{334}	tsʻəu^{334}
杭	tsʻʮ^{323}/tsʻu^{323}	tsʻʮ^{51}	tsʻʮ^{334}	tsʻʮ^{334}
绍	tsʻu^{52}	tsʻu^{334}	tsʻu^{33}	tsʻu^{33}
诸	tsʻu^{544}	tsʻu^{52}	tsʻu^{544}	tsʻu^{544}
崇	tsʻu^{53}	tsʻu^{44}	tsʻu^{324}	tsʻu^{324}
太	tsʻu^{523}	tsʻu^{42}	tsʻu^{35}	tsʻu^{35}
余	tsʻʮ^{324}	tsʻʮ^{435}	tsʻʮ^{52}	tsʻʮ^{52}/tsʻʮ^{52}少
宁	tsʻu^{52}	tsʻu^{325}	tsʻu^{52}	tsʻu^{52}
黄	tsʻᵓu^{533}	tsʻᵓu^{533}	tsʻᵓu^{44}	tsʻᵓu^{44}
温	tsʻəu^{44}	tsʻəu^{35}	tsʻθ^{52}	tsʻəu^{52}
衢	tsʻᶷu^{434}	tsʻᶷu^{45}	tsʻᶷu^{53}	tsʻᶷu^{53}
华	tsʻu^{324}	tsʻu^{544}	tsʻu^{45}	tsʻu^{45}
永	tsʻʊ^{44}	tsʻʊ^{434}	tsʻʊ^{54}	tsʻʊ^{54}

遇合 一去 暮清	遇合 三平 鱼崇	遇合 三平 虞崇	遇合 三去 御崇	遇合 一平 模心
错~误	锄	雏	助	苏
$ts'u^{324}$	zu^{223}		dzu^{231}	su^{55}
$ts'u^{412}$	szu^{231}	$ts'u^{445}$	zu^{231}	su^{445}
$ts'^{ɔ}u^{44}$	$ts^{ɔ}u^{23}$		$ts^{ɔ}u^{44}$	$s^{ɔ}u^{31}$
$ts'ʌɣ^{324}$	$tsʌɣ^{324}$		$ts^{ɔ}u^{41}$	$s^{ɔ}u^{22}$
$ts'ʌɣ^{45}$	$szʌɣ^{42}$	$szʌɣ^{42}$	$dzʌɣ^{113}$	$sʌɣ^{324}$
$ts'ʌɣ^{51}$	$dz^{ɔ}u^{223}/dʑy_{ʮ}^{223}$		dzu^{31}	su^{433}
$ts'ɜɣ^{435}$	$dzɜɣ^{223}$		$dzɜɣ^{223}$	$sɜɣ^{51}$
$ts'ʌɯ^{51}$	$dzʐʅ^{213}$		$dzʐʅ^{24}$	$sʐʅ^{44}$
$ts'ʌɣ^{35}$	$zʌɣ^{213}$		$zʌɣ^{213}$	$sʌɣ^{55}$
$ts'ɜu^{412}$	$zɜu^{223}/zʮ^{223}$		$zɜu^{231}$	$sɜu^{44}$
$ts'u^{324}$	$dzʐʮ^{233}$		$dzɯ^{213}$	$sɯ^{52}$
$ts'əu^{52}$	$zʮ^{132}$		$zəu^{223}$	$səu^{44}$
$ts'ʌɣ^{434}$	$zəu^{231}$		$zəu^{213}$	$səu^{52}$
$ts'^{ɔ}u^{434}$	$z^{ɔ}u^{231}$		$z^{ɔ}u^{213}$	$s^{ɔ}u^{52}$
$ts'u^{335}$	$zʅ^{113}$		zu^{113}	su^{52}
$ts'u^{52}/ts'o^{52}$	zu^{113}	$ts'u^{52}$	zu^{113}	su^{52}
$ts'u^{335}/ts'o^{335}$	$ʑy^{231}$	$ts'u^{335}$	zu^{113}	su^{52}
$ts'ɜu^{324}$	$dzʐʅ^{24}$		$zɜu^{213}$	$sɜu^{44}$
$ts'ɜu^{313}$	$dzʐʅ^{24}$		zu^{212}	$sɜu^{44}$
$ts'əu^{334}$	$zʐʅ^{231}$		$z^{ɔ}u^{223}$	$s^{ɔ}u^{51}$
$ts'əu^{334}$	$zʅ^{113}$		$zəu^{113}$	$səu^{44}$
$ts'u^{334}$	$dʑʑʅ^{212}$	$dʑʑʅ^{212}$	$dzu^{113}/dzʐʅ^{113}$	$sʐʅ^{323}/su^{323}$
$ts'o^{33}$	dzu^{231}	dzu^{231}	dzu^{22}	su^{52}
$ts'u^{544}$	dzu^{233}	dzu^{233}	dzu^{233}	su^{544}
$ts'ɣ^{324}$	dzu^{31}		dzu^{14}	su^{53}
$ts'u^{35}$	$dzu^{312}/zʅ^{312}$		dzu^{13}	su^{523}
$ts'ou^{52}$	$dzʐʅ^{113}$	$dzʐʅ^{113}$	$dzʐʅ^{113}$	$sʐʅ^{324}/su^{324}$
$ts'əʊ^{52}$	$zʐʅ^{113}$	$zʐʅ^{113}$	dzu^{113}	su^{52}
$ts'^{ɔ}u^{44}$	$zʅ^{113}$		$z^{ɔ}u^{113}$	$s^{ɔ}u^{533}$
$ts'o^{52}$	$zəu^{231}$		$zəu^{22}$	$sɵ^{44}$
$ts'^{ᶷ}u^{53}$	$szᶹu^{323}$	$szᶹu^{323}$	$szᶹu^{31}$	$s^{ᶹ}u^{31}$
$ts'uo^{45}$	$tɕʮ^{324}/tsu^{324}$	$tsʮ^{324}$	dzu^{24}	su^{324}
$ts'oə^{54}$	$szʊʌ^{322}$		$szʊ^{214}$	$sʊ^{44}$

摄口 等调 韵声	遇合 一平 模心	遇合 三平 鱼生	遇合 三平 鱼生	遇合 三上 麌生
	酥	疏	梳	数~数字
宜	su^{55}	su^{55}	su^{55}	su^{51}
溧	su^{445}	$sʌɯ^{445}$	$sʌɯ^{445}$	su^{52}
金	$s^ə u^{31}$	$s^ə u^{31}$	$s^ə u^{31}$	$s^ə u^{323}$
丹	$s^ə u^{22}$	$sʌɣ^{22}$	$sʌɣ^{22}$	$s^ə u^{44}$
童	$sʌɣ^{324}$	$sʌɣ^{324}$	$sʌɣ^{324}$	$sʌɣ^{324}$
靖	su^{433}	$sʌɣ^{433}$	$sʌɣ^{433}$	su^{334}
江	$sɜɣ^{51}$	$sɜɣ^{51}$	$sɜɣ^{51}$	$sɜɣ^{45}$
常	$sɿ^{44}$	$sʌɯ^{44}$	$sʌɯ^{44}$	$sɿ^{334}$
锡	$sʌɣ^{55}$	$sʌɣ^{55}$	$sʌɣ^{55}$	$sʌɣ^{324}$
苏	$sɜu^{44}$	$sɜu^{44}$	$sɿ̩^{44}/sɜu^{44}$	$sɜu^{51}$
熟	$sɯ^{52}$	$sɯ^{52}$	$sɿ^{52}$	$sɯ^{44}$
昆	$səu^{44}$	$səu^{44}$	$sɿ^{44}$	$səu^{52}$
霜	$s^ə u^{52}$	$s^ə u^{52}$	$sɿ^{52}$	$s^ə u^{434}$
罗	$s^ə u^{52}$	$s^ə u^{52}$	$sɿ^{52}$	$s^ə u^{434}$
周	su^{52}	su^{52}	$sɿ^{52}$	su^{44}
上	su^{52}	su^{52}	$sɿ^{52}$	su^{334}
松	su^{52}	su^{52}	$sɿ^{52}$	$su^{44}/ɕy^{44}$
黎	$sɜu^{44}$	$sɜu^{44}$	$sɿ^{44}$	$sɜu^{51}$
盛	$sɜu^{44}$	$sɿ^{44}$	$sɿ^{44}$	$sɜu^{51}$
嘉	$s^ə u^{51}$	$s^ə u^{51}$	$sɿ^{51}$	$s^ə u^{44}$
双	$səu^{44}$	$səu^{44}$	$səu^{44}$	$səu^{53}$
杭	$sɿ^{323}/su^{323}$	$sɿ^{323}/su^{323}$	$sɿ^{323}/su^{323}$	$sɿ^{51}/su^{51}$
绍	su^{52}	su^{52}	$ɕy^{52}$	su^{334}
诸	su^{544}	su^{544}	$ɕyɿ^{544}$	su^{52}
崇	su^{53}	su^{53}	$sɿ^{53}$	su^{44}
太	su^{523}	su^{523}	$sɿ^{523}$	su^{42}
余	$sɿ^{324}$	$sɿ^{324}$	$sɿ^{324}$	$sɿ^{435}$
宁	su^{52}	$sɿ^{52}$	$sɿ^{52}/sɿ^{52}$	su^{325}
黄	$s^ə u^{533}$	$s^ə u^{533}$	$s^ə u^{533}/sɿ^{533}$	$s^ə u^{533}/sɿ^{533}$
温	$sɵ^{44}$	$səu^{44}$	$sɿ^{44}/səu^{44}$	$sɿ^{\underline{35}}/səu^{\underline{35}}$
衢	$s^ʋ u^{434}$	$s^ʋ u^{434}$	$s^ʋ u^{434}/sɿ^{434}$	$s^ʋ u^{45}$
华	su^{324}	su^{324}	su^{324}	su^{544}
永	$sʊ^{44}$	$sʊ^{44}$	$sɿ^{44}$	$sɣ^{434}$

遇合 三上 语生	遇合 一去 暮心	遇合 一去 暮心	遇合 一去 暮心	遇合 三去 遇生
所	诉	素	塑	数~目
su^{51}	su^{324}	su^{324}	su^{324}泥~/$sɔʔ^{\underline{45}}$~料	su^{324}
su^{52}	su^{412}	su^{412}	su^{412}~像/$sɔʔ^{\underline{55}}$~料	su^{412}
so^{323}	$s^ɘu^{44}$	$s^ɘu^{44}$	$s^ɘu^{44}$/$sɔʔ^{\underline{44}}$	$s^ɘu^{44}$
$sʌɤ^{324}$	$s^ɘu^{324}$	$s^ɘu^{324}$	$s^ɘu^{324}$	$s^ɘu^{324}$
$sʌɤ^{324}$	$sʌɤ^{45}$	$sʌɤ^{45}$	$sɔʔ^{\underline{55}}$	$sʌɤ^{45}$
so^{334}/$sʌɤ^{334}$	su^{51}	su^{51}	su^{51}/$sɔʔ^{\underline{55}}$	su^{51}
$sɜɤ^{45}$	$sɜɤ^{435}$	$sɜɤ^{435}$	$sɜɤ^{435}$~造/$sɔʔ^{\underline{55}}$~料	$sɜɤ^{435}$
$sʌɯ^{334}$	$sʮ^{51}$	$sʮ^{51}$	$sɔʔ^{\underline{55}}$	$sʮ^{51}$
$sʌɤ^{324}$	$sʌɤ^{35}$	$sʌɤ^{35}$	$sɔʔ^{\underline{55}}$	$sʌɤ^{35}$
$sɜu^{51}$	$sɜu^{412}$	$sɜu^{412}$	$sɔʔ^{\underline{55}}$	$sɜu^{412}$
$sɯ^{44}$	su^{324}	su^{324}	su^{324}/$sɔʔ^{\underline{55}}$	$sɯ^{324}$
$səu^{52}$	$səu^{52}$	$səu^{52}$	$sɔʔ^{\underline{55}}$	$səu^{52}$
$s^ɘu^{434}$	$s^ɘu^{434}$	$s^ɘu^{434}$	su^{434}/$sɔʔ^{\underline{55}}$	$s^ɘu^{434}$
$s^ɘu^{434}$	$s^ɘu^{434}$	$s^ɘu^{434}$	$sɔʔ^{\underline{55}}$	$s^ɘu^{434}$
su^{44}	su^{335}	su^{335}	$sɔʔ^{\underline{55}}$	su^{335}
su^{334}	su^{334}	su^{334}	$sɔʔ^{\underline{55}}$/su^{334}少泥~	su^{334}
su^{44}	su^{335}	su^{335}	$sɔʔ^{\underline{55}}$	su^{335}
$sɜu^{51}$	$sɜu^{413}$	$sɜu^{413}$	$sɜu^{413}$/$sɔʔ^{\underline{55}}$	$sɜu^{413}$
su^{51}	su^{413}	$sɜu^{413}$	su^{413}/$sɔʔ^{\underline{55}}$	$sɜu^{413}$
$s^ɘu^{44}$	$s^ɘu^{334}$	$s^ɘu^{334}$	$s^ɘu^{334}$/$sɔʔ^{\underline{54}}$	$s^ɘu^{334}$
$səu^{53}$	$səu^{334}$	$səu^{334}$	$sɔʔ^{\underline{54}}$	$səu^{334}$
sou^{51}	$sʮ^{334}$/su^{334}	$sʮ^{334}$/su^{334}	$sʮ^{334}$~造/$sɔʔ^{\underline{55}}$~料	$sʮ^{334}$/su^{334}
so^{334}	su^{33}	su^{33}	su^{33}/$sɔʔ^{\underline{55}}$	su^{33}
su^{52}	su^{544}	su^{544}	su^{544}/$sɔʔ^{\underline{55}}$少	su^{544}
$sɤ^{44}$	su^{324}	su^{324}	su^{324}~料等	su^{324}
su^{42}	su^{35}	su^{35}	su^{35}~料等	su^{35}
$sʮ^{435}$	$sʮ^{52}$	$sʮ^{52}$	$sɔʔ^{\underline{55}}$/$sʮ^{52}$少	$sʮ^{52}$
so^{325}	su^{52}	su^{52}	$sɔʔ^{\underline{55}}$~料/su^{52}泥~	su^{52}
so^{533}	$s^ɘu^{44}$	$s^ɘu^{44}$	$s^ɘu^{44}$	$s^ɘu^{44}$
$səu^{35}$	$sθ^{52}$	$sθ̃^{52}$吃~/$səu^{52}$	$sθ^{52}$	$səu^{52}$
$s^ʊu^{45}$	$s^ʊu^{53}$	$s^ʊu^{53}$	$s^ʊu^{53}$	$s^ʊu^{53}$
suo^{544}	su^{45}	su^{45}	su^{45}	su^{45}
$soə^{434}$	$sʊ^{54}$	$sʊ^{54}$	$sʊ^{54}$	$sʊ^{54}$

摄口 等调 韵声	果合 一平 戈帮 波	果合 一平 戈滂 玻	果合 一去 过帮 播	果合 一上 果帮 跛
宜	pɑɣ⁵⁵	pɑɣ⁵⁵	pɑɣ⁵¹	pɑɣ⁵¹
溧	pʌɯ⁴⁴⁵	pʌɯ⁴⁴⁵	pʌɯ⁴⁴⁵	
金	po³¹	po³¹	po³²³	po³²³
丹	pʌɣ²²	pʌɣ²²	pʌɣ²²	pʌɣ²²
童	pʌɣ⁴²	pʌɣ⁴²	pʌɣ³²⁴	pʌɣ³²⁴
靖	pu⁴³³	pu⁴³³	pu⁵¹	pu³³⁴
江	pu⁵¹	pu⁵¹	pu⁴³⁵	pu⁴⁵
常	pʌɯ⁴⁴	pʌɯ⁴⁴	pʌɯ⁵¹	pʌɯ³³⁴
锡	pʌɣ⁵⁵	pʌɣ⁵⁵	pʌɣ³²⁴	pʌɣ³²⁴
苏	pʉ⁴⁴	pʉ⁴⁴	pʉ⁴¹²	pʉ⁵¹
熟	pu⁵²	pu⁵²	pu³²⁴	pu⁴⁴
昆	pu⁴⁴	pu⁴⁴	pu⁵²	pu⁵²
霜	pu⁵²	pu⁵²	pu⁴³⁴	pu⁴³⁴
罗	pu⁵²	pu⁵²	pu⁴³⁴	pu⁴³⁴
周	ɓu⁵²	ɓu⁵²	ɓu³³⁵	ɓu⁴⁴
上	pu⁵²	pu⁵²	pu⁵²	pu³³⁴
松	pu⁵²	pu⁵²	pu⁵²	pu⁴⁴
黎	pʉ̥⁴⁴	pʉ̥⁴⁴	pʉ̥⁴¹³	pʉ̥⁵¹
盛	pu̥⁴⁴	pu̥⁴⁴	pu̥⁴¹³	pu̥⁵¹
嘉	pu⁵¹	pu⁵¹	pu³³⁴	pu⁵¹
双	pʉ̥⁴⁴	pʉ̥⁴⁴	pʉ̥⁵³	pʉ̥⁵³
杭	pou³²³	pou³²³	pou⁵¹	pou⁵¹
绍	po⁵²	po⁵²	po³³⁴	po³³⁴
诸	pɯ⁵⁴⁴	pɯ⁵⁴⁴	pɯ⁵²	pɯ⁵²
崇	pɣ̊⁵³	pɣ⁵³	pɣ⁴⁴	pʻɣ⁴⁴
太	pɯ⁵²³	po⁵²³	pɯ⁴²	pɯ⁴²
余	pou³²⁴	pou³²⁴	pou⁴³⁵	pou⁴³⁵
宁	pəʊ⁵²	pəʊ⁵²	pəʊ³²⁵	pəʊ³²⁵
黄	po⁵³³	po⁵³³	po⁵³³	po⁵³³
温	pʋ⁴⁴	pʋ⁴⁴	pʋ³⁵	
衢	pu⁴³⁴	pu⁴³⁴	pu⁴⁵	pu⁴⁵
华	puo³²⁴	puo⁴³⁵	puo⁵⁴⁴	puo⁵⁴⁴
永	poə⁴⁴	poə⁴⁴	poə⁴³⁴	poə⁴³⁴

果合 一去 过帮	果合 一平 戈滂	果合 一平 戈滂	果合 一去 过滂	果合 一平 戈並
簸	坡	颇	破	婆
	pʻɑɣ⁵⁵	pʻɑɣ⁵⁵	pʻɑɣ³²⁴	bɑɣ²²³
	pʻʌɯ⁴⁴⁵	pʻʌɯ⁴⁴⁵	pʻʌɯ⁴¹²	bʌɯ³²³
	pʻo³¹	pʻo³²³	pʻo⁴⁴	pʻo³⁵
	pʻʌɣ²²	pʻʌɣ²²	pʻʌɣ³²⁴	bʌɣ²¹³ 外祖母/pʌɣ²² 媳妇称～
pʌɣ⁴⁵	pʻʌɣ⁴²	pʻʌɣ⁴²	pʻʌɣ⁴⁵	bʌɣ¹¹³
pu⁵¹	pʻu⁴³³	pʻu³³⁴	pʻu⁵¹	bu²²³
pu⁴³⁵	pʻu⁵¹	pʻu⁵¹	pʻu⁴³⁵	bu²²³
pʌɯ⁵¹	pʻʌɯ⁴⁴	pʻʌɯ⁴⁴	pʻʌɯ⁵¹	bʌɯ²¹³
pʌɣ³⁵	pʻʌɣ⁵⁵	pʻʌɣ⁵⁵	pʻʌɣ³⁵	bʌɣ²¹³
pʉ⁴¹²	pʉ⁴⁴	pʻʉ⁴⁴	pʻʉ⁴¹²	bʉ²²³
pu³²⁴	pʻu⁵²	pʻu⁵²	pu³²⁴	bu²³³
pu⁵²	pu⁴⁴	pʻu⁴⁴	pʻu⁵²	bu¹³²
pu⁴³⁴	pu⁵²	pʻu⁵²	pʻu⁴³⁴	bu²³¹
pu⁴³⁴	pu⁵²	pʻu⁵²	pʻu⁴³⁴	bu²³¹
ɓu³³⁵	pʻu⁵²	pʻu⁵²	pʻu³³⁵	bu¹¹³
pu³³⁴	pʻu⁵²	pʻu⁵²	pʻu³³⁴/pʻʌ³³⁴	bu¹¹³
pu⁵²	pʻu⁵²	pʻu⁵²	pʻu³³⁵/pʻɑ³³⁵	bu²³¹
pʉ̥⁵¹	pʉ̥⁴⁴	pʻʉ̥⁴⁴	pʻʉ̥³²⁴	bʉ²⁴
pu⁵¹	pu̥⁴⁴	pʻu̥³³⁴	pʻu³¹³/pʻɑ³¹³	bu²⁴
pu⁵¹	pu̥⁵¹	pʻu̥⁵¹	pʻu̥³³⁴	bu²³¹
pʻʉ̥³³⁴	pʻʉ̥⁴⁴	pʻʉ̥⁴⁴	pʻʉ̥³³⁴	bʉ¹¹³
poɯ³³⁴	pʻoɯ³²³	pʻoɯ³³⁴	pʻoɯ³³⁴	boɯ²¹²
po³³	pʻo⁵²	pʻo³³⁴	pʻa³³/pʻo³³	bo²³¹
pɯ⁵⁴⁴	pʻɯ⁵⁴⁴	pʻɯ⁵²	pʻɯ⁵⁴⁴/pʻʌ⁵⁴⁴	bɯ²³³
pɣ³²⁴	pʻɣ⁵³	pʻɣ⁴⁴	pʻɑ³²⁴	bɣ³¹
pɯ³⁵	pʻɯ⁵²³	pʻɯ⁴²	pʻɑ³⁵	bɯ³¹²
poɯ⁵²	pʻoɯ⁵²	pʻoɯ⁴³⁵	pʻʌ⁵²	bu̥¹¹³/bou¹¹³
pəʊ⁵²	pʻəʊ⁵²	pʻəʊ³²⁵	pʻəʊ⁵²/pʻa⁵²	bəʊ¹¹³
po⁴⁴	pʻo⁵³³	pʻo⁵³³	pʻu⁴⁴	bu³¹¹
pʋ⁴⁴/pæi⁵²	pʻʋ⁴⁴	pʻʋ⁴⁴	pʻɑ⁵²/pʻθ⁵²	bθ²³¹
pu⁵³	pʻu⁴³⁴	pʻu⁴³⁴	pʻɛ⁵³	bu³²³
puo⁴⁵	pʻuo³²⁴	pʻuo³²⁴	pʻɑ⁴⁵	puo³²⁴/pɯə³²⁴
poə⁵⁴	pʻoə⁴⁴	pʻoə⁴⁴	pʻiʌ⁵⁴	boə³²²

摄口 等调 韵声	果合 一去 过並	果合 一平 戈明	果合 一平 戈明	果合 一去 过明
	薄~荷	磨~刀	摩	磨石~
宜	bu²⁴	mɑɤ²²³	mɑɤ²²³	mɑɤ²³¹
溧	pɦʌɯ⁴¹²	mʌɯ³²³	mʌɯ³²³	mʌɯ²³¹
金	po⁴⁴	mo³⁵	mo³⁵	mo⁴⁴
丹	pʌɤ⁴¹	mʌɤ²²	mʌɤ²²	mʌɤ⁴¹
童	bʌɤ¹¹³	mʌɤ¹¹³	mʌɤ¹¹³	mʌɤ¹¹³
靖	bɔʔ³⁴	mʌɤ²²³	mʌɤ²²³	mʌɤ⁵¹
江	bu²²³	mɜɤ²²³	mɜɤ²²³	mɜɤ²²³
常	bʌɯ²⁴	mʌɯ²¹³	mʌɯ²¹³	mʌɯ²⁴
锡	bʌɤ²¹³	mʌɤ²¹³	mʌɤ²¹³	mʌɤ²¹³
苏	bʉ²³¹	mo²²³	mo²²³	mo²³¹
熟	bu²¹³	mu²³³	mu²³³	mu²¹³
昆	bu²¹	mu¹³²	mu¹³²	mu²¹
霜	bu²¹³	mu²³¹	mu²³¹	mu²¹³
罗	bu²¹³	mu²³¹	mu²³¹	mu²¹³
周	boʔ²³	mu¹¹³	mu¹¹³	mu¹¹³
上	bu¹¹³	mo¹¹³/mu¹¹³	mo¹¹³/mu¹¹³	mu¹¹³/mo¹¹³
松	bɔʔ²³	mo²³¹	mo²³¹	ʔmo⁵²/mo¹¹³
黎	bəʔ²³	mo²⁴	mo²⁴	mo²¹³
盛	bəʔ²²	mo²⁴	mo²⁴	mo²¹²
嘉	bu²²³	mo²³¹	mo²³¹	mu²²³
双	bʉ¹¹³	mʊ¹¹³	mʊ¹¹³	mʊ¹¹³
杭	bou¹¹³	mou²¹²	mou²¹²	mou¹¹³
绍	bo¹¹³	mo²³¹	mo²³¹	mo²²
诸	bɯ²³³	mɯ²³³	mɯ²³³	mɯ²³³
崇	bɤ¹⁴	mɤ³¹	mɤ³¹	mɤ¹⁴
太	bɯ¹³	mɯ³¹²	mɯ³¹²	mɯ¹³
余	bou¹¹³	mou¹¹³	mou¹¹³	mou¹¹³
宁	bo¹¹³	məʊ¹¹³	məʊ¹¹³	məʊ¹¹³
黄	bɔʔ¹²	mu³¹¹	mu³¹¹	mu¹¹³
温	bʊ²²	mɵ²³¹	mɵ²³¹/mʊ²³¹	mɵ²²
衢	bu³¹	mu³²³	mu³²³	mu³¹
华	poʔ²⁴	mɯə³²⁴	muo³²⁴	muo²⁴
永	boə²¹⁴	moə³²²	moə³²²	moə²¹⁴

果开 一平 歌端	果合 一上 果端	果开 一平 歌透	果合 一上 果透	果合 一上 果透
多	朵	拖	妥	椭
tu^{55}	tu^{51}	tˀu^{55}	tˀu^{51}	tˀu^{51}
tʌɯ^{445}	tʌɯ^{52}	tˀʌɯ^{445}	tˀʌɯ^{52}	tˀʌɯ^{52}
to^{31}	to^{323}	tˀo^{31}	tˀo^{323}	tˀo^{323}
tʌɣ^{22}	tʌɣ^{44}	tˀʌɣ^{22}	tˀʌɣ^{22}	tˀʌɣ^{22}
tʌɣ^{42}	tʌɣ^{324}	tˀʌɣ^{42}	tˀʌɣ^{324}	tˀʌɣ^{324}
tʌɣ^{433}	tʌɣ^{433}	tˀʌɣ^{433}	tˀʌɣ^{334}	tˀʌɣ^{334}
tʒɣ^{51}	tʒɣ^{51}	tˀʒɣ^{51}	tˀʒɣ^{45}	tˀʒɣ^{45}
tʌɯ^{44}	tʌɯ^{44}	tˀʌɯ^{44}	tˀʌɯ^{334}	tˀʌɯ^{334}
tʌɣ^{55}	tʌɣ^{55}	tˀʌɣ^{55}	tˀʌɣ^{324}	tˀʌɣ^{324}
tʒu^{52}	tʒu^{44}	tˀʒu^{44}/tˀɒ^{44}	tˀʒu^{51}	tˀʒu^{51}
tɯ^{44}	tɯ^{44}	tˀɯ^{52}	tˀɯ^{44}	tˀɯ^{44}
təu^{44}	təu^{44}	tˀəu^{44}	tˀəu^{52}	tˀəu^{52}
tˀu^{52}	tˀu^{52}	tˀu^{52}	tˀu^{434}	tˀu^{434}
tˀu^{52}	tˀu^{52}	tˀu^{52}	tˀu^{434}	tˀu^{434}
ɗu^{52}	ɗu^{52}	tˀu^{52}	tˀu^{44}	tˀu^{44}
tu^{52}	tu^{334}	tˀu^{52}/tˀʌ^{52}	tˀu^{334}	tˀu^{334}
tu^{52}/ɗu^{52}	tu^{44}	tˀu^{52}/tˀɑ^{52}	tˀu^{44}	tˀu^{44}
tʒu^{44}	to^{51}/toʔ^{55}	tˀʒu^{44}	tˀʒu^{334}	tˀʒu^{334}
tʒu^{44}	to^{51}	tˀʒu^{44}	tˀʒu^{334}	tˀʒu^{334}
təu^{51}	to^{44}	tˀəu^{51}	tˀəu^{324}	tˀəu^{324}
təu^{44}	təu^{53}	tˀəu^{44}	tˀəu^{53}	tˀəu^{53}
tou^{323}	tou^{51}	tˀou^{323}	tˀou^{51}	tˀou^{51}
to^{52}	to^{334}	tˀo^{52}	tˀo^{334}	tˀo^{334}
tɯ^{544}	tɯ^{52}	tˀɯ^{544}	tˀɯ^{52}	tˀɯ^{52}
tɣ^{53}	tɣ^{44}	tˀɣ^{53}	tˀɣ^{44}	tˀɣ^{44}
tɯ^{523}	tɯ^{42}	tˀɯ^{523}	tˀɯ^{42}	tˀɯ^{42}
tou^{324}	to^{435}	tˀou^{324}	tˀou^{435}	tˀou^{435}
təʊ^{52}	to^{325}	tˀəʊ^{52}	tˀəʊ^{325}	tˀəʊ^{325}
tˀu^{533}	tˀu^{533}	tˀu^{533}	tˀu^{533}	tˀu^{533}
tˀu^{44}	to^{35}	tˀu^{44}/tˀa	tˀu^{35}	tˀu^{35}
tᵛu^{434}	tˀu^{45}	tˀᵛu^{434}	tˀᵛu^{45}	tˀᵛu^{45}
tuo^{324}	tuo^{544}	tˀuo^{324}	tˀuo^{544}	tˀuo^{544}
toə^{44}	toə^{434}	tˀoə^{44}	tˀoə^{434}	tˀoə^{434}

摄口 等调 韵声	果合 一去 过透 唾	果开 一平 歌定 驮	果开 一平 歌定 驼	 铊
宜	tʻu^{324}/tʻu^{51}	du^{223}	du^{223}	du^{223}
溧	tʻʌɯ^{52}	tɦʌɯ^{323}	tɦʌɯ^{323}	tɦʌɯ^{323}
金	tʻo^{44}	tʻo^{35}	tʻo^{35}	tʻo^{35}
丹	tʻᵊu^{324}	dʌɣ^{213}	dʌɣ^{213}	dʌɣ^{213}
童	tʻʌɣ^{45}	dʌɣ^{31}	dʌɣ^{31}	dʌɣ^{31}
靖	tʻu^{51}	dʌɣ^{223}	dʌɣ^{223}	dʌɣ^{223}
江	tʻɜɣ^{435}	dɜɣ^{223}	dɜɣ^{223}	dɜɣ^{223}
常	tʻʌɯ^{51}	dʌɯ^{213}	dʌɯ^{213}	dʌɯ^{213}
锡	tʻʌɣ^{35}	dʌɣ^{213}	dʌɣ^{213}	dʌɣ^{213}
苏	tʻɜu^{412}	dɜu^{223}	dɜu^{223}	dɜu^{223}
熟	tʻɯ^{324}	dɯ^{233}	dɯ^{233}	dɯ^{233}
昆	tʻəu^{52}	dəu^{132}	dəu^{132}	dəu^{132}
霜	tʻᵊu^{434}	dᵊu^{231}	dᵊu^{231}	dᵊu^{231}
罗	tʻᵊu^{434}	dᵊu^{231}	dᵊu^{231}	dᵊu^{231}
周	tʻu^{335}	du^{113}	du^{113}	du^{113}
上	tʻu^{334}	du^{113}	du^{113}	du^{113}
松	tʻu^{335}	du^{113}	du^{113}	du^{113}
黎	tʻɜu^{324}	dɜu^{213}	dɜu^{24}	dɜu^{24}
盛	tʻɜu^{313}	dɜu^{212}	dɜu^{24}	dɜu^{24}
嘉	tʻᵊu^{334}	dᵊu^{223}	dᵊu^{231}	dᵊu^{231}
双	tʻəu^{334}	dəu^{113}	dəu^{113}	dəu^{113}
杭	tʻou^{334}	dou^{212}	dou^{212}	dou^{212}
绍	tʻo^{33}	do^{231}	do^{231}	do^{231}
诸	tʻɯ^{544}	dɯ^{233}	dɯ^{233}	dɯ^{233}
崇	tʻɣ^{324}	dɣ^{31}	dɣ^{31}	dɣ^{31}
太	tʻɯ^{35}	dɯ^{312}	dɯ^{312}	dɯ^{312}
余	tʻou^{52}	dou^{113}	dou^{113}	dou^{113}
宁	tʻəʊ^{52}	dəʊ^{113}	dəʊ^{113}	dəʊ^{113}
黄	tʻᵊu^{44}	dᵊu^{311}	dᵊu^{311}	dᵊu^{311}
温	tʻæi^{52}	dᵊo^{231}	dᵊu^{231}	dᵊu^{231}
衢	tʻᵛu^{53}	dᵛu^{323}	dᵛu^{323}	dᵛu^{323}
华	tʻuo^{45}	tuo^{324}	tuo^{324}	tuo^{324}
永	tʻoə^{54}	doə^{322}	doə^{322}	doə^{322}

果开 一上 舸定	果合 一上 果定	果开 一去 箇定	果开 一平 歌泥	果合 一去 过泥
舵	惰	大	挪	糯
du^{231}	du^{231}	du^{231}/do^{231}	nu^{223}	nu^{231}
tɕʌɯ^{323}	dʌɯ^{231}	dʌɯ^{231}/do^{231}/dʌ^{231}	dʌɯ^{231}	nʌɯ^{231}
to^{44}	to^{44}	tɑ^{44}	lo^{35}	lo^{44}
dʌɣ^{213}	dʌɣ^{213}	tʌɣ^{41}	nʌɣ^{213}	nʌɣ^{41}
dʌɣ^{113}	dʌɣ^{113}	dʌɣ^{113}	nʌɣ^{113}	nʌɣ^{113}
dʌɣ^{31}	dʌɣ^{31}	dʌɣ^{31}/tˈæ^{334}/da^{31}	nʌɣ^{223}	nʌɣ^{51}
dʒɣ^{223}	dʒɣ^{223}	dʒɣ^{223}/da^{223}	nʒɣ^{223}	nʒɣ^{223}
dʌɯ^{24}	dʌɯ^{24}	dʌɯ^{24}/da^{24}	nʌɯ^{213}	nʌɯ^{24}
dʌɣ$^{213/33}$	dʌɣ^{213}	dʌɣ^{213}/da^{213}	nʌɣ^{213}	nʌɣ^{213}
dʒu^{223}	dʒu^{231}	dʒu^{231}/dɒ^{231}	no^{223}	nʒu^{231}
dɯ^{31}	dɯ^{31}	dɯ^{213}/da^{213}	nɯ^{233}	nɯ^{213}
dˀu^{223}	dˀu^{223}	dˀu^{21}/da^{21}	ʔno^{44}	nˀu^{21}
dˀu^{213}	dˀu^{213}	dˀu^{213}/da^{213}		nˀu^{213}
dəu^{213}	dəu^{213}	dəu^{213}/da^{213}		nəu^{213}
du^{113}	du^{113}	du^{113}/da^{113}	ʔnɔ^{52}	nu^{113}
du^{113}	du^{113}	du^{113}/dʌ^{113}	no^{113}	nu^{113}
du^{113}	du^{113}	du^{113}/da^{113}	ʔno^{52}/no^{231}	nu^{113}
dʒu^{32}	dʒu^{32}	dʒu^{213}	no^{24}	nʒu^{24}
dʒu^{223}	dʒu^{223}	dʒu^{212}/da^{212}	ʔno^{44}	nu^{212}
dˀu^{223}	dˀu^{223}	dˀu^{223}/da^{223}	nˀu^{231}	nˀu^{223}
dəu^{231}	dəu^{231}	dəu^{113}/da^{113}	ʔləu^{44}	nəu^{113}
dou^{113}	dou^{113}	dou^{113}/da^{113}	ʔnou^{323}	nou^{113}
do^{113}	do^{113}	do^{22}/da^{22}	no^{231}	no^{22}
dɯ^{231}	dɯ^{231}	dɯ^{233}/dʌ^{233}	nɯ^{233}	nɯ^{233}
dɣ^{22}	dɣ^{22}	dɣ^{14}/da^{14}	nɣ^{31}	nɣ^{14}
dɯ^{22}	dɯ^{22}	dɯ^{13}/da^{13}	nɯ^{312}	nɯ^{13}
dou^{113}	dou^{113}	dou^{113}/dʌ^{113}	nou^{113}	nou^{113}
dəʊ^{113}	dəʊ^{113}	dəʊ^{113}/da^{113}	nəʊ^{113}	nəʊ^{113}
dˀu^{113}	dˀu^{113}	dˀu^{113}/dʌ^{113}	no^{311}	nu^{113}
d̪ˀu$^{\underline{24}}$	d̪ˀu$^{\underline{24}}$	dˀu^{22}/dɑ^{22}		nʌŋ^{22}
dˀu^{31}	dˀu^{31}	dˀu^{31}/da^{31}/dɛ^{31}	nᵘu^{31}	nᵘu^{31}
duo^{24}	duo^{24}	duo^{24}/da^{24}	nuo^{324}	nuo^{24}
doə^{214}	doə^{323}	doə^{214}/diʌ^{214}	noə^{322}	noə^{214}

摄口 等调 韵声	果开 一平 歌来 罗	果开 一平 歌来 萝~卜	果合 一平 戈来 啰	果合 一平 戈来 骡
宜	lu^{223}	lɑɤ^{223}	ʔlu^{55}	lu^{223}
溧	lʌɯ^{323}	lʌɯ^{323}	lʌɯ^{323}	lʌɯ^{323}
金	lo^{31}	lo^{35} / lɑɔ^{35}	lo^{31}	lo^{35}
丹	lʌɤ^{22}	lʌɤ$^{22/213}$	lʌɤ^{22}	lʌɤ^{22}
童	lʌɤ^{31}	lʌɤ^{31} / lɤɤ^{31}	lʌɤ^{31}	lʌɤ^{31}
靖	lʌɤ^{223}	lʌɤ^{223}	ʔlʌɤ^{433}	lʌɤ^{223}
江	lɜɤ^{223}	lɜɤ^{223} / lɒ^{223}	ʔlɜɤ^{51}	lɜɤ^{223}
常	lʌɯ^{213}	lʌɯ^{213} / lɑɤ^{213}	ʔlʌɯ^{44}	lʌɯ^{213}
锡	lʌɤ^{213}	lʌ^{213}	ʔlʌɤ^{55}	lʌɤ^{213}
苏	lɜu^{223}	lɜu^{223}	ʔlɜu^{44}	lɜu^{223}
熟	lɯ^{233}	lɯ^{233}	ʔlɯ^{52}	lɯ^{233}
昆	ləu^{132}	ləu^{132}	ʔləu^{44}	ləu^{132}
霜	lᵊu^{231}	lᵊu^{231}	ʔlᵊu^{52}	lᵊu^{231}
罗	lᵊu^{231}	lᵊu^{231}	ʔlᵊu^{52}	lᵊu^{231}
周	lu^{113}	lu^{113}	ʔlu^{52}	lu^{113}
上	lu^{113}	lo^{113} / lu^{113}	ʔlu^{52}	lu^{113}
松	lu^{231}	lu^{231}	ʔlu^{52}	lu^{231}
黎	lɜu^{24}	lɜu^{24}	ʔlu^{44}	lɜu^{24}
盛	lɜu^{24}	lo^{24}	ʔlu^{44}	lɜu^{24}
嘉	lᵊu^{231}	lᵊu^{231}	ʔlᵊu^{334}	lᵊu^{223}
双	ləu^{113}	ləu^{113}	ʔləu^{44}	ləu^{113}
杭	lou^{212}	lou^{212}	ʔlou^{323}	lou^{212}
绍	lo^{231}	lo^{231}	ʔlo^{52}	lo^{231}
诸	lɯ^{233}	lɯ^{233}	ʔlɯ^{544}	lɯ^{233}
崇	lɤ^{31}	lɤ^{31}	ʔlɤ^{53}	lɤ^{31}
太	lɯ^{312}	lɯ^{312}	ʔlɯ^{523}	lɯ^{312}
余	lou^{113}	lou^{113}	ʔlou^{324}	lou^{113}
宁	ləʊ^{113}	ləʊ^{113}	ʔləʊ^{52}	ləʊ^{113}
黄	lᵊu^{311}	lᵊu^{311}	ʔlᵊu^{533}	lᵊu^{311}
温	lᵊu^{231}	lo^{231}	ʔləŋ^{44}	lᵊu^{231}
衢	lᵛu^{323}	lɔ^{323}	ʔlᵛu^{434}	lᵛu^{323}
华	lu^{213}	ʔlɑɯ^{544}	ʔlu^{324}	lu^{213}
永	loə^{322}	loə^{322}	loə^{322}	loə^{322}

果合 一平 戈来	果合 一上 果来	果开 一平 歌见	果开 一平 歌见	果合 一平 戈见
胹	裸	哥	歌	锅
lu^{24}	$ʔlu^{55}$	ku^{55}	ku^{55}	ku^{55}
$lʌɯ^{323}$	$ʔlʌɯ^{445}$	$kʌɯ^{445}$	$kʌɯ^{445}$	$kʌɯ^{445}$
lo^{31}	lo^{35}	ko^{31}	ko^{31}	ko^{31}
$lʌɣ^{22}$	$lʌɣ^{44}$	$kʌɣ^{22}$	$kʌɣ^{22}$	$kʌɣ^{22}$
$lʌɣ^{31}$	$ˀlʌɣ^{324}$	$kʌɣ^{42}$	$kʌɣ^{42}$	$kʌɣ^{42}$
$lʌɣ^{223}$	$ʔlʌɣ^{334}$	$kʌɣ^{433}$	$kʌɣ^{433}$	$kʌɣ^{433}$
$lɜɣ^{223}$	$ʔlɜɣ^{45}$	$kɜɣ^{51}$	$kɜɣ^{51}$	$kɜɣ^{51}$
$lʌɯ^{213}$	$ʔlʌɯ^{334}$	$kʌɯ^{44}$	$kʌɯ^{44}$	$kʌɯ^{44}$
$lʌɣ^{213}$	$lʌɣ^{213/33}$	$kʌɣ^{55}$	$kʌɣ^{55}$	$kʌɣ^{55}$
$lɜu^{223}$	$ʔlɜu^{51}$	$kɜu^{44}$	$kɜu^{44}$	$kɜu^{44}$
$lɯ^{233}$	$ʔlɯ^{44}$	$kɯ^{52}$	$kɯ^{52}$	$kɯ^{52}$
$ləu^{132}$	$ləu^{223}$	$kəu^{44}$	$kəu^{44}$	$kəu^{44}$
$lᵊu^{231}$	$lᵊu^{213}$	$kᵊu^{52}$	$kᵊu^{52}$	$kᵊu^{52}$
$lᵊu^{231}$	$lᵊu^{213}$	$kᵊu^{52}$	$kᵊu^{52}$	$kᵊu^{52}$
lu^{113}	lu^{113}	ku^{52}	ku^{52}	ku^{52}
lu^{113}	lu^{113}	ku^{52}	ku^{52}	ku^{52}
lu^{231}	lu^{113}	ku^{52}	ku^{52}	ku^{52}
$lɜu^{24}$	$ʔlɜu^{51}$	$kɜu^{44}$	$kɜu^{44}$	$kɜu^{44}$
$lɜu^{24}$	$ʔlɜu^{51}$	$kɜu^{44}$	$kɜu^{44}$	$kɜu^{44}$
$ləu^{223}$	$ləu^{223}$	$kəu^{51}$	$kəu^{51}$	$kəu^{51}$
$ləu^{113}$	$ʔləu^{53}$	$kəu^{44}$	$kəu^{44}$	$kəu^{44}$
lou^{212}	$ʔlu^{51}$	kou^{323}	kou^{323}	ku^{323}
lo^{231}	lo^{113}	ko^{52}	ko^{52}	ko^{52}
$lɯ^{233}$	$lɯ^{231}$	$kɯ^{544}$	$kɯ^{544}$	$kɯ^{544}$
$lɣ^{31}$	$lɣ^{22}$	$kɣ^{53}$	$kɣ^{53}$	$kɣ^{53}$
$lɯ^{312}$	$lɯ^{22}$	$kɯ^{523}$	$kɯ^{523}$	$kɯ^{523}$
lou^{113}	lou^{113}	kou^{324}	kou^{324}	kou^{324}
$ləʊ^{113}$	$ləʊ^{113}$	$kəʊ^{52}$	$kəʊ^{52}$	$kəʊ^{52}$
$lᵊu^{311}$	$ʔlᵊu^{533}$	ko^{533}	ko^{533}	ko^{533}
$lᵊu^{231}$	$læi^{\underline{24}}/lᵊu^{\underline{24}}$	$kʊ^{44}$	$kʊ^{44}$	$kʊ^{44}$
$lᵛu^{323}$	$lᵊu^{31}$	$kᵛu^{434}$	$kᵛu^{434}$	$kᵛu^{434}$
lu^{213}	lu^{24}	kuo^{324}	kuo^{324}	kuo^{324}
$loə^{322}$	$loə^{323}$	$koə^{44}$	$koə^{44}$	$ʔɦoɰ^{322}$

摄口 等调 韵声	果合 一上 果见	果合 一上 果见	果开 一去 笛见	果合 一去 过见
	果	裹	个	过
宜	ku⁵¹	ku⁵¹	ku³²⁴/kəʔ⁴⁵	ku³²⁴
溧	kʌɯ⁵²	kʌɯ⁵²	kʌɯ⁴¹²	kʌɯ⁴¹²
金	ko³⁵	ko³⁵	ko⁴⁴/kʌʏ⁴⁴	ko⁴⁴
丹	kʌʏ⁴⁴	kʌʏ⁴⁴	kʌʏ³²⁴/kɛʔ³³	kʌʏ³²⁴
童	kʌʏ³²⁴	kʌʏ³²⁴	kʌʏ⁴⁵	kʌʏ⁴⁵
靖	kʌʏ³³⁴	kʌʏ³³⁴	kʌʏ⁵¹	kʌʏ⁵¹
江	kɜʏ⁴⁵	kɜʏ⁴⁵	kɜʏ⁴³⁵	kɜʏ⁴³⁵
常	kʌɯ³³⁴	kʌɯ³³⁴	kʌɯ⁵¹	kʌɯ⁵¹
锡	kʌʏ³²⁴	kʌʏ³²⁴	lʌʏ³⁵	kʌʏ³⁵
苏	kɜu⁵¹	kɜu⁵¹	kɜu⁴¹²/kəʔ⁵⁵	kɜu⁴¹²
熟	kɯ⁴⁴	kɯ⁴⁴	kɯ³²⁴/kəʔ⁵⁵	kɯ³²⁴
昆	kəu⁵²	kəu⁵²	kəu⁵²	kəu⁵²
霜	kᵊu⁴³⁴	kᵊu⁴³⁴	kʌʏ⁴³⁴/kᵊu⁴³⁴/gəʔ²³	kᵊu⁴³⁴
罗	kᵊu⁴³⁴	kᵊu⁴³⁴	kʌʏ⁴³⁴/kᵊu⁴³⁴	kᵊu⁴³⁴
周	ku⁴⁴	ku⁴⁴	kʏ³³⁵	ku³³⁵
上	ku³³⁴	ku³³⁴	ku³³⁴/gɐʔ²³	ku³³⁴
松	ku⁴⁴	ku⁴⁴	kɯ³³⁵	ku³³⁵
黎	kɜu⁵¹	kɜu⁵¹	kɜu⁴¹³/kəʔ⁵⁵	kɜu⁴¹³
盛	kɜu⁵¹	kɜu⁵¹	kəʔ⁵⁵	kɜu⁴¹³
嘉	kəu⁴⁴	kəu⁴⁴	kəu³³⁴/kəʔ⁵⁴/ke³³⁴	kəu³³⁴
双	kəu⁵³	kəu⁵³	kəu³³⁴/kᵊʏ³³⁴	kəu³³⁴
杭	ku⁵¹	ku⁵¹	kou³³⁴	ku³³⁴
绍	ku³³⁴	ku³³⁴	ko³³	ku³³
诸	kɯ⁵²	kɯ⁵²	kɯ⁵⁴⁴/ku⁵⁴⁴	kɯ⁵⁴⁴
崇	kʏ⁴⁴	kʏ⁴⁴	kɑ⁵³	kʏ³²⁴
太	kɯ⁴²	kɯ⁴²	kɯ⁵²³	kɯ³⁵
余	kou⁴³⁵	kou⁴³⁵	kou⁵²	kou⁵²
宁	kəʊ³²⁵	kəʊ³²⁵	kəʊ⁵²	kəʊ⁵²
黄	ku⁵³³	ku⁵³³	ko⁴⁴	ku⁴⁴
温	kʊ³⁵	kʊ³⁵	kʊ⁵²	kʊ⁵²
衢	kᵛu⁴⁵	kᵛu⁴⁵	kᵛu⁵³/kʌʔ⁵⁵	kᵛu⁵³
华	kuo⁵⁴⁴	kuo⁵⁴⁴	kuo⁴⁵/kɑ⁴⁵/kəʔ³³	kuo⁴⁵
永	koə⁴³⁴	koə⁴³⁴	koə⁵⁴	koə⁵⁴

果合 一平 戈溪	果合 一平 戈溪	果开 一上 哿溪	果合 一上 果溪	果合 一去 过溪
科	窠	可	颗	课
$k\text{ʻ}u^{55}$	$k\text{ʻ}u^{55}$	$k\text{ʻ}u^{51}$	$k\text{ʻ}u^{51}$	$k\text{ʻ}u^{324}$
$k\text{ʻ}ʌɯ^{445}$	$k\text{ʻ}ʌɯ^{445}$	$k\text{ʻ}ʌɯ^{445}$	$k\text{ʻ}ʌɯ^{445}$	$k\text{ʻ}ʌɯ^{412}$
$k\text{ʻ}o^{31}$	$k\text{ʻ}o^{31}$	$k\text{ʻ}o^{323}$	$k\text{ʻ}o^{323}$	$k\text{ʻ}o^{44}$
$k\text{ʻ}ʌɣ^{22}$	$k\text{ʻ}ʌɣ^{22}$	$k\text{ʻ}ʌɣ^{44}$	$k\text{ʻ}ʌɣ^{44}$	$k\text{ʻ}ʌɣ^{324}$
$k\text{ʻ}ʌɣ^{42}$	$k\text{ʻ}ʌɣ^{42}$	$k\text{ʻ}ʌɣ^{324}$	$k\text{ʻ}ʌɣ^{324}$	$k\text{ʻ}ʌɣ^{45}$
$k\text{ʻ}ʌɣ^{433}$	$k\text{ʻ}ʌɣ^{433}$	$k\text{ʻ}ʌɣ^{334}$	$k\text{ʻ}ʌɣ^{334}$	$k\text{ʻ}ʌɣ^{51}$
$k\text{ʻ}ɜɣ^{51}$	$k\text{ʻ}ɜɣ^{51}$	$k\text{ʻ}ɜɣ^{45}$	$k\text{ʻ}ɜɣ^{45}$	$k\text{ʻ}ɜɣ^{435}$
$k\text{ʻ}ʌɯ^{44}$	$k\text{ʻ}ʌɯ^{44}$	$k\text{ʻ}ʌɯ^{334}$	$k\text{ʻ}ʌɯ^{334}$	$k\text{ʻ}ʌɯ^{51}$
$k\text{ʻ}ʌɣ^{55}$	$k\text{ʻ}ʌɣ^{55}$	$k\text{ʻ}ʌɣ^{324}$	$k\text{ʻ}ʌɣ^{324}$	$k\text{ʻ}ʌɣ^{35}$
$k\text{ʻ}ɜu^{44}$	$k\text{ʻ}ɜu^{44}$	$k\text{ʻ}ɜu^{51}$	$k\text{ʻ}ɜu^{44}$	$k\text{ʻ}ɜu^{412}$
$k\text{ʻ}ɯ^{52}$	$k\text{ʻ}ɯ^{52}$	$k\text{ʻ}ɯ^{44}$	$k\text{ʻ}ɯ^{52/44}$	$k\text{ʻ}ɯ^{324}$
$k\text{ʻ}^{ə}u^{44}$	$k\text{ʻ}^{ə}u^{44}$	$k\text{ʻ}^{ə}u^{52}$	$k\text{ʻ}^{ə}u^{44}$	$k\text{ʻ}^{ə}u^{52}$
$k\text{ʻ}^{ə}u^{52}$	$k\text{ʻ}^{ə}u^{52}$	$k\text{ʻ}^{ə}u^{434}$	$k\text{ʻ}^{ə}u^{52}$	$k^{ə}u^{434}$
$k\text{ʻ}^{ə}u^{52}$	$k\text{ʻ}əu^{52}$	$k\text{ʻ}əu^{434}$	$k\text{ʻ}əu^{52}$	$kəu^{434}$
$k\text{ʻ}u^{52}$	$k\text{ʻ}u^{52}$	$k\text{ʻ}u^{44}$	$k\text{ʻ}u^{44}$	$k\text{ʻ}u^{335}$
$k\text{ʻ}u^{52}$	$k\text{ʻ}u^{52}$	$k\text{ʻ}u^{334}$	$k\text{ʻ}u^{334}$	$k\text{ʻ}u^{334}$
$k\text{ʻ}u^{52}$	$k\text{ʻ}u^{53}$	$k\text{ʻ}u^{44}/k\text{ʻ}ɔ^{44}$	$k\text{ʻ}u^{52}$	$k\text{ʻ}u^{335}$
$k\text{ʻ}ɜu^{44}$	$k\text{ʻ}ɜu^{44}$	$k\text{ʻ}o^{334}$	$k\text{ʻ}ɜu^{334}$	$k\text{ʻ}ɜu^{324}$
$k\text{ʻ}ɜu^{44}$	$k\text{ʻ}ɜu^{44}$	$k\text{ʻ}o^{44}$	$k\text{ʻ}ɜu^{334}$	$k\text{ʻ}ɜu^{313}$
$kəu^{51}$	$kəu^{51}$	$k\text{ʻ}əu^{334}$	$k\text{ʻ}əu^{51}$	$kəu^{51}$
$k\text{ʻ}əu^{44}$	$k\text{ʻ}əu^{44}$	$k\text{ʻ}əu^{53}$	$k\text{ʻ}əu^{53}$	$k\text{ʻ}əu^{334}$
$k\text{ʻ}ou^{323}$	$k\text{ʻ}ou^{323}$	$k\text{ʻ}ou^{51}$	$k\text{ʻ}ou^{334}$	$k\text{ʻ}ou^{334}$
$k\text{ʻ}o^{52}$	$k\text{ʻ}o^{52}$	$k\text{ʻ}o^{334}$	$k\text{ʻ}o^{33}$	$k\text{ʻ}o^{33}$
$k\text{ʻ}ɯ^{544}$	$k\text{ʻ}ɯ^{544}$	$k\text{ʻ}ɯ^{52}$	$k\text{ʻ}ɯ^{544}$	$k\text{ʻ}ɯ^{544}$
$k\text{ʻ}ɣ^{324}$	$k\text{ʻ}ɣ^{53}$	$k\text{ʻ}ɣ^{44}$	$k\text{ʻ}ɣ^{44}$	$k\text{ʻ}ɣ^{324}$
$k\text{ʻ}ɯ^{523}$	$k\text{ʻ}ɯ^{523}$	$k\text{ʻ}ɯ^{42}$	$k\text{ʻ}ɯ^{42}$	$k\text{ʻ}ɯ^{35}$
$k\text{ʻ}ou^{324}$	$k\text{ʻ}ou^{324}$	$k\text{ʻ}ou^{435}$	$k\text{ʻ}ou^{435}$	$k\text{ʻ}ou^{52}$
$k\text{ʻ}əʊ^{52}$	$k\text{ʻ}əʊ^{52}$	$k\text{ʻ}əʊ^{325}$	$k\text{ʻ}əʊ^{325}$	$k\text{ʻ}əʊ^{52}$
$k\text{ʻ}u^{533}$	$k\text{ʻ}u^{533}$	$k\text{ʻ}o^{533}$	$k\text{ʻ}u^{533}/k\text{ʻ}o^{533}$	$k\text{ʻ}u^{44}$
$k\text{ʻ}ʊ^{44}$	$k\text{ʻ}ʊ^{44}$	$k\text{ʻ}o^{\underline{35}}$	$k\text{ʻ}ʊ^{\underline{35}}$	$k\text{ʻ}ʊ^{52}$
$k\text{ʻ}^{ʊ}u^{434}$	$k\text{ʻ}^{ʊ}u^{434}$	$k\text{ʻ}^{ʊ}u^{45}$	$k\text{ʻ}^{ʊ}u^{45}$	$k\text{ʻ}^{ʊ}u^{53}$
$k\text{ʻ}uo^{324}$	$k\text{ʻ}uo^{324}$	$k\text{ʻ}uo^{544}$	$k\text{ʻ}uo^{544}$	$k\text{ʻ}uo^{45}$
$k\text{ʻ}oə^{44}$	$k\text{ʻ}oə^{44}$	$k\text{ʻ}oə^{434}$	$k\text{ʻ}oə^{434}$	$k\text{ʻ}oə^{54}$

摄口 等调 韵声	果开 一平 歌疑 鹅	果开 一平 歌疑 蛾	果开 一上 哿疑 我	果开 一去 箇疑 饿
宜	ŋu^{223}	ŋu^{223}	ŋu^{24}	ŋu^{231}
溧	ŋʌɯ^{323}	ŋʌɯ^{323}	ŋʌɯ^{224}	ŋʌɯ^{231}
金	o^{35}	o^{35}	o^{323}	o^{44}
丹	ŋʌɤ^{22}	ŋʌɤ^{22}	ŋʌɤ^{213}	ŋʌɤ^{41}
童	ŋʌɤ^{31}	ŋʌɤ^{31}	ʔŋʌɤ^{324}	ŋʌɤ^{113}
靖	ŋʌɤ^{223}	ŋʌɤ^{223}	ʔŋʌɤ^{334}	ŋʌɤ^{51}
江	ŋɜɤ^{223}	ŋɜɤ^{223}	ʔŋɜɤ^{45}	ŋɜɤ^{223}
常	ŋʌɯ^{213}	ŋʌɯ^{213}	ʔŋʌɯ^{334}	ŋʌɯ^{24}
锡	ŋʌɤ^{213}	ŋʌɤ^{213}	ŋʌɤ^{213}	ŋʌɤ^{213}
苏	ŋɜu^{223}	ŋɜu^{223}	ŋɜu^{231}	ŋɜu^{231}
熟	ŋɯ^{233}	ŋɯ^{233}	ŋɯ^{31}	ŋɯ^{213}
昆	ŋəu^{132}	ŋəu^{132}	ŋəu^{223}	ŋəu^{223}
霜	ŋˀu^{231}	ŋˀu^{231}	ŋˀu^{213}	ŋˀu^{213}
罗	ŋˀu^{231}	ŋˀu^{231}	ŋˀu^{213}	ŋˀu^{213}
周	ŋu^{113}/gɒ~^{113}	ŋu^{113}	ɦu^{113}/vɤ^{113}	ŋu^{113}
上	ŋu^{113}	ŋu^{113}	ŋu^{113}	ŋu^{113}
松	ŋu^{231}	ŋu^{231}	ŋu^{231}/nu^{231}	ŋu^{113}
黎	ŋɜu^{24}	ŋɜu^{24}		ŋɜu^{213}
盛	ŋɜu^{24}	ŋɜu^{24}		ŋɜu^{212}
嘉	ŋˀu^{231}	ŋˀu^{231}	ɦŋ̍^{223}	ŋˀu^{223}
双	ŋəu^{113}	ŋəu^{113}	ŋəu^{231}/ʔŋ̍^{53}	ŋəu^{113}
杭	ŋou^{212}	ŋou^{212}	ʔŋou^{51}	ŋou^{113}
绍	ŋo^{231}	ŋo^{231}	ŋo^{113}	ŋo^{22}
诸	ŋɯ^{233}	ŋɯ^{233}	ŋɯ^{231}/ŋʌ^{231}少	ŋɯ^{233}
崇	ŋɤ^{31}	ŋɤ^{31}	ŋɤ^{22}	ŋɤ^{14}
太	ŋɯ^{312}	ŋɯ^{312}	ŋɯ^{22}	ŋɯ^{13}
余	ŋou^{113}	ŋou^{113}	ŋo^{113}	ŋou^{113}
宁	ŋəʊ^{113}	ŋəʊ^{113}	ŋo^{113}	ŋəʊ^{113}
黄	ŋo^{311}	ŋo^{311}	ʔŋo^{533}	ŋo^{113}
温	ɦŋ̍^{231}/ŋo^{231}	ɦŋ̍^{231}	ɦŋ̍^{24}	ŋæi^{22}/ɦŋ̍^{22}
衢	ŋʋu^{323}	ŋʋu^{323}	ʔŋʋu^{53}	ŋʋu^{31}
华	uo^{324}	uo^{324}	ʔɑ^{544}	uo^{45}
永	ŋoə^{322}	ŋoə^{322}	ŋoə^{323}	ŋoə^{214}

果合 一去 过疑	果开 一平 歌影	果合 一平 戈影	果合 一上 果晓	果合 一上 果晓
卧	阿~胶	窝	火	伙
$ŋu^{231}$	$ʔu^{55}$	$ʔu^{55}$	xu^{51}	xu^{51}
$ŋʌɯ^{231}$	$ʔʌɯ^{445}$	$ʔʌɯ^{445}$	$xʌɯ^{52}$	$xʌɯ^{52}$
o^{44}	o^{31}	o^{31}	xo^{323}	xo^{323}
$ŋʌɣ^{41}$	$ʌɣ^{22}$	$ʌɣ^{22}$	$hʌɣ^{44}$	$hʌɣ^{44}$
$ŋʌɣ^{113}$	$ˀʌɣ^{42}$	$ˀʌɣ^{42}$	$hʌɣ^{324}$	$hʌɣ^{324}$
$ŋʌɣ^{51}$	$ˀʌɣ^{433}$	$ˀʌɣ^{433}$	$hʌɣ^{334}$	$hʌɣ^{334}$
$ŋɜɣ^{223}$	$ʔɜɣ^{51}$	$ʔɜɣ^{51}$	$hɜɣ^{45}$	$hɜɣ^{45}$
$ŋʌɯ^{24}$	$ʔʌɣ^{44}$	$ʔʌɣ^{44}$	$xʌɯ^{334}$	$xʌɯ^{334}$
$ŋʌɣ^{213}$	$ʔʌɣ^{55}$	$ʔʌɣ^{55}$	$xʌɣ^{324}$	$xʌɣ^{324}$
$ŋɜu^{231}$	$ʔɜu^{44}$	$ʔɜu^{44}$	$hɜu^{51}$	$hɜu^{51}$
$ŋɯ^{213}$	$ʔɯ^{52}$	$ʔɯ^{52}$	$hɯ^{44}$	$hɯ^{44}$
$ŋəu^{21}$	$ʔəu^{44}$	$ʔəu^{44}$	$həu^{52}$	$həu^{52}$
$ŋˤu^{213}$	$ʔˤu^{52}$	$ʔˤu^{52}$	$xˤu^{434}/fɣ^{434}$	$xˤu^{434}/fɣ^{434}$
$ŋˤu^{213}$	$ʔˤu^{52}$	$ʔˤu^{52}$	$xˤu^{434}/fɣ^{434}$	$xˤu^{434}/fɣ^{434}$
$ŋu^{113}$	$ʔu^{52}$	$ʔu^{52}$	$fɣ^{44}/hu^{44}$	$fɣ^{44}/hu^{44}$
$ʔu^{334}/ŋu^{113}$	$ʔu^{52}$	$ʔu^{52}$	$fɣ^{334}/xu^{334}$	$fɣ^{334}/xu^{334}$
$ʔu^{335}$	$ʔʋɣ^{52}$	$ʔʋɣ^{52}$	$fɣ^{44}$	$fɣ^{44}$
$ŋɜu^{213}$	$ʔu^{44}$	$ʔu^{44}$	$hɜu^{51}$	$hɜu^{51}$
$ŋɜu^{212}$	$ʔu̧^{44}$	$ʔu̧^{44}$	$hɜu^{51}$	$hɜu^{51}$
$ŋˤu^{223}$	$ʔʋɣ^{51}$	$ʔʋɣ^{51}$	$fɣ^{44}$	$fɣ^{44}$
$ŋəʋ^{113}$	$ʔʋ^{44}$	$ʔʋ^{44}$	$həu^{53}$	$həu^{53}$
$ŋou^{113}$	$ʔou^{323}$	$ʔou^{323}$	hu^{51}	hu^{51}
$ŋo^{22}$	$ʔo^{52}$	$ʔo^{52}$	$fɣ^{334}$	$fɣ^{334}$
$ŋɯ^{233}$	$ʔɯ^{544}$	$ʔɯ^{544}$	$hɯ^{52}$	$hɯ^{52}$
$ŋɣ^{14}$	$ʔɣ^{53}$	$ʔɣ^{53}$	$hɣ^{44}$	$hɣ^{44}$
$ŋɯ^{13}$	$ʔɯ^{523}$	$ʔɯ^{523}$	$hɣ^{42}$	$hɣ^{42}$
$ŋou^{113}$	$ʔo^{324}$	$ʔou^{324}$	hou^{435}	hou^{435}
$ŋəʋ^{113}$	$ʔəʋ^{52}$	$ʔəʋ^{52}$	$həʋ^{325}$	$həʋ^{325}$
$ŋu^{113}$	$ʔo^{533}$	$ʔo^{533}$	xu^{533}	xu^{533}
$ɦŋ̍^{22}$	$ʔʋʋ^{44}$	$ʔʋʋ^{44}$	$fʋ^{\underline{35}}$	$fʋ^{\underline{35}}$
$ŋᵛu^{31}$	$ʔu^{434}$	$ʔu^{434}$	$xᵛu^{45}$	$xᵛu^{45}$
uo^{45}	$ʔuo^{324}$	$ʔuo^{324}$	xuo^{544}	xuo^{544}
$ŋoə^{214}/ʔɦoə^{214}$	$ʔoə^{44}$	$ʔoə^{44}$	$xoə^{434}$	$xoə^{434}$

摄口 等调 韵声	果合 一去 过晓 货	果开 一去 箇晓 荷薄~	果开 一平 歌匣 河	果开 一平 歌匣 何
宜	xu^{324}	βu^{24}	βu^{223}	βu^{223}
溧	$x\Lambda\textturnm^{412}$	$x\Lambda\textturnm^{412}$	$x\hbar\Lambda\textturnm^{323}$	$x\hbar\Lambda\textturnm^{323}$
金	xo^{44}	xo^{44}	xo^{35}	xo^{35}
丹	$h\Lambda\gamma^{324}$	$h\Lambda\gamma^{324}$	$h^{\hbar}\Lambda\gamma^{213}$	$h^{\hbar}\Lambda\gamma^{213}$
童	$h\Lambda\gamma^{45}$	$h\Lambda\gamma^{45}$	$x\hbar\Lambda\gamma^{31}$	$x\hbar\Lambda\gamma^{31}$
靖	$h\Lambda\gamma^{51}$	$\hbar\Lambda\gamma^{31}$	$h\hbar\Lambda\gamma^{223}$	$h\hbar\Lambda\gamma^{223}$
江	$h\textrevepsilon\gamma^{435}$	$h\textrevepsilon\gamma^{435}$	$^{h}\hbar\textrevepsilon\gamma^{223}$	$^{h}\hbar\textrevepsilon\gamma^{223}$
常	$x\Lambda\textturnm^{51}$	$x\Lambda\textturnm^{51}$	$\hbar\Lambda\textturnm^{213}$	$\hbar\Lambda\textturnm^{213}$
锡	$x\Lambda\gamma^{35}$	$h\Lambda\gamma^{35}$	$\hbar\Lambda\gamma^{213}$	$\hbar\Lambda\gamma^{213}$
苏	$h\textrevepsilon u^{412}$	$h\textrevepsilon u^{44}$	$\hbar\textrevepsilon u^{223}$	$\hbar\textrevepsilon u^{223}$
熟	$h\textturnm^{324}$	$h\textturnm^{324}$	$\hbar\textturnm^{233}$	$\hbar\textturnm^{233}$
昆	$h\textschwa u^{52}$	$\hbar\textschwa u^{21}$	$\hbar\textschwa u^{132}$	$\hbar\textschwa u^{132}$
霜	$xu^{434}/f\gamma^{434}$	$xu^{434}/f\gamma^{434}$	$v\gamma^{231}/\hbar u^{231}$	$v\gamma^{231}/\hbar u^{231}$
罗	$hu^{434}/f\gamma^{434}$	$hu^{434}/f\gamma^{434}$	$v\gamma^{231}/\hbar u^{231}$	$v\gamma^{231}/\hbar u^{231}$
周	hu^{335}	$\hbar u^{113}$	$v\gamma^{113}/\hbar u^{113}$	$v\gamma^{113}/\hbar u^{113}$
上	$f\gamma^{334}/xu^{334}$	xu^{334}	$\hbar u^{113}/v\gamma^{113}$	$\hbar u^{113}/v\gamma^{113}$
松	$f\gamma^{335}$	$v\textsubscript{ụ}^{231}$	$v\gamma^{231}$	$v\gamma^{231}$
黎	$h\textrevepsilon u^{413}$	$\hbar u^{24}/\beta u^{24}$	$v\gamma^{24}/\beta u^{24}$	$v\gamma^{24}/\beta u^{24}$
盛	$h\textrevepsilon u^{413}$		$\hbar\textsubscript{ụ}^{24}$	$\hbar\textsubscript{ụ}^{24}$
嘉	$h\gamma^{334}$	$v\gamma^{231}$	$v\gamma^{231}$	$v\gamma^{231}$
双	$h\textschwa u^{334}$	$h\textschwa u^{334}$	$\hbar\textschwa u^{113}$	$\hbar\textschwa u^{113}$
杭	hu^{334}	hou^{334}	$\hbar ou^{212}$	$\hbar ou^{212}$
绍	$f\gamma^{33}$	$f\gamma^{33}$	$\hbar o^{231}$	$\hbar o^{231}$
诸	$h\textturnm^{544}$	$h\textturnm^{544}$	$\hbar\textturnm^{233}$	$\hbar\textturnm^{233}$
崇	$h\gamma^{324}$	$h\gamma^{324}$	$\hbar\gamma^{31}$	$\hbar\gamma^{31}$
太	$h\textturnm^{35}$	$h\textturnm^{35}$	$\hbar\textturnm^{312}$	$\hbar\textturnm^{312}$
余	hou^{52}	hou^{52}	$\hbar ou^{113}$	$\hbar ou^{113}$
宁	$h\textschwa\upsilon^{52}$	$h\textschwa\upsilon^{52}$	$\hbar\textschwa\upsilon^{113}$	$\hbar\textschwa\upsilon^{113}$
黄	xu^{44}	$\hbar o^{113}$	$\hbar o^{311}$	$\hbar o^{311}$
温	$f\upsilon^{52}$	$f\upsilon^{52}$	$v\upsilon^{231}$	$v\upsilon^{231}$
衢	$x^{\upsilon}u^{53}$	$x^{\upsilon}u^{53}$	$\textglotstop\hbar\mathring{u}^{323}$	$\textglotstop\hbar\mathring{u}^{323}$
华	xuo^{45}	$xum\textrevepsilon^{45}$	$\textglotstop uo^{324}$	$\textglotstop uo^{324}$
永	$xo\textopeno^{54}$	$\textglotstop\hbar\o\textopeno^{214}$	$\textglotstop\hbar\o\textopeno^{322}$	$\textglotstop\hbar\o\textopeno^{322}$

果开 一平 歌匣	果合 一平 戈匣	果合 一上 果匣	果开 一去 箇匣	果开 一上 哿精
荷~花	和~气	祸	贺	左
βu²²³	βu²²³	βu²³¹	βu²³¹	tsu³²⁴
xɦʌɯ³²³	xɦʌɯ³²³	xɦʌɯ²³¹	xɦʌɯ²³¹	tsʌɯ⁵²
xo³⁵	xo³⁵	xo⁴⁴	xo⁴⁴	tso³²³
h˦ʌɣ²¹³	h˦ʌɣ²¹³	hʌɣ³²⁴	hʌɣ³²⁴	tsʌɣ²²
xɦʌɣ³¹	xɦʌɣ³¹	xɦʌɣ¹¹³	xɦʌɣ¹¹³	tsʌɣ³²⁴
hɦʌɣ²²³	hɦʌɣ²²³	h˦ʌɣ⁵¹	h˦ʌɣ⁵¹	tsʌɣ³³⁴
ʰɦʒɣ²²³	ʰɦʒɣ²²³	ʰɦʒɣ²²³	ʰɦʒɣ²²³	tsʒɣ⁴⁵
ɦʌɯ²¹³	ɦʌɯ²¹³	ɦʌɯ²⁴	ɦʌɯ²⁴	tsʌɯ³³⁴
ɦʌɣ²¹³	ɦʌɣ²¹³	ɦʌɣ³³/²¹³	ɦʌɣ²¹³	tsʌɣ³²⁴
ɦʒu²²³	ɦʒu²²³	ɦʒu²³¹	ɦʒu²³¹	tsʒu⁴⁴
ɦɯ²³³	ɦɯ²³³	ɦɯ³¹	hɯ³²⁴	tsu⁴⁴
ɦəu¹³²	ɦəu¹³²	ɦəu²²³	ɦəu²¹	tsəu⁵²
vɣ̩²³¹/ɦu²³¹	vɣ̩²³¹/ɦu²³¹	vɣ̩²¹³/ɦu²¹³	vɣ̩²¹³/ɦu²¹³	tsᵊu⁴³⁴
vɣ̩²³¹/ɦu²³¹	vɣ̩²³¹/ɦu²³¹	vɣ̩²¹³/ɦu²¹³	vɣ̩²¹³/ɦu²¹³	tsᵊu⁴³⁴
vɣ̩¹¹³/ɦu¹¹³	vɣ̩¹¹³/ɦu¹¹³	ɦu¹¹³	ɦu¹¹³	tsu⁴⁴
ɦu¹¹³/vɣ̩¹¹³	vɣ̩¹¹³/ɦu¹¹³	vɣ̩¹¹³/ɦu¹¹³	vɣ̩¹¹³/ɦu¹¹³	tsu³³⁴
vɣ̩²³¹	vɣ̩²³¹	vɣ̩¹¹³	vɣ̩¹¹³	tsu⁴⁴
vɣ̩²⁴/βu²⁴	βu²⁴/vɣ̩²⁴	βu³²/vɣ̩³²	vɣ̩²¹³/βu²¹³	tsʒu⁵¹
ɦu̩²⁴	ɦu̩²⁴/βu̩²⁴	ɦu̩²²³/βu̩²²³	ɦu̩²¹²	tsʒu⁵¹
vɣ̩²³¹	vɣ̩²³¹/ɦəu²³¹	vɣ̩²²³	vɣ̩²³¹	tsəu⁴⁴
ɦᵊu¹¹³	ɦᵊu¹¹³	ɦᵊu²³¹	ɦᵊu¹¹³	tsəu⁵³
ɦou²¹²	ɦou²¹²	ɦou¹¹³	ɦou¹¹³	tsou⁵¹
ɦo²³¹	ɦo²³¹	ɦo¹¹³	ɦo²²	tso³³⁴
ɦɯ²³³	ɦɯ²³³	ɦɯ²³¹	ɦɯ²³³	tsu⁵²
ɦɣ³¹	ɦɣ³¹	ɦɣ²²	ɦɣ¹⁴	tsɣ⁴⁴
ɦɯ³¹²	ɦɯ³¹²	ɦɯ²²	ɦɯ¹³	tsɣ⁴²
ɦou¹¹³	ɦou¹¹³	ɦou¹¹³	ɦou¹¹³	tsou⁴³⁵
ɦəʊ¹¹³	ɦəʊ¹¹³	ɦəʊ¹¹³	ɦəʊ¹¹³	tsəʊ³²⁵
ɦo³¹¹	ɦu³¹¹	ɦu¹¹³	ɦo¹¹³	tsᵊu⁵³³
vʊ²³¹	vʊ²³¹	vʊ²⁴	vʊ²²	tsᵊu⁴⁵
ʔɦu³²³	ʔɦu³²³	ʔɦu³¹	ʔɦu³¹	tsᵛu⁴⁵
ʔu̥³²⁴	ʔu̥³²⁴	ɦuo²⁴	ɦuo²⁴	tsuo⁵⁴⁴
ʔɦoə³²²	ʔɦoə³²²	ʔɦoə³²³	ʔɦoə²¹⁴	tsoə⁴⁴

摄口 等调 韵声	果开 一平 歌清 搓	果合 一上 果从 坐	果合 一去 过从 座	果合 一平 戈心 蓑
宜	ts'u^{55}	zu^{24}	zu^{24}	su^{55}
溧	ts'ʌɯ^{445}	szʌɯ^{224}	szʌɯ^{224}	sʌɯ^{445}
金	ts'o^{31}	tso^{44}	tso^{44}	so^{31}
丹	ts'ʌɣ^{22}	dzʌɣ^{213}	dzʌɣ^{213}/tsʌɣ^{41}	sʌɣ^{44}
童	ts'ʌɣ^{42}	szʌɣ^{113}	szʌɣ^{113}	sʌɣ^{42}
靖	ts'ɜɣ^{51}	zɜɣ^{223}	zɜɣ^{223}	sɜɣ^{51}
常	ts'ʌɯ^{44}	zʌɯ^{24}	zʌɯ^{24}	sʌɯ^{44}
锡	ts'ʌɣ^{55}	zʌɣ^{33}/^{213}	zʌɣ^{213}	sʌɣ^{55}
苏	ts'ɜu^{44}	zɜu^{231}	zɜu^{231}	sʉ^{44}
熟	ts'ɯ^{52}	zɯ^{31}	zɯ^{31}	sɯ^{52}
昆	ts'əu^{44}	zəu^{223}	zəu^{21}	səu^{44}
霜	ts'ᵊu^{52}	zᵊu^{213}	zᵊu^{213}	sᵊu^{52}
罗	ts'ᵊu^{52}	zᵊu^{213}	zᵊu^{213}	sᵊu^{52}
周	ts'u^{52}	zu^{113}	zu^{113}	su^{52}
上	ts'u^{52}	zu^{113}	zu^{113}	su^{52}
松	ts'u^{52}	zu^{113}	zu^{113}	su^{52}
黎	ts'ɜu^{44}	zɜu^{32}	zɜu^{32}	sɜu^{44}
盛	ts'ɜu^{44}	zɜu^{223}	zɜu^{213}	sɜu^{44}
嘉	ts'ᵊu^{51}	zᵊu^{231}	zᵊu^{223}	sᵊu^{51}
双	ts'əu^{44}	zəu^{231}	zəu^{113}	səu^{44}
杭	ts'ou^{323}	dzou^{113}	dzou^{113}	sou^{323}
绍	ts'o^{52}	zo^{113}	zo^{22}	so^{52}
诸	ts'u^{544}	zɯ^{231}	zu^{233}	su^{544}
崇	ts'ɣ^{53}	zɣ^{22}	zɣ^{22}	sɣ^{53}
太	ts'ɯ^{523}	zɯ^{22}	zɯ^{13}	sʊ^{523}
余	ts'ou^{324}	dzou^{113}/zou^{113}	zou^{113}	sou^{324}
宁	ts'əʊ^{52}	zəʊ^{113}	zəʊ^{113}	səʊ^{52}
黄	ts'ᵊu^{533}	zo^{113}	zo^{113}	so^{533}
温	dzo^{231}	szᵊu^{24}	szᵊu^{22}	sᵊu^{44}
衢	ts'ᵘu^{434}	szᵊu^{31}	szᵊu^{31}	sᵘu^{434}
华	ts'uo^{324}	suo^{544}	szuo^{24}	suo^{435}
永	ts'oə^{44}	szoə^{323}	szoə^{214}	soə^{44}

果合 一平 戈心	果合 一上 果心	假合 二平 麻见	假合 二上 马见	蟹合 二去 卦见
唆嗦~	锁	瓜	寡	挂
su⁵⁵	su⁵¹	ko⁵⁵	ko³²⁴	ko³²⁴
sʌɯ⁴⁴⁵	sʌɯ⁵²	ko⁴⁴⁵	ko⁵²	ko⁴¹²
so³¹	so³²³	kua³¹	kua³²³	kua⁴⁴
sʌɣ⁴⁴	sʌɣ⁴⁴	ko²²	ko⁴⁴	ko³²⁴/kua³²⁴
sʌɣ⁴²	sʌɣ³²⁴	kuɒ⁴²/kɒ⁴²	kuɒ³²⁴	kuɒ⁴⁵/kua⁴⁵
sʌɣ⁴³³	sʌɣ³³⁴/so³³⁴	ko⁴³³	ko³³⁴	ko⁵¹
sɜɣ⁵¹	sɜɣ⁴⁵	ko⁵¹	ko⁴⁵/kua⁴⁵	ko⁴³⁵
sʌɯ⁴⁴	sʌɯ³³⁴	ko⁴⁴	ko³³⁴	ko⁵¹
sʌɣ⁵⁵	sʌɣ³²⁴	ku⁵⁵	ku³²⁴/kua³²⁴	ku³⁵
sɜu⁴⁴	sɜu⁵¹	ko⁴⁴	kuɒ⁵¹	ko⁴¹²
sɯ⁵²	sɯ⁴⁴	ku⁵²	ku⁴⁴/kua⁴⁴	ku³²⁴
səu⁴⁴	səu⁵²	ko⁴⁴	ko⁵²	ko⁵²
sˀu⁵²	sˀu⁴³⁴	ku^ʌɣ⁵²	ku^ʌɣ⁴³⁴	ku^ʌɣ⁴³⁴
sˀu⁵²	sˀu⁴³⁴	ku^ʌɣ⁵²	ku^ʌɣ⁴³⁴	ku^ʌɣ⁴³⁴
su	su⁴⁴	ko⁴⁴	ko⁴⁴/kua⁴⁴	ko³³⁵
su⁵²	su³³⁴	ko⁵²	ko³³⁴/kuᴀ³³⁴	ko³³⁴/kuᴀ³³⁴
su⁵²	su⁴⁴	ko⁵²	kua³³⁵	ko⁴⁴
sɜu⁴⁴	sɜu⁵¹	ko⁴⁴	kuɒ⁵¹	ko⁴¹³
sɜu⁴⁴	sɜu⁵¹	ko⁴⁴	kua⁵¹	ko⁴¹³
səu⁵¹	səu⁴⁴	ko⁵¹	kua⁴⁴	ko³³⁴/kua³³⁴
səu⁴⁴	səu⁵³	kʊ⁴⁴	kʊ⁵³	kʊ³³⁴
sou³²³	sou⁵¹	kua³²³	kua⁵¹	kua³³⁴
so⁵²	so³³⁴	kuo⁵²	kua³³⁴	kuo³³
su⁵⁴⁴	su⁵²	ko⁵⁴⁴	ko⁵²	ko⁵⁴⁴
sɣ⁵³	sɣ⁴⁴	kuɣ⁵³	kuɣ⁴⁴	kuɣ³²⁴
su⁵²³	su⁴²	kuo⁵²³	kuo⁴²	kuo³⁵
sou³²⁴	sou⁴³⁵	kuo³²⁴	kuᴀ⁴³⁵	kuo⁵²
səʊ⁵²	səʊ³²⁵	ko⁵²	kua⁵²⁵	ko⁵²/kua⁵²
so⁵³³	so⁵³³	kuᴀ⁵³³	kuᴀ⁵³³	kuᴀ⁴⁴
sˀu⁴⁴	sˀu⁴⁴	ko⁴⁴	ko³⁵	ko⁵²
sʊu⁴³⁴	sʊu⁴³⁴	kua⁴³⁴	kua⁴⁵	kua⁵³
suo³²⁴	suo⁵⁴⁴	kuɑ³²⁴	kua⁵⁴⁴	kua⁴⁵
soə⁴⁴	soə⁴³⁴	kʊᴀ⁴⁴	kʊᴀ⁴³⁴	kʊᴀ⁵⁴

摄口 等调 韵声	假合 二平 麻溪	假合 二去 祃溪	假合 二平 麻晓	假合 二去 祃晓
	夸	跨	花	化
宜	k'o⁵⁵	k'o³²⁴	xo⁵⁵/xuo⁵⁵	xo³²⁴/xuo³²⁴
溧	k'o⁴⁴⁵	k'o⁴¹²	xo⁴⁴⁵	xo⁴¹²
金	k'uɑ³¹	k'uɑ⁴⁴	xuɑ³¹	xuɑ⁴⁴
丹	k'o²²	k'o³²⁴	ho²²	ho³²⁴/huɑ³²⁴
童	kᵘɒ⁴²	kᵘɒ⁴²	hᵘɒ⁴²	huɒ⁴⁵
靖	k'uɑ⁴³³/k'o⁴³³	k'o⁵¹	ho⁴³³	ho⁵¹
江	k'o⁵¹	k'o⁴³⁵	ho⁵¹	ho⁴³⁵
常	k'uɑ⁴⁴	k'o⁵¹	xo⁴⁴	xo⁵¹
锡	k'uɑ⁵⁵	kuɑ³⁵/ku³⁵	xu⁵⁵	xu³⁵
苏	k'o⁴⁴/k'uɒ⁴⁴	k'o⁴¹²	ho⁴⁴	ho⁴¹²
熟	k'u⁵²/k'uɑ⁵²	k'u³²⁴	xu⁵²	xu³²⁴
昆	k'uɑ⁴⁴	k'o⁵²	ho⁴⁴	ho⁵²
霜	k'uᴧɤ⁵²	k'uᴧɤ⁴³⁴	xuᴧɤ⁵²	xuᴧɤ⁴³⁴
罗	k'uɑ⁵²	k'uᴧɤ⁴³⁴	huᴧɤ⁵²	huᴧɤ⁴³⁴
周	k'o⁵²/k'uɑ⁵²	k'o³³⁵	ho⁵²	ho³³⁵
上	k'uᴀ⁵²/k'o⁵²	k'o³³⁴	ho⁵²	ho³³⁴
松	k'o⁵²/k'uɑ⁵²	k'o³³⁵	ho⁵²	ho³³⁵
黎	k'uɒ⁴⁴	k'o³²⁴	ho⁴⁴	ho⁴¹³
盛	k'o⁴⁴	k'o³¹³	ho⁴⁴	ho⁴¹³
嘉	k'uɑ⁵¹	k'uɑ³³⁴	ho⁵¹	ho³³⁴/huɑ³³⁴
双	k'ʊ⁴⁴	k'ʊ³³⁴	hʊ⁴⁴	hʊ³³⁴
杭	k'uɑ³²³	k'uɑ³³⁴	huɑ³²³	huɑ³²³
绍	k'ua⁵²	k'o³³/k'ua³³	huo⁵²	huo³³
诸	k'uᴀ⁵⁴⁴	k'o⁵⁴⁴	ho⁵⁴⁴	ho⁵⁴⁴
崇	k'uɤ⁵³	k'uɤ³²⁴	fɤ⁵³	fɤ³²⁴
太	k'uo⁵²³	k'uɑ³⁵	fuo⁵²³	fuo³⁵
余	k'uo³²⁴	k'ɒ⁵²/k'uᴀ⁵²	xuo³²⁴	xuo⁵²
宁	k'o⁵²	k'o⁵²/k'ua⁵²	ho⁵²	ho⁵²
黄	k'uᴀ⁵³³	k'uᴀ⁴⁴	xuᴀ⁵³³	xuᴀ⁴⁴
温	k'o⁴⁴	k'o⁵²	ho⁴⁴	ho⁵²
衢	k'uɑ⁴³⁴	k'uɑ⁵³	xuɑ⁴³⁴	xuɑ⁵³
华	k'uɑ³²⁴	k'uɑ⁴⁵	xuɑ⁴³⁵	xuɑ⁴⁵
永	k'ʊᴀ⁴⁴	k'ʊᴀ⁵⁴	xʊᴀ	xʊᴀ⁵⁴

假合 二平 麻匣	蟹合 二去 夬匣	蟹合 二去 卦匣	蟹合 二平 皆见	蟹合 二上 蟹见
华中~	话	画	乖	拐
ɦuo²²³/ɦo²²³	ɦuo²³¹	ɦuo²³¹	kuA⁵⁵	kuA³²⁴
xɦo³²³	xɦo²³¹	xɦo²³¹	kuA⁴⁴⁵	kuA⁵²
xuɑ³⁵	xuɑ⁴⁴	xuɑ⁴⁴	kuɛᵉ³¹	kuɛᵉ³²³
hᶠo²¹³	o⁴¹	o⁴¹	kuɑ²²	kuɑ⁴⁴
ɦᵘɒ³¹	ɦᵘɒ¹¹³	ɦᵘɒ¹¹³	kuai⁴²	kuai³²⁴
ɦo²²³	ʔo⁵¹	ʔo⁵¹	kuæ⁴³³	kuæ³³⁴
ʰɦo²²³	ʰɦo²²³	hɦo²²³	kuæ⁵¹	kuæ⁴⁵
ɦo²¹³	ɦo²⁴	ɦo²⁴	kuɑ⁴⁴	kuɑ³³⁴
ɦu²¹³	ɦu²¹³	ɦu²¹³	kuɑ⁵⁵	kuɑ³²⁴
ɦo²²³	ɦo²³¹	ɦo²³¹	kuɒ⁴⁴	kuɒ⁵¹
ɦu²³³	ɦu²¹³	ɦu²¹³	kuɑ⁵²	kuɑ⁴⁴
ɦo¹³²	ɦo²¹	ɦo²¹	kuɑ⁴⁴	kuɑ⁵²
ɦuᴧɤ²³¹	ɦuᴧɤ²¹³	ɦuᴧɤ²¹³	kuɑ⁵²	kuɑ⁴³⁴
ɦuᴧɤ²³¹	ɦuᴧɤ²¹³	ɦuᴧɤ²¹³	kuɑ⁵²	kuɑ⁴³⁴
ɦo¹¹³	ɦo¹¹³	ɦo¹¹³	kuɑ⁵²	kuɑ⁴⁴
ɦo¹¹³	ɦo¹¹³	ɦo¹¹³	kuA⁵²	kuo³³⁴
ɦo²³¹	ɦo¹¹³	ɦo¹¹³	kuɑ⁵²	kuɑ⁴⁴
ɦo²⁴	ʔo⁴¹³	ɦo²¹³	kuɒ⁴⁴	kuɒ⁵¹/kuᴇ⁵¹
ɦo²⁴	ɦo²¹²	ɦo²¹²	kuɑ⁴⁴	kuɑ⁵¹
ɦo²³¹	ɦo²²³	ɦo²²³/ɦuɑ²²³	kuɑ⁵¹	kuɑ⁴⁴
ɦʊ¹¹³	ɦʊ¹¹³	ɦʊ¹¹³	kuɑ⁴⁴	kuɑ⁵³
ɦuɑ²¹²	ɦuɑ¹¹³	ɦuɑ¹¹³	kuᴇ³²³	kuᴇ⁵¹
ɦuo²³¹	ɦuo²²	ɦuo²²	kuɑ⁵²	kuɑ³³⁴
ɦo²³³	ɦo²³³	ɦo²³³	kuA⁵⁴⁴	kuA⁵²
vɤ³¹	vɤ¹⁴	vɤ¹⁴	kuᴇ⁵³	kuɑ⁴⁴
vuo³¹²	vuo¹³	vuo¹³	kuɑ⁵²³	kuɑ⁴²
ɦuo¹¹³	ɦuo¹¹³	ɦuo¹¹³	kuA³²⁴	kuA⁴³⁵
ɦo¹¹³	ɦo¹¹³	ɦo¹¹³	kuᴇ⁵²/ʔuᴇ⁵²小~	kuɑ³²⁵
ɦuA³¹¹	ɦuA¹¹³	ɦuA¹¹³	xuɛ⁵³³	kuA⁵³³
ɦo²³¹	ɦo²²	ɦo²²	kɑ⁴⁴	kɑ⁴⁴
ʔɦuɑ³²³	ʔɦuɑ³¹	ʔɦuɑ³¹	kuᴇ⁴³⁴	kuᴇ⁴³⁴
ʔuɑ³²⁴	ʔᶠuɑ²⁴	ʔɦuɑ²⁴	kuᴇ³²⁴	kuᴇ³²⁴
ʔɦʊA³²²	ɦʊA²¹⁴	ɦʊA²¹⁴	kuai⁴⁴	kuai⁴³⁴

摄口 等调 韵声	蟹合 二去 怪见	蟹合 二去 夬溪	蟹合 二平 佳晓
	怪	快	筷	歪
宜	kuA³²⁴	k'uA³²⁴	k'uA³²⁴	ʔuA⁵⁵ / xuA⁵⁵
溧	kuA⁴¹²	k'uA⁴¹²	k'uA⁴¹²	xuA⁴⁴⁵ / ʔuA⁴⁴⁵
金	kuεe⁴⁴	k'uεe⁴⁴	k'uεe⁴⁴	uεe⁴⁴
丹	kuɑ³²⁴	k'uɑ³²⁴	k'uɑ³²⁴	ʋɑ²²
童	kuaɪ⁴⁵	k'uaɪ⁴⁵	k'uaɪ⁴⁵	ʔuaɪ⁴² / huaɪ⁴²
靖	kuæ⁵¹	k'uæ⁵¹	k'uæ⁵¹	ʔuæ⁴³³ / xuæ⁴³³
江	kuæ⁴³⁵	k'uæ⁴³⁵	k'uæ⁴³⁵	ʔuæ⁵¹ / huæ⁵¹
常	kuɑ⁵¹	k'uɑ⁵¹	k'uɑ⁵¹	ʔuɑ⁴⁴ / xuɑ⁴⁴
锡	kuɑ³⁵	k'uɑ³⁵	k'uɑ³⁵	ʔuɑ⁵⁵ / xuɑ⁵⁵
苏	kuɒ⁴¹²	k'uɒ⁴¹²	k'uE⁴⁴ / k'uɑ⁴⁴	ʔuɒ⁴⁴ / huɒ⁴⁴
熟	kuɑ³²⁴	k'uɑ³²⁴	k'uE³²⁴	xuɑ⁵²
昆	kuɑ⁵²	k'uɑ⁵²	k'uE⁴⁴	huɑ⁴⁴
霜	kuɑ⁴³⁴	k'uɑ⁴³⁴	k'uE⁴³⁴	ʔuE⁵² / ʔuɑ⁵² / xuɑ⁵²
罗	kuɑ⁴³⁴	k'uɑ⁴³⁴	k'uE⁴³⁴	ʔuE⁵² / huɑ⁵²
周	kuɑ³³⁵	k'uɑ³³⁵	k'uE³³⁵	fɑ⁵² / ʔuE⁵²
上	kuA³³⁴	k'uA³³⁴ / k'A³³⁴~活	k'uE⁵² / k'uA³³⁴	ʔuE⁵² / xuA⁵²
松	kuɑ³³⁵	k'uɑ³³⁵	k'ue³³⁵	ʔuɑ⁵²
黎	kuɒ⁴¹³	k'uɒ³²⁴	k'uE³²⁴	xuɒ⁴⁴
盛	kuɑ⁴¹³	k'uɑ³¹³	k'uE³¹³	xuɑ⁴⁴
嘉	kuɑ³³⁴	k'uɑ³³⁴	k'uEε³³⁴ / k'uɑ³³⁴	ʔuEε⁵¹
双	kuɑ³³⁴	k'uɑ³³⁴ / k'uE³³⁴	k'uE³³⁴	ʔuE⁵³
杭	kuE³³⁴	k'uE³³⁴	k'uE³³⁴	ʔuE³²³
绍	kua³³	k'ua³³	k'ua³³	ʔua⁵²
诸	kuA⁵⁴⁴	k'uA⁵⁴⁴	k'uE⁵⁴⁴	ʔʋA⁵⁴⁴
崇	kuɑ³²⁴	k'uɑ³²⁴	k'uɑ³²⁴	ʔʋɑ⁵³
太	kuɑ³⁵	k'uɑ³⁵	k'uɑ³⁵	ʔʋɑ⁵²³
余	kuA⁵²	k'uA⁵²	k'uε⁵²	ʔuã³²⁴
宁	kua⁵²	k'ua⁵²	k'uE⁵²	ʔua⁵² / xua⁵²
黄	kuA⁴⁴	k'uA⁴⁴	k'uA⁴⁴	ʔuA⁵³³
温	kɑ⁵²	k'ɑ⁵²	k'ɑ⁵²	ʔʋɑ⁴⁴
衢	kuε⁵³	k'uε⁵³	k'uε⁵³	ʔuε⁴³⁴
华	kuε⁴⁵	k'uε⁴⁵	k'uε⁴⁵	ʔuε³²⁴ / ʔuɑ³²⁴
永	kuai⁵⁴	k'uai⁵⁴	k'uai⁵⁴	ŋuai³²²

蟹合 二平 皆匣	蟹合 二平 皆匣	蟹合 二去 怪匣	蟹合 四平 齐见	止合 三平 支见
怀	槐	坏	闺	规
ɦuA²²³	ɦuA²²³	ɦuA²³¹	kuɐi⁵⁵	kuɐi⁵⁵
uA³²³	uA³²³	ɦuA²³¹	kuæE⁴⁴⁵	kuæE⁴⁴⁵
xuɛᵉ³⁵	xuɛᵉ³⁵	xuɛᵉ⁴⁴	kuei³¹	kuei³¹
ʋɑ³²⁴/uɑ³²⁴/uæ³²⁴	ʋɑ³²⁴/uɑ³²⁴	ʋɑ⁴¹/uɑ⁴¹	kue²²	kue²²
ɦuaɪ¹¹³	ɦuaɪ¹¹³	ɦuaɪ¹¹³	kuEɪ⁴²	kuEɪ⁴²
ɦuæ²²³	ɦuæ²²³	ʔuæ⁵¹/ɦuæ³¹	kue⁴³³	kue⁴³³
ɦuæ²²³	ɦuæ²²³	ɦuæ²²³	kuEɪ⁵¹	kuEɪ⁵¹
ɦuɑ²¹³	ɦuɑ²¹³	ɦuɑ²⁴	kuæe⁴⁴	kuæe⁴⁴
ɦuɑ²¹³	ɦuɑ²¹³	ɦuɑ²¹³	kue⁵⁵	kue⁵⁵
ɦuɒ²²³	ɦuɒ²²³	ɦuɒ²³¹	kuE⁴⁴	kuE⁴⁴
ɦuɑ²³³/ɦuE²³³	ɦuɑ²³³	ɦuɑ²¹³	kue⁵²	kue⁵²
ɦuɑ¹³²	ɦuɑ¹³²	ɦuɑ²¹	kuE⁴⁴	kuE⁴⁴
ɦuɑ²³¹/ɦuE²³¹/ʋE²³¹	ɦuɑ²³¹	ɦuɑ²¹³/ʋɑ²¹³	kuʌɪ⁵²	kuʌɪ⁵²
ɦuɑ²³¹/ɦuE²³¹	ɦuɑ²³¹	ɦuɑ²¹³	kuʌɪ⁵²	kuʌɪ⁵²
ɦuɑ¹¹³	ɦuɑ¹¹³	ɦuɑ¹¹³/ʋɑ¹¹³	kue⁴⁴	kue⁵²
ɦuA¹¹³/ɦuE¹¹³	ɦuA¹¹³	ɦuA¹¹³	kuE³³⁴	kuE⁵²
ɦuɑ²³¹/ɦuE²³¹	ɦuɑ²³¹	ɦuɑ²³¹	kue⁵²	kue⁵²
ɦuE²⁴	ɦuɒ²⁴/ɦuE²⁴	ʔuɒ⁴¹³	kuE⁴⁴	kuE⁴⁴
ɦuɑ²⁴	ɦuɑ²⁴	ʔuɑ⁴¹³	kuE⁴⁴	kuE⁴⁴
ɦuɑ²³¹/ɦuEᵋ²³¹	ɦuEᵋ²³¹	ʔuɑ³³⁴	kue⁵¹	kue⁵¹
ɦuE¹¹³	ɦuE¹¹³	ɦuɑ¹¹³	kuəɪ⁴⁴	kuəɪ⁴⁴
ɦuE²¹²	ɦuE²¹²	ɦuE¹¹³	kuei³²³	kuei³²³
ɦuɑ²³¹	ɦuɑ²³¹	ɦuɑ²²	kue⁵²	kue⁵²
ɦuA²³³/ʋA²³³	ɦuA²³³	ɦuA²³³/ʋA²³³	kue⁵⁴⁴	kue⁵⁴⁴
ʋɑ³¹/ɦuɑ³¹	ʋɑ³¹	ʋɑ¹⁴	kue⁵³	kue⁵³
ʋɑ³¹²	ʋɑ³¹²	ʋɑ¹³	kue⁵²³	kue⁵²³
ɦuA¹¹³	ɦuA¹¹³	ɦuA¹¹³	kue³²⁴	kue³²⁴
ɦuɑ¹¹³	ɦuɑ¹¹³	ɦuɑ¹¹³	kuEɪ⁵²	kuEɪ⁵²
ɦuA³¹¹	ɦuA³¹¹	ɦuA¹¹³	ky⁵³³	ky⁵³³
ʋɑ²³¹关~/gɑ²³¹~里	ʋɑ²³¹	ʋɑ²²	tɕy⁴⁴	tɕy⁴⁴
ʔɦuɛ³²³	ʔɦuɛ³²³	ʔɦuɛ²³¹	kuəɪ⁴³⁴	kuəɪ⁴³⁴
ʔuɛ³²⁴/ʔuɑ³²⁴	ʔuɛ³²⁴/ʔuɑ³²⁴	ɦuɛ⁴⁵/ɦuɑ⁴⁵	kuɪ³²⁴	kuɪ³²⁴
ʔɦuai³²²	ʔɦuai³²²	ʔɦuai²¹⁴	kuəɪ⁴⁴	kuəɪ⁴⁴

摄口 等调 韵声	止合 三平 脂见 龟	止合 三平 微见 归	止合 三上 纸见 诡	止合 三上 尾见 鬼
宜	kuɐɪ^{55}	kuɐɪ^{55}	kuɐɪ^{51}	kuɐɪ^{51}
溧	kuæᴇ^{445}	kuæᴇ^{445}	kuæᴇ^{52}	kuæᴇ^{52}
金	kuei^{31}	kuei^{31}	kuei^{323}	kuei^{323}
丹	kue^{22}	kue^{22}	kue^{44}	kue^{44}/tɕy$_z$^{44}
童	kuᴇɪ^{42}	kuᴇɪ^{42}	kuᴇɪ^{324}	kuᴇɪ^{324}
江阴	kue^{433}	kue^{433}	kue^{334}	kue^{334}
靖江	kuᴇɪ^{51}	kuᴇɪ^{51}	kuᴇɪ^{45}	kuᴇɪ^{45}
常	kuæe^{44}	kuæe^{44}	kuæe^{334}	kuæe^{334}
锡	kuᴇ^{55}/tɕy^{55}	kuᴇ^{55}	kuᴇ^{324}	kuᴇ^{324}/tɕy^{324}
苏	tɕy$_{ɥ}$^{44}/kuᴇ^{44}	kuᴇ^{44}	kuᴇ^{51}	tɕy$_{ɥ}$^{51}/kuᴇ^{51}
熟	tɕy^{52}/kuᴇ^{52}	kuᴇ^{52}	kuᴇ^{44}	tɕy^{44}/kuᴇ^{44}
昆	tɕy^{44}/kuᴇ^{44}	kuᴇ^{44}	kuᴇ^{52}	tɕy^{52}/kuᴇ^{52}
霜	tɕy^{52}/kuʌɪ^{52}	kuʌɪ^{52}	kuʌɪ^{434}	tɕy^{434}/kuʌɪ^{434}
罗	tɕy^{52}/kuʌɪ^{52}	kuʌɪ^{52}	kuʌɪ^{434}	tɕy^{434}/kuʌɪ^{434}
周	tɕy^{52}/kue^{52}	tɕy^{52}/kue^{52}	kue^{44}	tɕy^{44}/kue^{44}
上	tɕy^{52}/kuᴇ^{52}	kuᴇ^{52}	kuᴇ^{334}	tɕy^{334}/kuᴇ^{334}
松	tɕy^{52}/kue^{52}	kue^{52}/tɕy^{52}	kue^{44}	tɕy^{335}/tɕy^{335}
黎	tɕy$_{ɥ}$^{44}/kuᴇ^{44}	kuᴇ^{44}	kuᴇ^{51}	tɕy$_{ɥ}$^{51}/kuᴇ^{51}
盛	tɕy$_{ɥ}$^{44}/kuᴇ^{44}	kuᴇ^{44}	kuᴇ^{51}	tɕy$_{ɥ}$^{51}/kuᴇ
嘉	tɕy^{51}/kue^{51}	kue^{51}	kue^{44}	kue^{334}/tɕy^{44}
双	kuəɪ^{44}	kuəɪ^{44}	kuəɪ^{53}	tɕi$_z$^{52}/kuəɪ^{53}
杭	kueɪ^{323}	kueɪ^{323}	kueɪ^{51}	kueɪ^{51}
绍	tɕyj^{52}/kue^{52}	kue^{52}	kue^{334}	tɕy$_{ɥ}$^{334}/kue^{334}
诸	tɕy$_{ɥ}$^{544}/kue^{544}	kue^{544}	kue^{52}	tɕy$_{ɥ}$^{52}/kue^{52}
崇	tɕy$_{ɥ}$^{53}/kue^{53}	kue^{53}	kue^{44}	tɕy$_{ɥ}$^{44}/kue^{44}
太	tɕy^{523}/kue^{523}	kue^{523}	kue^{42}	tɕy^{42}/kue^{42}
余	tɕy^{324}/kue^{324}	kue^{324}	kue^{435}	tɕy^{435}/kue^{435}
宁	tɕy$_{ɥ}$^{52}/kuᴇɪ^{52}	kuᴇɪ^{52}	kuᴇɪ^{325}	tɕy$_{ɥ}$^{325}/kuᴇɪ^{325}
黄	ky$_{ɥ}$^{533}	ky$_{ɥ}$^{533}/kue^{533}	ky$_{ɥ}$^{533}	ky$_{ɥ}$^{533}
温	tɕy^{44}	kæi^{44}回/tɕy^{44}当～、九～	tɕy^{35}	tɕy^{35}
衢	kuəɪ^{434}	kuəɪ^{434}	kuəɪ^{45}	kuəɪ^{45}
华	kuɪ^{324}/tɕ$_{ɥ}$y^{324}	kuɪ^{34}	kuɪ^{544}	kuɪ^{324}/tɕ$_{ɥ}$y^{324}
永	tɕyɤ^{44}/kuəɪ^{44}	kuəɪ^{44}	kuəɪ^{434}	tɕyɤ^{434}/kuəɪ^{434}

蟹合 四去 霁见	止合 三去 未见	蟹合 一平 灰溪	止合 三平 支溪	蟹合 一上 贿溪
桂	贵	盔	亏	傀
kuɐɪ^{324}	kuɐɪ^{324}	kʻuɐɪ^{55}	kʻuɐɪ^{55}	kʻuɐɪ^{51}
kuæE^{412}	kuæE^{412}	kʻuæE^{445}	kʻuæE^{445}	kʻuæE^{52}
kuei^{44}	kuei^{44}	kʻuei^{31}/kʻuei^{44}	kʻuei^{31}/kʻuei^{44}	kʻuei^{323}
kue^{324}	kue^{324}/tɕy$_z$^{324}	kʻue^{22}	kʻue^{22}/kʻæ^{324}	kʻue^{44}
kuɛi^{45}	kuɛi^{45}	kʻuɛi^{42}	kʻuɛi^{42}	kʻuɛi^{324}
kue^{51}	kue^{51}	kʻue^{433}	kʻue^{433}	kʻue^{334}
kuɛi^{435}	kuɛi^{435}	kʻuɛi^{51}	kʻuɛi^{51}	kʻuɛi^{45}
kuæe^{51}	kuæe^{51}	kʻuæe^{44}	kʻuæe^{44}	kʻuæe^{334}
kuE^{35}	kuE^{35}/tɕy^{35}	kʻuE^{55}	kʻuE^{55}/tɕy^{55}	kʻuE^{324}
kuE^{412}	tɕy^{412}/kuE^{412}	kʻuE^{44}	tɕʻy^{44}/kʻuE^{44}	kʻuE^{51}
kuE^{324}	tɕy^{324}/kuE^{324}	kʻuE^{52}	tɕʻy^{52}/kʻuE^{52}	kʻuE^{44}
kuE^{52}	tɕy^{52}/kuE^{52}	kʻuE^{44}	tɕʻy^{44}/kʻuE^{44}	kʻuE^{52}
kuʌɪ^{434}	kuʌɪ^{434}/tɕy^{434}少	kʻuʌɪ^{52}	tɕʻi^{52}/kʻuʌɪ^{52}	kʻuʌɪ^{434}
kuʌɪ^{434}	tɕy^{434}/kuʌɪ^{434}	kʻuʌɪ^{52}	tɕʻy^{52}/kʻuʌɪ^{52}	kʻuʌɪ^{434}
kue^{335}	tɕy^{335}/kue^{335}	kʻue^{52}	tɕʻy^{52}/kʻue^{52}	kʻue^{44}
kuE^{334}	tɕy^{334}/kuE^{334}	kʻuE^{52}	kʻuE^{52}/tɕʻy^{52}	kʻuE^{334}
kue^{335}	tɕy^{335}/kue^{335}	kʻue^{52}	kʻue^{52}/tɕʻy^{52}	kʻue^{44}
kuE^{413}	tɕy$_ɥ$^{413}/kuE^{413}	kʻuE^{44}	kʻuE^{44}	kʻuE^{334}
kuE^{413}	tɕy^{413}/kuE^{413}	kʻuE^{44}	kʻuE^{44}	kʻuE^{334}
kue^{334}	tɕy^{334}/kue^{334}	kʻue^{51}	kʻue^{51}	kʻue^{324}
kuəɪ^{334}	tɕi^{334}/kuəɪ^{334}	kʻuəɪ^{44}	tɕʻi$_z$^{44}/kʻuəɪ^{44}	kʻuəɪ^{53}
kuɛi^{334}	kuɛi^{334}	kʻuɛi^{323}	kuɛi^{323}	kʻuɛi^{51}
kue^{33}	tɕy$_ɥ$^{33}/kue^{33}	kʻue^{52}	tɕʻy$_ɥ$^{52}/kʻue^{52}	kʻue^{334}
kue^{544}	tɕy$_ɥ$^{544}/kue^{544}	kʻue^{544}	kʻue^{544}	kʻue^{52}
kue^{324}	tɕy$_ɥ$^{324}/kue^{324}	kʻue^{53}	kʻue^{53}	kʻue^{44}
kue^{35}	tɕy^{35}/kue^{35}	kʻue^{523}	kʻue^{523}/tɕʻy^{523}	kʻue^{42}
kue^{52}	tɕy^{52}/kue^{52}	kʻue^{324}	kʻue^{324}	kʻue^{435}
kuɛi^{52}	tɕy$_ɥ$^{52}/kuɛi^{52}	kʻuɛi^{52}	kʻuɛi^{52}	kʻuɛi^{325}
ky$_ɥ$^{44}/kue^{44}	ky$_ɥ$^{44}	kʻue^{533}	kʻue^{533}	kʻue^{533}
tɕy^{52}	tɕy^{52}	kʻæi^{44}	kʻæi^{44}/tɕʻy^{44}~你	kʻæi$\underline{^{35}}$
kuəɪ^{53}	kuəɪ^{53}	kʻuəɪ^{434}	kʻuəɪ^{434}	kʻuəɪ^{45}
kuɪ^{45}	kuɪ^{45}/tɕʻʐy^{45}	kʻuɪ^{435}	kʻuɪ^{324}	kʻuɪ^{544}
kuəɪ^{54}	tɛɤ^{54}/kuəɪ^{54}	kʻuəɪ^{44}	kʻuəɪ^{44}	kʻuəɪ^{434}

摄口	蟹合	止合	止合	止合
等调	一去	三平	三上	三去
韵声	队溪	脂群	纸群	至群
	块	葵	跪	柜
宜	k'uɐɪ^{324}	guɐɪ^{223}	guɐɪ^{231}	guɐɪ^{231}/dʑyɥ^{231}
溧	k'uæɛ^{412}	kuæɛ^{412}	guæɛ^{231}	guæɛ^{231}
金	k'uɛ^{44}	k'uei^{35}	k'uei^{31}	kuei^{44}
丹	k'uæ^{324}	k'ue^{44}	kue^{41}	kue^{41}
童	k'uaɪ^{45}	k'uɛi^{42}	k'uɛi^{324}	k'uɛi^{45}
靖	k'ue^{51}/k'uæ^{51}	gue^{223}	gue^{31}	gue^{31}
江	k'uɛɪ^{435}	guɛɪ^{223}	guɛɪ^{223}	guɛɪ^{223}
常	k'uæe^{51}	guæe^{213}	guæe^{24}	guæe^{24}
锡	k'uE^{35}	guE^{213}	guE^{33}/dʑy^{33}	guE^{213}/dʑy^{213}
苏	k'uE^{412}	guE^{223}	dʑy^{51}/guE^{51}	dʑyɥ^{231}/guE^{231}
熟	k'uE^{324}	guE^{233}	dʑy^{31}/guE^{31}	dʑy^{213}
昆	k'uE^{52}	kuE^{44}	dʑy^{223}/guE^{223}	dʑy^{21}/guE^{21}
霜	k'uʌɪ^{434}	guʌɪ^{231}	dʑy^{213}/guʌɪ^{213}	dʑy^{213}/guʌɪ^{213}
罗	k'uʌɪ^{434}	guʌɪ^{231}	dʑy^{213}/guʌɪ^{213}	dʑy^{213}/guʌɪ^{213}
周	k'ue^{335}	gue^{113}	dʑy^{113}/gue^{113}	dʑy^{113}/gue^{113}
上	k'uE^{334}	guE^{113}	dʑy^{113}/guE^{113}	dʑy^{113}/guE^{113}
松	k'uE^{335}	gue^{231}	dʑy^{113}/gue^{113}	dʑy^{113}/gue^{113}
黎	k'uE^{324}	guE^{24}	dʑyɥ^{32}/guE^{32}	dʑyɥ^{213}/guE^{213}
盛	k'uE^{313}	guE^{24}	dʑy^{223}/guE^{223}	dʑyɥ^{212}
嘉	k'uE^{334}/k'ue^{334}	gue^{231}	dʑy^{223}/gue^{223}	gue^{223}
双	k'uəɪ^{334}	guəɪ^{113}	dʑiz̩^{231}/guəɪ^{231}	guəɪ^{113}
杭	k'ueɪ^{334}	gueɪ^{212}	gueɪ^{113}	gueɪ^{113}
绍	k'ue^{33}	gue^{231}	dʑyɥ^{113}/gue^{113}	dʑyɥ^{22}/gue^{22}
诸	k'ue^{544}	gue^{233}	dʑyɥ^{231}/gue^{231}	dʑyɥ^{233}/gue^{233}
崇	k'ue^{324}/k'uæ̃^{324}	gue^{31}	gue^{22}	dʑyɥ^{14}
太	k'ue^{35}	gue^{312}	dʑy^{22}/gue^{22}	dʑy^{13}/gue^{13}
余	k'ue^{52}	gue^{113}	dʑy^{113}/gue^{113}	dʑy^{113}/gue^{113}
宁	k'uɛɪ^{52}	guɛɪ^{113}	dʑyɥ^{113}/guɛɪ^{113}	dʑyɥ^{113}/guɛɪ^{113}
黄	k'ue^{44}	gyɥ^{311}	gyɥ^{113}	gyɥ^{113}
温	k'æi^{52}	dʑy^{231}	dʑy^{24}	dʑy^{22}
衢	k'uəɪ^{53}	guəɪ^{323}	guəɪ^{31}/tʃ'ɥə^{53}	guəɪ^{31}
华	k'uɪ^{45}/k'uɛ^{45}	kuɪ^{324}	guɪ^{24}/tɕ'ɥy^{544}	guɪ^{24}
永	k'uəɪ^{54}	guəɪ^{322}	dʑyɣ^{323}	dʑyɣ^{214}/guəɪ^{214}

止合	蟹合	止合	止合	止合
三去	一平	三平	三去	三去
至见	灰疑	支疑	眞疑	未疑
愧	桅	危	伪	魏
guɐɪ^{231}	ɦuɐɪ^{223}	ɦuɐɪ^{223}/ʔuɐɪ^{55}	ɦuɐɪ^{231}	ɦuɐɪ^{223}
k'uæɛ^{412}	uæɛ^{323}	ʔuæɛ^{445}	uæɛ^{323}	uæɛ^{323}
k'uei^{44}	uei^{35}	uei^{35}	uei^{44}	uei^{44}
k'ue^{324}	ʋe$^{22/44}$/ue$^{44/22}$	ʋe$^{44/22}$/ue$^{44/22}$	ʋe^{41}/ue^{41}	ʋe^{41}/ue^{41}
k'uɛi^{45}	ɦuɛi^{31}	ɦuɛi^{31}	ɦuɛi^{113}	ɦuɛi^{113}
gue^{31}	ʔue^{433}	ʔue^{433}	ʔue^{334}	ʔue^{334}
guɛɪ^{223}	ɦuɛɪ^{223}	ʔuɛɪ^{51}/ɦuɛɪ^{223}	ɦuɛɪ^{223}	ɦuɛɪ^{223}
guæe^{24}	ɦuæe^{213}	ɦuæe^{213}	ɦuæe^{24}	ɦuæe^{24}
gue^{213}	ɦuɛ^{213}	ɦuɛ^{213}/ʔuɛ^{55}	ɦuɛ^{213}	ɦuɛ^{213}
guɛ^{231}	ɦuɛ^{223}	ʔuɛ^{44}/ɦuɛ^{223}	ɦuɛ^{231}	ɦuɛ^{231}
kuɛ^{324}	ɦuɛ^{233}	ʔuɛ^{52}	ɦuɛ^{213}	ɦuɛ^{213}
guɛ^{21}	ɦuɛ^{132}	ʔuɛ^{44}	ɦuɛ^{21}	ɦuɛ^{21}
guʌɪ^{213}	ɦuʌɪ^{231}	ʔuʌɪ^{52}	ɦuʌɪ^{213}	ɦuʌɪ^{213}
guʌɪ^{213}	ɦuʌɪ^{231}	ɦuʌɪ^{52}	ɦuʌɪ^{213}	ɦuʌɪ^{213}
gue^{113}	ɦue^{113}/ʋe^{113}	ʔue^{52}	ʋe^{113}/ɦue^{113}	ʋe^{113}
guɛ^{113}	ɦuɛ^{113}	ʔuɛ^{52}/ɦuɛ^{113}	ɦuɛ^{113}	ɦuɛ^{113}
gue^{113}	ɦue^{113}	ʔue^{52}/ɦue^{231}	ʋe^{113}	ɦue^{113}
k'uɛ^{324}	guɛ^{24}/ɦuɛ^{24}	ɦuɛ^{24}	ɦuɛ^{213}	ɦuɛ^{213}
k'uɛ^{313}	ɦuɛ^{24}	ʔuɛ^{44}/ɦuɛ^{24}	ʔuɛ^{413}	ɦuɛ^{212}
k'ue^{334}	ɦue^{231}	ʔue^{51}	ʔue^{334}	ɦue^{223}
guəɪ^{113}	ɦuəɪ^{113}	ɦuəɪ^{113}	ɦuəɪ^{113}	ɦuəɪ^{113}
gueɪ^{113}	ɦueɪ^{212}	ʔueɪ^{323}/ɦueɪ^{212}	ʔueɪ^{334}/ɦueɪ^{113}	ɦueɪ^{113}
gue^{22}	ɦue^{231}	ɦue^{231}	ɦue^{22}	ɦue^{22}
gue^{233}	ɦue^{233}	ʔʋe^{544}/ɦue^{233}	ɦue^{233}	ɦue^{233}
gue^{14}	ɦue^{31}	ɦue^{31}	ɦue^{14}	ɦue^{14}
gue^{13}	ɦue^{312}	ɦue^{312}	ɦue^{13}	ɦue^{13}
gue^{113}	ɦue^{113}	ɦue^{113}/ʔue^{324}	ɦue^{113}	ɦue^{113}
guɛɪ^{113}	ɦuɛɪ^{113}	ʔuɛɪ^{52}	ɦuɛɪ^{113}	ɦuɛɪ^{113}
k'ue^{44}	ɦue^{311}	ɦy$_ɥ^{311}$/ɦue^{311}	ȵy$_ɥ^{113}$/ɦy$_ɥ^{113}$/ɦue^{113}	ɦue^{113}
tɕy^{52}	væi^{231}	ȵy^{231}	ȵy^{22}	ŋæi^{22}/væi^{22}
guəɪ^{31}	ʔuəɪ^{434}	ʔuəɪ^{434}	ʔuəɪ^{53}	ʔuəɪ^{53}
guɪ^{24}	ʔuɪ^{324}	ʔuɪ^{324}	ʔɦuɪ^{24}	ʔɦuɪ^{24}
guəɪ^{214}	ŋuəɪ^{322}/ʔɦuəɪ^{322}	ŋuəɪ^{322}/ʔɦuəɪ^{322}	ʔɦuəɪ^{214}	ʔɦuəɪ^{214}

摄口	止合	止合	止合	蟹合
等调	三平	三上	三去	一平
韵声	微影	纸影	眞影	灰晓
	威	委	馈	灰
宜	ʔuɐɪ^{55}	ʔuɐɪ^{51}	ʔuɐɪ^{324}/ʔy$_{ʮ}$^{324}	xuɐɪ^{55}
溧	ʔuæE^{445}	ʔuæE^{52}/ʔuæE^{445}	ʔuæE^{412}/ʔy$_{z}$	xuæE^{445}
金	uei^{31}	uei^{323}	uei^{44}	xuei^{31}
丹	ʋe^{22}/ue^{22}	ʋe^{44}/ue^{44}	y$_{z}$$^{324/22}$/ue$^{324/22}$	huæ^{22}
童	ʔuEɪ^{42}	ʔuEɪ^{324}	ʔy$_{ʮ}$^{45}/ʔuEɪ^{45}	xuEɪ^{42}
靖	ʔue^{433}	ʔue^{334}	ʔue^{51}	xue^{433}
江	ʔuEɪ^{51}	ʔuEɪ^{45}	ʔuEɪ^{435}	huEɪ^{51}
常	ʔuæe^{44}	ʔuæe^{334}	ʔuæe^{51}	xuæe^{44}
锡	ʔuE^{55}	ʔuE^{324}	ʔuE^{35}/ʔy^{35}	xuE^{55}
苏	ʔuE^{44}	ʔuE^{51}	ʔy$_{ʮ}$^{412}/ʔuE^{412}	xuE^{44}
熟	ʔuE^{52}	ʔuE^{44}	ʔy^{324}/ʔi^{324}/ʔuE^{324}	xuE^{52}
昆	ʔuE^{44}	ʔuE^{52}	ʔy^{52}/ʔuE^{52}	xuE^{44}
霜	ʔuʌɪ^{52}	ʔuʌɪ^{434}	ʔy^{434}/ʔuʌɪ^{434}	xuʌɪ^{52}
罗	ʔuʌɪ^{52}	ʔuʌɪ^{434}	ʔy^{434}/ʔuʌɪ^{434}	huʌɪ^{52}
周	ʔue^{52}	ʔue^{44}	ʔy^{335}/ʔue^{335}	hue^{52}
上	ʔuE^{52}	ʔuE^{334}	ʔy^{334}/ʔuE^{334}	xuE^{52}
松	ʔue^{52}	ʔʋe^{335}	ʔy^{335}/ʔue^{335}	xue^{52}/fe^{52}
黎	ʔuE^{44}	ʔuE^{51}	ʔy$_{j}$^{413}/ʔue^{413}	xuE^{44}
盛	ʔuE^{44}	ʔuE^{51}	ʔy$_{ʮ}$^{413}/ʔue^{413}	xuE^{44}
嘉	ʔue^{51}	ʔue^{44}	ʔy^{334}/ʔue^{334}	xue^{51}
双	ʔuəɪ^{44}	ʔuəɪ^{53}	ʔi$_{z}$^{334}/ʔuəɪ^{334}	xuəɪ^{44}
杭	ʔuEɪ^{323}	ʔuEɪ^{51}	ʔuEɪ^{334}	xuEɪ^{323}
绍	ʔue^{52}	ʔue^{334}	ʔue^{33}	xue^{52}
诸	ʔʋe^{544}	ʔʋe^{52}	ʔʋe^{544}	fe^{544}
崇	ʔʋe^{53}	ʔʋe^{44}	ʔʋe^{324}	fe^{53}
太	ʔʋe^{523}	ʔʋe^{42}	ʔʋe^{35}	fe^{523}
余	ʔue^{324}	ʔue^{435}	ʔy^{52}/ʔue^{52}	xue^{324}
宁	ʔuEɪ^{52}	ʔuEɪ^{325}	ʔy$_{ʮ}$^{52}/ʔuEɪ^{52}	xuEɪ^{52}
黄	ʔue^{533}	ʔue^{533}	ʔy$_{ʮ}$^{44}	xue^{533}
温	ʔuʋ^{44}	ʔuɒ^{35}	ʔuʋ^{52}	fæi^{44}
衢	ʔuəɪ^{434}	ʔuəɪ^{45}	ʔuəɪ^{53}/ʔy^{53}少	xuəɪ^{434}
华	ʔuɪ^{324}	ʔuɪ^{544}	ʔuɪ^{45}	xuɪ^{435}
永	ʔuəɪ^{44}	ʔuəɪ^{434}		xuəɪ^{44}

止合 三平 微晓	止合 三平 微晓	止合 三平 微晓	蟹合 一上 贿晓	止合 三上 纸晓
挥	辉	徽	悔	毁
$xu\mathrm{ɐɪ}^{55}$	$xu\mathrm{ɐɪ}^{55}$	$xu\mathrm{ɐɪ}^{55}$	$xu\mathrm{ɐɪ}^{51}$	$xu\mathrm{ɐɪ}^{51}$
$xu\mathrm{æE}^{445}$	$xu\mathrm{æE}^{445}$	$xu\mathrm{æE}^{445}$	$xu\mathrm{æE}^{52}$	$xu\mathrm{æE}^{52}$
$xuei^{31}$	$xuei^{31}$	$xuei^{31}$	$xuei^{323}$	$xuei^{323}$
hue^{22}	hue^{22}	hue^{22}	hue^{22}	hue^{22}
$xu\mathrm{Ei}^{42}$	$xu\mathrm{Ei}^{42}$	$xu\mathrm{Ei}^{42}$	$xu\mathrm{Ei}^{324}$	$xu\mathrm{Ei}^{324}$
xue^{433}	xue^{433}	xue^{433}	xue^{334}	xue^{334}
$hu\mathrm{Ei}^{51}$	$hu\mathrm{Ei}^{51}$	$hu\mathrm{Ei}^{51}$	$hu\mathrm{Ei}^{45}$	$hu\mathrm{Ei}^{45}$
$xu\mathrm{æe}^{44}$	$xu\mathrm{æe}^{44}$	$xu\mathrm{æe}^{44}$	$xu\mathrm{æe}^{334}$	$xu\mathrm{æe}^{334}$
$xu\mathrm{E}^{55}$	$xu\mathrm{E}^{55}$	$xu\mathrm{E}^{55}$	$xu\mathrm{E}^{324}$	$xu\mathrm{E}^{324}$
$xu\mathrm{E}^{44}$	$xu\mathrm{E}^{44}$	$xu\mathrm{E}^{44}$	$xu\mathrm{E}^{51}$	$xu\mathrm{E}^{51}$
$xu\mathrm{E}^{52}$	$xu\mathrm{E}^{52}$	$xu\mathrm{E}^{52}$	$xu\mathrm{E}^{44}$	$xu\mathrm{E}^{44}$
$xu\mathrm{E}^{44}$	$xu\mathrm{E}^{44}$	$xu\mathrm{E}^{44}$	$xu\mathrm{E}^{52}$	$xu\mathrm{E}^{52}$
$xu\mathrm{ʌɪ}^{52}$	$xu\mathrm{ʌɪ}^{52}$	$xu\mathrm{ʌɪ}^{52}$	$xu\mathrm{ʌɪ}^{434}$	$xu\mathrm{ʌɪ}^{434}$
$hu\mathrm{ʌɪ}^{52}$	$hu\mathrm{ʌɪ}^{52}$	$hu\mathrm{ʌɪ}^{52}$	$hu\mathrm{ʌɪ}^{434}$	$hu\mathrm{ʌɪ}^{434}$
hue^{52}	hue^{52}	hue^{52}	hue^{44}	hue^{44}
$xu\mathrm{E}^{52}/xu\mathrm{E}^{334}$	$xu\mathrm{E}^{52}$	$xu\mathrm{E}^{52}$	$xu\mathrm{E}^{334}$	$xu\mathrm{E}^{334}$
xue^{52}	xue^{52}	xue^{52}	xue^{44}	xue^{44}
$xu\mathrm{E}^{44}$	$xu\mathrm{E}^{44}$	$xu\mathrm{E}^{44}$	$xu\mathrm{E}^{51}$	$xu\mathrm{E}^{51}$
$xu\mathrm{E}^{44}$	$xu\mathrm{E}^{44}$	$xu\mathrm{E}^{44}$	$xu\mathrm{E}^{51}$	$xu\mathrm{E}^{51}$
xue^{51}	xue^{51}	xue^{51}	xue^{334}	xue^{334}
$xu\mathrm{əɪ}^{44}$	$xu\mathrm{əɪ}^{44}$	$xu\mathrm{əɪ}^{44}$	$xu\mathrm{əɪ}^{53}$	$xu\mathrm{əɪ}^{53}$
$xu\mathrm{eɪ}^{323}$	$xu\mathrm{eɪ}^{323}$	$xu\mathrm{eɪ}^{323}$	$xu\mathrm{eɪ}^{51}$	$xu\mathrm{eɪ}^{51}$
xue^{52}	xue^{52}	xue^{52}	xue^{334}	xue^{334}
fe^{544}	fe^{544}	fe^{544}	fe^{52}	fe^{52}
fe^{53}	fe^{53}	fe^{53}	fe^{44}	fe^{44}
fe^{523}	fe^{523}	fe^{523}	fe^{42}	fe^{42}
xue^{324}	xue^{324}	xue^{324}	xue^{435}	xue^{435}
$xu\mathrm{Eɪ}^{52}$	$xu\mathrm{Eɪ}^{52}$	$xu\mathrm{Eɪ}^{52}$	$xu\mathrm{Eɪ}^{325}$	$xu\mathrm{Eɪ}^{325}$
xue^{533}	xue^{533}	xue^{533}	xue^{533}	xue^{533}
$çy^{44}/fæi^{44}$	$çy^{44}$	$fæi^{44}$	$fæi^{\underline{35}}$	$çy^{\underline{35}}$
$xu\mathrm{əɪ}^{434}$	$xu\mathrm{əɪ}^{434}$	$xu\mathrm{əɪ}^{434}$	$xu\mathrm{əɪ}^{45}$	$xu\mathrm{əɪ}^{45}$
$xu\mathrm{ɪ}^{324}$	$xu\mathrm{ɪ}^{324}$	$xu\mathrm{ɪ}^{435}$	$xu\mathrm{ɪ}^{544}$	$xu\mathrm{ɪ}^{544}$
$xu\mathrm{əɪ}^{44}$	$xu\mathrm{əɪ}^{44}$	$xu\mathrm{əɪ}^{44}$	$xu\mathrm{əɪ}^{434}$	$xu\mathrm{əɪ}^{434}$

摄口 等调 韵声	蟹合 一去 队晓	止合 三去 未晓	蟹合 一平 灰匣	止合 三平 支云
	晦	诲	回	为作~
宜	xuɐɪ324	xuɐɪ324	ɦuɐɪ223	ɦuɐɪ223
溧	xuæɛ412	xuæɛ412	uæɛ323	uæɛ323
金	xuei44	xuei44	xuei35	uei35
丹	huei41	huei41	ɦue213/hue22~族	ɦue213
童	xuɛɪ45	xuɛɪ45	ɦuɛɪ31/xɦuɛɪ31	ɦuɛɪ31
靖	xue334	ɦue223	ɦue223	ɦue223
江	huɛɪ435	huɛɪ435	ɦuɛɪ223	ɦuɛɪ223
常	xuæe51	xuæe51	ɦuæe213	ɦuæe213
锡	xuᴇ35	xuᴇ35	ɦuᴇ213	ɦuᴇ213
苏	xuᴇ412	xuᴇ412	ɦuᴇ223	ɦuᴇ223
熟	xuᴇ324	xuᴇ324	ɦuᴇ233	ɦuᴇ233
昆	xuᴇ52	ɦuᴇ21	ɦuᴇ132	ɦuᴇ132
霜	xuʌɪ434	xuʌɪ213	ɦuʌɪ231	ɦuʌɪ231
罗	huʌɪ434	huʌɪ213	ɦuʌɪ231	ɦuʌɪ231
周	hue335	hue335	ɦue113	ɦue113/ve113
上	xuᴇ334	ɦuᴇ113	ɦuᴇ113	ɦuᴇ113
松	xue335	ɦue113	ɦue231	ve113
黎	xuᴇ413	ɦuᴇ213	ɦuᴇ24	ɦuᴇ24
盛	xuᴇ413	ɦuᴇ212	ɦuᴇ24	ɦuᴇ24
嘉	xue334	ɦue223	ɦue231	ɦue223
双	xuəɪ334	xuəɪ334	ɦuəɪ113	ɦuəɪ113
杭	xuei334	ɦuei113/uei113	ɦuei212	ɦuei212
绍	xue33	ɦue22	ɦue231	ɦue231
诸	fe544	ve233	ve233	ve233
崇	fe324	ve14	ve31	ve31
太	fe35	fe35	ve312	ve312
余	xue52	xue52	ɦue113	ɦue113
宁	xuᴇɪ52	xuᴇɪ52/ɦuᴇɪ52	ɦuᴇɪ113	ɦuᴇɪ113
黄	xue44	xue44	ɦue311	ɦyᶣ311/ɦue311
温	fæi52	ɕy52	væi231	vʊ231
衢	xuəɪ53	ʔɦuəɪ31	ʔɦuəɪ323	ʔɦuəɪ323
华	xuɪ45	ɦuɪ24	ʔuɪ324	ʔuɪ324
永	xuəɪ54	ʔɦuəɪ214	ʔɦuəɪ322	ʔɦuəɪ322

止合三平 脂云	止合三平 微云	止合三上 尾云	止合三上 尾云	蟹合一去 泰匣
帷	围	伟	苇	会
ɦuɐɪ^{223}	ɦuɐɪ^{223}/ɦy$_ɥ^{223}$～巾	ɦuɐɪ^{223}	ɦuɐɪ^{223}	ɦuɐɪ^{231}
uæE^{323}	uæE^{323}/ɦy$_z^{323}$	uæE^{52}/ɦuæE^{224}	uæE^{52}	ɦuæE^{231}
uei^{35}	uei^{35}	uei^{323}	uei^{323}	xuei^{44}
ɦue^{213}	ɦue^{213}	ɦue^{213}	ɦue^{213}	hue^{324}
ɦuEɪ^{31}	ɦuEɪ^{31}	ɦuEɪ^{113}	ɦuEɪ^{113}	ʔuaɪ^{45}/ɦuEɪ^{113}
ɦue^{223}	ɦue^{223}	ʔue^{334}	ʔue^{334}	ʔue^{51}
ɦuEɪ^{223}	ɦuEɪ^{223}	ʔuEɪ^{45}	ʔuEɪ^{45}	ʔuEɪ^{435}/ɦuEɪ^{223}
ɦuæe^{213}	ɦuæe^{213}/ɦy$_ɥ^{213}$	ɦuæe^{24}	ɦuæe^{24}	ɦuæe^{24}/ʔuæE^{51}
ɦuE^{213}	ɦuE^{213}/ɦy^{213}～巾	ɦuE^{213}	ɦuE^{213}	ɦuE^{35}/ʔuE^{35}
ɦuE^{223}	ɦuE^{223}/ɦy$_ɥ^{223}$～巾	ɦuE^{231}	ɦuE^{231}	ɦuE^{231}/ʔuE^{412}
ɦuE^{233}	ɦuE^{233}/ɦy^{233}～巾	ɦuE^{31}	ɦuE^{31}	ɦuE^{213}/ʔuE^{324}
ɦuE^{132}	ɦuE^{132}/ɦy^{132}～巾	ɦuE^{223}	ɦuE^{223}	ʔuE^{52}/ɦuE^{21} 开～
ɦuʌɪ^{231}	ɦuʌɪ^{231}/ɦii^{231}～巾	ɦuʌɪ^{213}	ɦuʌɪ^{213}	ʔuʌɪ^{434}
ɦuʌɪ^{231}	ɦuʌɪ^{231}/ɦy$_ɥ^{231}$～巾	ɦuʌɪ^{213}	ɦuʌɪ^{213}	ʔuʌɪ^{434}
ɦue^{113}	ɦue^{113}/ɦy^{113}～巾	ve^{113}	ve^{113}	ʔue^{335}/ve^{113}
ɦuE^{113}	ɦy^{113}～巾/ɦuE^{113}	ɦuE^{113}	ɦuE^{113}	ɦuE^{113}/ʔuE^{334}
ɦue^{231}	ɦy^{231}～巾/ɦue^{231}	ɦue^{113}	ɦue^{113}	ɦue^{113}/ʔue^{335}
ɦuE^{24}	ɦuE^{24}	ɦuE^{32}	ɦuE^{32}	ɦuE^{213}/ʔuE^{413}
ɦuE^{24}	ɦuE^{24}	ɦuE^{223}	ɦuE^{223}	ɦuE^{212}/ʔuE^{413}
ɦue^{223}	ɦue^{231}	ɦue^{223}	ɦue^{223}	ɦue^{223}/ʔue^{334}
ɦuəɪ^{113}	ɦuəɪ^{113}	ɦuəɪ^{231}	ɦuəɪ^{231}	ɦuəɪ^{113}
ɦueɪ^{212}	ɦueɪ^{212}	ʔueɪ^{51}	ʔueɪ^{51}/ɦueɪ^{113}	ɦueɪ^{113}
ɦue^{231}	ɦy$_ɥ^{231}$～巾/ɦue^{231}	ɦue^{113}	ɦue^{113}	ɦue^{22}
ve^{233}	ve^{233}	ve^{231}	ve^{231}	ve^{233}/ɦue^{233}
ve^{31}/vi$_z^{31}$	ɦy$_ɥ^{31}$～巾/ve^{31}	ve^{22}	ve^{22}	ve^{14}
ve^{312}	ɦy^{312}/ve^{312}	ve^{22}	ve^{22}	ve^{13}
ɦue^{113}	ɦy^{113}～巾/ɦue^{113}	ɦue^{113}	ɦue^{113}	ɦue^{113}
ɦuEɪ^{113}	ɦy$_ɥ^{113}$～巾/ɦuEɪ^{113}	ɦuEɪ^{113}	ɦuEɪ^{113}	ɦuEɪ^{113}
ɦy$_ɥ^{311}$	ɦy$_ɥ^{311}$	ʔue^{533}	ʔue^{533}	ɦue^{113}
vʋ^{231}	vʋ^{231}	vʋ^{24}	vʋ^{24}	væi^{22}
ʔɦuəɪ^{323}	ʔɦuəɪ^{323}	ʔuəɪ^{53}	ʔuəɪ^{53}	ʔɦuəɪ^{31}
ʔuɪ^{324}	ʔuɪ^{324}	ʔuɪ^{544}	ʔuɪ^{544}	ɦuɪ^{24}
ʔɦuəɪ^{322}	ʔɦuəɪ^{322}	ʔɦuəɪ^{323}	ʔɦuəɪ^{323}	ʔɦuəɪ^{214}

摄口 等调 韵声	蟹合 三去 祭云	蟹合 四去 霁匣	蟹合 四去 霁匣	止合 三去 寘云
	卫	惠	慧	为~什么
宜	ɦuɐɪ²³¹	ɦuɐɪ²³¹	ɦuɐɪ²³¹	ɦuɐɪ²³¹
溧	ɦuæɛ²³¹	ɦuæɛ²³¹	ɦuæɛ²³¹	ɦuæɛ²³¹
金	uei⁴⁴	xuei⁴⁴	xuei⁴⁴	uei⁴⁴
丹	ue³²⁴	ue³²⁴	ue³²⁴	ue³²⁴
童	ɦuɛɪ¹¹³	ɦuɛɪ¹¹³	ɦuɛɪ¹¹³	ɦuɛɪ¹¹³
靖	ʔue⁵¹	ʔue⁵¹	ʔue⁵¹	ʔue⁵¹
江	ɦuɛɪ²²³	ɦuɛɪ²²³	ɦuɛɪ²²³	ɦuɛɪ²²³
常	ɦuæe²⁴	ɦuæe²⁴	ɦuæe²⁴	ɦuæe²⁴
锡	ɦuɛ²¹³	ɦuɛ²¹³	ɦuɛ²¹³	ɦuɛ²¹³
苏	ɦuɛ²³¹	ɦuɛ²³¹	ɦuɛ²³¹	ɦuɛ²³¹
熟	ɦuɛ²¹³	ɦuɛ²¹³	ɦuɛ²¹³	ɦuɛ²¹³
昆	ɦuɛ²¹	ɦuɛ²¹	ɦuɛ²¹	ɦuɛ²¹
霜	ɦuʌɪ²¹³	ɦuʌɪ²¹³	ɦuʌɪ²¹³	ɦuʌɪ²¹³
罗	ɦuʌɪ²¹³	ɦuʌɪ²¹³	ɦuʌɪ²¹³	ɦuʌɪ²¹³
周	ɦue¹¹³	ɦue¹¹³	ɦue¹¹³	ɦue¹¹³ / ve¹¹³
上	ɦuɛ¹¹³	ɦuɛ¹¹³	ɦuɛ¹¹³	ɦuɛ¹¹³
松	ɦue¹¹³	ɦue¹¹³	ɦue¹¹³	ve¹¹³
黎	ɦuɛ²⁴	ɦuɛ²¹³	ɦuɛ²¹³	ɦuɛ²¹³
盛	ɦuɛ²⁴	ɦuɛ²¹²	ɦuɛ²¹²	ʔuɛ⁴¹³
嘉	ɦue²³¹	ɦue²²³	ɦue²²³	ɦue²²³
双	ɦuəɪ¹¹³	ɦuəɪ¹¹³	ɦuəɪ¹¹³	ɦuəɪ¹¹³
杭	ɦueɪ¹¹³	ɦueɪ¹¹³	ɦueɪ¹¹³	ɦueɪ¹¹³
绍	ɦue²²	ɦue²²	ɦue²²	ɦue²²
诸	ve²³³	ve²³³	ve²³³	ve²³³
崇	ve¹⁴	ve¹⁴	ve¹⁴	ve¹⁴
太	ve¹³	ve¹³	ve¹³	ve¹³
余	ɦue¹¹³	ɦue¹¹³	ɦue¹¹³	ɦue¹¹³
宁	ɦuɛɪ¹¹³	ɦuɛɪ¹¹³	ɦuɪɪ¹¹³	ɦuɛɪ¹¹³
黄	ɦue¹¹³	ɦue¹¹³	ɦue¹¹³	ɦy¹¹³ / ɦue¹¹³
温	vʊ²²	vʊ²²	vʊ²²	vʊ²²
衢	ʔɦuɪəɪ³¹	ʔɦuɪəɪ³¹	ʔɦuɪəɪ³¹	ʔɦuɪəɪ³¹
华	ɦuɪ²⁴	ɦuɪ²⁴	ɦuɪ²⁴	ɦuɪ²⁴
永	ʔɦuəɪ²¹⁴	ʔɦuəɪ²¹⁴	ʔɦuəɪ²¹⁴	ʔɦuəɪ²¹⁴

止合 三去 至云	止合 三去 未云	止合 三去 未云	止合 三平 脂知	止合 三平 脂章
位	谓	胃	追	锥
ɦuɐɪ²³¹	ɦuɐɪ²³¹	ɦuɐɪ²³¹	tsɐɪ⁵⁵	tsɐɪ⁵⁵
ɦuæɛ²³¹	ɦuæɛ²³¹	ɦuæɛ²³¹	tsæɛ⁴⁴⁵	tsæɛ⁴⁴⁵/tsʮæɛ⁴⁴⁵
uei⁴⁴	uei⁴⁴	uei⁴⁴	tsuei³¹	tsuei³¹
ue³²⁴	ue³²⁴	ue³²⁴	tɕye²²	tsˤu⁴⁴/tɕye⁴⁴
ɦuɛi¹¹³	ɦuɛi¹¹³	ɦuɛi¹¹³	tʃyɛi⁴²	tʃyɛi⁴²
ʔue⁵¹	ʔue⁵¹	ʔue⁵¹	tɕye⁴³³	tɕye⁴³³
ɦuɛɪ²²³	ɦuɛɪ²²³	ɦuɛɪ²²³	tsɛɪ⁵¹	tsɛɪ⁵¹
ɦuæe²⁴	ɦuæe²⁴	ɦuæe²⁴	tsʮæe⁴⁴	tsʮæe⁴⁴
ɦuɛ²¹³	ɦuɛ²¹³	ɦuɛ²¹³	tsɛ⁵⁵	tsɛ⁵⁵
ɦuɛ²³¹	ɦuɛ²³¹	ɦuɛ²³¹	tsɛ⁴⁴	tsɛ⁴⁴
ɦuɛ²¹³	ɦuɛ²¹³	ɦuɛ²¹³	tsɛ⁵²	tsɛ⁵²
ɦuɛ²¹	ɦuɛ²¹	ɦuɛ²¹	tsɛ⁴⁴	tsɛ⁴⁴
ɦuʌɪ²¹³	ɦuʌɪ²¹³	ɦuʌɪ²¹³	tsʌɪ⁵²	tsʌɪ⁵²
ɦuʌɪ²¹³	ɦuʌɪ²¹³	ɦuʌɪ²¹³	tsʌɪ⁵²	tsʌɪ⁵²
ɦue¹¹³	ɦue¹¹³	ɦue¹¹³	tsø⁵²	tsø⁵²
ɦuɛ¹¹³	ɦuɛ¹¹³	ɦuɛ¹¹³	tsø⁵²	tsø⁵²
vɛ¹¹³/ɦue¹¹³	ɦue¹¹³	ɦue¹¹³	tsø⁵²	tsø⁵²
ɦuɛ²¹³	ɦuɛ²¹³	ɦuɛ²¹³	tsɛ⁴⁴	tsɛ⁴⁴
ɦuɛ²¹²	ɦuɛ²¹²	ɦuɛ²¹²	tsɛ⁴⁴	tsɛ⁴⁴
ʔue³³⁴	ɦue²²³	ɦue²²³	tsʮe⁵¹	tsʮe⁵¹
ɦuəɪ¹¹³	ɦuəɪ¹¹³	ɦuəɪ¹¹³	tsˤʏ⁴⁴	tsˤʏ⁴⁴
ɦuei¹¹³	ɦuei¹¹³	ɦuei¹¹³	tsʮɛɪ³²³	tsʮɛɪ³²³
ɦue²²	ɦue²²	ɦue²²	tse⁵²	tse⁵²
ve²³³	ve²³³	ve²³³	tse⁵⁴⁴	tse⁵⁴⁴
ve¹⁴	ve¹⁴	ve¹⁴	tse⁵³	tse⁵³
ve¹³	ve¹³	ve¹³	tse⁵²³	tse⁵²³
ɦue¹¹³	ɦue¹¹³	ɦue¹¹³	tse³²⁴	tse³²⁴
ɦuɛɪ¹¹³	ɦuɛɪ¹¹³	ɦuɛɪ¹¹³	tsɛɪ⁵²	tsɛɪ⁵²
ɦue¹¹³	ɦue¹¹³	ɦy¹¹³	tsʮ⁵³³	tsø⁵³³
vʊ²²	vʊ²²	vʊ²²	tsɿ⁴⁴	tsɿ⁴⁴
ʔɦuɐɪ³¹	ʔɦuɐɪ³¹	ʔɦuɐɪ³¹	tʃʮɐɪ⁴³⁴	tʃʮɐɪ⁴³⁴
ɦuɪ²⁴	ɦuɪ²⁴	ɦuɪ²⁴	tsˤuei³²⁴	tsuei³²⁴
ʔɦuəɪ²¹⁴	ʔɦuəɪ²¹⁴	ʔɦuəɪ²¹⁴	tsʮɤ⁴⁴	tsɤ⁴⁴

摄口 等调 韵声	止合 三平 支昌	止合 三平 脂澄	止合 三去 至澄	蟹合 三去 祭书
	炊	槌	坠	税
宜	tsʻɐɪ⁵⁵	dzɐɪ²²³	dzɐɪ²³¹	sɐɪ³²⁴
溧	tsʻæᴇ⁴⁴⁵	dʑyᴢ³²³	dzɥæᴇ²³¹	ʂɥæᴇ⁴¹²
金	tsʻuei³¹	tsʻuei³⁵	tsuei⁴⁴	suei⁴⁴
丹	tɕye²²	dzəu²²	tɕye⁴¹	ɕye³²⁴/⁴⁴
童	tsʻyʐyᵤɛi⁴²	dʒyᵤɛi³¹	dʒyᵤɛi¹¹³	ʃyᵤɛi³²⁴
靖	tɕye⁴³³	dʑye²²³	dʑye³¹	ɕʑye³¹
江	tsʻɛɪ⁵¹	dzɛɪ²²³	dzɛɪ²²³	sɛɪ⁴³⁵
常	tsʻɥæe⁴⁴	zɥæe²¹³	zɥæe⁵¹	ʂɥæe⁵¹
锡	tsʻᴇ⁵⁵	zᴇ²¹³	zᴇ²¹³	sᴇ³⁵
苏	tsʻᴇ⁴⁴	zᴇ²²³	zᴇ²³¹	sᴇ⁴¹²
熟	tsʻᴇ⁵²	dzᴇ²³³	dzᴇ²¹³	sᴇ³²⁴
昆	tsʻᴇ⁴⁴	zᴇ¹³²	tsᴇ⁴¹²	sᴇ⁵²
霜	tsʻʌɪ⁵²	zʌɪ²³¹	zʌɪ²¹³	sʌɪ⁴³⁴
罗	tsʻʌɪ⁵²	zʌɪ²³¹	zʌɪ²¹³	sʌɪ⁴³⁴
周	tsʻø⁵²	zø¹¹³/tsø⁵²	zø¹¹³	sø³³⁵
上	tsʻø⁵²	zø¹¹³	zø¹¹³	sø³³⁴
松	tsʻø⁵²	zø²³¹	zø¹¹³	sø³³⁵
黎	tsʻᴇ⁴⁴	dzᴇ²⁴	dzᴇ²¹³	sᴇ⁴¹³
盛	tsʻᴇ⁴⁴	dzᴇ²⁴	dzᴇ²¹²	sᴇ⁴¹³
嘉	tsʻɥe⁵¹	zɥe²³¹	dzɥe²²³	sɥe³³⁴
双	tsʻᵚʏ⁴⁴	dʑᵚʏ¹¹³	zᵚʏ¹¹³	sᵚʏ⁵³
杭	tsʻɥeɪ³²³	dzɥeɪ²¹²	dzɥeɪ¹¹³/tsɥeɪ³³⁴	sɥeɪ⁵¹
绍	tsʻe⁵²	dze²³¹	dze²²	se³³⁴
诸	tsʻe⁵⁴⁴	dze²³³	dze²³³	se⁵²
崇	tsʻe⁵³	dze³¹	dze¹⁴	seᵋ⁴⁴
太	tsʻe⁵²³	dze³¹²	dze¹³	se⁴²
余	tsʻe³²⁴	dze¹¹³	ze¹¹³	se⁴³⁵
宁	tsʻɛɪ⁵²	tsɛɪ⁵²	zɛɪ¹¹³/tsɛɪ⁵²	sɛɪ⁵²
黄	tsʻɥ⁵³³	dʑɥ³¹¹	zɥ¹¹³	sɥ⁵³³
温	tsʻɿ⁴⁴	dzɿ²³¹	dzɿ²²	sɿ³⁵
衢	tsʻuəɪ⁴³⁴	dʒɥəɪ³¹	dʒɥəɪ³¹	səɪ⁴⁵
华	tsʻᵘeɪ³²⁴	tsᵘeɪ³²⁴	dzᵘeɪ²⁴	sᵘeɪ⁵⁴⁴
永	tsʻəɪ⁴⁴	dʑɥʏ³²²/dzɛɪ³²²	tsəɪ⁵⁴	ɕye⁴³⁴

止合 三平 支禅	止合 三平 脂禅	止合 三上 纸日	蟹合 三去 祭以	止合 三去 眞禅
垂	谁	蕊	锐	睡
dzɐɪ^{231}	zɐɪ^{24}	zɐɪ^{231}	sɐɪ^{324}	zɐɪ^{231}
dzɥæE^{323}	szɥæE^{323}	szɥæE^{231}/szæE^{231}	szɥæE^{231}	szɥæE^{323}
tsʻuei^{35}	suei^{35}	ȵei^{44}	suei^{44}	suei^{44}
tɕye^{324}		lEe^{22}/lue^{22}/lye^{22}	lue^{41}	çye^{41}
dʒyɥEɪ^{31}	ʒyɥEɪ^{113}	ʒyɥEɪ^{113}	ʒyɥEɪ^{113}	ʒyɥEɪ^{113}
dʑye^{31}	ɕʑye^{223}	ɕʑye^{51}/le^{51}	ɕʑye^{51}	ɕʑye^{51}
dzEɪ^{223}	zEɪ^{223}	zEɪ^{223}	zEɪ^{223}	zEɪ^{223}
zɥæe^{213}	zɥæe^{213}	zɥæe^{24}/læe^{24}	zɥæe^{24}	zɥæe^{24}
zE^{213}	zE^{213}	zE^{213}	zE^{213}/sE^{35}	zE^{213}
zE^{223}	zE^{223}	zE^{231}	zE^{231}	zE^{231}
dzE^{233}	dzE^{233}	dzE^{31}	sE^{324}	zE^{213}
zE^{132}	zE^{132}	zE^{223}	zE^{21}	zE^{21}
zʌɪ^{231}	zʌɪ^{231}	zʌɪ^{213}	zʌɪ^{213}	zʌɪ^{213}
zʌɪ^{231}	zʌɪ^{231}	zʌɪ^{213}	zʌɪ^{213}	zʌɪ^{213}
zø^{113}	zø^{113}	zø^{113}	sø^{335}	zø^{113}
zø^{113}	zø^{113}	zø^{113}	sø^{334}	zø^{113}
zø^{231}	zø^{113}	zø^{113}	zø^{113}	zø^{113}
dzE^{24}	zE^{24}	zE^{32}	sE^{413}	zE^{213}
dzE^{24}	zE^{24}	zE^{223}	sE^{413}/ʔlE^{51}	zE^{212}
zɥe^{231}	zɥe^{231}	zɥe^{223}	sɥe^{413}	zɥe^{223}
dzᵊʏ^{113}	zøʏ^{113}	zøʏ^{231}	zøʏ^{113}	zøʏ^{113}
dzɥeɪ^{212}	szɥeɪ^{212}	szɥeɪ^{113}	szɥeɪ^{113}	szɥeɪ^{113}
dze^{231}	dze^{231}	dze^{113}	dze^{22}	dze^{22}
dze^{233}	dze^{233}	dze^{231}	ze^{233}	dze^{233}/se^{544}
dze^{31}	dze^{31}/ze^{31}	dze^{14}	ze^{14}	ze^{14}
dze^{312}	ze^{312}/dze^{312}	dze^{13}	ze^{13}	ze^{13}
dze^{113}	ze^{113}	ze^{113}	ze^{113}	ze^{113}
dzEɪ^{113}	zEɪ^{113}	zE^{113}	zE^{113}	zE^{113}
dzʮ^{311}	zʮ^{311}	zʮ^{113}/ze^{113}	ze^{113}	zʮ^{113}
dzɿ^{231}	zɿ^{231}	zɿ^{22}	zæi^{22}	zæi^{22}
dʒɥəɪ^{323}	zəɪ^{323}	ʒɥəɪ^{31}	ʒɥəɪ^{31}	ʒɥəɪ^{31}
tsᵘeɪ^{324}	sᵘeɪ^{324}	szᵘeɪ^{24}	szᵘeɪ^{24}	szᵘeɪ^{24}
szəɪ^{322}	szəɪ^{322}	szəɪ^{214}	szəɪ^{214}	szəɪ^{214}

摄 等 韵 / 口 调 声	止合 三去 寘禅	蟹合 一去 泰精	止合 三去 至精	蟹合 一平 灰清
	瑞	最	醉	催
宜	zɐɪ²³¹	tsɐɪ³²⁴	tsɐɪ³²⁴	tsʻɐɪ⁵⁵
溧	szɥæᴇ²³¹	tsɥæᴇ⁴¹²/tsæᴇ⁴¹²	tsɥæᴇ⁴¹²	tsʻɥæᴇ⁴⁴⁵
金	suei⁴⁴	tsuei⁴⁴	tsuei⁴⁴	tsʻuei³¹
丹	lue⁴¹	tɕye³²⁴	tɕyʐ³²⁴	tɕʻye²²
童	ʒyʮᴇi¹¹³	tʃyʮᴇi⁴⁵	tʃyʮᴇi⁴⁵	tʃʻyʮᴇi⁴²
靖	ɕzye⁵¹	tse⁵¹	tse⁵¹	tsʻe⁴³³
江	zᴇɪ²²³	tsᴇɪ⁴³⁵	tsᴇɪ⁴³⁵	tsʻᴇɪ⁵¹
常	zɥæe²⁴	tsɥæe⁵¹	tsɥæe⁵¹	tsʻɥæe⁴⁴
锡	zᴇ²¹³	tsᴇ³⁵	tsᴇ³⁵	tsʻᴇ⁵⁵
苏	zᴇ²³¹	tsᴇ⁴¹²	tsᴇ⁴¹²	tsʻᴇ⁴⁴
熟	zᴇ²¹³	tsᴇ³²⁴	tsᴇ³²⁴	tsʻᴇ⁵²
昆	zᴇ²¹	tsᴇ⁵²	tsᴇ⁵²	tsʻᴇ⁴⁴
霜	zʌɪ²¹³	tsʌɪ⁴³⁴	tsʌɪ⁴³⁴	tsʻʌɪ⁵²
罗	zʌɪ²¹³	tsʌɪ⁴³⁴	tsʌɪ⁴³⁴	tsʻʌɪ⁵²
周	zø¹¹³	tsø³³⁵	tsø³³⁵	tsʻø⁵²
上	zø¹¹³	tsø³³⁴	tsø³³⁴/tsᴇ³³⁴	tsʻø⁵²
松	zø¹¹³	tsø³³⁵	tsø	tsʻø⁵²
黎	zᴇ²¹³	tsᴇ⁴¹³	tsᴇ⁴¹³	tsʻᴇ⁴⁴
盛	zᴇ²¹²	tsᴇ⁴¹³	tsᴇ⁴¹³	tsʻᴇ⁴⁴
嘉	zɥe²²³	tsɥe³³⁴	tsɥe³³⁴	tsʻɥe⁵¹/tsʻe⁵¹
双	zᵒʏ¹¹³	tsᵒʏ³³⁴	tsᵒʏ³³⁴	tsʻᵒʏ⁴⁴
杭	szɥeɪ¹¹³	tsɥeɪ³³⁴	tsɥeɪ³³⁴	tsʻɥeɪ³²³
绍	dze²²	tse³³	tse³³	tsʻe⁵²
诸	dze²³³	tse⁵⁴⁴	tse⁵⁴⁴	tsʻe⁵⁴⁴
崇	dze¹⁴	tse³²⁴	tse³²⁴	tsʻe⁵³
太	dze¹³	tse³⁵	tse³⁵	tsʻe⁵²³
余	ze¹¹³	tse⁵²	tse⁵²	tsʻe³²⁴
宁	zᴇɪ¹¹³	tsᴇɪ⁵²	tsᴇɪ⁵²	tsʻᴇɪ⁵²
黄	zɥ¹¹³	tse⁴⁴/tsø⁴⁴	tse⁴⁴/tsɥ⁴⁴	tsʻe⁵³³
温	zɿ²²	tsæi⁵²/tsɿɿ⁵²	tsæi⁵²/tsɿ⁵²	tsʻæi⁴⁴
衢	ʒɥəɪ³¹	tsəɪ⁵³	tsəɪ⁵³	tsʻəɪ⁴³⁴
华	szᵘeɪ²⁴	tsᵘeɪ⁴⁵/tseɪ⁴⁵	tseɪ⁴⁵	tsʻeɪ³²⁴
永	szəɪ²¹⁴	tsəɪ⁵⁴	tsəɪ⁵⁴	tsʻəɪ⁴⁴

蟹合 一平 灰清	蟹合 三去 祭清	止合 三去 至清	蟹合 一上 贿从	止合 三平 脂心
崔	脆	翠	罪	虽
ts'ɐɪ⁵⁵	ts'ɐɪ³²⁴	ts'ɐɪ³²⁴	zɐɪ²⁴	sɐɪ⁵⁵
ts'ɥæE⁴⁴⁵	ts'ɥæE⁴¹²	ts'ɥæE⁴¹²	szæE²²⁴	suæE⁴⁴⁵
ts'uei³¹	ts'uei⁴⁴	ts'uei⁴⁴	tsuei⁴⁴	suei³⁵
tɕ'ye²²	tɕ'y_z³²⁴	tɕ'ye³²⁴	dʑy_z²¹³	ɕye²²
tʃ'y_ʮEi⁴²	tɕ'y_ʮEi⁴⁵	tɕ'y_ʮEi⁴⁵	dʒy_ʮEi¹¹³	ʃy_ʮEi⁴²
ts'e⁴³³	ts'e⁵¹	ts'e⁵¹	sze⁵¹	se⁴³³
ts'EI⁵¹	ts'EI⁴³⁵	ts'EI⁴³⁵	dzEI²²³	sEI⁵¹
ts'ɥæe⁴⁴	ts'ɥæe⁵¹	ts'ɥæe⁵¹	zɥæe²⁴	sɥæe⁴⁴
ts'E⁵⁵	ts'E³⁵	ts'E³⁵	zE²¹³/³³	sE⁵⁵
ts'E⁴⁴	ts'E⁴¹²	ts'E⁴¹²	zE²³¹	sE⁴⁴
ts'E⁵²	ts'E³²⁴	ts'E³²⁴	dzE³¹/zE³¹	sE⁵²
ts'E⁴⁴	ts'E⁵²	ts'E⁵²	zE²²³	sE⁴⁴
ts'ʌI⁵²	ts'ʌI⁴³⁴	ts'ʌI⁴³⁴	zʌI²¹³	sʌI⁵²
ts'ʌI⁵²	ts'ʌI⁴³⁴	ts'ʌI⁴³⁴	zʌI²¹³	sʌI⁵²
ts'ø⁵²	ts'ø³³⁵	ts'ø³³⁵	zø¹¹³	sø⁵²
ts'ø⁵²	ts'ø³³⁴/ts'E³³⁴	ts'ø³³⁴/ts'E³³⁴	zø¹¹³/zE¹¹³	sø⁵²
ts'ø⁵²	ts'ø³³⁵	ts'ø³³⁵	zø¹¹³	sø⁵²
ts'E⁴⁴	ts'E³²⁴	ts'E³²⁴	dzE³²	sE⁴⁴
ts'E⁴⁴	ts'E³¹³	ts'E³¹³	dzE²²³	sE⁴⁴
ts'ɥe⁵¹/ts'e⁵¹	ts'ɥe³³⁴	ts'ɥe³³⁴	zɥe²²³	sɥe⁵¹
ts'ᵚɤ⁴⁴	ts'E³³⁴	ts'E³³⁴	zᵒɤ²³¹	sᵒɤ⁴⁴
ts'ɥeɪ³²³	ts'ɥeɪ³³⁴	ts'ɥeɪ³³⁴	dzɥeɪ¹¹³	sɥeɪ³²³
ts'e⁵²	ts'e³³	ts'e³³	dze¹¹³	se⁵²
ts'e⁵⁴⁴	ts'e⁵⁴⁴	ts'e⁵⁴⁴	ze²³¹	se⁵⁴⁴
ts'e⁵³	ts'e³²⁴	ts'e³²⁴	dze²²	se⁵³
ts'e⁵²³	ts'e³⁵	ts'e³⁵	dze²²	se⁵²³
ts'e³²⁴	ts'e⁵²	ts'e⁵²	ze¹¹³	se³²⁴
ts'EI⁵²	ts'EI⁵²	ts'EI⁵²	zEI¹¹³	sEI⁵²
ts'e⁵³³	ts'e⁴⁴	ts'e⁴⁴	ze¹¹³	sɿ⁵³³
ts'æi⁴⁴	ts'æi³⁵	ts'æi⁵²	zæi²⁴	sɿ⁴⁴
ts'əɪ⁴³⁴	ts'əɪ⁴⁵	ts'əɪ⁵³	szəɪ³¹	səɪ⁴³⁴
ts'eɪ⁴³⁵	ts'eɪ⁴⁵	ts'eɪ⁴⁵	dzᵘeɪ²⁴	seɪ³²⁴
ts'əɪ⁴⁴	ts'əɪ⁵⁴	ts'əɪ⁵⁴	szəɪ³²³	szəɪ³²²

摄口 等调 韵声	蟹合 一去 队心 碎	蟹合 三去 祭心 岁	止合 三平 支邪 随	止合 三上 纸心 髓
宜	seɪ³²⁴	ɕyⱼ³²⁴ / seɪ³²⁴	zeɪ²²³	zeɪ²³¹
溧	suæE⁴¹²	ɕy_z⁴¹² / sɥæE⁴¹²	szɥæE³²³ / szæE³²³	ɕy_z²³¹ / szɥæE²³¹
金	suei⁴⁴	suei⁴⁴	suei³⁵	suei³²³
丹	ɕye³²⁴	ɕy_z³²⁴	ɕye²²	ɕye³²⁴
童	ʃyʮEi⁴⁵	ʃyʮEi⁴⁵	ʒyʮEi³¹	ʒyʮEi¹¹³
靖	se⁵¹	se⁵¹	sze²²³	sze⁵¹
江	sEI⁴³⁵	sEI⁴³⁵	zEI²²³	zEI²²³
常	sɥæe	sɥæe	zɥæe	zɥæe
锡	sE³⁵	sE³⁵	zE²¹³	zE²¹³/³³
苏	sE⁴¹²	sE⁴¹²	zE²²³	zE²³¹
熟	sE³²⁴	sE³²⁴	zE²³³	zE³¹
昆	sE⁵²	sE⁵²	zE¹³²	zE²²³
霜	sʌɪ⁴³⁴	sʌɪ⁴³⁴	zʌɪ²³¹	zʌɪ²¹³
罗	sʌɪ⁴³⁴	sʌɪ⁴³⁴	zʌɪ²³¹	zʌɪ²¹³
周	sø³³⁵ / se³³⁵	sø³³⁵	zø¹¹³	zø¹¹³
上	sE³³⁴	sø³³⁴ / sE³³⁴	zø¹¹³	zø¹¹³
松	se³³⁵	sø³³⁵	zø²³¹	zø¹¹³
黎	sE⁴¹³	sE⁴¹³	zE²⁴	zE³²
盛	sE⁴¹³	sE⁴¹³	zE²⁴	dzE²²³
嘉	sɥe³³⁴	sɥe³³⁴	zɥe²³¹	zɥe²²³
双	søʯ³³⁴	søʯ³³⁴	zʮY¹¹³	zʮY²³¹
杭	sɥeɪ³³⁴	sɥeɪ³³⁴	dzɥeɪ²¹²	sɥeɪ⁵¹
绍	se³³	se³³	ze²³¹	ze¹¹³
诸	se⁵⁴⁴	se⁵⁴⁴	ze²²³	ze²³¹
崇	se³²⁴	se³²⁴	dze³¹	ɕi_z⁴⁴
太	se³⁵	se³⁵	dze³¹² / ze³¹²	se⁴² / ɕi⁴²
余	se⁵²	se⁵²	ze¹¹³	ze¹¹³
宁	sEɪ⁵²	sEɪ⁵² / sʅ⁵²	zEɪ¹¹³	zEɪ¹¹³
黄	se⁴⁴	sɥ⁴⁴	zʮ³¹¹	zʮ¹¹³
温	sæi⁵²	sʅ⁵²	zʅ²³¹	sⁱi³⁵
衢	sɔɪ⁵³	sɔɪ⁵³	szəɪ³²³	szəɪ³¹
华	seɪ⁴⁵	seɪ⁴⁵	seɪ³²⁴	szeɪ²⁴
永	szəɪ²¹⁴	səɪ⁵⁴ / ɕie⁵⁴	szəɪ³²²	szəɪ³²³

止合 三去 至邪	止合 三去 至邪	山合 二平 删见	山合 二去 谏见	山合 二平 删匣
遂	穗	关	惯	环
$zɐɪ^{231}$	$dzyⱼ^{231}$	kuA^{55}	kuA^{324}	guA^{223}
$szɥæE^{231}$	$szɥæE^{231}$	kuA^{445}	kuA^{412}	guA^{323}
$suei^{44}$	$suei^{44}$	$kuæ̃^{31}/kõ^{31}$	$kuæ̃^{31}$	$k'uæ̃^{35}$
$ɕye^{324}$	$ɕye^{324}$	$kuæ^{22}$	$kuæ^{324}$	$guæ^{213}/ɦuæ^{213}$
$ʒyʮEi^{113}$	$ʒyʮEi^{113}$	$kuɑ^{42}$	$kuɑ^{45}$	$guɑ^{31}$
sze^{51}	sze^{51}	$kuæ̃^{433}$	$kuæ̃^{51}$	$guæ̃^{223}$
ZEI^{223}	ZEI^{223}	$kuæ^{51}$	$kuæ^{435}$	$guæ^{223}$
$zɥæe$	$zɥæe$	$kuæ̃^{44}/kuæ^{44}$	$kuæ̃^{51}/kuæ^{51}$	$guæ̃^{213}/guæ^{213}$
ZE^{213}	ZE^{213}	kuE^{55}	kuE^{55}	guE^{213}
ZE^{231}	ZE^{231}	kuE^{44}	kuE^{412}	$guẽ^{223}/ɦuẽ^{223}$
ZE^{213}	ZE^{213}/SE^{324}	$kuæ^{324}$	$kuæ^{324}$	$guæ^{233}$
ZE^{21}	ZE^{21}	kue^{44}	kue^{52}	guE^{132}
$ZʌI^{213}$	$ZʌI^{213}$	kuE^{52}	kuE^{434}	guE^{231}
$ZʌI^{213}$	$ZʌI^{213}$	kue^{52}	kue^{434}	gue^{231}
$zø^{113}$	$zø^{113}$	kue^{52}	kue^{335}	guE^{113}
$zø^{113}$	$zø^{113}$	kue^{52}	kuE^{334}	guE^{113}
$zø^{113}$	$zø^{113}/zl̩^{113}$	kuE^{52}	kuE^{335}	guE^{231}
dzE^{213}	dzE^{213}	kuE^{44}	kuE^{413}	guE^{24}
dzE^{212}	dzE^{212}	kuE^{44}	kuE^{413}	guE^{24}
$zɥe^{223}$	$zɥe^{223}$	kuE^{51}	kuE^{e334}	guE^{e231}
$z^{ᵊ}ɤ^{113}$	$z^{ᵊ}ɤ^{113}$	kuE^{44}	kuE^{334}	guE^{113}
$sɥɐi^{334}/szɥɐi^{334}$	$sɥɐi^{334}$	kuo^{323}/kuE^{323}	kuE^{334}/kuo^{334}	guE^{212}
ze^{22}	dze^{22}	$kuæ̃^{52}$	$kuæ̃^{33}$	$guæ̃^{231}$
ze^{233}	ze^{233}	kue^{544}	$kuɛ^{544}$	$guɛ^{233}$
dze^{14}	dze^{14}	$kuæ̃^{53}$	$kuæ̃^{324}$	$væ̃^{31}$
dze^{13}	dze^{13}	$kuæ̃^{523}$	$kuæ̃^{35}$	$væ̃^{312}$
ze^{113}	ze^{113}	$kuɛ̃^{324}$	$kuɛ̃^{324}$	$ɦuɛ̃^{113}/guɛ̃^{113}少$
$ZɐI^{113}$	$ZɐI^{113}$	kuE^{52}	kuE^{52}	$guE^{113}/ɦuE^{113}$
$zɥ^{113}$	$ɦiy^{113}$	kue^{533}	$kuɛ^{44}$	$ɦuɛ^{311}$
$zl̩^{22}$	$zl̩^{22}$	ka^{44}	ka^{52}	$gɑ^{231}/vɑ^{231}$
$szəɪ^{31}$	$səɪ^{53}$	$kuæ̃^{434}$	$kuæ̃^{53}$	$ʔɦuæ̃^{323}$
$szɐɪ^{24}$	$szei^{24}$	$kuɑ^{324}$	$kuɑ^{45}$	$xuæ̃^{324}$
$szəɪ^{214}$	$szəɪ^{214}$	$kʊA^{44}$	$kʊA^{54}$	$ʔɦuA^{322}$

摄口 等调 韵声	山合 二去 谏见	山合 二平 删影	山合 二平 删影	山合 三上 阮微
	掼	弯	湾	晚
宜	guA^{231}	ʔuA^{55}	ʔua^{55}	ʔuA^{324}
溧	guA^{231}	ʔua^{445}	ʔuA^{445}	ʔuA^{445}
金	kʻuæ̃^{44}/kʻuæ̃^{31}	uæ̃^{31}	uæ̃^{31}	uæ̃^{323}
丹	guæ^{213}	ʋæ^{22}/uæ^{22}	ʋæ^{22}/uæ^{22}	mæ^{213}
童	gua^{113}	ʔua^{42}	ʔua^{42}	ʔua^{324}
靖	guæ̃^{31}	ʔuæ̃^{433}	ʔuæ̃^{433}	ʔuæ̃^{334}
江	guæ^{223}	ʔuæ^{51}	ʔuæ^{51}	ʔuæ^{45}
常	guæ̃^{24}/guæ^{24}	ʔuæ̃^{44}/ʔuæ^{44}	ʔuæ̃^{44}/ʔuæ	ʔuæ̃^{334}/ʔuæ^{334}
锡	guE^{213}	ʔuE^{55}	ʔuE^{55}	ʔuE^{324}
苏	guE^{231}	ʔuE^{44}	ʔuE^{44}	ʔuE^{51}
熟	guæ^{213}	ʔuæ^{52}	ʔuæ^{52}	ʔE^{44}/ʔuæ^{44}
昆	guɛ^{21}	ʔuɛ^{44}	ʔuɛ^{44}	ʔuɛ^{52}
霜	guE^{213}	ʔuE^{52}	ʔuE^{52}	ʔuE^{434}
罗	guE^{213}	ʔuE^{52}/ʔʋE^{52}	ʔuE^{52}/ʔʋE^{52}	ʔuE^{434}/ʔʋE^{434}
周	guE^{113}	ʔuE^{52}	ʔuE^{52}	ʔuE^{44}
上	guE^{113}	ʔuE^{52}	ʔuE^{52}	ʔuE^{334}
松	guE^{113}	ʔʋE^{52}	ʔuE^{52}	ʔʋE^{44}
黎	guE^{213}	ʔuE^{44}	ʔuE^{44}	ʔuE^{51}
盛	guE^{212}	ʔuE^{44}	ʔuE^{44}	ʔuE^{51}
嘉	guE^{223}	ʔuE^{ε51}	ʔuE^{ε51}	ʔʋE^{44}
双	guE^{113}	ʔuE^{44}	ʔuE^{44}	ʔuE^{53}
杭	guE^{113}	ʔuE^{323}	ʔuE^{323}	ʔuE^{51}/ʔʋE^{51}
绍	guE^{22}	ʔuæ̃^{52}	ʔuæ̃^{52}	ɦiuE^{113}
诸	guɛ^{233}	ʔʋɛ^{544}	ʔʋɛ^{544}	vɛ^{231}
崇	guæ^{14}	ʔʋɛ^{53}	ʔʋæ̃^{53}	ɦiuæ̃^{22}/mæ̃^{22}
太	guæ̃^{13}	ʔʋæ̃^{523}	ʔʋæ̃^{523}	ɦiuæ̃^{22}/mæ̃^{22}
余	guE^{113}	ʔuɛ^{324}	ʔuɛ̃^{324}	ʔuɛ̃^{435}
宁	guE^{113}	ʔuE^{52}	ʔuE^{52}	ɦiuE^{113}
黄	guE^{113}	ʔuɛ^{533}	ʔuɛ^{533}	ʔmɛ^{533}/ʔuɛ^{533}
温	ga^{22}	ʔʋa^{44}	ʔʋa^{44}	va$^{\underline{24}}$/ma$^{\underline{24}}$
衢		ʔuæ̃^{434}	ʔuæ̃^{434}	ʔuæ̃^{53}
华	kua^{45}	ʔua^{324}	ʔua^{324}	ʔuæ̃^{544}
永	kuaŋ^{54}	ʔuA^{44}	ʔuA^{44}	fA^{434}

山合 三上 阮微		山合 二平 山疑	山合 二平 删匣	山合 二去 裥匣
挽	甩	顽	还	幻
ʔuA³²⁴	xuA³²⁴	ɦuA²²³	ɦuA²²³/ɦA	ʔuA³²⁴
ʔuA⁴¹²/ʔuA⁴⁴⁵	xuA⁵²	uA³²³	A³²³/uA³²³	uA⁵²/xuA⁴¹²
uæ̃³²³	suei³²³	uæ̃³⁵	xuæ̃³⁵/xue³⁵	xuæ̃⁴⁴/xũ⁴⁴
ʋæ⁴⁴/uæ⁴⁴	ɕyæ⁴⁴	ʋæ³²⁴/uæ³²⁴	ɦuæ²¹³/æ³²⁴	huæ⁴¹
ʔuɑ³²⁴	xuɑ⁴⁵	ɦuɑ³¹	ɦuɑ³¹	ɦuɑ¹¹³
ʔuæ̃³³⁴	ɕye⁵¹	ɦuæ̃²²³	ɦuæ̃²²³/hɦæ̃²²³	xuæ̃⁵¹/ʔuæ̃⁵¹
ʔuæ⁴⁵	huæ⁴³⁵	ɦuæ²²³	ɦuæ²²³	huæ⁴³⁵
ʔuæ̃³³⁴/ʔuæ³³⁴	xuæ̃⁵¹/xuæ⁵¹		ɦuæ̃²¹³/ɦuæ²¹³/ɦuɑ²¹³	ɦuæ̃²⁴/ɦuæ²⁴
ʔuE³²⁴		ɦuE²¹³	ɦuE²¹³	ʔuE³²⁴
ʔuE⁵¹	xuE⁴¹²	ɦuθ²²³	ɦuE²²³/ʔuE⁴⁴	ʔuE⁵¹
ʔuæ⁴⁴		ɦuɤ²³³	ɦuæ²³³	ʔuɤ³²⁴
ʔuE⁵²	xuE⁵²	ɦɛ¹³²/ɦuθ¹³²	ɦɛ¹³²/ɦuE¹³²	ʔuθ⁵²/ʔθ⁵²
ʔuE⁴³⁴		ɦuE²³¹/ʋE²³¹	ɦuE²³¹/ʋE²³¹	ʔuE⁴³⁴/ɦuE⁴³⁴
ʔue⁴³⁴/ʔʋe⁴³⁴	fe⁴³⁴/ɦue⁴³⁴	ɦue²³¹	ɦue²³¹	ʔue⁴³⁴
ʔuæ⁴⁴	hue³³⁵/fe³³⁵	ʋɛ¹¹³/ɦuɛ¹¹³	ʋɛ¹¹³/ɦuɛ¹¹³	ɦue¹¹³/ʋɛ¹¹³
ʔuE³³⁴	xuE³³⁴	ɦuE¹¹³/ɦuθ¹¹³	ɦuE¹¹³/ɦE¹¹³	ʔuE³³⁴
ʔʋE⁴⁴	fE³³⁵	mE²³¹	ʋE²³¹/ʔE⁵²	ɦue¹¹³/ʋE¹¹³
ʔuE⁵¹	xuE⁴¹³	ŋθ²⁴	ɦue²⁴/ɦE²⁴	hθ⁴¹³
ʔuE⁵¹	xuE⁴¹³	ɦθ²⁴	ɦuE²⁴/ɦE²⁴	ʔuE⁴¹³
ʔʋEᵉ⁴⁴	xue³³⁴	ɦuɤ²³¹	ɦuEᵉ²³¹/ɦE²³¹	ʔuɤə³³⁴
ʔuE⁵³	xuE³³⁴	ɦuE¹¹³	ɦuE¹¹³	ʔuE³³⁴
ʔuE⁵¹/ʔʋE⁵¹	hue³³⁴	ɦuE²¹²	ɦuE²¹²	ɦuo¹¹³
ʔuæ³³⁴	huæ̃³³	ɦuæ̃²³¹	ɦuæ̃²³¹/ʋæ̃²³¹	ɦuæ̃²²
ʔʋɛ⁵²	sɛ⁵⁴⁴	ʋɛ²³³	ʋɛ²³³	ʋɛ²³³
ʔʋæ⁴⁴	guæ̃¹⁴	ɦuæ̃³¹	ʋæ̃¹¹⁴/³¹/ɦuæ̃³¹	ɦæ̃²²
ʔʋæ⁴²	fæ̃³⁵/guæ̃¹³	ʋæ̃³¹²	ʋæ̃³¹²	ʋæ̃¹³
ʔuɛ̃⁴³⁵	xuɛ⁵²	ɦuɛ̃¹¹³	ɦuɛ̃¹¹³	ɦuɛ¹¹³
ʔuE³²⁵	xuɛʔ⁵²	ɦuE¹¹³	ɦuE¹¹³	ɦuE¹¹³
ʔuɛ⁵³³		ɦuɛ³¹¹	ɦuE³¹¹	ʔue⁴⁴
ʔʋɑ³⁵	gɑ²²	ʋɑ²³¹	ʋɑ²³¹	ʔʋɑ³⁵
ʔuæ̃⁵³	sɛ⁴⁵	ˀɦuæ̃³²³	ˀɦuæ̃³²³	ʔuə⁴³⁴/ʔuæ̃⁴³⁴
ʔuæ̃⁵⁴⁴		ʔuɑ³²⁴	ʔuɑ³²⁴	ɦuæ̃²⁴
ʔʋA⁴³⁴	ɕyə⁵⁴	ʔɦʋA³²²	ŋʋA³²²	ŋʋA²¹⁴

摄口 等调 韵声	山合 一平 桓见	山合 一平 桓见	山合 一上 缓见	山合 一上 缓见
	官	观参~	管	馆
宜	kue⁵⁵	kue⁵⁵	kue⁵¹	kue⁵¹
溧	kʋ⁴⁴⁵	kʋ⁴⁴⁵	kʋ⁵²	kʋ⁵²
金	kũ³¹	kũ³¹	kũ³²³	kũ³²³
丹	kəŋ²²	kəŋ²²	kəŋ⁴⁴	kəŋ⁴⁴
童	kʋ⁴²	kʋ⁴²	kʋ³²⁴	kʋ³²⁴
靖	kuæ̃⁴³³/kuũ̃⁴³³	kuæ̃⁴³³	kuæ̃³³⁴	kuæ̃³³⁴
江	kɵ⁵¹	kɵ⁵¹	kɵ⁴⁵	kɵ⁴⁵
常	kuɔ⁴⁴	kuɔ⁴⁴	kuɔ³³⁴	kuɔ³³⁴
锡	ko⁵⁵	ko⁵⁵	ko³²⁴	ko³²⁴
苏	kuɵ⁴⁴/kɵ⁴⁴	kuɵ⁴⁴/kɵ⁴⁴	kuɵ⁵¹/kɵ⁵¹	kuɵ⁵¹/kɵ⁵¹
熟	kuɤ⁵²	kuɤ⁵²	kuɤ⁴⁴	kuɤ⁴⁴
昆	kuɵ⁴⁴/kɵ⁴⁴	kuɵ⁴⁴/kɵ⁴⁴	kuɵ⁵²/kɵ⁵²	kuɵ⁵²/kɵ⁵²
霜	kuɪ⁵²	kuɪ⁵²	kuɪ⁴³⁴	kuɪ⁴³⁴
罗	kuʌɪ⁵²	kuʌɪ⁵²	kuʌɪ⁴³⁴	kuʌɪ⁴³⁴
周	kue⁵²	kue⁵²	kue⁴⁴	kue⁴⁴
上	kɵ⁵²/kuɵ⁵²	kɵ³³⁴/kuɵ³³⁴	kɵ³³⁴/kuɵ³³⁴	kɵ³³⁴/kuɵ³³⁴
松	kue⁵²	kue⁵²	kue⁴⁴	kue⁴⁴
黎	kɵ⁴⁴	kɵ⁴⁴	kɵ⁵¹	kɵ⁵¹
盛	kɵ⁴⁴	kɵ⁴⁴	kɵ⁵¹	kɵ⁵¹
嘉	kuɤə⁵¹	kuɤə⁵¹	kuɤə⁴⁴	kuɤə⁴⁴
双	kuE⁴⁴	kuE⁴⁴	kuE⁵³	kuE⁵³
杭	kuo³²³	kuo³²³	kuo⁵¹	kuo⁵¹
绍	kuẽ⁵²	kuẽ⁵²	kuẽ³³⁴	kuẽ³³⁴
诸	kuɤ⁵⁴⁴	kuɤ⁵⁴⁴	kuɤ⁵²	kuɤ⁵²
崇	kuɶ̃⁵³	kuɶ̃⁵³	kuɶ̃⁴⁴	kuɶ̃⁴⁴
太	kuɶ̃⁵²³	kuɶ̃⁵²³	kuɶ̃⁴²	kuɶ̃⁴²
余	kuø̃³²⁴	kuø̃³²⁴	kuø̃⁴³⁵	kuø̃⁴³⁵
宁	ku⁵²	ku⁵²	ku³²⁵	ku³²⁵
黄	kuø⁵³³/kue⁵³³	kuø⁵³³	kuø⁵³³	kuø⁵³³
温	kɵ⁴⁴	kɵ⁴⁴	kɵ³⁵	kɵ³⁵
衢	kuə⁴³⁴/kə⁴³⁴	kuə⁴³⁴	kuə⁴⁵	kuə⁴⁵
华	kuɑ³²⁴	kuæ³²⁴	kuɑ⁵⁴⁴	kuɑ⁵⁴⁴
永	kʋʌ⁴⁴	kʋʌ⁴⁴	kʋʌ⁴³⁴	kʋʌ⁴³⁴

山合 一去 换见	山合 一去 换见	山合 一去 换见	山合 一平 桓溪	山合 一上 缓溪
贯	罐	冠~军	宽	款
kue³²⁴	kue³²⁴	kue³²⁴	kʻue⁵⁵	kʻue⁵¹
kʊ⁴¹²	kʊ⁴¹²	kʊ⁴¹²	kʻʊ⁴⁴⁵	kʻʊ⁵²
kũ⁴⁴	kũ⁴⁴	kũ⁴⁴	kʻũ³¹	kʻũ³²³
kəŋ³²⁴	kəŋ³²⁴	kəŋ³²⁴	kʻəŋ²²	kʻəŋ⁴⁴
kʊ⁴⁵	kʊ⁴⁵	kʊ⁴⁵	kʻʊ⁴²	kʻʊ³²⁴
kuæ⁵¹	kuæ⁵¹	kuæ⁵¹	kʻuũ̃⁴³³	kʻũ̃³³⁴
kɵ⁴³⁵	kɵ⁴³⁵	kɵ⁴³⁵	kʻɵ⁵¹	kʻɵ⁴⁵
kuɔ⁵¹	kuɔ⁵¹	kuɔ⁵¹	kʻuɔ⁴⁴	kʻuɔ³³⁴
ko³⁵	ko³⁵	ko³⁵	kʻo⁵⁵	kʻo³²⁴
kuɵ⁴¹²/kɵ⁴¹²	kuɵ⁴¹²/kɵ⁴¹²	kuɵ⁴¹²/kɵ⁴¹²	kʻuɵ⁴⁴/kʻɵ⁴⁴	kʻuɵ⁵¹/kʻɵ⁵¹
kuɣ³²⁴	kuɣ³²⁴	kuɣ³²⁴	kʻuɣ⁵²	kʻuɣ⁴⁴
kuɵ⁵²/kɵ⁵²	kuɵ⁵²/kɵ⁵²	kuɵ⁵²/kɵ⁵²	kʻuɵ⁴⁴/kʻɵ⁴⁴	kʻuɵ⁵²/kʻɵ⁵²
kuE⁴³⁴/kuɪ⁴³⁴	kuɪ⁴³⁴	kuɪ⁴³⁴	kʻuɪ⁵²	kʻuɪ⁴³⁴
kuʌɪ⁴³⁴	kuʌɪ⁴³⁴	kuʌɪ⁴³⁴	kʻuʌɪ⁵²	kʻuʌɪ⁴³⁴
kuɛ³³⁵	kue³³⁵/kuɛ³³⁵	kuɛ³³⁵/kue³³⁵	kʻue⁵²	kʻue⁴⁴
kuE³³⁴	kø/kuø	kø³³⁴/kuE/kuø³³⁴	kʻø⁵²/kʻuø⁵²	kʻuE³³⁴/kʻø³³⁴/kʻuø³³⁴
kue³³⁵	kue³³⁵	kue³³⁵	kʻue⁵²	kʻue⁴⁴
kɵ⁴¹³	kɵ⁴¹³	kɵ⁴¹³	kʻɵ⁴⁴	kʻɵ³³⁴
kɵ⁴¹³	kɵ⁴¹³	kɵ⁴¹³	kʻɵ⁴⁴	kʻɵ³³⁴
kuɣə³³⁴	kuɣə³³⁴	kuɣə³³⁴	kʻuɣə⁵¹	kʻuɣə³²⁴
kuE³³⁴	kuE³³⁴	kuE³³⁴	kʻuE⁴⁴	kʻuE⁵³
kuo³³⁴	kuo³³⁴	kuo³³⁴	kʻuo³²³	kʻuo⁵¹
kuɵ̃³³/kuæ̃³³	kuɵ̃³³	kuɵ̃³³	kʻuɵ̃⁵²	kʻuɵ̃³³⁴
kuɣ⁵⁴⁴	kuɣ⁵⁴⁴	kuɣ⁵⁴⁴	kʻuɣ⁵⁴⁴	kʻuɣ⁵²
kuœ̃³²⁴	kuœ̃³²⁴	kuœ̃³²⁴	kʻuœ̃⁵³	kʻuœ̃⁴⁴
kuœ̃³⁵	kuœ̃³⁵	kuœ̃³⁵	kʻuœ̃⁵²³	kʻuœ̃⁴²
kuø̃⁵²	kuø̃⁵²	kuø̃⁵²	kʻuø̃³²⁴	kʻuø̃⁴³⁵
ku⁵²	ku⁵²	ku⁵²	kʻu⁵²	kʻu³²⁵
kuø⁴⁴	kuø⁴⁴	kuø⁴⁴	kʻuø⁵³³	kʻuø⁵³³
kɵ⁵²	kɵ⁵²	kɵ⁵²	kʻɑ⁴⁴	kʻɵ³⁵
kuə⁵³	kuə⁵³	kuə⁵³	kʻuə⁴³⁴	kʻuə⁴⁵
kuæ⁴⁵	kuɑ⁴⁵/kuæ⁴⁵	kuæ⁴⁵	kʻuɑ³²⁴	kʻuæ⁵⁴⁴
kʊʌ⁵⁴	kʊʌ⁵⁴	kʊʌ⁵⁴	kʻʊʌ⁴⁴	kʻʊʌ⁴³⁴

摄口等调韵声	山合 一上 缓影	山合 一上 缓匣	山合 一去 换影	山合 一平 桓影
	碗	缓	腕	豌~豆
宜	ʔue⁵¹	ʔue⁵¹	ʔue³²⁴	ʔue⁵¹
溧	ʔʊ⁵²	ɦʊ²²⁴	ʔʊ⁵²	ʔʊ⁴⁴⁵
金	ũ³²³	hũ³²³	ũ³²³	ũ⁴⁴ / uæ⁴⁴
丹	ŋ̍⁴⁴	ŋ̍⁴⁴	uæ³²⁴	ŋ̍⁴¹
童	ʔʊ³²⁴	ʔʊ³²⁴	ʔʊ⁴⁵	ʔuɑ⁴⁵
靖	ʔᵘũ³³⁴	ʔᵘũ³³⁴ / ʔuæ³²⁵	ʔᵘũ⁵¹	ʔuæ⁵¹
江	ʔᵘθ⁴⁵ / ʔθ⁴⁵	ʔᵘθ⁴⁵ / ʔθ⁴⁵	ʔθ⁴³⁵	ʔθ⁴³⁵
常	ʔuɔ³³⁴	ʔuɔ³³⁴	ʔuɔ⁵¹	
锡	ʔo³²⁴	ʔo³²⁴	ʔo³⁵	ʔuE³⁵
苏	ʔθ⁵¹	ʔθ⁵¹	ʔue⁴¹² / ʔθ⁴¹²	ʔuθ⁴⁴ / ʔθ⁴⁴
熟	ʔuɣ⁴⁴	ʔuɣ⁴⁴	ʔuɣ³²⁴	ʔuɣ
昆	ʔθ⁵²	hθ⁵²	ʔue⁵² / ʔθ⁵²	ʔuθ⁴⁴ / ʔθ⁴⁴
霜	ʔuɪ⁴³⁴	ʔuɪ⁴³⁴	ʔuɪ⁴³⁴	ʔuɪ⁴³⁴
罗	ʔuʌɪ⁴³⁴	ʔuʌɪ⁴³⁴	ʔuʌɪ⁴³⁴	ʔuʌɪ⁴³⁴
周	ʔue⁴⁴ / ʔuɛ⁴⁴	ʔue⁴⁴ / ʔue⁴⁴	ʔue³³⁵	ʔuø⁵² / ʔuɛ⁵²
上	ʔø³³⁴ / ʔuø³³⁴	ʔø³³⁴ / ʔuø³³⁴	ʔø³³⁴ / ʔuø³³⁴	ʔø³³⁴ / ʔuø³³⁴
松	ʔve⁴⁴	ʔue⁴⁴ / ʔve⁴⁴	ʔue³³⁵	ʔve⁵²
黎	ʔθ⁵¹	ʔθ⁵¹	ʔθ⁵¹	ʔθ⁴⁴
盛	ʔθ⁵¹	ʔθ⁵¹	ʔθ⁵¹	ʔθ⁴⁴
嘉	ʔuɣə⁴⁴	ʔuɣə⁴⁴	ʔuɣə³³⁴	ʔuɣə⁵¹
双	ʔuE⁵³	ʔuE⁵³	ʔuE³³⁴	ʔuE³³⁴
杭	ʔuo⁵¹	ʔuo⁵¹	ʔuo³³⁴	ʔuo³³⁴
绍	ʔuθ³³⁴	ɦiuθ²²	ʔuθ³³	ʔuθ³³
诸	ʔʊɣ⁵²	ʔuɣ⁵²	ʔuɣ⁵⁴⁴	ʔʊɣ⁵⁴⁴
崇	ʔʋæ⁴⁴	ʋæ²²	ʔʋæ³²⁴	ʔʋæ³²⁴
太	ʔʋæ⁴²	ʋæ²²	ʔʋæ³⁵	ʔuæ³⁵
余	ʔuø⁴³⁵	ʔuø⁴³⁵	ʔuø⁵²	ʔuø⁵²
宁	ʔu³²⁵ / ʔuE³²⁵	ʔu³²⁵	ʔu⁵² / ʔuE⁵²	ʔu⁵² / ʔue⁵²
黄	ʔuø⁵³³	ʔuø⁵³³	ʔuø⁴⁴	ʔuø⁴⁴
温	ʔy³⁵	ɦiy²⁴	ʔy³⁵	ʔy³⁵
衢	ʔuə⁴⁵	ʔuə⁴⁵	ʔuə⁵³	xuə⁴⁵
华	ʔuæ⁵⁴⁴ / ʔuɑ⁵⁴⁴	ʔuæ⁵⁴⁴	ʔuæ⁴⁵	ʔuæ⁵⁴⁴
永	ʔʋA⁴³⁴	ʔʋA⁴³⁴	ʔʋA⁵⁴	ʔʋA⁵⁴

山合 一平 桓晓	山合 一去 换晓	山合 一去 换晓	山合 一平 桓匣	山合 一平 桓匣
欢	唤	焕	完	丸
xue⁵⁵	xue³²⁴	xue³²⁴	ɦue²²³	ɦue²²³
xʊ⁴⁴⁵	xʊ⁴¹²	xʊ⁵²	ʊ³²³	ʊ³²³
xũ³¹	xũ⁴⁴	xũ⁴⁴	ũ³⁵	ũ³⁵
həŋ²²	həŋ⁴¹	həŋ⁴¹	ŋ̍²²	ŋ̍²²
xʊ⁴²	xʊ⁴⁵	xʊ⁴⁵	ɦʊ³¹	ɦʊ³¹
hũ⁴³³/xuũ⁴³³	hũ⁵¹	hũ⁵¹	ɦᵘũ²²³	ɦᵘũ²²³
hθ⁵¹/hᵘθ⁵¹	hθ⁴³⁵	hθ⁴³⁵	ɦθ²²³	ɦθ²²³
xuɔ⁴⁴	xuɔ⁵¹	xuɔ⁵¹	ɦuɔ²¹³	ɦuɔ²¹³
xo⁵⁵	xo³⁵	xo³⁵	ɦo²¹³	ɦo²¹³
hθ⁴⁴/huθ⁴⁴	huθ⁵¹/hθ⁵¹	huθ⁵¹/hθ⁵¹	ɦθ²²³/ɦuθ²²³	ɦuθ²²³/ɦθ²²³
xuɣ⁵²	xuɣ³²⁴	xuɣ³²⁴	ɦuɣ²³³	ɦuɣ²³³
hθ⁴⁴/huθ⁴⁴	huθ⁵²/hθ⁵²	huθ⁵²/hθ⁵²	ɦθ¹³²/ɦuθ¹²²	ɦuθ¹³²/ɦθ¹³²
xuɪ⁵²/fɪ⁵²	xuɪ⁴³⁴/fɪ⁴³⁴	xuɪ⁴³⁴	ɦuɪ²³¹	ɦuɪ²³¹
huʌɪ⁵²	huʌɪ⁴³⁴	huʌɪ⁴³⁴	ɦuʌɪ²³¹	ɦuʌɪ²³¹
hue⁵²/fe⁵²	hue³³⁵	hue³³⁵	ve¹¹³/ɦue¹¹³	ve¹¹³/ɦue¹¹³
hø⁵²/xuø⁵²	hø³³⁴/xuø³³⁴	hø³³⁴/xuø³³⁴	ɦø¹¹³/ɦuø¹¹³	ʔø³³⁴/ʔuø³³⁴
xue⁵²	xue³³⁵	xue³³⁵	ɦue²³¹	ʔve³³⁵
hθ⁴⁴	hθ⁴¹³	hθ⁴¹³	ɦθ²⁴	ɦθ²⁴
hθ⁴⁴	hθ⁴¹³	hθ⁴¹³	ɦθ²⁴	ɦθ²⁴
xuɣə⁵¹	xuɣə³³⁴	xuɣə³³⁴	ɦuɣə²³¹	ɦuɣə²³¹
xuE⁴⁴	xuE³³⁴	xuE³³⁴	ɦuE¹¹³	ɦuE¹¹³
xuo³²³	xuo³³⁴	xuo³³⁴	ɦuo²¹²	ɦuo²¹²
xuθ̃⁵²	xuθ̃³³	xuθ̃³³	ɦuθ̃²³¹	ɦuθ̃²³¹
fɣ⁵⁴⁴	fɣ⁵⁴⁴	fɣ⁵⁴⁴	vɣ²³³	ʔʊɣ⁵⁴⁴
fœ̃⁵³	fœ̃³²⁴	fœ̃³²⁴	vœ̃³¹	vœ̃³¹
fœ̃⁵²³	fœ̃³⁵	fœ̃³⁵	vœ̃¹⁴	vœ̃¹⁴
xuθ̃³²⁴	xuθ̃⁵²	xuθ̃⁵²	ɦuθ̃¹¹³	ɦuθ̃¹¹³
xu⁵²	xu⁵²	xu⁵²	ɦu¹¹³	ɦu¹¹³
xuø⁵³³/xue⁵³³	xuø⁴⁴	xuø⁴⁴	ɦuø³¹¹	ɦuø³¹¹
çy⁴⁴	çy⁵²	çy⁵²	ɦy²³¹/ɲy²³¹	ɦy²³¹
xuə⁴³⁴	xuə⁵³	xuə⁵³	ʔɦuə³²³	ʔɦuə³²³
xua⁴³⁵/xuæ⁴³⁵	xuɑ⁴⁵	xuɑ⁴⁵	ʔuæ³²⁴	ʔuæ³²⁴
xʊA⁴⁴	xʊA⁵⁴	xʊA⁵⁴	ʔɦuA³²²	ʔɦuA³²²

摄口	山合	山合	臻合	
等调	一去	一去	一上	
韵声	换疑	换匣	混见	
	玩	换	滚	棍
宜	ɦue²²³	ɦue²³¹	kuəŋ⁵¹	kuəŋ³²⁴
溧	ʔʊ⁴¹²	ʔʊ⁴¹²	kuəŋ⁵²	kuən⁴¹²
金	ũ³⁵/uæ̃³⁵	xũ⁴⁴	kuəŋ³²³	kuəŋ⁴⁴
丹	ŋ̍⁴¹	ŋ̍⁴¹	kuɛn⁴⁴	kuɛn³²⁴
童	ɦʊ¹¹³	ɦʊ¹¹³	kuəŋ³²⁴	kuəŋ⁴⁵
靖	ɦũ³¹	ʔũ⁵¹	kuəŋ⁴³³	kuəŋ⁴³³
江	ɦɵ²²³	ɦɵ²²³	kuEɲ⁴⁵	kuEɲ⁴³⁵
常	ɦuɔ²⁴	ɦuɔ²⁴	kuəŋ³³⁴	kuəŋ⁵¹
锡	ɦuo²¹³	ɦuo²¹³	kuəŋ³²⁴	kuəŋ³⁵
苏	ɦuɵ²³¹/ɦɵ²³¹	ɦuɵ²³¹/ɦɵ²³¹	kuən⁵¹	kuən⁴¹²
熟	ɦuɤ²¹³	ɦuɤ²¹³	kuɛ̃ⁿ⁴⁴	kuɛ̃ⁿ³²⁴
昆	ɦuɵ²¹/ɦɵ²¹	ɦuɵ²¹/ɦɵ²¹	kuən⁵²	kuən⁵²
霜	ɦuɪ²¹³	ɦuɪ²¹³	kuɛ̃⁴³⁴	kuɛ̃⁴³⁴
罗	ɦuʌɪ²¹³	ɦuʌɪ²¹³	kuɛ̃ⁿ⁴³⁴	kuɛ̃ⁿ⁴³⁴
周	mɛ¹¹³/ɦuɛ¹¹³	ɦuɵ¹¹³	kuəŋ⁴⁴	kuəŋ⁴⁴
上	ɦuɵ¹¹³/ɦɵ¹¹³	ɦɵ¹¹³/ɦuɵ¹¹³	kuəŋ³³⁴	kuəŋ³³⁴
松	mE¹¹³/vE¹¹³	ɦue¹¹³	kuəŋ³³⁵	kuəŋ³³⁵
黎	ɦɵ²¹³	ʔɵ⁴¹³	kuəŋ⁵¹	kuəŋ⁴¹³
盛	ɦɵ²¹²	ʔɵ⁴¹³	kuəŋ⁵¹	kuəŋ⁴¹³
嘉	ɦuɤɤ²²³	ɦuɤɤ²²³	kuən⁴⁴	kuən³³⁴
双	ɦuE¹¹³	ɦuE¹¹³	kuən⁵³	kuən³³⁴
杭	ɦuo¹¹³	ɦuo¹¹³	kuən⁵¹	kuən³³⁴
绍	ɦuæ̃²²	ɦuɵ̃²²	kuɵ̃³³⁴	kuɵ̃³³
诸	vɛ²³³	vɤ²³³	kuɛ̃ɪ⁵²	kuEɪ⁵⁴⁴
崇	võ¹⁴	võ¹⁴	kuɪŋ⁴⁴	kuɪŋ³²⁴
太	võ¹³	võ¹³	kuəŋ⁴²	kuəŋ³⁵
余	mɛ̃¹¹³/ɦuɛ̃¹¹³少	ɦuɵ̃¹¹³	kuəŋ⁴³⁵	kuəŋ⁵²
宁	ɦu¹¹³/ɦuE¹¹³	ɦu¹¹³	kuɐŋ³²⁵	kuəŋ⁵²
黄	ɦue¹¹³	ɦuɵ̃¹¹³	kuəŋ⁵³³	kuəŋ⁴⁴
温	vɑ²³¹/ŋɵ²³¹~具	vɑ²²	kʌŋ³⁵	kʌŋ⁵²
衢	ʔɦuɛ³¹	ʔɦuɛ³¹	kuən⁴⁵	kuən⁵³
华	ʔɦuæ̃²⁴	ʔɦuæ̃²⁴	kuən⁵⁴⁴	kuən⁴⁵
永	ŋʊA²¹⁴	ʔɦʊA²¹⁴	kuəŋ⁴³⁴	kuəŋ⁵⁴

臻合 一平 魂见	臻合 一平 魂溪	臻合 一上 混溪	臻合 一去 恩溪	
昆	坤	绲	困	睏
kʻuəŋ^{55}	kʻuəŋ^{55}	kʻuəŋ^{51}	kʻuəŋ^{324}	kʻuəŋ^{324}
kʻuən^{445}	kʻuən^{445}	kʻuən^{52}	kʻuən^{412}	kʻuən^{412}
kʻuəŋ^{31}	kʻuəŋ^{31}	kʻuəŋ^{323}	kʻuəŋ^{44}	kʻuəŋ^{44}
kʻuɛŋ^{44}	kʻuɛŋ^{44}	kʻuɛŋ^{44}	kʻuɛŋ^{324}	kʻuɛŋ^{324}
kʻuəŋ^{42}	kʻuəŋ^{42}	kʻuəŋ^{324}	kʻuəŋ^{45}	kʻuəŋ^{45}
kʻuəŋ^{433}	kʻuəŋ^{433}	kʻuəŋ^{334}	kʻuəŋ^{51}	kʻuəŋ^{51}
kʻuEɲ^{51}	kʻuEɲ^{51}	kʻuEɲ^{45}	kʻuEɲ^{435}	kʻuEɲ^{435}
kʻuəɲ^{44}	kʻuəɲ^{44}	kʻuəɲ^{334}	kʻuəɲ^{51}	kʻuəɲ^{51}
kʻuən^{55}	kʻuən^{55}	kʻuən^{324}	kʻuən^{35}	kʻuən^{35}
kʻuən^{44}	kʻuən^{44}	kʻuən^{51}	kʻuən^{412}	kʻuən^{412}
kʻuɛ̃^{n52}	kʻuɛ̃^{n52}	kʻuɛ̃^{n44}	kʻuɛ̃^{n324}	kʻuɛ̃^{n324}
kʻuən^{44}	kʻuən^{44}	kʻuən^{52}	kʻuən^{52}	kʻuən^{52}
kʻuɛ̃^{52}	kʻuɛ̃^{52}	kʻuɛ̃^{434}	kʻuɛ̃^{434}	kʻuɛ̃^{434}
kʻuɛ̃^{n52}	kʻuɛ̃^{n52}	kʻuɛ̃^{n434}	kʻuɛ̃^{n434}	kʻuɛ̃^{n434}
kʻuəŋ^{52}	kʻuəŋ^{52}	kʻuəŋ^{44}	kʻuəŋ^{335}	kʻuəŋ^{335}
kʻuəɲ^{52}	kʻuəɲ^{52}	kʻuəɲ^{334}	kʻuəɲ^{334}	kʻuəɲ^{334}
kʻuəɲ^{52}	kʻuəɲ^{52}	kʻuəɲ^{44}	kʻuəɲ^{335}	kʻuəɲ^{335}
kʻuəɲ^{44}	kʻuəɲ^{44}	kʻuəɲ^{334}	kʻuəɲ^{324}	kʻuəɲ^{324}
kʻuəɲ^{44}	kʻuəɲ^{44}	kʻuəɲ^{334}	kʻuəɲ^{313}	kʻuəɲ^{313}
kuən^{51}	kʻuən^{51}	kʻuən^{324}	kʻuən^{334}	kʻuən^{334}
kʻuən^{44}	kʻuən^{44}	kʻuən^{53}	kʻuən^{334}	kʻuən^{334}
kʻuən^{323}	kʻuən^{323}	kʻuən^{51}	kʻuən^{334}	kʻuən^{334}
kʻuɵ̃^{52}	kʻuɵ̃^{52}	kʻuɵ̃^{334}	kʻuɵ̃^{33}	kʻuɵ̃^{33}
kʻuɛ̃ɪ^{544}	kʻuɛ̃ɪ^{544}	kʻuɛ̃ɪ^{52}	kʻuɛ̃ɪ^{544}	kʻuɛ̃ɪ^{544}
kʻuɪŋ^{53}	kʻuɪŋ^{53}	kʻuɪŋ^{44}	kʻuɪŋ^{324}	kʻuɪŋ^{324}
kʻueŋ^{523}	kueŋ^{523}	kʻueŋ^{42}	kʻueŋ^{35}	kʻueŋ^{35}
kʻueɲ^{324}	kʻueɲ^{324}	kʻueɲ^{435}	kʻueɲ^{52}	kʻueɲ^{52}
kʻuɐŋ^{52}	kʻuɐŋ^{52}	kʻuɐŋ^{325}	kʻuɐŋ^{52}	kʻuɐŋ^{52}
kʻuəŋ^{533}	kʻuəŋ^{533}	kʻuəŋ^{533}	kʻuəŋ^{44}	kʻuəŋ^{44}
kʻʌŋ^{44}	kʻʌŋ^{44}	kʻʌŋ^{35}	kʻʌŋ^{52}	kʻʌŋ^{52}/kʻɵ^{52}
kʻuən^{434}	kʻuən^{434}	kʻuən^{45}	kʻuən^{53}	kʻuən^{53}
kʻuən^{324}	kʻuən^{324}	kʻuən^{544}	kʻuən^{45}	kʻuən^{45}
kʻuəŋ^{44}	kʻuəŋ^{44}	kʻuəŋ^{434}	kʻuəŋ^{54}	kʻuəŋ^{54}

摄口 等调 韵声	臻合 一平 魂影	臻合 一平 魂影	臻合 一上 混影	臻合 一平 魂晓
	温	瘟	稳	昏
宜	ʔuəŋ^{55}	ʔuəŋ^{55}	ʔuəŋ^{51}	xuəŋ^{55}
溧	ʔuən^{445}	ʔuən^{445}	ʔuən^{52}	ʔuən^{445}
金	uəŋ^{31}	uəŋ^{31}	uəŋ^{323}	xuəŋ^{31}
丹	ʋɛn^{44}/uɛn^{44}	ʋɛn^{22}/uɛn^{22}	ʋɛn^{44}/uɛn^{44}	huɛn^{22}
童	ʔ uəŋ^{42}	ʔ uəŋ^{42}	ʔ uəŋ^{324}	xuəŋ^{42}
靖	ʔuəŋ^{433}	ʔuəŋ^{433}	ʔuəŋ^{334}	xuəx^{433}
江	ʔuEŋ^{51}	ʔuEŋ^{51}	ʔuEŋ^{45}	huEŋ^{51}
常	ʔuəŋ^{44}	ʔuəŋ^{44}	ʔuəŋ^{334}	xuəŋ^{44}
锡	ʔuən^{55}	ʔuən^{55}	ʔuən^{324}	xuən^{55}
苏	ʔuən^{44}	ʔuən^{44}	ʔuən^{51}	xuən^{44}
熟	ʔuẽⁿ^{52}	ʔuẽⁿ^{52}	ʔuẽⁿ^{44}	xuẽⁿ^{52}
昆	ʔuən^{44}	ʔuən^{44}	ʔuən^{52}	xuən^{44}
霜	ʔuẽ^{52}	ʔuẽ^{52}	ʔuẽ^{434}	xuẽ^{52}/fẽ^{52}
罗	ʔuẽⁿ^{52}	ʔuẽⁿ^{52}	ʔuẽⁿ^{434}	fẽⁿ^{52}/huẽⁿ^{52}
周	ʔʋəŋ^{52}/ʔuəŋ^{52}	ʔʋəŋ^{52}/ʔuəŋ^{52}	ʔʋəŋ^{44}/ʔuəŋ^{44}	fəŋ^{52}/huəŋ^{52}
上	ʔuəŋ^{52}	ʔuəŋ^{52}	ʔuəŋ^{334}	xuəŋ^{52}
松	ʔʋəŋ^{52}	ʔʋəŋ^{52}	ʔʋəŋ^{44}	xuəŋ^{52}/fəŋ^{52}
黎	ʔuəŋ^{44}	ʔuəŋ^{44}	ʔuəŋ^{51}	xuəŋ^{44}
盛	ʔuəŋ^{44}	ʔuəŋ^{44}	ʔuəŋ^{51}	xuəŋ^{44}
嘉	ʔuən^{51}	ʔuən^{51}	ʔuən^{44}	xuən^{51}
双	ʔuən^{44}	ʔuən^{44}	ʔuən^{53}	xuən^{44}
杭	ʔuən^{323}	ʔuən^{323}	ʔuən^{51}	xuən^{323}
绍	ʔuə̃^{52}	ʔuə̃^{52}	ʔuə̃^{334}	xuə̃^{52}
诸	ʔʋẼɪ^{544}	ʔʋẼɪ^{544}	ʔʋẼɪ^{52}	fẼɪ^{544}
崇	ʔʋɪŋ^{53}	ʔʋɪŋ^{53}	ʔʋɪŋ^{44}	fɪŋ^{53}
太	ʔʋeŋ^{523}	ʔʋeŋ^{523}	ʔʋeŋ^{42}	feŋ^{523}
余	ʔuEŋ^{324}	ʔuEŋ^{324}	ʔuEŋ^{435}	xuEŋ^{324}
宁	ʔuɐŋ^{52}	ʔuɐŋ^{52}	ʔuɐŋ^{325}	xuɐŋ^{52}
黄	ʔuəŋ^{533}	ʔuəŋ^{533}	ʔuəŋ^{533}	xuəŋ^{533}
温	ʔθ^{44}	ʔθ^{44}	ʔθ^{35}	çy^{44}
衢	ʔuɛn^{434}	ʔuɛn^{434}	ʔuɛn^{45}	xuən^{434}
华	ʔuən^{324}	ʔuən^{324}	ʔuən^{544}	xuən^{435}
永	ʔuəŋ^{44}	ʔuəŋ^{44}	ʔuəŋ^{54}	xuəŋ^{44}

臻合	臻合	臻合	臻合	臻合
一平	三平	一平	一平	一平
魂晓	文晓	魂匣	魂匣	魂匣
婚	荤	魂	馄	浑
xuəŋ^{55}	xuəŋ^{55}	ɦuəŋ^{223}	ɦuəŋ^{223}	ɦuəŋ^{223}
ʔuən^{445}	xuən^{445}	uən^{323}	uən^{323}	uən^{323}
xuəŋ^{31}	xuəŋ^{31}	xuəŋ^{35}	xuəŋ^{35}	xuəŋ^{35}
huɛn^{22}	huɛn^{22}	ɦuɛn^{213}/vɛn^{213}	ɦuɛn^{213}/vɛn^{213}	ɦuɛn^{213}/vɛn^{213}
xuəŋ^{42}	xuəŋ^{42}	ɦuəŋ^{113}	ɦuəŋ^{113}	ɦuəŋ^{113}
xuəŋ^{433}	xuəŋ^{433}	ɦuəŋ^{223}	ɦuəŋ^{223}	ɦuəŋ^{223}
huɐɳ^{51}	huɐɳ^{51}	ɦuɐɳ^{223}	ɦuɐɳ^{223}	ɦuɐɳ^{223}
xuəɳ^{44}	xuəɳ^{44}	ɦuəɳ^{213}	ɦuəɳ^{213}	ɦuəɳ^{213}
xuən^{55}	xuən^{55}	ɦuən^{213}	ɦuən^{213}	ɦuən^{213}
xuən^{44}	xuən^{44}	ɦuən^{223}	ɦuən^{223}	ɦuən^{223}
xuɛ̃^{n52}	xuɛ̃^{n52}	ɦuɛ̃^{n233}	ɦuɛ̃^{n233}	ɦuɛ̃^{n233}
xuən^{44}	xuən^{44}	ɦuən^{132}	ɦuən^{132}	ɦuən^{132}
xuɛ̃^{52}/fɛ̃^{52}	xuɛ̃^{52}/fɛ̃^{52}	ɦuɛ̃^{231}/vɛ̃^{231}	ɦuɛ̃^{231}/vɛ̃^{231}	ɦuɛ̃^{231}/vɛ̃^{231}
fɛ̃^{n52}/huɛ̃^{n52}	fɛ̃^{n52}/huɛ̃^{n52}	vɛ̃^{n231}/ɦuɛ̃^{n231}	vɛ̃^{n231}/ɦuɛ̃^{n231}	vɛ̃^{n231}/ɦuɛ̃^{n231}
huəŋ^{52}	huəŋ^{52}	vəŋ^{113}/ɦuəŋ^{113}	ɦuəŋ^{113}/vəŋ^{113}	vəŋ^{113}
xuəŋ^{52}	xuəŋ^{52}	ɦuəŋ^{113}	ɦuəŋ^{113}	ɦuəŋ^{113}
xuən^{52}/fəɳ^{52}	fəɳ^{52}/xuəɳ^{52}	vəɳ^{231}/ɦuəɳ^{231}	vəɳ^{231}/ɦuəɳ^{231}	vəɳ^{231}/ɦuəɳ^{231}
xuəŋ^{44}	xuəŋ^{44}	ɦuəŋ^{24}	ɦuəŋ^{24}	ɦuəŋ^{24}
xuəŋ^{44}	xuəŋ^{44}	ɦuəŋ^{24}	ɦuəŋ^{24}	ɦuəŋ^{24}
xuən^{51}	xuən^{51}	ɦuən^{231}	ɦuən^{231}	ɦuən^{231}
xuən^{44}	xuən^{44}	ɦuən^{113}	ɦuən^{113}	ɦuən^{113}
xuən^{323}	xuən^{323}	ɦuən^{212}	ɦuən^{212}	ɦuən^{212}
xuɵ^{52}	xuɵ^{52}	ɦuɵ^{231}/ɦuɪ̃^{231}	ɦuɵ^{231}	ɦuɵ^{231}
fɛɪ^{544}	fɛɪ^{544}	vɛ̃ɪ^{233}	vɛ̃ɪ^{233}	vɛ̃ɪ^{233}
fɪŋ^{53}	fɪŋ^{53}	vɪŋ^{31}	vɪŋ^{31}	vɪŋ^{31}
feŋ^{523}	feŋ^{523}	veŋ^{312}	veŋ^{312}	veŋ^{312}
xuɐɲ^{324}	xuɐɲ^{324}	ɦuɐɲ^{113}	ɦuɐɲ^{113}	ɦuɐɲ^{113}
xuɐɳ^{52}	xuɐɳ^{52}	ɦuɐɳ^{113}	ɦuɐɳ^{113}	ɦuɐɳ^{113}
xuɐɳ^{533}	xuɐɳ^{533}	ɦuɐɳ^{311}	ɦuɐɳ^{311}	ɦuɐɳ^{311}
çy^{44}	çy^{44}	ɦy^{231}/ɦɵ^{231}	vʌŋ^{231}	vʌŋ^{231}
xuən^{434}	xuən^{434}	ʔɦuən^{323}	ʔɦuən^{323}	ʔɦuən^{323}
xuən^{324}	xuən^{324}	ʔuən^{324}	ʔuən^{324}	ʔuən^{324}
xuɐɳ^{44}	xuɐɳ^{44}	ʔɦuəɲ^{322}	ʔɦuəɲ^{322}	ʔɦuəɲ^{322}

摄口 等调 韵声	臻合 一上 混匣	臻合 三平 谆章	臻合 三平 谆章	臻合 三上 準章
	混	谆	朊~肝	準
宜	$ɦuəŋ^{223}$	$tsəŋ^{55}$	$tsəŋ^{55}$	$tɕyiŋ^{51}$
溧	$ɦuən^{231}/xuən^{52}$	$tsən^{445}$	$tsən^{445}$	$tɕyn^{52}$
金	$xuəŋ^{44}$	$tɕyəŋ^{35}$	$tsəŋ^{31}$	$tɕyəŋ^{323}$
丹	$huɛn^{41}$	$tɕyɛn^{22}$	$tɕyɛn^{22}$	$tɕyɛn^{44}$
童	$ɦuəŋ^{113}$	$tsəŋ^{42}$	$tsəŋ^{42}$	$tsuəŋ^{324}$
靖	$ɦuəŋ^{31}$	$tɕyəŋ^{433}$	$tɕyəŋ^{433}$	$tɕyəŋ^{334}$
江	$ɦuɛɳ^{223}$	$tsɛɳ^{51}$	$tsɛɳ^{51}$	$tsɛɳ^{45}$
常	$ɦuəŋ^{24}$	$tsʮəŋ^{44}$	$tsʮəŋ^{44}$	$tsʮəŋ^{334}$
锡	$ɦuəŋ^{213/33}$	$tsən^{55}$	$tsən^{55}$	$tsən^{324}$
苏	$ɦuən^{231}$	$tsən^{44}$	$tsən^{44}$	$tsən^{51}$
熟	$ɦuɛ̃ⁿ^{31}$	$tʂɛ̃ⁿ^{52}$	$tʂɛ̃ⁿ^{52}$	$tʂɛ̃ⁿ^{44}$
昆	$ɦuən^{223}$	$tsən^{44}$	$tsən^{44}$	$tsən^{52}$
霜	$ɦuɛ̃^{213}/vɛ̃^{213}$	$tsɛ̃^{52}$	$tsɛ̃^{52}$	$tsɛ̃^{434}$
罗	$vɛ̃ⁿ^{213}/ɦuɛ̃ⁿ^{213}$	$tsɛ̃ⁿ^{52}$	$tsɛ̃ⁿ^{52}$	$tsɛ̃ⁿ^{434}$
周	$vəŋ^{113}$	$tsəŋ^{52}$	$tsəŋ^{52}$	$tsəŋ^{44}$
上	$ɦuəɲ^{113}$	$tsəɲ^{52}$	$tsəɲ^{52}$	$tsəɲ^{334}$
松	$vəɲ^{113}/ɦuəɲ^{113}$	$tsəɲ^{52}$	$tsəɲ^{52}$	$tsəɲ^{44}$
黎	$ɦuəɲ^{32}$	$tsəɲ^{44}$	$tsəɲ^{44}$	$tsəɲ^{51}$
盛	$ɦuəɲ^{223}$	$tsəɲ^{44}$	$tsəɲ^{44}$	$tsəɲ^{51}$
嘉	$ɦuən^{231}$	$tsən^{51}$	$tsən^{51}$	$tsən^{44}$
双	$ɦuən^{113}$	$tsən^{44}$	$tsən^{44}$	$tsən^{53}$
杭	$ɦuən^{113}$	$tsʮən^{323}$	$tsʮən^{323}$	$tsʮən^{51}$
绍	$ɦuɵ^{22}$	$tsuɵ^{52}$	$tsuɵ^{52}$	$tsuɵ^{334}$
诸	$vɛ̃ɪ^{233}/ɦuɛ̃ɪ^{233}$	$tsɛ̃ɪ^{544}$	$tsɛ̃ɪ^{544}$	$tsɛ̃ɪ^{52}$
崇	$ɦuɪŋ^{14}$	$tsɪŋ^{53}$	$tsɪŋ^{53}$	$tsɪŋ^{44}$
太	$ɦueŋ^{13}$	$tseŋ^{523}$	$tseŋ^{523}$	$tseŋ^{42}$
余	$ɦueŋ^{113}$	$tseŋ^{324}$	$tseŋ^{324}$	$tseŋ^{435}$
宁	$ɦuɐŋ^{113}$	$tsoŋ^{52}$	$tsoŋ^{52}$	$tsoŋ^{325}$
黄	$ɦuəŋ^{113}$	$tsʮəŋ^{533}$	$tsʮəŋ^{533}$	$tsʮəŋ^{533}$
温	$vʌŋ^{22}$	$tɕyoŋ^{44}$	$tɕyoŋ^{44}$	$tɕyoŋ^{35}$
衢	$ʔɦuən^{31}$	$tʃʮən^{434}$	$tʃʮən^{434}$	$tʃʮən^{45}$
华	$ʔɦuən^{24}$	$tsuən^{324}$	$tsuən^{324}$	$tsuən^{544}$
永	$ʔɦuəɲ^{214}$	$tɕyɣɪŋ^{44}$	$tɕyɣɪŋ^{44}$	$tɕyɣɪŋ^{434}$

臻合 三上 準章	臻合 三平 谆昌	臻合 三上 準昌	臻合 三平 谆船	臻合 三去 稕船
准	春	蠢	唇	顺
tɕyiŋ^{51}	tɕ'yiŋ^{55}	tɕ'yiŋ^{51}	zən^{223}	ʑyiŋ^{231}
tɕyn^{52}	tɕ'yn^{445}	tɕ'yn^{52}	szən^{323}	ʑyn^{231}
tɕyəŋ^{323}	tɕ'yəŋ^{31}	tɕ'yəŋ^{323}	tɕ'yəŋ^{35}	ɕyəŋ^{44}
tɕyɛn^{44}	tɕ'yɛn^{22}	tɕ'yɛn^{22}	tɕ'yɛn^{324}	ɕyɛn^{41}
tsuəŋ^{324}	tʃ'yʮəŋ^{42}	tʃ'yʮəŋ^{324}	ʒyʮəŋ^{113}	ʒyʮəŋ^{113}
tɕyəŋ^{334}	tɕ'yəŋ^{334}	tɕ'yəŋ^{334}	ɕzyəŋ^{334}	ɕzyəŋ^{51}
tsɛɲ^{45}	ts'ɛɲ^{51}/ts'ioŋ^{51}少	ts'ɛɲ^{51}	dzɛɲ^{223}	zɛɲ^{223}
tsʮəŋ^{334}	tsʮəŋ^{44}	tsʮəŋ^{334}	zəŋ^{213}	zʮəŋ^{213}
tsən^{324}	ts'ən^{55}	ts'ən^{324}	zən^{213}	zən^{213}
tsən^{51}	ts'ən^{44}	ts'ən^{51}	zən^{223}	zən^{231}
tʂɛ̃^{n44}	tʂɛ̃^{n52}	tʂ'ɛ̃^{n44}	dzɛ̃^{n233}	zɛ̃^{n213}
tsən^{52}	ts'ən^{44}	ts'ən^{52}	zən^{24}	zən^{21}
tsɛ̃^{434}	ts'ɛ̃^{52}	ts'ɛ̃^{434}	zɛ̃^{231}	zɛ̃^{213}
tsɛ̃^{n434}	ts'ɛ̃^{n52}	ts'ɛ̃^{n434}	zɛ̃^{n231}	zɛ̃^{n213}
tsəŋ^{44}	ts'əŋ^{52}	ts'əŋ^{44}	zəŋ^{113}	zəŋ^{113}
tsəɲ^{334}	ts'əɲ^{52}	ts'əɲ^{334}	zəɲ^{113}	zəɲ^{113}
tsəɲ^{44}	ts'əɲ^{52}	ts'əɲ^{52}	zəɲ^{231}	zəɲ^{113}
tsəɲ^{51}	ts'əɲ^{44}	ts'əɲ^{334}	zəɲ^{24}	zəɲ^{213}
tsəɲ^{51}	ts'əɲ^{44}	ts'əɲ^{334}	zəɲ^{24}	zəɲ^{212}
tsən^{44}	ts'ən^{51}	ts'ən^{324}	zən^{231}	zən^{223}
tsən^{53}	ts'ən^{44}	ts'ən^{53}	dzən^{113}	zən^{113}
tsʮən^{51}	ts'ʮən^{323}	ts'ʮən^{51}	dzʮən^{212}	szʮən^{113}
tsuɵ^{334}	ts'uɵ^{52}/ts'ĩ^{52}	ts'uɵ^{334}/ts'ĩ^{334}	dzuɵ^{231}/dzĩ^{231}	zĩ^{22}/zuɵ^{22}
tsɛ̃ɪ^{52}	ts'ɛ̃ɪ^{544}	ts'ɛ̃ɪ^{52}	dzɛ̃ɪ^{233}	zɛ̃ɪ^{233}
tsɪŋ^{44}	ts'ɪŋ^{53}	ts'ɪŋ^{44}	zɪŋ^{31}	zɪŋ^{14}
tseɲ^{42}	ts'eɲ^{523}	ts'eɲ^{42}	zeɲ^{312}	zeɲ^{13}
tseɲ^{435}	ts'eɲ^{324}	ts'eɲ^{435}	dzeɲ^{113}	zeɲ^{113}
tsoɲ^{325}	ts'oɲ^{52}	ts'oɲ^{325}	dzoɲ^{113}	zoɲ^{113}
tsʮəŋ^{533}	ts'ʮəŋ^{533}	ts'ʮəŋ^{533}	zʮəŋ^{311}	zʮəŋ^{113}
tɕyoŋ^{25}	tɕ'yoŋ^{44}	tɕ'yoŋ^{35}	ɦyoŋ^{231}	ɦyoŋ^{22}
tʃʮəɲ^{45}	tʃ'ʮəɲ^{434}	tʃ'ʮəɲ^{45}	ʒʮəɲ^{323}	ʒʮəɲ^{31}
tsuən^{544}	ts'ʮəɲ^{324}/tɕ'ʮɪn^{324}	ts'uən^{544}/tɕ'yɪn^{544}	tsən^{324}	ɕzʮəɲ^{24}
tɕʏɪ^{434}	tɕ'ʏɪ^{44}	tɕ'ʏɪ^{434}	ɕzʏɪ^{322}	ɕzʏɪ^{214}

摄口	臻合	臻合	臻合	臻合
等调	三平	三去	三去	一平
韵声	谆禅	稕日	稕日	魂精
	纯	润	闰	尊
宜	zʑyiŋ^{223}	ʑyiŋ^{231}	ʑyiŋ^{231}	tsəŋ^{55}
溧	zʑyn^{323}	zʑyn^{231}	zʑyn^{231}	tsən^{445}
金	tɕʻyəŋ^{35}	ləŋ^{44}	ləŋ^{44}/luəŋ^{44}	tsəŋ^{31}/tɕyəŋ^{31}
丹	ɕᶻyɛn^{213}	luɛn^{41}	luɛn^{41}	tɕyɛn^{22}
童	ʑyᵤəŋ^{113}	ʑyᵤəŋ^{113}/ɦyᵤəŋ^{113}	ʑyᵤəŋ^{113}/ɦyᵤəŋ^{113}	tʃʃyᵤəŋ^{42}
靖	ɕzyəŋ^{223}	ɕzyəŋ^{51}	ɕzyəŋ^{51}/ʔyəŋ^{51}	tsəŋ^{433}
江	zɛŋ^{223}	zɛŋ^{223}/ʑioŋ^{223}少	zɛŋ^{223}/ʑioŋ^{223}少	tsɛŋ^{51}
常	zəŋ^{213}	zɥəŋ^{24}/lɥəŋ^{24}	zɥəŋ^{24}	tsɥəŋ^{44}
锡	zən^{213}	zən^{213}	zən^{213}/ȵiən^{213}/nin^{213}	tsən^{55}
苏	zən^{223}	zən^{231}	zən^{231}/ȵim^{231}	tsən^{44}
熟	dzɛ̃ⁿ^{233}	zɛ̃ⁿ^{213}	zɛ̃ⁿ^{213}/ȵĩⁿ^{213}	tsɛ̃ⁿ^{52}
昆	zən^{132}	zən^{21}	zən^{21}/ȵin^{21}	tsən^{44}
霜	zɛ̃^{213}	zɛ̃^{213}	ȵĩ^{213}/zɛ̃^{213}	tsɛ̃^{52}
罗	zɛ̃ⁿ^{213}	zɛ̃ⁿ^{213}	ȵɪⁿ^{213}/zɛ̃ⁿ^{213}	tsɛ̃ⁿ^{52}
周	zəŋ^{113}	zəŋ^{113}	ȵiəŋ^{113}/zəŋ^{113}	tsəŋ^{52}
上	zəŋ^{113}	zəŋ^{113}/ləŋ^{113}	ȵin^{113}/ləŋ^{113}/zəŋ^{113}	tsəŋ^{52}
松	zəŋ^{231}	zəŋ^{113}	ȵin^{113}	tsəŋ^{52}
黎	dzəŋ^{24}	zəŋ^{213}	zəŋ^{213}	tsəŋ^{44}
盛	dzəŋ^{24}	zəŋ^{212}/ləŋ^{212}	zəŋ^{212}/ləŋ^{212}	tsəŋ^{44}
嘉	zən^{231}	zən^{223}	zən^{223}	tsən^{51}
双	zən^{113}/dzən^{113}	zən^{113}	zən^{113}/ȵɪn^{113}	tsən^{44}
杭	dzɥən^{212}	ʔɪən^{334}/szən^{113}	szən^{113}/ʔɪən^{334}	tsɥən^{323}
绍	dzuə̃^{231}/dzɿ̃^{231}	zuə̃^{22}/zɿ̃^{22}	ɦyə̃^{22}	tsuə̃^{52}
诸	dzɛ̃ɪ^{233}	zɛ̃ɪ^{233}	zɛ̃ɪ^{233}/ɦioŋ^{233}	tsɛ̃ɪ^{544}
崇	zɪŋ^{31}	zɪŋ^{14}	ɦioŋ^{14}/zɪŋ^{14}	tsɪŋ^{53}
太	zeŋ^{312}	zeŋ^{13}	ɦioŋ^{13}/zeŋ^{13}	tseŋ^{523}
余	dzeŋ^{113}	zeŋ^{113}	ɦioŋ^{113}/zeŋ^{113}	tseŋ^{324}
宁	dzoŋ^{113}	zoŋ^{113}	ɦyoŋ^{113}/zoŋ^{113}	tsoŋ^{52}
黄	zɥəŋ^{311}	zɥəŋ^{113}	ɦyiŋ^{113}/zɥəŋ^{113}	tsɥəŋ^{533}
温	zyoŋ^{231}	ɦyoŋ^{22}	ɦyoŋ^{22}	tsø^{44}
衢	ʒɥən^{323}	ʒɥən^{31}/luən^{31}	ʒɥən^{31}	tsən^{434}
华	tsuən^{324}/ɕyin^{324}	ɕzɥən^{24}/ɕzyɪn^{24}/lən^{24}	luən^{24}/ɦyiŋ^{24}/ɕzyɪn^{24}	tsuən^{324}
永	ɕzɣɥiŋ^{322}	ɕzɣɥɪn^{214}	ɕzɣɥɪn^{214}	tsəŋ^{44}

臻合 一平 魂清	臻合 一上 混清	臻合 一去 恩清	臻合 一平 魂从	臻合 一平 魂心
村	忖	寸	存	孙
$ts'əŋ^{55}$	$ts'əŋ^{51}$	$ts'əŋ^{324}$	$zəŋ^{223}$	$səŋ^{55}$
$ts'ən^{445}$		$ts'ən^{412}$	$szən^{323}$	$sən^{445}$
$tɕ'yəŋ^{31}$	$tɕ'yəŋ^{323}$	$tɕ'yəŋ^{44}$	$ts'uən^{35}/tɕ'yəŋ^{35}$	$ɕyəŋ^{31}$
$tɕ'yɛn^{22}$	$tɕ'yɛn^{44}$	$tɕ'yɛn^{324}$	$dʑyɛn^{213}$	$ɕyɛn^{44}$
$tsəŋ^{42}$	$ts'əŋ^{324}$	$ts'əŋ^{45}$	$szəŋ^{113}$	$səŋ^{42}$
$tsəŋ^{433}$	$ts'əŋ^{334}$	$ts'əŋ^{51}$	$dzəŋ^{223}$	$səŋ^{433}$
$tsɛɳ^{51}$	$ts'ɛɳ^{45}$	$ts'ɛɳ^{435}$	$dzɛɳ^{223}$	$sɛɳ^{51}$
$ts'ɥəɳ^{44}$	$ts'əŋ^{334}$	$ts'əŋ^{51}$	$zəŋ^{213}$	$sən^{44}$
$tsən^{55}$	$tsən^{324}$	$tsən^{35}$	$zən^{213}$	$sən^{55}$
$ts'ən^{44}$	$ts'ən^{51}$	$ts'ən^{412}$	$zən^{223}$	$sən^{223}$
$tsɛ̃ⁿ^{52}$	$tsɛ̃ⁿ^{44}$	$tsɛ̃ⁿ^{324}$	$dzɛ̃ⁿ^{233}$	$sɛ̃^{52}$
$ts'ən^{44}$	$ts'ən^{52}$	$ts'ən^{52}$	$zən^{132}$	$zən^{132}$
$ts'ɛ̃^{52}$	$ts'ɛ̃^{434}$	$ts'ɛ̃^{434}$	$zɛ̃^{231}$	$zɛ̃^{231}$
$ts'ɛ̃ⁿ^{52}$	$ts'ɛ̃ⁿ^{434}$	$ts'ɛ̃ⁿ^{434}$	$zɛ̃ⁿ^{231}$	$zɛ̃ⁿ^{231}$
$ts'əŋ^{52}$	$ts'əŋ^{44}$	$ts'əŋ^{335}$	$zəŋ^{113}$	$səŋ^{52}$
$ts'əɳ^{52}$	$ts'əɳ^{334}$	$ts'əɳ^{334}$	$zəŋ^{113}$	$səɳ^{52}$
$ts'əɳ^{52}$	$ts'əɳ^{335}$	$ts'əɳ^{335}$	$zəɳ^{231}$	$səɳ^{52}$
$ts'əɳ^{44}$	$ts'əɳ^{334}$	$ts'əɳ^{324}$	$dzəŋ^{24}$	$sən^{44}$
$ts'əɳ^{44}$	$ts'əɳ^{334}$	$ts'əɳ^{313}$	$dzəŋ^{24}$	$sən^{44}$
$ts'ən^{51}$	$ts'ən^{324}$	$ts'ən^{334}$	$zən^{231}$	$sən^{231}$
$ts'ən^{44}$	$ts'ən^{53}$	$ts'ən^{334}$	$dzən^{113}$	$sən^{44}$
$ts'ɥən^{323}$	$ts'ɥən^{51}$	$ts'ɥən^{334}$	$dzɥən^{212}$	$sɥən^{323}$
$ts'uɵ^{52}$	$ts'uɵ^{334}$	$ts'uɵ^{33}$	$dzuɵ^{231}$	$suɵ^{52}$
$ts'ɛ̃ɪ^{544}$	$ts'ɛ̃ɪ^{52}$	$ts'ɛ̃ɪ^{544}$	$dzɛ̃ɪ^{233}$	$sɛ̃ɪ^{233}$
$ts'ɪŋ^{53}$	$ts'ɪŋ^{44}$	$ts'ɪŋ^{324}$	$dzɪŋ^{31}$	$sɪŋ^{53}$
$ts'eŋ^{523}$	$ts'eŋ^{42}$	$ts'eŋ^{35}$	$dzeŋ^{312}$	$seŋ^{523}$
$ts'eɳ^{324}$	$ts'eɳ^{435}$	$ts'eɳ^{52}$	$dzeŋ^{113}$	$seŋ^{324}$
$ts'ɐŋ^{52}$	$ts'ɐŋ^{325}$	$ts'ɐŋ^{52}$	$dzɐŋ^{113}$	$sɐŋ^{52}$
$ts'ɥəŋ^{533}$	$ts'ɥəŋ^{533}$	$ts'ɥəŋ^{44}$	$zɥəŋ^{311}$	$sɥəŋ^{533}$
$ts'ɵ^{44}$	$ts'ɵ^{\underline{35}}$	$ts'ɵ^{52}$	$zɵ^{231}$	$sɵ^{44}$
$ts'ən^{434}$	$ts'ən^{45}$	$ts'ən^{53}$	$dzən^{323}$	$sən^{434}$
$ts'uən^{324}$	$ts'uən^{544}$	$ts'uən^{45}$	$tsən^{324}$	$suən^{324}$
$ts'ɤə^{44}$	$ts'ɤə^{434}$	$ts'ɤə^{54}$	$dzəŋ^{322}$	$səŋ^{44}/sɤə^{44}$

摄口 等调 韵声	臻合 一上 混心	臻合 一去 恩心	宕合 一平 唐见	宕合 一上 荡见
	损	逊	光	广
宜	sən^{51}	sən^{324} / ɕyiŋ^{324}	kuʌŋ^{55}	kuʌŋ^{51}
溧	sən^{52}	ɕyn^{412}	kuʌŋ^{445}	kuʌŋ^{52}
金	ɕyəŋ^{323}	ɕyəŋ^{44}	kuɑŋ^{31}	kuɑŋ^{31}
丹	ɕyɛn^{44}	ɕyɛn^{41}	kuɑŋ^{22}	kuɑŋ^{44}
童	tʃʮəŋ^{324}	tʃʮəŋ^{45}	kuɑŋ^{42}	kuɑŋ^{324}
靖	səɲ^{334}	sən^{51}	kuɑŋ^{433}	kuɑŋ^{334}
江	sɛɲ^{45}	sɛɲ^{435}	kuʌ̃ɲ^{51} / kuɒ̃ɲ^{51}	kuʌ̃ɲ^{45} / kuɒ̃ɲ^{45}
常	səɲ^{334}	sɥəɲ^{51}	kuʌɲ^{44}	kuʌɲ^{334}
锡	sən^{324}	ɕyn^{35}	kuɒ̃^{55}	kuɒ̃^{324}
苏	sən^{51}	ɕyɪn^{412}	kuã^{44} / kuɒ̃^{44}	kuã^{51} / kuɒ̃^{51}
熟	sɛ̃ⁿ^{44}	sɛ̃ⁿ^{324}	kuʌ̃^{52}	kuʌ̃^{44}
昆	sən^{52}	sən^{52}	kuã^{44}	kuã^{52}
霜	sɛ̃^{434}	sɛ̃^{434}	kuɒ̃^{52}	kuɒ̃^{434}
罗	sɛ̃ⁿ^{434}	sɛ̃ⁿ^{434}	kuɒ̃^{52}	kuɒ̃^{434}
周	səŋ^{44}	səŋ^{335} / ɕyɪn^{335}	kuɒ̃^{52}	kuɒ̃^{44}
上	səɲ^{334}	səɲ^{334}	kuʌ̃ɲ^{52}	kuʌ̃ɲ^{334}
松	səɲ^{335}	səɲ^{335}	kuɑ̃^{52}	kuɑ^{44}
黎	səɲ^{51}	səɲ^{413}	kuɑ̃^{44}	kuɑ̃^{51}
盛	səɲ^{51}	səɲ^{413}	kɑ̃^{44} / kuɑ̃^{44}	kuɑ̃^{51}
嘉	sən^{44}	ɕyn^{334}	kuʌ̃^{51}	kuʌ̃^{44}
双	sən^{53}	sən^{334}	kuɔ̃^{44}	kuɔ̃^{53}
杭	sɥən^{51}	sɥən^{334} / ɕyɪn^{334}	kuʌŋ^{323}	kuʌŋ^{51}
绍	suə̃^{334}	ɕuə̃^{33}	kuɒŋ^{52}	kuɒŋ^{334}
诸	sɛ̃ɪ^{52}	sɛ̃ɪ^{544}	kuɒ̃^{544}	kuɒ̃^{52}
崇	sɪŋ^{44}	sɪŋ^{324}	kuɒ̃^{53}	kuɒ̃^{44}
太	seŋ^{42}	seŋ^{35}	kuɒŋ^{523}	kuɒŋ^{42}
余	seŋ^{435}	seŋ^{52}	kuɒ̃^{324}	kuɒ̃^{435}
宁	sɐŋ^{325}	sɐŋ^{52}	kuɔ̃^{52}	kuɔ̃^{325}
黄	sɥəɲ^{533}	sɥəɲ^{44}	kuɒ̃^{533}	kuɒ̃^{533}
温	sɵ^{35}	sɵ^{52}	kᵛɔ^{44}	kᵛɔ^{35}
衢	sən^{45}	sən^{53}	kuɒ̃^{434}	kuɒ̃^{45}
华	suən^{544}	suən^{45}	kuʌŋ^{324}	kuʌŋ^{544}
永	səŋ^{434}	səŋ^{54}	kuʌŋ^{44}	kuʌŋ^{434}

宕合 三去 漾见 逛	宕合 三平 阳溪 匡	宕合 三平 阳溪 筐	宕合 三平 阳溪 眶	宕合 一去 宕溪 旷
kuɐŋ^{324}	kʻuɐŋ^{55}	kʻuɐŋ^{55}	kʻuɐŋ^{55}	kʻuɐŋ^{51}
kuɐŋ^{412}/xuɐŋ^{412}	kʻuɐŋ^{445}	kʻuɐŋ^{445}	kʻuɐŋ^{445}	kʻuɐŋ^{52}
kuɑŋ^{44}	kʻuɑŋ^{31}	kʻuɑŋ^{31}	kʻuɑŋ^{31}	kʻuɑŋ^{44}
kuɑŋ^{324}	kʻuɑŋ^{22}	kʻuɑŋ^{22}	kʻuɑŋ^{22}	kʻuɑŋ^{324}
kuɑŋ^{45}	kʻuɑŋ^{42}	kʻuɑŋ^{42}	kʻuɑŋ^{42}	kʻuɑŋ^{45}
kuɑŋ^{51}/xuɑŋ^{51}	kʻuɑŋ^{433}	kʻuɑŋ^{433}	kʻuɑŋ^{433}	kʻuɑŋ^{51}
guaᵑ^{435}/guɒᵑ^{435}	kʻuaᵑ^{51}/kʻuɒᵑ^{51}	kʻuaᵑ^{51}/kʻuɒᵑ^{51}	kʻuaᵑ^{51}/kʻuɒᵑ^{51}	kʻuaᵑ^{435}/kʻuɒᵑ^{435}
kuɐɲ^{51}	kʻuɐɲ^{44}	kʻuɐɲ^{44}	kʻuɐɲ^{44}	kʻuɐɲ^{51}
kuẽ^{35}/guɒ̃^{213}	kʻuɒ̃^{55}	kʻuɒ̃^{55}	kʻuɒ̃^{55}	kʻuɒ̃^{35}
kuã^{412}/kuɒ̃^{412}	kʻuã^{44}/kʻuɒ̃^{44}	kʻuã^{44}/kʻuɒ̃^{44}	kuã^{44}/kuɒ̃^{44}	kʻuã^{412}/kʻuɒ̃^{412}
kuɐ̃^{324}	kʻuɐ̃^{52}	kʻuɐ̃^{52}	kʻuɐ̃^{52}	kʻuɐ̃^{324}
kuã^{44}	kʻuã^{44}	kʻuã^{44}	kʻuã^{44}	kʻuã^{52}
guɒ̃^{213}	kʻuɒ̃^{52}	kʻuɒ̃^{52}	kʻuɒ̃^{52}	kʻuɒ̃^{434}
kuɒ̃^{434}/guɒ̃^{213}	kʻuɒ̃^{52}	kʻuɒ̃^{52}	kʻuɒ̃^{52}	kʻuɒ̃^{434}
guɒ̃^{113}/kuɒ̃^{335}	kʻuɒ̃^{52}	kʻuɒ̃^{52}	kʻuɒ̃^{52}	kʻuɒ̃^{335}
guɐ̃ᶮ^{113}	kʻuɐ̃ᶮ^{52}	kʻuɐ̃ᶮ^{52}	kʻuɐ̃ᶮ^{52}	kʻuɐ̃ᶮ^{334}
kuɑ̃^{335}	kʻuɑ̃^{52}	kʻuɑ̃^{52}	kʻuɑ̃^{52}	kʻuɑ̃^{335}
kuɑ̃^{413}	kʻuɑ̃^{44}	kʻuɑ̃^{44}	kʻuɑ̃^{44}	kʻuɑ̃^{324}
kuɑ̃^{413}	kʻuɑ̃^{44}	kʻuɑ̃^{44}	kʻuɑ̃^{44}	kʻuɑ̃^{313}
kuɐ̃^{334}	kʻuɐ̃^{51}	kʻuɐ̃^{51}	kʻuɐ̃^{51}	kʻuɐ̃^{334}
guɔ̃^{113}	kʻuɔ̃^{44}	kʻuɔ̃^{44}	kʻuɔ̃^{44}	kʻuɔ̃^{335}
kuɐŋ^{334}/guɐŋ^{113}	kʻuɐŋ^{323}	kʻuɐŋ^{323}	kʻuɐŋ^{323}	kʻuɐŋ^{334}
kuɒɲ^{33}	kʻuɒɲ^{52}	kʻuɒɲ^{52}	kʻuɒɲ^{52}	kʻuɒɲ^{33}
guɒ̃^{233}	kʻuɒ̃^{544}	kʻuɒ̃^{544}	kʻuɒ̃^{544}	kʻuɒ̃^{544}
guɒ̃^{14}	kʻuɒ̃^{53}	kʻuɒ̃^{53}	kʻuɒ̃^{53}	kʻuɒ̃^{324}
guɒɲ^{13}	kʻuɒɲ^{523}	kʻuɒɲ^{523}	kʻuɒɲ^{523}	kʻuɒɲ^{35}
guɒ̃^{113}	kʻuɒ̃^{324}	kʻuɒ̃^{324}	kʻuɒ̃^{324}	ɦʻuɒ̃^{52}
guɔ̃^{113}	kʻuɔ̃^{52}	kʻuɔ̃^{52}	kʻuɔ̃^{52}	kʻuɔ̃^{52}
guɒ̃^{311}	kʻuɒ̃^{533}	kʻuɒ̃^{533}	kʻuɒ̃^{533}	kʻuɒ̃^{44}
dʑyᵘɔ^{22}	tɕʻyᵘɔ^{44}	tɕʻyᵘɔ^{44}	tɕʻyᵘɔ^{44}	kᵘɔ^{52}
guɒ̃^{31}	kʻuɒ̃^{434}	kʻuɒ̃^{434}	kuɒ̃^{434}	kʻuɒ̃^{53}
guɐŋ^{24}	kʻuɐŋ^{324}	kʻuɐŋ^{324}	kʻuɐŋ^{324}	kʻuɐŋ^{45}
guɐŋ^{214}	kʻuɐŋ^{44}	kʻuɐŋ^{44}	kʻuɐŋ^{44}	kʻuɐŋ^{54}

摄口 等调 韵声	梗合 二上 梗见	宕合 三平 阳群	宕合 一平 唐影	宕合 三上 养影
	矿	狂	汪	枉
宜	kʰuAŋ51	guAŋ223	ʔuAŋ55	ʔuAŋ51
溧	kʰuAŋ52	guAŋ323	ʔuAŋ445	ʔuAŋ52
金	kʰuaŋ44	kʰuaŋ35	uaŋ31/uaŋ44	uaŋ323
丹	kʰuaŋ324	kuaŋ324/kʰuaŋ324发~	ʋaŋ22/uaŋ22	ʋaŋ41/uaŋ41
童	kʰuaŋ324	guaŋ113/ɦuaŋ113	ʔuaŋ42	ʔuaŋ324
靖	kʰuaŋ51	guaŋ223	ʔuaŋ433	ʔuaŋ334
江	kʰuAᵑ45/kʰuɒᵑ45	guAᵑ223/guɒᵑ223	ʔuAᵑ51/ʔuɒᵑ51	ʔuAᵑ45/ʔuɒᵑ45
常	kʰuAȵ334	guAȵ213	ʔuAȵ44	ʔuAȵ334
锡	kʰuɒ̃324	guɒ̃213	ʔuɒ̃55	ʔuɒ̃324
苏	kʰuÃ51/kʰuɒ̃51	guÃ223/guɒ̃223	ʔuÃ44/ʔuɒ̃44	ʔuÃ44/ʔuɒ̃44
熟	kʰuA~44	guA~233	ʔuA~52	ʔuA~44
昆	kʰuã52	guã132	ʔuã44	ʔuã44
霜	kʰuɒ~434	guɒ~231	ʔuɒ~52	ʔuɒ~52
罗	kʰuɒ~434	guɒ~231	ʔuɒ~52	ʔuɒ~52
周	kʰuɒ~44	guɒ~113	ʔʋɒ~52/ʔuɒ~52	ʔuɒ~44/ʔʋɒ~44
上	kʰuÃȵ334	guÃȵ113	ʔuÃȵ52	ʔuÃȵ334
松	kʰuɑ~335	guɑ~231	ʔʋɑ~	ʔʋɑ~44
黎	kuɑ~51	guɑ~24	ʔuɑ~44	ʔuɑ~51
盛	kʰuɑ~334	guɑ~24	ʔuɑ~44	ʔuɑ~51
嘉	kʰuA~324	guA~231	ʔuA~51	ʔuA~44
双	kʰuɔ̃334	guɔ̃113	ʔuɔ̃44	ʔuɔ̃53
杭	kʰuAŋ334	guAŋ212	ʔuAŋ323	ʔuAŋ51
绍	kʰuɒŋ33	guɒŋ231	ʔuɒŋ52	ʔuɒŋ334
诸	kʰuɒ̃544	guɒ̃233	ʔʋɒ̃544/ʔuɒ̃544	ʔuɒ̃52/ʔʋɒ̃52
崇	kʰuɒ̃324	guɒ̃31	ʔʋɒ̃53	ʔʋɒ̃44
太	kʰuɒŋ35	guɒŋ312	ʔʋʋŋ523	ʔʋʋŋ42
余	kʰuɒ̃52	guɒ̃113	ʔuɒ̃324	ʔuɒ̃435
宁	kʰuɔ̃52	guɔ̃113/ɦuɔ̃113	ʔuɔ̃325	ʔuɔ̃325
黄	kʰuɒ~44	guɒ~311	ʔuɒ~533	ʔuɒ~533
温	kʰʷɔ52	dʑyʷɔ231	ʔʷɔ44	ɦyʷɔ24
衢	kʰuɒ̃53	guɒ̃323	ʔuɒ̃434	ʔuɒ̃45
华	kʰuAŋ45	guAŋ324	ʔuAŋ324	ʔuAŋ544
永	kʰuAŋ54	guAŋ322	ʔuAŋ44	ʔuAŋ434

宕合 三上 养云	宕合 一平 唐晓	宕合 一平 唐晓	宕合 一上 荡晓	宕合 一上 荡匣
往	荒	慌	谎	晃
ʔuɑŋ^{51}	xuɑŋ^{55}	xuɑŋ^{55}	xuɑŋ^{51}	xuɑŋ^{324}
ʔuɑŋ^{52}/mɑŋ^{231}	xuɑŋ^{445}	xuɑŋ^{445}	xuɑŋ^{52}	xuɑŋ^{52}
uɑŋ^{323}	xuɑŋ^{31}	xuɑŋ^{31}	xuɑŋ^{323}	xuɑŋ^{323}
mɑŋ^{22}	huɑŋ^{22}	huɑŋ^{22}	huɑŋ^{324}	huɑŋ^{324}
ʔuɑŋ^{324}	xuɑŋ^{42}	xuɑŋ^{42}	xuɑŋ^{324}	xuɑŋ^{324}
ʔuɑŋ^{334}	xuɑŋ^{433}	xuɑŋ^{433}	xuɑŋ^{334}	xuɑŋ^{334}
ʔuɑ^{ŋ45}/ʔuɒ^{ŋ45}	huɑ^{ŋ51}/huɒ^{ŋ51}	huɑ^{ŋ51}/huɒ^{ŋ51}	huɑ^{ŋ45}/huɒ^{ŋ45}	huɑ^{ŋ45}/huɒ^{ŋ45}
ʔuɑɲ^{334}	xuɑɲ^{44}	xuɑɲ^{44}	xuɑɲ^{334}	xuɑɲ^{334}
ʔuɒ̃^{324}	xuɒ̃^{55}	xuɒ̃^{55}	xuɒ̃^{324}	xuɒ̃^{324}
ʔuɑ̃^{51}/ʔuɒ̃^{51}	xuɑ̃^{44}/xuɒ̃^{44}	xuɑ̃^{44}/xuɒ̃^{44}	xuɑ̃^{51}/xuɒ̃^{51}	xuɑ̃^{51}/xuɒ̃^{51}
ʔuɑ~^{44}/muɑ~^{31}	xuɑ~^{52}	xuɑ~^{52}	xuɑ~^{44}	xuɑ~^{44}
ʔuɑ̃^{52}	xuɑ̃^{44}	xuɑ̃^{44}	xuɑ̃^{52}	xuɑ̃^{52}
ʔuɒ~^{434}	xuɒ~^{52}/fɒ~^{52}	xuɒ~^{52}/fɒ~^{52}	xuɒ~^{434}/fɒ~^{434}	xuɒ~^{434}/fɒ~^{434}
ʔuɒ~^{434}	fɒ~^{52}/huɒ~^{52}	fɒ~^{52}/huɒ~^{52}	fɒ~^{434}/huɒ~^{434}	fɒ~^{434}/huɒ~^{434}
mɒ~^{44}/ʔuɒ~^{44}	fɒ~^{52}/huɒ~^{52}	fɒ~^{52}/huɒ~^{52}	fɒ~^{44}/huɒ~^{44}	huɒ~^{44}
ʔuɑ̃^{334}	xuɑ̃^{ɲ52}	xuɑ̃^{ɲ52}	xuɑ̃^{ɲ334}	xuɑ̃^{ɲ334}
ʔuɒ~^{44}	xuɑ~^{52}/fɑ̃^{52}	xuɑ~^{52}/fɑ̃^{52}	fɑ~^{44}/xuɑ~^{44}	xuɑ~^{44}
ʔuɑ~^{51}/mɑ̃^{32}	xuɑ~^{44}	xuɑ~^{44}	xuɑ~^{51}	xuɑ~^{51}
ʔuɑ~^{51}	hɑ~^{44}/xuɑ~^{44}	hɑ~^{44}/xuɑ~^{44}	hɑ~^{51}/xuɑ~^{51}	xuɑ~^{51}
ʔuɑ~^{44}	xuɑ~^{51}	xuɑ~^{51}	xuɑ~^{44}	xuɑ~^{44}
ʔuɔ̃^{53}	xuɔ̃^{44}	xuɔ̃^{44}	xuɔ̃^{53}	xuɔ̃^{53}
ʔuɑŋ^{51}	xuɑŋ^{323}	xuɑŋ^{323}	xuɑŋ^{51}	xuɑŋ^{51}
ʔuɒŋ^{334}	xuɒŋ^{52}/fɒŋ^{52}少	xuɒŋ^{52}/fɒŋ^{52}少	xuɒŋ^{334}/fɒŋ^{334}少	xuɒŋ^{334}
ʔuɒ̃^{52}/ʔuɒ̃^{52}	fɒ̃^{544}	fɒ̃^{544}	fɒ̃^{52}	fɒ̃^{52}
ʔuɒ̃^{44}	fɒ̃^{53}	fɒ̃^{53}	fɒ̃^{44}	fɒ̃^{44}
ʔuʊŋ^{42}	fʊŋ^{523}	fʊŋ^{523}	fʊŋ^{42}	fʊŋ^{42}
ʔuɒ̃^{435}	xuɒ̃^{324}	xuɒ̃^{324}	xuɒ̃^{435}	xuɒ̃^{435}
ʔuɔ̃^{325}	xuɔ̃^{52}	xuɔ̃^{52}	xuɔ̃^{325}	xuɔ̃^{325}
ʔuɒ~^{533}	xuɒ~^{533}	xuɒ~^{533}	xuɒ~^{533}	xuɒ~^{533}
ɦy^{ᵘ}ɔ^{24}	x^{ᵛ}ɔ^{44}	x^{ᵛ}ɔ^{44}	x^{ᵛ}ɔ^{35}	x^{ᵛ}ɔ^{35}
ʔuɒ̃^{45}	xuɒ̃^{434}	xuɒ̃^{434}	xuɒ̃^{45}	xuɒ̃^{45}
ʔuɑŋ^{544}	xuɑŋ^{324}	xuɑŋ^{324}	xuɑŋ^{544}	xuɑŋ^{544}
ʔuɑŋ^{434}	xuɑŋ^{44}	xuɑŋ^{44}	xuɑŋ^{434}	xuɑŋ^{434}

摄口 等调 韵声	宕合 三去 漾晓 况	宕合 一平 唐匣 黄	宕合 一平 唐匣 皇	宕合 三平 阳云 王
宜	k'uɐŋ³²⁴/xuɐŋ³²⁴	ɦuɐŋ²²³	ɦuɐŋ²²³	ɦuɐŋ²²³
溧	xuɐŋ⁴¹²	uɐŋ³²³	uɐŋ³²³	uɐŋ³²³
金	k'uɑŋ⁴⁴	xuɑŋ³⁵	uɑŋ³⁵	uɑŋ³⁵
丹	k'uaŋ³²⁴	uaŋ³²⁴/ʋaŋ³²⁴	uaŋ³²⁴/ʋaŋ³²⁴	ɦuaŋ²¹³/ʋaŋ²¹³
童	xuɑŋ⁴⁵	ɦuaŋ¹¹³	ɦuaŋ¹¹³	ɦuaŋ¹¹³
靖	xuɑŋ⁵¹	ɦuaŋ²²³	ɦuaŋ²²³	ɦuaŋ²²³
江	k'uɑŋᵑ⁴³⁵/k'uɒŋᵑ⁴³⁵	ɦuɑŋᵑ²²³/ɦuɒŋᵑ²²³	ɦuɑŋᵑ²²³/ɦuɒŋᵑ²²³	ɦuɑŋᵑ²²³/ɦuɒŋᵑ²²³
常	xuɐɲ⁵¹	ɦuɐɲ²¹³	ɦuɐɲ²¹³	ɦuɐɲ²¹³
锡	xuõ³⁵	ɦuõ²¹³	ɦuõ²¹³	ɦuõ²¹³
苏	k'uã⁴¹²/k'uõ⁴¹²	ɦuã²²³/ɦuõ²²³	ɦuã²²³/ɦuõ²²³	ɦuã²²³/ɦuõ²²³
熟	xuA~³²⁴	ɦuA~²³³	ɦuA~²³³	ɦuA~²³³/ɦiA~²³³
昆	k'uã⁵²	ɦuã¹³²	ɦuã¹³²	ɦuã¹³²
霜	k'uɒ~⁴³⁴/fɒ~⁴³⁴/xuɒ~⁴³⁴	ɦuɒ~²³¹	ɦuɒ~²³¹	ɦuɒ~²³¹
罗	k'uɒ~⁴³⁴/fɒ~⁴³⁴	ɦuɒ~²³¹	ɦuɒ~²³¹	ɦuɒ~²³¹
周	k'uɒ~³³⁵/fɒ~³³⁵	ʋɒ~¹¹³/ɦuõ¹¹³	ɦuɒ~¹¹³/ʋɒ~¹¹³	ɦuɒ~¹¹³/ʋɒ~¹¹³
上	k'uÃɲ³³⁴/xuÃɲ³³⁴	ɦuÃɲ¹¹³	ɦuÃɲ¹¹³	ɦuÃɲ¹¹³
松	k'ua~³³⁵	ʋɑ~²³¹/ɦua~²³¹	ɦua~²³¹/ʋɑ~²³¹	ʋɑ~²³¹
黎	xua~⁴¹³	ɦua~²⁴	ɦua~²⁴	ɦua~²²⁴
盛	xua~⁴¹³/xã~⁴¹³	ɦua~²⁴/ɦã~²⁴	ɦua~²⁴/ɦã~²⁴	ɦã~²⁴/ɦua~²⁴
嘉	k'uA~³³⁴	ɦuA~²³¹	ɦuA~²³¹	ɦuA~²³¹
双	xuɔ̃³³⁴	ɦuɔ̃¹¹³	ɦuɔ̃¹¹³	ɦuɔ̃¹¹³
杭	k'uɐŋ³³⁴	ɦuɐŋ²¹²	ɦuɐŋ²¹²	ɦuɐŋ²¹²
绍	k'uɒŋ³³	ɦuɒŋ²³¹	ɦuɒŋ²³¹	ɦuɒŋ²³¹
诸	k'uõ⁵⁴⁴	ɦuõ²³³/ʋõ²³³	ɦuõ²³³/ʋõ²³³	ɦuõ²³³/ʋõ²³³
崇	fõ³²⁴	ʋõ³¹	ʋõ³¹	ʋõ³¹
太	fʊŋ³⁵	ʋʊŋ³¹²	ʋʊŋ³¹²	ʋʊŋ³¹²
余	k'uõ⁵²/xuõ⁵²	ɦuõ¹¹³	ɦuõ¹¹³	ɦuõ¹¹³
宁	xuɔ̃⁵²	ɦuɔ̃¹¹³	ɦuɔ̃¹¹³	ɦuɔ̃¹¹³
黄	k'uõ⁴⁴	ɦuõ³¹¹	ɦuõ³¹¹	ɦuõ³¹¹
温	ɕyᶹɔ⁵²	ɦᶹɔ²³¹	ɦᶹɔ²³¹	ɦᶹɔ²³¹
衢	k'uɒ~⁵³	ʔɦuɒ~³²³	ʔɦuɒ~³²³	ʔɦuɒ~³²³
华	k'uɐŋ⁴⁵	ʔuɐŋ³²⁴	ʔuɐŋ³²⁴	ʔuɐŋ³²⁴
永	xuɐŋ⁵⁴/k'uɐŋ⁵⁴	ʔɦuɐŋ³²²	ʔɦuɐŋ³²²	ʔɦuɐŋ³²²

江开 二平 江知	宕开 三平 阳庄	宕开 三平 阳庄	宕开 三去 漾庄	宕开 三平 阳初
桩	装	庄	壮	疮
$tsʌŋ^{55}$	$tsʌŋ^{55}$	$tsʌŋ^{55}$	$tsʌŋ^{324}$	$tsʻʌŋ^{55}$
$tsʌŋ^{445}$	$tsʌŋ^{445}$	$tsʌŋ^{445}$	$tsʌŋ^{412}$	$tsʻʌŋ^{445}$
$tsaŋ^{31}$	$tɕyaŋ^{31}$	$tɕyaŋ^{31}$	$tɕyaŋ^{44}$	$tɕʻyaŋ^{31}$
$tsaŋ^{22}$	$tsaŋ^{22}$	$tsaŋ^{22}$	$tɕyaŋ^{324}$	$tsʻaŋ^{22}$
$tʃyᵿaŋ^{42}$	$tʃyᵿaŋ^{42}$	$tʃyᵿaŋ^{42}$	$tʃyᵿaŋ^{45}$	$tʃʻyᵿaŋ^{42}$
$tɕyaŋ^{433}$	$tɕyaŋ^{433}/tsyaŋ^{433}$	$tɕyaŋ^{433}/tsyaŋ^{433}$	$tɕyaŋ^{51}/tsyaŋ^{51}$	$tɕʻyaŋ^{433}/tsʻyaŋ^{433}$
$tsʌ^{ŋ51}/tsɒ^{ŋ51}$	$tsʌ^{ŋ51}/tsɒ^{ŋ51}$	$tsʌ^{ŋ51}/tsɒ^{ŋ51}$	$tsʌ^{ŋ435}/tsɒ^{ŋ435}$	$tsʻʌ^{ŋ51}/tsʻɒ^{ŋ51}$
$tsʌɲ^{44}/tsɥʌɲ^{44}$	$tsʌɲ^{44}/tsɥʌɲ^{44}$	$tsʌɲ^{44}/tsɥʌɲ^{44}$	$tsʌɲ^{51}/tsɥʌɲ^{51}$	$tsʻɥʌɲ^{44}/tsʻʌɲ^{44}$
$tsõ^{55}$	$tsõ^{55}$	$tsõ^{55}$	$tsõ^{55}$	$tsʻõ^{55}$
$tsã^{44}/tsõ^{44}$	$tsã^{44}/tsõ^{44}$	$tsã^{44}/tsõ^{44}$	$tsã^{412}/tsõ^{412}$	$tsʻã^{44}/tsʻõ^{44}$
$tʂʌ̃^{52}$	$tʂʌ̃^{52}$	$tʂʌ̃^{52}$	$tʂʌ̃^{324}$	$tʂʌ̃^{52}$
$tsã^{44}$	$tsã^{44}$	$tsã^{44}$	$tsã^{52}$	$tsʻã^{44}$
$tsɒ̃^{52}$	$tsɒ̃^{52}$	$tsɒ̃^{52}$	$tsɒ̃^{434}$	$tsʻɒ̃^{52}$
$tsɒ̃^{52}$	$tsɒ̃^{52}$	$tsɒ̃^{52}$	$tsɒ̃^{434}$	$tsʻɒ̃^{52}$
$tsɒ̃^{52}$	$tsɒ̃^{52}$	$tsɒ̃^{52}$	$tsɒ̃^{335}$	$tsʻɒ̃^{52}$
$tsã^{ɲ52}$	$tsã^{ɲ52}$	$tsã^{ɲ52}$	$tsã^{ɲ334}$	$tsʻã^{ɲ52}$
$tsɑ̃^{52}$	$tsɑ̃^{52}$	$tsɑ̃^{52}$	$tsɑ̃^{335}$	$tsʻɑ̃^{52}$
$tsɑ̃^{44}$	$tsɑ̃^{44}$	$tsɑ̃^{44}$	$tsɑ̃^{413}$	$tsʻɑ̃^{44}$
$tsɑ̃^{44}$	$tsɑ̃^{44}$	$tsɑ̃^{44}$	$tsɑ̃^{413}$	$tsʻɑ̃^{44}$
$tsʌ̃^{51}$	$tsʌ̃^{51}$	$tsʌ̃^{51}$	$tsʌ̃^{334}$	$tsʻʌ̃^{51}$
$tsɔ̃^{44}$	$tsɔ̃^{44}$	$tsɔ̃^{44}$	$tsɔ̃^{334}$	$tsʻɔ̃^{44}$
$tsɥʌŋ^{323}$	$tsɥʌŋ^{323}$	$tsɥʌŋ^{323}$	$tsɥʌŋ^{334}$	$tsʻɥʌŋ^{323}$
$tsɒɲ^{52}$	$tsɒɲ^{52}$	$tsɒɲ^{52}$	$tsɒɲ^{33}$	$tsʻɒɲ^{52}$
$tsõ^{544}$	$tsõ^{544}$	$tsõ^{544}$	$tsõ^{544}$	$tsʻõ^{544}$
$tsõ^{53}$	$tsõ^{53}$	$tsõ^{53}$	$tsõ^{324}$	$tsʻɒ^{53}$
$tsʊŋ^{523}$	$tsʊŋ^{523}$	$tsʊŋ^{523}$	$tsʊŋ^{35}$	$tsʻʊŋ^{523}$
$tsõ^{324}$	$tsõ^{324}$	$tsõ^{324}$	$tsõ^{52}$	$tsʻõ^{324}$
$tsɔ̃^{52}$	$tsɔ̃^{52}$	$tsɔ̃^{52}$	$tsɔ̃^{52}$	$tsʻɔ̃^{52}$
$tsõ^{533}$	$tsõ^{533}$	$tsõ^{533}$	$tsõ^{44}$	$tsʻõ^{533}$
$tɕyᵛɔ^{44}$	$tsᵛɔ^{44}$	$tsᵛɔ^{44}$	$tsᵛɔ^{52}$	$tsʻᵛɔ^{44}$
$tʃyᵿõ^{434}$	$tʃyᵿõ^{434}$	$tʃyᵿõ^{434}$	$tʃyᵿõ^{53}$	$tʃʻyᵿõ^{434}$
$tɕɥʌŋ^{324}$	$tɕɥʌŋ^{324}$	$tɕɥʌŋ^{324}$	$tɕɥʌŋ^{45}$	$tɕʻɥʌŋ^{324}$
$tɕɣʌŋ^{44}$	$tɕɣʌŋ^{44}$	$tɕɣʌŋ^{44}$	$tɕɣʌŋ^{54}$	$tɕʻɣʌŋ^{44}$

摄口 等调 韵声	江开 二平 江初	宕开 三去 漾初	江开 二去 绛澄	宕开 三平 阳崇
	窗	创	撞	床
宜	tsʻʌŋ⁵⁵	tsʻʌŋ³²⁴	dzʌŋ²³¹	zʌŋ²²³
溧	tsʻʌŋ⁴⁴⁵	tsʻʌŋ⁴¹²	dzʌŋ²³¹	szʌŋ³²³
金	tɕʻyaŋ³¹	tɕʻyaŋ⁴⁴	tsʻuaŋ³¹	tɕʻyaŋ³⁵
丹	tsʻɑŋ²²	tsʻɑŋ³²⁴	tsaŋ⁴¹	szɑŋ²¹³
童	tʃʻyᵤaŋ⁴²	tʃʻyᵤaŋ⁴⁵	dʒyᵤaŋ¹¹³	ʒyᵤaŋ³¹
靖	tɕʻyaŋ⁴³³/tsʻyaŋ⁴³³	tɕʻyaŋ⁵¹/tsʻyaŋ⁵¹	dʑyaŋ³¹	ɕzyaŋ²²³
江	tsʻʌᵑ⁵¹/tsʻɒᵑ⁵¹	tsʻʌᵑ⁴³⁵/tsʻɒᵑ⁴³⁵	dzʌᵑ²²³/dzɒᵑ²²³	zʌᵑ²²³/zɒᵑ²²³
常	tsʻɥʌŋ⁴⁴/tsʻʌŋ⁴⁴	tsʻɥʌŋ⁵¹/tsʻʌŋ⁵¹	dzʌŋ²⁴/dzɥʌŋ²⁴	zɥʌŋ²¹³/zʌŋ²¹³
锡	tsʻɒ̃⁵⁵	tsʻɒ̃³⁵	zɒ̃²¹³	zɒ̃²¹³
苏	tsʻã⁴⁴/tsʻɒ̃⁴⁴	tsʻã⁵¹/tsʻɒ̃⁵¹	zã⁴¹²/zɒ̃⁴¹²	zã²²³/zɒ̃²²³
熟	tʂʌ~⁵²	tʂʻʌ~³²⁴	dʐʌ~²¹³	zʐʌ~²¹³
昆	tsʻã⁴⁴	tsʻã⁵²	zã⁵²	zã¹³²
霜	tsʻɒ~⁵²	tsʻɒ~⁴³⁴	zɒ~⁴³⁴	zɒ~²³¹
罗	tsʻɒ~⁵²	tsʻɒ~⁴³⁴	zɒ~⁴³⁴	zɒ~²³¹
周	tsʻɒ~⁵²	tsʻɒ~³³⁵	zɒ~¹¹³	zɒ~¹¹³
上	tsʻʌ̃ᶮ⁵²	tsʻʌ̃ᶮ³³⁴	zʌ̃ᶮ¹¹³	zʌ̃ᶮ¹¹³
松	tsʻɑ~⁵²	tsʻɑ~³³⁵	zɑ~¹¹³	zɑ~⁵²
黎	tsʻɑ~⁴⁴	tsʻã³²⁴/tsʻɑ~³²⁴	dzɑ~²¹³	zɑ~²⁴
盛	tsʻɑ~⁴⁴	tsʻɑ~³¹³	dzɑ~²¹²	zɑ~²⁴
嘉	tsʻʌ~⁵¹	tsʻʌ~³³⁴	zoŋ²²³	zʌ~²³¹
双	tsʻɔ̃⁴⁴	tsʻɔ̃³³⁴	zɔ̃¹¹³	zɔ̃¹¹³
杭	tsʻɥʌŋ³²³	tsʻɥʌŋ³³⁴	dzɥʌŋ¹¹³	dʑɥʌŋ²¹²
绍	tsʻɒŋ⁵²	tsʻɒŋ³³	dzɒŋ²²	dzɒŋ²³¹
诸	tsʻɒ̃⁵⁴⁴	tsʻɒ̃⁵⁴⁴	dzɒ̃²³³	dzɒ̃²³³
崇	tsʻɒ̃⁵³	tsʻɒ̃³²⁴	dzɒ̃¹⁴	zɒ̃³¹
太	tsʻʊŋ⁵²³	tsʻʊŋ³⁵	dzʊŋ¹³/ɲiʊŋ¹³	zʊŋ³¹²
余	tsʻɒ̃³²⁴	tsʻɒ̃⁵²	dzɒ̃¹¹³	dzɒ̃¹¹³
宁	tsʻɔ̃⁵²	tsʻɔ̃⁵²	dzɔ̃¹¹³	dzɔ̃¹¹³
黄	tsʻɒ~⁵³³	tsʻɒ~⁴⁴	dzɒ~¹¹³	zɒ~³¹¹
温	tɕʻyᵛɔ⁴⁴	tsʻᵛɔ⁵²	dʑyᵛɔ²²	ɦyᵛɔ²³¹
衢	tʃʻɥɒ̃⁴³⁴	tʃʻɥɒ̃⁵³	dʒɥɒ̃³¹	ʒɥɒ̃³²³
华	tɕʻɥʌŋ³²⁴	tɕʻɥʌŋ⁴⁵	dʑɥʌŋ²⁴	ɕɥʌŋ³²⁴
永	tɕʻʏʌŋ⁴⁴	tɕʻʏʌŋ⁵⁴	dʑʏʌŋ²¹⁴	ɕʑʏʌŋ³²²

宕开 三去 漾崇	宕开 三平 阳生	江开 二平 江生	宕开 三上 养生	梗合 二平 庚匣
状	霜	双	爽	横
dzʌŋ²³¹	sʌŋ⁵⁵	sʌŋ⁵⁵	sʌŋ⁵¹	ɦuʌŋ²²³
szʌŋ²³¹	sʌŋ⁴⁴⁵	sʌŋ⁴⁴⁵	sʌŋ⁵²	uən²²⁴/xɦən²²⁴
tɕyaŋ⁴⁴	ɕyaŋ³¹ suaŋ³¹	ɕyaŋ³¹ suaŋ³¹	ɕyaŋ³²³ suaŋ³²³	xən³⁵/xuən³⁵
tsaŋ⁴¹	saŋ²²	saŋ²²	saŋ⁴⁴	ɦuɛn²¹³/vɛn²¹³
dʒyᵤaŋ¹¹³	ʃyᵤaŋ⁴²	ʃyᵤaŋ⁴²	ʃyᵤaŋ³²⁴	ɦən¹¹³/ɦuən¹¹³
dʑyaŋ³¹	ɕyaŋ⁴³³/syaŋ⁴³³	ɕyaŋ⁴³³/syaŋ⁴³³	ɕyaŋ³³⁴/syaŋ⁴³³	ɦən²²³/ɦuan²²³
dzʌᵑ⁴³⁵/dzɒᵑ⁴³⁵	sʌ⁵¹/sɒᵑ⁵¹	sʌᵑ⁵¹/sɒᵑ⁵¹	sʌ⁴⁵/sɒᵑ⁴⁵	ɦuʌᵑ²²³/ɦuaᵑ²²³
dzɥʌŋ²⁴/dzʌŋ²⁴	sɥʌŋ⁴⁴	sɥʌŋ⁴⁴	sɥʌŋ³³⁴	ɦuʌŋ²¹³
zɒ̃²¹³	sɒ̃⁵⁵	sɒ̃⁵⁵	sɒ̃³²⁴	ɦuã²¹³/ɦən²¹³
zʌ̃²³¹/zɒ̃²³¹	sʌ̃⁴⁴/sɒ̃⁴⁴	sʌ̃⁴⁴/sɒ̃⁴⁴	sʌ̃⁵¹/sɒ̃⁵¹	ɦuʌ̃²²³/ɦuã²²³
dzʌ̞²¹³	ʂʌ̃⁵²	ʂʌ̃⁵²	ʂʌ̃⁴⁴	ɦuʌ̃²³³
zã²¹	sã⁴⁴	sã⁴⁴	sã⁵²	ɦua¹³²
zɒ̃²¹³	sɒ̃⁵²	sɒ̃⁵²	sɒ̃⁴³⁴	ɦua²³¹
zɒ̃²¹³	sɒ̃⁵²	sɒ̃⁵²	sɒ̃⁴³⁴	ɦuã²³¹
zɒ̃¹¹³	sɒ̃⁵²	sɒ̃⁵²	sɒ̃⁴⁴	vʌ̃¹¹³
zʌ̃ᶮ¹¹³	sʌ̃ᶮ⁵²	sʌ̃ᶮ⁵²	sʌ̃ᶮ³³⁴	ɦuʌ̃ᶮ¹¹³/ɦən¹¹³
za¹¹³	sa⁵²	sa⁵²	sa⁴⁴	vɛ̃²³¹
dzã²¹³	sã⁴⁴	sã⁴⁴	sã⁵¹	ɦuã²⁴
dza²¹²	sa⁴⁴	sa⁴⁴	sa⁵¹	ɦuæ̃²⁴
zʌ²²³	sʌ̃⁵¹	sʌ̃⁵¹	sʌ̃⁴⁴	ɦuʌ²³¹/ɦən²³¹
zɒ̃¹¹³	sɒ̃⁴⁴	sɒ̃⁴⁴	sɒ̃⁵³	ɦuã¹¹³
dzɥʌŋ¹¹³	sɥʌŋ³²³	sɥʌŋ³²³	sɥʌŋ⁵¹	ɦən¹¹³/ɦuʌŋ¹¹³
dzɒŋ²²	sɒŋ⁵²	sɒŋ⁵²	sɒŋ³³⁴	ɦuaŋ²³¹
dzɒ̃²³³	sɒ̃⁵⁴⁴	sɒ̃⁵⁴⁴	sɒ̃⁵²	vʌ̃²³³
dzɒ̃¹⁴	sɒ̃⁵³	sɒ̃⁵³	sɒ̃⁴⁴	vʌ³¹
dzʊŋ¹³	sʊŋ⁵²³	sʊŋ⁵²³	sʊŋ⁴²	vʌŋ³¹²
dzɒ̃¹¹³	sɒ̃³²⁴	sɒ̃³²⁴	sɒ̃⁴³⁵	ɦuã¹¹³/ɦɐŋ¹¹³
dzɔ̃¹¹³	sɔ̃⁵²	sɔ̃⁵²	sɔ̃³²⁵	ɦuã¹¹³/ɦɐŋ¹¹³
zɒ̃¹¹³	sɒ̃⁵³³	sɒ̃⁵³³	sɒ̃⁵³³	ɦua³¹¹
dʑyᵛɔ²²	ɕyᵛɔ⁴⁴	ɕyᵛɔ⁴⁴	sᵛɔ³⁵	vˈɛ²³¹
dʒɥɒ̃³¹	ʃɥɒ̃⁴³⁴	ʃɥɒ̃⁴³⁴	ʃɥɒ̃⁴⁵	ʔɦuã³²³
dʑɥʌŋ²⁴	ɕɥʌŋ³²⁴/suʌŋ³²⁴	ɕɥʌŋ³²⁴/suʌŋ³²⁴	ɕɥʌŋ⁵⁴⁴/suʌŋ⁵⁴⁴	ʔuʌŋ³²⁴
ɕzɣʌŋ²¹⁴	ɕyɣʌŋ⁴⁴	ɕyɣʌŋ⁴⁴	ɕyɣʌŋ⁴³⁴	ʔɦai³²²

摄口 等调 韵声	遇合 三平 鱼来	合遇 三上 语来	遇合 三上 语来	遇合 三上 遇来	遇合 三去 御来	遇合 三去 御来	遇合 三平 鱼见
	驴	旅	吕	屡	虑	滤	居
宜	$\text{ly}_\text{ɿ}^{223}$	$\text{ʔly}_\text{ɿ}^{55}$	$\text{ʔly}_\text{ɿ}^{55}$	$\text{ʔly}_\text{ɿ}^{55}$	$\text{ly}_\text{ɿ}^{231}$	$\text{ly}_\text{ɿ}^{231}$	$\text{tɕy}_\text{ɿ}^{55}$
溧	ly_z^{323}	$\text{ʔly}_\text{z}^{445}$	$\text{ʔly}_\text{z}^{445}$	$\text{ʔly}_\text{z}^{445}$	ly_z^{445}	ly_z^{445}	$\text{tɕy}_\text{z}^{445}$
金	ly_z^{35}	$\text{n̠y}_\text{z}^{323}$	$\text{n̠y}_\text{z}^{323}$	$\text{n̠y}_\text{z}^{323}$	n̠y_z^{44}	n̠y_z^{44}	tɕy_z^{31}
丹	ly_z^{213}	ly_z^{213}	ly_z^{213}	ly_z^{213}	ly_z^{41}	ly_z^{41}	tɕy_z^{22}
童	lʌɣ^{113}	$\text{ʔly}_\text{ɿ}^{324}$	$\text{ʔly}_\text{ɿ}$	$\text{ʔly}_\text{ɿ}^{324}$	$\text{ly}_\text{ɿ}^{45}$	$\text{ly}_\text{ɿ}^{45}$	$\text{tʃy}_\text{ɿ}^{42}$
靖	$\text{l}^\text{ᵊ}\text{u}^{223}$	$\text{ʔly}_\text{ɿ}^{334}$	$\text{ʔly}_\text{ɿ}^{334}$	$\text{ʔly}_\text{ɿ}^{334}$	$\text{ly}_\text{ɿ}^{51}$	$\text{ly}_\text{ɿ}^{51}$	$\text{tɕy}_\text{ɿ}^{433}$
江	ly^{223}	ʔly^{45}	ʔly^{45}	ʔly^{45}	$\text{ly}^{45}/\text{li}_\text{j}^{45}$	$\text{ly}^{45}/\text{li}_\text{j}^{45}$	tɕy^{51}
常	$\text{ly}_\text{ɿ}^{213}$	$\text{ʔly}_\text{ɿ}^{334}$	$\text{ʔly}_\text{ɿ}^{334}$	$\text{ʔly}_\text{ɿ}^{334}$	$\text{ly}_\text{ɿ}^{24}$	$\text{ly}_\text{ɿ}^{24}$	$\text{tɕy}_\text{ɿ}^{44}$
锡	li^{213}	ʔli^{55}	ʔli^{55}	ʔli^{55}	li^{213}	li^{213}	tɕy^{55}
苏	$\text{ly}_\text{ɿ}^{223}/\text{lʒu}^{223}$	$\text{ly}_\text{ɿ}^{231}$	$\text{ʔly}_\text{ɿ}^{44}/\text{ly}_\text{ɿ}^{231}$	$\text{ly}_\text{ɿ}^{231}$	$\text{ly}_\text{ɿ}^{231}$	$\text{ly}_\text{ɿ}^{231}$	$\text{tɕy}_\text{ɿ}^{44}$
熟	$\text{lɯ}^{233}/\text{li}^{233}$	ʔly^{44}	ʔly^{44}	ʔli^{324}	$\text{ly}^{213}/\text{li}^{213}$	$\text{li}^{213}/\text{ly}^{213}$	tɕy^{52}
昆	ly^{132}	ʔly^{44}	$\text{ʔly}^{44}/\text{ly}^{232}$	ʔly^{44}	$\text{ly}^{132}/\text{li}^{132}$	$\text{ly}^{2}/\text{li}^{2}$	tɕy^{44}
霜	$\text{l}^\text{ᵊ}\text{u}^{231}/\text{ly}^{231}$	ʔly^{434}	ʔly^{434}	ʔly^{434}	ly^{213}	ly^{213}	tɕy^{52}
罗	$\text{l}^\text{ᵊ}\text{u}^{231}/\text{ly}^{231}$	ʔly^{434}	ʔly^{434}	ʔly^{434}	ly^{213}	ly^{213}	tɕy^{52}
周	ly^{113}	ly^{113}	ly^{113}	ly^{113}	ly^{113}	ly^{113}	tɕy^{52}
上	ly^{113}	ly^{113}	ly^{113}	$\text{ʔly}^{334}/\text{ly}^{113}$	ly^{113}	ly^{113}	tɕy^{52}
松	ly^{113}	ly^{113}	ly^{113}	$\text{ʔly}^{335}/\text{ly}^{113}$	ly^{113}	ly^{113}	tɕy^{52}
黎	lʒu^{24}	$\text{ʔly}_\text{ɿ}^{51}$	$\text{ʔly}_\text{ɿ}^{51}$	$\text{ly}_\text{ɿ}^{213}/\text{ʔly}_\text{ɿ}^{413}$	$\text{ly}_\text{ɿ}^{213}$	$\text{ly}_\text{ɿ}^{213}$	$\text{tɕy}_\text{ɿ}^{44}$
盛	lu^{24}	$\text{ʔly}_\text{ɿ}^{51}$	$\text{ʔly}_\text{ɿ}^{51}$	$\text{ly}_\text{ɿ}^{213}/\text{ʔly}_\text{ɿ}^{413}$	$\text{ʔly}_\text{ɿ}^{51}$	$\text{ʔly}_\text{ɿ}^{51}$	$\text{tɕy}_\text{ɿ}^{44}$
嘉	$\text{l}^\text{ᵊ}\text{u}^{24}$	ly^{223}	ly^{223}	ly^{223}	ly^{223}	ly^{223}	tɕy^{51}
双	li_z^{113}	li_z^{231}	li_z^{231}	li_z^{231}	li_z^{113}	li_z^{113}	tɕi_z^{44}
杭	ly^{212}	ʔly^{51}	ʔly^{51}	ʔly^{51}	ly^{113}	ly^{113}	tɕy^{323}
绍	$\text{ly}_\text{ɿ}^{231}$	$\text{ly}_\text{ɿ}^{113}$	$\text{ly}_\text{ɿ}^{113}$	$\text{ly}_\text{ɿ}^{113}$	$\text{ly}_\text{ɿ}^{22}$	$\text{ly}_\text{ɿ}^{22}$	$\text{tɕy}_\text{ɿ}^{52}$
诸	$\text{lu}^{233}/\text{li}_\text{z}^{233}$	li_z^{231}	li_z^{231}	li_z^{231}	li_z^{233}	li_z^{233}	$\text{tɕy}_\text{ɿ}^{544}$
崇	lu^{31}	li_z^{22}	li_z^{22}	lɣ^{22}	li_z^{14}	li_z^{14}	$\text{tɕy}_\text{ɿ}^{53}$
太	lʊ^{312}	li^{22}	li^{22}	li^{22}	li^{13}	li^{13}	tɕy^{523}
余	$\text{lu}^{113}/\text{ly}^{113}$	li^{113}	li^{113}	li^{113}	li^{113}	li^{113}	tɕy^{324}
宁	lu^{113}	$\text{li}^{113}/\text{ly}_\text{ɿ}^{113}$	$\text{li}^{113}/\text{ly}_\text{ɿ}^{113}$	$\text{li}^{113}/\text{ly}_\text{ɿ}^{113}$	$\text{li}^{113}/\text{ly}_\text{ɿ}^{113}$	$\text{li}^{113}/\text{ly}_\text{ɿ}^{113}$	$\text{tɕy}_\text{ɿ}^{52}$
黄	lu^{311}	$\text{ʔly}_\text{ɿ}^{533}$	$\text{ʔly}_\text{ɿ}^{533}$	$\text{ʔly}_\text{ɿ}^{533}$	$\text{ly}_\text{ɿ}^{113}$	$\text{ly}_\text{ɿ}^{113}$	$\text{ky}_\text{ɿ}^{533}$
温	lθ^{231}	lθ^{24}	lθ^{24}	lθ^{24}	lθ^{22}	lθ^{22}	tɕy^{44}
衢	lu^{323}	ʔli^{53}	ʔli^{53}	ʔlər^{53}	ʔli^{53}	ʔli^{53}	$\text{tʃy}_\text{ɿ}^{434}$
华	lu^{324}	ʔɦʮy^{544}	ʔɦʮy^{544}	ʔɦʮy^{544}	ʔɦʮy^{544}	ʔɦʮy^{544}	tɕʮy^{324}
永	lɣ^{322}	lɣ^{323}	lɣ^{323}	lɣ^{323}	lɣ^{214}	lɣ^{214}	tɕɣ^{44}

遇合 三平 虞见	遇合 三上 语见	遇合 三去 御见	遇合 三去 遇见	遇合 三平 鱼清	遇合 三平 虞清	遇合 三上 虞清	遇合 三去 遇清
拘	举	据	句	蛆	趋	取	趣
tɕy$_ɥ^{55}$	tɕy$_ɥ^{51}$	tɕy$_ɥ^{324}$	tɕy$_ɥ^{324}$	tɕʻy$_ɥ^{55}$	tɕʻy$_ɥ^{55}$	tɕʻy$_ɥ^{51}$	tɕʻy$_ɥ^{324}$
tɕy$_z^{445}$	tɕy$_z^{52}$	tɕy$_z^{412}$	tɕy$_z^{412}$	tɕʻy$_z^{445}$	tɕʻy$_z^{445}$	tɕʻy$_z^{52}$	tɕʻy$_z^{412}$
tɕy$_z^{31}$	tɕy$_z^{323}$	tɕy$_z^{44}$	tɕy$_z^{44}$	tɕʻy$_z^{31}$	tɕʻy$_z^{31}$	tɕʻy$_z^{323}$	tɕʻy$_z^{44}$
tɕy$_z^{22}$	tɕy$_z^{44}$	tɕy$_z^{324}$	tɕy$_z^{324}$	tɕʻy$_z^{22}$	tɕʻy$_z^{22}$	tɕʻy$_z^{44}$	tɕʻy$_z^{324}$
tsy^{42}	tʃy$_ɥ^{324}$	tʃy$_ɥ^{45}$	tʃy$_ɥ^{45}$	tʃʻy$_ɥ^{324}$	tʃʻy$_ɥ^{324}$	tʃʻy$_ɥ^{324}$	tʃʻy$_ɥ^{45}$
tɕy$_ɥ^{433}$	tɕy$_ɥ^{334}$	tɕy$_ɥ^{51}$	tɕy$_ɥ^{51}$	tɕʻy$_ɥ^{433}$	tɕʻy$_ɥ^{433}$	tɕʻy$_ɥ^{334}$	tɕʻy$_ɥ^{51}$
tɕy^{51}	tɕy^{45}	tɕy^{435}	tɕy^{435}	tɕʻy^{51}	tɕʻy^{51}	tɕʻy^{45}	tɕʻy^{45}
tɕy$_ɥ^{44}$	tɕy$_ɥ^{334}$	tɕy$_ɥ^{51}$	tɕy$_ɥ^{51}$	tɕʻy$_ɥ^{44}$	tɕʻy$_ɥ^{44}$	tɕʻy$_ɥ^{334}$	tɕʻy$_ɥ^{51}$
tɕy^{55}	tɕy^{324}	tɕy^{35}	tɕy^{35}	tsʻi^{55}	tsʻy^{55}	tsʻi^{324}	tsʻi^{35}
tɕy$_ɥ^{44}$	tɕy$_ɥ^{51}$	tɕy^{412}	tɕy^{412}	tsʻi$_j^{44}$	tsʻy$_ɥ^{44}$/tɕʻy$_ɥ^{44}$	tsʻi$_j^{51}$	tsʻi$_j^{412}$
tɕy^{52}	tɕy^{44}	tɕy^{324}	tɕy^{324}	tsʻi^{52}	tsʻi^{52}/tsʻy^{52}	tsʻi^{44}	tsi^{324}
tɕy^{44}	tɕy^{52}	tɕy^{52}	tɕy^{52}	tɕʻi^{44}	tɕʻy^{44}	tɕʻy^{52}	tɕʻy^{52}
tɕy^{52}	tɕy^{434}	tɕy^{434}	tɕy^{434}	tsʻi^{52}	tsʻy^{52}	tsʻy^{434}	tsʻy^{434}
tɕy^{52}	tɕy^{434}	tɕy^{434}	tɕy^{434}	tɕʻy^{52}/tsʻy^{52}	tɕʻy^{52}/tsʻy^{52}	tsʻy^{434}	tsʻy^{434}
tɕy^{52}	tɕy^{44}	tɕy^{335}	tɕy^{335}	tɕʻy^{52}	tɕʻy^{52}	tɕʻy^{44}	tɕʻy^{335}
tɕy^{52}	tɕy^{334}	tɕy^{334}	tɕy^{334}	tɕʻi^{52}	tɕʻy^{52}	tɕʻy^{334}	tɕʻy^{334}
tɕy^{52}	tɕy^{44}	tɕy^{335}	tɕy^{335}	tɕʻi^{52}	tɕʻy^{52}	tɕʻy^{44}	tɕʻy^{44}
tɕy$_ɥ^{44}$	tɕy$_ɥ^{51}$	tɕy^{413}	tɕy^{413}	tɕʻy$_ɥ^{44}$/tsʻi$_j^{44}$	tsʻy$_ɥ^{44}$	tsʻy$_ɥ$	tsʻy$_ɥ^{324}$
tɕy$_ɥ^{44}$	tɕy$_ɥ^{51}$	tɕy^{413}	tɕy^{413}	tsʻi$_j^{44}$	tsʻy^{44}	tsʻy^{334}	tsʻy^{313}
tɕy^{51}	tɕy^{44}	tɕy^{334}	tɕy^{334}	tɕʻy^{51}	tse^{51}	tɕʻy^{324}	tɕʻy^{334}
tɕi$_z^{44}$	tɕi$_z^{53}$	tɕi$_z^{324}$	tɕi$_z^{334}$	tɕʻi$_z^{44}$	tɕʻi$_z^{44}$	tɕʻi$_z^{53}$	tɕʻi$_z^{334}$
tɕy^{323}	tɕy^{51}	tɕy^{334}	tɕy^{334}	tɕʻy^{323}	tɕʻy^{323}	tɕʻy^{51}	tɕʻy^{334}
tɕy$_ɥ^{52}$	tɕy$_ɥ^{334}$	tɕy$_ɥ^{33}$	tɕy$_ɥ^{33}$	tɕʻy$_ɥ^{42}$	tɕʻy$_ɥ^{52}$	tɕʻy$_ɥ^{334}$	tɕʻy$_ɥ^{33}$
tɕy$_ɥ^{544}$	tɕy$_ɥ^{52}$	tɕy$_ɥ^{544}$	tɕy$_ɥ^{544}$	tɕy$_ɥ^{544}$	tɕʻy$_ɥ^{544}$	tɕʻy$_ɥ^{52}$	tɕʻy$_ɥ^{544}$
tɕy^{53}	tɕy$_ɥ^{44}$	tɕy$_ɥ^{324}$	tɕy$_ɥ^{324}$	tɕʻy^{53}	tɕʻi$_z^{53}$	tsʻŋ^{44}	tsʻŋ^{324}
tɕy^{523}	tɕy^{42}	tɕy^{35}	tɕy^{35}	tɕʻi^{523}	tɕʻi^{523}	tsʻŋ^{42}	tsʻŋ^{35}
tɕy^{324}	tɕy^{435}	tɕy^{52}	tɕy^{52}	tɕʻy^{324}	tɕʻy^{324}	tɕʻɿ^{435}	tsʻɿ^{52}/tsʻy^{52}
tɕy$_ɥ^{52}$	tɕy$_ɥ^{325}$	tɕy$_ɥ^{52}$	tɕy$_ɥ^{52}$	tsʻy$_ɥ^{52}$	tsʻy$_ɥ^{52}$	tsʻɿ^{325}	tsʻɿ^{52}
ky$_ɥ^{533}$	ky$_ɥ^{533}$	ky$_ɥ^{44}$	ky$_ɥ^{44}$	tsʻɿ^{533}	tsʻɿ^{533}	tsʻɿ^{533}	tsʻɿ^{44}
tɕy^{44}	tɕy$^{\underline{35}}$	tɕy^{52}	tɕy^{52}	tsʻŋ^{44}	tsʻŋ^{44}	tsʻŋ$^{\underline{35}}$	tsʻŋ^{52}
tʃɿ^{434}	tʃɿ^{45}	tʃɿ^{53}	tʃɿ^{53}	tʃʻɿ^{434}	tʃʻɿ^{434}	tʃʻɿ^{45}	tʃʻɿ^{53}
tɕɥy^{324}	tɕɥy^{324}	tɕɥy^{45}	tɕɥy^{45}	tɕʻɥy^{324}	tɕʻɥy^{324}	tɕʻɥy^{544}	tɕʻɥy^{45}
tɕɤ^{44}	tɕɤ^{434}	tɕɤ^{54}	tɕɤ^{54}	tɕʻɤ^{44}	tɕʻɤ^{44}	tɕʻɤ^{434}	tɕʻɤ^{54}

摄口	遇合	遇合	遇合	遇合	遇合	遇合
等调	三上	三平	三平	三去	三平	三上
韵声	麌清	虞溪	虞溪	御溪	虞群	语群
	娶	区	驱	去	瞿	拒
宜	tɕ'yɻ^{51}	tɕ'yɻ^{55}	tɕ'yɻ^{55}	k'ɐɪ^{324}/tɕ'i$_j^{324}$/tɕ'yɻ^{324}	dʑyɻ^{231}	dʑyɻ^{231}
溧	tɕ'y$_z^{52}$	tɕ'y$_z^{445}$	tɕ'y$_z^{445}$	k'æE^{412}/tɕ'y$_z^{412}$	dʑy$_z^{323}$	dʑy$_z^{231}$
金	tɕ'y$_z^{323}$	tɕ'y$_z^{31}$	tɕ'y$_z^{31}$	k'i^{44}/k'ɛe^{44}/tɕ'y$_z^{44}$	tɕy$_z^{31}$	tɕy$_z^{44}$
丹	tɕ'y$_z^{44}$	tɕ'y$_z^{22}$	tɕ'y$_z^{22}$	k'æ^{324}	dʑy$_z^{213}$	tɕy$_z^{41}$
童	tʃ'yɻ^{324}	tʃ'yɻ^{42}	tʃ'yɻ	k'ɪ^{45}/tʃ'yɻ^{45}	dʒyɻ^{31}	dʒyɻ^{113}
靖江	tɕ'yɻ^{334}	tɕ'yɻ^{433}	tɕ'yɻ^{433}	tɕ'i$_j^{51}$/tɕ'yɻ^{51}	dʑyɻ^{223}	dʑyɻ^{31}
常	tɕ'y^{334}	tɕ'yɻ^{44}	tɕ'yɻ^{44}	tɕ'i$_j^{51}$/tɕ'yɻ^{51}	dʑyɻ^{213}	dʑyɻ^{24}
锡	ts'i^{324}	tɕ'y^{55}	tɕ'y^{55}	tɕ'i^{35}/tɕ'y^{35}	dʑy^{213}	dʑy$^{213/33}$
苏	ts'i$_j^{51}$	tɕ'yɻ^{44}	tɕ'yɻ^{44}	tɕ'i$_j^{412}$/tɕ'yɻ^{412}	dʑyɻ^{223}	dʑyɻ^{231}
熟	ts'i^{44}	tɕ'y^{52}	tɕ'y^{52}	k'E^{324}/tɕ'y^{324}	dʑy^{233}	dʑy^{31}
昆	tɕ'y^{52}	tɕ'y^{44}	tɕ'y^{44}	k'E^{52}/tɕ'y^{52}	dʑy^{132}	dʑy^{223}
霜	ts'y^{434}	tɕ'y^{52}	tɕ'y^{52}	tɕ'i^{434}/tɕ'y^{434}	dʑy^{231}	dʑy^{213}
罗	ts'y^{434}	tɕ'y^{52}	tɕ'y^{52}	tɕ'i^{434}/tɕ'y^{434}	dʑy^{231}	dʑy^{213}
周	tɕ'y^{44}	tɕ'y^{52}	tɕy^{52}	tɕ'i^{44}/tɕ'y^{44}	dʑy^{113}	dʑy^{113}
上	tɕ'y^{334}	tɕ'y^{52}	tɕ'y^{52}	tɕ'i^{334}/tɕ'y^{334}	dʑy^{113}	dʑy^{113}
松	tɕ'y^{44}	tɕ'y^{52}	tɕ'y^{52}	tɕ'i^{335}/tɕ'y^{335}	zy^{231}	dʑy^{113}
黎	ts'yɻ^{334}	tɕ'yɻ^{44}	tɕ'yɻ^{44}	tɕ'i$_j^{324}$/tɕ'yɻ^{324}	dʑyɻ^{24}	dʑyɻ^{32}
盛	ts'yɻ^{334}	tɕ'yɻ^{44}	tɕ'yɻ^{44}	tɕ'i$_j^{313}$/tɕ'yɻ^{313}	dʑyɻ^{24}	dʑyɻ^{223}
嘉	tɕ'y^{324}	tɕ'y^{51}	tɕy^{51}	tɕ'i^{334}/tɕ'y^{334}	dʑy^{231}	dʑy^{223}
双	tɕ'i$_z^{53}$	tɕ'i$_z^{44}$	tɕ'i$_z^{44}$	tɕ'i$_z^{334}$	dʑi$_z^{113}$	dʑi$_z^{231}$
杭	tɕ'y^{51}	tɕ'y^{323}	tɕ'y^{323}	tɕ'y^{334}/tɕ'i^{334}	dʑy^{212}	dʑy^{113}
绍	tɕ'yɻ^{334}	tɕ'yɻ^{52}	tɕ'yɻ^{52}	tɕ'i^{33}/tɕ'yɻ^{33}	dʑyɻ^{231}	dʑyɻ^{113}
诸	tɕ'yɻ^{52}	tɕ'yɻ^{544}	tɕ'yɻ^{544}	k'e^{544}/tɕ'yɻ^{544}	dʑyɻ^{233}	dʑyɻ^{231}
崇	ts'i^{44}	tɕ'yɻ^{53}	tɕ'yɻ^{53}	tɕ'i$_z^{324}$/tɕ'yɻ^{324}	dʑyɻ^{31}	dʑyɻ^{14}
太	ts'i^{42}	tɕ'y^{523}	tɕ'y^{523}	tɕ'i^{35}/tɕ'y^{35}	dʑy^{312}	dʑy^{13}
余	tɕ'ɥ^{435}/ts'y^{435}	tɕ'y^{324}	tɕ'y^{324}	k'e^{52}/tɕ'y^{52}	dʑy^{113}	dʑy^{113}
宁	ts'yɻ^{325}	tɕ'yɻ^{52}	tɕ'yɻ^{52}	tɕ'i$_z^{52}$/tɕ'yɻ^{52}	dʑyɻ^{113}	dʑyɻ^{113}
黄	ts'ɥ^{533}	k'yɻ^{533}	k'yɻ^{533}	k'e^{44}/k'yɻ^{44}	gyɻ^{311}	gyɻ^{113}
温	ts'i$^{\underline{35}}$	tɕ'y^{44}	tɕ'y^{44}	k'li^{52}/tɕ'y^{52}	dʑy^{231}	dʑy$^{\underline{24}}$
衢	tʃ'ɥ^{45}	tʃ'ɥ^{434}	tʃ'ɥ^{434}	k'i^{53}/tʃ'ɥ^{53}	dʒɥ^{323}	dʒɥ^{34}
华	tɕ'ɥy^{544}	tɕ'ɥy^{324}	tɕ'ɥy^{324}	k'ə^{45}/tɕ'ɥy^{45}	tɕɥy^{324}	dʑɥ^{24}
永	tɕ'ʏ^{434}	tɕ'ʏ^{44}	tɕ'ʏ^{44}	k'ə^{542}/tɕ'ʏ^{54}	dʑʏ^{322}	dʑʏ^{214}

遇合 三去 遇群 具	遇合 三去 遇群 惧	遇合 三上 虞从 聚	遇合 三平 虞心 须	遇合 三平 鱼晓 虚	遇合 三上 语晓 许	遇合 三平 鱼邪 徐
dʑy$_{ɿ}^{231}$	dʑy$_{ɿ}^{231}$	dʑy$_{ɿ}^{231}$	ɕy^{55}	ɕy^{55}	ɕy^{51}	ʑy$_{ɿ}^{223}$
dʑy$_{z}^{231}$	dʑy$_{z}^{445}$	dʑy$_{z}^{231}$	ɕy$_{z}^{445}$	y$_{z}^{445}$	ɕy$_{z}^{52}$	ʑy$_{z}^{323}$
tɕy$_{z}^{44}$	tɕy$_{z}^{44}$	tɕy$_{z}^{44}$	ɕy$_{z}^{31}$	ɕy$_{z}^{31}$	ɕy$_{z}^{323}$	ɕy$_{z}^{31}$
tɕy$_{z}^{41}$	tɕy$_{z}^{41}$	tɕy$_{z}^{41}$	ɕy$_{z}^{22}$	ɕy$_{z}^{22}$	ɕy$_{z}^{44}$	dʑy$_{z}^{213}$
dʒy$_{ɿ}^{113}$	dʒy$_{ɿ}^{113}$	dʒy$_{ɿ}^{113}$	ʃy^{42}	ʃy^{42}	ʃy$_{ɿ}^{324}$	ʒy$_{ɿ}^{31}$
dʑy$_{ɿ}^{31}$	dʑy$_{ɿ}^{31}$	dʑy$_{ɿ}^{31}$	ɕy$_{ɿ}^{433}$	ɕy$_{ɿ}^{433}$	ɕy$_{ɿ}^{334}$	zi$_{j}^{433}$
dʑy^{223}	dʑy^{223}	dʑy^{223}	ɕy^{51}	ɕy^{51}	ɕy^{45}	zi$_{j}^{223}$
dʑy$_{ɿ}^{24}$	dʑy$_{ɿ}^{24}$	ʑy$_{ɿ}^{24}$	ɕy$_{ɿ}^{44}$	ɕy$_{ɿ}^{44}$	ɕy$_{ɿ}^{334}$	ʑy$_{ɿ}^{213}$
dʑy^{213}	dʑy^{213}	zi$^{33/213}$	si^{55}	ɕy^{55}	ɕy^{324}	zi^{213}
dʑy$_{ɿ}^{231}$	dʑy$_{ɿ}^{231}$	zi$_{j}^{231}$ / zy$_{ɿ}^{231}$	ɕy$_{ɿ}^{44}$ / si$_{j}^{44}$	ɕy$_{ɿ}^{44}$	ɕy$_{ɿ}^{51}$	zi$_{j}^{223}$
dʑy^{213}	dʑy^{213}	dzi^{31}	si^{52} / sy^{52}	ɕy^{52}	ɕy^{44}	zi^{233}
dʑy^{21}	dʑy^{21}	dʑy^{223}	ɕy^{44}	ɕy^{44}	ɕy^{52}	zi^{132}
dʑy^{213}	dʑy^{213}	zy^{213}	sy^{52}	ɕy^{52}	ɕy^{434}	zi^{231} / zy^{231}
dʑy^{213}	dʑy^{213}	ʑy^{213} / zy^{213}	ɕy^{52} / sy^{52}	ɕy^{52}	ɕy^{434}	zi^{231}
dʑy^{113}	dʑy^{113}	zy^{113}	ɕy^{52}	ɕy^{52}	ɕy^{44}	zi^{113} / zy^{113}
dʑy^{113}	dʑy^{113}	dʑy^{113} / ʑy^{113}	ɕy^{52}	ɕy^{52}	ɕy^{334}	ʑi^{113} / dʑi^{113}
dʑy^{113}	dʑy^{113}	dʑy^{113}	ɕy^{52}	ɕy^{52}	ɕy^{52}	zi^{231}
dʑy$_{ɿ}^{213}$	dʑy$_{ɿ}^{213}$	dʑy$_{ɿ}^{32}$	ɕy$_{ɿ}^{44}$	ɕy$_{ɿ}^{44}$	ɕy$_{ɿ}^{51}$	zi$_{j}^{24}$
dʑy^{212}	dʑy^{212}	dʑy^{223}	ɕy^{44}	ɕy^{44}	ɕy^{51}	zi$_{j}^{24}$
dʑy^{223}	dʑy^{223}	dʑy^{223}	ɕy^{51}	ɕy^{51}	ɕy^{44}	dʑi^{231}
dʑi$_{z}^{113}$	dʑi$_{z}^{113}$	dʑi$_{z}^{231}$	ɕi$_{z}^{44}$	ɕi$_{z}^{44}$	ɕi$_{z}^{53}$	dʑi$_{z}^{113}$
dʑy^{113}	dʑy^{113}	dʑy^{113}	ɕy^{323}	ɕy^{323}	ɕy^{51}	dʑy^{212} / szʮ^{212}少
dʑy$_{ɿ}^{22}$	dʑy$_{ɿ}^{22}$	dʑy$_{ɿ}^{113}$	ɕy^{52}	ɕy^{52}	ɕy^{234}	dʑi^{231}
dʑy$_{ɿ}^{233}$	dʑy$_{ɿ}^{233}$	ʑy$_{ɿ}^{231}$	ɕy$_{ɿ}^{544}$	ɕy$_{ɿ}^{544}$	ɕy$_{ɿ}^{52}$	dʑi$_{z}^{233}$
dʑy$_{ɿ}^{14}$	dʑy$_{ɿ}^{14}$	zɿ^{22}	ɕi$_{z}^{53}$ / ɕiɛʔ^{45}	ɕy$_{ɿ}^{53}$	ɕy$_{ɿ}^{44}$	dʑi$_{z}^{31}$
dʑy^{13}	dʑy^{13}	zɿ	ɕiɛʔ^{523}	ɕy^{523}	ɕy^{42}	dʑi^{312}
dʑy^{113}	dʑy^{113}	dʑy^{113}	ɕy^{324}	ɕy^{324}	ɕy^{435}	ɦi^{113}
dʑy$_{ɿ}^{113}$	dʑy$_{ɿ}^{113}$	dzʮ^{113} / zʮ^{113}	sʮ^{52}	ɕy$_{ɿ}^{52}$	ɕy$_{ɿ}^{325}$	ʑi$_{z}^{113}$
gy$_{ɿ}^{113}$	gy$_{ɿ}^{113}$	zʮ^{113}	sʮ^{533}	hy$_{ɿ}^{533}$	hy$_{ɿ}^{533}$	zʮ^{311}
dʑy^{22}	dʑy^{22}	zɿ$^{\underline{24}}$	sɿ^{44}	ɕy^{44}	ɕy$^{\underline{35}}$	zii^{231}
dʒʮ^{31}	dʒʮ^{31}	ʒʮ^{31} / ʃʮ^{45}	ʃʮ^{434}	ʃʮ^{434}	ʃʮ^{45}	ʒʮ^{323} / ʑʮ^{323} / zʮ^{323}
dʑʮy^{24}	dʑʮy^{24}	tɕʮy^{54}	ɕʮy^{544}	ɕʮy^{324}	ɕʮy^{544}	ɕʮy^{324}
dʑʐʏ^{214}	dʑʐʏ^{214}	ɕzʏ^{323}	ɕʏ^{44}	ɕʏ^{44}	ɕʏ^{434}	ɕʐʏ^{322}

摄口 等调 韵声	遇合 三上 语邪	遇合 三上 语邪	遇合 三上 语邪	遇合 三上 语泥	遇合 三去 御疑	遇合 三去 遇疑
	序	叙	绪	女	御	遇
宜	zʑyʮ²³¹	zʑyʮ²³¹	zʑyʮ²³¹	n̠yʮ²⁴	ɦiyʮ²³¹	n̠yʮ²³¹/ɦiyʮ²³¹
溧	zʑyz²³¹	zʑyz²³¹	zʑyz²³¹	ʔn̠yz⁴⁴⁵	ɦiyz²³¹	ɦiyz²³¹
金	ɕyz⁴⁴	ɕyz⁴⁴	ɕyz⁴⁴	n̠yz³⁵	yz⁴⁴	yz⁴⁴
丹	ɕᶻyz²¹³	ɕᶻyz²¹³	ɕᶻyz²¹³	n̠yz⁴⁴	yz⁴¹	yz⁴¹
童	ʒyʮ¹¹³	ʒyʮ¹¹³	ʒyʮ¹¹³	ʔn̠yʮ³²⁴	ɦiyʮ¹¹³	ɦiyʮ¹¹³
靖	ɕʑyʮ³¹	ɕʑyʮ⁵¹	ɕʑyʮ⁵¹	ʔn̠yʮ³³⁴	ʔyʮ⁵¹	ʔyʮ⁵¹
江	zy²²¹	zy²²³	zy²²³	ʔn̠y⁴⁵	ɦiy²²³	ɦiy²²³
常	zʑyʮ²⁴	zʑyʮ²⁴	zʑyʮ²⁴	ʔn̠yʮ³³⁴	ɦiyʮ²⁴	ɦiyʮ²⁴
锡	zi³³/²¹³	zi²¹³/³³	zi²¹³/³³	n̠y³³/²¹³	ɦiy²¹³	ɦiy²¹³
苏	zij²³¹	zij²³¹	zij²³¹	n̠yʮ²³¹	ɦiyʮ²³¹	ɦiyʮ²³¹/n̠yʮ²³¹
熟	ɕzi³¹	dzi³¹	dzi³¹	n̠y³¹	ɦiy²¹³/ɦii²¹³	n̠y²¹³
昆	ɕy⁵²	ɕy⁵²	ɕy⁵²	n̠y²²³	ɦiy²²³	ʔy⁴⁴
霜	zy²¹³	zy²¹³	zy²¹³	n̠y²¹³	ɦiy²¹³	ɦiy²¹³
罗	zy²¹³/ʑy²¹³	zy²¹³/ʑy	zy²¹³/ʑy	n̠y²¹³	ɦiy²¹³	ɦiy²¹³
周	zʑy¹¹³	zʑy¹¹³	zʑy¹¹³	n̠y¹¹³	ɦiy¹¹³	n̠y¹¹³
上	zʑy¹¹³/ɕy⁵²	zʑy¹¹³	zʑy¹¹³/ɕy⁵²	n̠y¹¹³	ɦiy¹¹³/n̠y¹¹³	ɦiy¹¹³/n̠y¹¹³
松	zʑy¹¹³	zʑy¹¹³	zʑy¹¹³	n̠y¹¹³	n̠y¹¹³/ɦiy¹¹³	ɦiy¹¹³
黎	zyʮ³²	zyʮ³²	zyʮ³²	n̠yʮ³²	ɦiyʮ²¹³	ɦiyʮ²¹³
盛	zyʮ²²³	zyʮ²²³	zyʮ²²³	n̠yʮ²²³	n̠yʮ²¹²	ɦiyʮ²¹²
嘉	dʑʑy²²³	dʑʑy²²³	dʑʑy²²³	n̠y²²³	ɦiy²²³	ʔy³³⁴
双	ʑiz²³¹	ʑiz²³¹	ʑiz²³¹	ʔn̠iz⁵³	n̠iz¹¹³	n̠iz¹¹³
杭	ɕy³³⁴/ɕʑy¹¹³	ɕy³³⁴/ɕʑy¹¹³	ɕy³³⁴/ɕʑy¹¹³ ʔn̠y⁵¹		ɦiy¹¹³	ɦiy¹¹³
绍	zʑyʮ¹¹³	zʑyʮ¹¹³	zʑyʮ¹¹³	n̠yʮ¹¹³	ɦiyʮ²²	ɦiyʮ²²
诸	ɦiyʮ²³³	ɦiyʮ²³³	ɦiyʮ²³³	n̠yʮ²³¹	ɦiyʮ²³³	ɦiyʮ²³³/n̠yʮ²³³
崇	zl̩¹⁴	zï¹⁴	zï¹⁴	n̠yʮ²²	n̠yʮ¹⁴/ɦiyʮ¹⁴	n̠yʮ¹⁴/ɦiyʮ¹⁴
太	zl̩¹³	zï¹³	zï¹³	n̠y²²	n̠y¹³	n̠y¹³
余	dʑʑy¹¹³	dʑʑy¹¹³	dʑʑy¹¹³/ɕy⁵²	n̠y¹¹³	n̠y¹¹³/ɦiy¹¹³	ɦiy¹¹³/n̠y¹¹³
宁	zɥ¹¹³	zɥ¹¹³	zɥ¹¹³	n̠yʮ¹¹³	n̠yʮ¹¹³	n̠yʮ¹¹³
黄	zɥ¹¹³	zy¹¹³	zy¹¹³	ʔn̠yʮ⁵³³	n̠yʮ¹¹³	n̠yʮ¹¹³
温	zl̩²⁴	zï²⁴	zï²⁴	n̠y²⁴	n̠y²²	n̠y²²
衢	ʃɥ⁵³/ɕɥ⁵³/ʒɥ³¹/zy³¹	ʃɥ⁵³/ɕɥ⁵³/ʒɥ³¹/zɥ³¹	ʃɥ⁵³/ʒɥ³¹	ʔn̠y⁵³	ʔɦiy³¹	ʔɦiy³¹
华	ɕɥy	ɕɥy⁴⁵	ɕɥy⁴⁵	ʔn̠ɥy⁵⁴⁴	ɦɥy²⁴	ɦɥy²⁴
永	ɕʑyʏ²¹⁴	ɕʑyʏ²¹⁴	ɕʑyʏ²¹⁴	n̠ʏ³²³	n̠ʏ²¹⁴	n̠ʏ²¹⁴

遇合三平 虞疑 愚	遇合三平 虞疑 虞	遇合三平 虞疑 娱	遇合三上 语疑 语	遇合三去 遇疑 寓	遇合三平 鱼以 余	遇合三平 鱼以 馀	遇合三上 麌云 羽
ɦy$_ɥ^{223}$	ɦy$_ɥ^{223}$	ɦy$_ɥ^{223}$/ȵy$_ɥ^{223}$	ȵy$_ɥ^{231}$	ɦy$_ɥ^{231}$	ɦy$_ɥ^{24}$	ɦy$_ɥ^{223}$	ʔy$_ɥ^{55}$
ɦy$_z^{323}$	ɦy$_z^{323}$	ɦy$_z^{323}$	ʔȵy$_z^{445}$	ɦy$_z^{231}$	y$_z^{323}$	y$_z^{323}$	ɦy$_z^{224}$
ȵy$_z^{33}$	y$_z^{35}$	y$_z^{44}$	ȵy$_z^{35}$	y$_z^{44}$	y$_z^{35}$	y$_z^{35}$	y$_z^{323}$
y$_z^{22}$	y$_z^{22}$	y$_z^{22}$	ɦy$_z^{213}$	y$_z^{41}$	y$_z^{22}$	y$_z^{22}$	y$_z^{22}$
ɦy$_ɥ^{113}$	ɦy$_ɥ^{113}$	ɦy$_ɥ^{113}$	ʔy$_ɥ^{324}$	ɦy$_ɥ^{113}$	ɦy$_ɥ^{113}$	ɦy$_ɥ^{113}$	ʔy$_ɥ^{324}$
ɦy$_ɥ^{223}$	ɦy$_ɥ^{223}$	ɦy$_ɥ^{223}$	ʔy$_ɥ^{334}$	ʔy$_ɥ^{51}$	ɦy$_ɥ^{223}$	ɦy$_ɥ^{223}$	ʔy$_ɥ^{223}$
ɦy^{223}	ɦy^{223}	ɦy^{223}	ʔȵy^{45}	ɦy^{223}	ɦy^{223}	ɦy^{223}	ɦy^{223}
ɦy$_ɥ^{213}$	ɦy$_ɥ^{213}$	ɦy$_ɥ^{213}$	ʔy$_ɥ^{334}$	ɦy$_ɥ^{24}$	ɦy$_ɥ^{213}$	ɦy$_ɥ^{213}$	ʔ y$_ɥ^{334}$
ɦy^{213}	ɦy^{213}	ɦy^{213}	ȵy$^{213/33}$	ɦy^{213}	ɦy^{213}	ɦy^{213}	ɦy$^{213/33}$
ɦy$_ɥ^{231}$/ȵy$_ɥ^{231}$	ɦy$_ɥ^{223}$	ɦy$_ɥ^{223}$	ȵy$_ɥ^{231}$/ɦy$_ɥ^{231}$	ȵy$_ɥ^{231}$/ɦy$_ɥ^{23}$	ɦy$_ɥ^{223}$	ɦy$_ɥ^{223}$	ʔy$_ɥ^{44}$
ȵy^{233}/ɦy^{233}	ȵy^{233}	ȵy^{233}	ȵy^{31}	ȵy^{213}	ɦy^{233}	ɦy^{233}	ɦy^{31}
ɦy^{24}	ɦy^{24}	ɦy^{24}	ɦy^{223}	ɦy^{223}	ɦy^{24}	ɦy^{24}	ʔy^{44}
ɦy^{231}	ɦy^{231}	ɦy^{231}	ȵy^{213}	ɦy^{213}	ɦy^{231}	ɦy^{231}	ɦy^{213}
ɦy^{231}	ɦy^{231}	ɦy^{231}	ȵy^{213}/ɦy^{213}	ɦy^{213}	ɦy^{231}	ɦy^{231}	ʔy^{434}
ɦy^{113}	ɦy^{113}	ɦy^{113}	ȵy^{113}	ɦy^{113}	ɦy^{113}	ɦy^{113}	ɦy^{113}
ɦy^{113}	ɦy^{113}	ɦy^{113}/ȵy^{113}	ȵy^{113}/ɦy^{113}	ɦy^{113}	ɦy^{113}	ɦy^{113}	ɦy^{113}
ɦy^{231}	ɦy^{231}	ɦy^{231}/ȵy^{231}	ȵy^{113}	ɦy^{113}	ɦy^{231}	ɦy^{231}	ɦy^{113}
ɦy$_ɥ^{24}$	ɦy$_ɥ^{24}$	ȵy$_ɥ^{24}$	ȵy$_ɥ^{32}$	ɦy$_ɥ^{213}$	ɦy$_ɥ^{24}$	ɦy$_ɥ^{24}$	ɦy$_ɥ^{32}$
ɦy^{24}	ɦy^{24}	ȵy^{24}	ȵy^{223}	ɦy^{212}	ɦy^{24}	ɦy^{24}	ɦy^{223}
ɦy^{231}	ɦy^{231}	ɦy^{231}	ɦy^{223}	ʔy^{334}	ɦy^{231}	ɦy^{231}	ʔy^{44}
ȵi$_z^{113}$	ɦi$_z^{113}$	ȵi$_z^{113}$	ʔȵi$_z^{53}$	ȵi$_z^{113}$	ɦi$_z^{113}$	ɦi$_z^{113}$	ʔi$_z^{53}$
ɦy^{212}	ɦy^{212}	ɦy^{212}	ʔȵy^{51}	ɦy^{113}	ɦy^{212}	ɦy^{212}	ʔy^{51}
ɦy$_ɥ^{231}$	ɦy$_ɥ^{231}$	ɦy$_ɥ^{231}$	ȵy$_ɥ^{113}$	ɦy$_ɥ^{22}$	ɦy$_ɥ^{231}$	ɦy$_ɥ^{231}$	ɦy$_ɥ^{113}$
ȵy$_ɥ^{233}$	ɦy$_ɥ^{233}$	ɦy$_ɥ^{233}$	ȵy$_ɥ^{231}$	ȵy$_ɥ^{233}$	ɦy$_ɥ^{233}$	ɦy$_ɥ^{233}$	ɦy$_ɥ^{231}$
ȵy$_ɥ^{31}$	ɦy$_ɥ^{31}$	ʋʊ^{31}	ȵy$_ɥ^{22}$	ȵy$_ɥ^{14}$/ɦy$_ɥ^{14}$	ɦy$_ɥ^{31}$	ɦy$_ɥ^{31}$	ɦy$_ɥ^{22}$
ȵy^{312}	ɦy^{312}	ɦy^{312}	ȵy^{22}	ȵy^{13}	ɦy^{312}	ɦy^{312}	ɦy^{22}
ɦy^{113}/ȵy^{113}	ɦy^{113}	ɦy^{113}	ȵy^{113}	ȵy^{113}/ɦy^{113}	ɦy^{113}	ɦy^{113}	ɦy^{113}
ɦy$_ɥ^{113}$	ɦy$_ɥ^{113}$	ɦy$_ɥ^{113}$	ȵy^{113}	ȵy$_ɥ^{113}$	ɦy$_ɥ^{113}$	ɦy$_ɥ^{113}$	ɦy$_ɥ^{113}$
ȵy$_ɥ^{311}$	ȵy$_ɥ^{311}$	ȵy$_ɥ^{311}$	ʔȵy$_ɥ^{533}$	ȵy$_ɥ^{113}$	ɦy$_ɥ^{311}$	ɦy$_ɥ^{311}$	ʔy$_ɥ^{533}$
ȵy^{231}	ȵy^{231}	ȵy^{231}	ȵy$^{\underline{24}}$	ȵy^{22}	ʋʊ^{231}	ʋʊ^{231}	ʋʊ$^{\underline{24}}$
ʔɦy^{323}	ʔɦy^{323}	ʔɦy^{323}	ʔȵy^{53}	ʔ ɦy^{31}	ʔ ɦy^{323}	ʔ ɦy^{323}	ʔ y^{53}
ʔɥy^{324}	ʔɥy^{324}	ʔɥy^{324}	ʔȵɥy^{544}	ɦɥy^{24}	ʔɥy^{324}	ʔɥy^{324}	ʔɥy^{544}
ȵʏ^{322}	ȵʏ^{322}	ȵʏ^{322}	ȵʏ^{323}	ȵʏ^{214}	ʔɦʏ^{322}	ʔɦʏ^{322}	ʔɦʏ^{323}

摄口 等调 韵声	遇合 三上 虞云	遇合 三上 虞以	遇合 三去 御以	遇合 三去 遇以	遇合 三去 遇以	遇合 三上 虞云	遇合 三平 鱼影	遇合 三平 虞影
	宇	愈	预	喻	裕	雨	於	迀
宜	ɦy$_ʮ^{223}$	ɦy$_ʮ^{231}$	ɦy$_ʮ^{231}$	ɦy$_ʮ^{231}$	ɦy$_ʮ^{231}$	ɦy$_ʮ^{24}$	ʔy$_ʮ^{55}$	ʔy$_ʮ^{55}$
溧	ɦy$_z^{224}$/ʔy$_z^{445}$	ʔy$_z^{445}$	ɦy$_z^{231}$	ɦy$_z^{231}$	ɦy$_z^{231}$	ʔy$_z^{445}$	y$_z^{323}$	ʔy$_z^{445}$
金	y$_z^{44}$	y$_z^{323}$	y$_z^{44}$	y$_z^{44}$	y$_z^{44}$	y$_z^{323}$	y$_z^{35}$	ny$_z^{31}$
丹	y$_z^{22}$	y$_z^{44}$	y$_z^{41}$	y$_z^{41}$	y$_z^{41}$	y$_z^{44}$	y$_z^{22}$	y$_z^{22}$
童	ʔy$_ʮ^{324}$	ʔy$_ʮ^{324}$	ɦy$_ʮ^{113}$	ɦy$_ʮ^{113}$	ɦy$_ʮ^{113}$	ʔy$_ʮ^{324}$	ɦy$_ʮ^{113}$	
靖	ʔy$_ʮ^{334}$	ʔy$_ʮ^{51}$	ʔy$_ʮ^{51}$	ʔy$_ʮ^{51}$	ʔy$_ʮ^{51}$	ʔy$_ʮ^{334}$	ɦy$_ʮ^{223}$	ʔy$_ʮ^{433}$
江	ɦy^{223}	ɦy^{223}	ɦy^{223}	ɦy^{223}	ɦy^{223}	ʔy^{45}	ɦy^{223}	ʔy^{51}
常	ʔy$_ʮ^{334}$	ʔy$_ʮ^{334}$	ɦy$_ʮ^{24}$	ɦy$_ʮ^{24}$	ɦy$_ʮ^{24}$	ʔy$_ʮ^{334}$	ɦy$_ʮ^{213}$	ʔy$_ʮ^{44}$
锡	ɦy$^{213/33}$	ɦy$^{213/33}$	ɦy^{213}	ɦy^{213}	ɦy^{213}	ɦy$^{33/213}$	ɦy^{213}	ʔy^{55}
苏	ʔy$_ʮ^{44}$	ɦy$_ʮ^{231}$	ɦy$_ʮ^{231}$	ɦy$_ʮ^{231}$	ɦy$_ʮ^{231}$	ɦy$_ʮ^{231}$	ʔy$_ʮ^{44}$	ʔy$_ʮ^{44}$
熟	ɦy^{31}	ɦy^{31}	ɦy^{213}	ɦy^{213}	ɦy^{213}	ɦy^{31}	ʔy^{52}	ʔy^{52}
昆	ɦy^{223}	ʔy^{52}	ɦy^{223}	ɦy^{223}	ɦy^{223}	ɦy^{223}	ʔy^{44}	ʔy^{44}
霜	ɦy^{213}	ɦy^{213}	ɦy^{213}	ɦy^{213}	ɦy^{213}	ɦi^{213}/ɦy^{2}	ɦy^{231}	ʔy^{52}
罗	ɦy^{213}	ɦy^{213}	ɦy^{213}	ɦy^{213}	ɦy^{213}	ɦy^{213}	ɦy^{231}	ʔy^{52}
周	ɦy^{113}	ɦy^{113}	ɦy^{113}	ɦy^{113}	ɦy^{113}	ɦy^{113}	ʔy^{52}	ʔy^{52}
上	ɦy^{113}	ɦy^{113}	ɦy^{113}	ɦy^{113}	ɦy^{113}	ɦy^{113}	ɦy^{113}	ʔy^{334}
松	ɦy^{113}	ɦy^{113}	ɦy^{113}	ɦy^{231}	ɦy^{231}	ɦy^{113}	ɦy^{231}	ʔy^{52}
黎	ʔy$_ʮ^{51}$	ɦy$_ʮ^{24}$	ɦy$_ʮ^{213}$	ny$_ʮ^{213}$	ɦy$_ʮ^{213}$	ɦy$_ʮ^{32}$	ʔy$_ʮ^{44}$	ʔy$_ʮ^{44}$
盛	ɦy^{223}	ɦy^{42}	ɦy^{212}	ʔy^{44}	ɦy^{212}	ɦy^{223}	ʔy^{44}	ʔy^{44}
嘉	ʔy^{44}	ɦy^{231}	ʔy^{44}	ʔy^{44}	ʔy^{44}	ʔy^{44}	ʔy^{51}	ʔy^{51}
双	ʔi$_z^{53}$	ɦi$_z^{231}$	ɦi$_z^{113}$	ɦi$_z^{113}$	ɦi$_z^{113}$	ɦi$_z^{113}$	ɦi$_z^{113}$	ʔi$_z^{44}$
杭	ʔy^{51}	ʔy^{51}	ɦy^{113}	ɦy^{113}	ɦy^{113}	ʔy^{51}	ɦy^{212}	ɦy^{212}
绍	ɦy$_ʮ^{113}$	ɦy$_ʮ^{113}$	ɦy$_ʮ^{22}$	ɦy$_ʮ^{22}$	ɦy$_ʮ^{22}$	ɦy$_ʮ^{113}$	ɦy$_ʮ^{231}$	ʔy$_ʮ^{52}$
诸	ɦy$_ʮ^{231}$	ɦy$_ʮ^{231}$	ɦy$_ʮ^{233}$	ɦy$_ʮ^{233}$	ɦy$_ʮ^{233}$	ɦy$_ʮ^{231}$	ɦy$_ʮ^{233}$	ʔy$_ʮ^{544}$
崇	ɦy$_ʮ^{22}$	ɦy$_ʮ^{22}$	ɦy$_ʮ^{14}$	ɦy$_ʮ^{14}$	ɦy$_ʮ^{14}$	ɦy$_ʮ^{22}$	ʔy$_ʮ^{53}$	ʔy$_ʮ^{53}$
太	ɦy^{22}	ɦy^{22}	ɦy^{13}	ɦy^{13}	ɦy^{13}	ɦy^{22}	ʔy^{523}	ʔy^{523}
余	ɦy^{113}	ɦy^{113}	ɦy^{113}	ɦy^{113}	ɦy^{113}	ɦy^{113}	ɦy^{113}	ʔy^{324}
宁	ɦy$_ʮ^{113}$	ɦy$_ʮ^{113}$	ɦy$_ʮ^{113}$	ɦy$_ʮ^{113}$	ɦy$_ʮ^{113}$	ɦy$_ʮ^{113}$	ɦy$_ʮ^{113}$	ʔy$_ʮ^{52}$
黄	ʔy$_ʮ^{533}$	ʔy$_ʮ^{533}$	ɦy$_ʮ^{113}$	ɦy$_ʮ^{113}$	ɦy$_ʮ^{113}$	ʔy$_ʮ^{533}$	ʔy$_ʮ^{533}$	ʔy$_ʮ^{533}$
温	vʋ^{4}	vʋ^{24}	vʋ^{22}	vʋ^{22}	vʋ	vʋ^{24}	ʔʋʋ^{44}	ʔʋʋ^{44}
衢	ʔy^{53}	ʔy^{53}	ʔɦy^{31}	ʔɦy^{31}	ʔɦy^{31}	ʔy^{53}	ʔɦy^{323}	ʔy^{434}
华	ʔɥy^{544}	ʔɥy^{544}	ɦɥy^{24}	ɦɥy^{24}	ɦɥy^{24}	ʔɥy^{544}	ʔɥy^{324}	ʔɥy^{324}
永	ʔɦyɤ^{323}	ʔɦyɤ^{323}	ʔɦyɤ^{214}	ʔɦyɤ^{214}	ʔɦyɤ^{214}	ʔɦyɤ^{323}	ʔɦyɤ^{322}	ʔy^{44}

山合 三平 仙以	山合 三上 狝见	山合 三去 线见	山合 三去 线见	山合 三平 仙溪	山合 四上 铣溪
捐	卷	绢	眷	圈~子	犬
tɕyĩ⁵⁵	tɕyĩ⁵¹	tɕyĩ⁵⁵	tɕyĩ⁴¹²	tɕʻyĩ⁵⁵	tɕʻyĩ⁵⁵
tɕyʊ⁴⁴⁵	tɕyʊ⁵²	tɕyʊ⁴¹²	tɕyʊ̃⁴⁴	tɕʻyʊ⁴⁴⁵	tɕʻyʊ⁵²
tɕyĩ⁴⁴/tɕyʊ̃⁴⁴/tɕyæ⁴⁴少	tɕyĩ³²³/tɕyʊ̃³²³	tɕyĩ⁴⁴/tɕyʊ̃⁴⁴/tɕyæ⁴⁴	tɕʏ⁴¹	tɕʻyĩ³¹/tɕʻyʊ̃³¹	tɕʻyĩ³²³/tɕʻyʊ̃³²³
tɕʏ²²	tɕʏ⁴⁴	tɕʏ⁴¹	tɕiɯɯ⁴⁵	tɕʻʏ²²	tɕʻʏ⁴⁴
tɕiɯɯ⁴²/tʃʸʊ⁴²	tɕiɯ^u³²⁴/tʃʸʊ³²⁴	tɕiɯɯ⁴⁵/tʃʸʊ⁴⁵	tɕyɯ̃⁵¹	tɕʻiɯ⁴²/tʃʻʸʊ⁴²	tɕʻiɯ^u³²⁴/tʃʻʸʊ³²⁴
tɕyɯ̃⁴³³	tɕyɯ̃³³⁴	tɕyɯ̃⁵¹	tɕyθ⁴³⁵	tɕʻyɯ̃⁴³³	tɕʻyɯ̃³³⁴
tɕyθ⁵¹	tɕyθ⁴⁵	tɕyθ̃⁴³⁵	tɕiɔ⁵¹	tɕʻyθ⁵¹	tɕʻyθ⁴⁵
tɕiɔ⁴⁴	tɕiɔ³³⁴	tɕiɔ⁵¹	tɕio³⁵	tɕʻiɔ⁴⁴	tɕʻiɔ³³⁴
tɕio³⁵	tɕio³²⁴	tɕio³⁵	tɕiθ⁴¹²	tɕʻio⁵⁵	tɕʻio³²⁴
tɕiθ⁴⁴	tɕiθ⁵¹	tɕiθ⁴¹²	tɕiʏ³²⁴	tɕʻiθ⁴⁴	tɕʻiθ⁵¹
tɕiʏ⁵²	tɕiʏ⁴⁴	tɕiʏ³²⁴	tɕyθ⁵²	tɕʻiʏ⁵²	tɕʻiʏ⁴⁴
tɕyθ⁵²	tɕyθ⁵²	tɕyθ⁵²	tɕiʌʏ⁴³⁴	tɕʻyθ⁴⁴	tɕʻyθ⁵²
tɕiʌʏ⁵²	tɕi^ʏ⁴³⁴	tɕi^ʏ⁴³⁴	tɕiʌʏ⁴³⁴	tɕʻi^ʏ⁵²	tɕʻi^ʏ⁴³⁴
tɕi^ʏ⁵²	tɕi^ʏ⁴³⁴	tɕi^ʏ⁴³⁴	tɕyθ³³⁵	tɕʻi^ʏ⁵²	tɕʻi^ʏ⁴³⁴
tɕyθ⁵²	tɕyθ⁴⁴	tɕyθ³³⁵	tɕyθ³³⁴/tɕy³³⁴	tɕʻyθ⁵²	tɕʻyθ⁴⁴
tɕyθ⁵²/tɕy⁵²	tɕyθ³³⁴/tɕy³³⁴	tɕyθ³³⁴/tɕy³³⁴		tɕʻyθ⁵²/tɕʻy⁵²	tɕʻyθ³³⁴/tɕʻy³³⁴
tɕyθ⁵²	tɕyθ⁴⁴	tɕyθ³³⁵	tɕyθ³³⁵	tɕʻyθ⁵²	tɕʻyθ⁴⁴
tɕiθ⁴⁴	tɕiθ⁵¹	tɕiθ⁴¹³	tɕiθ⁴¹³	tɕʻiθ⁴⁴	tɕʻiθ³³⁴
tɕiθ⁴⁴	tɕiθ⁵¹	tɕiθ⁴¹³	tɕiθ⁴¹³	tɕʻiθ⁴⁴	tɕʻiθ³³⁴
tɕyʏə⁵¹	tɕyʏə⁴⁴	tɕyʏə³³⁴	tɕyʏə³³⁴	tɕʻyʏə⁵¹	tɕʻyʏə³²⁴
tɕɿ⁴⁴	tɕɿ⁵³	tɕɿ³³⁴	tɕɿ³³⁴	tɕʻɿ⁴⁴	tɕʻɿ⁵³
tɕyo³²⁴	tɕyo⁵¹	tɕyo³³⁴	tɕyo³³⁴	tɕʻyo³²³	tɕʻyo⁵¹
tɕyθ̃⁵²	tɕyθ̃³³⁴	tɕyθ̃³³	tɕyθ̃³³	tɕʻyθ̃⁵²	tɕʻyθ̃³³⁴
tɕiʏ⁵⁴⁴	tɕiʏ⁵²	tɕiʏ⁵⁴⁴	tɕiʏ⁵⁴⁴	tɕiʏ⁵⁴⁴	tɕʻiʏ⁵²
tɕyæ̃⁵³	tɕyæ̃⁴⁴	tɕyæ̃³²⁴	tɕyæ̃³²⁴	tɕʻyæ̃⁵³	tɕʻyæ̃⁴⁴
tɕyœ̃⁵²³	tɕyœ̃⁴²	tɕyœ̃³⁵	tɕyœ̃³⁵	tɕʻyœ̃⁵²³	tɕʻyœ̃⁴²
tɕyø̃³²⁴	tɕyø̃⁴³⁵	tɕyø̃⁵²	tɕyø̃⁵²	tɕʻyø̃³²⁴	tɕʻyø̃⁴³⁵
tɕy꜔⁵²	tɕy꜔³²⁵	tɕy꜔⁵²	tɕy꜔⁵²	tɕʻy꜔⁵²	tɕʻy꜔³²⁵
kø⁵³³	kø⁵³³	kø⁴⁴	kø⁴⁴	kʻø⁵³³	kʻø⁵³³
tɕy⁴⁴	tɕy³⁵̲	tɕy⁵²	tɕy⁵²	tɕʻy⁴⁴	tɕʻy³⁵̲
tʃʮə⁴³⁴	tʃʮə⁴⁵	tʃʮə⁵³	tʃʮə⁵³	tʃʻʮə⁴³⁴	tʃʻʮə⁴⁵
tɕʮæ³²⁴/tɕʮɕ³²⁴	tɕyæ⁵⁴⁴	tɕʮæ⁴⁵	tɕʮæ⁴⁵	tɕʻʮæ⁵⁴⁴	tɕʻʮæ⁵⁴⁴
tɕyə⁴⁴	tɕyə⁴³⁴	tɕyə⁵⁴	tɕyə⁵⁴	tɕʻyə⁴⁴	tɕʻyə⁴³⁴

摄口 等调 韵声	山合 三去 愿溪	山合 三去 愿溪	山合 三平 仙群	山合 三平 仙群	山合 三上 狝群	山合 三去 线群
	劝	券	权	拳	圈猪~	倦
宜	tɕʻyɪ̃³²⁴	tɕʻyɪ̃³²⁴	dʑyɪ̃²²³	dʑyɪ̃²²³	dʑyɪ̃²³¹	dʑyɪ̃²³¹
溧	tɕʻyʊ⁴¹²	tɕʻyʊ⁴¹²	dʑyʊ³²³	dʑyʊ³²³	tɕyʊ⁵²	dʑyʊ²³¹
金	tɕʻyɪ̃⁴⁴/tɕʻyʊ̃⁴⁴	tɕʻyɪ̃⁴⁴/tɕʻyʊ̃⁴⁴	tɕʻyɪ̃³⁵/tɕʻyʊ̃³⁵	tɕʻyɪ̃³⁵/tɕʻyʊ̃³⁵	tɕʻyɪ̃³¹/tɕʻyʊ̃³¹	tɕyɪ̃⁴⁴/tɕyʊ̃⁴⁴
丹	tɕʻɤ³²⁴	tɕʻɤ³²⁴	dʑɤ²¹³	dʑɤ²¹³	tɕɤ⁴¹	tɕɤ⁴¹
童	tɕʻiɯuᵘ⁴⁵/tʃʻyʊ⁴⁵	tɕʻiɯu⁴⁵/tʃʻyʊ⁴⁵	giɯuᵘ¹¹³/dʑiɯu¹¹³	giɯu¹¹³	dʑiɯuᵘ¹¹³	dziɯuᵘ¹¹³
靖	tɕʻyũ⁵¹	tɕʻyũ⁵¹	dʑyũ²²²	dʑyũ²²³	dʑyũ³¹	dʑyũ³¹
江	tɕʻyɵ⁴³⁵	tɕʻyɵ⁴³⁵	dʑyɵ²²³	dʑyɵ²²³	dʑyɵ²²³	dʑyɵ²²³
常	tɕʻiɔ⁵¹	tɕʻiɔ⁵¹	dʑiɔ²¹³	dʑiɔ²¹³	dʑiɔ²⁴	dʑiɔ²⁴
锡	tɕʻio³⁵	tɕʻio³⁵	dʑio²¹³	dʑio²¹³	dʑio²¹³	dʑio²¹³
苏	tɕʻiɵ⁴¹²	tɕʻiɵ⁴¹²	dʑiɵ²²³	dʑiɵ²²³	tɕʻiɵ⁵¹	dziɵ²³¹
熟	tɕʻiɤ³²⁴	tɕʻiɤ³²⁴	dʑiɤ²³³	dʑiɤ²³³	dʑiɤ²¹³	dziɤ²¹³
昆	tɕʻyɵ⁵²	tɕʻyɵ⁵²	dʑyɵ¹³²	dʑyɵ¹³²	tɕʻɤ⁴⁴	dzyɵ²¹
霜	tɕʻiᶺɤ⁴³⁴	tɕʻiʌɤ⁴³⁴	dʑiᶺʌɤ²³¹	dʑiʌɤ²³¹	dʑiᶺɤ²¹²	dziᶺɤ²¹³
罗	tɕʻiᶺɤ⁴³⁴	tɕʻiʌɤ⁴³⁴	dʑiᶺʌɤ²³¹	dʑiʌɤ²³¹	dʑiᶺɤ²¹³	dziᶺɤ²¹³
周	tɕʻyɵ³³⁵	tɕʻyɵ³³⁵	dʑyɵ¹¹³	dʑyɵ¹¹³	dʑyɵ¹¹³	dzyɵ¹¹³
上	tɕʻyɵ³³⁴/tɕʻy³³⁴	tɕʻyɵ³³⁴/tɕʻy³³⁴	dʑyɵ¹¹³/dʑy¹¹³	dʑyɵ¹¹³/dʑy¹¹³	tɕʻyɵ⁵²/tɕʻy⁵²	dzyɵ¹¹³/dzy¹¹³
松	tɕʻyɵ³³⁵	tɕʻyɵ³³⁵	dʑyɵ²³¹	dʑyɵ²³¹	tɕyɵ⁴⁴	dzyɵ¹¹³
黎	tɕʻiɵ³²⁴	tɕʻiɵ³²⁴	dʑiɵ²⁴	dʑiɵ²⁴	tɕʻiɵ³³⁴	dziɵ²¹³
盛	tɕʻiɵ³¹⁵	tɕʻiɵ³¹³	dʑiɵ²⁴	dʑiɵ²⁴	tɕʻiɵ³³⁴	dziɵ²¹²
嘉	tɕʻyɤə³³⁴	tɕʻyɤə³³⁴	dʑyɤə²³¹	dʑyɤə²³¹	tɕʻyɤə³²⁴	dzyɤə²²³
双	tɕʻɿ³³⁴	tɕʻɿ³³⁴	dʑɿ¹¹³	dʑɿ¹¹³	dʑɿ²³¹	dzɿ¹¹³
杭	tɕʻyo³³⁴	tɕʻɤo³³⁴	dʑɤo²¹²	dʑɤo²¹²	tɕɤo²¹³	dzɤo¹¹³
绍	tɕʻyɵ̃³³	tɕʻyɵ̃³³	dʑyɵ̃²³¹	dʑyɵ̃²³¹	tɕʻyɵ̃³³⁴	dzyɵ̃²²
诸	tɕʻiɤ⁵⁴⁴	tɕʻiɤ⁵⁴⁴	dʑiɤ²³³	dʑiɤ²³³	dʑiɤ⁵²	dziɤ²³³
崇	tɕʻyœ̃³²⁴	tɕʻyœ̃³²⁴	dʑyœ̃³¹	dʑyœ̃		dzyœ̃¹⁴
太	tɕʻyœ³⁵	tɕʻyœ³⁵	dʑyœ̃³¹²	dʑyœ̃³¹²		dzyœ̃¹³
余	tɕʻyɵ̃⁵²	tɕʻyɵ̃⁵²	dʑyɵ̃¹¹³	dʑyɵ̃¹¹³	dʑyɵ̃¹¹³	dzyɵ̃¹¹³
宁	tɕʻyʯ⁵²	tɕʻyʯ⁵²	dʑyʯ¹¹³	dʑyʯ¹¹³		dzyʯ¹¹³
黄	kʻɵ⁴⁴	kʻɵ⁴⁴	gɵ³¹¹	gɵ³¹¹		gɵ¹¹³
温	tɕʻy⁵²	tɕʻy⁵²	dʑy²³¹	dʑy²³¹		dzy²²
衢	tʃʻʮə⁵³	tʃʻʮə⁵³	dʒʮə³²³	dʒʮə⁵³³²³	dʒʮə³¹	dʒʮə³¹
华	tɕʻʮœ⁴⁵	tɕʻʮœ⁴⁵	tɕʮœ³²⁴	tɕʮœ³²⁴	tɕʮœ⁵⁴⁴	dzyœ̃²⁴
永	tɕʻyə⁵⁴	tɕʻyə⁵⁴	dʑyə³²²	dʑyə³²²	tɕʻyə⁴³⁴	dzyə²¹⁴

山合 三平 元疑	山合 三平 元疑	山合 三平 元疑	山合 三上 狝日	山合 三上 阮疑
源	元	原	软	阮
ɦyĩ^{223}	ɦyĩ^{223}	ɦyĩ^{223}	n̠ʑyĩ^{24}	n̠ʑyĩ^{24}
n̠ʑyʊ^{323}	n̠ʑyʊ^{323}	n̠ʑyʊ^{323}	n̠ʑyʊ^{445}	n̠ʑyʊ^{445}
yĩ^{35}/yʊ̃^{35}	yĩ^{35}/yʊ̃^{35}	yĩ^{35}/yʊ̃^{35}	lu^{323}/lũ^{323}/luæ̃^{323}少	yʊ̃^{35}
ɦɤ^{213}	ɦɤ^{213}	ɦɤ^{213}	n̠ʑɤ^{213}	n̠ʑɤ^{213}
ɦiɯ^{u31}	ɦiɯ^{u31}	ɦiɯ^{u31}	n̠iɯ^{u324}	n̠iɯ^{u324}
ɦyũ^{433}	ɦyũ^{433}	ɦyũ^{433}	ʔn̠ʑyũ^{334}	ʔn̠ʑyũ^{334}
ɦyɵ^{223}/ɦɤ^{223}	ɦyɵ^{223}/ɦɤ^{223}	ɦyɵ^{223}/ɦɤ^{223}	ʔyɵ^{45}	ʔyɵ^{45}
ɦiɔ^{213}	ɦiɔ^{213}	ɦiɔ^{213}	n̠iɔ^{24}	n̠iɔ^{24}
n̠io^{213}	ɦio^{213}/n̠io^{213}	ɦio^{213}/n̠io^{213}	n̠io$^{213/33}$	n̠io$^{213/33}$
ɦiɵ^{223}/n̠iɵ^{223}	ɦiɵ^{223}/n̠iɵ^{223}	ɦiɵ^{223}/n̠iɵ^{223}	ŋɵ^{231}	n̠iɵ^{231}
n̠iɤ^{233}	n̠iɤ^{233}	n̠iɤ^{233}	ŋɛ̃ŋ^{31}	ɦiɤ^{31}
ɦyɵ^{132}/n̠yɵ^{132}	ɦyɵ^{132}/n̠yɵ^{132}	ɦyɵ^{132}/n̠yɵ^{132}	ŋɵ^{223}	n̠yɵ^{223}
n̠i'ɤ^{231}	n̠iʌɤ^{231}	n̠iʌɤ^{231}	ŋɪ^{213}	n̠i'ɤ^{213}
n̠i'ɤ^{231}	n̠iʌɤ^{231}	n̠iʌɤ^{231}	ŋ'ɪ^{213}	n̠i'ɤ^{213}
n̠ʑyɵ^{113}	n̠ʑyɵ^{113}	n̠ʑyɵ^{113}	n̠ʑyɵ^{113}	n̠ʑyɵ^{113}
ɦyɵ^{113}/n̠ʑyɵ^{113}/ɦy^{113}	ɦyɵ^{113}/n̠ʑyɵ^{113}/ɦy^{113}	ɦyɵ^{113}/n̠ʑyɵ^{113}/ɦy^{113}	n̠ʑyɵ^{113}/n̠ʑy^{113}	n̠ʑyɵ^{113}/ɦyɵ^{113}/n̠ʑy^{113}
n̠ʑyɵ^{231}	n̠ʑyɵ^{231}	n̠ʑyɵ^{231}	n̠ʑyɵ^{113}	ɦɵ^{113}
n̠iɵ^{24}	n̠iɵ^{24}	n̠iɵ^{24}	n̠iɵ^{32}	ɦiɵ^{32}
n̠iɵ^{24}	ɦiɵ^{24}	ɦiɵ^{24}	n̠iɵ^{223}	n̠iɵ^{223}
n̠ʑyɤə^{231}	n̠ʑyɤə^{231}	n̠ʑyɤə^{231}/ɦyɤə^{231}	n̠ʑyɤə^{223}	ɦyɤə^{223}
n̠ɪ^{113}	n̠ɪ^{113}	n̠ɪ^{113}	n̠ɪ^{231}	n̠ɪ^{231}
ɦɤo^{212}	ɦɤo^{212}	ɦɤo^{212}	ʔn̠ʑɤo^{51}	ʔn̠ʑɤo^{51}
n̠ʑyɵ̃^{231}	n̠ʑyɵ̃^{231}	n̠ʑyɵ̃^{231}	n̠ʑyɵ̃^{113}	n̠ʑyɵ̃^{113}
ɦiɤ^{233}	ɦiɤ^{233}	ɦiɤ^{233}	n̠iɤ^{231}	ɦiɤ^{231}
n̠ʑyæ̃^{31}	n̠ʑyæ̃^{31}	n̠ʑyæ̃^{31}	n̠ʑyæ̃^{22}	n̠ʑyæ̃^{22}
n̠ʑyæ̃^{312}	n̠ʑyæ̃^{312}	n̠ʑyæ̃^{312}	n̠ʑyæ̃^{22}	n̠ʑyæ̃^{22}
ɦyø̃^{113}/n̠ʑyø̃^{113}	ɦyø̃^{113}/n̠ʑyø̃^{113}	ɦyø̃^{113}/n̠ʑyø̃^{113}	n̠ʑyø̃^{113}/zø̃^{113}	n̠ʑyø̃^{113}
n̠ʑyʮ^{113}	n̠ʑyʮ^{113}	n̠ʑyʮ^{113}	n̠ʑyʮ^{113}	n̠ʑyʮ^{113}
n̠ʑyɵ^{311}	n̠ʑyɵ^{311}	n̠ʑyɵ^{311}	ʔn̠ʑyɵ^{533}	ʔn̠ʑyɵ^{533}
n̠ʑy^{231}	n̠ʑy^{231}	n̠ʑy^{231}	n̠ʑy$^{\underline{24}}$	n̠ʑy$^{\underline{24}}$
ʔ ɦyə^{323}	ʔ ɦyə^{323}	ʔ ɦyə^{323}	n̠ʑyə^{31}	n̠ʑyə^{31}
n̠ʑɥæ̃^{213}/ʔɥæ̃^{324}	n̠ʑɥæ̃^{213}/ʔɥæ̃^{324}	n̠ʑɥæ̃^{213}/ʔɥæ̃^{324}	ʔn̠ʑɥæ̃^{544}/ʔn̠ʑɥæ̃^{544}	ʔn̠ʑɥæ̃^{544}/ʔn̠ʑɥæ̃^{544}
n̠ʑyə^{322}	n̠ʑyə^{322}	n̠ʑyə^{322}	n̠ʑyə^{323}	n̠ʑyə^{323}

摄口 等调 韵声	山合 三去 愿疑 愿	山合 三平 元晓 喧	山合 三平 元影 冤	山合 三去 愿影 怨	山合 三平 仙云 圆	山合 三平 仙云 员
宜	ȵyĩ^{231}	ɕyĩ^{55}	ʔyĩ^{55}	ʔyĩ^{324}	ɦyĩ^{323}	ɦyĩ^{223}
溧	ȵyʊ^{231}	ɕyʊ^{445}	ʔyʊ^{445}	ʔyʊ^{412}	yʊ^{323}	yʊ^{323}
金	yĩ^{44}/yʊ̃^{44}	ɕyĩ^{31}	yĩ^{31}/yʊ̃^{31}	yĩ^{44}	yʊ̃^{35}	yʊ̃^{35}
丹	ȵɣ^{41}	ɕɣ^{22}	ɣ^{22}	ɣ^{41}	ɦɣ^{213}	ɦɣ^{213}
童	ȵiɯ^{u113}	ɕiɯ^{u42}	ʔiɯ^{u42}	ʔiɯ^{u45}	ɦiɯ^{u31}	ɦiɯ^{u31}
靖	ʔyũ^{51}	ɕyũ^{433}	ʔyũ^{334}	ʔyũ^{51}	ɦyũ^{223}	ɦyũ^{223}
江	ɦyɵ^{223}	sɿ^{51}	ʔyɵ^{51}	ʔyɵ^{435}	ɦyɵ^{223}	ɦyɵ^{223}
常	ɦiɔ^{24}	ɕiɔ^{44}	ʔiɔ^{44}	ʔiɔ^{51}	ɦiɔ^{213}	ɦiɔ^{213}
锡	ȵio^{213}	ɕio^{55}	ʔio^{55}	ʔio^{35}	ɦio^{213}	ɦio^{213}
苏	ȵiɵ^{231}	ɕiɵ^{44}	ʔiɵ^{44}	ʔiɵ^{412}	ɦiɵ^{223}	ɦiɵ^{223}
熟	ȵiɣ^{213}	ɕiɣ^{52}	ʔiɣ^{52}	ʔiɣ^{213}	ɦiɣ^{233}	ɦiɣ^{233}
昆	ȵyɵ^{223}	ɕyɵ^{44}	ʔyɵ^{44}	ʔyɵ^{52}	ɦyɵ^{132}	ɦyɵ^{132}
霜	ȵiˆɣ^{213}	sɿ^{52}	ʔiˆɣ^{52}	ʔiˆɣ^{435}	ɦiˆɣ^{231}	ɦiʌɣ^{231}
罗	ȵiˆɣ^{213}	ɕiˆɣ^{52}	ʔiˆɣ^{52}	ʔiˆɣ^{434}	ɦiˆɣ^{231}	ɦiʌɣ^{231}
周	ȵyø^{113}	ɕyø^{52}	ʔyø^{52}	ʔyø^{335}	ɦyø^{113}	ɦyø^{113}
上	ȵyø^{113}/ɦyø^{113}/ɦy^{113}	ɕyø^{52}/ɕy^{52}	ʔyø^{52}/ʔy^{52}	ʔyø^{334}/ʔy^{334}	ɦyø^{113}/ɦy^{113}	ɦyø^{113}/ɦy^{113}
松	ȵyø^{113}	ɕyø^{52}	ʔø^{52}	ʔø^{335}	ɦø^{231}	ɦø^{231}
黎	ȵiɵ^{32}	sɿ^{44}	ʔiɵ^{44}	ʔiɵ^{413}	ɦiɵ^{24}	ɦiɵ^{24}
盛	ȵiɵ^{223}	ɕiɵ^{44}	ʔiɵ^{44}	ʔiɵ^{413}	ɦiɵ^{24}	ɦiɵ^{24}
嘉	ȵyɣə^{223}	ɕyɣə^{51}	ʔyɣə^{51}	ʔyɣə^{334}	ɦyɣə^{231}	ɦyɣə^{231}
双	ȵɿ^{113}	ɕɿ^{44}	ʔɿ^{44}	ʔɿ^{334}	ɦɿ^{113}	ɦɿ^{113}
杭	ȵɣo^{113}	ɕɣo^{323}	ʔɣo^{323}	ʔɣo^{334}	ɦɣo^{212}	ɦɣo^{212}
绍	ȵyɵ̃^{22}	ɕyɵ̃^{52}	ʔyɵ̃^{52}	ʔyɵ̃^{33}	ɦyɵ̃^{231}	ɦyɵ̃^{231}
诸	ȵiɣ^{233}	ɕii^{544}	ʔiɣ^{544}	ʔiɣ^{544}	ɦiɣ^{233}	ɦiɣ^{233}
崇	ȵyẽ^{14}	ɕiẽ^{53}	ʔyẽ^{53}	yẽ^{324}	ɦyẽ^{31}	ɦyẽ^{31}
太	ȵyẽ^{13}	ɕyẽ^{523}	ʔyẽ^{523}	ʔyẽ^{35}	ɦyẽ^{312}	ɦyẽ^{312}
余	ȵyø̃^{113}	ɕyø̃^{324}	ʔyø̃^{324}	ʔyø̃^{52}	ɦyø̃^{113}	ɦyø̃^{113}
宁	ȵyʮ^{113}	sø^{52}/ɕyʮ^{52}	ʔyʮ^{52}	ʔyʮ^{52}	ɦyʮ^{113}	ɦyʮ^{113}
黄	ʔȵyø^{533}	sø^{533}	ʔyø^{533}	ʔyø^{44}	ɦyø^{311}	ɦyø^{311}
温	ȵy^{22}	ɕy^{44}	ʔy^{44}	ʔy^{52}	ɦy^{231}	ɦy^{231}
衢	ȵyə^{31}	ʃɥə^{434}	ʔyə^{434}	ʔyə^{53}	ˀɦyə^{323}	ˀɦyə^{323}
华	ɦȵɥe^{24}/ȵɥæ^{24}	ɕɥæ^{324}	ʔɥæ^{324}	ʔyæ^{45}	ɦɥe^{324}	ȵɥæ^{324}
永	ȵyə^{214}	ɕyə^{44}	ʔyə^{44}	ʔyə^{54}	ˀɦyə^{322}	ˀɦyə^{322}

山合三平元云	山合三平仙以	山合三平元云	山合四平先匣	山合四平先匣	山合三上阮云	山合三去线云
援	缘	园	悬	玄	远	院
ɦyĩ^{223}	ɦyĩ^{223}	ɦyĩ^{223}	ʐyĩ^{223}	ʐyĩ^{223}	ɦyĩ^{24}	ɦyĩ^{231}
ʔyʊ^{445}	yʊ^{323}	yʊ^{323}	ʐyʊ^{323}	ʐyʊ^{323}	ʔyʊ^{445}	ɦyʊ^{231}
yʊ̃^{35}	yĩ^{35}	yĩ^{35}	ɕyĩ^{35}	ɕyʊ̃^{35}/ɕyĩ^{35}	yʊ̃^{35}	yʊ̃^{44}
ɦɤ^{213}	ɦɤ^{213}	ɦɤ^{213}	ɕɤ^{213}	ɕɤ^{213}	ɤ^{44}	ɤ^{41}
ɦiɯ^{u31}	ɦiɯ^{u31}	ɦiɯ^{u31}	ɦiɯ^{u31}	ɦiɯ^{31}/ʒyʊ^{31}	ʔiɯ^{324}	ɦiɯ^{u113}
ɦyũ^{223}	ɦyũ^{223}	ɦyũ^{223}	ɕʑyũ^{223}	ɦyũ^{223}/ɕʑyũ^{223}	ʔyũ^{334}	ʔyũ^{51}
ɦyɵ^{223}	ɦyɵ^{223}	ɦyɵ^{223}	ɦyɵ^{223}	ɦyɵ^{223}	ʔyɵ^{45}	ɦyɵ^{223}
ɦiɔ^{213}	ɦiɔ^{213}	ɦiɔ^{213}	ɦiɔ^{213}/ʑiɔ^{213}	ɦiɔ^{213}/ʑiɔ^{213}	ɦiɔ^{24}	ɦiɔ^{24}
ɦio^{213}	ɦio^{213}	ɦio^{213}	ɦio^{213}	ɦio^{213}	ɦio^{213}	ɦio^{213}
ʔie^{51}	ɦie^{223}	ɦie^{223}	ɦie^{223}	ɦie^{223}	ɦie^{231}	ɦie^{231}
ɦiɤ^{233}	ɦiɤ^{233}	ɦiɤ^{233}	ɦiɤ^{233}	ɦiɤ^{213}	ɦiɤ^{31}	ɦiɤ^{213}
ʔyɵ^{52}	ɦyɵ^{132}	ɦyɵ^{132}	ɦyɵ^{223}	ɦyɵ^{132}	ɦyɵ^{223}	ɦyɵ^{21}
ʔiʌɤ^{52}	ɦiʌɤ^{231}	ɦiʌɤ^{231}	ɦiʌɤ^{213}	ɦiɤ^{231}	ɦiʌɤ^{213}	ɦiʌɤ^{213}
ɦiʌɤ^{231}	ɦiʌɤ^{231}	ɦiʌɤ^{231}	ɦiʌɤ^{213}	ɦiʌɤ^{231}	ɦiʌɤ^{213}	ɦiʌɤ^{213}
ɦyø^{113}	ɦyø^{113}	ɦyø^{113}	ɦyø^{113}	ɦyø^{113}	ɦyø^{113}	ɦyø^{113}
ɦyø^{113}/ɦy^{113}	ɦyø^{113}/ɦy^{113}	ɦyø^{113}/ɦy^{113}	ɦyø^{113}/ɦy^{113}	ɦyø^{113}/ɦy^{113}	ɦyø^{113}/ɦy^{113}	ɦyø^{113}/ɦy^{113}
ɦø^{231}	ɦø^{231}	ɦø^{231}	ɦø^{231}	ɦø^{231}	ɦø^{113}	ɦø^{113}
ɦiɵ^{24}	ɦiɵ^{24}	ɦiɵ^{24}	ɦiɵ^{24}	ɦiɵ^{24}/ɦiɿ^{24}	ɦiɵ^{32}	ʔie^{413}
ɦie^{24}	ɦie^{24}	ɦie^{24}	ɦie^{24}	ɦie^{24}	ɦie^{223}	ʔie^{413}
ɦyɤə^{231}	ɦyɤə^{231}	ɦyɤə^{231}	ɦie^{231}	ɦie^{231}	ɦyɤə^{223}	ʔyɤə^{334}
ɦɿ^{113}	ɦɿ^{112}	ɦɿ^{113}	ɦɿ^{113}	ɦɿ^{113}	ɦɿ^{231}	ɦɿ^{113}
ɦɤo^{212}	ɦɤo^{212}	ɦɤo^{212}	ɦɤo^{212}	ɦɤo^{212}	ʔyo^{51}	ɦɤo^{113}
ɦyɵ̃^{231}	ɦyɵ̃^{231}	ɦyɵ̃^{231}	ɦyɵ̃^{231}	ɦyɵ̃^{231}	ɦyɵ̃^{113}	ɦyɵ̃^{22}
ɦiɤ^{233}	ɦiɤ^{232}	ɦiɤ^{233}	ɦiɤ^{233}	ɦiɤ^{233}	ɦiɤ^{231}	ɦiɤ^{233}
ɦyœ̃^{31}	ɦyœ̃^{31}	ɦyœ̃^{31}	ɦyœ̃^{31}	ɦyœ̃^{31}	ɦyœ̃^{22}	ɦyœ̃^{14}
ɦyœ̃^{312}	ɦyœ̃^{312}	ɦyœ̃^{312}	ɦyœ̃^{312}	ɦyœ̃^{312}	ɦyœ̃^{22}	ɦyœ̃^{13}
ɦyø̃^{113}	ɦyø̃^{113}	ɦyø̃^{113}	ɦyø̃^{113}	ɦyø̃^{113}	ɦyø̃^{113}	ɦyø̃^{113}
ɦyɥ̩^{113}	ɦyɥ̩^{113}	ɦyɥ̩^{113}	ɦyɥ̩^{113}	ɦyɥ̩^{113}/ɦiɿ^{113}	ɦyɥ̩^{113}	ɦyɥ̩^{113}
ɦyø^{311}	ɦyø^{311}	ɦyø^{311}	ɦyø^{311}	ɦyø^{311}	ʔyø^{533}	ɦyø^{113}
ɦy^{231}	ɦy^{231}	ɦy^{231}	ɦy^{231}	ɦy^{231}/ɦi^{231}	ɦy$^{\underline{24}}$	ɦy^{22}
ʔɦyə^{323}	ʔɦyə^{323}	ʔɦyə^{323}	ʒɥə^{323}	ʒyə^{323}	ʔɦyə^{31}	ʔɦyə^{31}
ʔɥæ^{324}	ʔɥæ^{324}	ʔɥæ^{324}	ɕɥæ^{213}	ɕɥæ^{213}/ɦɥe^{213}	ʔɥæ^{544}	ɦɥæ^{24}
ʔɦyə^{322}	ʔɦyə^{322}	ʔɦyə^{322}	ʔɦyə^{32}	ʔɦyə^{322}	ʔɦyə^{323}	ʔɦyə^{214}

摄口	山合	山合	山合	山合	山合
等调	四去	三平	三平	三上	三平
韵声	霰匣	仙从	仙心	狝心	仙邪
	县	全	宣	选	旋
宜	ɦyĩ²³¹	zyĩ²²³	ɕyĩ⁵⁵	ɕyĩ⁵¹	ʑyĩ²²³
溧	ɦyʊ²³¹	ʑyʊ³²³	ɕyʊ⁴⁴⁵	ɕyʊ⁵²	ɕʑyʊ³²³
金	ɕiᵤ⁴⁴	tsʻʊ³⁵/tɕyĩ³⁵/tsʻuʊ³⁵	suʊ³¹/ɕyũ	ɕyĩ	ɕyĩ⁴⁴
丹	ɕɪ⁴¹	dzɣ²¹³	ɕɣ²²	ɕɣ⁴⁴	ɕʑɣ²¹³
童	ɦiɯᵘ¹¹³	ʑiɯ³¹	ɕiɯᵘ⁴²	ɕiɯᵘ³²⁴	ʑiɯ³¹
靖	ʔyũ⁵¹	zĩ²²³	ɕyũ⁴³³/sĩ⁴³³	sĩ³³⁴	szĩ²²³
江	ɦyθ²²³	dzɪ²²³	sɪ⁵¹	sɪ⁴⁵	zɪ²²³
常	ɦiɔ²⁴	ʑiɔ²¹³	ɕiɔ⁴⁴	ɕiɔ³³⁴	ʑiɔ²¹³
锡	ɦio²¹³	zɪ²¹³	sɪ⁵⁵	sɪ³²⁴	zɪ²¹³
苏	ɦiθ²³¹	ziɪ²²³	siɪ⁴⁴	siɪ⁵¹	ziɪ²²³
熟	ɦiɣ²¹³	dzie²³³	sie⁵²	sie⁴⁴	dzie²³³
昆	ɦyθ²¹	zɪ¹³²	sɪ⁴⁴	sɪ⁵²	zɪ¹³²
霜	ɦiˆɣ²¹³	zɪ²³¹	sɪ⁵²	sɪ⁴³⁴	zɪ²³¹
罗	ɦiˆɣ²¹³	zi²³¹	si⁵²/ɕi⁵²	ɕi⁴³⁴/si⁴³⁴	zi²³¹
周	ɦiyø¹¹³	ʑi¹¹³	ɕi⁵²	ɕi⁴⁴	ʑi¹¹³
上	ɦiyø¹¹³/ɦiy¹¹³	dzyø¹¹³/dzy¹¹³/ʑyø¹¹³/ʑy¹¹³/ʑi¹¹³	ɕyø⁵²/ɕy⁵²/ɕi⁵²	ɕyø³³⁴/ɕy³³⁴/ɕi³³⁴	ʑyø¹¹³/ʑi¹¹³
松	ɦθ¹¹³	ʑi²³¹	ɕi⁵²/ɕyø⁵²	ɕi⁴⁴	ʑi²³¹
黎	ʔiθ⁴¹³	dziɪ²⁴	siɪ⁴⁴	ziɪ²¹³	ziɪ²⁴
盛	ʔiθ⁴¹³	dziɪ²⁴	siɪ⁴⁴	dziɪ²¹²	dziɪ²⁴
嘉	ʔie³³⁴	dzyɣə²³¹	ɕyɣə⁵¹	dzie²³³	dzie²³¹
双	ɦiɪ¹¹³	dzi¹¹³	ɕi⁴⁴	ɕɪ⁵³	ʑɪ¹¹³/dzi¹¹³
杭	ɦiie¹¹³/ɦiyo¹¹³	dzyo²¹²/dzie²¹²少	ɕyo³²³	ɕyo⁵¹	dzyo²¹²/ɕʑyo²¹²/dzie²¹²
绍	ɦyθ²²	dzyθ̃²³¹/dzĩ²³¹	ɕyθ̃⁵²/ɕĩ⁵²	ɕyθ̃³³⁴/ɕĩ³³⁴	zĩ²²/zyθ̃²² 少
诸	ɦiɣ²³³	dziɪ²³³	ɕiɪ⁵⁴⁴	ɕiɪ⁵²	ziɪ²³³
崇	ɦyœ¹⁴	dziẽ³¹	ɕiẽ⁵³	ɕiẽ⁴⁴	dziẽ¹⁴
太	ɦyæ̃¹³	dziẽ³¹²	ɕie⁵²³	ɕie⁴²	dziẽ¹³
余	ɦyɵ̃¹¹³	dzĩ¹¹³	ɕĩ³²⁴	ɕĩ⁴³⁵	dzĩ¹¹³
宁	ɦyʯ¹¹³	dzyʯ¹¹³/dzø¹¹³	sø⁵²/ɕyʯ⁵²	sø³²⁵/ɕyʯ³²⁵	zø¹¹³/ʑyʯ¹¹³
黄	ɦiyø¹¹³	zø³¹¹	sø⁵³³	sø⁵³³	zø³¹¹
温	ɦiy²²	ɦiy²³¹	ɕy⁴⁴	ɕy⁵⁵	ɦiy²²
衢	ʔɦiyə³¹	dʒʯə³²³	ʃɥə⁴³⁴/ɕɥə⁴³⁴	ɕɥə⁴⁵	ʒɥə³²³
华	ɕziæ²⁴	ɕɥe³²⁴	ɕɥe³²⁴/ɕɥæ̃³²⁴	ɕɥæ̃⁵⁴⁴/ɕɥe⁵⁴⁴	ɕʑɥe²¹³
永	ʔɦiyə²¹⁴	ɕʑyə³²²	ɕyə⁴⁴	ɕyə⁴³⁴	ɕʑyə³²²

臻合 三平 谆见	臻合 三平 文见	臻合 三平 文见	臻合 三上 准群	臻合 三上 準群	臻合 三去 稕精
均	军	君	窘	菌	俊
tɕyiŋ^{55}	tɕiŋ^{55}	tɕyiŋ^{55}	tɕioŋ^{51}	tɕyiŋ^{55}/tɕyiŋ^{51}	tɕyin^{324}
tɕyn^{445}	tɕyn^{445}	tɕyn^{445}	tɕyn^{52}	tɕyn^{445}/tɕyn^{52}	tɕyn^{52}
tɕyəŋ^{31}	tɕyŋ^{31}	tɕyəŋ^{31}	tɕyəŋ^{323}	tɕyəŋ^{323}	tɕyən^{44}
tɕyiŋ^{22}	tɕyiŋ^{22}	tɕyiŋ	tɕyiŋ	tɕyiŋ^{22}	tɕyin^{41}
tʃy$_{ɥ}$əŋ^{42}	tʃy$_{ɥ}$əŋ^{42}	tʃy$_{ɥ}$əŋ^{42}	tʃy$_{ɥ}$əŋ^{324}	tʃy$_{ɥ}$əŋ^{42}	tʃy$_{ɥ}$əŋ^{45}
tɕyɪŋ^{433}	tɕyɪŋ^{433}	tɕyɪŋ^{433}	tɕyɪŋ^{334}	tɕʻyɪŋ^{433}	tɕyɪŋ^{433}
tɕioŋ^{51}	tɕioŋ^{51}	tɕioŋ^{51}	tɕioŋ^{45}	tɕioŋ^{45}	tsɪŋ^{433}
tɕyɲ^{44}	tɕyɲ^{44}	tɕyɲ^{44}	tɕyɲ^{334}	tɕyɲ^{334}	tɕyɲ^{51}
tɕyɪŋ^{55}	tɕyɪŋ^{55}	tɕyɪŋ^{55}	tɕioŋ^{324}	tɕioŋ^{324}/tɕyɪŋ$^{324/55}$	tsɪŋ^{55}/tɕyɪŋ^{55}
tɕyɪŋ^{44}	tɕyɪŋ^{44}	tɕyɪŋ^{44}	tɕyɪŋ^{51}/tɕioŋ^{51}	tɕioŋ^{51}/tɕyɪŋ^{51}	tsiɪŋ^{412}
tɕiʊŋ^{52}	tɕiʊŋ^{52}	tɕiʊŋ^{52}	tɕiʊŋ^{44}	tɕiʊŋ^{44}	tsĩŋ^{324}
tɕyn^{44}	tɕyn^{44}	tɕyn^{44}	tɕioŋ^{52}	tɕyn^{52}	tɕyn^{52}
tɕĩ^{52}	tɕĩ^{52}	tɕĩ^{52}	tɕioŋ^{134}	tɕĩ^{52}/tɕyĩ^{52}	tɕyĩ^{434}/tsĩ^{434}
tɕɪ^{52}	tɕɪ^{n52}	tɕɪ^{52}	tɕioŋ^{134}	tɕʻɪ^{n52}	tɕɪ^{n434}/tsɪ^{n434}
tɕioŋ^{52}	tɕioŋ^{52}	tɕioŋ^{52}	tɕioŋ^{44}	tɕioŋ^{52}/tɕʻioŋ^{44}/tɕʻyɪŋ^{44}	tɕiiŋ^{335}/tɕyɪŋ^{335}
tɕyɲ^{52}/tɕiʊŋ^{52}	tɕyɲ^{52}/tɕiʊŋ^{52}	tɕyɲ^{52}/tɕiʊŋ^{52}	tɕyɲ^{334}/tɕioŋ^{334}	tɕyɲ^{52}/tɕiʊŋ^{52}	tɕyɲ^{334}/tɕiɲ^{334}
tɕyɲ^{52}	tɕyɲ^{52}	tɕyɲ^{52}	tɕyn^{44}	tɕʻyɲ^{44}/tɕyɲ^{44}	tɕyɲ^{113}/tɕiɲ^{113}
tɕyəɲ^{44}	tɕyəɲ^{44}	tɕyəɲ^{44}	tɕyəɲ^{51}	tɕyəɲ^{51}	tsiəɲ^{413}
tɕyɪŋ^{44}	tɕyɪŋ^{44}	tɕyɪŋ^{44}	tɕioŋ^{51}	tɕyɪŋ^{51}	tsɪŋ^{413}/tsyɪŋ^{413}
tɕyn^{51}	tɕyn^{51}	tɕyn^{51}	tɕyn^{44}	tɕyn^{44}	tɕyn^{334}
tɕɪn^{44}	tɕɪn^{44}	tɕɪn^{44}	tɕɪn^{53}	tɕɪn^{53}	tɕɪn^{334}
tɕyɪn^{323}	tɕyɪn^{323}	少 tɕyɪn^{323}	tɕioŋ^{51}	tɕyɪn^{334}	tɕyɪn^{334}
tɕyɵ̃^{52}	tɕyɵ̃^{52}	tɕyɵ̃^{52}	tɕyɵ̃^{52}	tɕʻyɵ̃^{334}/tɕyɵ̃^{334}	tɕyɵ̃^{33}
tɕioŋ^{544}	tɕioŋ^{544}	tɕioŋ^{544}	tɕioŋ^{544}	tɕʻioŋ^{544}	tɕĩ^{544}
tɕiʊ^{n53}	tɕiʊ^{n53}	tɕiʊ^{ŋ}	tɕiʊ^{ŋ}	tɕʻiʊ^{n53}	tsɪŋ^{324}
tɕyŋ^{523}	tɕyŋ^{523}	tɕyŋ^{523}	tɕyŋ^{523}	tɕʻyŋ^{523}	tɕiŋ^{35}
tɕiʊŋ^{324}	tɕiʊŋ^{324}	tɕiʊŋ^{324}	tɕiʊŋ^{324}	tɕiʊŋ^{324}	tɕiʊŋ^{52}/tɕiɲ^{52}
tɕyoŋ^{52}	tɕyoŋ^{52}	tɕyoŋ^{52}	tɕyoŋ^{52}	tɕʻyoŋ^{52}	tsoŋ^{52}
kyɪŋ^{533}	kyɪŋ^{533}	kyɪŋ^{533}	tɕyoŋ^{533}	kʻyɪŋ^{533}	tsɥəɲ^{44}
tɕyoŋ^{44}	tɕyoŋ^{44}	tɕyoŋ^{44}	tɕyoŋ$^{\underline{35}}$	dʑyoŋ^{231}	tɕyoŋ^{52}
tʃɥən^{434}	tʃɥən^{434}	tʃɥən^{434}	tʃɥən^{45}	tʃɥən^{45}	tʃɥən^{53}
tɕɥ$_{y}$ɪn^{324}	tɕɥ$_{y}$ɪn^{324}	tɕɥ$_{y}$ɪn^{324}	tɕɥ$_{y}$ɪn^{544}	tɕɥ$_{y}$ɪn^{544}	tɕɥ$_{y}$ɪn^{45}
tɕʏɪŋ^{44}	tɕʏɪŋ^{44}	tɕʏɪŋ^{44}	tɕʏɪŋ^{434}	tɕʏɪŋ^{434}	tɕʏɪŋ^{54}

摄 等 韵	臻合 三平 文群	臻合 三去 问群	臻合 三平 文群	臻合 三平 文晓	臻合 三平 文晓	臻合 三平 文晓
	群	郡	裙	勋	熏	薰
宜	dʑyiŋ^{223}	dʑyiŋ^{231}	dʑyiŋ^{223}	ɕyiŋ^{55}	ɕyiŋ^{55}	ɕyiŋ^{55}
溧	dʑyn^{323}	tɕyn^{412}	dʑyn^{323}	ɕyn^{445}	ɕyn^{445}	ɕyn^{445}
金	tɕʻyəŋ^{35}	tɕyəŋ^{44}	tɕʻyəŋ^{35}	ɕyəŋ^{31}	ɕyəŋ^{31}	ɕyəŋ^{31}
丹	tɕyiŋ^{324}	tɕyiŋ^{41}	tɕyiŋ	ɕyiŋ	ɕyiŋ	ɕyiŋ^{22}
童	dʒyʮəŋ^{31}	dʒyʮəŋ^{113}	dʒyʮəŋ^{31}	ʃyʮəŋ^{42}	ʃyʮəŋ^{42}	ʃyʮəŋ^{42}
靖	dʑyiŋ^{223}	dʑyiŋ^{31}	dʑyiŋ^{223}	ɕyiŋ^{433}	ɕyiŋ^{433}	ɕyiŋ^{433}
江	dʑioŋ^{223}	dʑioŋ^{223}/tɕioŋ^{31}	dʑioŋ^{223}	ɕioŋ^{51}	ɕioŋ^{51}	ɕioŋ^{51}
常	dʑyn^{213}	dʑyn^{24}	dʑyn^{213}	ɕyn^{44}	ɕyn^{44}	ɕyn^{44}
锡	dʑyɪn^{213}	dʑyɪn^{213}	dʑyɪn^{213}	ɕyɪn^{55}	ɕyɪn^{55}	ɕyɪn^{55}
苏	dʑyɪn^{223}	dʑyɪn^{231}	dʑyɪn^{223}	ɕyɪn^{44}	ɕyɪn^{44}	ɕyɪn^{44}
熟	dʑiʊŋ^{223}	dʑiʊŋ^{213}	dʑiʊŋ^{233}	ɕiʊŋ^{52}	ɕiʊŋ^{52}	ɕiʊŋ^{52}
昆	dʑyn^{132}	dʑyn^{21}	dʑyn^{132}	ɕyn^{44}	ɕyn^{44}	ɕyn^{44}
霜	dʑɿ̃^{231}/dʑyɿ̃^{231}	dʑɿ̃^{213}	dʑɿ̃^{231}/dʑyɿ̃^{231}	ɕɿ̃^{52}	ɕɿ̃^{52}	ɕɿ̃^{52}
罗	dʑɿⁿ^{231}	dʑɿⁿ^{213}	dʑɿⁿ^{231}	ɕɿⁿ^{52}	ɕɿⁿ^{52}	ɕɿⁿ^{52}
周	dʑioŋ^{113}	dʑioŋ^{113}	dʑioŋ^{113}	ɕioŋ^{52}	ɕioŋ^{52}	ɕioŋ^{52}
上	dʑyŋ^{113}/dʑiʊŋ^{113}	dʑyŋ^{113}/dʑiʊŋ^{113}	dʑyŋ^{113}/dʑiʊŋ^{113}	ɕyŋ^{52}/ɕiʊŋ^{52}	ɕyŋ^{52}/ɕiʊŋ^{52}	ɕyŋ^{52}/ɕiʊŋ^{52}
松	dʑyŋ^{231}	dʑyŋ^{113}	dʑyŋ^{231}	ɕyŋ^{52}/ɕiʊŋ^{52}	ɕyŋ^{52}/ɕiʊŋ^{52}	ɕyŋ^{52}/ɕiʊŋ^{52}
黎	dʑyəŋ^{44}	tɕyəŋ^{413}	dʑyəŋ^{24}	ɕyəŋ^{44}	ɕyəŋ^{44}	ɕyəŋ^{44}
盛	dʑyɪŋ^{24}	tɕyɪŋ^{413}	dʑyɪŋ^{24}	ɕyɪŋ^{44}	ɕyɪŋ^{44}	ɕyɪŋ^{44}
嘉	dʑyn^{231}	tɕyn^{334}	dʑyn^{231}	ɕyn^{51}	ɕyn^{51}	ɕyn^{51}
双	dʑɪn^{113}	dʑɪn^{113}	dʑɪn^{113}	ɕɪn^{44}	ɕɪn^{44}	ɕɪn^{44}
杭	dʑyɪn^{212}	dʑyɪn^{334}	dʑyɪn^{212}	ɕyɪn^{323}	ɕyɪn^{323}	ɕyɪn^{323}
绍	dʑyə̃^{231}	dʑyə̃^{22}	dʑyə̃^{231}	ɕyə̃^{52}	ɕyə̃^{52}	ɕyə̃^{52}
诸	dʑioŋ^{233}	dʑioŋ^{233}	dʑioŋ^{233}	ɕioŋ^{544}	ɕioŋ^{544}	ɕioŋ^{544}
崇	dʑiʊŋ^{31}	dʑiʊŋ^{14}	dʑiʊŋ	ɕiʊŋ	ɕiʊŋ	ɕiʊŋ^{53}
太	dʑyŋ^{312}	dʑyŋ^{13}	dʑyŋ^{312}	ɕyŋ^{523}	ɕyŋ^{523}	ɕiʊŋ^{523}
余	dʑiʊŋ^{113}	dʑiʊŋ^{113}	dʑiʊŋ^{113}	ɕiʊŋ^{324}	ɕiʊŋ^{324}	ɕiʊŋ^{324}
宁	dʑyoŋ^{113}	dʑyoŋ^{113}	dʑyoŋ^{113}	ɕyoŋ^{52}	ɕyoŋ^{52}	ɕyoŋ^{52}
黄	gyɪŋ^{311}	gyɪŋ^{113}	gyɪŋ^{311}	hyɪŋ^{533}	hyɪŋ^{533}	hyɪŋ^{533}
温	dʑyoŋ^{231}	dʑyoŋ^{22}	dʑyoŋ^{231}	ɕyoŋ^{44}	ɕyoŋ^{44}	ɕyoŋ^{44}
衢	dʒɥən^{323}	dʒɥən^{31}	dʒɥən^{323}	ʃɥən^{434}	ʃɥən^{434}	ʃɥən^{434}
华	tɕɥʮin^{324}	dʑɥʮin^{24}	dʑɥʮin^{324}	ɕɥʮin^{324}	ɕɥʮin^{324}	ɕɥʮin^{324}
永	dʑɤɪŋ^{324}	dʑɤɪŋ^{214}	dʑɤɪŋ^{322}	ɕɤɪŋ^{44}	ɕɤɪŋ^{44}	ɕɤɪŋ^{44}

臻合	臻合	臻合	臻合	臻合	臻合
三去	三上	三平	三去	三平	三去
问晓	准心	谆邪	稕邪	谆邪	问影
训	筍	旬	殉	巡	熨
ɕyiŋ³²	ɕyiŋ⁵¹	ɕyiŋ⁵¹	ʑiŋ²²³/ɕiŋ³²	ʑiŋ²²³	ʔyiŋ³²⁴
ɕyn⁴¹²	ɕyn⁴¹²	ɕʑiŋ³²³	ɕiŋ⁵²	ɕʑiŋ³²³	ʔyn⁴¹²
ɕyəŋ⁴⁴	ɕyəŋ³²³	ɕyəŋ³¹	ɕyəŋ⁴⁴	ɕyəŋ²¹	ioŋ³⁵
ɕyiŋ³²⁴	ɕyiŋ	ɕʑyiŋ	ɕyiŋ³²⁴	ɕʑyiŋ²¹³	yiŋ⁴¹
ʃɥəŋ⁴⁵	ʒyɥəŋ¹¹³	ʒyɥəŋ¹¹³	ʒyɥəŋ¹¹³	ʒyɥəŋ¹¹³	ʔyɥəŋ⁴⁵
ɕyiŋ⁵¹	ɕʑyiŋ³³⁴	ɕʑyiŋ²²³	ɕyiŋ⁵¹	ɕʑyiŋ²²³	ʔyiŋ⁵¹/ʔiəŋ⁵¹
ɕioŋ⁴³⁵	siŋ⁴⁵	ʑiŋ²²³	ʑiŋ²²³	ʑiŋ²²³	ʔioŋ⁴¹³
ɕyɲ⁵¹	ɕyɲ³³⁴	ʑyɲ²¹³	ʑyɲ²⁴	ʑyɲ²¹³	ʔyɲ⁵¹
ɕyiɲ³⁵	sən³²⁴	ʑiɲ²¹³	ɕyiɲ³⁵	ʑiɲ²¹³	ʔyiɲ³⁵
ɕyiɲ⁴¹²	sən⁵¹	ʑiiɲ²²³	ʑiɲ²³¹	ʑiiɲ²²³	ɦyiɲ²³¹
ɕyʊɲ³²⁴	ʂ̃ĩ⁴⁴	z̃ɿ̃ⁿ²³³	z̃ĩɲ²¹³	z̃ĩɲ²³³	ʔyʊɲ³²⁴
ɕyɲ⁵²	sən⁵²	ʑiɲ¹³²	ɕyɲ⁵²	ʑiɲ¹³²	ɦyɲ²¹
ɕɪ̃⁴³⁴	ɕɪ̃⁴³⁴	ʐɪ̃²³¹	ɕɪ̃⁵²	ʐɪ̃²³¹	ɦɪ̃²¹³
ɕɿⁿ⁴³⁴	ɕɿⁿ⁴³⁴	zɿⁿ²³¹/ʑʅⁿ²³¹	ɕɿⁿ⁴³⁴	zɿⁿ²³¹/ʑʅⁿ²³¹	ɦɿⁿ²¹³
ɕioɲ³³⁵		ʑiiɲ¹¹³/ʑyɿɲ	ʑiiɲ¹¹³/ʑyɿɲ¹¹³	ʑiiɲ¹¹³/ʑioɲ¹¹³	ʔiiɲ²²³
ɕyɲ³³⁴/ɕiʊɲ³³⁴	ɕyⁿ³³⁴	ɕyⁿ³³⁴/ʑin¹¹³	ɕyɲ³³⁴	ʑyɲ¹¹³/ʑiʊɲ¹¹³	ʔyɲ³³⁴/ʔiʊɲ³³⁴
ɕyɲ³³⁵	ɕyɲ⁴⁴/ɕiɲ⁴⁴	zyɲ²³¹/ʑiɲ²³¹	zyɲ²³¹	zyɲ²³¹/ʑiɲ²³¹	ɦyɲ¹¹³
ɕyəŋ⁴¹³	sən⁵¹	ziəŋ²⁴	siəŋ⁴¹³	ziəŋ²⁴	ʔiəŋ⁴¹³
ɕyiŋ⁴¹³	sən⁵¹	zɪŋ²⁴	sɪŋ⁴¹³	ziŋ²⁴	ʔɪŋ⁴¹³
ɕyɲ³³⁴	sən⁴⁴	dʑiŋ²³¹	ɕiŋ³³⁴	dʑiŋ²³¹	ʔiŋ³³⁴/ʔyŋ³³⁴
ɕɪɲ³³⁴	ɕɪɲ⁵³	ʑɪŋ¹¹³	ɕɪŋ³³⁴	ʑɪŋ¹¹³	ɦɪɲ¹¹³
ɕʑyɪɲ³³⁴	ɕʑyɪɲ³³⁴	ɕʑɪŋ²¹²	ɕyɪɲ³³⁴	ɦɪɲ²¹²/dʑɪŋ²¹²	ʔɪɲ³³⁴/ɦyɪɲ¹¹³
ɕyθ̃³³	ɕyθ̃³³⁴	zyθ̃²³¹	ɕyθ̃³³	dʑɪɲ²³¹/zyθ̃²³¹	ɦyθ̃²²
ɕioɲ⁵⁴⁴		ɕɪ̃⁵⁴⁴	ɕɪ̃⁵⁴⁴	dʑɪ̃²³³	ʔɪ̃⁵⁴⁴
ɕiʊ⁵³	sɪŋ⁴⁴	dʑɪŋ³¹	ɕiʊⁿ³²⁴	dʑɪŋ³¹	ʔɪŋ⁵²
ɕiʊɲ⁵²³	ɕiɲ⁴²	dʑɪŋ³¹²	zyŋ³⁴	dʑɪŋ³¹²	ʔɪŋ⁵²
ɦiʊɲ¹¹³		dʑiʊŋ¹¹³/dʑiɲ¹¹³	ɦiɲ¹¹³/ɕiŋ⁵²	dʑiɲ¹¹³	ʔiɲ⁵²
ɕyoŋ⁵²		soŋ⁵²	soŋ⁵²	zoŋ¹¹³	ʔɪŋ⁵²
hyɪŋ⁴⁴		zɥəŋ³¹¹	zɥəŋ¹¹³	zɥəŋ³¹¹	ɦyɪŋ¹¹²
ɕyoŋ⁵²		ɦyoŋ²³¹	ɦyoŋ²²	ɦyoŋ²³¹	ʔyoŋ⁵²
ʃɥəŋ⁵³		zĩⁿ³²³	ʃɥəŋ⁵³	ziŋ³²³	ʔyŋ⁵³
ɕɥʸɪŋ⁴⁵	ʃɥəŋ⁴⁵	ɕɥʸɪŋ³²⁴	ɕɥʸɪŋ⁴⁵	ɕɥʸɪŋ³²⁴	ʔɥʸɪŋ⁴⁵
ɕʏŋ⁵⁴		ɕʑʏŋ³²²	ɕʏŋ⁵⁴/ɕʑʏŋ²¹⁴	ɕʑʏŋ³²²	ʔʏŋ⁵⁴

摄口	臻合	曾开	臻合	臻合
等调	三上	三去	三平	三平
韵声	準以	证以	谆以	文云
	允	孕	匀	云
宜	$ʔyiŋ^{324}$	$ɦyin^{231}$	$ɦyiŋ^{223}$	$ɦyiŋ^{223}$
溧	$ioŋ^{52}/yn^{412}$	$ɦyn^{231}$	yn^{323}	yn^{323}
金	$ioŋ^{323}$	$yən^{44}$	$yən^{35}$	$yən^{35}$
丹	$yiŋ^{44}$	yin^{41}	$ɦyiŋ^{213}$	$ɦyiŋ^{213}$
童	$ʔy_{ʊ}əŋ^{324}/ʔioŋ^{324}$	$ɦy_{ʊ}əŋ^{113}$	$ɦy_{ʊ}əŋ^{31}$	$ɦy_{ʊ}əŋ^{31}$
靖	$ʔioŋ^{323}/ʔyɪŋ^{324}$	$ʔyɪŋ^{51}$	$ɦyɪŋ^{223}$	$ɦyɪŋ^{223}$
江	$ʔioŋ^{45}$	$ɦioŋ^{223}$	$ɦioŋ^{223}$	$ɦioŋ^{223}$
常	$ɦyn^{24}/ɦioŋ^{24}$	$ɦyn^{24}$	$ɦyn^{213}$	$ɦyn^{213}$
锡	$ʔyɪŋ^{324}$	$ɦyiŋ^{213}$	$ɦyiŋ^{213}$	$ɦyiŋ^{213}$
苏	$ʔyɪŋ^{31}$	$ɦyiŋ^{231}$	$ɦyiŋ^{223}$	$ɦyiŋ^{223}$
熟	$ʔiʊŋ^{44}$	$ɦĩŋ^{312}$	$ɦiʊŋ^{233}$	$ɦiʊŋ^{233}$
昆	$ʔyn^{52}$	$ɦyn^{21}$	$ɦyn^{132}$	$ɦyn^{132}$
霜	$ʔyĩ^{434}/ʔĩ^{434}$	$ɦĩ^{213}$	$ɦĩ^{231}$	$ɦĩ^{231}$
罗	$ʔɪ^{n434}$	$ɦɪ^{n213}$	$ɦɪ^{n231}$	$ɦɪ^{n231}$
周	$ʔioŋ^{44}$	$ɦioŋ^{113}$	$ɦioŋ^{113}$	$ɦioŋ^{113}$
上	$ɦyŋ^{113}/ɦiʊŋ^{113}$	$ɦyŋ^{113}/ɦiʊŋ^{113}$	$ɦyŋ^{113}/ɦiʊŋ^{113}$	$ɦyŋ^{113}/ɦiʊŋ^{113}$
松	$ɦiʊŋ^{113}/ɦyŋ^{113}$	$ɦyŋ^{335}$	$ɦyŋ^{231}$	$ɦyŋ^{231}$
黎	$ʔyəŋ^{51}/ʔioŋ^{51}$	$ʔyəŋ^{413}$	$ɦyəŋ^{24}$	$ɦyəŋ^{24}$
盛	$ʔyɪŋ^{51}$	$ʔɪŋ^{413}/ʔyɪŋ^{413}$	$ɦyɪŋ^{24}$	$ɦyɪŋ^{24}$
嘉	$ʔyn^{44}$	$ʔin^{334}$	$ɦyn^{231}$	$ɦyn^{231}$
双	$ɦɪn^{231}$	$ɦɪn^{113}$	$ɦɪn^{113}$	$ɦɪn^{113}$
杭	$ʔyɪn^{51}$	$ɦyɪn^{113}$	$ɦyɪn^{212}$	$ɦyɪn^{212}$
绍	$ʔyə̃^{324}$	$ɦyə̃^{22}$	$ɦyə̃^{231}$	$ɦyə̃^{231}$
诸	$ʔioŋ^{52}$	$ɦioŋ^{233}$	$ɦioŋ^{233}$	$ɦioŋ^{233}$
崇	$ʔiʊ^{ŋ44}$	$ɦiʊ^{ŋ14}$	$ɦiʊ^{ŋ31}$	$ɦiʊ^{ŋ31}$
太	$ʔiʊŋ^{42}$	$ɦiʊŋ^{13}$	$ɦiʊŋ^{312}$	$ɦiʊŋ^{312}$
余	$ɦiʊŋ^{113}$	$ɦiʊŋ^{113}$	$ɦiʊŋ^{113}$	$ɦiʊŋ^{113}$
宁	$ɦyoŋ^{113}$	$ɦyoŋ^{113}$	$ɦyoŋ^{113}$	$ɦyoŋ^{113}$
黄	$ʔyɪŋ^{533}$	$ɦyɪŋ^{113}$	$ɦyɪŋ^{311}$	$ɦyɪŋ^{311}$
温	$ʔyoŋ^{35}$	$ɦyon^{22}$	$ɦyon^{231}$	$ɦyon^{231}$
衢	$ʔyʌŋ^{45}$	$ɦyn^{31}$	$ɦyn^{323}$	$ɦyn^{323}$
华	$ʔɥoŋ^{544}$	$ɦɥ_{y}in^{24}$	$ʔɥ_{y}in^{324}$	$ʔɥ_{y}in^{324}$
永	$ʔʏiŋ^{434}$	$ʔɦʏiŋ^{214}$	$ɦʏiŋ^{322}$	$ʔɦʏiŋ^{322}$

臻合 三平 文云	臻合 三去 问云	臻合 三去 问云	曾开 一入 德帮	通合 三入 屋非
雲	韵	运	北	福
ɦyiŋ^{223}	ɦyiŋ^{231}	ɦyiŋ^{231}	poʔ^{45}	fɔʔ^{45}
yn^{323}	ɦyn^{231}	ɦyn^{231}	poʔ^{55}	fɔʔ^{55}
yəŋ^{35}	yəŋ^{44}	yəŋ^{44}	poʔ^{44}	fɔʔ^{44}
ɦyiŋ	yiŋ	yiŋ^{41}	poʔ^{33}	fɔʔ^{33}
ɦyᵤəŋ^{31}	ɦyᵤəŋ^{113}	ɦyᵤəŋ^{113}	poʔ^{55}	fɔʔ^{55}
ɦyiŋ^{223}	ʔyiŋ^{51}	ʔyiŋ^{51}	poʔ^{55}	fɔʔ^{55}
ɦioŋ^{223}	ɦioŋ^{223}	ɦioŋ^{223}	poʔ^{55}	fɔʔ^{55}
ɦyn^{213}	ɦyn^{24}	ɦyn^{24}	poʔ^{55}	fɔʔ^{55}
ɦyɪŋ^{213}	ɦyɪŋ^{213}	ɦyɪŋ^{213}	poʔ^{55}	fɔʔ^{55}
ɦyɪŋ^{223}	ɦyɪŋ^{231}	ɦyɪŋ^{231}	poʔ^{55}	fɔʔ^{55}
ɦiʊŋ^{233}	ɦiʊŋ^{213}	ɦiʊŋ^{213}	poʔ^{55}	fɔʔ^{55}
ɦyn^{132}	ɦyn^{21}	ɦyn^{21}	poʔ^{55}	fɔʔ^{55}
ɦĩ^{231}	ɦyĩ^{213}	ɦĩ^{213}	poʔ^{55}	fɔʔ^{55}
ɦɪ^{n231}	ɦɪ^{n213}	ɦɪ^{n213}	poʔ^{55}	fɔʔ^{55}
ɦioŋ^{113}	ɦioŋ^{113}	ɦioŋ^{113}	poʔ^{55}	fɔʔ^{55}
ɦyŋ^{113}/ɦiʊŋ^{113}	ɦyŋ^{113}/ɦiʊŋ^{113}	ɦyŋ^{113}/ɦiʊŋ^{113}	poʔ^{55}	fɔʔ^{55}
ɦyn^{231}	ɦyn^{113}	ɦyn^{113}	poʔ^{55}	fɔʔ^{55}
ɦyəŋ^{24}	ɦyəŋ^{213}	ɦyəŋ^{213}	poʔ^{55}	fɔʔ^{55}
ɦyɪŋ^{24}	ʔyɪŋ^{22}	ʔyɪŋ^{413}	poʔ^{55}	fɔʔ^{55}
ɦyn^{231}	ʔyn^{334}	ʔyn^{334}	poʔ^{54}	fo^{54}
ɦin^{113}	ɦin^{113}	ɦin^{113}	poʔ^{54}	fo^{54}
ɦyɪŋ^{212}	ɦyɪŋ^{113}	ɦyɪŋ^{113}	poʔ^{55}	fɔʔ^{55}
ɦyə̃^{231}	ɦyə̃^{22}	ɦyə̃^{22}	poʔ^{55}	fo^{55}
ɦioŋ^{233}	ɦioŋ^{233}	ɦioŋ^{233}	poʔ^{55}	fɔʔ^{55}
ɦiʊᵍ	ɦiʊᵍ	ɦiʊ^{ᵍ14}	poʔ^{45}	fɔʔ^{45}
ɦiʊŋ^{312}	ɦioŋ^{13}	ɦiʊŋ^{13}	poʔ^{45}	fɔʔ^{45}
ɦiʊŋ^{113}	ɦiʊŋ^{113}	ɦiʊŋ^{113}	poʔ^{55}	fɔʔ^{55}
ɦyoŋ^{113}	ɦyoŋ^{113}	ɦyoŋ^{113}	poʔ^{55}	fɔʔ^{55}
ɦyɪŋ^{311}	ɦyɪŋ^{113}	ɦyɪŋ^{113}	poʔ^{55}	fɔʔ^{55}
ɦyoŋ^{231}	ɦyoŋ^{22}	ɦyoŋ^{22}	pæi^{423}	fʊ^{423}
ɦyn^{323}	ɦyn^{31}	ɦyn^{31}	pə^{55}	fə^{55}
ɦɥᵧin^{324}	ɦɥᵧin^{24}	ɦɥᵧin^{24}	pə^{33}	fo^{45}
ʔɦʏŋ^{322}	ʔɦʏŋ^{214}	ʔɦʏŋ^{214}	pə^{434}	fʊ^{434}

摄口 等调 韵声	通合 三入 屋非	通合 三入 屋非	通合 三入 屋非	通合 三入 屋敷
	幅	腹	複	覆
宜	fɔʔ[45]	fɔʔ[45]	fɔʔ[45]	fɔʔ[45]
溧	fɔʔ[55]	fɔʔ[55]	fɔʔ[55]	fɔʔ[55]
金	fɔʔ[44]	fɔʔ[44]	fɔʔ[44]	fɔʔ[44]
丹	foʔ[33]	foʔ[33]	foʔ[33]	foʔ[33]
童	foʔ[55]	foʔ[55]	foʔ[55]	foʔ[55]
靖	fɔʔ[55]	fɔʔ[55]	fɔʔ[55]	fɔʔ[55]
江	foʔ[55]	foʔ[55]	foʔ[55]	foʔ[55]
常	fɔʔ[55]	fɔʔ[55]	fɔʔ[55]	fɔʔ[55]
锡	fɔʔ[55]	fɔʔ[55]	fɔʔ[55]	fɔʔ[55]
苏	fɔʔ[55]	fɔʔ[55]	fɔʔ[55]	fɔʔ[55]
熟	foʔ[55]	foʔ[55]	foʔ[55]	foʔ[55]
昆	foʔ[55]	foʔ[55]	foʔ[55]	foʔ[55]
霜	foʔ[55]	foʔ[55]	foʔ[55]	foʔ[55]
罗	foʔ[55]	foʔ[55]	foʔ[55]	foʔ[55]
周	foʔ[55]	foʔ[55]	foʔ[55]	foʔ[55]
上	foʔ[55]	foʔ[55]	foʔ[55]	foʔ[55]
松	fɔʔ[55]	fɔʔ[55]	fɔʔ[55]	fɔʔ[55]
黎	foʔ[55]	foʔ[55]	foʔ[55]	foʔ[55]
盛	fɔʔ[55]	fɔʔ[55]	fɔʔ[55]	fɔʔ[55]
嘉	foʔ[54]	foʔ[54]	foʔ[54]	foʔ[54]
双	foʔ[54]	foʔ[54]	foʔ[54]	foʔ[54]
杭	fɔʔ[55]	fɔʔ[55]	fɔʔ[55]	fɔʔ[55]
绍	foʔ[55]	foʔ[55]	foʔ[55]	foʔ[55]
诸	foʔ[55]	foʔ[55]	foʔ[55]	foʔ[55]
崇	fɔʔ[45]	fɔʔ[45]	fɔʔ[45]	fɔʔ[45]
太	fɔʔ[45]	fɔʔ[45]	fɔʔ[45]	fɔʔ[45]
余	fɔʔ[55]	fɔʔ[55]	fɔʔ[55]	fɔʔ[55]
宁	fɔʔ[55]	fɔʔ[55]	fɔʔ[55]	fɔʔ[55]
黄	fɔʔ[55]	fɔʔ[55]	fɔʔ[55]	fɔʔ[55]
温	fʊ[423]	fʊ[423]	fʊ[423]	fʊ[423]
衢	fəʔ[55]	fəʔ[55]	fəʔ[55]	fəʔ[55]
华	fo[45]	fo[45]	fo[45]	fo[45]
永	fʊ[434]	fʊ[434]	fʊ[434]	fʊ[434]

通合三入屋奉	通合三入屋奉	通合三入屋奉		通合一入沃端
服	伏	復~原	丑	笃
$vɔʔ^{23}$	$vɔʔ^{23}$	$vɔʔ^{23}$	$tɔʔ^{45}$	$tɔʔ^{45}$
$vɔ^{223}$	$vɔ^{223}$	$vɔ^{223}$		$tɔʔ^{55}$
$fɔʔ^{44}$	$fɔʔ^{44}$	$fɔʔ^{44}$	$tɔʔ^{44}$	$tɔʔ^{44}$
$voʔ^{24}$	$voʔ^{24}$	$voʔ^{24}$	$tɔʔ^{33}$	$tɔʔ^{33}$
$voʔ^{24}$	$voʔ^{24}$	$voʔ^{24}$	$tɔʔ^{55}$	$tɔʔ^{55}$
$voʔ^{34}$	$voʔ^{34}$	$voʔ^{34}$	$tɔʔ^{55}$	$tɔʔ^{55}$
$voʔ^{12}$	$voʔ^{12}$	$voʔ^{12}$	$tɔʔ^{55}$	$tɔʔ^{55}$
$vɔʔ^{23}$	$vɔʔ^{23}$	$vɔʔ^{23}$	$tɔʔ^{55}$	$tɔʔ^{55}$
$vɔʔ^{23}$	$vɔʔ^{23}$	$vɔʔ^{23}$	$tɔʔ^{23}$	$tɔʔ^{23}$
$vɔʔ^{23}$	$vɔʔ^{23}$	$vɔʔ^{23}$		$tɔʔ^{55}$
$voʔ^{23}$	$voʔ^{23}$	$voʔ^{23}$		$tɔʔ^{55}$
$voʔ^{12}$	$voʔ^{12}$	$voʔ^{12}$	$tɔʔ^{55}$	$tɔʔ^{55}$
$voʔ^{23}$	$voʔ^{23}$	$voʔ^{23}$	$tɔʔ^{55}$	$tɔʔ^{55}$
$voʔ^{23}$	$voʔ^{23}$	$voʔ^{23}$	$tɔʔ^{55}$	$tɔʔ^{55}$
$voʔ^{23}/ɦoʔ^{23}$	$voʔ^{23}$	$voʔ^{23}$	$doʔ^{55}$	$doʔ^{55}$
$voʔ^{23}$	$voʔ^{23}$	$foʔ^{55}/voʔ^{23}$	$tɔʔ^{55}$	$tɔʔ^{55}$
$vɔʔ^{23}$	$vɔʔ^{23}$	$vɔʔ^{23}$	$tɔʔ^{55}/dɔʔ^{55}$	$tɔʔ^{55}/dɔʔ^{55}$
$voʔ^{23}$	$voʔ^{23}$	$voʔ^{23}$	$tɔʔ^{55}$	$tɔʔ^{55}$
$vɔʔ^{22}$	$vɔʔ^{22}$	$vɔʔ^{22}$	$tɔʔ^{55}$	$tɔʔ^{55}$
$voʔ^{12}$	$voʔ^{12}$	$voʔ^{12}$	$tɔʔ^{54}$	$tɔʔ^{54}$
$voʔ^{23}$	$voʔ^{23}$	$voʔ^{23}$	$tɔʔ^{54}$	$tɔʔ^{54}$
$vɔʔ^{12}$	$vɔʔ^{12}$	$vɔʔ^{12}$	$tɔʔ^{55}$	$tɔʔ^{55}$
$voʔ^{23}$	$voʔ^{23}$	$voʔ^{23}$		$tɔʔ^{55}$
$voʔ^{12}$	$voʔ^{12}$	$voʔ^{12}$		$tɔʔ^{55}$
$vɔʔ^{12}$	$vɔʔ^{12}$	$vɔʔ^{12}$		$tɔʔ^{45}$
$vɔʔ^{12}$	$vɔʔ^{12}$	$vɔʔ^{12}$		$tɔʔ^{45}$
$vɔʔ^{23}$	$vɔʔ^{23}$	$vɔʔ^{23}$		$tɔʔ^{55}$
$vɔʔ^{23}$	$vɔʔ^{23}$	$vɔʔ^{23}$	$tɔʔ^{55}$	$tɔʔ^{55}$
$vɔʔ^{12}$	$vɔʔ^{12}$	$vɔʔ^{12}$		$tɔʔ^{55}$
$vʊ^{323}$	$vʊ^{323}$	$vʊ^{323}$		$təu^{423}$
$fvəʔ^{12}$	$fvəʔ^{12}$	$fvəʔ^{12}$		$tɔʔ^{55}$
fvo^{24}	fvo^{24}	fvo^{24}		to^{45}
$fvʊ^{323}$	$fvʊ^{323}$	$fvʊ^{323}$		$tʊ^{434}$

摄口 等调 韵声	通合 一入 沃端 督	通合 一入 屋透 秃	通合 一入 沃定 毒	通合 一入 屋定 读
宜	toʔ^{45}	t'ɔʔ^{45}	doʔ^{23}	doʔ^{23}
溧	toʔ^{55}	t'ɔʔ^{55}	dɔ^{223}	dɔ^{223}
金	toʔ^{44}	t'ɔ^{44}	toʔ^{44}	toʔ^{44}
丹	toʔ^{33}	t'o^{33}	doʔ^{24}	doʔ^{24}
童	toʔ^{55}	t'o^{55}	doʔ^{24}	doʔ^{24}
靖	toʔ^{55}	t'ɔʔ^{55}	dɔʔ^{34}	dɔʔ^{34}
江	toʔ^{55}	t'o^{55}	doʔ^{12}	doʔ^{12}
常	toʔ^{55}	t'ɔʔ^{55}	dɔʔ^{23}	dɔʔ^{23}
锡	toʔ^{55}	t'ɔʔ^{55}	dɔʔ^{23}	dɔʔ^{23}
苏	toʔ^{55}	t'ɔʔ^{55}	dɔʔ^{23}	dɔʔ^{23}
熟	toʔ^{55}	t'o^{55}	doʔ^{23}	doʔ^{23}
昆	toʔ^{55}	t'o^{55}	doʔ^{12}	doʔ^{12}
霜	toʔ^{55}	t'o^{55}	doʔ^{23}	doʔ^{23}
罗	toʔ^{55}	t'o^{55}	doʔ^{23}	doʔ^{23}
周	doʔ^{55}	t'ɐʔ^{55}	doʔ^{23}	doʔ^{23}
上	toʔ^{55}	t'o^{55}/t'ɐʔ^{55}	doʔ^{23}	doʔ^{23}
松	toʔ^{55}/dɔʔ	t'ɔʔ^{55}	dɔʔ^{23}	dɔʔ^{23}
黎	toʔ^{55}	t'o^{34}	doʔ^{23}	doʔ^{23}
盛	toʔ^{55}	t'ɔʔ^{55}	dɔʔ^{22}	dɔʔ^{22}
嘉	toʔ^{54}	t'o^{54}	doʔ^{12}	doʔ^{12}
双	toʔ^{54}	t'o^{54}	doʔ^{23}	doʔ^{23}
杭	toʔ^{55}	t'ɔʔ^{55}	dɔʔ^{12}	dɔʔ^{12}
绍	toʔ^{55}	t'o^{55}	doʔ^{23}	doʔ^{23}
诸	toʔ^{55}	t'o^{55}	doʔ^{12}	doʔ^{12}
崇	tɔʔ^{45}	t'ɔʔ^{45}	dɔʔ^{12}	dɔʔ^{12}
太	tɔʔ^{45}	t'ɔʔ^{45}	dɔʔ^{12}	dɔʔ^{12}
余	tɔʔ^{55}	t'ɔʔ^{55}	dɔʔ^{23}	dɔʔ^{23}
宁	tɔʔ^{55}	t'ɐʔ^{55}	dɔʔ^{23}	dɔʔ^{23}
黄	tɔʔ^{55}	t'ɔʔ^{55}	dɔʔ^{12}	dɔʔ^{12}
温	təu^{423}	t'əu^{423}	dəu^{323}	dəu^{323}
衢	təʔ^{55}	t'əʔ^{55}	dəʔ^{12}	dəʔ^{12}
华	to^{45}	t'o^{45}	doʔ^{22}	doʔ^{22}/toʔ^{44}
永	tʊ^{434}	t'ʊ^{434}	dʊ^{323}	dʊ^{323}

通合一入屋定	通合一入屋来	通合一入屋来	通合三入屋来	通合三入屋来
独	鹿	禄	陆	六
$dɔʔ^{23}$	$lɔʔ^{23}$	$lɔʔ^{23}$	$lɔʔ^{23}$	$lɔʔ^{23}$
$dɔ^{223}$	$lɔʔ^{22}$	$lɔʔ^{22}$	$lɔʔ^{22}$	$lɔʔ^{22}$
$tɔʔ^{44}$	$lɔʔ^{44}$	$lɔʔ^{44}$	$lɔʔ^{44}$	$lɔʔ^{44}$
$doʔ^{24}$	$loʔ^{24}$	$loʔ^{24}/loʔ^{33}$	$loʔ^{24}/loʔ^{33}$	$loʔ^{24}/loʔ^{33}$
$doʔ^{24}$	$loʔ^{24}/ʔloʔ^{55}$	$loʔ^{24}/ʔloʔ^{55}$	$loʔ^{24}/ʔloʔ^{55}$	$loʔ^{24}/ʔloʔ^{55}$
$dɔʔ^{34}$	$lɔʔ^{34}$	$lɔʔ^{34}$	$lɔʔ^{34}$	$lɔʔ^{34}$
$doʔ^{12}$	$loʔ^{12}$	$loʔ^{12}$	$loʔ^{12}$	$loʔ^{12}$
$dɔʔ^{23}$	$lɔʔ^{23}$	$lɔʔ^{23}$	$lɔʔ^{23}$	$lɔʔ^{23}$
$dɔʔ^{23}$	$lɔʔ^{23}$	$lɔʔ^{23}$	$lɔʔ^{23}$	$lɔʔ^{23}$
$dɔʔ^{23}$	$lɔʔ^{23}$	$lɔʔ^{23}$	$lɔʔ^{23}$	$lɔʔ^{23}$
$doʔ^{23}$	$loʔ^{23}$	$loʔ^{23}$	$loʔ^{23}$	$loʔ^{23}$
$doʔ^{12}$	$loʔ^{12}$	$loʔ^{12}$	$loʔ^{12}$	$loʔ^{12}$
$doʔ^{23}$	$loʔ^{23}$	$loʔ^{23}$	$loʔ^{23}$	$loʔ^{23}$
$doʔ^{23}$	$loʔ^{23}$	$loʔ^{23}$	$loʔ^{23}$	$loʔ^{23}$
$doʔ^{23}$	$loʔ^{23}$	$loʔ^{23}$	$loʔ^{23}$	$loʔ^{23}$
$doʔ^{23}$	$loʔ^{23}$	$loʔ^{23}$	$loʔ^{23}$	$loʔ^{23}$
$dɔʔ^{23}$	$lɔʔ^{23}$	$lɔʔ^{23}$	$lɔʔ^{23}$	$lɔʔ^{23}$
$doʔ^{23}$	$loʔ^{23}$	$loʔ^{23}$	$loʔ^{23}$	$loʔ^{23}$
$dɔʔ^{22}$	$lɔʔ^{22}$	$lɔʔ^{22}$	$lɔʔ^{22}$	$lɔʔ^{22}$
$doʔ^{12}$	$ʔloʔ^{55}$	$ʔloʔ^{55}$	$ʔloʔ^{55}$	$ʔloʔ^{55}$
$doʔ^{23}$	$ʔloʔ^{54}$	$ʔloʔ^{54}$	$ʔloʔ^{54}$	$ʔloʔ^{54}$
$dɔʔ^{12}$	$lɔʔ^{12}$	$lɔʔ^{12}$	$lɔʔ^{12}$	$lɔʔ^{12}$
$doʔ^{23}$	$loʔ^{23}$	$loʔ^{23}$	$loʔ^{23}$	$loʔ^{23}$
$doʔ^{12}$	$loʔ^{12}$	$loʔ^{12}$	$loʔ^{12}$	$loʔ^{12}$
$dɔʔ^{12}$	$lɔʔ^{12}$	$lɔʔ^{12}$	$lɔʔ^{12}$	$lɔʔ^{12}$
$dɔʔ^{12}$	$lɔʔ^{12}$	$lɔʔ^{12}$	$lɔʔ^{12}$	$lɔʔ^{12}$
$dɔʔ^{23}$	$lɔʔ^{23}$	$lɔʔ^{23}$	$lɔʔ^{23}$	$lɔʔ^{23}$
$dɔʔ^{23}$	$lɔʔ^{23}$	$lɔʔ^{23}$	$lɔʔ^{23}$	$lɔʔ^{23}$
$dɔʔ^{12}$	$lɔʔ^{12}$	$lɔʔ^{12}$	$lɔʔ^{12}$	$lɔʔ^{12}$
$dəu^{323}$	$ləu^{323}$	lo^{323}	$ləu^{323}$	$ləu^{323}$
$dəʔ^{12}$	$ləʔ^{12}$	$ləʔ^{12}$	$ləʔ^{12}$	$ləʔ^{12}$
$doʔ^{22}$	lo^{24}	lo^{24}	lo^{24}	lo^{24}
$dʊ^{323}$	$lʊ^{323}$	$lʊ^{323}$	$lʊ^{323}$	$lʌʊ^{323}/lʊ^{323}$

摄口 等调 韵声	通合 三入 烛来 绿	通合 三入 烛来 录	通合 一入 屋见 谷	通合 一入 屋溪 哭
宜	$loʔ^{23}$	$loʔ^{23}$	$koʔ^{45}$	$koʔ^{45}$
溧	$loʔ^{22}$	$loʔ^{22}$	$koʔ^{55}$	$kʻɔ^{223}$
金	$loʔ^{44}$	$loʔ^{44}$	$koʔ^{44}$	$kʻɔ^{44}$
丹	$loʔ^{33}/loʔ^{24}$	$loʔ^{33}/loʔ^{24}$	$koʔ^{33}$	$kʻoʔ^{33}$
童	$loʔ^{24}/ʔloʔ^{55}$	$loʔ^{24}/ʔloʔ^{24}$	$koʔ^{55}$	$kʻoʔ^{55}$
靖	$loʔ^{34}$	$loʔ^{34}$	$koʔ^{55}$	$kʻoʔ^{55}$
江	$loʔ^{12}$	$loʔ^{12}$	$koʔ^{55}$	$kʻoʔ^{55}$
常	$loʔ^{23}$	$loʔ^{23}$	$koʔ^{55}$	$kɔʔ^{55}$
锡	$loʔ^{23}$	$loʔ^{23}$	$koʔ^{55}$	$kɔʔ^{55}$
苏	$loʔ^{23}$	$loʔ^{23}$	$koʔ^{55}$	$kʻɔʔ^{55}$
熟	$loʔ^{23}$	$loʔ^{23}$	$koʔ^{55}$	$kʻoʔ^{55}$
昆	$loʔ^{12}$	$loʔ^{12}$	$koʔ^{55}$	$kʻoʔ^{55}$
霜	$loʔ^{23}$	$loʔ^{23}$	$koʔ^{55}$	$kʻoʔ^{55}$
罗	$loʔ^{23}$	$loʔ^{23}$	$koʔ^{55}$	$kʻoʔ^{55}$
周	$loʔ^{23}$	$loʔ^{23}$	$koʔ^{55}$	$kʻoʔ^{55}$
上	$loʔ^{23}$	$loʔ^{23}$	$koʔ^{55}$	$kʻoʔ^{55}$
松	$lɔʔ^{23}$	$lɔʔ^{23}$	$kɔʔ^{55}$	$kʻɔʔ^{55}$
黎	$loʔ^{23}$	$loʔ^{23}$	$koʔ^{55}$	$kʻoʔ^{34}$
盛	$lɔʔ^{22}$	$lɔʔ^{22}$	$kɔʔ^{55}$	$kʻɔʔ^{55}$
嘉	$ʔloʔ^{55}$	$ʔloʔ^{55}$	$koʔ^{54}$	$kʻoʔ^{54}$
双	$ʔloʔ^{54}$	$ʔloʔ^{54}$	$koʔ^{54}$	$kʻoʔ^{54}$
杭	$lɔʔ^{12}$	$lɔʔ^{12}$	$kɔʔ^{55}$	$kʻɔʔ^{55}$
绍	$loʔ^{23}$	$loʔ^{23}$	$koʔ^{55}/kuoʔ^{55}$	$koʔ^{55}$
诸	$loʔ^{12}$	$loʔ^{12}$	$koʔ^{55}$	$koʔ^{55}$
崇	$loʔ^{12}$	$loʔ^{12}$	$kuoʔ^{45}$	$kʻuoʔ^{45}$
太	$loʔ^{12}$	$loʔ^{12}$	$koʔ^{45}$	$kʻɔ^{45}$
余	$loʔ^{23}$	$loʔ^{23}$	$koʔ^{55}$	$kʻoʔ^{55}$
宁	$loʔ^{23}$	$loʔ^{23}$	$koʔ^{55}$	$kʻoʔ^{55}$
黄	$lɔʔ^{12}$	$lɔʔ^{12}$	$kɔʔ^{55}$	$kʻɔʔ^{55}$
温	lo^{323}	lo^{323}	$kʊ^{423}$	$kʻʊ^{423}$
衢	$ləʔ^{12}$	$ləʔ^{12}$	$kuəʔ^{55}/kəʔ^{55}$	$kʻuəʔ^{55}$
华	lo^{24}/lo^{43}	lo^{24}/lo^{43}	$kuoʔ^{44}/koʔ^{44}$	$kʻuoʔ^{33}$
永	$lʊ^{323}$	$lʊ^{323}$	$kʊ^{434}$	$kʻʊ^{434}/ʔiaʊ^{54}$

通合 一入 屋影		通合 三入 屋知	通合 三入 屋知	通合 三入 屋章
屋	浥~浴	竹	筑	粥
ʔɔʔ⁴⁵		tsɔʔ⁴⁵	tsɔʔ⁴⁵	tsɔʔ⁴⁵
ʔɔʔ⁵⁵		tsɔʔ⁵⁵	tsɔʔ⁵⁵	tsɔʔ⁵⁵
ɔʔ⁴⁴		tsɔʔ⁴⁴	tsɔʔ⁴⁴	tsɔʔ⁴⁴
oʔ³³		tsoʔ³³	tsoʔ³³	tsoʔ³³
ʔoʔ⁵⁵		tsoʔ⁵⁵	tsoʔ⁵⁵	tsoʔ⁵⁵
ʔɔʔ⁵⁵		tɕyɔʔ⁵⁵	tɕyɔʔ⁵⁵	tɕyɔʔ⁵⁵
ʔoʔ⁵⁵		tsoʔ⁵⁵	tsoʔ⁵⁵	tsoʔ⁵⁵
ʔɔʔ⁵⁵		tsɔʔ⁵⁵	tsɔʔ⁵⁵	tsɔʔ⁵⁵
ʔɔʔ⁵⁵	xɔʔ⁵⁵	tsɔʔ⁵⁵	tsɔʔ⁵⁵	tsɔʔ⁵⁵
ʔɔʔ⁵⁵/ʔuəʔ⁵⁵	hɔʔ⁵⁵	tsɔʔ⁵⁵	tsɔʔ⁵⁵	tsɔʔ⁵⁵
ʔuoʔ⁵⁵	hoʔ⁵⁵	tʂoʔ⁵⁵	tʂoʔ⁵⁵	tʂoʔ⁵⁵
ʔoʔ⁵⁵	hoʔ⁵⁵	tsoʔ⁵⁵	tsoʔ⁵⁵	tsoʔ⁵⁵
ʔoʔ⁵⁵	xoʔ⁵⁵	tsoʔ⁵⁵	tsoʔ⁵⁵	tsoʔ⁵⁵
ʔoʔ⁵⁵		tsoʔ⁵⁵	tsoʔ⁵⁵	tsoʔ⁵⁵
ʔoʔ⁵⁵		tsoʔ⁵⁵	tsoʔ⁵⁵	tsoʔ⁵⁵
ʔoʔ⁵⁵	hoʔ⁵⁵	tsoʔ⁵⁵	tsoʔ⁵⁵	tsoʔ⁵⁵
ʔɔʔ⁵⁵		tsɔʔ⁵⁵	tsɔʔ⁵⁵	tsɔʔ⁵⁵
ʔoʔ⁵⁵		tsoʔ⁵⁵	tsoʔ⁵⁵	tsoʔ⁵⁵
ʔɔʔ⁵⁵		tsɔʔ⁵⁵	tsɔʔ⁵⁵	tsɔʔ⁵⁵
ʔoʔ⁵⁴		tsoʔ⁵⁴	tsoʔ⁵⁴	tsoʔ⁵⁴
ʔoʔ⁵⁴		tsoʔ⁵⁴	tsoʔ⁵⁴	tsoʔ⁵⁴
ʔɔʔ⁵⁵		tsɔʔ⁵⁵	tsɔʔ⁵⁵	tsɔʔ⁵⁵
ʔuoʔ⁵⁵		tsoʔ⁵⁵	tsoʔ⁵⁵	tsoʔ⁵⁵
ʔoʔ⁵⁵		tsᵘoʔ⁵⁵	tsᵘoʔ⁵⁵	tsᵘoʔ⁵⁵
ʔɔʔ⁴⁵		tsɔʔ⁴⁵	tsɔʔ⁴⁵	tsɔʔ⁴⁵
ʔɔʔ⁴⁵		tsɔʔ⁴⁵/ciɔʔ⁴⁵	ciɔʔ⁴⁵	ciɔʔ⁴⁵/tsɔʔ⁴⁵
ʔuɔʔ⁵⁵/ʔɔ⁵⁵		tsɔʔ⁵⁵	tsɔʔ⁵⁵	tsɔʔ⁵⁵
ʔɔʔ⁵⁵		tsɔʔ⁵⁵	tsɔʔ⁵⁵	tsɔʔ⁵⁵
ʔɔʔ⁵⁵		tsɔʔ⁵⁵	tsɔʔ⁵⁵	tsɔʔ⁵⁵
ʔʊ⁴²³		tɕiu⁴²³	tɕyo⁴²³	tɕyo⁴²³
ʔuəʔ⁵⁵		tʃuəʔ⁵⁵	tʃɥəʔ⁵⁵	tʃɥəʔ⁵⁵
ʔuo⁴⁵/ʔuoʔ³³		tɕɥᵧo³³	tsoʔ³³/tso⁴⁵	tsoʔ³³/tso⁴⁵
ʔʊ⁴³⁴		tsu⁴³⁴/tsuʔ⁴⁴	tsu⁴³⁴	tsu⁴³⁴

摄口等调韵声	通合三入烛章	通合三入烛章	通合三入屋彻	通合三入烛昌
	烛	嘱	畜~牲	触
宜	tsɔʔ⁴⁵	tsɔʔ⁴⁵	tsʻɔʔ⁴⁵	tsʻɔʔ⁴⁵
溧	tsɔʔ⁵⁵	tsɔʔ⁵⁵	tsʻɔ²²³	tsʻɔ²²³
金	tsɔʔ⁴⁴	tsɔʔ⁴⁴	tsʻɔʔ⁴⁴	tsʻɔʔ⁴⁴
丹	tsoʔ³³	tsoʔ³³	tsʻoʔ³³	tsʻoʔ³³
童	tsoʔ⁵⁵	tsoʔ⁵⁵	tsʻoʔ⁵⁵	tsʻoʔ⁵⁵
靖	tɕyʔ⁵⁵	tɕyʔ⁵⁵	tɕʻyʔ⁵⁵	tɕʻyʔ⁵⁵
江	tsoʔ⁵⁵	tsoʔ⁵⁵	tsʻoʔ⁵⁵	tsʻoʔ⁵⁵
常	tsɔʔ⁵⁵	tsɔʔ⁵⁵	tsʻɔʔ⁵⁵	tsʻɔʔ⁵⁵
锡	tsɔʔ⁵⁵	tsɔʔ⁵⁵	tsʻɔʔ⁵⁵	tsʻɔʔ⁵⁵
苏	tsɔʔ⁵⁵	tsɔʔ⁵⁵	tsʻɔʔ⁵⁵	tsʻɔʔ⁵⁵
熟	tʂoʔ⁵⁵	tʂoʔ⁵⁵	tʂʻoʔ⁵⁵	tʂʻoʔ⁵⁵
昆	tsoʔ⁵⁵	tsoʔ⁵⁵	tsʻoʔ⁵⁵	tsʻoʔ⁵⁵
霜	tsoʔ⁵⁵	tsoʔ⁵⁵	tsʻoʔ⁵⁵	tsʻoʔ⁵⁵
罗	tsoʔ⁵⁵	tsoʔ⁵⁵	tsʻoʔ⁵⁵	tsʻoʔ⁵⁵
周	tsoʔ⁵⁵	tsoʔ⁵⁵	tsʻoʔ⁵⁵	tsʻoʔ⁵⁵
上	tsoʔ⁵⁵	tsoʔ⁵⁵	tsʻoʔ⁵⁵	tsʻoʔ⁵⁵
松	tsɔʔ⁵⁵	tsɔʔ⁵⁵	tsʻɔʔ⁵⁵	tsʻɔʔ⁵⁵
黎	tsoʔ⁵⁵	tsoʔ⁵⁵	tsʻoʔ³⁴	tsʻoʔ³⁴
盛	tsɔʔ⁵⁵	tsɔʔ⁵⁵	tsʻɔʔ⁵⁵	tsʻɔʔ⁵⁵
嘉	tsoʔ⁵⁴	tsoʔ⁵⁴	tsʻoʔ⁵⁴	tsʻoʔ⁵⁴
双	tsoʔ⁵⁴	tsoʔ⁵⁴	tsʻoʔ⁵⁴	tsʻoʔ⁵⁴
杭	tsɔʔ⁵⁵	tsɔʔ⁵⁵	tsʻɔʔ⁵⁵	tsʻɔʔ⁵⁵
绍	tsoʔ⁵⁵	tsoʔ⁵⁵	tɕʻyoʔ⁵⁵	tsʻoʔ⁵⁵
诸	tsᵘoʔ⁵⁵	tsᵘoʔ⁵⁵	tsʻᵘoʔ⁵⁵	tsʻoʔ⁵⁵
崇	tsɔʔ⁴⁵	tsɔʔ⁴⁵	tsʻɔʔ⁴⁵	tsʻɔʔ⁴⁵
太	ciɔʔ⁴⁵/tsɔʔ⁴⁵	tsɔʔ⁴⁵	tsʻɔʔ⁴⁵	tsʻɔʔ⁴⁵
余	tsɔʔ⁵⁵	tsɔʔ⁵⁵	tsʻɔʔ⁵⁵	tsʻɔʔ⁵⁵
宁	tsɔʔ⁵⁵	tsɔʔ⁵⁵	tsʻɔʔ⁵⁵	tsʻɔʔ⁵⁵
黄	tsɔʔ⁵⁵	tsɔʔ⁵⁵	tsʻɔʔ⁵⁵	tsʻɔʔ⁵⁵
温	tɕyo⁴²³	tɕyo⁴²³	tɕʻyo⁴²³	tɕʻyo⁴²³
衢	tʃɥəʔ⁵⁵	tʃɥəʔ⁵⁵	tʃʻɥəʔ⁵⁵	tʃʻɥəʔ⁵⁵
华	tɕɥyoʔ³³	tɕɥyoʔ³³	tsʻoʔ³³	tsʻoʔ³³
永	tsʊ⁴³⁴	tsʊ⁴³⁴	tsʻʊ⁴³⁴	tsʻʊ⁴³⁴

通合 三入 屋澄	通合 三入 烛船	通合 三入 屋书	通合 三入 烛书	通合 三入 屋禅
轴	赎	叔	束	熟
dzɔʔ^{23}	zɔʔ^{23}	sɔʔ^{45}	sɔʔ^{45}	zɔʔ^{23}
dzɔ^{223}	szɔ^{223}	sɔʔ^{55}	sɔʔ^{55}	szɔ^{223}
tsɔʔ^{44}	tsɔʔ^{44}	sɔʔ^{44}	sɔʔ^{44}	sɔʔ^{44}
dzoʔ^{24}/tsoʔ^{33}	dzoʔ^{24}	soʔ^{33}	soʔ^{33}	soʔ^{33}/szoʔ^{24}
dzoʔ^{24}	dzoʔ^{24}	soʔ^{55}	so^{55}	szo^{24}
dzʐyɔʔ^{34}	dzʑyɔʔ^{34}	çyoʔ^{55}	çyoʔ^{55}	çzʑyɔʔ^{34}
dzoʔ^{12}	dzoʔ^{12}	soʔ^{55}	soʔ^{55}	zɔʔ^{12}
dzɔʔ^{23}	dzɔʔ^{23}	sɔʔ^{55}	sɔʔ^{55}	zɔʔ^{23}
zɔʔ^{23}	zɔʔ^{23}	sɔʔ^{55}	sɔʔ^{55}	zɔʔ^{23}
dʑiɔʔ^{23}/zɔʔ^{23}	zɔʔ^{23}	sɔʔ^{55}	sɔʔ^{55}	zɔʔ^{23}
dʑioʔ^{23}	zoʔ^{23}	ʂoʔ^{55}	soʔ^{55}	zoʔ^{23}
dʑioʔ^{12}	zoʔ^{12}	soʔ^{55}	soʔ^{55}	zoʔ^{12}
dʑioʔ^{23}	zoʔ^{23}	soʔ^{55}	soʔ^{55}	zoʔ^{23}
dʑioʔ^{23}	zoʔ^{23}	soʔ^{55}	soʔ^{55}	zoʔ^{23}
zoʔ^{23}/dʑioʔ^{23}	zoʔ^{23}	soʔ^{55}	soʔ^{55}	zoʔ^{23}
dʑioʔ^{23}/dʑyɪʔ^{23}	zoʔ^{23}	soʔ^{55}	soʔ^{55}	zoʔ^{23}
dʑiɔʔ^{23}	zɔʔ^{23}	sɔʔ^{55}	sɔʔ^{55}	zɔʔ^{23}
dʑioʔ^{23}	zoʔ^{23}	soʔ^{55}	soʔ^{55}	zoʔ^{23}
dʑiɔʔ^{22}	zɔʔ^{22}	sɔʔ^{55}	sɔʔ^{55}	zɔʔ^{22}
dʑioʔ^{12}	zoʔ^{12}	soʔ^{54}	soʔ^{54}	zoʔ^{12}
dʑioʔ^{23}	zoʔ^{23}	soʔ^{54}	soʔ^{54}	zoʔ^{23}
dzɔʔ^{12}	szɔʔ^{12}	sɔʔ^{55}	sɔʔ^{55}	szɔʔ^{12}
dʑyoʔ^{23}	zoʔ^{23}	soʔ^{55}	soʔ^{55}	zoʔ^{23}
dʑioʔ^{12}	zuoʔ^{12}	sᵘoʔ^{55}	sᵘoʔ^{55}	zoʔ^{12}
dzɔʔ^{12}	dzɔʔ^{12}	sɔʔ^{45}	sɔʔ^{45}	zɔʔ^{12}
jiɔʔ^{12}/dʑiɔʔ^{12}	ʑiɔʔ^{12}/zɔʔ^{12}	çiɔʔ^{45}/sɔʔ^{45}	çiɔ^{45}/sɔʔ^{45}	ʑiɔʔ^{12}/zɔʔ^{12}
dʑiɔʔ^{23}	zɔʔ^{23}	sɔʔ^{55}	sɔʔ^{55}	zɔʔ^{23}
dzʐyɔʔ^{23}/dʑyɪʔ^{23}	dzoʔ^{23}	sɔʔ^{55}	sɔʔ^{55}	zɔʔ^{23}
dzɔʔ^{12}	dɔʔ^{12}	sɔʔ^{55}	sɔʔ^{55}	zɔʔ^{12}
dʑyo^{323}	dzʑyo^{323}	çiu^{423}	çiu^{423}	dzʑyo^{323}
dʒɥəʔ^{12}	dʒɥəʔ^{12}	ʃɥəʔ^{55}	ʃɥəʔ^{55}	sʒɥəʔ^{12}
dzoʔ^{22}	dzo^{24}	so^{45}	so^{45}	çzʑɥy o^{24}
dzoə^{323}	szʊ^{323}	sʊ^{434}	soə^{434}	szʊ^{323}

摄口等调韵声	通合三入烛禅	通合三入烛禅	通合三入烛日	通合三入烛精
	蜀	属	辱	足
宜	zɔʔ²³	zɔʔ²³	zɔʔ²³	tsɔʔ⁴⁵
溧	szɔ²²³	szɔ²²³	szɔ²²³	tsɔʔ⁵⁵
金	sɔʔ⁴⁴	sɔʔ⁴⁴	lɔʔ⁴⁴	tsɔʔ⁴⁴
丹	szɔʔ²⁴/sɔʔ³³	szɔʔ²⁴/sɔʔ³³	szɔʔ²⁴	tsɔʔ³³
童	szɔʔ²⁴	szɔʔ²⁴	szɔʔ²⁴	tsɔʔ⁵⁵
靖	ɕʑyɔʔ³⁴	ɕʑyɔʔ³⁴	ɕʑyɔʔ³⁴	tsɔʔ⁵⁵
江	zoʔ¹²	zoʔ¹²	zoʔ¹²	tsoʔ⁵⁵
常	zɔʔ²³	zɔʔ²³	zɔʔ²³/lɔʔ²³	tsɔʔ⁵⁵
锡	zɔʔ²³	zɔʔ²³	zɔʔ²³	tsɔʔ⁵⁵
苏	zɔʔ²³	zɔʔ²³	zɔʔ²³	tsɔʔ⁵⁵
熟	zoʔ²³	zoʔ²³	zoʔ²³	tsoʔ⁵⁵
昆	zoʔ¹²	zoʔ¹²	zoʔ¹²	tsoʔ⁵⁵
霜	zoʔ²³	zoʔ²³	zoʔ²³	tsoʔ⁵⁵
罗	zoʔ²³	zoʔ²³	zoʔ²³	tsoʔ⁵⁵
周	zoʔ²³	zoʔ²³	zoʔ²³	tsoʔ⁵⁵
上	zoʔ²³	zoʔ²³	zoʔ²³	tsoʔ⁵⁵
松	zɔʔ²³	zɔʔ²³	zɔʔ²³	tsɔʔ⁵⁵
黎	dzoʔ²³	dzoʔ²³	zoʔ²³	tsoʔ⁵⁵
盛	dzɔʔ²²	dzɔʔ²²	zɔʔ²²	tsɔʔ⁵⁵
嘉	zoʔ¹²	zoʔ¹²	zoʔ¹²	tsoʔ⁵⁴
双	zoʔ²³	zoʔ²³	zoʔ²³	tsoʔ⁵⁴
杭	szɔʔ¹²	szɔʔ¹²	szɔʔ¹²	tsɔʔ⁵⁵
绍	dzoʔ²³	dzoʔ²³/zoʔ²³	zoʔ²³	tsoʔ⁵⁵
诸	zᵘoʔ¹²	zᵘoʔ¹²	zᵘoʔ¹²	tsᵘoʔ⁵⁵
崇	dzɔʔ¹²	zɔʔ¹²	zɔʔ¹²	tsɔʔ⁴⁵
太	dzɔʔ¹²	ʑiɔʔ¹²/zɔʔ¹²	ʑiɔʔ¹²/zɔʔ¹²	tsɔʔ⁴⁵
余	zɔʔ²³	zɔʔ²³	zɔʔ²³	tsɔʔ⁵⁵
宁	dzɔʔ²³	zɔʔ²³	zɔʔ²³	tsɔʔ⁵⁵
黄	zɔʔ¹²	zɔʔ¹²	zɔʔ¹²	tsɔʔ⁵⁵
温	dzʑyo³²³	dzʑyo³²³	ɦiu³²³	tɕyo⁴²³
衢	ʃʒɥəʔ¹²	ʃʒɥəʔ¹²	ʃʒɥəʔ¹²	tʃɥəʔ⁵⁵
华	szo²⁴	ɕʑɥyo²²/szo²⁴		tsoʔ⁴⁴
永	szʊ³²³	szʊ³²³	szʊ³²³	tsʊ⁴³⁴

通合三入 烛清		通合一入 屋从	通合一入 屋心	通合三入 屋心
促	蹴	族	速	肃
tsʻɔʔ^{45}	tsʻɔʔ^{45}	zɔʔ^{23}	sɔʔ^{45}	sɔʔ^{45}
tsʻɔ^{223}	tsʻɔ^{223}	dzɔ^{223}	sɔʔ^{55}	sɔʔ^{55}
tsʻɔʔ^{44}	tsʻɔʔ^{44}	tsʻɔʔ^{44}	sɔʔ^{44}	sɔʔ^{44}
tsʻoʔ^{33}	tsʻoʔ^{33}	dzoʔ^{24} / tsoʔ^{33}	soʔ^{33}	soʔ^{33}
tsʻoʔ^{55}	tsʻoʔ^{55}	dzoʔ^{24}	soʔ^{55}	soʔ^{55}
tsʻoʔ^{55}	tsʻoʔ^{55}	dʑyɔʔ^{34}	ɕyɔʔ^{55}	sɔʔ^{55}
tsʻoʔ^{55}	tsʻoʔ^{55}	dzoʔ^{12}	soʔ^{55}	soʔ^{55}
tsʻɔʔ^{55}	tsʻɔʔ^{55}	zɔʔ^{23}	sɔʔ^{55}	sɔʔ^{55}
tsʻɔʔ^{55}	tsʻɔʔ^{55}	zɔʔ^{23}	sɔʔ^{55}	sɔʔ^{55}
tsʻɔʔ^{55}	tsʻɔʔ^{55}	zɔʔ^{23}	sɔʔ^{55}	sɔʔ^{55}
tsʻoʔ^{55}	tsʻoʔ^{55}	dzoʔ^{23}	soʔ^{55}	soʔ^{55}
tsʻoʔ^{55}	tsʻoʔ^{55}	zoʔ^{12}	soʔ^{55}	soʔ^{55}
tsʻoʔ^{55}	tsʻoʔ^{55}	zoʔ^{23}	soʔ^{55}	soʔ^{55}
tsʻoʔ^{55}	tsʻoʔ^{55}	zoʔ^{23}	soʔ^{55}	soʔ^{55}
tsʻoʔ^{55}	tsʻoʔ^{55}	zoʔ^{23}	soʔ^{55}	soʔ^{55}
tsʻoʔ^{55}	tsʻoʔ^{55}	zoʔ^{23}	soʔ^{55}	soʔ^{55}
tsʻɔʔ^{55}	tsʻɔʔ^{55}	zɔʔ^{23}	sɔʔ^{55}	sɔʔ^{55}
tsʻoʔ^{34}	tsʻoʔ^{34}	dzoʔ^{23}	soʔ^{55}	soʔ^{55}
tsʻoʔ^{55}	tsʻɔʔ^{55}	dzɔʔ^{22}	sɔʔ^{55}	sɔʔ^{55}
tsʻoʔ^{54}	tsʻoʔ^{54}	zoʔ^{12}	soʔ^{54}	soʔ^{54}
tsʻoʔ^{54}	tsʻoʔ^{54}	zoʔ^{23}	soʔ^{54}	soʔ^{54}
tsʻɔʔ^{55}	tsʻɔʔ^{55}	dzɔʔ^{12}	sɔʔ^{55}	sɔʔ^{55}
tsʻoʔ^{55}	tsʻoʔ^{55}	dzoʔ^{23}	soʔ^{55}	soʔ^{55}
tsʻuoʔ^{55}	tsʻuoʔ^{55}	dzuoʔ^{12}	suoʔ^{55}	suoʔ^{55}
tsʻɔʔ^{45}	tsʻɔʔ^{45}	dzɔʔ^{12}	sɔʔ^{45}	sɔʔ^{45}
tsʻɔʔ^{45}	tsʻɔʔ^{45}	zɔʔ^{12} / ʑiɔʔ^{12}	sɔʔ^{45}	sɔʔ^{45}
tsʻɔʔ^{55}	tsʻɔʔ^{55}	dzɔʔ^{23} / zɔʔ^{23}	sɔʔ^{55}	sɔʔ^{55}
tsʻɔʔ^{55}	tsʻɔʔ^{55}	dzɔʔ^{23}	sɔʔ^{55}	sʔ^{55}
tsʻɔʔ^{55}	tsʻɔʔ^{55}	zɔʔ^{12}	sɔʔ^{55}	sɔʔ^{55}
tsʻəu^{423}	tsʻəu^{423}	ɦiu^{323}	səu^{423}	ɕiu^{423}
tʃʻɥəʔ^{55}	tʃʻɥəʔ^{55}	dʒɥəʔ^{12}	ʃɥəʔ^{55}	ʃɥəʔ^{55}
tsʻoʔ^{44}	tsʻoʔ^{44}	dzoʔ^{24}	soʔ^{44}	soʔ^{44}
tsʻʊ^{434}	tsʻʊ^{434}	szʊ^{323}	sʊ^{434}	sʊ^{434}

摄口 等调 韵声	通合 三入 屋心	通合 三入 屋心	通合 三入 烛邪	通合 三入 烛邪
	宿	缩	俗	续
宜	sɔʔ^{45}	sɔʔ^{45}	zɔʔ^{23}	zɔʔ^{23}
溧	sɔʔ^{55}	sɔʔ^{55}	szɔ^{223}	szɔ^{223}
金	sɔʔ^{44}	sɔʔ^{44}	sɔʔ^{44}	sɔʔ^{44}
丹	soʔ^{33}	soʔ^{33}	soʔ^{33}	soʔ^{33}
童	soʔ^{55}	soʔ^{55}	szoʔ^{24}	szoʔ^{24}
靖	sɔʔ^{55}	sɔʔ^{55}	szɔʔ^{34}	szɔʔ^{34}
江	soʔ^{55}	soʔ^{55}	zoʔ^{12}	zoʔ^{12}
常	sɔʔ^{55}	sɔʔ^{55}	zɔʔ^{23}	zɔʔ^{23}
锡	sɔʔ^{55}	sɔʔ^{55}	zɔʔ^{23}	zɔʔ^{23}
苏	sɔʔ^{55}	sɔʔ^{55}	zɔʔ^{23}	zɔʔ^{23}
熟	soʔ^{55}	soʔ^{55}	zoʔ^{23}	zoʔ^{23}
昆	soʔ^{55}	soʔ^{55}	zoʔ^{12}	zoʔ^{12}
霜	soʔ^{55}	soʔ^{55}	zoʔ^{23}	zoʔ^{23}
罗	soʔ^{55}	soʔ^{55}	zoʔ^{23}	zoʔ^{23}
周	soʔ^{55}	soʔ^{55}	zoʔ^{23}	zoʔ^{23}
上	soʔ^{55}	soʔ^{55}	zoʔ^{23}	zoʔ^{23}
松	sɔʔ^{55}	sɔʔ^{55}	zɔʔ^{23}	zɔʔ^{23}
黎	soʔ^{55}	soʔ^{55}	zoʔ^{23}	zoʔ^{23}
盛	sɔʔ^{55}	sɔʔ^{55}	zɔʔ^{22}	zɔʔ^{22}
嘉	sɔʔ^{54}	sɔʔ^{54}	zoʔ^{12}	zoʔ^{12}
双	sɔʔ^{54}	sɔʔ^{54}	zoʔ^{23}	zoʔ^{23}
杭	sɔʔ^{55}	sɔʔ^{55}	szɔʔ^{12}	zɔʔ^{22}/çy^{51}
绍	soʔ^{55}	soʔ^{55}	dzoʔ^{23}	zoʔ^{23}
诸	sᵘoʔ^{55}	sᵘoʔ^{55}	zᵘoʔ^{12}	dzᵘoʔ^{12}
崇	sɔʔ^{45}	sɔʔ^{45}	dzɔʔ^{12}	zɔʔ^{12}
太	sɔʔ^{45}	sɔʔ^{45}	jiɔʔ^{12}/dzɔʔ^{12}	ziɔʔ^{12}/ziɔʔ^{12}
余	sɔʔ^{55}	sɔʔ^{55}	zɔʔ^{23}	zɔʔ^{23}
宁	sɔʔ^{55}	sɔʔ^{55}	zɔʔ^{23}	zɔʔ^{23}
黄	sɔʔ^{55}	sɔʔ^{55}	zɔʔ^{12}	zɔʔ^{12}
温	çyo^{423}	çyo^{423}	ɦyo^{323}	ɦyo^{323}
衢	ʃɥəʔ^{55}	ʃɥəʔ^{55}	ʃʒɥəʔ^{12}	ʃʒɥəʔ^{12}
华	soʔ^{44}	soʔ^{44}	szɔʔ^{22}/szo^{24}	szɔʔ^{22}
永	su^{434}	soə^{434}	szu^{323}	szu^{323}

宕开 一入 铎帮 博	江开 二入 觉帮 驳	江开 二入 觉帮 剥	通合 一入 屋帮 卜	江开 二入 觉滂 朴
poʔ^{45}	poʔ^{45}	poʔ^{45}	poʔ^{45}	pʻɔ^{45}
poʔ^{55}	poʔ^{55}	poʔ^{55}	poʔ^{55}	pʻɔ^{223}
poʔ^{44}	paʔ^{44}/poʔ^{44}	paʔ^{44}	poʔ^{44}	pʻɔʔ^{44}
poʔ^{33}/boʔ^{24}	poʔ^{33}	poʔ^{33}/boʔ^{24}	poʔ^{33}	pʻoʔ^{33}
poʔ^{55}	poʔ^{55}	poʔ^{55}	poʔ^{55}	pʻoʔ^{55}
poʔ^{55}	poʔ^{55}	poʔ^{55}	poʔ^{55}	pʻɔʔ^{55}
poʔ^{55}	poʔ^{55}	poʔ^{55}	poʔ^{55}	pʻɔʔ^{55}
poʔ^{55}	poʔ^{55}	poʔ^{55}	poʔ^{55}	pʻɔʔ^{55}
poʔ^{55}	poʔ^{55}	poʔ^{55}	poʔ^{55}	pʻɔʔ^{55}
poʔ^{55}	poʔ^{55}	poʔ^{55}	poʔ^{55}	pʻoʔ^{55}
poʔ^{55}	poʔ^{55}	poʔ^{55}	poʔ^{55}	pʻoʔ^{55}
poʔ^{55}	poʔ^{55}	poʔ^{55}	poʔ^{55}	pʻoʔ^{55}
poʔ^{55}	poʔ^{55}	poʔ^{55}/poʔ^{55}	poʔ^{55}	pʻoʔ^{55}
poʔ^{55}	poʔ^{55}	poʔ^{55}	poʔ^{55}	pʻoʔ^{55}
poʔ^{55}	poʔ^{55}	poʔ^{55}	poʔ^{55}	pʻɔʔ^{55}
poʔ^{55}	poʔ^{55}	poʔ^{55}	poʔ^{55}	pʻoʔ^{34}
poʔ^{55}	poʔ^{55}	poʔ^{55}	poʔ^{55}	pʻɔʔ^{55}
poʔ^{54}	poʔ^{54}	poʔ^{54}	poʔ^{54}	poʔ^{54}
poʔ^{54}	poʔ^{54}	poʔ^{54}	poʔ^{54}	pʻoʔ^{54}
poʔ^{55}	poʔ^{55}	poʔ^{55}	poʔ^{55}	pʻɔʔ^{55}
poʔ^{55}	poʔ^{55}	poʔ^{55}	poʔ^{55}	pʻoʔ^{55}
poʔ^{45}	poʔ^{45}	poʔ^{45}	poʔ^{45}	pʻɔʔ^{45}
poʔ^{45}	poʔ^{45}	poʔ^{45}	poʔ^{45}	pʻɔʔ^{45}
poʔ^{55}	poʔ^{55}	ɔʔ^{55}	poʔ^{55}	pʻɔʔ^{55}
poʔ^{55}	poʔ^{55}	poʔ^{55}	poʔ^{55}	pʻɔʔ^{55}
poʔ^{55}	poʔ^{55}	poʔ^{55}	poʔ^{55}	pʻɔʔ^{55}
po^{423}	po^{423}	po^{423}	po^{423}	pʻo^{423}
pəʔ^{55}	pəʔ^{55}	pəʔ^{55}	pəʔ^{55}	pʻəʔ^{55}
poʔ^{33}/po^{45}	po^{45}	poʔ^{44}	po^{45}	pʻo^{45}
poə^{434}	pʊ^{434}	poə^{434}	pʊ^{434}	pʻoə^{434}

摄口 等调 韵声	江开 二入 觉滂 璞	通开 一入 屋滂 扑	宕开 一入 铎並 薄	江开 二入 觉並 雹
宜	p'ɔʔ^{45}	p'ɔʔ^{45}	boʔ^{23}	baɤ^{231}
溧	p'ɔ^{223}	p'ɔ^{223}	bo^{223}	baɤ^{224}
金	p'ɔʔ^{44}	p'ɔʔ^{44}	pɔʔ^{44}	pɑɔ^{35}
丹	p'oʔ^{33}	p'oʔ^{33}	boʔ^{24}	boʔ^{24}
童	p'oʔ^{55}	p'oʔ^{55}	boʔ^{24}	bɐɤ^{113}
靖	p'ɔʔ^{55}	p'ɔʔ^{55}	boɔ^{34}	bɒ^{214}
江	p'oʔ^{55}	p'oʔ^{55}	boʔ^{12}	bɒ^{223}
常	p'ɔʔ^{55}	p'ɔʔ^{55}	boʔ^{23}	baɤ^{213}
锡	p'ɔʔ^{55}	p'ɔ^{55}	boʔ^{23}	bʌ^{213}
苏	p'oʔ^{55}	p'oʔ^{55}	boʔ^{23}	bæ^{223}
熟	p'oʔ^{55}	p'oʔ^{55}	boʔ^{23}	boʔ^{23}
昆	p'oʔ^{55}	p'oʔ^{55}	boʔ^{12}	bɔ^{24}
霜	p'oʔ^{55}	p'oʔ^{55}	boʔ^{23}	bɔ^{231}
罗	p'oʔ^{55}	p'oʔ^{55}	boʔ^{23}	bɔ^{213}
周	p'oʔ^{55}	p'oʔ^{55}	boʔ^{23}	bɔ^{113}
上	p'oʔ^{55}	p'oʔ^{55}	boʔ^{23}	bɔ^{113}
松	p'ɔʔ^{55}	p'ɔʔ^{55}	boʔ^{23}	bɔ^{113}
黎	p'oʔ^{34}	p'oʔ^{34}	boʔ^{23}	bʌɔ^{213}
盛	p'oʔ^{55}	p'ɔʔ^{55}	boʔ^{22}	bʌɑ^{212}
嘉	p'oʔ^{54}	p'oʔ^{54}	boʔ^{12}	bɔ^{223}
双	p'oʔ^{54}	p'oʔ^{54}	boʔ^{23}	bɔ^{113}
杭	p'ɔʔ^{55}	p'ɔʔ^{55}	boɔ^{12}	bɔ^{113}
绍	p'oʔ^{55}	p'oʔ^{55}	boʔ^{23}	boʔ^{23}
诸	p'oʔ^{55}	p'oʔ^{55}	boʔ^{12}	bɔ^{233}
崇	p'ɔʔ^{45}	p'ɔʔ^{45}	boɔ^{12}	bɑɒ^{114}
太	p'ɔ^{45}	p'ɔ^{45}	boɔ^{12}	bᵃɒ^{13}
余	p'ɔʔ^{55}	p'ɔʔ^{55}	boɔ^{23}	bɒ^{113}
宁	p'ɔʔ^{55}	p'ɔʔ^{55}	boɔ^{23}	bɔ^{113}
黄	p'ɔʔ^{55}	p'ɔʔ^{55}	boʔ^{12}	bɔʔ^{12}
温	p'o^{423}	p'o^{423}	bo^{323}	bᵘɔ^{22}
衢	p'ɔʔ^{55}	p'ɔʔ^{55}	boʔ^{12}	bɔ^{31}
华	p'o^{45}	p'oʔ^{44}	po^{45}	bɑʊ^{24}
永	p'oə^{434}	p'oə^{434}	boə^{323}	pʌʊ^{54}

通开 一入 屋並	通开 一入 屋並	宕开 一入 铎明	宕开 一入 铎明	通合 一入 屋明
仆	瀑~布	莫	摸	木
p'ɔʔ^{45}	bɔ^{23}	mɔʔ^{23}	mɔʔ^{23}	mɔʔ^{23}
bɔ^{223}	bɔ^{223}	mɔ^{223}/mɔʔ^{22}	mɔ^{223}/mɔʔ^{22}	mɔ^{223}
p'ɔʔ^{44}	pɔ^{44}	mɔʔ^{44}	mɑʔ^{44}	mɔʔ^{44}
boʔ^{24}	boʔ^{24}	moʔ^{24}	moʔ^{24}	moʔ^{24}
boʔ^{24}	boʔ^{24}	moʔ^{24}/ʔmoʔ^{55}	moʔ^{24}/ʔmoʔ^{55}	moʔ^{24}/ʔmoʔ^{55}
bɔʔ^{34}	bɐ^{214}	mɔʔ^{34}	mɔʔ^{34}	mɔʔ^{34}
boʔ^{12}	boʔ^{12}	moʔ^{12}	moʔ^{12}	moʔ^{12}
bɔʔ^{23}	bɔʔ^{23}	mɔʔ^{23}	mɔʔ^{23}	mɔʔ^{23}
bɔʔ^{23}	bɔʔ^{23}	mɔʔ^{23}	mɔʔ^{23}	mɔʔ^{23}
p'ɔʔ^{55}	bɔʔ^{23}	mɔʔ^{23}	mɔʔ^{23}	mɔʔ^{23}
p'oʔ^{55}	boʔ^{23}	moʔ^{23}	moʔ^{23}	moʔ^{23}
p'oʔ^{55}	boʔ^{12}	moʔ^{12}	moʔ^{12}	moʔ^{12}
p'oʔ^{55}	boʔ^{23}	moʔ^{23}	moʔ^{23}	moʔ^{23}
p'oʔ^{55}	boʔ^{23}	moʔ^{23}	moʔ^{23}	moʔ^{23}
p'oʔ^{55}/p'ɐʔ^{55}	bu^{113}	mɒʔ^{23}	mɒʔ^{23}/moʔ^{23}	mɒʔ^{23}/moʔ^{23}
p'ɔʔ^{23}	bɔ^{113}/boʔ^{23}	moʔ^{23}	moʔ^{23}	moʔ^{23}
p'ɔʔ^{23}	bɔʔ^{113}	mɔʔ^{23}	ʔmɔʔ^{55}	mɔʔ^{23}
p'oʔ^{34}/boʔ^{23}	boʔ^{23}	moʔ^{23}	mɔʔ^{23}	moʔ^{23}
p'ɔʔ^{55}	bɔʔ^{22}	mɔʔ^{22}	mɔʔ^{22}	mɔʔ^{22}
p'oʔ^{54}	boʔ^{12}/bɔ^{223}	ʔmoʔ^{54}	ʔmoʔ^{54}	ʔmoʔ^{54}
boʔ^{23}	boʔ^{23}	ʔmoʔ^{54}	ʔmoʔ^{54}	ʔmoʔ^{54}
bɔʔ^{12}	bɔʔ^{12}/bɔ^{113}	mɔʔ^{12}	mɔʔ^{12}	mɔʔ^{12}
boʔ^{23}	bɐʋ^{22}	moʔ^{23}	ʔmoʔ^{55}	moʔ^{23}
boʔ^{12}	boʔ^{12}	moʔ^{12}	moʔ^{12}	moʔ^{12}
bɔʔ^{12}	bɔʔ^{12}	mɔʔ^{12}	mɔʔ^{12}	mɔʔ^{12}
bɔʔ^{12}	bɐʋ^{13}/bɔʔ^{12}	mɔʔ^{12}	mɔʔ^{12}	mɔʔ^{12}
bɔʔ^{23}	bɔ^{113}	mɔʔ^{23}	imɔʔ^{23}	mɔʔ^{23}
bɔʔ^{23}	bɔʔ^{23}	mɔʔ^{23}	mɔʔ^{23}	mɔʔ^{23}
bɔʔ^{12}	bɔʔ^{12}	mɔʔ^{12}	ʔmɔʔ^{55}	mɔʔ^{12}
p'o^{423}	bo^{323}	mo^{323}	mo^{323}	mo^{323}
bɔʔ^{12}	pɔʔ^{55}	mɔʔ^{12}	mɔʔ^{12}	mɔʔ^{12}
bo^{24}	p'o^{45}	mo^{24}	mo^{24}	mo^{24}
p'oə^{434}	bʌʋ^{323}	moə^{323}	moə^{323}	mʋ^{323}

摄口 等调 韵声	通合 三入 屋明	通合 三入 屋明	通合 三入 屋明	宕合 三入 药奉
	目	牧	穆	缚
宜	$moʔ^{23}$	$moʔ^{23}$	$moʔ^{23}$	$boʔ^{23}/voʔ^{23}$
溧	$mɔ^{223}$	$mɔ^{223}/mɔʔ^{22}$	$mɔ^{223}/mɔʔ^{22}$	$bɔ^{223}$
金	$mɔʔ^{44}$	$mɔʔ^{44}$	$mɔʔ^{44}$	$fɔʔ^{44}$
丹	$moʔ^{24}$	$moʔ^{24}$	$moʔ^{24}$	$voʔ^{24}$
童	$moʔ^{24}/ʔmoʔ^{55}$	$moʔ^{24}/ʔmoʔ^{55}$	$moʔ^{24}/ʔmoʔ^{55}$	$voʔ^{24}$
靖	$mɔʔ^{34}$	$mɔʔ^{34}$	$mɔʔ^{34}$	$vɔʔ^{34}$
江	$moʔ^{12}$	$moʔ^{12}$	$moʔ^{12}$	$voʔ^{12}$
常	$mɔʔ^{23}$	$mɔʔ^{23}$	$mɔʔ^{23}$	$vɔʔ^{23}$
锡	$mɔʔ^{23}$	$mɔʔ^{23}$	$mɔʔ^{23}$	$bɔʔ^{23}/vɔʔ^{23}$
苏	$mɔʔ^{23}$	$mɔʔ^{23}$	$mɔʔ^{23}$	$vɔʔ^{23}/bɔʔ^{23}$
熟	$moʔ^{23}$	$moʔ^{23}$	$moʔ^{23}$	$boʔ^{23}$
昆	$moʔ^{12}$	$moʔ^{12}$	$moʔ^{12}$	$voʔ^{12}$
霜	$moʔ^{23}$	$moʔ^{23}$	$moʔ^{23}$	$boʔ^{23}$
罗	$moʔ^{23}$	$moʔ^{23}$	$moʔ^{23}$	$boʔ^{23}/voʔ^{23}$
周	$mɒʔ^{23}/moʔ^{23}$	$moʔ^{23}$	$moʔ^{23}$	$boʔ^{23}$
上	$moʔ^{23}$	$moʔ^{23}$	$moʔ^{23}$	$boʔ^{23}$
松	$mɔʔ^{23}$	$mɔʔ^{23}$	$mɔʔ^{23}$	$bɔʔ^{23}$
黎	$moʔ^{23}$	$moʔ^{23}$	$moʔ^{23}$	$voʔ^{23}$
盛	$mɔʔ^{22}$	$mɔʔ^{22}$	$mɔʔ^{22}$	$vɔʔ^{22}$
嘉	$ʔmoʔ^{54}$	$ʔmoʔ^{54}$	$ʔmoʔ^{54}$	$boʔ^{12}$
双	$ʔmoʔ^{54}$	$ʔmoʔ^{54}$	$ʔmoʔ^{54}$	$boʔ^{23}$
杭	$mɔʔ^{12}$	$mɔʔ^{12}$	$mɔʔ^{12}$	$vɔʔ^{12}$
绍	$moʔ^{23}$	$moʔ^{23}$	$moʔ^{23}$	$voʔ^{23}$
诸	$moʔ^{12}$	$moʔ^{12}$	$moʔ^{12}$	$voʔ^{12}$
崇	$mɔʔ^{12}$	$mɔʔ^{12}$	$mɔʔ^{12}$	$boʔ^{12}$
太	$mɔʔ^{12}$	$mɔʔ^{12}$	$mɔʔ^{12}$	$boʔ^{12}$
余	$mɔʔ^{23}$	$mɔʔ^{23}$	$mɔʔ^{23}$	$boʔ^{23}$
宁	$mɔʔ^{23}$	$mɔʔ^{23}$	$mɔʔ^{23}$	$bəʊ^{113}$
黄	$mɔʔ^{12}$	$mɔʔ^{12}$	$mɔʔ^{12}$	$bɔʔ^{12}$
温	mo^{323}	mo^{323}	mo^{323}	$ɦʊ^{323}$
衢	$məʔ^{12}$	$məʔ^{12}$	$məʔ^{12}$	$fvəʔ^{12}$
华	mo^{24}	mo^{24}	mo^{24}	$poʔ^{44}$
永	$mʊ^{323}$	$mʊ^{323}$	$mʊ^{323}$	$fvʊ^{323}$

宕开 一入 铎透	宕开 一入 铎透	宕开 一入 铎定	宕开 一入 铎定	宕开 一入 铎泥
托	讬	铎	度猜~	诺
$tʰɔʔ^{\underline{45}}$	$tʰɔʔ^{\underline{45}}$	$dɔʔ^{\underline{23}}$	$dɔʔ^{\underline{23}}$	$nɔʔ^{\underline{23}}$
$tʰɔ^{223}$	$tʰɔ^{223}$	$dɔ^{223}$	$dɔ^{223}$	$nɔ^{223}/szɑ^{223}$
$tʰɔʔ^{\underline{44}}$	$tʰɔʔ^{\underline{44}}$	$tɔʔ^{\underline{44}}$	$tɔʔ^{\underline{44}}$	$nɔʔ^{\underline{44}}$
$tʰoʔ^{\underline{33}}$	$tʰoʔ^{\underline{33}}$	$doʔ^{\underline{24}}$	$doʔ^{\underline{24}}$	$n̠ioʔ^{\underline{24}}$
$tʰoʔ^{\underline{55}}$	$toʔ^{\underline{55}}$	$doʔ^{\underline{24}}$	$doʔ^{\underline{24}}$	$noʔ^{\underline{24}}/ʔnoʔ^{\underline{55}}$
$tʰɔʔ^{\underline{55}}$	$tʰɔʔ^{\underline{55}}$	$dɔʔ^{\underline{34}}$	$dɔʔ^{\underline{34}}$	$nɔʔ^{\underline{34}}$
$tʰoʔ^{\underline{55}}$	$toʔ^{\underline{55}}$	$doʔ^{\underline{12}}$	$doʔ^{\underline{12}}$	$noʔ^{\underline{12}}$
$tʰɔʔ^{\underline{55}}$	$tʰɔʔ^{\underline{55}}$	$dɔʔ^{\underline{23}}$	$dɔʔ^{\underline{23}}$	$nɔʔ^{\underline{23}}$
$tʰɔʔ^{\underline{55}}$	$tʰɔʔ^{\underline{55}}$	$dɔʔ^{\underline{23}}$	$dɔʔ^{\underline{23}}$	$nɔʔ^{\underline{23}}$
$tʰɔʔ^{\underline{55}}$	$tʰɔʔ^{\underline{55}}$	$dɔʔ^{\underline{23}}$	$dɔʔ^{\underline{23}}$	$nɔʔ^{\underline{23}}$
$tʰoʔ^{\underline{55}}$	$tʰoʔ^{\underline{55}}$	$doʔ^{\underline{23}}$	$doʔ^{\underline{23}}$	$noʔ^{\underline{23}}$
$tʰoʔ^{\underline{55}}$	$tʰoʔ^{\underline{55}}$	$doʔ^{\underline{12}}$	$doʔ^{\underline{12}}$	$noʔ^{\underline{12}}$
$tʰoʔ^{\underline{55}}$	$tʰoʔ^{\underline{55}}$	$doʔ^{\underline{23}}$	$doʔ^{\underline{23}}$	$noʔ^{\underline{23}}$
$tʰoʔ^{\underline{55}}$	$tʰoʔ^{\underline{55}}$	$doʔ^{\underline{23}}$	$doʔ^{\underline{23}}$	$noʔ^{\underline{23}}$
$tʰoʔ^{\underline{55}}$	$tʰoʔ^{\underline{55}}$	$doʔ^{\underline{23}}$	$doʔ^{\underline{23}}$	$noʔ^{\underline{23}}$
$tʰoʔ^{\underline{55}}$	$tʰoʔ^{\underline{55}}$	$doʔ^{\underline{23}}$	$du^{113}/doʔ^{\underline{23}}$	$noʔ^{\underline{23}}$
$tʰɔʔ^{\underline{55}}$	$tʰɔʔ^{\underline{55}}$	$dɔʔ^{\underline{23}}$	$dɔʔ^{\underline{23}}$	$nɔʔ^{\underline{23}}$
$tʰoʔ^{\underline{34}}$	$tʰoʔ^{\underline{34}}$	$doʔ^{\underline{23}}$	$doʔ^{\underline{23}}$	$noʔ^{\underline{23}}$
$tʰɔʔ^{\underline{55}}$	$tʰɔʔ^{\underline{55}}$	$dɔʔ^{\underline{22}}$	$dɔʔ^{\underline{22}}$	$nɔʔ^{\underline{22}}$
$tʰoʔ^{\underline{54}}$	$tʰoʔ^{\underline{54}}$	$doʔ^{\underline{12}}$	$doʔ^{\underline{12}}$	$ʔnoʔ^{\underline{55}}$
$tʰoʔ^{\underline{54}}$	$tʰoʔ^{\underline{54}}$	$doʔ^{\underline{23}}$	$doʔ^{\underline{23}}$	$ʔnoʔ^{\underline{54}}$
$tʰɔʔ^{\underline{55}}$	$tʰɔʔ^{\underline{55}}$	$dɔʔ^{\underline{12}}$	$dɔʔ^{\underline{12}}$	$noʔ^{\underline{12}}$
$tʰoʔ^{\underline{55}}$	$tʰoʔ^{\underline{55}}$	$doʔ^{\underline{23}}$	$doʔ^{\underline{23}}$	$noʔ^{\underline{23}}$
$tʰoʔ^{\underline{55}}$	$tʰoʔ^{\underline{55}}$	$doʔ^{\underline{12}}$	$doʔ^{\underline{12}}$	$noʔ^{\underline{12}}$
$tʰɔʔ^{\underline{45}}$	$tʰɔʔ^{\underline{45}}$	$dɔʔ^{\underline{45}}$	$dɔʔ^{\underline{45}}$	$nɔʔ^{\underline{45}}$
$tʰɔʔ^{\underline{45}}$	$tʰɔʔ^{\underline{45}}$	$dɔʔ^{\underline{12}}$	$dɔʔ^{\underline{12}}$	$nɔʔ^{\underline{12}}$
$tʰɔʔ^{\underline{55}}$	$tʰɔʔ^{\underline{55}}$	$dɔʔ^{\underline{23}}$	$dɔʔ^{\underline{23}}$	$nɔʔ^{\underline{23}}$
$tʰɔʔ^{\underline{55}}$	$tʰɔʔ^{\underline{55}}$	$dɔʔ^{\underline{23}}$	du^{113}	$nɔʔ^{\underline{23}}$
$tʰɔʔ^{\underline{55}}$	$tʰɔʔ^{\underline{55}}$	$dɔʔ^{\underline{12}}$	$dɔʔ^{\underline{12}}$	$lɔʔ^{\underline{12}}$
$tʰo^{423}$	$tʰo^{423}$	do^{323}	$dɵ^{22}$	no^{323}
$tʰəʔ^{\underline{55}}$	$tʰəʔ^{\underline{55}}$	$dəʔ^{\underline{12}}$	$dəʔ^{\underline{12}}$	$nəʔ^{\underline{12}}$
$tʰoʔ^{\underline{44}}$	$tʰoʔ^{\underline{44}}$	$toʔ^{\underline{44}}/doʔ^{\underline{22}}$	$toʔ^{\underline{44}}/doʔ^{\underline{22}}$	$noʔ^{\underline{22}}$
$tʰʌʊ^{434}$	$tʰʌʊ^{434}$	$dʊ^{323}/dɵ^{323}$	$dʊ^{323}$	$nʌʊ^{323}$

摄口 等调 韵声	宕开 一入 铎来	宕开 一入 铎来	宕开 一入 铎来	宕开 一入 铎来
	落	乐	洛	烙
宜	lɔʔ²³	lɔʔ²³	lɔʔ²³	lɔʔ²³
溧	lɔ²²³	lɔ²²³	lɔ²²³	lɔ²²³
金	lɑʔ⁴⁴	lɑʔ⁴⁴/lɔʔ⁴⁴	lɔʔ⁴⁴	lɔʔ⁴⁴
丹	loʔ²⁴	loʔ²⁴	loʔ²⁴	loʔ²⁴
童	loʔ²⁴/ʔloʔ⁵⁵	loʔ²⁴/ʔloʔ⁵⁵	loʔ²⁴/ʔloʔ⁵⁵	loʔ²⁴/ʔloʔ⁵⁵
靖	lɔʔ³⁴	lɔʔ³⁴	lɔʔ³⁴	lɔʔ³⁴
江	loʔ¹²	loʔ¹²	loʔ¹²	loʔ¹²
常	lɔʔ²³	lɔʔ²³	lɔʔ²³	lɔʔ²³
锡	lɔʔ²³	lɔʔ²³	lɔʔ²³	lɔʔ²³
苏	lɔʔ²³	lɔʔ²³	lɔʔ²³	lɔʔ²³
熟	loʔ²³	loʔ²³	loʔ²³	loʔ²³
昆	loʔ¹²	loʔ¹²	loʔ¹²	loʔ¹²
霜	loʔ²³	loʔ²³	loʔ²³	loʔ²³
罗	loʔ²³	loʔ²³	loʔ²³	loʔ²³
周	lɐʔ²³	lɐʔ²³	loʔ²³	loʔ²³
上	loʔ²³	loʔ²³	loʔ²³	loʔ²³
松	lɔʔ²³	lɔʔ²³	lɔʔ²³	lɔʔ²³
黎	loʔ²³	loʔ²³	loʔ²³	loʔ²³
盛	lɔʔ²²	lɔʔ²²	lɔʔ²²	lɔʔ²²
嘉	ʔloʔ⁵⁴	ʔloʔ⁵⁴	ʔloʔ⁵⁴	ʔloʔ⁵⁴
双	ʔloʔ⁵⁴	ʔloʔ⁵⁴	ʔloʔ⁵⁴	ʔloʔ⁵⁴
杭	lɔʔ¹²	lɔʔ¹²	lɔʔ¹²	lɔʔ¹²
绍	loʔ²³	loʔ²³	loʔ²³	loʔ²³
诸	loʔ¹²	loʔ¹²	loʔ¹²	loʔ¹²
崇	lɔʔ¹²	lɔʔ¹²	lɔʔ¹²	lɔʔ¹²
太	lɔʔ¹²	lɔʔ¹²	loʔ¹²	lɔʔ¹²
余	ʔɔʔ²³	lɔ²³	loʔ²³	lɔʔ²³
宁	lɔʔ²³	lɔʔ²³	lɔʔ²³	lɔʔ²³
黄	lɔʔ¹²	lɔʔ¹²	lɔʔ¹²	lɔʔ¹²
温	lo³²³	lo³²³	lo³²³	lo³²³
衢	ləʔ¹²	ləʔ¹²	ləʔ¹²	ləʔ¹²
华	loʔ²²	loʔ²²	loʔ²²	loʔ²²
永	lʌʊ³²³	lʌʊ³²³	lʌʊ³²³	lʌʊ³²³

宕开 一入 铎来 骆	宕开 一入 铎见 各	宕开 一入 铎见 阁	宕开 一入 铎见 搁	江开 二入 觉见 角
lɔʔ²³	kɔʔ⁴⁵	kɔʔ⁴⁵	kɔʔ⁴⁵	kɔʔ⁴⁵
lɔ²²³	kɔʔ⁵⁵	kɔʔ⁵⁵	kɔʔ⁵⁵	kɔʔ⁵⁵
lɔʔ⁴⁴	kɑʔ⁴⁴/kɔʔ⁴⁴	kɑʔ⁴⁴/kɔʔ⁴⁴	kɑʔ⁴⁴/kɔʔ⁴⁴	kɔʔ⁴⁴/kɑʔ⁴⁴
loʔ²⁴	koʔ³³	koʔ³³	koʔ³³	koʔ³³
loʔ²⁴/ʔloʔ⁵⁵	koʔ⁵⁵	koʔ⁵⁵	koʔ⁵⁵	koʔ⁵⁵
lɔʔ³⁴	kɔʔ⁵⁵	kɔʔ⁵⁵	kɔʔ⁵⁵	kɔʔ⁵⁵
loʔ¹²	koʔ⁵⁵	koʔ⁵⁵	koʔ⁵⁵	koʔ⁵⁵
lɔʔ²³	kɔʔ⁵⁵	kɔʔ⁵⁵	kɔʔ⁵⁵	kɔʔ⁵⁵
lɔʔ²³	kɔʔ⁵⁵	kɔʔ⁵⁵	kɔʔ⁵⁵	kɔʔ⁵⁵
lɔʔ²³	kɔʔ⁵⁵	kɔʔ⁵⁵	kɔʔ⁵⁵	kɔʔ⁵⁵
loʔ²³	koʔ⁵⁵	koʔ⁵⁵	koʔ⁵⁵	koʔ⁵⁵
loʔ¹²	koʔ⁵⁵	koʔ⁵⁵	koʔ⁵⁵	koʔ⁵⁵
loʔ²³	koʔ⁵⁵	koʔ⁵⁵	koʔ⁵⁵	koʔ⁵⁵
loʔ²³	koʔ⁵⁵	koʔ⁵⁵	koʔ⁵⁵	koʔ⁵⁵
loʔ²³	koʔ⁵⁵/kɐʔ⁵⁵	koʔ⁵⁵	koʔ⁵⁵	koʔ⁵⁵/kɐʔ⁵⁵
loʔ²³	koʔ⁵⁵/kɐʔ⁵⁵	koʔ⁵⁵/kɐʔ⁵⁵	koʔ⁵⁵/kɐʔ⁵⁵	koʔ⁵⁵
lɔʔ²³	kɔʔ⁵⁵	kɔʔ⁵⁵	kɔʔ⁵⁵	kɔʔ⁵⁵
loʔ²³	koʔ⁵⁵	koʔ⁵⁵	koʔ⁵⁵	koʔ⁵⁵
lɔʔ²²	kɔʔ⁵⁵	kɔʔ⁵⁵	kɔʔ⁵⁵	kɔʔ⁵⁵
ʔloʔ⁵⁴	koʔ⁵⁴	koʔ⁵⁴	koʔ⁵⁴	koʔ⁵⁴
ʔloʔ⁵⁴	koʔ⁵⁴	koʔ⁵⁴	koʔ⁵⁴	koʔ⁵⁴
lɔʔ¹²	kɔʔ⁵⁵	kɔʔ⁵⁵	kɔʔ⁵⁵	kɔʔ⁵⁵/tɕyɪʔ⁵⁵
loʔ²³	koʔ⁵⁵	koʔ⁵⁵	koʔ⁵⁵	koʔ⁵⁵
loʔ¹²	koʔ⁵⁵	koʔ⁵⁵	koʔ⁵⁵	koʔ⁵⁵
lɔʔ¹²	kɔʔ⁴⁵	kɔʔ⁴⁵	kɔʔ⁴⁵	kɔʔ⁴⁵
lɔʔ¹²	kɔʔ⁴⁵	kɔʔ⁴⁵	kɔʔ⁴⁵	kɔʔ⁴⁵
lɔʔ²³	kɔʔ⁵⁵	kɔʔ⁵⁵	kɔʔ⁵⁵	kɔʔ⁵⁵
lɔʔ²³	kɔʔ⁵⁵	kɔʔ⁵⁵	kɔʔ⁵⁵	kɔʔ⁵⁵
lɔʔ¹²	kɔʔ⁵⁵	kɔʔ⁵⁵	kɔʔ⁵⁵	kɔʔ⁵⁵
lo³²³	ko⁴²³	ko⁴²³	ko⁴²³	ko⁴²³
lɔʔ¹²	kɔʔ⁵⁵	kɔʔ⁵⁵	kɔʔ⁵⁵	kɔʔ⁵⁵
loʔ²²	kəʔ⁴⁴	kəʔ⁴⁴	koʔ⁴⁴	koʔ⁴⁴
lʌʊ³²³	kʌʊ⁴³⁴	kʌʊ⁴³⁴	kʌʊ⁴³⁴	kʌʊ⁴³⁴

摄 等调 韵声	江开 二入 觉见	江开 二入 觉溪	宕开 一入 铎疑	宕开 一入 铎匣
	觉	壳	颚	鹤
宜	kɔʔ^{45}/tɕiɔʔ^{45}	kʻɔ^{45}	ŋɔʔ^{23}	ŋɔʔ^{23}
溧	kɔʔ^{55}/tɕyeʔ^{55}/tɕiɔʔ^{55}	kʻɔ^{55}	ŋəʔ^{22}	ɦɔʔ^{22}
金	kɔʔ^{44}/tɕiɔʔ^{44}	kʻɔʔ^{44}/kʻɑʔ^{44}	ɔʔ^{44}	ɔʔ^{44}
丹	koʔ^{33}/tɕiɑʔ^{33}	kʻoʔ^{33}	oʔ^{33}	hoʔ^{33}
童	koʔ^{55}/tɕyoʔ^{55}	kʻoʔ^{55}	ʔoʔ^{55}	hoʔ^{55}
靖	kɔʔ^{55}(少)/tɕiɑʔ^{55}	kʻɔʔ^{55}	ɦɔʔ^{34}	ɦɔʔ^{34}
江	kɔʔ^{55}/tɕioʔ^{55}/tɕiAʔ^{55}	kʻoʔ^{55}	ŋoʔ^{12}	ŋoʔ^{12}
常	kɔʔ^{55}/tɕiɑʔ^{55}/tɕyeʔ^{55}	kʻɔʔ^{55}	ŋɔʔ^{23}	ŋɔʔ^{23}
锡	kɔʔ^{55}/tɕiɔʔ^{55}/tɕyθʔ^{55}	kʻɔʔ^{55}	ŋɔʔ^{23}	ŋɔʔ^{23}
苏	kɔʔ^{55}/tɕyɔʔ^{55}/tɕiɔʔ^{55}	kʻɔʔ^{55}	ʔəʔ^{55}	ŋɔʔ^{23}
熟	koʔ^{55}/tɕioʔ^{55}	kʻoʔ^{55}	ŋoʔ^{23}	ŋoʔ^{23}
昆	koʔ^{55}/tɕioʔ^{55}	kʻoʔ^{55}	ʔəʔ^{55}	ŋoʔ^{12}
霜	koʔ^{55}/tɕioʔ^{55}	kʻoʔ^{55}	ŋɔʔ^{23}	ŋoʔ^{23}
罗	koʔ^{55}/tɕioʔ^{55}	kʻoʔ^{55}	ŋɔʔ^{23}	ŋoʔ^{23}
周	koʔ^{55}/tɕiɑʔ^{55}	kʻɒʔ^{55}	ŋɒʔ^{23}	ŋɒʔ^{23}
上	koʔ^{55}/tɕioʔ^{55}/tɕyɪʔ^{55}	kʻoʔ^{55}	ŋoʔ^{23}/ŋɐʔ^{23}	ŋoʔ^{23}
松	kɔʔ^{55}/tɕiAʔ^{55}	kʻɔʔ^{55}	ŋɔʔ^{23}/ʔɔʔ^{55}	ŋɔʔ^{23}
黎	koʔ^{55}/tɕioʔ^{55}	kʻoʔ^{34}	ŋoʔ^{23}	ŋoʔ^{23}
盛	koʔ^{55}/tɕioʔ^{55}	kʻɔʔ^{55}	ŋɔʔ^{22}	ŋoʔ^{22}
嘉	koʔ^{54}/tɕioʔ^{54}	kʻoʔ^{54}	ʔəʔ^{54}	ʔŋoʔ^{54}/ʔoʔ^{54}
湖	koʔ^{54}/tɕioʔ^{54}	kʻoʔ^{54}	ʔŋoʔ^{54}	ʔŋoʔ^{54}
杭	tɕyɪʔ^{55}/tɕiɔʔ^{55}/kɔʔ^{55}	kʻɔʔ^{55}	ŋɔʔ^{12}	ŋɔʔ^{12}
绍	koʔ^{55}/tɕyoʔ^{55}	kʻɔʔ^{55}	ŋoʔ^{23}	ŋoʔ^{23}
诸	koʔ^{55}(老)/tɕioʔ^{55}	kʻoʔ^{55}	ŋoʔ^{12}	ŋoʔ^{12}
崇	kɔʔ^{45}/tɕiɔʔ^{45}	kʻɔʔ^{55}	ŋɔʔ^{12}	ŋɔʔ^{12}
太	kɔʔ^{45}/ciɔʔ^{45}	kʻɔʔ^{55}	ŋɔʔ^{12}	ŋɔʔ^{12}
余	kɔʔ^{55}/tɕyɔʔ^{55}	kʻɔʔ^{55}	ŋɔʔ^{23}	ŋɔʔ^{23}
宁	kɔʔ^{55}/tɕyɪʔ^{55}/tɕyɔʔ^{55}	kʻɔʔ^{55}	ŋɔʔ^{23}	ŋɔʔ^{23}
黄	kɔʔ^{55}	kʻɔʔ^{55}	ŋɔʔ^{12}	ŋɔʔ^{12}
温	ko^{423}	kʻo^{423}	ŋo^{323}	ŋo^{323}
衢	tʃɥəʔ^{55}	kʻəʔ^{55}	ŋəʔ^{12}	ŋəʔ^{12}
华	tɕɥyoʔ^{44}	kʻoʔ^{44}/kʻuoʔ^{44}	ʔəʔ^{44}	
永	kaʊ^{434}	kʻaʊ^{434}	ŋaʊ^{323}	ŋaʊ^{323}

江开 二入 觉疑	江开 二入 觉疑	宕开 一入 铎影	江开 二入 觉影	宕开 一入 铎晓
獄	岳	恶善~	握	鋈
ŋɔʔ^{23}	ŋɔʔ^{23}	ʔɔʔ^{45}	ʔɔʔ^{45}	xɔʔ^{45}
ŋɔʔ^{22}	ŋɔʔ^{22}	ʔɔ^{55}	ʔɔʔ^{55}	xɤʔ^{55}
ɔʔ^{44}/iɔʔ^{44}	ɔʔ^{44}/iɔʔ^{44}	ɔʔ^{44}	ɔʔ^{44}	xɔʔ^{44}
oʔ^{33}	oʔ^{33}	oʔ^{33}	oʔ^{33}	hoʔ^{33}
ʔoʔ^{55}	ʔoʔ^{55}	ʔoʔ^{55}	ʔoʔ^{55}	hoʔ^{55}
ɦɔʔ^{34}	ŋɔʔ^{34}	ʔɔʔ^{55}	ʔɔʔ^{55}	hɔʔ^{55}
ɦioʔ^{12}	ɦioʔ^{12}	ʔoʔ^{55}	ʔoʔ^{55}	hoʔ^{55}
ŋɔʔ^{23}	ŋɔʔ^{23}	ʔɔʔ^{55}	ʔɔʔ^{55}	xɤʔ^{55}
ŋɔʔ^{23}	ŋɔʔ^{23}	ʔɔʔ^{55}	ʔɔʔ^{55}	xɔʔ^{55}
ɦiɔʔ^{23}	ɦiɔʔ^{23}/ŋɔʔ^{23}	ʔɔʔ^{55}	ʔɔʔ^{55}	hɔʔ^{55}
ɦioʔ^{23}	ŋɔʔ^{23}/ɦioʔ^{23}	ʔoʔ^{55}	ʔuoʔ^{55}	hoʔ^{55}
ɦioʔ^{12}	ɦioʔ^{12}/ŋoʔ^{12}	ʔoʔ^{55}	ʔoʔ^{55}	hoʔ^{55}
ɦioʔ^{23}	ŋoʔ^{23}	ʔoʔ^{55}	ʔoʔ^{55}	xoʔ^{55}
ɦioʔ^{23}	ŋoʔ^{23}	ʔoʔ^{55}	ʔoʔ^{55}	hoʔ^{55}
ɦioʔ^{23}	ŋoʔ^{23}/ŋɔʔ^{23}	ʔɒʔ^{55}/ʔoʔ^{55}	ʔoʔ^{55}	hoʔ^{55}
ŋoʔ^{23}/ɦioʔ^{23}	ŋoʔ^{23}	ʔoʔ^{55}	ʔoʔ^{55}/ʔuoʔ^{55}	hoʔ^{55}
ŋɔʔ^{23}	ŋɔʔ^{23}	ʔɔʔ^{55}	ʔɔʔ^{55}	hɔʔ^{55}
ɳioʔ^{23}	ɦioʔ^{23}	ʔoʔ^{55}	ʔoʔ^{55}	hoʔ^{55}
ɦioʔ^{22}	ɦioʔ^{22}	ʔoʔ^{55}	ʔoʔ^{55}	hoʔ^{55}
ʔioʔ^{54}	ʔioʔ^{54}	ʔoʔ^{54}	ʔoʔ^{54}	hoʔ^{54}
ʔŋoʔ^{54}	ʔŋoʔ^{54}	ʔoʔ^{54}	ʔoʔ^{54}	hoʔ^{54}
ɦiyɪʔ^{12}	ɦiyɪʔ^{12}	ʔɔʔ^{55}	ʔɐʔ^{55}/ʔɔʔ^{55}	hɔʔ^{55}
ŋoʔ^{23}	ŋoʔ^{23}	ʔoʔ^{55}	ʔuoʔ^{55}	xuoʔ^{55}
ŋoʔ^{12}	ŋoʔ^{12}	ʔoʔ^{55}	ʔoʔ^{55}	hoʔ^{55}
ŋɔʔ^{12}	ŋoʔ^{12}	ʔɔʔ^{45}	ʔɔʔ^{45}	hɔʔ^{45}
ŋɔʔ^{12}	ŋɔʔ^{12}	ʔɔʔ^{45}	ʔɔʔ^{45}	hɔʔ^{45}
ŋɔʔ^{23}	ŋɔʔ^{23}	ʔɔʔ^{55}	ʔɔʔ^{55}	hɔʔ^{55}
ŋɔʔ^{23}	ŋɔʔ^{23}	ʔɔʔ^{55}	ʔɔʔ^{55}	hɔʔ^{55}
ŋɔʔ^{12}	ŋɔʔ^{12}	ʔɔʔ^{55}	ʔuoʔ^{55}/ʔɔʔ^{55}	hɔʔ^{55}
ŋo^{323}	ŋo^{323}	ʔo^{423}	ʔʊʊ^{423}	xʊ^{423}
ŋɔʔ^{12}	ŋəʔ^{12}	ʔɔʔ^{55}	ʔuəʔ^{55}	xuəʔ^{55}
ʔɥyoʔ^{44}	ʔɥyoʔ^{44}	ʔəʔ^{44}	ʔuoʔ^{44}/ʔuo^{45}	xoʔ^{44}
ŋAʊ^{323}	ŋAʊ^{323}	ʔAʊ^{323}	ʔʊ^{434}	xə^{434}

摄口 等调 韵声	江开 二入 觉匣	江开 二入 觉知	江开 二入 觉知	江开 二入 觉彻
	学	桌	卓	戳
宜	ɦɔʔ^{23}/ɦiɔʔ^{23}	tsɔʔ^{45}	tsɔʔ^{45}	tsʻɔʔ^{45}
溧	ɦiɔʔ^{22}/ɦɔʔ^{223}/ɦyeʔ^{22}	tsɔʔ^{55}	tsɔʔ^{55}	tsʻɔ^{223}
金	xɔʔ^{44}/xɑʔ^{44}/ɕiɑʔ^{44}	tsɔʔ^{44}	tsɔʔ^{44}	tsʻɔʔ^{44}
丹	hɦoʔ^{24}/ɕziɑʔ^{24}	tsɔʔ^{33}	tsɔʔ^{33}	tsʻoʔ^{33}
童	ɦioʔ^{24}/ʒyoʔ^{24}	tsɔʔ^{55}	tsɔʔ^{55}	tsʻoʔ^{55}/dʒyoʔ^{24}
靖	ɦiɔʔ^{34}/ɦiɑʔ^{34}	tɕyoʔ^{55}	tɕyoʔ^{55}	tɕʻyoʔ^{55}
江	ɦioʔ^{12}/ɦiAʔ^{12}	tsɔʔ^{55}	tsɔʔ^{55}	tsʻoʔ^{55}
常	ɦiɔʔ^{23}/ɦiɑʔ^{23}	tsɔʔ^{55}	tsɔʔ^{55}	tsʻɔʔ^{55}
锡	ɦiɔʔ^{23}/ɦiɔʔ^{23}	tsɔʔ^{55}	tsɔʔ^{55}	tsʻɔʔ^{55}
苏	ɦiɔʔ^{23}/ɦiɔʔ^{23}	tsɔʔ^{55}	tsɔʔ^{55}	tsʻɔʔ^{55}
熟	ɦioʔ^{23}/ɦiioʔ^{23}	tʂɔʔ^{55}	tʂɔʔ^{55}	tsʻoʔ^{55}
昆	ɦioʔ^{12}/ɦiuoʔ^{12}/ɦioiʔ^{12}	tsɔʔ^{55}	tsɔʔ^{55}	tsʻoʔ^{55}
霜	ɦioʔ^{23}/ɦiioʔ^{23}	tsɔʔ^{55}	tsɔʔ^{55}	tsʻoʔ^{55}
罗	ɦioʔ^{23}/ɦiioʔ^{23}	tsɔʔ^{55}	tsɔʔ^{55}	tsʻoʔ^{55}
周	ɦiɒʔ^{23}/ɦioʔ^{23}/ɦiɑʔ^{23}	tsɒʔ^{55}/tsɔʔ^{55}	tsɒʔ^{55}	tsʻoʔ^{55}
上	ɦioʔ^{23}/ɦiiıʔ^{23}/ɦiɐʔ^{23}	tsɔʔ^{55}	tsɔʔ^{55}	tsʻoʔ^{55}
松	ɦioʔ^{23}/ɦiAʔ^{23}	tsɔʔ^{55}	tsɔʔ^{55}	tsʻɔʔ^{55}
黎	ɦioʔ^{23}/ɦiioʔ^{23}	tsɔʔ^{55}	tsɔʔ^{55}	tsʻɔʔ^{34}
盛	ɦioʔ^{22}/ɦiioʔ^{22}	tsɔʔ^{55}	tsɔʔ^{55}	tsʻɔʔ^{55}
嘉	ɦioʔ^{12}/ɦiioʔ^{12}	tsɔʔ^{54}	tsɔʔ^{54}	tsʻɔʔ^{54}
双	ʔoʔ^{54}/ʔioʔ^{54}	tsɔʔ^{54}	tsɔʔ^{54}	tsʻoʔ^{54}
杭	ɦiyıʔ^{12}/ɦiiıʔ^{12}/ɦiɐʔ^{12}	tsɔʔ^{55}	tsɔʔ^{55}	tsʻɔʔ^{55}
绍	ɦioʔ^{23}/ɦiyoʔ^{23}	tsɔʔ^{55}	tsɔʔ^{55}	tsʻoʔ^{55}
诸	ɦioʔ^{12}	tsᵘoʔ^{55}	tsᵘoʔ^{55}	tsʻᵘoʔ^{55}
崇	ɦiɔʔ^{12}/ɦiɔʔ^{12}	tsɔʔ^{45}	tsɔʔ^{45}	tsʻɔʔ^{45}
太	ɦiɔʔ^{12}/ɦiɔʔ^{12}	tsɔʔ^{45}/ciɔʔ^{45}	tsɔʔ^{45}/ciɔʔ^{45}	tsʻɔʔ^{45}
余	ɦioʔ^{23}/ɦiyɔʔ^{23}	tsɔʔ^{55}	tsɔʔ^{55}	tsʻɔʔ^{55}
宁	ɦiɔʔ^{23}/ɦiyıʔ^{23}/ɦiyɔʔ^{23}	tsɔʔ^{55}	tsɔʔ^{55}	tsʻɔʔ^{55}
黄	ɦiɔʔ^{12}	tsɔʔ^{55}	tsɔʔ^{55}	tsʻɔʔ^{55}
温	ɦio^{323}/ɦiiɑ^{323}	tɕyo^{423}	tɕyo^{423}	tɕʻyo^{423}
衢	ʔɦiuəʔ^{12}/ʔɦiouʔ^{12}/ʒyəʔ^{12}	tʃɥəʔ^{55}	tʃɥəʔ^{55}	tʃʻɥəʔ^{55}
华	ʔuo^{45}/ɕɥyoʔ^{22}/ɕɥyə^{43}	tɕɥyoʔ^{44}/tsoʔ^{44}	tɕɥyoʔ^{44}	tsuo^{45}/tɕɥyo^{45}
永	ʔɦiaʊ^{323}	tsoə^{434}	tsoə^{434}	tsʻoə^{434}

江开二入 觉澄	宕开一入 铎精	江开二入 觉庄	宕开一入 铎从	宕开一入 铎从
浊	作	捉	昨	凿
$dzɔʔ^{\underline{23}}$	$tsɔʔ^{\underline{45}}$	$tsɔʔ^{\underline{45}}$	$zɔʔ^{\underline{23}}/zaɣ^{24}$	$zɔʔ^{\underline{23}}$
$dzɔ^{223}$	$tsɔʔ^{\underline{55}}$	$tsɔʔ^{\underline{55}}$	$dzɔ^{224}$	$szɔ^{223}$
$tsɔʔ^{\underline{44}}$	$tsaʔ^{\underline{44}}/tsɔʔ^{\underline{44}}$	$tsɔʔ^{\underline{44}}$	$tsaʔ^{\underline{44}}/tsɔʔ^{\underline{44}}/tsa^{35}$	$tsɔʔ^{\underline{44}}$
$dzoʔ^{\underline{24}}$	$tsɔʔ^{\underline{33}}/dzɔʔ^{\underline{24}}$	$tsoʔ^{\underline{33}}$	$tsaʔ^{\underline{33}}/dʑaʔ^{\underline{24}}$	$dzɔʔ^{\underline{24}}$
$dzoʔ^{\underline{24}}$	$tsɔʔ^{\underline{55}}$	$tsoʔ^{\underline{55}}$	$szoʔ^{\underline{24}}$	$szɔʔ^{\underline{24}}$
$dʑyɔʔ^{\underline{34}}$	$tsɔʔ^{\underline{55}}$	$tɕyɔʔ^{\underline{55}}$	sza^{214}	$zɔʔ^{\underline{34}}$
$dzoʔ^{\underline{12}}$	$tsɔʔ^{\underline{55}}$	$tsoʔ^{\underline{55}}$	za^{223}/zo^{223}	$zoʔ^{\underline{12}}$
$dzɔʔ^{\underline{23}}$	$tsɔʔ^{\underline{55}}$	$tsɔʔ^{\underline{55}}$	zo^{213}	$zɔʔ^{\underline{23}}$
$zɔʔ^{\underline{23}}$	$tsɔʔ^{\underline{55}}$	$tsɔʔ^{\underline{55}}$	$zɔʔ^{\underline{23}}$	$zɔʔ^{\underline{23}}$
$zɔʔ^{\underline{23}}$	$tsɔʔ^{\underline{55}}$	$tsɔʔ^{\underline{55}}$	$zɔʔ^{\underline{23}}$	$zɔʔ^{\underline{23}}$
$dzoʔ^{\underline{23}}$	$tsɔʔ^{\underline{55}}$	$tʂoʔ^{\underline{55}}$	$dzoʔ^{\underline{23}}$	$dzoʔ^{\underline{23}}$
$zoʔ^{\underline{12}}$	$tsɔʔ^{\underline{55}}$	$tsoʔ^{\underline{55}}$	$zoʔ^{\underline{12}}$	$zoʔ^{\underline{12}}$
$zoʔ^{\underline{23}}$	$tsɔʔ^{\underline{55}}$	$tsoʔ^{\underline{55}}$	$zoʔ^{\underline{23}}$	$zoʔ^{\underline{23}}$
$zoʔ^{\underline{23}}$	$tsɔʔ^{\underline{55}}$	$tsoʔ^{\underline{55}}$	$zoʔ^{\underline{23}}$	$zoʔ^{\underline{23}}$
$zoʔ^{\underline{23}}$	$tsɒʔ^{\underline{55}}/tsoʔ^{\underline{55}}$	$tsɒʔ^{\underline{55}}$	$zoʔ^{\underline{23}}$	$zoʔ^{\underline{23}}/zɒʔ^{\underline{23}}$
$zoʔ^{\underline{23}}$	$tsɔʔ^{\underline{55}}$	$tsoʔ^{\underline{55}}$	$zoʔ^{\underline{23}}/zo^{113}/zɔ^{113}$	$zoʔ^{\underline{23}}$
$zɔʔ^{\underline{23}}$	$tsɔʔ^{\underline{55}}$	$tsɔʔ^{\underline{55}}$	$zɔʔ^{\underline{23}}/zo^{113}$	$zɔʔ^{\underline{23}}$
$dzoʔ^{\underline{23}}$	$tsɔʔ^{\underline{55}}$	$tsoʔ^{\underline{55}}$	$dzoʔ^{\underline{23}}$	$dzoʔ^{\underline{23}}$
$dzoʔ^{\underline{22}}$	$tsɔʔ^{\underline{55}}$	$tsoʔ^{\underline{55}}$	$dzoʔ^{\underline{22}}$	$dzoʔ^{\underline{22}}$
$zɔʔ^{\underline{12}}$	$tsoʔ^{\underline{54}}$	$tsoʔ^{\underline{54}}$	$zoʔ^{\underline{12}}$	$zoʔ^{\underline{12}}$
$zoʔ^{\underline{23}}$	$tsoʔ^{\underline{54}}$	$tsoʔ^{\underline{54}}$	$zoʔ^{\underline{23}}$	$zoʔ^{\underline{23}}$
$dzɔʔ^{\underline{12}}$	$tsɔʔ^{\underline{55}}$	$tsɔʔ^{\underline{55}}$	$dzoʔ^{\underline{12}}$	$szɔʔ^{\underline{12}}/dzɔʔ^{\underline{12}}$
$dzoʔ^{\underline{23}}$	$tsɔʔ^{\underline{55}}$	$tsoʔ^{\underline{55}}$	$dzoʔ^{\underline{23}}$	$dʑyoʔ^{\underline{23}}$
$dz^{u}oʔ^{\underline{12}}$	$ts^{u}oʔ^{\underline{55}}$	$ts^{u}oʔ^{\underline{55}}$	$dz^{u}oʔ^{\underline{12}}$	$dz^{u}oʔ^{\underline{12}}$
$dzoʔ^{\underline{12}}$	$tsɔʔ^{\underline{45}}$	$tsʻɔʔ^{\underline{45}}$	$zɣ^{31}$	$zɔʔ^{\underline{12}}$
$jiɔʔ^{\underline{12}}/dziɔʔ^{\underline{12}}$	$tsɔʔ^{\underline{45}}$	$tsʻɔʔ^{\underline{45}}$	zo^{13}	$zɔʔ^{\underline{12}}$
$dzɔʔ^{\underline{23}}$	$tsɔʔ^{\underline{55}}$	$tsʻɔʔ^{\underline{55}}$	$dzo^{113}/zɒ̃^{113}$	$dzɔʔ^{\underline{23}}$
$dzɔʔ^{\underline{23}}$	$tsɔʔ^{\underline{55}}$	$tsʻɔʔ^{\underline{55}}$	$zɔʔ^{\underline{23}}$	$dzɔʔ^{\underline{23}}$
$dzɔʔ^{\underline{12}}$	$tsɔʔ^{\underline{55}}$	$tsʻɔʔ^{\underline{55}}$	$dzɔʔ^{\underline{12}}$	$zɔʔ^{\underline{12}}$
$dʑyo^{323}$	tso^{423}	$tɕyo^{423}$	zo^{323}	$zə^{323}$
$dʒɥəʔ^{\underline{12}}$	$tsəʔ^{\underline{55}}$	$tʃɥəʔ^{\underline{55}}$	$zəʔ^{\underline{12}}$	$zɔʔ^{\underline{12}}$
$tsʻoʔ^{\underline{44}}$	$tsoʔ^{\underline{44}}$	$tsoʔ^{\underline{44}}$	$dzoʔ^{\underline{22}}$	$dzoʔ^{\underline{22}}$
$dzoə^{323}$	$tsaʊ^{434}$	$tsaʊ^{434}$	$dzʌ^{323}$	$szaʊ^{323}$

摄口 等调 韵声	江开 二入 觉崇 镯	宕开 一入 铎心 索	江开 二入 觉生 朔	梗开 二入 陌帮 百
宜	dzɔʔ^{23}	sɔʔ^{45}	sɔʔ^{45}	pʌʔ^{45}
溧	dzɔ^{223}	sɔʔ^{55}	sɔʔ^{55}	pəʔ^{55}
金	tsɔʔ^{44}	sɔʔ^{44}	sɔʔ^{44}	pɔʔ^{44}
丹	dzɔʔ^{24}/tsɔʔ^{33}	sɔʔ^{33}	sɔʔ^{33}	pɛʔ^{33}
童	dzɔʔ^{24}	sɔʔ^{55}	sɔʔ^{55}	poʔ^{55}
靖	dʑyoʔ^{34}	sɔʔ^{55}	sɔʔ^{55}/ɕiɔʔ^{55}	poʔ^{55}
江	dzoʔ^{12}	sɔʔ^{55}	sɔʔ^{55}	paʔ^{55}
常	dzɔʔ^{23}	sɔʔ^{55}	sɔʔ^{55}	poʔ^{55}
锡	zɔʔ^{23}	sɔʔ^{55}	sɔʔ^{55}	pʌʔ^{55}
苏	zɔʔ^{23}	sɔʔ^{55}	sɔʔ^{55}	pʌʔ^{55}
熟	dzɔʔ^{23}	sɔʔ^{55}	sɔʔ^{55}	pʌʔ^{55}
昆	zoʔ^{12}	sɔʔ^{55}	sɔʔ^{55}	pʌʔ^{55}
霜	zoʔ^{23}/dʑioʔ^{23}	sɔʔ^{55}	sɔʔ^{55}	pʌʔ^{55}
罗	dʑioʔ^{23}	sɔʔ^{55}	sɔʔ^{55}	pʌʔ^{55}
周	zoʔ^{21}/zɒʔ^{23}	sɒʔ^{55}	sɒʔ^{55}/sɔʔ^{55}	ɓɑʔ^{55}
上	zoʔ^{23}	sɔʔ^{55}	sɔʔ^{55}	pɐʔ^{55}
松	zɔʔ^{23}	sɔʔ^{55}	sɔʔ^{55}	pʌʔ^{55}
黎	dzoʔ^{23}	sɔʔ^{55}	sɔʔ^{55}	pʌʔ^{55}
盛	dzɔʔ^{22}	sɔʔ^{55}	sɔʔ^{55}	pɑʔ^{55}
嘉	zoʔ^{12}	sɔʔ^{54}	sɔʔ^{54}	pʌʔ^{54}
双	dʑioʔ^{23}	sɔʔ^{54}	sɔʔ^{54}	pʌʔ^{54}
杭	dzɔʔ^{12}	sɔʔ^{55}	sɔʔ^{55}	pɐʔ^{55}
绍	dzɔʔ^{23}	soʔ^{55}	sɔʔ^{55}	pʌʔ^{55}
诸	dʑioʔ^{12}	sᵘoʔ^{55}	sᵘoʔ^{55}	pʌʔ^{55}
崇	zɔʔ^{12}	sɔʔ^{45}	sɔʔ^{45}	pɑʔ^{45}
太	jioʔ^{12}/dʑioʔ^{12}	sɔʔ^{45}	sɔʔ^{45}	pɑʔ^{45}
余	dzɔʔ^{23}	sɔʔ^{55}	sɔʔ^{55}	pɐʔ^{55}
宁	dzɔʔ^{23}/dʑyoʔ^{23}	sɔʔ^{55}	sɔʔ^{55}	pɐʔ^{55}
黄	dzɔʔ^{12}	sɔʔ^{55}	sɔʔ^{55}	pɐʔ^{55}
温	dʑyo^{323}	so^{423}	ɕyo^{323}	pa^{423}
衢	dʒɥəʔ^{12}	sɔʔ^{55}	ʃɥəʔ^{55}	pʌʔ^{55}
华	dʐɥyo^{24}	sɔʔ^{44}	sɔʔ^{44}	pəʔ^{44}
永	dzoɔ^{323}	sʌʊ^{434}	sʊ^{434}	pai^{434}

梗开 二入 陌帮	梗开 二入 陌帮	梗开 二入 麦帮	梗开 二入 陌滂	梗开 二入 陌滂
伯	柏	擘用手~开	拍	魄
pɐʔ$^{\underline{45}}$	pɐʔ$^{\underline{45}}$	pɐʔ$^{\underline{45}}$	pʻɐʔ$^{\underline{45}}$	pʻɐʔ$^{\underline{45}}$
pəʔ$^{\underline{55}}$	pəʔ$^{\underline{55}}$	pəʔ$^{\underline{55}}$	pʻə^{223}	pʻə^{223}
pɔʔ$^{\underline{44}}$ / pəʔ$^{\underline{44}}$	pɔʔ$^{\underline{44}}$	paʔ$^{\underline{44}}$	pʻɔʔ$^{\underline{44}}$	pʻɔʔ$^{\underline{44}}$
pɛʔ$^{\underline{33}}$	pɛʔ$^{\underline{33}}$	pɛʔ$^{\underline{33}}$	pʻɛʔ$^{\underline{33}}$	pʻɛʔ$^{\underline{33}}$
poʔ$^{\underline{55}}$	poʔ$^{\underline{55}}$	pɐʔ$^{\underline{55}}$	pʻoʔ$^{\underline{55}}$	pʻoʔ$^{\underline{55}}$
pɔʔ$^{\underline{55}}$	pɔʔ$^{\underline{55}}$	pɔʔ$^{\underline{55}}$	pʻɔʔ$^{\underline{55}}$	pʻɔʔ$^{\underline{55}}$
paʔ$^{\underline{55}}$	paʔ$^{\underline{55}}$	paʔ$^{\underline{55}}$	pʻɑʔ$^{\underline{55}}$	pʻɑʔ$^{\underline{55}}$
pɔʔ$^{\underline{55}}$	pɔʔ$^{\underline{55}}$	pɔʔ$^{\underline{55}}$	pʻɔʔ$^{\underline{55}}$	pʻɔʔ$^{\underline{55}}$
pɐʔ$^{\underline{55}}$	pɐʔ$^{\underline{55}}$	pɐʔ$^{\underline{55}}$	pʻɐʔ$^{\underline{55}}$	pʻɐʔ$^{\underline{55}}$
pɐʔ$^{\underline{55}}$	pɐʔ$^{\underline{55}}$	pɐʔ$^{\underline{55}}$	pʻɐʔ$^{\underline{55}}$	pʻɐʔ$^{\underline{55}}$
pɐʔ$^{\underline{55}}$	pɐʔ$^{\underline{55}}$	pɐʔ$^{\underline{55}}$	pʻɐʔ$^{\underline{55}}$	pʻɐʔ$^{\underline{55}}$
pɐʔ$^{\underline{55}}$	pɐʔ$^{\underline{55}}$	pɐʔ$^{\underline{55}}$	pʻɐʔ$^{\underline{55}}$	pʻɐʔ$^{\underline{55}}$
pɐʔ$^{\underline{55}}$	pɐʔ$^{\underline{55}}$	pɐʔ$^{\underline{55}}$	pʻɐʔ$^{\underline{55}}$	pʻɐʔ$^{\underline{55}}$
ɓaʔ$^{\underline{55}}$	ɓaʔ$^{\underline{55}}$	ɓaʔ$^{\underline{55}}$	pʻɑʔ$^{\underline{55}}$	pʻɑʔ$^{\underline{55}}$
pɐʔ$^{\underline{55}}$	pɐʔ$^{\underline{55}}$	pɐʔ$^{\underline{55}}$	pʻɐʔ$^{\underline{55}}$	pʻɐʔ$^{\underline{55}}$/pʻoʔ$^{\underline{55}}$
pɐʔ$^{\underline{55}}$	pɐʔ$^{\underline{55}}$	pɐʔ$^{\underline{55}}$	pʻɐʔ^{34}	pʻɐʔ^{34}
paʔ$^{\underline{55}}$	paʔ$^{\underline{55}}$	paʔ$^{\underline{55}}$	pʻɐʔ$^{\underline{55}}$	pʻɐʔ$^{\underline{55}}$
pɐʔ$^{\underline{54}}$	pɐʔ$^{\underline{54}}$	pɐʔ$^{\underline{54}}$	pʻɐʔ$^{\underline{54}}$	pʻɐʔ$^{\underline{54}}$
pɐʔ$^{\underline{54}}$	pɐʔ$^{\underline{54}}$	pɐʔ$^{\underline{54}}$	pʻɐʔ$^{\underline{54}}$	pʻɐʔ$^{\underline{54}}$
pɔʔ$^{\underline{55}}$	pɔʔ$^{\underline{55}}$	pɔʔ$^{\underline{55}}$	pʻɐʔ$^{\underline{55}}$	pʻɐʔ$^{\underline{55}}$
pɐʔ$^{\underline{55}}$	pɐʔ$^{\underline{55}}$	pɐʔ$^{\underline{55}}$	pʻɐʔ$^{\underline{55}}$	pʻɐʔ$^{\underline{55}}$
pɐʔ$^{\underline{55}}$	pɐʔ$^{\underline{55}}$		pʻɐʔ$^{\underline{55}}$	pʻɐʔ$^{\underline{55}}$
paʔ^{45}	paʔ^{45}		pʻɑʔ^{45}	pʻɑʔ^{45}
paʔ^{45}	paʔ^{45}	pʻɑʔ^{45}	pʻɑʔ^{45}	pʻɑʔ^{45}
pɐʔ$^{\underline{55}}$	pɐʔ$^{\underline{55}}$	pʻɐʔ$^{\underline{55}}$	pʻɐʔ$^{\underline{55}}$	pʻɐʔ$^{\underline{55}}$
pɐʔ$^{\underline{55}}$	pɐʔ$^{\underline{55}}$		pʻɐʔ$^{\underline{55}}$	pʻɐʔ$^{\underline{55}}$
pɐʔ$^{\underline{55}}$	pɐʔ$^{\underline{55}}$		pʻɐʔ$^{\underline{55}}$	pʻɐʔ$^{\underline{55}}$
pa^{423}	pa^{423}	pʻɑ^{423}	pʻɑ^{423}	pʻɑ^{423}
pɐʔ$^{\underline{55}}$	pɐʔ$^{\underline{55}}$	pɐʔ$^{\underline{55}}$	pʻɐʔ$^{\underline{55}}$	pʻɐʔ$^{\underline{55}}$
pɔʔ$^{\underline{44}}$	pəʔ$^{\underline{44}}$	pa^{45} / pia^{45}	pʻəʔ$^{\underline{44}}$	pʻəʔ$^{\underline{44}}$
pai^{434}	pai^{434}	pʻai^{434}	pʻai^{434}	pʻai^{434}

摄口	梗开	梗开	梗开
等调	二入	二入	二入
韵声	陌並	陌明	麦明
	白	陌~生	麦
宜	bᴀʔ²³	mᴀʔ²³	mᴀʔ²³
溧	bə²²³	məʔ²²	mə²²³
金	pɔʔ⁴⁴	mɔʔ⁴⁴	mɔʔ⁴⁴
丹	bɛʔ²⁴/pɛʔ³³	mɛʔ³³ᐟ²⁴	mɛʔ³³ᐟ²⁴
童	boʔ²⁴	moʔ²⁴/ˀmoʔ⁵⁵/⁽ˀ⁾mᴀʔ²⁴ᐟ⁵⁵	moʔ²⁴/ˀmoʔ⁵⁵/⁽ˀ⁾mᴀʔ²⁴ᐟ⁵⁵
靖	bɔʔ³⁴	mɔʔ³⁴	mɔʔ³⁴
江	baʔ¹²	maʔ¹²	maʔ¹²
常	bɔʔ²³	mɔʔ²³	mɔʔ²³
锡	bᴀʔ²³	mᴀʔ²³	mᴀʔ²³
苏	bᴀʔ²³	mᴀʔ²³	mᴀʔ²³
熟	bᴀʔ²³	mᴀʔ²³	mᴀʔ²³
昆	bᴀʔ¹²	mᴀʔ¹²	mᴀʔ¹²
霜	bᴀʔ²³	mᴀʔ²³	mᴀʔ²³
罗	bᴀʔ²³	mᴀʔ²³	mᴀʔ²³
周	baʔ²³	maʔ²³	maʔ²³
上	bɐʔ²³	mɐʔ²³	mɐʔ²³
松	bᴀʔ²³	mᴀʔ²³	mᴀʔ²³
黎	bᴀʔ²³	mᴀʔ²³	mᴀʔ²³
盛	baʔ²²	maʔ²²	maʔ²²
嘉	bᴀʔ¹²	ʔmᴀʔ⁵⁴	ʔmᴀʔ⁵⁴
双	bᴀʔ²³	ʔmᴀʔ⁵⁴	ʔmᴀʔ⁵⁴
杭	bɐʔ¹²	mɐʔ¹²	mɐʔ¹²
绍	bᴀʔ²³	mᴀʔ²³	mᴀʔ²³
诸	bᴀʔ¹²	mᴀʔ¹²	mᴀʔ¹²
崇	baʔ¹²	maʔ¹²	maʔ¹²
太	baʔ¹²	mɑʔ¹²	mɑʔ¹²
余	bɐʔ²³	mɐʔ²³	mɐʔ²³
宁	bɐʔ²³	mɐʔ²³	mɐʔ²³
黄	bɐʔ¹²	mɐʔ¹²	mɐʔ¹²
温	bɑ³²³	mo³²³	mɑ³²³
衢	bᴀʔ¹²	mᴀʔ¹²	mᴀʔ¹²
华	bə²⁴/bəʔ²²/bɐʔ²²/pəʔ⁴⁴	mo²⁴	mə²⁴/mɐ²⁴
永	bai³²³	mai³²³	mai³²³

梗开 二入 麦明	梗开 二入 陌见	梗开 二入 麦见	梗开 二入 陌溪	梗开 二入 陌疑	梗开 二入 陌晓
脉	格	隔	客	额	赫
mᴀʔ^{23}	kᴀʔ^{45}	kᴀʔ^{45}	kʻᴀʔ^{45}	ŋᴀʔ^{23}	xəʔ^{45}
mə^{223}	kəʔ^{55}	kəʔ^{55}	kʻɑ^{223}	ŋə^{223}	xəʔ^{55}
mɔʔ^{44}	kəʔ^{44}	kəʔ^{44}	kʻɑʔ^{44}	əʔ^{44}	xəʔ^{44}
mɛʔ$^{33/24}$	kɛʔ^{33}	kɛʔ^{33}	kɛʔ^{33}	ɛʔ^{33}	hɛʔ^{33}
mᴀʔ$^{24/55}$ /$^{(ʔ)}$moʔ$^{24/55}$	kᴀʔ^{55}	kᴀʔ^{55}	kʻᴀʔ^{55}/kʻəʔ^{55}	ŋəʔ$^{\underline{24}}$/ŋəʔ^{55}	həʔ^{55}
mɔʔ^{34}	kəʔ^{55}	kəʔ^{55}	kʻəʔ^{55}	ŋəʔ^{34}	həʔ^{55}
mᴀʔ$^{\underline{12}}$	kɑʔ^{55}	kɑʔ^{55}	kʻɑʔ^{55}	ŋᴀʔ$^{\underline{12}}$	hɜʔ^{55}
mɔʔ^{23}	kəʔ^{55}/kɑʔ^{55}	kɑʔ^{55}	kʻɑʔ^{55}	ŋəʔ^{23}	xəʔ^{55}
mᴀʔ^{23}	kᴀʔ^{55}	kᴀʔ^{55}	kʻᴀʔ^{55}	ŋᴀʔ^{23}	xᴀʔ^{55}
mᴀʔ^{23}	kᴀʔ^{55}/kəʔ^{55}	kᴀʔ^{55}/kəʔ^{55}	kʻᴀʔ^{55}	ŋᴀʔ^{23}	həʔ^{55}
mᴀʔ^{23}	kᴀʔ^{55}	kᴀʔ^{55}	kʻᴀʔ^{55}	ŋᴀʔ^{55}	hᴀʔ^{55}
mᴀʔ$^{\underline{12}}$	kᴀʔ^{55}/kəʔ^{55}	kᴀʔ^{55}	kʻᴀʔ^{55}	ŋᴀʔ^{23}	həʔ^{55}
mᴀʔ^{23}	kᴀʔ^{55}/kəʔ^{55}	kᴀʔ^{55}	kʻᴀʔ^{55}	ŋᴀʔ^{23}	xəʔ^{55}
mᴀʔ^{23}	kᴀʔ^{55}/kɐʔ^{55}	kᴀʔ^{55}	kʻᴀʔ^{55}	ŋᴀʔ^{23}/ŋɐʔ^{23}	hᴀʔ^{55}
mɑʔ^{23}	kɑʔ^{55}/kəʔ^{55}	kɑʔ^{55}	kʻɑʔ^{55}	ŋɑʔ^{23}	hɑʔ^{55}
mɐʔ^{23}	kɐʔ^{55}	kɐʔ^{55}	kʻɐʔ^{55}	ŋɐʔ^{23}/ɦɐʔ^{23}	hɐʔ^{55}
mᴀʔ^{23}	kᴀʔ^{55}	kᴀʔ^{55}/kæʔ^{55}	kʻᴀʔ^{55}	ŋᴀʔ^{23}	hᴀʔ^{55}
mᴀʔ^{23}	kᴀʔ$^{\underline{55}}$	kᴀʔ$^{\underline{55}}$	kʻᴀʔ^{34}	ŋᴀʔ^{23}	həʔ^{55}
mɑʔ^{22}	kɑʔ^{55}	kɑʔ^{55}	kʻɑʔ^{55}	ɦɑ^{22}	həʔ^{55}
ʔmᴀʔ^{54}	kᴀʔ^{54}/kəʔ^{54}	kᴀʔ^{54}/kəʔ^{54}	kʻᴀ^{54}	ʔᴀʔ^{54}/ʔəʔ^{54}	həʔ^{54}/hᴀʔ^{54}
ʔmᴀʔ^{54}	kᴀʔ^{54}/kəʔ^{54}	kᴀʔ^{54}	kʻᴀʔ^{54}	ʔŋᴀʔ^{54}	hᴀʔ^{54}
mɐʔ$^{\underline{12}}$	kɐʔ^{55}	kɐʔ^{55}	kʻɐʔ^{55}	ŋɐʔ^{55}	hɐʔ^{55}
mᴀʔ^{23}	kᴀʔ^{55}	kᴀʔ^{55}/kæʔ^{55}	kʻᴀʔ^{55}	ŋᴀʔ^{23}	həʔ^{55}
mᴀʔ$^{\underline{12}}$	kᴀʔ^{55}	kᴀʔ^{55}	kʻɐʔ^{55}	ŋᴀʔ$^{\underline{12}}$	hɐʔ^{55}
mɑʔ$^{\underline{12}}$	kɑʔ^{45}	kæʔ^{45}	kʻɑʔ^{45}	ŋɑʔ$^{\underline{12}}$	hɑʔ^{45}
mɑʔ$^{\underline{12}}$	kɑʔ^{45}	kɑʔ$^{\underline{45}}$	kʻɑʔ$^{\underline{45}}$	ŋɑʔ$^{\underline{12}}$	hɑʔ^{45}
mɐʔ^{23}	kɐʔ^{55}	kɐʔ^{55}	kʻɐʔ^{55}	ŋɐʔ^{23}	hɐʔ^{55}
mɐʔ^{23}	kɐʔ^{55}	kɐʔ^{55}	kʻɐʔ^{55}	ŋɐʔ^{23}	hɐʔ^{55}
mɐʔ$^{\underline{12}}$	kɐʔ^{55}	kɐʔ^{55}	kʻɐʔ^{55}	ŋɐʔ$^{\underline{12}}$	hɐʔ^{55}
mɑ^{323}	kɑ^{423}	kɑ^{423}	kʻɑ^{423}	ŋɑ^{323}	xɑ^{423}
mᴀʔ$^{\underline{12}}$	kᴀʔ^{55}/kəʔ^{55}	kᴀʔ^{55}/kəʔ^{55}	kʻᴀʔ^{55}	ŋᴀʔ$^{\underline{12}}$/ŋəʔ$^{\underline{12}}$	xᴀʔ^{55}
mə^{24}	kəʔ^{44}	kəʔ^{44}	kʻəʔ^{44}	ʔəʔ^{44}	xəʔ^{44}
mai^{323}	kai^{434}	kai^{434}	kʻai^{434}	ŋai^{323}	xɤə^{434}

摄口 等调 韵声	梗开 二入 陌晓	宕开 三入 药知	宕开 三入 药章	梗开 三入 昔章
	吓	着~衣	酌	隻
宜	xʌʔ45		tsɔʔ45	tsʌʔ45
溧	xəʔ55		tsɔʔ55	tsɑʔ55
金	xɑʔ44		tsɑ44	tsɑ44
丹	hɛʔ33		tsɛʔ33	tsɑʔ33
童	hʌʔ55		tsɔʔ55	tsʌʔ55
靖	həʔ55		tɕyɔʔ55	tsɑʔ55
江	hɑʔ55	tsaʔ55	tsɔʔ55	tsɑʔ55
常	xəʔ55	tsɑʔ55	tsɑʔ55	tsɑʔ55
锡	xʌʔ55	tsʌʔ55	tsʌʔ55	tsʌʔ55
苏	hʌʔ55	tsʌʔ55	tsɔʔ55	tsʌʔ55
熟	hʌʔ55	tʂʌʔ55	tʂʌʔ55	tsʌʔ55
昆	hʌʔ55	tsʌʔ55	tsɔʔ55	tsʌʔ55
霜	xʌʔ55	tsʌʔ55	tsʌʔ55	tsʌʔ55
罗	hʌʔ55	tsʌʔ55	tsʌʔ55	tsʌʔ55
周	hɑʔ55	tsɑʔ55	tsɑʔ55	tsɑʔ55
上	hɐʔ55	tsɐʔ55	tsɔʔ55 / tsɐʔ55	tsɐʔ55
松	hʌʔ55	tsʌʔ55	tsɔʔ55 / tsəʔ55	tsʌʔ55
黎	hʌʔ55	tsʌʔ55	tsɔʔ55 / zoʔ23	tsʌʔ55
盛	hɑʔ55	tsʌʔ55	tsɔʔ55	tsɑʔ55
嘉	həʔ54 / hɔʔ54	tsʌʔ54	tsɔʔ54	tsʌʔ54
双	hʌʔ54	tsʌʔ54	tsʌʔ54	tsʌʔ54
杭	hɐʔ55	tsɐʔ55	tsɔʔ55	tsɐʔ55
绍	hʌʔ55 / hæʔ55	tsʌʔ55	tsʌʔ55	tsʌʔ55
诸	hɐʔ55	tsʌʔ55	tsɔʔ55	tsɐʔ55
崇	hɑʔ45	tsɑʔ45	tsɑʔ45	tsɑʔ45
太	hɑʔ45	ciaʔ45	tsɔʔ45	tsɑʔ45
余	hɐʔ55	tsɐʔ55	tsɐʔ55	tsɐʔ55
宁	hɐʔ55	tsɐʔ55	tsɐʔ55	tsɐʔ55
黄	hɐʔ55	tsiɐʔ55	tsiɐʔ55	tsɐʔ55
温	xɑ423	tɕia423	tɕia423	tsa423
衢	xʌʔ55	tʃɥʌʔ55	tʃɥʌʔ55	tsʌʔ55
华	xəʔ44	tɕyəʔ44	tsɔ44	tsɐʔ44 / tsəʔ44
永	xai434	tɕiaʊ434	tsʊ434	tsəɪ434

宕开 三入 药昌	梗开 三入 昔昌	梗开 三入 昔昌	梗开 三入 昔昌	宕开 三入 药澄
绰	斥	尺	赤	着附~
ts'ɔʔ^{45}	ts'ʌʔ^{45}	ts'ʌʔ^{45}	ts'ʌʔ^{45}	dzɔʔ^{23}／dzʌʔ^{23}
ts'ɔ^{223}	ts'ə^{223}	ts'ə^{223}	ts'ə^{223}	dzɔʔ^{22}
ts'ɑʔ^{44}	ts'əʔ^{44}	ts'əʔ^{44}	ts'əʔ^{44}	tsaʔ^{44}
ts'ɑʔ^{33}	ts'ɛʔ^{33}	ts'ɛʔ^{33}	ts'ɛʔ^{33}	dzɑʔ^{24}
ts'ʌʔ^{55}	ts'əʔ^{55}	ts'əʔ^{55}	ts'əʔ^{55}	dzɔʔ^{24}／dzʌʔ^{24}
tɕ'yɔʔ^{55}	tɕ'iəʔ^{55}	tɕ'iəʔ^{55}	tɕ'iəʔ^{55}	dʑyɔʔ^{34}
ts'ɑʔ^{55}	ts'ɑʔ^{55}	ts'ɑʔ^{55}	ts'əʔ^{55}	dzɑʔ^{12}／zɑʔ^{12}
ts'ɑʔ^{55}	ts'əʔ^{55}	ts'əʔ^{55}	ts'əʔ^{55}	dzɑʔ^{23}
ts'ʌʔ^{55}	ts'ʌʔ^{55}	ts'ʌʔ^{55}	ts'ʌʔ^{55}	zɑʔ^{23}
ts'ɔʔ^{55}	ts'ʌʔ^{55}	ts'ʌʔ^{55}	ts'ʌʔ^{55}	zʌʔ^{23}
tʂoʔ^{55}	ts'ʌʔ^{55}	ts'ʌʔ^{55}	ts'ʌʔ^{55}	dʐʌʔ^{23}
ts'oʔ^{55}	ts'ʌʔ^{55}	ts'ʌʔ^{55}	ts'ʌʔ^{55}	zʌʔ^{12}
ts'ʌʔ^{55}	ts'ʌʔ^{55}	ts'ʌʔ^{55}	ts'ʌʔ^{55}	zʌʔ^{23}
ts'ʌʔ^{55}	ts'ʌʔ^{55}	ts'ʌʔ^{55}	ts'ʌʔ^{55}	zʌʔ^{23}
ts'oʔ^{55}	ts'ɑʔ^{55}	ts'ɑʔ^{55}	ts'ʌʔ^{55}	zɑʔ^{23}
ts'ʌ^{334}	ts'ɐʔ^{55}	ts'ɐʔ^{55}	ts'ʌʔ^{55}	zɐʔ^{23}
ts'ʌʔ^{55}	ts'ʌʔ^{55}	ts'ʌʔ^{55}	ts'ʌʔ^{55}	zʌʔ^{23}
ts'oʔ^{34}	ts'ʌʔ^{34}	ts'ʌʔ^{34}	ts'ʌʔ^{34}	zʌʔ^{23}
ts'oʔ^{55}	ts'ɑʔ^{55}	ts'ɑʔ^{55}	ts'ʌʔ^{55}	dzɑʔ^{22}
ts'oʔ^{54}	ts'ʌʔ^{54}	ts'ʌʔ^{54}	ts'ʌʔ^{54}	zʌʔ^{12}
ts'ʌʔ^{54}	ts'ʌʔ^{54}	ts'ʌʔ^{54}	ts'ʌʔ^{54}	zʌʔ^{23}
ts'ɔʔ^{55}	ts'ɐʔ^{55}	ts'ɐʔ^{55}	ts'ɐʔ^{55}	dzɐʔ^{12}
ts'oʔ^{55}／ts'ʌʔ^{55}	ts'ʌʔ^{55}	ts'ʌʔ^{55}／ts'əʔ^{55}	ts'ʌʔ^{55}	dzʌʔ^{23}
ts'oʔ^{55}	ts'ɐʔ^{55}	ts'ɐʔ^{55}	ts'ɐʔ^{55}	dzʌʔ^{12}
ts'ɔ^{45}	ts'ɛʔ^{45}	ts'ɛʔ^{45}	ts'æʔ^{45}	dzɑʔ^{12}
ts'ɔʔ^{45}	ts'ɑʔ^{45}	ciɛʔ^{45}／ts'ɛʔ^{45}	c'iɛʔ^{45}／ts'ɛʔ^{45}	dzɑʔ^{12}／ʝiɑʔ^{12}
ts'ɐʔ^{55}	ts'ɐʔ^{55}	ts'ʌʔ^{55}	ts'ɐʔ^{55}	dzʌʔ^{23}
ts'ɐʔ^{55}	ts'ɐʔ^{55}	ts'ʌʔ^{55}	ts'ɐʔ^{55}	dzɐʔ^{23}
ts'ɔʔ^{55}	ts'ɐʔ^{55}	tɕ'iɐʔ^{55}	tɕ'iɐʔ^{55}	dʑiɐʔ^{12}
tɕ'ia^{423}	ts'ɿi^{423}	ts'ɿi^{423}	ts'ɿi^{423}	dʑiɑ^{323}
ts'ʌʔ^{55}	tʃ'ʮəʔ^{55}	tʃ'ʮəʔ^{55}	tʃ'ʮəʔ^{55}	dʒʮʌʔ^{12}
ts'oʔ^{44}	ts'ə^{44}	ts'əʔ^{44}／tɕ'iɐʔ^{44}	ts'əʔ^{44}	tsəʔ^{44}
ts'ʊ^{434}	ts'əɪ^{434}	ts'əɪ^{434}	ts'əɪ^{434}	tɕiɑʊ^{434}

摄口 等调 韵声	梗开 三入 昔船	宕开 三入 药禅	宕开 三入 药禅	宕开 三入 药日
	射	芍	勺~子	若
宜	zʌ²³¹	zɔʔ²³	zɔʔ²³	zɔʔ²³
溧	szo²³¹	szaʔ²²	szaʔ²²	szɔʔ²³
金	saʔ⁴⁴	saʔ⁴⁴	saʔ⁴⁴	naʔ⁴⁴/laʔ⁴⁴
丹	saʔ³³	saʔ³³	saʔ³³	loʔ³³
童	szʌʔ²⁴	szoʔ²⁴	szoʔ²⁴	loʔ²⁴/ʔioʔ⁵⁵/ʔiʌʔ⁵⁵
靖	ɕʑiaʔ³⁴	ɕʑiaʔ³⁴	ɕʑiaʔ³⁴	loʔ³⁴/ɕʑiaʔ³⁴
江	zaʔ¹²	zaʔ¹²	zaʔ¹²	zaʔ¹²
常	za²⁴	zaʔ²³	zaʔ²³	zaʔ²³
锡	za²¹³	zʌʔ²³	zʌʔ²³	zʌʔ²³
苏	zo²³¹	zʌʔ²³	zɔʔ²³	zʌʔ²³
熟	tsʐɣ⁴⁴/dzoʔ²³	zoʔ²³/zʌʔ²³	zoʔ²³	zoʔ²³
昆	zo²²³	zoʔ¹²	zoʔ¹²	zʌʔ¹²
霜	zɿ²¹³	zʌʔ²³/zoʔ²³	zʌʔ²³/zoʔ²³	zʌʔ²³
罗	zʌɪ²¹³	zʌʔ²³/zoʔ²³	zʌʔ²³/zoʔ²³	zʌʔ²³
周	zaʔ²³zo¹¹³	zaʔ²³/zoʔ²³	zoʔ²³	zaʔ²³
上	zo¹¹³	zæʔ²³	zoʔ²³	zæʔ²³
松	zɔʔ²³	zɔʔ²³	zɔʔ²³	zʌʔ²³/lɔʔ²³
黎	zo²¹³/zʌʔ²³/zoʔ²³	zʌʔ²³	zoʔ²³	zʌʔ²³
盛	zoʔ²²	zaʔ²²/zoʔ²²	dzoʔ²²	zaʔ²²
嘉	zɣɘ²²³	zʌʔ¹²/zoʔ¹²	zoʔ¹²	zoʔ¹²
双	zᵊɣ¹¹³	zʌʔ²³	zʌʔ²³	zʌʔ²³
杭	szuɛɪ¹¹³	szæʔ¹²	sʐæʔ¹²	szɿ¹²
绍	ze²²	zoʔ²³	zoʔ²³	zoʔ²³
诸	zo²³³	zoʔ¹²	zoʔ¹²	zoʔ¹²
崇	ze¹⁴	zoʔ¹²	zoʔ¹²	zoʔ¹²
太	ze¹³	zoʔ¹²	zoʔ¹²	zæʔ¹²
余	zɔʔ²³	zɔʔ²³	zɔʔ²³	zoʔ²³/zæʔ²³
宁	ʑiɪʔ²³/zɔʔ²³	zɔʔ²³/zæʔ²³	zɔʔ²³/zæʔ²³	ʑiɪʔ²³/ʑiæʔ²³少
黄	zo¹¹³	ʑiæʔ¹²/ʑieʔ¹²	ʑiæʔ¹²	loʔ¹²/ʑieʔ¹²
温	ze²²	ɦia³²³	ɦia³²³	ɦia³²³
衢		dʒɥʌʔ¹²/ʒɥʌʔ¹²	dʒɥʌʔ¹²	ʒɥʌʔ¹²/ʒɥʌʔ¹²
华	ɕʑiæ²⁴	szoʔ²²/sᶻoʔ⁴⁴	szoʔ²²	loʔ⁴³/loʔ²²
永	ɕiʌ⁴³⁴	ɕʑiaʌ³²³	ɕʑiaʌ³²³	ɕʑiaʌ³²³

宕开 三入 药日	梗开 三入 昔禅	梗开 二入 陌彻	梗开 二入 陌彻	梗开 二入 陌彻
弱	石	拆	坼	㡀
$zɔʔ^{23}$	$zɑʔ^{23}$	$ts'ʔ^{45}$	$ts'ʌʔ^{45}$	$ts'ʌʔ^{45}$
$szɔʔ^{22}$	$szɑ^{223}$	$ts'ə^{223}$	$ts'ə^{223}$	$ts'ə^{223}$
$nɑʔ^{44}/lɑʔ^{44}$	$sɑʔ^{44}$	$ts'ɑʔ^{44}$	$ts'əʔ^{44}$	$ts'əʔ^{44}$
$ɳiɑʔ^{24}$	$szɛʔ^{24}$	$ts'ɛʔ^{33}$	$ts'ɛʔ^{33}$	$ts'ɛʔ^{33}$
$loʔ^{24}/ɳioʔ^{24}/ɳiʌʔ^{24}$	$szʌʔ^{24}/szʌʔ^{55}$	$ts'əʔ^{55}$	$ts'əʔ^{55}$	$ts'əʔ^{55}$
$ɕʑiɑʔ^{34}/ɕʑyɔʔ^{34}$	$ɕʑiɑʔ^{34}$	$ts'əʔ^{55}$	$ts'əʔ^{55}$	$ts'əʔ^{55}$
$zɑʔ^{12}$	$zɑʔ^{12}$	$ts'ʌʔ^{55}$	$ts'ɑʔ^{55}$	$ts'ɑʔ^{55}$
$zɑʔ^{23}$	$zɔʔ^{23}$	$ts'ʌʔ^{55}$	$ts'ʌʔ^{55}$	$ts'ʌʔ^{55}$
$zʌʔ^{23}$	$zʌʔ^{23}$	$ts'ʌʔ^{55}$	$ts'ʌʔ^{55}$	$ts'ʌʔ^{55}$
$zʌʔ^{23}$	$zʌʔ^{23}$	$ts'ʌʔ^{55}$	$ts'ʌʔ^{55}$	$ts'ʌʔ^{55}$
$zọʔ^{23}/zʌʔ^{23}$	$zʌʔ^{23}$	$ts'ʌʔ^{55}$	$ts'ʌʔ^{55}$	$ts'ʌʔ^{55}$
$zʌʔ^{12}$	$zʌʔ^{12}$	$ts'ʌʔ^{55}$	$ts'ʌʔ^{55}$	$ts'ʌʔ^{55}$
$zʌʔ^{23}$	$zʌʔ^{23}$	$ts'ʌʔ^{55}$	$ts'ʌʔ^{55}$	$ts'ʌʔ^{55}$
$zʌʔ^{23}$	$zʌʔ^{23}$	$ts'ʌʔ^{55}$	$ts'ʌʔ^{55}$	$ts'ʌʔ^{55}$
$zɑʔ^{23}$	$zɑʔ^{23}$	$ts'ɑʔ^{55}$	$ts'ɑʔ^{55}$	$ts'ɑʔ^{55}$
$zɐʔ^{23}$	$zɐʔ^{23}$	$ts'ɐʔ^{55}$	$ts'ɐʔ^{55}$	$ts'ɐʔ^{55}$
$zʌʔ^{23}/lɔʔ^{23}$	$zʌʔ^{23}$	$ts'ʌʔ^{55}$	$ts'ʌʔ^{55}$	$ts'ʌʔ^{55}$
$zʌʔ^{23}$	$zʌʔ^{23}$	$ts'ʌʔ^{34}$	$ts'ʌʔ^{34}$	$ts'ʌʔ^{34}$
$zɑ^{22}$	$zɑ^{22}$	$ts'ɑʔ^{55}$	$ts'ɑʔ^{55}$	$ts'ɑʔ^{55}$
$zʌʔ^{12}$	$zʌʔ^{12}$	$ts'ʌʔ^{54}$	$ts'ʌʔ^{54}$	$ts'ʌʔ^{54}$
$zʌʔ^{23}$	$zʌʔ^{23}$	$ts'ʌʔ^{54}$	$ts'ʌʔ^{54}$	$ts'ʌʔ^{54}$
$ɹɔʔ^{12}$	$^sʑɐʔ^{12}$	$ts'ɐʔ^{55}$	$ts'ɐʔ^{55}$	$ts'ɐʔ^{55}$
$zoʔ^{23}$	$zʌʔ^{23}$	$ts'ʌʔ^{55}$	$ts'ʌʔ^{55}$	$ts'ʌʔ^{55}$
$zoʔ^{12}$	$zʌʔ^{12}$	$ts'ʌʔ^{55}$	$ts'ʌʔ^{55}$	$ts'ʌʔ^{55}$
$zɔʔ^{12}$	$zɑʔ^{12}$	$ts'ɑʔ^{45}$	$ts'ɑʔ^{45}$	$ts'ɑʔ^{45}$
$zɑʔ^{12}$	$zɑʔ^{12}$	$ts'ɑʔ^{45}$	$ts'ɑʔ^{45}$	$ts'ɑʔ^{45}$
$zɔʔ^{23}$	$zɐʔ^{23}$	$ts'ɐʔ^{55}$	$ts'ɐʔ^{55}$	$ts'ɐʔ^{55}$
$lɔʔ^{23}/ʑiɐʔ^{23}_{少}$	$zɐʔ^{23}$	$ts'ɐʔ^{55}$	$ts'ɐʔ^{55}$	$ts'ɐʔ^{55}$
$ʑiɐʔ^{12}/ʑieʔ^{12}$	$ʑieʔ^{12}$	$ts'ɐʔ^{55}$	$ts'ɐʔ^{55}$	$ts'ɐʔ^{55}$
$ɦiɑ^{323}$	$zɹi^{323}$	$ts'ɑ^{423}$	$ts'ɑ^{423}$	$ts'ɑ^{423}$
$ʒɥʌʔ^{12}/ɳiʌʔ^{12}$	$ʒɥʌʔ^{12}$	$ts'ʌʔ^{55}$	$ts'ʌʔ^{55}$	$ts'ʌʔ^{55}$
$loʔ^{43}/loʔ^{22}$	$ɕiɐʔ^{43}/ɕʑiɐʔ^{22}$	$ts'əʔ^{44}$	$ts'əʔ^{44}$	$ts'əʔ^{44}$
$ɕʑiɑʊ^{323}$	$ts'əɹ^{434}$	$ts'ai^{434}$	$ts'ai^{434}$	$ts'ai^{434}$

摄口 等调 韵声	梗开 二入 麦初	梗开 二入 麦初	梗开 二入 陌澄	梗开 二入 陌澄
	策	册	泽	择
宜	tsʻʌʔ^{45}	tsʻʌʔ^{45}	dzʌʔ^{23}	dzʌʔ^{23}
溧	tsʻə^{223}	tsʻə^{223}	dzə^{223}	dzə^{223}
金	tsʻəʔ^{44}	tsʻəʔ^{44}	tsəʔ^{44}	tsəʔ^{44}
丹	tsʻɛʔ^{33}	tsʻɛʔ^{33}	dzɛʔ^{24}	dzɛʔ^{24}
童	tsʻəʔ^{55}	tsʻəʔ^{55}	tsəʔ^{55}	tsəʔ^{55}
靖	tsʻəʔ^{55}	tsʻəʔ^{55}	szəʔ^{34}	szəʔ^{34}
江	tsʻɑʔ^{55}政~/tsʻɜʔ^{55}~动,~划	tsʻɑʔ^{55}	dzɿ^{12}	dzɿ^{12}
常	tsʻəʔ^{55}	tsʻɑʔ^{55}	dzəʔ^{23}	dzəʔ^{23}
锡	tsʻʌʔ^{55}	tsʻʌʔ^{55}	zəʔ^{23}	zəʔ^{23}
苏	tsʻʌʔ^{55}/tsʻəʔ^{55}	tsʻʌʔ^{55}/tsʻəʔ^{55}	zəʔ^{23}	zəʔ^{23}
熟	tsʌʔ^{55}	tsʌʔ^{55}	dzɛʔ^{23}	dzɛʔ^{23}
昆	tsʻʌʔ^{55}/tsʻəʔ^{55}	tsʻʌʔ^{55}/tsʻəʔ^{55}	zəʔ^{12}	zəʔ^{12}
霜	tsʻʌʔ^{55}	tsʻʌʔ^{55}	zəʔ^{23}	zəʔ^{23}
罗	tsʻʌʔ^{55}	tsʻʌʔ^{55}	zəʔ^{23}	zəʔ^{23}
周	tsʻɑʔ^{55}	tsʻɑʔ^{55}	zəʔ^{23}	zəʔ^{23}
上	tsʻɐʔ^{55}	tsʻɐʔ^{55}	zɐʔ^{23}	zɐʔ^{23}
松	tsʻʌʔ^{55}/tsʻəʔ^{55}	tsʻʌʔ^{55}/tsʻəʔ^{55}	zəʔ^{23}	zəʔ^{23}
黎	tsʻʌʔ^{34}	tsʻʌʔ^{34}	zəʔ^{23}	zəʔ^{23}
盛	tsʻɑʔ^{55}	tsʻɑʔ^{55}	zɑʔ^{22}	zəʔ^{22}
嘉	tsʻəʔ^{54}/tsʻʌʔ^{54}	tsʻʌʔ^{54}	zəʔ^{12}	zəʔ^{12}
双	tsʻʌʔ^{54}	tsʻʌʔ^{54}	zəʔ^{23}	zəʔ^{23}
杭	tsʻɐʔ^{55}	tsʻɐʔ^{55}	dzɐʔ^{12}/tsɐʔ^{55}	dzɐʔ^{12}/tsɐʔ^{55}
绍	tsʻʌʔ^{55}/tsʻəʔ^{55}	tsʻəʔ^{55}/tsʻʌʔ^{55}	zəʔ^{23}	zəʔ^{23}
诸	tsʻɐʔ^{55}	tsʻɐʔ^{55}	dzəʔ^{55}	dzəʔ^{12}
崇	tsʻɑʔ^{45}	tsʻɑʔ^{45}	dzɛʔ^{12}	dzɛʔ^{12}
太	tsʻɑʔ^{45}	tsʻɑʔ^{45}	ʝiɛʔ^{12}/dzɛʔ^{12}	ʝiɛʔ^{12}/dzɛʔ^{12}
余	tsʻɐʔ^{55}	tsʻɐʔ^{55}	dzɐʔ^{23}	dzɐʔ^{23}
宁	tsʻɐʔ^{55}	tsʻɐʔ^{55}	dzɐʔ^{55}	dzɐʔ^{23}
黄	tsʻɐʔ^{55}	tsʻɐʔ^{55}	dzɐʔ^{12}	dzɐʔ^{12}
温	tsʻɑ^{423}	tsʻɑ^{423}	dzɑ^{323}	dzɑ^{323}
衢	tsʻəʔ^{55}	tsʻəʔ^{55}	dzəʔ^{12}	dzəʔ^{12}
华	tsʻəʔ^{44}	tsʻəʔ^{44}	tsəʔ^{44}	tsəʔ^{44}
永	tsʻai^{434}	tsʻai^{434}	dzai^{323}	dzai^{323}

梗开 二入 陌澄	山开 二入 黠帮	山开 二入 黠並	山合 三入 月微	咸合 三入 乏非
宅	八	拔	袜	法
$dz\Lambda\textipa{P}^{23}$	$p\Lambda\textipa{P}^{45}$	$b\Lambda\textipa{P}^{23}$	$m\Lambda\textipa{P}^{23}$	$fA\textipa{P}^{55}$
$dz\Lambda^{223}$	$pa\textipa{P}^{55}$	ba^{223}	$ma\textipa{P}^{22}$	$fA\textipa{P}^{55}$
$tsa\textipa{P}^{44}$	$pa\textipa{P}^{44}$	$p\textrm{'}a\textipa{P}^{44}$	$ua\textipa{P}^{44}$	$fa\textipa{P}^{44}$
$ts\varepsilon\textipa{P}^{33}/dz\varepsilon\textipa{P}^{24}$	$pa\textipa{P}^{33}$	$ba\textipa{P}^{24}$	$ma\textipa{P}^{24}$	$fa\textipa{P}^{33}$
$dza\textipa{P}^{24}$	$p\Lambda\textipa{P}^{55}$	$ba\textipa{P}^{24}$	$m\Lambda\textipa{P}^{24}/{}^{?}m\Lambda\textipa{P}^{55}$	$fa\textipa{P}^{55}$
$dz\textschwa\textipa{P}^{34}$	$pa\textipa{P}^{55}$	$ba\textipa{P}^{34}$	$ma\textipa{P}^{34}$	$fa\textipa{P}^{55}$
$za\textipa{P}^{12}$	$pa\textipa{P}^{55}$	$ba\textipa{P}^{12}$	$ma\textipa{P}^{12}$	$fa\textipa{P}^{55}$
$dza\textipa{P}^{23}$	$pa\textipa{P}^{55}$	$ba\textipa{P}^{23}$	$ma\textipa{P}^{23}$	$fa\textipa{P}^{55}$
$z\Lambda\textipa{P}^{23}$	$p\Lambda\textipa{P}^{55}$	$b\Lambda\textipa{P}^{23}$	$m\Lambda\textipa{P}^{23}$	$fA\textipa{P}^{55}$
$z\Lambda\textipa{P}^{23}$	$p\textopeno\textipa{P}^{55}$	$b\Lambda\textipa{P}^{23}$	$m\Lambda\textipa{P}^{23}$	$fA\textipa{P}^{55}$
$z\Lambda\textipa{P}^{23}$	$po\textipa{P}^{55}$	$b\Lambda\textipa{P}^{23}$	$m\Lambda\textipa{P}^{23}$	$fA\textipa{P}^{55}$
$z\Lambda\textipa{P}^{12}$	$p\Lambda\textipa{P}^{55}/p\textschwa\textipa{P}^{55}$	$b\Lambda\textipa{P}^{12}$	$m\Lambda\textipa{P}^{12}$	$fA\textipa{P}^{55}$
$z\Lambda\textipa{P}^{23}$	$p\textschwa\textipa{P}^{55}$	$b\Lambda\textipa{P}^{23}$	$m\Lambda\textipa{P}^{23}$	$fA\textipa{P}^{55}$
$z\Lambda\textipa{P}^{23}$	$p\textrevglotstop\textipa{P}^{55}$	$b\Lambda\textipa{P}^{23}$	$m\Lambda\textipa{P}^{23}$	$fA\textipa{P}^{55}$
$za\textipa{P}^{23}$	${}^{?}ba\textipa{P}^{55}$	$ba\textipa{P}^{23}$	$ma\textipa{P}^{23}$	$fa\textipa{P}^{55}$
$z\textrevglotstop\textipa{P}^{23}$	$p\textrevglotstop\textipa{P}^{55}$	$b\textrevglotstop\textipa{P}^{23}$	$m\textrevglotstop\textipa{P}^{23}$	$f\textrevglotstop\textipa{P}^{55}$
$z\Lambda\textipa{P}^{23}$	$pæ\textipa{P}^{55}$	$bæ\textipa{P}^{23}$	$mæ\textipa{P}^{23}$	$fæ\textipa{P}^{55}$
$dz\Lambda\textipa{P}^{23}$	$po\textipa{P}^{55}$	$b\Lambda\textipa{P}^{23}$	$m\Lambda\textipa{P}^{23}$	$fA\textipa{P}^{55}$
$za\textipa{P}^{22}$	$p\textopeno\textipa{P}^{55}$	$ba\textipa{P}^{22}$	$ma\textipa{P}^{22}$	$fa\textipa{P}^{55}$
$z\textschwa\textipa{P}^{12}$	$p\Lambda\textipa{P}^{54}/p\textopeno\textipa{P}^{54}$少	$b\Lambda\textipa{P}^{12}$	$\textipa{P}m\Lambda\textipa{P}^{54}$	$fA\textipa{P}^{54}$
$z\Lambda\textipa{P}^{23}$	$po\textipa{P}^{54}$	$b\Lambda\textipa{P}^{23}$	$\textipa{P}m\Lambda\textipa{P}^{54}$	$fA\textipa{P}^{54}$
$dz\textrevglotstop\textipa{P}^{12}/ts\textrevglotstop\textipa{P}^{55}$	$p\Lambda\textipa{P}^{55}$	$b\textrevglotstop\textipa{P}^{12}$	$m\textrevglotstop\textipa{P}^{12}$	$f\textrevglotstop\textipa{P}^{55}$
$dz\Lambda\textipa{P}^{23}$	$pæ\textipa{P}/p\Lambda\textipa{P}^{55}$	$bæ\textipa{P}^{23}/b\Lambda\textipa{P}^{23}$	$m\Lambda\textipa{P}^{23}/mæ\textipa{P}^{23}$	$fA\textipa{P}^{55}$
$z\Lambda\textipa{P}^{12}$	$p\Lambda\textipa{P}^{55}$	$b\Lambda\textipa{P}^{55}$	$m\Lambda\textipa{P}^{55}$	$fA\textipa{P}^{55}$
$dza\textipa{P}^{12}$	$pæ\textipa{P}^{45}$	$bæ\textipa{P}^{12}$	$mæ\textipa{P}^{12}$	$fæ\textipa{P}^{45}$
$dza\textipa{P}^{12}$	$p\varepsilon\textipa{P}^{45}$	$b\varepsilon\textipa{P}^{12}$	$m\varepsilon\textipa{P}^{12}$	$f\varepsilon\textipa{P}^{45}$
$dz\textrevglotstop\textipa{P}^{23}$	$p\textopeno\textipa{P}^{55}$	$b\textrevglotstop\textipa{P}^{23}$	$m\textrevglotstop\textipa{P}^{23}$	$f\textrevglotstop\textipa{P}^{55}$
$dz\textrevglotstop\textipa{P}^{23}$	$p\textrevglotstop\textipa{P}^{55}$	$b\textrevglotstop\textipa{P}^{23}$	$m\textrevglotstop\textipa{P}^{23}$	$f\textrevglotstop\textipa{P}^{55}$
$dz\textrevglotstop\textipa{P}^{12}$	$p\textrevglotstop\textipa{P}^{55}$	$b\textrevglotstop\textipa{P}^{12}$	$m\textrevglotstop\textipa{P}^{12}$	$f\textrevglotstop\textipa{P}^{55}$
dza^{323}	po^{423}	bo^{323}	mo^{323}	xo^{423}
	$p\Lambda\textipa{P}^{55}$	$b\Lambda\textipa{P}^{12}$	$m\Lambda\textipa{P}^{12}$	$fA\textipa{P}^{55}$
$dz\textschwa\textipa{P}^{22}$	$pi\textrevglotstop^{45}/\textctz m\textrevglotstop^{45}$	$bi\textrevglotstop^{24}/b\textschwa^{24}$	$m\textschwa^{43}/mi\textrevglotstop^{24}/m\textturnm\textrevglotstop^{24}$	$fi\textrevglotstop^{45}/f\textturnm\textrevglotstop^{45}$
$dzai^{323}$	$p\textupsilon\Lambda^{434}$	$b\textupsilon\Lambda^{323}$	$m\textupsilon\Lambda^{323}$	$f\textupsilon\Lambda^{434}$

摄口 等调 韵声	山合 三入 月非	山合 三入 月非	咸合 三入 乏奉	山合 三入 月奉
	發	髪	乏	罚
宜	fʌʔ^{45}	fʌʔ^{45}	vʌʔ^{23}	vʌʔ^{23}
溧	faʔ^{55}	faʔ^{55}	vɑ^{223}	vɑ^{223}
金	faʔ^{44}	faʔ^{44}	faʔ^{44}	faʔ^{44}
丹	faʔ^{33}	faʔ^{33}	fvɑʔ^{24}	fvɑʔ^{24}
童	fʌʔ^{55}	fʌʔ^{55}	vʌʔ^{24}	vʌʔ^{24}
靖	faʔ^{55}	faʔ^{55}	vɑʔ^{34}	vɑʔ^{34}
江	faʔ^{55}	faʔ^{55}	vɑʔ^{12}	vɑʔ^{12}
常	faʔ^{55}	faʔ^{55}	vɑʔ^{23}	vɑʔ^{23}
锡	fʌʔ^{55}	fʌʔ^{55}	vʌʔ^{23}	vʌʔ^{23}
苏	fʌʔ^{55}	fʌʔ^{55}	vʌʔ^{23}	vʌʔ^{23}
熟	fʌʔ^{55}	fʌʔ^{55}	vʌʔ^{23}	vʌʔ^{23}
昆	fʌʔ^{55}	fʌʔ^{55}	vʌʔ^{12}	vʌʔ^{12}
霜	fʌʔ^{55}	fʌʔ^{55}	vʌʔ^{23}	vʌʔ^{23}
罗	fʌʔ^{55}	fʌʔ^{55}	vʌʔ^{23}	vʌʔ^{23}
周	faʔ^{55}	faʔ^{55}	vɑʔ^{23}	vɑʔ^{23}
上	fɐʔ^{55}	fɐʔ^{55}	vɐʔ^{23}	vɐʔ^{23}
松	fæʔ^{55}	fæʔ^{55}	væʔ^{23}	væʔ^{23}
黎	fʌʔ^{55}	fʌʔ^{55}	vʌʔ^{23}	vʌʔ^{23}
盛	faʔ^{55}	faʔ^{55}	vɑʔ^{22}	vɑʔ^{22}
嘉	fʌʔ^{54}	fʌʔ^{54}	vʌʔ^{12}	vʌʔ^{12}
双	fʌʔ^{54}	fʌʔ^{54}	vʌʔ^{23}	vʌʔ^{23}
杭	fɐʔ^{55}	fɐʔ^{55}	vɐʔ^{12}	vɐʔ^{12}
绍	fʌʔ^{55}	fʌʔ^{55}	vʌʔ^{23}	vʌʔ^{23}
诸	fʌʔ^{55}	fʌʔ^{55}	vʌʔ^{12}	vʌʔ^{12}
崇	fæʔ^{45}	fæʔ^{45}	væʔ^{12}	væʔ^{12}
太	fɛʔ^{45}	fɛʔ^{45}	vɛʔ^{12}	vɛʔ^{12}
余	fɐʔ^{55}	fɐʔ^{55}	vɐʔ^{23}	vɐʔ^{23}
宁	fɐʔ^{55}	fɐʔ^{55}	vɐʔ^{23}	vɐʔ^{23}
黄	fɐʔ^{55}	fɐʔ^{55}	vɐʔ^{12}	vɐʔ^{12}
温	xo^{423}	xo^{423}	ɦo^{323}	ɦo^{323}
衢	fʌʔ^{55}	fʌʔ^{55}	fvʌʔ^{12}	fvʌʔ^{12}
华	fiɐ^{45}/fuɐ^{45}	fiɐ^{45}/fuɐ^{45}	fviɐ^{24}	fviɐ^{24}
永	fʊʌ^{434}	fʊʌ^{434}	fvʌ^{323}	fvʊʌ^{323}

山合三入 月奉	咸开一入 合端	咸开一入 合端	咸开一入 合透	咸开一入 盍透
伐	搭	答	搨	塔
vʌʔ^{23}	tʌʔ^{45}	tʌʔ^{45}	tʻʌʔ^{45}	tʻʌʔ^{45}
vɑ^{223}	taʔ^{55}	taʔ^{55}	tʻɑ^{223}	tʻɑ^{223}
faʔ^{44}	taʔ^{44}	taʔ^{44}	tʻɑʔ^{44}	tʻɑʔ^{44}
fvɑʔ^{24}	taʔ^{33}	taʔ^{33}/dɑʔ^{24}	tʻɑʔ^{33}	tʻɑʔ^{33}
vʌʔ^{24}	tʌʔ^{55}	tʌʔ^{55}	tʻʌʔ^{55}	tʻʌʔ^{55}
vɑʔ^{34}	taʔ^{55}	taʔ^{55}	tʻɑʔ^{55}	tʻɑʔ^{55}
vɑʔ^{12}	taʔ^{55}	taʔ^{55}	tʻɑʔ^{55}	tʻɑʔ^{55}
vɑʔ^{23}	taʔ^{55}	taʔ^{55}	tʻɑʔ^{55}	tʻɑʔ^{55}
vʌʔ^{23}	tʌʔ^{55}	tʌʔ^{55}	tʻʌʔ^{55}	tʻʌʔ^{55}
vʌʔ^{23}	tʌʔ^{55}	tʌʔ^{55}	tʻʌʔ^{55}	tʻʌʔ^{55}
vʌʔ^{23}	tʌʔ^{55}	tʌʔ^{55}/tɛʔ^{55}	tʻʌʔ^{55}	tʻʌʔ^{55}
vʌʔ^{12}	tʌʔ^{55}	tʌʔ^{55}/tɤʔ^{55}	tʻʌʔ^{55}	tʻʌʔ^{55}
vʌʔ^{23}	tʌʔ^{55}	tʌʔ^{55}	tʻʌʔ^{55}	tʻʌʔ^{55}
vʌʔ^{23}	tʌʔ^{55}	tʌʔ^{55}	tʻʌʔ^{55}	tʻʌʔ^{55}
vɑʔ^{23}	ɗaʔ^{55}	ɗaʔ^{55}	tʻɑʔ^{55}	tʻɑʔ^{55}
vɐʔ^{23}	tɐʔ^{55}	tɐʔ^{55}	tʻɐʔ^{55}	tʻɐʔ^{55}
væʔ^{23}	tæʔ^{55}/tɤʔ^{55}	tæʔ^{55}/tɤʔ^{55}	tʻæʔ^{55}	tʻæʔ^{55}
vʌʔ^{23}	tʌʔ^{55}	tʌʔ^{55}	tʻʌʔ^{34}	tʻʌʔ^{34}
vɑʔ^{22}	taʔ^{55}	taʔ^{55}	tʻɑʔ^{55}	tʻɑʔ^{55}
vʌʔ^{12}	tʌʔ^{54}	tʌʔ^{54}	tʻʌʔ^{54}	tʻʌʔ^{54}
vʌʔ^{23}	tʌʔ^{54}	tʌʔ^{54}	tʻʌʔ^{54}	tʻʌʔ^{54}
vɐʔ^{12}	tɐʔ^{55}	tɐʔ^{55}	tʻɐʔ^{55}	tʻɐʔ^{55}
vʌʔ^{23}	tæʔ^{55}/tʌʔ^{55}	tæʔ^{55}/tʌʔ^{55}	tʻæʔ^{55}/tʻʌʔ^{55}	tʻæʔ^{55}/tʻʌʔ^{55}
vʌʔ^{12}	tʌʔ^{55}/toʔ^{55}	toʔ^{55}/tʌʔ^{55}	tʻʌʔ^{55}/tʻɐʔ^{55}	tʻʌʔ^{55}/tʻɐʔ^{55}
væʔ^{12}	tæʔ^{45}	tæʔ^{45}	tʻæʔ^{45}	tʻæʔ^{45}
vɛʔ^{12}	tɛʔ^{45}	tɛʔ^{45}	tʻɛʔ^{45}	tʻɛʔ^{45}
vɐʔ^{23}	tɐʔ^{55}	tɐʔ^{55}	tʻɐʔ^{55}	tʻɐʔ^{55}
vɐʔ^{23}	tɐʔ^{55}	tɐʔ^{55}	tʻɐʔ^{55}	tʻɐʔ^{55}
vɐʔ^{12}	tɐʔ^{55}	tɐʔ^{55}	tʻɐʔ^{55}	tʻɐʔ^{55}
ɦo^{323}	ta^{423}	tθ^{423}	tʻɑ^{423}	tʻɑ^{423}
fvʌʔ^{12}	tʌʔ^{55}	tʌʔ^{55}	tʻʌʔ^{55}	tʻʌʔ^{55}
fviɐ^{24}	tuɐ^{45}/tɤʔ^{44}	tɤʔ^{44}/tɤ^{45}	tʻə^{45}	tʻə^{45}
	tʊʌ^{434}	tʊʌ^{434}	tʻʌ^{434}	tʻʊʌ^{434}

摄口 等调 韵声	山开 一入 曷透	咸开 一入 合透	山开 一入 曷定	山开 一入 曷泥
	獭	踏	达	捺
宜	tʻʌʔ⁴⁵	dʌʔ²³	dʌʔ²³	nʌʔ²³
溧	tʻɑ²²³	dɑ²²³	dɑ²²³	nɑ²²³
金	tʻɑʔ⁴⁴	tʻɑʔ⁴⁴	tɑʔ⁴⁴	nɑʔ⁴⁴
丹	tʻɑʔ³³	dɑʔ²⁴	dɑʔ²⁴/tɑʔ³³	nɑʔ²⁴
童	tʻʌʔ⁵⁵	dʌʔ²⁴	dʌʔ²⁴	nʌʔ²⁴/ʔnʌʔ⁵⁵
靖	tʻɑʔ⁵⁵	dɑʔ³⁴	dɑʔ³⁴	nɑʔ³⁴
江	tʻɑʔ⁵⁵	dɑʔ¹²	dɑʔ¹²	nɑʔ¹²
常	tʻɑʔ⁵⁵	dɑʔ²³	dɑʔ²³	nɑʔ²³
锡	tʻʌʔ⁵⁵	dʌʔ²³	dʌʔ²³	nʌʔ²³
苏	tʻʌʔ⁵⁵	dʌʔ²³	dʌʔ²³	nʌʔ²³
熟	tʻʌʔ⁵⁵/tʻoʔ⁵⁵	dʌʔ²³	dʌʔ²³	nʌʔ²³
昆	tʻʌʔ⁵⁵	dʌʔ¹²	dʌʔ¹²	nʌʔ¹²
霜	tʻʌʔ⁵⁵	dʌʔ²³	dʌʔ²³	nʌʔ²³
罗	tʻʌʔ⁵⁵	dʌʔ²³	dʌʔ²³	nʌʔ²³
周	tʻɑʔ⁵⁵	dɑʔ²³	dɑʔ²³	nɑʔ²³
上	tʻɐʔ⁵⁵	dɐʔ²³	dɐʔ²³	nɐʔ²³
松	tʻæʔ⁵⁵	dæʔ²³	dæʔ²³	næʔ²³
黎	tʻɑʔ³⁴	dʌʔ²³	dʌʔ²³	nʌʔ²³
盛	tʻɑʔ⁵⁵	dɑʔ²²	dɑʔ²²	nɑʔ²²
嘉	tʻʌʔ⁵⁴	dʌʔ¹²	dʌʔ¹²	ʔnʌʔ⁵⁴
双	tʻʌʔ⁵⁴	dʌʔ²³	dʌʔ²³	ʔnʌʔ⁵⁴
杭	tʻɐʔ⁵⁵	dɐʔ¹²	dɐʔ¹²	nɐʔ¹²
绍	tʻæʔ⁵⁵/tʻʌʔ⁵⁵	dæʔ²³/dʌʔ²³	dæʔ²³/dʌʔ²³	næʔ²³/nʌʔ²³
诸	tʻʌʔ⁵⁵/tʻɐʔ⁵⁵	dʌʔ¹²	dʌʔ¹²	nʌʔ¹²
崇	tʻæʔ⁴⁵	dæʔ¹²	dæʔ¹²	næʔ¹²
太	tʻɛʔ⁴⁵	dɛʔ¹²	dɛʔ¹²	nɛʔ¹²
余	tʻɐʔ⁵⁵	dɐʔ²³	dɐʔ²³	nɐʔ²³
宁	tʻɐʔ⁵⁵	dɐʔ²³	dɐʔ²³	nɐʔ²³
黄	tʻɐʔ⁵⁵	dɐʔ¹²	dɐʔ¹²	nɐʔ¹²
温	tʻɑ⁴²³	dɑ³²³	dɑ³²³	nɑ³²³
衢	tʻʌʔ⁵⁵	dʌʔ¹²	dʌʔ¹²	nʌʔ¹²
华	tʻə⁴⁵	də²⁴	də²⁴	nɐ²⁴
永	tʻʊʌ⁴³⁴	dʊʌ³²³	dʊʌ³²³	nʌ³²³

咸开 一入 盍来	咸开 一入 盍来	山开 一入 曷来	咸开 二入 洽见	咸开 二入 洽见
腊	蜡	辣	夹	袷
lʌʔ^{23}	lʌʔ^{23}	lʌʔ^{23}	kʌʔ^{45}	kʌʔ^{45}
la^{223}	la^{223}	la^{223}	kaʔ^{55}	kaʔ^{55}
laʔ^{44}	laʔ^{44}	laʔ^{44}	kaʔ^{44}	kaʔ^{44}
laʔ^{24}	laʔ^{24}	laʔ^{24}	kaʔ^{33}	kaʔ^{33}
lʌʔ^{24}/ʔlʌʔ^{55}	lʌʔ^{24}/ʔlʌʔ^{55}	lʌʔ^{24}/ʔlʌʔ^{55}	kʌʔ^{55}	kʌʔ^{55}
laʔ^{34}	laʔ^{34}	laʔ^{34}	kaʔ^{55}	kaʔ^{55}
laʔ^{12}	laʔ^{12}	laʔ^{12}	kaʔ^{55}	kaʔ^{55}
laʔ^{23}	laʔ^{23}	laʔ^{23}	kaʔ^{55}	kaʔ^{55}
lʌʔ^{23}	lʌʔ^{23}	lʌʔ^{23}	kʌʔ^{55}	kʌʔ^{55}
lʌʔ^{23}	lʌʔ^{23}	lʌʔ^{23}	kʌʔ^{55}	kʌʔ^{55}
lʌ^{23}	lʌ^{23}	lʌʔ^{23}	kʌʔ^{55}	kʌʔ^{55}
lʌʔ^{12}	lʌʔ^{12}	lʌʔ^{12}	kʌʔ^{55}	kʌʔ^{55}
lʌʔ^{23}	lʌʔ^{23}	lʌʔ^{23}	kʌʔ^{55}	kʌʔ^{55}
lʌʔ^{23}	lʌʔ^{23}	lʌʔ^{23}	kʌʔ^{55}	kʌʔ^{55}
laʔ^{23}	laʔ^{23}	laʔ^{23}	kaʔ^{55}	kaʔ^{55}
lɐʔ^{23}	lɐʔ^{23}	lɐʔ^{23}	kɐʔ^{55}	kɐʔ^{55}
læʔ^{23}	læʔ^{23}	læʔ^{23}	kæʔ^{55}	kæʔ^{55}
lʌʔ^{23}	lʌʔ^{23}	lʌʔ^{23}	kʌʔ^{55}	kʌʔ^{55}
laʔ^{22}	laʔ^{22}	laʔ^{22}	kaʔ^{55}	kaʔ^{55}
ʔlʌʔ^{54}	ʔlʌʔ^{54}	ʔlʌʔ^{54}	kʌʔ^{54}	kʌʔ^{54}
ʔlʌʔ^{54}	ʔlʌʔ^{54}	ʔlʌʔ^{54}	kʌʔ^{54}	kʌʔ^{54}
lɐʔ^{12}	lɐʔ^{12}	lɐʔ^{12}	kɐʔ^{55}/tɕiɐʔ^{55}/tɕiiʔ^{55}	kɐʔ^{55}
læʔ^{23}/lʌʔ^{23}	læʔ^{23}/lʌʔ^{23}	læʔ^{23}/lʌʔ^{23}	kæʔ^{55}/kʌʔ^{55}	kæʔ^{55}/kʌʔ^{55}
lʌʔ^{12}	lʌʔ^{12}	lʌʔ^{12}/nʌʔ^{12}	kʌʔ^{55}	kʌʔ^{55}
læʔ^{12}	læʔ^{12}	læʔ^{12}	kæʔ^{45}	kæʔ^{45}
lɛʔ^{12}	lɛʔ^{12}	lɛʔ^{12}	kɛʔ^{45}	kɛʔ^{45}
lɐʔ^{23}	lɐʔ^{23}	lɐʔ^{23}	kɐʔ^{55}	kɐʔ^{55}
lɐʔ^{23}	lɐʔ^{23}	lɐʔ^{23}	kɐʔ^{55}	kɐʔ^{55}
lɐʔ^{12}	lɐʔ^{12}	lɐʔ^{12}	kɛʔ^{55}	kɛʔ^{55}
la^{323}	la^{323}	la^{323}	ka^{423}	ka^{423}
lʌʔ^{12}	lʌʔ^{12}	lʌʔ^{12}	kʌʔ^{55}	kʌʔ^{55}
ʔluɐ$^{45/43}$/lɐʔ^{22}	ʔluɐ$^{45/43}$/lɐʔ^{22}	ʔluɐ$^{45/43}$/lɐʔ^{22}	kəʔ^{44}	kəʔ^{44}
lʊʌ^{323}	lʊʌ^{323}	lʊʌ^{323}	kʊʌ^{434}	kʊʌ^{434}

摄口 等调 韵声	咸开 二入 洽溪 掐	咸开 二入 洽溪 恰	山开 二入 黠影 轧~刀	轧挤
宜	kʻʌʔ⁴⁵	kʻʌʔ⁴⁵	gʌʔ²³	gʌʔ²³
溧	kʻɑ²²³	kʻɑ²²³	gɑ²²³	gɑ²²³
金	kʻɑʔ⁴⁴	tɕiɑʔ⁴⁴	kɑʔ⁴⁴	kɑʔ⁴⁴
丹	kʻɑʔ³³	tɕiɑʔ³³	gɑʔ²⁴	gɑʔ²⁴
童	kʻʌʔ⁵⁵	kʻʌʔ⁵⁵	gʌʔ²⁴	gʌʔ²⁴
靖	kʻɑʔ⁵⁵	tɕʻiɑʔ⁵⁵	gɑʔ³⁴	gɑʔ³⁴
江	kʻɑʔ⁵⁵	kʻɑʔ⁵⁵	gɑʔ¹²	gɑʔ¹²
常	kʻɑʔ⁵⁵	tɕʻiɑʔ⁵⁵	gɑʔ²³	gɑʔ²³
锡	kʻʌʔ⁵⁵	kʻʌʔ⁵⁵	gʌʔ²³	gʌʔ²³
苏	kʻʌʔ⁵⁵	kʻʌʔ⁵⁵/tɕʻiʌʔ⁵⁵	gʌʔ²³	gʌʔ²³
熟	kʻʌʔ⁵⁵	tɕʻiʌʔ⁵⁵	gʌʔ²³	gʌʔ²³
昆	kʻʌʔ⁵⁵	tɕʻiʌʔ⁵⁵	gʌʔ¹²	gʌʔ¹²
霜	kʻʌʔ⁵⁵	tɕʻiʌʔ⁵⁵/xʌʔ⁵⁵	gʌʔ²³	gʌʔ²³
罗	kʻʌʔ⁵⁵	tɕʻiʌʔ⁵⁵	dzʌʔ²³	gʌʔ²³
周	kʻɑʔ⁵⁵/kʻəʔ⁵⁵	kʻɑʔ⁵⁵	gɑʔ²³	gɑʔ²³
上	kʻɐʔ⁵⁵	kʻɐʔ⁵⁵/tɕʻiɪʔ⁵⁵/tɕʻiɐʔ⁵⁵	gɐʔ²³	gɐʔ²³
松	kʻæʔ⁵⁵	tɕʻiæʔ⁵⁵	gæʔ²³	gæʔ²³
黎	kʻʌʔ³⁴	tɕʻiʌʔ³⁴	gʌʔ²³	gʌʔ²³
盛	kʻɑʔ⁵⁵	tɕʻiɑʔ⁵⁵	gɑʔ²²	gɑʔ²²
嘉	kʻʌʔ⁵⁴/tɕʻiʌʔ⁵⁴	tɕʻiʌʔ⁵⁴	gʌʔ¹²	gʌʔ¹²
双	kʻʌʔ⁵⁴	kʻʌʔ⁵⁴	gʌʔ²³	gʌʔ²³
杭	kʻɐʔ⁵⁵	tɕʻiɪʔ⁵⁵	gɐʔ¹²	
绍	kʻæʔ⁵⁵/kʻʌʔ⁵⁵	tɕʻiʌʔ⁵⁵	gæʔ²³/gʌʔ²³	gæʔ²³/gʌʔ²³
诸	kʻɐʔ⁵⁵	kʻɐʔ⁵⁵	gɐʔ¹²	gɐʔ¹²
崇	kʻæʔ⁴⁵	tɕʻiɑʔ⁴⁵	gæʔ¹²	gæʔ¹²
太	kʻɛʔ⁴⁵	cʻiɑ⁴⁵	gɛʔ¹²	gɛʔ¹²
余	kʻɐʔ⁵⁵	tɕʻiɐʔ⁵⁵	gɐʔ²³	gɐʔ²³
宁	kʻɐʔ⁵⁵	tɕʻiɪʔ⁵⁵/tɕʻiɐʔ⁵⁵	gɐʔ²³	gɐʔ²³
黄	kʻɐʔ⁵⁵/kʻɛʔ⁵⁵	kʻɐʔ⁵⁵	gɐʔ¹²	gɐʔ¹²
温	kʻɑ⁴²³	kʻɑ⁴²³	gɑ³²³	gɑ³²³
衢	kʻʌʔ⁵⁵	kʻʌʔ⁵⁵	dzʌʔ¹²	
华	kʻəʔ⁴⁴/tɕʻiɐ⁴⁵	tɕʻiɐ⁴⁵	kəʔ⁴⁴	kəʔ⁴⁴
永	kʻə⁴³⁴	kʻʌ⁴³⁴	gʊʌ³²³	

咸开 二入 狎影	咸开 二入 狎影	咸开 二入 狎影		咸开 一入 合晓
鸭	押	压	阿	喝
ʔʌʔ⁴⁵	ʔʌʔ⁴⁵	ʔʌʔ⁴⁵	ʔʌʔ⁴⁵	xʌʔ⁴⁵
ʔɑʔ⁵⁵	ʔɑʔ⁵⁵	ʔɑʔ⁵⁵/ʔiɑʔ⁵⁵	ʔɑʔ⁵⁵	xəʔ⁵⁵
ɑʔ⁴⁴	ɑʔ⁴⁴/iɑʔ⁴⁴	ɑʔ⁴⁴/iɑʔ⁴⁴	ɑʔ⁴⁴	xəʔ⁴⁴/xuəʔ⁴⁴
ɑʔ³³	ɑʔ³³	ɑʔ³³/ʔɦɑʔ²⁴	ɑʔ³³	hɛʔ³³
ʔˀʌʔ⁵⁵	ʔˀʌʔ⁵⁵	ŋʌʔ⁵⁵	ʔˀʌʔ⁵⁵	hʌʔ⁵⁵
ʔɑʔ⁵⁵	ʔɑʔ⁵⁵	ʔɑʔ⁵⁵	ʔɑʔ⁵⁵	həʔ⁵⁵
ʔɑʔ⁵⁵	ʔɑʔ⁵⁵	ʔɑʔ⁵⁵	ʔɑʔ⁵⁵	hɜʔ⁵⁵
ʔɑʔ⁵⁵	ʔɑʔ⁵⁵	ʔɑʔ⁵⁵	ʔɑʔ⁵⁵	xəʔ⁵⁵
ʔʌʔ⁵⁵	ʔʌʔ⁵⁵	ʔʌʔ⁵⁵	ʔʌʔ⁵⁵	xʌʔ⁵⁵
ʔʌʔ⁵⁵	ʔʌʔ⁵⁵	ʔʌʔ⁵⁵/ʔiʌʔ⁵⁵	ʔʌʔ⁵⁵	hʌʔ⁵⁵
ʔʌʔ⁵⁵	ʔʌʔ⁵⁵	ʔʌʔ⁵⁵	ʔʌʔ⁵⁵	hɛʔ⁵⁵
ʔʌʔ⁵⁵	ʔʌʔ⁵⁵	ʔʌʔ⁵⁵	ʔʌʔ⁵⁵	həʔ⁵⁵
ʔʌʔ⁵⁵	ʔʌʔ⁵⁵	ʔʌʔ⁵⁵	ʔʌʔ⁵⁵	xʌʔ⁵⁵/xəʔ⁵⁵
ʔʌʔ⁵⁵	ʔʌʔ⁵⁵	ʔʌʔ⁵⁵	ʔʌʔ⁵⁵	hʌʔ⁵⁵
ʔɑʔ⁵⁵	ʔɑʔ⁵⁵	ʔɑʔ⁵⁵	ʔɑʔ⁵⁵	hɑʔ⁵⁵
ʔɐʔ⁵⁵	ʔɐʔ⁵⁵/ʔiɪʔ⁵⁵	ʔɐʔ⁵⁵	ʔɐʔ⁵⁵	hɐʔ⁵⁵
ʔæʔ⁵⁵	ʔæʔ⁵⁵	ʔæ⁵⁵	ʔʌʔ⁵⁵/ʔæʔ⁵⁵	hæʔ⁵⁵
ʔɑʔ⁵⁵	ʔɑʔ⁵⁵	ʔɑʔ⁵⁵	ʔɑʔ⁵⁵	həʔ⁵⁵
ʔʌʔ⁵⁴	ʔʌʔ⁵⁴	ʔʌʔ⁵⁴	ʔʌʔ⁵⁴	həʔ⁵⁴
ʔʌʔ⁵⁴	ʔʌʔ⁵⁴	ʔʌʔ⁵⁴	ʔʌʔ⁵⁴	hʌʔ⁵⁴
ʔiɐʔ⁵⁵/ʔɐʔ⁵⁵	ʔɐʔ⁵⁵/ʔiɐʔ⁵⁵/ʔiɪ⁵⁵	ʔɐ⁵⁵/ʔiɪʔ⁵⁵/ʔiɐʔ⁵⁵	ʔɐʔ⁵⁵	hɐʔ⁵⁵
ʔæʔ⁵⁵/ʔʌʔ⁵⁵	ʔæʔ⁵⁵/ʔʌʔ⁵⁵	ʔæʔ⁵⁵/ʔʌʔ⁵⁵	ʔæʔ⁵⁵/ʔʌʔ⁵⁵	həʔ⁵⁵
ʔɐʔ⁵⁵	ʔʌʔ⁵⁵	ʔʌʔ⁵⁵	ʔʌʔ⁵⁵	hɐʔ⁵⁵
ʔæʔ⁴⁵	ʔæʔ⁴⁵	ʔæʔ⁴⁵	ʔɑʔ⁴⁵	hæʔ⁴⁵
ʔɛʔ⁴⁵	ʔɛʔ⁴⁵	ʔɛʔ⁴⁵	ʔɑʔ⁴⁵	hɛʔ⁴⁵
ʔɐʔ⁵⁵	ʔɐʔ⁵⁵	ʔɐʔ⁵⁵	ʔɐʔ⁵⁵	hɐʔ⁵⁵
ʔɐʔ⁵⁵	ʔɐʔ⁵⁵	ʔɐʔ⁵⁵	ʔɐʔ⁵⁵	hɐʔ⁵⁵
ʔɛʔ⁵⁵	ʔɐʔ⁵⁵	ʔɐʔ⁵⁵	ʔɐʔ⁵⁵	hɐʔ⁵⁵
ʔɑ⁴²³	ʔɑ⁴²³	ʔɑ⁴²³	ʔɑ⁴²³	xɑ⁴²³
ʔʌʔ⁵⁵	ʔʌʔ⁵⁵	ʔʌʔ⁵⁵/ʔiʌʔ⁵⁵	ʔʌʔ⁵⁵	xʌʔ⁵⁵
ʔɐʔ⁴⁴	ʔəʔ⁴⁴	ʔəʔ⁴⁴/iəʔ⁴⁴	ʔəʔ⁴⁴	xəʔ⁴⁴
ʔʊʌ⁴³⁴/ʔʊʌʔ⁴⁴	ʔai⁴³⁴	ʔai⁴³⁴	ʔʌ⁴³⁴	xɤə⁴³⁴

摄口 等调 韵声	山开 二入 鎋晓	咸开 一入 合匣	咸开 二入 洽匣	咸开 二入 狎匣
	瞎	盒	狭	匣
宜	xᴀʔ$^{\underline{45}}$	ɦiᴀʔ$^{\underline{23}}$	ɦiᴀʔ$^{\underline{23}}$ / ɦiiᴀʔ$^{\underline{23}}$	ɦiᴀʔ$^{\underline{23}}$
溧	xaʔ$^{\underline{55}}$	ɦia^{223}	ɦia^{223}	ɦia^{223}
金	xaʔ$^{\underline{44}}$	xaʔ$^{\underline{44}}$	xaʔ$^{\underline{44}}$	xaʔ$^{\underline{44}}$
丹	haʔ$^{\underline{33}}$	haʔ$^{\underline{33}}$	haʔ$^{\underline{33}}$ / hʰɑ$^{\underline{24}}$	ɦaʔ$^{\underline{33}}$
童	hᴀʔ$^{\underline{55}}$	xɦiᴀʔ$^{\underline{55}}$ / xɦiᴀʔ$^{\underline{24}}$	xɦiᴀʔ$^{\underline{55}}$ / xɦiᴀʔ$^{\underline{24}}$	xɦiᴀʔ$^{\underline{24}}$ / xɦiᴀʔ$^{\underline{55}}$
靖	haʔ$^{\underline{55}}$	hɦiaʔ$^{\underline{34}}$	hɦiaʔ$^{\underline{34}}$	hɦiaʔ$^{\underline{34}}$
江	haʔ$^{\underline{55}}$	ʰɦiaʔ$^{\underline{12}}$	ʰɦiaʔ$^{\underline{12}}$	ʰɦiaʔ$^{\underline{12}}$
常	xaʔ$^{\underline{55}}$	ɦiaʔ$^{\underline{23}}$	ɦiaʔ$^{\underline{23}}$ / ʑiaʔ$^{\underline{23}}$	ɦiaʔ$^{\underline{23}}$
锡	xᴀʔ$^{\underline{55}}$	ɦiᴀʔ$^{\underline{23}}$	ɦiᴀʔ$^{\underline{23}}$ / ɦiiᴀʔ$^{\underline{23}}$	ɦiᴀʔ$^{\underline{23}}$
苏	hᴀʔ$^{\underline{55}}$	ɦiᴀʔ$^{\underline{23}}$	ɦiᴀʔ$^{\underline{23}}$	ɦiᴀʔ$^{\underline{23}}$
熟	hᴀʔ$^{\underline{55}}$	ɦiᴀʔ$^{\underline{23}}$	ɦiᴀʔ$^{\underline{23}}$ / ɦiiᴀʔ$^{\underline{23}}$	ɦiᴀʔ$^{\underline{23}}$
昆	hᴀʔ$^{\underline{55}}$	ɦiᴀʔ$^{\underline{12}}$	ɦiᴀʔ$^{\underline{12}}$ / ɦiiᴀʔ$^{\underline{12}}$	ɦiᴀʔ$^{\underline{12}}$
霜	xᴀʔ$^{\underline{55}}$	ɦiᴀʔ$^{\underline{23}}$	ɦiᴀʔ$^{\underline{23}}$	ɦiᴀʔ$^{\underline{23}}$
罗	hᴀʔ$^{\underline{55}}$	ɦiᴀʔ$^{\underline{23}}$	ɦiᴀʔ$^{\underline{23}}$	ɦiᴀʔ$^{\underline{23}}$
周	haʔ$^{\underline{55}}$	ɦiaʔ$^{\underline{23}}$	ɦiaʔ$^{\underline{23}}$	ɦiaʔ$^{\underline{23}}$
上	hɐʔ$^{\underline{55}}$	ɦiɐʔ$^{\underline{23}}$	ɦiɐʔ$^{\underline{23}}$ / ɦiiʔ$^{\underline{23}}$ / ɦiɐʔ$^{\underline{23}}$	ɦiɐʔ$^{\underline{23}}$
松	hæʔ$^{\underline{55}}$	ɦiæʔ$^{\underline{23}}$	ɦiæʔ$^{\underline{23}}$	ɦiæʔ$^{\underline{23}}$
黎	hᴀʔ$^{\underline{55}}$	ɦiᴀʔ$^{\underline{23}}$	ɦiᴀʔ$^{\underline{23}}$	ɦiᴀʔ$^{\underline{23}}$
盛	haʔ$^{\underline{55}}$	ɦiaʔ$^{\underline{22}}$	ɦiaʔ$^{\underline{22}}$	ɦiaʔ$^{\underline{22}}$
嘉	hᴀʔ$^{\underline{54}}$	ʔiᴀʔ$^{\underline{54}}$	ʔiᴀʔ$^{\underline{54}}$	ʔiᴀʔ$^{\underline{54}}$
双	hᴀʔ$^{\underline{54}}$	ʔiᴀʔ$^{\underline{54}}$	ʔiᴀʔ$^{\underline{54}}$	ʔiᴀʔ$^{\underline{54}}$
杭	hɐʔ$^{\underline{55}}$	ɦiɐʔ$^{\underline{12}}$	ɕziɐʔ$^{\underline{12}}$ / ɕziiʔ$^{\underline{12}}$	ɕziɐʔ$^{\underline{12}}$
绍	hæʔ$^{\underline{55}}$ / hᴀʔ$^{\underline{55}}$	ɦiəʔ$^{\underline{23}}$ / ɦiɘʔ$^{\underline{23}}$	ɦiᴀʔ$^{\underline{23}}$ / ɦiæʔ$^{\underline{23}}$	ɦiɘʔ$^{\underline{23}}$
诸	hɐʔ$^{\underline{55}}$	ɦiɐʔ$^{\underline{12}}$	ɦiɐʔ$^{\underline{12}}$ / ɦiiɐʔ$^{\underline{12}}$	ɦiɐʔ$^{\underline{12}}$
崇	hæʔ$^{\underline{45}}$	ɦiæʔ$^{\underline{12}}$	ɦiæʔ$^{\underline{12}}$	ɦiæʔ$^{\underline{12}}$
太	hɛʔ$^{\underline{45}}$	ɦiɛʔ$^{\underline{12}}$	ɦiɛʔ$^{\underline{12}}$	ɦiɛʔ$^{\underline{12}}$
余	hɐʔ$^{\underline{23}}$	ɦiɐʔ$^{\underline{23}}$	ɦiɐʔ$^{\underline{23}}$	ɦiɐʔ$^{\underline{23}}$
宁	hɐʔ$^{\underline{23}}$	ɦiɐʔ$^{\underline{23}}$	ɦiɐʔ$^{\underline{23}}$	ɦiɐʔ$^{\underline{23}}$
黄	hɛʔ$^{\underline{12}}$	ɦiɐʔ$^{\underline{12}}$	ɦiɐʔ$^{\underline{12}}$	ɦiɛʔ$^{\underline{12}}$
温	xɑ^{423}	ɦiθ^{323}		ɦiɑ^{323}
衢	xᴀʔ$^{\underline{55}}$	ʔ$_{°}^{ɦ}$ᴀʔ$^{\underline{12}}$	ʔ$_{°}^{ɦ}$ᴀʔ$^{\underline{12}}$ / ɕiᴀʔ$^{\underline{55}}$	ʔ$_{°}^{ɦ}$ᴀʔ$^{\underline{12}}$
华	xuɐʔ$^{\underline{44}}$	ʔɐʔ$^{\underline{44}}$	ɕziɐʔ$^{\underline{22}}$	ʔɐʔ^{45} / ɕziɐ^{24}
永	xʊɑ^{434}	ʔɦiʏəʔ^{323}	ʔɦiʊᴀ^{323}	ʔɦiʏəʔ^{323}

山开 二入 鎋匣	咸开 二入 洽知	山开 二入 黠庄	山开 二入 黠庄	咸开 二入 洽初
辖	劄~记	扎	札	插
xuʌʔ⁴⁵	tsʌʔ⁴⁵	tsʌʔ⁴⁵	tsʌʔ⁴⁵	tsʻɑʔ⁴⁵
xuɑʔ⁵⁵/xɔʔ⁵⁵	tsɑʔ⁵⁵	tsɑʔ⁵⁵	tsʌʔ⁵⁵	tsʻɑ²²³
xɑʔ⁴⁴	tsɑʔ⁴⁴	tsɑʔ⁴⁴	tsɑʔ⁴⁴	tsʻɑ⁴⁴
hɑʔ³³	tsɑʔ³³	tsɑʔ³³	tsɑʔ³³	tsʻɑʔ³³
hʌʔ⁵⁵	tsʌʔ⁵⁵	tsʌʔ⁵⁵	tsʌʔ⁵⁵	tsʻʌʔ⁵⁵
hɦiaʔ³⁴/ɕiaʔ⁵⁵	tsɑʔ⁵⁵	tsɑʔ⁵⁵	tsaʔ⁵⁵	tsʻɑʔ⁵⁵/tɕʻyɔʔ⁵⁵
ɦiʌʔ¹²	tsɑʔ⁵⁵	tsɑʔ⁵⁵	tsɑʔ⁵⁵	tsʻɑʔ⁵⁵
ɕiaʔ⁵⁵	tsɑʔ⁵⁵	tsɑʔ⁵⁵	tsɑʔ⁵⁵	tsʻɑʔ⁵⁵
ɕiʌʔ⁵⁵	tsʌʔ⁵⁵	tsʌʔ⁵⁵	tsʌʔ⁵⁵	tsʻʌʔ⁵⁵
hʌ⁵⁵	tsʌʔ⁵⁵	tsʌʔ⁵⁵	tsʌʔ⁵⁵	tsʻʌʔ⁵⁵
hʌʔ⁵⁵/huʌʔ⁵⁵	tsʌʔ⁵⁵	tsʌʔ⁵⁵	tsʌʔ⁵⁵	tsʻʌʔ⁵⁵
ɦiʌʔ¹²	tsʌʔ⁵⁵	tsʌʔ⁵⁵	tsʌʔ⁵⁵	tsʻʌʔ⁵⁵
ɦiʌʔ²³	tsʌʔ⁵⁵	tsʌʔ⁵⁵	tsʌʔ⁵⁵	tsʻʌʔ⁵⁵
ɕiʌʔ⁵⁵	tsʌʔ⁵⁵	tsʌʔ⁵⁵	tsʌʔ⁵⁵	tsʻʌʔ⁵⁵
hɑʔ⁵⁵	tsɑʔ⁵⁵	tsɑʔ⁵⁵	tsɑʔ⁵⁵	tsʻɑʔ⁵⁵
hɐʔ⁵⁵/ɕiɐʔ⁵⁵	tsɐʔ⁵⁵	tsɐʔ⁵⁵	tsɐʔ⁵⁵	tsʻɐʔ⁵⁵
ɦiæʔ²³/ɕiæʔ⁵⁵	tsæʔ⁵⁵	tsæʔ⁵⁵	tsæʔ⁵⁵	tsʻæʔ⁵⁵
ɕiʌʔ⁵⁵	tsʌʔ⁵⁵	tsʌʔ⁵⁵	tsʌʔ⁵⁵	tsʻʌʔ³⁴
ɕiɑʔ⁵⁵	tsɑʔ⁵⁵	tsɑʔ⁵⁵	tsɑʔ⁵⁵	tsʻɑʔ⁵⁵
ɕiʌʔ⁵⁴	tsʌʔ⁵⁴	tsʌʔ⁵⁴	tsʌʔ⁵⁴	tsʻʌʔ⁵⁴
hʌʔ⁵⁴/ɕiʌʔ⁵⁴	tsʌʔ⁵⁴	tsʌʔ⁵⁴	tsʌʔ⁵⁴	tsʻʌʔ⁵⁴
ɕziɛ¹²	tsɛʔ⁵⁵	tsɛʔ⁵⁵	tsɛʔ⁵⁵	tsʻɐʔ⁵⁵
hɔʔ⁵⁵	tsʌʔ⁵⁵	tsʌʔ⁵⁵	tsʌʔ⁵⁵	tsʻʌʔ⁵⁵
ɦiɐʔ¹²	tsɛʔ⁵⁵	tsɛʔ⁵⁵	tsɛʔ⁵⁵	tsʻʌʔ⁵⁵/tsʻɐʔ⁵⁵
ɕiɑʔ⁴⁵	tsɑʔ⁴⁵	tsɑʔ⁴⁵	tsɑʔ⁴⁵	tsʻɑʔ⁴⁵
ɕiɑʔ⁴⁵	tsɛʔ⁴⁵	tsɛʔ⁴⁵	tsɛʔ⁴⁵	tsʻɑʔ⁴⁵
ɕiɐʔ⁵⁵	tsɐʔ⁵⁵	tsɐʔ⁵⁵	tsɐʔ⁵⁵	tsʻɐʔ⁵⁵
ɦiɐʔ⁵⁵	tsɐʔ⁵⁵	tsɐʔ⁵⁵	tsɐʔ⁵⁵	tsʻɐʔ⁵⁵
ɦiɐʔ¹²	tsɐʔ⁵⁵	tsɐʔ⁵⁵	tsɐʔ⁵⁵	tsʻɐʔ⁵⁵
ɦiɑ³²³	tsɑ⁴²³	tsɑ⁴²³	tsɑ⁴²³	tsʻʐ⁴²³
ʔɦ̥iʌʔ¹²	tsʌʔ⁵⁵	tsʌʔ⁵⁵	tsʌʔ⁵⁵	tsʻʌʔ⁵⁵
ɕiɐʔ⁴⁴	tsɐʔ⁴⁴	tsɐʔ⁴⁴	tsɐʔ⁴⁴/tsuɐʔ⁴⁴	tsuɐ⁴⁵
xʊʌ⁴³⁴	tsai⁴³⁴	tsʊʌ⁴³⁴	tsai⁴³⁴	tsʻʊʌ⁴³⁴

摄口 等调 韵声	山开 二入 黠初 察	咸开 一入 合从 杂	咸开 二入 洽崇 煤	咸开 二入 洽崇 闸
宜	tsʻʌʔ⁴⁵	zʌʔ²³	zʌʔ²³	zʌʔ²³
溧	tsʻɑ²²³	szɑ²²³ / dzɑ²²³		szɑ²²³
金	tsʻəʔ⁴⁴	tsɑʔ⁴⁴		tsʻɑʔ⁴⁴
丹	tsʻɑʔ³³	tsɑʔ³³ / tsyıʔ³³少	tsɑʔ³³ / dzɑʔ²⁴	tsɑʔ³³ / dzɑʔ²⁴
童	tsʻʌʔ⁵⁵	szʌʔ²⁴	szʌʔ²⁴	szʌʔ²⁴
靖	tsʻɑʔ⁵⁵	dzɑʔ³⁴	szɑʔ³⁴	szɑʔ³⁴
江	tsʻɑʔ⁵⁵	dzɑʔ¹²	zɑʔ¹²	zɑʔ¹²
常	tsʻɑʔ⁵⁵	zɑʔ²³	zɑʔ²³	zɑʔ²³
锡	tsʻʌʔ⁵⁵	zʌʔ²³	zʌʔ²³	zʌʔ²³
苏	tsʻʌʔ⁵⁵	zʌʔ²³	zʌʔ²³	zʌʔ²³
熟	tsʻʌʔ⁵⁵	dzɑʔ²³ / dzʌʔ²³	zʌʔ²³	zʌʔ²³
昆	tsʻʌʔ⁵⁵	zʌʔ¹²	zʌʔ¹²	zʌʔ¹²
霜	tsʻʌʔ⁵⁵	zʌʔ²³ / zəʔ²³	zʌʔ²³	zʌʔ²³
罗	tsʻʌʔ⁵⁵	zʌʔ²³	zʌʔ²³	zʌʔ²³
周	tsʻɑʔ⁵⁵	zɑʔ²³	zɑʔ²³	zɑʔ²³
上	tsʻɐʔ⁵⁵	zɐʔ²³	zɐʔ²³	zɐʔ²³
松	tsʻæʔ⁵⁵	zæʔ²³	zæʔ²³	zæʔ²³
黎	tsʻʌʔ³⁴	dzʌʔ²³	zʌʔ²³	zʌʔ²³
盛	tsʻʌʔ⁵⁵	zʌʔ²²	zɑʔ²²	zɑʔ²²
嘉	tsʻʌʔ⁵⁴	zʌʔ¹²	zʌʔ¹²	zʌʔ¹²
双	tsʻʌʔ⁵⁴	zʌʔ²³ / zəʔ²³	zʌʔ²³	zʌʔ²³
杭	tsʻɐʔ⁵⁵	dzɐʔ¹²	szE¹¹³	dzɐʔ¹²
绍	tsʻʌʔ⁵⁵	dzəʔ²³ / dzʌʔ²³	zʌʔ²³ / ze²³	zʌʔ²³ / zeʔ²³
诸	tsʻɐʔ⁵⁵	dzoʔ¹²	zɐʔ¹²	zʌʔ¹²
崇	tsʻəʔ⁴⁵	dzE¹²		zɑʔ¹²
太	tsʻəʔ⁴⁵	dzɐʔ¹² / ɟiɛʔ¹²		zɑʔ¹²
余	tsʻɐʔ⁵⁵	dzɐʔ²³	dzɐʔ²³	zɐʔ²³
宁	tsʻɐʔ⁵⁵	dzɐʔ²³	dzɐʔ²³	zɐʔ²³
黄	tsʻɐʔ⁵⁵	zɐʔ¹²		zɐʔ¹²
温	tsʻɑ⁴²³	zɵ³²³		zɑ³²³
衢	tsʻʌʔ⁵⁵	dzʌʔ¹² / dzʌʔ¹²老	szʌʔ¹²	szʌʔ¹²
华	tsʻɐ⁴⁵	dzəʔ²²		dzəʔ²²
永	tsʻʊʌ⁴³⁴	szə³²³ / sɣɤ³²³		szʊʌ⁴³⁴

山开 二入 锴崇 铡~刀	山开 一入 曷心 撒~手	山开 一入 曷心 萨	山开 二入 黠生 杀	山合 一入 末帮 拨
zaʔ$^{\underline{23}}$	sᴀʔ$^{\underline{45}}$	sᴀʔ$^{\underline{45}}$	sᴀʔ$^{\underline{45}}$	pəʔ$^{\underline{45}}$
sza^{223}	saʔ$^{\underline{55}}$	saʔ$^{\underline{55}}$	saʔ$^{\underline{55}}$	pəʔ$^{\underline{55}}$
tsaʔ$^{\underline{44}}$	saʔ$^{\underline{44}}$	saʔ$^{\underline{44}}$	saʔ$^{\underline{44}}$	pəʔ$^{\underline{44}}$
tsaʔ$^{\underline{33}}$/dzaʔ^{24}	saʔ$^{\underline{33}}$	saʔ$^{\underline{33}}$	saʔ$^{\underline{33}}$	pɛʔ$^{\underline{33}}$
sᴢᴀʔ$^{\underline{24}}$	sᴀʔ$^{\underline{55}}$	sᴀʔ$^{\underline{55}}$	sᴀʔ$^{\underline{55}}$	pəʔ$^{\underline{55}}$
szaʔ$^{\underline{34}}$	saʔ$^{\underline{55}}$/sa^{325}	saʔ$^{\underline{55}}$	saʔ$^{\underline{55}}$	pɔʔ$^{\underline{55}}$
zaʔ$^{\underline{12}}$	saʔ$^{\underline{55}}$	saʔ$^{\underline{55}}$	saʔ$^{\underline{55}}$	pɜʔ$^{\underline{55}}$
zaʔ$^{\underline{23}}$	saʔ$^{\underline{55}}$	saʔ$^{\underline{55}}$	saʔ$^{\underline{55}}$	pəʔ$^{\underline{55}}$
zᴀʔ$^{\underline{23}}$	sᴀʔ$^{\underline{55}}$	sᴀʔ$^{\underline{55}}$	sᴀʔ$^{\underline{55}}$	pəʔ$^{\underline{55}}$
zᴀʔ$^{\underline{23}}$	sᴀʔ$^{\underline{55}}$	sᴀʔ$^{\underline{55}}$	sᴀʔ$^{\underline{55}}$	pəʔ$^{\underline{55}}$
zᴀʔ$^{\underline{23}}$	sᴀʔ$^{\underline{55}}$	sᴀʔ$^{\underline{55}}$	sᴀʔ$^{\underline{55}}$	poʔ$^{\underline{55}}$
zᴀʔ$^{\underline{12}}$	sᴀʔ$^{\underline{55}}$	sᴀʔ$^{\underline{55}}$	sᴀʔ$^{\underline{55}}$	pəʔ$^{\underline{55}}$
zᴀʔ$^{\underline{23}}$	sᴀʔ$^{\underline{55}}$	sᴀʔ$^{\underline{55}}$	sᴀʔ$^{\underline{55}}$	pəʔ$^{\underline{55}}$
zᴀʔ$^{\underline{23}}$	sᴀʔ$^{\underline{55}}$	sᴀʔ$^{\underline{55}}$	sᴀʔ$^{\underline{55}}$	pɐʔ$^{\underline{55}}$
zaʔ$^{\underline{23}}$	saʔ$^{\underline{55}}$	saʔ$^{\underline{55}}$	saʔ$^{\underline{55}}$	ʔbəʔ$^{\underline{55}}$
zɐʔ$^{\underline{23}}$	sɐʔ$^{\underline{55}}$	sɐʔ$^{\underline{55}}$	sɐʔ$^{\underline{55}}$	pɐʔ$^{\underline{55}}$
zæʔ$^{\underline{23}}$	sa^{335}	sæʔ$^{\underline{55}}$	sæʔ$^{\underline{55}}$	pəʔ^{55}/ʔbəʔ$^{\underline{55}}$
dzᴀʔ$^{\underline{23}}$/zᴀʔ$^{\underline{23}}$	sᴀʔ$^{\underline{55}}$	sᴀʔ$^{\underline{55}}$	sᴀʔ$^{\underline{55}}$	pəʔ$^{\underline{55}}$
dzaʔ$^{\underline{22}}$/zaʔ$^{\underline{22}}$	saʔ$^{\underline{55}}$	saʔ$^{\underline{55}}$	saʔ$^{\underline{55}}$	pəʔ$^{\underline{55}}$
zᴀʔ$^{\underline{12}}$	sᴀʔ$^{\underline{54}}$	sᴀʔ$^{\underline{54}}$	sᴀʔ$^{\underline{54}}$	pəʔ$^{\underline{54}}$
zᴀʔ$^{\underline{23}}$	sᴀʔ$^{\underline{54}}$	sᴀʔ$^{\underline{54}}$	sᴀʔ$^{\underline{54}}$	pəʔ$^{\underline{54}}$
dzɐʔ$^{\underline{12}}$	sᴀʔ$^{\underline{55}}$	sᴀʔ$^{\underline{55}}$	sᴀʔ$^{\underline{55}}$	pɔʔ^{55}/pɐʔ$^{\underline{55}}$
zeʔ$^{\underline{23}}$/zᴀʔ$^{\underline{23}}$		sæʔ^{55}/sᴀʔ$^{\underline{55}}$	sæʔ^{55}/sᴀʔ$^{\underline{55}}$	pəʔ^{55}/poʔ$^{\underline{55}}$
zᴀʔ$^{\underline{12}}$	sᴀʔ$^{\underline{55}}$	sᴀʔ$^{\underline{55}}$	sᴀʔ^{55}/sɐʔ$^{\underline{55}}$	poʔ$^{\underline{55}}$
zaʔ$^{\underline{12}}$		sæʔ$^{\underline{45}}$	sæʔ$^{\underline{45}}$	pᴇʔ$^{\underline{45}}$
zaʔ$^{\underline{12}}$	sɛʔ$^{\underline{45}}$	sɛʔ$^{\underline{45}}$	sɛʔ$^{\underline{45}}$	pɛʔ$^{\underline{45}}$
dzɐʔ$^{\underline{23}}$	sɐʔ$^{\underline{55}}$	sɐʔ$^{\underline{55}}$	sɐʔ$^{\underline{55}}$	pɐʔ$^{\underline{55}}$
zɐʔ$^{\underline{23}}$	sɐʔ$^{\underline{55}}$	sɐʔ$^{\underline{55}}$	sɐʔ$^{\underline{55}}$	pɐʔ$^{\underline{55}}$
zɐʔ$^{\underline{12}}$	sɐʔ$^{\underline{55}}$	sɐʔ$^{\underline{55}}$	sɐʔ$^{\underline{55}}$	pɐʔ$^{\underline{55}}$
tsʻɿi^{423}	sa^{423}	sa^{423}	sa^{423}	po^{423}
sᴢᴀʔ$^{\underline{12}}$	sᴀʔ$^{\underline{55}}$	sᴀʔ$^{\underline{55}}$	sᴀʔ$^{\underline{55}}$	pəʔ$^{\underline{55}}$
dzɐ^{24}/dzəʔ$^{\underline{22}}$	sɐ^{45}	suɐ^{45}	sɐ^{45}	pəʔ$^{\underline{44}}$
dzʌ^{323}	sᴀ^{434}	sᴀ^{434}	suᴀ^{434}	poə^{434}

摄口 等调 韵声	山合 一入 末帮	臻合 一入 没帮	山合 一入 末滂	山合 一入 末並
	钵	不	泼	钹
宜	pəʔ^{45}	pəʔ^{45}/fəʔ^{45}	pʻəʔ^{45}	bəʔ^{23}
溧	pəʔ^{55}	pəʔ^{55}/fəʔ^{55}	pʻə^{223}	bə^{223}
金	pəʔ^{44}	pəʔ^{44}	pʻɔʔ^{44}	pəʔ^{44}
丹	pɛʔ^{33}	pɛʔ^{33}/fɛʔ^{33}	pʻɛʔ^{33}	bɛʔ^{24}
童	pəʔ^{55}	pəʔ^{55}	pʻəʔ^{55}	bəʔ^{24}
靖	pɔʔ^{55}	pəʔ^{55}	pʻəʔ^{55}/pʻɔʔ^{55}	bɔʔ^{34}
江	pɜʔ^{55}	pɜʔ^{55}	pʻɜʔ^{55}	bɜʔ^{12}
常	pəʔ^{55}	fəʔ^{55}/pəʔ^{55}	pʻəʔ^{55}	bəʔ^{23}
锡	pəʔ^{55}	pəʔ^{55}	pʻəʔ^{55}	bəʔ^{23}
苏	pəʔ^{55}	pəʔ^{55}	pʻəʔ^{55}	bəʔ^{23}
熟	poʔ^{55}	fɛʔ^{55}/pɛʔ^{55}	pʻoʔ^{55}	boʔ^{23}
昆	pəʔ^{55}	pəʔ^{55}	pʻəʔ^{55}	bəʔ^{12}
霜	pəʔ^{55}	pəʔ^{55}	pʻəʔ^{55}	bəʔ^{23}
罗	pɐʔ^{55}	pɐʔ^{55}	pʻɐʔ^{55}	bɐʔ^{23}
周	ɓəʔ^{55}	ɓəʔ^{55}	pʻəʔ^{55}	bəʔ^{23}
上	pɐʔ^{55}	pɐʔ^{55}	pʻɐʔ^{55}	bɐʔ^{23}
松	pəʔ^{55}/ɓəʔ^{55}	pəʔ^{55}/ʔʋəʔ^{55}	pʻəʔ^{55}	bəʔ^{23}
黎	pəʔ^{55}	pəʔ^{55}	pʻəʔ^{34}	bəʔ^{23}
盛	pəʔ^{55}	pəʔ^{55}	pʻəʔ^{55}	bəʔ^{22}
嘉	pəʔ^{54}	ʔʋəʔ^{54}	pʻəʔ^{54}/pʻoʔ^{54}	bəʔ^{12}
双	pəʔ^{54}	pəʔ^{54}	pʻəʔ^{54}	bəʔ^{23}
杭	pɐʔ^{55}	pɐʔ^{55}	pʻɔʔ^{55}/pʻɐʔ^{55}	bɐʔ^{12}
绍	poʔ^{55}	pəʔ^{55}/poʔ^{55}	pʻəʔ^{55}	boʔ^{23}
诸	poʔ^{55}	poʔ^{55}	pʻoʔ^{55}	bʌʔ^{12}
崇	pɛʔ^{45}	pɛʔ^{45}	pʻɛʔ^{45}	bEʔ^{12}
太	pɛʔ^{45}	pɛʔ^{45}	pʻɛʔ^{45}	bɛʔ^{12}
余	pɐʔ^{55}	pɐʔ^{55}/ʔʋɐʔ^{55}	pʻɐʔ^{55}	bɐʔ^{23}
宁	pɐʔ^{55}	pɐʔ^{55}	pʻɐʔ^{55}	bɐʔ^{23}
黄	pɐʔ^{55}	pɐʔ^{55}	pʻɐʔ^{55}	bɐʔ^{12}
温	pɵ^{423}	pæi^{423}/pɿi^{423}	pʻɑ^{423}/pʻɵ^{423}	bɑ^{323}
衢	pəʔ^{55}	pəʔ^{55}	pʻəʔ^{55}	bəʔ^{12}
华	pəʔ^{44}	fəʔ^{44}	pʻoəʔ^{44}	bəʔ^{22}
永	poə^{434}	pə^{434}	poə^{434}	boə^{323}

臻合 一入 没並	山合 一入 末明	山合 一入 末明	山合 一入 末明	曾开 一入 德明
饽	末	沫	抹	墨
bəʔ^{23}	məʔ^{23}	məʔ^{23}	məʔ^{23}	məʔ^{23}
bə^{223}	mə^{223}	mə^{223}	mə^{223}	mo^{223}/mə^{223}
pɔʔ^{44}	məʔ^{44}	məʔ^{44}	məʔ^{44}	məʔ^{44}
bɛʔ^{24}	mɛʔ^{24}	mɛʔ^{24}	mɛʔ^{24}	mɛʔ^{24}
bəʔ^{24}	məʔ^{24}/ʔməʔ^{55}	məʔ^{24}/ʔməʔ^{55}	məʔ^{24}/ʔməʔ^{55}	məʔ^{24}/ʔməʔ^{55}
bɔʔ^{34}	məʔ^{34}	məʔ^{34}	mɑʔ^{34}	məʔ^{34}
bɜʔ^{12}	mɜʔ^{12}	mɜʔ^{12}	mɜʔ^{12}	mɜʔ^{12}
bɔʔ^{23}	məʔ^{23}	məʔ^{23}	məʔ^{23}	məʔ^{23}
bəʔ^{23}	məʔ^{23}	məʔ^{23}	məʔ^{23}	məʔ^{23}
bəʔ^{23}	məʔ^{23}	məʔ^{23}	mʌʔ^{23}	məʔ^{23}/mɔʔ^{23}
bɛʔ^{23}	moʔ^{23}	moʔ^{23}	moʔ^{23}	mɛʔ^{23}
boʔ^{12}	məʔ^{12}	məʔ^{12}	mʌʔ^{12}	məʔ^{12}
bəʔ^{23}	məʔ^{23}	məʔ^{23}	məʔ^{23}	məʔ^{23}
bɐʔ^{23}	mɐʔ^{23}	mɐʔ^{23}	mɐʔ^{23}	mɐʔ^{23}
boʔ^{23}	məʔ^{23}	məʔ^{23}	məʔ^{23}	məʔ^{23}
bɐʔ^{23}	mɐʔ^{23}	mɐʔ^{23}/moʔ^{23}	mɐʔ^{23}/moʔ^{23}	moʔ^{23}/mɐʔ^{23}
bəʔ^{23}	məʔ^{23}	məʔ^{23}	məʔ^{23}	məʔ^{23}
bəʔ^{23}	məʔ^{23}	məʔ^{23}	mʌʔ^{23}	məʔ^{23}
bəʔ^{22}	məʔ^{22}	məʔ^{22}	mʌʔ^{22}	məʔ^{22}
bəʔ^{12}	ʔmoʔ^{54}	ʔmoʔ^{54}	ʔmoʔ^{54}	ʔmoʔ^{54}
bəʔ^{23}	ʔməʔ^{54}	ʔməʔ^{54}	ʔməʔ^{54}	ʔməʔ^{54}
bɐʔ^{12}	məʔ^{12}	məʔ^{12}	məʔ^{12}	məʔ^{12}
	moʔ^{23}	moʔ^{23}	mʌʔ^{23}/moʔ^{23}	moʔ^{23}
bʌʔ^{12}	moʔ^{12}	moʔ^{12}	mʌʔ^{12}/moʔ^{12}	moʔ^{12}
bɛʔ^{12}	mɛʔ^{12}	mɛʔ^{12}	mɛʔ^{12}	mɛʔ^{12}
bɛʔ^{12}	mɛʔ^{12}	mɛʔ^{12}	mɛʔ^{12}	mɛʔ^{12}
bɐʔ^{23}	mɐʔ^{23}/moʔ^{23}	moʔ^{23}/mɐʔ^{23}	mɐʔ^{23}	mɐʔ^{23}
bəʔ^{23}	moʔ^{23}	moʔ^{23}/mɐʔ^{23}	məʔ^{23}	məʔ^{23}
bɐʔ^{12}	moʔ^{12}/mɐʔ^{12}	moʔ^{12}/mɐʔ^{12}	moʔ^{12}/mɐʔ^{12}	moʔ^{12}
bɑ^{323}	mæi^{323}/mɪi^{323}	mə^{323}	mə^{323}	mæi^{323}/mɪi^{323}
bəʔ^{12}	məʔ^{12}	məʔ^{12}	məʔ^{12}	məʔ^{12}
bəʔ^{22}	mɐʔ^{22}	məʔ^{22}	məʔ^{22}	mɛʔ^{22}/moʔ^{22}/mo^{24}
moə^{323}	mə^{323}	moə^{323}	moə^{323}	mə^{323}

摄口 等调 韵声	曾开 一入 德明	臻合 三入 物敷	臻合 三入 物敷	臻合 三入 物奉
	默	拂	佛	佛
宜	$məʔ^{23}$	$fəʔ^{45}$	$fəʔ^{45}$	$vəʔ^{23}$
溧	$mə^{223}$	$fəʔ^{55}$	$fəʔ^{55}$	$vəʔ^{22}$
金	$məʔ^{44}$	$fəʔ^{44}$	$fəʔ^{44}$	$fəʔ^{44}$
丹	$mɛʔ^{24}$	$fɛʔ^{33}$	$fɛʔ^{33}$	$fvɛʔ^{24}$
童	$məʔ^{24}/ʔməʔ^{55}$	$fəʔ^{55}$	$fəʔ^{55}$	$vəʔ^{24}$
靖	$məʔ^{34}$	$fəʔ^{34}$	$fəʔ^{34}$	$vəʔ^{34}$
江	$mɜʔ^{12}$	$fɜʔ^{55}$	$fɜʔ^{55}$	$vɜʔ^{12}$
常	$məʔ^{23}$	$fəʔ^{55}$	$fəʔ^{55}$	$vəʔ^{23}$
锡	$məʔ^{23}$	$fəʔ^{55}$	$fəʔ^{55}$	$vəʔ^{23}$
苏	$məʔ^{23}$	$fəʔ^{55}$	$fəʔ^{55}$	$vəʔ^{23}$
熟	$mɛʔ^{23}$	$foʔ^{55}$	$foʔ^{55}$	$voʔ^{23}$
昆	$məʔ^{12}$	$fəʔ^{55}$	$fəʔ^{55}$	$vəʔ^{12}$
霜	$məʔ^{23}$	$fəʔ^{55}$	$fəʔ^{55}$	$vəʔ^{23}$
罗	$mɐʔ^{23}$	$fɐʔ^{55}$	$fɐʔ^{55}$	$vɐʔ^{23}$
周	$məʔ^{23}$	$vəʔ^{23}$	$fəʔ^{23}$	$vəʔ^{23}$
上	$moʔ^{23}/mɐʔ^{23}$	$foʔ^{55}/fɐʔ^{55}$	$fɐʔ^{55}/foʔ^{55}$	$vɐʔ^{23}/voʔ^{23}$
松	$məʔ^{23}/moʔ^{23}$	$fəʔ^{55}$	$fəʔ^{55}$	$fəʔ^{55}$
黎	$məʔ^{23}$	$fəʔ^{55}$	$fəʔ^{55}$	$voʔ^{23}/vəʔ^{23}$
盛	$məʔ^{22}$	$fəʔ^{55}$	$fəʔ^{55}$	$voʔ^{22}$
嘉	$ʔmoʔ^{54}$	$foʔ^{54}$	$foʔ^{54}$	$vəʔ^{12}/voʔ^{12}$
双	$ʔməʔ^{54}$	$fəʔ^{54}$	$fəʔ^{54}$	$vəʔ^{23}$
杭	$məʔ^{12}/mɐʔ^{12}$	$fɔʔ^{55}$	$fɔʔ^{55}$	$vɐʔ^{12}$
绍	$moʔ^{23}$	$foʔ^{55}$	$foʔ^{55}$	$veʔ^{23}$
诸	$moʔ^{12}$	$foʔ^{55}$	$foʔ^{55}$	$voʔ^{12}$
崇	$mɛʔ^{12}$	$fɛʔ^{45}$	$fɛʔ^{45}$	$vɛʔ^{12}$
太	$mɐʔ^{12}$	$fɛʔ^{45}$	$fɛʔ^{45}$	$vɐʔ^{12}$
余	$məʔ^{23}/mɪʔ^{22}/mɐʔ^{23}$	$fɐʔ^{55}$	$fɐʔ^{55}$	$vɪʔ^{23}/vɐʔ^{23}$
宁	$mɐʔ^{23}$	$fɐʔ^{55}$	$fɐʔ^{55}$	$vɐʔ^{23}$
黄	$moʔ^{12}$	$fɐʔ^{55}$	$fɐʔ^{55}$	$vɐʔ^{12}$
温	$mæi^{323}/mɹi^{323}$	$fæi^{423}$	$fæi^{423}$	$væi^{323}$
衢	$məʔ^{12}$	$fəʔ^{55}$	$fəʔ^{55}$	$fvəʔ^{12}$
华	$məʔ^{22}$	$fəʔ^{44}$	$fəʔ^{44}$	$fəʔ^{44}$
永	$mə^{323}$	$fvə^{323}$	$fvə^{323}$	$fvə^{323}$

臻合 三入 物微	臻合 三入 物微	曾开 一入 德端	曾开 一入 德端	曾开 一入 德透
物	勿	得	德	忒
vəʔ²³	fəʔ⁴⁵	təʔ⁴⁵	təʔ⁴⁵	
vəʔ²²	fəʔ⁵⁵	təʔ⁵⁵	təʔ⁵⁵	
uəʔ⁴⁴		təʔ⁴⁴	təʔ⁴⁴	
fvɛʔ²⁴	fvɛʔ²⁴	tɛʔ³³	tɛʔ³³	
vəʔ²⁴		təʔ⁵⁵	təʔ⁵⁵	
vəʔ³⁴		təʔ⁵⁵	təʔ⁵⁵	
vɜʔ¹²	fɜʔ⁵⁵	tɜʔ⁵⁵	tɜʔ⁵⁵	tʼɜʔ⁵⁵
vəʔ²³	fəʔ⁵⁵	təʔ⁵⁵	təʔ⁵⁵	
vəʔ²³	fəʔ⁵⁵ / vəʔ²³	təʔ⁵⁵	təʔ⁵⁵	tʼəʔ⁵⁵
vəʔ²³	fəʔ⁵⁵	təʔ⁵⁵	təʔ⁵⁵	tʼəʔ⁵⁵
voʔ²³	fEʔ⁵⁵	tEʔ⁵⁵	tEʔ⁵⁵	tʼEʔ⁵⁵
vəʔ¹²	fəʔ⁵⁵	təʔ⁵⁵	təʔ⁵⁵	tʼəʔ⁵⁵
vəʔ²³	ʔʊəʔ⁵⁵	təʔ⁵⁵	təʔ⁵⁵	tʼəʔ⁵⁵
vɐʔ²³	ʔʊəʔ⁵⁵	tɐʔ⁵⁵	tɐʔ⁵⁵	tʼɐʔ⁵⁵
vəʔ²³	ʔʊəʔ⁵⁵	dəʔ⁵⁵	dəʔ⁵⁵	tʼəʔ⁵⁵
vɐʔ²³	vɐʔ²³	tɐʔ⁵⁵	tɐʔ⁵⁵	tʼɐʔ⁵⁵
vəʔ²³	ʔʊəʔ⁵⁵	təʔ⁵⁵	təʔ⁵⁵	tʼəʔ⁵⁵
vəʔ²³	fəʔ⁵⁵	təʔ⁵⁵	təʔ⁵⁵	tʼəʔ³⁴
vəʔ²²	fəʔ⁵⁵	təʔ⁵⁵	təʔ⁵⁵	tʼəʔ⁵⁵
vəʔ¹²	vəʔ¹²	təʔ⁵⁴	təʔ⁵⁴	tʼəʔ⁵⁴
vəʔ²³	fəʔ⁵⁴	təʔ⁵⁴	təʔ⁵⁴	tʼəʔ⁵⁴
vɐʔ¹²		tɐʔ⁵⁵	tɐʔ⁵⁵	
veʔ²³	veʔ²³	təʔ⁵⁵	təʔ⁵⁵	tʼeʔ⁵⁵
voʔ¹²	vəʔ¹²	tɐʔ⁵⁵	tɐʔ⁵⁵	tʼoʔ⁵⁵
vEʔ¹²	vEʔ¹²	tEʔ⁴⁵	tEʔ⁴⁵	
vɛʔ¹²	fɛʔ⁴⁵	tɛʔ⁴⁵	tɛʔ⁴⁵	
vɪʔ²³ / vɐʔ²³	ʔʊɐʔ⁵⁵	tɐʔ⁵⁵ / tɪʔ⁵⁵	tɐʔ⁵⁵ / tɪʔ⁵⁵	tʼɐʔ⁵⁵
vɐʔ²³	vɐʔ²³	tɐʔ⁵⁵	tɐʔ⁵⁵	tʼɐʔ⁵⁵
vɐʔ¹²	fɐʔ⁵⁵	tɐʔ⁵⁵	tɐʔ⁵⁵	tʼieʔ⁵⁵
væi³²³	fʊ⁴²³	tæi⁴²³	tæi⁴²³	
fvəʔ¹²	fəʔ⁵⁵	təʔ⁵⁵	təʔ⁵⁵	tʼəʔ⁵⁵
fvəʔ²²	fəʔ⁴⁴	təʔ⁴⁴	təʔ⁴⁴	tʼəʔ⁴⁴
fvə³²³	fvə³²³ / fə⁴³⁴ / fəʔ⁴⁴	təɪ⁴³⁴	təɪ⁴³⁴	tʼəɪ⁴³⁴

摄口 等调 韵声	咸开 四入 帖定	臻合 一入 没定	臻合 一入 没定	曾开 一入 德定
	叠	突	凸	特
宜	$dəʔ^{23}$/$dɪʔ^{23}$/$diʌʔ^{23}$	$dəʔ^{23}$	$dəʔ^{23}$	$dəʔ^{23}$
溧	die^{223}	$dəʔ^{223}$/$dɔ^{223}$	$də^{223}$	$də^{223}$
金	$tieʔ^{44}$	$t'əʔ^{44}$	$t'əʔ^{44}$	$t'əʔ^{44}$
丹	$dɛʔ^{24}$/$dɪʔ^{24}$	$dɛʔ^{24}$	$dɛʔ^{24}$	$dɛʔ^{24}$
童	$dəʔ^{24}$/$diɪʔ^{24}$	$dəʔ^{24}$	$dəʔ^{24}$	$dəʔ^{24}$
靖	$dɪʔ^{34}$	$dəʔ^{34}$	$dɪʔ^{34}$	$dəʔ^{34}$
江	$dʒʔ^{12}$/$dɪʔ^{12}$	$dʒʔ^{12}$	$dʒʔ^{12}$	$dʒʔ^{12}$
常	$dəʔ^{23}$/$diɪʔ^{23}$	$dəʔ^{23}$	$dəʔ^{23}$	$dəʔ^{23}$
锡	$dəʔ^{23}$/$dɪʔ^{23}$	$dəʔ^{23}$	$dəʔ^{23}$	$dəʔ^{23}$
苏	$dɪʔ^{23}$/$dəʔ^{23}$	$dəʔ^{23}$	$dəʔ^{23}$	$dəʔ^{23}$
熟	$dɛʔ^{23}$	$dɛʔ^{23}$	$dɛʔ^{23}$	$dɛʔ^{23}$
昆	$dɪʔ^{12}$/$dəʔ^{12}$	$dəʔ^{12}$	$dəʔ^{12}$	$dəʔ^{12}$
霜	$dəʔ^{23}$/$dɪʔ^{23}$	$dəʔ^{23}$	$dəʔ^{23}$	$dəʔ^{23}$
罗	$dəʔ^{23}$/$dɪʔ^{23}$	$dɤʔ^{23}$	$dɤʔ^{23}$	$dɤʔ^{23}$
周	$dəʔ^{23}$/$dɪʔ^{23}$	$dəʔ^{23}$	$dəʔ^{23}$	$dəʔ^{23}$
上	$dɤʔ^{23}$/$diɪʔ^{23}$	$dɤʔ^{23}$/$doʔ^{23}$	$dɤʔ^{23}$	$dɤʔ^{23}$
松	$dɪʔ^{23}$	$dəʔ^{23}$	$dəʔ^{23}$	$dəʔ^{23}$
黎	$dɪʔ^{23}$	$dəʔ^{23}$	$dəʔ^{23}$	$dəʔ^{23}$
盛	$dɪʔ^{22}$	$dəʔ^{22}$	$dəʔ^{22}$	$dəʔ^{22}$
嘉	$diəʔ^{12}$	$dəʔ^{12}$	$dəʔ^{12}$	$dəʔ^{12}$
双	$dəʔ^{23}$	$dəʔ^{23}$	$dəʔ^{23}$	$dəʔ^{23}$
杭	$diɪʔ^{12}$	$dɤʔ^{12}$	$dɤʔ^{12}$/$doʔ^{12}$	$dɤʔ^{12}$
绍	$dɪʔ^{23}$	$doʔ^{23}$	$doʔ^{23}$	$doʔ^{23}$
诸	$dɤʔ^{12}$	$dɤʔ^{12}$	$dɤʔ^{12}$	$dɤʔ^{12}$
崇	$diɛʔ^{12}$	$dɛʔ^{12}$	$dɛʔ^{12}$	$dɛʔ^{12}$
太	$dieʔ^{12}$	$dɛʔ^{12}$	$dɛʔ^{12}$	$dɛʔ^{12}$
余	$dɪʔ^{23}$/$dɤɪʔ^{23}$	$dɔʔ^{23}$	$dɤʔ^{23}$/$dɪʔ^{23}$	$dɤʔ^{23}$/$dɪʔ^{23}$
宁	$diɪʔ^{23}$	$dɤʔ^{23}$/$dɔʔ^{23}$	$dɤʔ^{23}$	$dɤʔ^{23}$
黄	$dieʔ^{12}$	$dɤʔ^{12}$	$t'ɔ^{55}$	$dɤʔ^{12}$
温	di^{323}	$dɵ^{323}$	$dɵ^{323}$	de^{323}
衢	$diəʔ^{12}$	$dəʔ^{12}$	$dəʔ^{12}$	$dəʔ^{12}$
华	$dieɤ^{24}$	$toʔ^{44}$/$dəʔ^{22}$	$dəʔ^{22}$	$dəʔ^{22}$
永	$diʌ^{323}$	$də^{323}$	$də^{323}$	$dəɪ^{323}$

咸开 一入 合泥	曾开 一入 德来	曾开 一入 德来	咸开 一入 合见
纳	勒	肋	蛤
nʌʔ^{23}/nəʔ^{23}	ləʔ^{23}	ləʔ^{23}	kəʔ^{45}/xʌ^{55}
nə^{223}/lə^{223}	lə^{223}	lə^{223}	xɑ^{455}
nəʔ^{44}/lɑʔ^{44}	ləʔ^{44}	ləʔ^{44}	kəʔ^{44}
nɑʔ^{24}/nɛʔ^{24}	lɛʔ^{24}	lɛʔ^{24}	kɛʔ^{33}
(ʔ)nʌʔ$^{24/55}$/(ʔ)nəʔ$^{24/55}$	ləʔ^{24}/ʔləʔ^{55}	ləʔ^{24}/ʔləʔ^{55}	kəʔ^{55}
nɑʔ^{34}/nəʔ^{34}	ləʔ^{34}	ləʔ^{34}	hɑ^{322}
nɑʔ^{12}/nɝʔ^{12}	lɝʔ^{12}	lɝʔ^{12}	kɝʔ^{55}
nɑʔ^{23}/nəʔ^{23}	ləʔ^{23}	ləʔ^{23}	xɑ^{44}
nʌʔ^{23}	ləʔ^{23}	ləʔ^{23}	kəʔ^{55}
nʌʔ^{23}	ləʔ^{23}	ləʔ^{23}	kəʔ^{55}
nɛʔ^{23}/nʌʔ^{23}	lɛʔ^{23}	lɛʔ^{23}	kɛʔ^{55}
nəʔ^{12}/nʌʔ^{12}	ləʔ^{12}	ləʔ^{12}	kəʔ^{55}
nʌʔ^{23}	ləʔ^{23}	ləʔ^{23}	kəʔ^{55}/xɑ^{52}
nʌʔ^{23}/nɐʔ^{23}	lɐʔ^{23}	lɐʔ^{23}	kɐʔ^{55}/xɑ^{52}
nɑʔ^{23}	ləʔ^{23}	ləʔ^{23}	kəʔ^{23}
nɐʔ^{23}	lɐʔ^{23}	lɐʔ^{23}	kɐʔ^{55}
næʔ^{23}	ləʔ^{23}	ləʔ^{23}	kəʔ^{55}
nʌʔ^{23}	ləʔ^{23}	ləʔ^{23}	kəʔ^{55}
nɑʔ^{22}	ləʔ^{22}	ləʔ^{22}	kəʔ^{55}
ʔnʌʔ^{54}	ʔləʔ^{54}	ʔləʔ^{54}	kəʔ^{54}
ʔnʌʔ^{54}/ʔnəʔ^{54}	ʔləʔ^{54}	ʔləʔ^{54}	kəʔ^{54}
nɐʔ^{12}	lɐʔ^{12}	lɐʔ^{12}	kɐʔ^{55}
nʌʔ^{23}/nøʔ^{23}/nəʔ^{23}	ləʔ^{23}	ləʔ^{23}	
nɐʔ^{12}	lɐʔ^{12}	lɐʔ^{12}	
nɛʔ^{12}	lɛʔ^{12}	lɛʔ^{12}	
nɛʔ^{12}	lɛʔ^{12}	lɛʔ^{12}	
nɐʔ^{23}	lɐʔ^{23}	lɐʔ^{23}	kɐʔ^{55}
nɐʔ^{23}	lɐʔ^{23}	lɐʔ^{23}	kɐʔ^{55}
nɐʔ^{12}	lɐʔ^{12}	lɐʔ^{12}	
nθ^{323}	le^{323}	le^{323}	
nəʔ^{12}/nʌʔ^{12}	ləʔ^{12}	ləʔ^{12}	
nəʔ^{22}	ləʔ^{22}	ləʔ^{22}	kəʔ^{44}
nə^{323}	lə^{323}/lɤɪ^{323}	lɤɪ^{323}	xai^{434}

摄口 等调 韵声	咸开 一入 合见	梗开 二入 麦见	咸开 一入 盍溪	
	鸽	革	磕	咳~嗽
宜	kəʔ^{45}	kʌʔ^{45}	kʻəʔ^{45}	kʻəʔ^{45}
溧	kəʔ^{55}	kəʔ^{55}	kʻə^{223}	kʻə^{223}
金	kəʔ^{44}	kəʔ^{44}	kʻəʔ^{44}	kʻəʔ^{44}
丹	kɛʔ^{33}	kɛʔ^{33}	kʻuɛʔ^{33}	kʻɛʔ^{33}
童	kəʔ^{55}	kəʔ^{55}	kəʔ^{55}	kʻəʔ^{55}
靖	kəʔ^{55}	kəʔ^{55}	kʻɔʔ^{55}	kʻəʔ^{55}
江	kɜʔ^{55}	kɜʔ^{55}	kʻɜʔ^{55}	kʻɜʔ^{55}
常	kəʔ^{55}	kəʔ^{55}	kʻəʔ^{55}	kʻəʔ^{55}
锡	kəʔ^{55}	kəʔ^{55}	kʻəʔ^{55}	kʻəʔ^{55}
苏	kəʔ^{55}	kəʔ^{55}	kʻəʔ^{55}	kʻəʔ^{55}
熟	kɛʔ^{55}	kɛʔ^{55}	kʻɛʔ^{55}	kʻɛʔ^{55}
昆	kəʔ^{55}	kəʔ^{55}	kʻəʔ^{55}	kʻəʔ^{55}
霜	kəʔ^{55}	kəʔ^{55}	kʻəʔ^{55}	kʻəʔ^{55}
罗	kɐʔ^{55}	kɐʔ^{55}	kʻɐʔ^{55}	kʻɐʔ^{55}
周	kəʔ^{55}	kəʔ^{55}	kʻəʔ^{55}	kʻəʔ^{55}
上	kɐʔ^{55}	kɐʔ^{55}	kʻɐʔ^{55}	kʻɐʔ^{55}
松	kəʔ^{55}	kəʔ^{55}	kʻəʔ^{55}	kʻəʔ^{55}
黎	kəʔ^{55}	kəʔ^{55}	kʻəʔ^{34}	kʻəʔ^{34}
盛	kəʔ^{55}	kəʔ^{55}	kʻəʔ^{55}	kʻəʔ^{55}
嘉	kəʔ^{54}	kəʔ^{54}	kʻəʔ^{54}	kʻəʔ^{54}
双	kəʔ^{54}	kəʔ^{54}	kʻəʔ^{54}	kʻəʔ^{54}
杭	kɐʔ^{55}	kɐʔ^{55}	kʻɐʔ^{55}	kʻɐʔ^{55}
绍	kəʔ^{55}	keʔ^{55}	kʻəʔ^{55}/kʻeʔ^{55}	kʻəʔ^{55}
诸	kɐʔ^{55}	kiəʔ^{55}/kɐʔ^{55}	kiəʔ^{55}	kʻoʔ^{55}
崇	kɛʔ^{45}	kɛʔ^{45}	kʻɛʔ^{45}	kʻɛʔ^{45}
太	kɛʔ^{45}	kɛʔ^{45}	kʻɛʔ^{45}	kʻɛʔ^{45}
余	kɐʔ^{55}	kɐʔ^{55}	kʻɐʔ^{55}	kʻɐʔ^{55}
宁	kɐʔ^{55}	kɐʔ^{55}	kʻəʔ^{55}	kʻɐʔ^{55}
黄	kɐʔ^{55}	kɐʔ^{55}	kʻɐʔ^{55}	kʻɐʔ^{55}
温	kɵ^{423}	kɑ^{423}	kʻæi^{423}/kʻɵ^{423}	kʻe^{423}
衢	kəʔ^{55}	kəʔ^{55}	kʻəʔ^{55}	kʻəʔ^{55}
华	kəʔ^{44}	kəʔ^{44}	kʻəʔ^{44}	kʻəʔ^{44}
永	kə^{434}	kai^{434}	kʻə^{434}	kʻə^{434}

曾开 一入 德溪	曾开 一入 德溪		梗开 二入 麦影	梗开 二入 麦影
刻	克	搿	厄	扼
k'əʔ^{45}	k'əʔ^{45}		ʔəʔ^{45}	ʔəʔ^{45}
k'ə^{223}	k'ə^{223}		ʔəʔ^{55}	ʔəʔ^{55}
k'əʔ^{44}	k'əʔ^{44}	kəʔ^{44}～一本书	əʔ^{44}	əʔ^{44}
k'ɛʔ^{33}	k'ɛʔ^{33}		ɛʔ^{33}	ɛʔ^{33}
k'əʔ^{55}	k'əʔ^{55}		ʔŋəʔ^{55}	ʔŋəʔ^{55}
k'əʔ^{55}	k'əʔ^{55}		ʔəʔ^{55}	ʔəʔ^{55}
k'ɜʔ^{55}	k'ɜʔ^{55}	gɜʔ^{12}	ʔɜʔ^{55}	ʔɜʔ^{55}
k'əʔ^{55}	k'əʔ^{55}	gəʔ^{23}	ʔəʔ^{55}	ʔəʔ^{55}
k'əʔ^{55}	k'əʔ^{55}	gəʔ^{23}	ʔəʔ^{55}	ʔəʔ^{55}
k'əʔ^{55}	k'əʔ^{55}	gəʔ^{23}	ʔəʔ^{55}	ʔəʔ^{55}/ŋəʔ^{23}
k'Eʔ^{55}	k'Eʔ^{55}	gEʔ^{23}	ŋEʔ^{55}	ʔəʔ^{55}
k'əʔ^{55}	k'əʔ^{55}	gəʔ^{12}	ʔəʔ^{55}	ʔəʔ^{55}/ŋəʔ^{12}
k'əʔ^{55}	k'əʔ^{55}	gəʔ^{23}	ʔəʔ^{55}	ʔəʔ^{55}
k'ɐʔ^{55}	k'ɐʔ^{55}	gɐʔ^{23}	ʔɐʔ^{55}	ʔɐʔ^{55}
k'əʔ^{55}	k'əʔ^{55}	gəʔ^{23}	ʔəʔ^{55}	ʔəʔ^{55}
k'ɐʔ^{55}	k'ɐʔ^{55}	gɐʔ^{23}	ŋɐʔ^{23}	ŋɐʔ^{23}/ʔɐʔ^{55}
k'əʔ^{55}	kəʔ^{55}	gəʔ^{23}	ŋəʔ^{23}	ŋəʔ^{23}
k'əʔ^{34}	k'əʔ^{34}	gəʔ^{23}	ʔəʔ^{55}	ʔəʔ^{55}
k'əʔ^{55}	k'əʔ^{55}	gəʔ^{22}	ʔəʔ^{55}	ʔəʔ^{55}
k'əʔ^{54}	k'əʔ^{54}	gəʔ^{12}	ʔəʔ^{54}	ʔəʔ^{54}
k'əʔ^{54}	k'əʔ^{54}	gəʔ^{23}	ʔŋəʔ^{54}	ʔŋəʔ^{54}
k'ɐʔ^{55}	k'ɐʔ^{55}	gɐʔ^{12}	ʔɐʔ^{55}	ʔɐʔ^{55}
k'əʔ^{55}/k'eʔ^{55}	k'əʔ^{55}/k'eʔ$^{55}_{少}$	gəʔ^{23}/geʔ^{23}	ʔəʔ^{55}	ʔəʔ^{55}
k'iəʔ^{55}	k'iə^{55}	geʔ^{12}	ʔɐʔ^{55}	ʔɐʔ^{55}
k'Eʔ^{45}	k'Eʔ^{45}	gEʔ^{12}	ʔEʔ^{45}	ʔEʔ^{45}
k'ɛʔ^{45}	k'ɛʔ^{45}	gɛʔ^{12}	ʔɛʔ^{45}	ʔɛʔ^{45}
k'ɐʔ^{55}	k'ɐʔ^{55}	gɐʔ^{23}/kɐʔ^{23}/ɦɐʔ$^{23}_{少}$	ʔɐʔ^{55}	ʔɐʔ^{55}
k'ɐʔ^{55}	k'ɐʔ^{55}	gɐʔ^{23}	ʔɐʔ^{55}	ʔɐʔ^{55}
k'ɐʔ^{55}	k'ɐʔ^{55}	gieʔ^{12}	ʔɐʔ^{55}	ʔɐʔ^{55}
k'e^{423}	k'e^{423}	ge^{423}	ʔɑ^{423}	ʔɑ^{423}
k'əʔ^{55}	k'əʔ^{55}	gʌʔ^{12}	ʔəʔ^{55}	ʔəʔ^{55}
k'əʔ^{44}	k'əʔ^{44}	kəʔ^{44}	ʔəʔ^{44}	ʔəʔ^{44}
k'əɪ^{434}	k'əɪ^{434}	guʌ^{323}	ʔai^{434}	ʔai^{434}

摄口 等调 韵声	曾开 一入 德晓	咸开 一入 盍匣	梗开 二入 麦匣	
	黑	合	核	这
宜	xəʔ^{45}	ɦəʔ^{23}	ɦəʔ^{23}	tsəʔ^{45}
溧	xəʔ^{55}	ɦə^{223}	ɦə^{223}	tsəʔ^{55}
金	xəʔ^{44}	xəʔ^{44}	xəʔ^{44}	tsəʔ^{44}
丹	hɛʔ^{33}	hɦiɛʔ^{24} ～作/hɦuɛʔ^{24} 百～;六～	hɦɛʔ^{24}	tsɛʔ^{33}
童	həʔ^{55}	xɦəʔ^{24}/xɦəʔ^{55}	xɦəʔ^{24}/xɦəʔ^{55}	tsəʔ^{55}
靖	həʔ^{55}	ɦəʔ^{34}	ɦəʔ^{34}	tsəʔ^{55}
江	hɜʔ^{55}	^{h}ɦɜʔ^{12}	^{h}ɦɜʔ^{12}	tsɜʔ^{55}
常	xəʔ^{55}	ɦəʔ^{23}	ɦəʔ^{23}	tsəʔ^{55}
锡	xəʔ^{55}	ɦəʔ^{23}	ɦəʔ^{23}	tsəʔ^{55}
苏	həʔ^{55}	ɦəʔ^{23}	ɦəʔ^{23}	tsəʔ^{55}
熟	hEʔ^{55}	ɦEʔ^{23}	ɦEʔ^{23}	tsEʔ^{55}
昆	həʔ^{55}	ɦəʔ^{12}	ɦəʔ^{12}	tsəʔ^{55}
霜	xəʔ^{55}	ɦəʔ^{23}	ɦəʔ^{23}	tsəʔ^{55}
罗	hɐʔ^{55}	ɦɐʔ^{23}	ɦɐʔ^{23}	tsɐʔ^{55}
周	həʔ^{55}	ɦəʔ^{23}	ɦəʔ^{23}	tsəʔ^{55}
上	hɐʔ^{55}	ɦɐʔ^{23}	ɦɐʔ^{23}	tsɐʔ^{55}
松	həʔ^{55}	ɦəʔ^{23}	ɦəʔ^{23}	tsəʔ^{55}
黎	həʔ^{55}	ɦəʔ^{23}	ɦəʔ^{23}	tsəʔ^{55}
盛	həʔ^{55}	ɦəʔ^{22}	ɦəʔ^{22}	tsəʔ^{55}
嘉	həʔ^{54}	ʔəʔ^{54}	ʔəʔ^{54}	tsəʔ^{54}
双	həʔ^{54}	ʔəʔ^{54}	ʔəʔ^{54}	tsəʔ^{54}
杭	hɐʔ^{55}	ɦɐʔ^{12}	ɦɐʔ^{12}	tsɐʔ^{55}
绍	həʔ^{55}	ɦəʔ^{23}/ɦieʔ^{23}	ɦəʔ^{23}/ɦieʔ^{23}	tsəʔ^{55}/tsɿʔ^{55}
诸	hɐʔ^{55}	ɦoʔ^{12}	ɦɐʔ^{12}	tsəʔ^{55}
崇	hEʔ^{45}	ɦEʔ^{12}	ɦEʔ^{12}	tsiEʔ^{45}
太	hɛʔ^{45}	ɦɛʔ^{12}	ɦɛʔ^{12}	tsɛʔ^{45}
余	hɐʔ^{55}/hɿʔ^{55}少	ɦəʔ^{23}	ɦɿʔ^{23}/ɦɔʔ^{23}～桃	tsɿʔ^{55}/tsɐʔ^{55}
宁	xɐʔ^{55}	ɦɐʔ^{23}	ɦɐʔ^{23}	kɿʔ^{55}
黄	hɐʔ^{55}	ɦɐʔ^{12}	ɦɐʔ^{12}	tsɐʔ^{55}
温	xe^{423}	ɦθ^{323}	ɦy^{323}	tɕi^{423}
衢	xəʔ^{55}	ʔɦi̥əʔ^{12}	ʔɦəʔ^{12}	tsəʔ^{55}
华	xəʔ^{44}	ʔəʔ^{44}	ʔəʔ^{44}	tsəʔ^{44}
永	xəʔ^{434}/xəɿ^{434}	ʔɦə^{323}	ŋai^{323}	tɕye^{434}

止开三上纸章	咸开三入叶章	深开三入缉章	山开三入薛知	山开三入薛章
只	摺	执	哲	折
tsəʔ⁴⁵	tsəʔ⁴⁵	tsəʔ⁴⁵	tsəʔ⁴⁵	tsəʔ⁴⁵
tsəʔ⁵⁵	tsəʔ⁵⁵	tsəʔ⁵⁵	tsəʔ⁵⁵	tsəʔ⁵⁵
tsəʔ⁴⁴	tsəʔ⁴⁴	tsəʔ⁴⁴	tsəʔ⁴⁴	tsəʔ⁴⁴
tsɛʔ³³	tsɛʔ³³	tsɛʔ³³	tsɛʔ³³	tsɛʔ³³
tsəʔ⁵⁵	tsəʔ⁵⁵	tsəʔ⁵⁵	tsəʔ⁵⁵	tsəʔ⁵⁵
tsəʔ⁵⁵	tɕɪʔ⁵⁵	tɕiəʔ⁵⁵	tɕiəʔ⁵⁵	tɕɪʔ⁵⁵
tsɜʔ⁵⁵	tsɜʔ⁵⁵	tsɜʔ⁵⁵	tsɜʔ⁵⁵	tsɜʔ⁵⁵
tsəʔ⁵⁵	tsəʔ⁵⁵	tsəʔ⁵⁵	tsəʔ⁵⁵	tsəʔ⁵⁵
tsəʔ⁵⁵	tsəʔ⁵⁵	tsəʔ⁵⁵	tsəʔ⁵⁵	tsəʔ⁵⁵
tsəʔ⁵⁵	tsəʔ⁵⁵	tsəʔ⁵⁵	tsəʔ⁵⁵	tsəʔ⁵⁵
tʂEʔ⁵⁵	tʂEʔ⁵⁵	tʂEʔ⁵⁵	tʂEʔ⁵⁵	tʂEʔ⁵⁵
tsəʔ⁵⁵	tsəʔ⁵⁵	tsəʔ⁵⁵	tsəʔ⁵⁵	tsəʔ⁵⁵
tsɐʔ⁵⁵	tsɐʔ⁵⁵	tsɐʔ⁵⁵	tsɐʔ⁵⁵	tsɐʔ⁵⁵
tsəʔ⁵⁵	tsəʔ⁵⁵	tsəʔ⁵⁵	tsəʔ⁵⁵	tsəʔ⁵⁵
tsɐʔ⁵⁵	tsɐʔ⁵⁵	tsɐʔ⁵⁵	tsɐʔ⁵⁵	tsɐʔ⁵⁵
tsəʔ⁵⁵	tsəʔ⁵⁵	tsəʔ⁵⁵	tsəʔ⁵⁵	tsəʔ⁵⁵
tsəʔ⁵⁵	tsəʔ⁵⁵	tsəʔ⁵⁵	tsəʔ⁵⁵	tsəʔ⁵⁵
tsəʔ⁵⁴	tsəʔ⁵⁴	tsəʔ⁵⁴	tsəʔ⁵⁴	tsəʔ⁵⁴
tsəʔ⁵⁴	tsəʔ⁵⁴	tsəʔ⁵⁴	tsəʔ⁵⁴	tsəʔ⁵⁴
tsɐʔ⁵⁵	tsɐʔ⁵⁵	tsɐʔ⁵⁵ /dzɐʔ¹²	tsɐʔ⁵⁵	tsɐʔ⁵⁵
tsəʔ⁵⁵	tsəʔ⁵⁵ /tsɪʔ⁵⁵	tsəʔ⁵⁵ /tsɪʔ⁵⁵	tsəʔ⁵⁵ /tsɪʔ⁵⁵	tsəʔ⁵⁵ /tsɪʔ⁵⁵
tsəʔ⁵⁵ /tsɐʔ⁵⁵	tsoʔ⁵⁵	tsəʔ⁵⁵	tsoʔ⁵⁵	tsoʔ⁵⁵
tsEʔ⁴⁵	tsEʔ⁴⁵	tsEʔ⁴⁵	tsEʔ⁴⁵	tsEʔ⁴⁵
tsɛʔ⁴⁵	tsɛʔ⁴⁵	tsɛʔ⁴⁵	tsɛʔ⁴⁵	tsɛʔ⁴⁵
tsɐʔ⁵⁵	tsɪʔ⁵⁵ /tsɐʔ⁵⁵	tsɪʔ⁵⁵ /tsɐʔ⁵⁵	tsɪʔ⁵⁵ /tsɐʔ⁵⁵	tsɪʔ⁵⁵ /tsɐʔ⁵⁵
tɕiɪʔ⁵⁵	tɕiɪʔ⁵⁵	tɕiɪʔ⁵⁵	tɕiɪʔ⁵⁵	tɕiɪʔ⁵⁵
tɕieʔ⁵⁵	tɕieʔ⁵⁵	tɕieʔ⁵⁵	tɕieʔ⁵⁵	tɕieʔ⁵⁵
tsɿ⁴²³	tɕi⁴²³	tɕæi⁴²³	tɕi⁴²³	tɕi⁴²³
tsəʔ⁵⁵	tʃɥəʔ⁵⁵	tʃɥəʔ⁵⁵	tsəʔ⁵⁵	tsəʔ⁵⁵
tsɐʔ⁴⁴	tsəʔ⁴⁴	tsəʔ⁴⁴	tsəʔ⁴⁴	tsəʔ⁴⁴
tsəɪ⁴³⁴	tɕie⁴³⁴	tɕie⁴³⁴	tɕie⁴³⁴	tɕie⁴³⁴

摄口 等调 韵声	深开 三入 缉章 汁	臻开 三入 质章 质	曾开 三入 职章 织	曾开 三入 职章 职
宜	tsəʔ^{45}	tsəʔ^{45}	tsəʔ^{45}	tsəʔ^{45}
溧	tsəʔ^{55}	tsəʔ^{55}	tsəʔ^{55}	tsəʔ^{55}
金	tsəʔ^{44}	tsəʔ^{44}	tsəʔ^{44}	tsəʔ^{44}
丹	tsɛʔ^{33}	tsɛʔ^{33}	tsɛʔ^{33}	tsɛʔ^{33}
童	tsəʔ^{55}	tsəʔ^{55}	tsəʔ^{55}	tsəʔ^{55}
靖	tɕiəʔ^{55}	tɕɪʔ^{55}	tɕɪʔ^{55}	tɕɪʔ^{55}
江	tsɿʔ^{55}	tsɿʔ^{55}	tsɿʔ^{55}	tsɿʔ^{55}
常	tsəʔ^{55}	tsəʔ^{55}	tsəʔ^{55}	tsəʔ^{55}
锡	tsəʔ^{55}	tsəʔ^{55}	tsəʔ^{55}	tsəʔ^{55}
苏	tsəʔ^{55}	tsəʔ^{55}	tsəʔ^{55}	tsəʔ^{55}
熟	tʂEʔ^{55}	tʂEʔ^{55}	tʂEʔ^{55}	tʂEʔ^{55}
昆	tsəʔ^{55}	tsəʔ^{55}	tsəʔ^{55}	tsəʔ^{55}
霜	tsəʔ^{55}	tsəʔ^{55}	tsəʔ^{55}	tsəʔ^{55}
罗	tsɐʔ^{55}	tsɐʔ^{55}	tsɐʔ^{55}	tsɐʔ^{55}
周	tsəʔ^{55}	tsəʔ^{55}	tsəʔ^{55}	tsəʔ^{55}
上	tsɐʔ^{55}	tsɐʔ^{55}	tsɐʔ^{55}	tsɐʔ^{55}
松	tsəʔ^{55}	tsəʔ^{55}	tsəʔ^{55}	tsəʔ^{55}
黎	tsəʔ^{55}	tsəʔ^{55}	tsəʔ^{55}	tsəʔ^{55}
盛	tsəʔ^{55}	tsəʔ^{55}	tsəʔ^{55}	tsəʔ^{55}
嘉	tsəʔ^{54}	tsəʔ^{54}	tsəʔ^{54}	tsəʔ^{54}
双	tsəʔ^{54}	tsəʔ^{54}	tsəʔ^{54}	tsəʔ^{54}
杭	tsɐʔ^{55}	tsɐʔ^{55}	tsɐʔ^{55}	tsɐʔ^{55}
绍	tsəʔ^{55}/tsɪʔ^{55}	tsəʔ^{55}/tsɪʔ^{55}	tsəʔ^{55}/tsɪʔ^{55}	tsəʔ^{55}/tsɪʔ^{55}
诸	tsəʔ^{55}	tsəʔ^{55}	tsəʔ^{55}	tsəʔ^{55}
崇	tsEʔ^{45}	tsEʔ^{45}	tsEʔ^{45}	tsEʔ^{45}
太	tsɛʔ^{45}	tsɛʔ^{45}	tsɛʔ^{45}	tsɛʔ^{45}
余	tsɪʔ^{55}/tsɐʔ^{55}	tsɪʔ^{55}/tsɐʔ^{55}	tsɪʔ^{55}/tsɐʔ^{55}	tsɪʔ^{55}/tsɐʔ^{55}
宁	tɕiɪʔ^{55}	tɕiʔ^{55}	tɕiɪʔ^{55}	tɕiʔ^{55}
黄	tɕieʔ^{55}	tɕieʔ^{55}	tɕieʔ^{55}	tɕieʔ^{55}
温	tsɿ^{423}	tsæi^{423}	tsɿɪ^{423}	tsɿɪ^{423}
衢	tʃɥəʔ^{55}	tʃɥəʔ^{55}	tʃɥəʔ^{55}	tʃɥəʔ^{55}
华	tsəʔ^{44}	tsəʔ^{44}	tsəʔ^{44}	tsəʔ^{44}
永	tsə^{434}	tsə^{434}	tsəɪ^{434}	tsəɪ^{434}

山开三入 薛彻	山开三入 薛彻	曾开三入 职彻	山开三入 薛船	臻开三入 质澄
撤	彻	饬	舌	姪
ts'əʔ$^{\underline{45}}$	ts'əʔ$^{\underline{45}}$	ts'əʔ$^{\underline{45}}$	zəʔ^{23}	dzəʔ^{23}
ts'ə^{223}	ts'ə^{223}	ts'ə^{223}	szə^{223}	dzə^{223}
ts'əʔ$^{\underline{44}}$	ts'əʔ$^{\underline{44}}$	ts'əʔ$^{\underline{44}}$	ɕieʔ$^{\underline{44}}$	tsəʔ$^{\underline{44}}$
ts'ɛʔ$^{\underline{33}}$	ts'ɛʔ$^{\underline{33}}$	ts'ɛ^{33}	szɛʔ$^{\underline{24}}$	szɛʔ$^{\underline{24}}$
ts'əʔ$^{\underline{55}}$	ts'əʔ$^{\underline{55}}$	ts'əʔ$^{\underline{55}}$	szəʔ$^{\underline{24}}$	dzəʔ$^{\underline{24}}$
tɕ'ɿʔ$^{\underline{55}}$	tɕ'ɿʔ$^{\underline{55}}$	tɕ'ɿʔ$^{\underline{55}}$	ɕʑieʔ$^{\underline{34}}$	dzʑieʔ$^{\underline{34}}$
ts'ɜʔ$^{\underline{55}}$	ts'ɜʔ$^{\underline{55}}$	ts'ɜʔ$^{\underline{55}}$	zɜʔ$^{\underline{12}}$	dzɜʔ$^{\underline{12}}$
ts'əʔ$^{\underline{55}}$	ts'əʔ$^{\underline{55}}$	ts'əʔ$^{\underline{55}}$	zəʔ^{23}	dzəʔ^{23}
ts'əʔ$^{\underline{55}}$	ts'əʔ$^{\underline{55}}$	ts'əʔ$^{\underline{55}}$	zəʔ^{23}	zəʔ^{23}
tʂ'ɛʔ$^{\underline{55}}$	tʂ'ɛʔ$^{\underline{55}}$	tʂ'ɛʔ$^{\underline{55}}$	zʐɛʔ^{23}	dzʐɛʔ^{23}
ts'əʔ$^{\underline{55}}$	ts'əʔ$^{\underline{55}}$	ts'əʔ$^{\underline{55}}$	zəʔ$^{\underline{12}}$	zəʔ$^{\underline{12}}$
ts'əʔ$^{\underline{55}}$	ts'əʔ$^{\underline{55}}$	ts'əʔ$^{\underline{55}}$	zəʔ^{23}	zəʔ^{23}
ts'ɐʔ$^{\underline{55}}$	ts'ɐʔ$^{\underline{55}}$	ts'ɐʔ$^{\underline{55}}$	zɐʔ^{23}	zɐʔ^{23}
ts'əʔ$^{\underline{55}}$	ts'əʔ$^{\underline{55}}$	ts'əʔ$^{\underline{55}}$	zəʔ^{23}	zəʔ^{23}
ts'ɐʔ$^{\underline{55}}$	ts'ɐʔ$^{\underline{55}}$	ts'ɐʔ$^{\underline{55}}$	zɐʔ^{23}	zɐʔ^{23}
ts'əʔ$^{\underline{55}}$	ts'əʔ$^{\underline{55}}$	ts'əʔ$^{\underline{55}}$	zəʔ^{23}	zəʔ^{23}
ts'əʔ$^{\underline{34}}$	ts'əʔ$^{\underline{34}}$	ts'əʔ$^{\underline{34}}$	zəʔ^{23}	dzəʔ^{23}
ts'əʔ$^{\underline{55}}$	ts'əʔ$^{\underline{55}}$	ts'əʔ$^{\underline{55}}$	zəʔ^{22}	dzəʔ^{22}
ts'əʔ$^{\underline{54}}$	ts'əʔ$^{\underline{54}}$	ts'əʔ$^{\underline{54}}$	zəʔ$^{\underline{12}}$	zəʔ$^{\underline{12}}$
ts'əʔ$^{\underline{54}}$	ts'əʔ$^{\underline{54}}$	ts'əʔ$^{\underline{54}}$	zəʔ^{23}	zəʔ^{23}
ts'ɐʔ$^{\underline{55}}$	ts'ɐʔ$^{\underline{55}}$	ts'ɐʔ$^{\underline{55}}$	szəʔ$^{\underline{12}}$	dzɐʔ$^{\underline{12}}$
ts'əʔ$^{\underline{55}}$ / ts'ʌʔ$^{\underline{55}}$	ts'əʔ$^{\underline{55}}$		zəʔ^{23} / zɿʔ^{23}	dzɿʔ^{23} / dzəʔ^{23}
ts'əʔ$^{\underline{55}}$ / ts'ɐʔ$^{\underline{55}}$	ts'əʔ$^{\underline{55}}$ / ts'ɐʔ$^{\underline{55}}$	ts'əʔ$^{\underline{55}}$	zoʔ$^{\underline{12}}$	dzɐʔ$^{\underline{12}}$
ts'ɛʔ$^{\underline{45}}$	ts'ɛʔ$^{\underline{45}}$	ts'ɛʔ$^{\underline{45}}$	dzɛʔ$^{\underline{12}}$	dzɛʔ$^{\underline{12}}$
ts'ɛʔ$^{\underline{45}}$	ts'ɛʔ$^{\underline{45}}$	ts'ɛʔ$^{\underline{45}}$	dzɛʔ$^{\underline{12}}$ / ɟieʔ$^{\underline{12}}$	dzɛʔ$^{\underline{12}}$
ts'ɐʔ$^{\underline{55}}$	ts'ɐʔ$^{\underline{55}}$	ts'əʔ$^{\underline{55}}$	zɿʔ^{23} / zɐʔ^{23}	dzɿʔ^{23} / dzɐʔ^{23}
tɕ'iɪʔ$^{\underline{55}}$	tɕ'iɪʔ$^{\underline{55}}$	tɕ'iɪʔ$^{\underline{55}}$	ziɪʔ^{23}	dziɪʔ^{23}
dzieʔ$^{\underline{12}}$	tɕ'ieʔ$^{\underline{55}}$		zieʔ$^{\underline{12}}$	dzieʔ$^{\underline{12}}$
tɕ'i^{423}	tɕ'i^{423}		ɦi^{323}	dzæi^{323}
tʃ'ɥəʔ$^{\underline{55}}$	tʃ'ɥəʔ$^{\underline{55}}$	tʃ'ɥəʔ$^{\underline{55}}$	ʒɥəʔ$^{\underline{12}}$	dzʑɥəʔ$^{\underline{12}}$
ts'əʔ$^{\underline{44}}$	ts'əʔ$^{\underline{44}}$	ts'əʔ$^{\underline{44}}$	szəʔ^{22}	dzəʔ^{22}
tɕ'ie^{434}	tɕ'ie^{434}		dzʑie^{323}	də^{323}

摄口 等调 韵声	臻开 三入 质船	曾开 三入 职澄	曾开 三入 职澄	曾开 三入 职船
	实	直	值	食
宜	zəʔ23	dzəʔ23	dzəʔ23	zəʔ23
溧	szə223	dzə223	dzə223	szə223
金	səʔ44	tsəʔ44	tsəʔ44	səʔ44
丹	szɛʔ24	dzɛʔ24	dzɛʔ24	szɛʔ24
童	szəʔ24	dzəʔ24	dzəʔ24	szəʔ24
靖	ɕzieʔ34	dzieʔ34	dzieʔ34	ɕzieʔ34
江	zɜʔ12	dzɜʔ12	dzɜ12	zɜʔ12
常	zəʔ23	dzəʔ23	dzəʔ23	zəʔ23
锡	zəʔ23	zəʔ23	zəʔ23	zəʔ23
苏	zəʔ23	zəʔ23	zəʔ23	zəʔ23
熟	zɛʔ23	dzɛʔ23	dzɛʔ23	zɛʔ23
昆	zəʔ12	zəʔ12	zəʔ12	zəʔ12
霜	zəʔ23	zəʔ23	zəʔ23	zəʔ23
罗	zɐʔ23	zɐʔ23	zɐʔ23	zɐʔ23
周	zəʔ23	zəʔ23	zəʔ23	zəʔ23
上	zɐʔ23	zɐʔ23	zɐʔ23	zɐʔ23
松	zəʔ23	zəʔ23	zəʔ23	zəʔ23
黎	zəʔ23	dzəʔ23	dzəʔ23	zəʔ23
盛	zəʔ22	dzəʔ22	dzəʔ22	zəʔ22
嘉	zəʔ12	zəʔ12	zəʔ12	zəʔ12
双	zəʔ23	zəʔ23	zəʔ23	zəʔ23
杭	szəʔ12	dzəʔ12	dzɐʔ12	szɐʔ12
绍	zɿʔ23/zəʔ23	dzəʔ23	dzəʔ23	zəʔ23
诸	zɐʔ12	dzɐʔ12	dzɐʔ12	zɐʔ12
崇	zɛʔ12	dzɛʔ12	dzɛʔ12	zɛʔ12
太	zɛʔ12	dzɛʔ12/ɟieʔ12	dzɛʔ12/ɟieʔ12	zɛʔ12/zieʔ12
余	zɿʔ23/zɐʔ23	dzɿʔ23/dzɐʔ23	dzɿʔ23/dzɐʔ23	zɿʔ23/zɐʔ23
宁	dʑiɿʔ23	dʑiɿʔ23	dʑiɿʔ23	ʑiɿʔ23
黄	ʑieʔ12	dʑieʔ12	dʑieʔ12	ʑieʔ12
温	zæi323	dzei323	dzei323	zɿi323
衢	ʒɥəʔ12	dʒɥəʔ12	dʒɥəʔ12	ʒɥəʔ12
华	szəʔ22	dzəʔ22	dzəʔ22	szəʔ22
永	szə323	dzai323	dzei323	szei323

深开 三入 缉书	山开 三入 薛书	臻开 三入 质书	臻开 三入 质书	曾开 三入 职书
湿	设	失	室	式
$sə\textipa{P}^{45}$	$sə\textipa{P}^{45}$	$sə\textipa{P}^{45}$	$sə\textipa{P}^{45}$	$sə\textipa{P}^{45}$
$sə\textipa{P}^{55}$	$sə\textipa{P}^{55}$	$sə\textipa{P}^{55}$	$sə\textipa{P}^{55}$	$sə\textipa{P}^{55}$
$sə\textipa{P}^{44}$	$sə\textipa{P}^{44}$	$sə\textipa{P}^{44}$	$sə\textipa{P}^{44}$	$sə\textipa{P}^{44}$
$sɛ\textipa{P}^{33}$	$sɛ\textipa{P}^{33}$	$sɛ\textipa{P}^{33}$	$sɛ\textipa{P}^{33}$	$sɛ\textipa{P}^{33}$
$sə\textipa{P}^{55}$	$sə\textipa{P}^{55}$	$sə\textipa{P}^{55}$	$sə\textipa{P}^{55}$	$sə\textipa{P}^{55}$
$ɕiə\textipa{P}^{55}$	$ɕiə\textipa{P}^{55}$	$ɕiə\textipa{P}^{55}$	$ɕiə\textipa{P}^{55}$	$ɕiə\textipa{P}^{55}$
$s3\textipa{P}^{55}$	$s3\textipa{P}^{55}$	$s3\textipa{P}^{55}$	$s3\textipa{P}^{55}$	$s3\textipa{P}^{55}$
$sə\textipa{P}^{55}$	$sə\textipa{P}^{55}$	$sə\textipa{P}^{55}$	$sə\textipa{P}^{55}$	$sə\textipa{P}^{55}$
$sə\textipa{P}^{55}$	$sə\textipa{P}^{55}$	$sə\textipa{P}^{55}$	$sə\textipa{P}^{55}$	$sə\textipa{P}^{55}$
$sə\textipa{P}^{55}$	$sə\textipa{P}^{55}$	$sə\textipa{P}^{55}$	$sə\textipa{P}^{55}$	$sə\textipa{P}^{55}$
$ʂɛ\textipa{P}^{55}$	$ʂɛ\textipa{P}^{55}$	$sɛ\textipa{P}^{55}$	$sɛ\textipa{P}^{55}$	$sɛ\textipa{P}^{55}$
$sə\textipa{P}^{55}$	$sə\textipa{P}^{55}$	$sə\textipa{P}^{55}$	$sə\textipa{P}^{55}$	$sə\textipa{P}^{55}$
$sə\textipa{P}^{55}$	$sə\textipa{P}^{55}$	$sə\textipa{P}^{55}$	$sə\textipa{P}^{55}$	$sə\textipa{P}^{55}$
$sɐ\textipa{P}^{55}$	$sɐ\textipa{P}^{55}$	$sɐ\textipa{P}^{55}$	$sɐ\textipa{P}^{55}$	$sɐ\textipa{P}^{55}$
$sə\textipa{P}$	$sə\textipa{P}^{55}$	$sə\textipa{P}^{55}$	$sə\textipa{P}^{55}$	$sə\textipa{P}^{55}$
$sɐ\textipa{P}^{55}$	$sɐ\textipa{P}^{55}$	$sɐ\textipa{P}^{55}$	$sɐ\textipa{P}^{55}$	$sɐ\textipa{P}^{55}$
$sʌ\textipa{P}^{55}$ / $sə\textipa{P}^{55}$	$sə\textipa{P}^{55}$	$sə\textipa{P}^{55}$	$sə\textipa{P}^{55}$	$sə\textipa{P}^{55}$
$sə\textipa{P}^{55}$	$sə\textipa{P}^{55}$	$sə\textipa{P}^{55}$	$sə\textipa{P}^{55}$	$sə\textipa{P}^{55}$
$sə\textipa{P}^{54}$	$sə\textipa{P}^{54}$	$sə\textipa{P}^{54}$	$sə\textipa{P}^{54}$	$sə\textipa{P}^{54}$
$sə\textipa{P}^{54}$	$sə\textipa{P}^{54}$	$sə\textipa{P}^{54}$	$sə\textipa{P}^{54}$	$sə\textipa{P}^{54}$
$sɐ\textipa{P}^{55}$	$sɐ\textipa{P}^{55}$	$sɐ\textipa{P}^{55}$	$sɐ\textipa{P}^{55}$	$sɐ\textipa{P}^{55}$
$sə\textipa{P}^{55}$ / $sɪ\textipa{P}^{55}$	$sɪ\textipa{P}^{55}$ / $sə\textipa{P}^{55}$	$sɪ\textipa{P}^{55}$ / $sə\textipa{P}^{55}$	$sə\textipa{P}^{55}$ / $sɪ\textipa{P}^{55}$	$sə\textipa{P}^{55}$
$sɐ\textipa{P}^{55}$	$sɐ\textipa{P}^{55}$	$sɐ\textipa{P}^{55}$	$sɐ\textipa{P}^{55}$	$sɐ\textipa{P}^{55}$
$sɛ\textipa{P}^{45}$	$sɛ\textipa{P}^{45}$	$sɛ\textipa{P}^{45}$	$sɛ\textipa{P}^{45}$	$sɛ\textipa{P}^{45}$
$sɐ\textipa{P}^{45}$	$sɐ\textipa{P}^{45}$	$sɐ\textipa{P}^{45}$	$ɕiɛ\textipa{P}^{45}$ / $sɛ\textipa{P}^{45}$	$sɐ\textipa{P}^{45}$
$sɪ\textipa{P}^{55}$ / $sɐ\textipa{P}^{55}$	$sɪ\textipa{P}^{55}$ / $sɐ\textipa{P}^{55}$	$sɪ\textipa{P}^{55}$ / $sɐ\textipa{P}^{55}$	$sɪ\textipa{P}^{55}$ / $sɐ\textipa{P}^{55}$	$sɪ\textipa{P}^{55}$ / $sɐ\textipa{P}^{55}$
$ɕiɪ\textipa{P}^{55}$	$ɕiɪ\textipa{P}^{55}$	$sə\textipa{P}^{55}$	$sə\textipa{P}^{55}$	$ɕiɪ\textipa{P}^{55}$
$ɕie\textipa{P}^{55}$	$ɕie\textipa{P}^{55}$	$ɕie\textipa{P}^{55}$	$ɕie\textipa{P}^{55}$	$ɕie\textipa{P}^{55}$
$sæi^{423}$	$sɛi^{423}$	$sæi^{423}$	$sæi^{423}$	$sɪi^{423}$
$ʃɥə\textipa{P}^{55}$	$ʃɥə\textipa{P}^{55}$	$ʃɥə\textipa{P}^{55}$	$ʃɥə\textipa{P}^{55}$	$ʃɥə\textipa{P}^{55}$
$sə\textipa{P}^{44}$	$sə\textipa{P}^{44}$	$sə\textipa{P}^{44}$	$sə\textipa{P}^{44}$	$sə\textipa{P}^{44}$
$sə^{434}$	$ɕie^{434}$	$sə^{434}$	$sə^{434}$	$sɪi^{434}$

摄口 等调 韵声	曾开 三入 职书	曾开 三入 职书	咸开 三入 叶禅	深开 三入 缉禅
	识	饰	涉	十
宜	səʔ^{45}	səʔ^{45}	zəʔ^{23}	zəʔ^{23}
溧	səʔ^{55}	səʔ^{55}	szə^{223}	szə^{223}
金	səʔ^{44}	səʔ^{44}	səʔ^{44}	səʔ^{44}
丹	sɛʔ^{33}	sɛʔ^{33}	szɛʔ^{24}	szɛʔ^{24}
童	səʔ^{55}	səʔ^{55}	szəʔ^{24}	szəʔ^{24}
靖	çiəʔ^{55}	çiəʔ^{55}	dʑiəʔ^{34}	çziəʔ^{34}
江	sɿʔ^{55}	sɿʔ^{55}	zɿʔ^{55}	zɿʔ^{12}
常	səʔ^{55}	səʔ^{55}	zəʔ^{23}/səʔ^{23}	zəʔ^{23}
锡	səʔ^{55}	səʔ^{55}	zəʔ^{23}	zəʔ^{23}
苏	səʔ^{55}	səʔ^{55}	zəʔ^{23}	zəʔ^{23}
熟	sEʔ^{55}	sEʔ^{55}	zEʔ^{23}	zEʔ^{23}
昆	səʔ^{55}	səʔ^{55}	zəʔ^{12}	zəʔ^{12}
霜	səʔ^{55}	səʔ^{55}	zəʔ^{23}	zəʔ^{23}
罗	sɐʔ^{55}	sɐʔ^{55}	zɐʔ^{23}	zɐʔ^{23}
周	səʔ^{55}	səʔ^{55}	zəʔ^{23}	zəʔ^{23}
上	sɐʔ^{55}	sɐʔ^{55}	zɐʔ^{23}	zɐʔ^{23}
松	səʔ^{55}	səʔ^{55}	zəʔ^{23}	zəʔ^{23}
黎	səʔ^{55}	səʔ^{55}	zəʔ^{23}	zəʔ^{23}
盛	səʔ^{55}	səʔ^{55}	zəʔ^{22}	zəʔ^{22}
嘉	səʔ^{54}	səʔ^{54}	zəʔ^{12}	zəʔ^{12}
双	səʔ^{54}	səʔ^{54}	zəʔ^{23}	zəʔ^{23}
杭	sɐʔ^{55}	sɐʔ^{55}	szɐʔ^{12}	szɐʔ^{12}
绍	sɿʔ^{55}/səʔ^{55}	sɿʔ^{55}/səʔ^{55}	zəʔ^{23}/zɿʔ^{23}	zəʔ^{23}/zɿʔ^{23}/zɐʔ^{23}
诸	sɐʔ^{55}	sɐʔ^{55}	zɐʔ^{12}	zɐʔ^{12}
崇	sEʔ^{45}	sEʔ^{45}	dzEʔ^{12}	zEʔ^{12}
太	sɛʔ^{45}	sɛʔ^{45}	zɛʔ^{12}	zɛʔ^{12}/ziɛʔ^{12}
余	sɿʔ^{55}/sɐʔ^{55}	sɿʔ^{55}/sɐʔ^{55}	zɿʔ^{23}/zɐʔ^{23}	zɿʔ^{23}/zɐʔ^{23}
宁	çiɿʔ^{55}	çiɿʔ^{55}	dʑiɿʔ^{23}	zəʔ^{23}
黄	çieʔ^{55}	çieʔ^{55}	zieʔ^{12}	zieʔ^{12}
温	seɿ^{423}	seɿ^{423}	dʑi^{323}	zæɿ^{323}
衢	ʃɥəʔ^{55}	ʃɥəʔ^{55}	ʒɥəʔ^{12}	ʒɥəʔ^{12}
华	səʔ^{44}	səʔ^{44}	szəʔ^{22}	çziəʔ^{22}
永	səɿ^{434}	səɿ^{434}	dzieʔ^{323}	szə^{323}

深开三入缉禅	山开三入薛禅	曾开三入职禅	曾开三入职禅	曾开一入德精
拾	折~脚	殖	植	则
zəʔ²³	zəʔ²³	dzəʔ²³	dzəʔ²³	tsəʔ⁴⁵
szə²²³/szie²²³	szə²²³	dzə²²³	dzə²²³	tsəʔ⁵⁵
səʔ⁴⁴/çieʔ⁴⁴	səʔ⁴⁴	tsəʔ⁴⁴	tsəʔ⁴⁴	tsəʔ⁴⁴
szɛʔ²⁴/çᶻɿ²⁴	szɛʔ²⁴	dzɛʔ²⁴	dzɛʔ²⁴	tsɛʔ³³
szəʔ²⁴	szəʔ²⁴	dzəʔ²⁴	dzəʔ²⁴	tsəʔ⁵⁵
çʑieʔ³⁴/çʑɪʔ³⁴		dʑieʔ³⁴	dʑieʔ³⁴	tsəʔ⁵⁵
zʒʔ¹²/zɪʔ¹²	zʒʔ¹²	dzʒʔ¹²	dzʒʔ¹²	tsʒʔ⁵⁵
zəʔ²³/ʑiɪʔ²³	zəʔ²³	dzəʔ²³	dzəʔ²³	tsəʔ⁵⁵
zəʔ²³/zɪʔ²³	zəʔ²³	zəʔ²³	zəʔ²³	tsəʔ⁵⁵
zɪʔ²³/ŋəʔ²³	zəʔ²³	zəʔ²³	zəʔ²³	tsəʔ⁵⁵
zɪʔ²³/zᴇʔ²³	zᴇʔ²³	dzᴇʔ²³	dzᴇʔ²³	tsᴇʔ⁵⁵
zɪʔ¹²/zəʔ¹²	zəʔ¹²	zəʔ¹²	zəʔ¹²	tsəʔ⁵⁵
zəʔ²³/zɪʔ²³	zəʔ²³	zəʔ²³	zəʔ²³	tsəʔ⁵⁵
zɚʔ²³/zɪʔ²³	zɚʔ²³	zɚʔ²³	zɚʔ²³	tsɚʔ⁵⁵
zɪʔ²³/zəʔ²³	zəʔ²³	zəʔ²³	zəʔ²³	tsəʔ⁵⁵
zɚʔ²³	zɚʔ²³	zɚʔ²³	zɚʔ²³	tsɚʔ⁵⁵
zəʔ²³	zəʔ²³	zəʔ²³	zəʔ²³	tsəʔ⁵⁵
zəʔ²³	tsəʔ⁵⁵	dzəʔ²³	dzəʔ²³	tsəʔ⁵⁵
zəʔ²²	dzəʔ²²	dzəʔ²²	dzəʔ²²	tsəʔ⁵⁵
zəʔ¹²	zəʔ¹²	zəʔ¹²	zəʔ²²	tsəʔ⁵⁴
zəʔ²³/zᴇ²³¹	zəʔ²³	zəʔ²³	zəʔ²³	tsəʔ⁵⁴
szɚʔ¹²	szɚʔ¹²	dzɚʔ¹²	dzɚʔ¹²	tsəʔ⁵⁵
zəʔ²³/zᴇʔ²³	zoʔ²³	dzəʔ²³	dzəʔ²³	tsɪʔ⁵⁵/tsəʔ⁵⁵
zɚʔ¹²	zoʔ¹²	dzɚʔ¹²	dzɚʔ¹²	tsəʔ⁵⁵
zᴇʔ¹²/ʑiᴇʔ¹²		dzᴇʔ¹²	dzᴇʔ¹²	tsᴇʔ⁴⁵
zɛʔ¹²/ʑiɛʔ¹²		dzəʔ¹²	dzəʔ¹²	tsɛʔ⁴⁵
zɚʔ²³	zɪʔ²³/zᴇʔ²³	dzɪʔ²³/dzɚʔ²³	dzɪʔ²³/dzɚʔ²³	tsɪʔ⁵⁵/tsɚʔ⁵⁵
zoʔ²³/ʑiɪʔ²³	tçiɪʔ⁵⁵	dzɪɪʔ²³	dzɪɪʔ²³	tsɚʔ⁵⁵
ʑieʔ¹²	ʑieʔ¹²	dʑieʔ¹²	dʑieʔ¹²	tsɚʔ⁵⁵
zæi³²³	tçi³²³	dzeɪ³²³	dzeɪ³²³	tse³²³
ʒɥəʔ¹²/ʑieʔ¹²	ʒɥəʔ¹²	dʒɥəʔ¹²	dʒɥəʔ¹²	tsəʔ⁵⁵
szəʔ²²	szəʔ²²	dzəʔ²²	dzəʔ²²	tsəʔ⁴⁴
szə³²³	çzie³²³	dzəɪ³²³	dzəɪ³²³	tsəɪ⁴³⁴

摄口 等调 韵声	曾开 三入 职庄	曾开 三入 职庄	曾开 三入 职庄	梗开 二入 麦知
	侧	仄	昃	摘
宜	tsʼəʔ45	tsəʔ45	tsəʔ45	tsʌʔ45
溧	tsəʔ55	tsəʔ55	tsəʔ55	tsəʔ55
金	tsəʔ44	tsəʔ44	tsəʔ44	tsəʔ44
丹	tsʼɛʔ33	tsɛʔ33	tsɛʔ33	tsɛʔ33
童	tsəʔ55	tsəʔ55	tsəʔ55	tsəʔ55
靖	tsʼəʔ55	tsəʔ55	tsəʔ55	tsəʔ55
江	tsɜʔ55	tsɜʔ55	tsɜʔ55	tsɜʔ55
常	tsəʔ55	tsəʔ55	tsəʔ55	tsəʔ55
锡	tsəʔ55	tsəʔ55	tsəʔ55	tsəʔ55
苏	tsəʔ55 / tsʼəʔ55	tsəʔ55	tsəʔ55	tsʌʔ55 / tsəʔ55
熟	tʂʼEʔ55	tʂEʔ55	tsEʔ55	tsʌʔ55
昆	tsəʔ55	tsəʔ55	tsəʔ55	tsʌʔ55
霜	tsəʔ55	tsəʔ55	tsəʔ55	tsəʔ55
罗	tsɐʔ55	tsɐʔ55	tsɐʔ55	tsɐʔ55
周	tsəʔ55	tsəʔ55	tsəʔ55	tsɑʔ55
上	tsɐʔ55 / tsʼɐʔ55	tsɐʔ55	tsɐʔ55	tsɐʔ55
松	tsʼəʔ55	tsəʔ55	tsəʔ55	tsʌʔ55
黎	tsʼəʔ55 / tsəʔ55	tsəʔ55	tsəʔ55	tsʌʔ55
盛	tsʼəʔ55 / tsəʔ55	tsəʔ55	tsəʔ55	tsɑʔ55
嘉	tsʼəʔ54	tsəʔ54	tsəʔ54	tsʌʔ54
双	tsəʔ54	tsʌʔ54	tsʌʔ54	tsʌʔ54
杭	tsɐʔ55	tsɐʔ55	tsɐʔ55	tsɐʔ55
绍	tsʼəʔ55 / tsəʔ55	tsəʔ55		tsʌʔ55
诸	tsɐʔ55 / tsʼəʔ55 / tsʼɐʔ55 / tsʼəʔ55	tsəʔ55		tsʌʔ55
崇	tsʼEʔ45	tsEʔ45	tsEʔ45	tsɑʔ45
太	tsʼɛʔ45	tsɛʔ45	tsɐʔ45	tsɑʔ45
余	tsɪʔ55 / tsɐʔ55	tsəʔ55	tsEʔ55	tsɪʔ55 / tsɐʔ55 / tɪʔ55
宁	tsɐʔ55	tsəʔ55	tsəʔ55	tsɐʔ55
黄	tsʼɐʔ55	tsəʔ55	tsəʔ55	tsɐʔ55
温	tsʼe423	tse423		tsɑ423
衢	tsəʔ55	tsəʔ55	tsəʔ55	tsəʔ55
华	tsəʔ44	tsəʔ44	tsəʔ44	tsəʔ44
永	tsəɪ434	tɕie434 / tsə434	tsəɪ434	tsəɪ434

梗开 二入 麦庄	曾开 三入 职初	曾开 三入 职初	曾开 一入 德从	深开 三入 缉生
责	测	恻	贼	涩
tsəʔ^{45}	tsʻəʔ^{45}	tsʻəʔ^{45}	zəʔ^{23}	səʔ^{45}
tsəʔ^{55}	tsʻə^{223}	tsʻə^{223}	szə^{223}	səʔ^{55}
tsəʔ^{44}	tsʻəʔ^{44}	tsʻəʔ^{44}	tsəʔ^{44}	səʔ^{44}
tsɛʔ^{33}	tsʻɛʔ^{33}	tsʻɛʔ^{33}	dzɛʔ^{24}	sɛʔ^{33}
tsəʔ^{55}	tsʻəʔ^{55}	tsʻəʔ^{55}	szəʔ^{24}	səʔ^{55}
tsəʔ^{55}	tsʻəʔ^{55}	tsʻəʔ^{55}	szəʔ^{34}	səʔ^{55}
tsɜʔ^{55}	tsʻɜʔ^{55}	tsʻɜʔ^{55}	zɜʔ^{12}	sɜʔ^{55}
tsəʔ^{55}	tsʻəʔ^{55}	tsʻəʔ^{55}	zəʔ^{23}	səʔ^{55}
tsəʔ^{55}	tsʻəʔ^{55}	tsʻəʔ^{55}	zəʔ^{23}	səʔ^{55}
tsəʔ^{55}	tsʻəʔ^{55}	tsʻəʔ^{55}	zəʔ^{23}	səʔ^{55}
tsʂEʔ^{55}	tsʂEʔ^{55}	tʂEʔ^{55}	zEʔ^{23}	sEʔ^{55}
tsəʔ^{55}	tsʻəʔ^{55}	tsʻəʔ^{55}	zəʔ^{12}	səʔ^{55}
tsəʔ^{55}	tsʻəʔ^{55}	tsʻəʔ^{55}	zəʔ^{23}	səʔ^{55}
tsɐʔ^{55}	tsʻɐʔ^{55}	tsʻɐʔ^{55}	zɐʔ^{23}	sɐʔ^{55}
tsəʔ^{55}	tsʻəʔ^{55}	tsʻəʔ^{55}	zəʔ^{23}	səʔ^{55}
tsɐʔ^{55}	tsʻɐʔ^{55}	tsʻɐʔ^{55}	zɐʔ^{23}	sɐʔ^{55}
tsəʔ^{55}	tsʻəʔ^{55}	tsʻəʔ^{55}	zəʔ^{23}	səʔ^{55}
tsəʔ^{55}	tsʻəʔ^{34}	tsʻəʔ^{34}	zəʔ^{23}	səʔ^{55}
tsəʔ^{55}	tsʻəʔ^{55}	tsʻəʔ^{55}	zəʔ^{22}	səʔ^{55}
tsəʔ^{54}	tsʻəʔ^{54}	tsʻəʔ^{54}	zəʔ^{12}	səʔ^{54}
tsəʔ^{54}	tsʻəʔ^{54}	tsʻəʔ^{54}	zəʔ^{23}	səʔ^{54}
tsɐʔ^{55}	tsʻɐʔ^{55}	tsʻɐʔ^{55}	dzɐʔ^{12}	sɐʔ^{55}
tsəʔ^{55}	tsʻəʔ^{55}	tsʻəʔ^{55}	zəʔ^{23}	səʔ^{55}
tsəʔ^{55}	tsʻəʔ^{55}	tsʻəʔ^{55}	zoʔ^{12}	səʔ^{55}
tsEʔ^{45}	tsʻEʔ^{45}	tsʻEʔ^{45}	zEʔ^{12}	sEʔ^{45}
tsɛʔ^{45}	tsʻɛʔ^{45}	tsʻɛʔ^{45}	zɛʔ^{12}	sɛʔ^{45}
tsɪʔ^{55}/tsɐʔ^{55}	tsʻɐʔ^{55}	tsɐʔ^{55}	zɪʔ^{23}/zɐʔ^{23}	sɪʔ^{55}/sɐʔ^{55}
tsɐʔ^{55}	tsʻɐʔ^{55}	tsʻɐʔ^{55}	zɐʔ^{23}	sɐʔ^{55}
tsɐʔ^{55}	tsʻɐʔ^{55}	tsʻɐʔ^{55}	zɐʔ^{12}	sɐʔ^{55}
tse^{423}	tsʻe^{423}	tsʻe^{423}	ˢze^{323}	se^{423}
tsəʔ^{12}	tsʻəʔ^{55}	tsʻəʔ^{55}	szəʔ^{12}	səʔ^{55}
tsəʔ^{44}	tsʻəʔ^{44}	tsʻəʔ^{44}	səʔ^{44}	səʔ^{44}
tsəɪ^{434}	tsʻəɪ^{434}	tsʻəɪ^{434}	szəɪ^{323}	sə^{434}

摄口 等调 韵声	山合 二入 铩生	臻合 三入 术生	臻开 三入 质生	曾开 一入 德心
	刷	率	瑟	塞
宜	çyeʔ45/sAʔ45	səʔ45	səʔ45	səʔ45
溧	çyeʔ55/sɔʔ55	səʔ55	səʔ55	səʔ55
金	suaʔ44		səʔ44	səʔ44
丹	çyaʔ33/suaʔ33	suaʔ33/sɛʔ33	sɛʔ33	sɛʔ33
童	ʃyAʔ55	səʔ55	səʔ55	səʔ55
靖	çyaʔ55	çyæ51	səʔ55	səʔ55
江	saʔ55	sɜʔ55	sɜʔ55	sɜʔ55
常	sɔʔ55/çyeʔ55	çyaʔ55/səʔ55	səʔ55	səʔ55
锡	sɪʔ55	səʔ55	səʔ55	səʔ55
苏	səʔ55	səʔ55/sE412	səʔ55	səʔ55
熟	ʂEʔ55	sEʔ55	sEʔ55	sEʔ55
昆	səʔ55/sAʔ55	səʔ55	səʔ55	səʔ55
霜	səʔ55	sE434	səʔ55	səʔ55
罗	sɐʔ55	sɐʔ55	sɐʔ55	sɐʔ55
周	səʔ55	səʔ55	səʔ55	səʔ55
上	sɐʔ55	sɐʔ55/sø52	sɐʔ55	sɐʔ55
松	səʔ55	səʔ55	səʔ55	səʔ55
黎	səʔ55/sAʔ55	sE44	səʔ55	səʔ55
盛	səʔ55	səʔ55	səʔ55	səʔ55
嘉	səʔ55	sEᵉ51	səʔ54	səʔ54
双	səʔ54	səʔ54	səʔ54	səʔ54
杭	sɐʔ55	sɥeɪ334/çyɪʔ55/çiɪʔ55	sɐʔ55	sɐʔ55
绍	səʔ55/sɪʔ55	səʔ55	səʔ55	səʔ55
诸	soʔ55	soʔ55	sɐʔ55	səʔ55
崇	sEʔ45	sEʔ45	sEʔ45	sEʔ45
太	çiɛʔ45/sɐʔ45	sɐʔ45	sɛʔ45	sɐʔ45
余	sɪʔ55/sɐʔ55	sɪʔ55/sɐʔ55	sɪʔ55/sɐʔ55	sɪʔ55/sɐʔ55
宁	sᵁɔçʔ55	sɐʔ55	sᵁɔçʔ55	sɐʔ55
黄	sɔçʔ55	sɔçʔ55	sɐʔ55	sɐʔ55
温	sɵ423	sæi423	sæi423	se423
衢	ʃɥɔʔ55/sAʔ55	ʃɥɔʔ55	səʔ55	səʔ55
华	suaʔ45/çuaʔ45/soʔ44/çɥyo45	səʔ44	səʔ44	səʔ44
永	çyʌ434	sɔɪ434	sə434	sɔɪ434

曾开三入 职生	山合一入 末端	山合一入 末透	山合一入 末定	山合一入 末来
色	掇	脱	夺	捋
səʔ$^{\underline{45}}$		t'əʔ$^{\underline{45}}$	dəʔ^{23}	ləʔ^{23}
səʔ^{55}		t'əʔ$^{\underline{55}}$/t'ɔʔ$^{\underline{55}}$	də^{223}	lə^{223}
səʔ^{44}	təʔ^{44}	t'uəʔ^{44}	tuəʔ^{44}/tɔʔ^{44}	
sɛʔ^{33}		t'uɛʔ^{33}/t'yeʔ^{33}	duɛʔ^{24}	lyeʔ^{24}
səʔ^{55}	tʌʔ^{55}	t'oʔ$^{\underline{55}}$/t'əʔ$^{\underline{55}}$	doʔ^{24}	ləʔ^{55}/ʔləʔ^{24}
səʔ^{55}	tɔʔ^{55}	t'ɔʔ^{55}	dɔʔ$^{\underline{55}}$	lu^{322}
sɜʔ^{55}	tɜʔ^{55}	t'ɜʔ^{55}	dɜʔ$^{\underline{12}}$	lɜʔ$^{\underline{12}}$
səʔ^{55}	təʔ^{55}/tɑʔ^{55}	t'əʔ^{55}	dəʔ^{23}	ʔlʌɯ^{334}
səʔ^{55}	təʔ^{55}	t'əʔ^{55}	dəʔ^{23}	ləʔ^{24}
səʔ^{55}	təʔ^{55}/tθʔ^{55}	t'əʔ^{55}	dəʔ^{23}	ləʔ^{23}
sEʔ^{55}	toʔ^{55}	t'oʔ^{55}	doʔ^{23}	lEʔ^{23}
səʔ^{55}	təʔ^{55}	t'əʔ$^{\underline{55}}$/t'oʔ$^{\underline{55}}$	dəʔ$^{\underline{12}}$/doʔ$^{\underline{12}}$	ləʔ$^{\underline{12}}$
səʔ^{55}	toʔ^{55}	t'oʔ^{55}	doʔ^{23}	ləʔ$^{\underline{23}}$/loʔ$^{\underline{23}}$
sɐʔ^{55}	toʔ^{55}	t'oʔ$^{\underline{55}}$/t'ɐʔ$^{\underline{55}}$	dɐʔ$^{\underline{23}}$/doʔ$^{\underline{23}}$	ʔlo^{44}/loʔ^{23}
səʔ^{55}	dəʔ$^{\underline{55}}$/dœʔ$^{\underline{55}}$	t'əʔ$^{\underline{55}}$/t'œʔ$^{\underline{55}}$	dəʔ$^{\underline{23}}$/dœʔ^{23}	ləʔ$^{\underline{23}}$/lœʔ$^{\underline{23}}$
sɐʔ^{55}	tɐʔ^{55}	t'ɐʔ$^{\underline{55}}$/t'oʔ$^{\underline{55}}$	doʔ$^{\underline{23}}$/dɐʔ$^{\underline{23}}$	lɐʔ$^{\underline{23}}$
səʔ^{55}	təʔ$^{\underline{55}}$	t'əʔ$^{\underline{55}}$	dəʔ^{55}	ləʔ$^{\underline{23}}$
səʔ^{55}	təʔ$^{\underline{55}}$	t'əʔ$^{\underline{55}}$	dəʔ$^{\underline{23}}$	ləʔ$^{\underline{23}}$
səʔ^{55}	təʔ$^{\underline{55}}$	t'əʔ$^{\underline{55}}$	dəʔ$^{\underline{22}}$	ləʔ$^{\underline{22}}$
səʔ^{54}	təʔ$^{\underline{54}}$	t'əʔ$^{\underline{54}}$/t'oʔ$^{\underline{54}}$	dəʔ$^{\underline{12}}$/doʔ$^{\underline{12}}$	ʔləʔ$^{\underline{54}}$
səʔ^{54}	təʔ$^{\underline{54}}$	t'əʔ$^{\underline{54}}$	dəʔ^{23}	ʔləʔ$^{\underline{54}}$
sɐʔ^{55}	tɐʔ$^{\underline{55}}$	t'ɔʔ$^{\underline{55}}$	dɔʔ$^{\underline{12}}$/dɐʔ$^{\underline{12}}$	lɐʔ$^{\underline{12}}$
səʔ^{55}	toʔ$^{\underline{55}}$	t'oʔ$^{\underline{55}}$	doʔ^{23}	lo^{113}
səʔ^{55}	toʔ$^{\underline{55}}$	t'oʔ$^{\underline{55}}$/t'ɐʔ$^{\underline{55}}$	doʔ$^{\underline{12}}$/dɐʔ$^{\underline{12}}$	lɐʔ$^{\underline{12}}$
sEʔ$^{\underline{45}}$	tEʔ$^{\underline{45}}$	t'ɛʔ$^{\underline{45}}$	dEʔ$^{\underline{12}}$	lɣ^{31}
sɛʔ$^{\underline{45}}$	tɛʔ$^{\underline{45}}$	t'ɛʔ$^{\underline{45}}$	dɛʔ$^{\underline{12}}$	lɛʔ$^{\underline{12}}$
sɪʔ^{55}/sɐʔ^{55}	tɔʔ$^{\underline{55}}$	t'ɔʔ$^{\underline{55}}$	dɔʔ$^{\underline{23}}$	lɔʔ$^{\underline{23}}$
sɐʔ^{55}	tɐʔ$^{\underline{55}}$	t'ɐʔ$^{\underline{55}}$	dɐʔ$^{\underline{23}}$	lɐʔ$^{\underline{23}}$
sɐʔ^{55}	tɔʔ$^{\underline{55}}$	t'ɔʔ$^{\underline{55}}$	dɔʔ$^{\underline{12}}$	lɔʔ$^{\underline{12}}$
se^{423}		t'æi^{423}衣/t'ɵ~离/t'uɐn~皮	dɵ^{323}	
səʔ^{55}		t'əʔ$^{\underline{55}}$/t'ən^{53}	dəʔ$^{\underline{12}}$	ləʔ$^{\underline{12}}$
səʔ^{44}	tɐ^{45}	t'o^{45}/t'ə^{44}	doʔ^{22}/də^{24}	lɐʔ^{22}
sɪə^{434}	tɐ^{434}	t'ə^{434}/t'ɤ^{434}	t'ə^{434}	lə^{323}

摄 等 韵	口 调 声	山开 一入 曷见	山开 一入 曷见	山开 一入 曷溪	山开 一入 曷晓
		葛	割	渴	喝吆~
宜		kəʔ⁴⁵	kəʔ⁴⁵	k'əʔ⁴⁵	xəʔ⁴⁵
溧		kəʔ⁵⁵	kəʔ⁵⁵	k'ə²²³	xəʔ⁵⁵
金		kəʔ⁴⁴	kəʔ⁴⁴	k'əʔ⁴⁴	xəʔ⁴⁴
丹		kɛʔ³³	kɛʔ³³	k'ɛʔ³³	hɛʔ³³
童		kəʔ⁵⁵	kəʔ⁵⁵	k'əʔ⁵⁵	həʔ⁵⁵
靖		kəʔ55	kəʔ55	k'əʔ55	həʔ55
江		kɜʔ⁵⁵	kɜʔ⁵⁵	k'ɜʔ⁵⁵	hɜʔ⁵⁵
常		kəʔ55	kəʔ55	k'əʔ55	xəʔ55
锡		kəʔ55	kəʔ55	k'əʔ55	xəʔ55
苏		kəʔ55	kəʔ55	k'əʔ55	həʔ55
熟		koʔ55	koʔ55	k'ɛʔ55	hɛʔ55
昆		kəʔ55	kəʔ55	k'əʔ55	həʔ55
霜		kəʔ55	koʔ55	k'əʔ55	xəʔ55
罗		kɐʔ55	kɐʔ55/koʔ55	k'ɐʔ55	hɐʔ55
周		kəʔ55	kəʔ55	k'əʔ55	həʔ55
上		kɐʔ55	kɐʔ55	k'ɐʔ55	hɐʔ55
松		kəʔ55	kəʔ55	k'əʔ55	həʔ55
黎		kəʔ55	kəʔ55	k'əʔ³⁴	həʔ55
盛		k'əʔ55/kœʔ55	kəʔ55/kœʔ55	k'əʔ55/k'œʔ55	həʔ55
嘉		kəʔ⁵⁴	kəʔ⁵⁴	k'əʔ⁵⁴	həʔ⁵⁴
双		kəʔ⁵⁴	kəʔ⁵⁴	k'əʔ⁵⁴/k'oʔ⁵⁴	həʔ⁵⁴
杭		kɐʔ55	kɐʔ55	k'ɐʔ55	hɐʔ55
绍		køʔ55/kɪʔ55	kəʔ55/kɪʔ55	k'əʔ55/k'ɪʔ55	həʔ55
诸		kɐʔ55	koʔ55	k'iəʔ55	hɐʔ55
崇		kɛʔ⁴⁵	kɛʔ⁴⁵	k'ɛʔ⁴⁵	hɛʔ⁴⁵
太		kɛʔ⁴⁵	kɛʔ⁴⁵	k'ɛʔ⁴⁵	hɛʔ⁴⁵
余		kɐʔ55/kɪʔ55	kɐʔ55/kɪʔ55	k'ɐʔ55/k'ɪʔ55	hɐʔ55/hɪʔ55
宁		kɐʔ55	kɐʔ55	k'ɐʔ55	hɐʔ55
黄		kɐʔ55/kieʔ55	kɐʔ55/kieʔ55	k'ɐʔ55	hɐʔ55
温		kɵ⁴²³	kɵ⁴²³	k'ɵ⁴²³	xɵ⁴²³
衢		kəʔ55	kəʔ55	k'əʔ55	xəʔ55
华		kəʔ⁴⁴	kə⁴⁵	k'əʔ⁴⁴	xə⁴⁵
永		kə⁴³⁴	kə⁴³⁴	k'ə⁴³⁴	xə⁴³⁴

山开 一入 曷匣 曷	山合 一入 末清 撮	通合 三入 屋见 菊	通合 三入 屋见 鞠	通合 三入 烛溪 曲
ɦə$ʔ^{23}$	ts'ɔ$ʔ^{23}$	tɕiɔ$ʔ^{45}$ / tɕye$ʔ^{45}_{少}$	tɕiɔ$ʔ^{45}$ / tɕye$ʔ^{45}_{少}$	tɕ'iɔ$ʔ^{45}$
ɦə^{223}	ts'ɔ^{223}	tɕye$ʔ^{55}$ / tɕiɔ$ʔ^{55}$	tɕye$ʔ^{55}$	tɕ'ye$ʔ^{55}$
ə$ʔ^{44}$	ts'ɔ$ʔ^{44}$	tɕye$ʔ^{44}$	tɕye$ʔ^{44}$	tɕ'ye$ʔ^{44}$ / tɕ'iɔ$ʔ^{44}$
ɦɐ$ʔ^{24}$	dzo$ʔ^{24}$ / tso$ʔ^{33}$	tɕye$ʔ^{33}$	tɕye$ʔ^{33}$	tɕ'ye$ʔ^{33}$
ko$ʔ^{55}$ / xɦɐ$ʔ^{24}$	ts'o$ʔ^{55}$	tso$ʔ^{55}$	tso$ʔ^{55}$	tɕ'yo$ʔ^{55}$
ɦɐ$ʔ^{34}$	tsɔ$ʔ^{55}$ / ts'ɔ$ʔ^{55}$	tɕyɔ$ʔ^{55}$	tɕ'yɔ$ʔ^{55}$	tɕ'yɔ$ʔ^{55}$
ɦɜ$ʔ^{12}$	ts'o$ʔ^{55}$	tɕio$ʔ^{55}$	tɕio$ʔ^{55}$	tɕ'io$ʔ^{55}$
ɦɐ$ʔ^{23}$	ts'ɔ$ʔ^{55}$	tɕiɔ$ʔ^{55}$	tɕiɔ$ʔ^{55}$	tɕ'iɔ$ʔ^{55}$
ɦə$ʔ^{23}$	ts'ɔ$ʔ^{55}$	tɕiɔ$ʔ^{55}$	tɕiɔ$ʔ^{55}$	tɕ'iɔ$ʔ^{55}$
ɦɐ$ʔ^{23}$	ts'ɔ$ʔ^{55}$	tɕiɔ$ʔ^{55}$ / tɕyə$ʔ^{55}$	tɕiɔ$ʔ^{55}$ / tɕyə$ʔ^{55}$	tɕ'iɔ$ʔ^{55}$
ɦɛ$ʔ^{23}$	ts'o$ʔ^{55}$	tɕio$ʔ^{55}$	tɕio$ʔ^{55}$	tɕ'io$ʔ^{55}$
ɦə$ʔ^{12}$	ts'o$ʔ^{55}$	tɕio$ʔ^{55}$	tɕio$ʔ^{55}$	tɕ'io$ʔ^{55}$
ʔə$ʔ^{55}$	ts'o$ʔ^{55}$	tɕio$ʔ^{55}$	tɕio$ʔ^{55}$	tɕ'io$ʔ^{55}$
ɦɐ$ʔ^{23}$	ts'o$ʔ^{55}$	tɕio$ʔ^{55}$	tɕio$ʔ^{55}$	tɕ'io$ʔ^{55}$
ɦə$ʔ^{23}$	ts'o$ʔ^{55}$	tɕio$ʔ^{55}$	tɕio$ʔ^{55}$	tɕ'io$ʔ^{55}$
ɦɐ$ʔ^{23}$	ts'o$ʔ^{55}$	tɕio$ʔ^{55}$ / tɕyɪ$ʔ^{55}$	tɕyɪ$ʔ^{55}$ / tɕio$ʔ^{55}$	tɕ'yɪ$ʔ^{55}$ / tɕ'io$ʔ^{55}$
ɦə$ʔ^{23}$	ts'ɔ$ʔ^{55}$	tɕyɪ$ʔ^{55}$	tɕyɪ$ʔ^{55}$	tɕ'yɪ$ʔ^{55}$
ɦɐ$ʔ^{23}$	ts'o$ʔ^{34}$	tɕio$ʔ^{55}$	tɕio$ʔ^{55}$	tɕ'io$ʔ^{34}$
hə$ʔ^{22}$	ts'o$ʔ^{55}$	tɕiɔ$ʔ^{55}$	tɕiɔ$ʔ^{55}$	tɕ'iɔ$ʔ^{55}$
ɦə$ʔ^{12}$	ts'o$ʔ^{54}$	tɕyə$ʔ^{54}$ / tɕio$ʔ^{54}$	tɕye$ʔ^{54}$ / tɕio$ʔ^{54}$	tɕ'yə$ʔ^{54}$
ʔə$ʔ^{54}$	ts'o$ʔ^{54}$ / ts'ə$ʔ^{54}$	tɕio$ʔ^{54}$	tɕio$ʔ^{54}$	tɕ'io$ʔ^{54}$
ɦɐ$ʔ^{55}$	ts'ɔ$ʔ^{55}$	tɕyɪ$ʔ^{55}$	tɕyɪ$ʔ^{55}$	tɕ'yɪ$ʔ^{55}$
ɦə$ʔ^{23}$	ts'o$ʔ^{55}$	tɕyo$ʔ^{55}$	tɕyo$ʔ^{55}$	tɕ'yo$ʔ^{55}$
ɦə$ʔ^{12}$	ts'o$ʔ^{55}$	tɕio$ʔ^{55}$	tɕio$ʔ^{55}$ / tɕiə$ʔ^{55}$	tɕ'yo$ʔ^{55}$
ɦɛ$ʔ^{12}$	ts'ɔ$ʔ^{45}$ / ts'ɛ$ʔ^{45}$	tɕiɔ$ʔ^{45}$	tɕiɔ$ʔ^{45}$	tɕ'iɔ$ʔ^{45}$
ɦɛ$ʔ^{12}$	ts'ɛ$ʔ^{45}$	tɕye$ʔ^{45}$	tɕye$ʔ^{45}$	tɕ'iɔ$ʔ^{45}$
ɦə$ʔ^{23}$	ts'ɔ$ʔ^{55}$	tɕyɔ$ʔ^{55}$	tɕyɔ$ʔ^{55}$	tɕ'yɔ$ʔ^{55}$
ɦɐ$ʔ^{23}$	ts'ɔ$ʔ^{55}$	tɕyɔ$ʔ^{55}$	tɕyɔ$ʔ^{55}$	tɕ'yɔ$ʔ^{55}$
ɦɐ$ʔ^{12}$	ts'ɔ$ʔ^{55}$	kyɛ$ʔ^{55}$	kyɛ$ʔ^{55}$	tɕ'yɛ$ʔ^{55}$
ɦθ^{423}	ts'æi^{123}	tɕiu^{423}	tɕiu^{423}	tɕ'iu^{423}
ʔɦə$ʔ^{12}$	ts'ə$ʔ^{55}$	tʃ'ɥə$ʔ^{55}$	tʃ'ɥə$ʔ^{55}$	tʃ'ɥə$ʔ^{55}$
ʔə^{45}	ts'o$ʔ^{44}$	tɕyə^{45} / tɕɥ$_y$o$ʔ^{44}$	tɕye^{45} / tɕɥ$_y$o$ʔ^{44}$	tɕ'yə^{45}
ʔɦə^{323}	ts'ə^{434}	tɕio^{434}	tɕio^{434}	tɕ'io^{434}

摄口 等调 韵声	通合 三入 屋澄 局	通合 三入 屋日 肉	通合 三入 烛疑 玉	通合 三入 烛疑 狱
宜	dʑioʔ²³/dʐyeʔ²³少	n̠ioʔ²³	n̠ioʔ²³	ɦioʔ²³
溧	dʑio²²³/dʐye²²³	n̠io²²³	n̠io²²³	ɦio²²³
金	tɕioʔ⁴⁴	n̠ioʔ⁴⁴	n̠ioʔ⁴⁴	ioʔ⁴⁴
丹	dʑioʔ²⁴/dʐyeʔ²⁴	n̠ioʔ²⁴	n̠ioʔ²⁴	ɦioʔ²⁴
童	dʐyoʔ²⁴	n̠yoʔ²⁴/ʔn̠yoʔ⁵⁵	n̠yoʔ²⁴/ʔn̠yoʔ⁵⁵	ɦyoʔ²⁴/ʔyoʔ⁵⁵
靖	dʐyɔʔ³⁴	n̠yɔʔ³⁴	ɦyɔʔ³⁴	ɦyɔʔ³⁴
江	dʑioʔ¹²	n̠ioʔ¹²	n̠ioʔ¹²	ɦioʔ¹²
常	dʑioʔ²³	n̠ioʔ²³	ɦioʔ²³	ɦioʔ²³
锡	dʑioʔ²³	n̠ioʔ²³	n̠ioʔ²³	ɦioʔ²³
苏	dʑioʔ²³	n̠ioʔ²³	n̠ioʔ²³	n̠ioʔ²³
熟	dʑioʔ²³	n̠ioʔ²³	n̠ioʔ²³	ɦioʔ²³
昆	dʑioʔ¹²	n̠ioʔ¹²	n̠ioʔ¹²	ɦioʔ¹²
霜	dʑioʔ²³	n̠ioʔ²³	n̠ioʔ²³	ɦioʔ²³
罗	dʑioʔ²³	n̠ioʔ²³	n̠ioʔ²³	ɦioʔ²³
周	dʑioʔ²³	n̠ioʔ²³	n̠ioʔ²³	ɦioʔ²³
上	dʑioʔ²³/dʐyɪʔ²³	n̠ioʔ²³	n̠ioʔ²³/n̠yɪʔ²³/ɦyɪʔ²³	ɦyɪʔ²³/ɦioʔ²³
松	dʐyɪʔ²³	n̠ioʔ²³	n̠ioʔ²³	ɦyɪʔ²³/ɦioʔ²³
黎	dʑioʔ²³	n̠ioʔ²³	n̠ioʔ²³	n̠ioʔ²³
盛	dʑioʔ²²	n̠ioʔ²²	n̠ioʔ²²	n̠ioʔ²²
嘉	dʐyθʔ¹²/dʑioʔ¹²	ʔn̠yθʔ⁵⁴/ʔn̠ioʔ⁵⁴	ʔn̠yθʔ⁵⁴/n̠ioʔ⁵⁴	ʔyθʔ⁵⁴
双	dʑioʔ²³	ʔn̠ioʔ⁵⁴	ʔn̠ioʔ⁵⁴	ʔioʔ⁵⁴
杭	dʐyɪʔ¹²	n̠ioʔ¹²/szoʔ¹²	ɦyɪʔ¹²/ɦioʔ¹²	ɦyɪʔ¹²
绍	dʐyoʔ²³	n̠yoʔ²³	n̠yoʔ²³	ɦyoʔ²³
诸	dʑioʔ¹²	n̠ioʔ¹²	n̠ioʔ¹²	ɦioʔ¹²
崇	dʑioʔ¹²	n̠ioʔ¹²	n̠ioʔ¹²	ɦioʔ¹²
太	dʑioʔ¹²	n̠ioʔ¹²	n̠ioʔ¹²	ɦioʔ¹²
余	dʐyoʔ²³	n̠yoʔ²³	n̠yoʔ²³	n̠yoʔ²³/ɦyoʔ²³
宁	dʐyoʔ²³	n̠yoʔ²³	n̠yoʔ²³	ɦyoʔ²³
黄	dʐyɛʔ¹²/dzoʔ¹²/dʐyoʔ¹²	n̠yoʔ¹²	n̠yoʔ¹²	n̠yoʔ¹²
温	dʐyo³²³	n̠iu³²³	n̠yo³²³	ɦyo³²³
衢	dʒɥoʔ¹²	n̠yoʔ¹²	n̠yoʔ¹²	ɦyoʔ¹²
华	tɕyoʔ⁴⁵/tɕɥyoʔ⁴⁴	n̠yoʔ²⁴/n̠ɥyoʔ²²/ʔn̠ɥyoʔ⁴³	n̠yoʔ²⁴	ɦyɤ²⁴
永	dʑio³²³	n̠io³²³	n̠io³²³	n̠io³²³

通合 三入 烛日	臻合 三入 物影	通合 三入 屋影	通合 三入 屋晓	通合 三入 屋晓
褥	鬱	郁	畜～牧	蓄
ȵioʔ^{23}	ʔioʔ^{45}	ʔioʔ^{45}	ɕioʔ^{45}	ɕioʔ^{45}
ȵio^{223}	ʔioʔ^{55} / ʔyeʔ^{55}	ʔioʔ^{55} / ʔyeʔ^{55}	ɕioʔ^{55} / ɕyeʔ^{55}	ɕioʔ^{55} / ɕyeʔ^{55}
ȵioʔ^{44}	ioʔ^{44} / yeʔ^{44}	ioʔ^{44} / yeʔ^{44}	ɕyeʔ^{44} / ɕioʔ^{44}	ɕyeʔ^{44} / ɕioʔ^{44}
ȵioʔ^{24}	ioʔ^{33}	ioʔ^{33}	ɕyeʔ^{33}	ɕyeʔ^{33}
ȵyoʔ^{24}	ʔyoʔ^{55}	ʔyoʔ^{55}	ɕyoʔ^{55}	ɕyoʔ^{55}
	ɦyoʔ^{34}	ɦyoʔ^{34}	ɕyɔʔ^{55}	ɕyɔʔ^{55}
ȵioʔ^{12}	ʔioʔ^{55}	ʔioʔ^{55}	ɕioʔ^{55}	ɕioʔ^{55}
ȵioʔ^{23}	ʔioʔ^{55}	ʔioʔ^{55}	ɕioʔ^{55}	ɕioʔ^{55}
ȵioʔ^{23}	ʔioʔ^{55}	ʔioʔ^{55}	ɕioʔ^{55}	ɕioʔ^{55}
ȵioʔ^{23}	ʔioʔ^{55}	ʔioʔ^{55}	ɕioʔ^{55}	ɕioʔ^{55}
zioʔ^{23}	ʔioʔ^{55}	ʔioʔ^{55}	ɕioʔ^{55}	ɕioʔ^{55}
ȵioʔ^{12}	ʔioʔ^{55}	ʔioʔ^{55}	ɕioʔ^{55}	ɕioʔ^{55}
ȵioʔ^{23}	ʔioʔ^{55}	ʔioʔ^{55}	ɕioʔ^{55}	ɕioʔ^{55}
ȵioʔ^{23}	ʔioʔ^{55}	ʔioʔ^{55}	ɕioʔ^{55}	ɕioʔ^{55}
ȵioʔ^{23}	ʔioʔ^{55}	ʔioʔ^{55}	ɕioʔ^{55}	ɕioʔ^{55}
ȵioʔ^{23} / ȵyɪʔ^{23} / zoʔ^{23}	ʔioʔ^{55} / ʔyɪʔ^{55}	ʔioʔ^{55} / ʔyɪʔ^{55}	ɕyɪʔ^{55} / ɕioʔ^{55}	ɕyɪʔ^{55} / ɕioʔ^{55}
ȵioʔ^{23}	ʔyɪʔ^{55}	ʔyɪʔ^{55}	ɕyɪʔ^{55}	ɕyɪʔ^{55}
ȵioʔ^{23}	ʔioʔ^{55}	ʔioʔ^{55}	ɕioʔ^{55}	ɕioʔ^{55}
ȵioʔ^{22}	ʔioʔ^{55}	ʔioʔ^{55}	ɕioʔ^{55}	ɕioʔ^{55}
ʔloʔ^{54} / ȵioʔ^{54}	ʔyeʔ^{54} / ʔioʔ^{54}	ʔyeʔ^{54} / ʔioʔ^{54}	ɕyɵʔ^{54} / ɕioʔ^{54}	ɕyɵʔ^{54} / ɕioʔ^{54}
ʔȵioʔ^{54}	ʔioʔ^{54}	ʔioʔ^{54}	ɕioʔ^{54}	ɕioʔ^{54}
ɪoʔ^{12}	ɦyɪʔ^{12}	ɦyɪʔ^{12}	ɕyɪʔ^{55}	ɕyɪʔ^{55}
ȵyoʔ^{23}	ʔyɪʔ^{55}	ʔyɪʔ^{55}	ɕyoʔ^{55}	ɕyoʔ^{55}
zoʔ^{12}	ʔioʔ^{55}	ʔioʔ^{55}	ɕioʔ^{55}	ɕioʔ^{55}
zɔʔ^{12}	ʔioʔ^{45}	ʔioʔ^{45}	ɕioʔ^{45}	ɕioʔ^{45}
ȵioʔ^{12}	ʔioʔ^{45}	ʔioʔ^{45}	ɕioʔ^{45}	ɕioʔ^{45}
ȵyɔʔ^{23}	ʔyɔʔ^{55}	ʔyɔʔ^{55}	ɕyɔʔ^{55}	ɕyɔʔ^{55}
ȵyɔʔ^{23}	ʔyɔʔ^{55}	ʔyɔʔ^{55}	ɕyɔʔ^{55}	ɕyɔʔ^{55}
zɔʔ^{12}	ʔyɔʔ^{55}	ʔyɔʔ^{55}	ɕyɔʔ^{55}	ɕyɔʔ^{55} / sɔʔ^{55}
ɦiu^{323}	ʔy^{423}	ʔy^{423}	ɕiu^{423}	ɕiu^{423}
ȵyəʔ^{12}	ʔyəʔ^{55}	ʔyəʔ^{55}	ʃɥəʔ^{55}	ʃɥəʔ^{55}
ȵyə^{24}	ʔyə^{45}	ʔyə^{45}	ɕyə^{45} / ɕɥ$_y$oʔ^{44}	ɕyə^{45}
szʊ^{323}	ʔio^{434}	ʔio^{434}	ɕio^{434}	ɕio^{434}

摄口 等调 韵声	通合 三入 屋以 育	通合 三入 烛以 欲	通合 三入 烛以 浴	宕开 三入 药来 略
宜	ɦiɔʔ²³	ɦiɔʔ²³	ɦiɔʔ²³	liɔʔ²³
溧	ɦye²²³	ɦiɔʔ²²	ɦiɔʔ²²	liɑ²²
金	iɔʔ⁴⁴	iɔʔ⁴⁴	iɔʔ⁴⁴	niɑ⁴⁴/niɔʔ⁴⁴
丹	ɦioʔ²⁴	ɦioʔ²⁴/ɦyeʔ²⁴	ɦioʔ²⁴	liɑʔ²⁴/³³
童	ʔyo⁵⁵/ɦyoʔ²⁴	ɦyoʔ²⁴	ɦyoʔ²⁴	liA²⁴/ɲiA²⁴/ʔliAʔ⁵⁵
靖	ɦyɔʔ³⁴	ɦyɔʔ³⁴	ɦyɔʔ³⁴	liɑʔ³⁴
江	ɦioʔ¹²	ɦioʔ¹²	ɦioʔ¹²	liAʔ¹²
常	ɦiɔʔ²³	ɦiɔʔ²³	ɦiɔʔ²³	liɑʔ²³
锡	ɦiɔʔ²³/ɦyθʔ²³	ɦyθʔ²³/ɦiɔʔ²³	ɦiɔʔ²³	liAʔ²³
苏	ɦiɔʔ²³	ɦiɔʔ²³	ɦiɔʔ²³	liAʔ²³
熟	ɦioʔ²³	ɦioʔ²³	ɦioʔ²³	liAʔ²³
昆	ɦioʔ¹²	ɦioʔ¹²	ɦioʔ¹²	liAʔ¹²/lʏʔ¹²
霜	ɦioʔ²³	ɦioʔ²³	ɦioʔ²³	liAʔ²³
罗	ɦioʔ²³	ɦioʔ²³	ɦioʔ²³	liAʔ²³
周	ʔioʔ⁵⁵	ɦioʔ²³	ɦioʔ²³	liɑʔ²³
上	ʔioʔ⁵⁵/ʔyɪʔ⁵⁵	ʔioʔ⁵⁵/ʔyɪʔ⁵⁵	ɦioʔ²³/ɦyɪʔ²³少	liɪʔ²³/lyɪʔ²³/liɐʔ²³
松	ɦyɪʔ²³	ʔyɪ⁵⁵	ɦiɔʔ²³	liAʔ²³/lyɪʔ²³
黎	ɦioʔ²³	ɦioʔ²³	ɦioʔ²³	liAʔ²³
盛	ɦiɔʔ²²	ɦiɔʔ²²	ɦiɔʔ²²	liɑʔ²²
嘉	ʔioʔ⁵⁴/ʔyθʔ⁵⁴	ʔyθʔ⁵⁴/ʔioʔ⁵⁴	ʔioʔ⁵⁴/ʔyθʔ⁵⁴	ʔlyθʔ⁵⁴/ʔliAʔ⁵⁴
双	ʔioʔ⁵⁴	ʔioʔ⁵⁴	ʔioʔ⁵⁴	ʔliAʔ⁵⁴
杭	ɦyɪʔ¹²	ɦyɪʔ¹²	ɦyɪʔ¹²	lyɪʔ¹²
绍	ɦyoʔ²³	ɦyoʔ²³	ɦyoʔ²³	liAʔ²³
诸	ʔioʔ⁵⁵	ɦioʔ¹²	ɦioʔ¹²	niAʔ¹²/liAʔ¹²
崇	ɦiɔʔ¹²	ɦiɔʔ¹²	ɦiɔʔ¹²	liɑʔ¹²
太	ʔioʔ⁴⁵	ɦiɔʔ¹²	ɦiɔʔ¹²	liɑʔ¹²
余	ʔyɔʔ⁵⁵	ɦyɔʔ²³	ɲyɔʔ²³/ɦyɔʔ²³	liɐʔ²³
宁	ʔyɔʔ⁵⁵	ɦyɔʔ²³	ɲyɔʔ²³/ɦyɔʔ²³	liɪʔ²³/liɐʔ²³少,老年
黄	ɦyɔʔ¹²	ɦyɛʔ¹²/ɦyɔʔ¹²	ɦyɔʔ¹²	liɛʔ¹²/liɐʔ¹²
温	ʔiu⁴²³	ɦiu³²³	ɦyo³²³	liɛ³²³
衢	ʔyəʔ⁵⁵	ɦyə¹²	ɦyə¹²	liAʔ¹²
华	ʔyə⁴⁵	ɦʷyoʔ²²/ʔyɐʔ⁴³	ʔyɐ⁴³	lyə²⁴
永	ʔio⁴³⁴	ʔɦio³²³	ʔɦio³²³	liAʊ³²³

宕开 三入 药来	宕开 三入 药见	咸开 二入 狎见	宕开 三入 药溪	江开 二入 觉溪
掠	脚	甲	却	确
liɔʔ^{23}	tɕiɔʔ^{45}	tɕiaʔ^{45}	tɕʰiɔʔ^{45}	tɕʰiɔʔ^{45}
liaʔ^{22}	tɕiaʔ^{55}	kaʔ^{55}/tɕiaʔ^{55}	tɕʰye^{223}	tɕʰye^{223}
niɑʔ^{44}	tɕiɑʔ^{44}	tɕiaʔ^{44}	tɕʰiɑʔ^{44}	tɕʰiɑʔ^{44}
liaʔ^{24}	tɕiaʔ^{33}	tɕiaʔ^{33}/kaʔ^{33}/gaʔ^{24}	tɕʰiaʔ^{33}	tɕʰiaʔ^{33}
liʌʔ^{24}/ˀliaʔ^{55}	tɕiʌʔ^{55}	tɕiʌʔ^{55}	tɕʰiʌʔ^{55}	tɕʰiʌʔ^{55}
liaʔ^{34}	tɕiaʔ^{55}	tɕiaʔ^{55}/ka^{55}	tɕʰiʌʔ^{55}	tɕʰiʌʔ^{55}
liʌʔ^{12}	tɕiʌʔ^{55}	tɕiʌʔ^{55}	tɕʰiʌʔ^{55}	tɕʰiʌʔ^{55}
liaʔ^{23}	tɕiaʔ^{55}	tɕiaʔ^{55}	tɕʰiʌʔ^{55}	tɕʰyɵ^{55}
liaʔ^{23}	tɕiʌʔ^{55}	tɕiaʔ^{55}/kʌʔ^{55}	tɕʰiʌʔ^{55}	tɕʰiɔʔ^{55}
liaʔ^{23}	tɕiʌʔ^{55}	tɕiaʔ^{55}	tɕʰiʌʔ^{55}	tɕʰio^{55}
liʌʔ^{12}/lɣ^{12}	tɕiʌʔ^{55}	tɕiaʔ^{55}	tɕʰiʌʔ^{55}	tɕʰio^{55}
liʌʔ^{23}	tɕiʌʔ^{55}	kaʔ^{55}/tɕiʌʔ^{55}	tɕʰiʌʔ^{55}	tɕʰio^{55}
liʌʔ^{23}	tɕiʌʔ^{55}	tɕiʌʔ^{55}	tɕʰiʌʔ^{55}	tɕʰio^{55}
liaʔ^{23}	tɕiaʔ^{55}	tɕiaʔ^{55}	tɕʰiʌʔ^{55}	tɕʰiʌʔ^{55}
lyɪʔ^{23}/lieʔ^{23}	tɕiɪʔ^{55}/tɕieʔ^{55}	tɕiɪʔ^{55}/tɕieʔ^{55}	tɕʰyɪʔ^{55}/tɕʰiɪʔ^{55}	tɕʰyɪʔ^{55}
liʌʔ^{23}/lyɪʔ^{23}	tɕiʌʔ^{55}	tɕiaʔ^{55}	tɕʰiʌʔ^{55}	tɕʰiʌʔ^{55}
liʌʔ^{23}	tɕiʌʔ^{55}	tɕiaʔ^{55}	tɕʰiʌʔ^{34}	tɕʰio^{34}
liaʔ^{22}	tɕiʌʔ^{55}	tɕiaʔ^{55}	tɕʰiʌʔ^{55}	tɕʰiɔʔ^{55}
ˀlyɵʔ^{54}/ˀliʌʔ^{54}	tɕiʌʔ^{54}	tɕiʌʔ^{54}	tɕʰyɵʔ^{54}	tɕʰio^{54}
ˀliʌʔ^{54}	tɕiʌʔ^{54}	tɕiʌʔ^{54}	tɕʰiʌʔ^{54}	tɕʰiʌʔ^{54}
lyɪʔ^{12}	tɕiɪʔ^{55}	tɕiɪʔ^{55}/tɕieʔ^{55}	tɕʰyɪʔ^{55}	tɕʰyɪʔ^{55}/kʰɔʔ^{55}
liʌʔ^{23}	tɕiʌʔ^{55}	tɕiaʔ^{55}	tɕʰiʌʔ^{55}	tɕʰyoʔ^{55}/kʰoʔ^{55}
niʌ^{12}/liʌ^{12}	tɕiʌʔ^{55}	kʌʔ^{55}~乙丙/tɕiaʔ^{55}	tɕʰiʌʔ^{55}	tɕioʔ^{55}
liaʔ^{12}	tɕiaʔ^{45}	kæʔ^{45}	tɕʰiʌʔ^{45}	kʰɔʔ^{45}
liaʔ^{12}	ciaʔ^{45}	kɛʔ^{45}	cʰiaʔ^{45}	kʰɔʔ^{45}
lieʔ^{23}	tɕieʔ^{23}/tɕiɪʔ^{55}	tɕieʔ^{55}	tɕʰɪʔ^{55}/tɕʰyɔʔ^{55}	kʰɔʔ^{55}/tɕʰyɔʔ^{55}
liiʔ^{23}/lieʔ^{23}少	tɕiɪʔ^{55}/tɕieʔ^{55}少	tɕiɪʔ^{55}/tɕieʔ^{55}	tɕʰiɪʔ^{55}/tɕʰiɛʔ^{55}	kʰɔʔ^{55}/tɕʰyɔʔ^{55}
lieʔ^{12}/lieʔ^{12}	tɕieʔ^{55}	kɛʔ^{55}	tɕʰieʔ^{55}	tɕʰieʔ^{55}
liɛ^{323}	tɕia^{423}	ka^{423}	tɕʰia^{423}	kʰo^{423}
liʌʔ^{12}	tɕiaʔ^{55}	tɕiaʔ^{55}	tɕʰiʌʔ^{55}	tɕʰiʌʔ^{55}
lyɵ^{24}	tɕiə^{45}	tɕiəʔ^{44}/tɕiə^{45}	tɕʰyəʔ^{44}	tɕʰyəʔ^{44}
liaʊ^{323}	tɕiaʊ^{434}	kʊa^{434}	tɕʰio^{434}	kʰʌʊ^{434}

摄口	梗开	宕开	宕开	山开
等调	三入	三入	三入	四入
韵声	陌群	药疑	药疑	屑泥
	剧	虐	疟	捏
宜	dʑiɔʔ^{23}	ȵiɔʔ^{23}	ȵiɔʔ^{23}	ȵiʌʔ^{23}
溧	dʑye^{223}/dʑiɔ^{223}	ȵia^{22}/ȵiɪʔ^{22}	ȵia^{22}/ȵiɪʔ^{22}	ȵia^{22}/ȵiɪʔ^{22}
金	tɕieʔ^{44}/tɕyeʔ^{44}	nieʔ^{44}	nieʔ^{44}	nieʔ^{44}
丹	dʑɪʔ^{24}/tsɿ^{33}	nɪʔ^{24}	nɪʔ^{24}	nɪʔ^{24}
童	dʑiɪʔ^{24}/dʑiʌʔ^{24}	ȵiʌʔ^{24}/ʔȵiʌʔ^{55}	ȵiʌʔ^{24}/ʔȵiʌʔ^{55}	(ʔ)ȵiʌʔ$^{24/55}$/(ʔ)ȵiɪʔ$^{24/55}$/(ʔ)niɪʔ$^{24/55}$
靖	dʑiaʔ^{34}	ȵiaʔ^{34}	ȵiaʔ^{34}	nɪʔ^{34}/ȵiaʔ^{34}
江	dʑiʌʔ^{12}	ȵiʌʔ^{12}	ȵiʌʔ^{12}	ȵiʌʔ^{12}
常	dʑiaʔ^{23}	ȵiaʔ^{23}	ȵiaʔ^{23}	niɪʔ^{23}/ȵiaʔ^{23}
锡	dʑiʌʔ^{23}	ȵiʌʔ^{23}	ȵiʌʔ^{23}	ȵiʌʔ^{23}
苏	dʑiəʔ^{23}	ȵiʌʔ^{23}	ȵiʌʔ^{23}	ȵiʌʔ^{23}
熟	dʑiʌʔ^{23}	ȵiʌʔ^{23}	ȵiʌʔ^{23}	nɪʔ^{23}/ȵiʌʔ^{23}
昆	dʑiɪʔ^{12}	ȵiʌʔ^{12}	ȵiʌʔ^{12}	ȵiʌʔ^{12}
霜	dʑiʌʔ^{23}	ȵiʌʔ^{23}	ȵiʌʔ^{23}	ȵiʌʔ^{23}
罗	dʑiʌʔ^{23}	ȵiʌʔ^{23}	ȵiʌʔ^{23}	ȵiʌʔ^{23}
周	dʑiaʔ^{23}	ȵiaʔ^{23}	ȵiaʔ^{23}	ȵiaʔ^{23}
上	dʑiɪʔ^{23}	ȵiɪʔ^{23}/ȵiaʔ^{23}	ȵiɪʔ^{23}/ȵiaʔ^{23}	ȵiɪʔ^{23}/ȵiaʔ^{23}
松	dʑiʌʔ^{23}/dʑiɪʔ^{23}	ȵiʌʔ^{23}/ŋyɪʔ^{23}	ȵiʌʔ^{23}/ŋyɪʔ^{23}	ȵiʌʔ^{23}
黎	dʑiəʔ^{23}	ȵiaʔ^{23}/ȵiəʔ^{23}	ȵiaʔ^{23}/ȵiəʔ^{23}	ȵiəʔ^{23}/ȵiʌʔ^{23}
盛	dʑiɐʔ^{22}	ȵiaʔ^{22}	ȵiaʔ^{22}	ȵiaʔ^{22}
嘉	dʑiəʔ^{12}	ʔȵiʌʔ^{54}	ʔȵiʌʔ^{54}	ʔȵiəʔ^{54}/ʔȵiʌʔ^{54}
双	dʑieʔ^{23}	ʔȵiʌʔ^{54}	ʔȵiʌʔ^{54}	ʔȵiʌʔ^{54}
杭	dʑyɪʔ^{12}	ŋyɪʔ^{12}/ȵiɪʔ^{12}	ŋyɪʔ^{12}/ȵiɪʔ^{12}	ȵiɪʔ^{12}
绍	dʑiɪʔ^{23}	ȵiɪʔ^{23}	ȵiɪʔ^{23}	ȵiɪʔ^{23}/ȵiʌʔ^{23}
诸	dʑiəʔ^{12}	ȵiɐʔ^{12}	ȵiɐʔ^{12}	ȵiɐʔ^{12}
崇	dʑiEʔ^{12}	ȵiaʔ^{12}	ȵiaʔ^{12}	ȵiaʔ^{12}
太	dʑieʔ^{12}	ȵiaʔ^{12}	ȵiaʔ^{12}	ȵiaʔ^{12}
余	dʑiɪʔ^{23}/dʑyɔʔ^{23}	ȵiɪʔ^{23}/ȵiɐʔ^{23}	ȵiɪʔ^{23}/ȵiɐʔ^{23}	ȵiɐʔ^{23}/ȵiɪʔ^{23}
宁	dʑiɪʔ^{23}	ȵiɪʔ^{23}	ȵiɪʔ^{23}/ȵiɐʔ^{23}	ȵiɪʔ^{23}/ȵiɐʔ^{23}
黄	dʑieʔ^{12}	ȵieʔ^{12}	ȵieʔ^{12}	ȵieʔ^{12}
温	dʑiɛ^{323}	ȵia^{323}	ȵia^{323}	ȵia^{323}
衢	dʑiəʔ^{12}	ȵiʌʔ^{12}	ȵiʌʔ^{12}	ȵiʌʔ^{12}
华	dʑyəʔ^{22}	ȵiəʔ^{22}	ȵiɐ^{24}	ʔȵiɐ^{45}
永	dʑie^{323}	ȵiaʊ^{323}	ȵiaʊ^{323}	ȵiʌ^{323}

宕开 三入 药影	咸开 四入 帖匣	宕开 三入 药以	宕开 三入 药以	宕开 三入 药精
约	侠	药	钥	爵
$ʔiɔʔ^{45}$	$ziaʔ^{23}$	$ɦiɔʔ^{23}$	$ɦiɔʔ^{23}$	$tɕiɔʔ^{45}$
$ʔia^{55}$	$ɕia^{223}$	$ɦia^{223}$	$ɦia^{223}$	$tɕʻia^{223}$
$iaʔ^{44}$	$ɕiaʔ^{44}$	$iaʔ^{44}$	$iaʔ^{44}$	$tɕiaʔ^{44}$
$iaʔ^{33}$	$ʑziaʔ^{24}/ɦiaʔ^{24}$	$ɦiaʔ^{24}$	$ɦiaʔ^{24}$	$tsiaʔ^{33}$
$ʔiʌʔ^{55}$	$ɦiʌʔ^{24}/ʔiʌʔ^{55}$	$ɦiʌʔ^{24}/ʔiʌʔ^{55}$	$ɦiʌʔ^{24}/ʔiʌʔ^{55}$	$tɕiʌʔ^{55}$
$ʔiaʔ^{55}$	$ɦiʌʔ^{34}$	$ɦiʌʔ^{34}$	$ɦiʌʔ^{34}$	$tɕiʌʔ^{55}$
$ʔiʌʔ^{55}$	$ɦiʌʔ^{12}$	$ɦiʌʔ^{12}$	$ɦiʌʔ^{12}$	$tsiʌʔ^{55}$
$ʔiaʔ^{55}$	$ɦiaʔ^{23}$	$ɦiaʔ^{23}$	$ɦiaʔ^{23}$	$tɕiaʔ^{55}/tɕiɔʔ^{55}$
$ʔiʌʔ^{55}$	$ɦiʌʔ^{23}$	$ɦiʌʔ^{23}$	$ɦiʌʔ^{23}$	$tsiʌʔ^{55}$
$ʔiʌʔ^{55}$	$ɦiʌʔ^{23}$	$ɦiʌʔ^{23}$	$ɦiʌʔ^{23}$	$tɕiʌʔ^{55}$
$ʔiʌʔ^{55}$	$ɦiʌʔ^{23}$	$ɦiʌʔ^{23}$	$ɦiʌʔ^{23}$	$tsʻiʌʔ^{55}$
$ʔiʌʔ^{55}$	$ɦiʌʔ^{12}$	$ɦiʌʔ^{12}$	$ɦiʌʔ^{12}$	$tɕiʌʔ^{55}$
$ʔiʌʔ^{55}$	$ɦiʌʔ^{23}$	$ɦiʌʔ^{23}$	$ɦiʌʔ^{23}$	$tsiʌʔ^{55}$
$ʔiʌʔ^{55}$	$ɦiʌʔ^{23}$	$ɦiʌʔ^{23}$	$ɦiʌʔ^{23}$	$tɕiɔʔ^{55}$
$ʔiaʔ^{55}$	$ɦiaʔ^{23}$	$ɦiaʔ^{23}$	$ɦiaʔ^{23}$	$tɕiaʔ^{55}$
$ʔiɪʔ^{55}/ʔiɐʔ^{55}$	$ɦiɪʔ^{23}/ɦiɐʔ^{23}$	$ɦiɪʔ^{23}/ɦiɐʔ^{23}$	$ɦiɪʔ^{23}/ɦiɐʔ^{23}$	$tɕiɪʔ^{55}/tɕyɪʔ^{55}$
$ʔiʌʔ^{55}$	$ɦiʌʔ^{23}$	$ɦiʌʔ^{23}$	$ɦiʌʔ^{23}$	$tɕiʌʔ^{55}$
$ʔiʌʔ^{55}$	$ɦiʌʔ^{23}$	$ɦiʌʔ^{23}$	$ɦiʌʔ^{23}$	$tsiʌʔ^{55}$
$ʔiaʔ^{55}$	$ɦiaʔ^{22}$	$ɦiaʔ^{22}$	$ɦiaʔ^{22}$	$tsiaʔ^{55}$
$ʔiʌʔ^{54}$	$ʔiʌʔ^{54}$	$ʔiʌʔ^{54}$	$ʔiʌʔ^{54}$	$tɕiʌʔ^{54}$
$ʔiʌʔ^{54}$	$ʔiʌʔ^{54}$	$ʔiʌʔ^{54}$	$ʔiʌʔ^{54}$	$tɕiʌʔ^{54}$
$ʔyɪ^{55}$	$ɦiɪʔ^{12}$	$ɦiɪʔ^{12}$	$ɦiɪʔ^{12}$	$tɕyɪʔ^{55}/tɕiɪʔ^{55}$
$ʔiʌʔ^{55}$	$ɦiʌʔ^{23}/ziʌʔ^{23}$	$ɦiʌʔ^{23}$	$ɦiʌʔ^{23}$	$ziʌʔ^{23}/tɕiʌʔ^{55}$
$ʔiɐʔ^{55}$	$ɦiɐʔ^{12}$	$ɦiɐʔ^{12}$	$ɦiɐʔ^{12}$	$tɕiɐʔ^{55}$
$ʔiaʔ^{45}$	$ɦiɔʔ^{12}$	$ɦiaʔ^{12}$	$ɦiɔʔ^{12}$	$tɕiaʔ^{45}$
$ʔiaʔ^{45}$	$ɦiaʔ^{12}$	$ɦiaʔ^{12}$	$ɦiaʔ^{12}$	$tɕiaʔ^{45}$
$ʔiɐʔ^{55}/ʔiʔ^{55}$	$ɦiɐʔ^{23}$	$ɦiɐʔ^{23}$	$ɦiɐʔ^{23}$	$tɕiʔ^{55}/tɕiɐʔ^{55}$
$ʔiɐʔ^{55}/ʔyɔʔ^{55}$	$ɦiɐʔ^{23}/ɦiɪʔ^{23}$	$ɦiɪʔ^{23}/ɦiɐʔ^{23}$	$ɦiɐʔ^{23}/ɦiɪʔ^{23}$	$tɕiɪʔ^{55}/tɕiɐʔ^{55}$
$ʔiɐʔ$	$ɦiɐʔ^{12}$	$ɦiɐʔ^{12}$	$ɦiɐʔ^{12}$	$tɕiɐʔ^{55}$
$ʔiɐ^{423}$	$ɦia^{323}$	$ɦia^{323}$	$ɦia^{323}$	$tɕia^{433}$
$ʔiʌʔ^{55}$	$ˀɦiʌʔ^{12}$	$ˀɦiʌʔ^{12}$	$ˀɦiʌʔ^{12}$	$tɕiʌʔ^{55}$
$ʔyə^{44}$	$ʔiɐ^{45}$	$ʔiɐ^{45}$	$ʔiɐ^{45}$	$tɕyə^{45}$
$ʔiaʊ^{434}$	$ʔɦiɐ^{323}$	$ʔɦiʌʊ^{323}$	$ʔɦiɐ^{323}$	$tɕiaʊ^{434}$

摄口 等调 韵声	宕开 三入 药精	宕开 三入 药清	宕开 三入 药从	宕开 三入 药心
	雀	鹊	嚼	削
宜	tɕʻiɔʔ⁴⁵	tɕʻiɔʔ⁴⁵	ziɔʔ²³	ɕiɔʔ⁴⁵
溧	tɕʻiɑ²²³	tɕʻiɑ²²³	ziɑ²²³	ɕiɑʔ⁵⁵
金	tɕʻiɑ⁴⁴	tɕʻiɑ⁴⁴	tɕiɔ⁴⁴	ɕiɑ⁴⁴
丹	tɕʻiɑʔ³³	tɕʻiɑ³³	dziɑʔ²⁴	ɕiɑ³³
童	tɕʻiʌʔ⁵⁵	tɕʻiʌʔ⁵⁵	ziʌʔ²⁴	ɕiʌʔ⁵⁵
靖	tsʻiɑʔ⁵⁵	tsʻiɑʔ⁵⁵	sziɑʔ³⁴	siɑʔ⁵⁵
江	tsʻiʌʔ⁵⁵/tɕiʌʔⁿ~儿	tsʻiʌʔ⁵⁵	ziʌʔ¹²	siʌʔ⁵⁵
常	tɕʻiɑʔ⁵⁵	tɕʻiɑʔ⁵⁵	ziʑʔ²³	ɕiɑʔ⁵⁵
锡	tsʻiʌʔ⁵⁵	tsʻiʌʔ⁵⁵	ziʌʔ²³	siʌʔ⁵⁵
苏	tsʻiʌʔ⁵⁵	tsʻiʌʔ⁵⁵	ziʌʔ²³	siʌʔ⁵⁵
熟	tsʻiʌʔ⁵⁵	tsʻiʌʔ⁵⁵	ziʌʔ²³	siʌʔ⁵⁵
昆	tsʻiʌʔ⁵⁵	tsʻiʌʔ⁵⁵	ziʌʔ¹²	siʌʔ⁵⁵
霜	tsʻiʌʔ⁵⁵	tsʻiʌʔ⁵⁵	ziʌʔ²³	siʌʔ⁵⁵
罗	tsʻiʌʔ⁵⁵/tɕiʌʔ⁵⁵	tsʻiʌʔ⁵⁵/tɕiʌʔ⁵⁵	ziʌʔ²³	siʌʔ⁵⁵
周	tɕʻiɑʔ⁵⁵	tɕʻiɑʔ⁵⁵	ziʑʔ²³	ɕiɑʔ⁵⁵
上	tɕʻiɪʔ⁵⁵/tɕʻiɐʔ⁵⁵	tɕʻiɐʔ⁵⁵/tɕʻiɪʔ⁵⁵	ziɪʔ²³/dziɣɪʔ²³	ɕiɣɪʔ⁵⁵/ɕiɐʔ⁵⁵
松	tɕʻiʌʔ⁵⁵	tɕʻiʌʔ⁵⁵	ziʌʔ²³	ɕiʌʔ⁵⁵
黎	tsʻiʌʔ³⁴	tsʻiʌʔ³⁴	ziʌʔ²³	siʌʔ⁵⁵
盛	tɕʻiɑʔ⁵⁵	tɕʻiɑʔ⁵⁵	ziɑʔ²²	siɑʔ⁵⁵
嘉	tɕʻiʌʔ⁵⁴	tɕʻiʌʔ⁵⁴	dziʌʔ¹²	ɕiʌʔ⁵⁴
双	tɕʻiʌʔ⁵⁴	tɕʻiʌʔ⁵⁴	dziʌʔ²³	siʌʔ⁵⁴
杭	tɕʻiɣɪʔ⁵⁵	tɕʻiɣɪʔ⁵⁵	dziɣɪʔ¹²	ɕiɪʔ⁵⁵
绍	tɕʻiʌʔ⁵⁵	tɕʻiʌʔ⁵⁵	ziʌʔ²³	ɕiʌʔ⁵⁵
诸	tɕʻiɐʔ⁵⁵	tɕʻiɐʔ⁵⁵	ziʑʔ¹²	ɕiɐʔ⁵⁵
崇	tɕʻiɑʔ⁴⁵	tɕʻiɑʔ⁴⁵	ziɑʔ¹²	ɕiɑʔ⁴⁵
太	tɕʻiɑʔ⁴⁵	tɕʻiɑʔ⁴⁵	zɛʔ¹²	ɕiɑʔ⁴⁵
余	tɕʻiɐʔ⁵⁵	tɕʻiɐʔ⁵⁵	ziɐʔ²³	ɕiɐʔ⁵⁵
宁	tɕʻiɪʔ⁵⁵/tɕʻiɐʔ⁵⁵	tɕʻiɪʔ⁵⁵/tɕʻiɐʔ⁵⁵	ziɪʔ²³/ziɐʔ²³	ɕiɪʔ⁵⁵/ɕiɐʔ⁵⁵
黄	tɕʻie⁵⁵	tɕʻie⁵⁵		ɕie⁵⁵
温	tɕʻiɑ⁴²³	tɕʻiɑ⁴²³	dzʑy³²³	ɕiɑ⁴²³
衢	tɕʻiʌʔ⁵⁵	tɕʻiʌʔ⁵⁵	ziʌʔ¹²	ɕiʌʔ⁵⁵
华	tɕʻyəʔ⁴⁴	tɕʻyəʔ⁴⁴	tɕʻyəʔ⁴⁴	ɕyəʔ⁴⁴
永	tɕʻiʌʊ⁴³⁴	tɕʻiʌʊ⁴³⁴	ɕziʌʊ³²³	ɕiʌʊ⁴³⁴

曾开 三入 职帮	梗开 三入 陌帮	梗开 三入 昔帮	梗开 四入 锡帮	臻开 三入 质滂
逼	碧	璧	壁	匹
pɪʔ^{45}	pɪʔ^{45}	pɪʔ^{45}	pɪʔ^{45}	p'ɪʔ^{45}
pɪʔ^{55}	pɪʔ^{55}	pɪʔ^{55}	pɪʔ^{55}	p'ie^{223}
pieʔ^{44}	pieʔ^{44}	pieʔ^{44}	pieʔ^{44}	p'ieʔ^{44}
pɪʔ^{33}	pɪʔ^{33}	pɪʔ^{33}	pɪʔ^{33}/bɪʔ^{24}	p'ɪʔ^{33}
pɪɪʔ^{55}	pɪɪʔ^{55}	pɪɪʔ^{55}	pɪɪʔ^{55}	p'ɪɪʔ^{55}
pɪʔ^{55}	pɪʔ^{55}	pɪʔ^{55}	pɪʔ^{55}	p'ɪʔ^{55}
pɪɪʔ^{55}	pɪɪʔ^{55}	pɪɪʔ^{55}	pɪɪʔ^{55}	p'ɪɪʔ^{55}
pɪʔ^{55}	pɪʔ^{55}	pɪʔ^{55}	pɪʔ^{55}	p'ɪʔ^{55}
pɪʔ^{55}	pɪʔ^{55}	pɪʔ^{55}	pɪʔ^{55}	p'ɪʔ^{55}
pɪʔ^{55}	pɪʔ^{55}	pɪʔ^{55}	pɪʔ^{55}	p'ɪʔ^{55}
pɪʔ^{55}	pɪʔ^{55}	pɪʔ^{55}	pɪʔ^{55}	p'ɪʔ^{55}
pɪʔ^{55}	pɪʔ^{55}	pɪʔ^{55}	pɪʔ^{55}	p'ɪʔ^{55}
pɪʔ^{55}	pɪʔ^{55}	pɪʔ^{55}	pɪʔ^{55}	p'ɪʔ^{55}
ɓɪʔ^{55}	ɓɪʔ^{55}	ɓɪʔ^{55}	ɓɪʔ^{55}	p'ɪʔ^{55}
pɪɪʔ^{55}/pɪʔ^{55}	pɪɪʔ^{55}/pɪʔ^{55}	pɪɪʔ^{55}/pɪʔ^{55}	pɪɪʔ^{55}/pɪʔ^{55}	p'ɪɪʔ^{55}/p'ɪʔ^{55}
pɪʔ^{55}	pɪʔ^{55}	pɪʔ^{55}	pɪʔ^{55}	p'ɪʔ^{55}
pɪʔ^{55}	pɪʔ^{55}	pɪʔ^{55}	pɪʔ^{55}	p'ɪʔ^{34}
pɪʔ^{55}	pɪʔ^{55}	pɪʔ^{55}	pɪʔ^{55}	p'ɪʔ^{55}
piəʔ^{54}	piəʔ^{54}	piəʔ^{54}	piəʔ^{54}	p'iəʔ^{54}
pieʔ^{54}	pieʔ^{54}	pieʔ^{54}	pieʔ^{54}	p'ieʔ^{54}
pɪɪʔ^{55}	pɪɪʔ^{55}	pɪɪʔ^{55}	pɪɪʔ^{55}	p'ɪɪʔ^{55}
pɪʔ^{55}	pɪʔ^{55}	pɪʔ^{55}	pɪʔ^{55}	p'ɪʔ^{55}
piəʔ^{55}	piəʔ^{55}	piəʔ^{55}	piəʔ^{55}	p'iəʔ^{55}
piEʔ^{45}	pɪEʔ^{45}	pɪEʔ^{45}	pɪEʔ^{45}	p'iEʔ^{45}
pieʔ^{45}	pieʔ^{45}	pieʔ^{45}	pieʔ^{45}	p'ieʔ^{45}
pɪʔ^{55}	pɪʔ^{55}	pɪʔ^{55}	pɪʔ^{55}	p'ɪʔ^{55}
pɪɪ^{55}	pɪɪ^{55}	pɪɪʔ^{55}	pɪɪʔ^{55}	p'ɪɪʔ^{55}
pieʔ^{55}	pieʔ^{55}	pieʔ^{55}	pieʔ^{55}	p'ieʔ^{55}
pi^{423}	pi^{423}	pi^{423}	pi^{423}	p'i^{423}
piəʔ^{55}	piəʔ^{55}	piəʔ^{55}	piəʔ^{55}	p'iəʔ^{55}
piə^{45}	piə^{45}	piə^{45}	piə^{45}	p'iə^{45}
pə^{434}	pə^{434}	pə^{434}	pə^{434}	p'ie^{434}

摄口 等调 韵声	臻开 三入 质滂 疋	梗开 三入 昔滂 僻	梗开 三入 昔並 辟	梗开 四入 锡滂 劈
宜	p'ɿʔ^{45}	p'ɿʔ^{45}	p'ɿʔ^{45}	p'ɿʔ^{45}
溧	p'ie^{223}	p'ie^{223}	p'ie^{223}	p'ie^{223}
金	p'ieʔ^{44}	p'ieʔ^{44}	p'ieʔ^{44}	p'ieʔ^{44}
丹	p'ɿʔ^{33}	p'ɿʔ^{33}	p'ɿʔ^{33}	p'ɿʔ^{33}
童	p'iɿʔ^{55}	p'iɿʔ^{55}	p'iɿʔ^{55}	p'iɿʔ^{55}
靖	p'ɿʔ^{55}	p'ɿʔ^{55}	p'ɿʔ^{55}	p'ɿʔ^{55}
江	p'ɿʔ^{55}	p'ɿʔ^{55}	p'ɿʔ^{55}	p'ɿʔ^{55}
常	p'iɿʔ^{55}	p'iɿʔ^{55}	p'iɿʔ^{55}	p'iɿʔ^{55}
锡	p'ɿʔ^{55}	p'ɿʔ^{55}	p'ɿʔ^{55}	p'ɿʔ^{55}
苏	p'ɿʔ^{55}	p'ɿʔ^{55}	p'ɿʔ^{55}	p'ɿʔ^{55}
熟	p'ɿʔ^{55}	p'ɿʔ^{55}	p'ɿʔ^{55}	p'ɿʔ^{55}
昆	p'ɿʔ^{55}	p'ɿʔ^{55}	p'ɿʔ^{55}	p'ɿʔ^{55}
霜	p'ɿʔ^{55}	p'ɿʔ^{55}	p'ɿʔ^{55}	p'ɿʔ^{55}
罗	p'ɿʔ^{55}	p'ɿʔ^{55}	p'ɿʔ^{55}	p'ɿʔ^{55}
周	p'ɿʔ^{55}	p'ɿʔ^{55}	p'ɿʔ^{55}	p'ɿʔ^{55}
上	p'iɿʔ^{55}/p'ɿʔ^{55}	p'iɿʔ^{55}/p'ɿʔ^{55}	p'iɿʔ^{55}/p'ɿʔ^{55}	p'iɿʔ^{55}/p'ɿʔ^{55}
松	p'ɿʔ^{55}	p'ɿʔ^{55}	p'ɿʔ^{55}	p'ɿʔ^{55}
黎	p'ɿʔ^{34}	p'ɿʔ^{34}	p'ɿʔ^{34}	p'ɿʔ^{34}
盛	p'ɿʔ^{55}	p'ɿʔ^{55}	p'ɿʔ^{55}	p'ɿʔ^{55}
嘉	p'iəʔ^{54}	p'iəʔ^{54}	p'iəʔ^{54}	p'iəʔ^{54}
双	p'ieʔ^{54}	p'ieʔ^{54}	p'ieʔ^{54}	p'ieʔ^{54}
杭	p'iɿʔ^{55}	p'iɿʔ^{55}	p'iɿʔ^{55}	p'iɿʔ^{55}
绍	p'ɿʔ^{55}	p'ɿʔ^{55}	p'ɿʔ^{55}	p'ɿʔ^{55}
诸	p'iəʔ^{55}	p'iəʔ^{55}	p'iəʔ^{55}	p'iəʔ^{55}
崇	p'iɛʔ^{45}	p'iɛʔ^{45}	p'iɛʔ^{45}	p'iɛʔ^{45}
太	p'ieʔ^{45}	p'ieʔ^{45}	p'ieʔ^{45}	p'ieʔ^{45}
余	p'ɿʔ^{55}	p'ɿʔ^{55}	p'ɿʔ^{55}	p'ɿʔ^{55}
宁	p'iɿʔ^{55}	p'iɿʔ^{55}	p'iɿʔ^{55}	p'iɿʔ^{55}
黄	p'ieʔ^{55}	p'ieʔ^{55}	p'ieʔ^{55}	p'ieʔ^{55}
温	p'i^{423}	p'i^{423}	p'i^{423}	p'i^{423}
衢	p'iəʔ^{55}	p'iəʔ^{55}	p'iəʔ^{55}	p'iəʔ^{55}
华	p'iə^{45}	p'iə^{45}	p'iə^{45}	p'iə^{45}
永	p'ie^{434}	p'ie^{434}	p'ie^{434}	p'ie^{434}

臻开 三入 质明 密	臻开 三入 质明 蜜	梗开 四入 锡端 的目~	梗开 四入 锡端 滴	梗开 四入 锡透 踢
mɪʔ$^{\underline{23}}$	mɪʔ$^{\underline{23}}$	tɪʔ$^{\underline{45}}$	tɪʔ^{45}	t'ɪʔ$^{\underline{45}}$
mie^{223}	mie^{223}	tɪʔ$^{\underline{55}}$	tɪʔ^{55}	t'ie^{223}
mieʔ$^{\underline{44}}$	mieʔ$^{\underline{44}}$	tieʔ$^{\underline{44}}$	tieʔ^{44}	t'ieʔ$^{\underline{44}}$
mɪʔ$^{\underline{24}}$	mɪʔ$^{\underline{24}}$	tɪʔ$^{\underline{33}}$	tɪʔ^{33}	t'ɪ$^{\underline{33}}$
miɪʔ$^{\underline{24}}$/miɪʔ$^{\underline{55}}$	miɪʔ$^{\underline{24}}$/miɪʔ$^{\underline{55}}$	tiɪʔ$^{\underline{55}}$	tiɪʔ^{55}	t'iɪʔ$^{\underline{55}}$
mɪʔ$^{\underline{34}}$	mɪʔ$^{\underline{34}}$	tɪʔ$^{\underline{55}}$	tɪʔ^{55}	t'ɪʔ$^{\underline{55}}$
mɪʔ$^{\underline{12}}$	mɪʔ$^{\underline{12}}$	tɪʔ$^{\underline{55}}$	tɪʔ^{55}	t'ɪʔ$^{\underline{55}}$
miɪʔ$^{\underline{23}}$	miɪʔ$^{\underline{23}}$	tiɪʔ$^{\underline{55}}$	tiɪʔ^{55}	t'iɪʔ$^{\underline{55}}$
mɪʔ$^{\underline{23}}$	mɪʔ$^{\underline{23}}$	tɪʔ$^{\underline{55}}$	tɪʔ^{55}	t'ɪʔ$^{\underline{55}}$
mɪʔ$^{\underline{23}}$	mɪʔ$^{\underline{23}}$	tɪʔ$^{\underline{55}}$	tɪʔ^{55}	t'ɪʔ$^{\underline{55}}$
mɪʔ$^{\underline{23}}$	mɪʔ$^{\underline{23}}$	tɪʔ$^{\underline{55}}$	tɪʔ^{55}	t'ɪʔ$^{\underline{55}}$
mɪʔ$^{\underline{12}}$	mɪʔ$^{\underline{12}}$	tɪʔ$^{\underline{55}}$	tɪʔ^{55}	t'ɪʔ$^{\underline{55}}$
mɪʔ$^{\underline{23}}$	mɪʔ$^{\underline{23}}$	tɪʔ$^{\underline{55}}$	tɪʔ^{55}	t'ɪʔ$^{\underline{55}}$
mɪʔ$^{\underline{23}}$	mɪʔ$^{\underline{23}}$	tɪʔ$^{\underline{55}}$	tɪʔ^{55}	t'ɪʔ$^{\underline{55}}$
mɪʔ$^{\underline{23}}$	mɪʔ$^{\underline{23}}$	dɪʔ$^{\underline{55}}$	dɪʔ^{55}	dɪʔ$^{\underline{55}}$
miɪʔ$^{\underline{23}}$/mɪʔ$^{\underline{23}}$	miɪʔ$^{\underline{23}}$/mɪʔ$^{\underline{23}}$	tiɪʔ$^{\underline{55}}$/tɪʔ$^{\underline{55}}$	tiɪʔ^{55}/tɪʔ^{55}	t'iɪʔ$^{\underline{55}}$/t'ɪʔ$^{\underline{55}}$
mɪʔ$^{\underline{23}}$	mɪʔ$^{\underline{23}}$	tɪʔ$^{\underline{55}}$	tɪʔ^{55}	t'ɪʔ$^{\underline{55}}$
mɪʔ$^{\underline{23}}$	mɪʔ$^{\underline{23}}$	tɪʔ$^{\underline{55}}$	tɪʔ^{55}	t'ɪʔ$^{\underline{34}}$
mɪʔ$^{\underline{22}}$	mɪʔ$^{\underline{22}}$	tɪʔ$^{\underline{55}}$	tɪʔ^{55}	t'ɪʔ$^{\underline{55}}$
ʔmiəʔ$^{\underline{54}}$	ʔmiəʔ$^{\underline{54}}$	tiəʔ$^{\underline{54}}$	tiəʔ^{54}	t'iəʔ$^{\underline{54}}$
ʔmieʔ$^{\underline{54}}$	ʔmieʔ$^{\underline{54}}$	tieʔ$^{\underline{54}}$	tieʔ^{54}	t'ieʔ$^{\underline{54}}$
miɪʔ$^{\underline{12}}$	miɪʔ$^{\underline{12}}$	tiɪʔ$^{\underline{55}}$	tiɪʔ^{55}	t'iɪʔ$^{\underline{55}}$
mɪɪʔ$^{\underline{23}}$	mɪɪʔ$^{\underline{23}}$	tɪʔ$^{\underline{55}}$	tɪʔ^{55}	t'ɪʔ$^{\underline{55}}$
miəʔ$^{\underline{12}}$	miəʔ$^{\underline{12}}$	tiəʔ$^{\underline{55}}$	tiəʔ^{55}	t'iəʔ$^{\underline{55}}$
miɛʔ$^{\underline{12}}$	miɛʔ$^{\underline{12}}$	tiɛʔ$^{\underline{45}}$	tiɛʔ^{45}	t'iɛʔ$^{\underline{45}}$
mieʔ$^{\underline{12}}$	mieʔ$^{\underline{12}}$	tieʔ$^{\underline{45}}$	tieʔ^{45}	t'ieʔ$^{\underline{45}}$
mɪʔ$^{\underline{23}}$	mɪʔ$^{\underline{23}}$	tɪʔ$^{\underline{55}}$	tɪʔ^{55}	t'ɪʔ$^{\underline{55}}$
miɪʔ$^{\underline{23}}$	miɪʔ$^{\underline{23}}$	tiɪʔ$^{\underline{55}}$	tiɪʔ^{55}	t'iɪʔ$^{\underline{55}}$
mieʔ$^{\underline{12}}$	mieʔ$^{\underline{12}}$	tieʔ$^{\underline{55}}$	tieʔ^{55}	t'ieʔ$^{\underline{55}}$
mi^{323}	mi^{323}	tɪɪ^{423}	tɪɪ^{423}	t'ɪɪ^{423}
miəʔ$^{\underline{12}}$	miəʔ$^{\underline{12}}$	tiəʔ$^{\underline{55}}$	tiəʔ^{55}	t'iəʔ$^{\underline{55}}$
miə^{24}	miə^{24}	tiə^{45}	tiə^{45}/tiəʔ$^{\underline{44}}$/tiɐ^{45}	t'iə^{45}
mə^{323}	mə^{323}	tie^{434}	tie^{434}	t'əɪ^{434}

摄口 等调 韵声	梗开 四入 锡定 笛	梗开 四入 锡定 敌	梗开 四入 锡定 狄	深开 三入 缉来 粒
宜	diʔ²³	diʔ²³	diʔ²³	liʔ²³
溧	die²²³	die²²³	die²²³	lie²²³
金	tieʔ⁴⁴	tieʔ⁴⁴	tieʔ⁴⁴	lieʔ⁴⁴
丹	diʔ²⁴/tiʔ³³	diʔ²⁴	diʔ²⁴	liʔ²⁴
童	diɪʔ²⁴	diɪʔ²⁴	diɪʔ²⁴	liɪʔ²⁴/ʔliɪʔ⁵⁵
靖	diʔ³⁴	diʔ³⁴	diʔ³⁴	liɪʔ³⁴
江	diʔ¹²	diʔ¹²	diʔ¹²	liʔ¹²
常	diɪʔ²³	diɪʔ²³	diɪʔ²³	liɪʔ²³
锡	diʔ²³	diʔ²³	diʔ²³	liʔ²³
苏	diʔ²³	diʔ²³	diʔ²³	liʔ²³
熟	diʔ²³	diʔ²³	diʔ²³	liʔ²³
昆	diʔ¹²	diʔ¹²	diʔ¹²	liʔ¹²
霜	diʔ²³	diʔ²³	diʔ²³	liʔ²³
罗	diʔ²³	diʔ²³	diʔ²³	liʔ²³
周	diʔ²³	diʔ²³	diʔ²³	liʔ²³
上	diɪʔ²³/diʔ²³	diɪʔ²³/diʔ²³	diɪʔ²³/diʔ²³	liɪʔ²³/liʔ²³
松	diʔ²³	diʔ²³	diʔ²³	liʔ²³
黎	diʔ²³	diʔ²³	diʔ²³	liʔ²³
盛	diʔ²²	diʔ²²	diʔ²²	liʔ²²
嘉	diəʔ¹²	diəʔ¹²	diəʔ¹²	ʔliəʔ⁵⁴
双	dieʔ²³	dieʔ²³	dieʔ²³	ʔlieʔ⁵⁴
杭	diɪʔ¹²	diɪʔ¹²	diɪʔ¹²	liɪʔ¹²
绍	diʔ²³	diʔ²³	diʔ²³	liʔ²³/ləʔ²³
诸	diəʔ¹²	diəʔ¹²	diəʔ¹²	lieʔ¹²/ləʔ¹²
崇	diEʔ¹²	diEʔ¹²	diEʔ¹²	liEʔ¹²
太	dieʔ¹²	dieʔ¹²	dieʔ¹²	lieʔ¹²
余	diʔ²³	diʔ²³	diʔ²³	liʔ²³
宁	diɪʔ²³	diɪʔ²³	diɪʔ²³	liɪʔ²³
黄	dieʔ¹²	dieʔ¹²	dieʔ¹²	lieʔ¹²
温	di³²³	di³²³	di³²³	lə³²³
衢	diəʔ¹²	diəʔ¹²	diəʔ¹²	ləʔ¹²
华	diə²⁴	diə²⁴	diə²⁴	liə²⁴/ləʔ²²
永	dəɪ³²³	dəɪ³²³	dəɪ³²³	lɤə³²³

曾开 三入 职来	梗开 四入 锡来	梗开 四入 锡来	深开 三入 缉见	曾开 三入 职见
力	歷	曆	级	棘
lɪʔ^{23}	lɪʔ^{23}	lɪʔ^{23}	tɕiɪʔ^{45}	tɕiɪʔ^{45}
lie^{223}	lie^{223}	lie^{223}	tɕiɪʔ^{55}	tɕiɪʔ^{55}
lieʔ^{44}	lieʔ^{44}	lieʔ^{44}	tɕieʔ^{44}	tɕieʔ^{44}
lɪʔ^{24}	lɪʔ^{24}	lɪʔ^{24}	tɕɪʔ^{33}	tɕʔ^{33}
liɪʔ^{24} /ˀliɪʔ^{55}	liɪʔ^{24} /ˀliɪʔ^{55}	liɪʔ^{24} /ˀliɪʔ^{55}	tɕiɪʔ^{55}	tɕiɪʔ^{55}
liɪʔ^{34}	liɪʔ^{34}	liɪʔ^{34}	tɕiɪʔ^{55}	tɕiɪʔ^{55}
lɪʔ^{12}	lɪʔ^{12}	lɪʔ^{12}	tɕiəʔ^{55}	tɕiəʔ^{55}
liɪʔ^{23}	liɪʔ^{23}	liɪʔ^{23}	tɕiɪʔ^{55}	tɕiɪʔ^{55}
lɪʔ^{23}	lɪʔ^{23}	lɪʔ^{23}	tɕiəʔ^{55}	tɕiəʔ^{55}
lɪʔ^{23}	lɪʔ^{23}	lɪʔ^{23}	tɕiəʔ^{55}	tɕiəʔ^{55}
lɪʔ^{23}	lɪʔ^{23}	lɪʔ^{23}	tɕɪʔ^{55}	tɕɪʔ^{55}
lɪʔ^{12}	lɪʔ^{12}	lɪʔ^{12}	tɕiɪʔ^{55}	tɕiɪʔ^{55}
lɪʔ^{23}	lɪʔ^{23}	lɪʔ^{23}	tɕɪʔ^{55}	tɕɪʔ^{55}
lɪʔ^{23}	lɪʔ^{23}	lɪʔ^{23}	tɕɪʔ^{55}	tɕɪʔ^{55}
lɪʔ^{23}	lɪʔ^{23}	lɪʔ^{23}	tɕɪʔ^{55}	tɕɪʔ^{55}
liɪʔ^{23} /lɪʔ^{23}	liɪʔ^{23} /lɪʔ^{23}	liɪʔ^{23} /lɪʔ^{23}	tɕiɪʔ^{55}	tɕiɪʔ^{55}
lɪʔ^{23}	lɪʔ^{23}	lɪʔ^{23}	tɕiɪʔ^{55}	tɕiɪʔ^{55}
lɪʔ^{23}	lɪʔ^{23}	lɪʔ^{23}	tɕiəʔ^{55}	tɕiəʔ^{55}
lɪʔ^{22}	lɪʔ^{22}	lɪʔ^{22}	tɕiəʔ^{55}	tɕiəʔ^{55}
ʔliəʔ^{54}	ʔliəʔ^{54}	ʔliəʔ^{54}	tɕiəʔ^{54}	tɕiəʔ^{54}
ʔlieʔ^{54}	ʔlieʔ^{54}	ʔlieʔ^{54}	tɕiɪʔ^{54}	tɕiɪʔ^{54}
liɪʔ^{12}	liɪʔ^{12}	liɪʔ^{12}	tɕiɪʔ^{55}	tɕiɪʔ^{55}
lɪʔ^{23}	lɪʔ^{23}	lɪʔ^{23}	tɕiɪʔ^{55}	tɕiɪʔ^{55}
liəʔ^{12}	liəʔ^{12}	liəʔ^{12}	tɕiəʔ^{55}	tɕiəʔ^{55}
liɛʔ^{12}	liɛʔ^{12}	liɛʔ^{12}	tɕiɛʔ^{45}	tɕiɛʔ^{45}
lieʔ^{12}	lieʔ^{12}	lieʔ^{12}	tɕieʔ^{45}	tɕieʔ^{45}
lɪʔ^{23}	lɪʔ^{23}	lɪʔ^{23}	tɕɪʔ^{55}	tɕɪʔ^{55}
liɪʔ^{23}	liɪʔ^{23}	liɪʔ^{23}	tɕiɪʔ^{55}	tɕiɪʔ^{55}
lieʔ^{12}	lieʔ^{12}	lieʔ^{12}	tɕieʔ^{55}	tɕieʔ^{55}
lɪi^{323}	lɪi^{323}	lɪi^{323}	tɕiæi^{423}	tɕi^{423}
liəʔ^{12}	liəʔ^{12}	liəʔ^{12}	tɕiəʔ^{55}	tɕiəʔ^{55}
liə^{43} /liəʔ^{22}	liə^{24}	liə^{24}	tɕiəʔ^{45} /tɕiəʔ^{44}	tɕiəʔ^{45} /tɕiəʔ^{44}
ləɪ^{323}	ləɪ^{323}	ləɪ^{323}	tɕiə^{434}	tɕie^{434}

摄口 等调 韵声	梗开 四入 锡见 击	梗开 四入 锡见 激	梗开 四入 锡溪 吃	曾开 三入 职群 极
宜	tɕiɪʔ^{45}	tɕiɪʔ^{45}	tɕʰiɪʔ^{45}	dʑiɪʔ^{45}
溧	tɕiɪʔ^{55}	tɕiɪʔ^{55}	tɕʰie^{223}	dʑie^{223}
金	tɕieʔ^{44}	tɕieʔ^{44}	tɕʰieʔ^{44}	tɕie^{44}
丹	tɕɪʔ^{33}	tɕɪʔ^{33}	tɕʰɪʔ^{33}	tɕɪʔ^{33}/dzɪʔ^{24}
童	tɕiɪʔ^{55}	tɕiɪʔ^{55}	tɕʰiɪʔ^{55}	dʑiɪʔ^{24}
靖	tɕiɪʔ^{55}	tɕiɪʔ^{55}	tɕʰiəʔ^{55}	dʑiɪʔ^{55}
江	tɕiəʔ^{55}	tɕiəʔ^{55}	tɕʰiəʔ^{55}	dʑiəʔ^{12}
常	tɕiɪʔ^{55}	tɕiɪʔ^{55}	tɕʰiɪʔ^{55}	dʑiɪʔ^{23}
锡	tɕiəʔ^{55}	tɕiəʔ^{55}	tɕʰiəʔ^{55}	dʑiəʔ^{23}
苏	tɕiəʔ^{55}	tɕiəʔ^{55}	tɕʰiəʔ^{55}	dʑiəʔ^{23}
熟	tɕɪʔ^{55}	tɕɪʔ^{55}	tɕʰɪʔ^{55}	dʑɪʔ^{23}
昆	tɕiɪʔ^{55}	tɕiɪʔ^{55}	tɕʰiɪʔ^{55}	dʑiɪʔ^{12}
霜	tɕɪʔ^{55}	tɕɪʔ^{55}	tɕʰiəʔ^{55}	dʑɪʔ^{23}
罗	tɕɪʔ^{55}	tɕɪʔ^{55}	tɕʰiəʔ^{55}	dʑɪʔ^{23}
周	tɕɪʔ^{55}	tɕɪʔ^{55}	tɕʰiʌʔ^{55}/tɕʰɪʔ^{55}少	dʑɪʔ^{23}
上	tɕiɪʔ^{55}	tɕiɪʔ^{55}	tɕʰiɪʔ^{55}/tɕʰyɪʔ^{55}	dʑiɪʔ^{23}
松	tɕiɪʔ^{55}	tɕiɪʔ^{55}	tɕʰiʌʔ^{55}	dʑiɪʔ^{23}
黎	tɕiəʔ^{55}	tɕiəʔ^{55}	tɕʰiəʔ^{34}	dʑiəʔ^{23}
盛	tɕiɐʔ^{55}	tɕiɐʔ^{55}	tɕʰiæʔ^{55}	dʑiɐʔ^{22}
嘉	tɕiəʔ^{54}	tɕiəʔ^{54}	tɕʰiəʔ^{54}	dʑiəʔ^{12}
双	tɕieʔ^{54}	tɕieʔ^{54}	tɕʰieʔ^{54}	dʑieʔ^{23}
杭	tɕiɪʔ^{55}	tɕiɪʔ^{55}	tɕʰyɔʔ^{55}	dʑiɪʔ^{12}
绍	tɕʰʲɪʔ^{55}	tɕʰʲɪʔ^{55}	tɕʰiɪ^{55}	dʑʐ̩ɪʔ^{23}
诸	tɕiəʔ^{55}	tɕiəʔ^{55}	tɕʰiəʔ^{55}	dʑiəʔ^{12}
崇	tɕiEʔ^{45}	tɕiEʔ^{45}	tɕʰieʔ^{45}	dʑiEʔ^{12}
太	tɕie^{45}	tɕie^{45}	tɕʰie^{45}	dʑieʔ^{12}
余	tɕɪʔ^{55}	tɕɪʔ^{55}	tɕʰyɔʔ^{55}	dʑɪʔ^{23}
宁	tɕiɪʔ^{55}	tɕiɪʔ^{55}	tɕʰyɔʔ^{55}	dʑiɪʔ^{23}
黄	tɕieʔ^{55}	tɕieʔ^{55}	tɕʰyɔʔ^{55}/tɕʰieʔ^{55}	dʑieʔ^{12}
温	tɕiæi^{423}	tɕiæi^{423}	tsʰɿ^{423}/tɕʰiæi^{423}乡下音	dʑiæi^{323}
衢	tɕiəʔ^{55}	tɕiəʔ^{55}	tɕʰiəʔ^{55}	dʑiəʔ^{12}
华	tɕiə^{45}	tɕiə^{45}	tɕʰiəʔ^{44}	tɕiəʔ^{44}/dʑiəʔ^{22}
永	tɕiə^{434}	tɕiə^{434}	tɕʰiə^{434}	dʑiə^{323}

梗开 三入 陌疑	曾开 三入 职泥	曾开 三入 职影	曾开 三入 职影	梗开 三入 昔影
逆	匿	亿	忆	抑
ȵiɿʔ^{23}	ȵiɿʔ^{23}	ʔi$_j$^{324}	ʔi^{324}	ʔiɿʔ^{45}
ȵiɿʔ^{22}	ȵie^{223}	ʔi$_z$^{412}	ʔi^{412}	ʔiɿʔ^{55}
nieʔ^{44}	nieʔ^{44}	i$_z$^{35}	i$_z$^{35}	iɐʔ^{44}
nɿʔ^{24}	nɿʔ^{24}	i^{41}	i^{41}	iɿʔ^{33}
⁽ˀ⁾ȵiɿʔ$^{24/55}$ /⁽ˀ⁾niɿʔ$^{24/55}$	⁽ˀ⁾ȵiɿʔ$^{24/55}$ /⁽ˀ⁾niɿʔ$^{24/55}$	ˀi$_j$^{45}	ˀi$_j$^{45}	ʔiɿʔ^{55}
ȵiɿʔ^{34}	ȵiɿʔ^{34}	ʔi$_j$^{51}	ʔi$_j$^{51}	ʔiɿʔ^{55}
ȵiəʔ^{12}	ȵiəʔ^{12}	ɦi$_j$^{223}	ɦi$_j$^{223}	ʔɿʔ^{55}
ȵiɿʔ^{23}	ȵiɿʔ^{23}	ʔi$_j$^{334}	ʔi$_j$^{334}	ʔiɿʔ^{55}
ȵiəʔ^{23}	ȵiəʔ^{23}	ʔi^{35}	ʔi^{35}	ʔiɿʔ^{55}
ȵiəʔ^{23}	ȵiəʔ^{23}	ʔi$_j$^{412}	ʔi^{412}	ʔiəʔ^{55}
ȵɿʔ^{23}	ȵɿʔ^{23}	ʔiɿʔ^{55}	ʔiɿʔ^{55}	ʔiɿʔ^{55}
ȵiɿʔ^{12}	ȵiɿʔ^{12}	ʔi^{52}	ʔi^{52}	ʔiɿʔ^{55}
ȵɿʔ^{23}	ȵɿʔ^{23}	ʔi^{434}	ʔi^{434}	ʔiɿʔ^{55}
ȵɿʔ^{23}	ȵɿʔ^{23}	ʔi^{434}	ʔi^{434}	ʔiɿʔ^{55}
ȵɿʔ^{23}	ȵɿʔ^{23}	ʔi^{335}	ʔi^{335}	ʔɿʔ^{55}
ȵiɿʔ^{23}	ȵiɿʔ^{23}	ʔi^{334}	ʔi^{334}	ʔiɿʔ^{55}
ȵiɿʔ^{23}	ȵiɿʔ^{23}	ʔiɿʔ^{55}	ʔiɿʔ^{55}	ʔiɿʔ^{55}
ȵiəʔ^{23}	ȵiəʔ^{23}	ʔi$_j$^{413}	ʔi$_j$^{413}	ʔiəʔ^{55}
ȵiɐʔ^{22}	ȵiɐʔ^{22}	ʔi$_j$^{413}	ʔi$_j$^{413}	ʔiɐʔ^{55}
ʔȵiɐʔ^{54}	ʔȵiɐʔ^{54}	ʔi^{334}	ʔi^{334}	ʔiɐʔ^{54}
ʔȵieʔ^{54}	ʔȵieʔ^{54}	ʔi^{334}	ʔi^{334}	ʔieʔ^{54}
ȵiɿʔ^{12}	ȵiɿʔ^{12}	ʔi^{334}	ʔi^{334}	ʔiɿʔ^{55}
ȵiɿʔ^{23}	ȵiɿʔ^{23}	ʔi^{33}	ʔi^{33}	ʔiɿʔ^{55}
ȵiə^{12}	ȵiəʔ^{12}	ʔi^{544}	ʔi^{544}	ʔiəʔ^{55}
ȵiɛʔ^{12}	ȵiɛ^{12}	ʔi$_z$^{324}	ʔi$_z$^{324}	ʔiɛʔ^{45}
ȵieʔ^{12}	ȵieʔ^{12}	ʔi^{35}	ʔi^{325}	ʔieʔ^{45}
ȵɿʔ^{23}	ȵɿʔ^{23}	ʔi^{435}	ʔi^{435}	ʔɿʔ^{55}
ȵiɿʔ^{23}	ȵiɿʔ^{23}	ʔi^{52}	ʔi^{52}	ˀiɿʔ^{55}
ȵieʔ^{12}	ȵieʔ^{12}	ʔi^{44}	ʔi^{44}	ʔieʔ^{55}
ȵiæi^{323}	no^{323}	ʔi^{423}	ʔi^{423}	ʔiæi^{423}
ȵiəʔ^{12}	ȵiəʔ^{12}	ʔi^{45}	ʔi^{45}	ʔiəʔ^{55}
ȵiəʔ^{22}	ȵiə^{24}	ʔi^{45}	ʔi^{45}	ʔiə^{45}
ȵie^{323}	ȵie^{323}	ʔi^{434}	ʔiə^{434}	ʔiə^{434}

摄 等 韵 / 口 调 声	梗开 三入 昔影 益	曾开 三入 职以 翼	梗开 三入 昔以 亦	梗开 三入 昔以 译
宜	ʔiɿʔ^{45}	ɦiɿʔ^{23}	ɦiɿʔ^{23}	ɦiɿʔ^{23}
溧	ʔiɿʔ^{55} / ʔɿʔ^{55}	ɦie^{223}	ɦie^{223}	ɦie^{223}
金	ieʔ^{44}	ieʔ^{44}	ieʔ^{44}	ieʔ^{44}
丹	iɿʔ^{33} / ɦiɿʔ^{24}	iɿʔ^{33}	iɿʔ^{33}	iɿʔ^{33}
童	ˀiɿʔ^{55}	ɦiɿʔ^{24}	ɦiɿʔ^{24}	ɦiɿʔ^{24}
靖	ʔiɿʔ^{55}	ɦiɿʔ^{34}	ɦiɿʔ^{34}	ɦiɿʔ^{34}
江	ʔɿʔ^{55}	ɦiəʔ^{12}	ɦiəʔ^{12}	ɦiəʔ^{12}
常	ˀiɿʔ^{55}	ɦiɿʔ^{23}	ɦiɿʔ^{23}	ɦiɿʔ^{23}
锡	ˀiəʔ^{55}	ɦiəʔ^{23}	ɦiəʔ^{23}	ɦiəʔ^{23}
苏	ʔiəʔ^{55}	ɦiəʔ^{23}	ɦiəʔ^{23}	ɦiəʔ^{23}
熟	ʔiɿʔ^{55}	ɦiɿʔ^{23}	ɦiɿʔ^{23}	ɦiɿʔ^{23}
昆	ʔiɿʔ^{55}	ɦiɿʔ^{12}	ɦiɿʔ^{12}	ɦiɿʔ^{12}
霜	ʔiɿʔ^{55}	ɦiɿʔ^{23}	ɦiɿʔ^{23}	ɦiɿʔ^{23}
罗	ʔiɿʔ^{55}	ɦiɿʔ^{23}	ɦiɿʔ^{23}	ɦiɿʔ^{23}
周	ʔiɿʔ^{55} / ʔɿʔ^{55}	ɦiɿʔ^{23}	ɦiɿʔ^{23}	ɦiɿʔ^{23}
上	ʔiɿʔ^{55}	ɦiɿʔ^{23}	ɦiɿʔ^{23}	ɦiɿʔ^{23}
松	ʔiɿʔ^{55} / ɦiɿʔ^{23}	ɦiɿʔ^{23}	ɦiɿʔ^{23}	ɦiɿʔ^{23}
黎	ʔiəʔ^{55}	ʔiəʔ^{55}	ɦiəʔ^{23}	ɦiəʔ^{23}
盛	ʔiɐʔ^{55}	ɦiɐʔ^{22}	ɦiɐʔ^{22}	ɦiɐʔ^{22}
嘉	ʔiəʔ^{54}	ʔiəʔ^{54}	ʔiəʔ^{54}	ʔiəʔ^{54}
双	ʔieʔ^{54}	ʔieʔ^{54}	ʔieʔ^{54}	ʔieʔ^{54}
杭	ʔiɿʔ^{55}	ɦiɿʔ^{12}	ɦiɿʔ^{12}	ɦiɿʔ^{12}
绍	ʔiɿʔ^{55}	ɦiɿʔ^{23}	ɦiɿʔ^{23}	ɦiɿʔ^{23}
诸	ʔiəʔ^{55}	ɦiəʔ^{12}	ɦiəʔ^{12}	ɦiəʔ^{12}
崇	ʔiEʔ^{45}	ɦiEʔ^{12}	ɦiEʔ^{12}	ɦiEʔ^{12}
太	ʔieʔ^{45}	ɦieʔ^{12}	ɦieʔ^{12}	ɦieʔ^{12}
余	ʔɿʔ^{55}	ɦiɿʔ^{23}	ɦiɿʔ^{23}	ɦiɿʔ^{23}
宁	ʔiɿʔ^{55}	ɦiɿʔ^{23}	ɦiɿʔ^{23} / ɦiɿ$_z$^{113}	ɦiɿʔ^{23}
黄	ʔieʔ^{55}	ɦieʔ^{12}	ɦieʔ^{12}	ɦieʔ^{12}
温	ʔiæi^{423}	ɦi^{323}	ɦi^{323}	ɦiæi^{323}
衢	ʔiəʔ^{55}	ˀɦiəʔ^{12}	ˀɦiəʔ^{12}	ˀɦiəʔ^{12}
华	ʔiəʔ^{44} / ʔiəʔ^{43}	ʔiə^{45}	ʔiə^{45}	ʔiə^{45}
永	ʔiə^{434}	ʔiə^{434}	ʔɦiə^{323}	ʔɦiə^{323}

梗开 三入 昔以	梗开 三入 昔以	梗合 三入 昔以	梗合 三入 昔以	曾开 三入 职精
液	易交~	疫	役	即
ɦiɪʔ^{23}	ɦiɪʔ^{23}	ɦiɔʔ^{23}	ɦiɔʔ^{23}	tɕiɪʔ^{45}
ɦie^{223}	ɦie^{223}	ɦiɔ^{223} /ɦie^{223}	ɦiɔ^{223} /ɦie^{223}	tɕiɪʔ^{55}
ieʔ^{44}	ieʔ^{44} /iz^{35}	yeʔ^{44}	yeʔ^{44}	tɕieʔ^{44}
iɪʔ^{33}	iɪʔ^{33}	iɪʔ^{33}	iɪʔ^{33}	tɕiɪ^{33}
ɦiɪʔ^{24}	ɦiɪʔ^{24}	ɦyoʔ^{24}	ɦyoʔ^{24}	tɕiɪʔ^{55}
ɦiɪʔ^{34}	ʔiⱼ^{51}	ɦyɔʔ^{34}	ɦyɔʔ^{34}	tsɪʔ^{55}
ɦiəʔ^{12}	ɦiəʔ^{12}	ɦiəʔ^{12}	ɦiəʔ^{12}	tsɪʔ^{55}
ɦiɪʔ^{23}	ɦiɪʔ^{23}	ɦiɪʔ^{23}	ɦiɪʔ^{23}	tɕiɪʔ^{55}
ɦiəʔ^{23}	ɦiəʔ^{23}	ɦiəʔ^{23}	ɦiəʔ^{23}	tsɪʔ^{55}
ɦiəʔ^{23}	ɦiəʔ^{23}	ɦiəʔ^{23}	ɦiəʔ^{23}	tsɪʔ^{55}
ɦiɪʔ^{23}	ɦiɪʔ^{23}	ɦioʔ^{23}	ɦioʔ^{23}	tsɪʔ^{55}
ɦiɪʔ^{12}	ɦiɪʔ^{12}	ɦioʔ^{12}	ɦioʔ^{12}	tsɪʔ^{55}
ɦiɪʔ^{23}	ɦiɪʔ^{23}	ɦioʔ^{23}	ɦioʔ^{23}	tsɪʔ^{55}
ɦiɪʔ^{23}	ɦiɪʔ^{23}	ɦiɪʔ^{23}	ɦiɪʔ^{23}	tsɪʔ^{55} /tɕɪʔ^{55}
ɦiɪʔ^{23}	ɦiɪʔ^{23}	ɦiɪʔ^{23}	ɦiɪʔ^{23}	tɕɪʔ^{55}
ɦiɪʔ^{23}	ɦiɪʔ^{23}	ɦyɪʔ^{23} /ɦioʔ^{23}	ɦyɪʔ^{23} /ɦioʔ^{23}	tɕiɪʔ^{55}
ɦiɪʔ^{23}	ɦiɪʔ^{23}	ɦiɔʔ^{23}	ɦiɔʔ^{23}	tɕiɪʔ^{55}
ɦiəʔ^{23}	ɦiəʔ^{23} /ɦiⱼ^{223}	ɦiəʔ^{23}	ɦiəʔ^{23}	tsɪʔ^{55}
ɦiɐʔ^{22}	ɦiɐʔ^{22}	ʔyɤʔ^{55}	ʔyɤʔ^{55}	tsɪʔ^{55}
ʔiəʔ^{54}	ɦiⱼ^{223}	ʔyɤ^{54}	ʔyɤ^{54}	tɕiəʔ^{54}
ʔieʔ^{54}	ʔieʔ^{54} /ɦii^{113}	ʔio^{54}	ʔio^{54}	tɕieʔ^{54}
ɦiɪʔ^{12}	ʔi^{334} /ɦiɪʔ^{12}	ɦyɪʔ^{12}	ɦyɪʔ^{12}	tɕiɪʔ^{55}
ɦiɪʔ^{23}	ɦiɪʔ^{23}	ɦyoʔ^{23}	ɦyoʔ^{23}	tɕiɪʔ^{55}
ɦiəʔ^{12}	ɦiəʔ^{12}	ɦiəʔ^{12}	ɦiəʔ^{12}	tɕiəʔ^{55}
ɦiɛʔ^{12}	ɦiiᵤ^{14}	ɦiɪʔ^{12}	ɦiɪʔ^{12}	tɕiɛʔ^{45}
ɦieʔ^{12}	ɦii^{13}	ɦiɔʔ^{12}	ɦiɔʔ^{12}	tɕieʔ^{45}
ɦiɪʔ^{23}	ɦiɪʔ^{23}	ɦyɔʔ^{23}	ɦyɔʔ^{23}	tɕɪʔ^{55}
ɦiɪʔ^{23}	ɦiɪʔ^{23} /ɦiiᵤ^{113}	ɦiɔʔ^{23}	ɦiɔʔ^{23}	tɕiɪʔ^{55}
ɦieʔ^{12}	ɦieʔ^{12}	ɦiɔʔ^{12}	ɦiɔʔ^{12}	tɕieʔ^{55}
ɦiy^{323}	ɦii^{323}	ɦiy^{323}	ɦiy^{323}	tɕi^{423}
ˀɦiəʔ^{12}	ˀɦiəʔ^{12}	ˀɦiəʔ^{12}	ˀɦiəʔ^{12}	tɕiəʔ^{55}
ʔiə^{45}	ʔiə^{45}	ʔiə^{45}	ʔiə^{45}	tɕiə^{45} /tɕiəʔ^{44}
ʔɦiə^{323}	ʔɦiə^{323}	ʔɦiə^{323} /ʔɦiyə^{323}	ʔɦiə^{323} /ʔɦiyə^{323}	tsəɪ^{434}

摄 等 韵	口 调 声	梗开 三入 昔精 积	梗开 三入 昔精 跡	梗开 三入 昔精 脊	梗开 四入 锡精 绩
宜		tɕiɪʔ^{45}	tɕiɪʔ^{45}	tɕiɪʔ^{45}	tɕiɪʔ^{45}
溧		tɕiɪʔ^{55}	tɕiɪʔ^{55}	tɕiɪʔ^{55}	tɕiɪʔ^{55}
金		tɕieʔ^{44}	tɕieʔ^{44}	tɕieʔ^{44}	tɕieʔ^{44}
丹		tɕɪʔ^{33}	tɕɪʔ^{33}	tɕɪʔ^{33}	tɕɪʔ^{33}
童		tɕiɪʔ^{55}	tɕɪʔ^{55}	tɕiɪʔ^{55}	tɕiɪʔ^{55}
靖		tsɪʔ^{55}	tsɪʔ^{55}	tsɪʔ^{55}	tsɪʔ^{55}
江		tsɪʔ^{55}	tsɪʔ^{55}	tsɪʔ^{55}	tsɪʔ^{55}
常		tɕiɪʔ^{55}	tɕiɪʔ^{55}	tɕiɪʔ^{55}	tɕiɪʔ^{55}
锡		tsɪʔ^{55}	tsɪʔ^{55}	tsɪʔ^{55}	tsɪʔ^{55}
苏		tsɪʔ^{55}	tsɪʔ^{55}	tsɪʔ^{55}	tsɪʔ^{55}
熟		tsɪʔ^{55}	tsɪʔ^{55}	tsɪʔ^{55}	tsɪʔ^{55}
昆		tsɪʔ^{55}	tsɪʔ^{55}	tsɪʔ^{55}	tsɪʔ^{55}
霜		tsɪʔ^{55}	tsɪʔ^{55}	tsɪʔ^{55}	tsɪʔ^{55}
罗		tsɪʔ^{55}/tɕɪʔ^{55}	tsɪʔ^{55}/tɕɪʔ^{55}	tsɪʔ^{55}/tɕɪʔ^{55}	tsɪʔ^{55}/tɕɪʔ^{55}
周		tɕɪʔ^{55}	tɕɪʔ^{55}	tɕɪʔ^{55}	tɕɪʔ^{55}
上		tɕiɪʔ^{55}	tɕiɪʔ^{55}	tɕiɪʔ^{55}	tɕiɪʔ^{55}
松		tɕiɪʔ^{55}	tɕiɪʔ^{55}	tɕiɪʔ^{55}	tɕiɪʔ^{55}
黎		tsɪʔ^{55}	tsɪʔ^{55}	tsɪʔ^{55}	tsɪʔ^{55}
盛		tsɪʔ^{55}	tsɪʔ^{55}	tsɪʔ^{55}	tsɪʔ^{55}
嘉		tɕiəʔ^{54}	tɕiəʔ^{54}	tɕiəʔ^{54}	tɕiəʔ^{54}
双		tɕieʔ^{54}	tɕieʔ^{54}	tɕieʔ^{54}	tɕieʔ^{54}
杭		tɕiʔ^{55}	tɕiʔ^{55}	tɕiɪʔ^{55}	tɕiɪʔ^{55}
绍		tɕiɪʔ^{55}	tɕiʔ^{55}	tɕiʔ^{55}	tɕiɪʔ^{55}
诸		tɕiəʔ^{55}	tɕiəʔ^{55}	tɕiəʔ^{55}	tɕiəʔ^{55}
崇		tɕiEʔ^{45}	tɕiEʔ^{45}	tɕiEʔ^{45}	tɕiEʔ^{45}
太		tɕieʔ^{45}	tɕieʔ^{45}	tɕieʔ^{45}	tɕieʔ^{45}
余		tɕɪʔ^{55}	tɕɪʔ^{55}	tɕɪʔ^{55}	tɕɪʔ^{55}
宁		tɕiɪʔ^{55}	tɕiɪʔ^{55}	tɕiɪʔ^{55}	tɕiɪʔ^{55}
黄		tɕieʔ^{55}	tɕieʔ^{55}	tɕieʔ^{55}	tɕieʔ^{55}
温		tsɪi^{423}	tsɪi^{423}	tsɿ^{423}	tsɪi^{423}
衢		tɕiəʔ^{55}	tɕiəʔ^{55}	tɕiəʔ^{55}	tɕiəʔ^{55}
华		tɕiə^{45}	tɕiə^{45}	tɕiə^{45}	tɕiə^{45}
永		tsəɪ^{434}	tsəɪ^{434}	tsəɪ^{434}	tsəɪ^{434}

梗开 四入 锡精	臻开 三入 质清	梗开 四入 锡清	梗开 三入 昔从	曾开 三入 职心
迹	漆	戚	籍~贯	息
tɕiɪʔ^{45}	tɕʻiɪʔ^{45}	tɕʻiɪʔ^{45}	ʑiiʔ^{23}	ɕiiʔ^{45}
tɕiɪʔ^{55}	tɕʻie^{223}	tɕʻie^{223}	ʑie^{223}	ɕiiʔ^{55}
tɕie^{44}	tɕʻie^{44}	tɕʻieʔ^{44}	tɕie^{44}	tɕieʔ^{44}
tɕɪʔ^{33}	tɕʻɪʔ^{33}	tɕʻɪʔ^{33}	tɕɪʔ^{33}	sɪʔ^{33}
tɕiɪʔ^{55}	tɕʻiɪʔ^{55}	tɕʻiɪʔ^{55}	dʑiiʔ^{24}	ɕiiʔ^{55}
tsɪʔ^{55}	tsʻɪʔ^{55}	tsʻɪʔ^{55}	szɪʔ^{34}	sɪʔ^{55}
tsɪʔ^{55}	tsʻɪʔ^{55}	tsʻɪʔ^{55}	dzɪʔ^{12}	sɪʔ^{55}
tɕiɪʔ^{55}	tɕʻiɪʔ^{55}	tɕʻiɪʔ^{55}	ʑiiʔ^{23}	ɕiiʔ^{55}
tsɪʔ^{55}	tsʻɪʔ^{55}	tsʻɪʔ^{55}	zɪʔ^{23}	sɪʔ^{55}
tsɪʔ^{55}	tsʻɪʔ^{55}	tsʻɪʔ^{55}	zɪʔ^{23}	sɪʔ^{55}
tsɪʔ^{55}	tsʻɪʔ^{55}	tsʻɪʔ^{55}	dzɪʔ^{23}	sɪʔ^{55}
tsɪʔ^{55}	tsʻɪʔ^{55}	tsʻɪʔ^{55}	zɪʔ^{12}	sɪʔ^{55}
tsɪʔ^{55}	tsʻɪʔ^{55}	tsʻɪʔ^{55}	zɪʔ^{23}	sɪʔ^{55}
tsɪʔ^{55}/tɕɪʔ^{55}	tsʻɪʔ^{55}/tɕʻɪʔ^{55}	tsʻɪʔ^{55}/tɕʻɪʔ^{55}	zɪʔ^{23}/ʐɪʔ^{23}	sɪʔ^{55}/ɕɪʔ^{55}
tɕɪʔ^{55}	tɕʻɪʔ^{55}	tɕʻɪʔ^{55}	zɪʔ^{23}	ɕɪʔ^{55}
tɕiɪʔ^{55}	tɕʻiɪʔ^{55}	tɕʻiɪʔ^{55}	dʑiiʔ^{23}/ʑiiʔ^{23}	ɕiiʔ^{55}
tɕiɪʔ^{55}	tɕʻiɪʔ^{55}	tɕʻiɪʔ^{55}	ʑiiʔ^{23}	ɕiiʔ^{55}
tsɪʔ^{55}	tsʻɪʔ^{34}	tsʻɪʔ^{34}	dzɪʔ^{23}	sɪʔ^{55}
tsɪʔ^{55}	tsʻɪʔ^{55}	tsʻɪʔ^{55}	dzɪʔ^{23}	sɪʔ^{55}
tɕiəʔ^{54}	tɕʻiəʔ^{54}	tɕʻiəʔ^{54}	dʑiəʔ^{12}	ɕiəʔ^{54}
tɕie^{54}	tɕʻie^{54}	tɕʻie^{54}	dʑie^{23}	ɕie^{54}
tɕiiʔ^{55}	tɕʻiiʔ^{55}	tɕʻiiʔ^{55}	dʑiiʔ^{12}	ɕiiʔ^{55}
tɕiiʔ^{55}	tɕʻiiʔ^{55}	tɕʻiiʔ^{55}	dʑiiʔ^{23}	ɕiiʔ^{55}
tɕiəʔ^{55}	tɕʻiəʔ^{55}	tɕʻiəʔ^{55}	dʑiəʔ^{12}	ɕiəʔ^{55}
tɕiEʔ^{45}	tɕʻiEʔ^{45}	tɕʻiEʔ^{45}	dʑiEʔ^{12}	ɕiEʔ^{45}
tɕieʔ^{45}	tɕʻieʔ^{45}	tɕʻieʔ^{45}	dʑieʔ^{12}	ɕieʔ^{45}
tɕɪʔ^{55}	tɕʻɪʔ^{55}	tɕʻɪʔ^{55}	dʑɪʔ^{23}	ɕɪʔ^{55}
tɕiiʔ^{55}	tɕʻiiʔ^{55}	tɕʻiiʔ^{55}	dʑiiʔ^{23}	ɕiiʔ^{55}
tɕieʔ^{55}	tɕʻieʔ^{55}	tɕʻieʔ^{55}	ʑieʔ^{12}	ɕieʔ^{55}
tsii^{423}	tsʻæi^{423}	tsʻii^{423}	zæi^{323}	sii^{423}
tɕiəʔ^{55}	tɕʻiəʔ^{55}	tɕʻiəʔ^{55}	ziəʔ^{12}	ɕiəʔ^{55}
tɕiə^{45}	tɕʻiə^{45}	tɕʻiə^{45}	tɕiə^{45}	ɕiə^{45}
tsəɪ^{434}	tsʻə^{134}	tsʻəɪ^{434}	szə^{323}	səɪ^{434}

摄 口 等 调 韵 声	曾开 三入 职心 熄	梗开 三入 昔心 昔	梗开 三入 昔心 惜	梗开 四入 锡心 锡
宜	ɕiɪʔ^{45}	ɕiɪʔ^{45}	ɕiɪʔ^{45}	ɕiɪʔ^{45}
溧	ɕiɪʔ^{55}	ɕiɪʔ^{55}	ɕiɪʔ^{55}	ɕiɪʔ^{55}
金	ɕieʔ^{44}	ɕieʔ^{44}	ɕieʔ^{44}	ɕieʔ^{44}
丹	ɕɪʔ^{33}	ɕɪʔ^{33}	ɕɪʔ^{33}	ɕɪʔ^{33}
童	ɕiɪʔ^{55}	ɕiɪʔ^{55}	ɕiɪʔ^{55}	ɕiɪʔ^{55}
靖	sɪʔ^{55}	sɪʔ^{55}	sɪʔ^{55}	sɪʔ^{55}
江	sɪʔ^{55}	sɪʔ^{55}	sɪ^{55}	sɪʔ^{55}
常	ɕiɪʔ^{55}	ɕiɪʔ^{55}	ɕiɪʔ^{55}	ɕiɪʔ^{55}
锡	sɪʔ^{55}	sɪʔ^{55}	sɪʔ^{55}	sɪʔ^{55}
苏	sɪʔ^{55}	sɪʔ^{55}	sɪʔ^{55}	sɪʔ^{55}
熟	sɪʔ^{55}	sɪʔ^{55}	sɪʔ^{55}	sɪʔ^{55}
昆	sɪʔ^{55}	sɪʔ^{55}	sɪʔ^{55}	sɪʔ^{55}
霜	sɪʔ^{55}	sɪʔ^{55}	sɪʔ^{55}	sɪʔ^{55}
罗	sɪʔ^{55}/ɕɪʔ^{55}	sɪʔ^{55}/ɕɪʔ^{55}	sɪʔ^{55}/ɕɪʔ^{55}	sɪʔ^{55}/ɕɪʔ^{55}
周	ɕɪʔ^{55}	ɕɪʔ^{55}	ɕɪ^{55}	ɕɪʔ^{55}
上	ɕiɪʔ^{55}	ɕiɪʔ^{55}	ɕiɪʔ^{55}	ɕiɪʔ^{55}
松	ɕiɪʔ^{55}	ɕiɪʔ^{55}	ɕiɪʔ^{55}	ɕiɪʔ^{55}
黎	sɪʔ^{55}	sɪʔ^{55}	sɪʔ^{55}	sɪʔ^{55}
盛	sɪʔ^{55}	sɪʔ^{55}	sɪʔ^{55}	sɪʔ^{55}
嘉	ɕiəʔ^{54}	ɕiəʔ^{54}	ɕiəʔ^{54}	ɕiəʔ^{54}
双	ɕieʔ^{54}	ɕieʔ^{54}	ɕieʔ^{54}	ɕieʔ^{54}
杭	ɕiɪʔ^{55}	ɕiɪʔ^{55}	ɕiɪʔ^{55}	ɕiɪʔ^{55}
绍	ɕ^{i}ɪʔ^{55}	ɕ^{i}ɪʔ^{55}	ɕ^{i}ɪʔ^{55}	ɕ^{i}ɪʔ^{55}
诸	ɕiəʔ^{55}	ɕ^{i}əʔ^{55}	ɕiəʔ^{55}	ɕiəʔ^{55}
崇	ɕiɛʔ^{45}	ɕiɛʔ^{45}	ɕiɛʔ^{45}	ɕiɛʔ^{45}
太	ɕieʔ^{45}	ɕieʔ^{45}	ɕieʔ^{45}	ɕieʔ^{45}
余	ɕɪʔ^{55}	ɕɪ^{55}	ɕɪʔ^{55}	ɕɪʔ^{55}
宁	ɕiɪʔ^{55}	ɕiɪʔ^{55}	ɕiɪʔ^{55}	ɕiɪʔ^{55}
黄	ɕieʔ^{55}	ɕieʔ^{55}	ɕieʔ^{55}	ɕieʔ^{55}
温	s^{i}i^{423}	sʅ^{423}	s^{i}i^{423}	s^{i}i^{423}
衢	ɕiəʔ^{55}	ɕiəʔ^{55}	ɕiəʔ^{55}	ɕiəʔ^{55}
华	ɕiə^{45}	ɕiə^{45}	ɕiə^{45}	ɕiə^{45}
永	səɪ^{434}	səɪ^{434}	səɪ^{434}	səɪ^{434}

梗开 四入 锡心	梗开 三入 昔邪	梗开 三入 昔邪	山开 三入 薛帮	臻开 三入 质帮
析	席	夕	瘪	笔
$çiɪʔ^{45}$	$ʑiɪʔ^{23}$	$ʑiɪʔ^{23}$	$pɪʔ^{45}$	$pɪʔ^{45}$
$çiɪʔ^{55}$	$ʑie^{223}$	$ʑie^{223}$	$pɪʔ^{55}$	$pɪʔ^{55}$
$çieʔ^{44}$	$çieʔ^{44}$	$çieʔ^{44}$	$pieʔ^{44}$	$pieʔ^{44}$
$çɪʔ^{33}$	$çɪʔ^{33}$	$çɪʔ^{33}$	$pɪʔ^{33}$	$pɪʔ^{33}$
$çiɪʔ^{55}$	$ʑiɪʔ^{24}$	$ʑiɪʔ^{24}$	$piɪʔ^{55}$	$piɪʔ^{55}$
$sɪʔ^{55}$	$szɪʔ^{34}$	$szɪʔ^{34}$	$pɪʔ^{55}$	$pɪʔ^{55}$
$sɪʔ^{55}$	$zɪʔ^{12}$	$zɪʔ^{12}$	$pɪʔ^{55}$	$pɪʔ^{55}$
$çiɪʔ^{55}$	$ʑiɪʔ^{23}$	$ʑiɪʔ^{23}$	$piɪʔ^{55}$	$piɪʔ^{55}$
$sɪʔ^{55}$	$zɪʔ^{23}$	$zɪʔ^{23}$	$pɪʔ^{55}$	$pɪʔ^{55}$
$sɪʔ^{55}$	$zɪʔ^{23}$	$zɪʔ^{23}$	$pɪʔ^{55}$	$pɪʔ^{55}$
$sɪʔ^{55}$	$zɪʔ^{23}$	$zɪʔ^{23}$	$pɪʔ^{55}$	$pɪʔ^{55}$
$sɪʔ^{55}$	$zɪʔ^{12}$	$zɪʔ^{12}$	$pɪʔ^{55}$	$pɪʔ^{55}$
$sɪʔ^{55}$	$zɪʔ^{23}$	$zɪʔ^{23}$	$pɪʔ^{55}$	$pɪʔ^{55}$
$sɪʔ^{55}/çɪʔ^{55}$	$zɪʔ^{23}/ʑɪʔ^{23}$	$zɪʔ^{23}/ʑɪʔ^{23}$	$pɪʔ^{55}$	$pɪʔ^{55}$
$çɪʔ^{55}$	$ʑɪʔ^{23}$	$ʑɪʔ^{23}$	$ɓɪʔ^{55}$	$ɓɪʔ^{55}$
$çiɪʔ^{55}$	$ʑiɪʔ^{23}$	$ʑiɪʔ^{23}$	$piɪʔ^{55}/pɪʔ^{55}$	$piɪʔ^{55}/pɪʔ^{55}$
$çiɪʔ^{55}$	$ʑiɪʔ^{23}$	$ʑiɪʔ^{23}$	$pɪʔ^{55}$	$pɪʔ^{55}$
$sɪʔ^{55}$	$dzɪʔ^{23}$	$dzɪʔ^{23}$	$pɪʔ^{55}$	$pɪ^{55}$
$sɪʔ^{55}$	$zɪʔ^{22}$	$zɪʔ^{22}$	$pɪʔ^{55}$	$pʼʔ^{55}$
$çiəʔ^{54}$	$dʑiəʔ^{12}$	$dʑiəʔ^{12}$	$piəʔ^{55}$	$piəʔ^{55}$
$çieʔ^{54}$	$dʑieʔ^{23}$	$dʑieʔ^{23}$	$pieʔ^{54}$	$pieʔ^{54}$
$çiɪʔ^{55}$	$dʑiɪʔ^{12}$	$dʑiɪʔ^{12}$	$piɪʔ^{55}$	$piɪʔ^{55}$
$çiɪʔ^{55}$	$dʑiɪʔ^{23}$	$dʑiɪʔ^{23}$	$pɪʔ^{55}$	$pɪʔ^{55}$
$çiəʔ^{55}$	$dʑiəʔ^{12}$	$dʑiəʔ^{12}$	$piəʔ^{55}$	$piəʔ^{55}$
$çiɛʔ^{45}$	$ʑiɛʔ^{12}/dʑiɛʔ^{12}$	$dʑiɛʔ^{12}$	$piɛʔ^{45}$	$piɛʔ^{45}$
$çieʔ^{45}$	$dʑieʔ^{12}$	$dʑieʔ^{12}$	$pieʔ^{45}$	$pieʔ^{45}$
$çɪʔ^{55}$	$ɦɪʔ^{23}/dʑɪʔ^{23}少$	$çɪʔ^{55}/ʑɪʔ^{55}$	$pɪʔ^{55}$	$pɪʔ^{55}$
$çiɪʔ^{55}$	$ʑiɪʔ^{23}$	$ʑiɪʔ^{23}$	$piɪʔ^{55}$	$piɪʔ^{55}$
$çieʔ^{55}$	$ʑieʔ^{12}$	$ʑieʔ^{12}$	$pieʔ^{55}$	$pieʔ^{55}$
$sʼi^{423}$	$zʼi^{323}$	$zʼi^{323}$	pi^{423}	pi^{423}
$çiəʔ^{55}$	$ʑiəʔ^{12}$	$ʑiəʔ^{12}$	$piəʔ^{55}$	$piəʔ^{55}$
$çiə^{45}$	$ˬʑiə^{24}$	$ˬʑiə^{24}$	$piə^{45}$	$piə^{45}$
$sɚ^{434}$	$szɚ^{323}$	$szɚ^{323}$	pie^{434}	$pə^{434}$

摄口 等调 韵声	臻开 三入 质帮	山开 四入 屑滂	止开 三去 至並	山开 三入 薛並
	必	撇	鼻	别
宜	pɪʔ^{45}	p'ɪʔ^{45}	bɪʔ^{23}	bɪʔ^{23}
溧	pɪʔ^{55}	p'ie^{223}	bie^{223}	bie^{223}
金	pieʔ^{44}	pieʔ^{44}	pieʔ^{44}	pieʔ^{44}
丹	pɪʔ^{33}	p'ɪʔ^{33}	bɪʔ^{24}	pɪʔ^{33}/bɪʔ^{24}
童	piɪʔ^{55}	p'iɪʔ^{55}	biɪʔ^{24}	biɪʔ^{24}
靖	pɪʔ^{55}	p'ɪʔ^{55}	bɪʔ^{34}	bɪʔ^{34}
江	pɪʔ^{55}	p'ɪʔ^{55}	bɪʔ^{12}	bɪʔ^{12}
常	piɪʔ^{55}	p'iɪʔ^{55}	biɪʔ^{23}/bəʔ^{23}	biɪʔ^{23}/bəʔ^{23}
锡	pɪʔ^{55}	p'ɪʔ^{55}	bɪʔ^{23}/bəʔ^{23}	bɪʔ^{23}
苏	pɪʔ^{55}	p'ɪʔ^{55}	bɪʔ^{23}	bɪʔ^{23}
熟	pɪʔ^{55}	p'ɪʔ^{55}	bɪʔ^{23}	bɪʔ^{23}
昆	pɪʔ^{55}	p'ɪʔ^{55}	bɪʔ^{23}	bɪʔ^{23}
霜	pɪʔ^{55}	p'ɪʔ^{55}	bɪʔ^{23}	bɪʔ^{23}
罗	pɪʔ^{55}	p'ɪʔ^{55}	bɪʔ^{23}	bɪʔ^{23}
周	ʔbɪʔ^{55}	p'ɪʔ^{55}	bɪʔ^{23}	bɪʔ^{23}
上	piɪʔ^{55}/pɪʔ^{55}	p'iɪʔ^{55}/p'ɪʔ^{55}	biɪʔ^{23}/biɪʔ^{23}/bɐʔ^{23}	biɪʔ^{23}/bɪʔ^{23}/bɐʔ^{23}
松	pɪʔ^{55}	p'ɪʔ^{55}	bɪʔ^{23}	bɪʔ^{23}
黎	pɪʔ^{55}	p'ɪʔ^{34}	bəʔ^{23}	bɪʔ^{23}
盛	pɪʔ^{55}	p'ɪʔ^{55}	bəʔ^{22}	bɪʔ^{22}
嘉	piəʔ^{54}	p'iəʔ^{54}	biəʔ^{12}	biəʔ^{12}
双	pieʔ^{54}	p'ieʔ^{54}	bəʔ^{23}/bieʔ^{23}	bieʔ^{23}
杭	piɪʔ^{55}	p'iɪʔ^{55}	biɪʔ^{12}	biɪʔ^{12}
绍	pɪʔ^{55}	p'ɪʔ^{55}	bɪʔ^{23}	bɪʔ^{23}
诸	piəʔ^{55}	p'iəʔ^{55}	biəʔ^{12}	biəʔ^{12}
崇	piɛʔ^{45}	p'iɛʔ^{45}	biɛʔ^{12}	biɛʔ^{12}
太	pieʔ^{45}	p'ieʔ^{45}	bieʔ^{12}	bieʔ^{12}
余	pɪʔ^{55}	p'ɪʔ^{55}	bɪʔ^{23}	bɪʔ^{23}
宁	piɪʔ^{55}	p'iɪ^{55}	biɪʔ^{23}	biɪʔ^{23}
黄	pieʔ^{55}	p'ieʔ^{55}	bieʔ^{12}	bieʔ^{12}
温	pi^{423}	p'i^{423}	bi^{323}	bi^{323}
衢	piəʔ^{55}	p'iəʔ^{55}	biəʔ^{12}	biəʔ^{12}
华	piə^{45}	p'iə^{45}	biə^{24}	biə^{24}
永	pə^{434}	p'ie^{434}	bə^{323}	bie^{323}

山开 三入 薛明	山开 四入 屑明	梗开 四入 锡明	山开 四入 屑定	咸开 四入 帖透
灭	篾	觅	跌	帖
miɪʔ²³	miɪʔ²³	miɪʔ²³	tiʌʔ⁴⁵	tʰiʌʔ⁴⁵
mie²²³	mie²²³	miɪʔ²²/mie²²³	tɪʔ⁵⁵	tʰie²²³
mieʔ⁴⁴	mieʔ⁴⁴	mieʔ⁴⁴	tieʔ⁴⁴	tʰieʔ⁴⁴
miɪʔ²⁴	miɪʔ²⁴	miɪʔ²⁴	tɪʔ³³	tʰɪʔ³³
miiʔ²⁴/ʔmiiʔ⁵⁵	miiʔ²⁴/ʔmiiʔ⁵⁵	miiʔ²⁴/ʔmiiʔ⁵⁵	tiiʔ⁵⁵	tʰiiʔ⁵⁵
miɪʔ³⁴	miɪʔ³⁴	miɪʔ³⁴	tɪʔ⁵⁵	tʰɪʔ⁵⁵
miɪʔ¹²	miɪʔ¹²	miɪʔ¹²	tɪʔ⁵⁵	tʰɪʔ⁵⁵
miiʔ²³	miɪʔ²³	miiʔ²³	tiiʔ⁵⁵	tʰiiʔ⁵⁵
miɪʔ²³	miɪʔ²³	miɪʔ²³	tɪʔ⁵⁵	tʰɪʔ⁵⁵
miɪʔ²³	miɪʔ²³	miɪʔ²³	tɪʔ⁵⁵	tʰɪʔ⁵⁵
miɪʔ²³	miɪʔ²³	miɪʔ²³	tɪʔ⁵⁵	tʰɪʔ⁵⁵
miɪʔ¹²	miɪʔ¹²	miɪʔ¹²	tɪʔ⁵⁵	tʰɪʔ⁵⁵
miɪʔ²³	miɪʔ²³	miɪʔ²³	tɪʔ⁵⁵	tʰɪʔ⁵⁵
miɪʔ²³	miɪʔ²³	miɪʔ²³	tɪʔ⁵⁵	tʰɪʔ⁵⁵
miɪʔ²³	miɪʔ²³	miɪʔ²³	dʑɪʔ⁵⁵	tʰɪʔ⁵⁵/tʰiʌʔ⁵⁵
miiʔ²³/miɪʔ²³	miiʔ²³/miɪʔ²³	miiʔ²³/miɪʔ²³	tiiʔ⁵⁵/tɪʔ⁵⁵	tʰiiʔ⁵⁵/tʰɪʔ⁵⁵
miɪʔ²³	miɪʔ²³	miɪʔ²³	tɪʔ⁵⁵	tʰɪʔ⁵⁵
miɪʔ²³	miɪʔ²³	miɪʔ²³	tɪʔ⁵⁵	tʰɪʔ³⁴
miɪʔ²²	miɪʔ²²	miɪʔ²²	tɪʔ⁵⁵	tʰiɐʔ⁵⁵
ʔmieʔ⁵⁴	ʔmieʔ⁵⁴	ʔmieʔ⁵⁴	tɪʔ⁵⁴	tʰiəʔ⁵⁴
ʔmieʔ⁵⁴	ʔmieʔ⁵⁴	ʔmieʔ⁵⁴	tieʔ⁵⁴	tʰieʔ⁵⁴
miiɪʔ¹²	miiɪʔ¹²	miiɪʔ¹²	tiiʔ⁵⁵	tʰiiʔ⁵⁵
miɪʔ²³	miɪʔ²³	miɪʔ²³	tɪʔ⁵⁵	tʰɪʔ⁵⁵
mieʔ¹²	mieʔ¹²	mieʔ¹²	tieʔ⁵⁵	tʰiəʔ⁵⁵
mieɛʔ¹²	mieɛʔ¹²	mieɛʔ¹²	tieɛʔ⁴⁵	tʰiɛʔ⁴⁵
mieʔ¹²	mieʔ¹²	mieʔ¹²	tieʔ⁴⁵	tʰieʔ⁴⁵
miɪʔ²³	miɪʔ²³	miɪʔ²³	tɪʔ⁵⁵	tʰɪʔ⁵⁵/tʰiɐʔ⁵⁵
miiɪʔ²³	miiɪʔ²³	miiɪʔ²³	tiiʔ⁵⁵	tʰiiʔ⁵⁵/tʰiɐʔ⁵⁵少
mieʔ¹²	mieʔ¹²	mieʔ¹²	tieʔ⁵⁵	tʰieʔ⁵⁵
mi³²³	mi³²³	mi³²³	ti⁴²³	tʰi⁴²³
mieəʔ¹²	mieəʔ¹²	mieəʔ¹²	tiəʔ⁵⁵	tʰiəʔ⁵⁵
mieə²⁴	mieə²⁴	mieə²⁴	tiɐ⁴⁵	tʰiɐ⁴⁵
mie³²³	mie³²³	mə³²³	tiʌ⁴³⁴	tʰiʌ⁴³⁴

摄口 等调 韵声	咸开 四入 帖透	山开 四入 屑透	咸开 四入 帖定	咸开 四入 帖定
	贴	铁	蝶	谍
宜	t'iAʔ^{45}	t'iAʔ^{45}	diAʔ^{23}	diAʔ^{23}
溧	t'ie^{223}	t'ie^{223}	diɿ^{22}/die^{223}	dɿʔ^{22}/die^{223}
金	t'ieʔ^{44}	t'ieʔ^{44}	tieʔ^{44}	tieʔ^{44}
丹	t'ɿʔ^{33}	t'ɿʔ^{33}	diʔ^{24}	dɿʔ^{24}
童	t'iɿʔ^{55}	t'iɿʔ^{55}	diɿʔ^{24}	diɿʔ^{24}
靖	t'ɿʔ^{55}	t'ɿʔ^{55}	dɿʔ^{34}	dɿʔ^{34}
江	t'ɿʔ^{55}	t'ɿʔ^{55}	dɿʔ^{12}	dɿʔ^{12}
常	t'iɿʔ^{55}	t'iɿʔ^{55}	diɿʔ^{23}	diɿʔ^{23}
锡	t'ɿʔ^{55}	t'ɿʔ^{55}	dɿʔ^{23}	dɿʔ^{23}
苏	t'ɿʔ^{55}	t'ɿʔ^{55}	dɿʔ^{23}	dɿʔ^{23}
熟	t'ɿʔ^{55}	t'ɿʔ^{55}	dɿʔ^{23}	dɿʔ^{23}
昆	t'ɿʔ^{55}	t'ɿʔ^{55}	dɿʔ^{12}	dɿʔ^{12}
霜	t'ɿʔ^{55}	t'ɿʔ^{55}	dɿʔ^{23}	dɿʔ^{23}
罗	t'ɿʔ^{55}	t'ɿʔ^{55}	dɿʔ^{23}	dɿʔ^{23}
周	t'ɿʔ^{55}	t'ɿʔ^{55}	dɿʔ^{23}	dɿʔ^{23}
上	t'iɿʔ^{55}/t'ɿʔ^{55}	t'iɿʔ^{55}/t'ɿʔ^{55}	diɿʔ^{23}/dɿʔ^{23}	diɿʔ^{23}/dɿʔ^{23}
松	t'ɿʔ^{55}	t'ɿʔ^{55}	dɿʔ^{23}	dɿʔ^{23}
黎	t'ɿʔ^{34}	t'ɿʔ^{34}	dɿʔ^{23}	dɿʔ^{23}
盛	t'iɑʔ^{55}	t'ɿʔ^{55}	diɑʔ^{22}	dɿʔ^{22}
嘉	t'iəʔ^{54}/t'iAʔ^{54}	t'iəʔ^{54}	diəʔ^{12}	diəʔ^{12}
双	t'ieʔ^{54}	t'ieʔ^{54}	dieʔ^{23}	dieʔ^{23}
杭	t'iɿʔ^{55}	t'iɿʔ^{55}	diɿʔ^{12}	diɿʔ^{12}
绍	t'ɿʔ^{55}	t'ɿʔ^{55}	dɿʔ^{23}	dɿʔ^{23}
诸	t'iəʔ^{55}	t'iəʔ^{55}	diəʔ^{12}	diəʔ^{12}
崇	t'iEʔ^{45}	t'iEʔ^{45}	diEʔ^{12}	diEʔ^{12}
太	t'ieʔ^{45}	t'ieʔ^{45}	dieʔ^{12}	dieʔ^{12}
余	t'iɐʔ^{55}/t'ɿʔ^{55}	t'ɿʔ^{55}	diɐʔ^{23}/dɿʔ^{23}	diɐʔ^{23}/dɿʔ^{23}
宁	t'iɿʔ^{55}/t'iɐʔ^{55}	t'iɿʔ^{55}	diɐʔ^{23}/diɿʔ^{23}	diɐʔ^{23}/diɿʔ^{23}
黄	t'ieʔ^{55}	t'ieʔ^{55}	dieʔ^{12}/di$^{113}_{\sim儿}$	dieʔ^{12}
温	t'i^{423}	t'i^{423}	di^{323}	di^{323}
衢	t'iəʔ^{55}	t'iəʔ^{55}	diəʔ^{12}	diəʔ^{12}
华	t'ieɐ^{45}	t'ieɐ^{45}	dieɐ^{24}/diẽ$_{\sim儿}$	dieɐ^{24}
永	t'iA^{434}	t'iA^{434}	diA^{323}	diA^{323}

山开 四入 屑定	深开 三入 缉来	山开 三入 薛来	山开 三入 薛来	山开 三入 薛来
迭	立	列	烈	裂
diʌʔ^{23}	lɿʔ^{23}	lɿʔ^{23}	lɿʔ^{23}	lɿʔ^{23}
dɿʔ^{22} / die^{223}	lie^{223}	lie^{223}	lie^{223}	lie^{223}
tieʔ^{44}	lieʔ^{44}	lieʔ^{44}	lieʔ^{44}	lieʔ^{44}
dɿʔ^{24}	lɿʔ^{24}	lɿʔ^{24}	lɿʔ^{24}	lɿʔ^{24}
diɿʔ^{24}	liɿʔ^{24} /ʔliɿʔ^{55}	liɿʔ^{24} /ʔliɿʔ^{55}	liɿʔ^{24} /ʔliɿʔ^{55}	liɿʔ^{24} /ʔliɿʔ^{55}
dɿʔ^{34}	liɿʔ^{34}	liɿʔ^{34}	liɿʔ^{34}	liɿʔ^{34}
dɿʔ^{12}	lɿʔ^{12}	lɿʔ^{12}	lɿʔ^{12}	lɿʔ^{12}
diɿʔ^{23}	liɿʔ^{23}	liɿʔ^{23}	liɿʔ^{23}	liɿʔ^{23}
dɿʔ^{23}	lɿʔ^{23}	lɿʔ^{23}	lɿʔ^{23}	lɿʔ^{23}
dɿʔ^{23}	lɿʔ^{23}	lɿʔ^{23}	lɿʔ^{23}	lɿʔ^{23}
dɿʔ^{23}	lɿʔ^{23}	lɿʔ^{23}	lɿʔ^{23}	lɿʔ^{23}
dɿʔ^{23}	lɿʔ^{12}	lɿʔ^{12}	lɿʔ^{12}	lɿʔ^{12}
dɿʔ^{23}	lɿʔ^{23}	lɿʔ^{23}	lɿʔ^{23}	lɿʔ^{23}
dɿʔ^{23}	lɿʔ^{23}	lɿʔ^{23}	lɿʔ^{23}	lɿʔ^{23}
dɿʔ^{23}	lɿʔ^{23}	lɿʔ^{23}	lɿʔ^{23}	lɿʔ^{23}
diɿʔ^{23} /dɿʔ^{23}	liɿʔ^{23} /lɿʔ^{23}	liɿʔ^{23} /lɿʔ^{23}	liɿʔ^{23} /lɿʔ^{23}	liɿʔ^{23} /lɿʔ^{23}
dɿʔ^{23}	lɿʔ^{23}	lɿʔ^{23}	lɿʔ^{23}	lɿʔ^{23}
dɿʔ^{23}	lɿʔ^{23}	lɿʔ^{23}	lɿʔ^{23}	lɿʔ^{23}
dɿʔ^{22}	lɿʔ^{22}	lɿʔ^{22}	lɿʔ^{22}	lɿʔ^{22}
diəʔ^{12}	ʔliəʔ^{54}	ʔliəʔ^{54}	ʔliəʔ^{54}	ʔliəʔ^{54}
dieʔ^{23}	ʔlieʔ^{54}	ʔlieʔ^{54}	ʔlieʔ^{54}	ʔlieʔ^{54}
diɿʔ^{12}	liɿʔ^{12}	liɿʔ^{12}	liɿʔ^{12}	liɿʔ^{12}
dɿʔ^{23}	lɿʔ^{23}	lɿʔ^{23}	lɿʔ^{23}	lɿʔ^{23}
diəʔ^{12}	liəʔ^{12}	liəʔ^{12}	liəʔ^{12}	liəʔ^{12}
diɛʔ^{12}	liɛʔ^{12}	liɛʔ^{12}	liɛʔ^{12}	liɛʔ^{12}
dieʔ^{12}	lieʔ^{12}	lieʔ^{12}	lieʔ^{12}	lieʔ^{12}
diɐʔ^{23} /dɿʔ^{23}	lɿʔ^{23}	lɿʔ^{23}	lɿʔ^{23}	lɿʔ^{23}
diɐʔ^{23} /diɿʔ^{23}	liɿʔ^{23}	liɿʔ^{23}	liɿʔ^{23}	liɿʔ^{23}
dieʔ^{12}	lieʔ^{12}	lieʔ^{12}	lieʔ^{12}	lieʔ^{12}
di^{323}	li^{323}	li^{323}	li^{323}	li^{323}
diəʔ^{12}	liəʔ^{12}	liəʔ^{12}	liəʔ^{12}	liəʔ^{12}
diɐ^{24}	liə^{24}	liə^{24}	liə^{24}	liə^{24}
diʌ^{323}	lə^{323}	liʌ^{323}	liʌ^{323}	liʌ^{323}

摄口 等调 韵声	臻合 三入 术来	山合 三入 薛来	深开 三入 缉见	深开 三入 缉见
	律	劣	急	给
宜	lɪʔ^{23}	ləʔ^{23}/lɪʔ^{23}	tɕii^{45}	tɕiɪʔ^{45}
溧	lie^{223}	lɪʔ^{22}	tɕii^{55}	tɕiɪʔ^{55}
金	lieʔ^{44}	lieʔ^{44}	tɕie^{44}	tɕieʔ^{44}
丹	lɪʔ^{24}	lɪʔ^{24}	tɕɪʔ^{33}	tɕɪʔ^{33}
童	liiʔ^{24}/ʔliiʔ^{55}	liiʔ^{24}/ʔliiʔ^{55}	tɕiiʔ^{55}	tɕiiʔ^{55}
靖	liiʔ^{34}	liiʔ^{34}	tɕiiʔ^{55}	tɕiiʔ^{55}
江	lɪʔ^{12}	lɪʔ^{12}	tɕiəʔ^{55}	tɕiəʔ^{55}
常	liiʔ^{23}	liiʔ^{23}	tɕiiʔ^{55}	tɕiiʔ^{55}
锡	lɪʔ^{23}	lɪʔ^{23}	tɕiəʔ^{55}	tɕiəʔ^{55}
苏	lɪʔ^{23}	lɪʔ^{23}	tɕiəʔ^{55}	tɕiəʔ^{55}
熟	lɪʔ^{23}	lɪʔ^{23}	tɕɪʔ^{55}	tɕɪʔ^{55}
昆	lɪʔ^{12}	lɪʔ^{12}	tɕiiʔ^{55}	tɕiiʔ^{55}
霜	lɪʔ^{23}	lɪʔ^{23}	tɕɪʔ^{55}	tɕɪʔ^{55}
罗	lɪʔ^{23}	lɪʔ^{23}	tɕɪʔ^{55}	tɕɪʔ^{55}
周	lɪʔ^{23}	lɪʔ^{23}	tɕɪʔ^{55}	tɕɪʔ^{55}
上	liiʔ^{23}/lɪʔ^{23}	liiʔ^{23}/lɪʔ^{23}	tɕiiʔ^{55}	tɕiiʔ^{55}
松	lɪʔ^{23}	lɪʔ^{23}	tɕiiʔ^{55}	tɕiiʔ^{55}
黎	lɪʔ^{23}	lɪʔ^{23}	tɕiəʔ^{55}	tɕiəʔ^{55}
盛	lɪʔ^{22}	lɪʔ^{22}	tɕiɐʔ^{55}	tɕiɐʔ^{55}
嘉	ʔliəʔ^{54}	ʔliəʔ^{54}	tɕiəʔ^{54}	tɕiəʔ^{54}
双	ʔlieʔ^{54}	ʔlieʔ^{54}	tɕieʔ^{54}	tɕieʔ^{54}
杭	lyɪ^{12}/liɪʔ^{12}	liiʔ^{12}	tɕiɪʔ^{55}	tɕiiʔ^{55}
绍	lɪʔ^{23}	ləʔ^{23}/lɪʔ^{23}少	tɕiɪʔ^{55}	tɕiɪʔ^{55}
诸	liəʔ^{12}	liəʔ^{12}/ləʔ^{12}	tɕiəʔ^{55}	tɕiəʔ^{55}
崇	liɛʔ^{12}	lɛʔ^{12}	tɕiɛʔ^{45}	tɕiɛʔ^{45}
太	lieʔ^{12}	lɛʔ^{12}	tɕieʔ^{45}	tɕieʔ^{45}
余	lɪʔ^{23}	lɐʔ^{23}/lɪʔ^{23}	tɕɪʔ^{55}	tɕɪʔ^{55}
宁	liiʔ^{23}	liiʔ^{23}/liɐʔ^{23}	tɕiiʔ^{55}	tɕiiʔ^{55}
黄	lieʔ^{12}	lieʔ^{12}/lɐʔ^{12}	tɕieʔ^{55}	tɕieʔ^{55}
温	li^{323}	leɪ^{323}	tɕiæi^{423}	tɕi^{423}
衢	liəʔ^{12}	liəʔ^{12}	tɕiəʔ^{55}	tɕiəʔ^{55}
华	liə^{24}	liə^{24}/liɐ^{24}	tɕiə^{45}	tɕiə^{45}
永	lə^{323}	liʌ^{323}/lie^{323}	tɕiə^{434}	tɕiə^{434}

咸开 三入 业见	咸开 四入 帖见	山开 四入 屑见	山开 四入 屑见	深开 三入 缉溪
劫	挟~菜	洁	结	泣
tɕiɪʔ^{45}/dʑiɪʔ^{23}	tɕiɪʔ^{45}	tɕiɪʔ^{45}	tɕiɪʔ^{45}	tɕʻiɪʔ^{45}
tɕiɪʔ^{55}	tɕiɑʔ^{55}	tɕiɪʔ^{55}	tɕiɪʔ^{55}	tɕʻie^{223}
tɕiʔ^{44}	tɕieʔ^{44}	tɕieʔ^{44}	tɕieʔ^{44}	tɕʻiɪʔ^{44}
tɕɪʔ^{33}	tɕɪʔ^{33}	tɕɪʔ^{33}	tɕɪʔ^{33}	tɕʻɪʔ^{33}
tɕiɪʔ^{55}	tɕiɪʔ^{55}	tɕiʔ^{55}	tɕiɪʔ^{55}	tɕʻiɪʔ^{55}
tɕiɪʔ^{55}	kɑʔ^{55}	tɕiɪʔ^{55}	tɕiɪʔ^{55}	tɕʻiəʔ^{55}
tɕiəʔ^{55}/dʑiəʔ^{12}	tɕiəʔ^{55}	tɕiəʔ^{55}	tɕiəʔ^{55}	tɕʻiəʔ^{55}
tɕiɪʔ^{55}		tɕiɪʔ^{55}	tɕiɪʔ^{55}	tɕʻiɪʔ^{55}
tɕiəʔ^{55}	tɕiəʔ^{55}	tɕiəʔ^{55}	tɕiəʔ^{55}	tɕʻiəʔ^{55}
tɕiəʔ^{55}	kʌʔ^{55}	tɕiəʔ^{55}	tɕiəʔ^{55}	tɕʻiəʔ^{55}
tɕɪʔ^{55}		tɕɪʔ^{55}	tɕɪʔ^{55}	tɕʻɪʔ^{55}
tɕiɪʔ^{55}	kʌʔ^{55}	tɕiɪʔ^{55}	tɕiɪʔ^{55}	tɕʻiɪʔ^{55}
tɕɪʔ^{55}	tɕɪʔ^{55}	tɕɪʔ^{55}	tɕɪʔ^{55}	tɕʻiəʔ^{55}
tɕɪʔ^{55}	tɕɪʔ^{55}	tɕɪʔ^{55}	tɕɪʔ^{55}	tɕʻiɐʔ^{55}
tɕɪʔ^{55}	tɕɪʔ^{55}	tɕɪʔ^{55}	tɕɪʔ^{55}	tɕʻɪʔ^{55}
tɕiɪʔ^{55}	tɕiɪʔ^{55}	tɕiɪʔ^{55}	tɕiɪʔ^{55}	tɕʻiɪʔ^{55}
tɕiɪʔ^{55}/dʑiɪʔ^{23}	tɕiɪʔ^{55}	tɕiɪʔ^{55}	tɕiɪʔ^{55}	tɕʻiɪʔ^{55}
tɕiəʔ^{55}/dʑiəʔ^{23}	tɕiəʔ^{55}	tɕiəʔ^{55}	tɕiəʔ^{55}	tɕʻiəʔ^{34}
tɕiɐʔ^{55}	tɕiɐʔ^{55}	tɕiɐʔ^{55}	tɕiɐʔ^{55}	tɕʻiɐʔ^{55}
tɕiəʔ^{54}/dʑiəʔ^{54}	kʌʔ^{54}	tɕiəʔ^{54}	tɕiəʔ^{54}	tɕʻiəʔ^{54}
tɕiʔ^{54}	tɕieʔ^{54}	tɕieʔ^{54}	tɕieʔ^{54}	tɕʻieʔ^{54}
dʑiɪʔ^{12}	tɕiɪʔ^{55}	tɕiɪʔ^{55}	tɕiɪʔ^{55}	tɕʻiɪʔ^{55}
dʑiɪʔ^{23}/tɕʻ^{i}ɪʔ^{55}		tɕʻ^{i}ɪʔ^{55}	tɕʻ^{i}ɪʔ^{55}	tɕʻ^{i}ɪʔ^{55}
dʑiəʔ^{12}	tɕiəʔ^{55}	tɕiəʔ^{55}	tɕiəʔ^{55}	tɕʻiəʔ^{55}
tɕiɛʔ^{45}	tɕiɛʔ^{45}	tɕiɛʔ^{45}	tɕiɛʔ^{45}	tɕʻiɛʔ^{45}
tɕieʔ^{45}	tɕieʔ^{45}	tɕieʔ^{45}	tɕieʔ^{45}	tɕʻieʔ^{45}
tɕɪʔ^{55}/dʑɪʔ^{23}	kɐʔ^{55}	tɕɪʔ^{55}	tɕɪʔ^{55}	tɕʻɪʔ^{55}
tɕiɪʔ^{55}	tɕiɪʔ^{55}	tɕiɪʔ^{55}	tɕiɪʔ^{55}	tɕʻiɪʔ^{55}
tɕieʔ^{55}	tɕieʔ^{55}	tɕieʔ^{55}	tɕieʔ^{55}	tɕʻieʔ^{55}
tɕi^{423}		tɕi^{423}	tɕi^{423}	tsʻɿ^{423}
tɕiəʔ^{55}	tɕiəʔ^{55}	tɕiəʔ^{55}	tɕiəʔ^{55}	tɕʻiəʔ^{55}
tɕiə^{45}	tɕie^{45}	tɕiə^{45}	tɕiə^{45}	tɕʻiə^{45}/tɕʻiəʔ^{44}
dʑie^{323}	tɕie^{434}	tɕie^{434}	tɕie^{434}	tɕʻiə^{434}

摄 等调 韵声	深开 三入 缉群 及	山开 三入 薛群 杰	咸开 三入 业疑 业	山开 三入 薛疑 孼
宜	dziɪʔ^{23}	dziʔ^{23}	ȵiɪʔ^{23}	ȵiɪʔ^{23}
溧	dzie^{223}	dzie^{223}	ȵiɪʔ^{22}	ȵiɪʔ^{22}
金	tɕieʔ^{44}	tɕieʔ^{44}	nieʔ^{44}	nieʔ^{44}
丹	tɕɿʔ^{33}/dzɿʔ^{24}	dzɿʔ^{24}/tɕɿʔ^{33}	nɪʔ^{24}	nɪʔ^{24}
童	dziɪʔ^{24}	dzɿʔ^{24}	ȵiɪʔ^{24}/ʔȵiɪʔ^{55}	ȵiɪʔ^{24}/ʔȵiɪʔ^{55}
靖	dziɪʔ^{34}	dzɿʔ^{34}	ȵiɪʔ^{34}	ȵiɪʔ^{34}
江	dziəʔ^{12}	dziəʔ^{12}	ȵiəʔ^{12}	ȵiəʔ^{12}
常	dziɪʔ^{23}	dzɿʔ^{23}	ȵiɪʔ^{23}	ȵiɪʔ^{23}
锡	dziəʔ^{23}	dziəʔ^{23}	ȵiəʔ^{23}	ȵiəʔ^{23}
苏	dziəʔ^{23}	dziəʔ^{23}	ȵiəʔ^{23}	ȵiəʔ^{23}
熟	dzɿʔ^{23}	dzɿʔ^{23}	ȵɪʔ^{23}	ȵɪʔ^{23}
昆	dzɿʔ^{12}	dzɿʔ^{12}	ɦiɪʔ^{12}	ȵiɪʔ^{12}
霜	dzɿʔ^{23}	dzɿʔ^{23}	ȵɪʔ^{23}	ȵɪʔ^{23}
罗	dzɿʔ^{23}	dzɿʔ^{23}	ȵɪʔ^{23}	ȵɪʔ^{23}
周	dzɿʔ^{23}	dzɿʔ^{23}	ȵɪʔ^{23}	ȵɪʔ^{23}
上	dziɪʔ^{23}	dziɪʔ^{23}	ȵiɪʔ^{23}	ȵiɪʔ^{23}
松	dziɪʔ^{23}	dziɪʔ^{23}	ȵiɪʔ^{23}/ɦiɪʔ^{23}	ȵiɪʔ^{23}
黎	dziəʔ^{23}	dziəʔ^{23}	ȵiəʔ^{23}	ȵiəʔ^{23}
盛	dziɐʔ^{22}	dziɐʔ^{22}	ȵiɐʔ^{22}	ȵiɐʔ^{22}
嘉	dziəʔ^{12}	dziəʔ^{12}	ʔiəʔ^{54}/ʔȵiəʔ^{54}	ʔȵiəʔ^{54}
双	dzieʔ^{23}	dzieʔ^{23}	ʔȵ̀ieʔ^{54}	ʔȵieʔ^{54}
杭	dzɿʔ^{12}	dziɪʔ^{12}	ȵiɪʔ^{12}/ɦiɪʔ^{12}	ȵiɪʔ^{12}
绍	dzʲɪʔ^{23}	dzʲɪʔ^{23}	ȵʲɪʔ^{23}	ȵʲɪʔ^{23}
诸	dziəʔ^{12}	dziəʔ^{12}	ȵiəʔ^{12}	ȵiəʔ^{12}
崇	dziɛʔ^{12}	dziɛʔ^{12}	ȵiɛʔ^{12}	ȵiɛʔ^{12}
太	dzieʔ^{12}	dzieʔ^{12}	ȵieʔ^{12}	ȵieʔ^{12}
余	dzɿʔ^{23}	dzɿʔ^{23}	ȵɪʔ^{23}	ȵɪʔ^{23}
宁	dziɪʔ^{23}	dzɿʔ^{23}	ȵiɪʔ^{23}	ȵiɪʔ^{23}
黄	dzieʔ^{12}	dzieʔ^{12}	ȵieʔ^{12}	ȵieʔ^{12}
温	dziæi^{323}	dzi^{323}	ȵi^{323}	ȵi^{323}
衢	dziəʔ^{12}	dziəʔ^{12}	ȵiəʔ^{12}	ȵiəʔ^{12}
华	dziə^{24}	dziə^{24}/tɕiəʔ^{44}	ʔieɪ^{45}/ɦieʔ^{22}	ȵiə^{24}
永	dziə^{323}	tɕie^{434}	ȵie^{323}	ȵie^{323}

山开 三入 薛日	臻开 三入 质日	深开 三入 缉影	深开 三入 缉影	山开 三入 月影
热	日	邑	揖	谒
ȵiɻʔ$^{\underline{23}}$	ȵiɻʔ$^{\underline{23}}$	ʔiɻʔ$^{\underline{45}}$	ʔiɻʔ$^{\underline{45}}$	ʔiɻʔ$^{\underline{45}}$
ȵiɻʔ^{22} / ȵie^{223}	ȵie^{223} / szə^{223} /	ʔiɻʔ$^{\underline{55}}$	ʔiɻʔ$^{\underline{55}}$	ʔiɻʔ$^{\underline{55}}$
nieʔ$^{\underline{44}}$ / nəʔ$^{\underline{44}}$	nieʔ$^{\underline{44}}$ / nəʔ$^{\underline{44}}$	ieʔ^{44}	ieʔ^{44}	ieʔ^{44}
nɪʔ$^{\underline{24}}$	nɪʔ$^{\underline{24}}$ / lɛʔ$^{\underline{24}}$	iɻʔ^{33}	iɻʔ^{33}	iɻʔ^{33}
ȵiɻʔ$^{\underline{24}}$ / ʔ ȵiɻʔ$^{\underline{55}}$ / (ʔ) niɻ$^{24/55}$ / ləʔ^{55}	(ʔ) ȵiɻʔ$^{24/55}$ / (ʔ) ləʔ$^{24/55}$ / (ʔ) niɻ$^{24/55}$	ʔiɻʔ$^{\underline{55}}$	ʔiɻʔ$^{\underline{55}}$	ʔiɻʔ$^{\underline{55}}$
ȵiɻʔ$^{\underline{34}}$	ȵiɻʔ$^{\underline{34}}$	ʔiɻʔ$^{\underline{55}}$	ʔiɻʔ$^{\underline{55}}$	ʔiɻʔ$^{\underline{55}}$
ȵiəʔ$^{\underline{12}}$	ȵiəʔ$^{\underline{12}}$ / zɛʔ$^{\underline{12}}$	ʔɻʔ$^{\underline{55}}$	ʔɻʔ$^{\underline{55}}$	ʔɻʔ$^{\underline{55}}$
ȵiɻʔ$^{\underline{23}}$	ȵiɻʔ$^{\underline{23}}$ / zəʔ$^{\underline{23}}$	ʔiɻʔ$^{\underline{55}}$	ʔiɻʔ$^{\underline{55}}$	ʔiɻʔ$^{\underline{55}}$
ȵiəʔ$^{\underline{23}}$	ȵiəʔ$^{\underline{23}}$ / zəʔ$^{\underline{23}}$	ʔiəʔ$^{\underline{55}}$	ʔiəʔ$^{\underline{55}}$	ʔiəʔ$^{\underline{55}}$
ȵiəʔ$^{\underline{23}}$	ȵiəʔ$^{\underline{23}}$ / zəʔ$^{\underline{23}}$	ʔiəʔ$^{\underline{55}}$	ʔiəʔ$^{\underline{55}}$	ʔiəʔ$^{\underline{55}}$
ȵɪʔ$^{\underline{23}}$	nɪʔ$^{\underline{23}}$ / zɛʔ$^{\underline{23}}$	ʔiɻʔ$^{\underline{55}}$	ʔiɻʔ$^{\underline{55}}$	ʔiɻʔ$^{\underline{55}}$
ȵiɻʔ$^{\underline{12}}$	ȵiɻʔ$^{\underline{12}}$ / zəʔ$^{\underline{12}}$	ʔiɻʔ$^{\underline{55}}$	ʔiɻʔ$^{\underline{55}}$	ʔiɻʔ$^{\underline{55}}$
ȵɪʔ$^{\underline{23}}$	nɪʔ$^{\underline{23}}$ / zɛʔ$^{\underline{23}}$	ʔiɻʔ$^{\underline{55}}$	ʔiɻʔ$^{\underline{55}}$	ʔiɻʔ$^{\underline{55}}$
ȵɪʔ$^{\underline{23}}$	nɪʔ$^{\underline{23}}$ / sɐʔ$^{\underline{23}}$	ʔiɻʔ$^{\underline{55}}$	ʔiɻʔ$^{\underline{55}}$	ʔiɻʔ$^{\underline{55}}$
ȵɪʔ$^{\underline{23}}$	nɪʔ$^{\underline{23}}$ / zɛʔ$^{\underline{23}}$	ʔɻʔ$^{\underline{55}}$	ʔɻʔ$^{\underline{55}}$	ʔɻʔ$^{\underline{55}}$
ȵiɻʔ$^{\underline{23}}$	zɐʔ$^{\underline{23}}$ / ȵiɻʔ$^{\underline{23}}$	ʔiɻʔ$^{\underline{55}}$	ʔiɻʔ$^{\underline{55}}$	ʔiɻʔ$^{\underline{55}}$
ȵiɻʔ$^{\underline{23}}$	zəʔ$^{\underline{23}}$ / ȵiɻʔ$^{\underline{23}}$	ʔiɻʔ$^{\underline{55}}$	ʔiɻʔ$^{\underline{55}}$ / ʔi^{52}	ʔiɻʔ$^{\underline{55}}$
ȵiəʔ$^{\underline{23}}$	ȵiəʔ$^{\underline{23}}$ / zəʔ$^{\underline{23}}$	ʔiəʔ$^{\underline{55}}$	ʔiəʔ$^{\underline{55}}$	ʔiəʔ$^{\underline{55}}$
ȵiɐʔ$^{\underline{22}}$	ȵiɐʔ$^{\underline{22}}$ / zəʔ$^{\underline{22}}$	ʔiɐʔ$^{\underline{55}}$	ʔiɐʔ$^{\underline{55}}$	ʔiɐʔ$^{\underline{55}}$
ʔȵiəʔ^{54}	ȵiəʔ$^{\underline{12}}$ / zəʔ$^{\underline{12}}$	ʔiəʔ^{54}	ʔiəʔ^{54}	ʔiəʔ^{54}
ʔȵieʔ^{54}	ʔȵieʔ^{54} / zɛʔ$^{\underline{23}}$	ʔieʔ^{54}	ʔieʔ^{54}	ʔieʔ^{54}
ȵiɻʔ$^{\underline{12}}$	ɐɻ$^{\underline{12}}$	ʔiɻʔ$^{\underline{55}}$	ʔiɻʔ$^{\underline{55}}$	ʔiɻʔ$^{\underline{55}}$
ȵiɻʔ$^{\underline{23}}$	ȵiɻʔ$^{\underline{23}}$ / zəʔ$^{\underline{23}}$ / zɪʔ$^{\underline{23}}$	ʔiɻʔ$^{\underline{55}}$	ʔiɻʔ$^{\underline{55}}$	ʔiɻʔ$^{\underline{55}}$
ȵiəʔ$^{\underline{12}}$ / nieʔ$^{\underline{12}}$	ȵiəʔ$^{\underline{12}}$ / ȵieʔ$^{\underline{12}}$ / nieʔ$^{\underline{12}}$ / ziəʔ$^{\underline{12}}$	ʔieʔ$^{\underline{55}}$	ʔieʔ$^{\underline{55}}$	ʔieʔ$^{\underline{55}}$
ȵiEʔ$^{\underline{12}}$	nEʔ$^{\underline{12}}$ / zEʔ$^{\underline{12}}$	ʔiEʔ^{45}	ʔiEʔ^{45}	ʔiEʔ^{45}
nɪ$^{\underline{12}}$	nɛʔ$^{\underline{12}}$ / zɛ$^{\underline{12}}$	ʔiɻʔ^{45}	ʔiɻʔ^{45}	ʔiɻʔ^{45}
nɪ$^{\underline{23}}$	ȵɪʔ$^{\underline{23}}$ / ziɪʔ$^{\underline{23}}$ / zɐɪʔ$^{\underline{23}}$	ʔɻʔ$^{\underline{55}}$	ʔɻʔ$^{\underline{55}}$	ʔɻʔ$^{\underline{55}}$
ȵiɻʔ$^{\underline{23}}$	ȵɪʔ$^{\underline{23}}$ / ziiɻʔ$^{\underline{23}}$ / zəʔ$^{\underline{23}}$	ʔiɻʔ$^{\underline{55}}$	ʔiɻʔ$^{\underline{55}}$	ʔiɻʔ$^{\underline{55}}$
ȵieʔ$^{\underline{12}}$	ȵieʔ$^{\underline{12}}$	ʔieʔ$^{\underline{55}}$	ʔieʔ$^{\underline{55}}$	ʔieʔ$^{\underline{55}}$
nɪi^{323}	ne^{323} / nɪ^{323} / zɐi^{323}	ʔiæi^{123}	ʔiæi^{123}	ʔi^{123}
ȵiəʔ$^{\underline{12}}$	ȵiəʔ$^{\underline{12}}$ / ʒɥɛʔ$^{\underline{12}}$	ʔiəʔ$^{\underline{55}}$	ʔiəʔ$^{\underline{55}}$	ʔiəʔ$^{\underline{55}}$
ʔȵiə^{43} / niəʔ$^{\underline{22}}$	ȵiəʔ$^{\underline{22}}$ / niəʔ^{43}	ʔiə^{45}	ʔiə^{45}	ʔiə^{45}
ȵie^{323}	ȵie^{323} / szə^{323}	ʔiə^{134}	ʔiə^{134}	ʔie^{134}

摄口 等调 韵声	山开 四入 质影	臻开 三入 质影	臻开 三入 质影	深开 三入 缉晓
	噎	乙	一	吸
宜	$ʔiɪʔ^{45}$	$ʔiɪʔ^{45}$	$ʔiɪʔ^{45}$	$ɕiɪʔ^{45}$
溧	$ʔiɪʔ^{55}$	$ʔiɪʔ^{55}$	$ʔiɪʔ^{55}/ʔəʔ^{55}$	$ɕiɪʔ^{55}$
金	$ieʔ^{44}$	$ieʔ^{44}$	$ieʔ^{44}$	$ɕieʔ^{44}$
丹	$iɪʔ^{33}$	$iɪʔ^{33}$	$iɪʔ^{33}$	$ɕɪʔ^{33}$
童	$^{ʔ}iɪʔ^{55}$	$^{ʔ}iɪʔ^{55}$	$^{ʔ}iɪʔ^{55}$	$ɕiɪʔ^{55}$
靖	$^{ʔ}ɪʔ^{55}/iɪʔ^{55}$	$^{ʔ}iɪʔ^{55}$	$^{ʔ}iɪʔ^{55}$	$ɕiɪʔ^{55}$
江	$ʔɪʔ^{55}$	$ʔɪʔ^{55}$	$ʔɪʔ^{55}$	$ɕəʔ^{55}$
常	$ʔiɪʔ^{55}$	$ʔiɪʔ^{55}$	$ʔiɪʔ^{55}$	$ɕiɪʔ^{55}$
锡	$ʔiəʔ^{55}$	$ʔiəʔ^{55}$	$ʔiəʔ^{55}/ʔəʔ^{55}_{少}$	$ɕiəʔ^{55}$
苏	$ʔiəʔ^{55}$	$ʔiəʔ^{55}$	$ʔiəʔ^{55}$	$ɕiəʔ^{55}$
熟	$ʔiɪʔ^{55}$	$ʔiɪʔ^{55}$	$ʔiɪʔ^{55}$	$ɕɪʔ^{55}$
昆	$^{ʔ}iɪʔ^{55}$	$^{ʔ}iɪʔ^{55}$	$ʔiɪʔ^{55}$	$ɕiɪʔ^{55}$
霜	$ʔiɪʔ^{55}$	$ʔiɪʔ^{55}$	$ʔiɪʔ^{55}$	$ɕɪʔ^{55}$
罗	$ʔiɪʔ^{55}$	$ʔiɪʔ^{55}$	$ʔiɪʔ^{55}$	$ɕɪʔ^{55}$
周	$^{ʔ}ɪʔ^{55}$	$^{ʔ}ɪʔ^{55}/ʔiɪʔ^{55}$	$^{ʔ}ɪʔ^{55}/ʔiɪʔ^{55}$	$ɕɪʔ^{55}$
上	$ʔiɪʔ^{55}$	$ʔiɪʔ^{55}$	$ʔiɪʔ^{55}$	$ɕiɪʔ^{55}$
松	$ʔiɪʔ^{55}$	$ʔiɪʔ^{55}$	$ʔiɪʔ^{55}$	$ɕiɪʔ^{55}$
黎	$ʔiɐʔ^{55}$	$ʔiɐʔ^{55}$	$ʔiɐʔ^{55}$	$ɕiɐʔ^{55}$
盛	$ʔiɐʔ^{55}$	$ʔiɐʔ^{55}$	$ʔiɐʔ^{55}$	$ɕiɐʔ^{55}$
嘉	$ʔiɐʔ^{54}$	$ʔiɐʔ^{54}$	$ʔiɐʔ^{54}$	$ɕiɐʔ^{54}$
双	$ʔieʔ^{54}$	$ʔieʔ^{54}$	$ʔieʔ^{54}$	$ɕieʔ^{54}$
杭	$ʔiɪʔ^{55}$	$ʔiɪʔ^{55}$	$ʔiɪʔ^{55}$	$ɕiɪʔ^{55}$
绍	$ʔiɪʔ^{55}$	$ʔiɪʔ^{55}$	$ʔ^{i}ɪʔ^{55}$	$ɕ^{i}ɪʔ^{55}$
诸	$ʔiəʔ^{55}$	$ʔiəʔ^{55}$	$ʔiəʔ^{55}$	$ɕiəʔ^{55}$
崇	$ʔiEʔ^{45}$	$ʔiEʔ^{45}$	$ʔiEʔ^{45}$	$ɕiEʔ^{45}$
太	$ʔieʔ^{45}$	$ʔieʔ^{45}$	$ʔieʔ^{45}$	$ɕieʔ^{45}$
余	$ʔɪʔ^{55}$	$ʔɪʔ^{55}$	$ʔɪʔ^{55}/ʔiɪʔ^{55}$	$ɕɪʔ^{55}$
宁	$ʔiɪʔ^{55}$	$ʔiɪʔ^{55}$	$ʔiɪʔ^{55}$	$ɕiɪʔ^{55}$
黄	$ʔieʔ^{55}$	$ʔieʔ^{55}$	$ʔieʔ^{55}$	$ɕieʔ^{55}$
温	$ʔi^{423}$	$ʔiæi^{423}$	$ʔiæi^{423}$	$ɕiæi^{423}$
衢	$ʔiəʔ^{55}$	$ʔiəʔ^{55}$	$ʔiəʔ^{55}$	$ɕiəʔ^{55}$
华	$ʔiə^{45}$	$ʔiə^{45}$	$ʔiə^{45}$	$ɕiə^{45}$
永	$^{ʔ}ie^{434}$	$ʔiə^{434}$	$ʔiə^{434}$	$ɕiə^{434}$

咸开 三入 业晓	山开 三入 月晓	咸开 三入 叶以	咸开 三入 叶以	咸开 四入 帖匣
胁	歇	叶	页	协
çiɿʔ^{45}	çiɿʔ^{45}	ɦiɿʔ^{23}	ɦiɿʔ^{23}	ɦiɿʔ^{23}/ɦiʌʔ^{23}
çiɿʔ^{55}	çiɿʔ^{55}	ɦie^{223}/ȵia^{223}	ɦie^{223}	ɦie^{223}/ɦia^{223}
çiɐʔ^{44}	çieʔ^{44}	ieʔ^{44}	ieʔ^{44}	ieʔ^{44}
iɿʔ^{33}	iɿʔ^{33}	ɦiɿʔ^{24}	ɦiɿʔ^{24}	çiɿʔ^{33}
çiɿʔ^{55}	çiɿʔ^{55}	ɦiɿʔ^{24}	ɦiɿʔ^{24}	ɦiɿʔ^{24}
çziɿʔ^{34}	çiɿʔ^{55}	ɦiɿʔ^{34}	ɦiɿʔ^{34}	çziəʔ^{34}
çiəʔ^{55}	çiəʔ^{55}	ɦiəʔ^{12}	ɦiəʔ^{12}	ɦiəʔ^{12}
çiɿʔ^{55}	çiɿʔ^{55}	ɦiɿʔ^{23}	ɦiɿʔ^{23}	ɦiɿʔ^{23}
çiəʔ^{55}	çiəʔ^{55}	ɦiəʔ^{23}	ɦiəʔ^{23}	ɦiəʔ^{23}
çiəʔ^{55}	çiəʔ^{55}	ɦiəʔ^{23}	ɦiəʔ^{23}	ɦiəʔ^{23}
çɿʔ^{55}	çɿʔ^{55}	ɦɿʔ^{23}	ɦɿʔ^{23}	ɦɿʔ^{23}
çiɿʔ^{55}	çiɿʔ^{55}	ɦiɿʔ^{12}	ɦiɿʔ^{12}	ɦiʌʔ^{12}
çɿʔ^{55}	çɿʔ^{55}	ɦiɿʔ^{23}	ɦiɿʔ^{23}	ɦiʌʔ^{23}
çɿʔ^{55}	çɿʔ^{55}	ɦiɿʔ^{23}	ɦiɿʔ^{23}	ɦiʌʔ^{23}
çɿʔ^{55}	çɿʔ^{55}	ɦɿʔ^{23}	ɦɿʔ^{23}	ɦiɐʔ^{23}
çiɿʔ^{55}	çiɿʔ^{55}	ɦiɿʔ^{23}	ɦiɿʔ^{23}	ɦiɿʔ^{23}/ɕiɦiʔ^{23}
çiɿʔ^{55}	çiɿʔ^{55}	ɦiɿʔ^{23}	ɦiɿʔ^{23}	ɦiʌʔ^{23}
çiəʔ^{55}	çiəʔ^{55}	ɦiəʔ^{23}	ɦiəʔ^{23}	ɦiəʔ^{23}
çiɐʔ^{55}	çiɐʔ^{55}	ɦiɐʔ^{22}	ɦiɐʔ^{22}	ɦiɐʔ^{22}
çiəʔ^{54}/çiʌʔ^{54}	çiəʔ^{54}	ʔiəʔ^{54}	ʔiəʔ^{54}	çiəʔ^{54}
çieʔ^{54}	çieʔ^{54}	ʔieʔ^{54}	ʔieʔ^{54}	ʔieʔ^{54}
çziɿʔ^{12}	çiɿʔ^{55}	ɦiɿʔ^{12}	ɦiɿʔ^{12}	çziɿʔ^{12}
çiɿʔ^{55}	çiɿʔ^{55}	ɦiɿʔ^{23}	ɦiɿʔ^{23}	ɦiʌʔ^{23}
çiəʔ^{55}	çiəʔ^{55}	ɦiəʔ^{12}	ɦiəʔ^{12}	ȵiʌʔ^{12}/ɦiʌʔ^{12}
çiEʔ^{45}	çiEʔ^{45}	ɦiEʔ^{12}	ɦiEʔ^{12}	ɦiEʔ^{12}
çieʔ^{45}	çieʔ^{45}	ɦieʔ^{12}	ɦieʔ^{12}	ɦieʔ^{12}
çɿʔ^{55}	çɿʔ^{55}	ɦɿʔ^{23}	ɦɿʔ^{23}	ɦɿʔ^{23}/ɦieʔ^{23}
ɦiɿʔ^{23}/çiɿʔ^{55}	çiɿʔ^{55}	ɦiɿʔ^{23}	ɦiɿʔ^{23}	ɦiɿʔ^{23}
çieʔ^{55}	çieʔ^{55}	ɦieʔ^{12}	ɦieʔ^{12}	ɦieʔ^{12}
çi^{423}	çi^{423}	ɦi^{323}	ɦi^{323}	ɦi^{323}
ɦiʌʔ^{12}	ʔiəʔ^{55}	ʔˀɦiəʔ^{12}	ʔˀɦiəʔ^{12}	ʔˀɦiəʔ^{12}
çiə^{45}	çiə^{45}	ɦiəʔ^{22}	ɦiəʔ^{22}	ɦiəʔ^{22}/çiə^{45}
çie^{434}	çie^{434}	ʔɦie^{323}	ʔɦie^{323}	ʔɦie^{323}

摄口 等调 韵声	咸开 三入 叶精 接	山开 四入 屑精 节	咸开 三入 叶清 姜	深开 三入 缉从 辑
宜	tɕiɪʔ⁴⁵	tɕiɪʔ⁴⁵	tɕʻiɪʔ⁴⁵	tɕʻiɪʔ⁴⁵
溧	tɕiɪʔ⁵⁵	tɕiɪʔ⁵⁵	tɕʻie²²³	tɕʻie²²³
金	tɕieʔ⁴⁴	tɕieʔ⁴⁴	tɕʻieʔ⁴⁴	tɕʻieʔ⁴⁴
丹	tɕɪʔ³³	tɕɪʔ³³	tɕʻɪʔ³³	tɕʻɪʔ³³
童	tɕiɪʔ⁵⁵	tɕiɪʔ⁵⁵	tɕʻiɪʔ⁵⁵	tɕʻiɪʔ⁵⁵
靖	tsɪʔ⁵⁵	tsɪʔ⁵⁵	tsʻɪʔ⁵⁵	tsʻɪʔ⁵⁵
江	tsɪʔ⁵⁵	tsɪʔ⁵⁵	tsʻɪʔ⁵⁵	tsʻɪʔ⁵⁵
常	tɕiɪʔ⁵⁵	tɕiɪʔ⁵⁵	tɕʻiɪʔ⁵⁵	tɕʻiɪʔ⁵⁵
锡	tsɪʔ⁵⁵	tsɪʔ⁵⁵	tsʻɪʔ⁵⁵	tsʻɪʔ⁵⁵
苏	tsɪʔ⁵⁵	tsɪʔ⁵⁵	tsʻɪʔ⁵⁵	tsʻɪʔ⁵⁵
熟	tsɪʔ⁵⁵	tsɪʔ⁵⁵	tsʻɪʔ⁵⁵	dzɪʔ²³
昆	tsɪʔ⁵⁵	tsɪʔ⁵⁵	tɕʻiɪʔ⁵⁵	tsʻɪʔ⁵⁵
霜	tsɪʔ⁵⁵	tsɪʔ⁵⁵	tsʻɪʔ⁵⁵	tsʻɪʔ⁵⁵
罗	tsɪʔ⁵⁵/tɕɪʔ⁵⁵	tsɪʔ⁵⁵	tsʻɪʔ⁵⁵	tsʻɪʔ⁵⁵/tɕɪʔ⁵⁵
周	tɕɪʔ⁵⁵	tɕɪʔ⁵⁵	tɕʻɪʔ⁵⁵	tɕʻɪʔ⁵⁵
上	tɕiɪʔ⁵⁵	tɕiɪʔ⁵⁵	tɕʻiɪʔ⁵⁵	tɕʻiɪʔ⁵⁵
松	tɕiɪʔ⁵⁵	tɕiɪʔ⁵⁵	tɕʻiɪʔ⁵⁵	tɕʻiɪʔ⁵⁵
黎	tsɪʔ⁵⁵	tsɪʔ⁵⁵	tsʻɪʔ³⁴	tsʻɪʔ³⁴
盛	tsɪʔ⁵⁵	tsɪʔ⁵⁵	tsʻɪʔ⁵⁵	tsʻɪʔ⁵⁵
嘉	tɕiəʔ⁵⁴	tɕiəʔ⁵⁴	tɕʻiəʔ⁵⁴	tɕʻiəʔ⁵⁴
双	tɕieʔ⁵⁴	tɕieʔ⁵⁴	tɕʻieʔ⁵⁴	tɕʻieʔ⁵⁴
杭	tɕiɪʔ⁵⁵	tɕiɪʔ⁵⁵	tɕiɪʔ⁵⁵	tɕiɪʔ⁵⁵/tɕʻiɪʔ⁵⁵
绍	tɕiɪʔ⁵⁵	tɕiɪʔ⁵⁵	tɕʻiɪʔ⁵⁵	tɕʻiɪʔ⁵⁵
诸	tɕiəʔ⁵⁵	tɕiəʔ⁵⁵	tɕʻiəʔ⁵⁵	tɕʻiəʔ⁵⁵
崇	tɕiEʔ⁴⁵	tɕiEʔ⁴⁵	tɕʻiEʔ⁴⁵	tɕʻiEʔ⁴⁵
太	tɕieʔ⁴⁵	tɕieʔ⁴⁵	tɕʻieʔ⁴⁵	tɕʻieʔ⁴⁵
余	tɕɪʔ⁵⁵	tɕɪʔ⁵⁵	tɕʻɪʔ⁵⁵	tɕʻɪʔ⁵⁵
宁	tɕiɪʔ⁵⁵	tɕiɪʔ⁵⁵	tɕʻiɪʔ⁵⁵	tɕʻiɪʔ⁵⁵
黄	tɕieʔ⁵⁵	tɕieʔ⁵⁵	tɕʻieʔ⁵⁵	tɕʻieʔ⁵⁵
温	tɕi⁴²³	tɕɪ¹²³	tɕʻi⁴²³	tɕʻiæi⁴²³
衢	tɕiəʔ⁵⁵	tɕiəʔ⁵⁵	tɕʻiəʔ⁵⁵	tɕʻiəʔ⁵⁵
华	tɕie⁴⁵	tɕie⁴⁵/tɕiɐ⁴⁵	tɕʻiə⁴⁵	tɕʻiə⁴⁵
永	tɕie⁴³⁴	tɕiʌi⁴³⁴	tɕʻiʌi⁴³⁴	tsʻə⁴³⁴

山开 四入 屑清	山开 四入 屑清	臻开 三入 质清	深开 三入 缉从	山开 四入 屑从
切	窃	七	集	截
tɕʻiʌʔ^{45}	tɕʻiʌʔ^{45}	tɕʻiɿʔ^{45}	ʑiɿʔ^{45}	ʑiʌʔ^{23}
tɕʻie^{223}	tɕʻie^{223}	tɕʻie^{223}	ʑie^{223}	ʑie^{223}
tɕʻieʔ^{44}	tɕʻieʔ^{44}	tɕʻieʔ^{44}	tɕieʔ^{44}	tɕieʔ^{44}
tɕʻɿʔ^{33}	tɕʻɿʔ^{33}	tɕʻɿʔ^{33}	tɕɿʔ^{33}	tɕɿʔ^{33}
tɕʻiɿʔ^{55}	tɕʻiɿʔ^{55}	tɕʻiɿʔ^{55}	dʑiɿʔ^{24}	dʑiɿʔ^{24}
tsʻɿʔ^{55}	tsʻɿʔ^{55}	tsʻɿʔ^{55}	sʑɿʔ^{34}	sʑɿʔ^{34}
tsʻɿʔ^{55}	tsʻɿʔ^{55}	tsʻɿʔ^{55}	dʑɿʔ^{12}	dʑɿʔ^{12}
tɕʻiɿʔ^{55}	tɕʻiɿʔ^{55}	tɕʻiɿʔ^{55}	ʑiɿʔ^{23}	ʑiɿʔ^{23}
tsʻɿʔ^{55}	tsʻɿʔ^{55}	tsʻɿʔ^{55}	ʑɿʔ^{23}	ʑɿʔ^{23}
tsʻɿʔ^{55}	tsʻɿʔ^{55}	tsʻɿʔ^{55}	ʑɿʔ^{23}	ʑɿʔ^{23}
tsʻɿʔ^{55}	tsʻɿʔ^{55}	tsʻɿʔ^{55}	dʑɿʔ^{23}	dʑɿʔ^{23}
tsʻɿʔ^{55}	tsʻɿʔ^{55}	tsʻɿʔ^{55}	ʑɿʔ^{12}	ʑɿʔ^{12}
tsʻɿʔ^{55}	tsʻɿʔ^{55}	tsʻɿʔ^{55}	ʑɿʔ^{23}	ʑɿʔ^{23}
tsʻɿʔ^{55}	tsʻɿʔ^{55}	tsʻɿʔ^{55}	ʑɿʔ^{23} / ʑɿʔ^{23}	ʑɿʔ^{23}
tɕʻɿʔ^{55}	tɕʻɿʔ^{55}	tɕʻɿʔ^{55}	ʑɿʔ^{23}	ʑɿʔ^{23}
tɕʻiɿʔ^{55}	tɕʻiɿʔ^{55}	tɕʻiɿʔ^{55}	dʑiɿʔ^{23} / ʑiɿʔ^{23}	ʑiɿʔ^{23}
tɕʻiɿʔ^{55}	tɕʻiɿʔ^{55}	tɕʻiɿʔ^{55}	dʑiɿʔ^{23} / ʑiɿʔ^{23}	ʑiɿʔ^{23}
tsʻɿ^{34}	tsʻɿ^{34}	tsʻɿ^{34}	dʑɿʔ^{23}	ʑɿʔ^{23}
tsʻɿʔ^{55}	tsʻɿʔ^{55}	tsʻɿʔ^{55}	dʑɿʔ^{22}	dʑɿʔ^{22}
tɕʻiəʔ^{54}	tɕʻiəʔ^{54}	tɕʻiəʔ^{54}	dʑiəʔ^{12}	dʑiəʔ^{12}
tɕʻieʔ^{54}	tɕʻieʔ^{54}	tɕʻieʔ^{54}	dʑieʔ^{23}	dʑieʔ^{23}
tɕʻiɿʔ^{55}	tɕʻiɿʔ^{55}	tɕʻiɿʔ^{55}	dʑiɿʔ^{12}	dʑiɿʔ^{12}
tɕʻiɿʔ^{55}	tɕʻiɿʔ^{55}	tɕʻiɿʔ^{55}	dʑiɿʔ^{23}	dʑiɿʔ^{23}
tɕʻiəʔ^{55}	tɕʻiəʔ^{55}	tɕʻiəʔ^{55}	dʑiəʔ^{12}	dʑiəʔ^{12}
tɕʻiEʔ^{45}	tɕʻiEʔ^{45}	tɕʻiEʔ^{45}	dʑiEʔ^{12}	dʑiEʔ^{12}
tɕʻieʔ^{45}	tɕʻieʔ^{45}	tɕʻieʔ^{45}	dʑieʔ^{12}	dʑieʔ^{12}
tɕʻɿʔ^{55}	tɕʻɿʔ^{55}	tɕʻɿʔ^{55}	dʑɿʔ^{23}	dʑɿʔ^{23}
tɕʻiɿʔ^{55}	tɕʻiɿʔ^{55}	tɕʻiɿʔ^{55}	dʑiɿʔ^{23}	dʑiɿʔ^{23}
tɕʻieʔ^{55}	tɕʻieʔ^{55}	tɕʻieʔ^{55}	ʑieʔ^{12}	ʑieʔ^{12}
tɕʻi^{423}	tɕʻi^{423}	tsʻæi^{423}	ʑæi^{323}	ɦi^{323}
tɕʻiəʔ^{55}	tɕʻiəʔ^{55}	tɕʻiəʔ^{55}	ʑiəʔ^{12}	dʑiəʔ^{12}
tɕʻiə^{45}	tɕʻiə^{45}	tɕʻiə^{45}	tɕiə^{45}	tɕiə^{45}
tɕʻiʌ^{434}	tɕʻiʌ^{434}	tsʻə^{434}	sʑə^{323}	ɕʑiʌ^{323}

摄口 等调 韵声	咸开 三入 叶从 捷	山开 四入 屑心 屑	深开 三入 缉邪 习	深开 三入 缉邪 袭
宜	ʑiAʔ^{23}	ɕiAʔ^{45}	ʑiɪʔ^{23}	ʑiɪʔ^{23}
溧	zie^{223}	ɕiɪʔ^{55}	ʑie^{223}	ʑie^{223}
金	tɕieʔ^{44}	ɕyeʔ^{44}	ɕieʔ^{44}	ɕieʔ^{44}
丹	tɕɪʔ^{33}	sye^{33}	sɪʔ^{33}	sɪʔ^{33}
童	dʑiɪʔ^{24}	ɕiɪʔ^{55}	ʑiɪʔ^{24}	ʑiɪʔ^{24}
靖	szɪʔ^{34}	sɪʔ^{55}	szɪʔ^{34}	szɪʔ^{34}
江	dzɪʔ^{12}	sɪʔ^{55}	zɪʔ^{12}	zɪʔ^{12}
常	ʑiɪʔ^{23}	ɕiɪʔ^{55}	ʑiɪʔ^{23}	ʑiɪʔ^{23}
锡	zɪʔ^{23}	sɪʔ^{55}	zɪʔ^{23}	zɪʔ^{23}
苏	zɪʔ^{23}	sɪʔ^{55}	zɪʔ^{23}	zɪʔ^{23}
熟	dzɪʔ^{23}	sɪʔ^{55}	zɪʔ^{23}	zɪʔ^{23}
昆	zɪʔ^{12}	sɪʔ^{55}	zɪʔ^{12}	zɪʔ^{12}
霜	zɪʔ^{23}	sɪʔ^{55}	zɪʔ^{23}	zɪʔ^{23}
罗	zɪʔ^{23}	sɪʔ^{55}/ɕɪʔ^{55}	zɪʔ^{23}/ʑɪʔ^{23}	zɪʔ^{23}/ʑɪʔ^{23}
周	zɪʔ^{23}	ɕɪʔ^{55}	ʑɪʔ^{23}	zɪʔ^{23}
上	ʑiɪʔ^{23}/dʑiɪʔ^{23}	ɕiɪʔ^{55}	ʑiɪʔ^{23}/dʑiɪʔ^{23}	ʑiɪʔ^{23}/dʑiɪʔ^{23}
松	ʑiɪʔ^{23}/dʑiɪʔ^{23}	ɕiɪʔ^{55}	ʑiɪʔ^{23}	ʑiɪʔ^{23}
黎	dzɪʔ^{23}	sɪʔ^{55}	zɪʔ^{23}	zɪʔ^{23}
盛	dzɪʔ^{22}	sɪʔ^{55}	dzɪʔ^{22}/zɪʔ^{22}	dzɪʔ^{22}/zɪʔ^{22}
嘉	dʑiəʔ^{12}	ɕiəʔ^{54}	dʑiəʔ^{12}	dʑiəʔ^{12}
双	dʑieʔ^{23}	ɕieʔ^{54}	dʑieʔ^{23}	dʑieʔ^{23}
杭	dʑiɪʔ^{12}	ɕiɪʔ^{55}	dʑiɪʔ^{12}/ɕʑiɪʔ^{12}	dʑiɪʔ^{12}
绍	dʑiɪʔ^{23}	ɕiɪʔ^{55}	dʑiɪʔ^{23}	dʑiɪʔ^{23}
诸	dʑiəʔ^{12}	ɕiəʔ^{55}	dʑiəʔ^{12}	dʑiəʔ^{12}
崇	dʑiEʔ^{12}	ɕiEʔ^{55}	dʑiEʔ^{12}	dʑiEʔ^{12}
太	dʑieʔ^{12}	ɕieʔ^{45}	dʑieʔ^{12}	dʑieʔ^{12}
余	dʑɪʔ^{23}	ɕɪʔ^{55}	dʑɪʔ^{23}	dʑɪʔ^{23}
宁	dʑiɪʔ^{23}	ɕiɪʔ^{55}	ʑiɪʔ^{23}	ʑiɪʔ^{23}
黄	zieʔ^{12}	ɕieʔ^{55}	ʑieʔ^{12}	ʑieʔ^{12}
温	ɦii^{323}	ɕi^{423}	zæi^{323}	zæi^{323}
衢	dʑiəʔ^{12}	ɕiəʔ^{55}	ʑiəʔ^{12}	ʑiəʔ^{12}
华	tɕiə^{45}/tɕiəʔ^{44}	ɕiə^{45}	ɕʑiə^{24}/ɕiəʔ^{44}/dʑiə^{24}/dʑiəʔ^{22}	ɕʑiə^{24}
永	ɕziA^{323}	ɕiA^{434}	szə^{323}	szə^{323}

宕合 一入 铎见 郭	宕合 一入 铎溪 扩	通合 一入 沃溪 酷	通合 一入 沃影 沃	宕合 一入 铎晓 霍
koʔ^{45}	kʻuəʔ^{45}	kʻɔʔ^{45}	ʔɔʔ^{45}	xɔʔ^{45}
koʔ^{55}	kʻuə^{223}/kʻuɔ^{223}	kʻɔ^{223}	ʔɔʔ^{55}	xɔʔ^{55}
kuɑ^{44}	kʻuɑ^{44}	kʻuɑʔ$^{\underline{44}}$/kʻɔʔ$^{\underline{44}}$	ɔʔ^{44}	xɔʔ$^{\underline{44}}$/xuɑʔ$^{\underline{44}}$
kuɛʔ$^{\underline{33}}$/kuɑʔ$^{\underline{33}}$	kʻuɛʔ$^{\underline{33}}$/kʻuɑʔ$^{\underline{33}}$	kʻoʔ^{33}	oʔ^{33}	hoʔ^{33}
kuoʔ$^{\underline{55}}$/koʔ$^{\underline{55}}$	kʻoʔ$^{\underline{55}}$/kʻuəʔ$^{\underline{55}}$	kʻoʔ$^{\underline{55}}$	ʔoʔ^{55}	hoʔ$^{\underline{55}}$
koʔ$^{\underline{55}}$	kʻɔʔ$^{\underline{55}}$	kʻɔʔ$^{\underline{55}}$	ʔɔʔ$^{\underline{55}}$	hoʔ$^{\underline{55}}$
koʔ$^{\underline{55}}$	kʻoʔ$^{\underline{55}}$	kʻoʔ$^{\underline{55}}$	ʔoʔ$^{\underline{55}}$	hoʔ$^{\underline{55}}$
koʔ$^{\underline{55}}$	kʻɔʔ$^{\underline{55}}$/kʻuɜʔ$^{\underline{55}}$	kʻɔʔ$^{\underline{55}}$/kʻuɜʔ$^{\underline{55}}$	ʔɔʔ$^{\underline{55}}$	xɔʔ$^{\underline{55}}$/xuɜʔ$^{\underline{55}}$
kɔʔ$^{\underline{55}}$	kʻuəʔ$^{\underline{55}}$/kʻɔ$^{\underline{55}}$	kʻɔʔ$^{\underline{55}}$	ʔuɔʔ$^{\underline{55}}$/ʔɔʔ$^{\underline{55}}$	xɔʔ$^{\underline{55}}$
kɔʔ$^{\underline{55}}$/kuəʔ$^{\underline{55}}$	kʻuəʔ$^{\underline{55}}$/kʻɔʔ$^{\underline{55}}$	kʻɔʔ$^{\underline{55}}$	ʔɔʔ$^{\underline{55}}$	hoʔ$^{\underline{55}}$
koʔ$^{\underline{55}}$	kʻoʔ$^{\underline{55}}$	kʻoʔ$^{\underline{55}}$	ʔuoʔ^{55}	hoʔ$^{\underline{55}}$
koʔ$^{\underline{55}}$	kʻuəʔ$^{\underline{55}}$/kʻuoʔ$^{\underline{55}}$	kʻoʔ$^{\underline{55}}$	ʔoʔ$^{\underline{55}}$	hoʔ$^{\underline{55}}$
koʔ$^{\underline{55}}$	kʻuəʔ$^{\underline{55}}$	kʻoʔ$^{\underline{55}}$	ʔoʔ$^{\underline{55}}$	xoʔ$^{\underline{55}}$
koʔ$^{\underline{55}}$	kʻuəʔ$^{\underline{55}}$	kʻoʔ$^{\underline{55}}$	ʔoʔ$^{\underline{55}}$	hoʔ$^{\underline{55}}$
koʔ$^{\underline{55}}$	kʻoʔ$^{\underline{55}}$/kʻuəʔ$^{\underline{55}}$	kʻɒʔ$^{\underline{55}}$/kʻoʔ$^{\underline{55}}$	ʔoʔ$^{\underline{55}}$	hoʔ$^{\underline{55}}$
koʔ$^{\underline{55}}$	kʻoʔ$^{\underline{55}}$/kʻuɐʔ$^{\underline{55}}$	kʻoʔ$^{\underline{55}}$	ʔoʔ$^{\underline{55}}$	hoʔ$^{\underline{55}}$
kɔʔ$^{\underline{55}}$	kʻuəʔ$^{\underline{55}}$	kʻɔʔ$^{\underline{55}}$	ʔɔʔ$^{\underline{55}}$	hɔʔ$^{\underline{55}}$
kɔʔ$^{\underline{55}}$	kʻuəʔ$^{\underline{34}}$	kʻoʔ$^{\underline{34}}$	ʔɔʔ$^{\underline{55}}$	hoʔ$^{\underline{55}}$
kɔʔ$^{\underline{55}}$	kʻɔʔ^{55}	kʻɔʔ$^{\underline{55}}$	ʔɔʔ$^{\underline{55}}$	hɔʔ$^{\underline{55}}$
kɔʔ$^{\underline{54}}$	kʻoʔ$^{\underline{54}}$	kʻoʔ$^{\underline{54}}$	ʔoʔ$^{\underline{54}}$	hoʔ$^{\underline{54}}$
kɔʔ$^{\underline{54}}$	kʻuəʔ$^{\underline{54}}$	kʻoʔ$^{\underline{54}}$	ʔoʔ$^{\underline{54}}$	hoʔ$^{\underline{54}}$
kuəʔ^{55}/kɔʔ^{55}	kʻuɐʔ^{55}	kʻɔʔ$^{\underline{55}}$	ʔuɔʔ^{55}	xuɐʔ^{55}/hɔʔ^{55}
kuoʔ^{55}/koʔ^{55}	kʻuoʔ$^{\underline{55}}$/kʻoʔ$^{\underline{55}}_{少}$	kʻuoʔ$^{\underline{55}}$/kʻoʔ$^{\underline{55}}$	ʔuoʔ^{55}	xuoʔ^{55}
koʔ$^{\underline{55}}$	kʻuoʔ^{55}	kʻuoʔ^{55}	ʔoʔ$^{\underline{55}}$	hoʔ$^{\underline{55}}$
kuəʔ$^{\underline{45}}$	kʻuəʔ$^{\underline{45}}$	kʻuəʔ$^{\underline{45}}$	ʔuəʔ^{45}	hɔʔ$^{\underline{45}}$
kɔʔ$^{\underline{45}}$	kʻɔʔ$^{\underline{45}}$	kʻɔʔ$^{\underline{45}}$	ʔɔʔ$^{\underline{45}}$	hɔʔ$^{\underline{45}}$
kɔʔ$^{\underline{55}}$	kuəʔ$^{\underline{55}}$	kʻɔʔ$^{\underline{55}}$	ʔuɔʔ$^{\underline{55}}$/ʔɔʔ$^{\underline{55}}$	hɔʔ$^{\underline{55}}$
kɔʔ$^{\underline{55}}$	kɔʔ^{55}	kʻoʔ$^{\underline{55}}$	ʔɔʔ$^{\underline{55}}$	hɔʔ$^{\underline{55}}$
ko^{423}	kʻuo^{423}/kʻuɔ^{423}	kʻo^{423}	ʔo^{423}	xo^{423}
kəʔ$^{\underline{55}}$/kuəʔ$^{\underline{55}}_{少}$	kʻuəʔ$^{\underline{55}}$	kʻuəʔ$^{\underline{55}}$	ʔuəʔ$^{\underline{55}}$/ʔuoʔ$^{\underline{55}}$	xuəʔ$^{\underline{55}}$/xəʔ$^{\underline{55}}$
kuoʔ$^{\underline{44}}$/koʔ$^{\underline{44}}$	kʻuoʔ$^{\underline{44}}$/kʻoʔ$^{\underline{44}}$	kʻuoʔ^{44}	ʔuoʔ$^{\underline{44}}$/ʔoʔ$^{\underline{44}}$	xuoʔ^{44}
koə^{434}	kʻoə^{434}	kʊ^{434}	ʔʊ^{434}	xoə^{434}

摄口	宕合	宕合	梗合	山合
等调	一入	一入	二入	一入
韵声	铎晓	铎匣	麦匣	末见
	藿	镬	获	括
宜	xɔʔ⁴⁵		ɦuəʔ²³	kuʌʔ⁴⁵
溧	xɔʔ⁵⁵		ɦuəʔ²²	kuɑʔ⁵⁵
金	xɔʔ⁴⁴		uəʔ⁴⁴	kuɑʔ⁴⁴
丹	hoʔ³³		hɦuɛʔ²⁴	kuɑʔ³³
童	hoʔ⁵⁵	ɦuɔʔ²⁴	ɦuɔʔ²⁴	kuʌʔ⁵⁵
靖	hɔʔ⁵⁵		hɦuɔʔ³⁴	kuɑʔ⁵⁵
江	hoʔ⁵⁵		ɦuɜʔ¹²	kuɑʔ⁵⁵
常	xɔʔ⁵⁵		ɦuɜʔ²³	kuɑʔ⁵⁵
锡	xɔʔ⁵⁵	ɦɔʔ²³	ɦuɔʔ²³	kuʌʔ⁵⁵
苏	hɔʔ⁵⁵	ɦɔʔ²³	ɦuɔʔ²³	kuʌʔ⁵⁵
熟	hoʔ⁵⁵	ɦuoʔ²³	ɦuoʔ²³	kʻuoʔ⁵⁵
昆	hoʔ⁵⁵	ɦuoʔ¹²	ɦuoʔ¹²/ɦuəʔ¹²	kuəʔ⁵⁵/kuʌʔ⁵⁵
霜	xoʔ⁵⁵	ɦoʔ²³	voʔ²³/vəʔ²³	kuʌʔ⁵⁵
罗	hoʔ⁵⁵	ɦoʔ²³	ɦuɐʔ²³/vɐʔ²³	kuʌʔ⁵⁵
周	hoʔ⁵⁵	vɒʔ²³/ɦuɒʔ²³/ɦuoʔ²³	ɦoʔ²³	kuɑʔ⁵⁵
上	hoʔ⁵⁵	ɦoʔ²³/ɦuɑʔ²³	ɦuɐʔ²³/ɦoʔ²³	kuɐʔ⁵⁵
松	hɔʔ⁵⁵	ɦoʔ²³	ɦuɔʔ²³/vɔʔ²³	kuæʔ⁵⁵
黎	hoʔ⁵⁵	ɦuɔʔ²³/ɦoʔ²³	ɦuəʔ²³	kuʌʔ⁵⁵
盛	hɔʔ⁵⁵	ɦoʔ²²	ɦuəʔ²²	kuɑʔ⁵⁵
嘉	hoʔ⁵⁴	ʔuoʔ¹²/ʔoʔ¹²	ʔoʔ⁵⁴/ʔuoʔ⁵⁴	kuʌʔ⁵⁴
双	hoʔ⁵⁴	ʔʉ̥⁵³/ʔuəʔ⁵⁴	ʔuəʔ⁵⁴	kuʌʔ⁵⁴
杭	xuɐʔ⁵⁵/hɔʔ	huɔʔ⁵⁵	ɦuɐʔ¹²	kuʌʔ⁵⁵
绍	xuoʔ⁵⁵		ɦuoʔ²³	kuæʔ⁵⁵/kuʌʔ⁵⁵
诸	hoʔ⁵⁵	ɦuo¹²	ɦuo¹²	kuʌʔ⁵⁵
崇	hɔʔ⁴⁵	ɦɔʔ¹²	ɦɔʔ¹²	kuɑʔ⁴⁵/kuæʔ⁴⁵
太	hɔʔ⁴⁵	vɛʔ¹²	ɦɔʔ¹²	kuɑʔ⁴⁵
余	hɔʔ⁵⁵	ɦɔʔ²³/ɦuɔʔ²³	ɦɔʔ²³/ɦuɔʔ²³	kuɐʔ⁵⁵/kʻuɐʔ⁵⁵
宁	hɔʔ⁵⁵	ɦɔʔ²³	ɦɔʔ²³	kuɐʔ⁵⁵
黄	hɔʔ⁵⁵	ɦuɔʔ¹²	ɦuɐʔ¹²	kuɐʔ⁵⁵
温	xo⁴²³		vɑ³²³	ko⁴²³
衢	xuəʔ⁵⁵	ɦuə¹²	ɦuəʔ¹²/ɦuəʔ⁵⁵	kuʌʔ⁵⁵
华	xuoʔ⁴⁴	ɦuoʔ²⁴/ɦuoʔ²²	xuoʔ⁴⁴/ɦuoʔ²²	kʻuoʔ⁴⁴/kuoʔ⁴⁴
永	xoəʔ⁴³⁴	ʔɦoəʔ³²³	ʔɦuai³²³	kuʌ⁴³⁴

山合　二入　锴见		山合　二入　點影	山合　一入　末晓	山合　二入　點匣
刮	呱~~叫	挖	豁	滑
kuᴀʔ^{45}	kuaʔ^{45}	ʔuᴀʔ^{45}	xuᴀʔ^{45}	ɦuᴀʔ^{23}
kuaʔ^{55}	kuaʔ^{55}	ʔuaʔ^{55}	xɔʔ^{55}	ɦua^{223}
kuaʔ^{44}	kuaʔ^{44}	uaʔ^{44}	uaʔ^{44}/ɔʔ^{44}	xuaʔ^{44}
kuaʔ^{33}	kuaʔ^{33}	uaʔ^{33}	huaʔ^{33}/hoʔ^{33}	ɦuaʔ^{24}/vaʔ^{24}
kuᴀʔ^{55}	kuᴀʔ^{55}	ʔuᴀʔ^{55}	xuᴀʔ^{55}	ɦuᴀʔ^{24}
kuaʔ^{55}	kuaʔ^{55}	ʔuaʔ^{55}	xuaʔ^{55}	ʔuaʔ^{55}/ɦuaʔ^{34}
kuaʔ^{55}	kuaʔ^{55}	ʔuaʔ^{55}	huaʔ^{55}	ɦuaʔ^{12}
kuaʔ^{55}	kuaʔ^{55}/kuɔʔ^{55}	ʔuaʔ^{55}	xuaʔ^{55}/xɔʔ^{55}	ɦuaʔ^{23}
kuᴀʔ^{55}	kuᴀʔ^{55}	ʔuᴀʔ^{55}	xuᴀʔ^{55}	ɦuaʔ^{23}
kuᴀʔ^{55}	kuᴀʔ^{55}	ʔuᴀʔ^{55}	xuᴀʔ^{55}/xɔʔ^{55}	ɦuaʔ^{23}
kuᴀʔ^{55}	kuᴀʔ^{55}	ʔuᴀʔ^{55}	xuoʔ^{55}/xuᴀʔ^{55}	ɦuaʔ^{23}
kuᴀʔ^{55}	kuᴀʔ^{55}	ʔuᴀʔ^{55}	xuᴀʔ^{55}/xuəʔ^{55}	ɦuaʔ^{12}
kuᴀʔ^{55}	kuᴀʔ^{55}	ʔuᴀʔ^{55}	xuᴀʔ^{55}	ɦuaʔ^{23}/vaʔ^{23}
kuᴀʔ^{55}	kuᴀʔ^{55}	ʔuᴀʔ^{55}	huᴀʔ^{55}	ɦuᴀʔ^{23}/vᴀʔ^{23}
kuaʔ^{55}	kuaʔ^{55}	ʔuaʔ^{55}/ʔvaʔ^{55}	hoʔ^{55}/huəʔ^{55}	vaʔ^{23}/ɦuaʔ^{23}
kuɐʔ^{55}	kuɐʔ^{55}	ʔuɐʔ^{55}	xuaʔ^{55}	ɦuɐʔ^{23}
kuæʔ^{55}	kuᴀʔ^{55}	ʔvæʔ^{55}	xuaʔ^{55}	væʔ^{23}
kuaʔ^{55}	kuaʔ^{55}	ʔuaʔ^{55}	ɦoʔ^{55}/xuᴀʔ^{55}	ɦuaʔ^{23}
kuaʔ^{55}	kuaʔ^{55}	ʔuaʔ^{55}	ɦoʔ^{55}/xuaʔ^{55}	ɦuaʔ^{23}
kuᴀʔ^{54}	kuᴀʔ^{54}	ʔuᴀʔ^{54}	xuoʔ^{54}/xuᴀʔ^{54}	ʔuᴀʔ^{54}
kuᴀʔ^{54}	kuᴀʔ^{54}	ʔuᴀʔ^{54}	hoʔ^{54}	ʔuᴀʔ^{54}
kuᴀʔ^{55}	kuᴀʔ^{55}	ʔuᴀʔ^{55}	xuɐʔ^{55}	ɦuɐʔ^{12}
kuᴀʔ^{55}/kuæʔ^{55}	kuᴀʔ^{55}	ʔuᴀʔ^{55}	hoʔ^{55}/huoʔ^{55}	ɦuaʔ^{23}/ɦuæʔ^{23}/væʔ^{23}
kuᴀʔ^{55}	kuᴀʔ^{55}	ʔvᴀʔ^{55}	hoʔ^{55}	vᴀʔ^{12}
kuaʔ^{45}/kuæʔ^{45}	kuaʔ^{45}	ʔvæʔ^{45}	hɔʔ^{45}	væʔ^{12}
kuaʔ^{45}	kuaʔ^{45}	ʔvɛʔ^{45}	hɔʔ^{45}	vɛʔ^{12}
kuɐʔ^{55}	kuɐʔ^{55}	ʔuɐʔ^{55}	hɔʔ^{55}	ɦuɐʔ^{23}
kuɐʔ^{55}	kuɐʔ^{55}	ʔuɐʔ^{55}	huɐʔ^{55}/hɔʔ^{55}	ɦuɐʔ^{23}
kuɐʔ^{55}	kuɐʔ^{55}	ʔuɐʔ^{55}	hɔʔ^{55}/xuɐʔ^{55}	ɦuɐʔ^{12}
kɵ^{423}/ko^{423}	kuo^{423}	ʔo^{423}	xo^{423}	ɦo^{323}
kuᴀʔ^{55}	kuᴀʔ^{55}	ʔuᴀʔ^{55}	xuᴀʔ^{55}/xuəʔ^{55}	ɦuᴀʔ^{12}
kuɐʔ^{44}	kuɐʔ^{44}	ʔuɐʔ^{44}	xuɐʔ^{44}/xuoʔ^{44}	ʔuɐ^{45}
kʊᴀ^{434}	kʊᴀ^{434}	ʔʊᴀ^{434}	xʊᴀ^{434}	ʔɦuə^{323}

摄口 等调 韵声	山合 二入 黠匣	梗合 二入 麦匣	臻合 一入 没见	曾合 一入 德见
	猾	划	骨	国
宜	ɦuAʔ^{23}	ɦuAʔ^{23}	kuəʔ^{45}	kuəʔ^{45}
溧	ɦuɑ^{223}	ɦuɑ^{223}	kuəʔ^{55}/kɔʔ^{55}少	kuəʔ^{55}/kɔʔ^{55}
金	xuaʔ^{44}	xuaʔ^{44}	kuəʔ^{44}	kuəʔ^{44}
丹	ɦuaʔ^{24}/vaʔ^{24}	ɦuaʔ^{24}/vaʔ^{24}	kuɛ^{33}	kuɛ^{33}
童	ɦuAʔ^{24}	ɦuAʔ^{24}	koʔ^{55}	koʔ^{55}/kuəʔ^{55}
靖	ʔuaʔ^{55}/ɦuaʔ^{34}	hɦuaʔ^{34}	kuəʔ^{55}	kɔʔ^{55}
江	ɦuaʔ^{12}	ɦuaʔ^{12}	kuɜ^{55}	koʔ^{55}
常	ɦuaʔ^{23}	ɦuaʔ^{23}	kuɜ^{55}	kɔʔ^{55}/kuɜʔ^{55}少
锡	ɦuAʔ^{23}	ɦuAʔ^{23}	kuəʔ^{55}	kuəʔ^{55}
苏	ɦuAʔ^{23}	ɦuAʔ^{23}	kuəʔ^{55}/kɔʔ^{55}	kuəʔ^{55}
熟	ɦuAʔ^{23}	ɦuAʔ^{23}	koʔ^{55}	koʔ^{55}
昆	ɦuAʔ^{12}	ɦuAʔ^{12}	koʔ^{55}/kuoʔ^{55}/kuəʔ^{55}	kuəʔ^{55}/koʔ^{55}
霜	ɦuAʔ^{23}/vAʔ^{23}	ɦuAʔ^{23}/vAʔ^{23}	kuəʔ^{55}	kuəʔ^{55}/kɔʔ^{55}
罗	ɦuAʔ^{23}/vAʔ^{23}	ɦuAʔ^{23}/vAʔ^{23}	kuɐʔ^{55}	kuɐʔ^{55}
周	ɦuAʔ^{23}/vaʔ^{23}	ɦuaʔ^{23}/vaʔ^{23}	kuɐʔ^{55}	koʔ^{55}
上	ɦuɐʔ^{23}	ɦuɐʔ^{23}	kuɐʔ^{55}/koʔ^{55}	koʔ^{55}
松	væ^{23}	vAʔ^{23}	kuəʔ^{55}	kɔʔ^{55}
黎	ɦuAʔ^{23}	ɦuAʔ^{23}	kuəʔ^{55}	kuəʔ^{55}
盛	ɦuɑʔ^{22}	ɦuɑʔ^{22}	kuəʔ^{55}	kuəʔ^{55}
嘉	ʔuAʔ^{54}	ʔuAʔ^{54}	koʔ^{54}	kuəʔ^{54}/kuoʔ^{54}
双	ʔuAʔ^{54}	ʔuAʔ^{54}	kuəʔ^{54}	kuəʔ^{54}
杭	ɦuɐʔ^{12}	ɦuɐʔ^{12}	kuəʔ^{55}	kuəʔ^{55}
绍	ɦuAʔ^{23}	ɦuAʔ^{23}	kuoʔ^{55}/kuøʔ^{55}少	kuoʔ^{55}
诸	vAʔ^{12}	vAʔ^{12}	koʔ^{55}	koʔ^{55}
崇	væʔ^{12}	ɦuaʔ^{12}	kuᴇʔ^{45}	kuɔ^{45}
太	vɛʔ^{12}	vaʔ^{12}	kuɛʔ^{45}	kɔʔ^{45}
余	ɦuɐʔ^{23}	ɦuɐʔ^{23}	kuɐʔ^{55}	kɔʔ^{55}
宁	ɦuɐʔ^{23}	ɦuɐʔ^{23}	kuɐʔ^{55}	kɔʔ^{55}
黄	ɦuɐʔ^{12}	ɦuɐʔ^{12}	kuɐʔ^{55}	kɔʔ^{55}
温	ɦiɑ^{323}	ɦio^{323}	kɵ^{423}	kæi^{423}
衢	ɦuAʔ^{12}	ɦuAʔ^{12}	kuəʔ^{55}	kuəʔ^{55}
华	ʔuɐ^{24}	ʔuɐ^{24}	kuoʔ^{44}	kuoʔ^{44}
永	ʔɦuə^{323}	ʔɦuai^{323}	kuə^{323}	kuəɪ^{434}

山合 一入 末溪	臻合 一入 没晓	山合 一入 末匣	臻合 一入 没匣	曾合 一入 德匣
阔	忽	活	棚桃~	或
k'uəʔ45	xuəʔ45/xɔʔ45	ɦuəʔ23	ɦuəʔ23	ɦuəʔ23
k'uəʔ55	xɔʔ55/xuəʔ55	ɦuə223	ɦuə223	ɦuə223
k'ɔʔ44/k'uəʔ44	xuəʔ44	xuəʔ44	xuəʔ44	xuəʔ44
k'ɛʔ33	huɛʔ33	ɦuɛʔ24/vɛʔ24	ɦuɛʔ24/vɛʔ24	hɦuɛʔ24
k'oʔ55/k'uəʔ55	hoʔ55/xuəʔ55	ɦoʔ24/ɦuəʔ24	ɦuəʔ24	ɦoʔ24/ɦuəʔ24
k'uəʔ55/k'ɔʔ55	xuəʔ55	hɦuəʔ34	hɦuəʔ34	hɦuəʔ34
kuɜʔ55	huɜʔ55	ɦuɜʔ12	ɦuɜʔ12	ɦuɜʔ12/ɦuoʔ12
k'uɜʔ55	xuɜʔ55/xɔʔ55	ɦuɜʔ23	ɦuɜʔ23	ɦuɜʔ23/ɦɔʔ23
k'uəʔ55	xuəʔ55	ɦuəʔ23	ɦuəʔ23	ɦuəʔ23
k'uəʔ55/k'ɔʔ55	hɔʔ55/huəʔ55	ɦuəʔ23	ɦuəʔ23	ɦuəʔ23
k'oʔ55/k'uoʔ55	hoʔ55	ɦuoʔ23	ɦuoʔ23	ɦuoʔ23
k'uəʔ55/k'ɔʔ55	hoʔ55	ɦuoʔ12/ɦuəʔ12	ɦuəʔ12	ɦoʔ12/ɦuoʔ12
k'uəʔ55	xuəʔ55/fəʔ55/xoʔ55	ɦuəʔ23/vəʔ23	vuəʔ23/ɦuəʔ23	ɦuəʔ23/vəʔ23
k'uɐʔ55	huɐʔ55/fɐʔ55少	vɛʔ23/ɦuɐʔ23	vɛʔ23/ɦuɐʔ23	vɛʔ23/ɦuɐʔ23
k'uəʔ55	hoʔ55/fəʔ55	vəʔ23/ɦuəʔ23	vəʔ23/ɦuəʔ23	ɦoʔ23
k'uɐʔ55	hoʔ55	ɦuɐʔ23	ɦuɐʔ23	ɦoʔ23
kuæʔ55	fəʔ55	vəʔ23/ɦuəʔ23	vəʔ23	ɦuəʔ23/ɦɔʔ23/ɦuəʔ23
k'uəʔ34	hoʔ55	ɦuəʔ55	ɦuəʔ23	ɦuəʔ23
k'uəʔ55	hɔʔ55	ɦuəʔ55	ɦuəʔ22	ɦuəʔ22
k'uoʔ54	xuoʔ54	ʔuoʔ54/ʔuəʔ54	ʔuoʔ54	ʔuoʔ54/ʔoʔ54
k'uəʔ54	hoʔ54	ʔuəʔ54	ʔuəʔ54	ʔuəʔ54
k'uəʔ55	xuəʔ55/hɔʔ55	ɦuəʔ12	ɦuəʔ12	ɦuəʔ12
k'uoʔ55	huoʔ55/foʔ55	ɦuoʔ23/ɦuøʔ23少	ɦuoʔ23	ɦuoʔ23
k'oʔ55	foʔ55/fɐʔ55	ɦuoʔ12/ɦoʔ12	ɦuoʔ12/ɦoʔ12	ɦuoʔ12
k'uɛʔ45	fɛʔ45	vɛʔ12	vɛʔ12	ɦɔʔ12
k'uɛʔ45	fɛʔ45	vɛʔ12	vɛʔ12	ɦɔʔ12
k'uɔʔ55	huɔʔ55/hɔʔ55	ɦuɔʔ23	ɦuɔʔ23	ɦɔʔ23
k'uɐʔ55	hɔʔ55/huɐʔ55	ɦuɐʔ23	ɦuɐʔ23	ɦɔʔ23
k'uɐʔ55	huɐʔ55	ɦuɐʔ12		ɦuɐʔ12/ɦuɔʔ12
k'o423	fʋ423/çy423	ɦo323		vɑ323
kuəʔ55/kuʌʔ55	xuəʔ55	ɦuəʔ12	ɦuəʔ12	ɦuəʔ12/ɦuoʔ12
k'uoʔ44	xuoʔ44	ʔuoʔ44/ʔuɐ45	ʔuo45	xuoʔ44/ʔuo45
k'ʋʌ434	xuə434	ʔɦuʌ323	ʔɦuə323	ʔɦəɪ323

摄口 等调 韵声	曾合 一入 德匣	山合 三入 薛章	臻合 三入 术昌	臻合 三入 术船
	惑	拙	出	术
宜	ɦuəʔ²³	tsɔʔ⁴⁵	tɕ'yeʔ⁴⁵	dʑyeʔ²³ / dʑiɔʔ²³
溧	ɦuə²²³	tɕ'iɔ²²³ / tsɔʔ⁵⁵	tɕ'ye²²³ / tɕ'iɔ²²³	szye²²³ / sziɔ²²³
金	xuəʔ⁴⁴	tɕ'yeʔ⁴⁴ / ts'ɔʔ⁴⁴	tɕ'yeʔ⁴⁴	suəʔ⁴⁴
丹	hʱuɛʔ²⁴	tɕyeʔ³³ / tsɔʔ³³	tɕ'yeʔ³³	dʑyeʔ²⁴
童	ɦoʔ²⁴	tʃyoʔ⁵⁵	tʃyoʔ⁵⁵	ʒyoʔ²⁴ / szoʔ²⁴
靖	hɦɔʔ³⁴	tɕ'yɔʔ⁵⁵	tɕ'yɔʔ⁵⁵	dʑyɔʔ³⁴
江	ɦuʒʔ¹² / ɦuoʔ¹²	tsoʔ⁵⁵ / tsʒʔ⁵⁵	ts'oʔ⁵⁵	zoʔ¹²
常	ɦuɜʔ²³	tsʮʔ⁵⁵	ts'ɔ⁵⁵ / ts'ɥɜʔ⁵⁵	zɔʔ²³
锡	ɦuəʔ²³	tsəʔ⁵⁵ / tsyɵʔ⁵⁵	ts'əʔ⁵⁵	zəʔ²³
苏	ɦuəʔ²³	tsəʔ⁵⁵	ts'əʔ⁵⁵	zɛʔ²³
熟	ɦuoʔ²³	tʂoʔ⁵⁵	tʂE⁵⁵	dʑEʔ²³
昆	ɦuəʔ¹² / ɦuouʔ¹² / ɦoʔ¹²	ts'oʔ⁵⁵	ts'əʔ⁵⁵ / ts'oʔ⁵⁵	zəʔ¹² / zoʔ¹²
霜	ɦuəʔ²³ / vəʔ²³	tsoʔ⁵⁵ / tɕioʔ⁵⁵	ts'əʔ⁵⁵	zəʔ²³
罗	vɐʔ²³ / ɦuɐʔ²³	tɕioʔ⁵⁵	ts'ɐʔ⁵⁵	zɐʔ²³
周	ɦoʔ²³	tsoʔ⁵⁵	ts'əʔ⁵⁵	zəʔ²³
上	ɦoʔ²³	tsoʔ⁵⁵	ts'ɐʔ⁵⁵ / ts'oʔ⁵⁵	zɐʔ²³ / zoʔ²³
松	ɦuəʔ²³ / ʔuəʔ²³	tsəʔ⁵⁵	ts'əʔ⁵⁵	zəʔ²³
黎	ɦuəʔ²³	tsəʔ⁵⁵	ts'əʔ³⁴	zɐʔ²³
盛	ɦuəʔ²²	ts'ɔʔ⁵⁵	ts'əʔ⁵⁵	zɐʔ²²
嘉	xuoʔ⁵⁴	ts'oʔ⁵⁴	ts'əʔ⁵⁵	zəʔ¹²
双	ʔuəʔ⁵⁴	tsoʔ⁵⁴	ts'əʔ⁵⁴	zɐʔ²³
杭	ɦuəʔ¹²	tɕ'yɪʔ⁵⁵	ts'ɐʔ⁵⁵ / ts'ɔʔ⁵⁵	szɔʔ¹²
绍	ɦuoʔ²³	ts'oʔ⁵⁵	ts'əʔ⁵⁵ / ts'eʔ⁵⁵ / ts'ɪʔ⁵⁵	zɔʔ²³ / zeʔ²³
诸	ɦuoʔ¹²	tsoʔ⁵⁵	ts'oʔ⁵⁵	zɐʔ¹²
崇	ɦɔʔ¹²	ts'ɔʔ⁴⁵	ts'E⁴⁵	zEʔ¹² / ʑiEʔ¹²
太	ɦɔʔ¹²	tsɔʔ⁴⁵	ɕ'iɔʔ⁴⁵ / ts'iɔʔ⁴⁵ / ɕ'iɛʔ⁴⁵	ʑiɛʔ¹² / ʑɛʔ¹²
余	ɦɔʔ²³	tsɔʔ⁵⁵ / ts'ɔʔ⁵⁵	ts'ɪ⁵⁵	zɐʔ²³ / zɪʔ²³
宁	ɦɔʔ²³	tsɔʔ⁵⁵	ts'ɪ⁵⁵	zɔʔ²³
黄	ɦuɐʔ¹² / ʔuʔ¹²	tɕ'yɔʔ⁵⁵ / tɕ'yɛʔ⁵⁵ / ts'ɔʔ⁵⁵	ts'ɔʔ⁵⁵	zɔʔ¹²
温	vɑ³²³	tɕy⁴²³ / dʑy³²³	tɕ'y⁴²³	ɦy³²³
衢	ɦuəʔ¹² / ɦouʔ¹²	tʃ'ɥəʔ⁵⁵	tʃ'ɥəʔ⁵⁵	ʒɥəʔ¹²
华	xuoʔ⁴⁴ / ʔuoʔ⁴⁵	tɕ'ɥʸoʔ⁴⁴	tɕ'yə⁴⁵ / tɕ'ɥʸoʔ⁴⁴ / ts'oʔ⁴⁴	so⁴⁵ / soʔ⁴⁵
永	ʔɦuəɹʔ³²³ / ʔɦuɐʔ³²³少	tɕyə⁴³⁴	tɕ'yə⁴³⁴	ɕʑyə³²³

臻合 三入 术船	山合 三入 薛书	深开 三入 缉日	臻合 一入 没精	臻合 一入 没清
述	说	入	卒	猝
dʑyeʔ^{23}	ɕyeʔ^{45}	zyeʔ^{23}/ziɔʔ^{23}	tɕyeʔ^{45}	tsʻɔʔ^{45}/tɕʻyeʔ^{45}
szye^{223}/sziɔ^{223}	ɕyeʔ^{55}/ɕiɔʔ^{55}	szye^{223}/sziɔ^{223}	tɕyeʔ^{55}/tsɔʔ^{55}	tsʻɔʔ^{55}
suəʔ^{44}	suəʔ^{44}	ləʔ^{44}/luəʔ^{44}	tsɔʔ^{44}/tɕyeʔ^{44}	tsʻɔʔ^{44}
dʑyeʔ^{24}	ɕyeʔ^{33}	ɦiye^{24}	tsoʔ^{33}	tsʻoʔ^{33}
ʒyoʔ^{24}/szoʔ^{24}	ʃyoʔ^{55}	ŋyoʔ^{24}/ʔyoʔ^{55}/ʒyoʔ^{24}	tsoʔ^{55}	tsʻoʔ^{55}
dʑyoʔ^{34}	ɕyoʔ^{55}	ɦyoʔ^{34}/ɕʑyoʔ^{34}	tsɿ^{55}	tsʻoʔ^{55}
zoʔ^{12}	soʔ^{55}	ʑioʔ^{12}	tsɿ^{55}/tsoʔ^{55}	tsʻoʔ^{55}
zɔʔ^{23}	sɔʔ^{55}/sɥɜʔ	zɥɔʔ^{23}	tsɔʔ^{55}	tsʻɔʔ^{55}
sɔʔ^{55}	sɔʔ^{55}	zəʔ^{23}	tsɔʔ^{55}	tsʻɔʔ^{55}
zəʔ^{23}	sɔʔ^{55}	zəʔ^{23}	tsəʔ^{55}/tsɔʔ^{55}	tsʻɔʔ^{55}
dʑEʔ^{23}	ʂEʔ^{55}	zEʔ^{23}	sEʔ^{55}	tsʻoʔ^{55}
zɔʔ^{12}/zoʔ^{12}	sɔʔ^{55}/soʔ^{55}	zəʔ^{12}	tsɔʔ^{55}/tsoʔ^{55}	tsʻoʔ^{55}
zəʔ^{23}	sɔʔ^{55}	zəʔ^{23}	tsɔʔ^{55}	tsʻəʔ^{55}/tsʻoʔ^{55}
zɐʔ^{23}	sɐʔ^{55}	zɐʔ^{23}	tsoʔ^{55}/tsɐʔ^{55}	tsʻɐʔ^{55}
zəʔ^{23}	sɔʔ^{55}	zəʔ^{23}	tsoʔ^{55}/tsəʔ^{55}	tsʻoʔ^{55}
zoʔ^{23}/zɐʔ^{23}	soʔ^{55}/sɐʔ^{55}	zɐʔ^{23}/loʔ^{23}	tsoʔ^{55}/tsɐʔ^{55}	tsʻoʔ^{55}
zəʔ^{23}	sɔʔ^{55}	zəʔ^{23}	tsɔʔ^{55}	tsʻɔʔ^{55}
zəʔ^{23}	sɔʔ^{55}	zəʔ^{23}	tsəʔ^{55}	tsʻɔʔ^{34}
zoʔ^{22}/zəʔ^{22}	sɔʔ^{55}	zəʔ^{23}	tsɔʔ^{55}	tsʻɔʔ^{55}
zəʔ^{12}	soʔ^{54}/səʔ^{54}	zəʔ^{12}/ʔloʔ^{54}	tsoʔ^{54}	tsʻoʔ^{54}
zəʔ^{23}	sɔʔ^{54}	zəʔ^{23}	tsəʔ^{54}	tsəʔ^{54}
szɔʔ^{12}	suəʔ^{55}	ɹɔ^{12}	tsuɔʔ^{55}	tsʻɔʔ^{55}
zəʔ^{23}/zeʔ^{23}	sɔʔ^{55}	zəʔ^{23}/zeʔ^{23}	tsoʔ^{55}/tseʔ^{55}	tsʻoʔ^{55}
zɐʔ^{12}	sɔʔ^{55}/suɔʔ^{55}	zɐʔ^{12}	tsoʔ^{55}	tsʻoʔ^{55}
zEʔ^{12}/ʑiEʔ^{12}	sEʔ^{45}	zEʔ^{12}/ʑiEʔ^{12}	tsEʔ^{45}	tsʻEʔ^{45}
ʑiɛʔ^{12}/zɤʔ^{12}	sɛʔ^{45}/ɕiɛʔ^{45}	ʑiɛʔ^{12}/zɛʔ^{12}	tseʔ^{45}	tsʻɤʔ^{45}
zɐʔ^{23}	sɐʔ^{55}/ɕɿʔ^{55}	zɿʔ^{23}/zɐʔ^{23}	tsɔʔ^{55}	tsʻɔʔ^{55}
zɔʔ^{23}	sɔʔ^{55}	zɔʔ^{23}	tsɐʔ^{55}	tsʻoʔ^{55}
zɔʔ^{12}	sɔʔ^{55}	ʑiɛʔ^{12}/zieʔ^{12}	tsɔʔ^{55}	tsʻɔʔ^{55}
ɦy^{323}	ɕy^{423}	zæi^{323}	tsæi^{423}	tsʻæi^{423}
ʒɥəʔ^{12}/ʑieʔ^{12}	ʃɥəʔ^{55}	ʒɥəʔ^{12}	tʃɥəʔ^{55}/tsəʔ^{55}	tʃʻɥəʔ^{55}/tsʻəʔ^{55}
soʔ^{44}/so^{45}	soʔ^{44}/ɕɥyo^{45}	szoʔ^{22}/ʔloʔ^{43}/loʔ^{22}	tsoʔ^{44}	tsʻoʔ^{44}
ɕʑyə^{323}	ɕyə^{434}	szə^{323}	tsə^{434}	tsʻʊ^{434}

摄口 等调 韵声	山合 四入 屑见 **决**	臻合 三入 术见 **橘**	山合 四入 屑溪 **缺**	臻合 三入 物溪 **屈**
宜	tɕyeʔ^{45}	tɕyeʔ^{45}	tɕʻyeʔ^{45}	tɕʻyeʔ^{45}
溧	tɕyeʔ^{55}/tɕiɔʔ^{55}	tɕyeʔ^{55}	tɕʻyeʔ^{223}/tɕʻiɔ^{223}	tɕʻyeʔ^{223}/tɕʻiɔ^{223}
金	tɕyeʔ^{44}	tɕyeʔ^{44}	tɕʻyeʔ^{44}	tɕʻyeʔ^{44}
丹	tɕyeʔ^{33}/dʑyeʔ^{24}	tɕyeʔ^{33}	tɕʻyeʔ^{33}	tɕʻyeʔ^{33}
童	tɕyoʔ^{55}	tʃyoʔ^{55}	tɕʻyoʔ^{55}	tɕʻyoʔ^{55}
靖	tɕyøʔ^{55}/tɕyɔʔ^{55}	tɕyøʔ^{55}/tɕyɔʔ^{55}	tɕʻyɔʔ^{55}/tɕʻyøʔ^{55}	tɕʻyɔʔ^{55}/tɕʻyøʔ^{55}
江	tɕioʔ^{55}	tɕioʔ^{55}	tɕʻioʔ^{55}	tɕʻioʔ^{55}
常	tɕiɔʔ^{55}/tɕyeʔ^{55}	tɕiɔʔ^{55}/tɕyeʔ^{55}	tɕʻiɔʔ^{55}/tɕʻyeʔ^{55}	tɕʻiɔʔ^{55}/tɕʻyeʔ^{55}
锡	tɕyθʔ^{55}	tɕyθʔ^{55}	tɕʻyθʔ^{55}	tɕʻyθʔ^{55}
苏	tɕyəʔ^{55}	tɕyəʔ^{55}	tɕʻyəʔ^{55}	tɕʻiɔʔ^{55}
熟	tɕioʔ^{55}	tɕioʔ^{55}	tɕʻioʔ^{55}	tɕʻioʔ^{55}
昆	tɕyəʔ^{55}	tɕyəʔ^{55}	tɕʻyəʔ^{55}	tɕʻyəʔ^{55}
霜	tɕioʔ^{55}	tɕioʔ^{55}	tɕʻioʔ^{55}	tɕʻioʔ^{55}
罗	tɕioʔ^{55}	tɕioʔ^{55}	tɕʻioʔ^{55}	tɕʻioʔ^{55}
周	tɕyɪʔ^{55}	tɕyɪʔ^{55}/tɕioʔ^{55}	tɕʻyɪʔ^{55}/tɕʻioʔ^{55}	tɕʻioʔ^{55}
上	tɕyɪʔ^{55}/tɕioʔ^{55}	tɕyɪʔ^{55}/tɕioʔ^{55}	tɕʻyɪʔ^{55}/tɕʻioʔ^{55}	tɕʻyɪʔ^{55}/tɕʻioʔ^{55}
松	tɕyɪʔ^{55}	tɕyɪʔ^{55}	tɕʻyɪʔ^{55}	tɕʻyɪʔ^{55}
黎	tɕyəʔ^{55}	tɕioʔ^{55}	tɕʻyəʔ^{34}/tɕʻioʔ^{34}	tɕʻyəʔ^{34}/tɕʻioʔ^{34}
盛	tɕyəʔ^{55}	tɕiɔʔ^{55}	tɕʻiɔʔ^{55}/tɕʻyəʔ^{55}	tɕʻyəʔ^{55}/tɕʻiɔʔ^{55}
嘉	tɕyeʔ^{54}	tɕyθʔ^{54}	tɕʻyθʔ^{54}	tɕʻyθʔ^{54}
双	tɕʻieʔ^{54}	tɕieʔ^{54}	tɕʻieʔ^{54}	tɕʻieʔ^{54}
杭	tɕyɪʔ^{55}	tɕyɪʔ^{55}	tɕʻyɪʔ^{55}	tɕʻyɪʔ^{55}
绍	tɕyoʔ^{55}	tɕyoʔ^{55}	tɕʻyoʔ^{55}	tɕʻyoʔ^{55}
诸	tɕioʔ^{55}	tɕioʔ^{55}	tɕʻioʔ^{55}	tɕʻioʔ^{55}
崇	tɕiɔʔ^{45}/tɕyɪʔ^{45}	tɕiɔʔ^{45}/tɕyɪʔ^{45}	tɕʻiɔʔ^{45}/tɕʻyɪʔ^{45}	tɕʻiɔʔ^{45}/tɕʻyɪʔ^{45}
太	tɕyeʔ^{45}	tɕyeʔ^{45}	tɕyeʔ^{45}	tɕyeʔ^{45}
余	tɕyɔʔ^{55}	tɕyɔʔ^{55}	tɕʻyɔʔ^{55}	tɕʻyɔʔ^{55}
宁	tɕyɔʔ^{55}	tɕyɔʔ^{55}	tɕʻyɔʔ^{55}/tɕʻyɪʔ^{55}	tɕʻyɔʔ^{55}/tɕʻyɪʔ^{55}
黄	kyɛʔ^{55}	kyɛʔ^{55}/kyøʔ^{55}	kʻyɛʔ^{55}	kʻyɛʔ^{55}
温	tɕy^{423}	tɕiæi^{423}	tɕʻy^{423}	tɕʻy^{423}
衢	tʃʻɥəʔ^{55}	tʃʻɥəʔ^{55}	tʃʻɥəʔ^{55}	tʃʻɥəʔ^{55}
华	tɕʻyəʔ^{44}/tɕʻɥyoʔ^{44}	tɕʻyəʔ^{44}	tɕʻyəʔ^{44}/tɕʻɥyoʔ^{44}	tɕʻyəʔ^{44}/tɕʻɥyoʔ^{44}
永	tɕye^{434}	tɕyeʔ^{434}	tɕʻye^{434}	tɕʻyə^{434}

山合 三入 月群	臻合 三入 物群	山合 三入 月疑	山合 四入 屑晓	山合 三入 薛以
掘	倔	月	血	悦
dʑyeʔ²³	dʑyeʔ²³	ȵioʔ²³ / ȵyeʔ²³	çyeʔ⁴⁵ / çioʔ⁴⁵	ɦioʔ²³
dʑye²²³ / dʑiɔ²²³	dʑye²²³ / dʑiɔ²²³	ȵyeʔ²² / ȵioʔ²² / ɦyeʔ²²	çyeʔ⁵⁵ / çioʔ⁵⁵	ɦyeʔ²² / ɦyɑʔ²²
tɕʻyeʔ⁴⁴	tɕʻyeʔ⁴⁴	yeʔ⁴⁴	çyeʔ⁴⁴	yeʔ⁴⁴
dʑyeʔ²⁴	dʑyeʔ²⁴	ȵyeʔ²⁴	çyeʔ³³	ɦyeʔ²⁴
dʑyoʔ²⁴	dʑyoʔ²⁴	ɦyoʔ²⁴ / ʔyoʔ⁵⁵	çyoʔ²⁴	ɦyoʔ²⁴ / ʔyoʔ⁵⁵
dʑyɔʔ³⁴	dʑyɔʔ³⁴	ɦyɔʔ³⁴	çyɔʔ⁵⁵ / çyɵʔ⁵⁵	ɦyɔʔ³⁴ / ɦyɵʔ³⁴
dʑioʔ¹²	dʑioʔ¹²	ɦioʔ¹²	çioʔ⁵⁵	ɦioʔ¹²
dʑiɔʔ²³ / dʑyeʔ²³	dʑiɔʔ²³ / dʑyeʔ²³	ɦiɔʔ²³ / ɦyeʔ²³	çyeʔ⁵⁵ / çioʔ⁵⁵	ɦyeʔ²³ / ɦiɔʔ²³
dʑyɵʔ²³	dʑyɵʔ²³	ɦyɵʔ²³	çyɵʔ⁵⁵	ɦyʌʔ²³
dʑyəʔ²³	dʑyəʔ²³	ŋəʔ²³ / ɦyəʔ²³	çyəʔ⁵⁵	ɦyəʔ²³
dʑioʔ²³	dʑioʔ²³	ɦioʔ²³	çioʔ⁵⁵	ɦioʔ²³
dʑyəʔ¹² / dʑioʔ¹²	dʑyəʔ¹² / dʑioʔ¹²	ŋəʔ¹²	çyəʔ⁵⁵	ɦyəʔ¹²
dʑioʔ²³	dʑioʔ²³	ɦioʔ²³	çioʔ⁵⁵	ɦioʔ²³
dʑioʔ²³	dʑioʔ²³	ɦioʔ²³	çioʔ⁵⁵	ɦioʔ²³
dʑioʔ²³	dʑioʔ²³	ȵyɪʔ²³ / ȵioʔ²³	çyɪʔ⁵⁵	ɦyɪʔ²³
dʑyɪʔ²³ / dʑioʔ²³	dʑyɪʔ²³ / dʑioʔ²³	ɦyɪʔ²³ / ɦioʔ²³	çyɪʔ⁵⁵ / çioʔ⁵⁵	ɦyɪʔ²³ / ɦioʔ²³
dʑyɪʔ²³	dʑyɪʔ²³	ȵyɪʔ²³	çyɪʔ⁵⁵	ɦyɪʔ²³
dʑyəʔ²³ / dʑioʔ²³	dʑyəʔ²³ / dʑioʔ²³	ɦyəʔ²³ / ɦioʔ²³	çyəʔ²³ / çioʔ²³	ɦyəʔ²³ / ɦioʔ²³
dʑyəʔ²² / dʑiɔʔ²²	dʑyəʔ²² / dʑioʔ²²	ɦyəʔ²² / ɦiɔʔ²²	çyəʔ²² / çioʔ²²	ɦyəʔ²² / ɦiɔʔ²²
tɕʻyɵʔ⁵⁴	dʑyɵʔ²²	ʔyɵʔ⁵⁴	çioʔ⁵⁴ / çyɵʔ⁵⁴	ʔioʔ⁵⁴ / ʔyɵʔ⁵⁴
dʑieʔ²³	dʑieʔ²³	ʔieʔ⁵⁴	çieʔ⁵⁴	ʔieʔ⁵⁴
dʑyɪʔ¹²	dʑyɪʔ¹²	ɦyɪʔ¹²	çyɪʔ⁵⁵	ɦyɪʔ¹²
dʑyoʔ²³	dʑyoʔ²³	ɦyoʔ²³	çyoʔ⁵⁵	ɦyoʔ²³
dʑioʔ¹²	dʑioʔ¹²	ȵioʔ¹²	çioʔ⁵⁵	ɦioʔ¹²
dʑiɔʔ¹² / dʑyɪʔ¹²	dʑiɔʔ¹² / dʑyɪʔ¹²	ȵiɔʔ¹²	çiɔʔ⁴⁵ / çyɪʔ⁴⁵	ɦyɪʔ¹² / ɦiɔʔ¹²
dʑyeʔ¹²	dʑyeʔ¹²	ȵyeʔ¹²	çyeʔ⁴⁵	ɦyeʔ¹²
dʑyɔʔ²³	dʑyɔʔ²³	ɦyɔʔ²³	çyɔʔ⁵⁵	ɦyɔʔ²³
dʑyɔʔ²³ / dʑyɪʔ²³	dʑyɔʔ²³ / dʑyɪʔ²³	ɦyɔʔ²³	çyɔʔ⁵⁵	ɦyɔʔ²³
gyɛʔ¹²	gyɛʔ¹²	ȵyɛʔ¹²	hyɛʔ⁵⁵	ɦyeʔ¹²
dʑy³²³ / dʑiæi³²³	dʑy³²³	ȵy³²³	çy⁴²³	ɦy³²³
dʒɥəʔ¹²	dʒɥəʔ¹²	ɦyəʔ¹²	çɥəʔ⁵⁵	ɦyəʔ¹²
dʑyəʔ²²	dʑyəʔ²²	ɦyəʔ²² / ȵye²⁴	çye⁴⁵	ɦyəʔ²²
dʑye³²³	dʑye³²³	ȵye³²³	çye⁴³⁴	ʔɦyʌ³²³

摄口	山合	山合	山合
等调	三入	三入	三入
韵声	薛以	月云	月云
	阅	越	日
宜	ɦiɔʔ^{23}	ɦiʌʔ^{23}/ɦiɔʔ^{23}	ɦiʌʔ^{23}
溧	ɦiyeʔ^{22}/ɦiyʌʔ^{22}	ɦiyeʔ^{22}/ɦiyʌʔ^{22}	ɦiyʌʔ^{22}/ɦiyeʔ^{22}
金	yeʔ^{44}	yeʔ^{44}	yeʔ^{44}
丹	ɦiyeʔ^{24}	ɦiyeʔ^{24}	ɦiyeʔ^{24}
童	ɦiyoʔ^{24}/ʔyoʔ^{55}	ɦiyoʔ^{24}/ʔyoʔ^{55}/ʔyəʔ^{55}	ɦiyoʔ^{24}/ʔyoʔ^{55}/ʔyəʔ^{55}
靖	ɦiyɔʔ^{34}/ɦiyøʔ^{34}	ɦiyɔʔ^{34}/ɦiyøʔ^{34}	ɦiiaʔ^{34}/ɦiyaʔ^{34}
江	ɦiioʔ^{12}	ɦiioʔ^{12}	ɦiioʔ^{12}
常	ɦiiɔʔ^{23}/ɦiyeʔ^{23}	ɦiyeʔ^{23}/ɦiiɔʔ^{23}	ɦiyeʔ^{23}/ɦiiɔʔ^{23}
锡	ɦiyʌʔ^{23}	ɦiyʌʔ^{23}	ɦiyʌʔ^{23}
苏	ɦiyəʔ^{23}	ɦiyəʔ^{23}	ɦiyəʔ^{23}
熟	ɦiioʔ^{23}	ɦiioʔ^{23}	ɦiioʔ^{23}
昆	ɦiyəʔ^{12}	ɦiyəʔ^{12}	ɦiyəʔ^{12}
霜	ɦiioʔ^{23}	ɦiioʔ^{23}	ɦiioʔ^{23}
罗	ɦiioʔ^{23}	ɦiioʔ^{23}	ɦiioʔ^{23}
周	ɦiyɪʔ^{23}	ɦiyɪʔ^{23}	ɦiyɪʔ^{23}
上	ɦiyɪʔ^{23}/ɦiioʔ^{23}	ɦiyɪʔ^{23}/ɦiioʔ^{23}	ɦiyɪʔ^{23}/ɦiioʔ^{23}
松	ɦiyɪʔ^{23}	ɦiyɪʔ^{23}	ɦiyɪʔ^{23}
黎	ɦiyəʔ^{23}/ɦiioʔ^{23}	ɦiyəʔ^{23}	ɦiyəʔ^{23}/ɦiyʌʔ^{23}
盛	ɦiyəʔ^{22}/ɦiioʔ^{22}	ɦiiɐʔ^{22}	ɦiyəʔ^{22}/ɦiyʌʔ^{22}
嘉	ʔioʔ^{54}/ʔyθʔ^{54}	ʔyθʔ^{54}/ʔiθʔ^{54}	ʔyθʔ^{54}/ʔiθʔ^{54}
双	ʔieʔ^{54}	ʔieʔ^{54}	ʔieʔ^{54}
杭	ɦiyɪʔ^{12}	ɦiyɪʔ^{12}	ɦiyɪʔ^{12}
绍	ɦiyoʔ^{23}	ɦiyoʔ^{23}	ɦiyoʔ^{23}
诸	ɦiioʔ^{12}	ɦiioʔ^{12}	ɦiioʔ^{12}
崇	ɦiyɪʔ^{12}/ɦiiɔʔ^{12}	ɦiyɪʔ^{12}/ɦiiɔʔ^{12}	ɦiyɪʔ^{12}/ɦiiɔʔ^{12}
太	ɦiyeʔ^{12}	ɦiyeʔ^{12}	ɦiyeʔ^{12}
余	ɦiyɔʔ^{23}	ɦiyɔʔ^{23}	ɦiyɔʔ^{23}
宁	ɦiyɔʔ^{23}	ɦiyɔʔ^{23}	ɦiyɔʔ^{23}
黄	ɦiyɛʔ^{12}	ɦiyeʔ^{12}	ɦiyɛʔ^{12}
温	ɦiy^{323}	ɦiy^{323}	ɦiy^{323}
衢	ɦiyəʔ^{12}	ɦiyəʔ^{12}	ɦiyəʔ^{12}
华	ɦiyəʔ^{22}	ɦiyəʔ^{22}/ɦiyə^{24}	ʔyəʔ^{44}/ɦiyəʔ^{22}
永	ʔɦiyʌ^{323}	ʔɦiyʌ^{323}	ʔɦiyʌ^{323}

山合 三入 月云	山合 四入 屑匣	山合 三入 薛从	山合 三入 薛心
粤	穴	绝	雪
ɦyʌʔ²³	ɦyʌʔ²³	zyeʔ²³/dʑyeʔ²³	ɕyeʔ⁴⁵
ɦyeʔ²²	ɦiɑʔ²²/ɦyeʔ²²	dʑyeʔ²²³/zyeʔ²²³	ɕyeʔ⁵⁵/ɕiɔʔ⁵⁵
yeʔ⁴⁴	yeʔ⁴⁴	tɕyeʔ⁴⁴	ɕyeʔ⁴⁴
ɦyeʔ²⁴	ɕyeʔ³³	dʑyeʔ²⁴	ɕyeʔ³³
ɦyoʔ²⁴/ʔyoʔ⁵⁵	ɦyoʔ²⁴/ʔyəʔ⁵⁵	dʒyoʔ²⁴	ʃyoʔ⁵⁵/ɕiiʔ⁵⁵/ɕyəʔ⁵⁵
ɦyoʔ³⁴/ɦyøʔ³⁴	ɦyoʔ³⁴	szɿʔ⁵⁵	sɿʔ⁵⁵
ɦioʔ¹²	ɦioʔ	dzɿʔ¹²	sɿʔ⁵⁵
ɦyeʔ²³/ɦioʔ²³	ɦyeʔ²³/ɦioʔ²³	ʑiɔʔ²³/zyeʔ²³	ɕiɔʔ²³/ɕyeʔ²³
ɦyʌʔ²³	ɦyøʔ²³	zɿʔ²³	zɿʔ²³
ɦyəʔ²³	ɦyəʔ²³	zɿʔ²³	sɿʔ⁵⁵
ɦioʔ²³	ɦioʔ²³	dzɿʔ²³	sɿʔ⁵⁵
ɦyəʔ¹²	ɦyəʔ¹²	zɿʔ¹²/dʑyəʔ¹²	sɿʔ⁵⁵
ɦioʔ²³	ɦioʔ²³	zɿʔ²³	sɿʔ⁵⁵
ɦioʔ²³	ɦioʔ²³	zɿʔ²³	sɿʔ⁵⁵
ɦyɪʔ²³/ɦioʔ²³	ɦyɪʔ²³/ɦioʔ²³	zɪʔ²³	ɕɿʔ⁵⁵/ɕyɪʔ⁵⁵
ɦyɪʔ²³/ɦioʔ²³	ɦyɪʔ²³/ɦioʔ²³	dʑyɪʔ²³/ʑiiʔ²³	ɕyɪʔ⁵⁵/ɕiiʔ⁵⁵
ɦyɪʔ²³	ɦyɪʔ²³/ɕyɪʔ⁵⁵	ʑiiʔ²³	ɕiiʔ⁵⁵
ɦyəʔ²³	ɦyəʔ²³	dzɿʔ²³	sɿʔ⁵⁵
ɦyəʔ²²	ɦyəʔ²²/ɦiɔʔ²²	dzɿʔ²²	sɿʔ⁵⁵
ʔyøʔ⁵⁴/ʔiøʔ⁵⁴	ɕyøʔ⁵⁴/ʔyøʔ⁵⁴	dʑyøʔ¹²	ɕiɔʔ⁵⁴/ɕyɔʔ⁵⁴
ʔieʔ⁵⁴	ʔieʔ⁵⁴	dʑieʔ²³	ɕieʔ⁵⁴
ɦyɪʔ¹²	ɦyɪʔ¹²	dʑyɪʔ¹²	ɕyɪʔ⁵⁵
ɦyoʔ²³	ɦyoʔ²³	dʐʑⁱɿʔ²³	ɕⁱɿʔ⁵⁵
ɦioʔ¹²	ɦioʔ¹²	dʑiəʔ¹²	ɕiəʔ⁵⁵
ɦyɪʔ¹²/ɦioʔ¹²	ɦyɪʔ¹²/ɦioʔ¹²	dʑiɛʔ¹²	ɕiɛʔ⁴⁵
ɦyeʔ¹²	ɦyeʔ¹²	dʑieʔ¹²	ɕieʔ⁴⁵
ɦyɔʔ²³	ɦyoʔ²³	dzɿʔ²³/dʑyɔʔ²³/dʑɿʔ²³	ɕɿʔ⁵⁵
ɦyɔʔ²³	ɦyoʔ²³	dzɔʔ²³/dʑyɔʔ²³	sɥɔʔ⁵⁵
ɦyɛʔ¹²	ɦyeʔ¹²	zɔʔ¹²/zɥɛ¹²	sɔʔ⁵⁵/sɥɛ⁵⁵
ɦy³²³	ɦy³²³	ɦy³²³	ɕy³²³
ɦyəʔ¹²	ɦyəʔ¹²	dʑiəʔ¹²/dʑɥəʔ¹²	ɕieʔ⁵⁵
ɦyəʔ²²	ɦyəʔ²²	dʑyəʔ²²/tɕʰyoʔ⁴⁵	ɕie⁴⁵/ɕyeʔ⁴⁵/sie⁴⁵
ʔɦyʌ³²³	ʔɦyʌ³²³	ɕzie³²³	ɕie⁴³⁴

第四章　六十年中吴语语音的演变

第一节　六十年中吴语声韵调变迁综述

1928年赵元任著《现代吴语的研究》一书用严式的国际音标精细记录了33个有代表性地点的声韵调,60年后我作了又一次的实地考察,记录的是这33个地点青年、中年、老年三代人的语音(下文分称新派、中派、老派,分别为多数青年人、中年人、老年人的语音)。由于赵先生1927年调查时大部分地点记的是当时青年人的音,因此这次我所记的老派音与赵氏记音十分接近。下面分声母、韵母、声调三个方面综述60年来各地语音的变化。由于各地发生音变的项目各不相同,所以这儿每一条目下所记的都是条文中指明的那几个地点语音的变迁,并不统括各地,但通观此节,我们可以看到吴语语音变化的总趋势。

符号">"表示"变为……",在未加说明时,">"的左边是老派音,右边是新派音,符号"/"在音标之间表示"或"。

声　母

(1) 古非组字(如:副方附坟)ɸ β＞f v

赵记非组字声母仅松江、王家井有ɸ、β,上海(旧派)、罗店、周浦有β。这次我记到上海、松江、周浦、王家井、宁波的老派都有ɸ、β;丹阳、童家桥、霜草墩、罗店、双林、太平、温州的老派都有β。多数是ɸ、β和f、v两读。但这些地区的中、新派(除童家桥外)都已变为f、v。

(2) 微母字(如:无武问尾)v＞ɦ(u)

老派微母都读v/β的地方,上海、王家井中派是ɦ(u)/v,无锡、霜草墩、罗店、周浦、衢州、金华(或ʔu)等地新派是ɦ(u)/v;黄岩老派读v,中、新派u韵字前是β/v;靖江老派平去入声字是v,新派是v/β。有的地方今u韵字中派以ɦ(u)为主后,新派又趋向归入v,如双林、上海、松江、杭州(杭州老、中派均为ɦ(u))。

(3) 疑、匣母今u韵字(如:吴胡户)ɦ(u)/β＞v

宜兴、溧阳、上海、盛泽的老派是β,丹阳、靖江、江阴、霜草墩、罗店、周浦、双林、杭州、绍兴的老派是ɦ(u)/β,常州老派是ɦ(u),黎里、嘉兴、崇仁、太平、王家井、宁波是β/v。这些地方的新派,读v的有溧阳、常州、松江、嘉兴、双林、绍兴、崇仁、太平、王家井;读ɦ(u)/v的有丹阳、霜草墩、罗店、周浦、上海、黎里(β/v)、盛泽、杭州、宁波。总的趋势是v化(附＝

无＝胡）。

同时，影母今u韵字（如：乌污）：ʔ(u)/ʔw＞ʔʋ的地点有溧阳、常州、昆山、霜草墩、罗店、周浦、上海（或ʔ(u)）、松江、黎里、盛泽、嘉兴、双林、绍兴、王家井、崇仁、太平、温州。

（4）疑母字（如：熬昂误义遇）ŋ/n̠＞ɦ

疑母的失落在赵书中已处词汇扩散状态，不过除杭州外，各地失落疑母的都指明少数字。现在各地新派已有大量疑母字声母陆续变为ɦ(i；y；u)，大城市尤剧。如上海郊县松江附近老派合口疑母字"危伪"还保留ŋ母，但上海市内新派"谊义议疑御愚娱悟碍昂谚原源银仰迎"等字已纷纷失落疑母或两读，有的人"外我硬额玉咬严岸砚"等字已开始失落疑母。

（5）匣母今开口呼字（如：孩红恨号）ɦ＞ʔɦ/xɦ＞ʔ

主要在吴语的近边缘区，如衢州、金华xɦ＞ʔɦ/ʔʰ、xɦ；靖江hɦ＞hʰ；江阴ɦ＞ʰɦ；常州赵记ɦ，现为ʰɦ。

（6）精组今齐、撮字（如：酒千相墙）ts ts' s z＞tɕ tɕ' ɕ、z/dʑ

常州、崇仁、太平、嵊县城内和周浦、上海、松江老派都分尖团，新派已不分尖团。绍兴赵记有一派分尖团，杭州有一派也有些字读尖音，现三派都不分尖团。苏州、昆山、罗店、靖江的新派已开始有一部分字有时不分尖团。

与此同时，从、邪母今齐、撮呼声母也有些变化，老派是z/dz、ʑ母的，新派常州、苏州、罗店是ʑ，昆山、周浦、松江、太平、崇仁（但ŋ韵字如"命丁寻陈"逢古从邪母仍为dz、z）是dʑ/ʑ，绍兴是dʑ，杭州是dʑ/ɦ(i，y)少，上海是z/dʑ/ɦ(i，y)少。

（7）知照三等字（如：专超少船）tɕ组＞ts组

吴语区一些地方知照二等字和知照三等字声母不同，如靖江三等字读tɕ组而二等字读ts组，也有些地方如溧阳、无锡、宁波、金华三等字读ts/tɕ，另有些地方如宜兴、童家桥、江阴、绍兴仅知照三等合口字读ts/tɕ，其他读ts。现在有些大城镇不少读tɕ组声母的字新派已变为ts组或tɕ、ts组两读，如双林tɕ组字中，新派已全部读ts组，如宁波"展穿扇震畅入"等字原读tɕ组新派读ts组或两读，黄岩也开始有此倾向，金华"说出述入刷"等入声字也由tɕ组变ts组。

（8）知照三等字tʂ组＞ts组

苏州、无锡赵记都有tʂ组，现在苏州城内除评弹艺人外很难找到有老年读tʂ组音，无锡老派已是tʂ组、ts组两读，中、新派全部并入ts组。

（9）遇摄知照三等合口今y韵字（如：朱处书除）ts组＞tɕ组

有松江、周浦、奉贤等地。此外，嵊县、崇仁知照三等开口y韵字（如：周收）也从ts组变为tɕ组。

（10）帮、端母字（如：巴饱多担）ɓ、ɗ＞p、t

原松江府以及浙南山区有些地方如松江、上海、永康、仙居老派读ɓ、ɗ，松江、周浦还有见母字（如：经级较脚）老派读ʃ声母。现在永康新派部分人已变为p、t，上海中、新派都是p、t，松江新派多数人变为p、t、tɕ，周浦新派少数人变为p、t、tɕ。

（11）见系今齐、撮口央后低元音韵字（如：姜巧银极）c(ʃ)系＞tɕ系

松江、周浦老派ʃ系，新派已变tɕ系，太平新派则c/tɕ系两读比老派灵活。

（12）澄床禅日从邪母部分字（如：陈传茶残墙）dz＞z

赵书中dz、z已呈词汇扩散状态，现有dz、z两母的地方，都有一些老派读dz的字新派并入z母或两读，以吴江城内（松陵）、盛泽、黎里、双林为著。如双林"茶宅查残直传"老派都读dz母，新派多数人读z/dz少。嘉兴赵记有dz、z两母，现老、中、新派都只有z母，上海在19世纪中叶还有dz母（J.Edkins 1868年记），现老、中、新派也都仅有z母。那些dz母向z母合并较显著的地区都是接近无dz母的地区。

（13）日母字（如：柔如仍入）文读音z＞l

江阴、上海、松江、金华、衢州、童家桥的新派都如此，杭州则变为ɻ。

（14）全浊声母清化

金华城内老派一些阳上字在声调并入阴上的同时声母由浊变清，如：道dɑʊ$_{24}$≠稻tɑʊ$_{544}$，新派有更多的字变清声母。新派的阳平字的声母也已由b、d等变为b̥/p、d̥/t等；阳入的许多字声母也变清。丹阳城内赵记古全浊声母今平声文读变送气塞音，白读和仄声字声母读下加。的浊母清化音，现在城内中派平声文读仍是送气塞音，但白读和仄声字声母有的读b、d等（如：朋bən$_{213}$、头dᴇ$_{213}$、稻dɒ$_{213}$、恒ɦɛn$_{213}$），有的读p、t等（如：旁pɑŋ$_{324}$、动toŋ$_{44}$、败pɑ$_{41}$、极tsɿʔ$_3$）声调也随之分化；新派文读音大量不用，故平声文读音只有少数字读pʻ、tʻ等，大部分已同中派的白读和仄声字。

此外，衢州、永康、金华等地v＞fv；童家桥、靖江、温州、金华、永康、金坛城内、西岗（老派）、杭州等地z＞sz，ẓ＞ɕ ʑ。fv、sz、ɕ ʑ的发音是先清后浊，前面的清音听感明显。

（15）"去"字读音变化kʻ＞tɕʻ

"去"字现有宜兴、溧阳、丹阳、童家桥、江阴、常熟、昆山、王家井、余姚、黄岩、衢州、金华、永康老派都用kʻ声母，但新派一般能兼用tɕʻ母或常用tɕʻ母文读，韵母也随之发生变化。崇明至今新派仍读kʻ（"去"：kʻi）。

韵　　母

（1）支脂之祭韵知照三组字（如：知耻试滞）ɿ/ʅ＞ɻ

苏州老派多数是ʅ，新派多数读ɻ或两读；无锡老派是ʅ/ɿ，昆山老派ʅ，新派都倾向或开始并于ɻ。

（2）遇摄知照三组字（如：朱处输除）ʮ/y＞ɻ

周浦、松江是y＞ɻ/ʮ，有的字新派可读u；上海老派读ʮ，中、新派都是ɻ，新派有的字可读u；宁波老派ʮ，新派少数字可读ɻ。

（3）"拉街、麦石"韵母中ɑ化　ɑ、ɑʔ/a、aʔ>ʌ、ʌʔ

无锡a->ɑ，常熟a>ɑ₊，上海、王家井、余姚ɑ>ʌ。宜兴ʌ-ʔ（赵记为aʔ）>ʌʔ，江阴aʔ>ɑ₊ʔ，无锡aʔ（赵记a-ʔ）>ʌʔ，常熟a₊ʔ>ʌ-ʔ，松江、昆山ɑʔ>ʌʔ，双林a₊ʔ（赵记ɑʔ）>ʌʔ，黄岩ɑʔ（赵记）>ɐ₊ʔ，罗店ɑʔ（赵记）>ʌʔ，霜草墩aʔ（赵记）>ʌ₊ʔ，宁波æ-ʔ>ɐʔ。

（4）麻韵二等多数字（如：巴沙瓦），通摄入声韵和江摄觉韵、宕摄铎韵大部分字（如：陆剥作）趋oꜛ、ɔ↓ʔ化

舒声韵：溧阳ɔꜛ（赵记）>oꜛ，西岗ɔꜛ（赵记）>ɔ（限今老派），靖江ɔ↓>o，常州oꜛ（赵记ɔ）>o，上海ɔ↓>o，盛泽ɔ↓（赵记）>ɔꜛ，嘉兴ɔ↓>o，绍兴ɔ↓>oꜛ，余姚ɔ>oꜛ。促声韵：宜兴oʔ（赵记）>ɔ↓ʔ，溧阳aʔ（赵记）ɔ↓ʔ，江阴ɔʔ>ɔꜛʔ，常州ɔʔ>ɔ↓ʔ，苏州ɔʔ（赵记）>ɔ↓ʔ，黄岩、宁波、盛泽ɔʔ（赵记）>ɔ↓ʔ。

（5）效摄字（如：包刀高浇）韵趋oꜛ化

溧阳、宜兴ʌꜛɤ>ɑꜛɤ，丹阳ɔꜛ>ɒ↓，江阴ɒ（赵记）>ɒ↓，霜草墩、罗店o>ɔ↓/o少，黎里ʌˀ甚微（赵记）>ʌˀ/ʌ-少，杭州ɒ>oꜛ，绍兴ɑɒ<ɔꜛ/ɑɒ↓，王家井ɑɒ（赵记）>oꜛ，崇仁ɑᵖ（赵记）>ɑᵖ↓，太平ᵃɒ>ᵃɒ↓，余姚ɒ>ɒ↓，宁波ɔꜛ>ɔ，黄岩ɒ>ɒ↓，衢州ɒ↓（赵记）>ɔꜛ。

（6）咸、山摄字（如：反难半南看）鼻化音趋消失

靖江æ̃>æ轻；常州æ̃（赵记）>æ/æ微，ɔ̃-↓（赵记）>ɔ̃-↓/ɔ̃-↓微；无锡æ̃微>ɛ/ɛ̃微少；杭州E̅ꜛ>Eꜛ/E̅ꜛ微，ĩ->I/Ĩ轻，õ>o/õ轻；绍兴æ̃E̅>æ-↓/æ少，ə̃;õ>ə̃;õ/õ少>ø少，ẽ->ĩ/I；衢州ã>æ轻，ə̃->ə-；金华白读的ɯ̃õ>ɯõə/周浦ẽ>e/ẽ微少，õ>ø/õ微少。

（7）深、臻、曾、梗摄字（如：本能根桓）鼻韵尾舌面化ŋ>ȵ

有丹阳、江阴、常州、常熟、上海、松江、吴江、嘉兴、余姚、永康。白读自成音节的ŋ̍（如：五鱼）>ȵ̍的，有上海、松江、王家井、永康。

此外，开口三、四等iŋ韵字（如：命金）有的地方失去鼻韵尾，如无锡ɪ[ⁿ̍]、iə[ⁿ̍]>iĩ/iȵ，常熟ĩŋ>ĩˀ/iȵ，霜草墩ĩꜛ>ĩ，上海iŋ、iəŋ>iȵ/ɪᵖ，杭州ɪŋ>ɪȵ/ĩ，王家井老派已是ĩ，中、新派同。

（8）宕摄字和梗摄开口二等字（如：床昂常澄硬）前后带鼻化或鼻音韵合并

有些地区很早就已是一个韵，如宜兴、常州、杭州。许多地方现在正在合并中，如江阴ɒᵑ;aᵑ>ʌᵑ/ɒᵑ;aᵑ，苏州、松陵 õ;ã>ã/õ;ã，常熟õ~;a~>ʌ~/ɒ~;a~，昆山ɑ̃;ã>ã，上海õ,ã>ã̃，嘉兴ã~;ã>ã。此外，宁波新派和余姚新派的ã鼻化变得很轻，有人近无。

（9）止摄开口日母字（如：尔二耳儿）文读音r化

老派原来是əl/l̩的地点，新派为ɚr的，有溧阳、江阴、常熟、上海、松江、嘉兴、杭州、余姚。

（10）麻、佳、夬韵合口二等见系字（如：瓜挂花话）介音u失落

有宜兴ᵘoꜛ>oꜛ/ᵘoꜛ，江阴o/uo>o，常州uɔ（赵记）>o，无锡u/ᵘu>u，周浦ᵘoꜛ>ɔ↓，松江o↓/uo↓少>o↓。

（11）桓韵见系字（如：官宽欢换）介音u失落

靖江uũꜛ₊>ũꜛ₊/uũꜛ₊少，江阴ɵ/uɵ少>ɵ，无锡uo->o，苏州uɵ>ɵ，昆山uɵ>ɵ₊/uɵ少，上

海ue/uø->ø-，温州yɵ；ɑ少>ɵ/y；ɑ少，衢州见组uõ->uə-/ə-。

（12）咸、山摄开口三等韵字（如：变点现验）鼻化失落，有的进而并入i韵

常州ĩ/ɪ（赵记ĩ）>ɪ/ĩ微，南汇ĩ（赵记）>i/iⱼ少，上海i/iⱼ/ɪ（赵记ɪ）>i/ɪ少，杭州iẽ↑/ie↑/iẽ↑轻，太平iẽ>iẽ轻，衢州iẽ>iẽ轻/ie，宜兴老派p系、t系e↑、其他系ɪ，新派全部ɪ。有些地方其中的"验、念、陷"等个别字老派韵腹开口度大，新派并入其他字的韵，如上海"陷、念"老派读iE，新派一般读i/ɪ，松江"陷"iE↑>i/iE，黎里、盛泽"验、念"iE>iɪ，嘉兴"验、念"iE>ie，余姚"间、陷、验、念"等iẽ>iẽ/ĩ。

（13）深、臻、曾摄开口三、四等今p、t、ts系字（如：命品丁寻）和tɕ系字（如：金兴倾认）今韵腹差别消失

无锡ɪ[ⁿ]≠iə[ⁿ]>iĩ/iŋ，苏州iin≠iən>iin，昆山in≠iən>in，周浦iŋ≠iə↑ŋ>iiŋ，上海iŋ≠iən>iŋ/ĩŋ，松江iən≠ieŋ>iŋ，黎里ɪŋ≠iə↑ŋ>iə↑ŋ，盛泽ɪ[ⁿ]≠iɪ[ⁿ]>ɪŋ，金华ɪⁿ≠iin>iin。

此外，嵊县城内原"饼丁"e↑-ŋ＝"本灯"开始变为"饼丁iŋ↑"≠"本灯e↑-ŋ↑"。

（14）江、阳韵知照二等字（如：庄爽双撞）介音失落或转变

常州ɻɑŋ>ɻʌŋ/ʌŋ，周浦uɒ̃/ɒ̃>ɒ̃↑，金华ɻʏʌŋ>ɻʏʌŋ/uʌŋ。

（15）遇摄l母、照三、精组字（如：虑滤徐须）齐齿>撮口

靖江白读i（赵记）>yᵼ，江阴i/y>y/i少，无锡i>iy/y少，苏州iⱼ>yᵼ（"徐"除外），嘉兴、霜草墩、罗店y/i（赵记）>y（"徐"除外），盛泽i>y（"徐"除外），杭州y/i>y。

（16）脂、支、祭韵部分文读字（如：蕊吹水）韵母开口/撮口>合口

童家桥yᵼei>yᵼei/uei，溧阳ɻʌE>ʌE/uʌE/æE，上海ø>ø/uE，黎里E>uE，盛泽E/uE少，双林ᵒʏ/iᵖʏ少>ᵒʏ/uɒɪ，余姚e>e/ue，衢州iE>ɻ-ɒɪ，永康ɒɪ/yə（赵记）>ɒɪ。

（17）仙韵精组字（如：全宣选）齐齿>撮口

上海i/ɪ>yø/y/i少，松江i>i/yø↑，嘉兴ie>ɤə-/ie，杭州ie↑>ɤo/ɤõ，金华ie白；iæ̃E文>ie白/ɻʏə白；ɻæ̃文。

（18）臻摄合口三等见系字（如：君群云）韵腹趋高趋前

靖江yʉŋ（赵记）>yĩŋ，苏州yən>yɪn，昆山yən>yn，松江yẽ>yŋ，盛泽ɪ[ⁿ]，yə[ⁿ]少（赵记yə↑[ⁿ]）>ɪŋ；yŋ，嘉兴yə[ⁿ]>y[ⁿ]，双林iən>ɪn，金华ɻʏən>ɻʏin，永康ɤe↑-ŋ>yɪŋ。

（19）入声韵舒声化

只存在于少数地方，金华和溧阳阴入、阳入有不少字失去ʔ而舒声化，嘉兴有些人入声字也有舒声的读法。有的地方是在连读调中有些音节组合中入声字舒声化，如无锡的阴平和阴入/阳入的组合中，宜兴、溧阳许多组合的后字入声，发生舒声化，失去喉塞音，舒声化的同时，韵母的开口度往往略大些，如溧阳"读"dɔ↑ʔ2>dɔ223，金华"别"biəʔ2>biə↑24。

（20）入声k尾的消失

原松江府地区（包括上海、奉贤、南汇、松江、金山县和青浦、川沙县的部分，上海市大部

分)老派有k尾,松江、周浦老派kʻ母的哭oʔ≠壳ɒˌk≠客ɑk≠掐æʔ≠渴œʔ≠磕ᴇ-ʔ≠刻ʌk,上海老派是哭oʔ≠壳ɔˌk≠客ɑk≠掐aʔ≠渴ø≠磕ᴇʔ≠刻ʌk(十九世纪末上海"哭"类为ok,有时读oʔ),新派松江哭壳ɔʔ≠客ʌʔ≠掐æʔ≠刻磕əʔ,上海哭壳oˌʔ≠客掐磕刻渴ɐʔ,k尾都消失。现周浦新派还有k尾保留:哭oʔ≠/=壳ɒˌk;oʔ≠客掐ɑk≠盛刻渴əʔ。

(21) 铎、觉韵,屋、沃韵帮系字(如:落朔各剥木)与屋、沃、烛韵大部分字(如:绿缩伏谷沃)的韵母合并。

常熟ɔʔ≠ʊʔ>oˌʔ,松江ɒˌk≠oʔ>ɔʔ,周浦ɒˌk≠oʔ>ɒˌk;oʔ≠/=oʔ。

以下地点老派铎、觉、屋、沃韵的帮系字(如:目仆博剥)是归屋、沃、烛韵大部分字的,新派两大韵也合并了。霜草墩ɔʔ≠oˌʔ>oˌʔ,罗店ɔʔ≠oˌʔ>oˌʔ,上海ɔˌk≠oʔ>oˌʔ,余姚ɔʔ≠ɤ(赵记)>ɔˌʔ。

(22) 梗摄入声韵字(如:石尺白麦)和咸、山摄开口入声韵大部分字(如:瞎法札袜)合并

上海ɑk≠aʔ>ʌʔ,无锡ɑʔ≠aʔ>ʌʔ,苏州ɑ-ʔ≠aʔ>ʌʔ,周浦ɑk≠æʔ>ɑk,黄岩ʌʔ≠ɛ-ʔ>ɐˌʔ,绍兴咸、山摄æ-ʔ韵有些字也可读梗韵的ʌʔ。

(23) 曾摄今开口韵字(如:得刻则色)和臻摄开口的字(如:物出突失)、山摄开口三等薛韵知系字(如:哲设)、山摄合口一等末韵帮系字(如:泼没)、深摄辑韵知系字(如:汁涩)、咸摄开口一等合、盍韵见系字(如:合磕)的韵母合并。

松江ʌk≠əʔ>əʔ,周浦ʌˌk≠ᴇ-ʔ>əʔ。此外,末韵端系,曷韵见系,没韵端系字(如:脱夺撮割曷卒)在上述地区œʔ>əʔ,在上海、靖江则øʔ>əʔ。

(24) ʌʔ、əʔ>ɐʔ

入声韵的合并宁波最速,周浦最缓,"客掐刻磕渴"五字周浦、松江老派全部异音而宁波全部同音为ɐʔ。上海、诸暨县城、王家井、嵊县城内、湖州城内、杭州的新派ʌʔ、əʔ已并向ɐʔ,如上海"石掐≠舌刻(老、中派)>舌掐=石刻(新派)";杭州"匣瞎≠合黑(老派)>匣瞎≠/=合黑(中、新派)"。

(25) əʔ韵有些字(如:墨拨脱佛撮突)>oʔ

上海əʔ/ɐʔ>ɤoʔ,靖江、əʔ、əʔ>ɤʔ/əʔ,oʔ少,江阴ɜ-ʔ>ɜ-ʔ/oʔ,常州ɤˌʔ>ɔˌʔ/ɔˌʔ,绍兴eˌʔoˌ-ʔ>oʔ/ʌʔ,周浦、双林øʔ>əʔ/oʔ,昆山ɤʔ>oˌʔ,金华ɐʔ>əʔ/oʔ,宁波ɐʔ>oʔ,余姚ɐ-ʔ>oʔ。

(26) 铎、黠、镯、末、没、德、麦韵部分见系字(郭扩霍刮滑括豁阔活骨忽惑或获)的变读

老派一般用韵较整齐,新派有许多地点读音变混,有的地方产生新韵。比如"扩"字苏州、昆山ɔˌʔ>uɐˌʔ/ɔˌʔ,松江、周浦uɒʔ/ɔˌuˌk>uɐʔ,嘉兴oʔ>uɐʔ/uoʔ/oʔ,又如"忽"字宜兴、溧阳、常州、苏州、昆山、黎里、盛泽、嘉兴uəʔ>ɔʔ/ɔˌʔ或uəʔ、əʔ/ɔˌʔ两读,昆山、嘉兴、金华部分uəʔ韵(活滑惑骨获)>uoʔ,新派增加了uoʔ韵。

(27) 屋、烛韵见系字(如:菊局蓄欲—A组)和骨、薛、月、术、物韵见系字(如:越血决思—B组)相混

溧阳A组是yeʔ/iɔˌʔ,B组yeʔ>yeʔ/iɔˌʔ;靖江A组yɔʔ,B组yøʔ>yɔʔ/yøʔ;常州A组iɔʔ,B组ye-ʔ>ye-ʔ/iɔˌʔ;昆山A组ioˌʔ,B组yɔˌʔ>yəʔ/ioˌʔ;周浦A组ioʔ,B组yœʔ>

yɪʔ/ioʔ；上海 A 组yoʔ＞yɪ-˥ʔ/ioˠʔ，B 组yø-ʔ＞yɪ-˥ʔ/ioˠʔ；松江 A 组ioʔ(k母yœˌʔ)＞yɪ-ʔ/ioʔ，B 组yœˌʔ＞yɪ-ʔ；黎里 A 组ioˠʔ，B 组yə-ʔ＞yə-ʔ/ioˠʔ；盛泽 A 组ioˌʔ，B 组yɵʔ＞ioˌʔ/yəʔ少；嘉兴 A 组ioʔ＞ioʔ/yɵʔ，B 组yə-ʔ＞ioʔ/yɵʔ少；崇仁 A 组ioˌʔ，B 组yøʔ＞ioˌʔ/yɪʔ；太平 A 组ioˌʔ，B 组yeʔ＞yeʔ/ioˌʔ少；余姚 A 组yʉʔ＞yoˌʔ，B 组yʉʔ/yoʔ＞yoˌʔ；宁波 A 组yəʔ＞yɪʔ/yoˌʔ，B 组yəʔ/yoˌʔ少＞yɪʔ/yoˌʔ。由上可知，ioʔ或yoʔ开始占优势。

(28)今介音y的入声韵字(如：决血)韵腹趋前趋高

宜兴yə˖ʔ＞yeʔ，无锡yəʔ＞yeʔ，周浦yœʔ＞yɪʔ，上海yø-ʔ＞yɪ-˥ʔ，松江yœˌʔ＞yɪ-ʔ，崇仁yøʔ＞yɪʔ，宁波yəʔ＞yɪʔ，温州yɵ＞y，金华yɐʔ＞yəʔ文，yeʔ白；永康øə˖＞ye。

(29)药韵的见系字和l母字(如：略脚削)和洽、狎韵文读见系字(如：夹甲压)归入大韵iiʔ

上海、嵊县城内iʌʔ＞iiʔ/yɪʔ少/ˠaiʔ少，杭州iaʔ＞yɪʔ/iiʔ/ˠaiʔ少，宁波-ɐʔ＞iiʔ/ˠaiʔ少，黄岩(药韵见系字)iʌʔ＞ieˌʔ。

(30)帖韵字(如：铁蝶贴迭)iʌʔ消失并入大韵iiʔ

嘉兴iʌʔ＞iɪ-ʔ/iə˖ʔ，盛泽iɒiʔ/iʔ/iɒiʔ少＞ɪʔ/iɒiʔ少，宁波iaiʔ＞iiʔ/ˠaiʔ少，余姚-ɐʔ＞ɪʔ/ieˌʔ少。

(31)锡、昔、职韵多数字(如：击踢璧息)和"级击撇漆"等字并入大韵iiʔ

松江、周浦iʌʔ＞iiʔ。

(32)ɪʔ＞əʔ

绍兴"割葛哲职失刷舌侄磕刻合拾"等字，老派读ɪʔ，新派ɪʔ/əʔ两读且多读əʔ。

(33)薛、术韵知照三组字(如：拙说出述)失去介音

宜兴yə˖ʔ＞yeʔ/ioˌʔ少/ɔʔ少，常州ɥɛʒ˖ʔ＞ɔʔ/ye-ʔ，杭州ɥəʔ＞yɵʔ/ɔʔ宁波ye-ʔ＞ɔˌʔ；黄岩ɥøˠʔ＞ɔˌʔ，金华yɪʔ＞oʔ文促/oˠ文舒/ʅyoʔ。

(34)山合三等薛韵精组"绝、雪"两字齐齿＞撮口

上海ɪʔ＞iɪ-˥ʔ/yɪ-˥ʔ，松江ɪʔ＞yɪ-ʔ/iiʔ，嘉兴iiʔ/iə-ʔ＞iə˖ʔ/yøʔ，杭州iiʔ＞yɪʔ，金华ieʔ＞yəʔ/ʅyoʔ/ye。

(35)"吃""靴"二字读音的变化

一些地方"吃"字有专门的读法不同于其他同韵地位的字读的音，到新派又有新的归并。如靖江老派为iəʔ韵，不同于其他的iiʔ韵，新派为iiʔ/ˠeiʔ；霜草墩、罗店分别为ˠaiʔ和iˌʔ，不同于其他字的iɪ-ʔ韵；周浦中、新派其他为ɪʔ，但"吃"iʌʔ/ɪʔ少，上海老派读iəʔ韵，不同于其他的ieʔ，新派为yɪʔ/yoʔ/iɪ-˥ʔ/iəʔ，其他字为iɪ-˥ʔ。松江老派iʌʔ，中派iʌʔ/iʌʔ，不同于其他的iiʔ韵，新派为iʌʔ，其他字是iiʔ韵；余姚yʉʔ＞yoˌʔ，其他为ɪʔ韵；宁波yoʔ/yʌʔ＞yoˌʔ，其他iiʔ，黄岩iiʔ/yoˌʔ＞ieˌʔ/yoˌʔ，其他为iiʔ/ieˌʔ。以上从松江起，新派"吃"字韵都已不独立，并入旁韵。

"靴"字在有些地方老派独占一韵，新派多已归入y等他韵，如昆山yo/y＞y，周浦yu＞yø，上海iu＞yø/y，松江iu＞y，黎里io＞yø/io，嘉兴yə-＞ye/yɤy，双林iu＞øʏ。

(36)文读音的萎缩

文白异读一般是指某个音韵地位的一组字都有文、白两种读音：读书音和说话音，它是

历史上官话向吴语推移形成的。随着普通话的推广，书塾的旧文读让位于学校的普通话朗读。有许多字的旧文读音已不再在新派中使用。如上海话"败bE、肉zoʔ"，中、新派已不用，"学ɦiAʔ、讲tɕiã"等在新派中已不用了。个别字只用于书面的，只保留文读音，如"豺zE、蕊zø"，多数字只用白读，有些常用字处在一定的文化词中仍用文读。各地文读音消亡较为普遍的有"败豺泰"类(A/E)；"怪怀"类(uA/uE)；江摄见组"讲"之类(ɒ̃/iã)；洽、狎韵见系"狭压夹"类(Aʔ/iAʔ)，大部分入声韵的文读音消失，如昔韵的"尺石"类，陌、麦韵的"厄额策白"类，麦韵的"麦"类(Aʔ/ɔʔ)。丹阳、金华老派文白异读有较整齐的音韵对应，但新派许多文读只保留在一些组词中。

声　调

1. 阳声调的合并

全浊阳上归入阳去的有：宜兴(24＞31)有些字；溧阳(224＞31)有些字。次浊、全浊阳上都归阳去的有：松江(22＞113)，嘉兴(赵记171＞223)；有些字或全部归阳去的有：盛泽(22³＞212)；有些字归入阳去的有：无锡(33＞213)多，绍兴(113＞22)少，金华(312＞24)；阳上归入次清阴上或阳去的：黎里(32＞51,213)。

阳平归阳去的有：江阴(31＞223)，余姚(31＞113)，无锡(14＞213)，宁波(255＞213)。昆山阳平、阳上、阳去在归并之中，三调混读并简化调形(233、221、213＞24/213/21)。阳上、阳去归入阳平的有：周浦(323,25＞113)。阳去归入阳平的有：双林(24＞113)，王家井(22＞233)。

2. 阴声调的合并

阴上归入阴去，全部字的有：上海(44＞334)，有些人有些字的有：江阴(45＞435)。全清阴上有些字有些人归入阴去的有：嘉兴(44＞334)。阴去归入阴上，全部字的有：罗店(44＞434)，昆山(512＞52)；有的人有的字：苏州(412＞51)。阴去归入阴平：宁波(44＞52)。阴平归入阴去：黄岩(433/423＞44)。

3. 声母清化后的声调归并

童家桥有的青年人次浊阳入和sz、ɕʑ、xɦ声母阳入字读阴入(ʔ24＞ʔ5)；靖江许多xɦ、ɕʑ、sz声母和m、n、l、ȵ、ŋ声母的阳去字读阴去(31＞51)。丹阳新派古阳上声调部分字至今读阳平声调(213)，声母仍浊，部分字读阳去声调(41)，声母即清。金华部分文读字阳入声调(ʔ2)，归入阴入(ʔ4/ʔ3)声母即清。黎里新派阳上声调(22)常读成33，此时z、v、b、d声母读作s、f、p、t。

4. 入声调的舒声化

溧阳次清古阴入字、部分阳入字变读舒声长调(223),金华阴入字舒声读法声调归阴去(45);阳入字(ʔ2)舒声化有的归入阴去(45),有的归阳去(24),有的人有些字产生新的舒降调(43)。

综观吴语各地方言六十年来的音变,有三个比较明显的特点:(1)合并是总的趋势,各地音系都由复杂变得简单;(2)不少地方的读音向吴语的公约数靠拢,趋于相近;(3)有些读音向普通话接近,在变化中选择可接受的、与普通话相近的音。

音变一般采取以下几种形式进行:

(1) 音位合并

a. 新读法是音系中原来已有的音位。如吴语各地疑母字ŋɦ母或nɦ母变成ɦ母;上海、嘉兴等地原来有dz母,现都已并入z母,有些地方dz母正在向z母归并之中,下表是双林镇三个不同年龄的人dz>z的音变情况,中青年发dz声母的字已明显少于老年。

	陈	直	成	传	茶	宅	查	助	残
1. 老年	dz	dz	dz	dz	dz	dz	dz	dz	dz
2. 中年	z	z	dz	dz	z	z	z	dz	dz
3. 青年	z	z	dz	z	z	z	dz	z	z

又如松江阳上声调22并入阳去113,一个老年人"买有痒懒我马老远静坚稻厚是"都读22,"道笨跪"读113,一个中年人和一个青年人这些字都读113。

b. 新读法是两个音位向中间态音合并的产物。如上海老派的ɐʔ、ɤʔ两大韵到青年新派合并为 əʔ,江阴aŋ、ɒŋ两韵合并为ʌŋ。

(2) 移变

一个音位的音色朝一个方向移动,如宝山霜草墩o>ɔ˩,绍兴ɑɒ>ɔɹ;杭州ẽ>ɛ,õ>o,丹阳ʊŋ>əŋ。

(3) 新生

产生一个新音位,为原音系所无,也不是两个音位合并的中间音。有两种情况会产生新音位:

a. 由同组音位音变而派生,如上海、苏州原音系表中没有z音位,由于尖音字变为团音,原与i、y相拼的ts、tsʻ、s、z青年人读作tɕ、tɕʻ、ɕ、ʑ,z音位是同s>ɕ母一起变成的。

b. 向周围地区借用或长期受影响产生的,如苏州流摄字"头走口欧"老派读ᵊʏ,到新派读ɤ韵,可能是受周围郊县影响借入。宝山罗店流摄"头走口欧"老派读ʌɪ,青年人有的人有的字读成ʏ或ɯɯ韵,可能是受上海语音的影响。周浦的"君军允群"韵母由ioŋ变成yɪn也是此种情况。

第二节　各地老派、中派、新派吴语声韵调对照表

老派音以老年人发音为主,中派音以中年人发音为主,新派音以青年人发音为主。

为了说明方便,特拟下列字母表示吴语声母的音类:

b系:	b	p	bh	m	f	v
d系:	d	t	dh	n		l
ġ系:	g	k	gh	ng		
h系:			h	hh		□
j系:	j	ch	dj		sh	zh
tz系:	tz	ts	dz		s	z

就大多数地点来说,表格中b系是唇音[p]行声母,d系是舌尖中音[t]行声母,g系是舌根音[k]行声母,h系是喉音或零声母,tz系是舌尖前音[ts]行声母,表中'gh'即[ɳ]声母,'□'即[ʔ]声母,'hh'即[ɦ]声母,j系比较复杂,有的地点是舌面前音[tɕ]行声母,有的地点是舌尖前音[ts]行声母,也有的是其他。

某行的某个声母也表示音类,如就大多数地点来说,b是[p],bh是[b]。

第一表:声母表　　表1

例\条件\古母	帮 口韵尾 巴	帮 鼻韵尾 兵	滂 全 怕	並 平·文 旁文	並 平·白 旁白	並 仄 伴	明 全 门	明 微白 同白	非敷 今合 副（夫）	非敷 今开齐 方（费）	奉 今合 附	奉 今开齐 坟	微 今合 平去入 无文	微 今合 上 武文	微 今开齐 尾文	端 口韵尾 多	端 鼻韵尾 丁	透 全 梯	定 平·文 同文	定 平·白 同白	定 仄 动
宜 老	p	p	p'		b		m	m	f	f			v	v		t	t	t'		d	
宜 中	p	p	p'		b		m	m	f	f			v	v		t	t	t'		d	
宜 新	p	p	p'		b		m	m	f	f			v	v		t	t	t'		d	
溧 老	p	p	p'		b		m	m（但同 v）	f	f			v	v		t	t	t'		d	
溧 中	p	p	p'		b		m	m（但同 v）	f	f			v	v		t	t	t'		d	
溧 新	p	p	p'		b		m	m（但同 v）	f	f			v	v		t	t	t'		d	
金 老	p	p	p'	p'	b	p	m	m	f	f			ø(u)	ø(u)		t	t	t'	t'	d	p
金 中	p	p	p'	p'	b	p	m	ø(u)	f	f			ø(u)	ø(u)		t	t	t'	t'	d	p
金 新	p	p	p'		b		m	ø(u)	f	f						t	t	t'		d	
丹 老	p	p	p'	b̥	b̥	p	m	m	f	f	v		v；β；ɦ(u)			t	t	t'	d；t少 / t'少	d	d̥
丹 中	p	p	p'	b；p / p'少	b；p	p	m	m	f	f	v		v			t	t	t'	t'	d	d；t
丹 新	p	p	p'		b；p		m	m	f	f	v		v			t	t	t'	t'	d	d；t
童 老	p	p	p'		b		m	m	f	f	v		β,ɦ(u),v			t	t	t'		d	d
童 中	p	p	p'		b		m	m	f	f	v		β,ɦ(u),v			t	t	t'		d	d
童 新	p	p	p'		b		m	m	f	f	v		β,ɦ(u),v			t	t	t'		d	d

地点	层次	p	pʰ	b	m	f	v	f	v	v	f/—	t	tʰ	d
靖	老	p	pʰ	b	m	f	v	f	v	v	f	t	tʰ	d
	中	p	pʰ	b	m	f	v	f	v	v	—	t	tʰ	d
	新	p	pʰ	b	m	f	v	β,v	β,v	v	—	t	tʰ	d
江	老	p	pʰ	b	m	f	v	f	v	v	f	t	tʰ	d
	中	p	pʰ	b	m	f	v	f	v	v	—	t	tʰ	d
	新	p	pʰ	b	m	f	v	ʔw	f;ʔv	v	—	t	tʰ	d
常	老	p	pʰ	b	m	f	v	f	v	v	v	t	tʰ	d
	中	p	pʰ	b	m	f	v	f	v	v	v	t	tʰ	d
	新	p	pʰ	b	m	f	v	ʔv	v	v	v	t	tʰ	d
锡	老	p	pʰ	b	m	f		v				t	tʰ	d
	中	p	pʰ	b	m	f		v				t	tʰ	d
	新	p	pʰ	b	m	f		ɦ(u),v	v	v	v	t	tʰ	d
苏	老	p	pʰ	b	m	f		v		v		t	tʰ	d
	中	p	pʰ	b	m	f		v		v		t	tʰ	d
	新	p	pʰ	b	m	f		v		v		t	tʰ	d
熟	老	p	pʰ	b	m	f		v		v		t	tʰ	d
	中	p	pʰ	b	m	f		v		v		t	tʰ	d
	新	p	pʰ	b	m	f		v		v		t	tʰ	d

表 1 续

古母 条件 / 例	帮 口韵尾 (巴)	帮 鼻韵尾 (兵)	滂 全 (怕)	並 平 文 (旁文)	並 平 白 (伴白)	並 仄 白 (白)	明 全 (门)	微白 白 (同白)	非敷 今合 (夫副)	非敷 今开齐 (费)	奉 今合 (附)	奉 今开齐 (坟)	微文 今合 平去入 (无文)	微文 今合 上 (武文)	微文 今开齐 平去入 (同文)	微文 今开齐 上 (尾文)	端 口韵尾 (多)	端 鼻韵尾 (丁)	透 全 (梯)	定 平 文 (同文)	定 平 白 (同白)	定 仄 (动)
昆 老	p	p	pʻ	b	b	b	m	m	f	f						v	t	t	tʻ	d	d	d
昆 中	p	p	pʻ	b	b	b	m	m	f	f	v		v			v	t	t	tʻ	d	d	d
昆 新	p	p	pʻ	b	b	b	m	m	f	f	v		v			v	t	t	tʻ	d	d	d
霜 老	p	p	pʻ	b	b	b	m	m	f	f	v;β		v;β		v	v	t	t	tʻ	d	d	d
霜 中	p	p	pʻ	b	b	b	m	m	f	f	v;ɦ(u)少	v	v;ɦ(u)少		v	v	t	t	tʻ	d	d	d
霜 新	p	p	pʻ	b	b	b	m	m	f	f	β;v	v	β;v		v	v	t	t	tʻ	d	d	d
罗 老	p	p	pʻ	b	b	b	m	m	f	f						v	t	t	tʻ	d	d	d
罗 中	p	p	pʻ	b	b	b	m	m	f	f	v;ɦ(u)少	v	v;ɦ(u)少		v	v	t	t	tʻ	d	d	d
罗 新	p	p	pʻ	b	b	b	m	m	f	f	v，通摄有的字有时：ɦ						t	t	tʻ	d	d	d
周 老	ɓ	p	pʻ	b	b	b	m	m	φ	f,h	β	β;v,ɦ	β		v;β,ɦ	v	ʥ	t	tʻ	d	d	d
周 中	ɓ,p少	p	pʻ	b	b	b	m	m	f	f,h	v;βɦ少	v	v;ɦ	v;βɦ少	v	v	d,ʦ少	t	tʻ	d	d	d
周 新	ɓ,p少	p	pʻ	b	b	b	m	m	f	f,h	β	v	v;βɦ少	v;ɦ(u)少	v	v	d,ʦ少	t	tʻ	d	d	d
上 老	ɓ,p	p	pʻ	b	b	b	m	m	φ	f	β	v	v;ɦ(u)少	v;ɦ(u)少	v	v	d,t	t	tʻ	d	d	d
上 中	p	p	pʻ	b	b	b	m	m	f	f	ɦ(u);β	v	ɦ(w);β	v;ɦ(u)少	v	v	t	t	tʻ	d	d	d
上 新	p	p	pʻ	b	b	b	m	m	f	f	v;ɦ少	v	v;ɦ(u)	v;ɦ(u)	v	v	t	t	tʻ	d	d	d

点	层	p	pʻ	b	m	f	v	t	tʻ	d
松	老	ɓ	pʻ	b	m	φ;f	β;v	d'	tʻ	d
松	中	p,ɓ	pʻ	b	m	f	v;ɦ(u)	t,d	tʻ	d
松	新	p,ɓ少	pʻ	b	m	f	v;v轻擦	t,dʑ少	tʻ	d
黎	老	p	pʻ	b	m	f	v	t	tʻ	d
黎	中	p	pʻ	b	m	f	v	t	tʻ	d
黎	新	p	pʻ	b	m	f	v,β	t	tʻ	d
盛	老	p	pʻ	b	m	f	v	t	tʻ	d
盛	中	p	pʻ	b	m	f	v	t	tʻ	d
盛	新	p	pʻ	b	m	f	v	t	tʻ	d
嘉	老	p	pʻ	b	m	f	v;v轻擦	t	tʻ	d
嘉	中	p	pʻ	b	m	f	v	t	tʻ	d
嘉	新	p	pʻ	b	m	f	v	t	tʻ	d
双	老	p	pʻ	b	m	f	β;v ／ v	t	tʻ	d
双	中	p	pʻ	b	m	f	β;ɦ(u) ／ v	t	tʻ	d
双	新	p	pʻ	b	m	f	v ／ v	t	tʻ	d
杭	老	p	pʻ	b	m ／ v	f	ɦ(u) ／ ʔ(u) ／ v	t	tʻ	d
杭	中	p	pʻ	b	m ／ v	f	ɦ(u) ／ ʔ(u) ／ v	t	tʻ	d
杭	新	p	pʻ	b	m ／ ɦ(u),v	f	ɦ(u),v ／ ʔ(u),v ／ ɦ(u),v ／ ʔv	t	tʻ	d

表 1 续

古母(条件/例)	帮 口韵尾 巴	帮 鼻韵尾 兵	滂 全 怕	並 平 (旁文/旁白)	並 仄 伴	明 全 门	微白 白 同白	非敷 今合 夫(副)	非敷 今开齐 方(费)	奉 今开齐 坟	奉 今合 附	微 今合 上(武)	微 今开齐 上(尾文)	端 口韵尾 多	端 鼻韵尾 丁	透 全 梯	定 平 (同文/同白)	定 仄 动
绍 老	p	p	pʰ	b	b	m	m	f	f			v		t	t	tʰ		d
绍 中	p	p	pʰ	b	b	m	m	f	f			v		t	t	tʰ		d
绍 新	p	p	pʰ	b	b	m	m	f	f			v		t	t	tʰ		d
诸 老	p	p	pʰ	b	b	m	m	ɸ:f	f			β;v		t	t	tʰ		d
诸 中	p	p	pʰ	b	b	m	m	f	f			v;ɦ(u)		t	t	tʰ		d
诸 新	p	p	pʰ	b	b	m	v	f	f			v		t	t	tʰ		d
崇 老	p	p	pʰ	b	b	m	m	f	f			v		t	t	tʰ		d
崇 中	p	p	pʰ	b	b	m	m	f	f			v		t	t	tʰ		d
崇 新	p	p	pʰ	b	b	m	m	f	f			v		t	t	tʰ		d
太 老	p	p	pʰ	b	b	m	m	f	f	v	β;v	β;v	v	t	t	tʰ		d
太 中	p	p	pʰ	b	b	m	m	f	f			v		t	t	tʰ		d
太 新	p	p	pʰ	b	b	m	m	f	f			v		t	t	tʰ		d
余 老	p	p	pʰ	b	b	m	m	f	f			v		t	t	tʰ		d
余 中	p	p	pʰ	b	b	m	m	f	f			v		t	t	tʰ		d
余 新	p	p	pʰ	b	b	m	m	f	f			v		t	t	tʰ		d

地点	期	p	pʰ	b	m	f	v	v	t	tʰ	d
宁	老	p	pʰ	b	m	ɸ,f	β,v	v	t	tʰ	d
	中	p	pʰ	b	m	f	β,v	v	t	tʰ	d
	新	p	pʰ	b	m	f	v	v	t	tʰ	d
黄	老	p	pʰ	b	m	f	β,v	v	t	tʰ	d
	中	p	pʰ	b	m	f	v		t	tʰ	d
	新	p	pʰ	b	m	f	v,βʑ	v	t	tʰ	d
温	老	p	pʰ	b	m	f	β,v	v	t	tʰ	d
	中	p	pʰ	b	m	h;f	f	v	t	tʰ	d
	新	p	pʰ	b	m	h;f	f	v	t	tʰ	d
衢	老	p	pʰ	b	m	f	f;fv	fv	t	tʰ	d
	中	p	pʰ	b	m	f	fv	fv	t	tʰ	d
	新	p	pʰ	b	m	f		fv	—	tʰ	d
华	老	p	pʰ	b	m	f	f;fv	v	t	tʰ	d
	中	p	pʰ	b	m	f	f;ʔ(u);fv;ʔɦ(u)	ɦ(u);fv	t	tʰ	d
	新	p	pʰ	b	m	f	f;ʔ(u);fv;ʔɦ(u)	ʔ(u);ɦ(u);fv;ʔɦ(u)	t	tʰ	d
永	老	ɓ	pʰ	b	ɦ:m; m	f	v		t;d̥	tʰ	d;t / d
	中	ɓ	pʰ	b	[回]:m; fv; m	f	fv		n;d̥	tʰ	d;t
	新	p·ɓ	pʰ	b	[回]:m; fv; m	f	fv		n;t,d	tʰ	d;t

表 2

古母 / 条件 / 例	泥·今开合·奶	来·全·落	见·今开合·公	见·今齐撮·居	溪·今开合·铅	溪·今齐撮·劝	群·今开合平·文(狂文)	群·今开合平·白	群·今开合·仄(共)	群·今齐撮平·文(求文)	群·今齐撮平·白(求白)	群·今齐撮·仄(件)	疑·今开·敖	疑·今u韵·五白	疑·今齐撮·牛遇	泥娘·今齐撮·年女	泥娘·多数·让白	日白·儿白耳白二等
宜 老	n	l	k	tɕ	kʻ	tɕʻ		g		tɕʻ	dʑ		ŋ	ŋ	ȵ,ɦ(i;y)少		ȵ	
宜 中	n	l	k	tɕ	kʻ	tɕʻ	kʻ	g	k	tɕʻ	dʑ	tɕ	ŋ	ŋ	ȵ,ɦ(i;y)少		ȵ	
宜 新	n	l	k	tɕ	kʻ	tɕʻ	kʻ	g	k	tɕʻ	dʑ	tɕ	ŋ	ŋ	ȵ,ɦ̥(i;y)少		ȵ	
溧 老	n;l	l	k	tɕ	kʻ	tɕʻ		g		tɕʻ	dʑ		ŋ	ŋ	ȵ,ɦ̥(i;y)少		ȵ,但让壤z	
溧 中	n;l	l	k	tɕ	kʻ	tɕʻ	kʻ	g	k	tɕʻ	dʑ	tɕ	ŋ	ŋ	ȵ,ɦ̥(i;y)少		ȵ,但让壤z	
溧 新	n;l	l	k	tɕ	kʻ	tɕʻ	kʻ	g	k	tɕʻ	dʑ	tɕ	ŋ	ŋ	ȵ,ɦ̥(i;y)少		ȵ,但让壤z	
金 老	n;l	n;l	k	tɕ	kʻ	tɕʻ		g·kg		tɕʻ	dʑ̥	tɕ	ŋ,但岸ɦ̥	ŋ	ȵ,ɦ̥(i;y)		ȵ	αʳ
金 中	n;l	n;l	k	tɕ	kʻ	tɕʻ	kʻ	g;k	k	tɕʻ	dʑ;tɕ	tɕ	ø	ø(u)	ȵ,ȵ̥,ø(i;y)		ȵ	αʳ
金 新			k	tɕ	kʻ	tɕʻ	g;k kʻ少	g;k	k	tɕʻ	dʑ;tɕ	tɕ	ø	ø(u)	ȵ,ȵ̥,ø(i;y)		ȵ	
丹 老	n	l	k	tɕ	kʻ	tɕʻ		g		tɕʻ	dʑ;tɕ		ŋ	ŋ	ȵ;ɦ̥(i;y)	ȵ	ȵ;nʌ	ø(Ei)
丹 中	n	l	k	tɕ	kʻ	tɕʻ	kʻ	g		tɕʻ	dʑ;tɕ		ŋ	ŋ	ȵ;ɦ̥(i;y)	ȵ	ȵ;nʌ	ø(Ei)
丹 新	n	l	k	tɕ	kʻ	tɕʻ	kʻ	g		tɕʻ	dʑ;tɕ		ŋ	ŋ,n	ȵ;ɦ(i;y)	ȵ	ȵ;nʌ	ø(Ei)
童 老	n	l	k	tɕ(i);tʃ(y)	kʻ	tɕʻ(i);tɕʻ(y)	kʻ	g		dʑz(i);dʑ(y)	dʑz(i);dʑ(y)	dʑz;tɕ	ŋ	β,ɦ(u),v	ȵ;ɦi	ȵ	ȵ;ɦi	ɦ(Eʸ)
童 中	n	l	k	tɕ(i);tʃ(y)	kʻ	tɕʻ(i);tɕʻ(y)	kʻ	g		dʑz(i);dʑ(y)	dʑz(i);dʑ(y)	dʑz;tɕ	ŋ	β,ɦ(u),v	ȵ;ɦi	ȵ	ȵ;ɦi	ɦ(Eʸ)
童 新	n	l	k	tɕ(i);tʃ(y)	kʻ	tɕʻ(i);tɕʻ(y)	kʻ	g		dʑz(i);dʑ(y)	dʑz(i);dʑ(y)	dʑz;tɕ	ŋ	β,ɦ(u),v	ȵ;ɦi	ȵ	ȵ;ɦi	ɦ(Eʸ)

		n	l	k	tɕ	kʰ	tɕʰ	g	dʑ	ŋ	ŋ / ʔ(u)	ȵ;ɦ(i;y)	ȵ	ɦ;ʔ(ə˞)
靖	老	n	l	k	tɕ	kʰ	tɕʰ	g	dʑ	ŋ	ʔ(u)	ȵ;ɦ(i;y)	ȵ	ɦ;ʔ(ə˞)
	中	n	l	k	tɕ	kʰ	tɕʰ	g	dʑ	ŋ	ʔ(u)	ȵ;ɦ;ʔ(i;y)	ȵ	ɦ;ʔ(ə˞)
	新	n	l	k	tɕ	kʰ	tɕʰ	g	dʑ	ŋ	ʔ(u)	ȵ;ɦ;ʔ(i;y)	ȵ	ɦ;ʔ(ə˞)
江	老	n	l	k	tɕ	kʰ	tɕʰ	g	dʑ	ŋ		ȵ;ɦ(i;y)/ɕ	ȵ	ɦ;ʔ(ə˞)
	中	n	l	k	tɕ	kʰ	tɕʰ	g	dʑ	ŋ		ȵ;ɦ(i;y)	ȵ	ɦ;ʔ(ə˞)
	新	n	l	k	tɕ	kʰ	tɕʰ	g	dʑ	ŋ		ȵ;ɦ(i;y)	ȵ	ɦ;ʔ(ə˞)
常	老	n	l	k	tɕ	kʰ	tɕʰ	g	dʑ	ŋ		ȵ;ɦ(i;y)/ɕ	ȵ	
	中	n	l	k	tɕ	kʰ	tɕʰ	g	dʑ	ŋ		ȵ;ɦ(i;y)	ȵ	
	新	n	l	k	tɕ	kʰ	tɕʰ	g	dʑ	ŋ		ȵ;ɦ(i;y)	ȵ	
锡	老	n	l	k	tɕ	kʰ	tɕʰ	g	dʑ	ŋ;ɦy		ȵ;ɦ(i;y)/ɕ	ȵ	
	中	n	l	k	tɕ	kʰ	tɕʰ	g	dʑ	ŋ	ŋ	ȵ;ɦ(i;y)/ɕ	ȵ	
	新	n	l	k	tɕ	kʰ	tɕʰ	g	dʑ	ŋ		ȵ;ɦ(i;y)	ȵ	
苏	老	n	l	k	tɕ	kʰ	tɕʰ	g	dʑ	ŋ		ȵ;ɦ(i;y)/ɕ	ȵ	
	中	n	l	k	tɕ	kʰ	tɕʰ	g	dʑ⁻	ŋ		ȵ;ɦ(i;y)/ɕ	ȵ⁻	
	新	n	l	k	tɕ	kʰ	tɕʰ	g	dʑ	ŋ		ȵ;ɦ(i;y)/ɕ	ȵ	
熟	老	n	l	k	tɕ	kʰ	tɕʰ	g	dʑ	ŋ		ȵ;ɦ(i;y)/ɕ	ȵ	
	中													
	新													

表 2 续

古母	泥	来	见	见	溪	溪	群	群	群	群	群	群	疑	疑	疑	疑	泥娘	日
条件	今开合	全	今开合	今齐撮	今开合	今齐撮	今开合平·文	今开合平·白	今开合仄·共	今齐撮平·文	今齐撮平·白	今齐撮·仄	今开		今u韵	今齐撮	今齐撮·多数	儿白/耳白/二等
例	奶	落	公	居	铅	劝	狂文	狂白	共	求文	求白	件	敖		五白	牛遇	年女让白	
昆·老	n	l	k	tɕ	kʻ	tɕʻ	g狂文读ɦ	g狂白读ɦ			dʑ		ŋ		n	n;ɦ(i;y)少		n̠
昆·中	n	l	k	tɕ	kʻ	tɕʻ	g狂文读ɦ	g狂白读ɦ			dʑ		ŋ		n	n;ɦ(i;y)		n̠
昆·新	n	l	k	tɕ	kʻ	tɕʻ			g		dʑ		ŋ;ɦ少		n	n;ɦ(i;y)		n̠
霜·老	n	l	k	tɕ-	kʻ	tɕʻ			g		dʑ-		ŋ		n	n;ɦ(i;y)少		n̠
霜·中	n	l	k	tɕ-	kʻ	tɕʻ			g		dʑ-		ŋ		n	n;ɦ(i;y)		n̠
霜·新	n	l	k	tɕ-	kʻ	tɕʻ			g		dʑ-		ŋ,ɦ,ʔ少			n;ɦ(i;y)少		n̠
罗·老	n	l	k	tɕ-	kʻ	tɕʻ			g		dʑ-			ŋ		n;ɦ(i;y)少		n̠
罗·中	n	l	k	tɕ-	kʻ	tɕʻ			g		dʑ-			ŋ		n;ɦ(i;y)		n̠
罗·新	n	l	k	tɕ-	kʻ	tɕʻ			g		dʑ-		ŋ,ɦ,ʔ少		ŋ	n;ɦ(i;y)		n̠
周·老	n	l	k	ʃ tɕ	kʻ	cʻ tɕʻ			g		后、低元音韵:ʝ，前元音韵 dʑ	ʝ		ŋ		ɲ,n;ɦ(i;y)少		ɲ,n̠
周·中	n	l	k	tɕ-tɕ	kʻ	tɕʻ-tɕʻ			g		同上 条件:dʑ- dʑ		ŋ,ɦ少	ŋ		n-,n;ɦ(i;y)		n̠-,n̠
周·新	n	l	k	tɕ-tɕ	kʻ	tɕʻ-tɕʻ			g		同上 条件:dʑ- dʑ		ŋ,ɦ少	ŋ	ŋ	n-,n;ɦ(i;y)		n̠-,n̠
上·老	n	l	k	tɕ-tɕ	kʻ	tɕʻ-tɕʻ			g		后、低元音韵:dʑ-前元音韵:dʑ		ŋ,ɦ		ɲ;ŋ	n-,n;ɦ(i;y)		n̠-,n̠
上·中	n	l	k	tɕ	kʻ	tɕʻ			g		dʑ		ŋ,ɦ少		ɲ;n	n;n;ɦ(i;y)		n̠
上·新	n	l	k	tɕ	kʻ	tɕʻ			g		dʑ		ŋ,ɦ,ʔ			ɦ;n(i;y)		n̠

点	层								后、央元音韵ɟ / 前元音韵dʑ				
松	老	n	l	k	ʃtɕ	kʻ	cʻ	g		ŋ,ĥ	ŋ	ɲ,ȵ,ĥ(i;y)少	ɲ,ȵ
	中	n	l	k	tɕ,ʃ	kʻ	tɕʻ,cʻ	g	dʑ,ʃ	ɲ,ĥ	ɲ	ȵ,ȵ,ĥ(i;y)	ȵ,ɲ
	新	n	l	k	tɕ	kʻ	tɕʻ	g	dʑ	ŋ,ĥ	ŋ	ȵ,ĥ(i;y)	ȵ,儿读ȵ
黎	老	n	l	k	tɕ	kʻ	tɕʻ	g	dʑ	ŋ,ĥ少	ŋ	ȵ,ĥ(i;y)少	ȵ
	中	n	l	k	tɕ	kʻ	tɕʻ	g	dʑ	ɲ,ĥ	ɲ	ȵ,ĥ(i;y)少	ȵ
	新	n	l	k	tɕ	kʻ	tɕʻ	g	dʑ	ĥ	ŋ	ȵ,ĥ(i;y)少	ȵ
盛	老	n	l	k	tɕ	kʻ	tɕʻ	g	dʑ	ĥ	ŋ	ȵ,ĥ(i;y)少	ȵ
	中	n	l	k	tɕ	kʻ	tɕʻ	g	dʑ	ĥ	ɲ	ȵ,ĥ(i;y)	ȵ
	新	n	l	k	tɕ	kʻ	tɕʻ	g	dʑ	ĥ	ɲ	ȵ,ĥ(i;y)	ȵ
嘉	老	n	l	k	tɕ	kʻ	tɕʻ	g	dʑ	ĥ	ŋ	ȵ,ĥ(i;y)少	ȵ,儿读ŋ
	中	n	l	k	tɕ	kʻ	tɕʻ	g	dʑ	ĥ	ŋ	ȵ,ĥ(i;y)	ȵ,儿读ŋ
	新	n	l	k	tɕ	kʻ	tɕʻ	g	dʑ	ĥ	ŋ	ȵ,ĥ(i;y)	ȵ,儿读ŋ
双	老	n	l	k	tɕ	kʻ	tɕʻ	g	dʑ		ŋ	ȵ,ĥ(i;y)少	ȵ
	中	n	l	k	tɕ	kʻ	tɕʻ	g	dʑ		ŋ	ȵ,ĥ(i;y)	ȵ
	新	n	l	k	tɕ	kʻ	tɕʻ	g	dʑ		ŋ	ȵ,ĥ(i;y)	ȵ
杭	老	n	l	k	tɕ	kʻ	ʑ̊ʻ	ɢ	dʑ	ŋ	?(u)上、ĥ(u)	ȵ:j	ȵ二:ȵ / z / ȵ / ?(e)y、?(e)
	中	n	l	k	tɕ	kʻ	ʑ̊ʻ	g	dʑ	ŋ	?(u)上、ˣĥ(u)	ȵ:j	ŋ二:ȵ / z:ȵ / ȵ / ?(y)、ĥ(e)
	新	n	l	k	tɕ	kʻ	tɕʻ	g	dʑ	ŋ;ĥ	?(u)上、ˣĥ(u)	ȵ:j	ŋ二:ȵ / r / ȵ / ?(ər)、ĥ(ər)

表 2 续

古母（条件·例）	泥 今开合 奶	来 全 落	见 今开合 公	见 今齐撮 居	溪 今开合 铿	溪 今齐撮 劝	群 今开合平 狂(文/白)	群 仄 共	群 今齐撮平 求(文/白)	群 仄 件	疑 今开 熬	疑 今u韵 五白	疑 今齐撮 牛遇	泥娘 今齐撮 年女	日 多数 让白	日 儿白耳白二等
绍 老	n	l;n少	k	tɕ	kʰ	tɕʰ	g狂又读ɦ		dʑ				n̠;ɦ(i;y)少		n̠	
绍 中	n	l;n少	k	tɕ	kʰ	tɕʰ	g狂又读ɦ		dʑ				n̠;ɦ(i;y)少		n̠	
绍 新	n	l;n少	k	tɕ	kʰ	tɕʰ	g狂又读ɦ		dʑ		ŋ;ɦ少		n̠;ɦ(i;y)少		n̠	
诸 老	n;l少	l;n少	k	tɕ	kʰ	tɕʰ	g		dʑ				n̠;ɦ(i;y)少		n̠	
诸 中	n;l少	l;n少	k	tɕ	kʰ	tɕʰ	g		dʑ			ɦ;ŋ	n̠;ɦ(i;y)少	n̠		ɲ̍
诸 新	n;l少	l;n少	k	tɕ	kʰ	tɕʰ	g		dʑ				n̠;ɦ(i;y)	n̠		ɲ̍
崇 老	n	l	k	tɕ;tɕ̠	kʰ	tɕʰ;tɕ̠ʰ	g		dʑ;dʑ̠	后、低元音韵:tʃ 前元音韵:dʑ̠	ŋ		n̠;ɦ(i;y)少		n̠	
崇 中	n	l	k	tɕ;tɕ̠	kʰ	tɕʰ;tɕ̠ʰ	g		dʑ;dʑ̠	后、低元音韵:tʃ 前元音韵:dʑ̠	ŋ		n̠;ɦ(i;y)少		n̠	
崇 新	n	l	k	tɕ;tɕ̠	kʰ	tɕʰ;tɕ̠ʰ	g		dʑ;dʑ̠	后、低元音韵:tʃ 前元音韵:dʑ̠	ŋ,ɦ少	ŋ	n̠;ɦ(i;y)少		n̠	
太 老	n	l	k	c tɕ̠	kʰ	cʰ tɕ̠ʰ	g		dʑ		ŋ		ɲ̠;n̠;ɦ(i;y)少		ɲ n̠	
太 中	n	l	k	c tɕ̠	kʰ	cʰ tɕ̠ʰ	g		dʑ		ŋ		ɲ̠;n̠;ɦ(i;y)少		ɲ n̠	
太 新	n	l	k	c tɕ̠	kʰ	cʰ tɕ̠ʰ	g		dʑ		ŋ		ɲ̠;n̠;ɦ(i;y)少		ɲ n̠	
余 老	n	l	k	tɕ	kʰ	tɕʰ	g狂又读ɦ		dʑ		ŋ		n̠;ɦ(i;y)少		n̠ʮ:ŋ	
余 中	n	l	k	tɕ	kʰ	tɕʰ	g		dʑ		ŋ		n̠;ɦ(i;y)少		n̠ʮ:ŋ	
余 新	n	l	k	tɕ	kʰ	tɕʰ	g		dʑ		ŋ,ɦ		n̠;ɦ(i;y)少		n̠ʮ:ŋ	

宁	老	n	l	k	tɕ	kʰ	tɕʰ	g狂又读:ɦ	dʑ	ŋ	ŋ,ɦ(i;y)少 牛:ŋ	ɳ;n但ɲʎL;ŋ	n;n但ɲʎŋ耳ŋ;n
	中	n	l	k	tɕ	kʰ	tɕʰ	g狂又读:ɦ	dʑ	ŋ	ŋ,ɦ(i;y)少 牛:ŋ	n;ɲʎL:ŋ	n;nʎʎŋ;n
	新	n	l	k	tɕ	kʰ	tɕʰ	g	dʑ	ŋ	ŋ,ɦ(i;y) 牛:ŋ	n;ɲʎL:ŋ	n;nʎʎ:ŋ
黄	老	n;l	l	k	k;c-;tɕ	kʰ	kʰ;cʰ-;tɕʰ	g;ɟ;dʑ		ŋ	ŋ;ɲ;ɦ(i;y)少	n;ɲ	n
	中	n;l	l	k	k;c-;tɕ	kʰ	kʰ;cʰ-;tɕʰ	g;ɟ;dʑ		ŋ	ŋ;ɲ;ɦ(i;y)少	n;ɲ	n
	新	n;l	l	k	k;c-;tɕ	kʰ	kʰ;cʰ-;tɕʰ	g;ɟ;dʑ		ŋ	ŋ;ɲ;ɦ(i;y)	n;ɲ	n
温	老	n	l	k	tɕ;ts	kʰ	tɕʰ;tsʰ	g;dʑ	dʑ;dz	ŋ	ŋ;ɲ;ɦ(i;y)少	n	ŋ
	中	n	l	k	tɕ;ts	kʰ	tɕʰ;tsʰ	g;dʑ	dʑ;dz	ŋ	ŋ;ɲ;ɦ(i;y)少	n	ŋ
	新	n	l	k	tɕ;ts	kʰ	tɕʰ;tsʰ	g;dʑ	dʑ;dz	ŋ	ŋ-;ɲ;ɦ(i;y)少	n-	ŋ
衢	老	n	l	k	tʃ;tɕ	kʰ	tʃʰ;tɕʰ	g	dʒ;dz	ŋ	ŋ-;ɲ;ɦ(i;y)少	ɲ-	
	中	n	l	k	tʃ;tɕ	kʰ	tʃʰ;tɕʰ	g	dʒ;dz	ŋ	ŋ-;ɲ;ɦ(i;y)少	ɲ-	
	新	n	l	k	tʃ;tɕ;tɕ-少	kʰ	tʃ;tɕ;tsʰ-少	g	dʒ;dz;dz-少	ŋ	ŋ-;ɲ;ɦ(i;y)少	ɲ-	
华	老	n	l	k	tɕ	kʰ	tɕʰ	g	dz	2ɦ	ɲ;ŋ;n;ɦ(i;y)少	ɲ;n	n
	中	n	l	k	tɕ	kʰ	tɕʰ	g̊;k	dʑ;tɕ	ʔ;2ɦ	ɲ;n;n;ɦ(i;y)	n	n
	新	n	l	k	tɕ	kʰ	tɕʰ	g̊;k狂又读:ʔu	dʑ;tɕ	ʔ;2ɦ	n;ɦ(i;y)	n	n
永	老	n	l	k	k;c-	kʰ	kʰ;cʰ-	g;ɟ-		ŋ		ɲ	
	中	n	l	k	k;tɕ;c-少	kʰ	kʰ;tɕʰ;cʰ-少	g;dʑ,ɟ-少	dʑ;tɕ	ŋ	n	n	n
	新	n	l	k	k;tɕ;c-少	kʰ	kʰ;tɕʰ;cʰ-少	g;dʑ,ɟ-少	dʑ;tɕ	ŋ	n,ɲ	n,ɲ	n,ɲ

表 3

古母	晓	晓	晓	晓	晓	匣	疑	疑	匣	匣	喻	匣	匣	喻	喻	影	影	影
条件	今开	今合 u韵	今合 其余	今齐	今撮	今开	今合 u韵	今合 其余	今合 u韵	今合 其余	今合	今齐	今撮	今齐	今撮	今合 u韵	今合 其余	开齐撮
例	好	虎	灰	希	虚	孩	吴文	危	胡	回	王	嫌	穴	沿	云	乌	汪	爱烟怨
宜 老	x	x(u)	x(u)	ç	ç	ɦ	β	ɦ(u)	β	ɦ(u)	ɦ(u)	ɦ(i;y)	ɦ(i;y)	ɦ(i;y)	ɦ(i;y)	ʔβ	ɦ;ø	ʔ
宜 中	x	x(u)	x(u)	ç	ç	ɦ	β	ɦ(u)	β	ɦ(u)	ɦ(u)	ɦ(i;y)	ɦ(i;y)	ɦ(i;y)	ɦ(i;y)	ʔβ	ɦ;ø	ʔ
宜 新	x	x(u)	x(u)	ç	ç	ɦ	β,ɦ(u)	ɦ(u)	β,ɦ(u)	ɦ(u)	ɦ(u)	ɦ(i;y)	ɦ(i;y)	ɦ(i;y)	ɦ(i;y)	ʔβ,ʔ	ɦ;ø	ʔ
溪 老	x	x(u)	x(u)	ç	ç	xʰ	β	ɦ̥;ø(u)	β	ɦ̥;ø(u)	ɦ̥;ø(u)	ɦ̥;ø(i;y)	ɦ̥;ø(i;y)	ɦ̥;ø(i;y)	ɦ̥;ø(i;y)	ʔw	ɦ;ø	ʔ
溪 中	x	x,f	x(u)	ç	ç	xʰ	v	ɦ̥;ø(u)	v	ɦ̥;ø(u)	ɦ̥;ø(u)	ɦ̥;ø(i;y)	ɦ̥;ø(i;y)	ɦ̥;ø(i;y)	ɦ̥;ø(i;y)	ʔʋ	ɦ;ø	ʔ
溪 新	x	f	x(u)	ç	ç	xʰ	v	ɦ̥;ø(u)	v	ɦ̥;ø(u)	ɦ̥;ø(u)	ɦ̥;ø(i;y)	ɦ̥;ø(i;y)	ɦ̥;ø(i;y)	ɦ̥;ø(i;y)	ʔʋ	ɦ;ø	ʔ
金 老	x	f	x(u)	ç	ç	hɦ	ø(u)	ø(u)	f	ø(u)	ø(u)	ç	ø(i;y)	ø(i;y)	ø(i;y)	f	ø	ø
金 中	x	f	x(u)	ç	ç	x	ø(u)	ø(u)	f	ø(u)	ø(u)	ç	ø(i;y)	ø(i;y)	ø(i;y)	f	ø	ø
金 新	x	f	x(u)	ç	ç	x	ø(u)	ø(u)	f	ø(u)	ø(u)	ç	ø(i;y)	ø(i;y)	ø(i;y)	f	ø	ø
丹 老	h	x(u)	x(u)	ç	ç	h;ɦ̥;ø	ŋ;v;β	v	x(u)文;v,β白	v	v	ç	ç	ɦ;ø(i;y)	ɦ;ø(i;y)	ø,v	v	ø
丹 中	h	x(u)	x(u)	ç	ç	h;ɦ̥;ø	v;ɦ;ø(u);ŋ	v;ɦ;ø(u);ŋ	h;ɦ,ø(u);v,f	h;ɦ,ø(u);v,f	h(u)	ç	ç	ɦ;ø(i;y)	ɦ;ø(i;y)	ø,v	ø,v	ø
丹 新	h	x(u)	x(u)	ç	ç	h;ɦ̥;ø	v;ɦ;ø(u);ŋ	v;ɦ;ø(u);ŋ	h;ɦ,ø(u);v,f	h;ɦ,ø(u);v,f	h(u)	ç	ç	ɦ;ø(i;y)	ɦ;ø(i;y)	ø,v	ø,v	ø
童 老	h	x(u)	x(u)	ç	ʃ	xɦ	β,v,ɦ(u)	ɦ(u)	β,v,ɦ(u)	ɦ(u),xʰ(u)	ɦ(u)	ɦ(i),ç	ɦ(i),ç	ɦ(i;y)	ɦ(i;y)	ʔ,ʔʋ	ʔ,ʔʋ	ʔ
童 中	h	x(u)	x(u)	ç	ʃ	xɦ	β,v,ɦ(u)	ɦ(u)	β,v,ɦ(u)	ɦ(u),xʰ(u)	ɦ(u)	ɦ(i),ç	ɦ(i),ç	ɦ(i;y)	ɦ(i;y)	ʔ,ʔʋ	ʔ,ʔʋ	ʔ
童 新	h	x(u)	x(u)	ç	ʃ	xɦ	β,v,ɦ(u)	ɦ(u)	β,v,ɦ(u)	ɦ(u),xʰ(u)	ɦ(u)	ɦ(i),ç	ɦ(i),ç	ɦ(i;y)	ɦ(i;y)	ʔ,ʔʋ	ʔ,ʔʋ	ʔ

靖	老	h	x(u)	ç	hɦ	β;ʔ去	ɦ(u)	β;ʔ去	ɦ(u)	ɦ(i;y)	ʔ,ʔw	ʔ
	中	h	x(u)	ç	hɦ	β;ʔ去	ɦ(u)	β;ʔ去	ɦ(u)	ɦ(i;y)	ʔ,ʔw	ʔ
	新	h	x(u)	ç	hɦ	β;ʔ去	ɦ(u)	β;ʔ去	ɦ(u)	ɦ(i;y)	ʔ,ʔw	ʔ
江	老	h	x(u)	ç	ɦ	β	ɦ(u)	β	ɦ(u)	ɦ(i;y)		ʔ
	中	h	x(u)	ç	ɦ	β	ɦ(u)	β	ɦ(u)	ɦ(i;y)		ʔ
	新	h	x(u)、h	ç	ʰɦ	β	ɦ(u)	β	ɦ(u)	ɦ(i;y)		ʔ
常	老	x、h	x(u)、h	ç	ʰɦ	ɦ(u)		ɦ(u)		ɦ(i;y)		ʔ
	中	x、h	x(u)、h	ç	ʰɦ	ɦ(u)		ɦ(u)		ɦ(i;y)	ʔυ微	ʔ
	新	x、h	f、x(u)　x(u)	ç	ʰɦ	v		v		ɦ(i;y)	ʔυ	ʔ
锡	老	x	x(u)	ç	ɦ		ɦ(u)		ɦ(u)	ɦ,ɕɦ(i;y)		ʔ
	中	x	x(u)	ç	ɦ		ɦ(u)		ɦ(u)	ɦ,ɕɦ(i;y)		ʔ
	新	h、x	h、x(u)	ç	ɦ		ɦ(u)		ɦ(u)	ɦ(i;y)		ʔ
苏	老	h	x(u)	ç	ɦ	ŋ;ɦ(u)	ɦ(u)			ɦ(i;y)		ʔ
	中	h	x(u)	ç	ɦ	ŋ;ɦ(u)	ɦ(u)			ɦ(i;y)		ʔ
	新	h	x(u)	ç	ɦ	ŋ;ɦ(u)	ɦ(u)			ɦ(i;y)		ʔ
熟	老	h	x(u)	ç-	ɦ	ŋ;ɦ(u)	ɦ(u)			ɦ(i;y)		ʔ
	中	h	x(u)	ç	ɦ	ŋ;ɦ(u)	ɦ(u)			ɦ(i;y)		ʔ
	新	h	x(u)	ç	ɦ	ŋ;ɦ(u)	ɦ(u)			ɦ(i;y)		ʔ

表 3 续

方言点	年龄	晓·今开（好）	晓·今合·u韵（虎）	晓·今合·其余（灰）	晓·今撮齐（希）	匣·今开（孩）	疑·今合·u韵（吴又）	疑·今合·其余（危）	匣·今合·u韵（胡）	匣·今合·其余（回）	喻·今合（王）	匣·今齐撮（穴）	喻·今齐撮（沿云）	影·今合·u韵（乌）	影·今合·其余（汪）	影·开齐撮（爱烟怨）
昆	老	x	h	x(u)	ɕ	ɦ	ŋ;ɦ(u)小	ɦ(u)	ɦ(u)	ɦ(u)		ɦ(i;y)	ɦ(i;y)		ʔ	ʔ
昆	中	x	h	x(u)	ɕ	ɦ	ŋ;ɦ(u)小	ɦ(u)	ɦ(u)	ɦ(u)		ɦ(i;y)	ɦ(i;y)		ʔ	ʔ
昆	新	x	h	x(u)	ɕ	ɦ	ŋ;ɦ(u)小	ɦ(u)	ɦ(u)	ɦ(u)		ɦ(i;y)	ɦ(i;y)	ʔ;ʔv	ʔ	ʔ
霜	老	h	x(u)	x(u)	ɕ-	ɦ	ŋ;ɦ(u);v小	ɦ(u)	ɦ(u);β	ɦ(u)		ɦ(i;y)	ɦ(i;y)		ʔ	ʔ
霜	中	h	f;h(u)	x(u);f	ɕ-	ɦ	ɦ(u);ŋ小;v小	ɦ(u)	v	ɦ(u);v		ɦ(i;y)	ɦ(i;y)	ʔ;ʔv	ʔ	ʔ
霜	新	h	f;h(u)	x(u);f	ɕ-	ɦ	ɦ(u);ŋ小;v小	ɦ(u)	v	ɦ(u);v	ɦ(u)	ɦ(i;y)	ɦ(i;y)	ʔ;ʔv	ʔ	ʔ
罗	老	h	f;h(u)	x(u);f	ɕ-	ɦ	ŋ;β	ɦ(u)	β;ɦ(u)	ɦ(u)	ɦ(u)	ɦ(i;y)	ɦ(i;y)	ʔ;ʔw	ʔ	ʔ
罗	中	h	f;h(u)	x(u);f	ɕ-	ɦ	ŋ;v;ɦ(u)	ɦ(u)	v	ɦ(u)	ɦ(u)	ɦ(i;y)	ɦ(i;y)	ʔ;ʔv	ʔ	ʔ
罗	新	h	f;h(u)	x(u);f	ɕ-	ɦ	ŋ;v;ɦ(u)	ɦ(u)	v	ɦ(u)	ɦ(u)	ɦ(i;y)	ɦ(i;y)	ʔ;ʔv	ʔ	ʔ
周	老	h	Φ;f;h(u)	Φ;f;h(u)	çɕ	ɦ	β;ŋ;v;ɦ(u)	β;ŋ;v;ɦ(u)	β	ɦ(u);v	ɦ(u);v；"王"又读ɦiɒ̃	ɦ(i;y)	ɦ(i;y)	ʔw;ʔ	ʔw	ʔ
周	中	h	f;h(u)	x(u)	ɕ-ɕ	ɦ	v;ɦ(u)小	ɦ(u)	v	ɦ(u)	ɦ(u);v	ɦ(i;y)	ɦ(i;y)	ʔv	ʔv;ʔ	ʔ
周	新	h	f;h(u)	x(u)	ɕ-ɕ	ɦ	v;ɦ(u)小	ɦ(u)	v	ɦ(u)	ɦ(u);v	ɦ(i;y)	ɦ(i;y)	ʔv	ʔv	ʔ
上	中	h	x(u)	x(u)	ɕ	ɦ	ɦ(u);β小	ɦ(u)	β	ɦ(u)	ɦ(u)	ɦ(i;y)	ɦ(i;y)	ʔw;ʔ	ʔ	ʔ
上	新	h	f;x(u)小	x(u)	ɕ	ɦ	v;ɦ(u)小	ɦ(u);ʔ(u)小	v;ɦ(u)	ɦ(u)	ɦ(u)	ɦ(i;y)	ɦ(i;y)	ʔ;ʔv	ʔ	ʔ

地点	老中新	h	φ/f	f;φ;x(u)	ʑɕ/ɕ	ɦ	ŋ;β	β	ɦ(i;y)/j	ʔ;ʔw	ʔ
松	老	h	φ	f;φ;x(u)	ʑɕ	ɦ	v;ŋ / ɦ(u);v	v / ɦ(u);v	ɦ(i;y)	ʔ;ʔw	ʔ
	中	h	f	f;x(u)	ʑɕ	ɦ	v;ŋ少 / ɦ(u);v少	v / ɦ(u)	ɦ(i;y)	ʔ;ʔʋ	ʔ
	新	h	f	f;x(u)	ɕ	ɦ	v;ŋ少 / ɦ(u);v少	β;v / ɦ(u)	ɦ(i;y)	ʔʋ	ʔ
黎	老		ɦ	x(u)	ɕ	ɦ	ŋ;β;v / ɦ(u)	v;β / ɦ(u)	ɦ(i;y)		ʔ
	中		ɦ	x(u)	ɕ	ɦ	v;β;ŋ / ɦ(u)	β / ɦ(u)	ɦ(i;y)	ʔʋ;ʔ	ʔ
	新		ɦ	x(u)	ɕ	ɦ	v;β;ŋ / ɦ(u)	v;β;ɦ(u)少 / ɦ(u)	ɦ(i;y)	ʔʋ;ʔ	ʔ
盛	老		ɦ	x(u)	ɕ	ɦ	ŋ;β / ɦ(u)	β / ɦ(u)	ɦ(i;y)	ʔw;ʔ	ʔ
	中		ɦ	x(u)	ɕ	ɦ	ŋ;β;ɦ(u) / ɦ(u)	β;ɦ(u) / ɦ(u)	ɦ(i;y)	ʔʋ;ʔ	ʔ
	新		ɦ	x(u)	ɕ	ɦ	ŋ;v;ɦ(u) / ɦ(u)	v;ɦ(u) / ɦ(u)	ɦ(i;y)	ʔʋ;ʔ	ʔ
嘉	老		h,x	x(u)	ɕ	ɦ;ʔ入	β;v / ɦ(u);ʔ入	β;v / ɦ(u);ʔ入	ɦ(i;y);ʔ(i;y)入		ʔ
	中	f	f	x(u)	ɕ	ɦ;ʔ入	v / ɦ(u);ʔ入	v / ɦ(u);ʔ入	ɦ(i;y);ʔ(i;y)入		ʔ
	新	f	f	x(u)	ɕ	ɦ;ʔ入	v / ɦ(u);ʔ	v / ɦ(u);ʔ	ɦ(i;y);ʔ(i;y)入		ʔ
双	老		ɦ	x(u)	ɕ	ʔɦ	β;ʔɦ(u) / ʔɦ(u)	β;ʔɦ(u) / ʔɦ(u)	ʔɦ(i;y)	ʔʋ	ʔ
	中		ɦ	x(u)	ɕ	ʔɦ	β;ʔɦ(u) / ʔɦ(u)	β;ʔɦ(u) / ʔɦ(u)	ʔɦ(i;y)	ʔʋ	ʔ
	新		ɦ	x(u)	ɕ	ɦ	v / ɦ(u)	v / ɦ(u)	ɦ(i;y)		ʔ
杭	老		ɦ	x(u)	ɕ	ʰɦ	ɦ(u),β / ɦu	ɦ(u),β / ˣɦ(u)	j	ʔ;ʔw	ʔ
	中		ɦ	x(u)	ɕ	ʰɦ	ɦ(u),β / ɦu	ɦ(u);β / ˣɦ(u)	j	ʔ;ʔw	ʔ
	新		ɦ	x(u)	ɕ	ʰɦ	ɦ(u),v / ɦu	ɦ(u);v / ˣɦ(u)	j	ʔ;ʔʋ	ʔ

表 3 续

古母		晓	晓	晓	晓	晓	匣	疑	疑	匣	匣	喻	匣	匣	喻	喻	影	影	影
条件		今开	今合 u韵	今合 其余	今齐	今撮	今开	今合 u韵	今合 其余	今合 u韵	今合 其余	今合	今齐	今撮	今齐	今撮	今合 u韵	今合 其余	开齐撮
例		好	虎	灰	希	虚	孩	吴文	危	胡	回	王	嫌	穴	沿	云	乌	汪	爱烟怨
绍	老	h,x		x(u)	ç		ɦ	ɦ(u),β	ɦ(u)	ɦ(u),β	ɦ(u)	ɦ(u)	ɦ(i;y)	ɦ(i;y)	ɦ(i;y)	ɦ(i;y)	ʔ,ʔw	ʔ,ʔw	ʔ
	中	h	f,x(u)	x(u)	ç		ɦ	v	ɦ(u)	v	v	ɦ(u)	ɦ(i;y)	ɦ(i;y)	ɦ(i;y)	ɦ(i;y)	ʔ,ʔʋ	ʔ,ʔʋ	ʔ
	新	h	f	x(u)	ç		ɦ	v	ɦ(u)	v	v	ɦ(u)	ɦ(i;y)	ɦ(i;y)	ɦ(i;y)	ɦ(i;y)	ʔʋ	ʔʋ	ʔ
诸	老	h	f,ɸ	f	ç		ɦ	v;β		v;β			ɦ(i;y)	ɦ(i;y)	ɦ(i;y)	ɦ(i;y)	ʔʋ,ʔw	ʔʋ,ʔw	
	中	h	f	f	ç		ɦ	v		v			ɦ(i;y)	ɦ(i;y)	ɦ(i;y)	ɦ(i;y)	ʔʋ	ʔʋ	
	新	h	f	f	ç		ɦ	v		v			ɦ(i;y)	ɦ(i;y)	ɦ(i;y)	ɦ(i;y)	ʔʋ	ʔʋ	
崇	老	h		f,ɸ	çɕ-		ɦ	v,β	v	v,β	v	v	ɦ(i;y)	ɦ(i;y)	ɦ(i;y)	ɦ(i;y)	ʔw,ʔʋ	ʔw,ʔʋ	ʔ
	中	h		f	çɕ-		ɦ	v		v			ɦ(i;y)	ɦ(i;y)	ɦ(i;y)	ɦ(i;y)	ʔʋ	ʔʋ	
	新	h		f	ç		ɦ	v		v			ɦ(i;y)	ɦ(i;y)	ɦ(i;y)	ɦ(i;y)	ʔʋ	ʔʋ	
大	老	h		f	çɕ		ɦ	β,v	ɦ(u)	β,v	v	ɦ(u)	ɦ(i;y)	ɦ(i;y)	ɦ(i;y)	ɦ(i;y)	ʔw,ʔʋ	ʔw,ʔʋ	ʔ
	中	h		f	çɕ		ɦ	v		v			ɦ(i;y)	ɦ(i;y)	ɦ(i;y)	ɦ(i;y)	ʔʋ	ʔʋ	
	新	h		f	çɕ		ɦ	v		v			ɦ(i;y)	ɦ(i;y)	ɦ(i;y)	ɦ(i;y)	ʔʋ	ʔʋ	
余	老	h	f	x(u)	ç		ɦ	v	ɦ(u)	v		ɦ(u)	ɦ(i;y)	ɦ(i;y)	ɦ(i;y)	ɦ(i;y)	ʔʋ	ʔʋ	ʔ
	中	h	f	x(u)	ç		ɦ	v	ɦ(u)	v		ɦ(u)	ɦ(i;y)	ɦ(i;y)	ɦ(i;y)	ɦ(i;y)	ʔʋ	ʔʋ	ʔ
	新	h	f	x(u)	ç		ɦ	v	ɦ(u)("危"又 ʔ)	v		ɦ(u)	ɦ(i;y)	ɦ(i;y)	ɦ(i;y)	ɦ(i;y)	ʔʋ	ʔʋ	ʔ

宁	老	h	φ,f	ɕ	ɦ	β,v	ɦ(u)	β,v	ɦ(u)	ɦ(u)	ɦ(i;y)		?
	中	h	f	ɕ	ɦ	v	ɦ(u)	v	ɦ(u)	ɦ(u)	ɦ(i;y)	ʔʋ	?
	新	h	f	ɕ	ɦ	v,ɦ(u)	ɦ(u)（"危"又读ʔ）	v,ɦ(u)	ɦ(u)	ɦ(u)	ɦ(i;y)		?
黄	老	h	x(u)	ɕ;ʑ;h	ɦ	η;ɲ;ɦ(u)	ɦ(u)	β,v	ɦ(u)	ɦ(u)	ɦ(i;y);ʔ(i;y)		?
	中	h	x(u)	ɕ;ʑ;h	ɦ	η;ɲ;ɦ(u)	ɦ(u)	v	ɦ(u)	ɦ(u)	ɦ(i;y);ʔ(i;y)		?
	新	h	x(u)	ɕ;ʑ;h	ɦ	η;ɲ;ɦ(u),β;ɦ(y)	ɦ(u),β	ɦ(u),β	ɦ(u)	ɦ(u)	ɦ(i;y);ʔ(i;y)		?
温	老	x	f,φ	ɕ;s	ɦ	η;ɲ;ʋ少	β,v	β,v	η;ɲ;ʋ少	ɦ(y)	ɦ(i;y)	ʔʋ	?
	中	x	f,ç(y)	ɕ;s	ɦ	η;ɲ;ʋ少	v	v	η;ɲ;ʋ少	ɦ(y)	ɦ(i;y)		?
	新	x	f,ç(y)	ɕ;s少	ɦ	η;ɲ;ʋ少	v	v	η;ɲ;ʋ少	ɦ(y)	ɦ(i;y)		?
衢	老	x	x(u)	ʃ;ɕ	xɦ;ʔɦ	xɦ;ʔɦ	ʔɦ(u)				2ɦ;?		?
	中	x	x(u)	ʃ;ɕ	xɦ;ʔɦ	xɦ;ʔɦ	ʔɦ(u)				2ɦ;?		?
	新	x	x(u)	ʃ;ɕ少	ʔɦ	ʔɦ;ʔɦ;?	ʔɦ(u);ʔ?				2ɦ;?		?
华	老	x	x(u)	ɕ	xɦ		ʔɦ(u);χɦ(u)				ʔɦ(i;y)ɦ(i;y)		?
	中	x	x(u)	ɕ	xɦ		ʔɦ(u);χɦ(u)				ʔ(i;y)ɦ(i;y)		?
	新	x	x(u)	ɕ	ʔɦ;xɦ		ʔ(u);ɦ(u)				ʔ(i;y);ɦ(i;y)		?
永	老		x;ɕ⁻		2ɦ	η	ʔɦ(u),ɦ(y)				ɦ(i;y)		?
	中		x;ɕ,ç少		2ɦ	η	ʔɦ(u),ɦ(y)				2ɦ;ɦ(i;y)	ʔʋ	?
	新		x;ɕ,ç少		2ɦ	ɲ	ʔɦ(u),ʔɦ(y)				ʔɦ;ɦ(i;y)	ʔʋ	?

表 4

古母	知章	知章	知	章	精	精	昌彻	昌彻	彻初	清	清	书	书	生	心	心	心
条件	古三开	古三合	古二等	今开合	今开合	今撮·齐	古三开	古三合	古二等	今开合	今撮·齐	古三开	古三合	古二等	今开合三	今齐	今撮
例	周张	猪专	札	贵	再	见下·酒	超昌	宠吹	撑初	寸	千取	少	书	山	宣	相	宣
宜 老	ts	ts;tɕ		ts	ts	tɕ	tsʻ	tsʻ;tɕʻ	tsʻ	tsʻ	tɕʻ	s	s;ɕ		s	ɕ	ɕ
宜 中	ts	ts;tɕ		ts	ts	tɕ	tsʻ	tsʻ;tɕʻ	tsʻ	tsʻ	tɕʻ	s	s;ɕ		s	ɕ	ɕ
宜 新	ts	ts;tɕ		ts	ts	tɕ	tsʻ	tsʻ;tɕʻ	tsʻ	tsʻ	tɕʻ	s	s;ɕ		s	ɕ	ɕ
溧 老	ts	ts;tɕ少	ts		ts;tɕ	tɕ	tsʻ	tsʻ;tɕʻ少	tsʻ	tsʻ;tɕʻ	tɕʻ	s;ɕ		s	s;ɕ	ɕ	ɕ
溧 中	ts	ts;tɕ少	ts		ts;tɕ	tɕ	tsʻ	tsʻ;tɕʻ少	tsʻ	tsʻ;tɕʻ	tɕʻ	s;ɕ少		s	s;ɕ	ɕ	ɕ
溧 新	ts	ts;tɕ少	ts		ts;tɕ	tɕ	tsʻ	tsʻ;tɕʻ少	tsʻ	tsʻ;tɕʻ	tɕʻ	s;ɕ少		s	s;ɕ	ɕ	ɕ
金 老	ts	ts;tɕ少	ts	ts	ts;tɕ	tɕ	tsʻ	tsʻ;tɕʻ	tsʻ	tsʻ;tɕʻ	tɕʻ	s;ɕ	s;ɕ	s	s	ɕ	ɕ
金 中	ts	ts;tɕ少	ts		ts;tɕ	tɕ	tsʻ	tsʻ;tɕʻ		tsʻ;tɕʻ	tɕʻ	s;ɕ	s;ɕ	s		ɕ	ɕ
金 新	ts	ts;tɕ少	ts		ts;tɕ	tɕ	tsʻ	tsʻ;tɕʻ少		tsʻ;tɕʻ	tɕʻ	s;ɕ少		s	s;ɕ	ɕ	ɕ
丹 老	ts	ts;tɕ少	ts		ts;tɕ	tɕ	tsʻ	tsʻ;tɕʻ少		tsʻ;tɕʻ	tɕʻ	s;ɕ	s;ɕ	s	s;ɕ	ɕ	ɕ
丹 中	ts	ts;tɕ少	ts		ts;tɕ	tɕ	tsʻ	tsʻ;tɕʻ少		tsʻ;tɕʻ	tɕʻ	s;ɕ	s;ɕ	s	s;ɕ	ɕ	ɕ
丹 新	ts	ts;tɕ少	ts		ts;tɕ	tɕ	tsʻ	tsʻ;tɕʻ少		tsʻ;tɕʻ	tɕʻ	s;ɕ少		s		ɕ	ɕ
童 老	ts	tʃ;ts少	ts	ts	tʃ;ts	tʃ(醉最)／tɕ	tsʻ	tʃʻ;tsʻ	tsʻ	tʃʻ;tsʻ	tʃʻ	s	ʃ	s	ʃ;s	ɕ	ʃ
童 中	ts	tʃ;ts少	ts	ts	tʃ;ts	tʃ(同上)／tɕ	tsʻ	tʃʻ;tsʻ	tsʻ	tʃʻ;tsʻ	tʃʻ	s	ʃ	s	ʃ;s	ɕ	ʃ
童 新	ts	tʃ;ts少	ts	ts	tʃ;ts	tʃ(同上)／tɕ	tsʻ	tʃʻ;tsʻ	tsʻ	tʃʻ;tsʻ	tʃʻ	s	ʃ	s	ʃ;s	ɕ	ʃ

下表擦音 s 组标题注："s宣又读c"

方言点	年龄	塞擦音不送气		塞擦音送气		擦音（s宣又读c）	
		见组	精组	见组	精组	见组	精组
靖	老	tɕ	ts	tɕʰ	tsʰ	ɕ	s
	中	tɕ	ts	tɕʰ	tsʰ	ɕ	s
	新	tɕ	ts	tɕʰ	tsʰ	ɕ	s
江	老	tɕ;ts（ts）	ts	tɕʰ;tsʰ（tsʰ）	tsʰ	s;ɕ（s）	s
	中	tɕ;ts（ts）	ts	tɕʰ;tsʰ（tsʰ）	tsʰ	s;ɕ（s）	s
	新	tɕ;ts（ts）	ts	tɕʰ;tsʰ（tsʰ）	tsʰ	s;ɕ（s）	s
常	老	ts	ts	tsʰ	tsʰ	s	s
	中	ts（tɕ）	ts	tsʰ（tɕʰ）	tsʰ	s（ɕ）	s
	新	ts;tɕ	ts	tsʰ;tɕʰ	tsʰ	s;ɕ	s
锡	老	tʂ;ts;tɕʂ少（tʂ）	ts	tʂʰ;tsʰ;tɕʰ少（tsʰ）	tsʰ	ʂ;s;ɕ少（s）	s
	中	ts;tɕʂ少	ts	tsʰ;tɕʰ少	tsʰ	s;ɕ少	s
	新	ts;tɕʂ少	ts	tsʰ;tɕʰ少	tsʰ	s;ɕ少	s
苏	老	ts	ts	tsʰ	tsʰ	s	s
	中	ts	ts	tsʰ	tsʰ	s	s
	新	ts;tɕ少	ts	tsʰ;tɕʰ少	tsʰ	s;ɕ少	s
熟	老	tʂ;ts少（ts;tʂ少）	ts	tʂʰ;tsʰ少	tsʰ	ʂ;s少	s;ɕ少
	中	ts;tʂ少（ts;tʂ少）	ts	tsʰ;tʂʰ少	tsʰ	ʂ;s少	s
	新	ts;tʂ少（ts;tʂ少）	ts	tsʰ;tʂʰ少	tsʰ	ʂ;s少	s

表 4 续

古母	知章	知章	知章	精	精	彻昌	彻昌	彻初	清	清	书	书	生	心	心
条件	古三开	古三合	古二等今开合	今齐	今撮	古三开	古三合	古二等今开合	今齐	今撮	古三开	古三合	古二等	今开合三	今撮
例	张周	猪专	札贵 扎再	酒	(见下)	超昌	宠吹	撑初 寸	干	取	少	书	山三	相	宣
昆 老	ts		ts			tsʻ		tsʻ					s		
昆 中	ts		ts			tsʻ		tsʻ					s		
昆 新	ts		ts		ts;tɕ少	tsʻ		tsʻ		tsʻ;tɕʻ少			s		s;ɕ少
霜 老	ts		ts			tsʻ		tsʻ					s		
霜 中	ts		ts			tsʻ		tsʻ					s		
霜 新	ts		ts			tsʻ		tsʻ			s	s	s	s	
罗 老	ts		ts			tsʻ		tsʻ					s		
罗 中	ts	ʮ韵: ts;tɕ少	ts			tsʻ	ʮ韵: tsʻ;tɕʻ少	tsʻ				ʮ韵: s;ɕ少	s		
罗 新	ts	ʮ韵: tɕ;ts少	ts	ts	ts;tɕ少	tsʻ	ʮ韵: tɕʻ;tsʻ少	tsʻ	tsʻ	tsʻ;tɕʻ少		ʮ韵: ɕ;ɕ少	s		s;ɕ少
周 老	ts	y韵: ts;tɕ少	ts	ts		tsʻ	y韵: tsʻ;tɕʻ少	tsʻ	tsʻ		s	y韵: s;ɕ少	s	s	
周 中	ts	y韵: tɕ;ts少	ts	tɕ	tɕ	tsʻ	y韵: tɕʻ;tsʻ少	tsʻ	tɕʻ	tɕʻ	s	y韵: ɕ;ɕ少	s	s	ɕ
周 新	ts	y韵: tɕ;ts少	ts	tɕ	tɕ	tsʻ	y韵: tɕʻ;tsʻ少	tsʻ	tɕʻ	tɕʻ	s	y韵: ɕ;ɕ少	s	s	ɕ
上 老	ts	ts	ts	tɕ	tɕ	tsʻ	tsʻ	tsʻ	tɕʻ	tɕʻ	s	s	s	s	ɕ
上 中	ts	ts	ts	tɕ	tɕ	tsʻ	tsʻ	tsʻ	tɕʻ	tɕʻ	s	s	s	s	ɕ
上 新												s	s		

地点	年龄	ts	tɕ	tsʻ	tɕʻ	s	ɕ
松	老	ts		tsʻ		s	
	中	ts	ts（y韵:tɕ;ts）	tsʻ	tsʻ（y韵:tɕʻ;tsʻ）	s	ɕ;s
	新	ts	ts（y韵:tɕ）	tsʻ	tsʻ（y韵:tɕʻ）	s	ɕ
黎	老	ts		tsʻ		s	
	中	ts		tsʻ		s	
	新	ts		tsʻ		s	
盛	老	ts		tsʻ		s	
	中	ts		tsʻ		s	
	新	ts		tsʻ		s	
嘉	老	ts	tɕ	tsʻ	tɕʻ	s	ɕ
	中	ts	tɕ	tsʻ	tɕʻ	s	ɕ
	新	ts	tɕ	tsʻ	tɕʻ	s	ɕ
双	老	ts;tɕ少	tɕ	tsʻ;tɕʻ少	tɕʻ	s;ɕ少	ɕ
	中	ts	tɕ	tsʻ	tɕʻ	s	ɕ
	新	ts	tɕ	tsʻ	tɕʻ	s	ɕ
杭	老	ts	tɕ	tsʻ	tɕʻ	s	ɕ
	中	ts	tɕ	tsʻ	tɕʻ	s	ɕ
	新	ts	tɕ	tsʻ	tɕʻ	s	ɕ

表 4 续

古母／条件／例　地点(年龄)	知章 古三开 张	章 古三合 猪	知 古三合 专	知章 古二等开合 贵札机	精 今开合 再	精 今齐撮 酒(见下)	彻 古三开 超	昌 古三合 吹	彻 古三合 宠	彻初 古二等开合 撑初寸	清 今齐撮 干取	书 古三开 少	书 古三合 书	生 古二等开合 山三	心 今齐撮 宣 相
绍 老	ts	ts、ʮ韵:tɕ	ts、ʮ韵:tɕ	ts	ts	tɕ	tsʰ	tsʰ、ʮ韵:tɕʰ	tsʰ、ʮ韵:tɕʰ	tsʰ	tɕʰ	s	s、ʮ韵:ɕ	s	ɕ
绍 中	ts	ts、ʮ韵:tɕ	ts、ʮ韵:tɕ	ts	ts	tɕ	tsʰ	tsʰ、ʮ韵:tɕʰ	tsʰ、ʮ韵:tɕʰ	tsʰ	tɕʰ	s	s、ʮ韵:ɕ	s	ɕ
绍 新	ts	ts、ʮ韵:tɕ	ts、ʮ韵:tɕ	ts	ts	tɕ	tsʰ	tsʰ、ʮ韵:tɕʰ	tsʰ、ʮ韵:tɕʰ	tsʰ	tɕʰ	s	s、ʮ韵:ɕ	s	ɕ
诸 老	ts	ts、ʮ韵:tɕ	ts、ʮ韵:tɕ	ts	ts	tɕ	tsʰ	tsʰ、ʮ韵:tɕʰ	tsʰ、ʮ韵:tɕʰ	tsʰ	tɕʰ	s	s、ʮ韵:ɕ	s	ɕ
诸 中	ts	ts、ʮ韵:tɕ	ts、ʮ韵:tɕ	ts	ts	tɕ	tsʰ	tsʰ、ʮ韵:tɕʰ	tsʰ、ʮ韵:tɕʰ	tsʰ	tɕʰ	s	s、ʮ韵:ɕ	s	ɕ
诸 新	ts	ts、ʮ韵:tɕ	ts、ʮ韵:tɕ	ts	ts	tɕ	tsʰ	tsʰ、ʮ韵:tɕʰ	tsʰ、ʮ韵:tɕʰ	tsʰ	tɕʰ	s	s、ʮ韵:ɕ	s	ɕ
崇 老	ts	ts	ts	ts	ts	ts	tsʰ	tsʰ	tsʰ	tsʰ	tsʰ	s	s	s	s
崇 中	ts、ɣ韵:tɕ	ts	ts	ts	ts	tɕ ɪ/ɿ韵:ts	tsʰ、ɣ韵:tɕʰ	tsʰ	tsʰ	tsʰ	tɕʰ ɪ/ɿ韵:tsʰ	s、ɣ韵:ɕ	s、ɣ韵:ɕ	s	ɕ ŋ韵:s
崇 新	ts、ɣ韵:tɕ	ts	ts	ts	ts	tɕ ɪ/ɿ韵:ts	tsʰ、ɣ韵:tɕʰ	tsʰ	tsʰ	tsʰ	tɕʰ ɪ/ɿ韵:tsʰ	s、ɣ韵:ɕ	s、ɣ韵:ɕ	s	ɕ ŋ韵:s
太 老	c tɕ;ts	c tɕ;ts	c tɕ;ts		c tɕ		c tɕʰ;tsʰ	c tɕʰ;tsʰ	c tɕʰ;tsʰ		c tɕʰ	ç ɕ;s	ç ɕ;s	s	ɕ
太 中	c tɕ;ts	c tɕ;ts	c tɕ;ts		c tɕ		c tɕʰ;tsʰ	c tɕʰ;tsʰ	c tɕʰ;tsʰ		c tɕʰ	ç ɕ;s	ç ɕ;s	s	ɕ
太 新	ts	ts	ts		tɕ		tsʰ	tsʰ	tsʰ		tɕʰ	s	s	s	ɕ
余 老	tɕ				tɕ		tɕʰ				tɕʰ	s	s	s	ɕ
余 中	ts				ts		tsʰ				tsʰ	s	s	s	ɕ
余 新	ts				ts		tsʰ				tsʰ	s	s	s	ɕ

地点		①	②	③	④	⑤	⑥	⑦	⑧	⑨
宁	老	ts,tɕ	ts	tɕʰ	tsʰ,tɕʰ	tsʰ	tɕʰ	s,ɕ	s	ɕʰ
	中	ts,tɕ	ts	tɕʰ	tsʰ,tɕʰ	tsʰ	tɕʰ	s,ɕ	s	ɕʰ
	新	ts,tɕ	ts	tɕʰ	tsʰ,tɕʰ	tsʰ	tɕʰ	s,ɕ	s	ɕʰ
黄	老	tɕ;ts少	ts	tɕʰ	tɕʰ;tsʰ少	tsʰ	tɕʰ	ɕʰ,s少	s	ɕʰ
	中	tɕ;ts少	ts	tɕʰ	tɕʰ;tsʰ少	tsʰ	tɕʰ	ɕʰ,s少	s	ɕʰ
	新	tɕ;ts少	ts	tɕʰ	tɕʰ;tsʰ少	tsʰ	tɕʰ	ɕʰ,s少	s	ɕʰ
温	老	tʃ;ts	ts	tʃ	tʃʰ;tsʰ	tsʰ	tʃ	ʃ;s	s三;ʃ	ʃ
	中	tɕ;ts	ts	tɕ	tɕʰ;tsʰ	tsʰ	tɕ	ɕ;s	三;ɕ	ɕ
	新	tɕ;ts	ts	tɕ	tɕʰ;tsʰ	tsʰ	tɕ	ɕ;s	s	ɕ
衢	老	tʃ;ts少	ts	tɕ;tʃ	tʃʰ;tsʰ少	tsʰ	tɕ;tʃ	ʃ;s少	s	ɕ;ʃ
	中	tʃ;ts少	ts	tɕ;tʃ	tʃʰ;tsʰ少	tsʰ	tɕ;tʃ	ʃ;s少	s	ɕ;ʃ
	新	tʃ;ts少	ts	tɕ;tʃ	tʃʰ;tsʰ少	tsʰ	tɕ;tʃ	ʃ;s少	s	ɕ;ʃ
华	老	tɕ;ts	ts	ts;tɕ少	tɕʰ;tsʰ	tsʰ	tsʰ;tɕʰ少	ɕ;s	s	s;ɕ少
	中	tɕ;ts	ts	tɕ	tɕʰ;tsʰ	tsʰ	tɕʰ	ɕ;s	s	ɕ
	新	tɕ;ts	ts	tɕ	tɕʰ;tsʰ	tsʰ	tɕʰ	ɕ;s	s	ɕ
永	老	tɕ;ts少	ts	tɕ	tɕʰ;tsʰ少	tsʰ	tɕʰ	ɕ;s少	s	ɕ
	中	tɕ;ts少	ts	tɕ	tɕʰ;tsʰ少	tsʰ	tɕʰ	ɕ;s少	s	ɕ
	新	tɕ;ts少	ts	tɕ	tɕʰ;tsʰ少	tsʰ	tɕʰ	ɕ;s少	s	ɕ

表 5

例点	世代	陈直 (澄·古三开)	乘绳食成 (禅·古三开)	日文 平去入/上 (仍/忍)	传 (澄·古二三合)	船顺 (船·古三合)	垂树 (禅·古三合)	日文 平去入/上 (如/乳)	茶宅 (澄·古二开)	查助事 (崇·古二等)	残字 (从·今开合)	遂 (邪·今开合)	墙匠 (从·今齐撮)	详 (邪·今齐撮)
宜	老	dz;z	dz;z		dz;z;dʑ;z	dz;z;dʑ;z	dz;z;dʑ;z		dz;z	dz;z	dz;z;sz	dz;z;dʑ;z;z;ɕʑ	z;ɕʑ;dʑ少	dz;z
宜	中	dz;z	dz;z		dz;z;dʑ;z	dz;z;dʑ;z	dz;z;dʑ;z		dz;z	dz;z	dz;z;dʑ;z	dz;z;dʑ;z	z;ʑ少;dʑ少	dz;z
宜	新	dz;z	dz;z		dz;z;dʑ;ʑ	dz;z;dʑ;ʑ	dz;z;dʑ;ʑ		dz;z	dz;z	dz;z;dʑ;z	dz;z;dʑ;z	z;ʑ少;dʑ少;dʑ少	dz;z
课	老	dz;z	dz;z		dz;z;dʑ;z	dz;z;dʑ;z	dz;z;dʑ;z		dz;z	dz;z	dz;z;dʑ;z	dz;z;dʑ;z	z;ʑ少;dʑ少	dz;z
课	中	dz;z	dz;z		dz;z;dʑ;z	dz;z;dʑ;z	dz;z;dʑ;z		dz;z	dz;z	dz;z;dʑ;z	dz;z;dʑ;z	z;ʑ少;dʑ少	dz;z
课	新	dz;z	dz;z		dz;z;dʑ;ʑ	dz;z;dʑ;ʑ	dz;z;dʑ;ʑ		dz;z	dz;z	dz;z;dʑ;z	dz;z;dʑ;z	z;ʑ少;dʑ少;dʑ少	dz;z
金	老			1				1						
金	中	ts;tsʻ;s;tɕ;tɕʻ;ɕ	ts;tsʻ;s;tɕ;tɕʻ;ɕ	1	ts;tsʻ;s;tɕ;tɕʻ;ɕ	ts;tsʻ;s;tɕ;tɕʻ;ɕ	ts;tsʻ;s;tɕ;tɕʻ;ɕ	1	ts;tsʻ;s	ts;tsʻ;s	ts;tsʻ;s;s;tɕ;tɕʻ;ɕ	ts;tsʻ;s;s;tɕ;tɕʻ;ɕ	tɕ;tɕʻ;ɕ	tɕ;tɕʻ;ɕ
金	新	ts;tsʻ;s;tɕ;tɕʻ;ɕ	ts;tsʻ;s;tɕ;tɕʻ;ɕ	1	ts;tsʻ;s;tɕ;tɕʻ;ɕ	ts;tsʻ;s;tɕ;tɕʻ;ɕ	ts;tsʻ;s;tɕ;tɕʻ;ɕ	1	ts;tsʻ;s	ts;tsʻ;s	ts;tsʻ;s;s;tɕ;tɕʻ;ɕ	ts;tsʻ;s;s;tɕ;tɕʻ;ɕ	tɕ;tɕʻ;ɕ	tɕ;tɕʻ;ɕ
丹	老	tsʻ;dz;s;tɕʻ;dʑ;tɕ;ɕ;ɕ^z	tsʻ;dz;s;tɕʻ;dʑ;tɕ;ɕ;ɕ^z	ɦ,ø(i-)	tsʻ;dz;s;tɕʻ;dʑ;tɕ;ɕ;ɕ^z	tsʻ;dz;s;tɕʻ;dʑ;tɕ;ɕ;ɕ^z	tsʻ;dz;s;tɕʻ;dʑ;tɕ;ɕ;ɕ^z	1	tsʻ;dz;s	tsʻ;dz;s	tsʻ;dz;s;s^z	tsʻ;dz;s;s^z	tɕʻ;dz;tɕ;ɕ;ɕ^z	tɕʻ;dz;tɕ;ɕ;ɕ^z
丹	中	tsʻ;dz;ts;s;s^z;tɕʻ;dz;tɕ;tɕʻ;dʑ;tɕ;ɕ;ɕ^z	tsʻ;dz;ts;s;s^z;tɕʻ;dz;tɕ;tɕʻ;dʑ;tɕ;ɕ;ɕ^z	ɦ,ø(i-)	tsʻ;dz;ts;s;s^z;tɕʻ;dz;tɕ;tɕʻ;dʑ;tɕ;ɕ;ɕ^z	tsʻ;dz;ts;s;s^z;tɕʻ;dz;tɕ;tɕʻ;dʑ;tɕ;ɕ;ɕ^z	tsʻ;dz;ts;s;s^z;tɕʻ;dz;tɕ;tɕʻ;dʑ;tɕ;ɕ;ɕ^z	1	tsʻ;dz;ts;s;s^z	tsʻ;dz;ts;s;s^z	tsʻ;dz;ts;s;s^z;tɕʻ;dz;tɕ	tsʻ;dz;ts;s;s^z;tɕʻ;dz;tɕ	tɕʻ;dz;tɕ;tɕʻ;dʑ;tɕ;ɕ;ɕ^z	tɕʻ;dz;tɕ;ɕ;ɕ^z
丹	新	tsʻ;dz;ts;s;s^z;tɕʻ;dz;tɕ;tɕʻ;dʑ;tɕ;ɕ;ɕ^z	tsʻ;dz;ts;s;s^z;tɕʻ;dz;tɕ;tɕʻ;dʑ;tɕ;ɕ;ɕ^z	ɦ,ø(i-)	tsʻ;dz;ts;s;s^z;tɕʻ;dz;tɕ;tɕʻ;dʑ;tɕ;ɕ;ɕ^z	tsʻ;dz;ts;s;s^z;tɕʻ;dz;tɕ;tɕʻ;dʑ;tɕ;ɕ;ɕ^z	tsʻ;dz;ts;s;s^z;tɕʻ;dz;tɕ;tɕʻ;dʑ;tɕ;ɕ;ɕ^z	1	tsʻ;dz;ts;s;s^z	tsʻ;dz;ts;s;s^z	tsʻ;dz;ts;s;s^z;tɕʻ;dz;tɕ	tsʻ;dz;ts;s;s^z;tɕʻ;dz;tɕ	tɕʻ;dz;tɕ;tɕʻ;dʑ;tɕ;ɕ;ɕ^z	tɕʻ;dz;tɕ;ɕ;ɕ^z
童	老	dz;sz	dz;sz	ɦ(i)	dʒ;ʒ;dʑ少	dʒ;ʒ;dʑ少	dʒ;ʒ;dʑ少	3	dz;sz	dz;sz	dz;sz	dz;sz	ʒ;ʑ少;dʑ少	ʒ;ʑ少;dʑ少
童	中	dz;sz	dz;sz	ɦ(i)	dʒ;ʒ;dʑ少	dʒ;ʒ;dʑ少	dʒ;ʒ;dʑ少	3,l	dz;sz	dz;sz	dz;sz	dz;sz	ʒ;ʑ少;dʑ少	ʒ;ʑ少;dʑ少
童	新	dz;sz	dz;sz	ɦ(i)	dʒ;ʒ;dʑ少	dʒ;ʒ;dʑ少	dʒ;ʒ;dʑ少	3,l	dz;sz	dz;sz	dz;sz	dz;sz	ʒ;ʑ少;dʑ少	ʒ;ʑ少;dʑ少

靖	老	dzʑ;ᶜʑ	?;ᶜʑʑ少	dzʑ;ᶜʑ		ç	dzʑ;ˢz	
	中	dzʑ;ᶜʑ	?;ᶜʑʑ少	dzʑ;ᶜʑ		ç	dzʑ;ˢz	
	新	dzʑ;ᶜʑ	?;ᶜʑʑ少	dzʑ;ᶜʑ		ç	dzʑ;ˢz	
江	老	dz;z	s	dzʑ;z;dzʑ;z	ʑ	ç	dzʑ;z	
	中	dz;z	s	dzʑ;z;dzʑ;z	ɦ,ʑ	ç	dzʑ;z	
	新	dz;z	s,l	dzʑ;z;dzʑ;z	ɦ,ʑ	ç,z	dzʑ;z	
常	老		dz;z				z;dzʑ少	z
	中		dz;z				z;dzʑ少	ʑ
	新		dz;z				z;dzʑ少	ʑ
锡	老	z̩,z;z少					z;dzʑ少	z
	中	z;z̩		z			z	
	新	z					z	
苏	老	z;z少		z			z	
	中			z				z,ʑ少
	新							
熟	老	dzʑ;z;dzʑ少;z少					dzʑ;z	
	中	dzʑ;z;dzʑ少;z少					dzʑ;z	
	新	dzʑ;z;dzʑ少;z少					dzʑ;z	

表 5 续

地点	老中新	澄·古三开·陈直	船·乘绳	禅·食成	日文·平去入(仍)/上(忍)	澄·古三合·传	船·顺	禅·垂/树	日文·平去入(如)/上(乳)	澄·古二开·茶宅	崇·古二等·查/助事	从·今开合·残字	邪·遂	从·今齐撮·墙/匠	邪·详/匠
昆	老							z							
	中							z							
	新														z;dʑ少
嘉	老							z							
	中						z	z							
	新							z							
罗	老							z							
	中							z							
	新						z	z							
周	老				z			ʐ韵:z,ʐ少	z,ʑ少						z;ʐ
	中				z			ʐ韵:z;ʑ	z;ʑ		z	z			z;z
	新				z			ʐ韵:ʑ;z少	ʑ;z少		z	z			ʐ;dʑ;ɦ(i)少
上	老	z	z												
	中	z	z		z;l少		z	z	z;l少		z	z			ʐ
	新	z	z		l;z少		z	z	l;z		z	z			dʑ;ʐ;ɦ(i)少

松	老	dʑʰ;ˢz			z		z		
	中	z	z;l		z	zʐ韵:ʑ;z	z	z;z
	新	z	z;l	z;l;zʮ少	zʮ韵:ʑ	z;l;zʮ少		dz;ʐ
黎	老				dz;z			
	中				dz;z			
	新				dz;z			
盛	老				dz;z			
	中			z	dz;z			
	新			z	dz;z			
嘉	老		dz;z;dʑ;ʐ	z		z		dz
	中			z				dz
	新			z				dz
双	老			dz;ˢz		dz;z		dz;ʐ
	中			dz;ˢz				dz;ʐ
	新			dz;ˢz				dz;ʐ
杭	老	dʑ;ˢz		dz;ˢz				dz
	中	dʑ;ˢz	ɹ;z	dz;ˢz	ɹ;z	dz;ˢz		dz
	新	dʑ;ˢz	ɹ;z	dz;ˢz	ɹ;z	dz;ˢz		dz;ɦʑ少

表 5 续

古母	澄 古三开	船	禅	日文 平去入	日文 上	澄 古三合	船	船	禅	禅	日文 平去入	日文 上	澄 古二开	崇 古二等	崇	从 今开合	邪	从 今齐撮	邪
例	陈 直	乘 绳	食 成	仍	忍	传	船	顺	垂	树	如	乳	茶 宅	查	助事	残 字 遂	墙	匠	详
绍 老	dz;z		dz;z				dz;z	ɣ韵:ʑ;dʑ	ɣ韵:ʑ;dʑ		ʑ			dz;z	dz;z	z		dz	
绍 中	dz;z		dz;z				dz;z	ɣ韵:ʑ;dʑ	ɣ韵:ʑ;dʑ		ʑ			dz;z	dz;z	z		dz	
绍 新	dz;z		dz;z				dz;z	ɣ韵:ʑ;dʑ	ɣ韵:ʑ;dʑ		ʑ			dz;z	dz;z	z		dz	
诸 老	dz;z		dz;z				dz;z	ɣ韵:dʑ;ʑ	ɣ韵:dʑ;ʑ		ʑ			dz;z	dz;z	z		dz;ʑ	
诸 中	dz;z		dz;z				dz;z	ɣ韵:dʑ;ʑ	ɣ韵:dʑ;ʑ		ʑ;ɦ(y)			dz;z	dz;z	z		dz;ʑ	
诸 新	dz;z		dz;z				dz;z	ɣ韵:dʑ;ʑ	ɣ韵:dʑ;ʑ		ʑ;ɦ(y)			dz;z	dz;z	z		dz;ʑ	
崇 老							dz;z							dz;z	dz;z				
崇 中	dz;z ɣ韵:dʑ;ʑ						dz;z							dz;z	dz;z		z;dzɿ ŋ韵:z;dz		z;dz
崇 新	dz;z ɣ韵:dʑ;ʑ						dz;z							dz;z	dz;z		z;dzɿ ŋ韵:z;dz		z;dz
大 老						dz;z;ʑ;dʑ	dz;z;ʑ;dʑ						ʑ	dz;z	dz;z		z;dz;ʑ;dʑ		z;dz;ʑ;dʑ
大 中						dz;z;ʑ;dʑ	dz;z;ʑ;dʑ						ʑ	dz;z	dz;z		ʑ;dʑ		ʑ;dʑ
大 新						dz;z;ʑ;dʑ	dz;z;ʑ;dʑ						ʑ	dz;z	dz;z		ʑ;dʑ		ʑ;dʑ
余 老							dz;z												dʑ;ɦ(i)
余 中							dz;z												dʑ;ɦ(i)
余 新							dz;z												dʑ;ɦ(i)

宁	老	dz;z;dz̻;z̻	dz;z	z̻;dz̻
	中	dz;z;dz̻;z̻	dz;z	z̻;dz̻
	新	dz;z;dz̻;z̻	dz;z	z̻;dz̻;ɦ(i)
黄	老	dz;z̻;dz少;z少	dz;z	z̻;dz少;dz少;z少
	中	dz;z̻;dz少;z少	dz;z	z̻;dz少
	新	dz;z̻;dz少;z少	dz;z	z̻;dz少
温	老	dz;sz;dʒ̩;ʒ;ɦ(i;y)	dz;sz	ɦ(i;y);dz
	中	dz;sz;dz̻;ɦ(i;y)	dz;sz	ɦ(i;y);dz
	新	dz;sz;dz̻;ɦ(i;y)	dz;sz	ɦ(i;y);dz
衢	老	dʒ;ʒ;dz少;sz少	dz;sz	z̻;dʒ;ʒ;dʒ
	中	dʒ;ʒ;dz少;sz少	dz;sz	z̻;dʒ;ʒ;dʒ
	新	dʒ;ʒ;dz少;sz少	dz;sz	z̻;dʒ;ʒ;dʒ
华	老	dz;ʑ̩;tɕ;ɕ;dz;sz;ts;s	dz;sz;ts;s	
	中	dz;ʑ̩;tɕ;ɕ;dz;sz;ts;s	ts;s;dz;sz	dz;ʑ̩;tɕ;ɕ
	新	dz;ʑ̩;tɕ;ɕ;dz;sz;ts;s	ts;s;dz;sz	dz;ʑ̩;tɕ;ɕ
永	老	dz;z̻;dz;z	dz;z	dz;z
	中	dz;ɕz̻;dz;sz	dz;ˢz	dz;ɕz
	新	dz;ɕz̻;dz;sz	dz;ˢz	dz;ɕz

第二表:平上去韵母表

表1

广韵 / 条件(声母) / 例	虞微 微 吷白	侯明 明 茆白 / 姆	模疑 疑 五白	鱼疑"一个字" 疑 鱼白	脂支之祭 'j'系/'tz'系 试/兹	麻 'j'系 文 舍文	麻 'j'系 白 舍白	麻 'ng'母 白 瓦白	麻 'b'系 巴	麻 'tz'系 沙	麻 'h'系 白 哑白	麻 'g'系 白 家白	入声字长读 拉	皆佳 'g,h'系 白 衔白鞋白
宜 老	m	(m)u 姆:m	ŋ	(ŋ)yɥ =文	ɿ	ʌ			ɔʅ				A	A
宜 中	m	(m)u 姆:m	ŋ⁺	(ŋ)yɥ =文	ɿ	ʌ			ɔʅ				A	A
宜 新	m	(m)u 姆:m	ŋ⁺	(ŋ)yɥ =文	ɿ	ʌ			ɔʅ				A	A
溧 老	m	(m)ʌɯ 姆:m	ŋ	(ŋ)yʐ =文	ɿ	ʌ⁻			ɔʅ				A⁻	A⁻
溧 中	m	(m)ʌɯ 姆:m	ŋ	(ŋ)yʐ =文	ɿ	ʌ⁻			ɔʅ				A⁻	A⁻
溧 新	m	(m)ʌɯ 姆:m	ŋ	(ŋ)yʐ =文	ɿ	ʌ⁻			ɔʅ				A⁻	A⁻
金 老	m	(m)oʅ 姆:m	ŋ	yʐ =文	ɿ	ɑ,ɛᵉ	ɑ	uɑ	ɔʅ		ɑ		ɑ	ɑ:ɛᵉ
金 中	—	(m)ʌɣ 姆:m =文	u =文	yʐ =文	ɿ	ɑ	ɑ	uɑ	o白,ɑ⁻文少		ɑ			ɛᵉ
金 新	—	(m)ʌɣ 姆:m	u =文	(ŋ)yʐ =文	ɿ	ɑ	ɑ⁻	o	o白,ɑ⁻文少	o				ɛᵉ
丹 老	n	(m)ʌɣ 姆:m	ŋ	(ŋ)yʐ =文	ɿ	ie		o	o白	o	ɑ	o		ɑ⁻
丹 中	n	(m)ʌɣ 姆:m	ŋ	(ŋ)yʐ =文	ɿ	ɑ⁻	ɑ	o	o白		ɑ	o		ɑ⁻
丹 新	n	(m)ʌɣ 姆:m	ŋ	(ŋ)yʐ =文	ɿ	ɑ			ɒ	o				ɑ⁻
童 老	—	(fi)yɥ 姆:m	u	(fi)yɥ =文	ɿ			o	ɒ					aɪ
童 中	—	(fi)yɥ 姆:m	u	(fi)yɥ =文	ɿ			o	ɒ					aɪ
童 新	—	(fi)yɥ 姆:m	u	(fi)yɥ =文	ɿ	ɑɹ			ɒ,ɑɹ少	ɒ,ɑɹ少				aɪ

点	代												
靖	老	—	(m)ʌɣ 姆:m	u	(ɦ)yᵁ =文		ɿ	iæᴛ	iɑ		oˀ	ɑ	æˀ
靖	中	—	(m)ʌɣ 姆:m	u	(ɦ)yᵁ =文		ɿ	iæᴛ	iɑ		oˀ	ɑ	æˀ
靖	新	—	(m)ʌɣ 姆:m	u	(ɦ)yᵁ =文		ɿ	iæᴛ	iɑ		o	ɑ	æˀ
江	老	m	(m)ɜɣ 姆:m	ŋ̍	(ɦ)y =文		ɿ	ɒ	ɒ	o	o	ɑ	æ
江	中	m	(m)ɜɣ 姆:m	ŋ̍	(ɦ)y =文		ɿ	ɒ	ɒ	o	o	ɑ	æ
江	新	m	(m)ɜɣ 姆:m	ŋ̍	(ɦ)y =文		ɿ	ɒ	o.ɒ	o	o	ɑ	æ
常	老	m	(m)ʌɯᴛ 姆:m	ŋ̍	(ɦ)y =文		ɿ	ɒ	ɒ	oᴛ		ɒ	
常	中	m	(m)ʌɯᴛ 姆:m	ŋ̍	(ɦ)y =文		ɿ	ɒ	ɒ	o		ɒ	
常	新	m	(m)ʌɯᴛ 姆:m	ŋ̍	(ɦ)y =文		ɿ	ɒ	ɒ	o		ɒ	
锡	老	m	m	ŋ̍	ŋ̍	ʮ	ɿ	ɒ⁻	ɒ⁻	o	u,uˀ	ɒ⁻	
锡	中	m	m	ŋ̍	ŋ̍	ɦ̩	ɿ	ɒ⁻	ɒ⁻	o	u	ɒ⁻	
锡	新	m	m	ŋ̍	ŋ̍	l̩ʮ·l̩	ɿ	ɒ	ɒ	o	u	ɒ	
苏	老	m	m	ŋ̍	(ŋ)E	l̩ʮ·l̩	ɿ	ɤᵒ	ɒ	o	o	ɒ	ɒ
苏	中	m	m	ŋ̍	(ŋ)E	l̩ʮ·l̩	ɿ	ɤᵒ	ɒ	o	o	ɒ	ɒ
苏	新	m	m	ŋ̍	(ŋ)E	l̩ʮ·l̩	ɿ	ɪɤ	ɒ	o	o	ɒ	ɒ
熟	老	m	m	ŋ̍	(ŋ)E	ɿ	ɿ	ɤᴛ⁺	ɒ	u		ɑ	ɒ
熟	中	m	m	ŋ̍	(ŋ)E	l̩ʮ·l̩	ɿ	ɤᴛ⁺	ɒ	u		ɑ	ɒ
熟	新	m	m	ŋ̍	(ŋ)E	l̩ʮ·l̩	ɿ	ɤᴛ⁺	ɒ⁺	u		ɒ⁺	

表 1 续

广韵 条件 例	虞微 微 白 呒	侯 明 白 苗白	模 疑 白 五白	鱼 疑(一个字) 白 鱼白	脂支之祭 'j'系 试	脂支之祭 'tz'系 兹	麻 'j'系 文 舍文	麻 'j'系 白 舍白	麻 'ng'母 白 瓦白	麻 'b'系 巴	麻 'tz'系 沙	麻 'h'系 白 哑白	麻 'g'系 白 豕白	入声字长读 拉	皆佳 'g,h'系 白 街白鞋白
昆 老	m;n少		n		ʮ	ɿ	ε			o˞				ɑ	
昆 中	m;n少		n		ʮ	ɿ	ε			o˞				ɑ	
昆 新	m;n		n		ʅ,ʮ	ɿ	ε			o˞				ɑ	
霜 老	m		n		ʮ	ʮ			γˇ					ɑ˞	
霜 中	m		n		ʮ	ʮ			γˇ					ɑ˞	
霜 新	m		n		ʮ	ʮ			γˇ					ɑ˞	
罗 老		m	n	ŋ	ʮ	ʮ	e˞		γˇ					ɑ	
罗 中		m		ŋ	ʮ	ʮ			γˇ					ɑ	
罗 新		m		ŋ	ʮ	ʮ			γˇ					ɑ	
周 老		m		ŋ	ʮ	ʮ	e;ɑ	ʮ	ɔ	ɤ	ɤ	ɔ(但虾)ø		ɑ	
周 中		m		ŋ	ʮ	ʮ	e;ɣ˩	ʮ	ɔ	ɤ	ɤ	ɔ(但虾)ø		ɑ	
周 新		m		ŋ	ʮ	ʮ	e;ɣ˩	ʮ	ɔ	ɤ	ɤ	ɔ(但虾)ø		ɑ	
上 中	m	(m)ɣ		ɲ;ŋ	ʮ	ʮ	e;ø	O	O	O	虾:ø	ɔ+(但虾)ø		A˞	
上 新	m	(m)ɣ		n;ɲ	ʮ	ʮ	E;O	O	O	O	虾:ø			A	

松	老			ɑ		ɔ（但囡母 ɔː、虾）	e˞	ʅ	ŋ	m
松	中			ɑ		ɔ（但囡母 ɔː、虾）	E	ʅ	ŋ	m
松	新			ɑ		ɔ（但囡母 ɔː、虾）	E	ʅ	ŋ	m
黎	老			ɒ˞	o		ɵ	ʅ	ŋ	m
黎	中			ɒ˞	o		ɵ	ʅ	ŋ	m
黎	新			ɒ˞	o˞		ɵ	ʅ	ŋ	m
盛	老			ɑ	o˞		E	ʅ	ŋ	m
盛	中			ɑ	o˞		E	ʅ	ŋ	m
盛	新			ɑ	o		ɤ·ɵ	ʅ	ŋ	m
嘉	老			ɒ	o		ɤɛ	ʅ	ŋ	m
嘉	中			ɒ	o		ɒːɛɑ	l	ŋ	m
嘉	新			ɒ	o		ɤɛ	l	ŋ	m
双	老			ɒ	ʊ（o:ʊ）		ɤɵ	ʅ	ŋ	m
双	中			ɒ	ʊ		ɤɵ	ʅ	ŋ	m
双	新			ɒ	ʊ		ɤɵ	ʅ	ŋ	m
杭	老	iE	a	ia	a	ɒu	i·ʔ	y	u＝文 u＝文	—
杭	中	ie	a	ia	a	ɒu	i·ʔ	y	u＝文 u＝文	—
杭	新	ie	a	ia	a	ɒu	i·ʔ	y	u＝文 u＝文	—

表 1 续

广韵		虞	侯	模	鱼	脂支之祭	脂支之祭	麻	麻	麻	麻	麻	麻	麻	入声字长读	皆佳
条件		微 白	明 白	疑 白	疑一个字 白	'j'系	'tz'系	'j'系 文	'j'系 白	'ng'母 白	'b'系	'tz'系	'h'系 白	'g'系 白		'g,h'系 白
例		呒白	苗白	五白	鱼白	试	兹	舍文	舍白	瓦白	巴	沙	哑白	家白	拉	街白鞋白
绍	老	n	(m)ɣʏ姆:m	ŋ	ŋ	ɿ	ɿ	ɛ			ᴐ					a-
	中	n	(m)ɣʏ姆:m	ŋ	ŋ	ɿ	ɿ	eʏ			oʏ					a-
	新	n	(m)ɣʏ姆:m	əŋ;ŋ少	ʄ	ɿ	ɿ	e			oʏ					a-
诸	老	(mʌʔ)	(m)eɪ姆:m	ŋ	ʄ	ɿ	ɿ	eɪ			o					ɑ
	中	(mʌʔ)	(m)eɪ姆:m	ŋ	ʄ	ɿ	ɿ	eɪ			o					ɑ
	新	(meʔ)	(m)eɪ姆:m	ʄ	ʄ	ɿ	ɿ	eɪ,ʌ			o					ʌ
崇	老		m	ŋ	ŋ	ɿ	ɿ	e	e;ɣ少			o;ɣ少				ɑ
	中		m	ŋ	ŋ	ɿ	ɿ	e	e;ɣ少			ɣ				ɑ
	新		m	ŋ	ŋ	ɿ	ɿ	e	e;ɣ少			ɣ				ɑ
太	老		m	ŋ	ŋ	ɿ	ɿ	eᴇ	eᴇ;o少			o				ɑ
	中		m	ŋ	ŋ	ɿ	ɿ	eᴇ	eᴇ;o少			o				ɑ
	新		m	ŋ	ŋ	ɿ	ɿ	e	e;o少			o				ɑ
余	老	m	(m)ɣʏ姆:m	ŋ	ŋ	ɿ	ɿ	e			ᴐ					ʌ-
	中	m	(m)ɣʏ姆:m	ŋ	ŋ	ɿ	ɿ	e			oʏ					ʌ
	新	m	(m)ɣʏ姆:m	ŋ	ŋ	ɿ	ɿ	e			oʏ					ʌ

点											
宁	老	m	(m)œɣ姆:m	ŋ	ʅ	ɿ:tʂ:i	øʅ		oʅ		a
	中	m	(m)œɣ姆:m	ŋ	ʅ	ɿ:tʂ:i		oʅ			a
	新	m	(m)œɣ姆:m	ŋ	ʅ	ɿ:tʂ:i		oʅ			a
黄	老	n	m3	ŋ	ʅ	ŋ但祭:i	ʅ	oʅ	0但骂拿:ʌ		ʌ
	中	n	m3	ŋ	ʅ	ŋ但祭:i	ʅ	oʅ	0但骂拿:ʌ		ʌ
	新	n	m3	ŋ	ʅ	ŋ但祭:i	ʅ	oʅ	0但骂拿罢:ʌ		ʌ
温	老	m	姆:m	ŋ	ŋe	脂之ʅ	i	祭文:i			ɒ
	中	m	姆:m	ŋ	ŋøy	脂之ʅ	i	祭文:i			ɒ
	新	m	姆:m	ŋ	ŋe	脂之ʅ	i	祭文:i			ɒ
衢	老	m	(m)姆:m	ŋ	(ŋ)ʅ	ʅ	ɛ	ʅ,ʅ:i	ɑ-ʅ	ɒ	ɛ
	中	m	(m)姆:m	ŋ	(ŋ)ʅ	ʅ	ɛ,ʅ,ɛ	ʅ,ʅ:i	ɑ-ʅ	ɒ	ɛ
	新	m	(m)姆:m	ŋ	(ŋ)ʅ	ʅ	ɛ,ʅ,ɛ,iɛ	ʅ,ʅ:i	ɑ-ʅ	ɒ	ɛ
华	老	m	(m)iɯm姆:m	n	ʅ	ʅ	ie	ʅ	uŋ	ɑɣ,iɑɣ白/uɑn白	ɒ
	中	m	(m)u姆:m	n	ʅ	ʅ	ie	ʅ	uŋ	ɑɣ,iɑɣ白/uɑn白	ɒ
	新	m	(m)œu姆:m	n	ʅ	ʅ	ie	ʅ	uŋ	ɑɣi,iⱭɣ白/uⱭn白	ɒ
永	老	(nei)	—	ŋ	(ŋ)ɣ	ʅ但四:i	iɑ	i:ʅ	uʌ	ɑɣ;uⱭ白	iɑ
	中	(nei)	—	ŋ	(ŋ)ɣ	ʅ但四:i	iɑ	i:ʅ	uʌ	ɑɣ;uⱭ白	iɑ
	新	(nei)	—	ɳ	(ŋ)ɣ	ʅ但四:i	iɑ	i:ʅ	uʌ	ɑɣ;uⱭ白	iɑ

表2

广韵	皆佳	泰哈佳	皆佳	泰哈佳	哈泰	哈泰	哈(泰)	哈	脂支	脂支灰泰	脂支灰泰	灰泰	脂支祭	豪	肴	肴
条件	'b,tz'系	'd'系	'b','tz'系	'd'系	'g'系	'h'系	'd'系	'tz'系	'b'系	'b'系	'n','l'母	'd,t,dh'母	'tz'系	全	'b,d,tz'系	'g,h'系
	白		文													文白
例	败白豺白	泰白	败文豺文	泰文	该	海	胎	采	悲	梅	类	推	岁	操	包铙抄	
宜　老	A								ıa岁:ɕyᵩ，嘴tɕyᵩ						ʌ˞ɤ	
宜　中			豺文又读:ıa						ıa岁:ɕyᵩ，嘴tɕyᵩ						ɑ˞ɤ	
宜　新			豺文又读:ıa						ıa岁:ɕyᵩ，嘴tɕyᵩ						ɑ˞ɤ	
溧　老	A-									æE			ᵩæE;æEɕ;岁ɕyᵤ		ʌ˞ɤ	
溧　中	A-但乃豺高:æE									æE			ᵩæE;æE;岁ɕyᵤ		ɑ˞ɤ	
溧　新	A-但乃豺高:æE									æE			ᵩæE;æE;岁ɕyᵤ		ɑ˞ɤ	
金　老	ɑ-;æ少	ɑ但豺:ɛᵉ					ɛᵉ		ε̞ᵉ	e˞i	e-i,uei;ɛ但岁yᵤ				ɑɤ	
金　中		ɑ-;æᴛ少	æE;ɑ-少	ɛᵉ					e˞i			ue˞i			ɔ	
金　新		ɑ-;æᴛ少		ɛᵉ					e˞i			ue˞i			ɔ	
丹　老				aı			æᴛ		Eᵉ		ei		ye岁yᵤ		ɔ	
丹　中				aı			æᴛ		Eᵉ		ei		ye岁yᵤ		ɔ	
丹　新				aı			æᴛ		Eᵉ		ei		ye岁yᵤ		ɑ	
童　老				aı							ei		yᵩei岁iⱼ		ɤa	
童　中				aı							ei		yᵩei岁iⱼ		ɤa	
童　新				aı							ei		yᵩei岁iⱼ		ɤa	

地点	层	①	②	③	④	⑤	⑥	⑦
靖江	老	æ˩				e˩		ɒ˩
靖江	中	æ˩				e˩		ɒ˩
靖江	新	æ˩				e˩		ɒ˩
江阴	老	æ				EI		ɒ˩
江阴	中	æ				E˩I		ɒ˩
江阴	新	æ				EI		ɒ˩
常州	老	ɑ豺又读:æe		æe			ɣæe	ɑɣ
常州	中	ɑ豺又读:æe		æe			ɣæe	ɑɣ
常州	新	ɑ豺又读:æˑe		æˑe			ɣæˑe	ɑɣ
无锡	老	ɑ⁻豺又读:e			e			ʌ⁺
无锡	中	ɑ豺读:e			e			ʌ⁺
无锡	新	ɑ豺读:E˩			E˩			ʌ⁺
苏州	老	ɒ豺又读:E˩	æ		E˩			æ
苏州	中	ɒ豺读:E˩			E˩			æ
苏州	新	ɒ豺读:E˩			E˩			æ
常熟	老	ɑ豺读:æ				E		ɔ⁺
常熟	中	ɑ豺读:æ	æᴱ、æ(少)			E		ɔ⁺
常熟	新	ɑ⁺豺读:æ	æᴱ、æ			E		ɔ⁺

表 2 续

广韵	皆佳 'b,tz'系 (白)	泰哈佳 'd'系 (白)	皆佳 'b'系 'tz'系 (文)	泰哈佳 'd'系 (文)	哈泰 'g'系	哈泰 'h'系	哈(泰) 'd'系	哈 'tz'系	脂支 'b'系	脂支灰泰	脂支灰泰 'n','l'母	灰泰 'd,t,dh'母	脂支祭 'tz'系	灰泰	豪 全	肴 'b,d,tz'系	肴 'g,h'系 (白)
例 / 条件	败白/材白	泰白	败文/材文	泰文	该	海	胎	菜	悲	梅	类	推	岁	最	操	包饶抄	交白
昆 老	ɑ		ɑ;ɛ				ɛ					E				ɔ˞	
昆 中	ɑ		ɑ;ɛ				ɛ					Eᴛ				ɔ˞	
昆 新	ɑ		ɑ;ɛ				ɛ					Eᴛ				ɔ˞	
霜 老	ɑ˞		ɑ⁻;Eᴛ				Eᴛ					ʌɪ				ɔ˞;ɔ少	
霜 中	ɑ˞		ɑ⁻;Eᴛ				Eᴛ					ʌɪ				ɔ˞;ɔ少	
霜 新	ɑ		ɑ⁻;Eᴛ				Eᴛ					ʌɪ				ɔ˞;ɔ少	
罗 老	ɑ		ɑ;eᴛ				eᴛ					ʌɪ				ɔ˞;ɔ少	
罗 中	ɑ		ɑ;eᴛ				eᴛ					ʌɪ				ɔ˞;ɔ少	
罗 新	ɑ		ɑ;eᴛ				eᴛ					ʌɪ				ɔ˞;ɔ少	
周 老	ɑ		ɑ;e	e					e	e			ø			ɔ	
周 中	ɑ		ɑ;e	e					e	e			ø			ɔ	
周 新	ɑ			e					e	e			ø			ɔ	
上 老	A⁻	A⁻	ɑ;e少	ø⁻					e	E			ø⁻			ɔᴛ	
上 中	A	A	A⁻;e少	ø⁻;E少					E	E;Eᴛ			ø⁻;E少			ɔᴛ	
上 新			A;e少	ø⁻;E					E;Eᴛ				ø⁻;E			ɔᴛ	

松	老	ɑ	ɑ;ɛ	e⊦		ø⊦	ɔ⊦
	中	ɑ	ɑ;ɛ	ɛ	E	ø⊦	ɔ⊦
	新	ɑ	ɑ;ɛ	ɛ	E	ø⊦	ɔ⊦
黎	老	ɒ⊦	ɒ⊦;ɛ	E			A²;A-
	中	ɒ⊦	ɒ⊦;ɛ	E			A²;A-
	新	ɒ⊦	ɒ⊦;ɛ	E			A²;A-
盛	老	ɑ	ɑ;ɛ	E			ɒʌ
	中	ɑ	ɑ;ɛ	E			ɒʌ
	新	ɑ	ɑ;ɛ	E			ɒʌ
嘉	老	ɑ	ɑ;ɛ	Eᵋ	e		ʮe	ɔ⊦
	中	ɑ	ɑ;ɛ	Eᵋ	e		ʮe	ɔ⊦
	新	ɑ	ɑ;ɛ	E微	e		ʮe	ɔ⊦
双	老	ɑ	ɑ;ɛ	Eg 母:ɪi;ⁱe		ɣⁿ，塞擦 / ɔʮɐ	c
	中	ɑ	ɑ;ɛ	Eg 母:ɪ⊦	E	ɣⁿ，ⁱɔʮ少	c
	新	ɑ	ɑ;ɛ	E	E		c
杭	老		ɛ	ɔʮ;ɔʮ少 / ɪɐ	ɐɦ / ɪ+ɐɦ	ɑ / ɪ+ɐɦ	ɒ	ɑi
	中		ɛ⊦	ɪɐ	ɐɦ / ɪ+ɐɦ	ɪ+ɐɦ	ɔ⊦	ɔ⊦
	新		ɛ⊦	ɪɐ	ɐɦ / ɪ+ɐɦ	ɪ+ɐɦ	ɔ⊦	ɔ⊦

表 2 续

广韵	皆佳	泰哈佳	皆佳	泰哈佳	哈(泰)	泰哈	哈	脂文	灰泰	脂文灰泰	灰泰	脂文泰	灰泰	豪	肴	肴
条件	'b,tz'系	'd'系	'b''tz'系	'd'系	'g','h'系	'd'系	'tz'系	'b'系	'b'系	'n','l'母	'd,t,dh'母	'tz'系	'tz'系	全	'b,d,tz'系	'g,h'系
白/文	白	白	文	文												白
例	败白豺白	泰白	败文豺文	泰文	海	胎	菜	悲	梅	类	推	岁	最	操	包铙抄	交白
绍 老	a豺文:E				iE					E				ɑɒ	ɑɒ	
绍 中	a-豺文:e⊤				ie⊤					e⊤				ɑɒ	ɑɒ	
绍 新	a-豺文:e				ie					e				ɑɒ⊤	ɑɒ⊤	
诸 老	ɑ豺文:e⊤				ie⊤					e⊤				ɑɒ⊤	ɑɒ⊤	
诸 中	ɑ豺文:e⊤				ie⊤					e⊤				ɔ⊤	ɔ⊤	
诸 新	A豺文:e⊤				ie⊤					e⊤,e少				ɔ⊤	ɔ⊤	
崇 老	ɑ									e				ɑɒ⊤	ɑɒ⊤	
崇 中	ɑ									e				ɑɒ⊤	ɑɒ⊤	
崇 新	ɑ豺文:æ									e				ɑɒ⊤	ɑɒ⊤	
太 老	ɑ									e_E;e	e_E 岁又读:ʮ					
太 中	ɑ									e_E;e						
太 新	ɑ豺文:e									e						
余 老	A-									e				D	'D;c组:i'D	'D
余 中	A豺文:e									e				D⊥	'D⊥;c组:i'D⊥	'D⊥
余 新	A豺文:e									e				D⊥	'D⊥;c组:i'D⊥	'D⊥

宁	老	a			e				E-ɿ岁又读:ŋ
	中	a			e				E-ɿ岁又读:ŋ
	新	a			e			ɔ	E-ɿ岁又读:ŋ
黄	老	Aʒʮ文:eɹ	ɪeɹ		eɹ	ʮ;eɹ少	eɹ	ɒ	ɔ
	中	Aʒʮ文:eɹ	ɪeɹ		eɹ	ʮ;eɹ少	eɹ	ɒ̤	ɔ
	新	Aʒʮ文:eɹ,ʌ	ɪeɹ		eɹ	ʮ;eɹ少	eɹ	ɒ̤	ɔ
温	老	ɑ	eɹ	æ-类又:ə	eɹ	æ-i;ʮ	æ-i	ʊ	ɛ
	中	ɑ	eɹ	æ-类又:əy	eɹ	æ;i;ŋ	æ-i	ʊ	ɛ
	新	ɑ	eɹ	æ-类又:ə	eɹ	æ-i;ŋ	æ-i,ʮ i	ʊ	ɛ
衢	老		ɛ	ɪe					ɔ̤
	中		ɛ	ɪe					ɔ̤
	新		ɛ	ɪe					ɔ̤
华	老	ɑ	æɛ	eɪ白/æɛ文					ɑʊ
	中	ɑ	ɛ	eɪ白					ɑʊ
	新	ɑ	ɛ	eɪ白					ɑʊ
永	老		iA	əɪ岁又读:ie					ʌʊ
	中		iA	əɪ岁又读:ie					ʌʊ
	新		iA	əɪ岁又读:ie					ʌʊ

表3

广韵	侯尤	尤	侯				凡删山元	谈寒	删山咸衔			桓			寒		覃		覃谈	
条件	'b'系	'tz'系	'b'系	'tz'系	'h'系	'g'系	'b'系	'd,tz'系	'tz'系	'h'系(白)	'g'系(白)	'b'系	'd'系	'tz'系	'g'系	'h'系	'd'系	'tz'系	'g'系	'h'系
例	否	邹	头	走	欧	口	反	难三	斩	晏白	闲白	半	暖	酸	看	安	南	蚕	敢	庵
宜	yɯᵀ							ʌ	ʌ			e˩				e但ø母:e˩				
溧 老	yɯᵀ		e-i					ʌ	ʌ							e但ø母:e˩				
溧 中	yɯᵀ		e-i					ʌ	ʌ							e,有的人e˩				
溧 新	e-i；少数字文读ʌɯᵀ		e-i			i		ʌˉ	ʌˉ			ʊˉ	ʊˉ	yʊˉ	ʊˉ	ʊˉ	yʊˉ	yʊˉ	ʊˉ	ʊˉ
金 老	ʌɣ							æ	æ			ʊˉ	ʊ̃,æ̃	yʊˉ			ʊ̃	æ̃	ʊˉ	ʊˉ
金 中	ʌɣ否又读e-i							æ̃;ʊ̃	æ̃;ʊ̃			ʊˉ	ʊ̃	yʊˉ	ɣ,y		æ̃		ʊˉ	ʊˉ
金 新	Eᵉ否又读ʌɣ							æ̃;ʊ̃	æ̃;ʊ̃			ʊˉ	ʊ̃	yʊˉ	ɣ,y		æ̃		ʊˉ	ʊˉ
丹 老	Eᵉ否又读ʌɣ							æˉ	æˉ			uɤ	uɤ	yuɤ	ʊŋ;æ文,少	ʊŋ;ɿ	uɤ	yuɤ	ʊŋ;æ文,少	ʊŋ;ɿ
丹 中	Eᵉ否又读ʌɣ							æˉ	æˉ			uɤ	uɤ	yuɤ	ɘŋ	ɘŋ;ɿ	uɤ	yuɤ	ɘŋ	ɘŋ;ɿ
丹 新	Eᵉ否又读ʌɣ							æˉ	æˉ			uɤ	uɤ	yuɤ	ɘŋ	ɘŋ;ɿ	uɤ	yuɤ	ɘŋ	ɘŋ;ɿ
童 老	ei							ɑ	ɑ			uɤ	uɤ	yuɤ	uɤ	uɤ	uɤ	yuɤ	uɤ	uɤ
童 中	ei							ɑ	ɑ			uɤ	uɤ	yuɤ	uɤ	uɤ	uɤ	yuɤ	uɤ	uɤ
童 新	ei,ʌɣ少							ɑˉ	ɑˉ			uɤ	uɤ	yuɤ	uɤ	uɤ	uɤ	yuɤ	uɤ	uɤ

地点		韵1	韵2	韵3	韵4	韵5
靖	老	ei, ʌɤ	ẽ	ʊ̃ɿ+		
	中	ei, ʌɤ	ẽ	ʊ̃ɿ+		
	新	ʌɤ; ʌɤ°Y	ẽ轻	ʊ̃ɿ+		
江	老	ᴇi	æ	θ		
	中	E⊥ɪ	æ	θ		
	新	E⊥ɪ	æ	θ		
常	老	e-i	æ̃微	ɔ,ɔ̃微		
	中	e-i	æ	ɔ+		
	新	e-i	æ,æ̃	ɔ,ɔ̃+微		
锡	老	ᴇi	æ̃微	o-		
	中	Ei	æ̃微,æ	o-		
	新	Ei	ɛ,ɛ̃微少	o-		
苏	老	Yɤ°	ᴇɹ	θ		
	中	Yɤ°	ᴇɹ	θ		
	新	Iɤ	ᴇɹ	θ		
熟	老	ᴇ	æ	θ	Y(但岸ɛ̃-ŋ)	ẽ-ŋ
	中	ᴇ	æ,ᴇæ少	θ	Yɤ+(但岸ɛ̃~)	ẽ~,ɛ̃~
	新	ᴇ	ᴇ,æ,ᴇ	θ	Yʌ(但岸ɛ̃~),Yɤ+(但岸ɛ̃~)	ʌɤ+ẽ~,ɛ̃~;ẽ~,ɛ̃~

表 3 续

广韵	侯尤			侯			凡删山元	谈寒	删山咸衔			桓			寒		覃		罩谈	
条件	'b'系	'tz'系	'd''tz'系	'h''tz'系	'g'系	'g'系	'b'系	'd,tz'系	'tz'系	白 'h'系	白 'g'系	'b'系	'd'系	'tz'系	'g'系	'h'系	'd'系	'tz'系	'g'系	'h'系
例	否	邹	头	走	欧	口	反	难三	斩	晏白	同白	半	暖	酸	看	安	南	蚕	敢	庵
昆 老			E					ε								θ+				
昆 中			E˞					ε								θ+				
昆 新			E˞					ε								θ+				
霜 老			ʌɪ					E˩				I	ʌɣ但岸:I	ʌɣ但岸:I	ʌɣ但岸:I			I		
霜 中			ʌɪ					E˩				I	ʌɣ但岸:I	ʌɣ但岸:I	ʌɣ但岸:I			I		
霜 新			ʌɪ					E˩				I	ʌɣ但岸:I	ʌɣ但岸:I	ʌɣ但岸:I			I		
罗 老			ʌɪ					e˩				ʌɪ	ʌɣ但岸:ʌɪ	ʌɣ但岸:ʌɪ	ʌɣ但岸:ʌɪ		ʌɪ但贪探ʌɣ有人	ʌɪ但贪探ʌɣ有人	ʌɪ但贪探ʌɣ有人	
罗 中			ʌɪ					e˩				ʌɪ	ʌɣ但岸:ʌɪ	ʌɣ但岸:ʌɪ	ʌɣ但岸:ʌɪ		ʌɪ但贪探ʌɣ有人	ʌɪ但贪探ʌɣ有人	ʌɪ但贪探ʌɣ有人	
罗 新			ʌɪ					e˩				ʌɪ	ʌɣ但岸:ʌɪ	ʌɣ但岸:ʌɪ	ʌɣ但岸:ʌɪ		ʌɪ但贪探蚕ʌɣ人	ʌɪ但贪探蚕ʌɣ人	ʌɪ但贪探蚕ʌɣ人	
周 老			ɣ˞					ε				ẽ	ø̃	ø̃	ø̃		ẽ	ẽ	ẽ	
周 中			ɣ˞					ε				e	ø	ø	ø		e	e	e	
周 新			ɣ˞					ε				e;ẽ	ø;ø̃	ø;ø̃	ø;ø̃		e;ẽ;ø;ø̃	e;ẽ;ø;ø̃	e;ẽ;ø;ø̃	
上 老			ɣ									e;ẽ								
上 中			ɣ					E				e;ø-	ø-	ø-	ø-		ø-;E	ø-	ø-	
上 新			ɣɯ;ɣ					E,E˩					ø-	ø-	ø-		ø-;E	ø-	ø-	

方言点	年代					
松	老	ɯ˞	E˞	e˞		ø˞	e˞
	中	ɯ˞	E	e˞		ø˞	E;e˞少
	新	ie-ɯ˞	E	e˞		ø˞	ø;e˞;E
黎	老	ie-ɯ˞	E		θ		
	中	ie-ɯ˞	E		θ		
	新	ie-ɯ˞	E		θ		
盛	老	ɐi	E		˞θ		
	中	ɐi	E		˞θ		
	新	ɐi	E		˞θ		
嘉	老	ə	E˞		-εɤ|毋系-εɤn;-εɤ		
	中	ə	ᴇ˞		-εɤ|毋s-εɤn		
	新	ə	微ᴇ˞		-εɤ|毋s-εɤn		
双	老	˞ɤ;i˞ɤ少		ĩ	E/但g母:ɪ		
	中	˞ɤ;i˞ɤ少		ɪ̃轻	E		
	新	˞ɤ		ɪ̃轻	E		
杭	老	ɐi	Ẽ˞	õ		Ẽ˞	
	中	ɐi	E˞;Ẽ˞轻	o;õ轻		E˞;Ẽ˞轻	
	新	ɐi	E˞;Ẽ˞轻	o;õ轻;uo		E˞;Ẽ˞轻	

表 3 续

广韵	侯尤	尤	尤	侯	侯	侯	凡删山元	谈寒	删山咸衔	删山咸衔	删山咸衔	桓	桓	桓	寒	寒	覃	覃	覃谈	覃谈
条件	'b'系	'tz'系	'd'系	'tz'系	'h'系	'g'系	'b'系	'd,tz'系	'tz'系	'h'系(白)	'g'系(白)	'b'系	'd'系	'tz'系	'g'系	'h'系	'd'系	'tz'系	'g'系	'h'系
例	否	邹	头	走	欧	口	反	难三	斩	晏白	同白	半	暖	酸	看	安	南	蚕	敢	庵
绍 老	ɣ˕;ei	ɣ˕				ɣ˕;iɣ˕少			æᴱ			ə̃;õ			ɣ˕但暗	ə̃(但 g 系论:ʅ,探潭ə̃;ɛ̃				ɛ̃
绍 中			ɣ˕	ɣ˕					æ̃			ə̃;õ				ə̃;ɪ;ɛ̃;ɪ(但南贪探ə̃;ɛ̃				ɛ̃
绍 新			ɣ˕	ɣ˕					æ̃,æ少			ə̃;õ;ɵ少;ɵ少				ɪ;ɪ(但南贪探ə̃;ɛ̃				ɛ̃
诸 老	ɣ˕;ei		ei	iɣ		iɣ		ɛ							ɣ˕(但暗	ɛ̃				ə̃
诸 中	ɣ˕;ei		ei	iɣ		iɣ		ɛ̥							ɣ˕	ɛ̃				ə̃
诸 新	ɯ˕;ei		e˕i			ɣ;iɣ		ɛ̥							ɣ˕(但暗	ɛ̃			ə̃;õ;ø少;ø少	ɛ̃
崇 老		ɣ不很圆	ɣ不很圆	圆				æ̥				ə̃;õ			æᴱ但暖ɪ˕η,æ̃	æᴱ但暗:ɛ̃-ĩ				æ̃ᴛ
崇 中		ɣ不很圆	ɣ不很圆	圆				æ̃							æ̃,o但暖ɪ˕η,æ̃	æ̃;õ(但暖:ɛ̃-ĩ				æ̃ᴛ
崇 新		ɣ不很圆	ɣ不很圆	圆				æ̃							æ̃,o但暖ɪ˕η,æ̃	æ̃;õ(但暖:ɛ̃-ĩ				æ̃ᴛ
大 老		ɣ不很圆	ɣ不很圆	圆				æ̃ᴛ							æ̃,oɛ(但暖:eη	æ̃;ɪ̃η),æ̃				æ̃ᴛ
大 中		ɣ不很圆	ɣ不很圆	圆				æ̃ᴛ							æ̃,oɛ少(但暖:eη	æ̃;ɪ̃η),æ̃				æ̃ᴛ
大 新		ɣ不很圆	ɣ不很圆	圆				æ̃ᴛ							æ̃,o但暖:eη	æ̃;ɪ̃η				æ̃ᴛ
余 老		ɣ˕	ɣ˕			iɣ˕,ɣ˕		ɛ̃				õ˕			ɛ̃					ɛ̃
余 中		ɣ˕	ɣ˕			iɣ˕,ɣ˕		ɛ̃				õ˕			ɛ̃					ɛ̃
余 新		ɣ˕	ɣ˕			ɣ˕,iɣ˕		ɛ̃				õ˕			ɛ̃					ɛ̃

宁	老	ɛ-ɪ	ɜ:ɪ;ɜ-ɜ	ɛ-ɪ	ɪ	ø	ũ,u		ɜ		œʏ		u·ʌ		ʏ·ɯ+		ɜ		
	中	ɛ-ɪ:ɛ	ɜ-ɪ:ɜ	ɛ-ɪ	i	ø	u		ɜ		œʏ		u·ʌ;u·ʌ		ʏ·ɯ+		ɜ		
	新	ɛ-ɪ:ɛ	ɪ:ɪ;ɜ	ɛ-ɪ	i	ø	u		ɛㄒ		œʏ		ʌ·ɯ:u·ʌ		ʏ·ɯ+		ɜ		
黄	老					ɜ:ɜ	但暖曰-ø	但en阿暖		ɜ:ɜ;ɜ	oi						ɜ		
	中					ɜ:ɜ	但暖曰-ø	但en阿暖		ɜ:ɜ;ɜ	ʌ·ɪㄒ						ɜ		
	新					ɜ:ɜ	但暖曰-ø	但en阿暖		ɜ:ɜ;ɜ	ʌ·ɪㄒ						ɜ		
温	老			θ	ʏø:θ;θ	θ		θ	ɒ				ɒㄯ		ʏ·ɯ+		ɪɒ		
	中			θ	θ:ʏø:θ	θ		θ	ɒ				ʌ·ɒ:ʏ·ʌ		ʏ·ɯ+		ɪɒ;ʏ·ɯ+·ʏ		
	新			θ	θ:ʏ·θ	y:ʏ·ʏ		θ	ɒ				ʌ·ɒ		ʏ·ɯ+		ɪɒ;ʏ·ɯ+·ʏ		
衢	老					-ẽ			ã								ɪɒ		
	中					-ẽ			轻ãẽ						ɪ:n·mi		ɪɒ		
	新					-ẽ			轻ãẽ						i·mi		ɪɒ		
华	老				ʏ·ẽã	文ãẽ	-eo		ãẽ文	ɒ白		n·mi		ne		n·mi		ʏ·mi:ʏ·n·mi		
	中					文	-eo		ãẽ文	ɒ白		n·mi		ne		u·mi		ne:n·mi		
	新					文	-eo		ãẽ文	ɒ白		ne		n·mi		n·mi;u·mi		ne		
水	老	ʏɛ:阿`暖曰-ɛʌ	ʏɛ:阿`暖曰	-eo					ʌ				ʊ·e		但系ʊ:n				
	中	ʏɛ:阿`暖曰-ɛʌ	ʏɛ:阿`暖曰	-eo					ʌ				ʊ·e						
	新	uɛ:阿`暖曰-ɛʌ	uɛ:阿`暖曰	-eo					ʌ				ʊ·e+ʊ·e						

表 4

广韵	魂文	登	痕	登	痕	登	痕	魂		谆	侵	庚耕	庚耕	登
条件	'b'系	'd,tz'系	'g'系	'k'母 一个字	'h'系		't'母 一个字	'd'系	'tz'系	母	'tz₁'系 一个字	'g'系 文	'd,tz'系 文	'b'系 文
例	本	能	根	肯	根	恒	吞	嫩	寸	伦	森	更文	争文	朋文
宜 老													tʃ₁+o	tʃie·ŋo
宜 中									ue				ʌŋ	ŋo
宜 新									uə				ʌŋ⁺	ŋo
溧 老								tʃie	tʃie	ɜ[n白/ŋ文]	tʃie		əŋe·ʌŋ⁺	ŋo
溧 中								⁺tʃŋe	yɐʏ	uən	tʃie		ɜ[ŋ]	tʃie
溧 新								⁺tʃŋe	yɜʏ	u-ən			ɜ[ɲ]	tʃie
金 老									y[ɜ·ŋ]	ɜ[n/ŋ白]			ɜ[ŋ]	tʃie
金 中						tʃie			yɜʏ				ɜ[ɲ]	
金 新					tʃie				ɜ-ʏ	ɜ-[n/ɲ]				
丹 老													ɜ[ŋ]	
丹 中						tʃie							ɜ[ɲ]	
丹 新					tʃie								ɜ-[ɲ]	
童 老														
童 中														
童 新														

		oŋ、iɔ	aⁿ	aⁿ	oŋ、ɛ-ŋ	uɛe	uɛe	uɛv		ãʮ	ã	Ã、ã	ã̃	ã̃	ã̃、ʌ
		iɔʮ	iɔʮ	iɔʮ	iɔ	iɔ	iɔ			aʮ					
		iɔʮ	iɔʮ	iɔ											
							uɛe	uɛe							
							uɛe;uɛe;uɛeh		ue		ue				
												ue		ẽ-ⁿ	
									ue		ue	ue	ẽ-~、ẽ-ⁿ		
													ẽ-~、ẽ-ⁿ		
		Eŋ	uɛe	uɛe	E-ŋ	E-ŋ	E-ŋ	uɛe	uɛe						
老	中	新	老	中	新	老	中	新	老	中	新	老	中	新	老 中 新
靖江			江			常			锡			苏			熟

表 4 续

广韵	魂文	登	痕	登	痕	痕	魂		谆	侵	庚耕		庚耕	登
条件	'b'系	'd,tz'系	'g'系	'k'母 一个字	'h'系	't'母 一个字	'd'系	'tz'系	l母	'tz₁'系 一个字	'g'系	'd,tz'系	'b'系 文	文
例	本	能	根	肯	恒	吞	嫩	寸	伦	森	更文	争文	孟文	朋文
昆 老	ən							ne						
昆 中	ən							ne						
昆 新	ən							ne						
霜 老						$\tilde{\varepsilon}^{-n}$					$\tilde{\varepsilon}^{-n};\tilde{a}$			$\tilde{a}$
霜 中						$\tilde{\varepsilon}^{-n}$					$\tilde{\varepsilon}^{-n};\tilde{a}$			$\tilde{a}$
霜 新							$\tilde{\varepsilon}^{-n}$							$\tilde{a}$
罗 老						$\tilde{\varepsilon}^{-n}$					$\tilde{\varepsilon}^{-n};\tilde{a}$			$\tilde{a}$
罗 中						$\tilde{\varepsilon}^{-n}$					$\tilde{\varepsilon}^{-n};\tilde{a}$			$\tilde{a}$
罗 新						$\tilde{\varepsilon}^{-n}$	$\tilde{\varepsilon}^{-n}$							$\tilde{a}$
周 老						ɦe	ɦe		eŋ 根又读 ŋ̍		eŋje			
周 中						+ue	ɦe						ʌ̃	
周 新														
上 老						ue	ue						$\tilde{a}^-$	
上 中														$\tilde{a}^-$
上 新						$\tilde{\vartheta}je;\tilde{\varepsilon}je$								$\tilde{A}^n$

杭	新	ue	ĩɤo	ue	ueh	ueʔuen
杭	中	ue	ĩɤo	ue	ueh	ueʔuen
杭	老	ue	ĩɤo	ue	uen	ueʔuen
双	新			ue		
双	中			ue		
双	老			ue		
嘉	新			ue		
嘉	中			uɿe		
嘉	老			uɿe		
盛	新		ɛ̃			
盛	中		ã	uɿe	uɿe	
盛	老		ã	uɿe	uɿe	
黎	新		ãɯ	uɿe		
黎	中		ãɯ	uɿe	uie	
黎	老		ã	uɿe	uie	
松	新		ɛ̃	fia		
松	中		ɛ̃	fiɯe		
松	老		ɛ̃	uɿe		

表 4 续

广韵	魂文	登	痕	登	痕	登	痕	魂	魂	淳	侵	庚耕	庚耕	庚耕	庚耕	登
条件	'b'系	'd,tz'系	'g'系	'k'母一个字	'h'系	'h'系	't'母一个字	'd'系	'tz'系	l母	'tz₁'系一个字	'g'系文	'd,tz'系文	孟文	'b'系文	文
例	本	能	根	肯	根	恒	吞	嫩	寸	伦	森	更文	争文	孟文	朋文	登
绍 老	ẽ	əŋ	əŋ	ɪŋ	ẽ,əŋ	ẽ,əŋ		õ	õ							
绍 中	ẽ	əŋ	əŋ		ẽ,əŋ	ẽ,əŋ		õ	õ							
绍 新	ĩ,əŋ				ĩ,əŋ	ĩ,əŋ		õ;ᵘõ	õ;ᵘõ							
诸 老	Ẽ-ĩ	Ẽ-ĩ	ĩ	ĩ		Ẽ-ĩ(但吞:ɤ̞)	Ẽ-ĩ(但吞:ɤ̞)	E-ĩ				ĩ	E-ĩ	Ã	E-ĩ	E-ĩ
诸 中	Ẽ-ĩ	Ẽ-ĩ	ĩ	ĩ		Ẽ-ĩ(但吞:ɤ̞)	Ẽ-ĩ(但吞:ɤ̞)	E-ĩ				ĩ	E-ĩ	Ã	E-ĩ	E-ĩ
诸 新	Ẽ-ĩ	Ẽ-ĩ	ĩ	ĩ		E-ĩ	E-ĩ	E-ĩ				ĩ	E-ĩ	Ã	E-ĩ	E-ĩ
崇 老							ɪʔŋ	ɪʔŋ						ʌ̃	ɪʔŋ	ɪʔŋ
崇 中							ɪʔŋ	ɪʔŋ						ʌ̃	ɪʔŋ	ɪʔŋ
崇 新							eʔŋ	eʔŋ						ʌ̃	ɪʔŋ	ɪʔŋ
太 老							eŋ	eŋ						ʌŋ	eŋ	eŋ
太 中							eŋ	eŋ						ʌŋ	eŋ	eŋ
太 新							e-ŋ	e-ŋ						ʌŋ	e-ŋ	e-ŋ
余 老					e-ŋ	e-ŋ		Yɲ	Yɲ		e-ŋ				e-ŋ	e-ŋ
余 中								e-ɲ	e-ɲ							e-ɲ
余 新								e-ɲ	e-ɲ							e-ɲ

方言	年龄	①	②	③	④	⑤	⑥	⑦
永	新	uĩ·uẽ	ai	-eɤ	ue	uɐ	ɦũĩ:ɦẽ	ŋue
	中	ɯĩ	ai	-eɤ	ue	uɐ	ɦũĩ:ɦẽ	ŋue
	老	ɯĩ	ai	-eɤ	ue	uɐ	ɦũĩ:ɦe	ŋue
华	新		ai	-eɤ	ue		ɦũĩ:ĩe	ŋe
	中		ai	-eɤ	ue		ɦɯĩ:ĩe	ŋe
	老		ai	-eɤ	ue		ɦɯĩ:ĩe	ŋe
衢	新				ue	u·e		
	中	ɦĩ·v			ue	u·e	ɦĩ·v	
	老	ɦĩ·v			ue	u·e		
温	新	3ɪ	ɦĩ·v	ɦĩ·en	θ		但根恩θ:θ、痕iɤĩ	ɦĩ·v
	中	3ɪ	ɦĩ·v	ɦĩ·en	θ		但根恩θ:θ、痕iɤĩ	ɦĩ·v
	老	3	ɦĩ·v	ɦĩ·en	θ		但根θ,恩θ:θ,y/痕yɤĩ	ɦĩ·v
黄	新	3ɪ	ɦĩ·v	ɦĩ·en	ã	ɦĩ·e		
	中	3ɪ	ɦĩ·v	ɦĩ·en	ã	ɦĩ·e	绎ã:ɦĩa	ɦĩa
	老	3		ɦĩ·en	ã	ɦĩ·e	绎ã:ɦia	ɦia
宁	中						绎ã:ɦĩa	ɦĩa
	老						绎ã:ɦia	ɦia

表5

例	条件	唐·阳 全'b'系（刚方邦）	江 'g,h'系白（江白）	江 'tz₁'系（双耒）	阳 章系白(变tz系)（尝白）	庚耕 'g'系（硬白）	庚耕 'tz'系（争白）	庚耕 'h'系（杏白）	庚耕 孟白	登 'b'系（朋白）	耕 h系（姜）	东冬 全（公采）	东锺 'b'系（冯）	东锺 'l'母（龙）	锺 'tz'系（从）	东 'g'母（弓）	锺 'g'系（共）	脂支之 日母·文（耳文）
宜	老				Aŋ									oŋ				ᵉe
	中				Aŋ⁺									oŋ				ᵉe
	新				Aŋ⁺									oŋ				ᵉe
溧	老		ɑŋ		A⁻		ɜn	ɜn					oŋ					ᵊe
	中		ɑ-ŋ		A⁻		ne	ne					oŋ					ᵉɛ
	新		ɑ-ŋ		A⁻		ne	ne					oŋ					ᵉɛ
金	老			uoŋ	æ			ɕie	ɕie⁻			o⁺ŋ		oŋ				ᵉe
	中		ɑ-ŋ	yɑŋ,uɑŋ	ɔŋ		æ,ɛ,ε̃ŋ	æ,ɛ,ε̃ŋ	ε̃ŋ	ε̃ŋ		o⁺ŋ,ε̃ŋ	oŋ					ɒʳ
	新		ɑ-ŋ	yɑŋ,uɑŋ	ɔŋ		æ,ε-,ε̃ŋ	æ,ε-,ε̃ŋ	ε̃ŋ	ε-ε̃ŋ		o⁺ŋ,ε̃ŋ	oŋ					ɒʳ
丹	老		ɑŋ	yʮɑŋ	ɑŋ	ɕie-	Œe					oŋ(但衣脓:ioŋ)						Eⁱʳ
	中		ɑŋ	yʮɑŋ	ɑŋ	ɕie	Œe					oŋ(但衣脓:ioŋ,oŋ)						Eⁱ
	新		ɑŋ	yʮɑŋ	ɑŋ	ɕie	Œe					oŋ(衣脓:ioŋ,oŋ)						Eⁱ
童	老		ɑŋ	yʮɑŋ	ɑŋ	ɕie	Œe			oŋ(但衣脓:ioŋ)	oŋ(但衣脓:ioŋ)	oŋ(但衣脓:ioŋ)						Eᵊʳ
	中		ɑŋ	yʮɑŋ	ɑŋ	ɕie	Œe			oŋ(但衣脓:ioŋ)	oŋ(但衣脓:ioŋ)	oŋ(但衣脓:ioŋ)						Eᵊʳ
	新		ɑŋ	yʮɑŋ	ɑŋ	ɕie	Œe			oŋ(但衣脓:ioŋ)	oŋ(但衣脓:ioŋ)	oŋ(但衣脓:ioŋ)						E⁻ʳ

点	层	ʳ	oŋ	aⁿ/ã	Eŋ/ɛe	iãe	Aŋ	yɑŋ	ɒⁿ/ɒ̃
靖	老	ᵊʳ	oʳŋ	aⁿ	Eŋ	iãe	Aŋ	yᵤɑŋ	ɒⁿ
	中	ᵊʳ	oʳŋ	aⁿ	ɛ+e	iãe	Aŋ	yᵤɑŋ	ɒ+ⁿ
	新	ᵊʳ	oʳŋ	aⁿ	ɛ+e	iãe	ɑŋ	yᵤɑŋ	ɒ+ⁿ,Aⁿ
江	老	ɐʳ	oŋ（供～果）又读:ioŋ	aⁿ					
	中	ɐʳ	oŋ供又读:ioŋ	aⁿ					
	新	ɐʳ	oŋ	aⁿ,Aⁿ					
常	老	ᵊʳ	oŋ但衣脓:ioŋ	ɑ+ɲ孟:oŋ				yɑ+ɲ	
	中	ᵊʳ	oŋ但衣脓:ioŋ	Aɲ孟:oŋ				yAɲ:Aɲ	
	新	ᵊʳ	oŋ但衣脓:ioŋ	Aɲ孟:oŋ				yAɲ:Aɲ	
锡	老	ᵊʳ	oŋ但衣脓:ioŋ	ã					õ
	中	ᵊʳ	oŋ但衣脓:ioŋ	ãɿ					õ
	新	ᵊʳ	oŋ衣脓又读ioŋ	ãɿ					Ã,õ
苏	老	ɜɿ	oŋ	ã					ɒ̃
	中	ɜɿ	oŋ	ã					ã
	新	ɜɿ	oŋ	Ã,ã					ɒ̃,Ã
熟	老	ɜʳ	uŋ	ã					ɒ̃
	中	ɜʳ	uŋ	ã					ã
	新	ɜʳ	uŋ,oŋ	ã,Ã					ɒ̃,Ã

表 5 续

广韵	唐	阳	江	阳	庚耕			登	耕	东冬	东锺	东锺	锺	东	锺	脂支之
条件	全 'b'系	阳 'b'系	江 'g,h'系白	'tz₁'系 / 章系白(变tz系)	'g'系	'h'系	'tz'系 / 'b'系	'b'系	h系	全	'b'系	'l'母	'tz'系	'g'母	'g'系	日母 文
例	刚方邦	江白	双爽 / 尝白		硬白	杏白	争白 / 孟白	朋白	莑	公末	冯	龙	从	弓	共	耳文
昆 老		ã;ɑ̃					ã					oŋ				əl
昆 中		ã					ã					oŋ				əl
昆 新		ã					ã					oŋ				el
霜 老		ɒ̃					ã					oŋ				ɛˡ
霜 中		ɒ̃					ã					oŋ				ɛˡ;ɛ
霜 新		ɒ̃					ã					oŋ				ɛˡ;ɛ
罗 老		ɒ̃					ã					oŋ				əl
罗 中		ɒ̃					ã					oŋ				el
罗 新		ɒ̃					ã					oŋ				el
周 老	ɒ̃	ɒ̃	uɒ̃;ɒ̃	ɒ̃			ɑ̃					oʊŋ				el
周 中		ɒ̃					ɑ̃					oʊŋ				el
周 新		ɒ̃⁺					ʌ̃					oʊŋ				el
上 老		ɒ̃					ã-					ʊŋ				el
上 中		ɒ̃					ã-					ʊŋ				el
上 新	ʌ̃;ʌ̃	ɒ̃	ʌ̃;ʌ̃									ʊŋ;ʊ̃				ɐe

ɿe	oŋ			ɛ̃;ɛ̃ᴛ			ᴅ̃	松 老
ɿe	oŋ			ɛ̃;ɛ̃ᴛ			ᴅ̃	中
æ	oŋ			ɛ̃;ɛ̃ᴛ			ᴅ̃	新
ɜɿ	ioŋ			ã			ᴅ̃	黎 老
ɜɿ	ioŋ			ã̄			ᴅ̃	中
ɜɿ	ioŋ			ã̄			ᴅ̃	新
ɿe	ioŋ			ã			ᴅ̃	盛 老
ɿe	ioŋ			ã			ᴅ̃	中
ɿe	ioŋ			æ̃			ᴅ̃	新
æ	oŋ			ã		ʌ̃	ᴅ̃	嘉 老
æ	oŋ					ʌ̃		中
ɿe	oŋ							新
ɿe	oŋ	ã̄				ɔ̃	双 老
ɿe	oŋ	ã				ɔ̃	中
æ	oŋ	ã				ɔ̃	新
ɿ(e)	oŋ[但农:ioŋ·oŋ]	uŋ	æ	m:[ʌŋ]	ʌŋ	ȿʌŋ	iʌŋ	ʌŋ	杭 老
ɛe	oŋ	uŋ	æ		ʌŋ	ȿʌŋ	iʌŋ	ʌŋ	中
æɿ	oŋ	ioŋ	uŋ	æ		ʌŋ	ȿʌŋ	iʌŋ	ʌŋ	新

表 5 续

广韵	唐	阳	江	江	阳	庚耕	庚耕	庚耕	庚耕	登	耕	东冬	东锺	东锺	锺	东	锺	脂支之	脂支之
条件	全	'b'系	'b','g,h'系白	'tz₁'系	章系白(变tz系)	'g'系	'h'系	'tz'系	'b'系	'b'系	h系	全	'b'系	'l'母	'tz'系	'g'母	'g'系	日母	文
例	刚方邦		江白	双爽	尝白	硬白（白）	杏白	争白	孟白	朋白	奜	公宋	冯	龙	从	弓	共	文	耳文
绍 老	ɒŋ,ɒ̃					a-ŋ,ã					uŋ,但□hh母uoŋ	(ɦ)uoŋ	uoŋ,uŋ			uŋ		ɿ	
绍 中	ɒŋ					a-ŋ					uŋ,但□hh母uoŋ,uŋ	uoŋ,uŋ	uoŋ,uŋ			uŋ		ɿ	
绍 新	ɒŋ					a-ŋ					uŋ,但□hh母uoŋ,uŋ	uoŋ,uŋ	uoŋ,uŋ			uŋ		ɿ	
诸 老	ɒ̃					ã				Ɛ̃-ĩ				oʊŋ				ɿ	
诸 中	ɒ̃					ã				Ɛ̃-ĩ				oʊŋ				ɿ	
诸 新	ɒ̃					ã								oʊŋ				ɿ	
崇 老	ɒ̃					ã								ʊ͂				ɿ	
崇 中	ɒ̃					Â								ʊ͂				ɿ	
崇 新	ɒ̃					Â								ʊ͂				ɿ	
太 老	ɒŋ c组:iɒŋ少					AŊ								ʊŋ				ɿ	
太 中	ɒŋ c组:iɒŋ uŋ,ɒŋ少					AŊ								uŋ				ɿ	
太 新	uŋ,ɒŋ少					AŊ								uŋ				ɿ	
余 老	ɔ̃					ã								uŋ				ɿ	e̯
余 中	ɔ̃					ã								uŋ				ɿ	
余 新	ɒ:;ɔ̃少													uŋ					e̯ʴ

ã有人鼻化很轻

方言	年龄					
宁	老	ɨ	ɔ̃	oŋ	oŋ	õ
	中	i	ɔ̃	oŋ		õ
	新	le	õ̜轻	oŋ		õ
黄	老	ɤ	yoŋ	oŋ	oŋ	ɒ̆˞ / ã˞
	中	ɤ	yoŋ	oŋ	oŋ	ɒ̆˞ / ã˞
	新	ɤ	yoŋ·oŋ	oŋ	oŋ	ɒ̆˞ / ã˞
温	老	ɦi:ɫ	oŋ˞ʌ̃ / oŋ / ɔ̆˞ʌ̃ / iɛ	oŋ, ʒoŋ	oŋ	ɜ
	中	ɦi:ɫ	oŋ˞ʌ̃ / oŋ·ɦoŋ	oŋ	oŋ	ɜˡ
	新	ɦi:ɫ	oŋ˞ʌ̃ / ɦoŋ龙:iɛ	oŋ		ɜˡ
衢	老	i		˄+ŋ˞v		ɒ̃˞; iⁿ
	中	i		˄+ŋ˞v		ɒ̃˞; iⁿ
	新	i				ɒ̃˞; iⁿ硬:iã
华	老	le	oŋ	[ɦo:ŋ+v]	ue	iʌŋ
	中	le	oŋ		ue	iʌŋ·ʌŋ
	新	le	oŋ		en	iʌŋ·ʌŋ
永	老	3˞,ɤ,ɣ	ioŋ	oŋ·oŋ	ai	iʌŋ
	中	3˞,ɤ,ɣ	ioŋ·oŋ	oŋ	ai	iʌŋ
	新	3˞,ɤ,ɣ	ioŋ·oŋ	oŋ变又读:uai	ai	iʌŋ

表 6

广韵	虞尤	模							戈		歌	戈		歌	歌	歌戈	歌戈	鱼虞	素	
条件	'f,v'母	'b,p,b,h'母	'm'母	'hh'□母	'h','h'母	'g'系	'd'系	'tz'系	'b,p,b,h'母	'm'母	'□,hh'母	'h'母	'g'系	'h'母	'g'系	'd'系	'tz₂'系	'tz₁'系	'd'系	一个字
例	夫无文	布	暮	乌	虎	姑	都	苏	婆	摩	祸	火	过	阿	个	多	左	初数	白	大白
宜 老	u	u		u	u				ɣʌv	ɣʌu					nᵘ					
宜 中	v	v		u	u				ɑɹv	ɑɹu			u		u					
宜 新	v	v		u	u				ɑɹv	ɑɹu			u		u					
溧 老	u	u	ʌɯ⊤									ʌɯ⊤	ʌɯ⊤			ʌɯ⊤		ʌɯ⊤		ʌɯ⊤
溧 中	v	v	ʌɯ⊤									ʌɯ⊤	ʌɯ⊤			ʌɯ⊤		ʌɯ⊤		ʌɯ⊤
溧 新	v	v	ʌɯ⊤									ʌɯ⊤	ʌɯ⊤			ʌɯ⊤		ʌɯ⊤		ʌɯ⊤
金 老	n	n	ɤʌɯ									ɤʌɯ	ɤʌɯ			ɤʌɣ		n_e;ɤ		ɤʌɣ
金 中	u(但qq系:u)ₑ	u(但qq系:u)	o⊤	u	u(但b系:u如:虎)	n	nₑ	n_e				o⊤	o⊤			o		n_e;o		ɑ
金 新	v	n	o⊤	u	u(但qq系:u)ₑ	v	nₑ					o⊤	o⊤			o		n_e;o		ɑ
丹 老	v	n	ʌɣ			v	nₑ					ʌɣ	ʌɣ			ʌɣ		n_e;ʌɣ		ʌɣ
丹 中	v	n	ʌɣ			v	nₑ					ʌɣ	ʌɣ			ʌɣ		n_e;ʌɣ		ʌɣ
丹 新	v	n	ʌɣ			v	nₑ				ʌɣ	ʌɣ	ʌɣ			ʌɣ		n_e;ʌɣ		ʌɣ
童 老	v,u				n	n					ʌɣ							u;n		
童 中	v,u				n	n					ʌɣ							u;n		
童 新	v,u			n		n					ʌɣ							u;ʌɣ		

		v	ɤ	n	ɤ˞ʋ	nɛ	n	ɤ˞ʋ	nɛʔɤ˞ʋ						mʋ	h	mʋ
靖	老	v	ɤ	n	ɤ˞ʋ	nɛ	n	ɤ˞ʋ	nɛʔɤ˞ʋ						mʋ	hːmʋ	mʋ
	中	v	ɤ	n	ɤ˞ʋ	nɛ	n	ɤ˞ʋ	nɛʔɤ˞ʋ						mʋ	hːmʋ	mʋ
	新	vːu	ɤ	n	ɤ˞ʋ:母u ne	nɛ	n	ɤ˞ʋ	nɛʔɤ˞ʋ						ʔmʋ	hːʔmʋ	ʔmʋ
江	老	vːu	ɤ	n	ɜɤ		n	3ɤ					3ɤ				
	中	vːu	ɤ	n	ɜɤ		n	3ɤ					3ɤ				
	新	vːu	ɤ	n	ɜɤ		n	3ɤ					3ɤ				
常	老	v	ɤ	n	mʋ	hˌ	n	mʋ	hˌ						mʋ	hˌmʋ	
	中	v	ɤ	n	mʋ	hˌ	n	mʋ	hˌ						mʋ	hˌmʋ	
	新	v	ɤ	n	ʔmʋ	hˌ	v	ʔmʋ	hˌ						ʔmʋ	hːʔmʋ	
锡	老	v	ɤ	nɔ,nɔ			u	ɤ					ɤ				
	中	v	ɤ	u			u	ɤ					ɤ				
	新	v,u	ɤ	u			u	ɤ					ɤ				
苏	老	vʉ	0,3u˞	ʉ̥	ɤ		ʉ̥	0,3u˞		3u˞	0,3u˞	ʉ̥					
	中	vʉ	0	ʉ̥	ɤ		ʉ̥	3u˞		3u˞	0	ʉ̥					
	新	vʉ	0	ʉ̥	ɤ		ʉ̥	3u˞		3u˞	0	ʉ̥					
熟	老	v	m	u(但ng母:ɯ)	ɯ		n	ɯ		ɯ	ɯ						
	中	v	m	u(但ng母:ɯ)	ɯ		n	ɯ		ɯ	ɯ						
	新	v	m	u(但ng母:ɯ)	ɯ		n	ɯ		ɯ	ɯ						

表 6 续

点	层	虞尤 'f,v'母 夫无文	模 'b,p,b,h'母 布	模 'm'母 暮	模 'hh'□母 乌	模 'h'母 虎	模 'g'系 姑	模 'd'系 都	模 'tz'系 苏	戈 'b,p,b,h'母 婆	戈 'm'母 摩	歌 '□,hh'母 祸 阿	戈 'h'母 火	戈 'g'系 过	歌 'h'母 阿	歌 'g'系 个	歌戈 'd'系 多	歌戈 'tz₂'系 左	鱼虞 'tz₁'系 初数	秦 d系 一个字 白 大白
昆	老	u,v	u	o:o	ne:n	ne	ne	ne	u	u	ne:o		ne	ne	ne	ne				
昆	中	u,v	u	ne:o	ne:n	ne	ne	ne	u	u	ne:o		ne	ne	ne	ne				
昆	新	u,v	n	n	n	ne	ne	ne	n	n	n		ne	ne	ne	ne				
霜	老	u,v	u('h','hh'□母读f,v时v韵)	u('h','hh'□母读f,v时v韵)	u('h','hh'□母读f,v时v韵)	u('h','hh'□母读f,v时v韵)	u('h','hh'□母读f,v时v韵)	u('h','hh'□母读f,v时v韵)	nₑ	u('h','hh'□母读f,v时v韵)	u('h','hh'□母读f,v时v韵)	u('h','hh'□母读f,v时v韵)	u('h','hh'□母读f,v时v韵)	u；ɣʌ	u('h','hh'□母读f,v时v韵)	u；ɣʌ		nₑ	nₑ	
霜	中	u,v	u('h','hh'□母读f,v时v韵)	u('h','hh'□母读f,v时v韵)	u('h','hh'□母读f,v时v韵)	u('h','hh'□母读f,v时v韵)	u('h','hh'□母读f,v时v韵)	u('h','hh'□母读f,v时v韵)	nₑ	u('h','hh'□母读f,v时v韵)	u('h','hh'□母读f,v时v韵)	u('h','hh'□母读f,v时v韵)	u('h','hh'□母读f,v时v韵)	u；ɣʌ	u('h','hh'□母读f,v时v韵)	u；ɣʌ		nₑ	nₑ	
霜	新	u,v	u('h','hh'□母读f,v时v韵)	u('h','hh'□母读f,v时v韵)	u('h','hh'□母读f,v时v韵)	u('h','hh'□母读f,v时v韵)	u('h','hh'□母读f,v时v韵)	u('h','hh'□母读f,v时v韵)	nₑ	u('h','hh'□母读f,v时v韵)	u('h','hh'□母读f,v时v韵)	u('h','hh'□母读f,v时v韵)	u('h','hh'□母读f,v时v韵)	u；vɣʌ	u('h','hh'□母读f,v时v韵)	u；vɣʌ		nₑ	nₑ	
罗	老	u,v	u('h','hh'□母读f,v时v韵)	u('h','hh'□母读f,v时v韵)	u('h','hh'□母读f,v时v韵)	u('h','hh'□母读f,v时v韵)	u('h','hh'□母读f,v时v韵)	u('h','hh'□母读f,v时v韵)	nₑ	u('h','hh'□母读f,v时v韵)	u('h','hh'□母读f,v时v韵)	u('h','hh'□母读f,v时v韵)	u('h','hh'□母读f,v时v韵)	u；ɣ,vʌ	u('h','hh'□母读f,v时v韵)	u；ɣ,vʌ		nₑ	nₑ	
罗	中	u,v	u('h','hh'□母读f,v时v韵)	u('h','hh'□母读f,v时v韵)	u('h','hh'□母读f,v时v韵)	u('h','hh'□母读f,v时v韵)	u('h','hh'□母读f,v时v韵)	u('h','hh'□母读f,v时v韵)	nₑ	u('h','hh'□母读f,v时v韵)	u('h','hh'□母读f,v时v韵)	u('h','hh'□母读f,v时v韵)	u('h','hh'□母读f,v时v韵)	u；ɣvʌ	u('h','hh'□母读f,v时v韵)	u；ɣvʌ		nₑ	nₑ	
罗	新	u,v	u('h','hh'□母读f,v时v韵)	u('h','hh'□母读f,v时v韵)	u('h','hh'□母读f,v时v韵)	u('h','hh'□母读f,v时v韵)	u('h','hh'□母读f,v时v韵)	u('h','hh'□母读f,v时v韵)	nₑ	u('h','hh'□母读f,v时v韵)	u('h','hh'□母读f,v时v韵)	u('h','hh'□母读f,v时v韵)	u('h','hh'□母读f,v时v韵)	ɣ,vʌ u；	u('h','hh'□母读f,v时v韵)	ɣ,vʌ u；		nₑ	nₑ	
周	老	v,u	u('h','hh'□母读f,v韵)('母读f,p,bh,m母也读v韵)																	
周	中	v,u	u('h','hh'□母读f,v韵)('母读f,p,bh,m母也读v韵)																	
周	新	v,u	(o:n:母,m,)(e带胸)nₑ:n																	
上	老	v,ʌ	(o:u:母,m,)																	
上	中	v,u	u('m'母:u;u)																	
上	新	v	u('h''hh'母读v韵'm'母:u;o)																	

地点	老中新									u("个"读ɯ┬、'm'母:u;o┴) u('m':o;u少,'h''hh'母读fv时v韵,"个"读ɯ┬,p,t,ts系u;ᵒu) u('m'母:o;u少;'h''hh'母读fv时v韵,"个"读ɯ┬,p,t,tts系:u;ᵒu)						
松	老	u,v少	ʉ̥	3u+	u		3u+	ʉ̥	u		3u	ʉ̥	u		3u	ɒ
	中	v,u	ʉ̥	3u+	u,v		3u+	ʉ̥	u,v		3u	ʉ̥	u		3u	u,ou
	新	v	ʉ̥	3u+	u,v		3u+	ʉ̥	u,v		3u	ʉ̥	u		3u	ou
黎	老	v;u	u	3u	u		3u	u	u		3u	o	u		3u	
	中	v;u	u	o┬,3u	u,v		3u	u	o┬	u,3u	3u	oᵀ	u		3u	
	新	v;u	u	o┬,3u	u,v		3u	u	oᵀ	u	3u	oᵀ	u		3u	
嘉	老	u,v	nɕ̥	nɕ̥,ᵒo	u,v	ᵒu,v	nɕ̥	nɕ̥	ᵒo,ᵒo	u,v	ᵒnɕ̥	ᵒnɕ̥	ᵒu,v	ᵒnɕ̥		
	中	v	ᵒnɕ̥	ᵒnɕ̥,ᵒo	v		ᵒɯ┬;nɕ̥	ᵒnɕ̥;ᵒo		v	ᵒɯ┬;ᵒnɕ̥					
	新	v	ᵒnɕ̥	ᵒnɕ̥,ᵒo	ɤ		ᵒɯ┬;nɕ̥	ᵒnɕ̥;ᵒo		v	ᵒɯ┬;ᵒnɕ̥					
双	老	v;u	ʉ̥ᵀ	ʊ	ʉ̥,v		ʊ	ʉ̥ᵀ	nɕ̥;v	n	ᵒnɕ̥`ɤ,ᵒɤ	ʉ̥ᵀ;v	n	ᵒɤu(但个:ɤ		
	中	v	ʉ̥ᵀ	ʊ	ʉ̥,v		ʊ	ʉ̥ᵀ	ʉ̥ᵀ;v	n	ᵒnɕ̥`ᵒɤ	ʉ̥ᵀ;v	n	ᵒɤu(但个:ɤ		
	新	v	ʉ̥ᵀ	ʊ	ʉ̥,v		ʊ	ʉ̥ᵀ	ʉ̥;ᵀ+v	n	ᵒnɕ̥`ᵒɤ,ᵒɤ	ʉ̥;ᵀ+v	n	ᵒnɕ̥(但个:ɤ		
杭	老	v;u	ʉ̥ᵀ	ʊ	ʉ̥,v		nɕ̥	oᵀ	n,ᵀ	ou		nɕ̥	u	ou		ɒ
	中	v;u	ʉ̥ᵀ	ʊ	ʉ̥,v		nɕ̥	oᵀ	n,ᵀʌ̃	ou		nɕ̥	u	ou		u,nʌ̃
	新	v;u	ʉ̥ᵀ	ʊ	ʉ̥,v		nɕ̥	oᵀ	n,ᵀʌ̃	ou		nɕ̥	u	ou		u,ʌ̃

表 6 续

广韵	虞尤	模							戈		歌	戈		歌	歌	歌戈		鱼虞	秦
条件	'f,v'母	'b,p,b,h'母	'm'母	'hh'□母	'h','hh'母	'g'系	'd'系	'tz'系	'b,p,bh'母	'm'母	'□,'母	'h'母	'g'系	'h'母	'g'系	'd'系	'tz₂'系	'tz₁'系	'd'系　一个字 白
例	夫无文	布	膏	乌	虎	姑	都	苏	婆	摩	阿(祸)	火	过	阿	个	多	左	初数	大白
绍 老	v,u			u	u　'h','hh'母:v,u				ɔ	ɔ		u　uh母:v,u	ɔ		ɔ			u	ɔ
绍 中	v		ɔ꜖	u					o꜖	o꜖		v			o			u	o꜖
绍 新	v		ɔ꜖	u　'h','hh'母:v					o꜖	o꜖		v	u,o·u		o			u	o꜖
诸 老	ʋ	ʋ	ɯᵀ			ʋ	ʋ		ɯᵀ	ɯᵀ	但破:ɑ，锄:ʋ，我:uɑ							ʋ	ɯᵀ
诸 中	ʋ	ʋ	ɯᵀ			ʋ	ʋ		ɯᵀ	ɯᵀ	但破:ɑ，ɯᵀ，锄:ʋ，我:ɑ，ɯᵀ	v						ʋ	ɯᵀ
诸 新	ʋ,u꜖	ʋ,u꜖	ɯᵀ			ʋ,u꜖	ʋ,u꜖		ɯᵀ;u꜖	ɯᵀ;o꜖	但破:ɑ꜖，ɯᵀ，锄:ʋ꜖，我:ɑ，ɯᵀ，ɑ꜖	v						ʋ,u꜖	ɯᵀ
崇 老	ʋ	ʋ;u	ɯᵀ,o			ʋ	ʋ		ɯᵀ;o	ɣᵀ;o꜖	但破:ɑ	锄:ɑ	锄:ʋ					ʋ,u	o
崇 中	ʋ	ʋ	ɣᵀ			ʋ	ʋ		ɣ꜖	ɣ꜖	但破:ɑ	锄:ɑ	锄:ʋ					ʋ,u	ɣ꜖
崇 新	ʋ	ʋ	ɣᵀ			ʋ	ʋ		ɯᵀ	ɯᵀ	但破:ɑ	锄:ɑ	锄:ʋ					ʋ,u	ɯᵀ
大 老	ʋ;u	ʋ;u	ɯᵀ			ʋ	ʋ		ɯᵀ	ɯᵀ	但我:o	锄:ɑ	锄:ʋ,ŋ					ʋ	ɯᵀ
大 中	ʋ	ʋ	ɯᵀ			ʋ	ʋ		ɯᵀ	ɯᵀ	但我:oᵀ	锄:ɑ	锄:ʋ,ŋ					ʋ	ɯᵀ
大 新	ʋ	ʋ	ɯᵀ			ʋ	ʋ		ɯᵀ	ɯᵀ	但我:oᵀ	锄:ɑ	锄:ʋ,ŋ					ʋ	ɯᵀ
余 老	v	u̥	o·u	v		u̥	u̥	ʮ	o·u	o·u	但我:oᵀ							ʮ	o·u
余 中	v	u̥	o·u	v		u̥	u̥	ʮ	o·u	o·u	但我:oᵀ							ʮ	o·u
余 新	v	u̥	o·u	v		u̥	u̥	ʮ;u꜖	o·u	o·u	但我:oᵀ							ʮ	o·u

		-eo	ㆍ				-eo					v
永	新	-eo	ɔ				-eo		ɔ			
	中	-eo	ɔ				on	n		v:u		
	老	eo	n				eo	n		v:u		v

永	老	eo	n	文o 白eo	on	n	ŋ̩		ʌ	
永	中	on	n	文o 白on	on	n	ŋ̩		v:u	
永	新	-eo	ɔ						v:u	
华	老	on	n	文o 白on	ʊ	n	ŋ̩		v:v	
华	中	on	n	文o 白on	ʊ	n	ŋ̩		v:u	
华	新	-eo	ɔ	-eo					ʌ	
衢	老	ɔ	n̩		ʊ	n	ŋ̩		ʊ	
衢	中	ɔ	n̩		ʊ	n	ŋ̩		ʊ	
衢	新	ɔ	n̩	ɔ:θ ne:θ	θ ey	n ne	ŋ̩		θ:ʌ v:u	
温	老	nₑ 个ɔ ɔ	o ʊ	个ɔ ʊ o	ʊ ey	n ne	ŋ̩		ʊ:ey v:u	
温	中	ɑₑ 个ɔ:æ-i	o n	个ɔ ʊ o	ʊ ey	n ne	ŋ̩		ey:ey v:u	
温	新	nₑ 个ɔ:æ-i	o:n n̩	o:n ɔ	ʊ ey	n ne	ŋ̩		ʊ:ey v:u	
黄	老	nₑ	o	n	但我:ʊ ɔ-e	n	n̩	ʌ	
黄	中	nₑ	o	n	但我:ʊ ɔ-e	n	n̩	ʌ	
黄	新	o:nₑ	o	n	但我:ʊ ɔ-e	n	n̩	v,ʊʌ	
宁	老	n		ɔ-e	但我:ʊ ɔ-e	n	n̩	ʌ,ʊn	
宁	中	n		ɔ-e	但我:ʊ ɔ-e	n	n̩	nʌ,ʌ	
宁	新	n		ɔ-e	但我:ʊ ɔ-e	n	n̩	ʌ,ʊn	

表7

广韵	麻		麻佳	麻佳夬	皆佳夬 白		皆佳夬 文		灰泰		微脂支文齐祭 文		微脂支文齐祭 白	
条件	'ng'母 一个字		'g'系	'h'系	'g'系	'h'系	'g'系	'h'系	'g'系	'h'系	'g'系	'h'系	'g'系	'h'系
例	文	瓦	瓜挂	花画话	怪白	怀白	怪文	怀文	块	会	鬼文	为文	鬼白	喂白
宜 老	oᴛ	oᴛ	uoᴛ		uA						iaɪ			yɥ
宜 中	oᴛ	oᴛ	uoᴛ		uA						iaɪ			yɥ
宜 新	oᴛ	oᴛ	oᴛ,uo	oᴛ,uo	uA			但,柜:yɥ			iaɪ			yɥ
课 老					uA⁻						uaᴇ			yz
课 中			oᴛ		uA⁻						uaᴇᴇ			yz
课 新			oᴛ		uA⁻						uaᴇᴇ			yz
金 老					uɑ			uɛᵉ		uɛᵉ	ue-i		ue-i	ue-i,yɥ
金 中					ɛᵉ			ɛᵉ			ue-i	但块:uɛᵉ		
金 新														
丹 老			o白,uɑ-文		uɑ-		uaᴛ		uaᴛ白,ue文	uei		u(v)}e	uei	yz
丹 中			o白,uɑ-文少		uɑ-,uaᴛ		ɛᵉ		uaᴛ,ue	uei		u(v)}e	uei	yz
丹 新			o白,uɑ-文少		uɑ-,uaᴛ少				u(v)}æᴛ	uei		u(v)}e	uei	yz
童 老			uᴅ;ᴅ		uaɪ					uei		但块:uaɪ	uei	uei·yɥ
童 中			uᴅ;ᴅ		uaɪ					uei		但块:uaɪ	uei	uei·yɥ
童 新			uᴅ;ᴅ		uaɪ					uei		但块:uaɪ	uei	uei·yɥ

靖江	老	o			uæn˔	uᴇ˔	
	中	o			uæn˔	uᴇ˔	
	新	o（但今hh母字：uo）			uæn˔	uᴇ˔	
江阴	老	o			æn	uᴇI	
	中	o			æn	uᴇ˔I	
	新	oᴛ			æn	uᴇI	
常州	老	o			ɒn	uæe	
	中	o			ɒn	uæe	
	新	o			ɒn	uæ˔e	
无锡	老	u̯,oᴛ	ɒn	uɒ：uᴇ	ɒn⁻	uᴇ	y
	中	u	ɒn	uɒ：uᴇ˔	ɒn⁻	uᴇ˔	y
	新	u	ɒn	uɒ：uᴇ˔	ɒn⁺	uᴇ˔	y
苏州	老	o	uɑ	æɒ：uɑ	uɒ：uᴇ	uᴇ	yᴜ
	中	o	uɑ	æɑ：uɑ	uɒ：uᴇ˔	uᴇ	yᴜ
	新	o	uɑ	æɑ：uɑ	uɒ：uᴇ˔	uᴇ	yᴜ
常熟	老	u	uɑ	æɑ：uɑ	uᴇ	y喂：y·i
	中	u	uɑ	æɑ：uɑ	uᴇ	y喂：y·i
	新	u	uɑ	æɑ：uɑ	uᴇ	y喂：y·i

表 7 续

广韵	条件	麻 'ng'母一个字 文（瓦）	麻佳 'g'系（瓜挂）	麻佳夬 'h'系（花画话）	皆佳夬 'g'系 怪（白）	皆佳夬 'h'系 怀（白）	皆佳夬 'g'系 怪（文）	皆佳夬 'h'系 怀（文）	灰泰 'g'系（块）	灰泰 'h'系 会	微脂支齐祭 'g'系 鬼（文）	微脂支齐祭 'h'系 为（文）	微脂支齐祭 'g'系 鬼（白）	微脂支齐祭 'h'系（白）
昆	老	ʌɤ	oɪ								ue				y
	中	ʌɤ	oɪ								uᴇ⊣				y
	新	ʌɤ	oɪ								uᴇ⊣				y;iʮ
霜	老	ʌɤ		uʌɤ			uɑ⁻;uᴇ⊣				uʌɪ				y;i
	中	ʌɤ		uʌɤ			uɑ⁻;uᴇ⊣				uʌɪ				y;i
	新	ʌɤ		uʌɤ;(v)ɤ	uɑ⁻	uɑ⁻;(v)ɑ⁻	uɑ⁻;uᴇ⊣	uɑ;uᴇ⊣;(v)ɑ;(v)ᴇ⊣		uʌɪ				y;i
罗	老	ʌɤ		uʌɤ	uɑ	uɑ;(v)ɑ	ue	ue;(v)e		uʌɪ				y
	中	ʌɤ		uʌɤ	uɑ	uɑ;(v)ɑ	uɑ;ue	uɑ;(v)ɑ;ue;(v)e		uʌɪ				y
	新	ʌɤ		uʌɤ	uɑ	uɑ;(v)ɑ	uɑ;ue	uɑ;(v)ɑ;ue;(v)e		uʌɪ				y
周	老	ɔ	uoɪ	uon	uɑ	uɑ;(v)ɑ	ue	ue;(v)e	ue	(v)e;ueʮ	ue	(v)e;ueʮ	ue	y
	中	ɔ	oɪ	oɪ	uɑ	uɑ;(v)ɑ	uɑ;ue	uɑ;(v)ɑ;ue;(v)e	ue	(v)e;ueʮ	ue	(v)e;ueʮ	ue	y
	新	ɔ	oɪ	oɪ	uɑ	uɑ;(v)ɑ	uɑ;ue	uɑ;(v)ɑ;ue;(v)e	ue	(v)e;ue	ue	(v)e;ue	ue	y
上	老	o	o	o		uᴀ;ue	uᴀ;ue	ue;(v)e	ue	ue;(v)e	ue	ue;(v)e	ue	y
	中	o	o	o		uᴀ;ue	uᴀ;ue			uᴇ		ue;(v)e	ue	y
	新	o	o	o		uᴀ;uᴇ(uᴇ⊣)	uᴀ;uᴇ(uᴇ⊣)			uᴇ;uᴇ⊣				y

地点		o 类	uɑ 类	uɑ;uE		ue	uɛ⊣;(v)eↄ	uɛ⊣	uɛ⊣;(v)eↄ	y
松	老	o⊣;uɑ⊣少		uɑ;uE		uɛ⊣;(v)eↄ少	ue	uɛ⊣;(v)eↄ少	ue⊣	uɛ⊣;(v)eↄ少	y
	中	o⊣;uɑ⊣少		uɑ;uE		uɛ⊣;(v)eↄ	ue	uɛ⊣;(v)eↄ	ue⊣	uɛ⊣;(v)eↄ	y
	新	o⊣		uɑ;uE		uɛ⊣(v)eↄ	ue⊣但块:uE	uɛ⊣(v)eↄ	ue⊣	uɛ⊣(v)eↄ	y
黎	老	o	uɑ⊣				uE				yᵤ
	中	o	uɑ⊣				uE				yᵤ
	新	o⊣	uɑ⊣				uE				yᵤ
盛	老	o⊣;uɑ文	uɑ				uE				y
	中	o⊣;uɑ文	uɑ				uE				y
	新	o⊣	uɑ				uE				y
嘉	老	o	uɑ	uɛ₃		ue					y
	中	o	uɑ	uE₃		ue					y
	新	o	uɑ	uE₃微	ue	但块:uE₃					y
双	老	ɔ	uɑ	uE₃		iᵋn					iᵤ
	中	ʊ	uɑ	uɑ;uE		uᵒy					iᵤ
	新	ʊ	uɑ	uɑ;uE		uᵉn					iᵤ
杭	老	uɑ	uE⊣				uᵤ+i				
	中	uɑ	uE⊣				uᵉ+i				
	新	uɑ	uE⊣				uᵉ+i				

表 7 续

广韵	麻 'ng'母 一个字 文	麻佳 'g'系	麻佳夬 'h'系	皆佳夬 'g'系 白	皆佳夬 'h'系 白	皆佳夬 'g'系 文	皆佳夬 'h'系 文	灰泰 'g'系	灰泰 'h'系	微脂支齐祭 'g'系 文	微脂支齐祭 'h'系 文	微脂支齐祭 'g'系 白	微脂支齐祭 'h'系 白
例	瓦	瓜挂	花画话	怪白	怀白	怪文	怀文	块	会	鬼文	为文	鬼白	喂白
绍 老	ᴐ	ᴄ+	但跨:ᴄ+;ᴄ+	uA	ua-				uE			yɥ	uE
绍 中	ua-	uᴐ+;ua-但跨	ua-但跨:ᴐ+,ua-						ue+			yɥ	ue+
绍 新	ua-	uo;ua-但跨	ua-但跨:ᴐ+,ua-						ue			yɥ	ue
诸 老				uɑ	uɑ			ue+	ue+	ue+		yɥ	ve
诸 中	o	o	uo	uɑ	uɑ	uA		ue+	ue+	ue+		yɥ	ve
诸 新	ɤ+	o	uo	uɑ	(v)ɑ,uɑ	uA	uA,(v)A	ue+	(v)e+,ue+	ue+	(v)e+	yɥ	ve
崇 老	o	o		uɑ	(β)ɑ	uɑ	(β)ɑ	ue	(β)e	ue	(β)e	yɥ	
崇 中	ɤ+	uɤ+		uɑ	(v)ɑ	uɑ	(v)ɑ	ue	(v)e	ue	(v)e	yɥ	
崇 新	ɤ+	uɤ+	ue / (v)ɤ+	uɑ	(v)ɑ,uɑ	uɑ	(v)ɑ	块又uæ+	ue	ue		yɥ	
大 老		uo+		uɑ	uɑ	uɑ	(v)ɑ	ue	uᵉE	ue	(v)e	y	
大 中		uo+		uɑ	uɑ	uɑ	(v)ɑ	ue	uᵉE	ue		y	
大 新	ᴐ+,o	uo+		uɑ	uA-	uɑ	(v)ɑ	(v)e	(v)e	ue	(v)e	y	ue
余 老	o+		ᴄ+	uɑ	uA-	uA-		ue;ue+	ue;ue+	ue		y	
余 中	o+		uon		uA	uA		ue	ue	ue		y	
余 新	o+		uon		uA	uA	ue	ue	ue	ue		y	

方言点	代						
宁	老	oʔ	oⁿʔ	ua;ue	uɐ-ı	yᵁ	
	中	oʔ	oⁿʔ	ua;ue	uɐ-ı	yᵁ	
	新	oʔ	oʔ	ua;ue	uɐ-ı	yᵁ	
黄	老	oʔ	uA	ueↄ	yᵁ多;ueↄ	yᵁ	
	中	o	uA	ueↄ	yᵁ;ueↄ	yᵁ	
	新	o	uA	ueↄ	yᵁ;ueↄ	yᵁ	
温	老	oʔ	ɒ	æ-i	y	ɥ	yᵁ
	中	oʔ	ɒ	æ-i	y	ɥ	yᵁ
	新	oʔ	ɒ	æ-i	æ:;æ-iɔ / v:;æ-iɔ	v	y
衢	老	ɒn	ɜn	ıɜn	喂又:y		
	中	ɒn	ɜn	ıɜn	喂又:iy		
	新	ɒn	ɜn	ıɜn			
华	老	ʊn	uæE	但块:uæE	ıɜn	m	ŋʮ
	中	ʊn	ɜn	但块:ɜn	ıɜn	m	ŋʮ
	新	ʊn	ɜn	但块:ɜn	ıɜn	m	ŋʮ
永	老	ʊA	yA;ʊA	y	ıɜn	ıɜn	
	中	ʊA	yA•ʊA	y	ıɜn	ıɜn	
	新	ʊA	yA	y	ıɜn	ıɜn	

表 8

广韵	删山		桓		魂		庚	唐		阳		庚
条件	'g'系	'h'系	'g'系	'h'系	'g'系	'h'系	'h'系	'g'系	'h'系	'g'系	'h'系	'h'系
例	惯	还	官	欢	困	昏	文 / 横文	光	荒	狂	王	白 / 横白
宜 老	uʌ	uʌ	ueˀ	ueˀ			uʌŋ	uʌŋ		uʌŋ		fien
宜 中	uʌ	uʌ	ueˀ	ueˀ			uʌŋ	uʌŋ		uʌŋ		fien
宜 新	uʌ	uʌ	øŋ	øŋ	+fien	+fien	+fie				uen	fien
溧 老	uʌ-ŋ	uʌ-	øˀ	øˀ	+fien	fien	fie			fiɒn	fiɒn	fie
溧 中	uʌ-	uʌ-	øˀ	øˀ	fien	fien	fie			uʌ-ŋ	uʌ-ŋ	fie
溧 新	uʌ-	uʌ-	øˀ	øˀ	uen	uen	ue•uen			fiɒn	fiɒn	uen
金 老	æ	uæ	ɣʏ•ʏʏ̩		fien	fien			fiɒn	fiɒn		fien
金 中	uæ̃	uæ̃	ɔ̃	ɔ̃	nen	fien	fie		fiɒn	fiɒn		fie
金 新	uæ̃ˀ	uæ̃ˀ	ɔ̃	ɔ̃	uen	uen	fie		fiɒn	fiɒn		fie
丹 老	u(v)}æˀ	u(v)}æˀ	fɿŋ	fɿ}an	fɿ}an			u(v)}fiɑ-ɒn	u(v)}fiɑ-ɒn		fɿ}an	
丹 中	u(v)}æˀ	u(v)}æˀ	ɣ̩ə	fɿ}an	fɿ}an	fie		u(v)}fiɑ-ɒn	u(v)}fiɑ-ɒn		fɿ}an	
丹 新	ɒn	ɒn	fiŋ	fɿ-ɜn	fɿ-ɜn	fie		u(v)}fiɑ-ɒn	u(v)}fiɑ-ɒn		fɿ-ɜn	
童 老	ɒn	ɒn	-n	fien	fien	fie		fiɒn	fiɒn		fien	
童 中	ɒn	ɒn	-n	fien	fien	fie		fiɒn	fiɒn		fien	
童 新	ɒn	ɒn	-n	fien	fien	fie		fiɒn	fiɒn		fien	

方言	时期					
靖江	老	uɛ̃	ɯ̃⊥	liɤ	iɒn	
	中	uɛ̃	ɯ̃⊥+uɯ̃⊥	li·e	iɒn	
	新	uæ̃	ɔ/ɯ̃⊥+uɯ̃⊥	li·e	iɒn	
江阴	老	uæ	ɵ/ɵen微		uaⁿ	
	中	uæ	ɵ/ɵen微		uaⁿ	
	新	uɛ̃	ɵ		uaⁿ, uʌⁿ	
常州	老	uæ, uæ̃微	ɔ̃微, ɔen微	uƐn	uf·ɒn	
	中	uɛ̃微	ɔen⊥	uf·en	ufɣn	
	新	uæ̃微	on⊤	uf·en	ufɣn	
无锡	老	ɜe	-on	uf·en	ɔn	uã
	中	UE	o	uf·en	ɔ̃	uã⊥
	新	UE⊥	o	uen	ɔ̃	uã̃⊥
苏州	老	uæ	ɵn	uen	ɒ̃n	uã̃
	中	uæ	ɵn	uen	ɔ̃	uã
	新	uæ	ɵ	uen	uʌ̃, uã	uʌ̃, uã
常熟	老	uæ	uɣ	uen	uɒ̃	uã
	中	uæ	uɣ⊤	uɛ̃~, uɛ̃⊥	uɒ̃	uã~
	新	uɛ̃	uɣ⊤	uɛ̃~, uɛ̃⊥	uɒ̃, uʌ̃	uã~, uʌ̃

表 8 续

广韵 条件	删山 'g'系 惯	删山 'h'系 还	桓 'g'系 官	桓 'h'系 欢	魂 'g'系 困	魂 'h'系 昏	庚 'h'系 文 横文	唐 'g'系 光	唐 'h'系 荒	阳 'g'系 狂	阳 'h'系 王	庚 'h'系 白 横白
昆 老	uɛ˩	uɛ	uI	uθ⁺		uẽⁿ	uẽ	uɒ̃	uã;uɒ少	uã;uɒ少	uɒ̃	uã
昆 中	ueᴛ	ɛ	ue	uθ⁺		uẽn	uen	uẽ	uɒ̃	uã	uɒ̃	uã
昆 新	ueᴛ	ɛ	ue	θ⁺;uen少		uẽn	ue	uɒ̃	uã	uã	uɒ̃	uã
霜 老	ueᴛ	uEᴛ	uI	uI	uẽ⁻	uẽ⁻ⁿ	ã̃	uɒ̃	uɒ̃		uɒ̃;(v)ɒ̃	uã̃;(v)a̋
霜 中	uɛ̃	uEᴛ		uI	uẽ⁻	uẽ⁻ⁿ	ã̃	uɒ̃	uɒ̃	uɒ̃	uɒ̃;(v)ɒ̃	uã̃;(v)a̋
霜 新	uɛ	uEᴛ;(v)E˩;uẽ	uI;(v)I	uI;(v)I	uẽ⁻;(v)ẽ⁻	uẽ⁻ⁿ;(v)ẽ⁻ⁿ	uã̃;(v)a̋	uɒ̃	uɒ̃;(v)ɒ̃	uɒ̃	uɒ̃;(v)ɒ̃	uã̃;(v)a̋
罗 老	uEᴛ	uEᴛ;(v)eᴛ	uE;(v)E	uɑI;ueᴛ	uẽ⁻ⁿ	uẽ⁻ⁿ;(v)ẽ⁻ⁿ	uã̃;(v)a̋	uɒ̃	uɒ̃;(v)ɒ̃	uɒ̃	uɒ̃;(v)ɒ̃	uã̃;(v)a̋
罗 中	ueᴛ	ueᴛ;(v)eᴛ	ue	uVI	uẽ⁻ⁿ	uẽ⁻ⁿ;(v)ẽ⁻ⁿ	uã̃;(v)a̋	uɒ̃	uɒ̃;(v)ɒ̃	uɒ̃	uɒ̃;(v)ɒ̃	uã̃;(v)a̋
罗 新	ueᴛ	ueᴛ;(v)eᴛ	ue	uVI	uẽ⁻ⁿ	uẽ⁻ⁿ;(v)ẽ⁻ⁿ	uã̃;(v)a̋	uɒ̃	uɒ̃;(v)ɒ̃	uɒ̃	uɒ̃;(v)ɒ̃	uã̃;(v)a̋
周 老	uɛ̃	(v)ẽ;uɛ̃	uẽ	(v)e̋	ɪ̃ẽn	ɪ̃ẽn;ɪ̃ẽ(ʌ)	(v)ɒ̃(ʌ)	uɒ̃	(v)ɒ̃;uɒ̃	uɒ̃	(v)ɒ̃;uɒ̃ "王"又读iɒ	(v)ɒ̃
周 中	uɛ̃	ɛ̃;ɛ;uɛ̃	ue	(v)e;ɘn;ə(ʌ)	fien	fien;fie(ʌ)	uã̃;uA	uɒ̃	(v)ɒ̃;uɒ̃	uɒn	uɒ̃;ɒ̃(ʌ)	uã̃;ʌ(ʌ)
周 新	uE	(v)ɛ̃;ɛ;uɛ̃	ue	(v)e;ɘn;ə(ʌ)	⁺fien	fie(ʌ);⁺fien	(v)A;uA	uɒ̃	(v)ɒ̃;uɒ̃	uɒ̃	(v)ɒ̃;uɒ̃	(v)ʌ;uʌ
上 中	uE	uE;(v)E	ue;ɘuen少	ue;ɘuen少	fien	⁺fien	uã̃-;(v)ã̃-	uɒ̃	uã̃-;(v)ã̃-	uɒ̃	uɒ̃;(v)ɒ̃	uã̃-;(v)ã̃-
上 新	uE;uEᴛ	uE;uEᴛ	ø	ø	⁺fien	fien	ã̃e;ẽ̋ue	uã̃ʌ̆ⁿ;uã̃	uã̃ʌ̆ⁿ;uã̃	uã̃ʌ̆ⁿ;uã̃	uɒ̃;(v)ɒ̃	uʌ̃ⁿ;ʌn̋

松	老	uɛꜛ	(v)ɛꜛ	uɛꜛ	θ	uɛꜛ	ɕiɛn	ɕiɑn;ɕiɑ(ʌ)	ε̃	uɑ̃	(β)ɑ̃;uɑ̃	(β)ε̃
	中	uɛ	(v)ɛꜛ	uɛꜛ	θ	uɛꜛ	ɕiɛn	ɕiɛn(ʌ)	ε̃	ɒ̃	(ʌ)ɑ̃	ε̃(ʌ)
	新	uɛ	(v)ɛ;uɛꜛ	uɛꜛ	θ	uɛn;əꜛ	uɛn	uɛn;uɛ(ʌ)	uɕe	ɒ̃	(ʌ)ɑ̃	ε̃(ʌ)
黎	老	uɛ	uɛ	ɕiɛn		ɒ̃		ɒ̃	nã̃			nã
	中	uɛ	θ	ɕiɛn	uɛn	ɒ̃	uɑ̃	ɒ̃	nã̃	uɑ̃		uã꜖
	新	uɛ	θ	uɛ̃	uɛn	ɒ̃	uɑ̃	ɒ̃	uã꜖	uɑ̃		uã꜖
盛	老	uɛ	θ	ɕiɛn	uɛn	ã̃	ɒ̃	ɒ̃	nã̃	ɒ̃		nã
	中	uɛ	θ	uã̃	uɛn	uɑ̃	uɑ̃;ɒ̃	uɑ̃;ɒ̃	uã	uɑ̃		uã
	新	ε̃ꜛ	θ	uã̃	uɛn	uæ̃	uɑ̃;ɒ̃	uɑ̃;ɒ̃	uã	uɑ̃		uɕ̃
嘉	老	ε̃ꜛ	θ	nã̃	uɛn	nã̃	ɒ̃	ɒ̃	nã̃	nã		nã
	中	uɛn	uɛn	uɛn	uɛn	uã̃	uʌ̃	uʌ̃	uɛn	uã꜖		
	新	uɛn	uɛn	uɛn	uɛn	uã꜖			uɛn	uã		
双	老	ɯɔ̃	uɛ	ɕiɛn	uɛn	uʌ̃		ɕɑ̃	uɛn	tɕõn	ʌ̃n	uã̃꜖
	中	轻iõn	uɛ	ɕiɛn	uɛn	ʌ̃n		ɔ̃;uõꜛ	uɛn	uɕõn	uʌ̃n	uã
	新	经iõn	an	uɛn	uɛn	ʌ̃n		ɕiɔꜛ;ɕiõꜛ	uɛn	tɕõn	uʌ̃n	tã
杭	老				uɛn	ue	uɛn			uʌ̃n		
	中	uɛꜛ	经iõn	经iõn	uɛn	ue	uɛn			uʌ̃n		
	新	ɕiõn;uɛꜛ	ɕiõn	经iõn	uɛn	ue	uɛn			uʌ̃n		

表 8 续

广韵		删山		桓		魂		庚	唐		阳		庚
条件		'g'系	'h'系	'g'系	'h'系	'g'系	'h'系	'h'系	'g'系	'h'系	'g'系	'h'系	'h'系
例		惯	还	官	欢	困	昏	横文/文	光	荒	狂	王	横白/白
绍	老	uæ̃	uæ̃	uθn	uθn	ɤn·ue	uẽ,uẽ˩	uɛn	uɒŋ·uõ̃		uɒŋ,uõ̃		uaŋ-,uæ̃-
	中	uæ̃	uæ̃˩	θn·ue		ɤ̃		ɤŋ·ue	uɒŋ		uɒŋ		uaŋ-
	新	uæ̃	uæ̃,(v)æ̃	uθ̃				ɤŋ					uaŋ-
诸	老	uɛ̃˩	(v)ɛ̃;uɛ̃˩	uɤ˥	uɤ˥;(v)ɤ˥	uE-Ĩ	(v)Ẽ-Ĩ	(v)Ã	uõ	(v)õ;uõ	uõ	(v)õ;uõ	(v)Ã
	中	uɛ̃˩	(v)ɛ̃;uɛ̃˩	uɤ˥	uɤ˥;(v)ɤ˥	uE-Ĩ	(v)Ẽ-Ĩ	(v)Ã	uõ	(v)õ;uõ	uõ	(v)õ;uõ	(v)Ã
	新	uɛ̃˩	(v)ɛ̃;uɛ̃˩	uɤ˥	uɤ˥;(v)ɤ˥	uE-Ĩ	(v)Ẽ-Ĩ	(v)Ã	uõ	(v)õ;uõ	uõ	(v)õ;uõ	(v)Ã
崇	老	uæ̃˥	(β)æ̃˥	uœ̃	(v)œ̃	uɤŋ	(v)ɤŋ	(β)Ã̃	uõ	(v)õ	uõ	(v)õ	(β)Ã̃
	中	uæ̃	(v)æ̃	uœ̃	(v)œ̃	uɤŋ	(v)ɤŋ	(v)Ã̃	uõ	(v)õ	uõ	(v)õ	(v)Ã̃
	新	uæ̃	(v)æ̃	uœ̃	(v)œ̃	uɤŋ	(v)ɤŋ	(v)Ã̃	uõ	(v)õ	uõ	(v)õ	(v)Ã̃
大	老	uæ̃˥	(v)æ̃˥	uoœ̃	uoœ̃;(v)oœ̃	ueŋ	(v)eŋ	uaŋ,(v)aŋ	ɒŋ	(v)ɒŋ;uɒŋ	ɒŋ	(v)ɒŋ;uɒŋ	uaŋ,(v)aŋ
	中	uæ̃˥	(v)æ̃˥	uoœ̃	(v)oœ̃	ueŋ	(v)eŋ	(v)aŋ	ɒŋ	(v)ɒŋ	ʊŋ	(v)ɒŋ	(v)aŋ
	新	uæ̃˥	(v)æ̃˥;uæ̃˥	uœ̃	(v)œ̃	ue-ŋ	(v)e-ŋ	(v)aŋ	ʊŋ	(v)ʊŋ		(v)ʊŋ	(v)aŋ
余	老		uæ̃		uɤ̃-	uŋ	uŋ	uÃ	uõ-		uõ-		uÃ
	中		uæ̃		uɤ̃-	uŋ	uŋ	uÃ	uõ-		uõ-		uÃ
	新	uæ̃	uæ̃	uæ̃	uɤ̃-	ue-ɲ	ue-ɲ	uÃ	uõ-;uɔ̃ɔ˩		uõ-		uÃ

		宁			黄			温			衢			华			永		
		老	中	新	老	中	新	老	中	新	老	中	新	老	中	新	老	中	新
		uã	uã	uã	ũã	ũã	ũã	ɜ	ɜ̩	ɜ	iɒ·uã	iɒ·uã	uã				uai	uai	uai
					~ɑn; ɣɑ̃	ɔn/ɣ	ɔn/ɣ	ɔn/ɣ						[ɪŋ	[ɪŋ	[ɪŋ			
		õ	õ	õ	~ɑn	~ɑn	~ɑn										uʌŋ	uʌŋ	uʌŋ
							ɔn	ɔn	ɔn										
		uã	ũã	ũã	~ɑn	~ɑn	~ɑn	ɜ	ɜ̩	ɜ	uã	uã	ue	ue	ue	uai	uai	uʮ̥
										ũã	ũã				uai		
		[ɑn	[ɪan	[ɪan	[ɪ·en	[ɪ·en	ɥ·ɣ;θ·ɣ(ʌ)	θɣ	θɣ	u·en	uen	uen	[ɪen	[ɪŋ	uɛn
							[ɪ·ʌ	[ɪ·ʌ	[ɪ·ʌ					
		n·ŋ	n	n	-ɒn	-ɒn	yɒ·ɣ	yɒ·ɣ;θ	宽:ɒ ɥ换玩:ɒ θ	-ẽn	-ẽn	uẽɛ̃文	uẽɛ̃文	uẽɛ̃文	uʌ	uʌ	uʌ
		3n	3n	uɛ̃n	~3n	~3n	~3n	ɒ	ɒ	ɒ	uã	uẽ	uẽ						

表9

广韵 →		皆佳	皆佳	麻	麻	麻	麻	麻	麻	戈	鱼	齐祭	脂支之	脂微齐祭之齐脂祭	之齐脂祭	脂齐支祭微废
条件		'h'系	'g'系	'tz'系	'h'系	'tz'系	'h'系	'g'系	'h'系	一个字	'g'系一个字	'tz'系	日母白	'g,h'系	'd'系	'b'系
例		谐文	戒文	谢文	也文	谢白	也白	家文	下文	靴	去白	西	耳白二白	记希	低例	部末
宣	老	iʌ			iʌ;ioɿ;ɪ	iʌ	ʌ		ioɿ	ɔˤ	(kʻ)ɛᵉ		ɑˠ	iⱼ		
	中	iʌ			iʌ;ioɿ		A		ioɿ	ɣa	(kʻ)iⱼ		ɑˠ	iⱼ		
	新	iʌ			iʌ;ioɿ		A		ioɿ	ɣa	(kʻ)iⱼ		Eⁱʈ	iⱼ		
溧	老	iʌ˗			iʌ˗	—	ʌ˗		ioɿ	ɣɑ˗	(kʻ)æE	iɿ	Eⁱ	iɿ		
	中	ie			ie	—	ʌ˗		ioɿ	ɣɑ˗	(kʻ)æE	iɿ	Eⁱ	iɿ		
	新	ie			ie	—	ʌ˗		ioɿ	ɣɑ˗	(kʻ)æE	iɿ	Eⁱ	iɿ		
金	老	ie		iɑ	ie;iɑ	iɑ	ɑ	iɑ	iɑ		(kʻ)iɿ	iɿ	Eˤɿ	iɿ(摩擦重)	iɿ	iɿ;但f,母:ueɿi
	中	ie		iɑ	ie;iɑ	iɑ	A,ɛᵉ	iɑ	iɑ		(kʻ)iɿ	iɿ	Eˤɿ	iɿ	iɿ	iɿ;但f,母:ueɿi
	新	ie		iɑ	ie;iɑ	iɑ˗	ɑ˗	iɑ	iɑ		(kʻ)iɿ	iɿ	Eˤɿ	iɿ	iɿ	
丹	老		ie	iɑ˗	iɑ˗	iɑ˗	ɑ˗	iɑ˗	iɑ˗	yɒ	(kʻ)æ	iɿ			iɿ	
	中		ie	iɑ˗	iɑ˗	iɑ˗	ɑ˗	iɑ˗	iɑ˗	yɒ	(kʻ)æ	iɿ			iɿ	
	新			iɑ˗	iɑ˗	iɑ˗	ɑ˗	iɑ˗	iɑ˗	yɒ	(kʻ)æ	iɿ			iɿ	
童	老	iaɪ		iɑ、ie	iaɪ	ib	ib	ib	ib		(kʻ)ĩ	iɿ		iⱼ		iⱼ;ei;uei
	中	iaɪ		ib	iaɪ	ib	ib	ib	ib		(kʻ)i	iɿ		iⱼ		iⱼ;ei;uei
	新	iaɪ,ie		ib	ie	ib	ɑˤ,ie	ib	ie		(kʻ)ĩ	iɿ		iⱼ		iⱼ;ei;uei

靖	老	iᴊ	iᴊ	eʴ	iᴊ	yæᴊ	ia	ia	iæᴊ;ĩ	æᴊ	æᴊ
	中	iᴊ	iᴊ	eʴ	iᴊ	yeᴊ	ia	ia		æᴊ	
	新	iᴊ	iᴊ	eʴ	iᴊ	yeᴊ	ia	æᴊ	iæᴊ	ia	iæ·ie₊
									æᴊ		æ
江	老	i		er	i	io		ia	ia		
	中	iᴊ		er	iᴊ	io					
	新	iᴊ		er	iᴊ	io		ia	也又读:ᴊ		
常	老		iᴊ		(kʻ)EI	io		ia			
	中		iᴊ		(kʻ)EɪI	io		ia			
	新		iᴊ		(kʻ)EI	io		ia			
锡	老		i			iᵘu	iɑ-	iɑ-			
	中		i			io					
	新		i			io					
苏	老	iᴊ				iu	iɑ	ɑ·iɑ	iɑ·iE	iɑ·iE	
	中	iᴊ				io	iɒ	ɒ	iɒ·iI	iɒ	iɒ
	新	iᴊ				io	iɒ	ɒ	iɒ	ii	iɒ
							iɒ	ɒ	iɒ	ii	
熟	老	i			(kʻ)E	y	iɑ	iɑ	iᵉ	iɑ	iɑ
	中	i			(kʻ)E	y	iɑ	iɑ	iᵉ	iɑ	iɑ
	新	i			(kʻ)E	y	iɑ	iɑ	iᵉ	iɒ·iI	iɑ·iᵉ

表 9 续

广韵		脂齐支祭微废 'b'系 部末	之齐脂 'd'系 低例	脂微支齐之祭 'g,h'系 记希	脂支齐之祭 'g,h'系 记希	脂支之 日母 (白·耳白二白)	齐祭 'tz'系 西	鱼 'g'系一个字 去白	戈 一个字 靴	麻 'h'系 下文	麻 'g'系 家文	麻 'h'系 也白	麻 'tz'系 谢白	麻 'h'系 也文	麻 'tz'系 谢文	皆佳 'g'系 戒文	皆佳 'h'系 谐文
条件（例）																	
昆	老	i	i	i				ɛ	y;yo	ia	ia	也;a	也;a	也文	iɛ,I	ia	i
	中	i	i	i				ɛ	y	ia	ia	也;a	也;a	iɛ文	iɛ,I	ia	ia
	新	i	i	i				ɛ	y	ia	ia	也;a	也;a	iɛ文、少ia	iɛ,I少、ia	ia;iɛ	ia;iɛ
霜	老		i	i	i				y	iɑ-	iɑ-	iɑ-	也;ɑ-	iɛ↓		iɑ-	iɛ↓
	中	i	i	i					y	iɑ-	iɑ-	iɑ-	也;ɑ-	iɛ↓;I	iɛ↑;I	iɑ-	
	新	i	i	i					y	iɑ		iɑ	也;ɑ	iɛ↓	iɛ↑		iɛ↓
罗	老	i	i	i					y	iɑ		iɑ	也;ɑ	iɛ↑;I	iɑ-	iɑ	iɑ
	中	i	i	i					y	iɑ		iɑ	也;ɑ	iɛ↑;I	iɑ		iɑ
	新	i	i	i					y	iɑ		iɑ	也;ɑ	ɑ	i	ia	
周	老	i;ij少	i;ij少	i;ij少	i				yu	iɑ	iɑ	iɑ	也;ɑ	iɛ;i	iɛ;i	iɑ	iɑ
	中	i;ij少	i;ij少	i;ij少	i				y	iɑ	iɑ	iɑ	也;ɑ	iɛ;iɑ	i	iɛ	iɛ
	新	i;ij少	i;ij少	i;ij少	i				yø	iɑ	iɑ	iɑ	也;ɑ	iɛ;iɑ	iɑ	iɛ	iɛ
上	老	ij;i	ij;i	ij;i					iu	iA-	iA-	iA-	也;A-	iE	iA-	iA-	iɛ
	中	i	i	i					yø-	iA	iA	iA	也;A	i;iE	iA	iA-	iA-
	新	i	i	i					yø;y	iA	iA	iA	也;A		iA	iA	i

松	老	i;iɟ少	iᴢ微	iᴢ微	iu	io	iɑ "也"又读ɑ	iɑ;iɛ	iɒ˞;iI
	中	i;iɟ少	iᴢ微	iᴢ微	iu	io	iɑ "也"又读ɑ	iɑ;iɛ	iɒ˞;iI
	新	i;iɟ少	iᴢ微	iᴢ微	y	io	iɑ "也"又读ɑ	iɑ;iɛ	iɒ˞;iI
黎	老	iɟ			io	iɒ˞	"也":ɒʔ / iɒ˞	iI;iɒ˞	iɒ˞;iI
	中	iɟ			io	iɒ˞	"也":ʌʔ / iɒ˞	iI;iɒ˞	iɒ˞;iI
	新	iɟ			yɵ·io	iɒ˞	"也":ʌʔ / iɒ˞	iI;iɒ˞	iɒ˞;iI
盛	老	i			ioᴛ	iɑ	iɑ / 也:ɑ	iI;iɑ	iI;iɑ
	中	i			ioᴛ	iɑ	iɑ / 也:ɑ	iI;iɑ	iI;iɑ
	新	i			ioᴛ	iɑ	iɑ / 也:ɑ	iI;iɑ	iI
嘉	老	iɟ微;i	iᴢ微	i	yɵ-y	iɑ ie	iɑ	ie	iɑ
	中	iɟ微;i	iᴢ微	i	iu·ɣ-yʌ	iɑ ieᴱ	iɑ / 也:ɑ	ieᴱ	iɑ
	新	lɟ微;i	iᴢ微	i	ye·yʌɣ	iɑ ieᴱ	iɑ / 也:ɑ	iɛ	iɑ
双	老	iᴢ微			iu	ie	iʌ	ie iʌ	
	中	iᴢ微		l(e)	iu·₀ʏ	iʌ	iʌ	I	iA
	新	iᴢ微		el	ʏₒ	iʌ	iʌ	iA	
杭	老	i		er	y	iɑ	iɑ ie˞	i;iɛ	iE
	中	i			y	iɑ	iɑ ie˞	ie˞	ie˞;i
	新	i			y	iɑ	iɑ	ia	ie˞;i

表 9 续

广韵	脂齐支祭微废	之齐脂祭	脂微支齐之希	脂支之祭	脂支文	齐祭	鱼	文	麻					皆佳		
条件	'b'系	'd'系	'g,h'系	'g,h'系	日母	'tz'系	'g'系	一个字	'h'系 文	'g'系 文	'h'系	'tz'系 白	'h'系	'tz'系 文	'g'系	'h'系
例	鄙未	低例	记希		耳白二白/白	西	去白 一个字	靴	下文	家文	也白	谢文	也文	谢文	戒文	谐文
绍 老			i,iⱼ					yɥ		iɔ			iE		ia-	ia-
绍 中			i,iⱼ					yɥ	ia-	ia,io			ieᴛ		ia-	
绍 新			i,iⱼ					yɥ	ia-	ia-;ioᴛ	ia-	ia-	ie	ia-		ia-,ie
诸 老		iz					(k')eᴛ	yɥ	iɑ	io	iɑ	也				iɑ;iⱼ少
诸 中		iz					(k')eᴛ	yɥ	iɑ	iɑ;ioᴛ少	iɑ	也		iɑ	iɑ;iⱼᴛ	iɑ;iⱼ少
诸 新		iz					(k')eᴛ	yɥ	ia-	iɑ;ioᴛ少	iɑ	也	ie	iɑ	iɑ;iⱼᴛ	iɑ;iⱼ少
崇 老		iz						yɥ	iɑ;ioᴛ少	iɑ;ioᴛ少	iɑ	也ɑ		iɑ	iɑ;ieᴛ少	iɑ;ie少
崇 中		iz						yɥ	iɑ;ioᴛ少	iɑ;ivᴛ少	iɑ	也ɑ		iɑ	但也;iẽ	但也;iẽ
崇 新		iz						yɥ	iɑ;ioᴛ少	iɑ;ioᴛ少	iɑ	也ɑ		iɑ	但也;iẽ	但也;iẽ
大 老		i						y	iɑ;ioᴛ少	iɑ;ioᴛ少	iɑ	也ɑ		iɑ	但也;iẽ	但也;iẽ
大 中		i						y	iɑ;ioᴛ少	iɑ;ioᴛ少	iɑ	也ɑ		iɑ	但也;iẽ	但也;iẽ
大 新		i						y	iɑ;ie少	iɑ;io少	iɑ	也ɑ		iɑ	但也;iẽ	但也;iẽ
余 老		i:iz					(k')e	y	ia-;ioᴛ少	ia-;ioᴛ少	iA	iA	ia-	iɑ	但也;ie	但也;ie
余 中		i:iz					(k')e	y	iA;ioᴛ少	iA;ioᴛ少	iA	也;A	iA	iA	但也;ie	但也;ie
余 新		i:iz					(k')e	y	iA	但亚io	iA	也;A	iA	iA	但也;ie	但也;ie

地点	层次												
		i	iᴢ	iᴢ;ŋ	iᴢ	yɥ	yoᴛ	yoᴛ,ia	ia	ie	ia	ie;ia	iɛ
宁	老	i	iᴢ	iᴢ;ŋ	iᴢ	yɥ				ia	ie		iɛ
	中	i	iᴢ	iᴢ;ŋ	iᴢ	yɥ		ia;ia	也:ia	也	ie	ia,也:iɛᴛ	
	新	i	iᴢ	ㄦ:ŋ	iᴢ	yɥ		ia,也:a	也:a		ia	i;iɛᴛ	
黄	老	i	iⱼ	n	eᴛ	yɥ	o		iɑ	也白:ʌ	ie		ʌ
	中	i	iⱼ	n	eᴛ	yɥ	o		iʌ	也白:ʌ	ie		ʌ
	新	i	iⱼ	n	eᴛ	yɥ	o		iʌ	也白:ʌ	ie		ʌ
温	老	ㄒi;iⱼ小	ㄒi	i	ㄒi	ŋ	y	ʔo		但也白:ɑʊ文:iɛ	ɑ		ɑ
	中	ㄒi;iⱼ小	ㄥ·i	i	ㄥ·i	ŋ	y	ʔo	也:iʌ	但也白:ɑʊ文:iɛ	iɛ		ɑ
	新	ㄒi;iⱼ小	ㄥ·i	i	ㄥ·i	ŋ	y	ʔo	也:iʌ	但也白:ɑʊ文:iɛ	iɛ		ɑ
衢	老	i	ㄥ:i	ㄥ:i	i	i	yə̃		iɑ		ia	iɛ	
	中	i	ㄥ:i	ㄥ:i	i	i	-yə̃		也:ɑ		ia	iɛ	
	新	i	ㄥ:i	ㄥ:i	i	i	-e-yɑ-h		也:ɑ		ia	iɛ	
华	老	iㄒ济韵白:ie			n	(k')i	eə̃	m(k')	ɑi		iɑ	ɪ:ie	æɛᴇ
	中	iㄒ济韵白:ie			n	(k')i	eə̃	(k')m	iɑ		ia	ie	ie
	新	iㄒ济韵白:ie			n	(k')i	ŋε	(k')ə	iɑ		ia	ie	ie
永	老	iㄒ济祭韵:ie			ʏ	(c')ə-	-yə̃-	(c')ə-	ie		iA	uA	iA
	中	iㄒ济祭韵:ie			ʏ	-e(k')-	-yə̃-	-e(k')-	ie		iA	uA	iA
	新	iㄒ济祭韵:ie			u;ʏ	-e(k')-	-yə̃-	-e(k')-	ie		iA	uA	iA

表 10

广韵 条件 例	肴 'g,h'系 交文孝文 (文)	萧宵 'g,h,tz'系 桥	萧宵 'b,d'系 表	宵·日母 白 绕白	宵·日母 文 绕文	宵 'j₁'系其余 超	尤幽 'g,h,tz'系 九就	尤幽 一个字 谬	尤幽 1母 刘	尤·日母 柔	尤 'j₁'系其余 周	先仙 'b'系 变	先仙添盐 'd','tz'系 点干	先仙元添盐严 'g,h'系 兼现	山删咸衔 'g'系 同文陷文	山删咸衔 'h'系 文	盐 'gn'母 验	添 'gn'母 念
宜 老												e˞ɪ						
宜 中	iᴀ˞ʏ	iᴀ˞ʏ	iᴀ˞ʏ			ᴧ˞ʏ	iʏɯ˞ʏ	iᴀ˞ʏ	iʏɯ˞ʏ	yɯ˞ʏ	yɯ˞ʏ			ɪ	ɪ			
宜 新	iɑ˞ʏ	iɑ˞ʏ	iɑ˞ʏ			ɑ˞ʏ	iʏɯ˞ʏ	iɑ˞ʏ	iʏɯ˞ʏ	yɯ˞ʏ	yɯ˞ʏ							
溧 老	iɑ˞ʏ	iɑ˞ʏ	iɑ˞ʏ			ɑ˞ʏ	iᴧʏ	iᴧ˞ʏ	e˞i,iᴧʏ˞ʏ	e˞i	e˞i			i		ie	i	
溧 中	iᴧ˞ʏ	iᴧ˞ʏ	iᴧ˞ʏ			ᴧ˞ʏ	iᴧʏ	iɑ˞ʏ	e˞i,iᴧʏ˞ʏ	e˞i	e˞i			i		ie	i	i
溧 新	iɑ˞ʏ	iɑ˞ʏ	iɑ˞ʏ			ɑ˞ʏ	iᴧʏ	iɑ˞ʏ	e˞i,iᴧʏ˞ʏ	e˞i	e˞i		i	i		ie	i	i
金 老						ɑʏ	iᴧʏ	iᴧʏ	iᴧʏ	e-i								
金 中						ɔᵈ	iᴧʏ	iᴀʏ	iᴧʏ	ᴧʏ	Eᵉ			ɪⱼ	ɪ			
金 新						ɔᵈ	iᴀʏ	iᴀʏ	iᴀʏ	ᴧʏ	Eᵉ			ĩ	ĩ			
丹 老						ɔᵗ	ʏ	iɔᵗ	iɔᵗ	ʏ	ie	ie,ᴧʏ		ĩ,少				
丹 中						ɔᵗ	ʏ	iɔᵗ	iɔᵗ	ʏ	ʏ,ᴧʏ	ei		ɪ			i	
丹 新						ɒᵈ	-n̩.l	iɒᵈ	iɒᵈ	ʏ	Eᵉ	ei		ɪ			i	i
童 中	ᴧai	ᴧai	ᴧai			ᴧa	-n̩.l	ᴧa	ᴧᴠɪ	-n̩.l	ei			ĩ				ĩ
童 新	ᴧai	ᴧai	ᴧai			ᴧa	-n̩.l	ᴧa	ᴧᴠɪ	-n̩.l	ei			ĩ			i	ĩ

靖	老	iɒʅ	ɣ̥	iɒʅ		ĩ
	中	iɒʅ	ɣ̥	iɒʅ,æʅ		ĩ
	新	iɒʅ	ɣ̥	iɒ		ĩ
江	老	iɒʅ	iɜɣ	ɛɪ		ɪ
	中	iɒʅ	iɜɣ	ɛ↗ɪ		ɪ
	新	iɒʅ	iɜɣ	ɛɪ	e-i	ɪ↗
常	老	iɒɣ	iɯʅ / aɣ	e-i		ĩ微;ɪ
	中	iɒɣ	iɯʅ / aɣ	e-i		ĩ;ĩ微少
	新	iɒɣ	iɯʅ / aɣ	e-i		ɪ,ĩ微
锡	老	iʌ↗	iʌɣ;ɛɪ / ʌ↗	iʌɣ·iʌɣ	ɛɪ	ɪ
	中	iʌ↗	iʌɣ;ɛɪ / ʌ↗	iʌ↗	ɛɪ	ɪ
	新	iʌ↗	iʌɣ;ɛɪ / ʌ↗		ɛɪ	ɪ
苏	老	æɜɪ	æ		ɣ̥	ii
	中	ɜ³ɪ	iθ;iɜθ;iθ / ɜʒɪ	θɪ;Y̥ɣ	θ,ɪɣ	ii
	新	ɜɪ	iɣz系 / θ	ɔɪ	ɪɣ	ii
熟	老	ɔʅ	mɯ / ɔʅ	mɯ	mɯ	ie
	中	ɔʅ	ɔʅ	ɔɪ	m	ie
	新	ɔʅ	ɔʅ	mɯ	m,n	ie
						æ
						æ
						æ

表 10　续

广韵	肴 'g,h'系	萧宵 'b,d'系	宵 日母 (白)	宵 日母 (文)	宵 'j'系其余	尤幽 'g,h,tz'系	尤幽 一个字	尤幽 1母	尤 日母	尤 'j'系其余	先仙 'b'系	先仙添盐 'd','tz'系	先仙元添盐严 'g,h'系	山删咸衔 'g'系	山删咸衔 'h'系	盐 'g n'母	添 'g n'母
条件	文	表	绕白	绕文	其余	尤就	一个字	刘	柔	其余	变	干	兼现	间文	陷文	一个字	一个字
例	交文孝文	桥	绕白	绕文	超	尤就	谬	刘	柔	周	变	点	兼现	间文	陷文	验	念
昆 老	iɔᴛ	iɔᴛ			ɔᴛ	i;I	iɔᴛ	I	E				I				iɛ
昆 中	iɔᴛ	iɔᴛ			ɔᴛ	I;Y	iɔᴛ	I	E;ɪ;I				I				iɛᴛ
昆 新	iɔᴛ	iɔᴛ			ɔᴛ	i;i;Y	iɔᴛ	i;i;Y	E;ɪ;I				I				iɛᴛ
霜 老	iɔᴛ;ioᴛ	iɔᴛ;ioᴛ			ɔᴛ;ioᴛ	y	ʌIiɔ少	y;i	ʌI				I				iɛᴛ
霜 中	iɔᴛ;ioᴛ	iɔᴛ;ioᴛ			ɔᴛ;ioᴛ	y	iɔ少ʌI	y	ʌI				I				iɛᴛ
霜 新	iɔᴛ;ioᴛ	iɔᴛ;ioᴛ			ɔᴛ;ioᴛ	y	iɔᴛ	y	ʌI				I				iɛᴛ
罗 老	iɔᴛ;ioᴛ	iɔᴛ;ioᴛ			ɔᴛ;ioᴛ	y	iɔᴛ	y	ʌI				I				ieᴛ
罗 中	iɔᴛ;ioᴛ	iɔᴛ;ioᴛ			ɔᴛ;ioᴛ	y	iɔᴛ	y	ʌI				I				ieᴛ
罗 新	iɔᴛ;ioᴛ	iɔᴛ;ioᴛ		c	ɔᴛ;ioᴛ	y	iɔᴛ	y	ʌI				I				ieᴛ
周 老	ɔ	ɔ			ɔ		iY		ɤ			i;ij少	i;ij少		iɛ	i;ij少	iɛ
周 中	ɔ	ɔ			ɔ		iY		ɤ			i;ij少	i;ij少		iɛ	i;ij少	iɛ
周 新	ɔ	ɔ		c	ɔ		iY		ɤ			i;ij少	i;ij少		iɛ	i;ij少	iɛ
上 老	iɔᴛ	iɔᴛ			ɔᴛ		iYᴛ		ɤᴛ			i;ij;I			iɛ;i	ij;i	iE
上 中	iɔᴛ	iɔᴛ			ɔᴛ		iy		ɤ			i;少			i;iɛ少	i;ij少	i;iɛ少
上 新	iɔᴛ	iɔᴛ			ɔᴛ		iyɯ;iY		yɯ;Y			i;少			i;iɛ少	i;ij少	i;iɛ少

松	老	iɔ⊤	ɔ⊤	iɯ⊤	ɯ⊤	i；ij少	i	iɛ⊤
	中	iɔ⊤	ɔ⊤	iɯ⊤	ɯ⊤	i；ij少	i	iɛ
	新	iɔ⊤	ɔ⊤	iɯ⊤	ɯ⊤	i；ij少	i	iɛ
黎	老	iAʔ；iA-	Aʔ；A-	ie-ɯ+	ii	ii	ii	i；iɛ
	中	iAʔ；iA-	Aʔ；A-	ie-ɯ+	ii	ii	ii	ie
	新	iAʔ；iA-	Aʔ；A-	ie-ɯ+	ii	ii	ii	i；iɛ
盛	老	iɑʌ	ɑʌ	iɵʉ	ɵʉ	ii	ii	iɛ
	中	iɑʌ	ɑʌ	iɵʉ	ɵʉ	ii	ii	iɛ
	新	iɑʌ	ɑʌ	iɵʉ	ɵʉ	ii	ii	i；iɛ
嘉	老	iɔ⊤	ɔ⊤	i°u+；i°Y	e	ie	ie⊤	iɛ⊤
	中	iɔ⊤	ɔ⊤	i°u+；iøY	e	ie	I	iɛ
	新	iɔ⊤	ɔ⊤	i°u+；iøY	e	ie	I	i；iɛ
双	老	iɔ⊤	ɔ⊤	i°Y；i°Y少	øY；Y-	Y-	I	
	中	iɔ⊤	ɔ⊤	i°Y；i°Y少	Y-；Y-	Y-	I	
	新	iɔ⊤	ɔ⊤	øY	Y-；Y-	Y-	I	
杭	老	iɒ	ɒ	iɒ；Y-	eɪ	iɛ̃⊤；iɛ̃⊤轻		
	中	iɔ⊤	ɔ⊤	iɔ；Y-	eɪ	ie⊤；iɛ̃⊤轻		
	新	iɔ⊤	ɔ⊤	iu；Y-	eɪ	ie⊤；iɛ̃⊤轻		

表 10 续

广韵	宵 'g,h'系 文 (交文孝文)	萧宵 'b','d'系 (表)	萧宵 'g,h,tz'系 (桥)	宵 日母 白文/绕文 (绕白/绕文)	宵 'j'系其余 (超)	尤幽 'g,h,tz'系 (就)	尤幽 'g,h,tz'系 (九)	尤幽 一个字 (谬)	尤幽 1母 (刘)	尤 日母 (柔)	尤 'j'系其余 (周)	先仙 'b'系 (变)	先仙添盐 'd'系 (点)	先仙添盐 'tz'系 (干)	先仙元添盐严 'g','h'系 (兼现)	山删咸衔 'g'系 文/'h'系 陷文 (间文)	盐 'g n'母 一个字 (验)	添 'g n'母 一个字 (念)
绍 老		iɑɒ	iɑɒ	ɑɒ	ɑɒ	iɣɤ˦	iɣɤ˦	iɤ˦ "谬"又读iɑɤ	iɤ˧	ɣɤ˦	ɤ˦˧				~		iɛ̃ᴇ	iɛ̃ᴇ
绍 中		iɑɒ	iɑɒ	ɑɒ	ɑɒ	iɣɤ˦	iɣɤ˦	iɣɤ˦	iɤ˧	ɣɤ˦	ɤ˦˧				~		iɛ̃₁	iɛ̃₁
绍 新	iɑɒ˦;iɔ˦	iɑɒ	iɑɒ	ɑɒ˦;ɔ˦	ɑɒ˦;ɔ˦	iɣɤ˦	iɣɤ˦	iɣɤ˦	iɤ˧	ɣɤ˦	ɤ˦˧				~		iɛ̃₁	iɛ̃₁
诸 老		i,ɔ˦	i,ɔ˦	ɔ˦	ɔ˦	iɣɤ˧	iɣɤ˧	iɔ˦	iɤ˧	eɹi	eɹi				ii			
诸 中		i,ɔ˦	i,ɔ˦	ɔ˦	ɔ˦	iɣɤ˧	iɣɤ˧	iɔ˦	iɤ˧	eɹi	eɹi				ii			
诸 新		i,ɔ˦	i,ɔ˦	ɔ˦	ɔ˦	iɣɤ˧	iɣɤ˧	iɔ˦	iɤ˧	eɹi	eɹi				ii			
崇 老		iɑɒ↓	iɑɒ↓	ɑɒ↓	ɑɒ↓	Y不很圆	Y不很圆	Y不很圆	Y不很圆						iẽ			
崇 中		iɑɒ↓	iɑɒ↓	ɑɒ↓	ɑɒ↓	Y不很圆	Y不很圆	Y不很圆	Y不很圆						iẽ			
崇 新		iɑɒ↓	iɑɒ↓	ɑɒ↓	ɑɒ↓	Y不很圆	Y不很圆	Y不很圆	Y不很圆						iẽ			
大 老		iᵃɒ	iᵃɒ	ᵃɒ (c组:iᵃɒ)	ᵃɒ (c组:iᵃɒ)	Y不很圆	Y不很圆	Y不很圆	Y不很圆						iẽ			
大 中		iᵃɒ↓	iᵃɒ↓	ᵃɒ↓ (c组:iᵃɒ↓)	ᵃɒ↓ (c组:iᵃɒ↓)	Y不很圆	Y不很圆	Y不很圆	Y不很圆						iẽ			
大 新		iᵃɒ↓	iᵃɒ↓	ᵃɒ↓ (c组:iᵃɒ↓)	ᵃɒ↓ (c组:iᵃɒ↓)	Y不很圆	Y不很圆	Y不很圆	Y不很圆						iẽ轻	iɛ̃		
余 老		iɒ	iɒ	ɒ	ɒ	iɣɤ˦;iɛ-ɣɤ˦	iɣɤ˦;iɛ-ɣɤ˦	iɣɤ˦	iɣɤ˦					~		iɛ̃,ĩ	iɛ̃	iɛ̃
余 中		iɒ↓	iɒ↓	ɒ↓	ɒ↓	iɣɤ˦	iɣɤ˦	iɣɤ˦	iɣɤ˦					ĩ		iɛ̃,ĩ	ĩ	iɛ̃
余 新		iɒ↓	iɒ↓	ɒ↓	ɒ↓	iɣɤ˦	iɣɤ˦	iɣɤ˦	iɣɤ˦					ĩ		iɛ̃,ĩ	ĩ	iɛ̃

宁	老	iɵ˞		εi		Y	iɵ˞	Y	i	iz		i	ε	iε
宁	中	iɵ˞		εi		Y	iɵ˞	Y	i	iz		ε		ε
宁	新	iɵ˞		εi		Y	iɵ˞	Y	i	iz		Eʇ		iε
黄	老	iɒ	cɒ	εi	iɒʇ	i‑u	iɒ	i‑u			ie˞	ie˞	ɒ	ie˞
黄	中	iɒʇ	cɒ	εi	iɒʇ	i‑u	iɒʇ	i‑u			ie˞	ie˞	ɒ	ie˞
黄	新	iɒʇ	cɒ	εi		i‑u	iɒʇ				ie˞	ie˞	ɒ	ie˞
温	老		cₙ	εi	ia‑v, iu	iₐ‑v, iu	iₐ‑v;iu	iₐ‑v·u;	cۑ	iₐ‑v; iu	ii		ii	ɒ	ii
温	中		cₙ	εi	iₐ‑v·u, iu	iₐ‑v;iu	iₐ‑v;iu	iₐ‑v·u;	cۑ	iₐ‑v; iu	ii		ii	ɒ	ii
温	新		cₙ	εi	iₐ‑v·u, iu	iₐ‑v;iu	iₐ‑v;iu	iₐ‑v·u;	cۑ	iₐ‑v; iu	i		i	ɒ	i
衢	老	icۑ		iₐu‑c; icۑ	iɯ‑t	iₑu‑c	icۑ	iɯiu‑t			ie; iₐ̃E	ie; iₐ̃		iₐ̃
衢	中	icۑ	iₐu;αu	icۑ;icۑ‑t;icۑ	iₐu‑c	iₑu‑c	iₐu‑c	iₐu‑vi·iu‑t	iₐu‑ru, iₑu‑ru·iu‑t; αu	iₐu‑ru		ie;iₐ̃	ie;iₐ̃轻,ie	ie,ie轻
衢	新	icۑ	iₐu;αu	icۑ;icۑ‑t;icۑ	iₑu‑c	iₑu‑c	iₐu‑c	iₐu‑vi·iu‑t	iₐu‑ru, iₑu‑ru·iu‑t	iₐu‑ru		ie;iₐ̃	iₐ̃E轻,ie	iₐ̃E
华	老	iₐu		iₐu; αu	iₐu‑c	ie‑ʋ‑t	iₐu‑ru	iₑu‑ru, iₑu‑rui			ie	ie; iₐ̃		iₐ̃
华	中	iₐu	iₐu	iₐu	iₐu‑c	ie‑ʋ‑t	iₐu‑ru	iₑu‑ru, ₑu			ie			
华	新	iₐu				ie‑ʋ‑t	iₐu‑ru	iₑu‑ru, ₑu			ie			
永	老	Au	iₐAU; AU	iₐAU	icۑ‑t	ie‑ʋ‑t			iₐA; ie	iₐA; ie	ie; iₐA少	A	ie	iA
永	中	Au	iₐAU	iₐAU	icۑ‑t	ie‑ʋ‑t			iₐA; ie	iₐA; ie	ie; iₐA少	A	ie	iA
永	新	Au	iₐAU; AU	iₐAU	icۑ‑t	ie‑ʋ‑t			iₐA; ei	iₐA; ei	ie; iₐA少	A	ie	iA

表 11

广韵	仙盐		真庚	侵真	侵真青清蒸	侵真欣庚蒸青清	清	庚耕	侵真青清蒸	侵真		青清蒸		江	阳
条件	日母	'j'系其余	'b'系	'd'系	'tz'系	'g,h'系	'g,h'系	'h'系	日母	日母	'j'系其余	日母	'j'系其余	'g,h'系	喻母一个字
例	白	扇 文 染文 / 染白	命品	丁	寻	金兴	倾营	行文	认白	文 恐文	陈	文 仍文	程	讲文	旺白
宜 老	ɿ	e,yẽ	iŋ	iŋ	iŋ;yiŋ	iˡŋ;iˡɲ	iŋ			en	eŋ			ie	iʌŋ
宜 中	ɿ	e,yẽ	iŋ+	iŋ+	iŋ+;yiŋ+	iˡŋ;yiˡŋ	iŋ+			ən	əŋ+			ie	iʌŋ+
宜 新	ɿ	e,yẽ轻	iŋ+	iŋ+	iŋ+;yiŋ+	iˡɲ;yˡɲ	iŋ+		但人:iˡɲ	ən	əŋ+			ie	iʌŋ+
溧 老	i					但寻:yˡŋ,iˡŋ			但人:iˡŋ	en					iɑ+ŋ
溧 中	i					但寻:iˡŋ,yˡŋ			但人:iˡŋ	ən					iɑ-ŋ
溧 新	i					但寻:iˡɲ,yˡɲ			但人:iˡɲ	ən					iɑ-ŋ
金 老	ɪ		iŋ	iŋ	iŋ;yiŋ	但寻:yiŋ	iŋ				əŋ		əŋ	iɑŋ	iɑŋ
金 中	ɪ̃				iŋ	但寻:yiŋ,iŋ					əŋ		əŋ	iɑŋ	iɑŋ
金 新	ɪ̃,ɿ少					但寻:yiŋ,iŋ									
丹 老	ɪ					但寻:yŋ+,iŋ			ieˡɲ	εˡɲ	εˡɲ	ieˡɲ	εˡɲ	ie	yɑŋ
丹 中	ɪ					但寻:yŋ+,iŋ			iεˡɲ	εˡɲ	εˡɲ	iεˡɲ	εˡɲ	iɑ-ŋ	yɑŋ
丹 新	ɪ				iŋ+	但寻:yŋ+,iŋ+			iεˡɲ	εˡɲ	ε-εˡɲ	iεˡɲ	ε-εˡɲ	iŋ	yɑŋ
童 老	ɪ̃	yɯ,iˡɯ / yɤ				iŋ			ɿeɪ	ɿeɪ	ɿe	ɿeɪ	ɿe	iŋi	iɑŋ
童 中	ĩ	yɯ,iˡɯ / yɤ				iŋ			ɿeɪ	ɿeɪ	ɿe	ɿeɪ	ɿe	iɑŋi	yɑŋ
童 新	ĩ	yɯ,iˡɯ / yɤ				iŋ			ɿeɪ	ɿeɪ	ɿe	ɿeɪ	ɿe	iŋi	yɑŋ

方言点	年龄								
靖江	老	ĩ	ỹɯ˞	iŋ		iEŋ		ĩ·iʌŋ	yɑŋ
	中	ĩ	ỹɯ˞	iŋ		iei·ŋ		iʌŋ	yɑŋ
	新	ĩ	ỹɯ˞	iŋ		iei·ŋ		ɑŋ	yɑŋ
江阴	老	I	ɵ	iɲ	[ɿ/ŋ]	E·ŋ		iaŋ	iɒŋ
	中	I	ɵ	iɲ	[ɿ/ŋ]	E·ŋ		iaŋ	iɒ+ŋ
	新	I	ɵ	iɲ		E·ŋ		iaŋ, iʌŋ	iɒ+ŋ, iʌŋ
常	老	I（泾）	ɿ˞ç（微）	iɲ	[ɿ/ɲ]	uʮ·e	[ʮ/ʮei]	iɑ·ɲ	iɑ·ɲ
	中	I	ɿ˞ç	iɲ	[ɪ/ɲ]	uʮ·e	[ʮ/ʮei]	iʌɲ	iʌɲ
	新	I	ɿ˞ç	iɲ（尋 iɲ·yɲ）		uʮ·e		iʌɲ	iʌɲ
锡	老	I	-o	iɲ		ue	uei	iɒ̄	iɒ̄
	中	I	-o	iɲ	im	ue	uei	iɒ̠	iɒ̠
	新	I	-o	iɲ		ue		iɒ̠	iɒ̠
苏	老	ii	ɵ	iɲ（iĩ·iɲ）		ue		iɒ̃	yɒ̃
	中	ii	ɵ	im		ue		iɒ̃·iã	iɒ̃·iã
	新	ii	ɵ	im		ue		iʌ·iã	iʌ·iã
熟	老	iᶜ	ɤ	ĩ		~ɛ̃, ʮ̃~ɛ̃		iɒ̃	iɒ̃
	中	iᶜ	ɤ˞ç	ĩ, ĩɲ		~ɛ̃, ʮ̃~ɛ̃		iɒ̃	iɒ̃
	新	iᶜ	ɤ˞ç	ĩ, ĩɲ		~ɛ̃, ʮ̃~ɛ̃		iɒ̃·iʌ	iɒ̃·iʌ

表 11 续

广韵	仙盐			真庚		侵真青清蒸庚清	侵真青清蒸欣庚蒸青清	清	庚耕	侵真青清蒸	侵真		青清蒸		江		阳
条件	日母 白	日母 文	'j'系 其余	'b'系	'd'系	'tz'系	'g,h'系	'g,h'系	'h'系 文	日母 白	日母 文	'j₁'系 其余	日母 文	'j₁'系 其余	'g,h'系 文	喻母一个字 白
例	染白	染文	扇	命品	丁	寻	金兴	倾营	行文	认白	忍文	陈	仍文	程	讲文	旺白
昆 老	I		θ+	in	in	in		ien			ən				iã	iã
昆 中	I		θ+	in	in	in		ien			ən				iã	iã
昆 新	I	I	θ+	in	in	in		ien			ən				ã;iã	iã
霜 老	I	I		ɪⁿ			ɪⁿ				ɛ̃⁻ⁿ				iɒ̃	iɒ̃
霜 中	I	I		ɪⁿ			ɪⁿ				ɛ̃⁻ⁿ				iɒ̃	iɒ̃
霜 新	I	I		ɪ̃			ɪ̃				ɛ̃⁻				iʌ̃	iɒ̃
罗 老	I	ʌI		ɪⁿ			ɪⁿ				ɛ̃⁻ⁿ				iã	iɒ̃
罗 中	i	ʌI		ɪⁿ			ɪⁿ				ɛ̃⁻ⁿ				iã	iɒ̃
罗 新	i	ʌI		ɪ̃			ɪ̃				ɛ̃⁻ⁿ				iã	iɒ̃
周 老	I	e		iiŋ			"营""莹""萤"又读ioŋ	ieɪ			ʮɛ				iɒ̃	iɒ̃
周 中	i;iʲ;ʮ少	e;ø少		iiŋ			"营""莹""萤"又读ioŋ				ʮɛ				iã	iɒ̃
周 新	i;iʲ;ʮ少	e;ø少		iiŋ⁺			"营""莹""萤"又读ioŋ				ʮe⁺				iã	iɒ̃
上 老	i;iʲ;ʮ	e		iŋ			iŋ;ɪ̃ⁿ	ieɪ			ʮe				iã	iɒ̃
上 中	i;iʲ;ʮ少	ø-		iŋ			əŋ;ɪ̃ⁿ				əŋe				iã	iɒ̃
上 新	i;iʲ;ʮ少	ø-		iŋ			əŋ;ɪ̃ⁿ				əŋe				ʌ̃ⁿ;iʌ̃ⁿ	iã⁻ⁿ;iã

方言	时期								
松	老	i	ɘ	ɿei	ɿei	ɿai·ɿai	ua	ɔ̃:iɛ̃	iɑ̃
	中	i	ɘ	iɿ	iŋ	ɿei·ɿai	ue	ɔ̃:iɛ̃	iɑ̃
	新	i	i	iɿ	iŋ	ɿeŋ:ioŋ	ue	ɔ̃:iɛ̃	iɑ̃
黎	老	ii	ɵ	iŋ	ie·ei	ɿŋ:ioŋ:iŋ	ie	iɑ̃	iɑ̃
	中	ii	ɵ		ie·ei		ue	ɔ̃:iɑ̃	iɑ̃
	新	ii	ɵ		u·ei		ue	ɔ̃:iɑ̃	iɑ̃
盛	老	ii	-ɤ	iŋ(n̩)	iŋ(n̩)	iŋ:ioŋ:iŋ	ue(n̩)	iɑ̃	iɑ̃
	中	ii	ieᴇ·ie		iŋ		ue	iɑ̃	iɑ̃
	新	ii	-ɤ		iŋ+		ue(n̩)	iɑ̃	iɑ̃
嘉	老	iE·ie	-ɤ	iŋ(n̩)	iŋ+		ue(n̩)	iã	iã
	中	ie	-ɤ		iŋ		iA	iÃ	
	新	ie	-ᴇ		iŋ		iA	iÃ	
双	老	ieʔ	ᴇ		uei	ioŋ	ue	iɔ̃	iɔ̃
	中	I	ᴇ		m		ue	iɔ̃	uɔ̃·iɔ̃
	新	I	ᴇ		m		ue	iɔ̃	uɔ̃·iɔ̃
杭	老	o:õ轻	õ		m		ue	iAŋ	uAŋ
	中	o:õ释；uo			m		ue	iAŋ	uAŋ
	新	o:õ；染白:ia			m;ɿ		ue	iAŋ	uAŋ

表 11 续

广韵	仙盐			真庚	侵真青清蒸		侵真欣庚蒸青清	清	庚耕	侵真青清蒸	侵真		青清蒸		江	阳
条件	日母 白	日母 文	'j'系 其余	'b'系	'd'系	'tɕ'系	'g,h'系	'g,h'系	'h'系 文	日母 白	日母 文	'j'系 其余	日母 文	其余	'g,h'系 文	喻母 一个字 白
例	染白	染文	扇	命品	丁	寻	金兴	倾营	行文	认白	忍文	陈	仍文	程	讲文	旺白
绍 老		ẽ					ŋ̍				ẽ		ɘŋ		iɑ̃;iaŋ	uõ＝文
绍 中		ẽ					ŋ̍				ẽ		ɘŋ		iaŋ	uɒŋ＝文
绍 新		ĩ					ŋ̍⁺				ĩ,ɘŋ		ɘŋ		iaŋ	uɒŋ＝文
诸 老					Ɪŋ		ŋ̍				ɛ̃-ĩ	Ɪŋ			iõ	(v)ɦ~＝文
诸 中					Ɪŋ		ŋ̍				ɛ̃-ĩ	Ɪŋ			iõ	(v)ɦ~＝文
诸 新					Ɪŋ		ŋ̍				ɛ̃-ĩ	Ɪŋ			iõ	(v)ɦ~＝文
崇 老	ii		°ɒɛ̃				ĩ	但□hh母:Ɪŋ	Ɪŋ	iŋ					ɒ̃;iɑ~	(β)ʊ~＝文
崇 中	ii		ɒɛ̃				ĩ	但□hh母:Ɪŋ	Ɪŋ	iŋ		Ɪŋ			ɒ̃;iɑ~	(v)ʊŋ＝文
崇 新	ii		ɒɛ̃				ĩ	但□hh母:Ɪŋ	Ɪŋ	iŋ		Ɪŋ			ɒ̃;iɑ~	(v)ʊŋ＝文
太 老		ioɛ̃		e̞ŋ	Ɪŋ		in			in	ien;eŋ少		ien;eŋ少		ɒŋ;iʌŋ	uɒŋ,(v)ɒŋ＝文
太 中		iɒɛ̃;ɒɛ̃		e̞ŋ	Ɪŋ		in			in	ien;eŋ少		ien;eŋ少		ɒŋ;iʌŋ	(v)ʊŋ＝文
太 新		iɒɛ̃;ɒɛ̃		e̞ŋ			in			in	ien;eŋ		ien;eŋ		ʊŋ;iʌŋ	(v)ʊŋ＝文
余 老	ĩ		ẽ̩				iɐŋ						e̞ŋ		iɑ̃	uõ＝文
余 中	ĩ		ẽ̩				iŋ					iŋ;e̞ŋ少	iŋ;e·ŋ少		iɑ̃	uõ＝文
余 新	ĩ		ẽ̩		e̞ɲ	ɲ;ɜ·ɲ少	iɲ					ɲ;ɜ·ɲ少	e·ɲ		iɑ̃	uõ̩;uõ＝文

地点	层										
宁	老	i		ŋ₊				ŋ₊		ɔ̃;iɑ̃	uɔ̃=文
	中	i		ŋ₊				ŋ₊		ɔ̃;iɑ̃	uõ=文
	新	i		ŋ₊				ŋ₊		ɔ̃;iɑ̃	uõ=文
黄	老	ieₗ	iiŋ	iiŋ		ɤŋ₊,ŋ₊	ɤŋ₊,ŋ₊			ɒ̃;iɑ̃	uɒ̃=文
	中	ieₗ	iiŋ	iiŋ		iiŋ	ŋ₊	ŋ₊		ɒ̃;iɑ̃	uɒ̃=文
	新	ieₗ	iiŋ	iiŋ		iiŋ	ŋ₊+,oŋ₊			ɒ̃;iɑ̃	ɒ̃=文
温	老	ii	ã̃	ɿɤ	uɿ	iɿ̄ɤ:ɕie	ɕie	uɑⁿ=文	ɔ̃	ɒ̃̃;iɑ̃	uɒⁿ=文
	中	ii	ã̃	ɕie	uɿ	iɿ̄ɤ;ɕie	ɕie	uɑⁿ=文	ɔ̃	ɒ̃̃;iɑ̃	uɒⁿ=文
	新	i	ε	ɕie	uɿ	iɿ̄ɤ;ɕie	u+e⁻ʔ	ɑⁿ=文	ɔ̃	ɑ̃;iɑ̃	ɑⁿ=文
衢	老	-e⁻ʔ		ɿⁱ			u+e⁻ʔ			iɑ̃	~ɑn=文
	中	-e⁻ʔ	im	ɿⁱ			ue⁻ʔ			iɑ̃	~ɑn=文
	新	yɤɔ̃	im							iɑ̃	~ɑn=文
华	老	ie;ye;yʌ	iŋ	ai·ʌɣ	ie₋ŋ	ie₋ŋ	to:ʌ·uɤ		ai·ʌŋ	iʌŋ	uʌŋ=文
	中	ie;ye;yʌ	iŋ	ai·ʌŋ	iŋ	iŋ	to:ʌ·uŋ		ai·ʌŋ	iʌŋ	uʌŋ=文
	新	ie;ye;yʌ	iŋ	ai·ʌŋ	iŋ	iŋ	to:ʌ·uŋ		ai·ʌŋ	iʌŋ	uʌŋ=文
水	老	ie		ɣə-	ie₋ŋ	ie	ie₋ŋ		ʌŋ	iʌŋ	uʌŋ
	中	ie		ɣə-	iŋ	ɕe	iŋ		ʌŋ	iʌŋ	uʌŋ
	新	ie		ɣə-	iŋ	ɕe	iŋ		ʌŋ	iʌŋ	uʌŋ

表 12

广韵	阳					青	庚	东			东锺	鱼虞				
条件	'l'母 'g,h'系	日母(白)	日母(文)	知彻澄母	章系(文)	'g'母	'h'系	'k,g,h,y₁'母	日母(白)	日母(文)	'j'系 其余	'l'母'tz'系(白)	'l'母(文)	'tz'系(文)	'g,h'系	'j,'系
例	两香相	让白	让文	长	尝文	迥	兄	穷熊	绒白	戎文	中重	滤白徐白	应文须文		居雨	朱如
宜 老	iʌŋ			ʌŋ			ioŋ				oɔŋ			yɥ		
宜 中	iʌŋ⁺			ʌŋ⁺			ioŋ				oɔŋ			yɥ		
宜 新	iʌŋ⁺			ʌŋ⁺			ioŋ				oɔŋ			yɥ		
溧 老	ie	ie;ʌ		ʌ			ioŋ 但永:yi⁻ⁿŋ				oŋ			yz		
溧 中	ie	ie;ʌ		ʌ			ioŋ				oŋ			yz		
溧 新	ie	ie;ʌ		ʌ			ioŋ				oŋ			yz		
金 老	ie			ɑ			ioŋ 但永:yiŋ				oŋ		yz	yz		nₑ
金 中	iɑŋ			ɑŋ			io·ŋ				o+ʌŋ		yz	yz		nₑ
金 新	iɑŋ			ɑŋ			io·ŋ				o+ʌŋ		yz	yz		nₑ
丹 老	ie			æ			io·ŋ 但永:y⁻ⁿŋ		ioŋ		oɔŋ		yz	yz		nₑ
丹 中	ie			æ			ioɔŋ		ioŋ		oɔŋ		yz	yz		nₑ
丹 新	ie			æ			ioɔŋ		ioŋ		oɔŋ		yz	yz		
童 老	iɑŋ			ɑŋ		ioŋ	但永:yæŋ	oŋ	ioŋ		oŋ			yɥ		
童 中	iɑŋ			ɑŋ		ioŋ	但永:yæŋ	oŋ	ioŋ		oŋ			yɥ		
童 新	iɑŋ			ɑŋ		ioŋ	永:ioŋ	ioŋ	ioŋ		oŋ			yɥ		

城市	代次						
靖江	老	ĩ	ĩ	ioŋ（但永:yəŋ）		yʮ	徐又读iʮ
	中	ĩ	ĩ	ioŋ（永:yəŋ·ioŋ）		yʮ	徐又读iʮ
	新	ĩ	ĩ	ioŋ	oŋ	yʮ	徐:iʮ
江阴	老	iaᵖ	aᵖ	ioŋ	oŋ	i;y	y
	中	iaᵖ	aᵖ	ioŋ	oŋ	i;y	y
	新	iaᵖ, iAᵖ	aᵖ, Aᵖ	ioŋ	oŋ	i;y	y
常州	老	iɑɲ	ɑɲ	ioŋ	oŋ	i	
	中	iAɲ	Aɲ	ioŋ	oŋ	i	y·yʮ
	新	iAɲ	Aɲ	ioŋ	oŋ	i·y少	yʮ
无锡	老	iã	ã / õᵖ	ioŋ	oŋ	i	y
	中	iã	ã / õ	ioŋ	oŋ	i	y
	新	iɛ̃	Ã,ã / Ã,õ	ioŋ	oŋ	i	y·yʮ
苏州	老	iã	ã~	ioŋ	oŋ	iʮ	y
	中	iã	ã~	ioŋ	oŋ	iʮ	y
	新	iɑ̃	ã~	ioŋ	oŋ	但徐:iʮ	y
常熟	老	iÃ, iã	ã~	iuŋ	uŋ	i	y
	中	iã~	ã~	iuŋ	uŋ	i	y
	新	iã~, iA~	ã~, iA~	iuŋ·ioŋ	uŋ·oŋ	i	y

表 12 续

广韵	阳			青	庚	东	东锺	鱼虞			
条件 / 例	'l'母'g,h'系 两香相 iã	知彻澄母 长	章系 文 尝文	'g'母 迥	'h'系 兄	'k,g,h,y₁'母 穷能	'j₁'系 其余 中重	'l'母'tz'系 白 德白徐白	'l'母 文 虑文须文	'g,h'系 居雨	'j₁'系 朱如
昆 老	iã	ã	ã少;ã			ioŋ	oŋ	y	但驴,徐:i		ɥ-
昆 中	iã	ã	ɒ̃			ioŋ	oŋ	y	但徐:i		ɥ-
昆 新	iã	ã	ɒ̃			ioŋ	oŋ	y	但徐:i		ɥ-
霜 老	iã̃	ã	ɒ̃			ioᵑ	oᵑ	y	但徐i,雨i,y		ʮ
霜 中	iã̃	ã	ɒ̃			ioᵑ	oᵑ	y	但徐i,雨i,y		ʮ
霜 新	iã̃	ã	ɒ̃			ioᵑ	oᵑ	y	但徐i,雨i,y		ʮ
罗 老	iã̃	ã	ɒ̃			ioᵑ	oᵑ	y	但徐:i		ʮ
罗 中	iã̃	ã	ɒ̃			ioᵑ	oᵑ	y	但徐:i		ʮ
罗 新	iã̃	ã	ɒ̃			ioᵑ	oᵑ	y	但徐:i		ʮ
周 老	iã̃	ɑ̃	ɒ̃,ɑ̃			ioᵑ	oᵑ	y	但徐:i		y;ʮ
周 中	iã̃	ɑ̃	ɒ̃			ioᵑ	oᵑ	y	徐:i;y		y;ʮ
周 新	iÃ	Ʌ̃	ɒ̃			iuŋ	uŋ	y	徐:i;y		ɥ
上 新	iÃⁿ;iÃ	Ãⁿ;Ã	ɒ̃			iuŋ;iũ	uŋ;ũ	y	但徐:i;i少 / 徐:i;y		ʮ;uɥ

（东·日母：白 绒白 / 文 戎文；青·'g'母 迥；庚·'h'系 兄 各栏无例字）

方言	年代						
松	老	iɛ̃;iɛ̃ᵀ	ɛ̃;ɛ̃ᵀ	ioŋ	ʊŋ	y / 但徐:i	y;ʮ;uʮ
	中	iɛ̃;iɛ̃ᵀ	ɛ̃;ɛ̃ᵀ	iuŋ	ʊŋ	y / 但徐:i	ʮ
	新	iɛ̃;iɛ̃ᵀ	ɛ̃;ɑ̃	iuŋ	ʊŋ	y / 但徐:i	ʮ
黎	老	iã	ã	ioŋ	oŋ	iⱼ;yɥ / 但徐:iⱼ	ʮ
	中	iã	ã,ɑ̃	ioŋ	oŋ	yɥ / 但徐:iⱼ	ʮ
	新	iã	ã,ɑ̃	ioŋ	oŋ	yɥ / 但徐:iⱼ	ʮ
盛	老	iã	ã	ioŋ	oŋ	i / y	ʮ
	中	iã	ã,ã̃	ioŋ	oŋ	y / 但徐:i	ʮ
	新	iæ	æ,ã,ɑ̃	ioŋ	oŋ	y / 但徐:i	ʮ
嘉	老	iã	ã	ioŋ	oŋ	y	ʮ̃
	中	iʌ̃	ʌ̃	ioŋ	oŋ	y;i / y	ʮ̃
	新	iʌ̃	ʌ̃	ioŋ	oŋ	y;i / y / 但徐:i	ʮ̃
双	老	iã⁻	ã⁻,ɔ̃	ioŋ	oŋ	y / iᶻ轻	ʅ
	中	iã	ã,ɔ̃	ioŋ	oŋ	y;i / iᶻ轻	ʅ
	新	iã	ã,ɔ̃	ioŋ	oŋ	iᶻ轻	ʅ
杭	老	iʌŋ	ʌŋ	ioŋ	oŋ	y;i	ʮ
	中	iʌŋ	ʌŋ	ioŋ	oŋ	y	ʮ
	新	iʌŋ	ʌŋ	ioŋ	oŋ	y	ʮ

表 12 续

方言点	老/中/新	阳 '1','g','h'系 '1'母 两香相	阳 日母 白 让白	阳 日母 文 让	阳 知彻澄母 长	阳 章系 文 尝文	青庚 'g'母'h'系 迥兄	东 'k,g,h,y1'母 穷熊	东 日母 白 绒白	东 日母 文 戎文	东锺 'j1'系其余 中重	鱼虞 '1'母 白 滤白徐白	鱼虞 '1'母 文 虑文频文	鱼虞 'tz'系 文	鱼虞 'g,h'系 居雨	鱼虞 'j1'系 朱如
绍	老	ia-ŋ;iã-		ɒŋ,õ	a-ŋ,ã-	ɒŋ,õ		iuŋ			uŋ		i,j;yɥ		yɥ	
	中	iã-ŋ		ɒŋ	a-ŋ	ɒŋ		iuŋ			uŋ		i,j;yɥ		yɥ	
	新	iã-ŋ		ɒŋ	a-ŋ	ɒŋ		iuŋ			uŋ		i,j;yɥ		yɥ	
诸	老	iã		Ã	Ã	õ		ioŋ			oŋ	iz			yɥ	
	中	iã		Ã	Ã	õ		ioŋ			oŋ	iz			yɥ	
	新	iã		Ã	Ã	õ		ioŋ			oŋ	iz			yɥ	
崇	老	iʌ̃		Ã	ʌ̃	õ		iuŋ			uŋ	iz			y	ʮ
	中	iʌ̃		Ã	ʌ̃	õ		iuŋ			uŋ	iz			y	ʮ
	新	iʌ̃		Ã	ʌ̃	õ		iuŋ			uŋ	iz			y	ʮ
太	老	iAŋ		Aŋ	c组: iAŋ;Aŋ	ɒŋ;iɒŋ / Aŋ;iAŋ		iuŋ		uŋ	c组:iuŋ;uŋ	iz;ɿ			y	ʮ
	中	iAŋ		Aŋ	iAŋ;Aŋ	ɒŋ;iɒŋ / Aŋ;iAŋ		iuŋ		uŋ	iuŋ;uŋ	iz;ɿ			y	ʮ
	新	iAŋ		Aŋ	iAŋ;Aŋ	ɒŋ;iɒŋ / Aŋ;iAŋ		iuŋ		uŋ	iuŋ;uŋ	iz;ɿ			y	ʮ
余	老	iã		õ	Ã	ɔ̃		i,uŋ			uŋ	i;y	y;i	驴:u	y	ʮ
	中	iã		õ	Ã	õ		i,uŋ				i;y	取娶趣又;ɥ		y	ʮ
	新	iã		ɔ̃,ɔ̃少	Ã	õ,õ少		i,uŋ			uŋ	i;y	取娶趣又;ɥ		y	ʮ

地点		iã/iã̃等			yoŋ/oŋ等		oŋ		yʮ/ʮ等		ʮ		yʮ		ʮ
宁	老	iã	ɔ̃		yoŋ		yoŋ,oŋ	oŋ	yʮ少	i;yʮ	ʮ	ʮ	yʮ	ʮ
	中	iã	ɔ̃		yoŋ		yoŋ,oŋ	oŋ	yʮ少	i;yʮ少	ʮ;i	ʮ	yʮ	ʮ
	新	iã	ɔ̃		yoŋ		oŋ,yoŋ	oŋ	i;yʮ	i;yʮ少	ʮ;yʮ	ʮ	yʮ	ʮ·ʮ少
黄	老	iã̃	ɒ̃˞;iã		yoŋ	oŋ			yʮ	yʮ	ʮ	ʮ	yʮ	ʮ
	中	iã̃	ɒ̃˞;iã		yoŋ	oŋ			yʮ	yʮ	ʮ	ʮ	yʮ	ʮ
	新	iã̃	ɒ̃˞;iã		yoŋ	oŋ			yʮ	yʮ	ʮ	ʮ	yʮ	ʮ
温	老	ii		ɣuŋ		oŋ	ɵy	?徐婿i	ɵy	ʮ	ʮ;ʮ·iʮ少	ʉ	ʮ;ʮ·iʮ少
	中	ii		ɣuŋ		ɔŋ	ɵy	?徐婿i	ɵy	ʮ	ʮ;ʮ·iʮ少	y/但hh母:ʉ	ʮ;ʮ·iʮ少
	新	i		ɣuŋ		ɔŋ	ɵ	?徐婿i	ɵ	ʮ	ʮ;ʮ·i	y/但hh母:ʮ少	ʮ;ʮ·i
衢	老	ʮ·ɒ̃	iã̃	ʮ·ʌɴ;ioŋ	ʮ·ʌɴ;ioŋ	ʮ·ʌɴ	ʮ·ɪ·ʌŋ			ʮ·但母:i;ng;□·hh母:y。	但徐:u		徐又:ʮ
	中	ʮ·ɒ̃	iã̃	ʮ·ʌɴ;ioŋ	ʮ·ʌɴ;ioŋ	ʮ·ʌɴ	ʮ·ʌ·ʌŋ			ʮ·但母:i;ng;□·hh母:y。	但徐:u		徐又:ʮ
	新	ʮ·ɒ̃	iã̃	ʮ·ʌ·ʌŋ;ɔ·oŋ	ioŋ	ʮ·ʌ·ʌŋ	ʮ·ʌ·ʌŋ			ʮ·但母:i;ng;□·hh母:y。			徐又:i
华	老	ʮ·ã	iaŋ		ioŋ		ioŋ		ʮ少	ʮʮ		ʮʮ
	中	ʮ·ã	iaŋ		ioŋ		ioŋ		ʮʮ	ʮʮ		ʮʮ
	新	ʮ·ã	iaŋ			ioŋ		ʮʮ	ʮʮ		ʮʮ
永	老		iaŋ		Ye·ŋ;ioŋ	oŋ		oŋ		ɣ	ʮ·ɔ˞:u
	中		iaŋ		ɣɪŋ;ioŋ	oŋ		oŋ		ɣ	ʮ·ɔ˞:u
	新		iaŋ		ioŋ;ɣɪŋ	oŋ		oŋ		ɣ	i

表 13

广韵		脂支祭					元仙先				仙		谆文(真)			谆		
		日母		'j₁'系其余		白母	'g'系	'h'系	日母		'j₁'系其余	'tz₃'系	'g'系	'h'系	'tz'系	日母		'j₁'系其余
条件	例	蕊白(白)	蕊文(文)	吹白水白(白)	吹文水文(文)	文	捐	玄	软白(白)	软文(文)	川	全	君	允	巡	闰白(白)	润文(文)	春
宜 老		—		yᵤ	ia					yẽⁱ								
宜 中		—		yᵤ	ia					yẽⁱ								
宜 新		—		yᵤ	æE					yI,yI轻								
课 老		—		yʑ	ɣæE·æE					yʉ+								
课 中		—		yʑ	ɣæE·æE					yʉ+	ʊ̃,uʊ̃							
课 新		—		yʑ	ɣæE·æE					yʉ+								
金 老		—		nɛ	ɣɐ·ɪ		捐	yĩ,yʊ̃,uæ̃		yᵤ		ɐ̃		yiŋ	yiɪn	ʨie		ʨien
金 中				yʑ	ye	ueɹi		yĩ,yʊ̃,uæ̃	Y		ʊŋ			yəŋ	yiɪn+	ʨie		ʨyʌ
金 新				yʑ	ye	ueɹi		yĩ,yʊ̃,uæ̃少,yæ̃少	Y		əŋ	Y		yəŋ	yiɪn+	əŋ		
丹 老				yʑ	ye				Y		əŋ	ɤ		yŋ	yɪⁿŋ	uɜⁿ		yɛⁿ
丹 中				yʑ	ye				Y		əŋ	ɤ		yŋ	yɪⁿŋ	ɜⁿ		yɛⁿ
丹 新				yʑ	ye				Y			ɤ		yŋ+	yⁿŋ	ɜⁿ		yeⁿ
童 老				yᵤʑei		yᵤei	iᵚuɤ,yuɤ				iᵚuɤ,yuɤ			yᵤəŋ(但允读ioŋ)				
童 中						yᵤei	iᵚuɤ,yuɤ				iᵚuɤ,yuɤ			yᵤəŋ(但允读ioŋ)				
童 新						yᵤei·uei	iᵚuɤ,yuɤ				iᵚuɤ,yuɤ							

靖江	老	yʮ	yeⱶ	yeⱶ	—	ĩ	yɯⱶ			tĩ	yĩŋ	yõŋ		yᴇŋ	ue
	中	e		eⱶ		ĩ	yɯⱶ			i	yĩ	yĩŋ,iiŋ		tɿeɣ	
	新	e	yeⱶ	eⱶ		ĩ	yɯⱶ			i	iŋ	tɿeɣ		ue
江	老	y	y	ᴇɪ	eⱶ	I	θ	yθ		ioŋ 但巡:iɲ		ue	
	中	y		ᴇ⟂ɪ	eⱶ	I	θ	yθ		iɲ	ioŋ 但巡:iɲ		ᴇ-ɲ	
	新	—	y	ᴇɪ	eⱶ	I	θ	yθ		iɲ	ᴇ-ɲ			
常	老	ɣɐʔ	h	ɐɐh	iɔ微⟂	iɔ微⟂	iɔ微⟂	iô⟂	ioŋ 但巡:iɲ	yɣ	ɿʃeh		
	中	y	h	ɐɐh	ɔ⟂	ɔ⟂	ɔ⟂	io⟂	yɣ	ɿʃeh			
	新	æ·e	h	e·ɐɐh	ɔ⟂	ɔ⟂	ɔ⟂	io⟂	yɣ	ɿʃeⱶ·eⱶ			
锡	老	e	l·h	e	h·l	I	o⟂	io⟂	yɯŋ	ô⟂	ei	yeⱶ,iɲ·iiŋ		uɛ
	中	e	l·h	e	l·h	I	o⟂	io⟂	yɯŋ	Îɔei	iiŋ		ue
	新	ᴇ	h	ᴇ⟂	h	I	o⟂	io⟂	yɯŋ	Îɔei	iiŋ		ue
苏	老	yʮ	ɣʮ	ᴇ⟂I	ɣʮ	I		θ	ieθ·iɲ	i⟂	uei		ue
	中	yʮ	ɣʮ	ᴇ⟂I	ɣʮ	I	ɣ	θ	yɯŋ	iⁱ	iiŋ		ue
	新	ᴇ⟂I	ɣʮ	ᴇ⟂I	ɣʮ	I	ɣ	θ	yɯŋ	iⁱ	iiŋ		ue
熟	老	y	ɣʮ	ᴇ	ɣʮ	iᵉ	ɣ,e	ɜ̃	iɣ⟂	ioŋ	iõŋ,ioŋ		⌐ɜ̃,ɜ̃
	中	y	ɣʮ	ᴇ	ɣʮ	iᵉ	ɣ	ɜ̃	iɣ⟂	iõŋ	ĩ,iⁿ		⌐ɜ̃,ɜ̃
	新	y	ɣʮ	ᴇ	ɣʮ	iᵉ	ɣ	ɜ̃	iɣ⟂	ioŋ	ĩ,iⁿ		⌐ɜ̃,ɜ̃

表 13 续

广韵 条件		脂支祭 日母 白(蕊白)	脂支祭 日母其余 白(吹白水白)	脂支祭 白母 文(蕊文)	脂支祭 'j₁'系其余 文(吹文水文)	元仙先 'g'系(捐)	元仙先 'h'系(玄)	元仙先 日母 白(软白)	元仙先 日母 文(软文)	仙 'j₁'系其余(川)	仙 'tʒ₃'系(全)	谆文(真) 'g'系(君)	谆文(真) 'h'系(允)	谆 'tʒ'系(巡)	谆 日母 白(闽白)	谆 日母 文(润文)	谆 'j₁'系其余(春)
昆	老	y	ʮ-	ɛ	ɛ	ɣɵ	ɣɵ		θ+	ɪ	ɪ	yən	yən;in	in		ən	ən
	中	y	ʮ-	ɛ⊥-	ɛ⊥-	ɣɵ	ɣɵ		θ+	ɪ	ɪ	yn	yn;in	in		ən	ən
	新	y	ʮ-	ɛ⊥-	ɛ⊥-	ɣɵ	ɣɵ		θ+	ɪ	ɪ	yn	in;yn	in		ən	ən
霜	老	y	ʮ	ʌɪ	ʌɪ	iᵞ	iᵞ		ᵞ	ɪ			ĩ⁻			ɛ̃⁻ⁿ	ɛ̃⁻ⁿ
	中	y	ʮ	ʌɪ	ʌɪ	iᵞ	iᵞ		ᵞ	ɪ			ĩ⁻			ɛ̃⁻ⁿ	ɛ̃⁻ⁿ
	新	y	ʮ	ʌɪ	ʌɪ	iᵞ	iᵞ		ᵞ	ɪ			ĩ			ɛ̃⁻	ɛ̃⁻
罗	老	y	ʮ	ʌɪ	ʌɪ	iᵞ	iᵞ		ᵞ	ɪ	ɪ		ĩⁿ			ɛ̃⁻ⁿ	ɛ̃⁻ⁿ
	中	y	ʮ	ʌɪ	ʌɪ	iᵞ	iᵞ		ᵞ	ɪ	ɪ		ĩⁿ			ɛ̃⁻ⁿ	ɛ̃⁻ⁿ
	新	y	ʮ	ʌɪ	ʌɪ	iᵞ	iᵞ		ᵞ	ɪ	ɪ		ĩⁿ			ɛ̃⁻ⁿ	ɛ̃⁻ⁿ
周	老	—	ʮ	ø	ø	ɣɵ	yø̃	yø̃		ẽ;ø̃	i	ioŋ	ioŋ	iŋ	ɪ̃ɛi	ɔ̃ɛ	ɔ̃ɛ
	中	—	ʮ	ø	ø	ɣɵ	yø	yø		e;ø	i	ioŋ	ioŋ	iŋ	ɪŋ	ɔ̃ɛ	ɔ̃ɛ
	新	—	ʮ	ø	ø	ɣɵ	yø;yø̃	yø;yø̃		e;ẽ;ø;õ	i	iuŋ	iuŋ	iŋ	iŋ	ɔ̃ɛ	ɔ̃ɛ
上	老	y	ʮ	ø	ø	yɵ⁻;y	yɵ⁻	yɵ⁻		ø	i;ɪ	iuŋ;yn	ioŋ;iʊ̃;ỹⁿ	ɪŋ;yŋ	ɪŋ;yⁿ	ɪŋ;yⁿ	ɪŋ;ĩⁿ
	中	y	ʮ	ø⁻	ø⁻	yɵ⁻;y	yɵ⁻;y	yɵ⁻;y		ø	yø-;y;i	iuŋ;yn	ioŋ;iʊ̃;ỹⁿ	ɪŋ;yŋ	ɪŋ;yⁿ	ɪŋ;yⁿ	ɪŋ;ĩⁿ
	新	y	ʮ	ø;uE(E⊥)	ø;uE(E⊥)	yɵ⁻;y	yɵ⁻;y	yɵ⁻;y		ø	yø-;y;i					uɛ̃	ẽ;ỹẽ

		ua/ɦa	ɦɛ/ɦᴇ	uɛ/ɛ	i	ɤ	ɤ	ᴇ/ɛ	ㄱ	—	y	老	松
		ɦᴇ	ɦɛi	ɦɔi	i	ɤ	yɤ	ɤ	ᴇ	—	y	中	
		uᴇ	ɦiŋ	ioŋ	y	ɤ	yɤ	ɤ	ᴇ	—	y	新	
ie	iᴇ	iŋ	iɔi/ion	ii	ɵ	iɵ	iɵ	uᴇn	ᴇ	—	—	老	黎
uᴇ	uᴇ	ʑiŋ	ioŋ	ii	ɵ	iɵ	iɵ	uᴇ	ᴇ	—	—	中	
uᴇ	uᴇ	iŋ	ioŋ	ii	ɵ	iɵ	iɵ	uᴇ	ᴇ	—	—	新	
ɦiᴇ	ɦiᴇ	iŋ	ŋ/yŋ	ii	ɵ	iɵ	iɵ	uᴇ	ᴇ	—	—	老	盛
ɦuᴇ	uᴇ	iŋ	ŋ/yŋ	ii	ɵ	iɵ	iɵ	uᴇ	ᴇ	—	—	中	
ue	ue	ɦŋ	yeŋ	ie	ᴇ			ᴇh	ㄱ	—	—	新	
ue	ue	ʑiŋ	yŋ	ᴇ·ie	ᴇ			ᴇh	ㄱ	—	—	老	嘉
ue	ue	ʑiŋ	yŋ	ᴇ·ie	ᴇ			ᴇh	ㄱ	—	—	中	
		ioŋ	yŋ		ᴇ			iɔɤ/ɔ	ㄱ	—	—	新	
ueh	un·in	un	uŋ	ɪ	ᴇ	ɔɤ	ɔɤ	ᴇn·ɔ	ㄱ	y	老	双
ueh	yn·in	un	yŋ	ɪ	ᴇ	ɔɤ	ɔɤ	ᴇh	ㄱ	y	中	
uehᵀ	yn·in	yŋ	yŋ	ɔɤ/ɔɤ	ɔn/ɔn	ɔɤ/ɔɤ·ɔ	ᴇh	ㄱ	y	新	杭

表 13 续

广韵		脂支祭 日母白（蕊）	脂支祭 'jₗ'系其余白（吹）	脂支祭 'jₗ'系其余文（文）	元仙先 'g'系（捐）	元仙先 'h'系（玄）	元仙先 日母白（软白）	元仙先 日母文（软文）	仙 'jₗ'系其余（川）	仙 'tz₃'系（全）	谆文(真) 'g'系（君）	谆文(真) 'h'系（允）	谆文(真) 'tz'系（巡）	谆 日母白（国白）	谆 日母文（润文）	谆 'jₗ'系其余（春）
条件		蕊白	吹白水白	蕊文 吹文水文				软文						国白	润文	
绍	老	y	ʮ	ᴇ		yɵ̃			ẽ,ə̃少	ẽ,ĩ	yɵ̃	yɵ̃	ŋ̩	yɵ̃	ẽ	ẽ
	中	y	ʮ	eᴛ		yɵ̃			ẽ,ə̃	ĩ	yɵ̃	yɵ̃	ŋ̩	yɵ̃	ẽ	ẽ
	新	ɣ	ʮ	e		yɵ̃			ĩ,ə̃	ĩ	yɵ̃	yɵ̃	ŋ̩	yɵ̃	ĩ	ĩ
诸	老	—	ʮ	eᴛ		iɤ̆ᴛ			ɤᴛ	iĩ	iɤ̆ɔŋ	iɤ̆ɔŋ	ĩ	iɔŋ	ɛ̃-ĩ	ɛ̃-ĩ
	中	—	ʮ	eᴛ		iɤ̆ᴛ			ɤᴛ	iĩ	iɤ̆ɔŋ	iɤ̆ɔŋ	ĩ	iɔŋ	ɛ̃-ĩ	ɛ̃-ĩ
	新	—	ʮ	eᴛ		iɤ̆ᴛ			ɤᴛ	iĩ	iɤ̆ɔŋ	iɤ̆ɔŋ	ɪ	iɔŋ	ɛ̃-ĩ	ɛ̃-ĩ
崇	老	—	ʮ	e		yø̆ᴇ̀			oæ̃ᴇ̀	iẽ̆	iʊ̆ŋ	iʊ̆ŋ	ɪ̆ŋ	iʊ̆ŋ	ɪ̆ŋ	ɪ̆ŋ
	中	—	ʮ	e		yø̆ᴛ			æ̃ᴛ	iẽ̆	iʊ̆ŋ	iʊ̆ŋ	ɪ̆ŋ	iuŋ	ɪ̆ŋ	ɪ̆ŋ
	新	—	ʮ	e		yø̆ᴛ			æ̃ᴛ	iẽ̆	iʊ̆ŋ	iʊ̆ŋ	iŋ,ɪ̆ŋ	iuŋ	ɪ̆ŋ	ɪ̆ŋ
太	老	—	ʮ	ᵉᴇ				iɔæ̃	iɔæ̃	iẽ̆	iʊŋ,yŋ少	iʊŋ,yŋ少	iŋ	iuŋ	eŋ	eŋ
	中	—	ʮ	ᵉᴇ				iɔæ̃	iɔæ̃	iẽ̆	iʊŋ,yŋ少	iʊŋ,yŋ少	iŋ	iuŋ	eŋ	eŋ
	新	—	ʮ	e						iẽ̆	iʊŋ,yŋ少	iʊŋ,yŋ少	iŋ	iuŋ	eŋ	eŋ
余	老	—	ʮ	e		yø̆-		iɔæ̃	iɔæ̃;œ̃	ĩ	iɤ̆ʊŋ	iɤ̆ʊŋ	iŋ	iuŋ,yŋ少	iɪŋ,e-ŋ少	iɪŋ,e-ŋ少
	中	—	ʮ	e		yø̆-			ẽ-	ĩ	iɤ̆ʊŋ	iɤ̆ʊŋ	iŋ	iuŋ	iɪŋ	iɪŋ
	新	—	ʮ	e꞉ue		yø̆-,ɤ̃-少			ẽ-,ɤ̃-少	ĩ	iɤ̆ʊŋ	iɤ̆ʊŋ	iɲ	iuŋ	e-ɲ	e-ɲ

ʮ̩+	yoŋ	ɤŋ+			ueˠʱ				eˠ	老
ȵio	ȵioŋ	yoŋ		ue⁻ʱ	ueˠʱ	ʮ̩ʮ	ʮ̩ʮ		eₒ	中	宁
ȵio	ȵioŋ	yoŋ	uu	ui‵ue⁻ʱ	uˠʱ	ʮ̩ʮ	ʮ̩ʮ		eₒ	新
ȵi+eʱ	ȵiʮ	ȵio	ui	u+e⁻ʱ	ue⁻ʱ	uˠʱ			E-ɪ	ʱ	yᵤ	老
ȵi+eʱ	ȵiʮ	ȵi+eʱ	ɿₙ	ue⁻ʱ	ɟoi‵ɟoiyₙ				E-ɪ	ʱ	yᵤ	中	黄
ȵi+eʱ	ȵiʮ	ȵi+eʱ	ɿₙ	yₙ					E-ɪ	ʱ		新
ȵiɤŋ	ȵiɤŋ							θɤ		ʱ	老
ȵiɤŋ	ȵiɤŋ	ȵiɤŋ						yθ		l	中	温
ȵiɤŋ								y		l	新
ɿₙ	yₙ			⁻e⁻ʱ	⁻eˠ				ɪɛ	ʱ̩	老
ɿₙ	⁻eˠ		⁻e⁻ʱ	⁻eˠ	⁻e⁻ʱ				ɪɛ	ʱ̩	中	衢
									ɪɛ	ʱ̩	新
					文æ̃ʱ;ie文	⁻eˠ	白eʱ		ɪɐₙ‵ɪɐ	yᵤₙ	—	老
				ieɪ	白eʱ	文æ̃ʱ	白eʱ		ɪɐₙ‵ɪɐ	yᵤₙ	—	中	华
					白eʱ	白eʱ	文æ̃ʱ		ɪɐ‵ɪɐ	ᵤy	—	新
				ieɪ	文æ̃ʱ;ie文	白eʱ			ɪɛ	ɤ	—	老
					白eʱ				ɪɛ	ɤ	—	中	永
									ɪɛ	ɤ	—	新

表 1

第三表：入声韵母表（韵尾不标）

广韵	沃	烛	屋	屋	屋沃	屋	屋沃	铎	觉	铎	觉		昔	麦	陌麦	
条件	'h'系（一个字）	'l''tz'母系	'l''tz'母系	'f₁'v母	'd,g,tz'系	'm'母（一个字）	'b'系	'b'系	'b'系	'd,g,tz'系	'g,h'系白	'tz'系	'ji'系	'b'系白	'g,h'系	'tz'系
例	沃	绿俗	陆缩	伏	谷醋	目	仆木	博	剥	落各作	觉白学白	朔	尺石白石	麦白	格白	策白
宜　老	ɔ					ɔ		ɔ						A⁻		
宜　中	ɔ					ɔ		ɔ						A		
宜　新	ɔ					ɔ		ɔ						A		
溧　老	ɔ					ɔ		ɔ						ə		
溧　中						但舒声字:ɔ							ə	但舒声字:e⁻		
溧　新						但舒声字:ɔ			ɔ,ʊ少				ə	但舒声字:e⁻		
金　老	ʊ			ɔ		ɔ			ɔ,ɔ			ɔ		ə		ə⁺
金　中	ʊ			ɔ		ɔ			ɑ,ɔ少			ɔ		ə		ə⁺
金　新	ʊ					ɔ								ə		ə⁺
丹　老	ʊ					ɔ								ɛ		
丹　中	ʊ					ɔ								ɛ		
丹　新	ʊ					ɔ								ɛ⁻		
童　老	ɤ					ɤ							ə⁺	ɤ		ə⁺
童　中	ɤ					ɤ							ə⁺	ɤ		ə⁺
童　新	ɤ					ɤ							ə⁺	ɤ		ə⁺

地点	层次							备注
靖	老	e	c	ei	ci			但觉:iɑ c　c‘cn
	中	e	c	ei	c			c
	新	e	c	ei		ɒi		c
江	老	ɒ					o	c
	中	ɒ+					o	但觉:ia c　c
	新	ɒ+					o	c
常	老	+e	c	+e	ɒ		c	ch:字 tz系字 c　cn
	中	ɒ‘+e	ɒc	+e			ɒc	c‘ɒc
	新	+e	ɒc	+e	D		c	但tz系字 c　cn
锡	老		A-				c	cn
	中		A				c	cn
	新		A				c	cn
苏	老		-o				ɒc	cn
	中		A				ɒc	o　ɒn
	新		A				ɒc	o
熟	老		+D			ɒ‘ɒ	o	ɒn
	中		A-				o	tz系字 yɔ‘ɒ　ɔ‘ɔ
	新		A-				o	tz系字 yɔ‘ɒ　ɔ‘ɔn

表 1 续

广韵	沃	烛		屋	屋沃	屋	屋沃	铎	觉	铎	觉	觉	普	麦		陌麦	
条件	'h'系 一个字	'l'母	'tz'系	'f','v'母	'd,g,tz'系	'm'母 一个字	'b'系	'b'系	'b'系	'd,g,tz'系	'g,h'系 白	'tz'系	'j'系读tz系 普	'b'系 白		'g,h'系	'tz'系
例	沃	绿俗	陆缩	伏	谷酷	目	仆木	博	剥	落各作	觉学白	朔	尺白石白	麦白	白白	格白	策白
昆 老	uɒ˞	o	o	o	o	o˞	o˞							ɒ			
昆 中	ɒ˞	o			o˞	o˞	o˞							A			但格,策A;ə
昆 新			o但缩,酷D˞		o少e;o	o少e;o	o少e;o						A	但格,策A;ə			
霜 老						o˞	o˞							A+	A+		
霜 中			o	o	o					ɔ;o少	ɔ;o少			A+	A+		
霜 新						o˞	o˞							A+	A+		
罗 老			o	o	o	o˞	o˞							A	A		
罗 中	cn		o	o	o					c	c			A	A		
罗 新						o˞	o˞							A	A		
周 老	uD˞		o							D˞				ɒ	ɒ		
周 中	D˞		o	缩酷D˞;o	缩酷D˞;o					D˞;o少				ɒ	ɒ		
周 新			缩酷D;o	缩酷D;o	缩酷D;o					D˞;o				ɒ	ɒ		
上 老			o	o	o	o˞	o˞				ɔ˞			A	A		
上 中														A	A		
上 新			少a;o											A;a			

地点	年龄					
松	老	ɑ		o	ɒ˩	uɒ˩
	中	ʌ	但刹:o	但缩醋ɒ˩	ɒ˩	
	新	ʌ;但格:ʌ;ɛ	但刹:o	但缩醋ɒ˩		
黎	老	ʌ⁻		ɔ˩		
	中	ʌ⁻		ɔ˩		
	新	ʌ⁻		ɔ˩		
盛	老	ɒ		ɔ˩		
	中	ɒ		ɔ˩		
	新	ɒ		ɔ˩		
嘉	老	ʌ		o		
	中	ʌ	长式:ɔ:	o		
	新	ʌ		ɔ˩		
双	老	⁺ɒ		o		
	中	⁺ɒ		ɔ˩		
	新	ʌ		o		
杭	老	e	ɔ	iɑ:iɔ 角:ɔ:,iɪ,yɪ	ɔ	
	中	/ɑ:e	ɔ	iɑ:yɪ 角:ɔ:,iɪ,yɪ	ɔ	
	新	a:e	ɔ	yɪ;iɪ 角:ɔ:,yɪ,iɪ	ɔ	

表 1 续

广韵		沃	烛	屋	屋	屋沃	屋	屋沃	铎	觉	铎	觉		普	麦	陌麦	
条件		'h'系 一个字	'l'母 'tz'系		'f,'v母	'd,g,tz'系	'm'母 一个字	'b'系	'b'系	'b'系	'd,g,tz'系	'g,h'系 白	'tz'系	'j'系 读tz系 普音	'b'系 白	'g,h'系 格白	'tz'系 策白
例		沃	绿俗	陆缩	伏	谷酷	目	仆木	博	剥	落各作	觉白学白	朔	尺白石白	麦白白白	格白	策白
绍	老	uo	o	o		uo,o					o			ə		a-	
	中	uo	o	o		o,uo					o			ə		a-	
	新	uo	o	o		uo,o					o			ə,A	A	A,ə	
诸	老						oᴛ	oᴛ			o			ə,A	A	A	
	中						oᴛ				o			ə	A	A	
	新													ə			
崇	老	oᴛ	oᴛ			υ;oᴛ					cᴛ系	ioᴛ＝文	oᴛ	ɑ	a		
	中	cᴛ	cᴛ			υcᴛ		cᴛ系	cᴛ	c				ɑ	但:尺斥赤E-		
	新	cᴛ	cᴛ			υcᴛ		cᴛ系	cᴛ				oᴛ	ɑ	但:尺斥赤E-		
太	老							cᴛ系:iε						ɑ	但:尺斥赤ε;iε		
	中							cᴛ系:iε						ɑ	但:尺斥赤ε;iε		
	新							cᴛ系:iε						ɑ	但:尺斥赤ε;iε		
余	老	cn				cn			ᴛcn				c	ɪ;a-	a-		
	中	ᴛc;ᴛcn				c;ᴛ		ᴛc:ᴛcn+个别字							'a+		
	新	ᴛc				c:ᴛ		ᴛʉ;ᴛc+个别字	:i;ᴛc+个别字						'a		

宁	老	a	ɒ	ɒ								ɔᴛ
	中	a	ɒ	ɒ								ɔᴛ
	新	ɐ	ii									ɔᴛ
黄	老	a	ɒ	ɒ	jɤ	ʊon	on				ɔᴛ	ɔᴛ:ɔ
	中	a	ɒ	ɒ	jɤ	ʊon	但兀øᴛ				ɔᴛ	ɔᴛ:ɔ
	新	ʌ	iei	ɒ	jɤ	ʊon					ɔᴛ	ɔᴛ:ɔ
温	老	ɐ	iei	ɒ	jɤ	ʊon	ɔ	ʊ		jɤ:ɤ	ɔᴛ	ɔᴛ:ɔ
	中	ʌ	ɪɤi	ɒ	jɤ	ɔ	ʊ		jɤ:ɤ	jɤ:ɤ	ɔᴛ	ɔᴛ:ɔ
	新	ʌ	ii	jɤ	jɤ	ʊon	ɔ	ʊ	jʊ:iu:nₑ	jʊ:iu:nₑ	jɤ:ɤ	ɔᴛ
衢	老	e:a	ai	-e	-en:e-ʔ	舒声ʔo	促声ʔo	-e:en	-e		-e	-en‥e
	中	e:a/格:ʌ	æi,ʌ	-e	-en:e-ʔ	舒声ʔo	促声ʔo	-e:en	-e		-e	-en
	新	e:a/格:ʌ	ʌ	-ẽ/-ẽʔ	-en:e-ʔ	舒声ʔo	促声ʔo	-en‥e	-e		-e	-en
华	老	ai	ɔ	ʌʊ	eo	但缩:eo	ʊ					
	中	ai	ɔ	ʌʊ	eo	但缩:eo	ʊ					
	新	ai	ɔ	ʌʊ	eo	但缩:eo	ʊ					
永	老	ie	ɔ	ʌʊ	eo	ɔ						
	中	ie	ɔ	ʌʊ	eo	ɔ						
	新	ie	ɔ	ʌʊ	eo	ɔ						

表 2

广韵		黠	乏黠月	黠鎋洽狎				曷	合盍		合	盍	末			曷		合盍		没物
条件		'b'系 一个字	'b'系	'h'系 白	'g'系 白	'tʐ₁'系	'tz'系	'd'系	'd'系 一个字	一个字	'tz'系 一个字	'd'系 一个字	'b'系	'd'系	'tz'系 一个字	'g'系	'h'系	'g'系	'h'系	'b'系
例		八	法袜	瞎白匣白	掐白甲白	札	萨	达	搭	答	杂	纳	泼	脱	撮	渴	葛	蛤磕	合	不佛
宜	老	ʌ˞					ʌ˞								ə˞					
	中					ʌ									e˞	e˞				
	新																			
溧	老					ʌ									e˞	e˞	e˞			
	中					ɒ-							但舒声字e-	但舒声字e-	ɔ	ə		e˞			ɛ
	新					ɒ-							但舒声字e-	但舒声字e-	ɔ	ə		e˞			ɛ
金	老					ɑ							ə	ə	ə		e				ɛ
	中					ɑ	但祙ua							但脱 ə	但脱uoŋ撮 ə						
	新						但祙ua							但脱:ɣy	但脱ueŋ撮 e						
丹	老					ɑ						yɛ-		uɛ	ye	uɛ				ɛ	ɛ
	中	ʌ				ɒ-				e˞				uɛ	ɜ,uŋ	ɔ˞	ɔ˞	ɜ	ɜ,ɔn	ɜ,uɛ	ɜ
	新	ʌ				ɒ-				e˞			-ɜ-,ɔ˞	-uɛ-	ɔ˞	-ɜ-	ɔ˞;-ɜ-	-ɜ-,ɔ˞	-ɜ-,ue-	-ɜ-	-ɜ-
童	老					A			e˞						ɔ˞;e˞		ɔ˞;ɛ˞		e	e
	中					A			e˞						ɔ˞;ɛ˞					e	e
	新					A									ɔ˞;ɛ˞						

靖	老	e		eːø			ø			ɒ		
	中	e		eːø			ø			ɒ		
	新	e		ɔːe	ɔ			ɒ				
江	老			ɜ⁻	ɔ		ɜ⁻			ɒ		
	中			ɜ⁻	ɒ̆		ɜ⁻			ɒ⁺		
	新			ɜ⁻	ɒ	ɜ⁻,ɒ				ɒ⁺		
常	老			ˑe	ˑeḣ	ˑe			ˑe,ɒ			
	中			ˑe	ˑɔ	ˑe			ɒ⁻			
	新			ˑe	ˑɔ	ˑɔ,ˑe			ɒ			ˑɔ
锡	老		e	e	ˑɔ	e	e,a		a			ˑɔ
	中		e	e	ˑe	e		aˑeˑ	A⁺			ˑɔ
	新			e	ˑe			aˑeˑ	A			ˑɔ
苏	老	E⁻		ˑe	ˑɔ	ˑe			A	a⁻		ʊ
	中	E⁻		ˑe	ˑɔ	ˑe		A,E⁻	A	A⁻		ˑɔ
	新	E⁻			ˑe		E⁻			A⁻		ˑɔ
熟	老	E⁻			ʊ			A,E⁻				ˑɔ
	中	E⁻			ˑɔ		E⁻			A⁻		ˑɔ
	新	E⁻			ˑɔ		A,E⁻			A⁻		ˑɔ

表 2 续

广韵（条件 / 例）	黠 'b'系 一个字 [八]	乏黠月 'b'系 [法袜]	黠错洽狎（白）'h'系 [瞎白匣白]	'g'系 [掐甲白]	'tz₁'系 [札]	曷 'tz'系 [萨]	'd'系 [达]	合盖 'd'系 多数 [搭]	一个字 [答]	合 'tz'系 一个字 [杂]	盖 'd'系 一个字 [纳]	末 'b'系 [波]	'd'系 [脱]	'tz'系 一个字 [撮]	曷 'g'系 [渴]	'h'系 [曷]	合盖 'g'系 [蛤磕]	'h'系 [合]	没物 'b'系 [不佛]
昆 老	ə				ɑ	A		a			e		əɐ	ɔ		e	e		
昆 中	ə			A		A							e	ɔ					
昆 新	ə;A					A⁺											ə;oɐ少		
霜 老	ɜ			A⁺			A	A⁺;ɜ			ɜ			o			3	3	
霜 中	ɜ				A⁺						ɜ		e	o			ɜ		
霜 新	ɘ						A⁺							ɔ					
罗 老	əɐ			A	A			A,ɐ⁺			ɐ⁺	əɐ	ɔ			ɐ	ɐ		
罗 中	a			A	A	ɒ		a,ɐ⁺			a		o	ɔ			a		
罗 新	a				A	ɒ								ɔ			ɐ⁺	ɐ⁺	
周 老	a		æ			A					ɐa		ɔ	œ;ue;œ		e	e		
周 中					ɒ		E—		E—			œ;e少				o	e		
周 新													ə;e			e;ø	e		
上 老	a		A			A				e;ɤ		e				e	e		
上 中			A			A												但鸽:œ	
上 新																			

ɔ;oɐ;a
ɔ;o;e;a
ɣ;a
œ

松	老	œ	e	œ	e	æ、e		æ	e		但蛤鸽 œ
	中	e	e:œ	e	e	e		æ	e		e
	新		e						æ、e		但蛤鸽 œ
黎	老	但撮:ɔ	e	e	A⁻	ɒ		A⁻	ɔ		
	中		e	e	A⁻	ɒ		A⁻	ɔ		
	新	但撮ɔ	e	e	A⁻	ɒ		A⁻	ɔ		
盛	老	但撮:发脱等ɔ、e	e	e:ɒ	e:ɒ	ɒ		ɒ	ɔ		
	中		e	e:ɒ		ɒ		A	ɔ		
	新		e			ɒ、ɔ		ɒ、ɔ	ɔ		
嘉	老	但割夺鸽:e撮:ɔ	e	e、A	A			A	o		
	中		e:ɔ	e、A	A			A	o		
	新		e						o		
双	老	但撮:ɔ	e	e、A	ɒ⁺			ɒ⁺	ɔ		
	中		e	e、A	ɒ⁺			ɒ⁺	o		
	新	"撮"又读ɔ、"渴":o、ɪ	e	e、A	ɒ⁺			A	o、A		
杭	老	a:e	a:e	e:a	a:a		a:ia、a:ia		a:e		
	中	a:e	e:ɔ	a:e	a:e		a:ia、a:ia		a:ia		
	新	a:e:ɔ	e	a:e	a		a:ia		a		

表 2 续

广韵	黠	乏黠月	黠錯冾狎			曷	合盖	合	盖	末			合盖	曷		合盖		没物
条件	'b'系	'b'系	'h'系	'g'系	'tz₁'系	'tz'系'd'系	'd'系	'tz'系	'd'系	'b'系	'd'系	'tz'系	'g'系	'h'系	'g'系	'h'系		'b'系
	一个字		白				多数	一个字	一个字			一个字						
例	八	法袜	瞎白匣白拍白甲白	白	札	萨 达	搭 答	杂	纳	没	脱	撮	渴	曷	哈磕	合		不佛
绍 老	ɔ		æ-					ə˕	ø-	e˕	ø-	ø-、o	e˕;ɪ	e˕;ɪ		e˕		e˕
中	ɔ		æ-	ʌ				ə	ə、ø	o	ø	o	ɔe	ɪ;ɪ		e˕;ɪ		e˕;ɪ;ɪ
新	uɛ;ɜ		æ-、ʌ	ʌ				ʌ、ə	ə、ʌ、ø ʌ、o	o	ø	o	e˕	e˕;ɪ		ə、ʌ、ɪ、o、e˕		ə、ʌ、ɪ、o、e˕
诸 老			ə	ʌ 但札蔡铡闸:ɑ			但葛蔡、磕iə、纳 əe、曷ɛə ɔ˕						e			ə 但佛物 ɔ˕		ə 但佛物 ɔ˕
中			æ	ʌ 但札蔡铡闸:ɑ									E-			ə 但佛物 ɔ˕		ə 但佛物 ɔ˕
新			æ	ɒ 但札蔡铡闸:ɑ			但葛曷哈纳ɛ;渴磕iə ɔ˕				E- E-		E- "撮"又读ɔ			ɒ 但佛佛物 ɔ˕		ɒ 但佛佛物 ɔ˕
崇 老			æ	ɒ 但札蔡铡闸:ɑ					但札蔡铡闸:ɑ				e					
中			æ	ɒ 但札蔡铡闸:ɑ					但札蔡铡闸:ɑ									
新			æ	ɒ 但札蔡铡闸:ɑ														
大 老	uɛ;æ˕		a- 但札蔡铡闸:ɑ					ɪ	I	a;ɪ	ʉɪ˕		E- E-;æ˕		I;a˕			
中	ɔ˕		a˕ ɒ˕					ɪ、a˕	I、a˕	a;ɪ	ʉɪ˕		ʉɪ˕、a-		a;ɪ			
新	ɔ˕		ɒ˕					ɔ˕;I a˕	ɔ˕;I a˕		ɔ˕		ɔ		a˕			ɔ˕ a

	老	中	新
宁	ᵊe	ᵊe	ᵊe
	鸭儿ʎ:ᴇ上声 ᵊa		
黄	ᵊe	ᵊe	-ɐ
	鸭儿ʎ上声 撮ᴼ˙ɑ:ɑ	鸭儿ʎ上声 但撮ᴼ:ɑ	
温	ii	ii; ɐ:	ii
	少ɑ:æ:-ɐ		-ɐ
衢	æ-i	æ-i	æ-i
		但㬱甲㬱 ɐ:	
华	æ-i	æ-i	æ-i
	θ脱~衣蓝又读æ-i	θ	ø
永	e	e	e•o

表 3

广韵	德			没		陌麦				职	麦	德		铎	
条件	'd,tz'系	'g'系	'h'系	'd'系	'tz'系两个字	'h'系	'g'系	'tz'系	'b'系	'tz'系各一个字	'b'系	'm'母	'l'母一个字	'g'系两个字	'h'系一个字
例	得则	刻	黑	突	捽 卒	厄文	额文	策文	白文	色 塞	麦文	墨	北	扩 郭	霍
宜 老	əʔ	əʔ	əʔ		yəʔ	əʔ		Aˬ		əʔ	Aˬ			ˬen	ɔ
宜 中	əʔ	əʔ	e		ye	əʔ		A		əʔ	A			ˬen	ɔ
宜 新	əʔ	əʔ	əʔ	ɔˬ	ye	əʔ		A		əʔ	A		ˬɔ	ˬen	ɔ
溧 老	ə 但舒声字eˬ	e	e		ye				e					en	ˬɔ
溧 中	ə 但舒声字eˬ	e		ɔˬ	ye			ə				ˬɔ,ˬe	ˬɔ	en	ˬɔ
溧 新	ə 但舒声字eˬ	e	e	ɔ,ˬe	ɔ,ye	但舒声字:eˬ		ə	ə	ə			ˬɔ	en	ˬɔ
金 老		e	e	c	ye-			e	e	e		ɔ	ˬɔ	c	
金 中	e	e	e	ɔ	uo			e	e	e	ʊn	ɔ	ˬɔ	ʊn	ˬɔ
金 新	e	e	e	ɔ	ye			e	e	e	ʊn	ɔ	ˬɔ	ʊn	ˬɔ
丹 老	ɜ	ɜ	ɜ	ʊn	-yɛ			əˬ	ˬɔ	əˬ	ɜ		ˬɔ	ɜn	ˬɔ
丹 中	-ɜ	-ɜ	-ɜ		I			əˬ	ˬɔ	əˬ	-ɜ		ˬɔ	ɜn	ˬɔ
丹 新	əˬ	əˬ	əˬ		I			əˬ	ˬɔ	əˬ	-ɜ	ˬɔ	ˬɔ	en	ˬɔ
童 老	əˬ	əˬ	əˬ		ɔˬ			əˬ	ˬɔ	əˬ	ˬɔ	ˬɔ	ˬɔ	ˬɔ	ˬɔ
童 中	əˬ	əˬ	əˬ		ɔˬ			əˬ	ˬɔ	əˬ	ˬɔ	ˬɔ	ˬɔ	ˬɔ	ˬɔ
童 新	əˬ	əˬ	əˬ		ɔˬ			əˬ	ˬɔ	əˬ	ˬɔ	ˬɔ	ˬɔ	ˬo·en	ˬo

	老	ə		ø,ə	ø	I	I	ə		ɔ	ə			ɔ	
靖	中	ə				I		ə		ɔ	ə			ɔ	
	新	ə		ɔ		I		ə		ɔ	ə			ɔ	
	老	ɜ⁻		ɔ	I	ɜ⁻		ɑ		ɜ⁻		ɑ	ɜ⁻	ɔ↑	
江	中	ɜ⁻		ɒ↑	I	ɜ⁻		ɑ⁺		ɜ⁻		ɑ⁺	ɜ⁻	ɒ↑	
	新	ɜ⁻		ɒ	I	ɜ⁻		ɑ⁺		ɜ⁻		ɑ⁺	ɜ⁻	o	
	老	ə⁺		yə⁺		ə⁺					ɔ				
常	中	ə⁺		ɔ↑	ye⁻	ə⁺,ɔ↑		ɔ↑		ə⁺		ɔ↑		u3⁺,ɔ↑	u3⁺
	新	ə↑	ə↑,ɔ↑	ɔ↑		ə↑,ɔ↑		ɔ↑		ə⁺		ɔ↑		ɔ↑,u3⁺	
	老	ə							ɑ	ə		ɔ	uɔ	uɔ,ɔ	
锡	中	ə				A⁻				ə	A⁻	ə		ɔ	
	新	ə		ɔ	ə	ə,A	A			ə	A	ə		ɔ	
	老	ə⁺							ɑ⁻	ə⁺		ɔ↑			
苏	中	ə⁺				A		ə⁺	A	ə⁺		ɔ↑	uə⁺	ɔ↑	
	新	ə⁺	ɔ↑,ə⁺	ə⁺	A			ə⁺	A	ə⁺		ɔ↑	uə⁺,ɔ↑	ɔ↑	
	老	E⁻				ɑ⁺		E⁻				ʊ			
熟	中	E⁻			A⁻			E⁻	A⁻	E⁻		o↑			
	新	E⁻		E⁻,A⁻	A⁻			E⁻	A⁻	E⁻		o↑			

表 3 续

广韵		德			没		陌麦			职缉	麦	德		铎	
条件		'‘d,tz’系	'‘g’系	'‘h’系	'‘d’系	'‘tz’系 两个字	'‘h’系	'‘g’系	'‘tz’·‘b’系	'‘tz’系 各一个字	'‘b’系	'‘m’母	'‘l’母 一个字	'‘g’系 两个字	'‘h’系 一个字
例		得 则	刻	黑	突	卒 猝	厄文	额文	策文 白文	色 涩	麦文	墨	北	扩 郭	霍
昆	老	ə˧			ə˧	ə˧			ɑ	ə˧	ɑ	ə˧		ɔ˧	ɔ˧
	中	e			e	e			ʌ	e	ʌ	e	o	en	o
	新														
霜	老	ɔ˧;o;e			ɔ˧;o;e		A;ɔ˧	A	但策;ɜ	ɜ	ʌ	ɜ	o	o	uon;on	ɔ
	中	ɜ			ɜ		A+	但策;ɜ	A+	ɜ	A+	ɜ	o	o	uɜ;uɔ	ɔ
	新	ɜ			ɜ		A+	但策;ə˧	A+	ə˧	A+	ɜ	o	o	uɜ	o
罗	老	ə˧			ə˧			ʌ	ə˧	ʌ	ə˧	A	ə˧	ɔ˧	ə˧	ɔ˧
	中	˧a			˧a			A	˧a	A	˧a	A	a	ɔ˧	ɑn	ɔ˧
	新	˧a			˧a			A	˧a	A	˧a	A	˧a	ɔ˧	˧an	ɔ˧
周	老	e		ʌ+	e		ɒ	ɒ		ɒ		ɒ	ʌ+	o	ɒn	ɒ˧
	中	e;ø	o;e	e	e	ɒ	e;ø	e	e		E−	e	e	o	on;en	o
	新	e			e			e	e			e	e	o	en	ɔ˧
上	老												ʌ;ɑ		ʌ;ɑ	ɔ˧
	中	ɔ˧;o;e;a										e;a		e;a	a	ɔ˧
	新															ɔ˧

杭	新	aːe	o	ɔ	aːe	e	aːe	aːe							
	中	aːe	en	ɔ	aːːe	e	aːːe	o	en	aːe					
	老	an/en	en	ɔ	aːe	e	A		o	aːe					
双	新		en	o	A	e	ᵗɒ		e	o	e				
	中	oꜛɿʅ	en	ɔ	aːe		ᵗɒ		A	e					
	老	oꜛɿʅ	c	A	e		A		A	ɒːe	e				
嘉	新		c	o	A	e	A								
	中		c	o	A	e	A		A	ᴀ	e				
	老		onꜛon	A	e	A	A		A	ᴀ	e	e			
盛	新		ɔ	o	ɒ	e	ᴀꜛ		ɒːe		e				
	中		ɔ		ᴀꜛ	e	ᴀꜛ		ɒːe		e				
	老		ɔ		ᴀꜛ	e	ᴀꜛ		ɒːe		e				
黎	新		ᵗo		enꜛːo	e	ᴀꜛ			ᴀꜛ	e				
	中		ᵗo		ᵗo	e	ᴀꜛ			ᴀːːe	e				
	老		ᵗo		ᵗo	e	ᴀꜛ			ᴀːe	e				
松	新		c	en	c	eːv	ᴀ	v		eːvːv	eːv	e			
	中	ᴀɑ	ᴀɑ	en		ᴀ	eːv	v	eːv	eːv	ɑːv	v			
	老	ɒ	ɒ	c		ᴀ	v	ᴅ	v		ᴀ	v			

表 3 续

广韵	德		没	陌麦				职	缉	栉	麦	德		铎	
条件	'd,tz'系	'g','h','d'系	'tz'系	'h'系	'g'系	'tz'系	'b'系	'tz'系	'tz'系		'b'系	'm'母	'l'母	'g'系	'h'系
			两个字						各一个字				一个字	两个字	一个字
例	得 则 刻	黑	猝	厄文	额文	策文	白文	色	涩	瑟	麦文	墨	北	郭	霍
绍 老	e₁;əɿ	e;ɿ	uo-	∅-	a-	但厄:e		a-	a-	∅-	a-	o-	o	uo	o
绍 中	e;i	o	uo	但刻克:iɔ	a	但厄:e		e	e		a-	o	o	uo	e
绍 新	ə,e;ʌ	ə	o,ɿ;o	但刻克:iɔ	a	ə,e	ʌ,e	ɐ	ɐ		ʌ	o	o	uo	e,o;on
诸 老	ə	ə	o	ə	e	A	A	ɐ	ɐ		ɒ	oɿ	eɿ	ɒ	oɿ
诸 中	E-	E-	E-	E-		A	A	E-	E-	ɐ-ɐ	ɒ		E-	ɒ	oɿ
诸 新	E-	E-	E-	E-		A	A	E-	E-		ɒ		E-	ɒ	
崇 老	ɜ	ɜ	ɜ	样ɜ		ɒ	ɒ	ɜ	ɜ		ɒ	ɜ	ɜ	oɿ	oɿ
崇 中	ɔ-a:ɪ	ɔ	ɔ	样ɔ:ɐ		a-	a-	ɔ	I		a-	ɔ:ɐ	ɔ	oɿ	oɿ
崇 新	I	ɔ	ɔ	ɔ		a-	a-	ɔ	ɔ		a-	ɔ	ɔ	oɿ	oɿ

	永			华			衢			温			黄			宁		
	新	中	老	新	中	老	新	中	老	新	中	老	新	中	老	新	中	老
-eo	iᴇ	iᴇ	iᴇ	ᴇ̧	ᴇ̧	ᴇ̧												
-eo	iᴇ	iᴇ	iᴇ	ᴇ̧	ᴇ̧	ᴇ̧												
-eo	ai	ai	ai	ᴇ̧	ᴇ̧	ᴇ̧												
-ᴇ̧							ʌ	ʌ	ʌ	ɒ	ɒ	ɒ	ᴇ̧	ᴇ̧	ᴇ̧			
-ᴇ̧							ʌ	ʌ	ʌ	ɒ	ɒ	ɒ	ᴇ̧	ᴇ̧	ᴇ̧			
o·on / on / an							a	e										
-en·ᴇ̧	-en	-en	-en·ᴇ̧	e	a													
-en	-ᴇ̧·en																	
ᴐ̧	ᴐ̧on	ᴐ̧on																
ᴐ̧	ᴐ̧	ᴐ̧on																
ᴐ̧	ᴐ̧on	ᴐ̧	ᴐ̧														
ᴐ̧	-an	-an	ᴐ̧															·a
ᴐ̧	-an	-an	ᴐ̧	ᴐ̧							·a	·a	a:·ᴐ̧·a	ᴐ̧:a				

表 4

广韵	麦	黠鎋		末				没		德			麦
条件	'h'系 一个字	'g'系	'h'系	'g,h'系 四个字				'g'系·'h'系 各一个字		'g,h'系 三个字			'h'系 一个字
例	划	刮	清	阔	黠	括	活	骨	忽	或	国	惑	获
宜 老	-uʌ	-ɒn	-uʌ	-ɒn	ʔɔ		+en	+en	+en				ɔ
宜 中	uʌ	-ɒn	uʌ	+en	ʔɔ	-ɒn	+en	ɔ·+en	c·+en	+en			ɔ
宜 新	uʌ	ɒn	uʌ	+en	c·ɒn	-ɒn	+en	c·+en	c·+en	+en			
溧 老	-ɒn		-ɒn			ɒn	en	en	en				
溧 中	-ɒn		ɒn		ɔ		忽又读 en	en	en	en			
溧 新	ɒn		-ɒ(ʌ)·;-ɒ(ʌ)		c·ɒn	ɒn	但舒声字 ueʔ	en	en	en			
金 老	ɒn		-ɒn	3n	c·ɒn	-3(ʌ)·-3n	骨忽囡又读 ɔ	en	3n	3n			
金 中	-ɒn		ɒn	3n	ɔ	3(ʌ)·3n		en	3n	3n			
金 新	-ɒn		ɒn	-3n	ɔ	-3(ʌ)·-3n		en	-3n	-3n			
丹 老	uʌ		uʌ	+en	ɔ·ɒn	uɒn	on·en	+en	on				+en
丹 中	uʌ		uʌ	+en	ɔ·ɒn			+en		+en			+en
丹 新	uʌ		uʌ										ɔ
童 老													
童 中													
童 新	uʌ		uʌ										ɔ·+en

<table>
<tr><td rowspan="3">靖</td><td>老</td><td colspan="2">uɑ</td><td colspan="4">uə</td><td colspan="4">ɔ</td></tr>
<tr><td>中</td><td colspan="2">uɑ</td><td colspan="4">uə</td><td colspan="4">ɔ</td></tr>
<tr><td>新</td><td colspan="2">uɑ</td><td colspan="4">uə</td><td colspan="4">ɔ</td></tr>
<tr><td rowspan="3">江</td><td>老</td><td colspan="2">uɑ</td><td colspan="5">uɜ₋</td><td colspan="2">ɔ</td><td>uɜ-</td></tr>
<tr><td>中</td><td colspan="2">uɑ+</td><td colspan="5">uɜ-</td><td colspan="2">o˕</td><td>uɜ-</td></tr>
<tr><td>新</td><td colspan="2">uɑ+</td><td colspan="6">uɜ-</td><td>o</td><td>uɜ-</td></tr>
<tr><td rowspan="3">常</td><td>老</td><td colspan="2">uɑ-</td><td colspan="5">uɜ+</td><td colspan="2">ɔ</td><td>uɜ+</td></tr>
<tr><td>中</td><td colspan="2">uɑ</td><td colspan="4">uɜ+</td><td>uɜ+，ɔ˔</td><td colspan="2">ɔ˔</td><td>uɜ+</td></tr>
<tr><td>新</td><td>uɑ</td><td>ɔ˔</td><td colspan="3">uə˕</td><td colspan="2">ɔ˔，uə˕</td><td colspan="2">ɔ˔</td><td>uə˕</td></tr>
<tr><td rowspan="3">锡</td><td>老</td><td colspan="2">ua</td><td colspan="8">uə</td></tr>
<tr><td>中</td><td colspan="2">uA-</td><td colspan="8">uə</td></tr>
<tr><td>新</td><td colspan="2">uA</td><td colspan="8">uə</td></tr>
<tr><td rowspan="3">苏</td><td>老</td><td colspan="2">ua-</td><td colspan="8">uə+</td></tr>
<tr><td>中</td><td colspan="2">uA</td><td colspan="8">uə+</td></tr>
<tr><td>新</td><td>uA</td><td>uA，ɔ˔</td><td colspan="3">uə+</td><td>ɔ˔，uə+</td><td colspan="4">uə+</td></tr>
<tr><td rowspan="3">熟</td><td>老</td><td colspan="2">ua-</td><td colspan="8">ᵘʊ，ʊ</td></tr>
<tr><td>中</td><td colspan="2">uA-</td><td>o˔</td><td>uo˔</td><td>o˔</td><td colspan="3">ᵘo˔</td><td>o</td><td>ᵘo˔</td></tr>
<tr><td>新</td><td colspan="2">uA-</td><td>o˔</td><td>uo˔</td><td colspan="2">o˔</td><td colspan="2">uo˔</td><td>o</td><td>uo˔</td></tr>
</table>

表 4 续

广韵	麦	德			没		末				黠錯		麦
条件	'h'系 一个字	'g'h'系 三个字			'h'系 / 'g'系 各一个字		'g'h'系 四个字				'h'系 / 'g'系		'h'系 一个字
例	获	国	或	惑	忽	骨	活	阔	豁	括	滑	刮	划
昆 老										uʌ	uʌ+;(β)ʌ+	uʌ+	uʌ+;(v)ʌ+
昆 中										uʌ	uʌ	uʌ	uʌ;(v)ʌ
昆 新										uʌ	uʌ;(v)ʌ	uʌ	uʌ;(v)ʌ
霜 老	ᴛon;ᴛo	ᴛo;uᴛon	o;uon	o;ᴛo	en;ᴛo	uᴛen	uʌ,(f)ʌ	uʌ,(f)ʌ	uʌ,(f)ʌ	uʌ	uʌ;(v)ʌ	uʌ	uʌ;(v)ʌ
霜 中	en;ᴛo	o;uon	o;ᴛan	aᴛ	an	an	uʌ,(f)ʌ	an	aᴛ	uʌ	uʌ;(v)ʌ	uʌ	uʌ;(v)ʌ
霜 新	en;ᴛo	ᴛaᴛ	ᴛa(ʌ);ᴛan	ᴛa(ʌ);ᴛan	ᴛan	ᴛan	uʌ,(f)ʌ	ᴛan	ᴛa(ʌ);ᴛan	uʌ	uʌ;(v)ʌ	uʌ	uʌ;(v)ʌ
罗 老	(v)3	uᴛaᴛ;(v)ᴛ	uᴛaᴛ;(v)ᴛ	u3;(β)3	ᴛoᴛ;(f)ᴛoᴛ	uᴛan	(f)E-	e(f);uᴛaᴛ少	(v)E-;uᴛE-少	uæ	uʌ+;(v)ʌ+	uæ	(v)ɒ;uɒ少
罗 中		o	o	o	e(f)	en	e(f);'o';en	en;e(ʌ)	en;e(ʌ)	ɒ	ɒɒn;ɒ(ʌ)	ɒn	(v)ɒn;ɒ(ʌ)
罗 新		o	o			en	en	en	en	ɒn	ɒn:ɒ(ʌ)	ɒn	ɒn:ɒ(ʌ)
周 老	ᴛon;ᴛo	o	en	o	en;ᴛo	en	en	en	en				
周 中													
周 新													
上 老													
上 中													
上 新											vn:an	vn	-vʌn

on·en·an
ᴛon·ᴛo
ᴛon·ᴛo
ᴛo·ᴛon·en·an

								an:en	an:ɔn
			en:ɔn				an:en		an:ʌn
		en		en	en	en		ɔn:ɔn:ʌn	an:ʌn
	ɔn		en		en	ɔ	ɔn:an:en		
					en:ɔn			ɔ:ɔn	an:ʌn
en:ɔn	ɔ	ɔn:ɔ	en	en	en	ʌɔ	en		
ɔn	ɔ	ɔn					ɔ	ɔ	
o	o	ɔ			⌐en:o:ɔn		en		
o	o	c	en						

下部（地点／年龄）：

	松老	松中	松新	黎老	黎中	黎新	盛老	盛中	盛新	嘉老	嘉中	嘉新	双老	双中	双新	杭老	杭中	杭新

表 4 续

广韵	麦	黠鎋		末			没		德			麦
条件	'h'系 一个字	'g'系	'h'系(清)	'g,h'系 四个字			'g'系/'h'系 各一个字		'g,h'系 三个字			'h'系 一个字
例	划	刮	括	豁	阔	活	骨	忽	惑	或	国	获
绍 老	ua⁻	uæ⁻	uæ⁻	uɒ⁻,	uɒ⁻,	uɒ⁻,	uo	uo	uo	uo	uo	uo
绍 中	ua⁻	uæ⁻	uæ⁻	uɒ⁻,	uɒ⁻,	uɒ⁻,	uo	uo	uo	uo	uo	uo
绍 新	uA	uɒ⁻	uæ⁻	uo,o	uo,o	uo,uøᵚ	uo	uo,(f)o	uo	uo	uo	uo,(v)o
诸 老	(v)A	uA	(v)A	(f)ʌ	(v)ʌ	ɒᵀ;uɒᵀ	ɒᵀ	(f)ʌᵀ	ɒᵀ	oᵀ	o;uoᵀ	oᵀ
诸 中	(v)A	uA	(v)A	(f)ʌ	(v)ʌ	ɒᵀ;uɒᵀ	ɒᵀ	(f)ʌᵀ	oᵀ	oᵀ	o;uoᵀ	oᵀ
诸 新	a(ʌ)	an	a(ʌ)	an	an	an	oᵀ	(f)oᵀ	oᵀ	oᵀ	o;uoᵀ	oᵀ
崇 老	(β)ɑ	ɒn	(v)æ	ɒn	ɒn	(β)e	(h)(ɥ)	(φ)e	ɔ	oᵀ	o	ᴛᶜ
崇 中	(v)ʌ	ɒn	(v)æ	ɒn	ɒn	(v)E⁻	ɒ	(v)E⁻	oᵀ	ᴛᶜ	uᴇ	ᴛᶜ
崇 新	ɒ(ʌ)	æn	(v)æ	uæn	uᴇ⁻	(v)E⁻	uᴇ⁻	(v)E⁻	ᴛᶜ	ᴛᶜ	ᵀᴄn	ᴛᶜ
大 老	ɒ	ɒn	ɛ(ʌ)	uæn	uᴇ⁻	(v)E⁻	uᴇ⁻	(v)E⁻	ᴛᶜ	ᴛᶜ	ᴛᶜ	ᴛᶜ
大 中	(v)ɒ	ɒn	ɛ(ʌ)	uæ	æn	ɛ(ʌ)	æn	(φ)	ᴛᶜ	ᴛᶜ	ᴛᶜ	ᴛᶜ
大 新	(v)ɒ	æn	ɛ(ʌ)	ᴛᶜ	æn	ɛ(ʌ)	æn	ɛ(f)	ᴛᶜ	ᴛᶜ	ᴛᶜ	ᴛᶜ
余 老				ᴛᶜ		ɒɒ			ᴛᶜ	ᴛᶜ	ᴛᶜ	ᴛᶜ
余 中		⁺an		ᵀᴄn		ᵀᴄn		ᵀᴄn·ᴛᶜ	ᴛᶜ	c	ʉ	ᴛᶜ
余 新		⁺an		ᴛᶜ		ᵀᴄn		ᵀᴄn·ᴛᶜ	ᴛᶜ	c	ʉ	c

宁	老					ɔˋ	ɔˋ	ɔˋ	
黄	新	ʌn	uˋan	ʌn	ˋɔn	ˋɔn	ˋæ-i	ɔˋ	
黄	中			ˋɔn	ˋɔn	ˋɔn	æ-i·ˋæ	ɔˋ	
黄	老							ɔˋ	
温	新	ɒːˋo		ˋɔ	o	o	i-æ	ɒ	ien
温	中	ɒ(ʌ)		o	ɵ	ɵy	æ-i	ɒ	ien
温	老	ɒ(ʌ)		o	ɵ	ɵy		ɒ	ien
衢	新				ʌn	ʌn			+en
衢	中			ˋan	ʌn	ʌn	-e		+en
衢	老				ʊʌ	ʊʌ	-en		+en
华	新		ˋen	ʊʌ					ʊʌ
华	中		ˋen	ʊʌ					ʊʌ
华	老		ˋen	ʊʌ					ʊʌ
水	新	uai	+en	ʊʌ					uai
水	中	uai	+en	ʊʌ					uai
水	老	uai	+en	ʊʌ					uai

表 5

广韵	屋烛					觉		屋	觉	药					
条件	'g'系	'h'系	日母		'j'系 多数	知彻澄母		一个字	'g,h'系	1母	'g,h,tz'系	日母	知母	'j'系 章系	
			白	文		多数	一个字		文					多数	一个字
例	菊局	蓄歇	肉白	肉文	竹属	桌	镯	轴	觉学文文	略	脚削	若弱	着	勺	烁
宜 老	io	io				ɔ				io				ɔ	io
宜 中	io,ye少	io	io			ɔ				io			ɔ	ɔ	
宜 新		ye	iɔ˩	iɔ˩		ɔ˩	ɔ˩		ye	io,ye少	iɑ˩		ɔ	ɑ˩	
溧 老	ye,但hh母:iɔ˩		iɔ˩	iɔ˩		ɔ˩	ɔ˩		iɔ˩	iɑ˩	iɑ˩		ɑ˩	ɑ˩	
溧 中	ye		iɔ˩	iɔ˩		ɔ˩	ɔ˩	ye	iɔ˩	iɑ˩	iɑ˩		ɑ˩	ɑ˩	
溧 新	ye,iɔ˩		iɔ	iɔ		ɔ˩	ɔ˩	ye	iɔ˩	iɑ	iɑ˩		ɑ˩	ɑ˩	
金 老	iɔ 但g母,ye		iɔ	iɔ		ɔ	ɔ	io	ia,io	ia	ia		ɑ	ɑ	
金 中	iɔ 但g母,ye		iɔ	iɔ		ɔ	ɔ	iɔ	iɑ,iɔ	iɑ	iɑ		ɑ	ɑ	
金 新	iɔ,ye		iɔ	io		ɔ	ɔ	iɔ	iɑ,iɔ		iɑ		ɔ,ɒ	ɔ,ɒ	
丹 老	io˩ 但g母:y		ioт	ioт		ɔт	ɔт			iɑ˩	iɑ˩		ɑ˩	ɑ˩	
丹 中	ye,ioт		ioт	ioт		ɔт	ɔт			iɑ˩	iɑ˩		ɑ˩	ɑ˩	
丹 新	ye,ioт少		ioт	ioт		ɔт	ɔт			iɑ˩	iɑ˩		ɑ˩	ɑ˩	oт
童 老	ioт,yoт 但g母:(ts)oт		ioт	ioт		ɔт	ɔт		iA,ioт	iA	iA		A	A	
童 中	ioт,yoт 但g母:oт		ioт	ioт		ɔт	ɔт			iA	iA		A	A	
童 新	ioт,yoт 但g母:oт		ioт	ioт		ɔт	ɔт				iA		A	A	oт

靖	老	cʌ	iɔ（但菊:ye⁻）	ɔ	iɔ	iɑ	ɑ
	中	yɔ	io	o	io	iɑ	ɑ+
	新	yɔ	io	o	io	iɑ	o
江	老	yɔ	iɔ（但菊、蓄:ye⁻）	ɔ	iɔ	iA	ɑ+
	中	yɔ	io	o	io	iA	ɑ+
	新	yɔ	io	o	iɑ+	ɑ⁻	
常	老		io（但菊:ye⁻）	ɔ　tz系	iɑ	iɑ	ɑ⁻
	中	cʔ	iɔ⊣	cʔ　ts系有的字cʮ	iɑ	iɑ、iA	ɔ,ɑ⁻
	新		iɔ⊣		iɑ		ɑ
锡	老	cʔ	iɔ	ɔ	iɔ	iɑ	ɑ
	中	cʔ	iɔ	ɔ	iɔ	iA⊣	ʌ
	新	cʔ	iɔ⊣	cʔ	iɔ，ye⁻	iA	ʌ, ɑ⁻
苏	老	iɔ⊣	iu　但g母:ye⁻	cʔ　但g母:ye+	iɔ，ye⁻	iɑ⊣	ɑ／ cʌ,ʌ⁻
	中	iɔ⊣	io⊣　但g母:yə⊣⁻	cʔ　但g母:yə⊣⁻ iɔ⊣	iɔ⊣;ye⁻	iA	ʌ
	新	iɔ⊣	io⊣　但g母:yə⊣⁻	cʔ　但g母:yə⊣⁻ iɔ⊣	iɔ⊣;ye⁻	iA	ʌ
熟	老	iu	iu	ɔ,ʊ	iu	iɑ⊣	ʊ ɑ+;ʊ
	中	io⊣	io⊣	ʊ,ɔ,cʮɔ⊣	io⊣	iA⊣	cʮɔ⊣ ʌ⁻
	新	io⊣	io⊣	cʮɔ⊣,ʌ⁻;cʮɔ⊣	iA	cʮɔ⊣;ʌ⁻	

表 5　续

广韵	屋烛					觉		屋	觉			药			
	'g'系	'h'系	日母	日母	'j'系	知彻澄母	知彻澄母		'g,h'系	1母	'g,h,tz'系	日母	知母	'j'系章系	章系
条件	菊局	蓄歜	白 肉白	文 肉文	多数 竹属	多数 桌	一个字 镯	一个字 轴	文 觉文学文	略	脚削	若弱	着	多数 勺	一个字 烁
昆 老	io	ioᵀ			oᵀ	oᵀ			ioᵀ		ia				
昆 中	io	ioᵀ			oᵀ	oᵀ			ioᵀ		ia			ɔᵀ;A	A
昆 新		ioᵀ							ioᵀ		ia	A	A	ɔᵀ	
霜 老		io			o	oᵀ	io	io	ɔ		iAᵀ	Aᵀ	Aᵀ	但;若ɔ	
霜 中		io			o		io	io	ɔ		iAᵀ				
霜 新		ioᵀ			oᵀ						iAᵀ	Aᵀ			
罗 老		ioᵀ			oᵀ桌又:ɔ	oᵀ	ioᵀ	ioᵀ			iAᵀ	Aᵀ	A	但若:ɔ	
罗 中		ioᵀ			oᵀ				ɔ		iA	A	但若:ɔ	ɔᵀ	
罗 新	io 但搦ɒᴸ	ioᵀ		o							iA	但若:ɔ	A	ɔᵀ	
周 老	io 但搦ɒᴸ，菊:io;yœ	io	o	o	o	ɒᴸ;o	ioᵀ	io	ɔ	ia	ia	a	a	æ	
周 中	io 但搦ɒᴸ，菊:io;yɪ	io	o	o	o	ɒᴸ;o	ioᵀ	io		ia	ia	a			
周 新	但搦ɒᴸ	io 但搦ɒᴸ		o	o	ɒᴸ;o	io	io		ia	ia	a		o	
上 老	yo 但tɕ母:yø-		yɪ			o		io	iA	iA	iA	A	A	A	
上 中	ioᵀ;yɪ					oᵀ		io;yɪ	iA	觉:yɪ;ioᵀ					
上 新	yɪ-ᵀ;ioᵀ					ɔᵀ		yɪ;ioᵀ	iA	iɪ;iAᵀ;iaᵀ	iɪ;iAᵀ;iaᵀ	a;o	A	A;ɔᵀ	ɔᵀ

方言	世代							
松	老	io	但掬:iɒᵀ:tɕ母:yœᵀ	o	ɒᵀ	io	ia	ɑ
	中	io	但掬:iɒᵀ:tɕ母:yœᵀ	o	ɒᵀ	io	iʌˁ	ʌ
	新	ɔɪ:yɪ	ɔɪ:yɪ	ɔ		ɔ	iʌ	ɔːʌ
黎	老	iɒᵀ	iɒᵀ	oᵀ	ɒᵀ	iɒᵀ		Aˉ
	中	iɒᵀ	iɒᵀ	oᵀ	ɒᵀ	iɒᵀ		Aˉ
	新	iɒᵀ	iɒᵀ	oᵀ		觉又:ye⁻	iʌ⁺	Aˉ,oᵀ
盛	老	iɔᵀ	iɔᵀ	ɔᵀ		iɔᵀ	iʌ	ɒ
	中	iɔᵀ	iɔᵀ	ɔᵀ		iɔᵀ	iʌ	ɒ
	新	iɔᵀ	iɔᵀ	ɔᵀ		iɔᵀ	iʌ	ɒ,ɔ
嘉	老	io	io	o		io	iʌ	ʌ
	中	io:ye	io:ye	o		io:ye	iʌ	ʌ;oʃ
	新	io:ye	io	o		io	iʌ	ʌ;oʃ
双	老	iɒᵀ	iɒᵀ	oᵀ		iɒᵀ	iʌ	ɒᵀ
	中	io	io	o		io	iʌ	ɒᵀ
	新	io	io	o		io	iʌ	ʌ
杭	老	yɪ		ɔ	ɔ	iaːia	ia	a
	中	yɪ		ɔ	ɔ	yɪːia	ii / yɪ	aːɔ
	新	yɪ		ɔ	ɔ:ɔɪ	yɪːii	确yɪ	aːɔ

表 5 续

广韵 条件 例	屋烛 'g'系 菊局	屋烛 'h'系 蓄饮	屋烛 日母 白 肉白	屋烛 日母 文 肉文	屋烛 'j'系 多数 竹属	觉 知彻澄母 多数 镯	觉 知彻澄母 一个字 躅	屋 一个字 轴	觉 'g,h'系 文 觉文学文	母 略	'g,h,tz'系 脚削	药 日母 若弱	药 知母 着	药 章系 多数 勺	药 章系 一个字 烁
绍 老	yo	yo			o	o		yo;yøʔ	yo;yøʔ	ia-	ia-	o	a-但勺:o	a-但勺:o	
绍 中	yo	yo	yo		o	o		yo	yo	ia-	ia-	o	a-	o	o
绍 新	yo,yøʔ	yo			o	o		yo	yo	iA	iA	o	A	o	o
诸 老	ioʔ	ioʔ			oʔ	oʔ		ioʔ	ioʔ	iA	iA	oʔ	A但勺:oʔ	A但勺:oʔ	oʔ
诸 中	ioʔ	ioʔ			oʔ	oʔ		ioʔ	ioʔ	iA	iA	oʔ	A	oʔ	oʔ
诸 新	ioʔ	ioʔ			oʔ	oʔ		ioʔ	ioʔ	ai	ai	oʔ	a	oʔ	oʔ
崇 老	ioʔ	ioʔ			ɔ	ɔ		iʏ;ɔʏ	iʏ;ɔʏ	iɒ	iɒ		ɒ		ɔ
崇 中	i;ɔ;ɒʔ	i;ɔ;ɒʔ			ɔ	ɔ	ci	iʏ;ɔʏ	iʏ;ɔʏ	iɒ	iɒ	ɒ	ɒ	ci	ɔʏ
崇 新					ɔ	ɔ		ɔ;ɔʏ	ɔ;ɔʏ	iɒ	iɒ	ɒ			ɔʏ
大 老	yʏ;ɔʏ	yʏ;ɔʏ			菊:ʏ	ciʏ		yʏ	yʏ	iɒ	iɒ	ɒ	iɒ	ci	ɔʏ
大 中	yʏ;ɔʏ	yʏ;ɔʏ			菊:ʏ	ciʏ		yʏ	yʏ	iɒ	iɒ	ɒ	iɒ	ci	ɔʏ
大 新										iɒ	iɒ	ɒ	iɒ		ɔʏ
余 老	yɔʏ;ɔʏ	yɔʏ;ɔʏ			ɔ	ɔ		ɔ;ɔʏ	ɔ;ɔʏ	ia-	ia-	ɔ	iɒ	ɔʏ	ɔʏ
余 中	yʏ	yʏ			ɔ;ʏ	ɔ;ʏ		ɔ;ʏ	ɔ;ʏ	-ai	-ai	ɔʏ	ɒiɒ	a-但勺:a	a-
余 新										脚又:ai	脚:ai			a-但勺:o	ɔ

宁	老	ɔ˩	ɔ˩	ʔɔ˩;ʔai˩;ʔɔʔ˩	ʔii˩;ʔai˩	ɔ˩ʔʌ;ʔʌ˩	ɔ˩ʔʌ;ʔʌ˩	˩a⁺
	中	ɔ˩	ʔai˩;ʔii˩	˩ʔai;ˑʔii	ɔ˩ʔʌ;ʔʌ˩	ɔ˩ʔʌ;ʔʌ˩	˩ai⁺
	新	˩ɔ			ɔ˩	ɔ˩	
黄	老	iʌ	iei	ε-,iʌ;ε-,iɜ	偓菊:yɵ˩ yʌ˩	屋:iu;烛:yo˩	ɔ˩yʌ;ʌ˩yʌ
	中	ie-	ai:˩ie	ε-,ie-,ɜ	偓菊:yɵ˩ yɔ˩	屋:iʊ;烛:yo˩	ɔ˩yʌ;ʌ˩yʌ
	新	ie-;aɪ˩	a˩;ie	yɜ˩;ɜ˩;yɔ˩	屋:iu;烛:yo˩	ɔ˩yʌ;ʌ˩yʌ
温	老	ɒi	ɜi	iu	o˩;uon˩	yo˩	vʌ˩;yʌ˩
	中	ɒi	ɜi	ɒi	o˩	yo˩	ʌ˩yʌ;ʌ˩
	新	ɒi	iɜ	iu	o˩	yo˩	ʌ˩yʌ;ʌ˩
衢	老	ʌ	iʌ,iæ	-e˩h	ʌ˩-e˩h	-e˩h	oʌ˩n
	中	ʌ˩n	iʌ,iæ	-e˩h	yʌ˩	-eʌ˩	oʌ˩n
	新	ʌ˩n	iʌ,iæ	-e˩h	-e˩h	-e˩h	oʌ˩n
华	老	o:e	oʌ	ei˩yo˩;ai˩	yʌ	oʌ˩ai	eʌ˩;o˩;yʌ˩;o˩eʌ˩;oʌ˩n
	中	oʌ	˩oˑo	ai	æ	aʊ	eo
	新	eʌ˩yoʌ	iʊai			aʊ	eo
永	中	o:ai	iʊai		aʊ	ɔ	ɔ

表 6

广韵 条件 例	洽狎 'g,h'系 文 (夹文 甲文 狭文 压文)	叶 'g,h'系 各一个字 捏	帖 'g,h'系 协	屑薛 'b'系 撤别	屑薛帖叶 'd'系 跌贴	屑薛帖叶 'tz'系 节接捷	屑薛月叶业 'g,h'系 结杰节叶业噎嚓歇劼	薛叶 日母 白(热白)	薛叶 日母 文(热文)	'j₁'系其余 舌折
宜 老	iA	iA	iA	I	屑帖韵iA,其余I;ii	ii	ii			ə·
宜 中	iA;A	iA		I	屑帖韵iA,其余I;ii	ii	ii			ə·
宜 新	iA;A	iA		I	屑帖韵iA,其余I;ii	ii	ii			ə·
溧 老	iɑ-;ɑ-	iɑ-		I	ie、I		ie、ii			e
溧 中	iɑ-;ɑ-	iɑ-		I	但舒声字ie		但舒声字ii			但舒声字e·
溧 新	iɑ-;ɑ-	iɑ-;ie		I	但舒声字ie		但舒声字ii			但舒声字e·
金 老	iɑ;ɑ	iɑ		ie、ɪ	ie 叶又读ia	ie 叶又读ia	ie 叶又读ia		e	e
金 中	iɑ	iɑ							e	e
金 新										e
丹 老	iɑ-			ɪ	ɪ	ɪ	ɪ、hh母:ɪ			ε
丹 中	ɑ-;iɑ-			ɪ	ɪ	ɪ	ɪ、hh母:ɪ			ε
丹 新	ɑ-;iɑ-少			ɪ	ɪ	ɪ	ɪ、fh母:ɪ			ε-
童 老	A;iA			ii	ii	ii	ii			ə·
童 中	A;iA			ii	ii	ii	ii			e·
童 新	A;iA			ii	ii	ii	ii			e·

方言	层	ɑ;iɑ类	iɑ	iə	I	ii	iə / ii（但□母:I）	ɛɪ / e
靖	老	ɑ;iɑ	iɑ		I		ii	ɛɪ
靖	中	ɑ;iɑ	iɑ		I		（歇、舌等iə；少iə）	
靖	新	ɑ;iɑ	iɑ		I		ii;iə	
江	老	ɑ;iA	iA	iə	I		iə 但□母:I	ɛ$^-$
江	中	ɑ;iA	iA	iə	I		iə 但□母:I	ɛ$^-$
江	新	ɑ$^+$;iɑ$^+$	iɑ$^+$	iə	I		iɛ;ii 但□母:I	ɛ$^-$
常	老	ɑ$^-$;iɑ	iɑ			ii	·e$^+$	·e
常	中	ɑ;iɑ	iɑ,ii			ii	·e$^+$	·e
常	新	ɑ;iɑ	iɑ			ii		
锡	老	A$^-$;iA$^-$	iA$^-$	iə$^+$	ii		ei	e$_n$
锡	中	A$^-$;iA$^-$	iA$^-$	iə$^+$	ii		ei	e$_n$
锡	新	a;iɑ	ia	iə$^+$	I·I		ei	e
苏	老	A$^-$;iA$^-$	iA	ia;ie$^+$	I		·iə$^+$	·e
苏	中	A$^-$;iA$^-$	iA	ie$^+$	I		iə$^+$	·e
苏	新	A$^-$;iA$^-$	iA	ie$^+$	I		iə$^+$	·e
熟	老	a$^-$;iA$^-$	ia$^-$		I（g、h系略带i）		I	E$^-$
熟	中	A$^-$;iA$^-$	iA$^-$		I（g、h系i）		I	^{u}E$^-$
熟	新	A$^-$;iA	iA		I（g、h系i）		I	^{u}E$^-$

表 6 续

广韵　条件　例	洽狎 'g,h'系 文 (夹文甲文狭文压文)	叶帖 'g,h'系 各一个字 捏	叶帖 协	屑薛 'b'系 撇别	屑薛帖叶 'd'系 跌贴	屑薛帖叶 '亿'系 节接捷	屑薛月叶业 'g,h'系 结杰叶业嗜歇劫	薛叶 日母 白 热白	薛叶 日母 文 热文	'ji'系其余 舌折
昆 老	ɑ;iɑ	iɑ	iɑ		I		ii			ə˞
昆 中	A;iA	iA	iA		I		ir-			e
昆 新	A;iA	iA	iA		I		ir-			e
霜 老	A˞;iA˞	iA˞	iA˞		I		iɪ-			ɜ
霜 中	A˞;iA˞	iA˞	iA˞		I		iɪ-			ɜ
霜 新	A˞;iA˞	iA˞	iA˞		I		iɪ-			ə˞
罗 老	A;iA	iA	iA		I		iɪ-			˞a
罗 中	A;iA	iA	iA		I		iɪ-			a
罗 新	A;iA	iA	iA		I	I;iI-	iɪ-			˞a
周 老	æ;iæ	iæ	iæ			I	ie-			ɛ-
周 中	ɑ;iɑ	iɑ	iɑ		I					e
周 新	ɑ;iɑ	iɑ	iɑ		I					e
上 老	A;iA	iA	iA (iA)							e
上 中	A;iA	iA		I	I	ii-˞				e
上 新	vɪ;v;ai;ii;a	i;vɪ;vi;ii;a		I	I	I;iI-	ii-˞	ie-		e:a

（上 新：但撇跌切窃屑妾 iʌ,I　ii-˞）

松	老	æ;iæ	iæ	ɪ（但撒:iʌ）		iɪ⁻	e
	中	æ;iʌ⁺	iʌ⁺	ɪ	ɪ,iɪ	iɪ⁻	e
	新	æ;iʌ	iʌ	ɪ	iɪ⁻		e
黎	老	iʌ⁻;ʌ⁻	iʌ⁻,ie⁺	ɪ		ie⁺	⁻e
	中	iʌ;ʌ⁻	iʌ⁻,ie⁺	ɪ		ie⁺	⁻e
	新	iʌ;ʌ⁻	iʌ⁻,ie⁺	ɪ		⁺ei	⁻e
盛	老	iɑ;ɑ	iɑ	ɪ（但贴韵:iʌ;ɪ）		ai	e
	中	iɑ;ɑ	iɑ	ɪ（但贴韵:iʌ;ɪ）		ai	e
	新	iɑ;ɑ	iɑ	ɪ（但贴韵:iʌ;ɪ）		ai	e
嘉	老	iʌ;ʌ	iʌ	ii;ie⁺阳入ʌ多（帖韵:iʌ）			e
	中	iʌ;ʌ	iʌ	短式:iɪ⁻　长式:ie⁺			e
	新	iʌ;ʌ	iʌ;iɪ⁻	iɪ⁻;ie⁺			e
双	老	ʌ;iʌ	iʌ	ɪ;ie⁻			e
	中	ʌ;iʌ	iʌ	ɪ;ie⁻			e
	新	ʌ;iʌ	iʌ	ɪ;ie⁻			e
杭	老	ia	ia,ii	ii			e
	中	ii;ia	ii	ii			e
	新	ii;ai	ii	ii			a

表 6 续

广韵 条件 例	洽狎 'g,h'系 文（夹文/甲文/狭文/压文）	叶 'g,h'系（捏/挟）	帖（协）	屑薛 'b'系（撇别）	屑薛帖叶 'd'系（跌贴）	'tz'系（节接捷）	屑薛月叶业 'g,h'系（结杰叶业噎靥歇劫）	薛叶 日母 文（热文）	薛叶 日母 白（热白）	'j,'系 其余	舌折
绍 老	ia-,æ-	ia-		ɪ			ie˩（但屑:ø 但屑韵:ia-（跌ɪ））				e˩
绍 中	ia-,æ-	ia-		ɪ			iɪ				ɪ
绍 新	iA,æ-	iA		ɪ			iɪ				
诸 老	A,iA	iA					eɪ				oʏ
诸 中	A,iA	iA					eɪ				oʏ
诸 新	aɪ,a	aɪ					eɪ				oʏ
崇 老	æ	iɑ					i				e
崇 中	æ	iɑ					iE˩				E˩
崇 新	æ	iɑ					iE˩				E˩
大 老	æ	iɑ					ie˩				iE˩
大 中	æ	iɑ					ie˩				iE˩
大 新	ɛ	iɑ					ie˩				iɛ
余 老	ia+	I+a					但帖韵:ia-;ai-（跌ɪ） I		ia-		I:a
余 中	I+a	I:+a					但帖韵:ia-（跌ɪ） I				I:+a
余 新	ia+	I:a					但帖韵:ia-（跌ɪ） I				I:a

方言	代							
宁	老	-ai		iȵ				iȵ 贴蝶叠:iaȵ·iȵ
	中	ai·ai		iȵ				iȵ 贴蝶叠:iȵ·iȵ
	新	ii·ii ; a		iȵ				iȵ 贴蝶叠:iȵ·iaȵ少
黄	老	-з		ieᴛ				
	中	-з		ieᴛ				
	新	ɐᴛ; -з		iȵ				
温	老	ɒ	iA		iȵ			
	中	ɒ	iA		iȵ			
	新	ɒ	iA	iɔ	i			
衢	老	iA	iʌ	iɔ·iA				
	中	iA	iʌ		iɔ			
	新		iɔ·iA		iɔ			
华	老	iɔ	ai		iɔ	但铁贴叠送热捷:iᴇ·ieᴇ文		
	中	压押:ai	ai	ieᴛ 但铁贴送热捷iaᴇ·ieᴇ文				
	新	UA	ai	iaᴛ 但铁贴叠送热捷节:iaᴇ·ieᴇ文				
永	老	压押:ai	iA	ie	ieᴛ舒文·ie促文·ieᴛ舒·白			
	中	压押:ai	iA	ie	ieᴛ促声·ieᴇ舒·白			
	新	UA	iA	ie 屑帖韵:iA	但铁贴叠送热节:iaᴛ·ieᴇ文			

(上方并列标注:-eʔ / -eʔ / -eʔ / aʏ / yaʏ / yeȵ白:iaȵ·eᴇ文;另有 屑帖韵:iA 三项)

表7

广韵 条件	薛 '1'母 一个字 劣	陌 'g'系 一个字 剧	'b'系 必通	'd'系 必笛力	'tz'系 习七昔即	'g,h'系 吸一极吃益	日母 白 日白	日母 文 日文	其余 十失直	昔 'j'系 尺文石文
宜 老	ə̣	iɔ	ɪ⁻	ɪ⁻	ie,ii	ii⁻		ə⁺		A⁻
宜 中	ə̣	iɔ	ɪ⁻	ɪ⁻	ie,ii	ii⁻		ə⁺		A
宜 新	ie、i,ə	iɔ	ɪ⁻	ɪ⁻	ie,ii	ii⁻		ə⁺		A
溧 老	ie	ye	I 但舒声字ie	ie		ii				ə
溧 中	ie	iɔ·,ye	I 但舒声字ie	ie		ii 但舒声字ie⁻	ɔ		ə	ə
溧 新	ie	iɔ·,ye	I 但舒声字ie	ie		ii 但舒声字ie⁻	ɔ		ə	ə
金 老	ie	ie,ye	I 但ø,hh母:i̯ⁱ	ie	ie				ə	ɛ
金 中	ie	ie,ye	I 但ø,hh母:i̯ⁱ	ie	ie				ɛ⁻	ɛ⁻
金 新			I 但ø,hh母:i̯ⁱ		ii				ɜ⁻	ɜ⁻
丹 老	ii,ə⁺	iA			ii				·ɛ⁺	·ɛ⁺
丹 中	ii,ə⁺	iA			ii				·ɛ⁺	·ɛ⁺
童 新	ii	iA,ii			ii				·ɛ	·ɛ

地点	时期						ii:iə		
靖	老	ɪ	iɑ	ɪ	iɪ　但吃吸泣:iɪ			eɪ	ɑ
	中	ɪ	iɑ	ɪ	iɪ　但吃吸泣:iɪ			eɪ	ɑ+
	新	ɪ	iɑ	ɪ					ɑ+
江	老	ɪ	iʌ	ɪ	iɪ　但□母:ɪ		ʒ-	eɪ	ɑ
	中	ɪ	iʌ	ɪ	iɪ　但□母:ɪ		ʒ-	eɪ	ɑ+
	新	ɪ	iɑ+	ɪ	iɔ·iɪ　但□母:ɪ		ʒ-		ɑ+
常	老	ii	iɑ-	ii				ə+	
	中	ii	iɑ-	ii				ə+	
	新	ii	iɔ·iɑ	ii				əe	
锡	老	ii	iɑ	ii	e·又—ei		eʱ	eh̚	ɒ
	中	ii	iʌ-	ii	ei		eʱ	eh̚	ʌ-
	新	ii·ɪ	iʌ	i·ii	ei		e	e	ʌ
苏	老	ə·e	iei+	ɪ	iei+	ɪ g,h系带i	e+	e+	ɒ
	中	ɪ	iei+	ɪ	iei+	ɪ g,h系带i	e+	e+	ʌ
	新	ɪ	iə+·ieɪ少	ɪ	iei+	ɪ g,h系带i	e+	e+	ʌ
熟	老	ɪ	iɑ-	ɪ		ɪ g,h系ɪ	ᶣE-,E-		ɑ+
	中	ɪ	iʌ-	ɪ		ɪ g,h系ɪ	ᶣE-,E-少		ʌ-
	新	ɪ	iʌ	ɪ		ɪ g,h系ɪ	ᶣE-		ʌ-

表 7 续

广韵	薛	陌	缉质锡昔职				日母		'j'系	昔
条件	'1'母 一个字	'g'系 一个字	'b'系	'd'系	'tz'系	'g,h'系	白	文	其余	文
例	劣	剧	必通	必笛力	习七昔即	吸一极吃益	日白	日文	十失直	尺文石文
昆 老	ɪ	ii	ɪ	ɪ		ii	ii	ʮ	ʮ	ɑɤ少
昆 中	ɪ	i⁻	ɪ	ɪ		i⁻	i⁻	e	e	ʌ;ɘ少
昆 新	ɪ	i⁻	ɪ	ɪ		i⁻	i⁻	e	e	ʌ;ɘ少
霜 老	ɪ	iʌ⁺	ɪ	ɪ		iʌ⁻　但吃,泣i3	i⁻	ɛ	ɛ	ʌ⁺
霜 中	ɪ	iʌ⁺	ɪ	ɪ		iʌ⁻　但吃,泣i3	i⁻	ɛ	ɛ	ʌ⁺
霜 新	ɪ	iʌ⁺	ɪ	ɪ		iʌ⁻　但吃,泣i3	i⁻	ɚ	ɚ	ʌ⁺
罗 老	ɪ	iʌ	ɪ	ɪ		iʌ⁻　但吃,泣iaᵃ	i⁻	ᵃa	ᵃa	aᵃ
罗 中	ɪ	iʌ	ɪ	ɪ	iɪ;ᵢɪ⁻	iʌ⁻　但吃,泣iaᵃ	i⁻	a	a	a
罗 新	ɪ	iʌ	ɪ	ɪ	ɪ;iʌ⁻	iʌ⁻　但吃,泣iaᵃ	i⁻	ᵃa	ᵃa	ᵃa
周 老	ɪ	iɛ	⇐缉质日韵:ɪ(但级迟匹漆iʌ;ɪ) 锡昔职韵iʌ;ɪ(但 觅滴籍ɪ)		ɪ					ɒ
周 中	ɪ	iɑ	⇐缉、质韵:ɪ⁻;职韵:ɪE⁻;职韵:ʌ⁺　但吃:iʌ;ɪ少,铁等偶读iʌ		ɪ	但吃:iʌ;ɪ少			e	ɒ
周 新	ɪ	iɑ				但吃:iʌ;ɪ少			e	ɒ
上 老	ɪ	ie			""吃"有的人iʌ;ɪ少,yɪ;yo	但吃:ie	ie　但吃		e	ʌ
上 中	ɪ	ii⁻			ii⁻"吃"有的人ie				e	ʌ
上 新	ɪ	ii⁻			"吃"有的人ie				e:a	ʌ:a

方言	年龄	ii	iɑ	缉质日韵:ɪ,ii⁻（但:级、匹、疋、漆、疾、汲、逸:iʌ）；锡昔职韵 iʌ（但 觅历:ɪ）	缉质日韵 e（但 室）锡昔职 ʌ	ɑ
松	老	ɪ	ɪ		e	ɑ
	中	ɪ	ii⁻	ɪ	e	ʌ
	新	ɪ	ii⁻	ɪ	⁻e	ʌ
黎	老	ɪ	⁺ei	⁻ei	⁻e	ʌ⁻
	中	ɪ	⁺ei	⁻ei	⁻e	ʌ⁻
	新	ɪ	ie⁺	⁻ei	⁻e	ʌ⁻
盛	老	ɪ	ai	ai	e	ɒ
	中	ɪ	ai	ai	e	ɒ
	新	ɪ	ai	ai	e	ɒ
嘉	老			ii⁻;ie⁺阳入多	e	e:ʌ
	中			短式 ii⁻ 长式:ei⁺	e	e:ʌ
	新			ii⁻;ie⁺	e	ʌ
双	老	e		ɪ;ie⁻	e	ʌ⁺
	中	e		ɪ;ie⁻	e	ʌ⁺
	新			ɪ;ie⁻	e	ʌ
杭	老	e			e	
	中	e			e	
	新	e			e	

（右侧归并标目：a / a:e / e ； ii / ii）

表7续

广韵	薛	陌	缉质锡昔职							昔	
条件	'l'母 一个字	'g'系 一个字	'b'系	'd'系	'tz'系	'g,h'系	日母		'j'系		
			必逼	必笛力	习七昔即	吸一极吃益	白 日白	文 日文	其余 十失直	文 尺文石文	
例	劣	剧	必逼	必笛力	习七昔即	吸一极吃益			其余 十失直	尺文石文	
绍 老	ə‑e	ie‑	ɪ	但粒:e		ie‑		eɪ	但武食:ə‑	ə‑‑,a‑
中	e	ɪɪ‑	ɪ	但粒:e		ɪɪ‑		eːɪ		‑e,a‑
新	ə,ɪ少	ɪɪ‑	ɪ,ʌ	粒:ɪ,eː		ɪɪ‑		eːɪ	eːɪ	ə,ʌ
诸 老	ə				ɵ			e		e
中	e				ɵ			e		e
新	e				ɵ	a				a
崇 老	e				i			e		e
中	E‑		iE‑					E‑		eːɒ
新	E‑		iE‑					E‑;iE‑少		eːɒ
太 老	ie‑		iE‑				E‑		E‑;iE‑	ie‑;ɒ
中	iE‑		iE‑				E‑		iE‑;E‑	ie‑;ɒ
新	ɛ		ie‑				(n)ɛ		ɛ‑,ɕ少	iɛ;ɒ
余 老										
中	ɪ‑,a	‑cʌ,ɪ				但吃:yʉ				‑cʌ
新	ɪ‑,a					但吃:yʉ				‑a,ɪ

又读ɪ　但吃:yʉ　ɪ　但吃:yʉ　‑cʌ,ɪ

		蟹摄 a:ei:ai	蟹摄 æɣ	梗摄白读 ai 促 iɛ;e 促 ei 促	梗摄 ei	梗摄 ei	梗摄 绀:æ-i;锡昔:i	梗摄 绀:æ-i;锡昔:i	梗摄 绀:æ-i;锡昔:i			绀韵 昔职韵 ie:	绀韵 昔职韵 ie:	绀韵 昔职韵 ie:
宁	老	+a	eɣ					iæ-i	ii:i	e͂		绀质韵 昔职韵:e: 但粒	ie:e:	但粒 绀质韵 昔职韵:e:
	中	ii•a	ɔi:ii					iæ-i	ii:i	e͂		绀质韵 昔职韵:e: 但粒	ie:e:	但粒 绀质韵 昔职韵:e:
	新	ii•a	ɔi:ii					iæ-i,iɛ	i	e͂		绀质韵 昔职韵:ɔ: 但粒	ie:ɔ:	但粒 绀质韵 昔职韵:ɔ:
黄	老	a									但吃:ii			
	中	a							ie	iei	但吃:ie•ɣ			
	新	ɛ:ii•ɔ							ii	ii	但吃:ɣɣ			
温	老	eɣ	ai	ei	eɣ	iæ-i;eᴉ	iɛ-i	吃又:ɕ	绀:æ-i;锡、昔:i	但吃:ie•ɣɔ				
	中	eɣ	ai	ei		eᴉ	iɛ-i	吃又:ʅ	绀:æ-i;锡、昔:i	但吃:ie•ɣɔ				
	新	eɣ	ai	ei		eᴉ	iɛ-i	吃又:ʅ	绀:æ-i;锡、昔:i	但吃:ii				
衢	老	a			eə									
	中				eə									
	新				eə									
华	老	ei	eɣ											
	中	ie												
	新	ie												
永	老	ie	ie:ɔ:	绀质韵 昔职韵:e:	但粒 ie:									
	中	ie	ie:ɔ:	绀质韵 昔职韵:e:	但粒 ie:									
	新	ie	ie:ɔ:	绀质韵 昔职韵:ɔ:	但粒 ie:									

表 8

广韵	薛		错	缉	术	薛	术物		屑薛月		
	'tz'系		'tz₁'系	日母	'j₁'系	'j₁'系	'h'系	'g'系	'h'系'g'母'h'母	'h'系'y'母	
条件	两个字		一个字	一个字			一个字			一个字	一个字
例	雪	绝	刷	人	出述	拙说	郁	屈	血决缺	越	日
宜　老	yə⁺		ʌ⁻,yə⁺		yə⁺		iɔ		yə⁺	yʌ	yʌ
宜　中	ye		ʌ,ye		ye		iɔ		ye	yʌ	yʌ
宜　新	ye		ʌ,ye		ye,iɔᴛ,ɔᴛ		iɔ		ye	yʌ	yʌ
课　老					ye					yɑ-	yɑ-
课　中		ye			ye,iɔᴛ,ɔᴛ		ye,iɔᴛ			yɑ;ye	yɑ;ye
课　新										ye;yɑ-	ye;yɑ-
金　老	ye-				en		iɔ,ye-	ye			ye-
金　中	ye		ua	ə	uə;ye		iɔ		ye	yɑ	ya
金　新	ye		ua	ə	uə;ye				ye		
丹　老	y			ye,ue					y		
丹　中	ye		ioᴛ		ɛ		ye	ye		ye	ye
丹　新	ye		ioᴛ,yaᴛ				ye				
童　老	ye	yoᴛ	yʌ				ioᴛ,yoᴛ				
童　中	ye	yoᴛ	yʌ				ioᴛ,yoᴛ				
童　新	ii	yoᴛ,ii	yʌ				ioᴛ,yoᴛ				

靖	老	ya		yø		ɤ	ɪ
	中	ya		yo		ɤ	ɪ
	新	ya		yɔ·yø		ɤ	ɪ
江	老		ɔ	ɔ		ɑ	ɪ
	中		io	o		ɑˀ	ɪ
	新		io	o·ioʮ		ɑˀ	ɪ
常	老		ye˞	ʮɜʔ			ye˞
	中		ye˞	ɔʔ·ɛʔ			ye˞
	新		ye˞·ioʮ	io·ye˞			ioɔ
锡	老	ya	ye	ye	ɔ	e·ɛʔ	ii
	中	yʌ ya,ye	ye	ɔ		e·ɛʔ	ii
	新	yʌ	ye˞			e	ɪ
苏	老	yaˀ	yɛˀ	yɔˀ·yɛˀ	ɔi	ˀe	ɪ
	中		yɛˀ·yəɛˀ	yəɛˀ·ɔi		ˀe	ɪ
	新			ye˞		ˀe	ɪ
熟	老	ɔ	ioi	iu		ɛˀ·ɥɛˀ 但拙ioʮ	ɛˀ
	中			ioi		ɥɛˀ·ɛˀ 但拙ioʮ	ɪ
	新		ioi			ɛˀ·ɥɛˀ 但拙ioʮ	ɪ

表 8 续

广韵 条件 例	屑薛月 'h'系'y'母 一个字 (日)	多数 (越)	'h'系'g'系'h'母 (血决缺)	术物 'h'系 一个字 (郁)	'g'系 (屈)	薛 'j'系 (拙说)	术 'j'系 (出述)	组 日母 一个字 (人)	错 'tz₁'系 一个字 (刷)	薛 'tz'系 两个字 (绝)	雪
昆 老	yə⁻			io⁻			ɚ				I
昆 中	yə			io⁻			e				I
昆 新		ɔ	yə;io⁻				ɛ				I
霜 老			io				ɛ		ʌˑɐˑ		I
霜 中			io⁻				ɚ				I
霜 新		ɔ	io⁻				⁺ɐ				I
罗 老			io⁻				a		ʌˑɐ		I
罗 中			io⁻		E⁻		⁻ɐ	但说:uœ;œ			I
罗 新			yœ				e				I
周 老			yɪ			但拙说 e	e	但拙说:ə			I
周 中			yɪ;io			但拙说 e	e	但拙说:ə			I
周 新			yø				e				I
上 中			yɪ;io⁻				e				⁻iɪ
上 新			yɪ;io⁻				⁻o;ə;a	⁻œ;ə;a			⁻iɪ ⁻yɪ

点	年龄	韵1	韵2	韵3	韵4	韵5
松	老	eɤ		io		ɪ
松	中		yœɤ	io	e（但说:uœɤ）	iɪ-·ɿ
松	新		yɪ-	io	e	yɪ·ii
黎	老	yʌ			e	ɪ
黎	中		yœɤ		e	ɪ
黎	新		yɪ-		"拙"又读ɔ／e	ɪ
盛	老	yɑ			e	ɪ
盛	中		yə		e	ɪ
盛	新		ɔyɛ·ɔi		"拙"又读ɔ／e	ɪ
嘉	老	yɑ			e	iɪ·ei⁺／ii·ɿ
嘉	中		-yə-		e	ii-／ei⁺
嘉	新		yə		ɔɤ·e	əyɛ·ei／ei⁺
双	老		io·yɛ	io	ɔɤ·e	ie
双	中		ie-	io	ɔɤ·e／eh·	ie
双	新		ie-	io	e／eh·	ie
杭	老	yɛ·yɪ	yɪ	ɔi·yɪ	c／e／ah·eh·	ii
杭	中		yɪ		e／ah·eh·	ii
杭	新		yɪ		c·eh·	yɪ

表 8 续

广韵	屑薛月			运物		薛 ('j₁'系)		缉	错	薛
条件	'h'系'y'母 一个字	'h'系'y'母 多数	'h'系'g'系'h'母	'g'系	'h'系 一个字	拙说	术 出述	日母 一个字	'tz₁'系 一个字	'tz'系 两个字
例	日	越	血决缺	屈	郁			人	刷	雪绝 / 绝
绍 老	yo,yø		yo			e₁,I	e₁,I	e₁,I		ieₗ
绍 中			yo				I			iıτ
绍 新			yo					e'₁		iıτ
诸 老			i,o				o	但说:ø-		eₒ
诸 中			i,o			o	o	e'₁ / 但z母:e:		eₒ
诸 新			i,o				o	但z母:e:		eₒ
崇 老			yø				e	e		i
崇 中			yI				E-	E-		iE-
崇 新			i,ɔ·yI				E-	E-		iE-
大 老			ye				iE-	iE-		ie-,iE-
大 中			ye				iE-	iE-		ie-
大 新			ye;iɔ·ʏ				iɛ,ɛ	iɛ,ɛ		ie-
余 老			yɣ;yʏ							
余 中			yʉ				I	I		
余 新			ʏɔ				说又读ɔ:			

Iː·aː·ɔ

宁	老	yɛ̃;ʔyɛ̃	ꜛc	ꜛcɪ	yⱭ	æ-i	ꜛc	ei
	中	yɪ	ꜛch	ꜛ ɪyɪ	yθ	æ-i	yθ	ei
	新	ꜛyɪ,yɪ		ꜛ cɪyɪ,ɪy	y	æ-i	y	ai
黄	老	yⱭ	ꜛyθ;yⱭ-	ꜛc	ꜛc	iɪ	θ	iⱭei
	中	ꜛchɛ-		-ɜh	-ɜh	iei	θ	yⱭ
	新	ꜛc		ꜛc	ꜛc	iei	θ	ie
温	老				yⱭ		yⱭ	ie
	中				yⱭ		yⱭ	ie
	新				yⱭ		yⱭ	ie

第四表：声调表　　　　　　　　　　　　　　　　　　　　　　　　表 1

古 条件	平 清	平 浊 次浊	平 浊 全浊 (文／白 同前)	上 清 全清	上 清 次清	上 清 清	上 次	上 浊文	上 次浊白	浊（去）全浊
例	江天	来名	同前	懂	土	草	也文	永文	有白老	是稻
宜 老	阴平55	阳平223	阳平223	阴上51	阴上51	阴上51	=阴平	=阴上	=阴上	阴上24；=阴去少
宜 中	阴平55	阳平223	阳平223	阴上51	阴上51	阴上51	=阴平	=阴上	=阴上	阴上24；=阴去少
宜 新	阴平55	阳平223	阳平223	阴上51	阴上51	阴上51	=阴平	=阴上	=阴上	阴上24；=阴去少
溧 老	阴平445	阳平323	阳平323	阴上52	阴上52	阴上52	=阴平	阳上；=阴平少	=阳上	阴上224；=阴去少
溧 中	阴平445	阳平323	阳平323	阴上52	阴上52	阴上52	=阴平	阳上；=阴平少	=阳上	阴上224；=阴去少
溧 新	阴平435	阳平323	阳平323	阴上52	阴上52	阴上52	=阴平	阳上；=阴平少	=阳上	阴上224；=阴去少
金 老	阴平31	阳平31	除喻母外=阴去　阳平31	阴上33；=阴去少	阴上33；=阴去少	阴上33；=阴去少	上22	上323	=阴上；=阳平	=阳去
金 中	阴平31	阳平35	阳平35	上323	上323	上323	上323			
金 新	阴平22	阳平35	阳平35	上323	上323	上323	上323			
丹 老	阴平22	阳平213；=阴平	阳平213；=阴平	阴上44；=阴去少	阴上44；=阴去少	阴上44；=阴去少	=阴上；=阴平	=阴上；=阴平	=阴上；=阴平	=阳去；=阴平少
丹 中	阴平22；=阴去	阳平213；=阴平	阳平213；=阴平	阴上44；=阴平	阴上44；=阴平	阴上44；=阴平	=阴上；=阴平	=阴上；=阴平	=阴上；=阴平	=阳去；=阴平少；=阴上少
丹 新	阴平22；=阴去	阳平213；=阴平	阳平213；=阴平	阴上44；=阴平	阴上44；=阴平	阴上44；=阴平	=阴上；=阴平	=阴上；=阴平	=阴上；=阴平	=阳去；=阴平少；=阴上少
童 老	阴平42	阳平31	阳平31	阴上324	阴上324	阴上324	=阳去；=阴去少	=阳去；=阴去少	=阳去；=阴去少	=阳去；=阴去少
童 中	阴平42	阳平31	阳平31	阴上324	阴上324	阴上324	=阳去；=阴去少	=阳去；=阴去少	=阳去；=阴去少	=阳去；=阴去少
童 新	阴平42	阳平31；=阴去少	阳平31；=阴去少	阴上324	阴上324	阴上324	=阳去；=阴去少	=阳去；=阴去少	=阳去；=阴去少	=阳去；=阴去少

市	层	阴平	阳平	阴上		
靖	老	阴平433	阳平223	阴上334		=阳去
	中	阴平433	阳平223	阴上334		=阳去
	新	阴平433	阳平223	阴上334		=阳去
江	老	阴平51	阳平31	阴上45		=阳去
	中	阴平51	=阳去;阳平31	阴上45		=阳去
	新	阴平51	=阳去;阳平31也读阳去	阴上45		=阳去
常	老	阴平44	阳平213	阴上334		=阳去
	中	阴平44	阳平213	阴上334		=阳去
	新	阴平44	阳平213	阴上334		=阳去
锡	老	阴平544	阳平14	阴上323	=阴平;=阳上	阳上33
	中	阴平544	阳平14;=阳去	阴上323	=阴平;=阳上	阳上33;=阳去
	新	阴平544	=阳去	阴上323	=阴平;=阳上	=阳去;阳上33
苏	老	阴平44	阳平223	阴上51	=阴平、上;=阳去	=阳去
	中	阴平44	阳平223	阴上51	=阴平、上;=阳去	=阳去
	新	阴平44	阳平223	阴上51	=阴平、上;=阳去	=阳去
熟	老	阴平52	阳平233	阴上44	=阴上;=阳上	阳上31
	中	阴平52	阳平233	阴上44	=阴上;=阳上	阳上31
	新	阴平52	阳平233	阴上44	=阴上;=阳上	阳上31

表 1 续

古 条件		平				上							
		清	浊			清		浊					
			次	全浊		全清	次清	次	浊文	次	浊白	全浊	
例		江天	来名	文	白（同前）	懂好	土草	也文	永文	有白	老	是	稻
昆	老	阴平ㄱ44	阳平ㄣ233	同前		阴上丶52	阴上丶52	＝阴上；＝阳上	＝阴上；＝阳上		阳上丶221	阳上丶221	
	中	阴平ㄱ44	阳平ㄅ24；ㄅ23			阴上丶52	阴上丶52	＝阴上；＝阳上		阴上ㄑ221	阴上ㄑ221；＝阳去		
	新	阴平ㄱ44	阳平ㄣ132			阴上丶52	阴上丶52	＝阴上；＝阳上		阴上ㄗ223	ㄗ21＝阳去		
霜	老	阴平丶52	阳平ㄣ231			阴上ㄒ434	阴上ㄒ434	＝阴上；＝阳去	＝阴上；＝阳去		＝阳去	＝阳去	
	中	阴平丶52	阳平ㄣ231			阴上ㄒ434	阴上ㄒ434	＝阴上；＝阳去	＝阴上；＝阳去		＝阳去	＝阳去	
	新	阴平丶52	阳平ㄣ231			阴上ㄒ434	阴上ㄒ434	＝阴上；＝阳去	＝阴上；＝阳去		＝阳去	＝阳去	
罗	老	阴平丶52	阳平ㄣ231			阴上ㄒ435	阴上ㄒ435	＝阴上；＝阳去	＝阴上；＝阳去		＝阳去	＝阳去	
	中	阴平丶52	阳平ㄣ231			阴上ㄒ434	阴上ㄒ434	＝阴上；＝阳去	＝阴上；＝阳去		＝阳去	＝阳去	
	新	阴平丶52	阳平ㄣ231			阴上ㄒ434	阴上ㄒ434	＝阴上；＝阳去	＝阴上；＝阳去		＝阳去	＝阳去	
周	老	阴平丶52	阳平ㄌ113			阴上ㄱ44	阴上ㄱ44	阴上丶323；＝阳去	＝阳平	＝阳平	＝阳去	＝阳去	
	中	阴平丶52	阳平ㄌ113			阴上ㄱ44	阴上ㄱ44	＝阴上；＝阳去	＝阳平		＝阳去	＝阳去	
	新	阴平丶52	阳平ㄌ113			阴上ㄱ44	阴上ㄱ44	＝阴上；＝阳去	＝阳平		＝阳去	＝阳去	
上	老	阴平丶52	＝阳去			阴上ㄱ44；＝阴去	阴上ㄱ44；＝阴去	＝阴上；＝阳去	＝阴上；＝阳去		＝阳去	＝阳去	
	中	阴平丶52	＝阳去			＝阴去	＝阴去	＝阴上；＝阳去	＝阴上；＝阳去		＝阳去	＝阳去	
	新	阴平丶52	＝阳去			＝阴去	＝阴去	＝阴上；＝阳去	＝阴上；＝阳去		＝阳去	＝阳去	

地点		阴平	阳平	阴上（全阴上）	次阴上	阳上	阳去
松	老	阴平 52	阳平 231	阴上 44		阳上 22	＝阳去
	中	阴平 52	阳平 231	阴上 44		阳上 22；＝阳去	＝阳去
	新	阴平 52	阳平 231	阴上 44；＝阴去			＝阳去
黎	老	阴平 44	阳平 24	全阴上 51	次阴上 334	＝全阴上；＝阳上	阴上 32；阳去
	中	阴平 44	阳平 24	全阴上 51	次阴上 334	＝全阴上；＝阳上	阴上 32；阳去
	新	阴平 44	阳平 24	全阴上 51	次阴上 334	＝全阴上；＝阳上	阴上 32；＝次阴上；＝阳去
盛	老	阴平 44	阳平 24	全阴上 51	次阴上 334	＝全阴上；＝阳上	阳上 223
	中	阴平 44	阳平 24	全阴上 51	次阴上 334	＝全阴上；＝阳上	阳上 223；＝阳去
	新	阴平 52	阳平 231	全阴上 44	次阴上 324	＝全阴上；＝阳上	阳上 223；＝阳去
嘎	老	阴平 52	阳平 231	全阴上 44	次阴上 324	＝阳去	阳上 22少；阴上 22少
	中	阴平 52	阳平 231	全阴上 44	次阴上 324	＝阳去	阴上 22少
	新	阴平 52	阳平 231	全阴上 44；＝阴去	次阴上 324；＝阴去	＝阳去	阴上 22少
双	老	阴平 44	阳平 113	阴上 53		阴上 231	
	中	阴平 44	阳平 113	阴上 53		＝阴上；＝阳上少	阳上 231
	新	阴平 44	阳平 113	阴上 53		＝阴上；＝阳上少	阳上 231
杭	老	阴平 323	阳平 212	阴上 51		＝阳去	＝阳去
	中	阴平 323	阳平 212	阴上 51			＝阳去
	新	阴平 323	阳平 212	阴上 51			＝阳去

表1 续

古 条件 例	平·清（江 天）	平·浊·次浊（来 名）	平·浊·全浊（文／同前[白]）	上·清·全清（懂 好）	上·清·次清（土 草）	上·浊·次浊·文（也文）	上·浊·次浊·白（有白 老）	上·浊·全浊（是）	上·浊·全浊·白（稻）
绍 老	阴平 ˥˨ 52	阳平 ˨˧˩ 231	阳平 ˨˧˩ 231	阴上 ˧˧˥ 335	阴上 ˧˧˥ 335		阳上 ˩˩˧ 113		阳去
绍 中	阴平 ˥˨ 52	阳平 ˨˧˩ 231	阳平 ˨˧˩ 231	阴上 ˧˧˥ 335；ˀ 334		阴上 ˩˩˧ 113	阳上 ˩˩˧ 113；=阳去少		
绍 新	阴平 ˥˨ 52	阳平 ˨˧˩ 231	阳平 ˨˧˩ 231	阴上 ˀ 334		阴上 ˩˩˧ 113	阳上 ˨˧˩ 231		阳上 ˩˩˧ 113；=阳去
诸 老	阴平 ˥˦˦ 544	阳平 ˀ 233	阳平 ˀ 233	阴上 ˥˨ 52	阴上 ˥˨ 52		阳上 ˨˧˩ 231		
诸 中	阴平 ˥˦˦ 544	阳平 ˀ 233	阳平 ˀ 233	阴上 ˥˨ 52	阴上 ˥˨ 52		阳上 ˨˧˩ 231		
诸 新	阴平 ˥˦˦ 544	阳平 ˀ 233	阳平 ˀ 233	阴上 ˥˨ 52	阴上 ˥˨ 52		阳上 ˨˧˩ 231		
崇 老	阴平 ˥˨˧ 523	阳平 ˧˩˧ 313	阳平 ˧˩˧ 313	阴上 ˦˨ 42	阴上 ˦˨ 42		阳上 ˨˨˧ 223		阳上 ˨˨˧ 223
崇 中	阴平 ˥˧˧ 533	阳平 ˧˩˨ 312	阳平 ˧˩˨ 312	阴上 ˦˦˧ 443	阴上 ˦˦˧ 443		阳上 ˨˨˧ 223		
崇 新	阴平 ˥˧˧ 533	阳平 ˧˩˨ 312	阳平 ˧˩˨ 312	阴上 ˦˦˧ 443	阴上 ˦˦˧ 443		阳上 ˩˩ 22		
大 老	阴平 ˥˨˧ 523	阳平 ˧˩˨ 312	阳平 ˧˩˨ 312	阴上 ˦˨ 42	阴上 ˦˨ 42	=阴上少；=阳上	阳上 ˩˩ 22		阳上 ˩˩ 22
大 中	阴平 ˥˨˧ 523	阳平 ˧˩˨ 312	阳平 ˧˩˨ 312	阴上 ˦˨ 42	阴上 ˦˨ 42	=阴上少；=阳上	阳上 ˩˩ 22		阳上 ˩˩ 22
大 新	阴平 ˥˨˧ 523	阳平 ˧˩˨ 312	阳平 ˧˩˨ 312	阴上 ˦˨ 42	阴上 ˦˨ 42	=阴上少；=阳上	阳上 ˩˩ 22		阳上 ˩˩ 22
余 老	阴平 ˀ 324	阳平 ˨˧˩ 231；=阳去	阳平 ˨˧˩ 231；=阳去	阴上 ˀ 435	阴上 ˀ 435		=阳去		=阳去
余 中	阴平 ˀ 324	=阳去	=阳去	阴上 ˀ 435	阴上 ˀ 435		=阳去		=阳去
余 新	阴平 ˀ 324	=阳去	=阳去	阴上 ˀ 435	阴上 ˀ 435		=阳去		=阳去

		阴平	阳平	阴上	阴上	阳上	
宁	老	阴平꜒52	阳平꜔255	阴上ꜗ325			=阳去
	中	阴平꜒52	=阳去；阳平꜔255少	阴上ꜗ325			=阳去
	新	阴平꜒52	=阳去	阴上ꜗ325			=阳去
黄	老	阴平꜕433；ꜗ423	阳平ꜛ311；ꜗ312		阴上꜕533；ꜗ523		=阳平
	中	阴平ꜗ423；=阴上	阳平ꜗ312；ꜛ311		阴上꜕533		=阳平
	新	=阴上	阳平ꜗ231		阴上꜕533		=阳平
温	老	阴平꜒44	阳平ꜗ231	阴上꜒35		阳上꜕21	
	中	阴平꜒44	阳平ꜗ231	阴上꜒35		阳上꜕21	
	新	阴平꜒44	阳平ꜗ231	阴上꜒35		阳上꜕21	
衢	老	阴平꜕434	阳平ꜗ323	阴上꜒45	=阴去；=阳去少		=阳去
	中	阴平꜕434	阳平ꜗ323	阴上꜒45	=阴去；=阳去少		=阳去
	新	阴平꜕434	阳平ꜗ323	阴上꜒45	=阴去；=阳去少		=阳去
华	老	阴平꜕435	阳平ꜗ213	阴上꜕544	=阴上；=阳上少	阳上꜕312；=阳上；=阳去	
	中	阴平꜕435	阳平ꜗ213；ꜗ324	阴上꜕544	=阴上；=阳去少	=阴上；=阳去	
	新	阴平꜕435	阳平ꜗ324；=阴平	阴上꜕544	=阴上；=阳去少	=阴上；=阳去	
永	老	阴平꜒44	阳平ꜗ322	阴上꜕434		阳上ꜗ324	
	中	阴平꜒44	阳平ꜗ322	阴上꜕434		阳上ꜗ323	
	新	阴平꜒44	阳平ꜗ322	阴上꜕434		阳上ꜗ323	

表 2

古 条件	清		去			人					调类总数	备注
例	全清	次清	浊			清		浊				
	对叫	去太	喻匣一部分(样)换	全浊 事大	次浊 梦外	全清 不各	次清 脱出	次浊 大	匣母 学	其余全浊 白石		
宜 老	阴去˩324	阴去˩324		阴去˩231	阴去˩231	阴入˩55	阴入˩45	阴入˩231		阴入˩23	8	
宜 中	阴去˩324	阴去˩324		阴去˩231	阴去˩231	阴入˩55	阴入˩45	阴入˩231		阴入˩23	8	
宜 新	阴去˩324	阴去˩412		阴去˩231	阴去˩231	阴入˩55	阴入˩45	阴入˩231		阴入˩23	8	
溧 老	阴去˩412	阴去˩412	阴去˩231	阴去˩231	阴去˩231	阴入˩55	舒入˩223	阳入˩22-;=舒入	阳入˩22-	阳入˩22-	9	
溧 中	阴去˩412	阴去˩412		阴去˩231	阴去˩231	阴入˩55	舒入˩223	阳入˩22-;=舒入	阳入˩22-	阳入˩22-	9	
溧 新	阴去˩412	阴去˩412		阴去˩231	阴去˩231	阴入˩55	舒入˩223	阳入˩22-;=舒入	阳入˩22-	阳入˩22-	9	
金 老	阴去˩35		去˥44	古次浊阳去=阴去；全浊阳去˩24		阴入˩45		阳入˩32			8	
金 中			去˥44			人2˥44					5	
金 新			去˥44			人2˥44					5	
丹 老	阴去˩45;=阴去少		去˥44			阴入2˩33;=阴入	阴入2˩33;=阴入	阳入2˩24;=阴入	阳入2˩24;=阴入	阳入2˩24;=阴入	6	阳入喉塞较松
丹 中	阴去˩324		阳去˩41；J31；=阴平少			阴入2˩33；=阴入	阴入	阳入2˩24；=阴入	阳入2˩24；=阴入	阳入2˩24	7	阳入喉塞较松
丹 新	阴去˩324		阳去˩41；ノ31；=阴平少			阴入2˩33；=阴入	阴入	阳入2˩24；=阴入	阳入2˩24；=阴入	阳入2˩24	7	阳入喉塞较松
童 老	阴去˩45；=阴去少		阳去˩324	阳去˩113	阳去少	阴入2˩55	阴入2˩55	阳入2˩24	阳入2˩24	阳入2˩24；=阴入	7	SZ、CZ、xɦ阳去字读阴去
童 中	阴去˩45；=阴去少		阳去˩324	阳去˩113；=阴去少	阳去少	阴入2˩55	阴入	阳入2˩24		阳入2˩24	7	SZ、CZ、xɦ阳去字读阴去
童 新	阴去˩45；=阴去少		阳去˩324	阳去˩113；=阴去少	阳去少	阴入2˩55	阴入	阳入2˩24；=阴入		阳入2˩24；=阴入	7	除上述外，次浊、sz等阳入归阴阳入

		阴去	阳去	阴入	阳入		备注
靖	老	阴去 ↘51	阳去 ↘31 古次浊和h、cz,sz母＝阴去	阴入 ʔ55	阳入 ʔ34	7	
	中	阴去 ↘51	阳去 ↘31 古次浊和h、cz,sz母＝阴去	阴入 ʔ55	阳入 ʔ34	7	
	新	阴去 ↘51	阳去 ↘31 古次浊和h、cz,sz母＝阴去	阴入 ʔ55	阳入 ʔ34	7	
江	老	阴去 435	阳去 223	阴入 ʔ55	阳入 ʔ12	7	
	中	阴去 435	阳去 223	阴入 ʔ55	阳入 ʔ12	7	
	新	阴去 435	阳去 223	阴入 ʔ55	阳入 ʔ12	6	
常	老	阴去 512	阳去 224	阴入 ʔ55	阳入 ʔ23	7	少数人阴上 ˥55，次浊上＝阴平；＝阴上少
	中	阴去 511	阳去 224	阴入 ʔ55	阳入 ʔ23	7	
	新	阴去 ↘51	阳去 24	阴入 ʔ55	阳入 ʔ23	7	
锡	老	阴去 34	阳去 213	阴入 ʔ55	阳入 ʔ23	8	
	中	阴去 34	阳去 213	阴入 ʔ55	阳入 ʔ23	8	
	新	阴去 34	阳去 213	阴入 ʔ55	阳入 ʔ23	7	
苏	老	阴去 412	阳去 231	阴入 ʔ55	阳入 ʔ23	7	
	中	阴去 412	阳去 231	阴入 ʔ55	阳入 ʔ23	7	
	新	阴去 412＝阴上	阳去 231	阴入 ʔ55	阳入 ʔ23	7	
熟	老	阴去 324	阳去 213	阴入 ʔ55	阳入 ʔ23	8	
	中	阴去 324	阳去 213	阴入 ʔ55	阳入 ʔ23	8	
	新	阴去 324	阳去 213	阴入 ʔ55	阳入 ʔ23	8	

表 2 续

古 条件 例	去 清 全清 (对叫)	去 清 次清 (去太)	去 浊 喻匣一部分 (样换)	去 浊 其余浊 全浊 (事大)	去 浊 其余浊 次浊 (梦外)	入 清 全清 (不各)	入 清 次清 (脱出)	入 次浊 (六)	入 浊 匣母 (学)	入 浊 其余全浊 (白石)	调类总数	备注
昆 老	阴去╲512	阴去╲512	阳去╱221；=阴上			阴入ʔ55	阴入ʔ55			阳入ʔ12	8	
昆 中	阴去╲512	阴去╲512	阳去╱223；=阴上			阴入ʔ55	阴入ʔ55			阳入ʔ12	7—8	阴上和阴去混读
昆 新	=阴上	=阴上	阳去╱223；╲21=阴上			阴入ʔ55	阴入ʔ55			阳入ʔ12	6	
霜 老	=阴上	=阴上	阳去╱213			阴入ʔ55	阴入ʔ55			阳入ʔ23	6	
霜 中	=阴上	=阴上	阳去╱213			阴入ʔ55	阴入ʔ55			阳入ʔ23	6	
霜 新	=阴上	=阴上	阳去╱213			阴入ʔ55	阴入ʔ55			阳入ʔ23	6	
罗 老	=阴上；阳去少╱44	=阴上	阳去╱213			阴入ʔ55	阴入ʔ55			阳入ʔ23	7	
罗 中	=阴上	=阴上	阳去╱213			阴入ʔ55	阴入ʔ55			阳入ʔ23	6	
罗 新	=阴上	=阴上	阳去╱213			阴入ʔ55	阴入ʔ55			阳入ʔ23	6	
周 老	阴去╱335	阴去╱335	阳去╱25			阴入ʔ55	阴入ʔ55			阳入ʔ23	8	
周 中	阴去╱335	阴去╱335	=阳平			阴入ʔ55	阴入ʔ55			阳入ʔ23	6	
周 新	阴去╱335	阴去╱335	=阳平			阴入ʔ55	阴入ʔ55			阳入ʔ23	6	
上 老	阴去╱334	阴去╱334	阳去╱113			阴入ʔ55	阴入ʔ55			阳入ʔ23	6	
上 中	阴去╱334	阴去╱334	阳去╱113			阴入ʔ55	阴入ʔ55			阳入ʔ23	5	
上 新	阴去╱334	阴去╱334	阳去╱113			阴入ʔ55	阴入ʔ55			阳入ʔ23	5	

地点		阴去	阳去	阴入	阳入	调类数	备注
松	老	阴去$_{335}$	阳去$_{113}$	阴入ʔ$_{55}$	阳入ʔ$_{23}$	8	
	中	阴去$_{335}$	阳去$_{113}$	阴入ʔ$_{55}$	阳入ʔ$_{23}$	8	
	新	阴上$_{335}$	阳去$_{113}$	阴入ʔ$_{55}$	阳入ʔ$_{23}$	7	
黎	老	全阴去$_{413}$ / 次阴去$_{324}$	阳去$_{213}$ =全阴去	全阴入ʔ$_{55}$ / 次阴入ʔ$_{34}$	阳入ʔ$_{23}$	11	
	中	全阴去$_{413}$ / 次阴去$_{324}$	阳去$_{213}$ =全阴去	全阴入ʔ$_{55}$ / 次阴入ʔ$_{34}$	阳入ʔ$_{23}$	11	
	新	全阴去$_{413}$ / 次阴去$_{324}$	阳去$_{213}$ =全阴去	全阴入ʔ$_{55}$ / 次阴入ʔ$_{34}$	阳入ʔ$_{23}$	11	
盛	老	全阴去$_{413}$ / 次阴去$_{313}$	阳去$_{212}$ =全阴去	阴入ʔ$_{55}$	阳入ʔ$_{22}$	10	
	中	全阴去$_{413}$ / 次阴去$_{313}$	阳去$_{212}$ =全阴去	阴入ʔ$_{55}$	阳入ʔ$_{22}$	10	
	新	全阴去$_{413}$ / 次阴去$_{313}$	阳去$_{212}$ =全阴去	阴入ʔ$_{55}$	阳入ʔ$_{22}$	10	
嘉	老	阴去$_{334}$	阳去$_{223}$	阴入ʔ$_{54}$	阳入ʔ$_{12}$	8—9	
	中	阴去$_{334}$	阳去$_{223}$	阴入ʔ$_{54}$	阳入ʔ$_{12}$	8—9	
	新	阴去$_{334}$	阳去$_{223}$	阴入ʔ$_{54}$	阳入ʔ$_{12}$	8	阳上字文读去
双	老	阴去$_{334}$	阳去$_{24}$ =阴平；=阳平	阴入ʔ$_{54}$	阳入ʔ$_{23}$	8	
	中	阴去$_{334}$	=阳平；=阳去$_{24}$少	阴入ʔ$_{54}$	阳入ʔ$_{23}$	7	阳去字文读平
	新	阴去$_{334}$	=阳平；=阳去$_{24}$少	阴入ʔ$_{54}$	阳入ʔ$_{23}$	7	阳去字文读平
杭	老	阴去$_{334}$	阳去$_{113}$	阴入ʔ$_{55}$	阳入ʔ$_{12}$	7	
	中	阴去$_{334}$	阳去$_{113}$	阴入ʔ$_{55}$	阳入ʔ$_{12}$	7	
	新	阴去$_{334}$	阳去$_{113}$	阴入ʔ$_{55}$	阳入ʔ$_{12}$	7	

表 2 续

古 条件 / 例	去					入					调类 总数	备注
	清		浊			清		浊				
	全清	次清	喻匣 一部分	全浊	其余浊 次浊	全清	次清	次浊	匣母	其余全浊		
	对 叫	去 太	样 换	事 大	梦 外	不 各	脱 出	六	学	白 石		
绍 老	阴去 33				阳去 22，	阴入 55				阳入 23	8	
绍 中	阴去 33				阳去 22，	阴入 55				阳入 23	8	
绍 新	阴去 33				阳去 22，	阴入 55				阳入 23	8	
诸 老	＝阴平				＝阴平；阴去 22 少	阴入 55				阳入 12	7	
诸 中	＝阴平				＝阴平	阴入 55				阳入 12	6	
诸 新	＝阴平				＝阴平	阴入 55				阳入 12	6	
崇 老	阴去 325				阳去 14	阴入 45				阳入 12	8	
崇 中	阴去 324				阳去 14	阴入 45				阳入 12	8	
崇 新	阴去 324				阳去 14	阴入 45				阳入 12	8	
太 老	阴去 35				阳去 13	阴入 45				阳入 12	8	
太 中	阴去 35				阳去 13	阴入 45				阳入 12	8	
太 新	阴去 35				阳去 13	阴入 45				阳入 12	8	
余 老	阴去 44；阴去 52 少				阳去 113	阴入 55				阳入 23	7	
余 中	阴去 44				阳去 113	阴入 55				阳入 23	6	
余 新	阴去 52				阳去 113	阴入 55				阳入 23	6	

方言	层	阴去 / 阴平	阳去	阴入	阳入	古入声字读去声声去读是文读音
宁	老	阴去┐44；=阴平↙	阳去↗113	阴入↗┐55	阳入↗┙23	7
	中	阴去┐44；=阴平	阳去↗113	阴入↗┐55	阳入↗┙23	7
	新	=阴平	阳去↗113	阴入↗┐55	阳入↗┙23	5
黄	老	阴去┐44	阳去↘213	阴入↗┐55	阳入↗┙12	7
	中	阴去┐44	阳去↘113	阴入↗┐55	阳入↗┙12	7
	新	阴去┐44	阳去↘113	阴入↗┐55	阳入↗┙12	6
温	老	阴去┐52	阳去┙22	阴入↘423	阳入↘323	8
	中	阴去┐52	阳去┙22	阴入↘423	阳入↘323	8
	新	阴去┐52	阳去┙22	阴入↘423	阳入↘323	8
衢	老	阴去┐53	阳去↘31；=阴去；=阳去	阴入↗┐55	阳入↗┙12	7
	中	阴去┐53	阳去↘31；=阴去；=阳去	阴入↗┐55	阳入↗┙12	7
	新	阴去┐53	阳去↘31；=阴去；=阳去	阴入↗┐55	阳入↗┙12	7
华	老	阴去┐45	阳去↗24	阴入↗┐44；=阴去	阳入↗┙22；=阴去	8
	中	阴去┐45	阳去↗24	阴入↗┐44；=阴去	阳入↗┙22；=阴去	7
	新	阴去┐45	阳去↗24	阴入↗┐33；↗┐44；=阴去	阳入↗┙22；┘43；=阴入；=阳去	7
永	老	阴去┐54	阳去↘214	=阴上	=阳上	6
	中	阴去┐54	阳去↘214	=阴上	=阳上	6
	新	阴去┐54	阳去↘214	=阴上	=阳上	6